Saul Friedländer

Das Dritte Reich
und die Juden

SAUL FRIEDLÄNDER

Das Dritte Reich und die Juden

Die Jahre der Verfolgung
1933–1939

Die Jahre der Vernichtung
1939–1945

*Aus dem Englischen übersetzt
von Martin Pfeiffer*

VERLAG C. H. BECK MÜNCHEN

Sonderausgabe des zweibändigen Werkes von
Saul Friedländer:

Das Dritte Reich und die Juden
Erster Band
Die Jahre der Verfolgung
1933–1939

Erste Auflage 1998
Zweite, durchgesehene Auflage 1998
Dritte Auflage 2007

(Nazi German and the Jews.
Vol. I: The Years of Persecution, 1933–1939.
HaperCollins Publishers, New York
© 1997 Saul Friedländer)

Die Jahre der Vernichtung
Das Dritte Reich und die Juden
Zweiter Band
1939–1945
Die ersten beiden Auflagen sind 2006 erschienen.

(© 2006 Saul Friedländer)

Durchgesehene Sonderausgabe 2007

Für die deutsche Ausgabe:
© Verlag C.H.Beck oHG, München 1998 und 2006
Satz: Fotosatz Janß, Pfungstadt
Druck: Druckerei C.H.Beck, Nördlingen
Bindung: Lachenmaier, Reutlingen
Gedruckt auf säurefreiem, alterungsbeständigem Papier
(hergestellt aus chlorfrei gebleichtem Zellstoff)
Printed in Germany
ISBN 978 3 406 56681 3

www.beck.de

Inhalt

Die Jahre der Verfolgung
1933–1939

Danksagung 9
Einleitung 11

Erster Teil
Ein Anfang und ein Ende

1. Der Weg ins Dritte Reich 21
2. Einverstandene Eliten, bedrohte Eliten 54
3. Der Erlösungsantisemitismus 87
4. Das neue Ghetto 125
5. Der Geist der Gesetze 162

Zweiter Teil
Die Einkreisung

6. Kreuzzug und Kartei 195
7. Paris, Warschau, Berlin – und Wien 231
8. Ein Modell Österreich? 262
9. Der Angriff 291
10. Ein gebrochener Rest 329

Die Jahre der Vernichtung
1939–1945

Danksagung 363
Einleitung 365

Erster Teil
Terror (Herbst 1939 – Sommer 1941)

1. September 1939 – Mai 1940 383
2. Mai 1940 – Dezember 1940 445
3. Dezember 1940 – Juni 1941 509

Zweiter Teil
Massenmord (Sommer 1941 – Sommer 1942)

4. Juni 1941 – September 1941 579
5. September 1941 – Dezember 1941 643
6. Dezember 1941 – Juli 1942 711

Dritter Teil
Shoah (Sommer 1942 – Frühjahr 1945)

7. Juli 1942 – März 1943 781
8. März 1943 – Oktober 1943 851
9. Oktober 1943 – März 1944 922
10. März 1944 – Mai 1945 984

Anhang

Anmerkungen 1051
Bibliographie 1222
Register 1283

Die Jahre der Verfolgung
1933–1939

Für Omer, Elam und Tom

Ich möchte kein Jude in Deutschland sein.
Hermann Göring, 12. November 1938

Danksagung

Bei meiner Arbeit an diesem Buch ist mir vielfältige Hilfe zuteil geworden. Die Familie Maxwell Cummings, Montreal, und der 1939 Club, Los Angeles, haben an der Universität Tel Aviv und an der University of California, Los Angeles, Lehrstühle gestiftet, welche die Durchführung dieses Projekts erleichterten. Kurze Aufenthalte am Humanities Research Institute der University of California, Irvine (1992), und am Getty Center for the History of Art and the Humanities, Los Angeles (1996), verschafften mir das unschätzbarste Privileg, das es gibt: freie Zeit. Während all dieser Jahre habe ich aus den umfangreichen Beständen und der großzügigen Unterstützung, welche mir die Wiener Library an der Universität Tel Aviv, die University Research Library an der University of California, Los Angeles, die Archive des Leo Baeck Institute in New York sowie die Bibliothek und die Archive des Instituts für Zeitgeschichte in München boten, vielfältigen Nutzen gezogen.

Freunde und Kollegen waren so liebenswürdig, das Manuskript in Teilen oder als Ganzes zu lesen, und einige von ihnen haben es durch seine verschiedenen Entwicklungsstadien hindurch verfolgt. Sie alle gaben mir viele gute Ratschläge. An der University of California, Los Angeles, möchte ich Joyce Appleby, Carlo Ginzburg und Hans Rogger danken; an der Universität Tel Aviv meinen Freunden, Kollegen und Mitherausgebern von *History and Memory*, insbesondere Gulie Ne'eman Arad für ihr bemerkenswertes Urteil und für die ständige Unterstützung bei diesem Projekt, und ebenso Dan Diner und Philippa Shimrat. Desgleichen möchte ich Omer Bartov (Rutgers), Philippe Burrin (Genf), Sidra und Yaron Ezrahi (Jerusalem) und Norbert Frei (München) Dank sagen. Darüber hinaus bin ich meinen Forschungsassistenten Orna Kenan, Christopher Kenway und Gavriel Rosenfeld sehr zu Dank verpflichtet. Natürlich gilt die übliche Formel: Alle Fehler in diesem Buch sind die meinen.

Der verstorbene Amos Funkenstein konnte leider nicht das gesamte Manuskript lesen, aber ich habe meine vielen Gedanken und Zweifel bis fast zum Ende mit ihm geteilt. Er hat mir viel Ermutigung gegeben, und ihm, meinem engsten Freund, gegenüber habe ich unendlich viel mehr als eine gewöhnliche Dankesschuld; ich vermisse ihn mehr, als ich sagen kann.

Aaron Asher und Susan H. Llewellyn trugen beide zur Bearbeitung dieses Buches bei, welches das erste ist, das ich ganz auf englisch geschrieben habe. Die deutsche Ausgabe dieses Buches verdankt viel der engagierten Übersetzung von Dr. Martin Pfeiffer, dem ich bei dieser Gelegenheit danken möchte. Ebenso danken möchte ich Dr. Volker Dahm für seine aufmerksame Lektüre des Textes und vor allem Ernst-Peter Wieckenberg, meinem Lektor bei Beck. Auf Grund meiner über dreißigjährigen Erfahrung mit Buchveröffentlichungen weiß ich die unentbehrliche Hilfe des Lektors zu schätzen. Ernst-Peter Wieckenberg gehört mit Sicherheit zu den besten, mit denen ich je zusammengearbeitet habe, und ich bin ihm für seine ständige Beratung und Umsicht außerordentlich dankbar.

Seit nunmehr 37 Jahren gibt mir Hagith die Warmherzigkeit und die Unterstützung, die für alles, was ich tue, lebenswichtig sind. Diese Unterstützung war niemals entscheidender als in der langen Zeit, die ich mit der Abfassung dieses Buches verbracht habe. Vor Jahren habe ich unseren Kindern Eli, David und Michal ein Buch gewidmet; dieses Buch hier ist unseren Enkeln gewidmet.

Einleitung

Die meisten Historiker meiner Generation, die kurz vor Beginn der NS-Zeit geboren sind, erkennen explizit oder implizit: Wer sich in die Ereignisse jener Jahre hineingräbt, der entdeckt nicht nur eine kollektive Vergangenheit wie jede andere, sondern auch entscheidende Elemente seines eigenen Lebens. Aus dieser Einsicht ergibt sich keineswegs Einigkeit darüber, wie wir das NS-System definieren, wie wir seine innere Dynamik bestimmen, wie wir seinen zutiefst verbrecherischen Charakter wie auch seine äußerste Banalität angemessen wiedergeben oder wo und wie wir es schließlich in einem breiteren historischen Rahmen ansiedeln sollen.[1] Doch trotz unserer Kontroversen teilen viele von uns, glaube ich, bei der Schilderung dieser Vergangenheit ein Gefühl persönlicher Betroffenheit, das unseren Forschungen eine besondere Dringlichkeit verleiht.

Für die nächste Historikergeneration – und mittlerweile auch für die, die nach ihr kommt – stellen, wie für den größten Teil der Menschheit, Hitlers Reich, der Zweite Weltkrieg und das Schicksal der Juden Europas keine Erinnerung dar, an der sie teilhaben. Und doch scheint paradoxerweise die zentrale Stellung dieser Ereignisse im heutigen historischen Bewußtsein viel ausgeprägter zu sein als vor einigen Jahrzehnten. Tendenziell entwickeln sich die laufenden Debatten mit nicht nachlassender Heftigkeit, wenn Fakten in Frage gestellt und Beweise in Zweifel gezogen werden, wenn Interpretationen und Bemühungen um Gedenken in Widerspruch zueinander treten und wenn Aussagen über historische Verantwortung in regelmäßigen Abständen in die Öffentlichkeit getragen werden. Es könnte sein, daß in unserem Jahrhundert des Völkermords und der Massenkriminalität die Vernichtung der Juden Europas, abgesehen von ihrem spezifischen historischen Kontext, von vielen als der höchste Maßstab des Bösen wahrgenommen wird, an dem sich alle Grade des Bösen messen lassen. In diesen Debatten spielen die Historiker eine zentrale Rolle. Für meine Generation mag der Umstand, daß sie zu gleicher Zeit an der Erinnerung an diese Vergangenheit und an ihrer gegenwärtigen Wahrnehmung teilhat, eine beunruhigende Spannung hervorrufen; er kann jedoch auch Einsichten befördern, die auf anderem Wege nicht zugänglich wären.

Eine historische Darstellung des Holocaust zu schaffen, in der sich die Praktiken der Täter, die Einstellungen der umgebenden Gesellschaft und die Welt der Opfer in einem einzigen Rahmen behandeln lassen, bleibt eine gewaltige Herausforderung. Einige der bekanntesten historischen Interpretationen dieser Ereignisse haben sich vor allem auf die Verfolgungs- und Todesmaschinerie der Nazis konzentriert und dabei der Gesellschaft im weiteren Sinne, dem allgemeineren europäischen und weltweiten Umfeld oder dem sich wandelnden Schicksal der Opfer selbst nur geringe Aufmerksamkeit geschenkt; andere haben sich, und das geschah weniger häufig, deutlicher auf die Geschichte der Opfer konzentriert und nur eine eingeschränkte Analyse der NS-Politik und ihres Umfeldes geliefert.[2] Die vorliegende Arbeit versucht einen Bericht zu geben, in dem zwar die politischen Maßnahmen der Nationalsozialisten das zentrale Element bilden, in dem aber zugleich die umgebende Welt sowie die Einstellungen, die Reaktionen und das Schicksal der Opfer einen untrennbaren Bestandteil dieser sich entfaltenden Geschichte bilden.

In vielen Arbeiten sind die Opfer dadurch, daß man implizit von ihrer generellen Hoffnungslosigkeit und Passivität ausging oder von ihrer Unfähigkeit, den Lauf der zu ihrer Vernichtung führenden Ereignisse zu ändern, in ein statisches und abstraktes Element des historischen Hintergrundes verwandelt worden. Zu häufig vergißt man, daß sich die Einstellungen und die Politik der Nazis ohne Kenntnis vom Leben und nicht zuletzt von den Gefühlen der jüdischen Männer, Frauen und Kinder selbst nicht vollständig beurteilen lassen. Daher wird hier in jedem Stadium der Beschreibung der sich entfaltenden politischen Maßnahmen der Nationalsozialisten und der Einstellungen der Gesellschaften Deutschlands und Europas, wie sie sich auf die Entwicklung dieser Politik auswirkten, dem Schicksal, den Verhaltensweisen und bisweilen den Initiativen der Opfer große Bedeutung beigemessen. Schließlich sind ihre Stimmen unverzichtbar, wenn wir zu einem Verständnis für diese Vergangenheit gelangen wollen.[3] Denn ihre Stimmen sind es, die das offenbaren, was man wußte und was man wissen *konnte;* ihre Stimmen waren die einzigen, die sowohl die Klarheit der Einsicht als auch die totale Blindheit von Menschen vermittelten, die mit einer völlig neuen und zutiefst entsetzlichen Realität konfrontiert waren. Die ständige Gegenwart der Opfer in diesem Buch ist nicht nur an und für sich historisch wesentlich, sie soll auch dazu dienen, das Handeln der Nationalsozialisten in eine richtige, umfassende Perspektive zu rücken.

Es ist ziemlich leicht zu erkennen, welche Faktoren den historischen Gesamtrahmen prägten, in dem der von den Nationalsozialisten verübte Massenmord stattfand. Sie bestimmten die Methoden und das Ausmaß der «Endlösung»; sie trugen auch zum allgemeinen Klima der Zeit bei, das den Weg zu den Vernichtungen begünstigte. Es mag genügen, wenn ich hier die ideologische Radikalisierung erwähne – mit glühendem Nationalismus und rabiatem Anti-Marxismus (später Anti-Bolschewismus) als ihren wichtigsten Triebfedern –, welche in den letzten Jahrzehnten des 19. Jahrhunderts hervortrat und nach dem Ersten Weltkrieg (und der russischen Revolution) ihren Höhepunkt erreichte; die neue Dimension massenweisen industriellen Mordens, die dieser Krieg eingeführt hatte; die zunehmende technische und bürokratische Kontrolle, wie sie von modernen Gesellschaften ausgeübt wird; und die anderen wichtigen Faktoren der Moderne selbst, die ein beherrschender Aspekt des Nationalsozialismus waren.[4] Doch wie entscheidend diese Bedingungen auch dafür waren, den Boden für den Holocaust zu bereiten – und als solche sind sie ein untrennbarer Teil dieser Geschichte –, sie bilden dennoch nicht für sich allein die notwendige Kombination von Elementen, die den Gang der Ereignisse von der Verfolgung zur Vernichtung bestimmten.

Im Hinblick auf diesen Prozeß habe ich die persönliche Rolle Hitlers und die Funktion seiner Ideologie bei der Genese und der Durchführung der antijüdischen Maßnahmen des NS-Regimes hervorgehoben. Dies sollte jedoch keineswegs als eine Rückkehr zu früheren simplistischen Interpretationen verstanden werden, mit ihrer ausschließlichen Betonung der Rolle (und der Verantwortung) des obersten Führers. Doch im Laufe der Zeit sind die gegenteiligen Interpretationen, so scheint mir, zu weit gegangen. Der Nationalsozialismus wurde nicht hauptsächlich von dem chaotischen Zusammenprall konkurrierender Feudalherrschaften in Bürokratie und Partei angetrieben, und die Planung seiner antijüdischen Politik wurde auch nicht vorwiegend den Kosten-Nutzen-Rechnungen von Technokraten überlassen.[5] Bei all seinen wichtigen Entscheidungen war das Regime von Hitler abhängig. Insbesondere in seinem Verhältnis zu den Juden wurde Hitler von ideologischen Obsessionen getrieben, die alles andere als die kalkulierten Manöver eines Demagogen waren; das heißt, er führte einen ganz spezifischen Typ von völkischem Antisemitismus an seine extremsten und radikalsten Grenzen. Ich bezeichne diesen charakteristischen Aspekt seiner Weltanschauung als «Erlösungsantisemitismus»; dieser ist verschieden, wiewohl abgeleitet von anderen Varianten antijüdischen Hasses, die im gesamten christlichen Europa verbreitet waren, und er ist gleichfalls verschieden von den gewöhnlichen Arten des deutschen und europäischen rassischen Antisemitismus. Diese erlösende Dimension, diese Synthese aus einer mörderischen Wut und einem «idealistischen» Ziel, die der Führer der Nationalsozialisten und der harte Kern der Partei miteinander teilten, führte zu Hitlers schließlicher Entscheidung, die Juden zu vernichten.[6]

Aber Hitlers politisches Handeln war nicht allein von Ideologie geprägt, und die hier gebotene Interpretation geht der Interaktion zwischen dem Führer und dem System nach, in dem er agierte. Der NS-Führer fällte seine Entscheidungen nicht unabhängig von den Organisationen der Partei und des Staates. Seine Initiativen waren vor allem in der Frühphase des Regimes nicht nur von seiner Weltanschauung geprägt, sondern auch von den Auswirkungen interner Zwänge, vom Gewicht bürokratischer Beschränkungen, bisweilen vom Einfluß der öffentlichen Meinung in Deutschland und sogar von den Reaktionen ausländischer Regierungen und der öffentlichen Meinung im Ausland.[7]

In welchem Umfang hatten die Partei und die Massen an Hitlers ideologischer Obsession teil? Unter der Parteielite war der «Erlösungs»antisemitismus eine verbreitete Erscheinung. Neuere Untersuchungen haben auch gezeigt, daß ein derart extremer Antisemitismus in den Behörden, die für die Durchführung der antijüdischen Politik eine zentrale Stellung einnehmen sollten – wie etwa Reinhard Heydrichs Sicherheitsdienst der SS (der SD) –, nicht ungewöhnlich war.[8] Was die sogenannten Parteiradikalen angeht, so waren sie häufig von dem sozialen und ökonomischen Ressentiment motiviert, das seinen Ausdruck in extremen antijüdischen Initiativen fand. Mit anderen Worten, innerhalb der Partei und manchmal, wie wir sehen werden, auch außerhalb gab es Zentren eines kompromißlosen Antisemitismus, die über genügend Macht verfügten, um den Druck von Hitlers eigener Vehemenz weiterzugeben und zu verbreiten. Doch unter den traditionellen Eliten und in weiteren Kreisen der Bevölkerung lagen antijüdische Einstellungen mehr im Bereich eines stillschweigenden Einverständnisses oder einer mehr oder weniger ausgeprägten Willfährigkeit.

Obwohl sich der größte Teil der deutschen Bevölkerung schon einige Zeit vor dem Kriege über die immer härteren Maßnahmen, die gegen die Juden ergriffen wurden, völlig im klaren war, gab es nur kleine Bereiche, in denen abweichende Meinungen vertreten wurden (und dies nahezu ausschließlich aus wirtschaftlichen und spezifischen religiösideologischen Gründen). Anscheinend hielt sich jedoch die Mehrheit der Deutschen, auch wenn sie zweifellos von verschiedenen Formen des traditionellen Antisemitismus beeinflußt war und die Absonderung der Juden ohne weiteres akzeptierte, von der weitverbreiteten Gewalttätigkeit gegen sie zurück und drang weder auf ihre Vertreibung aus dem Reich noch auf ihre physische Vernichtung. Nach dem Angriff auf die Sowjetunion, als die totale Vernichtung beschlossen worden war, handelten (im Unterschied etwa zu den hochmotivierten SS-Einheiten) die Hunderttausende von «gewöhnlichen Deutschen», die sich aktiv an den Morden beteiligten, nicht anders als die ebenso zahlreichen und «gewöhnlichen» Österreicher, Rumänen, Ukrainer, Balten und sonstigen Europäer, welche zu bereitwilligsten Handlangern der Mordmaschinerie wurden, die in ihrer Mitte im Gange war. Doch waren die deutschen und österreichischen Mörder, ob sie sich dessen bewußt waren oder nicht, auch von der erbarmungslosen antijüdischen Propaganda des Regimes indoktriniert, die in jeden Winkel der Gesellschaft drang und deren Parolen sie, hauptsächlich im Zusammenhang mit dem Krieg im Osten, zumindest teilweise verinnerlicht hatten.[9]

Wenn ich betone, daß Hitler und seine Ideologie eine entscheidende Wirkung auf den Kurs des Regimes hatten, dann will ich damit keineswegs sagen, daß Auschwitz ein vorherbestimmtes Resultat von Hitlers Machtergreifung war. Die antijüdischen politischen Maßnahmen der dreißiger Jahre müssen in ihrem Rahmen verstanden werden, und selbst Hitlers mörderische Wut und die Tatsache, daß er den politischen Horizont nach den extremsten Optionen absuchte, lassen nicht darauf schließen, daß es in den Jahren vor dem deutschen Einmarsch in die Sowjetunion Planungen für eine totale Vernichtung gab. Doch zugleich kann kein Historiker das Ende des Weges vergessen. So wird hier auch das Schwergewicht auf diejenigen Elemente gelegt, von denen wir aus der Rückschau wissen, daß sie bei der Entwicklung zu dem verhängnisvollen Ergebnis eine Rolle gespielt haben. Die Geschichte NS-Deutschlands sollte nicht nur aus der Perspektive der Kriegsjahre und ihrer Greuel geschrieben werden, aber der dunkle Schatten, den die Dinge werfen, die in dieser Zeit geschahen, verfinstert die Vorkriegsjahre so sehr, daß ein Historiker nicht so tun kann, als beeinflußten die späteren Ereignisse nicht die Gewichtung des Materials und die Einschätzung des Gesamtablaufs dieser Geschichte.[10] Die vom NS- Regime begangenen Verbrechen waren weder ein bloßes Ergebnis eines zusammenhanglosen, unwillkürlichen und chaotischen Ansturms beziehungsloser Ereignisse noch eine vorherbestimmte Inszenierung eines dämonischen Drehbuchs; sie waren das Resultat konvergierender Faktoren, Ergebnis des Wechselspiels von Intentionen und unvorhergesehenen Ereignissen, von wahrnehmbaren Ursachen und Zufall. Allgemeine ideologische Zielsetzungen und taktische politische Entscheidungen verstärkten sich gegenseitig und blieben, wenn sich die Umstände änderten, immer für radikalere Schritte offen.

Grundsätzlich folgt in dieser zweibändigen Darstellung die Erzählung dem chronologischen Ablauf der Ereignisse: ihrer Vorkriegsentwicklung in diesem, ihrer monströsen Zuspitzung während des Krieges im folgenden Band. Dieser zeitliche Gesamtrahmen hebt Kontinuitäten hervor und läßt den Kontext wesentlicher Veränderungen erkennen; er ermöglicht es auch, innerhalb einer festliegenden chronologischen Spanne die Erzählung zu verschieben. Derartige Verschiebungen ergeben sich aus den Veränderungen der Perspektive, die mein Ansatz verlangt, aber sie rühren auch von einer anderen Entscheidung her: völlig verschiedene Ebenen der Realität nebeneinanderzustellen – beispielsweise Diskussionen und Entscheidungen über antijüdische Politik auf höchster Ebene und daneben Szenen routinemäßiger Verfolgung –, und zwar mit dem Ziel, ein Gefühl der Entfremdung zu erzeugen, welches der Neigung entgegenwirkt, mittels nahtloser Erklärungen und standardisierter Wiedergaben diese bestimmte Vergangenheit zu «domestizieren» und ihre Wirkung abzuschwächen. Dieses Gefühl der Entfremdung scheint mir die Art und Weise zu reflektieren, in der die unglücklichen Opfer des Regimes zumindest während der dreißiger Jahre eine absurde und zugleich bedrohliche Realität wahrnahmen, eine durch und durch groteske und bedrückende Welt hinter der Fassade einer noch bedrückenderen Normalität.

Von dem Augenblick an, in dem die Opfer von dem Prozeß verschlungen wurden, der zur «Endlösung» führte, begann – nach einer kurzen Spanne verstärkten Zusammenhalts – ihr kollektives Leben zu zerfallen. Bald darauf verschmolz diese kollektive Geschichte mit der Geschichte der Verwaltungs- und Mordmaßnahmen, die zu ihrer Vernichtung führten, und mit deren abstrakter statistischer Darstellung. Die einzige konkrete Geschichte, die sich bewahren läßt, bleibt diejenige, die auf persönlichen Erzählungen beruht. Vom Stadium des kollektiven Zerfalls bis zu dem des Abtransports und des Todes muß diese Geschichte, damit sie überhaupt geschrieben werden kann, als die zusammenhängende Erzählung individueller Schicksale dargestellt werden.

Zwar spreche ich von meiner Historikergeneration und von den Einsichten, die uns wegen unserer besonderen Stellung in der Zeit potentiell zu Gebote stehen, aber ich kann das Argument nicht übergehen, daß eine persönliche emotionale Beteiligung an diesen Ereignissen einen rationalen Zugang zum Schreiben von Geschichte ausschließt. Man hat die «mythische Erinnerung» der Opfer dem «rationalen» Verstehen anderer gegenübergestellt. Gewiß möchte ich keine alten Debatten wieder aufleben lassen, sondern nur den Standpunkt vertreten, daß deutsche und jüdische Historiker ebenso wie diejenigen mit jedem beliebigen anderen Hintergrund ein gewisses Maß an «Übertragung» angesichts dieser Vergangenheit nicht vermeiden können.[11] Eine derartige Beteiligung beeinflußt zwangsläufig das Schreiben von Geschichte. Doch das Maß an Objektivität, das der Historiker braucht, wird dadurch nicht ausgeschlossen, sofern ein hinreichendes Bewußtsein für die eigene Situation vorhanden ist. Möglicherweise ist es sogar schwieriger, das Gleichgewicht in der anderen Richtung zu bewahren; zwar könnte ein ständig selbstkritischer Blick die Auswirkungen der Subjektivität ver-

Einleitung

ringern, aber er könnte auch zu anderen, nicht geringeren Risiken führen, nämlich zu übermäßiger Zurückhaltung und lähmender Vorsicht. Die Verfolgungs- und Vernichtungstaten der Nazis wurden von gewöhnlichen Menschen begangen, die in einer modernen Gesellschaft lebten und handelten, welche der unseren nicht unähnlich ist, in einer Gesellschaft, die sie ebenso hervorgebracht hatte wie die Methoden und Werkzeuge zur Durchführung ihrer Handlungen; die Ziele dieser Handlungen dagegen wurden von einem Regime, einer Ideologie und einer politischen Kultur formuliert, die alles andere als gewöhnlich waren. Diese Beziehung zwischen dem Ungewöhnlichen und dem Gewöhnlichen, die Verschmelzung der auf weite Strecken gemeinsamen mörderischen Potentialitäten der Welt, die auch die unsere ist, mit der eigentümlichen Besessenheit des apokalyptischen Feldzugs der Nationalsozialisten gegen den Todfeind, den Juden, verleiht der «Endlösung der Judenfrage» sowohl universelle Bedeutung als auch historische Besonderheit.

ERSTER TEIL
EIN ANFANG UND EIN ENDE

I.

Der Weg ins Dritte Reich

I

Der Exodus jüdischer und linker Künstler und Intellektueller aus Deutschland begann in den ersten Monaten des Jahres 1933, fast unmittelbar nach der Machtübernahme durch Adolf Hitler am 30. Januar. Der Philosoph und Literaturkritiker Walter Benjamin verließ am 18. März Berlin, um sich nach Paris zu begeben. Zwei Tage später schrieb er an seinen Kollegen und Freund Gershom Scholem, der in Palästina lebte: «Zumindest kann ich gewiß sein ..., keinem Impuls der Panik gefolgt zu sein. ... Es gibt unter den mir näher stehenden niemand, der das anders beurteilt.»[1] Der Romancier Lion Feuchtwanger, der die Sicherheit der Schweiz erreicht hatte, vertraute seinem Schriftstellerkollegen Arnold Zweig an: «Es war zu spät für mich, in Deutschland noch irgend etwas zu retten. So muß ich wohl alles ... verlorengeben.»[2]

Die Dirigenten Otto Klemperer und Bruno Walter wurden zur Flucht gezwungen. Walter wurde der Zugang zu seinem Leipziger Orchester verwehrt, und als er im Begriff stand, ein Sonderkonzert der Berliner Philharmoniker zu dirigieren, wurde ihm mitgeteilt, nach vom Propagandaministerium ausgestreuten Gerüchten würde der Saal der Philharmonie niedergebrannt werden, wenn er sich nicht zurückzöge. Walter verließ das Land.[3] Hans Hinkel, der neue Leiter des Amtlichen Preußischen Theaterausschusses, der auch für die «Entjudung» des kulturellen Lebens in Preußen verantwortlich war, erklärte in der *Frankfurter Zeitung* vom 6. April, Klemperer und Walter seien von der musikalischen Bühne verschwunden, weil es nicht möglich sei, sie vor der «Stimmung» eines deutschen Publikums zu schützen, das seit langem von «jüdischen Kunstbankrotteuren» provoziert worden sei.[4]

Bruno Walters Konzert wurde nicht abgesagt: Richard Strauss dirigierte es.[5] Dies veranlaßte wiederum Arturo Toscanini dazu, Anfang Juni zu erklären, aus Protest werde er nicht bei den Bayreuther Festspielen dirigieren. Propagandaminister Joseph Goebbels vermerkte lakonisch in seinem Tagebuch: «Toscanini hat Bayreuth abgesagt.»[6]

Dieselbe öffentliche «Stimmung» muß die Dresdener Oper dazu veranlaßt haben, ihren musikalischen Direktor Fritz Busch zu verjagen, der selbst kein Jude war, dem aber vorgeworfen wurde, er pflege zu viele

Kontakte mit Juden und habe zu viele jüdische Künstler zu Auftritten eingeladen.[7] Andere Methoden wurden ebenfalls angewendet: Als die Hamburger Philharmonische Gesellschaft ihr Programm zur Feier des 100. Geburtstags von Johannes Brahms veröffentlichte, wurde ihr mitgeteilt, Reichskanzler Hitler sei bereit, die Schirmherrschaft über die Feierlichkeiten zu übernehmen, sofern sämtliche jüdischen Künstler (darunter der Pianist Rudolf Serkin) vom Programm verschwänden. Das Angebot wurde bereitwillig angenommen.[8]

Der Drang zur «Entjudung» der Künste produzierte sein eigenes Maß an Verwirrung. So berichtete am 1. April eine Lübecker Zeitung, in der Kleinstadt Eutin habe es beim letzten Konzert der Wintersaison insofern eine Überraschung gegeben, «als anstelle des ausgezeichneten Cellisten der Kieler städtischen Kapelle, John de J., Professor Hofmeier Klaviersoli vortrug. Wie wir hören, war festgestellt worden, daß John de J. Jude sein sollte.» Bald darauf kam jedoch ein Telegramm von de J. an Hofmeier: «Behauptung unwahr. Einwandfreie Urkunden.» Am 5. Mai verkündete Kreisleiter S., der deutsche Bürger niederländischer Abstammung de J. sei ebenso wie mehrere Generationen seiner Vorfahren evangelischer Christ.[9]

Die Erleichterung darüber, daß jemand kein Jude war, muß enorm gewesen sein. In seiner nur geringfügig literarisierten Darstellung der Karriere des Schauspielers und späteren Intendanten des Staatlichen Schauspielhauses in Berlin Gustaf Gründgens, der ein Schützling Görings war, beschrieb Klaus Mann diese ganz eigentümliche Euphorie: «Angenommen aber sogar, die Nazis blieben an der Regierung: was hatte er, Höfgen [Gründgens], schließlich von ihnen zu fürchten? Er gehörte keiner Partei an, er war kein Jude. Vor allem dieser Umstand – daß er kein Jude war – erschien Hendrik mit einem Mal ungeheuer tröstlich und bedeutungsvoll. Was für ein unverhoffter und bedeutender Vorteil, man hatte es früher gar nicht so recht bedacht! Er war kein Jude, also konnte ihm alles verziehen werden.»[10]

Wenige Tage nach den Reichstagswahlen vom 5. März erhielten alle Mitglieder der Sektion für Dichtkunst der Preußischen Akademie der Künste einen vertraulichen Brief von dem Dichter Gottfried Benn, der die Frage enthielt, ob sie in Anbetracht der «veränderten geschichtlichen Lage» bereit seien, Mitglieder der übergeordneten Akademie der Künste und Wissenschaften zu bleiben; in diesem Falle hätten sie sich jeder Kritik an dem neuen deutschen Regime zu enthalten. Überdies hatten die Mitglieder durch Unterzeichnung einer Loyalitätserklärung die richtige «nationalkulturelle» Einstellung zu bekunden. Neun der 27 Mitglieder der Sektion für Dichtkunst antworteten ablehnend, darunter Alfred Döblin, Thomas Mann, Jakob Wassermann und Ricarda Huch. Thomas

1. Der Weg ins Dritte Reich

Manns Bruder Heinrich war wegen seiner linken politischen Ansichten bereits ausgestoßen worden.[11]

Max von Schillings, der neue Präsident der Preußischen Akademie, übte Druck auf die «arische» Dichterin Ricarda Huch aus, sie möge nicht zurücktreten. Es kam zu einem Briefwechsel, und in ihrer letzten Entgegnung schrieb Huch im Hinblick auf den Ausschluß von Heinrich Mann und den Rücktritt Alfred Döblins, der Jude war: «Sie erwähnen die Herren Heinrich Mann und Dr. Döblin. Es ist wahr, daß ich mit Herrn Heinrich Mann nicht übereinstimme, mit Herrn Döblin tat ich es nicht immer, aber doch in manchen Dingen. Jedenfalls möchte ich wünschen, daß alle nicht-jüdischen Deutschen so gewissenhaft suchten, das Richtige zu erkennen und zu tun, so offen, ehrlich und anständig wären, wie ich ihn immer gefunden habe. Meiner Ansicht nach konnte er angesichts der Judenhetze nicht anders handeln, als er getan hat. Daß mein Verlassen der Akademie keine Sympathiekundgebung für die genannten Herren ist, trotz der besonderen Achtung und Sympathie, die ich für Herrn Dr. Döblin empfinde, wird jeder wissen, der mich persönlich oder aus meinen Büchern kennt. Hiermit erkläre ich meinen Austritt aus der Akademie.»[12]

Der in Wien lebende Schriftsteller Franz Werfel, der Jude war, sah die Dinge anders. Er war durchaus bereit, die Erklärung zu unterzeichnen, und am 19. März telegraphierte er wegen der erforderlichen Formulare nach Berlin. Am 8. Mai teilte Schillings Werfel mit, er könne kein Mitglied der Akademie bleiben; zwei Tage später waren einige von Werfels Büchern unter denen, die öffentlich verbrannt wurden. Im Sommer 1933, als der Reichsverband deutscher Schriftsteller gegründet war (der dann im November in die Reichskulturkammer [RKK] eingegliedert wurde), versuchte es Werfel noch einmal: «Ich bitte Sie, zur Kenntnis zu nehmen, daß ich czechoslowakischer Staatsbürger bin», schrieb er, «und meinen Wohnsitz in Wien habe. Zugleich möchte ich erklären, daß ich jeglicher politischen Organisation und Tätigkeit immer fern stand und fern stehe. Als Angehöriger der deutschen Minorität in der Czechoslowakei, der seinen Wohnsitz in Österreich hat, unterstehe ich den Gesetzen und Vorschriften dieser Staaten.» Selbstverständlich bekam Werfel nie eine Antwort.[13] Möglicherweise wollte der Schriftsteller den Verkauf seines neuen Romans *Die vierzig Tage des Musa Dagh* sicherstellen; in ihm wird die Geschichte der Vernichtung der Armenier durch die Türken während des Ersten Weltkriegs erzählt. Ende 1933 erschien das Buch tatsächlich im Reich, wurde aber schließlich im Februar 1934 verboten.[14]

Albert Einstein hielt sich am 30. Januar 1933 zu einem Besuch in den Vereinigten Staaten auf. Er brauchte nicht lange, um zu reagieren. In Ostende, wo er die Geschehnisse in Deutschland als eine «seelische Krankheit der Massen» bezeichnete, beendete er seine Rückreise und setzte nie wieder einen Fuß auf deutschen Boden. Die Kaiser-Wilhelm-Gesellschaft enthob ihn seiner Stellung; die Preußische Akademie der Wissenschaften schloß ihn aus. Seine Staatsbürgerschaft wurde ihm aberkannt. Einstein war kein Deutscher mehr. Prominente Stellung und Ruhm schützten niemanden. Max Reinhardt wurde aus der Leitung des Deutschen Theaters, das «dem deutschen Volke übergeben» wurde, vertrieben und floh aus dem Reich. Max Liebermann, mit 86 Jahren möglicherweise der bekannteste deutsche Maler der damaligen Zeit, war zu alt, um auszuwandern, als Hitler an die Macht kam. Als ehemaliger Präsident und nunmehr, 1933, Ehrenpräsident der Preußischen Akademie der Künste trug er die höchste deutsche Auszeichnung, den Orden Pour le Mérite. Am 7. Mai erklärte Liebermann seinen Austritt aus der Akademie. Wie der Maler Oskar Kokoschka in einem Leserbrief an die *Frankfurter Zeitung*, der veröffentlicht wurde, aus Paris schrieb, hielt es keiner von Liebermanns Kollegen für nötig, ein Wort der Anerkennung oder des Mitgefühls zu äußern.[15] Isoliert und verfemt starb Liebermann 1935; nur drei «arische» Künstler nahmen an der Beerdigung teil. Seine Ehefrau überlebte ihn. Als im März 1943 die Polizei mit einer Bahre eintraf, um die bettlägerige 85jährige zum Abtransport in den Osten abzuholen, beging sie Selbstmord, indem sie eine Überdosis Veronal schluckte.[16]

So peripher es in der Rückschau aussehen mag, der kulturelle Bereich war der erste, aus dem Juden (und «Linke») in großem Umfang vertrieben wurden. Schillings' Brief wurde unmittelbar nach den Reichstagswahlen vom März 1933 abgeschickt, und die Veröffentlichung des Interviews mit Hinkel fand vor der Verabschiedung des Berufsbeamtengesetzes vom 7. April statt, von dem noch die Rede sein wird. So hatten sich die neuen Herrscher Deutschlands, noch bevor sie ihre ersten systematischen antijüdischen Ausschließungsmaßnahmen in Gang setzten, gegen die exponiertesten Vertreter des «jüdischen Geistes» gewandt, der von nun an ausgelöscht werden sollte. Im allgemeinen waren die wichtigeren antijüdischen Maßnahmen, welche die Nazis von da an in den verschiedenen Bereichen ergriffen, nicht nur Terrorakte, sondern auch symbolische Aussagen. Diese Doppelfunktion brachte die Allgegenwart der Ideologie im System zum Ausdruck: Ihre Dogmen mußten in ritueller Weise immer wieder geltend gemacht werden, wobei die Verfolgung ausgewählter Opfer einen Teil des ablaufenden Rituals darstellte. Mehr noch: die Doppelbedeutung der Initiativen des Regimes erzeugte bei einem großen Teil der Bevölkerung eine Art gespaltenes Bewußtsein. So konnte es sein, daß manche mit der Brutalität der Entlassungen jüdischer Intellektueller aus ihren Stellungen nicht einverstanden waren, aber begrüßten, daß das deutsche Kulturleben vom «übermäßigen Einfluß» der Juden gereinigt wurde. Selbst einige

1. Der Weg ins Dritte Reich

der gefeiertsten deutschen Exilschriftsteller wie Thomas Mann waren zumindest eine Zeitlang gegen diese Art doppelter Wahrnehmung der Ereignisse nicht immun. Mann, selber kein Jude, aber mit einer Jüdin verheiratet, befand sich nicht in Deutschland, als die Nationalsozialisten an die Macht kamen, und er kehrte nicht zurück. In einem Brief an Einstein vom 15. Mai sprach er davon, wie schmerzlich ihm schon allein der Gedanke an das Exil sei: «Damit ich in diese Rolle gedrängt würde, mußte wohl wirklich ungewöhnlich Falsches und Böses geschehen, und falsch und böse ist denn auch meiner tiefsten Überzeugung nach diese ganze ‹Deutsche Revolution›.»[17] Einige Monate später äußerte sich der Autor des *Zauberbergs* in einem Brief an seinen einstigen Freund, den ultranationalistischen Literaturgeschichtler Ernst Bertram, der zu einem überzeugten Anhänger des neuen Regimes geworden war, nicht weniger deutlich: «‹Wir werden sehen›, schrieb ich Ihnen vor Jahr und Tag, und Sie antworteten trotzig: ‹Gewiß, das werden wir.› Haben Sie angefangen zu sehen? nein, denn mit blutigen Händen hält man Ihnen die Augen zu, und nur zu gern lassen Sie sich den ‹Schutz› gefallen. Die deutschen Intellektuellen – verzeihen Sie das rein sachlich gemeinte Wort – werden sogar die allerletzten sein, die zu sehen anfangen, denn zu tief, zu schändlich haben sie sich eingelassen und bloßgestellt.»[18] Doch tatsächlich gab es in Manns Einstellungen immer noch viel Zwiespältiges: Um sicherzustellen, daß seine Bücher in Deutschland weiterhin veröffentlicht und verkauft wurden, vermied er es mehrere Jahre lang sorgfältig, sich deutlich gegen die Nazis auszusprechen. Und anfangs behandelten ihn einige NS-Organisationen wie der Nationalsozialistische Deutsche Studentenbund ebenfalls vorsichtig: Thomas Manns Bücher wurden bei dem berüchtigten Autodafé vom 10. Mai 1933 nicht verbrannt.[19]

Die (im besten Falle) ambivalente Einstellung Manns, insbesondere zu den Juden, tritt in dieser ersten Phase in seinen Tagebucheintragungen zutage: «Aber geht dennoch Bedeutendes und Groß-Revolutionäres vor in Deutschland?» schrieb er am 4. April 1933. «Die Juden ... Daß die übermütige und vergiftende Nietzsche-Vermauschelung Kerr's ausgeschlossen ist, ist am Ende kein Unglück; auch die Entjudung der Justiz am Ende nicht.»[20] Immer wieder leistete er sich derartige Bemerkungen, aber seine stärksten Ressentiments brachte Mann vielleicht in der Tagebucheintragung vom 15. Juli 1934 zum Ausdruck: «Dachte an den Widersinn, daß ja die Juden, die man in Deutschland entrechtet und austreibt, an den geistigen Dingen, die sich in dem politischen System [des Nationalsozialismus] gewissermaßen, sehr fratzenhaft natürlich, ausdrücken, starken Anteil haben und zum guten Teil als Wegbereiter der antiliberalen Wendung zu betrachten.»[21] Als Beispiele erwähnte Mann den Dichter Karl Wolfskehl, ein Mitglied des esoterischen literarischen und intellektuellen Kreises um den Dichter Stefan George, und insbesondere den Münchener Exzentriker Oskar Goldberg. Es besteht eine gewisse Diskrepanz zwischen Ausdrücken wie «starken Anteil», «zum guten Teil» und «Wegbereiter der antiliberalen Wendung» und diesen beiden marginalen Beispielen.[22] Er ging noch weiter. «Überhaupt glaube ich, daß viele Juden [in Deutschland] mit ihrer neuen Rolle als geduldete Gäste, die an nichts teilhaben, bis auf die Steuern freilich, in tiefster Seele einverstanden sind.»[23] Klar, unzweideutig und öffentlich sollte Manns Anti-Nazi-Position erst zu Anfang des Jahres 1936 werden.[24]

Manns Haltung veranschaulicht die Allgegenwart des gespaltenen Bewußtseins und erklärt so die Leichtigkeit, mit der Juden aus dem kulturellen Leben vertrieben wurden. Mit Ausnahme einiger mutiger Persönlichkeiten wie Ricarda Huch gab es in diesem Bereich – und auch anderswo – keine Macht, die sich dem entgegenstellte.

Hitler hatte im Hinblick auf alles Jüdische mit Sicherheit kein gespaltenes Bewußtsein. Doch zumindest 1933 beugte er sich Winifred Wagner (der aus England stammenden Witwe von Richard Wagners Sohn Siegfried, die in Bayreuth die bestimmende Kraft war): «Erstaunlicherweise», so schreibt Frederic Spott zu Recht, «ließ es Hitler in diesem Jahr sogar zu, daß die Juden Alexander Kipnis und Emanuel List in seiner Gegenwart sangen.»[25]

II

Drei Tage vor den Reichstagswahlen im März brachte die Hamburger Ausgabe der jüdischen Zeitung *Israelitisches Familienblatt* unter der Schlagzeile «Wie wählen wir am 5. März?» einen bezeichnenden Artikel. «[Es gibt] viele Juden», hieß es da, «die das wirtschaftliche Programm der heutigen Rechten billigen, die aber nicht die Möglichkeit haben, sich ihr anzuschließen, da diese Parteien in völlig unlogischer Weise ihre wirtschaftlichen und politischen Ziele mit einem Kampf gegen das Judentum ... verkoppelt haben.»[26]

Am 30. Januar 1933 fand im Berliner Café Leon eine Sitzung statt, bei der es um Fragen der Förderung des jüdischen Handwerks ging. Die Nachricht von Hitlers Ernennung zum Reichskanzler wurde kurz vor Beginn der Veranstaltung bekannt. Unter den anwesenden Vertretern jüdischer Organisationen und politischer Bewegungen nahm nur der zionistische Rabbi Hans Tramer auf die Nachricht Bezug und bezeichnete das Ereignis als große Veränderung; alle anderen Redner hielten sich an ihr angekündigtes Thema. Tramer «machte mit seiner Rede gar keinen Eindruck. Das ganze Publikum hielt das für Schwarzmalerei. Es

1. Der Weg ins Dritte Reich

gab keinerlei Echo.»[27] Der Vorstand des Central-Vereins deutscher Staatsbürger jüdischen Glaubens schloß am selben Tage eine öffentliche Erklärung in eben diesem Sinne: «Im übrigen gilt heute ganz besonders die Parole: Ruhig abwarten.»[28] Ein Leitartikel in der Zeitung des Vereins vom 30. Januar aus der Feder Ludwig Holländers, des Vorsitzenden der Organisation, war im Ton ein wenig beunruhigter, zeigte aber im Prinzip dieselbe Haltung: «Auch in dieser Zeit werden die deutschen Juden ihre Ruhe nicht verlieren, die ihnen das Bewußtsein untrennbarer Verbundenheit mit allem wirklich Deutschen gibt. Weniger denn je werden sie ihre innere Haltung zu Deutschland von äußeren Angriffen, die sie als unberechtigt empfinden, beeinflussen lassen.»[29]

Im großen ganzen gab es unter der überwältigenden Mehrheit der annähernd 525 000 Juden, die im Januar 1933 in Deutschland lebten, kein erkennbares Gefühl von Panik oder auch nur von Dringlichkeit.[30] Im Laufe der Wochen hofften Max Naumanns Verband Nationaldeutscher Juden und der Reichsbund jüdischer Frontsoldaten auf nichts Geringeres als die Integration in die neue Ordnung. Am 4. April richtete Leo Löwenstein, der Vorsitzende des Frontsoldatenbundes, eine Eingabe an Hitler und legte eine Aufstellung nationalistisch orientierter Vorschläge in bezug auf die Juden Deutschlands bei sowie ein Exemplar des Gedächtnisbuches, das die Namen der 12 000 deutschen Soldaten jüdischer Abstammung enthielt, die im Weltkrieg für Deutschland gefallen waren. Ministerialrat Wienstein antwortete am 14. April, der Reichskanzler habe ihn beauftragt, den Empfang des Briefes und des Buches «ergebenst zu bestätigen». Hans Heinrich Lammers, der Chef der Reichskanzlei, empfing am 28. eine Abordnung der Frontkämpfer,[31] aber damit hörten die Kontakte auf. Bald bestätigte Hitlers Büro Eingaben der jüdischen Organisation nicht mehr. Wie der Central-Verein glaubten die Zionisten weiterhin, daß sich die anfänglichen Umwälzungen durch eine Neubehauptung jüdischer Identität oder einfach durch Geduld überwinden ließen; die Juden waren der Ansicht, daß die Verantwortung der Macht, der Einfluß der konservativen Regierungsmitglieder und eine wachsame Außenwelt auf alle Tendenzen der Nazis zu Exzessen einen mäßigenden Einfluß ausüben würden.

Selbst nachdem am 1. April die Nationalsozialisten jüdische Geschäfte boykottiert hatten, erklärten einige bekannte deutsch-jüdische Persönlichkeiten wie der Rabbiner Joachim Prinz, es sei unvernünftig, eine gegen die NSDAP gerichtete Position einzunehmen. Prinz war der Auffassung, «daß eine Auseinandersetzung mit der ‹Neuordnung› in Deutschland, die das Ziel hat, ‹den Menschen Brot und Arbeit zu geben, ... weder beabsichtigt noch möglich ist›».[32] Diese Erklärung mag lediglich taktischer Natur gewesen sein, und man darf nicht vergessen, daß viele Juden unschlüssig waren, wie sie reagieren sollten. Manche Exzentriker gingen erheblich weiter. So erklärte noch im Sommer 1933 Felix Jacoby, Historiker an der Kieler Universität, in der Einführung zu seiner Vorlesung über den römischen Dichter Horaz: «Als Jude befinde ich mich in einer schwierigen Lage. Aber als Historiker habe ich gelernt, geschichtliche Ereignisse nicht unter privater Perspektive zu betrachten. Ich habe seit 1927 Adolf Hitler gewählt und preise mich glücklich, im Jahr der nationalen Erhebung über den Dichter des Augustus lesen zu dürfen. Denn Augustus ist die einzige Gestalt der Weltgeschichte, die man mit Adolf Hitler vergleichen kann.»[33] Dies war jedoch eher ein Ausnahmefall.

Für einige Juden war es eine Quelle der Zuversicht, daß der alte, geachtete Reichspräsident Paul von Hindenburg immer noch als Staatsoberhaupt amtierte; gelegentlich schrieben sie ihm über ihre Notlage. «Ich war 1914 verlobt», schrieb Frieda Friedmann, eine Berlinerin, am 23. Februar an Hindenburg. «Mein Verlobter fiel 1914. Zwei meiner Brüder, Max und Julius Cohn, fielen im Jahre 1916 und 1918. Mein letzter Bruder Willy kam erblindet... aus dem Felde zurück.... Alle haben das Eiserne Kreuz für Verdienst am Vaterland. Jetzt jedoch ist es in unserem Vaterlande so gekommen, daß auf der Straße öffentlich Broschüren gehandelt werden ‹Juden raus!›, öffentliche Aufforderungen zu Pogromen und Gewalttaten gegen die Juden. Ist die Judenhetze Tapferkeit oder Feigheit, wenn es im deutschen Staat bei 60 Millionen Menschen 1% Juden gibt?» Hindenburgs Büro bestätigte umgehend den Empfang des Briefes, und der Präsident ließ Frieda Friedmann wissen, daß er entschieden gegen Exzesse eingestellt sei, die an Juden verübt wurden. Der Brief wurde an Hitler weitergeleitet, und der schrieb an den Rand: «Die Behauptungen dieser Dame sind ein Schwindel! Es ist selbstverständlich nicht eine Aufforderung zum Progrom [sic] erfolgt!»[34]

Schließlich waren sich die Juden ebenso wie ein beträchtlicher Teil der deutschen Gesellschaft überhaupt insbesondere vor den Reichstagswahlen vom 5. März 1933 nicht sicher, ob sich die Nationalsozialisten an der Macht halten würden oder ob ein konservativer Militärputsch gegen sie noch möglich war. Manche jüdischen Intellektuellen warteten mit einigermaßen ungewöhnlichen Vorhersagen auf. «Die Prognose», schrieb Martin Buber am 14. Februar an den Philosophen und Pädagogen Ernst Simon, «hängt vom Ausgang der bevorstehenden Kämpfe zwischen den Regierungsgruppen ab. Es ist anzunehmen, daß eine Verschiebung des Machtverhältnisses zugunsten der Nationalsozialisten auch bei proportionaler Stärkung ihrer parlamentarischen Basis gegenüber den Deutschnationalen nicht zugestanden werden wird. In diesem Fall werden entweder die Hitlerleute trotzdem in der Regierung bleiben; dann werden sie in den Kampf gegen das Proletariat vorgeschickt und dadurch ihre Partei gespalten und vorerst ungefährlich gemacht.

Oder sie treten aus. ... Solange die gegenwärtige Koalition noch andauert, ist an eigentliche Judenhetzen oder Judengesetzgebungsakte nicht zu denken, nur an administrative Unterdrückung; eine antijüdische Legislative käme nur bei einer Machtverschiebung zugunsten der Nationalsozialisten in Betracht, die aber wie gesagt kaum zu erwarten ist; Judenhetzen kommen in Betracht für die Zeit zwischen einem Austritt der Nat. Soz. aus der Regierung und einer Erklärung des Ausnahmezustands.»[35]

III

Die politischen Hauptopfer des neuen Regimes und seines Terrorsystems waren zumindest in den ersten Monaten nach der Machtübernahme nicht Juden, sondern Kommunisten. Nach dem Reichstagsbrand vom 27. Februar führte die antikommunistische Jagd zur Verhaftung von fast 10 000 Parteimitgliedern und Sympathisanten und zu ihrer Inhaftierung in neugeschaffenen Konzentrationslagern. Dachau war am 20. März eingerichtet worden und wurde am 1. April von SS-Chef Heinrich Himmler offiziell eingeweiht.[36] Im Juni wurde SS-Gruppenführer Eicke Kommandant des Lagers, und ein Jahr später wurde er zum «Inspekteur der Konzentrationslager» ernannt: Unter der Ägide Himmlers war er zum Architekten der Lebens- und Todes-Routine der Lagerinsassen in Hitlers neuem Deutschland geworden.

Nach den Massenverhaftungen, die auf den Reichstagsbrand folgten, war es klar, daß die «kommunistische Bedrohung» nicht mehr existierte. Doch die Versessenheit des neuen Regimes auf Repression – und Innovation – ließ nicht nach; ganz im Gegenteil. Eine Verordnung des Reichspräsidenten vom 28. Februar hatte Hitler bereits Ausnahmebefugnisse verliehen. Zwar gelang es den Nationalsozialisten nicht, bei den Wahlen vom 5. März die absolute Mehrheit zu gewinnen, aber ihre Koalition mit der ultrakonservativen Deutschnationalen Volkspartei (DNVP) errang sie. Einige Tage später, am 23. März, begab sich der Reichstag seiner Funktionen, indem er das Ermächtigungsgesetz verabschiedete, das dem Reichskanzler uneingeschränkte legislative und exekutive Vollmachten gab. Das Tempo der Veränderungen, die nun folgten, war atemberaubend. Die Länder wurden gleichgeschaltet; im Mai wurden die Gewerkschaften aufgelöst und durch die Deutsche Arbeitsfront ersetzt; Mitte Juli gab es im Reich dann keine andere politische Partei mehr als die NSDAP. Die Unterstützung der Bevölkerung für diese Sturzflut von Aktivitäten und diese ständige Machtdemonstration wuchs lawinenartig an. In den Augen einer rasch zunehmenden Zahl von Deutschen war eine «nationale Wiedergeburt» im Gange.[37]

Man hat oft gefragt, ob die Nationalsozialisten über konkrete Ziele und präzise Pläne verfügten. Ungeachtet interner Spannungen und sich wandelnder Umstände wurden in den meisten Bereichen kurzfristige Ziele systematisch verfolgt und rasch erreicht. Doch die Endziele des Regimes, die Leitlinien der langfristigen Politik, wurden nur in Umrissen bestimmt, und konkrete Schritte zu ihrer Umsetzung wurden nicht formuliert. Doch diese vage formulierten langfristigen Ziele waren nicht nur als eine Art Richtlinien entscheidend, sondern auch als Indikatoren für grenzenlose Ambitionen und Erwartungen: Für Hitler und seine Clique waren sie Gegenstand echten Glaubens; sie mobilisierten die Energien der Partei und verschiedener Sektoren der Bevölkerung; und sie waren Ausdruck des Glaubens an die Richtigkeit des Weges.

Antijüdische Gewalttaten nahmen nach den Märzwahlen zu. Am 9. nahmen SA-Leute im Berliner Scheunenviertel Dutzende von osteuropäischen Juden fest. Diese Ostjuden, traditionell die erste Zielscheibe deutschen Judenhasses, waren auch die ersten, die als Juden in Konzentrationslager abtransportiert wurden. Am 13. März erzwang die örtliche SA in Mannheim die Schließung jüdischer Geschäfte; in Breslau wurden jüdische Anwälte und Richter im Gerichtsgebäude tätlich angegriffen; und in Gedern in Hessen brach die SA in jüdische Häuser ein und schlug «unter dem Beifall einer rasch anwachsenden Menschenmenge» die Bewohner zusammen. Die Liste vergleichbarer Vorfälle ist lang.[38] Es gab auch Morde. Im Bericht des Regierungspräsidenten von Niederbayern von Ende März heißt es: «Am 15. ds. Mts., früh gegen 6 Uhr, erschienen in einem Kraftwagen mehrere Männer in dunkler Uniform vor der Wohnung des israelitischen Güterhändlers Otto Selz in Straubing. Selz wurde von ihnen in Nachtkleidern aus der Wohnung geholt und in einem Kraftwagen entführt. Etwa um 9.30 wurde Selz in einem Wald bei Weng, Bezirksamt Landshut, erschossen aufgefunden. Der Kraftwagen soll aus der Richtung München-Landshut gekommen und auf der gleichen Strecke wieder zurückgefahren sein. Er war mit sechs Uniformierten besetzt und trug das Zeichen: II A. ... Mehrere Landleute wollen bei einigen Insassen des Wagens die rote Armbinde mit dem Hakenkreuz bemerkt haben.»[39] Am 31. März schickte Innenminister Wilhelm Frick an alle örtlichen Polizeireviere eine telegraphische Warnung, kommunistische Agitatoren, die in SA-Uniformen verkleidet seien und SA-Autokennzeichen benutzten, würden die Schaufensterscheiben jüdischer Geschäfte einschlagen und die Gelegenheit nutzen, um Unruhe zu stiften.[40] Bei derartigen Anschuldigungen gegen die Kommunisten handelte es sich um die übliche Desinformation der Nazis. Am 1. April berichtete das Polizeirevier Göttingen, das den am 28. März an jüdischen Geschäften und der örtlichen Synagoge angerichteten Schaden untersuchte, man habe zwei Mitglieder der kommunistischen Partei

1. Der Weg ins Dritte Reich

und einen Sozialdemokraten gefaßt, die im Besitz von Nazi-Uniformteilen gewesen seien; die Zentrale in Hildesheim wurde informiert, die Verhafteten seien diejenigen, welche antijüdische Aktionen begangen hätten.[41]

Ein großer Teil der ausländischen Presse behandelte die Gewalttaten der Nationalsozialisten ausführlich. Der *Christian Science Monitor* dagegen äußerte Zweifel an der Richtigkeit der Berichte über Nazigreuel und rechtfertigte später die Vergeltung gegen «Leute, die Lügen gegen Deutschland verbreiteten». Und Walter Lippmann, damals der prominenteste politische Kommentator in Amerika und selbst Jude, fand Worte des Lobes für Hitler und konnte sich einen Seitenhieb gegen die Juden nicht verkneifen. Abgesehen von diesen bemerkenswerten Ausnahmen nahmen die meisten amerikanischen Zeitungen hinsichtlich der antijüdischen Verfolgungsmaßnahmen kein Blatt vor den Mund.[42] Jüdische und nichtjüdische Proteste mehrten sich. Eben diese Proteste nahmen die Nationalsozialisten zum Vorwand für den berüchtigten Boykott jüdischer Geschäfte am 1. April 1933. Zwar wurde die Anti-Nazi-Kampagne in den Vereinigten Staaten bei einer Kabinettssitzung am 24. März in einiger Ausführlichkeit diskutiert,[43] aber die endgültige Entscheidung zugunsten des Boykotts wurde wahrscheinlich bei einer Zusammenkunft von Hitler und Goebbels am 26. März in Berchtesgaden getroffen. Doch schon Mitte März hatte Hitler es einem Komitee unter dem Vorsitz von Julius Streicher, dem Gauleiter von Franken und Herausgeber des *Stürmers*, der bösartigsten antijüdischen Zeitung der Partei, gestattet, die Vorbereitungen dafür in Angriff zu nehmen.

Tatsächlich war der Boykott schon von dem Augenblick an vorhersehbar gewesen, in dem die Nationalsozialisten an die Macht kamen. Von der Möglichkeit war in den beiden vorangegangenen Jahren,[44] als kleine jüdische Läden zunehmend schikaniert und jüdische Angestellte auf dem Arbeitsmarkt immer mehr diskriminiert worden waren, oft die Rede gewesen.[45] Unter den Nationalsozialisten wurde ein großer Teil der Agitation für antijüdische ökonomische Maßnahmen von einer bunt zusammengewürfelten Koalition von «Radikalen» initiiert, die teils der Nationalsozialistischen Betriebszellenorganisation (NSBO) unter der Leitung von Reinhold Muchow angehörten, teils dem Kampfbund für den gewerblichen Mittelstand Adrian von Rentelns oder verschiedenen Abteilungen der SA, die von Otto Wagener, einem Ökonomen und früheren geschäftsführenden Stabschef der SA, zu diesem Zweck mobilisiert wurden. Ihr gemeinsamer Nenner war das, was Gregor Strasser, die frühere Nummer Zwei in der Partei, einmal als «die antikapitalistische Sehnsucht»[46] bezeichnet hatte; der einfachste Weg, auf dem sie diese zum Ausdruck bringen konnten, war bösartiger Antisemitismus.

Derartigen Parteiradikalen werden wir in jedem wichtigen Stadium antijüdischer Politik bis hin zum Kristallnacht-Pogrom vom November 1938 begegnen. Im April 1933 lassen sie sich als Mitglieder der verschiedenen wirtschaftlichen Interessengruppen der Partei identifizieren, aber es gab unter ihnen auch Juristen wie Hans Frank (den künftigen Generalgouverneur des besetzten Polen) und Roland Freisler (den künftigen Präsidenten des Volksgerichtshofes) und Rassenfanatiker wie Gerhard Wagner und Walter Groß – von Streicher, Goebbels, der SA-Führung und, vor allen anderen, Hitler ganz zu schweigen. Doch in ihrer besonderen Rolle als Pressure-group bestanden die Radikalen hauptsächlich aus «alten Kämpfern» – aus SA-Mitgliedern und einfachen Parteiaktivisten, die mit dem Tempo der nationalsozialistischen Revolution, mit der Dürftigkeit der ihnen zugefallenen Beute und mit dem häufig privilegierten Status von Parteigenossen, die in der Staatsbürokratie Schlüsselstellungen innehatten, unzufrieden waren. Die Radikalen waren eine veränderliche, aber beträchtliche Kraft aus mißvergnügten Parteimitgliedern, die nach verstärkten Aktionen und nach dem Primat der Partei über den Staat lechzten.[47]

Der Einfluß der Radikalen sollte jedoch nicht überschätzt werden. Sie zwangen Hitler nie dazu, Maßnahmen zu ergreifen, die er nicht ergreifen wollte. Wenn ihre Forderungen als zu weitgehend betrachtet wurden, verwarf man ihre Initiativen. Die antijüdischen Beschlüsse vom Frühjahr 1933 erleichterten es dem Regime, die Gewalttätigkeit der SA in vom Staat kontrollierte Bahnen zu lenken;[48] für die Nationalsozialisten waren diese Maßnahmen natürlich auch um ihrer selbst willen willkommen.

Am 29. März unterrichtete Hitler das Kabinett über den geplanten Boykott von Geschäften in jüdischem Besitz und erklärte den Ministern, er selbst habe ihn gefordert. Er beschrieb die Alternative als spontane Gewalttaten der Bevölkerung. Ein zugelassener Boykott, so fügte er hinzu, würde gefährliche Unruhe vermeiden.[49] Die deutschnationalen Minister machten Einwendungen, und Präsident Hindenburg versuchte einzugreifen. Hitler verwarf jede mögliche Zurücknahme, aber zwei Tage später (am Tage vor dem geplanten Boykott) erwähnte er die Möglichkeit einer Verschiebung bis zum 4. April – falls die britische und die amerikanische Regierung auf der Stelle ihren Widerstand gegen die antideutsche Agitation in ihren Ländern erklärten; anderenfalls würde die Aktion am 1. April stattfinden, gefolgt von einer Wartephase bis zum 4. April.[50]

Am Abend des 31. erklärte sich die britische wie auch die amerikanische Regierung bereit, die erforderliche Erklärung abzugeben. Außenminister Konstantin Freiherr von Neurath gab jedoch bekannt, es sei zu spät für einen Kurswechsel; er sprach dann von Hitlers Entscheidung für eine eintägige Aktion, gefolgt von einer Wartephase.[51] In Wirklich-

1. Der Weg ins Dritte Reich

keit wurde die Möglichkeit, den Boykott am 4. April wieder aufzunehmen, nicht mehr in Erwägung gezogen.

Mittlerweile war vor allem in den Vereinigten Staaten und in Palästina die jüdische Führung in einem Zwiespalt: Sollte sie massenhafte Proteste und einen Gegenboykott gegen deutsche Waren unterstützen oder sollte aus Furcht vor weiteren «Vergeltungsmaßnahmen» gegen die Juden in Deutschland eine Konfrontation vermieden werden? Göring hatte eine Reihe von namhaften Vertretern der deutschen Juden zu sich bestellt und sie nach London geschickt, wo sie gegen die geplanten antideutschen Demonstrationen und Initiativen intervenieren sollten. Zugleich telegraphierten am 26. März Kurt Blumenfeld, der Präsident der Zionistischen Vereinigung für Deutschland, und Julius Brodnitz, der Präsident des Central-Vereins, an das American Jewish Committee in New York: «Wir protestieren kategorisch gegen Abhaltung Montagmeeting Radio und sonstiger Demonstrationen Stop Verlangen unbedingt energische Bemuehungen zur Einwirkung auf Unterlassung deutschfeindlicher Kundgebungen.»[52] Durch Beschwichtigung der Nazis hoffte die besorgte deutsch-jüdische Führung dem Boykott zu entgehen.

Die Leitung der jüdischen Gemeinschaft in Palästina entschied sich ungeachtet des Drucks der öffentlichen Meinung ebenfalls für Vorsicht. Sie schickte ein Telegramm an die Reichskanzlei, in dem sie versicherte, «daß keine autorisierte Körperschaft in Palästina einen Handelsboykott gegen Deutschland erklärt habe oder zu erklären beabsichtige».[53] Die führenden Persönlichkeiten der amerikanischen Juden waren sich nicht einig; die meisten jüdischen Organisationen in den Vereinigten Staaten waren gegen Massendemonstrationen und wirtschaftliche Aktionen, hauptsächlich aus Furcht davor, den Präsidenten und den Außenminister in Verlegenheit zu bringen.[54] Zögernd und unter dem Druck von Gruppen wie den Jewish War Veterans entschied sich der American Jewish Congress schließlich anders. Am 27. März fanden in mehreren amerikanischen Städten Protestversammlungen statt, an denen sich auch Führer der Kirchen und der Arbeiterbewegung beteiligten. Was den Boykott deutscher Waren anging, so breitete er sich als emotionale Basisbewegung aus, die im Laufe der Monate zunehmend institutionelle Unterstützung fand, zumindest außerhalb Palästinas.[55]

Goebbels' Erregung war nicht zu bezähmen. In seiner Tagebucheintragung für den 27. März schrieb er: «Ich diktiere einen scharfen Aufsatz gegen die Greuelhetze der Juden. Schon seine Ankündigung läßt die ganze Mischpoke [sic; jiddisch für «Familie»] zusammenknicken. Man muß solche Methoden anwenden. Großmut imponiert den Juden nicht.» 28. März: «Ich telephoniere mit dem Führer. Der Boykottaufruf wird heute veröffentlicht. Panik unter den Juden!» 29. März: «Ich versammle meine Referenten um mich und entwickle ihnen die Organisation des

Boykotts.» 30. März: «Der Boykott ist in der Organisation fertig. Wir brauchen jetzt nur auf einen Knopf zu drücken, dann läuft er an.»[56] 31. März: «Viele lassen die Köpfe hängen und sehen Gespenster. Sie meinen, der Boykott würde zum Krieg führen. Wenn wir uns wehren, können wir nur Achtung gewinnen. Wir halten in kleinem Kreise eine letzte Besprechung ab und beschließen, daß der Boykott morgen in aller Schärfe beginnen soll. Er wird einen Tag durchgeführt und dann von einer Pause bis Mittwoch abgelöst. Geht die Hetze im Ausland zu Ende, dann wird er abgestoppt, im anderen Falle beginnt dann der Kampf bis aufs Messer.»[57] 1. April: «Der Boykott gegen die Weltgreuelhetze ist in Berlin und im ganzen Reich in voller Schärfe entbrannt. Das Publikum», fügte Goebbels hinzu, «hat sich überall solidarisch erklärt.»[58]

Im Prinzip hätte der Boykott der jüdischen Bevölkerung ernsthafte wirtschaftliche Schäden zufügen können, denn 1933 waren, wie Avraham Barkai schreibt, «über 60 Prozent aller jüdischen Erwerbstätigen ..., ähnlich wie 1925 und auch schon 1907, im Sektor Handel und Verkehr konzentriert, die überwältigende Mehrheit davon im Wareneinzelhandel. Auch die im Sektor Industrie und Handwerk aufgeführten Juden waren zum größten Teil Inhaber mittelständischer Betriebe und Handwerker.»[59] In Wirklichkeit stieß die Aktion der Nazis jedoch sogleich auf Probleme.[60]

Die breite Bevölkerung stand dem Boykott oft gleichgültig gegenüber und hatte manchmal sogar ein Interesse daran, in «jüdischen» Läden zu kaufen. Dem *Völkischen Beobachter* vom 3. April zufolge versuchten in Hannover einige Käufer, sich mit Gewalt Zugang zu einem in jüdischem Besitz befindlichen Laden zu verschaffen.[61] In München führten wiederholte Ankündigungen über den bevorstehenden Boykott bei in jüdischem Besitz befindlichen Läden in den letzten Märztagen (die Öffentlichkeit wußte noch nicht, wie lange der Boykott dauern würde) zu so regen Geschäften, daß der *Völkische Beobachter* die «Unvernunft eines Teiles des Publikums» beklagte, «das sein sauer verdientes Geld den Volksfeinden und hinterlistigen Verleumdern geradezu aufdrängte».[62] Am Tage des Boykotts blieben viele jüdische Geschäfte geschlossen oder schlossen früh. Große Scharen von Zuschauern blockierten in den Geschäftsvierteln des Stadtzentrums die Straßen, um sich den Ablauf der Ereignisse anzusehen: Sie waren passiv, aber sie zeigten keineswegs die Feindseligkeit gegenüber den «Volksfeinden», welche die Parteiagitatoren erwartet hatten.[63] Martha Appel, die Frau eines Dortmunder Rabbiners, bestätigt in ihren Memoiren eine ähnlich passive und gewiß nicht feindselige Einstellung bei den Menschenmengen auf den Straßen im Geschäftsviertel dieser Stadt. Sie berichtet sogar, sie habe viele Äußerungen der Unzufriedenheit mit dieser Initiative der Nationalsozialisten gehört.[64] Diese Atmosphäre scheint in den meisten Teilen des Reiches

1. Der Weg ins Dritte Reich

verbreitet gewesen zu sein. Der zweimonatliche Polizeibericht in der bayerischen Stadt Bad Tölz ist knapp und eindeutig: «Das einzige jüdische Geschäft ‹Cohn› am Fritzplatz hier wurde nicht boykottiert.»[65]

Zum Mangel an Begeisterung in der Bevölkerung kam erschwerend hinzu, daß sich eine Vielzahl unvorhergesehener Fragen einstellte: Wie sollte ein «jüdisches» Unternehmen definiert werden? Durch seinen Namen, durch das Judentum seiner Geschäftsleitung oder durch jüdische Kontrolle über sein Kapital oder Teile davon? Wenn das Unternehmen geschädigt würde, was würde dann, in einer Zeit der wirtschaftlichen Krise, mit seinen arischen Angestellten geschehen? Was würden, etwa bei einer Vergeltung durch das Ausland, die allgemeinen Konsequenzen dieser Aktion für die deutsche Wirtschaft sein?

Auch wenn der Aprilboykott einige Zeit lang gedroht hatte, war er doch ganz eindeutig eine improvisierte Aktion. Er mag das Ziel verfolgt haben, die antijüdischen Initiativen der SA und anderer Radikaler zu kanalisieren; deutlich zu machen, daß langfristig die Basis jüdischer Existenz in Deutschland zerstört werden würde; oder, naheliegender, nach Art der Nationalsozialisten auf ausländische Proteste gegen die Behandlung der deutschen Juden zu reagieren. Welches auch die verschiedenen Motivationen gewesen sein mögen, Hitler praktizierte eine Form der Führung, die für seine antijüdischen Aktionen der nächsten Jahre charakteristisch werden sollte: Er bestimmte gewöhnlich einen *scheinbaren* Kompromißkurs zwischen den Forderungen der Parteiradikalen und den pragmatischen Vorbehalten der Konservativen, wodurch er in der Öffentlichkeit den Eindruck erweckte, er selbst stehe über den Details der Operation.[66] Eine derartige Zurückhaltung war offensichtlich taktischer Natur; im Falle des Boykotts war sie vom Zustand der Wirtschaft und von der Furcht vor internationalen Reaktionen diktiert.[67]

Für einige in Deutschland lebende Juden hatte der Boykott trotz seines prinzipiellen Scheiterns unerwartete und unangenehme Konsequenzen. Ein solcher Fall war der des Arthur B., eines polnischen Juden, der am 1. Februar mit seiner Kapelle von «vier deutschen Musikern (darunter eine Frau)» angestellt worden war, um im Café Corso in Frankfurt am Main zu spielen. Einen Monat später wurde B.s Vertrag bis zum 30. April verlängert. Am 30. März wurde B. von der Besitzerin des Cafés gekündigt, weil er Jude war. B. wandte sich an das Arbeitsgericht in Frankfurt, um die Zahlung des ihm für den Monat April geschuldeten Geldes zu erreichen. Die Besitzerin, so argumentierte er, hatte, als sie ihn einstellte, gewußt, daß er polnischer Jude sei. Sie sei mit der Leistung der Kapelle zufrieden gewesen und habe daher kein Recht, ihn fristlos und ohne Zahlung zu entlassen. Das Gericht wies seine Klage ab und erlegte ihm die Kosten auf; es entschied, daß die durch jüdische Hetze gegen Deutschland geschaffenen Umstände – die dazu geführt hatten, daß einige Gäste die Entlassung des Kapellmeisters verlangt und Drohungen von der zuständigen Gauführung überbracht hatten, das Café Corso werde als jüdisches Unternehmen boykottiert werden, falls Arthur B. noch weiter dort tätig sein sollte – der Beklagten erheblichen Schaden hätten zufügen können und daher einen hinlänglichen Grund für die Entlassung darstellten. «Ob die Beklagte bereits bei dem Engagement wußte, daß der Kläger ein Jude war, ist unerheblich», schloß das Gericht, «da die nationale Revolution mit ihren für das Judentum einschneidenden Folgen erst nach der Einstellung des Klägers erfolgte und die Beklagte damals gar nicht wissen konnte, daß die Zugehörigkeit des Klägers zur jüdischen Rasse späterhin noch eine so bedeutende Rolle spielen sollte.»[68]

Die Möglichkeit weiterer Boykottaktionen blieb offen. «Wir geben Ihnen hiermit davon Kenntnis», hieß es in einem Brief des Zentralkomitees der Boykottbewegung in München an die Gauleitung Hannover Süd, «daß das ... Zentralkomitee zur Abwehr der jüdischen Greuel- und Boykotthetze (Zentralkomitee der Boykottbewegung) nach wie vor weiterarbeitet. Die Tätigkeit dieser Dienststelle soll sich jedoch mehr im Stillen abspielen. Wir bitten Sie um Beobachtung und Meldung von Korruptionsfällen und anderen wirtschaftlichen Vorgängen, bei welchen Juden eine üble Rolle spielen. Ihre Kreisleitungen bzw. Ortsgruppen wollen Sie dann in geeigneter Form mit obigem Sachverhalt bekannt machen. Der letzten intern-parteilichen Anordnung des stellvertretenden Führers, Pg. Hess, gemäß sollen Verlautbarungen des Zentralkomitees vorher vorgelegt werden.»[69]

Zugleich wurde es allerdings Hitler selbst zunehmend klar, daß das jüdische Wirtschaftsleben nicht offen beeinträchtigt werden durfte, jedenfalls so lange nicht, wie die deutsche Wirtschaft in einer prekären Lage war. Eine Furcht vor ökonomischer Vergeltung durch das Ausland, ob von den Juden inszeniert oder als Ausdruck echter Empörung über die Verfolgungen durch die Nazis, verband die Nationalsozialisten mit ihren konservativen Verbündeten und zwang zu zeitweiliger Mäßigung. Als im Sommer 1934 Hjalmar Schacht die Leitung der Reichsbank verlassen hatte, um Wirtschaftsminister zu werden, wurde die Nichteinmischung in jüdische Geschäftstätigkeit quasi offiziell vereinbart. So ergab sich eine potentielle Quelle der Spannung zwischen Parteiaktivisten und den oberen Rängen von Partei und Staat.

Wie die deutsche kommunistische Zeitschrift *Rundschau*, die mittlerweile in der Schweiz erschien, schrieb, wurden nur die kleineren jüdischen Geschäfte – also die ärmeren Juden – durch den Boykott der Nationalsozialisten geschädigt. Große Unternehmen wie das in Berlin ansässige Verlagsimperium Ullstein oder in jüdischem Besitz befindliche Banken – also das jüdische Großkapital – wurden angeblich überhaupt

1. Der Weg ins Dritte Reich

nicht in Mitleidenschaft gezogen.[70] Was hier lediglich als Äußerung marxistischer Orthodoxie erschien, war zum Teil wahr, denn wenn man eine jüdische Warenhauskette wie Tietz geschädigt hätte, dann hätte das deren 14 000 Angestellte arbeitslos machen können.[71] Genau aus diesem Grund billigte Hitler persönlich die Bewilligung eines Kredits an Tietz, um dessen aktuelle finanzielle Schwierigkeiten zu lindern.[72]

Bei Ullstein, einem der größten Verlage in Deutschland (er hatte ein eigenes Druckhaus und gab Zeitungen, Zeitschriften und Bücher heraus), richtete die in dem Unternehmen tätige NS-Betriebszelle am 21. Juni einen Brief an Hitler, in dem sie die katastrophalen Folgen eines heimlichen fortgesetzten Boykotts für die Beschäftigten der jüdischen Firma schilderte: «Der Verlag Ullstein, der am Tage des offiziellen Boykotts als lebenswichtiger Betrieb vom Boykott ausgenommen war», schrieb der Zellenleiter an Hitler, «hat z. Zt. besonders stark durch die Boykott-Bewegung zu leiden. Die Belegschaft ist zu einem großen Teil in der Partei, zum noch größeren Teil in der Zelle organisiert. Diese Belegschaft wird mit jedem Tag über die wöchentlich und monatlich vorgenommenen Entlassungen erregt und ersucht mich dringend, bei den zuständigen Stellen vorstellig zu werden, damit nicht die Existenz vieler Tausender braver Volksgenossen gefährdet wird. Die Verlagserscheinungen sind z. T. bis über die Hälfte der früheren Auflagenziffern zurückgegangen. Mir werden täglich geradezu haarsträubende Boykottfälle gemeldet. Z. B. wird seit langer Zeit die Aufnahme des Leiters der Ullstein-Agentur Freienwalde in die Partei mit der Begründung verweigert, daß er als Angestellter des Verlages ein Schädling der Bewegung wäre.»[73]

Dies war auch so schon kompliziert genug, aber die kommunistische *Rundschau* hätte noch mehr Anlaß zum Grübeln gehabt, wenn sie von den vielen Widersprüchen in den Einstellungen großer deutscher Banken und Aktiengesellschaften gegenüber antijüdischen Maßnahmen gewußt hätte. Zunächst einmal gab es Überbleibsel der Vergangenheit. So saßen im März 1933, als Hans Luther als Präsident der Reichsbank durch Schacht abgelöst wurde, im achtköpfigen Arbeitsausschuß der Bank immer noch drei jüdische Bankiers und unterzeichneten die Genehmigung seiner Ernennung.[74] Diese Situation blieb nicht mehr sehr lange bestehen. Infolge des Drängens von Schacht und des ständigen Drucks der Partei vertrieben die Banken des Landes Juden aus ihren Vorständen; so wurden beispielsweise Oskar Wassermann und Theodor Frank aus dem Vorstand der Deutschen Bank entlassen.[75] Symptomatisch für ein gewisses Maß an Unbehagen über diesen Schritt ist, daß die Entlassungen mit (natürlich nie erfüllten) Versprechungen einer möglichen Wiederbeschäftigung verknüpft wurden.[76]

In den ersten Jahren des Regimes gibt es jedoch Anzeichen für eine ziemlich unerwartete Mäßigung und sogar Hilfsbereitschaft von seiten der Großunternehmen bei ihrem Umgang mit nichtarischen Firmen. Ein Drängen auf Geschäftsübergabe und sonstige Formen rücksichtsloser Ausnutzung des geschwächten Status der Juden kamen hauptsächlich von kleineren oder mittleren Unternehmen und zumindest bis Herbst 1937 viel weniger aus den höheren Rängen der Wirtschaft.[77] Einige große Gesellschaften behielten sogar jahrelang jüdische leitende Angestellte in ihren Diensten. Doch es wurden gewisse Vorsichtsmaßnahmen ergriffen. So wurden bei der I. G. Farben, obwohl die meisten jüdischen Vorstandsmitglieder des Chemiegiganten noch eine Zeitlang blieben, die engsten jüdischen Mitarbeiter des Präsidenten Carl Bosch wie Ernst Schwarz und Edmund Pietrowski auf Positionen außerhalb des Reiches versetzt, der eine nach New York, der andere in die Schweiz.[78]

Sehr exponierte Juden mußten natürlich gehen. Innerhalb von wenigen Monaten wurde der Bankier Max Warburg aus einem Aufsichtsrat nach dem anderen ausgeschlossen. Als er aus dem Aufsichtsrat der Hamburg-Amerika-Linie vertrieben wurde, wurden die Würdenträger, die sich zu seiner Verabschiedung versammelt hatten, Zeugen einer seltsamen Szene. Da angesichts der Umstände anscheinend niemand anders eine Abschiedsrede parat hatte, hielt der jüdische Bankier selbst eine Ansprache: «Zu unserem großen Bedauern», so begann er, «haben wir davon Kenntnis nehmen müssen, daß Sie den Entschluß gefaßt haben, aus dem Aufsichtsrat der Gesellschaft auszuscheiden, ja, diesen Entschluß als unwiderruflich bezeichneten», und er schloß nicht weniger passend: «Und nun wünsche ich Ihnen, lieber Herr Warburg, einen ruhigen Lebensabend, Glück und Segen in ihrer Familie.»[79]

IV

Als die Nationalsozialisten an die Macht kamen, konnten sie im Prinzip auf die Ziele ihrer antijüdischen Politik zurückgreifen, wie sie im 25-Punkte-Programm vom 24. Februar 1920 niedergelegt waren. Die Punkte 4, 5, 6 und 8 behandelten konkrete Aspekte der «Judenfrage». Punkt 4: «Staatsbürger kann nur sein, wer Volksgenosse ist. Volksgenosse kann nur sein, wer deutschen Blutes ist, ohne Rücksichtnahme auf Konfession. Kein Jude kann daher Volksgenosse sein.» Punkt 5: «Wer nicht Staatsbürger ist, soll nur als Gast in Deutschland leben können und muß unter Fremdengesetzgebung stehen.» Punkt 6: «Das Recht, über Führung und Gesetze des Staates zu bestimmen, darf nur dem Staatsbürger zustehen.» Punkt 8: «Jede weitere Einwanderung Nichtdeutscher ist zu verhindern. Wir fordern, daß alle Nichtdeutschen, die seit 2. August 1914 in Deutschland eingewandert sind, sofort zum Verlassen des Deutschen Reiches gezwungen werden.» Punkt 23 verlangte, daß die Kontrolle der deutschen Presse ausschließlich in deutschen Händen liegen sollte.[80]

Nichts in diesem Programm verwies darauf, wie diese Ziele erreicht werden sollten, und das Scheitern des Boykotts vom April 1933 ist ein gutes Beispiel dafür, daß Deutschlands neue Herren auf ihre neuen Aufgaben ganz und gar nicht vorbereitet waren. Doch zumindest in ihrer antijüdischen Politik wurden die Nationalsozialisten bald Meister der Improvisation; indem sie die Hauptpunkte ihres Programms von 1920 als kurzfristige Ziele übernahmen, lernten sie sie immer systematischer zu verfolgen.

Am 9. März übermittelte Staatssekretär Hans Heinrich Lammers ein Ersuchen des Reichskanzlers an Innenminister Frick. Dieser wurde von Hitler aufgefordert, die Anregung von Staatssekretär Paul Bang vom Reichswirtschaftsministerium in Erwägung zu ziehen, wonach gegenüber den osteuropäischen Juden «eine bewußt völkische Gesetzgebung» zu verfolgen sei: Verbot weiterer Einwanderung, Aufhebung von Namensänderungen, die nach 1918 stattgefunden hatten, und Ausweisung einer gewissen Anzahl derjenigen, die nicht eingebürgert worden waren.[81] Innerhalb einer Woche reagierte Frick, indem er an alle Länder einen Runderlaß sandte:

«Zur Einleitung einer völkischen Politik ist erforderlich:

1. Die Zuwanderung von Ostjuden abzuwehren,
2. Ostjuden, die sich ohne Aufenthaltserlaubnis in Deutschland befinden, zu entfernen,
3. Ostjuden nicht mehr einzubürgern.»[82]

Bangs Vorschläge standen in Einklang mit den Punkten 5 (über Einbürgerung) und 8 (über Einwanderung) des Parteiprogramms von 1920. Überdies hatten schon 1932 sowohl der deutschnationale Innenminister Wilhelm Freiherr von Gayl als auch der Nationalsozialist Helmut von Nicolai konkrete Vorschläge zu den osteuropäischen Juden formuliert,[83] und einen Monat bevor Frick seine Richtlinien ausgab, hatte das preußische Innenministerium bereits die Initiative ergriffen, um einen Erlaß zurückzunehmen, der zuvor an die Polizei gerichtet worden war, um die Vertreibung von Ostjuden zu vermeiden, die von der Polizei «feindlicher Aktivitäten» beschuldigt worden waren, aber seit langem in Deutschland gelebt hatten.[84] Am 14. Juli 1933 wurden diese Maßnahmen durch das Gesetz über den Widerruf von Einbürgerungen und die Aberkennung der deutschen Staatsangehörigkeit verschärft, das den Widerruf von Einbürgerungen forderte, die zwischen dem 9. November 1918 und dem 30. Januar 1933 erfolgt waren.[85]

Die gegen die sogenannten Ostjuden ergriffenen Maßnahmen wurden durch die Gesetze vom April 1933 in den Schatten gestellt.[86] Das erste von ihnen – wegen seiner Definition des Juden das grundlegendste – war das Gesetz zur Wiederherstellung des Berufsbeamtentums vom 7. April. Dieses Gesetz zielte in seiner allgemeinsten Intention darauf, die gesamte Regierungsbürokratie umzugestalten, um ihre Loyalität gegenüber dem neuen Regime sicherzustellen. Seine Ausschließungsmaßnahmen, die für mehr als zwei Millionen staatlicher und städtischer Beschäftigter galten, waren gegen die politisch Unzuverlässigen, hauptsächlich Kommunisten und andere Gegner der Nationalsozialisten, und gegen die Juden gerichtet.[87] Paragraph 3 des Gesetzes, der dann später als «Arierparagraph» bezeichnet wurde, lautet: «1. Beamte, die nicht arischer Abstammung sind, sind in den Ruhestand zu versetzen.» (In Absatz 2 waren Ausnahmen aufgezählt, die später noch behandelt werden.) Am 11. April definierte die erste Verordnung zu diesem Gesetz «nichtarisch» folgendermaßen: «Als nicht arisch gilt, wer von nichtarischen, insbesondere jüdischen Eltern oder Großeltern abstammt. Es genügt, wenn ein Elternteil oder ein Großelternteil nicht arisch ist.»[88]

Zum ersten Mal seit der Vollendung der Emanzipation der deutschen Juden im Jahre 1871 hatte eine Regierung per Gesetz eine Diskriminierung der Juden neu eingeführt. Bis zu diesem Zeitpunkt hatten die Nationalsozialisten die extremste antijüdische Propaganda entfesselt und Juden unter der Annahme, daß sie sich irgendwie als Juden identifizieren ließen, mißhandelt, boykottiert und getötet, aber es war noch keine förmliche Entrechtung, die auf einer ausschließenden Definition basierte, in die Wege geleitet worden. Die Definition als solche war – ganz gleich, welches ihre genauen Kriterien in Zukunft sein sollten – die notwendige Ausgangsbasis aller Verfolgungen, die danach kommen sollten.[89]

Wilhelm Frick war am Zustandekommen des Berufsbeamtengesetzes unmittelbar beteiligt; dieselbe Gesetzgebung hatte er dem Reichstag schon im Mai 1925 vorgeschlagen. Am 24. März 1933 legte er das Gesetz dem Kabinett vor. Am 31. März oder am 1. April intervenierte Hitler wahrscheinlich zugunsten des Vorschlags. Die Atmosphäre, in der sich der Boykott abspielte, trug zweifellos zur schnellen Ausarbeitung des Textes bei. Obwohl der Rahmen des Gesetzes sehr weit gefaßt war, stellte die antijüdische Regelung seinen eigentlichen Kern dar.[90]

Die Definition der jüdischen Abstammung im Beamtengesetz war die allgemeinste und umfassendste, und die Bestimmungen zur Einschätzung jedes Zweifelsfalles waren so streng wie möglich. In den Details des Gesetzes finden wir Spuren des antisemitischen und völkischen Eifers von Achim Gercke, dem Spezialisten für Rassenforschung im Innenministerium,[91] einem Mann, der in seiner Studentenzeit in Göttingen mit einiger Unterstützung von Hochschullehrern und Verwaltung da-

1. Der Weg ins Dritte Reich

mit begonnen hatte, eine Kartei aller in Deutschland lebenden Juden – definiert durch die Rassentheorie, also nach jüdischen Vorfahren – aufzustellen.[92] Für Gercke beschränkten sich die antijüdischen Gesetze nicht auf ihren unmittelbaren und konkreten Gegenstand; sie hatten auch eine «erzieherische» Funktion: Durch sie wird «das ganze Volk... über die Judenfrage aufgeklärt, lernt begreifen, daß die Volksgemeinschaft eine Blutsgemeinschaft ist, erfaßt zum ersten Male den Rassegedanken und wird von der allzu theoretischen Behandlung der Judenfrage abgelenkt und vor die tatsächliche Lösung gestellt.»[93]

Die Zahl der Juden in der Beamtenschaft war im Jahre 1933 klein. Infolge der Intervention Hindenburgs (auf eine Petition des Reichsbundes Jüdischer Frontsoldaten hin, die auch von dem alten Feldmarschall August von Mackensen unterstützt wurde) fielen Kriegsteilnehmer und Beamte, deren Väter oder Söhne im Ersten Weltkrieg gefallen waren, nicht unter das Gesetz. Darüber hinaus waren Beamte, die am 1. August 1914 bereits im Staatsdienst gewesen waren, ebenfalls freigestellt.[94] Alle anderen wurden zwangspensioniert.

Die Gesetzgebung über jüdische Rechtsanwälte veranschaulicht noch deutlicher als der ökonomische Boykott, wie Hitler zwischen widersprüchlichen Forderungen von seiten der radikalen Nationalsozialisten einerseits und seiner Verbündeten aus der DNVP andererseits lavierte. Ende März hatten schon im ganzen Reich tätliche Angriffe gegen jüdische Juristen stattgefunden. In Dresden wurden jüdische Richter und Anwälte aus ihren Büros und sogar während der Verhandlungen aus Gerichtssälen geholt und meistens zusammengeschlagen. Der *Vossischen Zeitung* zufolge (die in der *Jüdischen Rundschau* vom 28. März zitiert wird) drang in Gleiwitz in Schlesien «eine größere Zahl junger Burschen ... in das Gerichtsgebäude ein und mißhandelte mehrere jüdische Rechtsanwälte. Der 70jährige Justizrat Kochmann wurde ins Gesicht geschlagen, andere Anwälte mit Faustschlägen traktiert. Eine jüdische Assessorin wurde von Justizbeamten in Schutzhaft genommen. Die Gerichtsverhandlungen mußten unterbrochen werden. Polizei besetzte schließlich das Gebäude, um weitere Störungen zu verhindern.»[95] In ganz Deutschland gab es Dutzende von ähnlichen Vorfällen. Gleichzeitig verkündeten örtliche Nazigrößen wie der bayerische Justizminister Hans Frank und der preußische Justizminister Hanns Kerrl aus eigener Initiative Maßnahmen zur sofortigen Entlassung aller jüdischen Anwälte und Beamten.

Der Staatssekretär im Justizministerium Franz Schlegelberger meldete Hitler, diese örtlichen Initiativen ließen eine völlig neue Situation entstehen und verlangten eine rasche Gesetzgebung, um einen neuen, einheitlichen juristischen Rahmen zu schaffen. Schlegelberger wurde von seinem Minister, dem DNVP-Mitglied Franz Gürtner, unterstützt.

Das Justizministerium hatte eine Verordnung vorbereitet, die jüdischen Anwälten die Zulassung aberkannte – auf derselben Grundlage, aber auch mit denselben Ausnahmen hinsichtlich Kriegsteilnehmern und ihren Angehörigen sowie langer Dienstjahre wie unter dem Beamtengesetz. Auf der Kabinettssitzung vom 7. April sprach sich Hitler eindeutig für Gürtners Vorschlag aus. Er vertrat die Auffassung, «daß man im Augenblick ... nur das Notwendige regeln solle».[96] Die Verordnung wurde am selben Tage verabschiedet und am 11. April veröffentlicht.

Infolge der Ausnahmen waren die anfänglichen Auswirkungen des Gesetzes relativ glimpflich. Von den 4585 Rechtsanwälten, die in Deutschland praktizierten, durften 3167 (oder fast 70 Prozent) ihre Arbeit fortsetzen; 336 jüdische Richter und Staatsanwälte von insgesamt 717 wurden ebenfalls im Amt belassen.[97] Im Juni 1933 stellten Juden immer noch mehr als 16 Prozent aller praktizierenden Anwälte in Deutschland.[98] Diese Statistik sollte jedoch nicht falsch interpretiert werden. Auch wenn jüdische Anwälte immer noch praktizieren durften, wurden sie aus dem Deutschen Anwaltsverein ausgeschlossen und nicht in dessen Jahrbuch, sondern in einem besonderen Verzeichnis aufgeführt; alles in allem arbeiteten sie ungeachtet der Unterstützung durch einige arische Institutionen und Individuen unter einem «Boykott durch Furcht».[99]

Die Agitation der NS-Kader gegen jüdische Ärzte blieb nicht weit hinter den Angriffen auf jüdische Juristen zurück. So versuchte beispielsweise dem *Israelitischen Familienblatt* vom 2. März zufolge Arno Hermann, ein SS-Arzt, eine Patientin davon abzubringen, einen jüdischen Arzt namens Ostrowski zu konsultieren. Das ärztliche Ehrengericht, vor dem Ostrowskis Klage verhandelt wurde, verdammte die Initiative Hermanns. Daraufhin startete Leonardo Conti, der neuernannte NS-Kommissar für besondere Verwendung im preußischen Innenministerium, in einem vom *Völkischen Beobachter* veröffentlichten Artikel einen heftigen Angriff gegen den Spruch des Ehrengerichts. Im Namen des Primats von «innerster Überzeugung» und «Weltanschauung» vertrat Conti die Auffassung, «jeder nicht entarteten Frau muß und wird es im Innersten widerstreben, sich von einem jüdischen Frauenarzt behandeln zu lassen; das hat nichts mit Rassenhaß zu tun, sondern das ist eine ärztliche Forderung, daß ein Band des Verstehens vom seelenverwandten Arzt zum Patienten sich schlingen muß».[100]

Hitler war mit Ärzten noch vorsichtiger als mit Rechtsanwälten. In der Kabinettssitzung vom 7. April meinte er, Maßnahmen gegen sie müßten verschoben werden, bis es gelungen sei, eine umfassende Aufklärungskampagne zu organisieren.[101] In diesem Stadium waren jüdische Ärzte aus Kliniken und Krankenhäusern, die von der staatlichen Krankenkasse betrieben wurden, erst de facto ausgeschlossen, wobei

1. Der Weg ins Dritte Reich 43

einige sogar weiterhin dort praktizieren durften. So waren Mitte 1933 fast 11 Prozent aller praktizierenden deutschen Ärzte Juden. Hier sieht man ein weiteres Beispiel für Hitlers Pragmatismus im konkreten Fall: Tausende jüdischer Ärzte bedeuteten Zehntausende deutscher Patienten. Die Beziehungen zwischen diesen Ärzten und einer sehr großen Zahl von Patienten zu stören hätte unnötige Unzufriedenheit hervorrufen können. Hitler zog es vor abzuwarten.

Am 25. April wurde das Gesetz gegen die Überfüllung deutscher Schulen und Hochschulen verabschiedet. Es richtete sich ausschließlich gegen nichtarische Schüler und Studenten.[102] Das Gesetz beschränkte die Aufnahme neuer jüdischer Schüler und Studenten in jeder einzelnen deutschen Schule oder Universität auf 1,5 Prozent der Gesamtzahl neuer Bewerber, wobei die Gesamtzahl jüdischer Schüler oder Studenten in jeder Institution 5 Prozent nicht übersteigen durfte. Kinder von Frontsoldaten aus dem Ersten Weltkrieg und solche, die aus Mischehen stammten, welche vor der Verabschiedung des Gesetzes geschlossen waren, fielen nicht unter die Quote. Die Absicht des Regimes wurde in der Presse sorgfältig erklärt. So hieß es in der *Deutschen Allgemeinen Zeitung* vom 27. April: «Ein Volk von Selbstachtung kann vor allem seine höheren Tätigkeiten nicht in so weitem Maße wie bisher durch Fremdstämmige vornehmen lassen.... Die Zulassung eines im Verhältnis zum Volksganzen zu großen Anteils Fremdstämmiger würde als Anerkennung der geistigen Überlegenheit anderer Rassen gedeutet werden können, die mit Entschiedenheit abzulehnen ist.»[103]

Die Aprilgesetze und die Ergänzungsverordnungen, die nun folgten, zwangen mindestens zwei Millionen Staatsbedienstete und Zehntausende von Rechtsanwälten, Ärzten, Studenten und vielen anderen, nach angemessenen Beweisen für ihre arische Abstammung zu suchen; derselbe Prozeß verwandelte Zehntausende von Priestern, Pastoren, Gemeindebeamten und Archivaren in Menschen, die lebenswichtige Zeugnisse einwandfreier Blutsreinheit recherchierten und lieferten; wohl oder übel wurden diese Menschen zum Teil einer völkischen bürokratischen Maschinerie, die mit dem Nachforschen, Überprüfen und Aussondern begonnen hatte.[104]

Nicht selten kamen die unwahrscheinlichsten Fälle zum Vorschein, und die Menschen, um die es dabei ging, verfingen sich in dem bizarren, aber unerbittlichen bürokratischen Prozeß, der von der neuen Gesetzgebung ausgelöst worden war. So stiftete in den nun folgenden sechs Jahren das Gesetz vom 7. April Unheil im Leben eines gewissen Karl Berthold, der am Versorgungsamt in Chemnitz angestellt war.[105] Nach einem Brief des Amtes in Chemnitz vom 17. Juni 1933, der an das Hauptversorgungsamt in Dresden gerichtet war, «wurde festgestellt, daß bei dem Kanzleiangestellten Karl Berthold der Verdacht besteht, daß er *möglicherweise* von Vaters Seite *nicht* arischer Abstammung ist.»[106] Der Brief verwies darauf, Berthold sei aller Wahrscheinlichkeit nach der illegitime Sohn eines jüdischen Zirkus«künstlers» namens Carl Blumenfeld und einer arischen Mutter, die vor sechzehn Jahren gestorben war. Am 23. Juni unterbreitete das Dresdener Amt den Fall dem Arbeitsministerium mit der Bemerkung, unzweideutige dokumentarische Beweise stünden nicht zur Verfügung, Bertholds äußere Erscheinung zerstreue nicht den Verdacht nichtarischer Abstammung, andererseits dürfe aber die Tatsache, daß er im Hause seines Großvaters mütterlicherseits «im christlichen, streng militärisch nationalen Sinne» erzogen worden sei, «zu Gunsten des B. sprechen, so daß die Eigenschaften der nicht arischen Rasse, falls er väterlicherseits belastet wäre, durch die Erziehung ausgeglichen sein dürften.»[107]

Am 21. Juli reichte das Arbeitsministerium Bertholds Akte (zu der mittlerweile 17 beigeheftete Dokumente gehörten) an das Innenministerium weiter und bat um rasche Begutachtung. Am 8. September gab Achim Gercke, der Spezialist des Ministeriums für Rassenforschung, sein Gutachten ab: Die Vaterschaft Carl Blumenfelds wurde bestätigt, aber Gercke konnte nicht umhin zu erwähnen, daß Blumenfeld allen verfügbaren Daten zufolge bei der Empfängnis von Karl Berthold erst 13 Jahre alt gewesen sein mußte: «Die Unmöglichkeit dieser Tatsache kann nicht angenommen werden», schrieb Gercke, «da bei den Juden die Geschlechtsreife früher einsetzt und ähnliche Fälle bekannt sind.»[108]

Es dauerte nicht lange, bis das Hauptamt in Dresden von Gerckes Berechnungen in Kenntnis gesetzt wurde und selbst einige simple Rechnungen anstellte. Am 26. September 1933 schrieb das Dresdener Amt an das Arbeitsministerium und wies darauf hin, daß, da Berthold am 23. März 1890 – als Blumenfeld noch nicht 13 Jahre alt war – geboren war, die Empfängnis des Kindes zu einem Zeitpunkt stattgefunden haben müsse, «in dem der Artist Carl Blumenfeld erst 11 1/2 Jahre alt war. Es fällt aber schwer anzunehmen», hieß es weiter in dem Brief aus Dresden, «daß ein 11 1/2 Jahre alter Junge mit einem damals 25 Jahre alten Mädchen ein Kind gezeugt haben soll.» Das Dresdener Amt verlangte, daß man das Offensichtliche anerkannte: Karl Berthold war nicht Carl Blumenfelds Kind.[109] Natürlich wurde diese Auffassung verworfen.

Bertholds Geschichte, die sich mit ihren Höhen und Tiefen bis 1939 fortsetzte, ist in vieler Hinsicht gleichnishaft; sie wird sporadisch immer wieder auftauchen, bis hin zu der paradoxen Entscheidung, die Bertholds Schicksal besiegelte.

Als Denunziationen in Massen eingingen, kam es dazu, daß auf allen Ebenen der Beamtenschaft Untersuchungen angestellt wurden. Es bedurfte einer persönlichen Intervention Hitlers, um Nachforschungen nach den Vorfahren von Leo Killy, einem Ministerialrat der Reichskanz-

1. Der Weg ins Dritte Reich 45

lei, dem man vorwarf, er sei Volljude, ein Ende zu machen. Killys Familienpapiere reinigten ihn von jedem Verdacht, zumindest in den Augen Hitlers.[110] Die Verfahrensweisen wechselten: Fräulein M., die lediglich den Wunsch hatte, einen Beamten zu heiraten, wollte sich hinsichtlich ihrer arischen Abstammung versichern, da der Name ihrer Großmutter, Goldmann, gewisse Zweifel aufwerfen konnte. Die Untersuchung wurde in Professor Otmar von Verschuers Abteilung für Erblehre im Kaiser-Wilhelm-Institut für Anthropologie, menschliche Erblehre und Eugenik in Berlin durchgeführt. Eine der Fragen, die Verschuers Spezialisten beantworten mußten, lautete: «Läßt sich Fräulein M. als nichtarisch in dem Sinne beschreiben, daß sie auf Grund ihrer seelischen Einstellung, ihrer Umgebung oder ihrer äußeren Erscheinung von einem Laien als solche erkannt werden kann?» Die «genetische Untersuchung», die auf Fotos von Fräulein M.s Verwandten und auf Aspekten ihrer eigenen körperlichen Erscheinung basierte, erbrachte überaus positive Resultate. Der Bericht schloß sämtliche Zeichen jüdischen Wesens aus. Zwar hatte Fräulein M. «eine schmale, hohe und gebogen vorstehende Nase», aber er kam zu dem Schluß, daß sie diese Nase von ihrem Vater (nicht von der mit dem Namen Goldmann belasteten Großmutter) geerbt hatte und somit rein arisch war.[111]

Im September 1933 wurde es Juden verboten, Bauernhöfe zu besitzen oder Landwirtschaft zu treiben. In demselben Monat wurde unter der Kontrolle des Propagandaministeriums die Reichskulturkammer gegründet, was es Goebbels ermöglichte, die Beteiligung von Juden am kulturellen Leben des neuen Deutschland einzuschränken. (Ihre systematische Vertreibung, die sich dann nicht nur auf Schriftsteller und Künstler richtete, sondern auch auf Inhaber wichtiger Unternehmungen im kulturellen Bereich, wurde aus wirtschaftlichen Gründen bis 1935 aufgeschoben.)[112] Ebenfalls unter der Ägide von Goebbels' Propagandaministerium wurde Juden die Zugehörigkeit zum Journalistenverband untersagt, und am 4. Oktober wurde es ihnen verboten, als Zeitungsherausgeber tätig zu sein. Die deutsche Presse war gesäubert. (Genau ein Jahr später erkannte Goebbels jüdischen Herausgebern und Journalisten das Recht zur Berufstätigkeit zu, aber dies nur im Rahmen der jüdischen Presse.)[113]

Im Rassedenken der Nationalsozialisten bezog die deutsche Volksgemeinschaft ihre Stärke aus der Reinheit ihres Blutes und aus ihrer Verwurzelung in der heiligen deutschen Erde. Eine derartige Rasseneinheit war die Voraussetzung für überlegenes Kulturschaffen und für die Errichtung eines machtvollen Staates, welcher den Sieg im Kampf um das Überleben als Rasse und um Herrschaft garantierte. Von Anfang an verwiesen daher die Gesetze von 1933 auf die Ausschließung der Juden aus allen Schlüsselbereichen dieser utopischen Vision: das waren die

Staatsverwaltung (das Berufsbeamtengesetz), die biologische Gesundheit der Volksgemeinschaft (das Ärztegesetz), das soziale Gefüge der Gemeinschaft (die Ausschließung jüdischer Rechtsanwälte), die Kultur (die Gesetze über Schulen, Universitäten, die Presse, die Kulturschaffenden) und schließlich die heilige Erde (das Bauerngesetz). Von diesen Gesetzen war das Berufsbeamtengesetz das einzige, das in diesem frühen Stadium in vollem Umfang angewendet wurde, aber die symbolischen Aussagen, welche diese Gesetze machten, und die ideologische Botschaft, die sie vermittelten, waren unmißverständlich.

Sehr wenige deutsche Juden spürten, was die NS-Gesetze an nacktem, langfristigem Terror mit sich bringen würden. Zu diesen wenigen gehörte Georg Solmssen, Vorstandssprecher der Deutschen Bank und Sohn eines orthodoxen Juden. In einem an den Vorsitzenden des Aufsichtsrats der Bank gerichteten Brief vom 9. April wies Solmssen darauf hin, daß selbst der nichtnazistische Teil der Bevölkerung die neuen Maßnahmen als «selbstverständlich» betrachtete, und fügte hinzu: «Ich fürchte, wir stehen noch am Anfange einer Entwicklung, welche zielbewußt, nach wohlaufgelegtem Plane auf wirtschaftliche und moralische Vernichtung aller in Deutschland lebenden Angehörigen der jüdischen Rasse, und zwar völlig unterschiedslos, gerichtet ist. Die völlige Passivität der nicht zur nationalsozialistischen Partei gehörigen Klassen, der Mangel jedes Solidaritätsgefühls, der auf Seite derer zu Tage tritt, die bisher in den fraglichen Betrieben mit jüdischen Kollegen Schulter an Schulter gearbeitet haben, der immer deutlicher werdende Drang, aus dem Freiwerden von Posten selbst Nutzen zu ziehen, und das Totschweigen der Schmach und des Schams, die unheilbar allen denen zugefügt wurden, die, obgleich schuldlos, von heute auf morgen die Grundlagen ihrer Existenz vernichtet sehen – alles dies zeigt eine so hoffnungslose Lage, daß es verfehlt wäre, den Dingen nicht ohne jeden Beschönigungsversuch ins Gesicht zu sehen.»[114]

Zwischen den Äußerungen der extremsten antisemitischen Programme deutscher Konservativer zu Anfang des Jahrhunderts und den Maßnahmen der Nationalsozialisten in den ersten Jahren des neuen Regimes bestand eine gewisse Übereinstimmung. In seiner Untersuchung über das deutsche Beamtentum hat Hans Mommsen auf die Ähnlichkeit zwischen dem «Arierparagraphen» des Berufsbeamtengesetzes vom April 1933 und dem sogenannten Tivoli-Programm der Konservativen Partei von 1892 verwiesen.[115] Der erste Absatz dieses Programms lautete: «Wir bekämpfen den vielfach sich vordrängenden und zersetzenden jüdischen Einfluß auf unser Volksleben. Wir verlangen für das christliche Volk eine christliche Obrigkeit und christliche Lehrer für christliche Schüler.»[116]

1. Der Weg ins Dritte Reich

Mit anderen Worten, die Konservativen verlangten den Ausschluß der Juden von allen Regierungspositionen und von jedem Einfluß auf deutsche Bildung und Kultur. Und was die Hauptstoßrichtung der bevorstehenden Nürnberger Gesetze von 1935 angeht – Absonderung der Juden nach rassischen Kriterien und Unterwerfung der jüdischen Gemeinschaft als solcher unter ein «Fremdenrecht» –, so waren solche Forderungen schon von radikalen konservativen Antisemiten erhoben worden; insbesondere Heinrich Claß, der Vorsitzende des Alldeutschen Verbandes, hatte in einem berüchtigten Pamphlet mit dem Titel *Wenn ich der Kaiser wär'*, das 1912 erschienen war, solche Forderungen erhoben. So brachte, auch wenn das, was zum Handlungsprogramm der Nationalsozialisten werden sollte, ihre Schöpfung war, die Gesamtentwicklung der deutschen Rechtsparteien in den Weimarer Jahren eine Reihe von antijüdischen Parolen und Forderungen hervor, welche die extrem nationalistischen Parteien (insbesondere die DNVP) mit den Nationalsozialisten teilten.

Die konservative Staatsverwaltung hatte zu jüdischen Fragen manchmal Positionen der Nationalsozialisten vorweggenommen. Das Außenministerium beispielsweise versuchte schon einige Zeit vor der Machtergreifung durch die Nationalsozialisten, den NS-Antisemitismus zu verteidigen. Nach Januar 1933 intensivierten leitende Beamte des Ministeriums mit dem Segen von Staatssekretär Bernhard Wilhelm von Bülow und Außenminister Neurath diese Bemühungen.[117] Im Frühjahr 1933 wurde die antijüdische Propagandatätigkeit im Außenministerium dadurch unterstützt, daß man ein neues Referat Deutschland einrichtete, dem speziell diese Aufgabe übertragen wurde.

Im preußischen Innenministerium beteiligte sich Staatssekretär Herbert von Bismarck von der DNVP mit nicht geringerer Heftigkeit an dem antijüdischen Kreuzzug als NS-Minister Frick. Offenbar gereizt durch die vor kurzem veröffentlichte Biographie seines Großonkels Otto, des Eisernen Kanzlers, die von Emil Ludwig (der eigentlich Emil Ludwig Kohn hieß) verfaßt war, verlangte Bismarck, jüdischen Autoren solle die Verwendung von Pseudonymen untersagt werden. Überdies werde, wie es Bismarck formulierte, «der Nationalstolz empfindlich verletzt durch diejenigen Fälle, in denen Juden mit ostjüdischen Namen sich besonders schöne deutsche Familiennamen beigelegt haben, wie z. B. Harden, Olden, Hinrichsen u. ä. Ich halte es für dringend geboten, eine Überprüfung der vorgenommenen Namensänderungen mit dem Ziele vorzunehmen, in Fällen dieser Art die Änderung wieder rückgängig zu machen.»[118]

Am 6. April 1933 begann – auf eine Initiative hin, die ihren Ursprung wahrscheinlich im preußischen Innenministerium hatte – ein kurzfristig eingerichtetes Komitee mit der Arbeit an einem Entwurf für ein Gesetz zur Regelung der Stellung der Juden. Wiederum waren die Deutschnationalen in dem achtköpfigen Ausschuß stark vertreten. Ein Exemplar des Entwurfes, das im Juli 1933 an den Leiter des Referats Deutschland im Außenministerium geschickt wurde, blieb in den Archiven der Wilhelmstraße erhalten. Der Entwurf schlägt die Ernennung eines «Volkswarts» zur Behandlung jüdischer Angelegenheiten vor und verwendet den Begriff «Judenrat» bei der Definition der zentralen Organisation, welche die Juden Deutschlands bei ihren Verhandlungen mit den Behörden, insbesondere mit dem Volkswart, vertreten sollte. Bereits in dem Entwurf sind viele der diskriminierenden Maßnahmen enthalten, die dann später ergriffen werden sollten,[119] auch wenn diese Initiative zum damaligen Zeitpunkt zu nichts führte. So stimmte zumindest streckenweise die Politik der Nationalsozialisten gegen die Juden mit den antisemitischen Programmen überein, die von den deutschen Konservativen mehrere Jahrzehnte vor Hitlers Machtergreifung aufgestellt worden waren.[120]

Und doch war die Beschränkung der ökonomischen Maßnahmen gegen die Juden auch eine konservative Forderung, und sämtliche in die Aprilgesetze eingeführten Ausnahmen waren von der prominentesten konservativen Gestalt, die es gab, von Präsident Hindenburg, angeregt worden. Hitler wußte ganz genau, wie wesentlich verschieden sein eigener antijüdischer Trieb von dem traditionellen Antisemitismus des alten Feldmarschalls war, und in seiner Antwort auf Hindenburgs Ersuchen vom 4. April, das sich auf Ausnahmen von den Ausschließungen von Juden aus dem öffentlichen Dienst bezog, beschränkte er sich auf die üblichen gemäßigten antijüdischen Argumente der moderaten Sorte von Konservativen, zu der Hindenburg gehörte. Tatsächlich war dies Hitlers erste längere Aussage über die Juden, seit er Kanzler geworden war.

Zu Beginn seines Briefes vom 5. April gebrauchte Hitler das Argument einer jüdischen «Überflutung». Im Hinblick auf den öffentlichen Dienst argumentierte der NS-Führer, die Juden seien, als fremdländisches Element und als ein geschicktes Volk, in Regierungsstellungen gelangt und gäben «hier das Senfkorn für eine Korruption ab ..., von deren Umfang man heute noch keine annähernd genügende Vorstellung besitzt». Die internationale jüdische «Greuel- und Boykotthetze» dränge zu Maßnahmen, die ihrem Wesen nach defensiver Natur seien. Dennoch versprach Hitler, daß Hindenburgs Forderung hinsichtlich der jüdischen Frontkämpfer erfüllt werden würde. Dann ging er zu einem seltsam warnenden Finale über: «Überhaupt soll ja das erste Ziel dieses Reinigungsprozesses nur sein, ein gewisses gesundes und natürliches Verhältnis wiederherzustellen, und zweitens aus bestimmten staatswichtigen Stellen Elemente zu entfernen, denen man nicht Sein oder

Nichtsein des Reiches anvertrauen kann. Denn es wird sich in den nächsten Jahren nicht vermeiden lassen, dafür zu sorgen, daß gewisse Vorgänge, die der übrigen Welt aus höheren Staatsgründen nicht mitgeteilt werden können, auch tatsächlich verschwiegen bleiben.»[121]

Erneut benutzte Hitler in vollem Umfang einige der Hauptdogmen des konservativen Antisemitismus, als da waren: die Überrepräsentation von Juden in einigen Schlüsselbereichen des gesellschaftlichen und beruflichen Lebens, ihre Stellung als nichtassimiliertes und daher fremdländisches Element in der Gesellschaft, der unheilvolle Einfluß ihrer (liberalen oder revolutionären) Aktivitäten, insbesondere nach dem November 1918. Weimar, so pflegten die Konservativen lautstark zu behaupten, war eine «Judenrepublik». Eigens für den Feldmarschall und preußischen Grundbesitzer hatte Hitler nicht zu erwähnen vergessen, daß im alten preußischen Staat die Juden kaum Zugang zum öffentlichen Dienst gehabt hatten und daß das Offizierskorps von ihnen freigehalten worden war. Es lag eine gewisse Ironie darin, daß wenige Tage nach Hitlers Brief an Hindenburg der alte Feldmarschall selbst eine Anfrage von Prinz Carl von Schweden, dem Präsidenten des Schwedischen Roten Kreuzes, über die Lage der Juden in Deutschland zu beantworten hatte. Der Text von Hindenburgs Brief nach Schweden wurde in Wirklichkeit von Hitler diktiert, wobei der erste Entwurf, der von Hindenburgs Büro angefertigt worden war, erheblich abgeändert wurde (jedes Eingeständnis von Gewalttaten gegen Juden wurde unterschlagen, und das Standardthema der Überschwemmung des Reiches durch Juden aus dem Osten wurde stark hervorgehoben).[122] So sandte der Reichspräsident mit seiner eigenen Unterschrift einen Brief, der nicht sehr von dem verschieden war, den Hitler am 5. April an ihn gerichtet hatte. Bald aber war dann Hindenburg nicht mehr da, und diese Quelle des Ärgers war Hitler nicht mehr im Wege.

V

Im März 1933 untersagte die Stadt Köln Juden die Benutzung städtischer Sportanlagen.[123] Vom 3. April an mußten in Preußen Anträge von Juden auf Namensänderung dem Justizministerium vorgelegt werden, «um die Verschleierung der Abstammung zu verhindern».[124] Am 4. April schloß der deutsche Boxer-Verband alle jüdischen Boxer aus.[125] Am 8. April sollten alle jüdischen Dozenten und Assistenten an Universitäten des Landes Baden unverzüglich entlassen werden.[126] Am 18. April entschied der Gauleiter von Westfalen, daß einem Juden das Verlassen des Gefängnisses nur gestattet werden würde, wenn die beiden Personen, die das Gesuch auf Entlassung unter Stellung einer Kaution eingereicht hätten, oder der Arzt, von dem das medizinische Gutachten stammte, bereit wären, an seiner Stelle ins Gefängnis zu gehen.[127] Am 19. April wurde der Gebrauch des Jiddischen auf Viehmärkten in Baden verboten.[128] Am 24. April wurde die Verwendung jüdischer Namen zum Buchstabieren im Telefonverkehr untersagt.[129] Am 8. Mai verbot es der Bürgermeister von Zweibrücken Juden, auf dem nächsten Jahrmarkt Stände zu mieten.[130] Am 13. Mai wurde die Änderung jüdischer Namen in nichtjüdische verboten.[131] Am 24. Mai wurde die restlose Arisierung der Deutschen Turnerschaft angeordnet, wobei die vollständige arische Abstammung aller vier Großeltern gefordert wurde.[132] Während im April jüdische Ärzte aus Einrichtungen der staatlichen Krankenversicherung ausgeschlossen worden waren, erging im Mai an Einrichtungen der privaten Versicherung die Anordnung, medizinische Ausgaben für die Behandlung durch jüdische Ärzte nur dann zu vergüten, wenn die Patienten selbst Nichtarier waren. Getrennte Listen jüdischer und nichtjüdischer Ärzte sollten bis zum Juni fertig sein.[133]

Am 10. April hatte der Staatspräsident und Minister für Kultus- und Bildungswesen von Hessen vom Bürgermeister der Stadt Frankfurt verlangt, das Heinrich-Heine-Denkmal solle von seinem Standort entfernt werden. Am 18. Mai antwortete der Bürgermeister, «daß die Broncefigur in der Nacht vom 26.–27. 4. 1933 gewaltsam von ihrem Sockel heruntergeworfen wurde. Die leicht beschädigte Plastik ist entfernt und im Keller des Völkermuseums gelagert worden.»[134]

Tatsächlich verging im Frühjahr 1933, wie man der Stuttgarter Stadtchronik entnehmen kann, kaum ein Tag, an dem nicht auf die eine oder andere Weise irgendein Aspekt der «Judenfrage» in Erscheinung trat. Am Vorabend des Boykotts verließen mehrere bekannte ortsansässige jüdische Ärzte, Rechtsanwälte und Industrielle das Land.[135] Am 5. April beging der Sportler und Geschäftsmann Fritz Rosenfelder Selbstmord. Sein Freund, das Flieger-As des Weltkriegs Ernst Udet, flog über den Friedhof, um einen Kranz abzuwerfen.[136] Am 15. April verlangte die NSDAP die Streichung von Berthold Heymann, einem früheren württembergischen Minister, der Sozialdemokrat (und Jude) war, aus der Wählerliste.[137] Am 20. April verhandelte das Stuttgarter Schöffengericht in Abwesenheit gegen den Chefarzt am Marienhospital, Dr. Caesar Hirsch. Einer seiner Angestellten sagte aus, er habe erklärt, er werde nicht nach Nazideutschland zurückkehren, «da er in einem solchen Vaterland nicht mehr leben könne».[138] Am 27. April demonstrierten in der Königsstraße 300 Menschen gegen die Eröffnung einer Filiale der in jüdischem Besitz befindlichen Schuhfirma Etam.[139] Am 29. April wurde ein jüdischer Tierarzt, der seinen Dienst im Schlachthaus wieder aufnehmen wollte, von mehreren Fleischern bedroht und «in Gewahrsam» genommen.[140] Und so ging es weiter, Tag für Tag.

1. Der Weg ins Dritte Reich

In seiner Studie über die NS-Machtergreifung in der Kleinstadt Northeim bei Hannover (die bei ihm Thalburg heißt) schildert William Sheridan Allen eindrücklich das sich wandelnde Schicksal der 120 Juden der Stadt. Zumeist kleine Geschäftsleute, hatten sie und ihre Familien sich weitgehend assimiliert und waren seit Generationen ein untrennbarer Bestandteil der Gemeinde gewesen. Im Jahre 1932 hatte ein jüdischer Herrenausstatter das 230. Jubiläum der Gründung seines Ladens gefeiert.[141] Allen berichtet von einem Bankier namens Braun, der große Anstrengungen unternahm, um seine deutschnationale Haltung zu bewahren und die zunehmend beleidigenden Maßnahmen, die von den Nationalsozialisten ergriffen wurden, zu übersehen: «Auf den besorgten Rat, er solle doch Thalburg verlassen, erwiderte er: ‹Wohin soll ich gehen? Hier bin ich der Bankier Braun. Überall sonst wäre ich der Jude Braun.›»[142]

Andere Juden in Thalburg waren nicht so zuversichtlich. Innerhalb weniger Monate war das Ergebnis für alle dasselbe. Einige zogen sich aus den verschiedenen Vereinen und gesellschaftlichen Organisationen, denen sie angehört hatten, zurück; andere erhielten unter unterschiedlichen Vorwänden Kündigungsschreiben. «So klärte sich», wie Allen es formuliert, «die Stellung der Juden in Thalburg rasch, bestimmt bis Ende des ersten halben Jahres von Hitlers Regime. ... Der neue Zustand wurde zu einem Teil des alltäglichen Lebens; man hatte sich mit ihm abgefunden. Die Thalburger Juden wurden einfach aus der Gemeinde im ganzen ausgeschlossen.»[143]

Für die junge Hilma Geffen-Ludomer, das einzige jüdische Kind im Berliner Vorort Rangsdorf, bedeutete das Gesetz gegen die Überfüllung deutscher Schulen und Hochschulen eine totale Veränderung. Die «nette, nachbarschaftliche Atmosphäre» endete «abrupt. ... Plötzlich hatte ich keine Freunde mehr. Ich hatte keine Freundinnen mehr, und viele Nachbarn hatten Angst, mit uns zu reden. Manche von den Nachbarn, die wir besuchten, sagten zu mir: ‹Komm nicht mehr, weil ich Angst habe. Wir sollen keinen Kontakt zu Juden unterhalten.›» Lore Gang-Saalheimer, die 1933 elf Jahre alt war und in Nürnberg lebte, konnte in ihrer Schule bleiben, da ihr Vater vor Verdun gekämpft hatte. Trotzdem «kam es immer öfter vor, daß nichtjüdische Kinder zu mir sagten: ‹Nein, ich kann nicht mehr mit dir von der Schule nach Hause gehen. Ich kann mich nicht mehr mit dir sehen lassen.›»[144] «Mit jedem Tag der Naziherrschaft», schrieb Martha Appel, «wurde die Kluft zwischen uns und unseren Mitbürgern weiter. Freunde, mit denen wir lange Jahre hindurch freundschaftlich verbunden waren, kannten uns nicht mehr. Plötzlich stellten wir fest, daß wir eben doch anders waren als sie.»[145]

Bei der allgemeinen Volkszählung im Juni 1933 wurden deutsche Juden wie alle anderen Bürger nach ihrer religiösen Zugehörigkeit und

Nationalität definiert und gezählt, aber ihre Erfassungskarten enthielten mehr Details als die von anderen Bürgern. Nach der offiziellen *Statistik des Deutschen Reiches* bezweckte die Sonderzählung «einen Überblick über die biologischen und sozialen Verhältnisse des Judentums im Deutschen Reich, soweit es nach der Frage der Religionszugehörigkeit erfaßt werden konnte». Eine Ausdehnung der Auszählung «auf das im Deutschen Reich ansässige Judentum (der Rasse nach)» war noch nicht möglich.[146]

VI

Das Gesetz zur Verhütung erbkranken Nachwuchses wurde am 14. Juli 1933 erlassen, an dem Tage, an dem alle politischen Parteien mit Ausnahme der NSDAP formell zu existieren aufhörten und das Gesetz gegen die Ostjuden (Aberkennung der Staatsbürgerschaft, Beendigung der Einwanderung und so fort) in Kraft trat. Das neue Gesetz ermöglichte die Sterilisierung aller Personen, bei denen angeblich erbliche Krankheiten wie Schwachsinn, Schizophrenie, manisch-depressives Irresein, angeborene Epilepsie, Veitstanz, angeborene Blindheit, angeborene Taubheit und starker Alkoholismus festgestellt worden waren.[147]

Die Entwicklung, die zu dem Gesetz vom Juli 1933 führte, machte sich bereits in der Weimarer Zeit bemerkbar. Unter den Eugenikern verloren die Vertreter einer «positiven Eugenik» an Boden, und die «negative Eugenik» – mit ihrem Schwergewicht auf der Ausschließung, also hauptsächlich der Sterilisierung der Träger von zu Behinderungen führenden Erbkrankheiten – gewann selbst in offiziellen Institutionen die Oberhand: So beherrschte ein Trend, der sich vor dem Ersten Weltkrieg in den westlichen Ländern in großem Umfang abgezeichnet hatte, zunehmend die deutsche Szene.[148] Wie in so vielen anderen Bereichen war der Krieg von entscheidender Bedeutung: Wurden nicht die Jungen und die körperlich Tauglichen auf dem Schlachtfeld niedergemetzelt, während die Behinderten und die Untauglichen geschützt wurden? War nicht die Wiederherstellung des genetischen Gleichgewichts ein bedeutendes national-völkisches Gebot? Das ökonomische Denken fügte seine eigene Logik hinzu: Die sozialen Kosten für den Unterhalt geistig und körperlich Behinderter, deren Fortpflanzung die Belastung nur noch vergrößern würde, wurden als unerschwinglich betrachtet.[149] Diese Denkweise war weitverbreitet und keineswegs eine Domäne der radikalen Rechten. Zwar wurde in dem Entwurf eines Sterilisierungsgesetzes, der im Juli 1932 der preußischen Regierung vorgelegt wurde, noch die *freiwillige* Sterilisierung in Fällen erblicher Defekte betont,[150] aber der Gedanke der *zwangsweisen* Sterilisierung

1. Der Weg ins Dritte Reich

verbreitete sich anscheinend.[151] Der entscheidende Wandel fand jedoch mit der Machtergreifung statt.

Die neue Gesetzgebung wurde von unermüdlichen Aktivisten wie Arthur Gütt gefördert, der nach Januar 1933 die Gesundheitsabteilung der NSDAP mit detaillierten Denkschriften eindeckte. Es dauerte nicht lange, und Leonardo Conti ließ Gütt auf eine leitende Stellung im Reichsinnenministerium berufen.[152] Der grundlegende Unterschied zwischen den von Gütt vorgeschlagenen und im Gesetz zur Verhütung erbkranken Nachwuchses verankerten Maßnahmen und der gesamten früheren Gesetzgebung über die Sterilisierung war in der Tat das Element des Zwanges. In Paragraph 12 Absatz 1 des neuen Gesetzes war bestimmt, daß eine Sterilisierung, sobald sie beschlossen war, «auch gegen den Willen des Unfruchtbarzumachenden» durchgeführt werden konnte.[153] Diese Unterscheidung gilt für die meisten Fälle und auf der offiziellen Ebene. Es sieht jedoch so aus, als seien selbst vor 1933 in einigen psychiatrischen Institutionen Patienten ohne ihre eigene Einwilligung oder die ihrer Familien sterilisiert worden.[154] Zwischen Mitte 1933 und Ende 1937 wurden etwa 200 000 Menschen sterilisiert.[155] Bis zum Kriegsende war diese Zahl auf 400 000 angewachsen.[156]

Vom Beginn der Sterilisierungspolitik bis zur scheinbaren Beendigung der Euthanasie im August 1941 – und bis zum Beginn der «Endlösung» etwa um dieselbe Zeit – entwickelten sich die politischen Maßnahmen gegen die Behinderten und die Geisteskranken einerseits und die Juden andererseits gleichzeitig und parallel. Diese beiden Politiken hatten jedoch verschiedene Ursprünge und verschiedene Ziele. Während Sterilisierung und Euthanasie ausschließlich darauf zielten, die Reinheit der Volksgemeinschaft zu fördern, und durch Kosten-Nutzen-Rechnungen unterstützt wurden, war die Absonderung und Vernichtung der Juden – obwohl gleichfalls ein rassischer «Reinigungsprozeß» – hauptsächlich ein Kampf gegen einen aktiven, schreckenerregenden Feind, von dem man meinte, er gefährde das bloße Überleben Deutschlands und der arischen Welt. So wurde zusätzlich zu dem Ziel der rassischen Säuberung, welches mit dem der Sterilisierungs- und Euthanasiekampagne identisch war, und im Kontrast zu ihm der Kampf gegen den Juden als eine Konfrontation von apokalyptischen Ausmaßen gesehen.

2.
Einverstandene Eliten, bedrohte Eliten

I

Am Samstag, dem 25. März 1933, trafen in Niederstetten, einer südwestdeutschen Kleinstadt, etwa 30 SA-Männer aus Heilbronn ein. Sie brachen in die wenigen jüdischen Häuser der Gegend ein, schleppten die Männer ins Rathaus und schlugen sie brutal zusammen, während die örtlichen Polizisten am Eingang des Gebäudes Wache hielten. Die Szene wiederholte sich an diesem Morgen im benachbarten Creglingen, wo die 18 jüdischen Männer, die sich in der Synagoge befanden, ebenfalls im Rathaus zusammengetrieben wurden. Dort führten die Mißhandlungen zum Tod des 67jährigen Hermann Stern und einige Tage später des 53jährigen Arnold Rosenfeld.

Im Sonntagsgottesdienst am Tage darauf wurde Hermann Umfrid, der Pastor der lutherischen Kirche von Niederstetten, deutlich. Seine Predigt war sorgfältig formuliert: Sie begann mit den üblichen Ausdrükken des Vertrauens auf das neue Regime und einigen negativen Bemerkungen über die Juden. Dann wandte sich Umfrid jedoch den Geschehnissen des Vortages zu: «Nur die Obrigkeit darf strafen, und alle Obrigkeit hat über sich die Obrigkeit Gottes und darf Strafe nur handhaben gegen die Bösen und nur wenn gerechtes Gericht gesprochen ist. Was gestern in dieser Stadt geschah, das war nicht recht. Helfet alle, daß der Ehrenschild des deutschen Volkes blank sei!» Als die Angriffe gegen Pastor Umfrid begannen, wagte es keine örtliche, regionale oder nationale Institution der Kirche, ihm zu Hilfe zu kommen oder auch nur die schüchternsten Einwände gegen Gewalttaten an Juden zu äußern. Im Januar 1934 forderte der Kreisleiter Umfrid auf, sein Amt niederzulegen. Zunehmend gepeinigt von dem Gedanken, daß möglicherweise nicht nur er, sondern auch seine Frau und ihre vier Töchter in ein Konzentrationslager abtransportiert werden würden, beging der Geistliche Selbstmord.

Acht Jahre und acht Monate später, am 28. November 1941 um 14.04 Uhr, verließ der erste Transport von Juden den Bahnhof Niederstetten. Eine zweite Gruppe bestieg den Zug im April 1942 und die dritte und letzte im August desselben Jahres. Von den 42 Juden, die aus Niederstetten abtransportiert wurden, überlebten nur drei.[1]

Der Boykott der jüdischen Geschäfte war der erste große landesweite Test für die Einstellung der christlichen Kirchen zur Lage der Juden unter der neuen Regierung. Der Historiker Klaus Scholder schreibt: «Kein Bischof, keine Kirchenleitung, keine Synode wandte sich in den entscheidenden Tagen um den 1. April öffentlich gegen die Verfolgung der Juden in Deutschland.»[2] In einer Radioansprache, die am 4. April 1933 in die Vereinigten Staaten ausgestrahlt wurde, rechtfertigte Bischof Otto Dibelius, der prominenteste deutsche protestantische Geistliche, die Aktionen des neuen Regimes; er leugnete selbst, daß in den Konzentrationslagern irgendwelche Brutalitäten vorkämen, und behauptete, der Boykott – den er als vernünftige Verteidigungsmaßnahme bezeichnete – verlaufe in «Ruhe und Ordnung».[3] Seine Sendung war keine einmalige Verirrung. Wenige Tage später schickte Dibelius an alle Pastoren seiner Provinz ein vertrauliches österliches Sendschreiben: «Meine lieben Brüder! Für die letzten Motive, aus denen die völkische Bewegung hervorgegangen ist, werden wir alle nicht nur Verständnis, sondern volle Sympathie haben. Ich habe mich trotz des bösen Klanges, den das Wort vielfach angenommen hat, immer als Antisemiten gewußt. Man kann nicht verkennen, daß bei allen zersetzenden Erscheinungen der modernen Zivilisation das Judentum eine führende Rolle spielt.»[4]

Die Reaktion der katholischen Kirche auf den Boykott war nicht grundlegend anders. Am 31. März bat auf Vorschlag des Berliner Geistlichen Bernhard Lichtenberg Oskar Wassermann, der Direktor der Deutschen Bank in Berlin und Präsident der Arbeitsgemeinschaft der Konfessionen für den Frieden, Adolf Johannes Kardinal Bertram, den Vorsitzenden der Deutschen Bischofskonferenz, er möge gegen den Boykott Einspruch erheben. Bertram, der selber vor einer Intervention zurückscheute, befragte daraufhin andere führende deutsche Prälaten nach ihrer Meinung, wobei er hervorhob, der Boykott sei Teil eines Wirtschaftskampfes, der mit unmittelbaren Kircheninteressen nichts zu tun habe. Aus München telegraphierte Kardinal Faulhaber an Bertram: «Aussichtslos. Würde verschlimmern. Übrigens schon Rückgang.» Für Erzbischof Conrad Gröber aus Freiburg bestand das Problem nur darin, daß konvertierte Juden unter den boykottierten Kaufleuten ebenfalls in Mitleidenschaft gezogen wurden.[5] Unternommen wurde nichts.

In einem Brief, den Faulhaber etwa um dieselbe Zeit an den vatikanischen Staatssekretär Eugenio Kardinal Pacelli, den nachmaligen Papst Pius XII., richtete, schrieb er: «Uns Bischöfen wird zur Zeit die Frage vorgelegt, warum die katholische Kirche nicht, wie sooft in der Kirchengeschichte, für die Juden eintrete. Das ist zur Zeit nicht möglich, weil der Kampf gegen die Juden zugleich ein Kampf gegen die Katholiken werden würde und weil die Juden sich selber helfen können, wie der schnelle Abbruch des Boykotts zeigt. Ungerecht und schmerzlich ist bei diesem Vorgehen gegen die Juden besonders die Tatsache, daß auch solche, die seit zehn und zwanzig Jahren getauft und gute Katholiken sind, sogar solche, deren Eltern schon katholisch waren, gesetzlich noch als Juden gelten und als Ärzte oder als Rechtsanwälte ihre Stelle verlieren sollen.»[6]

Dem Geistlichen Alois Wurm, dem Begründer und Herausgeber der Zeitschrift Seele, der die Frage stellte, warum die Kirche nicht offen erklärte, daß Menschen nicht wegen ihrer Rasse verfolgt werden könnten, antwortete der Münchener Kardinal weniger zurückhaltend: «Für die kirchlichen Oberbehörden bestehen weit wichtigere Gegenwartsfragen; denn Schule, der Weiterbestand der katholischen Vereine, Sterilisierung sind für das Christentum in unserer Heimat noch wichtiger.» Man dürfe annehmen, so der Münchener Kardinal, daß die Juden sich selber helfen. Es bestehe kein Anlaß, «der Regierung Grund zu geben, um die Judenhetze in eine Jesuitenhetze umzubiegen».[7]

Gegenüber Robert Leiber, einem Jesuiten, der später der Beichtvater von Pius XII. werden sollte, war Erzbischof Gröber nicht entgegenkommender: «Ich habe mich für konvertierte Juden ohne weiteres eingesetzt, ohne aber bisher ... etwas zu erreichen. Ich befürchte, daß uns der Kampf gegen Juda teuer zu stehen kommt.»[8]

Das Hauptproblem für die Kirchen war ein dogmatisches, insbesondere was den Status von konvertierten Juden und die Verbindungen zwischen Judentum und Christentum anging. Besonders zugespitzt hatte sich diese Debatte im Protestantismus, als die NS-freundliche Glaubensbewegung Deutsche Christen 1932 ihre «Richtlinien» veröffentlichte. «Das wesentliche Thema» war eine Art «rassebewußter Glaube an Christus; Rasse, Volk und Nation als Teil einer gottgegebenen Lebensordnung.»[9] Punkt 9 der «Richtlinien» beispielsweise lautet: «In der Judenmission sehen wir eine schwere Gefahr für unser Volkstum. Sie ist das Eingangstor fremden Blutes in unseren Volkskörper. ... Wir lehnen die Judenmission in Deutschland ab, solange die Juden das Staatsbürgerrecht besitzen und damit die Gefahr der Rassenverschleierung und -bastardisierung besteht. ... Insbesondere ist die Eheschließung zwischen Deutschen und Juden zu verbieten.»[10]

Die Bewegung der Deutschen Christen war auf fruchtbarem Boden herangewachsen, und es war kein Zufall, daß sie in den Kirchenwahlen von 1932 ein Drittel der Stimmen erhielt. Das traditionelle Bündnis zwischen dem deutschen Protestantismus und dem deutschen nationalistischen Autoritarismus reichte zu tief, als daß es die Herausbildung einer entschiedenen und sofort gegensteuernden Kraft gegen die Eiferer, die darauf aus waren, das Christentum von seinem jüdischen Erbe zu säubern, gestattet hätte. Selbst diejenigen protestantischen Theologen, die in den zwanziger Jahren bereit gewesen waren, sich auf einen Dialog

2. Einverstandene Eliten, bedrohte Eliten 57

mit Juden einzulassen – die beispielsweise an Zusammenkünften teilgenommen hatten, welche unter der Ägide von Martin Bubers Zeitschrift *Der Jude* veranstaltet wurden –, brachten jetzt bösartiger als zuvor die Standardvorwürfe von «pharisäischen» und «legalistischen» Manifestationen des jüdischen Geistes zum Ausdruck. Buber schrieb als Antwort auf einen besonders beleidigenden Artikel von Oskar A. H. Schmitz, der 1925 unter dem Titel «Wünschenswerte und nichtwünschenswerte Juden» in *Der Jude* erschienen war: «Ich habe dabei wieder einmal ... gemerkt, daß es eine Grenze gibt, jenseits deren für mich die Möglichkeit des Entgegnens aufhört und nur noch die der ‹tatsächlichen› Berichtigung verbleibt. Ich kann wider einen Gegner kämpfen, der mir durchaus entgegen steht; ich kann nicht wider einen Gegner kämpfen, der auf einer anderen Ebene steht.»[11] Im Laufe der Jahre wurden solche Entgegnungen seltener, und der deutsche Protestantismus öffnete sich zunehmend der Verheißung einer nationalen Wiedergeburt und eines positiven Christentums, wie sie der Nationalsozialismus verkündete.

Der ideologische Feldzug der deutschchristlichen Bewegung schien starken Auftrieb dadurch erhalten zu haben, daß am 27. September 1933 Ludwig Müller, ein glühender Anhänger des NS-Regimes, zum Reichsbischof gewählt wurde – also zu einer Art Koordinator des Führers für alle wichtigen Fragen, die sich auf die protestantischen Kirchen bezogen. Doch genau diese Wahl und eine zunehmende Kontroverse über Pastoren und Kirchenmitglieder jüdischer Abstammung ließen eine sich verbreiternde Kluft in der evangelischen Kirche entstehen.

In Anwendung des Berufsbeamtengesetzes verlangte die Generalsynode der Altpreußischen Union die Zwangspensionierung von Pastoren, die jüdischer Abstammung oder mit Juden verheiratet waren. Dieser Initiative folgten schnell die Synoden von Sachsen, Schleswig-Holstein, Braunschweig, Lübeck, Hessen-Nassau, Thüringen und Württemberg.[12] Im Frühherbst 1933 schien die allgemeine Übernahme des sogenannten Arierparagraphen im gesamten Reich eine ausgemachte Sache zu sein. Zugleich trat jedoch ein gegenläufiger Trend in Erscheinung, wobei eine Gruppe führender Theologen eine Aussage über «Das Neue Testament und die Rassenfrage» herausbrachte, in der jede theologische Rechtfertigung für die Übernahme des Paragraphen eindeutig verworfen wurde, und zu Weihnachten 1933 gründeten zwei Pastoren, Dietrich Bonhoeffer und der als Weltkriegsheld weithin bewunderte Martin Niemöller, eine oppositionelle Organisation, den Pfarrernotbund, dessen Anhängerzahl von ursprünglich 1300 innerhalb von wenigen Monaten auf 6000 anwuchs. Eine der ersten Initiativen des Bundes bestand darin, einen Protest gegen den Arierparagraphen zu formulieren: «In solcher Verpflichtung bezeuge ich, daß eine Verletzung des Bekenntnisstandes mit der Anwendung des Arierparagraphen im Raum der Kirche Christi geschaffen ist.»[14] So wurde die Bekennende Kirche geboren.

Doch die Standhaftigkeit der Bekennenden Kirche in der Judenfrage beschränkte sich darauf, für die Rechte der nichtarischen Christen einzutreten. Und selbst in diesem Punkt machte es Martin Niemöller beispielsweise in seinen im November 1933 veröffentlichten «Sätzen zur Arierfrage» völlig deutlich, daß allein theologische Erwägungen ihn dazu veranlaßten, seinen Standpunkt zu beziehen. Wie er 1937 in seinem Prozeß wegen Kritik am Regime erklären sollte, waren ihm die Juden «unsympathisch und fremd».[15] «Diese Erkenntnis [daß man es mit der christlichen Gemeinschaft ernst nehmen muß]», schrieb Niemöller in den «Sätzen», «verlangt von uns, die wir als Volk unter dem Einfluß des jüdischen Volkes schwer zu tragen gehabt haben, ein hohes Maß von Selbstverleugnung, so daß der Wunsch, von dieser Forderung [eine einzige Gemeinde mit den bekehrten Juden aufrechtzuerhalten] dispensiert zu werden, begreiflich ist.» Es könne «die Frage ... nur so aufgefaßt werden, daß wir ... von den Amtsträgern jüdischer Abstammung heute um der herrschenden ‹Schwachheit› willen erwarten dürfen, daß sie sich die gebotene Zurückhaltung auferlegen, damit kein Ärgernis gegeben wird. Es wird nicht wohl getan sein, wenn heute ein Pfarrer nichtarischer Abstammung ein Amt im Kirchenregiment oder eine besonders hervortretende Stellung in der Volksmission einnimmt.»[16]

Die Haltung Dietrich Bonhoeffers wandelte sich im Laufe der Jahre, aber selbst bei ihm blieb eine tiefe Ambivalenz hinsichtlich der Juden im allgemeinen bestehen. «Die staatlichen Maßnahmen gegen das Judentum stehen für die Kirche in einem ganz besonderen Zusammenhang», erklärte er im Hinblick auf den Aprilboykott. «Niemals ist in der Kirche Christi der Gedanke verloren gegangen, daß das ‹auserwählte Volk›, das den Erlöser der Welt ans Kreuz schlug, in langer Leidensgeschichte den Fluch seines Tuns tragen muß.»[17] So ist es gerade eine theologische Auffassung von den Juden, die einige von Bonhoeffers Verlautbarungen geprägt zu haben scheint. Selbst sein Freund und Biograph Eberhard Bethge konnte sich der Schlußfolgerung nicht entziehen, daß in Bonhoeffers Schriften «ein theologischer Anti-Judaismus vorhanden ist».[18] «Theologischer Anti-Judaismus» war in der Bekennenden Kirche nicht ungewöhnlich, und einige ihrer angesehensten Persönlichkeiten wie etwa Walter Künneth zögerten nicht, nazistische und jüdische Interpretationen der «jüdischen Auserwähltheit» als auf Rasse, Blut und Volk beruhend miteinander gleichzustellen und der christlichen Auffassung von der Erwählung durch Gottes Gnade entgegenzusetzen.[19] Derartige Vergleiche sollten Mitte der dreißiger Jahre und danach in christlichen Polemiken gegen die Nationalsozialisten erneut auftauchen.

2. Einverstandene Eliten, bedrohte Eliten 59

Der «Arierparagraph» richtete sich nur gegen 29 von 18 000 Pastoren; elf von ihnen wurden von der Liste gestrichen, weil sie im Ersten Weltkrieg gekämpft hatten. Bis 1939 wurde der Paragraph nie zentral durchgesetzt; seine Anwendung hing von regionalen Kirchenbehörden und örtlichen Gestapobeamten ab.[20] Aus der Sicht der Kirchen drehte sich die eigentliche Diskussion um Prinzipien und Dogmen, und das schloß nichtkonvertierte Juden aus. Als im Mai 1934 in Barmen die erste Synode der Bekennenden Kirche stattfand, wurde nicht ein einziges Wort über die Verfolgungen verloren: Diesmal wurden nicht einmal die konvertierten Juden erwähnt.[21]

Oberflächlich betrachtet, hätte die Haltung der katholischen Kirche gegenüber dem neuen Regime fester sein müssen als die der Protestanten. Die katholische Hierarchie hatte in den letzten Jahren der Republik ein gewisses Maß an Feindseligkeit gegenüber der Hitlerbewegung bekundet, aber diese Haltung war einzig und allein von Kircheninteressen und von den wechselnden politischen Geschicken der katholischen Zentrumspartei bestimmt gewesen. Die Einstellung vieler deutscher Katholiken zum Nazismus war vor 1933 zutiefst zwiespältig: «Viele katholische Publizisten ... wiesen auf die antichristlichen Elemente im nationalsozialistischen Programm hin und erklärten diese als unvereinbar mit der katholischen Lehre. Aber gleichzeitig sprachen sie vom gesunden Kern des Nationalsozialismus, der anerkannt werden müsse: die Aufwertung der Religion und die Liebe zum Vaterland, seine Bedeutung als Bollwerk gegen den atheistischen Bolschewismus.»[22] Die generelle Einstellung der katholischen Kirche zur Judenfrage in Deutschland und anderswo läßt sich als ein «gemäßigter Antisemitismus» definieren, der für den Kampf gegen «übermäßigen jüdischen Einfluß» in der Wirtschaft und im kulturellen Leben eintrat. So fand Generalvikar Mayer aus Mainz, «daß Hitler in *Mein Kampf* den schlechten Einfluß der Juden in Presse, Theater und Literatur ‹angemessen geschildert› habe. Es sei jedoch unchristlich, andere Rassen zu hassen und Juden und Ausländer durch eine diskriminierende Gesetzgebung zu benachteiligen; das habe nur Repressalien von anderen Ländern zur Folge.»[23]

Bald nach seiner Machtergreifung und darauf bedacht, ein Konkordat mit dem Vatikan zu unterzeichnen, versuchte Hitler, etwaige katholische Kritik an seiner antijüdischen Politik zu neutralisieren und die Beweislast der Kirche zuzuschieben. Am 26. April empfing er als Abgesandten der Bischofskonferenz, die gerade tagte, Bischof Wilhelm Berning aus Osnabrück. Die Judenfrage stand nicht auf Bernings Tagesordnung, aber Hitler sorgte dafür, daß sie auf der seinen auftauchte. Nach einem von dem Assistenten des Bischofs abgefaßten Protokoll sprach Hitler «mit Wärme und Ruhe, hie und da temperamentvoll», ohne ein Wort gegen die Kirche und unter Anerkennung der Bischöfe:

«Man hat mich wegen Behandlung der Judenfrage angegriffen. Die katholische Kirche hat 1500 Jahre lang die Juden als die Schädlinge angesehen, sie ins Ghetto gewiesen usw., da hat man erkannt, was die Juden sind. In der Zeit des Liberalismus hat man diese Gefahr nicht mehr gesehen. Ich gehe zurück auf die Zeit, was man 1500 Jahre lang getan hat. Ich stelle nicht die Rasse über die Religion, sondern ich sehe die Schädlinge in den Vertretern dieser Rasse für Staat und Kirche, und vielleicht erweise ich dem Christentum den größten Dienst; deswegen ihre Zurückdrängung vom Studium und den staatlichen Berufen.»[24] Das Protokoll verzeichnet keine Antwort von Bischof Berning.

Anläßlich der Ratifizierung des Konkordats im September 1933 schickte Kardinalstaatssekretär Pacelli eine Note an den deutschen Geschäftsträger, in der die prinzipielle Position der Kirche definiert wurde: «Bei der Gelegenheit erlaubt sich der Heilige Stuhl noch ein Wort einzulegen für diejenigen deutschen Katholiken, die selbst vom Judentum zur christlichen Religion übergetreten sind oder von solchen zum katholischen Glauben übergetretenen Juden in erster oder entfernterer Generation abstammen und die jetzt aus den der Reichsregierung bekannten Gründen gleichfalls unter gesellschaftlichen und wirtschaftlichen Schwierigkeiten leiden.»[25] Im Prinzip sollte dies die durchgängige Position der katholischen und der protestantischen Kirche sein, auch wenn sich beide in der Praxis den Maßnahmen des NS-Regimes gegen konvertierte Juden unterwarfen, als diese rassisch als Juden definiert wurden.

Die dogmatische Konfrontation, auf die sich die katholische Hierarchie verlegte, hatte es hauptsächlich mit der religiösen Verbindung von Judentum und Christentum zu tun. Diese Position fand einen frühen Ausdruck in fünf Predigten, die Kardinal Faulhaber in der Adventszeit 1933 hielt. Faulhaber erhob sich über die Abgrenzung von Katholiken und Protestanten, als er erklärte: «Wir reichen den getrennten Brüdern die Hand, um gemeinsam mit ihnen die Hl. Bücher des Alten Testamentes zu verteidigen.» In den Worten Scholders: «Faulhabers Predigten richteten sich nicht gegen den praktischen, politischen Antisemitismus der damaligen Zeit, sondern gegen dessen Prinzip, den rassischen Antisemitismus, der in die Kirche einzudringen versuchte.»[26] Ohne Zweifel war dies die Intention der Predigten und die Hauptstoßrichtung von Faulhabers Argumentation, aber die sorgfältigen Unterscheidungen, die der Kardinal vornahm, konnten seine Zuhörer über seine Einstellung und die der Kirche zu den unter ihnen lebenden Juden in die Irre führen.

«Um volle Klarheit zu schaffen und jedes Mißverständnis auszuschließen», erklärte Faulhaber, «mache ich im voraus drei Unterscheidungen. Wir müssen erstens unterscheiden zwischen dem Volke Israel vor dem Tode Christi und nach dem Tode Christi. Vor dem Tode Christi, die Jahre zwischen der Berufung Abrahams und der Fülle der Zeiten, war das Volk Israel Träger der Offenbarung. ... Nur mit diesem Israel der Vorzeit werden meine Adventspredigten sich befassen.» Der Kardinal beschrieb dann, wie Gott Israel, nachdem es Christus nicht anerkannt habe, verworfen habe, und er fügte Worte hinzu, die feindselig gegenüber den Juden klingen konnten, welche die Offenbarung Christi nicht anerkannten: «Die Tochter Sion erhielt den Scheidebrief, und seitdem wandert der ewige Ahasver ruhelos über die Erde.» Darauf folgte Faulhabers zweites Thema:

«Wir müssen zweitens unterscheiden zwischen den Hl. Schriften des Alten Testaments und den Talmudschriften des nachchristlichen Judentums. ... Die Talmudschriften sind Menschenwerk, nicht vom Geiste Gottes eingegeben. Die Kirche des Neuen Bundes hat nur die heiligen Schriften des vorchristlichen Israel, nicht aber den Talmud als Erbschaft übernommen.»

«Wir müssen drittens auch innerhalb der alttestamentlichen Bibel unterscheiden zwischen dem, was vorübergehenden Wert hatte, und dem, was ewigen Wert haben sollte. ... Für unser Thema handelt es sich um jene religiösen, sittlichen und sozialen Werte des Alten Testamentes, die auch im Christentum ihren Wert behalten.»[27]

Kardinal Faulhaber selbst hat später betont, er habe in seinen Adventspredigten nur den Wunsch verfolgt, das Alte Testament zu verteidigen, und nicht zu zeitgenössischen Aspekten der Judenfrage Stellung nehmen wollen.[28] Tatsächlich verwendete er in den Predigten einige der verbreitetsten Klischees des traditionellen religiösen Antisemitismus. Ironischerweise interpretierte ein Bericht des Sicherheitsdienstes der SS die Predigten als Intervention zugunsten der Juden, wobei er sowohl ausländische Zeitungskommentare als auch die Zeitung des jüdischen Central-Vereins zitierte, in welcher der Rabbiner Leo Baerwald aus München geschrieben hatte: «Wir haben den demütigen Stolz, daß der Welt durch uns die Offenbarung geschenkt ward.»[29]

Die Erörterung des Konkordats mit dem Vatikan stand als Punkt 17 auf der Tagesordnung der Kabinettssitzung vom 14. Juli. Dem Protokoll zufolge lehnte der Reichskanzler jede Diskussion über die Einzelheiten der Vereinbarung ab. «Er vertrat die Auffassung, daß man hierbei nur den großen Erfolg sehen dürfte. Im Reichskonkordat wäre Deutschland eine Chance gegeben und eine Vertrauenssphäre geschaffen, die beim vordringlichen Kampf gegen das internationale Judentum besonders bedeutungsvoll wäre.»[30]

Diese Bemerkung läßt sich kaum als bloßer politischer Trick interpretieren, der dazu dienen sollte, die anderen Regierungsmitglieder davon zu überzeugen, daß das Konkordat ohne Diskussion angenommen werden müsse, denn der Kampf gegen das Weltjudentum hatte auf dem Programm der konservativen Minister sicher keine Priorität. So eröffnet eine beiläufige Bemerkung einen ungewöhnlichen Einblick in Hitlers Gedanken; sie verweist wieder auf die Spur seiner Obsession: den «vordringlichen Kampf» gegen eine globale Gefahr – das Weltjudentum. Überdies betrachtete Hitler tatsächlich das Bündnis mit dem Vatikan als einen Faktor von besonderer Bedeutung in diesem Kampf. Ist es nicht möglich, daß der NS-Führer glaubte, die traditionelle antijüdische Einstellung der christlichen Kirchen würde auch ein stillschweigendes Bündnis gegen den gemeinsamen Feind zulassen oder zumindest dem Nationalsozialismus den Vorteil einer «Vertrauenssphäre» in dem «vordringlichen Kampf» bieten? War es nicht in Wirklichkeit dies, was Hitler zu Bischof Berning sagte? Für einen Augenblick, so scheint es, verbanden sich hier die gängigen Verfahren der Politik mit den Zwängen des Mythos.

II

Der an Universitätsprofessoren gerichtete Fragebogen traf bei Hermann Kantorowicz, Professor für Rechtsphilosophie und Rechtsgeschichte an der Universität Kiel, am 23. April 1933 ein. Auf die Frage nach der rassischen Abstammung seiner Großeltern antwortete er: «Da zu einer Rückfrage, in welchem Sinne das Wort Rasse verwendet wird, keine Zeit ist, beschränke ich mich auf folgende Erklärung: Die Rassezugehörigkeit im wissenschaftlichen (anthropologischen) Sinn vermag ich nicht mehr festzustellen, da meine 4 Großeltern sämtlich seit langem verstorben sind und m. E. die erforderlichen Messungen usw. s. Z. nicht vorgenommen wurden. Ihre Rasse im volkstümlichen (sprachlichen) Sinne war, da sie sämtlich Deutsch als Muttersprache sprachen, die deutsche, also eine indogermanische oder arische. Ihre Rasse im Sinne der 1. Durchführungsverordnung zum Gesetz v. 7. April 1933 § 2 Abs. 1 Satz 3 war die jüdische Religion.»[31] Man kann sich fragen, was auf den Beamten, der den ausgefüllten Fragebogen erhielt, größeren Eindruck machte: der Sarkasmus oder die Gründlichkeit?

Es war einigermaßen überflüssig, Kantorowicz den Fragebogen zu übersenden, denn Erziehungsminister Bernhard Rust hatte ihn unter Berufung auf Paragraph 3 des Gesetzes zur Wiederherstellung des Berufsbeamtentums bereits am 14. April entlassen, zusammen mit einer Reihe anderer, hauptsächlich jüdischer Professoren. Sechzehn prominente Namen aus dieser Gruppe wurden in der *Deutschen Allgemeinen Zeitung* vom selben Tage abgedruckt.[32] Im Jahre 1933 wurden dann etwa 1200 jüdische Professoren und Dozenten entlassen.[33]

2. Einverstandene Eliten, bedrohte Eliten

In Göttingen, wo einige der berühmtesten Mitglieder der Fakultäten für Theoretische Physik und Mathematik Juden waren (oder, in einem Falle, eine jüdische Ehefrau hatten), entschied sich jeder der drei Hauptbetroffenen für eine andere Reaktion: Nobelpreisträger James Franck schickte einen offenen Rücktrittsbrief (der in der *Göttinger Zeitung* abgedruckt wurde), gedachte aber in Deutschland zu bleiben; Max Born (der dann nach dem Krieg ebenfalls einen Nobelpreis, für Physik, erhielt) verließ die Universität stillschweigend, und Richard Courant entschied sich dafür, die Ausnahmeklauseln des Gesetzes zu nutzen, um seine Stellung zu behalten. Innerhalb von wenigen Monaten emigrierten jedoch alle drei.³⁴ In seinem Brief erklärte Franck, er wolle von der ihm als Weltkriegskämpfer angebotenen Vergünstigung keinen Gebrauch machen, denn, so schrieb er, «wir Deutsche jüdischer Abstammung werden wie Fremde und Feinde des Vaterlandes behandelt». Francks Brief führte dazu, daß 42 seiner Göttinger Kollegen eine öffentliche Erklärung abgaben, in der sie die Äußerung des jüdischen Physikers als «Sabotageakt» beschrieben und die Hoffnung zum Ausdruck brachten, «daß die Regierung die notwendigen Reinigungsmaßnahmen beschleunigt durchführen» werde.³⁵

In Tübingen konvergierten alte Traditionen und neue Impulse reibungslos. Die Zahl der jüdischen Fakultätsmitglieder, die entlassen wurden, war ausgesprochen gering – aus einem einfachen Grunde: Kein Jude war je an dieser Universität zum ordentlichen Professor berufen worden, und auf den niederen Rängen gab es nur sehr wenige Juden. Gleichwohl wurden alle entlassen, die man entlassen konnte. Hans Bethe, ein künftiger Träger des Nobelpreises für Physik, wurde wegen seiner jüdischen Mutter vertrieben; der Philosophieprofessor Traugott Konstantin Oesterreich wurde unter dem Vorwand entlassen, er sei politisch unzuverlässig, in Wirklichkeit aber deshalb, weil seine Frau jüdischer Abstammung war. Dasselbe Schicksal ereilte beinahe den nichtjüdischen Kunsthistoriker Georg Weise. Der Verdacht, daß Weises Ehefrau Jüdin sei, führte zu seiner Entlassung, bis dann unanfechtbare urkundliche Beweise für Frau Weise-Andreas arische Abstammung beigebracht wurden und zu Weises Wiedereinsetzung führten.³⁶

Was in Freiburg geschah, erscheint paradigmatisch. Am 1. April veröffentlichte *Der Alemanne*, die örtliche NS-Zeitung, Listen jüdischer Ärzte, Zahnärzte und so fort, die boykottiert werden sollten; einige Tage später brachte dieselbe Zeitung eine Liste von jüdischen Mitgliedern der Medizinischen Fakultät der Universität (die Liste war vom Leiter der psychiatrischen Abteilung zur Verfügung gestellt worden). Inzwischen, am 6. April, ordnete Robert Wagner, der Reichsstatthalter in Baden, unter Vorwegnahme von in Berlin bevorstehenden Entscheidungen die Entlassung von jüdischen Beamten an. Am 10. April fuhr eine Abordnung von Dekanen und Professoren der Freiburger Universität nach Karlsruhe, um sich für den Bürgermeister von Freiburg einzusetzen, der von Entlassung aus politischen Gründen bedroht war. Bei der Besprechung im Ministerium wurde die Delegation daran erinnert, daß Entlassungen jüdischer Fakultätsmitglieder prompt durchgeführt werden müßten. Wie aus Notizen hervorgeht, die der für Universitätsangelegenheiten zuständige Beamte angefertigt hatte, wurde «seitens der Professoren ... loyale Durchführung des Erlasses zugesichert». Und so geschah es. Am selben Tage wies der Rektor die Dekane aller Fakultäten an, sämtliche Fakultätsmitglieder jüdischen Glaubens oder jüdischer Abstammung zu entlassen und zur Bestätigung ihre Unterschriften unter den Entlassungsmitteilungen zu fordern. Am 12. April wurde dem Ministerium in Karlsruhe mitgeteilt, die Anweisung sei «bis 10 Uhr früh in den Kliniken Freiburgs restlos durchgeführt». Der vollständige Text der Mitteilung an die jüdischen Mitglieder der medizinischen Fakultät lautete folgendermaßen: «Laut Verfügung des akademischen Rektorats teile ich Ihnen in Bezug auf die ministerielle Verfügung A Nr. 7642 mit, daß Sie bis auf weiteres beurlaubt sind. Der Dekan: (gez.) Rehn.»[37]

In Heidelberg, wo die Zahl der Professoren jüdischer Abstammung besonders bedeutend war, gab es von seiten des Akademischen Senats und des Rektors Verzögerungsversuche, die aber vergeblich blieben. Zu Beginn des Sommersemesters 1933 lehrten immer noch 45 «Nichtarier»; im August desselben Jahres waren nur noch 24 übrig (diejenigen, welche in den Genuß der verschiedenen Ausnahmeklauseln kamen).[38] Organisierte oder individuelle Proteste wurden nicht verzeichnet.

Die Haltung einiger der privilegierten nichtarischen Gelehrten war oft zwiespältig – oder schlimmer. Am 25. April hatte die Verwaltung der Kaiser-Wilhelm-Gesellschaft in Berlin vom Innenministerium die Mitteilung erhalten, daß alle jüdischen und halbjüdischen Abteilungsleiter und Angestellten zu entlassen seien; Institutsdirektoren waren von dieser Maßnahme ausgenommen. Fritz Haber, ein Jude und Nobelpreisträger, der drei seiner vier Abteilungsleiter und fünf von seinen 13 Angestellten zu entlassen gehabt hätte, trat am 30. April zurück. «Die anderen Direktoren – auch die jüdischen – kamen der Anordnung nach, ihre jüdischen Angestellten zu melden.»[39] Unter denen, die sich auf diese Weise fügten, waren die Juden Jakob Goldschmidt und Otto Meyerhof sowie der Halbjude Otto Warburg die prominentesten. Für den Genetiker Goldschmidt «war der Nazismus dem Bolschewismus vorzuziehen», und Otto Warburg meinte anscheinend, das Regime werde das Jahr 1934 nicht überdauern,[40] eine Überzeugung, die ihn nicht daran hinderte, seine Stellung die ganze NS-Zeit hindurch beizubehalten. Warburgs Fall war allerdings seltsam. Seine Krebsforschung wurde von den Nationalsozialisten – anscheinend sogar von Hitler selbst – so hoch geschätzt, daß er 1941, als wegen seiner halbjüdischen Abstammung die Möglichkeit einer Entlassung erörtert wurde, auf Görings Anweisung in einen Vierteljuden verwandelt wurde.[41] Was Meyerhof angeht, so versuchte er anscheinend, einige seiner jüdischen Angestellten zu schützen – und wurde von seinem Mitdirektor Professor Richard Kuhn denunziert.[42] Er emigrierte 1938.

Man kann daher wohl durchaus sagen, daß der Professor für Alte Geschichte Ulrich Kahrstedt, als er im Januar 1934 zum Jahrestag der Gründung des Deutschen Reiches forderte, «nicht zu meckern, weil in einem jüdischen Geschäft eine Fensterscheibe eingeschlagen» oder «die Tochter des Viehhändlers Levi nicht in die Studentenschaft aufgenommen» worden sei,[43] sich eine Untertreibung erlaubte, nicht nur im Hinblick auf die allgemeine Situation der Juden in Deutschland, sondern auch auf ihre Lage an den Universitäten.[44]

Es gab einige sanfte Petitionen zugunsten jüdischer Kollegen, so etwa das Lob, das die Heidelberger medizinische Fakultät ihren jüdischen Mitgliedern zollte: «Wir können nicht übersehen, daß das deutsche Judentum teilhat an großen Leistungen der Wissenschaft, und daß aus ihm große ärztliche Persönlichkeiten hervorgegangen sind. Gerade als Ärzte fühlen wir uns verpflichtet, innerhalb aller Erfordernisse von Volk und Staat den Standpunkt wahrer Menschlichkeit zu vertreten und unsere Bedenken geltend zu machen, wo die Gefahr droht, daß verantwortungsbewußte Besinnung durch rein gefühlsmäßige oder triebhafte Gewalten verdrängt werde ...»[45] Diese sorgfältige Erklärung war allerdings atypisch, da die medizinischen Fakultäten deutscher Universitäten einen viel höheren Anteil an Parteimitgliedern aufwiesen als andere Disziplinen.[46] Und in seiner Einstellung gegenüber Juden unterschied sich Heidelberg nicht grundlegend von den anderen deutschen Universitäten.[47]

Im April 1933 traten zwölf Professoren aus verschiedenen Fachgebieten für ihren jüdischen Kollegen, den an der Münchener Universität lehrenden Philosophen Richard Hönigswald, ein; ihr an das bayerische Erziehungsministerium gerichteter Brief wurde vom Dekan der Münchener Philosophischen Fakultät unterstützt. Das Ministerium holte zusätzliche Gutachten ein und erhielt eine Reihe negativer Antworten, darunter auch eine von Martin Heidegger, und Hönigswald wurde entlassen.[48]

Einige individuelle Interventionen sind wohlbekannt geworden. Es gab beispielsweise Max Plancks (erfolglose) Intervention bei Hitler für die Wiedereinstellung von Fritz Haber[49] und paradoxerweise die Intervention Heideggers gegen die Entlassung von Siegfried Thannhauser und Georg von Hevesy. Die Entlassung derart hervorragender Wissenschaftler, so erklärte Heidegger den badischen Behörden, würde im

Ausland negative Konsequenzen haben und Deutschlands Außenpolitik beeinträchtigen.[50]
Heidegger war im April 1933 Rektor der Freiburger Universität geworden. Hinsichtlich der Präsenz von Juden im deutschen akademischen Leben hatte er sich bereits früher zu Wort gemeldet. In einem Brief vom 20. Oktober 1929 an Victor Schwörer, den stellvertretenden Präsidenten der Notgemeinschaft der Deutschen Wissenschaft, hatte der Philosoph festgestellt, die einzig existierende Option sei, entweder systematisch «unser» deutsches intellektuelles Leben zu stärken oder es «der wachsenden Verjudung im weiteren und engeren Sinne endgültig auszuliefern».[51] Als Heideggers Mathematikprofessor Alfred Löwy im April 1933 als Jude zwangspensioniert wurde, wünschte ihm der neuernannte Rektor, daß er «das Harte und Schwere, das solche Zeiten der Wende mit sich führen, überwinden» möge.[52] Fast genau dieselben Worte gebrauchte Elfride Heidegger in ihrem Brief vom 29. April 1933 an Malvine Husserl, die Frau des jüdischen Mentors ihres Mannes, des Philosophen Edmund Husserl; sie fügte jedoch hinzu, das Berufsbeamtengesetz sei zwar hart, aber vom deutschen Standpunkt aus gesehen vernünftig.[53]

Kurz vor ihrer Abreise aus Deutschland im Sommer 1933 hatte Hannah Arendt in ihrem möglicherweise deutlichsten Brief an ihren Lehrer und Geliebten Heidegger geschrieben, sie habe Gerüchte über seine immer distanziertere, ja feindselige Haltung gegenüber jüdischen Kollegen und Studenten gehört. Der Ton seiner Antwort, wie sie von Elżbieta Ettinger paraphrasiert wird (dies war dann sein letzter Brief an Arendt bis nach Kriegsende), ist einigermaßen entlarvend: Jüdischen Studenten stellte er «großzügig seine Zeit zur Verfügung, obwohl dies störend für seine eigene Arbeit sei, bis hin zu seinen eigenen Bemühungen um Stipendien für sie und seine Bereitschaft, ihre Dissertationen mit ihnen zu besprechen. Wer kommt in einer Notlage zu ihm? Ein Jude. Wer besteht darauf, dringend über seine Dissertation sprechen zu wollen? Ein Jude. Wer schickt ihm ein umfangreiches Werk, damit er es sofort rezensiere? Ein Jude. Für wen hat er ein Stipendium in Rom in die Wege geleitet? Für einen Juden!!»[54]

Am 3. November gab Heidegger bekannt, «jüdischen oder marxistischen» Studenten würde ebenso wie allen anderen, die nach den neuen Gesetzen als «nichtarisch» eingestuft wurden, wirtschaftliche Unterstützung versagt werden.[55] Am 13. Dezember bemühte er sich um finanzielle Hilfe für einen Band mit hitlerfreundlichen Reden deutscher Professoren, der weltweit verbreitet werden sollte; er schloß seine Bitte mit einer Zusicherung: «Es bedarf keines besonderen Hinweises, daß Nichtarier auf dem Unterschriftenblatt nicht erscheinen sollen.»[56] Am 16. dieses Monats schrieb er an den Leiter des NS-Dozentenbundes in Göttin-

2. Einverstandene Eliten, bedrohte Eliten 67

gen über Eduard Baumgarten, einen seiner ehemaligen Studenten und Kollegen: Baumgarten habe «sehr lebhaft mit dem früher hier tätig gewesenen und nunmehr hier entlassenen Juden Fränkel verkehrt». Zugleich weigerte sich Heidegger, die Betreuung von Doktorarbeiten jüdischer Studenten fortzusetzen, und verwies sie an Martin Honecker, einen Professor für christliche Philosophie.[57]

Heideggers Einstellung zu Husserl bleibt unklar. Zwar ist es seinem Biographen Rüdiger Safranski zufolge nicht wahr, daß Heidegger Husserl den Zugang zum Philosophischen Institut untersagte, aber er brach tatsächlich jeden Kontakt zu ihm – wie zu allen anderen jüdischen Kollegen und Schülern – ab und tat nichts, um Husserls zunehmende Isolierung zu mildern. Als Husserl starb, war Heidegger krank. Wäre er sonst zur Beerdigung gekommen, zusammen mit dem Historiker Gerhard Ritter, dem einzigen «arischen» Fakultätsmitglied, das es für angebracht hielt, dies zu tun?[58] In der 1944 erschienenen 5. Auflage seines magnum opus *Sein und Zeit* wurde die Widmung an Husserl auf Ersuchen des Verlages fortgelassen, aber Heideggers Danksagung an seinen jüdischen Mentor, die in einer Fußnote erschien, blieb stehen. Die Widersprüche sind zahlreich, wobei der möglicherweise seltsamste von ihnen das Lob ist, das Heidegger Mitte der dreißiger Jahre für Spinoza fand, sowie seine Erklärung, wenn Spinozas Philosophie jüdisch sei, dann sei die ganze Philosophie von Leibniz bis Hegel auch jüdisch.[59]

Am 22. April 1933 sandte Heidegger eine dringende Bitte an Carl Schmitt, den damals bei weitem renommiertesten deutschen Politik- und Rechtstheoretiker, in der er ihn beschwor, sich nicht von der neuen Bewegung abzuwenden. Die Bitte war überflüssig, denn Schmitt hatte seine Wahl bereits getroffen. Ebenso wie Heidegger hatte er – und das war anscheinend die erste Regel, an die man sich halten mußte – aufgehört, Briefe von jüdischen Studenten, Kollegen und anderen Gelehrten zu beantworten, mit denen er zuvor in enger Verbindung gestanden hatte. (In Schmitts Fall ist eines der auffälligen Beispiele das abrupte Ende, das er seinem Briefwechsel mit dem jüdischen politischen Philosophen Leo Strauss setzte.[60]) Und um sicherzugehen, daß es über seine Position kein Mißverständnis gab, fügte Schmitt in die neue (1933 erschienene) Ausgabe seines Buches *Der Begriff des Politischen* einige regelrecht antisemitische Bemerkungen ein.[61] Auf jeden Fall sollte die antijüdische Haltung Schmitts entschieden unverblümter, extremer und bösartiger sein als die des Freiburger Philosophen.

Im Sommersemester 1933 beteiligte sich Schmitt ebenso wie Heidegger an einer von Heidelberger Studenten organisierten Vortragsreihe. Heidegger sprach über «Die Universität im Neuen Reich»; das Thema Schmitts lautete «Das neue Staatsrecht». Vor ihnen sprach in derselben Reihe Dr. Walter Groß, der Leiter des Rassenpolitischen Amtes der NSDAP, und zwar über das Thema «Arzt und Volk». Am 1. Mai war Heidegger in Freiburg Parteimitglied Nr. 3-125-894 geworden; am selben Tage trat Schmitt in Köln als Mitglied Nr. 2-098-860 der Partei bei.[62]

Hannah Arendt verließ das Land und erreichte über Prag und Genf Paris; dort begann sie bald, für eine zionistische Organisation zu arbeiten, die junge Emigranten auf ihre Zukunft in Palästina vorbereitete. Der Hauptgrund dafür, daß sie so früh emigrierte, war, wie sie später sagte, mehr als alles andere das Verhalten ihrer arischen Freunde wie etwa Benno von Wieses, der, ohne irgendwelchem äußeren Druck ausgesetzt zu sein, sich begeistert den Idealen und Normen des neuen Systems verschrieb.[63] Doch ihre Kritik an Heidegger blieb im allgemeinen gedämpft.

Die Reaktionen jüdischer Intellektueller auf die Maßnahmen des neuen Regimes und auf die neuen Einstellungen von Kollegen und Freunden variierten von einer Person zur anderen. Innerhalb dieses breiten Spektrums waren die Juden, die seit langem militante deutsche Nationalisten gewesen waren, sich aber anders als Felix Jacoby nicht für totale Blindheit gegenüber den Aktionen des Regimes entschieden, in einer eigentümlichen Lage. Am 20. April schickte Ernst Kantorowicz, Professor für mittelalterliche Geschichte an der Universität Frankfurt, einen Brief an den hessischen Minister für Wissenschaft und Erziehung, der in bezeichnender Weise die große Langsamkeit, Zögerlichkeit und das Bedauern – trotz der strengen neuen NS-Politik – zum Ausdruck bringt, mit denen sich solche Juden aus ihren früheren Positionen zurückzogen. «Obwohl ich», schrieb Kantorowicz, «als Kriegsfreiwilliger vom August 1914, als Frontsoldat während der Dauer des Krieges, als Nachkriegskämpfer gegen Polen, Spartakus und Räterepublik in Posen, Berlin und München eine Dienstentlassung wegen meiner jüdischen Abstammung nicht zu gewärtigen habe; obwohl ich auf Grund meiner Veröffentlichungen über den Staufen-Kaiser Friedrich den Zweiten für meine Gesinnung gegenüber einem wieder national gerichteten Deutschland keines Ausweises von vorgestern, gestern und heute bedarf; obwohl meine jenseits aller Zeitströmungen und Tagesereignisse begründete, grundsätzlich positive Einstellung gegenüber einem national regierten Reich auch durch die jüngsten Geschehnisse nicht hat ins Wanken kommen können, und obwohl ich ganz gewiß keine Störungen meiner Lehrtätigkeit seitens der Studenten zu erwarten habe, sodaß eine etwaige Rücksichtnahme auf den ungestörten Lehrbetrieb der Gesamt-Universität damit für mich entfällt, so sehe ich mich als Jude dennoch gezwungen, aus dem Geschehenen die Folgerungen zu ziehen und im kommenden Sommer-Semester meine Lehrtätigkeit ruhen zu lassen.»[64] Kantorowicz reichte nicht seinen Rücktritt ein; er zog lediglich seine Vorlesungsankündigung für das nächste Semester zurück. Das bedeutete, er würde abwarten, bis sich die Politik des neuen nationalen Deutschland änderte.

Während sich die Einstellung der Mehrzahl der «arischen» Universitätsprofessoren als «gebildete Judäophobie»[65] definieren ließ, hatte sich unter den Studenten ein radikaler Typ von Judenfeindschaft festgesetzt. Einige österreichische Studentenverbindungen, denen deutsche folgten, hatten bereits gegen Ende des 19. Jahrhunderts Juden auf rassischer Grundlage ausgeschlossen – das heißt, selbst getaufte Juden wurden nicht aufgenommen.[66] Michael Kater führt einen Teil des extremen studentischen Antisemitismus auf Konkurrenz zurück – hauptsächlich in den lukrativen Bereichen Jura und Medizin, in denen der Anteil jüdischer Studenten wie auch der Anteil von Juden in den entsprechenden Berufen tatsächlich hoch lag. Auf jeden Fall traten die meisten deutschen Studentenverbindungen in den frühen Jahren der Weimarer Republik dem Deutschen Hochschulring bei, einer Organisation mit offen völkischen und antisemitischen Zielen, die bald die Kontrolle über die studentische Politik übernahm.[67] Bedingung für die Mitgliedschaft in diesem Ring war rein arische Abstammung, wobei Volksdeutsche aus Österreich oder dem Sudetenland aufgenommen wurden, obwohl sie keine deutschen Staatsbürger waren. Bis in die Mitte der zwanziger Jahre beherrschte der Ring die Universitäten, dann trat an seine Stelle der Nationalsozialistische Deutsche Studentenbund.[68] Und seit dem Ende der zwanziger Jahre wurden Demonstrationen und tätliche Angriffe von rechtsgerichteten Studenten gegen ihre Feinde an deutschen Universitäten zu einer verbreiteten Erscheinung.[69]

Bald gerieten Professoren wie Theodor Lessing, Günther Dehn, Emil Julius Gumbel, Hans Nawiasky und Ernst Cohn, die zu offen pazifistisch oder antinationalistisch eingestellt waren, unter Beschuß.[70] Gumbel wurde aus Heidelberg vertrieben, noch bevor die NSDAP an die Macht kam. Im Jahre 1931 gewannen die Nationalsozialisten eine Mehrheit in der Deutschen Studentenschaft; dies war die erste landesweite Vereinigung, die unter ihre Kontrolle geriet. Binnen kurzem stellte ein ganzer Trupp junger Intellektueller seine Energie und seine Fähigkeiten der Partei und ihrer Politik zur Verfügung.[71]

Nach dem Januar 1933 nahmen Studentengruppen ähnlich wie die SA die Dinge selbst in die Hand. Reichsstudentenführer Oskar Stabel verkündete kurz vor dem Boykott vom 1. April, an diesem Tage würden studentische Streikposten an den Eingängen zu den Vorlesungssälen und Seminarräumen jüdischer Professoren postiert werden, um alle vom Betreten «abzubringen».[72] So geschah es beispielsweise an der Technischen Hochschule Berlin. Später stellten sich nationalsozialistische Studenten mit Fotoapparaten auf dem Podium von Vorlesungssälen auf, um Aufnahmen von Studenten zu machen, die Lehrveranstaltungen von Juden besuchten.[73] Stark ermutigt wurde diese Art von studentischer Agitation durch eine heftig antijüdische Rede, die Erziehungsminister Rust am 5. Mai im Auditorium der Berliner Universität hielt, und durch Kommentare zu dieser Rede wie den in der offiziellen *Preußischen Zeitung:* «Wissenschaft bedeutet für einen Juden nicht eine Aufgabe, nicht eine Verpflichtung, nicht einen Bereich für schöpferische Gestaltung, sondern ein Geschäft und ein Mittel zur Zerstörung der Kultur seiner Wirtsvölker. So kam es, daß die wichtigsten Lehrstühle deutsch genannter Hochschulen mit Juden besetzt wurden. Man räumte ihnen für ihre Schmarotzertätigkeit Forscherstellen ein und belohnte sie mit Nobelpreisen.»[74]

Anfang April 1933 richtete die Deutsche Studentenschaft eine Abteilung für Presse und Propaganda ein. Deren allererste Maßnahme, die am 8. April beschlossen wurde, sollte als Reaktion auf die «schamlose Hetze» des Weltjudentums gegen Deutschland die «öffentliche Verbrennung jüdischen zersetzenden Schrifttums» durch Universitätsstudenten sein. Zwischen dem 12. April und dem 10. Mai sollte eine «Informations»kampagne durchgeführt werden; die öffentlichen Verbrennungen sollten am letzten Tag der Kampagne um 18 Uhr auf dem Gelände der Universitäten beginnen.

Die berüchtigten zwölf Thesen, welche die Studenten zur rituellen Deklamation bei den Verbrennungen vorbereiteten, waren nicht ausschließlich gegen Juden und den «jüdischen Geist» gerichtet: Zu den weiteren Zielscheiben gehörten der Marxismus, der Pazifismus und die «seelenzerfasernde Überschätzung des Trieblebens» (das heißt, «die Freudsche Schule und ihre Zeitschrift *Imago*»). Es war eine Rebellion des Deutschen gegen den «undeutschen Geist». Doch die Hauptstoßrichtung der Aktion blieb im wesentlichen antijüdisch; in den Augen der Organisatoren war sie dazu bestimmt, die antijüdische Aktion vom wirtschaftlichen Bereich (dem der Boykott vom 1. April gegolten hatte) auf das gesamte Feld der deutschen Kultur auszudehnen.

Am 13. April wurden die Thesen an Universitätsgebäuden und Anschlagtafeln in ganz Deutschland angeschlagen. These 7 lautete: «Wenn der Jude deutsch schreibt, lügt er»; er solle künftig gezwungen sein, Bücher, die er in deutscher Sprache veröffentliche, als «Übersetzungen aus dem Hebräischen» zu bezeichnen.[75]

Am Abend des 10. Mai fanden in den meisten Universitätsstädten Deutschlands exorzistische Rituale statt. In Berlin wurden mehr als 20000 Bücher verbrannt, und in allen anderen großen deutschen Städten jeweils zwei- bis dreitausend.[76] In Berlin wurde an der Staatsoper ein riesiges Feuer entzündet, und Goebbels war einer der Redner. Im Anschluß an die Reden wurden in Berlin wie in den anderen Städten von der Menge Parolen gegen die geächteten Autoren rezitiert, während die giftigen Bücher (von Karl Marx, Ferdinand Lassalle, Sigmund Freud, Maximilian Harden und Kurt Tucholsky sowie vielen anderen) stapelweise in die Flammen geschleudert wurden. «Die großen Scheinwerfer auf dem Opernplatz», schrieb die *Jüdische Rundschau*, «leuchten auch in die Verschlungenheit unserer Existenz und unseres Schicksals hinein. Nicht nur Juden, auch Männer rein deutschen Blutes wurden angeklagt. Sie werden einzeln nach ihren Handlungen beurteilt. Bei Juden aber bedarf es keiner individuellen Gründe; da gilt der alte Spruch, ‹Der Jude wird verbrannt.›»[77]

Die NS-Studenten beschränkten ihre Aktivitäten nicht darauf, die Vorlesungen jüdischer Professoren zu stören und «gefährliche» Bücher zu verbrennen. Sie versuchten, auf allen Ebenen ihren Willen durchzusetzen, wenn es darum ging, Lehrer anzustellen oder sie, als Frontkämpfer, wieder in ihr Amt einzusetzen. Am 6. Mai richtete der Führer des NS-Studentenbundes an der Technischen Fachhochschule in Hildburghausen einen alles andere als unterwürfigen Brief an den thüringischen Erziehungsminister in Weimar. Den Studenten war mitgeteilt worden, daß ein jüdischer Lehrer namens Bermann wieder eingestellt werden sollte. Nachdem der Studentenführer die Berechtigung von Bermanns Anspruch, im Ersten Weltkrieg als Frontsoldat in vorderster Linie gekämpft zu haben, in Zweifel gezogen hatte, fuhr er fort: «Die Erregung unter den Studierenden ist sehr stark, da alleine 40% aktiv im Nationalsozialistischen Deutschen Studentenbund stehen und es mit ihrer Gesinnung nicht vereinbaren können, sich von fremdrassigen Dozerten unterrichten zu lassen. Der Nationalsozialistische Deutsche Studentenbund richtet die dringende Bitte an die nat. soz. Thür. Regierung, von der Wiedereinstellung des besagten jüdischen Studienrates absehen zu wollen.»[78] Ob Bermann wieder eingestellt wurde oder nicht, ist nicht bekannt, aber selbst hartgesottene Nazis betrachteten den studentischen Aktivismus als irgendwie peinlich. «Durch den Staatsminister des Innern, Pg. Fritsch, ist mir mitgeteilt worden», schrieb der Kreisführer Mitteldeutschland am 12. August an Manfred von Killinger, den Ministerpräsidenten von Sachsen, «daß das Staatsministerium mit den Zuständen an der Universität Leipzig unzufrieden ist. ... Seit 3 Monaten kämpfe ich mit aller Schärfe und äußerster Konsequenz gegen jede Radikalisierung der Universität. Ihrem Wunsche folgend habe ich deshalb den nationalsozialistischen Studenten jeden Boykott eines Professoren ... untersagt.»[79]

Manchmal hatten Studenten selber das Gefühl, daß sie zu weit gegangen waren: Sie hatten sogar H. G. Wells und Upton Sinclair auf die schwarze Liste gesetzt. Das Außenministerium war in Harnisch, weil zu den Autoren, deren Werke am 10. Mai vor der Krolloper verbrannt worden waren, auch der damals berühmte Befürworter der europäischen Einheit, Richard Graf von Coudenhove-Kalergi, gehörte. Der Studentenführer Gerhard Gräfe vertraute einem Briefpartner an, er habe dementiert, daß Coudenhove-Kalergis Schriften verbrannt worden seien, aber in Zukunft werde man Vorsichtsmaßnahmen ergreifen müssen.[80] Solche Vorbehalte nahmen auch andere Formen an: In seinen Tagebucheintragungen für 1933 erwähnte Victor Klemperer, ein jüdischer Romanistprofessor an der Technischen Hochschule Dresden, der als Weltkriegskämpfer von der Entlassung ausgenommen worden war, mehrere Male, die eifrigste Teilnehmerin an seinem Seminar sei die Führerin der Nazi-Studentenzelle der Universität gewesen.[81]

Ein Vergleich zwischen den Einstellungen der Kirchen und denen der Universitäten zu den antijüdischen Maßnahmen, die das Regime 1933 ergriff, läßt neben einigen (sehr) geringfügigen Unterschieden grundlegende Ähnlichkeiten zutage treten. Zwar waren sowohl in den Kirchen als auch an den Universitäten vorbehaltlose Verfechter des Nationalsozialismus als ganzen eine kleine Minderheit, aber diejenigen, welche die von dem neuen Regime eingeläutete nationale Wiedergeburt guthießen, waren eindeutig in der Mehrheit. Diese Mehrheit war geeint durch ein konservativ-nationalistisches Glaubensbekenntnis, das mit den wesentlichen Idealen, die das Regime in seinen Anfängen proklamierte, ohne Schwierigkeiten konvergierte. Was aber die Haltung der Kirchen auszeichnete, war das Vorhandensein gewisser spezifischer Interessen, bei denen es um die Bewahrung einiger Grundsätze des christlichen Dogmas ging. Die Juden als Juden wurden ihrem Schicksal überlassen, aber sowohl die protestantische als auch die katholische Kirche versuchten, den Vorrang solcher fundamentalen Glaubenssätze wie der Überwindung der Rasse durch die Taufe und der Heiligkeit des Alten Testaments aufrechtzuerhalten. (Später waren dann die privaten Einstellungen von Katholiken und von Mitgliedern der Bekennenden Kirche zur Verfolgung der Juden sogar kritisch, vor allem auf Grund von zunehmenden Spannungen zwischen ihnen und dem Regime.) Nichts dergleichen stand bei Universitätsprofessoren einer Hinnahme der antijüdischen Akte des Regimes im Wege. Im Prinzip war die deutsche akademische Elite darauf bedacht, ohne Behinderung durch staatliche Eingriffe Wissenschaft zu treiben, aber wie wir sahen, hatten andere Werte und Einstellungen in den zwanziger und den frühen dreißiger Jahren bei ihr weit größeres Gewicht. Die begeisterte «Selbstgleichschaltung» der Universitäten demonstrierte, daß es keine grundsätzliche Opposition gab, sondern eher ein erhebliches Maß von Konvergenz zwischen dem inneren Kern des Glaubens der Mandarine und der Haltung des Nationalsozialismus, wie sie sich zu Anfang öffentlich darstellte. In einem derartigen Kontext war die Motivation dafür, sich für jüdische Kollegen und Studenten einzusetzen, minimal. Die Konsequenzen eines derart umfassenden moralischen Zusammenbruchs sind offenkundig. In vielerlei Hinsicht waren die Elitegruppen eine Brücke zwischen dem nationalsozialistischen Extremismus und den größeren Teilen der deutschen Gesellschaft; damit rückt ihre bereitwillige Preisgabe der Juden ihre Einstellungen und Reaktionen in ein verhängnisvolles historisches Licht.

Als Pastor Umfrid den Angriff auf die Juden seiner Stadt kritisierte, trat keine kirchliche Autorität für ihn ein; als jüdische Geschäfte boykottiert wurden, war keine religiöse Stimme zu vernehmen; als Hitler seine Schmährede gegen die Juden vom Stapel ließ, gab Bischof Berning keine Antwort. Als jüdische Kollegen entlassen wurden, äußerte kein deutscher Professor öffentlichen Protest; als die Zahl der jüdischen Studenten drastisch reduziert wurde, regte sich in keiner Universitätskommission und bei keinem Fakultätsmitglied Widerstand; als im ganzen Reich Bücher verbrannt wurden, brachte kein Intellektueller in Deutschland und auch niemand sonst im Lande offen irgendwelche Scham zum Ausdruck. Ein solcher totaler Zusammenbruch ist mehr als ungewöhnlich. Im Laufe der ersten Monate des Jahres 1933 muß Hitler gesehen haben, daß er auf die echte Unterstützung von Kirche und Universität rechnen konnte; was auch immer an Opposition möglicherweise existierte, sie würde nicht geäußert werden, solange unmittelbare institutionelle Interessen und grundlegende Dogmen nicht bedroht wurden. Die konkrete Situation der Juden war ein Test dafür, wie weit sich jedes echte moralische Prinzip zum Schweigen bringen ließ; auch wenn die Situation später komplizierter werden sollte, war das Resultat des Tests in dieser frühen Phase klar.

III

Während Deutschlands intellektuelle und geistliche Eliten dem neuen Regime ihre ausdrückliche oder stillschweigende Unterstützung zusicherten, versuchten die führenden Gestalten der jüdischen Gemeinschaft, ihre Bedrückung hinter einer Fassade der Zuversicht zu verbergen: Trotz aller Schwierigkeiten war die Zukunft des jüdischen Lebens in Deutschland noch nicht unwiderruflich bedroht. Ismar Elbogen, einer der prominentesten jüdischen Historiker der damaligen Zeit, brachte wahrscheinlich die damals am meisten verbreitete Einstellung zum Ausdruck, als er schrieb: «Man kann uns zum Hungern verurteilen, aber nicht zum Verhungern!»[82] Dies war der Geist, der bei der Gründung der Reichsvertretung der deutschen Juden herrschte, die auf Initiative des Vorsitzenden und des Rabbiners der Essener Gemeinde im Jahre 1933 offiziell in die Wege geleitet wurde.[83] Diese Vertretung blieb dann die Dachorganisation lokaler und landesweiter jüdischer Vereinigungen bis 1938; an ihrer Spitze standen die ganze Zeit der Berliner Rabbiner Leo Baeck, der angesehene Vorsitzende des Allgemeinen Rabbinerverbandes in Deutschland und ein renommierter Gelehrter,[84] und der Laienführer Otto Hirsch. Trotz des Widerstandes «nationaldeutscher Juden», ultraorthodoxer religiöser Gruppierungen und bisweilen der zionistischen Bewegung spielte die Reichsvertretung in den Angelegenheiten des deutschen Judentums eine bedeutende Rolle, bis sie nach einer Übergangszeit in den Jahren 1938/39 in die Reichsvereinigung der Juden in Deutschland, eine von der Gestapo sehr scharf kontrollierte Organisation, überführt wurde.

In der Reichsvertretung gab es kein größeres Gefühl des Druckes als bei den meisten einzelnen Juden in Deutschland. Noch Anfang 1934 sprach sich Otto Hirsch gegen «übereilte» Emigration aus: Er glaubte an die Möglichkeit, im neuen Deutschland ein würdiges jüdisches Leben aufrechtzuerhalten.[85] Daß Alfred Hirschberg, die prominenteste Persönlichkeit des Central-Vereins, «jede Notwendigkeit, sich über das Utopia einer Neuansiedlung [in Palästina] zu verbreiten», leugnete, war typisch, aber daß eine Publikation der zionistischen Pionierorganisation die unvorbereitete Einwanderung in Erez Israel als «Verbrechen gegen den Zionismus» definierte, kommt überraschend, vielleicht wegen des heftigen Tons dieser Äußerung.[86]

Nicht alle deutsch-jüdischen Führer legten eine derartige Unbekümmertheit an den Tag. Einer, der hartnäckig die sofortige Auswanderung verlangte, war Georg Kareski, der Leiter der rechten [revisionistischen] Staatszionistischen Organisation. Kareski, eine lautstark agierende, aber randständige Persönlichkeit selbst innerhalb des deutschen Zionismus, war bereit, den Exodus der Juden aus Deutschland notfalls in Zusammenarbeit mit der Gestapo und dem Propagandaministerium zu organisieren. Vielleicht hat er wirklich das taktische Ziel verfolgt, seine eigene Autorität im deutschen Judentum geltend zu machen, indem er seine Zusammenarbeit mit den Nazis ausnutzte,[87] aber sein Gefühl der Dringlichkeit war real und vorahnungsvoll.

Selbst als die Monate vergingen, gewannen die führenden Gestalten des deutschen Judentums im allgemeinen keinen großen Einblick in die kompromißlos antijüdische Haltung der Nationalsozialisten. So machte im August 1933 Werner Senator, der aus Palästina nach Deutschland zurückgekehrt war, um Direktor des neugegründeten Zentralausschusses für Hilfe und Aufbau zu werden, in einer an das American Joint Distribution Committee gerichteten Denkschrift den Vorschlag, einen Dialog zwischen den Juden und den Nationalsozialisten in Gang zu

2. Einverstandene Eliten, bedrohte Eliten 75

bringen. Seiner Ansicht nach sollte ein derartiger Dialog «zu einer Art Konkordat führen, ähnlich den Vereinbarungen zwischen der römischen Kurie und den europäischen Staaten».[88]

Keine römische Kurie und kein Konkordat wurden in der «Denkschrift zur Judenfrage», welche die Vertreter der orthodoxen Juden am 4. Oktober an Hitler sandten, als Beispiele bemüht. Die Unterzeichner machten den Reichskanzler darauf aufmerksam, wie ungerecht es sei, das Judentum mit dem marxistischen Materialismus zu identifizieren, wie unfair, einer ganzen Gemeinschaft die Fehler einiger ihrer Mitglieder zuzurechnen, und wie schwach die Verbindung zwischen dem alten jüdischen Volk und den modernen, entwurzelten, ultrarationalistischen jüdischen Schriftstellern und Journalisten sei. Die orthodoxen Juden mißbilligten die gegen Deutschland gerichtete Greuelpropaganda, und ihre Delegierten erinnerten Hitler an die jüdischen Opfer im Ersten Weltkrieg. Die Verfasser des Briefes waren davon überzeugt, daß die neue Regierung nicht die Vernichtung des deutschen Judentums im Sinne hatte, aber falls sie in diesem Punkte unrecht hätten, verlangten sie, daß man ihnen dies mitteilte. Wiederum verlangten die Vertreter der orthodoxen Juden, ausgehend von der Annahme, daß dies nicht das Ziel des Regimes sei, den Juden Deutschlands möge ein Lebensraum innerhalb des Lebensraums des deutschen Volkes zur Verfügung gestellt werden, wo sie «ungefährdet und nicht geschmäht» ihre Religion ausüben und ihren Berufen nachgehen konnten. Die Denkschrift wurde zu den Akten gelegt, bevor sie Hitlers Schreibtisch auch nur erreichen konnte.[89]

1933 verließen 37 000 der ungefähr 525 000 Juden in Deutschland das Land; in den vier darauffolgenden Jahren blieb die jährliche Zahl der Auswanderer weit unter diesem Wert (1934 waren es 23 000, 1935 21 000, 1936 25 000 und 1937 23 000).[90] 1933 gingen etwa 73 Prozent der Emigranten nach Ländern in Westeuropa, 19 Prozent nach Palästina, und 8 Prozent entschieden sich für ein Land in Übersee.[91] Ein solcher scheinbarer Mangel an Eifer, ein Land zu verlassen, in dem Absonderung, Demütigung und ein ganzes Arsenal von Verfolgungsmaßnahmen von Tag zu Tag schlimmer wurden, war zu allererst auf die Unfähigkeit des größten Teils der jüdischen Führung und hauptsächlich der gewöhnlichen deutschen Juden zurückzuführen, einen im wesentlichen unvorhersehbaren Gang der Ereignisse zu begreifen. «Ich glaube nicht», schrieb Klaus Mann in seiner Autobiographie, «daß sich die Einsichten des Kaufmanns Moritz Cohn grundlegend von denen seines Nachbarn, des Kaufmanns Friedrich Müller, unterscheiden.»[92] Die meisten Juden gedachten dem Unwetter in Deutschland zu trotzen. Überdies waren die materiellen Schwierigkeiten der Auswanderung beträchtlich, besonders in einer Phase wirtschaftlicher Unsicherheit; sie zog einen sofortigen und schwerwiegenden materiellen Verlust nach sich: Besitz von Juden wurde zu immer niedrigeren Preisen verkauft, und die Auswanderungssteuer – die von der Regierung Brüning 1931 eingeführte «Kapitalfluchtsteuer», die auf Vermögen von 200 000 Reichsmark und höher erhoben wurde, wurde von den Nationalsozialisten auf eine Abgabe ausgeweitet, der Vermögen von 50 000 Reichsmark und darüber unterlagen – war mörderisch. Die völlig willkürlichen Wechselkurse der Reichsbank für den Ankauf von Devisen durch Emigranten dezimierte die ständig schrumpfenden Vermögen noch zusätzlich: So wechselten bis 1935 jüdische Auswanderer ihre Markguthaben zu 50 Prozent ihres Wertes, dann zu 30 Prozent und schließlich, am Vorabend des Krieges, zu 4 Prozent.[93] Zwar wollten die Nationalsozialisten die Juden Deutschlands loswerden, aber ihnen war daran gelegen, sie zunächst mit immer härteren Methoden ihres Besitzes zu berauben.

Nur in einem Fall wurden die wirtschaftlichen Bedingungen der Auswanderung etwas erleichtert. Das Regime förderte nicht nur zionistische Aktivitäten im Reichsgebiet,[94] vielmehr wurden auch konkrete ökonomische Maßnahmen ergriffen, um die Ausreise von Juden nach Palästina zu vereinfachen. Das sogenannte Haavarah-Abkommen (hebr. haavarah: Übertragung), das am 27. August 1933 zwischen dem Reichswirtschaftsministerium und zionistischen Vertretern aus Deutschland und Palästina abgeschlossen wurde, ermöglichte jüdischen Emigranten den indirekten Transfer eines Teils ihres Vermögens und erleichterte den Export von Waren aus Nazideutschland nach Palästina.[95] Infolge dieses Abkommens wurden etwa 100 Millionen Reichsmark nach Palästina transferiert, und die meisten der 60 000 deutschen Juden, die in den Jahren 1933–39 in diesem Lande eintrafen, konnten sich dadurch eine minimale Grundlage für ihre materielle Existenz sichern.[96]

Die Wirtschaftsvereinbarung und ein gewisses Maß an Zusammenarbeit bei der Vereinfachung jüdischer Auswanderung aus Deutschland – und in den Jahren 1938 und 1939 aus dem angeschlossenen Österreich und dem von den Deutschen besetzten Böhmen und Mähren – nach Palästina hatten natürlich rein instrumentellen Charakter. Die Zionisten hatten keinen Zweifel über die bösartigen Absichten der Nationalsozialisten hinsichtlich der Juden, und die Nationalsozialisten betrachteten die Zionisten zuallererst als Juden. Über den Zionismus selbst waren sich überdies NS-Ideologie und NS-Politik von Anfang an uneins: Zwar standen sie wie alle anderen extremen Antisemiten in Europa dem Zionismus wohlwollend gegenüber, weil sie ihn als Mittel ansahen, um die Juden zum Verlassen Europas zu verlocken, aber sie betrachteten die 1897 in Basel gegründete Zionistische Organisation auch als Schlüsselelement der jüdischen Weltverschwörung – ein jüdischer Staat in Palästina war danach eine Art Vatikan, der das jüdische Ränkeschmieden in der ganzen Welt koordinierte. Solche notwendigen, aber unheiligen

2. Einverstandene Eliten, bedrohte Eliten 77

Kontakte zwischen Zionisten und Nationalsozialisten setzten sich dennoch bis zum Beginn des Krieges (und noch darüber hinaus) fort. Einer der Hauptvorteile, den das neue Regime aus dem Haavarah-Abkommen zu ziehen hoffte, war eine Bresche in dem gegen Deutschland gerichteten Wirtschaftsboykott der ausländischen Juden. Die Befürchtungen der Nationalsozialisten hinsichtlich eines nennenswerten jüdischen Boykotts waren in Wirklichkeit im Grunde gegenstandslos, aber die zionistische Politik reagierte auf das, was die Deutschen zu erreichen hofften. Die zionistischen Organisationen und die Führung des Jischuw (der jüdischen Gemeinschaft in Palästina) distanzierten sich von jeder Form von Massenprotest oder Boykott, um keine Hindernisse für die neuen Vereinbarungen zu schaffen. Selbst vor dem Abschluß des Haavarah-Abkommens nahm eine derartige «Kooperation» manchmal bizarre Formen an. So wurde Anfang 1933 Baron Leopold Itz Edler von Mildenstein, ein Mann, der wenige Jahre später Leiter des Judenreferats des Sicherheitsdienstes (der von Reinhard Heydrich geleiteten nachrichtendienstlichen Abteilung der SS) werden sollte, zusammen mit seiner Ehefrau eingeladen, eine Rundreise durch Palästina zu unternehmen und eine Artikelserie für Goebbels' Zeitschrift *Der Angriff* zu schreiben. Und so kam es, daß die Mildensteins in Begleitung von Kurt Tuchler, einem führenden Mitglied der Berliner zionistischen Organisation, und dessen Frau jüdische Siedlungen in Erez Israel besuchten. Die überaus positiven Artikel erschienen ordnungsgemäß unter dem Titel «Ein Nationalsozialist fährt nach Palästina», und zur Erinnerung an diesen Anlaß wurde eine spezielle Medaille geprägt, die auf der einen Seite ein Hakenkreuz und auf der anderen einen Davidsstern trug.[97]

Sieht man die Dinge aus der Perspektive des Jahres 1933 und im Lichte der Interessen, welche die Nationalsozialisten damals hatten, dann sah die Artikelserie im *Angriff* vielleicht weniger seltsam aus, als sie heute erscheint. Dasselbe läßt sich über die Denkschrift sagen, welche die Führer der zionistischen Organisation für Deutschland am 22. Juni 1933 an Hitler schickten. Wie Francis Nicosia schreibt, schien diese Denkschrift «ein gewisses Maß an Sympathie für die völkischen Grundsätze des Hitler-Regimes zum Ausdruck zu bringen und stellte fest, daß der Zionismus mit diesen Grundsätzen ... in Einklang zu bringen sei».[98] Diese Vereinbarkeit wurde ganz klar definiert: «Der Zionismus glaubt, daß die Wiedergeburt des nationalen Lebens eines Volkes, wie sie sich nun in Deutschland auf christlicher und nationaler Grundlage vollzieht, auch für das jüdische Volk kommen wird. Auch für das jüdische Volk müssen Abstammung, Religion, gemeinsames Schicksal und ein Sinn für Einzigartigkeit von entscheidender Bedeutung für seine Existenz sein. Dies erfordert die Ausschaltung des ichsüchtigen Individualismus der liberalen Zeit und seine Ersetzung durch einen Sinn für die Gemeinschaft und die kollektive Verantwortung.»[99] Verlangt wurde weiterhin für die Juden ein Platz in dem auf dem Rassenprinzip basierenden Gesamtsystem, das der Nationalsozialismus errichtet hatte, damit auch sie in der ihnen zugewiesenen Sphäre einen fruchtbaren Beitrag zum Leben des Vaterlandes leisten konnten.[100]

Im Sommer 1933 stattete einer der bedeutendsten zionistischen Führer in Palästina, der in Deutschland geborene Arthur Ruppin, dem NS-Rassentheoretiker Hans F. K. Günther an der Universität Jena einen Besuch ab. «Die Juden seien nicht minderwertiger als die Arier, sondern nur anders, versicherte Günther. Daher müsse für das Judenproblem eine ‹faire Lösung› gefunden werden. Der Professor sei äußerst freundlich gewesen, notierte Ruppin anschließend befriedigt.»[101] So waren die anfänglichen Reaktionen einiger zionistischer Führer auf die neue deutsche Situation trotz rascher Einsicht in den abgrundtiefen Haß der Nationalsozialisten auf die Juden nicht negativ. Es gab eine weitverbreitete Hoffnung, daß die NS-Politik der Förderung jüdischer Auswanderung aus Deutschland große Möglichkeiten für den Jischuw bot. Ein Strom wichtiger Besucher kam aus Palästina angereist, um sich die Zustände in Deutschland anzusehen. Der linkszionistische Führer Moshe Belinson schrieb an Berl Katzenelson, den Herausgeber der Zeitung *Davar*, des wichtigsten Blattes der Arbeiterpartei: «Die Straßen sind mit mehr Geld gepflastert, als wir uns in der Geschichte unserer zionistischen Unternehmungen jemals erträumt haben. Hier bietet sich eine Gelegenheit zu Aufbau und blühendem Erfolg, wie wir sie noch nie gehabt haben oder je haben werden.»[102]

Gedämpft wurden die zionistischen Hoffnungen durch praktische Besorgnisse, es könnte zu übermäßigen Einwandererzahlen kommen. «Damit die Einwanderung nicht die Siedlungen, die in Palästina schon existieren, wie Lava überflutet», erklärte Ruppin auf dem im Sommer 1933 in Prag abgehaltenen Zionistenkongreß, «muß sie in einem gewissen prozentualen Verhältnis zur angesiedelten Bevölkerung stehen.»[103] Dies blieb die Politik für mehrere Jahre danach, und noch einige Zeit nach der Verabschiedung der Nürnberger Rassengesetze im Jahre 1935 dachten sowohl die deutschen Zionisten als auch die Führer des Jischuw immer noch an ein jährliches Kontingent von 15 bis 20000 deutsch-jüdischen Emigranten und an eine Auswanderung, die sich über eine Periode von 20 bis 30 Jahren erstreckte.[104]

Ganz gleich, welche praktischen Schritte ins Auge gefaßt wurden, die zionistische Rhetorik war klar: Palästina war die einzig mögliche Zuflucht und Lösung. Für einige der deutschen Juden, die sich bei ihrer Ankunft im Land Israel plötzlich mit einer neuen und unerwarteten Realität konfrontiert sahen, war das nicht selbstverständlich. Der Romancier Arnold Zweig, ein langjähriger Linkszionist, der im Sommer

1933 eingetroffen war, faßte seine Gefühle über seine neue Heimat in einem Tagebucheintrag vom 31. Dezember zusammen: «In Palästina. In der Fremde.»[105]

Einige Führer der deutschen Juden glaubten 1933 immer noch, die Nationalsozialisten würden sich von einer objektiven Darstellung der jüdischen Beiträge zur deutschen Kultur gebührend beeindrucken lassen. Wenige Monate nach dem Regimewechsel begann Leopold Ullstein, ein jüngeres Mitglied der Verlegerfamilie, ermutigt von Max Warburg und Leo Baeck, mit den Vorbereitungen für eine umfassende Studie, die in diese Richtung zielte. Innerhalb eines Jahres lag ein stattlicher Band vor, dessen Veröffentlichung aber im Dezember 1934 verboten wurde. «Der unbefangene Leser», verkündete der Gestapo-Bericht, «muß bei der Lektüre des Werkes den Eindruck gewinnen, daß die gesamte Deutsche Kultur bis zur nationalsozialistischen Revolution nur von den Juden getragen worden sei. Der Leser erhält ein ganz falsches Bild über die wahre Betätigung, insbesondere die zersetzende Tätigkeit der Juden in der Deutschen Kultur. Hinzu kommt, daß sattsam bekannte jüdische Schieber und Spekulanten dem Leser als das Opfer ihrer Zeit dargestellt werden und ihre schmutzige Tätigkeit auch noch beschönigt wird. ... Ferner werden Juden, die als Staatsfeinde hinreichend bekannt sind ..., als hervorragende Träger der ‹Deutschen Kultur› dargestellt.»[106] Jüdische Kultur für Juden war dagegen etwas anderes, und während Ullstein ein unzeitgemäßes Unternehmen anvisiert hatte, präsentierte ein anderer Berliner Jude, Kurt Singer, der frühere stellvertretende Direktor der Städtischen Oper Berlin, eine Idee anderer Art: die Gründung eines «Kulturbundes deutscher Juden».

Singers Kulturbund entsprach den Bedürfnissen der Nationalsozialisten. Als ein Plan einer autonomen kulturellen Betätigung von Juden und (ausschließlich) für Juden den neuen preußischen Behörden vorgelegt wurde, erhielt er die Billigung Görings. Praktisch wurde er auf der Seite der Nationalsozialisten von demselben Hans Hinkel kontrolliert, der bereits mit der «Entjudung» des kulturellen Lebens in Preußen beauftragt worden war. Nach außen hin sah der Kulturbund wie ein sehr zweckmäßiges Unternehmen aus, das die Probleme lösen sollte, die sowohl für das Regime als auch für die Juden durch die Vertreibung von annähernd 8000 jüdischen Schriftstellern, Künstlern, Musikern und darstellenden Künstlern aller Art sowie ihren Mitarbeitern und Agenten aus dem deutschen Kulturleben geschaffen worden waren.[107] Abgesehen von der Arbeit, die er gab, und von der beruhigenden psychologischen Funktion, die er für einen Teil der jüdischen Gemeinschaft erfüllte, bot der Kulturbund auch der umgebenden Gesellschaft eine einfache Möglichkeit, jedes etwaige Gefühl von Peinlichkeit abzuwehren: «Arier, welche die antisemitischen Maßnahmen des Regimes verabscheuten, konnten sich damit trösten, daß es den jüdischen Künstlern zumindest gestattet wurde, in den von ihnen gewählten Berufen tätig zu bleiben.»[108]

Der Kulturbund spielte noch eine weitere, unsichtbare, aber nicht weniger reale Rolle, die in die Zukunft wies: Als erste jüdische Organisation unter der direkten Überwachung durch einen Nazi-Aufseher war er Vorbote des Nazi-Ghettos, in dem ein Anschein innerer Autonomie die totale Unterordnung einer ernannten jüdischen Führung unter die Diktate ihrer Herren verschleierte. Von einer ganzen Reihe von jüdischen Intellektuellen wurde der Kulturbund begrüßt, da er einer Gemeinschaft im Belagerungszustand vermeintlich die Gelegenheit zu einem neuen jüdischen kulturellen und spirituellen Leben bot.[109] Dieses fortwährende Mißverstehen der wahren Bedeutung der Situation wurde noch durch den Ehrgeiz einiger seiner Gründer verschlimmert: ein kulturelles Leben von solcher Qualität zu schaffen, daß es den Deutschen eine Lektion erteilen würde. Der Literaturkritiker Julius Bab faßte das alles mit außerordentlicher Naivität zusammen, als er in einem Brief vom Juni 1933 schrieb: «Es bleibt doch eine bittere Sache – ein Ghettounternehmen, das wir freilich so gut machen wollen, daß sich die Deutschen schämen müssen.»[110] Babs Aussage konnte auch bedeuten, daß sich die Deutschen schämen würden, weil sie die Träger einer so hohen Kultur so schäbig behandelten.

Sporadisch informierte nun Hinkel seine Schützlinge über Werke, deren Aufführung Juden nicht mehr gestattet war. Auf dem Theater waren deutsche Sagenstoffe und Aufführungen von Werken aus dem deutschen Mittelalter und der deutschen Romantik untersagt. Eine Zeitlang war die klassische Periode zugelassen, aber Schiller wurde 1934 verboten und Goethe 1936. Von ausländischen Dichtern war Shakespeare erlaubt, aber Hamlets Monolog – «Sein oder nicht sein» – war verboten: Auf einem jüdischen Theater im Dritten Reich hätten die Worte «Des Mächt'gen Druck, des Stolzen Mißhandlungen» subversiv klingen können, und daher führten sie zum Ausschluß der ganzen Rede.[111] Selbstverständlich durften die Werke von Richard Wagner und Richard Strauss trotz der Anhänglichkeit deutscher Juden an die Stücke dieser Komponisten nicht von Juden aufgeführt werden. Beethoven wurde ihnen 1937 verboten, Mozart dagegen mußte bis zum darauffolgenden Jahr, als der Anschluß stattgefunden hatte, warten.[112]

Ungeachtet solcher zunehmenden Einschränkungen waren die Aktivitäten des Kulturbundes in Berlin und bald darauf dann auch in allen großen deutschen Städten bemerkenswert. Mehr als 180 000 Juden aus allen Teilen Deutschlands wurden aktive Mitglieder der Vereinigung. In seinem ersten Jahr inszenierte der Kulturbund 69 Opernaufführungen

2. Einverstandene Eliten, bedrohte Eliten 81

und 117 Konzerte, und in der Zeit von Mitte 1934 bis Mitte 1935 waren es 57 Opernaufführungen und 358 Konzerte.[113] Zum Opernrepertoire gehörten unter anderem Werke von Mozart, Offenbach, Verdi, Johann Strauss, Donizetti, Rossini, Tschaikowski und Saint-Saëns. Zwar war die Auswahl der aufgeführten Werke, abgesehen von den ideologischen und finanziellen Beschränkungen, im wesentlichen traditionell, aber 1934 organisierte der Frankfurter Kulturbund ein Konzert zu Ehren von Arnold Schönbergs 60. Geburtstag, und die Kölner Zweigorganisation veranstaltete eine Aufführung von Paul Hindemiths Kinderoper *Wir bauen eine Stadt* – die sie in Palästina ansiedelte.[114]

Im Prinzip sollten die Juden zunehmend mit «jüdischen Werken» gefüttert werden. Doch selbst dieses Prinzip stellte den Nazi-Geist nicht immer zufrieden. Am 26. Oktober 1933 schickte Rainer Schlösser, Reichsdramaturg im Propagandaministerium, eine Empfehlung an Hinkel, Aufführungen von Emil Bernhards (Emil Cohns) Stück *Die Jagd Gottes* zu verbieten, denn es sei «eine Art ‹Trost des Judentums›, eine Art ‹Herzstärkung› für Juden». Überdies spielte die Handlung vor dem Hintergrund der Mißhandlung von Juden durch Kosaken: «Mit wem die erwähnten Kosaken identifiziert werden, kann man sich denken.»[115]

Den jüdischen Zuschauern muß teilweise bewußt gewesen sein, daß die Aktivitäten des Kulturbundes auf sie beruhigend wirken sollten. Dennoch wurden Kulturbund-Theater wie das in der Berliner Charlottenstraße zu einem geistigen Rettungsanker. Die Straßenbahnschaffner kannten ihr Publikum; «Charlottenstraße», riefen sie aus, «jüdische Kultur – alles aussteigen!»[116]

«Das Ziel unserer Bühne», erklärte der Direktor des Theaterbetriebes des Rhein-Ruhr-Kulturbundes in der Ausgabe seiner Zeitschrift vom November/Dezember 1933, «ist es, allen die Freude und die Ermutigung zur Bewältigung des Lebens zu bringen, indem wir sie an den ewigen Werten der Dichtung teilnehmen lassen oder die Probleme unserer Zeit erörtern, aber auch leichte Stücke zeigen und sie nicht verwerfen. Wir beabsichtigen, die Verbindung zur deutschen Heimat zu halten und gleichzeitig ein Bindeglied zu unserer großen jüdischen Vergangenheit und zu einer lebenswerten Zukunft zu bilden.»[117]

IV

Ende 1933 waren sich viele Millionen von Menschen innerhalb und außerhalb von Deutschland über die systematische Politik der Absonderung und Verfolgung, die das neue deutsche Regime gegen seine jüdischen Bürger in Gang gesetzt hatte, im klaren. Doch wie bereits zu Beginn festgestellt, war es vielleicht für die meisten Menschen, Juden ebenso wie Nichtjuden, unmöglich, sich eine deutliche Vorstellung von den Zielen und Grenzen dieser Politik zu machen. Unter den Juden Deutschlands gab es Besorgnis, aber keine Panik und kein weitverbreitetes Gefühl der Dringlichkeit. Es läßt sich schwer abschätzen, welche Bedeutung die deutsche Gesellschaft auf ihren verschiedenen Ebenen einem Problem beimaß, das auf keiner Prioritätenliste stand. Politische Stabilisierung, die Zerschlagung der Linken, wirtschaftliche Besserung, nationale Wiedergeburt und internationale Unsicherheiten waren im Bewußtsein vieler sicher mehr präsent als die verschwommenen Umrisse der Judenfrage; für die meisten Deutschen standen die Probleme und Herausforderungen des täglichen Lebens in Zeiten politischen Wandels und wirtschaftlichen Umbruchs vorrangig im Mittelpunkt des Interesses, unabhängig davon, wie weit sie sich auch über andere Probleme im klaren gewesen sein mögen. Vor diesem Hintergrund muß Hitlers Obsession in der Judenfrage betrachtet werden.

In einem bemerkenswerten Bericht, den Sir Horace Rumbold, der britische Botschafter in Berlin, am 11. Mai 1933 an Außenminister Sir John Simon sandte, beschrieb er den Ablauf eines Gesprächs mit Hitler, nachdem er auf die Verfolgung der Juden zu sprechen gekommen war: «Die Erwähnung der Behandlung der Juden führte dazu, daß sich der Kanzler in einen Zustand großer Erregung hineinsteigerte. ‹Ich werde nie zulassen›, rief er, so als rede er zu einer Versammlung unter freiem Himmel, ‹daß für deutsche Bürger zweierlei Recht existiert. Es gibt ein gewaltiges Maß an Arbeitslosigkeit in Deutschland, und ich muß beispielsweise junge Leute rein deutscher Abstammung von höherer Bildung fernhalten. Es gibt nicht genug Stellen für die reinblütigen Deutschen, und die Juden müssen mit den anderen leiden. Wenn die Juden aus dem Ausland einen Boykott deutscher Waren organisieren, dann werde ich dafür sorgen, daß das die Juden in Deutschland trifft.› Diese Äußerungen wurden mit großer Heftigkeit vorgebracht. Nur seine Erregung, die ich nicht noch verstärken wollte, hinderte mich daran, darauf hinzuweisen, daß es tatsächlich zweierlei Maßstäbe für die Behandlung deutscher Bürger gab, insofern diejenigen, die jüdischer Rasse waren, diskriminiert wurden.» Am Ende der Botschaft kam Rumbold auf das Problem zurück: «Mein Kommentar zu dem Vorangehenden ist, daß Herr Hitler selbst für die antijüdische Politik der deutschen Regierung verantwortlich ist und daß es verfehlt wäre anzunehmen, es handle sich dabei um die Politik seiner ungezügelteren Männer, mit deren Kontrolle er Schwierigkeiten habe. Jeder, der Gelegenheit gehabt hat, sich seine Äußerungen zum Thema Juden anzuhören, kann nicht umhin, genau wie ich zu erkennen, daß er in diesem Punkt ein Fanatiker ist.»[118]

Der amerikanische Generalkonsul in Berlin gelangte zu derselben

Schlußfolgerung. «Einer der unglücklichsten Aspekte der Situation», schrieb George S. Messersmith am 1. November 1933 an Außenminister Cordell Hull, «ist, daß Herr Hitler, wie ich es bereits in früheren Berichten dargelegt habe und dies hier erneut tue, unerbittlich ist und sich nicht überzeugen läßt und die eigentliche Spitze der antijüdischen Bewegung darstellt. Bei einer ganzen Reihe von Themen kann er vernünftig sein, aber in diesem Punkt kann er nur leidenschaftlich und vorurteilsvoll sein.»[119]

Im Laufe des Jahres 1933 brachte Hitler seine fixe Idee von der jüdischen Gefahr nicht in größeren öffentlichen Verlautbarungen zum Ausdruck, aber daß sie immer da war, gleichsam im Hintergrund lauernd, läßt sich in seinen Bemerkungen über das Konkordat wahrnehmen, im letzten Teil des Briefes an Hindenburg, in der Diskussion mit Bischof Berning und auch in Ausbrüchen wie denen, über die von ausländischen Diplomaten berichtet wurde. Ebenso offenkundig ist jedoch, daß sich der neue Kanzler noch nicht sicher über den Spielraum war, den ihm die schwankende politische und wirtschaftliche Lage bot. Internationale Reaktionen beunruhigten ihn durchaus. Wie er es am 6. Juli 1933 auf einer Reichsstatthalterkonferenz formulierte, war für Deutschland zur damaligen Zeit die gefährlichste Front die äußere: «Wir dürfen sie nicht reizen, wenn es nicht notwendig ist, sich mit ihr zu befassen. Die Judenfrage wieder aufzurollen, heißt die ganze Welt wieder in Aufruhr bringen.»[120] Ganz eindeutig war die unsichere wirtschaftliche Situation des Reiches, wie bereits festgestellt, auch ein bedeutender Faktor bei seinen Entscheidungen. Nachdem Hitler den stümperhaften Wirtschaftsminister Alfred Hugenberg und seinen unfähigen Nachfolger Kurt Schmitt losgeworden war, ernannte er am 30. Juli 1934 Hjalmar Schacht, den konservativen «Hexenmeister», zum Minister und Herrn über die Wirtschaft des Reiches. Aus praktischen ökonomischen Gründen bestand Schacht darauf, keine größeren Eingriffe in jüdische Geschäftstätigkeit zuzulassen.[121] Im allgemeinen unterstützte Hitler bis zur neuen Übergangsphase 1936–37 die Position Schachts. Schließlich berücksichtigte Hitler in einigen Punkten wie der Frage der jüdischen Ärzte die öffentliche Meinung in Deutschland: Mit anderen Worten, er erkannte die Notwendigkeit zu taktischem Pragmatismus im Hinblick auf kurzfristige antijüdische Maßnahmen, und so mußte seine Politik zumindest eine Zeitlang den bereits existierenden antijüdischen Programmen der Konservativen nahe bleiben.

Das Ausmaß, in dem Hitler zwischen seinem Haß auf die Juden und dem Wunsch nach radikalem Handeln einerseits und der Notwendigkeit taktischer Zurückhaltung andererseits hin- und hergerissen wurde, kam deutlich in der Kabinettssitzung vom 14. Juli zum Ausdruck, auf der er erklärte, das Konkordat mit dem Vatikan werde dem Reich bei seinem Kampf gegen das Weltjudentum helfen. Als im Zuge der Erörterung von Kriterien für die weitere Ausübung des Anwaltsberufs durch Juden mehrere Minister vorschlugen, die Identifizierung von Frontkämpfern sollte auf der Zugehörigkeit zu Kampftruppen basieren, protestierte Hitler: «Das jüdische Volk insgesamt würde abgelehnt. Daher müßten alle Juden entfernt werden. Eine Ausnahme könnte man nur bei den Juden machen, die am blutigen Kampf teilgenommen hätten. Nur die Teilnahme an einer Kampfhandlung, nicht aber der Aufenthalt in der Kampfzone wäre entscheidend. Daher müßte eine Beratungsstelle oder ein Prüfungshof zur Nachprüfung der Eintragung in die Kriegsstammrolle vorgesehen werden.»[122] Wie aber sollte diese Notwendigkeit eines fortwährenden Kampfes gegen die Juden beispielsweise in der Sphäre der Wirtschaft ihren Ausdruck finden, ohne zu den gefährlichen Ergebnissen zu führen, über die sich Hitler völlig im klaren war? Als dieses Thema auf derselben Kabinettssitzung angeschnitten wurde, ließ der Reichskanzler eine Erklärung vom Stapel, die ganz klar das Dilemma bloßlegte, vor dem er stand. «Der Reichskanzler führte aus, daß die Juden der Welt jetzt einen stillen Boykott gegen Deutschland führten, ohne daß ein Staat hiergegen etwas unternehme. Es müßte bedacht werden, daß der jüdische Boykott nur das Mittel dazu wäre, um die politische Leitung Deutschlands zu beseitigen. Daher hätten die Juden in Deutschland in erster Linie die Folgen dieser Boykottbewegung zu tragen. Es wären zweifellos zuviel Betriebe vorhanden. Daher müßte mit dem Eingehen einiger Betriebe gerechnet werden. Zu diesen sollten vor allem die gegnerischen, jüdischen Betriebe gehören, so daß hier paritätische Behandlung verfehlt wäre.»[123] Mit anderen Worten, man mußte jüdische Unternehmungen diskriminieren – bis zu einem gewissen Grade: Innerhalb der Kategorie der Betriebe, die zu verschwinden hatten, waren die jüdischen die ersten auf der Liste. Eine derartige Aussage ließ sich auf vielerlei Weise deuten.

Daß Hitler die Judenfrage auch manipulierte, um bestimmte allgemeinpolitische Ziele zu erreichen, ist nicht unmöglich. Auch wenn der Wirtschaftsboykott gegen jüdische Geschäfte zumindest offiziell aufhören mußte, wies die drohende Parteirhetorik klar darauf hin, daß die Juden von nun an als potentielle Geiseln betrachtet wurden, deren Schicksal von der Haltung der Außenwelt gegenüber dem neuen Deutschland abhängen würde. Eine derartige Benutzung der Juden blieb dann übrigens die ganzen dreißiger Jahre hindurch ein bedrohliches Thema und fand ihren gewalttätigsten Ausdruck nach dem Kristallnacht-Pogrom vom November 1938 und in den letzten Friedensmonaten, besonders in Hitlers Reichstagsrede vom Januar 1939. Überdies ermöglichten der Boykott vom April 1933 und die anderen frühen antijüdischen Maßnahmen eine gewisse Abfuhr der aufgestauten Gewalttätigkeit, die bei den «Parteiradikalen» gärte. In den darauffolgenden Monaten und Jahren, besonders aber im Jahre 1935, benutzte Hitler durchgängig seine antijüdische Politik als Sicherheitsventil gegen ein Aufbauen ideologischer oder materieller Ressentiments bei den einfachen Parteimitgliedern und dem extremeren Teil seiner Untergebenen.

Gab es schließlich, soweit es das erste Jahr des Regimes betrifft, irgendwelche Hinweise darauf, daß Hitler – über eine allgemeine ideologische Besessenheit und über kurzfristige Taktik hinaus – bereits weitere systematische Schritte gegen die Juden in Deutschland erwog? Es sieht in der Tat so aus, daß der Gedanke der Einführung einer grundlegenden juristischen Unterscheidung zwischen deutschen (arischen) Bürgern und den in Deutschland lebenden Juden – eine Hauptforderung vieler Konservativer in der Vergangenheit und ein Punkt auf dem Programm der NSDAP – seit den ersten Tagen seiner Regierung sowohl auf der Tagesordnung der konservativen Beamtenschaft stand als auch in Hitlers Überlegungen eine Rolle spielte.

Der erste Entwurf eines neuen Staatsbürgerschaftsgesetzes entstand anscheinend Ende Mai 1933 im Innenministerium und wurde im darauffolgenden Monat der Expertenkommission für Bevölkerungs- und Rassenpolitik des Ministeriums zugeleitet.[124] Diese Bemühungen führten zu keinen unmittelbaren Ergebnissen, aber Hitler erwog offenbar ähnliche Pläne für die Zukunft. So erklärte er am 28. September auf einer Besprechung mit dem Innenminister und den Reichsstatthaltern: «Ihm, dem Reichskanzler, wäre es lieber gewesen, wenn man schrittweise zu einer Verschärfung in der Behandlung der Juden in Deutschland hätte kommen können, indem man zunächst ein Staatsbürgerrecht geschaffen und dann hiervon ausgehend die Juden allmählich schärfer angefaßt hätte. Der von den Juden angezettelte Boykott habe ihn jedoch zu sofortigen, schärfsten Gegenmaßnahmen gezwungen.»[125]

Wie wir sehen werden, verlor Hitler selbst in der Atmosphäre der Ungewißheit nach seiner Machtergreifung seine ideologischen Ziele im Hinblick auf die Juden wie auch in bezug auf die anderen Themen, die den Kern seiner Weltanschauung bildeten, nicht aus den Augen. Zwar vermied er öffentliche Aussagen über die Judenfrage, aber er konnte sich nicht völlig beherrschen. In seiner Abschlußrede auf dem Nürnberger Parteitag am 1. September 1933, der als der Parteitag des Sieges bezeichnet wurde, verstieg er sich in seinen programmatischen Auslassungen über die rassischen Grundlagen der Kunst zu abfälligen Bemerkungen über die Juden: «Es ist das Zeichen der grauenhaften geistigen Dekadenz der vergangenen Zeit, daß sie von Stilen redeten, ohne ihre rassischen Bedingtheiten zu erkennen. ... Jede klar ausgeprägte Rasse hat ihre eigene Handschrift im Buche der Kunst, sofern sie nicht, wie z. B. das Judentum, ohne eigene künstlerisch produktive Fähigkeit ist.»[126] Und die Funktion einer Weltanschauung definierte Hitler in seiner Ansprache folgendermaßen: «Weltanschauungen ... sehen in der Erreichung der politischen Macht nur die Voraussetzung für den Beginn der Erfüllung ihrer eigentlichen Mission. Schon im Worte ‹Weltanschauung› liegt die feierliche Proklamation des Entschlusses, den Handlungen eine bestimmte Ausgangsauffassung und damit sichtbare Tendenz zugrunde zu legen. Eine solche Auffassung kann richtig oder falsch sein; sie ist der Ausgangspunkt für die Stellungnahme zu allen Erscheinungen und Vorgängen des Lebens und damit ein bindendes und verpflichtendes Gesetz für jedes Wirken.»[127] Mit anderen Worten, eine Weltanschauung, wie Hitler sie bestimmte, war ein quasi-religiöser Rahmen, der kurzfristige politische Ziele mit umfaßte. Der Nationalsozialismus war nicht bloß ein ideologischer Diskurs; er war eine politische Religion, welche die totale Hingabe verlangte, die man einem religiösen Glauben schuldete.[128]

Die «sichtbare Tendenz» einer Weltanschauung setzte die Existenz von «Endzielen» voraus, von denen man ungeachtet ihrer allgemeinen und schemenhaften Formulierung glaubte, daß sie die Ausarbeitung und Durchführung kurzfristiger Pläne leiteten. Vor Herbst 1935 machte Hitler weder in der Öffentlichkeit noch im privaten Gespräch Andeutungen darüber, was das Endziel seiner antijüdischen Politik sein könnte. Doch viel früher, als unreifer politischer Agitator, hatte er in seinem berüchtigten ersten politischen Text, dem Brief über die «Judenfrage», den er am 16. September 1919 an einen gewissen Adolf Gemlich gerichtet hatte, das Ziel einer systematischen antijüdischen Politik definiert. Kurzfristig mußten die Juden ihrer Bürgerrechte beraubt werden: «Das letzte Ziel aber muß unverrückbar die Entfernung der Juden überhaupt sein.»[129]

3.
Der Erlösungsantisemitismus

I

Am Nachmittag des 9. November 1918 nahm sich Albert Ballin, der jüdische Gründer und Vorsitzende der Hamburg-Amerika-Linie, das Leben. Deutschland hatte den Krieg verloren, und der Kaiser, der ihm freundschaftlich verbunden gewesen war und seinen Rat geschätzt hatte, war gezwungen worden, abzudanken und nach Holland zu fliehen, während in Berlin die Republik ausgerufen wurde. Am 13., zwei Tage nach dem Waffenstillstand, wurde Ballin in Ohlsdorf, einem Vorort von Hamburg, begraben. «Mitten in der Revolution», schreibt Ballins Biograph, «hielt die Stadt den Atem an, um ihrem vornehmsten Bürger die letzte Ehrung zu erweisen. Aus Amerongen übermittelte der Ex-Kaiser Frau Ballin telegraphisch sein Beileid.»[1]

Ballins Leben und Tod waren nur ein Beispiel für die paradoxe Existenz der Juden Deutschlands während des Zweiten Reiches. Manche hatten bemerkenswerte Erfolge erzielt, aber man hielt sie sich vom Leibe; viele fühlten sich «in Deutschland zu Hause», aber sie wurden als Fremde wahrgenommen; fast alle waren loyale Bürger, aber sie riefen Argwohn hervor. So unterzeichnete zwei Jahre vor dem Zusammenbruch, am 11. Oktober 1916, als sich die militärische Lage zu einer völligen Pattsituation entwickelt hatte, der preußische Kriegsminister eine Verfügung, mit der er eine Zählung aller Juden in den Streitkräften anordnete, «um festzustellen, ... wie viele wehrpflichtige Juden in jeder Einheit der deutschen Truppen dienten».[2] Das Kriegsministerium erklärte, «fortgesetzt liefen ... aus der Bevölkerung Klagen darüber ein, daß eine unverhältnismäßig große Zahl wehrpflichtiger Angehöriger des israelitischen Glaubens vom Heeresdienst befreit sei oder aber es verstanden habe, eine Verwendung außerhalb der vordersten Front zu finden».[3] Die Zählung wurde am 1. November 1916 abgehalten.

Seit Beginn des Krieges waren die Juden Deutschlands wie alle anderen Deutschen in die Armee eingetreten; sehr bald wurden einige von ihnen Offiziere. Insbesondere für das kastenartige preußische Offizierskorps war dies eine bittere Pille, und Offiziersorganisationen wandten sich an antisemitische Gruppen, um nach Wegen zu suchen, wie man diesen Beförderungen ein Ende bereiten könnte.[4] Eine Welle von Gerüchten, die ihren Ursprung sowohl innerhalb als auch außerhalb der Streitkräfte hatten, beschrieb die Juden als Soldaten, denen es an Tüchtigkeit und Mut mangele, und erhob den Vorwurf, Juden entzögen sich in großer Zahl dem Fronteinsatz und ließen sich auf Büroposten in der Etappe nieder, indem sie reihenweise in die «Kriegswirtschaftsfirmen» gingen, die zur Beschaffung von Rohstoffen und Proviant gegründet worden waren.[5]

Der Industrielle Walther Rathenau, der Jude war, hatte in der Tat die Leitung der neuen Kriegsrohstoffabteilung im Kriegsministerium übernommen, und auf die Initiative Ballins sowie der Bankiers Max Warburg und Carl Melchior (die ebenfalls Juden waren) wurde die Zentral-Einkaufs-Gesellschaft gegründet, die über ein Netz von Kriegsgesellschaften ausländische Lebensmittel beschaffen sollte. Nach Ansicht extrem nationalistischer Deutscher wurden diese Firmen zu Werkzeugen jüdischer Spekulation und Ausbeutung der Nation in ihrer Zeit der Gefahr: «Die Kriegsgewinnler waren zunächst einmal hauptsächlich Juden», schrieb General Erich Ludendorff in seinen Memoiren. «Sie erlangten einen beherrschenden Einfluß in den Kriegsgesellschaften ..., die ihnen Gelegenheit boten, sich auf Kosten des deutschen Volkes zu bereichern und von der deutschen Wirtschaft Besitz zu ergreifen, um eines der Machtziele des jüdischen Volkes zu erreichen.»[6] In seinem Buch *Mein Kampf* verpackte Hitler das alles in seinen typischen Stil: «Die allgemeine Stimmung [in der Armee] war miserabel. ... Die Kanzleien waren mit Juden besetzt. Fast jeder Schreiber ein Jude und jeder Jude ein Schreiber. ... Noch schlimmer lagen die Dinge bei der Wirtschaft. Hier war das jüdische Volk tatsächlich ‹unabkömmlich› geworden. Die Spinne begann, dem Volke langsam das Blut aus den Poren zu saugen. Auf dem Umwege über die Kriegsgesellschaften hatte man das Instrument gefunden, um der nationalen und freien Wirtschaft nach und nach den Garaus zu machen.»[7]

Infolge der Berufsstruktur der jüdischen Bevölkerung waren etwa 10 Prozent der Direktoren der Kriegsgesellschaften Juden,[8] aber fortgesetzte antijüdische Attacken veranlaßten Matthias Erzberger, einen Abgeordneten der katholischen Zentrumspartei, eine Untersuchung im Reichstag zu verlangen.[9] Er wurde von einer Koalition von Liberalen und Konservativen unterstützt. Selbst einige Sozialdemokraten beteiligten sich.[10] In dieser Atmosphäre verkündete das preußische Kriegsministerium seinen Beschluß, die «Judenzählung» durchzuführen.

Die Juden reagierten, aber nur zurückhaltend. Warburg, der damals bereits einer der einflußreichsten Juden im kaiserlichen Deutschland war, traf im März 1917 mit Kriegsminister Stein zusammen, um ihn um die Abgabe einer Erklärung zu bitten, daß die Juden ebenso tapfer kämpften wie andere Deutsche. Stein lehnte ab, und um diejenigen jüdischen Züge hervorzuheben, die er am wenigsten leiden konnte, hielt er Warburg einen Vortrag über Heinrich Heine.[11]

Die Ergebnisse der Zählung wurden während des Krieges nicht veröffentlicht, vorgeblich aus Rücksicht auf die Juden, da sie von Beamten des Kriegsministeriums als «verheerend» bezeichnet wurden.[12] Unmittelbar nach dem Waffenstillstand ließ der Judenhasser General Wrisberg an den radikalen antisemitischen Deutschvölkischen Schutz- und Trutzbund Pseudo-Ergebnisse durchsickern, die dann in großem Umfang für eine antijüdische Propaganda verwendet wurden.[13] Erst zu Beginn der zwanziger Jahre erwies eine systematische Untersuchung des Materials das Unternehmen als die «größte statistische Ungeheuerlichkeit, deren sich eine Behörde jemals schuldig gemacht hat».[14] Eine detaillierte Analyse machte deutlich, daß die jüdische Beteiligung an Fronteinsätzen der der allgemeinen Bevölkerung entsprach, mit einer minimalen Abweichung, die durch Altersaufbau und Beschäftigungsstruktur bedingt war. Der Schaden war dennoch angerichtet.

Ernst Simon, der sich freiwillig zum Militär gemeldet hatte, um die Gemeinschaft mit der deutschen Nation zu suchen, spürte, daß die Judenzählung mehr war als die Initiative einiger böswilliger Beamter. Sie war «realer Ausdruck einer realen Stimmung: daß wir fremd waren, daß wir daneben standen, besonders rubriziert und gezählt, aufgeschrieben und behandelt werden müßten».[15] Im Sommer 1916 schrieb Walther Rathenau an einen Freund: «Je mehr Juden in diesem Kriege fallen, desto nachhaltiger werden ihre Gegner beweisen, daß sie alle hinter der Front gesessen haben, um Kriegswucher zu treiben. Der Haß wird sich verdoppeln und verdreifachen.»[16]

Nach fast zwei Jahrzehnten relativer Ruhe war die Judenfrage während der Reichstagswahlen von 1912, die dann bald als «Judenwahlen» bezeichnet wurden, erneut mit voller Gewalt im deutschen politischen Leben aufgebrochen.[17] Das tatsächliche politische Problem war das Anwachsen der Linken. Da sich jedoch die Juden – die zu den Konservativen (wie auch umgekehrt) in Opposition standen und von der Haltung enttäuscht waren, welche die Nationalliberalen ihnen gegenüber einnahmen – den Progressiven und insbesondere den Sozialdemokraten zuwandten, wurden sie mit der linken Gefahr identifiziert.[18]

Die Wahlen brachten das Verschwinden der antisemitischen Splitterparteien und stellten für die konservative Rechte einen herben Rückschlag dar. Die Sozialdemokraten gingen aus ihnen als stärkste Partei auf der deutschen politischen Bühne hervor und konnten die Zahl ihrer Reichstagssitze von 53 auf 110 mehr als verdoppeln. Von den 300 Kandidaten, für die sich Organisationen ausgesprochen hatten, in denen Juden eine bedeutende Stellung einnahmen, wurden 88 gewählt.[19] Diese

Ergebnisse bewiesen, daß die Mehrzahl der Wähler nicht offen intensive antijüdische Gefühle hegte, aber die Reaktion der Rechten war anders und kam auf der Stelle. Für die rechtsgerichtete Presse war offenkundig geworden, daß jüdisches Geld und jüdischer Geist die Kontrolle über die «goldene» und die «rote» Internationale, diese beiden gefährlichsten Feinde der deutschen Nation, ausübten. Selbst eine Publikation, die der lutherischen Kirche so nahe stand wie der *Christlichsoziale Reichsbote*, bezeichnete die Arbeiter, die für die Sozialdemokraten stimmten, als von «jüdischer Hetzpeitsche aufgestachelte vaterlandslose Gesellen», hinter denen als «Drahtzieher das jüdisch-internationale Großkapital» stehe.[20]

In der gesamten extremen Rechten breitete sich jetzt hektische Betriebsamkeit aus, und etwa 20 neue ultranationalistische und rassistische Organisationen wurden auf der politischen Bühne aktiv. Einige von ihnen wie der Reichshammerbund und der Germanenorden waren Zusammenschlüsse von bereits vorher existierenden Gruppen.[21] Von den größeren Gruppen ist die Entwicklung des Alldeutschen Verbandes besonders aufschlußreich. In seinem bereits erwähnten Pamphlet von 1912, *Wenn ich der Kaiser wär'*, entwarf Heinrich Claß, der Präsident des Verbandes, ein ausgearbeitetes Programm zur vollständigen Vertreibung der Juden aus dem deutschen öffentlichen Leben – das heißt, aus öffentlichen Ämtern, aus den intellektuellen Berufen und aus Banken und Zeitungen. Die Juden sollten das Recht auf Grundbesitz verlieren. Die Einwanderung von Juden sollte verboten und alle Juden, die keine Staatsbürger waren, sollten deportiert werden. Diejenigen, welche Bürger waren, sollten unter Fremdenrecht gestellt werden. Als Jude gelten sollte, wer am 18. Januar 1871, dem Tag der Ausrufung des Deutschen Reiches, der jüdischen Religionsgemeinschaft angehört hatte, wie auch alle Abkömmlinge solcher Personen, selbst wenn nur ein Großelternteil Jude war.[22]

Wenige Monate später wurde dem Kronprinzen, dem ältesten Sohn Wilhelms II., durch Konstantin von Gebsattel, ein weiteres Mitglied des Verbandes, eine Denkschrift übermittelt; darin wurden dieselben Maßnahmen gegen die Juden vorgeschlagen und dazu ein «Staatsstreich», um dem Parlamentarismus in Deutschland ein Ende zu bereiten. Der Kronprinz – der dann später Mitglied der SS wurde – war von Gebsattels Denkschrift «beeindruckt» und übermittelte sie sowohl seinem Vater als auch Kanzler Theobald von Bethmann Hollweg. Der Kaiser, selbst eine eigenartige Mischung aus traditionellem Konservatismus und rechtsradikalen Anschauungen,[23] tat die Sache ab. Er hielt Gebsattel für einen «seltsamen Schwärmer», die Alldeutschen, die für solche Pläne eintraten, für «gefährliche Leute» und die Idee, die Juden aus dem öffentlichen Leben auszuschließen, für «geradezu kindlich»; Deutsch-

3. Der Erlösungsantisemitismus

land würde sich von den Kulturnationen abschneiden. Der Kanzler äußerte sich dem Kronprinzen gegenüber ehrerbietiger, aber nicht weniger negativ.[24]

Der Verband gegen die Überhebung des Judentums wurde am 11. Februar 1912 aus den Überresten der alten antisemitischen Parteien und verschiedenen anderen antisemitischen Organisationen gegründet. Sein Ziel war es, unter nationalistischem Vorzeichen eine Massenbewegung zur Erzielung politischen Wandels zu schaffen. «Eine ihrer höchsten Prioritäten war es, die jüdische ‹Rasse› aus dem öffentlichen Leben der Nation auszuschließen. Die Gründung des Verbandes, die ganz eindeutig mit den Wahlen von 1912 in Verbindung stand, war nur ein weiterer Beweis dafür, wie entschlossen sich die neue Rechte gegen ‹Juda› zu ‹verteidigen› gedachte.»[25]

II

Gegen Ende des 19. und zu Beginn des 20. Jahrhunderts stellten die Juden nie mehr als etwa ein Prozent von Deutschlands Gesamtbevölkerung. Zwischen der Jahrhundertwende und 1933 ging dieser Anteil leicht zurück. Die jüdische Gemeinschaft dagegen nahm dadurch an Exponiertheit zu, daß sie sich allmählich in den Großstädten konzentrierte, sich an bestimmte Berufe hielt und eine zunehmende Anzahl von leicht zu identifizierenden Ostjuden aufnahm.[26]

Verstärkt wurde die allgemeine Sichtbarkeit der Juden in Deutschland dadurch, daß sie in den «sensiblen» Bereichen Geschäftsleben und Finanzen, Journalismus und Kultur, Medizin und Justiz relativ stark vertreten waren, und schließlich auch dadurch, daß sie sich an liberalen und linken politischen Aktivitäten beteiligten. Die soziale Diskriminierung, der die Juden ausgesetzt waren, und ihr Streben nach Aufstieg und Anerkennung machen ihre Handlungsmuster leicht erklärbar. Diese Muster, die als jüdischer Wille zur Subversion und Beherrschung interpretiert wurden, führten ihrerseits zumindest in einem Teil der deutschen Gesellschaft zu weiterer Feindseligkeit und Ablehnung.

Von den 52 Privatbanken, die es zu Beginn des 19. Jahrhunderts in Berlin gab, waren 30 in jüdischem Besitz. Später bat Bismarck die Rothschilds, ihm einen Privatbankier zu empfehlen (das sollte dann Gerson Bleichröder sein), und Kaiser Wilhelm I. wählte sich den Bankier Moritz Cohn. Als um die Jahrhundertwende viele Privatbanken zu Aktiengesellschaften wurden, hielten Juden häufig einen beherrschenden Anteil der Aktien oder waren als Direktoren der neuen Unternehmen tätig. Betrachtet man die Bankiersaristokratie der Warburgs, der Arnholds, der Friedländer-Fulds, der Simons, der Weinbergs und so fort und daneben solche Finanzmagnaten wie die Kaufhausbesitzer Abraham Wertheim und Leonhard und Oskar Tietz, den Gründerzeit-Elektroindustriellen Emil Rathenau, den Verleger Rudolf Mosse und den Großreeder Albert Ballin, dann wird offensichtlich, daß Juden in der Finanzwelt des kaiserlichen Deutschland eine hervorragende und exponierte Stellung einnahmen.[27]

Die spezielle Funktion der jüdischen Wirtschaftselite im 19. Jahrhundert hatte in ihrer entscheidenden Rolle bei der Mobilisierung und Konzentration von Kapital durch die Entwicklung der Berliner Börse[28] und in der Verknüpfung der noch relativ provinziellen deutschen Wirtschaft mit den Weltmärkten bestanden.[29] Im Gegensatz zu dem, was manchmal behauptet worden ist, nahm die zentrale Stellung des «jüdischen» Bankwesens in der Weimarer Zeit nicht ab.[30] Doch es gab keine Korrelation zwischen jüdischer Wirtschaftstätigkeit und irgendeiner Art von dauerhaftem politischem Einfluß in der deutschen Gesellschaft.

Die Kultur war möglicherweise der sensibelste Bereich. Eine aufschlußreiche Debatte wurde im März 1912 durch einen Artikel ausgelöst, der von Moritz Goldstein, einem jungen jüdischen Intellektuellen, verfaßt und unter dem Titel «Deutsch-jüdischer Parnass» in der Zeitschrift *Kunstwart* veröffentlicht worden war. «Wir Juden», schrieb Goldstein, «verwalten den geistigen Besitz eines Volkes, das uns die Berechtigung und die Fähigkeit dazu abspricht.»[31] Goldstein räumte den jüdischen Einfluß auf die Presse und in der literarischen Welt ein und betonte dann erneut die unüberwindliche Kluft zwischen den jüdischen «Verwaltern» der deutschen Kultur, welche glaubten, sie sprächen für die Deutschen und zu ihnen, und den Deutschen selbst, die eine derartige Anmaßung als unerträglich empfanden. Was war dann der Ausweg? Der Zionismus war, so meinte Goldstein, für Menschen seiner Herkunft und seiner Generation keine Alternative. In emotionaler und äußerst emphatischer Manier forderte er statt dessen einen Akt des Mutes auf seiten der Juden Deutschlands: daß sie trotz ihrer tiefen Gefühle für Deutschland und für alles Deutsche und trotz ihrer jahrhundertelangen Anwesenheit im Lande der Wirtsgesellschaft den Rücken kehren und aufhören müßten, ständig erneuerte und ständig unerwiderte Liebe zu schwören.[32] Auf der kulturellen Ebene sollten sich Juden jetzt jüdischen Fragen zuwenden, nicht nur um ihrer selbst willen, sondern zur Schaffung «eines neuen Typus Jude, neu nicht im Leben, sondern in der Literatur».[33] Goldsteins Schluß war ebenso emotional wie der übrige Artikel: «Wir fordern Achtung vor einer Tragik, die wir hier mit schwerem Herzen vor aller Welt aufgedeckt haben.»[34]

Goldsteins scharfe Diagnose und zugleich tränenreiche Klage veranlaßte den Herausgeber des *Kunstwarts*, Ferdinand Avenarius, dazu, in der Augustnummer einen langen Kommentar unter dem Titel «Aus-

3. Der Erlösungsantisemitismus

sprachen mit Juden» zu veröffentlichen. «Wir sind keine Antisemiten», schrieb er. «Wir wissen, daß es Arbeiten gibt, für welche die Juden besser befähigt sind denn wir, und glauben, daß wir für andre besser befähigt sind denn sie, wir hoffen, daß bei ernstem Willen beiderseits ein friedliches Miteinander möglich wäre, aber wir sind überzeugt, daß dies auf die jetzige Weise nicht lange mehr geht.» Avenarius forderte eine Art «Verständigung» zwischen «Führern hüben und drüben, um schwere Kulturkämpfe zu vermeiden, hoffen aber bei der wachsenden Erregung der Geister [Avenarius beschrieb nicht näher, welcher] nicht auf baldigen breiten Erfolg.»[35] Das Problem war klar, das «wir» und «sie» noch klarer. Doch im Hinblick auf die grundlegenden Fakten (wenn auch offensichtlich nicht im Hinblick auf ihre Interpretation) waren Goldstein und (implizit) Avenarius beide nicht völlig im Unrecht.

Was die Presse angeht (mit Ausnahme der großen Zahl konservativer und speziell christlicher Zeitungen und Zeitschriften sowie der meisten Regionalblätter), so gab es auf nationaler Ebene in puncto Besitz, herausgeberischer Verantwortung und bedeutenden kulturellen oder politischen Kommentars eine starke jüdische Präsenz. Zum Verlagsimperium von Rudolf Mosse gehörten das *Berliner Tageblatt*, die *Morgenzeitung*, die *Volkszeitung* und das *Börsenblatt*. Die Familie Ullstein besaß das *Neue Berliner Tageblatt*, die *Abendpost*, die *Illustrierte Zeitung* und die *B. Z. am Mittag*, «die erste deutsche Zeitung, die vollständig im Straßenverkauf abgesetzt wurde».[36] Die Zeitung mit der höchsten Auflage, die *Morgenpost*, gehörte ebenfalls Ullstein, wie schließlich auch die *Vossische Zeitung*, «die älteste Zeitung Berlins».[37] Von den drei bedeutendsten Verlegern, die vor 1914 den größten Anteil der Tagespresse auf sich vereinigten – Mosse, Ullstein und Scherl –, waren die beiden ersten Juden.[38] Die relative Bedeutung dieser drei Verleger änderte sich in den zwanziger Jahren dann dadurch etwas, daß Scherl vom ultrarechten Alfred Hugenberg aufgekauft wurde und sich dessen Pressebeteiligungen in der Folgezeit rasch ausweiteten.

Die Chefredakteure und die wichtigsten Leitartikelschreiber der einflußreichsten Tageszeitungen (wie etwa Theodor Wolff, Chefredakteur des *Berliner Tageblatts*, Georg Bernhard, Chefredakteur der *Vossischen Zeitung*, und Bernhard Guttmann, der einflußreiche Berliner Korrespondent der *Frankfurter Zeitung)* waren Juden, ebenso wie Dutzende von anderen politischen Kommentatoren, Kulturkritikern und Satirikern in einem breiten Spektrum von Tageszeitungen und Zeitschriften.[39]

Unter den Buchverlegern waren Mosse und Ullstein bedeutende Gestalten und ebenso Samuel Fischer, der 1886 in Berlin seinen Verlag gründete. Fischer, der in der Geschichte der neueren deutschen Literatur ebenso wichtig ist wie beispielsweise Random House oder Scribner's in den Vereinigten Staaten, brachte unter anderem Thomas Mann, Gerhart Hauptmann und Hermann Hesse heraus.[40]

Neben jüdischen Verlegern und Chefredakteuren gab es eine zuverlässige Gruppe von jüdischen Lesern, Theater- und Konzertbesuchern. Ein Streben nach Bildung hatte die jüdische Bourgeoisie in die selbsternannte (und begeisterte) Trägerin deutscher Kultur verwandelt. Über die erste Aufführung von Gerhart Hauptmanns Stück *Die versunkene Glocke* vermerkte Baronin Hildegard von Spitzemberg in ihrem Tagebuch: «Das Haus war bis auf den letzten Platz gefüllt mit Juden und Judengenossen und den Vertretern der Presse und Literatur, Harden, Sudermann, Erich Schmidt, Fontane, Pietsch, welch letztere aber bedenklich die Köpfe schüttelten und nicht in den frenetischen Beifall der Anhänger des Dichters einstimmten.»[41] Fontane und Pietsch waren keine Juden.

Noch extremer war die Situation möglicherweise in Österreich-Ungarn. Gegen Ende des 19. Jahrhunderts besaßen Juden mehr als 50 Prozent der großen Banken im österreichischen Teil des Habsburgerreichs und hatten fast 80 Prozent der Schlüsselstellungen im Bankwesen inne.[42] Im ungarischen Teil war die jüdische ökonomische Präsenz, welche die volle Unterstützung der ungarischen Aristokratie genoß, sogar noch verbreiteter. «Vor allem unter den großen Pressezaren hatten Juden eine hervorragende Stellung. Die meisten führenden Zeitungen Wiens waren in ihrem Besitz, wurden von ihnen herausgegeben und brachten in großem Umfang Beiträge von ihnen. Auch wenn seine Worte etwas übertrieben waren, war es doch bezeichnend, daß Harry Wickham Steed, der Korrespondent der Londoner *Times* in der österreichischen Hauptstadt, schreiben konnte, ‹wirtschaftlich, politisch und in ihrem allgemeinen Einfluß sind sie [die Juden] ... das bedeutsamste Element in der Monarchie›.»[43]

In den ersten Jahrzehnten des 19. Jahrhunderts konnte die harmonische Assimilierung der Juden an die deutsche Gesellschaft wie in anderen Ländern West- und Mitteleuropas – später offiziell ermöglicht durch die vollständige Emanzipation von 1869 und 1871 – vielen als annehmbare Aussicht erscheinen.[44] Mehr als alles andere wollten die Juden selbst ihre Aufnahme in die deutsche Bourgeoisie; dieses kollektive «Projekt» war zweifellos ihr vorrangiges Ziel.[45] Weltliche Führer und aufgeklärte Rabbiner wurden nie müde, die Wichtigkeit von Bildung und Sittlichkeit hervorzuheben.[46] Auch wenn die große Mehrheit der Juden das Judentum nicht völlig aufgab, führten die kollektiven Bemühungen um Anpassung zu tiefgreifenden Umgestaltungen jüdischer Identität sowohl im religiösen Bereich als auch in einer Vielzahl säkularer Ziele und Einstellungen.[47] Der moderne deutsche Jude schuf je-

3. Der Erlösungsantisemitismus

doch – ob bewußt oder nicht – eine charakteristische Subkultur, die, obwohl sie auf Integration zielte, zu einer neuen Form der Trennung führte.[48] Verstärkt wurde die religiös-kulturelle Besonderheit dadurch, daß die Gesellschaft als ganze schon allein auf das Tempo des sozialen und ökonomischen Aufstiegs der Juden zunehmend negativ reagierte. Wirtschaftlicher Erfolg und zunehmende Exponiertheit ohne politische Macht riefen zumindest teilweise ihre eigene Nemesis hervor. In seiner Biographie Gerson Bleichröders, des Bankiers Bismarcks, erwähnt Fritz Stern die Verschiebung der Einstellungen seit den siebziger Jahren des 19. Jahrhunderts: «Tatsächlich hatten sich in seinen [Bleichröders] mittleren Lebensjahren die deutsche und die jüdische Gesellschaft zu dem seit Jahrhunderten ruhigsten, am wenigsten gestörten Einvernehmen zusammengefunden; im vorgerückten Alter [er starb 1893] erlebte er die erste organisierte Absage an dieses Einvernehmen, und gerade sein Erfolg wurde als Rechtfertigung der Absage verwertet.»[49]

Man kann dem Historiker Thomas Nipperdey ohne weiteres darin zustimmen, daß der deutsche Antisemitismus am Vorabend des Ersten Weltkriegs im Vergleich zu dem in Frankreich, Österreich oder Rußland sicher nicht der extremste war. Man kann ebenso seiner Aussage folgen, daß der Antisemitismus vor 1914 sowohl in seinem historischen Kontext als auch aus der Perspektive späterer Ereignisse («im Zeichen von Auschwitz») bewertet werden sollte.[50] Seine damit zusammenhängende Behauptung, die Juden Deutschlands selbst hätten den Antisemitismus jener Jahre als nebensächliches Problem betrachtet, als ein Überbleibsel früherer Diskriminierung, das im Laufe der Zeit verschwinden würde, ist weniger überzeugend.[51] Jede Lektüre zeitgenössischer Zeugnisse macht deutlich, daß Juden zu den Einstellungen der breiten Gesellschaft ihnen gegenüber unterschiedliche Auffassungen hatten. Es bedarf nur eines Zeugnisses wie der Klage von Moritz Goldstein, um zu zeigen, daß sich einige deutsche Juden durchaus darüber im klaren waren, daß sich die Kluft zwischen ihnen und der Gesellschaft als Ganzer vertiefte.

Dies traf nicht nur in Deutschland zu. Zwei in gleicher Weise bemerkenswerte literarische Darstellungen Österreichs vor dem Weltkrieg, Stefan Zweigs *Die Welt von gestern* und Arthur Schnitzlers *Der Weg ins Freie*, bieten gegensätzliche Einschätzungen der Frage, wie die Juden ihre eigene Lage wahrnahmen. Für Zweig war der Antisemitismus praktisch nicht existent; für Schnitzler stand er im Mittelpunkt des Bewußtseins und der Existenz seiner Gestalten. Auf jeden Fall war das Vorhandensein des Vorkriegs-Antisemitismus unabhängig von seiner relativen Stärke eine notwendige Bedingung für die massive antijüdische Feindseligkeit, die sich während der Kriegsjahre und dann zunehmend nach der Niederlage von 1918 in ganz Deutschland verbreitete. Überdies lieferte die Vorkriegsszene auch einige der ideologischen Dogmen, der politischen Forderungen und institutionellen Rahmenbedingungen, die den Nachkriegs-Antisemitismus mit seinen frühen Strukturen und Nahzielen ausstatteten.

Betrachtet man die umfassendere europäische Szene, dann waren die Errungenschaften, die politischen Einstellungen und kulturellen Optionen von Juden am Ende des 19. Jahrhunderts die von Mitgliedern einer identifizierbaren Minderheit und entstammten zum Teil der eigentümlichen historischen Entwicklung dieser Minderheit. Doch zuallererst waren diese Errungenschaften und Optionen die von Individuen, deren Ziel diejenige Art von Erfolg war, die zur Integration in die Gesamtgesellschaft führte. Für den Antisemiten dagegen stellte sich die Situation völlig anders dar: Jüdisches Streben und jüdischer Erfolg, ob real oder eingebildet, wurden als das Verhalten einer ausländischen und feindseligen Minderheitsgruppe wahrgenommen, welche kollektiv agierte, um die Mehrheit auszubeuten und zu beherrschen.

Solange es lediglich einigen wenigen Juden unter dem Patronat von Königen und Fürsten gelang, die gesellschaftliche Leiter zu erklimmen, hemmten ihre beschränkte Zahl, die Funktion, die sie erfüllten, und der Schutz, der ihnen gewährt wurde, die Ausbreitung von Feindseligkeit. Als die Emanzipation, wie es Hannah Arendt in etwas anderen Worten festgestellt hat,[52] den sozialen Aufstieg einer großen Zahl von Juden in einem Kontext ermöglichte, in dem ihre gesellschaftliche Funktion ihre Besonderheit verlor und in dem die politische Macht sie nicht mehr stützte, wurden sie zunehmend zur Zielscheibe verschiedener Formen sozialen Ressentiments. Der moderne Antisemitismus wurde von diesem Zusammentreffen von zunehmender Exponiertheit und zunehmender Schwäche geschürt.

Ein gemeinsamer Auslöser verschiedener Formen eines nichtrassischen antijüdischen Ressentiments war zweifellos die bloße Existenz der jüdischen Besonderheit. Liberale verlangten, die Juden sollten im Namen universalistischer Ideale das vollständige Verschwinden ihrer spezifischen Gruppenidentität akzeptieren; Nationalisten dagegen verlangten ein derartiges Verschwinden zugunsten einer höheren partikularistischen Idee, der des modernen Nationalstaats. Auch wenn die Mehrheit der Juden mehr als versessen darauf war, auf dem Weg zur kulturellen und sozialen Assimilation eine weite Strecke zurückzulegen, lehnten die meisten von ihnen ein völliges kollektives Verschwinden ab. Wie gemäßigt also auch jüdischer Partikularismus sein mochte, er machte sich seine liberalen Unterstützer zu Feinden und erboste seine nationalen Gegner. Jüdische Sichtbarkeit in hochsensiblen Bereichen verschärfte das Ärgernis, das in der Besonderheit lag.

Rassische Antisemiten behaupteten gleichfalls, ihr antisemitischer

3. Der Erlösungsantisemitismus

Feldzug beruhe auf der Besonderheit der Juden. Während jedoch für den nichtrassischen Antisemiten eine solche Besonderheit durch ein vollständiges Assimiliertwerden und Verschwinden der Juden als solcher gänzlich ausgelöscht werden konnte und *sollte*, vertrat der rassische Antisemit die Auffassung, der Unterschied sei unauslöschlich, er liege im Blut. Für den nichtrassischen Antisemiten war eine Lösung der «Judenfrage» innerhalb der Gesamtgesellschaft möglich; für den rassischen Antisemiten war wegen der gefährlichen rassischen Einwirkung jüdischer Präsenz und Gleichheit die einzige Lösung die (juristische und wo möglich physische) Ausschließung aus der Gesamtgesellschaft. Dieses wohlbekannte Grundmuster sollte durch zwei Aspekte der modernen antijüdischen Szene erweitert werden, die von vielen Historikern entweder kaum erwähnt oder, von anderen, als allumfassend betrachtet werden: das Überleben des traditionellen religiösen Antisemitismus und die damit verbundene Ausbreitung von Verschwörungstheorien, in denen die Juden immer eine zentrale Rolle gespielt haben.

Ob die christliche Feindschaft gegenüber den Juden mit Unterbrechungen auftrat oder nicht, ob die Juden selbst zur Verschärfung dieser Feindschaft beitrugen oder nicht,[53] ändert nichts an der Tatsache, daß das Christentum die Juden in Dogma, Ritual und Praxis mit einem anscheinend unauslöschlichen Stigma brandmarkte. Dieses Stigma war weder von der Zeit noch durch die Ereignisse beseitigt worden, und im gesamten 19. sowie in den ersten Jahrzehnten des 20. Jahrhunderts behielt der christliche religiöse Antisemitismus in Europa und ganz allgemein in der westlichen Welt zentrale Bedeutung.

In Deutschland entstammten christliche antijüdische Einstellungen abgesehen von den allgemeinen Motiven des christlichen Antisemitismus auch der besonderen Situation der Kirchen während der gesamten Kaiserzeit. Deutsche Katholiken waren von der jüdischen Unterstützung für die Nationalliberalen aufgebracht, die in Bismarcks antikatholischer Kampagne nach 1870, dem Kulturkampf, dessen Verbündete waren;[54] konservative Protestanten waren fest auf den christlichen Charakter des Zweiten Reiches eingeschworen, und selbst liberale Protestanten begaben sich bei ihrem Versuch, das Christentum zu rationalisieren, in Konfrontationen mit liberalen Juden, die bemüht waren, den heidnischen Kern der christlichen Religion aufzuzeigen.[55] Schließlich erwies sich in Deutschland, Frankreich und Österreich die politische Ausnutzung christlicher antijüdischer Themen zumindest eine Zeitlang als erfolgreich, wenn es darum ging, Wähler der unteren Mittelklasse anzusprechen.

Für einige Historiker ist die Eingewurzeltheit und schon allein die Dauerhaftigkeit des christlichen Antijudaismus die einzige Basis aller Formen des modernen Antisemitismus gewesen. Jacob Katz beispielsweise sieht den modernen Antisemitismus lediglich «als eine Fortsetzung der vormodernen Ablehnung des Judentums durch das Christentum, selbst wenn er jede Verbindung damit bestritt oder sich sogar als feindselig zum Christentum bekannte». Aus der Sicht von Katz waren alle Ansprüche auf einen Antisemitismus, der jenseits der «jüdisch-christlichen Trennung» stünde, «nichts als eine Absichtserklärung. Kein Antisemit, selbst wenn er antichristlich war, verzichtete je auf den Gebrauch jener antijüdischen Argumente, die in der Ablehnung von Juden und Judentum durch frühere christliche Zeiten wurzelten.»[56] Diese Interpretation ist übertrieben, aber die Auswirkungen des religiösen Antijudaismus auf andere moderne Formen des Antisemitismus werden auf verschiedene Weise deutlich. Erstens war es weiterhin so, daß sich infolge der frühen Prägung durch christlichen Religionsunterricht und christliche Liturgie sowie durch Alltagsausdrücke, die aus der allgegenwärtigen und fortwährenden Präsenz der verschiedenen Konfessionen des christlichen Glaubens stammten, ein riesiger Vorrat von nahezu automatischen antijüdischen Reaktionen ansammelte. Zweitens verdankte schon allein der Begriff «Außenseiter», mit dem der moderne Antisemitismus den Juden belegte, seine Hartnäckigkeit nicht nur der jüdischen Besonderheit als solcher, sondern auch der Tiefe ihrer religiösen Wurzeln. Was immer sich sonst noch über den Juden sagen ließ, er war zuallererst der «andere», der Christus und die Offenbarung verschmäht hatte. Vielleicht die stärkste Wirkung des religiösen Antijudaismus war schließlich die aus dem Christentum ererbte Doppelstruktur des antijüdischen Bildes. Einerseits war der Jude ein Paria, der verachtete Zeuge des triumphalen Vormarschs des wahren Glaubens; andererseits erschien seit dem späten Mittelalter im volkstümlichen Christentum und in chiliastischen Bewegungen ein entgegengesetztes Bild, das des dämonischen Juden, welcher Ritualmorde begeht, sich gegen das Christentum verschwört, der Vorbote des Antichristen und der mächtige und geheimnisvolle Abgesandte der Kräfte des Bösen ist. Dieses Doppelbild kommt in einigen wesentlichen Aspekten des modernen Antisemitismus wieder zum Vorschein. Und seine bedrohliche und okkulte Dimension wurde zum ständig wiederkehrenden Thema der wichtigsten Verschwörungstheorien der westlichen Welt.

Der christliche Wahn einer jüdischen Verschwörung gegen die christliche Gemeinde war vielleicht selbst eine Wiederbelebung der heidnischen Vorstellung, daß die Juden Feinde der Menschheit seien, die insgeheim gegen den Rest der Welt agierten. Einer populären mittelalterlichen christlichen Legende zufolge versammelte sich «in regelmäßigen Abständen eine geheime rabbinische Synode mit Teilnehmern aus ganz Europa, um festzulegen, welche Gemeinde mit der Begehung eines Ritualmordes an der Reihe war».[57] Seit dem 18. Jahrhundert verwiesen

3. Der Erlösungsantisemitismus

neue Verschwörungstheorien auch auf die Bedrohung durch eine Reihe von nichtjüdischen Geheimgruppen wie Freimaurern, Illuminaten und Jesuiten. In der Landschaft der Moderne gewann das paranoide politische Denken eine gewisse Dauerhaftigkeit. «Das Charakteristische am paranoiden Stil», schreibt Richard Hofstadter, «ist nicht, daß seine Vertreter hier und dort in der Geschichte Verschwörungen oder Komplotte sehen, sondern daß sie eine ‹riesige› oder ‹gigantische› Verschwörung als *die Triebkraft* in historischen Ereignissen ansehen. Die Geschichte *ist* eine Verschwörung, in Gang gesetzt von dämonischen Kräften von fast transzendenter Macht, und was man anscheinend braucht, um sie zu besiegen, sind nicht die üblichen Methoden des politischen Kompromisses, sondern ein regelrechter Kreuzzug.»[58]

In dieser Schar geheimer Kräfte waren die Juden die Verschwörer par excellence, die Drahtzieher, die sich hinter allen anderen Geheimgruppen verbargen, welche lediglich ihre Werkzeuge waren. In der berüchtigten geheimen Doppelbedrohung durch «Juden und Freimaurer» wurden letztere als Instrumente der ersteren gesehen.[59] Mit anderen Worten, jüdische Verschwörungen standen ganz an der Spitze der Verschwörungshierarchie, und ihr Ziel war nichts Geringeres als die totale Unterwerfung der Welt. Die zentrale Stellung der Juden in diesem wahnhaften Universum läßt sich nur durch dessen Verwurzelung in der christlichen Tradition erklären.

Wie jeder andere nationale Antisemitismus am Ende des 19. Jahrhunderts und in den Jahren vor dem Ersten Weltkrieg war der Antisemitismus im kaiserlichen Deutschland, wie ich schon ausgeführt habe, sowohl durch beherrschend christliche und moderne europäische Tendenzen als auch durch die Auswirkungen spezifischer historischer Umstände bestimmt, bei denen noch verschiedene weitere Aspekte hervorgehoben werden sollten:

Ganz allgemein muß beispielsweise bei der Unterscheidung zwischen französischen und deutschen Formen der nationalen Integration eine strukturelle Dimension betont werden, wobei die Relevanz einer derartigen Unterscheidung, was antijüdische Einstellungen angeht, deutlich hervortritt. Seit der Französischen Revolution hatte das französische Modell nationaler Integration einen auf der Grundlage universeller Prinzipien, denen der Aufklärung und der Revolution, vom Staat geförderten und durchgeführten Prozeß impliziert. Seit der romantischen Revolution war das deutsche Modell nationaler Integration von der Idee der Nation als geschlossener ethnisch-kultureller Gemeinschaft, die vom Staat unabhängig war und bisweilen im Gegensatz zu ihm stand, abgeleitet und auf sie gegründet worden. Während das französische Modell die *Konstruktion* der nationalen Identität mittels eines zentralisierten Bildungssystems und aller anderen dem Staat zur Verfügung stehenden Sozialisationsmitteln beinhaltete, postulierte das deutsche Modell häufig die Existenz ererbter Charakteristika, die zu einer vorab existierenden organischen Gemeinschaft gehörten.[60]

Über eine vom Staat gelenkte Sozialisation und im Namen der universellen Werte der säkularen Republik konnte ein Jude Franzose werden, und das nicht nur auf einem rein formalen Niveau. (Dies trotz intensiv feindseliger Reaktionen von seiten jenes nicht unbedeutenden Teils der französischen Gesellschaft, der die Revolution, den republikanischen Staat und somit die Juden ablehnte, welch letztere als Ausländer, die mit dem Staat im Bunde standen, und als Träger der säkularen, subversiven Werte des sozialen Umsturzes und der Moderne identifiziert wurden.) Dagegen war für eine Gruppe, deren erkennbare Besonderheit aus der Sicht der Gesamtgesellschaft in fremdem ethnisch-kulturellem – und zunehmend: rassischem – Boden verwurzelt zu sein schien, die deutsche Volksgemeinschaft grundlegend verschlossen, und der Jude wurde von dieser Gemeinschaft ohne Rücksicht auf formale Emanzipation und Gleichheit von Bürgerrechten häufig auf Distanz gehalten. Eine etwas andere (aber hiermit nicht unvereinbare) Interpretation hat darauf verwiesen, daß in Frankreich die rechtliche Emanzipation eine vorrangige Erwartung allmählicher jüdischer Assimilierung (auch mittels des französischen Erziehungssystems und seiner universalistischen Werte) beinhaltete, während in Deutschland eine weitverbreitete Position die war, daß der Prozeß der Assimilierung mit bürokratischen Mitteln durchgesetzt und überwacht und die vollständige Emanzipation erst am Ende dieses Prozesses gewährt werden sollte. Im Laufe der Zeit wurde in Deutschland der Erfolg der jüdischen Assimilation zunehmend in Frage gestellt. Daher konnten, selbst nachdem den Juden Deutschlands die vollständige Emanzipation gewährt worden war, Antisemiten aller Schattierungen – und sogar Liberale – die Ansicht vertreten, die vollständige Assimilation sei nicht wirklich erreicht worden und die Resultate der Emanzipation seien problematisch.[61]

Zusätzlich verschärft wurde die Lage in Deutschland durch Entwicklungen, die für die zweite Hälfte des 19. Jahrhunderts charakteristisch waren und vor allem mit den verschiedenen Aspekten eines extrem raschen Modernisierungsprozesses zu tun hatten. Der Ansturm der deutschen Modernisierung schien dadurch, daß er die Gesellschaftsstrukturen des Landes völlig verwandelte und seine bestehenden Hierarchien bedrohte, geheiligte kulturelle Werte und die organischen Bande der Gemeinschaft zu gefährden;[62] gleichzeitig ließ er offenbar den auf andere Weise nicht zu begreifenden gesellschaftlichen Aufstieg der Juden zu, die so als die Förderer, Träger und Nutznießer dieser Modernisierung gesehen wurden. Die jüdische Bedrohung erschien jetzt als das Eindringen eines fremden Elements in das innerste Gefüge der Volks-

3. Der Erlösungsantisemitismus

gemeinschaft und zugleich als eine im Zuge dieses Eindringens stattfindende Förderung nicht der Moderne als solcher (die von der deutschen Gesellschaft mehrheitlich begeistert begrüßt wurde), sondern der Übel der Moderne.

In diesem Kontext gewinnen andere Entwicklungen, die für Deutschland eigentümlich sind, ihre volle Bedeutung. Erstens fuhr nach dem Aufstieg und Niedergang der deutschen antisemitischen Parteien im letzten Viertel des 19. Jahrhunderts antijüdische Feindseligkeit fort, sich in der deutschen Gesamtgesellschaft über eine Vielzahl anderer Kanäle zu verbreiten: durch Wirtschafts- und Berufsverbände, nationalistische politische Organisationen, weithin einflußreiche kulturelle Gruppen. Die rasche Zunahme solcher institutionalisierten Verbreitung antijüdischer Einstellungen gleichsam ins Innere der Gesellschaft fand in anderen größeren west- oder mitteleuropäischen Ländern nicht – oder zumindest nicht in derartigem Umfang – statt. Zweitens wurde in Deutschland systematisch eine umfassende antisemitische Ideologie entwickelt; sie ermöglichte es, daß ein mehr oder weniger diffuses antijüdisches Ressentiment vorgefertigte intellektuelle Rahmenkonzepte und Formeln übernahm, die in den kommenden Krisenjahren ihrerseits extremere ideologische Konstrukte fördern sollten. Eine solche spezifische Ideologisierung des deutschen Antisemitismus war in zweierlei Weise besonders im Hinblick auf den rassischen Antisemitismus erkennbar. In seiner vorwiegend biologischen Form benutzte der rassische Antisemitismus die Eugenik und die Rassenanthropologie, um eine «wissenschaftliche» Untersuchung der Rassenmerkmale des Juden in Angriff zu nehmen. Die andere Richtung des rassischen Antisemitismus betonte in ihrer spezifisch deutschen, mystischen Form die mythischen Dimensionen der Rasse und der Heiligkeit des arischen Blutes. Diese zweite Richtung verschmolz mit einer entschieden religiösen Vision, der eines deutschen (oder arischen) Christentums, und führte zu einer Ideologie, die man als «Erlösungsantisemitismus» bezeichnen kann.

III

Während der gewöhnliche rassische Antisemitismus nur *ein* Element im Zusammenhang einer umfassenderen rassistischen Weltanschauung darstellt, ist im Erlösungsantisemitismus der Kampf gegen die Juden der beherrschende Aspekt einer Weltanschauung, in der andere rassistische Themen nur sekundäre Anhängsel sind.

Der Erlösungsantisemitismus ging aus der Furcht vor rassischer Entartung und aus dem religiösen Glauben an Erlösung hervor. Der Hauptgrund der Entartung war das Eindringen der Juden in das deutsche

Gemeinwesen, in die deutsche Gesellschaft und in den deutschen Blutkreislauf. Das Deutschtum und die arische Welt waren auf dem Weg ins Verderben, wenn der Kampf gegen die Juden nicht aufgenommen wurde; dies sollte ein Kampf bis aufs Messer sein. Die Erlösung würde als Befreiung von den Juden kommen – als ihre Vertreibung, wenn möglich ihre Vernichtung.

Dieser neue Antisemitismus ist als untrennbarer Bestandteil der revolutionären Leidenschaft des frühen 19. Jahrhunderts, insbesondere des revolutionären Geistes von 1848, geschildert worden. Man sollte aber betonen, daß sich die wichtigsten Träger der neuen antijüdischen Mystik sämtlich gegen ihre revolutionäre Vergangenheit gewandt hatten; wenn in ihren revolutionären Schriften das Judentum erwähnt wurde, dann geschah das in rein metaphorischem Sinne (hauptsächlich als Vertreter des Mammons oder «des Gesetzes»), und was es in ihrem neuen Antisemitismus noch an revolutionärer Terminologie gab, war als «radikaler Wandel», als «Erlösung» in einem stark religiösen Sinn oder, genauer gesagt, in einem rassisch-religiösen Sinn gedacht.[63]

Verschiedene Themen des Erlösungsantisemitismus kann man in völkischer Ideologie im allgemeinen finden, aber die durchschnittlichen völkischen Zwangsvorstellungen waren gewöhnlich zu realistisch in ihren Zielen, als daß sie sich mit Erlösungsvorstellungen verbunden hätten. Von den völkischen Ideologen näherten sich nur der Philosoph Eugen Dühring und der Bibelkundler Paul de Lagarde dieser Art antisemitischer eschatologischer Weltanschauung. Die Quelle des neuen Trends muß anderswo gesucht werden, an jenem Punkt, an dem sich deutsches Christentum, Neuromantik, der mystische Kult des heiligen arischen Blutes und ultrakonservativer Nationalismus begegneten. Das war der Bayreuther Kreis.

Ich hebe mit Absicht den Bayreuther Kreis und nicht Richard Wagner selbst hervor. Zwar bezog der Erlösungsantisemitismus seine Wirkung aus dem Geist von Bayreuth, und der Geist von Bayreuth wäre ohne Richard Wagner nicht existent gewesen, aber das Ausmaß, in dem er persönlich auf einen apokalyptischen Antisemitismus dieser Sorte festgelegt war, bleibt etwas widersprüchlich. Daß Wagners Antisemitismus nach der Veröffentlichung seiner Schrift *Das Judentum in der Musik* im Jahre 1851 eine konstante und sich verstärkende Obsession war, ist nicht zu bestreiten. Daß der Meister in allen Ecken und Winkeln des neuen Deutschen Reiches jüdische Machenschaften verborgen sah, ist sattsam bekannt. Daß das Erlösungsthema zum Leitmotiv von Wagners Ideologie und Werk in seinen letzten Lebensjahren wurde, ist nicht weniger allgemein anerkannt. Daß schließlich das Verschwinden der Juden eines der zentralen Elemente seiner Erlösungsvision war, scheint auch einwandfrei erwiesen zu sein. Was aber war in Wagners Botschaft der kon-

3. Der Erlösungsantisemitismus

krete Sinn eines derartigen Verschwindens? Bedeutete dies die Abschaffung des jüdischen Geistes, das Verschwinden der Juden als besonderer und identifizierbarer kultureller und ethnischer Gruppe, oder implizierte Erlösung die tatsächliche physische Beseitigung der Juden? Diese letztgenannte Interpretation ist unter anderem von Historikern wie Robert W. Gutman, Hartmut Zelinsky und Paul Lawrence Rose vertreten worden.[64] Vor allem letzterer identifiziert Wagners «revolutionären Antisemitismus» und seine vermeintlich exterminatorische Tendenz mit der revolutionären Begeisterung des Komponisten aus dem Jahre 1848.

Im *Judentum in der Musik* bedeutet die Vernichtung des Juden (wie auch die berüchtigten Schlußworte des Pamphlets: «die Erlösung Ahasver's – der Untergang!») aller Wahrscheinlichkeit nach die Vernichtung des jüdischen Geistes. In diesem Finale häuft der Maestro überschwengliches Lob auf den politischen Schriftsteller Ludwig Börne, einen Juden, der in seinen Augen ein Beispiel für die Erlösung von jüdischem Wesen zu «wahrhaften Menschen» durch ein «Aufhören, Jude zu sein,» darstellt.[65] Börnes Beispiel weist augenscheinlich den Weg, der kollektiv eingeschlagen werden soll. Wagners Schriften der späten siebziger und der achtziger Jahre und die Erlösungssymbolik des *Ringes* und besonders des *Parsifal* sind allerdings außerordentlich zweideutig, wann immer direkt oder indirekt das jüdische Thema auftaucht. Ob Erlösung von erotischer Lust, von weltlichem Verlangen, von den Kämpfen um Macht nun durch Selbstvernichtung erreicht wird wie im *Ring* oder durch mystische Reinigung und die Wiedergeburt eines geheiligten germanischen Christentums wie im *Parsifal*, der Jude bleibt das Symbol der weltlichen Verlockungen, welche die Menschheit in Fesseln gefangenhalten. So muß der Erlösungskampf ein totaler Kampf sein, und der Jude muß wie der böse und unerlösbare Klingsor in *Parsifal* verschwinden. In *Siegfried* ist die Anspielung noch direkter: Der germanische Held Siegfried tötet den widerwärtigen Nibelungenzwerg Mime, den Wagner selbst, wie es in Cosima Wagners Tagebüchern heißt, als «Jüdling» identifiziert.[66] Alles in allem war das Verhältnis zwischen Siegfried und Mime, das mit äußerst vielsagendem Symbolismus überladen war, wahrscheinlich als scharfe antisemitische Allegorie auf das Verhältnis zwischen Deutschem und Juden – und auf das letztliche Schicksal des Juden – gedacht.[67] Selbst die Scherze des Meisters wie sein «Wunsch», alle Juden sollten bei einer Vorstellung von Lessings Stück *Nathan der Weise* verbrannt werden,[68] brachten die zugrundeliegende Intensität seiner exterminatorischen Phantasien zum Ausdruck. Und doch blieben Wagners Vorstellungen von den Juden inkonsequent, und die Zahl der Juden in seiner Umgebung, von den Pianisten Carl Tausig und Josef Rubinstein bis zu dem Dirigenten Hermann Levi und dem Impresario Angelo Neumann, ist wohlbekannt. Allerdings war Wagners Verhalten gegenüber Levi häufig offen sadistisch, und Rubinsteins jüdischer Selbsthaß war berüchtigt. Doch diese Juden gehörten zum engen Kreis des Maestros, und Wagner ließ, was noch bedeutsamer ist, Neumann beträchtlichen Spielraum bei der Behandlung von Verträgen und von Aufführungen seiner Werke: Kein konsequent fanatischer Antisemit hätte einen derart massiven Kompromiß zugelassen.

Zwar vertrat Wagner selbst den theoretischen Rassismus des französischen Essayisten Arthur de Gobineau, aber die intellektuellen Grundlagen des Erlösungsantisemitismus wurden, besonders nach dem Tode des Meisters, unter der Herrschaft seiner Witwe Cosima, vorwiegend von den anderen Bayreuthern gepflegt: durch Hans von Wolzogen, Ludwig Scheemann und vor allem den Engländer Houston Stewart Chamberlain. In einer klassischen Studie über den Bayreuther Kreis definiert Winfried Schüler die spezielle Bedeutung Bayreuths in der antisemitischen Bewegung und den entscheidenden Beitrag Chamberlains hierzu: «Es gehört zum Wesen antisemitischer Ideologien, daß sie sich eines mehr oder weniger ausgeprägten Freund-Feind-Schemas bedienen. Was dem Antisemitismus Bayreuths gleichwohl ein unverkennbar eigenes Gesicht verleiht, ist die Entschiedenheit, mit der der Gegensatz von Germanentum und Judentum nachgerade zum zentralen Thema der Weltgeschichte erhoben wird. In Chamberlains *Grundlagen* [seinem 1899 erschienenen magnum opus *Die Grundlagen des 19. Jahrhunderts*] findet dieses dualistische Geschichtsbild seine prägnanteste Formulierung.»[69]

In Einklang mit Bayreuths oft wiederholtem Leitmotiv forderte Chamberlain die Geburt einer deutschchristlichen Religion, eines Christentums, das von seinem jüdischen Geist gesäubert war, als einzige Grundlage für eine Erneuerung. Mit anderen Worten, die Erlösung des arischen Christentums würde nur durch die Beseitigung des Juden erreicht werden. Doch selbst hier ist nicht völlig klar, ob der erlösende Kampf gegen die Juden nur gegen den jüdischen Geist geführt werden sollte. Im Anschluß an die Feststellung, im 19. Jahrhundert seien in einem Chaos von Mischvölkern die beiden einander gegenüberstehenden «reinen» Rassen die Juden und die Deutschen, schreibt Chamberlain in den letzten Zeilen von Band 1: «Kein humanitäres Gerede kann die Tatsache beseitigen, daß dies einen Kampf bedeutet. Wo der Kampf nicht mit Kanonenkugeln geführt wird, findet er geräuschlos im Herzen der Gesellschaft statt. ... Mehr als andere ist gerade dieser stumme Kampf ein Kampf auf Leben und Tod.»[70] Chamberlain wußte wahrscheinlich selber nicht, was er im Hinblick auf konkretes Handeln hiermit meinte, aber er lieferte zweifellos die systematischste Formulierung dessen, was er als den grundlegenden Kampf betrachtete, der den Lauf der Weltgeschichte prägt.

Drei Jahre nach dem Erscheinen von Chamberlains *Grundlagen* mußte die *Frankfurter Zeitung* einräumen, das Werk habe «mehr Gärung verursacht als jede andere Erscheinung auf dem Buchmarkt in den letzten Jahren».[71] Bis zum Jahre 1915 waren von dem Buch mehr als 100 000 Exemplare verkauft, und es wurde viel darauf Bezug genommen. Im Laufe der Jahre wurde Chamberlain, der 1908 Eva, die Tochter von Richard und Cosima Wagner, geheiratet hatte, immer mehr von der «Judenfrage» besessen. In Nachtgesichten, so berichtete er, sah er sich von Juden entführt und zum Tode verurteilt.[72] «Mein Rechtsfreund in München, der meine Geschäfte führt und ein sehr erfahrener Mann ist», informierte er einen alten Bekannten, «sagt mir, kein Mann lebe, den die Juden so hassen wie mich!»[73] Der Krieg und mehr noch die frühen Jahre der Weimarer Republik trieben seine Obsession bis an ihre äußersten Grenzen. Hitler besuchte ihn 1923 in Bayreuth: Dem mittlerweile gelähmten Propheten des Erlösungsantisemitismus wurde das übergroße Glück zuteil, dem Erlöser Deutschlands von den Juden zu begegnen – und ihn als solchen zu erkennen.[74]

IV

Die Auswirkungen des Weltkriegs und der Oktoberrevolution auf die Gemüter waren stärker als die jedes anderen Ereignisses seit der Französischen Revolution. Massensterben, erschütternde politische Umwälzungen und Visionen künftiger Katastrophen schürten die allgegenwärtige apokalyptische Stimmung, die sich über Europa legte.[75] Jenseits von nationalistischer Wut kristallisierten sich in vielen Ländern die Hoffnungen, die Befürchtungen und Haßgefühle von Millionen entlang der wichtigsten politischen Frontlinie, die sich dann durch die Geschichte der darauffolgenden Jahrzehnte zog: Furcht vor der Revolution einerseits, Forderung nach ihr andererseits. Diejenigen, welche die Revolution fürchteten, identifizierten deren Führer häufig mit den Juden. Jetzt war der Beweis für die jüdische Weltverschwörung unwiderleglich: Das Judentum stand im Begriff, alle bestehende Ordnung zu zerstören, das Christentum zu vernichten und seine eigene Herrschaft durchzusetzen. In ihrem 1921 erschienenen Buch *World Revolution* fragte die englische Historikerin Nesta Webster: «Wer sind ... die Urheber des Komplotts? ... Was ist ihr letzliches Ziel bei dem Wunsch, die Zivilisation zu vernichten? Was hoffen sie damit zu gewinnen? Es ist dieses scheinbare Fehlen eines Motivs, diese scheinbar ziellose Zerstörungskampagne, die von den Bolschewisten in Rußland durchgeführt wird, die viele Leute dazu veranlaßt hat, an die Theorie einer jüdischen Verschwörung zur Zerstörung des Christentums zu glauben.»[76] Webster gehörte zu diesen

Gläubigen und auf seine Weise damals auch Thomas Mann. «Wir sprachen auch von dem Typus des russischen Juden, des Führers der revolutionären Weltbewegung», schrieb Mann am 2. Mai 1918 in seinem Tagebuch über ein Gespräch mit Ernst Bertram, «dieser sprunghaften Mischung aus jüdischem Intellektual-Radikalismus und slawischer Christus-Schwärmerei.» Er fügte hinzu: «Eine Welt, die noch Selbsterhaltungsinstinkt besitzt, muß mit aller aufbietbaren Energie und standrechtlichen Kürze gegen diesen Menschenschlag vorgehen.»[77]

Die explosivste ideologische Mischung, die im Deutschland der Nachkriegszeit präsent war, war eine Verschmelzung von ständiger Furcht vor der Roten Gefahr mit einem aus der Niederlage geborenen nationalistischen Ressentiment. Die beiden Elemente waren anscheinend miteinander verwandt, und die chaotischen Ereignisse, welche die ersten Monate der nachkaiserlichen Zeit kennzeichneten, schienen die schlimmsten Befürchtungen zu bestätigen und die Flammen des Hasses zu schüren.

Zwei Monate nach Deutschlands Niederlage versuchten die linksextremen revolutionären Spartakisten in Berlin die Macht zu ergreifen: Die Erhebung scheiterte, und am Abend des 15. Januar 1919 wurden ihre Hauptführer Karl Liebknecht und Rosa Luxemburg, die wahrscheinlich verraten worden waren, in ihrem Versteck in Berlin-Wilmersdorf festgenommen.[78] Sie wurden in das Hotel Eden, das Hauptquartier der Garde-Kavallerie-Schützen-Division, gebracht und dort von einem Hauptmann Pabst verhört. Liebknecht wurde als erster hinausgeführt, in einem Auto in den Tiergarten gebracht und «auf der Flucht erschossen». Rosa Luxemburg, die bereits im Eden brutal zusammengeschlagen worden war, wurde halbtot hinausgezerrt, von einem Auto in ein anderes verfrachtet und dann erschossen. Ihre Leiche wurde in den Landwehrkanal geworfen, wo sie bis zum März blieb. Ein Militärgericht sprach die meisten der direkt an den Morden beteiligten Offiziere frei (nur zwei von ihnen wurden zu minimalen Haftstrafen verurteilt), und Verteidigungsminister Gustav Noske, ein Sozialdemokrat, unterzeichnete pflichtschuldigst diese unwahrscheinlichen Urteile. Rosa Luxemburg und ihre engsten Gefährten unter den Berliner Spartakisten, Leo Jogiches und Paul Levi, waren Juden.

Die bedeutende Stellung von Juden unter den Führern der Revolution in Bayern gab dem ohnehin schon leidenschaftlichen antisemitischen Haß der Rechten zusätzliche Nahrung, und Gleiches galt für die Rolle, die sie bei den Berliner Spartakisten spielten. Kurt Eisner, der jüdische Führer der Unabhängigen Sozialdemokratischen Partei Deutschlands (USPD), war es, der die Dynastie der Wittelsbacher stürzte, die Bayern jahrhundertelang seine Herrscher gegeben hatte. In seiner kurzen Amtszeit als Ministerpräsident machte sich Eisner zusätzliche Feinde, indem er belastendes Archivmaterial veröffentlichte, das sich auf Deutschlands Verantwortung für den Ausbruch des Krieges bezog, und an das deutsche Volk appellierte, es möge mithelfen, verwüstete Gebiete auf feindlichem Territorium wieder aufzubauen, was einfach als Forderung interpretiert wurde, die Deutschen zu versklaven, «von Kindern bis zu Greisen, die dann für die vom Kriege zerstörten Gebiete Steine würden schleppen müssen».[79]

Am 21. Februar wurde Eisner von Anton Graf von Arco-Valley, einem rechtsgerichteten Jurastudenten, ermordet. Nach einer kurzen Interimsregierung aus Mehrheitssozialisten wurde die erste der beiden Räterepubliken gegründet. Tatsächlich war nur eine Minderheit unter den Führern der bayerischen Republiken jüdischer Abstammung, aber einige ihrer exponiertesten Gestalten konnten als Juden identifiziert werden.[80]

Die verbitterte rechte Meinung warf diesen jüdischen Führern vor, sie seien für die schwerwiegendste Greueltat verantwortlich, die die Roten begangen hatten: die Geiselerschießung im Keller des Luitpold-Gymnasiums in München. Bis auf den heutigen Tag ist der genaue Ablauf der Ereignisse unklar. Anscheinend wurden am 26. April 1919 sieben Aktivisten der radikalen antisemitischen Thule-Gesellschaft, darunter deren Sekretärin, Gräfin Heila von Westarp, im Büro der Organisation festgenommen. Zwei Offiziere der bayerischen Armee und ein jüdischer Künstler namens Ernst Berger wurden den sieben Thule-Mitgliedern beigegeben. Am 30. April, als in München die Nachricht eingetroffen war, daß die konterrevolutionäre Freiwilligeneinheit, das Freikorps von Franz Freiherr Ritter von Epp, in Starnberg gefangene Rote umgebracht habe, befahl der Kommandeur der roten Truppen, ein ehemaliger Matrose namens Rudolf Egelhofer, die Erschießung der Geiseln. Diese Exekutionen, eine isolierte Greueltat, wurden zur sprichwörtlichen Illustration des jüdisch-bolschewistischen Terrors in Deutschland; wie der britische Historiker Reginald Phelps schreibt, erklärt dieser Geiselmord weitgehend «die leidenschaftliche Welle von Antisemitismus, die sich verbreitete, weil man annahm, die Tat stelle die Rache ‹jüdisch-sowjetischer Führer› ... an antisemitischen Feinden dar». Selbstverständlich änderte die Tatsache, daß Egelhofer und «alle, die direkt mit der Erschießung zu tun hatten», keine Juden waren, nicht das mindeste an dieser Sicht der Dinge.[81]

Die Auswirkungen der Lage in Berlin und Bayern wurden durch revolutionäre Agitation in anderen Teilen Deutschlands verstärkt. Wie der nazifreundliche französische Historiker Jacques Benoist-Méchin schreibt, waren Revolutionäre mit jüdischem Hintergrund bei anderen regionalen Erhebungen nicht weniger aktiv: «In Magdeburg [ist es] Brandeis; in Dresden Lipinsky, Geyer und Fleißner; an der Ruhr Markus und Levinsohn; in Bremerhaven und Kiel Grünewald und Cohn; in der Pfalz

Lilienthal und Heine.»[82] Wichtig ist hier nicht die Richtigkeit jedes Details, sondern die weitverbreitete Einstellung, die in solchen Äußerungen tatsächlich zum Ausdruck kam.

Diese Ereignisse in Deutschland wurden in Verbindung mit gleichzeitigen Umwälzungen in Ungarn wahrgenommen: der Gründung der Räterepublik Béla Kuns und der Tatsache, daß die «jüdische» Präsenz dort noch massiver war als in Berlin und München. Der britische Mitteleuropa-Historiker R. W. Seton-Watson notierte im Mai 1919: «Antisemitische Gefühle nehmen in Budapest ständig zu (was nicht überraschend ist angesichts der Tatsache, daß nicht nur die gesamte Regierung mit zwei Ausnahmen sowie 28 der 36 Ministerialkommissare Juden sind, sondern auch ein großer Teil der Offiziere der Roten).»[83] Einige von diesen Revolutionären wie etwa der berüchtigte Tibor Szamuely waren in der Tat ausgesprochen unheimliche Gestalten.[84] Schließlich schien die starke Überrepräsentation von Führern jüdischer Herkunft unter den Bolschewisten selbst einer These Beweiskraft zu verleihen, die zu einem allgegenwärtigen Mythos geworden war, der sich in der gesamten westlichen Welt verbreitete und ein Echo fand.[85]

Darin, daß sich Juden in großer Zahl der revolutionären Linken anschlossen, lag nichts Geheimnisvolles. Diese Männer und Frauen gehörten zu der Generation von frisch emanzipierten Juden, die den Rahmen der religiösen Tradition aufgegeben und sich den Ideen und Idealen des Rationalismus und meist dem Sozialismus (oder Zionismus) zugewandt hatten. Ihre politischen Präferenzen erklärten sich sowohl aus der Diskriminierung, der sie vorwiegend in Rußland, aber auch in Mitteleuropa ausgesetzt gewesen waren, als auch aus der Anziehungskraft der sozialistischen Botschaft der Gleichheit. In der neuen sozialistischen Welt würde die gesamte leidende Menschheit erlöst werden, und damit würde das jüdische Stigma verschwinden: Es war zumindest für einige dieser «nichtjüdischen Juden»[86] eine Vision eines säkularisierten Messianismus; sie mag wie ein fernes Echo der Botschaft der Propheten geklungen haben, die sie nicht mehr anerkannten. Tatsächlich standen sie fast alle im Namen eines revolutionären Universalismus allem Jüdischen geradezu feindselig gegenüber. Keinesfalls repräsentierten sie die politischen Tendenzen der großen Mehrheit der mittel- und westeuropäischen jüdischen Bevölkerungen, die politisch liberal waren oder den Sozialdemokraten nahestanden; nur ein Bruchteil war entschieden konservativ. Die Deutsche Demokratische Partei beispielsweise, der die meisten deutschen Juden nahestanden, war der Inbegriff der liberalen Mitte der politischen Szene.[87] Ein großer Teil dieser Dinge wurde von der nichtjüdischen Öffentlichkeit ignoriert. Besonders in Deutschland brauchte der aufgehäufte Haß des nationalistischen Lagers einen Vorwand und eine Zielscheibe für seine Ergüsse. Und so stürzte er sich auf die revolutionären Juden.

3. Der Erlösungsantisemitismus

Rosa Luxemburg und die jüdischen Führer in Bayern repräsentierten die Bedrohung durch die jüdische Revolution. Für die Nationalisten bewies die Ernennung einer Anzahl von jüdischen Ministern und anderen hohen Beamten des Weimarer Staates, daß die verhaßte Republik tatsächlich in jüdischen Händen lag; die Rechte konnte auf Hugo Haase, Otto Landsberg, Hugo Preuss, Eugen Schiffer, Emanuel Wurm und Oskar Cohn sowie auf Walther Rathenau, den exponiertesten aller jüdischen Minister, verweisen.[88] Rosa Luxemburg war am 15. Januar 1919 ermordet worden; Walther Rathenau, der kaum sechs Monate zuvor zum Außenminister ernannt worden war, wurde am 25. Juni 1922 umgebracht.

Rathenaus Mörder – Erwin Kern (24 Jahre alt) und Hermann Fischer (26), beide Mitglieder eines Freikorps, das sich Brigade Ehrhardt nannte, und ihre Komplizen Ernst Werner Techow (21), dessen Bruder Gerd (16) und Ernst von Salomon, ebenfalls ein ehemaliges Freikorpsmitglied – waren, so Salomon, «junge Leute aus guter Familie».[89] Bei dem Prozeß gegen sie erklärte Techow, Rathenau sei einer der Weisen von Zion.[90]

Der kanonische Text der Theoretiker der jüdischen Verschwörung, die *Protokolle der Weisen von Zion*, wurde um 1895 auf Befehl von Pjotr Ratschkowski, dem Leiter des Pariser Büros der zaristischen Geheimpolizei Ochrana, heimlich fabriziert.[91] Die *Protokolle* bestanden aus Elementen zweier Werke aus den sechziger Jahren des 19. Jahrhunderts, eines französischen, gegen Napoleon III. gerichteten Pamphlets und eines deutschen antisemitischen Romans, *Biarritz*, den ein gewisser Hermann Gödsche geschrieben hatte.[92] Das ganze Gebräu sollte die Ausbreitung des Liberalismus im Russischen Reich bekämpfen. Ratschkowski hielt sich lediglich an die reichhaltige Tradition, weltweite Verschwörungen den Juden zuzuschreiben.

Bis zum Ausbruch der Russischen Revolution blieben die *Protokolle* unbekannt. Doch der Zerfall des zaristischen Regimes und das Verschwinden der Romanows und dann der Dynastien der Hohenzollern und der Habsburger verliehen diesem mysteriösen Text, der von flüchtenden «Weißen» aus Rußland westwärts getragen wurde, auf einmal eine völlig neue Bedeutung. In Deutschland, wo Auszüge aus den *Protokollen* 1919 in der völkischen Publikation *Auf Vorposten* erschienen, wurden sie jetzt als konkreter Beweis für die Existenz dunkler Kräfte betrachtet, die für die Niederlage der Nation im Kriege und für das revolutionäre Chaos, die Demütigung und die Versklavung durch die Sieger in der Nachkriegszeit verantwortlich waren. In den Jahren vor Hitlers Machtergreifung erschienen 33 deutsche Auflagen, und nach 1933 kamen unzählige weitere heraus.[93]

Den verschiedenen Versionen der *Protokolle*, die im Laufe der Jahrzehnte in einer Vielzahl von Sprachen erschienen, ist ein im wesentlichen identischer Kern gemeinsam, der aus angeblichen Gesprächen besteht, welche die «Weisen von Zion» bei 24 Geheimtreffen geführt haben. In naher Zukunft werden die Weisen, so geht daraus hervor, vor keinem gewaltsamen Mittel zurückschrecken, um die Kontrolle über die Welt zu erlangen. Seltsamerweise ist die totale Macht nicht dazu bestimmt, zu einem strengen Despotismus zu führen, der nur den Juden nutzen soll. Das höchste Ziel wird als die Etablierung eines gerechten und sozial orientierten Weltregimes beschrieben. Die Menschen würden sich über solch eine wohltätige Regierung freuen, und ihre Zufriedenheit würde das Fortbestehen des Reiches Zion auf Jahrhunderte und Aberjahrhunderte sicherstellen.

Der letzte Teil der *Protokolle* liest sich wie ein Rezept für ein totalitäres Utopia – genau das, wonach sich viele in dieser Periode ökonomischer Unsicherheit und politischer Krise sehnten. Warum flößte dann dieses Büchlein so viel Furcht und Abscheu ein? Der Haß auslösende Effekt der *Protokolle* beruhte einfach auf dem bloßen Gedanken einer *jüdischen* Herrschaft über die christliche Welt. Die Weisen planten die Zerstörung des Christentums. Und ebenso war die Zerstörung der traditionellen Eliten und schon allein der Gedanke an eine Revolution für die der Ober- und Mittelklasse entstammende Mehrheit der Leser der *Protokolle* schreckenerregend. Eine 1920 erschienene amerikanische Ausgabe beispielsweise brachte die Machenschaften der Weisen von Zion ganz eindeutig in Zusammenhang mit der bolschewistischen Gefahr.[94]

In einem Artikel unter der Schlagzeile «Die jüdische Gefahr, ein beunruhigendes Pamphlet – Forderung nach Untersuchungen» fragte die Londoner *Times* vom 8. Mai 1920: «Was sind diese ‹Protokolle›? Sind sie echt? Wenn ja, welche böswillige Versammlung hat diese Pläne ausgeheckt und sich hämisch über ihre Niederschrift gefreut? Sind sie eine Fälschung? Wenn ja, woher kommt der unheimliche Ton der Prophetie, einer Prophetie, die sich zum Teil erfüllt hat, zum Teil auf dem Wege der Erfüllung weit fortgeschritten ist?»[95] Ein Jahr später korrigierte sich die *Times* und erklärte, die *Protokolle* seien in der Tat eine Fälschung. Dennoch hatte der Artikel vom Mai 1920 auf eine Furcht verwiesen, die tief im Innern vieler Menschen verborgen lag: davor, daß sie geheimen Kräften, die im Dunklen lauerten, zum Opfer fallen könnten. So verschärften die *Protokolle* die in jenen Jahren der Krise und der Katastrophe vorherrschende Paranoia bis zum äußersten. Wenn die jüdische Bedrohung übernational war, dann mußte der Kampf gegen sie ebenfalls global werden und durfte keine Kompromisse machen. So schien in einer Atmosphäre, die mit konkreten Bedrohungen und imaginären Vorzeichen aufgeladen war, der Erlösungsantisemitismus mehr denn je Antworten auf die Rätselfragen der Zeit zu bieten. Und für die antijüdischen wahren Gläubigen verlangte der endgültige Kampf um Erlösung den bedingungslosen Fanatismus eines Mannes, der den Weg weisen und sie zum Handeln führen konnte.

V

«Erschienen sind antisemitische Mittelständler und jüngere Studenten. ... Es sprach Herr Adolf Hitler.» Die *Münchner Post* beschrieb eine im Frühjahr 1920 abgehaltene Versammlung der ehemaligen Deutschen Arbeiter-Partei (DAP), die sich jetzt in NSDAP umbenannt hatte. «[Er benahm] sich mehr wie ein Komiker. ... Sein coupletartiger Vortrag enthielt in jedem dritten Satz den Refrain: Schuld sind die Hebräer. ... Eines ist anzuerkennen: Herr Hitler gestand es selbst ein, daß seine Rede von Rassenhaß diktiert sei. Als der Redner die Frage aufwarf, wie man sich der Juden erwehren solle, gaben Zurufe aus der Versammlung die Antwort: ‹Aufhängen! Totschlagen!›»[96]

Zwar lehnte Hitler in dem (bereits zitierten) Brief an Adolf Gemlich den emotionalen Antisemitismus ab und beharrte auf einem rationalen, systematischen Kurs, um die totale Beseitigung der Juden zu erreichen, aber sein eigener Stil in den ersten Jahren seiner antijüdischen Agitation stand den demagogischen Techniken anderer völkischer Redner sehr nahe, und seine Argumente reichten nicht weit über die üblichen völkischen Geschichtsinterpretationen hinaus.[97] «Was ist denn aus der Stadt des gutmütigen Wiener geworden?» fragte er am 27. April in einer Rede mit dem Titel «Politik und Judentum», und zur Antwort rief er aus: «Ein zweites Jerusalem!» Der Polizeibericht erwähnt an diesem Punkt «lebhaften Beifall».[98] Nichts davon lief jedoch auf eine detaillierte Darstellung von Hitlers antijüdischem Glaubensbekenntnis hinaus. Ein größerer Versuch hierzu wurde erstmals am 13. August 1920 in einer dreistündigen Rede im Münchener Hofbräuhaus gemacht. Das angekündigte Thema lautete: «Warum sind wir Antisemiten?»[99]

Gleich zu Anfang erinnerte Hitler seine Hörer daran, daß seine Partei an der Spitze eines Kampfes gegen die Juden stehe, der für die Arbeiter und ihre grundlegenden Probleme von unmittelbarer Bedeutung sei. Es folgten lange Ausführungen über das Wesen schöpferischer Arbeit. Auf umständliche Weise vertrat Hitler den Standpunkt, daß Arbeit, nicht als aufgezwungene Notwendigkeit, sondern als schöpferische Aktivität betrachtet, zum eigentlichen Symbol und zum Wesen der nordischen Rasse geworden sei, wobei ihre höchste Form die Errichtung des Staates sei. Das brachte ihn zu «dem Juden» zurück.

Indem er die Bibel, ein Buch, von dem «mindestens eines sicher ist, daß es kein Antisemit geschrieben hat», zum Ausgangspunkt seiner Argumentation machte, behauptete Hitler, für den Juden sei Arbeit Strafe:

Der Jude sei nicht zu schöpferischer Arbeit in der Lage und daher nicht fähig, einen Staat aufzubauen. Arbeit sei für ihn nur die Ausbeutung der Leistungen anderer. Ausgehend von diesem Postulat behauptete Hitler dann den parasitischen Charakter der jüdischen Existenz in der Geschichte: Durch die Jahrtausende hindurch hätten das Leben des Juden und sein rassisches Streben, die anderen Völker der Erde zu kontrollieren, die parasitische Unterminierung der Lebensmöglichkeiten der Wirtsvölker, die Ausbeutung der Arbeit anderer für die eigenen Rasseinteressen des Juden bedeutet. Der absolute Charakter des rassischen Imperativs war unbestreitbar, und Hitler stellte ihn in absoluten Worten dar: «Und bei dem allen müssen wir sehen, daß es hier keine guten und keine bösen Juden gibt, es arbeitet hier jeder ganz genau der Bestimmung seiner Rasse entsprechend, denn die Rasse oder wollen wir lieber sagen Nation und was damit zusammenhängt, Charakter usw., liegt, wie der Jude selbst erklärt, im Blut, und dieses Blut zwingt jeden einzelnen, entsprechend diesen Grundsätzen zu handeln. ... Er ist ein Jude, er arbeitet nur von dem Gedanken durchglüht: Wie bringe ich mein Volk zum Herrenvolk empor?»[100]

In diesem entscheidenden Augenblick des Kampfes war die nationalsozialistische Partei auf den Plan getreten. Eine neue Hoffnung war aufgekommen, «daß endlich der Tag kommt, an dem unsere Worte schweigen und die Tat beginnt».[101]

Wie der Historiker Eberhard Jäckel hervorgehoben hat, erschien der ganze Umfang von Hitlers Antisemitismus erst in seinem Buch *Mein Kampf*,[102] in dem die volle Gewalt der apokalyptischen Dimension des antijüdischen Kampfes ihren Ausdruck fand. Das war möglicherweise ein Ergebnis von Hitlers unabhängiger Entwicklung; es war wahrscheinlich das Resultat des ideologischen Einflusses von einem Mann, dem Hitler entweder Ende 1919 oder Anfang 1920 begegnete: dem Schriftsteller, Zeitungsherausgeber, Pamphletschreiber, Drogensüchtigen und Alkoholiker Dietrich Eckart.

Eckarts ideologischer Einfluß auf Hitler und die praktische Hilfe, die er ihm zwischen 1920 und 1923 bei mehreren entscheidenden Anlässen zukommen ließ, sind oft erwähnt worden. Hitler selbst hat Eckarts Wirkung nie geleugnet: «Wir sind heute alle einen Schritt weitergekommen, darum merken wir nicht, was er damals war: ein Polarstern», sagte er von ihm und fügte hinzu: «Ich war damals stilistisch noch ein Säugling.»[103] *Mein Kampf* war den beim Putsch von 1923 getöteten Kameraden Hitlers und Dietrich Eckart (der am Heiligabend 1923 bei Berchtesgaden gestorben war) gewidmet.

Das berüchtigte «Zwiegespräch» zwischen Eckart und Hitler, *Der Bolschewismus von Moses bis Lenin: Zwiegespräch zwischen Adolf Hitler und mir*, das einige Monate nach Eckarts Tod erschien, wurde von Dietrich

3. Der Erlösungsantisemitismus

Eckart allein und wahrscheinlich sogar ohne Hitlers Wissen geschrieben.[104] Für einige Historiker ist das *Zwiegespräch* der Ausdruck von Hitlers fundamentaler ideologischer Haltung zur Judenfrage;[105] für andere gehört der Text viel mehr Eckarts als Hitlers Denkweise an.[106] Doch ganz gleich, wer der Verfasser des Pamphlets gewesen sein mag: «Alles, was wir von Eckart und Hitler wissen, verleiht dem Dokument Glaubwürdigkeit als eine Darstellung der Beziehung und der Ideen, die sie miteinander teilten.»[107]

Die Themen des *Zwiegesprächs* treten ganz deutlich in *Mein Kampf* zutage, wann immer sich Hitlers Rhetorik auf die metahistorische Ebene erhebt. Was in dem *Zwiegespräch*, ja schon allein in seinem Titel, sofort auffällt, ist, daß der Bolschewismus nicht mit der Ideologie und der politischen Kraft identifiziert wird, die 1917 in Rußland an die Macht kam; vielmehr ist der Bolschewismus das zerstörerische Wirken des Juden durch die Zeitalter hindurch. Tatsächlich ist in den frühen Jahren von Hitlers Karriere als Agitator – und dazu gehört die Abfassung des Textes von *Mein Kampf* – der politische Bolschewismus, auch wenn er immer als eines der Werkzeuge anerkannt wird, die von den Juden zur Erlangung der Weltherrschaft benutzt werden, *nicht* eine von Hitlers zentralen Obsessionen: Er ist ein wesentliches Thema nur insofern, als die Juden, von denen er sich herleitet, *das* wesentliche Thema sind. Mit anderen Worten, die revolutionäre Phase von 1919 steht in Hitlers Propaganda nicht im Vordergrund. So entspricht die Einschätzung des Nationalsozialismus primär als Panikreaktion auf die Bedrohung durch den Bolschewismus, wie sie beispielsweise der Historiker Ernst Nolte vertreten hat, nicht dem, was wir über Hitlers frühe Laufbahn wissen.

Das *Zwiegespräch* ist von der apokalyptischen Dimension beherrscht, die der jüdischen Bedrohung beigemessen wird. Eckarts Pamphlet ist gewiß eine der extremsten Darstellungen des Juden als der Kraft des Bösen in der Geschichte. Ganz am Ende des Textes faßt «er» (d. h. Hitler) das letzte Ziel des Juden zusammen: «‹Es ist wohl so› meinte er, ‹wie du [Eckart] einmal geschrieben hast: man kann den Juden nur verstehen, wenn man weiß, wohin es ihn letzten Endes drängt. Über die Weltherrschaft hinaus, zur *Vernichtung* der Welt.›»[108] Diese Vision eines Weltendes infolge des Wirkens des Juden taucht fast Wort für Wort in *Mein Kampf* wieder auf: «Siegt der Jude mit Hilfe seines marxistischen Glaubensbekenntnisses über die Völker dieser Welt, dann wird seine Krone der Totentanz der Menschheit sein, dann wird dieser Planet wieder wie einst vor Jahrmillionen menschenleer durch den Äther ziehen.»[109]

Am Ende des zweiten Kapitels von *Mein Kampf* kommt die berüchtigte Glaubensaussage: «So glaube ich heute im Sinne des allmächtigen Schöpfers zu handeln: Indem ich mich des Juden erwehre, kämpfe ich für das Werk des Herrn.»[110] Bei Eckart und bei Hitler, wie er dann vom

Jahre 1924 an sein Glaubensbekenntnis formulierte, fand der Erlösungsantisemitismus seinen endgültigen Ausdruck.

Manche Historiker haben Hitlers ideologische Auslassungen in ein geschlossenes und äußerst kohärentes System verwandelt, in eine (für sich betrachtet) zwingende Weltanschauung; andere haben die Bedeutung der ideologischen Äußerungen, sei es als System oder auch nur als Leitlinien des politischen Handelns, völlig abgetan.[111] Hier wird der Standpunkt vertreten, daß Hitlers Weltanschauung, wenn auch in sehr allgemeiner Form, auf die Ziele seiner Handlungen hindeutete und so etwas wie Leitlinien für konkrete kurzfristige politische Initiativen lieferte. Ihre antijüdischen Themen, die in Anhäufungen zwanghafter Ideen und Bilder dargeboten wurden, hatten die innere Konsequenz von Obsessionen, und zwar der paranoiden Art. In derartigen Systemen gibt es per definitionem keine Schlupflöcher. Überdies war Hitlers Weltanschauung, obwohl sie völlig auf politische Propaganda und politisches Handeln ausgerichtet war, dennoch der Ausdruck eines fanatischen Glaubens. Die Kombination von totalem Glauben und einer Sehnsucht nach Mobilisierung der Massen und radikaler Aktion führte naturwüchsig zur Darstellung der Weltanschauung in einfachen und ständig wiederholten Sätzen, für die ein Beweis nicht mittels intellektueller Konstrukte geboten wurde, sondern mittels zusätzlicher apodiktischer Erklärungen, die durch einen ständigen Strom gewaltsamer Bilder und emotional aufgeladener Metaphern verstärkt wurden. Ob diese antijüdischen Aussagen originell waren oder bloß das Wiederkäuen früherer und gängiger antisemitischer Themen (was sie in der Tat waren), ist im Grunde gleichgültig, da ihre Wirkung von Hitlers persönlichem Ton und von dem individuellen Stil herrührte, in dem er seine metapolitischen und politischen Glaubensvorstellungen präsentierte.

Soll man daher Hitlers antijüdische Obsessionen unter dem Gesichtspunkt individueller Pathologie analysieren? Dies ist eine Spur, die häufig verfolgt worden ist,[112] hier aber nicht aufgenommen wird. Es mag genügen, wenn man sagt, daß alle derartigen Interpretationen gewöhnlich äußerst spekulativ und oft reduktionistisch wirken. Überdies gab es ähnliche antijüdische Bilder, ähnliche Drohungen und eine ähnliche Bereitschaft zu Gewalt von Anfang an bei Hunderttausenden von Deutschen, die der extremen Rechten und später dem radikalen Flügel der NSDAP angehörten. Wenn es «Pathologie» gab, dann war sie kollektiv. Mehr als mit der Verfassung eines Individuums müssen wir uns mit der Sozialpathologie von Sekten auseinandersetzen. Für eine Sekte ist es allerdings ungewöhnlich, daß sie zu einer modernen politischen Partei wird, und für ihren Führer und seine Anhänger ist es noch ungewöhnlicher, daß sie ihren ursprünglichen Fanatismus beibehalten, wenn sie an die Macht gelangt sind. Dennoch war dies der unwahrscheinliche

Gang der Ereignisse. Und dieser Weg, der in Bereiche unbegreiflichen menschlichen Verhaltens führen sollte, hat einen gut dokumentierten Anfangspunkt, der im vollen Licht der Geschichte vor uns liegt: die Reihen einer kleinen extremistischen Partei im Bayern der Nachkriegszeit, die nach dem Scheitern ihres 1923 unternommenen Putschversuchs in der neuen Atmosphäre erhöhter politischer Stabilität, wie sie in der deutschen Republik herrschte, zur Vergessenheit verurteilt zu sein schien.

Hitler wiederholte unerbittlich seine Geschichte von dem durch den Juden verursachten Untergang und von der Erlösung durch einen totalen Sieg über den Juden. Für den künftigen Führer waren die verhängnisvollen Bestrebungen des Juden eine allumfassende verschwörerische Aktivität, die sich durch die gesamte Spanne der abendländischen Geschichte zog. Die Struktur von Hitlers Erzählung war nicht nur ihrem expliziten Inhalt inhärent; sie war auch das Wesen der impliziten Botschaft, die diese Erzählung vermittelte. Obwohl Hitler vorgab, eine historische Analyse zu liefern, wurde der Jude in seiner Beschreibung enthistorisiert und in ein abstraktes Prinzip des Bösen verwandelt, welches einem nicht weniger metahistorischen Widerpart entgegentrat, der in seinem Wesen und in seiner Rolle im Laufe der Zeiten genauso unwandelbar war: der arischen Rasse. Während der Marxismus den Konflikt zwischen sich wandelnden historischen Kräften betonte, wurde im Nationalsozialismus und insbesondere in der Weltanschauung Hitlers die Geschichte als die Konfrontation eines unveränderlichen Guten mit einem unveränderlichen Bösen betrachtet. Das Ergebnis ließ sich nur in religiösen Begriffen vorstellen: Verdammnis oder Erlösung.

Hitlers Vision des jüdischen Feindes hatte noch eine weitere Ebene: Der Jude war sowohl eine übermenschliche Kraft, welche die Völker der Welt ins Verderben trieb, als auch eine untermenschliche Ursache von Ansteckung, Zerfall und Tod. Das erste Bild, das der übermenschlichen Kraft, wirft eine Frage auf, die sowohl in *Mein Kampf* als auch in Hitlers Reden unbeantwortet bleibt: Warum leisteten die Völker der Welt keinen Widerstand, warum waren sie jahrhundertelang durch die Machenschaften des Juden in den Untergang getrieben worden, ohne sich erfolgreich zu wehren? Deutlich stellen wird sich diese Frage viele Jahre später, in Zusammenhang mit Hitlers Reichstagsrede vom 30. Januar 1939, als er die Vernichtung der Juden für den Fall «prophezeite», daß sie erneut die Völker Europas in einen Krieg treiben sollten. Wie *kam* es, daß die Nationen der Welt nicht in der Lage waren, diesen Machenschaften zu widerstehen?

Diese Vision beinhaltet eine betäubte, hypnotisierte Masse von Völkern, die der jüdischen Verschwörung auf Gedeih und Verderb ausgeliefert sind. Sie sind das hilflose Vieh, das von hohnlachenden jüdischen rituellen Schlächtern in den Schlußszenen des Films *Der ewige Jude* getötet wird, dessen Produktion in den Jahren 1939–40 von Goebbels initiiert und überwacht wurde. Doch wie Hitler in *Mein Kampf* ausgiebig zeigte, weicht das Bild einer übermenschlichen Kontrolle regelmäßig dem zweiten, der Vorstellung von untermenschlichen Bedrohungen durch Ansteckung, durch mikrobielle Infektion und die Ausbreitung von Pest. Das sind die Scharen von keimtragenden Ratten, die dann später in einer der abstoßendsten Szenen des *Ewigen Juden* erscheinen. Bilder von übermenschlicher Macht und von untermenschlicher Pest sind konträre Repräsentationen, aber Hitler schrieb beide ein und demselben Wesen zu, so als habe eine unaufhörlich sich wandelnde und unaufhörlich ihre Form ändernde Kraft eine ständig die Stoßrichtung wechselnde Offensive gegen die Menschheit gestartet.

Viele von den Bildern nicht nur in Hitlers Vision vom Juden, sondern auch im Antisemitismus der Nazis allgemein scheinen in solchen beständigen Verwandlungen zu konvergieren. Diese Bilder sind das unverzerrte Echo vergangener Darstellungen des Juden als einer unaufhörlich sich wandelnden und unaufhörlich dieselbe bleibenden Gestalt, eines lebenden Toten, entweder gespenstischen Wanderers oder gespenstischen Ghettobewohners. So wird die alldurchdringende jüdische Bedrohung tatsächlich formlos und unrepräsentierbar; als solche führt sie zu dem entsetzlichsten aller Wahngebilde: einer Bedrohung, die überall lauert, die, obwohl sie alles durchdringt, eine unsichtbare Trägerin des Todes ist, wie Giftgas, das sich über die Schlachtfelder des Weltkriegs legte.

Die letzte größere *geschriebene* Mitteilung von Hitlers antijüdischer Obsession war der zweite Band von *Mein Kampf*, der 1927 erschien. Ein weiteres Buch Hitlers, das 1928 abgeschlossen wurde, blieb Manuskript:[113] Es war politisch sicherer, die Gewalttätigkeit der Ansichten des Führers, besonders zu internationalen Angelegenheiten, nicht zu offenbaren, da er sich jetzt den Anschein eines Staatsmanns gab. In seinen Reden dagegen war Hitler weniger zurückhaltend.

In einem Artikel vom 5. November 1925 berichtete die *Braunschweigische Landeszeitung* unter der Schlagzeile «Hitler in Braunschweig» über eine Rede, die der NS-Führer auf einer Parteiversammlung in der Konzerthalle der Stadt gehalten hatte. Nach Erwähnung einiger der Themen der Rede hieß es in dem Bericht: «Dann zog Hitler in der bekannten Form und in der üblichen Weise über die Juden her. Man weiß ja, was die Nationalsozialisten gegen diese Staatsbürger einzuwenden haben, und man kann es sich deshalb ersparen, darüber zu berichten, was Hitler zu diesem Thema zu sagen hatte.»[114]

3. Der Erlösungsantisemitismus

Der Verfasser des Artikels hätte es nicht knapper oder wahrheitsgetreuer formulieren können. Eine ähnliche Bemerkung erschien am 5. Mai 1926 in dem Bericht der *Mecklenburger Nachrichten* über eine Rede, die Hitler zwei Tage zuvor in Schwerin gehalten hatte.[115] Der Hagel von Beleidigungen und Drohungen gegen die Juden war eher noch massiver als in der Vergangenheit. Zu dieser Zeit fehlt in kaum einer der Reden Hitlers die Art von antisemitischer Rhetorik, die in den frühen Reden und in *Mein Kampf* aufgebaut wurde. Es ist, als habe das Scheitern des Putsches von 1923, als habe die Inhaftierung und die zeitweilige Auflösung der NSDAP zu einer gesteigerten Wut geführt oder als hätten die Bedürfnisse der politischen Agitation die ständige Wiederholung der aggressivsten Parolen verlangt, die sich nur auftreiben ließen. Die Börsenjuden und das internationale jüdische Kapital wurden Seite an Seite mit blutrünstigen jüdischen Revolutionären ins Feld geführt; die Themen jüdische Rassenschande und jüdische Verschwörung, um die Welt zu kontrollieren, wurden den rasenden Gläubigen der Partei mit derselben sofortigen Wirkung eingeflößt. Um seinen Attacken Durchschlagskraft zu verleihen, benutzte Hitler jeden rhetorischen Trick, selbst die ziemlich ungewöhnliche Methode, bekannte jüdische Witze zu erzählen, um die Verderbtheit der jüdischen Seele zu veranschaulichen.[116]

Doch selbst in der Zeit nach seiner Inhaftierung in Landsberg wußte Hitler, wann immer politische Zweckmäßigkeit Vorsicht bei der Verwendung grober antijüdischer Ausbrüche gebot, das Thema zu vermeiden. Als er am 28. Februar 1926 vor dem Hamburger Nationalclub von 1919, einer konservativ-nationalistischen Vereinigung, sprach, unter deren größtenteils der Oberschicht angehörenden Mitgliedern sich eine Reihe ehemaliger hochrangiger Offiziere befand, vermied er es einfach, die Juden zu erwähnen.[117] Man wird an die «Zurückhaltung» seiner späteren Rede vor dem Deutschen Industrieclub in Düsseldorf erinnert. Doch was Hitler antrieb, war sein antijüdischer Haß, und was Anstrengung erforderte, war die kalkulierte Zurückhaltung. Für Hitler war der Kampf gegen die Juden die unveränderliche Basis und der zwanghafte Kern seines Verständnisses von Geschichte, Politik und politischem Handeln.

Manchmal wurde die antijüdische Einstellung in unerwarteter Form neu formuliert. So erklärte Hitler einem Polizeibericht zufolge am 18. Dezember 1926 auf einer Rede in München, «gerade für den Nationalsozialisten habe das Weihnachtsfest erhöhte Bedeutung, denn Christus sei der größte Vorkämpfer im Kampfe gegen den jüdischen Weltfeind gewesen. Christus sei nicht der Friedensapostel gewesen, den erst die Kirche aus ihm gemacht habe, sondern er sei die größte Kampfnatur gewesen, die je gelebt hat. Die Lehre Christi sei für Jahrtausende grundlegend gewesen für den Kampf gegen den Juden als Feind der Menschheit. Das Werk, welches Christus angefangen habe, aber nicht beenden konnte, werde er (Hitler) zu Ende führen. Der Nationalsozialismus sei nichts anderes als eine praktische Befolgung der Lehre Christi.»[118]

Die Reden, die Hitler im entscheidenden Jahr 1932 gehalten hat, liegen bei Drucklegung dieses Buches noch nicht publiziert vor, aber die meisten Schmähreden der Jahre 1927–31 sind jetzt verfügbar:[119] In ihnen herrschte weiterhin der antisemitische Haß vor. Manchmal war wie in Hitlers scharfer Polemik gegen die Bayerische Volkspartei (BVP) in der Münchener Rede vom 29. Februar 1928, nicht sehr lange vor den Reichstagswahlen vom Mai, das Gift des Agitators aus den frühen zwanziger Jahre wieder voll und ganz da, und die Juden standen immer im Mittelpunkt, weil die BVP den Antisemitismus verworfen hatte. Die Themen waren dieselben; die rhetorischen Tricks waren dieselben; die rasenden Reaktionen der Masse waren dieselben: Sprecher und Zuhörer dürsteten nach Gewalt – gegen dasselbe Volk, die Juden.[120]

Bei den Reichstagswahlen von 1928 errangen die Nationalsozialisten nur 2,6 Prozent der Stimmen (6,1 Prozent in Bayern, 10,7 Prozent in München): Der Durchbruch sollte erst noch kommen. Die antijüdische Agitation ging weiter. «Wir sehen», rief Hitler in seiner Rede vom 31. August 1928 aus, «daß in Deutschland die Verjudung fortschreitet in der Literatur, beim Theater, in der Musik und im Film, daß unsere Ärzteschaft verjudet, unser Richterstand, daß an unseren Universitäten immer mehr und mehr Juden auftreten, und es wundert mich nicht, daß ein Prolet hergeht und sagt: Was kümmert das mich? Verwunderlich ist es, daß es aber nationale bürgerliche Menschen gibt, die sagen: Das interessiert uns nicht, diesen Antisemitismus verstehe ich nicht. *Sie werden ihn verstehen, wenn ihre Kinder unter der Knute des jüdischen Aufsichtsbeamten schmachten* [Hervorhebung im Original].»[121]

Nach dem atemberaubenden Erfolg der NSDAP bei den Wahlen vom September 1930 und während der fast zweieinhalb Jahre, die nun folgten, bis Hitler Reichskanzler wurde, tauchte das Thema Juden in seinen Reden zwar nicht mehr so häufig auf, aber es verschwand nicht. Und wenn Hitler, wie beispielsweise in einer Rede am 25. Juni 1931, von den Juden sprach, dann enthielten solche Äußerungen alle unheilverkündenden Vorhersagen der früheren Jahre. Im ersten Teil der Rede beschrieb Hitler, wie die Juden die germanische Führung in Rußland vernichtet und das Land in ihre Gewalt gebracht hätten. Bei anderen Nationen spielte sich derselbe Prozeß unter dem Deckmantel der Demokratie ab. Doch das Finale war direkter und bedrohlicher: «Die Parteien der Mitte sagen, es bricht alles zusammen, wir erklären, was ihr als Zusammenbruch anseht, ist das Werden einer neuen Zeit. Nur eine Frage ist gegen diese Zeit: Geht diese Zeit aus vom deutschen Volk ... oder sinkt diese Zeit hinüber zu einem anderen Volk, wird der Jude

3. Der Erlösungsantisemitismus

tatsächlich heute der Weltherr, organisiert er sein Leben, wird er in der Zukunft die Völker beherrschen, das ist die große Frage, die entschieden wird, so oder so.»[122]

Für den auswärtigen Gebrauch stimmte Hitler einen weit weniger apokalyptischen, weit gemäßigteren Ton an. In einem Interview, das er Mitte Oktober 1930 der Londoner *Times* gab, versicherte er dem Korrespondenten, man dürfe ihn nicht mit irgendwelchen Pogromen in Verbindung bringen. Er wolle lediglich «Deutschland für die Deutschen»; seine Partei habe nichts gegen «anständige Juden», aber wenn sich die Juden mit dem Bolschewismus identifizierten – und dazu neigten viele unglücklicherweise –, dann würde er sie als Feinde betrachten.[123] Übrigens brachte Hitler in Artikeln, die um die gleiche Zeit veröffentlicht wurden, seine Überzeugung zum Ausdruck, daß immer wiederkehrende Berichte über die Zunahme des Antisemitismus in der Sowjetunion und Interpretationen des Konflikts zwischen Stalin und Trotzki als Kampf zwischen einem Antisemiten und einem Juden grundlos und absurd seien: «Stalin braucht jedenfalls selbst nicht beschnitten zu sein, seine Mitarbeiter bestehen aber zumindest zu neun Zehnteln aus lauter waschechten Hebräern. Sein Handeln ist die Fortsetzung der restlosen Entwurzelung des russischen Volkes zu dessen vollkommener Unterwerfung unter die Judendiktatur.»[124]

Was immer Hitler über die jüdische Diktatur in der Sowjetunion schreiben mochte, in Deutschland ließen sich einige Leute durch den scheinbaren ideologischen Wandel, der in dem *Times*-Interview zum Ausdruck kam, täuschen. Am 18. Oktober 1930 schrieb Arthur Mahraun, selbst kein Philosemit und der Führer des konservativen Jungdeutschen Ordens, der Jugendbewegung der neugegründeten Deutschen Staatspartei, in der Zeitschrift seiner Organisation: «Adolf Hitler hat auf den Antisemitismus verzichtet – das steht nunmehr unumstößlich fest. Aber offiziell vorerst nur dem Ausland gegenüber, vor allem an die Adresse der Börsenleute der City und Wallstreet. Die nationalsozialistischen Anhänger im Inland jedoch werden weiter mit antisemitischen Phrasen beschwindelt.»[125] Ließ sich Mahraun wirklich durch Hitlers taktische Verlautbarungen in die Irre führen?

Hitlers teilweise Zurückhaltung in dieser Zeit wurde von seinen Untergebenen mehr als wettgemacht.[126] Das schlagendste Beispiel war der neue Berliner Gauleiter Joseph Goebbels mit seinem wöchentlich (später täglich) erscheinenden Blatt *Der Angriff*, einer Zeitung, die ihren Namen gewiß verdiente: Gegen ihre wichtigste Zielscheibe, die Juden, war sie skrupellos und erbarmungslos. Als Symbol für die üblen Machenschaften und den Machtmißbrauch der Juden wählte Goebbels Dr. Bernhard Weiss, den stellvertretenden Präsidenten der Berliner Polizei, den der Gauleiter «Isidor» nannte. Dutzende von Anti-Isidor-Artikeln erschienen vom Mai 1927 (als die Polizei zeitweilig die Nazipartei in Berlin verbot) bis zum Vorabend der Machtergreifung; zusätzliche Schlagkraft erhielten die Artikel durch die Karikaturen Hans Schweitzers (Pseudonym: «Mjölnir»). Ein Band mit den ersten dieser Artikel von Goebbels wurde 1928 zusammen mit den Karikaturen als *Das Buch Isidor* veröffentlicht.[127]

Am 15. April 1929 richtete *Der Angriff* seine Aufmerksamkeit auf den unerklärten Tod eines kleinen Jungen in der Nähe von Bamberg. Goebbels' Blatt erklärte, man könnte wohl aussichtsreich ermitteln, «wenn man sich dazu die Frage vorlegen würde, welche in Deutschland befindliche ‹Religionsgemeinschaft› schon seit Jahrhunderten im Verdachte steht, daß sich in ihren Reihen Fanatiker befinden, die das Blut christlicher Kinder zu rituellen Zwecken gebrauchen».[128] Ein Berliner Gericht wies die gegen den *Angriff* erhobene Verleumdungsklage mit dem Argument ab, die Goebbelssche Zeitung habe nicht behauptet, die jüdische Gemeinschaft als solche unterstütze Mord, und wenn das Wort «Religionsgemeinschaft» in Anführungszeichen gesetzt sei, so bedeute dies lediglich, daß sich der Verfasser des Artikels nicht sicher sei, ob die Juden eine Religionsgemeinschaft seien.[129] In den entscheidenden Monaten, die Hitlers Machtergreifung vorangingen, lief die antijüdische Propaganda der Nationalsozialisten ohne Unterbrechung weiter.[130]

VI

Am 19. November 1930 führte das hebräische Theater Habimah im Würzburger Stadttheater S. Anskis Stück *Der Dybbuk* auf. Eine Gruppe von Nazis in der Menge versuchte erfolglos, die Vorstellung zu unterbrechen. Beim Verlassen des Theaters wurden die vorwiegend jüdischen Zuschauer von den Nazis angegriffen, und mehrere Juden wurden schwer verletzt. Als die Angreifer vor Gericht gestellt wurden, wies der Richter die Anklagen ab und behauptete, die Demonstranten hätten «nicht aus gemeiner, niedriger, verbrecherischer Gesinnung gehandelt».[131] Der Würzburger Bürgermeister erklärte, die Polizei habe nicht eingegriffen, weil sie sicher gewesen sei, daß die Demonstration «lediglich» das Ziel verfolgt habe, eine Vorstellung zu verhindern.[132] Zwar waren tätliche Angriffe dieser Art in den Weimarer Jahren nicht häufig, aber ein pogromähnliches antijüdisches Randalieren, das am 5. November 1923 im Berliner Scheunenviertel begann, dauerte mehrere Tage.[133]

Wenn sich auch keine direkte Linie zwischen diesen Entwicklungen und den Ereignissen nach 1933 ziehen läßt, sind die hier beschriebenen Trends doch Teil eines historisch relevanten Hintergrundes. Trotzdem sollte dieser Blick auf den Antisemitismus nicht zu einer verzerrten Wahrnehmung der deutschen Szene – und insbesondere der Lage der Juden in Deutschland – vor 1933 führen. Der jüdische Einfluß, den die Antisemiten wahrnahmen, war ein Mythos, aber für die große Mehrheit der Juden in Deutschland eröffnete die Weimarer Republik den Weg zu sozialem Fortschritt und sogar zu einer bedeutenderen Rolle im deutschen Leben. Das Anwachsen des Antisemitismus war real, aber real waren auch – zumindest eine Zeitlang – eine kraftvolle Renaissance der jüdischen Kultur in Deutschland[134] und bis zum Einsetzen der Krise in den Jahren 1929–30 eine umfassende Anerkennung der Juden im liberalen und linken Sektor der deutschen Gesellschaft. Auf der Rechten dagegen breitete sich der Antisemitismus immer weiter aus, und in der Schlußphase der Republik erzielte er auch außerhalb der Bereiche der radikalen und selbst der traditionellen Rechten Wirkung.

Keine politische Gruppe teilte die rabiaten antijüdischen Positionen der Nationalsozialisten, aber selbst in den Jahren der Stabilisierung, zwischen 1924 und 1929, waren extreme antisemitische Themen in der politischen Propaganda des nationalistischen Lagers, insbesondere in der der Deutschnationalen Volkspartei (DNVP), deren völkischer Flügel besonders aggressiv war, nichts Ungewöhnliches. Ende 1922 verließen die extremsten antisemitischen Reichstagsabgeordneten der DNVP, Wilhelm Henning, Reinhold Wulle und Albrecht von Gräfe, die Partei, um ihre eigene politische Organisation zu gründen. Doch während der Debatten, die über diese Abspaltung geführt wurden, bekräftigte Oskar Hergt, einer der Führer der DNVP und früherer Finanzminister von Preußen, gleichwohl, daß der Antisemitismus weiterhin eine grundlegende politische Verpflichtung der Partei sei.[135] Für den französischen Journalisten Henri Béraud, der in den dreißiger Jahren selber ein extremer Antisemit werden sollte, schien der Judenhaß der deutschen Rechten völlig außer Kontrolle zu sein. «Wir können uns in Frankreich gar nicht vorstellen», schrieb Béraud 1926 in einem Bericht aus Berlin, «wie der Antisemitismus deutscher Reaktionäre aussehen kann. Er ist weder eine Meinung noch ein Gefühl, noch nicht einmal eine körperliche Reaktion. Er ist eine Leidenschaft, eine richtige Zwangsvorstellung von Süchtigen, die bis zum Verbrechen gehen kann.»[136]

Im Jahre 1924 führte der Bankrott der Brüder Heinrich und Julius Barmat, zweier polnischer Juden, die sich 1918 in Deutschland niedergelassen hatten, zu einer großangelegten antisemitischen und antirepublikanischen Attacke der Rechten. Den Brüdern Barmat wurde vorgeworfen, sie hätten als Gegenleistung für verschiedene finanzielle Zuwendungen an sozialdemokratische Politiker Kredite von der staatlich geförderten Postsparkasse erhalten. Angesichts der politischen Verflechtungen der Affäre gelang es den rechtsgerichteten Parteien, einen Untersuchungsausschuß einzusetzen, was zum Rücktritt mehrerer Minister und Reichstagsabgeordneter sowie zu nachfolgender Anklageerhebung gegen sie führte. Doch die Hauptzielscheibe der rechten Kampagne war Reichspräsident Friedrich Ebert, dem man vorwarf, er habe den Barmats geholfen, eine ständige Aufenthaltsgenehmigung zu erhalten, und er habe sogar in den Jahren unmittelbar nach dem Kriege nebenbei bei ihren Lebensmitteleinfuhr-Transaktionen mitgemischt.[137] Eine ähnliche Situation gab es 1929 in kleinerem Rahmen bei dem Bankrott der Brüder Sklarek.[138] Diesmal war der Bürgermeister von Berlin das Hauptopfer, und die politische Konsequenz war ein Beitrag zum starken Abschneiden der NSDAP bei den örtlichen Wahlen jenes Jahres.[139]

Bald beschränkten die politischen Parteien die Anzahl ihrer jüdischen Reichstagsmitglieder – mit Ausnahme der Sozialdemokraten, die bis ganz zum Schluß auf ihrer Reichstagsliste etwa zehn Prozent Juden behielten. Eine bezeichnende Illustration des Sinneswandels findet sich bei der Kommunistischen Partei Deutschlands: 1924 waren unter den 64 Reichstagsabgeordneten der Partei noch sechs Juden; 1932 war kein einziger mehr übrig.[140] Die Kommunisten zögerten nicht, antisemitische Parolen zu verwenden, wenn sie sich von derartigen Parolen Wirkungen bei potentiellen Wählern erhofften.[141]

Der bedeutsamste politische Ausdruck des allgemeinen Meinungsklimas war die Verwandlung der Deutschen Demokratischen Partei (DDP); sie war oft als die «Judenpartei» bezeichnet worden, weil Juden unter ihren Gründern eine prominente Stellung einnahmen, weil die Zahl der Juden unter ihren Wählern groß war und weil sie zumindest eine Zeitlang Themen aufgriff, die mit den Positionen der «jüdischen Presse» identifiziert wurden.[142] Bei den Wahlen vom Januar 1919 bekam die DDP 18,5 Prozent der Stimmen, was sie zur erfolgreichsten liberalen Mittelschichtpartei machte.[143] Dieser Erfolg war nicht von Dauer. Gustav Stresemanns DVP attackierte die konkurrierende DDP fortwährend als «jüdisch», und infolgedessen ging die DDP kontinuierlich zurück. Innerhalb der Partei selbst übten Persönlichkeiten, die mit der «liberalen» Rechten verbunden waren, offene Kritik an der Identifizierung der Partei mit jüdischen Wählern und jüdischem Einfluß.[144] Im Jahre 1930 verschwand die DDP als solche; an ihre Stelle trat die Deutsche Staatspartei. Die Führung dieser Gruppe bestand meistens aus Protestanten, und einige ihrer Gliederungen wie etwa die Jugendbewegung Jungdeutscher Orden nahmen keine Juden auf. Die Wähler der DDP waren die der Weimarer Republik positiv gegenüberstehenden liberalen Mittelklassen gewesen; der Wandel im Namen und in der Politik der Partei

3. Der Erlösungsantisemitismus

spiegelte wider, was man in diesen liberalen Kreisen der Mittelklasse als wahltaktisch nützliche Einstellung zum «jüdischen Problem» sah. Doch weder die «Entjudung», wie sie die Staatspartei vertrat, noch die Feindseligkeit der DVP nutzte diesen Parteien das geringste. Während die DDP bei den Wahlen von 1928 25 Sitze errang und die DVP 45, und während die DDP bei den Wahlen von 1930 immer noch 20 Sitze bekam und die DVP 30, schrumpfte die DDP bei den Wahlen vom Juli 1932 auf vier Sitze und die DVP auf sieben.[145] Der Niedergang der liberalen Parteien in der Weimarer Republik ist gründlich analysiert worden, und man hat den ihr zugrundeliegenden sozialen Wandel genau bestimmt.[146] Im Hinblick auf die sich verändernde Lage der Juden in Deutschland bedeutete er, daß ihre wichtigste politische Basis (sieht man von den Sozialdemokraten ab) einfach verschwunden war.

Der «verderbliche» Einfluß von Juden auf die deutsche Kultur war das meistverbreitete Thema des Antisemitismus von Weimar. Auf diesem Terrain trafen sich die konservative deutsche Bourgeoisie, die traditionelle akademische Welt, die Mehrheitsmeinung in der Provinz – kurz, alle diejenigen, welche «deutsch fühlten» – mit den radikaleren Antisemiten.

Die Rolle von Juden in der Kultur der Weimarer Zeit – in der modernen deutschen Kultur überhaupt – ist sehr eingehend diskutiert worden; und wie wir sahen, beschäftigte dieses Thema nicht nur Antisemiten, vielmehr stellte es häufig auch eine Quelle des Nachdenkens für Juden selbst, zumindest für einige von ihnen, dar. In seinem ersten Buch über dieses Thema hat der Historiker Peter Gay gezeigt, welche Rolle der frühere «Außenseiter» (hauptsächlich der Jude) in der deutschen Kultur der zwanziger Jahre gespielt hat;[147] später kehrte er seine Position um und vertrat die Ansicht, objektiv gebe es nichts, was jüdische von nichtjüdischen Beiträgen zur deutschen Kultur unterschieden habe, und soweit es insbesondere um den deutschen Modernismus gehe, seien die Juden weder mehr noch weniger «modern» als ihre deutsche Umgebung gewesen.[148]

Ein derartiges Herunterspielen der jüdischen Dimension könnte durchaus einen Teil des Kontextes verfehlen, der den antisemitischen Schwadroneuren der zwanziger Jahre ihre Munition lieferte.[149] Die Situation, die beispielsweise Istvan Deak in seiner Untersuchung über die Linksintellektuellen von Weimar beschreibt, scheint der Realität und ebenso dem, was die allgemeine Wahrnehmung war, näher zu kommen. Nach einem Überblick über den beherrschenden Einfluß von Juden in der Presse, im Verlagswesen, beim Theater und beim Film wendet sich Deak der Kunst und der Literatur zu: «Viele von Deutschlands besten Komponisten, Musikern, Malern, Bildhauern und Architekten waren Juden. Ihr Anteil an der Literaturkritik und an der Literatur war enorm: praktisch alle großen Kritiker und viele Romanciers, Lyriker, Dramatiker und Essayisten in der Weimarer Republik waren Juden. Eine neuere amerikanische Untersuchung hat gezeigt, daß von den 65 führenden deutschen ‹Expressionisten› und ‹Neo-Objektivisten› 31 Juden waren.»[150] Deaks Darstellung erfordert ihrerseits eine gewisse Differenzierung, denn schließlich wurde die kulturelle Szene in den zwanziger Jahren von solchen Gestalten wie Thomas Mann, Gerhart Hauptmann, Bertolt Brecht, Richard Strauss und Walter Gropius beherrscht; aber zweifellos wurde im Bewußtsein des Mittelschichtpublikums, ob von der extremen oder der gemäßigten Rechten, alles «Gewagte», «Moderne» oder «Schockierende» mit den Juden identifiziert. Als daher im Dezember 1919 kurz nach dem Tode des (nichtjüdischen) Frank Wedekind sein «sexuell freizügiges» Stück *Schloß Wetterstein* in München aufgeführt wurde, zögerte die politische Rechte nicht, es als jüdischen Schund zu bezeichnen. Die Polizei warnte, die Aufführung des Stückes würde zu einem Pogrom führen,[151] und tatsächlich wurden bei der letzten Vorstellung im Publikum Juden und Menschen, die «jüdisch aussahen», zusammengeschlagen.[152] In einem Polizeibericht heißt es dazu: «Man kann ohne weiteres verstehen, daß ein Deutscher, der noch einigermaßen deutsch fühlt und der nicht moralisch und sittlich verdorben ist, die öffentliche Darbietung von Stücken Wedekinds mit größtem Abscheu betrachtet.»[153] Jüdische Autoren und Künstler waren vielleicht keine extremeren Modernisten als ihre nichtjüdischen Kollegen, aber der Modernismus als solcher gedieh in einer Kultur, in der die Juden eine zentrale Rolle spielten. Für diejenigen, die den Modernismus als Ablehnung aller geheiligten Werte und Normen betrachteten, waren die Juden die Träger einer massiven Bedrohung.

Bedrohlicher als kulturelle Modernität war jedoch die linksgerichtete Kultur in all ihren Aspekten. Nur wenige Monate nach Kriegsende waren jüdische Revolutionäre leicht zu findende Zielscheiben der Konterrevolution. Nach der Ermordung Rathenaus spielte (mit Ausnahme des sozialdemokratischen Finanzministers Rudolf Hilferding) kein Jude mehr eine nennenswerte Rolle in der Weimarer Politik. Andererseits waren linke politische, soziale und kulturelle Kritik und Innovation häufig «jüdisch». «Wenn kulturelle Beiträge von Juden in einem groben Mißverhältnis zu ihrer numerischen Stärke standen», schreibt Deak, «dann war ihre Beteiligung an linksintellektuellen Aktivitäten noch überproportionaler. Sieht man von der orthodoxen kommunistischen Literatur ab, in der es eine Mehrheit von Nichtjuden gab, dann waren die Juden für einen großen Teil der linken Literatur in Deutschland verantwortlich. Die *Weltbühne* war in dieser Hinsicht nicht einzigartig; in den anderen linksintellektuellen Magazinen waren Juden die

Verleger, Herausgeber und zu einem großen Teil Autoren. Juden spielten eine entscheidende Rolle in der Friedensbewegung und in der Frauenbewegung sowie in den Kampagnen für sexuelle Aufklärung.»[154]

Die Polemik über die Rolle der Juden in der Kulturszene tobte und wurde um so bösartiger, je mehr die NS-Bewegung an Stärke zunahm und je näher die Republik ihrem Ende kam. Eines der extremsten Foren der Rechten war der 1928 gegründete Kampfbund für deutsche Kultur des Nazi-Ideologen Alfred Rosenberg; er gewann weitreichenden Einfluß, indem er seine Reihen einer Vielzahl von antirepublikanischen, antilinken und antijüdischen Elementen öffnete – von Mitgliedern des Bayreuther Kreises bis zu konservativen Katholiken wie Othmar Spann, von fanatischen antisemitischen Literaturspezialisten wie Adolf Bartels bis zu Alfred Heuss, dem Herausgeber der *Zeitschrift für Musik*. Manchmal aber fanden die Debatten in neutralerem Rahmen statt oder wurden sogar von jüdischen Organisationen initiiert. So lud 1930 Max Naumanns Verband Nationaldeutscher Juden den rechtsgerichteten Literaturkritiker Paul Fechter zu einem Vortrag über «Die Kunstszene und die Judenfrage» ein. Fechter nahm kein Blatt vor den Mund. Er warnte seine Zuhörer, der Antigermanismus linker jüdischer Intellektueller sei eine wesentliche Quelle des zunehmenden Antisemitismus, und die Deutschen würden eine Fortdauer dieses Zustandes nicht lange dulden. Nationale Juden und nationale Deutsche, so meinte Fechter, sollten gemeinsam handeln, um solchen antinationalen jüdischen intellektuellen Attacken entgegenzutreten. Mehr auf Umwegen machte er Andeutungen über die übermäßige Präsenz von Juden in deutscher Kunst, deutscher Literatur und deutschem Theater. Auch dies ließ sich, obwohl das nicht ausgesprochen wurde, als eine Quelle zunehmender antijüdischer Gefühle verstehen: «Ich fühle mich ... verpflichtet, es auszusprechen», erklärte Fechter, «daß eine Menge von deutschen Autoren, Malern, Dramatikern heute mit dem Gefühl herumgeht, daß für das Deutsche auf den deutschen Bühnen, dem deutschen Buchmarkt, in dem deutschen Kunsthandel, wenn überhaupt, viel schwerer Platz zu finden ist als für anderes.»[155]

Fechters Vortrag wurde 1931 in der Januarausgabe von Rudolf Pechels *Deutscher Rundschau* mit folgendem Kommentar des Herausgebers veröffentlicht: «Wir geben [den Vortrag] hier wieder, weil er eine der Quellen für das schon damals fühlbare, gefährliche Anwachsen des Antisemitismus, das die zweite Hälfte dieses Jahres 1930 dann offen erwiesen hat, aufzeigte und Wege andeutete, auf denen man dieser Gefahr allein vielleicht noch begegnen kann.»[156] Es folgte eine erbitterte Auseinandersetzung. In diesem Kontext richtete der Romancier Jakob Wassermann, dessen autobiographischer Essay *Mein Weg als Deutscher und*

Jude möglicherweise der stärkste Ausdruck der Qual war, die deutsche Juden angesichts der anschwellenden Flut des Antisemitismus empfanden, an Rudolf Pechel die Frage: «Helfen Wohlverhaltungsmaßregeln gegen ‹Juda verrecke›?»[157]

Einer der bemerkenswertesten jüdischen Beiträge zu der Debatte war der von Arthur Prinz, der 1931 in der Aprilausgabe der Zeitschrift unter dem Titel «Zur Entgiftung der Judenfrage» erschien. Im Anschluß an die Frage, warum radikale jüdische Journalisten und Literaten in Deutschland eine derart heftige antisemitische Wut provozieren konnten, wagte Prinz eine Antwort, die tief in die Beziehungen zwischen Deutschen und Juden eindrang: «Diese Sorte Journalismus und Literatur wären unmöglich ohne den tiefen alten Mangel an gesundem Staats- und Nationalgefühl in Deutschland, der nach dem unglücklichen Ausgang des Krieges verhängnisvoll zu werden droht und durch den übersteigerten Nationalismus der äußersten Rechten gewiß nicht ‹kompensiert› wird. Die Agitation entwurzelter deutscher Juden ist Gift in einem dafür ganz besonders disponierten Körper, und eben dies ist ein Hauptgrund des maßlosen Judenhasses.»[158]

Betrachtet man die weiteren Bereiche der deutschen Gesellschaft in der Phase, in der sie auf den politischen Wendepunkt des Jahres 1933 zusteuerte, dann gibt es kein Verfahren, die Stärke ihrer antijüdischen Einstellungen klar abzuschätzen. Beispielsweise fand der Jüdische Frauenbund seine Verbündeten in dem viel größeren Bund Deutscher Frauenvereine (BDF) bei ihrem gemeinsamen Kampf um feministische Fragen, aber jeder Hinweis auf jüdische Identität war für die deutsche Frauenorganisation nicht akzeptabler als für die umgebende Gesellschaft. Wie es eine Historikerin formuliert, die sich mit dem BDF beschäftigt hat, reichten die Einstellungen in diesem Bund «von liberaler Ungeduld mit jüdischer Eigenart bis hin zu verdecktem oder offenem Antisemitismus».[159] Und was den Charakter dieses Antisemitismus angeht, so ist eine seiner nuanciertesten Bewertungen immer noch die plausibelste: «Gängiger und verbreiteter als regelrechter Haß auf die Juden oder Sympathie für sie war ... ein gemäßigter Antisemitismus, jenes unbestimmte Gefühl des Unbehagens angesichts von Juden, das nicht annähernd so weit ging, ihnen schaden zu wollen, das aber dazu beigetragen haben mag, etwaige Aversionen, welche die Deutschen sonst gegen die Nazis hätten empfinden können, zu neutralisieren.»[160]

Anfang August 1932 verhandelte Hitler mit dem Erzintriganten General Kurt von Schleicher, der damals noch ein enger Vertrauter von Reichspräsident Hindenburg war und zu diesem Zeitpunkt noch nicht als kurzzeitiger letzter Reichskanzler der Weimarer Republik (November 1932–30. Januar 1933) amtierte, über die Bedingungen für seine Ernennung zum Reichskanzler. Am 10. dieses Monats brachen in der Kleinstadt Potempa in Oberschlesien fünf SA-Männer bei Konrad Pieczuch, einem prokommunistischen Arbeiter, ein und trampelten ihn zu Tode. «Eine derartige Brutalität legte dem Weg der Nazis an die Macht erneut ein ernsthaftes Hindernis in den Weg.»[161] Hitler hatte anscheinend geglaubt, ihm würde jetzt die höchste Stellung angetragen werden; was Hindenburg vorschlug, als sie schließlich zusammentrafen, war nicht mehr als das Vizekanzleramt. Die Begegnung war kühl verlaufen, und im offiziellen Kommuniqué war der NS-Führer abschätzig behandelt worden. Hitler war zutiefst gedemütigt und wütend. Genau zu diesem Zeitpunkt, am 22. August, verurteilte das Gericht in Beuthen die fünf SA-Männer zum Tode. Die Verkündung des Urteils führte zu tumultuarischen Szenen im Gerichtssaal; draußen wurden jüdische und «sozialistische» Läden angegriffen. Hitler reagierte mit einem Wutausbruch. Er telegraphierte an die verurteilten Mörder: «Meine Kameraden! Angesichts dieses ungeheuerlichsten Bluturteils fühle ich mich mit Euch in unbegrenzter Treue verbunden. Euere Freiheit ist von diesem Augenblick an eine Frage unserer Ehre, der Kampf gegen eine Regierung, unter der dieses möglich war, unsere Pflicht.»[162]

«Die Juden sind schuld», donnerte Goebbels im *Angriff*: «Die Juden sind schuld, die Strafe naht. ... Es wird die Stunde kommen, da der Staatsanwalt andere Aufgaben zu erfüllen hat, als die Verräter am Volk vor der Wut des Volkes zu beschützen. Vergeßt es nie, Kameraden! Sagt es euch hundertmal am Tage vor, so daß es euch bis in eure tiefsten Träume verfolgt: Die Juden sind schuld! Und sie werden dem Strafgericht, das sie verdienen, nicht entgehen.»[163]

In einem Augenblick totaler Frustration hatte Hitler seine sorgsam aufgebaute Fassade der Respektabilität aufgegeben und einer erbarmungslosen und mörderischen Wut freien Lauf gelassen. Dennoch sprach er sich in diesen selben Wochen im Sommer und Herbst 1932 weiterhin gegen die Anwendung von Gewalt zum Sturz des Regimes aus, und er verhandelte und lavierte weiter, um sein Ziel zu erreichen.[164] Was hier mit unheimlicher Klarheit zum Vorschein kommt, ist eine Persönlichkeit, in der kalte Berechnung und blinde Wut koexistierten und nahezu gleichzeitig Ausdruck finden konnten. Fügt man ein drittes Ingredienz – Hitlers ideologischen Fanatismus – hinzu, dann ergibt sich die Möglichkeit eines Einblicks in das psychologische Gefüge, das zu den entscheidensten Entschlüssen des NS-Führers führte, auch im Hinblick auf die Juden.

Ideologischer Fanatismus und pragmatische Berechnung standen bei Hitlers Entscheidungen ständig in Wechselwirkung zueinander. Die ideologische Obsession war unerschütterlich, aber taktische Erwägungen waren nicht weniger zwingend. Manchmal jedoch brach sich – von einem Hindernis, einer Bedrohung, einer Niederlage ausgelöst – das dritte Element, die ungezügelte Wut, Bahn und fegte alle praktischen Erwägungen beiseite. Dann explodierte, von der Gewalt des ideologischen Fanatismus gespeist, der mörderische Zorn in einem grenzenlosen Drang nach Zerstörung und Tod.

4.

Das neue Ghetto

I

«Zelle 6: ca. 5 m hoch, Fenster ca. 40 × 70 cm in 4 Meter Höhe, dadurch Eindruck eines Kellerraumes. ... Holzpritsche mit Strohsack und 2 Dekken, Holzschemel, Wasserkanne, Schüssel, Seife, Handtuch. Kein Spiegel, keine Zahnbürste, kein Kamm, keine Bürste, kein Tisch, kein Buch vom 12. Januar [1935] bis zu meinem Weggang am 18. September; keine Zeitung vom 12. Januar bis 17. August; kein Bad und keine Brause vom 12. Januar bis 10. August; kein Verlassen der Zelle, abgesehen von Verhören, vom 12. Januar bis 1. Juli. Arrest in dunkler Zelle vom 16. April bis 1. Mai, dann vom 15. Mai bis 27. August, also 119 Tage.»[1]

Dies schrieb der Würzburger Weinhändler Leopold Obermayer über seine erste Haftzeit in Dachau in einem siebzehnseitigen Bericht vom 10. Oktober 1935, den er an seinen Rechtsanwalt hinausschmuggeln konnte. Das Schriftstück wurde von der Gestapo beschlagnahmt und nach dem Kriege in deren Würzburger Akten gefunden. Obermayer hatte als Jurist in Frankfurt promoviert; er war praktizierender Jude und Schweizer Bürger. Am 29. Oktober 1934 hatte er sich bei der Würzburger Polizei darüber beklagt, daß seine Post geöffnet wurde. Zwei Tage später wurde er, nachdem man ihn auf das Polizeipräsidium vorgeladen hatte, verhaftet. Von da an wurde er zu einem besonderen Fall für den örtlichen Gestapochef Josef Gerum, einen «alten Nazikämpfer», der selbst unter seinen Kollegen einen schlechten Ruf hatte. Gerum warf Obermayer vor, er verbreite Anschuldigungen gegen das neue Regime. Kurz darauf fand man in Obermayers Bankschließfach Nacktfotos von seinen Liebhabern. Ein Jude und dazu ein Homosexueller: das war für Gerum allerdings ein lohnender Fang.

In seinem Bericht kommt Obermayer viele Male auf den grenzenlosen Haß zu sprechen, den seine Peiniger auf die Juden hatten; sie versicherten ihm, er werde niemals freigelassen werden, und versuchten, ihn zum Selbstmord zu treiben. Warum brachten sie ihn nicht um? In ihrer Darstellung von Obermayers Geschichte geben Martin Broszat und Elke Fröhlich dafür keine eindeutige Erklärung; es sieht jedoch so aus, als sei die Ermordung eines Schweizer Bürgers, auch wenn er Jude war, im Jahre 1935 noch nicht leichthin vollzogen worden, um so mehr, als das

Schweizer Konsulat in München und später die Gesandtschaft in Berlin von der Inhaftierung Obermayers wußten; insbesondere das Justizministerium war wegen der Möglichkeit einer schweizerischen Intervention besorgt.[2]

Beim Verhör wurde Obermayer dazu gedrängt, Einzelheiten über seine Liebhaber preiszugeben; er weigerte sich und wurde zusammengeschlagen. Am 15. Mai, als er erneut zum Verhör ins Büro des Lagerkommandanten geführt wurde, fragte er einen SS-Mann namens Lang, der eben gerade damit gedroht hatte, ihn zu erschießen, ob er denn gar kein Gefühl hätte. Lang antwortete, nein, für Juden hätte er keines. Obermayer beschwerte sich beim Kommandanten, SS-Oberführer Deubel, über seine Behandlung. «Da sagte der SS-Truppführer, der am Fenster stand: ‹Sie sind ja auch kein Mensch, sondern ein Tier!› Ich sagte resp. begann den Satz: ‹Auch Friedrich der Große ...› Bevor ich noch weitersprechen konnte, bekam ich von diesem Truppführer einen Faustschlag ins Gesicht, daß mein mittlerer Zahn im Oberkiefer sich lockerte und ich aus Mund und Nase zu bluten anfing. Auch Lang schlug wieder auf mich ein. Der Truppführer: ‹Sie Judenschwein, wollen sich mit Friedrich dem Großen vergleichen!›» Die weitere Vergeltung folgte auf dem Fuße: unbeleuchtete Zelle, kein Strohsack auf der Holzpritsche, die Arme hinter dem Rücken zusammengebunden, die Handschellen bis zu 36 Stunden nicht geöffnet, so daß Obermayer, wie er schrieb, sein Bedürfnis in der Hose verrichten mußte.[3]

Mitte September 1935 wurde Obermayer von Dachau in ein gewöhnliches Gefängnis in Ochsenfurt verlegt, wo ein gerichtliches Verhör stattfinden sollte. In der Zwischenzeit war Obermayers Rechtsanwalt Rosenthal, ein Jude, ebenfalls verhaftet worden, und in seinem Haus fand Gerum den belastenden Bericht über Obermayers Haftbedingungen in Dachau. Rosenthal wurde freigelassen und verließ später Deutschland: Seine Frau hatte Selbstmord begangen. Das Gericht in Ochsenfurt behielt Obermayer nicht lange. Auf Gerums Drängen wurde der jüdische Homosexuelle am 12. Oktober 1935 wieder nach Dachau gebracht.[4] Obermayer wird uns im folgenden noch begegnen.

Zu dieser Zeit erlebten Deutschland und die Welt eine dramatische Konsolidierung der Macht Hitlers im Inland und auf internationaler Ebene. Die Ermordung von Ernst Röhm und anderen SA-Führern im Juni 1934, in der berüchtigten Nacht der langen Messer, beseitigte selbst die entfernteste Möglichkeit einer alternativen Machtbasis innerhalb der Partei. Unmittelbar nach Hindenburgs Tod machte die Ernennung Hitlers zum Führer und Reichskanzler ihn zur einzigen Quelle der Legitimität in Deutschland. 1935 erreichte Hitlers Popularität neue Höhen: Am 13. Januar stimmte eine überwältigende Mehrheit der Saarbevölkerung für

4. Das neue Ghetto

die Rückkehr des Gebietes ins Reich. Am 16. März wurden die allgemeine Wehrpflicht und die Gründung der Wehrmacht verkündet. Keine fremde Macht wagte es, auf diese massiven Brüche des Versailler Vertrages zu reagieren; die gemeinsame Front gegen Deutschland, die Großbritannien, Frankreich und Italien im April 1935 in Stresa gebildet hatten, um die Unabhängigkeit Österreichs gegen jeden Annexionsversuch Deutschlands zu verteidigen und den Status quo in Europa zu bewahren, war schon im Juni zerbröckelt, als die Briten ein separates Flottenabkommen mit Deutschland unterzeichneten. Am 17. März dieses Jahres war Hitler in München gewesen, und ein Bericht für die illegale Sozialdemokratische Partei fing die allgemein herrschende Stimmung lebendig ein:

«Begeisterung am 17. März ungeheuer. Ganz München war auf den Beinen. Man kann ein Volk zwingen zu singen, aber man kann es nicht zwingen, mit solcher Begeisterung zu singen. Ich habe die Tage von 1914 miterlebt und kann nur sagen, die Kriegserklärung hatte auf mich nicht den Eindruck gemacht wie der Empfang Hitlers am 17. März. ... Das Vertrauen in politisches Talent und ehrlichen Willen Hitlers wird immer größer, wie überhaupt Hitler wieder im Volk außerordentlich an Boden gewonnen hat. Er wird von vielen geliebt.»[5]

Zwischen 1933 und 1936 wurde so etwas wie eine Balance zwischen dem revolutionär-charismatischen Impuls des Nazismus und den autoritär-konservativen Tendenzen des deutschen Staates vor 1933 gewahrt: «Die Verbindung des autoritären Regierungssystems mit der Massenbewegung des Nationalsozialismus schien trotz zahlreicher Friktionen in wesentlichen Punkten geglückt, damit aber auch die Unzulänglichkeit des obrigkeitsstaatlichen Systems überwunden», schrieb Martin Broszat.[6] In diesem zeitweiligen Bündnis war Hitlers Rolle entscheidend. Für die traditionellen Eliten wurde der neue «Glaube an den Führer» mit der Autorität des Monarchen in Verbindung gebracht. Grundlegende Elemente des kaiserlichen Staates und des nationalsozialistischen Regimes wurden in der Person des neuen Führers verknüpft.[7]

Ein derartiger «Glaube an den Führer» führte auf seiten der Gliederungen von Staat und Partei ganz von selbst zu einem Drang nach Aktion in Übereinstimmung mit den von Hitler erlassenen allgemeinen Richtlinien, ohne daß es ständig spezifischer Befehle von ihm bedurfte. Die Dynamik dieser Interaktion zwischen Basis und Spitze wurde, wie der britische Historiker Ian Kershaw ausgeführt hat, «in den Empfindungen einer routinemäßigen Rede eines Nazifunktionärs aus dem Jahre 1934 geschickt eingefangen»:

«‹Jeder, der Gelegenheit gehabt hat, es zu beobachten, weiß, daß der Führer kaum von oben alles diktieren kann, was er früher oder später zu verwirklichen gedenkt. Im Gegenteil, bisher hat jeder, der im neuen

Deutschland einen Posten hat, am besten gearbeitet, wenn er sozusagen dem Führer zugearbeitet hat. Sehr oft und in vielen Bereichen ist es – auch schon in früheren Jahren – so gewesen, daß Einzelne einfach auf Befehle und Anweisungen gewartet haben. Unglücklicherweise wird dasselbe auch in Zukunft gelten; doch tatsächlich ist es die Pflicht jedes einzelnen, daß er dem Führer in der Weise, die dieser sich wünschen würde, zuzuarbeiten versucht. Jeder, der Fehler macht, wird das bald genug merken. Doch wer wirklich dem Führer nach seinen Richtlinien und auf sein Ziel hin zuarbeitet, wird gewiß sowohl jetzt als auch in Zukunft eines Tages den schönsten Lohn in Gestalt der plötzlichen juristischen Bestätigung seiner Arbeit empfangen.»»[8]

So glaubte die Mehrheit einer Gesellschaft, die sich eben gerade aus Jahren der Krise herausarbeitete, daß das neue Regime Lösungen böte, die auf unterschiedliche, aber miteinander verknüpfte Weise Antworten auf die Ambitionen, die Ressentiments und Interessen ihrer verschiedenen Sektoren geben würden. Dieser Glaube überlebte die Schwierigkeiten der Frühphase (wie etwa die immer noch schleppend funktionierende Wirtschaft) auf Grund eines neuen Zielbewußtseins, einer Reihe von Erfolgen auf der internationalen Bühne und vor allem eines unerschütterlichen Glaubens an den Führer. Als eine seiner Folgeerscheinungen brachte jedoch eben dieser Glaube eine weitverbreitete Zustimmung, ob passiv oder nicht, zu den Maßnahmen gegen die Juden mit sich: Mitgefühl mit den Juden hätte ein gewisses Mißtrauen gegen die Richtigkeit von Hitlers Weg bedeutet, und viele Deutsche hatten sich mit ihren individuellen und kollektiven Prioritäten in dieser Hinsicht endgültig festgelegt. Dasselbe gilt im Hinblick auf den anderen zentralen Mythos des Regimes, den der Volksgemeinschaft. Die Volksgemeinschaft schloß die Juden ausdrücklich aus. Zur Volksgemeinschaft zu gehören hieß, die Ausschließungen anzuerkennen, die sie verfügte. Mit anderen Worten, eine Treue zu «positiven» Dogmen des Regimes, zu mobilisierenden Mythen wie dem Mythos vom Führer und dem von der Volksgemeinschaft genügte, um explizite Einwände gegen antijüdische Maßnahmen (und andere Verfolgungsaktivitäten des Regimes) zu untergraben. Doch wie wir sehen werden, gab es trotz dieser allgemeinen Trends Abstufungen in den Einstellungen der deutschen Gesellschaft zu den «Außenseitern» in ihrer Mitte.

Hitlers taktische Mäßigung bei jeder Frage, die negative wirtschaftliche Konsequenzen haben konnte, zeigt seine bewußte Orientierung an den konservativen Verbündeten. Wenn es aber um symbolische Äußerungen von antijüdischem Haß ging, ließ sich der NS-Führer nur mit Mühe zurückhalten. Im April 1935 erkundigte sich Martin Bormann, damals Stabschef von Rudolf Heß, ob Hitler den Wunsch hätte, die antijüdischen Plakate zu beseitigen, die überall im Reich aus dem Boden schossen. Hitlers Adjutant Fritz Wiedemann teilte Bormann mit, der Führer sei dagegen, sie zu beseitigen.[9] Bald kam die Sache wieder auf den Tisch, als sich Oswald Leewald, der Präsident des Deutschen Olympischen Komitees, darüber beklagte, daß diese Schilder an solchen großen olympischen Stätten wie Garmisch-Partenkirchen zu fortwährender antijüdischer Agitation beitrügen. Von den Olympischen Spielen wird später noch die Rede sein, aber im Hinblick auf die antijüdischen Bekanntmachungen weigerte sich Hitler zunächst, gegen die Initiativen der örtlichen Parteichefs vorzugehen; erst als ihm gesagt wurde, daß sie der Winterolympiade schweren Schaden zufügen könnten, gab er doch den Befehl, die anstößigen Schilder zu entfernen.[10] Schließlich wurde eine umfassende Kompromißlösung gefunden. Am 11. Juni 1935 ordnete das Propagandaministerium an, angesichts der bevorstehenden Olympiade sollten Schilder wie die mit der Aufschrift «Juden unerwünscht» stillschweigend von Hauptstraßen entfernt werden.[11] Das war vielleicht zu viel verlangt, denn wenige Tage vor dem Beginn der Winterolympiade erließ das Büro von Heß die folgende Verfügung: «Um bei Besuchern aus dem Ausland einen schlechten Eindruck zu verhindern, sollen Schilder mit extremem Inhalt abgenommen werden; es genügen Schilder wie: ‹Juden sind hier unerwünscht›.»[12]

II

Am 1. Januar 1935 erhielt Hugo Loewenstein, ein jüdischer Kaufmann aus Tübingen, «im Namen des Führers und Reichskanzlers» eine Medaille für seinen Dienst im Ersten Weltkrieg.[13] Dieselbe Auszeichnung wurde Ludwig Tannhauser, einem jüdischen Geschäftsmann aus Stuttgart, noch am 1. August 1935 verliehen.[14] Doch fast anderthalb Jahre zuvor, am 28. Februar 1934, hatte Reichswehrminister Werner von Blomberg angeordnet, daß der Arierparagraph auf das Militär anzuwenden sei.[15] Als im März 1935 die Wehrmacht gegründet wurde, richteten «nationale» Juden Eingaben an Hitler, um das Recht zu erhalten, in den neuen Streitkräften zu dienen.[16] Es nützte nichts: Am 21. Mai wurde Juden der Militärdienst offiziell verboten.[17] «Mischlingen ersten und zweiten Grades» (diese Kategorien waren im Reichswehrministerium schon vor den Nürnberger Gesetzen in Gebrauch gewesen) konnte es jedoch gestattet werden, im Sinne einer individuellen Ausnahme in den Streitkräften zu dienen.[18]

Früher hatte die Armee versucht, jüdischen Offizieren, die entlassen wurden, zu helfen. Am 16. Mai 1934 hatte sich ein Mitglied des Stabes der Reichswehr an einen chinesischen Diplomaten in Berlin gewandt und ihm den Vorschlag unterbreitet, die chinesische Armee möge Stellen für einige der jüngeren jüdischen Reichswehroffiziere finden. Legationssekretär Tan brachte sein persönliches Interesse an der Idee zum Ausdruck, war aber skeptisch, was die Durchführung anging: Funktionäre der NSDAP hatten bereits Fühlung mit der chinesischen Regierung aufgenommen, um sie von der Einstellung deutsch-jüdischer Offiziere mit der Begründung abzubringen, Juden seien für das deutsche Volk nicht repräsentativ und das Deutsche Reich werde daher von ihrem Wirken im Ausland keinen Nutzen haben.[19]

Goebbels konnte hinter dem Militär nicht weit zurückstehen. Weniger als einen Monat nach Blombergs Anordnung, am 24. März 1934, verkündete der Propagandaminister, prinzipiell würden alle Juden von der Mitgliedschaft in der Reichskulturkammer ausgeschlossen werden. Die Vorbereitungen begannen sofort, und Anfang 1935 wurde mit der Entlassung der verbliebenen jüdischen Mitglieder der verschiedenen Einzelkammern begonnen.[20] Am 15. November 1935 auf der Jahrestagung in Berlin konnte Goebbels – wie man sehen wird, etwas verfrüht – verkünden, die Reichskulturkammer sei jetzt «judenfrei».[21]

Die Erbarmungslosigkeit der Bemühungen zur Ausgrenzung der Juden war unverkennbar. Ideologisch gesehen war die entscheidendste Sphäre die der physischen – d. h. biologischen – Absonderung; lange vor der Nürnberger Gesetzgebung wurden Mischehen und sexuelle Beziehungen zwischen Deutschen und Juden zur Zielscheibe unablässiger, häufig gewaltsamer Angriffe durch die Partei. An der Spitze dieser Kampagne stand die Parteipresse, und der Strom antijüdischer Beschimpfungen, den ein Blatt wie Streichers *Stürmer* verbreitete, blieb nicht ohne Wirkung. Andererseits standen jedoch im Widerspruch zur Hauptstoßrichtung der Parteiagitation einige Bevölkerungsgruppen nicht nur der antijüdischen Gewalttätigkeit ablehnend gegenüber und zögerten, ihre wirtschaftlichen Beziehungen zu Juden zu lösen, sondern sie zeigten bisweilen sogar Mitgefühl mit den Opfern. Abgesehen von derartigem Zögern, die Juden vollkommen abzusondern, stieß die «Säuberung» verschiedener Bereiche des deutschen Lebens von jeder Spur von jüdischer Präsenz auf unzählige andere Schwierigkeiten. So verblieben in dieser Frühphase des Regimes Juden auf die eine oder andere Weise immer noch in verschiedenen Bereichen des deutschen Lebens, auch wenn sich ihre Lage infolge der Parteiagitation im Frühjahr und Sommer 1935 verschlechterte.

Der Begriff Rasse als solcher, definiert als eine Reihe gemeinsamer physischer und seelischer Merkmale, die innerhalb einer Gruppe durch die Kraft der Tradition oder sogar auf irgendeine biologische Weise weitergetragen werden, war von Juden selbst verwendet worden, angefangen von Moses Hess bis hin zu Martin Buber, insbesondere in Bubers 1911 gehaltenen Prager Vorträgen, die als *Drei Reden über das Judentum* veröffentlicht wurden. Dieser Begriff war im Nachkriegsdeutschland nicht verschwunden. So betonte Ludwig Holländer, der Direktor des Central-Vereins, im Februar 1928 in einer Rede über die Probleme, vor denen die deutschen Juden standen, die Juden seien infolge ihrer gemeinsamen Abstammung seit biblischen Zeiten eine Rasse gewesen, äußerte dann freilich Zweifel, ob sich der Rassenbegriff auf den modernen Juden anwenden lasse, und fuhr dennoch fort: «Die Herkunft bleibt, d. h. die rassischen Merkmale sind immer noch vorhanden, wenn auch durch die Jahrhunderte abgeschwächt; sie sind in äußeren wie in seelischen Zügen vorhanden.»[22] 1932 kam es zu einer heftigen innerjüdischen Kontroverse um die Veröffentlichung eines Büchleins des zionistischen Autors Gustav Krojanker mit dem Titel *Zum Problem des neuen deutschen Nationalismus*. Nach Krojankers Ansicht sollte die zionistische Revolte gegen den Liberalismus, die auf einen Willen reagierte, der von den Geboten des Blutes geweckt worden war, ein tiefes Verständnis für die politischen Entwicklungen in Deutschland ermöglichen.[23]

Solche recht extremen Positionen waren die einer kleinen Minderheit, aber sie zeigen den Einfluß des völkischen Denkens auf einige deutsche Juden.[24] Hier und da plädierten einige jüdische Stimmen sogar für «Rasseneinheit des jüdischen Stammes» und für Untersuchungen nach den Regeln der «Rassenforschung» zur Gewinnung von umfassenderen und genaueren Informationen über «das Ausmaß der Vermischung zwischen Juden und Christen [sic], also zwischen Angehörigen der semitischen und der arischen Rasse».[25] Doch in diesen verschiedenen Aussagen schwang weder der Gedanke einer auf biologischen Kriterien beruhenden rassischen Hierarchie noch der eines Kampfes zwischen Rassen mit.

Es sieht so aus, als habe es jedenfalls zunächst in der Partei einen weitverbreiteten Glauben gegeben, daß es möglich sein werde, wissenschaftliche Rassenkriterien zur Identifizierung des Juden zu entdecken. So machte Wilhelm Frick in einem Brief vom 1. September 1933 an den badischen Innenminister (mit Durchschrift an alle zuständigen Behörden im Reich) deutlich, daß für die Identifizierung des Nichtariers nicht die Religion der Eltern oder Großeltern maßgeblich war, sondern «die Abstammung, die Rasse, das Blut». Das bedeutete, daß sich, selbst wenn die religiöse Zugehörigkeit der Eltern oder Großeltern nicht jüdisch war, ein anderes Kriterium finden ließ.[26] Dies war die Denkrichtung, die den Jenaer Rassenanthropologen Hans F. K. Günther bei seinem Versuch leitete, verschiedene äußerliche physische Merkmale des Juden zu identifizieren, wie sie auch seinen Leipziger Kollegen Paul Reche dazu veranlaßte, seine jahrelange Forschung über rassisch determinierte Blutgruppen zu betreiben. Doch selbst Reche mußte einräumen, daß «bei den Juden keine bestimmte Blutgruppe typisch war».[27] Dieses Scheitern wurde zwar bald von den meisten NS-Wissenschaftlern erkannt,[28] aber es schreckte Publikationen, die sich auf Popularisierung von Wissenschaft spezialisierten, nicht davon ab zu verkünden, an dieser Front seien wie an allen anderen entscheidende Durchbrüche erzielt worden.

In der Ausgabe der *Volksgesundheitswacht* vom Oktober 1934 offerierte ein Doktor Stähle «neue Forschungsergebnisse» zum Thema «Blut und Rasse». Er verfolgte einige Krankheiten, die speziell Juden zugeschrieben wurden (mit dem ironischen Kommentar, dies seien «Speicherungskrankheiten»), wobei er sich vorwiegend auf die Arbeiten eines Leningrader «Wissenschaftlers» namens E. O. Manoiloff bezog. Dieser Russe behauptete, er könne mittels einer chemischen Untersuchungsmethode mit einer Genauigkeit von 90 Prozent jüdisches von russischem Blut unterscheiden. Stähle vermittelte seinen Lesern angemessene Begeisterung: «Bedenken Sie, was es in der letzten Konsequenz für uns bedeuten würde, den Nichtarier mit dem Reagenzglas festlegen zu können. Da hilft dann keine Tarnung mehr, keine Taufe, kein Namenswechsel, kein Staatsbürgerrecht, ja nicht einmal mehr eine wohlgelungene Nasenoperation. Das Blut kann man nicht wechseln.»[29] Stähle war Vorsitzender der regionalen medizinischen Gesellschaft in Württemberg.[30]

Ungeachtet des Optimismus Stähles blieben biologische Kriterien zur Definition des Juden ungreifbar, und die Nationalsozialisten mußten ihren Kreuzzug zur rassischen Reinigung des Volkes auf der Basis der religiösen Zugehörigkeit von Eltern und Großeltern starten.

Fast drei Jahre vor Hitlers Machtergreifung hatten die Nationalsozialisten ohne Erfolg eine Änderung des Gesetzes zum Schutze der Republik gefordert, mit der «Rassenverrat» als ein Verbrechen definiert werden sollte, das mit Gefängnis oder sogar mit der Todesstrafe zu ahnden war. Dieses Verbrechens machte sich schuldig, «wer durch Vermischung mit Angehörigen der jüdischen Blutsgemeinschaft oder farbiger Rassen zur rassischen Verschlechterung und Zersetzung des deutschen Volkes beiträgt oder beizutragen droht».[31]

Im September 1933 machten in einer Denkschrift mit dem Titel «Nationalsozialistisches Strafrecht» der preußische Justizminister Hans Kerrl und sein Unterstaatssekretär Roland Freisler der Partei den Vorschlag, Ehen und außereheliche sexuelle Beziehungen zwischen «Deutschblütigen» und «Angehörigen fremder Blutsgemeinschaften» ebenso zu bestrafen wie «Verletzung der Rassenehre» und «Rassengefährdung».[32] Zum damaligen Zeitpunkt wurde diesen Vorschlägen nicht nachgegangen. Nach der Etablierung des neuen Regimes begann sich die Situation jedoch de facto zu ändern. In zunehmendem Maße griffen Beamte auf das Gesetz zur Wiederherstellung des Berufsbeamtentums zurück, um auf der Grundlage der «allgemeinen nationalen Prinzipien»

4. Das neue Ghetto

dieses Gesetzes den Vollzug von Trauzeremonien zwischen Juden und «Deutschblütigen» zu verweigern.[33] Der Druck nahm dermaßen zu, daß Frick am 26. Juli 1935 verkündete, da in naher Zukunft eine offizielle Behandlung der juristischen Gültigkeit von «Ehen zwischen Ariern und Nichtariern» bevorstehe, sollten derartige Ehen «bis auf weiteres verschoben» werden.[34]

Die Verweigerung des Vollzugs von Trauungen war ein leichtes im Vergleich zu der anderen «logischen» Schlußfolgerung, die sich aus der Situation ergab: der Auflösung existierender Mischehen. Das Bürgerliche Gesetzbuch gestattete die Ehescheidung auf Grund von Verfehlungen eines der beiden Partner, aber es war schwierig, die Zugehörigkeit zu einer bestimmten Rasse mit dem Begriff Verfehlung gleichzusetzen.

Paragraph 1333 des Bürgerlichen Gesetzbuches sah jedoch vor, daß eine Ehe angefochten werden konnte, wenn ein Verlobter bei der Eheschließung in Unkenntnis von «persönlichen Eigenschaften» oder Umständen gewesen war, welche, sofern er sie gekannt hätte, die Verbindung verhindert hätten. Auf diesen Paragraphen konnte man sich jedoch nur innerhalb einer Frist von sechs Monaten nach der Hochzeit berufen, und die rassische Identität ließ sich kaum als persönliche Qualität definieren; schließlich ist es unwahrscheinlich, daß sich Ehepartner zum Zeitpunkt ihrer Entscheidung über eine derartige rassische Identität nicht im klaren waren. Dennoch wurde Paragraph 1333 in zunehmendem Maße zur Stütze der von den Nationalsozialisten vorgenommenen juristischen Interpretation, mit der Begründung, daß «Judesein» in der Tat eine persönliche Qualität sei, deren Bedeutung erst infolge der neuen politischen Umstände klar geworden war. Folglich konnte man die Sechs-Monats-Frist von dem Zeitpunkt an rechnen, an dem der Stellenwert des Judeseins zu einem bedeutenden Element im öffentlichen Bewußtsein geworden war, also vom 30. Januar (Hitlers Amtsantritt) oder sogar vom 7. April (Verkündung des Berufsbeamtengesetzes) an.[35]

Da die Gerichte zunehmend ihre Entscheidungen auf die neue Interpretation des Berufsbeamtengesetzes zu gründen begannen, mußten führende NS-Juristen wie Roland Freisler eingreifen, um einen Anschein von Ordnung wiederherzustellen.[36] Erst mit dem Gesetz vom 6. Juli 1938 wurde es tatsächlich möglich, «gemischtrassige» Ehen legal zu annullieren. Die Richter, Rechtsanwälte und Standesbeamten, die sich die Auflösung von Mischehen angelegen sein ließen, waren nicht unbedingt Parteimitglieder; in ihrer Entschlossenheit, die Juden von der Gesellschaft abzusondern, gingen sie über die unmittelbaren Anordnungen der Naziführung hinaus.

Der antijüdische Eifer der Gerichte in Sachen Mischehen wurde durch Initiativen der Polizei und sogar durch Demonstrationen des

Pöbels gegen jede Form von sexuellen Beziehungen zwischen Juden und Ariern verstärkt: «Rassenschande» war die Zwangsvorstellung des Tages. So wurde am 19. August 1935 in Stuttgart ein jüdischer Geschäftsmann unter diesem Vorwurf verhaftet. Als er auf das Polizeirevier gebracht wurde, sammelte sich eine Menschenmenge und demonstrierte gegen den Beschuldigten. Kurz danach verlor, wie es in der *Stadtchronik* heißt, eine jüdische Kaufmannsfrau, die seit 1923 einen Stand auf dem Markt hatte, ihre Genehmigung, weil sie es duldete, daß ihr Sohn ein Verhältnis mit einem nichtjüdischen deutschen Mädchen unterhielt.[37]

Ob die Demonstranten, die sich vor dem Stuttgarter Polizeirevier sammelten, Parteiaktivisten waren, ein von der Partei zusammengetrommelter Mob oder eine zufällige Ansammlung von Deutschen, läßt sich schwer sagen. Die Erregung über Mischehen und Rassenschande, die im Sommer 1935 aus allen Teilen des Reiches gemeldet wurde, liefert keine weiteren Anhaltspunkte. So weist ein Gestapobericht aus Pommern für den Monat Juli 1935 darauf hin, daß am 14. in Stralsund Volksgenossen demonstrierten, «weil hier verschiedene Juden arische Mädchen geheiratet hatten», und am 24. in Altdamm, «weil hier ein Jude mit einer arischen Ehefrau Rassenschande getrieben hatte».[38]

Die Parteipresse scheute keine Mühe, den Zorn der Volksgenossen gegen eine derartige Befleckung anzufachen. Jüdische Rassenschänder müßten kastriert werden, verlangte der *Westdeutsche Beobachter* am 19. Februar 1935. Am 10. April forderte die SS-Zeitschrift *Das Schwarze Korps* drakonische Strafen (bis zu 15 Jahren Gefängnis selbst für den deutschen Partner) für sexuelle Beziehungen zwischen Deutschen und Juden.[39] Alle Aspekte der Hexenjagd, wie sie für die Periode nach der Verabschiedung der Nürnberger Rassengesetze charakteristisch sein sollten, waren bereits erkennbar.

Die Anwesenheit von Juden in öffentlichen Badeanstalten war für die pornographische Phantasie der Nazis ein wichtiges Thema, das in seinem Stellenwert nur von regelrechter Rassenschande übertroffen wurde: Zum Ausdruck kam dabei ein «gesunder» arischer Abscheu beim Anblick des jüdischen Körpers,[40] die Furcht vor möglicher Ansteckung infolge von gemeinsamer Benutzung des Wassers oder eines Zusammentreffens im Beckenbereich und, ganz ausdrücklich, die sexuelle Bedrohung durch jüdische Nacktheit, auf die oft angespielt wurde, wenn von schamlosem Verhalten jüdischer Frauen und regelrechten sexuellen Attacken jüdischer Männer auf deutsche Frauen die Rede war. Wie zu erwarten war, tauchte das Thema in der NS-Literatur auf. So wird in Hans Zöberleins 1937 erschienenem Roman *Der Befehl des Gewissens*, der in den Jahren unmittelbar nach dem Ersten Weltkrieg spielt, die Arierin Berta in einem Freibad in Bayern von Juden belästigt: «Diese Judenschweine richten uns zugrunde», ruft sie aus. «Das ganze Blut versauen sie uns. Und Blut ist das Beste und das Einzige, was wir noch haben.»[41]

In den meisten deutschen Städten wurde die Vertreibung der Juden aus öffentlichen Badeanstalten zu einem vorrangigen Ziel der Partei. In Dortmund beispielsweise kam die Parteipresse immer wieder auf die Gefahr zu sprechen, die von der Anwesenheit von Juden in städtischen Schwimmbädern ausging, bis sie ihr Ziel erreicht hatte, als der Bürgermeister der Stadt am 25. Juli 1935 eine Bekanntmachung erließ: «Aufgrund verschiedener unliebsamer Vorkommnisse und da die überwiegende Mehrzahl unserer deutschen Volksgenossen und Volksgenossinnen sich durch die Anwesenheit von Juden belästigt fühlt, habe ich die Benutzung sämtlicher Frei-, Hallen- und Luftbäder für Juden gesperrt. In den Bädern werden Schilder angebracht mit der Aufschrift: ‹Juden haben in diesen Anlagen keinen Zutritt›.»[42]

In Stuttgart initiierte die Parteipresse eine ähnliche Kampagne, und am 8. Juli berichtete der *NS-Kurier*, in der vorangegangenen Woche hätten mehrere Jüdinnen «ob ihres frechen Betragens» aus den Schwimmbädern der Stadt verwiesen werden müssen. Das Blatt ergriff die Gelegenheit, um darauf hinzuweisen, daß es keine Schilder gebe, mit denen Juden der Zutritt verboten werde. Da sich der Stadtrat über die Frage nicht einig war, wurden in Stuttgart derartige Schilder schließlich erst nach den Olympischen Spielen von 1936 aufgestellt.[43]

Der Prozeß der Ausschließung schien einem feststehenden Muster zu folgen. Manchmal kam es allerdings zu kleinen Schwierigkeiten. Am 1. August 1935 berichtete die bayerische Politische Polizei von einem Vorfall, der sich am 14. Juli im Schwimmbad Heigenbrücken ereignet hatte, als etwa 15 bis 20 junge Leute «durch Sprechchöre die Entfernung der Juden aus dem Schwimmbad verlangt» hatten. Dazu heißt es im Polizeibericht: «Eine erhebliche Anzahl sonstiger Schwimmbadbesucher hatte in diese Sprechchöre miteingestimmt, so daß wohl die überwiegende Zahl der Schwimmbadbesucher die Entfernung der Juden verlangte. Mit Rücksicht auf diese allgemeine Empörung und die zu befürchtenden Unruhen hatte sich der zufällig im Schwimmbad anwesende Kreisleiter der NSDAP, Oberbürgermeister Wohlgemuth von Aschaffenburg, zu dem Bademeister begeben und die Hinausweisung der Juden durch diesen verlangt. Der Bademeister hat das Ersuchen abgelehnt mit der Begründung, daß er nur den Anordnungen der Badeverwaltung Folge zu leisten habe und zudem die Juden als solche auch nicht ohne weiteres erkennen könne. Wegen dieser Ansicht des Bademeisters kam es zwischen Oberbürgermeister Wohlgemuth und dem Bademeister zu einer geringfügigen Auseinandersetzung, die später durch die Badeverwaltung beigelegt wurde. Mit Rücksicht auf dieses Vorkommnis hat der Kur- und Kneippverein unterm Heutigen am Badeeingang eine Tafel mit der Aufschrift angebracht: ‹Juden ist der Zutritt verboten›.»⁴⁴

Von den Zeitungen, die einen ständigen Schwall von antijüdischen Beschimpfungen von sich gaben, war Streichers *Stürmer* die bösartigste; die ununterbrochene Kampagne dieses Blattes und die weite Verbreitung, die es durch öffentliche Aushängung erlangte, mögen auf die gebildete Mittelklasse oder sogar auf gebildete Parteimitglieder abschreckend gewirkt haben, aber der Zuspruch, den es in der breiten Bevölkerung, bei jüngeren Schülern und in der Hitlerjugend – möglicherweise wegen seiner pornographischen und sadistischen Züge – fand, scheint ziemlich weitreichend gewesen zu sein.

Am 1. Mai 1934 brachte der *Stürmer* seine berüchtigte Sondernummer über jüdischen Ritualmord heraus. Die Titelseite trug die Schlagzeile «Jüdischer Mordplan gegen die nichtjüdische Menschheit aufgedeckt» und wurde von einer über eine halbe Seite reichenden Zeichnung von zwei besonders scheußlich aussehenden Juden geziert, die ein Gefäß hielten, um damit das Blut aufzufangen, das den nackten Leibern engelgleicher christlicher Kinder entströmte, die sie soeben ermordet hatten (einer der Juden hielt ein blutbeflecktes Messer in der Hand). Im Hintergrund stand ein Kreuz. Am nächsten Tage schickte die Reichsvertretung der deutschen Juden ein Telegramm an Reichsbischof Ludwig Müller: «Wir halten uns für verpflichtet, auf die Sondernummer des ‹Stürmer› vom 1. Mai hinzuweisen. Wir haben an den Herrn Reichskanzler folgendes Telegramm gesandt: ‹Der *Stürmer* verbreitet eine Sondernummer, die unter ungeheuerlichen Beschimpfungen und mit grauenerregenden Darstellungen das Judentum des Ritualmordes bezichtigt. Vor Gott und Menschen erheben wir gegen diese beispiellose Schändung unseres Glaubens in feierlicher Verwahrung unsere Stimme.› Wir sind dessen gewiß, daß die tiefe Entrüstung, die wir empfinden, von jedem gläubigen Christen geteilt wird.» Weder von Hitler noch von Reichsbischof Müller kam eine Antwort.⁴⁵

Neben großen Sachen wie Ritualmord befaßte sich der *Stürmer* auch mit banaleren Themen (wobei allerdings das Banale in echter *Stürmer*-Manier immer zum breiteren historischen Panorama hinführte), wie das etwa im Sommer 1935 geschah. In seiner Ausgabe vom August 1935 (Nr. 35) griff das Blatt Streichers eine Geschichte auf, die zuvor das *Reutlinger Tageblatt* gebracht hatte. Sie betraf Dr. R. F., einen jüdischen Chemiker, dem der Vorwurf gemacht worden war, er habe eine Katze zu Tode gequält. Dem *Stürmer* zufolge hatte F. die Katze, um sie zu töten, in einen Sack gebunden, den er dann auf den Zementboden vor seiner Tür warf. «Darauf sprang er mit seinen Füßen auf das arme Tier in dem Sacke ein und führte auf diesem einen wahren Negertanz auf. Als er das Tier, das ob der schamlosen Behandlung durch den Sack durchblutete, so nicht tot bekommen konnte, nahm er ein Brett und schlug mit dessen Kante so lange auf die Katze ein, bis sie tot war.» *Der Stürmer* brachte die Tötung der Katze in Verbindung mit der «Abschlachtung der 75 000 Perser (Buch Esther)» und mit der Ermordung von «Millionen Nichtjuden auf grausamste Art» im zeitgenössischen Rußland. «Was in Deutschland geschehen würde, wenn die Juden noch einmal zur Macht kämen, darüber denkt der sattgewordene Spießer viel zu wenig nach», schloß *Der Stürmer*.[46] Wie zu erwarten war, rief der Artikel im *Stürmer* Reaktionen der Leser hervor. Eine Frau aus München richtete ihren Brief an den Übeltäter: «Die Meinung meiner sämtlichen Kolleginnen und Kollegen geht dahin, daß man es Ihnen um kein Haar besser machen sollte und man so lange auf Sie eintreten und einschlagen sollte, bis Sie verreckt sind. Um solch einen erbärmlichen, ekelhaften, abscheulichen, plattfüßigen und hakelnasigen Saujuden ist es bei Gott nicht schade. ... Verrecken sollten Sie wie ein Wurm.»[47]

Streichers Blatt zögerte nicht, die treuen konservativen Bundesgenossen der Partei zu attackieren, wenn es (gewöhnlich falsche) Informationen irgendwelcher Art darüber erhielt, daß einem Juden Hilfe gewährt worden sei. So mußte am 20. Mai 1935 Justizminister Franz Gürtner selber an Hitler schreiben, um ein Stuttgarter Gericht von dem Vorwurf des *Stürmers* zu reinigen, es habe einem Juden namens David Isak dabei geholfen, seinen Namen in Fritsch zu ändern (sozusagen ein doppelter Skandal, da Fritsch der Name eines der «großen Vorkämpfer der antisemitischen Bewegung in Deutschland» war). Gürtner ging in die Details: Die Isaks waren erwiesenermaßen katholisch-bäuerlicher Abstammung, und ihre Vorfahren ließen sich über mehr als 200 Jahre hinweg in den Kirchenbüchern verfolgen. Anfang 1935 hatte David Isak den Antrag gestellt, seinen Namen in «Rudolf Fritsch» ändern zu dürfen, weil sein jüdisch klingender Name zu zunehmenden Schwierigkeiten bei seiner Arbeit führte. Trotz dieser leicht festzustellenden Fakten hatte *Der Stürmer* eine Verleumdungskampagne gegen das Justizministerium inszeniert, und Gürtner verlangte, daß das Blatt Streichers zu öffentlichem Widerruf gezwungen werden sollte.[48] Einen Monat später setzte der Chef der Reichskanzlei, Hans Lammers, den Minister davon in Kenntnis, daß Hitler sich mit seiner Forderung einverstanden erklärt hatte.[49] Dieser Vorfall hatte weitreichende Folgen: Nun kam es zu langwierigen Auseinandersetzungen in der Verwaltung über jüdische Namen, Namensänderungen und besondere Namen für Juden.

Solche Beschwerden gegen den *Stürmer* mögen Hitler davon überzeugt haben, daß Streichers Blatt dem Ansehen der Partei abträglich sein konnte. Am 12. Juni 1936 schrieb Bormann an den Justizminister, der Entscheidung des Führers zufolge sei der *Stürmer* «kein Organ der NSDAP».[50]

Die breite Masse war angesichts einer derartigen fortwährenden Agitation der Partei anscheinend überwiegend passiv: Gegen regelrechte antijüdische Gewalttätigkeit gab es zwar keinen Widerstand, aber sie stieß oft auf Mißbilligung. Recht aufschlußreich ist ein Vorfall aus dem Frühjahr 1935. Beim polizeilichen Verhör eines Mannes, der verdächtigt wurde, im Rheinland einen jüdischen Friedhof verwüstet zu haben, kam die folgende Geschichte zutage: Der Verdächtige und seine Freunde Groß und Remle hatten sich in Haßloch in einer Wirtschaft getroffen, und als sie von dem örtlichen SS-Führer Strubel gehört hatten, daß «die Juden als Freiwild behandelt werden dürfen», machten sie sich auf den Weg zum Haus des jüdischen Viehhändlers Heinrich Heene. Sie überschütteten Heene und seine Familie mit Beschimpfungen und versuchten dabei erfolglos, in den Hof einzudringen. Die Leute, die sich inzwischen vor Heenes Haus versammelt hatten, leisteten den drei Männern bei ihren Bemühungen, das Tor aufzubrechen, keine Hilfe. «Als Groß sah, daß die anwesenden Leute ihn nicht unterstützten», hieß es weiter in dem Polizeibericht, «schrie er: ‹Was, ihr seid auch Männer und helft nicht mit, das Judenpack herausholen.› Er versuchte nun mit Gewalt, das Hoftor einzudrücken, und trat immer wieder wie wild gegen das Tor. Die Bevölkerung war aber nicht für Groß eingenommen, und man hörte Stimmen laut werden, daß so etwas nicht recht sei.»[51]

Remle, Groß und der Verdächtige waren Parteimitglieder, die ihre Stichworte von dem örtlichen SS-Führer bezogen hatten und die bei einer Gruppe von Anwohnern auf Zeichen des Zögerns stießen, als sie zu Gewalttätigkeiten übergingen. Das bedeutet nicht, daß sporadische (und traditionelle) antijüdische Gewalttätigkeiten überall unbekannt waren.[52] Mindestens in einem Fall, der sich im Frühjahr 1934 in Gunzenhausen (Mittelfranken) ereignete, führte ein solcher Angriff zum Tod zweier ortsansässiger Juden.[53] Doch derartige Vorfälle waren selten.

Die Bauern waren anscheinend nicht gewillt, auf die Dienste des Juden als Kaufmann oder Viehhändler zu verzichten:[54] «Wegen der ökonomischen Vorteile, die sie davon hatten, mit Juden zu handeln, die bar bezahlten und auf Kredit verkauften, zögerten sie [die Bauern], zu den arischen Viehhändlern überzuwechseln, welche die Nazis zu fördern versuchten.»[55] Aus allgemeineren Gründen entschieden sich die Bauern oft dafür, «fast ausschließlich jüdische Geschäfte» aufzusuchen, wie es für den Monat Juni 1935 aus Pommern berichtet wurde, wobei sie erklärten, «daß es beim Juden eben billiger sei und man eine größere Auswahl habe».[56] Wahrscheinlich aus denselben Gründen bevorzugte eine beträchtliche Anzahl von Volksgenossen in Kleinstädten nicht weniger als in Großstädten immer noch jüdische Läden und Geschäfte. Als es in Falkenstein in Sachsen, wie Victor Klemperer in seinem Tagebuch schreibt, Nichtjuden verboten wurde, in den örtlichen jüdischen Läden zu kaufen, fuhren sie ins benachbarte Auerbach, wo sie immer noch in den jüdischen Geschäften einkaufen konnten; Nichtjuden aus Auerbach wiederum fuhren zu demselben Zweck nach Falkenstein. Für größere Einkäufe fuhren Nichtjuden aus beiden Städten nach Plauen, wo es ein jüdisches Warenhaus gab: «Trifft man sich dort, hat man sich nicht gesehen. Stillschweigende Konvention.»[57]

Das größte Ärgernis für die Parteidienststellen war anscheinend die Tatsache, daß selbst Parteimitglieder, manche in voller Uniform, sich nicht davon abschrecken ließen, Geschäfte mit Juden zu machen. So wurde im Frühsommer 1935 das Beharren auf solch verwerflichem Verhalten aus Dortmund, Frankfurt an der Oder, Königsberg, Stettin und Breslau gemeldet.[58] Kurz, während Horden von Parteiaktivisten Juden zusammenschlugen, kauften andere Parteimitglieder treulich in jüdischen Geschäften. Einige Parteimitglieder gingen sogar noch weiter. Einem Bericht des SD zufolge, der am 11. Oktober 1935 an das Kreisgericht der NSDAP in Berlin-Steglitz gerichtet wurde, hatte man sechs Monate zuvor in der Gegend von Bad Polzin gesehen, wie sich der Parteigenosse Hermann Prinz zusammen mit dem Juden Max Ksinski im Teppichhandel betätigte; er hatte bei dieser Gelegenheit sogar das Parteiabzeichen getragen.[59]

Im Sommer 1935, als in zahlreichen deutschen Städten, wie wir sahen, Juden der Zutritt zu Schwimmbädern und anderen Badeanstalten verboten wurde und schon die bloße Anwesenheit von Juden in vielen Kleinstädten und Dörfern nicht gestattet war, entwickelte sich in einigen Ostseebädern, wo *Der Stürmer* an vielen Stellen ausgehängt wurde, eine surrealistische Situation. Anscheinend gehörte eine Reihe von beliebten Pensionen in diesen Badeorten Juden. In Binz beispielsweise besaß ein ungarischer Jude die prominenteste Pension, die einem Gestapobericht zufolge von der örtlichen Bevölkerung boykottiert wurde; da nun geschah es, daß sich dort zu Pfingsten ausgerechnet Gauleiter und Reichsstatthalter Löper einmietete![60] Und um alles noch schlimmer zu machen, wurde die Pension des ungarischen Juden einen Monat später, im Juli, von Offizieren und Matrosen der *Köln* beehrt, als der Kreuzer in Binz zu Besuch war.[61] Diese paradoxe Situation dauerte noch drei Jahre an, bis zum Frühjahr 1938, als der Kurdirektor des Ostseebades Binz mitteilte, «daß die Bemühungen der letzten Monate zum Erfolg geführt» hätten. Alle ehemals in jüdischem Besitz befindlichen Pensionen waren jetzt in arischen Händen.[62]

Der Zusammenprall zwischen der Parteipropaganda gegen Geschäftsbeziehungen mit Juden und den ökonomischen Vorteilen, die solche Beziehungen mit sich brachten, war nur eine Widerspiegelung des widersprüchlichen Charakters der Befehle von oben: einerseits keine Kontakte zwischen Juden und Volksgenossen, andererseits keine Behinderung jüdischer Wirtschaftstätigkeit. Dieser Widerspruch, der von zwei momentan unvereinbaren Prioritäten herrührte – dem fortwährenden Kampf gegen die Juden und dem Bedürfnis, Deutschlands wirtschaftlichen Aufschwung zu fördern –, fand in Berichten örtlicher Behörden wiederholten Ausdruck. Der Präsident des Regierungsbezirks Kassel sprach das Problem in seinem Monatsbericht vom 8. August 1934 sehr direkt an: «Die Judenfrage spielt nach wie vor eine bedeutende Rolle. Im Geschäftsleben treten die Juden weiterhin stärker in Erscheinung. Den Viehhandel beherrschen sie wieder vollkommen. Bei den nationalsozialistischen Organisationen ist die Stellungnahme zur Judenfrage unverändert und steht vor allem hinsichtlich der Behandlung jüdischer Geschäfte öfters im Widerstreit zu den Weisungen des Herrn Reichswirtschaftsministers. Wiederholt mußten ich und die Staatspolizeistelle amtliche Boykottmaßnahmen örtlicher Stellen und örtliche Übergriffe aufheben.»[63]

Solche Widersprüche und Dilemmata waren auf der Ebene der Kleinstädte oft besonders offensichtlich. Am 2. Juli 1935 wurde von Beamten der Stadtgemeinde Laupheim ein Bericht an das württembergische Innenministerium geschickt: «Die Judenfrage ist für Laupheim unter den derzeitigen Verhältnissen mehr und mehr eine Quelle der Unsicherheit für die Gemeindeverwaltung ... geworden. ... Wird in Laupheim ... mit der Bekämpfung der Juden fortgefahren, so muß damit gerechnet werden, daß die ansässigen jüdischen Geschäftsleute so rasch wie möglich abwandern. Die Stadtgemeinde Laupheim hat dadurch weitere starke Ausfälle in ihren Einnahmen zu erwarten und wird zu einer Umlageerhöhung greifen müssen, um ihre Verpflichtungen erfüllen zu können.» Der Verfasser des Berichts glaubte, das Aussterben der älteren Juden und die Auswanderung der jüngeren werde dazu führen, daß sich die Judenfrage innerhalb von 30 Jahren löse. In der Zwischenzeit sollte man die Juden, so meinte er, dort lassen, wo sie lebten, dies um so mehr, als es sich bei ihnen mit wenigen Ausnahmen um eine Gemeinschaft alteingesessener Familien handelte. Sollten jüdische Steuereinnahmen ersatzlos wegfallen, sei «der Abstieg der Stadtgemeinde Laupheim zu einem großen Bauerndorf unvermeidlich».[64]

Diese Spannung zwischen Parteiinitiativen und wirtschaftlichen Erfordernissen wurde ausführlich in einem ganz den Juden gewidmeten Bericht illustriert, der am 3. April 1935 vom SD, Oberabschnitt Rhein, an SS-Gruppenführer Heissmeyer in Koblenz gesandt wurde. Darin wird beschrieben, wie ein «stiller Boykott» gegen die Juden hauptsächlich von der Partei und ihren Untergliederungen initiiert wurde, die in geschlossenen Versammlungen ihre Mitglieder immer wieder aufforderten, nicht bei Juden zu kaufen. Der Bericht verweist dann darauf, «daß der Boykott in den Städten trotz der geringeren Kontrollmöglichkeit schärfer durchgeführt wird als auf dem Lande. Besonders in den katholischen Gegenden kaufen die Bauern nach wie vor größtenteils bei Juden, dies artet sogar teilweise zu einer Anti-Boykottbewegung aus, die ihre Stütze in der katholischen Geistlichkeit findet.»

Der Bericht erwähnt dann den zunehmenden Einfluß des *Stürmers*, der «zum Teil sogar schon in den Schulen als Lehrmittel Verbreitung findet». Wenn aber das Blatt seine Leser offen zum Boykott anstachelte, gab es Gegenmaßnahmen der staatlichen Behörden. Der Bericht schreibt: «Die Juden schließen hieraus, daß der Boykott vom Staat nicht gewünscht wird. Als Folge davon hört man allenthalben Klagen über die jüdische Frechheit, die wieder überhand nimmt.»[65]

III

Manchmal fanden echtes Mitgefühl mit der Notlage der Juden und sogar Hilfsangebote direkte oder indirekte Formen des Ausdrucks. So machte in einem Brief an die *Jüdische Rundschau* die Enkelin des Dichters Hoffmann von Fallersleben, des Verfassers des Deutschlandliedes, das Angebot, jüdischen Kindern ein Haus an der Ostsee zur Verfügung zu stellen.[66] Ein anderes, ziemlich unerwartetes Zeugnis für jüdisches Beharrungsvermögen und arisches Mitgefühl fand Anfang 1935 seinen Weg in die Akten der Göttinger Polizei; es war dies ein von Reinhard Heydrich unterzeichneter Bericht, der an alle Staatspolizeistellen gesandt wurde. Sein Thema: «Auftreten jüdischer Künstler.»

«In letzter Zeit», schrieb Heydrich, «ist die Beobachtung gemacht worden, daß jüdische Künstler beim Auftreten vor der Öffentlichkeit versuchten, sich in versteckter Form mit Maßnahmen der Regierung und der politischen und wirtschaftlichen Lage Deutschlands zu beschäftigen und vor dem meist aus Nichtariern bestehenden Publikum durch Mimik und Tonfall absichtlich zersetzende Kritik zu üben, die darauf abgestellt war, Staat und Bewegung vor der Öffentlichkeit verächtlich zu machen.» Soviel zu jüdischen Künstlern, die sich an ein jüdisches Publikum wandten. Doch es gab noch mehr: «Auch sind Provokationen der staatlichen Behörden dadurch hervorgerufen worden, daß das Einschreiten der Polizei beim unerwünschten Zusammenwirken von arischen und nichtarischen Künstlern zum Gegenstand von Ovationen für nichtarische Künstler gemacht wurde.» Und als sei ihm nachträglich noch etwas eingefallen, fügte Heydrich hinzu: «Das Auftreten nichtarischer Künstler vor arischem Publikum ist grundsätzlich unerwünscht, weil Komplikationen zu befürchten sind.» Kurz, die Gestapo wurde aufgefordert, alle derartigen Auftritte sofort zu unterbinden, auch wenn juristisch gesehen einige Juden von einem derartigen Verbot immer noch ausgenommen waren. Für Heydrich mußten sich nichtarische Künstler auf ein jüdisches Publikum beschränken. Überdies mußten nichtarische Künstler, sofern sie erneut auf die Lage in Deutschland anspielen sollten, verhaftet werden, da «die Einmischung von Nichtariern in deutsche Angelegenheiten keineswegs geduldet wird».[67]

Wiederholte Anweisungen an Parteimitglieder und Beamte, alle weiteren Kontakte zu Juden zu meiden, sind ein indirekter Beweis dafür, daß solche Kontakte noch bis 1935 fortgesetzt wurden, und das nicht nur aus wirtschaftlichen Gründen. Am 7. Juni richtete der Bürgermeister von Lörrach eine strenge Warnung an alle Beschäftigten der Stadt: der Führer hatte Deutschland von der jüdischen Gefahr befreit, und jeder Deutsche, «der noch etwas auf seine völkische Ehre hält», mußte dem Führer für diese Leistung dankbar sein. «Wenn es trotzdem noch vorkommt, daß Deutsche dieser artfremden Rasse ihre Zuneigung bekunden, indem sie mit ihren Angehörigen einen freundschaftlichen Verkehr unterhalten, so zeugt dies von einer Geschmacklosigkeit sondergleichen, die schärfstens gebrandmarkt werden muß.»[68]

Die unterschwellige Tendenz von Mitgefühl mit den verfolgten Juden muß bedeutend genug gewesen sein, um Goebbels dazu zu veranlassen, sich in demselben Monat in einer Rede mit ihr zu befassen. Goebbels attackierte «diejenigen seiner Landsleute, welche... ‹schamlos› behaupteten, der Jude sei schließlich auch ein Mensch». Nach Ansicht von Robert Weltsch, der damals Herausgeber der *Jüdischen Rundschau* war, «macht Goebbels' Zorn deutlich, daß immer noch eine Flüsterkampagne im Gange war, die auf ein gewisses Maß an Unmut auf seiten der Leute verwies, die Goebbels als bürgerliche Intellektuelle bezeichnete. Das waren die Deutschen, welche der Gauleiter [von Berlin, d. h. Goebbels] warnen wollte.»[69]

Es mag schwer sein, den Beweis zu führen, welchen Erfolg die Rede von Goebbels damit hatte, die «bürgerlichen Intellektuellen» einzuschüchtern, aber sie hatte mit Sicherheit andere Konsequenzen. In ihrer Ausgabe vom 2. Juli 1935 brachte die *Jüdische Rundschau* einen Artikel von Weltsch mit dem Titel «Der Jude ist auch ein Mensch: Ein Argument der Judenfreunde.» Dies war ein subtil ironischer Kommentar zu der Tirade des Ministers, und er führte zum Verbot des Blattes.[70] Nach einigen Wochen und einer Reihe von Verhandlungen wurde ein in Goebbels' Namen geschriebener (aber mit «Jahnke» unterzeichneter) Brief an Weltsch geschickt: «Die ‹Jüdische Rundschau› veröffentlicht in der Nr. 53 vom 9. 7. 1935 einen Artikel ‹Der Jude ist auch ein Mensch›, der sich mit meiner Rede vom 29. 6. 1935 auseinandersetzt, soweit sie die

Judenfrage behandelt. Es wird der von mir abgelehnte Standpunkt der bürgerlichen Intellektuellen, ‹daß der Jude auch ein Mensch sei›, kritisiert, und zwar in dem Sinne, daß der Jude nicht nur *auch* ein Mensch sei, sondern *bewußt* Mensch und *bewußt* Jude sein muß. Ihr Blatt ist wegen dieser Veröffentlichung verboten worden. Das Verbot der Zeitung wird aufgehoben werden; jedoch verwarne ich Sie wegen der Polemik des Artikels auf das schärfste und erwarte, daß ich in Zukunft keinen Anlaß mehr haben werde, Ihre Veröffentlichungen zu beanstanden.»[71]

Warum sollte sich Goebbels die Mühe machen, sich auf diese Manöver hinsichtlich einer Zeitschrift einzulassen, die von Juden für Juden geschrieben wurde? Weltsch erklärt: «Man darf nicht vergessen, daß die jüdischen Zeitungen damals öffentlich verkauft wurden. Der Kurfürstendamm, die vornehme Hauptverkehrsstraße im Berliner Westen, war buchstäblich mit der *Jüdischen Rundschau* gepflastert – sie lag jeden Dienstag und Freitag an allen Kiosken in zahlreichen Exemplaren aus, weil sie einer ihrer Bestseller war, besonders da ausländische Zeitungen verboten waren.»[72] Auch das konnte nicht lange so bleiben. Am 1. Oktober 1935 wurden die öffentliche Auslage und der Verkauf jüdischer Zeitungen verboten.

Während dieser frühen Jahre des Regimes war es schwierig, alle Zeichen jüdischer kultureller Präsenz im deutschen Leben völlig zu unterdrücken. So trug beispielsweise ein Katalog des Verlages S. Fischer aus dem Jahre 1934 auf der Titelseite ein Bild des kürzlich verstorbenen jüdischen Verlagsgründers, und er enthielt auf den folgenden Seiten eine Gedenkrede des Schriftstellers Oskar Loerke. In dem Katalog wurde auch Band 2 von Thomas Manns Tetralogie *Joseph und seine Brüder* angekündigt und ebenso Bücher der jüdischen Autoren Arthur Schnitzler, Jakob Wassermann, Walther Rathenau und Alfred Döblin.[73]

Fritz Habers erster Todestag fiel auf den 29. Januar 1935. Trotz des Widerstandes des Erziehungsministeriums und der Tatsache, daß der Tag der Vorabend der Feierlichkeiten aus Anlaß des zweiten Jahrestags der Machtübernahme durch Hitler war, beschloß Max Planck, unter der Schirmherrschaft der Kaiser-Wilhelm-Gesellschaft für den berühmten jüdischen Naturwissenschaftler eine Gedenkversammlung abzuhalten.

Aus einem Brief, den die Münchener Parteizentrale am 25. Januar abschickte, geht hervor, daß die Gedenkveranstaltung auch von der Deutschen Chemischen Gesellschaft und der Deutschen Physikalischen Gesellschaft getragen wurde. Die Zentrale verbot Parteimitgliedern die Teilnahme, wagte aber anscheinend nicht, sich ausschließlich auf das Argument zu stützen, daß Haber Jude war. So enthielt die Erklärung drei verschiedene Argumente: «Abgesehen davon, daß es bisher noch nicht üblich war, einen solchen Gedenktag schon ein Jahr nach dem Tode eines deutschen Gelehrten zu feiern, ist Prof. Dr. Haber, *der Jude war*, am 1. Oktober 1933 aus seinem Amt wegen seiner eindeutig gegensätzlichen Einstellung zum nationalsozialistischen Staat entlassen worden.»[74] Die Sondergenehmigungen zur Teilnahme, die Erziehungsminister Rust einigen von Habers Kollegen zugesagt hatte, wurden nie ausgestellt. Dennoch fand die Zeremonie statt. Es sprach ein gewisser Oberst Köth, der im Kriege Mitarbeiter von Haber gewesen war, und der Chemiker und nachmalige Nobelpreisträger Otto Hahn hielt die Gedenkrede. Der Saal war bis auf den letzten Platz mit Vertretern der Industrie und mit den Ehefrauen der Akademiker besetzt, denen die Teilnahme untersagt worden war.[75]

Die Kampagne zur Säuberung des deutschen Kulturlebens von jüdischer Präsenz und jüdischem Geist hatte auf der internen Naziebene ihre hochdramatischen Augenblicke. Seit der Gründung der Reichskulturkammer war zwischen Goebbels und Rosenberg ein erbitterter Kampf um die Kontrolle über die Kultur im neuen Reich geführt worden, auch wenn machtpolitisch Rosenberg zu diesem Zeitpunkt bereits ausgespielt hatte. Nachdem Rosenberg im Januar 1934 zum «Beauftragten des Führers für die Überwachung der gesamten geistigen und weltanschaulichen Schulung und Erziehung der NSDAP» ernannt worden war, kam es erneut zu Auseinandersetzungen zwischen ihm und Goebbels; diese erreichten ihren Höhepunkt in dem «Fall Strauss», der sich fast ein Jahr, vom August 1934 bis zum Juni 1935, hinzog.

Rosenberg eröffnete die Feindseligkeiten in einem an Goebbels gerichteten Brief vom 20. August 1934, in dem er warnte, daß das Verhalten von Richard Strauss, dem größten lebenden deutschen Komponisten, Präsidenten der Reichsmusikkammer und Protégé von Goebbels, sich in einen großen öffentlichen Skandal zu verwandeln drohte: Strauss hatte eine Vereinbarung getroffen, daß das Libretto zu seiner Oper *Die schweigsame Frau* von «dem Juden Stefan Zweig» geschrieben werden sollte, der, wie Rosenberg hinzufügte, zugleich «künstlerischer Mitberater eines jüdischen Emigranten-Theaters» in der Schweiz sei.[76] Auf dem Spiel stand nicht nur die ideologische Reinheit: Rosenberg suchte nach jedem möglichen Mittel, die beherrschende Stellung von Goebbels auf dem Gebiet der Kulturpolitik zu unterminieren.

Goebbels, der soeben Hitlers Einwilligung zur Aufführung der Strauss'schen Oper im Frühsommer 1935 in Dresden erhalten hatte, drosch auf den wichtigtuerischen Ideologen ein: Es sei «unwahr, daß Dr. Richard Strauss den Text seiner Oper von einem jüdischen Emigranten schreiben läßt. Wahr dagegen ist, daß der Überarbeiter des Textes, Stefan Zweig, ein österreichischer Jude ist, nicht zu verwechseln mit dem Emigranten Arnold Zweig. ... Es ist demnach auch unwahr, daß der Verfasser des Operntextes künstlerischer Mitarbeiter eines jüdischen Emigranten-Theaters ist. ... Aus den oben behandelten Fragen könnte sich demnach entsprechend Ihrer Befürchtung nur dann ein kultureller Skandal entwickeln, wenn das Ausland sie mit derselben Unbekümmertheit behandelte, wie Sie das mit Ihrem hiermit beantworteten Brief getan haben. Heil Hitler!»[77]

Bald wurde die Kontroverse schriller, als Rosenberg in seiner Antwort Goebbels an den Schutz, den er dem jüdischen Regisseur Curt Goetz angedeihen ließ, und an die Schwierigkeiten, in die er nationalsozialistische Regisseure dadurch brachte, erinnerte. Der letzte Schuß zielte auf Goebbels' Unterstützung für moderne, ja «bolschewistische» Kunst, insbesondere für die Künstler, die der Avantgardegruppe «Der Sturm» angehörten.[78]

Zu Goebbels' Unglück fing die Gestapo im Frühjahr 1935 einen Brief von Strauss an Zweig ab, in dem der Komponist schrieb, er habe sich bereit erklärt, den Präsidenten der Reichsmusikkammer zu mimen, «um Gutes zu tun und größeres Unglück zu verhüten». Als Folge hiervon wurde Strauss von seinem Posten entbunden und durch Peter Raabe, einen begeisterten Nazi, ersetzt. Da Zweig das Libretto verfaßt hatte, wurde *Die schweigsame Frau* nach einigen wenigen Aufführungen verboten.[79]

Die totale Säuberung der Reichsmusikkammer von ihren jüdischen Mitgliedern dauerte jedoch länger, als Goebbels gehofft – und angekündigt – hatte. In Goebbels' Tagebüchern kommt wiederholt seine Entschlossenheit zum Ausdruck, das Ziel der vollständigen Arisierung zu erreichen. Dieser Kampf wurde an zwei Fronten geführt: gegen Personen und gegen Melodien. Die meisten jüdischen Musiker emigrierten in den ersten drei Jahren von Hitlers Regime, aber zum Verdruß der Nationalsozialisten war es schwieriger, jüdische Melodien – d. h. vorwiegend «leichte» Musik – loszuwerden. «Gegenargumente, daß Zuhörer solche Musik häufig verlangten», schreibt Michael Kater, «wurden mit der Begründung zurückgewiesen, daß es die Pflicht ‹arischer› Musiker sei, ihr Publikum durch die stetige Vorführung nicht-jüdischer Programme zu erziehen.»[80]

Überdies ermöglichten, was die leichte Musik anging, verwickelte kommerzielle Beziehungen zwischen emigrierten jüdischen Musikverlegern und ihren Partnern, die sich noch in Deutschland aufhielten, einen stetigen Fluß unerwünschter Partituren und Plattenaufnahmen ins Reich. Musik kam aus Wien, aus London und New York, und erst Ende 1937, als «fremde» Musik offiziell verboten wurde, konnten sich Judenjäger beruhigter fühlen.[81]

Goebbels' herkulische Aufgabe wurde durch die nahezu unüberwindliche Schwierigkeit belastet, die rassische Herkunft aller Komponisten und Librettisten herauszufinden, und durch die Dilemmata, die dadurch geschaffen wurden, daß es bekannte Stücke gab, die durch irgendeine jüdische Verbindung befleckt waren. Selbstverständlich waren die Dienste Rosenbergs und verwandte Organisationen wie auch sogar der SD unvermeidliche Konkurrenten auf diesem Gebiet. Etwas von der Größe der Herausforderung und von der allgemeinen Atmosphäre ist in einem Briefwechsel zu spüren, der im August 1933 zwischen der Münchener Filiale von Rosenbergs Kampfbund für Deutsche Kultur und dem ebenfalls von Rosenberg kontrollierten Reichsverband Deutsche Bühne in Berlin geführt wurde. Die Münchener schrieben am 16. August:

«Die jüdischen Librettisten und Komponisten bildeten in den letzten 15 Jahren einen Ring, durch den kein deutscher Autor zu stoßen vermochte, und wenn er ein noch so gutes Werk präsentierte. Nun sollen die Herrschaften einmal die umgekehrte Seite kennen lernen. Eine Abwehr ist schon deswegen notwendig, weil in ausländischen Zeitungen bereits höhnische Artikel erschienen sind, daß es in Deutschland ohne Juden nicht ginge.

Am Deutschen Theater in München wird gegenwärtig die Operette ‹Sissy›, Text von [Ernst] Marischke, Musik von [Fritz] Kreisler, gegeben. Kreisler hat sich in Prag in einer äußerst abfälligen Weise über unseren Führer ausgesprochen. Wir haben gegen die Aufführung des Werkes scharfen Protest eingelegt, u. a. bei der Reichsleitung der NSDAP zu Händen des Herrn Pg. Hess. Wie wir nun hören, hat sich der Direktor Gruss des Deutschen Theaters bereit erklärt, das Werk abzusetzen, wenn ihm ein anderes dafür präsentiert wird. Wir wären Ihnen dankbar, wenn Sie uns das eine oder andere Werk empfehlen könnten. Nur müßte es sich für eine etwas revuemäßige Aufmachung eignen, weil das Deutsche Theater eigentlich Variété ist und nur Konzession für Revuen besitzt.»[82]

Am 23. August war die Antwort des Reichsverbands Deutsche Bühne nach München unterwegs: Die zuständigen Leute in Berlin wußten bereits von *Sissy* und beschäftigten sich wahrscheinlich mit dem Fall. Andere Dinge mußten aber richtiggestellt werden: In dem Brief aus München waren Franz Lehár und Künnecke allzu schnell von allen jüdischen Verbindungen freigesprochen worden: «Über [die beiden] besteht durchaus noch Unklarheit, insofern nämlich, als die Librettisten dieser beiden Operettenkomponisten fast ausnahmslos Juden sind. Ich beabsichtige in Kürze eine Liste herauszugeben, wo alle die Operetten verzeichnet stehen, deren Komponisten *und* Librettisten keine Juden sind.»[83] Im Dezember desselben Jahres erhielt der Reichsverband Deutsche Bühne eine weitere Anfrage vom Münchener Kampfbund, in der es um die Frage ging, ob Franz Lehár, Robert Stolz, Hans Meisel, Ralph

Benatzky und andere Komponisten Juden seien. Wieder kamen bei Lehár, Stolz und Benatzky die Librettisten zum Vorschein (die anderen Komponisten waren Juden).[84] Hitler hatte, das sollte erwähnt werden, eine besondere Vorliebe für Lehárs Operette *Die lustige Witwe*. War der Librettist des berühmtesten Werkes von Lehár zufällig etwa Jude? Und wenn ja, wußte Hitler das?

In einem Brief an den Preußischen Theaterausschuß vom 9. März 1934 erwähnte Schlösser «den Witz über [Meyerbeers Oper] *Die Hugenotten* (Protestanten und Katholiken erschießen sich, und ein Jude macht Musik dazu). ... Bei der nicht zu verkennenden Empfindlichkeit der breiteren Massen in der Judenfrage muß man m. E. auch solche psychologisch wichtige Tatsache ins Auge fassen.» Gegenüber Offenbach nahm Schlösser dieselbe Haltung ein, erwähnte aber, daß infolge von widersprüchlichen offiziellen Verlautbarungen zu dieser Frage ein Theater in Koblenz «nicht weniger als 3 Operetten von Offenbach ausgegraben» habe.[85]

Alles in allem hielt jedoch die Konfusion der Kulturwalter des neuen Regimes die Entjudung der Musik im Reich nicht auf. Jüdische Interpreten wie Artur Schnabel (der bald nach der Machtergreifung durch die NSDAP emigriert war), Jascha Heifetz und Yehudi Menuhin waren nun im Konzert ebensowenig mehr zu hören wie im Radio; jüdische Dirigenten waren geflohen und die Komponisten Arnold Schönberg, Kurt Weill und Franz Schreker desgleichen. Nach einem gewissen anfänglichen Zögern wurden Mendelssohn, Meyerbeer, Offenbach und Mahler nicht mehr aufgeführt. Das Mendelssohn-Denkmal, das vor dem Leipziger Gewandhaus gestanden hatte, wurde entfernt. Doch das war noch längst nicht alles: Händels alttestamentarische Oratorien verloren ihre ursprünglichen Titel und wurden arisiert, so daß sich *Judas Makkabäus* in *Der Feldmarschall: Ein Kriegsdrama* oder, alternativ dazu, in *Freiheitsoratorium: Wilhelm von Nassau* verwandelte; die erste Version stammte von Hermann Stephani, die zweite von Johannes Klöcking. Drei der größten Mozartopern, *Don Giovanni, Die Hochzeit des Figaro* und *Così fan tutte*, bereiteten ein spezielles Problem: Ihr Librettist, Lorenzo Da Ponte, war jüdischer Abstammung. Die erste Lösung war, auf die ursprüngliche italienische Version zu verzichten, aber das half nichts: die gängige deutsche Aufführungsversion war das Werk des jüdischen Dirigenten Hermann Levi. Es gab einen letzten Ausweg: Hastig mußte eine neue Übersetzung in reineres, unbeflecktes Deutsch angefertigt werden. Die neuen deutschen Übersetzungen der Libretti Da Pontes für den *Figaro* und *Così fan tutte* stammten von Siegfried Anheißer, einem Regisseur am Kölner Theater, und bis 1938 waren sie von 76 deutschen Opernhäusern übernommen worden.[86] Als Krönung des Ganzen sollten zwei große Enzyklopädien, *Judentum in der Musik*

A-B-C und *Lexikon der Juden in der Musik*, sicherstellen, daß in Zukunft keine Fehler mehr gemacht würden. Doch selbst Enzyklopädien waren nicht immer ausreichend: Das *Judentum in der Musik* erschien 1935; nach dem Anschluß jedoch waren die neuen Herren Österreichs erstaunt, als sie feststellten, daß der «Walzerkönig» Johann Strauß Juden in seiner Großfamilie hatte, und seine Geburtsurkunde verschwand aus den Wiener Archiven.[87]

Abteilung II 112 des SD (das Judenreferat) hatte gleichfalls ein Auge auf jüdische Musiker, tot oder lebendig. Am 27. November 1936 stellte sie fest, daß im Saal der Berliner Philharmonie unter den bekannten deutschen Komponisten immer noch ein Relief «des Juden Felix Mendelssohn-Bartholdy» angebracht war. Da die Aufführung von Stücken jüdischer Komponisten verboten worden war, «dürfte», so der Schluß des Vermerks, «eine Entfernung des Reliefs unbedingt zweckmäßig sein».[88] Einige Zeit später bemerkte die Abteilung, der jüdische Bassist Michael Bohnen sei «in letzter Zeit wieder im Film aufgetreten». Um seine Adressaten über Bohnen zu informieren, zitierte der anonyme Agent von II 112 die biographische Eintragung über den Sänger in der *Encyclopedia Judaica*.[89]

Was hätte es genutzt, alle unschönen jüdischen Namen aus der deutschen Welt der Kunst hinauszusäubern, wenn die Juden ihre Identität verschleiern konnten, indem sie arische Namen annahmen? Am 19. Juli 1935 unterbreitete Frick (der im Dezember 1934 damit begonnen hatte, gegen Namensänderungen zu kämpfen) als Resultat des Falles, den Gürtner in seiner Beschwerde gegen den *Stürmer* vorgestellt hatte, Hitler einen Entwurf, wonach es Ariern, welche Namen trugen, die gemeinhin als jüdisch galten, gestattet werden sollte, diese zu ändern. Juden würde es im allgemeinen nicht gestattet, ihren Namen zu ändern, es sei denn, ihr Name gebe Anlaß zu Spötteleien und Beleidigungen; in diesem Falle konnte ein anderer jüdischer Name gewählt werden.[90] Am 31. Juli übermittelte Lammers aus Berchtesgaden Hitlers Billigung.[91] Frick ließ es dabei nicht bewenden, und in einer Mitteilung vom 14. August brachte er bei Gürtner die Möglichkeit ins Gespräch, die Abkömmlinge von Juden, die zu Anfang des 19. Jahrhunderts fürstliche deutsche Namen angenommen hatten, zur erneuten Annahme eines jüdischen Namens zu zwingen; dies geschah, so schrieb er, auf Verlangen eines Reichstagsabgeordneten, Prinz von und zu Loewenstein.[92] Anscheinend kam es zu keiner Entscheidung, auch wenn Staatssekretär Hans Pfundtner damals die Reichsstelle für Sippenforschung anwies, Listen deutscher Namen zusammenzustellen, die seit der Emanzipation von Juden gewählt worden waren.[93] Bald sollte sich, wie wir sehen werden, die Strategie ändern: Statt gezwungen zu werden, ihre deutsch klingenden

4. Das neue Ghetto

Namen aufzugeben, sollten die Juden zusätzliche – und offensichtlich jüdische – Vornamen annehmen müssen.

Hans Hinkel kam 1935 in Goebbels' Ministerium, wo er einer der drei Geschäftsführer der Reichskulturkammer wurde. Bald danach kam zu den Titeln, die er bereits trug, eine ungewöhnliche neue Amtsbezeichnung hinzu: «Sonderbeauftragter für die Überwachung der geistig und kulturell tätigen Juden im deutschen Reichsgebiet».[94] Der neue Titel war insofern zutreffend, als sich Hinkel abgesehen von seinen wiederholten Säuberungsrazzien in der RKK jetzt rühmen konnte, er habe mit sanfter Nachhilfe die verschiedenen regionalen jüdischen Kulturbünde dazu veranlaßt, ihre relative Autonomie aufzugeben und zu Mitgliedern eines landesweiten Verbandes mit Sitz in Berlin zu werden. Die entscheidende Versammlung, auf der den Delegierten der Kulturbünde in sehr höflicher, aber unmißverständlicher Form erklärt wurde, Hinkel halte die Gründung einer einzigen Organisation für das ganze Reich für äußerst wünschenswert, fand am 27. und 28. April unter Teilnahme Hinkels und in der stillen Gegenwart von Gestapovertretern in Berlin statt.

Hinkel sprach zu den jüdischen Delegierten, wie er sagte, «im Vertrauen», und jede Enthüllung der Versammlung konnte zu «Unannehmlichkeiten» führen; die Entscheidung über die Bildung einer nationalen Organisation sollte wirklich der «freien Wahl» der Delegierten überlassen werden, aber der einzige Weg zur vernünftigen Lösung einer Vielzahl technischer Probleme bestand darin, eine einheitliche Organisation zu gründen. Kurt Singer, der auf Hinkels Geheiß die Versammlung einberufen hatte, war stark für eine derartige Vereinigung und anscheinend mit Staatssekretär Hinkel einer Meinung. Dieser und Singer leiteten die Versammlung so zügig, daß Singer am Ende der ersten Sitzung (der einzigen, an der Hinkel teilnahm) erklären konnte: «Ich mache hiermit dem Staatssekretär und den Herren von der Staatspolizei die offizielle Meldung, daß sich die anwesenden Delegierten einstimmig auf die Schaffung eines Dachverbandes der jüdischen Kulturbünde im Reich geeinigt haben.»[95]

In einer Rede von 1936 formulierte Hinkel noch einmal das unmittelbare Ziel der NS-Kulturpolitik hinsichtlich der Juden: Sie waren zur Entwicklung ihres eigenen kulturellen Erbes in Deutschland berechtigt, aber nur in völliger Isolierung von der allgemeinen Kultur. Jüdische Künstler «können ungehindert arbeiten, solange sie sich auf die Pflege des jüdischen Kunst- und Kulturlebens beschränken und solange sie nicht – offen, heimlich oder betrügerisch – unsere Kultur zu beeinflussen suchen».[96] Heydrich faßte die Nützlichkeit der Zentralisierung in etwas anderen Worten zusammen: «Die Gründung des Reichsverbandes jüdischer Kulturbünde erfolgte, um sämtliche jüdischen kulturellen Vereinigungen zur leichteren Erfassung und zentralen Überwachung zusammenzufassen.»[97] Alle jüdischen Kulturorganisationen, die dem neuen Reichsverband nicht angehörten, wurden verboten.

IV

Seit Anfang 1935 war unter Parteiradikalen erneut eine intensive antijüdische Hetze aufgetreten, und Unzufriedenheit und Unruhe verbreiteten sich unter den einfachen Parteimitgliedern und unter den SA-Mitgliedern, die immer noch wegen der Ermordung ihres Führers im vorangegangenen Jahr grollten. Fortdauernde wirtschaftliche Schwierigkeiten wie auch das Ausbleiben materieller und ideologischer Kompensationen für die große Zahl von Parteimitgliedern, die weder auf örtlicher noch auf nationaler Ebene Stellungen und Genugtuung finden konnten, führten zu zunehmender Agitation.

Eine erste Welle antijüdischer Vorfälle begann Ende März 1935; in den darauffolgenden Wochen verdichtete Goebbels' *Angriff* die pogromartige Atmosphäre.[98] Ein Hinweis des Innenministeriums auf bevorstehende antijüdische Gesetze und die Ausschließung der Juden aus der neuen Wehrmacht dämpften die wachsende Unruhe nicht.

Die erste Stadt, die antijüdische Unruhen in großem Umfang erlebte, war München, und ein sorgfältig abgefaßter Polizeibericht liefert eine recht präzise Beschreibung des Ablaufs der dortigen Ereignisse. Im März und April wurden jüdische Läden nachts mit Säure besprüht oder mit Inschriften wie «Jude», «Stinkender Jude», «Juden raus» und dergleichen beschmiert. Dem Bericht zufolge kannten die Täter den Streifenplan der Polizei genau und konnten daher in völliger Freiheit agieren. Im Mai begann das Einschlagen von Schaufensterscheiben in jüdischen Geschäften. Der Polizeibericht deutet auf die Beteiligung von Gruppen der Hitlerjugend an einem dieser frühen Vorfälle. Mitte Mai griffen die Täter dann nicht nur bei hellichtem Tage jüdische Läden an, sondern verübten auch Tätlichkeiten gegen deren Besitzer, gegen Kunden und manchmal sogar gegen arische Angestellte.

Am Samstag, dem 25. Mai, nahmen die Unruhen eine neue Dimension an. Im Laufe des Nachmittags hatten sich die Attacken auf jedes identifizierbar jüdische Geschäft in der Innenstadt ausgedehnt. Nach Angaben der Polizei waren die Täter «nicht allein Angehörige der NSDAP und ihrer Gliederungen», sondern zu ihnen gehörten auch «Gruppen sehr zweifelhafter Art». Am Spätnachmittag gab es vor dem Hauptbahnhof Zusammenstöße zwischen der Polizei und einer Ansammlung von etwa 400 Menschen (hauptsächlich österreichischen Nazis, die im SS-Hilfslager in Schleißheim trainierten); bald kam es in an-

4. Das neue Ghetto

deren Teilen der Stadt zu weiteren derartigen Begegnungen. Etwa um 18 Uhr versuchte eine Menge, das mexikanische Konsulat anzugreifen. Unter den Verhafteten waren, wie sich herausstellte, SS-Männer in Zivil. Erst gegen neun Uhr abends wurde in der bayerischen Hauptstadt wieder ein gewisses Maß an Ordnung hergestellt.[99]

Ein zweiter, größerer Ausbruch, einer, von dem häufiger die Rede ist, ereignete sich Mitte Juli in Berlin, hauptsächlich auf dem Kurfürstendamm, wo elegante Geschäfte, die Juden gehörten, immer noch relativ aktiv waren. Jochen Klepper, ein tiefreligiöser protestantischer Autor, dessen Frau Jüdin war, schrieb am 18./19. Juli in sein Tagebuch: «Antisemitische Ausschreitungen am Kurfürstendamm. ... Die Säuberung Berlins von Juden drohend angekündigt.»[100] Eine Woche später schrieb Klepper erneut über das, was auf dem Kurfürstendamm geschehen war: Jüdische Frauen waren ins Gesicht geschlagen worden; jüdische Männer hatten sich mutig verhalten. «Zu Hilfe kam ihnen niemand, weil jeder die Verhaftung fürchtet.»[101] Am 7. September wurde Klepper, der 1933 wegen seiner jüdischen Frau seine Stellung beim Radio verloren hatte, von dem kürzlich arisierten Verlag Ullstein, bei dem er eine Beschäftigung gefunden hatte, entlassen. An diesem Tage notierte er, daß die Schilder, die Juden den Zutritt zum Schwimmbad verboten, aufgestellt waren und daß selbst in der kleinen Straße, in der er mit seiner Frau spazierenging, an einem der Zäune dieselbe Warnung hing.[102]

Die Geheimberichte der Sozialdemokratischen Partei Deutschlands über die Lage im Reich (die sogenannten SOPADE-Berichte), die in Prag zusammengestellt wurden, beschrieben ausführlich, wie sich während der Sommermonate des Jahres 1935 antijüdische Gewalt in ganz Deutschland ausbreitete. Wie wir sahen, entzündete sich der Zorn der radikalen Nazis vor allem an Juden, die es wagten, öffentliche Schwimmbäder zu benutzen, an jüdischen Läden und Juden auf Marktplätzen und natürlich an jüdischen Rassenschändern. Manchmal wurden die falschen Ziele ausgewählt, wie etwa der Gestapo-Agent aus Berlin, der am 13. Juli im Schwimmbad in Kassel fälschlich für einen Juden gehalten und von SA-Aktivisten zusammengeschlagen wurde.[103] Meistens wurden jedoch keine Fehler gemacht. So fielen beispielsweise am 11. Juli fast 100 SA-Männer über den Viehmarkt in Fulda her (wie schon erwähnt, waren viele Viehhändler Juden) und griffen unterschiedslos sowohl die Händler als auch ihre Kunden an, wodurch einige von ihnen schwere Verletzungen davontrugen. Dazu heißt es im SOPADE-Bericht: «Vieh lief ziellos in den Straßen herum und konnte erst nach und nach eingefangen werden. Ganz Fulda war tagelang in Erregung.» Das *Jüdische Familienblatt* schrieb hintersinnig, die jüdischen Händler hätten Kühe auf den Markt gebracht, die einen ganzen Tag lang nicht gemolken worden waren; das hätte die Bevölkerung erzürnt und sie dazu veranlaßt, sich auf die Seite der leidenden Kühe zu schlagen und ihren jüdischen Peinigern entgegenzutreten.[104]

Druck, Gewalt und Indoktrination blieben nicht ohne Wirkung. Ein SOPADE-Bericht vom August 1935 führt eine eindrucksvolle Liste neuer, auf lokale Initiativen zurückgehender Maßnahmen gegen die Juden auf: «Bergzabern, Edenkoben, Höheinöd, Breunigweiler und andere Orte verbieten Juden den Zuzug und untersagen den Verkauf von Grund und Boden an Juden. ... Bad Tölz, Bad Reichenhall, Garmisch-Partenkirchen und das bayerische Hochland gewähren Juden keinen Zutritt mehr zu den Kuranlagen. In Apolda, Berka, Blankenstein, Sulza, Allstadt und Weimar (1 Kino) ist den Juden der Besuch der Lichtspieltheater verboten.» In Magdeburg durften Juden nicht die Bibliotheken benutzen; und an den Straßenbahnen hingen dort Schilder mit der Aufschrift «Juden unerwünscht!». Der Bericht führt Dutzende von anderen für Juden verbotenen Orten und Aktivitäten auf.[105]

Nicht alle Parteiführer widersetzten sich der Ausbreitung der antijüdischen Gewalttätigkeit. Der für Köln und Aachen zuständige Gauleiter Grohe beispielsweise war für die Intensivierung antijüdischer Aktionen, um «die etwas gedrückte Stimmung in Mittelstandskreisen» zu heben.[106] Dies war jedoch nicht die vorherrschende Position – nicht wegen potentieller negativer Reaktionen bei der Bevölkerung,[107] sondern hauptsächlich deshalb, weil es sich das Regime schlecht leisten konnte, innerhalb und außerhalb von Deutschland den Eindruck zu erwecken, es verliere die Kontrolle über seine eigenen Kräfte, indem es die Ausbreitung ungezügelter Gewalt zuließ, insbesondere angesichts der bevorstehenden Olympischen Spiele. Wiederholte Befehle, von nicht genehmigten antijüdischen Aktionen abzusehen, wurden von Heß und anderen in Hitlers Namen erlassen, aber ohne durchschlagenden Erfolg.

Für Schacht war die Ausbreitung antijüdischer Gewalt besonders unwillkommen. In den USA war der Wirtschaftsboykott gegen deutsche Waren wieder aufgeflackert. Am 3. Mai schickte der Wirtschaftsminister eine Denkschrift mit dem Titel «Betrifft Imponderabilien des Exportes» an Hitler; darin warnte er vor den ökonomischen Konsequenzen der neuen antijüdischen Kampagne. Zumindest nach außen hin stimmte Hitler Schacht völlig zu: Im jetzigen Stadium mußte die Gewalttätigkeit aufhören.[108]

In dieser Atmosphäre wurde von Schacht am 20. August 1935 im Wirtschaftsministerium eine Konferenz einberufen. Unter den Teilnehmern waren Innenminister Frick, Justizminister Gürtner, der preußische Finanzminister Johannes Popitz, der Gauleiter und bayerische Innenminister Adolf Wagner sowie Vertreter des SD, der Gestapo und des Rassenpolitischen Amtes der Partei.[109]

4. Das neue Ghetto

Frick eröffnete die Diskussion mit einer Beschreibung der zusätzlichen, am Parteiprogramm orientierten antijüdischen Gesetzgebung, die sich im Ministerium in Vorbereitung befand. Andererseits sprach er sich mit aller Entschiedenheit gegen die vorherrschenden wilden antijüdischen Attacken aus und empfahl hartes polizeiliches Durchgreifen.[110]

Wagner stimmte zu. Wie Frick war er für weitere juristische Maßnahmen gegen die Juden, er erwähnte aber, daß es in dieser Frage Meinungsunterschiede zwischen Partei und Staat und auch zwischen verschiedenen Abteilungen innerhalb des Staatsapparats selbst gebe. Nicht alles mußte sofort geschehen: seiner Ansicht nach waren zusätzliche Maßnahmen vorwiegend gegen Volljuden zu ergreifen, nicht gegen Mischlinge.[111] Doch Wagner beharrte darauf, daß auf Grund von Forderungen einer Mehrheit der Bevölkerung nach zusätzlichen antijüdischen Maßnahmen neue juristische Schritte gegen die Wirtschaftstätigkeit von Juden ergriffen werden sollten.[112] In diesem Stadium blieben Wagners Forderungen unberücksichtigt.

Der Einsatz ausschließlich juristischer Methoden war offensichtlich die Linie, die auf der Versammlung von dem Konservativen Gürtner verfolgt wurde: Es war gefährlich, wenn man die Radikalen mit dem Eindruck davonkommen ließ, daß sie in Wirklichkeit das durchführten, was die Regierung wollte, wozu sie aber selbst wegen möglicher internationaler Konsequenzen nicht in der Lage war. «Der Grundsatz des Führerstaates», argumentierte Gürtner, «muß demgegenüber durchgesetzt werden.»[113]

Wie nicht anders zu erwarten war, hob Schacht den Schaden hervor, den die antijüdischen Unruhen verursachten, und warnte, die sich entwickelnde Situation könne die ökonomische Basis der Wiederbewaffnung bedrohen. Er stimmte zu, daß das Parteiprogramm durchgeführt werden müsse, meinte aber, daß die Durchführung ausschließlich in einem Rahmen juristischer Vorschriften stattzufinden habe.[114] Schachts Motive waren, wie wir sahen, durch kurzfristige ökonomische Nützlichkeit diktiert. Die Ergebnisse der Versammlung wurden Hitler zur Kenntnis gebracht, und die von Frick entworfenen Maßnahmen wurden in der Zeit von Ende August bis Anfang September weiter ausgearbeitet.[115]

Heydrich, damals Chef des SD und Leiter des zentralen Amts der Gestapo (Gestapa) in Berlin, nahm an der Versammlung teil. In einer Denkschrift an alle Teilnehmer der Besprechung vom 9. September wiederholte er die Punkte, die er auf der Konferenz ausgeführt hatte. In diesem Dokument umriß Heydrich eine Reihe von Maßnahmen, die auf eine weitere Absonderung der Juden und, wenn möglich, auf die Aufhebung ihrer Rechte als Bürger zielten. Alle Juden in Deutschland sollten unter Fremdenrecht gestellt werden. Im Gegensatz zu dem, was oft behauptet wird, wies Heydrich jedoch nicht darauf hin, daß die Auswanderung aller Juden das zentrale Ziel der NS-Politik sein sollte. Nur im letzten Satz der Denkschrift brachte der SD-Chef immerhin die Hoffnung zum Ausdruck, daß die von ihm vorgeschlagenen restriktiven Maßnahmen die Juden dem Zionismus zuführen und ihre Motivation zur Auswanderung stärken würden.[116]

Am 8. August hatten sowohl der *Angriff* als auch der *Völkische Beobachter* unter der Schlagzeile «Recht und Prinzip in der Judenfrage» eine Ankündigung des Chefs der deutschen Ordnungspolizei, SS-Obergruppenführer Kurt Daluege, veröffentlicht, wonach aus der Kriminalstatistik hervorgehe, daß Juden in allen Bereichen des Verbrechens führend seien. Beide Zeitungen beklagten sich später über den Mangel an Aufmerksamkeit für diese Frage in der ausländischen Presse; ausländische Zeitungen, die die Geschichte gebracht hatten, hatten sie als Vorbereitung neuer antijüdischer Maßnahmen interpretiert – besonders bösartige Anschuldigungen, wie der *Angriff* meinte.[117]

V

Am Nachmittag des 15. September 1935 marschierte die Abschlußparade des jährlich stattfindenden Nürnberger Parteitags an Hitler und der obersten Führung der NSDAP vorüber. Der Reichsparteitag der Freiheit ging zu Ende. Um 8 Uhr an diesem Abend wurde im Saal des Nürnberger Kulturbundes eine ungewöhnliche Sitzung des Reichstags eröffnet. Es war das erste und letzte Mal unter Hitlers Herrschaft, daß der Reichstag außerhalb von Berlin zusammentrat. Tagungsort eines Deutschen Reichstages (damals der Versammlung der Reichsstände) war Nürnberg zum letzten Mal im Jahre 1543 gewesen.[118]

In seiner Rede ging Hitler kurz auf die unbeständige internationale Lage ein, die Deutschland dazu gezwungen hatte, mit dem Wiederaufbau einer Armee zu beginnen, um seine Freiheit zu verteidigen. Drohend erwähnte er die litauische Kontrolle über Memel, eine von einer deutschen Bevölkerungsmehrheit bewohnte Stadt. Die Bedrohung, die der internationale Bolschewismus darstellte, wurde nicht vergessen: Hitler warnte, jeder Versuch der Kommunisten, in Deutschland wieder Fuß zu fassen, werde schnell unterdrückt werden. Dann wandte er sich dem Hauptthema seiner Ansprache zu – den Juden:

Die Juden standen hinter der zunehmenden Spannung zwischen den Völkern. Im Hafen von New York hatten sie auf dem Passagierdampfer *Bremen* die deutsche Flagge beleidigt, und sie setzten erneut einen Wirtschaftsboykott gegen Deutschland in Gang. In Deutschland selbst rief ihr provozierendes Verhalten zunehmend Beschwerden von allen Seiten hervor. Hiermit legte Hitler den Hintergrund fest. Dann kam er zu seinem Hauptpunkt: «Soll dieses Vorgehen nicht zu sehr entschlossenen, im einzelnen nicht übersehbaren Abwehraktionen der empörten Bevölkerung führen, bleibt nur der Weg einer gesetzlichen Regelung des Problems übrig. Die deutsche Reichsregierung ist dabei beherrscht von dem Gedanken, durch eine einmalige säkulare Lösung vielleicht doch eine Ebene schaffen zu können, auf der es dem deutschen Volke möglich wird, ein erträgliches Verhältnis zum jüdischen Volk finden zu können. Sollte sich diese Hoffnung nicht erfüllen, die innerdeutsche und internationale jüdische Hetze ihren Fortgang nehmen, wird eine neue Überprüfung der Lage stattfinden.»

Nach der Aufforderung an den Reichstag, die Gesetze zu verabschieden, die Göring jetzt verlesen würde, schloß Hitler seine Ansprache mit einem kurzen Kommentar zu jedem der drei Gesetze: «Das erste und zweite Gesetz tragen eine Dankesschuld an die Bewegung ab, unter deren Symbol Deutschland die Freiheit zurückgewonnen hat, indem es das Programm der Nationalsozialistischen Partei in einem wichtigen Punkt erfüllt. Das dritte ist der Versuch der gesetzlichen Regelung eines Problems, das im Falle des abermaligen Scheiterns dann durch Gesetz zur endgültigen Lösung der Nationalsozialistischen Partei übertragen werden müßte. Hinter allen drei Gesetzen steht die Nationalsozialistische Partei und mit ihr und hinter ihr die Nation.»[119] Die Drohung war unmißverständlich.

Das erste Gesetz, das Reichsflaggengesetz, proklamierte, daß fortan Schwarz, Weiß und Rot die Nationalfarben seien und daß die Hakenkreuzfahne die Nationalfahne sei.[120] Das zweite, das Reichsbürgergesetz, etablierte den grundlegenden Unterschied zwischen «Reichsbürgern», denen die vollen politischen und bürgerlichen Rechte zustanden, und «Staatsangehörigen», die dieser Rechte jetzt beraubt waren. Nur wer deutschen oder artverwandten Blutes war, konnte Bürger sein. Somit hatten die Juden von diesem Augenblick an, was ihre Bürgerrechte anging, tatsächlich einen Status, der dem von Ausländern ähnelte. Das dritte, das Gesetz zum Schutze des deutschen Blutes und der deutschen Ehre, verbot Eheschließungen und außereheliche Beziehungen zwischen Juden und Bürgern deutschen oder artverwandten Blutes. Ehen, die diesem Gesetz zuwider geschlossen wurden, galten als nichtig, auch wenn sie außerhalb von Deutschland geschlossen waren. Juden war es nicht gestattet, in ihren Haushalten weibliche deutsche Hausangestellte unter 45 Jahren zu beschäftigen.[121] Schließlich wurde es Juden verboten, die Reichsflagge zu hissen (ein Verstoß gegen die deutsche Ehre), aber es war ihnen gestattet, ihre eigene Flagge zu zeigen.

Die Präambel zum dritten Gesetz legte seine sämtlichen Implikationen offen: «Durchdrungen von der Erkenntnis, daß die Reinheit des deutschen Blutes die Voraussetzung für den Fortbestand des Deutschen

Volkes ist, und beseelt von dem unbeugsamen Willen, die Deutsche Nation für alle Zukunft zu sichern, hat der Reichstag einstimmig das folgende Gesetz beschlossen, das hiermit verkündet wird.»[122] Unmittelbar hierauf folgte Paragraph 1: «Eheschließungen zwischen Juden und Staatsangehörigen deutschen oder artverwandten Blutes sind verboten.» Die Beziehung der Präambel zum Text des Gesetzes ließ das Ausmaß der rassischen Gefahr erkennen, die der Jude darstellte.

Dem *Völkischen Beobachter* vom 17. September zufolge nahm Hitler auf einer Zusammenkunft mit «führenden Persönlichkeiten der Partei» später am selben Abend «die Gelegenheit wahr, die Bedeutung der neu erlassenen Gesetze zu unterstreichen und darauf hinzuweisen, daß die nationalsozialistische Gesetzgebung die einzige Möglichkeit eröffne, mit den in Deutschland lebenden Juden in ein erträgliches Verhältnis zu kommen. Der Führer betonte insbesondere, daß den Juden in Deutschland nach diesen Gesetzen Möglichkeiten ihres völkischen Eigenlebens auf allen Gebieten eröffnet würden, wie sie bisher in keinem anderen Lande zu verzeichnen wären.»[123] «Im Hinblick darauf», so der Bericht weiter, «erneuerte der Führer den Befehl für die Partei, jede Einzelaktion gegen Juden wie bisher zu unterlassen.»[124]

In einem Interview, das er am 27. November 1935 Hugh Baillie, dem Präsidenten der amerikanischen Nachrichtenagentur United Press, gewährte, brachte Hitler mit ganz eindeutiger Blickrichtung auf das amerikanische Publikum die antijüdischen Gesetze in Zusammenhang mit der Gefahr bolschewistischer Agitation.[125]

Oberflächlich betrachtet, bedeuteten die Nürnberger Gesetze nicht das Ende jüdischen Lebens in Deutschland. «Wir haben ... *gar* kein Interesse daran, die Juden zu zwingen, ihr Geld im Auslande auszugeben», erklärte Goebbels auf einer Versammlung von Propagandaoffizieren, die am Tag nach dem Parteitag in Nürnberg abgehalten wurde. «Sie sollen es hier ausgeben. Man soll sie nicht in *jedes* Bad hineinlassen, aber man soll sagen: Wir haben hier oben an der Ostsee – sagen wir einmal: hundert Bäder; *eins* davon, da kommen die Juden hin, da kriegen sie jüdische Kellner und jüdische Geschäftsdirektoren und jüdische Badedirektoren und da können sie ihre jüdischen Zeitungen lesen, da wollen wir gar nichts von wissen; das soll nicht das *schönste* Bad sein, sondern vielleicht das schlechteste, das wir haben, das geben wir ihnen [Heiterkeit], – und in den *anderen*, da sind wir unter uns. Das halte ich für richtig. Denn wir können ja die Juden nicht wegschieben, sie sind ja da. Wir besitzen keine Insel, auf die wir die –, auf die wir sie transportieren könnten. Wir müssen ja damit rechnen.»[126]

Zwei verschiedene Zeugnisse aus den Tagen nach dem Parteitag berichten von Hitlers eigenen Absichten hinsichtlich der Zukunft der Ju-

4. Das neue Ghetto 161

den. Nach Aussagen von Fritz Wiedemann, der dann Hitlers Adjutant werden sollte, schilderte der Führer die bevorstehende Situation einem kleinen Kreis von Parteimitgliedern: «Heraus aus allen Berufen, Ghetto, eingesperrt in ein Territorium, wo sie sich ergehen können, wie es ihrer Art entspricht, während das deutsche Volk zusieht, wie man wilde Tiere sich ansieht.»[127] Aus der Perspektive des Jahres 1935 hätte diese territoriale Isolierung der Juden *in* Deutschland stattfinden müssen (das wird durch die Bemerkung über das deutsche Volk als Zuschauer bekräftigt). So wiederholte Goebbels wahrscheinlich das, was er von Hitler gehört hatte. Das zweite Zeugnis lautete ganz anders.

Am 25. September 1935 berichtete Walter Groß, der Leiter des Rassenpolitischen Amtes der Partei, den Regionalleitern seiner Organisation die Interpretation der Nürnberger Gesetze, die ihm Hitler gegeben hatte, und vor allem, wie dieser die nächsten Schritte in der antijüdischen Politik sah.

Es ist bemerkenswert, daß Hitler erneut, nachdem er einen großen Schritt in Übereinstimmung mit seinen ideologischen Zielen getan hatte, darauf zielte, dessen extremste Konsequenzen auf taktischer Ebene zu entschärfen. Bei dem Zusammentreffen mit Groß warnte er die Partei vor Übereilung, sowohl bei der Ausdehnung des Geltungsbereichs der neuen Gesetze als auch im Hinblick auf direkte ökonomische Aktionen gegen die Juden. Für Hitler blieb das Ziel die Beschränkung des jüdischen Einflusses in Deutschland und die Trennung der Juden vom Körper der Nation; «stärkere Auswanderung» aus Deutschland war notwendig. Wirtschaftliche Maßnahmen würden die nächste Stufe darstellen, aber sie durften keine Situation schaffen, die die Juden in eine öffentliche Last verwandeln würde; darum brauchte man sorgfältig kalkulierte Schritte. Was die Mischlinge anging, so favorisierte Hitler ihre Assimilierung im Laufe einiger Generationen – um eine Schwächung des deutschen Kriegspotentials zu verhindern. In den letzten Worten des Gesprächs war der pragmatische Ansatz plötzlich verschwunden; in dem von Groß angefertigten Protokoll heißt es: «An dieser Stelle erklärte er noch, daß er in dem Falle eines Krieges auf allen Fronten bereit zu allen Konsequenzen sei.»[128]

5.

Der Geist der Gesetze

I

Anfang August 1935, wenige Wochen vor dem Nürnberger Parteitag, entschied Hitler, daß sechs jüdische oder zum Teil jüdische Professoren der Universität Leipzig, die bis dahin durch die Ausnahmeklauseln des Beamtengesetzes geschützt worden waren, pensioniert werden mußten. Am 26. August trafen zwei Beamte des sächsischen Erziehungsministeriums zu einer Besprechung in der Reichskanzlei ein; sie wollten klären, ob von nun an *alle* nichtarischen Beamten in den Ruhestand zu versetzen seien. Ministerialrat Wienstein teilte ihnen folgendes mit:

«Grundsätzlich sei nach wie vor von Fall zu Fall zu entscheiden. Bei der Behandlung des Einzelfalles werde jedoch in Betracht zu ziehen sein, daß die Auffassungen über die Behandlung der Nichtarier inzwischen strenger geworden seien. Zur Zeit der Herausgabe des Berufsbeamtengesetzes habe unzweifelhaft die Absicht bestanden, den Nichtariern den in § 3, Abs. 2 BBG umrissenen Schutz uneingeschränkt zu gewähren. Die neuere Entwicklung habe jedoch dahin geführt, daß die Nichtarier einen Anspruch auf Belassung im Dienst auf Grund der angeführten Vorschrift nicht mehr geltend machen könnten. Darüber könne vielmehr, wie Herr Ministerialrat Wienstein wiederholt bemerkte, nur von Fall zu Fall entschieden werden.»[1]

Tatsächlich waren seit einigen Monaten jüdische Professoren, die vorgeblich noch durch die Ausnahmeregelungen geschützt waren, entlassen worden. Victor Klemperer hatte am 30. April in der Post seine Entlassungsurkunde vorgefunden. Sie war über das sächsische Erziehungsministerium geschickt worden und trug die Unterschrift von Reichsstatthalter Martin Mutschmann.[2] Innerhalb von wenigen Monaten gab es im Gefolge des neuen Reichsbürgergesetzes keine Ausnahmen mehr, und alle noch verbliebenen jüdischen Professoren wurden entlassen.

Über den Ursprung der Nürnberger Gesetze hat es viele Diskussionen gegeben: Waren sie das Resultat einer aufs Geratewohl getroffenen Entscheidung oder das Ergebnis eines allgemeinen Plans, der darauf zielte, Schritt für Schritt die Juden aus der deutschen Gesellschaft auszuschließen und sie schließlich vom Territorium des Reiches zu verbannen? Je nachdem, welche Ansicht man vertritt, läßt sich die Art und Weise, in der Hitler sowohl in jüdischen als auch in anderen Angelegenheiten seine Entscheidungen traf, unterschiedlich interpretieren.

Wie wir sahen, hatte Hitler die Idee eines neuen Staatsbürgerschaftsgesetzes seit Beginn seines Regimes im Kopf gehabt. Im Juli 1933 begann eine Beratungskommission für Bevölkerungs- und Rassenpolitik im Innenministerium mit der Arbeit an Entwürfen für ein Gesetz, das dazu gedacht war, die Juden von vollen Bürgerrechten auszuschließen.[3] Seit Anfang 1935 häuften sich die Anzeichen für das Bevorstehen derartiger Veränderungen. In den Frühjahrs- und Sommermonaten dieses Jahres wurden Anspielungen auf sie von verschiedenen führenden Persönlichkeiten in Deutschland – von Frick, Goebbels und Schacht – gemacht; die ausländische Presse, insbesondere die Londoner *Jewish Chronicle* und die *New York Times*, veröffentlichte ähnliche Informationen, und nach Berichten der Gestapo sprachen Führer der deutschen Juden wie der Rabbiner Joachim Prinz offen von einem neuen Staatsbürgerschaftsgesetz, das die Juden in «Staatsangehörige» verwandeln würde; ihre Informationen waren anscheinend durchaus präzise.[4]

Gleichzeitig stießen, wie wir ebenfalls sahen, Mischehen in zunehmendem Maße auf Widerstand bei den Gerichten, was dazu führte, daß Frick im Juli die Formulierung neuer Gesetze auch in diesem Bereich ankündigte. Im selben Monat legte das Justizministerium einen Entwurf für das Verbot von Ehen zwischen Juden und Deutschen vor. Von da an war das Thema Gegenstand laufender Konsultationen zwischen den Ministerien.[5] So wurde, was auch immer der unmittelbare Grund für Hitlers Entscheidung gewesen sein mag, sowohl das Thema der Staatsbürgerschaft als auch das der Mischehen sehr ausführlich auf der Beamtenebene und innerhalb der Partei diskutiert, und verschiedene Anzeichen deuteten darauf hin, daß eine neue Gesetzgebung bevorstand. Als übrigens Goebbels in einem Gespräch das Thema der «Judenüberheblichkeit» anschnitt, bemerkte Hitler kryptisch: «In vielem wird es nun bald Änderung geben.»[6]

Von Historikern, welche die Planlosigkeit der NS-Maßnahmen hervorheben, ist die Auffassung vertreten worden, daß Hitler bis zum 13. September vorgehabt habe, eine große außenpolitische Erklärung über die Lage in Abessinien abzugeben, daß er davon aber im letzten Moment durch Außenminister Neurath abgebracht wurde. Diese Hypothese wird durch keinen Beweis gestützt, mit Ausnahme einer zweifelhaften Zeugenaussage bei den Nürnberger Prozessen, die von Bernhard Lösener, dem «Rassereferenten» des Innenministeriums, stammt. (Bei der Verhandlung lag es in Löseners Interesse zu zeigen, daß es für die Rassengesetze von 1935 keine langandauernde Planung gegeben hatte, denn an einer derartigen Planung wäre er zwangsläufig beteiligt gewesen.)[7]

In seiner Eröffnungsansprache vom 11. September auf dem Nürnberger Parteitag warnte Hitler, der Kampf gegen die internationalen Feinde der Nation würde nicht durch Schwächen der Bürokratie vereitelt werden: Der Wille der Nation – das heißt, der Partei – würde notfalls eintreten, wenn sich bürokratische Unzulänglichkeiten bemerkbar machen sollten. Genau in diesem Sinne beendete Hitler seine Schlußansprache vom 15. September, als er auf die Lösung des Judenproblems einging. Somit lag anscheinend das grundlegende Motiv für die Forcierung der antijüdischen Gesetzgebung darin, sich mit dem spezifischen innenpolitischen Klima, von dem bereits die Rede war, auseinanderzusetzen.

In dem labilen Gleichgewicht, das zwischen der Partei einerseits, der staatlichen Verwaltung und der Reichswehr andererseits existierte, hatte Hitler 1934 den Staatsapparat begünstigt, indem er die SA enthauptete. Außerdem warnte Hitler Anfang 1935, als es zu Spannungen zwischen der Reichswehr und der SS kam, die Partei «vor Übergriffen auf die Armee und bezeichnete die Reichwehr als den ‹einzigen Waffenträger›».[8] Es wurde Zeit, sich der anderen Seite zuzuneigen, besonders da die Unzufriedenheit in den unteren Rängen der Partei zunahm. Kurz, die Nürnberger Gesetze sollten allen kundtun, daß die Rolle der Partei alles andere als ausgespielt war – ganz im Gegenteil. So würde die Masse der Parteimitglieder beruhigt, individuelle Gewaltakte gegen Juden würden durch die Aufstellung klarer «legaler» Richtlinien beendet, und der politische Aktivismus würde auf wohldefinierte Ziele hingelenkt werden. Die Hinzuziehung des Reichstages und des diplomatischen Korps zum Parteitag war als Reverenz an die Partei anläßlich ihrer wichtigsten Jahresfeier gedacht, und das war unabhängig davon, ob es in der Haupterklärung um die Außenpolitik, die deutsche Fahne oder die Judenfrage gehen sollte. Die Vorarbeiten für die Judengesetzgebung waren beendet, und Hitler konnte leicht dazu übergehen, im allerletzten Moment die abschließenden Verfügungen anfertigen zu lassen.

Die Bedingungen, unter denen die Ausarbeitung der Gesetze stattfand, sind aus einem anderen Bericht von Lösener bekannt, und zwar einem, den er 1950 geschrieben hat und in dem die Formulierung der Verordnungen an den letzten beiden Tagen des Parteitages geschildert wird.[9] Lösener hatte keinen Grund, ein falsches Bild dieser beiden hektischen Tage zu zeichnen, mit Ausnahme des Verschweigens der Tatsache, daß bis dahin schon viel Vorarbeit geleistet worden war. Nach Angaben Löseners wurden am Abend des 13. September er und Franz Albrecht Medicus, sein Kollege aus dem Innenministerium, eilig von Berlin nach Nürnberg beordert. Dort wurde ihnen von den Staatssekretären Pfundtner und Stuckart mitgeteilt, daß Hitler, der das Flaggengesetz als

5. Der Geist der Gesetze

ungenügende Basis für eine Einberufung des Reichstages ansah, die Anfertigung eines Gesetzes anordnete, welches Ehen und außereheliche Beziehungen zwischen Juden und Ariern sowie die Beschäftigung arischer Hausgehilfinnen in jüdischen Familien behandelte. Am nächsten Tage verlangte Hitler ein Staatsbürgerschaftsgesetz, das umfassend genug sein sollte, um die spezieller rassenbiologisch ausgerichtete antijüdische Gesetzgebung zu untermauern. Die Partei und insbesondere solche Einzelpersonen wie Gerhard Wagner, schrieb Lösener, bestanden auf der umfassendsten Definition des Juden, einer, die selbst «Vierteljuden» (Mischlinge zweiten Grades) mit Volljuden gleichgesetzt hätte. Hitler selbst verlangte vier Versionen des Gesetzes, die von der engsten (Version D) bis zu der umfassendsten Version (Version A) reichten. Am 15. September um halb drei Uhr nachts erklärte er sich mit den Entwürfen zufrieden.[10]

Hitler entschied sich für Version D. Doch in einem typischen Zug, der diese scheinbare «Mäßigung» zunichte machte und die Tür für weitere Ausweitungen des Geltungsbereichs der Gesetze offen ließ, strich Hitler einen entscheidenden Satz durch, den Stuckart und Lösener in den Text eingefügt hatten: «Dieses Gesetz gilt nur für Volljuden.» Dieser Satz war dazu bestimmt, Mischlinge aus der Gesetzgebung auszuschließen; nun hing auch ihr Schicksal in der Schwebe. Hitler befahl, daß der von Stukkart und Lösener formulierte Satz in den offiziellen Ankündigungen der Gesetze, die das Deutsche Nachrichtenbüro (die offizielle deutsche Nachrichtenagentur) verbreitete, beibehalten werden sollte.[11] Er tat dies wahrscheinlich, um die öffentliche Meinung im Ausland und möglicherweise diejenigen Sektoren der deutschen Bevölkerung zu beschwichtigen, die direkt oder indirekt von den Gesetzen betroffen wurden, aber in allen weiteren Veröffentlichungen des vollständigen Textes sollte der Satz fehlen.

Es gibt einen plausiblen Grund dafür, daß Hitler, wenn er den Plan hatte, die Gesetze auf dem Nürnberger Parteitag zu verkünden, mit dem Auftrag für das Entwerfen der abschließenden Versionen bis zum allerletzten Moment wartete: Seine Methode war die von plötzlichen Schlägen, die dazu bestimmt waren, seine Gegner aus der Fassung zu bringen und sie mit vollendeten Tatsachen zu konfrontieren, von Schlägen, die wirkungsvolle Reaktionen nahezu unmöglich machten, wenn eine größere Krise vermieden werden sollte. Wäre ihm die antijüdische Gesetzgebung Wochen vor dem Kongreß vorgelegt worden, dann hätten technische Einwände aus der Staatsbürokratie den Prozeß behindern können. Entscheidend war das Überraschungsmoment.

In den Tagen und Wochen, die auf Nürnberg folgten, übten Parteiradikale, die der Wagnerschen Linie nahestanden, beträchtlichen Druck aus, um ihre Forderungen hinsichtlich des Status von Mischlingen in die Verordnungen zu den beiden Hauptgesetzen von Nürnberg wieder einzuführen. Hitler selbst sollte die Entscheidung über «Mischlinge ersten Grades» auf einer geschlossenen Parteiversammlung, die für den 29. September in München anberaumt war, verkünden. Die Versammlung fand statt, aber Hitler verschob die Ankündigung seiner Entscheidung.[12] Tatsächlich dauerte die Konfrontation hinsichtlich des Themas Mischlinge zwischen den Parteiradikalen Wagner und Gütt (letzterer gehörte formal dem Innenministerium an) einerseits und den Spezialisten des Innenministeriums Stuckart und Lösener andererseits vom 22. September bis zum 6. November, wobei Hitler von beiden Seiten mehrfach um eine Meinungsäußerung gebeten wurde.[13]

In einem frühen Stadium der Debatte einigten sich beide Seiten darauf, daß Dreivierteljuden (Personen mit drei jüdischen Großeltern) als Juden angesehen werden sollten und daß Vierteljuden (ein jüdischer Großelternteil) Mischlinge waren. Die gesamte Konfrontation konzentrierte sich auf den Status der Halbjuden (zwei jüdische Großeltern). Während die Partei die Halbjuden in die Kategorie der Juden einbeziehen oder zumindest eine offizielle Behörde darüber befinden lassen wollte, wer von ihnen Jude war und wer Mischling, beharrte das Ministerium darauf, sie in die Kategorie der Mischlinge aufzunehmen (zusammen mit den Vierteljuden). Die abschließende Entscheidung, die Hitler traf, stand den Forderungen des Ministeriums viel näher als denen der Partei. Halbjuden waren Mischlinge; nur als Resultat ihrer persönlichen Entscheidung (nicht als Resultat der Entscheidung einer offiziellen Behörde) wurden sie zu Juden – entweder durch die Wahl eines jüdischen Ehepartners oder durch Zugehörigkeit zur jüdischen Religionsgemeinschaft.[14]

Die ergänzenden Verordnungen wurden schließlich am 14. November veröffentlicht. Die Erste Verordnung zum Reichsbürgergesetz definierte als Juden alle Personen, die mindestens drei volljüdische Großeltern hatten oder die zwei jüdische Großeltern hatten und mit einem jüdischen Ehepartner verheiratet waren oder zum Zeitpunkt der Veröffentlichung des Gesetzes der jüdischen Religion angehörten oder die zu einem späteren Datum solche Bindungen eingingen. Mit Wirkung vom 14. November waren die bürgerlichen Rechte von Juden aufgehoben, ihre Wahlrechte beseitigt; jüdische Beamte, die infolge ihres Status als Frontkämpfer oder aus damit zusammenhängenden Gründen ihre Stellungen behalten hatten, wurden zwangspensioniert.[15] Am 21. Dezember verfügte eine zweite Verordnung die Entlassung jüdischer Professoren, Lehrer, Ärzte, Rechtsanwälte und Notare, die im Staatsdienst standen und denen Ausnahmen gewährt worden waren.

Die verschiedenen Kategorien verbotener Eheschließungen wurden in der Ersten Verordnung zum Gesetz zum Schutze des deutschen Blutes und der deutschen Ehre ausgeführt: Untersagt waren Heiraten zwischen einem Juden und einem Mischling mit einem jüdischen Großelternteil; zwischen einem Mischling und einem anderen, von denen jeder einen jüdischen Großelternteil hatte; und zwischen einem Mischling mit zwei jüdischen Großeltern und einem Deutschen (das letztgenannte Verbot konnte durch eine Sondergenehmigung vom Innenminister oder vom Stellvertreter des Führers aufgehoben werden).[16] Mischlinge ersten Grades (zwei jüdische Großeltern) konnten Juden heiraten – und dadurch zu Juden werden – oder untereinander heiraten, in der Annahme, daß sich derartige Paare gewöhnlich entschieden, kinderlos zu bleiben, wie aus dem empirischen Material hervorging, das der Jenaer Professor für Rassenanthropologie, Hans F. K. Günther, gesammelt hatte.[17] Schließlich konnten Bürgerinnen deutschen Blutes, die zur Zeit der Veröffentlichung des Gesetzes in einem jüdischen Haushalt beschäftigt waren, ihre Arbeit nur dann fortsetzen, wenn sie bis zum 31. Dezember 1935 das 45. Lebensjahr vollendet hatten.[18]

In einem Rundschreiben vom 2. Dezember, das an alle zuständigen Parteidienststellen gerichtet war, formulierte Heß noch einmal die wichtigsten Vorschriften der Verordnung vom 14. November, um zu erklären, welche Absicht hinter den Ehebestimmungen stand, die für beide Arten von Mischlingen galten: «Die jüdischen Mischlinge, also die Viertels- und Halbjuden, werden in der Ehegesetzgebung unterschiedlich behandelt. Die Regelung geht von der Tatsache aus, daß die Mischrasse der deutschjüdischen Mischlinge in jedem Fall – blutmäßig und politisch – unerwünscht ist und baldigst verschwinden muß.» Nach den Ausführungen von Heß stellte das Gesetz sicher, «daß die deutsch-jüdischen Mischlinge in der jetzigen oder der nächsten Generation entweder der Gruppe der Juden oder der der Staatsangehörigen deutschen oder artverwandten Blutes angehören». Dadurch, daß die Vierteljuden nur vollblütige deutsche Ehepartner heiraten durften, würden sie zu Deutschen werden, und dies werde, so Heß, geschehen, «ohne daß das 65-Millionen-Volk der Deutschen durch die Aufsaugung dieser hunderttausend Vierteljuden in seiner Erbmasse merklich verändert bezw. verschlechtert werden kann». Die Erklärungen des Stellvertreters des Führers zu den Halbjuden waren etwas gewundener, da es für sie kein absolutes Verbot gab, Deutsche oder Vierteljuden zu heiraten, sofern sie die Genehmigung des Stellvertreters des Führers erhielten. Heß erkannte, daß dieser Aspekt der Gesetzgebung den Wünschen der Partei zuwiderlief, und erklärte lakonisch, die Entscheidung sei aus «politischen Gründen» getroffen worden. Die allgemeine Politik war jedoch die, Halbjuden dazu zu zwingen, ausschließlich Juden zu heiraten und sie so von der jüdischen Gruppe absorbieren zu lassen[19] – ein Beweis für den Wunsch Hitlers (wie er ihn Walter Groß gegenüber formulierte), die Mischlinge verschwinden zu lassen.

Wie viele Menschen waren von den Nürnberger Gesetzen betroffen? Nach einer Statistik, die das Innenministerium am 3. April 1935 vorlegte, lebten damals in Deutschland etwa 750 000 Mischlinge ersten und zweiten Grades. In diesem Dokument, das die Unterschrift Pfundtners trug und Hitler von seinem Wehrmachtsadjutanten, Oberst Friedrich Hoßbach, vorgelegt wurde, war nicht klar, wie diese Summe errechnet war. (Tatsächlich räumte das Ministerium ein, daß es kein präzises Verfahren gab, um eine derartige Schätzung abzugeben.) Neben den Mischlingen führte das Dokument auch 475 000 Volljuden auf, die der jüdischen Religion angehörten, und 300 000 Volljuden, die ihr nicht angehörten, was eine Gesamtzahl von etwa 1,5 Millionen oder 2,3 Prozent der deutschen Bevölkerung ergab. Eine weitere Zahl war wahrscheinlich auf Hitlers Anforderung hin genannt: In dieser Summe enthalten waren 728 000 Männer, davon etwa 328 000 im wehrfähigen Alter.[20]

Selbst nach der Verkündung der Gesetze und der ersten ergänzenden Verordnungen im November hatte Rudolf Heß in seinem Rundschreiben falsche Zahlen – er gab die Gesamtzahl der Mischlinge mit 300 000 an.[21] Auch diese Zahl war übertrieben.

Neuere Untersuchungen setzen die Zahl der Mischlinge zum Zeitpunkt der Verordnungen mit etwa 200 000 an.[22] Eine detaillierte demographische Untersuchung, die von der *C.V.-Zeitung* (der Zeitung des Central-Vereins der deutschen Juden) durchgeführt und am 16. Mai 1935 veröffentlicht worden war, war zu demselben Ergebnis gekommen. Dieser Darstellung zufolge lebten in Deutschland damals etwa 450 000 Volljuden (die vier jüdische Großeltern hatten und der jüdischen Religion angehörten). «Nichtjüdische Nichtarier» – unter ihnen konvertierte Volljuden und konvertierte Mischlinge mit ein bis drei jüdischen Großeltern – zählten etwa 250 000. Da der Verfasser der Untersuchung 50 000 konvertierte Volljuden und 2000 konvertierte Dreivierteljuden in seine Statistik einbezog, ergaben sich nach den Grad-Kategorien der Nürnberger Gesetze folgende Zahlen: Volljuden (im rassischen Sinne): ungefähr 502 000 (450 000 plus 50 000 plus 2000); Halbjuden: 70 000 bis 75 000; Vierteljuden: 125 000 bis 130 000; Gesamtzahl der Mischlinge: 195 000 bis 205 000. (In der Untersuchung des C.-V. waren die Halbjuden alle konvertierte Juden und wären somit nach den Nürnberger Gesetzen nicht als Juden, sondern als Mischlinge ersten Grades gezählt worden.)[23]

II

«Die Judenfrage ist in Deutschland», so hieß es in einem 1936 erschienenen Buch von Lösener und Knost, «die Rassenfrage schlechthin. Wie es dazu gekommen ist», fuhren die Verfasser fort, «braucht hier nicht noch einmal dargestellt zu werden. Hier handelt es sich nur um die jetzt entscheidend angebahnte Lösung der Frage, die eine der Grundvoraussetzungen für den Aufbau des neuen Reiches ist. Nach dem Willen des Führers sind die Nürnberger Gesetze gerade nicht Maßnahmen, die den Rassenhaß züchten und verewigen sollen, sondern solche, die den Beginn einer Befriedung der Beziehungen des deutschen und des jüdischen Volkes bedeuten.» Der Zionismus hatte die richtige Auffassung von der Sache, behaupteten die Autoren, und überhaupt sollte das jüdische Volk, das selbst so sehr darauf bedacht war, die Reinheit seines Blutes über die Jahrhunderte hinweg zu bewahren, Gesetze begrüßen, die dazu bestimmt waren, Blutsreinheit zu verteidigen.[24]

Der wichtigste Kommentar zur «deutschen Rassengesetzgebung», der im selben Jahr erschien, war von Staatssekretär Wilhelm Stuckart (aus dem Innenministerium) und von Hans Globke, einem anderen Beamten aus demselben Ministerium, gemeinsam verfaßt worden; Globkes Leidenschaft für die Identifizierung von Juden anhand ihrer Namen wird uns noch begegnen.[25] Dieser Text läßt kraß einige der – selbst aus der Sicht der Nationalsozialisten – verwirrendsten Aspekte der Nürnberger Gesetze hervortreten. Um die absolute Gültigkeit religiöser Zugehörigkeit als Kriterium für die Identifizierung der Rasse der Abkömmlinge zu veranschaulichen, führten Stuckart und Globke das hypothetische Beispiel einer vollkommen deutschblütigen Frau an, die einen Juden geheiratet hatte und zum Judentum übergetreten war und sich dann, nachdem sie Witwe geworden war, wieder dem Christentum zugewandt und einen vollkommen deutschblütigen Mann geheiratet hatte. Ein Enkel, der von Kindern aus dieser zweiten Ehe abstammte, würde nach dem Gesetz wegen der einstigen religiösen Zugehörigkeit der Großmutter zum Judentum als teiljüdisch gelten. Stuckart und Globke kamen nicht umhin, die folgende Konsequenz zu formulieren: «Zu beachten ist ...: Ein zum Judentum übergetretener Deutschblütiger ist ... für seine eigene Einordnung nach wie vor als deutschblütig anzusehen, lediglich für die arische Einordnung der Enkel gilt er als Volljude.»[26]

Die durch einen solchen zeitweiligen Kontakt mit der jüdischen Religion verursachte rassische Mutation ist mysteriös genug. Doch das Mysterium wird noch verstärkt, wenn man sich daran erinnert, daß in der Eugenik oder Rassenanthropologie der Nationalsozialisten die Wirkung von Umweltfaktoren im Vergleich zu den Folgen der ererbten Eigenschaften als unerheblich betrachtet wurde. Hier jedoch verursacht eine vorübergehende Veränderung in der Umwelt auf mysteriöse Weise die dauerhafteste biologische Verwandlung.[27] Doch wo immer auch ihre Ursprünge liegen mochten, Rassenunterschiede konnten in Fällen von länger anhaltender Vermischung zu schlimmen Konsequenzen führen:

«Die Zuführung artfremden Blutes zu dem eigenen führt daher zu dem Volkskörper schädlichen Veränderungen; denn die Homogenität, das instinktsichere Wollen eines Körpers wird dadurch geschwächt; an seine Stelle tritt eine unsichere, schwankende Haltung in allen entscheidenden Lebenslagen, eine Überschätzung des Intellekts und eine seelische Aufspaltung. Eine Blutmischung erreicht nicht eine einheitliche Verschmelzung beider sich fremder Rassen, sondern hat in der Regel eine Störung des seelischen Gleichgewichts in dem aufnehmenden Teil zur Folge.»[28]

Auf die Septembergesetze folgten zwei Gesetze, welche sich gegen Individuen und Gruppen richteten, die keine Juden waren. Das erste war das Gesetz zum Schutze der Erbgesundheit des deutschen Volkes, das darauf zielte, «fremdrassige» oder rassisch «minderwertige» Gruppen zu registrieren, und die Verpflichtung eines Ehezeugnisses erließ, welches bekräftigte, daß die beiden Partner (rassisch) «ehetauglich» waren.[29] Dieses Gesetz wurde durch die am 14. November erlassene Erste Verordnung zum Gesetz zum Schutze des deutschen Blutes und der deutschen Ehre verstärkt, die es Deutschen auch verbot, Personen «fremden Blutes», welche keine Juden waren, zu heiraten oder sexuelle Beziehungen zu ihnen zu unterhalten. Zwölf Tage später wurde ein Rundschreiben aus dem Innenministerium genauer: Die Gruppen, um die es ging, waren «Zigeuner, Neger und ihre Bastarde».[30]

Für eine normale Existenz im Dritten Reich wurde der Beweis, daß man nicht jüdischer Abstammung war oder sonst einer «minderwertigen» Gruppe angehörte, entscheidend. Und besonders streng waren die Anforderungen für jeden, der den Wunsch hatte, eine Stellung in einer staatlichen Behörde oder bei einer Dienststelle der Partei anzutreten oder zu behalten. Selbst die höheren Schichten der Beamtenschaft, der Partei und der Wehrmacht konnten Nachforschungen nach ihrer rassischen Zugehörigkeit nicht entgehen. Die Personalakte von Generaloberst Alfred Jodl, der bald darauf stellvertretender Stabschef des Oberkommandos der Wehrmacht werden sollte, enthält einen detaillierten Stammbaum in Jodls Handschrift, der im Jahre 1936 seine untadelige arische Abstammung bis zur Mitte des 18. Jahrhunderts nachwies.[31]

Ausnahmen wurden selten gemacht. Der bekannteste Fall war der des Staatssekretärs im Luftfahrtministerium Erhard Milch, eines Mischlings zweiten Grades, der in einen Arier verwandelt wurde. Solche seltenen Vorkommnisse wurden übrigens rasch bekannt, auch in der breiten Bevölkerung. So wurden im Dezember 1937 Vorwürfe gegen einen gewissen Pater Wolpert aus Dinkelsbühl erhoben, weil er in einer Religionsstunde erklärt hatte, General Milch sei jüdischer Abstammung.[32]

5. Der Geist der Gesetze

In jeder derartigen Angelegenheit lag die endgültige Entscheidung bei Heß und oft bei Hitler selbst. Ob Heß in jedem Einzelfall Hitler zu Rate zog, läßt sich schwer sagen; daß er ihn in besonders spektakulären Fällen konsultierte, ist wahrscheinlich. Beispielsweise ist nicht anzunehmen, daß Heß – wenige Tage nach dem Kristallnacht-Pogrom von 1938 und nachdem Hitler Lammers erklärt hatte, er werde bei Personen jüdischer Abstammung keinen Ausnahmen mehr zustimmen – allein entschied, für Albrecht Haushofer, den Sohn des Geopolitikers Karl Haushofer, einen Mischling zweiten Grades nach den Nürnberger Gesetzen, einen Schutzbrief auszustellen.[33] Manchmal spielten Hitlers hypochondrische Ängste eine Rolle. Man wird sich erinnern, daß der Krebsforscher und «Mischling ersten Grades» Otto Warburg auf Görings Anordnung in einen «Mischling zweiten Grades» verwandelt wurde. Etwas Ähnliches geschah Anfang 1937, als Henri Chaoul, ein Radiologieprofessor an der Friedrich-Wilhelm-Universität in Berlin – der nach der einen Untersuchung von syrischen Maroniten und griechischen Zyprioten abstammte, nach einer anderen, plausibleren «kein Arier im Sinne des Beamtengesetzes» (mit anderen Worten, jüdischer Abstammung) war –, auf Hitlers ausdrückliche Forderung hin vor allen Schwierigkeiten geschützt und zum Direktor eines neugegründeten radiologischen Zentralinstituts in Berlin ernannt wurde.[34]

Wahrscheinlich hörten die Nachforschungen bei der allerhöchsten Parteiführung auf. Gerüchte kannten allerdings keine derartigen Grenzen, und bekanntlich wurden unter anderem sowohl Hitler als auch Heydrich verdächtigt, nichtarische Vorfahren zu verheimlichen. In beiden Fällen erwiesen sich die Gerüchte als unbegründet,[35] aber unter den damaligen Umständen waren solche Andeutungen gewiß dazu bestimmt zu schädigen. Manchmal benutzten verärgerte Parteiführer den Vorwurf nichtarischer Abstammung gegen ihre Rivalen. So schickte im April 1936 Wilhelm Kube, Gauleiter der Kurmark, an die Parteikanzlei einen anonymen Brief (der mit «Einige Berliner Juden» unterzeichnet war), und darin behauptete er, die Frau von Walter Buch, dem Leiter des Parteigerichts, und Bormanns Schwiegermutter seien jüdischer Abstammung. Eine Überprüfung der Vorfahren ergab, daß die Anschuldigungen haltlos waren; Kube gab zu, den Brief geschrieben zu haben, und wurde von Hitler zeitweilig aller seiner Ämter enthoben.[36]

Tatsächlich folgten die neuen Ehegesetze der Denkschrift, die Hans Kerrl und Roland Freisler im September 1933 erstellt hatten, wonach Ehen und außereheliche sexuelle Beziehungen zwischen «Deutschblütigen» und «Angehörigen fremder Blutsgemeinschaften» als «Verbrechen gegen die Rassenehre» angesehen werden sollten. In den ersten drei Jahren des Regimes führten die sehr heftigen Reaktionen einer Reihe asiatischer und südamerikanischer Länder (die den Boykott deutscher Waren einschlossen) neben anderen Gründen dazu, daß die Initiative auf Eis gelegt wurde.[37] Es kann jedoch kein Zweifel daran bestehen, daß die frühen Vorschläge, das dritte Nürnberger Gesetz und die nachfolgenden Ehegesetze als der Ausdruck eines *allgemeinen* rassebiologischen Standpunktes betrachtet werden konnten, ebenso wie die speziell gegen die jüdische Gefahr gerichteten Maßnahmen.

Eine Reihe von Konsultationen, die es Ende 1934 und Anfang 1935 zwischen dem Außenministerium, dem Innenministerium und dem Rassenpolitischen Amt der Partei gab, ließ deutlich die Verflochtenheit dieser Fragen und die zwischen ihnen bestehenden Unterschiede erkennen. Die Wilhelmstraße, die über die Auswirkungen der Ariergesetzgebung auf die auswärtigen Beziehungen des Reiches besorgt war, vertrat den Standpunkt, daß die neuen Gesetze eindeutig auf Juden beschränkt werden sollten und daß andere Nichtarier (wie etwa Japaner und Chinesen) ausgeklammert werden sollten. Für Walter Groß war jede grundsätzliche Veränderung in der Einstellung der Partei zu Rassefragen unmöglich, da sie zum Kernbestand der NS-Weltanschauung gehörte, aber er versprach, die Partei werde vermeiden, die auswärtigen Beziehungen Deutschlands durch irgendwelche unangemessenen Entscheidungen im Inland zu belasten. Die Ersetzung des Begriffes «nichtarisch» durch «jüdisch» wurde für den offiziellen Gebrauch noch nicht als angebracht angesehen: Gegen eine derartige Änderung gab es im Prinzip keinen Einwand, aber es wurde befürchtet, daß die Änderung als «Rückzug» gedeutet werden würde. Auf jeden Fall konnten Ausnahmen in Fällen gemacht werden, in denen die Ariergesetzgebung nichtarische, nichtjüdische Ausländer betraf.[38] Weniger als zwei Wochen vor der Eröffnung des Nürnberger Parteitags, am 28. August 1935, hatte Heß den Wunsch geäußert, daß aus Rücksicht auf die semitischen Völker auf dem Parteitag der Begriff «antisemitisch» durch «antijüdisch» ersetzt werden möge.[39] Für ihn schien die von Lösener und Knost verwendete Formulierung in der Tat entscheidend zu sein: «Die Judenfrage ist in Deutschland die Rassenfrage schlechthin.»

Löseners Bericht über die letzten Phasen, die den Nürnberger Gesetzen vorangingen, weist deutlich darauf hin, daß die Diskussionen am 14. und 15. September nur um die antijüdische Gesetzgebung kreisten; diese war in den vorangegangenen Monaten Gegenstand der Parteiagitation gewesen und sollte es auch in den nachfolgenden Diskussionen sein (einschließlich derjenigen vom 29. September mit Hitlers Zögern und seiner Entscheidung vom 14. November). *Somit standen die Getrenntheit und die Vereinbarkeit der speziellen antijüdischen und der allgemeinen rassischen und eugenischen Tendenzen ganz im Mittelpunkt des NS-Systems.* Der Hauptimpetus für die Nürnberger Gesetze und ihre Anwendung war antijüdisch; doch das dritte Gesetz ließ sich ohne Schwierigkeiten erweitern, um andere rassische Ausgrenzungen abzudecken, und es führte logisch zu der zusätzlichen Rassengesetzgebung vom Herbst 1935. Die beiden ideologischen Trends verstärkten sich gegenseitig.[40]

III

Für den Mischling Karl Berthold, den Angestellten des Versorgungsamtes Chemnitz, dessen Geschichte in Kapitel 1 begann, löste die Gesetzgebung von Nürnberg das Problem seiner Rassereinheit nicht.[41] Am 18. April 1934 erneuerte der Spezialist für Rassenforschung im Innenministerium seine Stellungnahme, die darauf zielte, Berthold aus dem öffentlichen Dienst auszuschließen, wobei er den Standpunkt vertrat, selbst wenn die Einzelheiten hinsichtlich des mutmaßlichen Vaters Carl Blumenfeld unsicher seien, sei Berthold doch mit der Familie Blumenfeld verwandt, und seine Mutter habe erklärt, er sei der Sohn eines gewissen Carl Blumenfeld, eines «jüdischen Künstlers». Seine nichtarische Abstammung war nicht zu bezweifeln.[42]

An diesem Punkt betrat kurz Bertholds Tante, die Schwester seiner Mutter, die Bühne und sagte aus, sein Vater sei ein Arier, der zur Verheimlichung seiner Identität den Namen Carl Blumenfeld angenommen habe. Das Hauptversorgungsamt in Dresden setzte am 30. Juni den Arbeitsminister von dieser neuen Entwicklung in Kenntnis. Ende Juli war der Arbeitsminister bereit, Berthold die Erlaubnis zum Verbleib im öffentlichen Dienst zu geben, und verlangte lediglich die Bestätigung durch den Innenminister. Der Spezialist für «Sippenforschung» im Innenministerium ließ sich nicht so leicht hinters Licht führen. Ein detaillierter Bericht, der am 14. September hinausging, wies darauf hin, daß der Jude Carl Blumenfeld, von dessen Daten die ganze Zeit die Rede gewesen war und dessen Alter es höchst unwahrscheinlich machte, daß er der Vater von Karl Berthold war, tatsächlich ein entfernter Cousin des Zirkusartisten Carl Blumenfeld war, der inzwischen in Amsterdam lebte. Am 5. November übermittelte das Hauptamt in Dresden dem Arbeitsminister noch ein Gesuch von Berthold um erneute Überprüfung des Falles, dem wiederum das Zeugnis von Bertholds Tante beigefügt war. Einige Wochen später wurde, da keine Antwort eingegangen war, eine weitere Petition an den Innenminister gerichtet, diesmal von Bertholds Ehefrau, Frau Ada Berthold. Berthold werde aus seiner Stellung entlassen werden, schrieb sie, wenn bis zum 31. März 1936 keine positive Antwort käme.[43] Eine neue Phase seiner Geschichte nahm nun ihren Anfang.

Die neuen Gesetze konnten im Prinzip eine Klarheit, wie Nazis sie verstanden, in einige Fälle bringen, in denen die Frage nach rassischer Zugehörigkeit bisher widersprüchlich beantwortet worden war. So hatte eine Anfrage der Wohlfahrtsverwaltung der Stadt Stettin vom 26. Oktober 1934 über die Behandlung unehelicher Kinder jüdischer Väter und arischer Mütter weit auseinandergehende Auffassungen auf seiten von Wohlfahrtsämtern in verschiedenen deutschen Großstädten offenbart: In Dortmund wurden solche Kinder als Arier betrachtet und erhielten alle übliche Unterstützung, während die Wohlfahrtsämter in Königsberg, Breslau und Nürnberg sie als «semitisiert» ansahen. Der Direktor des Breslauer Amtes gab folgenden Kommentar ab: «Meiner Ansicht nach ist es sinnlos, gemischtrassige Kinder der deutschen Nation einzuverleiben, da sie selbst bekanntlich keine rassereinen Kinder haben können und Regelungen zur Sterilisierung von Gemischtrassigen noch nicht existieren. Darum sollte man Mischlinge nicht daran hindern, sich der fremden Nation anzuschließen, der sie bereits zur Hälfte angehören. Man sollte sie sogar dazu ermutigen, indem man sie beispielsweise jüdische Kindergärten besuchen läßt.»[44] Die Reaktion aus Nürnberg, dem Hauptquartier Streichers, sollte nicht überraschend kommen: «Eine Mutter, die sich so benimmt», schrieb der dortige Wohlfahrtsdirektor, «ist so stark von jüdischen Ideen beeinflußt, daß vermutlich alle Bemühungen zu ihrer Aufklärung vergeblich sein werden und der Versuch, ihr jüdisches Kind ‹nach den Prinzipien der nationalsozialistischen Führung› zu erziehen, scheitern muß. Denn die nationalsozialistische Weltanschauung, die vom Blut bestimmt ist, kann nur diejenigen gelehrt werden, die deutsches Blut in ihren Adern haben. In diesem Falle sollte man Nietzsches Wort verwirklichen: ‹Was fallen will, das soll man stürzen.›»[45] Nach Verabschiedung der Gesetze müssen diese Kinder alle zu Mischlingen ersten Grades geworden sein.

Die Definition der beiden Grade von Mischlingen in den Nürnberger Gesetzen und in der Ersten Verordnung vom 14. November 1935 erleichterte vorübergehend ihre Situation sowohl hinsichtlich der Bürgerrechte als auch im Hinblick auf den Zugang zu Berufen, die «Volljuden» verschlossen waren. Zumindest im Prinzip wurden junge Mischlinge in Schulen und auf Universitäten wie alle anderen Deutschen aufgenommen. Bis 1940 durften sie alle Fächer (mit Ausnahme von Medizin und Zahnmedizin)[46] studieren. Dies war allerdings nur eine Atempause, und von 1937 an bedrohten verschiedene neue Formen offizieller Verfolgung die berufliche und wirtschaftliche Existenz der Mischlinge, ganz zu schweigen von ihrer zunehmenden gesellschaftlichen Isolierung und schließlich der Bedrohung ihres Lebens. Manchmal jedoch war der Mischlingsstatus selbst nicht frei von Zweideutigkeiten.

Betrachten wir den Fall von Otto Citron, der im Jahre 1937 von der

5. Der Geist der Gesetze

Universität Tübingen an die Universität Bonn überwechselte. Als er Tübingen verlassen hatte, kamen der dortigen Verwaltung plötzlich Zweifel an der Erklärung des Studenten, daß er eine arische Großmutter habe. War diese Erklärung falsch, dann würde sich Citrons Status ändern, und Tübingen verlangte, man solle in Bonn ein Verfahren gegen den getarnten Juden einleiten. Citrons Antwort auf die Vorwürfe war untadelig. Er hatte *vor* der Verkündung der Nürnberger Gesetze erklärt, seine halbjüdische Großmutter sei Arierin, zu einem Zeitpunkt, als die einzige existierende Unterscheidung die war, die den Arier vom Juden trennte. Das heißt, die Einstufung als Halbjude war eine Kategorie, die vor September 1935 juristisch nicht existierte. Nach der Verabschiedung der Nürnberger Gesetze gab Citron korrekt an, er sei nach seinen beiden anderen Großeltern Halbjude. Da die halbjüdische Großmutter auf der anderen Seite der Familie einen Arier geheiratet hatte, gab Citron wiederum korrekt an, er sei nach den Nürnberger Kriterien auf ihrer Seite zu einem Achtel Jude. Wenn man demnach, so erklärte er, die beiden Seiten der Familie zusammenzählte, war er zu fünf Achteln Jude. Doch «nach den Ausführungsbestimmungen der Nürnberger Gesetze», schrieb Citron, «die ich vor Abgabe eines mündlichen oder schriftlichen Tatbestandes genauestens eingesehen habe, werden die 5/8 Leute zu den Halbariern geschlagen, und es gilt für sie das gleiche. Das nämliche gilt für die 3/8 Leute, sie zählen zu den Viertel- Leuten. Eine Täuschung oder Umgehung der Gesetze lag mir also vollkommen fern.» Der Tübinger Universität blieb nichts anderes übrig, als Citrons Argumentation zu folgen, und sie stellte das gegen ihn angestrengte Verfahren ein.[47]

Tatsächlich war der Fall Citron einigermaßen simpel im Vergleich zu einigen der potentiellen (oder aktuellen) Situationen, die das *Mitteilungsblatt des Reichsverbandes der Nichtarischen Christen* im März 1936 in Form von Fragen und Antworten beschrieb:

«Frage: Was ist zu der Ehe eines Halbariers mit einer Frau zu sagen, die einen arischen Elternteil hat, deren arische Mutter aber zum Judentum übertrat, so daß das Kind jüdisch erzogen wurde? Was ist weiter über die Kinder aus dieser Ehe zu sagen?

Antwort: Die Frau, eigentlich Halbarierin, ist kein Mischling, sondern gilt ohne allen Zweifel als Jüdin im Sinne des Gesetzes, da sie am Stichtag, d. h. am 15. September 1935, der jüdischen Religionsgemeinschaft angehörte; eine nachfolgende Konversion ändert diesen Status in keiner Weise. Der Ehemann – ein Mischling I. Grades – gilt ebenfalls als Jude, weil er eine Frau geheiratet hat, die dem Gesetz nach Jüdin ist. Die Kinder aus dieser Ehe gelten ohnehin als Juden, da sie drei jüdische Großelternteile haben (zwei der Rasse nach, einen der Religion nach). Dies wäre nicht anders gewesen, wenn die Mutter die jüdische Gemeinde vor dem Stichtag verlassen hätte. Sie selbst wäre dann ein Mischling gewesen, aber die

Kinder hätten immer noch drei jüdische Großeltern gehabt. Mit anderen Worten, es ist durchaus möglich, daß Kinder, die als Juden gelten, einer Ehe entstammen, in der beide Partner Halbarier sind.

Frage: Ein Mann hat zwei jüdische Großeltern, eine arische Großmutter und einen halbarischen Großvater; letzterer wurde als Jude geboren und trat erst später zum Christentum über. Ist diese zu 62 Prozent jüdische Person Mischling oder Jude?

Antwort: Der Mann ist Jude nach den Nürnberger Gesetzen wegen des einen Großelternteils, der der jüdischen Religion angehörte; von diesem Großelternteil wird vermutet, daß er Volljude war, und diese Vermutung ist nicht widerlegbar. Somit hat dieser 62prozentige Jude drei volljüdische Großeltern. Wenn dagegen der halbarische Großvater von Geburt an Christ gewesen wäre, wäre er dann kein Volljude gewesen und hätte für diese Berechnung überhaupt nicht gezählt; sein Enkel wäre ein Mischling I. Grades gewesen.»[48]

Eine der größten Hürden, auf die die juristischen Experten bei der Interpretation der Nürnberger Gesetze stießen, war die Definition von «Verkehr». Die grundlegenden Formen des Geschlechtsverkehrs waren nur ein Ausgangspunkt, und beispielsweise Stuckart und Globke ahnten die vielfältigen Perspektiven, die sich aus «beischlafähnlichen Handlungen, z. B. wechselseitiger Onanie» ergaben. Bald wurde in den Augen einiger Gerichte selbst diese erweiterte Interpretation des Verkehrs unzureichend. Das Landgericht Augsburg definierte die Anwendbarkeit der Gesetze in einer Weise, die praktisch sämtliche Einschränkungen der Definition beseitigte. «Da der Gesetzgeber die Reinheit des deutschen Blutes so weit wie irgend möglich sichern will», führte das Gericht aus, «muß somit nach dem Willen des Gesetzgebers auch der regelwidrige außereheliche Geschlechtsverkehr zwischen Juden und Staatsangehörigen deutschen und artverwandten Blutes als verboten und unter Strafe gestellt angesehen werden. Dazu kommt, daß das fragliche Gesetz auch die deutsche Ehre, insbesondere die Geschlechtsehre der Staatsangehörigen deutschen Blutes, schützen will.»[49]

Der Rechtsstreit über diesen Punkt erreichte den Großen Strafsenat des Reichsgerichts, der am 9. Dezember 1935 seine Entscheidung verkündete: «Der Begriff Geschlechtsverkehr im Sinne des Blutschutzgesetzes umfaßt nicht jede unzüchtige Handlung, ist aber auch nicht auf den Beischlaf beschränkt. Er umfaßt den gesamten natürlichen und naturwidrigen Geschlechtsverkehr, also außer dem Beischlaf auch alle anderen geschlechtlichen Betätigungen mit einem Angehörigen des anderen Geschlechts, die nach der Art ihrer Vornahme bestimmt sind, anstelle des Beischlafs der Befriedigung des Geschlechtstriebes zumindest des einen Teils zu dienen.»[50]

5. Der Geist der Gesetze

Das Reichsgericht ermunterte die örtlichen Gerichte, hinter dem bloßen Buchstaben des Gesetzes die Absicht des Gesetzgebers zu verstehen, und damit öffnete es die Schleusen. Paare wurden selbst dann für schuldig befunden, wenn keine gegenseitige sexuelle Aktivität stattgefunden hatte. Masturbation in Gegenwart des Partners beispielsweise wurde zu einem strafbaren Verhalten: «Es würde dem gesunden Volksempfinden und der zielbewußten deutschen Rassenpolitik widersprechen, solche Ersatzhandlungen schlechthin straflos zu lassen und damit ein neues Mittel und einen neuen Anreiz zu schaffen, die Rassenehre des deutschen Volkes durch widernatürliches Treiben zwischen den beiden Geschlechtern zu verletzen.»[51]

Die Suche nach immer präziseren Einzelheiten aller möglichen Aspekte der Rassenschande läßt sich verstehen nicht nur als eine weitere Illustration für das bürokratische und polizeiliche Denken der Nazis, sondern auch als riesige Leinwand zur Projektion verschiedener «Männerphantasien».[52] In der Phantasie der Nationalsozialisten wurden überdies Juden als Verkörperungen sexueller Potenz und Lust wahrgenommen, etwa wie Schwarze bei weißen Rassisten oder Hexen (und Frauen überhaupt) in den Augen der Inquisition oder einiger puritanischer Kirchenältester. Einzelheiten der Verfehlungen wurden so zu einer Quelle von (gefährlichem) Wissen und von verborgenem Kitzel. Und meist waren die Details allerdings plastisch. So verurteilte am 28. Januar das Bezirksgericht Frankfurt den vierunddreißigjährigen «Volljuden» Alfred Rapp zu zwei Jahren Gefängnis und die «vollblütige Deutsche» Margarete Lehmann zu neun Monaten, und zwar mit folgender Begründung:

Rapp war in einem Herrenbekleidungsgeschäft angestellt, und Lehmann war dort Näherin. Man wußte, daß sie miteinander befreundet waren und sich häufig besuchten. Ihren Aussagen zufolge hatten sie vorher keine sexuelle Beziehung zueinander unterhalten. Am 1. November 1936 gegen halb neun Uhr abends kam Rapp in Lehmanns Wohnung, wo er auch eine Jüdin namens Rosenstock vorfand. Die drei gingen hinaus, um etwas zu trinken, und begaben sich dann in Rosenstocks Wohnung. Rosenstock wurde weggeschickt, um Wein zu kaufen. Wie die Angeklagten angaben, trieben sie dann Oralverkehr. Der Gerichtsbericht führte einige plastische Einzelheiten auf und fügte hinzu: «Diese Darstellung erscheint schon an sich unglaubhaft und zum mindesten unvollständig, da es nach den allgemeinen Lebenserfahrungen ausgeschlossen erscheint, daß ohne weitere zeitlich dazwischenliegende Intimitäten ein Mädchen sich in dieser Weise einem Manne geschlechtlich nähert, selbst wenn es – wie die Lehmann angibt – vorher im Verlaufe von etwa zwei Stunden zwei Glas Wein getrunken hat. Dazu kommt, daß die beiden Angeklagten auch in dem Zimmer der Rosenstock von den Zeugen W. und U. beobachtet worden sind.» Es folgt in dem Bericht diese Szene, wie sie von den Zeugen beobachtet wurde, wiederum in allen Einzelheiten, wie sie nacheinander von beiden bekräftigt wurde: «Die gleiche Wahrnehmung machte auch die Zeugin U., die der Zeuge W. dann ebenfalls durch das Schlüsselloch blicken ließ. Jetzt öffnete W. die nicht verschlossene Türe und trat in das Zimmer. Die beiden Angeklagten versuchten rasch ihre Kleider und Haare in Ordnung zu bringen.»[53]

Für ein Hamburger Gericht traten die Küsse eines impotenten Mannes «an die Stelle des normalen Geschlechtsverkehrs» und führten zu einer zweijährigen Gefängnisstrafe. Therapeutische Massage geriet selbstverständlich bald in Verdacht wie in dem berüchtigten Fall des jüdischen Kaufmanns Leon Abel. Obwohl die «deutschblütige» Masseurin standhaft leugnete, daß Abel bei der einen, einzigen Massagesitzung irgendwelche Zeichen von sexueller Erregung gezeigt hätte, und obwohl Abel selbst im Prozeß das Geständnis zurückzog, das er der Gestapo gegenüber gemacht hatte, verurteilte ihn das Gericht zu zwei Jahren Zuchthaus, weil er «sich die geschlechtliche Befriedigung bei der Massage verschafft» und damit «das Verbrechen der Rassenschande ... vollendet» habe, «gleichgültig ob die Zeugin davon Kenntnis gehabt [habe] oder nicht».[54]

Das Gesetz über weibliche Hausangestellte in jüdischen Familien zeigt, daß man die Rassenschande begünstigende Situationen in Betracht gezogen hatte. Wie aber konnte man alle derartigen potentiellen Situationen vorhersehen? Ständige Wachsamkeit war die einzig mögliche Antwort. Im November 1937 brachte Heß, nachdem er den Innenminister aufgefordert hatte, sein Augenmerk den Möglichkeiten zuzuwenden, die im Gesetz immer noch für die Adoption «vollblütiger» deutscher Volksgenossen durch Juden existierten, ein unmittelbar bedrohliches Problem zur Sprache. In denjenigen Fällen, in denen ein deutsches Mädchen in einer jüdischen Familie aufwuchs, war es erforderlich, «etwas zum Schutze des deutschen Teils zu unternehmen. ... Es müßte m. E. ein Weg gefunden werden, der hier den gleichen Schutz gewährleistet, wie er ... für die deutschblütige Hausangestellte gegeben ist.»[55]

Tatsächlich wurden alle Aspekte des Alltagslebens und alle beruflichen Aktivitäten, in denen der Kontakt zwischen Ariern und Juden so verstanden werden konnte, als habe er irgendeine sexuelle Konnotation, systematisch identifiziert und verboten. Die Ausschließung der Juden aus Badeanstalten ist bereits diskutiert worden. Im Frühjahr 1936 untersagten die meisten medizinischen Fakultäten ihren jüdischen Studenten, an Arierinnen genitale Untersuchungen vorzunehmen (die Entscheidung über die Anwendung dieser Einschränkungen wurde den Kran-

5. Der Geist der Gesetze

kenhausdirektoren überlassen, die für die jüdischen Medizinalassistenten im Bereich der Gynäkologie verantwortlich waren).[56]

Wie weit diese zunehmenden Tabus von der breiteren Bevölkerung begrüßt oder nur passiv akzeptiert wurden, läßt sich schwer mutmaßen. Manchmal waren – zweifellos aus ökonomischen Gründen, aber möglicherweise auch in der Absicht, einen symbolischen Protest zum Ausdruck zu bringen – deutsche Frauen jenseits des gebärfähigen Alters bereit, sich der zersetzenden Atmosphäre einer jüdischen Familie auszusetzen. Beispielsweise veröffentlichte die *Frankfurter Zeitung* am 14. November 1935 die folgende Annonce: «Gebildetes katholisches Fräulein über 45 Jahre, perfekt in Haushalt und Küche, sucht in gutem jüdischem Haushalt Stellung, auch halbtags.»[57]

In einer Untersuchung über die fast vollständig erhaltenen Würzburger Gestapo-Akten hat Robert Gellately gezeigt, daß die wichtigste Informationsquelle für Verhaftungen durch die Gestapo ein Strom von Denunzianten war; die Einstellung oder Aktivität, die der Geheimpolizei am häufigsten gemeldet wurde, war «Rassenschande» oder «Freundlichkeit gegenüber Juden».[58] Die Nürnberger Gesetze boten eine Art vager juristischer Basis, die von Denunzianten auf alle mögliche Weise genutzt werden konnte, und in den folgenden Jahren nahm die Zahl der Denunziationen beträchtlich zu. Nach Gellatelys Analyse der Würzburger Gestapo-Akten (die eine kleinere Stadt betreffen, so daß die Zahlen auf nationales Niveau hochgerechnet werden sollten) gab es 1933 zwei Denunziationen wegen Rassenschande und eine wegen freundlichen Verhaltens gegenüber Juden; 1934 eine aus dem erstgenannten und zwei aus dem letztgenannten Grund; 1935 waren es fünf und zwei; 1936 19 und zwölf; 1937 14 und sieben; 1938 14 und 14; 1939 acht und 17. Nach Kriegsbeginn, im September 1939, gingen die Denunziationen zurück, 1943 waren sie auf je eine gefallen, und danach verschwanden sie völlig.[59] Inzwischen gab es in Würzburg – in Deutschland – natürlich keine Juden mehr.

Nach Angaben derselben Quelle kamen etwa 57 Prozent der Denunziationen von Leuten, die keine Parteimitglieder waren, und zwischen 30 und 40 Prozent der Anschuldigungen waren falsch.[60] Manchmal denunzierten Hotelangestellte ein Paar, von denen keiner ein Jude war; andere wurden wegen Informationen über Beziehungen verhaftet, die lange vor 1933 zu Ende gegangen waren. Es gab Fälle von Paaren, deren intime Beziehungen viele Jahre zurücklagen und die jetzt den Geschlechtsverkehr vermieden, und viele Fälle von Frauen, die ihre Bereitschaft erklärten, sich einer medizinischen Untersuchung zu unterziehen, um zu beweisen, daß sie Jungfrauen waren.[61]

Goebbels war mit den Presseberichten über Rassenschande nicht zufrieden. Im März 1936 forderte er die Pressestelle des Justizministeriums auf, bei Rassenschande-Urteilen gegen Juden eine übermäßige Publizität zu vermeiden, da das seiner Ansicht nach antideutschen ausländischen Zeitungen Material in die Hand gebe. Überdies waren die Berichte «häufig derart ungeschickt abgefaßt, daß die Verurteilung vom Leser nicht verstanden und eher sein Mitgefühl mit dem Verurteilten wachgerufen werde».[62]

IV

Paßte sich die öffentliche Meinung nach der Verabschiedung der Nürnberger Gesetze noch weiter an die antijüdischen Maßnahmen des Regimes an? Nach Ansicht des israelischen Historikers David Bankier nahmen die Deutschen die Gesetze mehrheitlich hin, weil sie den Gedanken einer Absonderung der Juden akzeptierten: «Diese Gefühle hat die Potsdamer Gestapo in vollem Umfang registriert. Sie schrieb, daß alle der Meinung sind, es sei jetzt, nachdem sich das Regime stabilisiert hat, für die Partei die Zeit, diese Punkte auf die Tagesordnung zu bringen. Der Kommentator fügt gleichzeitig hinzu, die Bevölkerung hofft, es würden auch andere Punkte des nationalsozialistischen Programms in Angriff genommen, besonders die sozialen Bestimmungen. Auch in Kiel gab es Zustimmung zu den antisemitischen Gesetzen. Die Bevölkerung erwartete dort außerdem eine ähnlich befriedigende Regelung zum Status der Kirchen.»[63]

Wie es in derselben Analyse heißt, waren anscheinend Menschen in verschiedenen Städten und Regionen des Reiches insbesondere deshalb mit dem Gesetz zum Schutze des deutschen Blutes und der deutschen Ehre zufrieden, weil sie meinten, die Durchsetzung des Gesetzes werde dem antijüdischen Terror der vorangegangenen Monate ein Ende setzen. Ruhe würde wiederhergestellt werden und mit ihr der gute Name Deutschlands in den Augen der Welt. Die Menschen glaubten, unter den neuen Gesetzen sei das Verhältnis zu den Juden in Deutschland nunmehr klar definiert: «Das Judentum wird zur nationalen Minderheit gestempelt und erhält bei staatlichem Schutz die Möglichkeit, ein eigenes Kulturleben und sein eigenes völkisches Leben zu entfalten»;[64] das war die allgemeine Ansicht, wie sie aus Berlin berichtet wurde.

Für die Parteiradikalen waren die Gesetze ein eindeutiger Sieg der Partei über die Staatsbürokratie, aber viele betrachteten die neuen Verfügungen als «zu milde». Die Dortmunder Nationalsozialisten beispielsweise hielten die Tatsache, daß die Juden immer noch ihre eigenen Symbole verwenden durften, für ein übermäßiges Zugeständnis. Manche Aktivisten hofften, die Juden würden neue Vorwände zum Handeln liefern, andere verlangten einfach, daß der Anwendungsbereich einiger der Maßnahmen ausgeweitet werden sollte: daß es beispielsweise keiner deutschen Frau, welchen Alters auch immer, gestattet sein sollte, in einer jüdischen (oder gemischt deutsch-jüdischen) Familie – oder auch nur im Haushalt einer alleinstehenden Jüdin – zu arbeiten.[65]

In oppositionellen Kreisen, hauptsächlich unter den (nunmehr im Untergrund arbeitenden) Kommunisten, wurden die Gesetze scharf kritisiert. Einige kommunistische Flugblätter brandmarkten die demagogische Benutzung des Antisemitismus durch die Nazis und verlangten eine geeinte Oppositionsfront; andere forderten die Befreiung politischer Gefangener und die Beendigung antijüdischer Maßnahmen. Daniel Bankier zufolge fuhr jedoch die kommunistische Propaganda der damaligen Zeit trotz seiner Proteste gegen die Nürnberger Gesetze fort, solche altbekannten Standardbehauptungen zu wiederholen wie die, «nur arme Arbeiter würden wegen Rassenschändung verurteilt, während die Nazis reiche Juden nicht belangen würden», und die, «hinter dem Verbot der Beschäftigung deutscher Frauen unter 45 Jahren würden nicht rassische Prinzipien stehen, sondern es handele sich dabei schlicht um einen Entschuldigungsgrund für die Entlassung Tausender von Frauen aus der Arbeit».[66]

Die Kirchen hielten Distanz, mit Ausnahme des streng katholischen Kreises Aachen und einiger Proteste evangelischer Pastoren beispielsweise in Speyer. Die evangelische Kirche wurde auf die Probe gestellt, als Ende September 1935 in Berlin die Preußische Bekenntnissynode zusammentrat: Eine Erklärung, welche Sorge um getaufte wie ungetaufte Juden zum Ausdruck brachte, wurde diskutiert und verworfen, aber ebenso erging es auch einer allzu deutlichen Bekundung der Unterstützung für den Staat. Die Erklärung, auf die man sich schließlich einigte, bekräftigte lediglich erneut die Heiligkeit der Taufe, was Niemöller dazu veranlaßte, seine bösen Ahnungen darüber zum Ausdruck zu bringen, daß in diesem Text das Schicksal getaufter Juden nach der Taufe überhaupt nicht berücksichtigt wurde.[67]

Was nun wieder die Einstellungen der allgemeinen Bevölkerung angeht, so verwiesen NS-Berichte auf Äußerungen der Besorgnis und sogar des Protests von Deutschen, die bei Juden angestellt waren – seien es deutsche Buchhalter, die in jüdischen Firmen arbeiteten, oder Hausmädchen, die in jüdischen Familien beschäftigt waren. Alles in allem aber läßt Bankier wenig Spielraum für Zweideutigkeit und Zweifel: «Zusammengefaßt läßt sich sagen, daß die Mehrheit der Bevölkerung den Nürnberger Gesetzen zustimmte, denn sie identifizierten sich mit der Rassenpolitik, und die Diskriminierung hatte durch sie einen permanenten Rahmen erhalten, wodurch der herrschende Terror beendet wurde und den antisemitischen Aktivitäten präzise Grenzen gesetzt wurden.»[68]

Obwohl seine Fälle weitgehend dieselben sind wie die, die später von Bankier behandelt wurden, hinterläßt die Studie von Otto Dov Kulka, einem anderen israelischen Historiker, den Eindruck eines differenzierteren Bündels von Reaktionen. Auch er erwähnt kommunistischen Widerstand sowie katholische Mißbilligung in einigen Städten wie Aachen und Allenstein und verzeichnet die Kritik einiger protestantischer Pastoren, insbesondere in Speyer. Auch er spricht von Parteiaktivisten, welche die Maßnahmen unzureichend fanden. Zusätzlich kommentiert er die Mißbilligung, die sich bei einem höheren Bürgertum manifestierte, welches unter anderem über die Möglichkeit ökonomischer Vergeltungsmaßnahmen im Ausland besorgt war. Dennoch ist der Gesamteindruck, den diese Studie vermittelt, der, daß die Mehrheit der Bevölkerung mit den Gesetzen zufrieden war, weil sie den Status von Juden in Deutschland klarstellten und, so hoffte man, dem planlosen Durcheinander und der Gewalttätigkeit ein Ende setzen würden. Ein zeitgenössischer Bericht aus Koblenz spiegelt anscheinend die verbreitetsten Reaktionen wider:

«Das Gesetz zum Schutze des deutschen Blutes und der deutschen Ehre wurde größtenteils mit Genugtuung aufgenommen, nicht zuletzt deshalb, weil es psychologisch mehr als die unerfreulichen Einzelaktionen [gegen die Juden] die erwünschte Isolierung des Judentums herbeiführen wird. ... Die Frage, wie weit das jüdische Blut aus dem deutschen Volkskörper ausgeschaltet werden soll, gibt noch zu lebhaften Diskussionen Anlaß.»[69]

Die Bezugnahme auf die Mischlinge ist unverkennbar. So sind sich beide Untersuchungen einig, daß eine Mehrheit der Deutschen mehr oder weniger passiv mit den Gesetzen einverstanden war. Mit anderen Worten, der größte Teil der Bevölkerung liebte keine Gewaltakte, hatte aber nichts gegen die Entrechtung und Absonderung der Juden. Es bedeutete weiter, daß es die neue Situation, da die Absonderung nunmehr juristisch festgeschrieben war, für eine Mehrheit der Bevölkerung dem einzelnen gestattete, sich jeder Verantwortung für die Maßnahmen gegen die Juden zu entledigen. Die Verantwortung für ihr Schicksal war vom Staat übernommen worden.[70]

Es gab Ausnahmen, und Beziehungen zu Juden wurden aufrechterhalten, wie wir bereits im Hinblick auf die Zeit vor den Nürnberger Gesetzen festgestellt haben. Am 3. Dezember 1935 schickte das Gestapa eine allgemeine Anweisung (an alle Staatspolizeistellen), in der es heißt: «In letzter Zeit mehren sich die Anmeldungen jüdischer Unternehmen und ehem. Kapelleninhaber über die Veranstaltungen von Tanzfestlichkeiten in einem solchen Maße, daß es den einzelnen Staatspolizeibehörden nicht immer möglich ist, für eine geordnete Überwachung der Veranstaltungen Sorge zu tragen.» Und dann kommt der interessantere Teil

5. Der Geist der Gesetze

der Nachricht: «Wiederholt konnte festgestellt werden, daß zu diesen Veranstaltungen auch Ariern Zutritt gewährt wurde.»[71]

Es sieht übrigens so aus, als sei die Gestapo bei der Kontrolle jüdischer Veranstaltungen auf immer größere technische Schwierigkeiten gestoßen. Die Erklärung dafür ist möglicherweise einfach: Die Juden reagierten auf die zunehmende Verfolgung und Absonderung, indem sie alle möglichen Formen innerjüdischen Lebens intensivierten, und das erklärt sowohl die Zahl als auch die Vielfalt von Versammlungen, Vorträgen, Tanzveranstaltungen und dergleichen; diese boten ein gewisses Maß an geistiger Gesundheit und Würde, bedeuteten aber für die Gestapo mehr Schwierigkeiten. Schon 1934 beklagte sich die Staatspolizei darüber, daß viele jüdische Versammlungen, insbesondere die des Central-Vereins der deutschen Juden, in Privaträumen stattfanden, was die Kontrolle nahezu unmöglich machte;[72] dann, Ende 1935, wurden jüdische Veranstaltungen angeblich häufig von Samstagen auf Sonntage und auf die christlichen Feiertage verlegt, «offenbar», so die Gestapo, «in der Annahme, daß die Veranstaltungen an diesen Tagen nicht überwacht werden». Versammlungen in Privaträumen waren schwer zu verbieten, aber es wurde ersucht, in der Folgezeit jüdische Veranstaltungen an Sonntagen oder christlichen Feiertagen «nur noch in ausnahmsweisen Fällen zuzulassen».[73] Der Tropfen, der das Faß zum Überlaufen brachte, kam im April 1936: Die Gestapostellen meldeten den zunehmenden Gebrauch der hebräischen Sprache bei öffentlichen jüdisch-politischen Versammlungen. «Eine ordnungsgemäße Überwachung derartiger Versammlungen», schrieb Heydrich, «und die Verhinderung staatsfeindlicher Propaganda wird hierdurch unmöglich gemacht.» Der Gebrauch der hebräischen Sprache in öffentlichen jüdischen Versammlungen wurde daraufhin verboten, aber die Sprache konnte weiterhin bei geschlossenen Veranstaltungen, zu Studienzwecken und zur Vorbereitung der Auswanderung nach Palästina benutzt werden.[74] Übrigens bleiben die Berichte über den Gebrauch des Hebräischen etwas mysteriös, sofern nicht (und das ist sehr unwahrscheinlich) nur Versammlungen der kleinen Minderheit osteuropäischer, orthodoxer (aber nicht ultra-orthodoxer) und begeisterter zionistischer Juden gemeint waren. Bei der überwältigenden Mehrheit der deutschen Juden war jede Art von geläufiger Beherrschung des Hebräischen gleich Null.

Unter denen, welche die Gesetze möglicherweise als nicht extrem genug ansahen, gab es einen harten Kern von Judenhassern, die der Partei nicht angehörten und sogar Feinde des Nationalsozialismus waren: Ihr Haß war derart, daß in ihren Augen selbst die Nazis Werkzeuge der Juden waren. Sie waren nicht notwendig randständige Typen. Adolf Schlatter beispielsweise war ein berühmter Theologieprofessor in Tübingen. Am 18. November 1935 veröffentlichte er eine Broschüre mit dem Titel *Wird der Jude über uns siegen? Ein Wort für die Weihnacht.* Innerhalb von wenigen Wochen waren etwa 50 000 Stück verteilt. «Heute», schrieb Schlatter, «kann der Rabbi mit Stolz sagen: ‹Seht, wie sich die Lage in Deutschland geändert hat; freilich werden wir verachtet, jedoch nur unserer Rasse wegen; dafür aber, daß der mit der Weihnacht gepredigte Wahn, der Christus sei gekommen, aus der Öffentlichkeit verschwinde, bemühten wir uns bisher allein; nun aber kämpfen auch solche mit uns, denen die Schulung des Deutschen Volkes anvertraut ist, denen also der Deutsche zum Gehorsam verpflichtet ist.› ... [Es] kann dem Juden nicht bestritten werden, daß im deutschen Bereich die Lage für seine Weltanschauung noch nie so günstig war wie jetzt.»

Doch in den Schlußzeilen von Schlatters Pamphlet lag Hoffnung: «Es ist freilich möglich, daß der Jude zunächst einen machtvollen Sieg über uns gewinnt; aber dieser Sieg wird nicht endgültig sein. Denn den Glauben an Gott hat nicht der Jude in die Welt gebracht, und ebensowenig können die Juden und Judengenossen ihn zerstören. Sie können dies nicht, weil sie nicht ungeschehen machen können, daß der Christus in die Welt gekommen ist.»[75]

Schlatters gegen das Regime gerichteter Judenhaß hatte in NS-Deutschland seine natürlichen Grenzen. Auf den ersten Blick hätten die Möglichkeiten für ein Mitglied der SS größer sein sollen. Bei einer Fahrt als Dritter-Klasse-Passagier im Expreßzug von Halle nach Karlsruhe am 22. Oktober 1935 war SS-Offizier Hermann Florstedt, wie er später aussagte, sehr müde. Da ihm seine Fahrkarte keinen Zutritt zum Schlafwagen ermöglichte, ging er auf der Suche nach einem freien Platz durch die zweite Klasse. Alle Abteile waren voll besetzt, mit Ausnahme von zweien, in denen, so Florstedt, jeweils ein Jude saß. «Ich befand mich in Uniform», schrieb Florstedt in seinem Beschwerdebrief an die Reichsbahndirektion in Berlin, «und hatte kein Verlangen, diese lange Fahrt in einem Abteil mit einem Juden zusammen zu verbringen.» Florstedt fand den Schaffner und verlangte einen Platz in der zweiten Klasse. Der Schaffner führte ihn zu den von den Juden besetzten Abteilen; Florstedt protestierte. «Der Schaffner», schrieb Florstedt, «betrug sich mehr als merkwürdig, er sagte unter anderem, ich hätte ja den Taufschein dieser Herren nicht gesehen, und im übrigen seien für ihn die Juden auch Reisende.»[76]

Anscheinend flößte im Oktober 1935 eine SS-Uniform noch keinen Schrecken ein. Außerdem muß das Bewußtsein, daß er geltenden Verwaltungsvorschriften gehorchte (eine Verfügung vom August 1935 gestattete es Juden ausdrücklich, die öffentlichen Verkehrsmittel zu benutzen),[77] dem Schaffner genug Selbstvertrauen gegeben haben, um so zu antworten, wie er es tat. Die Antwort, auch die Juden seien Reisende, läßt sich auch mit der verbreiteten Meinung («auch der Jude ist ein Mensch») in Verbindung bringen, die Goebbels in seiner Rede vom Juni 1935 attackiert hatte.

In seiner Beschwerde an die Reichsbahndirektion verlangte Florstedt den Namen des Schaffners, da er die Absicht hatte, sich mit ihm «im *Stürmer* zu unterhalten». Der Brief landete auf dem Schreibtisch von Gruppenführer Heißmeyer, dem Leiter des SS-Hauptamtes, der das Verhalten des Bahnbeamten in Schutz nahm und sich für Florstedts Drohung, im *Stürmer* an die Öffentlichkeit zu gehen, nicht erwärmen konnte.

Florstedt wurde bald in die Verwaltung der Konzentrationslager versetzt. In den ersten Kriegsjahren war er stellvertretender Kommandeur von Buchenwald, und im März 1943 wurde er Kommandant des Vernichtungslagers Lublin.[78]

V

«Wir nehmen in diesen Tagen zugleich vom alten Jahr und von einem Jahrhundert Abschied», erklärte die *C. V.-Zeitung* etwa zwei Wochen nach der Verkündung der Nürnberger Gesetze. «Ein Geschichtsabschnitt geht zu Ende.»[79] Doch dieses scheinbare Verständnis dafür, daß sich die Situation drastisch änderte, führte zu keinen durchschlagenden Empfehlungen. Viele deutsche Juden hofften immer noch, die Krise ließe sich *in* Deutschland überstehen und die neuen Gesetze würden einen anerkannten Rahmen für ein abgesondertes, aber gleichwohl erträgliches jüdisches Leben schaffen. Die offizielle Reaktion der Reichsvertretung (die jetzt ihren Namen von «Reichsvertretung der deutschen Juden» in «Reichsvertretung der Juden in Deutschland» ändern mußte) nahm Hitlers Erklärung von der neuen Basis, die durch die Gesetze für die Beziehungen zwischen dem deutschen Volk und den in Deutschland lebenden Juden geschaffen sei, wörtlich und verlangte dementsprechend das Recht zur freien Ausübung ihrer Aktivitäten im Bildungs- und Kulturbereich. Selbst auf individueller Ebene glaubten viele Juden, die neue Situation biete eine akzeptable Basis für die Zukunft. Nach einer Untersuchung von Berichten der Gestapo und des SD über jüdische Reaktionen auf die Gesetze waren in einer bedeutenden Zahl von Gemeinden «die Juden gerade deshalb erleichtert, weil die Gesetze, selbst wenn sie einen permanenten Rahmen der Diskriminierung schufen, die Herrschaft des willkürlichen Terrors beendeten. Es gab eine gewisse Ähnlichkeit in der Art und Weise, wie durchschnittliche Deutsche und durchschnittliche Juden reagierten. Die Deutschen äußerten Zufriedenheit, während die Juden Grund zur Hoffnung sahen. Es war so, wie es der Verfasser des Berichtes formulierte: Die Gesetze definierten abschließend das Verhältnis zwischen Juden und Deutschen. Die Juden werden zu einer nationalen Minderheit de facto, welche die Möglichkeit genießt, unter staatlichem Schutz ihr eigenes kulturelles und nationales Leben zu bewahren.»[80]

Der ultrareligiöse Teil der Gemeinschaft begrüßte sogar die neue Lage. Am 19. September 1935 bewillkommnete Der Israelit, das Organ des orthodoxen deutschen Judentums, nachdem er seine Unterstützung für den Gedanken von kultureller Autonomie und getrennter Erziehung zum Ausdruck gebracht hatte, ausdrücklich das Verbot von Mischehen.[81] Und was die deutschen Zionisten anging, so hatten sie es, auch wenn sie ihre Aktivitäten beschleunigten, anscheinend nicht besonders eilig, und die Mainstream-Gruppe, Hechaluz, wollte mit der deutschen Regierung über Mittel und Wege zu einer schrittweisen Auswanderung der deutschen Juden nach Palästina im Laufe eines Zeitraums von 15 bis 20 Jahren verhandeln. Wie andere Gruppen der deutschen Juden äußerten sie die Hoffnung, daß in der Zwischenzeit ein autonomes jüdisches Leben in Deutschland möglich sein werde.[82]

Die Juden Deutschlands waren nämlich immer noch mit einer Situation konfrontiert, die einen zwiespältigen Eindruck machte. Über ihre zunehmende Absonderung innerhalb der deutschen Gesellschaft und über den fortwährenden Strom neuer Regierungsentscheidungen, die dazu bestimmt waren, ihnen das Leben in Deutschland beschwerlicher zu machen, waren sie sich durchaus im klaren. Einige Aspekte ihrer Alltagsexistenz stützten jedoch die Illusion, das Endziel der Nationalsozialisten sei die Absonderung und die grundlegenden Mittel der wirtschaftlichen Existenz würden verfügbar bleiben. Beispielsweise gingen trotz des 1933 erlassenen Gesetzes «gegen die Überfüllung deutscher Schulen» und trotz der ständigen Verleumdungen und Attacken, die sich gegen jüdische Kinder richteten, Anfang 1937, wenn auch die Mehrheit der jüdischen Kinder jüdische Schulen besuchte, fast 39 Prozent der jüdischen Schüler immer noch in deutsche Schulen. Im Frühjahr des darauffolgenden Jahres war dieser Anteil auf 25 Prozent zurückgegangen.[83] Wie wir sehen werden, waren viele jüdische Fachleute, die in den Genuß verschiedener Ausnahmeregelungen gekommen waren, immer noch außerhalb der jüdischen Gemeinschaft tätig. Doch es bleibt schwierig, die wirtschaftliche Situation der durchschnittlichen jüdischen Familie, die ein Einzelhandelsgeschäft betrieb oder in einem der verschiedenen Zweige des Handels ihre Existenzgrundlage hatte, genau einzuschätzen.

Im Jahre 1935 zitierte die Jüdische Rundschau, in deren Absicht es eigentlich hätte liegen sollen zu zeigen, wie schlimm die Lage war, eine in der Frankfurter Zeitung veröffentlichte Statistik, wonach die Hälfte der

Damenoberbekleidungsindustrie immer noch Juden gehörte, wobei die Zahl in Berlin sogar 80 Prozent betrug.[84] Ob diese Zahlen zutreffen oder nicht, die Juden im Reich glaubten immer noch, sie würden in der Lage sein, sich weiterhin ihren Lebensunterhalt zu verdienen; die meisten von ihnen sahen keine materielle Katastrophe vorher.

Doch auch wenn die Auswanderung, wie schon erwähnt, langsam verlief und auch wenn die meisten deutschen Juden immer noch hofften, diese schlimme Periode in Deutschland zu überleben, wurde jedenfalls der Gedanke an das Verlassen des Landes, der zuvor für viele undenkbar gewesen war, nunmehr von allen deutsch-jüdischen Organisationen akzeptiert. Man dachte nicht an eine sofortige Notflucht, aber an einen geordneten Exodus. Ziele in Übersee (der amerikanische Kontinent oder Australien beispielsweise) standen auf der Liste konkreter Möglichkeiten höher als Palästina, aber alle deutsch-jüdischen Zeitungen hätten aus vollem Herzen die Überschrift eines Leitartikels der *Jüdischen Rundschau* akzeptieren können, der an den Völkerbund gerichtet war: «Öffnet die Tore!»[85]

Für die zahlreichen Juden, welche die Möglichkeit einer Auswanderung erwogen, aber immer noch in Deutschland zu bleiben hofften, vertiefte sich die Kluft zwischen öffentlichem und privatem Verhalten: «Wir wollen», so warnten jüdische Frauenorganisationen, «alles vermeiden, was Aufsehen erregt und aufreizend wirkt und was den besten Kulturforderungen widerspricht, in Sprache und Ton, in Kleidung und Auftreten.»[86] Jüdischer Stolz sollte gewahrt werden, aber ohne jede öffentliche Zurschaustellung. Im eingeschlossenen Raum der Synagoge oder der weltlichen jüdischen Versammlungen fanden Äußerungen dieses Stolzes und des aufgestauten Ärgers auf das Regime und die umgebende Gesellschaft gelegentlich Ausdruck. Religiöse Texte wurden als Träger symbolischer Bedeutung und offenkundiger Anspielung gewählt. Eine Auswahl von Psalmen mit dem Titel *Aus Tiefen rufe ich Dich*, die Martin Buber 1936 veröffentlichte, enthielt Verse, die nicht mißzuverstehen waren:

> Rechte für mich, Gott,
> streite meinen Streit!
> vor dem unholden Stamm,
> vom Mann des Trugs und des Falschs
> laß mich entrinnen!

Ein neuer Typ von religiösem Kommentar, der hauptsächlich in Predigten vermittelt wurde – der «neue Midrasch», wie ihn Ernst Simon nannte –, verwob religiöse Themen mit Äußerungen praktischer Weisheit, die auf die Zuhörer eine beruhigende, therapeutische Wirkung ausüben sollten.[87]

Manche Juden zeigten anscheinend gelegentlich weniger öffentliche Demut. Bei einem Aufenthalt in Bad Saarow notierte William L. Shirer, der damals in Berlin stationierte Journalist, der dann bald der dortige CBS-Korrespondent werden sollte, am 21. April 1935 in sein Tagebuch: «Wir haben uns das Osterwochenende freigenommen. Im Hotel sind hauptsächlich Juden, es überrascht uns ein wenig, wie viele von ihnen immer noch unbeschwert und offenbar ohne Angst hier leben. Ich denke, sie sind unzulässig optimistisch.»[88]

Manchmal blieb die Selbstbehauptung erstaunlich stark, selbst unter Juden in den kleinsten Gemeinden. So wurde 1936 in Weißenburg der jüdische Viehhändler Guttmann von dem örtlichen NS-Bauernführer beschuldigt, er habe behauptet, daß er eine offizielle Genehmigung habe, seinen Handel fortzuführen. Obwohl der Jude verhaftet wurde, bestand er weiter auf seinem Recht, sein Geschäft zu betreiben. Der Bericht über den Vorfall schließt mit folgenden Worten: «Guttmann bittet um die Genehmigung, das Dokument zu unterzeichnen, wenn der Sabbat vorüber ist.»[89]

Nach der Verkündung der Nürnberger Gesetze legte die zionistische Führung in Palästina, was die Auswanderung anging, kein größeres Gefühl der Dringlichkeit an den Tag, als es die deutsch-jüdische Gemeinschaft selbst tat. Die Führung in Palästina weigerte sich sogar, Auswanderern, deren Ziel nicht Erez Israel war, irgendwelche Hilfe zukommen zu lassen. Ihre Prioritätenliste verschob sich zunehmend: Die wirtschaftliche Situation des Jischuw verschlechterte sich von 1936 an, während der arabische Aufstand dieses Jahres den Widerstand Großbritanniens gegen jede Zunahme der jüdischen Einwanderung nach Palästina verstärkte. Nach Auffassung einiger örtlicher Zionistenführer waren sogar die leichter zu integrierenden Einwanderer aus Polen im großen ganzen denen aus Deutschland vorzuziehen, mit Ausnahme derjenigen deutschen Juden, die im Rahmen des 1933 geschlossenen Haavarah-Abkommens nennenswerte Geldbeträge oder Vermögenswerte transferieren konnten. So blieb nach 1935 die Zahl der Einwanderungsurkunden, die für deutsche Juden angefordert wurden, im Verhältnis zur Gesamtzahl der von den Briten ausgestellten Papiere dieselbe wie vorher. Dieses Fehlen eines größeren Engagements für die Förderung jüdischer Auswanderung aus Deutschland auf seiten der zionistischen Führung führte zu wachsenden Spannungen im Verhältnis zu einigen jüdischen Führern in der Diaspora.[90]

Als im November 1935 in London eine Gruppe von jüdischen Bankiers zusammenkam, um über die Finanzierung der Auswanderung aus Deutschland zu diskutieren, kam es zu einer offenen Spaltung zwischen Zionisten und Nichtzionisten. Chaim Weizmann, der Präsident der Zionistischen Weltorganisation, war besonders über Max Warburgs Projekt erbittert, mit den Nazis eine Vereinbarung ähnlich dem Haavarah-Abkommen auszuhandeln, um die deutsch-jüdische Auswanderung in andere Länder als Palästina zu bezahlen.[91] Dennoch erörterte Warburg seinen Plan mit Vertretern des Wirtschaftsministeriums. Die Parteiarchive deuten darauf hin, daß die Deutschen weitere Diskussionen an die Bedingung knüpften, daß ein detaillierter Vorschlag vorgelegt werde.[92] Wegen der Publizität, die das Projekt erlangt hatte, und letztlich wegen des Fehlens einer zureichenden Finanzierung wurde nichts aus dem Vorhaben.[93]

VI

«In Bad Gastein. Hitler führt mich in lebhafter Unterhaltung eine große Freitreppe hinunter, weithin sichtbar, unten ist Kurkonzert und Menschengewimmel, und ich denke stolz und glücklich: Nun sehen doch alle Leute, daß es unserm Führer nichts ausmacht, sich mit mir trotz meiner Großmutter Recha in aller Öffentlichkeit zu zeigen.»[94] So lautete der Traum, den ein junges Mädchen erzählte, das von den Nürnberger Gesetzen soeben in einen Mischling zweiten Grades verwandelt worden war.

Eine Frau, die zu einem Mischling ersten Grades geworden war, träumte folgendes: «Ich bin auf einem Schiff mit Hitler zusammen. Das erste, was ich ihm sage, ist: ‹Eigentlich darf ich gar nicht hier sein. Ich habe nämlich etwas jüdisches Blut.› Er sieht sehr nett aus, gar nicht wie sonst, rundes, angenehmes, gütiges Gesicht. Ich flüstere ihm ins Ohr: ‹Ganz groß hättest du werden können, wenn du es so gemacht hättest wie Mussolini, ohne diese dumme Judensache. Es ist ja wahr, daß es sehr üble unter den Juden gibt, aber alle sind doch nicht Verbrecher, das kann man doch wirklich nicht behaupten.› Hitler hört mir ruhig zu, hört sich alles ganz freundlich an. Dann plötzlich bin ich in einem anderen Raum des Schiffes, wo lauter schwarzuniformierte SS-Leute sind. Sie stoßen sich miteinander an, zeigen auf mich und sagen zueinander mit dem höchsten Respekt: ‹Seht mal, das ist die Dame, die dem Chef Bescheid gesagt hat.»[95]

Die Traumwelt von Volljuden sah oft ganz anders aus als die der Mischlinge. Ein etwa sechzigjähriger jüdischer Rechtsanwalt aus Berlin träumte, er sei im Tiergarten: «Zwei Bänke stehen im Tiergarten, eine normal grün, eine gelb [Juden durften sich damals nur noch auf gelbangestrichene Bänke setzen], und zwischen beiden ein Papierkorb. Ich setze mich auf den Papierkorb und befestige selbst ein Schild an meinem Hals, wie es blinde Bettler zuweilen tragen, wie es aber auch ‹Rassenschändern› behördlicherseits umgehängt wurde: ‹Wenn nötig, mache ich dem Papier Platz.›»[96]

Manche der Tagträume bekannter jüdischer Intellektueller, die jenseits der Reichsgrenzen wohnten, waren gelegentlich nicht weniger phantastisch als die nächtlichen Phantasien der gefangenen Opfer. «Politische Prophezeiungen von mir zu geben liebe ich nicht», schrieb Lion Feuchtwanger am 20. September an Arnold Zweig, «... [aber] durch intensives Studieren der Geschichte bin ich ... zu der, lassen Sie mich sagen, wissenschaftlichen Überzeugung gelangt, daß am Ende die Vernunft über den Unsinn triumphieren muß und daß man den Ablauf eines Wahnsinnsausbruchs wie den in Deutschland nicht für eine Sache halten darf, die mehr als eine Generation überdauert. Abergläubisch wie ich bin, hoffe ich im stillen, daß der deutsche Wahnsinn auch diesmal nicht länger dauern wird als der Kriegswahnsinn [1914–1918]. – Und wir sind schon am Ende des dritten Jahres.»[97]

Dann gab es Stimmen, die einen ganz anderen Klang hatten. Carl Gustav Jung versuchte, bei seiner Suche nach den Merkmalen der deutschen Psyche – und auch nach denen der jüdischen – «tiefer» zu tauchen. Seine Einschätzung, die er im Jahre 1934 niederschrieb, war anders: «Der Jude als relativer Nomade hat nie und wird voraussichtlich auch nie eine eigene Kulturform schaffen, da alle seine Instinkte und Begabungen ein mehr oder weniger zivilisiertes Wirtsvolk zu ihrer Entfaltung voraussetzen. ... Das arische Unbewußte hat ein höheres Potential als das jüdische; das ist der Vorteil und der Nachteil einer dem Barbarischen noch nicht völlig entfremdeten Jugendlichkeit. Meines Erachtens ist es ein schwerer Fehler der bisherigen medizinischen Psychologie gewesen, daß sie jüdische Kategorien, die nicht einmal für alle Juden verbindlich sind, unbesehen auf den christlichen Germanen oder Slawen verwandte. Damit hat sie nämlich das kostbarste Geheimnis des germanischen Menschen, seinen schöpferisch-ahnungsvollen Seelengrund als kindisch-banalen Sumpf erklärt, während meine warnende Stimme durch Jahrzehnte des Antisemitismus verdächtigt wurde. Diese Verdächtigung ist von Freud ausgegangen. Er kannte die germanische Seele nicht, so wenig wie alle seine germanischen Nachbeter sie kannten. Hat sie die gewaltige Erscheinung des Nationalsozialismus, auf den eine ganze Welt mit erstaunten Augen blickt, eines Besseren belehrt?»[98]

Auf Sigmund Freud machte die «gewaltige Erscheinung des Nationalsozialismus» anscheinend keinen Eindruck. Am 23. September 1935 schrieb er an Arnold Zweig: «Wir dachten alle, es sei der Krieg und nicht die Menschen, aber die anderen Völker haben auch Krieg gehabt und sich doch anders benommen. Wir wollten es damals nicht glauben, aber es ist wahr gewesen, was die anderen von den Boches erzählt haben.»[99]

5. Der Geist der Gesetze

Was Kurt Tucholsky anging, den möglicherweise brillantesten antinationalistischen Satiriker der Weimarer Zeit, der jetzt in seinem schwedischen Exil gefangen saß, so war sein Zorn anders als der Freuds, und seine Verzweiflung war total: «Ich bin im Jahre 1911 ‹aus dem Judentum ausgetreten›», schrieb er am 15. Dezember 1935 an Arnold Zweig, fügte aber sogleich hinzu: «Ich weiß, daß man das gar nicht kann.» Auf vielfache Weise werden Tucholskys Hilflosigkeit und Zorn gegen die Juden gekehrt. Dem unvermeidlichen Schicksal konnte man mit Mut oder mit Feigheit begegnen. Für Tucholsky hatten sich die Juden immer wie Feiglinge verhalten, jetzt mehr als je zuvor. Selbst die Juden in den mittelalterlichen Ghettos *hätten* sich anders verhalten können: «Aber lassen wir die mittelalterlichen Juden – nehmen wir die von heute, die von Deutschland. Da sehen Sie, daß dieselben Leute, die auf vielen Gebieten die erste Geige gespielt haben, das Getto *akzeptieren* – die Idee des Gettos und ihre Ausführung. ... Man sperrt sie ein, man pfercht sie in Judentheater [ein Hinweis auf die Aktivitäten des Kulturbundes] mit vier gelben Flecken vorn und hinten, und sie haben ... nur einen Ehrgeiz: ‹Nun werden wir ihnen mal zeigen, daß wir das bessere Theater haben!› ... Nicht zu begreifen, daß im März 33 der Augenblick gekommen war, in umgekehrter Proportion auszuziehen – also nicht wie heute einer auf zehn, sondern einer hätte da bleiben müssen, und neun hätten gehen müssen, sollen, müssen. ... Und hier ist das, was mich an der deutschen Emigration so abstößt –: es geht alles weiter, wie wenn gar nichts geschehen wäre. Immer weiter, immer weiter – sie schreiben dieselben Bücher, sie halten dieselben Reden, sie machen dieselben Gesten.» Tucholsky wußte, daß er und seine Generation die neue Freiheit nicht sehen würden: «Es gehört dazu ... eine Jugendkraft, die wir nicht mehr haben. Es werden neue, nach uns, kommen. – So aber gehts nicht. Das Spiel ist aus.»[100]

Sechs Tage später beging Tucholsky Selbstmord.

ZWEITER TEIL

DIE EINKREISUNG

6.
Kreuzzug und Kartei

Anfang 1937 ließ Hitler bei einer Besprechung über Kirchenfragen erneut seinen weltgeschichtlichen Visionen freien Lauf: «Führer», schrieb Goebbels in sein Tagebuch, «erklärt das Christentum und Christus. Er [Christus] wollte auch gegen die jüdische Weltherrschaft. Das Judentum hat ihn dann gekreuzigt. Aber Paulus hat seine Lehre umgefälscht und damit das antike Rom unterhöhlt. Der Jude im Christentum. Dasselbe hat Marx mit dem deutschen Gemeinschaftsgedanken, mit dem Sozialismus gemacht.»[1] Am 30. November desselben Jahres klangen die Bemerkungen, die Goebbels in sein Tagebuch notierte, weitaus bedrohlicher: «Lange [mit Hitler] über Judenfrage diskutiert. ... Die Juden müssen aus Deutschland, aus ganz Europa heraus. Das dauert noch eine Zeit, aber geschehen wird und muß das. Der Führer ist fest entschlossen dazu.»[2] Wie die Erklärung, die Hitler im September 1935 Walter Groß gab, bedeutete seine Prophezeiung von 1937 die Möglichkeit eines Krieges: Sie ließ sich nur in einer Kriegssituation erfüllen.

Am 7. März 1936 war die Wehrmacht im Rheinland einmarschiert, und es hatte eine neue Phase in der europäischen Geschichte begonnen. Sie entwickelte sich im Zeichen einer Serie deutscher Vertragsbrüche und Aggressionsakte und führte innerhalb von drei Jahren zum Ausbruch eines neuen Brandes.

Die Entmilitarisierung des linken Rheinufers war durch die Verträge von Versailles und Locarno garantiert worden. Die Garanten des Status quo waren Großbritannien und Italien, während Frankreich dasjenige Land war, das durch den deutschen Schritt direkt bedroht wurde. Nun stellte sich Italien an Deutschlands Seite, weil die Demokratien versucht hatten, im Abessinienkrieg Sanktionen gegen es zu verhängen. Im Prinzip besaß jedoch Frankreich immer noch die stärkste Armee in Europa. Man weiß heute, daß eine militärische Reaktion der Franzosen die deutschen Einheiten dazu gezwungen hätte, sich hinter den Rhein zurückzuziehen – ein Rückschlag mit unvorhersehbaren Konsequenzen für das Hitlerregime. Doch die französische Regierung unter dem radikalsozialistischen Premierminister Albert Sarrault drohte zwar zu handeln, tat aber nichts. Und die Briten drohten nicht einmal; schließlich nahm Hitler lediglich seinen eigenen «Hinterhof» in Besitz, wie man so sagte. Die französische und britische Appeasement-Politik gewann an Boden.

Die Wahlen von 1936 brachten in Frankreich die Mitte-Links-Regierung der Volksfront an die Macht, und für einen großen Teil der französischen Gesellschaft wurde die Bedrohung durch Revolution und kommunistische Machtübernahme zu einer alptraumartigen Zwangsvorstellung. Wenige Monate zuvor hatten die spanischen Wähler eine linke Regierung an die Macht gebracht. Das war ein kurzlebiger Sieg. Im Juli 1936 rebellierten Einheiten der spanischen Armee in Nordafrika unter der Führung von General Francisco Franco gegen die neue republikanische Regierung und setzten nach Spanien über. Der spanische Bürgerkrieg – der zu einem mörderischen Kampf zweier politischer Ideologien werden sollte, auf beiden Seiten von massiven Lieferungen ausländischer Waffen und regulären Truppen sowie Freiwilligen unterstützt – hatte begonnen. Zwischen dem Sommer 1936 und dem Frühjahr 1939 waren die in Spanien gezogenen Kampffronten die Bezugspunkte, an denen sich die ideologischen Konfrontationen der damaligen Zeit explizit und stillschweigend orientierten.

Auf der globalen Bühne wurde der am 25. November 1936 von Deutschland und Japan unterzeichnete Anti-Komintern-Pakt, dem ein Jahr später auch Italien beitrat, zumindest symbolisch zu einem Ausdruck des Kampfes, der sich zwischen den antikommunistischen Regimes und dem Bolschewismus abspielen sollte. In den Ländern Ostmitteleuropas (mit Ausnahme der Tschechoslowakei) und auf dem Balkan waren rechte Regierungen an die Macht gelangt. Zu ihren ideologischen Festlegungen gehörten drei grundlegende Dogmen: Autoritarismus, extremer Nationalismus und extremer Antikommunismus. Vom Atlantik bis zur sowjetischen Grenze hatten sie im allgemeinen noch ein weiteres Element gemeinsam: den Antisemitismus. Für die europäische Rechte waren Antisemitismus und Antibolschewismus häufig identisch.

Ganz eindeutig markiert das Jahr 1936 auch den Beginn einer neuen Phase auf der innenpolitischen Bühne in Deutschland. In der vorangegangenen Periode (1933–36) hatte das Bedürfnis, das Regime zu stabilisieren, ausländische Präventivmaßnahmen abzuwehren und für Wirtschaftswachstum sowie für die Rückkehr zur Vollbeschäftigung zu sorgen, in einigen Bereichen ein relativ gemäßigtes Vorgehen erfordert. 1936 war dann die Vollbeschäftigung erreicht, und die Schwäche der antideutschen Front ließ sich einschätzen. Eine weitere politische Radikalisierung und die Mobilisierung interner Ressourcen waren nunmehr möglich: Himmler wurde zum Chef sämtlicher deutscher Polizeikräfte ernannt und Göring zum Oberherrn eines neuen Vierjahresplans, der das geheime Ziel verfolgte, das Land auf den Krieg vorzubereiten. Der Antrieb zur äußeren und inneren Radikalisierung hing ebenso wie der diesbezügliche Zeitplan möglicherweise mit noch ungelösten Spannun-

6. Kreuzzug und Kartei

gen in der deutschen Gesellschaft selbst zusammen, oder aber er ergab sich vielleicht aus den fundamentalen Bedürfnissen eines Regimes, das nur bei immer hektischeren Aktivitäten und immer spektakuläreren Erfolgen gedeihen konnte.

In dieser Atmosphäre der beschleunigten Mobilisierung gewann die Judenfrage in den Augen der Nazis eine neue Dimension und erfüllte für sie eine neue Funktion. Nun wurden die Juden wieder als weltweite Bedrohung dargestellt, und antijüdische Aktionen ließen sich als Rechtfertigung für die zwangsläufig bevorstehende Konfrontation benutzen. Aus der Sicht des Regimes mußten in einer Zeit der Krise die Juden vertrieben werden, man mußte ihren Besitz zugunsten der deutschen Wiederbewaffnung beschlagnahmen, und ihr Schicksal ließ sich – solange sich einige von ihnen noch in deutschen Händen befanden – benutzen, um die Einstellung des Weltjudentums und der unter seiner Kontrolle stehenden ausländischen Mächte gegenüber NS-Deutschland zu beeinflussen. Vorrangig beherrschten drei wesentliche Handlungslinien die neue Phase des antijüdischen Feldzugs: beschleunigte Arisierung, in zunehmendem Maße koordinierte Bemühungen, die Juden zum Verlassen Deutschlands zu zwingen, und wütende Propagandaaktivitäten, um das Thema jüdische Verschwörung und Bedrohung als Angelegenheit von weltweiter Bedeutung erscheinen zu lassen.

Die beschleunigte Arisierung resultierte zumindest teilweise aus der neuen wirtschaftlichen Situation und der sich in deutschen Geschäfts- und Industriekreisen ausbreitenden Zuversicht, daß man auf die Risiken jüdischer Vergeltung oder deren Auswirkungen keine Rücksicht mehr zu nehmen brauchte. Das Wirtschaftswachstum führte zu einer allmählichen Koordinierung der widersprüchlichen Maßnahmen, die bis dahin zwangsläufig den Kurs der antijüdischen Politik behindert hatten: 1936 konnten Ideologie und Politik immer mehr im Gleichschritt marschieren. Die Einsetzung Himmlers und Görings in ihre neuen Positionen schuf zwei Machtbasen, die für die wirksame Durchführung des neuen antijüdischen Feldzuges unentbehrlich waren. Und doch ließ sich die ökonomische Enteignung der Juden Deutschlands, auch wenn sich die Umrisse der neuen Phase deutlich abzeichneten, erst Anfang 1938 – als im Februar 1938 die konservativen Minister aus der Regierung vertrieben worden waren und vor allem nachdem Ende 1937 Schacht zum Verlassen des Wirtschaftsministeriums gezwungen worden war – radikal durchsetzen. Im Verlaufe des Jahres 1938 sollte etwas folgen, das noch schlimmer war als totale Enteignung: Wirtschaftliche Schikanen und selbst gewalttätige Angriffe wurden nunmehr angewendet, um die Juden zur Flucht aus dem Reich oder aus dem soeben annektierten Österreich zu zwingen. In der zweiten Phase war 1938 der schicksalhafte Wendepunkt.

Die antijüdische Rhetorik, die von 1936 an in Hitlers Reden und Verlautbarungen vorgetragen wurde, nahm verschiedene Formen an. Vorherrschend und am massivsten war ihre Verbindung zur allgemeinen ideologischen Konfrontation mit dem Bolschewismus. Doch die Weltgefahr, wie Hitler sie darstellte, war nicht der Bolschewismus als solcher, mit den Juden, die als seine Werkzeuge agierten. Die Juden waren die Bedrohung, die letztlich *hinter* dem Bolschewismus stand: Die bolschewistische Gefahr wurde von den Juden manipuliert.[3] In seiner Rede auf dem Parteitag 1937 sorgte Hitler, wie wir sehen werden, dafür, daß es in diesem Punkt kein Mißverständnis gab. Doch Hitlers antijüdische Tiraden waren nicht nur ideologisch (antibolschewistisch) in einem konkreten Sinn: Häufig wurde der Jude als der Weltfeind per se beschrieben, als die Gefahr, die vernichtet werden mußte, damit Deutschland (oder die arische Menschheit) nicht durch sie vernichtet würde. In ihrer extremsten Form erschien diese apokalyptische Vision in der Reichstagsrede vom Januar 1939, aber ihr Hauptthema wurde schon im Sommer 1936, in den Leitlinien zum Vierjahresplan, umrissen. Der «Erlösungs»antisemitismus, der Hitlers frühe ideologische Aussagen beherrscht hatte, trat jetzt wieder hervor. Als das konservative Programm zerfiel, breitete sich eine neue Atmosphäre mörderischer Brutalität aus.

Gerade am Beginn dieses sich verdunkelnden Weges errangen die Nationalsozialisten einen ihrer größten Propagandasiege: die erfolgreiche Ausrichtung der Olympischen Spiele 1936. Besucher, die zur Olympiade nach Deutschland kamen, fanden ein Reich vor, das mächtig, ordentlich und zufrieden aussah. So schrieb die amerikanische liberale Zeitschrift *The Nation* am 1. August 1936: «Man sieht nicht, wie jüdische Köpfe abgeschlagen oder auch nur gehörig geprügelt werden. ... Die Menschen lächeln, sie sind freundlich und singen begeistert in Biergärten. Unterkunft und Verpflegung sind gut, billig und reichlich, und niemand wird von raffgierigen Hoteliers und Geschäftsinhabern übers Ohr gehauen. Alles ist schrecklich sauber, und der Besucher hat es alles gern.»[4] Selbst der Präsident der Vereinigten Staaten ließ sich täuschen. Im Oktober desselben Jahres, einen Monat vor den Präsidentenwahlen, wurde Rabbiner Stephen Wise, der Präsident des Jüdischen Weltkongresses, zu einem Treffen mit Roosevelt im Hyde Park eingeladen. Als das Gespräch auf Deutschland kam, zitierte der Präsident zwei Leute, die kürzlich Deutschland «bereist» und ihm berichtet hatten, «die Synagogen seien überfüllt, und es gebe an der Situation gegenwärtig anscheinend nichts besonders Problematisches». Wise versuchte, seinem Gastgeber die Auswirkungen der Olympischen Spiele auf das Verhalten der Nazis zu erklären, aber als er sich verabschiedete, hatte er das Gefühl, daß

Roosevelt die Berichte über die Verfolgung von Juden immer noch für übertrieben hielt.[5]

Schilder, die Juden den Zutritt untersagten, wurden aus olympischen Anlagen und von anderen Orten, an denen man mit Besuchen von Touristen rechnen mußte, entfernt, aber es wurden nur ganz geringfügige ideologische Zugeständnisse gemacht. Die jüdische Hochspringerin Gretel Bergmann aus Stuttgart wurde unter technischen Vorwänden aus der deutschen Mannschaft ausgeschlossen; die Fechtmeisterin Helene Mayer durfte bleiben, weil sie Mischling und somit nach den Nürnberger Gesetzen deutsche Bürgerin war.[6] Nur ein einziger deutscher Volljude, der Eishockeyspieler Rudi Ball, durfte für Deutschland in den Wettbewerb gehen. Doch die Winterspiele zogen damals weit weniger Aufmerksamkeit auf sich als die Sommerspiele.[7]

Die Verhandlungen, die der Olympiade vorangegangen waren, zeigten, daß Hitlers taktische Mäßigung nur auf den immensen Propagandawert zurückzuführen war, den die Spiele für NS-Deutschland besaßen. Als der Führer am 24. August 1935 General Charles Sherrill, ein amerikanisches Mitglied des Internationalen Olympischen Komitees, empfing, war er noch unnachgiebig: Die Juden hatten ein volles Recht auf ihr abgesondertes Leben in Deutschland, aber sie konnten keine Mitglieder der Nationalmannschaft sein. Was die ausländischen Mannschaften anging, so stand es ihnen frei, aufzunehmen wen sie wollten.[8] Schließlich wurden wegen der Drohung eines amerikanischen Boykotts der Olympiade, wie wir sahen, ganz geringfügige Zugeständnisse gemacht, und das gestattete es Deutschland, ungeachtet der kürzlich erfolgten Verabschiedung der Nürnberger Gesetze alle erwarteten Vorteile einzuheimsen.

Die Grenzen des guten Willens, den die Nationalsozialisten anläßlich der Olympiade zu zeigen bereit waren, traten in der privaten Sphäre der Tagebücher ganz offen zutage. Am 20. Juni, unmittelbar vor der Eröffnung der Olympiade, verfiel Goebbels in Begeisterung über den Sieg Max Schmelings gegen Joe Louis beim Kampf um die Weltmeisterschaft im Schwergewicht: «Schmeling hat für Deutschland gefochten und gesiegt. Der Weiße über den Schwarzen, und der Weiße war ein Deutscher.»[9] Seine Eintragung am ersten Tag der Olympiade war nicht ganz so enthusiastisch: «Wir Deutschen erringen eine Goldmedaille, die Amerikaner drei, davon zwei durch Neger. Das ist eine Schande. Die weiße Menschheit müßte sich schämen. Aber was gilt das dort in diesem Lande ohne Kultur.»[10]

Die Winterspiele waren am 6. Februar in Garmisch-Partenkirchen eröffnet worden. Am Tag zuvor war Wilhelm Gustloff, der Vertreter der Nazipartei in der Schweiz, von dem jüdischen Medizinstudenten David Frankfurter erschossen worden. Innerhalb von wenigen Stunden wurde ein strikter Befehl erlassen: Wegen der Olympischen Spiele waren alle antijüdischen Aktionen untersagt.[11] Und tatsächlich kam es zu keinen Ausbrüchen von «Volkszorn».

Bei der Beerdigung Gustloffs am 12. Februar in Schwerin sprach Hitler. Er erinnerte an die Tage der Niederlage, als Deutschland seiner Darstellung nach «einen tödlichen Stoß in der Heimat» erhalten hatte. In jenen Novembertagen des Jahres 1918 versuchten die national gesinnten Deutschen, «diejenigen zu bekehren, die damals Werkzeug einer grauenhaften überstaatlichen Gewalt waren. ... [Überall] sehen wir ... dieselbe Macht, ... die haßerfüllte Macht unseres jüdischen Feindes.»[12] Wenige Monate später veröffentlichte der im Exil lebende Schriftsteller Emil Ludwig ein Pamphlet mit dem Titel «Mord in Davos». In seiner Tagebucheintragung vom 6. November 1936 reagierte Goebbels sofort: «Ein gemeines, echt jüdisches Machwerk zur Verherrlichung des ... Frankfurter, der Gustloff erschossen hat. ... Diese Judenpest muß ausradiert werden. Ganz und gar. Davon darf nichts übrig bleiben.»[13]

Der Kampf zwischen dem neuen Deutschland und jener grauenhaften überstaatlichen Gewalt, dem jüdischen Feind, wurde jetzt als die totale Konfrontation auf breitester internationaler Ebene mit dem Bolschewismus, dem «Werkzeug der Juden», neu definiert. Auf dem Parteitag von 1935 waren die anti-jüdisch-bolschewistischen Deklarationen Goebbels und Rosenberg überlassen worden. Bald stürzte sich Himmler mit in den Kampf. Im November 1935 auf dem Reichsbauerntag in Goslar beschrieb der Reichsführer SS die Bedrohung, welche die Juden darstellten, in grauenerregenden Worten: «Wir kennen ihn, den Juden», rief Himmler aus, «dieses Volk, das aus den Abfallprodukten sämtlicher Völker und Nationen dieses Erdballes zusammengesetzt ist und allen den Stempel seiner jüdischen Blutsart aufgedrückt hat, dessen Wunsch die Weltherrschaft, dessen Lust die Zerstörung, dessen Wille die Ausrottung, dessen Religion die Gottlosigkeit, dessen Idee der Bolschewismus ist.»[14]

In seiner Rede bei der Beerdigung Gustloffs hatte Hitler persönlich in die neue antijüdische Kampagne eingegriffen. Ein nicht weniger bedrohlicher Ton klang in seiner geheimen Denkschrift vom Sommer desselben Jahres an, in der er die Ziele des Vierjahresplans umriß. Im ersten Absatz ging es um die Frage der Ideologie als solcher: «Politik ist die Führung und der Ablauf des geschichtlichen Lebenskampfes der Völker. Das Ziel dieser Kämpfe ist die Behauptung des Daseins. Auch die idealistischen Weltanschauungskämpfe besitzen ihre letzten Ursachen und erhalten ihre tiefsten Antriebe aus volklich gegebenen Lebenszwecken und Zielen. Religionen und Weltanschauungen vermögen aber solchen Kämpfen stets eine besondere Härte zu geben und verleihen ihnen daher auch eine große geschichtliche Eindringlichkeit. Sie prägen dem Inhalt von Jahrhunderten ihren Stempel auf ...» In einer Folge schneller Assoziationen führte dieser theoretische Prolog zur vorhersehbaren ideologischen Illustration: «Seit dem Ausbruch der Französischen Revolution treibt die Welt in immer schärferem Tempo in eine neue Auseinandersetzung, deren extremste Lösung Bolschewismus heißt, deren Inhalt und Ziel aber nur die Beseitigung und Ersetzung der bislang führenden Gesellschaftsschichten der Menschheit durch das international verbreitete Judentum ist ...»[15]

Auf Anweisung von Hitler verschärften Goebbels und Rosenberg den Ton ihrer verbalen Attacken auf dem Parteitag von 1936 noch weiter.[16] Für Goebbels konnte «die Idee des Bolschewismus, d. h. der skrupellosen Verwilderung und Auflösung jeder Sitte und Kultur mit dem diabolischen Zweck der Vernichtung der Völker überhaupt, ... nur im Gehirn von Juden erdacht werden. Die bolschewistische Praxis in ihrer schauderhaften und bluttriefenden Grausamkeit ist nur in den Händen von Juden vorstellbar.»[17]

In seinen beiden programmatischen Reden auf dem Parteitag behandelte Hitler auch die jüdisch-bolschewistische Gefahr. In der Eröffnungsansprache vom 9. September griff er kurz die weltweiten subversiven Aktivitäten des jüdischen revolutionären Zentrums in Moskau an.[18] Doch ausführlich schlug er in seiner Schlußrede am 14. September um sich: «Diesen Bolschewismus, der von den jüdisch-sowjetischen Moskauer Terroristen Lewin, Axelroth [sic], Neumann, Béla Kun usw. nach Deutschland hereinzutragen versucht wurde, haben wir angegriffen, niedergeworfen und ausgerottet. ... Und nur, weil wir wissen und es tagtäglich erleben, daß dieser Versuch der Einmischung in unsere inneren deutschen Verhältnisse durch die jüdischen Sowjetmachthaber kein Ende nimmt, sind wir gezwungen, den Bolschewismus auch außer uns als unsern Todfeind anzusehen und in seinem Vordringen eine uns nicht minder bedrohende Gefahr zu erkennen.»[19]

Was Hitler meinte, war nur zu deutlich: Die Luftwaffe intervenierte jetzt zunehmend gegen die «bolschewistischen» Truppen in Spanien. Und wer war für das Moskauer Terroristenzentrum, das subversive Aktionen in der ganzen Welt lenkte, verantwortlich? Die Juden.

Daß Hitler diese Themen in Privatgesprächen aufwärmte, ist nicht verwunderlich; daß es sich bei dem beipflichtenden Gesprächspartner in einer derartigen Unterredung um den Münchner Kardinal Faulhaber handelte, stellt eine etwas größere Überraschung dar. Am 4. November 1936 traf er sich mit Hitler auf dem Obersalzberg, Hitlers Residenz in den Bayerischen Alpen, zu einer dreistündigen Unterredung. Nach den Notizen, die sich Faulhaber machte, sprach Hitler «freimütig, vertraulich, gemütvoll, teilweise temperamentvoll; er geißelte den Bolschewismus und die Juden: ‹Wie die Untermenschen, von Juden angehalten, als Bestien in Spanien hausen›, darüber hatte er genaue Berichte. ... Er werde die geschichtliche Stunde nicht verpassen.» Der Kardinal stimmte anscheinend zu: «Das alles», vermerkte er, «sei in erschütternder Weise in Hitlers großer Rede auf dem Parteitag in Nürnberg (der Bolschewismus könne nur niederreißen, werde von Juden geführt) ausgesprochen worden.»[20]

Zur vollen Entfaltung gelangte die anti-jüdisch-bolschewistische Kampagne auf dem Parteitag der Arbeit im September 1937. In den davorliegenden Wochen hatten die Rangeleien unter Hitlers Statthaltern um eine Vorrangstellung auf dem Parteitag besonders erbitterte Formen angenommen. Rosenberg teilte Goebbels mit, auf Beschluß Hitlers solle er (Rosenberg) als erster von beiden reden, und angesichts der beschränkten Zeit müsse Goebbels' Rede drastisch gekürzt werden. Dies muß für den Meister der Ideologie ein süßer Augenblick gewesen sein, insbesondere da in der fortwährenden Fehde zwischen ihm und Goebbels der Propagandaminister gewöhnlich die Oberhand behielt.

Am 11. September gab Goebbels den Ton an. In einer Rede, die sich mit der Situation in Spanien befaßte, ließ der Propagandaminister eine hysterische Attacke gegen die Juden vom Stapel, die er für den bolschewistischen Terror verantwortlich machte. In seiner rhetorischen Wut gelang es Goebbels zweifellos, seine früheren Leistungen zu übertreffen. Seine Rede kann sehr wohl der giftigste öffentliche antijüdische Erguß jener Jahre sein. «Wer sind diejenigen, die für diese Katastrophe verantwortlich sind?» fragte Goebbels. Seine Antwort: «Unerschrocken wollen wir mit Fingern auf den Juden zeigen als den Inspirator, Urheber und Nutznießer dieser furchtbaren Katastrophe: Sehet, das ist der Feind der Welt, der Vernichter der Kulturen, der Parasit unter den Völkern, der Sohn des Chaos, die Inkarnation des Bösen, das Ferment der Dekomposition, der plastische Dämon des Verfalles der Menschheit.»[21]

II

Am Abend des 13. September sprach Hitler erneut. Jede Zurückhaltung war nun verflogen. Zum ersten Mal seit seinem Amtsantritt als Reichskanzler benutzte er die Plattform eines Parteitages mit der weltweiten Aufmerksamkeit, die dieser auf sich zog, um einen generellen historischen und politischen Angriff auf das Weltjudentum als Drahtzieher hinter dem Bolschewismus und als Feind der Menschheit seit den Tagen des frühen Christentums zu richten. Die Themen des Zwiegesprächs mit Dietrich Eckart aus dem Jahre 1923 wurden in die ganze Welt verbreitet.

6. Kreuzzug und Kartei

Noch nie seit dem Fall der antiken Weltordnung, noch nie seit dem Aufstieg des Christentums, der Ausbreitung des Islams und der Reformation sei die Welt, so erklärte Hitler, in derartigem Aufruhr gewesen. Dies war kein gewöhnlicher Krieg, sondern ein Kampf, in dem es um das eigentliche Wesen menschlicher Kultur und Zivilisation ging. «Was andere behaupten, nicht sehen zu können, weil sie es einfach nicht sehen wollen, das müssen wir leider als bittere Tatsache feststellen: Die Welt befindet sich im Zustande eines sich steigernden Aufruhrs, dessen geistige und sachliche Vorbereitung und Führung ohne Zweifel von den Machthabern des jüdischen Bolschewismus in Moskau ausgeht. Wenn ich dieses Problem so bewußt als ein jüdisches hinstelle, dann wissen Sie, meine Parteigenossen und -genossinnen, daß dies nicht eine unbewiesene Annahme ist, sondern eine durch nicht wegzustreitende Belege erwiesene Tatsache.»[22]

Die konkreten Aspekte dieses Kampfes von welthistorischer Bedeutung überließ Hitler nicht einfach der Phantasie seiner Zuhörer:

«Während ein Teil der ‹jüdischen Mitbürger› die Demokratie besonders durch den Einfluß der Presse demobilisiert oder gar durch das Zusammenkoppeln mit revolutionären Erscheinungen in der Form von Volksfronten mit deren Gift infiziert, trägt der andere Teil des Judentums bereits die Fackel der bolschewistischen Revolution mitten in die bürgerlich-demokratische Welt hinein, ohne daß von ihr noch eine wirkungsvolle Abwehr befürchtet zu werden braucht. Das letzte Ziel ist dann die endgültige bolschewistische Revolution, d. h. aber nun nicht etwa die Aufrichtung der Führung des Proletariats durch das Proletariat, sondern die Unterwerfung des Proletariats unter die Führung seines neuen fremden Herrn. ...»[23]

«Wir haben im vergangenen Jahr durch eine Reihenfolge erschütternder statistischer Belege bewiesen, daß im derzeitigen Sowjetrußland des Proletariats über 80 Prozent der führenden Stellen von Juden besetzt sind. Das heißt also: nicht das Proletariat diktiert, sondern jene Rasse, deren David-Stern ja endlich auch das Symbol des sogenannten Proletarierstaates geworden ist.»[24]

Gewöhnlich wiederholte Hitler seine wichtigsten Themen in einer sich ständig wandelnden Vielfalt von Formulierungen, die alle dieselbe Botschaft beinhalteten. Die Rede vom 13. September 1937 hämmerte die Bedrohung ein, die der jüdische Bolschewismus für die «Gemeinschaft europäischer Kulturnationen»[25] darstellte. Was in Deutschland selbst erreicht war, wurde als das Beispiel hingestellt, dem alle folgen sollten: «Der Nationalsozialismus hat die bolschewistische Weltgefahr aus dem Inneren Deutschlands gebannt. Er hat dafür gesorgt, daß nicht der Abhub volksfremder jüdischer Literaten bei uns über das Proletariat, das heißt den deutschen Arbeiter, diktiert. ... Er hat unser Volk und damit das Reich im übrigen immun gemacht gegenüber einer bolschewistischen Verseuchung.»²⁶ Einige Monate zuvor hatte Rudolf Heß allen Parteigliederungen mitgeteilt, was Hitler dachte: Deutschland sehnte sich nach Beziehungen der Freundschaft und Achtung zu allen Nationen; es war «kein Feind der Slawen, sondern der unerbittliche und unversöhnliche Feind des Juden und des von ihm in die Welt gebrachten Kommunismus».²⁷

Im privaten Gespräch hatte Hitler Verwirrung über die Bedeutung der Ereignisse zum Ausdruck gebracht, die sich damals in der Sowjetunion abspielten. «Erneut ein Schauprozeß in Moskau», notierte Goebbels am 25. Januar 1937 in sein Tagebuch. «Diesmal wieder ausschließlich gegen Juden, Radek etc. Führer noch im Zweifel, ob nicht vielleicht doch mit versteckter antisemitischer Tendenz. Vielleicht will Stalin doch die Juden herausekeln. Auch das Militär soll stark antisemitisch sein. Also aufpassen.»²⁸

Zwar wurden im Außenministerium und in der Wehrmacht Anstrengungen unternommen, eine etwas realistischere Einschätzung sowjetischer Angelegenheiten aufrechtzuerhalten, aber für die meisten Stellen in Partei und Staat blieb die Gleichsetzung von Judentum und Bolschewismus die fundamentale Leitlinie. So brachte Heydrich 1937 eine geheime Denkschrift mit dem Titel «Die gegenwärtige Lage auf dem Gebiete der Ostforschung» in Umlauf, die mit dem Argument begann, der Osten, insbesondere die Sowjetunion, besitze für Deutschland vor allem Bedeutung «als das vom jüdischen Bolschewismus eroberte und von ihm zum zentralen Stützpunkt im Kampf gegen das nationalsozialistische Deutschland ausgebaute Territorium, in dem auch alle außerhalb des Bolschewismus liegenden, gegen den Nationalsozialismus eingestellten Kräfte die aktivste Waffe gegen den Nationalsozialismus sehen».²⁹

Abgesehen von dem Axiom, der Bolschewismus sei ein Werkzeug des Judentums, zielte die NS-Forschung darauf, die Verknüpfung zwischen Juden und Kommunismus in sozialpolitischen Termini zu beweisen. Gezeigt wurde dies beispielsweise in einem Vortrag, den Theodor Oberländer, der Leiter des Königsberger Instituts für Osteuropäische Wirtschaft (der dann nach dem Kriege Minister in Konrad Adenauers Kabinett war), im Juni 1937 über die polnischen Juden hielt: «Die osteuropäischen Juden sind, soweit es sich bei ihnen nicht um orthodoxe, sondern um assimilierte Juden handelt, die aktivsten Träger kommunistischer Ideen. Da allein schon Polen 3,5 Millionen Juden hat, von denen mehr als 1,5 Millionen als assimilierte Juden angesehen werden können, und da die Juden in ihrem städtischen Ghetto unter kaum zu glaubenden ungünstigen sozialen Bedingungen leben, so daß sie Proletarier im wahrsten Sinne des Wortes sind, haben sie wenig zu verlie-

6. Kreuzzug und Kartei

ren, aber viel zu gewinnen. Sie sind diejenigen, welche die militanteste und erfolgreichste Propaganda für den Kommunismus auf dem Lande treiben.»[30]

Der Zusammenhang zwischen den Juden und dem Bolschewismus in der Sowjetunion ließ sich auch durch gelehrte, «tiefgehende» Betrachtung erweisen. «Nicht allein der numerische Einfluß der Juden im höheren Staats- und Parteiapparat noch auch der Herrschaftseinfluß einzelner Juden dürfen im einfachen Sinne als eine ‹Beherrschung› des bolschewistischen Rußlands durch die Juden gedeutet werden», schrieb Peter-Heinz Seraphim, der Spezialist für das osteuropäische Judentum an der Universität Königsberg. «Schließlich spitzt sich die Frage dahin zu, ob zwischen dem leninistischen oder stalinistischen Bolschewismus und der geistigen Einstellung der Juden eine ideologische Verbindung oder Wechselwirkung besteht.»[31] Seraphims umfangreiche Studie *Das Judentum im osteuropäischen Raum*, die 1938 erschien, sollte zum Vademecum vieler NS-Praktiker im Osten werden.

Seraphim ging von dem Postulat aus, die Juden hätten im bolschewistischen System eine «Hegemoniestellung» inne.[32] Da die Argumentation mit bloßen Zahlen und individuellem Einfluß nicht ausreichte, gewann die Frage der geistigen Verwandtschaft in der Tat zentrale Bedeutung. Seraphim hatte anscheinend nicht den geringsten Zweifel an den jüdischen Merkmalen, die dieser Verwandtschaft zugrunde lagen: «seine Diesseitsbezogenheit, die Materialisierung und Intellektualisierung der Umwelt, die Zielstrebigkeit und Rücksichtslosigkeit seines Wesens».[33]

Hitlers bedrohlichster antijüdischer Ausbruch vor seiner Reichstagsrede von 1939 wurde durch die (aus der Sicht der Nationalsozialisten) anscheinend untergeordnete Frage der Kennzeichnung von Einzelhandelsgeschäften in jüdischem Besitz ausgelöst.

Eine Debatte über dieses Problem war bereits seit mehreren Jahren im Gange. Ein Bericht des SS-Oberabschnitts Rhein vom April 1935 spricht von der Initiative, die die Frankfurter NS-Handelsorganisation ergriffen hatte, wonach ihre Mitglieder Schilder anbringen sollten, mit denen sie ihre Läden als «Deutsches Geschäft» kennzeichneten; dies war *eine* Möglichkeit zur Lösung des Problems. Dem Bericht zufolge brachten 80 bis 90 Prozent der dortigen Läden, die in deutschem Besitz waren, das Schild an.[34] Dies muß ein ziemlich isoliertes Projekt gewesen sein, da eine ähnliche Forderung von NS-Aktivisten nach der Verabschiedung der Nürnberger Gesetze als unpraktikabel betrachtet und die Kennzeichnung jüdischer Läden als die einzig mögliche Verfahrensweise vorgebracht wurde.

Die Flüsterpropaganda für eine derartige Kennzeichnung nahm solche Ausmaße an, daß Hitler beschloß, sich bei einer Kreisleiterversammlung auf der Ordensburg Vogelsang am 29. April 1937 mit der Situation zu befassen. Er begann mit einer strengen Warnung an Parteimitglieder, welche die antijüdischen Maßnahmen im wirtschaftlichen Bereich beschleunigen wollten. Niemand sollte versuchen, ihm das Tempo derartiger Maßnahmen zu diktieren, drohte Hitler dunkel. Er werde sich «den Mann» kommen lassen, der in einem lokalen Parteiblatt geschrieben hatte: «Wir fordern, daß auf jüdische Geschäfte nun ein Abzeichen kommt.» Hitler donnerte: «In der *Zeitung:* ‹Wir fordern!› Nun muß ich sagen, sehen Sie: ‹Von wem fordert er das? Wer kann das anordnen? Ich ganz allein.› Also, der Herr Redakteur [dieser Parteizeitung] fordert im Namen seiner Leser von mir, daß ich das tue. Zunächst: Längst eh' dieser Herr Redakteur von der Judenfrage eine Ahnung hatte, habe ich mich doch schon sehr gründlich damit beschäftigt; zweitens, dieses Problem der Kennzeichnung wird seit zwei, drei Jahren fortgesetzt erwogen und wird eines Tages so oder so natürlich auch durchgeführt.» Hitler fügte dann eine kryptische Bemerkung ein: «Denn: das Endziel unserer ganzen Politik ist uns ja allen ganz klar.» Bedeutete dies die totale Vertreibung der Juden von deutschem Boden? Spielte er auf andere Ziele an? War dies eine Formel, um die Ungewißheit der Pläne zu kaschieren? Die nun folgenden Kommentare zum Thema Strategie ließen jede beliebige Interpretation zu: «Es handelt sich bei mir immer nur darum, keinen Schritt zu machen, den ich vielleicht wieder zurück machen muß, und keinen Schritt zu machen, der uns schadet. Wissen Sie, ich gehe immer an die äußerste Grenze des Wagnisses, aber auch nicht darüber hinaus. Da muß man nun die Nase haben, ungefähr zu riechen: ‹Was kann ich noch machen, was kann ich nicht machen?› (Große Heiterkeit und Beifall)»

Das Finale, das nun folgte, verwies nicht auf irgendwelche bestimmten Maßnahmen, aber der Ton, die Worte, die Bilder enthielten eine bisher unerhörte Wildheit, die Andeutung einer tödlichen Bedrohung. Ohne jeden Zweifel schuf Hitler dadurch eine Atmosphäre, in der sich seine Zuhörer die radikalsten Ergebnisse vorstellen konnten:

«Ich will ja nicht gleich einen Gegner mit Gewalt zum Kampf fordern», rief der Führer. «Ich sage nicht Kampf, weil ich kämpfen will, sondern ich sage: Ich will dich vernichten. Und jetzt Klugheit hilf mir, dich so in die Ecke hinein zu manövrieren, daß du zu keinem Stoß kommst, und dann kriegst du den Stoß ins Herz hinein!»[35] Die Aufnahme dieser Geheimrede hat den Krieg überdauert. An dieser Stelle brüllt Hitler in höchster Lautstärke. Dann kommt es, in einem orgiastischen Krampf, buchstäblich zu einer Explosion der drei letzten Worte: «Das ist es!» Der Beifall ist rasend.

Nach einer Phase relativer rhetorischer Zurückhaltung kehrten die

6. Kreuzzug und Kartei

NS-Führer jetzt zu den grundlegenden Themen der jüdischen Weltverschwörung in ihrer extremsten Form zurück. Wie aber wurden diese Themen auf den unteren Ebenen der Partei verinnerlicht? Wie wurden sie in die Sprache der Parteibürokratie und insbesondere der Polizeibürokratie übersetzt?

Am 28. Oktober 1935 informierte der Gestapochef des Regierungsbezirks Hildesheim die ihm unterstehenden Landräte und Oberbürgermeister, aus Kreisen des Fleischerhandwerks werde Beschwerde über Gaunereien jüdischer Viehhändler geführt. Die Fleischer warfen den Juden vor, Schlachtvieh zu überhöhten Preisen anzubieten und so die Preise für Fleisch- und Wurstwaren in die Höhe zu treiben: Es bestehe, so der Gestapochef, «die Vermutung, daß es sich bei diesen Machenschaften um einen planmäßigen Angriff des Judentums handeln kann, der darauf abzielt, Unruhe und Unzufriedenheit in die Bevölkerung zu tragen».[36] Einige Tage zuvor hatte dieselbe Gestapobehörde ihre üblichen Adressaten davon unterrichtet, daß sich jüdische Schuhgeschäfte weigerten, bei arischen Herstellern zu kaufen. Nach Angaben des Polizeichefs versuchten angesichts der erheblichen Bedeutung des jüdischen Schuhhandels einige arische Produzenten, den Juden ihre Waren zu verkaufen, indem sie erklärten, sie seien keine Mitglieder der NSDAP oder einer ihr angegliederten Organisation. Die Gestapo von Hildesheim nahm an, daß dieselben Boykottvorgänge in anderen Teilen des Reiches stattfänden und daß sie somit auf zentral erteilte Anweisungen zurückgehen müßten; ein Bericht über die jeweilige örtliche Situation wurde daher bis zum 10. November angefordert.[37]

In jedem Einzelfall wird die Existenz einer jüdischen Verschwörung durch die «Aufdeckung» eines völlig banalen Vorgangs offenbart, der ganz real sein konnte – die Nahrungsmittelpreise stiegen 1935 tatsächlich, was allerdings durch völlig andere Faktoren verursacht wurde – oder der ein rein imaginäres Konstrukt sein konnte, das durch allgemeine wirtschaftliche Schwierigkeiten verursacht war. Die Polizei verwandelte derartige unzusammenhängende Ereignisse in Elemente einer vorbedachten Verschwörung und schuf so eine paranoide Vorstellung von zentral geplanten jüdischen Initiativen, die darauf abzielten, in der Bevölkerung eine Atmosphäre der Subversion zu verbreiten oder treue Parteianhänger im Geschäftsleben einzuschüchtern. Das letzte Ziel dieser «gefährlichen» jüdischen Initiativen war offenkundig: Es war der Sturz des NS-Regimes. Es besteht eine auffallende strukturelle Ähnlichkeit zwischen Hitlers allumfassender Vision von jüdischer Subversion im Weltmaßstab und den dunklen Verdächtigungen eines Gestapochefs in einer kleinen deutschen Stadt.

III

Im Juli 1936 wurde Hitler von der Vorläufigen Leitung der Bekennenden Kirche eine Denkschrift unterbreitet. Sie war ein energisches Dokument, das die Konzentrationslager, die Gestapomethoden und sogar den Mißbrauch religiöser Begriffe und Bilder bei der Verehrung des Führers zur Sprache brachte. In einer ungewöhnlich kühnen Abweichung von früherer Praxis sagte die Denkschrift eine Katastrophe für Deutschland voraus, wenn es ein Beharren auf totalitärer Vermessenheit und Macht im Widerspruch zum Willen Gottes gäbe. Das Dokument wurde bekannt und erlangte im Ausland außerordentliche Verbreitung. Eine derart mutige Stellungnahme mußte, so könnte man annehmen, der Judenfrage – das heißt der Verfolgung der Juden – eine hervorragende Stellung eingeräumt haben. «Doch», so der Historiker Richard Gutteridge, «alles, was zu diesem Thema gesagt wurde, war die ziemlich gewundene Feststellung, daß der Christ, dem im Rahmen der nationalsozialistischen Weltanschauung eine Form des Antisemitismus aufgezwungen wurde, die ihm eine Verpflichtung zum Haß auf die Juden auferlegte, dieser durch das christliche Gebot der Nächstenliebe zu begegnen habe. Hier gab es keine Ablehnung des Antisemitismus als solchen einschließlich seiner christlichen Spielart, sondern nur eine Wendung gegen dessen militante NS-Version, ohne daß auch nur indirekt zur Not der Juden Stellung genommen worden wäre. Das Schwergewicht lag auf dem ernsten Gewissenskonflikt, den die frommen deutschen Kirchenmitglieder durchmachten.»[38] Als am 23. August eine Erklärung der Bekennenden Kirche, die indirekt auf die Denkschrift Bezug nahm, von vielen Pfarrern in der Kirche verlesen wurde, wurde nicht ein einziges Wort über den Antisemitismus oder den Haß auf die Juden verloren.[39] Einige Monate später, im März 1937, wurde die Enzyklika *Mit brennender Sorge*, die scharfe Kritik Pius' XI. am NS-Regime, von allen katholischen Kanzeln in Deutschland verlesen. Die Pseudoreligion der Nationalsozialisten und die Rassentheorien des Regimes wurden in allgemeinen Worten scharf verdammt, aber auf das Schicksal der Juden wurde nicht direkt Bezug genommen.

Für den konvertierten «Volljuden» Friedrich Weissler sollte die Denkschrift der Bekennenden Kirche verhängnisvolle Folgen haben. Weissler, von Beruf Rechtsanwalt, war bei der Bekennenden Kirche als Rechtsberater angestellt und hatte insgeheim den Auftrag, die Außenwelt über ihre Aktivitäten zu informieren. Er war wahrscheinlich derjenige, der die Denkschrift der ausländischen Presse zuspielte. Mit gespielter Empörung forderte die Führung der Bekennenden Kirche die Gestapo auf, sie solle den Schuldigen finden. Weissler und zwei arische Assistenten wurden verhaftet. Während die Arier schließlich freigelassen wurden,

6. Kreuzzug und Kartei

kam Weissler, zu dessen Gunsten die Kirche nicht intervenierte, am 19. Februar 1937 im Konzentrationslager Sachsenhausen um. So wurde ein «Volljude» zum «ersten Märtyrer der Bekennenden Kirche».[40]

Friedrich Meinecke, möglicherweise der renommierteste deutsche Historiker seiner Zeit, war 1935 als Herausgeber der *Historischen Zeitschrift* abgelöst worden. An der ideologischen Orthodoxie seines Nachfolgers Karl Alexander von Müller konnte kein Zweifel bestehen. Doch schon seit Januar 1933 war die *HZ* gegenüber den neuen Entwicklungen nicht immun geblieben, besonders da die akademische Welt, wie wir sahen, mit der Anpassung an das neue Regime keine großen Schwierigkeiten hatte.[41] Die Beiträger wurden hinsichtlich etwaiger jüdischer Abstammung überprüft, und zumindest ein jüdisches Mitglied der Redaktion, Hedwig Hintze, wurde ausgeschlossen.[42]

Wie sich erwarten ließ, war Müllers erstes Editorial ein Fanfarenstoß. Der neue Herausgeber beschrieb die grundlegenden Veränderungen, welche die Welt durchmachte, als machtvollen Kontext, der eine Erneuerung historischer Einsicht verlangte. Müllers Schlußworte sind denkwürdig:

«Uns umweht wie wenige Geschlechter der Sturmhauch großer geschichtlicher Zeit. Wie wenigen Geschlechtern ist uns ein Einblick vergönnt in die ursprünglichen, dämonischen Kräfte, welche solche Sturmzeiten tragen, großartig und furchtbar zugleich. Wie wenige Geschlechter erfüllt uns das Bewußtsein, daß wir mit den Entscheidungen der Gegenwart zugleich auf langehin mitbestimmen die Zukunft unseres ganzen Volkes. Vom Werdenden her suchen und durchleiden wir das Gewordene und beleben seine Schatten mit unserm Blut; vom wirklich Gewesenen aus erkennen wir und stärken wir die Kräfte des lebendigen Heute.»[43]

Die bombastische Hohlheit dieser Zeilen ist selbst schon entlarvend. Die ideologische Botschaft des Nationalsozialismus mobilisierte eine anscheinend sinnlose Folge von Bildern, die gleichwohl ständig eine Sehnsucht nach dem Heiligen, dem Dämonischen, dem Urtümlichen – kurz, nach den Kräften des Mythos – heraufbeschworen. Der intellektuelle und politische Inhalt des Programms wurde vom «Sturmhauch» historischer Ereignisse mit weltgeschichtlicher Bedeutung getragen. Auch die Leser der *Historischen Zeitschrift* konnten sich nicht völlig gleichgültig gegenüber der Wiederbelebung einer Atmosphäre verhalten, die in einer deutschen romantischen und neoromantischen Tradition wurzelte, an der viele von ihnen teilhatten.

Unter der neuen Leitung gingen die Veränderungen über die Beschwörung von «dämonischen Kräften» durch den Herausgeber hinaus. Die noch in der Redaktion der Zeitschrift verbliebenen jüdischen Mitglieder, Gerhard Masur beispielsweise, wurden durch Arier ersetzt; und es wurde, das war das Wichtigste, unter der herausgeberischen Aufsicht von Wilhelm Grau ein neues ständiges Referat eingeführt, das die «Geschichte der Judenfrage» behandeln sollte.[44] In seinem Einführungsartikel «Die Judenfrage als Aufgabe der deutschen Geschichtsforschung» erklärte Grau, da bisher alle Bücher über jüdische Angelegenheiten nur von Juden besprochen worden seien, was natürlich zu unkritischem Lob geführt habe, werde seine neue Sektion einen etwas anderen Ansatz verfolgen.[45] Der erste Titel, den er besprach, war eine Dissertation mit dem Titel «Die Lage der Juden in Rußland von der Märzrevolution 1917 bis zur Gegenwart», die Abraham Heller, ein litauischer Jude (von dem wir noch hören werden), verfaßt hatte. Graus unmittelbarer Beitrag zu größerer Objektivität war die Hinzufügung eines Untertitels, der seiner Ansicht nach den Inhalt des Buches genauer wiedergab: «Der jüdische Anteil am Bolschewismus.»[46]

Der junge Grau (er war 1936 kaum 27 Jahre alt) hatte sich – in gewisser Weise – bereits einen Namen gemacht: Er war Direktor der jüdischen Abteilung, der wichtigsten Forschungsabteilung des Reichsinstituts für Geschichte des neuen Deutschland. Dieses Institut, das am 19. Oktober 1935 eingeweiht worden war, stand unter der Leitung von Walter Frank (einem Schützling von Rudolf Heß), der sich als Historiker mit dem modernen deutschen Antisemitismus, hauptsächlich mit Adolf Stoekkers «Berliner Bewegung», befaßt hatte. Grau war anscheinend ein würdiger Schüler: 1935 hatte er bereits einen schmalen Band über Humboldt und die Juden vorgelegt, in dem er den berühmtesten deutschen Humanisten und liberalen Intellektuellen des 19. Jahrhunderts wegen seiner Unterwerfung unter jüdischen Einfluß schalt. Der jüdische Philosoph Herbert Marcuse, der jenseits der Grenzen des Reiches schrieb, konnte es sich leisten, unverblümt zu sein: Er verriß Graus Buch und stellte den Autor als den Narren und Scharlatan bloß, der er war. Für Walter Frank und sein Institut war Grau dennoch ein aufsteigender Stern, der ein Forschungsimperium über die Judenfrage begründen würde.[47]

Am 19. November 1936 fand in München, dem künftigen Sitz der Institution, in Anwesenheit eines großen Aufgebots nationaler und lokaler Berühmtheiten aus Partei, Regierung, Militär und der akademischen Welt die Eröffnung der jüdischen Abteilung statt. Das Münchener Kammerorchester spielte eine Bach-Suite, und Karl Alexander von Müller, der formal Graus Vorgesetzter war, hielt eine Rede, gefolgt von Walter Frank. Nach der Zusammenfassung in der *Deutschen Allgemeinen Zeitung* erklärte Frank, Forschung über die Judenfrage sei «nicht viel anders ... denn eine Forschungsreise in ein unbekanntes Land, über dessen Dunkelheit ein großes Schweigen lastete. Denn über die jüdische

6. Kreuzzug und Kartei

Problematik hatte bisher nur die jüdische Seite gearbeitet.»[48] Bald kam es zu Spannungen zwischen Frank und dem ehrgeizigen Grau, und innerhalb von zwei Jahren war letzterer nicht mehr auf seinem Posten, wenn auch auf dem besten Wege, in Frankfurt, diesmal unter der Ägide von Alfred Rosenberg, ein konkurrierendes Forschungsinstitut über die Judenfrage aufzumachen.[49]

Während Frank und Grau ihr Unternehmen auf den Weg brachten, gab Carl Schmitt seine eigene Vorstellung von antisemitischem Enthusiasmus. Diese Leuchte der deutschen Rechts- und Staatstheorie, deren enthusiastische Befürwortung des Nationalsozialismus im Jahre 1933 schon erwähnt wurde, hielt es anscheinend für notwendig, seine jüngst errungene ideologische Zuverlässigkeit gegen die Anklagen sowohl von Intellektuellen im Exil (wie etwa Waldemar Gurian) als auch von Kollegen, die zugleich Mitglieder der SS waren (wie Otto Köllreuther, Karl August Eckardt und Reinhard Höhn), zu verteidigen; letztere zögerten nicht, auf seine zahlreichen jüdischen Freunde vor 1933 und auf seine ziemlich plötzliche politische Bekehrung in diesem Jahr anzuspielen.[50]

In dieser Atmosphäre organisierte Schmitt seine berüchtigte akademische Konferenz «Das Judentum in der Rechtswissenschaft», die am 3. und 4. Oktober 1936 in Berlin abgehalten wurde. Schmitt eröffnete und beschloß die Verhandlungen mit zwei großen antijüdischen Reden. An den Anfang seiner ersten Rede und an das Ende seiner Abschlußansprache stellte er Hitlers berühmtes Wort aus *Mein Kampf*: «Indem ich mich des Juden erwehre, kämpfe ich für das Werk des Herrn.»[51]

In den konkreten Resolutionen, die Schmitt für die Konferenz aufgesetzt hatte, verlangte er die Einrichtung einer juristischen Bibliographie, die zwischen jüdischen und nichtjüdischen Autoren unterscheiden sollte, und die «Säuberung» der Bibliotheken von jüdischen Verfassern.[52] Sofern ein jüdischer Autor zitiert werden mußte, sollte er als solcher gekennzeichnet werden. Schmitt selbst formulierte das bei dieser Gelegenheit so: «Schon von der bloßen Nennung des Wortes ‹jüdisch› wird ein heilsamer Exorzismus ausgehen.»[53] Innerhalb von wenigen Monaten begann die Durchführung von Schmitts Empfehlungen.

All dies half Carl Schmitt selbst nicht viel. Im Dezember 1936 attakkierte ihn das *Schwarze Korps* und wiederholte noch einmal die Anschuldigungen wegen seiner früheren Kontakte zu Juden. Trotz so mächtiger Beschützer wie Göring und Hans Frank konnte Schmitt dem Druck der SS nicht standhalten: Mit seinen offiziellen, seinen politischen Funktionen und Ambitionen war es aus. Seine ideologische Produktion ging jedoch weiter. In seinem 1938 erschienenen Werk über Thomas Hobbes (*Der Leviathan in der Staatslehre des Thomas Hobbes*) beschrieb Schmitt den tödlichen Kampf zwischen Leviathan, den großen Seemächten, und Behemoth, den großen Landmächten; dann setzte er, indem er eine jüdische Legende über messianische Zeiten in eine Darstellung von Blutvergießen und Kannibalismus verwandelte, hinzu: «Die Juden aber stehen daneben und sehen zu, wie die Völker der Erde sich gegenseitig töten; für sie ist dieses gegenseitige ‹Schächten und Schlachten› gesetzmäßig und ‹koscher›. Daher essen sie das Fleisch der getöteten Völker und leben davon.»[54]

Während Schmitt die Rechtswissenschaft und die politische Wissenschaft von allen Überresten des jüdischen Geistes säuberte, führten Philipp Lenard, Johannes Stark, Bruno Thüring und andere denselben reinigenden Feldzug in der Physik.[55] In verschiedener Weise breiteten sich ähnliche Säuberungen auf alle anderen Bereiche des intellektuellen Lebens aus. Manchmal war die dünne Linie zwischen Überzeugung und bloßem Mitmachen nicht klar, so etwa im Falle von Mathias Göring (dem Cousin von Hermann Göring), der als Direktor des Instituts für Psychotherapie in Berlin alle ausdrücklichen Hinweise auf die Psychoanalyse und ihre Theorien, ihren jüdischen Gründer und ihre vorwiegend jüdischen Theoretiker und Praktiker verbannte, dabei aber anscheinend den systematischen Einsatz therapeutischer Methoden, die direkt von der Psychoanalyse inspiriert waren, akzeptierte.[56]

In manchen Fällen griff die Parteiführung selbst ein, um die Initiativen einer ideologischen Orthodoxie einzuschränken, die erhebliche negative Konsequenzen haben konnten. So veröffentlichte Stark am 15. Juni 1937 im *Schwarzen Korps* eine regelrechte Attacke auf den berühmten Physiker Werner Heisenberg, der damals in Leipzig lehrte, und warf ihm vor, er sei ein «weißer Jude» und der «Ossietzky der Physik», weil der junge Theoretiker der Quantenphysik verschiedene moderne Theorien, insbesondere Einsteins Relativitätstheorie, übernommen hatte. Zunächst waren Heisenbergs Proteste vergeblich, insbesondere deshalb, weil er die Unterstützungserklärung für das neue Regime, die Stark 1933 verschickt hatte, nicht unterzeichnet hatte. Doch Ludwig Prandtl, ein hochangesehener Luftfahrtingenieur aus Göttingen, intervenierte bei Himmler für Heisenberg. Himmler brauchte nur wenige Monate, um zu entscheiden, daß Heisenberg vor weiteren Angriffen geschützt werden sollte, allerdings unter der Bedingung, daß er bereit war, sich auf rein wissenschaftliche Fragen zu beschränken. Eine entsprechende Anordnung erging an Heydrich, und nach der Einverleibung Österreichs wurde Heisenberg auf den renommierten Lehrstuhl für theoretische Physik an der Universität Wien berufen. Nun willigte Heisenberg ohne weitere Umstände in alle Forderungen ein. Auch wenn also Stark und Lenard die orthodoxeste antisemitische Linie in der Naturwissenschaft repräsentierten und auch wenn Heisenberg die «jüdische Dimension» der Physik übernommen hatte, erkannte Himmler den

Schaden, den es der wissenschaftlichen Entwicklung Deutschlands hätte zufügen können, wenn man Heisenberg an den Rand drängte oder zur Auswanderung veranlaßte, und er beschloß, ihn zu schützen.[57] Doch solche Kompromisse hatten ihre Grenzen. Zwar bekam Heisenberg die Ernennung in Wien, aber der Lehrstuhl, den er ursprünglich gewollt hatte, der in München, wurde ihm verweigert. Überdies – und das ist der entscheidende Punkt – hätte Himmler niemals eingegriffen, um irgendeinen der jüdischen Wissenschaftler, die zum Verlassen Deutschlands gezwungen wurden, zu schützen und zu halten. Das Grundprinzip der rassischen Säuberung war im Falle Heisenbergs nicht durchbrochen worden.

IV

Am 17. Juni 1936 wurde Heinrich Himmler zum Leiter sämtlicher deutscher Polizeikräfte ernannt; er war nun Reichsführer SS und Chef der deutschen Polizei.[58] Damit wurde die deutsche Polizei der Jurisdiktion des Staates entzogen. Diese entscheidende Umorganisierung entsprach der neuen Atmosphäre der allgemeinen ideologischen Konfrontation, die eine wirksame Konzentration des gesamten Überwachungs- und Inhaftierungsapparats des Regimes verlangte. Konkreter gesprochen, signalisierte sie einen unmißverständlichen Schritt hin zum zunehmenden Eingreifen der Partei in den Zuständigkeitsbereich des Staates und somit eine Verschiebung der Macht von der traditionellen Staatsstruktur zur Partei.

Am 26. Juni 1936 teilte Himmler die Polizeikräfte in zwei getrennte Befehlsbereiche: die Ordnungspolizei unter Kurt Daluege sollte alle uniformierten Polizeieinheiten umfassen, während die Sicherheitspolizei (Sipo) unter dem Befehl von Heydrich die Kriminalpolizei und die Gestapo zu einer einzigen Organisation vereinte. Heydrich hatte jetzt die Kontrolle sowohl über die neue Sipo als auch über den Sicherheitsdienst der SS, den SD. Innerhalb der Sipo selbst war der neue Trend von Anfang an klar: «Anstatt daß die Kriminalpolizei wieder die politische Polizei absorbierte und sie erneut der staatlichen Verwaltung unterstellt wurden, wie es Himmlers Gegner [Frick] gewünscht hatten, nahm die Kriminalpolizei mehr vom Sonderstatus der Politischen Polizei an.»[59] Auch wenn die Polizeikräfte im Prinzip zum Innenministerium gehörten und somit Himmler als Polizeichef theoretisch Frick unterstand, war die Sipo in Wirklichkeit keinen gewöhnlichen administrativen oder juristischen Regeln unterworfen; wie bei der Gestapo von Anfang an war ihr einziges Gesetz der Wille des Führers: «Sie brauchte keine andere Legitimation.»[60] Als Himmler die uneingeschränkte Kontrolle über

Deutschlands gesamtes Unterdrückungs- und Terrorsystem erlangte, war er 36 Jahre alt; Heydrich, seine rechte Hand, war 32.

SS-Untersturmführer Rudolf aus den Ruthen, einer der drei jungen Herausgeber des *Schwarzen Korps*, beschloß, Marga Feldtmann zu ehelichen. Die künftige Braut hatte ein vollkommen arisches Aussehen, aber in ihrem Stammbaum gab es einen österreichischen Vorfahren namens Fried, und das war in der österreichischen Provinz, in der er gelebt hatte, meist ein jüdischer Name; Ruthen löste die Verlobung auf. Anfang 1937 fand er eine neue Gattin in spe, Isolina Böving-Burmeister. Isolina war in Mexiko als Tochter einer kubanischen Mutter und eines volksdeutschen Vaters geboren, und sie war eingebürgerte Deutsche. Ihr Aussehen kam den Untersuchern nicht völlig vertrauenerweckend vor, und die Sache wurde an Himmler verwiesen. Der Reichsführer wurde bald auf eine aus Philadelphia stammende Vorfahrin von Isolina mit Namen Sarah Warner hingewiesen, die Jüdin gewesen sein konnte. Schließlich gab es auch einen Verdacht auf etwas Negerblut auf seiten der kubanischen Mutter. Zunächst verlangte Himmler eine «vollständige Lösung» des Problems. Als sich eine völlige Aufklärung als unmöglich erwies, gab er schließlich eine positive Antwort.[61]

In seiner SS achtete Himmler mit pedantischer Genauigkeit auf Rassereinheit. So erklärte er in einer Rede, die er am 22. Mai 1936 auf dem Brocken hielt: «Für dieses Jahr ist das Ziel bis zum 1. Oktober auf 1850 gesteckt, bis zum nächsten 1. April wird es auf 1750 gesteckt werden, bis wir bei der gesamten SS und dann bei jedem Bewerber innerhalb der nächsten 3 Jahre auf 1650 angekommen sind.» Himmler erklärte, weshalb er nicht die Absicht hatte, zeitlich noch weiter zurückzugehen: Für die Zeit vor 1648, dem Ende des Dreißigjährigen Krieges, gab es fast keine Kirchenbücher.[62] Schließlich mußte auf solche Idealziele allerdings verzichtet werden, und das Jahr 1800 wurde zum akzeptierten Stichtag für SS-Mitglieder.

Der Reichsführer war nicht darüber erhaben, sich persönlich mit irgendwelchen Aspekten der Ahnenforschung zu beschäftigen. Am 7. Mai 1936 schrieb er an Landwirtschaftsminister Walter Darré, der auch Leiter des Rasse- und Siedlungshauptamtes der SS war, er möge Nachforschungen über die Vorfahren von Mathilde von Kemnitz, der Frau von General Ludendorff, anstellen. Himmler hatte den starken Verdacht, sie sei jüdischer Abstammung, «da sonst die Rabulistik dieser Frau ... sowie ihr ganzes anormales persönliches und sexuelles Leben nicht erklärlich wären».[63] Zwei Jahre später wurde Darré von Himmler aufgefordert, sich mit dem Verdacht auf jüdische Vorfahren bei einem SS-Offizier in Darrés eigenem Stab zu befassen.[64]

Selbstverständlich unternahmen Bewerber für die SS oder SS-Mitglie-

6. Kreuzzug und Kartei

der, die heiraten wollten, wie wir das im Fall aus den Ruthen sahen, für ihre prospektiven Bräute hinsichtlich einer etwaigen jüdischen Abstammung zumindest bis zum Jahre 1800 außerordentliche Anstrengungen, um einen sauberen Ahnennachweis zu bekommen, der einer Nachforschung standhalten konnte. So bat – um noch ein weiteres Beispiel anzuführen – am 27. April 1937 SS-Hauptscharführer Friedrich Mennecke, ein Arzt, der dann eine berüchtigte Gestalt im Euthanasieprogramm werden sollte, um Genehmigung zur Heirat. Seinem Brief fügte er 41 Originalurkunden über die Vorfahren seiner Verlobten bei. Da der Satz der erforderlichen Dokumente nicht absolut komplett war, gab Mennecke die Versicherung ab, «daß alle Ahnen mit an Sicherheit grenzender Wahrscheinlichkeit rein arisch waren».[65]

Jüdische Abstammung war nicht Himmlers einzige ideologische Sorge. Im März 1938 schrieb er an Göring einen förmlichen Protestbrief, weil ein Luftwaffengericht das Verfahren gegen einen Offizier eingestellt hatte, der sexuelle Beziehungen mit einer als jüdisch identifizierten Frau unterhielt. Zu Himmlers Empörung war der Fall niedergeschlagen worden, weil der Offizier erklärte, die Frau sei keine Jüdin, sondern ein Mischling «negroider» Abstammung.[66]

In den unteren Rängen der SS wurde das Rassedogma in präzise und konkrete Begriffe gefaßt. Das *SS-Leitheft* vom 22. April 1936 stellte die Frage: «Warum wird über das Judentum geschult?» Die Antwort lautete: «Es wird in der SS über das Judentum geschult, weil der Jude der gefährlichste Feind des deutschen Volkes ist.» Die Erklärung beharrte auf dem parasitischen Aspekt des Juden, der von den Lebenskräften des Wirtsvolkes lebte und dessen rassisches Potential, sein Denken, seine Gefühle, seine Moral und Kultur zerstörte. In noch präziseren Termini präsentierte das *Leitheft* die drei symbolischen Gestalten der Juden: «Ahasver, der Wurzellose, der – Rasse schändend, die Völker zersetzend – von einem unsteten Blute getrieben, ruhelos durch die Welt wandert, Shylock, der Seelenlose, der die Völker wirtschaftlich versklavt und als Geldleiher ihnen den Hals zuschnürt, Judas Ischariot, der Verräter.»[67]

Dasselbe Leitheft enthält für diejenigen, die auf Ahasver, Shylock und Judas Ischariot noch nicht angemessen reagierten, noch unheimlichere Details: «Der Jude schändet planmäßig die Mädchen und Frauen der arischen Völker. Kalte Berechnung und hemmungslose tierische Sinnlichkeit treiben ihn in gleicher Weise. Es ist bekannt, daß der Jude die blonden Mädchen bevorzugt. Er weiß, daß die Frauen und Mädchen, die er geschändet hat, für immer ihrem Volk verloren sind. Nicht weil ihr Blut selbst dadurch verschlechtert würde. Aber das geschändete Mädchen ist seelisch vernichtet. Sie ist von der Sinnengier des Juden erfaßt und hat das Empfinden für alles Edle und Reine verloren.»[68]

Die geschändeten arischen Maiden konnten schließlich ein normales Leben führen, wenn ihre Ambitionen nicht allzu hochgesteckt waren. Davon konnte allerdings keine Rede sein, wenn sie einen SS-Offizier zu heiraten gedachten. Im August 1935 wurde Anneliese Hüttemann vom SD wegen ihrer Beziehung zu dem Juden Kurt Stern befragt. Beide räumten ein, mehrfach Geschlechtsverkehr miteinander gehabt zu haben (sie waren Nachbarn und kannten sich seit ihrer Kindheit). Was mit Kurt Stern geschah, können wir nur mutmaßen. Für Anneliese Hüttemann führte die Sünde wider das Blut zu aufreibender Spannung, als sie neun Jahre später, im Mai 1944, im Begriff war, den SS-Obersturmbannführer Arthur Liebehenschel zu heiraten. Der SD grub die Akten aus dem Jahre 1935 aus. Nach einer gewissenhaften Untersuchung und endlosen Gesuchen genehmigte Himmler, weil ein Kind unterwegs war, die Heirat. Zu diesem Zeitpunkt war Liebehenschel der Kommandant von Auschwitz.[69]

Auf den ersten Blick besteht ein scheinbarer Widerspruch zwischen der ideologischen Bedeutung der Judenfrage in NS-Deutschland Mitte der dreißiger Jahre – und ihrer noch weit größeren Bedeutung in der SS – und dem anscheinend untergeordneten Status der Stelle, die sich im SD, dem Sicherheitsdienst der SS, mit Judenfragen befaßte. Der SD selbst kam allerdings in den Jahren 1935–36 gerade erst zur Geltung. Anfang 1935 als eines der drei Hauptämter der SS aufgewertet, seit seinen Anfängen als nachrichtendienstlicher Arm der Partei im August 1931 unter Heydrichs Kommando stehend, machte der SD im Januar 1936 eine erhebliche Umorganisation durch.[70] Es wurden drei Ämter eingerichtet. Amt I, Verwaltung, wurde von Wilhelm Albert geleitet, und Amt III, Abwehr, unterstand Hans Jost. Amt II, Inland, unter der Leitung von Hermann Behrends und später Franz Alfred Six, wurde in zwei Zentralabteilungen unterteilt: II 1, das sich mit ideologischen Einschätzungen befaßte (Erich Ehrlinger und später Six), und II 2, das mit der Einschätzung sozialer Verhältnisse und Einstellungen beschäftigt war (Reinhard Höhn und später Otto Ohlendorf). Innerhalb von II 1 beschäftigte sich die Hauptabteilung II 11 unter Dieter Wisliceny mit ideologischen Gegnern; sie umfaßte die Abteilungen II 111 (Freimaurer, ebenfalls Wisliceny), II 113 (politische Kirchen [d. h. ihre politischen Aktivitäten], Albert Hartl) und II 112 (Juden). Nach Angaben von Wisliceny wurde erst im Juni 1935 mit systematischer Arbeit zum «Gegner Judentum» begonnen: Zuvor war die Überwachung jüdischer Organisationen Teil der Aktivitäten einer Abteilung gewesen, die sich hauptsächlich mit Freimaurerei befaßte. Abteilung II 112 unterstand nacheinander Mildenstein, Kurt Schröder, Wisliceny und schließlich, seit Ende 1937, Herbert Hagen. Es umfaßte die folgenden «Referate»:

6. Kreuzzug und Kartei 217

II 1121 (assimilatorisches Judentum), II 1122 (orthodoxes Judentum) und II 1123 (Zionisten), letzteres unter der Leitung von Adolf Eichmann.[71]

Die Gestapo war ungefähr nach demselben Schema organisiert. Das Pendant zum Amt II des SD war dort die Abteilung II unter Heinrich Müller; der Hauptabteilung II 11 des SD entsprach II/1B unter Karl Hasselbacher.[72] Die Vereinigung dieser getrennten, aber koordinierten Befehlsstränge zum Reichssicherheitshauptamt (RSHA), die im September 1939 unter Heydrichs Kommando bewerkstelligt werden sollte, zielte zumindest im Prinzip auf die Schaffung eines völlig integrierten Systems von Überwachung, Anzeige und Inhaftierung.

Die Männer Heydrichs waren jung: in den Jahren 1936–37 waren die meisten Spitzenleute des SD um die 30. Sie gehörten der Generation an, die unmittelbar nach dem Ersten Weltkrieg erwachsen wurde. Die meisten von ihnen waren intensiv durch die Kriegsatmosphäre, die Entbehrungen und die Niederlage geprägt. Sie waren erbarmungslos, praktisch und stark durch die ideologischen Dogmen der rechtsextremen Organisationen der frühen zwanziger Jahre motiviert, in denen viele von ihnen aktiv gewesen waren. Ihrer Weltanschauung zugrunde lag ein intensiver Antisemitismus (von der rationalen, nicht von der emotionalen Art – aus ihrer Sicht).[73]

Zwar hatten Heydrichs antijüdische Initiativen und Vorschläge zunehmenden Einfluß gewonnen, aber bis 1938 beschränkten sich die Aktivitäten von Abteilung II 112 des SD, während die Gestapo bei der Durchführung antijüdischer Beschlüsse bereits eine zentrale Rolle spielte, vorwiegend auf drei Bereiche: das Sammeln von Informationen über Juden, jüdische Organisationen und andere jüdische Aktivitäten, das Entwerfen von Empfehlungen für politische Maßnahmen und eine zunehmend aktive Beteiligung an Überwachungsoperationen und Verhören von Juden in Zusammenarbeit mit der Gestapo. Darüber hinaus sah sich II 112 unverfroren als die Spitzengruppe von «Judenexperten» in Deutschland, und nach März 1936 organisierte es systematisch Konferenzen, auf denen mehrere Male im Jahr Delegierten anderer SD-Abteilungen aus dem Hauptamt und aus verschiedenen Teilen Deutschlands die neuesten Informationen vermittelt wurden. Die größte dieser Konferenzen, die am 1. November 1937 einberufen wurde, versammelte 66 Mitglieder des SD, meist aus den mittleren Rängen.[74]

Eines der Lieblingsprojekte von II 112 war die Erstellung einer Judenkartei, mit der jeder im Reich lebende Jude identifiziert werden sollte. Außerdem ordnete Franz Alfred Six an, II 112 solle mit der Zusammenstellung einer weiteren Kartei der wichtigsten Juden in fremden Ländern und ihren wechselseitigen Verbindungen beginnen. Als Beispiele führte Six den Richter am Obersten Gerichtshof der USA Felix Frankfurter und die Unternehmensleitungen des ehemals deutschen Bankhauses Arnhold und des niederländischen Unilever Trust an.[75]

Die Judenkartei stand als eines der Themen auf der Tagesordnung der Konferenz vom 1. November. SS-Hauptsturmführer Ehrlinger faßte die Angelegenheit folgendermaßen zusammen: «Zur erfolgreichen Bekämpfung des Judentums im Inland ist es erforderlich, alle heute in Deutschland lebenden Juden und Jüdischstämmigen in einer Kartei zu erfassen. Diese Erfassung hat folgende Ziele: (1) Die Feststellung der Zahl der Juden und Jüdischstämmigen nach den Nürnberger Gesetzen, die gegenwärtig im Reich leben; (2) Die Feststellung des direkten Einflusses bzw. des jüdischen Einflusses über seine Verbindungen auf das kulturelle Leben, Gemeinschaftsleben und das materielle Leben des deutschen Volkes.»[76]

Die allgemeine Volkszählung vom Mai 1939 sollte die Gelegenheit zur vollständigen Registrierung sämtlicher Juden in Deutschland (einschließlich der Halb- und Vierteljuden) bieten: In jeder Stadt und in jedem Dorf sorgte die örtliche Polizei dafür, daß die Volkszählungskarten von Juden und Mischlingen als Kennzeichen den Buchstaben «J» trugen; Kopien aller örtlichen Volkszählungslisten sollten an den SD gesandt und an II 112 weitergeleitet werden.[77] Die Volkszählung fand wie vorgesehen statt. Die Juden wurden registriert, wie geplant war, und die Karteien erfüllten ihre Funktion, als die Deportationen begannen. (Diese Akten wurden in dem Gebäude aufbewahrt, in dem dann später das Philosophische Seminar der Freien Universität Berlin untergebracht war.)[78]

Eine zweite Bemühung zur Informationssammlung richtete sich auf alle jüdischen Organisationen in Deutschland und in der ganzen Welt, von der ORT, einer Organisation für berufliche Ausbildung und Beratung, bis zu Agudat Israel (den ultra-orthodoxen Juden). Für die Männer von II 112 und vom SD insgesamt war kein Detail zu winzig, keine jüdische Organisation zu unbedeutend. Da der organisierte Feind, den sie bekämpften, als solcher nicht existent war, mußte ihr Unternehmen ihn *ex nihilo* schaffen. Jüdische Organisationen wurden als Teile eines immer komplexeren Systems identifiziert, analysiert und studiert; die antideutschen Aktivitäten dieses Systems mußten aufgedeckt, seine innere Funktionsweise entschlüsselt, sein eigentliches Wesen entschleiert werden.

Der erstaunlichste Aspekt dieses Systems war seine Konkretheit. Ganz präzise – und absolut imaginäre – jüdische Verschwörungen wurden aufgedeckt, Namen und Adressen wurden geliefert, Gegenmaßnahmen ergriffen. So zählte Eichmann in seinem Vortrag «Das Weltjudentum» auf der Konferenz vom 1. November eine ganze Reihe unheimlicher jüdischer Bestrebungen auf. Ein Anschlag auf das Leben des

6. Kreuzzug und Kartei 219

sudetendeutschen Naziführers Konrad Henlein war im Pariser Asyle de jour et de nuit (einer Unterkunft für mittellose Juden) geplant worden. Er war nur deshalb gescheitert, weil Henlein gewarnt worden war und weil die Waffe des Mörders nicht funktioniert hatte. Schlimmer noch, Nathan Landsmann, der Präsident der in Paris ansässigen Alliance Israélite Universelle (einer jüdischen Bildungsorganisation) war dafür verantwortlich, Anschläge auf das Leben des Führers – und auch auf das von Julius Streicher – zu planen. Zu diesem Zweck stand Landsmann in Verbindung mit einer holländischen jüdischen Organisation, dem Komitee voor Bizondere Joodsche Belange in Amsterdam, welches wiederum eng mit dem niederländischen (jüdischen) Unilever Trust einschließlich seiner Zweigstellen in Deutschland zusammenarbeitete.[79] Dies ist lediglich ein Ausschnitt aus Eichmanns Offenbarungen.

Für Heydrich und seine Männer war es wahrscheinlich undenkbar, daß die Verbindungen zwischen jüdischen Institutionen sehr locker waren und im jüdischen Leben eine äußerst geringe Rolle spielten.[80] Wie er es in einem Ende 1935 erschienenen Pamphlet, *Wandlungen unseres Kampfes*, beschrieb, stellte das Netz der jüdischen Organisationen, die gegen das Reich agierten, eine tödliche Bedrohung dar.[81] Als solche erschien es auf den erdichteten Diagrammen, die in den Büros des SD in der Wilhelmstraße 102 in Berlin rasch anwuchsen. Dies war die Polizeiversion des Erlösungsantisemitismus.

In seinen politischen Empfehlungen unterstützte II 112 alle Aktivitäten zur Beschleunigung der jüdischen Auswanderung, einschließlich der möglicherweise positiven Effekte von angestifteten Gewalttaten.[82] Schon im Mai 1934 hatte eine an Heydrich gerichtete Denkschrift mit der unzweideutigen Feststellung begonnen: «Das Ziel der Judenpolitik muß die restlose Auswanderung der Juden sein.» Vor dem Hintergrund des Jahres 1934 waren die Zeilen, die darauf folgten, ungewöhnlich: «Den Juden sind die Lebensmöglichkeiten – nicht nur wirtschaftlich genommen – einzuschränken. Deutschland muß ihnen ein Land ohne Zukunft sein, in dem wohl die alte Generation in ihren Restpositionen sterben, nicht aber die junge leben kann, so daß der Anreiz zur Auswanderung dauernd wach bleibt. Abzulehnen sind die Mittel des Radau-Antisemitismus. Gegen Ratten kämpft man nicht mit dem Revolver, sondern mit Gift und Gas.»[83] Doch wie wir sahen, stellte Heydrich im September 1935 die Auswanderung nicht in den Mittelpunkt seiner politischen Vorschläge. Erst nach der allgemeinen Verschiebung der NS-Ziele im Jahre 1936 wurde die Politik des SD zu einem aktiven Element in einer generellen Kampagne aller mit jüdischen Angelegenheiten befaßten Stellen des NS-Regimes: Für sie alle hatte die Emigration höchste Priorität.

Palästina galt als eines der aussichtsreichsten Ziele für die jüdische

Auswanderung, wie es das seit 1933 gewesen war. Ebenso wie das Außenministerium und das Amt Rosenberg (das hauptsächlich für ideologische Fragen einschließlich der Kontakte zu ausländischen Nazisympathisanten zuständig war) stand der SD vor dem Dilemma, daß einerseits zwar die jüdische Emigration nach Palästina ermutigt werden sollte, sich daraus aber andererseits die Gefahr ergab, daß eine solche Auswanderung zur Errichtung eines strategischen Zentrums für die Machenschaften des Weltjudentums – zu einem jüdischen Staat – führen konnte. Im Zusammenhang mit derartigen politischen Überlegungen gab Heydrich Hagen und Eichmann die Erlaubnis, im Herbst 1937 nach Palästina zu fahren und mit ihrem Haganah-«Kontaktmann», Feivel Polkes, zusammenzutreffen.

Zumindest für Eichmann scheint die Mission große Erwartungen geweckt zu haben: «Da bei meiner Reise unter anderem Verhandlungen mit arabischen Fürstlichkeiten vorgesehen sind», schrieb der ehemalige Vertreter der Vacuum Oil Company für Oberösterreich an Franz Alfred Six, den Leiter von II 1, «benötige ich einen leichten hellen und einen dunklen Anzug sowie einen hellen Reisemantel.» Eichmanns Träume von orientalischer Eleganz blieben unerfüllt; statt dessen wurden die beiden Reisenden wiederholt auf strikte Geheimhaltungsmaßnahmen verpflichtet: keine Verwendung von Bezeichnungen wie «SS», «SD», «Gestapo»; keine Postkarten an Freunde im Dienst, und so fort.[84] Die Mission scheiterte jämmerlich: Die Briten ließen die beiden SD-Männer nicht länger als einen Tag in Palästina bleiben, und ihre Gespräche mit Polkes – der zu einem Gespräch mit ihnen nach Kairo kam – erbrachten keinerlei wertvolle Informationen. Doch die positive Einschätzung, die der SD von Palästina als Ziel der deutschen Juden hatte, blieb unverändert. Später war dann der SD die Stelle, mit der zionistische Abgesandte die Abreise von Konvois von Emigranten nach jugoslawischen und rumänischen Häfen organisierten, von wo aus sie den Versuch unternahmen, unter Durchbrechung der britischen Blockade zu Schiff nach Palästina zu gelangen.

Schließlich beteiligte sich die Judenabteilung des SD mit zunehmender Energie an den Überwachungsaktivitäten der Gestapo, und auf diesem Gebiet nahm ihr Anteil an der gemeinsamen Arbeit im Laufe des Jahres 1937 ständig zu. Am 18. September beispielsweise legte der SD-Oberabschnitt Rhein einen Bericht über eine jüdische Schülerin namens Ilse Hanoch vor. Dem Bericht zufolge fuhr Hanoch («die angeblich in London studiert») um 18,25 Uhr mit dem Zug von Trier nach Luxemburg. «Kurz vor der Grenzkontrolle zeigte die Hanoch ein sehr unsicheres Gebaren und riß von ihrem Notizblock anliegende Zettel, die sie zerknüllte und in den Aschenbecher warf.» An der Grenzstation wurde sie einer gründlichen Durchsuchung unterzogen, die jedoch ergebnislos verlief. Auf Grund der Ein- und Ausreisedaten, wie sie sich aus ihrem Paß ergaben, und wegen der Namen verschiedener jüdischer Familien, die auf den Zetteln gefunden wurden, die sie zerrissen und weggeworfen hatte, nahm der SD-Bericht an, daß die sogenannte Studentin als Kurier zwischen Juden, die emigriert waren, und solchen, die noch in Deutschland lebten, tätig war. Alle Grenzstellen wurden «gebeten zu veranlassen, daß die Hanoch bei ihrer Einreise vom Ausland her an der Grenze genauestens durchsucht und bei Reisen in Deutschland schärfstens überwacht wird».[85] Es ist nicht bekannt, ob Ilse Hanoch je wieder nach Deutschland zurückkehrte.

Seltsamerweise hatten jedoch die antijüdischen Aktionen der SS, wenn keine klaren Anweisungen gegeben wurden oder wenn der Rahmen für Gewalttätigkeiten nicht vorab festgelegt war, ihre immanenten Beschränkungen, zumindest in der Mitte der dreißiger Jahre. Betrachten wir den Fall des SS-Sturmmanns Anton Beckmann aus dem Kommandanturstab des Konzentrationslagers Columbia in Berlin. Am 25. Januar 1936 betrat er einen Laden in der Friesenstraße und kaufte sich ein Paar Hosenträger. Beim Verlassen des Geschäftes wurde Beckmann, der seine SS-Uniform trug, von einem Passanten darauf hingewiesen, daß er soeben in einem jüdischen Geschäft gekauft hatte. Er versuchte sofort, den Kauf rückgängig zu machen, aber das gelang ihm nicht: Die Geschäftsinhaberin, «die Jüdin Joel, [sagte] frech, daß sie nicht daran dächte, einmal gekaufte Ware zurückzunehmen. Sie behauptete weiter, sie hat eine Menge Kunden von der SS, unter anderen auch höhere Dienstgrade.» SS-Obersturmführer Kern, den Beckmann wegen der Rückgabe der Hosenträger zu Hilfe geholt hatte, hatte auch nicht mehr Erfolg. Der Kommandant des Konzentrationslagers Columbia schickte einen Bericht über die Sache ab, in dem er die Verhaftung der «Jüdin Joel wegen Verbreitung unwahrer Gerüchte über SS-Angehörige» verlangte, und er fügte hinzu: «Es wäre im Interesse aller Nationalsozialisten zu begrüßen, wenn man endlich, wie in anderen Gauen, auch in Berlin dazu überginge, jüdische Geschäfte entsprechend zu kennzeichnen.»[86]

Nach Erhalt des Berichtes des Kommandanten mußte der Inspekteur der Konzentrationslager, SS-Gruppenführer Eicke, zugeben, daß er «dieser Angelegenheit machtlos gegenüber[stehe]», und er leitete die Anfrage an den Chef des SS-Hauptamtes, Gruppenführer Heißmeyer, weiter,[87] der sie an den Berliner Standortführer-SS weitersandte und dazu schrieb: «Gerade in Berlin läuft jeder Gefahr, unbewußt in jüdischen Geschäften zu kaufen, während in anderen Städten, wie z. B. in Frankfurt/Main, durch die Anbringung von einheitlichen Schildern ‹Deutsches Geschäft› diese Gefahr gebannt ist.»[88] Von der Entwicklung des Kennzeichnungsproblems bei Geschäften war schon die Rede, aber was geschah mit der

«Jüdin Joel»? Das Fehlen von sie betreffenden Anweisungen und das Bevorstehen der Olympischen Spiele lassen darauf schließen, daß sie vielleicht trotz ihrer «Frechheit» nicht verhaftet wurde.

So geringfügig der Fall Joel war, er verweist auf ein Problem, das für die antijüdische Politik der Nationalsozialisten in der Vorkriegszeit von zentraler Bedeutung war. Zu den wichtigsten Hindernissen, mit denen sich das Regime bei seinem Versuch, die Juden aus Deutschland zu entfernen, konfrontiert sah, zählte die Tatsache, daß die Opfer mit sämtlichen Tätigkeitsbereichen in der deutschen Gesellschaft untrennbar verbunden gewesen waren. Infolgedessen mußte das System, wenn direkte Gewalt (noch) nicht möglich war, immer neue administrative oder juristische Maßnahmen entwickeln, um die zwischen dieser Gesellschaft und den Juden bestehenden Bindungen Stufe für Stufe und Schritt für Schritt aufzulösen. Und wie wir sahen, gab es in jedem Stadium eine beliebige Anzahl unvorhergesehener Ausnahmen, die zusätzliche administrative Lösungen verlangten. Mit anderen Worten, es war noch nicht leicht, die «Jüdin Joel», die legal ihre Waren verkaufte und immer noch durch die allgemeinen Anweisungen bezüglich der Wirtschaftstätigkeit der Juden geschützt war, einfach zu verhaften: Die Kennzeichnung jüdischer Geschäfte beispielsweise konnte Konsequenzen im In- und Ausland nach sich ziehen, denen sich zu stellen das Regime noch nicht bereit war.

V

Auch wenn die Gesamtzahl der Insassen von Konzentrationslagern in den Jahren 1936–37 im Vergleich zu den ersten beiden Jahren des Regimes und vor allem zu der Zeit danach ihren niedrigsten Wert hatte (sie lag bei 7500),[89] nahmen die Kategorien von potentiellen Häftlingen erheblich zu. Neben politischen Gegnern handelte es sich bei den Insassen hauptsächlich um Mitglieder religiöser Sekten wie der Zeugen Jehovas, um Homosexuelle und um «Gewohnheitsverbrecher» oder «Asoziale», eine Gruppe, die das Innenministerium folgendermaßen definierte:

«Personen, die durch kleinere, aber wiederholte Gesetzesverstöße deutlich machen, daß sie sich der natürlichen Disziplin des nationalsozialistischen Staates nicht fügen werden, z. B. Bettler, Landstreicher (Zigeuner), Alkoholiker, Huren mit ansteckenden Krankheiten, insbesondere Geschlechtskrankheiten, die sich den von den Gesundheitsbehörden ergriffenen Maßnahmen entziehen.»

Eine weitere Kategorie von Asozialen waren die «Arbeitsscheuen»: «Männer im arbeitsfähigen Lebensalter ..., die nachweisbar in zwei Fäl-

6. Kreuzzug und Kartei

len die ihnen angebotenen Arbeitsplätze ohne berechtigten Grund abgelehnt oder die Arbeit zwar aufgenommen, aber nach kurzer Zeit ohne stichhaltigen Grund wieder aufgegeben haben.» In den darauffolgenden Jahren wurden Arbeitsscheue dieser unterschiedlichen Kategorien in zunehmendem Maße von der Gestapo aufgegriffen und in Konzentrationslager geschickt.[90]

Der selbst nach den Rechtsmaßstäben des Dritten Reiches völlig willkürliche Charakter der Verhaftungen und der Einweisungen in Lager läßt sich durch zwei Polizeiverfügungen veranschaulichen. Im September 1935 verlangte die bayerische Politische Polizei, bei «allen Personen, die vom Volksgerichtshof abgeurteilt werden», sollte rechtzeitig das Datum der voraussichtlichen Entlassung aus der Strafhaft festgestellt werden, damit sofort anschließend eine Überführung in die Konzentrationslager veranlaßt werden könne. Mit anderen Worten, die Polizei «korrigierte» die Gerichtsurteile.[91] Und am 23. Februar 1937 befahl Himmler der Kriminalpolizei, etwa 2000 Gewohnheitsverbrecher von neuem zu verhaften und sie in Konzentrationslagern zu inhaftieren.[92] Das waren Personen, die nicht noch einmal verurteilt worden waren; die Auswahl der Opfer blieb völlig dem Gutdünken der Kriminalpolizei überlassen – «wobei die angeordnete Pauschalsumme der Verhaftungen naturgemäß die Willkür der Auswahl fördern mußte».[93]

In den dreißiger Jahren benutzte das Naziregime zwei verschiedene, aber sich gegenseitig ergänzende Verfahren, um die vollständige Ausschließung von rassisch gefährlichen Gruppen aus der Volksgemeinschaft zuwege zu bringen: einerseits Absonderung und Vertreibung, andererseits Sterilisierung. Die erste Methode wurde in ihren verschiedenen Aspekten gegen die Juden, Zigeuner und Homosexuellen angewendet; die zweite Methode wurde gegen die Träger von (körperlichen oder geistigen) Erbkrankheiten und gegen Personen eingesetzt, die gefährliche Eigenschaften zeigten, welche man für erblich hielt, sowie gegen «rassisch verseuchte Individuen», die nicht vertrieben oder in Lager gesteckt werden konnten. Und was den Kampf gegen den Juden als den Weltfeind angeht, so nahm er sowohl auf der ideologischen Ebene als auch im Hinblick auf seine allumfassende Natur zusätzliche und unterschiedliche Formen an.

Neben den Asozialen waren die Gruppen, die vor allem für die Absonderung und für verschiedene Formen der Inhaftierung in bereits existierenden Lagern oder in neuerrichteten lagerähnlichen Gebieten vorgesehen waren, die Zigeuner und die Homosexuellen. Wie die Juden bewohnten die Zigeuner die wahnhaften Tiefen der europäischen Seele, und wie sie wurden sie als Fremde auf europäischem Boden gebrandmarkt. Wie wir sahen, wurde die Anwendbarkeit der Nürnberger Gesetze auf die Zigeuner schon bald nach ihrer Verabschiedung verkündet.

Als «Trägern fremden Blutes» wurde es den Zigeunern untersagt, Angehörige der deutschen Rasse zu heiraten oder sexuelle Kontakte mit ihnen zu unterhalten.[94] Doch obwohl der Beschluß auf Grund von allgemeinen Kriterien von Aussehen und Verhalten angewendet wurde, stand die Lösung der Aufgabe, tatsächlich den rassischen Charakter der «Zigeuner» zu definieren, noch aus. Von 1936 an wurde dies das Projekt des an der Universität Tübingen tätigen Robert Ritter.

Mit finanzieller Unterstützung der staatlich dotierten Deutschen Forschungsgemeinschaft (DFG), der SS und des Reichsgesundheitsministeriums machte sich Ritter an die Klassifizierung der in Deutschland lebenden 30 000 Zigeuner. (Diese ethnischen Gruppen, die heute als Sinti und Roma bezeichnet werden, wurden schon lange vor dem Dritten Reich im allgemeinen Zigeuner genannt und werden es meist auch heute noch.) Dem Tübinger Spezialisten zufolge kamen die Zigeuner aus Nordindien und waren ursprünglich Arier, hatten sich aber auf ihren Wanderungen mit minderwertigen Rassen vermischt und waren jetzt zu fast 90 Prozent rassisch unrein.[95] Ritters Schlußfolgerungen sollten zur Grundlage für den nächsten Schritt auf dem Weg zu Absonderung, Abtransport und Vernichtung werden: Himmlers Befehl vom 8. Dezember 1938 zu den Maßnahmen, die gegen die Sinti und Roma ergriffen werden sollten.

Während die Rassengesetze verkündet wurden, durch welche die Heirat und der Geschlechtsverkehr zwischen Zigeunern und Deutschen verboten wurden, und während Ritter und seine Assistenten ihre Forschungen an Fotos und Maßangaben trieben, blieb die Polizei nicht untätig. Die Sinti und Roma waren traditionell vor allem in Bayern Schikanen ausgesetzt gewesen; nach 1933 wurde jedoch das direkte Schikanieren zu einer systematischen Angelegenheit. Ausländische Zigeuner wurden aus dem Land vertrieben, und andere inhaftierte man als Landstreicher, Gewohnheitsverbrecher und verschiedene sonstige Arten von Asozialen. Indem sie die Olympischen Spiele zum Vorwand nahm, verhaftete die Berliner Polizei im Mai 1936 Hunderte von Zigeunern und verfrachtete ganze Familien mit ihren Wagen, Pferden und sonstigen Habseligkeiten zum sogenannten «Rastplatz» Marzahn, der zwischen einer Müllhalde und einem Friedhof lag. Bald wurde der Rastplatz mit Stacheldraht eingezäunt. In einem Vorort von Berlin war de facto ein Zigeuner-Konzentrationslager eingerichtet worden. Von Marzahn und von ähnlichen Rastplätzen aus, die bald darauf in der Nähe anderer deutscher Städte errichtet wurden, wurden dann wenige Jahre später Tausende von Sinti und Roma zu den Vernichtungsstätten im Osten geschickt.[96]

Der Fall Leopold Obermayer hat bereits einen gewissen Hinweis auf den besonderen Haß gegeben, den das System auf Homosexuelle hatte.

6. Kreuzzug und Kartei

In den Weimarer Jahren war ein gewisses Maß an Liberalisierung von antihomosexuellen Gesetzen und Bestimmungen erreicht worden, aber sobald die Nationalsozialisten an der Macht waren, wurden die Verbote strenger, vor allem nach der Liquidierung der SA-Führung im Juni 1934 (Ernst Röhm und einige der bedeutendsten SA-Führer waren als Homosexuelle bekannt). In der SS war die Homophobie ungewöhnlich schrill. Ein 1935 erschienener Artikel im *Schwarzen Korps* verlangte die Todesstrafe für homosexuelle Handlungen, und im darauffolgenden Jahr schuf Himmler eine Reichszentrale zur Bekämpfung der Homosexualität und der Abtreibung.[97] In der Nazizeit wurden 10 bis 15 000 Homosexuelle inhaftiert.[98] Wie viele in den Lagern starben, weiß man nicht, aber nach Aussage eines Häftlings aus Dachau lebten «die Häftlinge mit dem rosa Winkel niemals lange, sie wurden von der SS systematisch rasch vernichtet».[99]

Obermayers Geschichte bleibt in vieler Hinsicht exemplarisch.

Mitte Oktober 1935 war Leopold Obermayer, wir erinnern uns, wieder in Dachau. Diesmal jedoch setzte er sich unter Heranziehung der verschiedensten juristischen und moralischen Argumente und unter Einsatz seines Status als Schweizer Bürger zur Wehr. Die meisten seiner Briefe und Eingaben wurden von den Dachauer Zensoren abgefangen und an seinen schlimmsten Peiniger, den Würzburger Gestapochef Josef Gerum, weitergeleitet; seine Verteidigungsstrategie wurde von seinem neuen Rechtsanwalt, einem ganz gewöhnlichen Nazi, untergraben; die Hoffnungen, die er auf eine entschiedene Intervention der Schweizer Behörden setzte, erfüllten sich nicht (wie Broszat und Fröhlich es formuliert haben, waren die Schweizer wahrscheinlich nicht der Ansicht, daß der Fall eines jüdischen Homosexuellen einen Konflikt mit Deutschland wert war).[100] Dennoch wurden Gerum und sogar einige seiner Vorgesetzten in München und Berlin durch Obermayers unablässige Beschwerden und die Ungewißheit der bayerischen Politischen Polizei und des Justizministeriums in Berlin hinsichtlich der Frage, wie weit die Schweizer bereit sein würden, den Fall Obermayer zu einem internationalen Skandal zu machen, zutiefst verunsichert.[101] So konnte im Jahre 1936 der entschiedene Widerstand eines jüdischen Homosexuellen, wenn auch eines, der von einer ausländischen Staatsbürgerschaft profitierte, in den Operationen des Systems noch ein gewisses Maß an Unsicherheit hervorrufen. Doch wie dem auch sein mochte, Obermayers Prozeß ließ sich nicht endlos verschieben. Der Fall wurde der Würzburger Strafkammer übertragen, der Prozeß für den 9. Dezember 1936 angesetzt. Der Staatsanwalt hatte vor, sich auf die homosexuellen Aktivitäten des Angeklagten, hauptsächlich auf seine Verführung deutscher Jugendlicher, zu konzentrieren (Obermayer selbst stritt seine Homosexualität nie ab, behauptete aber standhaft, die Beziehungen, die er zu jüngeren Männern gehabt habe, hätten nie die vom Gesetz gezogenen Grenzen überschritten).[102]

Im November dämmerte der Würzburger Gestapo und der Staatsanwaltschaft, daß Obermayer bei seiner Persönlichkeit und seiner Hartnäckigkeit in der Lage sein würde, den Gerichtssaal für die Argumentation zu verwenden, Hitler selbst habe von den homosexuellen Beziehungen in der SA-Führung gewußt und sie bis zum 30. Juni 1934 akzeptiert.[103] So mußte der Prozeß hinter verschlossenen Türen stattfinden, und während Obermayer seine letzte Chance verlor, seine Verfolger in Verlegenheit zu bringen, entging auch der Propagandamaschinerie der Partei und der Gestapo die Gelegenheit, einen Schauprozeß zu inszenieren. (Wie wir sehen werden, sollte Jahre später im Hinblick auf den geplanten Schauprozeß gegen Herschel Grynszpan, den jungen Juden, der im November 1938 den deutschen Diplomaten Ernst vom Rath erschoß, eine ähnliche Situation eintreten.)

Über den Prozeß selbst weiß man wenig, aber selbst die Berichte in den lokalen Naziblättern lassen darauf schließen, daß sich Obermayer klug verteidigte. Das Urteil stand von vornherein fest: lebenslängliche Haft. Bis 1942 war Obermayer in einem regulären Gefängnis untergebracht, dann wurde er der SS übergeben und nach Mauthausen geschickt; dort starb er am 22. Februar 1943. Josef Gerum wurde 1948, nachdem er einer Entnazifizierungskammer seine Version der Ereignisse aufgetischt hatte, freigelassen.[104]

In den dreißiger Jahren machte die im Juli 1933 eingeleitete Sterilisierungskampagne kontinuierliche Fortschritte. Wenn sich das Gesundheitsargument zu rassischen Zwecken nicht umstandslos heranziehen ließ, fand man andere Methoden. So war das neue Regime kaum an der Macht, da wurde die Aufmerksamkeit der Behörden auf eine Gruppe gelenkt, die wahrscheinlich nicht mehr als 500 bis 700 Mitglieder zählte: die jungen Nachkommen von deutschen Frauen und Soldaten aus afrikanischen Kolonien, die in den ersten Nachkriegsjahren bei der französischen Besetzung des Rheinlands Dienst getan hatten. Im Nazijargon waren das die «Rheinlandbastarde».[105] Hitler hatte diese «schwarze Befleckung des deutschen Blutes» bereits als eine weitere Methode beschrieben, mit der die Juden die rassische Kraft des Volkes unterhöhlen wollten.

Schon im April 1933 verlangte Göring als preußischer Innenminister die Registrierung dieser «Bastarde», und wenige Wochen später ordnete das Ministerium an, daß sie sich einer rassisch-anthropologischen Begutachtung zu unterziehen hätten.[106] Im Juli erstellte ein gewisser Abel, einer der Assistenten des Rasseanthropologen Eugen Fischer am Kaiser-Wilhelm-Institut, eine Studie über 38 von diesen Schulkindern. Wie zu

6. Kreuzzug und Kartei

erwarten war, fand Abel, daß seine Probanden, die alle im Rheinland lebten, in ihren intellektuellen Fähigkeiten und in ihrem Verhalten verschiedene Defekte zeigten. Das preußische Ministerium berichtete die Ergebnisse am 28. März 1934 und warnte vor den schlimmen rassischen Konsequenzen, die sich ergeben würden, wenn es diesen «Bastarden», trotz ihrer geringen Zahl, gestattet würde, sich fortzupflanzen. Das Fazit der Argumentation lautete, da die Anwesenheit einer halben Million Mischlinge in Frankreich innerhalb von vier oder fünf Generationen zur Bastardisierung der Hälfte der französischen Bevölkerung führen werde, werde die vergleichbare Anwesenheit von Mischlingen auf der deutschen Seite der Grenze zu lokaler Rassenmischung und dem nachfolgenden Verschwinden rassischer Unterschiede zwischen den Franzosen und der Bevölkerung der an Frankreich angrenzenden westlichen Teile des Reiches führen.[107]

Daß man die Sache nicht auf die leichte Schulter nahm, zeigt eine Besprechung der Beratungskommission für Bevölkerungs- und Rassenpolitik im Innenministerium, zu der am 11. März 1935 Vertreter der Ministerien des Inneren, der Gesundheit, der Justiz, der Arbeit und des Auswärtigen sowie Eugeniker aus der akademischen Welt zusammengerufen wurden. Walter Groß verhehlte nicht die Schwierigkeiten bei der Behandlung des Problems mit den «Negerbastarden», wie er sie nannte. Ihre rasche Vertreibung war unmöglich; so ließ Groß keinen Zweifel an der Notwendigkeit einer Sterilisierung. Doch die Sterilisierung einer gesunden Bevölkerungsgruppe konnte, wenn man sie offen durchführte, bedenkliche Reaktionen im In- und Ausland hervorrufen. Da man sich der Zuverlässigkeit gewöhnlicher niedergelassener Ärzte nicht sicher sein konnte, sah Groß keine andere Möglichkeit als die, das geheime Eingreifen von Ärzten zu fordern, die zugleich hartgesottene Parteigenossen waren und die Gebote des höheren Wohls des Volkes verstehen würden.[108] Im Laufe des Jahres 1937 wurden diese Hunderte von Jungen und Mädchen identifiziert, von der Gestapo aufgegriffen und sterilisiert.[109]

Die Windungen des Nazidenkens bleiben jedoch unergründlich. Während die Parteidienststellen die Sterilisierung der «Negerbastarde» verabredeten, schickte Bormann an alle Gauleiter vertrauliche Instruktionen über «deutsche Kolonialneger»: Die etwa 50 Schwarzen aus den ehemaligen deutschen Kolonien, die in Deutschland lebten, konnten, so der Reichsleiter, keine Beschäftigung finden, denn «wenn sie Arbeit gefunden haben, so wird der Arbeitgeber angefeindet und zur Entlassung der Neger gezwungen». Bormann war bereit, ihnen Arbeitsgenehmigungen ausstellen zu lassen, um ihnen dabei zu helfen, eine feste Arbeit zu finden; jede individuelle Aktion gegen sie wurde verboten.[110] Die Frage der Nachkommenschaft erwähnte der Reichsleiter nicht einmal.

Waren diese Schwarzen mit deutschen Frauen verheiratet? Hatten sie gemischtrassige Kinder? Sollten diese Kinder sterilisiert werden? Es sieht so aus, als sei keine dieser Fragen dem obersten Rassefanatiker Martin Bormann auch nur durch den Kopf gegangen.

Die Entscheidung, Träger von Erbkrankheiten und die sogenannten Schwachsinnigen zu sterilisieren, beruhte auf medizinischen Untersuchungen und eigens entwickelten Intelligenztests. Die Resultate wurden Erbgesundheitsgerichten vorgelegt, deren Entscheidungen dann zur Revision an Erbgesundheitsberufungsgerichte weitergeleitet wurden; nur deren abschließende Sprüche waren verbindlich. Etwa drei Viertel der Gesamtzahl von ungefähr 400 000 Personen, die in NS-Deutschland sterilisiert wurden, machten die Operation vor Beginn des Krieges durch.[111] Doch nur ein Teil der sterilisierten Bevölkerung überlebte schließlich. Für psychiatrische Patienten war die Sterilisierung häufig nur ein erster Schritt: Ende der dreißiger Jahre waren sie diejenige Gruppe, die in NS-Deutschland am stärksten gefährdet war.

Schon in den letzten Jahren der Republik wurden Patienten in psychiatrischen Institutionen zunehmend als Belastung der Gemeinschaft betrachtet, sie galten als «Überflüssige», als Menschen, deren Leben «lebensunwert» war. Das NS-Regime scheute keine Mühe, um die richtigen Einstellungen gegenüber Anstaltsinsassen zu verbreiten. Organisierte Fahrten durch psychiatrische Institutionen sollten das unberechenbare Erscheinungsbild der psychiatrischen Patienten demonstrieren und die unnötigen Kosten verdeutlichen, die ihr Unterhalt verursachte. So wurde beispielsweise 1936 die Münchner Anstalt Eglfing-Haar von Mitgliedern der Reichsführungsschule der SA besichtigt, von örtlichen SS-Rasseexperten, von Ausbildern des SS-Regiments «Julius Schreck» und von verschiedenen Gruppen der Arbeitsfront.[112] Ein ganzer Haufen von Propagandafilmen, die darauf abzielten, die breitere Öffentlichkeit zu indoktrinieren, wurde in diesen Jahren gedreht und gezeigt,[113] und in Schulen führten entsprechende Rechenübungen den finanziellen Tribut vor, den solche Menschen von der Wirtschaft der Nation forderten.[114]

Ob diese Erziehungsmaßnahmen eine systematische Vorbereitung der öffentlichen Meinung auf die Vernichtung der Insassen andeuten, ist nicht klar, aber in diesem Bereich kann man – mehr noch als in vielen anderen – die direkten Auswirkungen der Ideologie auf die politischen Maßnahmen des Regimes seit 1933 verfolgen. Nach Angaben von Lammers hatte Hitler die Möglichkeit einer Euthanasie schon 1933 erwähnt, und nach den Aussagen seines Arztes Karl Brandt hatte Hitler das Thema 1935 mit dem Reichsärzteführer Wagner diskutiert und zu verstehen gegeben, ein derartiges Projekt werde sich in Kriegszeiten leichter durchführen lassen.[115] Dennoch wurden seit 1936 Psychiatriepatienten

6. Kreuzzug und Kartei 229

allmählich in großen staatlichen Institutionen zusammengeführt, und die Beschäftigten einiger privater Institutionen wurden mit zuverlässigen SS-Leuten durchsetzt. Angesichts dieser Tendenz überrascht es nicht, daß das *Schwarze Korps* im März 1937 keine Bedenken hatte, einen Vater zu preisen, der seinen behinderten Sohn getötet hatte.[116]

Die privat geführten Institutionen waren sich über den bedrohlichen Aspekt dieser Entwicklungen durchaus im klaren. Tatsächlich ist das Entsetzliche an der Dokumentation der Jahre 1936-38, «daß die Fürsorgeverbände [protestantische Gruppierungen wie die Innere Mission] die ihnen zur Fürsorge Anvertrauten öffentlich diffamieren und denunzieren und so zu ihrer Verfolgung und Vernichtung Vorschub leisten».[117] Viele der kirchlichen Institutionen, die infolge der Verlegung von Patienten in staatliche Institutionen einige ihrer Insassen verloren, beklagten sich zwar – aber nur über die wirtschaftlichen Schwierigkeiten, die für sie durch derartige Verlegungen verursacht wurden.[118]

Der erste konkrete Schritt zu einer Euthanasiepolitik wurde im Herbst 1938 getan. Der Vater eines blind, zurückgeblieben und ohne Arme und Beine geborenen Kindes richtete eine Eingabe an Hitler, in der er für seinen Sohn um das Recht auf einen «Gnadentod» bat. Karl Brandt wurde nach Leipzig geschickt, wo das Knauer-Baby im Krankenhaus lag, um die behandelnden Ärzten zu konsultieren und die Euthanasie durchzuführen, was er dann tat.[119]

Wie wir noch sehen werden, wurde die Euthanasieplanung in den ersten Monaten des Jahres 1939 beschleunigt. Dennoch agierte Hitler mit Vorsicht. Er war sich darüber im klaren, daß die Tötung von geisteskranken Erwachsenen oder von Kindern mit schweren Mißbildungen auf erbitterten Widerstand von seiten der Kirchen, insbesondere der katholischen Kirche, stoßen konnte. Dieses potentielle Hindernis war um so bedeutsamer, als in Österreich die überwiegend katholische Bevölkerung und die Kirchenhierarchie soeben ihre enthusiastische Zustimmung zum Anschluß gegeben hatten. So erhielt Ende 1938 Hartl, der Leiter der SD-Abteilung II 112 (politische Kirchen) über Heydrich eine Anweisung von Victor Brack, dem Stellvertreter von Philipp Bouhler (dem Leiter der Kanzlei des Führers), er solle ein «Gutachten» über die Einstellung der Kirche zur Euthanasie erstellen.[120] Hartl sah sich zur Abfassung einer derartigen Einschätzung nicht in der Lage, aber er setzte sich mit Pater Joseph Mayer in Verbindung, der Professor für Moraltheologie an der Philosophisch-Theologischen Akademie in Paderborn war und schon 1927 zustimmend über die Sterilisierung der Geisteskranken geschrieben hatte. Im Frühherbst 1939 erhielt Hartl Mayers detaillierte Denkschrift, die das Für und Wider in katholischen Verlautbarungen zum Thema zusammenfaßte. Die Denkschrift ist nicht aufgefunden worden, und wir wissen nicht, ob der Paderborner Geistliche seine eigene Auffassung zum Thema Euthanasie zum Ausdruck brachte, aber anscheinend blieb, selbst wenn er zu keinem eindeutigen Schluß gelangte, die Tür für Ausnahmen jedenfalls offen.[121]

Über indirekte Kanäle legte das Amt Bracks die von Mayer verfaßte Denkschrift Bischof Berning und dem päpstlichen Nuntius, Monsignore Cesare Orsenigo, vor. Auf der protestantischen Seite wurde sie den Pastoren Paul Braune und Friedrich von Bodelschwingh zugeleitet. Anscheinend wurde von keinem der deutschen Geistlichen – ob Katholik oder Protestant –, mit denen sich Hitlers Kanzlei in Verbindung gesetzt hatte, Widerspruch geäußert. Auch der Abgesandte des Papstes hüllte sich in Schweigen.[122]

7.
Paris, Warschau, Berlin – und Wien

I

Während sich der Sturm über Europa zusammenbraute, wurden die Juden auf dem ganzen Kontinent erneut zum Gegenstand verbreiteter Diskussionen, zur Zielscheibe von Verdächtigungen und manchmal von regelrechtem Haß. Hauptquelle der Veränderung waren die allgemeinen ideologischen und politischen Spaltungen, die sich Mitte der dreißiger Jahre entwickelten, aber in Ländern außerhalb von NS-Deutschland bereitete eine allgegenwärtige Krisenatmosphäre den Boden für eine neue Welle von antijüdischem Extremismus.

Die ersten Zeichen dieser Radikalisierung hatten sich zu Beginn des Jahrzehnts gezeigt. Zunehmende Zweifel an der Gültigkeit der bestehenden Ordnung ergaben sich infolge der Wirtschaftskrise, aber auch auf Grund eines allgemeineren Unbehagens. Im Zuge einer nahezu «natürlichen» Reaktion wurden die Juden – und das nicht nur auf der äußersten Rechten – mit dem einen oder anderen Aspekt des scheinbaren sozialen und kulturellen Zerfalls identifiziert und für einige seiner schlimmsten Konsequenzen verantwortlich gemacht. Es war eine Zeit, in welcher der katholische Schriftsteller Georges Bernanos, der an sich kein Fanatiker war, einen Mann wie Édouard Drumont, den französischen Erzantisemiten des ausgehenden 19. Jahrhunderts, den berüchtigten Herausgeber der Zeitung *La Libre* Parole und Autor von *La France juive*, verherrlichen und gegen die Bedrohung der christlichen Zivilisation durch die Juden wettern konnte.

In Bernanos' 1931 erschienenem Buch *La grande peur des bien-pensants* («Die große Furcht der Spießbürger») handelte es sich bei den Werten, die durch die angeblich ständig zunehmende jüdische Beherrschung bedroht waren, um die der christlichen Zivilisation und der Nation als einer lebenden organischen Entität. Die neue kapitalistische Wirtschaft wurde von der konzentrierten Finanzmacht von *les gros* kontrolliert – den mythischen «zweihundert Familien», die sowohl die Rechte als auch die Linke mit den Juden gleichsetzten.[1] Mit anderen Worten, die jüdische Bedrohung war zumindest zum Teil die Bedrohung durch die *Moderne*. Die Juden waren die Vorläufer, die Herren und die begeisterten Prediger der Lehre des Fortschritts. Ihren französischen Schülern, schrieb Bernanos, brachten sie «eine neue Mystik, wunderbar an die des Fortschritts angepaßt. ... In diesem Ingenieursparadies, nackt und glatt wie ein Labor, war allein die jüdische Phantasie in der Lage, diese monströsen Blumen sprießen zu lassen.»[2]

La grande peur endet mit den finstersten Vorahnungen. In den letzten Zeilen des Buches bleiben die Juden unerwähnt, aber die ganze Logik des Textes verknüpft den apokalyptischen Schluß mit Drumonts verlorenem Kampf gegen das Judentum. Die Gesellschaft, die vor den Augen des Autors erschaffen wurde, war eine gottlose Gesellschaft, in der er nicht leben zu können glaubte: «Es fehlt die Luft», rief er aus. «Sie kriegen uns nicht ... Sie kriegen uns nicht lebendig!»[3]

Bernanos' Antisemitismus war leidenschaftlich, ohne unbedingt rassistisch zu sein. Er war untrennbarer Bestandteil einer antimodernistischen und antiliberalen Richtung, die sich dann später im Hinblick auf NS-Deutschland selbst in entgegengesetzte Lager aufspalten sollte. Er war die Stimme des Verdachts, der Verachtung; er konnte Ausschließung verlangen. Von dieser Art waren unter anderem die antijüdischen Einstellungen einer mächtigen Gruppe europäischer Intellektueller, die im Katholizismus verwurzelt waren, entweder als Gläubige oder als Männer, die stark durch ihren katholischen Hintergrund geprägt waren. In Frankreich waren Schriftsteller wie Thierry Maulnier, Robert Brasillach, Maurice Bardèche und eine ganze Phalanx von katholischen und nationalistischen Militanten der Action Française (der royalistischen Bewegung, die der ultranationalistische, antisemitische und gegen Dreyfus agierende Charles Maurras zu Beginn des Jahrhunderts gegründet hatte) Vertreter dieser Richtung; sie gehörten entweder immer noch der Bewegung von Charles Maurras an oder unterhielten enge Beziehungen zu ihr. Paradoxerweise war Maurras selbst kein gläubiger Katholik, aber er verstand die Bedeutung des Katholizismus für seinen «integralen Nationalismus». Die Kirche verurteilte 1926 die Action Française, aber viele rechtsgerichtete Gläubige blieben Maurras' Bewegung treu. In England bekannten sich so illustre Vertreter des Katholizismus wie Hilaire Belloc, G. K. Chesterton und T. S. Eliot zu ihrer Abhängigkeit von Maurras, doch ihre antijüdischen Ausbrüche hatten einen Stil und eine Kraft eigener Art. Ausdrücklich anerkannt wurden katholische Wurzeln von Carl Schmitt, und ihr indirekter Einfluß auf Heidegger ist unbestreitbar. Es gab in diesem militanten Rechtskatholizismus einen apokalyptischen Ton, einen zunehmenden Drang, sich in den Endkampf gegen die Kräfte zu stürzen, von denen Bernanos sprach – Kräfte, deren gemeinsamer Nenner normalerweise der Jude war.

Zu gleicher Zeit ergriff jedoch ein wachsender Kulturpessimismus – dessen politische und religiöse Wurzeln diffus waren, der aber einen heftigen Antisemitismus eigener Art verströmte – verschiedene Bereiche der europäischen Intellektuellenszene. Auch hieran waren einige der prominentesten französischen Schriftsteller der damaligen Zeit beteiligt: Louis-Ferdinand Céline und Paul Léautaud, Pierre Drieu La Rochelle, Maurice Blanchot, Marcel Jouhandeau, Jean Giraudoux und Paul Morand. Doch am enthüllendsten waren nicht Célines 1937 erschienene *Bagatelles pour un massacre* als solche – dieses Buch ist möglicherweise, sieht man von regelrechten Nazi-Produktionen ab, die bösartigste antijüdische Tirade in der modernen abendländischen Literatur –, sondern André Gides positive Besprechung des Werkes in der *Nouvelle Revue Française*, die sich des Vorwandes bediente, was Céline in dem Buch geschrieben habe, sollte nicht ernstgenommen werden.[4] Und am bezeichnendsten für die herrschende Atmosphäre war nicht Brasillachs ausgesprochener Haß auf die Juden, sondern die Tatsache, daß Giraudoux, der in *Pleins pouvoirs* soeben einen giftigen Angriff gegen jüdische Einwanderer vorgetragen hatte, im letzten Jahr der Dritten Republik Informationsminister wurde.[5]

Vor dem Hintergrund dieser religiös-kulturell-zivilisatorischen Krise und ihrer antijüdischen Folgeerscheinungen erscheinen andere, weniger abstrakte Faktoren als Ursachen der allgemeinen Verschärfung antijüdischer Einstellungen und antisemitischer Agitation in Ländern außerhalb von Nazideutschland.

Das Zusammentreffen der weltweiten Wirtschaftskrise und ihrer Folgeerscheinung, langjähriger Arbeitslosigkeit, mit dem zunehmenden Druck jüdischer Einwanderung in westliche Länder einerseits und wirtschaftlicher Konkurrenz von seiten einer zahlreichen jüdischen Bevölkerung in Mittel- und Osteuropa andererseits mögen der unmittelbarste Antrieb zur Feindseligkeit gewesen sein. Doch für Millionen von mißgestimmten Europäern und Amerikanern galten die Juden auch als Menschen, die zu den Nutznießern der Situation gehörten, sofern man sie nicht als die Manipulateure der finsteren und geheimnisvollen Kräfte ansah, die für die Krise selbst verantwortlich waren. Derartige Konstrukte waren auf alle Ebenen der Gesellschaft vorgedrungen.

In Ländern wie Frankreich, England und den Vereinigten Staaten, in denen einige Juden prominente Stellungen im Zeitungswesen, im kulturellen Leben und sogar in der Politik errungen hatten, schilderten der herrschende europäische Pazifismus und amerikanische Isolationismus die jüdischen Proteste gegen Nazideutschland als Kriegstreiberei. Den Juden wurde vorgeworfen, ihre eigenen Interessen und nicht die ihrer Länder zu verfolgen. Der französische Politiker Gaston Bergery, ein ehemaliger Radikalsozialist, der dann wärend der deutschen Besatzung zum Kollaborateur werden sollte, beschrieb im November 1938 in seiner Zeitschrift *La Flèche* («Der Pfeil»), wie «das jüdische Programm» eines Krieges gegen Nazideutschland von der breiteren Öffentlichkeit wahrgenommen wurde: «Ein Krieg – das spürt die öffentliche Meinung – weniger zur Verteidigung der direkten Interessen Fankreichs als zur Vernichtung des Hitlerregimes in Deutschland, also der Tod von Millionen von Franzosen und [anderen] Europäern, um ein paar tote Juden und ein paar Hunderttausend unglückliche Juden zu rächen.»[6]

Ein weiterer unmittelbar wahrnehmbarer Faktor war – wie bereits in den früheren Jahren des Jahrhunderts – die Exponiertheit von Juden auf der militanten Linken. Sowohl in Osteuropa als auch in Frankreich war die Gleichsetzung der Juden mit der marxistischen Gefahr zum Teil so wahnhaft, wie sie es in der Vergangenheit gewesen war, aber zum Teil wurde sie auch durch bedeutende linksgerichtete Aktivitäten von Juden bestätigt. Derartige Aktivitäten entsprangen denselben soziopolitischen Gründen, die mehrere Jahrzehnte zuvor eine entscheidende Rolle gespielt hatten. Doch in den dreißiger Jahren gab es Juden, hauptsächlich in Westeuropa, welche Anhänger der Linken wurden, um eine politische Ausdrucksmöglichkeit für ihren Anti-Nationalsozialismus zu finden (zu gleicher Zeit fielen in der Sowjetunion viele Juden Stalins Säuberungen zum Opfer). Ganz allgemein identifizierten sich jedoch die europäischen Juden – wie das auch zu Beginn des Jahrhunderts der Fall gewesen war (und seither der Fall ist) – mehrheitlich mit dem Liberalismus oder der Sozialdemokratie und in geringerem Umfang mit dem traditionellen Konservatismus, und sie konnten auch mit diesen Richtungen identifiziert werden. Zu gleicher Zeit führten die Krise des liberalen Systems und die zunehmende Unzufriedenheit mit der Demokratie zu einer wachsenden Feindschaft gegenüber einer Gruppe, die zusätzlich zu ihrer teilweisen Identifizierung mit der Linken als Trägerin und Nutznießerin des liberalen Geistes sowohl in der Wirtschaft als auch im öffentlichen Leben betrachtet wurde.

Die Ausbreitung des Antisemitismus auf der europäischen (und amerikanischen) Bühne war einer der Gründe für die zunehmenden Schwierigkeiten, die sich der jüdischen Auswanderung aus Deutschland, dann aus Österreich und dem Sudetenland und später aus dem Reichsprotektorat Böhmen und Mähren in den Weg stellten. Traditioneller Antisemitismus war auch einer der Gründe, welche die polnische Regierung dazu veranlaßten, Maßnahmen im Hinblick auf die Staatsbürgerschaft von im Ausland wohnenden polnischen Juden zu ergreifen, die, wie wir sehen werden, den Nationalsozialisten den erforderlichen Vorwand dafür lieferten, Tausende von in Deutschland ansässigen polnischen Juden auszuweisen. Einige Jahre später sollte diese Woge antijüdischer Feindseligkeit zu erheblich katastrophaleren Ergebnissen führen. Die Juden selbst waren sich nur zum Teil darüber im klaren, auf welch mehr und mehr schwankendem Boden sie standen, denn wie so viele andere nahmen sie das Ausmaß der Krise der liberalen Demokratie nicht wahr. Die

7. Paris, Warschau, Berlin – und Wien   235

Juden in Frankreich glaubten an die Stärke der Dritten Republik, und die Juden von Ostmitteleuropa glaubten an Frankreich. Nur wenige konnten sich vorstellen, daß das nationalsozialistische Deutschland jenseits seiner eigenen Grenzen zu einer realen Bedrohung werden könnte.

Die Beteiligung Osteuropas an der zunehmenden antijüdischen Agitation in der zweiten Hälfte der dreißiger Jahre spielte sich im Kontext seiner eigenen Traditionen ab. Der Einfluß christlicher antijüdischer Themen war besonders stark unter Bevölkerungen, die mehrheitlich immer noch fromme Bauern waren. Ein weiterer Beweggrund für Feindschaft war soziales Ressentiment aufstrebender nationalistischer Mittelklassen im Hinblick auf die Positionen, die in Handel und Gewerbe, in der Leichtindustrie, im Bank- und Pressewesen sowie in den typischen Mittelklasseberufen des Anwalts und des Arztes von Juden errungen worden waren. Das neueste und möglicherweise stärkste Element war der heftige Antibolschewismus von Regimen, die bereits in Richtung auf den Faschismus hin orientiert waren, Regimen, für welche die Gleichsetzung der Juden mit dem Bolschewismus ein gängiger Slogan war – beispielsweise in Ungarn, wo die Erinnerung an die Regierung Béla Kun lebendig blieb. In Polen verschmolzen diese unterschiedlichen Elemente mit einem verschärften Nationalismus, der den Einfluß sämtlicher Minderheitengruppen, ob sie nun Ukrainer, Weißrussen, Juden oder Deutsche waren, zu beschränken suchte. Über einen etwas anderen Prozeß führten der verletzte Nationalismus der Ungarn und der Slowaken und die größenwahnsinnigen nationalistischen Phantasien der rumänischen radikalen Rechten, die von einem Großdakien* träumte, zu demselben antisemitischen Ressentiment. «Fast überall [in diesen Ländern]», schreibt Ezra Mendelsohn, «wurde die Judenfrage zu einer Angelegenheit von überragender Bedeutung und der Antisemitismus zu einer bedeutenden politischen Kraft.»[7]

Die Führer der ostmitteleuropäischen Länder (Miklós Horthy in Ungarn, Józef Beck – nach Józef Piłsudskis Tod – in Polen und Ion Antonescu in Rumänien) standen dem Faschismus oder zumindest einem extremen Autoritarismus bereits nahe. Alle hatten mit ultrarechten Bewegungen zu kämpfen – so etwa die Endeks in Polen, die Eiserne Garde in Rumänien, die Hlinka-Garde in der Slowakei und die Pfeilkreuzler in Ungarn –, die manchmal Verbündete und manchmal Feinde zu sein schienen. Hauptsächlich in Rumänien und Ungarn versuchten die rechtsgerichteten Regierungen, der radikalen Rechten den Wind aus den Segeln zu nehmen, indem sie selber eine antisemitische Politik verfolgten. So führ-

---

* Dakien war ein altes Königreich und eine römische Provinz, deren Grenzen ungefähr denen des rumänischen Staates in den dreißiger Jahren entsprachen.

ten Rumänien Ende 1937 und Ungarn 1938 ein offizielles antisemitisches Programm ein. Die Ergebnisse traten bald offen zutage. Wie der italienische Journalist Virginio Gayda, ein offiziöser Vertreter des faschistischen Regimes, Anfang 1938 feststellte, war der Antisemitismus in den Donaustaaten das Band des «nationalen Zusammenhalts».[8]

Die tiefsten Wurzeln des Antisemitismus in Polen waren religiöser Natur. In diesem zutiefst katholischen Land, dessen Bevölkerung in ihrer überwiegenden Mehrheit noch auf dem Lande oder in Kleinstädten lebte, blieben die grundlegendsten antijüdischen Themen christlicher Provenienz ständig gegenwärtig. Anfang 1937 erließ Augustus Kardinal Hlond, der Primas von Polen, einen Hirtenbrief, der unter anderem die Judenfrage behandelte. Nachdem das Oberhaupt der katholischen Kirche in Polen auf die Existenz eines «jüdischen Problems» hingewiesen hatte, welches «ernsthafte Betrachtung» verlangte, wandte es sich dessen unterschiedlichen Aspekten zu. «Es ist eine Tatsache», erklärte Hlond, «daß die Juden gegen die katholische Kirche kämpfen, daß sie in Freidenkerei verfallen sind, daß sie die Avantgarde der Gottlosigkeit, der bolschewistischen Bewegung und der subversiven Aktion sind. Es ist eine Tatsache, daß der jüdische Einfluß auf die Moral beklagenswert ist und daß ihre Verlage Pornographie verbreiten. Es ist wahr, daß sie Betrüger sind und Wucher und Mädchenhandel betreiben. Es ist wahr, daß in den Schulen der Einfluß der jüdischen auf die katholischen Jugendlichen aus religiöser und moralischer Sicht im allgemeinen negativ ist.» Doch um gerecht zu erscheinen, trat Kardinal Hlond dann einen Schritt zurück: «Nicht alle Juden sind so, wie wir sie beschrieben haben. Es gibt auch gläubige, rechtschaffene, ehrbare, mildtätige und wohlmeinende Juden. In vielen jüdischen Familien herrscht ein gesunder und erbaulicher Familiengeist. Wir kennen einige Leute in der jüdischen Welt, die moralisch hervorragend, edel und achtbar sind.»

Welche Einstellungen empfahl der Kardinal daher seiner Herde? «Ich warne euch vor der aus dem Ausland importierten moralischen Einstellung, die fundamental und bedingungslos antijüdisch ist. Diese Haltung widerspricht der katholischen Ethik. Es ist gestattet, sein eigenes Volk vorzuziehen; es ist falsch, irgendjemanden zu hassen. Selbst Juden. In Handelsbeziehungen ist es rechtmäßig, seine eigenen Leute zu bevorzugen, jüdische Geschäfte und jüdische Stände auf dem Markt zu meiden, aber es ist falsch, jüdische Läden zu plündern, jüdische Waren zu vernichten, Fensterscheiben einzuschlagen und Bomben auf ihre Häuser zu werfen. Es ist notwendig, Schutz vor dem schädlichen moralischen Einfluß der Juden zu finden, sich von ihrer antichristlichen Kultur fernzuhalten und insbesondere die jüdische Presse sowie die demoralisierenden jüdischen Publikationen zu boykottieren, aber es ist falsch, Juden anzugreifen, sie zu schlagen, zu verletzen oder zu verleumden. Selbst im Juden müssen wir den Menschen und Nachbarn achten und lieben, auch wenn man vielleicht nicht in der Lage ist, die unaussprechliche Tragödie dieses Volkes zu achten, welches der Hüter des messianischen Gedankens war und unserem Heiland das Leben gab. Wenn Gottes Gnade den Juden erleuchten wird und wenn er sich aufrichtig den Reihen seines und unseres Messias anschließt, dann wollen wir ihn freudig in der Schar der Christen begrüßen.»

«Hüten wir uns vor denen, die danach trachten, antijüdische Exzesse herbeizuführen. Sie dienen einer schlechten Sache. Wißt ihr, wessen Befehlen sie dabei gehorchen? Wißt ihr, in wessen Interesse solche Unruhen gefördert werden? Die gute Sache gewinnt nichts durch solche unbedachten Handlungen. Und das Blut, das manchmal in solchen Fällen fließt, ist polnisches Blut.»[9]

Dies ist in genauem Wortlaut die Wiedergabe der englischen Übersetzung von Kardinal Hlonds Hirtenbrief, die am 9. Februar 1937 aus Polen an Rabbiner Stephen Wise in New York gesandt wurde. Der Absender schrieb dazu: «Die im ersten Teil enthaltenen Aussagen über die moralische Minderwertigkeit und die Verbrechen der Juden sind in einer Verlautbarung des Fürstbischofs von Krakau, Sapieha, noch übertroffen worden. Doch diese beiden Verlautbarungen sind ihrerseits von den unheilstiftenden öffentlichen Ansprachen des Prälaten Trzeciak übertroffen worden und ebenso auch von seinem kürzlich erschienenen Buch, das mit den *Protokollen der Weisen von Zion* konkurrieren könnte.»[10]

Die traditionelle christlich geprägte antijüdische Einstellung der Polen wurde durch besonders schwierige demographische und sozioökonomische Rahmenbedingungen verschärft. Als der polnische Staat im Gefolge des Ersten Weltkriegs wieder errichtet wurde, waren etwa 10 Prozent seiner Bevölkerung Juden (1931 waren es 3 113 933, d. h. 9,8 Prozent der Gesamtbevölkerung). Der Anteil der Juden an der städtischen Bevölkerung betrug jedoch etwa 30 Prozent (dieser Durchschnittswert galt für die größten Städte wie Warschau, Krakau und Łódź, aber in Grodno machte die jüdische Bevölkerung mehr als 40 Prozent aus, und in Pinsk erreichte sie 60 Prozent).[11]

Die soziale Schichtung der polnischen Juden verstärkte die Schwierigkeiten, die schon allein durch die Zahlenverhältnisse und die Konzentration in den Städten geschaffen wurden: Die Mehrheit der jüdischen Bevölkerung, mehr als zwei Millionen, gehörte dem politisch entscheidenden Kleinbürgertum an.[12] Schließlich war, im Gegensatz zu der Situation in Deutschland, Frankreich, Großbritannien und anderen westlichen Ländern, wo die Juden vor allem bestrebt waren, als Bürger ihrer jeweiligen Länder angesehen zu werden – auch wenn die Mehrheit darauf beharrte, an einer gewissen Form von jüdischer Identität festzuhalten –, in Osteuropa, insbesondere in Polen, die Selbstdefinition von Minderheiten oft die einer besonderen «Nationalität». So erklärten sich bei der polnischen Volkszählung von 1921 73,76 Prozent der Gesamtzahl der Juden nach ihrer Religion auch als Juden nach ihrer Nationalität, und bei der Volkszählung von 1931 nannten 79,9 Prozent Jiddisch als ihre Muttersprache, während 7,8 Prozent (eine unwahrscheinlich hohe Zahl, die vermutlich auf den Einfluß des Zionismus zurückgeht) erklärten, ihre erste Sprache sei Hebräisch. Damit blieb nur ein kleiner Anteil von polnischen Juden übrig, die Polnisch als ihre Muttersprache angaben.[13]

So wurden die im Grunde religiösen antijüdischen Gefühle der polnischen Bevölkerung durch etwas verstärkt, das als jüdische Kontrolle über eine kleine Zahl von entscheidenden Berufen und über ganze Sektoren mittelständischer Aktivitäten, vor allem Handel und Handwerk, angesehen wurde. Überdies veranlaßte die klare Identifizierung der Juden als ethnischer Minderheit in einem Staat, der eine Reihe anderer Minderheitengruppen umfaßte, aber natürlich auf polnische nationale Oberhoheit abzielte, die polnischen Nationalisten dazu, den jüdischen religiösen und national-kulturellen «Separatismus» und die jüdische Vorherrschaft in einigen Sektoren der Wirtschaft als verschärfte Bedrohung für den neuen Staat anzusehen. Schließlich setzte der erbitterte Antibolschewismus der Polen, der von neuen Befürchtungen und einem alten, tiefsitzenden Haß auf Rußland gespeist wurde, jüdische Sozialisten und Bundisten mit ihren kommunistischen Brüdern gleich und paßte dadurch die Standardgleichsetzung von Antibolschewismus und Antisemitismus in eine spezifisch polnische Situation ein. Noch ausgeprägter wurde diese Tendenz Mitte der dreißiger Jahre, als das polnische «Oberstenregime» zu einer Position überging, die in der Tat halbfaschistisch war und sich in ihrer nationalistisch-antisemitischen Haltung nicht immer nennenswert von Roman Dmowskis National-Demokratischer Partei (Endek) unterschied. Um die Juden und ihre politischen Aktivitäten zu identifizieren, operierten die Endeks mit dem Schreckgespenst von «Folksfront» (nach französischer Manier; für Polen signalisierte die Schreibweise mit F jiddischen und somit jüdischen Ursprung) und Żydokomuna (im Sinne von jüdischem Kommunismus).[14] Sie setzten sich für eine massive Umsiedlung von Juden nach Palästina und für eine jüdische Quote auf den Universitäten ein, und ihre Einsatzkommandos fanden das Zertrümmern jüdischer Geschäfte besonders reizvoll.[15] Das Problem war, daß die Regierung und die Kirche trotz offizieller Erklärungen gelegentlich nicht abgeneigt waren, ähnliche Maßnahmen und Aktivitäten, wenn auch auf indirekte Weise, zu fördern.[16]

Schätzungen, die 1935 und 1936 in der polnischen Presse erschienen,

7. Paris, Warschau, Berlin – und Wien

wonach bei den Pogromen, die damals in nicht weniger als 150 polnischen Städten ausbrachen, Hunderte von Juden umkamen, waren wahrscheinlich zu niedrig gegriffen.[17] Eine geheime Quote auf den Universitäten ließ den Anteil jüdischer Studenten von 20,4 Prozent in den Jahren 1928–29 auf 9,9 Prozent in den Jahren 1937–38 sinken.[18] Was an den Universitäten heimlich geschah, spielte sich offener auf wirtschaftlichem Gebiet ab, wo ein Boykott des jüdischen Handels in den Jahren unmittelbar vor dem Kriege zu einem krassen Rückgang der Anzahl jüdischer Geschäfte führte.[19] Die Verarmung breiter Teile der jüdischen Bevölkerung hatte lange vor dem Krieg eingesetzt, aber in der Nach-Piłsudski-Ära wurde der Wirtschaftsboykott von der Regierung selbst unterstützt. Zwar wurde antijüdische Gewalttätigkeit offiziell verdammt, aber, so formulierte es Ministerpräsident Sławoj-Składkowski 1936, «gleichzeitig ist es verständlich, daß das Land den Instinkt besitzen sollte, der es dazu zwingt, seine Kultur zu verteidigen, und es ist natürlich, daß die polnische Gesellschaft nach wirtschaftlicher Autarkie streben sollte». Der Ministerpräsident erklärte, was er mit Autarkie meinte: «Wirtschaftlicher Kampf [gegen die Juden] mit allen Mitteln – aber ohne Gewalt.»[20] 1937–38 nahmen polnische Berufsverbände nur noch nichtjüdische Mitglieder auf. Und was den Staatsdienst, ob auf nationaler oder auf lokaler Ebene, anging, so hatte er mittlerweile völlig aufgehört, Juden zu beschäftigen.[21]

Eines der Nebenprodukte des «Judenproblems» in Polen war Mitte der dreißiger Jahre das erneute Auftauchen einer Idee, die erstmals von dem deutschen Antisemiten Paul de Lagarde ausgeheckt worden war: die Verbringung eines Teils der jüdischen Bevölkerung auf die französische Inselkolonie Madagaskar.[22] Im Januar 1937 erweckte die positive Einstellung des Sozialisten Marius Moutet, des französischen Kolonialministers in Léon Blums Volksfrontregierung, diesen Plan zu neuem Leben, und bald wurden Verhandlungen zwischen Polen und Frankreich über praktische Mittel und Wege zur Durchführung eines derartigen Bevölkerungstransfers eingeleitet. Die Pariser Regierung erklärte sich damit einverstanden, eine aus drei Mitgliedern, davon zwei Juden, bestehende polnische Untersuchungskommission auf die Insel zu schicken. Nach ihrer Rückkehr legten die jüdischen Mitglieder einen Bericht vor, in dem sie sich pessimistisch über Madagaskars Aufnahmekapazitäten äußerten, aber die polnische Regierung übernahm die positive Einschätzung des polnischen Vorsitzenden der Kommission Mieczysław Lepecki. So wurden die Verhandlungen mit den Franzosen fortgesetzt, und Anfang 1938 ließ Warschau dem Projekt anscheinend immer noch ernsthafte Unterstützung angedeihen.

Während die europäische jüdische Presse über diese Initiative zunächst positiv berichtete und offizielle Kommentare der Nationalsozialisten, die aus der Pariser und der Warschauer Botschaft kamen, nur unverbindlich klangen, wurde die NS-Presse überaus sarkastisch, als Ende 1937 deutlich geworden war, daß der Plan kaum Realisierungschancen besaß. «Ein gelobtes Land für die Juden, die man in Polen los sein will», schrieb der *Westdeutsche Beobachter* am 9. Dezember, «würde Madagaskar nur sein, wenn sie dort ohne eigne Anstrengung auf Kosten anderer ein Herrenleben führen könnten. Es ist also fraglich, ob die Aufforderung zum Auszug der Kinder Israels nach Madagaskar Polen von einem großen Teil dieser Schmarotzer befreien würde.»[23] Dennoch erregte der Plan anscheinend Heydrichs Aufmerksamkeit, und am 5. März 1938 schickte ein Mitglied seines Stabes an Adolf Eichmann die folgende Anordnung:

«Ich bitte in der nächsten Zeit Material zusammenzustellen für eine Denkschrift an C, die gemeinsam mit II B 4 zusammengestellt werden soll. Es soll darin klargelegt werden, daß die Judenfrage auf der augenblicklichen Basis (Emigration) nicht zu lösen ist (finanzielle Schwierigkeiten usw.) und daß man darum herantreten muß, eine außenpolitische Lösung zu finden, wie sie bereits zwischen Polen und Frankreich verhandelt wurde.»[24]

II

Zu Beginn des Jahrhunderts gab es in Frankreich 90 000 Juden; 1935 hatte ihre Zahl 260 000 erreicht. Am Vorabend des Krieges war die jüdische Bevölkerung auf etwa 300 000 angewachsen, davon zwei Drittel in Paris.[25] Die detailliertesten Judenzählungen wurden später von der Vichy-Regierung und von den Deutschen in den besetzten Gebieten durchgeführt, natürlich in Übereinstimmung mit ihrer eigenen Definition dessen, wer Jude war. Dennoch liefern die Ergebnisse ein mehr oder weniger präzises Bild der Situation unmittelbar vor dem Kriege. Mitte 1939 war von der jüdischen Bevölkerung in Paris etwa die Hälfte Franzosen und die Hälfte Ausländer. Doch selbst von den französischen Juden war nur die Hälfte in Frankreich geboren. In der Region Paris waren 80 Prozent der ausländischen Juden osteuropäischer Herkunft, die Hälfte davon kam aus Polen.[26] Obwohl es Ende der dreißiger Jahre drei Millionen Ausländer gab, die in Frankreich lebten, und die Juden allenfalls fünf Prozent von ihnen stellten,[27] waren die Juden auffälliger als die anderen. In den Augen sowohl der Behörden als auch der Bevölkerung war damit zu rechnen, daß die ausländischen Juden Probleme bereiten würden. Dies war auch die Meinung vieler französischer Juden. «Schon 1934», schreibt Michael Marrus, «warnte R. R. Lambert, der Herausgeber des *Univers Israélite* und eine der führenden Gestalten des französisch-jüdischen Establishments, seine Glaubensgenossen, andere Franzosen seien dabei, die Geduld zu verlieren: Unter den gegenwärtigen Umständen sei eine massenweise Auswanderung [nach Frankreich] nicht mehr möglich. Ausländische Juden sollten sich vorsehen, sie sollten ihre Neigung aufgeben, sich eng aneinander zu halten, und sollten ihre Assimilation an die französische Gesellschaft beschleunigen.»[28]

Tatsächlich war Lambert noch relativ mitfühlend und befürwortete keine Vertreibung der Flüchtlinge; Jacques Helbronner, der Präsident des Consistoire, der zentralen Vertretung der französischen Juden, war anderer Ansicht: «Wie jede andere Nation», erklärte Helbronner schon im Juni 1933, «hat Frankreich seine Arbeitslosen, und nicht alle jüdischen Flüchtlinge aus Deutschland sind Leute, die es wert sind, daß man sie behält. ... Wenn es 100 bis 150 große Intellektuelle gibt, die würdig sind, daß man sie in Frankreich behält, weil sie Naturwissenschaftler oder Chemiker sind, welche Geheimnisse kennen, von denen unsere Chemiker nichts wissen ..., dann werden wir die behalten, aber die sieben, acht oder vielleicht zehntausend Juden, die nach Frankreich kommen werden, ist es wirklich in unserem besten Interesse, die zu behalten?»[29] Diese Auffassung behielt Helbronner jahrelang bei; 1936 äußerte er Bedauern über die liberale französische Einwanderungspolitik von 1933. Für ihn waren die jüdischen Flüchtlinge einfach «Gesindel, der Abschaum der Gesellschaft, die Elemente, die ihrem eigenen Land wohl nicht von Nutzen sein konnten».[30] Selbst nach Frankreichs Niederlage, so muß man hinzufügen, behielt Helbronner, der immer noch an der Spitze des Consistoire stand, seine Antipathie gegen die ausländischen Juden. Erst im Laufe des Jahres 1943 änderte sich seine Einstellung. Bald nachdem dieser Sinneswandel stattgefunden hatte, holten die Nazis auch ihn ein: Im Oktober desselben Jahres wurde er verhaftet, mit seiner Frau nach Auschwitz deportiert und ermordet.

Die Position des Consistoire hatte ihre Auswirkungen, und von 1934 an hörte die materielle Unterstützung für die Flüchtlinge fast völlig auf. «Ganz eindeutig gab das französische jüdische Establishment alle Bemühungen auf, seine widerstreitenden Loyalitäten und Verpflichtungen gegenüber den Flüchtlingen und gegenüber Frankreich miteinander zu versöhnen. In diesem Kampf waren die französischen Interessen ... vorherrschend. Die Flüchtlinge wurden ganz einfach aufgegeben.»[31]

Die ersten offiziellen Maßnahmen gegen Ausländer (die Vertreibung derjenigen, deren Papiere nicht in Ordnung waren) wurden in der ersten Hälfte der dreißiger Jahre ergriffen, vor allem 1934 in der Regierungszeit von Premierminister Pierre-Étienne Flandin.[32] Nach einer kurzen Besserung unter den Blum-Regierungen wurden die gegen Immigranten gerichteten Maßnahmen immer drakonischer und gipfelten in dem überaus restriktiven Gesetz vom November 1938, das die sofortige Ausweisung von Ausländern erleichterte und es zum Gegenstand einer einfachen Verwaltungsentscheidung machte, ihnen einen Wohnort in einem fernen Winkel des Landes zuzuweisen. Es wurde auch möglich, eingebürgerten Ausländern die neuerrungene französische Staatsbürgerschaft zu entziehen, und eine Reihe von Berufsgruppen, welche kürzlich eingetroffene Juden als gefährliche Konkurrenz betrachteten, begannen mit einer Lobbytätigkeit, die auf ihre Ausschließung aus verschiedenen Bereichen wie Medizin und Justiz zielte.[33]

Das rasche Anwachsen des französischen Antisemitismus in der Mitte der dreißiger Jahre hatte jedoch noch andere Ursachen als die Probleme mit der jüdischen Einwanderung.[34] Während sich die Wirtschaftskrise verschlimmerte, spitzte sich Ende 1933 die Stavisky-Affäre zu: Das war ein Skandal, bei dem es um eine Reihe von zwielichtigen Finanztransaktionen ging, in denen ein russischer Jude namens Serge-Alexandre Stavisky die Hauptrolle spielte und in dessen mysteriöse Verzweigungen bedeutende Gestalten der französischen Politik verwickelt waren. In den ersten Tagen des Jahres 1934 wurde in der Nähe von Chamonix in den französischen Alpen Staviskys Leiche gefunden. Die radikalsozialistische Regierung von Camille Chautemps wurde gestürzt und durch die kurzlebige Premierschaft von Édouard Daladier, ebenfalls einem Radikalsozialisten, ersetzt. Als das neue Kabinett am 3. Februar den Rücktritt des rechtsgerichteten Polizeichefs von Paris, Chiappe, verlangte, war das gesamte Aufgebot rechtsextremer Organisationen, von Maurras' und Daudets Action Française bis zur Croix de Feu, der von François de la Rocque geleiteten Veteranenorganisation, in Aufruhr. Am 6. Februar 1934 kam es in Paris zu Unruhen, die von der Polizei niedergeschlagen wurden: Bei dem Versuch, die Abgeordnetenkammer zu stürmen, wurden auf der Place de la Concorde und der Rue Royale achtzehn Rechte getötet. Die Republik überlebte die Krise, aber der innere Riß, der seit der Revolution durch die französische Gesellschaft ging und das politische Leben des Landes seit der Zeit der Restauration bis zur Dreyfus-Affäre beherrschte, stand wieder weit offen.

Ein Wendepunkt kam mit den Konfrontationen vor und nach den Wahlen von 1936, bei denen die von Léon Blum geführte Volksfront einen überwältigenden Sieg errang. Als am 6. Juni die neue Regierung vereidigt wurde, wandte sich Xavier Vallat, der nachmalige Vichy-Generaldelegierte für Judenfragen, am Rednerpult der Abgeordnetenkammer an Blum: «Ihre Machtübernahme, Herr Premierminister, markiert zweifellos ein historisches Datum. Zum ersten Mal wird dieses alte gallo-romanische Land von einem Juden regiert werden. Ich wage, das laut zu sagen, was das Volk in seinem tiefsten Innern denkt; es ist besser, an

7. Paris, Warschau, Berlin – und Wien

die Spitze dieses Landes einen Mann zu stellen ..., dessen Wurzeln in seinen Boden gehören, als einen subtilen Talmudisten.»[35]

Vieles von dem, was Blum während seiner beiden kurzen Amtszeiten als Premierminister der Volksfrontregierung tat, schien der Rechten in die Hände zu spielen. So bewundernswert seine sozialen Errungenschaften – die 40-Stunden-Woche und der bezahlte zweiwöchige Jahresurlaub – waren, sie standen anscheinend in offenem Widerspruch zu seinem Drang, angesichts der Bedrohung durch die Nationalsozialisten die Wiederbewaffnung zu beschleunigen. Wenn es allerdings etwas ungereimt war, traditionelle Pazifisten in die militärischen Hüter Frankreichs verwandelt zu sehen, dann war es gewiß weit schlimmer mit anzusehen, wie die rechten Nationalisten unter anderem aus Haß auf den inneren Feind in Richtung auf eine regelrechte Beschwichtigung von Nazideutschland abdrifteten. «Besser Hitler als Blum» war nur eine der Parolen; schlimmere sollten kommen.

Wie in Deutschland in den vorangegangenen Jahrzehnten waren in Wirklichkeit die Juden in Frankreich ungeachtet der Exponiertheit einiger linker Aktivitäten von Juden mehrheitlich alles andere als politische Parteigänger der Linken. Das Consistoire war eine zutiefst konservative Körperschaft, die nicht zögerte, die Anwesenheit von rechten Organisationen wie La Rocques Croix de Feu bei ihren Gedenkveranstaltungen zu begrüßen; zumindest bis 1935 unterstützte es offen eine jüdische patriotische und ultrakonservative Bewegung, Édouard Blochs Union Patriotique des Français Israélites.[36] Selbst unter den Einwanderern aus Osteuropa war Unterstützung für die Linke nicht verbreitet. Bei den Pariser Kommunalwahlen von 1935 und bei den entscheidenden Parlamentswahlen 1936 waren offizielle Einwanderergremien eher bereit, rechten Kandidaten ihre Unterstützung zu geben als Kommunisten.[37]

Blum selbst wirkte häufig taub für die Rolle, die der Antisemitismus bei der Mobilisierung der rechten Einstellungen gegen seine Führung spielte. Vielleicht war seine Wahrnehmung auch von der distanzierten und fatalistischen Art, mit der Rathenau den Haß akzeptierte, der sich in den Monaten vor seiner Ermordung gegen ihn richtete. Im Februar 1936 wurde Blum selbst von rechten Demonstranten leicht verletzt, als sein Wagen an dem Trauerzug von Jacques Bainville, dem Historiker der Action Française, vorbeifuhr.[38] Blums Nichtwahrnehmung erleichterte es der extremen Rechten, auf die Zahl von jüdischen Ministern in seinen Kabinetten zu verweisen.[39]

In den Programmen oder der Propaganda der französischen Parteien, die dem Faschismus am nächsten standen, spielte der Antisemitismus zumindest in den dreißiger Jahren keine zentrale Rolle. Zwar gehörten antijüdische Parolen zum Repertoire der Solidarité Française und anderer *ligues*, aber Jacques Doriots Parti Populaire Français wurde erst nach 1938 antisemitisch, um Wähler aus den Reihen der französischen Siedler in Nordafrika, die als Antisemiten berüchtigt waren, anzuziehen.[40] Antijüdische Themen waren jedoch das Hauptprodukt einer Vielzahl von rechten Zeitschriften, die diese Botschaft in Hunderttausende von französischen Häusern trugen: *L'Action Française, Je suis partout* und *Gringoire* waren nur die meistverbreiteten unter ihnen. Am 15. April 1938 veröffentlichte *Je suis partout* die erste seiner Sondernummern über «die Juden». Die Artikel trugen Überschriften wie «Die Juden und Deutschland», «Österreich und die Juden», «Die Juden und der Antisemitismus», «Die Juden und die Revolution», «Wenn Israel König ist: Der jüdische Terror in Ungarn» und so fort. In seinem Leitartikel verlangte Brasillach, die Juden in Frankreich unter Fremdenrecht zu stellen.[41] Der fortgesetzte Strom antisemitischer Artikel nahm derartige Ausmaße an, daß im April 1939 ein Gesetz verabschiedet wurde, durch das Presseangriffe «gegen eine Personengruppe, die ihrer Herkunft nach einer bestimmten Rasse oder Religion angehört», verboten wurden, «wenn diese Angriffe darauf zielen, zum Haß zwischen Bürgern oder Einwohnern aufzuhetzen». Daß ein Bedürfnis nach einem derartigen Gesetz empfunden wurde, war ein Zeichen der Zeit. Ein weiteres derartiges Zeichen war, daß, ebenfalls im April 1939, der neugewählte Papst Pius XII. den Bann gegen die *Action Française* aufhob. Weder der Bann noch seine Aufhebung hatten etwas mit Antisemitismus zu tun, aber gleichwohl stand im Jahre 1939 Maurras' Doktrin des antijüdischen Hasses nicht mehr außerhalb des offiziellen katholischen Raumes.

Das nationalsozialistische Deutschland unterstützte die Ausbreitung des Antisemitismus in ganz Europa und darüber hinaus. Manchmal geschahen diese Initiativen indirekt: In Frankreich förderte das Comité France-Allemagne, das von der Dienststelle Ribbentrop organisiert und von Otto Abetz, dem nachmaligen NS-Botschafter im besetzten Frankreich, geleitet wurde, mit Bedacht verschiedene kulturelle Aktivitäten, von denen die meisten eine unterschwellig nazifreundliche ideologische Tendenz hatten.[42] Auf der anderen Seite bestand die Funktion von NS-Organisationen wie der in Stuttgart ansässigen Presseagentur Weltdienst in weltweiter antijüdischer Propaganda.[43] Doch es waren nicht die naziähnlichen und manchmal von den Nationalsozialisten finanzierten Gruppen französischer, belgischer, polnischer und rumänischer Judenhasser, die in der Phase unmittelbar vor dem Kriege von Bedeutung waren. Der wirklich bedrohliche Aspekt in diesen Ländern war die Verschärfung hausgemachter Varietäten des Antisemitismus; der Beitrag, den der Nationalsozialismus dazu leistete, bestand in indirekter Einflußnahme. Zu dieser Zeit hatte das Aufbranden antijüdischer Leidenschaft mit oder ohne Anstachelung durch die Nationalsozialisten

7. *Paris, Warschau, Berlin – und Wien* 245

einige unmittelbare Auswirkungen sowohl auf die Einstellungen gegenüber örtlichen jüdischen Gemeinschaften als auch auf die Einwanderungspolitik gegenüber den Juden, die aus Deutschland, Österreich und dem tschechischen Protektorat zu fliehen versuchten. In allgemeinerer Sicht bereitete es den Boden dafür, daß die Politik, mit der nur drei oder vier Jahre später das Schicksal der europäischen Juden besiegelt wurde, auf die aktive Kollaboration einiger und die passive Duldung durch die große Mehrheit stieß.

III

Am 29. September 1936 berief Wilhelm Stuckart, Staatssekretär im Reichsinnenministerium, eine Konferenz hochrangiger Beamter aus seiner eigenen Behörde, aus dem Wirtschaftsministerium und aus dem Amt des Stellvertreters des Führers ein, um Empfehlungen für ein Ministertreffen zu der Frage auszuarbeiten, welche antijüdischen Maßnahmen jetzt, nach dem Nürnberger Parteitag, zu treffen seien. Da das Amt des Stellvertreters des Führers die Parteilinie repräsentierte, das Innenministerium (auch wenn es von dem Nationalsozialisten Wilhelm Frick geführt wurde) oft zwischen der Partei und der konservativen Staatsbürokratie vermittelnde Positionen einnahm und das Wirtschaftsministerium (an dessen Spitze noch Schacht stand) entschieden konservativ war, ist bemerkenswert, daß sich auf dieser Konferenz die höchsten Beamten der drei Stellen völlig einig waren.

Alle Anwesenden erkannten an, daß das grundlegende Ziel jetzt die «vollständige Auswanderung» der Juden war und daß alle anderen Maßnahmen im Blick auf dieses Ziel ergriffen werden mußten. Nach einer Wiederholung dieser Forderung fügte Stuckart einen Satz hinzu, der bald seine dramatische Verwirklichung finden sollte: «Letzten Endes [muß] auch in Betracht gezogen werden, die Auswanderung zwangsweise durchzuführen.»[44]

Der größte Teil der Diskussion konzentrierte sich auf Dilemmata, welche die deutschen Entscheidungen bis zum Herbst 1938 belasten sollten: Erstens, welches Maß an sozialen und wirtschaftlichen Aktivitäten sollte den Juden im Reich zugestanden werden, um zu verhindern, daß sie dem Staat zur Last fielen, und doch den Anreiz zur Auswanderung für sie nicht zu verringern? Zweitens, in welche Länder sollte die jüdische Auswanderung gelenkt werden, ohne daß das zur Schaffung neuer Zentren antideutscher Aktivität führte? Die Teilnehmer waren sich einig, daß alle Auswanderungsoptionen offen gelassen werden sollten, daß aber deutsche Mittel nur dazu eingesetzt werden sollten, die Auswanderung nach Palästina zu unterstützen. In

Beantwortung der Frage, ob die Presse nicht die jüdische Auswanderung nach Palästina dadurch verlangsame, daß sie über die gegen die Juden gerichteten Unruhen unter den dortigen Arabern berichtete, äußerte Ministerialdirektor Walter Sommer (aus dem Stab des Stellvertreters des Führers), «man könne es anderen Völkern nicht übelnehmen, wenn sie sich gegen die Juden wehren. Eine Einwirkung auf die Frage erscheine nicht angebracht.»[45] Irgendwelche Maßnahmen bezüglich der Presseberichte sollten nicht ergriffen werden. Und zum Problem der Kennzeichnung jüdischer Geschäfte wurde keine Entscheidung getroffen.[46]

Die Konferenz vom September 1936 war die erste mit den künftigen antijüdischen Maßnahmen des Regimes befaßte Besprechung auf höherer Ebene, bei der die Priorität der totalen Auswanderung (zwangsweise Auswanderung: das heißt notfalls Vertreibung) klar formuliert wurde. Vor der Verabschiedung der Nürnberger Gesetze hatte das Hauptziel Absonderung geheißen, und erst im September 1935 sprach Hitler in seiner Erklärung gegenüber Walter Groß von «stärkerer Auswanderung» der Juden aus Deutschland als einem seiner neuen Ziele. Somit wurden irgendwann Ende 1935 oder im Laufe des Jahres 1936 Hitlers noch vorläufige Formulierungen zu einer festen Leitlinie für alle mit dem Thema befaßten Staats- und Parteidienststellen. Die Hinwendung zu neuen Zielen paßte, wie wir sahen, zu der neuen Radikalisierung sowohl im Innern als auch nach außen.

Gleichzeitig schritt der «Säuberungs»prozeß erbarmungslos voran: Die wesentlichen Initiativen stammten von Hitler, aber wenn ihm von Ministern oder hohen Parteiführern andere Initiativen vorgelegt wurden, dann erfolgte seine Zustimmung alles andere als automatisch.

Am 1. April 1933 praktizierten in Deutschland etwa 8000 bis 9000 jüdische Ärzte. Ende 1934 hatten ungefähr 2200 von ihnen entweder das Land verlassen oder ihren Beruf aufgegeben, aber trotz eines stetigen Rückgangs im Jahre 1935 waren Anfang 1936 im Reich immer noch 5000 jüdische Ärzte tätig (darunter 2800 im öffentlichen Gesundheitswesen). Die offizielle Aufstellung der Ärzte des Landes für das Jahr 1937 kennzeichnete jüdische Ärzte nach den Nürnberger Kriterien als Juden; inzwischen betrug ihre Gesamtzahl etwa 4200, etwa die Hälfte der Zahl für 1933,[47] aber in den Augen der Nationalsozialisten waren das immer noch viel zu viele.

Am 13. Dezember 1935 legte der Innenminister den Entwurf eines Gesetzes zur Regelung des Arztberufes vor. Wie es im Protokoll der Kabinettssitzung heißt (das keine Einzelheiten über den Entwurf enthält), machte Frick die Minister darauf aufmerksam, «daß die Paragraphen 3 und 5 die Regelung der Arierfrage für die Ärzte enthielten». Der Vorschlag wurde angenommen.[48] Anscheinend wurde jedoch aus unbekannten Gründen die endgültige Formulierung des Gesetzes um mehr als ein Jahr verschoben.

Am 14. Juni 1937 traf Wagner im Beisein von Bormann mit Hitler zusammen: «Als ich dem Führer die Notwendigkeit vortrug, den Ärztestand von Juden zu befreien», schrieb Wagner, «erklärte der Führer, daß er diese Bereinigung für außerordentlich notwendig und dringlich hielte. Er hält es auch nicht für richtig, daß weiterhin jüdische Ärzte entsprechend dem Anteil der jüdischen Bevölkerung zugelassen würden. Auf jeden Fall müßten auch diese Ärzte im Kriegsfall ausgeschaltet werden. Die Bereinigung des Ärztestandes hält der Führer für wichtiger als z. B. die des Beamtenkörpers, da die Aufgabe des Arztes nach seiner Meinung eine volksführende ist bezw. sein soll. Der Führer beauftragte uns, Staatssekretär Lammers seinen Auftrag zu übermitteln, die gesetzliche Grundlage auszuarbeiten zur Ausschaltung der jetzt noch tätigen jüdischen Ärzte (Approbationsentziehung).»[49]

Zwei Monate später setzte Lammers Staatssekretär Pfundtner davon in Kenntnis, daß die Frage der jüdischen Ärzte auf der Tagesordnung eines Treffens von Staatssekretären mit Hitler stand, das für den 1. September anberaumt war.[50] Innerhalb eines Jahres sollte dann das berufliche Schicksal der verbliebenen jüdischen Ärzte in Deutschland besiegelt sein.

Innenminister Wilhelm Frick, ein treuer Parteigenosse, wenn es je einen gegeben hat, hatte dennoch anscheinend das beschleunigte Tempo der Radikalisierung unterschätzt. Aus einem Rundschreiben des Erziehungsministeriums vom 25. November 1936 geht hervor, daß Frick zu Beginn des Jahres entschieden hatte, es gebe keine legale Basis für die Entlassung arischer Beamter, die mit jüdischen Frauen verheiratet waren. In den Worten des Rundschreibens: «Diese Stellungnahme [Fricks] hat nicht die Billigung des Führers und Reichskanzlers gefunden.» Die Folge war simpel: Fricks Initiative war null und nichtig.[51]

Einige Monate später machte Frick seinen anfänglichen Mangel an kreativem Legalismus wieder wett. Am 19. April 1937 erließ er die folgende Verfügung: «Mein Rundschreiben vom 7. Dezember 1936..., das dem deutschblütigen Ehegatten, der in einer deutsch-jüdischen Mischehe lebt, verbietet, in seiner Wohnung die Reichs- und Nationalflagge zu hissen, gilt auch für Beamte. Da der Zustand, daß ein Beamter nicht flaggen darf, auf die Dauer nicht tragbar ist, ist der jüdisch versippte Beamte in der Regel ... in den Ruhestand zu versetzen.»[52] Einige Ausnahmen wurden zugelassen, aber die juristische Basis für die Entlassung von Beamten mit jüdischen Ehefrauen war gefunden.

Im allgemeinen konnte sich Frick jedoch durchschlagender Erfolge rühmen. Am 21. Juli 1937 löste er ein weiteres großes Problem: Sicherheitsmaßnahmen, die in Zusammenhang mit der Anwesenheit von Juden in Kurorten und verwandten Einrichtungen zu ergreifen waren. Juden waren nur in jüdisch geführten Hotels und Pensionen unterzubringen, sofern keine deutschen Hausangestellten unter 45 Jahren im Betrieb arbeiteten. Die allgemeinen Einrichtungen (für Bäder, Trinkkuren und dergleichen) sollten Juden zugänglich sein, aber es sollte eine möglichst weitgehende Trennung von den anderen Gästen erfolgen. Was Anlagen ohne unmittelbare gesundheitliche Bedeutung (wie Parks und Sportplätze) anging, so konnten diese für Juden gesperrt werden.[53]

Doch wie in früheren Jahren zögerte Hitler, wenn eine Maßnahme unnötige politische Verwicklungen hervorrufen konnte. So verfügte er am 17. November 1936 die weitere Verschiebung eines Judenschulgesetzes,[54] für das ihm ein Entwurf vom Erziehungsminister vorgelegt worden war. Anscheinend scheute sich Hitler damals noch, die Absonderung der jüdischen Schüler nach rassischen Kriterien vorzunehmen, da dies zur Verlegung jüdischer Kinder christlichen Glaubens in jüdische Schulen geführt und die Beziehungen zur katholischen Kirche zusätzlich belastet hätte.[55]

Bisweilen verwandelten sich die Säuberungsmaßnahmen in ein total surrealistisches Durcheinander. Ein derartiger Fall war die Verleihung des Doktorgrades an jüdische Studenten.[56] Das Problem wurde anscheinend Ende 1935 aufgeworfen und vom Innenministerium diskutiert: Etwaige Beschränkungen des Rechts zur Erlangung eines Doktorgrades sollten nicht für ausländische jüdische Studenten gelten; für deutsche Juden blieb die Frage ungelöst. Anfang 1936 wurde sie von dem berüchtigten Wilhelm Grau wieder aufs Tapet gebracht, der gerade Leiter der jüdischen Abteilung in Walter Franks Reichsinstitut für Geschichte des neuen Deutschland werden sollte. Am 10. Februar 1936 schrieb Grau an den Staatssekretär im Reichserziehungsministerium, er sei zur Begutachtung einer Dissertation über die Geschichte der Juden von Ulm im Mittelalter aufgefordert worden, die ein Jude an der Philosophischen Fakultät der Berliner Universität vorgelegt habe. «Während in diesem mir vorliegenden Falle», schrieb Grau, «die Dissertation m. E. wissenschaftlich schon nicht genügt, erhebt sich doch auch hier schon die allgemeine Frage, ob Juden mit derartigen geschichtlichen Themen überhaupt an deutschen Universitäten promovieren können. Da leider unsere Universitätsprofessoren recht wenig Wissen und noch weniger Instinkt in der Judenfrage haben, geschehen auf diesem Gebiet ganz unglaubliche Dinge.» Grau fuhr fort mit einer Geschichte, von der bei der Erörterung seines ersten Beitrags für die *Historische Zeitschrift* bereits die Rede war: «[Ich habe] zeigen müssen, wie ein orthodoxer Jude, Namens Heller, im vergangenen Oktober in der Universität Berlin mit einer Arbeit über die Juden im roten Rußland promovieren konnte, in welcher versucht wird, den jüdischen Anteil am Bolschewismus vollkommen zu verleugnen mit Hilfe einer Methode, die im völkischen Staat des Nationalsozialismus helle Empörung hervorrufen muß. Heller läßt nämlich die ihm unangenehmen bolschewistischen Juden wie Trotzki und Konsorten einfach nicht als Juden gelten, sondern als ‹judengegnerische› Internationalisten. Ich möchte mit diesem Hinweis lediglich die Frage nach dem Promotionsrecht der Juden aufgeworfen haben.»[57]

An der Diskussion über dieses Thema, die sich 1936 und in den ersten Monaten des Jahres 1937 entfaltete, waren das Erziehungsministerium, die Dekane der Philosophischen Fakultäten sowohl an der Berliner als auch an der Leipziger Universität, die Rektoren dieser Universitäten, der Reichsstatthalter von Sachsen und das Büro des Stellvertreters des Führers beteiligt. Die Haltung des Erziehungsministeriums war, sich an das Gesetz über das Studium von Juden an deutschen Universitäten zu halten: Solange es jüdischen Studenten gestattet war, an deutschen Universitäten zu studieren, konnte ihnen das Recht zur Erlangung eines Doktorgrades nicht genommen werden. Das beste Verfahren zur Behandlung der Situation bestand darin, an die nationalen Empfindungen der Professoren zu appellieren und sie dazu zu bewegen, keine Juden als Doktoranden anzunehmen.[58] Einige Dekane (vor allem der Dekan der Philosophischen Fakultät in Leipzig) erklärten jedoch, als Parteimitglieder könnten sie den Gedanken nicht mehr ertragen, Promotionsurkunden für Juden zu unterzeichnen.

Am 29. Februar 1936 hob der Dekan der Philosophischen Fakultät an der Berliner Universität die negativen Folgen hervor, die sich aus der Zurückweisung der Dissertationen aller vier jüdischen Doktoranden an seiner Fakultät (Schlesinger, Adler, Dicker und Heller) ergaben. Da es sich in allen diesen Fällen um Arbeiten handelte, die von «arischen Mitgliedern der Fakultät» angeregt worden waren, berührte die Ablehnung der Dissertationen auch die betreffenden Professoren. Der Dekan zitierte einen von ihnen, Professor Holtzmann, den Doktorvater des «Juden Dicker», dessen Dissertation über die Juden Ulms abgelehnt worden war: «Herr Holtzmann [hat mir] voller Zorn erklärt, nun habe er genug, er werde keinen Juden mehr bei seiner Doktorarbeit beraten.»[59]

Am 15. Oktober 1936 griff Bormann ein. Für ihn war ein Appellieren an «das Nationalbewußtsein der Professoren» nicht das richtige Verfahren zur Regelung der Angelegenheit. «Insbesondere», schrieb Bormann an Frick, «möchte ich nicht, daß die Durchführung rassischer Grundsätze, die auf der Weltanschauung des Nationalsozialismus beruhen, von dem guten Willen der Hochschulprofessoren abhängig gemacht wird.» Bormann zögerte nicht: Ein Gesetz, das die Zuerkennung von Doktorgraden an jüdische Studenten verbot, war erforderlich, und es sollte sich nicht an die Studenten, sondern an die Professoren richten. Was die Reaktionen des Auslands anging, so war Bormann der Ansicht, daß die

Auswirkungen des Gesetzes positiv sein würden; zur Rechtfertigung dieser Behauptung gebrauchte er ein Argument, dessen Bedeutung weit über die vorliegende Frage hinausreichte: «Darüber hinaus glaube ich sogar, daß der Erlaß besonders in den fremdrassigen Ländern, die sich durch unsere Rassenpolitik zurückgesetzt fühlen, auf fruchtbaren Boden fallen wird, da hierin wiederum das Judentum bewußt gegenüber anderen Fremdrassigen distanziert wird.» Gegen die Aushändigung von Doktordiplomen an jüdische Studenten, die die Promotionsbedingungen bereits restlos erfüllt hatten, gab es keine Bedenken.[60]

Am 15. April 1937 wurde vom Erziehungsminister ein Erlaß entworfen, in dem sich Bormanns Auffassung niederschlug: Die Universitäten wurden angewiesen, jüdischen Studenten deutscher Staatsangehörigkeit die Ablegung von Doktorexamina nicht zu gestatten. Mischlingen wurden unter verschiedenen Voraussetzungen Ausnahmen zugestanden, und die Rechte der ausländischen Juden blieben unverändert.[61]

Die Sache schien erledigt. Doch nur wenige Tage später, am 21. April, traf im Erziehungsministerium ein Telegramm von Dekan Weinhandel von der Philosophischen Fakultät der Kieler Universität ein, in der dieser eine Entscheidung erbat, «ob Bedenken gegen Annahme einer anthropologischen Doktorarbeit bestehen, wenn Bewerber jüdische oder nicht rein arische Frau hat».[62]

Auch auf örtlicher Ebene machte der Reinigungsprozeß die gewünschten Fortschritte. So taten die Stadtväter von München, die 1935 die Juden aus öffentlichen Schwimmbädern ausgesperrt hatten, 1937 einen weiteren kühnen Schritt. Nun sollte den Juden der Zutritt zu städtischen Reinigungsbädern untersagt werden. Doch da die Sache gewichtig war, war Bormanns Genehmigung erforderlich. Sie wurde versagt,[63] wobei allerdings nicht klar ist, was Bormann für Gründe hatte.

Nachdem die Münchener Behörden auf dem einen Gebiet gebremst worden waren, preschten sie auf einem anderen vor. Seit 1933 waren die Straßen der Stadt, die jüdische Namen trugen, nach und nach umbenannt worden. Ende 1936 entdeckten jedoch Bürgermeister Karl Fiehler und die Baukommission, daß immer noch elf jüdische Straßennamen übrig waren. Im Laufe des Jahres 1937 wurden daher mit Unterstützung durch das Stadtarchiv diejenigen Namen, welche ohne Zweifel jüdisch waren, geändert. Doch es bestand, so ein Archivbeamter, immer noch die Möglichkeit, «daß bei eingehender Forschung noch der eine oder andere Namensträger als jüdisch versippt sich feststellen ließe».[64]

In Frankfurt waren die Probleme, die durch jüdische Straßennamen hervorgerufen wurden, noch schlimmer. Die erste, die das Thema öffentlich zur Sprache brachte, war anscheinend eine Parteigenossin, die am 17. Dezember 1933 einen Leserbrief an das *Frankfurter Volksblatt* schrieb: «Herzlich habe ich die Bitte an Sie, doch versuchen zu wollen, ob es nicht Ihrem Einfluß gelingt, unsere Straße, die nach dem Juden Jakob Schiff heißt, umberufen zu können. Grad' in unserer Straße wohnen fast ausschließlich nationalsozialistisch gesinnte Leute, und bei Beflaggung weht aus jedem Haus das Hakenkreuz. Das ‹Jakob Schiff› gibt immer einen Stich ins Herz.»[65] Der Brief wurde an die Stadtkanzlei geschickt, die ihn an den Straßenbenennungsausschuß weiterleitete. Im März 1934 setzte der Ausschuß den Bürgermeister von allen Schenkungen in Kenntnis, die der jüdisch-amerikanische Finanzier Jakob Schiff verschiedenen Frankfurter Institutionen einschließlich der Universität gemacht hatte, und schlug deshalb vor, die vorgeschlagene Namensänderung abzulehnen, insbesondere da eine derartige Änderung angesichts der Bedeutung des Privatbankhauses Jakob Schiff in den Vereinigten Staaten in weiten Kreisen bekannt werden würde und zu einer Forderung nach Rückerstattung der Summen führen könnte, die der Stadt vermacht worden waren.[66]

Der Brief im *Volksblatt* hatte jedoch eine Reihe ähnlicher Initiativen ausgelöst, und am 3. Februar 1935 erbat der Straßenbenennungsausschuß nach einem ausgedehnten Schriftwechsel die Zustimmung des Bürgermeisters zu folgendem Vorschlag: Die Namen von vierzehn Straßen oder Plätzen sollten sofort geändert werden, angefangen mit dem Börneplatz, der jetzt Dominikanerplatz heißen sollte. Als die Nazipropaganda «herausfand», daß Schiff in großem Umfang die Bolschewisten finanziert hatte, wurde aus der Jakob-Schiff-Straße die Mumm-Straße (zu Ehren eines früheren Frankfurter Bürgermeisters).[67] Zwölf andere Straßen sollten 1936 umbenannt werden, und neunundzwanzig weitere, deren Umbenennung vorgeschlagen worden war, sollten ihre Namen behalten, entweder weil sich ihre wirkliche Bedeutung wegerklären ließ (Mathildenstraße, Sophienstraße, Luisenstraße und Luisenplatz, alle in Wirklichkeit nach Frauen aus der Familie Rothschild benannt, würden jetzt als lediglich nach nicht näher bestimmten Frauen benannt angesehen werden) oder weil sich kein hinlänglicher oder triftiger Grund für die Änderung finden ließ. Im Falle der Jakoby-Straße beispielsweise mußten die möglicherweise arischen Ursprünge des Namens noch untersucht werden; und was die Iselin-Straße anging, so war «Isaak Iselin ... kein Jude (biblischer Vorname war bei den Baseler Calvinisten üblich)».[68]

In Stuttgart wurde die Ausschließung von Juden aus öffentlichen Schwimmbädern bis nach den Olympischen Spielen verschoben; antijüdische Initiativen blieben jedoch nicht hinter denen in anderen deutschen Städten zurück. Ganz im Gegenteil. Die örtlichen Parteiführer waren darüber erbost, daß die jüdische Bevölkerung der Stadt zumindest bis 1937 eher zu- als abnahm. Juden aus den Kleinstädten und Dörfern im umliegenden Württemberg flohen in die Stadt in der Hoffnung, dort sowohl den Schutz der Anonymität als auch Unterstützung durch eine größere Gemeinschaft zu finden. So verließen zwar 1936 in den ersten sieben Monaten des Jahres 582 Juden Stuttgart, doch im gleichen Zeitraum zogen 592 zu. Erst Ende 1937 begann die etwa 4000 Menschen umfassende jüdische Bevölkerung abzunehmen.[69]

Der Stadtrat beschloß, die jüdischen Angelegenheiten in die Hand zu nehmen. Nachdem er sich ausgerechnet in Streichers Nürnberg Rat geholt hatte, beschloß er auf seiner Sitzung vom 21. September 1936, daß Altersheime, Kindergärten und (endlich) Schwimmbäder, die der Stadt gehörten, für Juden verboten waren; in Krankenhäusern sollten Juden von anderen Patienten getrennt werden; städtischen Angestellten wurde es verboten, in jüdischen Geschäften zu kaufen und sich von jüdischen Ärzten behandeln zu lassen; jüdischen Geschäftsleuten wurde die Teilnahme an Märkten und Messen untersagt; und die Stadt annullierte auf dem Immobiliensektor und in anderen Bereichen alle ihre geschäftlichen Transaktionen mit Juden.[70]

Paradoxerweise führten diese Initiativen zu einem Zusammenstoß mit der staatlichen Verwaltung von Württemberg, als letztere verlangte, ein jüdischer Stadtplaner aus Stuttgart möge von den Baubeschränkungen ausgenommen werden. Der Stadtrat beschwerte sich beim württembergischen Innenministerium, und der Stuttgarter Bürgermeister Karl Strölin erwähnte den Vorfall als ein Beispiel für die Differenzen, zu denen es hinsichtlich der Durchführung antijüdischer Maßnahmen zwischen städtischen und staatlichen Behörden kommen konnte.[71]

Derartige Konfrontationen, vorwiegend zwischen regionalen Bürokratien und Parteimitgliedern auf örtlicher Ebene, waren tatsächlich nicht ungewöhnlich. In Offenburg in Baden begann eine solche Auseinandersetzung am 19. März 1937 mit einer Beschwerde des jüdischen Rechtsanwalts Hugo Schleicher, die er im Namen der örtlichen jüdischen Gemeinde und der Juden von Gengenbach, einem Vorort von Offenburg, an das Bezirksamt Offenburg richtete. Ein dortiger Kolonialwarenhändler, ein gewisser Engesser, hatte sich geweigert, an einen jüdischen Kunden namens Ferdinand Blum Lebensmittel und Milch abzugeben. Der Grund dafür war, wie sich bald herausstellte, daß der Bürgermeister von Gengenbach, der auch Vorsitzender des Spitalfonds war, Engessser mitgeteilt hatte, man werde ihm nicht gestatten, seine Waren an das Spital zu verkaufen, wenn er weiterhin an Juden Waren abgebe. Da alle Einzelhändler in Gengenbach an das Spital verkaufen durften, würde die Taktik des Bürgermeisters rasch zu einem Resultat führen, das Schleicher in seinem Brief klar definierte: «Die letzte Consequenz dieser Maßnahme [wird sein], daß die jüdische Bevölkerung von Gengenbach keine Lebensmittel und keine Milch mehr erhalten wird.»[72]

Das Bezirksamt Offenburg übermittelte die Beschwerde an den Bürgermeister von Gengenbach und forderte eine Stellungnahme an. Am 2. April schrieb der Bürgermeister zurück: «Betrifft: Beschwerde des Juden H. Schleicher vom 19. März 1937. Die in der Beschwerde vorgebrachten Angaben stimmen. Bei dem kohlrabenschwarzen Engesser verkehren als Kunden neben den Juden nur die schwärzesten Brüder von Gengenbach, und dadurch bildet dieser Laden ein [sic] Sammelplatz für alle Dunkelmänner der Gegenwart.* Ich habe Engesser vor die Wahl gestellt, sich zu entscheiden, ob er auf Lieferungen an das Krankenhaus verzichten will oder auf die jüdische Kundschaft. Er hat sich sofort bereit erklärt, die jüdische Kundschaft zu entlassen. Ob die Juden Lebensmittel haben oder ob sie hier verrecken, ist mir gleichgültig, sie mögen in fruchtbarere Gegenden ziehen, wo zu Abrahams Zeiten bereits Milch und Honig floß. Keinesfalls dulde ich Lieferungen an ein mir unterstehendes Unternehmen durch Judenknechte, wie ich mir auch verbitten muß, eines Juden wegen zur Verantwortung gezogen zu werden, als Nationalsozialist lehne ich es ab, Rede und Antwort zu stehen. Ich bitte, dem Juden die entsprechende Antwort zu geben.»[73]

Das Bezirksamt antwortete rasch. Am 5. April erhielt der Bürgermeister seinen Brief mit der Begründung zurück, er sei «in einem derart unsachlichen und ungehörigen Tone abgefaßt, wie er einer vorgesetzten Behörde gegenüber durchaus unangebracht und unangemessen ist». Dies war die Botschaft des ganzen Schreibens: «Wenn die vorgesetzte Behörde einen Bericht verlangt, so gehört es zu Ihren Dienstpflichten, einen solchen zu erstatten, und zwar in einer sachlichen Weise. Ich erwarte nunmehr einen solchen sachlich abgefaßten Bericht, der sich auch darüber ausspricht, ob und wie die Milchbelieferung der Familie Blum in Gengenbach sichergestellt ist.»[74]

IV

Für Juden wie für Deutsche war das grundlegende Kriterium, nach dem sich der Erfolg der antijüdischen Absonderungsmaßnahmen einschätzen ließ, der Umfang jüdischer ökonomischer Präsenz in Deutschland. Einige örtliche Vorkommnisse schienen gelegentlich auf unerwarteten Widerstand zu deuten. So brachte der Stuttgarter *NS-Kurier* am 2. Fe-

---

* Diese Tirade entsprach der antikatholischen Schmähkampagne, die die Partei Ende der dreißiger Jahre führte. Deren Hauptideologe war Alfred Rosenberg, aber bald sollte Martin Bormann zu ihrem wichtigsten Motor werden.

bruar 1937 einen längeren Artikel über einen bestimmten Fall von «Erbärmlichkeit und Charakterlosigkeit». Die Frau des Direktors eines städtischen Unternehmens (dessen Name ungenannt blieb) war gesehen worden, wie sie im jüdischen Kaufhaus Schocken Waschseife kaufte.[75] Schlimmer noch, am 20. März desselben Jahres muß der *NS-Kurier* seine Leser heftig aufgebracht haben, als er berichtete, das in jüdischem Besitz befindliche Münchener Modehaus Rothschild habe im Marquardt-Hotel seine Kollektion vorgeführt, und «einige reiche und entsprechend gesinnungslose deutsche Frauen» hätten die jüdische Einladung zur Teilnahme an der Veranstaltung angenommen.[76]

Manchmal war für die örtlichen Parteiblätter Schweigen die sicherere Alternative. Keine Münchener Zeitung schrieb auch nur eine Zeile über den vierstündigen Besuch, den Göring 1936 in Begleitung seines Adjutanten Prinz Philipp von Hessen dem Teppich- und Gobelinladen Otto Bernheimer abstattete. Obwohl dieser als jüdisches Geschäft bekannt war, zahlte Göring 36000 Reichsmark für zwei seltene Teppiche, die dann prompt an ihr hochgestelltes Ziel in Berlin gesandt wurden.[77]

Göring war tatsächlich keine Ausnahme, und die Damen der Stuttgarter Gesellschaft waren es auch nicht. Gestapo-Berichte aus verschiedenen Teilen des Reiches deuten darauf hin, daß Ende 1935 und im Jahre 1936 viele Deutsche immer noch nicht zögerten, mit Juden Geschäfte zu machen. Trotz zunehmender Besorgnis der Partei lag der Viehhandel in ländlichen Gegenden immer noch weitgehend in jüdischen Händen; so heißt es in einem Gestapo-Bericht für den Monat November 1935, «daß die Juden den Viehhandel [in Hessen] noch nahezu vollkommen beherrschen. Sie haben ihre Tätigkeit entweder in die späten Abendstunden oder in die Nacht verlegt. Zuweilen kommt es sogar vor, daß sich Volksgenossen den Juden zur Verfügung stellen und als verdeckte Stellvertreter, d. h. im eigenen Namen, jedoch für Rechnung der Juden an den einzelnen größeren Schlachtviehmärkten Frankfurt a. M., Wiesbaden und Koblenz Geschäfte machen.»[78] Fast ein Jahr später schlug ein Bericht aus dem fränkischen Kreis Hilpoltstein Alarm: «Die Handelsbeziehungen der Bauern mit Juden haben einen derartigen Umfang angenommen, daß sich die politische Leitung zu einem energischen Eingreifen veranlaßt sah.»[79]

In den Städten waren die jährlichen Winterschlußverkäufe in jüdischen Geschäften große Ereignisse. So berichtete im Februar 1936 die Münchener Polizeidirektion, der Ausverkauf in dem in jüdischem Besitz befindlichen Textilhaus Sally Eichengrün habe «große Menschenmengen» angezogen. Zeitweilig standen bis zu dreihundert eifrige Kundinnen auf der Straße vor dem Geschäft Schlange.[80] Und verschiedene SD-Berichte deuten darauf hin, daß selbst 1937 in mehreren Bereichen wirtschaftliche Beziehungen zwischen Deutschen und Juden fortbestanden, wobei beispielsweise Mitglieder der Aristokratie, des Offizierskorps und der Großbourgeoisie ihr Vermögen immer noch bei jüdischen Banken hielten.[81]

Was in dieser frühen Phase der Arisierung den Zehntausenden jüdischer Besitzer kleiner Betriebe – als durchschnittlicher Prozentsatz des Wertes – gezahlt wurde, läßt sich schwer einschätzen. Wie in Kapitel 1 bemerkt, läßt die neuere Forschung darauf schließen, daß das beträchtliche Ausmaß der Arisierung auf der Ebene mittlerer und kleiner Unternehmen keine Aussagen über die Situation in den höheren Rängen der Wirtschaft erlaubt: Hier war die Konkurrenz beschränkter, und die Einstellung zu Erpressung war immer noch negativ, weil die beteiligten Unternehmen international stärker exponiert waren. Daher beschlossen die Nazis, jeden direkten Konflikt zu vermeiden.[82]

In Gesellschaften wie Mannesmann, I. G. Farben, Gesellschaft für elektrische Unternehmungen und dergleichen verblieben Dutzende von Juden in Aufsichtsräten und in anderen wichtigen geschäftsführenden Positionen. Die Dresdner Bank beispielsweise «hatte 1936 in Berlin immer noch 100 bis 150 jüdische Angestellte, und fünf Direktoren behielten ihre Posten bis in die Zeit von 1938 bis 1940».[83]

Als dann tatsächlich die Arisierung auf der Ebene der Großunternehmen stattfand, lassen Hinweise in einigen sehr bedeutenden Fällen darauf schließen, daß den Besitzern bis Ende 1937 angemessene Preise geboten wurden; dann sollte sich die Situation drastisch ändern. Ein Teil des Motivs für diese scheinbare Zurückhaltung und Anständigkeit war offensichtlich Eigennutz. Der wirtschaftliche Aufschwung war weiterhin ungewiß. Einige der größten deutschen Firmen benutzten in dem Bestreben, eine zusätzliche Besteuerung ihrer neuen Profite zu vermeiden oder den Auswirkungen einer möglichen Abwertung zu entgehen, die kostspielige Aneignung bewährter, aber abschreibbarer Unternehmen dazu, ihre steuerbaren Gewinne zu verbessern. Jedenfalls interpretierte in diesem Sinne sowohl die NS- als auch die Geschäftspresse den über Nennwert erfolgenden Erwerb der in jüdischem Besitz befindlichen Norddeutschen Hefeindustrie durch die Firma Henckel und eine ähnliche Operation, die von der wichtigsten deutschen Tochter von Unilever getätigt wurde.[84] Im allgemeinen verschlechterte sich jedoch die wirtschaftliche Gesamtsituation der Juden in Deutschland ständig.

Eine bemerkenswerte zeitgenössische Zusammenfassung erschien im Dezember 1935 in der österreichischen *Reichspost:* «Die in den kleinen und mittleren [deutschen] Provinzstädten ansässigen jüdischen Händler haben allerdings schon seit langer Zeit einen schweren Kampf auszufechten. In diesen Städten läßt sich nämlich die Waffe des Boykotts viel besser handhaben als etwa in Berlin; die Folge davon ist, daß ein Massenverkauf von jüdischen Detailgeschäften eingesetzt hat. ... Aus einzelnen Gegenden ... liegen Berichte vor ..., daß durchschnittlich 40 bis 50 % sämtlicher jüdischer Geschäfte bereits in arische Hände übergegangen sind. Daneben gibt es aber auch wieder viele Kleinstädte, in denen bereits die letzten Reste jüdischer Geschäftstätigkeit liquidiert sind. Daher auch die Tatsache, daß verschiedene kleine Kultusgemeinden ihre Synagogen zum Verkauf anbieten und daß erst letzthin ein fränkischer Bauer ein derartiges Gebäude um den Preis von 700 Mark zum Zwecke der Einlagerung von Getreide erwerben konnte.»[85]

In Dörfern und Kleinstädten waren Schikanen oft der einfachste Weg, um Juden dazu zu zwingen, ihre Geschäfte zu einem Bruchteil des Wertes zu verkaufen und fortzuziehen oder auszuwandern. In den größeren Städten und für größere Betriebe führten Kreditbeschränkungen und andere von arischen Firmen ersonnene Boykottmaßnahmen zu demselben Ergebnis. Diejenigen Juden, die an ihrer wirtschaftlichen Tätigkeit festhielten, wurden in zunehmendem Maße auf den rapide schrumpfenden jüdischen Markt beschränkt. Von ihren Beschäftigungen ausgeschlossen, wurden jüdische Fachleute Hausierer, die entweder Waren von zu Hause aus verkauften oder von Ort zu Ort reisten – eine Umkehrung der historischen Entwicklung jüdischer sozialer Mobilität. Da die Hausierertätigkeit angemeldet werden mußte, waren die Staats- und Parteibehörden, wie Barkai festgestellt hat, manchmal der irrigen Auffassung, die jüdische Wirtschaftstätigkeit nehme zu. Nachdem es Juden durch die Nürnberger Gesetze verboten worden war, Arierinnen unter 45 Jahren im Haus zu beschäftigen, rückten jüdische Mädchen in die neuerdings vakanten Stellen ein, was wiederum einen Trend umkehrte, den moderne jüdische Frauen jahrzehntelang unterstützt und erkämpft hatten.[86]

Diese allgemeine Entwicklung ist unbestreitbar; doch sie bedarf, sofern wir uns auf SD-Berichte verlassen können, der Differenzierung. So vermittelt der Bericht der Judenabteilung des SD für das Jahr 1937 den Eindruck, daß die Einstellungen gegenüber den Juden in einigen Teilen der Bevölkerung gemischt blieben und nicht nur von wirtschaftlichen, sondern auch von religiösen und möglicherweise einigen politischen Motiven getragen waren:

«Das Berichtsjahr hat erwiesen, daß große Teile der Bevölkerung, ja selbst der Parteigenossenschaft, sich nicht einmal mehr um die einfachste Forderung, nämlich nicht beim Juden zu kaufen, bekümmern. Besonders stark zeigt sich diese Sabotage in streng katholischen Bezirken und bei der Anhängerschaft der Bekennenden Kirche, die zum Teil aus weltanschaulichen Gründen – Lösung der Judenfrage durch die Taufe und Aufnahme der Juden in die christliche Gemeinschaft –, zum Teil aber auch zum Zwecke der Stärkung der Opposition gegen den Nationalsozialismus, die Arbeit des Reiches auf dem Gebiet des Judentums zu stören versucht. Den besten Beweis für den Erfolg dieser Gegenarbeit bietet die Tatsache, daß im Gegensatz zum übrigen Reichsgebiet in Mittel- und Unterfranken, sowie in Schwaben, eine ständige Verschiebung der jüdischen Bevölkerung von den Städten in die Landgemeinden vor sich geht, weil die Juden hier, unter dem moralischen Schutz der Kirche stehend, die Maßnahmen des Reiches weniger stark zu spüren bekommen. Ein ähnlicher Vorgang ist in den katholischen Gegenden der preußischen Provinz Hessen-Nassau und im Land Hessen zu beobachten.»[87]

Auch wenn der SD-Bericht nur die Situation in einigen Gegenden beschrieb und auch wenn der Zuzug von Juden aus den Städten aufs Land – da die entgegengesetzte Tendenz im allgemeinen dokumentiert ist – sehr beschränkt gewesen sein muß, wurde der Antisemitismus in der Gesamtbevölkerung anscheinend nicht zu einer *aktiven* Kraft. Die Worte «sich nicht einmal mehr bekümmern» lassen sogar bei diesem Thema auf eine zunehmende Gleichgültigkeit gegenüber der Parteipropaganda schließen. Doch wiederum waren anscheinend in diesen beiden Jahren einige religiöse Zwänge sowie ökonomisches Eigeninteresse die Hauptmotive für derart «laxe» Einstellungen gegenüber den Juden. Aber das bevorstehende Verschwinden fast aller jüdischen Wirtschaftstätigkeit in Verbindung mit stärkerem offiziellem Druck machte sich dann bald bemerkbar.

Nachdem Hitler konkrete Schritte unternommen hatte, um das Reich auf den Kurs einer großen militärischen Konfrontation zu bringen, war das Schicksal der Konservativen besiegelt. Ende 1937 war Schacht kaltgestellt, an seine Stelle trat der Nationalsozialist Walther Funk. Anfang 1938 folgten dann andere konservative Minister, darunter Außenminister Neurath und Verteidigungsminister Blomberg. Zur gleichen Zeit mußte der Oberbefehlshaber des Heeres, General Werner von Fritsch, wegen erdichteter Vorwürfe von Homosexualität unehrenhaft seinen Dienst quittieren. Hitler selbst wurde Befehlshaber der Streitkräfte, die von da an de facto von einem neuen Oberkommando der Wehrmacht (OKW) unter General Wilhelm Keitel geführt wurden. Der immer schwächere und immer problematischere Schutz, den die Konservativen gegen die Radikalisierung der antijüdischen Maßnahmen des Regimes boten, war damit verschwunden.

In seiner Denkschrift zum Vierjahresplan verlangte Hitler die Verabschiedung eines Gesetzes, «das das gesamte Judentum haftbar macht für alle Schäden, die durch einzelne Exemplare dieses Verbrechertums der deutschen Wirtschaft und damit dem deutschen Volke zugefügt werden».[88] Um die Juden für den Tod Gustloffs zu bestrafen (Gustloff war, wir erinnern uns, der NS-Vertreter in der Schweiz, der Anfang Februar 1936 von einem jüdischen Studenten ermordet wurde), sollte der Erlaß über die kollektive Geldstrafe, die Hitler den Juden Deutschlands auferlegen wollte, bis zum Abschluß des Prozesses gegen den Attentäter in der Schweiz fertig sein. Der Termin wurde nicht eingehalten, weil sich Diskussionen zwischen dem Finanzministerium und dem Innenministerium über technische Einzelheiten bezüglich der Geldstrafe über das Jahr 1937 und das erste Halbjahr 1938 hinzogen. Doch in Wirklichkeit resultierte die Verschiebung aus Görings Zögern wegen der potentiellen Auswirkungen eines derartigen Erlasses auf die Devisen- und Rohstoffsituation des Reiches.[89] Es war dann jedoch Göring, der schließlich nach dem Kristallnacht-Pogrom, das auf Ernst vom Raths Ermordung folgte, die Verhängung einer kollektiven Geldstrafe für die Juden Deutschlands verkündete.

Das Schwinden des konservativen Einflusses, insbesondere im Hinblick auf die wirtschaftliche Lage der Juden, wurde auf verschiedenen Ebenen spürbar und ebenso auch im Ton des Schriftwechsels zwischen Parteigrößen und dem Wirtschaftsministerium. Im Herbst 1936 wurde der Chemnitzer Textilfabrikant Königsfeld zur Zielscheibe zunehmender Schikanen von seiten der örtlichen Parteiorganisationen. Da der Besitzer der Firma ein Mischling ersten Grades war, der mit einer Deutschen verheiratet war und daher immer noch ein Anrecht auf den ungeschmälerten Status als vollberechtigter deutscher Reichsbürger hatte und da in diesem Unternehmen nach einem Rundschreiben des Wirtschaftsministeriums kein jüdischer Einfluß zu erkennen war, wurden die Parteibehörden in Sachsen aufgefordert, ihrer Kampagne gegen die Firma Königsfeld ein Ende zu machen. Am 6. Dezember antwortete Reichsstatthalter Martin Mutschmann in einem Brief an Ministerialrat Hoppe im Wirtschaftsministerium auf dieses Ersuchen. Mutschmann war «sehr erstaunt» über Hoppes Stellungnahme zur «nichtarischen» Firma Königsfeld: «Diese [Position] steht im Gegensatz zur nationalsozialistischen Weltanschauung und ist meines Erachtens eine Sabotage gegen die Anordnung des Führers. Ich bitte deshalb, an dem bestehenden Zustande nichts zu ändern, da ich sonst gezwungen wäre, Gegenmaßnahmen zu ergreifen, die nicht ganz angenehm wären. Ich werde auch Gelegenheit nehmen, dem Führer Ihre Anschauung über diesen Fall klar vor Augen zu führen. Jedenfalls bin ich nicht gewillt, den mir unterstellten Behörden die von Ihnen gewünschten Anweisungen zu erteilen; ich bin im Gegenteil der Meinung, daß Sie durch Ihre Stellungnahme bewiesen haben, daß Sie vollkommen fehl am Platze sind.»[90]

Parteiaktivisten machten sich jetzt daran, in der Presse die Namen von Volksgenossen abzudrucken, die in jüdischen Geschäften kauften; obendrein wurden die Adressen der Schuldigen danebengesetzt. Bormann mußte reagieren. In einer Anordnung vom 23. Oktober 1937 setzte er sich mit diesen Initiativen auseinander, indem er auf einen bekannten Umstand verwies: Viele Käufer waren sich nicht darüber im klaren, daß ein bestimmter Laden jüdisch war, und sahen sich daher für eine völlig unabsichtlich begangene Missetat in der Presse bloßgestellt. Namen sollten daher vor der Veröffentlichung sorgfältig überprüft werden, und Parteimitglieder, die sich in einer Gegend aufhielten, in der sie sich nicht auskannten, sollten den Einkauf in jüdischen Geschäften vermeiden, indem sie sich vorab nach der Identität des Eigentümers erkundigten.[91]

1936 war klar geworden, daß das Haavarah-Abkommen Deutschland keine wirtschaftlichen oder politischen Vorteile gebracht hatte, sondern daß die Kanalisierung der jüdischen Auswanderung nach Palästina ganz im Gegenteil die Schaffung eines jüdischen Staates fördern konnte. Ein solcher Staat konnte zu einem Zentrum der Agitation gegen NS-Deutschland werden, oder er konnte, schlimmer noch, die Macht des Weltjudentums fördern und koordinieren. Besonders dringlich schien das Problem seit Ende 1936 und in den ersten Monaten des Jahres 1937 zu werden, als die britische Peel-Kommission die Empfehlung aussprach, Palästina in zwei getrennte Staaten, einen jüdischen und einen arabisch-palästinensischen, aufzuteilen, während andere Gebiete unter britischer Kontrolle bleiben sollten. Welche diplomatische Position sollte Deutschland einnehmen? Im April 1937 hatte Ernst von Weizsäcker, der Leiter der politischen Abteilung der Wilhelmstraße und nachmalige Staatssekretär, eine Position entwickelt, die vom Referat Deutschland des Außenministeriums durchgängig gestützt wurde und die gegen die Schaffung eines jüdischen Staates gerichtet war; konkret wurde jedoch weiter eine Politik der Nichteinmischung verfolgt, was unter anderem bedeutete, daß es keine aktive Unterstützung für die arabische Nationalbewegung gab.[92]

Unnachgiebiger wurde die antizionistische Position der Wilhelmstraße, zumindest auf der Ebene des Prinzips, als im Juni 1937 Außenminister Neurath selbst Stellung bezog: «Bildung eines Judenstaates oder jüdisch geleiteten Staatsgebildes unter britischer Mandatshoheit liegt nicht im deutschen Interesse», kabelte Neurath an seine diplomatischen Vertreter in London, Jerusalem und Bagdad, «da ein Palästina-Staat das Weltjudentum nicht absorbieren, sondern zusätzliche völkerrechtliche Machtbasis für internationales Judentum schaffen würde etwa wie Vatikan-Staat für politischen Katholizismus oder Moskau für Komintern. Es besteht daher ein deutsches Interesse an Stärkung des Arabertums als Gegengewicht gegen etwaigen solchen Machtzuwachs des Judentums. Es ist zwar nicht anzunehmen, daß direktes deutsches Eingreifen Entwicklung der Palästina-Frage wesentlich beeinflussen könnte. Gleichwohl wird es sich empfehlen, die interessierten fremden Regierungen über unsere Auffassung nicht ganz im Dunkeln zu lassen.»[93]

Die Position Neuraths und die allgemeine Denkrichtung im Außenministerium gab im Jahre 1937 Gegnern des Haavarah-Abkommens Auftrieb, auch wenn klar wurde, daß die Empfehlungen der Peel-Kommission vor allem infolge des starken arabischen Widerstandes nirgendwohin führten. Niemand wagte es jedoch, irgendwelche konkreten Maßnahmen gegen das Abkommen zu ergreifen, da Hitler seinen Standpunkt noch nicht zum Ausdruck gebracht hatte. Seine Entscheidung, die er Ende Januar 1938 verkündete, bedeutete ganz eindeutig die Aufrechterhaltung des Haavarah-Abkommens: weitere jüdische Auswanderung mit allen möglichen Mitteln. Die Bürokratie hatte nur eine Wahl: sich zu fügen. Und das tat sie.[94]

Einige Tage vor Hitlers Entscheidung wurde ein etwas weniger gewichtiger Fall vor Gericht gelöst: Ein jüdischer Geschäftsmann wurde verurteilt, weil er Hakenkreuzfahnen und andere nationale Symbole verkauft hatte. Das Gericht vertrat die Auffassung, daß, genau wie es das Gesetz Juden verbot, die Reichsflagge zu zeigen, weil sie keinerlei «innere Beziehung» zu den Symbolen der Bewegung hatten oder ihnen sogar feindlich gegenüberstanden, auch der von Juden betriebene Handel mit diesen Symbolen – eine noch erniedrigendere Aktion – einen Verstoß gegen die Ehre der Bewegung und des deutschen Volkes darstellte.[95]

V

Am 5. November 1937 rief Hitler ein großes Aufgebot von Experten für militärische, wirtschaftliche und außenpolitische Fragen zusammen, um sie von seinen strategischen Plänen für die kommenden vier oder fünf Jahre in Kenntnis zu setzen. In naher Zukunft hatte Hitler vor, angesichts der eklatanten Entschlußlosigkeit der westlichen Demokratien gegen die Tschechoslowakei und gegen Österreich (in dieser Reihenfolge) vorzugehen. Tatsächlich kam Österreich infolge einer unvorhergesehenen Folge von Umständen, die von Hitler geschickt ausgenutzt wurden, als erstes an die Reihe.

Im deutsch-österreichischen Vertrag von 1936 hatte der österreichische Kanzler Kurt von Schuschnigg zugesagt, einige NS-Minister in sein Kabinett aufzunehmen. Da Schuschnigg in den Augen der Nationalsozialisten beim Eingehen auf ihre Forderungen nicht weit genug ging und sich nicht schnell genug bewegte, beorderte ihn Hitler im Februar 1938 nach Berchtesgaden. Angesichts einer Drohung mit militärischen

Maßnahmen akzeptierte Schuschnigg die Forderungen des deutschen Diktators. Doch als er wieder in Wien war, versuchte er, Hitler dadurch zu überlisten, daß er eine Volksabstimmung über die österreichische Unabhängigkeit ansetzte. Hitler reagierte, indem er den sofortigen Einmarsch in Österreich für den Fall androhte, daß die Volksabstimmung nicht abgesagt würde. Die weiteren Forderungen Berlins – einschließlich des Rücktritts von Schuschniggs und seiner Ersetzung durch den österreichischen Nationalsozialisten Arthur Seyß-Inquart – wurden alle angenommen. Dennoch stand Hitlers Kurs jetzt fest: Am 12. März 1938 überschritt die Wehrmacht die österreichische Grenze; am darauffolgenden Tag wurde Österreich vom Reich annektiert. Am 15. März sprach Hitler vom Balkon der Hofburg zu Hunderttausenden von begeisterten Wienern, die sich auf dem Heldenplatz versammelt hatten. Seine Schlußworte waren kaum noch zu übertreffen: «Als der Führer und Kanzler der deutschen Nation und des Reiches melde ich vor der Geschichte nunmehr den Eintritt meiner Heimat in das Deutsche Reich.»[96]

Am 16. März, als die Gestapo kam, um ihn zu verhaften, sprang der jüdische Dramatiker und Kulturgeschichtler Egon Friedell aus dem Fenster seiner Wiener Wohnung in den Tod. Im Januar 1938 hatten in Wien fünf Juden Selbstmord begangen, im Februar vier. In der zweiten Märzhälfte brachten sich 79 Wiener Juden um.[97]

In *Heldenplatz*, dem letzten Stück des österreichischen Autors Thomas Bernhard, kehrt der jüdische Professor Robert Schuster, der aus Wien stammt, irgendwann in den achtziger Jahren aus Oxford in die österreichische Hauptstadt zurück. Für ihn und seine Frau bleibt die Vergangenheit, so stellt er fest, quälend gegenwärtig:

> Mein Bruder Josef kann von Glück reden
> daß ihm ein so spontaner Abgang gelungen ist
> Ich habe Selbstmörder immer bewundert
> ich habe nie gedacht daß mein Bruder dazu
> imstande sein könnte ...

Später spricht er von seiner Frau:

> Sie hört seit Monaten wieder auf geradezu
> beängstigende Weise
> die Massen auf dem Heldenplatz schreien
> Sie wissen ja fünfzehnter März
> Hitler zieht auf dem Heldenplatz ein ...[98]

8.
Ein Modell Österreich?

I

Am 4. Juni 1938 wurde dem 82jährigen Sigmund Freud die Abreise aus Wien gestattet, aus der Stadt, in der er seit seinem vierten Lebensjahr zu Hause gewesen war. Zweimal war seine Wohnung von der Gestapo durchsucht worden, und seine Tochter Anna hatte man zum Verhör vorgeladen. Schließlich verlangten die NS-Behörden, nachdem sie einen Teil seiner Habe beschlagnahmt und ihn mit der Reichsfluchtsteuer belegt hatten, seine Unterschrift unter eine Erklärung, daß er nicht mißhandelt worden sei. Gehorsam unterzeichnete Freud und fügte hinzu: «Ich kann die Gestapo jedermann auf das beste empfehlen.» Die Gestapoleute waren zu stumpfsinnig, um selbst einen derart grobschlächtigen Sarkasmus wahrzunehmen, aber das Risiko eines solchen Kommentars war beträchtlich – und man kann sich die Frage stellen, ob etwas «in Freud am Werk [war], was ihn wünschen ließ, in Wien zu bleiben und zu sterben».[1]

Als Ergebnis des Anschlusses waren den Nazis weitere 190 000 Juden in die Hände gefallen.[2] Die Verfolgung in Österreich und insbesondere in Wien ging über die im Reich hinaus. Die öffentliche Demütigung war krasser und sadistischer, die Enteignung besser organisiert, die Zwangsemigration rascher. Die Österreicher – ihr Land war jetzt in Ostmark umbenannt und der Amtsgewalt von Gauleiter Josef Bürckel unterstellt worden, der den Titel Reichskommissar für die Wiedervereinigung Österreichs mit dem Deutschen Reich erhielt – dürsteten anscheinend mehr nach antijüdischen Aktionen als die Bürger des nunmehrigen Altreichs. Die Gewalttätigkeiten hatten bereits begonnen, bevor die Wehrmacht die Grenze überschritten hatte; trotz offizieller Bemühungen, ihre chaotischsten und pöbelhaftesten Aspekte einzudämmen, dauerten sie wochenlang an. Der Mob genoß die öffentlichen Schauspiele der Erniedrigung; zahllose Gauner aus allen Schichten, die entweder Parteiuniformen trugen oder nur improvisierte Hakenkreuz-Armbinden angelegt hatten, griffen zu Drohungen und Erpressungen im größten Ausmaß: Geld, Juwelen, Möbel, Autos, Wohnungen und Betriebe wurden ihren entsetzten jüdischen Eigentümern entrissen.

In Österreich war die Judenfrage Anfang der dreißiger Jahre zu einem noch wirksameren Werkzeug rechter Demagogie geworden, als das in Deutschland in den letzten Jahren der Republik der Fall gewesen war.[3] Als Anfang 1934 die NS-Kampagne gegen Engelbert Dollfuß ihren Höhepunkt erreichte, brachte sie immer wieder die Beherrschung des Kanzlers durch die Juden ins Spiel.[4] Nach Dollfuß' Ermordung am 25. Juli und während der gesamten Amtszeit seines Nachfolgers Kurt von Schuschnigg, die mit dem deutschen Einmarsch im März 1938 endete, verstärkte sich die Agitation. So heißt es in Polizeiquellen: «Daß der Antisemitismus und deutsche Nationalismus von entscheidender Bedeutung für den Erfolg nationalsozialistischer Propaganda waren, wird von verschiedenen Seiten bestätigt. Fürst Ernst Rüdiger Starhemberg, der Kommandeur der Heimwehr und Leiter der Vaterländischen Front, schrieb später in seinen Nachkriegsmemoiren: ‹Das gefährlichste Einbruchstor aber in die österreichische Abwehrfront lieferte der Antisemitismus. ... Überall schon witterte man jüdische Einflüsse und, obwohl in der ganzen Vaterländischen Front nicht ein einziger Jude einen führenden Posten innehatte, erzählten sich ... die Wiener Bürger ... von der Verjudung dieser Organisation und daß die Nazis doch recht hätten und daß man in Österreich auch mit den Juden Ordnung machen müsse.›»[5]

Die unkontrollierte Aggression nach dem Anschluß nahm schnell derartige Ausmaße an, daß Heydrich am 17. März Bürckel davon unterrichtete, er werde der Gestapo den Befehl geben, diejenigen Nationalsozialisten zu verhaften, die «in den letzten Tagen in großem Umfange in völlig undisziplinierter Weise sich Übergriffe [gegen Juden] erlaubt» hätten.[6] In dem allgemeinen Chaos hatten solche Drohungen keine unmittelbare Wirkung, und die Tatsache, daß die Gewalttätigkeit offiziell den Kommunisten in die Schuhe geschoben wurde, änderte an der Situation auch nichts. Erst am 29. April, als Bürckel verkündete, die Führer von SA-Einheiten, deren Männer sich an den Ausschreitungen beteiligten, würden degradiert und könnten aus der SA und der Partei ausgeschlossen werden, begann die Gewalttätigkeit nachzulassen.[7]

Währenddessen nahm der offizielle Anteil an der Übernahme jüdischen Eigentums rasch zu. Am 28. März hatte Göring den Befehl erteilt, «in aller Ruhe Maßnahmen zur sachgemäßen Umleitung der jüdischen Wirtschaft zu treffen».[8] Mitte Mai war eine Vermögensverkehrsstelle mit fast 500 Angestellten eingerichtet worden, die aktiv die Arisierung der jüdischen Vermögenswerte betrieb.[9] Innerhalb von wenigen Monaten wurden allein in Wien 83 Prozent des Handwerks, 26 Prozent der Industrie, 82 Prozent der Dienstleistungsbetriebe und 50 Prozent der Einzelhandelsgeschäfte, die Juden gehörten, übernommen; von den 86 Banken in jüdischem Besitz, die es in der österreichischen Hauptstadt gab, blieben nach diesem ersten Schlag nur acht übrig.[10] Die durch die Beschlagnahmungen und Enteignungen verfügbar gemachten Mittel wurden teilweise dazu verwendet, die von «NS-Kämpfern» im «jüdisch-sozialistischen Wien» erlittenen Verluste zu kompensieren und der verarmten jüdischen Bevölkerung, die nicht auswandern konnte, eine gewisse Unterstützung zu geben.[11] Tatsächlich bot der Kompensationsgedanke ein breites Spektrum von Möglichkeiten. Am 18. Juli schickte das Büro des Stellvertreters des Führers Bürckel einen Entwurf für ein «Gesetz zum Ausgleich von Schäden, die dem Deutschen Reich durch Juden erwachsen sind». Wie es in dem Brief hieß, war das Gesetz noch nicht verkündet worden, «weil noch nicht feststeht, in welcher Weise der Ausgleichsfonds nunmehr nach Durchführung der von Göring geplanten Maßnahmen gegen die Juden gebildet werden soll».[12]

Manche Maßnahmen bedurften keines Gesetzes. Einige Tage nach dem Anschluß nahmen SA-Männer Franz Rothenberg, den Vorstandsvorsitzenden der Kreditanstalt, der führenden Bank in Österreich, zu einer Autofahrt mit und brachten ihn um, indem sie ihn aus dem fahrenden Wagen stießen. Isidor Pollack, der Generaldirektor der Chemiefirma Pulverfabrik, erhielt im April 1938 Besuch von der SA und wurde bei der «Durchsuchung» seiner Wohnung so schwer zusammengeschlagen, daß er kurz darauf starb. Die Deutsche Bank konfiszierte die von Rothschild kontrollierte Kreditanstalt, während die Pulverfabrik, ihre Tochter, von der I. G. Farben übernommen wurde.[13]

Der gesamte Arisierungsprozeß entwickelte sich mit außerordentlicher Geschwindigkeit weiter. Mitte August 1939 konnte Walter Rafelsberger, der Leiter der Vermögensverkehrsstelle, Himmler ankündigen, daß «die gestellte Aufgabe der Entjudung der Wirtschaft in der Ostmark in der Frist von nicht ganz $1^1/_2$ Jahren praktisch gelöst wurde». Aus Wien waren alle Betriebe in jüdischem Besitz verschwunden. Von den 33 000 jüdischen Unternehmen, die zum Zeitpunkt des Anschlusses in der österreichischen Hauptstadt existiert hatten, waren etwa 7000 schon vor Einrichtung der Vermögensverkehrsstelle im Mai 1938 liquidiert worden. «Von den restlichen etwa 26 000 Betrieben wurden ungefähr 5000 der Arisierung, die restlichen 21 000 einer geordneten Liquidation zugeführt.»[14]

Gleichzeitig fing man an, im ganzen Land, insbesondere in Wien, jüdische Wohnungen zu beschlagnahmen. Ende 1938 waren von einer Gesamtzahl von etwa 70 000 Wohnungen, die Juden gehörten, etwa 44 000 arisiert worden. Nach Kriegsbeginn betrug die Belegungsdichte in den verbleibenden jüdischen Wohnungen etwa fünf bis sechs Familien pro Wohnung. Oft gab es weder sanitäre Einrichtungen noch Kochgelegenheiten, und in jedem Gebäude stand nur ein Telefon zur Verfügung.[15]

8. Ein Modell Österreich?

Herbert Hagen traf am 12. März mit den ersten Einheiten der Wehrmacht in Wien ein; wenige Tage später stieß Adolf Eichmann, der gerade zum SS-Untersturmführer befördert worden war, zu ihm. Auf der Basis von Listen, die vom SD erstellt worden waren, wurden Angestellte jüdischer Organisationen verhaftet und Dokumente beschlagnahmt.[16] Nach diesem ersten Schlag gab es ein gewisses Maß an «Normalisierung», was die Durchführung weitreichenderer Pläne ermöglichte. Eichmann wurde zum Berater für Judenfragen beim Inspektor der Sicherheitspolizei und des SD, Franz Stahlecker, ernannt. In einem Brief vom 8. Mai unterrichtete er Hagen von seinen neuen Aktivitäten: «Ich hoffe, ich werde bald im Besitz der jüdischen Jahrbücher der Nachbarstaaten [wahrscheinlich Tschechoslowakei und Ungarn] sein, die ich Ihnen dann zusenden werde. Ich betrachte sie als wichtige Hilfsmittel. Alle jüdischen Organisationen in Österreich haben Anordnung erhalten, wöchentlich Berichte zu erstatten. Diese gehen jeweils an die entsprechenden Referenten in II 112 und an die verschiedenen Sachgebiete. Die Berichte sind in einen Bericht über die Lage und einen Bericht über Aktivitäten zu unterteilen. Sie sind jede Woche montags in Wien und donnerstags in der Provinz fällig. Ich hoffe, ich kann Ihnen die ersten Berichte morgen schicken. Die erste Nummer der zionistischen *Rundschau* soll nächsten Freitag erscheinen. Ich habe mir die Fahnen zuschikken lassen und bin jetzt mit der langweiligen Arbeit der Zensur beschäftigt. Sie bekommen die Zeitung natürlich auch. Mit der Zeit wird dies bis zu einem gewissen Grade ‹meine Zeitung› werden. Jedenfalls habe ich diese Herren in Bewegung gebracht, das können Sie mir glauben. Sie arbeiten bereits sehr eifrig. Ich habe von der jüdischen Gemeinde und der Zionistenorganisation für Österreich eine Auswanderungszahl von 20 000 mittellosen Juden für den Zeitraum vom 1. April 1938 bis zum 1. Mai 1939 verlangt, und sie haben mir versprochen, daß sie sich daran halten werden.»[17]

Die Idee der Einrichtung einer Zentralstelle für jüdische Auswanderung kam anscheinend von dem neuen Vorsteher der jüdischen Gemeinde, Josef Löwenherz. Die Gemeindedienste, die den Auswanderungswilligen beistanden, waren von den Zehntausenden von Anträgen auf Ausreisegenehmigungen überrollt worden; ein Mangel an Koordination bei den verschiedenen deutschen Behörden, die an dem Auswanderungsprozeß beteiligt waren, machte die Beschaffung dieser Dokumente zu einer langwierigen, beschwerlichen und zermürbenden Tortur. Löwenherz wandte sich an Eichmann, der den Vorschlag an Bürckel weiterleitete.[18] Berlin gab seine Zustimmung, und am 20. August 1938 wurde unter der formellen Verantwortung Stahleckers und der faktischen Verantwortung von Eichmann selbst die Zentralstelle gegründet.[19] Die Prozedur, die im ehemaligen Rothschild-Palais in der Prinz-Eugen-

Straße 20–22 eingeführt wurde, arbeitete nach Angaben von Eichmann mit der Fließbandmethode: «Vorne kommen das erste Dokument drauf und die anderen Papiere, und rückwärts müßte dann der Reisepaß abfallen.»[20] Ein weiteres Prinzip wurde verwirklicht: Durch Abgaben, die man den reicheren Mitgliedern der jüdischen Gemeinde auferlegte, wurden die Summen konfisziert, die erforderlich waren, um die Auswanderung der ärmeren Juden zu finanzieren. Heydrich erklärte diese Methode später so: «Wir haben das in der Form gemacht, daß wir den reichen Juden, die auswandern wollten, bei der jüdischen Kultusgemeinde eine gewisse Summe abgefordert haben. Das Problem war ja nicht, die reichen Juden herauszukriegen, sondern den jüdischen Mob.»[21]

Neben der Beschleunigung der legalen Auswanderung mit allen verfügbaren Mitteln begannen die neuen Herren Österreichs, Juden über die Grenzen, hauptsächlich die zur Tschechoslowakei, zu Ungarn und der Schweiz, abzuschieben. Was bis zum März 1938 eine sporadische NS-Initiative in einigen Einzelfällen gewesen war, wurde nach dem Anschluß zu einer systematischen Politik. Nach Angaben von Göring und Heydrich wurden zwischen März und November 1938 etwa 5000 österreichische Juden auf diesem Wege abgeschoben.[22] Und eine noch schärfere Kontrolle wurde über diejenigen Juden ausgeübt, die das Land nicht verlassen hatten. Irgendwann im Oktober 1938 gab Himmler den Befehl, alle Juden aus den österreichischen Provinzen in Wien zu konzentrieren. Nach einem internen Vermerk des Judenreferats des SD diskutierte Eichmann die Verlegung von schätzungsweise 10 000 Juden, die noch außerhalb der Hauptstadt lebten, mit Odilo Globocnik, der vorübergehend Gauleiter von Wien war, und begab sich am 26. Oktober selbst auf eine Fahrt durch die österreichischen Provinzen, «um die SD-Führer anzuweisen, gemeinsam mit den Stapostellen den Juden entweder bis zum 15.12.38 die Auswanderung anzuraten oder aber bis zum 31.10.38 [wahrscheinlich irrtümlich für: 31.12.38] ihren Wohnsitz nach Wien zu verlegen».[23] Innerhalb von sechs Monaten nach dem Anschluß waren 45 000 österreichische Juden ausgewandert, und im Mai 1939 hatten ungefähr 100 000 oder mehr als 50 Prozent das Land verlassen.[24] Der jüdische Exodus aus Österreich hatte für die Nationalsozialisten einen unerwarteten positiven Nebeneffekt. Jeder Auswanderer mußte den Formularen drei Paßfotos beifügen. Der Wiener SD machte das Rassenpolitische Amt der Partei auf eine derart hervorragende Sammlung aufmerksam; das Amt von Walter Groß antwortete sofort: Es hatte an diesem riesigen Inventar jüdischer Gesichter «außerordentliches Interesse».[25]

Die Deutschen hatten noch einige weitere Pläne. Im Oktober 1938 schlug Rafelsberger vor, in unbesiedelten Gegenden, hauptsächlich in

8. Ein Modell Österreich?

sandigen Regionen und in Sümpfen, drei Konzentrationslager für je 10 000 Juden zu errichten. Die Juden würden ihre eigenen Lager bauen; die Kosten würden auf etwa zehn Millionen Mark beschränkt werden, und die Lager würden Arbeit für etwa 10 000 arbeitslose Juden liefern. Eines der technischen Probleme bestand anscheinend darin, genügend Stacheldraht aufzutreiben.[26] Aus dieser Idee wurde nichts – zumindest kurzfristig. Eine andere Idee – die nicht direkt mit antijüdischen Maßnahmen zusammenhing und in naher Zukunft tödlicher war – wurde jedoch schnell in die Praxis umgesetzt.

«Mauthausen», heißt es in dem neuesten Buch über das Lager, «liegt inmitten einer sanft gewellten Hügelregion, deren Felder die österreichische Landschaft wie die Bettdecke eines Riesen bedecken. Friedlich schmiegt sich die kleine Stadt an das Nordufer der Donau, deren schnelle Strömung vom nahegelegenen Zufluß der Enns, eines bedeutenden Alpenflusses, beschleunigt wird. ... Mauthausen liegt nur etwas mehr als 20 Kilometer stromabwärts von Linz, der Hauptstadt der Provinz Oberösterreich; etwa 150 Kilometer östlich von hier ragt der Stephansdom, das Wahrzeichen Wiens, in den Himmel. ... Von allen Schätzen der Gegend sind jedoch für unsere Geschichte die großen, gähnenden Granitgruben von größter Bedeutung.»[27]

Einige Tage nach dem Anschluß, im März 1938, unternahm Himmler in Begleitung von Oswald Pohl, dem Chef des Verwaltungsamtes im SS-Hauptamt, eine erste Inspektion der Steinbrüche. Die Absicht war klar: Der Abbau des Granits würde einem von der SS betriebenen Unternehmen, den Deutschen Erd- und Steinwerken (DEST), die im April gegründet werden sollten, erhebliche finanzielle Gewinne bringen; ein Konzentrationslager auf dem Gelände würde die notwendigen Arbeitskräfte liefern. Die abschließende Entscheidung muß schnell getroffen worden sein, denn nach einem Bericht der Londoner *Times* vom 30. März kündigte «Gauleiter Eigruber von Oberösterreich auf einer Rede in Gmunden an, seine Provinz werde für ihre Leistungen für die nationalsozialistische Sache die besondere Auszeichnung erhalten, auf ihrem Boden ein Konzentrationslager für die Verräter von ganz Österreich zu beherbergen. Dies löste, dem *Völkischen Beobachter* zufolge, bei den Zuhörern derartige Begeisterung aus, daß der Gauleiter einige Zeit lang seine Rede nicht fortsetzen konnte.»[28]

Ein zweiter Besuch fand Ende Mai statt; diesmal kamen Theodor Eikke, der Inspekteur der Konzentrationslager, und Herbert Karl von der Bauabteilung der SS.[29] Die ersten 300 Insassen, österreichische und deutsche Kriminelle aus Dachau, trafen am 8. August 1938 ein. Im September 1939 hatte Mauthausen dann 2995 Insassen, darunter 958 Kriminelle, 1087 Zigeuner (hauptsächlich aus der österreichischen Provinz Burgenland) und 739 deutsche politische Gefangene.[30] «Der erste jüdische Häftling war ein Wiener, den man als Homosexuellen verhaftet hatte; er wurde im September 1939 in Mauthausen registriert, und im März 1940 wurde verzeichnet, daß er gestorben sei. Im Laufe des Jahres 1940 trafen weitere 90 Juden ein; bis auf zehn wurden sie alle bis Jahresende als tot aufgeführt.»[31]

Nach Götz Aly und Susanne Heim war Österreich das Gebiet, in dem die Nationalsozialisten ihre «rationale», wirtschaftlich motivierte Politik zur Judenfrage einführten, die von da an alle ihre Initiativen in diesem Bereich bestimmte, von dem in Wien etablierten «Modell» bis zur «Endlösung». Das Modell Wien war im wesentlichen durch eine drastische Umstrukturierung der Wirtschaft als Ergebnis der Liquidierung praktisch aller unproduktiven jüdischen Betriebe auf der Basis einer gründlichen Taxierung ihrer Rentabilität charakterisiert, die vom Reichskuratorium für Wirtschaftlichkeit erstellt wurde;[32] durch eine systematische Anstrengung, das neugeschaffene jüdische Proletariat auf dem Wege beschleunigter Emigration loszuwerden, wobei reiche Juden, wie wir sahen, zum Auswanderungsfonds für den mittellosen Teil der jüdischen Bevölkerung beitrugen; durch die Einrichtung von Arbeitslagern (den drei von Walter Rafelsberger geplanten Lagern), in denen der Unterhalt der Juden auf minimalem Niveau gehalten und durch die Arbeit der Insassen selbst finanziert werden sollte.[33] Im wesentlichen waren diejenigen, die im annektierten Österreich für die Judenfrage zuständig waren, angeblich von ökonomischer Logik und nicht von irgendwelcher nationalsozialistischen antisemitischen Ideologie motiviert. Dieses Argument wird anscheinend dadurch gestützt, daß nicht nur der gesamte Arisierungsprozeß in Österreich von Görings Vierjahresplan-Administration und ihren Technokraten organisiert wurde, sondern daß dieselben Technokraten (wie etwa Rafelsberger) auch die Lösung des Problems der verarmten jüdischen Massen durch Zwangsarbeits-Konzentrationslager planten, die für Aly und Heim frühe Modelle der künftigen Ghettos und schließlich der künftigen Vernichtungslager darstellten.

Tatsächlich hatte die Liquidierung des jüdischen Wirtschaftslebens in NS-Deutschland, wie wir sahen, in beschleunigtem Tempo 1936 begonnen, und Ende 1937, mit der Beseitigung allen konservativen Einflusses, war die Kampagne der Zwangsarisierung zur Hauptstoßrichtung der antijüdischen Maßnahmen geworden, vor allem um die Juden zur Auswanderung zu zwingen. So war also das, was in Österreich nach dem Anschluß geschah, einfach der besser organisierte Teil einer generellen Politik, die im gesamten Reich angewendet wurde. Die Verknüpfung von wirtschaftlicher Enteignung und Vertreibung der Juden aus Deutschland und aus den unter deutscher Kontrolle stehenden Gebiete charakterisierte allerdings weiterhin *dieses Stadium* der NS-Politik bis zum Ausbruch des Krieges. Dann erschien, nach einer Interimsphase von fast zwei Jahren, eine andere «Logik», eine, die kaum von ökonomischer Rationalität abhängig war.

II

Nach dem Anschluß wurde das jüdische Flüchtlingsproblem zu einer wichtigen internationalen Frage. Durch die Einberufung einer Konferenz von 32 Ländern, die vom 6. bis 14. Juli 1938 im französischen Badeort Evian stattfand, demonstrierte Präsident Roosevelt öffentlich seine Hoffnung, für sie eine Lösung zu finden. Roosevelts Initiative war überraschend, denn «er entschloß sich zum Eingreifen in eine Situation, in der er praktisch machtlos war, da ihm ja durch ein äußerst restriktives Einwanderungsgesetz die Hände gebunden waren».[34] Tatsächlich stand das Ergebnis von Evian fest, bevor die Konferenz überhaupt begonnen hatte: In der Einladung zur Konferenz hieß es ganz unmißverständlich, es werde «von keinem Land erwartet werden, eine größere Zahl von Emigranten aufzunehmen, als es seine bestehende Gesetzgebung gestatte».[35]

Die Konferenz und ihr Hauptthema, das Schicksal der Juden, fanden in der Weltpresse ein breites und vielfältiges Echo. «Es kann kaum Aussicht bestehen», schrieb der Londoner *Daily Telegraph* am 7. Juli, «daß in irgendwie absehbarer Zeit Platz gefunden werden wird.»[36] Die *Gazette de Lausanne* vom 11. Juli meinte: «Manche Leute glauben, daß sie [die Juden] eine zu starke Position für eine derart kleine Minderheit besitzen. Daher der Widerstand gegen sie, der sich an einigen Orten in eine allgemeine Attacke verwandelt hat.» «Sagte man nicht vor dem Ersten Weltkrieg, daß ein Zehntel des Goldes der Welt den Juden gehörte?» fragte am 7. Juli die *Libre Belgique*.[37]

Nicht alle Zeitungen waren so feindselig. «Es ist ein Ärgernis speziell für das christliche Gewissen», schrieb der Londoner *Spectator* am 29. Juli, «daß die moderne Welt mit all ihren unermeßlichen Reichtümern und Ressourcen diesen Verbannten keine Heimat und Essen und Trinken und einen gesicherten Status verschaffen kann.»[38] Georges Bidault, der dann nach dem Kriege französischer Ministerpräsident und Außenminister war, schrieb am 7. Juli in der linkskatholischen Zeitung *L'Aube*: «Eines ist klar: die aufgeklärten Nationen dürfen nicht zulassen, daß die Flüchtlinge zur Verzweiflung getrieben werden.»[39] Die französische Zeitung *La Croix*, die den Mainstream-Katholizismus repräsentierte, drang auf Mitgefühl: «Angesichts des Leidens von Menschen», argumentierte sie am 14. Juli, «ist es für uns unmöglich, abseits zu stehen und auf ihren Schrei um Hilfe nicht zu reagieren. ... Wir können nicht Beteiligte an einer Lösung der Judenfrage durch ihre Auslöschung, durch die vollständige Vernichtung eines ganzen Volkes sein.»[40] Doch in Evian öffneten sich keine Türen, und den Flüchtlingen wurde keine Hoffnung geboten. Unter dem Vorsitz des Amerikaners George Rublee wurde ein Zwischenstaatliches Komitee für Flüchtlinge gegründet. Von Rublees Aktivitäten, die letztlich zu keinem Ergebnis führten, wird noch die Rede sein.

Der Sarkasmus der Nationalsozialisten hatte seinen großen Tag. Für den SD wurde auf der Evian-Konferenz «aller Welt vor Augen geführt, daß das Judenproblem keineswegs nur eine von Deutschland provozierte Streitfrage, sondern daß es ein Problem von aktuellster weltpolitischer Bedeutung ist. Trotz der übereinstimmenden Ablehnung der Behandlung der Juden in Deutschland durch die Evian-Staaten hat sich mit Ausnahme von Amerika grundsätzlich kein Land bereit erklärt, bedingungslos eine beliebige Anzahl von Juden aufzunehmen. Bemerkenswert war, daß der australische Vertreter sogar von einer Gefährdung der eigenen Rasse durch die jüdische Einwanderung sprach.»[41] Zwischen der deutschen Einschätzung und der sarkastischen Zusammenfassung von Evian, die der dortige *Newsweek*-Korrespondent gab, bestand kein grundlegender Unterschied: «Der Vorsitzende Myron C. Taylor, früher Leiter der U. S. Steel, eröffnete die Verhandlungen: ‹Die Zeit ist gekommen, da die Regierungen ... handeln müssen, und zwar sofort.› Die meisten Regierungen, die dort vertreten waren, handelten sofort, indem sie den jüdischen Flüchtlingen die Tür vor der Nase zuschlugen.»[42] Der *Völkische Beobachter* brachte die triumphierende Schlagzeile: «Niemand will sie.»[43]

Auch für Hitler war das eine Gelegenheit, die er sich nicht entgehen lassen konnte. Er entschied sich, seine Kommentare in seine Schlußrede auf dem Parteitag am 12. September 1938 einzufügen. Deren Hauptthema, die Sudetenkrise, fesselte die Aufmerksamkeit der Welt; zu keinem Zeitpunkt seit 1918 schien die Kriegsgefahr näher zu sein, aber die Juden konnten nicht unerwähnt bleiben: «Man beklagt in diesen Demokratien die unermeßliche Grausamkeit, mit der sich Deutschland – und jetzt auch Italien – der jüdischen Elemente zu entledigen versucht. Alle diese großen demokratischen Reiche haben insgesamt nur ein paar Menschen auf dem Quadratkilometer. In Italien und Deutschland sind es je über 140. Trotzdem hat Deutschland einst jahrzehntelang, ohne mit einer Wimper zu zucken, Hunderttausende um Hunderttausende dieser Juden aufgenommen.

Jetzt aber, da endlich die Klagen übergroß wurden und die Nation nicht mehr gewillt ist, sich noch länger von diesen Parasiten aussaugen zu lassen, jammert man darüber. Aber nicht, um nun endlich in diesen

8. Ein Modell Österreich?

demokratischen Ländern die heuchlerische Frage durch eine hilfreiche Tat zu ersetzen, sondern im Gegenteil, um eiskalt zu versichern, daß dort selbstverständlich kein Platz sei! Sie erwarten also, daß Deutschland mit 140 Menschen auf dem Quadratkilometer ohne weiteres das Judentum weiter erhalten könne, aber die demokratischen Weltreiche mit nur ein paar Menschen auf dem Quadratkilometer eine solche Belastung unter keinen Umständen auf sich nehmen könnten. Hilfe also keine. Aber Moral!»[44]

Das Debakel von Evian gewinnt seine volle Bedeutung aus seinem größeren Zusammenhang. Die wachsende Stärke des Dritten Reiches nötigte einige der Länder, die sich Hitlers allgemeiner Politik angeschlossen hatten, Schritte zu ergreifen, die, ob von Deutschland verlangt oder nicht, als Demonstrationen politischer und ideologischer Solidarität mit dem Reich gedacht waren. Die berüchtigtste derartige Initiative waren die italienischen Rassengesetze, die am 6. Oktober 1938 vom Großen Faschistischen Rat gebilligt wurden und am 17. November in Kraft traten.

In Italien zählte die jüdische Gemeinschaft kaum mehr als 50 000 Menschen und war vollständig in die allgemeine Gesellschaft integriert. Mit dem Nachlassen des kirchlichen Einflusses war Antisemitismus selten geworden, und selbst in der Armee – und in der faschistischen Partei – gab es prominente Juden. Schließlich hatte Mussolini selbst in der Vergangenheit keine große Hochachtung für die nazistische Rassenideologie zum Ausdruck gebracht. Die neuen antijüdischen Gesetze, die nach Nürnberger Muster konstruiert waren, riefen in Italien unter den Juden und auch unter vielen Nichtjuden weitverbreitete Bestürzung hervor.[45]

Den Oktobergesetzen vorangegangen war Mitte Juli das Rassische Manifest, eine Erklärung, die Mussolinis Gebräu von völkischem Antisemitismus darlegte und als theoretische Grundlegung der bevorstehenden Gesetzgebung gedacht war. Hitler konnte nicht umhin, soviel guten Willen huldvoll anzuerkennen. Er tat dies am 6. September, in seiner ersten Rede auf dem Nürnberger Parteitag: «Ich darf es hier, glaube ich, in meinem und in Ihrer aller Namen bekunden, wie tief innerlich glücklich wir sind angesichts der Tatsache, daß eine weitere große europäische Weltmacht aus eigenen Erfahrungen, aus eigenem Entschluß und auf eigenen Wegen die gleiche Auffassung vertritt und mit bewunderungswürdiger Entschlossenheit die weitgehendsten Konsequenzen gezogen hat.»[46] Das erste antijüdische Gesetz, das im Mai 1938 in Ungarn eingeführt wurde, wurde mit weniger Fanfarenstößen begrüßt als die Entscheidung Mussolinis, aber es verwies auf dieselbe Grundtatsache: Der Schatten von Hitlers antijüdischer Politik wurde immer länger und fiel über immer größere Teile Europas.[47]

Während die Juden in einer wachsenden Zahl europäischer Länder zur Zielscheibe gesetzlicher Diskriminierung wurden und während internationale Bemühungen zur Lösung des Problems der jüdischen Flüchtlinge scheiterten, wurde unter völliger Geheimhaltung ein ungewöhnlicher Schritt getan. Im Frühsommer 1938 forderte Papst Pius XI., der sich im Laufe der Jahre zu einem immer standhafteren Kritiker des NS-Regimes entwickelt hatte, den amerikanischen Jesuiten John LaFarge auf, den Text für eine Enzyklika gegen den NS-Rassismus und insbesondere den NS-Antisemitismus zu entwerfen. LaFarge war wahrscheinlich wegen seiner fortwährenden antirassistischen Aktivitäten in den Vereinigten Staaten und wegen seines Buches *Interracial Justice*, das Pius XI. gelesen hatte, ausgewählt worden.[48]

Mit Hilfe zweier anderer Jesuiten, des Franzosen Gustave Desbuquois und des Deutschen Gustav Gundlach, schloß LaFarge im Herbst 1938 den Entwurf von *Humani generis unitas* (Die Einheit des Menschengeschlechts) ab und übergab ihn dem General des Jesuitenordens in Rom, dem Polen Wladimir Ledóchowski, der ihn dem Papst unterbreiten sollte.[49] In der Zwischenzeit hatte Pius XI. erneut bei verschiedenen anderen Anlässen den Rassismus kritisiert. Am 6. September 1938 ging er in einem privaten Gespräch mit einer Gruppe belgischer Pilger noch weiter. Mit großer Bewegung, anscheinend unter Tränen, erklärte der Papst, nachdem er über das Opfer Abrahams gesprochen hatte: «Nein, es ist den Christen nicht möglich, am Antisemitismus teilzunehmen. Wir erkennen jedem das Recht zu, sich zu verteidigen und die geeigneten Mittel zu gebrauchen, um sich gegen alles, was die eigenen legitimen Interessen untergräbt, zu schützen. Der Antisemitismus ist nicht vertretbar. Wir sind im geistlichen Sinne Semiten.»[50]

In dieser Erklärung, die der Papst in privatem Kreis abgab und die daher in der Presse nicht erwähnt wurde, hielt sich seine Verdammung des Antisemitismus in theologischem Rahmen: Er kritisierte nicht die fortwährende Verfolgung der Juden, und er machte auch eine Äußerung über das Recht auf Selbstverteidigung (gegen übermäßigen jüdischen Einfluß). Dennoch war seine Aussage klar: Christen konnten den Antisemitismus der Nazisorte (oder auch den, der sich genau um diese Zeit in Italien herausbildete) nicht dulden.

Die Botschaft der Enzyklika war ähnlich: eine Verdammung des Rassismus im allgemeinen und die Verdammung des Antisemitismus aus theologischen Gründen, vom Standpunkt der christlichen Offenbarung und den Lehren der Kirche über die Juden.[51] Selbst in dieser Form wäre die Enzyklika die erste feierliche Verurteilung der antisemitischen Einstellungen, Lehren und Verfolgungen in Deutschland, im faschistischen Italien und in der gesamten christlichen Welt durch die höchste katholische Autorität gewesen.

8. Ein Modell Österreich?

Wladimir Ledóchowski war vor allem ein fanatischer Antikommunist, der überdies hoffte, daß ein politisches Arrangement mit NS-Deutschland möglich bleiben werde. Er verschleppte die Angelegenheit. Der Entwurf von *Humani generis unitas* wurde von ihm zur zusätzlichen Kommentierung an den Herausgeber des bekanntermaßen antisemitischen Organs der römischen Jesuiten, *Civiltà Cattolica*, gesandt.[52] Erst als LaFarge direkt an Pius XI. geschrieben hatte, erhielt dieser einige Tage vor seinem Tode den Text. Der Papst starb am 9. Februar 1939. Sein Nachfolger Pius XII. war wahrscheinlich über das Vorhaben unterrichtet und traf wahrscheinlich die Entscheidung, *Humani generis unitas* zu den Akten zu legen.[53]

III

Selbst 1938 existierten in Deutschland immer noch kleine Inseln rein symbolischen Widerstands gegen die antijüdischen Maßnahmen. Vier Jahre zuvor hatte das Reichserziehungsministerium dem Deutschen Verein für Kunstwissenschaft befohlen, seine jüdischen Mitglieder auszuschließen. Der Verein fügte sich nicht, sondern bildete lediglich seinen Vorstand um. Aus internen Vermerken des Ministeriums geht hervor, daß Erziehungsminister Rust seine Forderung 1935 wiederholte, erneut anscheinend ohne Erfolg. Im März 1938 schickte Staatssekretär Zschintsch seinem Chef eine Erinnerung: Alle Gelder für den Verein sollten gestrichen werden, und wenn der Befehl nicht befolgt würde, wäre es ihm nicht mehr gestattet, sich als «deutsch» zu bezeichnen. «Der Minister [muß] ein Interesse daran haben ...», schloß Zschintsch, «daß der Verein endlich den Grundsätzen nationalsozialistischer Auffassung entspricht.»[54] Wir wissen nicht, was der Verein daraufhin beschloß; jedenfalls wurden seine jüdischen Mitglieder nach dem Pogrom vom November 1938 mit Sicherheit nicht mehr gehalten.

Es gab noch einige weitere – ebenso unerwartete – Zeichen von Unabhängigkeit. Etwas Derartiges sollte bei den Salzburger Festspielen des Jahres 1938 stattfinden. Nach dem Anschluß sagte Arturo Toscanini, der sich 1933 geweigert hatte, in Bayreuth zu dirigieren, auch in Salzburg ab.

Salzburg war in mehr als einer Hinsicht symbolisch. Schon ganz von Anfang an, im Jahre 1920, als Hugo von Hofmannsthal und Max Reinhardt die ersten Festspiele um eine Aufführung von Hofmannsthals *Jedermann* (einem Stück, das auf dem gleichnamigen mittelalterlichen Mysterienspiel basierte) organisiert hatten, hatte die österreichische antisemitische Presse gegen die jüdische kulturelle Invasion getobt und dagegen, daß das erhabenste Erbe des Christentums von drei Juden ausgebeutet wurde (der dritte war der Schauspieler Alexander Moissi).[55] Dennoch wurden die Festspiele jahrein, jahraus mit Hofmannsthals *Jedermann* eröffnet (abgesehen von Aufführungen seines *Welttheaters* in den Jahren 1922 und 1924). 1938 wurde der *Jedermann* natürlich aus dem Repertoire genommen.[56] Die jüdische Invasion war eingedämmt.

Wilhelm Furtwängler war bereit, den Platz Toscaninis in Salzburg einzunehmen. Während seiner gesamten Karriere in NS-Deutschland erwies sich Furtwängler als ein politischer Opportunist, der Anwandlungen von Mut hatte. In Salzburg war er bereit, Wagners *Meistersinger* zu dirigieren, sofern der Jude Walter Grossmann als zweite Besetzung in der Rolle des Hans Sachs beibehalten würde. Wie es sich fügte, erkrankte am Abend der Eröffnung Karl Kammann, der programmgemäße Hans Sachs, und es sang Walter Grossmann: «Eine glitzernde Menge, angeführt von Joseph Goebbels und seinem Gefolge, saß in pflichtschuldiger Begeisterung die Lieblingsoper des Führers ab, während Grossmann Nürnbergs deutschesten Helden zum Leben erweckte.»[57] Doch weder die Aktivitäten des Kunsthistorikerverbandes noch Walter Grossmanns Auftritt konnten die ständig anschwellende Flut – und den Druck – der antijüdischen Propaganda der Nationalsozialisten eindämmen.

«Der ewige Jude», die umfangreichste antijüdische Ausstellung der Vorkriegsjahre, wurde am 8. November 1937 im Deutschen Museum in München eröffnet. Streicher und Goebbels hielten Reden. Am selben Abend organisierte der Direktor der Bayerischen Staatstheater im Residenztheater eine kulturelle Veranstaltung, die nach Angaben der *Deutschen Allgemeinen Zeitung* die «wesentlichsten Themen» der Ausstellung zum Ausdruck brachte. Der erste Teil des Programms bot eine für die Bühne bearbeitete Wiedergabe von Auszügen aus Luthers berüchtigtem Pamphlet *Wider die Juden und ihre Lügen*, der zweite Teil präsentierte Lesungen aus anderen antijüdischen Texten und der dritte die Shylock-Szenen aus Shakespeares *Kaufmann von Venedig*.[58]

Ein SOPADE-Bericht, der einige Wochen nach der Eröffnung niedergeschrieben wurde, hob hervor, die Ausstellung sei «nicht ohne Eindruck auf den Besucher» geblieben. Im ersten Saal zeigte man dem Betrachter große Modelle von jüdischen Körperteilen: «das jüdische Auge, ... die jüdische Nase, den jüdischen Mund, die Lippen usw.» Riesige Fotos von verschiedenen «rassetypischen» jüdischen Gesichtern und Manieriertheiten folgten – ein gestikulierender Trotzki, Charlie Chaplin und dergleichen –, «alles in der abstoßendsten Form». Materialien (beispielsweise Auszüge aus dem Buch Esther) und Karikaturen, Parolen und Beschreibungen von «Juden in der Politik», «Juden in der Kultur», «Juden in der Wirtschaft» – sowie Darstellungen jüdischer Ziele und Methoden in diesen verschiedenen Bereichen – füllten einen Raum nach

8. Ein Modell Österreich?

dem anderen. Dem Bericht zufolge war die Abteilung «Juden im Film» besonders wirkungsvoll: In dieser Sektion wurde ein unerträglich kitschiger kommerzieller Streifen gezeigt; zum Schluß erschien Alfred Rosenberg auf der Leinwand und erklärte: «Sie sind entsetzt über diesen Film. Ja, er ist ganz besonders schlecht, aber gerade diesen wollten wir Ihnen zeigen.»

Der Verfasser des SOPADE-Berichts gibt zu, daß er beim Verlassen der Ausstellung tief beeindruckt war; seine Begleiterin war es ebenfalls. Sie stellte Fragen über das, was sie gesehen hatten: «Ich ... habe meiner Begleiterin die Wahrheit nicht erklären können», räumt er ein, «ich war zu schwach dazu.»[59] Einige SA-Einheiten waren von der Ausstellung so inspiriert, daß sie auf eigene Faust eine Boykottaktion starteten, als «erzieherische Fortsetzung» dessen, was sie im Deutschen Museum gesehen hatten.[60]

Eine Ausstellung wie «Der ewige Jude» war nur der extremste Ausdruck der ständigen Bemühung, alle Arten von verurteilendem Material über die Juden zusammenzustellen. In den ersten Jahren des Regimes stieß man auf verschiedene Formen dieser Bemühung. Nun, am Ende des Jahres 1937 und im Verlauf des ganzen Jahres 1938, ging die Suche mit erneuertem Erfindungsreichtum weiter. Am 24. Februar 1938 informierte der Justizminister alle Staatsanwälte, es sei nicht mehr erforderlich, an die Pressestelle des Ministeriums eine Kopie jeder Anklage gegen einen Juden zu schicken, da sie bereits einen ausreichenden Überblick über die Kriminalität der Juden erlangt habe. Die Arten von kriminellen Akten von Juden, die immer noch gemeldet werden mußten, waren «Fälle, die neue juristische Fragen aufwarfen; solche, in denen der Täter eine besonders bösartige Absicht gezeigt oder besonders anrüchige Methoden verwendet hatte; solche, in denen das Verbrechen in besonders großem Ausmaß verübt wurde oder besonders großen Schaden angerichtet oder in der Öffentlichkeit ungewöhnliches Interesse erregt hatte; schließlich Fälle von Rassenschande, bei denen der Täter ein Wiederholungstäter war oder eine Machtposition mißbraucht hatte.»[61] Derartige Fälle von Juden in Deutschland, die ihre Machtposition mißbrauchten, um Rassenschande zu begehen, müssen im Jahre der Gnade 1938 einigermaßen selten gewesen sein...

Im März 1938 kam die Frage der jüdischen Mischlinge und der mit Juden Verheirateten, die immer noch im Staatsdienst standen, auf die Tagesordnung. Die Anordnung einer Untersuchung scheint von Hitler selbst ausgegangen zu sein, denn es war ein Mitglied der Kanzlei des Führers, Hans Hefelmann, das am 28. März 1938 den SD und speziell die Abteilung II 112 aufforderte, alle einschlägigen Dokumente zu sammeln. Die Beamten von II 112 wiesen darauf hin, daß die bevorstehende

Volkszählung einen genauen Überblick über diese besondere Gruppe liefern werde und daß jedenfalls etwa existierende Akten wahrscheinlich in den höheren Rängen jedes einzelnen Ministeriums zu finden seien, da bei jeder Beförderung die teilweise jüdische Abstammung oder familiäre Beziehungen zu Juden berücksichtigt werden mußten.[62]

Anfang 1938 mußten alle deutschen Juden ihre Pässe abgeben (neue wurden nur für diejenigen Juden ausgestellt, die auswandern wollten).[63] Doch über ein weiteres Identifikationsdokument wurde bald eine Entscheidung getroffen. Im Juli 1938 verfügte das Innenministerium, daß bis Ende des Jahres alle Juden bei der Polizei einen Personalausweis beantragen mußten, den sie immer bei sich zu tragen und auf Verlangen vorzuzeigen hatten.[64] Am 17. August verkündete eine weitere Verfügung, die von Hans Globke abgefaßt war, daß vom 1. Januar 1939 an Juden, die keinen der auf einer als Anlage beigefügten Liste verzeichneten Vornamen trugen, ihrem Namen den Vornamen Israel oder Sara hinzuzufügen hatten.[65] Die beigefügte Liste männlicher Vornamen begann mit Abel, Abieser, Abimelech, Abner, Absalom, Ahab, Ahasja, Ahaser[66] und so fort; die Liste der weiblichen Vornamen gehörte in dieselbe Kategorie. (Wären diese Listen unter anderen Umständen zusammengestellt worden, dann könnten sie als angemessene Belege für die Geistesverfassung bürokratischer Schwachsinniger stehen.)

Einige der Namen auf Globkes Listen waren völlig frei erfunden, und andere waren grotesk ausgewählt, was offensichtlich auf eine Absicht zurückzuführen war, die sich aus Identifizierung und Herabsetzung zusammensetzte. Ein überraschendes Exemplar bei den typisch jüdischen Namen war der Vorname Isidor. Dazu ist treffend bemerkt worden: «Der heilige Isidor von Sevilla, der judenfeindliche Kirchenvater, und der heilige Isidor von Madrid, der Patron so vieler süddeutscher Dorfkirchen, hätten sich gewundert.»[67] Doch es mag durchaus sein, daß Globke lediglich der zeitgenössischen Praxis folgte: In Deutschland war Isidor damals ein Name, den hauptsächlich Juden trugen.[68]

Einige Monate nach dem Anschluß verlangte Streicher von Himmler, er möge seinen Forschern den Zutritt zu den Rothschild-Archiven in Wien gestatten, damit sie dort Material für ein «monumentales historisches Werk über Juden, jüdische Verbrechen und jüdische Gesetze von der Vergangenheit bis in die Gegenwart» sammeln konnten. Himmler war einverstanden, bestand aber darauf, daß bei der Durchsicht der Dokumente ein Vertreter des SD anwesend war.[69] Die Rothschild-Archive übten eine weitverbreitete Faszination aus. Rosenberg plante für den Parteitag im September 1938 eine offizielle Ausstellung, die das Thema «Europas Schicksal im Osten» haben sollte. Sein Amt wandte sich an SS-Hauptsturmführer Hartl von der Wiener Gestapo, der die Rothschild-Archive beschlagnahmt hatte, da er hoffte, Dokumente zu finden, aus denen hervorging, daß das Judentum im Osten Kontakte sowohl zu Industriellen als auch zu marxistischen Führern unterhielt: «Wir nehmen an», schrieb Rosenbergs Beauftragter, «daß unter dem beschlagnahmten Inventar im Hause Rothschild einige wertvolle Originalhinweise auf dieses Thema vorgefunden wurden.» Hartls Büro antwortete einige Wochen später: In den Rothschild-Papieren ließ sich kein Material, das für das Ausstellungsthema relevant war, auffinden.[70] Etwa um dieselbe Zeit teilte SS-Oberführer Albert seinem Kollegen vom SD, SS-Standartenführer Six, mit, er sei zu «Forschungszwecken» besonders am Zugang zu den Rothschild-Archiven interessiert; Six versicherte Albert, das Material sei zugänglich, auch wenn es jetzt an mehrere verschiedene Orte geschafft worden sei; seine Verwalter, das sei zu beachten, seien nicht alle gewöhnliche Archivare: Das Rothschild-Material aus Frankfurt und die 30 000 Bände umfassende Bibliothek, die dazugehörte, wurden im SS-Oberabschnitt Fulda-Werra sicher verwahrt.[71]

Nach der Annektierung des Sudetenlandes wandte sich Rosenberg an Konrad Henlein, den Führer der Sudetendeutschen, mit der Bitte um etwaige marxistische, jüdische und auch religiöse Literatur, die «für die Bibliothek und die wissenschaftliche Forschungsarbeit der in Gründung befindlichen Hohen Schule unschätzbares Material bietet».[72]

Es leuchtet ein, daß bei einer so weitgespannten Forschungsaktion einige Grenzfragen das Gefühl der Nazis für feine Unterscheidungen auf eine harte Probe stellten. So wandte sich am 9. März 1938 Otto Winter, der Inhaber von Carl Winter's Universitätsbuchhandlung in Heidelberg, an Rosenberg mit der Bitte um Rat in einer ziemlich heiklen Angelegenheit. In den zwanziger Jahren hatte Winter vier Bände einer auf fünf Bände angelegten Standardausgabe der Werke von Baruch Spinoza herausgebracht; der 5. Band war 1932 gesetzt worden, war aber noch nicht gedruckt. Winter hatte den Eindruck, daß er nicht von sich aus entscheiden könne, ob er den letzten Band herausbringen sollte (in seinem Brief betonte er seine langjährige Parteimitgliedschaft und seine ausgedehnte Beteiligung an publizistischen Aktivitäten der Nationalsozialisten).[73] Am 18. März genehmigte Rosenbergs Amt Wissenschaft die Veröffentlichung (wahrscheinlich auf Empfehlung des Parteiphilosophen Alfred Bäumler).[74] Winter war jedoch nicht umsonst ein altgedienter Parteigenosse: Am 30. März dankte er Rosenberg für die Genehmigung und fragte an, ob er in der Anzeige, die er in das *Börsenblatt für den Deutschen Buchhandel* zu setzen gedachte, davon Gebrauch machen dürfe: «Ich lege Wert darauf», fügte er hinzu, «um mich vor unberechtigten Angriffen zu schützen.» Die Reaktion auf Winters Ersuchen hinterließ unmittelbare Spuren auf dem Rand des Briefes: zwei dicke Fragezeichen und ein viermal unterstrichenes «nein».⁷⁵ Winter wurde dies einige Tage später unmißverständlich mitgeteilt. Um sicherzustellen, daß Winter kein falsches Spiel versuchen würde, wurde der Brief des Amtes Wissenschaft per Einschreiben geschickt.⁷⁶

Manchmal half kein Maß an formeller Identifizierung, und es kam zu einigen äußerst ärgerlichen Situationen. So mußte am 20. August 1938 die Rektorin der Fürstenberger Mittelschule in Frankfurt in Beantwortung einer Anfrage durch die politische Abteilung der Gauleitung Hessen-Nassau eine etwas verlegene Erklärung abgeben. Was geschehen war, ließ sich nicht leugnen: Einige Tage vorher hatten die beiden jüdischen Mädchen, die immer noch die Schule besuchten, an der täglichen Flaggenhissung teilgenommen. Rektorin Öchler versuchte, den Vorfall wegzuerklären, indem sie angab, es habe bei den Lehrkräften zahlreiche Vertretungen und Umstellungen gegeben und die Mädchen hätten diese Situation «in einer gewissen jüdischen Aufdringlichkeit» ausgenutzt. Die Lehrer seien entsprechend instruiert worden, und die Rektorin wollte den Anlaß dazu benutzen, um die Mädchen von der Schule zu verweisen.⁷⁷ Doch dabei blieb es nicht. Am 27. August schickte die Gauleitung die Akte an die Kreisleitung Groß-Frankfurt. Vier Tage später schrieb der Kreisleiter an Bürgermeister Kremmer, das Geschehene sei trotz der Erklärungen der Rektorin unverständlich und unentschuldbar: «Ich bitte Sie, die Angelegenheit weiter zu verfolgen», schloß der Kreisleiter, «und dafür zu sorgen, daß die Frankfurter Schulen restlos von jüdischen Schülern gesäubert werden.»⁷⁸ Am 8. September übergab das Amt des Bürgermeisters den Fall an das Schulamt der Stadt mit einer dringenden Aufforderung, die Angelegenheit zu klären, die Möglichkeit der Säuberung der städtischen Schulen von ihren jüdischen Schülern zu erwägen und den Entwurf einer Antwort an den Kreisleiter vorzulegen. Das Material sollte bis zum 18. September eingegangen sein. Das Schulamt reagierte auf den dringlichen Fall mit Gelassenheit: Seine Antwort ging am 26. September an den Bürgermeister ab. Grundsätzlich, so hieß es darin, sei es zu dem Vorfall gekommen, weil es bei den Lehrern viele Umstellungen und Vertretungen gegeben habe. Darüber hinaus sei die Frage des Besuchs städtischer Schulen durch jüdische Kinder durch das Gesetz gegen die Überfüllung deutscher Schulen und Hochschulen vom 25. April 1933 geregelt (das heißt, jüdische Schüler konnten bis zu einer Grenze von 1,5 Prozent der Gesamtzahl der Besucher aufgenommen werden, wobei Kinder von Weltkriegskämpfern und von Paaren von Mischlingen ersten und zweiten Grades von diesem Numerus clausus ausgenommen waren).⁷⁹

IV

Die antijüdische Wirtschaftskampagne begann in den ersten Monaten des Jahres 1938 mit Hochdruck; während des ganzen Jahres wurden ständig neue Gesetze und Verordnungen erlassen, die jede noch verbliebene wirtschaftliche Existenz von Juden in Deutschland zunichte machten. Zu Beginn des Jahres lebten im Altreich immer noch 360 000 Juden, die meisten von ihnen in mehreren großen Städten, vor allem in Berlin. Jüdische Vermögen, die 1933 auf zehn bis zwölf Milliarden Reichsmark geschätzt worden waren, waren im Frühjahr 1938 auf die Hälfte dieser Summe geschrumpft. Dies allein läßt schon erkennen, daß die Arisierung, wie Barkai gezeigt hat, ein schrittweise ablaufender Prozeß war, der zu den Maßnahmen führte, die dann während des Jahres 1938 über die Juden Deutschlands kommen sollten.[80]

Am 26. April wurden alle Juden angewiesen, ihr Vermögen anzumelden.[81] Am 14. Juni wurde das Problem, vor dem das Boykottkomitee am 1. April 1933 kapituliert hatte, gelöst. Nach der dritten Verordnung zum Reichsbürgergesetz galt ein Gewerbebetrieb als jüdisch, wenn der Inhaber oder eine der zur gesetzlichen Vertretung berufenen Personen jüdisch waren oder wenn am 1. Januar 1938 ein Mitglied des Vorstands oder Aufsichtsrats Jude war. Des weiteren galten solche Betriebe als jüdisch, in denen Juden über mehr als ein Viertel des Kapitals oder mehr als die Hälfte der Stimmen geboten oder die «tatsächlich unter dem beherrschenden Einfluß von Juden» standen. Außerdem galten die Zweigniederlassungen jüdischer Betriebe sowie die Zweigniederlassungen nichtjüdischer Betriebe, deren Leiter Jude war, als jüdisch.[82]

Am 6. Juli 1938 stellte ein Gesetz eine detaillierte Liste von gewerblichen Dienstleistungen auf, die Juden künftig untersagt waren, darunter Kreditinformation, Immobilienmaklerei und dergleichen.[83] Am 25. Juli machte die Vierte Verordnung zum Reichsbürgergesetz der medizinischen Praxis von Juden in Deutschland ein Ende: Zum 30. September 1938 wurden die Zulassungen jüdischer Ärzte aufgehoben.[84] Wie Raul Hilberg schreibt, war dies nicht mehr als eine Neuauflage des kanonischen Rechts, aber die moderne Neuerung war die, daß die Mietverträge über Räumlichkeiten, die an jüdische Ärzte vermietet waren und der Behandlung von Patienten dienten, sowohl durch den Vermieter als auch durch den Mieter kündbar gestellt wurden.[85] Die letzte Zeile der Verordnung bezog sich weder auf das kanonische Recht noch auf moderne Neuerungen, sondern hielt sich völlig im Geiste des neuen Deutschland: «Diejenigen, die Genehmigung [zur medizinischen Behandlungen jüdischer Patienten] erhalten, dürfen nicht die Bezeichnung ‹Arzt›, sondern nur die Bezeichnung ‹Krankenbehandler› führen.»[86]

Übrigens wurde die Verordnung in Bayreuth unterzeichnet und verabschiedet: Hitler nahm an den Festspielen teil.

Am 27. September 1938, am Vorabend der Münchener Konferenz, unterzeichnete Hitler die fünfte Verordnung, die Juden die Ausübung des Anwaltsberufes untersagte.[87] Wegen der internationalen Spannungen wurde die Verordnung nicht sofort veröffentlicht. Schließlich, am 13. Oktober, gestattete er, daß die Verkündung am darauffolgenden Tag vorgenommen wurde.[88] Die Verordnung sollte im Altreich am 30. November und im ehemaligen Österreich (mit teilweiser und zeitlich begrenzter Ausnahme von Wien) am 31. Dezember in Kraft treten.

Der letzte Schlag, der das gesamte jüdische Wirtschaftsleben in Deutschland zerstörte, kam am 12. November, als Göring unmittelbar nach dem Kristallnacht-Pogrom ein Verbot sämtlicher jüdischer Geschäftstätigkeit im Reich erließ. Inzwischen waren jedoch nationalsozialistische Ärzte und Rechtsanwälte immer noch nicht damit zufrieden, daß sie die Juden endgültig aus ihren Berufen vertrieben hatten. Wie in der Welt der von den Nationalsozialisten ergriffenen antijüdischen Maßnahmen üblich, mußte die konkrete Vernichtung auch einen symbolischen Ausdruck finden. Am 3. Oktober 1938 hatte die Reichsärztekammer vom Erziehungsminister gefordert, jüdische Ärzte, denen das Praktizieren jetzt verboten war, sollten noch einen weiteren Verlust erleiden: «Ich darf deshalb bitten», schloß Reichsärzteführer Wagner seinen Brief an Rust, «diesen Juden baldmöglichst den Doktor-Titel zu entziehen.»[89] Der Erziehungsminister und der Justizminister berieten über die Angelegenheit: Ihr gemeinsamer Vorschlag an das Innenministerium lautete, es solle nicht nur in der Medizin und der Rechtswissenschaft der Doktortitel entzogen werden, sondern vielmehr die Abfassung eines Gesetzes erwogen werden, mit dem Juden sämtliche Titel, akademische Grade und ähnliche Auszeichnungen entzogen würden.[90] Nach dem Pogrom vom 9. und 10. November wurde die Angelegenheit vertagt.[91]

Die Atmosphäre, die in deutschen Geschäftskreisen herrschte, als die Zwangsarisierung – oder genauer, die Konfiszierung allen jüdischen Eigentums – Gesetz wurde, kommt in einem Brief eines Münchener Geschäftsmannes zum Ausdruck, der von den Behörden aufgefordert worden war, als Berater bei den Arisierungstransaktionen zu dienen. Der Verfasser des Briefes beschrieb sich als Nationalsozialisten, als Mitglied der SA und Bewunderer Hitlers. Dann fügte er hinzu: «[Ich war] von den brutalen Maßnahmen und ... dieser Art von Erpressungen an den Juden derart angeekelt, daß ich von nun ab jede Tätigkeit bei Arisierungen ablehne, obwohl mir dabei ein guter Verdienst entgeht. ... Als alter rechtschaffener ehrlicher Kaufmann [kann] ich nicht mehr zusehen, in welch schamloser Weise von vielen arischen Geschäftsleuten, Unternehmern etc. versucht wird, ... die jüdischen Geschäfte, Fabriken etc. mög-

8. Ein Modell Österreich?

lichst wohlfeil und um einen Schundpreis zu erraffen. Die Leute kommen mir vor wie die Aasgeier, die sich mit triefenden Augen und heraushängenden Zungen auf den jüdischen Kadaver stürzen.»[92]

Die Welle der Zwangsarisierung riß das relativ gemäßigte Verhalten mit fort, an dem die großen Unternehmen bis dahin festgehalten hatten. Die neuen ökonomischen Anreize, der Druck von seiten der Partei, das Fehlen jeglicher konservativer Gegenkräfte in den Ministerien (wie sie Schacht repräsentiert hatte) machten dem Unterschied zwischen gemeinem Raffen und gutem Benehmen auf höherer Ebene ein Ende. In manchen Fällen läßt sich Hitlers direktes Eingreifen verfolgen. So bestellten Mitte November 1937 «Herbert Göring und Wilhelm Keppler aus Hitlers Kanzlei Otto Steinbrinck, den Stellvertreter Friedrich Flicks in Berlin, zu sich, um Flick durch Bestechung oder Einschüchterung dazu zu veranlassen, eine Kampagne zur ‹Arisierung› des ausgedehnten Bergwerksbesitzes der Familien Julius und Ignaz Petschek zu führen».[93]

Anscheinend waren in neuerer Zeit gegründete Unternehmen aggressiver als ältere: Flick, Otto Wolf und Mannesmann beispielsweise, drei der schnell wachsenden neuen Giganten der Schwerindustrie, waren energischer in die Arisierungen verwickelt als Krupp oder die Vereinigten Stahlwerke. Dasselbe spielte sich im Bankwesen ab, wo die auf schnelle Expansion bedachten Regionalbanken und einige der Privatbanken (Merck, Fink, Richard Lenz) am aggressivsten waren. Die Dresdner Bank, die Kapital brauchte, spielte bei der Vermittlung der Übernahmen die führende Rolle, während die Deutsche Bank mehr Zurückhaltung zeigte, und die 2 Prozent Provision, die sie auf die Verkaufspreise jüdischer Unternehmungen erhob, summierten sich von 1937 bis 1940 zu mehreren Millionen Reichsmark.[94]

Nicht alle diese Operationen waren so einfach, wie es sich die Nationalsozialisten gewünscht hätten. Einige der großen Arisierungsinitiativen hielten sie monate- und selbst jahrelang in Atem, ohne daß Berlin einen vollständigen Sieg beanspruchen konnte.[95] Bei den berüchtigtsten Fällen ging es um komplizierte Verhandlungen mit den Rothschilds wegen der Kontrolle über die Witkowitz-Stahlwerke in der Tschechoslowakei (für die Dauer der Verhandlungen wurde der Wiener Rothschild, Baron Louis, als Geisel festgehalten), und mit den Weinmanns und auch mit Hitlers Zielscheiben, den Petscheks, wegen der Kontrolle über Stahlwerke und Kohlegruben im Reich. Die Nationalsozialisten verfingen sich in einem Irrgarten ausländischer Beteiligungen und Besitzübertragungen, die von ihren prospektiven Opfern geschickt initiiert worden waren, was im Zuge der Petschek-Verhandlungen Steinbrinck dazu veranlaßte, in einem internen Memorandum zu schreiben: «Gegebenenfalls [muß man] Gewaltmaßnahmen oder staatliche Eingriffe ins Auge fassen.»[96]

Die Nationalsozialisten waren sich über das von der beschleunigten Arisierung verschärfte Dilemma völlig im klaren: Die rasche Verarmung der jüdischen Bevölkerung und die zunehmenden Schwierigkeiten bei der Auswanderung schufen ein neues jüdisches soziales und wirtschaftliches Problem von gewaltigen Ausmaßen. Zu Anfang hatten Männer wie Frick noch sehr traditionelle Auffassungen von dem, was sich machen ließ. Nach einem Bericht vom 14. Juni 1938 mit dem Titel «Juden in der Wirtschaft» hatte Frick auf einer im April desselben Jahres abgehaltenen Diskussion seine Ansichten anscheinend folgendermaßen zusammengefaßt: «Soweit die Juden in Deutschland von dem Erlös ihrer Betriebs- und sonstigen Vermögenswerte leben können, bedürften sie einer strengen staatlichen Aufsicht. Soweit sie hilfsbedürftig werden, muß die Frage ihrer öffentlichen Unterstützung gelöst werden. Eine stärkere Inanspruchnahme der Fürsorgeverbände wird nicht zu vermeiden sein.»[97]

Im Frühherbst 1938 wurde eine weitere Maßnahme, bei der es diesmal um lokal geplante wirtschaftliche Erpressung ging, in Berlin in die Wege geleitet. Eine der größten Gesellschaften mit preiswerten Wohnungen, die Gemeinnützige Siedlungs- und Wohnungsbaugesellschaft (GSW) Berlin, ordnete die Registrierung aller ihrer jüdischen Mieter an und hob in den meisten Fällen deren Verträge auf. Einige der jüdischen Mieter gingen, andere dagegen verklagten die GSW. Das Amtsgericht Charlottenburg stützte nicht nur die Wohnungsgesellschaft, es erklärte, ähnliche Maßnahmen ließen sich allgemeiner anwenden. Wahrscheinlich wäre das Gericht ohne Druck von außen zu derselben Entscheidung gelangt, aber es traf sich, daß auf das Justizministerium Druck von Albert Speer ausgeübt wurde, den Hitler Anfang 1937 zum Generalbauinspekteur für die Reichshauptstadt Berlin ernannt hatte. Gleichzeitig verhandelte der eifrige Generalbauinspekteur mit dem Bürgermeister der Hauptstadt über den Bau von 2500 kleinen Wohnungen, in die andere Juden aus ihren Wohnvierteln umgesiedelt werden sollten.[98] Diese Details sind Speers äußerst selektivem Gedächtnis anscheinend entfallen.[99]

Im Frühjahr und im Frühsommer 1938 waren im Altreich erneut antijüdische Gewalttätigkeiten ausgebrochen. Im Juni wurden auf Befehl von Heydrich einige Zehntausend «Asoziale» verhaftet und in Konzentrationslager geschickt: dabei waren auch 1500 vorbestrafte Juden, die nach Buchenwald abtransportiert wurden (dieses Lager war 1937 errichtet worden).[100] Einige Wochen zuvor, Ende April, hatte der Propagandaminister (und Gauleiter von Berlin) den Berliner Polizeichef, Graf Wolf Heinrich Helldorff, um Vorschläge hinsichtlich neuer Formen von Absonderung und Schikanierung der in der Stadt lebenden Juden ge-

8. Ein Modell Österreich?

beten. Das Ergebnis war ein längeres Memorandum, das die Gestapo angefertigt hatte und das Helldorff am 17. Mai übergeben wurde. Im letzten Augenblick wurde dieses Dokument hastig von der Judenabteilung des SD überarbeitet; dort sah man die Tatsache kritisch, daß die von der Gestapo vorgeschlagenen maximalen Absonderungsmaßnahmen die höchste Priorität, nämlich die Auswanderung, noch schwieriger machen würden, als sie jetzt schon war. Die abschließende Fassung des Vorschlags wurde an Goebbels weitergeleitet und möglicherweise auf einer Besprechung am 24. Juli mit Hitler diskutiert.[101] Einige der in Aussicht genommenen Maßnahmen waren bereits in Vorbereitung, andere sollten nach dem November-Pogrom angewendet werden und wieder andere nach Beginn des Krieges.

Gleichzeitig ging Goebbels zu direkter Aufhetzung über. Nach den Eintragungen in seinem Tagebuch sprach er am 10. Juni zu 300 Berliner Polizeioffizieren über die Judenfrage: «Gegen jede Sentimentalität. Nicht Gesetz ist die Parole, sondern Schikane. Die Juden müssen aus Berlin heraus. Die Polizei wird mir dabei helfen.»[102] Parteiorganisationen wurden eingesetzt. Nachdem durch die Verordnung vom 14. Juni die jüdischen Geschäfte definiert waren, konnte nun endlich ihre Kennzeichnung beginnen. «Vom Spätnachmittag des Samstag an», kabelte Hugh R. Wilson, der amerikanische Botschafter in Deutschland, am 22. Juni 1938 an Außenminister Hull, «konnte man gewöhnlich aus zwei oder drei Männern bestehende Gruppen von Zivilisten beobachten, die an die Schaufenster jüdischer Geschäfte das Wort ‹Jude› in großen roten Buchstaben, den Davidsstern und Karikaturen von Juden malten. Auf dem Kurfürstendamm und der Tauentzienstraße, dem eleganten Einkaufsviertel im Berliner Westen, wurde den Malenden die Arbeit dadurch erleichtert, daß am Vortag jüdische Geschäftsinhaber angewiesen worden waren, ihre Namen in weißen Buchstaben am Laden anzubringen. (Dieser Schritt, der offensichtlich im Vorgriff auf eine bevorstehende Regelung verfügt worden war, wonach Juden verpflichtet sein werden, ein einheitliches Erkennungszeichen zu zeigen, enthüllte, daß in diesem Viertel immer noch eine überraschend große Zahl von Geschäften jüdisch ist.) Den Malenden folgten jeweils große Gruppen von Schaulustigen, welche die Vorgänge aus vollem Herzen zu genießen schienen. Die Meinung in informierten Kreisen der Öffentlichkeit war, daß diese Aufgabe von Vertretern der Arbeitsfront und nicht, wie es früher der Fall gewesen war, von der SA oder der SS übernommen wurde. Man weiß, daß sich im Gebiet um den Alexanderplatz Hitlerjungen an den Malaktionen beteiligten, die ihren Mangel an Geschick durch eine gewisse Phantasie und Gründlichkeit der Verstümmelung wettmachten. Man hört Berichte, daß in dieser Gegend mehrere Vorfälle stattfanden, die dazu führten, daß Läden geplündert und ihre Besitzer zusammengeschlagen wurden; man sah etwa ein Dutzend eingeschlagene oder leere Vitrinen und Schaufenster, was diese Berichte glaubwürdig erscheinen läßt.»[103]

Bella Fromms Tagebucheintragung, in der sie die Hitlerjugend in Aktion gegen jüdische Einzelhandelsgeschäfte beschreibt, ist noch plastischer: «Wir wollten gerade einen kleinen Juwelierladen betreten, als eine Bande von zehn Jugendlichen in Uniformen der Hitlerjugend das Schaufenster einschlug und in den Laden stürmte; dabei fuchtelten sie mit Fleischermessern herum und brüllten: ‹Zur Hölle mit dem Judenpack! Platz für die Sudentendeutschen!›» Sie fährt fort: «Der kleinste Junge aus der Bande kletterte ins Fenster und begann sein Zerstörungswerk, indem er alles, was er packen konnte, auf die Straße warf. Drinnen zertrümmerten die anderen Jungen Glasregale und Ladentische, sie warfen Wecker, billige Silberwaren und Kleinkram ihren draußen stehenden Komplizen zu. Ein winziger Knirps hockte sich in eine Ecke des Fensters, steckte sich Dutzende von Ringen an die Finger und stopfte sich die Taschen mit Armbanduhren und Armbändern voll, so daß seine Uniform von der Beute ganz ausgebeult war. Dann wandte er sich um, spuckte dem Geschäftsinhaber mitten ins Gesicht und raste davon.»[104]

In einem internen Bericht des SD wird ebenfalls kurz die «Judenaktion» in Berlin beschrieben und angegeben, sie habe am 10. Juni begonnen. Dem SD zufolge waren daran alle Parteiorganisationen mit Genehmigung der Gauleitung der Stadt beteiligt.[105]

Bald geriet jedoch die Lage außer Kontrolle, und während der amerikanische Botschafter sein Telegramm abschickte, kam ein Befehl aus Berchtesgaden: Der Führer wünschte, daß die Berliner Aktion beendet werde.[106] Und das wurde sie. Zu einem Zeitpunkt, da sich die Krise über das Schicksal des Sudetenlandes ihrem Höhepunkt näherte, waren antijüdische Gewalttätigkeiten in großem Umfang nicht das, was Hitler gebrauchen konnte.

Wenn Goebbels' Tagebuch die Hauptzüge der Ansichten Hitlers, die dieser bei ihrer Besprechung am 24. Juli zum Ausdruck brachte, zutreffend wiedergibt, dann muß er mehrere Alternativen erwogen haben: «Wir besprechen die Judenfrage. Der Führer billigt mein Vorgehen in Berlin. Was die Auslandspresse schreibt, ist unerheblich. Hauptsache ist, daß die Juden hinausgedrückt werden. In 10 Jahren müssen sie aus Deutschland entfernt sein. Aber vorläufig wollen wir die Juden noch als Faustpfand hierbehalten ...»[107] Bald jedoch war dann die Sudetenkrise vorüber, und ein unvorhergesehenes Ereignis bot den Vorwand für antijüdische Gewalttätigkeiten in einem noch nicht dagewesenen Ausmaß. Die Berliner Ereignisse waren nur eine Probe im kleinen Rahmen gewesen.

8. Ein Modell Österreich?

V

Anfang 1938 hatte Werner Best, Heydrichs Stellvertreter als Leiter des Hauptamtes Sicherheitspolizei, eine Ausweisungsverfügung für etwa 500 im Reich lebende Juden sowjetischer Staatsangehörigkeit unterzeichnet.[108] Dies war eine Maßnahme, um die die Wilhelmstraße als Vergeltung für die Ausweisung einiger deutscher Bürger aus der Sowjetunion ersucht hatte. Da diese sowjetischen Juden keine Genehmigung zur Einreise in die Sowjetunion erhielten, wurde die Ausweisungsverfügung zweimal verlängert – ohne Ergebnis. Am 28. Mai 1938 ordnete Heydrich an, die männlichen sowjetischen Juden in Konzentrationslagern zu inhaftieren, bis sie den Beweis erbringen konnten, daß ihre Auswanderung unmittelbar bevorstehe. Im Mai ergingen Ausweisungsverfügungen auch an rumänische Juden, die in Deutschland lebten. Das alles war nur ein Vorspiel zu der neuen Ausweisungsaktion, die im Herbst beginnen sollte.

In den Monaten unmittelbar nach dem Anschluß gab es jedoch eine Entwicklung, welche diese auf rasche Zwangsemigration zielenden NS-Planungen zu behindern drohte: die von der Schweiz ergriffenen Maßnahmen. Die meisten Details der Politik, welche die Eidgenossenschaft vor dem Krieg und während des Krieges hinsichtlich der jüdischen Flüchtlinge verfolgte, wurden 1957 in einem Bericht zugänglich gemacht, den die Schweizerischen Eidgenössischen Räte angefordert hatten und der von Bundesrat Carl Ludwig abgefaßt worden war.[109] Und die 1994 erfolgte Veröffentlichung schweizerischer diplomatischer Dokumente aus der Vorkriegszeit hat dieses Bild dann noch vervollständigt.

Zwei Wochen nach dem Anschluß Österreichs, auf seiner Sitzung vom 28. März 1938, beschloß der Schweizerische Bundesrat (die Exekutive des Landes), alle Inhaber österreichischer Pässe sollten verpflichtet werden, sich für die Einreise in die Schweiz Visa ausstellen zu lassen. Im Sitzungsprotokoll heißt es: «Angesichts der von andern Staaten gegen den Zustrom österreichischer Flüchtlinge bereits getroffenen und in Aussicht stehenden Massnahmen befinden wir uns in einer recht heiklen Lage. Klar ist, dass die Schweiz wie für die Flüchtlinge aus Deutschland auch für die aus Österreich nur Transitland sein kann. Abgesehen von der Lage unseres Arbeitsmarktes gebietet schon der gegenwärtige Grad der Überfremdung die strikteste Abwehr eines längeren Aufenthaltes solcher Elemente. Wenn wir einer unseres Landes unwürdigen antisemitischen Bewegung nicht berechtigten Boden schaffen wollen, müssen wir uns mit aller Kraft und, wo es nötig sein sollte, auch mit Rücksichtslosigkeit der Zuwanderung ausländischer Juden erwehren, ganz besonders vom Osten her. Wir müssen an die Zukunft denken und dürfen deshalb auch nicht nur augenblicklicher Vorteile wegen solche Ausländer zulassen; die Vorteile müßten sich ohne Zweifel bald in die schlimmsten Nachteile verwandeln.»[110] Dies sollte die grundsätzliche Position der Schweizer Behörden in den kommenden sieben Jahren bleiben, wobei in den verschiedenen internen Vermerken bisweilen ein zusätzlicher Punkt erwähnt wurde: Die Schweizer Juden hatten gewiß nicht den Wunsch, ihre Stellung durch das Einströmen ausländischer Juden ins Land bedroht zu sehen.

Nachdem die österreichischen Pässe durch deutsche ersetzt waren, wurde die Visumpflicht auf alle Inhaber deutscher Reisedokumente ausgedehnt. Die Schweizer wußten, daß die von ihnen eingeführte Visumpflicht auf Gegenseitigkeit praktiziert werden mußte, daß von nun an Schweizer Bürger, die nach Deutschland fuhren, ebenfalls Visa brauchten. Auf beiden Seiten schien das Dilemma unlösbar. Wenn Deutschland vermeiden wollte, daß von seinen arischen Bürgern, die in die Schweiz reisten, Visa gefordert wurden, dann hätte das bedeutet, daß man die Pässe von Juden mit einem besonderen Kennzeichen versehen mußte, und das hätte ihre Auswanderung automatisch stark erschwert. Verschiedene technische Lösungen wurden im Sommer des Jahres erwogen. Ende September 1938 fuhr ohne Rücksicht auf die Sudetenkrise eine Schweizer Delegation unter der Leitung von Heinrich Rothmund, dem Chef der Polizeiabteilung im Justizministerium, zu Verhandlungen mit Werner Best nach Berlin. Ihrem eigenen Bericht zufolge beschrieben die Schweizer Abgesandten ihren deutschen Kollegen den ständigen Kampf der Bundespolizei gegen den Zustrom ausländischer Einwanderer, insbesondere solcher, die sich nicht leicht assimilierten, vor allem der Juden. Als Ergebnis der schweizerischen Forderungen waren die Deutschen schließlich bereit, die Pässe von Juden mit einem J zu stempeln, was es der Schweizer Polizei gestatten würde, «an der Grenze zu prüfen, ob der Inhaber eines deutschen Passes Arier oder Nichtarier sei» (so lautete die Formulierung in dem Schweizer Bericht). Am 4. Oktober bestätigte die Regierung in Bern die Maßnahmen, auf die sich die deutschen und die schweizerischen Polizeivertreter geeinigt hatten.

Noch hatten die schweizerischen Behörden nicht alle ihre Probleme gelöst: Juden, die vor der Stempelung ihrer Pässe eine Einreisegenehmigung erhalten hatten, konnten versuchen, schnell davon Gebrauch zu machen. Am 4. Oktober wurden daher alle Grenzstationen verständigt, «wenn Unsicherheit bestehe, ob ein Reisender mit einem deutschen Paß Arier oder Nichtarier sei, so solle von ihm eine Bescheinigung über das erstere verlangt werden. Im Zweifelsfall sei der Reisende an das für seinen Wohnort zuständige schweizerische Konsulat zurückzuweisen, dessen Aufgabe es sei, die nötigen Feststellungen zu machen.»[111] Waren aber damit alle Vorsichtsmaßnahmen getroffen? Den Schweizern fiel ein weiteres mögliches Täuschungsverfahren ein. Ein Bericht aus ihrer Centrale Fédérale des Imprimés et du Matériel vom 11. November 1938 teilte mit, auf Bitte von Rothmund habe man versucht, das J in einem deutschen Paß, den man sich zu Prüfungszwecken beschafft hatte, auszuwaschen. Der Testbericht war ermutigend: «Das Auswaschen des mittelst roter Stempelfarbe aufgedruckten ‹J› ist uns nicht vollständig gelungen. Ohne Schwierigkeiten wird man die zurückgebliebenen Spuren erkennen.»[112] Während sich diese Vorgänge abspielten, waren die Juden des Sudetenlandes unter deutsche Kontrolle geraten.

Kaum war Österreich annektiert, da wandte sich Hitler der Tschechoslowakei zu: Prag mußte es dem Sudetenland, seiner hauptsächlich von Deutschen bewohnten Provinz, gestatten, sich abzuspalten und dem Deutschen Reich anzuschließen. Im Mai hatte die Wehrmacht den Befehl erhalten, am 1. Oktober in die Tschechoslowakei einzumarschieren. Als die Franzosen zumindest formell ihre Bereitschaft erklärten, ihrem tschechischen Verbündeten beizustehen, erschien ein allgemeiner Krieg wahrscheinlich. Nachdem ein britischer Vermittlungsversuch erfolglos geblieben war und zwei Zusammenkünfte zwischen dem britischen Premierminister Neville Chamberlain und Hitler gescheitert waren, wurde in Europa mobil gemacht. Dann, zwei Tage vor dem geplanten deutschen Angriff, schlug Mussolini eine Konferenz der hauptsächlich an der Krise beteiligten Mächte vor (allerdings ohne Anwesenheit der Tschechen – und der Sowjetunion). Am 29. September unterzeichneten Großbritannien, Frankreich, Deutschland und Italien in München ein Abkommen: Bis zum 10. Oktober sollte das Sudetenland Teil des Deutschen Reiches werden. Der Frieden war gerettet; die Tschecho-Slowakei (der neu eingeführte Bindestrich ging auf eine slowakische Forderung zurück) war im Stich gelassen worden; ihre neuen Grenzen wurden allerdings «garantiert».

Als die Wehrmacht das Sudetenland eingenommen hatte, teilte Hitler Ribbentrop mit, zusätzlich zur Ausweisung derjenigen Juden aus den Sudeten, denen es noch nicht gelungen war, in die gestutzte Tschecho-Slowakei zu fliehen, sollte die Vertreibung der in Österreich lebenden 27 000 tschechischen Juden erwogen werden. Doch die aktuellen Ausweisungsmaßnahmen betrafen hauptsächlich die Juden des Sudetenlandes. Die Deutschen schickten sie über die tschechische Grenze; die Tschechen weigerten sich, sie aufzunehmen. Einen Monat danach beschrieb Göring das dann voller Schadenfreude: «Die Juden wurden die erste Nacht [nach dem Einmarsch der deutschen Truppen in das Sudetenland] nach der Tschechei ausgewiesen. Am nächsten Morgen haben sie die Tschechen gepackt und nach Ungarn abgeschoben. Von Ungarn ging es zurück nach Deutschland und zur Tschechei. Sie fuhren so herum und so herum. Schließlich landeten sie auf einer alten Prahm der Donau. Da hausten sie, und wo sie auch an Land gingen, wurden sie zurückgewiesen.»[113] Tatsächlich wurden mehrere Tausende dieser Juden schließlich bei eiskaltem Wetter in improvisierte Zeltlager gezwungen, die im Niemandsland zwischen Ungarn und der Tschecho-Slowakei lagen, so etwa in Mischdorf 20 Kilometer von Bratislava entfernt.

Anfang Oktober 1938 wurde der Einsatz dieser nunmehr allgemein benutzten Methode gegen einige Wiener Juden geplant. Aus einem Vermerk des SD vom 5. Oktober geht hervor, daß bei einer Versammlung führender Parteivertreter der Ortsgruppe Goldegg der Leiter ankündigte, entsprechend den Anweisungen aus dem Gau sollte bis zum 10. Oktober eine beschleunigte Operation gegen die Juden stattfinden: «Da viele Juden keine Pässe haben, werden sie ohne Paß über die tschechische Grenze nach Prag geschickt. Wenn die Juden kein Bargeld haben, bekommen sie vom Gau RM 40.– für ihre Ausreise. Bei dieser Operation gegen die Juden ist der Eindruck zu vermeiden, daß es sich um eine Parteiangelegenheit handelt; vielmehr sind spontane Demonstrationen der Bevölkerung zu verursachen. Wo Juden Widerstand leisten, könnte es Gewaltanwendung geben.»[114]

Den ganzen Sommer und Herbst hindurch unternahmen österreichische Juden den Versuch, illegal in verschiedene Nachbarländer und weiter nach England zu fliehen. Die Gestapo hatte einige Gruppen nach Finnland, nach Litauen und Holland abtransportiert oder sie über die Grenze in die Schweiz, nach Luxemburg und Frankreich abgeschoben. Als jedoch die ausländischen Proteste zunahmen, wurde eine illegale Einreise oder Abschiebung nach Westen immer schwieriger.[115] So teilte am 20. September der Chef der Karlsruher Gestapo den regionalen Behörden mit, daß österreichische Juden, oft ohne Pässe oder Geld, in großer Zahl in Baden einträfen. «Da die Auswanderung österr. Juden», fuhr der Gestapochef fort, «durch entsprechende Abwehrmaßnahmen des Auslands, insbesondere der Schweiz, vorläufig so gut wie unmöglich geworden ist, kann ein längerer Aufenthalt dieser Juden in Baden ... nicht mehr geduldet werden.» Die Gestapo machte nicht den Vorschlag, die Juden mit Gewalt zum Überschreiten einer der westlichen Grenzen zu zwingen; Anweisung war erteilt worden, «für die sofortige Rückbeförderung der Juden an ihren früheren Wohnsitz besorgt zu sein».[116] Innerhalb von wenigen Tagen waren es jedoch die in Deutschland lebenden Juden polnischer Nationalität, die zum Hauptproblem wurden.[117]

Aus der Volkszählung vom Juni 1933 war hervorgegangen, daß von den 98 747 ausländischen Juden, die noch in Deutschland lebten, 56 480 polnische Bürger waren. Die Polnische Republik zeigte keinerlei Neigung, ihre jüdische Bevölkerung von 3,1 Millionen Menschen durch ir-

8. Ein Modell Österreich?

gendwelche Zuzügler zu vermehren, und zwischen 1933 und 1938 wurden verschiedene Verwaltungsmaßnahmen angewendet, die darauf zielten, in Deutschland lebende polnische Juden an der Rückkehr zu hindern. Doch wie in anderen Ländern löste auch in Polen der Anschluß Österreichs erheblich schärfere Initiativen aus. Am 31. März 1938 verabschiedete das polnische Parlament ein Gesetz, das eine breite Palette von Bedingungen festsetzte, unter denen einem im Ausland lebenden Bürger die polnische Staatsbürgerschaft entzogen werden konnte.

Die Deutschen erkannten sofort die Bedeutung des neuen Gesetzes für ihre Zwangsemigrationspläne. Deutsch-polnische Verhandlungen führten zu keinem Ergebnis, und im Oktober 1938 verkündete eine zusätzlich polnische Verfügung, Pässe von Auslandspolen, die sich nicht vor Ende des Monats eine spezielle Genehmigung zur Einreise nach Polen verschafften, würden ungültig. Da mehr als 40 Prozent der polnischen Juden, die im Deutschen Reich lebten, dort geboren waren, konnten sie kaum hoffen, ihre Geschäfte und Wohnungen in weniger als zwei Wochen aufzulösen. Die meisten von ihnen mußten daher am 1. November ihre polnische Staatsangehörigkeit verlieren. Die Nationalsozialisten beschlossen, den polnischen Maßnahmen zuvorzukommen.

Ob Hitler wegen der Vertreibung der polnischen Juden konsultiert wurde oder nicht, ist unklar. Die allgemeinen Anweisungen wurden von der Wilhelmstraße gegeben, und die Gestapo wurde gebeten, die praktische Durchführung der Maßnahme zu übernehmen. Ribbentrop, Himmler und Heydrich müssen wie alle anderen gespürt haben, daß angesichts der internationalen Verhältnisse nach dem Münchener Abkommen – das Verlangen nach Frieden und als seine Konsequenz die Beschwichtigung – zur Verteidigung der unglücklichen Juden niemand auch nur einen Finger rühren würde. Polen selbst war letztlich vom guten Willen der Deutschen abhängig; hatte es sich nicht eben gerade im Gefolge der deutschen Annektierung des Sudetenlandes das zur nordöstlichen Tschecho-Slowakei gehörige Olsagebiet einverleibt? Der Zeitpunkt der Vertreibung hätte nicht günstiger gewählt sein können. So sollten nach Himmlers Befehlen bis zum 29. Oktober alle männlichen polnischen Juden, die in Deutschland lebten, zwangsweise über die Grenze nach Polen deportiert werden.

Der Reichsführer wußte, daß die Frauen und Kinder, die aller Unterstützung beraubt waren, würden folgen müssen. Am 27. und 28. Oktober taten sich Polizei und SS zusammen und transportierten Juden in die Nähe der polnischen Stadt Zbaszyn, wo sie sie über den Fluß schickten, der die Grenze zwischen den beiden Ländern markierte. Die polnischen Grenzwachen schickten sie auftragsgemäß zurück. Tagelang wanderten die Deportierten in strömendem Regen und ohne Nahrung oder Unterkunft zwischen den beiden Fronten hin und her; die meisten von ihnen endeten dann in einem polnischen Konzentrationslager in der Nähe von Zbaszyn.[118] Der Rest durfte nach Deutschland zurückkehren.[119] (Anfang Januar wurde es Juden, die sich zu diesem Zeitpunkt in Polen aufhielten, gestattet, vorübergehend zurückzukehren, um ihre Häuser und Geschäfte zu verkaufen.)[120] Etwa 16 000 polnische Juden wurden auf diese Weise vertrieben.[121]

Die Grynszpans, eine Familie aus Hannover, gehörten zu den Juden, die am 27. Oktober an die Grenze transportiert wurden. Herschel, ihr siebzehnjähriger Sohn, war nicht bei ihnen; er lebte zu diesem Zeitpunkt heimlich in Paris, wo er sich mühsam mit Gelegenheitsarbeiten und etwas Unterstützung von Verwandten über Wasser hielt. An ihn schrieb seine Schwester Berta am 3. November: «Uns wurde nicht erlaubt, nach Hause zurückzugehen, um wenigstens ein paar notwendige Dinge zu holen. So ging ich mit einem Schupo los, der mich begleitete, und ich packte einen Koffer mit den notwendigsten Kleidungsstücken. Das ist alles, was ich retten konnte. Wir haben nicht einen Pfennig. Mehr im nächsten Brief. Liebe Grüße und Küsse von uns allen. Berta.»[122]

Der junge Herschel Grynszpan wußte nicht im einzelnen, was mit seiner Familie in der Nähe von Zbaszyn geschah, aber er konnte es sich gut vorstellen. Am 7. November schrieb er eine Nachricht an seinen Onkel in Paris: «Mit Gottes Hilfe [auf hebräisch geschrieben] ... Ich konnte nicht anders. Mir blutet das Herz, wenn ich an unsere Tragödie und an die der 12 000 Juden denke. Ich muß auf eine Weise protestieren, daß die ganze Welt meinen Protest hört, und das habe ich vor. Ich bitte dich um Vergebung. Hermann.» Grynszpan kaufte sich eine Pistole, ging in die deutsche Botschaft und verlangte, mit einem Beamten zu sprechen. Er wurde in das Büro des Ersten Sekretärs Ernst vom Rath geschickt; dort schoß er auf den deutschen Diplomaten und verwundete ihn tödlich.[123]

9.

Der Angriff

I

Am 10. November 1938 um acht Uhr morgens begab sich der Bauer Adolf Heinrich Frey, SA-Führer von Eberstadt, in Begleitung mehrerer seiner Spießgesellen zum Haus der 81jährigen jüdischen Witwe Susanna Stern. Nach Angaben Freys ließ sich die Witwe Stern Zeit, bevor sie die Tür öffnete, und als sie ihn sah, lächelte sie herausfordernd und sagte: «Schon hoher Besuch heute morgen.» Frey befahl ihr, sich anzuziehen und mitzukommen. Sie setzte sich auf ihr Sofa und erklärte, sie werde sich weder anziehen noch ihr Haus verlassen; sie könnten mit ihr machen, was sie wollten. Frey berichtete, der gleiche Wortwechsel habe sich fünf oder sechs Mal wiederholt, und als sie erneut sagte, sie könnten machen, was sie wollten, nahm Frey seine Pistole und schoß die Witwe Stern in die Brust. «Auf den ersten Schuß ist die Stern auf dem Sofa in sich zusammengesunken. Sie hat sich nach rückwärts gelehnt und mit beiden Händen an die Brust gegriffen. Ich habe nun unmittelbar danach den zweiten Schuß auf sie abgegeben, und zwar diesmal nach dem Kopf zielend. Die Stern ist darauf von dem Sofa gerutscht und hat sich dabei gedreht. Sie lag alsdann unmittelbar vor dem Sofa, und zwar den Kopf nach links, den Fenstern zugewandt. In diesem Augenblick hat die Stern noch Lebenszeichen von sich gegeben. Sie hat in kurzen Abständen geröchelt und wieder ausgesetzt. Geschrien und gesprochen hat die Stern nicht. Mein Kamerad C. D. hat nun den Kopf der vor dem Sofa liegenden Stern gedreht, um nachzuschauen, wo der Schuß getroffen hat. Ich habe darauf zu meinem Kameraden gesagt, ich sehe gar nicht ein, warum wir hier herumstehen sollten, ich halte es für das richtigste, wenn wir die Türe abschließen und die Schlüssel abliefern. Damit ich aber ganz sicher war, daß die Stern tot ist, habe ich auf die Daliegende in einer Entfernung von ungefähr 10 cm einen Schuß in die Mitte der Stirn abgefeuert. Hierauf haben wir das Haus abgeschlossen und habe ich von der öffentlichen Fernsprechstelle in Eberstadt die Kreisleitung angerufen und den Kreisleiter Ullmer von dem Geschehenen unterrichtet.» Das Verfahren gegen Frey wurde am 10. Oktober 1940 auf Grund eines Beschlusses des Justizministeriums eingestellt.[1]

In der Kette der Judenverfolgungen vor dem Kriege war der Pogrom vom 9. und 10. November, die sogenannte Kristallnacht, in vieler Hinsicht ein weiterer Wendepunkt. 1992 wurden Goebbels' noch fehlende Tagebucheintragungen über dieses Ereignis veröffentlicht; sie liefern wichtige neue Einsichten über das Zusammenspiel zwischen Hitler, seinen obersten Häuptlingen, den Parteiorganisationen und den breiteren Kreisen der Gesellschaft bei der Auslösung und Handhabung der antijüdischen Gewalttätigkeiten. Was die Reaktionen der deutschen und internationalen öffentlichen Meinung auf diese Gewalt angeht, so werfen sie eine Vielzahl von Fragen auf, nicht zuletzt im Hinblick auf ihr Verhältnis zu Ereignissen, die erst danach stattfanden.

Der Gedanke an einen Pogrom gegen die Juden Deutschlands lag in der Luft. «Der SD billigte nicht nur den kontrollierten und gezielten Einsatz von Gewalt, sondern er empfahl ihn in einer Denkschrift vom Januar 1937 auch ausdrücklich.»[2] Anfang Februar 1938 erhielt die zionistische Führung in Palästina Informationen aus «einer sehr zuverlässigen privaten Quelle – einer Quelle, die sich bis in die höchsten Ränge der SS-Führung zurückverfolgen läßt, wonach die Absicht bestehe, in naher Zukunft in Deutschland einen echten und dramatischen Pogrom großen Ausmaßes zu veranstalten».[3] Tatsächlich waren die antijüdischen Gewalttätigkeiten vom Frühsommer 1938 nicht völlig zum Erliegen gekommen: Am 9. Juni war in München eine Synagoge in Brand gesteckt worden und am 10. August eine weitere in Nürnberg.[4] Für den amerikanischen Botschafter ließen die antijüdischen Vorfälle vom Frühsommer 1938, wie es auch 1935 der Fall gewesen war, eine bevorstehende radikale antijüdische Gesetzgebung erkennen.[5] Schließlich erörterte Hagen kurz vor dem Pogrom auf einer Inspektionsreise nach Wien Ende Oktober 1938 mit seinem Wiener Kollegen, SS-Obersturmführer Polte, die «Lage des Judentums in der Slowakei». Hagen wies Polte an, «bei einer Rücksprache mit den Vertretern der slowakischen Regierung auf die Notwendigkeit zur Lösung dieses Problems hinzuweisen, wobei es als ratsam erscheine, ein Vorgehen des Volkes gegen die Juden zu inszenieren».[6]

Mittlerweile war Hitlers Zaudern vom Juni 1938 verflogen. Seine total kompromißlose Haltung in jüdischen Angelegenheiten kam Anfang November erneut zum Ausdruck. Am 4. November teilte Lammers in einem an Frick gerichteten Brief mit, daß er selbst infolge wiederholter Gesuche um Befreiung von diversen antijüdischen Maßnahmen (wie zusätzlichen Vornamen, Personalausweisen und dergleichen) den grundsätzlichen Aspekt des Problems Hitler gegenüber zur Sprache gebracht habe. «Der Führer ist der Ansicht», schrieb Lammers, «daß gnadenweise Befreiungen von den für Juden geltenden besonderen Bestimmungen ausnahmslos abgelehnt werden müssen. Der Führer beabsichtigt auch selbst solche Gnadenerweise nicht zu bewilligen.»[7]

9. Der Angriff

Am 8. November brachte der *Völkische Beobachter* einen drohenden Leitartikel gegen die Juden, der mit der Warnung schloß, die in Paris abgefeuerten Schüsse würden eine neue Einstellung der Deutschen zur Judenfrage nach sich ziehen.[8] An einigen Orten hatten antijüdische Gewalttätigkeiten begonnen, noch bevor die Nazipresse ihre ersten Drohungen ausstieß. Ein SD-Bericht vom 9. November beschrieb Vorfälle, die sich vermutlich als unmittelbare Reaktion auf die Nachrichten in der Nacht vom 7. zum 8. November in den Kreisen Kassel und Rotenburg/Fulda ereignet hatten. An einigen Orten waren Fensterscheiben an jüdischen Häusern und Geschäften eingeschlagen worden. In Bebra waren in einer Anzahl jüdischer Wohnungen «Demolierungen vorgekommen», in Rotenburg wurde die Einrichtung der Synagoge «erheblich beschädigt», und es wurden «Gegenstände entfernt und auf der Straße vernichtet».[9]

Einer der bezeichnendsten Aspekte der Ereignisse vom 7. und 8. November war, daß Hitler und Goebbels in der Öffentlichkeit und selbst privat (zumindest was Goebbels' Tagebücher angeht) schwiegen. In seiner Tagebucheintragung vom 9. November (in der über Ereignisse vom 8. November berichtet wird) verlor Goebbels nicht ein einziges Wort über die Schüsse von Paris, obwohl er die späten Abendstunden im Gespräch mit Hitler verbracht hatte.[10] Ganz eindeutig hatten beide vereinbart zu handeln, hatten aber wahrscheinlich beschlossen, den Tod des schwerverletzten Rath abzuwarten. Ihr ungewöhnliches Schweigen war das sicherste Zeichen für Pläne, die auf einen «spontanen Ausbruch des Volkszorns» zielten, der sich ohne jedes Anzeichen einer Beteiligung Hitlers abspielen sollte. Und in seiner Rede zum Gedenken an den Putschversuch von 1923 am Abend desselben 8. November enthielt sich Hitler jeder Anspielung auf das Ereignis von Paris.

Rath starb am 9. November um 17.30 Uhr. Die Nachricht vom Tode des deutschen Diplomaten wurde Hitler offiziell um etwa neun Uhr abends beim traditionellen Treffen der «Alten Kämpfer» im Alten Rathaus in München überbracht. Es kam dann zu einem «intensiven Gespräch» zwischen Hitler und Goebbels, der neben ihm saß. Hitler verließ die Versammlung unmittelbar danach, ohne die übliche Ansprache zu halten. Statt dessen sprach Goebbels. Nachdem er mitgeteilt hatte, daß Rath tot sei, fügte er im Hinblick auf die antijüdischen Gewalttätigkeiten, die sich bereits in Magdeburg-Anhalt und Kurhessen abgespielt hatten, hinzu, der Führer habe «auf seinen Vortrag entschieden, daß derartige Demonstrationen von der Partei weder vorzubereiten noch zu organisieren seien, soweit sie spontan entstünden, sei ihnen aber auch nicht entgegenzutreten». Wie der oberste Parteirichter Walter Buch später bemerkte, war die Botschaft eindeutig.[11]

Für Goebbels hatte es seit dem Boykott vom April 1933 keine solche

Gelegenheit mehr gegeben, seine Führungstalente praktisch zu beweisen. Überdies hatte es der Propagandaminister dringend nötig, sich in den Augen des «Führers» zu bewähren: Hitler hatte sich kritisch darüber geäußert, wie wirkungslos die Propagandakampagne während der Sudetenkrise in Deutschland selbst gewesen war.[12] Außerdem war Goebbels wegen seiner Affäre mit der tschechischen Schauspielerin Lida Baarova und seiner Absicht, sich von seiner Frau Magda, die Hitlers ganz besondere Protektion genoß, scheiden zu lassen, teilweise in Ungnade gefallen. Hitler hatte die Romanze beendet und die Scheidung verhindert, aber sein Minister hatte immer noch das Bedürfnis nach einer großen Initiative. Nun hielt er sie in Händen.

«Ich trage dem Führer die Angelegenheit vor», schrieb Goebbels am 10. über das Gespräch beim Essen, das am Vorabend stattgefunden hatte. «Er [Hitler] bestimmt: Demonstrationen weiterlaufen lassen. Polizei zurückziehen. Die Juden sollen einmal den Volkszorn zu verspüren bekommen. Das ist richtig. Ich gebe gleich entsprechende Anweisungen an Polizei und Partei. Dann rede ich kurz dementsprechend vor der Parteiführerschaft. Stürmischer Beifall. Alles saust gleich an die Telephone. Nun wird das Volk handeln.»

Goebbels beschrieb dann die Zerstörung von Synagogen in München. Er erteilte den Befehl, dafür zu sorgen, daß die Berliner Hauptsynagoge in der Fasanenstraße zerstört werde. Er fuhr fort: «Ich will ins Hotel, da sehe ich am Himmel blutrot. Die Synagoge brennt. ... Wir lassen nur soweit löschen, als das für die umliegenden Gebäude notwendig ist. Sonst abbrennen lassen. ... Aus dem ganzen Reich laufen nun die Meldungen ein: 50, dann 75 Synagogen brennen. Der Führer hat angeordnet, daß 20 – 30 000 Juden sofort zu verhaften sind. ... In Berlin brennen 5, dann 15 Synagogen ab. Jetzt rast der Volkszorn ... Laufen lassen ...»

Goebbels fuhr fort: «Als ich ins Hotel fahre, klirren die Fensterscheiben. Bravo! Bravo! Wie alte große Hütten brennen die Synagogen. Deutsches Eigentum ist nicht gefährdet. Im Augenblick ist nichts besonderes mehr zu machen.»[13] Die Münchener Hauptsynagoge in der Herzog-Max-Straße gehörte nicht zu denen, die Goebbels brennen sah. Mit ihrem Abriß war einige Monate vorher begonnen worden, auf ausdrückliche Anordnung Hitlers.[14]

Etwa um dieselbe Zeit, da der Propagandaminister schadenfroh auf ein gutes Tagewerk blickte, gab Hitler Himmler seine Anweisungen und teilte ihm mit, daß Goebbels für die Gesamtleitung der Operation zuständig sei. Am selben Abend faßte Himmler seine unmittelbare Reaktion schriftlich so zusammen: «Ich vermute, daß Goebbels in seinem mir schon lange aufgefallenen Machtbestreben und in seiner Hohlköpfigkeit gerade jetzt in der außenpolitisch schwersten Zeit diese Aktion gestartet hat.»[15] Gewiß hatte der Reichsführer nichts gegen die Inszenierung eines Pogroms; was Himmler wehgetan haben muß, war die Tatsache, daß Goebbels der erste war, der die Schüsse auf Rath ausschlachtete, um die Aktion zu organisieren und Hitlers Segen zu erhalten. Es mag allerdings auch sein, daß er den Zeitpunkt nicht für günstig hielt.

Seine Tagebucheintragung vom 10. November schloß der Chefpropagandist mit der Erwähnung von Ereignissen am Morgen: «Den ganzen Morgen regnet es neue Meldungen. Ich überlege mit dem Führer unsere nunmehrigen Maßnahmen. Weiterschlagen lassen oder abstoppen. Das ist nun die Frage ...»[16]

Am 11., immer noch in München, schrieb Goebbels weiterhin über den Vortag: «Gestern: Berlin. Dort ist es ganz toll vorgegangen. Brand über Brand. Aber das ist gut so. Ich setze eine Verordnung auf Abschluß der Aktionen auf. Es ist nun gerade genug ... Gefahr, daß der Mob in die Erscheinung tritt. Im ganzen Lande sind die Synagogen abgebrannt ... In der Osteria [einem Münchener Restaurant; später fuhr Hitler dann zum Obersalzberg] erstatte ich dem Führer Bericht. Er ist mit allem einverstanden. Seine Ansichten sind ganz radikal und aggressiv. Die Aktion selbst ist tadellos verlaufen. 100 Tote. Aber kein deutsches Eigentum beschädigt.»

Was nun folgt, zeigt, daß einige der berüchtigsten Befehle, die Göring auf der Konferenz gab, die dann am 12. November stattfinden sollte, Entscheidungen waren, die Hitler am 10. gefällt hatte: «Mit kleinen Änderungen billigt der Führer meinen Erlaß betr. Abbruch der Aktionen», schrieb Goebbels und fügte hinzu: «Der Führer will zu sehr scharfen Maßnahmen gegen die Juden schreiten. Sie müssen ihre Geschäfte selbst wieder in Ordnung bringen. Die Versicherungen zahlen ihnen nichts. Dann will der Führer die jüdischen Geschäfte allmählich enteignen ... Ich gebe entsprechende Geheimerlasse heraus. Wir warten nun die Auswirkungen im Ausland ab. Vorläufig schweigt man dort noch. Aber der Lärm wird kommen ...»[17]

«Es kommen Meldungen aus Berlin über ganz enorme antisemitische Ausschreitungen. Jetzt geht das Volk vor. Aber nun muß Schluß gemacht werden. Ich lasse an Polizei und Partei dementsprechende Anweisungen ergehen. Dann wird auch alles ruhig.»[18]

Der Pogrom war jedoch viel weniger koordiniert, als Goebbels behauptete. Nach einer Rekonstruktion der Abfolge des Geschehens machten nach Goebbels' anfänglichem Befehl den Beginn «die Gauleiter ab 22.30 Uhr. Es folgten die SA ab 23 Uhr, die Staatspolizei kurz vor 24 Uhr, die SS ab 1.30 Uhr und Goebbels nochmals um 1.40 Uhr.»[19] Heydrichs Anweisungen an die Gestapo und den SD waren präzise. Es waren keine Maßnahmen zu ergreifen, die deutsches Leben oder Eigentum in Gefahr brachten, insbesondere beim Niederbrennen von Synagogen; jüdische Geschäfte oder Wohnungen konnten zerstört werden, aber nicht geplündert (Plünderer würden verhaftet werden); Ausländer (selbst wenn sie als Juden identifiziert wurden) waren nicht zu belästigen; Synagogenarchive waren sicherzustellen und dem SD zu übergeben. Schließlich hieß es: «Sobald der Ablauf der Ereignisse dieser Nacht die Verwendung der eingesetzten Beamten hierfür zuläßt, sind in allen Bezirken so viele Juden – insbesondere wohlhabende – festzunehmen, als in den vorhandenen Krafträumen untergebracht werden können. Es sind zunächst nur gesunde männliche Juden nicht zu hohen Alters festzunehmen. Nach Durchführung der Festnahme ist unverzüglich mit den zuständigen Konzentrationslagern wegen schnellster Unterbringung der Juden in den Lagern Verbindung aufzunehmen. Es ist besonders darauf zu achten, daß die aufgrund dieser Weisung festgenommenen Juden nicht mißhandelt werden.»[20]

Der telefonische Bericht der SA-Standarte 151 in Saarbrücken vom 10. November war knapp und sachlich: «Heute nacht wurde die Synagoge in Saarbrücken in Brand gesteckt, ebenso wurden die Synagogen in Dillingen, Merzig, Saarlautern, Saarwillingen und Broddorf zerstört. Die Juden wurden in Schutzhaft genommen. Die Feuerwehren sind mit Löscharbeiten beschäftigt. Im Bereich der Standarte 174 wurden sämtliche Synagogen zerstört.»[21]

Am 17. November nahm Hitler in Düsseldorf an Raths Beerdigung teil.

Im Gau Tirol-Vorarlberg lebten nur wenige Hundert Juden. Wie alle anderen Juden aus der österreichischen Provinz mußten sie entweder bis Mitte Dezember das Land verlassen oder nach Wien ziehen. Im Oktober war Eichmann in der Tiroler Hauptstadt Innsbruck eingetroffen und hatte den drei führenden Vertretern der jüdischen Gemeinde, Karl Bauer sowie Alfred und Richard Graubart, eine persönliche Warnung zukommen lassen. Gauleiter Franz Hofer und das örtliche SD-Amt hatten die Absicht, Himmlers Befehle zu befolgen und den Gau innerhalb von wenigen Wochen «judenrein» zu bekommen. Die Nacht vom 9. zum 10. November bot eine unerwartete Gelegenheit. Hofer eilte vom Kameradschaftsabend mit den Alten Kämpfern in München zurück und gab den Ton an: «Als Antwort auf den feigen jüdischen Mordanschlag auf unseren Botschaftsrat vom Rath in Paris sollte sich in dieser Nacht auch in Tirol die kochende Volksseele gegen die Juden erheben.»[22]

Die SS war durch Heydrichs Botschaft in Alarmbereitschaft versetzt worden. Nach der mitternächtlichen Vereidigungszeremonie für die neuen SS-Rekruten, die in derselben Nacht in Innsbruck wie in allen anderen großen Städten des Reiches stattgefunden hatte, versammelten sich die Männer gegen 2.30 Uhr unter dem Kommando von SS-Oberführer Hanns von Feil erneut in Zivil. In wenigen Minuten war ein spezielles SS-Mordkommando, das sich in drei Gruppen geteilt hatte, auf dem Wege in die Gänsbacher Straße 4–5, wo einige der prominenteren jüdischen Familien von Innsbruck immer noch wohnten. Wie SS-Obersturmführer Alois Schintlholzer erklärte, habe er «im Hochhaus in Innsbruck Anweisungen von Oberführer Feil erhalten, die Juden in der Gänsbacher Straße ohne Aufsehen zu töten».

In der Gänsbacher Straße 4 wurde der Ingenieur Richard Graubart vor den Augen seiner Frau und seiner Tochter erstochen. Im zweiten Stock desselben Gebäudes wurde Karl Bauer in den Flur gezerrt, man stach auf ihn ein und schlug ihn mit Gewehrkolben; er starb auf dem Weg ins Krankenhaus. In der Anichstraße war etwa um dieselbe Zeit Richard Berger, der Präsident der jüdischen Gemeinde von Innsbruck, an der Reihe. Berger, im Schlafanzug und mit einem Wintermantel bekleidet, wurde mitgenommen und in ein SS-Auto gestoßen, das ihn angeblich in die Gestapozentrale bringen sollte. Doch der Wagen bewegte sich in eine andere Richtung. Nach Angaben von SS-Unterstumführer Walter Hopfgartner: «Wir fuhren in westlicher Richtung die Anichstraße entlang, über die Universitätsbrücke, in Richtung Kranebitten. Während der Fahrt fragte Berger, wohin wir führen, da dies nicht der Weg zur Gestapo war. Berger, der verständlicherweise etwas nervös war, wurde von den Männern auf den Rücksitzen beruhigt. ... Plötzlich verkündete Lausegger so laut, daß alle es hören konnten, es seien ‹keine Schußwaffen zu gebrauchen›. Dies beunruhigte Berger erneut, und er fragte, was wir von ihm wollten, aber er wurde wieder beruhigt. ... Nach der Äußerung von Lausegger war mir sofort klar, daß Berger umgebracht werden sollte.»

An einer Biegung des Inn wurde Berger aus dem Auto gezerrt, mit Pistolen und Steinen mißhandelt und in den Fluß geworfen. Den Anweisungen zuwider wurde auf ihn geschossen, aber die nachfolgende Untersuchung durch die Gestapo ergab, daß er zu diesem Zeitpunkt bereits tot war.

Alle SS-Männer, die an den Morden von Innsbruck beteiligt waren, waren alte Kämpfer, die Hitler fanatisch ergeben waren, extreme Antisemiten und beispielhafte Mitglieder des Ordens. Gerhard Lausegger, der Anführer des Kommandos, das Berger umbrachte, war Mitglied einer studentischen Verbindung gewesen und hatte «die Vereinigung aller schlagenden Verbindungen an der Universität Innsbruck» geleitet. Am 11. März war er einer der Männer gewesen, die unmittelbar vor dem Eintreffen der Wehrmacht das Provinzverwaltungsgebäude der Stadt besetzt hatten.

Aus Heydrichs Bericht vom 11. November ging hervor, daß im gesamten Reich 36 Juden getötet und dieselbe Anzahl schwer verletzt worden waren. «Ein Jude wird noch vermißt. Unter den getöteten Juden

befindet sich ein, unter den Verletzten 2 polnische Staatsangehörige.»[23]
Die tatsächliche Situation war schlimmer. Abgesehen von den 267 zerstörten Synagogen und den 7500 verwüsteten Geschäften waren in ganz Deutschland etwa 91 Juden getötet worden, und darüber hinaus hatten Hunderte Selbstmord begangen oder waren infolge von Mißhandlungen in den Lagern gestorben.[24] «Die Aktion gegen die Juden wurde rasch und ohne besondere Reibungen zum Abschluß gebracht», schrieb der Bürgermeister von Ingolstadt in seinem Monatsbericht vom 1. Dezember. «Im Verfolg dieser Maßnahme hat sich ein hiesiges jüdisches Ehepaar in der Donau ertränkt.»[25]

Für die Würzburger Gestapo verstand sich nichts von selbst. In einer am 6. Dezember ergangenen Anordnung an die Amtsvorstände der 22 Verwaltungsbezirke des Gaus Main-Franken sowie an die Bürgermeister von Aschaffenburg, Schweinfurt, Bad Kissingen und Kitzingen verlangte die Geheimpolizei umgehend Einzelheiten über Juden, die «im Zusammenhang mit der Aktion gegen die Juden» Selbstmord begangen hatten; in Frage Nr. 3 wurden Informationen über das «vermutliche Motiv» angefordert.[26]

In einem geheimen Schreiben über die Ereignisse vom 9. bis 11. November, welches das Justizministerium am 19. November an den Hamburger Generalstaatsanwalt gerichtet hatte, stellte es fest, die Zerstörung von Synagogen und jüdischen Friedhöfen sowie von jüdischen Läden und Wohnungen sei, sofern sie nicht zum Zwecke der Plünderung erfolgt sei, *nicht* zu verfolgen. Die Tötung von Juden und die Zufügung schwerer Körperverletzungen werde «verfolgt bzw. erörtert, soweit eigensüchtige Motive zu Grunde liegen».[27]

Ihren adäquaten «begrifflichen Rahmen» erhielten die Beschlüsse der Gerichte und die verschiedenen Verwaltungsverfügungen hinsichtlich der (mangelnden) Verantwortlichkeit der Mörder in dem Bericht, den das Oberste Parteigericht der NSDAP am 13. Februar 1939 erstellte. Darin hieß es, am 10. November um 2 Uhr nachts sei Goebbels von der ersten Ermordung, der eines polnischen Juden, in Kenntnis gesetzt worden. Ihm sei gesagt worden, es müsse etwas unternommen werden, um eine Entwicklung zu stoppen, die gefährlich werden könnte. Dem Bericht zufolge habe Goebbels sinngemäß geantwortet, «der Melder solle sich wegen eines toten Juden nicht aufregen». Dazu gibt dann der Bericht folgenden Kommentar: «In diesem Zeitpunkt hätten sich die meisten Tötungen durch eine ergänzende Anordnung noch verhindern lassen. Wenn dies nicht geschah, so muß aus dieser Tatsache wie aus der Äußerung an sich schon der Schluß gezogen werden, daß der schließliche Erfolg gewollt, mindestens aber als möglich und erwünscht in Rechnung gestellt wurde. Dann hat aber der einzelne Täter nicht nur den vermeintlichen, sondern den zwar unklar zum Ausdruck gebrachten, aber richtig erkannten Willen der Führung in die Tat umgesetzt. Dafür kann er nicht bestraft werden.»[28]

Wurde die Naziaktion von ihren Tätern als ein Schritt gesehen, der die Auswanderung der Juden aus dem Reich beschleunigen konnte, oder möglicherweise als eine Initiative, die darauf zielte, eine andere, umfassendere Politik zu fördern? Nach dem Pogrom nutzte dann Göring auf Anordnung Hitlers die Schüsse von Paris nach Kräften aus. Doch ungeachtet vorheriger Pläne des SD über den Einsatz von Gewalt wurde vor der Entfesselung der Aktion vom 9. November anscheinend nichts Systematisches in Erwägung gezogen. Zu diesem Zeitpunkt erscheint totaler, abgrundtiefer Haß als das A und O des Angriffs. Das einzige unmittelbare Ziel war, die Juden so schwer zu verletzen, wie es die Umstände erlaubten, und das mit allen möglichen Mitteln: sie zu verletzen und sie zu demütigen. Der Pogrom und die ihm unmittelbar folgenden Initiativen sind ganz zu Recht als ein «Erniedrigungsritual» bezeichnet worden.[29] Eine Explosion von Sadismus warf ein besonders gespenstisches Licht auf die gesamte Aktion und ihre Nachwehen; sie brach auf allen Ebenen aus, auf der der höchsten Führung und auf der der kleinsten Parteimitglieder. Der Ton von Goebbels' Tagebucheintragungen war unmißverständlich; derselbe Ton prägte dann die Konferenz vom 12. November.

Eine unkontrollierbare Lust an der Vernichtung und Demütigung der Opfer trieb die Kommandos, die durch die Städte streiften. «Durch Köln [zogen] organisierte Streifen von einer Wohnung zur anderen», schrieb der schweizerische Konsul. «Die Familien waren entweder vorher aufgefordert worden, die Wohnung zu verlassen, oder sie mußten in der Ecke eines Zimmers stehen, während die Sachen aus dem Fenster geworfen wurden. Grammophone, Näh- und Schreibmaschinen flogen auf die Straße, und einer meiner Kollegen sah sogar, wie ein Klavier aus dem Fenster geworfen wurde, aus dem 2. Stock eines Hauses. Noch heute [am 13. November] kann man an Bäumen und Büschen Bettfedern hängen sehen.»[30] Noch Schlimmeres wurde aus Leipzig berichtet: «Nachdem sie Wohnungen demoliert und den größten Teil des Mobiliars auf die Straße geworfen hatten», berichtete der amerikanische Konsul in Leipzig, «warfen die unersättlich sadistischen Täter viele der zitternden Bewohner in einen kleinen Bach, der durch den Zoologischen Garten fließt, und forderten die entsetzten Zuschauer auf, sie anzuspeien, mit Lehm zu besudeln und sich über ihre Not lustig zu machen.... Das geringste Anzeichen von Mitleid rief auf seiten der Täter einen regelrechten Zorn hervor, und die Menge war nicht in der Lage, etwas anderes zu tun, als die erschreckten Augen von dem Schauspiel der Beleidigung abzuwenden oder sich zu entfernen. Diese Taktik wurde während des gesamten Morgens des 10. November angewandt, ohne daß die Polizei eingriff, und zwar richtete sie sich gegen Männer, Frauen und Kinder.»

Dieselben Szenen wurden in den kleinsten Städten wiederholt: die sadistische Brutalität der Täter, die betretenen Reaktionen einiger der Zuschauer, das Grinsen anderer, das Schweigen der bei weitem überwiegenden Mehrheit, die Hilflosigkeit der Opfer. In Wittlich, einer kleinen Stadt im Moseltal, wurde wie an den meisten Orten die Synagoge als erstes zerstört: «Das kunstvoll gearbeitete Bleikristallfenster über der Tür donnerte auf die Straße, und durch Türen und Fenster kamen Möbelstücke geflogen. Ein grölender SA-Mann kletterte auf das Dach und wedelte mit den Tora-Rollen: ‹Wischt euch den Arsch damit ab, ihr Juden›, brüllte er und schleuderte sie wie Papierschlangen zu Karneval in die Gegend.» Jüdische Geschäfte wurden demoliert, jüdische Männer zusammengeschlagen und abgeführt: «Herr Marks, dem die Metzgerei ein paar Häuser weiter gehörte, gehörte zu dem halben Dutzend jüdischer Männer, die sich bereits auf dem Lastwagen befanden. ... Die SA-Männer lachten über Frau Marks, die vor ihrem eingeschlagenen Spiegelglasfenster stand und in verwirrter Verzweiflung die Hände rang. ‹Warum tut ihr uns das an?› rief sie klagend der Runde von schweigenden Gesichtern in den Fenstern, die ihr Leben lang ihre Nachbarn gewesen waren, zu. ‹Was haben wir euch je getan?›»[31]

Bald boten dann die jüdischen Massen im besetzten Polen die vorzüglichsten Zielscheiben für die unstillbare Wut, die das Großdeutsche Reich Schritt für Schritt gegen die unglücklichen Juden trieb.[32]

Erneut war Hitler dem mittlerweile vertrauten Muster gefolgt, nach dem er während der dreißiger Jahre durchgängig verfahren war. Insgeheim erteilte er die Befehle oder bestätigte sie; nach außen hin sollte sein Name in keiner Weise mit der Brutalität verknüpft sein. Nachdem er sich jeder offenen Bemerkung zu den Ereignissen vom 7. bis 8. November enthalten hatte, vermied er auch am 9. November in seiner mitternächtlichen Ansprache an die SS-Rekruten vor der Feldherrnhalle jeden Hinweis auf sie. Während er sprach, wurden bereits im ganzen Reich Synagogen angezündet, Läden demoliert und Juden verletzt und getötet. Einen Tag später bewahrte Hitler in seiner Geheimrede vor Vertretern der deutschen Presse dasselbe Stillschweigen über Ereignisse, die zwangsläufig jedem der Anwesenden vor Augen stehen mußten;[33] nicht einmal bei Raths Beerdigung sprach er. Die Fiktion eines spontanen Ausbruchs des Volkszorns gebot Schweigen. Jede Äußerung eines Wunsches durch den Führer oder auch nur ein positiver Kommentar wären ein «Führerbefehl» gewesen. Von Hitlers Beteiligung sollte die Außenwelt – einschließlich vertrauenswürdiger Parteimitglieder – zumindest im Prinzip nichts wissen.

Die Kenntnis von Hitlers direkter Beteiligung sickerte jedoch schnell aus dem innersten Zirkel durch. Wie aus den Tagebüchern Ulrich von Hassells, des ehemaligen deutschen Botschafters in Rom, der schon früh ein Gegner des Regimes war, hervorgeht, waren viele Konservative von den Ereignissen schockiert, und Johannes Popitz, der Finanzminister von Preußen, protestierte bei Göring und verlangte die Bestrafung der für die Aktion Verantwortlichen. «Mein lieber Popitz, wollen Sie den Führer bestrafen?» lautete Görings Antwort.[34]

Am unteren Ende der Parteihierarchie dachte man sich rasch ein paar Rechtfertigungen aus. Am 23. November erhielt der Blockleiter von Hüttenbach, der auch der Chronist der Parteigeschichte in seiner Stadt war, von seinem Kreisleiter die Anweisung, belastendes Material gegen die örtlichen Juden zu sammeln. Nur zwei Tage darauf beendete er seine Forschung und konnte berichten, die Aufgabe sei erfüllt: «Beifügend», schrieb der Blockleiter, «übersende ich einiges von den Juden in Hüttenbach. Ich weis nicht ob ich das Richtige getroffen habe. Noch kürzer zu fassen, war mir nicht möglich, um doch eine Übersicht von diesen Fremdrassigen zu bekommen, wie sie in Hüttenbach hausten.» An diesem Punkt äußerte der Blockleiter mit entwaffnender Offenheit gewisse Zweifel an seiner Qualifikation als richtiger Historiker: «Ich habe vielleicht noch mehr Stoff hier, aber einen Geschichtschreiber kann ich neben meiner Praxis nicht machen und fehlen ohnedies die erforderlichen Grundlagen.»[35]

Übrigens hatte derselbe Lokalhistoriker seine Bemühungen wie auch seine Besorgnisse, was die Ereignisse vom 9. und 10. November anging, noch nicht erschöpfend dargestellt. Am 7. Februar 1939 verkündete er seinem Kreisleiter, er habe die Chronik für das Jahr 1938 abgeschlossen. Die Novemberereignisse verewigte er folgendermaßen: «In der Nacht vom 9. Nov. 1938 starb in Paris Pg. v. Rath an den Folgen des feigen Überfalles durch den Juden Grünspan. In derselben Nacht noch gingen in ganz Deutschland die Synagogen der Juden in Flammen auf. Pg. Ernst v. Rath war gerächt. Früh um 5 Uhr erschienen Kreisleiter Pg. Walz mit dem Bürgermeister Pg. Herzog dem Kreispropagandaleiter Pg. Büttner u. Sturmführer Brand u. stekten den Judentempel in Brand. Pg. aus dem Ortsgr. Bereich leisteten dabei tatkräftige Unterstützung. – Nun wurde ds. Satz von einigen Pg. kritisiert, es darf nicht heisen Pg. Walz, Herzog u. Büttner-Brand stekten die Synagogen in Brand sondern das Volk. – Richtig. Aber als Schreiber einer Chronik soll u. muss ich Wahrheit berichten. – Es wäre noch leicht möglich diese Seite herauszunehmen u. eine andre Eintragung vorzunehmen. Ich bitte Sie ‹Mein Kreisleiter› wie soll ich die Eintragung vornehmen u. wie soll sie lauten. Heil Hitler!»[36]

II

Am Morgen des 12. November faßte Goebbels die Ereignisse der vergangenen Tage im *Völkischen Beobachter* zusammen: «Der Jude Grünspan», lautete der letzte Absatz, «war Vertreter des Judentums. Der Deutsche vom Rath war Vertreter des deutschen Volkes. Das Judentum hat also in Paris auf das deutsche Volk geschossen. Die deutsche Regierung wird darauf legal, aber hart antworten.»[37] Die legalen Antworten der deutschen Regierung wurden den Juden in den verbleibenden Wochen des Jahres 1938 entgegengeschleudert; sie wurden von drei größeren Politikinterpretationen begleitet: die erste am 12. November auf der hochrangig besetzten Konferenz, die Göring einberufen hatte; die zweite am 6. Dezember in Görings Ansprache an die Gauleiter; die dritte am 28. Dezember in einer Reihe neuer Regelungen, die ebenfalls von Göring verkündet wurden. Alle Initiativen und Interpretationen Görings ergingen auf Hitlers ausdrückliche Anweisung.

Man hat oft angenommen, daß Göring seit dem Sommer 1938 infolge seiner verhältnismäßig gemäßigten Haltung während der Sudetenkrise viel von seinem Einfluß verloren hatte.[38] Der neue Star unter Hitlers Untergebenen war Ribbentrop, der anmaßende neue Außenminister, der davon überzeugt war, daß die Briten von Krise zu Krise weiter nachgeben würden. Es kann jedoch durchaus sein, daß in dem neuen Schema der Dinge nach München die Rolle Görings als Koordinator der jüdischen Angelegenheiten für Hitlers Pläne unverzichtbar geworden war. Göring sollte alle Maßnahmen inszenieren, die den Juden das Leben in Deutschland unerträglich machen und die Auswanderung der Juden beschleunigen würden. Die ständige Bedrohung durch weitere antijüdische Gewalttätigkeiten und das Bedürfnis, Zufluchtsstätten für die flüchtenden Juden zu finden, würden das «Weltjudentum» mobilisieren und es dazu veranlassen, seine antideutsche Hetze zu dämpfen; dies wiederum würde die westlichen Regierungen davon überzeugen, daß Kompromißlösungen gegenüber Hitlers neuen Forderungen eine Notwendigkeit darstellten. Mit anderen Worten, Hitler mag durchaus gedacht haben, daß antijüdischer Druck in Deutschland den Erfolg der NS-Aggressionen im Ausland sicherstellen werde, bedingt durch das, was er für den Einfluß des Weltjudentums auf die Politik der westlichen Demokratien hielt. Und Hitlers bevorstehende Erklärungen über die Ansiedlung von Juden in einigen Kolonien westlicher Länder wie auch seine öffentlichen Drohungen, die Juden im Falle eines Krieges zu vernichten, machen ebenfalls deutlich, daß sein Glaube an den Einfluß des Weltjudentums in Paris, London und Washington ein wesentlicher Bestandteil seiner Weltanschauung war.

Die Konferenz hochrangiger Beamter, die Göring am 12. November

9. Der Angriff

ins Luftfahrtministerium einberief, ist berüchtigt geworden. «Meine Herren», begann Göring, «die heutige Sitzung ist von entscheidender Bedeutung. Ich habe einen Brief bekommen, den mir der Stabsleiter des Stellvertreters des Führers Bormann im Auftrag des Führers geschrieben hat, wonach die Judenfrage jetzt einheitlich zusammengefaßt werden soll und so oder so zur Erledigung zu bringen ist. Durch telefonischen Anruf bin ich gestern vom Führer noch einmal darauf hingewiesen worden, jetzt die entscheidenden Schritte zentral zusammenzufassen.»[39]

Die konkreten Diskussionen, die am 12. November in Görings Reichsluftfahrtministerium stattfanden, bezogen sich nicht nur auf verschiedene zusätzliche Verfahren, die Juden zu schikanieren, und weitere ökonomische Sanktionen, die gegen sie ergriffen werden sollten, sondern auch, und das ausführlich, auf das aktuelle Problem der Versicherungsentschädigung für die Schäden, die jüdischem Eigentum bei dem Pogrom zugefügt worden waren. Eduard Hilgard, ein Vertreter der deutschen Versicherungsgesellschaften, wurde hereingerufen. Allein die in jüdischen Geschäften zerstörten Fensterscheiben waren mit etwa sechs Millionen Dollar versichert, und da das Glas aus Belgien kam, würde zumindest die Hälfte dieses Betrages in Devisen bezahlt werden müssen. Das veranlaßte eine beiseite gesprochene Bemerkung Görings zu Heydrich: «Mir wäre lieber gewesen, ihr hättet 200 Juden erschlagen und hättet nicht solche Werte vernichtet.» Heydrich: «35 Tote sind es.»[40] Göring erteilte den Befehl, den Hitler insgeheim zwei Tage zuvor gegeben hatte: Die Juden sollten alle Kosten für die Wiederherstellung ihrer Geschäfte tragen; das Reich würde alle Zahlungen konfiszieren, die von deutschen Versicherungsgesellschaften geleistet würden. «Den Juden deutscher Staatsangehörigkeit in ihrer Gesamtheit wird die Zahlung einer Kontribution von 1 000 000 000 RM an das Deutsche Reich auferlegt.»[41]

Am selben Tage ordnete Göring die Einstellung sämtlicher jüdischer Geschäftstätigkeit zum 1. Januar 1939 an. Die Juden mußten ihre Unternehmen verkaufen und ebenso allen Grundbesitz, Aktien, Juwelen und Kunstwerke. Sie konnten sich der Dienste von «Treuhändern» bedienen, um diese Transaktionen innerhalb der gesetzten Frist abzuschließen. Anmeldung und Hinterlegung aller Kapitalanteile waren obligatorisch.[42] Görings wichtigste politische Aussage, die wiederum nach Beratungen mit Hitler erfolgte, sollte bei einem Zusammentreffen mit den Gauleitern am 6. Dezember erst noch kommen. Mehr jedoch als wegen ihrer wichtigsten Exekutiventscheidungen bleibt die Konferenz vom 12. November wegen ihres sadistischen Erfindungsreichtums und wegen des Geistes und des Tons der Gespräche von Bedeutung.

Immer noch im Rausch der Hektik seiner Aktivitäten vom Vortag hatte der Propagandaminister eine ganze Liste von Vorschlägen: Die

Juden sollten gezwungen werden, die beschädigten Synagogen auf eigene Kosten abreißen zu lassen; öffentliche Vergnügungen sollten ihnen verboten werden («Ich bin ... der Meinung, daß es nicht möglich ist, Juden neben Deutsche in Variétés, Kinos oder Theater hineinzusetzen. Man könnte eventuell später überlegen, den Juden hier in Berlin 1 oder 2 Kinos zur Verfügung zu stellen, wo sie jüdische Filme vorführen können»).[43] An diesem Punkt kam es zwischen Goebbels und Göring zu einer berüchtigten Debatte darüber, wie man Juden in Eisenbahnzügen absondern sollte. Beide waren sich über die Notwendigkeit gesonderter Abteile für Juden einig, aber es sollte, so erklärte Goebbels, ein Gesetz geben, das es ihnen verbot, selbst in einem jüdischen Abteil einen Platz zu beanspruchen, bevor alle Deutschen einen erhalten hatten. Die bloße Existenz eines besonderen Abteils würde den unerwünschten Effekt haben, daß es einigen Juden möglich wäre, in einem überfüllten Zug bequem zu sitzen. Göring hatte für derartige Förmlichkeiten nichts übrig: «Und wenn es wirklich jemals so wäre, wie Sie sagen, daß der Zug sonst überfüllt ist, glauben Sie: das machen wir so, da brauche ich kein Gesetz. Da wird er herausgeschmissen, und wenn er allein auf dem Lokus sitzt während der ganzen Fahrt.» Goebbels beharrte auf einem Gesetz, aber vergeblich.[44]

Dieser kleine Rückschlag lähmte Goebbels' Erfindungsreichtum nicht: Den Juden, so verlangte er, sollte es absolut verboten sein, sich in deutschen Ferienorten aufzuhalten. Der Propagandaminister stellte auch die Frage, ob deutsche Wälder nicht für sie gesperrt werden sollten («Heute laufen Juden rudelweise im Grunewald herum. Das ist ein dauerndes Provozieren, wir haben dauernd Zwischenfälle. Was die Juden machen, ist so aufreizend und provokativ, daß es dauernd zu Schlägereien kommt.») Dadurch kam Göring auf eine eigene Idee: Einige Teile der Wälder sollten Juden zugänglich sein, und in diesen Teilen sollten Tiere, die Juden ähnelten – «der Elch hat ja so eine gebogene Nase» – angesiedelt werden. Goebbels spann den Faden weiter; er verlangte, Parks sollten für Juden ebenfalls verboten sein, denn jüdische Frauen könnten sich beispielsweise neben deutsche Mütter setzen und feindselige Propaganda treiben («Es gibt Juden, die gar nicht so jüdisch aussehen»). Für Juden sollte es auch getrennte Bänke mit speziellen Schildern («Nur für Juden!») geben. Schließlich sollten jüdische Kinder aus deutschen Schulen verbannt werden («Ich halte es für ausgeschlossen, daß mein Junge neben einem Juden im deutschen Gymnasium sitzt und deutschen Geschichtsunterricht erteilt bekommt»).[45]

Am Ende der Debatte über Wirtschaftsfragen machte Göring deutlich, «man müßte diese wirtschaftlichen Sachen untermauern mit einer Anzahl von polizeilichen Aktionen, propagandistischen Aktionen, Kulturaktionen, damit jetzt alles herauskommt und das Judentum in dieser Woche zack-zack eins nach dem anderen um die Ohren bekommt».[46]

Es war Heydrich, der die Anwesenden daran erinnerte, daß das Hauptproblem darin bestand, die Juden aus Deutschland herauszubekommen. Die Idee der Einrichtung einer zentralen Auswanderungsbehörde in Berlin nach Wiener Modell wurde erörtert (Eichmann war eigens aus diesem Anlaß aus Wien herbeordert worden). Doch nach Heydrichs Ansicht würde es beim gegenwärtigen Tempo etwa acht bis zehn Jahre dauern, bis man zu einer Lösung des Problems käme, und das war, wir erinnern uns, auch Hitlers Einschätzung beim Treffen mit Goebbels am 24. Juli. Wie sollten dann die Juden in der Zwischenzeit von der deutschen Bevölkerung isoliert werden, ohne alle Erwerbsmöglichkeiten zu verlieren? Heydrich war für ein spezielles Abzeichen, das alle diejenigen tragen sollten, die von den Nürnberger Gesetzen als Juden definiert waren. («Eine Uniform!» rief Göring. Heydrich wiederholte: «Ein Abzeichen.») Göring war skeptisch: Er selbst war dafür, in den Großstädten in großem Umfang Ghettos einzurichten. Für Heydrich würden Ghettos «Schlupfwinkel für Verbrecher» werden, die sich von der Polizei nicht kontrollieren ließen, während ein Abzeichen die Überwachung durch «das wachsame Auge der gesamten Bevölkerung» gestatten würde. Die Diskussion über die Einführung eines Abzeichens oder die Schaffung von Ghettos ging weiter und konzentrierte sich auf die Frage, wie die Juden ihr tägliches Leben führen würden («Verhungern lassen können Sie sie nicht!» meinte Göring).[47] Die Auffassungsunterschiede blieben ungelöst, und drei Wochen später sollte Hitler sowohl Abzeichen als auch Ghettos verwerfen.

Wie zuvor Goebbels hatte Heydrich noch mehr Vorschläge auf seiner Liste: keine Führerscheine, kein Eigentum an Kraftwagen (die Juden können «deutsches Leben gefährden»), kein Zugang zu Bezirken von nationaler Bedeutung in den verschiedenen Städten, kein Zugang zu kulturellen Institutionen – im Sinne des Vorschlags von Goebbels –, kein Zutritt zu Erholungsstätten und nicht einmal zu Krankenhäusern («ein Jude kann nicht im Krankenhaus mit arischen Volksgenossen zusammen liegen»). Als die Diskussion zu der Frage überging, was die Juden tun konnten, um den finanziellen Maßnahmen zu begegnen, die jetzt gegen sie ergriffen werden sollten, war Göring sicher, daß sie überhaupt nichts tun würden. Goebbels stimmte zu: «Im Augenblick ist [der Jude] klein und häßlich und bleibt zu Hause.»[48]

Kurz vor dem letzten Teil des Gesprächs kommentierte Göring, als sei ihm das nachträglich noch eingefallen: «Ich möchte kein Jude in Deutschland sein.» Der Generalfeldmarschall erwähnte dann, Hitler habe ihm am 9. November von seiner Absicht erzählt, sich an die Demokratien zu wenden, welche die Judenfrage aufgeworfen hätten, und von ihnen die Aufnahme der Juden zu fordern; die Madagaskar-Möglichkeit würde ebenfalls ins Spiel gebracht werden; oder «die reichen Juden können in Nordamerika, Kanada oder sonstwo ein großes Territorium für ihre Glaubensgenossen kaufen». Göring fügte hinzu: «Wenn das Deutsche Reich in irgendeiner absehbaren Zeit in außenpolitischen Konflikt kommt, so ist es selbstverständlich, daß auch wir in Deutschland in allererster Linie daran denken werden, eine große Abrechnung an den Juden zu vollziehen.»[49]

An demselben Tag, an dem Goebbels Juden den Zugang zu kulturellen Institutionen untersagte, verbot er auch die jüdische Presse in Deutschland. Kurz darauf wurde Erich Liepmann, der Direktor der *Jüdischen Rundschau*, die inzwischen geschlossen worden war, ins Büro des Propagandaministers zitiert. «Zur Begrüßung brüllte Goebbels: ‹Ist der Jude da?› ... Er brüllte: ‹Es muß ein Nachrichtenblatt erscheinen, innerhalb von zwei Tagen. Jede Nummer wird mir vorgelegt. Wehe euch, wenn auch nur ein Artikel erscheint, den ich nicht gesehen habe. Schluß!›»[50] So wurde das *Jüdische Nachrichtenblatt* geboren: Es war dazu bestimmt, die Juden über all die offiziellen Maßnahmen zu informieren, die ergriffen wurden, um ihr Schicksal zu besiegeln.

Manchmal allerdings war anscheinend selbst Goebbels' Auge nicht scharf genug. Im Dezember, etwa sechs Wochen nach der «Kristallnacht», besprach das Nachrichtenblatt den amerikanischen Film *Chicago*: «Eine Stadt steht in Flammen, und die Feuerwehr schaut untätig zu. Alle Schläuche sind angelegt, die Leitern sind ausgerichtet, die Spritzen stehen in Bereitschaft, aber keine Hand rührt sich, sie zu bedienen. Die Männer harren des Kommandos, aber kein Kommando wird laut. Erst als die Stadt niedergebrannt ist und in Schutt und Asche liegt, ergeht ein Befehl: die Feuerwehr fährt nach Hause. Böswillige Erfindung? Ein häßliches Märchen? Nein. Die Wahrheit. Und in Hollywood hat sie sich zugetragen.»[51]

Das Gesetz vom 12. November, das die Juden dazu zwang, ihre sämtlichen Unternehmen und Wertgegenstände wie Juwelen und Kunstwerke zu verkaufen, leitete die pauschale Konfiszierung der ihnen gehörenden Kunstgegenstände ein. Der Raub, der in Österreich bereits stattgefunden hatte, wurde jetzt zur gängigen Praxis im Reich. In München beispielsweise wurde die Prozedur von Gauleiter Wagner selbst koordiniert, der in Anwesenheit der Direktoren der staatlichen Sammlungen die Anweisungen zur «Sicherstellung von Kunstwerken, die Juden gehören», gab. Diese «Sicherstellung» wurde von der Gestapo ausgeführt: In Gegenwart der Eigentümer (oder ihrer «Vertreter») wurde ordnungsgemäß ein Inventar aufgestellt, und es wurden ihnen Quittungen ausgehändigt. Eines dieser Dokumente lautet: «München, den 25. Novem-

9. Der Angriff

ber 1938. Protokoll aufgenommen in der Wohnung Pilotystr. 11/2 bei dem Juden Albert Eichengrün, Pilotystr. 11/1, z. Zt. in Schutzhaft. In der Wohnung ist anwesend die Haushälterin Maria Hertlein, led., geb. 21. 10. 1885 in Wilpolteried, BA. Kempten. Anwesend: Dr. Kreisel, Direktor des Residenzmuseums, Krim. Sekr. Huber, Krim. Sekr. Planer.»[52]

Am 15. November wurden alle jüdischen Kinder, die noch in deutsche Schulen gingen, von den Anstalten verwiesen.[53] In einem Brief des gleichen Tages, den Staatssekretär Zschintsch an alle Staats- und Parteidienststellen richtete, erläuterte er den Beschluß des Erziehungsministers: «Nach der ruchlosen Mordtat von Paris kann es keinem deutschen Lehrer und keiner deutschen Lehrerin mehr zugemutet werden, an jüdische Schulkinder Unterricht zu erteilen. Auch versteht es sich von selbst, daß es für deutsche Schüler und Schülerinnen unerträglich ist, mit Juden in einem Klassenraum zu sitzen. Die Rassentrennung im Schulwesen ist zwar in den letzten Jahren im allgemeinen bereits durchgeführt, doch ist ein Restbestand jüdischer Schüler auf den deutschen Schulen übrig geblieben, dem der gemeinsame Schulbesuch mit deutschen Jungen und Mädeln nunmehr nicht weiter gestattet werden kann. ... [Ich ordne] daher mit sofortiger Wirkung an: Juden ist der Besuch deutscher Schulen nicht gestattet. Sie dürfen nur jüdische Schulen besuchen. Soweit es noch nicht geschehen sein sollte, sind alle zur Zeit eine deutsche Schule besuchenden jüdischen Schüler und Schülerinnen sofort zu entlassen.»[54]

Am 19. November wurden Juden aus dem allgemeinen Wohlfahrtssystem ausgeschlossen. Am 28. November teilte der Innenminister allen Regierungspräsidenten mit, daß einige Bezirke für Juden gesperrt werden konnten und daß für sie auch der Zugang zu öffentlichen Plätzen auf einige Stunden pro Tag beschränkt werden konnte.[55] Der Berliner Polizeichef brauchte nicht lange, um tätig zu werden. Am 6. Dezember wurden die Juden der Stadt von allen Theatern, Kinos, Kabaretts, Konzert- und Versammlungssälen, Museen, Jahrmärkten, Ausstellungshallen und Sportanlagen (einschließlich Schlittschuhbahnen) wie auch von öffentlichen und privaten Badeanstalten ausgeschlossen. Darüber hinaus wurden die Juden aus den Stadtbezirken verbannt, in denen die meisten Regierungsdienststellen und großen Denkmäler sowie kulturellen Institutionen lagen: «Die Wilhelmstraße von der Leipziger Straße bis zur Straße Unter den Linden, der Wilhelmplatz, die Voßstraße von der Hermann-Göring-Straße bis zur Wilhelmstraße (vor der Reichskanzlei) und die nördliche Seite der Straße Unter den Linden vor dem Reichsehrenmal von der Universität bis zum Zeughaus.» In der Ankündigung hieß es, die Verbannung von Juden werde in naher Zukunft wahrscheinlich auf «zahlreiche Berliner Straßen» ausgedehnt werden.[56]

Am 3. Dezember wurden den Juden auf Anordnung Himmlers die

Führerscheine entzogen. Die Zugangsberechtigung jüdischer Wissenschaftler, die eine spezielle Genehmigung zur Benutzung von Universitätsbibliotheken besaßen, wurde am 8. Dezember aufgehoben. Am 20. Dezember wurde es Juden untersagt, als Apotheker auszubilden, und einen Tag später wurden sie vom Hebammenberuf ausgeschlossen.[57] Am 28. zeigten sich neben anderen Absonderungsmaßnahmen (an diesem Tag wurde ihnen der Zutritt zu Speise- und Schlafwagen in Zügen untersagt und auch zu öffentlichen Schwimmbädern und Hotels, die gewöhnlich von Parteimitgliedern besucht wurden) auch die ersten Anzeichen einer potentiellen räumlichen Konzentration der Juden (von der noch zu sprechen sein wird).[58] Am 29. November verbot der Innenminister Juden die Haltung von Brieftauben.[59]

In der Zwischenzeit begann die Gestapo auf Heydrichs Befehl vom 9. November damit, alle jüdischen Gemeindearchive zu beschlagnahmen. Die Vorarbeit leisteten selbst in den kleinsten Städten Polizei und SA. In Memmingen verhaftete die Kriminalpolizei den örtlichen jüdischen Religionslehrer, der auch die gesamte offizielle Korrespondenz der Gemeinde erledigte. Er wurde gezwungen, die Inspektoren zu den Archiven zu führen, die in «3 alten Schränken» in der Synagoge und in einer Kiste auf dem Dachboden seines Hauses aufbewahrt waren. Die Schränke und die Kiste wurden abgeschlossen und versiegelt, die Schlüssel auf der Polizeiwache verwahrt.[60] In Großstädten war das Verfahren im Prinzip dasselbe. Nach einem Bericht des Direktors der staatlichen Archive in Frankfurt erhielt er am 10. November vom Bürgermeister die Anordnung, alle jüdischen Gemeindearchive zu übernehmen. Als er in der Synagoge in der Fahrgasse eintraf, fand er zerschlagene Fensterscheiben, aus den Angeln gerissene Tore, zerschnittene Gemälde, zertrümmerte Vitrinen, Akten und Bücher, die über die Fußböden verstreut worden waren, und dergleichen vor. Am 12. wurde ein kleiner Bruchteil der Akten zur Untersuchung durch die Gestapo in die staatlichen Archive überführt. Am 15. begannen zwei Gestapobeamte mit der Katalogisierung, wobei das historische Material, das der ständig wachsenden Sammlung von geplünderten Judaica hinzugefügt werden sollte, für das neue Forschungsinstitut zur Judenfrage in Frankfurt zusammengeführt wurde. Beiläufig erwähnte der Direktor der staatlichen Archive, daß sich unter den Akten eine vollständige Liste der (etwa 23 000) in Frankfurt lebenden Juden befand;[61] eine derartige Liste muß für die Gestapo von besonderem Interesse gewesen sein.

Görings entscheidende politische Aussage erfolgte am 6. Dezember im Anschluß an die Anweisungen, die ihm Hitler am 4. Dezember erteilt hatte. Diesmal sprach er zu dem inneren Kern der Partei, zu den Gauleitern, und obwohl die Rede in Görings üblicher Manier im Ton entspannt war, konnte in den Gedanken der Zuhörer kein Zweifel beste-

9. Der Angriff

hen, daß er klare Befehle übermittelte, die sich auf Hitlers Autorität stützten. Diese sollten strikt und wortwörtlich befolgt werden. Göring formulierte das (in Zusammenhang mit Hitlers Entscheidung, die Juden nicht mit einem besonderen Abzeichen zu kennzeichnen) folgendermaßen: «Hier, meine Herren, hat der Führer verboten, er hat gewünscht, er hat den Befehl erteilt, und ich glaube, das müßte vollkommen genügen, daß ich sicher bin, daß bei keinem einzigen, auch nicht bei dem kleinsten Funktionär unten etwa die Auffassung entstehen könnte: das wünscht zwar der Führer, aber vielleicht wünscht er noch mehr, wenn ich das Gegenteil tue. Bei der Autorität des Führers ist es klar, daß es hier nichts zu rütteln und zu deuten gibt.»[62]

Was an Görings Ansprache auffällt, ist sein ständiger Hinweis darauf, daß dies Hitlers Befehle seien, daß alle genannten Schritte mit Hitler erörtert seien und seine vollständige Unterstützung hätten. Der wahrscheinlichste Grund für diese wiederholte Hervorhebung war die Einschätzung, daß einige der angekündigten Maßnahmen bei der Versammlung unpopulär sein würden, da sie den Profiten ein Ende setzen würden, welche Parteimitglieder aller Ränge, darunter auch einige Gauleiter, aus der Beschlagnahme jüdischen Vermögens geschlagen hatten. Anscheinend war dies der Grund, weshalb Göring die Judenfrage wiederholt mit den allgemeinen wirtschaftlichen Bedürfnissen des Reiches in Zusammenhang brachte. Den Parteimitgliedern sollte absolut klar sein, daß jede Übertretung der neuen Befehle schädlich für die Wirtschaft des Reiches war und eine direkte Übertretung der Befehle des Führers darstellte. Konkret machte Göring, nachdem er betont hatte, daß die Partei und die Gaue jüdisches Vermögen übernommen hatten, deutlich, daß derart gesetzwidrig angeeigneter Besitz an den Staat abzuliefern sein werde: «Die Partei soll keine Geschäfte machen. ... Es kann nicht eine Gauleitung hergehen und kann bei sich ein Arisierungsbüro machen. ... Auch hier hat der Führer folgende Richtlinie gegeben: Selbstverständlich wird lokal, weil das Reich ja das gar nicht kann, arisiert. ... Der Nutzen aus allen Arisierungen kommt ausschließlich und einzig und allein dem Reich zu, d. h. hier dem Verwalter, dem Reichsfinanzminister, sonst niemandem im ganzen Reich; denn nur dann ist es möglich, das Rüstungsprogramm des Führers durchzuführen.»[63] Zuvor hatte Göring deutlich gemacht, daß Transaktionen, die bereits von Parteimitgliedern zur eigenen Bereicherung getätigt worden waren, rückgängig gemacht werden sollten. Das, worauf es ankam, war nicht das Schicksal der Juden, fügte Göring hinzu, sondern der Ruf der Partei innerhalb und außerhalb von Deutschland.[64] Die andere interne Parteifrage, die mit einiger Ausführlichkeit behandelt wurde, war die der Bestrafung von Taten, die am 9. und 10. November begangen worden waren: Alles, was aus rein ideologischen Gründen, aus einem gerechtfertigten «Haß auf die Juden», verübt worden war, sollte unbestraft bleiben; rein kriminelle Akte verschiedener Art sollten verfolgt werden, wie sie unter allen anderen Umständen verfolgt werden würden, aber jede Publizität, die Aufsehen erregen konnte, war strikt zu vermeiden.[65]

Was die politischen Hauptfragen hinsichtlich der Juden anging, so tauchten die ständig wiederkehrenden beiden Probleme – zwei Facetten ein und desselben Problems – erneut auf: Maßnahmen zur Förderung jüdischer Auswanderung und Maßnahmen, welche die im Reich verbleibenden Juden betreffen. Im wesentlichen sollte den Juden in Deutschland das Leben so unangenehm gemacht werden, daß sie alle Anstrengungen unternehmen würden, das Land auf irgendeine Weise zu verlassen; diejenigen Juden jedoch, die im Reich zurückblieben, mußten das Gefühl haben, daß sie etwas zu verlieren hatten, so daß es keinem von ihnen einfallen würde, einen Anschlag auf das Leben eines NS-Führers – möglicherweise des höchsten – zu verüben.[66]

Höchste Priorität sollte die Zwangsauswanderung haben: «An der Spitze aller unserer Überlegungen und Maßnahmen», erklärte Göring, «steht der Sinn, die Juden so rasch und so effektiv wie möglich ins Ausland abzuschieben, die Auswanderung mit allem Nachdruck zu forcieren und hierbei all das wegzunehmen, was die Auswanderung hindert.» Anscheinend war Göring sogar bereit, auf die Stempelung jüdischer Pässe mit einem erkennbaren Zeichen (dem Buchstaben «J») zu verzichten, wenn ein Jude zwar über die Mittel zur Auswanderung verfügte, aber durch eine derartige Identifizierung an ihr gehindert wäre.[67] Göring teilte den Gauleitern mit, das zur Finanzierung der Auswanderung erforderliche Geld werde durch eine internationale Anleihe aufgebracht werden (genau die Art von Anleihe, die Schacht, wie wir sehen werden, dann bald mit dem amerikanischen Delegierten des Zwischenstaatlichen Komitees für Flüchtlinge diskutieren sollte); Hitler, so Göring, stand diesem Gedanken sehr aufgeschlossen gegenüber. Die Sicherheit für diese Anleihe, die vermutlich vom «Weltjudentum» und von den westlichen Demokratien aufgenommen werden sollte, sollte aus dem gesamten Vermögen bestehen, das den Juden in Deutschland immer noch gehörte – ein Grund, weshalb jüdische Häuser in diesem Stadium nicht zwangsarisiert werden sollten,[68] auch wenn viele Parteimitglieder diese Aussicht besonders reizte.

Vom Weltjudentum verlangte Göring nicht nur den Hauptanteil der Anleihe, sondern auch die Einstellung jedes Wirtschaftsboykotts gegen Deutschland, so daß das Reich die Devisen bekommen konnte, die es brauchte, um das Kapital und die Zinsen für die internationale Anleihe zurückzuzahlen. Mitten in diesen praktischen Erklärungen sprach Göring davon, daß er von den Juden eine Zusage haben wollte, «mir eine bestimmte Abnahme zu garantieren, sei es, daß sämtliche Großwaren-

9. Der Angriff 311

häuser der Weltkonzerne, die ja alle in jüdischen Händen sind, sich verpflichten, soundso viel Millionen jährlich auf jeden Fall an Waren von Deutschland abzunehmen».[69] Da erhob sich wieder der Mythos von der jüdischen Weltmacht.

Hinsichtlich der Juden, die in Deutschland zurückblieben, verkündete Göring Hitlers Ablehnung aller speziellen Kennzeichen und irgendwelcher übermäßig drastischen Reise- und Einkaufsbeschränkungen. Hitlers Gründe waren unerwarteter Natur: Angesichts der Geistesverfassung der Massen in vielen Gauen würden die Juden, wenn sie Kennzeichen trügen, zusammengeschlagen werden, oder man würde ihnen keine Lebensmittel geben. Die anderen Beschränkungen würden ihnen ihr tägliches Leben so erschweren, daß sie dem Staat zur Last fallen würden.[70] Mit anderen Worten, indirekt wurden die Gauleiter gewarnt, in ihren Gauen nicht von sich aus neue Aktionen gegen die Juden in Gang zu setzen. Häuser in jüdischem Besitz waren, wie wir sahen, die letzten jüdischen Vermögenswerte, die zu arisieren waren.

Bei der Erörterung der Maßnahmen, welche die Juden dazu veranlassen würden, Deutschland zu verlassen, versicherte Göring seinen Zuhörern, er werde dafür sorgen, daß es den reichen Juden nicht gestattet würde, als erste das Land zu verlassen und die Masse der armen Juden zurückzulassen. Diese Bemerkung erklärt wahrscheinlich das, was drei Tage später geschah.

In den Würzburger Gestapo-Akten befindet sich eine auf Görings Instruktionen zurückgehende Anweisung vom 9. Dezember an die Amtsvorstände der 22 mainfränkischen Bezirksämter; diese Anordnung muß landesweit ergangen sein. Darin verlangte die Staatspolizei die umgehende Erstellung einer Liste besonders einflußreicher Juden in jedem einzelnen Bezirk. Die Kriterien des Einflusses wurden folgendermaßen angegeben: Vermögen und Auslandsbeziehungen («wirtschaftlicher, verwandtschaftlicher, persönlicher oder sonstiger Art»). Für die Aufnahme jedes einzelnen einflußreichen Juden in die Liste sollten die Bezirksbeamten den Grund angeben. Die Angelegenheit war so dringlich, daß die Listen noch im Laufe des darauffolgenden Tages, des 10., per Eilbrief abgeschickt werden sollten, so daß sie am Sonnabend, dem 11. Dezember, bis 9 Uhr morgens die Würzburger Gestapozentrale erreichten. Jeder Amtsvorstand wurde «für die genaue Einhaltung der Termine ... persönlich verantwortlich gemacht».[71]

In den Akten gibt es keine Erklärung für Görings Absichten und auch keine Unterlagen über weitere Aktionen; es war dies vielleicht ein kurzlebiger Anlauf, reiche und einflußreiche Juden als Geiseln zu nehmen, um die Ausreise der armen Juden sicherzustellen.

Einige Tage bevor die Würzburger Gestapo Görings Befehle übermittelte, informierte Frick die Regierungspräsidenten und Innenminister, auf «ausdrückliche höchste Anordnung» – eine Formel, die nur für Befehle von Hitler verwendet wurde – seien ohne ausdrückliche Anweisungen von seiten der Reichsregierung keine weiteren antijüdischen Maßnahmen zu ergreifen.[72] Das Echo von Görings Verlautbarung an die Gauleiter ist deutlich zu vernehmen. Am 13. Dezember war das Propagandaministerium damit an der Reihe, seine Dienststellen zu informieren, der Führer habe angeordnet, «daß die politischen Sendungen sich ausschließlich mit dem jüdischen Problem befassen sollten; politische Sendungen anderer Art müßten unterbleiben, um nicht die Wirkung der antijüdischen Sendungen zu beeinträchtigen».[73] Kurz, die deutsche öffentliche Meinung mußte erst davon überzeugt werden, daß der November-Pogrom in vollem Umfang gerechtfertigt gewesen war.

Nach der Kette interner Versammlungen von Partei- und Staatsbeamten, die auf eine Klarstellung der Ziele und Grenzen der antijüdischen Politik nach dem Pogrom zielten, fand am 16. Dezember noch eine weitere Konferenz statt. Diese Versammlung, die Frick einberufen hatte, wurde in Anwesenheit von Funk, Lammers, Helldorf und Heydrich, von Gauleitern und verschiedenen anderen Repräsentanten von Partei und Staat abgehalten. Im wesentlichen griffen Frick und Funk Görings Erklärungen, Ermahnungen und Anordnungen auf. Doch es wurde auch deutlich, daß im ganzen Reich Parteiorganisationen wie die Deutsche Arbeitsfront Druck auf Kaufleute ausgeübt hatten, nicht an Juden zu verkaufen. Und vor allem in der Ostmark kam es vor, daß Mischlinge als Juden behandelt wurden, sowohl in Zusammenhang mit ihren Arbeitsverhältnissen als auch bei ihren geschäftlichen Aktivitäten. Solche Initiativen waren in Hitlers Augen unannehmbar. Bald würde es keine jüdischen Geschäfte mehr geben, und man würde den Juden gestatten müssen, in deutschen Geschäften zu kaufen. Was die Mischlinge anging, so bestand die Politik nach Angaben von Frick darin, sie schrittweise vom Volk absorbieren zu lassen (seltsamerweise unterschied Frick die Halbjuden nicht von den Vierteljuden), und die gegenwärtig gegen sie gerichtete Diskriminierung lief den von den Nürnberger Gesetzen eingeführten Unterscheidungen zuwider. Insgesamt wurde jedoch immer wieder das politische Hauptziel betont: Alles mußte zusammenwirken, um die Auswanderung der Juden zu beschleunigen.[74]

Gegen Ende Dezember brach noch ein weiterer Schwall von Maßnahmen über die Juden herein. Am 28. legte Göring, der wiederum sowohl zu Beginn des Dokuments als auch an dessen Schluß auf ausdrücklich von Hitler gegebene Befehle Bezug nimmt, die Regeln dafür fest, wie mit Juden gehörenden Wohnungen zu verfahren sei (sie sollten in diesem Stadium nicht arisiert werden, sondern jüdische Mieter sollten nach und nach in Häuser ziehen, die Juden gehörten und nur von Juden

9. Der Angriff

bewohnt waren), und definierte die Unterscheidung zwischen zwei Kategorien von «Mischehen». Ehen, in denen der Ehemann Arier war, sollten mehr oder weniger als normale deutsche Familien behandelt werden, ganz gleich ob sie Kinder hatten oder nicht. Das Schicksal von Mischehen, in denen der Ehemann Jude war, hing davon ab, ob Kinder da waren. Die kinderlosen Paare konnten schließlich in nur von jüdischen Mietern bewohnte Häuser umgesiedelt werden, und auch in jeder anderen Hinsicht waren sie als volljüdische Paare zu behandeln. Paare mit Kindern – wodurch die Kinder Mischlinge ersten Grades waren – waren zeitweilig vor Verfolgung geschützt.[75] Wie Jochen Klepper in seinem Tagebuch vermerkt, zeigte die Regierung «große Loyalität, wenn man es nun schon mit den Augen der Regierung sehen will, für die in Heer und Wirtschaft wichtigen vielen Mischlinge. ... Aber wirklich ausgestoßen zum Judentum und so viel schlechter gestellt als die Jüdinnen mit arischem Mann: die Arierinnen in jüdischer Mischehe.»[76] Klepper spricht davon, daß es bei arischen Ehemännern jüdischer Frauen «keine Zwangsscheidung» gebe. Arische Frauen jüdischer Männer wurden ebenfalls nicht zur Scheidung gezwungen, aber das Gesetz vom 7. Juli 1938 (von dem in Kapitel 4 bereits die Rede war), hatte eine Scheidung aus rassischen Gründen möglich gemacht, und Görings Erlaß vom 28. Dezember ermunterte ganz eindeutig Arierinnen dazu, ihre jüdischen Ehemänner zu verlassen: «Läßt sich die deutsche Ehefrau eines Juden scheiden», hieß es in dem Erlaß, «so tritt sie wieder in den deutschen Blutsverband zurück, und alle Nachteile für sie fallen fort.»[77]

Warum war Hitler im Dezember 1938 gegen das gelbe Abzeichen und gegen die regelrechte Ghettoisierung? Warum schuf er eine Kategorie «privilegierter Mischehen» und entschied auch, daß Mischlinge, die bei dem Pogrom Schäden erlitten hatten, zu entschädigen seien? Im ersten Fall war vermutlich eine Besorgnis wegen der deutschen und internationalen öffentlichen Meinung der Hauptfaktor. Bei den Mischehen und der Entschädigung für die Mischlinge scheint es offenkundig zu sein, daß Hitler die potentiellen Felder des Mißmuts, welche die Verfolgung von Mischehen und allgemein von Mischlingen in der Bevölkerung schaffen konnte, so stark wie möglich einschränken wollte.

Die Durchführung des Göringschen Erlasses vom 28. Dezember, der auf die Konzentration von Juden in «Judenhäusern» zielte, wurde erleichtert, als am 30. April 1939 zusätzliche Bestimmungen die Kündigung von Mietverträgen mit Juden ermöglichten.[78] Der arische Vermieter konnte einen Vertrag mit jüdischen Mietern nicht annullieren, bevor er sich von den örtlichen Behörden eine Bescheinigung geholt hatte, daß in einem Haus, welches Juden gehörte, Ersatzwohnraum beschafft war. Doch wie der amerikanische Geschäftsträger Alexander Kirk feststellte, gestatteten es diese neuen Bestimmungen den Behörden der Städte und

Gemeinden, «jüdische Hausbesitzer oder jüdische Mieter in einem in jüdischem Besitz befindlichen Haus dazu zu zwingen, leere Zimmer oder Räumlichkeiten, die sie für ihren eigenen Bedarf nicht zu benötigen schienen, bei ihnen anzumelden. Letztere können dann auch gegen ihren Willen dazu gezwungen werden, diese Räume an andere Juden zu vermieten, die aus ‹arischen› Häusern vertrieben werden sollen. Die örtlichen Behörden können die Bedingungen dieser unfreiwilligen Verträge festsetzen und für diesen Dienst eine Gebühr erheben.»[79]

Am 17. Januar 1939 verbot es die Achte Verordnung zum Reichsbürgergesetz Juden, irgendwelche Tätigkeiten in der Gesundheitspflege, insbesondere als Apotheker, Zahnärzte und Tierärzte, auszuüben.[80] Am 15. Februar wurde es Angehörigen der Wehrmacht und des Arbeitsdienstes, Parteifunktionären und Mitgliedern des SD untersagt, «Mischlinge zweiten Grades» zu heiraten,[81] und am 7. März entschied Heß in Beantwortung einer Anfrage des Justizministers, daß Deutsche, die nach den Nürnberger Gesetzen als solche galten, aber etwas jüdisches Blut hatten, nicht im Staatsdienst beschäftigt werden durften.[82]

In den entscheidenden Wochen vom November 1938 bis zum Januar 1939 vernichteten die von Hitler, Göring und ihren Kumpanen beschlossenen Maßnahmen gänzlich jede noch verbliebene Möglichkeit eines jüdischen Lebens in Deutschland oder eines Lebens von Juden in Deutschland. Der Abriß der verbrannten Überreste der Synagogen symbolisierte ein Ende; das Zusammentreiben der Juden in «Judenhäuser» kündigte einen noch unbemerkten Anfang an. Darüber hinaus setzte sich die ständig gegenwärtige ideologische Obsession, die in Hitlers Reichstagsrede vom 30. Januar 1939 in einem heftigen Ausbruch zum Ausdruck kommen sollte, uneingeschränkt fort: Ein Strom blutrünstiger Aussagen ergoß sich aus den Blättern des *Schwarzen Korps*, und eine Ansprache Himmlers vor der obersten Führung der Eliteeinheit SS-Standarte «Deutschland» am 8. November 1938 enthielt finstere Warnungen.

Himmler ließ die Schüsse in Paris vom Vortag unerwähnt, und der größte Teil seiner Rede behandelte die Organisation und die Aufgaben der SS. Doch die Judenfrage war bedrohlich gegenwärtig. Himmler warnte seine Zuhörer, in den kommenden zehn Jahren werde das Reich «unerhörten Auseinandersetzungen kritischer Art entgegengehen». Der Reichsführer erwähnte nicht nur die nationalen Konfrontationen, sondern insbesondere den Zusammenprall von Weltanschauungen, bei dem die Juden hinter allen anderen feindlichen Kräften standen und «den Urstoff alles Negativen» darstellten. Die Juden – und die Kräfte, die sie gegen das Reich richteten – waren sich darüber im klaren, daß, «wenn Deutschland und Italien nicht vernichtet werden, sie vernichtet werden». «In Deutschland», prophezeite Himmler, «kann sich der Jude nicht halten; das ist nur eine Frage von Jahren.» Wie dies erreicht wer-

den würde, war klar: «Wir werden sie mit einer beispiellosen Rücksichtslosigkeit mehr und mehr heraustreiben.» Es folgte eine Beschreibung, wie sich der Antisemitismus infolge des Zuzugs jüdischer Flüchtlinge und der Bemühungen der Nazipropaganda in den meisten europäischen Ländern verstärkte.
Dann stürzte sich Himmler in seine Sicht der Schlußphase. In der Falle sitzend, würden die Juden das nationalsozialistische Deutschland, die Quelle all ihrer Probleme, mit sämtlichen ihnen zur Verfügung stehenden Mitteln bekämpfen. Für die Juden würde die Gefahr nur dann abgewendet werden, wenn Deutschland niedergebrannt und vernichtet würde. Man sollte sich, erklärte Himmler, keinen Illusionen hingeben, und er wiederholte seine Warnung, daß es im Falle eines jüdischen Sieges totales Verhungern und ein Blutbad geben werde; «nicht einmal mehr eine Reservation der Germanen» werde übrigbleiben: «Das wird jeden treffen, mag er nun ein sehr begeisterter Anhänger des Dritten Reiches sein oder nicht, es wird genügen, daß er Deutsch spricht und daß er eine deutsche Mutter gehabt hat.»[83] Die unausgesprochene Schlußfolgerung war klar.

Im Oktober 1935 hatte Goebbels unmittelbar im Anschluß an die Verabschiedung der Nürnberger Gesetze eine Verordnung erlassen, wonach die Namen von gefallenen jüdischen Soldaten künftig auf keinem Denkmal in Deutschland mehr verzeichnet werden würden.[84] Nun fügte es sich jedoch, daß, als am 14. Juni 1936 in der kleinen Stadt Loge in Ostfriesland eine Gedenktafel enthüllt wurde, unter den Namen der im Jahre 1915 Gefallenen der des jüdischen Soldaten Benjamin aufgeführt war. Der Gruppenleiter von Loge ergriff die Initiative, Benjamins Namen tilgen zu lassen und ihn (zur Füllung der auffälligen Lücke) durch den eines ortsansässigen Soldaten zu ersetzen, der kurz nach Kriegsende an seinen Verwundungen gestorben war. Proteste der Einwohner, darunter auch holländischer Bürger, die wie der pensionierte Botschafter Graf van Wedel in dieser Grenzstadt lebten, führten zur Entfernung des neuen Namens. Sollte also der Name des jüdischen Soldaten Benjamin erneut erscheinen? Der Gauleiter von Weser-Ems entschied, ein derartiger Schritt wäre «unerträglich».[85]
Bis zum Pogrom vom November 1938 blieb das Gesamtproblem ungelöst. Am 10. November schrieb Paul Schmitthenner, der Rektor der Heidelberger Universität, an den badischen Unterrichtsminister in Karlsruhe: «Anläßlich des Kampfes des Weltjudentums gegen das 3. Reich ist es ferner untragbar, daß auf den Gefallenentafeln die Namen jüdischer Rassezugehörigen weiterhin verbleiben. Anläßlich der jüngsten Vorgänge», fuhr Schmitthenner fort, «ist von seiten der Studentenschaft die Entfernung einer solchen Tafel gefordert worden, aber mit

Rücksicht auf die Ehre der deutschen Toten unterblieben.» Der Rektor bat daher das Ministerium, in Verbindung mit dem Reichsstudentenführer eine umgehende Lösung für das Problem zu finden: «Ich halte», schloß Schmitthenner, «die Entfernung der jüdischen Namen für notwendig. Sie muß jedoch in ordnungsmäßiger und würdiger Form im Sinne der oben erbetenen Regelung erfolgen.»[86]

Der badische Unterrichtsminister leitete Schmitthenners Schreiben mit folgendem Kommentar an den Reichserziehungsminister weiter: «Meines Erachtens sollte die Frage, da sie von grundsätzlicher Bedeutung ist, dem Führer zur Entscheidung vorgelegt werden.»[87] Dies tat Rust, und am 14. Februar konnte er Hitlers Entschluß verkünden: Namen von Juden auf bereits existierenden Gedenktafeln würden nicht entfernt werden. Neu errichtete Denkmäler würden keine Namen von Juden tragen.[88]

Dem Entschluß Schmitthenners, die Namen gefallener jüdischer Soldaten aus den öffentlichen Gebäuden Heidelbergs zu verbannen, stand die nicht weniger entschlossene Aktion von Friedrich Metz, dem Rektor der Freiburger Universität, zur Seite, der dadurch einer Entscheidung vorgriff, die dann am 8. Dezember in Berlin getroffen wurde. «Wie mir berichtet worden ist», schrieb Metz am 17. November an den Direktor der Universitätsbibliothek, «wird die Universitäts-Bibliothek und die Akademische Lesehalle noch von Juden besucht. Den dabei in Betracht kommenden früheren Angehörigen des Lehrkörpers Prof. Dr. Jonas Cohn und Prof. Dr. Michael habe ich Weisung gegeben, vom Besuch der Einrichtungen der Albert-Ludwigs-Universität zur Vermeidung von Unzuträglichkeiten Abstand zu nehmen, und ermächtige Sie hiermit, sinngemäß zu verfahren, wenn die Universitäts-Bibliothek oder die Akademische Lesehalle auch von anderen Juden besucht sein sollte.»[89]

III

«Auf Ihre Eingabe um Aufenthaltsbewilligung für Ihre Frau habe ich Ihnen folgendes mitzuteilen.» So begann ein Brief, den Parteigenosse Seiler, der Kreisleiter von Neustadt an der Aisch in der Nähe von Nürnberg, am 21. November 1938 an den deutschen Bauern und Inhaber eines Lebensmittelgeschäftes Fritz Kestler aus Ühlfeld richtete. Kestlers Frau, die Mutter seiner vier Kinder und dasjenige Familienmitglied, das den Lebensmittelladen führte, war während des Novemberpogroms aus Ühlfeld vertrieben worden und hielt sich vorübergehend bei Verwandten in Nürnberg auf.

«Ihre Frau, geborene Else Rindeberg», hieß es weiter in dem Brief, «ist Vollblutjüdin. Sie hat deshalb auch allen ihren Rassengenossen immer wieder gezeigt, durch persönlichen Verkehr und alle möglichen Unterstützungen, daß sie sich voll und ganz zu ihnen gehörig fühlt. So hat sie z. B. die Außenstände der Ühlfelder Juden zum Einzug übernommen. Sie hat fernerhin Juden, die sich bedroht gefühlt haben, Unterkunft gewährt. Weiterhin hat sie es möglich gemacht, daß unbelehrbare Volksgenossen, die beim Juden Schwab kaufen wollten, durch ihr Geschäft hindurch von rückwärts in das Schwabsche Anwesen gelangen konnten. Ihre Frau hat damit bewiesen, daß sie sich als Jüdin bekennt und daß sie glaubt, die politische Leitung und die Behörden zum Narren halten zu können.»

«Daß Sie selbst nicht Manns genug waren, das zu verhindern, wundert mich nicht, denn wer selber bekennt, daß er 25 Jahre mit einer Jüdin verheiratet ist und in ‹glücklicher Ehe› gelebt hat, gibt zu, daß er von diesem jüdischen Ungeist stark angesteckt ist. Wenn Sie damals so artvergessen waren, gegen die Warnungen Ihrer Eltern eine Jüdin zu heiraten, so können Sie heute davon nicht das Recht ableiten, daß für Ihre jüdische Frau Ausnahmen gemacht werden.» Nach einer Warnung an Kestler, seine Frau sollte nicht versuchen zurückzukehren, schloß Kreisleiter Seiler seinen Brief mit der passenden Floskel: «Ihre Frage, was nun aus Ihrer Frau werden soll, interessiert mich so wenig, wie es Sie interessiert hat vor 25 Jahren, was aus dem deutschen Volk geworden wäre, wenn jeder eine rassenschänderische Ehe eingegangen wäre.»[90]

Seilers antijüdische Wut wurde von der Mehrheit der Deutschen nicht geteilt. Am 10. November zeichnete sich auf den Straßen der Großstädte von Anfang an ein deutlicher Unterschied zwischen Aktivisten und Zuschauern ab: «Ich selbst», berichtete der Rechtsberater der britischen Botschaft einige Tage später seinem Außenminister, «und Mitglieder des Botschaftspersonals waren Zeugen der späteren Stadien der Ausschreitungen in Berlin, die bis tief in die Nacht des 10. andauerten. Banden von Jugendlichen in Zivil, die mit Stöcken, Hämmern und anderen geeigneten Waffen ausgerüstet waren, suchten die jüdischen Geschäfte heim und vollendeten das Werk der Zerstörung, das am frühen Morgen vollbracht worden war. In manchen Fällen waren die Läden vollständig geplündert worden, in anderen war die vorhandene Ware nur beschädigt und verstreut worden. Und an ein oder zwei Stellen gaffte eine Menge in schweigender Neugier und sah zu, wie sich die Eigentümer mühten, die Trümmer wegzuräumen. Insbesondere achtete ich auf das Betragen der Gruppen, die jeder Bande von Plünderern folgten. Ich hörte keinen Ausdruck von Beschämung oder Entrüstung, aber ungeachtet der völligen Passivität eines großen Teils der Zuschauer bemerkte ich doch das alberne Grinsen, welches oft unwillkürlich das schlechte Gewissen verrät.»[91]

Während der britische Diplomat auf den Gesichtern der Zuschauer die Anzeichen eines beunruhigten Gewissens erkannte, sah der französische Geschäftsträger in der Haltung der Leute auf der Straße «stillschweigende Verdammung».[92]

Die Berichte des SD zeigen weitverbreitete Kritik der Bevölkerung an den Gewalttätigkeiten und den durch den Pogrom verursachten Schäden. Ein Teil der Kritik, die sogar von Leuten geäußert wurde, welche dem Regime sonst wohlwollend gegenüberstanden, war von praktischen Erwägungen motiviert: Sie betraf die mutwillige Zerstörung von Eigentum und die dadurch nicht nur von allen Deutschen, sondern auch vom Staat erlittenen Verluste. Als die Nachricht von der den Juden auferlegten Geldstrafe in Höhe von einer Milliarde Mark verbreitet wurde und als die offizielle Propaganda den unermeßlichen Reichtum hervorhob, den die Juden immer noch besaßen, besserte sich die allgemeine Stimmung.[93] Manchmal waren jedoch die Reaktionen der Bevölkerung durchaus nicht negativ. So hatte nach einem SOPADE-Bericht vom Dezember 1938 «die große Masse ... die Zerstörungen nicht gebilligt, aber man darf dennoch nicht übersehen, daß es in Arbeiterkreisen Leute gibt, die die Juden nicht verteidigen. Man kann sich in einzelnen Zirkeln schwer durchsetzen, wenn man über die letzten Vorgänge im ablehnenden Sinne spricht. So einheitlich war also die Empörung doch nicht. Berlin: Die Haltung der Bevölkerung war nicht ganz einheitlich. Bei dem Brand der jüdischen Synagoge in der Fasanenstraße konnte man eine große Anzahl von Frauen beobachten, die sagten: ‹Das ist ganz richtig so, bloß schade, daß keine Juden mehr drin sind, das wäre doch das Beste, um die ganze Bagage auszuräuchern.› – Niemand wagte, gegen diese Äußerungen Stellung zu nehmen. ... Wenn irgendwo im Reiche, dann hat sich in Hamburg und im angrenzenden Elbegebiet die Empörung über die Judenpogrome mit ihren Brandstiftungen und Plünderungsexzessen ganz offen geäußert. Die Hamburger sind im allgemeinen keine Antisemiten, und die Hamburger Juden sind weit mehr als die Juden in anderen Teilen des Reiches assimiliert und bis in die Spitze der Beamtenschaft, des Großhandels und der Schiffahrt christlich versippt.»[94]

Wie reagierten Menschen in Hitlers näherer Umgebung, die weder engagierte Parteimitglieder noch «altmodische» Konservative waren? In seinen Memoiren äußert Albert Speer ein gewisses Unbehagen, und sei es nur wegen der Zerstörung materieller Werte und der «Unordnung»: «Am 10. November kam ich auf der Fahrt in das Büro an den noch rauchenden Trümmern der Berliner Synagoge vorbei. Heute ist diese optische Erinnerung eine der deprimierendsten Erfahrungen meines Lebens, weil mich damals eigentlich vor allem das Element der Unordnung störte, das ich in der Fasanenstraße erblickte: verkohlte Balken,

9. Der Angriff

herabgestürzte Fassadenteile, ausgebrannte Mauern. ... Die zerbrochenen Scheiben der Schaufenster verletzten vor allem meinen bürgerlichen Ordnungssinn.»[95] Doch selbst dieses Fehlen von jeglichem menschlichen Einfühlungsvermögen, vermischt mit nachträglicher Pseudo-Ehrlichkeit, bedarf einer Einschränkung. Wie Gitta Sereny, die Verfasserin der jüngst erschienenen Speer-Biographie, schreibt, stand in dem ersten Entwurf von Speers Buch nichts über die Kristallnacht, und erst nach Anstößen durch seinen Verleger Wolf Jobst Siedler und durch den Hitler-Biographen Joachim Fest präsentierte Speer seine Empfindungen der Verärgerung über die materiellen Schäden.[96] So war möglicherweise selbst eine fragwürdige, aber geschickte Aufrichtigkeit ganz und gar fingiert: Speer hat vielleicht ganz einfach überhaupt nichts empfunden, und ebenso verhielt es sich wahrscheinlich, als er die Vertreibung jüdischer Mieter aus ihren Berliner Wohnungen plante. Was Speers Sekretärin Annemarie Kempf anging, so wußte sie nichts und sah nichts. «Ich habe einfach nie davon erfahren», erklärte sie. «Ich erinnere mich, daß jemand in einer Botschaft im Ausland erschossen worden war und daß Goebbels Reden hielt und viele Menschen aufgebracht waren. Aber das ist alles.»[97] Wiederum waren jedoch selbst unter diesen jungen Technokraten die Reaktionen nicht alle gleich. Betrachten wir Hans Simon, einen von «Speers Männern». «Na ja, als es passierte [die Kristallnacht]», erzählte später ein anderer Zeuge Sereny, «sagte Simon: ‹Für solche Leute arbeite ich nicht.› Und er kündigte beim GBI [Generalbauinspektorat].»[98]

Keine Kritik an dem Pogrom wurde von den Kirchen öffentlich geäußert. Erst einen Monat nach den Ereignissen nahm dann doch die Bekennende Kirche in einer Botschaft an die Gemeinden indirekt auf die jüngsten Verfolgungen Bezug, wenn auch auf eigenartige Weise. Nach der Feststellung, daß Jesus Christus «die Versöhnung für unsere Sünden» und «auch die Versöhnung für die Sünde des jüdischen Volkes» sei, fuhr die Botschaft mit folgenden Worten fort: «Durch den einen Herrn, den einen Glauben und die eine Taufe sind wir als Brüder verbunden mit allen Christusgläubigen aus den Juden. Wir wollen uns nicht von ihnen trennen und bitten sie, sich auch nicht von uns zu trennen. ... Wir ermahnen unsere Gemeinden und Gemeindeglieder, sich der leiblichen und seelischen Not ihrer christlichen Brüder und Schwestern aus den Juden anzunehmen, auch für sie im Gebet vor Gott einzutreten.» Die Juden als solche wurden aus der Botschaft des Mitleids ausgeschlossen, und wie ein Autor bemerkt hat, bestand «die einzige Erwähnung des jüdischen Volkes als ganzen in einer Erwähnung seiner Sünde».[99]

Einzelne Pastoren protestierten durchaus; davon wissen wir hauptsächlich aus kurzen Erwähnungen in Überwachungsberichten. So vermerkt der Monatsbericht für November 1938 für Ober- und Mittelfranken lakonisch: «Pfarrer Seggel in Mistelgau, BA Bayreuth, hat sich am Buß- und Bettag abfällig über die Aktionen gegen die Juden geäußert. Die Staatspolizeistelle Nürnberg-Fürth ist verständigt.»[100]

Die generelle Haltung der katholischen Kirche war nicht anders. Mit Ausnahme von Propst Bernhard Lichtenberg von der Berliner St.-Hedwigs-Kathedrale, der am 10. November erklärte, «draußen brennt der Tempel – das ist auch ein Gotteshaus», und der dann später seine öffentlichen Gebete für die in den Osten abtransportierten Juden mit dem Leben bezahlen sollte,[101] erhob sich keine lautstarke Stimme. Ganz im Gegenteil, Kardinal Faulhaber hielt es für nötig, in seiner Silvesterpredigt, weniger als zwei Monate nach dem Pogrom, zu verkünden: «Das ist ein Vorzug unserer Zeit: Auf der Höhe des Reiches haben wir das Vorbild einer einfachen und nüchternen, alkohol- und nikotinfreien Lebensführung.»[102]

Von den Universitäten kam keine offene Kritik (oder auch nur ein indirekter Protest). Einige starke Verurteilungen des Pogroms wurden Privatbriefen anvertraut und wahrscheinlich der Privatheit von Tagebüchern. Am 24. November 1938 schrieb der Historiker Gerhard Ritter an seine Mutter: «Was wir in den letzten beiden Wochen erlebt haben im Ganzen des Vaterlandes, ist das Beschämendste und Schrecklichste, was seit langen Jahren geschehen ist.»[103] Ritters Entrüstung und die darauffolgende Initiative werfen jedoch in paradoxer Weise Licht auf den Antisemitismus, der den Einstellungen der Kirchen und der Universitäten zugrunde lag.

Nach dem Pogrom und gewiß zum Teil als Folge davon bildete sich an der Freiburger Universität eine Oppositionsgruppe. Dieser «Freiburger Kreis» setzte sich vorwiegend aus Universitätsmitgliedern zusammen, die der Bekennenden Kirche nahestanden (und auch aus einigen Katholiken); seine führenden Gestalten waren Gerhard Ritter, Walter Eucken, Franz Böhm, Adolf Lampe und Constantin von Dietze.[104] Die Diskussionen der Gruppe führten zur Ausarbeitung der «Großen Denkschrift», die eine soziale, politische und moralische Basis für ein nachnationalsozialistisches Deutschland bot. Der fünfte und letzte Anhang zu dieser Denkschrift, den Dietze Ende 1942 abschloß, enthielt «Vorschläge für eine Lösung der Judenfrage in Deutschland».[105] Heutige deutsche Historiker haben immer noch Schwierigkeiten, diese Vorschläge zu erklären, und sprechen von der «schizophrenen Atmosphäre», die sie hervorbrachte.[106] Die Freiburger Gruppe – die sich nach dem Pogrom gebildet hatte und sich zum Zeitpunkt dieses letzten Anhangs über die Vernichtung der Juden auch völlig im klaren war (sie wird in Dietzes «Vorschlägen» ausdrücklich erwähnt) – machte gleichwohl den Vorschlag, die Juden nach dem Kriege international einem Sonderstatus zu unterwerfen. Darüber hinaus empfahlen die «Vorschläge», obwohl sie die Rassentheorien der Nationalsozialisten verwarfen, Vorsicht im Hinblick auf enge Kontakte und auf Mischehen zwischen deutschen Christen und anderen Rassen – die Anspielung auf die Juden ist eindeutig.[107] Anscheinend gab es selbst in einer der artikuliertesten Gruppen von nazifeindlichen Akademikern explizite und tiefsitzende antijüdische Vorurteile. Klaus Schwabe, einer der kenntnisreichsten Historiker, die über das Thema Freiburger Kreis gearbeitet haben, lehnt den Schluß ab, Dietze sei von Antisemitismus getrieben worden.[108] Doch in seinem Programm akzeptierte und empfahl Dietze einige der traditionellen antisemitischen Positionen deutscher Konservativer, und das ungeachtet dessen, was er vom Schicksal der Juden wußte. Die logische Schlußfolgerung ist offensichtlich: Wenn eine universitäre Widerstandsgruppe, die größtenteils aus Mitgliedern der Bekennenden Kirche oder der katholischen Kirche bestand, derartige Vorschläge offerieren konnte, obwohl sie Kenntnis von der Vernichtung hatte, dann müssen die Zeugnisse eines vorherrschenden Antisemitismus unter Deutschlands Eliten als wesentliche Erklärung für ihre Haltung während des Dritten Reiches berücksichtigt werden.

Auf indirekte Weise rief jedoch der Pogrom zusätzliche Spannungen zwischen der deutschen katholischen Kirche und dem Staat hervor. Am 10. November beschloß der Nationalsozialistische Lehrerbund, nicht nur alle verbleibenden jüdischen Schüler aus deutschen Schulen zu vertreiben, sondern auch die Erteilung von (christlichem) Religionsunterricht – wie sie bis dahin die Regel gewesen war – einzustellen, «weil sie [so der Vorwand] nicht Gestalten eines Volkes verherrlichen könnten, das allein vom Haß gegen Deutschland lebt». Kardinal Bertram sandte einen energischen Protest an Rust, in dem er feststellte: «Wer irgendwie mit dem katholischen Glauben vertraut ist und erst recht jeder gläubige Lehrer weiß, daß diese Behauptung [daß das Christentum die Juden verherrliche] falsch und daß das Gegenteil richtig ist.»[109]

IV

«Die Auslandspresse ist sehr schlecht», notierte Goebbels. «Vor allem die amerikanische. Ich empfange die Berliner Auslandsjournalisten und erkläre ihnen die ganze Frage. Das macht großen Eindruck.»[110] Die Kommentare in der Presse waren allerdings vernichtend. «Es geschehen im Laufe der Zeit», schrieb die dänische *Nationaltidende* am 12. November, «viele Dinge, zu denen man aus Achtung für die eigene Menschenwürde Stellung beziehen muß, selbst wenn dies mit einem persönlichen oder nationalen Risiko verbunden sein sollte. Ein Schweigen angesichts von Verbrechen, die begangen worden sind, kann als eine Form der Beteiligung an ihnen angesehen werden – in gleicher Weise strafwürdig, ob sie von Individuen oder von Nationen begangen worden sind. ... Man muß zumindest den Mut zum Protest haben, selbst wenn man fühlt, daß man nicht die Macht hat, einen Bruch des Rechts zu verhindern oder auch nur seine Folgen zu lindern. ... Wenn nun angekündigt worden ist, daß diese Gruppe von Menschen [die Juden Deutschlands], nachdem man sie geplündert, gequält und terrorisiert hat, vertrieben und über das Tor des nächsten Nachbarn geworfen werden soll, dann handelt es sich bei dieser Frage nicht mehr um eine interne Angelegenheit, und die Stimme Deutschlands wird nicht die einzige sein, die im Rat der Nationen gehört werden wird.»[111]

Besonders leidenschaftlich war die amerikanische Presse. «In den Wochen nach der *Kristallnacht* wurden zu diesem Thema nahezu 1000 verschiedene Leitartikel veröffentlicht. ... Praktisch keine amerikanische Zeitung, unabhängig von Größe, Auflage, Verlagsort oder politischer Richtung konnte umhin, Deutschland zu verurteilen. Jetzt wurde Deutschland selbst von denjenigen kritisiert, die vor der *Kristallnacht* gezögert hatten zuzugeben, daß gewalttätige Verfolgung ein fester Bestandteil des Nazismus war.»[112] Präsident Roosevelt rief Botschafter Hugh Wilson zur Berichterstattung zurück.

Doch trotz solcher emotionaler Reaktionen änderten sich die Einstellungen und die politischen Zielsetzungen im Grundsatz nicht. Im Frühjahr 1939 brach Großbritannien, das über die zunehmend achsenfreundlichen Tendenzen in der arabischen Welt beunruhigt war – dies war eine Verschiebung, die für Großbritannien im Falle eines Krieges schlimme Folgen haben konnte –, seine Zusagen und schloß praktisch die Tore Palästinas für die jüdische Einwanderung. Alternative Zufluchtsstätten wurden von den britischen Kolonialbehörden nicht einmal ins Auge gefaßt. Am 1. Juni erklärte A. W. G. Randall vom Foreign Office: «Die vorgeschlagene vorübergehende Lösung Zypern ist, wie ich höre, vom Gouverneur entschieden abgelehnt worden; es ist undenkbar, daß eine vermischte Schar von Juden in irgendeinen anderen Teil des Empire hineingelassen werden könnte.»[113]

Nach einer geringfügigen Liberalisierung ihrer Einwanderungspolitik im Jahre 1937 schöpften die Vereinigten Staaten 1938 die Quoten für Deutschland und Österreich nicht einmal aus.[114] Im Juli 1939 wurde die Wagner-Rogers Child Refugee Bill, die 20000 jüdischen Flüchtlingskindern die Einreise ins Land gestattet hätte, vom Senat nicht verabschiedet,[115] und zur gleichen Zeit wurden trotz aller dringenden Bitten die 936 unglücklichen jüdischen Auswanderer aus Deutschland, die mit der *St. Louis* – einem Schiff, das dann bald traurige Berühmtheit erlangen sollte – gefahren waren und denen die Einreise in Kuba, ihrem ursprünglichen Ziel, verweigert worden war, nicht in die Vereinigten Staten hineingelassen.[116] Ihre Reise zurück nach Europa wurde zu einer eindrücklichen Illustration der Gesamtsituation jüdischer Flüchtlinge, die aus Deutschland kamen. Nachdem sich Belgien, Frankreich und England schließlich bereit erklärt hatten, den Passagieren Asyl zu gewähren, gab der Londoner *Daily Express* die herrschende Meinung in unmißverständlichen Worten wieder: «Dieses Beispiel darf keinen Präzedenzfall schaffen. Für mehr Flüchtlinge ist in diesem Lande kein Platz. ... Sie werden zu einer Last und zu einem Mißstand.»[117]

Mittlerweile hatten selbst einige relativ bekannte Juden nicht die geringste Gewißheit, daß sie die Vereinigten Staaten erreichen würden. Im Februar 1939 intervenierte Thomas Mann bei H. M. Lyndenberg, dem Direktor der New York Public Library, zugunsten von Kafkas Freund und Biographen Max Brod: «Dr. Max Brod, der deutsch-tschechoslowakische Romancier und Dramatiker, ... ist daran interessiert, die Tschechoslowakei zu verlassen und in die Vereinigten Staaten zu kommen. Er fürchtet, daß er den Zeitraum von 15 Monaten bis zu zwei Jahren, den er warten müßte, um dieses Land als gewöhnlicher Einwanderer zu betreten, nicht überleben würde. ... Er schreibt, daß er bereit sei, seine Sammlung von Büchern und Manuskripten von Franz Kafka jeder angesehenen Institution zu übereignen, die sie annehmen und ihm dafür eine Stellung bieten würde, in der er als Assistent oder Kurator der Sammlung tätig sein könnte, und auf diese Weise seine Einreise in dieses Land ermöglichte. ... Vielleicht werden Sie mit mir darin übereinstimmen, daß die Möglichkeit, die Manuskripte und Bücher eines so bekannten Schriftstellers wie Franz Kafka zu erwerben, eine Gelegenheit ist, die Erwägung verdient, ganz abgesehen von der menschlichen Tragödie des Individuums, für das die Sammlung die einzige echte Chance darstellt, einer unerträglichen Situation zu entfliehen.»[118] Schließlich gelang es Brod, nach Palästina zu entkommen.

Frankreich war weder mehr noch weniger ungastlich als andere Länder, aber es erlaubte sich nicht einmal eine symbolische Geste des Protests gegen den antijüdischen Pogrom. Es war das einzige große demokratische Land, das nicht reagierte.[119] Die meisten Zeitungen brachten ihre Empörung zum Ausdruck, aber weder Premierminister Édouard Daladier noch Außenminister Georges Bonnet taten dies. Im Gegenteil, Bonnet fuhr mit den Planungen für einen Besuch Ribbentrops in Paris fort, der zu einer französisch-deutschen Übereinkunft führen sollte.

In gewisser Weise demonstrierte die offizielle französische Haltung, daß sich Hitler, als er den Pogrom entfesselte, keine allzu großen Gedanken über internationale Reaktionen machen mußte. Doch der Aufschrei, der unmittelbar auf die Ereignisse vom November folgte, und die Kritik, die sich jetzt gegen die französische Haltung richtete, bestätigten, daß sich die Atmosphäre von München schnell verflüchtigte. Kein geringerer Verfechter des Appeasement als die Londoner *Times* war bestürzt über Bonnets Eifer, ungeachtet des Pogroms mit der Übereinkunft weiterzumachen. Der amerikanische Außenminister wies Bonnets Ansinnen zurück, die US-Regierung möge, und sei es auch nur in Form einer Presseerklärung, ihre Billigung der Vereinbarung zum Ausdruck bringen. Angesichts der gespannten Beziehungen zwischen den Vereinigten Staaten und Deutschland nach der Kristallnacht hielt der Minister eine derartige Zustimmung für gänzlich unangebracht. Selbst die italienische Regierung äußerte Erstaunen, daß «das Wiederaufleben antisemitischer Verfolgungen in Deutschland nicht zum Untergang des Projekts der französisch-deutschen Erklärung führte».[120]

Am 6. Dezember traf der deutsche Außenminister in Paris ein. Nach der deutschen Version des zweiten Gesprächs zwischen Ribbentrop und Bonnet, das am 7. Dezember stattfand, erklärte der französische Außenminister Ribbentrop, «wie sehr man in Frankreich an einer Lösung des Judenproblems interessiert sei», und er fügte hinzu, Frankreich wolle «keine Juden aus Deutschland mehr aufnehmen». Bonnet fragte dann angeblich, ob nicht Deutschland Maßnahmen ergreifen könnte, um zu verhindern, daß weitere deutsch-jüdische Flüchtlinge nach Frankreich gelangten, da Frankreich selbst gezwungen sein werde, 10 000 Juden irgendwo anders hin abzutransportieren. (Tatsächlich dachten sie dabei an Madagaskar.) Ribbentrop sagte dann zu Bonnet: «Wir [wollen] alle unsere Juden loswerden»,[121] aber die Schwierigkeit lag darin, daß kein Land sie aufnehmen wollte, und darüber hinaus im Mangel an Devisen.

Bonnets häufig zitierte Äußerungen gegenüber Ribbentrop waren kein isolierter Vorfall. Tatsächlich waren weniger als zwei Wochen vor der französisch-deutschen Begegnung, am 24. November, die Premierminister und Außenminister Großbritanniens und Frankreichs in Paris zusammengekommen, um die Politik ihrer Länder zu koordinieren. Es wurde das Problem der jüdischen Flüchtlinge aus Deutschland aufgeworfen. Daladier klagte, es gebe in Frankreich etwa 40 000 von ihnen und man könne keine mehr aufnehmen. Die Möglichkeit, die Flüchtlinge in die Kolonien zu schicken, wurde erörtert. Man war sich einig, daß die Franzosen Ribbentrop fragen würden, ob sich die deutschen Maßnahmen, die es den Flüchtlingen nahezu unmöglich machten, Teile ihrer Habe mitzunehmen, mildern ließen.[122] Ob dieser Punkt bei Ribbentrops Besuch in Paris überhaupt angesprochen wurde, ist unklar.

Noch ein weiteres Nachspiel zu den Ereignissen vom November fand – zumindest eine Zeitlang – in der französischen Hauptstadt statt: die Vorbereitungen für den Prozeß gegen Herschel Grynzpan. Das bevorstehende Ereignis erregte weltweite Aufmerksamkeit. Hitler schickte

Professor Friedrich Grimm nach Paris, um die Tätigkeit der Anklage zu verfolgen, während ein internationales Komitee unter der Leitung der amerikanischen Journalistin Dorothy Thompson Geld für Grynszpans Verteidigung sammelte. Grynszpans Verteidiger Vincent Moro-Giafferi war einer der angesehensten Strafverteidiger in Frankreich und ein leidenschaftlicher Antifaschist.[123]

Der Kriegsbeginn unterbrach die Vorbereitungen von Staatsanwaltschaft und Verteidigung. Als die Deutschen Frankreich besetzten, lieferte ihnen die Vichy-Regierung ordnungsgemäß den jungen Juden aus, den sie suchten. Grynszpan wurde in Deutschland inhaftiert, und Goebbels begann mit den Planungen für einen riesigen Schauprozeß, in dem Herschel Grynszpan für das «internationale Judentum» gestanden hätte. Daraus wurde nichts, da der Angeklagte 1942 plötzlich erklärte, er habe eine homosexuelle Beziehung zu Rath gehabt. Eine derartige Verteidigungslinie wäre, wenn sie in der Öffentlichkeit präsentiert worden wäre, in den Augen der Nazis katastrophal gewesen. Grynszpan überlebte den Krieg nicht; die Umstände seines Todes bleiben unbekannt.[124]

In diesen frühen Monaten des Jahres 1939 folgte die Vertreibung der Juden aus dem Reich weiterhin dem 1938 entwickelten Muster; die Juden wurden über die Grenze geschickt, aber gewöhnlich ohne Erfolg. Im Februar 1939 beschrieb ein SOPADE-Bericht eine im Westen des Landes, in der Nähe der Grenze zu Frankreich, beobachtete Szene. Die Juden wurden aus ihren Häusern geholt und auf dem Marktplatz zusammengetrieben. Am Abend wurden sie an die Grenze transportiert, nur um am nächsten Tag wieder zurückgebracht zu werden, da die Franzosen sie nicht durchließen. Später wurden sie nach Dachau abtransportiert.

Der Bericht beschrieb das Gejohle und die Beleidigungen, die von der Jugend und «einigen hysterischen Frauen» kamen. «Aber die meisten älteren Leute, die zufällig dazu kamen, konnten sich nicht enthalten, ihre Abneigung oder Entrüstung gegenüber diesem Schauspiel zum Ausdruck zu bringen. Es gab an allen Stellen Auseinandersetzungen mit solchen, die das Vorgehen gegen die Juden verteidigen wollten. Die Leute sagten: ‹Sie [die Juden] sind nicht schlechter als andere Geschäftsleute, und diejenigen, die ihre Geschäfte übernommen haben, sind viel teurer und haben schlechtere Waren.› Die Erregung war offensichtlich so stark, daß [von den Behörden] gegen die Opponenten nichts unternommen wurde. Ein großer Teil der damals Abtransportierten ist jetzt wieder da, und man kann überall sehen, wie sie von der Bevölkerung freundlich gegrüßt werden. Man fragt sie teilnahmsvoll, ob sie denn keine Möglichkeit haben, ins Ausland zu gehen. Manche sagen, daß sie sich noch bemühen, manche verweisen auf die großen Schwierigkeiten.

Es kommt allerdings auch jetzt noch vor, daß Kinder sie anreden: ‹Jud gib mir Geld.› Manche geben und machen den Eindruck, als seien sie kindisch geworden.»[125]

Am 23. Dezember 1938 waren von der Gestapozentrale an alle Stellen an den Westgrenzen des Reiches sehr strikte Befehle gesandt worden, um illegale Übertritte von Juden in Nachbarländer zu verhindern, da es zunehmend Beschwerden gegeben hatte. Doch wie der SOPADE-Bericht erkennen läßt und wie ein weiterer Gestapo-Befehl vom 15. März 1939 bestätigt, müssen sich solche illegalen Grenzübertritte, die anscheinend meist von örtlichen Behörden initiiert wurden, noch weit bis ins Frühjahr dieses Jahres fortgesetzt haben.[126] In außerordentlich seltenen Fällen gingen Beamte auf der nichtdeutschen Seite der Grenzen das Risiko ein, die illegale Einreise von Juden in ihr Land – ob nun die Flüchtlinge von den Deutschen über die Grenze abgeschoben wurden oder ob sie auf eigene Faust den Übertritt versuchten – zu unterstützen. Ein solcher Fall war der von Paul Grüninger, dem Kommandeur der Grenzpolizei im Schweizer Kanton Sankt Gallen. Durch Vordatieren von Visa und Fälschen anderer Dokumente half er Ende 1938 und Anfang 1939 etwa 3600 jüdischen Flüchtlingen dabei, nach der Schweiz einzureisen. Grüningers Aktivitäten wurden entdeckt. Im April 1939 wurde er entlassen und später zu einer hohen Geldstrafe und zum Verlust seiner Pensionsberechtigung verurteilt.[127] Als Ergebnis einer längeren öffentlichen Kampagne wurde Grüninger rehabilitiert – 54 Jahre nach seiner Verurteilung und 23 Jahre nach seinem Tod.[128]

Ein Fluchtweg war noch offen, aber nur für sehr kurze Zeit. Eine am 6. Dezember 1938 in Tokio abgehaltene Ministerkonferenz entschied sich für eine nachgiebige Politik gegenüber den jüdischen Flüchtlingen, sie machte das von den Japanern besetzte Schanghai für sie zugänglich und gestattete sogar längere Transitaufenthalte in Japan selbst. Die Japaner wurden anscheinend von ihrem Mißtrauen gegen Deutschland und möglicherweise von humanitären Entwicklungen getrieben, aber, wie Berichte von der Konferenz zeigen, zweifellos auch von ihrem Glauben an die jüdische Macht – einem Glauben, der durch die NS-Propaganda und durch eine Lektüre der *Protokolle der Weisen von Zion* verstärkt worden war – und von deren potentiellen Auswirkungen auf die japanischen Interessen in Großbritannien und den Vereinigten Staaten. Wie dem auch sei, die Stadt Schanghai, für die keine Visa erforderlich waren, wurde zu einer Zuflucht für verzweifelte deutsche und österreichische Juden. Ende 1938 waren 1500 Flüchtlinge eingetroffen; sieben Monate später war die Zahl 14000 erreicht, und wenn die Japaner nicht damit begonnen hätten, wegen der örtlichen Verhältnisse den Zugang zu der Stadt einzuschränken, hätte die Gesamtsumme explosionsartig zugenommen. Am Vorabend des Krieges betrug die Zahl der Juden, die

9. Der Angriff

die sicheren Ufer des Chinesischen Meeres erreicht hatten, zwischen 17 und 18 000.[129] Dieser Zustrom löste bei einigen der früheren jüdischen Siedler, die sich noch nicht etabliert hatten, und auch bei der großen Gruppe der «weißen» Exilrussen Befürchtungen wegen wirtschaftlicher Konkurrenz aus. Einige Aspekte des europäischen Musters wiederholten sich mit unheimlicher Ähnlichkeit. Doch bei der großen Mehrheit der Bevölkerung von Schanghai, bei den Chinesen selbst, gab es nur sehr wenige Reaktionen, da ihr Lebensstandard für irgendeine Art von Konkurrenz zu niedrig war.[130]

So schafften es einige Zehntausende von Juden, Deutschland zu verlassen und in europäische Nachbarländer, nach Nord-, Mittel- und Südamerika sowie in das ferne Schanghai zu gelangen. Winzige Gruppen wurden über die deutschen Grenzen getrieben. Und schließlich gelang es jüdischen Auswanderern trotz der britischen Politik, auf illegalen Transporten, die heimlich sowohl von der Führung der Mehrheitszionisten als auch von ihren rechten Rivalen, den Revisionisten, organisiert wurden, Palästina zu erreichen. Diese illegalen Operationen wurden von Heydrich und allen Dienststellen des SD und der Gestapo mit vollem Wissen der Wilhelmstraße unterstützt. Anläßlich der ersten Arbeitssitzung der neugegründeten Reichszentrale für die jüdische Auswanderung am 11. Februar 1939 äußerte sich Heydrich ganz eindeutig: «Er [Heydrich] führte aus, daß an sich zwar grundsätzlich gegen jede illegale Auswanderung Stellung genommen werden müßte. Bei Palästina lägen die Dinge jedoch so, daß dorthin bereits z. Zt. aus vielen anderen europäischen Ländern, die selbst nur Durchgangsländer wären, illegale Transporte gingen und unter diesen Umständen auch von Deutschland, allerdings ohne jede amtliche Beteiligung, diese Gelegenheit wahrgenommen werden könnte. Herr Vortragender Legationsrat Hinrichs und Gesandter Eisenlohr vom Auswärtigen Amt hatten hiergegen keine Bedenken und vertraten den Standpunkt, daß jede Möglichkeit, durch die ein Jude aus Deutschland gebracht werden könnte, ausgenutzt werden sollte.»[131]

Die illegale Route führte zunächst durch Jugoslawien, dann donauabwärts zum rumänischen Hafen Constanța. Das Hauptproblem war nicht, wie die Emigranten das Großdeutsche Reich verlassen sollten, sondern wie die zionistischen Organisationen das Geld auftreiben sollten, um Beamte zu bestechen und Schiffe zu kaufen und dann den britischen Patrouillen an der palästinensischen Küste zu entgehen. Von Anfang 1939 bis zum Ausbruch des Krieges erreichten etwa 17 000 illegale Einwanderer Palästina.[132] Am 2. September 1939 gab ein Schiff der Royal Navy vor Tel Aviv Schüsse auf die *Tiger Hill* ab, auf der sich 1400 jüdische Flüchtlinge befanden, von denen zwei getötet wurden. Wie Bernard Wasserstein ironisch bemerkt hat, «waren dies wahrscheinlich die ersten feindlichen Schüsse, die nach dem [von den Deutschen am Vortage gestarteten] Angriff auf Polen von britischen Streitkräften abgefeuert wurden».[133]

Am 15. März 1939 hatte die Wehrmacht Prag besetzt. Die Tschecho-Slowakei hatte aufgehört zu existieren. Die Slowakei wurde zu einem deutschen Satellitenstaat; Böhmen und Mähren wurden in ein Reichsprotektorat verwandelt. Die Krise hatte in den ersten Tagen des Monats begonnen. Von den Deutschen verlockt und unterstützt, hatten sich die Slowaken von der bereits gestutzten Tschecho-Slowakei losgesagt. Emil Hacha, der ältere tschechische Präsident, wurde nach Berlin zitiert, wo man ihm mit der Bombardierung Prags drohte und ihn so einschüchterte, daß er in alle deutschen Forderungen einwilligte. Bevor er jedoch das Dokument der Unterwerfung seines Landes auch nur unterzeichnet hatte, hatten die ersten deutschen Einheiten bereits die Grenze überschritten. Nun befanden sich etwa 118 000 weitere Juden unter deutscher Herrschaft. Stahlecker wurde von Wien nach Prag versetzt, um im neuen Protektorat Inspekteur der Sicherheitspolizei und des SD zu werden, und Eichmann folgte bald nach; nach Wiener Modell richtete er eine Zentralstelle für jüdische Auswanderung in Prag ein.[134]

«Als ich zum Frühstück nach Hause kam, stellte ich fest, daß auch ich einen Flüchtling beherbergte, einen jüdischen Bekannten, der viele Jahre für die Amerikaner gearbeitet hatte», schrieb der amerikanische Diplomat George F. Kennan, der einige Monate zuvor in die Prager Gesandtschaft versetzt worden war, in einer Denkschrift vom 15. März. «Ich sagte ihm, ich könnte ihm kein Asyl gewähren, aber solange er nicht von den Behörden gesucht würde, sei er als Gast willkommen und könne bleiben, so lange er wolle. 24 Stunden geisterte er in meinem Haus umher, ein von Furcht und Verzweiflung gezeichneter, bemitleidenswerter Mensch. Unruhig ging er im Wohnzimmer auf und ab, rauchte eine Zigarette nach der anderen und war zu aufgeregt, um zu essen oder an irgend etwas anderes zu denken als an seine verzweifelte Lage. Sein Bruder und seine Schwägerin hatten sich nach Abschluß des Münchener Abkommens das Leben genommen, und er schien die Absicht zu haben, ihnen zu folgen. Annelise versuchte es ihm im Verlauf dieser Stunden auszureden, diesen Ausweg zu wählen, und zwar nicht weil sie oder ich im Hinblick auf sein künftiges Schicksal sehr optimistisch waren, sondern zum Teil aus unserer grundsätzlichen angelsächsischen Einstellung heraus und zum Teil, um uns eine derartige Unannehmlichkeit zu ersparen.»[135]

10.

Ein gebrochener Rest

I

«Gäste jüdischer Rasse», hieß es irgendwann Anfang 1939 auf der «Begrüßungs»karte des Hotels Reichshof in Hamburg, «werden gebeten, sich nicht in der Hotelhalle aufzuhalten. – Das Frühstück wird nur auf dem Zimmer, die anderen Mahlzeiten im blauen Salon neben dem Frühstücksraum im Hochparterre serviert. Die Hotelleitung.» Diese Worte richteten sich an glückliche Auswanderer, denen es immer noch gelang, über den größten Hafen des Reiches aus Deutschland zu fliehen. Auf der Rückseite der Karte befand sich eine Anzeige des Reisebüros in der Halle des Hotels, in dem man «Schiffskarten nach allen Weltteilen» erhalten konnte. Die Anzeige trug das Motto: «Es reist sich gut mit den Schiffen der Hamburg-Amerika Linie.»[1]

Im Zuge eines Interpretations- und Innovationsprozesses füllten Partei, Staat und Gesellschaft allmählich die noch verbliebenen Lücken in dem Katalog von immer härteren Maßnahmen, die in sämtliche Beziehungen zu Juden eingriffen. Was Parteidienststellen und die Staatsbürokratie offenließen, wurde von den Gerichten behandelt, und das, was die Gerichte nicht regelten, wurde Volksgenossen (wie der Leitung des Hotels Reichshof) zur Gestaltung überlassen.

Manchmal erschienen Gerichtsentscheidungen vielleicht unwahrscheinlich oder gar paradox, aber nur auf den ersten Blick. Bei näherem Hinsehen drückten sie das Wesen des Systems aus. So wies am 30. Juni 1939 ein Frankfurter Bezirksgericht den Direktor einer Sprachenschule an, eine Vorauszahlung, die er von einem Juden für nicht vollständig erteilte Englischstunden erhalten hatte, zu erstatten; danach verfügte das Gericht dann, daß eine deutsche Frau (in monatlichen Raten mit Zinsen) für Waren zahlen mußte, die sie gekauft und nicht bezahlt hatte, als ihr Gatte, ein Parteigenosse, auf sofortiger Rückgängigmachung des Geschäfts bestand, nachdem er herausgefunden hatte, daß der Verkäufer Jude war. In beiden Fällen mußten die deutschen Beklagten auch die Gerichtskosten zahlen.[2]

Diese unerwartete Demonstration von Gerechtigkeit hatte jedoch einen kleinen Makel. Aller Wahrscheinlichkeit nach gingen die Beschlüsse auf Anweisungen zum rechtlichen Status von Juden zurück, die das

Justizministerium am 23. Juni 1939 an alle Oberlandesgerichtspräsidenten erlassen hatte; diese Leitlinien waren zu Anfang des Jahres von den beteiligten Ministern vereinbart und Ende Januar bereits mündlich übermittelt worden. Somit waren sich die Gerichte ihrer «Pflicht» wohl bewußt.

Der einleitende Abschnitt des Vermerks vermittelte den Kern der Position des Ministeriums: «Die Ausschaltung der Juden aus der deutschen Wirtschaft soll auf Grund der bestehenden Vorschriften ... planmäßig und stufenweise vollendet werden. Die noch im Eigentum von Juden befindlichen Gewerbebetriebe und sonstigen Vermögenswerte, die wirtschaftliche Einflußmöglichkeiten eröffnen, werden auf dem danach vorgesehenen Wege in deutschen Besitz überführt.» An den hier definierten Zielen ist keinerlei Zweifel möglich. An diesem Punkt setzt jedoch die Bürokratie die «Grenzen» und fordert, daß die Juden (ob als Kläger oder als Beklagte) über die besagten Maßnahmen hinaus von den Gerichten bei jeder finanziellen Auseinandersetzung nach allen anerkannten juristischen Normen behandelt werden: «Es soll ... vermieden werden, darüber hinaus durch Maßnahmen, die einer ausdrücklichen gesetzlichen Grundlage entbehren, in die wirtschaftliche Stellung der Juden einzugreifen. Es soll daher Juden nicht unmöglich gemacht werden, die aus ihrer Tätigkeit erwachsenden Ansprüche vor den Gerichten geltend zu machen und die etwa zu ihren Gunsten ergangenen Urteile im Wege der Zwangsvollstreckung durchzusetzen.» Das Ministerium verhehlte den Grund für diese plötzliche juristische Besorgnis nicht: «Schon aus fürsorgerechtlichen Gründen ist es unerwünscht, die Juden vollständig verarmen zu lassen.» In einem vorangegangenen Abschnitt war man dieser ziemlich grobschlächtigen Argumentation durch eine Erklärung hehrer Prinzipien zuvorgekommen: «Die Vollstreckung [ist] nicht ausschließlich Angelegenheit der beteiligten Parteien ..., sondern [dient] regelmäßig der Durchsetzung des Urteils als staatlichen Hoheitsaktes.» Selbst Richter, die Parteimitglieder waren, konnten die Anwendung des Rechts auf Juden nicht vermeiden, da sie in ihrer Funktion als Richter auch Teil eines amtlichen Organs waren.[3]

Dieser Text stellt ein klassisches Beispiel nationalsozialistischen Denkens dar. Es besteht eine absolute Spaltung zwischen der augenscheinlichen Bedeutung des Textes und der Wirklichkeit, auf die er sich bezieht. Die augenscheinliche Bedeutung war hier, daß die Juden ein Anrecht auf ihr Teil der Gerechtigkeit hatten, so daß sie dem Staat nicht zur Last fallen würden und weil die Durchsetzung der Gerechtigkeit der höchste Ausdruck staatlicher Autorität war. Doch diese Deklaration kam, nachdem die Juden gerade durch diejenigen staatlichen Behörden, die jetzt anordneten, daß der Gerechtigkeit Genüge getan werden sollte, all ihrer Rechte und aller Möglichkeiten der materiellen Existenz beraubt worden waren.

Bis zu diesem Punkt hatte es zwischen der Bedeutung von Verfügungen, so brutal sie waren, und den Fakten, welche sie behandelten, so verheerend *sie* waren, ein gewisses Maß an Übereinstimmung gegeben. Die Gesetze der Ausschließung waren explizit und führten zur Entlassung der Juden aus öffentlichen Ämtern und aus dem offiziellen Leben; die Erlasse zur Absonderung führten zur vollständigen Trennung zwischen Deutschen und Juden; die Enteignungsverfügungen galten der Zerstörung der konkreten ökonomischen Situation der Juden in Deutschland. Doch der Erlaß vom Juni 1939 forderte ein Maß von Gerechtigkeit in einer Situation, in der die NS-Behörde, die eine derartige Gerechtigkeit verlangte, tagaus, tagein immer strengere Ungerechtigkeiten durchsetzte, in einer Situation, in der Gerichtsbeschlüsse über individuelle Ansprüche angesichts der öffentlichen Last (der Verarmung der Juden), welche dieselbe Behörde selbst bereits geschaffen hatte, in der Praxis irrelevant geworden waren.

Auch wenn die Anweisungen, die den Gerichten im Januar (und im Juni) 1939 erteilt worden waren, den streitenden Parteien nicht bekannt waren, führten sie in der Verwaltung selbst eine neue Dimension ein: die Doppelsprache, die in zunehmendem Maße alle gegen die Juden ergriffenen Maßnahmen charakterisierte – die interne Tarnung, die zum Erfolg der «Endlösung» beitragen sollte. Und während konkrete Maßnahmen immer mehr durch eine neue Form von Sprache und Begriffen verschleiert wurden, erreichten offene Verlautbarungen, insbesondere die Aussagen der Führung und der NS-Presse, ungeahnte Höhen der Gewalttätigkeit. Hitler drohte mit Vernichtung; das Justizministerium ordnete die Einhaltung der Regeln an.

II

Wie in jedem Jahr seit 1933 wurde der Reichstag am 30. Januar 1939 aus Anlaß des Jahrestages der Machtübernahme durch Hitler zu einer festlichen Sitzung einberufen. Die Rede Hitlers begann um 20.15 Uhr und dauerte über zweieinhalb Stunden. Der erste Teil der Rede behandelte die Geschichte der nationalsozialistischen Bewegung und die Entwicklung des Reiches. Hitler geißelte dann einige der wichtigsten britischen Kritiker des Appeasement, denen er vorwarf, einen Krieg gegen Deutschland zu fordern. Seit dem Münchener Abkommen war Hitler schon zweimal öffentlich gegen seine englischen Feinde Winston Churchill, Anthony Eden und Alfred Duff Cooper zu Felde gezogen, und zumindest bei einer Gelegenheit, in seiner Rede vom 9. Oktober, hatte er ausdrücklich die jüdischen Drahtzieher erwähnt, die er hinter der antideutschen Agitation sah.[4] Dieselbe Rhetorik entfaltete sich am 30. Januar. Hinter den britischen Gegnern des Münchener Abkommens deutete der Führer auf die «jüdischen oder nichtjüdischen Hetzer» dieser Kampagne. Er versprach, wenn die nationalsozialistische Propaganda in die Offensive ginge, dann würde sie ebenso erfolgreich sein, wie sie es in Deutschland gewesen sei, wo man, so Hitler, «durch die zwingende Gewalt unserer Propaganda den jüdischen Weltfeind zu Boden geworfen» habe.[5]

Nach einer Erwähnung des amerikanischen Eingreifens gegen Deutschland im Ersten Weltkrieg, das seiner Auffassung nach von rein kapitalistischen Motiven bestimmt gewesen war, donnerte Hitler – wahrscheinlich erbost über die amerikanischen Reaktionen auf den November-Pogrom und auf andere Maßnahmen der Nationalsozialisten gegen die Juden –, es werde niemandem gelingen, Deutschland bei seiner Lösung der Judenfrage zu beeinflussen. Sarkastisch verwies er auf das Mitleid, das die Demokratien für die Juden äußerten, aber auch auf die Weigerung eben dieser Demokratien, ihnen zu helfen, und auf ihre mangelnde Bereitschaft, die Juden, denen sie solche Sympathie entgegenbrachten, aufzunehmen. Abrupt wandte sich Hitler dann dem Prinzip der absoluten nationalen Souveränität zu: «Frankreich den Franzosen, England den Engländern, Amerika den Amerikanern und Deutschland den Deutschen.» Das ermöglichte ihm eine erneute antijüdische Tirade: Die Juden hatten alle beherrschenden Positionen in Deutschland, insbesondere in der Kultur, zu kontrollieren versucht. In anderen Ländern gab es Kritik an der harten Behandlung von solch hochkultivierten Menschen. Warum waren dann die anderen nicht dankbar für das Geschenk, das Deutschland der Welt machte? Warum nahmen sie diese «wertvollsten Menschen» nicht auf?

Vom Sarkasmus ging Hitler zur Drohung über: «Ich glaube, daß dieses Problem [der Juden] je eher um so besser gelöst wird. Denn Europa kann nicht mehr zur Ruhe kommen, bevor nicht die jüdische Frage ausgeräumt ist. ... Die Welt hat Siedlungsraum genügend, es muß aber endgültig mit der Meinung gebrochen werden, als sei das jüdische Volk vom lieben Gott eben dazu bestimmt, in einem gewissen Prozentsatz Nutznießer am Körper und an der produktiven Arbeit anderer Völker zu sein. Das Judentum wird sich genau so einer soliden aufbauenden Tätigkeit anpassen müssen, wie es andere Völker auch tun, oder es wird früher oder später einer Krise von unvorstellbarem Ausmaß erliegen.» Bis zu diesem Punkt wärmte Hitler nur eine Ansammlung von antijüdischen Themen auf, die zu einem bekannten Teil seines Repertoires geworden waren. Dann jedoch änderte sich sein Ton, und im Reichstag erklangen Drohungen, die in öffentlichen Verlautbarungen eines Staats-

10. Ein gebrochener Rest 333

oberhauptes bis dahin noch nicht gehört worden waren: «Eines möchte ich an diesem vielleicht nicht nur für uns Deutsche denkwürdigen Tage nun aussprechen: Ich bin in meinem Leben sehr oft Prophet gewesen und wurde meistens ausgelacht. In der Zeit meines Kampfes um die Macht war es in erster Linie das jüdische Volk, das nur mit Gelächter meine Prophezeiungen hinnahm, ich würde einmal in Deutschland die Führung des Staates und damit des ganzen Volkes übernehmen und dann unter vielen anderen auch das jüdische Problem zur Lösung bringen. Ich glaube, daß dieses damalige schallende Gelächter dem Judentum in Deutschland unterdes wohl schon in der Kehle erstickt ist.» Dann kam die ausdrückliche Drohung: «Ich will heute wieder ein Prophet sein: Wenn es dem internationalen Finanzjudentum in und außerhalb Europas gelingen sollte, die Völker noch einmal in einen Weltkrieg zu stürzen, dann wird das Ergebnis nicht die Bolschewisierung der Erde und damit der Sieg des Judentums sein, sondern die Vernichtung der jüdischen Rasse in Europa.»[6]

Im Laufe der vorangegangenen Wochen und Monate hatte der Führer eine ganze Reihe von Möglichkeiten hinsichtlich des endgültigen Schicksals der deutschen (und meistens der europäischen) Juden erwähnt. Am 20. September 1938 hatte er dem polnischen Botschafter in Berlin, Józef Lipski, erklärt, er erwäge, in Zusammenarbeit mit Polen und Rumänien die Juden in irgendeine Kolonie zu schicken. Dieselbe Idee, speziell im Hinblick auf Madagaskar, war in den Gesprächen zwischen Bonnet und Ribbentrop zur Sprache gekommen und davor in Görings Ansprachen vom 12. November und vom 6. Dezember. (Der Generalfeldmarschall hatte sich ausdrücklich auf Hitlers Vorstellungen zu diesem Thema bezogen.) Dem südafrikanischen Verteidigungsminister Oswald Pirow erklärte Hitler am 24. November 1939, eines Tages würden die Juden aus Europa verschwinden. Am 5. Januar 1939 erklärte Hitler dem polnischen Außenminister Beck, wenn die westlichen Demokratien ein besseres Verständnis für seine Kolonialziele gehabt hätten, dann hätte er ein afrikanisches Territorium zur Ansiedlung der Juden bestimmt; jedenfalls machte er erneut deutlich, daß er dafür war, die Juden in ein fernes Land zu schicken. Schließlich sagte der Führer am 21. Januar, einige Tage vor seiner Rede, zum tschechischen Außenminister František Chvalkovsky, die Juden Deutschlands würden «vernichtet» werden, was im Kontext seiner Erklärung ihr Verschwinden als Gemeinschaft zu bedeuten schien; erneut fügte er hinzu, daß die Juden an einen fernen Ort verfrachtet werden sollten. Ein bedrohlicherer Ton wurde in diesem Gespräch vernehmbar, als Hitler Chvalkovsky gegenüber erwähnte, wenn die angelsächsischen Länder beim Abtransport und bei der Versorgung der Juden nicht kooperierten, dann hätten sie deren Tod auf dem Gewissen.[7] Wenn Hitler in erster Linie daran dachte, die Juden aus Europa in eine ferne Kolonie zu deportieren, was in diesem Stadium ganz eindeutig ein völlig vager Plan war, dann scheinen die in der Rede vom 30. Januar ausgesprochenen Vernichtungsdrohungen damit zunächst nicht zusammenzuhängen. Doch man muß sich noch einmal den Hintergrund ansehen.

Auf den ersten Blick scheint Hitlers Rede einen doppelten Kontext gehabt zu haben. Erstens hätten, wie schon erwähnt, die britische Opposition gegen die Appeasement-Politik und die heftigen amerikanischen Reaktionen auf die Kristallnacht genügt, um seine mehrfachen Erwähnungen jüdisch-kapitalistischer Kriegshetze zu erklären. Zweitens ist es äußerst wahrscheinlich, daß Hitler angesichts seines Vorhabens, die Überreste der Tschecho-Slowakei zu zerstückeln, und der Forderungen, die er jetzt an Polen stellte, mit der Möglichkeit rechnete, daß die neue internationale Krise zum Krieg führen würde (in einer Rede, die er einige Wochen zuvor in Saarbrücken gehalten hatte, hatte er diese Möglichkeit erwähnt).[8] So waren Hitlers Vernichtungsdrohungen, begleitet von dem Argument, seine vergangene Laufbahn habe bewiesen, daß man seine Prophezeiungen nicht auf die leichte Schulter nehmen sollte, vielleicht ganz allgemein darauf gerichtet, zu einem Zeitpunkt, da er sich auf sein riskantestes militärisch-diplomatisches Hasardspiel vorbereitete, etwaige gegen die Nationalsozialisten gerichtete Reaktionen zu schwächen. Im einzelnen mag der Führer Deutschlands erwartet haben, diese mörderischen Drohungen würden die Juden, die im öffentlichen Leben der europäischen Länder und Amerikas aktiv waren, hinreichend beeindrucken, um das zu reduzieren, was er als ihre kriegshetzerische Propaganda betrachtete.

Die Bedeutung der Rede Hitlers für den unmittelbaren internationalen Kontext scheint durch einen Runderlaß der Wilhelmstraße bestätigt zu werden, der am 25. Januar 1939 an alle deutschen diplomatischen Vertretungen im Ausland geschickt wurde und «die Judenfrage als Faktor der Außenpolitik im Jahre 1938» betraf. Das Schreiben verknüpfte die «Verwirklichung des großdeutschen Gedankens», die 1938 (mit der Annektierung Österreichs und des Sudetenlandes) stattgefunden hatte, mit Schritten zur Verwirklichung einer Lösung der Judenfrage. Die Juden waren die Haupthindernisse für die deutsche Wiedergeburt; der Aufstieg der deutschen Stärke war daher zwangsläufig mit dem Entfernen der jüdischen Gefahr aus der deutschen Volksgemeinschaft verknüpft. Das Rundschreiben, das erneut die jüdische Auswanderung als Ziel der deutschen Politik bekräftigte, identifizierte die Vereinigten Staaten als die Zentrale jüdischer internationaler Aktivitäten und Präsident Roosevelt, der bekanntermaßen von Juden umgeben war, als die Kraft, welche versuchte, internationalen Druck auf Deutschland sowohl allgemein politisch auszuüben als auch deshalb, um sicherzustellen, daß jü-

10. Ein gebrochener Rest

dische Auswanderer aus Deutschland von der vollständigen Wiedergewinnung jüdischen Vermögens profitieren konnten.[9] So scheint es, daß für die Wilhelmstraße und für Hitler die westlichen Demokratien und insbesondere die Vereinigten Staaten zeitweilig den Platz des bolschewistischen Rußland als Sitz der internationalen jüdischen Macht und daher militanter Feindschaft gegenüber dem Aufstieg der deutschen Macht einnahmen.

Gerade weil Hitler an den jüdischen Einfluß in der kapitalistischen Welt glaubte, läßt sich seine Rede in ihrem unmittelbaren Kontext vielleicht als ein erneutes Erpressungsmanöver betrachten. Die Juden Deutschlands (und Europas) sollten für den Fall als Geiseln genommen werden, daß ihre kriegshetzerischen Brüder und die entsprechenden Regierungen einen allgemeinen Krieg anzetteln sollten. Dieser Gedanke, der am 27. Oktober 1938 in einem Artikel mit dem Titel «Aug um Auge, Zahn um Zahn» im *Schwarzen Korps* vorgebracht worden war, ging gerade in diesen Monaten in Deutschland um. Am 3. November wandte sich das *Schwarze Korps* noch einmal diesem Thema zu: «Erklären uns die Juden ... den Krieg – und das haben sie bereits getan –, so haben wir die bei uns befindlichen Juden genau so zu behandeln, wie man Angehörige einer kriegführenden Macht zu behandeln pflegt ... Die in Deutschland befindlichen Juden sind ein Teil des Weltjudentums, sie sind mitverantwortlich für das, was das Weltjudentum gegen Deutschland unternimmt, und – sie haften für die Schäden, die das Weltjudentum uns zufügt und zufügen will.»[10] Der Gedanke, die Juden als Geiseln festzuhalten, stand nicht unbedingt im Widerspruch zu dem dringenden Wunsch, sie aus Deutschland zu vertreiben. Wie wir sahen, entwickelte Hitler selbst in seinem Gespräch mit Goebbels am 24. Juli 1938 diesen Gedanken. In seiner Ansprache an die Gauleiter vom 6. Dezember kam Göring darauf als Teil seines Emigrationsplans zurück. Überdies sah bei den Verhandlungen zwischen Schacht und Rublee, die noch zu diskutieren sein werden, der vom Reichsbankpräsidenten vorgelegte Plan die Ausreise von 150000 Juden mit ihren Angehörigen im Laufe der darauffolgenden drei Jahre vor, während 200000 Juden, hauptsächlich die Älteren, zurückbleiben würden, um das Wohlverhalten des internationalen Judentums gegenüber dem Reich sicherzustellen.

Es wäre jedoch ein Fehler, Hitlers Rede vom 30. Januar nur in ihrem kurzfristigen, taktischen Kontext zu betrachten. Die weiteren Perspektiven mögen teils kalkulierter Druck, teils Ausdruck unkontrollierter Wut gewesen sein, aber sie mögen durchaus einen Prozeß widergespiegelt haben, der mit seinen anderen Vorhaben hinsichtlich der Juden wie etwa ihrer Verlegung in ein fernes afrikanisches Territorium in Einklang stand. Dies war tatsächlich gleichbedeutend mit einer Suche nach radikalen Lösungen, mit einem Abtasten extremer Möglichkeiten. In einem derartigen Rahmen gesehen, wird die Prophezeiung über die Vernichtung eine Möglichkeit unter mehreren, nicht mehr und nicht weniger real als andere. Und wie der Gedanke der Geiselnahme lag die Möglichkeit der Vernichtung in der Luft.

Himmlers Rede vom 8. November 1938 und ihre impliziten Konsequenzen sind bereits erwähnt worden. Einige Wochen später wurde das *Schwarze Korps* in einem am 24. November veröffentlichten Artikel weitaus deutlicher. Nachdem die SS-Zeitschrift die Notwendigkeit der totalen Absonderung der Juden Deutschlands in besonderen Gebieten und besonderen Häusern verkündet hatte, ging sie noch einen Schritt weiter: Langfristig konnten die Juden nicht weiter in Deutschland leben: «Im Stadium einer solchen Entwicklung [der Lage der Juden] ständen wir daher vor der harten Notwendigkeit, die jüdische Unterwelt genau so auszurotten, wie wir in unserem Ordnungsstaat Verbrecher eben auszurotten pflegen: mit Feuer und Schwert. Das Ergebnis wäre das tatsächliche und endgültige Ende des Judentums in Deutschland, seine restlose Vernichtung.»[11]

Man weiß nicht, ob es dieser Artikel im *Schwarzen Korps* war, der den amerikanischen Generalkonsul in Berlin, Raymond Geist, dazu veranlaßte, Anfang Dezember zu schreiben, das Ziel der Nationalsozialisten sei die «Vernichtung» der Juden,[12] oder ob ausländische Beobachter im inneren Kern des Regimes den bodenlosen Haß spürten, der einige Wochen später in Hitlers Rede zum Ausdruck kam. Bemerkenswerterweise definierte Heydrich wenige Tage vor der Erklärung im Reichstag in einer Ansprache an hohe SS-Offiziere die Juden als «untermenschlich» und verwies auf den historischen Fehler, sie von einem Land ins andere zu treiben, eine Methode, die das Problem nicht löste. Die Alternative wurde zwar nicht ausgesprochen, war aber nicht völlig mysteriös, und nach der Rede trug Himmler eine ziemlich kryptische Bemerkung in seine Notizen ein: «Innerer Kampfgeist.»[13]

Wie weit die Einschätzung der Juden als einer «bedrohlichen Weltmacht» auf allen Ebenen des NS-Apparats als Realität verinnerlicht worden war, läßt sich wahrscheinlich am besten durch einen Text mit dem Titel «Das internationale Judentum» illustrieren, den Hagen für Franz Alfred Six, den Leiter von II 1, abgefaßt hatte. In seiner endgültigen Form wurde er Six am 19. Januar 1939 übermittelt und war für einen Vortrag über die Judenfrage in Oldenburg (wahrscheinlich bei einer Zusammenkunft der höheren SS-Führung) gedacht.[14]

Der erste Abschnitt von Hagens Denkschrift war unzweideutig: Die Judenfrage war «überhaupt *das* Problem der Weltpolitik im Augenblick». Der Text zeigte zunächst, daß die westlichen Demokratien (einschließlich der Vereinigten Staaten) nicht die Absicht hatten, das «jüdische Problem» zu lösen, weil die Juden selbst nicht die Absicht hatten, die Länder zu verlassen, von denen sie Besitz ergriffen hatten, und den Plan verfolgten, Palästina nur als eine Art «jüdischen Vatikan» zu benutzen. Er beschrieb dann die Verbindungen zwischen jüdischen Organisationen in verschiedenen Ländern und die Kanäle, über die sie einen bestimmenden Einfluß auf die Politik und die Wirtschaft ihrer Wirtsländer ausübten. Hagens Produkt starrte vor Namen von Persönlichkeiten und Gruppen, deren sichtbare und unsichtbare Bindungen in einem mächtigen Crescendo enthüllt wurden: «Alle organisatorischen und personellen Fäden des Judentums, die von Land zu Land geknüpft sind, laufen in den Spitzenorganisationen der Jüdischen Internationale zusammen.» Diese Spitzenorganisationen waren der Jüdische Weltkongreß, die Zionistische Weltorganisation – und B'nai B'rith. Der führende Kopf im Zentrum des Ganzen war Chaim Weizmann, dessen gesammelte Essays und Reden, die 1937 in Tel Aviv erschienen waren, mehrfach zitiert wurden. Hagens Denkschrift war keine bloße Übung in Zynismus. «Die ‹Judenexperten› des SD glaubten an ihre Konstruktionen. ... [Für sie] bildete der Antisemitismus, der zudem vorgab, sachlich, wissenschaftlich und rational zu sein, die Grundlage ihres Handelns.»[15]

Himmler, Heydrich und das *Schwarze Korps* bezeugen die ständige Dichotomie, die das Denken der Nationalsozialisten hinsichtlich der Juden in den letzten Friedensmonaten kennzeichnete: Einerseits war Auswanderung mit allen Mitteln das konkrete Ziel und die konkrete Politik, aber es gab auch die Vorstellung, daß sich das Judenproblem angesichts seiner die ganze Welt bedrohenden Natur nicht mit bloßen praktischen Maßnahmen lösen ließ, daß etwas unendlich Radikaleres erforderlich war. Dies war der Kern von Hitlers «Prophezeiung», auch wenn taktisch seine Drohungen darauf zielten, die britischen und amerikanischen «Kriegshetzer» einzuschüchtern. Auf die eine oder andere Weise, über jeden verfügbaren Kanal, überzeugte das Regime sich selbst und vermittelte anderen die Botschaft, daß die Juden, wie hilflos sie auch auf den Straßen Deutschlands aussehen mochten, eine dämonische Macht waren, die nach Deutschlands Verderben trachtete. Am 11. und 13. Januar meldete sich Walter Frank mit einer zweiteiligen Radiosendung zu Wort, die den Titel «Deutsche Wissenschaft im Kampf gegen das Weltjudentum» trug. Nachdem er hervorgehoben hatte, daß sich wissenschaftliche Forschung über die Judenfrage nicht isoliert betreiben ließ, sondern in die Gesamtheit der nationalen und weltweiten Geschichte integriert werden mußte, wagte sich Frank in schwierigeres Gelände vor: «Das Judentum ist eines der großen negativen Prinzipien der Weltgeschichte, es ist also nur denkbar als der Parasit im positiven Gegenprinzip. So wenig etwa Judas Ischarioth samt seinen dreißig Silberlingen und samt dem Strick, an dem er sich zuletzt erhängte, verstanden werden kann ohne den Herrn, dessen Gemeinschaft er hohnlächelnd verriet und dessen Antlitz ihn doch verfolgte bis zur letzten Stunde – so wenig kann jene Nachtseite der Geschichte, die sich Judentum nennt, verstanden werden ohne seine Einordnung in die Gesamtheit eines geschichtlichen Prozesses, in dem Gott und der Satan, Schöpfung und Zersetzung in ewigem Ringkampf liegen.«[16]

So traten am Vorabend des Krieges neben offenkundigen taktischen Zielsetzungen und über sie hinaus einige andere Gedanken zutage. Es war kein Vernichtungsprogramm ausgearbeitet worden, es ließen sich keine klaren Intentionen erkennen. Ein bodenloser Haß und ein unstillbarer Durst nach einer Reihe von immer härteren Maßnahmen gegen die Juden lagen in den Gedanken Hitlers und seiner Helfer immer sehr nahe an der Oberfläche. Da sowohl er als auch sie wußten, daß ein allgemeiner Krieg nicht ausgeschlossen war, wurde eine Reihe radikaler Drohungen gegen die Juden in zunehmendem Maße in die Vision eines erlösenden Endkampfes zur Errettung der arischen Menschheit einbezogen.

Während der Wochen, in denen Hitler bei seinen Gesprächen mit ausländischen Würdenträgern auf das schreckliche Schicksal anspielte, das die Juden erwartete, und sie öffentlich mit Vernichtung bedrohte, wurde er ständig über die Verhandlungen auf dem laufenden gehalten, die zwischen deutschen Vertretern und dem in Evian gebildeten Zwischenstaatlichen Komitees für das Problem der deutschen Flüchtlinge über die Formulierung eines Gesamtplans zur Auswanderung der Juden aus Deutschland stattfanden. Die Verhandlungen entsprachen den allgemeinen Anweisungen, die Göring am 12. November und am 6. Dezember 1938 erteilt hatte. Zwar hatte Hitler umfassende Kenntnis vom Fortgang der Diskussionen, aber für die aktuellen Schritte war Göring zuständig.[17]

Im November 1938, in einem frühen Stadium, hatte Ribbentrop versucht, in diesen Verhandlungen, die er zunächst völlig abgelehnt hatte, eine Rolle zu spielen, indem er Hans Fischböck, dem früheren NS-Wirtschaftsminister von Österreich, den Auftrag erteilte, Kontakte zum Zwischenstaatlichen Komitee herzustellen. Das Ribbentrop-Fischböck-Intermezzo dauerte nicht lange, und im Dezember übernahm Schacht, der mittlerweile Präsident der Reichsbank war, zuerst in London und dann in Berlin die Verhandlungen mit Rublee. Am 16. Januar 1939 erwähnte Hitler in einem Gespräch mit dem ungarischen Außenminister Graf Csáky die Möglichkeit, die Frage der jüdischen Auswanderung mittels eines Finanzplans zu lösen.

Schacht wurde am 20. Januar 1939 durch Hitler von seiner Position als Reichsbankpräsident abgelöst – aus Gründen, die mit den Verhand-

10. Ein gebrochener Rest

lungen mit Rublee überhaupt nicht zusammenhingen (hauptsächlich als Reaktion auf eine Denkschrift, in der er Hitler vor den finanziellen Schwierigkeiten gewarnt hatte, die aus dem Tempo resultierten, in dem sich die Militärausgaben entwickelten); Rublee, ein politischer Beauftragter, war Mitte Februar 1939 zurückgetreten, um in seine Anwaltspraxis zurückzukehren. Dennoch wurden die Kontakte fortgesetzt: Helmut Wohlthat, einer der höchsten Beamten der Behörde des Vierjahresplans, übernahm auf deutscher Seite die Verhandlungsführung, und der britische Diplomat Sir Herbert Emerson vertrat von nun an das Zwischenstaatliche Komitee. Eine grundsätzliche Übereinkunft zwischen Wohlthat und Rublee war am 2. Februar erzielt worden. Wie schon erwähnt, sah sie vor, daß etwa 200 000 Juden im Alter von über 45 Jahren im Großdeutschen Reich bleiben durften, während etwa 125 000 Juden, die zur jüngeren männlichen Bevölkerung gehörten, mit ihren Angehörigen auswandern würden. (Die Zahlen variierten vom einen zum anderen Entwurf geringfügig.) Der Auswanderungsprozeß sollte über einen Zeitraum von drei bis fünf Jahren gestreckt werden, und seine Finanzierung sollte durch eine internationale Anleihe gesichert werden, die vorwiegend von Juden in der ganzen Welt aufgenommen und durch das Vermögen, das den Juden in Deutschland immer noch gehörte, abgesichert werden sollte (dabei handelte es sich um etwa sechs Milliarden Reichsmark minus der Kontribution von einer Milliarde, die den Juden nach dem Pogrom auferlegt worden war). Wie im Haavarah-Abkommen sorgten die Deutschen dafür, daß verschiedene in dem Plan enthaltene Übereinkünfte den Export deutscher Waren fördern und so einen stetigen Fluß von Devisen ins Reich sicherstellen würden. Die Vereinbarung war nichts Geringeres als die Benutzung von Geiseln durch Deutschland, um als Gegenleistung für ihre Freilassung finanzielle Vorteile zu erpressen.

Die konkrete Bedeutung der Vereinbarung hing davon ab, daß der Kredit erfolgreich aufgelegt wurde, und insbesondere davon, daß die Länder oder Gebiete festgelegt wurden, in die die Juden, welche Deutschland verließen, emigrieren sollten. Jede der beteiligten westlichen Mächte hatte ihre bevorzugte territoriale Lösung, bei der es gewöhnlich um die Kolonie oder Halbkolonie eines anderen Landes ging: Angola, Abessinien, Haiti, die Guayanas (heute Guyana, Französisch-Guayana und Suriname), Madagaskar und so fort. In jedem einzelnen Fall trat irgendein Problem auf oder wurde, genauer gesagt, als Vorwand eingeführt; nicht einmal auf dem Papier einigte man sich auf eine Schutzzone, bevor der Ausbruch des Krieges allen derartigen Pseudo-Planungen ein Ende bereitete.

So hatte sich Hitler möglicherweise vorgestellt, daß «die Juden der Welt» durch Anwendung von Druck, Drohungen und großen Projekten bei seinen Aggressionsplänen zum Faustpfand werden würden, weil die Juden Deutschlands jetzt Geiseln in seinen Händen waren.

Am 7. November 1938, als sich das deutsche Außenministerium noch weigerte, irgendwelche Kontakte zum Zwischenstaatlichen Komitee und seinem Vertreter George Rublee zu haben, empfing Staatssekretär Ernst von Weizsäcker den britischen Geschäftsträger Sir George Ogilvie Forbes, um über das Problem zu diskutieren. «Da Forbes angab, Mr. Rublee persönlich von Mexiko her gut zu kennen», schrieb Weizsäcker in einem Vermerk an Untersekretär Ernst Woermann, den Chef der politischen Abteilung, «habe ich ihn gefragt, wieviel prozentig Rublee Arier sei. Forbes glaubt, daß Rublee kein jüdisches Blut habe.»[18] Drei Tage später erkundigte sich Woermann selbst nach Rublees rassischer Abstammung, diesmal bei einem amerikanischen Diplomaten; die Antwort war dieselbe: Rublee war zweifellos Arier. Als der amerikanische Botschafter Hugh Wilson am 15. November zu Ribbentrop kam, um sich von ihm zu verabschieden, empfand der Außenminister das Bedürfnis, noch einmal zu fragen: Wilson mußte mit Bestimmtheit erklären, daß Rublee von französischen Hugenotten abstamme und daß in seinen Adern nicht ein einziger Tropfen jüdischen Blutes fließe.[19]

III

Nach der deutschen Volkszählung vom Mai 1939 und nach verschiedenen Berechnungen, die nach dem Kriege angestellt wurden, lebten zum Zeitpunkt der Volkszählung im Altreich 213 000 Volljuden.[20] Ende 1939 war diese Zahl auf 190 000 zurückgegangen.[21] Seltsamerweise gab ein Bericht des SD vom 15. Juni 1939 an, Ende Dezember 1938 hätten noch 320 000 Volljuden im Altreich gelebt.[22] Für die überhöhten Zahlen, die der SD lieferte, gibt es keine Erklärung (sie passen nicht zu dem, was man weiß, selbst wenn man eine beschleunigte Auswanderung im Laufe des Jahres 1939 in Rechnung stellt). Ganz gleich, was die Gründe für diese Diskrepanzen sind, die demographischen Daten, die das Judenreferat des SD lieferte, sind dennoch bedeutsam. Nur 16 Prozent der jüdischen Bevölkerung (am 31. Dezember 1938) waren jünger als 20 Jahre; 25,93 Prozent waren zwischen 20 und 45, und 57,97 Prozent waren über 45.[23] Diese Angaben passen zu anderen bekannten Schätzungen: Die jüdische Bevölkerung in Deutschland wurde rasch zu einer Gemeinschaft älterer Menschen. Und außerdem verarmte sie hoffnungslos. Während es beispielsweise 1933 in Berlin mehr als 6000 «jüdische» Kleinunternehmen gegeben hatte, war ihre Zahl bis zum 1. April 1938 auf 3105 gesunken. Bis zum Ende des genannten Jahres waren 2570 liquidiert und 535 an Arier «verkauft» worden.[24] Mehr als zwei Jahrhunderte jüdischer Wirtschaftstätigkeit in der preußischen und deutschen Hauptstadt waren zu Ende gegangen.

Die alltägliche Situation dieser Juden wurde in einer Denkschrift beschrieben, die Georg Landauer, der Direktor des Zentralbüros für die Ansiedlung deutscher Juden in Palästina, im Februar 1939 an seinen Jerusalemer Kollegen Arthur Ruppin schickte: «Es verdienen», schrieb Landauer, «nur noch die Beamten der jüdischen Organisationen und einige Zimmervermieter und Mittagstische. ... Im Berliner Westen kann man überhaupt nur noch im Wartesaal des Bahnhof Zoo Kaffee trinken und in chinesischen oder anderen fremdländischen Restaurants essen. Da Juden ständig Wohnungen in Häusern ‹mit gemischter Bevölkerung› gekündigt werden, so ziehen sie immer mehr zusammen und brüten über ihr Schicksal. Viele haben sich vom 10. November noch nicht erholt und sind noch heute auf der Flucht in Deutschland oder verbergen sich in Wohnungen. Die Reisegesellschaften, insbesondere in Paris, knüpfen Verbindungen mit corrumpierbaren Konsulaten – dies gilt besonders für mittel- und südamerikanische Republiken – an und besorgen für hohe Preise und riesige Kommissionen Visa in ausländische Länder. Schon häufig war es der Fall, daß Konsuln auf einmal mehrere hundert Visen ausgegeben und die Gebühr eingesteckt haben und dann von ihren Regierungen abgesetzt worden sind. Die Juden haben dann noch lange keine Einreisemöglichkeit in diese Länder. In den Reisebüros erscheinen die Juden morgens früh, stehen in langen Reihen an und fragen, was für Visa man heute bekommen kann.»[25]

Landauers Beschreibung fand in einem zwei Monate später abgefaßten SD-Bericht ein unheimliches Echo: «Die Abwehrmaßnahmen von Partei und Staat, welche rasch hintereinander folgen, lassen die Juden nicht mehr zu sich kommen; es ist zu beobachten, daß eine ausgesprochene Hysterie bei jüdischen Frauen und Männern einsetzt. Die hoffnungslose Stimmung ist am besten vielleicht durch den Satz einer Ludwigsburger Jüdin gekennzeichnet, die zu erkennen gab, ‹daß sie sich längst das Leben genommen hätte, wenn sie keine Kinder hätte›.»[26]

Die Nationalsozialisten waren sich seit einiger Zeit darüber im klaren, daß sie die Juden, um ihre Auswanderung zu beschleunigen, organisatorisch noch fester in den Griff bekommen mußten als bisher und daß sie selbst auch eine zentralisierte Auswanderungsbehörde nach Wiener Muster einrichten mußten, um alle Emigrationsmaßnahmen des Altreichs zu koordinieren.

Die Errichtung der neuen Körperschaft, die von nun an die Juden in Deutschland repräsentieren sollte, wurde im Sommer 1938 eingeleitet. Anfang 1939 waren dann ihre Form und ihre Funktion klar. Nach einem Rundschreiben der Düsseldorfer Gestapo sollten «bei allen vorbereitenden Maßnahmen zur Auswanderung der Juden ... in erheblichem Maße die jüdischen Organisationen herangezogen werden. Zu diesem Zweck ist es erforderlich, alle bei den derzeit bestehenden verschiedenartigen jüdischen Organisationen verstreut liegenden Mittel in einer einzigen Organisation für das ganze Reich zusammenzufassen. Der Reichsvertretung der Juden in Deutschland ist daher aufgegeben worden, eine sogenannte Reichsvereinigung der Juden zu bilden und dafür zu sorgen, daß gleichzeitig alle bisher bestehenden jüdischen Organisationen verschwinden und ihre gesamten Einrichtungen der Reichsvereinigung zur Verfügung stellen.»[27]

Am 4. Juli 1939 wurde die Reichsvereinigung schließlich durch die Zehnte Verordnung zum Reichsbürgergesetz gegründet. Ihre Hauptfunktion wurde in Artikel 2 eindeutig definiert: «Die Reichsvereinigung hat den Zweck, die Auswanderung der Juden zu fördern.»[28] Doch trotz der eindeutigen Prioritäten der Nationalsozialisten behandelte der größte Teil der Verfügung andere Funktionen wie Bildung, Gesundheit und insbesondere Fürsorge: «Die Reichsvereinigung ist außerdem ... Träger der freien jüdischen Wohlfahrtspflege.» Und der Innenminister wurde befugt, der neuen Organisation weitere Aufgaben zu übertragen.[29] So vermittelte die Struktur der Verordnung ganz eindeutig den Eindruck, daß die Nationalsozialisten selbst nicht an den Erfolg der Auswanderungskampagne glaubten. Praktisch wurde die Reichsvereinigung zum ersten der Judenräte, der von den Nationalsozialisten kontrollierten jüdischen Organisationen, die in den meisten Teilen des besetzten Europa ihren jeweiligen Gemeinden die Befehle ihrer Herren über Leben und Tod übermitteln sollten.

Einige Monate zuvor, am 24. Januar, hatte Göring den Innenminister davon verständigt, daß im Rahmen des Ministeriums, aber unter alleiniger Verantwortung Heydrichs, eine Reichszentrale für jüdische Auswanderung errichtet wurde: «Die Reichszentrale hat die Aufgabe, für das gesamte Reichsgebiet einheitlich 1. alle Maßnahmen zur Vorbereitung einer verstärkten Auswanderung der Juden zu treffen. ...; 2. die Auswanderung zu lenken, u. a. für eine bevorzugte Auswanderung der Juden zu sorgen; 3. die Durchführung der Auswanderung im Einzelfall zu beschleunigen.»[30] Zum Chef der neuen Reichszentrale ernannte Heydrich den Leiter der Gestapo, SS-Standartenführer Heinrich Müller.

Am 30. Oktober 1938 schrieb der Ortsgruppenleiter von Altzenau (Gau Mainfranken) an die Kreisleitung der NSDAP in Aschaffenburg, daß zwei Häuser, die verschiedenen Mitgliedern einer jüdischen Familie namens Hamburger gehörten, von Parteigenossen erworben werden sollten, und zwar jedes zur Hälfte des Marktwertes von 16 000 RM. Die Ortsgruppe bat um Erteilung der Genehmigung zum Kauf eines der

10. Ein gebrochener Rest

beiden Häuser. Im Juni 1939 erteilte die Kreisleitung die Genehmigung und setzte den Preis auf 6000 RM, etwas mehr als ein Drittel des tatsächlichen Wertes, fest. Im Dezember 1938 informierte derselbe Parteichef von Alzenau seinen Kreisleiter, daß Juden, denen – zum 1. Januar 1939 – die Führung von Geschäften nicht mehr gestattet war, ihre Waren zu Schleuderpreisen verkauften. Die Bevölkerung fragte an, ob sie ungeachtet des Verbots, bei Juden zu kaufen, die jüdische Ware erwerben könne.[31]

Die Juden in Deutschland, denen es nicht gelungen war zu fliehen, wurden in zunehmendem Maße von der öffentlichen Fürsorge abhängig. Wie im vorigen Kapitel bemerkt, wurden Juden vom 19. November 1938 an aus dem allgemeinen Wohlfahrtssystem ausgeschlossen: Sie mußten sich an besondere Stellen wenden, und an sie wurden andere und weit strengere Beurteilungskriterien angelegt als an die allgemeine Bevölkerung. Die deutschen Fürsorgebehörden versuchten, die Last auf die jüdischen Wohlfahrtsdienste abzuwälzen, aber auch dort waren die verfügbaren Mittel durch die zunehmende Not überansprucht. Die Lösung für das Problem wurde bald erkennbar, und am 20. Dezember 1938 erließ die Reichsanstalt für Arbeitsvermittlung und Arbeitslosenversicherung eine Verfügung, wonach alle arbeitslosen Juden, die arbeitsfähig waren, sich zu Zwangsarbeit melden mußten. «Es war offensichtlich, daß den Juden nur ausgesuchte schwere und unangenehme Arbeit zugeteilt werden sollte. Baustellen, Straßen- und Wegebau, Abfallbeseitigung, öffentliche Toiletten und Kläranlagen, Steinbrüche und Kiesgruben, Kohlenhandlungen und Knochenarbeit wurden als passend angesehen.»[32] Doch aus der Sicht der Nationalsozialisten schuf diese Verfügung eine Reihe neuer Probleme.

Beispielsweise hatten einige der den Juden zugeteilten Aufgaben besondere nationale Bedeutung oder waren mit dem Namen des Führers verbunden, was für einige Parteigenossen ein unannehmbares Sakrileg bedeutete. «Der Einsatz von Juden bei den Autobahnen», schrieb der Generalinspekteur der deutschen Straßen am 22. Juni 1939 an den Reichsarbeitsminister, «ist m. E. mit dem Ansehen, das den Reichsautobahnen als den ‹Straßen des Führers› zukommt, nicht in Einklang zu bringen.» Der Generalinspekteur schlug vor, Juden nur bei Arbeiten einzusetzen, die in indirektem Zusammenhang mit dem Bau oder der Instandsetzung von Autobahnen standen, wie etwa in Steinbrüchen und dergleichen.[33]

Die Verordnung vom Dezember 1938 hatte jüdischen Arbeitern eine strenge Isolierung auferlegt: sie mußten «abgesondert von der Gefolgschaft» gehalten werden.[34] Doch in vielen Fällen, insbesondere in der Landwirtschaft, ließ sich ein Kontakt nicht vermeiden. Die Reaktionen von Parteiaktivisten waren vorhersehbar. Am 13. April 1939 schrieb ein

Kreisleiter in Baden an ein örtliches Arbeitsamt: «Diejenigen Bauern, die heute noch Juden zur Arbeit in ihrem Hause aufnehmen, sind diejenigen, die diese Juden von früher her sehr gut kennen, mit ihnen Geschäfte gemacht haben und womöglich noch Schulden bei den Juden haben, denn ein anständiger deutscher Bauer, der nur einen Dunst von Nationalsozialismus in sich aufgenommen hat, wird niemals einen Juden in sein Haus aufnehmen. Es fehlt dann nur noch, daß die Juden auch dort noch übernachten, dann sind aber unsere Rassegesetze illusorisch.»[35]

Noch ernstere Besorgnis wurde in einem Brief eines Kreisleiters in Mannheim an den Direktor des Arbeitsamtes dieser Stadt geäußert. Dabei ging es um die Beschäftigung «des Juden Doiny» in einer örtlichen Bäckerei. Der Kreisleiter konnte nicht verstehen, wie ein Jude im Lebensmittelgewerbe beschäftigt werden konnte. Sollten die Volksgenossen in einer Bäckerei kaufen, in der das Brot von einem Juden gebacken wurde?[36] Gelegentlich ließen sich solche gefährlichen Kontakte auf summarische Weise beseitigen. Am 29. August 1939 konnte der Regierungspräsident von Hildesheim alle Landräte und Oberbürgermeister in seinem Bezirk von einer ziemlich gewichtigen Neuigkeit unterrichten: «Eine gewerbliche Betätigung jüdischer Friseure und jüdischer Bestattungsunternehmen scheidet im Regierungsbezirk Hildesheim aus.»[37]

Inzwischen ging während der Vorkriegsmonate des Jahres 1939 die Konzentration von Juden in Gebäuden, die sich in jüdischem Besitz befanden, weiter; sie wurde, wie erwähnt, durch die Verordnung vom 30. April erleichtert, welche die Kündigung von Mietverträgen mit Juden erlaubte. In Berlin wurde die gesamte Operation von der Behörde Speers angeheizt, und die städtischen Stellen begannen mit Unterstützung der Partei, arische Vermieter zur Kündigung ihrer Verträge mit jüdischen Mietern zu drängen. Druck war allerdings, wie es in einem offiziellen Bericht heißt, nötig, «da Juden ‹aus politischen Gründen die ruhigsten und bescheidensten Mieter› seien, die die Hausbesitzer nicht ‹belästigen› würden».[38] Nachdem die Umquartierungen stattgefunden hatten, wurde deutlich, daß die Gebiete, die von Juden gesäubert worden waren, genau mit denen übereinstimmten, die von Speers Behörden als «judenreine Gebiete» aufgeführt worden waren.[39]

Irgendwann fand das Propagandaministerium heraus, daß 1800 Fensteröffnungen, die jüdischen Bewohnern gehörten, auf den geplanten riesigen Boulevard, die Ost-West-Achse, hinausgehen würden. Da das gefährlich sein konnte, sollte Hitler gefragt werden, welche geeigneten Maßnahmen zu ergreifen wären.[40]

Selbst die brutalsten Systeme machen bei denen, die sie zu Opfern ausersehen haben, manchmal Ausnahmen. Im nationalsozialistischen Deutschland bezogen sich solche Ausnahmen nie auf «Volljuden», sondern nur auf einige Mischlinge, die entweder (wie Milch, Warburg und Chaoul) als ungewöhnlich nützlich galten oder (wie Albrecht Haushofer) besonders gute Verbindungen hatten. Doch in außerordentlich seltenen Fällen konnten Ausnahmen auch für Mischlinge ersten Grades gelten, die so unbedeutend und so hartnäckig waren, daß Staats- und Parteibürokratie schließlich nachgaben. Dies sollte der unwahrscheinliche Schluß der Geschichte von Karl Berthold sein, dem Chemnitzer Verwaltungsangestellten, dessen Kampf um seine Stellung wir hier seit seinem Beginn im Jahre 1933 verfolgt haben.

In ihrem Brief vom 23. Januar 1936 an den Reichsarbeitsminister hatte Karl Bertholds Ehefrau Ada nur Verzweiflung geäußert: Durch den dreijährigen Kampf ihres Gatten waren sie beide gesundheitlich und seelisch zerrüttet. Für Ada Berthold gab es jetzt nur eine einzige Hoffnung: eine Begegnung mit Hitler.[41] Die Audienz wurde nicht gewährt, und genau um dieselbe Zeit erhielt Berthold von der Reichsstelle für Sippenforschung des Reichsinnenministeriums die Anweisung, sich im Institut für Rassen- und Völkerkunde an der Universität Leipzig einer rassischen Untersuchung zu unterziehen.[42] Inzwischen hatte die Reichsstelle für Sippenforschung in Amsterdam den mutmaßlichen jüdischen Vater gefunden; doch der Mann bestritt, der Vater von Karl Berthold zu sein. Die rassische Untersuchung fiel jedoch nicht zugunsten des Untersuchten aus: «Eine Anzahl von Merkmalen deuten ... auf einen jüdischen Erzeuger hin.»[43] Im November 1938 erging das Urteil: Berthold mußte aus seiner Stellung entlassen werden. Da spielte er seine letzte Karte aus: eine persönliche Eingabe an den Führer. In ihr faßte Berthold ganz klar seine Situation zusammen: «Seit dem 1. April 1924 bin ich als Dauer-Angestellter beim Versorgungsamt Chemnitz tätig, wo seit nun fast 5 Jahren ein Verfahren auf Dienstentlassung wegen Nichtbeibringung der arischen Abstammung geschwebt hat. Seit dieser Zeit wird nun nach dem mir völlig unbekannten Vater (ich bin unehelich geboren) gefahndet. Eine Vaterschaft ist auch bei Gericht niemals anerkannt worden. Einzig und allein der Umstand, daß meine verstorbene Mutter einen jüdischen Namen angegeben hat, ist mir die Angelegenheit ohne jeden objektiven Nachweis zum Verhängnis geworden. Da, wie bereits erwähnt, der Erzeuger nie festgestellt werden konnte, hatte man nunmehr eine Untersuchung beim Institut für Rassen- und Völkerkunde in Leipzig angeordnet, der ich auch Folge geleistet habe. Hier soll nun festgestellt worden sein, daß sich bei mir jüdische Merkmale herausgestellt haben. Auf Grund des hierauf erstatteten Abstammungsbescheides vom 23. Mai 1938 hat der Herr Reichsarbeitsminister ... meine Entlassung beim Versorgungsamt Chemnitz verfügt.»

Nach der Beschreibung der tragischen Folgen dieser Situation für ihn selbst und seine Familie fuhr Berthold fort: «Ich fühle mich als echter

Deutscher, mit echtem deutschen Herzen, der von Juden nie etwas gesehen und gehört hat und diese auch nie kennen lernen will.» Er zählte die Ereignisse der deutschen Geschichte des 19. Jahrhunderts auf, an denen seine Vorfahren mütterlicherseits beteiligt gewesen waren, und ebenso alle nationalen Verpflichtungen, die er und seine Mutter im Kriege erfüllt hatten. Seit März 1933 war er Parteimitglied gewesen und hatte «dummerweise» 1936 wegen der laufenden Untersuchung seine Mitgliedschaft aufgegeben. Von seinen drei Söhnen war der jüngste im Jungvolk, der nächste war Hitlerjunge, und der älteste war im dritten Jahr Soldat.

«So liegen meine Verhältnisse», fuhr Berthold fort, «die doch bestimmt als normal anzusehen sind und aus denen hervorgeht, daß ich in keiner Weise mit dem Judengesindel etwas zu tun habe.»[44]

Die Eingabe Bertholds wurde von der Kanzlei des Führers an das Büro des Stellvertreters des Führers, Rudolf Heß, weitergeleitet. Im Februar 1939 sah es so aus, daß die Antwort negativ ausfallen würde. Doch am 16. August 1939 verkündete ein Brief vom Stellvertreter des Führers an den Arbeitsminister – «Betrifft: Weiterbeschäftigung eines jüdischen Mischlings im öffentlichen Dienst» – das Urteil: Karl Berthold sollte seine Stellung als Angestellter des Versorgungsamtes Chemnitz behalten dürfen.[45]

Die Geschichte Karl Bertholds in den ersten sechs Jahren des Regimes zeigt im kleinen, wie eine moderne Bürokratie der effiziente Lieferant von Ausschließung und Verfolgung sein konnte und sich zugleich dadurch bremsen ließ, daß ein Individuum die Schlupflöcher des Systems, die Mehrdeutigkeit der Verfügungen und die unendliche Vielfalt individueller Situationen ausnutzte. Wären Partei und Staat in den dreißiger Jahren nicht entschlossen gewesen, alle mit Juden zusammenhängenden Fragen bis ins kleinste Detail zu behandeln und insbesondere alle juristischen oder verwaltungsmäßigen Ausnahmefälle zu lösen, dann hätte die gesamte Politik schon allein infolge der Komplexität der Aufgabe zum Erliegen kommen können. Das ist vielleicht der bezeichnendste Beweis für die erbarmungslose Hartnäckigkeit der antijüdischen Bemühung, eine Art von Entschlossenheit, die durch bloße bürokratische Routine allein nicht zu mobilisieren gewesen wäre.

Es ist schwierig, ein klares Bild von den Einstellungen zu gewinnen, die gewöhnliche Deutsche gegenüber den zunehmend unglücklichen Juden hatten, die im Frühjahr 1939 unter ihnen lebten. Wie aus dem SOPADE-Bericht über die Reaktionen der Bevölkerung auf die Gruppe von Juden, die in jenen Wochen über die Westgrenze hin- und hergeschickt wurden, hervorging, mischten sich Haß und Mitgefühl, wobei die Unterschiede möglicherweise vom Lebensalter abhingen. Denselben gemischten Ein-

10. *Ein gebrochener Rest* 347

druck erhält man aus Memoiren wie denen von Valentin Senger, einem Juden, der die NS-Zeit in Frankfurt überlebte,[46] oder aus den Tagebüchern Victor Klemperers. Es besteht kein Zweifel, daß zumindest in kleineren Städten und Dörfern einige Leute immer noch in jüdischen Geschäften kauften, auch wenn im Prinzip nach dem 1. Januar 1939 kein jüdisches Unternehmen (sofern es nicht ein Exportbetrieb war oder ausländischen Juden gehörte) mehr tätig sein durfte. Wie anders soll man den vertraulichen Bericht erklären, den die Kreisleitung Bernburg am 6. Februar an die Kreisleitung in Rosenheim richtete – mit dem Betreff: «Kundenlisten der jüdischen Geschäfte des Kreises Bernburg»? Der Bericht enthielt nicht nur eine Liste von «festgestellten Judenkäufern», sondern gibt auch jeweils den Inhaber des Geschäftes, die Zeit des Kaufes und den Zahlbetrag an.[47]

Am 6. Mai 1939 informierte die Gendarmeriestation Fischbach das Arbeitsamt Augsburg über ihren Versuch, drei Männer der ortsansässigen Familie Levi (Manfred Israel, Sigbert Israel und Leo Israel) zur Zwangsarbeit in die Ziegelei Hartmann in Gebelbach zu schicken. Während sich Manfred Levi in Altona auf einem zionistischen Umschichtungskurs für die Auswanderung nach Palästina befand, waren Sigberts und Leos deutsche Arbeitgeber persönlich auf der Gendarmeriestation erschienen, um die Genehmigung zu erbitten, die Beschäftigung ihres jüdischen Schreiners und ihres jüdischen Gärtners fortsetzen zu dürfen.[48]

Die Überwachung der Kirchen durch die Gestapo zeigt dieselben gemischten Einstellungen. So erklärte im Januar 1939 auf einer Versammlung der evangelischen Kirche in Ansbach ein gewisser Dr. med. Knorr-Köslin, im heutigen Deutschland müsse der Satz «Alles Heil kommt von den Juden» aus der Bibel gestrichen werden; der Bericht gibt an, daß auf Knorr-Köslins Ausbruch hin unter den Zuhörern entrüstete Worte laut wurden; es könnte sein, daß der Protest rein religiöse Gründe hatte.[49] Als andererseits Pastor Schilffarth aus Streitberg erklärte, «daß durch die Taufe auch die Juden und die Heiden Christen würden», entgegnete einer seiner jungen Schüler (der Bericht spricht von einer «kräftigen, verdienten Abfuhr»): «Herr Pfarrer, wenn einem Juden 6 Kübel Wasser auf den Kopf geschüttet werden, dann bleibt er doch noch ein Jude.»[50]

In kleinen Städten vermieden einige städtische Beamte die vorgeschriebenen Formen der Anrede von Juden. Als die Stadtverwaltung von Goslar Anfang 1939 mit dem Vorsteher der örtlichen jüdischen Gemeinde über den Ankauf des Synagogengebäudes verhandelte, richteten sie ihre Briefe an «Herrn Kaufmann W. Heilbrunn», ohne Verwendung des obligatorischen «Israel».[51]

Und doch ... In einer Tagebucheintragung vom Dezember 1938 erzählt Victor Klemperer von einem Polizisten, der ihm in der Vergangenheit freundlich, ja ermutigend begegnet war. Als er ihn in diesem Monat in der Stadtverwaltung der kleinen Stadt, in der die Klemperers ein Landhaus hatten, traf, ging derselbe Polizist «starr in die Luft blickend möglichst fremd an mir vorbei. Der Mann repräsentiert», so Klemperers Kommentar, «in seinem Verhalten wahrscheinlich 79 Millionen Deutsche.»[52]

Im Rückblick auf die ersten sechs Jahre des Regimes läßt sich mit einiger Gewißheit soviel sagen: Die deutsche Gesellschaft als ganze lehnte die antijüdischen Initiativen des Regimes nicht ab. Die Identifizierung Hitlers mit der antijüdischen Kampagne in Verbindung mit dem Bewußtsein der Bevölkerung, daß die Nationalsozialisten entschlossen waren, in diesem Punkt energisch vorzugehen, mag die Trägheit oder vielleicht die passive Komplizenschaft der überwiegenden Mehrheit in einer Angelegenheit verstärkt haben, die von den meisten ohnehin im Vergleich zu ihren Hauptinteressen als nebensächlich betrachtet wurde. Wir sahen, daß wirtschaftliche und religiöse Interessen ein gewisses Maß an Dissens auslösten, hauptsächlich unter der Bauernschaft und bei Katholiken und Mitgliedern der Bekennenden Kirche. Ein derartiger Dissens führte jedoch mit Ausnahme einiger Einzelfälle nicht dazu, daß die jeweilige Politik offen in Frage gestellt wurde. Doch in den dreißiger Jahren verlangte die deutsche Bevölkerung, deren große Mehrheit in der einen oder anderen Form den traditionellen Antisemitismus vertrat, keine antijüdischen Maßnahmen, und sie rief auch nicht nach ihrer extremsten Verwirklichung. Unter den meisten «gewöhnlichen Deutschen» gab es Einverständnis mit der Absonderung der Juden und ihrer Entlassung aus dem öffentlichen Dienst; es gab individuelle Initiativen, um aus ihrer Enteignung Nutzen zu ziehen; und es gab ein gewisses Maß an Schadenfreude beim Mitansehen ihrer Erniedrigung. Doch außerhalb der Reihen der Partei gab es keine massive Agitation in der Bevölkerung, die darauf gerichtet war, sie aus Deutschland zu vertreiben oder Gewalttätigkeiten gegen sie zu entfesseln. Die Mehrheit der Deutschen akzeptierte einfach die vom Regime unternommenen Schritte und sah – wie der Polizist Klemperers – weg.[53]

Aus den Reihen der Partei ergoß sich der Haß in immer brutalerer und offenerer Weise. Manchmal weiß man, ebenso wie bei anonymen Denunzianten, nicht, ob er seinen Ursprung in der Partei oder unter nicht zu ihr gehörigen Bürgern hatte. Jedenfalls nahmen die Denunziationen kurz vor dem Kriege derartige Ausmaße an, daß Frick auf Befehl von Göring eingreifen mußte und am 10. Januar 1939 einen Brief an eine ganze Reihe von Dienststellen in Verwaltung und Polizei richtete.

Das Thema des als «Vertraulich!» gekennzeichneten Briefes von Frick lautete kurz und bündig «Judenfrage und Denunziantentum». In dem

10. Ein gebrochener Rest 349

Schreiben wurde ausgeführt, daß anläßlich einer Besprechung mit Göring über die Notwendigkeit der Ausschaltung der Juden aus der deutschen Wirtschaft und des Einsatzes ihres Vermögens für die Zwecke des Vierjahresplans der Generalfeldmarschall davon gesprochen habe, «wie in letzter Zeit beobachtet worden sei, daß *deutsche* Volksgenossen um deswillen denunziert wurden, weil sie früher einmal in jüdischen Geschäften gekauft, bei Juden gewohnt oder sonst mit Juden in geschäftlicher Beziehung gestanden haben». Göring sah dies als einen sehr unerfreulichen Mißstand an, der seiner Ansicht nach die Verwirklichung des Vierjahresplans beeinträchtigen konnte: «Der Herr Generalfeldmarschall wünscht daher, daß diesem Unwesen nach Kräften Einhalt getan wird.»[54]

Fricks Anordnung drang wahrscheinlich nicht bis zur Parteigenossin Sagel in Frankfurt. Am 14. Januar 1939 beschwerte sich ein Lebensmittelhändler namens Karl Schué bei seinem Ortsgruppenleiter, die Parteigenossin Sagel habe ihn wegen des Verkaufs von Butter an einen Juden (den einzigen, schrieb Schué, «der noch bei mir seine Butteranmeldung laufen hat») zur Rede gestellt und ihm mitgeteilt, daß er deswegen bei der Ortsgruppe angezeigt worden sei. Schué nahm den Fall zum Anlaß, die Geschichte seiner wirtschaftlichen Schwierigkeiten als kleiner Geschäftsmann auszubreiten, und kam dann auf die Parteigenossin Sagel zurück: «Vielleicht klären Sie auch die Pgn. Sagel auf, daß ich kein Uniformträger bin, da sie mir erklärte, daß ich meine Uniform ausziehen soll. Es ist wirklich traurig», schloß er, «daß heute noch in Groß-Deutschland derartige Zwischenfälle auftreten, anstatt einem kämpfenden Geschäftsmann auf die Beine zu helfen und seiner Familie ernste Aufregungen zu ersparen.»[55]

Es könnte sein, daß Denunziationen nur dann verboten waren, wenn sie Ereignisse der fernen Vergangenheit betrafen. Vorfälle jüngeren Datums waren etwas anderes. Am Sonntag, dem 25. Juni 1939, berichtete Fridolin Billian, Zellenleiter und Lehrer aus Theilheim, Landkreis Schweinfurt, Regierungsbezirk Mainfranken, auf der Gendarmeriestation Theilheim, der sechzehnjährige Jude Erich Israel Oberdorfer, Sohn eines Pferdehändlers, habe an Gunda Rottenberger, der zehn Jahre alten Tochter eines Arbeiters, unzüchtige Handlungen vorgenommen. Die Geschichte hatte er von Gundas Mutter erfahren, angeblich deshalb, weil Gunda zugegeben hatte, daß Erich Oberdorfer sie in den Stall gelockt und ihr erklärt habe, sie bekäme fünf Pfennig, wenn sie ihre Unterhose ausziehen würde. Oberdorfer bestritt den Vorwurf; Gunda selbst sagte, er habe das Angebot gemacht, es sei aber nichts geschehen, als sie sich weigerte; sie hätten im Stall nur Kirschen gegessen, und zur Erklärung ihres langen Ausbleibens hätten sie beschlossen, Gundas Mutter zu sagen, daß sie die Hühner gezählt hätten.[56]

Nachdem sich die Theilheimer Polizei außerstande sah, von Gunda Rottenberger selbst eine Bestätigung für ein Sexualdelikt zu erhalten, übernahm die Gestapo den Fall und präsentierte eine gewisse Maria Ums, die bereitwillig zugab, daß der mit ihr gleichaltrige Erich vor einigen Jahren (sie konnte sich nicht erinnern, vor wievielen) ihre Genitalien berührt und sogar sein Glied in ihr «Geschlechtsteil hineingesteckt» habe. Dann meldete sich ein gewisser Josef Schäfner. Er erinnerte sich, daß Erichs Vater, Siegfried Oberdorfer, ihm erzählt habe, er habe im Kriege einem Leutnant sein Seitengewehr auf den Kopf geschlagen (weil der Leutnant ihn als «grätzigen Juden» bezeichnet hatte), und der Leutnant sei danach gestorben. Siegfried Oberdorfer stritt alles ab; seinen Aussagen zufolge war dies eine Geschichte, die Schäfner erfunden hatte und in den Wirtshäusern der Gegend verbreitete, wenn er betrunken war.[57]

1940 waren die Untersuchungen im Falle des jungen Erich Oberdorfer beendet: Er wurde zu einem Jahr Gefängnis verurteilt. 1941, nach seiner Entlassung aus dem Gefängnis Schweinfurt, wurde er als Rassenschänder nach Buchenwald geschickt.[58] Seine Akte wurde geschlossen, und vermutlich ging auch sein kurzes Leben zu Ende.

Im April 1939 erzielte das Ministerium für kirchliche Angelegenheiten eine Übereinkunft mit der Evangelischen Kirchenführerkonferenz über die weiteren Beziehungen zwischen den protestantischen Kirchen und dem Staat. Die Vereinbarung war stark von der Ideologie der Deutschen Christen beeinflußt, wurde aber dennoch von einer Mehrheit der deutschen Pastoren nicht abgelehnt, zumindest nicht formell; die Godesberger Erklärung, die im selben Monat abgegeben wurde, gab dieser neuen Aussage ihr volles Gewicht.

«Wie ist das Verhältnis von Judentum und Christentum?» fragte sie. «Ist das Christentum aus dem Judentum hervorgegangen und also seine Weiterführung und Vollendung, oder steht das Christentum im Gegensatz zum Judentum? Auf diese Frage antworten wir: Der christliche Glaube ist der unüberbrückbare religiöse Gegensatz zum Judentum.»[59]

Einige Wochen später trafen sich die Unterzeichner der Godesberger Erklärung auf der Wartburg bei Eisenach – an einer Stätte, die dem Andenken an Luther geweiht ist und durch ihre Verbindung zu den deutschen Burschenschaften Bedeutung hat –, um das Institut zur Erforschung und Beseitigung des jüdischen Einflusses auf das deutsche kirchliche Leben zu eröffnen. Dazu schreibt ein Historiker der deutschen Kirchen: «Eine überraschend große Zahl von Akademikern stellte sich dem Institut zur Verfügung, welches zahlreiche dicke Bände mit Tagungsberichten herausbrachte und eine revidierte Version des Neuen Testaments erstellte (die Anfang 1941 in einer Auflage von 200 000 Stück

10. Ein gebrochener Rest

erschien). Darin waren Begriffe wie Jehova, Israel, Zion und Jerusalem, die man als jüdisch ansah, getilgt.»[60]

Die Säuberung des Christentums von seinen jüdischen Elementen war allerdings eine Sisyphusarbeit. Gerade um die Zeit der Godesberger Erklärung, als das Eisenacher Institut gegründet wurde, richtete das Hauptschulungsamt der Partei eine dringende Anfrage an den SD: Konnte es sein, daß Philipp Melanchthon, möglicherweise die wichtigste deutsche Gestalt der Reformation nach Martin Luther selbst, nichtarischer Abstammung war? Das Hauptschulungsamt hatte diese unwillkommene Information in einem neuen Buch eines gewissen Hans Wolfgang Mager entdeckt, in dem der Autor auf S. 16 behauptete: «Der nächste Mitarbeiter und Vertraute Martin Luthers, Philipp Melanchthon, war ein Jude!» Der SD antwortete, er könne solche Nachforschungen nicht tätigen; wahrscheinlich wäre die Reichsstelle für Sippenforschung die richtige Adresse.[61]

Ob der Fall Melanchthon noch näher untersucht wurde oder nicht, es sieht so aus, als sei der große Reformator nicht aus dem Schoß der Kirche ausgeschlossen worden. Leichter war es, geringere Diener der Kirche zu entfernen, beispielsweise Pastoren und Gläubige jüdischer Abstammung. Am 10. Februar 1939 verbot die Evangelische Kirche von Thüringen ihren eigenen getauften Juden den Zutritt zu ihren Gotteshäusern. Zwölf Tage später schloß sich ihr die Evangelische Kirche von Sachsen an; das Verbot breitete sich dann auf die Kirchen von Anhalt, Mecklenburg und Lübeck aus. Im Frühsommer wurden alle Pastoren nichtarischer Herkunft entlassen. Der Brief, den der Präsident des Landeskirchenamtes am 11. Juli 1939 an den Pfarrverwalter Max Weber aus Neckarsteinach in Nassau-Hessen schickte, bediente sich einer Standardformel: «Der Ihnen durch Verfügung vom 10. 1. 1936 – Nr. 94 I – unter dem Vorbehalt jederzeitigen Widerrufs erteilte Auftrag, die Pfarrei Neckarsteinach zu verwalten, wird hiermit zurückgenommen, und Sie werden mit Ende Juli ds. Js. aus der dortigen Stellung entlassen. Der Leiter der Deutschen Evangelischen Kirchenkanzlei hat unter dem 13. Mai 1939 – K. K. 420/39 – angeordnet, daß die Bestimmungen des Deutschen Beamtengesetzes vom 26. Januar 1937 [durch die alle Mischlinge aus dem Staatsdienst ausgeschlossen wurden] schon jetzt auf dem Verwaltungswege für die Geistlichen und Kirchenbeamten angewandt werden. Nach den Bestimmungen des Deutschen Beamtengesetzes kann aber nur Beamter werden, wer deutschen oder artverwandten Blutes ist (siehe § 25). Da Sie als Mischling zweiten Grades (ein volljüdischer Großelternteil) nicht deutschen oder artverwandten Blutes sind und daher bei sinngemäßer Anwendung der Bestimmung im Deutschen Beamtengesetz kein Geistlicher werden bzw. bleiben können, mußte Ihre Entlassung ausgesprochen werden.»[62]

Das Eisenacher Institut beschäftigte sich mit Juden und mit Spuren des Judentums im Christentum; das Projekt der Gründung eines Instituts zur Erforschung jüdischer Fragen in Frankfurt dagegen richtete sich auf die umfassende Aufgabe, alles, was mit Juden zu tun hatte, einer wissenschaftlichen Prüfung aus nationalsozialistischer Sicht zu unterziehen. Die Existenz einer großen Forschungsbibliothek mit Literatur über jüdische Fragen an der Universität Frankfurt sowie die Entzweiung zwischen Walter Frank und Wilhelm Grau – die dazu führte, daß Grau aus seiner Stellung als Direktor der jüdischen Abteilung des Instituts für Geschichte des neuen Deutschland entlassen wurde – ermöglichte es dem Bürgermeister von Frankfurt, Fritz Krebs, im Herbst 1938 den Vorschlag zu machen, das neue Institut möge mit Grau als Direktor errichtet werden.[63] Der Unterrichtsminister und Heß billigten das Vorhaben, und es wurde mit Vorbereitungen begonnen: Zwei Jahre später, 1941, sollte die feierliche Eröffnung stattfinden.

Bei diesen Bemühungen um die Identifizierung von Nichtariern in den verschiedenen kulturellen Bereichen – und bei den auf sie folgenden Säuberungen – war Goebbels ebenfalls aktiv. Seit 1936 erstellte und veröffentlichte das Propagandaministerium Listen von jüdischen, gemischten und mit Juden in Beziehung stehenden Persönlichkeiten, die kulturelle Tätigkeiten ausübten,[64] und verbot ihnen die Mitgliedschaft in nichtjüdischen Organisationen sowie die Ausstellung, Veröffentlichung und Aufführung ihrer Werke. Doch Goebbels hatte offensichtlich das Gefühl, daß er noch keine totale Kontrolle erreicht hatte. So schikanierte der Propagandaminister 1938 und in den ersten Monaten des Jahres 1939 die Leiter der verschiedenen Reichskammern, um auf den neuesten Stand gebrachte und vollständige Listen von Juden zu erhalten, denen die Ausübung ihres Berufes untersagt worden war.[65] Eine Liste nach der anderen wurde dem Propagandaministerium übersandt, begleitet von dem Eingeständnis, daß sie immer noch nicht komplett war. (Eine Probe einer derartigen Liste, die am 25. Februar von der Reichsmusikkammer an den Propagandaminister geschickt wurde: Ziegler, Nora, Klavierlehrerin; Ziffer, Margarete, Privatmusiklehrerin; Zimbler, Ferdinand, Kapellmeister; Zimmermann, Artur, Pianist; Zimmermann, Heinrich, Klarinettist; Zinkower, Alfons, Pianist; Zippert, Helene, Musiklehrerin; ... Zwillenberg, Wilhelm, Chordirigent.)[66]

Die Rosenberg-Akten enthalten ähnliche Listen. Ein Dokument enthält Teil 6 einer Liste jüdischer Autoren – derjenigen, deren Namen mit den Buchstaben S bis V beginnen, darunter drei Sacher-Masochs und sechs Salingers, gefolgt von Salingré und Salkind, und endend mit Malea Vyne, die dem Bearbeiter zufolge mit Malwine Mauthner identisch war.[67]

IV

Im Herbst 1938, als der Tannenhof, eine Anstalt für Geisteskranke (die dem evangelischen Kaiserswerther Verband gehörte), über seine neue Satzung beriet, beschloß der Vorstand, diese müsse der «veränderten Einstellung des deutschen Volkes zur Rassenfrage dadurch Rechnung tragen, daß sie die Aufnahme von Patienten jüdischer Abstammung ausschließt. ... Die Anstaltsleitung wird angewiesen, von jetzt ab keine Patienten jüdischer Abstammung aufzunehmen und ... mit dem Ziel, daß die Anstalt baldmöglichst von solchen Patienten frei wird, ist ... Privatpatienten zum nächstmöglichen Termin zu kündigen und bei Normalkranken [jüdischer Abstammung] der Landeshauptmann um Überführung der Kranken in eine andere Anstalt zu bitten.»[68]

Andere evangelische Institutionen hatten bereits einige Monate früher damit begonnen, eine derartige Selektion zu praktizieren. So schrieb am 7. März 1938 Dr. Oscar Epha, der Direktor des Landesvereins für Innere Mission in Schleswig-Holstein, an Pastor Lensch in Alsterdorf: «Ich habe der Hamburger Fürsorgebehörde mitgeteilt, daß wir keine neuen jüdischen Patienten aufnehmen können, und gebeten, die 4 jüdischen Patienten, die wir noch von Hamburg haben, umzutauschen.»[69] Die Initiative der Inneren Mission ging somit dem Runderlaß des Innenministeriums vom 22. Juni 1938 voraus, wonach «die Unterbringung von Juden in Krankenanstalten ... so auszuführen [ist], daß die Gefahr von Rassenschande vermieden wird. Juden sind in besonderen Zimmern unterzubringen.»[70] Wie diese Verordnung durchgeführt werden sollte, war nicht immer klar: «Wir bitten um gefl. Mitteilung», schrieb die Verwaltung des Städtischen Krankenhauses Offenburg am 29. Dezember 1938 an die Krankenhausverwaltung in Singen, «ob dort Juden aufgenommen und bejahendenfalls, ob dieselben mit arischen Kranken zusammengelegt oder ob besondere Zimmer für dieselben bereitgehalten werden.» Die Kollegen aus Singen antworteten prompt: «Da in hiesiger Gegend kein jüdisches Krankenhaus vorhanden ist und wir bis heute noch keine diesbez. Anweisung der zuständigen Dienststelle erhielten, können wir die Aufnahme von Notfällen jüd. Patienten nicht verweigern. Allerdings werden diese jüd. Patienten, da es sich nur um wenige handelt, gesondert untergebracht.»[71] In der Hamburger Gegend dagegen waren die Anweisungen vom Gesundheitsamt unzweideutig: «Wegen der Gefahr einer Rasseschändung ist der Unterbringung der Juden in den Krankenanstalten besondere Aufmerksamkeit zu widmen. Sie müssen von Kranken deutschen oder artverwandten Blutes räumlich getrennt untergebracht werden. Soweit Juden, die nicht bettlägerig krank sind, in Kranken- usw. Anstalten verbleiben müssen, muß ihre Unterbringung und die Regelung ihrer Bewegung im Hause und im

Anstaltsgelände die Gefahr einer Rasseschändung mit Sicherheit ausschließen. ... Ich ersuche daher, dieser Gefahr unter allen Umständen vorzubeugen.»[72]

Tote Juden bereiteten nicht weniger Kopfzerbrechen als kranke. Am 17. März 1939 schrieb die sächsische Dienststelle des Deutschen Gemeindetages an die Zentrale in Berlin, da die Juden ihren eigenen Friedhof in der Nähe hätten, habe der Bürgermeister von Plauen die Absicht, die Beerdigung oder Verbrennung von rassischen Juden auf dem städtischen Friedhof zu untersagen.[73] Der Briefschreiber wollte sich die Rechtmäßigkeit dieser Entscheidung zusichern lassen, die sich offensichtlich gegen konvertierte Juden oder solche, die einfach ihre religiöse Gemeinschaft verlassen hatten, richtete. In seiner Antwort zwei Monate später schrieb Bernhard Lösener, «daß ... die Bestattung von Juden verweigert werden kann, wenn im Gemeindegebiet oder im Bezirk der unteren Verwaltungsbehörde, dem die Gemeinde angehört, ein jüdischer Friedhof vorhanden ist. Der Begriff ‹Jude› ist in den Nürnberger Gesetzen festgelegt. Danach fallen auch getaufte Juden darunter. ... [Es] darf der Eigentümer des jüdischen Friedhofs die Bestattung eines getauften Juden nicht verweigern.» Lösener teilte dem Gemeindetag auch mit, daß ein Friedhofsgesetz in Vorbereitung sei. Ob der Zugang zu einem städtischen Friedhof Juden, welche dort bereits Gräber erworben hatten oder Gräber ihrer verstorbenen Angehörigen pflegen wollten, verweigert werden konnte, war nach Auskunft Löseners eine Frage, die noch erwogen wurde.[74]

V

Die Polenkrise hatte sich im Frühjahr und Sommer 1939 entwickelt. Diesmal stießen jedoch die deutschen Forderungen auf eine unnachgiebige polnische Haltung und – nach der Besetzung von Böhmen und Mähren – auf neue britische Entschlossenheit. Am 17. März gelobte Chamberlain in Birmingham öffentlich, seine Regierung werde keine weiteren deutschen Eroberungen zulassen. Am 31. März garantierte Großbritannien die Grenzen Polens wie auch die einer Reihe anderer europäischer Länder. Am 11. April gab Hitler der Wehrmacht den Befehl, sich für die «Operation Weiß», so der Deckname für den Angriff auf Polen, bereitzuhalten.

Am 22. Mai unterzeichneten Deutschland und Italien ein Verteidigungsabkommen, den Stahlpakt. Zu gleicher Zeit unternahm Hitler, während Großbritannien und Frankreich zögernde und unverbindliche Gespräche mit der Sowjetunion führten, einen erstaunlichen politischen Schritt und eröffnete eigene Verhandlungen mit Stalin. Seine Bereit-

10. Ein gebrochener Rest

schaft zu einem Handel mit dem nationalsozialistischen Deutschland hatte der sowjetische Diktator vorsichtig in einer Rede Anfang März zu erkennen gegeben und außerdem durch einen symbolischen Akt: Am 2. Mai entließ er Außenminister Maxim Litwinow und ersetzte ihn durch Wjatscheslaw Molotow. Litwinow war der Apostel der kollektiven Sicherheit, d. h. einer gemeinsamen Front gegen den Nationalsozialismus, gewesen. Außerdem war er Jude.

Am 23. August wurde der deutsch-sowjetische Nichtangriffspakt unterzeichnet; ein begleitendes Geheimprotokoll teilte einen großen Teil Osteuropas in Gebiete auf, die im Kriegsfall schließlich von den beiden Ländern besetzt und kontrolliert werden sollten. Hitler war jetzt davon überzeugt, daß Großbritannien und Frankreich infolge dieses Coups von jeder militärischen Intervention abgeschreckt werden würden. Am 1. September begann der deutsche Angriff auf Polen. Nach einigem Zögern beschlossen die beiden Demokratien, ihrem Verbündeten beizustehen, und am 3. September befanden sich Frankreich und Großbritannien im Krieg mit Deutschland: Der Zweite Weltkrieg hatte begonnen.

In der Zwischenzeit spielten sich in Hitlers Reich andere Vorgänge ab. Bald nachdem in Leipzig das behinderte Knauer-Baby zu Tode gebracht worden war, wies Hitler seinen Leibarzt Karl Brandt (der die Euthanasie ausgeführt hatte) und den Chef seiner privaten Kanzlei, Philipp Bouhler, an, sich um die Identifizierung von Säuglingen zu kümmern, die mit einer Vielzahl körperlicher und geistiger Defekte geboren waren. Diese Vorbereitungen wurden unter strengster Geheimhaltung im Frühjahr 1939 unternommen. Am 18. August wurden Ärzte und Hebammen angewiesen, sämtliche Kinder zu melden, die mit den Defekten geboren wurden, welche von einem Komitee dreier medizinischer Experten aus dem Reichsausschuß für Erbgesundheitsfragen zusammengestellt worden waren. Diese Kinder sollten sterben.[75]

Um die gleiche Zeit wurde noch eine weitere Initiative ergriffen; es war eine, über die, wie wir sahen, die kirchlichen Stellen zunächst vorsichtiges Stillschweigen bewahrten. Irgendwann vor Juli 1939 gab Hitler im Beisein von Bormann und Lammers Staatssekretär Leonardo Conti den Auftrag, mit Vorbereitungen für Erwachseneneuthanasie zu beginnen. Brandt und Bouhler gelang es schnell, Conti loszuwerden, und mit Hitlers Zustimmung übernahmen sie das gesamte Tötungsprogramm. Sowohl der Massenmord an behinderten Kindern als auch der an geisteskranken Erwachsenen war von Hitler beschlossen worden, und beide Operationen wurden unter der Adresse der Kanzlei des Führers geleitet.[76]

Nichts von diesen Dingen konnte bisher irgendwelche Auswirkungen auf die Begeisterung gehabt haben, die Hitler aus der Bevölkerung entgegenschlug, oder auf das inbrünstige Einverständnis der Öffentlichkeit mit vielen Zielen des Regimes. An Hitlers Machtergreifung erinnerte sich eine Mehrheit der Deutschen als den Beginn einer Phase «guter Zeiten». Die Chronologie von Verfolgung, Absonderung, Auswanderung und Vertreibung, die Kette von Demütigungen und Gewalttaten, von Verlust und Beraubung, welche die Erinnerungen der Juden in Deutschland von 1933 bis 1939 prägten, war nicht das, was sich ins Bewußtsein und ins Gedächtnis der deutschen Gesellschaft als ganzer einprägte. Der Historiker Norbert Frei schreibt: «Wie in einem ‹Taumel› – so das oft in dem Zusammenhang gebrauchte Wort – erlebten die Menschen den rasanten wirtschaftlichen und außenpolitischen ‹Wiederaufstieg› Deutschlands. Erstaunlich schnell identifizierten sich viele mit dem sozialen ‹Aufbauwillen› einer ‹Volksgemeinschaft›, die sich alles Nachdenklich-Kritische vom Leibe hielt. ... Man ließ sich betören von der Ästhetik der Reichsparteitage in Nürnberg und bejubelte die Triumphe deutscher Sportler bei den Olympischen Spielen in Berlin. Hitlers außenpolitische Erfolge lösten Begeisterungsstürme aus.... In der knappen Zeit, die zwischen Beruf und der Inanspruchnahme im wachsenden Dschungel der NS-Organisationen verblieb, genoß man den bescheidenen Wohlstand und privates Glück.»[77]

In dieser Atmosphäre nationaler Hochstimmung und persönlicher Befriedigung feierten am 20. April 1939, etwa vier Monate vor dem Krieg, 80 Millionen Deutsche Hitlers fünfzigsten Geburtstag. In den darauffolgenden Wochen zeigten Hunderte von Kinos begierigen Zuschauern das Gepränge und den Glanz dieses Ereignisses. Die Wochenschau Nr. 451 war ein riesiger Erfolg. Knappe Kommentare leiteten die einzelnen Szenenfolgen ein: «Vorbereitungen zum fünfzigsten Geburtstag des Führers/Dem Schöpfer des Großdeutschen Reiches gelten Dank und Glückwunsch der ganzen Nation/Unaufhörlich werden aus allen Gauen des Reiches und aus allen Schichten des Volkes Geschenke für den Führer in die Reichskanzlei gebracht/Aus aller Welt treffen Gäste in Berlin ein/Am Vorabend des Geburtstages übergibt der Generalbauinspekteur der Reichshauptstadt Albert Speer dem Führer die fertiggestellte Ost-West-Achse/Vom Großen Stern grüßt die neuerstandene Siegessäule/Das Ständchen der Leibstandarte eröffnet am Geburtstagmorgen den Reigen der Gratulanten/Der slowakische Ministerpräsident Dr. Josef Tiso, der Staatspräsident des Reichsprotektorats von Böhmen und Mähren, Emil Hacha, und Reichsprotektor Freiherr von Neurath .../Die Truppen formieren sich zur Parade/Es beginnt die größte Heerschau des Dritten Reiches/Viereinhalb Stunden lang ziehen die Formationen aller Waffengattungen an ihrem obersten Befehlshaber vorüber ...!»[78]

Anfang des Jahres nahm der Kulturbund seine Aktivitäten – die nach dem Pogrom vom November 1938 für kurze Zeit unterbrochen worden waren – auf Befehl von oben wieder auf, und im April inszenierte er in seinem Berliner Theater das Stück *Menschen auf See*, ein Drama des englischen Autors J. B. Priestley. Ein amerikanischer Korrespondent, Louis P. Lochner von Associated Press, berichtete über die Premiere vom 13. April: «Da ... der britische Dramatiker auf alle Ansprüche auf Tantiemen von deutschen Juden verzichtet hat, konnte der jüdische Kulturbund heute abend eine wunderschöne deutschsprachige Premiere von *Menschen auf See* präsentieren. Die Übersetzung stammte von Leo Hirsch, das Bühnenbild hatte Fritz Wisten entworfen. Fast 500 aufmerksame, kunstliebende Juden wohnten der Vorstellung bei und spendeten reichlichen Beifall. Alle anderen überragend in der Tiefe ihres emotionalen Spiels war Jenny Bernstein als Diana Lissmore. Mit seiner Interpretation der Rolle von Professor Pawlet erntete auch Alfred Berliner, der so geschminkt war, daß er große Ähnlichkeit mit Albert Einstein hatte, erheblichen Beifall. Wehmütig nickte das Publikum, als sich Fritz Grünne als Carlo Velburg immer wieder darüber beklagte, daß er keinen Paß habe. Für die kommenden Wochen sind 39 Aufführungen des Priestley-Stücks geplant.»[79]

Das Stück erzählt von den Schrecknissen und Hoffnungen von zwölf Menschen auf einem Schiff in der Karibik, das durch Feuer die Manövrierfähigkeit verloren hat, den Wellen preisgegeben ist und zu sinken droht. Die Personen, die auf der Bühne auftreten, werden zum Schluß gerettet. Die meisten Juden, die an jenem Abend im Theater in der Kommandantenstraße saßen, wurden vernichtet.

Die Jahre der Vernichtung
1939–1945

Für Yonatan

«Der Versuch, mein Leben zu retten, ist ohne Hoffnung ... Aber das ist nicht wichtig. Denn ich kann meinen Bericht zu Ende bringen. Ich vertraue darauf, daß er das Licht des Tages sehen wird, wenn die Zeit gekommen ist. ... Und die Menschen werden wissen, was geschehen ist. ... Und sie werden fragen, ist das die Wahrheit? Ich antworte ihnen schon jetzt: Nein, das ist nicht die Wahrheit. Es ist nur ein kleiner Teil, ein winziger Splitter der Wahrheit. ... Selbst die mächtigste Feder kann nicht die ganze, die wirkliche, die unfaßbare *Wahrheit* in Worte fassen.»

Stefan Ernest
Warschauer Ghetto, 1943

Danksagung

Diesem Werk sind weitreichende Forschungsmittel zugute gekommen, die mir der «1939 Club»-Lehrstuhl an der University of California, Los Angeles, zur Verfügung gestellt hat, vor allem aber ein großzügiges Stipendium der John D. and Catherine T. MacArthur Foundation. Dem «1939 Club» und der MacArthur Foundation möchte ich hierfür meinen tiefempfundenen Dank aussprechen.

Als erstes habe ich das Bedürfnis, der mittlerweile verstorbenen Freunde zu gedenken, mit denen mich im Hinblick auf die hier behandelte Geschichte vieles verbunden hat: Léon Poliakov, Uriel Tal, Amos Funkenstein und George Mosse.

Professor Michael Wildt vom Hamburger Institut für Sozialforschung hatte die Freundlichkeit und die Geduld, eine frühere Fassung des Manuskripts zu lesen. Ich bin ihm für seine Kommentare sehr dankbar: Er hat meine Aufmerksamkeit auf neuere deutsche Forschungsarbeiten gelenkt und mir vor allem geholfen, einige Fehler zu vermeiden. Gleichfalls dankbar für ihre Kommentare bin ich Dr. Dieter Pohl (Institut für Zeitgeschichte, München) und Professor Eberhard Jäckel (Universität Stuttgart). Professor Norbert Frei (Universität Jena) weiß ich mich für die aufmerksame Lektüre der Übersetzung zu besonderem Dank verpflichtet. Ebenfalls dankbar bin ich den Professoren Omer Bartov (Brown University) und Dan Diner (Hebrew University, Jerusalem; Simon-Dubnow-Institut, Leipzig) für Kommentare zu verschiedenen Teilen des Textes.

Auch wenn mir immer wieder Zweifel kamen, haben mich im Laufe der Zeit viele Kollegen dazu ermutigt, die Arbeit zum Abschluß zu bringen; ich denke an die Professoren Yehuda Bauer, Dov Kulka und Steve Aschheim (alle Hebrew University, Jerusalem), Shulamit Volkov (Universität Tel Aviv), Philippe Burrin (Direktor des Hochschulinstituts für Internationale Studien in Genf) und an die verstorbene Dr. Sybil Milton, eine wunderbare Wissenschaftlerin und außerordentlich selbstlose Kollegin, deren frühes Hinscheiden ein schmerzlicher Verlust gewesen ist. Die Verantwortung für die (gewiß zahlreichen) Fehler, die der Text noch enthält, liegt, wie die Formel lautet, selbstverständlich allein bei mir.

Da ich wahrscheinlich der letzte Akademiker bin, der nicht in der Lage ist, mit einem Computer umzugehen, war ich während des gesamten Projekts von einer Reihe von Forschungsstudenten abhängig, deren

Geschick ich nur bewundern konnte. Stellvertretend für alle soll hier meinen beiden letzten Assistenten gedankt sein: Deborah Brown und Joshua Sternfeld.

Die Veröffentlichung der deutschen Übersetzung dieses Buches Monate vor dem amerikanischen Original ist eine wahre *tour de force*. Was mir im Verlag C. H. Beck zuteil wurde, war die beständige Unterstützung durch Dr. Wolfgang Beck selbst ebenso wie das nie erlahmende Engagement und der wunderbare Optimismus des Cheflektors Dr. Detlef Felken sowie das große sprachliche Können des Übersetzers Dr. Martin Pfeiffer. Der Einsatz und die Freundlichkeit, mit denen mir Dr. Felkens Assistentin, Frau Janna Rösch, und die hochmotivierten Mitarbeiter in seinem Lektorat begegneten, haben den reibungslosen Ablauf eines temporeichen Prozesses erheblich erleichtert.

Mehr, als ich sagen kann, verdankt dieses Werk dem emotionalen und intellektuellen Band, das mich mit Orna Kenan verbindet, mit der ich mein Leben teile. Gewidmet ist dieses Buch meinem kürzlich geborenen vierten Enkel.

Einleitung

David Moffie wurde am 18. September 1942 an der Universität Amsterdam zum Doktor der Medizin promoviert. Auf einem anläßlich dieses Ereignisses aufgenommenen Photo stehen Professor C. U. Ariens Kappers, Moffies Doktorvater, und Professor H. T. Deelman zur Rechten des frischgebackenen Doktors, der Assistent D. Granaat zu seiner Linken. Ein weiteres Mitglied des Lehrkörpers, das von hinten zu sehen ist, möglicherweise der Dekan der medizinischen Fakultät, steht ihnen gegenüber auf der anderen Seite eines großen Schreibtisches. Im Hintergrund sind – etwas unscharf – die Gesichter einiger der Menschen zu erkennen, die sich in dem kleinen Saal drängen – zweifellos Familienmitglieder und Freunde. Die Angehörigen des Lehrkörpers sind in ihre akademischen Festgewänder gekleidet, während Moffie und Assistent Granaat einen Smoking und einen weißen Schlips tragen. Am linken Revers seiner Smokingjacke trägt Moffie einen handtellergroßen Stern mit dem Aufdruck «Jood»: Moffie war der letzte jüdische Student an der Universität Amsterdam in der Zeit der deutschen Besatzung.[1]

Dem akademischen Ritual entsprechend fielen gewiß die üblichen Worte des Lobes und der Dankbarkeit. Von anderen Kommentaren wissen wir nichts. Kurz darauf wurde Moffie nach Auschwitz-Birkenau deportiert. Ebenso wie zwanzig Prozent der niederländischen Juden hat er überlebt; der größte Teil der bei dieser Zeremonie anwesenden Juden ist umgekommen.

Das Bild wirft einige Fragen auf. Wie war es beispielsweise möglich, daß die Zeremonie am 18. September 1942 stattfand, obgleich jüdische Studenten mit Wirkung vom 18. September aus den niederländischen Universitäten ausgeschlossen worden waren? Die Herausgeber des Bandes *Photography and the Holocaust* fanden die Antwort: Der letzte Tag des akademischen Jahres 1941/42 war Freitag, der 18. September 1942; das Wintersemester 1942/43 begann am Montag, dem 21. September 1942. Die dreitägige Zwischenzeit ermöglichte Moffies Promotion, obwohl der Ausschluß jüdischer Studenten bereits obligatorisch geworden war.

Eigentlich war die Unterbrechung genau auf ein Wochenende – von Freitag, den 18., bis Montag, den 21. – beschränkt; das heißt, die Universitätsbehörden haben sich bereiterklärt, den administrativen Kalender gegen die Intentionen des deutschen Erlasses anzuwenden. Diese Entscheidung spricht von einer Haltung, die seit Herbst 1940 an niederländischen Universitäten weit verbreitet war; die Photographie dokumentiert eine Form des trotzigen Eigensinns gegenüber den Gesetzen und Verfügungen des Besatzers.[2]

Es gibt noch mehr zu sagen. Die Deportationen aus den Niederlanden begannen am 14. Juli 1942. Fast jeden Tag verhafteten die Deutschen und die einheimische Polizei auf den Straßen niederländischer Städte Juden, um ihr wöchentliches Soll zu erfüllen. Moffie hätte an dieser öffentlichen akademischen Zeremonie nicht teilnehmen können, hätte er nicht eine der speziellen (und nur zeitweilig gültigen) 17 000 Ausnahmebescheinigungen erhalten, welche die Deutschen dem Judenrat zugeteilt hatten. Indirekt evoziert das Bild somit die Kontroverse um die Methoden des Rates, mit denen zumindest vorübergehend einige der Juden Amsterdams geschützt und die große Mehrheit ihrem Schicksal überlassen wurden.

Allgemein betrachtet sind wir Zeugen einer recht alltäglichen Zeremonie. In einem gemäßigt festlichen Rahmen erhielt ein junger Mann die offizielle Bestätigung für das erworbene Recht, als Arzt zu praktizieren, Kranke zu behandeln und im Rahmen des Menschenmöglichen sein berufliches Wissen anzuwenden, um Gesundheit wiederherzustellen. Doch das an Moffies Jackett angeheftete «Jood» vermittelt eine ganz andere Botschaft: Wie alle Angehörigen seiner «Rasse» auf dem gesamten Kontinent sollte der frischgebackene Doktor der Medizin ermordet werden.

Das «Jood», das nur schwach zu sehen ist, erscheint nicht in Blockbuchstaben oder in irgendeiner anderen gebräuchlichen Schrift. Die Schriftzeichen wurden eigens für diesen speziellen Zweck entworfen (und in den Sprachen der Länder, in denen die Deportationen vorgenommen wurden, ähnlich gezeichnet: «Jude», «Juif», «Jood» usw.); sie hatten eine krumme, abstoßende und unbestimmt bedrohliche Form, die an das hebräische Alphabet erinnern und doch leicht entzifferbar bleiben sollte. Mit dem eigentümlich gestalteten Aufdruck erscheint die auf der Photographie abgebildete Situation wieder in ihrer Quintessenz. Die Deutschen waren darauf versessen, die Juden als Individuen auszurotten und das auszulöschen, was der Stern und seine Inschrift repräsentierten: «den Juden».

Wir vernehmen das kaum hörbare Echo eines wütenden Angriffs, der darauf zielte, jede Spur von «Jüdischkeit», jedes Zeichen des «jüdischen Geistes», jeden Überrest jüdischer Präsenz (sei sie real oder imaginär) aus Politik, Gesellschaft, Kultur und Geschichte zu tilgen. Zu diesem Zweck setzten die Nazis auf ihrem Feldzug im Reich und im gesamten besetzten Europa alles ein: Propaganda, Erziehung, Forschung, Publikationen, Filme, Ächtungen und Tabus in allen gesellschaftlichen und kulturellen Bereichen, ja jedes überhaupt mögliche Verfahren der Austilgung und Ausmerzung, vom Umschreiben religiöser Texte oder

Opernlibretti, denen ein Makel von Jüdischkeit anhaftete, bis zur Umbenennung von Straßen, die mit ihrem Namen an Juden erinnerten, vom Verbot von Musik oder literarischen Werken jüdischer Komponisten und Schriftsteller bis zur Zerstörung von Denkmälern, von der Ausschaltung «jüdischer Wissenschaft» bis zur «Säuberung» von Bibliotheken und schließlich, nach dem berühmten Wort Heinrich Heines, von der Verbrennung von Büchern bis zur Verbrennung von Menschen.

I

Die «Geschichte des Holocaust» läßt sich nicht nur auf die deutschen politischen Strategien, Entscheidungen und Maßnahmen beschränken, die zu diesem systematischsten und entschlossensten aller Völkermorde geführt haben. Sie muß die Reaktionen (und gelegentlich die Initiativen) der umgebenden Welt ebenso einbeziehen wie die Stimmen der Opfer, weil das Geschehen, das wir Holocaust nennen, eine Totalität ist, die durch eben dieses Konvergieren eigenständiger Elemente definiert ist.

Diese Geschichte wird verständlicherweise in vielen Fällen als deutsche Geschichte geschrieben. Die Deutschen, ihre Kollaborateure und ihre Hilfstruppen waren die Anstifter und Hauptakteure der Verfolgungs- und Vernichtungspolitik und meist auch die ihrer Durchführung. Außerdem sind deutsche Dokumente, die diese politischen Strategien und Maßnahmen behandeln, nach der Niederlage des Deutschen Reiches in erheblichem Umfang zugänglich geworden. Diese gewaltigen Materialsammlungen, die schon kaum handhabbar waren, bevor die Archivbestände der ehemaligen Sowjetunion und des Ostblocks zugänglich wurden, haben seit Ende der 1980er Jahre den Fokus auf die deutsche Dimension dieser Geschichte zwangsläufig noch weiter verschärft. Und in den Augen der meisten Historiker scheint eine Untersuchung, die sich auf die deutsche Dimension dieser Geschichte konzentriert, der Begriffsbildung und der vergleichenden Analyse eher entgegenzukommen – mit anderen Worten, weniger «provinziell» zu sein – als alles, was sich aus der Sicht der Opfer oder gar derjenigen der umgebenden Welt schreiben läßt.

Dieser Ansatz, der Deutschland in den Mittelpunkt rückt, ist innerhalb seiner Grenzen selbstverständlich legitim, die Geschichte des Holocaust aber erfordert eine erheblich breitere Darstellung. Auf Schritt und Tritt hing im besetzten Europa die Durchführung deutscher Maßnahmen von der Unterwürfigkeit politischer Autoritäten ab, von der Unterstützung durch örtliche Polizeitruppen oder andere Hilfskräfte, von der passiven Hinnahme oder der Mitwirkung der Bevölkerung sowie vor allem der politischen und geistlichen Eliten. Ebenso abhängig waren die mörderischen Maßnahmen von der Bereitschaft der Opfer, Befehle zu befolgen in der Hoffnung, sie abzumildern oder Zeit zu gewinnen und ihrer unerbittlichen Verschärfung irgendwie zu entgehen. Somit sollte die Geschichte des Holocaust eine integrative und integrierte Geschichte sein.

*

Kein einzelner Begriffsrahmen kann die vielfältigen und konvergierenden Stränge einer derartigen Geschichte umfassen. Selbst deren deutsche Dimension läßt sich nicht nur aus einem einzigen konzeptionellen Blickwinkel interpretieren. Der Historiker steht vor der Interaktion sehr verschiedenartiger Faktoren, von denen sich jeder einzelne definieren und deuten läßt; gerade ihr Konvergieren läßt sich jedoch nicht mit einer übergreifenden analytischen Kategorie erfassen. Im Laufe der vergangenen sechzig Jahre ist eine Fülle von Erklärungsversuchen aufgetaucht – nur um einige Jahre später wieder aufgegeben und danach dann neu entdeckt zu werden –, und so ging es immer weiter, besonders im Hinblick auf die grundlegenden politischen Strategien der Nationalsozialisten schlechthin. Den Ursprung der «Endlösung» hat man auf einen «Sonderweg» der deutschen Geschichte zurückgeführt, auf eine besondere Variante des deutschen Antisemitismus, auf rassenbiologisches Denken, bürokratische Politik, Totalitarismus und Faschismus, auf die Moderne, auf einen «europäischen Bürgerkrieg» (von der Linken und von der Rechten gesehen) und anderes mehr.

Eine Analyse dieser Deutungen würde ein anderes Buch erfordern.[3] Hier werde ich mich im wesentlichen darauf beschränken, den Weg darzulegen, den ich eingeschlagen habe. Gleichwohl sind an dieser Stelle einige Bemerkungen zu zwei einander entgegengesetzten Richtungen in der gegenwärtigen Geschichtsschreibung über das «Dritte Reich» im allgemeinen und über die «Endlösung» im besonderen erforderlich.

Die erste Richtung hat die Vernichtung der Juden als ein Geschehen im Blick, das an und für sich ein herausragendes Ziel deutscher Politik gewesen ist, dessen Erforschung jedoch neue Ansätze erfordert: Zu untersuchen sind im Detail die Aktivitäten von Akteuren auf der mittleren Ebene, das Geschehen in begrenzten Regionen oder die spezifische institutionelle und bürokratische Dynamik, und all das sollte ein gewisses neues Licht auf die Funktionsweise des gesamten Systems der Vernichtung werfen.[4] Dieser Ansatz hat unser Wissen und unser Verständnis erheblich erweitert; viele seiner Befunde habe ich in meine eher global orientierte Darstellung integriert.

Die andere Richtung hat im Laufe der Jahre dazu beigetragen, manche neue Spur zu entdecken. Doch im Hinblick auf die Erforschung des

Holocaust hat jede dieser Spuren schließlich denselben Ausgangspunkt: *Die Verfolgung und Vernichtung der Juden Europas war lediglich eine sekundäre Konsequenz bedeutender deutscher politischer Strategien, die verfolgt wurden, um ganz andere Ziele zu erreichen.* Zu den Zielen, die in diesem Zusammenhang am häufigsten erwähnt werden, gehören ein neues wirtschaftliches und demographisches Gleichgewicht in Europa, Völkerverschiebung und deutsche Siedlung im Osten, die systematische Ausraubung der Juden zur Erleichterung der Kriegführung, ohne der deutschen Gesellschaft oder, genauer gesagt, *Hitlers Volksstaat* eine allzu große materielle Belastung auferlegen zu müssen. Ungeachtet der Perspektiven, die derartige Studien sporadisch eröffnen, ist ihre allgemeine Stoßrichtung mit den zentralen Postulaten, die meiner Interpretation zugrunde liegen, offensichtlich unvereinbar.[5]

Wie in *Die Jahre der Verfolgung* habe ich mich in diesem Band dafür entschieden, mich auf die zentrale Stellung ideologisch-kultureller Faktoren als wesentlichen Triebkräften der nationalsozialistischen Judenpolitik zu konzentrieren, abhängig selbstverständlich von den Umständen, von institutioneller Dynamik und – was für die hier behandelte Zeit ganz wesentlich ist – vom Verlauf des Krieges.[6]

Die Geschichte, mit der wir es hier zu tun haben, ist ein untrennbarer Bestandteil des «Zeitalters der Ideologien», und zwar, präziser und entscheidender, seiner Spätphase: der Krise des Liberalismus im kontinentalen Europa. Zwischen dem späten 19. Jahrhundert und dem Ende des Zweiten Weltkriegs wurde die liberale Gesellschaft von links durch den revolutionären Sozialismus (der dann in Rußland zum Bolschewismus und überall sonst zum Kommunismus werden sollte) und andererseits durch eine revolutionäre Rechte attackiert, aus der nach dem Ersten Weltkrieg in Italien und anderswo der Faschismus und in Deutschland der Nationalsozialismus hervorgingen. In ganz Europa setzte man die Juden mit dem Liberalismus und häufig mit dem Sozialismus wie auch mit dessen revolutionärer Variante gleich. In diesem Sinne nahmen die antiliberalen und antisozialistischen (oder antikommunistischen) Ideologien der revolutionären Rechten in all ihren Erscheinungsformen die Juden als Repräsentanten derjenigen Weltanschauungen ins Visier, die sie bekämpften, und vor allen galten sie als die Anstifter und Träger dieser Weltanschauungen.

In Deutschland gewann diese Entwicklung in der Atmosphäre nationalen Ressentiments nach der Niederlage von 1918 und später als Ergebnis der wirtschaftlichen Umbrüche, die das Land (und die Welt) erschütterten, eine Stoßkraft eigener Art. Ohne den zwanghaften Antisemitismus und die persönliche Wirkung Adolf Hitlers, zunächst im Rahmen seiner Bewegung, dann, nach dem 30. Januar 1933, auf nationaler Ebene, wäre der weitverbreitete deutsche Antisemitismus jener Jahre wahrscheinlich nicht mit einem gegen die Juden gerichteten politischen Handeln und gewiß nicht mit dessen Folgen verschmolzen.

Die Krise des Liberalismus und die Reaktion gegen den Kommunismus als ideologische Quellen des Antisemitismus, der auf dem deutschen Schauplatz bis zum Äußersten getrieben wurde, wurden in ganz Europa immer virulenter; dadurch konnte die Nazi-Botschaft mit der positiven Reaktion zahlreicher Europäer sowie einer ganzen Schar von Unterstützern jenseits der Küsten des alten Kontinents rechnen. Überdies entsprachen Antiliberalismus und Antikommunismus den Haltungen der großen christlichen Kirchen, und der traditionelle christliche Antisemitismus ging leicht in den ideologischen Dogmen autoritärer Regimes und faschistischer Bewegungen auf – wie zum Teil in einigen Aspekten des Nationalsozialismus.

Schließlich blieben gerade infolge dieser Krise der liberalen Gesellschaft und ihres ideologischen Unterbaus die Juden auf einem Kontinent, auf dem der Vormarsch des Liberalismus ihre Emanzipation und soziale Mobilität ermöglicht und gefördert hatte, in zunehmendem Maße schwach und isoliert zurück. Somit wird der hier beschriebene ideologische Hintergrund zum indirekten Bindeglied zwischen den drei Hauptkomponenten dieser Geschichte: dem nationalsozialistischen Deutschland, der umgebenden europäischen Welt und den über den ganzen Kontinent verstreuten jüdischen Gemeinschaften. Ungeachtet der deutschen Entwicklung, die ich kurz angesprochen habe, reichen diese Hintergrundelemente jedoch nicht aus, um den besonderen Gang der Ereignisse in Deutschland zu erklären.

II

Die Besonderheiten des antijüdischen Kurses der Nationalsozialisten resultierten aus der von Hitler vertretenen Variante des Antisemitismus, aus der Bindung zwischen Hitler und sämtlichen Ebenen der deutschen Gesellschaft, vor allem nach der Mitte der dreißiger Jahre, aus der politisch-institutionellen Instrumentalisierung des Antisemitismus durch das NS-Regime sowie natürlich, nach dem Überfall auf Polen im September 1939, aus der sich entwickelnden Kriegslage.

In *Die Jahre der Verfolgung* habe ich die von Hitler vertretene Variante des Judenhasses als «Erlösungsantisemitismus» bezeichnet; mit anderen Worten, jenseits der unmittelbaren ideologischen Konfrontation mit dem Liberalismus und dem Kommunismus, bei denen es sich in den Augen Hitlers um Weltanschauungen handelte, die von Juden und zugunsten jüdischer Interessen erfunden worden waren, faßte er seine Mission als eine Art Kreuzzug zur Erlösung der Welt durch die Beseitigung der

Juden auf. Er sah «den Juden» als das Prinzip des Bösen in der abendländischen Geschichte und Gesellschaft. Ohne einen siegreichen Kampf zum Zweck der Erlösung würde der Jude schließlich die Welt beherrschen. Dieses übergreifende metahistorische Axiom führte zu Hitlers konkreteren ideologisch-politischen Folgehandlungen.

Auf einer biologischen, politischen und kulturellen Ebene, hieß es, strebe der Jude danach, die Nationen dadurch zu zerstören, daß er rassische Verseuchung verbreite, die Strukturen des Staates unterminiere und ganz allgemein an der Spitze der wichtigsten ideologischen Geißeln des 19. und 20. Jahrhunderts stehe, als da waren Bolschewismus, Plutokratie, Demokratie, Internationalismus, Pazifismus und diverse andere Gefahren. Durch den Einsatz dieses breiten Spektrums von Mitteln und Methoden ziele der Jude darauf, die Zersetzung des vitalen Kerns aller Nationen, in denen er lebe, und insbesondere die des deutschen Volkes zu bewirken, um danach die Weltherrschaft anzutreten. Seit der Errichtung des nationalsozialistischen Regimes in Deutschland sei der Jude sich über die Gefahr, die das erwachende Deutsche Reich für ihn bedeute, im klaren. Deshalb sei er zur Entfesselung eines neuen Weltkriegs bereit, durch den diese Herausforderung auf seinem Vormarsch zur Weltherrschaft vernichtet werden solle.

Diese unterschiedlichen Ebenen der antijüdischen Ideologie lassen sich auf die knappste Weise zusammenfassen: *Der Jude war eine tödliche und aktive Bedrohung für alle Nationen, für die arische Rasse und für das deutsche Volk.* Die Betonung liegt nicht nur auf «tödlich», sondern auch – und vor allem – auf «aktiv». Während sämtliche anderen Personenkreise, die vom NS-Regime ins Visier genommen wurden – die Geisteskranken, die «Asozialen» und Homosexuellen, rassisch «minderwertige» Gruppen einschließlich der Zigeuner und der Slawen –, im wesentlichen *passive* Bedrohungen darstellten (solange die Slawen beispielsweise nicht von den Juden geführt wurden), waren die Juden aus nationalsozialistischer Sicht die einzige Gruppe, die seit ihrem Eintritt in die Geschichte erbarmungslos Ränke schmiedete und Manöver unternahm, um die gesamte Menschheit zu unterjochen.

Dieser antijüdische Wahn an der Spitze des Nazisystems wurde nicht in ein Vakuum geschleudert. Seit Herbst 1941 bezeichnete Hitler «den Juden» häufig als den «Weltbrandstifter». Tatsächlich loderten die Flammen, die Hitler anfachte, nur deshalb so flächendeckend und intensiv, weil in ganz Europa und darüber hinaus ein dichtes Gestrüpp ideologischer und kultureller Elemente bereitstand, die Feuer fangen konnten. Ohne den Brandstifter wäre das Feuer nicht ausgebrochen; ohne das Gestrüpp hätte es sich nicht so weit ausgebreitet und eine ganze Welt vernichtet. Diese beständige Interaktion zwischen Hitler und dem System, in dem er agierte, wird in der vorliegenden Untersuchung in gleicher Weise wie in *Die Jahre der Verfolgung* analysiert und interpretiert werden. Hier beschränkt sich jedoch das System nicht auf seine deutschen Komponenten, sondern es dringt in die entlegensten Winkel des europäischen Raumes vor.

Für das NS-Regime brachte der Kreuzzug gegen die Juden auch eine Reihe pragmatischer Vorteile auf politisch-institutioneller Ebene mit sich. *Für ein Regime, das auf fortwährende Mobilisierung angewiesen war, diente der Jude gleichsam als treibende Kraft.* Mit der Radikalisierung der Ziele des Regimes und dann mit der Ausweitung des Krieges wurde die antijüdische Kampagne immer extremer; und in diesem Kontext werden wir die Herausbildung der «Endlösung» sehen können. Wie wir beobachten werden, paßte Hitler selbst den Feldzug gegen «den Juden» taktischen Zielen an; sobald aber die ersten Anzeichen der Niederlage sichtbar wurden, rückte der Jude in den Mittelpunkt der Propaganda, wodurch das Volk in einem verzweifelten Kampf bei der Stange gehalten werden sollte.

Als Resultat der kollektiven Mobilisierungsfunktion «des Juden» – und wir werden sehen, wie erbarmungslos verleumderisch die antijüdische Nazipropaganda während des gesamten Krieges verfuhr – war das Verhalten vieler gewöhnlicher deutscher Soldaten, Polizisten oder Zivilisten gegenüber den Juden, denen sie begegneten, die sie mißhandelten und ermordeten, nicht unbedingt Ausdruck einer tiefsitzenden und historisch einzigartigen antijüdischen Leidenschaft, wie Daniel Jonah Goldhagen behauptet hat.[7] Es war auch nicht vorwiegend das Ergebnis einer ganzen Reihe normaler sozio-psychologischer Verstärkungen, Zwänge und gruppendynamischen Prozesse, die von ideologischen Motivationen unabhängig gewesen wären, wie Christopher R. Browning meint.[8]

Das System als Ganzes hatte eine antijüdische «Kultur» hervorgebracht, die zum Teil in historischem Antisemitismus deutscher und europäisch-christlicher Provenienz verwurzelt war, aber auch mit all den Mitteln gefördert wurde, welche dem Regime zur Verfügung standen. Sie wurde bis zur Weißglut getrieben – mit unmittelbaren Auswirkungen auf kollektives und individuelles Verhalten. «Gewöhnliche Deutsche» waren sich dieses Prozesses vielleicht vage bewußt, oder möglicherweise hatten sie, was plausibler ist, die antijüdischen Bilder und Glaubensvorstellungen verinnerlicht, ohne sie als eine Ideologie zu erkennen, die durch staatliche Propaganda und deren unentwegten Einsatz systematisch verschärft wurde.

Während die wesentliche Mobilisierungsfunktion «des Juden» vom Regime und seinen Dienststellen manipuliert wurde, erfolgte die Förderung einer anderen – nicht weniger entscheidenden – Funktion eher intuitiv. Hitlers Führung hat man oft als «charismatisch» definiert, als eine Führung, die auf jener quasi-göttlichen Rolle basierte, die charismatischen Führern von den Volksmassen, welche ihnen folgen, zugeschrieben wird. Im Laufe der folgenden Kapitel werden wir immer wieder auf die Bindung zurückkommen, die zwischen ihm, der Partei und dem Volk bestand. Hier mag die Feststellung genügen, daß Hitlers persönliche Kontrolle über die überwältigende Mehrheit der Deutschen drei verschiedenen und übergeschichtlichen Erlösungscredos entstammte und sie, so weit der Inhalt seiner Botschaft reichte, zum Ausdruck brachte: dem Glauben an die letztliche Reinheit der Rassengemeinschaft, an die Überwältigung von Bolschewismus und «Plutokratie» und an die endliche Erlösung in einem Tausendjährigen Reich (die allseits bekannten christlichen Themen entlehnt war). In jeder dieser Traditionen repräsentierte der Jude das Böse schlechthin. In diesem Sinne verwandelte sich Hitler durch seinen Kampf in einen göttlichen Führer, da er an allen drei Fronten gegen denselben *metahistorischen Feind* kämpfte: den Juden.

*

Überall im deutschen Machtbereich in Europa wirkten institutionelle Machtkämpfe, die allgemeine Jagd nach Vorteilen und das Gewicht etablierter Interessengruppen auf die Entfaltung des ideologischen Furors ein. Die ersten beiden Faktoren sind in einer Vielzahl von Untersuchungen beschrieben und interpretiert worden, und sie werden hier in vollem Umfang einbezogen; der dritte Aspekt jedoch, von dem weniger häufig die Rede ist, scheint mir wesentlich in dieser Geschichte zu sein.

In der hochentwickelten modernen deutschen Gesellschaft und zumindest in Teilen des besetzten Europa mußte selbst Hitlers Autorität und die der Parteiführung bei der Umsetzung jeder beliebigen politischen Strategie die Forderungen massiver Interessengruppen berücksichtigen, seien es diejenigen von Parteimachthabern (den Gauleitern), der Industrie, der Kirchen, der Bauernschaft oder der Kleingewerbetreibenden usw. Mit anderen Worten, die Imperative der antijüdischen Ideologie mußten sich auch auf eine Vielzahl struktureller Hindernisse einstellen, die sich vom Wesen und von der Dynamik moderner Gesellschaften schlechthin herleiteten.

Niemand würde eine derartige Selbstverständlichkeit bestreiten; gerade deshalb ist ein Faktum von zentraler Bedeutung: Nicht eine einzige gesellschaftliche Gruppe, keine Religionsgemeinschaft, keine Forschungsinstitution oder Berufsvereinigung in Deutschland und in ganz Europa erklärte ihre Solidarität mit den Juden. (Auch von der Haltung der christlichen Kirchen wird hier zu sprechen sein.) Im Gegenteil: Viele Gesellschaftsgruppen, viele Machtgruppen waren unmittelbar in die

Enteignung der Juden verwickelt und, sei es auch aus Gier, stark an ihrem völligen Verschwinden interessiert. Somit konnten sich *nationalsozialistische und mit ihnen verwandte antijüdische politische Strategien bis zu ihren extremsten Konsequenzen entfalten, ohne daß irgendwelche nennenswerten Gegenkräfte sie hieran gehindert hätten.*

III

Am 27. Juni 1945 schrieb die weltberühmte jüdisch-österreichische Chemikerin Lise Meitner, die 1939 aus Deutschland nach Schweden emigriert war, an ihren ehemaligen Kollegen und Freund Otto Hahn, der seine Arbeit im Reich fortgesetzt hatte. Nach dem Hinweis, daß er und die anderen deutschen Wissenschaftler viel über die immer schlimmere Verfolgung der Juden gewußt hätten, fuhr Meitner fort: «Ihr habt auch alle für Nazi-Deutschland gearbeitet und habt auch nie nur einen passiven Widerstand zu machen versucht. Gewiß, um Euer Gewissen los zu kaufen, habt Ihr hier und da einem bedrängten Menschen geholfen, aber Millionen unschuldiger Menschen hinmorden lassen, und keinerlei Protest wurde laut.»[9] Meitners *cri de cœur*, der über Hahn an die prominentesten Naturwissenschaftler Deutschlands gerichtet war, von denen keiner ein aktives Parteimitglied, keiner in verbrecherische Aktivitäten verwickelt war, hätte ebensogut für die gesamte intellektuelle und geistliche Elite des Reiches (selbstverständlich mit einigen Ausnahmen) und für weite Teile der Eliten in den besetzten Ländern und in den Satellitenstaaten Europas gelten können. Und was für die Eliten galt, das galt mit noch größerem Recht für die Bevölkerung der einzelnen Länder (wiederum mit Ausnahmen). Hier waren, wie gesagt, das Nazisystem und der europäische Hintergrund eng miteinander verknüpft.

Einige grundlegende Fragen zu den Einstellungen und Reaktionen von Zuschauern können wir immer noch nicht genau beantworten. Das ist entweder auf die Fragen selbst zurückzuführen oder auf das Fehlen wichtiger Dokumente. Die allgemeine Wahrnehmung der Ereignisse läßt sich zum Teil immer noch schwer einschätzen. Eine große Menge von dokumentarischem Material wird jedoch zeigen, daß zwar in Westeuropa, in Skandinavien und in den Balkanländern die Wahrnehmungen, was das Schicksal der deportierten Juden anging, bis Ende 1943 oder sogar bis Anfang 1944 verschwommen gewesen sein mögen, nicht aber in Deutschland selbst und natürlich auch in Osteuropa nicht. Ohne die hier folgenden Interpretationen vorwegzunehmen, läßt sich sagen: Es kann kaum ein Zweifel daran bestehen, daß es Ende 1942 oder spätestens Anfang 1943 einer gewaltigen Zahl von Deutschen, Polen, Weiß-

Einleitung

russen, Ukrainern und Balten klar vor Augen stand, daß die Juden zur totalen Ausrottung verurteilt waren.

Schwieriger zu erfassen ist die Folge einer derartigen Information. Während der Krieg, die Verfolgung und die Deportationen in ihre letzte Phase eintraten und während das Wissen um die Vernichtung sich immer weiter verbreitete, nahm auf dem ganzen Kontinent auch der Antisemitismus zu. Zeitgenossen registrierten diesen paradoxen Trend, dessen Interpretation zu einem beherrschenden Thema im dritten (und letzten) Teil dieser Darstellung werden wird.

Ungeachtet aller Probleme der Interpretation sind die Einstellungen und Reaktionen von Zuschauern reichlich dokumentiert. Vertrauliche Stimmungsberichte des SD, des Sicherheitsdienstes der SS, bieten ebenso wie Berichte anderer Dienststellen aus Staat und Partei ein alles in allem zuverlässiges Bild deutscher Einstellungen. Die Tagebücher von Joseph Goebbels, eine der Hauptquellen dafür, wie sehr Hitler von den Juden besessen war, beschäftigen sich ebenfalls systematisch mit deutschen Reaktionen auf das Judenproblem, wie sie sich von der Spitze des Systems her darstellten, während Soldatenbriefe Proben der Einstellungen bieten, die sozusagen auf der untersten Ebene geäußert wurden. In den meisten besetzten Ländern oder Satellitenstaaten berichteten deutsche Diplomaten regelmäßig über die Stimmung in der Bevölkerung, beispielsweise angesichts der Deportationen, und offizielle Quellen der lokalen Verwaltung wie etwa die *rapports des préfets* in Frankreich, gingen ebenfalls auf diese Thematik ein. Individuelle Reaktionen von Zuschauern, auch solche, die von jüdischen Tagebuchschreibern registriert wurden, werden in das Gesamtbild eingehen, und gelegentlich bieten an einem bestimmten Ort geführte Tagebücher, deren Eintragungen sich, wie im Falle des polnischen Arztes Zygmunt Klukowski, über eine ganze Periode hinweg erstrecken, ein lebendiges Bild der Einsichten eines Individuums über die sich wandelnde Gesamtszenerie.

Bei den Fragen nach den Zuschauern, die für uns aufgrund der Unzugänglichkeit entscheidender Dokumente nicht zu beantworten sind, steht die Haltung des Vatikans und vor allem die von Papst Pius XII. bis heute im Vordergrund. Ungeachtet einer umfangreichen Sekundärliteratur und der Verfügbarkeit einiger neuer Dokumente stellt die Tatsache, daß es Historikern nicht möglich ist, Zugang zu den Archiven des Vatikans zu erhalten, eine erhebliche Einschränkung dar. Ich werde die Einstellung des Papstes so eingehend behandeln, wie es die gegenwärtige Quellenlage zuläßt, aber der Historiker steht hier vor einem Hindernis, das sich hätte beseitigen lassen, bislang aber noch nicht aus dem Weg geräumt worden ist.

*

In ihrem eigenen Rahmen, getrennt von der detaillierten Geschichte deutscher politischer Strategien und Maßnahmen oder von den Einstellungen und Reaktionen von Zuschauern, ist die Geschichte der Opfer sorgfältig dokumentiert worden, zunächst während der Kriegsjahre und dann natürlich seit dem Ende des Krieges. Hier gab es durchaus Studien über die politischen Strategien von Herrschaft und Mord, die aber nur skizzenhaft waren. Das Schwergewicht lag von Anfang an auf der gründlichen Sammlung dokumentarischer Spuren und Zeugnisse zum Leben und Tod der Juden: Es ging um die Einstellungen und Strategien der jüdischen Führung, um die Versklavung und Vernichtung jüdischer Arbeiter, die Aktivitäten verschiedener jüdischer Parteien und politischer Jugendorganisationen, um den Alltag im Ghetto, die Deportationen, den bewaffneten Widerstand, den massenhaften Tod an jedem einzelnen der Hunderte von Tötungsorten, die sich über das gesamte besetzte Europa verteilten. Auch wenn bald nach dem Krieg hitzige Debatten und systematische Interpretationen zusammen mit der fortlaufenden Sammlung von «Spuren» zu einem untrennbaren Bestandteil dieser Geschichtsschreibung wurden, ist doch die Geschichte der Juden eine in sich geschlossene Welt und überwiegend die Domäne jüdischer Historiker geblieben. Selbstverständlich kann die Geschichte der Juden während des Holocaust nicht die Geschichte des Holocaust sein; ohne sie jedoch läßt sich die allgemeine Geschichte dieser Ereignisse nicht schreiben.[10]

In ihrem höchst umstrittenen Buch *Eichmann in Jerusalem* legte Hannah Arendt ganz direkt einen Teil der Verantwortung für die Vernichtung der Juden Europas auf die Schultern der verschiedenen jüdischen Führungsgruppen, der Judenräte.[11] Diese weitgehend unbegründete These machte aus Juden Kollaborateure bei der Vernichtung ihres eigenen Volkes. In Wirklichkeit war jeder Einfluß, den die Opfer auf den Verlauf ihrer eigenen Viktimisierung haben konnten, marginal, aber manche Interventionen fanden (mit welchem Ergebnis auch immer) in einigen wenigen nationalen Kontexten statt. So hatten in mehreren derartigen Situationen jüdische Führer einen beschränkten, aber nicht völlig unbedeutenden Einfluß (positiver oder negativer Art) auf den Verlauf der Entscheidungen, die von nationalen Behörden gefällt wurden. Wahrnehmbar war dies, wie wir sehen werden, in Vichy, in Budapest, Bukarest, Sofia, vielleicht in Bratislava und natürlich in den Beziehungen zwischen jüdischen Repräsentanten und den alliierten und neutralen Regierungen. Überdies hat auf eine besonders tragische Weise der jüdische bewaffnete Widerstand – hier und da auch die Aktivität jüdisch-kommunistischer Widerstandsgruppen wie der Gruppe Baum in Berlin –, sei es in Warschau, Treblinka oder Sobibór, möglicherweise zu einer beschleunigten Vernichtung der verbleibenden jüdischen Sklavenarbeiterschaft geführt (zumindest bis Mitte 1944).

Einleitung 377

Von außerordentlicher Bedeutung war auch die Interaktion zwischen den Juden in den besetzten Ländern, den Satellitenstaaten, den Deutschen und der sie umgebenden Bevölkerung auf der unteren Ebene. Von dem Augenblick an, als die Vernichtungspolitik in Gang gesetzt wurde, waren alle Schritte, die von Juden unternommen wurden, um das Bemühen der Nazis zur Vernichtung jedes Einzelnen zu behindern, ein unmittelbarer Gegenzug – und sei es auf minimaler individueller Ebene: Beamte, Polizisten oder Denunzianten bestechen, Familien dafür bezahlen, daß sie Kinder oder Erwachsene verstecken, in die Wälder oder ins Gebirge fliehen, in kleine Dörfer verschwinden, konvertieren, sich Widerstandsgruppen anschließen, Lebensmittel stehlen – alles, was einem Menschen einfiel und das Überleben ermöglichte, hieß, der deutschen Zielsetzung ein Hindernis in den Weg zu legen. Auf dieser Mikro-Ebene fand die grundlegende und fortlaufende Interaktion der Juden mit den Kräften statt, die bei der Durchführung der «Endlösung» am Werk waren. Diese Mikro-Ebene bedarf der nachhaltigsten Untersuchung. Und hier gibt es Dokumente in Hülle und Fülle.

Die Geschichte der Vernichtung der europäischen Juden läßt sich aus der Perspektive der Opfer nicht nur durch spätere Zeugnisse (Aussagen vor Gericht, Interviews und Memoiren) rekonstruieren, sondern auch mit Hilfe der ungewöhnlich großen Zahl von Tagebüchern (und Briefen), die während der Ereignisse geschrieben und im Laufe der darauffolgenden Jahrzehnte aufgefunden wurden. Diese Tagebücher und Briefe schrieben Juden aller europäischen Länder, aus allen Lebensbereichen, allen Altersgruppen, die entweder unter unmittelbarer deutscher Herrschaft oder mittelbar in der Sphäre der Verfolgung lebten. Selbstverständlich muß man die Tagebücher mit der gleichen kritischen Aufmerksamkeit benutzen wie jedes andere Dokument, vor allem dann, wenn sie nach dem Krieg von dem überlebenden Verfasser oder von überlebenden Familienmitgliedern publiziert worden sind. Als Quelle für die Geschichte des jüdischen Lebens während der Jahre der Verfolgung und Vernichtung bleiben sie jedoch entscheidend und unersetzlich.[12]

Ob die Mehrzahl der jüdischen Tagebuchschreiber in der Frühphase des Krieges deshalb mit dem Schreiben begann oder die Aufzeichnungen fortführte, weil sie für eine künftige Geschichte über die Ereignisse Buch führen wollte, läßt sich schwer feststellen; als sich aber die Verfolgung verschlimmerte, wurden sich die meisten von ihnen ihrer Rolle als Chronisten und Memoirenschreiber ihrer Epoche sowie als Interpreten und Kommentatoren ihres persönlichen Schicksals bewußt. Bald vertrauten Hunderte, ja wahrscheinlich Tausende von Zeugen ihre Beobachtungen der Verschwiegenheit ihrer privaten Aufzeichnungen an. Große Ereignisse und vieles, was alltägliche Vorfälle betraf, Einstellungen und Reaktionen der umgebenden Welt verschmolzen zu einem immer umfassenderen, wenn auch gelegentlich widersprüchlichen Bild. Sie gestatten Einblicke in Einstellungen auf höchster politischer Ebene (beispielsweise in Vichy-Frankreich und in Rumänien), sie schildern in allen Einzelheiten die Initiativen und die alltägliche Brutalität der Täter, die Reaktionen der Bevölkerung, das Leben und die Vernichtung ihrer eigenen Gemeinschaften, aber sie halten auch die Welt ihres Alltags fest. Starke Äußerungen von Hoffnung und Illusionen treten zutage; die wildesten Gerüchte, die phantastischsten Interpretationen der Ereignisse erscheinen zumindest eine Zeitlang als plausibel. Für viele werden die katastrophalen Ereignisse auch zu einer Herausforderung für ihre früheren Überzeugungen, für die Bedeutung ihres ideologischen oder religiösen Engagements, für die Werte, die ihr Leben bestimmt haben.

Jenseits ihrer allgemeinen historischen Bedeutung gleichen solche persönlichen Chroniken Blitzlichtern, die Teile einer Landschaft erleuchten: Sie bestätigen Ahnungen, sie warnen uns vor der Mühelosigkeit vager Verallgemeinerungen. Manchmal wiederholen sie nur mit unvergleichlicher Überzeugungskraft das Bekannte. Um es mit Walter Laqueur zu sagen: «Es gibt gewisse Situationen, die so extrem sind, daß es einer außerordentlichen Anstrengung bedarf, um ihre Ungeheuerlichkeit zu begreifen, sofern man sie nicht miterlebt hat.»[13]

Bis heute hat man die individuelle Stimme vorwiegend als eine Spur wahrgenommen, als die Spur, welche die Juden hinterlassen haben, welche Zeugnis ablegt, ihr Schicksal bestätigt und veranschaulicht. In den folgenden Kapiteln werden die Stimmen der Tagebuchschreiber aber noch eine ganz andere Rolle spielen. Gerade durch ihr Wesen, kraft ihrer Menschlichkeit und Freiheit, kann eine individuelle Stimme, die sich plötzlich im Verlauf der gewöhnlichen historischen Erzählung von Ereignissen wie den hier dargestellten erhebt, eine glatte Interpretation und die (meist unwillkürliche) Selbstgefälligkeit wissenschaftlicher Distanz und «Objektivität» durchbrechen. In einer Geschichte des Weizenpreises am Vorabend der Französischen Revolution wäre eine derartige disruptive Funktion kaum erforderlich, aber für die historische Repräsentation von massenhafter Vernichtung und anderen Abfolgen massenhaften Leidens, die von einer *Business-as-usual*-Historiographie zwangsläufig domestiziert und sozusagen «verflacht» wird, ist sie unentbehrlich.[14]

Jeder von uns nimmt die Wirkung der individuellen Stimme anders wahr, und jeder Mensch wird durch die unerwarteten «Schreie und geflüsterten Worte», die uns immer wieder dazu zwingen, abrupt innezuhalten, auf andere Weise herausgefordert. Einige beiläufige Reflexionen über bereits wohlbekannte Ereignisse mögen genügen, entweder infolge ihrer kraftvollen Beredsamkeit oder wegen ihrer hilflosen Ungeschicklichkeit; oftmals kann die Unmittelbarkeit des Schreies eines Zeugen, in dem Entsetzen, Verzweiflung oder unbegründete Hoffnung liegen, unsere emotionale Reaktion auslösen und unsere vorgängige, gut geschützte Wahrnehmung extremer historischer Ereignisse erschüttern.

*

Kehren wir zu Moffies Photographie zurück, zu dem auf sein Jackett aufgenähten Stern mit seiner abstoßenden Inschrift und zu dessen Bedeutung: Wie alle Träger dieses Zeichens sollte der junge Doktor der Medizin von der Erdoberfläche verschwinden. Sobald man ihre Botschaft verstanden hat, löst diese Photographie Fassungslosigkeit aus. Sie ist eine quasi-instinktive Reaktion, ehe das Wissen sich einstellt, um sie sozusagen zu unterdrücken. Mit Fassungslosigkeit ist hier etwas gemeint, das aus der Tiefe der eigenen unmittelbaren Weltwahrnehmung aufsteigt, der Wahrnehmung dessen, was normal ist und was «unglaublich» bleibt. Das Ziel des historischen Wissens besteht darin, die Fassungslosigkeit zu domestizieren, sie wegzuerklären. In diesem Buch möchte ich eine gründliche historische Untersuchung über die Vernichtung der Juden Europas vorlegen, ohne das anfängliche Gefühl der Fassungslosigkeit völlig zu beseitigen oder einzuhegen.

ERSTER TEIL

TERROR

(Herbst 1939 – Sommer 1941)

«Die sadistische Maschine geht eben über uns weg.»

*Victor Klemperer,
Dresden, 9. Dezember 1939*

I.

September 1939 – Mai 1940

«Am Freitagmorgen, 1.9., kam der junge Schlächtergeselle und berichtete: Rundfunk erkläre, wir hielten bereits Danzig und Korridor besetzt, der Krieg mit Polen sei im Gang. England und Frankreich blieben neutral», schrieb Victor Klemperer am 3. September 1939 in sein Tagebuch. «Ich sagte zu Eva, dann sei für uns eine Morphiumspritze oder etwas Entsprechendes das Beste, unser Leben sei zu Ende.»[1]
Klemperer war jüdischer Abstammung; in seiner Jugend war er zum Protestantismus übergetreten und hatte später eine protestantische «Arierin» geheiratet. Im Jahre 1935 entließ man ihn aus der Technischen Hochschule Dresden, wo er romanische Sprachen und Literaturen lehrte; doch er lebte weiter in der Stadt und zeichnete gewissenhaft auf, was mit ihm und um ihn herum geschah. Zwei Tage lang war nicht sicher, wie die Briten und die Franzosen auf den deutschen Angriff reagieren würden. «Annemarie brachte zu Evas Geburtstag zwei Flaschen Sekt», berichtete Klemperer am 4. September. «Wir tranken damals eine und beschlossen, die zweite für den Tag der englischen Kriegserklärung aufzuheben. Also muß sie heute heran.»[2]
In Warschau war Chaim Kaplan, der Leiter einer jüdischen Schule, zuversichtlich, daß Großbritannien und Frankreich diesmal ihren Verbündeten nicht verraten würden wie 1938 die Tschechoslowakei. Am Tag eins des Krieges spürte er den apokalyptischen Charakter des neuen Konflikts: «Wir sind Zeugen des Anbruchs einer neuen Ära in der Weltgeschichte. Dieser Krieg wird allerdings die menschliche Zivilisation vernichten. Aber es handelt sich um eine Zivilisation, die ihre Ausmerzung und Vernichtung verdient hat.»[3] Kaplan war davon überzeugt, daß der Nationalsozialismus letztlich besiegt werden, daß aber der Kampf gewaltige Verluste für alle mit sich bringen würde.
Der Direktor der hebräischen Schule begriff auch die besondere Bedrohung, die der Kriegsausbruch für die Juden darstellte. In derselben Eintragung vom 1. September schrieb er weiter: «Was die Juden betrifft, so sind sie weitaus mehr gefährdet. Wohin Hitler auch kommt, dort gibt es keine Hoffnung für die Juden.» Kaplan zitierte Hitlers berüchtigte Rede vom 30. Januar 1939, in der der «Führer» die Juden für den Fall eines Weltkriegs mit Vernichtung bedroht hatte. Mehr als den meisten anderen lag somit den Juden daran, sich an der gemeinsamen Verteidi-

gung zu beteiligen: «Als der Befehl erging, daß alle Einwohner der Stadt Gräben zum Schutz vor Luftangriffen ausheben müssen, waren die Juden zahlreich zur Stelle. Auch ich war darunter ...»[4]

Am 8. September besetzte die Wehrmacht Łódź, die zweitgrößte Stadt Polens: «Ganz plötzlich die entsetzliche Nachricht: Łódź hat kapituliert!» schreibt Dawid Sierakowiak, ein knapp fünfzehnjähriger jüdischer Jugendlicher. «Alle Gespräche verstummen; die Straßen leeren sich; Gesichter und Herzen sind von Düsternis, kalter Strenge und Feindseligkeit bedeckt. Herr Grabiński kommt aus der Stadt zurück und erzählt, wie die hier ansässigen Deutschen ihre Landsleute begrüßt haben. Das Grand Hotel, in dem der Generalstab absteigen soll, ist mit Blumengirlanden geschmückt; [volksdeutsche] Zivilisten – Jungen, Mädchen – springen auf die vorbeifahrenden Armeewagen und rufen glücklich ‹Heil Hitler!› Laute deutsche Gespräche auf den Straßen. Alles patriotisch und nationalistisch [Deutsche], das in der Vergangenheit verborgen war, zeigt jetzt sein wahres Gesicht ...»[5]

Und in Warschau wiederum organisierte Adam Czerniaków, ein Angestellter der polnischen Außenhandels-Verrechnungsstelle und aktives Mitglied der jüdischen Gemeinde, ein Komitee, das mit den polnischen Behörden zusammenarbeiten sollte: «Das Jüdische Bürgerkomitee der Hauptstadt», schrieb er am 13. September, «wurde legalisiert und im Gemeindegebäude untergebracht.»[6] Am 23. September notierte er: «Ich bin von Präsident Starzyński zum Vorsitzenden der Jüdischen Kultus-Gemeinde ernannt worden. Eine historische Rolle im belagerten Warschau. Ich werde mich bemühen, ihr gerecht zu werden.»[7] Vier Tage später kapitulierte Polen.

I

In diesem Band werden wir die Stimmen vieler jüdischer Chronisten vernehmen; und doch gewähren sie alle, so sehr sie sich voneinander unterscheiden mögen, nur einen begrenzten Einblick in die außerordentliche Vielfalt, die die Welt des europäischen Judentums an der Schwelle der Vernichtung kennzeichnete. Nachdem die Einhaltung religiöser Regeln stetig zurückging und eine kulturell-ethnische Identität keine Gewißheit bot, gab es keinen augenfälligen gemeinsamen Nenner, der auf ein Gewirr von Parteien, Vereinigungen, Gruppierungen und etwa 9 Millionen über den gesamten Kontinent verteilten Individuen paßte, die sich trotz allem als Juden betrachteten (oder als solche betrachtet wurden). Diese Vielfalt war das Ergebnis spezifischer nationaler Entwicklungen, großräumiger Wanderungen, eines vorwiegend auf die Städte konzentrierten Lebens sowie einer beständigen ökonomischen und sozialen Mobilität, hinter der alle möglichen individuellen Strategien der Bewältigung von Feindseligkeiten und Vorurteilen standen, die aber auch durch die Chancen gefördert wurde, welche liberale Umgebungen boten. Diese ständigen Veränderungen trugen zu immer stärkerer Zersplitterung innerhalb der Diaspora bei, vor allem in den chaotischen Jahrzehnten, die das späte 19. Jahrhundert vom Vorabend des Zweiten Weltkriegs trennten.

Wo sollte man beispielsweise den jungen Sierakowiak, den Tagebuchschreiber aus Łódź, einordnen? In seinen Notizen, die kurz vor Beginn des Krieges einsetzen, begegnen wir einer Handwerkerfamilie, die von jüdischer Tradition durchdrungen ist, wir sehen Dawids eigene ungezwungene Vertrautheit mit dieser Tradition und doch zu gleicher Zeit ein starkes Engagement für den Kommunismus («Die wichtigsten Dinge sind Schularbeiten und das Studium der marxistischen Theorie», schrieb er etwas später).[8] Sierakowiaks geteilte Welt war nicht untypisch für die vielfältigen und gelegentlich widersprüchlichen Loyalitäten, die in unterschiedlichen Teilen der jüdischen Gesellschaft am Vorabend des Krieges existierten: Es gab Liberale unterschiedlicher Schattierungen, Sozialdemokraten, Bundisten, Trotzkisten, Stalinisten, Zionisten aller möglichen Tendenzen und Fraktionen, religiöse Juden, die sich in endlosen dogmatischen oder «tribalen» Fehden Wortgefechte lieferten, und bis Ende 1938 gab es auch einige Tausend Mitglieder faschistischer Parteien, vor allem in Mussolinis Italien.[9] Doch für viele Juden, vor allem in Westeuropa, bestand das Hauptziel in der sozialen und kulturellen Assimilation an die umgebende Gesellschaft unter Beibehaltung gewisser Elemente einer «jüdischen Identität», was immer das hieß.

All diese Tendenzen und Bewegungen sollte man mit vielfältigen nationalen und regionalen Eigenarten und internen Kämpfen multiplizieren sowie natürlich mit einer großen Zahl von manchmal berüchtigten individuellen Seltsamkeiten. So konnte der alte und todkranke Sigmund Freud, der nach dem «Anschluß» Österreichs aus Wien nach London geflohen war, kurz vor Kriegsausbruch noch das Erscheinen seines letzten Werkes *Der Mann Moses und die monotheistische Religion* erleben. Im Vorfeld ungewöhnlicher Gefahren, die alle spürten, beraubte der Begründer der Psychoanalyse, der häufig seine eigene Jüdischkeit betont hatte, damit sein Volk eines liebgewordenen Glaubens: Für ihn war Moses kein Jude...

Ungeachtet ernsterer Bedrohungen reagierten Juden in vielen Ländern darauf mit Bitterkeit: «Ich lese in der lokalen Presse von Ihrer Behauptung, daß Moses kein Jude war», donnerte ein anonymer Schreiber aus Boston. «Es ist bedauerlich, daß Sie nicht in Ihr Grab gehen konnten, ohne sich zu blamieren, Sie alter Schwachkopf. ... Es ist bedauerlich, daß die Gangster in Deutschland Sie nicht in ein Konzentrationslager gesteckt haben, denn dort gehören Sie hin.»[10]

Gleichwohl gab es einige grundlegende Unterschiede, welche die Szene der europäischen Judenheit zwischen den beiden Weltkriegen strukturierten. Die wesentliche Trennlinie verlief zwischen dem osteuropäischen und dem westlichen Judentum; sie war bis zu einem gewissen Grade geographischer Natur, aber ihr manifester Ausdruck hatte kulturellen Charakter. Die osteuropäische Judenheit (seit 1918 mit Ausnahme der Juden Sowjetrußlands, die sich nach den Regeln und Chancen entwickelten, welche ihnen das neue Regime bot) umfaßte im Prinzip die Gemeinden der baltischen Länder, Polens, des östlichen Teils der Tschechoslowakei, Ungarns (mit Ausnahme der großen Städte) und der östlichen Provinzen Rumäniens in den Grenzen seit 1918. Die weitgehend «spanischen» (sephardischen) Juden Bulgariens, Griechenlands und einiger jugoslawischer Gebiete stellten eine Welt für sich dar. Das osteuropäische Judentum war weniger in die umgebende Gesellschaft integriert, es hielt mehr an religiösen Regeln fest – zuweilen war es streng orthodox –, sprach häufig jiddisch und beherrschte das Hebräische bisweilen fließend. Kurz gesagt, es war in höherem Maße traditionell «jüdisch» als sein westliches Pendant (auch wenn zahlreiche Juden in Wilna, Warschau, Łódź und Iaşi nicht weniger «westlich» waren als die Juden in Wien, Berlin, Prag und Paris). Wirtschaftlich stand die Mehrheit der Juden des Ostens häufig am Rande der Armut, aber dennoch gab es hier ein eigenständiges, dynamisches und vielfältiges jüdisches Leben.[11]

Ungeachtet solcher Besonderheiten erlebten auch die Juden Osteuropas in der Zwischenkriegszeit einen beschleunigten Prozeß der Akkulturation und Säkularisierung. Jedoch trug, wie der Historiker Ezra Mendelsohn festgestellt hat, «der Prozeß der Akkulturation nicht zur Verbesserung des Verhältnisses zwischen Juden und Nichtjuden bei, was den alten Vorwurf Lügen straft, für den Antisemitismus sei weitgehend die kulturelle Abgesondertheit des osteuropäischen Judentums verantwortlich. ... Besonders stark waren solche Vorurteile in Ungarn, dessen Judenheit die am stärksten akkulturierte in Ostmitteleuropa war, und sie waren relativ schwach in Litauen, wo die jüdische Gemeinde am wenigsten akkulturiert war.»[12] Diese verwirrende Situation bedarf einer Erklärung in einem breiteren Kontext.

In Polen, Rumänien und Ungarn waren die Juden zahlenmäßig bedeutende Minderheiten, deren kollektive Rechte im Prinzip durch die Friedensverträge nach dem Ersten Weltkrieg und durch die «Minderheitenverträge» gesichert worden waren, für deren Durchsetzung – im Prinzip – der Völkerbund verantwortlich war. Dem verschärften Nationalismus der Polen, der Rumänen und Ungarn bedeuteten internationale Garantien kaum etwas: Ebenso wie andere Minderheiten sah man die Juden als Hindernisse auf dem Weg zu voller und schrankenloser nationaler Entfaltung der einheimischen Bevölkerung. Da außerdem die Juden einen hohen Anteil der städtischen Mittelklasse stellten, vor allem im Geschäftsleben und in den freien Berufen, aber auch unter kleinen Handwerkern, drängten die ökonomischen und sozialen Forderungen der nichtjüdischen Bevölkerung um Status und berufliches Fortkommen der Mittelklasse die Juden zunehmend aus diesen Bereichen der Wirtschaft, häufig unterstützt von verschiedenen staatlichen Maßnahmen. Dieser Trend wiederum führte zu einer zunehmenden Verarmung der jüdischen Gemeinschaften und brachte, vor allem in Polen, einen «jüdischen Bevölkerungsüberschuß» hervor, der über keine nennenswerten Beschäftigungsmöglichkeiten verfügte. Und als sich die Weltwirtschaftskrise ausweitete, schlossen sich die meisten Türen für eine Auswanderung.[13] Eine derartige negative Entwicklung für die Juden und ihre Beziehungen zu ihrer Umgebung war natürlich intensiver in Ländern (oder Regionen) Ost- und Ostmitteleuropas, die eine rasche ökonomische Modernisierung durchmachten (Polen, Rumänien, Ungarn), als in solchen, die noch immer fest einer ländlichen Wirtschaftsstruktur und einer traditionellen Sozialstruktur verhaftet waren (wozu die baltischen Länder gehörten). Diese Unterscheidung kann in der Tat die scheinbar paradoxe Auswirkung der Akkulturation auf antijüdische Gefühle erklären.[14]

Trotz zunehmender Schwierigkeiten, die sich vor allem seit den frühen 1930er Jahren ergaben, setzte sich die jüdische Auswanderung aus Ost- und Mitteleuropa in den Westen fort. Infolge tiefsitzender kultureller und sozialer Differenzen nahm die Entfremdung zwischen West- und Ostjuden zu – nach beiden Seiten. Für die Ostjuden mangelte es den Westlern an «Yiddishkeit», während den Westlern trotz einer gewissen Idealisierung echten jüdischen Lebens die osteuropäischen Juden rückständig und primitiv erschienen und in zunehmendem Maße eine Quelle von Peinlichkeit und Beschämung waren.[15]

Verschärft wurde die Migration aus Osteuropa in den 1930er Jahren vor allem für die Gemeinden in Frankreich, Großbritannien und den Niederlanden durch die Ankunft jüdischer Flüchtlinge aus Mitteleuropa, die nach der «Machtergreifung» Hitlers zunächst aus Deutschland, dann aus Österreich und schließlich aus dem «Protektorat» (Böhmen und Mähren) kamen. Der kulturelle Antagonismus wurde durch den krassen Unterschied in den materiellen Verhältnissen verstärkt: Die Neueinwanderer und die Flüchtlinge standen in Ländern, die sich noch nicht von der Weltwirtschaftskrise erholt hatten, gewöhnlich ohne finanzielle Mittel da und waren ökonomisch marginalisiert. Die eingesessenen Juden hingegen gehörten größtenteils der Mittelschicht und sogar in nicht unbeträchtlichem Maße dem Großbürgertum an; darüber hinaus hatten immer häufigere Einheiraten sie einer völligen Assimilation näher gebracht. Infolgedessen waren überall in Westeuropa viele alteingesessene Juden bereit, angesichts eines zunehmenden Antisemitismus ihre Position dadurch zu verteidigen, daß sie die Interessen ihrer neu angekommenen «Brüder» opferten. Weit verbreitet war der Drang, die Immigranten in ein anderes Land fortzuschicken.

Wie groß auch das Ausmaß der Entfremdung zwischen West- und Ostjuden am Vorabend des Krieges in verschiedenen westeuropäischen Ländern gewesen sein mag, es besteht kaum ein Zweifel daran, daß der Strom jüdischer Einwanderer und Flüchtlinge zum Anwachsen des Antisemitismus beitrug. Wie wir jedoch in den nächsten Kapiteln sehen werden, waren jene «Hunderttausende von Ashkenazim», wie Jean Giraudoux, der bekannte französische Schriftsteller und zu Beginn des Krieges Informationsminister, die jüdischen Neuankömmlinge in seinem berüchtigten Pamphlet *Pleins pouvoirs* titulierte, nur einer von mehreren Aspekten der sich verfinsternden Szenerie. Ganz allgemein gesprochen war die Krise des Judentums in der westlichen Welt das unmittelbare Ergebnis und zugleich der Ausdruck einer Krise der liberalen Gesellschaft selbst und des Aufstiegs antidemokratischer Kräfte überall im Westen. Es bedarf keiner Erwähnung, daß die Nazipropaganda für ihre antisemitischen Invektiven ein ideales Terrain gefunden hatte: Die Juden galten als Profiteure, Plutokraten und vor allem als Kriegstreiber, die fest entschlossen waren, die europäischen Nationen in einen weiteren weltweiten Konflikt hineinzuziehen, um ihre eigenen Interessen durchzusetzen und schließlich die Weltherrschaft zu erringen.

In Wirklichkeit mangelte es dem europäischen Judentum, ja, den Juden, wo immer sie lebten – ungeachtet der politischen, wirtschaftlichen oder kulturellen Leistungen Einzelner – gerade zu der Zeit, in der ihnen die abscheulichsten Verschwörungen und politischen Machinationen vorgeworfen wurden, an jeglichem nennenswerten kollektiven Einfluß. Diese Machtlosigkeit wurde von ihrer Umgebung nicht erkannt, und individuellen Erfolg deutete man häufig als kollektiven jüdischen Hang, die umgebende Gesellschaft zu unterminieren und zu beherrschen.

Die deutsche Judenheit beispielsweise, die finanziell bedeutend und politisch gebildet war und deren Mitglieder zum Teil beträchtlichen Einfluß auf die Hauptströmung der liberalen sowie auf die linke Presse ausübten, wurde durch den Aufstieg des Nationalsozialismus zusammen mit ihren natürlichen politischen Verbündeten – den liberalen Parteien und der Sozialdemokratie – mühelos beiseite gefegt.[16] In Frankreich, wo 1936 ein Jude, der Sozialist Léon Blum, zum Ministerpräsidenten gewählt wurde, hatte die antisemitische Gegenreaktion weit bedeutendere Auswirkungen auf die Existenz der Gemeinschaft als Blums kurze Amtszeit an der Spitze der Regierung. In stabilen Demokratien wie Großbritannien und den Vereinigten Staaten hatten einige Juden Zugang zu den Zentren der Macht; da sie sich jedoch über das Anwachsen des Antisemitismus in ihren Ländern und über das sehr beschränkte Ausmaß des Erreichbaren im klaren waren, zögerten sie, zugunsten der bedrohten Gemeinschaften auf dem europäischen Kontinent zu intervenieren, besonders wenn es um Fragen der Einwanderung ging.

Nicht weniger eklatant als ihre Machtlosigkeit war die Unfähigkeit der meisten europäischen Juden, die Ernsthaftigkeit der Bedrohungen einzuschätzen, mit denen sie es zu tun hatten. In den ersten fünf Jahren des Hitlerregimes emigrierte kaum ein Drittel der deutschen Juden, trotz der Verfolgung und der Demütigungen, die von Januar 1933 an Monat für Monat, Jahr für Jahr über sie hereinbrachen. Die massiven Gewalttaten der Nazis während des Pogroms vom 9. und 10. November 1938 (der sogenannten «Kristallnacht») wurden zum sehr späten Moment wirklichen Erwachens und führten zu verzweifelten Fluchtversuchen. Zehntausenden von Juden gelang es noch, das Land zu verlassen; vielen war es jedoch nicht mehr möglich, sich ein Visum zu beschaffen oder die erforderlichen finanziellen Mittel aufzutreiben. In Österreich verließen vor dem «Anschluß» im März 1938 kaum Juden das Land; die Juden von Böhmen und Mähren verhielten sich vor der Besetzung durch die Deutschen im März 1939 nicht anders. Und ungeachtet aller deutlich erkennbaren Warnsignale, ungeachtet Hitlers wütender Drohungen und der drastischen Zunahme örtlicher Feindseligkeiten verstärkte sich das Rinnsal jüdischer Auswanderung aus Ostmitteleuropa nicht nennenswert; auch aus Westeuropa wanderten vor dem Angriff der Deutschen kaum Juden aus.

Diese scheinbare Passivität angesichts einer zunehmenden Gefährdung erscheint in der Rückschau kaum verständlich, auch wenn die zunehmenden Schwierigkeiten, vor denen jüdische Auswanderer standen, sie zum Teil erklären. Möglicherweise gab es in der Zeit unmittelbar vor dem Krieg und auch in den darauffolgenden Wochen und Monaten noch einen tieferen Grund. Im Osten und vor allem im Westen (mit Ausnahme von Deutschland) hatten die meisten Juden völlig falsche Vorstellungen vom Ausmaß der Unterstützung, die sie angesichts eines gemeinsamen Feindes von der umgebenden Gesellschaft und von nationalen oder lokalen Behörden erwarten konnten. In Warschau waren im September 1939, erinnern wir uns, Kaplan und Czerniaków stolze Teilnehmer am gemeinsamen Kampf...

Im Westen war die Fehlwahrnehmung extremer, wie wir sehen werden. Außerdem glaubten die Juden vor allem in Westeuropa an die Gültigkeit abstrakter Prinzipien und universaler Werte, an eine Welt, die «von zivilisierten kartesianischen Schatten» bewohnt wurde;[17] mit anderen Worten, sie glaubten an die Herrschaft des Rechts, sogar an die Herrschaft des deutschen Rechts. Das Recht bot einen stabilen Rahmen für die Bewältigung von Zerreißproben, für die Planung des Alltags und des langfristigen Überlebens, anders gesagt: der Zukunft. So waren sich die Juden nicht darüber im klaren, daß «der Jude» außerhalb des Feldes natürlicher und vertraglicher Bindungen und Verpflichtungen stand, eine Situation, welche die deutsch-jüdische Philosophin Hannah Arendt in ihrem während des Krieges geschriebenen Essay «The Jew as a Pariah» mit einem Satz aus Franz Kafkas *Das Schloß* definierte: «Sie sind nicht aus dem Schloß, Sie sind nicht aus dem Dorfe, Sie sind nichts.»[18]

Der Zionismus nahm infolge des deutschen und europäischen Antisemitismus zwar an Stärke zu, aber er war am Vorabend des Krieges auf der jüdischen Szene immer noch ein verhältnismäßig unbedeutender Faktor. Im Mai 1939, nach dem Scheitern der St.-James-Konferenz, an der Briten, Araber und Zionisten teilgenommen hatten, gab London ein Weißbuch heraus, das die jüdische Einwanderung nach Palästina für die folgenden fünf Jahre auf 75 000 Menschen beschränkte und den zionistischen Bemühungen, in Erez Israel Land zu erwerben, faktisch ein Ende setzte. Es sah so aus, als sei die zionistische Politik seit der Balfour-Deklaration noch nie so weit davon entfernt gewesen, ihre Ziele zu erreichen.

Am 16. August 1939 trat in Genf der 21. Zionistenkongreß zusammen, der aber angesichts des bevorstehenden Kriegsausbruchs vorzeitig beendet wurde. In der Abschlußansprache, die er am 22. August vor den versammelten Delegierten hielt, sagte Chaim Weizmann, der Präsident der Zionistischen Weltorganisation, in einfachen Worten auf jiddisch: «Rings um uns ist es dunkel, und wir können nicht durch die Wolken sehen. Mit schwerem Herzen nehme ich Abschied. ... Wenn wir, wie ich hoffe, am Leben bleiben und unsere Arbeit weitergeht, wer weiß – vielleicht wird uns aus der dichten schwarzen Düsternis ein neues Licht leuchten. ... Wir werden uns wiedersehen [lang anhaltender Beifall]. Wir werden uns wiedersehen im gemeinsamen Bemühen um unser Land und Volk. ... Es gibt Dinge, die unbedingt geschehen müssen, Dinge, ohne die sich die Welt nicht vorstellen läßt. Die, welche übrigbleiben, werden weiterarbeiten, weiterkämpfen, weiterleben bis zur Morgenröte besserer Tage. Zu dieser Morgenröte grüße ich euch. Mögen wir uns in Frieden wiedersehen.»[19]

II

Hitler umriß seine Ansichten über die neu eroberten Völkerschaften und Gebiete im Osten am 29. September in einem Gespräch mit einem seiner frühesten Weggefährten, Alfred Rosenberg. Der Chefideologe der Partei notierte über diese Unterredung: «Die Polen: eine dünne germanische Schicht, unten ein furchtbares Material. Die Juden, das grauenhafteste, was man sich überhaupt vorstellen konnte. Die Städte starrend von Schmutz. Er habe viel gelernt in diesen Wochen. ... Hier könne jetzt nur eine zielsichere Herrenhand regieren. Er wolle das jetzt festgelegte Gebiet in drei Streifen teilen: 1. zwischen Weichsel und Bug: das gesamte Judentum (auch aus dem Reich), sowie alle irgendwie unzuverlässigen Elemente. An der Weichsel einen unbezwingbaren Ostwall – noch stärker als im Westen. 2. An der bisherigen Grenze ein breiter Gürtel der Germanisierung und Kolonisierung. Hier käme eine große Aufgabe für das gesamte Volk: eine deutsche Kornkammer zu schaffen, starkes Bauerntum, gute Deutsche aus aller Welt umzusiedeln. 3. Dazwischen eine polnische ‹Staatlichkeit›. Ob nach Jahrzehnten der Siedlungsgürtel vorgeschoben werden kann, muß die Zukunft erweisen.»[20]

In diesem Stadium bezogen sich Hitlers Pläne nur auf die Hälfte des vormaligen Polen, die bis an die Weichsel und den Bug reichten; in den östlichen Teil des Landes war am 17. September nach einem geheimen Zusatzprotokoll zum deutsch-sowjetischen Pakt vom 23. August 1939 die Sowjetunion einmarschiert. Darüber hinaus hatten die Deutschen «besondere Interessen» der Sowjets in den baltischen Ländern, in Finnland, Bulgarien sowie mit Blick auf zwei rumänische Provinzen anerkannt. Für beide Seiten waren der Vertrag vom August und eine am 27. September unterzeichnete zusätzliche Geheimvereinbarung taktische Schachzüge. Sowohl Hitler als auch Stalin wußten, daß es schließlich zu einer Konfrontation kommen würde.[21] Doch wie lange würde der «Waffenstillstand» zwischen Nationalsozialismus und Bolschewismus dauern? Im September 1939 konnte das niemand wissen.

Am 6. Oktober sprach Hitler vor dem Reichstag bei einem sogenannten «Friedensappell» in der Tat von einer territorialen Neuordnung derjenigen Gebiete Osteuropas, die zwischen der deutschen Grenze und der sowjetisch-deutschen Demarkationslinie lagen. Seine Siedlungsvorstellung sollte auf dem Grundsatz von Nationalitäten beruhen und das Problem nationaler Minderheiten lösen; in diesem Zusammenhang sollte auch «der Versuch einer Ordnung und Regelung» des jüdischen Problems unternommen werden.[22]

Die Wiedergründung eines polnischen Staates wurde als Möglichkeit erwähnt. Mittlerweile waren jedoch Großbritannien und Frankreich mit Hitlers Taktik vertraut; der «Friedensappell» wurde zurückgewiesen. Der Gedanke an eine gewisse Form polnischer Souveränität verschwand, und das von Deutschen besetzte Polen wurde noch weiter unterteilt. Das Reich verleibte sich mehrere Gebiete entlang seiner Ostgrenzen ein: einen ausgedehnten Streifen entlang der Warthe (Reichsgau Wartheland oder Warthegau[23]), Ostoberschlesien (das dann im Gau Oberschlesien aufging), den polnischen Korridor mit der Stadt Danzig (Reichsgau Danzig-Westpreußen) und einen kleinen Gebietsstreifen südlich von Ostpreußen. Damit wuchs die Bevölkerung des Reichs um etwa 16 Millionen Menschen, von denen etwa 7,5 Millionen Deutsche waren. Nach einem kurzlebigen Interimsplan, der die Gründung eines autonomen «Rest-Polen» vorsah, wurde das verbleibende polnische Territorium, zu dem die Städte Warschau, Krakau und Lublin gehörten, zum «Generalgouvernement», einer Verwaltungseinheit mit etwa 12 Millionen Einwohnern, die von deutschen Beamten regiert wurde und von deutschen Truppen besetzt war. Das Generalgouvernement wurde seinerseits in vier Distrikte – Warschau, Radom, Krakau und Lublin – unterteilt. Im August 1941, nach dem deutschen Angriff auf die Sowjetunion, kam noch der Distrikt Galizien hinzu.

Am 18. Oktober segelte Hitler, nachdem er die Effekthascherei des «Friedensappells» hinter sich gelassen hatte, wieder im üblichen Fahrwasser. Einer der Offiziere, die bei einem Treffen zwischen Hitler und einer Gruppe militärischer Befehlshaber sowie einigen hochrangigen Parteifunktionären zugegen waren, hielt seine Bemerkungen über das fest, was in Polen erreicht werden sollte: «Die Durchführung bedingt einen harten Volkstumskampf, der keine gesetzlichen Bindungen gestattet. Die Methoden werden mit unseren sonstigen Prinzipien unvereinbar sein. ... Verhindern, daß polnische Intelligenz sich zu neuer Führerschicht aufwirft. ... [Es sollte ermöglicht werden,] das alte und neue Reichsgebiet zu säubern von Juden, Polacken und Gesindel.»[24]

Der zentrale Begriff war der des «Volkstumskampfes». Er würde nicht durch «gesetzliche Bindungen» behindert werden, und die angewandten Methoden würden «mit unseren sonstigen Prinzipien unvereinbar» sein. In diesem entscheidenden Punkt unterschied sich Hitlers Politik radikal von den Zielen des pangermanischen Expansionismus, die in den letzten Jahren des wilhelminischen Kaiserreichs in weiten Kreisen vertreten worden waren. «Volkstumskampf» bedeutete nicht lediglich militärischen Sieg und politische Beherrschung; er zielte auf die Zerstörung der Lebensnerven der feindlichen national-rassischen Gemeinschaft; mit anderen Worten, er bedeutete Massenmord.[25] Die Ermordung genau definierter Gruppen um der rassischen Vorherrschaft des Deutschtums willen wurde zu einem legitimen Instrument der Politik. Im besetzten Polen würde man insbesondere zwei Gruppen ins Visier nehmen: die Juden und die «polnischen Eliten». Die Ermordung von Juden geschah in diesem Stadium planlos, die der polnischen Eliten wurde systematischer betrieben.

Etwa 60 000 Polen, deren Namen man im Laufe der Vorkriegsjahre gesammelt hatte, sollten beseitigt werden;[26] die Operation wurde zum Teil unter Anweisungen getarnt, die auf die Sicherheit der Truppen und allgemeiner die des besetzten Territoriums abzielten. SS-Chef Heinrich Himmler wählte für die Terrorkampagne den Decknamen «Tannenberg»; dieser erinnerte an den Sieg der deutschen Armeen gegen die russischen Truppen bei Tannenberg in Ostpreußen im Jahre 1914 und verband sich mit einer symbolischen Vergeltung an den Polen für die vernichtende Niederlage, die sie dem Deutschen Orden an eben diesem Ort im frühen 15. Jahrhundert beigebracht hatten.[27]

Der grundlegende Befehl für diese Aktion stammte natürlich von Hitler. Im Juli 1940 schrieb Reinhard Heydrich, seit Mitte September 1939 Chef des Reichssicherheitshauptamts (RSHA) der SS, an seinen SS-Kollegen Kurt Daluege, den Chef der Ordnungspolizei (ORPO), zu Beginn des Polenfeldzugs habe ihm Hitler Weisungen erteilt, die «außerordentlich radikal waren (z. B. Liquidationsbefehl für zahlreiche polnische Führungskreise, der in die Tausende ging)».[28] Derselbe Befehl war dem Oberkommando der Wehrmacht (OKW) bestens bekannt, wie sein Chef, General Wilhelm Keitel, dem Leiter des Amtes Ausland/Abwehr des OKW, Admiral Wilhelm Canaris, am 12. September bestätigte: Er erklärte, «daß diese Sache [die Hinrichtung der polnischen Eliten] bereits vom Führer entschieden sei, der dem ObdH klargemacht habe, daß, wenn die Wehrmacht hiermit nichts zu tun haben wolle, sie es auch hinnehmen müsse, daß SS und Gestapo neben ihr in Erscheinung treten. Es werde daher in jedem Militärbezirk neben dem Militär- auch ein Zivil-Befehlshaber eingesetzt werden. Letzterem würde eben die ‹volkstümliche Ausrottung› zufallen.»[29]

Für «Tannenberg» war Heydrich zuständig, auch wenn sich mehrere «Totenkopf»-Einheiten der SS unter dem Befehl des Inspekteurs der Konzentrationslager, Theodor Eicke, unabhängig von ihm an dem «Antiterror»-Feldzug beteiligten. Zunächst hatte Heydrich für die Mordkampagne fünf Einsatzgruppen und eine Sondereinsatzgruppe aufgestellt; schließlich wurden sieben Einsatzgruppen aktiv. Am Vorabend des Angriffs fanden einige grundlegende Einsatzbesprechungen statt. Bei zwei Gelegenheiten nach Beginn der Kampagne definierte Heydrich die Ziele der Operation. «Die führende Bevölkerungsschicht in Polen soll so gut wie möglich unschädlich gemacht werden», erklärte er seinen Einsatzkommandoführern am 7. September.[30] Bei einem weiteren Treffen, am 27. September, erklärte er, es seien höchstens noch drei Prozent der polnischen Elite vorhanden; «auch diese drei Prozent müssen unschädlich gemacht werden.»[31] Manchmal wurde in Berlin um die Genehmigung für bestimmte Mordoperationen nachgesucht. So erkundigte sich beispielsweise Ende 1939 SS-Brigadeführer Dr. Dr. Otto Rasch, Befehlshaber der Sicherheitspolizei und des Sicherheitsdienstes in Königsberg, ob die ins ostpreußische Lager Soldau verbrachten Polen – vorwiegend Akademiker, Geschäftsleute, Lehrer und Priester – an Ort und Stelle «liquidiert» werden könnten, anstatt sie zu deportieren. Heydrich war einverstanden.[32]

Hinrichtungen an Ort und Stelle waren die gängigste Praxis der Vergeltung gegen polnische Zivilisten für Angriffe auf deutsche Truppen und der Rache für die Ermordung von Volksdeutschen durch Polen, wie sie in den ersten Phasen des Krieges beispielsweise in Bromberg vorkamen; zur Beseitigung lokaler Eliten wurden jedoch auch andere Methoden eingesetzt. So lud die Gestapo am 3. November 1939 183 Fakultätsmitglieder der Jagiellonenuniversität Krakau vor, verhaftete sie und deportierte sie in das Konzentrationslager Sachsenhausen bei Berlin. Einige Monate später wurden die älteren Wissenschaftler freigelassen und die jüngeren nach Dachau geschickt. Dreizehn der Verhafteten waren inzwischen bereits gestorben; von den Juden wurde keiner aus der Haft entlassen.[33]

III

Erreicht werden sollte der Sieg im Volkstumskampf durch zügellose Grausamkeit gegenüber den nichtgermanischen Rassen vor allem im Osten und zugleich durch eine ebenso rücksichtslose Säuberung der Volksgemeinschaft innerhalb des germanischen Raumes. Die Ausmerzung traf die Geisteskranken, die Zigeuner und verschiedene «fremdrassige» Elemente (Homosexuelle, «Asoziale», Kriminelle und dergleichen), auch wenn viele von ihnen bereits in Konzentrationslager abtransportiert worden waren.

Tausende von psychisch kranken Patienten aus Anstalten in Pommern, Ostpreußen und dem Gebiet um Posen im Warthegau wurden bald nach dem deutschen Angriff auf Polen eliminiert.[34] Man ermordete sie ohne jede medizinische Vertuschung und unabhängig von der «Euthanasie»-Aktion. Auf Befehl Himmlers sollten diese Patienten getötet werden, damit die Gebäude, in denen sie lebten, Soldaten der Waffen-SS und verwundeten Soldaten zur Verfügung gestellt werden konnten, möglicherweise auch, um die Umsiedlung von Volksdeutschen aus Nachbarländern im Osten zu erleichtern.[35]

Die Patienten aus Pommern brachte man mit dem Zug nach Danzig-Neustadt, wo man sie dem nach seinem Chef benannten «SS-Sturmbann

Eimann» übergab; sie wurden in die umliegenden Wälder geführt und erschossen. Die Leichen warf man in Gräber, die zuvor von Gefangenen aus dem Konzentrationslager Stutthof gegraben worden waren. Tagein tagaus folgte eine Ladung von Opfern auf die andere; am Nachmittag war die «Arbeit» getan, und die Lastwagen, die die Patienten gebracht hatten, kehrten mit den Kleidungsstücken der Opfer zum Bahnhof zurück. Bald danach wurden die Insassen des Konzentrationslagers, welche die Gräber ausgehoben hatten, ihrerseits liquidiert. Die Zahl der von Kurt Eimanns Einheit ermordeten Patienten ist nicht genau bekannt, aber im Januar 1941 ist im Einsatz-Bericht von über 3000 Opfern die Rede.[36]

Neugeborene Kinder mit schweren Mißbildungen hatte man bereits am Vorabend des Krieges im Auge. Mit dem «Euthanasie»-Programm (bezeichnet mit dem Decknamen «T 4», der Abkürzung von Tiergartenstraße 4, wo sich die Zentrale der Operation befand), das sich gegen Erwachsene richtete, wurde auf Befehl Hitlers insgeheim im Oktober 1939 begonnen. Dieses Programm stand unter der unmittelbaren Verantwortung der Kanzlei des Führers der NSDAP (KdF), deren Leiter Philipp Bouhler war. Bouhler übertrug dem Chef von Amt II in der KdF, Viktor Brack, die Durchführung der Tötungsoperationen. Im Rahmen von T 4 wurden zwischen Kriegsbeginn und August 1941, als sich die Struktur des Vernichtungssystems änderte, etwa 70 000 geisteskranke Patienten in sechs Anstalten gebracht und ermordet.

Seit dem Ende des 19. Jahrhunderts hatte die Eugenik eine rassische Verbesserung des «Volkskörpers» mit Hilfe einer Reihe von sozialen und medizinischen Maßnahmen gepredigt. Solche Theorien und Maßnahmen waren in den angelsächsischen und skandinavischen Ländern ebensosehr Mode wie in Deutschland. Nach dem Ende des Ersten Weltkriegs fand in der Weimarer Republik in zunehmendem Maße die Ansicht Zustimmung, daß die biologische Erschöpfung des Reiches infolge des Krieges und die wirtschaftlichen Schwierigkeiten, die jede großangelegte Sozialpolitik zur Förderung «positiver» eugenischer Maßnahmen verhinderten, es fast unumgänglich machten, die Schwachen, die Unangepaßten und die Kranken aus dem biologischen Fonds des Volkes auszuschließen. Solche Vorstellungen wurden während der «Kampfjahre» zu festen Bestandteilen der Nazi-Ideologie. Innerhalb weniger Monate nach seinem Amtsantritt als Reichskanzler initiierte Hitler ein neues Gesetz, das die *zwangsweise* Sterilisation von Individuen befahl, die an einer Reihe von Erbkrankheiten litten. Doch noch im September 1935 weigerte sich der «Führer», den nächsten «logischen» Schritt zu tun: diese «lebensunwerten» Individuen zu ermorden. Man hätte mit negativen Reaktionen in der Bevölkerung und der Kirchen rechnen müssen, ein Risiko, das Hitler noch nicht eingehen wollte. Ende 1938 und vor allem im Jahre 1939 verstärkte sich seine Bereitschaft, auf diesem Gebiet wie im Hinblick auf Aggression gegen das Ausland weiter zu gehen, und als der Krieg begonnen hatte, wurde die endgültige Genehmigung erteilt;[37] damit wurde der entscheidende Schritt von der Zwangssterilisation zur umstandslosen Vernichtung ganzer Gruppen getan.

In jeder der medizinischen Institutionen, die jetzt zu Tötungszentren wurden, trugen Ärzte und Polizeibeamte gemeinsam Verantwortung. Die Vernichtungen folgten einem standardisierten Muster: der leitende Arzt kontrollierte die Papiere; es wurden Photos der Opfer angefertigt; dann führte man die Insassen in eine Gaskammer, in die aus Behältern Kohlenmonoxid eingeleitet wurde, und erstickte sie so. Goldzähne wurden ausgebrochen und die Leichen verbrannt.[38]

Im Juni 1940 begann die Ermordung jüdischer Patienten. Man hatte sie zuvor in einige wenige Einrichtungen überführt, die nur für sie bestimmt waren.[39] Sie wurden ohne alle Formalitäten getötet; ihre Krankenakten waren nicht von Interesse. Ihr Tod wurde gleichwohl getarnt: Die Reichsvereinigung, die Vertretung der Juden in Deutschland, mußte die Kosten der Unterbringung in einer fiktiven Institution, dem «Staatlichen Hospital Cholm» in der Nähe von Lublin, bezahlen. Im August 1940 erhielten die Angehörigen der Patienten gleichlautende Briefe aus Cholm, in denen sie vom plötzlichen Tod ihrer Verwandten in Kenntnis gesetzt wurden – alle waren an demselben Tag gestorben. Die Todesursache war nicht angegeben.[40]

IV

Wie wir in der Einleitung sahen, waren die Juden nach Ansicht Hitlers in erster Linie eine *aktive* (letztlich tödliche) Bedrohung. Doch nach dem Polenfeldzug waren die deutschen Reaktionen auf den Anblick der Ostjuden Abscheu und äußerste Verachtung. Am 10. September machte Hitler eine Rundfahrt durch das Judenviertel von Kielce; sein Pressechef Otto Dietrich schilderte in einem Ende des Jahres erschienenen Pamphlet den Eindruck dieses Besuches: «Wenn wir einmal geglaubt hatten, den Juden zu kennen, dann werden wir hier rasch eines anderen belehrt. ... Es ist unvorstellbar, wie diese Menschen aussehen. Alles sträubt sich in uns und der physische Abscheu hindert uns, unsere journalistischen Nachforschungen an Ort und Stelle fortzusetzen. ... [Es] sind die Juden in Polen keineswegs arm, aber sie leben in einem unvorstellbaren Schmutz, in Hütten, in denen in Deutschland kein Landstreicher übernachten würde.»[41]

Am 7. Oktober ergänzte Propagandaminister Joseph Goebbels mit Blick auf Hitlers Schilderung seiner Eindrücke aus Polen: «Das Judenproblem wird wohl am schwierigsten zu lösen sein. Diese Juden sind gar keine Menschen mehr. Mit einem kalten Intellekt ausgestattete Raubtiere, die man unschädlich machen muß.»[42] Am 2. November berichtete Goebbels Hitler von seiner eigenen Polenreise. «Vor allem», hielt er in seinem Tagebuch fest, «meine Darlegung des Judenproblems findet seine volle Zustimmung. Das Judentum ist ein Abfallprodukt. Mehr eine klinische, als eine soziale Angelegenheit.»[43]

Im Sprachgebrauch der Nazis hieß «unschädlich machen» soviel wie ermorden. Im Herbst 1939 gab es keinen derartigen konkreten Plan, aber Mordgedanken in bezug auf die Juden lagen gewiß in der Luft. Die härtesten Maßnahmen wurden nicht unbedingt von allen Mitgliedern der NS-Elite unterstützt: «[Innenminister] Frick berichtet über die Judenfrage in Polen», notierte Goebbels am 8. November. «Er ist für etwas sanftere Methoden. Ich protestiere dagegen. [Leiter der DAF] Ley ebenfalls.»[44] Gelegentlich erhoben sich Hitlers Grübeleien über das Judentum, wie sie es schon seit Beginn seiner Laufbahn getan hatten, in höhere Regionen: «Wir kommen dann wieder auf religiöse Fragen zu sprechen», notierte Goebbels am 29. Dezember. «Der Führer ist tief religiös, aber ganz antichristlich. Er sieht im Christentum ein Verfallssymptom. Mit Recht. Es ist eine Ablagerung der jüdischen Rasse. Man sieht das auch an den Ähnlichkeiten religiöser Riten. Beide haben gar kein Verhältnis zum Tier und werden daran letztlich zugrunde gehen.»[45]

Während Hitler in Gesprächen mit Goebbels, Rosenberg und anderen Parteivertretern seine antisemitischen Tiraden unverändert fortsetzte, fanden seine einzigen *öffentlichen* antijüdischen Ausfälle innerhalb eines Zeitraums von mehreren Monaten zu Beginn des Krieges statt, an dem Tag, an dem Großbritannien und Frankreich in den Konflikt eintraten. Am Nachmittag des 3. September sendete der deutsche Rundfunk vier Verlautbarungen Adolf Hitlers: die erste an das deutsche Volk, die zweite und dritte an die Streitkräfte an der Ostfront und an der Westfront, die letzte und wichtigste schließlich an die nationalsozialistische Partei. In der ersten Verlautbarung drosch der «Führer» auf diejenigen ein, die diesen Krieg angefangen hatten; verantwortlich war nicht das britische Volk, sondern «jene jüdisch-plutokratische und demokratische Herrenschicht, die in allen Völkern der Welt nur gehorsame Sklaven sehen will».[46] Während in der Ansprache an das deutsche Volk der Angriff auf die «jüdische Plutokratie» erst in der Mitte der Rede kam, leitete er die Verlautbarung an die Partei ein: «Unser jüdisch-demokratischer Weltfeind hat es fertiggebracht, das englische Volk in den Kriegszustand gegen Deutschland zu stellen.»[47] Der wirkliche «Weltfeind» wurde abermals eindeutig identifiziert: Partei und Staat würden handeln müssen. «Wer sich», so warnte Hitler dunkel, «den Gemeinschaftsanforderungen widersetzt ... oder wer glaubt, sie gar sabotieren zu können, wird *dieses Mal unbarmherzig vernichtet.*»[48]

Die Frage, ob diese finsteren Drohungen künftige Schritte signalisierten oder ob es sich dabei zu diesem Zeitpunkt lediglich um ritualisierte Ausbrüche handelte, bleibt offen. Hitlers nachfolgende Zurückhaltung in der Öffentlichkeit hatte politische Gründe – er hoffte auf eine Übereinkunft mit Frankreich und Großbritannien und später dann mit Großbritannien allein. Über die Juden wurde nichts gesagt, weder in der Jahresansprache an die «alten Kämpfer» am 8. November 1939 noch in der offiziellen Erklärung nach dem Attentat auf Hitler am selben Abend.

In seiner Neujahrsbotschaft für das Jahr 1940 deutete Hitler lediglich an, daß die Juden nicht vergessen waren: «Trotzdem hat der jüdisch-internationale Kapitalismus in Verbindung mit sozial-reaktionären Schichten in den westlichen Staaten es fertiggebracht, die Welt der Demokratien gegen Deutschland zu hetzen»; derselbe «jüdisch-kapitalistische Weltfeind» kannte nur ein Ziel: Es hieß, «Deutschland, das deutsche Volk zu vernichten!» Aber, so Hitler: «Die jüdisch-kapitalistische Welt wird das 20. Jahrhundert nicht überleben!»[49] Und in der Rede zum Jahrestag der Machtergreifung, am 30. Januar, war dann die gleiche Zurückhaltung noch stärker spürbar. Ein Jahr zuvor hatte Hitler bei diesem Anlaß verkündet, ein Weltkrieg werde zur Vernichtung der Juden Europas führen, und ein Jahr später, am 30. Januar 1941, erneuerte er dann diese Drohung. Am 30. Januar 1940 wurden die Juden überhaupt nicht erwähnt, weder direkt noch indirekt.

Von nicht geringerer Bedeutung war möglicherweise die Tatsache, daß Hitler in seiner Rede vom 24. Februar 1940, zum 20. Jahrestag des Parteiprogramms (eines Programms, in dem die «Judenfrage» eine große Rolle gespielt hatte), nur an einer Stelle speziell auf die Juden Bezug nahm, als er den im Münchner Hofbräuhaus versammelten Parteimitgliedern erklärte, wenn ein Jude ihn beleidige, dann betrachte er das als Ehre. In derselben Rede erwähnte er außerdem das Volk, das jedermann kenne, das Volk, das bis in die letzten acht Jahre unter ihnen gelebt habe, eine Gruppe, deren Jargon kein Deutscher verstehen und deren Gegenwart kein Deutscher ertragen könne, ein Volk, das nur zu lügen verstehe. Selbst das dümmste Parteimitglied verstand, auf wen Hitler anspielte, aber im Gegensatz zu den rhetorischen Gewohnheiten des «Führers» fiel das Wort «Juden» nicht.[50]

V

Auch wenn in diesem Stadium der größte Teil der antijüdischen Propaganda der Nazis auf die deutsche Öffentlichkeit zielte, vergaß Goebbels doch nie ihre potentiellen Auswirkungen jenseits der Reichsgrenzen, insbesondere bei den Feinden Deutschlands. Durch endlose Wiederholung der Behauptung, der Krieg sei ein «jüdischer Krieg», den die Juden zu ihrem eigenen Nutzen und in Verfolgung ihres Endziels, der Weltherrschaft, vorbereitet und angezettelt hätten, hoffte Goebbels, die Entschlossenheit des Feindes zu schwächen und den zunehmenden Wunsch nach einer Übereinkunft mit Deutschland zu fördern.

Am 2. November, in dem Gespräch, in dem der Minister Hitler von seiner Polenreise erzählte und die Juden als «Abfallprodukt», «mehr eine klinische als eine soziale Angelegenheit» beschrieb, gelangten beide zu dem Schluß, die antijüdische Propaganda für die Außenwelt sollte erheblich verstärkt werden: «Wir überlegen», notierte der Minister, «ob wir nicht die Zionistischen Protokolle [sic; gemeint sind die *Protokolle der Weisen von Zion*] für unsere Propaganda in Frankreich hervorholen sollen.»[51] Die Heranziehung der *Protokolle* sollte in Goebbels' Plänen während des Krieges, vor allem zum Ende hin, ständig wiederkehren. Mehr als einmal besprach er dieses Thema mit seinem «Führer». Übrigens wurde bei dieser Gelegenheit der zwitterhafte und widersprüchliche Aspekt des Nazimythos vom Juden eindrücklich veranschaulicht: Einerseits waren die Juden ein «Abfallprodukt» und eine «klinische Angelegenheit», andererseits war die «arische» Menschheit mit der tödlichen Gefahr einer jüdischen Weltherrschaft konfrontiert...

Unmittelbar nach Kriegsbeginn befahl Goebbels die Produktion dreier großer antijüdischer Filme: *Die Rothschilds*, *Jud Süß* und *Der ewige Jude*. Das Rothschild-Projekt wurde dem Minister vom Vorstand der Ufa-Filmstudios im September 1939 unterbreitet; er erteilte die Genehmigung zum Beginn der Dreharbeiten.[52] *Der ewige Jude* war Goebbels' eigene Idee, und dieser Film wurde in der Zeit von Oktober 1939 bis September 1940 sein aufwendigstes antijüdisches Propagandaprojekt. Im Oktober wurde Fritz Hippler, dem Leiter der Abteilung Film im Propagandaministerium, die Verantwortung für das Projekt übertragen; im November wurde Veit Harlan mit der Regie von *Jud Süß* beauftragt.

Die drei Filmprojekte der Nationalsozialisten hatten eine eigenartige Vorgeschichte. Alle drei Themen – ja, alle drei Titel – waren wahrscheinlich von Goebbels ausgesucht worden, um heftig antisemitische Versionen gleichnamiger Filme vorzulegen, die in den Jahren 1933 und 1934 in Großbritannien und in den Vereinigten Staaten gedreht worden waren und von denen jeder eine Botschaft enthielt, mit der die Verfolgung der Juden in der Geschichte angeprangert wurde. In diesen drei Filmen der frühen 1930er Jahre wurden die jüdischen Gestalten natürlich in einem sehr günstigen Licht gezeigt.[53] Den Film *The House of Rothschild* drehte die Twentieth Century Pictures im Jahre 1933; *The Eternal Jew* kam 1934 aus den Studios von Gaumont-Twickenham, und im selben Jahr produzierte Gaumont-British *Jew Suess* mit dem aus Deutschland geflüchteten Schauspieler Conrad Veidt in der Hauptrolle (Veidt hatte Deutschland 1933 verlassen, weil er mit einer Halbjüdin verheiratet war).[54] Sowohl *The House of Rothschild* als auch *Jew Suess* waren in den Vereinigten Staaten, in Großbritannien und mehreren anderen europäischen Ländern relativ erfolgreich. Selbstverständlich wurde keiner der beiden Filme in Deutschland gezeigt, und in Wien wurde *Jew Suess*, nachdem er dort kurze Zeit gelaufen war, verboten.[55] In Großbritannien selbst erhielt *Jew Suess* überwiegend positive Besprechungen, aber es erschienen dazu auch einige stark antisemitische Artikel. Im *Punch* beispielsweise wurde das Tivoli-Kino (wo die Uraufführung des Films stattgefunden hatte) gewarnt: «Es muß beginnen, sich zu arisieren, oder man wird es allzusehr für eine Heimstatt hebraischer Eminenz und Eigenart halten. ... Ein wenig nichtjüdische Hefe in den Tivoli-Pogromen – Programmen, wollte ich sagen – wäre nicht unwillkommen.»[56] Auf Goebbels' *Jud Süß* kommen wir noch zurück.

Der britische Film *The Eternal Jew* aus dem Jahre 1934 brandmarkte die Verfolgung der Juden während der Inquisition. Etwa um die gleiche Zeit produzierte ein gewisser Walter Böttcher für die Münchner antijüdische Ausstellung *Der ewige Jude*, die im Herbst 1937 eröffnet wurde, eine erste Nazi-Version des Films, die denselben Titel trug. Goebbels, der mit diesem Parteiprodukt nichts zu tun hatte, mochte den Film nicht und bemerkte am 5. November 1937 sogar, er sei gegen seine Anweisungen gedreht worden.[57] Und doch benutzte *Juden ohne Maske*, wie der Film von 1937 hieß, schon die Methode, die dann in der Goebbelsschen Produktion mit erheblich größerem Geschick eingesetzt wurde: Bilder von Juden, «wie sie äußerlich erschienen», wurden Bildern von Juden gegenübergestellt, «wie sie wirklich waren»...[58]

Die zweite Quelle des Films *Der ewige Jude* war das Material für einen antisemitischen Dokumentarfilm, der – nur wenige Tage nach dem Ende des Feldzugs – in Polen gedreht wurde. Am 4. Oktober notierte Goebbels: «Mit Hippler und Taubert einen Ghettofilm besprochen. Das Material dazu wird jetzt in Polen gedreht werden. Das soll ein Propagandafilm erster Klasse werden. ... In 3–4 Wochen muß er fertig sein.»[59] Goebbels konnte nicht ahnen, daß es noch ein ganzes Jahr dauern würde, bis diese antijüdische Produktion par excellence fertig war.[60]

Ende 1939 und in den ersten Monaten des Jahres 1940 widmete der Minister dem «Judenfilm», wie er den *Ewigen Juden* nannte, beständige Aufmerksamkeit. Am 16. Oktober sprach er mit Hitler über seine «Vorarbeiten zum Judenfilm, die ihn sehr interessieren».[61] Am nächsten Tag kehrte er in seinem Tagebuch zu diesem Thema zurück: «Filmproben. ... Und dann Aufnahmen vom Ghettofilm. Noch niemals dagewesen. Schächtungen, so grausam und brutal in den Einzelheiten, daß einem das Blut in den Adern gerinnt. Man schaudert zurück vor soviel Roheit. Dieses Judentum muß vernichtet werden.»[62] 24. Oktober: «Weitere Proben zu unserem Judenfilm. Synagogenaufnahmen von außerordentlicher Prägnanz. Daran arbeiten wir augenblicklich, um aus alldem ein propagandistisches Meisterstück zu machen.»[63] 28. Oktober: «Probeaufnahmen zu unserem Judenfilm. Erschütternd! Dieser Film wird unser großer Clou.»[64]

Am 2. November flog Goebbels nach Polen, zunächst nach Łódź: «Fahrt durch das Ghetto. Wir steigen aus und besichtigen alles eingehend. Es ist unbeschreiblich. Das sind keine Menschen mehr, das sind Tiere. Das ist deshalb auch keine humanitäre, sondern eine chirurgische Aufgabe. Man muß hier Schnitte tuen, und zwar ganz radikale. Sonst geht Europa an der jüdischen Krankheit zugrunde.»[65] 19. November: «Ich erzähle dem Führer von unserem Judenfilm. Er gibt dazu einige Anregungen.»[66] Und so ging es bis Ende 1939.

Die «Synagogenaufnahmen» waren in der Vilker Synagoge in Łódź gefilmt worden. Die Deutschen versammelten die Gemeindemitglieder, befahlen ihnen, *taleysim* (Gebetsschals) und *tefillin* (Gebetsriemen) anzulegen und einen vollständigen Gottesdienst vorzuführen. Szymon Huberband hielt die Einzelheiten des Ereignisses später für das Untergrundarchiv in Warschau fest (auf das wir noch zurückkommen). «Es kam eine große Zahl hochrangiger deutscher Beamter», notierte Huberband, «und filmte den gesamten Ablauf des Gottesdienstes, verewigte ihn in Zelluloid!!» Dann wurde der Befehl erteilt, die Torarolle herauszunehmen und aus ihr vorzulesen: «Das Tora-Manuskript wurde in verschiedenen Stellungen gefilmt – in den Mantel gehüllt, mit um die Rolle geschlungenem Torawimpel und ohne ihn, aufgerollt und zusammengerollt. Der Tora-Vorleser, ein gewitzter Jude, rief auf hebräisch, bevor er mit der Lesung begann: ‹Heute ist Dienstag.› Das sollte als Erklärung für die Nachwelt dienen, daß sie dazu gezwungen wurden, die Tora zu lesen, denn die Tora wird gewöhnlich nicht dienstags gelesen.»[67]

Im jüdischen Schlachthaus wiederholten die Deutschen die Operation: «Den koscheren Schlächtern in Jarmulkes [Käppchen] und Gartlech [Schärpen] befahl man, eine Reihe von Tieren zu schlachten und die Segenssprüche zu rezitieren, wobei sie die Augen verdrehten und sich voller religiöser Inbrunst hin und her wiegten. Sie mußten auch die Lungen der Schlachttiere untersuchen und die Anhänge von den Lungen entfernen.»[68] Übrigens brannten die Deutschen in den darauffolgenden Tagen erst eine und dann eine andere Synagoge nieder und erklärten, das sei die Rache der Polen dafür, daß die Juden das Denkmal des Nationalhelden und antirussischen Freiheitskämpfers Kościuszko zerstört hätten.[69]

Die Verzögerungen bei der Fertigstellung des *Ewigen Juden* bedeuteten nicht, daß die deutsche Bevölkerung auf Bildmaterial über «den Juden» warten mußte. Seit Beginn des Polenfeldzugs filmten die Propagandakompanien (PK) der Wehrmacht, die unter der Oberhoheit des OKW standen, deren Personal aber häufig vom Propagandaministerium ausgesucht war, Juden für die Ufa-Wochenschauen. Am 2. Oktober erhielten die PKs dringende Anweisung aus Goebbels' Ministerium: Filmmaterial, das alle Arten von jüdischen Typen zeige, sei von hoher Priorität. Man brauche mehr als zuvor, aus Warschau und allen besetzten Gebieten. Goebbels verlangte besonders Bilder von Juden bei der Arbeit. Das Material sollte die antisemitische Propaganda im Reich und im Ausland verstärken.[70] Bildmaterial über Juden wurde schon am 14. September und dann am 4. sowie am 18. Oktober in Wochenschauen gezeigt.[71] Einen Teil dieses Materials verwendete man später für den *Ewigen Juden*.

Anweisungen an die Presse wurden größtenteils von Goebbels kontrolliert, es gab allerdings auch eine gewisse Konkurrenz von Rosenberg sowie von Reichspressechef Otto Dietrich. Als Staatssekretär in Goebbels' Ministerium war Dietrich zugleich auch Hitlers Pressechef sowie Reichsleiter (das Parteiäquivalent zum Minister); somit war er einerseits Goebbels' Untergebener, stand andererseits aber auch auf gleicher Stufe wie der Minister. Im Januar 1940 erteilte Dietrich seinen Schützlingen vertrauliche Anweisungen: «Es fällt auf», klagte er, «daß es die Presse mit wenigen Ausnahmen noch nicht verstanden hat, der propagandistischen Parole der Neujahrsbotschaft des Führers, in der vom Kampf gegen die ‹jüdischen und reaktionären Kriegshetzer in den kapitalistischen Demokratien› die Rede war, auch journalistischen Nachdruck in der täglichen Arbeit zu verleihen. Antisemitische Themen müssen in Zukunft genau so zum täglichen Zeitungsstoff werden wie klare Herausstellungen der sozialen Rückständigkeit der Geldsackdemokratien, die durch diesen Krieg ihre Ausbeutungsmethoden retten wollen. ... Nur durch größte Aufmerksamkeit der Hauptschriftleiter in Richtung auf das jüdisch-kapitalistische Thema wird die notwendige propagandistische Dauerwirkung erzielt.»[72]

Gelegentlich wurden in den Richtlinien des Propagandaministeriums Zeitungen gerügt, weil sie die elementarsten Regeln ihres Handwerks außer acht ließen: alle Details peinlich genau zu überprüfen, um sich so eng wie möglich an die Wahrheit zu halten. (Solche Ermahnungen verwandelten sich natürlich in eine unfreiwillige Karikatur von Faktensuche, die in einem anderen Kontext äußerst komisch wäre.) So «bedauerte» Anweisung Nr. 53 vom 9. Januar 1940 den großen Raum, den der *Völkische Beobachter* der jüdischen Abstammung britischer Staatsmänner eingeräumt hatte: «Die darin enthaltenen Angaben sind zum großen Teil falsch. Die Behauptung, daß [der Jude] Sir Philip Sassoun nach der Ausbootung [des Juden] Hore Belisha weiter als Leiter der Kriegsbetriebe geblieben ist, ist falsch. Sassoun ist tot. Duff Coopers Gattin ist keine Jüdin, wie der ‹VB› behauptet hatte. Sie ist das arischste, was unter den schottischen Adelsgeschlechtern zu finden ist. Auch die Behauptung, daß Frau Daladier Jüdin sei, ist falsch. Daladier ist seit langem Witwer. Das Propagandaministerium wird wahrscheinlich neues Material über die jüdische Abstammung einiger englischer Staatsmänner herausgeben.»[73] Der Hauptschriftleiter des *Völkischen Beobachters* war zufällig Goebbels' Intimfeind Alfred Rosenberg...

Tatsächlich war «der Jude», welche Motive auch immer Hitler in dieser frühen Phase des Krieges für seine taktische Zurückhaltung gehabt haben mag, in der Flut von Veröffentlichungen, Reden, Befehlen und Verboten, die das Alltagsleben in Deutschland durchdrangen, allgegenwärtig. Jeder Parteiführer von einigem Rang hatte seinen individuellen Stil im Umgang mit der «Judenfrage», und jeder derartige Führer verfügte über eine große Klientel, die der unmittelbare Adressat und das bereitwillige oder zwangsweise Publikum für diese Tiraden war. Nehmen wir Robert Ley, den Reichsminister und Führer der Deutschen Arbeitsfront; seine Reden und Veröffentlichungen erreichten Millionen von Arbeitern ebenso wie die künftige Führung der Partei, die in den Ordensburgen ausgebildet wurde, die er 1934 eingerichtet hatte und seither kontrollierte. Als Ley daher im Jahre 1940 die Schrift *Unser Sozialismus: Der Haß der Welt* veröffentlichte, fand seine Stimme bei vielen Deutschen ihr Echo. Für ihn war der Kapitalismus, wie sein Biograph schreibt, «de[r] eine Fangarm des jüdischen Feindes», und die jüdische Plutokratie war «die Herrschaft des Geldes und Goldes, die Unterdrückung und Knechtschaft der Menschen, die Umkehrung aller natürlichen Werte und Ausschaltung der Vernunft und der Einsicht, das mystische Dunkel des Aberglaubens ..., die Gemeinheit menschlicher Triebhaftigkeit und Brutalität». Dieses Böse und das Gute, welches die nationalsozialistische Volksgemeinschaft war, hatten nichts miteinander gemein; zwischen diesen beiden Welten gab es «keinen Kompromiß und keinen Ausgleich. Wer das eine will, muß das andere hassen. Wer sich dem einen verschrieben hat, muß das andere vernichten.»[74]

Gelegentlich war es jedoch erforderlich, die logischen Konsequenzen der antijüdischen Hetze nicht über einen bestimmten Punkt hinaus zu treiben, da manche Maßnahmen in der Bevölkerung zu negativen Reaktionen führen konnten. So gelangten am 6. März 1940 Goebbels, Rosenberg und ihr «Führer» zu dem Schluß, daß gewisse Teile der kirchlichen Liturgie nicht verboten werden sollten, auch wenn sie die Juden priesen: «Wir können diese Frage jetzt nicht aufrollen.»[75] Die Dresdner Zionskirche – die auch der umliegenden Schrebergartenkolonie, der «Zionskolonie», den Namen gegeben hatte – wurde während des gesamten Krieges nicht umbenannt.[76]

VI

Nur ein kleiner Bruchteil der etwa 2,2 Millionen polnischer Juden, die den Deutschen in der Zeit bis Ende September 1939 in die Hände fielen, zählte zum Bürgertum. Die große Mehrheit gehörte, ob in großen oder in kleinen Städten, der unteren Mittelschicht von Ladeninhabern und Handwerkern an; wie schon erwähnt, waren sie infolge der anhaltenden Wirtschaftskrise und der zunehmenden Feindseligkeit ihrer Umwelt immer mehr verarmt. In Łódź beispielsweise wohnten Anfang der 1930er Jahre 70 Prozent der jüdischen Arbeiterfamilien (die im Durchschnitt 5 bis 8 Personen umfaßten) in einem einzigen Zimmer; nahezu 20 Prozent dieser Zimmer befanden sich entweder auf Dachböden oder in Kellern; zum Teil dienten sie sowohl als Werkstatt wie auch als Wohnraum. Den Juden von Warschau, Wilna und Białystok ging es nicht viel besser als denen in Łódź.[77] Mehr als ein Viertel der gesamten jüdischen Bevölkerung Polens brauchte 1934 Sozialunterstützung, und dieser Trend verstärkte sich Ende der dreißiger Jahre noch.[78] Wie Ezra Mendelsohn schreibt, war die polnische Judenheit am Vorabend des Krieges «eine verarmte Gemeinschaft, die nicht darauf hoffen konnte, ihren raschen wirtschaftlichen Niedergang aufzuhalten».[79]

Ein bedeutender – wenngleich abnehmender – Teil dieser Bevölkerung war in seiner Kultur – einschließlich der Sprache (Jiddisch oder Hebräisch) – und in religiöser Praxis unterschiedlichen Grades bewußt jüdisch gewesen und geblieben.[80] Während der Zwischenkriegszeit verschärfte der kulturelle Separatismus der Juden – der sich von demjenigen anderer Minderheiten, welche in dem neuen polnischen Staat lebten, nicht unterschied – den bereits tief eingewurzelten einheimischen Antisemitismus. Gefördert wurde diese feindselige Einstellung durch den traditionellen katholischen Antijudaismus, durch einen immer heftigeren Drang der Polen, die Juden aus ihrem Gewerbe und ihren Berufen hinauszudrängen, sowie durch mythische Geschichten über subversive Aktivitäten der Juden, die sich gegen nationale Ansprüche und Rechte der Polen richteten.[81]

In diesem tief katholischen Land war die Rolle der Kirche entscheidend. Eine Untersuchung über die katholische Presse in den Jahren zwischen den beiden Weltkriegen beginnt mit einer ganz unzweideutigen Aussage: «Alle katholischen Journalisten waren sich darin einig, ... daß es tatsächlich eine Judenfrage gebe und daß die jüdische Minderheit in Polen eine Bedrohung für die Identität der polnischen Nation und die Unabhängigkeit des polnischen Staates darstelle.» Der allgemeine Tenor der Artikel, die in der katholischen Presse erschienen, ging dahin, daß alle Versuche, den Konflikt zwischen Polen und Juden zu entschärfen, unrealistisch seien. Es gab sogar Vorschläge, die darauf zielten, von der herrschenden Politik, die den Juden dieselben Rechte wie den Polen zugestand und sie als gleichberechtigte Bürger anerkannte, abzugehen. Die katholische Presse warnte davor, die Situation auf die leichte Schulter zu nehmen: «Auf polnischem Boden konnte es keine zwei Herren (*gospodarze*) geben, besonders da die jüdische Gemeinschaft zur Demoralisierung der Polen beitrug, ihnen Arbeitsplätze und Einkommen wegnahm und die nationale Kultur zerstörte.»[82] Akzeptierte man eine derartige Voraussetzung, dann gab es unterschiedliche Auffassungen nur noch über die Methoden, die im Kampf gegen die Juden angewendet werden sollten. Während ein Teil der katholischen Presse (und Hierarchie) dafür eintrat, nicht die Juden als Menschen, sondern «jüdische Ideen» zu bekämpfen, gingen andere weiter und befürworteten eine «Selbstverteidigung», selbst wenn diese dazu führte, daß Juden ums Leben kamen.[83]

In der Hetze der Presse spiegelten sich nur die Einstellungen wider, welche die Kirchenhierarchie in der Zwischenkriegszeit (und davor) vertreten hatte. Selbst wenn man von den extremsten antijüdischen Attacken, die aus den Reihen des polnischen Klerus kamen, etwa von denen eines Pater Stanisław Trzeciak, absah, war die Stimme des Episkopats doch bedrohlich genug. So verbreitete 1920, während des polnisch-sowjetischen Krieges, eine Gruppe polnischer Bischöfe die folgende Erklärung zur jüdischen Rolle im Weltgeschehen: «Die Rasse, in deren Händen die Führung des Bolschewismus liegt, hat schon in der Vergangenheit die ganze Welt durch Gold und durch die Banken unterjocht, und jetzt zielt sie, getrieben von der immerwährenden imperialistischen Gier, die in ihren Adern fließt, schon darauf, die Nationen endgültig unter das Joch ihrer Herrschaft zu zwingen ...»[84]

In einem Hirtenbrief vom 29. Februar 1936 versuchte Augustus Kardinal Hlond, die oberste Autorität der katholischen Kirche in Polen, die zunehmende Welle antijüdischer Gewalt einzudämmen: «Es ist eine Tatsache», erklärte der Kardinal, «daß Juden gegen die katholische Kirche Krieg führen, daß sie von Freidenkerei erfüllt sind und die Vorhut des Atheismus, der bolschewistischen Bewegung und der revolutionären Aktivität bilden. Es ist eine Tatsche, daß die Juden einen verderblichen Einfluß auf die Moral haben und daß ihre Verlage Pornographie verbreiten. Es ist wahr, daß die Juden Betrug verüben, daß sie Wucher praktizieren und Prostitution betreiben. ... Doch seien wir gerecht. Nicht alle Juden sind so. ... Man darf die eigene Nation mehr lieben, aber man darf niemanden hassen. Nicht einmal Juden. ... Von dem schädlichen moralischen Einfluß von Juden sollte man sich fernhalten, von ihrer antichristlichen Kultur sollte man sich distanzieren und insbesondere die jüdische Presse und demoralisierende jüdische Veröffentlichungen boykottieren. Doch es ist verboten, Juden anzugreifen, zusammenzuschlagen, zu verstümmeln oder zu verunglimpfen ...»[85]

Die extremste und militanteste antijüdische politische Organisation in Polen, die Nationaldemokratische Partei (*Endecja*), die in den 1890er Jahren von Roman Dmowski gegründet worden war, der sie bis Ende der 1930er Jahre leitete, verlangte in allererster Linie die Ausschließung von Juden aus Schlüsselpositionen im politischen, kulturellen und wirtschaftlichen Leben Polens. Sie verwarf die Möglichkeit einer jüdischen Assimilation (wobei sie behauptete, eine derartige Assimilation sei nicht echt oder gehe nicht «in die Tiefe»); sie setzte die Juden mit dem Kommunismus gleich (wobei sie den Terminus «Żydokomuna» – «jüdischer Kommunismus» – prägte) und betrachtete schließlich die massenhafte Auswanderung (oder Vertreibung) der Juden aus Polen als die einzige Lösung der Judenfrage.[86]

Während der 1920er Jahre wurden die Angriffe auf die Juden – abgesehen von Pogromen in der Zeit unmittelbar nach dem Krieg – unter Kontrolle gehalten, zunächst durch die demokratischen Nachkriegsregierungen und dann durch Marschall Józef Piłsudskis autokratisches Regime.[87] Doch nach Piłsudskis Tod, vor allem seit 1936, nahmen die Aggressionen gegen die Juden in allen Bereichen zu. Weitverbreitete physische Gewalt, Wirtschaftsboykott, zahlreiche Zusammenstöße an den Universitäten und die Hetze der Kirche wurden durch eine Kette rechtsgerichteter Regierungen ermutigt. So wurde bei Kriegsbeginn die größte jüdische Gemeinschaft in Europa, die durch die Feindseligkeit ihrer Umgebung bereits erheblich angeschlagen war, im Netz der Nazis gefangen.[88]

*

Die Einsatzgruppen I, IV und V sowie vor allem Obergruppenführer von Woyrschs «Sondereinsatzgruppe» hatten den Auftrag, die jüdische Bevölkerung zu terrorisieren. Die brutale Ermordungs- und Vernichtungskampagne, die sie gegen die Juden in Gang setzten, hatte nicht die systematische Zielsetzung, ein bestimmtes Segment der jüdischen Bevölkerung zu liquidieren wie im Falle der polnischen Eliten, sondern sie war einerseits eine Manifestation des allgemeinen Hasses der Nazis auf die Juden und andererseits eine Demonstration von Gewalt, die die jüdische Bevölkerung dazu veranlassen sollte, aus einigen Regionen, die dem Reich angegliedert werden sollten, wie etwa Ostoberschlesien, zu fliehen.[89] Darüber hinaus hatten die Einsatzgruppen wahrscheinlich die Anweisung erhalten, so viele Juden wie möglich über den San in den Teil Polens zu treiben, der dann von den Sowjets besetzt wurde.[90] Von Woyrschs Einsatzgruppe, die sich aus Männern des SD und der Ordnungspolizei zusammensetzte, leistete ganze Arbeit. In Dynów am San verbrannten Abteilungen der Ordnungspolizei, die zu dieser Gruppe gehörten, ein Dutzend Juden in der Synagoge des Ortes und erschossen dann etwa 60 weitere im nahegelegenen Wald. Solche Mordaktionen wurden in mehreren Dörfern und Kleinstädten der Nachbarschaft wiederholt (am 19. September wurden in Przekopana über 100 jüdische Männer getötet). Insgesamt hatte die Einheit bis zum 20. September etwa 500 bis 600 Juden ermordet.[91]

Aus der Sicht der Wehrmacht hatte von Woyrsch alle erträglichen Grenzen überschritten. Der Kommandeur der 14. Armee verlangte den Rückzug der Einsatzgruppe, und diesem Verlangen kam die Gestapozentrale ungewöhnlicherweise sofort nach. Am 22. September wurde die Gruppe nach Kattowitz zurückbeordert.[92] Von Woyrschs Fall war jedoch extrem, und im allgemeinen führte die Spannung zwischen der Wehrmacht und der SS eher nicht zu irgendwelchen Maßnahmen gegen die SS-Einheiten selbst, sondern nur zu Beschwerden der Wehrmacht über die Disziplinlosigkeit der Männer Heydrichs: «SS-Artillerie des Panzerkorps hat Juden in eine Kirche zusammengetrieben und ermordet», schrieb Generaloberst Franz Halder, der Generalstabschef des Heeres, in sein Kriegstagebuch. «Kriegsgericht hat ein Jahr Zuchthaus ausgesprochen. Küchler [General, Oberbefehlshaber der 3. und dann der 18. Armee] hat Urteil nicht bestätigt, weil *strengere Strafen fällig.*»[93] Erneut, am 5. Oktober: «Judenmorde – Disziplin!»[94]

Das Massakrieren von Juden wurde von der Wehrmacht möglicherweise als ein Vorgang angesehen, der disziplinarisches Handeln erforderte, aber ihre Folterung war sowohl für die Soldaten als auch für die SS-Angehörigen eine willkommene Unterhaltung. Besonders beliebt als Opfer waren orthodoxe Juden, die sich durch Aussehen und Kleidung leicht identifizieren ließen. Auf sie wurde geschossen, sie wurden gezwungen, sich gegenseitig mit Kot zu beschmieren, sie mußten springen, kriechen, singen, Exkremente mit Gebetsschals abwischen, um Feuer tanzen, in denen Torarollen verbrannt wurden. Man peitschte sie, zwang sie, Schweinefleisch zu essen, oder schnitt ihnen Judensterne in die Stirn. Der beliebteste Zeitvertreib war das «Bartspiel»: Bärte und Schläfenlocken wurden abgeschnitten, ausgerupft, in Brand gesteckt, mit oder ohne Teile der Haut, der Wangen oder des Kiefers abgesäbelt, und das zum Amüsement eines gewöhnlich großen Publikums applaudierender Soldaten. Zu Jom Kippur 1939 war eine derartige Truppenunterhaltung besonders lebhaft.

Ein Teil der Invasionsarmee war auch schon in diesem frühen Stadium des Krieges hochgradig ideologisiert.[95] In einem «Merkblatt für das Verhalten des deutschen Soldaten im besetzten Gebiet in Polen», das der Oberbefehlshaber des Heeres, General Walther von Brauchitsch, am 19. September 1939 ausgegeben hatte, wurden die Soldaten gewarnt, sie müßten damit rechnen, daß ihnen alle Zivilisten, sofern es sich nicht um «Angehörige deutschen Volkstums» handele, «innerlich feindlich» gegenüberstünden. Weiter hieß es in Brauchitschs «Merkblatt»: «Das Verhalten gegenüber den Juden bedarf für den Soldaten des Nationalsozialistischen Reiches keiner besonderen Erwähnung.»[96] Es hielt sich daher im Rahmen der akzeptierten Denkweise, wenn ein Soldat in eben diesen Tagen in seinem Tagebuch notierte, in Polen erkenne man die Notwendigkeit einer radikalen Lösung der Judenfrage; hier sehe man Häuser, die von Tieren in Menschengestalt bewohnt seien, von Wesen, die mit ihren Bärten und Kaftanen, mit ihren Teufelsfratzen einen entsetzlichen Eindruck machten; wer noch kein radikaler Judengegner sei, der müsse hier einer werden.[97]

Häufiger betrachteten Soldaten und Offiziere ebenso wie ihr «Führer» die Juden mit abgrundtiefem Abscheu und Verachtung: «Wenn Du solche Menschen siehst, bleibt Dir der Verstand stehen, daß so etwas im 20. Jahrhundert noch möglich ist. Die Juden wollen uns die Hand küssen, aber – wir ziehen die Pistole, und man hört *Gott soll mich beschützen* – und er läuft, so schnell er kann ...»[98] Als Obergefreiter J. E. nach Wien zurückgekehrt war, hielt er in einem Brief vom 30. Dezember einige seiner Eindrücke von dem Feldzug fest: «Und Juden – noch selten sah ich so verwahrloste Gestalten herumgehen, in Fetzen gehüllt, schmutzig, schmierig. Wie eine Pest kamen uns diese vor. Das gemeine Geschau, hinterlistige Fragen und Getue haben uns oftmals nach der Pistole greifen lassen, um gar zu neugierige und zudringliche Subjekte die Wirklichkeit wieder ins Gedächtnis zurückzurufen.»[99] Derartige Impressionen und Reaktionen kehrten ständig wieder, und die Linie, die einen solchen instinktiven Haß von Brutalität und Mord trennte, war sehr schmal.

Zum Plündern bedurfte es jedoch keiner ideologischen Leidenschaft: «Um elf Uhr am Vormittag klopfen sie an die Tür», notierte Sierakowiak am 22. Oktober, «... ein deutscher Offizier, zwei Polizisten und der Verwalter kommen herein. Der Offizier fragt, wie viele Personen sich in der Wohnung aufhalten, sieht sich die Betten an, fragt nach Wanzen und ob wir ein Radio haben. Er findet nichts, was sich mitzunehmen lohnt, und verläßt schließlich enttäuscht die Wohnung. Bei den Nachbarn (sie gehen natürlich nur zu Juden) hat er Radio, Matratzen, Deckbetten, Teppiche usw. mitgenommen. Den Grabińskis haben sie ihre einzige Daunendecke weggenommen.»[100]

Am 13. Oktober 1939 schrieb der polnische Arzt und langjährige Direktor des Krankenhauses von Szczebrzeszyn in der Nähe von Zamość, Dr. Zygmunt Klukowski, in sein Tagebuch: «Die Deutschen haben mehrere neue Regeln erlassen. Ich nenne nur einige davon: ‹Alle Männer jüdischer Religion im Alter von 15 bis 60 Jahren müssen sich am 14. Oktober um 8 Uhr morgens mit Besen, Schaufeln und Eimern am Rathaus melden. Sie werden die Straßen der Stadt reinigen.›» Am nächsten Tag fügte er hinzu: «Die Deutschen behandeln die Juden sehr brutal. Sie schneiden ihnen die Bärte ab; manchmal reißen sie ihnen das Haar aus ...»[101] Am 15. lieferten die Deutschen noch mehr von dieser Sorte, aber mit einer etwas anderen – und gewiß erfindungsreichen – Tendenz: «Ein deutscher Major, der jetzige Stadtkommandant, erklärte der neuen ‹Polizei› [einer polnischen Hilfspolizeieinheit, die die Deutschen aufgestellt hatten], daß alle Brutalitäten gegen die Juden toleriert werden müßten, da sie in Übereinstimmung mit der deutschen antisemitischen Politik stünden, und daß diese Brutalitäten von oben angeordnet worden seien. Die Deutschen versuchen dauernd neue Arbeit für die Juden zu finden. Sie befehlen den Juden, vor jeder Arbeit mindestens eine halbe Stunde anstrengende Gymnastik zu machen, was vor allem für ältere Menschen fatal sein kann. Wenn die Juden zu einem Einsatz geführt werden, müssen sie laut polnische nationale Lieder singen.»[102] Und Klukowskis Eintragung am nächsten Tag faßte alles zusammen: «Die Judenverfolgung nimmt zu. Die Deutschen schlagen die Juden ohne jeden Grund, nur zum Spaß. Mehrere Juden wurden ins Krankenhaus gebracht, denen man das Gesäß zu rohem Fleisch geprügelt hatte. Ich konnte nur erste Hilfe leisten, da das Krankenhaus angewiesen worden ist, keine Juden aufzunehmen ...»[103] Dasselbe geschah natürlich an allen anderen Orten. «Am Nachmittag», schrieb Sierakowiak am 3. Dezember, «ging ich kurz aus und besuchte Ela Waldman. Man hat sie aus der Schule geworfen wie alle Juden. Sie schlagen die Juden auch entsetzlich auf den Straßen der Stadt. Gewöhnlich gehen sie auf die Juden zu, die vorübergehen, und ohrfeigen sie, treten sie, spucken sie an usw.» Und an diesem Punkt fügte der junge Tagebuchschreiber eine abgründige Frage hinzu: «Läßt das darauf schließen, daß für die Deutschen wahrscheinlich bald das Ende kommen wird?»[104]

Dieses brutale Verhalten der Wehrmacht belegt ein hohes Maß an Kontinuität zwischen den Einstellungen und Handlungen der deutschen Truppen ganz zu Beginn des Krieges und ihrem mörderischen Verhalten nach dem Überfall auf die Sowjetunion.[105] Während des Polenfeldzugs wurde die Verschärfung von Hitlers Drohungen in den höchsten Rängen des Heeres teilweise aber noch durch traditionelle Regeln für militärisches Verhalten und Disziplin sowie in einigen Fällen durch moralische Skrupel neutralisiert. So richtete General Johannes Blaskowitz, der Oberkommandierende des Heeres in Polen (Oberbefehlshaber Ost), einen Protest direkt an Hitler.[106] Blaskowitz war von dem Verhalten der Einheiten Heydrichs und von der Brutalisierung der Armee schockiert. «Es ist abwegig», schrieb er am 6. Februar 1940, «einige 10 000 Juden und Polen, so wie es augenblicklich geschieht, abzuschlachten; denn damit werden angesichts der Masse der Bevölkerung weder die polnische Staatsidee totgeschlagen noch die Juden beseitigt.»[107] Hitler ging über die Beschwerde hinweg. Mitte Oktober entzog man der Wehrmacht dann die Zuständigkeit für Zivilangelegenheiten im besetzten Polen.

Heydrich hatte die Stoßrichtung der Veränderungen, die sich in der Wehrmacht abspielten, begriffen. In seinem bereits erwähnten Brief an Daluege vom Juli 1940 erwähnte er seine Schwierigkeiten mit «den höheren Befehlshabern des Heeres», erklärte aber: «Das Zusammenarbeiten mit der Truppe unterhalb der Stäbe und in vielen Fällen auch mit den verschiedenen Stäben des Heeres war im allgemeinen gut.» Er fügte hinzu: «Stellt man Übergriffe, Plünderungsfälle, Ausschreitungen des Heeres und der SS und Polizei gegenüber, so kommt hierbei SS und Polizei bestimmt nicht schlecht weg.»[108]

VII

Am 21. September 1939 hatte Heydrich für die Befehlshaber der Einsatzgruppen folgende Richtlinien erlassen: 1) Konzentrierung der Juden vom Lande in Städten, die entweder Eisenbahnknotenpunkte sind oder zum mindesten an Eisenbahnstrecken liegen «als erste Vorausmaßnahme für das Endziel». 2) In sämtlichen jüdischen Gemeinden Aufstellung von «jüdischen Ältestenräten», die als administrative Bindeglieder zwischen den deutschen Behörden und der jüdischen Bevölkerung dienen sollen. 3) Zusammenwirken mit den Militär- und Zivilverwaltungsbehörden in allen Angelegenheiten, welche die jüdische Bevölkerung betreffen.[109]

Das «Endziel» war in diesem Kontext wahrscheinlich die Deportation der jüdischen Bevölkerung des Warthegaus und später der westlichen und mittleren Teile des ehemaligen Polen in den östlichsten Teil des Generalgouvernements, den Distrikt Lublin, im Sinne der vagen Andeutungen, die Hitler um dieselbe Zeit machte. Einige Tage später, am 27. September, fügte Heydrich auf einer Besprechung mit Amtschefs des RSHA und Einsatzgruppenleitern ein Element hinzu, das bis dahin nicht erwähnt worden war: Die Abschiebung von Juden über die Demarkationslinie (zwischen dem von Deutschen besetzten Polen und dem sowjetisch besetzten Gebiet) war «vom Führer genehmigt».[110] Eine solche Genehmigung bedeutete, daß die Deutschen in diesem frühen Stadium noch keine klaren Pläne hatten. Ihre Politik bezüglich der Juden des ehemaligen Polen hielt sich anscheinend im Rahmen der Maßnahmen, die sie vor dem Krieg, vorwiegend seit 1938, hinsichtlich der Juden im Reich ausgearbeitet hatten – und die sie jetzt natürlich mit erheblich größerer Gewaltsamkeit anwendeten: Identifizierung, Absonderung, Enteignung, Konzentration und Auswanderung oder Abschiebung (die Auswanderung war für die Juden Polens bis Oktober 1940 erlaubt).

In diesem Zusammenhang erscheint die Bedeutung eines Briefes, den Heydrich am 29. September an Daluege schrieb, ebenso verschwommen wie das «Endziel», von dem er einige Tage zuvor gesprochen hatte. «Schließlich soll», schrieb Heydrich, «das Judenproblem, wie Du ja schon weißt, einer besonderen Regelung unterworfen werden.»[111]

Mittlerweile war jedoch ein neues Element ins Bild gerückt, das sich in erheblichem Umfang auf die Maßnahmen auswirkte, die gegen Juden und Polen insbesondere in den dem Reich angegliederten Gebieten ergriffen wurden: die massenhafte Heranführung von Volksdeutschen aus Ost- und Südosteuropa. Juden und Polen sollten vertrieben werden, und Volksdeutsche sollten einziehen. Am 7. Oktober wurde Himmler zum Chef der neuen Behörde ernannt, die für diese Bevölkerungsverschiebungen zuständig war: des Reichskommissariats für die Festigung des deutschen Volkstums (RKFdV).

Diese völkisch-rassische Umgruppierung großer Bevölkerungsteile in Osteuropa nach dem September 1939 war nur einer der weiteren Schritte im Zuge der Initiativen, die schon vor dem Krieg in Gang gesetzt worden waren, um die Deutschen Österreichs, des Sudetenlands, des Memelgebiets, der Stadt Danzig usw. «heim ins Reich» zu führen. In den Visionen der Nazis sollte die Ende 1939 geplante Umgruppierung schließlich zu einer ganz neuen und weit ausgreifenden germanischen Besiedlung viel weiter östlich gelegener Gebiete führen, sofern eine neue politische und militärische Lage das gestattete.

In den letzten Jahren haben viele Historiker nach einer Verbindung zwischen diesen Planungen und dem Beginn der «Endlösung» gesucht. Wie wir jedoch weiter unten sehen werden, sieht es so aus, als seien diese Operationen voneinander unabhängig gewesen und als hätten sie ihren Ursprung in unterschiedlichen Motiven und Plänen gehabt. Gleichwohl führten die von Himmler in den Jahren 1939 bis 1942 vorgenommenen Bevölkerungsverschiebungen unmittelbar zur Vertreibung und Deportation Hunderttausender von Polen und Juden vor allem aus dem Warthegau ins Generalgouvernement.

Die deutschen Planungen für den Osten hatten ihren Ursprung nicht in akademischer Forschung, aber die deutsche Wissenschaft stellte historische Rechtfertigungen und professionellen Rat bereit, um die begeisternden neuen Perspektiven für die weitere Ausbreitung des Volkes zu fördern. Tatsächlich waren einige dieser Expansionspläne schon seit Ende der 1920er Jahre ein untrennbarer Bestandteil der laufenden «Ostforschung». Anders gesagt, diese Ostforschung war ein gewichtiges nationalistisches, völkisches und in zunehmendem Maße von nationalsozialistischer Tendenz geprägtes, aber von Wissenschaftlern in Eigeninitiative entwickeltes Unternehmen, das den deutschen Expansionsplänen Hilfestellung leisten und schließlich verschiedene praktische Optionen hervorbringen sollte.[112] Eine besonders einflußreiche Rolle spielte dabei eine jüdische Größe der Wissenschaft an der Universität Königsberg, der Historiker Hans Rothfels; sein lautstark vorgetragener Nationalismus schützte ihn natürlich nicht im mindesten davor, entlassen und Ende der dreißiger Jahre zur Emigration gezwungen zu werden...[113]

Zwei von Rothfels' Studenten, der bereits etablierte Werner Conze und sein Kollege Theodor Schieder (die dann beide nach 1945 in Westdeutschland zu Säulen der Historikerzunft werden sollten) spielten nach Beginn des Krieges eine wichtige Rolle als Berater – mit drastischen antijüdischen Schritten als Zugabe. In einem Referat für den Internationalen Soziologenkongreß, der am 29. August 1939 in Bukarest eröffnet werden sollte, befaßte sich Conze ausführlich mit dem Problem der Überbevölkerung in Osteuropa; diese ließe sich lindern, so befand er, durch die «Entjudung der Städte und Marktflecken zur Aufnahme bäuerlichen Nachwuchses in Handel und Handwerk».[114] Schieders Vorschläge ließen sich umstandsloser anwenden, als Polen den Deutschen in die Hände gefallen war.

Im Herbst 1939 wurde Schieder, damals Mitglied des «Königsberger Kreises», der mit der Nord- und Ostdeutschen Forschungsgemeinschaft (NODFG) verbunden war, von seinen Kollegen in dieser Gemeinschaft aufgefordert, für die politischen und administrativen Entscheidungsträger in den soeben besetzten Gebieten eine Denkschrift «über die ostdeutsche Reichs- und Volkstumsgrenze» zu entwerfen. Am 7. Oktober wurde der Text Himmler vorgelegt.

In dieser Denkschrift empfahl Schieder die Beschlagnahme des Landes und die Umsiedlung von Teilen der polnischen Bevölkerung aus den angegliederten Gebieten in den östlichen Teil des Landes, um so den Weg für eine deutsche Besiedlung freizumachen. Um den Transfer der Polen zu erleichtern, plädierte der junge Königsberger Gelehrte für die «Herauslösung des Judentums» aus den polnischen Städten sowie, als weiteren Schritt, in noch radikalerer Weise als Conze, für die völlige

«Entjudung Restpolens». Die vertriebene jüdische Bevölkerung könne man nach Übersee verfrachten. So schlugen, während Hitler, Himmler und Heydrich noch die Deportation der Juden Polens in ein Reservat im Gebiet von Lublin oder gar ihre Abschiebung über die Demarkationslinie in sowjetisch besetztes Gebiet in Erwägung zogen, Schieder und seine Kollegen bereits eine territoriale Lösung in Übersee vor, die einige Monate darauf tatsächlich zum nächsten Territorialplan der Nationalsozialisten werden sollte.[115]

Die NODFG stand in funktionalem Zusammenhang mit der älteren Berliner «Publikationsstelle» (PuSte), deren führende Spezialisten vom ersten Tag an zur Stelle waren: «Wir müssen von unseren Erfahrungen Gebrauch machen, die wir uns in langjährigen Anstrengungen erworben haben», schrieb Hermann Aubin, der Direktor der PuSte, am 18. September 1939 an Alfred Brackmann. «Die Wissenschaft kann nicht einfach warten, bis sie gefragt wird, sie muß sich selber zum Worte melden.»[116] Aubin brauchte sich keine Sorgen zu machen. Am 23. September schrieb Brackmann an seinen Kollegen Metz: «Es ist in der Tat eine große Befriedigung für uns zu sehen, daß die nord- und ostdeutsche Forschungsgemeinschaft mit ihrer Geschäftsstelle der PuSte jetzt die Zentralstelle für die wissenschaftliche Beratung des Auswärtigen Amts, des Reichsministeriums des Innern, des Oberkommandos des Heeres, zum Teil auch für das Propagandaministerium und eine Reihe SS-Stellen geworden ist. Wir haben es jetzt erreicht, daß wir auch bei der künftigen Grenzziehung eingehend gehört werden.»[117]

Von Anfang an bearbeiteten Wissenschaftler von PuSte und NODFG verschiedene Aspekte der Judenfrage im besetzten Polen. Der Statistiker Klostermann beispielsweise berechnete den Anteil von Juden in polnischen Städten mit mehr als 10 000 Einwohnern; diese Studie wurde für die Gestapo angefertigt.[118] Professor Otto Reche schrieb eine detaillierte Denkschrift mit dem Titel «Leitsätze zur bevölkerungspolitischen Sicherung des deutschen Ostens». Diese Studie wurde von Brackmann an hohe SS-Vertreter weitergeleitet, die sie offenbar an Himmler weitergaben.[119] Die Grundgedanken der Arbeit unterschieden sich nicht wesentlich von denen, die Schieder entwickelt hatte, sieht man davon ab, daß sie sich in Einzelheiten vertieften, die der Königsberger Historiker nicht in den Vordergrund gerückt hatte. Mit Blick auf die massenhafte Vertreibung von Polen und Juden beispielsweise stellte sich Reche auf den Standpunkt, den Polen sollte gestattet werden, ihre bewegliche Habe mitzunehmen; «bei den Juden wird man weniger weitherzig verfahren dürfen».[120] Und über diese frühen Studien hinausgehend betrieb ein weiterer Gelehrter, Professor Konrad Meyer-Hetling, ein Spezialist für demographische Großraumplanung, seine eigenen Forschungen für Himmlers Siedlungsprojekte. Daraus sollte dann der «Generalplan Ost» werden.

Schematisch betrachtet, erforderte die Germanisierung der angegliederten Ostgebiete (ebenso wie die spätere Besiedlung weiteren Raumes im Osten) die Liquidierung der polnischen Eliten, den Transfer von Volksdeutschen oder die Einwanderung von Reichsdeutschen in die neuen Gebiete und natürlich die Vertreibung der dort wohnenden rassefremden Bewohner, der Polen und Juden. Die Polen, die man nicht verjagen konnte, würden streng von den deutschen Siedlern abgesondert werden, und einige wenige «Glückliche», vor allem Kinder, würde man als zur germanischen Rasse gehörig ausmustern, in die Volksliste aufnehmen und in die Volksgemeinschaft integrieren.

Für die Operationen waren, wie wir sahen, Himmlers RKFdV und das RSHA zuständig, und der generelle Vertreibungsplan für die ehemals polnischen Gebiete wurde von Heydrich in eine Reihe von «Nahplänen» aufgeteilt, die vorwiegend von Ende 1939 an umgesetzt werden sollten. Bei den Vertreibungsplänen, die sich auf Juden bezogen, gab es jedoch eine Ausnahme. Im hochindustrialisierten Oberschlesien sollten die Juden, welche östlich der «Polizeigrenze» lebten, die den Regierungsbezirk Kattowitz in zwei getrennte Verwaltungseinheiten teilte, wohnen bleiben. Im Laufe des Jahres 1940 würde man sie in Zwangsarbeitslager verlegen und in Betrieben oder bei Bauvorhaben der Region einsetzen. Der SS-Offizier, dem Himmler die Verantwortung für diese Zwangsarbeitsoperation übertrug, bei der im Laufe weniger Monate etwa 17 000 jüdische Arbeiter beschäftigt werden sollten, war der ehemalige Polizeichef von Breslau, SS-Oberführer Albrecht Schmelt.[121]

Abgesehen von den «Schmelt-Juden» bezogen sich die Vertreibungspläne nicht nur auf die jüdische Bevölkerung aus den angegliederten polnischen Gebieten, sondern auch auf Juden aus dem Reich und dem Protektorat. Diese Deportationen, die zwischen Herbst 1939 und Frühjahr 1940 stattfanden, endeten in einem Fehlschlag.

Im Oktober 1939 begannen die Deportationen von Juden aus Wien, Mährisch-Ostrau und Kattowitz nach Nisko, einer kleinen Stadt am San im Distrikt Krakau. Diese Transporte, denen Hitler zugestimmt hatte, waren von den örtlichen Gauleitern vor allem deshalb verlangt worden, weil man sich in den Besitz jüdischer Wohnungen setzen wollte. Und in Wien ging es außerdem darum, daß die Stadt auf diese Weise ihren ursprünglichen «arischen» Charakter zurückerhalten sollte.[122] Einige Tausend Juden wurden deportiert, aber innerhalb von wenigen Tagen geriet die Operation ins Stocken, weil die Wehrmacht die Bahnlinien für den Transport von Truppen aus Polen nach Westen brauchte.[123]

Die beiden anderen Transfervorgänge fanden gleichzeitig statt und hatten identische Ziele. Die eine, nach Nazimaßstäben kleine Operation bestand in der Deportation von etwa 1800 Juden aus den deutschen

Städten Stettin und Schneidemühl nach Lublin im Februar 1940. Die zweite Operation war ein Paradebeispiel für äußerste Brutalität: Sie zielte auf die Vertreibung Hunderttausender von Juden und Polen aus dem annektierten Warthegau ins Generalgouvernement innerhalb einiger Monate. Die verlassenen Häuser und Höfe der Deportierten sollten an Volksdeutsche aus den baltischen Ländern, aus Wolhynien und der Bukowina verteilt werden, deren Ausreise und «Heimführung ins Reich» die Deutschen mit der UdSSR ausgehandelt hatten.

Für die Juden aus Stettin und Schneidemühl war im schneebedeckten Gebiet um Lublin nichts vorbereitet. Sie wurden entweder in provisorischen Baracken untergebracht oder von örtlichen jüdischen Gemeinden aufgenommen. Der neuernannte SS- und Polizeiführer (SSPF) des Distrikts Lublin, Odilo Globocnik, sah darin kein besonderes Problem. Am 16. Februar 1940 erklärte er, «die evakuierten Juden und Polen sollten sich selbst ernähren und von ihren Landsleuten unterstützen lassen, da diese Juden genug hätten. Falls dies nicht gelänge, sollte man sie verhungern lassen.»[124]

Die Deportationen aus dem Warthegau versanken schon bald in totalem Chaos, mit überfüllten Zügen, die tagelang in Frostwetter steckenblieben oder ziellos hin und her rangierten. Die Brutalität dieser Deportationen, die vor allem von Adolf Eichmann, dem nachmaligen Chef des Judenreferats IVB4 im RSHA und Spezialisten für die Auswanderung und Evakuierung von Juden, in Zusammenarbeit mit dem neugegründeten RKFdV organisiert wurden, trat an die Stelle fehlender Planung und auch nur minimaler Vorbereitung von Aufnahmegebieten für die Deportierten.

In den ersten Wochen der Transfers machte sich Hans Frank, der Generalgouverneur, der sich gerade erst in seiner Hauptstadt Krakau im Schloß der jahrhundertealten Jagiellonen-Dynastie niedergelassen hatte, offenbar keine Gedanken über den plötzlichen Zustrom. Mit Blick auf die Juden äußerte er sich in einer Rede, die er am 25. November 1939 in Radom hielt, sogar frohgemut: «Eine Freude, endlich einmal die jüdische Rasse körperlich angehen zu können. Je mehr sterben, um so besser; ihn zu treffen, ist ein Sieg unseres Reiches. Die Juden sollen spüren, daß wir gekommen sind. Wir wollen 1/2 bis 3/4 aller Juden östlich der Weichsel haben. Diese Juden werden wir überall unterdrücken, wo wir können. Es geht hier ums ganze. Die Juden aus dem Reich, Wien, von überall. Juden im Reich können wir nicht gebrauchen. Wahrscheinlich Weichsellinie, hinter diese Linie nicht mehr.»[125]

Franks Hochstimmung war jedoch nicht von Dauer. Anfang Februar 1940, als man im Generalgouvernement etwa 200 000 Neuankömmlinge gezählt hatte, fuhr er nach Berlin und erwirkte von Göring einen Befehl, mit dem die Deportationen gestoppt wurden.[126] Durch diesen Erfolg ermutigt, ergriff Frank selbst die Initiative: Am 12. April 1940 kündigte er seine Absicht an, die Mehrheit der 66 000 Juden aus Krakau zu vertreiben. Der Generalgouverneur äußerte sich wortreich: «Wenn die Autorität des nationalsozialistischen Reiches aufrecht erhalten werden solle, dann sei es unmöglich, daß die Repräsentanten dieses Reiches gezwungen seien, beim Betreten oder Verlassen des Hauses mit Juden zusammenzutreffen, daß sie der Gefahr unterlägen, von Seuchen befallen zu werden.» Bis zum 1. November 1940 würde die Stadt vom größten Teil ihrer Juden gesäubert sein, mit Ausnahme der «etwa 5000 oder höchstens 10 000 Juden ..., die als Handwerker dringend benötigt würden». «Krakau müsse», so erklärte er, «die judenreinste Stadt des Generalgouvernements werden. Nur so habe es einen Sinn, sie als deutsche Hauptstadt aufzubauen.» Er war bereit, «den Juden zu gestatten, alles, was sie an Eigentum besäßen, mitzunehmen, mit Ausnahme natürlich von gestohlenen Gegenständen. Das Ghetto werde dann gesäubert werden, und es werde möglich sein, saubere deutsche Wohnsiedlungen zu errichten, in denen man eine deutsche Luft atmen könne.»[127]

Anfang 1941 hatten etwa 45 000 jüdische Bewohner Krakau freiwillig verlassen oder waren vertrieben worden, und diejenigen, die zurückblieben, wurden im Bezirk Podgorce, im Ghetto, konzentriert. Die Juden, die man vertrieben hatte, kamen nicht sehr weit. Zum Ärger der deutschen Verwaltung ließen sie sich überwiegend in der Umgebung von Franks Hauptstadt nieder.[128] Zumindest aber hatten der Generalgouverneur und die deutsche Zivil- und Militärverwaltung in Krakau den größten Teil der Juden außer Sichtweite gejagt. Etwa um die gleiche Zeit erlitten die Juden von Radom und Lublin das gleiche Schicksal.[129]

*

Nachdem am 12. Oktober 1939 das Generalgouvernement gegründet und 14 Tage später Hans Frank zum Generalgouverneur ernannt worden war, richtete man im Herzen Polens einen deutschen Verwaltungsapparat ein, der, wie schon erwähnt, zunächst, bis zum Juni 1941, die Herrschaft über 12 Millionen Einwohner und dann, nach dem Angriff auf die UdSSR und der Einverleibung Ostgaliziens, über 17 Millionen übernehmen sollte.

Auch wenn Frank unmittelbar nur Hitler selbst unterstand, wurden seine Autorität und die seiner Verwaltung ständig von Himmler und den von ihm ernannten Vertretern in Frage gestellt. Der Reichsführer-SS war natürlich für alle Fragen der inneren Sicherheit im Generalgouvernement zuständig. Das verdeutlichte die Terrorkampagne, die vom ersten Tag des deutschen Angriffs an entfesselt wurde. Zu seinem Vertreter ernannte Himmler den Höheren SS- und Polizeiführer (HSSPF)

Friedrich Wilhelm Krüger, der sich mit Frank ins Benehmen setzte, aber allein der Autorität des Reichsführers unterstand. Auf regionaler Ebene gehorchten in jedem der vier Distrikte des Generalgouvernements die SS- und Polizeiführer (SSPF) den Befehlen Krügers – also Himmlers. Außerdem übernahm Himmler als Chef des neugegründeten RKFdV den Abtransport von Polen und Juden ins Generalgouvernement, bis diese Operation, wie wir sahen, vorübergehend gestoppt wurde. So waren die örtlichen SS-Befehlshaber sowohl in Fragen der Sicherheit als auch bei Deportationen und «Umsiedlungen» Vertreter Himmlers. Faktisch wurde mit Beginn des Jahres 1940 eine duale Administration errichtet: Franks Zivilverwaltung und Himmlers Verwaltung, die für Sicherheit und Bevölkerungsverschiebungen zuständig war. Die Spannung zwischen den beiden Systemen wuchs rasch an, vor allem auf Distriktebene und insbesondere im Distrikt Lublin, wo Himmlers Vertreter und Protégé, der berüchtigte Globocnik, unter krasser Mißachtung der Autorität des Distriktgouverneurs Ernst Zörner eine quasi-unabhängige Satrapie errichtete.[130]

Unerwarteterweise ging die erste Runde in diesem fortwährenden Machtkampf an Frank. Es gelang dem Generalgouverneur nicht nur, die Deportationen in sein Gebiet aufzuhalten, sondern er zwang im Distrikt Lublin Globocnik auch dazu, seine Privatpolizei, den «Selbstschutz», den er aus ortsansässigen Volksdeutschen rekrutiert hatte, aufzulösen. Innerhalb weniger Wochen hatten Globocniks Einheiten ein Ausmaß von Gesetzlosigkeit an den Tag gelegt, das selbst Krüger und Himmler in diesem Stadium nicht gutheißen mochten. Der «Selbstschutz» verschwand, und Frank übernahm dessen Angehörige in seine eigene neue Polizei, den «Sonderdienst». Dies war jedoch nur die erste Runde, und nur zu bald sollte Globocnik seine Terroraktivitäten in weit größerem Umfang wieder aufnehmen.[131]

VIII

«Morgens zu Fuß mit der Armbinde durch die Stadt», notierte Czerniaków, der neuernannte Vorsitzende des Warschauer Judenrats, am 3. Dezember 1939. «Angesichts der Gerüchte über einen Aufschub des Armbindentragens ist die Demonstration notwendig.»[132] Vom 1. Dezember an mußten die Juden des Generalgouvernements im Alter von über zehn Jahren eine weiße Binde mit einem blauen Davidsstern am rechten Arm tragen. Und wenn auch die Definition des «Juden» de facto seit Beginn der deutschen Besetzung Polens den Nürnberger Gesetzen folgte, wurde dieses Vorgehen formell erst Ende 1939 im Warthegau und dann, am 27. Juli 1940, in Franks Reich verfügt.[133]

Auf die Armbinde folgten schon bald das Verbot eines Wohnsitzwechsels, die Ausschließung aus einer langen Liste von Berufen, das Verbot der Benutzung öffentlicher Verkehrsmittel sowie die Verbannung aus Restaurants, Parks und dergleichen. Obgleich jedoch die Juden in zunehmendem Maße in bestimmten Stadtbezirken konzentriert wurden, erließen weder Heydrich noch Frank einen allgemeinen Befehl zur Einrichtung abgeschlossener Ghettos. Die Ghettoisierung war von Ort zu Ort durch unterschiedliche Umstände bedingt. Der Vorgang zog sich hin: von Oktober 1939 (Piotrków Trybunalski) über März 1941 (Lublin und Krakau) bis 1942 und sogar 1943 (Oberschlesien), und in manchen Fällen wurden vor Beginn der Deportationen in die Vernichtungslager keine Ghettos eingerichtet. Das Ghetto von Łódź wurde im April 1940 etabliert und das Warschauer Ghetto im November 1940. Während in Warschau sanitäre Gründe zum Vorwand für die Abriegelung des Ghettos genommen wurden (die Angst der Deutschen vor Epidemien), stellte man in Łódź eine Verbindung zur Umsiedlung von Volksdeutschen aus dem Baltikum in die von den Juden freigemachten Wohnungen her.[134]

Von Anfang an betrachtete man die Ghettos als vorübergehend eingesetztes Mittel zur Absonderung der jüdischen Bevölkerung, bevor man sie abschob. Nachdem sie jedoch ein gewisses Maß an Dauerhaftigkeit erlangt hatten, bestand dann eine ihrer Funktionen in der rücksichtslosen und systematischen Ausbeutung eines Teils der gefangenen jüdischen Bevölkerung zum Nutzen des Reiches (vorwiegend für die Bedürfnisse der Wehrmacht) zu möglichst niedrigen Kosten. Indem sie die Lebensmittelversorgung reduzierten und in Łódź das reguläre Geld durch eine besondere Ghettowährung als einziges legales Zahlungsmittel ersetzten, bekamen die Deutschen außerdem den größten Teil des Bargelds und der Wertsachen in die Hand, welche die Juden mitgenommen hatten, als man sie in ihre Elendsquartiere trieb.[135]

Die Ghettos erfüllten im Nazi-Universum auch eine nützliche psychologische und «erzieherische» Funktion: Sie wurden rasch zum Ausstellungsort jüdischen Elends und Mangels, und sie boten deutschen Zuschauern Wochenschauszenen, die bereits bestehendem Abscheu und Haß zusätzliche Nahrung gaben; einem endlosen Zug deutscher Touristen (in der Mehrzahl Soldaten) wurde dieselbe berauschende Mischung vorgeführt.

«Es ist meist nur Gesindel, was Du da siehst, alles lungert herum», schrieb Fräulein Greiser, die Tochter des Gauleiters des Gaues Wartheland, über ihre Eindrücke bei einem Besuch im Ghetto von Łódź Mitte April 1940. «Es herrschen dort Seuchen und eine scheußliche Luft ist da, durch die Abflußröhren, wo alles hineingegossen wird. Wasser gibt es auch keins, das müssen die Juden kaufen, 10 Pfennig der Eimer, also waschen sie sich sicher noch weniger als gewöhnlich. ... Weißt Du, mit diesen Leuten kann man wirklich kein Mitleid haben, ich glaube, die fühlen auch ganz anders als wir und fühlen deshalb auch nicht diese Erniedrigung und alles. ... Hassen tun sie uns sicher auch, wenn auch aus anderen Gründen.» Am Abend war die junge Dame wieder in der Stadt und nahm an einer großen Kundgebung teil. «Dieser Gegensatz, nachmittags Ghetto, abends eine Großkundgebung wie sie deutscher nirgends sein kann, in ein und derselben Stadt war ganz unwahrscheinlich. ... Weißt Du, ich war wieder mal so richtig froh und schrecklich stolz, eine Deutsche zu sein.»[136]

Edward Koenekamp, ein Vertreter des Stuttgarter Auslandsinstituts, hatte im Dezember 1939 mehrere Judenviertel besucht. In einem Brief an einen Freund ließ er weniger Zurückhaltung erkennen als Fräulein Greiser: «Die Vernichtung dieses Untermenschentums läge im Interesse der ganzen Welt. Diese Vernichtung ist aber eines der schwierigsten Probleme. Mit Erschießung kommt man nicht durch. Auch kann man auf Frauen und Kinder nicht schießen lassen. Da und dort rechnet man auch mit Verlusten bei den Evakuierungstransporten, und auf dem Transport von 1000 Juden, der von Lublin aus [Koenekamp meinte wahrscheinlich: *nach* Lublin] in Marsch gesetzt wurde, seien 450 umgekommen. ... Sämtliche mit der Judenfrage befaßten Stellen sind sich über die Unzulänglichkeit all dieser Maßnahmen im Klaren. Doch ist eine Lösung dieses komplizierten Problems noch nicht gefunden.»[137]

*

Der Judenrat war das wirksamste Werkzeug deutscher Kontrolle über die jüdische Bevölkerung. In seinem Befehl vom 21. September 1939 forderte Heydrich die Schaffung «jüdischer Ältestenräte», die meist «Judenräte» genannt wurden, gemäß der Bezeichnung, die Hans Frank am 28. November in seiner Verfügung eingeführt hatte. Diese Räte richtete man bald in allen größeren und kleineren jüdischen Bevölkerungszentren ein.[138]

Natürlich wurden die Räte von den Deutschen für ihre Zwecke eingesetzt, aber schon in den ersten Tagen des Krieges organisierten die Juden selbst nach verschiedenen Mustern gemeinschaftliche Aktivitäten, um für die Grundbedürfnisse der Bevölkerung zu sorgen. Wie der Historiker Aharon Weiss feststellt, bildet daher «diese Kombination von deutschem Interesse an der Einrichtung einer jüdischen Vertretung, das zu entsprechendem Druck führte, und andererseits dem Bedürfnis und dem Wunsch der Juden nach einer eigenen Vertretungskörperschaft einen der Hauptaspekte der verwickelten Frage der Judenräte».[139]

Was die deutschen Maßnahmen angeht, ließen die beiden Reihen von Gründungsurkunden (die von Heydrich beziehungsweise von Frank ausgingen) erkennen, daß von Anfang an die Sicherheitspolizei und die Zivilverwaltung des Generalgouvernements miteinander um die Kontrolle über die Räte im Streit lagen. Im Mai 1940 trat Heydrichs Bevollmächtigter in Krakau, SS-Brigadeführer Bruno Streckenbach, offen für den Vorrang der Sicherheitspolizei ein.[140] Frank gab nicht nach, aber faktisch dominierte der SS-Apparat in zunehmendem Maße die Ernennungen und die Struktur der Räte, während die von Frank ernannten Vertreter bis zum Beginn der Deportationen meist mit dem administrativen und wirtschaftlichen Leben der Ghettos befaßt waren.[141] Dann übernahm der SS-Apparat vollends die Macht.

Im Prinzip sollten die 12 oder 24 Ratsmitglieder (je nach der Größe der Gemeinde) aus den Reihen der traditionellen jüdischen Eliten, der anerkannten Gemeindeführung, gewählt werden.[142] Die Verfügungen Heydrichs, die ergingen, während die Dezimierung der polnischen Eliten im Gange war, beruhten wahrscheinlich auf zwei Annahmen: erstens, daß jüdische Eliten nicht dazu neigen würden, zu Aufruhr und Widerstand anzustacheln und ihn anzuführen, sondern eher Werkzeuge der Willfährigkeit sein würden; und zweitens, daß die jüdischen Eliten – wie sie in den Räten vertreten waren – von der Bevölkerung akzeptiert werden würden und man ihnen, alles in allem, gehorchen würde. Mit anderen Worten, die polnischen Eliten wurden ermordet, weil sie zum Aufstand gegen die Deutschen aufrufen konnten; die jüdischen Eliten behielt man, weil sie sich unterwerfen und die Unterwerfung sicherstellen würden.

Tatsächlich gehörten in zahlreichen Fällen die Ratsmitglieder nicht der höchsten Führung ihrer Gemeinden an, aber viele von ihnen waren zuvor im öffentlichen Leben aktiv gewesen.[143] Der Judenrat als solcher war eine – selbstverständlich verzerrte – Nachbildung, aber gleichwohl eine Nachbildung der Selbstverwaltung im Rahmen der traditionellen Kehilla, der jahrhundertealten gemeinschaftlichen Organisation der Juden. Und viele von denen, die in die Räte gingen, glaubten durchaus, daß ihre Beteiligung für die Gemeinschaft von Nutzen sein werde.[144]

Einige der frühesten von den Deutschen befohlenen Aufgaben der Räte erlangten eine bedrohliche Bedeutung erst in der Rückschau; die potentiell verhängnisvollste war die Volkszählung. Die Eintragungen in Czerniaków Tagebuch zeigen, daß die von Heydrich angeordnete Volkszählung so aussah wie jede beliebige andere Verwaltungsmaßnahme, mit Schwierigkeiten behaftet, aber nicht besonders bedrohlich. «Ab 12 Sitzung des Statistikbüros bis n. m. um 2. Um 3 Uhr SS bis n. m. um 6. ... Ich weise darauf hin, daß am 1. Allerheiligen und am 2. Allerseelen ist – daher muß die Zählung der Juden auf den 3. verlegt werden. ... Eine lange und schwierige Konferenz, die Zählung wird für den 28. ange-

setzt. ... Fuhr in die Druckerei in der Twarda-Str. Dort wurden die Vordrucke besprochen. Ich muß in der Stadt Plakatkleber für den deutschen Aufruf finden.»[145]
Tatsächlich brauchte der Judenrat selbst die Volkszählung, um das Aufgebot von Arbeitern überblicken zu können, das ihm zur Verfügung stand, für Fragen des Wohnungswesens, für Wohlfahrtszwecke, Lebensmittelverteilung und dergleichen; die kurzfristigen Bedürfnisse erschienen weitaus problematischer und dringlicher als irgendwelche langfristigen Konsequenzen. Gleichwohl spürte Kaplan, der gewöhnlich weitsichtiger war als alle anderen Tagebuchschreiber und der den deutschen Absichten aus Prinzip mißtraute, daß die Registrierung bedrohliche Möglichkeiten enthielt: «Heute wurde die jüdische Bevölkerung Warschaus durch Anschlag davon in Kenntnis gesetzt», schrieb er am 25. Oktober, «daß am nächsten Samstag (29. Oktober) eine Zählung der jüdischen Einwohner stattfindet. Die Zählung soll vom Judenrat unter der Leitung von Ingenieur Czerniaków durchgeführt werden. Uns schwant Schlimmes - diese Zählung birgt für die Juden Warschaus eine Katastrophe. Sonst bedürfte man ihrer ja nicht.»[146]

Am 24. Januar 1940 wurden jüdische Unternehmen im Generalgouvernement unter «Treuhänderschaft» gestellt; sie konnten auch beschlagnahmt werden, falls es das «öffentliche Interesse» erforderte. Am gleichen Tag befahl Frank die Registrierung sämtlichen jüdischen Eigentums: Nichtregistriertes Eigentum sollte als «herrenlos» konfisziert werden. Es folgten weitere Enteignungsmaßnahmen, und schließlich, am 17. September 1940, ordnete Göring die Beschlagnahme *aller* jüdischen Besitztümer und Vermögenswerte mit Ausnahme von persönlicher Habe und 1000 RM in bar an.[147]
Die Enteignungsverfügungen machten auf allen Ebenen der deutschen Verwaltung in den angegliederten polnischen Provinzen und im Generalgouvernement die Bahn frei für Geschäftemacherei und Bereicherung in gewaltigem Umfang. Die Korruption, die sich in sämtlichen Bereichen der Gesellschaft im Reich, im angeschlossenen Österreich und im Protektorat verbreitet hatte, erreichte im besetzten Polen neue Ausmaße und nahm während des Krieges immer weiter zu.[148] Am 1. Januar 1940 notierte der Tagebuchschreiber Emanuel Ringelblum (auf den wir noch ausführlich zurückkommen): «... die Herren und Meister [die Deutschen] nicht allzu schlecht. Wenn man die richtigen Hände schmiert, kann man durchkommen.»[149] In der zweiten Novemberhälfte des Jahres 1939 verbrachte Czerniaków mehrere Tage mit dem Versuch, für die Warschauer SS 300 000 Złoty aufzubringen, um eine Gruppe von Geiseln freizukaufen.[150]
Bestechung wurde zu einem untrennbaren Bestandteil des Verhältnis-

ses zwischen den Deutschen und ihren Opfern. Wie Trunk schreibt, «mußten die Räte ständig alle möglichen Forderungen – nach Umbau und Ausrüstung von deutschen Büroräumen, Kasinos und Privatwohnungen für verschiedene Funktionäre – erfüllen sowie teure Geschenke und dergleichen zur Verfügung stellen. Im Umgang mit einem Ghetto betrachtete sich jeder Funktionär als berechtigt, von dessen Rat belohnt zu werden. Andererseits führten die Räte selbst ein verwickeltes System von Bestechungen ein in dem Bemühen, bei den Ghettobossen ‹die Herzen zu erweichen› oder von den ‹guten Deutschen› Vergünstigungen für die Ghettobewohner zu erwirken. Dies wiederum führte zu einer noch stärkeren Verarmung der Juden.»[151] Möglicherweise haben die Bestechungen für kurze Zeit einige Bedrohungen verzögert oder einige Menschen gerettet; doch wie die kommenden Monate zeigen sollten, änderten sie nie etwas an der deutschen Vorgehensweise und in den meisten Fällen auch nicht an wichtigen konkreten Maßnahmen. Hinzu kam, daß die Bestechung der Deutschen oder ihrer Helfer dazu führte, daß sich Korruption unter den Opfern ausbreitete: Eine «neue Klasse» jüdischer Profiteure und Schwarzmarkthändler erhob sich über die elende Mehrheit der Bevölkerung.

Einer der unmittelbaren Vorteile, die man sich mit Geld erkaufen konnte, war die Befreiung von Zwangsarbeit. Von Mitte Oktober 1939 an übernahmen die Räte vor allem in Warschau und Łódź die Aufgabe, den Deutschen die geforderte Zahl von Arbeitern zur Verfügung zu stellen, um der brutalen Menschenjagd und den ständigen Aushebungen ein Ende zu bereiten, die bis dahin an der Tagesordnung gewesen waren. Wie zu erwarten, trug der ärmste Teil der Bevölkerung die Hauptlast des neuen Arrangements; die reicheren Schichten der Gemeinschaft bezahlten entweder die Räte oder sie bestachen die Deutschen. Einer Statistik zufolge, die sich im Ringelblum-Archiv fand, waren in Warschau im April 1940 «etwa 107 000 Männer Zwangsarbeiter, während in den darauffolgenden sechs Monaten 33 000 Personen für die Befreiung zahlten».[152]

Wie reagierten die «jüdischen Massen» auf den Hagel physischer und psychischer Schläge, die seit dem ersten Tag der deutschen Besatzung auf sie niedergingen? Selbstverständlich fiel jede individuelle Reaktion anders aus, aber wenn wir nach einem gemeinsamen Nenner bei einer beträchtlichen Mehrheit suchen, dann war die vorherrschende Reaktion ein Glaube an Gerüchte, und seien sie auch noch so absurd, solange sie Hoffnung bargen: Deutschland waren von den Franzosen schwere Verluste zugefügt worden, Hamburg war von britischen Truppen eingenommen worden, Hitler war tot, deutsche Soldaten verließen immer häufiger ihre Einheiten und so weiter und so fort. Abgrundtiefe Verzweiflung wich hektischen Erwartungen, manchmal in wiederkehrender Folge an ein und demselben Tag. «Die Juden sind in das Stadium messianischer Prophezeiungen eingetreten», notierte Sierakowiak am 9. Dezember 1939. «Ein Rabbiner aus Góra Kalwari: hat angeblich angekündigt, am sechsten Tag von Chanukka werde sich ein Befreiungswunder ereignen. Mein Onkel sagt, auf den Straßen seien nur sehr wenige Soldaten und Deutsche zu sehen. Diese Neigung, in Nichtigkeiten Trost zu finden, irritiert mich. Es ist besser, nichts zu sagen. Am Abend verbreitete sich ein Gerücht über einen Waffenstillstand», und so ging es immer weiter.[153]

IX

Während sich die deutsche Kontrolle über die jüdische Bevölkerung des Warthegaus und des Generalgouvernements festigte, machten in der sowjetisch besetzten Zone Polens die 1,2 Millionen dort ansässigen Juden und die etwa 300 000 bis 350 000 jüdischen Flüchtlinge aus dem Westteil des Landes Bekanntschaft mit der harten Hand des Stalinismus. Eine am 7. September gesendete konfuse polnische militärische Verlautbarung, in der Männer aufgefordert wurden, sich im Osten des Landes neu zu sammeln, hatte einen Exodus in östlicher Richtung ausgelöst, der durch den raschen deutschen Vormarsch noch beschleunigt wurde. Am 17. September stellten sowohl die Flüchtlinge als auch die ansässige Bevölkerung plötzlich fest, daß sie sich unter sowjetischer Herrschaft befanden. Bis Anfang Dezember entkamen Juden, wenngleich in viel geringerer Zahl, auch weiter in die sowjetische Zone, und einem Rinnsal von Flüchtlingen gelang es bis zum Juni 1941, die neue Grenze zu überschreiten.[154] Die Elite der polnischen Judenheit – Intellektuelle, religiöse Führer, Zionisten und Bundisten – floh vor den Deutschen, fühlte sich aber auch nicht sicher vor Verfolgung durch die Kommunisten: Sie zog aus dem östlichen Polen weiter in das unabhängige Litauen, besonders nach Wilna.

Es besteht kaum ein Zweifel, daß viele ortsansässige und geflüchtete Juden im östlichen Polen, die durch die Deutschen bedroht waren und seit langem unter den Polen gelitten hatten, die sowjetischen Truppen willkommen hießen. Gleiches taten zahlreiche Ukrainer. Moshe Kleinbaum (später Moshe Sneh, ein Befehlshaber der jüdischen Untergrundarmee in Palästina, der Hagana, und schließlich, obgleich er als Rechtsliberaler begonnen hatte, der Führer der israelischen kommunistischen Partei) berichtete am 12. März 1940, die jüdische Bevölkerung der Stadt Luck, in der er sich damals aufhielt, habe der Ankunft der Roten Armee wie alle anderen auch mit Neugier zugesehen. Die jungen jüdischen

Kommunisten, die nicht sehr zahlreich waren, bildeten die unangenehme Ausnahme: «Sie fielen an diesem Tag durch ihr lautstarkes Benehmen auf, welches lärmender war als dasjenige anderer Gruppen. Auf diese Weise konnte man zu dem irrigen Eindruck gelangen, die Juden seien bei dieser Feier die am festlichsten gestimmten Gäste ...»[155]

Das Gefühl der Erleichterung war bei Juden gewiß weiter verbreitet, als es Kleinbaum zugab, und ihre ursprüngliche Einstellung zur sowjetischen Präsenz war enthusiastischer, als er es schilderte. Wir werden noch sehen, wie die Polen die Sache wahrnahmen. Ende der 1970er Jahre ging der Historiker Isaiah Trunk in seiner strengen Bewertung jüdischer Kommunisten noch weiter als Kleinbaum. Nach Trunks Ansicht waren diese jüdischen Kommunisten sowohl taktlos als auch treulos: Ihre Begeisterung hatte einen triumphalen Beigeschmack; sie drangen in den lokalen sowjetischen Apparat ein und zögerten nicht, Polen und Juden («Bürgerliche» oder «Sozialisten») bei der sowjetischen Geheimpolizei, dem NKWD, zu denunzieren.[156] Trunks hartes Urteil war wahrscheinlich seinerseits durch den Haß beeinflußt, den er als Bundist auf den Kommunismus hatte, und mag somit ebenfalls einer gewissen Revision bedürfen...

Die Schwierigkeit bei der Einschätzung jüdischer Reaktionen auf die sowjetische Besatzung, zumindest für die ersten Wochen und Monate, resultiert zum Teil aus dem zeitweiligen Zusammenfallen instinktiver Gefühle der Erleichterung, die wahrscheinlich alle Juden empfanden, welche unter sowjetische Herrschaft kamen, und der ganz anders motivierten Begeisterung jüdischer Kommunisten. Als sich beispielsweise unter den Warschauer Juden die Nachricht verbreitete, daß sie möglicherweise zur sowjetischen Zone gehören würden, kannte ihre Begeisterung keine Grenzen, wie Kaplan etwas später in seinem Tagebuch schreibt. Kaplan war politisch konservativ und ein orthodoxer Jude, der das sowjetische Regime verabscheute. Gleichwohl ist seine Schilderung jüdischer Reaktionen vom 13. Oktober 1939 bezeichnend: «Es gibt in Rußland überhaupt keine Spur jüdischen Wesens mehr. Und trotzdem war unsere Freude, als wir vernahmen, daß sich die Bolschewisten Warschau näherten, grenzenlos. Wir träumten davon; wir schätzten uns glücklich. Tausende junger Menschen gingen zu Fuß in das bolschewistische Rußland, das heißt in die von Rußland eroberten Gebiete. Sie betrachteten die Russen als messianische Erlöser. Selbst die Reichen, die unter dem Bolschewismus arm werden würden, zogen die Russen den Deutschen vor. Es wird sowohl auf der einen als auch auf der anderen Seite geplündert, aber die Russen plündern einen als Bürger und Menschen, während die Nazis einen als Juden ausrauben. Die frühere polnische Regierung hat uns nie verwöhnt, aber sie hatte es immerhin nicht offenkundig darauf abgesehen, uns zu quälen. Der Nazi freilich ist ein

Sadist. Sein Judenhaß ist eine Psychose. Er geißelt, und das bereitet ihm Vergnügen. Die Tortur des Opfers ist Balsam für seine Seele, besonders wenn das Opfer ein Jude ist.»[157] Kaplan rührte an die tiefsten Motivationen der jüdischen Bevölkerung. Die Rolle der jüdischen Kommunisten ist komplexer; das Ausmaß ihrer Beteiligung am sowjetischen Repressionssystem ist unterschiedlich beurteilt worden. Wie der Historiker Jan T. Gross schreibt, scheinen Fragebögen, die von polnischen Flüchtlingen aus der ehemals sowjetisch besetzten Zone ausgefüllt wurden, welche nach dem deutschen Angriff im Juni 1941 geflohen waren, diese verbreitete Anschuldigung nicht zu bestätigen. «Unter anderem», schreibt Gross, «kennen wir dutzendweise Namen der Mitglieder von Dorfkomitees und von Angehörigen ländlicher Milizen, die überall in diesem Gebiet aktiv waren – *und Juden werden unter ihnen nur selten erwähnt* [Hervorhebung im Original]. Wir wissen auch, daß die höheren Ränge der örtlichen sowjetischen Verwaltung – auf Bezirks- oder Stadtebene – mit Funktionären besetzt waren, die man aus dem Osten geholt hatte; unter ihnen gab es natürlich Juden, aber sie waren nicht zahlreicher als im Verwaltungsapparat im Inneren der Sowjetunion.»[158] Alexander B. Rossino, der sich auf Forschungen von Yitzhak Arad, Dov Levin, auf eine frühere Untersuchung von Jan T. Gross sowie vor allem auf Evgeny Rozenblats Forschungen über den Bezirk Pinsk in der Nähe von Białystok stützt, bietet hingegen ein anderes Bild: «Bei seiner Überprüfung verschiedener Sektoren der örtlichen Gesellschaft stellte Rozenblat fest, daß Juden, obgleich sie nur 10 Prozent der Bevölkerung dieser Region ausmachten, 49,5 Prozent der führenden Verwaltungspositionen im Gebiet Pinsk innehatten, darunter 41,2 Prozent der Stellen im Justiz- und Polizeiapparat.»[159]

Sehr bald jedoch verloren zahlreiche Juden ihre Illusionen über die neuen Herrscher: Wirtschaftliche Not breitete sich aus, jüdische religiöse, pädagogische und politische Institutionen wurden aufgelöst, die Überwachung durch den NKWD wurde lückenlos, und im Frühjahr 1940 wurden bei Massendeportationen, die sich schon gegen andere sogenannte feindliche Gruppen gerichtet hatten, auch Teile der jüdischen Bevölkerung abtransportiert, so etwa die reicheren Juden, diejenigen, welche zögerten, die sowjetische Staatsbürgerschaft anzunehmen, und die, welche erklärten, sie wollten nach dem Krieg in ihre Heimat zurückkehren.[160] Angesichts dieser sich verschlechternden Verhältnisse in der sowjetischen Zone versuchten Tausende von Juden sogar – und das mit Erfolg –, in die von den Deutschen besetzten Gebiete zurückzukehren. «Eigenartig sei», kommentierte Hans Frank am 10. Mai 1940, «daß auch zahlreiche Juden lieber ins Reich [d. h. in die vom Reich kontrollierten Gebiete] gehen wollten, statt in Rußland zu bleiben.»[161] In Moshe Grossmans Memoiren wird von einem Zug voller Juden erzählt, der in

Richtung Osten fuhr und auf einem Grenzbahnhof einem Zug begegnete, der nach Westen fuhr. Als die Juden aus Brisk (in der sowjetischen Zone) sahen, daß Juden dort hinfuhren, riefen sie: «Ihr seid verrückt, wo wollt ihr hin?» Die Juden aus Warschau antworteten mit ebenso großem Erstaunen: «Ihr seid verückt, wo wollt ihr hin?»[162] Die Geschichte ist offensichtlich apokryph, aber sie veranschaulicht plastisch die Not und die Unsicherheit der Juden in beiden Zonen Polens und, darüber hinaus, die Verwirrung, die sich unter den Juden Europas ausbreitete. In der Zwischenzeit lieferte der NKWD im neuen Klima der Kooperation mit der Gestapo Mitglieder der KPD, die in sowjetischen Gefängnissen inhaftiert gewesen waren, einschließlich der Juden an die Deutschen aus.[163]

In ihrer überwiegenden Mehrheit hielt die polnische Bevölkerung an ihrer Feindseligkeit gegenüber den Juden in den von Deutschen kontrollierten Gebieten fest und äußerte ihre Wut über das «jüdische Verhalten» im sowjetisch besetzten Teil des Landes, wie aus einem umfassenden Bericht hervorgeht, den im Februar 1940 ein junger Kurier aus Polen, Jan Karski, für die Exilregierung schrieb.[164] In dem Bericht wurde darauf hingewiesen, daß die Deutschen bestrebt waren, sich die Unterwerfung und Kollaboration der polnischen Massen dadurch zu sichern, daß sie den Antisemitismus ausbeuteten. «Und man muß zugeben», fügte Karski hinzu, «daß sie damit Erfolg haben. Die Juden zahlen und zahlen und zahlen ..., und der polnische Bauer, der Arbeiter, der halbgebildete, unintelligente, demoralisierte arme Teufel verkündet lauthals: ‹Jetzt erteilen sie ihnen also endlich eine Lehre.› – ‹Wir sollten von ihnen lernen.› – ‹Für die Juden ist das Ende gekommen.› – ‹Was immer geschieht, wir sollten Gott danken, daß die Deutschen gekommen sind und die Juden übernommen haben›, und dergleichen mehr.»[165]

Karskis Kommentare waren ungewöhnlich freimütig: «Obgleich die Nation sie [die Deutschen] zutiefst verabscheut, schafft diese Frage [die Judenfrage] so etwas wie eine schmale Brücke, auf der die Deutschen und ein großer Teil der polnischen Gesellschaft zu einer Übereinstimmung finden. ... Die gegenwärtige Lage ruft unter den Polen eine doppelte Spaltung hervor, wobei die eine Gruppe die barbarischen Methoden der Deutschen verachtet und ablehnt ... und die andere diese Methoden (und somit auch die Deutschen!) mit Neugier und häufig mit Faszination betrachtet und die erste Gruppe wegen ihrer ‹Gleichgültigkeit gegenüber einer derart wichtigen Frage› verachtet.»[166]

Noch beunruhigender war der Teil von Karskis Bericht, in dem dieser die polnischen Wahrnehmungen beschrieb, wie die Juden auf die sowjetische Besetzung des östlichen Teils des Landes reagiert hatten: «Generell wird angenommen, daß die Juden Polen und das polnische Volk verraten haben, daß sie im Grunde Kommunisten sind, daß sie mit fliegenden Fahnen zu den Bolschewisten übergelaufen sind. ... Gewiß trifft es zu, daß jüdische Kommunisten ganz unabhängig von der Gesellschaftsschicht, aus der sie stammten, eine enthusiastische Haltung gegenüber den Bolschewisten einnahmen.» Karski wagte jedoch die Erklärung, daß die weitverbreitete Befriedigung, die sich unter Juden der Arbeiterklasse beobachten ließ, auf die Verfolgung zurückzuführen war, die sie von seiten der Polen erlitten hatten. Was er schockierend fand, war der Mangel an Loyalität bei zahlreichen Juden, etwa ihre Bereitschaft, Polen bei der sowjetischen Polizei zu denunzieren. Die jüdischen Intellektuellen rechnete Karski nicht zur illoyalen Mehrheit: Die Intelligenz und die reicheren Juden sähen, so erklärte er, viel lieber wieder ein unabhängiges Polen.

Die letzten Zeilen des Berichts waren bedrohlich: «Im Prinzip jedoch und in ihrer Masse haben die Juden hier eine Lage geschaffen, in der die Polen sie als Anhänger der Bolschewisten betrachten und – so kann man ohne weiteres sagen – auf den Moment warten, in dem es ihnen möglich sein wird, an den Juden einfach Rache zu nehmen. Faktisch alle Polen sind mit Blick auf die Juden verbittert und enttäuscht; die überwältigende Mehrheit (darunter in erster Linie natürlich die Jugend) wartet buchstäblich auf eine Gelegenheit zu ‹blutiger Vergeltung›.»[167]

Die polnische Exilregierung war sich gewiß schon vor dem Eingang von Karskis Bericht über die antijüdische Einstellung der Bevölkerung im klaren; sie stand somit vor einem Dilemma, das sich im Laufe der Zeit noch vertiefen sollte. Einerseits wußte Premierminister Władysław Sikorskis Gruppe, daß sie den Antisemitismus in der Heimat nicht anprangern konnte, ohne ihren Einfluß auf die Bevölkerung zu verlieren; andererseits hieß die Begünstigung des polnischen Judenhasses, daß man sich in Paris und London und besonders in den Vereinigten Staaten, wo die Juden nach Überzeugung der polnischen Regierung allmächtig waren, Kritik zuzog. Was die Zukunft der polnisch-jüdischen Beziehungen angeht, gaben Sikorskis Männer 1940 anscheinend die Hoffnung auf, daß die Juden ihnen dabei helfen würden, die von den Sowjets besetzten Gebiete wiederzugewinnen. Überdies lehnten einige von ihnen die Einstellungen, von denen Karski in seiner Denkschrift berichtete, nicht gerade ab.

In einem Bericht über die Situation im östlichen Polen, der am 8. Dezember 1939 an die Exilregierung gesandt wurde, schrieb der Verfasser, der Sohn von General Tanuszajtis: «Die Juden verfolgen die Polen und alles, was mit polnischem Wesen zu tun hat, unter der sowjetischen Teilung derart entsetzlich, ... daß alle Polen hier, von alten Menschen bis hin zu Frauen und Kindern, bei der ersten Gelegenheit an den Juden so schreckliche Rache nehmen werden, wie sie kein Antisemit je für möglich gehalten hat.»[168] Bald darauf berief Sikorskis Regierung den früheren polnischen Botschafter in Berlin, Roman Knoll, auf eine leitende Position in der Delegatura, ihrer politischen Vertretung beim Untergrund. Knoll hielt mit seinen Auffassungen über das Schicksal, das den Juden in Polen zu wünschen war, nicht hinter dem Berg: «Wir haben nicht mehr die Wahl zwischen Zionismus und dem früheren Zustand; die Alternative lautet vielmehr: *Zionismus oder Vernichtung*.»[169]

X

Die etwa 250 000 Juden, die bei Kriegsausbruch immer noch in Deutschland und dem angeschlossenen Österreich lebten, waren eine verarmte Gemeinschaft, die vorwiegend in mittlerem oder höherem Alter stand.[170] Ein Teil der männlichen Bevölkerung war zu Zwangsarbeit verpflichtet worden, und eine wachsende Zahl von Familien war von Sozialunterstützung abhängig (die vor allem von der Reichsvereinigung geleistet wurde). Im ganzen Land stieg die Zahl der «Judenhäuser» (in denen auf behördliche Anordnung nur Juden wohnen durften) und ebenso die der Bezirke, zu denen Juden keinen Zutritt hatten. Unter etwa 80 Millionen Deutschen und Österreichern waren die Juden des Großdeutschen Reiches völlig abgesonderte Parias. Die Auswanderung war ihre ständig gegenwärtige Hoffnung, die sich aber rasch verflüchtigte.

Am ersten Tag des Krieges wurde den Juden Deutschlands verboten, nach acht Uhr abends ihre Wohnungen zu verlassen.[171] «Alle Ortspolizeistellen im Reich haben eine derartige Anordnung getroffen», hieß es in einer vertraulichen Anweisung an die deutsche Presse, «mit der Begründung, daß es häufiger vorgekommen sei, daß Juden die Verdunklung benutzt hätten, um arische Frauen zu belästigen.»[172]

Das Fest Jom Kippur, dessen die Einsatzgruppen in Polen gebührend gedacht hatten, war auch im Reich nicht vergessen worden. An diesem Tag (am 23. September) mußten die Juden ihre Rundfunkempfänger abliefern.[173] Am 12. September wurden die Juden im ganzen Reich angewiesen, nur noch in besonderen Läden einzukaufen, die einem «zuverlässige[n] arische[n] Kaufmann» gehörten.[174] Einige der Ladeninhaber weigerten sich, Juden zu beliefern, wie der SD am 29. September aus Köln berichtete, bis man ihnen mitteilte, daß sie dadurch keine Nachteile erleiden würden.[175] In derselben Stadt konnten Juden nur morgens in der Zeit von 8 bis 9 Uhr 30 einkaufen.[176] «Die Juden wirken allein durch ihre Anwesenheit provozierend», erklärte die Gestapo Bielefeld am 13. September. «Keinem Deutschen kann zugemutet werden, sich zusammen mit einem Juden vor einem Geschäft anzustellen.»[177] Fünf

Tage später wurde angeordnet, daß Juden sich selbst Luftschutzräume zu bauen hätten.[178]

Im Oktober wurde in einer Verordnung zum Gesetz über das Feuerlöschwesen verfügt: «Jeder, der [der Freiwilligen Feuerwehr] beitreten will, ist über den Begriff des Juden zu unterrichten und hat zu erklären, daß er kein Jude ist.»[179] Im November, als dem RSHA eingefallen war, daß Juden, deren Rundfunkgeräte beschlagnahmt worden waren, sich einfach neue Apparate kaufen konnten, wurden die Namen und Anschriften aller Käufer neuer Rundfunkapparate registriert.[180] Die Frage der Radiogeräte war an und für sich eine Quelle erheblicher bürokratischer Aufregung: Wie sollte die Regelung auf den nichtjüdischen Ehegatten in einer Mischehe angewendet werden? Was sollte mit Radioapparaten in einem Haus geschehen, das immer noch sowohl von Juden als auch von Nichtjuden bewohnt war? Und wie stand es mit den Rechten jüdischer Ehefrauen, deren arische Männer für das Vaterland kämpften: Sollten sie ihre Radios behalten oder nicht? In einer detaillierten Liste von Instruktionen, die am 1. Juli 1940 erlassen wurden, versuchte Heydrich schließlich, auf die unlösbaren Fragen, die der «Rundfunkempfang der Juden» hervorgerufen hatte, definitive Antworten zu geben; ob damit alle zufriedengestellt waren, ist nicht überliefert.[181] Was die Verteilung der beschlagnahmten Radioapparate angeht, wurden komplizierte Hierarchien und Prioritäten entworfen, bei denen die Rechte von Armee-Einheiten, Parteiführern, örtlichen Notabeln und dergleichen berücksichtigt werden mußten. (Am 4. Oktober wurden beispielsweise 1000 Apparate der in Wiesbaden stationierten Armeegruppe C zugeteilt.)[182]

Ebenso verwickelt waren die Fragen, die durch die Einkaufsbeschränkungen und sogar durch das über die Juden verhängte Ausgehverbot aufgeworfen wurden. Mit Blick auf den letztgenannten Fall beschloß Heydrich ebenfalls am 1. Juli 1940, daß jüdische Frauen, deren Ehemänner oder Söhne in der Wehrmacht dienten, von Ausgehverbot zu befreien seien, «sofern gegen die Jüdinnen Nachteiliges nicht vorliegt, insbesondere nicht zu vermuten ist, daß sie die ihnen eingeräumten Vergünstigungen benutzen werden, um die deutschblütige Bevölkerung zu provozieren».[183]

Jüdische Kinderschwestern, die immer noch ein Büro hatten, hatten auf ihrem Türschild zu vermerken: «Schwester für jüdische Kinder und Säuglinge».[184] Für die Zeit von Mitte Dezember 1939 bis Mitte Januar 1940 wurden den Juden die Lebensmittel-Sonderrationen für die Feiertage genommen; sie erhielten weniger Fleisch und Butter, keinen Kakao und keinen Reis.[185] Am 3. Januar wurde ihnen für den Zeitraum bis zum 4. Februar der Kauf von Fleisch und Gemüse überhaupt untersagt.[186] Wenige Wochen zuvor hatte der Reichsminister für Ernährung und

Landwirtschaft, dem sich bald darauf die Landwirtschaftsminister aller Länder anschlossen, den Verkauf von Schokoladenerzeugnissen und Lebkuchen aller Art an Juden untersagt.[187]

Einige antijüdische Maßnahmen (oder vielmehr Sicherheitsvorkehrungen) ließen wahrhaft schöpferisches Denken erkennen. So verfügte das Reichsministerium für Wissenschaft, Erziehung und Volksbildung am 20. Oktober 1939: «In Doktor-Dissertationen dürfen jüdische Autoren nur dann zitiert werden, wenn das aus wissenschaftlichen Gründen unumgänglich ist; in solchen Fällen ist hervorzuheben, daß es sich um Juden handelt. Im Literaturverzeichnis sind deutsche und jüdische Verfasser zu trennen.»[188] Diese bedeutende Initiative zur Säuberung der deutschen Wissenschaft stieß jedoch auf ernste Hindernisse. Wie aus «universitären Quellen» verlautete, von denen in einem Bericht des Sicherheitsdienstes (SD) vom 10. April 1940 die Rede ist, wußten Studenten, die ihre Dissertationen schrieben, häufig nicht, ob der zitierte Autor ein Jude war oder nicht, und die rassische Identifizierung war oft sehr schwierig. In «Hochschulkreisen» wurde daher «der Vorschlag gemacht, das Reichsministerium für Wissenschaft, Erziehung und Volksbildung möge amtliche Verzeichnisse von jüdischen Wissenschaftlern erstellen lassen, die nicht nur bei Anfertigung von Dissertationen, sondern auch bei allen übrigen wissenschaftlichen Arbeiten herangezogen werden können».[189] Am 17. Februar 1940 gestattete das Innenministerium in einer Verordnung die Ausbildung jüdischer medizinisch-technischer Assistentinnen oder Gehilfinnen, aber nur in jüdischen Institutionen. Die Beschäftigung mit Kulturen lebender Krankheitserreger wurde ihnen jedoch verboten.[190]

Am 23. Februar 1940 bekräftigte eine Ergänzungsverordnung zum Gesetz zum Schutz des deutschen Blutes und der deutschen Ehre eine Klausel, die in diesem Gesetz vom 15. September 1935 implizit eigentlich schon enthalten gewesen war: In Fällen von «Rassenschande», also sexuellen Beziehungen zwischen «Ariern» und Juden, wurde nur der Mann zur Verantwortung gezogen und gegebenenfalls bestraft. Wenn die Frau Jüdin war und der Mann «Arier» – was in mehreren früheren Fällen vorgekommen war –, erhielt die Frau eine kurze Gefängnisstrafe oder wurde in ein «Umerziehungslager» – also in ein Konzentrationslager – geschickt. Die Straflosigkeit galt also nur für «arische» Frauen.

Bei der Übermittlung des Textes nach Washington entdeckte der amerikanische Geschäftsträger in Berlin, Alexander Kirk, wahrscheinlich einen wesentlichen Zweck der Verfügung: «Es ist auch beobachtet worden, daß die absolute Straflosigkeit, die [deutschen] Frauen in dieser Hinsicht zugestanden wird, die Möglichkeiten zur Denunziation und Erpressung erweitert, von denen man weiß, daß sie in Zusammenhang insbesondere mit diesem antijüdischen Gesetz bereits benutzt worden sind.»[191] Für die Gestapo waren Denunziationen von entscheidender Bedeutung. Abgesehen davon war die Vorstellung, die der Verfügung zugrunde lag, natürlich der Gedanke, daß in den meisten Fällen jüdische Männer arglose «arische» Frauen verführten.[192]

Volljuden im Sinne der Nürnberger Rassengesetze vom September 1935 waren die Hauptadressaten der Verfolgungsmaßnahmen des Regimes. Komplexer war die Situation von Ehegatten und Kindern in Mischehen; was die Vielzahl von Problemen angeht, die im Falle von Mischlingen auftraten, so forderten sie den Scharfsinn der Nationalsozialisten bis ganz zum Schluß heraus. In den «gemischten» Kategorien war tatsächlich die Zahl der möglichen Variationen unendlich. Betrachten wir den Fall des deutschen Schriftstellers und frommen Protestanten Jochen Klepper. Kleppers volljüdische Ehefrau Johanna Stein war zuvor mit einem Juden verheiratet gewesen; somit waren Brigitte und Renate, die beiden Töchter «Hannis» aus ihrer ersten Ehe, Volljüdinnen. Brigitte, die älteste Tochter, hatte vor dem Krieg Deutschland verlassen und war nach England gegangen, aber Renate (Renerle oder Reni) wohnte immer noch in Berlin bei ihren Eltern. Im Prinzip war zwar der «Arier» Klepper persönlich vor Deportation oder Schlimmerem geschützt, aber nichts konnte Hannis oder Renerles Sicherheit garantieren.

Seit Beginn des Krieges war es das Hauptziel der Kleppers, für Renerle eine Möglichkeit zum Verlassen des Reiches zu finden. «Für Hanni und mich», schrieb Jochen Klepper am 28. November 1939 in sein Tagebuch, «bedeutet der so jäh aufgetauchte Auswanderungsplan [für ihre Tochter] keinen entscheidenden Schmerz mehr. Bangt man sich doch jeden Monat vor dem Polenprojekt der Regierung [nach den Deportationen aus Wien im Oktober 1939 verbreiteten sich unter den Juden im Reich Gerüchte, denen zufolge die gesamte jüdische Bevölkerung des Reiches nach Polen deportiert werden würde]; fürchtet man doch bei jeder Lebensmittelkarten- und Bezugsscheinausgabe, Renerle möchte nicht mehr berücksichtigt sein.»[193]

Als dann der Krieg begonnen hatte, waren die Richtlinien hinsichtlich der Mischlinge ersten und zweiten Grades (Halb- und Vierteljuden) verwirrender denn je: Diese Mischlinge durften in der Wehrmacht dienen und konnten sogar wegen Tapferkeit ausgezeichnet werden, aber sie durften keine Führungspositionen bekleiden. Den jüdischen Mitgliedern ihrer Familien wurde keine der üblichen Demütigungen erspart. «[Meine Söhne – drei Soldaten – sind] durch meine Abstammung Mischlinge», schrieb Clara von Mettenheim, eine konvertierte Jüdin, die in die Militäraristokratie eingeheiratet hatte, im Dezember 1939 an den Befehlshaber des Heeres, General von Brauchitsch. «Während die Söhne nun seit Kriegsbeginn draußen liegen, werden ihre Eltern in der Heimat gequält, als ob es im Krieg keine dringlicheren Aufgaben gäbe. ... Bitte [beenden Sie diese Schikanierung halbjüdischer Soldaten und ihrer Eltern].» Und sie fügte noch hinzu: «Ich bitte, Ihren Einfluß dahingehend geltend machen zu wollen, daß ... die Partei die ‹jüdisch Versippten› in Ruhe läßt, damit auch diese Soldaten, die es als Soldaten 2ter Klasse schon schwer genug haben, im Felde wissen, daß sie ihrer Eltern in der Heimat ohne derartige Sorge gedenken können.»[194]

Viel weniger häufig, aber ihrem Wesen nach hiervon nicht völlig verschieden waren natürlich die Entscheidungen, die der bereits überforderte Reichsführer-SS in bezug auf einige seiner Männer fällen mußte. Nehmen wir beispielsweise den traurigen Fall des SS-Untersturmführers Küchlin. Als einer seiner Vorfahren mütterlicherseits stellte sich der Jude Abraham Reinau heraus, der irgendwann nach dem Dreißigjährigen Krieg gelebt hatte. Am 3. April 1940 mußte Himmler Küchlin davon in Kenntnis setzen, daß ein derartiger rassischer Makel für ihn ein Verbleiben in der SS nicht zuließ.[195] Es bestand jedoch eine gewisse Hoffnung, daß weitere Nachforschungen die Wiederaufnahme Küchlins ermöglichen würden: Reinaus Tochter hatte einen Gastwirt, einen gewissen Johan Hermann, geheiratet, dem der Gasthof «Zum wilden Mann» gehörte. Dem Reichsführer zufolge deutete die Benennung des Gasthofs auf Mitgliedschaft in einem heidnischen (altgermanischen) und rassebewußten Geheimbund. Vielleicht war Reinau doch kein Jude...[196]

Hitlers beständige Präsenz war in den Schatten der Schikanierungskampagne unverkennbar. In einer Denkschrift vom 6. Dezember 1939 unterrichtete ein gewisser Dr. Hanssen einen Parteigenossen Friedrichs (der wahrscheinlich zur Parteikanzlei gehörte) bezüglich einer Reihe neuer, gegen die Juden gerichteter Schritte, die von Goebbels und vom RSHA vorbereitet wurden, davon, «daß der Reichsführer-SS alle Maßnahmen gegen die Juden direct mit dem Führer besprechen» werde.[197]

XI

Schenkte die Mehrheit der Deutschen der Verfolgung der Juden im Reich und in Polen während dieser ersten Kriegsmonate große Beachtung? In Deutschland waren die antijüdischen Maßnahmen öffentlich und «amtlich»; auch das Schicksal der Juden in Polen wurde nicht geheimgehalten, und abgesehen von den Presseberichten oder den Wochenschauen, die man in der Heimat sah, besuchte ein Strom von Deutschen, Soldaten wie Zivilisten, wie schon erwähnt, die Ghettos und photographierte alle «lohnenden» Motive: bettelnde Kinder, ausgemergelte Juden mit Bärten und Schläfenlocken, demütige jüdische Männer, die vor ihren deutschen Herren den Hut zogen, und, zumindest in Warschau, den jüdischen Friedhof und den Schuppen, in dem Leichen, die auf ihr Begräbnis warteten, aufgestapelt wurden.

Diverse vertrauliche Stimmungsberichte (die entweder vom SD oder von örtlichen Behörden stammen) vermitteln den Eindruck, daß die Bevölkerung generell zunehmende Feindschaft gegenüber den Juden entwickelte. Gelegentlich werden darin auch Akte der Freundlichkeit erwähnt oder manchmal eine verbreitete Furcht vor Vergeltung. Nach einem Bericht vom 6. September 1939 aus der Gegend von Münster forderten Leute die Inhaftierung von Juden oder gar die Erschießung von 10 Juden für jeden gefallenen Deutschen.[198] Ein Bericht aus Worms von Mitte September gab an, die Bevölkerung rege sich darüber auf, daß Juden in Lebensmittelläden Deutschen gleichgestellt seien.[199]

Andererseits deuteten Anfang Oktober 1939 in Lahr bei stark besuchten Gottesdiensten ältere Leute den Krieg als Strafe [Gottes] für die Judenverfolgung.[200] In der Nähe von Marburg wurde Ende Dezember ein Bauer verhaftet, weil er gegenüber einem Juden, der für ihn arbeitete, Freundlichkeit gezeigt und ihn ebenso wie polnische Gefangene zu sich zum Essen eingeladen hatte.[201] Ebenso erging es zwei Deutschen, die im April 1940 in der Gegend von Würzburg eine freundliche Einstellung gegenüber Juden zu erkennen gegeben hatten.[202] Umgekehrt rief in Potsdam ein Gerichtsentscheid vom Juni 1940, durch den einer Jüdin gestattet wurde, Alleinerbin eines verstorbenen «Ariers» zu sein (wie dieser es in seinem Testament verfügt hatte), Empörung hervor: Er lief dem «gesunden Volksempfinden» zuwider.[203]

Für zahlreiche Volksgenossen war regelrechte Gier oder das Gefühl einer materiellen Benachteiligung (besonders im Hinblick auf Wohnraum) das, was das laufende antijüdische Ressentiment schürte, wie es zum Beispiel aus einer Vielzahl von Briefen hervorgeht, die von Bürgern der Lutherstadt Eisenach an den dortigen Kreisleiter, einen gewissen Hermann Köhler, gerichtet wurden. So war im Oktober 1939 die Hölle los, als die «Arierin» Frau Fink zur Räumung ihrer Wohnung gezwungen wurde, während ihre Nachbarin, die 82jährige Jüdin Grünberger, noch drei weitere Monate in ihrer Wohnung bleiben durfte (und zwar in einer Wohnung, in der sie ihr ganzes Leben verbracht hatte und in der ihr ein lebenslängliches Wohnrecht zustand): «Wie ist es im Dritten Reich möglich», schrieb Fink an Köhler, «daß eine Jüdin vom Gesetz geschützt wird, während ich als Deutsche keinen Schutz genieße? ... Als Deutsche im Deutschen Reich sollte ich mindestens dieselben Rechte beanspruchen können wie die Jüdin!» Dem Eigentümer des Hauses, der es in den 1930er Jahren von dessen früheren jüdischen Besitzern erworben hatte, lag ebenfalls daran, Frau Grünberger zur Räumung zu zwingen; sein Rechtsanwalt argumentierte mit der «herrschenden Volksmeinung»:

«Seitdem der Kläger [Mies] ab Mitte Mai 1938 Mitglied der NSDAP geworden ist, wurde für ihn die Verpflichtung zur Beseitigung der Jüdin aus dem Hause immer dringender. ... Die Kläger sind nach der herrschenden Volksmeinung, die eine Hausgemeinschaft zwischen Ariern und insbesondere Parteigenossen mit Juden verbietet, nicht mehr verpflichtet, der Jüdin länger ein Asyl im Hause zu gewähren. Dabei muß das Alter der Jüdin und die lange Wohndauer außer Betracht bleiben. Mit Gefühlen werden solche Fragen nicht gelöst.»[204] Es sieht nicht so aus, als sei Eisenach eine besonders antisemitische Stadt gewesen.

Die persönlichen Beziehungen zwischen gewöhnlichen Juden und Deutschen wirkten häufig widersprüchlich. Im Frühjahr 1940 mußten die Klemperers das Haus, das sie sich im Dorf Dölzschen gebaut hatten, weit unter seinem wirklichen Wert verkaufen. «Der Krämer Berger», schrieb Klemperer am 8. Mai 1940, «... ist täglich mindestens einmal hier. Ein ganz gutartiger Mensch, hilft uns mit Kunsthonig usw. aus, ist gänzlich antihitlerisch, freut sich aber natürlich des guten Tausches.»[205]

Ein Bericht des Bürgermeisters von P. vom 21. November 1939 lautet: «Bernheim, Julius Israel, war noch der letzte Jude, der auf dem Adolf-Hitler-Platz ein Haus besaß. Öfters hat sich die Einwohnerschaft darüber aufgehalten, warum der Jude nicht von diesem Platz wegziehe. Die Straße vor dessen Haus wurde bemalt, die Fenster nächtlich eingeworfen. ... Inzwischen hat B. sein Haus verkauft und ist am 2. 10. 1939 in das jüdische Altersheim in Herrlingen bei Ulm a. D. verzogen.»[206]

*

Detaillierte Informationen über die mörderische Gewalt gegen Polen und Juden tauchen in Tagebucheintragungen für die ersten Kriegsmonate, die von Mitgliedern des Widerstands stammen, häufig auf. Die Erkenntnisse stammten oft aus den höchsten Rängen der Wehrmacht und auch von Abwehroffizieren, unter denen es einige kompromißlose Feinde des Regimes gab.[207] Verschwörungen gegen Hitler waren im Gange, da mehrere Militärbefehlshaber glaubten, ein sofortiger Angriff im Westen, wie ihn der «Führer» unmittelbar nach dem Polenfeldzug befohlen hatte, werde in einer militärischen Katastrophe enden. So fielen Einzelheiten über die in Polen begangenen Verbrechen auf fruchtbaren Boden und bestätigten die moralische Verkommenheit des Nationalsozialismus. «Der unheilvolle Charakter des Regimes, vor allem ethisch gesehen, wird ihm immer klarer», schrieb Ulrich von Hassell, der ehemalige deutsche Botschafter in Italien, am 17. Februar 1940 in sein Tagebuch, als er von General Ludwig Beck einen Bericht über das Protokoll einer Reise nach Polen erhalten hatte; darin hatte es geheißen, «daß man 1500 Juden, darunter Frauen und Kinder, solange in offenen Güterwagen

September 1939 – Mai 1940   435

herumgefahren habe, bis sie alle eingegangen wären. Dann habe man durch etwa 200 Bauern usw. [für die Juden] riesige Massengräber aufwerfen lassen und danach sämtliche Arbeiter erschossen.»[208] In derselben Eintragung erwähnte von Hassell, eine deutsche Witwe, deren Ehemann, ein Offizier, von den Polen getötet worden war, habe gleichwohl bei Göring wegen der an Juden und Polen verübten Greuel protestiert; von Hassell glaubte, Göring sei gebührend beeindruckt gewesen...[209]

Nichts von dieser echten Feindschaft gegenüber dem Nationalsozialismus schloß jedoch das Fortbestehen unterschiedlicher Schattierungen von Antisemitismus aus. So waren, während in den letzten Monaten des Jahres 1939 und Anfang 1940 in den höchsten Rängen der Wehrmacht Pläne für einen Militärputsch zum Sturz Hitlers und seines Regimes in Umlauf waren und während Carl Goerdeler, der ehemalige Bürgermeister von Leipzig, und andere Mitglieder des Widerstands eine Verfassung für ein Nach-Nazi-Deutschland erörterten, die konservativen Feinde des Regimes sich generell einig, daß in diesem künftigen Deutschland das Bürgerrecht nur Juden gewährt werden würde, die sich auf eine lange Vorfahrenreihe im Land berufen konnten; die später Hinzugekommenen würden das Land verlassen müssen.[210] An Goerdelers Antisemitismus änderte sich bis zu seinem Lebensende nichts.[211]

Entscheidend für die Dauerhaftigkeit und Allgegenwart antijüdischer Überzeugungen und Einstellungen war in Deutschland wie in der gesamten westlichen Welt natürlich die Rolle, welche die christlichen Kirchen spielten. In Deutschland waren etwa 95 Prozent der Volksgenossen in den 1930er und 1940er Jahren immer noch Kirchgänger.[212] Auch wenn die Elite der Partei dem christlichen Glauben im allgemeinen feindlich gegenüberstand und organisierte (politische) Aktivitäten der Kirche ablehnte, blieb der religiöse Antijudaismus eine nützliche Rahmenbedingung für die antisemitischen Propagandaaktivitäten und Maßnahmen der Nationalsozialisten.

Bei den deutschen Protestanten, die im allgemeinen die starke antijüdische Tendenz des Luthertums teilten, errangen die «Deutschen Christen», die eine Synthese von Nazismus und ihrer Art von «arischem (oder germanischem) Christentum» anstrebten, bei den Kirchenwahlen im Jahre 1932 zwei Drittel der Stimmen.[213] Im Herbst 1933 wurde die Vorherrschaft der Deutschen Christen durch die Gründung und das Wachstum der oppositionellen «Bekennenden Kirche» herausgefordert. Doch obgleich die Bekennende Kirche den rassischen Antisemitismus der Deutschen Christen verwarf und dafür kämpfte, das Alte Testament beizubehalten (das sie allerdings oft als Quelle antijüdischer Lehren hinstellte), war sie von der traditionellen lutherischen Judenfeindschaft nicht frei.

Zahlreiche deutsche Protestanten gehörten keiner der beiden streitenden Gruppen an, und diese «neutrale» Mitte näherte sich auch im Hinblick auf die konvertierten Juden einigen der Positionen der «Deutschen Christen» an.[214] Die Bekennende Kirche unternahm allerdings gelegentlich Versuche zur Verteidigung der Rechte von Konvertiten, nicht aber derjenigen von Juden (abgesehen von einigen vorsichtigen Schritten auf dem Höhepunkt der Vernichtungsaktionen).

Die Allgegenwart des Antisemitismus in den meisten Teilen der evangelischen Kirche fand eine bezeichnende Illustration in der berüchtigten «Godesberger Erklärung». Diese Erklärung, mit der für die Deutschen Christen und die «neutrale» Mehrheit der evangelischen Kirche eine gemeinsame Basis geschaffen werden sollte, wurde offiziell am 4. April 1939 veröffentlicht und von der Mehrzahl der Landeskirchen im Reich mit breiter Unterstützung begrüßt. Punkt Nr. 3 (von fünf Punkten) lautete: «Die nationalsozialistische Weltanschauung bekämpfte mit aller Unerbittlichkeit den politischen und geistigen Einfluß der jüdischen Rasse auf unser völkisches Leben. Im Gehorsam gegen die göttliche Schöpfungsordnung bejaht die Evangelische Kirche die Verantwortung für die Reinerhaltung unseres Volkstums. Darüber hinaus gibt es im Bereich des Glaubens keinen schärferen Gegensatz als den zwischen der Botschaft Jesu Christi und der jüdischen Religion der Gesetzlichkeit und der politischen Messiashoffnung.»[215]

Die Bekennende Kirche gab im Mai 1939 eine Antwort heraus, die ein bezeichnendes Beispiel für ihre eigenen Doppeldeutigkeiten darstellt: «Im Bereich des Glaubens besteht der scharfe Gegensatz zwischen der Botschaft Jesu Christi und seiner Apostel und der jüdischen Religion der Gesetzlichkeit und der politischen Messiashoffnung, die auch schon im Alten Testament mit allem Nachdruck bekämpft ist. Im Bereich des völkischen Lebens ist eine ernste und verantwortungsbewußte Rassenpolitik zur Reinerhaltung unseres Volkes erforderlich.»[216]

Auf die Godesberger Erklärung folgte im Mai desselben Jahres die Gründung des Instituts zur Erforschung und Beseitigung des jüdischen Einflusses auf das deutsche kirchliche Leben, zu dessen wissenschaftlichem Direktor der Professor für Völkische Theologie und Neues Testament an der Universität Jena, Walter Grundmann, ernannt wurde.[217] Das Institut zog eine große Zahl von Theologen und anderen Gelehrten als Mitglieder an, und schon im ersten Kriegsjahr brachte es ein «entjudetes» Neues Testament, *Die Botschaft Gottes* (verkaufte Auflage 250 000 Exemplare), ein «entjudetes» Gesangbuch und im Jahre 1941 dann einen «entjudeten» Katechismus heraus.[218] Auf die Positionen, die eine Mehrheit der deutschen Protestanten vertrat, und auf die späteren Produkte des Grundmann-Instituts kommen wir noch zurück.

Eine Eingabe, welche die Arbeitsgemeinschaft der kirchlichen Verwaltungsbeamten und Angestellten am 22. November 1940 an das Konsistorium in Breslau richtete, befaßte sich mit der Bestattung konvertierter Juden: «Wiederholt ist bei Urnenbeisetzungen auf dem Johannesfriedhof in Breslau der Unwille der Friedhofbesucher in unliebsamer Weise lautbar gemacht worden. Zweimal mußte die Friedhofsverwaltung auf unabweisbares Verhalten der Besitzer von Nachbargräbern beigesetzte Urnen von Nichtariern wieder ausgraben und an entfernteren Stellen neu beisetzen. ... Ein vor Jahrzehnten getaufter Jude aus der Paulusgemeinde konnte auf dem der Paulusgemeinde gehörigen Friedhof in Lohbrück nicht beigesetzt werden, da sich die arischen Gemeindeglieder von Lohbrück weigerten, diese Bestattung vorzunehmen.»[219]

Vor einem derartigen Hintergrund nimmt individuelle Unterstützung für Juden (selbst wenn sie auf indirekte Weise zum Ausdruck gebracht wurde), gewöhnlich von einfachen Pastoren und einigen Mitgliedern der theologischen Fakultäten, eine besondere Bedeutung an. So zögerte Hilfsprediger Riedesel aus Königsberg im Oktober 1939 nicht, in einer Predigt die Geschichte vom «guten Samariter» zu erzählen und als einzigen der Vorübergehenden, der bereit war, einem am Straßenrand liegenden Verwundeten Hilfe zu leisten, einen Juden zu wählen. In dem Spitzelbericht hieß es: «Staatspolizei ist verständigt.»[220] Am 1. Dezember 1939 erklärte Pastor Eberle von der Bekennenden Kirche in Hundsbach in einer Predigt: «Der Gott unserer Kirche ist der Judengott Jakobs, zu dem ich mich bekenne.» Dem Bericht zufolge entstand unter den in der Kirche anwesenden Soldaten «durch diese Äußerungen eine Beunruhigung».[221] Indirekte judenfreundliche Äußerungen wurden im März 1940 auch von der theologischen Fakultät in Kiel gemeldet; sie führten dazu, daß der Rektor Sanktionen ergriff.[222]

Die katholische Kirche in Deutschland war gegen Nazitheorien weniger anfällig als ihr evangelisches Pendant. Gleichwohl waren die deutschen Katholiken und ihre Geistlichen ebenso wie die protestantischen Kirchen in ihrer überwältigenden Mehrheit offen für traditionellen religiösen Antijudaismus.[223] Überdies hütete sich die Kirche in Deutschland ungeachtet der immer feindseligeren Einstellung, die Papst Pius XI. in den letzten Jahren seines Pontifikats gegenüber dem Hitlerregime entwickelte, vor jeder größeren Konfrontation mit den Behörden, da sie sich ja seit den Tagen des Kulturkampfes unter Bismarck ihrer Minderheitenposition und ihrer politischen Verwundbarkeit bewußt und infolge häufiger Schikanen durch Partei und Staat ständig auf der Hut war.

Manchmal jedoch ergriffen deutsche Katholiken kühne Initiativen, wenngleich auf paradoxe Weise. Während der 1930er Jahre und bis 1942 benutzten radikale Feinde der katholischen Kirche in der NSDAP (vom Schlage Rosenbergs) vielfach ein bekanntes antikatholisches Pamphlet aus dem 19. Jahrhundert, den von Otto von Corvin verfaßten *Pfaffenspiegel*. Um dieser antiklerikalen Propaganda etwas entgegenzusetzen, behaupteten zahlreiche katholische Schriftsteller, Theologen, Priester und selbst Bischöfe über die Jahre hinweg eifrig, Corvin sei ein Jude oder teilweise jüdischer Abstammung oder ein Freund von Juden gewesen. Wie es einer dieser katholischen Schriftsteller formulierte, konnte Corvin durchaus jüdischer Abstammung gewesen sein, auch wenn er es nicht war ... Für die Nazis war Corvin natürlich ein protestantischer «Arier» mit untadeligem Stammbaum.[224]

Die Wahl Pius' XII. am 2. März 1939 leitete eine neue Phase von katholischem Appeasement gegenüber dem Hitlerregime ein. So versuchte die katholische Hierarchie zwar im Reich und im besetzten Europa, konvertierten Juden Unterstützung zukommen zu lassen, aber über diese starre Grenze wagte sie sich nicht hinaus.[225] Eine zur Hilfe für Auswanderer gegründete katholische Organisation, der St.-Raphaels-Verein, bemühte sich um die Ausreise einiger «katholischer Nichtarier», während der in den 1930er Jahren geschaffene Paulus-Bund sich um ihre Bedürfnisse im Reich kümmerte.[226]

Der alte Adolf Kardinal Bertram aus Breslau, der während des gesamten Krieges an der Spitze des deutschen Katholizismus stand, legte unerschütterliche Loyalität gegenüber «Führer» und Vaterland an den Tag und unterhielt, wie wir sehen werden, bis ganz zum Schluß herzliche Beziehungen zu Hitler. Seine politische Position war die der Mehrheit der deutschen Hierarchie, und sie erfuhr generell die Billigung von Pius XII. Gegen Bertram standen in immer schrofferer Opposition Bischof Konrad Graf Preysing aus Berlin und, je nach Thematik, eine kleine Gruppe von Bischöfen und anderen einflußreichen Angehörigen des Klerus. Zu einer internen Konfrontation über die Judenfrage sollte es, sehr spät, kommen; sie änderte nichts an der passiven Haltung der Mehrheit, und sie führte auch zu keiner öffentlichen Stellungnahme.[227]

XII

Die von der jüdischen Gemeinschaft in Deutschland im Herbst 1933 gewählte Führung blieb bei Kriegsbeginn im Amt. Die Reichsvereinigung der Juden in Deutschland, die Anfang 1939 an die Stelle der locker verbundenen Reichsvertretung trat, war eine zentralisierte Körperschaft, die auf Initiative der jüdischen Führung selbst um der größeren Effizienz willen gegründet worden war.[228] Von Anfang an wurden jedoch alle Aktivitäten der Reichsvereinigung durch die Gestapo, insbesondere vom Judenreferat Eichmanns, kontrolliert. Im Grunde war dies ein Judenrat auf nationaler Ebene. Es war die Reichsvereinigung, die die jüdischen Gemeinden über alle Anweisungen der Gestapo zu informieren hatte, was gewöhnlich mittels der einzigen genehmigten jüdischen Zeitung, des *Jüdischen Nachrichtenblattes*, geschah.[229]

In den meisten Teilen des Reiches mit Ausnahme von Berlin wurden die jüdischen Gemeindebüros und Dienststellen, da sie immer mehr Mitglieder verloren, in die örtlichen Zweigstellen der Reichsvereinigung eingegliedert; diese Stellen folgten den Anweisungen des Hauptbüros in Berlin, das seinerseits dem RSHA über jeden Schritt Bericht erstatten mußte. In der Hauptstadt wurde der jüdischen Gemeinde gestattet, ihre unabhängigen Büros und Aktivitäten beizubehalten, eine Situation, die häufig zu gespannten Beziehungen zwischen den beiden jüdischen Organisationen führte.[230]

Die wichtigste Funktion der Reichsvereinigung bestand bis zum Oktober 1941 darin, die Auswanderung von Juden aus Deutschland zu fördern und zu organisieren. Von Anfang an war sie aber in nicht geringerem Umfang auch mit Wohlfahrts- und Bildungsaufgaben betraut. Die Berliner Büros und der Vorstand der Reichsvereinigung, an dessen Spitze wie seit 1933 in der früheren Reichsvertretung der alte Rabbiner Leo Baeck stand, waren ebenso wie die örtlichen Büros in allen großen deutschen Städten der wichtigste Rettungsanker für die verbleibende jüdische Bevölkerung.

Unmittelbare materielle Unterstützung wurde zu einer wesentlichen Aufgabe. Nach Kriegsbeginn gingen die staatlichen Wohlfahrtszuteilungen für bedürftige Juden schlagartig zurück, und der größte Teil der Unterstützung mußte von der Reichsvereinigung aufgebracht werden.[231] Die erbärmlichen «Löhne», die den Zehntausenden jüdischer Zwangsarbeiter gezahlt wurden, konnten die wachsende materielle Not nicht lindern. Manchmal mußte sogar das RSHA zugunsten der Reichsvereinigung gegen die rücksichtslose Ausbeutung der arbeitenden Juden durch örtliche Behörden eingreifen.[232] Überdies war die Reichsvereinigung, weil jüdische Schüler seit November 1938 definitiv von allen deutschen Schulen ausgeschlossen waren, nunmehr allein für die Schulbildung von etwa 9500 Kindern und Jugendlichen im Altreich zuständig.[233]

Während die Reichsvereinigung mit zunehmenden täglichen Belastungen konfrontiert war, blieb sie gleichzeitig nicht gegen erbitterte interne Konfrontationen mit jüdischen Einzelpersonen oder Gruppen gefeit, was manchmal zu potentiell schwerwiegenden Konsequenzen führte. Im Herbst 1939 lebten im Reich noch etwa 11 500 polnische Juden. Einige von ihnen waren den Deportationen vom Oktober 1938 entronnen, andere hatten die Genehmigung erhalten, vorübergehend zurückzukehren, um ihre Geschäfte abzuwickeln. Am 8. September 1939 befahl die Gestapo, sie als feindliche Ausländer zu verhaften und in Buchenwald, Oranienburg und später Sachsenhausen zu internieren. Unter den in Sachsenhausen Inhaftierten nahm die Zahl der Sterbefälle bald beunruhigend zu. In diesem Zusammenhang versuchte Recha Freier, eine Berliner Beauftragte der *Jewish Agency*, der Vertretung der jüdischen Gemeinschaft in Palästina, die für die Auswanderung von Jugendlichen zuständig war, einige der bedrohten polnischen Juden dadurch zu retten, daß sie sie auf Prioritätenlisten für Transporte nach Palästina setzte. Die Vertreter der Reichsvereinigung – insbesondere ihr Verwaltungsdirektor Otto Hirsch – waren entschlossen, sämtliche Emigrationsplätze ausschließlich für deutsche Juden zu reservieren, und sie versteiften sich darauf, die polnischen Juden ins Generalgouvernement zu schicken.[234] Anscheinend drohte Hirsch Freier sogar mit der Gestapo. Sie entkam, und es gelang ihr, einen Transport nach Palästina auf den Weg zu bringen (wobei sie gefälschte Dokumente benutzte), aber dem jüdischen Establishment in Berlin verzieh sie nicht. Auch Leo Baeck entging nicht Freiers Zorn: Wie sie nach dem Krieg schrieb, sehnte sie sich nach dem Tag, «an dem man diesem Mann, der als Held gefeiert wird, den Heiligenschein herunterreißt».[235]

Am 9. Dezember 1939 hielt Klemperer fest: «Ich war am Montag im jüdischen Gemeindehaus [der Dresdner Zweigstelle der Reichsvereinigung], Zeughausstraße 3, neben der abgebrannten und abgetragenen Synagoge, um meine Steuer und Winterhilfe zu zahlen. Großes Treiben: Von den Lebensmittelkarten wurden die Marken für Pfefferkuchen und Schokolade abgeschnitten. ... Auch mußten die Kleiderkarten abgegeben werden: Juden erhalten Kleidung nur auf Sonderantrag bei der Gemeinde. Das waren so die kleinen Unannehmlichkeiten, die nicht mehr zählen. Dann wollte mich der anwesende Parteibeamte sprechen: ‹... Bis zum 1. April müssen Sie Ihr Haus verlassen; Sie können es verkaufen, vermieten, leerstehen lassen: Ihre Sache, nur müssen Sie heraus; es steht Ihnen ein Zimmer zu. Da Ihre Frau arisch ist, wird man Ihnen nach Möglichkeit zwei Zimmer zuweisen.› Der Mann war gar nicht unhöflich, er sah auch durchaus ein, in welche Not wir gebracht werden, ohne daß irgendeiner einen Vorteil davon hat – die sadistische Maschine geht eben über uns weg.»[236]

*

Während in Deutschland eine Kontinuität der jüdischen Führung bestand, wurde im ehemaligen Polen, als die Deutschen das Land besetzten und zahlreiche Leiter jüdischer Gemeinden flohen, ein großer Teil der Vorkriegsführung, wie wir sahen, abgelöst. Sowohl Adam Czerniaków in Warschau als auch Chaim Rumkowski in Łódź hatten bis dahin keine herausgehobenen Führungspositionen bekleidet, und beide wurden jetzt zu Vorsitzenden des Judenrats ihrer Stadt ernannt.

Äußerlich betrachtet war Czerniakóws Alltäglichkeit seine bemerkenswerteste Eigenschaft. Doch sein Tagebuch läßt erkennen, daß er alles andere als ein alltäglicher Mensch war. Czerniakóws grundlegende Anständigkeit in einer Zeit völlig entfesselter Skrupellosigkeit fällt ins Auge. Nicht nur widmete er jeden einzelnen Tag seiner Gemeinde, er kümmerte sich auch besonders um die Bescheidensten und die Schwächsten seiner 400 000 Schützlinge: die Kinder, die Bettler, die Geisteskranken.

Czerniaków war Ingenieur und hatte nach seinem Studium in Warschau und Dresden eine ganze Reihe ziemlich unbedeutender Stellungen inne. Er engagierte sich auch etwas in der Stadtpolitik und der jüdischen Politik Warschaus. So war er Mitglied des Warschauer Stadtrats und des jüdischen Gemeindestadtrats, und als der Gemeindevorsitzende Maurycy Majzel bei Kriegsausbruch floh, ersetzte Bürgermeister Stefan Starzyński ihn durch Czerniaków. Am 4. Oktober 1939 ernannte die Einsatzgruppe IV den 59jährigen Czerniaków zum Chef des Warschauer Judenrats.[237]

Es sieht so aus, als habe Czerniaków einige Anstrengungen unternommen, um sich diese neueste Ernennung zu sichern.[238] War es reiner Ehrgeiz? Wenn ja, dann erkannte er bald das Wesen seiner Rolle und die überwältigende Herausforderung, vor der er stand. Er kannte die Deutschen; bald verlor er auch viele Illusionen über die Polen: «Auf dem Friedhof nicht ein einziger Baum», notierte er am 28. April 1940, «[alle] entwurzelt. Die Grabsteine zertrümmert. Der Zaun samt Eichenpfosten gestohlen. Die Bäume nebenan auf dem [christlichen] Powązki[-Friedhof] unberührt.»[239] Einige seiner härtesten Kommentare behielt er seinen jüdischen Glaubensgenossen vor, auch wenn er die zunehmende Entsetzlichkeit ihrer gemeinsamen Lage nie vergaß.

Czerniaków hätte fortgehen können, aber er blieb. Im Oktober 1939 konnte er natürlich nicht vorhersehen, was sich weniger als drei Jahre später ereignen sollte, aber einige seiner Sätze klingen wie Vorahnungen: «Aussiedlung aus Krakau», schreibt er am 22. Mai 1940. «Optimisten, Pessimisten, Sophisten.»[240] Das hebräische Wort *soph* bedeutet «Ende». Ein Zeuge, Apolinary Hartglas, erzählt, als der Rat zu seiner ersten Sitzung zusammengetreten sei, habe Czerniaków mehreren Mitgliedern eine Schreibtischschublade gezeigt, in der er «ein Fläschchen mit 24 Zyankalikapseln aufbewahrte, eine für jeden von uns, und er zeigte uns, wo er den Schlüssel zu der Schublade aufbewahrte, falls die Notwendigkeit eintreten sollte».[241]

Wie wir sehen werden, hatte Czerniaków natürlich seine Schwächen, aber das waren Schwächen, die einem ein Lächeln abnötigen, mehr nicht. Und doch wurde dieser sanfte Verwaltungsmann in seiner Amtszeit als versklavtes Oberhaupt der größten jüdischen städtischen Ansammlung der Welt nach New York überwiegend für Maßnahmen geschmäht und gehaßt, die nicht von ihm ausgingen und zu deren Milderung er keine Möglichkeit hatte.

In schroffem Kontrast zu Czerniakóws überwiegend postumem Image von Anständigkeit und Selbstaufopferung steht bei zahlreichen Tagebuch- und Memoirenschreibern wie auch nicht wenigen späteren Historikern das Bild des Vorsitzenden der zweitgrößten jüdischen Gemeinde im ehemaligen Polen, Mordechai Chaim Rumkowski, dem «Ältesten» von Łódź. Bis zum Alter von 62 Jahren war Rumkowskis Leben ereignislos: Im Geschäftsleben erlitt er anscheinend mehrmals Schiffbruch, in der zionistischen Politik von Łódź entfaltete er keine großen Wirkungen, und selbst seine Tätigkeit als Verwalter mehrerer Waisenhäuser wurde von einigen Zeitgenossen kritisiert.

Wie in Warschau floh auch in Łódź der Vorkriegsvorsitzende der Gemeinde, Leon Minzberg; er wurde durch seinen Stellvertreter abgelöst, und Rumkowski wurde zum Vizepräsidenten der Gemeinde befördert. Die Deutschen wählten sich jedoch Rumkowski als den Mann, der die Juden von Łódź führen sollte. Der neue «Älteste» ernannte einen Rat mit 31 Mitgliedern. In weniger als einem Monat wurden diese Ratsmitglieder von der Gestapo verhaftet und erschossen. Der Haß, den Rumkowski noch Jahre nach seinem Tod hervorrief, findet bezeichnenden Ausdruck in den vieldeutigen Kommentaren eines der frühesten und angesehensten Historiker des Holocaust, Philip Friedman, der zu dieser Episode schreibt: «Welchen Anteil hatte Rumkowski am Schicksal des ursprünglichen Rates? Hatte er sich bei den Deutschen über die Halsstarrigkeit der Ratsmitglieder beklagt? Wenn ja, wußte er, was ihnen bevorstand? Das sind ernste Fragen, die wir auf der Grundlage des uns zur Verfügung stehenden Materials nicht beantworten können ...»[242] Im Februar 1940 wurde ein zweiter Rat eingesetzt.

Czerniaków hielt von seinem Kollegen in Łódź nicht viel: «In Łódź hat Rumkowski angeblich eigenes Geld ausgegeben, ‹Chaimki›. Er hat den Spitznamen ‹Chaim der Schreckliche›», notierte der Warschauer Vorsitzende am 29. August 1940.[243] Und am 7. September hielt Ringelblum Rumkowskis Besuch in Warschau fest: «Heute traf aus Łódź Chaim – oder, wie man ihn nennt, ‹König Chaim› – Rumkowski ein, ein alter Mann von siebzig Jahren, außerordentlich ehrgeizig und ziemlich verrückt. Er zählte die Wunder seines Ghettos auf. Er hat dort ein jüdisches Reich mit 400 Polizisten und drei Gefängnissen. Er hat ein Außenministerium und auch alle anderen Ministerien. Als man ihn fragte, weshalb die Sterblichkeit, wenn dort alles so gut stünde, derart hoch sei, gab er keine Antwort. Er betrachtet sich als gesalbten Gott.»[244]

Die meisten Zeitgenossen sind sich einig über Rumkowskis Ehrgeiz, sein despotisches Verhalten gegenüber seinen Mitjuden und seinen seltsamen Größenwahn. Doch Jakob Szulman, ein scharfer Beobachter, der im Ghetto von Łódź lebte (und der kurz vor den Anfang 1942 verfügten Massendeportationen starb) erkannte und benannte in einer irgendwann im Jahre 1941 verfaßten Schrift zwar einige kraß abstoßende Aspekte der Persönlichkeit des Ältesten, aber er verglich dennoch seine Amtsführung positiv mit der seines Rivalen Czerniaków.[245] Eigentlich sollte man den Vergleich zwischen den jüdischen Führern von Łódź und Warschau sogar noch weiter fortsetzen. Wie der Historiker Yisrael Gutman behauptet, schuf Rumkowski im Ghetto eine Situation der sozialen Gleichheit, «in der ein Reicher derjenige war, der noch ein Stück Brot hatte. ... Czerniaków, der andererseits ohne Zweifel ein anständiger Mann war, fand sich mit skandalösen Vorfällen im Warschauer Ghetto ab.»[246]

*

Jüdische Tagebuchschreiber und ihre Chroniken, ihre Reflexionen und ihre Zeugenschaft werden in diesem Band im Vordergrund stehen. Diese Schreiber waren eine sehr heterogene Gesellschaft. Klemperer war der Sohn eines Reformrabbiners. Sein Übertritt zum Protestantismus und seine Ehe mit einer Christin zeigen ganz deutlich sein Ziel: die totale Assimilation. Ein ganz anderes Verhältnis hatte Kaplan zu seiner Jüdischkeit: Eine Talmudausbildung an der Jeschiwa von Mir (und später eine Spezialausbildung am Pädagogischen Institut in Wilna) bereiteten ihn auf sein lebenslanges Engagement vor, das der hebräischen Bildung galt. Vierzig Jahre lang war Kaplan der Direktor der Hebräischen Grundschule, die er 1902 in Warschau gegründet hatte.[247] Während die Prosa Klemperers den leichten ironischen Ton des von ihm verehrten Voltaire hatte, besaß Kaplans Tagebuchtext – mit dem Schreiben hatte er schon 1933 begonnen – etwas vom emphatischen Stil des biblischen Hebräisch. Kaplan war ein Zionist, der sich ebenso wie Czerniaków weigerte, seine Warschauer Gemeinde zu verlassen, als man ihm ein Visum für die Ausreise nach Palästina anbot. Klemperer hingegen haßte den Zionismus heftig und verglich ihn in einigen seiner Ausbrüche mit dem Nationalsozialismus. Doch dieser ichbezogene, neurotische Gelehrte schrieb mit absoluter Aufrichtigkeit über andere und über sich selbst.

Unter diesen jüdischen Zeugen war Ringelblum der einzige, der eine Ausbildung als Historiker hatte. Die Dissertation, mit der er an der Universität Warschau promoviert worden war, behandelte das Thema: «Die Juden in Warschau: Von den ältesten Zeiten bis zur letzten Vertreibung im Jahre 1527».[248] Von 1927 bis 1939 unterrichtete er Geschichte an einem Warschauer Gymnasium, und in den Jahren vor dem Krieg beteiligte er sich an der Gründung der Warschauer Außenstelle des Jiddischen Wissenschaftlichen Instituts (YIVO) in Wilna und sammelte einen

Kreis junger Historiker um sich. Ringelblum war aktiver Sozialist und engagierter Linkszionist. Von Anfang an stand er, in Übereinstimmung mit seinen politischen Neigungen, dem Judenrat – der in seinen Augen das korrupte «Establishment» repräsentierte – feindlich gegenüber, und er war ein begeisterter Sprecher der «jüdischen Massen».

Jochen Kleppers Tagebuch ist anders. Es ist von intensiver christlicher Religiosität erfüllt, aber nicht nur darin unterscheidet es sich von den Aufzeichnungen der jüdischen Chronisten. Wegen seiner jüdischen Ehefrau war Klepper aus seiner Stellung beim deutschen Rundfunk und dann vom Verlag Ullstein entlassen worden. Einige Zeit zögerte die Bürokratie jedoch, in welche Kategorie er gehörte, und dies um so mehr, als er der Verfasser erfolgreicher Romane war, darunter sogar ein nationaler Bestseller, *Der Vater*, eine Biographie König Friedrich Wilhelms I. von Preußen. So machte Kleppers gepeinigtes Leben ihn zu einem Zeugen ungewöhnlicher Art, zu einem, der das Schicksal der Opfer teilte und sie doch in gewisser Weise von außen, als Deutscher und Christ, betrachtete.

Viele weitere jüdische Tagebuchschreiber werden sich mit ihrer Stimme denen hinzugesellen, die uns bislang begegnet sind; sie entstammen dem Westen und dem Osten, sie kommen aus unterschiedlichen Lebensumständen und gehören verschiedenen Altersgruppen an. Neben Dawid Sierakowiak, den Oberschul-Tagebuchschreiber aus Łódź, werden bald der jüngste aller Chronisten treten, der zwölfjährige Dawid Rubinowicz aus der Gegend von Kielce im Generalgouvernement, der Oberschul-Chronist Itzhok Rudaszewski in Wilna, der jugendliche Moshe Flinker in Brüssel und die dreizehnjährige Anne Frank in Amsterdam. Andere Jugendliche werden weniger ausführlich zu hören sein. Keiner von ihnen hat überlebt. Auch von den erwachsenen Chronisten sind nur sehr wenige am Leben geblieben, aber Hunderte von versteckten Tagebüchern wurden gefunden. Auf tragische Weise hatten die Chronisten ihr Ziel erreicht.

2.

Mai 1940 – Dezember 1940

Am 22. Oktober 1940 wurden die 6500 Juden Badens und der Saarpfalz unverhofft ins nicht besetzte Frankreich deportiert. Einem Bericht der Staatsanwaltschaft Mannheim zufolge nahmen sich am Morgen dieses Tages acht ortsansässige Juden das Leben: Gustaf Israel Lefo (74) und seine Ehefrau Sara Lefo (65), Gas; Klara Sara Schorff (64) und ihr Bruder Otto Israel Strauss (54), Gas; Olga Sara Strauss (61), Schlaftabletten; Jenny Sara Dreyfuss (47), Schlaftabletten; Nanette Sara Feitler (73), erhängte sich an der Tür ihres Badezimmers; Alfred Israel Bodenheimer (69), Schlaftabletten.[1]

Die Registrierung der von den Deportierten zurückgelassenen Habe erfolgte gründlich. So meldete der Gendarmerie-Posten in Walldorf im Landkreis Heidelberg am 23. Oktober, bei Blanka Salomon seien 9 Hühner und 4 Hähne sowie eine Gans gefunden worden; Sara Mayer besaß 10 Hühner und 3 Hähne; Albert Israel Vogel war der Besitzer von 4 Hühnern, und Nanny Sara Weil hatte 3 Hühner und einen Hahn. Und bei Moritz Mayer fand sich «ein deutscher Schäferhund, auf den Namen ‹Baldo› hörend» ...[2] Am 7. Dezember 1940 öffnete und durchsuchte die Gendarmerie von Graben die Wohnungen, in denen vier der Deportierten gewohnt hatten: die beiden jüdischen Witwen Sofie Hertz und Karoline Ott sowie die Eheleute Prager. Die Beamten registrierten: eine goldene Medaille – Paris Eiffelturm – vom Jahre 1889, eine goldene Medaille – Paris – vom Jahre 1878, eine vergoldete Armbanduhr, eine vergoldete Brosche, drei goldene Fingerringe, sieben ausländische Kupfergeldstücke, sechs silberne Küchenmesser, acht silberne Kaffeelöffel in Etuis usw.[3]

I

Vom Ende des Polenfeldzugs bis zu den ersten Apriltagen des Jahres 1940 hatten keine größeren militärischen Operationen stattgefunden. Hitler hatte seine Pläne für einen sofortigen Angriff im Westen aufgegeben. Der «Winterkrieg», der mit dem sowjetischen Angriff auf Finnland im Dezember 1939 begonnen hatte, endete im März 1940, nachdem die Finnen den sowjetischen Gebietsforderungen in Karelien nachgegeben hatten. Dieser Konflikt im Norden Europas hatte keine unmittelbaren Auswirkungen auf die Hauptkonfrontation, außer daß er Hitler möglicherweise in seiner Geringschätzung der Roten Armee bestärkte. Während dieser Monate militärischer Untätigkeit an der Westfront (man sprach von einem «Sitzkrieg») herrschte in London und in Paris und demzufolge auch unter jüdischen Offiziellen, die mit westlichen Regierungen in Fühlung standen, Optimismus. Am 4. November 1939 berichtete Nahum Goldmann dem Präsidenten des Jüdischen Weltkongresses in New York, Stephen Wise, sowohl in London als auch in Paris hegten Leute, die Bescheid wüßten, die höchsten Erwartungen. Goldmann selbst war ein wenig vorsichtiger: «Ich würde nicht so weit gehen zu sagen, wie es einige tun, daß der Zusammenbruch Hitlers schon besiegelt ist, aber es sieht in der Tat so aus, als befinde sich das Reich in einer schrecklichen Lage. Italien steht definitiv nicht mehr auf der Seite der Achse. ... Im nächsten Frühjahr werden die Alliierten doppelt oder dreimal so viele Flugzeuge haben wie Deutschland, dessen Flugzeuge übrigens denen der Alliierten anscheinend unterlegen sind. ... Die Mehrzahl der Franzosen und Briten, die noch vor einem Monat an einen sehr langen Krieg glaubten, ist davon nicht mehr überzeugt, und sehr wichtige Leute haben die Auffassung vertreten, daß der Krieg im nächsten Frühjahr oder Sommer vielleicht vorüber ist. Die innere Lage Deutschlands ist anscheinend sehr schlecht. Es ist Deutschland Ende 1917 ...»[4]

Am 9. April besetzten deutsche Truppen überfallartig Dänemark und landeten in Norwegen. Am 10. Mai griff die Wehrmacht im Westen an. Am 15. kapitulierten die Niederländer; am 18. folgte Belgien. Am 13. Mai hatten die Deutschen die Maas überschritten, und am 20. befanden sie sich in der Nähe von Dünkirchen in Sichtweite der Kanalküste. 340 000 britische und französische Soldaten wurden zurück nach England evakuiert, was zum Teil dem Befehl Hitlers zu verdanken war, vor dem Angriff auf Dünkirchen und der Einnahme der Stadt drei Tage abzuwarten. Damals sah es so aus, als sei diese Entscheidung, aus deutscher Sicht, von «zweitrangiger Bedeutung».[5] Im Rückblick läßt sich sagen, daß sie vielleicht einer der Wendepunkte des Krieges war.

Anfang Juni rückte die Wehrmacht nach Süden vor. Am 10. trat Mussolini an Hitlers Seite in den Krieg ein. Am 14. marschierten deutsche Truppen in Paris ein. Am 17. trat der französische Premierminister Paul Reynaud zurück und wurde von seinem Stellvertreter, dem alten Weltkriegshelden Marschall Philippe Pétain, abgelöst. Ohne Konsultationen mit dem britischen Verbündeten bat Pétain um einen Waffenstillstand. Die deutschen und italienischen Bedingungen wurden akzeptiert, und am 25. Juni, kurz nach Mitternacht, trat der Waffenstillstand in Kraft. Währenddessen war die britische Regierung umgebildet worden. Am 10. Mai, am Tage des deutschen Angriffs an der Westfront, hatte man

Neville Chamberlain zum Rücktritt gezwungen. Der neue Premierminister hieß Winston Churchill.

Am 19. Juli verhöhnte Hitler in einer triumphalen Ansprache an den Reichstag England mit einem «Friedensappell». Drei Tage später wies Außenminister Lord Halifax (der einen Monat zuvor immer noch für einen «Kompromißfrieden» eingetreten war) in einer Radiosendung den deutschen Vorschlag zurück und gelobte, sein Land werde um jeden Preis weiterkämpfen. Verfügte aber England über die militärischen Ressourcen, und besaßen seine Bevölkerung und seine Führung die Entschlossenheit, den Krieg allein weiterzuführen? Im Frühsommer 1940 war nichts von alledem selbstverständlich. Das Appeasement-Lager hatte zwar mit Lord Halifax einen seiner Vorkämpfer verloren, aber es meldete sich immer noch zu Wort, und einige höchst bekannte Persönlichkeiten, darunter insbesondere der Herzog von Windsor, verhehlten nicht ihren Wunsch, sich mit Hitler-Deutschland zu einigen.

Stalin, der wenige Tage nach dem französischen Zusammenbruch die baltischen Staaten besetzt und Rumänien Bessarabien und die nördliche Bukowina entrissen hatte, erteilte Churchills sorgfältig formulierter Anfrage bezüglich einer möglichen Annäherung eine Abfuhr. Die amerikanische Szene war widersprüchlich. Roosevelt, ein kompromißloser «Interventionist», wenn es je einen gegeben hat, war am 19. Juli auf dem Parteikonvent in Chicago erneut als Kandidat der Demokraten nominiert worden; sein Gegner, der Republikaner Wendell Willkie, war ein nicht weniger entschiedener Interventionist – ein gutes Zeichen für Großbritannien. Im Kongreß und in der amerikanischen Bevölkerung hingegen war der Isolationismus immer noch stark ausgeprägt; ihm verlieh dann schon bald das *America First Committee* eine feste politische Basis und einen Rahmen für militante Propaganda. In diesem Stadium würde selbst die Wiederwahl Roosevelts keine Garantie dafür sein, daß die Vereinigten Staaten dem Krieg nähertreten konnten.

*

In ganz Europa, in besetzten Ländern wie in neutralen Staaten, bestand im Sommer 1940 für eine Mehrheit der politischen Elite und möglicherweise auch eine Mehrheit der Bevölkerung kein Zweifel mehr daran, daß Deutschland bald die Oberhand gewinnen werde. Groß war die Zahl derer, die eine «Neue Ordnung» anstrebten und für die «Verlockung des Faschismus» offen waren. Die Quellen dieses anschwellenden Antiliberalismus lagen tiefer als die unmittelbaren Auswirkungen der deutschen Militärmacht; wie in der Einleitung angedeutet, waren sie das Ergebnis einer in Etappen verlaufenden Entwicklung, die während der vorangegangenen fünf oder sechs Jahrzehnte stattgefunden hatte.

All die Biegungen und Windungen des Antiliberalismus und der Aufstieg einer neuen «revolutionären Rechten» (und Linken), die sich vor allem auf der europäischen Bühne seit dem Ende des 19. Jahrhunderts abspielten, sind in einer unübersehbaren Literatur beschrieben und analysiert worden. Es wird mittlerweile allgemein akzeptiert, daß im Gegensatz zu der traditionellen, im wesentlichen konservativen Rechten das Spektrum von Bewegungen, die unter dem Etikett «Neue Rechte» liefen, nicht allein einem begrenzten gesellschaftlichen Hintergrund (den unteren Mittelschichten) entstammte, den vorwiegend die Furcht vor der zunehmenden Stärke der organisierten Linken auf der einen Seite und vor dem brutalen und unerklärlichen Auf und Ab des ungezügelten Kapitalismus auf der anderen umtrieb. Der soziale Hintergrund der Neuen Rechten war vielmehr breiter und erstreckte sich darüber hinaus auf Teile einer desillusionierten Arbeiterklasse sowie auf die oberen Mittelschichten und Teile der ehemaligen Aristokratie. Dieses Lager äußerte heftige Gegnerschaft gegen den Liberalismus und «die Ideen von 1789», gegen die Sozialdemokratie und vor allem gegen den Marxismus (später den Kommunismus oder den Bolschewismus) sowie gegen jede konservative Politik eines Kompromisses mit dem demokratischen Status quo. Es suchte nach einem «dritten Weg», der sowohl die Bedrohung durch die proletarische Revolution als auch die kapitalistische Machtübernahme überwinden sollte. Ein derartiger «dritter Weg» mußte in den Augen der neuen Revolutionäre autoritär sein; er besaß eine eigene Aura, die gewöhnlich eine extreme Form von Nationalismus und ein verschwommenes Streben nach einer antimaterialistischen Erneuerung der Gesellschaft beinhaltete.[6]

Während der antimaterialistische, antibürgerliche Geist in Europa vor dem Ersten Weltkrieg sowohl auf der Rechten als auch in Teilen der Linken auftauchte und bei Katholiken wie bei Protestanten starke Unterstützung fand, wurden seine Verschmelzung mit einem zugespitzten Nationalismus und der damit verbundene Kult von Kameradschaft, Heroismus und Tod in der Nachkriegszeit zu Markenzeichen der Neuen Rechten und des frühen Faschismus. Nach der Revolution von 1917 bekam die Angst vor dem Bolschewismus mit dem Gefühl einer bevorstehenden Katastrophe apokalyptische Züge. In diesem Kontext wuchs in den Köpfen vieler Menschen die Anziehungskraft einer «Neuen Ordnung» (als politischer Ausdrucksform des «dritten Weges») unter der Führung eines politischen Erlösers, der eine haltlose Welt aus der schwachen und korrupten Paralyse der liberalen Demokratie erlösen konnte.

Die Weltwirtschaftskrise der dreißiger Jahre verschärfte die Befürchtungen und die Bestrebungen früherer Jahrzehnte lediglich. Das faschistische Regime in Italien, das Benito Mussolini mit seinem sogenannten

«Marsch auf Rom» im Oktober 1922 inauguriert hatte, wurde durch das erheblich mächtigere und eindrucksvollere Nazi-Phänomen überflügelt: Die «Neue Ordnung» wurde zu einer gewaltigen politischen und militärischen Realität. Die Niederlage Frankreichs schien zu bestätigen, daß die neue Welt der alten und auch die neuen Werte denjenigen, die so völlig versagt hatten, überlegen waren.

Die dänische Regierung, die von den Deutschen im Amt belassen wurde, gab im Juli 1940 eine Erklärung ab, in der sie ihre «Bewunderung» für die «großen deutschen Siege» zum Ausdruck brachte, die «in Europa eine neue Ära eingeleitet haben, in der sich unter der Führung Deutschlands eine neue Ordnung in politischem und wirtschaftlichem Sinne herausbilden wird».[7] Mehrere Monate lang erwog die belgische Regierung, die in London Zuflucht gesucht hatte, die Möglichkeit, wieder zu König Leopold III. (der im Lande geblieben war) zu stoßen und die deutsche Herrschaft zu akzeptieren; im Oktober 1940 entschied sie sich endlich für Widerstand und Exil. Währenddessen hatte die Regierung Marschall Pétains offen den Weg der Kollaboration mit dem Reich gewählt. Und die Bevölkerung der meisten westeuropäischen Länder fand sich bald mit der Präsenz einer Besatzungsarmee ab, die allenthalben für ihr korrektes, ja höfliches Verhalten gepriesen wurde.

Intellektuelle Anpassung an die «Neue Ordnung» und intellektuelle Kollaboration mit ihr sind ein Thema, das in diesem Buch ständig wiederkehren wird. Hier sei nur erwähnt, daß nicht nur die extreme Rechte der europäischen Intellektuellenszene den deutschen Triumph begrüßte. Ein starkes Kontingent christlicher Denker pries den Untergang von Materialismus und Moderne und feierte den Aufstieg des «neuen Geistes». So zeigte der Jesuit und Paläontologe Pierre Teilhard de Chardin, eine Leuchte der Philosophie in Paris nach 1945, ein bemerkenswertes Verständnis für die neue Zeit: «Ich persönlich halte an meiner Überzeugung fest, daß wir heute nicht den Untergang, sondern die Geburt einer Welt erleben. ... Frieden kann nichts anderes bedeuten als einen *höheren Prozeß der Eroberung*. Die Welt muß denen gehören, die die aktivsten Elemente darin sind. ... Im Augenblick verdienen die Deutschen den Sieg, denn – wie verworren oder böse ihre geistige Triebkraft auch sein mag – sie haben mehr davon als der Rest der Welt.»[8]

Teilhards Stimme war eine von vielen, selbst auf der katholischen Linken. «Das mit sich entzweite Europa gebiert eine neue Ordnung, vielleicht nicht nur für Europa, sondern für die ganze Welt», schrieb der französische linkskatholische Denker Emmanuel Mounier im Oktober 1940. «Nur eine geistige Revolution und eine institutionelle Wiedergeburt von demselben Ausmaß wie die faschistische Revolution hätten vielleicht Frankreich vor der Vernichtung retten können. ... Deutschland gegen den Westen, das ist Sparta gegen Athen, das harte Leben gegen das angenehme Leben.» Und Mounier sah die Geburt eines Europa voraus, das «ein autoritäres Europa [sein würde], weil es allzu lange ein libertäres Europa gewesen war».[9]

Von größerer Bedeutung für das bereitwillige Akzeptieren einer «Neuen Ordnung» als der Enthusiasmus einiger christlicher Denker war die Koalition zwischen den Trägern dieser Ordnung und dem größten Teil der rechtsautoritären Regime auf dem Kontinent. So wie die nationalistische Rechte in Deutschland in der entscheidenden Periode vor und unmittelbar nach der «Machtergreifung» zur natürlichen Verbündeten des Nationalsozialismus geworden war und dann als unterwürfige Partnerin die Maßnahmen des neuen Reiches mit getragen hatte, verfuhr auch die europäische Rechte während der dreißiger Jahre und mit noch größerer Begeisterung nach den frühen Siegen Hitlers. Wie in Deutschland – und in Italien – überlagerten gemeinsame Feinde, vor allem der «Bolschewismus» und die liberale Demokratie, die sozialen (und ideologischen) Antagonismen, die zwischen den traditionellen Eliten und dem Extremismus bestanden, der dem Nationalsozialismus und selbst dem italienischen Faschismus innewohnte. Und um seinen konservativen Partnern vor allem in Ostmitteleuropa entgegenzukommen, schlug sich Hitler gelegentlich gegen ihre faschistische Opposition im Innern auf die Seite der autoritär-konservativen Regierungen; so unterstützte er beispielsweise das Regime des rumänischen Marschalls Ion Antonescu gegen Horia Simas «Eiserne Garde», als diese im Januar 1941 einen Putschversuch unternahm.

Die ideologischen Ambitionen einer «Neuen Ordnung» und die Machtkoalition zwischen Nazis, Faschisten und autoritären Regimen wurden von Anfang an durch widerstreitende Kräfte unterminiert, die zunächst schwach waren, im Laufe der Zeit dann aber an Stärke zunahmen. Als deutlich wurde, daß Großbritannien nicht nachgeben würde und daß die Vereinigten Staaten ihre industrielle Macht mobilisieren würden, um die britischen Kriegsanstrengungen zu unterstützen, tauchten hier und da Zweifel an einem deutschen Endsieg auf. Der Haß auf die Deutschen breitete sich aus, intensiv in Polen, dann auf dem Balkan, langsamer, aber beständig im Westen. Ganz allgemein war die Mehrheit der europäischen Völker in den ersten Kriegsjahren, vor dem deutschen Überfall auf die Sowjetunion, weder psychologisch noch praktisch zu einer Form des Widerstandes gegen die Deutschen bereit (auch wenn es in Polen und später in Serbien bewaffnete Angriffe auf die Wehrmacht gegeben hatte). Insbesondere im Westen konzentrierte sich die Bevölkerung darauf, die Schwierigkeiten des Alltags zu bewältigen, und sie entschied sich für verschiedene Strategien des «Entgegenkommens».[10]

Einer der bedeutendsten Faktoren, welche die Anpassung an die bestehende Machtkoalition auf dem europäischen Kontinent unterstützten, war die konziliante Haltung der traditionell konservativen christlichen Kirchen und insbesondere – was ihren Einfluß angeht – die der katholischen Kirche. Während des Aufstiegs des Nationalsozialismus und dann in den 1930er Jahren war die Spannung zwischen der Bewegung, später dann dem Regime Hitlers und der katholischen Kirche beträchtlich gewesen; doch mit der Übernahme des Pontifikats durch Pius XII. kam es, wie wir sehen werden, zu entschlossenen Bemühungen seitens des Vatikans um ein Arrangement mit dem Reich. In Fragen des Dogmas (bei der Heiligkeit der Taufe und ihrem Vorrang vor dem Begriff der Rasse) und in Fragen des kanonischen Rechts gab der Katholizismus nicht nach. Doch politische Erwägungen überwogen jeden Gedanken an eine entschiedene Stellungnahme gegen die faschistisch-autoritäre Front.

Und in eben diesen Jahren entwickelten Salazars Portugal, Francos Spanien, die polnischen Regierungen in der Nachfolge Piłsudskis, Horthys Ungarn und von März 1939 an Tisos Slowakei unterschiedliche Ausprägungen eines nicht unnatürlichen politisch-religiösen Bündnisses gegen Kommunismus, Liberalismus und «Materialismus», gegen die gemeinsamen Feinde der christlichen Kirchen wie der autoritären rechten Regime. Schon bald sollte Antonescus Rumänien denselben Weg einschlagen, und noch gewalttätiger und bösartiger tat das dann Ante Pavelićs Kroatien. In Pétains Frankreich verkörperten Autoritarismus und Katholizismus eine seltsam verkümmerte Wiederkehr des Ancien Régime, ohne die Monarchie.

Das Bündnis gegen Kommunismus, Liberalismus und «Materialismus» schloß in unterschiedlichem Ausmaß einige Hauptelemente moderner Judenfeindschaft ein. Zu diesem Gebräu sollte man noch die von der Nazipropaganda verbreiteten Themen sowie das wütende antisemitische Geschrei in den einzelnen Ländern hinzufügen: das der Endeks in Polen, der Pfeilkreuzler in Ungarn, der Hlinka-Garde in der Slowakei, der Eisernen Garde in Rumänien, der *Action Française* und – in beträchtlichem Umfang – der immer noch im Exil operierenden kroatischen Ustascha, der ukrainischen OUN sowie der nationalistischen Untergrundkämpfer in den baltischen Staaten im Sommer 1940. Somit wurde die «Neue Ordnung» auch zu einer ihrem Wesen nach judenfeindlichen neuen Ordnung. Die letzten Konsequenzen dieser Woge des Hasses waren 1940 noch nicht vollständig zu erkennen; das gemeinsame Ziel aller dieser Bestrebungen aber war Ausschließung und Absonderung.

*

Vor dem Hintergrund dieser ideologischen Entwicklung und mitten in einem sich ausweitenden Krieg sowie einer schweren politischen und moralischen Krise in großen Teilen der westlichen Welt kam dem Einfluß des Papstes entscheidende Bedeutung zu. Einige Monate vor seinem Tode hatte Pius XI. die Ausarbeitung einer Enzyklika gegen den Rassismus und Antisemitismus der Nationalsozialisten verlangt. Einen Entwurf der Enzyklika *Humani generis unitas* erhielt er jedoch erst, als er im Sterben lag. Sein Nachfolger muß natürlich von der Existenz dieses Dokuments gewußt haben, und er beschloß wahrscheinlich, es zu den Akten zu legen.[11]

Die Einstellung Pius' XII. zu Deutschland und vor allem zu den Juden ist häufig mit der seines Vorgängers verglichen worden, und es wurde so der Eindruck erweckt, als sei die Politik Pius' XII. in vieler Hinsicht ungewöhnlich, ja anomal gewesen.[12] In Wirklichkeit bekundete Pius XI. als Nuntius in Polen unmittelbar nach dem Ersten Weltkrieg und während des größten Teils seines Pontifikats unverhüllte antijüdische Einstellungen, wie es die Mehrzahl seiner Vorgänger in moderner Zeit getan hatte. Der Wandel, der zu *Humani generis unitas* führte, spielte sich in den letzten Lebensjahren Pius' XI. ab und führte zu einer zunehmenden Entzweiung zwischen ihm und der Kurie, den römischen Jesuiten von *Civiltà Cattolica*, der vatikanischen Tageszeitung *Osservatore Romano* und möglicherweise seinem Staatssekretär Eugenio Pacelli, dem nachmaligen Pius XII.[13] So läßt sich ohne weiteres sagen, daß Pacelli selbst als Staatssekretär und später als Papst lediglich einen wohlgebahnten Weg einschlug, auch wenn er möglicherweise spürte, daß sich die Welt rings um ihn radikal veränderte. Der neue Pontifex erweiterte jedoch eine lange Tradition um sein persönliches Gepräge und eigene Initiativen.[14]

Abgehoben, autokratisch und vom Gefühl seiner intellektuellen und geistlichen Überlegenheit durchdrungen, war Pacelli in politischen Fragen ebenso erbittert konservativ wie in kirchlichen Angelegenheiten. Gleichwohl galt er während seiner Amtszeit als Nuntius in München (1916–1920) und dann in den zwanziger Jahren in Berlin als fähiger Diplomat. Sein Hang zur Zentralisierung und zur Festigung der Kontrolle der vatikanischen Bürokratie über die nationalen Kirchen veranlaßte ihn dazu, ein Konkordat mit Deutschland anzustreben, selbst wenn er dabei die katholische Zentrumspartei opfern mußte. Das Konkordat wurde im Juli 1933 unterzeichnet und im September ratifiziert. Auf deutscher Seite unterschrieb Adolf Hitler. Als Gegenleistung hatte das Zentrum am 23. März dem «Ermächtigungsgesetz» für Hitler zugestimmt, was für die katholische Partei den eigenen Untergang bedeutete und für die deutsche Republik den endgültigen Tod.

Von 1936 an, als sich die Gefährdung des katholischen Dogmas durch nationalsozialistische Rasselehren deutlicher abzeichnete, als wichtige Aspekte des Konkordats, die katholische Institutionen (Jugendorganisationen und religiöse Orden) sowie Kircheneigentum betrafen, von Berlin mißachtet wurden und als erfundene Anschuldigungen gegen Priester und Nonnen die Möglichkeit einer direkten Verfolgung der katholischen Kirche signalisierten, entwickelte Pius XI., wie erwähnt, eine zunehmende Feindschaft gegenüber dem neuen Reich. Die 1937 erlassene Enzyklika *Mit brennender Sorge* erhöhte die bereits bestehenden Spannungen. Es kann kaum ein Zweifel daran bestehen, daß Staatssekretär Pacelli an der Ausarbeitung der Enzyklika beteiligt war und die Empörung Pius' XI. über die Maßnahmen des NS-Regimes teilte. Höchstwahrscheinlich in diesem Kontext übergab Pacelli im April 1938 dem US-Botschafter in London, Joseph E. Kennedy, bei einer Begegnung in Rom ein vertrauliches Memorandum. Ein Kompromiß mit den Nazis, so hieß es darin, komme nicht in Frage. Ungefähr um dieselbe Zeit soll Pacelli in einem Gespräch mit dem US-Generalkonsul in Berlin, Alfred W. Klieforth, gesagt haben, «er [Pacelli] sei unverrückbar gegen jeden Kompromiß mit dem Nationalsozialismus. Er betrachte Hitler nicht nur als nicht vertrauenswürdigen Schuft, sondern als einen zutiefst bösen Menschen. Er glaube nicht, daß Hitler zu Mäßigung fähig sei.»[15]

Als Pacelli jedoch zum Papst gewählt war, bestätigten einige seiner ersten Initiativen (abgesehen davon, daß er *Humani generis unitas* zu den Akten legte) das Fortbestehen einer ultrakonservativen Haltung und ließen unmißverständlich den Wunsch erkennen, Deutschland zu beschwichtigen. So gratulierte der Pontifex Mitte April 1939 in einer Radioansprache dem spanischen Volk zur Rückkehr des Friedens und zur Erringung des Sieges – desjenigen von Franco, versteht sich. Er fügte hinzu, Spanien habe «den Propheten des materialistischen Atheismus wieder einmal einen vortrefflichen Beweis für seinen unzerstörbaren katholischen Glauben geliefert».[16] Einige Monate später hob Pius XII. die von seinem Vorgänger verfügte Exkommunizierung der antirepublikanischen, monarchistischen, wütend nationalistischen und antisemitischen *Action Française* auf. Das Heilige Offizium nahm die Verdammung am 7. Juli 1939 zurück, aber im *Osservatore Romano* bekanntgegeben wurde die Entscheidung am 15. Juli, also am Tag nach dem französischen Nationalfeiertag, mit dem die Französische Revolution gefeiert wurde. Die Wahl des Datums kann natürlich reiner Zufall gewesen sein ...[17] Am 6. März hatte der neue Pontifex Hitler von seiner Wahl in Kenntnis gesetzt (was den Gepflogenheiten entsprach), und zwar in einem besonders langen, ursprünglich auf lateinisch geschriebenen Brief, dessen deutsche Fassung er offensichtlich selbst überarbeitet und unterzeichnet hatte (was nicht den Gepflogenheiten entsprach).[18]

Andererseits muß der deutsch-sowjetische Pakt das Mißtrauen gegenüber Hitler verstärkt haben; das erklärt möglicherweise, weshalb der Pontifex bereit war, kurzfristig Kontakte zu deutschen Widerstandsgruppen aufrechtzuerhalten, die im Herbst 1939 einen Putsch gegen Hitler planten. Von Anfang an stand der Papst jedoch vor einem ganz anderen und nicht weniger dringenden Problem: Wie sollte seine diplomatische und wie seine öffentliche Reaktion auf die immer massiveren Naziverbrechen aussehen?

Seiner Umgebung machte Pius XII. klar, daß er für die Beziehungen zu Hitler-Deutschland persönlich zuständig wäre. Ohne Zweifel mit Absicht wurde der nazifreundliche und antisemitische Monsignore Cesare Orsenigo als Nuntius in Berlin belassen.[19] Mit Blick auf die gesamte Skala der Naziverbrechen kann man die Politik Pius' XII. in der ersten Phase des Krieges als ein Musterbeispiel selektiver Beschwichtigung definieren. Der Papst nahm zur Ermordung der Geisteskranken nicht öffentlich Stellung, aber er sprach in seiner Enzyklika *Summi pontificatus* vom 20. Oktober 1939 eine Fürbitte für das «geliebte polnische Volk» aus (auch wenn dies dem polnischen Episkopat und dem polnischen Gesandten beim Vatikan unzureichend erschien).[20] Bezüglich der Euthanasie wie auch des Schicksals der Katholiken in Polen appellierte der Vatikan außerdem entweder durch den Nuntius (vor allem wegen Polen) oder in dringenden Bitten an die deutschen Bischöfe. In Briefen vom Dezember 1940, die sowohl an Kardinal Bertram in Breslau als auch an Bischof Preysing in Berlin gerichtet waren, brachte Pius XII. seine Erschütterung über die Ermordung der Geisteskranken zum Ausdruck.[21] In beiden Fällen wurde wie auch sonst über die Verfolgung der Juden nichts gesagt.

Am 11. Juni 1940 sandte der französische Kardinal Eugène Tisserant aus dem Vatikan einen Brief an seinen Pariser Kollegen Kardinal Emmanuel Suhard. Zwar sollte man diesen Brief vor seinem aktuellen Hintergrund lesen – Frankreich stand vor dem Zusammenbruch, und Mussolini war soeben in den Krieg eingetreten –, aber er hatte eine auf unheimliche Weise umfassendere Bedeutung: «Unsere Oberen wollen die Natur des wahren Konflikts nicht begreifen, und sie bestehen hartnäckig darauf, sich einzubilden, es handele sich um einen Krieg wie in früheren Zeiten. Aber die faschistische Ideologie und die hitlerische haben das Gewissen der jungen Menschen verwandelt, und die unter 35 Jahren sind zu allen Untaten bereit für den Zweck, den ihr Führer befiehlt. Ich habe den Heiligen Vater seit Anfang Dezember beharrlich gebeten, eine Enzyklika zu erlassen über die Pflicht jedes einzelnen, dem Ruf des Gewissens zu gehorchen, denn das ist der entscheidende Punkt des Christentums. ... Ich fürchte, die Geschichte wird dem Heili-

Mai 1940 – Dezember 1940 455

gen Stuhl vorzuwerfen haben, er habe eine Politik der Bequemlichkeit für sich selbst verfolgt, und nicht viel mehr. Das ist äußerst traurig, vor allem wenn man unter Pius XI. gelebt hat.»[22]

II

Die Formen der deutschen Besatzung waren von Land zu Land unterschiedlich. Während Dänemark bis zum Sommer 1943 immer noch relative Freiheit genoß, wurden Norwegen und die Niederlande – obwohl es sich bei ihnen um «rasseverwandte» Länder handelte – von «Reichskommissaren», von Vertretern der NSDAP, regiert, die sowohl Satrapen als auch ideologische Bevollmächtigte waren. Belgien und Nordfrankreich (nördlich der Loire und entlang der Atlantikküste) verblieben unter der Herrschaft der Wehrmacht, und zwei französische Départements an der belgischen Grenze wurden dem Militärkommando in Brüssel unterstellt. Den mittleren und südlichen Teilen Frankreichs hingegen gestand man eine gewisse Autonomie unter der Führung Marschall Pétains zu; das war «Vichy-Frankreich». Luxemburg und die französischen Provinzen Alsace-Lorraine wurden faktisch annektiert. In ein Gebiet im Südosten Frankreichs marschierte die italienische Armee ein; das sollte eine Belohnung für Mussolini sein.

Das besetzte Europa wurde von einer ganzen Phalanx deutscher Behörden und Vertreter beherrscht, die voneinander unabhängig waren, sich aber in vollem Umfang der einen zentralen Autorität des «Führers» unterwarfen. In einem Gewirr institutioneller Befugnisse war weder 1940 noch später eine einzelne Behörde für die Judenfrage allein zuständig. Und wie in allen Bereichen seit Anfang 1938 wurden staatliche Stellen von der Partei und ihren Organisationen immer mehr beiseitegeschoben und auf untergeordnete Positionen verwiesen. Nur das Militär behielt infolge der Kriegsumstände eine etwas unbestimmte Stellung. Während der Wehrmacht in Polen, wie wir sahen, bald nach dem Ende des Feldzugs die Zuständigkeit für Zivilangelegenheiten entzogen worden war, blieb sie in mehreren besetzten Ländern Westeuropas die beherrschende Autorität für die Durchsetzung antijüdischer Maßnahmen. Sie beteiligte sich dann auch aktiv an der Repression und den Massenmorden in der besetzten Sowjetunion und den Balkanländern.

Ansonsten lag sowohl in territorialer wie in funktionaler Hinsicht alle Macht in den Händen der Partei. Hans Frank herrschte im Generalgouvernement, Arthur Greiser im Warthegau, Arthur Seyß-Inquart in den Niederlanden, Konstantin von Neurath (die einzige anfängliche Ausnahme), dann Reinhard Heydrich und schließlich Hermann Frank im

Protektorat, Josef Terboven in Norwegen, später dann Hinrich Lohse im «Ostland» und Erich Koch in der Ukraine. Sie alle waren treue Parteigenossen. *Funktional gesehen* beaufsichtigte Hermann Göring die ökonomische Ausbeutung und Enteignung; Fritz Sauckel und Albert Speer befaßten sich seit 1942 mit dem Einsatz und der Ausbeutung von ausländischen Arbeitskräften; Alfred Rosenberg plünderte Kunst- und Kulturgüter (und war später dann für die Zivilverwaltung der «besetzten Ostgebiete» zuständig); Joseph Goebbels inszenierte natürlich die Propaganda und ihre zahlreichen Verästelungen; Joachim von Ribbentrop oblag der Umgang mit ausländischen Regierungen, während Heinrich Himmler und seine Lakaien die Kontrolle über Bevölkerungsverschiebungen und Kolonisierung sowie über Verhaftungen, Hinrichtungen, Deportationen und Vernichtung ausübten.[23]

Auf dem gesamten Kontinent konnte sich die deutsche Herrschaft auf eine Kollaboration verlassen, die zum Teil von «rationalen» Erwägungen bestimmt war, häufig aber auch auf bereitwilliger oder sogar begeisterter Anerkennung der Vorherrschaft Deutschlands aus allen möglichen ideologischen und machtpolitischen Gründen beruhte. An einer derartigen Kollaboration beteiligt waren nationale und regionale Behörden und Institutionen, Hilfstruppen aller Schattierungen, politische Unterstützungsgruppen und unabhängige Akteure von Politikern bis hin zu Verwaltungsbeamten, von Intellektuellen bis zu Polizeitruppen und Eisenbahnverwaltungen, von Journalisten bis zu Industriellen, von Jugendorganisationen bis zu Bauernverbänden, von Geistlichen bis zu Universitäten, von organisierten bis zu spontan sich bildenden Mörderbanden. Und als der Krieg heftiger wurde und Widerstandsbewegungen ihre Aktivitäten verstärkten, wurden die eingefleischten Kollaborateure brutaler in ihrer Jagd auf Deutschlands Feinde und Deutschlands Opfer.

Zum Zeitpunkt von Hitlers Triumph im Westen übte das Nazi-Terrorsystem die direkte (oder durch Unterstützung seiner Satelliten vermittelte) Kontrolle über etwa 250 000 bis 280 000 Juden aus, die im Großdeutschen Reich verblieben waren, und dazu kamen über 90 000 im Protektorat, 90 000 in der Slowakei, 2,2 Millionen in den von den Deutschen besetzten oder annektierten Teilen des ehemaligen Polen, 140 000 in den Niederlanden, 65 000 in Belgien, etwa 330 000 in den beiden Zonen Frankreichs, zwischen 7000 und 8000 in Dänemark und 1700 in Norwegen. Somit war zu Beginn des Sommers 1940 eine Gesamtbevölkerung von fast 3 200 000 Juden im Grunde bereits in Hitlers Gewalt.[24]

*

Unter den Juden Europas lösten Hitlers neue Siege eine Welle von Angst und Entsetzen aus. «Auf dem Eiffelturm weht das Hakenkreuz», notierte der rumänisch-jüdische Schriftsteller Mihail Sebastian zwei Tage nach dem Fall von Paris in sein Tagebuch. «In Versailles stehen deutsche Wachposten. Am Triumphbogen wird der ‹Unbekannte Soldat› von einer deutschen ‹Ehrenwache› bewacht. Doch erschreckend sind nicht die Zeichen des Hochmuts, die Taten der Provokation. Diese könnten vielleicht den französischen Lebenswillen wecken und erhalten. Ich denke mit viel größerem Entsetzen an die Versöhnungsaktion, die nun folgen wird. Es wird Zeitungen, Manifeste, Parteien geben, die Hitler zu einem Freund Frankreichs machen werden, zu einem aufrichtigen Beschützer des Landes. In diesem Augenblick wird sich alle Panik, das ganze Ressentiment, in einem lang andauernden Pogrom entladen. Wo mag Poldy [Sebastians Bruder, der in Paris lebte] sein? Was wird er tun? Was wird aus ihm werden? Und aus uns hier?»[25]

Im Jahre 1940 war der 33jährige Sebastian bereits ein bekannter Romancier und Dramatiker auf der literarischen Bühne Rumäniens. Er lebte in Bukarest und stand in enger Verbindung zur dortigen intellektuellen Elite – zu Männern wie E. M. Cioran und Mircea Eliade, die in den Nachkriegsjahren zu Weltruhm gelangen sollten; das war eine Elite, die sich massiv zu einem Faschismus in rumänischem Gewand und zum vulgärsten und gewalttätigsten Antisemitismus hingezogen fühlte. Seltsamerweise versuchte jedoch Sebastian, für das Verhalten und die beleidigenden Ergüsse seiner ehemaligen Freunde, mit denen er immer noch bekannt war, Entschuldigungen und Rationalisierungen zu finden. Wie eigentümlich Sebastians Versöhnlichkeit anmuten mag, sein Tagebuch vermittelt das getreue Bild eines Regimes, das Maßnahmen im Sinne der Nazis durchsetzen und sich an Massenmorden beteiligen sollte, und ebenso einer Gesellschaft, in der dieses Regime breite Unterstützung fand.[26]

Czerniaków in Warschau registrierte die sich rasch verändernde Situation, ohne sie zu kommentieren.[27] Während Ringelblum und Sierakowiak für diese Monate keine Notizen hinterließen, wechselte Kaplan von Zorn zu Verzweiflung und von Verzweiflung zu ganz kurzlebiger Hoffnung. Zorn über Mussolinis Schritt am 11. Juni: «Der andere Gangster hat es ebenfalls gewagt! Es läßt sich schwer sagen, ob freiwillig oder unter Druck, aber Tatsache ist, daß Benito Mussolini, der klassische Verräter, der Speichellecker des Führers, der Affenführer des italienischen Volkes, gegen England und Frankreich in den Krieg gezogen ist.» Die Illusionen über Frankreich verflogen rasch, wie aus derselben Eintragung hervorgeht: «Die Franzosen kämpfen wie die Löwen mit der ganzen ihnen noch verbliebenen Kraft. Aber auch der Tapferkeit ist eine Grenze gesetzt. Es ist zweifelhaft, ob die militärische Stärke, die Frankreich noch hat, genügt, um der weit besser ausgerüsteten und an Zahl stärkeren Militärmacht der Nazis Widerstand zu leisten.»[28] Dann kam die entsetzliche Meldung – Paris war gefallen, und die Franzosen baten um einen Waffenstillstand: «Selbst die größten Pessimisten, zu denen ich mich selbst rechne», notierte Kaplan am 17. Juni, «haben nie so schreckliche Nachrichten erwartet.» Es folgte die unvermeidliche Frage: «Wird England weiterkämpfen?»[29] Zunächst hat Kaplan Zweifel, dann wieder, drei Tage später, ist er von großer Hoffnung erfüllt: «Der Krieg ist noch nicht vorbei! England kämpft weiter, und selbst Frankreich wird von jetzt an seinen Kampf von seinem Weltreich, von seinen Kolonien in allen Teilen der Welt aus führen.» Dem fügt Kaplan eine scharfsinnige Einsicht hinzu: «Die Deutschen sind selbstverständlich die Helden des Krieges, aber sie brauchen einen kurzen Krieg; das, was sie mit dem Wort ‹Blitzkrieg› bezeichnen. Sie könnten einen langen Krieg nicht überstehen. Die Zeit ist ihr größter Feind.»[30]

Wieder einmal weckte die Katastrophe messianische Träume, so wie im Laufe der vorangegangenen Monate: «Einige Leute glauben, einen mystischen Beweis von der unmittelbar bevorstehenden Rettung zu haben», notierte Kaplan am 28. Juni 1940. «Dieses Jahr trägt das Datum *Taw-Schin* [das Jahr 5700 im jüdischen Kalender]. Es ist bekannt, daß die Erlösung Israels am Ende des sechsten Jahrtausends kommen wird. Nach dieser Berechnung fehlen daher noch dreihundert Jahre. Aber das kann erklärt werden! Einige jener, die das Datum des messianischen Zeitalters errechneten, sind bereits enttäuscht worden; auch die anderen werden schließlich enttäuscht werden. Aber das wird die Leute nicht daran hindern, neue Beweise zu finden, noch werden ihnen andere Leute ihren Glauben versagen. Sie wollen den Messias, und es wird auch noch jemand kommen, der ihn bringt.»[31]

Nach einem Hinweis auf die Verzagtheit unter den Juden und die Gewißheit der deutschen Bevölkerung, der Endsieg werde «vor Ende des Sommers» kommen, registrierte Klemperer am 7. Juli einen Vorfall, der möglicherweise die komplexen individuellen Gefühle so mancher Deutscher gegenüber den verfolgten Juden unter ihnen zeigte: «Gestern gegen Mittag Frau Haeselbarth bei uns, in Schwarz: Ihr Mann bei St. Quentin gefallen. ... Sie brachte mir Strümpfe und Hemd und Unterhose. ‹Sie brauchen es, ich kann es nicht mehr gebrauchen.› Wir nahmen das Zeug wirklich an. Mitleid? Sehr großes ..., auf die Frau beschränkt. Der Mann, den ich nicht gekannt habe, war erst Anwalt und ist dann Syndikus bei der Landesbauernschaft, also im unmittelbaren Dienste der Partei gewesen.»[32]

Wie bei Juden überall schwankte Klemperers Stimmung mit jeder neuen Nachricht, jedem Gerücht, ja jeder beiläufigen Bemerkung zwischen Hoffnung und Verzweiflung, zwischen Verzweiflung und Hoffnung hin und her. Nachdem England Hitlers «Friedensappell» zurückgewiesen hat, ist die Überzeugung, daß es dem Untergang geweiht ist, unter Deutschen – und unter vielen Juden – weit verbreitet: «Im Judenhaus», notierte Klemperer am 24. Juli, «spiele ich immer die Rolle des Optimisten. Aber ganz sicher bin ich meiner Sache durchaus nicht. Scharlatansprache sicherlich [Klemperer bezieht sich auf Hitlers Reichstagsrede], aber bisher ist alles scharlatanisch Angekündigte verwirklicht worden. Auch Natscheff [ein Freund] sagt jetzt sehr bedrückt: ‹Ich kann mir nicht vorstellen, wie es ihm gelingen soll – aber bisher ist ihm alles gelungen.›»[33]

In derselben Eintragung vom 24. Juli fuhr Klemperer bezeichnenderweise fort: «Eigentümlichkeit des Judenhauses, wie jeder die Volksstimmung erfassen möchte und von der letztgehörten Äußerung des Friseurs oder Schlächters etc. abhängig ist. (Ich auch!) Gestern hier ein philosophischer Flügelstimmer am Werk. Es werde noch lange dauern, England sei Weltreich – selbst wenn man lande ... sofort war mir leichter ums Herz.»[34]

Die unerwartetste Reaktion auf die Siege Hitlers kam von den Kleppers. Sie begrüßten sie: «[Wir sagen uns]», notierte Jochen Klepper am 4. Juli 1940 (und meinte damit die Ansicht, die er mit seiner Frau Hanni teilte), «daß für uns in unserer besonderen Lage nichts so gefahrvoll, ja fürchterlich sein kann, wie ein verlorener Krieg es gewesen wäre, als dessen Urheber man das ‹Weltjudentum› sah, für das wir hätten büßen müssen. Diese Buße, nur nicht so vernichtend, wird uns vielleicht auch nach einem gewonnenen Kriege nicht erspart bleiben.»[35]

III

Während des ganzen Jahres 1940 wahrte Hitler hinsichtlich der Juden die öffentliche Zurückhaltung, die schon seit Beginn des Krieges spürbar war. In der Siegesrede vom 19. Juli 1940 erwähnte er die Juden zwar, aber nur mit den üblichen Floskeln der NS-Rhetorik: die «jüdischen Kapitalisten», das «internationale jüdische Völkergift» wurden mit den Freimaurern, den Rüstungsindustriellen, den Kriegsgewinnlern in einen Topf geworfen.[36] Dieselbe beinahe planlose Erwähnung der Juden bei der Aufzählung der Feinde Deutschlands tauchte in der Rede vom 4. September zur Eröffnung der jährlichen Winterhilfskampagne auf[37] Und am 10. Dezember benannte Hitler in einer Rede vor den Arbeitern eines Berliner Rüstungsbetriebes erneut die Feinde des Reiches, aber diesmal waren die Juden nicht mehr als «jenes Volk, das immer mit den Trompeten von Jericho glaubt die Völker vernichten zu können».[38] Mit anderen Worten, auf dem Höhepunkt seiner Siegeseuphorie widmete Hitler in seinen wiederholten Ansprachen an die deutsche Nation und an die Welt dem Thema Juden nur minimale Aufmerksamkeit. Es war jedoch nicht vergessen.

Am 13. April erklärte Hitler dem norwegischen Handelsminister in der Regierung Quislings, Wiljam Hagelin, daß in Schweden die Juden an antideutscher Propaganda «großen Anteil hätten».[39] Am 26. Juli versuchte er rumänische Befürchtungen zu zerstreuen, ihre Wirtschaft könne zusammenbrechen, wenn die Juden allzu rasch ausgeschaltet würden; in den Aufzeichnungen über die Unterredung zwischen dem neuernannten Ministerpräsidenten Ion Gigurtu und Hitler heißt es: «Der Führer wies an Hand von zahlreichen Beispielen aus der deutschen Entwicklung nach, daß trotz allen gegenteiligen Geredes die Juden sich als absolut entbehrlich erwiesen hätten.»[40]

Hitlers Ermahnungen beschränkten sich nicht darauf, theoretische Einsichten über die Rolle der Juden in der Wirtschaft zu vermitteln. Am 28. Juli trafen der Diktator und sein Außenminister in Salzburg mit den Slowaken zusammen. Am gleichen Tage zwang Ribbentrop Präsident Jozef Tiso zu einer Umbildung der slowakischen Regierung: Ferdinand Ďurčanský, der sowohl Innen- als auch Außenminister gewesen war, wurde durch zwei fanatisch nazifreundliche Politiker, Alexander Mach für das Innen- und Vojtech Tuka für das Außenressort, abgelöst. Gleichzeitig erfolgte die Ernennung des ehemaligen SA-Führers Manfred von Killinger zum Gesandten in Bratislava. Schließlich wurde am 1. September 1940 Dieter Wisliceny, einer der Männer Eichmanns im Referat IVB4 (der in einem früheren Stadium beim SD für die Judenabteilung zuständig gewesen war), «Berater für Judenfragen» bei der slowakischen Regierung.[41]

Das Gespräch zwischen Hitler, Tiso, Tuka und Mach war höchst weltmännisch: Der «Führer» empfahl seinen slowakischen Gästen, ihre Innenpolitik an der des Reiches auszurichten; er erklärte, Deutschland sei fest entschlossen, einen Wirtschaftsblock aufzubauen, der «unabhängig von dem als internationaler Judenschwindel zu bezeichnenden Gold» sein würde. Weiterhin teilte Hitler den Slowaken mit, es gebe in Europa Kräfte, die den Versuch unternehmen würden, die Zusammenarbeit zwischen ihren beiden Ländern zu unterbinden («Juden, Freimaurer und ähnliche Elemente»); dem stimmte Tiso zu und gab seine eigenen Kommentare zu Juden, Magyaren und Tschechen ab...[42]

Ebenfalls in diesen Monaten verbot Hitler den Arbeitseinsatz einzelner Juden in deutschen Gebieten oder gar gemeinsam mit deutschen Arbeitern.[43] Zur gleichen Zeit jedoch, als sich Himmler mit Umsiedlungsplänen beschäftigte, erklärte Hitler sein Einverständnis mit der Denkschrift seines Spießgesellen vom 27. Mai 1940, die den Titel «Einige Gedanken über die Behandlung der Fremdvölkischen im Osten» trug.

Das «Völkergemisch» unter deutscher Kontrolle würde ins Generalgouvernement deportiert werden, und die Juden – in Himmlers Augen schlimmer als ein bloßes «Völkergemisch» – würden in irgendeine Kolonie «in Afrika oder sonstwo» verfrachtet werden. Nach Ansicht des Reichsführers-SS wäre die «physische Ausrottung eines Volkes», eine «bolschewistische Methode», «ungermanisch».[44]

So akzeptierte Hitler nach außen hin Himmlers Vorstellungen, und bei mehreren Zusammenkünften in der zweiten Junihälfte unterstützte er das Vorhaben, die Juden Europas in irgendeine afrikanische Kolonie abzutransportieren. Seinem Botschafter in Paris, Otto Abetz, vertraute er am 3. August an, «daß er beabsichtige, nach dem Kriege sämtliche Juden aus Europa zu evakuieren».[45] Die Insel Madagaskar, die dem besiegten Frankreich gehörte, schien sich als Ziel anzubieten; eine derartige Deportation war schon seit Jahrzehnten ein Lieblingsplan von Antisemiten aller Schattierungen (einschließlich des französischen Außenministers Georges Bonnet) gewesen.[46]

Mussolini hatte die frohe Botschaft anscheinend vom Meister des Reiches selbst empfangen, als sie den Waffenstillstand mit Frankreich erörterten.[47] Einige Monate später, am 20. November, genoß der ungarische Ministerpräsident dasselbe Privileg;[48] diese etwas verspätete Ankündigung – und sogar noch einige spätere – zeigen, daß Hitler den Madagaskar-Gedanken als vage Metapher für die Vertreibung der Juden Europas vom Kontinent benutzte.

Für kurze Zeit verstärkten sich die Vorbereitungen sowohl in der Wilhelmstraße als auch im RSHA, zumindest auf dem Papier.[49] Einer der bedeutendsten «Planer» war der Stellvertreter von Unterstaatssekretär Martin Luther in der Abteilung Deutschland der Wilhelmstraße, der fanatische Antisemit Franz Rademacher. Einen Satz aus seiner langen Denkschrift vom 3. Juli sollte man im Gedächtnis behalten: «Die Juden [in Madagaskar bleiben] als Faustpfand in deutscher Hand für ein zukünftiges Wohlverhalten ihrer Rassegenossen in Amerika.»[50]

Anfang Juli informierte Eichmann Vertreter der Reichsvereinigung und der jüdischen Gemeinden von Wien und Prag darüber, daß der Transfer von etwa vier Millionen Juden in ein nicht näher bestimmtes Land ins Auge gefaßt werde.[51] In Warschau war es SS-Oberscharführer Gerhard Mende, der Czerniaków die gute Nachricht überbrachte: Er sagte, «der Krieg sei in einem Monat zu Ende und wir würden nach Madagaskar ausreisen. Auf diese Weise wird das zionistische Ideal verwirklicht.»[52]

Am 12. Juli hatte Frank den Spitzen seiner Verwaltung die Nachricht zukommen lassen: Die «ganze Judensippschaft» würde in kürzester Zeit auf dem Weg nach Madagaskar sein.[53] Einige Tage später zeigte der Generalgouverneur sogar unerwartete Talente als Entertainer, als er beschrieb, wie die Juden transportiert werden würden: «Stück um Stück, Mann um Mann, Frau um Frau, Fräulein um Fräulein ...» Das Publikum brüllte vor Lachen.[54] Und da der Gouverneur auch Sinn fürs Praktische hatte, befahl er, in seinem Königreich alle Bauarbeiten an Ghettos einzustellen.[55] Greiser war von Anfang an skeptisch gewesen: Er bezweifelte, daß man die Juden vor Einbruch des Winters würde evakuieren können, und für ihn war ihre Verlegung aus dem Warthegau ins Generalgouvernement die einzig naheliegende und konkrete Option.[56] Ende Juli trafen sich Greiser und Frank, um einen Kompromiß zu finden, den sie aber nicht erzielen konnten.[57]

Während der darauffolgenden Monate wurde die Madagaskar-Fiktion aufgegeben, da die Niederlage Großbritanniens keineswegs in Sicht war.[58]

IV

Die Auswanderung von Juden aus dem Reich und aus besetzten Ländern ging nach Kriegsbeginn weiter. Am 24. Januar 1939 hatte Göring, wie schon erwähnt, Heydrich die Zuständigkeit für die jüdische Auswanderung übertragen. Gestapo-Chef Heinrich Müller übernahm die Leitung der Berliner «Reichszentrale für jüdische Auswanderung» unter Heydrichs Kommando. Die laufenden Aktivitäten beließ man in Eichmanns Händen; de facto wurde der Chef von IVB4 zum «Einsatzleiter», sowohl für die Deportationen als auch für die Auswanderung von Juden (in den Augen der Nazis war beides in diesem Stadium dasselbe). Im Einklang mit der allgemeinen Vertreibungspolitik – und mit ausdrücklicher Zustimmung Hitlers – wurden vor allem im Herbst 1939 Juden, die man in das Gebiet von Lublin deportiert hatte, von der SS häufig über die sowjetische Demarkationslinie getrieben, oder man erlaubte ihnen, wie schon im vorigen Kapitel erwähnt, in sowjetisch besetztes Gebiet zu fliehen. Mitte Oktober entfiel jedoch diese Möglichkeit allmählich, was hauptsächlich auf einen Wandel der sowjetischen Asylpolitik zurückzuführen war. Es gab auch eine halb geheime Route, die aus Polen über die Grenze nach Ungarn führte; sie ermöglichte mehreren tausend Juden die Flucht, die ihnen aber, wie wir sehen werden, keine dauerhafte Sicherheit verschaffte.

Während der ersten Kriegsmonate konnten Juden aus Polen oder den dem Reich angegliederten polnischen Gebieten das Land auch verlassen, indem sie Visa beantragten, wie es im Reich und im Protektorat praktiziert wurde. So beklagte sich der Judenrat der Stadt Auschwitz, die jetzt zum annektierten Ostoberschlesien gehörte, am 4. Januar 1940 beim Amsterdamer Büro des *American Jewish Joint Distribution Committee* darüber, daß dieses ihm die zur Auswanderung erforderlichen Mittel nicht geschickt hatte: «Wie Sie möglicherweise wissen», hieß es in dem Brief des Ältestenrats, «ist in Auschwitz mit Billigung der zuständigen Behörden ein zentrales Auswanderungsbüro für den gesamten Regierungsbezirk Kattowitz eingerichtet worden; zu diesem Auswanderungsbüro gehören auch eine Abteilung für die Auswanderung nach überseeischen Ländern und ein Palästina-Büro. ... Um Menschen aus verschiedenen Lagern zu befreien, müssen Auswanderungsmöglichkeiten zur Verfügung gestellt werden. ... Eine beträchtliche Zahl von noch nicht benutzten Palästina-Bescheinigungen und mehrere Inhaber von Affidavits für Amerika müssen bearbeitet werden.» Es wurde Geld gebraucht, und zwar dringend.[59]

Bald setzten die Deutschen ihre Prioritäten. Im April 1940, als die Ausreisen und Grenzübertritte immer schwieriger wurden, erließ Heydrich erste Richtlinien: Intensivierung der jüdischen Auswanderung aus dem Reich mit Ausnahme wehrfähiger Männer; Beschränkung und Kontrolle der Auswanderung nach Palästina; keine Auswanderung von polnischen oder ehemals polnischen Juden, die sich im Konzentrationslager befanden; keine Abschiebung (oder «freiwillige Auswanderung») von Juden ins Generalgouvernement.[60]

Am 25. Oktober 1940 wurde die Auswanderung von Juden aus dem Generalgouvernement verboten, vor allem um die Möglichkeiten zur Auswanderung aus dem Reich weitgehend offen zu halten. Heydrich fügte jedoch einige Kommentare hinzu, die echt – und typisch – klingen: «Die Nachwanderung von Ostjuden bedeutet eine dauernde geistige Regeneration des Weltjudentums, da in der Hauptsache die Ostjuden, infolge ihrer religiös-orthodoxen Einstellung, einen großen Teil der Rabbiner, Talmudlehrer usw. stellen, die besonders von den in USA tätigen jüdischen Organisationen nach eigener Aussage gesucht sind. Darüber hinaus bedeutet diesen jüdischen Organisationen in USA jeder orthodoxe Ostjude ein wertvolles Glied in ihren steten Bemühungen um die geistige Erneuerung des USA-Judentums und dessen Konzentration. Gerade das USA-Judentum ist bemüht, mit Hilfe der zugewanderten Juden, besonders jener aus dem europäischen Osten, eine neue Plattform zu schaffen, von wo aus es seinen Kampf, besonders gegen Deutschland, forciert vorzutragen gedenkt.»[61] In Wirklichkeit waren für Juden, die im ehemaligen Polen gefangen waren, die Chancen einer Einreise in die Vereinigten Staaten bestenfalls gering, sieht man von den Glücklichen ab, denen es gelungen war, in die sowjetisch besetzte Zone und von dort aus weiter zu fliehen.

Mit Beginn des Krieges ging die Zahl der amerikanischen Visa, die Flüchtlingen aus Deutschland oder den von Deutschen besetzten Ländern erteilt wurden, schlagartig zurück, so daß die begrenzten Möglichkeiten, die das US-Quotensystem bot, nicht annähernd ausgeschöpft wurden. Am 25. Juni 1940 wurde ein spezielles Komitee, das *Emergency Rescue Committee* (ERC), eingerichtet, das die Einwanderung einer ausgewählten Gruppe von Flüchtlingen aus Südfrankreich (wo viele eine vorübergehende Zuflucht gefunden hatten) ermöglichen sollte; dabei handelte es sich um Menschen, die man für besonders wertvoll für die Vereinigten Staaten hielt oder die in Gefahr waren, nach Artikel 19 der französisch-deutschen Waffenstillstandsvereinbarung an die Gestapo ausgeliefert zu werden.[62]

Zunächst verursachte die ERC-Zentrale in New York, die sich an die von den Vichy-Behörden eingeführten Regelungen hielt und genaue Überprüfungsverfahren einführte, um alle politisch unerwünschten Einwanderer auszuschließen, ebensoviele Schwierigkeiten, wie sie beseitigte. Im August 1940 beschloß das ERC jedoch, den Herausgeber der Zeitschrift *Living Age* und Mitglied der *Foreign Policy Association*, Varian Fry, zu einer kurzen Erkundungsfahrt nach Frankreich zu senden. Anstatt in die USA zurückzukehren, gründete Fry in Marseille das *Centre Américain de Secours* und begann, denen, die am stärksten gefährdet waren, beim Verlassen des Landes zu helfen. Angesichts der Hindernisse, welche die Franzosen und auch die Spanier sowie die Portugiesen auftürmten, nahm es Fry auf sich, zahlreiche juristische Hürden zu überwinden, ja auch illegale Schritte (wie den Einsatz gefälschter Ausreise- und Transitvisa und dergleichen) zu unternehmen. Hunderte von Flüchtlingen – Juden und Nichtjuden – verdankten ihm ihren Weg in die Freiheit. Im August 1941 wurde Fry von den Franzosen für kurze Zeit verhaftet und dann zurückgerufen.[63]

Gelegentlich intervenierten bekannte Einzelpersönlichkeiten auf eigene Faust. So schrieb am 9. Juli 1940 der Romancier Stefan Zweig (aus New York) an einen gewissen Mr. Adolphe Held bei der New York Amalgamated Bank, um ihn um Hilfe bei der Rettung folgender Personen zu bitten: «Friderike [sic] Maria Zweig, meine ehemalige Ehefrau, und ihre beiden Töchter, Herr Hugo Simon, der eine Reihe von Aktivitäten gegen die Nazis unternommen hat, Theodor Wolff, der ehemalige Chefredakteur des ‹Berliner Tageblatts›, und seine Familie und Herr Alfred Polgar, der bekannte österreichische Schriftsteller.» Alle diese Menschen waren in Montauban, einer Kleinstadt in Südwestfrankreich, gestrandet.[64]

In der Mehrzahl der Fälle wurden die Bemühungen um Einwanderung nach den Vereinigten Staaten in jenem Sommer 1940 zu einem hoffnungslosen Unterfangen. Es sieht so aus, als habe die Angst vor feindlichen Agenten, die sich möglicherweise als Flüchtlinge ins Land einschleichen konnten, bedeutenden Einfluß auf die amerikanischen Entscheidungen gehabt. Die Tatsache, daß sich unter denjenigen, die zu fliehen versuchten, zahlreiche Juden befanden, minderte den Argwohn nicht.⁶⁵ Zwischen der bürokratischen Ebene (dem Außenministerium) und der politischen Ebene (dem Präsidenten) gab es keinen Richtungsstreit. Roosevelts Berater glaubten ebenso intensiv an die Bedrohung durch eine «fünfte Kolonne» wie die von einer hysterischen Pressekampagne beeinflußte Mehrheit der Bevölkerung.⁶⁶ Im Mai 1940 gingen beim FBI im Laufe eines einzigen Tages 2900 Anzeigen wegen Spionageverdacht ein.⁶⁷

Einer der aktivsten Vertreter einer restriktiven Politik war der Leiter der «Abteilung für Sonderprobleme» im Außenministerium, der stellvertretende Staatssekretär Breckinridge Long. Seine Haltung, die er in seinem Tagebuch offen zum Ausdruck brachte, ging auf eine unverkennbare Judenfeindschaft zurück. Longs Antisemitismus war weder heftig noch rabiat; doch es besteht kaum ein Zweifel daran, daß er keine Mühe scheute, die Einwanderung von Juden, solange das noch möglich war, auf ein Mindestmaß zu beschränken und in der entscheidenden Phase 1942/43 sämtliche Hilfsprojekte zu torpedieren.⁶⁸

Im Laufe der Zeit verschlimmerte sich die Lage. Das Bloom-Van Nuys-Gesetz, das Roosevelt am 20. Juni 1941 unterzeichnete, genehmigte die Verweigerung von Visa aller Art, falls ein amerikanischer (Konsular)beamter den Antragsteller als «Gefahr für die öffentliche Sicherheit» ansehen sollte.⁶⁹ Faktisch war die Möglichkeit, daß Nazi-Agenten als jüdische Flüchtlinge in die USA einreisten und dort zu einer «Gefahr für die öffentliche Sicherheit» wurden, auch wenn sie bestand, minimal.⁷⁰ Roosevelts Erwägungen in dieser Angelegenheit waren wahrscheinlich in allererster Linie politischer Natur, da entscheidende Wahlen bevorstanden. Einige führende Vertreter der amerikanischen Juden waren sich anscheinend über die Erwägungen des Präsidenten (die sie seinen Freunden zuschrieben) im klaren und bereit, sie mitzutragen. Das war jedenfalls der Kern eines Briefes, den Rabbiner Stephen Wise, der Präsident des Jüdischen Weltkongresses, im September 1940 an Otto Nathan, einen von Roosevelts jüdischen Wirtschaftsberatern, sandte: «Hinsichtlich der politischen Flüchtlinge befinden wir uns in einer außerordentlich schwierigen Lage, einem nahezu unauflöslichen Dilemma. Einerseits macht das Außenministerium alle möglichen Versprechungen und nimmt unsere sämtlichen Listen entgegen, und dann erfahren wir, daß die Konsuln nichts unternehmen. Ein paar Leute kommen durch, aber wir fürchten – dies im strengsten Vertrauen –, daß die Konsuln private Anweisungen vom Ministerium haben, nichts zu unternehmen, was unbeschreiblich infam wäre. Was, wie ich fürchte, hinter der ganzen Sache steht, ist die Furcht von Skippers [Roosevelts] Freunden im Außenministerium, daß jede Aufnahme einer größeren Zahl von Radikalen in den Vereinigten Staaten im Wahlkampf wirksam gegen ihn verwendet werden könnte. So grausam ich erscheinen mag, seine Wiederwahl ist, wie ich Ihnen schon sagte, weitaus wichtiger für alles, was sich lohnt und was zählt, als die Aufnahme einiger weniger Menschen, so akut ihnen auch Gefahr droht.»[71]

Die rigiden Beschränkungen der Einreise in die Vereinigten Staaten hatten Fernwirkungen auf die Vorgehensweisen anderer Staaten in der Hemisphäre. Juden, die nach Kriegsbeginn aus Deutschland fliehen wollten, versuchten häufig, Visa für lateinamerikanische Länder wie Chile, Brasilien, Mexiko und Kuba zu erhalten. Das Ergebnis hing gewöhnlich von Bestechungsgeldern und rein zufälligen Faktoren ab. Im Jahre 1940 schlossen jedoch Chile und Brasilien die Tore, zum Teil infolge innenpolitischer Zwänge, aber auch deshalb, weil die Vereinigten Staaten beide Regierungen gewarnt hatten, deutsche Agenten könnten als jüdische Flüchtlinge getarnt einreisen. Die verzweifelten Auswanderungswilligen mußten nun hilflos zusehen, wie die westliche Hemisphäre, sieht man von einigen wenigen Glücklichen ab, immer unerreichbarer wurde.[72]

Ein besonderes Kapitel in der Saga der Versuche jüdischer Flüchtlinge, Lateinamerika zu erreichen, ist die Geschichte der brasilianischen Visa für «katholische Nichtarier». Im Frühjahr 1939 erlangte Pius XII. auf wiederholte Bitten des St.-Raphaels-Vereins (der deutschen katholischen Organisation, die katholischen Emigranten und insbesondere konvertierten Juden half) von Brasilien die Bewilligung von 3000 Visa für die Konvertiten. Bald jedoch stellten die brasilianischen Behörden neue Bedingungen, und es sieht nicht so aus, als habe der Vatikan energische Anstrengungen unternommen, um die Regierung von Getulio Vargas zur Einhaltung ihrer Versprechungen zu bewegen. Weniger als 1000 dieser Visa wurden schließlich benutzt. Der Heilige Stuhl half den Flüchtlingen bei der Finanzierung ihrer Überfahrt in die Freiheit – mit Geld, das zu diesem Zweck von amerikanischen jüdischen Organisationen bereitgestellt worden war. Wie wir noch sehen werden, zögerte der Papst während des Krieges nicht, seine Bemühungen und das Geld, das er ausgegeben hatte, zu erwähnen. Nach dem Krieg wurden die 3000 Visa und die Finanzierung des gesamten brasilianischen Unternehmens als großartiger Beweis für die Fürsorge und Großzügigkeit des Papstes hingestellt.[73]

Drei Routen blieben noch offen: illegale Einwanderung nach Palästina, halblegaler Transit über Spanien und Portugal oder, wie schon erwähnt, über Litauen, die UdSSR, Japan (oder Mandschukuo) und Schanghai (mittlerweile in sehr kleiner Zahl) nach Zielen in Übersee, wobei die Vereinigten Staaten oder irgendwelche anderen Länder der westlichen Hemisphäre nach wie vor das Ziel waren.[74]

Am 23. Januar 1941 teilte die Zentrale des *American Jewish Joint Distribution Committee* in New York dem Komitee zur Unterstützung

europäischer jüdischer Flüchtlinge in Schanghai mit, 500 jüdische Flüchtlinge seien ohne gültige Visa auf dem Weg von Litauen nach Japan. Das *Joint* versicherte dem Schanghai-Komitee, viele dieser Flüchtlinge würden letztlich US-Visa erhalten, und bat es, alles in seiner Macht Stehende zu tun, um ihnen zeitweilige Einreiseerlaubnisse für Schanghai zu verschaffen, damit ernstliche Schwierigkeiten mit Japan vermieden würden. Die Antwort, die das Komitee am 7. Februar gab, wirft ein gespenstisches Licht auf die Lage der Tausende von Juden, die in alle möglichen Richtungen aus Europa zu fliehen versuchten. «Wir haben Ihre Botschaft unseren Freunden in Yokohama übermittelt», schrieb das Schanghai-Komitee, «und telefonisch die Information erhalten, daß es in Japan bereits etwa 300 Flüchtlinge aus Polen und Litauen mit Visa aus Curaçao und südamerikanischen Republiken gibt. ... Es kann kein Zweifel daran bestehen, daß dies unsere Freunde in Japan in eine sehr heikle Lage bringt, da die südamerikanischen Republiken inzwischen die Einreise weiterer jüdischer Auswanderer untersagt haben.
Wie Sie zweifellos wissen, schwimmt irgendwo noch ein Schiff mit etwa 500 Emigranten herum, die nach Haiti wollen, und versucht, seine menschliche Fracht an Land zu bringen. ... Sollte es dem Schiff nicht gelingen, diese unglücklichen Menschen an Land zu bringen, dann wird die Reederei gezwungen sein, sie zum Einschiffungshafen in Japan zurückzubringen. ... Mit dem Eintreffen von weiteren 500 oder mehr Flüchtlingen und den 300, die bereits da sind, sowie den 500, die in Südamerika nicht an Land gehen konnten, werden wir in Japan vor einem sehr ernsten Problem stehen, und dies um so mehr, als die japanischen Visa nur 14 Tage lang gültig sind. Da unseren Flüchtlingen praktisch jeder Hafen verschlossen ist und angesichts der Restriktionen, die jetzt in Schanghai gelten, vermögen wir nicht zu erkennen, was sich mit Blick auf ein endgültiges Reiseziel für die unglücklichen Wesen tun läßt, die zur Zeit ohne einen Funken Hoffnung durch die Welt irren.»[75]

Die fragwürdige, aber notwendige Kooperation zwischen den Führern des Jischuw, der jüdischen Gemeinschaft in Palästina, welche die jüdische Auswanderung nach Erez Israel lenken wollten, und den Nazis, welche die Juden aus dem Reich hinausdrängen wollten, hatte schon 1933 begonnen. Sie durchlief verschiedene Phasen, wurde aber 1938 von Hitler selbst erneut bestätigt. Dieses gemeinsame Unternehmen nahm Anfang 1939 eine unerwartete Wendung, als Großbritannien die Tore Palästinas für eine massenhafte Auswanderung von Juden verschloß, weil es befürchtete, die arabische Welt in die Arme der Achsenmächte zu treiben: Heydrich und Abgesandte des Jischuw taten sich zusammen, um die illegale Ausreise von Juden aus Europa nach Erez Israel zu organisieren. Für die praktischen Aspekte des Unternehmens war Eichmann zuständig.

Unmittelbar nach Kriegsbeginn wurden, ausgehend von der Annahme, daß sich die Häfen der neutralen Niederlande als Ausreisebasen benutzen ließen, grandiose Pläne ausgeheckt. Der sogenannte «niederländische Plan» scheiterte.[76] Danach erwog man Italien als alternative Route – ohne Erfolg.[77] Es blieb noch die Möglichkeit, mit einem Schiff donauabwärts einen rumänischen Hafen zu erreichen; von Rumänien aus sollte die Seereise dann über das Schwarze Meer durch den Bosporus ins Mittelmeer und nach Umgehung der britischen Kontrollen an die Küste Palästinas führen. Bei der Mehrzahl dieser Aktionen benutzte Eichmann den in der Bukowina geborenen österreichischen Juden Berthold Storfer als Mittelsmann – und Spitzel – für die Verhandlungen mit den jüdischen Organisationen: mit dem *Mossad Lealija Beth* (der für illegale Einwanderung zuständigen Agentur der jüdischen Behörden in Palästina), mit den rechtsgerichteten revisionistischen Zionisten oder dem *American Jewish Joint Distribution Committee*, das einen großen Teil der Rettungsbemühungen finanzierte.[78]

Die Mossad-Aktivisten und die politische Führung in Palästina gerieten durch den Ausbruch des Krieges in ein unlösbares Dilemma: Es galt, in direkter Opposition zu den Briten Juden bei der Flucht aus Europa nach Erez Israel zu helfen und zugleich die Briten bei ihrem Kampf gegen Deutschland und Italien zu unterstützen. Es wurden keine klaren Prioritäten gesetzt, und meist waren die Aktionen des Mossad schlecht vorbereitet, so daß man sie fast als waghalsig bezeichnen kann.[79] Die Kladovo-Episode war nur einer dieser Fälle. Im Sommer 1939 bestand der Mossad-Vertreter in Wien, Ehud Ueberall (später Avriel), auf der raschen Ausreise einer Gruppe von 1200 Einwanderungskandidaten (bei denen es sich größtenteils um Mitglieder zionistischer Jugendbewegungen handelte), ohne vorher ein Schiff für die Fahrt von Rumänien nach Palästina beschafft zu haben. Nachdem die Gruppe in Bratislava aufgehalten worden war, erreichte sie einen Ort am jugoslawischen Ufer der Donau, konnte dann aber nicht weiterreisen. Die Rumänen wollten die Einreise nicht gestatten, falls kein Schiff für die Fahrt über das Schwarze Meer und das Mittelmeer bereitstünde. Alle Versuche, Schiffe zu chartern, schlugen fehl, und als der Mossad schließlich der *Darien* habhaft wurde, plante er monatelang, sie für eine britische Geheimoperation auf dem Balkan zu benutzen. Währenddessen harrte die Kladovo-Gruppe in ungeheizten Flußbooten auf der zugefrorenen Donau, und als das Eis taute, hatte man immer noch keine Lösung gefunden. Eine kleine Gruppe von etwa 110 Kindern wurde nach Palästina geschafft; die verbleibenden 1000 Juden wurden nach der Eroberung Jugoslawiens von den Deutschen gefangengenommen und bald danach ermordet.[80] Alles in allem gelang es nach Kriegsbeginn weniger als 13 000 Juden, das Reich und das Protektorat zu verlassen, um nach Palästina zu gelangen, und nur ein Teil erreichte sein Ziel. Im März 1941 bereiteten die Deutschen dem gemeinsamen Unternehmen ein Ende.

Die britischen Behörden in Palästina, das Kolonialministerium und das Außenministerium waren angesichts potentieller arabischer Reaktionen von Anfang an entschlossen, alle derartigen illegalen Einwanderungsversuche zu vereiteln. Daß eine Reihe hoher Beamter insbesondere im Kolonialministerium alles andere als Philosemiten waren, verlieh der britischen Politik ein zusätzliches Element der Härte angesichts einer sich rasch verschlimmernden menschlichen Tragödie. Ein im April 1940 von Sir John Schuckburgh, dem stellvertretenden Unterstaatssekretär im Kolonialministerium, abgefaßtes Memorandum über die Juden von Palästina veranschaulicht diese Konvergenz von Antisemitismus und ganz simplem Nationalinteresse: «Ich bin davon überzeugt, daß sie uns im Herzen hassen und uns immer gehaßt haben; sie hassen alle Nichtjuden. ... So wenig liegt ihnen an Großbritannien im Vergleich zum Zionismus, daß sie nicht einmal die Finger von illegaler Einwanderung lassen können, die für uns, wie ihnen klar sein muß, in einer Zeit, in der wir um unsere nackte Existenz kämpfen, eine sehr schwere Belastung darstellt.»[81]

Nicht alle britischen Verwaltungsleute waren – und das galt erst recht auf Kabinettsebene – den Juden und ihren Versuchen, aus Nazi-Europa zu fliehen, so erbittert feindlich gesonnen wie die Bürokratie des Kolonialministeriums, dessen Angehörige Schuckburgh teilweise noch übertrafen und der Meinung waren, die Juden planten die Vernichtung des British Empire und seien schlimmere Feinde als die Deutschen ...[82]

Doch was immer es an Mitgefühl mit der Notlage der Juden in London noch gegeben haben mag, die Maßnahmen, die darauf abzielten, Flüchtlingsschiffe davon abzuhalten, die Blockade der palästinensischen Küste durch die Navy zu umgehen, wurden noch entschlossener, als Großbritannien schließlich allein dastand. Im Herbst 1940 entschied das Kolonialministerium, die illegalen Einwanderer, denen es gelungen war, Palästina zu erreichen, sollten auf die Insel Mauritius im Indischen Ozean deportiert und dort in stacheldrahtumzäunten Barackenlagern untergebracht werden.[83]

Als Antwort darauf hoffte die Führung des Jischuw, durch einen Akt des Trotzes die öffentliche Meinung vor allem in den USA zu mobilisieren. Im November 1940 wurden am Rumpf der *Patria* (die mit ihrer Fracht illegaler Einwanderer nach Mauritius in See stechen sollte) Sprengstoffladungen angebracht, um sie seeuntüchtig zu machen und ihre Abfahrt zu verhindern. Das Schiff sank, und 267 Flüchtlinge ertranken.[84] Die überlebenden Passagiere der *Patria* durften in Palästina bleiben – das war die einzige Ausnahme von der Deportationspolitik.

Schließlich gab es noch die Route über die Pyrenäen. In den Tagen unmittelbar vor und kurz nach dem Waffenstillstand war dies der einfachste Weg, um Frankreich zu verlassen; der Hauptübergangspunkt war Hendaye. Alfred Fabre-Luce, ein französischer Journalist und Schriftsteller, der in vieler Hinsicht Einstellungen wiedergab, die unter seinen Landsleuten weit verbreitet waren, kommentierte die «Straße von Hendaye» mit den Worten: «Man stellt fest, daß die israelitische Welt weitaus größer ist, als man gedacht hätte. Zu ihr gehören nicht nur Juden, sondern auch alle diejenigen, die von ihnen verdorben oder verführt worden sind. Dieser Maler hat eine jüdische Geliebte, dieser Finanzmann würde durch den Rassismus ruiniert werden, dieser internationale Journalist wagt nicht, sich mit den Juden in Amerika anzulegen. Sie alle finden gute Gründe dafür, sich auf die Straße nach Hendaye zu begeben. Hören Sie nicht auf ihre Verlautbarungen; sehen Sie sie sich lieber an: irgendwo an ihrem Körper werden Sie den Stempel Israels finden. In diesen Tagen der Panik beherrschen die elementarsten Leidenschaften die Welt, und keine von ihnen ist stärker als die Furcht vor einem Pogrom oder der Drang dazu.»[85]

Täglich durften etwa 25 bis 50 Flüchtlinge die spanische Grenze passieren, sofern sie gültige Pässe sowie Visa für die Einreise in ein endgültiges Bestimmungsland besaßen. Bald jedoch wurde der Transit durch Spanien an ein französisches Ausreisevisum geknüpft, dessen Beschaffung Monate dauern konnte. Es war eine ausgesuchte Gemeinheit des administrativen Sadismus in Frankreich. Weitere Restriktionen folgten: Von November 1940 an bedurfte jedes spanische Transitvisum einer Genehmigung aus Madrid; die Bestätigung vom amerikanischen Konsulat in Marseille beispielsweise genügte nicht mehr. Diese spanischen Regelungen blieben während des ganzen Krieges in Kraft, ungeachtet neuer Schwierigkeiten im Jahre 1942, und dabei wurde nicht zwischen Juden und Nichtjuden unterschieden. Letztlich bedeutete jedoch der Transit durch Spanien für Zehntausende von Juden die Rettung.[86]

Spanien gestattete allerdings nur eine kurze Durchreise; Portugal war noch restriktiver. Während aber der portugiesische Diktator Oliveira Salazar strikte Anti-Einwanderungsmaßnahmen und eine strenge Kontrolle von Transitvisa anordnete, weil er einen Zustrom «ideologisch gefährlicher» Individuen befürchtete, stellten Portugals Konsuln in mehreren europäischen Ländern ungeachtet der ausdrücklichen Anweisungen aus Lissabon Tausende von Visa aus.[87] Manche, wie der Generalkonsul in Bordeaux, Aristides de Sousa Mendes, sollten ihren Mut mit dem Ende ihrer Karriere bezahlen.[88]

Selbst das beschränkte Maß an Großzügigkeit, das die faschistoiden Regime in Spanien und Portugal an den Tag legten, brachten zwei andere neutrale Länder, die Schweiz und Schweden, bei denen es sich nach allen Maßstäben um Musterdemokratien handelte, nicht auf. Die

Schweizer Behörden gingen sogleich nach dem «Anschluß» Österreichs im Jahre 1938 scharf gegen die Einwanderung von Juden vor und verlangten, die Pässe von Juden aus dem Großdeutschen Reich mit einem besonderen Kennzeichen zu stempeln. Die Deutschen erfüllten die Forderung, und vom Herbst 1938 an wurde jeder jüdische Paß, den sie ausstellten, mit einem nicht zu tilgenden roten «J» gestempelt (die Schweizer vergewisserten sich, daß sich der Stempel wirklich nicht ausradieren ließ).[89] Faktisch war die Schweiz für die legale Einreise von Juden verschlossen, gerade als deren Bedarf an Durchreisegenehmigungen oder Asyl überwältigend wurde. Schweden billigte den Stempel «J» auf Pässen von Juden und wollte ihn gerade von Deutschland verlangen, als die Schweizer die Initiative ergriffen. Tatsächlich war die schwedische Immigrationspolitik bis zum Spätherbst 1942 ebenso restriktiv wie die der Schweizer. Ende 1942 kam es in Stockholm jedoch, wie wir sehen werden, zu einem Wandel.[90]

Seit Beginn des Krieges wollten die Kleppers, wie wir uns erinnern, ihrer Tochter Reni die Ausreise in die Schweiz ermöglichen. Jochens Ehefrau war zum Protestantismus konvertiert, und Reni wollte denselben Schritt tun. Eine Züricher Familie, die anscheinend ebenfalls tiefreligiös war, die Tappolets, war bereit, dem jungen Mädchen ihr Haus zu öffnen und es so lange wie nötig bei sich wohnen zu lassen. Ein Angehöriger der Schweizer Botschaft in Berlin hatte seine Hilfe zugesagt, und am 20. Januar 1940 notierte Klepper, dieser Beamte stehe in Verbindung mit einem Verwandten, der als Sekretär bei der Schweizer Regierung, dem Bundesrat, arbeitete. «Der aber [der Sekretär] will grundsätzlich die Schweiz vor aller Überfremdung schützen.»[91]

Im Februar, nach der Deportation aus Stettin, verbreitete sich in Berlin wieder das Gerücht, alle Juden würden nach Lublin geschickt werden. Renis Abreise erschien dringlicher denn je. Täglich schrieben die Tappolets von den Schwierigkeiten, auf die sie bei den örtlichen Behörden stießen.[92] Am 17. März traf Klepper mit dem bekannten Schweizer Historiker und Diplomaten Carl Burckhardt, dem ehemaligen Hohen Kommissar des Völkerbunds in Danzig, zusammen, der ihm seine Vermittlung versprach. Er erwähnte die Angelegenheit anscheinend gegenüber dem Schweizer Gesandten in Berlin, Fröhlicher, der jetzt offenbar zu einer Unterstützung bereit war.[93] Am 27. März schickte die Schweizer Gesandtschaft Formulare und Fragebögen.[94]

Am 25. April leiteten die Tappolets einen Brief weiter, den sie soeben von Carl Burckhardt erhalten hatten: «Nach Ihrer Mitteilung habe ich leider das Gefühl, daß die Angelegenheit Frl. Steins dilatorisch behandelt wird. Ich bin in so vielen Einreise- und Aufenthaltsangelegenheiten um Hilfe angegangen worden, daß meine Möglichkeiten zur Zeit etwas verbraucht sind.»[95] Am 28. April wurde Klepper davon verständigt, daß Renis Antrag in Bern eingegangen sei. Am 15. Mai, als im Westen ein deutscher Sieg auf den anderen folgte, schrieben die Tappolets, das Gesuch sei abgelehnt worden: «Irgend noch etwas zu unternehmen sei völlig aussichtslos. ... Unter der verschärften Kriegslage versucht man umgekehrt, Ausländer noch abzuschieben, die bereits eine Aufenthaltsbewilligung hatten. Da würde auch so jemand wie Prof. Burckhardt nichts mehr machen können.»[96]

Irgendwann bat Klepper das Büro von Pastor Grüber um Unterstützung bei den Bemühungen um die Ausreise Renis, aber erfolglos. Dieses Büro, das kurz vor dem Krieg von der Verwaltung der Bekennenden Kirche eingerichtet worden war, um «nichtarischen» Protestanten bei der Auswanderung zu helfen, sie in Notlagen zu unterstützen oder ihre religiösen und Bildungsbedürfnisse zu befriedigen, kooperierte mit Bischof Bernings Raphaelsverein und mit der Reichsvereinigung. Eine Zeitlang tolerierte die Gestapo diese Aktivitäten. Im Dezember 1940 wurde Grüber verhaftet und erst nach Sachsenhausen, dann nach Dachau geschickt; man warf ihm vor, er habe bei seinen Unternehmungen gefälschte Pässe verwendet. Aktivitäten in beschränktem Umfang gingen unter der Leitung von Werner Sylten, einem konvertierten Mischling, weiter. Im Februar 1941 wurde Sylten ebenfalls verhaftet und nach Dachau geschickt. Das Büro wurde geschlossen. Grüber überlebte den Krieg, Sylten wurde ermordet.[97]

Eichmann verfolgte die immer mehr zurückgehende Auswanderung genau. In einer internen Denkschrift vom 4. Dezember 1940, die er als Hintergrundmaterial für einen Vortrag angefertigt hatte, den Himmler am 10. Dezember beim Jahrestreffen der Gauleiter und Reichsleiter in Berlin halten sollte, schätzte der Leiter des Referats IVB4 die Gesamtzahl der Juden, die das Reich, Österreich und das Protektorat verlassen hatten, auf 501 711. Da die Zahl der Sterbefälle die der Geburten überstieg, reduzierte sich die verbleibende jüdische Bevölkerung um 57 036 Personen. Somit waren nach Eichmanns Berechnung im Großdeutschen Reich einschließlich des Protektorats noch 315 642 Juden im Sinne der Definition durch die Nürnberger Gesetze ansässig. Dann wandte er sich dem zweiten Abschnitt seines Berichts zu; er trug die Überschrift «Die Endlösung der Judenfrage» und war ganz kurz: «Durch Umsiedlung der Juden aus dem europäischen Wirtschaftsraum des deutschen Volkes in ein noch zu bestimmendes Territorium. Im Rahmen dieses Projektes kommen rund 5,8 Millionen Juden in Betracht.»[98]

*

Während Juden aus dem Reich und Westeuropa verzweifelte Versuche zum Verlassen des Kontinents unternahmen, befahl Hitler eine unerwartete und plötzliche Abschiebung von Juden aus zwei deutschen Ländern, wie wir zu Beginn dieses Kapitels sahen. Im Oktober 1940 gab er grünes Licht für die Deportation der Juden aus Baden und der Saarpfalz. Diese Operation, für die die Gauleiter Josef Bürckel und Robert Wagner federführend waren, wurde vom RSHA organisiert.[99] Sie verlief reibungslos und wurde von der Bevölkerung kaum bemerkt.

In den wichtigsten Städten der beiden Länder waren Sammelpunkte festgelegt worden; Autobusse standen bereit; jedem Bus war ein Kriminalkommissar zugeteilt, und für alle Fälle standen Polizeieinheiten bereit. Die Juden bestiegen die Busse nach Namenslisten: Sie durften pro Person einen Koffer von bis zu 50 Kilo (für ein Kind: 30 Kilo), eine Decke, Lebensmittel für mehrere Tage, Geschirr und 100 RM in bar sowie die erforderlichen Ausweispapiere mitnehmen. Sämtliche Wertsachen mußten zurückgelassen werden; Lebensmittel wurden den Vertretern der NS-Volkswohlfahrt übergeben, die Wohnungen wurden verschlossen und versiegelt, nachdem man Wasser, Gas und Strom abgestellt hatte. Haustiere wurden «gegen Quittung» Vertretern der Partei ausgehändigt. Schließlich war es verboten, die Deportierten zu mißhandeln ...[100]

Ohne jede Konsultation mit Vichy verfrachtete das RSHA die Deportierten über die Demarkationslinie; danach wurden sie von den Franzosen in die Lager der Vichy-Zone geschickt, vor allem nach Gurs, Rivesaltes, Le Vernet und Les Milles. Dort forderten das kalte Wetter, der Mangel an Lebensmitteln und das Fehlen der elementarsten hygienischen Vorkehrungen eine zunehmende Zahl von Opfern. Nach einem Bericht der Schweizer Zeitung *Basler Nachrichten* vom 14. Februar 1941 war damit zu rechnen, daß selbst ohne irgendwelche größeren Epidemien die Hälfte der Bevölkerung von Gurs innerhalb von zwei Jahren ausgelöscht sein würde.[101] Den französischen Behörden erklärten die Deutschen, diese Juden würden in naher Zukunft nach Madagaskar geschickt werden.[102]

Hitler hatte anscheinend beschlossen, sich eine Klausel in der Waffenstillstandsvereinbarung mit Frankreich zunutze zu machen, welche die Abschiebung der Juden aus Elsaß-Lothringen in die unbesetzte Zone vorsah. Die Abschiebung vom Oktober 1940 war eine «Ausweitung» dieser Klausel, da Baden, die Pfalz und die Saar, die an die französischen Provinzen grenzten, mit Elsaß-Lothringen zu zwei neuen Gauen umgewandelt werden sollten. Die Juden von Elsaß-Lothringen selbst waren bereits am 16. Juli 1940 vertrieben worden. So würden dann die beiden neuen Gaue völlig «judenrein» sein.[103]

Am 4. April 1941 wurden auf Befehl Himmlers das Eigentum und die Vermögenswerte, die den aus diesen beiden Provinzen sowie aus Pommern (Stettin und Schneidemühl) deportierten Juden gehörten, beschlagnahmt. Der Reichsführer gründete seine Entscheidung auf die nach dem Reichstagsbrand, am 28. Februar 1933, erlassene Verfügung, die dem Reichskanzler außerordentliche Exekutivvollmachten zum Schutz von Volk und Staat zugestand. Am 29. Mai 1941 befahl Hitler den örtlichen Behörden, das gesamte beschlagnahmte Eigentum an das Reich abzuliefern.[104]

Zwei Tage nach Beginn der Deportationen schrieb Conrad Gröber, der Erzbischof von Freiburg, an den Nuntius in Berlin, Monsignore Cesare Orsenigo: «Ew. Exzellenz wird von den Ereignissen der letzten Tage, die Juden betr., gehört haben. Mich als katholischen Bischof hat es vor allem geschmerzt, daß eine große Anzahl katholischer Juden genötigt worden sind, Haus und Stellung zu verlassen, um mit 50 Pfund beweglichen Eigentums und 100.– RM Geld einem unsicheren Schicksal in der Ferne entgegen zu gehen. Es handelt sich bei diesen sehr häufig um lobenswert praktizierende Katholiken, die sich durch mich an den Heiligen Vater wenden, damit er, soweit es ihm möglich ist, ihr Los ändere oder wenigstens verbessere. ... Ich ersuche Ew. Exzellenz dringend, den Hl. Stuhl von dem Schicksal dieser katholischen Christen zu unterrichten. Ich bitte Ew. Exzellenz auch persönlich Ihren diplomatischen Einfluß geltend zu machen.»[105] Weder vom Nuntius noch vom Papst ist eine Antwort überliefert.

V

Während Hitler die Deportation sämtlicher europäischer Juden nach Madagaskar erwog und die Vertreibung von Juden aus zwei deutschen Provinzen nach Vichy-Frankreich anordnete, ließ er keine Einzelheiten aus den Augen, die das Schicksal der Juden vor seiner eigenen Haustür betrafen. Am 8. April 1940 befahl er, daß Halbjuden – und selbst «arische» Männer, die mit einer Jüdin oder einer Halbjüdin verheiratet waren – aus dem aktiven Dienst bei der Wehrmacht zur Reserve zu versetzen seien. Vierteljuden konnten im aktiven Dienst belassen und sogar befördert werden. Kaum war jedoch der Befehl erlassen, da änderte der Westfeldzug die Lage: Viele dieser teiljüdischen Soldaten waren wegen Tapferkeit lobend erwähnt worden. Der «Führer» hatte keine andere Wahl und ließ sie im Oktober in «vollblütige Deutsche» verwandeln, die ihren deutschen Kameraden gleichgestellt waren. Der Status ihrer jüdischen Verwandten blieb jedoch unverändert.[106]

Im Laufe derselben Wochen und Monate wetteiferten die meisten deutschen Stellen in Staat und Partei darin, den Juden im Reich das Leben immer schwerer zu machen. Am 7. Juli 1940 verbot der Reichspostminister Juden das Halten von Telefonanschlüssen mit «Ausnahmen für Konsulenten [der Titel, den man jüdischen Rechtsanwälten ab 1938 gegeben hatte], Krankenbehandler [die Bezeichnung für jüdische Ärzte vom gleichen Jahr an] und Personen, die in privilegierten Mischehen leben».[107] Am 4. Oktober wurden die noch verbliebenen Rechte von Juden als Gläubigern in Gerichtsverhandlungen beseitigt.[108] Am 7. Oktober ordnete Göring als Oberbefehlshaber der Luftwaffe an, es solle in Luftschutzräumen auf «Abtrennung [der Juden] von den übrigen Bewohnern geachtet werden, entweder durch Schaffung eines besonderen Raumes für sie oder durch Trennung in demselben Raum».[109] Tatsächlich wurde die Trennung in vielen Luftschutzkellern bereits durchgesetzt, wie William Shirer, der CBS-Korrespondent in Berlin, am 24. September 1940 in seinem Tagebuch notierte: «Wenn ... Hitler über den besten Luftschutzkeller von Berlin verfügt, so haben die Juden die schlimmsten. In vielen Fällen haben sie gar keinen. Nur wo die Baulichkeiten es hergeben, wird ihnen ein kleiner Raum neben dem Hauptkeller eingeräumt. In diesem versammeln sich natürlich die ‹Arier›. In den meisten Berliner Häusern gibt es nur einen Keller. Er gehört den ‹Ariern›. Die Juden haben in diesem Fall das Erdgeschoß zu benutzen. Auch dieser Ort ist ziemlich sicher, wenn eine Bombe das Dach trifft. ... Jedoch haben die bisherigen Erfahrungen gezeigt, daß der Hausflur der gefährlichste Ort im ganzen Gebäude ist, wenn eine Bombe auf der Straße vor dem Haus einschlägt.»[110] Im Herbst 1940 waren englische Bombenangriffe in Berlin noch kein großes Problem; später, als die alliierten Luftangriffe zu einer größeren Bedrohung für deutsche Städte wurden, waren nur noch sehr wenige Juden übrig, die sich Gedanken über Luftschutzkeller machen konnten.

Am 13. November 1940 durften jüdische Schuhmacher wieder arbeiten, um die deutschen Schuhmacher etwas zu entlasten, aber sie konnten nur für jüdische Kunden tätig werden. Deutsche Schuhmacher, die der Partei oder ihr angeschlossenen Organisationen angehörten, durften die Schuhe von Juden nicht reparieren. Diejenigen, die keine Parteimitglieder waren, sollten «nach ihrem Gewissen entscheiden».[111] Mit Blick auf Kleidung und Schuhe waren Juden aller Altersklassen, jung und alt, tatsächlich gezwungen, komplexe strategische Planungen zu betreiben. So erhielt in Hamburg eine jüdische Mutter einige Monate vor dem Krieg von der jüdischen Gemeinde einen Wintermantel für ihren heranwachsenden Sohn. Im Mai 1940 gab ihm die Gemeinde ein Paar Schuhe und tauschte seinen Mantel gegen einen gebrauchten ein; im Januar 1941 durfte er seine Schuhe ein letztes Mal reparieren lassen. «1942 erhielten», so schreibt die Historikerin Marion Kaplan, «bedürftige Juden bisweilen die abgelegte Kleidung von Nachbarn, die Selbstmord begangen hatten oder aufgefordert worden waren, sich bei den Sammelstellen zur Deportation zu melden. Der Erhalt solcher Kleidung war illegal, da die Regierung jeglichen jüdischen Besitz beschlagnahmte.»[112]

Am 12. Dezember ordnete der Innenminister an, sämtliche geisteskranken jüdischen Patienten künftig in einer einzigen Institution, Sayn-Bendorf, im Kreis Koblenz zu konzentrieren, die von der Reichsvereinigung unterhalten wurde.[113] Das wurde technisch möglich, weil seit Juni dieses Jahres eine große Anzahl jüdischer Geisteskranker in den Tod geschickt worden war.[114]

Am 4. Juli 1940 erließ der Polizeipräsident von Berlin eine Verordnung, mit der die Einkaufszeit für Juden auf eine Stunde pro Tag, von 16 bis 17 Uhr, beschränkt wurde. «Juden im Sinne dieser Polizeiverordnung», hieß es in der Verfügung, «sind die Personen, deren Lebensmittelbezugsausweise mit ‹J› oder dem Worte ‹Jude› gekennzeichnet sind.»[115] In Dresden waren die Einkaufszeiten für Juden zu Beginn des Sommers 1940 noch nicht beschränkt, aber die J-Karte war ein ständiges Problem. Am 6. Juli notierte Klemperer: «Immer ist es mir grauenhaft, die J-Karte vorzuweisen. Es gibt Läden ..., die Belieferung der Karten ablehnen. Es stehen immer Leute neben mir, die das J sehen. Wenn möglich, benutze ich im fremden Laden Evas ‹arische› Karte. ... Wir machen kleine Spaziergänge nach dem Abendessen ..., nutzen die Minuten bis Punkt neun [der Sperrstunde für Juden im Sommer]. Welche Unruhe für mich, wir könnten zu spät zu Haus sein! Katz behauptet, wir dürften auch nicht auf dem Bahnhof essen. Niemand weiß genau, was erlaubt ist, überall fühlt man sich bedroht. Jedes Tier ist freier und rechtlich gesicherter.»[116]

Selbstverständlich wurden alle wichtigen Verfügungen im gesamten Reich einheitlich angewendet. Gleichwohl sorgten örtliche Variationen dafür, daß Juden auf alle nur denkbaren Weisen schikaniert wurden. So zeigt die Auflistung einiger Angaben im Tagebuch von Willy Cohn, einem Historiker und Studienrat aus Breslau, daß es seiner Stadtverwaltung nicht an Phantasie mangelte: 30. Januar 1940: Juden brauchen Reisegenehmigungen; 27. März 1940: Friseure können nur bis 9 Uhr morgens in Anspruch genommen werden; 14. Juni 1940: Briefe nach Übersee müssen persönlich bei der Post aufgeliefert werden; 20. Juni 1940: Juden ist es generell verboten, auf öffentlichen Bänken zu sitzen. [Nur drei Monate zuvor, am 1. April, hatte Cohn notiert, am Flußufer gebe es immer noch einige Bänke, auf denen sich Juden ausruhen könnten.] 29. Juli 1940: Für Juden gibt es kein Obst; 2. November 1940: Ein Ladeninhaber wird von der Polizei vorgeladen, nachdem man ihn denunziert hat, weil er Cohns Frau Obst verkauft hat.[117]

Mit Hilfe ihres ehemaligen, nichtjüdischen Ehemannes war es Hertha Feiner gelungen, ihre beiden Töchter Marion und Inge unmittelbar nach der «Kristallnacht» in ein Internat in der Schweiz zu schicken. Ihre eigenen Chancen zum Verlassen des Landes waren praktisch gleich Null (irgendwann im Frühjahr 1940 hatte sie die Registrierungsnummer 77 454 für ein amerikanisches Visum).[118] Ihr tägliches Leben und ihre Aufgaben als Lehrerin an einer jüdischen Schule in Berlin wurden zunehmend erschwert: In den ersten, bitterkalten Monaten des Jahres 1940 blieben die Schulräume ungeheizt; bald nahm man ihr dann das Telefon fort. In Herthas desolater Lage blieb eine wesentliche Lebensader erhalten: der regelmäßige Briefwechsel mit ihren Töchtern. Ihnen schilderte sie im Laufe der darauffolgenden zwei Jahre gelegentlich offen, meist aber in verschleierten Andeutungen ihren Weg auf ein Ziel hin, das sie sich noch nicht vorstellen konnte.

«Zuerst ... will ich Dir erzählen», schrieb Hertha Feiner am 16. Oktober 1940, «daß wir nicht mehr in unserem schönen Schulhaus sind. Gestern sind wir in ein altes Haus gezogen, aus dem wir aber auch schon wieder heraus müssen. Ja – ja – Kommentar überflüssig. Wo wir unterrichten werden, wissen wir nun nicht, und ich habe 46 Kinder in meiner Klasse.»[119] Einige Wochen später schrieb sie ihren Töchtern, sie habe jetzt mit Kursen als Modistin angefangen (eine Modistin hatte wahrscheinlich bessere Chancen, ein amerikanisches Visum zu erhalten, als eine Lehrerin): «Wollen wir mal zusammen einen Modesalon aufmachen?» fragte sie.[120]

Unter dem Hagel neuer Reglementierungen, die auf allen Ebenen des Systems erlassen wurden, wußte kein Jude im Reich genau, was erlaubt und was verboten war. Selbst der Jüdische Kulturbund, nunmehr eine Sektion der Reichsvereinigung, war sich oft nicht sicher, was er auf sein Programm setzen konnte. So schrieb Mitte September 1939 nach seinem ersten Zusammentreffen mit dem zuständigen Aufseher der Aktivitäten des Kulturbunds, Erich Kochanowski vom Propagandaministerium, Fritz Wisten, der neue künstlerische Leiter des Bundes, in gespielter Verwirrung über die widersprüchlichen und absurden Anweisungen, die man ihm erteilt hatte. Die Aufführung von Ferenc Molnars Stück *Die Zuckerbäckerin* wurde ebenso wie die aller anderen Stücke mit einer «assimilatorischen» Tendenz verboten (mit assimilatorisch war hier gemeint, daß dadurch Juden ermutigt wurden, in Deutschland zu bleiben und sich an seine Gesellschaft und Kultur anzupassen). Wisten schrieb, er könne in der *Zuckerbäckerin* keine assimilatorischen Zielsetzungen erkennen...[121]

Am 5. Januar 1940 erhielt Wisten neue Instruktionen. Sämtliche deutschen Komponisten – einschließlich Händels (der überwiegend in England gelebt hatte) und mit Ausnahme deutscher Juden – wurden aus dem musikalischen Repertoire des Kulturbunds verbannt. Alle ausländischen Komponisten waren zugelassen. Dasselbe Prinzip galt für das Theater, mit Ausnahme des zeitgenössischen englischen Repertoires, wie es scheint: «Gegen Shakespeare bestehen keine Bedenken. Alle Autoren deutscher Herkunft oder solche, die dem Kreis der Theaterkammer angehören, sind von vornherein auszuschalten.»[122] Sechs Monate später genehmigte Kochanowski die Aufführung von Liszt und Sibelius, was Wisten sogleich dazu ermutigte, ungarische und nordische Komponisten einzureichen.[123] Einige von Oscar Wildes Stücken waren akzeptabel, aber dafür bedurfte es zahlreicher Erklärungen, wie Wisten am 3. Januar 1941 notierte: Als er um die Genehmigung für Wildes *Bunbury* nachsuchte, hob er hervor, daß der Autor Ire sei und einer vergangenen Epoche angehöre, die uns derart fernliege, daß die englische Atmosphäre keinen Anstoß erregen dürfte.[124]

Kochanowskis Direktiven kamen von höchster Ebene des Propagandaministeriums, möglicherweise von Goebbels selbst. Juden war untersagt worden, Aufführungen für ein deutsches Publikum zu veranstalten, und seit den Anfängen des Regimes wurden jüdische Komponisten und Autoren verboten, weil es ihnen von vornherein an Qualität mangele und weil sie vor allem eine gefährliche Wirkung auf deutsche Herzen und Sinne ausübten. Später verbot man Juden den Besuch von Theatervorstellungen und Konzerten, um der Empfindsamkeit eines «arischen» Publikums ihre Anwesenheit zu ersparen. Somit kümmerte sich der Kulturbund um die kulturellen Bedürfnisse von Juden mit Werken, die von Juden aufgeführt wurden. Weshalb sollte man unter diesen Bedingungen Juden nicht gestatten, deutscher Musik zu lauschen oder deutsche Stücke zu spielen? Offensichtlich bedeutete das Verbot, daß ein Jude, der sich deutsche Musik anhörte, diese irgendwie auf geheimnisvolle Weise entweihte, oder anders formuliert, die Musik, das Stück oder das Gedicht wurden dadurch entweiht, daß Juden sie darboten oder lasen. Tatsächlich war hier die Schwelle zu magischem Denken überschritten: Jeglicher Kontakt zwischen dem deutschen Geist und einem Juden, selbst wenn der Jude lediglich ein abgesonderter und passiver Rezipient war, befleckte und gefährdete die Quelle selbst.

*

Auch wenn der allgegenwärtige Propagandaminister wahrscheinlich den Anstoß zu der Abfolge von Direktiven gab, die dem Kulturbund gegeben wurden, galt Goebbels' Aufmerksamkeit in der ersten Hälfte des Jahres 1940 anscheinend wie schon seit Oktober 1939 verstärkt der Produktion seiner drei antisemitischen Filme. Wie wir im vorangegangenen Kapitel sahen, wurde Hitler regelmäßig konsultiert und verlangte regelmäßig Änderungen, besonders beim *Ewigen Juden*.

Am 4. April 1940 notierte der Minister wieder einmal: «Neue Fassung des Judenfilms. Jetzt ist er gut. Kann so dem Führer vorgeführt werden.»[125] Gleichwohl muß irgendetwas schiefgelaufen sein, denn in Goebbels' Eintragung vom 9. Juni hieß es: «Den Judenfilm nochmal textlich überarbeitet.»[126] Zumindest konnte der Minister mit *Jud Süß* zufrieden sein: «Ein antisemitischer Film, wie wir ihn uns nur wünschen können. Ich freue mich darüber», notierte er am 18. August.[127] In der Zwischenzeit, im Juli, hatte die Premiere von Erich Waschnecks Film *Die Rothschilds* stattgefunden. Innerhalb von zwei Wochen stellte sich jedoch heraus, daß der Film überarbeitet und konzentrierter gefaßt werden mußte. Als er ein Jahr später neu erschien, hatte er schließlich seinen vollständigen Titel erhalten: *Die Rothschilds: Aktien auf Waterloo.* Er erzählte eine Geschichte von weltweiter jüdischer Finanzmacht und Geschäftemacherei durch die Ausbeutung von Elend und Krieg: «Viel Geld können wir nur machen mit viel Blut.»[128]

An *Jud Süß*, der wirkungsvollsten aller antijüdischen Produktionen der Nazis, beteiligten sich Deutschlands beste Schauspieler sowie 120 jüdische «Komparsen». In dem Film freundet sich Süß (in Wirklichkeit Joseph Ben Issachar Süßkind Oppenheimer) mit einem habsburgischen Militärhelden, Prinz Karl Alexander, an, der 1772 Herzog von Württemberg wird; er ernennt Süß zu seinem Finanzberater.[129] Einige antisemitische Grundthemen waren die Leitmotive des brillant inszenierten und gespielten «historischen» Machwerks. Süß, dargestellt von Ferdinand Marian – der auf der Bühne ein höchst erfolgreicher Jago war –, öffnet Horden von Juden die Tore Stuttgarts, erpreßt mit den verschlagensten Mitteln Geld von Karl Alexanders Untertanen, verführt jede Menge schöner deutscher Maiden, vor allem die feine Maria Dorothea Sturm (Kristina Söderbaum), die ihm nachgibt, um das Leben ihres Ehemannes zu retten, des jungen Notars Darius Faber, der von Süß bedroht wird. Nachdem sie sich dem Juden hingegeben hat, begeht Maria Dorothea Selbstmord. Als Karl Alexander plötzlich an einem Schlaganfall stirbt, wird Süß verhaftet, vor Gericht gestellt, zum Tode verurteilt und in einem Käfig gehängt. Die Juden werden aus Württemberg vertrieben. Um die Juden noch unheimlicher erscheinen zu lassen, führte Regisseur Veit Harlan die Gestalt eines geheimnisvollen Kabbalisten, des Rabbi Löw (Werner Krauss) ein, der als okkulte und tödliche Kraft hinter den kriminellen Machenschaften von Süß lauerte.

Wie es in unveröffentlichten Auszügen von Harlans Memoiren heißt, hatte in einer berüchtigten Synagogenszene «der chassidische Gottesdienst eine dämonische Wirkung. Das Fremde, das mit großer Lebhaftigkeit dargeboten wurde, wirkte äußerst suggestiv ... wie ein Exorzismus.» Für diese Szene und für die Ankunft der Juden in Stuttgart sowie ihre spätere Vertreibung nahm der Regisseur «rassereine jüdische Komparsen». Diese Juden kamen nicht, wie man zunächst beabsichtigt hatte, aus dem Ghetto von Lublin, sondern aus der jüdischen Gemeinde von Prag.[130] Für den Antisemiten Harlan und vor allem für die begeisterten Zuschauer war der Effekt letztlich derselbe.

Im September 1940 wurde Jud Süß in Venedig auf dem Filmfestival vorgestellt und fand außerordentlichen Beifall. Der Film erhielt den Goldenen Löwen und bekam überschwengliche Kritiken. «Wir zögern nicht zu erklären: wenn dies Propaganda ist, dann begrüßen wir Propaganda», schrieb Michelangelo Antonioni. «Dies ist ein überzeugender, prägnanter, außerordentlich wirkungsvoller Film. ... Es gibt nicht einen einzigen Augenblick, in dem das Tempo des Films nachläßt, auch nicht eine Episode, die sich nicht harmonisch in alle anderen einfügt: Es ist ein Film, der durch völlige Einheit und Ausgeglichenheit charakterisiert ist. ... Die Episode, in der Süss das junge Mädchen vergewaltigt, ist erstaunlich geschickt gemacht.»[131] Am 25. September wohnte Goebbels der Berliner Uraufführung im Ufa-Palast bei: «Ein ganz großes Publikum mit fast dem gesamten Reichskabinett. Der Film hat einen stürmischen Erfolg. Man hört nur Worte der Begeisterung. Der Saal rast. So hatte ich es mir gewünscht.»[132] Und am darauffolgenden Tag ist der Minister noch stolzer: «Der Führer ist sehr eingenommen vom Erfolg von ‹Jud Süß›. Alle loben den Film über den grünen Klee, was er auch verdient.»[133]

Der Erfolg des Films beim Publikum war überwältigend: «Wenn schon der Besuch des Films ‹Jud Süß› in der vorigen Woche als hervorragend bezeichnet werden konnte», heißt es im SD-Bericht aus Bielefeld vom 15. Oktober 1940, «so übertrifft er doch jetzt alle Erwartungen. Es ist wohl noch keinem Film gelungen, eine derartige Wirkung auf weite Kreise des Publikums zu erzielen, wie diesem. Auch Volksgenossen, die bis heute nur selten oder nie ein Kino besucht haben, lassen sich diesen Film nicht entgehen.»[134] Welche Wirkung Harlans Produktion ausübte, läßt sich an Hand eines früheren Berichts aus Bielefeld einschätzen: «Hier sieht man den Juden, wie er wirklich ist», erklärte ein Arbeiter, «ich hätte ihm am liebsten den Hals umgedreht.»[135] Am 15. November 1940 befahl Himmler allen Angehörigen von SS und Polizei, sich im darauffolgenden Winter den Film anzusehen.[136] 1943 war die Zahl derer, die den Film gesehen hatten, auf 20,3 Millionen gestiegen.[137]

Ende Oktober 1940 wurde die dritte große Leinwandproduktion der antijüdischen Kampagne abgeschlossen: «‹Der ewige Jude› nun endlich fertig. Jetzt kann er getrost heraus. Wir haben auch lange genug daran gearbeitet», notierte Goebbels am 11. Oktober.[138] Am 29. Oktober wurde dieses ultimative antijüdische Propagandaprodukt im gesamten Reich uraufgeführt. Man hatte von dem Film zwei verschiedene Versionen erstellt: eine Originalversion und daneben eine zweite, in der die blutigen Szenen des rituellen Schächtens geschnitten waren. Allein in Berlin startete der Film in 66 Kinos gleichzeitig. Auf den Plakaten für die Uraufführung in der Hauptstadt fand sich folgende Warnung: «Da in der Vorstellung um 18.30 Uhr zusätzlich Originalaufnahmen von jüdischen Tierschächtungen gezeigt werden, wird empfindsamen Gemütern die gekürzte Fassung in der Vorstellung um 16 Uhr empfohlen. Frauen ist der Zutritt ebenfalls nur zu der Vorstellung um 16 Uhr gestattet.»[139]

Jede Stadt hatte ihre eigenen Plakate. In Betzdorf im Kreis Altenkirchen wurde *Der ewige Jude* als «Dokumentarfilm über das Weltjudentum» präsentiert; er sei «einmalig, weil er nicht Phantasie ist, sondern unverfälschte interessante Wirklichkeit». Dann kam die übliche Warnung, aber in der lokalen Variante: «Nur in den Abendvorstellungen, wo Jugendliche keinen Zutritt haben, auch nicht in Begleitung von Erwachsenen, bringt der Film Originalaufnahmen von der Schächtung von Tieren durch polnische Juden. Er zeigt ihr wahres Gesicht – sadistisch und grausam.»[140] Dem Singsang jüdischer Gebete und den Intonationen eines Synagogenkantors folgten im Gegenschnitt Bachs «Toccata und Fuge» mit Szenen «arisch»-christlicher Schönheit. Den gemeißelten Gesichtern von Fürsten, Rittern und Heiligen stellte man möglichst häßliche Physiognomien gegenüber, nach denen die Nazis in den Ghettos mit ihren Kameras Ausschau hielten.

In einer besonders abscheulichen Sequenz des Films huschten Scharen von Ratten durch Keller und Abwasserkanäle, und in raschem Wechsel hiermit zogen Horden von Juden aus Palästina in die fernsten Winkel der Welt. Der Text war auf gleichem Niveau: «Wo Ratten auftauchen», lautete der Kommentar zu dieser Szene, «verbreiten sie Krankheiten und tragen Vernichtung ins Land. Sie sind hinterlistig, feige und grausam und treten meist in großen Scharen auf – nicht anders als die Juden unter den Menschen.»[141] Noch schlimmer war die Szene der rituellen Schächtung, in der der langsame Todeskampf von Rindern und Schafen dargestellt wurde, die in ihrem eigenen Blut badeten, mit teilweise abgeschnittenem Kopf und aufgeschlitzter Kehle, wobei die lachenden Gesichter der jüdischen rituellen Schächter (die, wie erwähnt, ebenso wie die Synagogensequenzen im Judenviertel von Łódź gefilmt worden waren) immer wieder in Kontrast zu den jämmerlichen Blicken der sterbenden Tiere gesetzt wurden.

Zwar wurden rassisch ideale «Arier» zum perfekten Kontrapunkt der abstoßendsten Darstellungen von Juden, aber die Leinwand füllten keine beliebigen Szenen aus den Straßen von Berlin, sondern vielmehr sorgfältig ausgesuchte Motive aus Leni Riefenstahls *Triumph des Willens*, einem 1934 gedrehtem Propagandastreifen über den Nürnberger Parteitag. Der Erzähler hob das erste Gebot hervor: die Reinheit der Rasse zu bewahren. Der Film schloß mit der Rede, die Hitler am 30. Januar 1939 vor dem Reichstag gehalten hatte und in der er verkündet hatte: «Wenn es dem internationalen Finanzjudentum ... gelingen sollte, die Völker noch einmal in einen Weltkrieg zu stürzen, dann wird das Ergebnis nicht ... der Sieg des Judentums sein, sondern die Vernichtung der jüdischen Rasse in Europa.»

Nach der Uraufführung in Berlin kommentierte die *Deutsche Allgemeine Zeitung* am 29. November: «Wenn der Film ausklingt, ... dann atmet der Betrachter auf. Aus tiefsten Niederungen kommt er wieder ans Licht.»[142] Und der *Illustrierte Film-Kurier* schrieb: «In leuchtendem Gegensatz dazu [den Scharen von Ratten] schließt der Film nach diesen furchtbaren Szenen [gemeint sind wahrscheinlich die Aufnahmen von rituellen Schächtungen] mit Bildern deutscher Menschen und deutscher Ordnung, die den Besucher mit dem Gefühl tiefster Dankbarkeit erfüllen, diesem Volke angehören zu dürfen, dessen Führer das Judenproblem grundlegend löst.»[143]

Ungeachtet dieser pflichtschuldig positiven Besprechungen in der Presse war *Der ewige Jude* ein kommerzieller Mißerfolg. Die SD-Berichte aus vielen Gegenden Deutschlands und aus Österreich waren sich einig: Die Horrorszenen stießen die Zuschauer ab; das dokumentarische Material wurde als nervenzerreißend empfunden; nachdem sie kurz zuvor *Jud Süß* gesehen hatten, waren die meisten Leute mit «jüdischem Dreck» gesättigt usw.[144]

Den kommerziellen Erfolg von *Jud Süß* und die beschränkte kommerzielle Wirkung des *Ewigen Juden* sollte man jedoch, was die Intentionen von Goebbels angeht, nicht als gegensätzliche Resultate ansehen. Endlos wurden im gesamten Reich und im besetzten Europa Bilder aus beiden Filmen auf antisemitischen Plakaten oder Veröffentlichungen der Nazis wiedergegeben. Die huschenden Ratten des *Ewigen Juden* oder die scheußlich verzerrten jüdischen Gesichter dieses Films mögen sich letztlich in die kollektive Vorstellung europäischer Zuschauer tiefer eingegraben haben als die Handlung von *Jud Süß*. In beiden Fällen war das Ziel dasselbe: Es ging darum, Furcht, Abscheu und Haß hervorzurufen. Auf dieser einfachen Ebene kann man beide Filme als zwei verschiedene Facetten eines endlos wiederholten Stroms judenfeindlicher Horrorgeschichten, -bilder und -argumente ansehen.

Die Kampagne gegen «den Juden» tobte an zahlreichen Fronten; an der Heimatfront standen Goebbels und Rosenberg meist im Gegensatz zueinander. Die fortwährende Fehde zwischen den beiden wichtigsten Architekten des antijüdischen ideologischen Krieges, von denen jeder als Hüter der reinen nationalsozialistischen Lehre auftrat, war älter als die Machtübernahme durch Hitler. In den 1930er Jahren wucherte sie

Mai 1940 – Dezember 1940   483

weiter und ließ, wie wir sahen, auch mit Beginn des Krieges nicht nach.¹⁴⁵ Goebbels hatte zwar politisch die höhere Stellung inne und war weitaus gewitzter als sein Gegner, aber gleichwohl gelang es Rosenberg, in einer Vielzahl von Fällen die striktere ideologische Linie durchzusetzen. So wandte sich in den frühen 1930er Jahren der Propagandaminister gegen die Abänderung ursprünglicher Chortexte zwecks Ausmerzung ihres jüdischen Inhalts, was vor allem die Werke von Händel betraf, aber Rosenberg setzte seinen Willen durch. So hatte 1939 *Der Feldherr*, eine gesäuberte Version von *Judas Makkabäus* in der Überarbeitung durch Hermann Stephani, einen Protégé Rosenbergs, in ganz Deutschland Premiere.¹⁴⁶ Im Mai 1940 änderte Goebbels seine ursprüngliche Haltung und entschloß sich, als Anhang zur Musikabteilung seines Ministeriums eine eigene Organisation zur Überarbeitung von Libretti, Chortexten und dergleichen aufzubauen. Händels Oratorium wurde natürlich eine andere, radikalere Überarbeitung zuteil, und daraus wurde dann *Wilhelm von Nassauen*, ein Werk, das 1941 in Hamburg uraufgeführt wurde.¹⁴⁷ Währenddessen war Stephani damit beschäftigt, Mozarts *Requiem* zu säubern: «Gott Zions» und «Zebaoth» verschwanden. Es folgte Händels *Jephtha:* Der Kampf ging weiter.¹⁴⁸

*

Gegen die Schläge, die sie immer härter trafen, und gegen die ständige Verunglimpfung, der man sie aussetzte, waren die Juden in Deutschland machtlos. Gewöhnlich war die Haltung der Reichsvereinigung demütig und unterwürfig; in der Rückschau war ihre Willfährigkeit manchmal exzessiv, selbst unter den damals herrschenden Umständen. So befahl das RSHA während der Diskussionen über den Madagaskar-Plan der deutschen jüdischen Führung die Mitwirkung bei der Planung des massenhaften Abtransports ihrer Gemeinden. Daraufhin lieferte der geschäftsführende Vorsitzende Otto Hirsch eine detaillierte Denkschrift – die anscheinend ausführlich von den Vertretern sämtlicher politischer und religiöser Gruppen im Vorstand diskutiert worden war –, welche die Erziehung behandelt, die den auf ihre Insel deportierten Juden gegeben werden sollte. In der letzten These des von ihm entworfenen Programms formulierte Hirsch, es sei das Ziel dieser Erziehung, auf das Leben in der jüdischen Siedlung vorzubereiten. Es sei Wunsch seiner Organisation, daß diese Ansiedlung im jüdischen Land Palästina erfolge. Diese Prinzipien seien aber auch für die erzieherische Vorbereitung auf das Leben in jeder jüdischen Siedlung gültig, wo immer diese auch sei.¹⁴⁹ Von solcher Unterwürfigkeit gab es allerdings Ausnahmen.

Gegen die Deportationen aus Stettin und Schneidemühl hatte die Reichsvereinigung bereits protestiert. Als ganz plötzlich die Deportation der Juden aus Baden und der Saarpfalz nach Vichy-Frankreich erfolgte, schickte die Vereinigung an alle Gemeinden im Reich ein Rundschreiben, in dem sie die Juden dieser beiden Provinzen, die zum Zeitpunkt der Aushebung nicht zu Hause gewesen waren, vor einer Rückkehr warnte.[150] Bei Ansprachen in Synagogen erhoben die führenden Mitglieder der Vereinigung öffentlich ihre Stimme gegen die neuen Deportationen. Man beschloß einen Fastentag, und für eine Woche wurden alle Kulturveranstaltungen abgesagt. Otto Hirsch legte sogar beim RSHA Beschwerde ein. Die Reaktion der Nationalsozialisten war vorhersehbar: Eine der wichtigsten Persönlichkeiten der Vereinigung, der Rechtsanwalt Julius Seligsohn, wurde verhaftet und ins Konzentrationslager Sachsenhausen geschickt. Kurz darauf war er tot.[151] Bei Otto Hirsch wartete die Gestapo noch einige Monate ab: Er wurde im Februar 1941 verhaftet und im Mai nach Mauthausen verlegt. Sein Tod wurde unter dem 19. Juni 1941 registriert; als Todesursache war «Colitis ulcerosa» genannt.[152]

VI

Am 1. Mai 1940 riegelten die Deutschen die schäbigste Gegend von Łódź, den Bezirk Bałuty, hermetisch ab; die 163 000 jüdischen Bewohner der Stadt, denen man befohlen hatte, dorthin zu ziehen, waren von der Außenwelt abgeschnitten.[153] Das Niemandsland, welches das Ghetto umgab, machte jede Flucht praktisch unmöglich. Die Stadt Łódź als solche, die durch verstärkten Zuzug von Reichsdeutschen und Volksdeutschen, bei denen es sich mehrheitlich um begeisterte Nazis handelte, immer mehr germanisiert worden war, hätte einem Juden gewiß keinen Unterschlupf geboten. So wurde das Ghetto von Łódź mehr noch als das Warschauer Ghetto zu einer riesigen städtischen Siedlung und einer Art Arbeitslager, ohne heimliche politische oder ökonomische Verbindungen zu seiner Umgebung, größtenteils ohne Informationen über das Schicksal der Juden, die jenseits seines Stacheldrahtzauns lebten und starben.[154] Was die Wohnverhältnisse im Ghetto angeht, sprechen Zahlen Bände: Wohnungen mit Kanalisation – 613; mit Wasserleitung und Kanalisation – 382; mit Toilette – 294; mit Toilette, Kanalisation und Bad – 49; ohne diesen Komfort – 30 624.[155]

Im Generalgouvernement hatte Frank, wie wir uns erinnern werden, im Sommer 1940 in der Annahme, daß sich der Madagaskar-Plan konkretisieren werde, den Bau von Ghettomauern eingestellt; im September wußte er es dann besser. Bei einer Zusammenkunft mit den führenden Vertretern seiner Verwaltung am 12. dieses Monats verkündete er seinen Beschluß über Warschau: «Was die Behandlung der Juden anbelangt, so habe ich genehmigt, daß in Warschau das Ghetto geschlossen wird, vor allem weil festgestellt ist, daß die Gefahr von den 500 000 Juden so groß ist, daß die Möglichkeit des Herumtreibens dieser Juden unterbunden werden muß.»[156]

Am 2. Oktober, am Tag vor dem jüdischen Neujahr, ordnete Ludwig Fischer, der Gouverneur des Distrikts Warschau, die Einrichtung eines ausschließlich jüdischen Viertels in der Stadt an. «Heute begann der Abtransport von Polen aus bestimmten Straßen im Süden Warschaus», schreibt Ringelblum. «Die jüdische Bevölkerung ist schrecklich unruhig; keiner weiß, ob er morgen in seinem eigenen Bett schlafen wird. Die Leute im Süden der Stadt sitzen den ganzen Tag zu Hause und warten auf die Stunde, in der sie kommen und die Juden vertreiben werden.»[157] Am nächsten Tag waren die Juden wieder optimistisch: «Die Furcht vor dem Ghetto ist gewichen. Einem weitverbreiteten Gerücht zufolge ist die Angelegenheit verschoben worden», notierte Kaplan, fügte allerdings auch hinzu: «Aber allein der Gedanke an ein Ghetto hat uns die innere Ruhe genommen. Es ist schwer, in einer Zeit zu leben, in der man nicht weiß, was der morgige Tag bringt, und es gibt keine größere Tortur als das Warten. Es ist die Tortur jener, die zum Tode verurteilt sind.»[158]

Am 12. Oktober, dem Versöhnungstag, wurde Czerniaków von der endgültigen Entscheidung in Kenntnis gesetzt. Man führte den Vorsitzenden in einen Raum, in dem sich mehrere deutsche Beamte aufhielten: «Es wurde verkündet (Schoen), daß im Namen der Menschheit, auf Anordnung des Gouverneurs und auf höheres Geheiß ein Getto geschaffen werde. Man überreichte mir einen Plan des deutschen Wohnbezirks und separat einen Plan des Gettos. Es stellte sich heraus, daß die das Getto begrenzenden Straßen den Polen zugedacht sind. ... Bis zum 31. Oktober soll die Aussiedlung freiwillig sein, danach zwangsweise. Möbel mitzunehmen ist nicht gestattet.»[159]

Am 16. November wurde das Ghetto offiziell abgeriegelt. Die Mauer, die es umgab, wurde in einem Zeitraum von mehreren Monaten errichtet und vom Judenrat bezahlt. Die Polen, die in dieser Gegend gewohnt hatten, zogen fort; die Juden zogen ein. Etwa 380 000 Juden waren jetzt von der Welt abgeschnitten (ihre Zahl, die sich durch weitere Zuzüge aus kleineren Städten und aus dem Warthegau erhöhte, erreichte dann im Mai 1941 trotz einer katastrophalen Sterberate mit 445 000 den Höhepunkt).[160] Das Gebiet des Ghettos war in einen größeren und einen kleineren Abschnitt geteilt; beide verband eine Holzbrücke, die über die «arische» Chłodna-Straße führte. Das gesamte Gelände machte nur 4,5 Prozent der Stadtfläche aus; selbst dieses Gebiet wurde später noch reduziert. Trunk schreibt: «Im März 1941 erreichte die Bevölkerungsdichte im Warschauer Ghetto den Wert von 1 309 Menschen auf 100 Quadratmeter, wobei sich durchschnittlich 7,2 Personen einen Raum teilten, im Vergleich zu 3,2 Personen in den ‹arischen› Stadtteilen. Das waren Durchschnittswerte, denn manchmal wohnten in einem Raum von 4 mal 6 Metern nicht weniger als 25 oder gar 30 Menschen.»[161]

Das Warschauer Ghetto war in jeder Hinsicht eine Todesfalle im allerkonkretesten, physischen Sinne. Wenn man aber Warschau von der Welt abschnitt, dann bedeutete das auch, das kulturelle und geistige Zentrum des polnischen Judentums und des jüdischen Lebens weit darüber hinaus zu vernichten. In seiner Denkschrift vom 12. März 1940, etwa sechs Monate vor Schließung der Ghettotore, hatte Kleinbaum die Situation in ihrer allgemeinen Bedeutung begriffen: «Mit der Vernichtung der jüdischen Gemeinschaft Polens wurde die Basis, auf der das gesamte Westjudentum Halt fand, erheblich beschädigt, denn sowohl die Juden der Vereinigten Staaten als auch die jüdische Gemeinschaft in Palästina empfingen geistige Unterstützung vom polnischen Judentum, einschließlich nationaler jüdischer Kultur und insbesondere volkstümlicher Kultur. ... In jüngster Zeit hatte die polnische Judenheit im Leben des jüdischen Volkes dieselbe Aufgabe erfüllt wie die russische in früherer Zeit. Nachdem nun diese beiden Gemeinschaften zerstört sind, bleibt die Rolle des Ostjudentums unbesetzt.»[162]

Im Oktober 1939 hatte Ringelblum damit begonnen, systematisch das Schicksal zu dokumentieren, das den Juden von Polen widerfuhr. Bald schlossen sich ihm noch andere an, und die Gruppe gab sich den Decknamen «*Oneg Shabbat*» («Sabbatfreude»), da ihre Zusammenkünfte gewöhnlich am Samstagnachmittag stattfanden. Im Mai 1940 erhielt die Struktur der Gruppe ihre endgültige Form, und man ernannte einen Sekretär, Hersch Wasser, der die Bemühungen koordinieren sollte. Paradoxerweise weiteten sich die Aktivitäten von *Oneg Shabbat* nach der Schließung des Ghettos aus: «Wir gelangten zu der Schlußfolgerung», notierte Ringelblum, «daß die Deutschen sehr wenig Interesse an dem hatten, was die Juden untereinander taten. ... Die jüdischen Gestapo-Agenten waren damit beschäftigt, nach den reichen Juden mit gehorteten Waren, nach Schmugglern und dergleichen zu suchen. Politik interessierte sie kaum. ... Unter den Bedingungen einer derartigen ‹Freiheit› unter den Sklaven des Ghettos war es nicht überraschend, daß sich die Arbeit von Oneg Shabbat erfolgreich entwickeln konnte.»[163]

Wie so viele andere jüdische Chronisten jener Tage waren die Mitglieder von *Oneg Shabbat*, ob sie das in der Frühphase ihrer Arbeit nun spürten oder nicht, damit beschäftigt, das Material für die Geschichte ihres eigenen Endes zusammenzutragen.

In der leisen Stimme des zwölfjährigen Dawid Rubinowicz, des jüngsten Tagebuchschreibers, lag nichts von der Dringlichkeit, die viele der anderen empfanden, und er verfolgte mit seinen Notizen auch nicht das Ziel, eine systematische Chronik zu schreiben. Dennoch führen die von Rubinowicz gefüllten fünf Schulhefte mit ihren einfachen, anspruchslosen, aber geradlinigen Eintragungen eine ungewöhnliche Facette des jüdischen Lebens im Generalgouvernement zwischen März 1940 und Juni 1942 vor Augen: Beschrieben wird eine quasi bäuerliche Familie, bestehend aus fünf Personen (Dawid hatte einen Bruder und eine Schwester), die in Krajno, einem Dorf in der Nähe von Bodzentyn im Distrikt Kielce, wohnte. Der Vater hatte ein Stück Land und dann eine Molkerei gekauft. Als Dawid mit seinen Aufzeichnungen begann, besaßen die Rubinowiczs noch eine Kuh (ob sie jemals mehr als eine hatten, geht aus dem Text nicht mit Sicherheit hervor).[164] Dawids erster Eintrag vom 21. März 1940 erwähnt eine neue Verfügung: «Früh am Morgen bin ich durch das Dorf gegangen, in dem wir wohnen. Von weitem sah ich an der Ladenwand eine Bekanntmachung. Ich ging schnell hin, um sie zu lesen. Die Bekanntmachung war, daß Juden nicht mehr mit Wagen fahren dürfen. (Mit der Eisenbahn fahren war schon lange verboten).»[165] So begab sich der Junge am 4. April zu Fuß nach Kielce: «Heute bin ich früher aufgestanden, weil ich nach Kielce gehen sollte. Nach dem Frühstück bin ich aus dem Haus fort. Es war traurig, allein die Feldwege entlang zu gehen. Nach vierstündiger Reise bin ich in Kielce angekommen. Als ich zum Onkel hereinkam, sah ich, daß alle niedergeschlagen dasitzen, und erfuhr, daß man die Juden aus verschiedenen Straßen [in ein Ghetto] aussiedelt, und ich bin auch traurig geworden. Am Abend bin ich hinaus auf die Straße gegangen, um etwas zu holen.»[166]

In seiner nüchternen Weise notierte Dawid die kleinen Ereignisse seines täglichen Lebens sowie andere Vorkommnisse, deren Bedeutung er vielleicht verstand, vielleicht auch nicht. Am 5. August 1940 schrieb er: «Gestern ist der Gemeindediener zum Schulzen gekommen, daß alle Juden mit ihren Familien in die Gemeinde gehen, zum Registrieren. Um sieben Uhr in der Frühe waren wir schon in der Gemeinde. Wir waren einige Stunden dort, denn die Ältesten haben den Ältestenrat der Juden gewählt. Dann sind wir nach Hause gegangen.»[167] Am 1. September, dem ersten Jahrestag des Kriegsausbruchs, machte sich Dawid Gedanken über Leiden und über die weitverbreitete Arbeitslosigkeit: «Wir zum Beispiel: früher hatten wir eine Molkerei, und jetzt sind wir arbeitslos. Nur etwas Vorräte aus der Vorkriegszeit sind da und man kann aus ihnen schöpfen, aber sie gehen doch schon zu Ende und man weiß nicht, was wir dann tun werden.»[168]

*

«Überall wo man hinschaut Dreck, und die Juden selbst strotzen vor lauter Dreck», teilte Wehrmachtssoldat E., der irgendwo im ehemaligen

Polen stationiert war, am 17. November 1940 seiner Familie mit. «Es ist ganz komisch, die Juden grüßen uns alle, obwohl wir nicht danken und auch nicht dürfen. Die schwingen die Mütze bis zum Erdboden. Sie haben zwar keine Grußpflicht, aber das ist noch von der S. S. her, die haben die Juden so abgerichtet. Wenn man diese Menschen so betrachtet, bekommt man so den Eindruck, daß die wirklich keine Berechtigung haben, überhaupt auf Gottes Erdboden zu leben. Das muß man mit eigenen Augen gesehen haben, sonst glaubt man das nicht.»[169] Im August 1940 war der Gefreite W. W. in der Nähe der Demarkationslinie zur Sowjetunion stationiert worden; auch er hatte etwas über die Juden nach Hause zu schreiben: «Hier diese Stadt [Siedlce] hat 40 000 Einwohner, davon sind 30 000 Juden. Gut die Hälfte der Häuser ist von den Russen zusammengeschossen worden. Die Juden liegen wie die Schweine auf der Straße herum, gerade eines ‹auserwählten Volkes› würdig. ... Überall, wo wir für unser Großdeutsches Vaterland stehen, sind wir stolz, dem Führer helfen zu können. Die Größe der Zeit werden erst Generationen nach uns begreifen können. Aber wir alle wollen vor der Geschichte bestehen, voll Stolz, auch unsere Pflicht getan zu haben ...»[170] Im März 1941 faßte ein Gefreiter L. B. die Lage der jüdischen Bevölkerung in seinem Teil von Polen folgendermaßen zusammen: «Da geht es zu mit den Juden, und wie da die SS auftritt gegen diese Schweinehunde. Die möchten immer gern ihre Armbinden weg haben, damit man die Juden nicht erkennt. Aber dann bekommen sie Schellen von den SS-Leuten, dann geben sie klein bei, die Sau-Juden ...»[171]

VII

Einen Monat nach Unterzeichnung des Waffenstillstands, sieben Tage nach dem Untergang der Republik, ergriff Marschall Pétains neues Regime aus eigenem Antrieb seine erste gegen die Juden gerichtete Maßnahme. Einhundertfünfzig Jahre nach der Emanzipation der Juden in Frankreich hatte der Rollback begonnen.

Die ungefähr 330 000 Juden, die vor dem Krieg in Frankreich lebten, waren etwa zur Hälfte Ausländer oder hatten ausländische Eltern. Und von den Ausländern waren 55 000 zwischen 1933 und 1939 ins Land gekommen (davon 40 000 seit 1935).[172] Zwar war der Antisemitismus während des ganzen 19. Jahrhunderts ein Teil der französischen ideologischen Landschaft gewesen, zuerst auf der Linken, dann – in zunehmendem Maße – auf der konservativen und der radikalen Rechten, aber es war die Affäre Dreyfus, die ihn in den 1890er Jahren und um die Wende zum 20. Jahrhundert zu einem zentralen Thema der französischen Politik machte. Der Erste Weltkrieg brachte jedoch (im Gegensatz zu dem, was sich in Deutschland abspielte) einen erheblichen Rückgang judenfeindlicher Hetze, und die Jahre unmittelbar nach dem Krieg schienen eine neue Phase der Assimilation des alteingesessenen französischen Judentums in die umgebende Gesellschaft einzuleiten. Die *Israélites français* hatten ihren rechtmäßigen Platz als eine der *familles spirituelles* gefunden, die einen untrennbaren Bestandteil Frankreichs bildeten.[173]

Das Wiederaufleben eines lautstarken Antisemitismus seit den frühen 1930er Jahren war auf die judenfeindliche Tradition zurückzuführen, die tief verwurzelt war, auch wenn sie einige Jahre geschlummert hatte, auf eine Reihe finanzpolitischer Skandale, in die einige Juden in auffälliger Weise verwickelt waren (unter anderem die Staviski-Affäre), auf die zunehmende «Bedrohung» durch die Volksfront – eine Koalition aus Links- und Mitte-Links-Parteien, die von dem jüdischen Sozialisten Léon Blum angeführt wurde – sowie auf Blums kurzfristige Tätigkeit als Ministerpräsident, auf den Einfluß der Naziagitation und auf die massive Einwanderung ausländischer Juden. Ein neues Gefühl des Unbehagens unter den eingesessenen «Israeliten» führte dazu, daß sie sich gegen ihre nichtfranzösischen «Brüder» wandten, denen sie vorwarfen, ihre Position in Gefahr zu bringen. Von da an beharrten die alteingesessenen Juden – auch wenn sie für die Flüchtlinge eine Hilfsorganisation gründeten – stärker als je zuvor darauf, zwischen sich und den Neuankömmlingen einen klaren Trennungsstrich zu ziehen.

Während der Monate vor dem Krieg erwog die französische Regierung ernsthaft die Möglichkeit, durch die Schaffung spezieller Ausländereinheiten, die im französischen Heer kämpfen sollten (und die mit der Fremdenlegion nicht identisch waren), jüdische und andere Flüchtlinge in die heiligste aller Institutionen der Nation, die Armee, einzugliedern. Die Mehrzahl der Ausländer war nur zu gern bereit, sich an dem Feldzug gegen Hitler-Deutschland zu beteiligen. Nach dem Hitler-Stalin-Pakt kam es jedoch zu einem jähen Umschwung: Flüchtlinge, ob Kommunisten oder nicht, ob Juden oder nicht, waren plötzlich Verdächtige; die hysterische Furcht vor einer «fünften Kolonne» verwandelte engagierte Nazigegner in potentielle Feinde. Ihr Platz war nicht in der Armee, sondern in einem Internierungslager.[174]

Mit einem Gesetz vom 18. November 1939 wurde die Internierung von Personen angeordnet, die «eine Gefahr für die Landesverteidigung» darstellten. Am Ende des gleichen Monats schickte man etwa 20 000 Ausländer, unter ihnen zahlreiche geflüchtete jüdische Männer aus Deutschland (oder Österreich), in Lager oder lagerähnliche Einrichtungen. Im Laufe der darauffolgenden Wochen wurde die Mehrzahl der Internierten, nachdem man ihre Anti-Nazi-Referenzen überprüft hatte, wieder entlassen.[175] Ihrer Freiheit bereitete jedoch der deutsche Angriff im Westen ein jähes Ende: «Alle im Bezirk von Paris ansässigen deutschen Staatsangehörigen oder in Deutschland geborenen Staatenlosen im Alter von siebzehn bis fünfundfünfzig Jahren, Männer und Frauen, hätten sich an dem und jenem Tage da und dort einzufinden, um interniert zu werden», so hieß es, wie der jüdische Romancier Lion Feuchtwanger schreibt, in dem neuen Befehl, der im Radio verlesen wurde.[176] Tatsächlich galt diese Maßnahme für das ganze Land, und so wurden gerade in dem Moment, in dem die Deutschen die französischen Verteidigungsanlagen zerschlugen, erneut Tausende von jüdischen und anderen Flüchtlingen in Le Vernet, Les Milles, Gurs, Rivesaltes, Compiègne und anderen Lagern zusammengeführt. Einigen der Internierten gelang es, der Falle zu entkommen. Andere schafften es nicht: Für sie begann der Weg in den Tod im Frühjahr 1940 in den französischen Lagern.

Während Frankreich zerfiel, schlossen sich etwa 100 000 Juden den acht bis zehn Millionen Menschen an, die im totalen Chaos und der Panik von *la débâcle* in Richtung Süden flohen. Ihnen vorangegangen waren etwa 15 000 Juden aus Elsaß-Lothringen und ungefähr 40 000 Juden aus Belgien, den Niederlanden und Luxemburg.[177] Ganz allgemein wurde die Katastrophe als nationale Angelegenheit wahrgenommen; ihr spezifisch jüdischer Aspekt war einstweilen nicht mehr als eine vage Besorgnis angesichts der Möglichkeit bedrohlicher Veränderungen.

Am 10. Juli machte die französische Republik sich selbst den Garaus; ein massives Votum sowohl der *Chambre des Députés* als auch des *Sénat* übertrug Pétain volle Exekutivbefugnisse. In der nicht besetzten Zone wurde der 83jährige Marschall zum Führer eines autoritären Regimes, in dem er sowohl Staatschef (*Chef de l'État*) als auch Regierungschef war. Vichy, ein kleiner Badeort im Département Allier, im geographischen Mittelpunkt des Landes, wurde zur Hauptstadt des neuen Staates ausersehen. Das Motto des *État Français*, «Travail, Famille, Patrie», trat an die Stelle des Mottos der Republik: «Liberté, Égalité, Fraternité».

Die eingefleischten französischen Bewunderer des Nationalsozialismus und die militanten Antisemiten blieben überwiegend in Paris. Vichy war für sie zu konservativ, zu klerikal, zu zaghaft, zu zögerlich in seiner Unterwürfigkeit gegenüber Deutschland und in seinem Kampf gegen die Juden. Diese lautstarke Randgruppe kannte keine Grenzen. Der Schriftsteller Louis-Ferdinand Céline forderte ein Bündnis mit Deutschland, einem seiner Ansicht nach rasseverwandten Land: «Frankreich», so verkündete er, «ist romanisch nur durch Zufall, durch einen Fehler, durch Niederlage. ... Es ist keltisch, zu drei Vierteln germanisch. ... Haben wir Angst davor, absorbiert zu werden? Wir werden niemals mehr absorbiert werden, als wir es jetzt schon sind. Sollen wir Sklaven von Juden bleiben, oder sollen wir wieder germanisch werden?»[178] Célines Anarcho-Nazismus war in vieler Hinsicht ein Sonderfall, und

Gleiches galt für seinen antisemitischen Stil. Doch seinen Judenhaß teilte eine lärmende Phalanx von Schriftstellern, Journalisten und Persönlichkeiten des öffentlichen Lebens aller Art; ausgespuckt wurde er Tag für Tag, Woche für Woche von einer erstaunlich großen Zahl von Zeitungen und Zeitschriften, deren zentrale Botschaft in Antisemitismus bestand (am Vorabend des Krieges gab es 47 derartige Publikationen, die systematisch antijüdische Propaganda verbreiteten).[179] «Schluß mit den Juden!» überschrieb Lucien Rebatet einen Artikel in Le Cri du Peuple vom 6. Dezember 1940: Die Juden seien Wanzen, Ratten, «aber viel schädlicher»; da sie jedoch menschliche Zweifüßler sind, «fordern wir nicht ihre Vernichtung.» Man sollte sie aus Europa vertreiben, bestrafen und so fort.[180] Noch Schlimmeres sollte kommen. Die judenfeindliche Wut fand ihren organisierten politischen Ausdruck in einer ganzen Reihe einschlägiger Parteien, darunter Jacques Doriots *Parti Populaire Français* (PPF), Marcel Déats *Rassemblement National Populaire* (RNP) und Maurras' *Action Française*.[181]

In Vichy hörte man schrillen Kollaborationismus im Sommer 1940 selten, aber hier war von den allerersten Tagen an traditioneller, althergebrachter Antisemitismus weit verbreitet. Am 16. August 1940 schrieb der amerikanische Geschäftsträger in Pétains Hauptstadt, Robert Murphy, im Anschluß an einen Bericht über eine von der neuen Regierung in Gang gesetzte Vertreibungskampagne: «Es ist keine Frage, daß eines ihrer [der Kampagne] Ziele darin besteht, die Ausreise der Juden zu veranlassen. Diese sammelten sich, wie mir Laval kürzlich erklärte, in beunruhigendem Ausmaß in Vichy. Er glaubte, sie würden Unruhe stiften und dem Ort einen schlechten Namen verschaffen. Er sagte, er wolle sie loswerden.»[182]

Vichys erste antijüdische Verfügung wurde am 17. Juli erlassen. Das neue Gesetz beschränkte Einstellungen in den öffentlichen Dienst auf Bürger, die einen französischen Vater hatten. Am 22. Juli begann eine Kommission unter dem Vorsitz von Justizminister Raphael Alibert mit der Überprüfung sämtlicher nach 1927 vorgenommenen Einbürgerungen.[183] Am 27. August hob Vichy das Marchandeau-Gesetz vom 21. April 1939 auf, das Hetze aus rassischen oder religiösen Gründen verbot: Die Schleusen der antisemitischen Propaganda öffneten sich wieder. Am 16. August wurde ein Nationaler Ärzteverband gegründet, dessen Mitglieder einen französischen Vater haben mußten. Am 10. September wurde dieselbe Beschränkung auf den Rechtsanwaltsberuf angewendet.[184] Und am 3. Oktober 1940 erließ Vichy, wiederum aus eigener Initiative, sein «Judenstatut».

Im ersten Abschnitt des Statuts wurde ein Jude als eine Person definiert, die von mindestens drei Großeltern «jüdischer Rasse» abstammte – oder von zwei Großeltern «jüdischer Rasse», sofern auch der Ehegatte jüdisch war (die deutsche Definition nahm Bezug auf die Religion der Großeltern; die französische auf ihre Rasse). Die folgenden Abschnitte zählten sämtliche öffentlichen Funktionen auf, die Juden versperrt waren. Paragraph 5 schloß Juden von allen Stellungen als Eigentümer oder Verantwortliche in Presse, Theater und Film aus. Das Statut, das unter Aliberts Aufsicht entworfen worden war, wurde von Pétain und allen Mitgliedern seines Kabinetts unterzeichnet. Am darauffolgenden Tag, am 4. Oktober, gestattete ein Gesetz die Internierung ausländischer Juden in besonderen Lagern, sofern die Verwaltung ihres Départements dies verfügte. Man richtete eine Kommission ein, die für diese Lager verantwortlich war. Ausländischen Juden konnte von derselben Regionalverwaltung auch zwangsweise ein Wohnsitz zugewiesen werden.[185]

Das Statut vom Oktober 1940 wurde von allen Mitgliedern der französischen Regierung gebilligt, wobei es einige individuelle Nuancen gab. Nie zuvor und auch nicht danach attackierte Pétain öffentlich die Juden als solche, aber er sprach von *Anti-France*, und das stand in üblicher ideologischer Redeweise auch für «die Juden»; außerdem unterstützte er in den Kabinettsbesprechungen mit Nachdruck die neuen Maßnahmen.[186] Es sieht so aus, als habe Pierre Laval, der stellvertretende Ministerpräsident und wohl das einflußreichste Kabinettsmitglied, aber kein erklärter Antisemit, in erster Linie an die Vorteile gedacht, die man sich im Austausch von Deutschland erhoffte; Admiral François Darlan hingegen legte einen offenen Antisemitismus in der französischen katholisch-konservativen Tradition an den Tag; und Aliberts Judenhaß stand dem der Pariser Kollaborateure näher als der traditionellen Variante, wie sie in Vichy vertreten wurde.[187]

In einem Telegramm an Gaston Henry-Haye, seinen Botschafter in Washington, präsentierte der Generalsekretär von Vichys Außenministerium die Argumente, die sich anführen ließen, um den Amerikanern das neue Statut zu erklären. Die Verantwortung lag natürlich bei den Juden selbst. Einem Léon Blum oder einem Jean Zay (dem Erziehungsminister in Blums Kabinett) warf man vor, antinationale oder amoralische Grundsätze propagiert zu haben; überdies hätten sie «Hunderttausenden der Ihren» dabei geholfen, ins Land einzureisen. Die neue Gesetzgebung greife, so hieß es, nicht in die Grundrechte von Individuen ein, und sie bedrohe auch nicht ihr Privateigentum.«Die neue Gesetzgebung zielt lediglich darauf, endgültig und leidenschaftslos ein Problem zu lösen, das kritisch geworden war, und in Frankreich die friedliche Existenz von Elementen zu gestatten, die durch die Eigenart ihrer Rasse zu einer Gefahr werden, wenn sie im politischen und administrativen Leben des Landes allzu stark präsent sind.»[188]

Von einer Mehrheit der Bevölkerung in der nicht besetzten Zone wurde die antijüdische Gesetzgebung Vichys im allgemeinen gut aufgenommen. Wie in den folgenden Kapiteln immer deutlicher zutage treten wird, verstärkte sich der Antisemitismus in der französischen Bevölkerung in den Jahren nach der Niederlage. Am 9. Oktober 1940 berichtete die Zentralbehörde für die Kontrolle der Telefonverbindungen (*Commission centrale de contrôle téléphonique*) – mit anderen Worten, ein Abhördienst: «Feindseligkeit gegen die Juden besteht weiter»; am 2. November gab sie an, das Statut sei in weiten Kreisen gebilligt worden, und einigen gehe es sogar nicht weit genug.[189] Zwar berichteten nur 14 von 42 Präfekten (vom Staat ernannten Gouverneuren eines Départements) von Reaktionen der öffentlichen Meinung auf das Statut, aber neun von ihnen registrierten positive Reaktionen, und einer sprach von gemischten.[190] Mitten in dieser fatalen Lage tendierte die öffentliche Meinung natürlich dazu, den Maßnahmen zu folgen, die der Erretter und Beschützer, der alte *Maréchal*, ergriffen hatte. Außerdem hielt sich ein großer Teil der Bevölkerung immer noch an die geistliche Führung, welche die katholische Kirche jetzt mehr denn je bot.

In den 1930er Jahren hatte sich einerseits ein lautstarker katholischer Antisemitismus wieder zu Wort gemeldet; andererseits wandten sich prominente Denker wie Jacques Maritain, Emmanuel Mounier oder der katholische Schriftsteller François Mauriac sowie eine einflußreiche Tageszeitung, das stark veränderte Blatt *La Croix*, gegen traditionelle katholische antijüdische Einstellungen.[191] Doch selbst bei diesen liberalen katholischen Gegnern des Antisemitismus lagen in den Vorkriegsjahren heimtückische antijüdische Themen immer noch dicht unter der Oberfläche. So hielt es Mauriac 1937, als er sich der Zeitschrift *La Juste Parole* anschloß, einer Publikation, die sich dem Kampf gegen den zunehmenden Judenhaß verschrieben hatte, für richtig, dem Herausgeber der Zeitschrift, Oscar de Ferenzy, einen erklärenden Brief zu schreiben. «Für einen Katholiken», stellte Mauriac fest, «ist der Antisemitismus nicht nur ein Verstoß gegen die Nächstenliebe. Wir sind an Israel gebunden, wir sind an Israel gefesselt, ob wir es uns wünschen oder nicht.» Nachdem dies gesagt war, wandte sich Mauriac der Verantwortung zu, welche die Juden für das Ressentiment trugen, das ihnen entgegenschlug; natürlich kam das jüdische Cliquenwesen zur Sprache, aber da war noch mehr: «Sie können nicht das internationale Finanzwesen beherrschen, ohne den Menschen das Gefühl zu vermitteln, daß sie von ihnen beherrscht werden. Sie können nicht überall einen Ort mit Beschlag belegen, an dem sich einer von ihnen eingeschlichen hat (die Regierung Blum), ohne Haß zu wecken, weil sie selbst sich in Repressalien ergehen. Einige deutsche Juden haben in meiner Gegenwart zugegeben, daß es in Deutschland ein Judenproblem gab, das gelöst werden mußte. Ich fürchte, am Ende wird es auch in Frankreich eines geben.»[192] Und Mounier schrieb einen Artikel über die Juden, den er nach der «Kristallnacht», am 1. März 1939, in *Le Voltigeur* publizierte; der Aufsatz sollte auch die Juden gegen die zunehmenden Attacken von seiten der Rechten verteidigen. Bis zu einem gewissen Grade tat er das, aber er fügte hinzu, daß die Juden einen Teil der Verantwortung für ihre unglückliche Lage trügen, und argumentierte dabei ähnlich wie Mauriac. Beide Autoren teilten miteinander dieselben häßlichen Stereotypen.[193]

Was letztlich zählte, war die offizielle Position, die die Kirche einnahm. Im Sommer 1940 war die katholische Hierarchie von dem bevorstehenden Statut in Kenntnis gesetzt worden. Als am 31. August 1940 in Lyon die Versammlung der Kardinäle und Erzbischöfe zusammentrat, stand die «Judenfrage» auf der Tagesordnung. Mgr. Guerry, Koadjutor des Erzbischofs von Cambrai, faßte den offiziellen Standpunkt der Versammlung zusammen: «Politisch wird das Problem von einer Gemeinschaft [den Juden] verursacht, die jeglicher Assimilation und Verteilung sowie der nationalen Integration ihrer Mitglieder als Individuen widerstanden hat. Der Staat hat das Recht und die Pflicht, aktiv wachsam zu bleiben, um sicherzustellen, daß das Fortbestehen dieser Einheit [der Juden] dem allgemeinen Wohl der Nation keinen Schaden zufügt, so wie man in bezug auf eine ethnische Minderheit oder ein internationales Kartell verfahren würde. Wir sprechen hier nicht von den ausländischen Juden; wenn es aber der Staat für erforderlich hält, Maßnahmen der Wachsamkeit zu ergreifen, dann ist es gleichwohl seine Pflicht, die Grundsätze der Gerechtigkeit im Hinblick auf diejenigen Juden zu achten, welche Bürger wie andere sind: Sie haben dieselben Rechte wie andere Bürger, solange sie nicht bewiesen haben, daß sie ihrer unwürdig sind. Das Statut, das der Staat vorbereitet, muß in diesem Falle von den Regeln der Gerechtigkeit und Nächstenliebe geleitet werden.»[194] Mit anderen Worten, die versammelten Führer der französischen katholischen Kirche erteilten dem Statut, das dann einen Monat später von der Regierung verkündet wurde, ihre Zustimmung. Als die offizielle Ankündigung kam, protestierte nicht ein einziger katholischer Geistlicher. Einige Bischöfe unterstützten sogar offen die antijüdischen Maßnahmen.[195]

Der nächstliegende Grund für die Haltung der französischen Kirche hing mit der uneingeschränkten Unterstützung zusammen, mit der Pétain und der neue *État Français* die Wiedereinführung des Katholizismus in das französische öffentliche Leben und insbesondere in das Erziehungswesen betrieben. Während die Republik die Trennung von Staat und Kirche etabliert und damit den Einsatz staatlicher Gelder für die Unterstützung religiöser Schulen verboten hatte, beseitigte Vichy diese Trennung samt allen ihren praktischen Folgen: In vieler Hinsicht war der Katholizismus zur offiziellen Religion des neuen Regimes geworden.[196] Es gab jedoch noch mehr.

Seit der Französischen Revolution blieb ein Teil des französischen Katholizismus den «Ideen von 1789» hartnäckig feindlich gesonnen, da sie für ihn nichts anderes als eine jüdisch-freimaurerische Verschwörung waren, welche die Absicht verfolgte, das Christentum zu vernichten. Ein solcher militanter Katholizismus fand seine moderne politische Stimme während der Affäre Dreyfus in der ultranationalistischen und antisemitischen Partei, die damals von Charles Maurras gegründet worden war: der *Action Française*. Die *Action Française* war, wie wir uns erinnern werden, in den 1920er Jahren exkommuniziert worden, aber viele Katholiken bewahrten eine starke Bindung an sie, und kurz vor dem Krieg hob Pius XII. das Verbot auf. Es war die *Action Française*, die Vichys Judenstatut inspirierte, und eben dieser Antisemitismus gehörte zum ideologischen Profil eines einflußreichen Teils der französischen Kirche im Jahre 1940.

Schließlich traten unter den französischen Katholiken einige der elementaren Dogmen des christlichen religiösen Antisemitismus wieder zutage, zwar in einer nicht so schmähenden Form wie in Polen, aber zutage traten sie doch. So konnte die Zeitung *La Croix*, die in den 1920er und 1930er Jahren, wie erwähnt, ihre heftigen antijüdischen Ausfälle aus der Zeit um die Jahrhundertwende (vor allem während der Affäre Dreyfus) aufgegeben hatte, der Versuchung nicht widerstehen, die die neuen Verhältnisse boten. «Sind die Juden von Gott verflucht?» lautete der Titel eines Artikels, der am 30. November 1940 erschien. Der Verfasser, der unter dem Pseudonym C. Martel schrieb, rechtfertigte zunächst das neue Statut, und dann erinnerte er seine Leser daran, daß in der Tat ein Fluch existierte, da ja die Juden selbst das Blut Jesu «über uns und über unsre Kinder» hatten kommen lassen wollen. Es gab nur einen einzigen Weg, dem zu entgehen: die Konversion.[197]

Die kleine französische reformierte Kirche war durch die allgemeine kulturell-ideologische Haltung beeinflußt, die im Lande überwiegend vertreten wurde, wenngleich Pastor Marc Boegner, ihr Leiter, ein freimütiger Kritiker der von Vichy erlassenen antijüdischen Gesetze werden sollte. Doch im Sommer 1941 betonte Boegner bei mehreren Gelegenheiten, seine Unterstützung gelte nur *französischen* Juden, und seiner Ansicht nach habe der Zustrom jüdischer Einwanderer ein erhebliches Problem geschaffen.[198]

*

In der besetzten Zone blieben die Deutschen auch nicht untätig. Die ersten gegen die Juden gerichteten Initiativen stammten nicht vom Chef der Sicherheitspolizei und des SD, Helmut Knochen, und auch nicht vom Militärbefehlshaber, sondern von der Botschaft in Paris. Am 17. August verlangte Botschafter Otto Abetz nach einer Besprechung mit Hitler vom Leiter der Verwaltungsabteilung im Hauptquartier der Wehrmacht, Werner Best, die Vorbereitung einer ersten Reihe antijüdischer Maßnahmen. Best war von Abetz' Initiative überrascht; gleichwohl wurden folgende Anweisungen entworfen: Die Militärverwaltung möge «a) anordnen, daß mit sofortiger Wirkung keine Juden mehr in das besetzte Gebiet hereingelangen werden; b) die Entfernung aller Juden aus dem besetzten Gebiet vorbereiten; c) prüfen, ob das jüdische Eigentum im besetzten Gebiete enteignet werden kann.»[199] Am 26. August erhielt Abetz von Ribbentrop die Nachricht, Hitler habe diesen «Sofortmaßnahmen» zugestimmt.[200] Alle fügten sich.

Mitte September 1940 gab der Oberbefehlshaber des Heeres, General Walther von Brauchitsch, seine formale Zustimmung, und am 27. wurde die «Erste Juden-Verordnung» erlassen, in der als Jude eine Person definiert wurde, die mehr als zwei Großeltern hatte, welche der jüdischen Religion angehörten, oder die zwei solche Großeltern hatte und dem jüdischen Glauben angehörte oder mit einem jüdischen Ehegatten verheiratet war. Die Verordnung verbot Juden, die in die Vichy-Zone geflohen waren, in die besetzte Zone zurückzukehren; sie wies die französischen Präfekten an, eine vollständige Registrierung sämtlicher Juden in der besetzten Zone in die Wege zu leiten (um ihren Abtransport vorzubereiten) sowie jüdische Geschäfte zu identifizieren und jüdische Vermögenswerte (für eine spätere Beschlagnahme) zu registrieren.[201] Am 16. Oktober befahl eine «Zweite Juden-Verordnung» den Juden, bis zum 31. Oktober ihre Unternehmen registrieren zu lassen.[202] Von diesem Tage an trugen jüdische Läden ein gelbes Schild mit der Inschrift «*Jüdisches Geschäft/Entreprise Juive*».[203]

Die Registrierung aller Juden in der besetzten Zone begann am 3. Oktober, am jüdischen Neujahrstag. Sie verlief in alphabetischer Reihenfolge und sollte am 19. Oktober abgeschlossen sein. In Paris ließen sich die Juden auf den Polizeirevieren ihrer Bezirke registrieren, außerhalb von Paris auf den *sous-préfectures*. Die überwiegende Mehrheit (mehr als 90 Prozent) der Juden, der französischen wie der ausländischen, befolgte die Anordnung ohne großes Zögern. Manche machten die Registrierung sogar zu einer Aussage. Der todkranke Philosoph Henri Bergson schleppte sich, obwohl er von der Registrierung ausgenommen war und seit Jahren dem Katholizismus weit näher stand als dem Judentum, in Hausschuhen und Morgenmantel auf die Polizeistation von Passy in Paris, um sich als Jude eintragen zu lassen; ein Oberst Pierre Brissac ging in voller Uniform.[204]

Ende Oktober 1940 waren 149 734 Juden eingetragen. Sporadisch gab es in den darauffolgenden Wochen und Monaten noch eine verspätete Registrierung einiger weiterer Tausend Juden. Insgesamt waren davon 86 664 Franzosen und 65 707 Ausländer.[205] Pierre Masse, ein ehemaliger

Mai 1940 – Dezember 1940   497

Minister und Senator des Départements Hérault, schrieb am 20. Oktober an Pétain: «Ich gehorche den Gesetzen meines Landes, selbst wenn sie vom Eroberer diktiert werden.» In seinem Brief fragte er den Marschall, ob er die Offiziersstreifen abnehmen sollte, die sich mehrere Generationen seiner Vorfahren seit den Napoleonischen Kriegen im Dienste ihres Vaterlandes verdient hatten.[206]

Die Identifizierung «gewöhnlicher Juden» hing von ihrer Bereitschaft ab, sich registrieren zu lassen. Bei jüdischen Schriftstellern, seien sie lebendig oder tot, gab es keine derartige Hürde. Es war schon immer eine Spezialität von Antisemiten gewesen, die Identität von Schriftstellern, Künstlern und Intellektuellen aufzudecken, die auf den ersten Blick nicht als Juden identifizierbar waren; diese Praxis war in Frankreich ebenso verbreitet wie in allen anderen Ländern. So stand schon eine Namenliste zur Verfügung, als die französische Verlegervereinigung im September 1940 der deutschen Botschaft in Paris versprach, daß neben anderen ausgeschlossenen Gruppen auch keine jüdischen Autoren mehr auf irgendeine Weise veröffentlicht oder neu aufgelegt werden würden: Die Verleger würden von nun an eine strenge Selbstzensur üben. Binnen weniger Tage wurde eine erste Liste ausgeschlossener Bücher, die «Liste Bernhard», bekanntgemacht, auf die bald eine «Liste Otto» folgte. Ihr war eine kurze Erklärung der Vereinigung vorangestellt: «Dies sind die Bücher, die durch ihren lügnerischen und tendenziösen Geist die öffentliche Meinung in Frankreich systematisch vergiftet haben; insbesondere die Publikationen politischer Flüchtlinge oder jüdischer Schriftsteller, welche unter Verrat an der Gastfreundschaft, die ihnen Frankreich gewährt hatte, skrupellos für einen Krieg agitiert haben, aus dem sie für ihre egoistischen Ziele Nutzen zu ziehen hofften.»[207]

Einige französische Verleger warteten mit neuen Initiativen auf. Während man bei Mercure de France eine französische Übersetzung des biographischen Teils von *Mein Kampf* plante, setzte Bernard Grasset, der befürchtete, daß man ihm nicht gestatten werde, sein Verlagshaus in Paris wieder zu eröffnen, die Deutschen über Mittelsmänner davon in Kenntnis, daß sie, «so weit man auch in beiden Linien meiner Familie in die Vergangenheit zurückgeht, weder einen Juden noch eine Jüdin finden» würden.[208]

Vielleicht noch mehr als jede andere westeuropäische Hauptstadt wurde Paris bald zu einer Brutstätte intellektueller und künstlerischer Kollaboration. Einige Initiativen, die in der Frühphase der deutschen Besatzung ergriffen wurden, wirken wie eine Mischung aus Erbärmlichkeit und Komödie. So begann Serge Lifar, der Star der französischen Tanzszene, auf den Goebbels bei seinem Besuch in Paris im Juli 1940 großen Eindruck gemacht hatte, die deutsche Botschaft zu einer weiteren Begegnung mit dem Nazi-Propagandachef zu drängen. Wie der Historiker Philippe Burrin schreibt, rechnete sich Lifar Chancen als Führer des europäischen Tanzes aus. Währenddessen machten sich die Deutschen Sorgen wegen seiner Abstammung. Nachdem der Tänzer von jedem jüdischen Stigma freigesprochen worden war, lud man ihn zu einer Darbietung in der Botschaft ein – leider nicht für Goebbels, aber zumindest zu Ehren von Walther von Brauchitsch.[209]

Infolge der Gesetze, die Vichy im Sommer und Herbst 1940 erlassen hatte, wurden 140 Hochschullehrer jüdischer Abstammung, etwa 10 Prozent des landesweiten Lehrkörpers, aus den Universitäten verbannt. Vierzehn besonders herausragende jüdische Gelehrte nahm man unter der Bedingung, daß sie ihre Lehre nur in der Vichy-Zone fortsetzten, von dem Bann aus. Die französische akademische Gemeinschaft akzeptierte die Verfügung.[210] Im Collège de France, der renommiertesten akademischen Institution des Landes, wurden alle vier jüdischen Professoren entsprechend den neuen Regelungen entlassen.

Der Direktor des Collège, Edmond Faral, hatte die neuen Gesetze nicht abgewartet. In einem Bericht, den er im Januar 1941 an die Delegation Vichys im besetzten Frankreich sandte, erwähnte er beflissen seine eigene Initiative: «Die Judenfrage: seit Beginn des akademischen Jahres hat kein Jude am Collège de France unterrichtet. Diese Entscheidung wurde schon vor dem Gesetz vom 3. Oktober 1940 gefällt.» Im Entwurf zu dem Bericht lautet der letzte, später gestrichene Satz: «Die Verwaltung hatte diese Entscheidung gefällt ...»[211] Als die Juden nicht mehr am Collège lehren durften, protestierte keiner ihrer «arischen» Kollegen.[212] Gleiches geschah in allen französischen Institutionen des höheren Bildungswesens. An der renommierten École Libre des Sciences Politiques vertrieb der stellvertretende Direktor Roger Seydoux alle jüdischen Professoren, als Karl Epting, der Leiter der Kulturabteilung der deutschen Botschaft in Paris, ihn dazu aufforderte. Es wurden keine Versuche unternommen, Ausnahmegenehmigungen zu erhalten.[213]

*

Die beiden bedeutendsten Persönlichkeiten der französischen jüdischen Gemeinschaft, der Leiter des *Consistoire Central* und der Leiter des *Consistoire de Paris*, Édouard und Robert de Rothschild, flohen im Juni 1940 aus dem Lande.[214] Sie ließen eine verwirrte und verunsicherte Judenheit zurück, die sich in den schwachen Händen des neugewählten Oberrabbiners von Frankreich, Isaie Schwartz, und der verbleibenden Mitglieder des *Consistoire* befand, die mehrheitlich im unbesetzten Teil des Landes Zuflucht gesucht hatten.

Schon bevor der Waffenstillstand in Kraft trat, bekam der Oberrabbiner einen ersten Vorgeschmack künftiger Dinge: Am 20. Juni hielt der Erzbischof von Bordeaux eine Rundfunkansprache an die Katholiken Frankreichs; am 23. sprach Pastor Boegner zur protestantischen Gemeinschaft. Danach hätte Schwartz sprechen sollen, aber es kam keine Einladung. In Beantwortung seiner Nachfrage wurde ihm erklärt, das jüdische religiöse Programm sei mit sofortiger Wirkung eingestellt.[215]

Unbestimmte Vorahnungen verbreiteten sich unter den alteingesessenen französischen und mehr noch unter den ausländischen Juden, ob sie nun in der besetzten oder der unbesetzten Zone lebten. Tatsächlich wußte im Sommer 1940 niemand, womit er rechnen mußte und was er zu befürchten hatte. Zwei sehr unterschiedliche Chronisten verfolgten die Ereignisse aus «entgegengesetzten» Perspektiven. Der erste, Raymond-Raoul Lambert, entstammte einer alten jüdischen Familie aus dem Elsaß; der zweite, Jacques Biélinky, war in Witebsk geboren, hatte 1903 in Kischinew den Pogrom von 1903 miterlebt, war dann in Rußland wegen geheimer sozialistischer Aktivitäten ins Gefängnis geworfen worden und 1909 als politischer Flüchtling nach Frankreich gekommen. Für die Deutschen und für Vichy waren beide in erster Linie Juden. Lambert war Franzose bis ins Mark: französische Schulbildung, im Ersten Weltkrieg als Frontoffizier ausgezeichnet, für kurze Zeit ins Außenministerium berufen; doch er war auch bewußt Jude, und das sogar aktiv: Er organisierte die Unterstützung für deutsche Juden nach 1933 und wurde gleichzeitig zum Chefredakteur von *L'Univers Israélite*, der wichtigsten Zeitschrift des jüdischen Establishments, des *Consistoire*, ernannt. Als der Krieg ausbrach, zog Lambert erneut die Uniform an, diesmal als Reserveoffizier.

Biélinky war 1927 eingebürgert worden und gehörte somit formal ebensosehr zu seiner Wahlheimat Frankreich wie Lambert. Während der kommenden Ereignisse war Biélinkys Stimme dann jedoch die eines ausländischen Juden, bis zu einem gewissen Grade eines Ostjuden. Er hatte für verschiedene jüdische Zeitungen als Journalist gearbeitet, und obgleich seine formale Bildung auf den Cheder, der traditionellen jüdisch-religiösen Grundschule, beschränkt geblieben war, erwarb er sich solide Kenntnisse in Malerei, und viele seiner Artikel verfaßte er als Reporter für die Pariser Kunstszene. Zwischen 1940 und 1943 ging Lambert nicht denselben Weg wie Biélinky; das Schicksal beider war jedoch zum Schluß identisch.[216]

«Das französische Judentum lebt in einem besonderen Zustand der Angst», schrieb Lambert, der zu dieser Zeit noch in der Armee diente, am 14. Juli 1940. «Es akzeptiert das Leiden, das alle miteinander teilen, aber es fürchtet sich vor der Möglichkeit, daß der Feind noch weitere Diskriminierung verlangen wird. Diese Angst läßt meine Zukunft und die meiner Söhne besonders bedrohlich erscheinen, aber ich bin immer noch zuversichtlich. Frankreich kann nicht alles akzeptieren, und nicht umsonst sind meine Vorfahren seit über einem Jahrhundert in der Erde dieses Landes begraben, nicht umsonst habe ich in zwei Kriegen gekämpft. Ich kann mir für mich selbst, für meine Frau und meine Söhne keine Möglichkeit eines Lebens unter einem anderen Himmel vorstellen; das wäre eine Entwurzelung, die schlimmer wäre als eine Amputation.»[217]

Tatsächlich schien das jüdische Leben im Sommer und Herbst 1940 zunächst zu einer gewissen Normalität zurückzukehren, selbst in Paris, unter direkter deutscher Besatzung. Schon im Oktober 1940 hatten alle Fürsorgeämter der Gemeinde ihre Aktivitäten wieder aufgenommen, und in diesem Stadium waren sie in der Lage, sich der Nöte eines beträchtlichen Teils der Einwanderergemeinschaft anzunehmen. Die französischen Juden wandten sich an ihre traditionelle Vertretungskörperschaft, das *Consistoire*, und im August kehrte Oberrabbiner Julien Weill in die französische Hauptstadt zurück. Unter den französischen Juden schien die Angst vor der Zukunft nachzulassen. Die Atempause war von kurzer Dauer.

Am 2. Oktober 1940 erhielt Lambert aus ersten Andeutungen in den Zeitungen eine ungefähre Vorstellung von dem bevorstehenden Statut. «Das ist eine der traurigsten Erinnerungen meines Lebens», notierte er in seinem Tagebuch. «So kann es dazu kommen, daß ich in wenigen Tagen ein Bürger zweiter Klasse sein werde, daß meine Söhne, Franzosen von Geburt, Kultur und Glauben, brutal aus der Gemeinschaft der Franzosen verstoßen werden. ... Ist es möglich? Ich kann es nicht glauben. Frankreich ist nicht mehr Frankreich.»[218] Einige Wochen später war der Schmerz nicht weniger intensiv, aber es tauchten rettende Formeln auf: «Ein Freund schreibt mir: Man verurteilt nicht die eigene Mutter, wenn sie ungerecht ist. Man leidet und man wartet ab. So müssen wir Juden von Frankreich den Kopf senken und leiden», schrieb Lambert am 6. November, und er fügte hinzu: «Dem stimme ich zu!»[219]

Biélinky, der weiterhin in Paris lebte, registrierte die Verkündung des Statuts nahezu lakonisch. Zwei Tage später, am 4. Oktober, sprach er nach der Teilnahme an den Gebeten zu *Rosch Haschana*, dem jüdischen Neujahrsfest, von der großen Zahl der Gottesdienstbesucher und der Präsenz von Polizeikräften in der Nähe der Synagoge; Unruhestifter gab es keine ... Nach dem Gottesdienst ging er in ein Café. «Der Besitzer, ein hundertprozentiger Katholik, äußerte lautstarken Unmut über die Verfolgung der Juden. Er erklärte, der hiesigen Bevölkerung, die sehr französisch und sehr pariserisch sei, sei das Schicksal der Rothschilds gleichgültig, aber ansonsten würde sie die jüdische Bevölkerung, die in bescheidenen Verhältnissen lebe, offen unterstützen.»[220]

Der erste offizielle Führer der französischen Judenheit, der auf das

Statut reagierte, war Oberrabbiner Schwartz. In einem Brief, den er am 22. Oktober 1940 an Pétain schrieb, erinnerte er den Staatschef daran, daß die französischen Juden, die man jetzt von allen öffentlichen Ämtern ausgeschlossen hatte, immer «die treuen Diener des Vaterlandes gewesen waren. ... Wir haben in unseren Gebeten immer den Ruhm und die Größe Frankreichs erfleht. ... Als Franzosen, die wir die Religion unserer Väter nicht von der Liebe zu unserer Heimat [*sol natal*] trennen, werden wir nicht aufhören, den Gesetzen des Staates zu gehorchen, wir werden mit unerschütterlicher Hingabe an unser Vaterland antworten.» Pétain pries in seiner knappen Antwort den «Gehorsam gegenüber dem Gesetz».[221]

Währenddessen unternahm Eichmanns Bevollmächtigter in Paris, der Judenreferent beim Befehlshaber der Sicherheitspolizei und des SD in Frankreich Theodor Dannecker, die ersten Schritte zur Gründung eines landesweiten Judenrates. Anstatt den Rat durch ein simples Diktat zu erzwingen, ging der gerissene Deutsche indirekt vor: Er überzeugte sowohl das *Consistoire* als auch die Organisationen ausländischer Juden davon, ihre Sozialfürsorgestellen in einer einheitlichen Rahmenorganisation zusammenzuführen, in die sich die Deutschen (so versprach er) nicht einmischen würden. Sie akzeptierten.

Am 30. Januar 1941 wurde das *Comité de Coordination* gegründet. Die meisten Juden verstanden Danneckers Taktik noch nicht. Doch selbst diejenigen, die Danneckers Versprechungen Glauben schenkten, spürten eine unmittelbare Bedrohung, als Eichmanns Abgesandter zwei ehemalige Mitglieder des Wiener Judenrats, Israel Israelowitz und Wilhelm Bieberstein, ins Spiel brachte und sie dem Komitee als «Berater» aufzwang. Im April 1941 erschien die erste Ausgabe der *Informations Juives*, die fast vollständig von den beiden österreichischen Juden verfaßt war, «in schlechtem Französisch», wie Biélinky schreibt.[222] Sehr rasch wurde deutlich, daß Danneckers jüdische Beauftragte nach Paris gekommen waren, um die neue Organisation zu übernehmen.[223]

VIII

Als die Wehrmacht die niederländischen Linien durchbrach, erfaßte eine Panikwelle die 140 000 Juden des Landes: Am 13. und 14. Mai eilten Tausende an die Nordseeküste in der Hoffnung, irgendwie von dort nach England gelangen zu können.[224] Ihre Furcht fand ihr häßliches Echo in den Briefen deutscher Soldaten. In einem Brief vom 2. Juni 1940 beschreibt Gefreiter H. Z. einen Vorfall, der sich in Belgien oder Nordfrankreich abgespielt haben muß: «Hätten Sie mal hier die Juden gesehen, wie die Deutschen im Anzug waren. Ich sah einen Juden mit seinem Gepäck an einem Taxi stehen und dem Chauffeur 6000.– Frs. (600.– RM) bieten, wenn er ihn an die Küste fahren würde, damit er noch ein Schiff nach England bekäme. Schon kam der zweite Jude und bot 7000.– Frs. für die gleiche Fahrt; dann kam ein dritter in aufgelöstem Zustand und mit zitternden Beinen: Bitte, bitte, nehmen sie mich mit, ich gäbe 10 000 Frs.»[225] In Amsterdam verdreifachte sich von 1939 bis 1940 die Zahl der Selbsttötungen: Die meisten von denen, die sich das Leben nahmen, waren wahrscheinlich Juden. Verschiedenen Schätzungen zufolge begingen in der Woche nach dem 15. Mai etwa 200 Juden Selbstmord.[226]

Die Lage der niederländischen Judenheit zu Beginn der deutschen Besatzung unterschied sich in zweierlei Hinsicht von der in anderen westlichen Ländern. Während die Juden in Belgien mehrheitlich Ausländer waren und die Hälfte der französischen Gemeinschaft nicht im Lande geboren war, stellten in den Niederlanden die 20 000 ausländischen Juden im Mai 1940 nur ein Siebtel der jüdischen Bevölkerung. Überdies hatte sich zwar in den ländlichen Gebieten Hollands noch ein gewisses Maß an traditionellem religiösem Antisemitismus gehalten, aber in Amsterdam – wo sich die Hälfte der Juden des Landes konzentrierte – und generell in größeren Städten führten antijüdische Einstellungen nicht zu öffentlicher Intoleranz, auch wenn bei einer Mehrheit der niederländischen Protestanten und Katholiken immer noch ein traditioneller religiöser Antijudaismus anzutreffen war. Vor der Ankunft der Deutschen zählte sogar Anton Musserts niederländische Nazipartei einige jüdische Mitglieder (etwa hundert).[227]

In den ersten Monaten der Besatzung schien die deutsche Herrschaft relativ zurückhaltend zu sein. Die Niederländer galten als verwandte Rasse, und letztlich würde man sie in die größere Gemeinschaft der nordischen Nationen eingliedern. Die beiden obersten Bevollmächtigten der Nationalsozialisten in Holland, zwei Österreicher, Reichskommissar Arthur Seyß-Inquart und der Höhere SS- und Polizeiführer Hanns Albin Rauter (der Beauftragte Himmlers in Den Haag), rechneten beim Umgang mit der niederländischen Bevölkerung und ihren Juden nicht mit nennenswerten Schwierigkeiten. Königin Wilhelmina und die Regierung waren nach London geflüchtet, aber die laufenden Angelegenheiten wurden tadellos verwaltet von einer beispielhaften Bürokratie unter der Leitung des Kollegiums der Generalsekretäre, der obersten Beamten in jedem Ministerium, und dabei halfen ein gehorsamer und diensteifriger öffentlicher Dienst, eine tüchtige Polizeitruppe und die uneingeschränkte Kooperation aller örtlichen Behörden. Die Deutschen wurden zu Aufsehern eines reibungslos funktionierenden Verwaltungssystems.[228]

Die niederländische politische Szene war den Besatzern ebenfalls nicht ungünstig. Die Partei Musserts, der NSB, wurde nie zu einer bedeutenden politischen Kraft; sie äußerte sich lautstark, sie lieferte den Deutschen Handlanger, aber alles in allem blieb sie eine Randerscheinung, ähnlich wie die kollaborierenden Parteien im besetzten Frankreich. Bald nach der Niederlage bildete sich jedoch eine neue politische Bewegung, die «Nederlandsche Unie» (niederländische Union), die in der Bevölkerung breite Unterstützung fand; von seiten der Deutschen erfuhr sie vorläufige Anerkennung, und sie leitete eine Politik der gemäßigten Kollaboration in die Wege, die sich nicht sehr von der Vichy-Linie unterschied.

In diesem «versöhnlichen» Klima wurden im Sommer 1940 von den Deutschen die ersten antijüdischen Maßnahmen durchgesetzt. Sie erschienen nicht bedrohlich: Zu Luftschutztrupps sollten keine Juden mehr gehören; Juden wurde verboten, in Deutschland zu arbeiten; Juden im öffentlichen Dienst konnten nicht befördert werden, und Neueinstellungen von Juden waren nicht gestattet. Im Oktober ergriffen die Deutschen dann jedoch die ersten Routinemaßnahmen: Bis Mitte des Monats mußten alle Angehörigen des öffentlichen Dienstes Formulare ausfüllen, in denen nach ihrer rassischen Abstammung gefragt wurde. Am 22. Oktober wurde die Verfügung erlassen, mit der Juden definiert wurden.[229]

Die Definition des Juden war im wesentlichen mit derjenigen der Nürnberger Gesetze identisch, mit Ausnahme des Stichtags für Mischlinge: Ein Mensch galt als Jude, wenn er von drei oder mehr Großeltern jüdischer Religion abstammte. Eine Person, die von zwei jüdischen Großeltern abstammte, galt als Mischling ersten Grades, falls sie am 9. Mai 1940 (am Tag vor dem deutschen Angriff im Westen) nicht mit einem jüdischen Ehegatten verheiratet war oder nicht dem jüdischen Glauben angehörte; anderenfalls war diese Person ein Jude.

Von diesem frühen Stadium an legten die Generalsekretäre und der öffentliche Dienst insgesamt ein Entgegenkommen an den Tag, das später unheilvolle Konsequenzen haben sollte. Zwar hatten einige Angestellte mit Blick auf den verfassungswidrigen Aspekt der Formulare, in denen nach ihrer rassischen Abstammung gefragt wurde, Skrupel, aber die obersten Beamten des Landes entschieden sich, sie zu akzeptieren. Der Generalsekretär des Innenressorts, K. J. Fredericks, gab die Richtung vor: Von etwa 240000 Angestellten des öffentlichen Dienstes weigerten sich anscheinend weniger als 20, den Fragebogen auszufüllen.[230] Mitte November waren alle Juden aus dem öffentlichen Dienst entfernt, und der Hohe Rat, das oberste Gericht der Niederlande, votierte mit einer Mehrheit von 12 zu 5 Stimmen dafür, seinen eigenen Präsidenten, den Juden Lodewijk E. Visser, zu entlassen.[231]

Am 21. Oktober 1940 begann die Registrierung der jüdischen Geschäfte. Am 10. Januar 1941 folgte die zwangsweise Registrierung der Juden selbst; fast jeder befolgte die Anordnung. Überdies war in den

Niederlanden die persönliche Identifizierung zu einem ungewöhnlich präzisen System perfektioniert worden, und dieses System wurde durch den Eifer und das Talent des Leiters des Staatsinspektorats der Bevölkerungsregister, Jacob Lentz, mit Blick auf die Juden (nach der deutschen Registrierungsverfügung) noch weiter «verbessert». Die Fälschung von Personalpapieren wurde bis zum letzten Jahr des Krieges nahezu unmöglich.[232]

In Amsterdam gingen der Stadtrat und die Angestellten der Stadtverwaltung bei der Erfüllung deutscher Forderungen zunächst noch über das hinaus, was die Pflicht gebot: Obgleich das niederländische Recht sie nicht dazu zwang, die Erklärungen über ihre «arische» Abstammung auszufüllen, erklärten sich im Januar 1941 alle freiwillig dazu bereit, dies zu tun.[233] Als aber die Deutschen von der Möglichkeit sprachen, in der Stadt ein Ghetto einzurichten, äußerte der Rat seine Ablehnung. In der Zwischenzeit entwickelte sich jedoch eine Situation, die im Prinzip den deutschen Plänen hätte entgegenkommen sollen. Von den Deutschen, insbesondere von Seyß-Inquarts Beauftragtem in Amsterdam, Dr. Böhmcker, ermutigt, initiierten Mussert niederländische Nazis im Judenviertel der Stadt Schlägereien. Am 19. Februar 1941 hielten die Besitzer der Eisdiele «Koco» (Kohn und Cahn) im Süden Amsterdams eine deutsche Polizeieinheit irrtümlich für niederländische Nazis und besprühten sie mit Salmiakgeist.[234] Drei Tage später riegelten die Deutschen das Judenviertel der Stadt ab und verhafteten 389 junge Juden, die sie erst nach Buchenwald und dann nach Mauthausen deportierten. Nur einer von ihnen überlebte.

Am 26. November 1940, kurz nachdem die Entlassung sämtlicher Juden aus dem öffentlichen Dienst in Kraft getreten war, hielt Professor R. P. Cleveringa, der Dekan der juristischen Fakultät an der Universität Leiden, der ältesten Universität der Niederlande, eine Ansprache im Auditorium Maximum, das von Lehrkräften und Studenten so überfüllt war, daß seine Rede per Lautsprecher in einen benachbarten Saal übertragen werden mußte. Er sprach zu Ehren seines jüdischen Kollegen Professor E. M. Meijers, der am 15. November entlassen worden war. «Ihre [der Deutschen] Tat qualifiziert sich selbst», erklärte Cleveringa. «Das einzige, was ich mir jetzt wünsche, ist, sie aus unserem Umfeld zu verbannen und den Blick zu richten auf die leuchtende Gestalt dessen, dem unsere Anwesenheit hier gilt. ... Dieser edle und wahre Sohn unseres Volkes, dieser Mensch, dieser Vater seiner Studenten, dieser Gelehrte, welchen der Fremde, der uns jetzt feindlich tyrannisiert, ‹seines Amtes enthebt›! ... Wir werden nicht ablassen können zu glauben, daß er hierher gehört und, so Gott es will, zurückkehren wird.»[235] Am Nachmittag dieses Tages traten die Studenten in Leiden und Delft in den

Streik. Auf Befehl der Deutschen wurden am 29. November 1940 beide Universitäten geschlossen, und einige der Protestierenden, darunter Dekan Cleveringa, verhaftet.[236]

Die Deutschen hatten ihre eigene Art, die Lage zu erklären. In einem Bericht an die Wilhelmstraße vom 16. Januar 1941 über die Situation in den Niederlanden schilderte Otto Bene, der Repräsentant des Außenministeriums in Den Haag, die Ereignisse an den Universitäten: «Die Einführung der Judengesetze hat bei dem starken Einfluß des Judentums auf das geistige Leben in den Niederlanden lebhafte Unruhe hervorgerufen, namentlich in den Universitäten Leiden und Delft, wo Studenten unter Führung von jüdischen Studenten und wohl auch durch Arbeit hinter den Kulissen durch die betroffenen jüdischen Professoren sich zu Demonstrationen hinreißen ließen, die die Schließung der beiden Universitäten zur Folge hatten.»[237]

Der Protest beschränkte sich nicht auf die akademischen Eliten. Einen Monat vor der Demonstration in Leiden richteten die protestantischen (reformierten) Kirchen der Niederlande und die Mennoniten – aber mit bezeichnender Ausnahme der kleinen Lutherischen Kirche der Niederlande (also derjenigen Richtung, welcher die überwiegende Mehrheit der deutschen Protestanten angehörte) und der niederländischen katholischen Kirche – einen gemeinsam unterzeichneten Brief an Seyß-Inquart. In dem Brief wurde zunächst die christliche Barmherzigkeit beschworen und die Frage der konvertierten Juden angesprochen, dann hieß es weiter: «Endlich hat diese Frage [das Judenstatut und die Vertreibung von Juden aus dem öffentlichen Dienst] in den Kirchen auch deshalb eine tiefe Bestürzung hervorgerufen, weil es sich um das Volk handelt, aus dem der Weltheiland hervorgegangen ist und das den Gegenstand der Fürbitte aller Christen bildet, auf daß es in ihm seinen Herrn und König erkenne. Aus diesen Gründen wenden wir uns an Eure Exzellenz mit der dringenden Bitte, für die Aufhebung der oben erwähnten Verordnung die erforderlichen Schritte zu unternehmen.»

Der letzte Satz des Briefes mag den Reichskommissar besonders erbittert haben: «Im übrigen erinnern wir an das von Eurer Exzellenz feierlich gegebene Versprechen, unseren Volkscharakter zu achten und uns keine wesensfremde Denkungsart aufzudrängen.»

Der Text des Briefes wurde in allen reformierten Kirchen am darauffolgenden Sonntag von der Kanzel verlesen.[238] Gleichzeitig erschienen in der holländischen Untergrundpresse die ersten Protestartikel. So nahm eine Dezemberausgabe der prokommunistischen Zeitung *De Waarheid* kein Blatt vor den Mund: «Die niederländischen Arbeiter und alle freiheitsliebenden Niederländer sollten dieses importierte Gift des Judenhasses bekämpfen ...»[239] Einige Monate später, im Februar 1941, schloß sich *Het Parool* dem Protest an; gleiches taten eine nach der anderen sämtliche bedeutenden Untergrundpublikationen in Holland.[240] Und wie wir im nächsten Kapitel sehen werden, traten im Februar 1941 in Amsterdam und anderen Städten niederländische Arbeiter in den Streik, um gegen die brutale Behandlung der Juden durch die Deutschen zu protestieren.

Historisch verwirrend ist die Tatsache, daß fast nichts dergleichen in Frankreich stattfand. Aus den Berichten, welche die Direktoren der Oberschulen (*lycées*) an das Erziehungsministerium sandten, gewinnt man den Eindruck, daß alle jüdischen Lehrer «ohne Zwischenfälle» gingen, das heißt, ohne jede öffentliche Kundgebung von Mitgefühl oder offenem Protest, sei es von Kollegen oder von Schülern.[241] Die französischen akademischen Institutionen des höheren Bildungswesens kamen, wie wir sahen, bei der Vertreibung der jüdischen Mitglieder ihres Lehrkörpers sowohl Vichy als auch den Deutschen zuvor; Verleger und Publikationen wetteiferten um Genehmigungen von den Deutschen oder aus Vichy, mit denen sie ihre Aktivitäten wieder aufnehmen konnten, und zeigten offene Bereitschaft zur Selbstzensur. Und wie wir ebenfalls schon feststellten, befürwortete die Versammlung der französischen Kardinäle und Erzbischöfe die Beschränkung der Rechte von Juden, noch bevor Vichy sein Statut eingeführt hatte. Die französischen Studentenvereinigungen organisierten zwar am 11. November 1940 eine Demonstration zur Unterstützung von de Gaulle, aber in den Flugblättern, die bei dieser Gelegenheit verteilt wurden, verlor man auch nicht ein einziges Wort über die Maßnahmen, die in beiden Zonen des Landes gegen die Juden ergriffen worden waren.[242]

IX

Als die Klemperers im Mai 1940 gezwungen wurden, in ein «Judenhaus» umzuziehen, kommentierte Victor Klemperer: «Noch ist gar nicht abzusehen, ob sich ein erträgliches Dasein gestalten lassen wird.»[243]

In jenem Sommer des Jahres 1940 hatte das Wort «erträglich» für die Bewohner der Judenviertel oder Ghettos im ehemaligen Polen eine ganz andere Bedeutung; es hatte eine andere Bedeutung für verschiedene Kategorien von Juden im Reich – und dabei für diejenigen, die, obgleich man sie als Volljuden identifiziert hatte, in «privilegierter Mischehe» lebten,[244] eine andere als für Mischlinge ersten oder zweiten Grades; es hatte eine andere Bedeutung für die Juden in westlichen Ländern, die unter unmittelbarer deutscher Kontrolle lebten, und für diejenigen, die in Vichy-Frankreich wohnten, oder für die am meisten vom Glück Begünstigten, denen es gelungen war, sich in der von den Italienern besetzten Zone im Südosten Frankreichs niederzulassen. Für alle jedoch sickerten zunehmende Isolierung, die Angst vor noch finstereren Aussichten und völlige Ungewißheit darüber, was die Zukunft bringen würde, in den Alltag ein.

In immer stärkerem Maße waren die Juden des besetzten Osteuropa davon überzeugt, daß sich niemand für ihr Schicksal interessierte. So brachte in einem Brief aus Warschau vom Dezember 1940, der an Mitglieder ihrer Bewegung in Erez Israel gerichtet war, Zivia Lubetkin – die etwa zwei Jahre später eine der Organisatorinnen des Warschauer Ghettoaufstandes werden sollte – ihre wachsende Verzweiflung über diese Verlassenheit zum Ausdruck: «Mehr als einmal habe ich beschlossen, euch nicht mehr zu schreiben. ... Ich will hier nicht beschreiben, was ich durchmache, aber ich möchte euch wissen lassen, daß auch nur ein einziges Wort des Trostes von euch genügt hätte. ... Zu meinem Bedauern muß ich jedoch euer Schweigen akzeptieren, aber ich werde es nie vergeben.»[245]

Dieselbe Ungewißheit, dieselbe Furcht vor dem, was die Zukunft bringen würde, dasselbe Gefühl, daß die engsten Freunde, die friedlich in der freien Welt lebten, nicht genug unternahmen, sofern sie überhaupt etwas taten, kehrte als beständiges, wenngleich verhalten geäußertes Leitmotiv in den Briefen wieder, die der deutsche Literaturwissenschaftler Walter Benjamin aus Frankreich schrieb. Nachdem Paris von den Deutschen besetzt worden war, hatte er in dem kleinen Pilgerort Lourdes in der Nähe der spanischen Grenze vorübergehend Zuflucht gefunden.

«Mein lieber Teddie», schrieb er am 2. August 1940 an den langjährigen Freund Theodor W. Adorno, der nach New York emigiriert war, «die völlige Ungewißheit über das, was der nächste Tag, was die nächste Stunde bringt, beherrscht seit vielen Wochen meine Existenz. Ich bin verurteilt, jede Zeitung (sie erscheinen hier nur noch auf einem Blatt) wie eine an mich ergangne Zustellung zu lesen und aus jeder Radiosendung die Stimme des Unglücksboten herauszuhören. ... Für den Ausländer ist seit längerm keine Ortsveränderung zu erwirken. So bleibe ich auf das angewiesen, was Ihr von draußen bewirken könnt. ... Meine Befürchtung ist, die uns zur Verfügung stehende Zeit könnte weit begrenzter sein, als wir annahmen.»[246]

Benjamin erhielt vom Konsulat in Marseille ein amerikanisches Visum, wahrscheinlich im Rahmen der nicht unter die Quote fallenden Kategorie, die das *Emergency Rescue Committee* eingerichtet hatte. Er war auch im Besitz eines Transitvisums für Spanien und Portugal. Normalerweise wäre es für ihn nicht schwierig gewesen, die Grenze zwischen Frankreich und Spanien zu überschreiten, ungeachtet der Weigerung der französischen Behörden, Ausreisevisa auszustellen. Unglücklicherweise weigerten sich aber am 26. September 1940, an dem Tag, an dem Benjamin und seine Gruppe an der Grenze, in Port Bou, eintrafen, die spanischen Grenzwächter, vom amerikanischen Konsulat in Marseille ausgestellte Visa anzuerkennen.

Im Januar 1940 hatte ein immer noch trotziger Benjamin seinen Freund Gershom Scholem, den Kabbalaforscher, dazu gedrängt, die Vorlesungen, die er damals in New York hielt, zu publizieren: «Jede Zeile, die wir heute können erscheinen lassen, ist – so ungewiß die Zukunft, der wir sie überantworten – ein Sieg der den Mächten der Finsternis abgerungen.»[247] Nun, an der spanischen Grenze, mit einem unveröffentlichten Manuskript in einer Aktentasche, die nie gefunden werden sollte, zu krank, zu erschöpft und vor allem zu verzweifelt, um einen zweiten Versuch zum Überschreiten der Grenze zu unternehmen, nahm Benjamin sich das Leben.

3.

Dezember 1940 – Juni 1941

Am Nachmittag des 15. Juni 1941, eine Woche vor Beginn des Überfalls auf die Sowjetunion, wurde Goebbels in die Reichskanzlei beordert: Hitler hatte anscheinend den Wunsch, sich von seinem Handlanger, der ihm am fanatischsten ergeben war, Unterstützung zu holen.

Die Grübeleien des Diktators waren in erster Linie ein Musterbeispiel an Selbstbestärkung: «Es wird ein Massenangriff allergrößten Stils. Wohl der gewaltigste, den die Geschichte je gesehen hat», registrierte der Minister. «Das Beispiel Napoleons wiederholt sich nicht. Der Führer schätzt die Aktion auf etwa 4 Monate, ich schätze viel weniger. Der Bolschewismus wird wie ein Kartenhaus zusammenbrechen. Wir stehen vor einem Siegeszug ohnegleichen.» Aus der Sicht von Goebbels war der Angriff aus globalstrategischen, nicht weniger aber auch aus ideologischen Gründen lebensnotwendig: «In Rußland wird nicht der Zarismus zurückgeholt, sondern entgegen dem jüdischen Bolschewismus der echte Sozialismus durchgeführt. Es bereitet jedem alten Nazi eine tiefe Genugtuung, daß wir das noch erleben. Das Zusammengehen mit Rußland war eigentlich ein Flecken auf unserem Ehrenschild. ... Wogegen wir unser ganzes Leben gekämpft haben, das vernichten wir nun auch. Ich sage das dem Führer und er stimmt mir vollkommen zu.»[1]

Plötzlich fügte Hitler noch einen Kommentar an, der ebenso unerwartet wie untypisch war: «Der Führer sagt», schreibt Goebbels, «ob recht oder unrecht, wir müssen siegen. Das ist der einzige Weg. Und er ist recht, moralisch und notwendig. Und haben wir gesiegt, wer fragt uns nach der Methode. Wir haben sowieso soviel auf dem Kerbholz, daß wir siegen müssen, weil sonst unser ganzes Volk, wir an der Spitze mit allem, was uns lieb ist, ausradiert würde.»[2] Der Punkt war erreicht, an dem es keine Umkehr mehr gab.

I

Die Frage, ob Hitler im Sommer 1940 jemals ernsthaft an eine Invasion der Britischen Inseln («Unternehmen Seelöwe») gedacht hatte, ist nach wie vor strittig. Die Angriffe der Luftwaffe auf die Verteidigungsanlagen an der britischen Küste schufen während dieser Monate nicht die unentbehrliche Voraussetzung für eine Landung: die Lufthoheit über Südengland. Die darauffolgenden massiven Bombardierungen von Städten, vor allem die Bombenangriffe auf London (der «Blitz»), brachen die Moral der Bevölkerung nicht, und im Herbst wandte sich die «Luftschlacht um England» zum Vorteil der Royal Air Force.

Zur gleichen Zeit erwog Hitler seine Alternativstrategie. Nach dem Sieg über Frankreich und der Zurückweisung seines «Friedensappells» durch die Briten erwähnte er bei mehreren Gelegenheiten, insbesondere bei einer Zusammenkunft mit führenden Militärs auf dem Berghof am 31. Juli 1940, die globalstrategische Bedeutung eines Angriffs auf die Sowjetunion. Den Aufzeichnungen Halders zufolge argumentierte Hitler folgendermaßen: «*Englands Hoffnung ist Rußland und Amerika. Wenn Hoffnung auf Rußland wegfällt, fällt auch Amerika weg*, weil Wegfall Rußlands eine Aufwertung *Japans* in Ostasien in ungeheurem Maß folgt.»[3]

Der strategische Gesamtrahmen war, wie wir sehen werden, untrennbar verknüpft mit Hitlers ideologischem Haß auf den Bolschewismus (den Judäo-Bolschewismus, wie er ihn meist sah) und mit dem traditionelleren deutschen Bestreben, die Weiten des Ostens und ihre unbegrenzten Rohstoffreserven zu beherrschen. Nur die Kontrolle über dieses ökonomische Potential würde das Reich in eine unbezwingbare Macht verwandeln, die sich anschickte, die Welt zu beherrschen. Der am 27. September 1940 zwischen Deutschland, Italien und Japan unterzeichnete Dreimächtepakt war als eine Warnung gedacht, die sich nicht weniger an die Adresse der Vereinigten Staaten als an die der Sowjetunion richtete.[4] Als aber Mitte November 1940 der sowjetische Außenminister Wjatscheslaw Molotow zu Verhandlungen in Berlin eintraf und Hitler eine gemeinsame Front gegen Großbritannien und die Vereinigten Staaten vorschlug, die dadurch geschaffen werden sollte, daß man den Dreimächte- in einen «Viermächte»-Pakt verwandelte, hatte der «Führer» seinen Entschluß wahrscheinlich bereits gefaßt. Molotow führte die Gespräche jedenfalls ständig auf konkrete Fragen zurück: die volle Verwirklichung der 1939 geschlossenen Übereinkunft über die sowjetische «Interessensphäre», vor allem auf dem Balkan (in Bulgarien) und mit Blick auf Finnland.

In Molotows unnachgiebiger Haltung kam Stalins Überzeugung zum Ausdruck, daß es möglicherweise zu einem deutschen Angriff kommen werde und daher vor allem nach dem unvorhergesehenen Zusammenbruch Frankreichs eine Vorverlegung der sowjetischen strategischen Verteidigungsanlagen nach Westen erforderlich sei. Die sowjetische Entschlossenheit konnte Hitler nur in seiner Entscheidung bestärken, den Koloß im Osten zu beseitigen. Am 18. Dezember 1940 unterzeichnete er die Weisung für die Kriegsführung Nr. 21 und änderte den bisherigen

Decknamen für den Angriff auf die Sowjetunion aus «Fritz» in «Barbarossa». Der Überfall sollte am 15. Mai 1941 beginnen. Es gab in Berlin noch einen weiteren Grund zu raschem Handeln. Im November war Roosevelt für eine dritte Amtszeit wiedergewählt worden. Am 14. Dezember gebrauchte der Präsident auf einer Pressekonferenz die Gartenschlauch-Metapher: Wenn das Haus eines Nachbarn in Flammen steht, dann sagt der Mann, der einen Schlauch besitzt, nicht: «Mein Gartenschlauch kostet 15 Dollar, und diese Summe mußt du mir bezahlen, bevor du ihn bekommen kannst.» Er leiht ihm einfach seinen Schlauch, hilft ihm dabei, das Feuer zu löschen, und nimmt dann den Schlauch wieder zurück. Amerika würde, so Roosevelt, in Zukunft einigen Nationen die Ausrüstung leihen, die sie brauchten, um ihr Leben und ihre Freiheit zu verteidigen.[5] Am 17. Dezember, am Vorabend der Unterzeichnung von Weisung Nr. 21, erklärte Hitler gegenüber Jodl, Deutschland müsse alle kontinentaleuropäischen Probleme 1941 lösen, «da ab 1942 die USA in der Lage wären, einzugreifen».[6] Und mehr denn je ging er davon aus, daß die Politik des amerikanischen Präsidenten von den Juden diktiert wurde.

Unerwartete Ereignisse führten zu einer Abänderung des Zeitplans für den Ostfeldzug. Am 27. März 1941, zwei Tage nachdem Jugoslawien dem Dreimächtepakt beigetreten war, jagte ein Militärputsch die deutschfreundliche Regierung in Belgrad aus dem Amt. Hitler befahl sofortige Vergeltung: Die jugoslawische Hauptstadt wurde mit Bombenangriffen in Trümmer gelegt, und die Wehrmacht rollte nach Süden. Jugoslawien und Griechenland wurden besetzt, Bulgarien schloß sich der Achse an, und die britischen Truppen, die in Griechenland gelandet waren, wurden vom Festland und von der Insel Kreta vertrieben. Der Angriff auf die Sowjetunion mußte jedoch um mehrere Wochen verschoben werden. Nunmehr wurde als Datum der 22. Juni, der längste Tag des Jahres, festgesetzt.

*

In der Vorbereitungsphase des Feldzugs wurden mörderische Maßnahmen gegen die Juden auf sowjetischem Territorium geplant, aber diese Schritte sehen zunächst so aus, als handle es sich dabei um zusätzliche Mittel, den sowjetischen Widerstand zu brechen und den Zusammenbruch des Sowjetsystems zu beschleunigen, da ja die Nazis den Bolschewismus, seine Eliten und seine Strukturen mit der Allgegenwart von Juden in Machtpositionen gleichsetzten. Im übrigen deuten Hitlers öffentliche Verlautbarungen in der ersten Hälfte des Jahres 1941 nicht darauf hin, daß die antijüdische Dimension des Feldzuges ein Ziel an sich darstellte.

In seiner am 30. Januar 1941 vor dem Reichstag gehaltenen Rede zum Jahrestag der «Machtergreifung» hatte Hitler auf seine finstere Prophezeiung vom Januar 1939 bezüglich des letztlichen Schicksals der Juden in Europa zurückgegriffen, aber diesmal sprach er – ob die Änderung des Vokabulars nun mit Absicht geschah oder nicht – nicht ausdrücklich von Vernichtung, er prophezeite vielmehr, der Krieg werde dazu führen, daß «das gesamte Judentum seine Rolle in Europa ausgespielt haben wird!»[7] Das konnte vollständige Absonderung oder Deportation bedeuten – oder eben totale Vernichtung. In Hitlers Äußerungen bei Zusammenkünften mit ausländischen Staatsmännern und auch in Reden, die er in den letzten Monaten des Jahres 1940 und während der Zeit der militärischen Vorbereitungen bis zum 22. Juni 1941 hielt, wirkten seine Anspielungen auf die Juden ziemlich mechanisch und blieben insgesamt sehr knapp.

Gleichwohl schickte Hitler am 3. März 1941 einen ersten Entwurf der vom OKW angefertigten Feldzugsrichtlinien zurück und fügte unter anderem hinzu: «Die jüdisch-bolschewistische Intelligenz, als bisheriger Unterdrücker, muß beseitigt werden.»[8] Der Kern der berüchtigten Rede, die er am 30. März vor seinen oberkommandierenden Generälen hielt, war damit im wesentlichen identisch, aber die Juden wurden nicht direkt erwähnt. «*Kampf zweier Weltanschauungen gegeneinander*», faßte Halder, der Stabschef der Armee, zusammen. «Vernichtendes Urteil über Bolschewismus, ist gleich asoziales Verbrechertum. Kommunismus ungeheure Gefahr für die Zukunft. Wir müssen von dem Standpunkt des soldatischen Kameradentums abrücken. Der Kommunist ist vorher kein Kamerad und nachher kein Kamerad. Es handelt sich um einen Vernichtungskampf. Wenn wir es nicht so auffassen, dann werden wir zwar den Feind schlagen, aber in 30 Jahren wird uns wieder der kommunistische Feind gegenüberstehen. Wir führen nicht Krieg, um den Feind zu konservieren. ... *Kampf gegen Rußland:* Vernichtung der bolschewistischen Kommissare und der kommunistischen Intelligenz. ... Der Kampf muß geführt werden gegen das Gift der Zersetzung. Das ist keine Frage der Kriegsgerichte. Die Führer der Truppe müssen wissen, worum es geht. ... Die Truppe muß sich mit den Mitteln verteidigen, mit denen sie angegriffen wird. ... Der Kampf wird sich sehr unterscheiden vom Kampf im Westen.»[9]

Die Ansprache Hitlers bewies jedem, der sich durch den 1939 geschlossenen Vertrag mit der Sowjetunion hatte täuschen lassen, daß seine antibolschewistische Leidenschaft immer noch kompromißlos war. In seinem Ausmaß und in seiner Grausamkeit war der kommende «Vernichtungskrieg» weit über seine strategischen Ziele hinaus ein ideologischer Kreuzzug und ein «Volkstumskampf», wie er in den Annalen des modernen Europa ohne Beispiel war. Außerdem konnte für Hitler die

Vernichtung der Sowjetmacht nur die Vernichtung der jüdischen Macht bedeuten; das war ein und derselbe Kampf. Im Jahre 1923 hatte Dietrich Eckart, Hitlers ideologischer Mentor in vielerlei Hinsicht, in einem Pamphlet mit dem Titel *Der Bolschewismus von Moses bis Lenin: Zwiegespräch zwischen Adolf Hitler und mir* den Wesenszusammenhang zwischen dem Bolschewismus (in seinen verschiedenen Verkleidungen) und den Juden hervorgehoben.[10] In *Mein Kampf*, in seinem «Zweiten Buch» und in zahllosen Reden hatte Hitler ständig das gleiche Thema wiedergekäut: Die slawischen Völker der Sowjetunion waren eine minderwertige Masse, die vor der Revolution von einer germanischen Elite geführt worden war; die jüdischen Bolschewiki vernichteten diese traditionelle Herrscherklasse und wurden zu den Herren des riesigen Landes – als erstes Stadium auf dem Wege zur Weltrevolution und zur Weltherrschaft.[11] Für Hitler bedeutete die Ermordung der «sowjetischen Intelligenzia» und der politischen Kommissare die Vernichtung dieser jüdischen Herrschaftselite; ohne die durch sie ausgeübte Kontrolle würde das Sowjetsystem sich auflösen und zusammenbrechen.[12]

Hitlers antibolschewistischer Glaube verschmolz, daran sollten wir uns erinnern, ganz zwanglos mit einem nicht weniger grundsätzlichen ideologischen Thema, das er vom Pangermanismus übernommen hatte: dem Bedürfnis des Volkes, einen «Lebensraum» im Osten zu kontrollieren, der so ausgedehnt war, wie es die rassischen und strategischen Gründe erforderten. Er sollte möglichst bis hin zum Ural reichen. Dieser eroberte Raum würde zur Besiedlung durch die Deutschen bereitstehen und dem Reich all die Rohstoffe und die Lebensmittel liefern, die es brauchte. Was die einheimische Bevölkerung anging, so würde man sie versklaven, teilweise dezimieren oder nach Sibirien deportieren (das war der Teil des Feldzuges, der zum Volkstumskampf gehörte). Mit dem Sieg über die Sowjetunion konnten gewaltige Siedlungsvorhaben im Osten in Gang gesetzt werden.

Wie wir sahen, entschloß sich Hitler, den Decknamen für den Feldzug aus «Fritz» (wahrscheinlich eine Bezugnahme auf Friedrich den Großen) in «Barbarossa» zu ändern; vermutlich wollte er auf die Geschichte und die Sage Barbarossas zurückgreifen.[13] Dieser Kaiser war im Osten zu einem Kreuzzug gegen die Ungläubigen aufgebrochen, und im Laufe der Zeit hatten die Deutschen ihn in eine mythische Gestalt verwandelt: Er war der heimliche Erlöser, der im Kyffhäuser in Thüringen schlief und der in der Zeit der größten Not seines Volkes aufstehen und es zu Sieg und Erlösung führen würde.

So verwies die Änderung des Decknamens auf die quasi-mythische Dimension, die der bevorstehende Feldzug in Hitlers Vorstellung angenommen hatte, und auf seine eigene erlösergleiche Rolle an diesem dramatischen Punkt der deutschen Geschichte. Warum Hitler den Namen eines Kaisers wählte, dessen Kreuzzug scheiterte, als er in Kleinasien im Saleph ertrank, ist ebenso unerklärlich wie seine Vorliebe für Wagners Oper *Rienzi*, welche die Geschichte eines spätmittelalterlichen römischen Tribuns erzählt, dessen Rebellion im Namen des Volkes niedergeschlagen wurde und der in den Flammen, in denen sein Palast aufging, einen gewaltsamen Tod fand...

Am 26. März 1941 setzten Heydrich und der Generalquartiermeister der Wehrmacht, Eduard Wagner, auf Befehl Hitlers eine Vereinbarung auf (die Keitel am 28. April als Befehl erließ), mit welcher der SS für die Aufrechterhaltung der Sicherheit hinter der Front, in den neu besetzten Gebieten, vollständige Autonomie zugestanden wurde.[14] Am 13. Mai unterzeichnete Keitel den Befehl, mit dem die Zuständigkeit der Militärgerichte für die von den Truppen in ihrem Kampf gegen den Feind verübten Handlungen eingeschränkt wurde. Die Hinrichtung von Verdächtigen hing künftig von Entscheidungen ab, die von den Feldeinheiten getroffen wurden.[15] Am 19. Mai erließ der OKW-Chef Richtlinien für das Verhalten der Truppe in Rußland [sic], die Offizieren und Mannschaften «rücksichtsloses Durchgreifen» gegen die Träger der jüdisch-bolschewistischen Ideologie befahlen.[16] Die Juden wurden in diesen Richtlinien zweimal als politische Zielscheiben erwähnt; die Anweisungen wurden auf Divisionsebene am 4. Juni und an alle Einheiten bei Beginn des Angriffs ausgegeben.[17] Schließlich wurden am 6. Juni von General Alfred Jodl, dem stellvertretenden Stabschef des OKW, die «Richtlinien für die Behandlung politischer Kommissare» (der «Kommissarbefehl») erlassen: Die Kommissare waren zu erschießen.[18]

Diese Richtlinien ergänzte die Wehrmacht um hohe Dosen von Propaganda, die nichts der Phantasie der Soldaten überließen. In der Ausgabe der *Mitteilungen für die Truppe* vom Juni 1941 beispielsweise wurde den Soldaten erklärt: «Was Bolschewiken sind, das weiß jeder, der einmal einen Blick in das Gesicht eines der Roten Kommissare geworfen hat. Hier sind keine theoretischen Erörterungen mehr nötig. Es hieße die Tiere beleidigen, wollte man die Züge dieser zu einem hohen Prozentsatz jüdischen Menschenschinder tierisch nennen. ... In der Gestalt dieser Kommissare erleben wir den Aufstand des Untermenschen gegen edles Blut.»[19] Diese *Mitteilungen* wurden von der Propagandaabteilung des OKW produziert; sie gehörten zur routinemäßigen Indoktrination der Truppe, die den Vernichtungskrieg vorbereitete.[20]

Sämtliche Terroroperationen und die ideologisch gebotenen Aufgaben sollten in den Händen der wichtigsten Parteimänner liegen, die als Hitlers Handlanger fungierten – Himmler, Göring und bis zu einem gewissen Grade Rosenberg. Indem Hitler die Verantwortung für die Sicherheit der besetzten sowjetischen Gebiete hinter der Front dem Reichsführer-SS übertrug, gab er ihm die Zuständigkeit für die vollständige Unterjochung der einheimischen Bevölkerung, für den Kampf gegen ideologische und partisanenähnliche Feinde und die Umsetzung sämtlicher Beschlüsse, die mit Bezug auf die Juden gefaßt werden würden. Doch wie bereits angedeutet, ist nicht viel darüber überliefert, was Hitler mit Blick auf bestimmte antijüdische Maßnahmen möglicherweise erwähnt hat.

Die auf die Juden Bezug nehmenden Befehle, von denen wir wissen, erließ Heydrich in diesen Wochen bei zwei verschiedenen Gelegenheiten für die Einsatzgruppen: bei einem Treffen mit ihren Befehlshabern in Berlin, wahrscheinlich am 17. Juni, und kurz danach bei einer anderen Zusammenkunft in der kleinen Stadt Pretzsch, im Aufmarschgebiet der Einsatzgruppen. Hier wiederum wissen wir nicht genau, was gesagt wurde. Lange Zeit blieb unklar, ob Heydrich den Befehl erteilt hatte, die jüdische Bevölkerung der UdSSR zu vernichten, oder ob die ersten Befehle restriktiver waren. Wie wir im nächsten Kapitel sehen werden, faßte Heydrich selbst die Befehle, die er den Einsatzgruppen erteilt hatte, in einer Botschaft vom 2. Juli an die HSSPF zusammen; weitere Befehle wurden den SS-Einheiten am 17. Juli direkt übermittelt. Diese diversen Anweisungen scheinen sich tatsächlich nur gegen bestimmte Kategorien jüdischer *Männer* gerichtet zu haben, aber sie waren auch hinreichend unbestimmt in ihrer Formulierung, um eine rasche Ausweitung der Mordkampagne zu gestatten.[21]

Zur gleichen Zeit, in der die Vorbereitungen für den Angriff mit voller Kraft voranschritten, tauchte als potentielles Ergebnis ein neuer «Territorialplan» für die Juden auf. In seiner Ansprache an die Gauleiter und Reichsleiter von 10. Dezember 1940 (von der im vorigen Kapitel die Rede war) hatte sich Himmler über die endgültige Bestimmung der zwei Millionen Juden, die seinen Angaben zufolge aus dem Generalgouvernement evakuiert werden sollten, noch vage geäußert.[22] In der Zwischenzeit hatten sich jedoch die Naziplāne in dieser Hinsicht konkretisiert. Am 26. März 1941 traf Heydrich mit Göring zusammen (kurz nachdem er die Vereinbarung mit Wagner unterzeichnet hatte): «Bezüglich der Lösung der Judenfrage», notierte Heydrich am gleichen Tage, «berichtete ich kurz dem Reichsmarschall [Göring] und legte ihm meinen Entwurf vor, dem er mit einer Änderung bezüglich der Zuständigkeit Rosenbergs zustimmte und Wiedervorlage befahl.»[23]

Ende März 1941 war Rosenberg bereits zum «Sonderberater» für die besetzten Ostgebiete ernannt worden. Somit stand angesichts der Tatsache, daß Göring Rosenberg erwähnte, der Vorschlag des RSHA-Chefs ganz offensichtlich im Zusammenhang mit Rußland und bedeutete die Deportation der Juden Europas in die eroberten sowjetischen Gebiete, wahrscheinlich in den hohen Norden Rußlands, und nicht nach Madagaskar. Rosenberg selbst erwähnte etwas Derartiges in einer Rede vom 28. März, in der er von der Deportation der Juden Europas unter «Polizeiaufsicht» in ein Gebiet außerhalb Europas sprach, «das momentan nicht zu erörtern sei».[24]

Am 20. Juni, zwei Tage vor dem Angriff, bestätigte eine Eintragung in Goebbels' Tagebuch auf etwas undurchsichtige Weise diese Pläne. Der Propagandaminister berichtete von einer Begegnung mit Hitler, bei der es um den bevorstehenden Feldzug ging. Auch Hans Frank war zugegen: «Dr. Franck [sic] erzählt vom Generalgouvernement. Dort freut man sich schon darauf, die Juden abschieben zu können. Das Judentum in Polen verkommt allmählich.» Für Goebbels war das die gerechte Strafe für die jüdische Kriegstreiberei; der «Führer» hatte prophezeit, daß dies das Schicksal des Judentums sein werde.[25]

Nach Beginn des Feldzuges erwähnte Hitler den neuen Territorialplan mehrfach.[26] Doch zuvor, am 2. Juni 1941, nannte der «Führer» bei seinem Treffen mit Mussolini am Brenner, nachdem er die Möglichkeit eines Reservats im Gebiet von Lublin ausgeschlossen hatte («in den Ostgebieten [Lublin] könnten sie aus hygienischen Gründen nicht bleiben, weil sie infolge ihrer Unsauberkeit einen Krankheitsherd bildeten»), erneut Madagaskar als konkrete Option.[27] Es erscheint nahezu sicher, daß Hitler den Abschluß des Ostfeldzuges abwarten wollte, bevor er einen endgültigen Entschluß faßte. Währenddessen war die Auswanderung von Juden aus dem Reich immer noch gestattet, aber am 20. Mai 1941 verbot das RSHA auf eine Anweisung Görings «im Hinblick auf die zweifellos kommende Endlösung der Judenfrage» jegliche derartige Auswanderung aus Belgien und Frankreich.[28]

Rosenberg war Hitlers Kandidat als Chef der Zivilverwaltung in den neueroberten Gebieten. Im April und Mai produzierte der Reichsleiter eine Reihe von «Plänen» zur Zukunft der Ostgebiete. Im spätesten dieser Entwürfe, der vom 7. Mai 1941 datiert, stellte der Chefideologe fest: «Die Judenfrage wird nach der selbstverständlichen Ausscheidung der Juden aus allen öffentlichen Stellungen eine entscheidende Lösung erfahren durch Einrichtung von Ghettos oder Arbeitskolonnen. Arbeitszwang ist einzuführen.»[29]

Eine Zeitlang glaubte der künftige Minister für die besetzten Ostgebiete möglicherweise, da sich Hitler entschlossen die antibolschewistische Politik zu eigen gemacht hatte, die er, Rosenberg, seit den frühesten Tagen der Partei gepredigt hatte, werde er jetzt auch die ihm zustehende Rolle spielen. Entweder unterschätzte Rosenberg Hitlers Schläue, oder er überschätzte die Meinung, die sein «Führer» von seinen Fähigkeiten hatte. In einem Brief an Bormann vom 25. Mai 1941 informierte Himmler den Reichsleiter, Hitler habe ihm vor der Abreise in sein Hauptquartier bestätigt, daß er im Rahmen seiner Aufgaben Rosenberg nicht unterstellt sein werde. Der SS-Chef fügte hinzu: «Mit oder unter Rosenberg zu arbeiten ist bestimmt das Schwierigste, was es in der NSDAP gibt.»[30]

Himmlers sarkastischer Kommentar gegenüber Bormann verweist auf die stillschweigende Allianz zwischen zwei Meistern der Intrige. Beide waren außerordentlich fähige Organisatoren, auf der Suche nach immer größerer Macht. Bormann war, nachdem Rudolf Heß nach Schottland geflogen war, soeben zum Leiter der Parteikanzlei ernannt worden, und eine Front Himmler-Bormann konnte allen möglichen Einmischungen von seiten staatlicher Stellen wie auch des Militärs widerstehen. Sowohl Himmler als auch Bormann waren nur einer einzigen höheren Autorität, derjenigen Adolf Hitlers, untergeordnet.

Neben den Militärbefehlshabern, die in den künftigen Kampfzonen das Sagen hatten und denen die Millionen von Männern unterstanden, welche schon bald nach Osten vorrücken sollten, neben dem Reichsführer-SS, der das Kommando über seine SS- und Polizeieinheiten (einschließlich einheimischer Hilfstruppen) führte, und der Zivilverwaltung Rosenbergs sollte eine vierte Dienststelle auf den Plan treten, die dann in dem verwickelten und immer chaotischeren System, das zur Beherrschung der eroberten Gebiete errichtet worden war, eine wesentliche Rolle spielte: der Wirtschaftsstab Ost. Dieser unterstand zwar letztlich Göring, aber faktisch wurde er von General Georg Thomas geleitet, dem Chef des Wehrwirtschafts- und Rüstungsamtes (WiRüAmt), das die Funktion erfüllen sollte, sowjetische Rüstungsbetriebe und Rohstoffe zu beschlagnahmen und auszubeuten. Thomas genoß starke Unterstützung durch Hitler, dessen strategische Konzeption besonderes Gewicht auf die Kontrolle wirtschaftlicher Ressourcen legte; seinen Feldzug zur wirtschaftlichen Ausbeutung und Ausplünderung plante er in Zusammenarbeit mit Generalquartiermeister Eduard Wagner und Staatssekretär Herbert Backe, dem starken Mann im Reichsministerium für Ernährung und Landwirtschaft.[31] Backe war es, der der Wirtschaftsplanung des Unternehmens Barbarossa mit seinen «Hungerplänen» den letzten Schliff gab.

Diese von Backe entworfenen «Hungerpläne», welche die Lebensmittelversorgung des Ostheeres und sogar der deutschen Bevölkerung erleichtern sollten, hatten Hitler und Göring schon im Januar 1941 gebilligt; sie wurden dann ab Februar 1941 von der Wehrmacht weiter ausgearbeitet. In ihnen wurde die Möglichkeit ins Auge gefaßt, die städtische Bevölkerung der westlichen Sowjetunion und der Ukraine, darunter in allererster Linie die Juden, verhungern zu lassen.[32]

Den Gedanken eines massenhaften Verhungernlassens erörterte in aller Ruhe auch Himmler im engsten Kreis, als sich der Reichsführer vom 12. bis zum 15. Juni auf der Wewelsburg, dem SS-Kultzentrum, aufhielt.[33] Bei dieser Gelegenheit hatte Himmler die SS-Generäle Daluege, von dem Bach-Zelewski, Wolff, Heydrich, Brandt, Lorenz, Jeckeln, Prützmann sowie wahrscheinlich auch den Schriftsteller Hanns Johst zu Gast. Am Abend saß man am Kamin, und wie von dem Bach in seiner Zeugenaussage in Nürnberg erklärte, verbreitete sich der Reichsführer über seine Sicht der Zukunft. Der Rußlandfeldzug würde über Deutschlands Schicksal entscheiden: entweder eine Großmacht für alle Zeiten oder Vernichtung. Ein Führer von der Statur Hitlers trete in der Geschichte nur einmal in tausend Jahren auf; die Herausforderung müsse von dieser Generation bestanden werden. Nach der Eroberung des europäischen Teils der Sowjetunion würden sich sämtliche Juden des Kontinents in deutscher Hand befinden: Sie würden aus Europa abtransportiert werden. Was die slawische Bevölkerung anging, so würde man sie um etwa 20 bis 30 Millionen Menschen reduzieren müssen.[34]

II

Während im Zentrum des Regimes langfristige antijüdische Pläne im Frühjahr 1941 noch keine abschließende Form erhalten hatten, wurden fortwährend beschränktere Initiativen entwickelt. Im Januar 1941 griff Heydrich bislang zurückgestellte Projekte erneut auf und setzte Hans Frank davon in Kenntnis, daß es erforderlich sein werde, etwa eine Million Polen und Juden aus den angegliederten Gebieten in das Generalgouvernement zu verlegen, um Volksdeutsche umsiedeln und Übungsgelände für die Wehrmacht freimachen zu können.[35]

Wahrscheinlich gelang es Frank bei einem Gespräch mit Hitler am 17. März, die neuen Deportationspläne noch einmal abzubiegen. Bei derselben Gelegenheit phantasierte der Diktator von der Germanisierung des Generalgouvernements im Laufe der kommenden 15 bis 20 Jahre und versprach, Franks Reich werde das erste besetzte Gebiet sein, das nach Kriegsende von seiner jüdischen Bevölkerung geräumt sein werde.[36]

In der Zwischenzeit ließ es sich jedoch nicht vermeiden, «in begrenztem Umfang» Deportationen ins Generalgouvernement durchzuführen. Die Naziführung in Wien hatte wiederholt versucht, so viele jüdische Wohnungen wie möglich in die Hand zu bekommen (im März 1938 waren es etwa 12 000 bis 14 000 von 70 000), indem sie entweder deren Bewohner systematisch zum Umzug in Judenhäuser zwang oder die Mehrzahl der 60 000 älteren und verarmten Juden, die noch in der

Stadt lebten, deportieren ließ. Am 2. Oktober 1940 trug der Wiener Gauleiter, Reichsleiter Baldur von Schirach, Hitler persönlich die Bitte vor.[37] Drei Monate später teilte Lammers Schirach das Ergebnis mit: Der «Führer» habe entschieden, «daß die in dem Reichsgau Wien noch wohnhaften 60 000 Juden beschleunigt, also noch während des Krieges, wegen der in Wien herrschenden Wohnungsnot ins Generalgouvernement abgeschoben werden sollen. Ich habe diese Entscheidung des Führers dem Herrn Generalgouverneur in Krakau sowie dem Reichsführer SS mitgeteilt und darf Sie bitten, gleichfalls von ihr Kenntnis nehmen zu wollen.»[38] Die Deportationen begannen Anfang Februar 1941, und innerhalb von zwei Monaten wurden etwa 7000 Wiener Juden ins Generalgouvernement, hauptsächlich in den Distrikt Lublin, verfrachtet. Bis Mitte März 1941 nahm jedoch der militärische Verkehr im Zusammenhang mit den Vorbereitungen für das Unternehmen Barbarossa immer mehr zu, und das setzte diesen Deportationen ein Ende, wie es schon im Oktober 1939 geschehen war.

Eine simplere Methode zur Beschlagnahme jüdischer Wohnungen entwickelte man in der bayerischen Hauptstadt; sie wurde im «Arisierungsamt» des Münchener Gauleiters in Zusammenarbeit mit den städtischen Behörden entwickelt. Im Frühjahr 1941 errichteten die Juden der Stadt im Vorort Milbertshofen auf eigene Kosten ein Barackenlager. Etwa 1100 Juden wurden in dieses Lager umgesetzt, wo sie von da an bis zu ihrer Deportation nach Osten im November dieses Jahres unter Bewachung durch die örtliche Polizei lebten. Ihre ehemaligen Häuser wurden Parteimitgliedern und anderen verdienten Deutschen zugeteilt.[39]

*

Im Februar 1941 erhielten die Klemperers die Anweisung, das Auto zu verkaufen, das sie sich Mitte der dreißiger Jahre hatten kaufen können, wenngleich sie seit Ende 1938 nicht mehr damit hatten fahren dürfen (im Dezember dieses Jahres waren die Führerscheine von Juden für ungültig erklärt worden). «Der nächste zu erwartende Schlag», schrieb Victor Klemperer, «ist die Konfiskation der Schreibmaschine. Es gäbe eine Sicherung. Sie müßte mir von einem arischen Besitzer geliehen sein ...» Es gab einige Leute, die als «Leihgeber» in Frage kamen, aber sie hatten Angst. «Alle Welt fürchtet sich, im geringsten Verdacht der Judenfreundlichkeit zu kommen, die Angst scheint immerfort zu wachsen.»[40]

Auf allen Ebenen des Systems brach der Strom von Überlegungen, Sitzungen und Entscheidungen, die sich mit den Juden befaßten, niemals ab. Während mehrere Ministerien in eine endlose Debatte über die Frage verwickelt waren, welche Kategorien von ausländischen Juden für kriegsbedingte Verluste entschädigt werden sollten, während auf derselben Ebene eine Elfte Verordnung zum Staatsbürgergesetz entworfen und abgeändert wurde, entschied man über einige einfachere Maßnahmen ohne allzu großes Zögern: In Berlin strich man im Januar 1941 Juden bei sämtlichen Schuhmachern aus den Kundenlisten für Schuhreparaturen; zugelassen wurde ausschließlich die Firma Alsi-Schuhreparaturen mit ihren Filialen.[41] Im Februar und März wurden 1000 Angestellte der Berliner jüdischen Gemeinde und der Reichsvereinigung (von insgesamt 2700) zu Zwangsarbeit herangezogen.[42] Ende März mußten auf Anordnung von Generalbauinspekteur Albert Speer jüdische Mieter ihre Wohnungen räumen, damit an ihrer Stelle «Arier» einziehen konnten, deren Wohnungen infolge der Großbauvorhaben, die man in der Hauptstadt in Angriff genommen hatte, abgerissen wurden.[43] Im April mußte die «Jüdische Gemeinde» von Berlin ihren Namen in «Jüdische Religionsvereinigung in Berlin» ändern.[44]

In einer Verfügung wurden alle arisierten Firmen und Geschäfte angewiesen, ihre Namen zu «entjuden». Gewöhnlich führte eine derartige Maßnahme nicht zu Problemen. Im Falle der weltberühmten Firma «Rosenthal-Porzellan» äußerten die neuen «arischen» Eigentümer jedoch Bedenken: Es kam zu einem langwierigen Schriftwechsel, an dem das Unternehmen, das Justizministerium, das Propagandaministerium und die Parteikanzlei beteiligt waren. Am 7. Juni 1941 konnte die Gesellschaft nachweisen, daß die Zahl der Juden in ihrem Vorstand stetig zurückgegangen war (1931 hatte es in einem Vorstand mit sieben Mitgliedern drei Juden gegeben; 1932 waren es zwei von fünf; 1933 nur noch einer von acht). Das Propagandaministerium sah die Wichtigkeit der Beibehaltung des Namens «Rosenthal», das Justizministerium akzeptierte diese Position und die Parteikanzlei ebenfalls: Im August 1941 wurde die Sache beigelegt.[45]

Die verwickeltsten Probleme entstanden weiterhin, wenn es um Mischlinge ging, und zwar nicht nur in der Wehrmacht. Häufig griff Hitler ein. Gelegentlich erteilte er jedoch Anweisungen, die er später aus nicht ganz eindeutigen Gründen aufschob. So informierte am 7. Mai Hans Pfundtner, Staatssekretär im Innenministerium, diverse Stellen darüber, daß der «Führer» den außerehelichen Verkehr zwischen Mischlingen ersten Grades und vollblütigen Deutschen ebenso wie den zwischen Mischlingen ersten Grades untereinander zu verbieten wünsche. Am 25. September 1941 setzte Lammers jedoch Frick davon in Kenntnis, daß Hitler die Angelegenheit verschieben wolle.[46] Eine Erklärung wurde nicht gegeben.

Einige der mit Mischlingen zusammenhängenden Fragen, über die Hitler am Vorabend des Ostfeldzuges zu entscheiden hatte, waren simpel: Im April 1941 teilte Lammers dem Landwirtschaftsminister Walther

Darré mit, Hitler habe keine Einwände dagegen, daß Mischlinge zweiten Grades einen Rennstall oder ein Gestüt besäßen; deshalb konnte das Gestüt Schlenderhan, das den vierteljüdischen Brüdern von Oppenheim gehörte, nur auf dem Wege des Ankaufs von der Reichsgestütsverwaltung übernommen werden.[47]

Die Probleme, die im Zusammenhang mit Mischlingen ersten Grades am häufigsten auftauchten, waren Gesuche um Zulassung zum Universitätsstudium, gewöhnlich nach einem Dienst in der Wehrmacht, aus dem sie (als Mischlinge) entlassen worden waren. Wer wegen Tapferkeit ausgezeichnet worden war, wurde meist angenommen – das entsprach einer Verfügung Hitlers vom Oktober 1940 –, die anderen lehnte man größtenteils ab, auch wenn sie besonders berühmte Vorfahren aufzuweisen hatten. Am 1. Februar 1941 hatte das Amt des Stellvertreters des Führers über das Gesuch eines gewissen Jürgen von Schwerin zu entscheiden, dessen Vorfahren väterlicherseits zum höchsten preußischen Adel gehörten (einer von ihnen war Feldmarschall von Zieten). Das Unheil kam von der mütterlichen Seite: Jürgens Großvater mütterlicherseits war ein Mendelssohn-Bartholdy, ein Bankier, der eng mit Bismarck zusammengearbeitet hatte. Natürlich verwies der Name auch auf eine Beziehung zu dem berühmten jüdischen Komponisten, und obgleich die Großeltern zum Christentum übergetreten waren, war von Schwerin mit dem Namen Mendelssohn belastet. Sein Gesuch wurde zunächst abgelehnt und erst nach längerer Zeit endlich angenommen.[48]

Nicht so einfach war der Fall eines Professors an der Universität München, Dr. Karl Ritter von Frisch, eines Mischlings zweiten Grades (die Großmutter mütterlicherseits war «Volljüdin»). Nach Paragraph 72 des Beamtengesetzes war Frisch in den Ruhestand zu versetzen, und am 8. März 1941 verständigte der Erziehungsminister seinen Kollegen Frick und den allgegenwärtigen Martin Bormann von seiner Entscheidung, das Gesetz anzuwenden. Frisch war, das sollte noch erwähnt werden, der Leiter des zoologischen Instituts der Universität und ein weltbekannter Bienenspezialist. Nicht nur waren Bienen für die Nahrungsmittelproduktion unentbehrlich, einem in der Akte enthaltenen Zeitungsartikel zufolge dezimierte im Frühjahr 1941 eine Krankheit Hunderttausende von Bienen im Reich, und der Spezialist, von dem man erwartete, daß er die geeigneten Gegenmaßnahmen erfinden werde, war kein anderer als Frisch.

Für Bormann gab es keine Probleme. Am 11. Juli 1941 teilte er dem Erziehungsminister mit, Frisch müsse nach Paragraph 72 in den Ruhestand versetzt werden. Dies sei um so dringlicher geboten, als bekannt sei, daß er auch noch nach 1933 zahlreiche Kontakte zu Juden aufrechterhalten habe; außerdem habe er erklärt, der deutschen Wissenschaft werde durch den Fortgang von Juden Schaden zugefügt. Damit nicht genug, habe er auch versucht, antisemitische Wissenschaftler aus seinem Institut zu entfernen. In einem weiteren Brief vom 31. Januar 1942 fügte Bormann hinzu, Frisch könne seine Forschung auch im Ruhestand fortsetzen.[49] Es bleibt unklar, was den allmächtigen Chef der Parteikanzlei dazu veranlaßte, seine Meinung zu ändern. Am 27. April 1942 verwies Bormann jedoch lahm auf neue Informationen, aus denen hervorgehe, daß sich der Ruhestand nachteilig auf Frischs Forschungen auswirken würde. Der Erziehungsminister erhielt Weisung, ihn bis nach Kriegsende zu verschieben.[50]

Bei der fortlaufenden Schikanierung der Juden konnte keine Angelegenheit von nennenswerter Bedeutung ohne Zustimmung Hitlers entschieden werden. Wie wir sahen, war es im August 1940 Hitler, der für die Durchführung der antijüdischen Maßnahmen im besetzten Frankreich grünes Licht gab. Im gleichen Monat gestattete er dem Gauleiter Simon, in Luxemburg eine antijüdische Gesetzgebung einzuführen.[51] Im Oktober ordnete er die Abschiebung der Juden aus Baden und der Pfalz in die Vichy-Zone an, und im Januar 1941 stimmte er den Deportationen aus Wien zu. Etwa um dieselbe Zeit genehmigte Hitler den Beginn der Arisierungen in Holland: Am 1. März schrieb der Leiter der Handelspolitischen Abteilung der Wilhelmstraße, «daß der Führer auf Vortrag des Reichskommissars [Seyß-Inquart] schon vor etwa 3 Monaten grundsätzlich entschieden habe, daß die Arisierung durchgeführt werden könne. Über den jetzigen Stand der Angelegenheit sei Reichsleiter Bormann unterrichtet.»[52] Noch bezeichnender war in dieser Hinsicht ein Problem, das auf niederer Ebene seit 1938 erörtert wurde und das 1940 wieder auf den Tisch kam: die Kennzeichnung der im Reich lebenden Juden mit einem besonderen Zeichen.

Im April und Mai 1941 tauchte diese Frage (wahrscheinlich mit Blick auf den bevorstehenden Ostfeldzug) auf Initiative von Heydrich und Goebbels wieder auf. Beide wandten sich deshalb an Göring, was aber zu keinem Ergebnis führte.[53] Einige Tage nach Beginn des Angriffs teilte der Reichsmarschall dem Minister und dem Chef des RSHA mit, die Angelegenheit müsse Hitler vorgelegt werden, woraufhin Heydrich Bormann um ein Gespräch mit dem «Führer» bat, um ihm den Fall vorzutragen. Goebbels schickte seinerseits eine Botschaft an den Reichsleiter, in der er hervorhob, daß er die Angelegenheit als «außerordentlich dringlich und notwendig» betrachte. Nach Auslassungen über die vielfältigen Schwierigkeiten, die sich bei der Durchführung der antijüdischen Maßnahmen ergaben, solange die Juden äußerlich nicht kenntlich waren, hieß es in der Denkschrift, in der Goebbels seine Ansichten zusammenfaßte, weiter: «Da eine baldige Abwanderung der Juden [aus dem Reich] nicht zu erwarten ist, ist es auch weiterhin notwendig, den Juden deswegen zu kennzeichnen, damit er nicht ... den Versuch unternehmen kann, Volksgenossen in ihrer Stimmung zu beeinflussen.»[54] Wie wir sehen werden, gab Hitler im August den Bitten von Goebbels nach – und bald danach ordnete er die «Abwanderung» der Juden an.

Im ganzen Reich duckten sich die Juden unter der zunehmenden Hetze, die sie umgab, und unter dem erbarmungslosen Drang der Behörden, sie in einer endlosen Anhäufung neuer Maßnahmen zu schädigen und zu demütigen. «Wir erleben hier eine so unruhige Zeit», schrieb Hertha Feiner am 11. März 1941 an ihre Töchter, «daß ich trotz ganz großer Sehnsucht froh bin, daß Ihr davon verschont bleibt und ruhig arbeiten könnt. Ich habe gestern schon Marion geschrieben, daß viele Lehrer abgebaut werden: von 230 Lehrern bleiben 100, und da eine ganze Reihe festangestellt sind (vor 1928 bei der Gemeinde waren), die nicht gekündigt werden können, kannst Du Dir wohl vorstellen, wie gering die Aussichten für mich sind. Bis zum 1. April wird es sich entscheiden. ... Und diese Sorgen und noch viele mehr nehmen mir die Ruhe zu lesen.»[55]

Einstweilen durfte Hertha Feiner bleiben. «Die Arbeit in der Schule ist jetzt sehr anstrengend», berichtete sie am 1. Juni 1941, «da durch den Abbau der Lehrer unsere Stundenzahl erhöht wurde, während das Gehalt heruntergesetzt wurde. Aber es geht der Gemeinde nicht gut, und da hilft es mal eben nichts.»[56] Eine Woche später fuhr sie mit der Schilderung des Alltagslebens fort, das sich rings um sie entwickelte: «Ich freue mich, wenn nichts Besonderes passiert, denn das ist selten etwas Gutes. Tante Irma arbeitet in einer Fabrik. Sie ist dort gern, und wenn sie auch nicht viel verdient, so müssen sie und ihre Mutti ja leben können. Vorige Woche hatte sie Urlaub. ... Sie haben ein Affidavit aus Amerika bekommen und hoffen, vielleicht in 1/2 Jahr auswandern zu können. Goldsteins habe ich dort gesprochen, die Tochter ist in Palästina, Ihr kennt sie, aber sie hören nichts von ihr.»[57]

Klepper war im Dezember 1940 zur Wehrmacht eingezogen worden, und er führte sein Tagebuch während der darauffolgenden zehn Monate nicht weiter.

III

Auch wenn die Errichtung von Ghettos im Generalgouvernement ein ungleichmäßiger Prozeß war, schritt die Konzentration von Juden in gesonderten Stadtbezirken Anfang 1941 doch zügig voran. «Gegen zehn Uhr kam ein Jude aus Kielce vorbei», notierte Dawid Rubinowicz am

1. April. «Am selben Tag sind schon Juden, die irgendwelche Verwandten außerhalb des Viertels haben, aus Kielce fortgezogen und sind zu ihren Verwandten gefahren. ... Der Onkel ist heute aus Kielce gekommen, um sich zu beraten, was er tun soll. Papa hat ihm gesagt, daß er vorläufig herkommen soll. Was wir tun werden, wird er auch tun. Also ist er gegangen, sich für morgen ein Fuhrwerk zu bestellen.»[58] Der erste Onkel traf in den frühen Morgenstunden des 3. April bei den Rubinowiczs ein; dann, im Laufe des Tages, kam noch ein weiterer Onkel: «Ich habe mir überlegt, wo sie bei uns wohnen werden», notierte Dawid an diesem Tag.[59] Doch zur Überraschung aller überlegte sich der zweite Onkel die Sache anders und fuhr zurück ins Judenviertel. «Wir hatten dadurch viele Unannehmlichkeiten, denn wir waren sicher, daß er dort nichts zu essen haben wird.»[60]

Tatsächlich lebten in diesen Monaten Hunderttausende von Juden am Rande des Hungertodes, vor allem in den größten Ghettos des Warthegaus und des Generalgouvernements. Unter deutschen Beamten wurden zwei einander widersprechende Ansätze zum Umgang mit diesem Problem ins Auge gefaßt. Einerseits war Hans Biebow, der neue Leiter der Ghettoverwaltung von Łódź, für ein gewisses Niveau von wirtschaftlicher Aktivität, das der Ghettobevölkerung zumindest ein minimales Auskommen garantieren würde; andererseits hatte Biebows Stellvertreter nichts dagegen, die Juden verhungern zu lassen. Greiser sprach sich für die Linie Biebows aus; Biebows Stellvertreter Palfinger wurde nach Warschau versetzt.[61]

Der Weg der Reorganisierung war jedoch nicht klar, auch dann nicht, als sich der Gauleiter entschieden hatte, eine «produktivitätsorientierte» Politik zu unterstützen, um mit Christopher Browning zu sprechen. Greiser selbst bewies ein ungewöhnliches Talent zur Erpressung: Er erhob auf alle jüdischen Löhne eine Steuer von 65 Prozent... Überdies enthielten deutsche Behörden und Unternehmen dem Ghetto Rohstoffe und Lebensmittel vor (oder sie lieferten minderwertige Produkte und steckten die Differenz in die eigene Tasche). Erst im Spätfrühling 1941 gelang es Biebow, die Regelungen durchzusetzen, die er gefordert hatte: «Für arbeitende Juden sollten ‹polnische Rationen› das Minimum darstellen; nichtarbeitende Juden sollten die seit langem verheißene ‹Gefängniskost› erhalten.»[62]

Die Fehler Rumkowskis verschärften bisweilen die chronische Hungersnot. Besonders erbost war die Bevölkerung nach Aussagen eines Überlebenden aus dem Ghetto, der kurz nach dem Kriege interviewt wurde, über die Kartoffelaffäre. «Eine Menge Kartoffeln wurde ins Ghetto gebracht», erzählte Israel U. dem amerikanischen Psychologen David Boder in einem 1946 geführten Gespräch. «Als man Rumkowski fragte, weshalb er sie nicht verteile, antwortete er: ‹Ihr habt euch nicht in meine Angelegenheiten einzumischen. Ich verteile die Kartoffeln, wann ich will.› Es kam Frost, die Kartoffeln wurden schlecht und mußten weggeworfen werden. Sie wurden vergraben. Und an dieser Stelle, wo sie vergraben lagen, suchten die Menschen danach noch drei Jahre lang nach Kartoffeln. Außerdem redeten die Leute sich ein, daß die Kartoffeln so besser schmeckten, weil das Wasser aus ihnen verdunstet sei ...»[63]

Der Zeuge erkannte aber auch an, daß derselbe diktatorische Vorsitzende im Laufe der Zeit eine gewisse Ordnung in die Lebensmittelverteilung gebracht hatte: «Anfangs wurde in jedem Haus ein Komitee eingerichtet; es bekam die Zuteilung für das ganze Haus und verteilte sie an alle Leute. Das war sehr schlecht. Sie stahlen. Aber Rumkowski half dem ab. Es gab 43 Bezirkslagerhäuser, die nach Straßen angeordnet waren. Und jeder hatte eine Karte für Brot, eine Karte für Gemüse und so fort. Heute beispielsweise kommt Brot für die und die Nummern heraus. Man ging in das Lagerhaus, die Karte wurde abgeschnitten und [der Vorgang] in das Buch eingetragen.»[64]

Die von Rumkowski vorgenommene «Rationalisierung» der Lebensmittelverteilung im Ghetto war nur insofern effizient, als die Deutschen Lieferungen von draußen zuließen; ungeachtet einer Welle von Streiks und Protesten, die es im Frühjahr 1941 bei Ghettoarbeitern gab, setzte der Vorsitzende doch ein gewisses Maß an Gleichheit unter den Bewohnern durch, das durchaus im Gegensatz zu der Lage in Warschau stand. Selbst die unerbittlichsten ideologischen Gegner des Ältesten vermerkten seine Initiativen mit einem Spott, der durch Einverständnis gemildert war: «Was uns betrifft, so fährt Rumkowski nach Warschau, um Ärzte zu holen, und er reorganisiert die Versorgung im Ghetto», schrieb Sierakowiak am 13. Mai. «Die Zahl der Kooperativen wird vergrößert, es werden gesonderte Gemüse-Kooperativen gebildet und die für Brot und Lebensmittel zusammengelegt. Das Anlegen von Grün- und Rasenflächen, der Straßenbau und andere Bauarbeiten vervollständigen das ‹Frühjahrsprogramm› im Ghetto, das ‹ruhmreich auf dem Wege zu höchster Blüte und Entwicklung voranschreitet›.»[65]

Ungeachtet aller Bemühungen um «Produktivitätsorientierung» – die in Łódź ein bemerkenswertes Niveau erreichte – besserte sich für einen großen Teil der Bevölkerung die Versorgungssituation nicht so, daß es zu mehr reichte als chronischem Hunger. Uns liegen einige Informationen über das Alltagsleben aus individuellen Aufzeichnungen vor, hauptsächlich aber aus der detaillierten «Chronik», in der von Januar 1941 bis Juli 1944 eine Gruppe «offizieller» Tagebuchschreiber (mit anderen Worten, von Chronisten, die Rumkowski ernannt hatte) regelmäßig das niederschrieb, was ihrer Ansicht nach für «künftige Historiker» von Bedeutung war. Zunächst waren die Verfasser Juden aus

Łódź; dann, nach den Deportationen aus dem Reich und dem Protektorat Ende 1941, stießen Juden aus Wien und Prag zu der anfänglichen Gruppe hinzu. Die Chronisten berichteten von den Alltagsereignissen und benutzten Dokumente, die in den Ghettoarchiven gesammelt waren, eine gewaltige und ständig erweiterte Sammlung aller verfügbaren Informationen, die sich auf das Ghetto sowie auf das Leben und die Arbeit des größenwahnsinnigen Rumkowski bezogen. Obgleich die Chronisten Kommentare zu dem Material, das sie auf diese Weise für die Geschichte festhielten, vermieden, erzählten sie doch – allein dadurch, daß sie die Belege präsentierten – eine Geschichte, deren Hintergründe dem Leser nicht entgehen konnten.[66]

In der ersten Eintragung der «Chronik» vom 12. Januar 1941 hielten die Verfasser zwei kleinere, aber bezeichnende Vorfälle fest: «Auf einem der Büros des Ordnungsdienstes erstattete ein achtjähriger Junge Anzeige gegen seine eigenen Eltern, denen er vorwarf, sie gäben ihm nicht die ihm zustehende Brotration. Der Junge verlangte, eine Untersuchung anzustellen und die Schuldigen zu bestrafen ...» Und unmittelbar nach dieser Eintragung hielten die Chronisten einen weiteren seltsamen Vorfall fest: «Die Bewohner eines Gebäudes befanden sich in einer sehr irritierenden Situation, als sie nach dem Aufwachen feststellten, daß im Laufe der Nacht unbekannte Täter ... ihre Treppen samt Geländer gestohlen hatten.»[67]

In Warschau wurde der Lebensmittelmangel im März 1941 ebenfalls katastrophal. Genau wie sein Amtskollege im Warthegau mußte Frank eine Entscheidung fällen, und er traf dieselbe Wahl wie Greiser. In einer Verfügung vom 19. April wurde die deutsche Ghettoverwaltung umgebildet: Disktriktsgouverneur Ludwig Fischer ernannte den jungen Juristen Heinz Auerswald (der früher in der Innenabteilung des Generalgouvernements tätig gewesen war) zum Kommissar für den jüdischen Wohnbezirk von Warschau, der ihm direkt unterstellt war. Außerdem wurde als unabhängige Institution, die von dem Bankier Max Bischof verwaltet wurde, eine Transferstelle zur Regelung der Wirtschaftsbeziehungen des Ghettos zur Außenwelt eingerichtet.[68] Selbstverständlich hatten die neuen Behörden nur wenig Kontrolle über die Forderungen und Initiativen der ständig präsenten Sicherheitspolizei und des SD.[69]

In diesem administrativen Kontext setzte Bischof seine neue Wirtschaftspolitik in Gang, mit der er einen gewissen Erfolg hatte. Nach den Angaben von Hilberg und Staron stieg der Wert der Exporte aus dem Ghetto von 400 000 Złoty im Juni 1941 auf 15 Millionen im Juli 1942, als die Deportationen begannen. Der größte Teil dieser Produktion stammte von jüdischen Firmen und nicht von deutschen Betrieben im Ghetto, die Juden beschäftigten. Aus derselben Berechnung geht hervor, daß die Zahl der produktiv beschäftigten Juden im Ghetto von 34 000 im September 1941 auf über 95 000 im Juli 1942 anstieg. Doch ungeachtet dieses «wirtschaftlichen Aufschwungs» war das minimale Ernährungsniveau für die gesamte Ghettobevölkerung ebenso wie in Łódź niemals sichergestellt.[70] Das «Informationsbulletin» des polnischen Untergrunds brachte am 23. Mai 1941 einen Leitartikel, der offenbar ein realistisches Bild der Lage zeichnete, wie sie «Außenstehenden» erschien. «Die zunehmende Überfüllung hat zu Gesundheitsschäden, Hunger und monströser Armut in einem Maße geführt, das jeder Beschreibung spottet. Gruppen von bleichen und ausgemergelten Menschen wandern ziellos durch die überfüllten Straßen. Bettler sitzen und liegen an den Mauern, und häufig sieht man Menschen, die vor Hunger zusammenbrechen. Das Asyl für verlassene Kinder nimmt täglich ein Dutzend Säuglinge auf; Tag für Tag sterben mehr Menschen auf den Straßen. Infektionskrankheiten, insbesondere Tuberkulose, breiten sich aus. Währenddessen fahren die Deutschen fort, die reichen Juden auszuplündern. Die Art, wie sie die Juden behandeln, ist immer äußerst unmenschlich. Sie quälen sie und treiben ständig ihren zügellosen und bestialischen Spaß mit ihnen.»[71]

Unter derartigen Umständen würde die natürliche Reaktion der meisten Angehörigen einer Gruppe vom Umfang der Bevölkerung eines großen Ghettos darin bestehen, sich einzig und allein auf das eigene Überleben und auf das von Familienangehörigen oder engen Freunden zu konzentrieren. So verhielt sich in der Tat der durchschnittliche Ghettobewohner in Warschau (und in jüdischen Gemeinden an allen anderen Orten unter der Besatzung), wie neben vielen anderen ein scharfer Beobachter, der Bund-Führer und Ghettokämpfer Marek Edelman, festgestellt hat.[72] Es gab jedoch manches, was diesen instinktiven Reaktionen entgegenwirkte: beträchtliche Bemühungen um Unterstützung von außen, Selbsthilfe in unterschiedlicher Gestalt, die indirekt nützlichen Auswirkungen von Eigeninteresse und vor allem kollektive Versuche, den schwächsten Mitgliedern der Gruppe, den Kindern und den Jugendlichen oder aber denjenigen, die einem in ideologischer (politischer oder religiöser) Hinsicht am nächsten standen, in ihrer verzweifelten Lage beizustehen.

Hilfe von außen, die in erheblichem Umfang vom *American Jewish Joint Distribution Committee* (JDC) geleistet wurde, ermöglichte die interne Organisation von Sozialfürsorge in beträchtlichem Ausmaß.[73] So begann die Jüdische Soziale Selbsthilfe (JSS) damit, die Bemühungen von bis dahin unabhängigen jüdischen Wohlfahrtsorganisationen in ganz Polen zu koordinieren. Die Aufgabe der JSS war übermenschlich, auch wenn sie versuchte, Prioritäten zu setzen und mit den Bedürftigsten, den Kindern und den älteren Menschen, anzufangen. Im ersten Jahr ihrer Tätigkeit half sie allein in Warschau 160 000 Menschen durch die Verteilung von Lebensmitteln und anderem Grundbedarf.

Bald kam es zu Spannungen zwischen dem Rat und der Warschauer JSS; letztere mußte sich zentimeterweise ihren Weg erkämpfen, um einer Unterstellung unter den Judenrat zu entgehen. Während es die JSS mit den Ghettobewohnern generell zu tun hatte, organisierten die «Hauskomitees», wie ihr Name sagt, die Selbsthilfe auf der Ebene der Wohnhäuser.[74] Während für die JSS das amerikanische *Joint* als wichtigste Finanzierungsquelle fungierte, wurden die Aktivitäten der Hauskomitees sowohl von der JSS als auch von den Beiträgen derjenigen Mitglieder unterstützt, die sie sich leisten konnten.[75] Darüber hinaus setzten einige vor dem Krieg gegründete Wohlfahrtsorganisationen wie etwa CENTOS, das Waisenhäuser unterstützte, und ORT, das sich auf Berufsausbildung konzentrierte, ihre eigenen Aktivitäten fort. In Warschau hätte jedoch nichts hiervon ausgereicht, wenn es nicht als unentbehrlichen Teil der «Selbsthilfe» einen ausgedehnten Schleichhandel gegeben hätte.

«Hörte wunderbare Geschichte über den Schmuggel, der über den jüdischen Friedhof betrieben wird. In einer einzigen Nacht haben sie auf dieser Route 26 Kühe transportiert», notierte Ringelblum am 11. Januar 1941.[76] Einige Wochen später teilte auch Kaplan seine Beobachtungen mit: «Geschmuggelt wurde durch alle Löcher und Ritzen in den Mauern, durch Verbindungstunnel in den Kellern von Häusern an der Grenze, und durch alle die verborgenen Örter, die den Augen der ausländischen Eroberer unbekannt waren. Besonders die Schaffner auf den arischen Straßenbahnen machten ein Vermögen. ... Arische Straßenbahnen halten im Ghetto nicht an, aber das ist kein Hindernis. Der Schmuggelsack wird an einem verabredeten Platz hinausgeworfen und von zuverlässigen Händen aufgefangen. Auf diese Weise schmuggeln sie besonders Schweineschmalz, das die religiösen Führer während dieser Zeit der Vernichtung zu essen erlaubt haben.»[77] Die Schmuggler oder vielmehr die Rädelsführer waren die ersten, die von diesen Aktionen profitierten. Deutsche und polnische Wachen steckten erhebliche Bestechungsgelder ein – und gleiches taten in geringerem Umfang Mitglieder der jüdischen Ghettopolizei.

Nach außen hin bekämpfte die deutsche Verwaltung den Schmuggel, und der Ghettokommissar ergriff einige Maßnahmen, um den illegalen Handel zu erschweren.[78] Größtenteils wurde jedoch «der Schmuggel toleriert, und die dagegen ergriffenen Maßnahmen sollten nur sein Ausmaß beschränken.»[79] Was den Judenrat angeht, so verstand er vollkommen, daß der Schleichhandel angesichts der Versorgungslage nicht unterbunden werden konnte und sollte.[80]

Der Schmuggel und die Profitmacherei aller Art schufen eine neue Klasse: Warschaus Neureichen ging es gut ... eine Zeitlang. Sie hatten ihre Restaurants und Kabaretts, wo sie, vom ringsum herrschenden Elend abgeschirmt, ihren kurzlebigen Reichtum genossen und mit Polen und Deutschen verkehrten, bei denen es sich häufig um ihre Geschäftspartner handelte. «In der Leszno-Straße Nr. 2», erinnerte sich der Bundist Jacob Celemenski, «gab es jetzt ein Kabarett namens *Sztuka* [«Kunst»] ... Als wir an dem Nachtclub ankamen, war die Straße dunkel. Plötzlich sagte mein Begleiter zu mir: ‹Paß auf, daß du nicht auf eine Leiche trittst.› Als ich die Tür öffnete, blendete mich das Licht. In jeder Ecke des überfüllten Kabaretts brannten Gaslampen. Alle Tische waren mit weißen Tischtüchern gedeckt. Fette Typen saßen daran und aßen Huhn, Ente oder anderes Geflügel. All diese Speisen wurden mit Wein und Likör hinuntergespült. Das Orchester in der Mitte des Nachtclubs saß auf einem kleinen Podium. Neben ihm trat eine Sängerin auf. Das waren Leute, die früher vor polnischen Menschenmengen gespielt hatten. ... Das Publikum, das die Tische bevölkerte, bestand aus der Aristokratie des Ghettos – große Schmuggler, hohe polnische Offiziere und hohe Tiere aller Art. Deutsche, die geschäftlich mit den Juden zu tun hatten, kamen ebenfalls hierher, in Zivil. ... Das Publikum aß, trank und lachte, als ob es keine Sorgen hätte.»[81]

Natürlich stellte die «neue Klasse» des Ghettos nur einen winzigen Ausschnitt der Bevölkerung dar. Die Mehrheit blieb hungrig – ungeachtet von Schmuggel, Selbsthilfe, Hauskomitees und Päckchen, die – bis zum Juni 1941 – meist aus der Sowjetunion oder dem sowjetisch besetzten Polen kamen. In zunehmendem Maße wurden, wie in Łódź, Kartoffeln zum Grundnahrungsmittel. «Mir scheint», schrieb Hersh Wasser, der Sekretär und Koordinator von *Oneg Shabbat*, am 3. Januar 1941, «die Fülle neuer Latke-Läden [«Latkes» sind eine Art Kartoffelpuffer, die man gewöhnlich zu Chanukka brät] hat eine solide wirtschaftliche Basis. ... Statt Frühstück, Mittag- oder Abendessen nehmen die Leute ein oder zwei Latkes zu sich und stillen so ihren Hunger. Brot wird zu einem Traum, und ein warmes Mittagessen gehört ins Reich der Phantasie. Die Dinge stehen gewiß ernst, wenn Kartoffel-Latkes zu einer Nationalspeise werden.»[82]

Vor allem unter den Flüchtlingen aus den Provinzen machte sich Hunger breit. Die Zahl der Todesfälle infolge von Hunger und Krankheit betrug in der Zeit von der Abriegelung des Ghettos im November 1940 bis zum Beginn der Deportationen im Juli 1942 möglicherweise nicht weniger als 100 000 (gleichzeitig wurde die Bevölkerung durch Wellen von Flüchtlingen aus den Provinzen und im Frühjahr 1942 auch durch Menschen, die aus dem Reich deportiert worden waren, «aufgefüllt»). Doch ungeachtet des allgemeinen Elends blieb die Aufrechterhaltung des Unterrichts für Kinder und Jugendliche ein beständiges und teilweise erfolgreiches Bemühen.

Bis 1941 waren im Generalgouvernement jüdische Schulen verboten. Nachdem Frank der Wiederaufnahme jüdischen Unterrichts zugestimmt hatte, wurde der Schulbetrieb offiziell und ging in Übereinstimmung mit örtlichen deutschen Anordnungen nach und nach auf die Räte über. In Łódź wurden die Schulen im Frühjahr 1941 erneut geöffnet, in Warschau erst im November 1941. Während der ungefähr zweijährigen Zeitspanne, in der in Warschau der Schulunterricht verboten gewesen war, hatten sich im Ghetto geheime Schulen verbreitet, die von Lehrern betrieben wurden, welche allen Bildungsinstitutionen der Vorkriegszeit angehörten und nun zusammenarbeiteten.

Indessen standen alle Unterrichts- und Spielaktivitäten im Angesicht des Hungers. Die Ringelblum-Archive bieten eine Fülle von Material, das von Lehrern und Sozialarbeitern eingesandt wurde, die mit diesem unlösbaren Problem konfrontiert waren. «Wie vermittelt man einem apathischen, hungrigen Kind, das ständig nur an ein Stück Brot denkt, Interesse an etwas anderem?» fragte einer; ein anderer schrieb, eine Mahlzeit «war ein Ausgangspunkt für sämtliche Aktivitäten, an denen wir die Kinder beteiligen wollten».[83] Ein weiterer freiwilliger Lehrer stellte nach dem Krieg fest: «Ich versuchte, Kindern, die in demselben Hof wie ich wohnten, Unterricht zu geben, aber mein Versuch scheiterte, weil sie Hunger hatten ...»[84]

Gleichwohl war der Oberschul- und sogar der Grundschulbetrieb intensiv, und geheime Bibliotheken in den drei Sprachen des Ghettos zogen eine große Leserschaft an. Kinder und Jugendliche hatten ihre Vorlieben: Frances Hodgson Burnetts *Der kleine Lord* und Edmondo de Amicis' *Das Herz*.[85] Vielen dieser Kinder war jedoch ein großer Teil der «normalen» Welt unbekannt. Dem Zeugnis eines Überlebenden zufolge «wußten Kinder, die im Ghetto eingesperrt waren, nichts von Tieren und Pflanzen. Sie wußten nicht einmal, wie eine Kuh aussieht.»[86]

Eines der Lieblingsbücher der erwachsenen Ghettobevölkerung war anscheinend Franz Werfels *Die vierzig Tage des Musa Dagh*, eine Geschichte, die während des Völkermords spielt, den die Türken im Ersten Weltkrieg an den Armeniern verübten; sie erzählt vom Heroismus und der Ausdauer einer Gruppe von Armeniern – und von ihrer letztlichen Rettung.[87] Allgemein wurden kulturelle Aktivitäten, ideologische Debatten und alle Ausdrucksformen des «geistigen Lebens» zu einer sowohl instinktiven als auch bewußten Reaktion auf tägliche Erniedrigung und zu einer zeitweiligen Zuflucht aus tiefstem Elend.

Die Musik spielte in den größeren Ghettos, vor allem in Warschau und in Łódź, eine besondere Rolle. Es wurden Orchester gegründet, und ein vergleichsweise reiches und intensives Musikleben entwickelte

Dezember 1940 – Juni 1941   531

sich. So ging in Warschau die Initiative zur Gründung eines Symphonieorchesters von einigen Musikern aus; hatten sie aber die Absicht, «der holden Kunst zu dienen, um den Menschen Freude und Vergnügen zu bereiten? O nein, anderes hatten sie im Sinn: Sie wollten etwas verdienen, um den Hunger zu stillen.»[88] Eine zusätzliche Erinnerung an das, was im Ghettoleben am meisten zählte.

Marcel Reich-Ranicki, der dann begeistert und kenntnisreich die Leistungen der Ghettomusiker schilderte, versuchte sich damals unter dem Pseudonym Wiktor Hart an Kritiken für die von den Deutschen lizenzierte *Gazeta Żydowska*.[89] Dieser junge Mann, 1941 21 Jahre alt, entstammte einer jüdischen Familie aus Włocławek, hatte aber in Berlin die Oberschule besucht, bevor man ihn im Herbst 1938 im Zuge der Vertreibung der polnischen Juden aus dem Reich nach Polen zurückschickte. Die Familie zog nach Warschau, wo Reich-Ranicki, der fließend deutsch sprach, bald eine Stellung als Chef des «Übersetzungs- und Korrespondenzbüros» fand.[90]

Reich-Ranickis Kommentare zum begeisterten Besuch der Symphoniekonzerte werfen Licht auf das, was sich über das kulturelle Leben im Ghetto allgemein erahnen ließ. «Nicht Trotz trieb die Hungernden, die Elenden in die Konzertsäle, sondern die Sehnsucht nach Trost und Erbauung – und so verbraucht diese Vokabeln auch sein mögen, hier sind sie am Platz. Die unentwegt um ihr Leben Bangenden, die auf Abruf Vegetierenden waren auf der Suche nach Schutz und Zuflucht für eine Stunde oder zwei, auf der Suche nach dem, was man Geborgenheit nennt, vielleicht sogar Glück. Sicher ist: Sie waren auf eine Gegenwelt angewiesen.»[91]

Auch in Łódź war das musikalische Leben reichhaltig. In den ersten drei Märzwochen des Jahres 1941 beispielsweise verzeichnet die Ghetto-Chronik Konzerte am 1., 5., 8., 11. und 13.: «Am 13., dem Tag des Purim», heißt es in der Chronik, «gab es eine Violindarbietung von Fräulein Bronislawa Rotsztat sowie ein Symphoniekonzert unter der Leitung von Dawid Bajgelman, an dem sich der Chor Hazomir [hebr.: «Nachtigall»] beteiligte. Am Samstag, dem 15. März, wurde dieses Programm in einer Vorstellung für geladene Gäste, unter ihnen als bedeutendster der Vorsitzende, wiederholt. Diese Darbietung hatte eine besondere zeremonielle Qualität und dauerte bis zehn Uhr abends. Am 17. März organisierte die Schulabteilung eine Vorstellung mit Musik und Gesang für Schulkinder. Am 18., am 20. und 22. März fanden Symphoniekonzerte für Fabrikarbeiter statt, und am 22. schließlich gab es ein Symphoniekonzert mit klassischer Musik unter der Leitung von Theodor Ryder.»[92]

Ideologische Diskussionen fanden wahrscheinlich noch häufiger statt als öffentliche Kulturveranstaltungen. Am 8. Mai 1941 hielt Sierakowiak seine Absicht fest, sich an diesem Tag mit drei anderen Mitgliedern eines [kommunistischen] «Referentenkreises», ebenfalls Oberschülern, zu treffen, um «zuallererst Lenins berühmte Arbeit ‹Staat und Revolution› durch[zu]nehmen und darüber in allen Jugendaktivs des Ghettos [zu] referieren».[93] Am 10. Mai «sprach die Genossin Ziula Krengiel, die in einem großartigen Referat die Bedeutung des 1. Mai behandelte. ... Am Nachmittag», fügte Sierakowiak hinzu, «waren wir auf einer Versammlung der Mädchen, wo das Aktiv (Niutek, Jerzyk und ich) zu tun hatten, ihnen den Mehrwert zu erklären.»[94]

Unter den jungen Marxisten des Ghettos von Łódź ging die intellektuelle Unterweisung mit organisiertem Handeln einher, und das Handeln selbst wurde durch Elend veranlaßt: «Gestern ist ein Schüler aus unserer Parallelklasse gestorben, er erlag einer allgemeinen Erschöpfung – eine Folge des Hungers», notierte Sierakowiak am 13. Mai. «Er ist das dritte Opfer in unserer Klasse.»[95] Sierakowiak führte die Aktion gegen die Leitung seiner Schule an, um zusätzliches Essen zu bekommen. Er gewann, zumindest im Prinzip ...[96] Am 16. wurde er von der Schulärztin untersucht; sie war «entsetzt über meine Magerkeit. Sie gab mir sofort eine Überweisung zum Durchleuchten. ... Vielleicht kann ich auch eine doppelte Suppenportion in der Schule bekommen. Fünf Suppen würden zwar auch nichts schaden, aber zwei sind schon mal nicht schlecht. Die eine ist jedenfalls gar nichts.»[97]

Die organisierte jüdische Jugend war zu Beginn des Krieges nach der hastigen Abreise der Abgesandten aus Erez Israel und eines großen Teils der älteren Führungskräfte aus dem politischen oder gemeindlichen Bereich sich selbst überlassen worden.[98] Während die bundistische Jugend in engem Kontakt mit einer altgedienten Führung blieb, die sich nach wie vor im besetzten Polen (oder, eine Zeitlang, in der Sowjetunion) aufhielt, verloren die zionistischen Jugendorganisationen ungeachtet ihrer Bemühungen um Aufrechterhaltung des Kontakts und um Hilfe schrittweise die Verbindung zur Parteizentrale in Palästina. Die ideologische Leidenschaft dieser zionistischen Jugend wankte nicht – sie wurde durch die Umstände, unter denen sie lebten, möglicherweise sogar verstärkt; die Reaktionen aus Erez Israel jedoch gingen immer mehr zurück, sie verwandelten sich in zunehmend unrealistische und mechanische Ratschläge und Instruktionen, und häufig versanken sie, wie wir schon aus Zivia Lubetkins Brief ersahen, in Schweigen.[99] Solche Gleichgültigkeit führte zu einer wachsenden Kluft, und daraus erwuchs bei den führenden Vertretern der Jugendorganisationen im Lande, von denen die ältesten allenfalls Anfang zwanzig waren, bald ein verzweifeltes Gefühl der Unabhängigkeit.[100]

Die fortlaufenden und manchmal verbissenen Debatten, welche Bewegungen voneinander trennten, die beispielsweise – wie *Hashomer Hatzair*, *Gordonia* oder *Dror* – dieselbe zionistisch-sozialistische Einstellung miteinander teilten, mögen in der Rückschau unbegreiflich erscheinen. Doch die beträchtlichen Anstrengungen, die in diese ideologisch-kulturellen Aktivitäten und die Herausgabe einer großen Zahl auf polnisch, jiddisch oder hebräisch geschriebener Untergrundzeitungen und -zeitschriften (mit denen auch die jüdische Bevölkerung generell angesprochen wurde) investiert wurden, waren auch eine Form der Opposition und möglicherweise eine psychologisch notwendige Vorbereitung auf den bewaffneten Widerstand späterer Tage.[101]

Der Rat stand nach wie vor im Mittelpunkt des Ghettolebens. Mitte 1941 hatte sich beispielsweise der Warschauer Judenrat in eine ausgedehnte Bürokratie verwandelt, die in einer ganzen Phalanx von Abteilungen (zeitweise beinahe 30) etwa 6000 Menschen beschäftigte; angesichts der Knappheit der Mittel waren seine Leistungen beachtlich, und doch stieß er, wie schon erwähnt, beim größten Teil der Bevölkerung auf intensive Feindseligkeit, eine Feindseligkeit, die im Laufe der Zeit noch zunahm. «Der Judenrat ist in den Augen der Warschauer Gemeinde etwas Abscheuliches», notierte der scharfzüngige Kaplan am 23. April 1941. «Wenn man den Rat auch nur erwähnt, gerät bei jedem das Blut in Wallung. Wenn da nicht die Furcht vor der Obrigkeit wäre, gäbe es Blutvergießen. ... Den Gerüchten zufolge ist der Präsident ein anständiger Mann. Aber die Leute um ihn herum sind der Abschaum der Menschheit. Es gibt zwei oder drei Ausnahmen, die keinen Einfluß haben. ... Alle anderen sind der Abschaum der [jüdischen] Öffentlichkeit. ... Sie sind als Schufte und korrupte Leute bekannt, die auch schon in der Zeit vor dem Krieg häßlichen Machenschaften nicht aus dem Wege gegangen sind. ... Alles geschieht im Namen des Präsidenten. In Wahrheit aber wird alles ohne sein Wissen und sogar ohne sein Einverständnis getan und vielleicht sogar entgegen seinen Entscheidungen und Wünschen.»[102] Ein Ghettowitz, den Szymon Huberband notiert, bringt die allgemeine Einschätzung zum Ausdruck: «Ein zeitgenössisches jüdisches Gebet: O Herr, hilf mir, daß ich ein Vorsitzender oder ein stellvertretender Vorsitzender werde, damit ich mir Mittel zuteilen kann.»[103] Abgesehen von dem Zorn, den die weitverbreitete Korruption auslöste, richtete sich der Unmut besonders auf die Heranziehung zu Zwangsarbeit, auf die Besteuerung und auf die Brutalität der jüdischen Polizei.

Während jüdische Arbeiter in zunehmendem Maße in Ghettowerkstätten beschäftigt waren, wurden von den Räten aufgestellte «Arbeitsbataillone» Tag für Tag zur Arbeit geführt. Erinnern wir uns außerdem daran, daß in Oberschlesien Zehntausende ortsansässiger Juden in den speziellen Arbeitslagern der «Organisation Schmelt» schufteten und daß im östlichen Teil des Generalgouvernements, vor allem in Globocniks Distrikt Lublin, jüdische Sklavenarbeiter brutal von der SS angetrieben wurden. Dort ließ man sie Gräben zur Panzerabwehr ausheben und eine Verteidigungslinie für einen nicht erkennbaren militärischen Zweck bauen. Das OKH hatte dem Unternehmen zugestimmt, aber seine Durchführung wurde in vollem Umfang Himmlers Handlangern überlassen.[104]

Die Zwangsarbeiter im östlichen Polen waren ebenso wie die anderen zunächst von den Straßen der Judenviertel oder Ghettos weggeholt worden, dann hatte man sie mit Franks Verfügung vom 26. Oktober 1939 zwangsverpflichtet, und später wurden sie von den Räten rekrutiert. Viele wurden für Zeiträume, die Wochen oder gar Monate dauern konnten, in die Arbeitslager von Lublin verfrachtet. «Die Räume sind vollkommen ungeeignet, so viele Menschen aufzunehmen», heißt es in einem Bericht über das Ergebnis einer ärztlichen Visitation, die im September 1940 im Arbeitslager Belzec im Distrikt Lublin stattfand. «Sie sind dunkel und schmutzig. Die Verlausung ist sehr groß. Etwa 30% der Arbeiter hat keine Schuhe, Hosen und Hemden. Alle schlafen auf dem Fußboden, ohne Stroh. Die Dächer sind überall beschädigt, die Fenster ohne Scheiben, es ist furchtbar eng. Zum Beispiel in einem Zimmer von 5 × 6 m schlafen 75 Personen auf dem Fußboden, aufeinander liegend. ... Zu alledem fehlt es noch an Seife, und es ist sogar schwer, Wasser zu bekommen. Die Kranken liegen und schlafen mit den Gesunden zusammen. In der Nacht darf man die Baracken nicht verlassen, also müssen alle natürlichen Bedürfnisse an Ort und Stelle verrichtet werden. Es ist also kein Wunder, daß unter diesen Umständen viele Krankheitsfälle auftreten. Es ist sehr schwer, eine Arbeitsbefreiung auch nur für einen Tag zu bekommen. Also müssen auch die Kranken zur Arbeit gehen ...»[105]

Czerniaków war sich über die Lage in den Arbeitslagern durchaus im klaren. Im Distrikt Lublin war es am schlimmsten, aber die Bedingungen im Warschauer Raum waren nicht viel besser. Am 10. Mai 1941 notierte er, nachdem er einen Bericht von zwei Ratsmitgliedern erhalten hatte, denen soeben ein kurzer Besuch gestattet worden war: «Die Baracken haben schlechtes Stroh, durch die Wände weht der Wind. Nachts frieren die Arbeiter, Duschen gibt es nicht. Nirgends gibt es eine Toilette. Im nassen Sand oder Lehm haben die Arbeiter ihre Schuhe verschlissen. Es gibt keine Medikamente und kein Verbandsmaterial. Die Behandlung durch den *Lagerschutz* ist an vielen Orten schlecht. Meissner [der Kommandeur des Lagerschutzes in dem Gebiet, in dem der Besuch stattfand – im Kampinos-Wald] hat verboten, Arbeiter zu schlagen.» Und doch meldeten sich die Armen des Ghettos weiterhin freiwillig, in der

Hoffnung, etwas Geld und etwas zu essen zu bekommen. In derselben Eintragung fügte Czerniaków hinzu: «Der Lohn wurde nicht ausgezahlt. ... Alles hängt von der Verpflegung ab.» Kaum ein Bruchteil des versprochenen Essens wurde ausgeteilt.[106]

Geld konnte vor den Arbeitslagern schützen. «Wenn man noch nicht vor der [Musterungs]kommission erschienen ist», schrieb Wasser am 28. April 1941, «kann man zu einem der Ärzte gehen, 150 Złotys für die Gebühr zahlen, und er wird einen medizinischen Grund dafür finden, daß er für einen um Befreiung bittet. ... Und für zusätzliche 200 Złotys flattert einem auf wundersame Weise ohne Mühe oder Ärger eine Arbeitskarte ins Haus. Und wenn man, Gott behüte, die medizinische Untersuchung schon hinter sich hat und – o weh! – für tauglich befunden worden ist, dann kostet die Ausstellung einer Bescheinigung, daß man unantastbar, unverletzlich ist, etwa 500 Złotys ...»[107]

Was die Steuern anging, so waren sie, besonders in Warschau, offensichtlich ungerecht. Der Rat hatte sich für eine indirekte Besteuerung der wesentlichsten Güter und Dienstleistungen im Ghetto entschieden, anstatt die reichen Bewohner direkt zu besteuern; das bedeutete, daß die ärmste Schicht der Bevölkerung (die überwältigende Mehrheit) den größten Teil der Steuerlast trug. Die reichen Bewohner, die großen Schmuggler, die Profitmacher unterschiedlicher Sorte entgingen praktisch allen direkten Abgaben auf ihr Vermögen.[108]

Möglicherweise die allgemeinste Zielscheibe des Zorns der Bevölkerung war die «jüdische Polizei», der uniformierte jüdische «Ordnungsdienst», der im Prinzip dem Rat und den Deutschen unterstand. In Warschau war die Ghettopolizei etwa 2 000 Mann stark und wurde von einem Konvertiten, einem ehemaligen Oberstleutnant der polnischen Polizei, Józef Szeryński, geleitet.

Die Polizisten waren vorwiegend junge Männer aus den «besseren» Kreisen, gelegentlich aus der Intelligenzia. Sie verfügten über die Verbindungen, die man brauchte, um an die begehrten Stellen heranzukommen, und wenn sie dann die Uniform trugen, zögerten sie nicht, die unpopulärsten Anordnungen der Räte (Eintreibung von Steuern, Abführen von Männern zur Zwangsarbeit, Bewachung des inneren Zauns des Ghettos, Beschlagnahme von Gegenständen) oder der Deutschen durchzusetzen, und das häufig mit brutalen Mitteln. Zwar stellten sich die Polizisten damals – und nach dem Kriege – auf den Standpunkt, die Dinge wären viel schlimmer gewesen, wenn ihre Aufgaben nur von Deutschen oder Polen wahrgenommen worden wären, aber es besteht kein Zweifel daran, daß «beträchtliche Teile der Ghettopolizei moralisch und materiell korrupt waren, daß sie sich an den unterdrückten und verfolgten Einwohnern bereicherten, wenn sie ihre Aufträge erfüllten».[109]

Nichts von diesem Stigma tritt in den Memoiren zutage, die Calel Perechodnik, ein jüdischer Polizist aus Ottwock in der Nähe von Warschau, 1944, kurz vor seinem Tod auf der «arischen» Seite der Stadt, verfaßte. Genauer gesagt, nichts ist erkennbar, solange die Erinnerungen die Zeit vor den Deportationen (vor Sommer 1942) behandeln. «Als ich sah, daß der Krieg nicht zu Ende geht», erinnert sich Perechodnik, «bin ich im Februar 1941 in die Reihen der *Ghetto-Polizei* eingetreten, auch um vor der Hatz zu den Lagern sicher zu sein.»[110] Über seine alltäglichen Aktivitäten hatte der jüdische Polizist aus Ottwock nicht viel zu berichten: «Und was habe ich in dieser Zeit getan? Ehrlich gesagt, gar nichts. Ich habe zwar keine Gefangenen gemacht, denn ich habe gemeint, das stünde mir nicht an, und ich hatte Angst davor, was die Leute sagen würden. Auch hat es mir am ‹sportlichen Ehrgeiz› gefehlt. ... Ich habe die Brotquoten in der jüdischen Bäckerei abgeholt und sie ... an der Kommandostelle oder an die Funktionäre der Ghettopolizei verteilt ...»[111] Allzu zahm, um völlig glaubwürdig zu sein? Wahrscheinlich.

Für die Deutschen waren jüdische Polizisten ebenso verächtlich wie alle anderen Juden. «Gestern», notierte Mary Berg, ein jüdisches Mädchen, das mit seiner amerikanischen Mutter im Ghetto lebte (und 1941 ausreisen durfte), am 4. Januar 1941, «habe ich selbst gesehen, wie ein Nazigendarm in der Nähe des Übergangs vom kleinen in das große Ghetto über die Chłodna-Straße einen jüdischen Polizisten ‹exerzieren› ließ. Der junge Mann geriet schließlich außer Atem, aber der Nazi zwang ihn immer noch, die ‹Übungen› fortzusetzen, bis er in einer Blutlache zusammenbrach ...»[112]

Die Deutschen umgingen auch den Warschauer Rat und die jüdische Polizei und hielten sich ihre eigenen jüdischen Agenten, die in unterschiedlichen Beziehungen zur Gestapo standen. Hierher gehörten beispielsweise die «Dreizehn» (so genannt nach der Hausnummer der Anschrift ihrer Zentrale in der Leszno-Straße), eine Gruppe von etwa 300 zwielichtigen Gestalten unter dem Kommando eines gewissen Abraham Ganzweich, dessen offizielle Aufgabe es war, Preistreiberei und andere Formen der Korruption zu bekämpfen. Ganzweich war ein Spitzel und ebenso auch die Besitzer der Pferdebahn, Kon und Heller. Auch wenn Ganzweich den Versuch unternahm, sich in der Gemeinde dadurch eine gewisse Legitimität zu verschaffen, daß er «Sozialarbeit» und «kulturelle Aktivitäten» unterstützte,[113] wurde er von Czerniaków und vielen anderen mit großem Argwohn betrachtet.[114] Die meisten Spitzel, große wie kleine, berichteten nicht über das politische Leben im Ghetto; sie denunzierten Einwohner, die Juwelen oder Bargeld versteckt hatten, und erhielten von den Deutschen gewöhnlich eine «Entschädigung» für ihre Dienste.[115]

Die Bedrohung durch Krankheit und Hunger verschwand nie. Zwei Berichte über die Ernährungs- und Gesundheitslage im Warschauer Ghetto, ein deutscher und ein jüdischer, wurden ungefähr um dieselbe Zeit, im September 1941, abgefaßt. Der von Kommissar Auerswald unterzeichnete deutsche Bericht behandelte die ersten acht Monate des Jahres und stimmte fast genau mit den Zahlen überein, die die Statistiker des Ghettos erhoben hatten.[116] Die monatliche Zahl der Sterbefälle versechsfachte sich vom Januar 1941 (898) bis zum August desselben Jahres (5560) nahezu. In beiden Berichten wurde für die Monate August und September eine Stabilisierung verzeichnet.

Die jüdischen Statistiker hatten im wesentlichen die Absicht, die Sterblichkeit von Kindern unter 15 Jahren mit der von Erwachsenen zu vergleichen. Den für die Zeit von Januar bis September 1941 gesammelten Daten zufolge nahm die Kindersterblichkeit zunächst langsamer zu, überholte dann aber in den letzten vier Monaten die der Gesamtbevölkerung. Nach der Interpretation der Ghettostatistiker waren die Eltern zunächst noch in der Lage, ihre Kinder vor dem Verhungern zu schützen; bald jedoch machte die sich verschlechternde allgemeine Ernährungslage alle derartigen Bemühungen unmöglich.[117]

Die dramatische Situation der Kinder zu Beginn des Sommers 1941 schlug sich unmittelbar in den Eintragungen der Tagebuchschreiber nieder. «Eine besondere Klasse von Bettlern», notierte Ringelblum am 11. Juli 1941, «besteht aus denjenigen, die nach neun Uhr abends betteln. Man steht am Fenster, und plötzlich sieht man neue Gesichter, Bettler, die man den ganzen Tag nicht gesehen hat. Sie laufen mitten auf der Straße entlang und betteln um Brot. Die meisten von ihnen sind Kinder. In der umgebenden Stille der Nacht sind die Schreie von hungrigen Bettlerkindern entsetzlich durchdringend, und so hartherzig man auch sein mag, schließlich muß man ihnen ein Stück Brot hinunterwerfen – oder aber das Haus verlassen. Diese Bettler nehmen überhaupt keine Rücksicht auf Sperrstunden, und man kann ihre Stimmen spät nachts um elf oder gar um zwölf hören. Sie haben vor nichts und niemandem Angst. ... Es kommt häufig vor, daß solche Bettlerkinder nachts auf dem Gehsteig sterben. Mir wurde von einer solchen schrecklichen Szene erzählt, ... als ein sechsjähriger Bettlerjunge die ganze Nacht keuchend dalag, zu schwach, um sich umzudrehen und nach dem Stück Brot zu greifen, das man ihm vom Balkon zugeworfen hatte.»[118]

Angesichts der Bedingungen, die im Sommer 1941 im Warschauer Ghetto herrschten, wurde jedoch der Tod – der von Kindern wie von Erwachsenen – zu etwas immer Gleichgültigerem. Typhus verbreitete sich, und es gab wenig, was die Krankenhäuser – «Hinrichtungsstätten» nannte sie der Direktor der Gesundheitsverwaltung des Ghettos – tun konnten: Entweder starben die Patienten an den Epidemien oder am Nahrungsmangel im Krankenhaus.[119]

«Vor dem Haus Krochmalna-Str. 16», notierte Czerniaków am 24. Juli 1941, «hielt mich der Führer einer militärischen Sanitätskolonne an und wies auf die dort liegende Leiche eines Kindes hin, die im Zustand völliger Verwesung war. Nach den vor Ort eingeholten Informationen wurde der Leichnam gestern früh, bereits im Verwesungszustand, ausgesetzt. Aufgrund der durchgeführten Ermittlungen wurde festgestellt, daß das Kind von seiner Mutter Chudesa Borensztajn ... ausgesetzt wurde und Moszek heißt, Alter: 6. In derselben Wohnung wurde der noch nicht starre Leichnam von Małka Ruda, Alter 43, vorgefunden und im Hof desselben Hauses der von Chindel Gersztensang. ... Die Sanitätskolonne hielt einen vorbeifahrenden Leichenwagen der Gesellschaft ‹Ewigkeit› an und verfügte die Mitnahme der aufgefundenen Leichname.»[120]

*

Als vom Sommer 1940 an in den frühen Phasen des «Aufbau Ost» erneut immer mehr Wehrmachtseinheiten nach Polen verlegt wurden, strömten ununterbrochen Berichte von Soldaten über ihre Begegnungen mit der jüdischen Bevölkerung zurück ins Reich. Am 11. September 1940 beschrieb Gefreiter H. N. mit den üblichen Ausdrücken den «widerwärtigen Anblick» der Tausende von Juden, denen er begegnete. Die mehrheitlich orthodoxen Juden, die er beschrieb, boten Scharen von umstehenden Soldaten ein Schauspiel, das diese als «Gaudium» genossen, besonders wenn die Juden schwere Arbeit verrichten mußten.[121] Die extremeren Anschauungen waren anscheinend recht weit verbreitet, wie aus einem Brief hervorgeht, den Gefreiter W. H. am 28. Mai 1941 schrieb: «Während ich noch beim Abendessen saß, wurde auch über die Judenfrage im Generalgouvernement und überhaupt in der Welt gesprochen; für mich ist es sehr interessant, solche Gespräche anzuhören. Zu meinem Erstaunen waren sich schließlich doch alle einig, daß die Juden ganz von der Welt verschwinden müssen.»[122]

Am 9. September 1940 hielt Dr. Zygmunt Klukowski einen Vorfall fest, der sich vor seinem Krankenhaus abspielte. Auf der gegenüberliegenden Straßenseite stand ein älterer Jude, der sich mit einigen jüdischen Frauen unterhielt. Eine Gruppe deutscher Soldaten kam vorbei: «Plötzlich packte einer der Soldaten den alten Mann und warf ihn mit dem Kopf voran in den Keller [eines ausgebrannten Hauses, vor dem die Juden standen]. ... Die Soldaten entfernten sich gelassen. Ich war über diesen Zwischenfall verwirrt, aber ein paar Minuten später brachte man mir den Mann zur Behandlung. Ich erfuhr, daß er vergessen hatte, den Hut abzunehmen, als die Deutschen vorbeikamen. ... In den letzten

Tagen haben die Deutschen wieder angefangen, Juden auf der Straße zu schlagen.»[123]

Die Lage in den großen Ghettos unterschied sich nicht von der in den «Provinzen». Am 14. Februar 1941 hielt Kaplan einen Vorfall fest, der sich auf der Karmelicka-Straße ereignete. Plötzlich war die Straße leer, und die Menschenmenge, die sie den ganzen Tag bevölkert hatte, war verschwunden. Zwei Deutsche waren aufgetaucht, von denen der eine eine Peitsche in der Hand hielt; sie entdeckten einen Hausierer, der nicht rechtzeitig hatte fliehen können. «Der unglückliche Hausierer wurde die Zielscheibe für die Schläge der Bestien. Er fiel sogleich zu Boden, und der eine ließ von ihm ab und ging fort. Aber nicht so der andere. Gerade die körperliche Schwäche seines Opfers entflammte den Soldaten. Sowie der Hausierer zu Boden fiel, begann er auf ihm herumzutrampeln und ihn erbarmungslos auszupeitschen. ... Der Verprügelte lag flach auf der Erde, ohne einen Atemzug zu tun. Aber der Quäler ließ ihn nicht in Frieden. Es ist keine Übertreibung, wenn man sagt, daß er ihn ohne Unterlaß, ohne Erbarmen, etwa zwanzig Minuten lang schlug. Es war schwer, das Geheimnis dieses sadistischen Phänomens zu begreifen.»[124]

In einer isolierten Eintragung vom 10. Mai 1941 schilderte Ringelblum, wie tote Juden zu einem Anblick wurden, den sich deutsche Touristen nicht entgehen lassen wollten. «Die Toten werden nachts zwischen 1 und 5 Uhr begraben, ohne Totenhemden – in weißem Papier, das man später wegnimmt – und in Massengräbern», notierte Ringelblum am 10. Mai 1941. «Verschiedene Gruppen von [deutschen] Ausflüglern – Militär und Privatleute – kommen ständig, um sich den Friedhof anzusehen. Die meisten von ihnen zeigen überhaupt kein Mitgefühl für die Juden. Im Gegenteil, einige von ihnen sind der Ansicht, die Sterblichkeit unter den Juden sei zu niedrig. Andere machen alle möglichen Fotos. Der Schuppen, in dem tagsüber Dutzende von Leichen liegen, die darauf warten, in der Nacht begraben zu werden, ist besonders beliebt ...»[125]

IV

Während die Deutschen immer noch nach einem Verfahren suchten, um die Juden vom Kontinent zu vertreiben, machte der Kampf gegen «den Juden» rasche Fortschritte. Antisemitische Propaganda und die wichtigsten Instrumente der politischen Hetze gegen die Juden lagen vorwiegend in den Händen von Joseph Goebbels, auch wenn Himmler und Ribbentrop dem unermüdlichen Propagandaminister nie ganz das Feld überließen. Abgesehen von seinen großen antisemitischen Filmen war für Goebbels einer der wirksamsten Kanäle, auf dem er Millionen von

Deutschen erreichte, die Ufa-Wochenschauen. In der ersten Hälfte des Jahres 1941, als der Überfall auf die Sowjetunion näherrückte, waren die Propagandakompanien des OKW besonders aktiv beim Sammeln von Material im besetzten Polen (ein beliebtes Ziel der PK-Filmteams war anscheinend vor allem das Ghetto von Łódź). Dieses Material sollte nach Beginn des Feldzugs von großem Nutzen sein.[126] Ob die Flut von Presseattacken gegen die Juden wirksamer oder weniger wirksam war als die ständige Flut abstoßender Bilder und ob beide denselben Effekt hatten wie die unausgesetzte judenfeindliche Radiopropaganda, läßt sich schwer ermessen, aber direkt oder indirekt folgte die Gesamtinszenierung der Kampagne den Anweisungen aus dem Propagandaministerium.

Gelegentlich mußte der Propagandaminister natürlich seine Präsenz geltend machen. Als im Mai 1940 als intellektuelles, ja sogar in bescheidenem Umfang unabhängiges politisch-kulturelles Wochenblatt für Deutschland die Zeitschrift *Das Reich* gegründet wurde, hatte Goebbels keinen direkten Zugriff auf die Entscheidungen des Chefredakteurs Rolf Reinhardt. Es dauerte jedoch nicht lange, bis der Minister für die erfolgreichste Publikation des Regimes einen wöchentlichen Leitartikel schrieb, und diese Leitartikel enthielten seine wichtigsten Angriffe auf die Juden (die gewöhnlich am gleichen Tag im Rundfunk verlesen wurden).[127] Was nicht heißt, daß in *Das Reich* ein Mangel an unabhängigen Beiträgen zur Hetze gegen die Juden herrschte. Im Frühjahr 1941 publizierte die Journalistin Elisabeth Noelle einen Artikel über die von Juden beherrschte amerikanische Presse, und ihr Kollege Erich-Peter Neumann lieferte eine sehr «beziehungsreiche» Schilderung des Warschauer Ghettos;[128] beide, die einander auf vielfache Weise verbunden waren, sollten in der Nachkriegszeit zu Koryphäen der Meinungsforschung in Westdeutschland werden. Der gängige Ton dieser tiefschürfenden Studien über die Ghettojuden läßt sich aus einem Bericht erahnen, den Hubert Neun am 9. März 1941 in *Das Reich* über Szenen im Warschauer Ghetto veröffentlichte: «Es mag wohl kaum einen Ort des Kontinents geben», erklärte Neun seinen Lesern, «der einen so plastischen Querschnitt durch die Disziplinlosigkeit und Verkommenheit der semitischen Masse vermittelt. Mit einem Blick kann man die ungeheure abstoßende Vielfalt aller jüdischen Typen des Ostens überschauen: eine Versammlung der Asozialen, so flutet es aus schmutzigen Häusern und schmierigen Läden, straßauf, straßab, und hinter den Fenstern setzt sich die Reihe der bärtigen, bebrillten Rabbinergesichter fort – ein grausiges Panorama.»[129]

Tatsächlich reichten Goebbels' Tentakel weit über seinen engeren Wirkungskreis hinaus. Neben anderen Ausflügen in Bereiche, für die er nicht zuständig war, unterstützte der Minister auch das Institut Grundmanns bei seiner Kampagne zur «Entjudung» der christlichen Lehre. Während der Propagandachef die Juden in der politischen Sphäre verleumdete, reiste eine weitere Leuchte der Jenaer theologischen Fakultät, Wolf Meyer-Erlach, ein Kollege Grundmanns an dessen Institut, durch das besetzte Europa, um zu beweisen, daß das Judentum durch die Englische Reformation England vergiftet habe: Das erklärte den englischen Krieg gegen Deutschland. Der Text der Vorträge wurde von Goebbels' Ministerium veröffentlicht.[130]

Selbstverständlich bedurfte der fortwährende Kampf des Regimes gegen «den Juden» beständiger Forschung zu seinem Gegenstand. Und Forschung gab es reichlich. Sie umfaßte alle nur denkbaren Gebiete, von Physik und Mathematik bis zur Musikwissenschaft, von Theologie bis Geschichte, von Genetik und Anthropologie bis hin zu Philosophie und Literatur. Zurückgreifen konnte sie auf eine gewaltige Menge von «Gelehrsamkeit», die sich vor allem seit dem Ende des 19. Jahrhunderts angesammelt hatte, in der Weimarer Zeit zu einem reißenden Strom wurde und sich dann in den Vorkriegsjahren des Hitlerregimes in eine uferlose Flut verwandelte.[131] Ein Teil dieser Arbeit schloß sich an eine von zwei großen, miteinander verfeindeten Institutionen an; jede von ihnen hatte ihre Förderer in der Partei, ihre bürokratischen Unterstützer und ihre Auslandsverbindungen.

Die Gründung von Walter Franks «Reichsinstitut für Geschichte des neuen Deutschlands», die 1935 in Berlin unter der Ägide des Erziehungsministers erfolgt war, schuf anfangs kein Problem und ebensowenig die Münchner Zweigstelle des Instituts, die sich ausschließlich der Judenfrage widmete und die der junge und ehrgeizige Dr. Wilhelm Grau leitete. 1938 entließ Frank jedoch Grau, da er sich wahrscheinlich über dessen Wichtigtuerei und zunehmende Unabhängigkeit geärgert hatte. Bald fand Grau den Weg in ein neues Zentrum, das in Frankfurt seine Tätigkeit aufnehmen sollte, in das von Rosenberg gegründete «Institut zur Erforschung der Judenfrage», das sich aktiver Unterstützung durch den Frankfurter Oberbürgermeister Fritz Krebs erfreute.[132] Das Frankfurter Institut sollte die erste Einheit der «Hohen Schule», der Parteiuniversität, bilden, die Rosenbergs Lieblingsprojekt war.

Am 25. März 1941 wurde das Institut eingeweiht, und sein geschäftsführender Direktor war niemand anderes als Wilhelm Grau. Am Eröffnungsabend versammelten sich die Crème des europäischen Antisemitismus (unter anderem Alexander Cuza aus Rumänien, Šaňo Mach aus der Slowakei, Vidkun Quisling aus Norwegen, Anton Mussert aus den Niederlanden) und Würdenträger der Partei, wenn auch keine erstrangigen, im Römersaal, um sich Rosenbergs Ausfälle gegen das «jüdische Gift» anzuhören, das die deutsche Wissenschaft jetzt genauer unter die Lupe nahm. Rosenberg hob hervor, daß es die Siege der Wehrmacht gestattet hätten, in Frankfurt die «weltweit größte Bibliothek zu Judenfragen» einzurichten. Zwei Tage später beschrieb der Reichsleiter in seiner Schlußansprache das politische Ziel, das Deutschland mit Blick auf die Juden anstrebte: ihre völlige Vertreibung aus Europa. Der wissenschaftliche Teil der Einweihungsfeierlichkeiten fand am 26. und 27. März statt.[133]

Zusammen mit Heinz-Peter Seraphim, dem wichtigsten NS-Spezialisten für Fragen des osteuropäischen Judentums, hatte Grau eine Parteizeitschrift mit dem Titel *Weltkampf* übernommen, die sich auf den «Kampf gegen die Juden» spezialisierte, und sie zur offiziellen Publikation der neuen Einrichtung erhoben. Diese Veröffentlichung, die seit ihrer Gründung im Jahre 1924 eine Reihe von Veränderungen durchgemacht hatte, wurde jetzt «akademisch»; aber ihr Untertitel, *Die Judenfrage in Geschichte und Gegenwart*, ließ erkennen, daß ihre Leitlinie unverändert geblieben war. Diese Zeitschrift, so Grau in seinem ersten Geleitwort, «ist in Zukunft das Sprachorgan der deutschen und europäischen Wissenschaft. ... Diese Arbeit versteht auch die Wissenschaft heute mehr denn je als einen ‹Weltkampf›, als einen Krieg, dem die ihrer Eigenart bewußten geistigen Kräfte aller Völker sich nicht zu entziehen vermögen.»[134]

In seiner Rede auf der Einweihungskonferenz ließ Seraphim bei seinen Zuhörern keine Zweifel aufkommen: Weder Ghettoisierung noch ein jüdisches «Reservat» im Osten konnten als Lösung angesehen werden; das Stadtghetto konnte sich weder mit Fertigerzeugnissen noch mit Rohstoffen, Brennmaterial oder Lebensmitteln selbst versorgen. Demzufolge würde man alle Bedarfsgüter einführen müssen. Diese Einfuhren konnten, pro Kopf gerechnet, klein sein und nicht über das Existenzminimum hinausgehen, stellten aber doch in ihrer Gesamtheit eine erhebliche Belastung dar. Kurz gesagt, die Juden würden von den Nichtjuden ernährt und unterhalten werden.

Derartigen Schwierigkeiten konnte man begegnen, indem man den Juden ein größeres Territorium, beispielsweise das Reservat Lublin, zuwies. «So bestechend auf den ersten Blick diese Pläne scheinen», erklärte Seraphim allerdings, «so schwerwiegend sind doch auch die dagegensprechenden Argumente.» Ein solches Gebiet könnte wirtschaftlich nicht aus sich selbst leben. Und eine derartige Konzentration der Juden würde «eine Bevölkerungsverschiebung von rund 5 Millionen umzusiedelnder Juden und 2,7 Millionen auszusiedelnder Nichtjuden» bedeuten. Und für letztere wäre in Europa kein Platz. «Das bedeutet», rief er empört aus, «daß man Nichtjuden zur Auswanderung aus Europa veranlassen würde, um Juden in Europa anzusiedeln!» Die «Bewachung der äußeren Grenzen eines solchen Riesenghettos» würde außerdem gewaltige Kosten verursachen. Praktisch war darum für Seraphim der folgende Weg: «In Osteuropa ist der Jude durch Rechtssatzung und Verwaltungsmaßnahmen in dem Tempo in den Städten durch Nichtjuden zu ersetzen, als qualifizierte Nichtjuden für diesen Ersatz zur Verfügung stehen. ... Der Jude muß weichen, wenn ein gleichqualifizierter Nichtjude zur Verfügung steht!»[135]

Die anderen Sprecher äußerten sich deutlicher. So erklärte Walter Groß, der Leiter des Rassenpolitischen Amtes der NSDAP, zur Zukunft des Judentums: «Eine Beseitigung der gefährlichen Wirkung seines Daseins in Europa ist ausschließlich durch eine völlige räumliche Ausscheidung möglich.»[136] Und für Wilhelm Grau war sicher: «Das 20. Jahrhundert, das an seinem Beginn den Juden auf dem Höhepunkt der Macht gesehen hat, wird am Ende Israel nicht mehr sehen, weil es aus Europa verschwunden sein wird.»[137]

Von Anfang an sah sich das Frankfurter Institut nach Bündnissen mit anderen verwandten Institutionen jenseits der Reichsgrenzen um. So begrüßte Grau ganz offen die Entwicklung von Forschung über das osteuropäische Judentum am Institut für Deutsche Ostarbeit in Krakau, das in einem Gebäude der Jagiellonen-Universität unter der Leitung von Fritz Arlt und Heinrich Gottong eingerichtet worden war.[138]

Angesichts der massiven Offensive, die Rosenberg gestartet hatte, gab sich Walter Frank nicht ohne weiteres geschlagen. Hastig wurden die Bände 5 und 6 der vom Reichsinstitut herausgegebenen *Forschungen zur Judenfrage* abgeschlossen und publiziert und gerade noch vor der offiziellen Einweihung des Rosenbergschen Instituts öffentlich Keitel überreicht.[139] Rosenberg versuchte, Frank von der deutschen Presse boykottieren zu lassen; währenddessen wurden Frank jedoch von Goebbels die Spalten von *Das Reich* zur Verfügung gestellt: Er publizierte hier einen Artikel zum Thema «Die Juden und der Krieg».[140]

Im Dezember 1940 entsandte der mit Rosenberg verbündete Frankfurter Oberbürgermeister Krebs zwei seiner wichtigsten Museumsdirektoren auf Erkundungsfahrt nach Paris. Die Abgesandten hatten klare Anweisungen. Sie sollten verhindern, daß «nach Frankfurt am Main gehöriges Kunstgut in andere Hände gelangt».[141] Mit Geld, das ihnen die Stadt zur Verfügung gestellt hatte, begannen die Frankfurter Emissäre in Frankreich, Belgien und den Niederlanden ihre Aufkäufe; sie wußten, daß diese Kunst in Deutschland fünf- oder sechsmal so hohe Preise erzielen würde.

Im Frühjahr 1941 wurden die potentiellen Gewinne sogar noch größer, und im Februar, März und April waren Krebs' Beauftragte wieder in Paris.[142] Am 31. März erklärte der Bürgermeister dem Stadtrat die Einkaufstour mit folgenden Worten: «Auf meinen Reisen nach Frankreich und Belgien habe ich von verschiedenen Stellen gehört, daß die

Kunsthändler scharenweise durch Paris pilgern und aufkaufen, was sie aufkaufen können. Was diesen Kunsthändlern billig ist, ist den Stadtverwaltungen recht. Infolgedessen haben wir uns auch um Kunstschätze bemüht. ... Solche günstige Einkaufsmöglichkeiten müssen für die Stadt Frankfurt am Main genutzt werden. ... Ich weiß, daß auch andere Stadtverwaltungen aufkaufen, was sie erwerben können. ... Unsere bisherigen Einkäufe sind ein gutes Geschäft für uns. Es handelt sich um einmalige Einkaufsgelegenheiten. Es heißt geschickt sein und als erster auf den Markt kommen.»[143] Die Umstände, die diese Cleverness ermöglichten, brauchte der Bürgermeister nicht zu erklären: Der Markt war voll von Kunstgegenständen, die von Juden verkauft wurden, die geflohen waren.

Krebs trat in die Fußstapfen von Sammlern, die viel bedeutender waren als deutsche Stadtverwaltungen. Am 30. Juni 1940, fünf Tage nach dem Waffenstillstand mit Frankreich, hatte General Keitel den militärischen Oberbefehlshaber von Paris darüber informiert, daß der «Führer» den Befehl erteilt habe, «alle Kunstobjekte und historischen Dokumente, die sich im Besitz von Einzelpersonen und insbesondere Juden befinden, in Verwahrung zu nehmen».[144] Eine solche Anordnung hatte Hitler in der Tat an Ribbentrop gegeben, der sie dem neuernannten deutschen Botschafter im besetzten Frankreich, Otto Abetz, übermittelte. Innerhalb weniger Wochen stürzten sich Abetz' Männer auf Kunstsammlungen (welche die Franzosen, um sie zu schützen, in die Loireschlösser ausgelagert hatten) und beschlagnahmten alles, was Juden, insbesondere den Rothschilds, gehörte. Bevor der Sommer vorüber war, hatte man etwa 1500 Gemälde aus jüdischem Besitz in ein Depot ausgelagert, das der Botschaft unterstand, und aus Berlin traf ein Kustos ein, der mit der Inventarisierung der Beute beginnen sollte.[145] Am 17. September 1940 wurde die Verantwortung für die Sicherstellung von «herrenlosem Eigentum» von Hitler auf Rosenberg und sein «Kommando» übertragen.[146]

Im März 1941 konnte Rosenberg seinem Meister berichten, daß ein Sonderzug, den ihm Göring zur Verfügung gestellt hatte und in dem sich Kunstgegenstände aus dem Besitz französischer Juden befanden, in Neuschwanstein eingetroffen war. Die 25 D-Zug-Packwagen enthielten etwa 4000 Einzelgegenstände von «höchstem Kunstwert». Außerdem hatte der Reichsmarschall bereits zwei «Sonderwagen» mit einigen der bedeutendsten Stücke, die den Rothschilds gehört hatten, nach München geschickt.[147] Einige von Hitlers Erwerbungen waren für das Supermuseum vorgesehen, das er in Linz zu errichten gedachte; andere wurden seinen deutschen und ausländischen Verehrern zum Geschenk gemacht; einen Teil der besten Stücke behielt er für sich.

Die Plünderung fand ganz offen statt. Am 18. Mai 1941 schrieb Ulrich von Hassell, daß Elsa Bruckmann (eine von Hitlers frühesten Unterstützerinnen) gesehen habe, wie beträchtliche Mengen französischer Stilmöbel vor dem Prinz-Karl-Palais in München auf Lastwagen verladen wurden. Der Spediteur, den sie kannte, erklärte ihr, die Möbel kämen auf den Obersalzberg. «‹Gekauft oder ...?› Antwort: ‹Sozusagen gekauft, aber wenn Sie mir 100 M. für diesen Louis XVI-Schreibtisch geben, so haben Sie ihn sehr gut bezahlt.›»[148]

Für gewöhnliche Wehrmachtsangehörige war die Beute vielleicht nicht ganz so großartig, aber Besatzer zu sein hatte seine Vorteile: «Wir sind hier in einem von einem jüdischen Emigranten bewohnt gewesenen Haus», schrieb Unteroffizier H. H. am 13. August 1940 aus Frankreich. «Sehr vieles Silbergeschirr wird wohl noch einen Herrn finden. Langsam, denke ich, wird Stück um Stück den Weg in die Heimat finden. Das ist der Krieg ...»[149]

Der Reichsführer-SS sammelte weder Kunst noch silberne Bestecks. Seine Plünderungsaktivitäten standen in engerem Zusammenhang mit seiner beruflichen Tätigkeit: Ende 1940 befahl er, die gesamte Schädelsammlung des Naturwissenschaftlers Franz Joseph Gall, der im 18. Jahrhundert gewirkt hatte, aus Paris in das Rassebiologische Institut der Universität Tübingen zu schaffen.[150] Möglicherweise stoppte die Wehrmacht diese Überführung.

V

In seiner Rede vom 30. Januar 1941 beschloß Hitler seine «Prophezeiung» einer Vergeltung an den Juden damit, daß er die Hoffnung zum Ausdruck brachte, es werde eine zunehmende Zahl von Europäern dem deutschen antisemitischen Vorbild folgen: «Schon jetzt», erklärte er, «ergreift unsere Rassenerkenntnis Volk um Volk, und ich hoffe, daß auch diejenigen, die heute noch in Feindschaft gegen uns stehen, eines Tages ihren größeren inneren Feind erkennen werden, und daß sie dann doch in eine Front mit uns eintreten werden: die Front gegen die internationale jüdische Ausbeutung und Völkerverderbung!»[151] Als er von zunehmendem Antisemitismus sprach, dachte er wahrscheinlich an die Ereignisse, die sich nur wenige Tage zuvor in Bukarest abgespielt hatten.

Am 21. Januar 1941 war die rumänische Hauptstadt von einem kurzen und erfolglosen Versuch der von der SS unterstützten «Eisernen Garde» erschüttert worden, die ihrem Verbündeten, dem diktatorischen Staatsoberhaupt Marschall Ion Antonescu, die Macht entreißen wollte. Während ihres dreitägigen Tobens ließen Horia Simas «Legionäre» ihre Wut in erster Linie an den Juden der Stadt aus. «Was einem aber angesichts des Bukarester Massakers das Blut in den Adern gefrieren läßt», schrieb Sebastian einige Tage nach den Ereignissen, «ist die absolute Bestialität des Geschehens. Sie scheint noch in der trockenen Sprache des offiziellen Kommuniqués durch, das vor Tagen angab, im Wald von Jilava seien in der Nacht zum 21. Januar 93 Personen ermordet worden; der neueste Euphemismus für ‹Jude›: ‹Person›. Doch was man sich erzählt, ist noch viel fürchterlicher als die offiziellen Nachrichten. Es gilt jetzt als völlig sicher, daß die im Schlachthaus von Străuleşti massakrierten Juden an der Kehle am Fleischerhaken aufgehängt wurden, und zwar anstelle der geschlachteten Rinder. An jedem Kadaver klebte ein Zettel: ‹Koscheres Fleisch›. Was die Ermordeten von Jilava angeht, so wurden sie erst ausgezogen (denn um die Kleider war es zu schade), dann erschossen und auf Haufen geworfen.»[152] Die Garde wurde überwältigt, ihre Führer flohen nach Deutschland, aber ihre antijüdische Wut war in der rumänischen Gesellschaft tief verankert.

Der rumänische Antisemitismus enthielt weitgehend die grundlegenden Elemente der antijüdischen Agitation im östlichen Teil des Kontinents (mit Ausnahme der UdSSR), wobei es, wie schon erwähnt, zwischen Ländern oder Gebieten wachsender Modernisierung und solchen, die im wesentlichen traditionelle Bauerngesellschaften geblieben waren, einige Unterschiede gab. Während in Rumänien das «Altreich» (Regat) in die erste Kategorie gehörte, fielen die «verlorenen Provinzen» Bukowina und Bessarabien in die zweite. In diesem Sinne erreichte der rumänische Antisemitismus einige seiner giftigsten Manifestationen und Ausdrucksformen in den entwickelteren Teilen des Landes, unter der im Entstehen begriffenen einheimischen Mittelschicht, unter Studenten und Intellektuellen sowie im ultranationalistischen militärischen Establishment.

Weit verbreitet war der Glaube, die 375 000 Juden, die Anfang 1941 in Rumänien lebten, seien schuld daran gewesen, daß im Juli 1940 Bessarabien und die Bukowina an die Sowjetunion und das nördliche Transsilvanien an Ungarn verloren gegangen waren. Diese territorialen Veränderungen waren in Wirklichkeit von Deutschland in seiner Geheimabmachung mit der UdSSR und in seinem Schiedsspruch zwischen Ungarn und Rumänien im Sommer 1940 arrangiert worden. Auf jeden Fall waren dies nur die jüngsten Anschuldigungen, in denen der rumänische Haß auf die Juden zum Ausdruck kam.

Ebenso wie in anderen osteuropäischen Ländern wurde das eigentliche Fundament für die rumänischen Einstellungen gegenüber den Juden durch einen heftigen religiösen Antijudaismus gelegt, den in diesem Fall die rumänische orthodoxe Kirche von sich gab. Diese Sorte religiöser Feindseligkeit hatte ihren Schwerpunkt zunächst in der Bauernschaft gehabt, bevor sie sich dann auf die neuen städtischen Mittelschichten ausbreitete, wo sie ihre ökonomischen und vor allem nationalistischen Dimensionen entfaltete.[153] Das «Rumänentum» nahm ethnische und kulturelle Minderheiten insbesondere in seinem Kampf um die Beherrschung der Grenzprovinzen ins Visier, die als rechtmäßiger Besitz eines Großrumänien angesehen wurden: Die Juden galten sowohl ethnisch als auch kulturell als fremdländisch und feindlich, und im Kampf für das Rumänentum warf man ihnen vor, die Partei der Ungarn oder der Russen zu ergreifen.

Schon vor dem Ersten Weltkrieg verlangte die National-Christliche Partei Alexander Cuzas und Nicolae Jorgas – beides hochgeachtete Intellektuelle – die Ausschließung von Juden aus der rumänischen Gesellschaft. Nach dem Krieg, nach der bolschewistischen Revolution in Rußland und Béla Kuns kurzlebigem kommunistischem Regime in Ungarn wurde die auch so schon explosive judenfeindliche Mischung noch um ein zusätzliches bedeutendes Element, den Judäo-Kommunismus, erweitert. So schrieb 1928 Andrei Petre, ein rumänischer Soziologe: «Unsere jungen Leute beschränken den Nationalismus vorwiegend auf den Antisemitismus, ... sie verbinden damit mehr etwas Destruktives als etwas Schöpferisches, Konstruktives. ... Sie verlangen die Erledigung der Judenfrage selbst mit gewalttätigen Mitteln und propagieren als juristische Sofortmaßnahmen die Ausstoßung von Juden aus der Armee und der Verwaltung ... sowie den Numerus clausus, um die Zahl von Juden an den Universitäten zu beschränken, an denen die herrschende Klasse des Landes ausgebildet wird.»[154]

Kurz bevor Petre seine Analyse schrieb, gab eine Bewegung, die unter den extrem antisemitischen Studenten entstanden war und die ihr Anführer Corneliu Zelea Codreanu «Legion des Erzengels Michael» getauft hatte, dem schärfsten Ausdruck des Judenhasses einen neuen und radikalen politischen Rahmen. Die «Eiserne Garde», wie man die Legionärsbewegung dann nannte, dehnte ihre Klientel schon bald auf weite Teile der rumänischen Gesellschaft aus, von der Bauernschaft bis hin zu den städtischen Intellektuellen. Eine der Eigentümlichkeiten ihrer Ideologie war ihre fanatische, quasi-mystische Identifizierung mit dem rumänischen orthodoxen Christentum, natürlich einschließlich des bösartigsten christlichen Hasses auf die Juden. So schrieb der Journalist Mihai Mirescu im September 1941 einen Leitartikel mit dem bezeichnenden Titel «Die Studentenkirche», in dem er betonte: «Der Antisemitismus der jungen Generation war nicht nur ein rassischer Kampf. Er behauptete die Notwendigkeit eines geistigen Krieges, wobei die Juden in ihrem Geist den amoralischen Materialismus repräsentierten und das einzige Heil vom Christentum verkörpert wurde.»[155]

Die Machtübernahme durch die NSDAP hatte Codreanus Truppen Auftrieb gegeben. Als König Carol II. Mitte der dreißiger Jahre eine rechtsgerichtete und offen antisemitische Regierung (die Goga-Cuza-Regierung) einsetzte, manövrierte das die «Legionäre» ungeachtet einer Vielzahl antijüdischer Verfügungen nicht aus. Daraufhin beschloß der König, seine radikalen Gegner niederzuwerfen: Ende 1938 wurde Codreanu ermordet, und es folgten Massenhinrichtungen von Angehörigen der Garde.[156]

Die Hinwendung zu diktatorischen Maßnahmen rettete Carols Regime nicht. Der Verlust Bessarabiens und der Bukowina an die Sowjetunion im Juli 1940 beschleunigte den Sturz des Monarchen, und sein Einsatz antisemitischer Maßnahmen zur Beschwichtigung seiner Feinde auf der Rechten lief sich ebenfalls tot. Am 2. Juli 1940 kommentierte Franklin Mott Gunther, der US-Gesandte in Bukarest, mit Blick auf Maßnahmen gegen die Juden: «Es gibt Grund zu der Annahme, daß seriösere Führer zu Ruhe und Vorsicht raten, ... [während] andere Regierungsbeamte die in Südosteuropa traditionell betriebene Politik verfolgen, antisemitische Agitation einzusetzen, um der Bevölkerung gegenüber Ineffizienz und Unfähigkeit der Regierung zu bemänteln. Es werden jedoch von der Regierung sehr strikte Anweisungen erlassen, um provozierende Handlungen zu vermeiden.»[157]

Am 6. September 1940 wurde der König durch einen von der Armee und der «Eisernen Garde» inszenierten Putsch vertrieben. Es kamen der Oberbefehlshaber der Armee, Ion Antonescu, und der neue Führer der «Eisernen Garde», Horia Sima, an die Macht, die ein sogenanntes «Legionärsregime» errichteten. Am 1. Oktober berichtete Gunther von einem Gespräch mit dem Chef der Garde, dem nunmehrigen Vizepräsidenten des Ministerrats: «Unser Gespräch wandte sich kurz dem Thema Juden zu. Zunächst behauptete er zu meiner Überraschung, die Legionäre seien dazu übergegangen, die Achse zu unterstützen, weil sie antijüdisch sei, und dann erklärte er, er persönlich sei gegen die Juden, weil es ihnen gelungen sei, alle Bereiche des rumänischen Lebens in ihren Würgegriff zu bekommen. Er warnte mich, in Amerika würden sie wahrscheinlich dasselbe zu tun versuchen, und wollte sich nicht davon überzeugen lassen, daß es in den Vereinigten Staaten kein ernsthaftes jüdisches Problem gibt.» Horia Sima versicherte Gunther, die antijüdischen Maßnahmen würden mit «friedlichen Mitteln» durchgeführt werden...[158]

Nach den Massakern vom Januar 1941 kam Gunther selbst in einer offiziellen Depesche nicht umhin, seinem Unmut Luft zu machen: «Es deprimiert einen zutiefst», schrieb er am 30. Januar an den Außenminister, «bei einem Land akkreditiert zu sein, in dem derartige Dinge geschehen können, auch wenn die wahren Fehler der Inspiration und Ermutigung anderswo [in Deutschland] liegen».[159]

Die antisemitischen Gewalttaten, die Anfang 1941 in Rumänien verübt wurden, waren nur eine Andeutung dessen, was mit Beginn des

Krieges gegen die Sowjetunion in großen Teilen Osteuropas und des Balkans auf örtliche Initiative hin stattfinden sollte. In verschiedenen Phasen und unter unterschiedlichen politischen und strategischen Umständen sollten sich einheimischer Haß auf die Juden und deutsche Mordpolitik schon bald zu einem besonders tödlichen Gebräu vermischen.

VI

Am 24. Oktober 1940 fand ein Treffen zwischen Hitler und Pétain in der kleinen Stadt Montoire statt: Die «Kollaboration» zwischen Vichy-Frankreich und dem Reich wurde offiziell proklamiert. Am 13. Dezember wurde Laval, der stärkste Befürworter der Kollaboration, jedoch von dem alten Marschall entlassen. Der Aufruhr war kurz. Deutscher Druck und innere Zwänge brachten Vichy wieder zur Räson: Anfang 1941 löste Darlan den gemäßigten Pierre-Étienne Flandin als Regierungschef ab, und die Kollaboration mit Deutschland festigte sich. Antijüdische Maßnahmen breiteten sich aus.

Von den 47 000 Ausländern, die im Februar 1941 in französischen Konzentrationslagern saßen, waren 40 000 Juden.[160] In der besetzten Zone machte die Arisierung rasche Fortschritte. Immer mehr jüdische Unternehmen wurden unter die Kontrolle von «französischen» Aufsehern (*commissaires-gérants*) gestellt, die in Wirklichkeit die Vollmacht besaßen, über das Schicksal der Unternehmen zu entscheiden. Wenn die *commissaires-gérants* die Regie übernommen hatten, wurden die gelben Schilder durch rote ersetzt. Das ermutigte natürlich Halunken aller Schattierungen, den jüdischen Eigentümern oder den Unternehmen alle verbliebenen Waren zu einem Bruchteil des angemessenen Preises abzukaufen. Gleichzeitig unternahmen die größten französischen Banken von sich aus Schritte, um die deutschen Verfügungen so extensiv wie möglich auszulegen. So gestatteten in der besetzten Zone die Deutschen die Aufhebung von Vereinbarungen über jüdisches Eigentum (Paragraph 4 der Verfügung vom 18. Oktober 1940), erwähnten aber die Bankkonten nicht, deren Inhaber Juden waren. *Crédit Lyonnais* sorgte dafür, daß dieser Umstand jüdischen Kontoinhabern keine unerwünschte Handlungsfreiheit geben würde. Am 21. November 1940 wurde eine erste interne Richtlinie erlassen:

«Auf der Basis der Anordnung [vom 18. Oktober 1940] können auf Vermögenswerte von Israeliten, die nicht eingefroren worden sind, besondere Regeln angewendet werden, und das muß uns dazu veranlassen, bei unserem Umgang mit ihnen vorsichtig vorzugehen. Wir glauben nicht, daß der Abzug von französischen Sicherheiten oder französischem Kapital als solcher durch Paragraph 4 der Anordnung berührt wird, aber es sollte sichergestellt werden, daß Konten kein Debetsaldo aufweisen, sofern wir nicht vor dem 23. Mai 1940 eine reguläre Sicherheit erhalten haben. Andere Transaktionen wie etwa Abschläge, Vorauszahlungen, Sicherheitsverkäufe, Ernennung von Vertretern und dergleichen sollten jedoch vor ihrer Durchführung sehr sorgfältig überprüft werden.»

Im Februar 1941 zog *Crédit Lyonnais* die Schraube an: «Soweit es um Bargeld geht, sind israelitische Konten im Prinzip nicht beschränkt. Große Summen sollten jedoch nicht abgehoben werden. ... Andere Transaktionen ... müssen im Prinzip abgelehnt werden, wenn es dabei um erhebliche Beträge geht und sie deshalb eine Kapitalflucht darstellen können, natürlich sofern sie nicht von den deutschen Behörden genehmigt sind.»[161]

Die Arisierung nahm hin und wieder seltsame Wendungen. So befand sich eines der größten französischen Parfum-Unternehmen im Besitz von François Coty. In den 1920er Jahren finanzierte Coty eine faschistische Bewegung, *Solidarité française*, und deren Zeitschrift, *L'Ami du Peuple*, in der ein militanter Antisemitismus gepredigt wurde. 1929 ließ Coty sich scheiden, aber bei seinem Tod im Jahre 1934 schuldete er seiner Exgattin noch eine beträchtliche Summe, die in «Coty»-Aktien beglichen wurde. Somit wurde die ehemalige Madame Coty zur größten Aktionärin und Eigentümerin der Gesellschaft. Sie heiratete erneut, diesmal einen konvertierten rumänischen Juden, Léon Cotnareanu. Für die Arisierungsbürokratie stand *Parfums Coty* unter jüdischem Einfluß, und dies um so mehr, als im Aufsichtsrat zwei Juden saßen. Es begannen komplizierte Transaktionen und Eigentumsübertragungen, an denen Tochtergesellschaften in mehreren europäischen Ländern und in den Vereinigten Staaten beteiligt waren und die dazu dienen sollten, sämtliche Spuren einer jüdischen Beteiligung zu tilgen. Im August akzeptierten die Deutschen, daß *Parfums Coty* die erforderliche Säuberung durchlaufen hatte, und im Oktober wurde die Firma offiziell wieder zu einem «arischen» Unternehmen.[162] François Coty konnte in Frieden ruhen.

Im April 1941 wurde den Juden die Ausübung aller Tätigkeiten – vom Verkauf von Lotterielosen bis hin zu jeder Form der Lehre – untersagt, die sie in Berührung mit der Öffentlichkeit gebracht hätte. Nur einige wenige «besonders verdiente Intellektuelle» wurden von dieser totalen beruflichen Absonderung ausgenommen. Die überwältigende Mehrheit der französischen Bevölkerung reagierte nicht. Die antijüdische Propaganda nahm zu und ebenso die Zahl der gegen Juden gerichteten Gewaltakte. Individuelle Äußerungen von Mitgefühl waren nicht selten, aber sie wurden in privatem Rahmen vorgebracht, wo sie der öffentlichen Wahrnehmung entzogen waren.

Der Schutz der französischen Bevölkerung durch Beseitigung sämtlicher beruflichen Kontakte zu Juden war die Sache Vichys. Der Schutz von Wehrmachtsangehörigen in der besetzten Zone vor jüdischer Präsenz in den Bars, die sie frequentierten, wurde Silvester 1940 zu einem Problem. Im *Boeuf sur le Toit* und im *Carrière* waren Juden zugegen, während deutsche Krieger auf das kommende Jahr anstießen. Schlimmer noch, im *Trois Valses*, einem beliebten Stammlokal der Wehrmacht, wurde ein deutsches Lied, das die Kapelle anstimmte, von französischen Zechern, unter denen sich auch Juden befanden, ausgebuht ... In den Spitzelberichten über diese Zwischenfälle wurde die Auffassung vertreten, alle von der Wehrmacht besuchten Bars sollten Schilder aufhängen, mit denen Juden der Zutritt verboten wurde.[163] Ob die Empfehlung damals befolgt wurde, ist nicht bekannt.

Anfang 1941 kamen die Deutschen zu dem Ergebnis, daß es einer weiteren Koordinierung der antijüdischen Maßnahmen in beiden französischen Zonen bedürfe. Bei einem Treffen, das am 30. Januar in Paris unter dem Vorsitz von Werner Best stattfand, teilten Kurt Lischka, Knochens Vertreter, und Theodor Dannecker, der Leiter des Referats IV B4 in Paris, den Anwesenden mit, daß in Frankreich ein Zentralbüro für jüdische Angelegenheiten eingerichtet werden müsse, das die Maßnahmen umsetzen sollte, die zur Lösung der Judenfrage in Europa beschlossen würden. Dieses Büro hätte die Funktion, alle Polizeiangelegenheiten im Zusammenhang mit der Verhaftung, Überwachung und Registrierung von Juden zu bearbeiten; die ökonomische Kontrolle auszuüben (Ausschließung von Juden aus dem Wirtschaftsleben und Beteiligung an der «Rückübertragung» jüdischer Unternehmungen in «arische» Hände); Propagandaaktivitäten zu organisieren (damit war antijüdische Propaganda unter der französischen Bevölkerung gemeint) und ein antijüdisches Forschungsinstitut einzurichten. Einstweilen war die Pariser Polizeipräfektur bereit, diese Funktionen zu übernehmen. Die Gründung des neuen Büros sollte den französischen Behörden überlassen bleiben, um Widerstand gegen eine deutsche Initiative zu vermeiden; die Deutschen sollten sich auf «Vorschläge» beschränken. Alle waren einverstanden.[164]

Die Deutschen waren zuversichtlich, daß es ihnen, selbst wenn sich das neue Büro als nicht energisch genug erweisen sollte (vor allem im Umgang mit alteingesessenen Juden), gelingen würde, es zu gegebener Zeit in den Gesamtrahmen ihrer eigenen Politik hineinzuziehen. In einem Bericht nach Berlin vom 6. März 1941, der ein Gespräch mit Darlan über das neue Büro sowie den Wunsch Pétains betraf, einheimische Juden zu schützen, ließ Abetz erkennen, wie man sämtliche französischen Vorbehalte überwinden würde: Es wäre empfehlenswert, schrieb der Botschafter, «die Gründung durch die Französische Regierung vornehmen zu lassen. Das zentrale Judenamt erhält dadurch eine gesetzlich gültige Grundlage, und es kann durch deutschen Einfluß im besetzten Gebiet derart aktiviert werden, daß das unbesetzte Gebiet gezwungen ist, sich den getroffenen Maßnahmen anzuschließen.»[165]

Am 29. März 1941 gründete die Vichy-Regierung das «Generalkommissariat für Judenfragen» (*Commissariat Général aux Questions Juives* [CGQJ]); dessen erster Chef war Xavier Vallat.[166] Vallat gehörte in die nationalistische antijüdische Tradition der *Action Française* und teilte den rassischen Antisemitismus der Nazis nicht. Gleichwohl wurde das CGQJ schon bald zum Ausgangspunkt antijüdischer Aktivitäten, die sich rasch ausweiteten.[167] Seine wichtigste kurzfristige Leistung war die Überarbeitung des Judenstatuts vom 3. Oktober 1940. Das neue *Statut des Juifs* wurde von der Regierung gebilligt und erlangte am 2. Juni 1941 Gesetzeskraft.[168] Seltsamerweise erschien dem Erzkatholiken Vallat die Taufe folgenlos, und implizit lagen seinem Begriff des Juden ererbte kulturell-rassische Elemente zugrunde.

Das neue Statut zielte darauf, die zahlreichen Lücken zu schließen, die man im Edikt vom Oktober 1940 gefunden hatte. Im Falle französischer «Mischlinge» mit zwei jüdischen Großeltern beispielsweise, die zu einer anderen Religion übergetreten waren, war der Stichtag, der über die Gültigkeit der Konversion aus der Sicht der Verfügung entschied, der 25. Juni 1940, das offizielle Datum des Waffenstillstands zwischen Deutschland und Frankreich. Außerdem wurde eine Konversion nur dann als gültig anerkannt, wenn sich der Konvertit entschieden hatte, einer Konfession beizutreten, die schon vor der Trennung von Kirche und Staat vom Dezember 1905 anerkannt gewesen war. Nur das CGQJ sollte berechtigt sein, Bescheinigungen über die Nichtzugehörigkeit zur jüdischen Rasse auszustellen.[169]

Ebenso wie das Statut vom Oktober 1940 machte die Verordnung vom Juni 1941 keine Unterschiede zwischen einheimischen und ausländischen Juden. Als Vallat am 3. April Abetz aufsuchte, erklärte der Botschafter tatsächlich, bei der bevorstehenden Gesetzgebung sollten diejenigen alteingesessenen Juden, «die gegen die sozialen und nationalen Interessen der französischen Nation verstoßen haben, zu ‹ausländischen›» erklärt werden. Ein derartiges Gesetz, das für Teile der französischen Judenheit den Verlust der Staatsbürgerschaft oder für kürzlich eingebürgerte französische Juden deren Aberkennung bedeutet hätte, war in der Sammlung neuer Verfügungen nicht enthalten. Andererseits waren auch keine «Schlupflöcher» zugunsten französischer Juden, über die sich Abetz Gedanken machte, zu sehen.[170]

Während die französischen Behörden ihre neuen Verfügungen erließen, beschloß Dannecker Anfang 1941, eine kleine Gruppe rabiater französischer Antisemiten, *La Communauté Française*, zu benutzen, um ein «Institut für das Studium der jüdischen Fragen» (*Institut d'Étude des*

Questions Juives) unter der Leitung eines «Capitaine» Paul Sézille zu gründen. Dieses «Institut», das vor allem das Ziel verfolgte, unter dem Deckmantel einer französischen Identität antisemitische Propaganda im Sinne der Nationalsozialisten zu verbreiten, war nicht an Vallats CGQJ angeschlossen und blieb die ganze Zeit ein Werkzeug der Behörde Danneckers und der deutschen Botschaft in Paris.[171]

Ob als Resultat der Aktivitäten des Instituts oder auf Initiative der deutschen Botschaft hin, im Frühjahr 1941 zierten judenfeindliche Plakate die Straßen von Paris: Auf dem einen war der unbekannte Soldat dargestellt, der aus seinem Grab aufstand, um dem Judentum und der Freimaurerei die Kehle aufzuschlitzen; auf einem anderen sah man eine gekrümmte Hand, die sich ausstreckte, um nach Szepter und Krone zu greifen – eine unmittelbare Bezugnahme auf den Film *Jud Süß*, der zu dieser Zeit in zwei der größten Kinos der Stadt gezeigt wurde.[172]

Französische Filmkritiker neigten anscheinend dazu, die künstlerische Qualität der Harlanschen Produktion zu betonen und ihre ideologische Bedeutung herunterzuspielen.[173] In der kollaborationistischen Presse wurde die Botschaft des Films selbstverständlich mit begeisterten Kommentaren bedacht: «Dies ist ein Film voller wahrer Aussagen», schrieb Rebatet (unter dem Pseudonym Vinneuil) am 2. März in *Le Petit Parisien*, «und nach all den Lügen, mit denen man uns jahrelang abgespeist hat, wäre es unendlich nützlich, diese Aussagen zu verbreiten. Jeder kann aus seiner Botschaft Lehren ziehen, um eine Frage zu studieren, deren Lösung jetzt nicht nur Frankreich, sondern ganz Europa angeht.»[174]

Linkskatholiken, besonders diejenigen, die Mouniers *Esprit* verbunden waren, reagierten anders. Wir sahen Mouniers frühere Vorbehalte. Mitte 1941 hatte sich seine Position geklärt; seine Besprechung des Films in der Juliausgabe von *Esprit* schloß mit folgenden Worten: «Von der französischen Vorkriegsproduktion her sind wir weniger Schwerfälligkeit gewohnt und ein fundierteres Urteil, das nicht so ungesund ist ... und mehr französische Eigenart hat.»[175] In französischen Provinzstädten rief der Film sogar einige Proteste und Zwischenfälle hervor.[176]

Am 14. Mai 1941 verhaftete die französische Polizei auf Befehl Danneckers 3733 jüdische Einwanderer. Die Razzia war wahrscheinlich dazu bestimmt, zusätzlichen Druck auf das Koordinationskomitee auszuüben, um es dazu zu bewegen, einen Exekutivrat einzurichten, in dem französische und ausländische Juden in gleichem Umfang repräsentiert sein sollten, ein Vorgehen, dem sich die alteingesessenen französischen Juden hartnäckig widersetzten.[177] Am darauffolgenden Tag begrüßte die kollaborationistische Zeitung *Paris Midi* das Verschwinden von «5000 Parasiten aus Groß-Paris». Abgesehen von der jüdischen Presse fand keine andere Zeitung das Ereignis einer Erwähnung wert.[178]

Jean Guéhenno, eine Stimme von der Linken, reagierte in seinem Tagebuch. «Gestern», notierte er, «sind im Namen des französischen Gesetzes fünftausend Juden in Konzentrationslager gebracht worden. Arme Juden, die aus Polen, Österreich und der Tschechoslowakei kamen, mittellose Menschen, die von untergeordneten Tätigkeiten lebten und die den Staat erheblich bedroht haben müssen. Das nennt man ‹Säuberung›. In der Rue Compans wurden mehrere Männer abgeholt. Ihre Frauen, ihre Kinder bestürmten die Polizisten mit Bitten, sie schrien und weinten. ... Die einfachen Pariser, die diese herzzerreißenden Szenen miterlebten, waren von Abscheu und Beschämung erfüllt.»[179] Ungeachtet der von Guéhenno erwähnten Reaktionen wurde jedoch kein Protest offen geäußert, und das *Commissariat* erhielt nur einen einzigen empörten Brief...[180]

Die kleinen Leute von Paris zeigten möglicherweise das von Guéhenno beschriebene Mitleid. Jacques Biélinky, der in einer Schlange nach Lebensmitteln anstand, gewann einen ganz ähnlichen Eindruck, wie aus einer Tagebucheintragung vom 17. Juni hervorgeht: «Celestine, sagte die eine Hausfrau zu einer anderen, du kennst doch den kleinen Polen, der mit meinem Sohn befreundet ist, sie gingen zusammen zur Schule, und deshalb ist er heute sehr traurig. – Wieso? – Weil sie seinen Bruder verhaftet und anscheinend in ein Konzentrationslager geschickt haben. Und sie sind doch alle so nett und anständig. – Aber was hat er getan, der Ärmste? ... – Überhaupt nichts, es ist, weil er Jude ist ... – Die Armen, sagt die andere melancholisch, und die Schlange bewegt sich langsam weiter zum Kartoffelstand.»[181]

Gelegentlich ist behauptet worden, die von Vichy ergriffenen antijüdischen Maßnahmen und die bereitwillige Zusammenarbeit mit den Deutschen seien eine «rationale» Taktik im allgemeinen Rahmen der Kollaboration gewesen, um über die Entwicklungen in der besetzten Zone so viel Kontrolle wie möglich aufrechtzuerhalten und sich für den künftigen Status Frankreichs in Hitlers neuem Europa eine günstige Verhandlungsposition zu verschaffen. Mit anderen Worten, Vichy hätte angeblich eine nichtideologische Hinnahme von NS-Zielen an den Tag gelegt (eine *collaboration d'État* im Gegensatz zu einem ungezügelten «Kollaborationismus») und gehofft, hierfür handfeste Vorteile einzuheimsen.[182]

Zweifellos war politische Berechnung ein Teil des Gesamtbildes, aber die Politik Vichys wurde auch durch die rechtsgerichtete antisemitische Tradition bestimmt, die einen untrennbaren Bestandteil der *révolution nationale* darstellte. Überdies erklärt eine *collaboration d'État* nicht die Tatsache, daß der französische Episkopat, schon im August 1940 die Ausschließung von Juden aus dem öffentlichen Leben begrüßte und daß sich in der Bevölkerung, vor allem unter den Bewohnern der ländlichen Gebiete und in den katholischen Mittelschichten in der Provinz, der Antisemitismus nicht auf eine winzige Minderheit beschränkte, sondern weit verbreitet war. Auch wenn also die Vichy-Gesetzgebung nicht von den Leidenschaften französischer «Kollaborationisten» diktiert wurde, war sie doch eine kalkulierte Reaktion sowohl auf eine öffentliche Stimmung als auch auf ideologisch-institutionelle Interessen wie die der Kirche.

Es mag durchaus sein, daß im allgemeinen die pure Gleichgültigkeit schwerer wog als der Antisemitismus, aber das ging nicht so weit, daß man auf greifbare Vorteile verzichtete. So schrieb Helmuth Knochen im Januar 1941, es sei nahezu unmöglich, bei den Franzosen eine antijüdische Einstellung zu fördern, die auf einer ideologischen Grundlage beruhe, während die Aussicht auf wirtschaftliche Vorteile leichter Sympathien für den Kampf gegen die Juden wecken könne...[183]

Es bestand eine erstaunliche (wenngleich möglicherweise unbemerkte) Beziehung zwischen den französischen Einstellungen zu den Juden und dem Verhalten von Vertretern der alteingesessenen Judenheit gegenüber den ausländischen oder kürzlich eingebürgerten Juden, die im Land lebten. Während die einheimischen Juden, die der Gemeinschaft angeschlossen waren, vom *Consistoire* und seinen örtlichen Zweigstellen vertreten wurden, waren die ausländischen Juden ebenso wie die kürzlich eingebürgerten locker in einer Dachorganisation, der *Fédération des Sociétés Juives de France*, zusammengefaßt, die verschiedene politische Verbände sowie das ihnen angeschlossene Netz von Wohlfahrtsorganisationen umfaßte. Ein Teil der Dachorganisation lief dann unter dem Namen «Rue Amelot» (das war die Straße, in der das Leitungskomitee seinen Hauptsitz hatte).

Nachdem die Rothschilds außer Landes geflohen waren, wurde Jacques Helbronner, der geschäftsführende Vizepräsident des *Consistoire*, de facto zum führenden Vertreter der alteingesessenen französischen Judenheit (die Rue Amelot hatte eine eher kollektive Führung, die aus den Vorsitzenden der hier zusammengeschlossenen Vereinigungen bestand). Helbronner war in vieler Hinsicht ein typischer Vertreter der «alteingesessenen» französisch-jüdischen Elite: ein brillanter Offizier im Ersten Weltkrieg, ein kluger juristischer Kopf, den man in jungen Jahren zum Mitglied des *Conseil d'État* (der obersten Institution des öffentlichen Dienstes in Frankreich) ernannt hatte, jemand, der in altes (und beträchtliches) französisch-jüdisches Geld eingeheiratet hatte. Er war ein ganz typischer Angehöriger der französisch-jüdischen Großbourgeoisie, einer Gruppe, die von ihrer nichtjüdischen Umgebung als nahezu französisch angesehen wurde. Und ungeachtet seines echten Interesses an jüdischen Fragen – das ihn dazu veranlaßte, sich im *Consistoire* zu engagieren – betrachtete Helbronner sich selbst ebenso wie alle Angehörigen seiner Gruppe in allererster Linie als Franzosen. Bezeichnenderweise stand er Philippe Pétain nahe, seit man ihn während des Ersten Weltkriegs als Leiter des Personalstabs (*Chef de Cabinet*) des Kriegsministers entsandt hatte, um Pétain von seiner Ernennung zum *généralissime* (zum Oberkommandierenden sämtlicher französischer Streitkräfte) in Kenntnis zu setzen. In nicht weniger freundschaftlichen Beziehungen zu Helbronner stand Jules-Marie Kardinal Gerlier, der Kardinal-Erzbischof von Lyon und Vorsitzende des französischen Episkopats. Im März 1941 wurde Helbronner zum Präsidenten des *Consistoire* ernannt.[184]

Nur wenige einheimische französische Juden brachten es zu dem hohen Status eines Helbronner, aber die große Mehrheit fühlte sich ebenso vollständig in die französische Gesellschaft integriert wie er, und sie sollte die Positionen teilen, die er sich zu eigen machte: Frankreich war ihre einzig denkbare nationale und kulturelle Heimat, ungeachtet der Ungerechtigkeit der neuen Gesetze. Der zunehmende Antisemitismus in den dreißiger Jahren und seine höchst gewaltsamen Ausbrüche nach der Niederlage waren ihrer Ansicht nach zu einem großen Teil durch den Zustrom ausländischer Juden verursacht; die so geschaffene Situation ließ sich mildern, indem man eine strenge Unterscheidung zwischen einheimischen französischen Juden und den ausländischen Juden, die im Lande wohnten, vornahm.

Genau diesen Unterschied versuchte Helbronner Marschall Pétain in einer Denkschrift zu vermitteln, die er ihm im November 1940 übersandte, nachdem das erste Statut und seine Folgen Wirkung gezeigt hatten. In dieser Erklärung, die den Titel *Note sur la question juive* trug, vertrat der künftige Präsident des *Consistoire* die Auffassung, die Juden seien keine Rasse und stammten nicht von den Juden ab, die vor 2000 Jahren in Palästina gelebt hatten. Sie seien vielmehr eine Gemeinschaft, die sich aus vielen Rassen zusammensetzte, und was Frankreich betreffe, seien sie eine Gemeinschaft, die völlig in ihre Heimat integriert sei. Die Probleme hätten mit der Ankunft ausländischer Juden begonnen, «die unser Land überschwemmten». Die von der Nachkriegsregierung verfolgte Politik der offenen Tür sei ein Fehler gewesen, und sie habe «zu einem normalen Antisemitismus [geführt], dessen Opfer jetzt die alten französischen israelitischen Familien waren». Helbronner schlug dann eine Reihe von Maßnahmen vor, welche die alteingesessenen Juden – *nicht aber die ausländischen oder vor kurzer Zeit eingebürgerten Juden* –

von den Beschränkungen des Statuts befreien sollten.[185] Helbronners Botschaft blieb unbeantwortet.

Im Laufe der folgenden Monate setzten der Leiter des *Consistoire* und eine Reihe seiner Kollegen ihre vergeblichen und erniedrigenden Bittgänge fort. In ihren Botschaften und bei Besuchen in Vichy ignorierten sie weiterhin ostentativ das Schicksal der ausländischen Juden und setzten sich lediglich für die französischen Israeliten ein. Der Inbegriff dieser Vorgehensweise war wahrscheinlich die feierliche Petition, die dem Marschall von der gesamten Führung des *Consistoire* einschließlich des Oberrabbiners von Frankreich übersandt wurde. Der letzte Absatz war unzweideutig in seiner Unterlassung jeglicher Erwähnung der nichtfranzösischen Juden:

«Die jüdischen Franzosen möchten immer noch glauben, daß die Verfolgungen, denen sie ausgesetzt sind, dem französischen Staat zur Gänze von den Besatzungsbehörden auferlegt sind und daß die Vertreter Frankreichs sich nach Kräften bemüht haben, die sich für sie ergebenden Härten zu mildern. ... Wenn die jüdischen Franzosen die Zukunft und vielleicht auch nur das Leben ihrer Kinder nicht sichern können, dann verlangen sie vom Oberhaupt des Staates, der als großer Soldat und frommer Christ in ihren Augen das Vaterland in all seiner Reinheit verkörpert, daß er diesen feierlichen Protest anerkennt, der ihnen in ihrer Schwäche als einzige Waffe bleibt. Mehr denn je an ihrem Glauben hängend, bewahren die jüdischen Franzosen ihre Hoffnung und ihr Vertrauen auf Frankreich und sein Schicksal.»[186] Vichys Antwort auf die Petitionen sollte das zweite Judenstatut sein.

Immer wieder bekräftigten einige der renommiertesten Vertreter der französischen Judenheit, das Schicksal der ausländischen Juden sei eine Sache, die sie nichts anginge. Als daher im Frühjahr 1941 Dannecker begann, Druck zur Gründung eines einheitlichen Judenrats auszuüben, richtete René Mayer, ebenfalls ein prominentes Mitglied des *Consistoire* (der dann nach dem Krieg französischer Premierminister werden sollte), an Vallat die Bitte, die ausländischen Juden zur Auswanderung zu ermuntern.[187] Gleiches tat Marc Bloch, einer der hervorragendsten Historiker seiner Zeit.

Im April 1941 verlangte Bloch als Reaktion auf ein vom *Consistoire* gefördertes Projekt, das die Gründung eines Zentrums für jüdische Studien vorsah, dabei sollten alle Richtungen innerhalb der *französischen* Judenheit berücksichtigt werden. Hinsichtlich der ausländischen Juden, die in Frankreich lebten, war sein Standpunkt jedoch klar: «Ihre Sache ist nicht direkt die unsere.» Zwar war Bloch zu einer aktiven Beteiligung an der Planung des Zentrums nicht in der Lage, aber er schlug vor, eines der wichtigsten Ziele sollte es sein, der gefährlichen Vorstellung entgegenzutreten, «alle Juden bildeten eine zusammenhängende, homogene Masse mit identischen Zügen, die dasselbe Schicksal hätten». Nach Ansicht Blochs sollten die Planer des Zentrums zwei eigenständige jüdische Gemeinschaften anerkennen, die assimilierte (französische) und die nichtassimilierte (ausländische). Während das Schicksal der ersteren davon abhing, daß sie völlig integriert war und die ihr gegebenen juristischen Garantien erhalten blieben, mochte das Überleben der letzteren durchaus von «einer Form der Auswanderung» abhängen.[188]

VII

In den Niederlanden inszenierte die Bevölkerung als Reaktion auf die Behandlung der Hunderte von jüdischen Männern, die man am 22. Februar 1941 nach dem «Koco»-Zwischenfall auf den Straßen von Amsterdam verhaftet hatte, einen kleinen Aufstand. Die Kommunisten riefen zum Generalstreik auf. Am 25. Februar war Amsterdam gelähmt, und bald darauf breitete sich der Streik auf nahegelegene Städte aus. Die Deutschen gingen gegen die Demonstranten mit extremer Gewalttätigkeit vor, wobei sie sowohl Feuerwaffen als auch Handgranaten einsetzten: Mehrere Menschen wurden getötet, Dutzende verletzt und eine Reihe von Demonstranten verhaftet.[189] Der Streik wurde niedergeschlagen. Die Holländer hatten gelernt, daß die Deutschen nicht zögern würden, ihre judenfeindliche Politik mit äußerster Grausamkeit zu verfolgen; den Deutschen wurde klar, daß die Bekehrung der Niederländer zum Nationalsozialismus kein leichtes Unterfangen sein würde.

In den auf die Ereignisse von Amsterdam folgenden Wochen und Monaten veränderten zwei voneinander getrennte Abläufe das Vorgehen gegen die niederländische Judenheit. Sie betrafen sowohl den deutschen Apparat im Lande als auch die niederländischen Vollstrecker. Die nichtmilitärische deutsche Administration in den Niederlanden war ähnlich wie im Generalgouvernement in zwei konkurrierende Lager gespalten. Auf der einen Seite waren Reichskommissar Seyß-Inquart, sein Hauptbeauftragter in Amsterdam, D. H. Böhmcker sowie die Generalkommissare Friedrich Wimmer (Verwaltung und Justiz), Hans Fischböck (Finanzen und Wirtschaft) und Fritz Schmidt (Parteiangelegenheiten) fest entschlossen, die vollständige Kontrolle über jüdische Angelegenheiten in der Hand zu behalten; auf der anderen Seite war die SS unter der Führung des Höheren SS- und Polizeiführers Albin Rauter und seines Stellvertreters, des Befehlshabers der Sicherheitspolizei Dr. Wilhelm Harster, stark daran interessiert, eine Domäne zu übernehmen, die sie als ihre ureigenste Angelegenheit ansah.[190]

Ob als Ergebnis der Amsterdamer Ereignisse – die man als Scheitern der von Böhmcker vertretenen Politik ansehen konnte, auf die Einrichtung eines Ghettos zu dringen und die niederländischen Nazis als Provokateure einzusetzen – oder als Ergebnis vorgängiger Planung, Heydrich (und Rauter) entschieden, in Amsterdam nach dem Vorbild der in Wien 1938, in Berlin und Prag 1939 gegründeten Büros eine Zentralstelle für jüdische Auswanderung zu gründen. Gewöhnlich übernahmen solche Stellen, die vom RSHA und mehr im einzelnen von Eichmanns Referat IVB4 kontrolliert wurden, die Registrierung der jüdischen Bevölkerung, ihres Eigentums und natürlich ihrer Auswanderung (und somit die Beschlagnahme des zurückgelassenen Besitzes). Die Errichtung einer ähnlichen Behörde in Amsterdam hätte es Rauter, BdS Harster und schließlich ihrem Mann in Amsterdam, Willy Lages, ermöglichen sollen, alle bedeutsamen Aspekte der jüdischen Angelegenheiten in den Niederlanden zu kontrollieren.

Im April 1941 wurde die Zentralstelle tatsächlich gegründet, aber ihre Funktionen waren zunächst noch beschränkt. Außerdem gab Seyß-Inquart nicht nach. Anfang Mai mußten sich auf einer vom Reichskommissar – der unterdessen von Hitler die Bestätigung seiner Gesamtzuständigkeit erhalten hatte – einberufenen Sitzung alle Beteiligten damit einverstanden erklären, daß er die allgemeine Aufsicht über jüdische Angelegenheiten in der Hand behalten würde. Faktisch sollte sich die Lage erneut Anfang 1942 ändern, als Harster seinen Schulfreund Willy Zöpf einführte, der in Den Haag eine Abteilung von IVB4 einrichten sollte, und vor allem dann mit dem Beginn der Deportationen im Juli 1942.[191]

Die Arisierung des jüdischen Eigentums hatte begonnen. Sie wurde durch die Unterstützung Fischböcks gefördert und durch eine große Anzahl deutscher Firmen, die darauf aus waren, dadurch Anteile an wichtigen niederländischen Unternehmen zu erwerben, daß sie zunächst diejenigen übernahmen, die Juden gehörten. Mehrere deutsche Banken schalteten sich bei diesen Transaktionen als bedeutende Vermittler ein, darunter besonders eine örtliche Tochtergesellschaft der Dresdner Bank, der Handelstrust West.[192] Um die Operationen zu beschleunigen, gestattete die Zentralstelle die Ausreise jüdischer Eigentümer von *großen* Unternehmen, die im Gegenzug ihre Betriebe an die deutschen Bieter verkauften. So konnten die deutschen Gesellschaften als rechtmäßige Eigentümer Ansprüche auf mit ihnen verbundene ausländische Vermögenswerte geltend machen und Prozessen, vor allem in den Vereinigten Staaten, aus dem Weg gehen. Die Abmachungen sicherten den wenigen Glücklichen (etwa 30 Familien) innerhalb eines Zeitraums einiger Wochen nach der Eigentumsübertragung die ungehinderte Ausreise. Dieselben Erpressungsmanöver wurden später gegen Juden in mehreren anderen Ländern eingesetzt, um große Summen in

Devisen zu beschaffen.[193] 1944 wendete man sie dann schließlich gegenüber dem Manfred-Weiß-Konzern in Ungarn an.

Am Ende verlief die Übernahme von jüdischem Eigentum durch die Deutschen in den Niederlanden erheblich systematischer als im besetzten Frankreich, was dem Gesamtplan der Nationalsozialisten für eine ökonomische «Neue Ordnung» in Europa entsprach. Für die niederländische Wirtschaft war die vollständige Integration in das deutsche System vorgesehen, ob die Holländer wollten oder nicht. Wieder einmal konvergierten ideologischer Glaube und ökonomische Gier. Im August 1941 befahl man den Juden in den Niederlanden, ihre sämtlichen Vermögenswerte bei der einstmals jüdischen Lippmann-Rosenthal-Bank zu registrieren; am 15. September wurden Immobilien in die Registrierung einbezogen.[194]

Was die niederländischen «Vollstrecker» anging, so führten die Ereignisse vom Februar 1941 dazu, daß der Amsterdamer Stadtrat abgesetzt und durch eine hinreichend unterwürfige neue Gruppe ersetzt wurde. Vor allem wurde Sybren Tulp, ein ehemaliger Offizier der Kolonialarmee in Niederländisch-Ostindien, zum neuen Chef der Amsterdamer Polizeitruppe ernannt. Tulp konnte durch rassische Diskriminierung kaum schockiert gewesen sein; als Mitglied von Musserts NSB hatte er die richtige idologische Ausrichtung, und dies um so mehr, als er ein großer Bewunderer des deutschen Nationalsozialismus und insbesondere Adolf Hitlers war.[195]

Währenddessen – vor dem Koco-Zwischenfall, vor der deutschen Razzia und dem Aufstand – teilte Böhmcker, als er die Einrichtung eines Ghettos im Judenviertel von Amsterdam erwog, einigen jüdischen Persönlichkeiten, darunter Abraham Asscher, mit, daß er die Schaffung einer einheitlichen Vertretung der Juden der Stadt fordere.[196] Es bleibt unklar, ob der Vertreter Seyß-Inquarts von einem «Judenrat» sprach oder ob dieser Begriff zuerst von Asscher benutzt wurde. Tatsache ist, daß sich Asscher bereit erklärte, den Vorsitz der neuen Organisation zu übernehmen, und darum bat, David Cohen zum Ko-Präsidenten zu ernennen. Asscher und Cohen suchten dann gemeinsam die anderen Mitglieder aus, die größtenteils ihrem eigenen sozialen Milieu, der kleinen und reichen jüdischen Großbourgeoisie Amsterdams, entstammten. Am 12. Februar hielt der «Rat» seine erste Sitzung ab. Am darauffolgenden Tag sprach Asscher auf Verlangen Böhmckers zu einer Versammlung jüdischer Arbeiter und forderte sie auf, alle in ihrem Besitz befindlichen Waffen abzuliefern. Wie Bob Moore schreibt, «hatten tatsächlich die ersten Schritte zur Zusammenarbeit der Juden mit den Deutschen begonnen, wobei die selbsternannte Elite des Judenrats als Sprachrohr für die Forderungen der Nazis fungierte».[197]

Wie immer man das frühe Verhalten des jüdischen Rats einschätzt, die Deutschen baten ihn nicht um Zustimmung, als es darum ging, die 400 jungen jüdischen Männer, die sie nach dem Aufstand von Amsterdam verhaftet hatten, in den Tod zu schicken. Zunächst deportierte man sie nach Buchenwald und dann nach Mauthausen, wo sie am 17. Juni 1941 eintrafen. Eine Gruppe von 50 Menschen wurde sofort umgebracht: Sie wurden «vom Bad aus nackt in das Lager getrieben und in die elektrische Umzäunung gejagt».[198] Die anderen ermordete man im größten Steinbruch des Lagers, dem «Wiener Graben». Der deutsche Zeuge Eugen Kogon schreibt: «Sie durften die 148 Stufen, die in die Tiefe führten, nicht hinuntergehen, sondern mußten im seitlichen Steingeröll hinunterrutschen, was vielen bereits den Tod oder zumindest schwere Verletzungen eintrug. Man legte ihnen dann die zum Steintragen bestimmten Bretter über die Schultern und zwei Häftlinge wurden gezwungen, jedem Juden einen überschweren Stein auf das Brett zu heben. Dann ging es im Laufschritt die 148 Stufen aufwärts! Zum Teil fielen die Steine gleich nach hinten, sodaß manchem Nachfolgenden die Füße abgeschlagen wurden. Jeder Jude, dem der Stein hinunterfiel, wurde entsetzlich geschlagen, der Stein von neuem aufgeladen. Viele verübten aus Verzweiflung gleich am ersten Tag Selbstmord, indem sie sich von oben in die Tiefe stürzten. Am 3. Tag öffnete die SS das ‹Todestor›: Man trieb die Juden unter furchtbaren Prügeln über die Postenkette, wo sie von den Turmposten mit den Maschinengewehren haufenweise niedergeschossen wurden. Tags darauf sprang jeweils nicht mehr bloß einer der Juden in die Tiefe, sondern sie gaben einander die Hand und der erste zog 9–12 Kameraden hinter sich her in den schrecklichen Tod. Es dauerte nicht 6, sondern knapp 3 Wochen, und der Block war judenleer. Alle 340 Mann haben durch Erschießen, Prügeln, andere Martern oder durch Selbstmord den Tod gefunden.»[199] Als ihn der Landrat des Kreises fragte, wie sich die niederländischen Juden an die harte Arbeit gewöhnt hätten, antwortete Kommandant Franz Ziereis, von denen sei ja kaum noch einer am Leben.[200]

Während die Nachricht vom Tod dieser ersten Gruppe von Amsterdamer Juden nach den Niederlanden durchsickerte, wurde am 3. Juni 1941 bei einem Angriff auf die Telefonzentrale der Luftwaffe auf dem Flughafen Schiphol einer der Soldaten schwer verwundet. Zur Vergeltung brachten die Deutschen die Ratsmitglieder Cohen und Gertrud van Tijn mit einem Trick dazu, ihnen die Adressen von 200 jungen jüdischen Flüchtlingen aus Deutschland zu geben. Sie wurden zusammen mit anderen jungen Amsterdamer Juden festgenommen, ebenfalls nach Mauthausen geschickt und ermordet.[201]

Was sollte der Rat tun? Auf einer Krisensitzung am 12. Juni schlug Asscher den kollektiven Rücktritt vor; Cohen, der weitere deutsche Repressalien befürchtete, erhob Einwendungen. Wenn der Rat zurückträte, so meinte er, wer wäre dann noch da, um der Gemeinde zu helfen?[202] Bestand irgendeine Möglichkeit, daß ein anderes Verhalten – beispielsweise die Auflösung des Rates – die Deutschen behindert oder den Juden geholfen hätte?

Etty (Esther) Hillesum war in diesen Frühjahrsmonaten des Jahres 1941 noch eine junge Slavistikstudentin an der Amsterdamer Universität. Ettys Vater war lange Jahre der Direktor des städtischen Gymnasiums in Deventer gewesen; ihre Mutter brachte anscheinend eine temperamentvolle russisch-jüdische Persönlichkeit in das gesetzte niederländische bürgerliche Ambiente. Die beiden Brüder Ettys waren ungewöhnlich begabt: Der ältere, Mischa, war schon seit seinem siebenten Lebensjahr ein brillanter Konzertpianist, und der jüngere, Jaap, war ein angehender Biochemiker, der im Alter von 17 Jahren ein neues Vitamin entdeckt hatte. Etty war eine geborene Schriftstellerin und ein Freigeist. In dem Amsterdamer Haus, das sie zusammen mit mehreren anderen jüdischen Freunden mietete, entfaltete sie ein kompliziertes Liebesleben, das sich in mehrere Richtungen gleichzeitig verzweigte, und begann einen eigenwilligen spirituellen Weg zu gehen, der vom Christentum und einigen esoterischen und mystischen Elementen gefärbt war. Und sie fing an, ein Tagebuch zu führen.[203]

«Wenn mich beim Zeitunglesen oder bei einer Nachricht von draußen plötzlich der Haß überkommt», notierte Etty am 15. März 1941, «dann sprudeln die Schimpfwörter gegen die Deutschen nur so aus mir heraus. Und mir ist klar, daß ich das absichtlich tue, um Käthe [die deutsche Köchin, die im Haus wohnte] zu kränken, um den Haß irgendwie abzureagieren. ... Obwohl ich doch weiß, daß sie die neue Mentalität genauso verabscheut wie ich und ebensoschwer unter den Exzessen ihres Volkes leidet. Innerlich ist sie natürlich mit diesem Volk verbunden, das fühle ich, ertrage es aber in dem Augenblick nicht; das ganze Volk soll und muß mit Stumpf und Stiel ausgerottet werden, und dann kann ich so gehässig sagen: Ein Pack ist es, obwohl ich mich dabei zu Tode schäme. Und später fühle ich mich zutiefst unglücklich, kann mich nicht beruhigen und habe das Gefühl, daß alles völlig verkehrt ist.»[204]

Der Seelenfrieden, den Etty mitten in dem zunehmenden Aufruhr mühsam zu erlangen suchte, wurde durch die neuen Verhaftungen schwer erschüttert: «Wieder Verhaftungen, Terror, Konzentrationslager, willkürliches Abholen von Vätern, Brüdern, Schwestern», schrieb sie am 14. Juni. «... Alles erscheint so drohend und unheilverkündend, und dazu die große Machtlosigkeit.»[205]

Die Einrichtung des Judenrats, die Arisierungskampagne und die beiden Verhaftungswellen waren nur einer von mehreren Aspekten des deutschen Terrorfeldzugs; die anderen zielten stetig und systematisch darauf, die Juden von der umgebenden niederländischen Bevölkerung abzuschneiden, sie immer stärker zu isolieren, auch wenn bis zu ihrer öffentlichen Kennzeichnung noch ein Jahr vergehen sollte. Ende Mai 1941, als die heiße Jahreszeit begann, verbannten die Deutschen alle Juden nicht nur aus Parks, Badeorten und Hotels, sondern auch von öffentlichen Stränden und aus Schwimmbädern. Kurz danach wurden jüdische Schüler in Grund- und Oberschulen angewiesen, besondere Registrierungsformulare auszufüllen. Bald darauf schloß man sie vom Besuch der niederländischen Schulen aus, und sie durften nur noch jüdische Schulen besuchen.

Nachdem der junge Moshe Flinker mit seinen Eltern von Den Haag nach Brüssel geflohen war, erinnerte er sich auf den ersten Seiten seines Tagebuchs an die letzte Zeit seines Schuljahrs in Holland: «Während des letzten Jahres, in dem ich [die jüdische Schule in Den Haag] besuchte, nahm die Zahl der über uns verhängten Einschränkungen stark zu. Einige Monate vor Ende des Schuljahrs mußten wir unsere Fahrräder bei der Polizei abliefern. Von da an fuhr ich mit der Straßenbahn zur Schule, aber ein oder zwei Tage vor Beginn der Ferien wurde den Juden verboten, mit der Straßenbahn zu fahren. Ich mußte dann zur Schule laufen, wofür ich etwa anderthalb Stunden brauchte. Ich ging in diesen letzten Tagen immer noch zur Schule», fügte Flinker hinzu, «weil ich mein Zeugnis bekommen und sehen wollte, ob ich in die nächste Klasse versetzt worden war. Damals dachte ich noch, ich würde nach den Ferien wieder in die Schule gehen können; aber ich hatte mich geirrt. Trotzdem muß ich erwähnen, daß ich meine Versetzung tatsächlich bekam ...»[206]

Anne Frank, ihre Schwester Margot, ihr Vater Otto und ihre Mutter Edith waren im zweiten Halbjahr 1933 von Frankfurt nach Amsterdam ausgewandert. Der Vater erhielt von den Pomosin-Werken in Frankfurt die Lizenz für das Geliermittel Pektin. Im Laufe der Zeit brachte es Franks bescheidenes Geschäft in der Prinsengracht 263 dank einer kleinen Gruppe anhänglicher niederländischer Angestellter zu einer gewissen Stabilität.

Als Kommentar zum Verbot der Benutzung von Schwimmbädern schrieb die zwölfjährige Anne Frank an ihre Großmutter, die in Basel lebte: «Um abgebrannt zu werden, haben wir nicht viel Möglichkeit, weil wir nicht ins Schwimmbad dürfen. ... Schade, aber man kann nichts machen.»[207]

VIII

Die offiziellen Positionen der katholischen Kirchen in den einzelnen Ländern des Kontinents und diejenigen des Vatikans unterschieden sich, was die immer härteren Maßnahmen gegen die Juden anging, nicht wesentlich voneinander. In Frankreich begrüßte, wie wir sahen, die Versammlung der Kardinäle und Bischöfe im August 1940 die Einschränkungen, die man den Juden des Landes auferlegte, und keine Mitglieder der katholischen Kirche äußerten irgendwelchen Protest gegen die Statuten vom Oktober 1940 und vom Juni 1941. Im benachbarten Belgien bewahrte Kardinal Joseph-Ernest van Roey, der Erzbischof von Malines, hinsichtlich der antijüdischen Verfügungen der Jahre 1940 und 1941 ebensolches Stillschweigen (tatsächlich meldete sich von Roey erst 1943 zu Wort); hierbei verfuhr der Kardinal im Einverständnis mit den oberen Rängen seiner Kirche, und er war weder fähig noch gewillt, dem militanten katholisch-nationalistischen Antisemitismus der flämischen radikalen Rechten, die vor allem in Antwerpen aktiv war, entgegenzutreten.[208]

In Ostmitteleuropa gebührt der polnischen katholischen Kirche ein besonderer Rang. Der Antisemitismus der großen Mehrheit der polnischen Katholiken war schon vor dem Krieg berüchtigt gewesen; unter der deutschen Besatzung verschärfte er sich noch weiter. In der Zeit vor der Vernichtung schürte der polnische Klerus zumeist die antijüdischen Feuer.

Ein Bericht, der aus der polnischen Kirche selbst stammte und die Zeitspanne vom 1. Juni bis zum 15. Juli 1941 behandelte, wurde der polnischen Exilregierung in London von der Delegatura übermittelt. In seiner extremen Einstellung repräsentierte dieser Text nicht die generelle Haltung der polnischen Katholiken gegenüber den Juden, aber sein quasi «offizieller» Charakter ließ auf ein gewisses Maß an Zustimmung der Untergrundführung zu den darin geäußerten Ansichten schließen: «Die Notwendigkeit einer Lösung der Judenfrage ist dringlich», hieß es in dem Bericht. «An keinem anderen Ort der Welt hat sich diese Frage derartig zugespitzt, weil nicht weniger als vier Millionen [sic] dieser höchst schädlichen und nach allen Maßstäben gefährlichen Elemente in Polen oder, um genauer zu sein, von Polen leben ...»

Weiter heißt es in dem von Gutman und Krakowski zitierten und übersetzten Bericht in gleicher Manier: «Was die Judenfrage angeht, so muß es als ein einzigartiges Walten der göttlichen Gnade angesehen werden, daß die Deutschen bereits einen guten Anfang gemacht haben, ganz unabhängig von all dem Unrecht, das sie unserem Land angetan haben und noch weiter antun. Sie haben gezeigt, daß die Befreiung der polnischen Gesellschaft von der jüdischen Pest möglich ist. Sie haben uns den Weg gebahnt, der jetzt einzuschlagen ist: mit weniger Grausamkeit und Brutalität zwar, aber ohne Zögern, konsequent. In dem Beitrag zur Lösung dieser dringlichen Frage, der von den Besatzern geleistet wird, kann man ganz deutlich die Hand Gottes erkennen.» Der Bericht verbreitete sich dann über den Schaden, den die Juden der polnischen und christlichen Gesellschaft zugefügt hätten. Nach einer langatmigen Litanei schlimmer jüdischer Taten wandte sich der Bericht der Zukunft zu. Als erstes befürwortete er die Ausreise der Juden aus dem Land, aber «solange sich das nicht erreichen läßt, wird eine weitreichende Isolierung der Juden von unserer Gesellschaft obligatorisch sein ...» Es wurden Absonderungsmaßnahmen aufgezählt, aber die Verfasser unterschätzten die mit dieser Herausforderung verbundenen Probleme nicht: «All das wird sehr schwierig sein. Es sind in dieser Sache Reibungen zwischen der Exilregierung, die erheblich unter dem Einfluß von Freimaurern und Juden steht, und den Menschen im Lande zu erwarten, die schon heute im Begriff sind, sich zu organisieren. Aber die Gesundheit unseres Vaterlandes, das mit Gottes Hilfe wiederhergestellt worden ist, hängt in sehr großem Umfang von solchen Maßnahmen ab.»[209]

Wenn man von seinem spezifischen Ausdruck extremen Judenhasses absieht, wies der polnische Kirchenbericht einen gemeinsamen Nenner mit dem westlichen Katholizismus und der Haltung auf, die anscheinend der Vatikan einnahm: Entsprechend den Regelungen jedes einzelnen Landes sollten die Juden wieder teilweise von der christlichen Gesellschaft abgesondert werden.

Zwei Dokumente aus dem ersten Halbjahr 1941 können vielleicht einige zusätzliche Einblicke in die damalige Einstellung des Papstes und auch in die Ansichten vermitteln, die einige der maßgeblichen Persönlichkeiten im Vatikan offenbar zu den antijüdischen Maßnahmen hatten. «Eure Heiligkeit sind wohl über die Lage der Juden in Deutschland und den angrenzenden Ländern orientiert», schrieb Bischof Preysing aus Berlin am 17. Januar 1941 an Pius XII. «Lediglich referierend möchte ich anführen», fuhr der Bischof fort, «daß von katholischer wie von protestantischer Seite an mich die Frage gestellt worden ist, ob nicht der Heilige Stuhl in dieser Sache etwas tun könnte, einen Appell zugunsten der Unglücklichen erlassen?»[210]

Am 19. März beantwortete der Papst eine Reihe von Briefen Preysings und pries den Berliner Bischof insbesondere dafür, daß er am 6. März in einer Predigt in der St.-Hedwigs-Kathedrale die Euthanasie verurteilt hatte. Mit einiger Ausführlichkeit kommentierte der Pontifex auch zwei Übertritte von Juden zum Katholizismus, von denen Preysing geschrieben hatte: Die Kirche öffnete Konvertiten ihre Arme. Nicht mit einem einzigen Wort ging er jedoch auf Preysings unüberhörbare Bitte um eine Reaktion des Papstes auf die Verfolgung der Juden ein.[211]

Das zweite Dokument war in vieler Hinsicht nicht weniger bezeichnend; es bestätigte, daß der Vatikan und die nationalen Bischofsversammlungen, insbesondere die französische Versammlung von Kardinälen und Erzbischöfen, zu den fortlaufend ergriffenen Maßnahmen gegen die Juden ähnliche Ansichten hatten. Auf eine von Pétain im August 1941 gestellte Frage gab Leon Bérard, der Botschafter Vichys beim Vatikan, am 2. September eine erschöpfende Antwort. Erstens setzte der französische Diplomat den Marschall davon in Kenntnis, daß es zwar einen grundlegenden Konflikt zwischen Rassentheorien und der Lehre der Kirche gebe, daraus aber nicht folge, daß die Kirche zwangsläufig alle Maßnahmen ablehne, die von bestimmten Ländern gegen die Juden ergriffen würden. Das Grundprinzip, so machte Bérard deutlich, war, daß ein Jude, sobald er getauft war, aufhörte, ein Jude zu sein. Die Kirche erkannte jedoch an, so fügte der Botschafter hinzu, daß die Religion nicht die einzige spezifische Eigenschaft von Juden war und daß es auch gewisse ethnische – nicht rassische – Faktoren gab, die sie von anderen abhoben. Historisch waren die Praxis und das Empfinden der Kirche durch die Jahrhunderte hindurch dahin gegangen, daß Juden keine Gewalt über Christen haben sollten. Es war daher legitim, sie von gewissen öffentlichen Ämtern auszuschließen und ihren Zugang zu Universitäten und zu den freien Berufen zu beschränken. Er erinnerte auch daran, daß das Kirchenrecht die Juden dazu gezwungen hatte, eine bestimmte Kleidung zu tragen.

Eines der Hauptprobleme, fuhr der Botschafter fort, war das der Eheschließungen. Die neue Rassengesetzgebung in Italien und in anderen Ländern verbot Ehen zwischen Christen und Juden. Die Kirche war der Ansicht, daß sie über die Autorität verfüge, derartige Eheschließungen zu vollziehen, wenn der jüdische Partner getauft oder ein kirchlicher Dispens erlangt worden war. In Frankreich, so glaubte Bérard, würde es keine Probleme dieser Art geben, weil die Umstände andere waren (Ehen zwischen Juden und Nichtjuden waren nicht aus rassischen Gründen verboten worden). Für Pétain muß der Bericht Bérards eine Beruhigung gewesen sein.[212]

In seinen Grundzügen war Bérards Bericht wahrscheinlich zuverlässig. Mit anderen Worten, nur wenige Monate vor dem Einsetzen der «Endlösung» beherrschten die auf Ausschließung zielenden Postulate einer konservativen Tradition die Einstellungen des europäischen Katholizismus gegenüber den Juden, während die Rechte konvertierter Juden zu verteidigen waren. Das entscheidende Problem stand jedoch immer noch bevor: Wie würde der Heilige Stuhl angesichts der außerordentlichen Herausforderungen, die sich ergeben sollten, reagieren und schließlich die einzelnen Nationalkirchen und die vielen Millionen praktizierender Katholiken in Europa beinflussen?

IX

Die Gewalt, welche die Deutschen gegen die unter ihrer Herrschaft lebenden Juden vor allem im ehemaligen Polen entfesselten, mag in der Rückschau so aussehen, als sei sie der Anfang eines nahtlos verlaufenden Prozesses gewesen, der von den ersten Kriegstagen bis zur «Endlösung» führte. Die mörderischen Überfälle der Einsatzgruppen zu Beginn des Polenfeldzugs und der fortwährende Terror, der dann folgte, scheinen dieses Gefühl der Kontinuität zu bestätigen.[213] Gleichzeitig war jedoch, wie wir sahen, in bezug auf das Schicksal, das die Juden unter deutscher Herrschaft erwartete, kein klarer Plan entworfen oder gar in allen Einzelheiten ausgearbeitet worden. In seinen Anweisungen an die Einsatzgruppen vom 21. September 1939 hatte Heydrich von einem «Endziel» gesprochen, es aber unbestimmt gelassen. Fast zwei Jahre später ließ sich dieses Endziel immer noch nicht bestimmen, auch wenn Hitler ganz deutlich machte, daß die Juden «aus Europa verschwinden» mußten.

Die ersten «Territorialpläne» (Lublin und Madagaskar) waren von vornherein zu unrealistisch, als daß man sie längere Zeit in Erwägung gezogen hätte. Der dritte Plan – die Abschiebung der Juden Europas nach Nordrußland – erschien konkreter, war aber vom Ergebnis des Ostfeldzugs abhängig. Vor Juni 1941 gab es kein Startsignal, von dem wir Kenntnis haben, aber die Territorialpläne waren zweifellos dazu bestimmt, nach dem Sieg die Auslöschung der aus dem europäischen Raum vertriebenen jüdischen Bevölkerung herbeizuführen.

Dieses Fehlen jedes präzisen Plans und die etwas gedämpfte Wahrnehmung der Weltbedrohung durch die Juden spiegeln sich indirekt darin wider, daß es bei Hitler in dieser ersten Kriegsphase nur sporadisch zu rhetorischen Ausbrüchen im Zusammenhang mit der Judenfrage kam. Es äußert sich auch in den konkreten Maßnahmen, die in den besetzten Ländern und den Satellitenstaaten ergriffen wurden. Diese Maßnahmen kopierten (mit geringerer Brutalität im Westen, mit äußerster Brutalität im Osten) die ganze Skala antijüdischer Schritte, die im Reich in der Zeit von den ersten Tagen des neuen Regimes bis zur Frühphase des Krieges ausgearbeitet worden waren. Mit anderen Worten, die «Warteschleife», in der sich die antijüdische Politik der Nationalsozialisten in den besetzten Staaten befand, leitete keine radikal neuen Schritte ein, sondern sie führte einstweilen zur Ausweitung des «Reichsmodells» im europäischen Maßstab.

Einer der Hinweise darauf, daß noch kein präziser Plan (der sich mit dem gesamten europäischen Judentum befaßte) systematisch verfolgt wurde, läßt sich in der Vertreibungs- und Auswanderungspolitik dieser ersten beiden Kriegsjahre finden. Auswanderung und Abschiebung aus dem Reich und später dann aus dem Großdeutschen Reich und dem Protektorat wurden mit denselben erklärten Zielen auf die neu angegliederten polnischen Gebiete (den Warthegau und vor allem Oberschlesien), auf Elsaß-Lothringen und Baden, Westfalen und die Saar angewendet.

Weitere Schritte, die auf die Ausweitung des «Reichsmodells» hindeuteten, waren unter anderem die Übernahme von Identifizierungsmaßnahmen, die Registrierung der Juden, die Arisierung, die Einrichtung von «Räten» entweder auf zentraler oder auf lokaler Ebene, die Konzentration von Juden in abgegrenzten städtischen Bezirken, Zwangsarbeit und «Produktivitätsorientierung» in Polen sowie in weniger brutaler Form im Reich, und zwar im Austausch gegen eine minimale Lebensmittelversorgung. An und für sich deutete die Politik der «Produktivitätsorientierung» darauf hin, daß Vernichtungspläne in dieser Frühphase noch nicht die selbstverständliche und unmittelbar bevorstehende Lösung waren: Sonst hätte ein bewußt herbeigeführter massenhafter Hungertod das Vorgehen erleichtert.

Was die mörderischen Operationen angeht, die für den Feldzug gegen die Sowjetunion geplant wurden, so nahmen sie bestimmte Kategorien jüdischer Männer ins Visier. Sie waren dazu bestimmt, den Zusammenbruch der Roten Armee und des gesamten Sowjetsystems zu beschleunigen. Anscheinend wurde den Einsatzgruppen vor dem Angriff kein Befehl zur massenhaften Vernichtung der jüdischen Bevölkerung auf sowjetischem Gebiet erteilt, auch wenn die Befehlshaber einiger Einheiten, wie wir im nächsten Kapitel noch genauer sehen werden, nach dem Kriege gegenteilige Aussagen gemacht haben. Demnach waren, was politische Entscheidungen, administrative Maßnahmen und selektive Mordpläne für den neuen Feldzug im Osten angeht, die Umrisse der «Endlösung der Judenfrage in Europa» Anfang Juni 1941 noch nicht erkennbar. Juden verließen immer noch das Reich und den Kontinent, zunächst sogar mit gewisser Unterstützung durch das RSHA, dann mit seiner Genehmigung, wenngleich in immer kleinerer Zahl.

Wenn wir jedoch die allgemeine Stoßrichtung der antijüdischen Strategien zwischen September 1939 und Juni 1941 erwägen, dann erkennen wir, daß die fortlaufend im besetzten Polen begangenen Gewalttaten eine Grauzone mörderischer «Freizügigkeit» schufen, die, so ungeplant sie war, den Übergang zu einer systematischeren Ermordungspolitik erleichtern sollte. Gleiches könnte man von den antijüdischen Propagandamaßnahmen und ihrer Wirkung auf die öffentliche Meinung in Deutschland und Europa sagen. Immer stärker verfestigte sich im Reich und jenseits seiner Grenzen eine antisemitische Kultur, die tief in der christlichen und westlichen Zivilisation verwurzelt war und in Deutschland seit den Anfängen des Naziregimes kultiviert wurde. Erinnern wir uns, daß in Goebbels' *Ewigem Juden* Juden in pestbringendes Ungeziefer verwandelt wurden; in den Gesprächen des Propagandaministers mit Hitler erforderte der jüdische Krebs eine radikale Operation, und zwar gebieterisch, um die «arische» Menschheit vor einer tödlichen Gefahr zu retten. Und wie wir sahen, verfolgte Hitler die Produktion des 1940 gedrehten Films mit ungewöhnlicher Aufmerksamkeit und nahm die von Hippler ausgesuchten Bilder zur Kenntnis, darunter auch seine eigene Rede vom Januar 1939, in der er für den Fall eines Weltkriegs die Vernichtung der Juden vorausgesagt hatte. Eine Ahnung von tödlichem Judenhaß und ein Wille zum Massenmord waren unübersehbar und wurden ebenso unübersehbar in die öffentliche Sphäre eingespeist. Schließlich hatte Hitler, und das war das Wesentliche, auch wenn die Umrisse der «Endlösung» am Vorabend des Unternehmens Barbarossa noch nicht zutage traten, die Stoßrichtung des Feldzugs klar definiert: Dies sollte ein Vernichtungskrieg sein, und das war gleichbedeutend damit, daß die Massenmorde so lange ausgeweitet werden würden, wie der Feind kämpfte, wie es überhaupt noch Feinde gab, die in Reichweite waren. Mit anderen Worten, das Reich war jetzt entschlossen, einen Weg einzuschlagen, der zu irgendeinem Zeitpunkt, unter spezifischen Umständen, in einem bestimmten Kontext zu der Entscheidung führen würde, alle Juden Europas zu vernichten.

*

Die politische Linie, welche die Deutschen hinsichtlich der Juden verfolgten, war nicht vom Niveau des Antisemitismus in der öffentlichen Meinung Deutschlands und Europas abhängig. Doch schon allein die Aufmerksamkeit, die der Propaganda in allen Bereichen gewidmet wurde, die systematischen Berichte über Stimmungen in der Bevölkerung, die fortwährenden Versuche – besonders mit Blick auf die Judenfrage –, den «richtigen Weg» zur Behandlung von Mischlingen, Mischehen oder selbst jüdischen Soldaten, die als Frontkämpfer wegen Tapferkeit ausgezeichnet worden waren, zu finden, all das zeigt, daß das Regime potentiellen Reaktionen der öffentlichen Meinung nicht gleichgültig gegenüberstand (das sollte sich bald in der Frage der Euthanasie erweisen).

Es war daher wichtig, den bereits existierenden Antisemitismus zu verstärken und ihn so erbarmungslos wie möglich zu mobilisieren, um den Mythos vom Erzfeind zu nähren, den das Regime brauchte, und alle weiteren Schritte zu erleichtern, wenn sie beschlossen wurden. Der gegen die Juden gerichtete Fanatismus gewöhnlicher Wehrmachtssoldaten auch schon zu Beginn des Krieges ist ein eindrucksvoller Beleg für die Wirksamkeit von Wörtern und Bildern, die unablässig das monströse Bild «des Juden» formten.

Dieselbe Strategie galt in vieler Hinsicht für die besetzten Länder und die Satellitenstaaten Europas. In Polen wurde der einheimische Antisemitismus, wie wir sahen, von den Deutschen ausgebeutet, und zumindest zu Anfang schuf er ein schmales Band der Gemeinsamkeit zwischen Herren und Knechten. In den Niederlanden wurden die ersten antijüdischen Schritte sorgfältig geplant, um eine Konfrontation mit der Bevölkerung zu vermeiden. Als es im Februar 1941 dann doch zu dieser Konfrontation kam, übten die Deutschen brutale Vergeltung und preschten vor. Mit anderen Worten, Maßnahmen gegen die Juden wurden eingeführt und ausgeweitet, wo immer deutsche Präsenz oder deutscher Einfluß eine Rolle spielten. Gleichwohl stand man in dieser Frühphase potentiellen Reaktionen in den besetzten Ländern nicht gleichgültig gegenüber, sofern sie sich nicht – wie in Holland – in massenhaften Widerstand verwandelten. Ganz allgemein war bei der Bevölkerung mit einem gewissen Maß an Zustimmung zu den antijüdischen Schritten zu rechnen. Und eine solche Zustimmung oder Hinnahme breitete sich auch in den Niederlanden aus, nachdem die anfänglichen Unruhen niedergeschlagen waren. In Frankreich, wo die Vichy-Regierung den deutschen Maßnahmen zuvorgekommen war, ohne daß es zu einer öffentlichen Reaktion gekommen wäre, gab es keine derartigen Skrupel.

Aus der Sicht der Behörden und der Bevölkerung in Westeuropa war der gemeinsame Nenner aller gegen die Juden gerichteten Handlungen wahrscheinlich das Ende gleicher Rechte für die Juden in allen wichtigen Bereichen des öffentlichen Lebens oder, anders formuliert, ein Prozeß der neuerlichen Absonderung. In Deutschland war diese neuerliche Absonderung bereits abgeschlossen, als der Krieg begann; die laufenden Maßnahmen deuteten ganz offen auf das künftige Verschwinden aller Juden aus dem Reich. Im ehemaligen Polen nahm man eine zunehmende Ausbeutung und rücksichtslose Gewalttätigkeit wahr, die zu massenhaftem Tod führen konnte. *Mit anderen Worten, nirgends wurde die Situation als etwas Statisches angesehen, sondern vielmehr als ein Prozeß, der zu einem immer bedrohlicheren Ergebnis führte.* Es erhob sich jedoch kein offener Protest (wiederum mit anfänglicher Ausnahme der Niederlande). Vielmehr stellte sich rasch das Gegenteil heraus: Die antijüdischen Maßnahmen wurden von den Völkern und von den geistlichen und intellektuellen Eliten und am eklatantesten von der Mehrzahl der christlichen Kirchen hingenommen, ja gebilligt. Was von der französischen

Dezember 1940 – Juni 1941   571

Kirche stillschweigend gutgeheißen wurde, begrüßte der polnische Klerus ausdrücklich, es fand begeisterte Unterstützung bei einem Teil des deutschen Protestantismus und stieß auf zurückhaltendere Akzeptanz durch die übrigen christlichen Kirchen im Reich. Eine derartige religiöse Unterstützung für Judenverfolgungen unterschiedlicher Intensität oder für ihre Duldung trug natürlich dazu bei, alle Zweifel zum Schweigen zu bringen, besonders zu einer Zeit, in der bei den meisten Europäern der Einfluß der Kirchen immer noch beträchtlich war und man sich eifrig um ihren Rat bemühte.

Die weitverbreitete Hinnahme der neuerlichen Absonderung sollte auf die künftigen Ereignisse eine naheliegende Wirkung ausüben. Wenn die Isolation der Juden keine nennenswerten Proteste hervorrief – und von vielen sogar begrüßt wurde –, dann war damit zu rechnen, daß ihre territoriale Absonderung außerhalb Europas oder in einem fernen Teil des Kontinents als ein lediglich technisches Problem erscheinen würde. Einige Regeln würde man einhalten müssen: Familien müßten beispielsweise zusammenbleiben, und zweifellos würde man die Juden arbeiten lassen müssen...

*

Man hat der Rolle, welche die jüdische Führung bei der Entwicklung des Geschehens spielte, nach dem Krieg große Aufmerksamkeit gewidmet. Es ist die Ansicht vertreten worden, jüdische Führungsgruppen auf nationaler oder lokaler Ebene hätten nicht das absolut Neue der Verfolgung durch die Nazis erkannt und sich deshalb, so die Argumentation, an traditionelle Reaktionsformen gehalten, anstatt zu völlig neuen Strategien zu greifen. Wenn man das aber akzeptiert, dann war *in der Frühphase des Krieges* (der hier behandelten Zeitspanne) vom NS-Regime keine radikal neue Politik formuliert worden, und die neuerliche Absonderung erschien den Juden selbst als eine historisch vertraute Situation. Die Räte und sonstigen jüdischen Führungsgruppen konnten auf die fortlaufende Krise nur mit Mitteln reagieren, die ihnen aus anscheinend ähnlichen Situationen vertraut waren und die im gegebenen Rahmen die einzig rationalen Entscheidungen zu sein schienen.

Außerdem waren im Reich, im Protektorat und den besetzten Ländern Westeuropas alteingesessene Juden und seit langem etablierte Immigranten gewohnt, den Behörden und «dem Gesetz» zu gehorchen, selbst wenn sie wahrnahmen, daß die Verfügungen, die sich gegen sie richteten, ungerecht waren und nur den Zweck verfolgten, ihnen Schaden zuzufügen. Wie schon erwähnt, glaubten die meisten dieser Juden, die starke Vermehrung von Gesetzen und Verfügungen, die auf ihrer täglichen Existenz lasteten, stelle gleichwohl ein stabiles System dar, das es ihnen gestatten würde zu überleben. Im Rahmen dieses Systems wurden sie, bisweilen mit Erfolg, bei ihren Unterdrückern vorstellig. Gewöhnlich hielten sie aus, tagein, tagaus, in der Hoffnung, es werde sich irgendwie eine Möglichkeit zur Auswanderung zeigen oder es werde, im Osten, das physische Überleben für die Mehrzahl eine Möglichkeit bleiben, wenn die jüdischen Arbeiter genügend Güter für die deutsche Kriegswirtschaft produzierten.

In der Zwischenzeit verteilten eben diese Räte oder ihre Entsprechungen, soweit verfügbar, Unterstützung an die zunehmende Zahl von Juden, die in äußerste Armut geraten waren. Obgleich sie unter ständiger Kontrolle durch die Gestapo standen, wurden diese jüdischen Führer in diesem Stadium bei ihren Fürsorgeaktivitäten nicht behindert, da fast alle Unterstützung, die sie gaben, aus jüdischen Mitteln stammte. Darüber hinaus befaßten sie sich mit der Auswanderung, als ihnen das noch gestattet war, und mit Unterricht dort, wo öffentliche Schulen jüdischen Kindern verschlossen waren.

Die Auflösung der Räte war zu diesem Zeitpunkt keine praktikable Option. Sie hätte nicht nur das Aufhören sämtlicher Sozialfürsorge bedeutet, sondern auch deutsche Repressalien gegen jede Menge von Geiseln zur Folge gehabt und auf der Stelle die Ernennung einer neuen Gruppe von Juden zu Leitern der Gemeinde nach sich gezogen. Natürlich galten die Zwänge, welche die Optionen der Führung beschränkten, zumindest im Westen nicht für einzelne Juden. Sie konnten sich der Registrierung entziehen und von Ende 1940 oder Anfang 1941 an im Untergrund leben. In der Rückschau betrachtet, wären das die richtigen Entscheidungen gewesen, aber damals schienen die hiermit verbundenen Risiken der überwältigenden Mehrheit in keinem Verhältnis zu den unmittelbaren Beschwernissen zu stehen.

Einer der auffälligen Aspekte der sich dramatisch verändernden Lage der Juden ist anscheinend der fortlaufende Zerfall einer gesamtjüdischen Solidarität, soweit sie je existiert hatte. Ende 1939 und Anfang 1940 versuchte die deutsche jüdische Führung, gefährdete polnische Juden daran zu hindern, aus dem Reich nach Palästina auszuwandern, um alle Emigrationsmöglichkeiten ausschließlich deutschen Juden vorzubehalten; die französische Führung hörte nie auf, bezüglich des Status und der Behandlung eine klare Unterscheidung zwischen einheimischen und ausländischen Juden zu verlangen. Die Räte in Polen – besonders in Warschau – ließen ein ganzes Bündel von Privilegien für alle zu, die ein Bestechungsgeld zahlen konnten, während die Armen, die Flüchtlinge aus den Provinzen und die Masse derer, die über keinerlei Einfluß verfügten, in zunehmendem Maße dazu gezwungen wurden, Sklavenarbeit zu verrichten oder zu verhungern, was schließlich zum Tod der Schwächsten führte.

Auf der anderen Seite kam es innerhalb von kleinen Gruppen, deren Mitglieder einander durch einen bestimmten politischen oder religiösen Hintergrund verbunden waren, zu einer Stärkung von Bindungen. Das geschah typischerweise in politischen Jugendgruppen in den Ghettos, unter jüdischen Pfadfindern in Frankreich und natürlich in der einen oder anderen Gruppe orthodoxer Juden. Solche Entwicklungen sollten nicht dazu führen, die weitverbreiteten Fürsorgebemühungen oder die pädagogischen und kulturellen Aktivitäten, die allen offenstanden, zu übersehen, doch ein Trend wurde deutlich. Er sollte sich mit der Zunahme der Bedrohung von außen erheblich verstärken.

X

Angesichts des Mangels an nennenswerter Unterstützung der großen christlichen Kirchen für nicht konvertierte Juden spielten private Institutionen und Einzelpersonen (manchmal solche, von denen man es nicht erwartet hätte) eine größere Rolle. Die größte Bedeutung hatten jüdische Organisationen, vor allem das *American Jewish Joint Distribution Committee* (JDC), die *Organization for Rehabilitation and Training* (ORT) und das *Œuvre de Secours aux Enfants* (OSE) sowie die Organisationen, welche unmittelbarer mit jüdischen politischen Parteien (Zionisten, orthodoxen Religiösen, Bundisten, Kommunisten) oder verschiedenen jüdischen Einwanderervereinigungen in Westeuropa verbunden waren.[214] Nichtjüdische Wohltätigkeitsorganisationen leisteten ebenfalls großzügige Hilfe: das *American Friends Service Committee*, der YMCA, die protestantische CIMADE und andere.

Die Initiativen von Einzelpersonen waren von besonderer moralischer Bedeutung. Selbst in dieser frühen Phase und selbst außerhalb des Reiches waren die Risiken, die jemand einging, häufig beträchtlich, wenn auch vorwiegend in beruflicher und gesellschaftlicher Hinsicht. Die durch Vorbehalte gekennzeichnete Position, die der Leiter der französischen protestantischen Gemeinschaft, Pastor Marc Boegner, gegenüber der von Vichy verfolgten antijüdischen Politik einnahm, hätte beispielsweise seine Stellung bei seiner Gemeinde gefährden können; der Schmuggel von Juden über die Schweizer Grenze beendete die Karriere von Paul Grüninger bei der Grenzpolizei von St. Gallen; mehrere Schweizer Konsularbeamte, vor allem in Italien, wurden gerügt, weil sie die Regeln für die jüdische Einwanderung mißachtet hatten. Wie schon erwähnt, begann nach der Niederlage Frankreichs der portugiesische Generalkonsul in Bordeaux, Aristides de Sousa Mendes, Juden Einreisevisa zu erteilen, obgleich er aus Lissabon anderslautende Anweisungen hatte; er wurde abberufen und aus dem auswärtigen Dienst entlassen. Ebenso wie Grüninger rehabilitierte man ihn erst mehrere Jahrzehnte nach Kriegsende. Das Herausschmuggeln besonders gefährdeter und «wertvoller» Juden aus Vichy-Frankreich durch Varian Fry war mit allen Risiken der Illegalität behaftet und führte dazu, daß er nach einem Jahr der Aktivität abberufen und entlassen wurde. Einer der in vieler Hinsicht unwahrscheinlichsten Fälle war der von Chiune Sugihara, dem japanischen Konsul in der litauischen Hauptstadt Kaunas (Kowno).[215]

Sugihara war im Oktober 1939 aus Helsinki nach Kowno versetzt worden. Als Litauen von der Sowjetunion annektiert wurde, mußte das japanische Konsulat schließen, und am 31. August 1940 wurde Sugihara in Berlin, dann in Prag und schließlich in Königsberg stationiert. Von Anfang an hatte Sugiharas wirkliche Aufgabe darin bestanden, Truppenbewegungen und damit zusammenhängende militärische Entwicklungen zu beobachten. Um aber den Schein seines offiziellen Deckmantels zu wahren, erfüllte er alle regulären Funktionen eines echten Konsuls; vor allem erteilte er Visa. Am 10. August 1940 begann Sugihara gegen die Anweisungen des Außenministeriums in Tokio (oder bestenfalls ohne jegliche klare Anweisungen), allen Juden, die sein Konsulat erreichten, japanische Transitvisa auszustellen. Fast keiner von ihnen hatte eine Genehmigung zur Einreise in ein endgültiges Zielland; viele besaßen nicht einmal irgendwelche gültigen Pässe.

Innerhalb weniger Tage gingen bei dem eigenwilligen Konsul Ermahnungen aus Tokio ein: «Kürzlich haben wir Litauer entdeckt, die im Besitz unserer Transitvisa sind, welche Sie ausgestellt haben», hieß es in einem Telegramm vom 16. August. «Sie waren auf dem Weg nach Amerika und Kanada. Darunter sind mehrere Personen, die nicht über ausreichende Geldmittel verfügen und die das Verfahren zum Empfang ihrer Einreisevisa in das endgültige Bestimmungsland nicht abgeschlossen haben. Wir können ihnen keine Genehmigung zum Betreten des Landes erteilen. Und mit Blick auf diese Fälle gab es mehrere Beispiele, die uns irritiert haben, und wir wissen nicht, was hier zu geschehen hat. ... Sie müssen dafür sorgen, daß sie ihre Verfahren für Einreisevisa abgeschlossen haben, und sie müssen auch über das Reisegeld oder das Geld, das sie während ihres Aufenthalts in Japan brauchen, verfügen. Anderenfalls sollten Sie ihnen die Transitvisa nicht ausstellen.»[216]

Sugihara ließ sich nicht beirren. Er unterzeichnete weiterhin Visa, selbst aus dem Fenster des bereits anrollenden Zuges heraus, als er mit seiner Familie die Fahrt nach Berlin antrat. Weitere Visa stellte er in Prag, möglicherweise auch in Königsberg aus. Die Deutschen hatten gegen die illegale Ausreise von Juden aus dem Reichsgebiet sicher nichts einzuwenden...[217] Sugihara hat unter Umständen bis zu 10 000 Visa ausgestellt, und möglicherweise der Hälfte der Juden, die sie erhielten, damit das Leben gerettet.²¹⁸ Auf seine Gedanken und Beweggründe gibt es keine konkreten Hinweise. «Ich habe [den Konsequenzen] keine Aufmerksamkeit geschenkt», schrieb er in seinen nach dem Krieg abgefaßten Erinnerungen, «und ich habe nur nach meinem Gefühl für menschliche Gerechtigkeit, aus Liebe zur Menschheit, gehandelt.»²¹⁹

ZWEITER TEIL

MASSENMORD

(Sommer 1941 – Sommer 1942)

«Das Verhältnis von Leben und Tod hat sich radikal gewandelt. Es gab eine Zeit, da stand das Leben an erster Stelle, da galt ihm die wichtigste, die zentrale Sorge, während der Tod eine Nebenerscheinung war, dem Leben gegenüber sekundär, dessen Ende. Heute herrscht der Tod in all seiner Majestät, während das Leben unter einer dicken Ascheschicht kaum noch glimmt. Diese schwache Lebensglut ist matt, elend und kümmerlich, arm, ohne allen Atem, ohne jeden Funken einer geistigen Substanz. Sowohl im Einzelnen als auch in der Gemeinschaft ist anscheinend die Seele selbst verhungert und abgestorben und verdorrt. Was bleibt, sind nur die Bedürfnisse des Leibes; und dieser fristet lediglich eine organisch-physiologische Existenz.»

Abraham Lewin,
Warschauer Ghetto, 13. September 1941

4.
Juni 1941 – September 1941

Am 29. September 1941 erschossen die Deutschen in der Schlucht von Babi Jar bei Kiew 33 700 Juden aus der Stadt. Als sich die Gerüchte über das Massaker verbreiteten, äußerten manche Ukrainer anfangs Zweifel. «Ich weiß nur eines», schrieb Iryna Choroschunowa an jenem Tag in ihr Tagebuch, «da geht etwas Schreckliches, etwas Entsetzliches vor sich, etwas Unfaßbares, das man nicht verstehen, begreifen oder erklären kann.» Einige Tage später war ihre Ungewißheit verflogen: «Eine kleine Russin begleitete ihre Freundin zum Friedhof [am Eingang zur Schlucht], aber sie kroch von der anderen Seite durch den Zaun. Sie sah, wie nackte Menschen nach Babi Jar gebracht wurden, und hörte Schüsse aus einem Maschinengewehr. Es gibt immer mehr solche Gerüchte und Berichte. Sie sind so ungeheuerlich, daß man sie gar nicht glauben kann. Aber wir sind gezwungen, sie zu glauben, denn die Erschießung der Juden ist eine Tatsache. Eine Tatsache, die uns jetzt zum Wahnsinn zu treiben beginnt. Es ist unmöglich, mit diesem Wissen zu leben. Die Frauen rings um uns weinen. Und wir? Am 29. September, als wir dachten, sie würden in ein Konzentrationslager gebracht, haben wir auch geweint. Aber jetzt? Können wir wirklich weinen? Ich schreibe hier, aber mir stehen die Haare zu Berge.»[1] Währenddessen ging der Krieg im Osten in seinen vierten Monat.

Für Dawid Rubinowicz war die Entfesselung des deutschen Angriffs zunächst nur ein geräuschvoller Vorgang: «Es war noch dunkel», notierte er am 22. Juni, «da hat Papa uns alle geweckt und gesagt, wir sollen hören, was für ein furchtbares Dröhnen aus Nordost kommt. Es war so ein Gedröhn, daß die Erde zitterte. Den ganzen Tag hört man dieses Dröhnen. Am Abend kamen Juden aus Kielce gefahren, die sagten, daß Sowjetrußland den Deutschen den Krieg erklärt hat. Jetzt verstand ich erst das ganztägige Gedröhn.»[2]

Die Chronisten von Łódź mußten sich zwangsläufig auf dürre Fakten beschränken: «Im Zusammenhang mit dem Krieg gegen die Sowjets hat es in den letzten zehn Tagen des Juni eine plötzliche Preissteigerung bei abgepackten Waren gegeben, die das Ghetto überwiegend aus der UdSSR bezogen hatte», registrierten sie in ihrer Eintragung für die Zeit vom 20. bis 30. Juni 1941. Die Erwähnung des deutschen Angriffs im Osten zog keinen weiteren Kommentar nach sich.[3] Die Zurückhaltung, zu der die offiziellen Ghettochronisten gezwungen waren, erlegten sich die individuellen Tagebuchschreiber nicht auf. Der junge Sierakowiak war begeistert: «Eine unerhörte, herrliche Nachricht!» schrieb er am 22., auch wenn er sich nicht völlig sicher war, ob jetzt nicht «das geliebte, freie, mächtige Sowjetland» von einer deutschbritischen Koalition angegriffen wurde.[4] Am 23. bestätigte er triumphierend: «Wie sich herausstellt, ist alles wahr! ... Das ganze Ghetto ist ein einziger Bienenstock. Alle fühlen, endlich tut sich eine Möglichkeit der Rettung auf.»[5]

Nicht alle jüdischen Tagebuchschreiber teilten Sierakowiaks Hochstimmung. In Rumänien – das sich dem antibolschewistischen Kreuzzug angeschlossen hatte – verbreitete sich Angst: «Die Menschen ziehen sich früh in ihre Häuser zurück», notierte Sebastian am 22. Juni. «Mit den verriegelten Fenstern und ohne Telefon wird die Stimmung immer bedrückender. Was wird mit uns geschehen? Ich wage kaum zu fragen. An den morgigen Tag, an die nächste Woche, an den nächsten Monat zu denken – das erfüllt einen mit schierer Angst.»[6] Zwei Tage später beschrieb Sebastian ein Plakat, das auf der Straße hing; es trug die Inschrift «Wer sind die Herren des Bolschewismus?» und zeigte «einen ‹Saujuden› mit einem roten Kaftan, Schläfenlocken, Kippa, Bart. In einer Hand hält er eine Sichel, in der anderen einen Hammer. In seinem Schoß verstecken sich drei sowjetische Soldaten. ... Die Poster sollen von Polizeioffizieren aufgehängt worden sein.»[7]

Ebensowenig teilte Herman Kruk in Wilna den Enthusiasmus Sierakowiaks. Kruk war einige Tage nach Kriegsanfang aus Warschau nach Litauen geflohen. In der polnischen Hauptstadt hatte er sich in jiddischen Kulturzirkeln betätigt und war für die kulturellen Aktivitäten der «Zukunft», der Jugendorganisation des Bund, sowie für die zentrale jiddische Bibliothek zuständig gewesen.[8] Am 22. Juni 1941 dachte er erneut daran zu fliehen, aber das gelang ihm nicht. Fatalistisch richtete er sich darauf ein, zu bleiben und die kommenden Ereignisse *aufzuzeichnen:* «Ich fasse einen festen Entschluß», notierte er am 23. Juni 1941, «ich überlasse mich der Gnade Gottes; ich bleibe. Und ich fasse gleich noch einen Entschluß: wenn ich sowieso bleibe und wenn ich ein Opfer des Faschismus werde, dann werde ich die Feder in die Hand nehmen und eine Chronik der Stadt schreiben. Es ist klar, daß Wilna auch eingenommen werden kann. Die Deutschen werden die Stadt faschistisch machen. Juden werden ins Ghetto gehen – ich werde das alles aufzeichnen. Meine Chronik muß sehen, muß hören und muß zum Spiegel und zum Gewissen der großen Katastrophe und der schweren Zeiten werden.»[9]

Im Warschauer Ghetto waren es offenbar wie in Łódź die naheliegenden, alltäglichen Folgen des neuen Krieges, welche die Menschen am meisten beschäftigten. «Ein Extrablatt über den Krieg mit den Sowjets», notierte Czerniaków am 22. Juni. «Man wird jetzt am Tag arbeiten müssen, und nachts werden sie einen vielleicht nicht schlafen lassen.»[10] Tagelang erwähnte der Warschauer Vorsitzende den Krieg in Rußland kaum; er hatte andere, drängendere Sorgen. «Auf den Straßen werden Arbeiter gefaßt für die Arbeitsstätten, für die sich niemand meldet, weil man dort kein Essen gibt, sondern 2.80 Zł», notierte er am 8. Juli. «Ich habe [Ferdinand von] Kamlah ersucht, sie zu verpflegen. Vorläufig erfolglos. In Anbetracht der Unermeßlichkeit des Elends ist die Masse der Juden ruhig und besonnen.»[11]

Bei den Deutschen wurde die Nachricht vom Ostfeldzug, soweit Klemperer das feststellen konnte, gut aufgenommen: «Überall vergnügte Gesichter. Eine neue Gaudi, eine Aussicht auf neue Sensationen, neuen Stolz ist der russische Krieg für die Leute, ihr Schimpfen von gestern ist ... vergessen.»[12] Tatsächlich wären die meisten Beobachter anderer Meinung gewesen als Klemperer: Auch wenn die Nachricht von dem Angriff nicht unerwartet kam, sorgte sie doch für Überraschung und gelegentlich für Bestürzung.[13]

I

In den ersten Tagen und Wochen des Feldzugs schien der deutsche Angriff erneut unaufhaltsam. Ungeachtet wiederholter Warnungen aus den unterschiedlichsten Quellen (darunter mehrere von den Sowjets kontrollierte Spionageringe) waren Stalin und die Rote Armee überrumpelt worden. «Wir werden noch eine Reihe von schweren Schlachten zu schlagen haben», erklärte Hitler am 8. Juli in einem Gespräch mit Goebbels, «aber von den bisherigen Niederlagen wird sich die Wehrmacht des Bolschewismus nicht mehr erholen können.»[14] Ohne daß es irgendjemand damals wahrgenommen oder auch nur geahnt hätte, hatte Deutschlands Abstieg in die Niederlage begonnen.

Bei dem hochrangig besetzten Treffen, das am 16. Juli ins Führerhauptquartier einberufen wurde und an dem Göring, Bormann, Lammers, Keitel und Rosenberg teilnahmen, herrschte Optimismus. In einer denkwürdigen Formel gab der «größte Feldherr aller Zeiten» (so Keitel) die Richtlinien für die deutsche Politik in der besetzten Sowjetunion aus: «Grundsätzlich kommt es ... darauf an, den riesenhaften Kuchen handgerecht zu zerlegen, damit wir ihn erstens beherrschen, zweitens verwalten und drittens ausbeuten können.» In diesem Zusammenhang betrachtete Hitler den Appell, mit dem Stalin am 3. Juli die Soldaten der Roten Armee dazu aufgefordert hatte, hinter den deutschen Linien einen Partisanenkrieg zu beginnen, als eine weitere günstige Entwicklung: «Dieser Partisanenkrieg hat auch wieder seinen Vorteil: er gibt uns die Möglichkeit, auszurotten, was sich gegen uns stellt. ... Der Führer sagt, ... der Riesenraum müsse natürlich so rasch wie möglich befriedet werden; dies geschehe am besten dadurch, daß man Jeden, der nur schief schaue, totschieße.»[15]

Bei demselben Treffen wurde Alfred Rosenberg offiziell zum Reichsminister für die besetzten Ostgebiete ernannt; die Verantwortung Himmlers für die innere Sicherheit der Gebiete wurde jedoch erneut bekräftigt. Gemäß dem formalen Arrangement, das Hitler am darauffolgenden Tag bestätigte, sollten die von Rosenberg ernannten Reichskommissare die Jurisdiktion über die Beauftragten Himmlers in ihren Gebieten haben, de facto aber erhielten die HSSPF ihre Einsatzbefehle vom Reichsführer. Mit diesem Arrangement, das die jeweilige Befehlsgewalt Himmlers und Rosenbergs absichern sollte, waren natürlich ständige Streitereien vorprogrammiert. Doch obgleich die Spannung zwischen beiden Systemen oft hervorgehoben worden ist – eine Spannung, die auch für die Kontrolle über das Generalgouvernement bestimmend war –, beweisen in Wirklichkeit die «Resultate», daß die Kooperation bei der Erfüllung der gestellten Aufgaben, insbesondere im Hinblick auf den Massenmord, gewöhnlich über die Konkurrenz siegte.[16] Die von Rosenberg ernannten Vertreter unter der Leitung von Reichskommissar Hinrich Lohse, dem ehemaligen Gauleiter von Schleswig-Holstein, im «Ostland» und Reichskommissar Erich Koch, dem Gauleiter von Ostpreußen, in der Ukraine sowie ihre Distriktchefs kamen schließlich aus dem harten Kern der Partei: Diese Satrapen und die Beauftragten des Reichsführers, die HSSPF Hans-Adolf Prützmann (Rußland-Nord), Erich von dem Bach-Zelewski (Rußland-Mitte), Friedrich Jeckeln (Rußland-Süd) und Gert Korsemann (äußerster Süden und Kaukasus), hatten dieselben Überzeugungen und dieselben Ziele; gemeinsam mit der Wehrmacht waren sie fest entschlossen, in den neu eroberten Gebieten vor allem anderen deutsche Herrschaft, Ausbeutung und Terror durchzusetzen.

Wochen vergingen, aber weder die Rote Armee noch das Regime Stalins brachen zusammen; der Vormarsch der Wehrmacht verlangsamte sich, und die deutschen Verluste nahmen ständig zu. Mitte August 1941 entschied sich Hitler nach angespannten Diskussionen mit seinen obersten Militärbefehlshabern gegen deren Rat, sämtliche verfügbaren Kräfte für einen Angriff auf Moskau zusammenzuziehen. Obgleich die Armeegruppe Mitte auf ihrem Frontabschnitt schon erhebliche Geländegewinne gemacht hatte, sollte sie sich jetzt nach Süden wenden und die Ukraine erobern, bevor sie dann wieder nach Norden marschieren würde, um den abschließenden Angriff auf die sowjetische Hauptstadt zu führen. Kiew kapitulierte am 19. September, und mehr als 600 000 russische Soldaten fielen samt ihrer Ausrüstung den Deutschen in die Hände. Hitler war wieder in überschwenglicher Stimmung. Doch die Zeit für den Angriff auf das Zentrum der Sowjetmacht wurde gefährlich knapp.

In der Zwischenzeit wurde die internationale Lage für Deutschland angesichts der von Roosevelt verfolgten Politik bedrohlicher. Nachdem der amerikanische Präsident wiedergewählt worden war und auf der Pressekonferenz vom 17. Dezember 1940 von der «Gartenschlauch»-Metapher gesprochen hatte, erklärte er beim «Kamingespräch» vom 29. Dezember, die Vereinigten Staaten würden zum «großen Arsenal der Demokratie» werden. Am 11. März 1941 unterzeichnete Roosevelt das Leih-Pacht-Gesetz, das am 26. März in Kraft trat. Innerhalb weniger Tage brachten britische Schiffe «geliehene» amerikanische Waffen und Ausrüstungen über den Atlantik. Im Frühsommer begann die amerikanische Unterstützung für die Sowjetunion. Für Washington bestand das Hauptproblem nicht in der Frage, ob man dem kommunistischen Opfer der deutschen Aggression Lieferungen zukommen lassen sollte, sondern wie sich die amerikanischen Lieferungen angesichts immer erfolgreicherer deutscher U-Boot-Operationen ans Ziel befördern ließen.

Im April 1941 schickte Roosevelt unter Berufung auf die Monroe-Doktrin und die Notwendigkeit, die westliche Hemisphäre zu verteidigen, amerikanische Truppen nach Grönland; zwei Monate später errichteten US-Truppen Stützpunkte auf Island. Dann, Mitte August, trafen sich Roosevelt und Churchill vor der Küste von Neufundland und verkündeten zum Abschluß ihrer Gespräche die ziemlich verschwommenen Grundsätze der später so genannten «Atlantikcharta». In Berlin wurde das Treffen ebenso wie anderswo als ein Vorgang interpretiert, der ein De-facto-Bündnis zwischen den Vereinigten Staaten und Großbritannien signalisierte. Insgeheim hatte Roosevelt in der Tat Churchill versprochen, die US-Marine werde britischen Konvois zumindest auf der Hälfte der Strecke über den Atlantik Geleitschutz geben. Im September waren größere Zusammenstöße zwischen amerikanischen Marineeinheiten und deutschen Unterseebooten unvermeidlich geworden.

*

Im Hochsommer 1941 zeigte die deutsche Bevölkerung Zeichen von Unruhe. Der Krieg im Osten verlief nicht so rasch wie erwartet, die Verluste stiegen, und es gab wachsende Besorgnis über die Lebensmittelversorgung.[17] In dieser Situation brachte ein größerer Zwischenfall die Führung des Regimes aus der Fassung.

Am Sonntag, dem 3. August, trotzte Bischof Clemens Graf von Galen dem Regime Hitlers. In einer Predigt, die er in der Lambertikirche in Münster hielt, attackierte der Geistliche energisch die Behörden wegen der systematischen Ermordung von Geisteskranken und Behinderten. Diese Predigt kam vier Wochen, nachdem der deutsche Episkopat einen Hirtenbrief erlassen hatte, der von allen Kanzeln des Landes verlesen worden war und in dem die Tötung «unschuldigen Lebens» angeprangert wurde. Protestantische Stimmen, darunter die des württembergischen Bischofs Theophil Wurm, erhoben sich ebenfalls. Hitler mußte reagieren.[18]

Er entschloß sich, in diesem kritischen Stadium des Krieges keine Vergeltung an Galen zu üben. Mit der Kirche würde man später abrechnen, erklärte er. Offiziell wurde die Aktion T4 abgebrochen, in Wirklichkeit aber ging die selektive Ermordung von «lebensunwertem Leben» doch weniger auffällig weiter. Von jetzt an suchte man die Opfer vor allem unter den Häftlingen von Konzentrationslagern: Polen, Juden, «Rasseschänder», «Asoziale» und Krüppel. Unter dem Decknamen 14 f.13 hatte Himmler diese Tötungen bereits im April 1941 in Sachsenhausen in Gang gesetzt; nach Mitte August 1941 wurde daraus die abgewandelte Euthanasie-Operation. Darüber hinaus forderte «wilde Euthanasie» in den Nervenkliniken das Leben Tausender von Insassen.

Es war jedoch das erste und einzige Mal in der Geschichte des «Dritten Reiches», daß prominente Vertreter der christlichen Kirchen in Deutschland vom Regime begangene Verbrechen öffentlich verdammten.[19]

II

Es sieht so aus, als habe Hitler während der ersten Monate des neuen Feldzugs beschlossen, das Schicksal der Juden Europas bis zum Endsieg im Osten in der Schwebe zu lassen. Wenn er in seinen öffentlichen Ansprachen in der Zeit von Juni bis Oktober 1941 den jüdischen Feind erwähnte, dann blieb das fast ebenso mechanisch, wie es das seit Kriegsbeginn gewesen war.

Die «Bedrohung» durch die Juden war natürlich nicht vergessen. In Hitlers Rundfunkansprache an das deutsche Volk vom 22. Juni standen die Juden in der Aufzählung der Feinde des Reiches an erster Stelle; erwähnt wurden sie zusammen mit den Demokraten, den Bolschewisten und den Reaktionären.[20] Gegen Ende der Rede, als Hitler den soeben begonnenen Angriff erklärte und rechtfertigte, tauchten die Juden erneut auf: «Damit ist aber nunmehr die Stunde gekommen, in der es notwendig wird, diesem Komplott der jüdisch-angelsächsischen Kriegsanstifter und der ebenso jüdischen Machthaber der bolschewistischen

Moskauer Zentrale entgegenzutreten.»[21] Nach Hitlerschen Maßstäben klang das nahezu abgedroschen.

Dem kroatischen Marschall Slavko Kvaternik erklärte der Diktator bei einer Begegnung am 21. Juli, nach Beendigung des Ostfeldzugs würden die Juden Europas nach Madagaskar oder möglicherweise nach Sibirien geschickt werden.[22] Augenscheinlich benutzte Hitler der Begriff «Madagaskar» als Standardmetapher für das Endziel seiner Politik: die Vertreibung der Juden aus Europa. Am 12. August bekam der scheidende spanische Botschafter Espinosa Hitlers übliche Tiraden gegen «Roosevelt mit seinen Freimaurern, Juden und dem gesamten jüdischen Bolschewismus» zu hören.[23] Einige Tage später, am 25. August, kam Hitler bei einer Zusammenkunft mit Mussolini auf dasselbe Thema zurück: «Der Führer gab eine detaillierte Analyse der jüdischen Clique um Roosevelt, die das amerikanische Volk ausbeutet. Er stellte fest, um nichts auf der Welt würde er in einem Land wie den Vereinigten Staaten leben wollen, das eine Lebensauffassung hätte, die vom vulgärsten Kommerzialismus inspiriert sei und kein Gefühl für irgendwelche der höchsten Äußerungen des menschlichen Geistes habe.»[24]

Bei seinen bombastischen Reden vor den Gästen und regelmäßigen Besuchern, die sich in seinen Räumen im Hauptquartier in Rastenburg (später dann in Winniza in der Ukraine und danach wieder in Rastenburg) versammelten, ging der «Führer» im Sommer 1941 auf das Thema Juden nicht ausführlich ein. Am 10. Juli verglich er sich mit Robert Koch, der den Tuberkelbazillus entdeckt hatte; er, Hitler, habe die Juden als Element aller gesellschaftlichen Dekomposition entdeckt. Er habe bewiesen, daß ein Staat ohne Juden leben könne.[25] Am darauffolgenden Tag trug Hitler seine Theorie über Religion und Weltgeschichte vor: «Der schwerste Schlag, der die Menschheit getroffen hat, ist das Christentum; der Bolschewismus ist der uneheliche Sohn des Christentums; beide sind eine Ausgeburt des Juden.»[26] Anfang September erwähnte Hitler das «extreme Feingefühl» der Deutschen; die Vertreibung von 600 000 Juden aus dem Reichsgebiet galt allgemein, so erklärte er, als äußerste Brutalität, während die Vertreibung von 800 000 Deutschen aus Ostpreußen [sic] bei niemandem Beachtung gefunden habe.[27] Für den Sommer war das alles.

Möglicherweise hatte Hitler den Wunsch, in der Öffentlichkeit an der Pose des überragenden Staatsmanns und Strategen festzuhalten, der im Augenblick seiner größten historischen Leistung das Reden seinen Untergebenen überließ. Erst als der sowjetische Widerstand zu einem ernstzunehmenden Hindernis wurde und als gleichzeitig die Initiativen Roosevelts die Vereinigten Staaten näher an eine Konfrontation mit Deutschland heranrückten, bröckelte die Zurückhaltung des «Führers» ab. Die Handlanger wurden zu Aktivitäten gedrängt. Als Goebbels am

8. Juli im Hauptquartier mit Hitler zusammentraf, wurde er angewiesen, die antibolschewistische Propaganda bis zum Äußersten zu verstärken. «Unsere Propagandalinie ist ... klar», schrieb der Minister am darauffolgenden Tag. «Wir müssen weiterhin das Zusammenwirken zwischen Bolschewismus und Plutokratie entlarven und mehr und mehr jetzt auch den jüdischen Charakter dieser Front herausstellen. In einigen Tagen wird, langsam beginnend, nun die antisemitische Kampagne anlaufen, und ich bin davon überzeugt, daß wir auch in dieser Richtung mehr und mehr die Weltöffentlichkeit auf unsere Seite bringen können.»[28]

Tatsächlich hob schon am ersten Tag des Krieges, am 22. Juni, Reichspressechef Dietrich in seiner «Tagesparole» für die deutsche Presse die jüdische Dimension des bolschewistischen Feindes hervor: «Es muß darauf hingewiesen werden, daß bei den Sowjets die jüdischen Hintermänner die gleichen geblieben sind, ebenso ihre Methode und ihr System. ... Sowohl Plutokratie wie Bolschewismus haben den gleichen Ausgangspunkt: das *jüdische Weltherrschaftsstreben*.»[29] Am 5. Juli übermittelte der Reichspressechef noch einmal die tägliche Botschaft: «Durch die deutsche Abrechnung mit Moskau wird jetzt der größte Judenschwindel aller Zeiten aufgedeckt und entlarvt. Das ‹Arbeiterparadies› entpuppt sich vor aller Welt als ein gigantisches Betrüger- und Ausbeutersystem.» Nach einer Beschreibung der Schrecken einer Existenz in der Sowjetunion kehrte Dietrich zu seinem Hauptthema zurück: «In diesen unsagbaren Zustand tiefsten menschlichen Elends hat der Jude durch sein teuflisches System des Bolschewismus die Völker der Sowjetunion gestoßen.»[30]

Die Sprachregelung war klar. Sie sollte in zahllosen Abwandlungen bis ganz zum Schluß durchgehalten werden. Goebbels' erster persönlicher Beitrag war am 20. Juli ein massiver Angriff auf die Juden, der unter dem Titel «Mimikry» in der Zeitschrift *Das Reich* erschien. Unter der Feder des Ministers wurden die Juden zu Parodisten par excellence: «Es ist sehr schwer, ihren raffinierten Um- und Schleichwegen nachzuspüren. ... Die Moskauer Juden *erfinden* die Lügen- und Greuelmeldungen, und die Londoner Juden *zitieren* und *kolportieren* sie, ganz harmlos natürlich, mit einer wahren Biedermannsmiene, gleichsam als genügten sie nur einer lästigen Chronistenpflicht.» Die Argumentation war klar: Die Juden tarnen ihre Anwesenheit, sie treten in den Hintergrund, um hinter den Kulissen zu manövrieren. Der Schluß der Goebbelsschen Tirade war vorhersehbar: Den Nationen, die getäuscht worden waren, würde ein Licht aufgehen. «Wir hören heute schon im Geiste den Ruf der verzweifelten und irregeführten Völker durch die ganze Welt gellen: ‹Die Juden sind schuld! Die Juden sind schuld!› Das Strafgericht, das dann über sie hereinbricht, wird furchtbar sein. Wir brauchen gar nichts dazu zu tun», prophezeite der Minister, «es kommt von selbst, weil es kommen muß. Wie die Faust des erwachenden Deutschland einmal auf diesen Rassenunrat niedergesaust ist, so wird auch einmal die Faust des erwachenden Europa auf ihn niedersausen.»[31] Von da an und während des ganzen Sommers kam der Minister bei jeder sich bietenden Gelegenheit auf das Thema zurück.[32]

In jenen Tagen entdeckte Goebbels auch zwei «sensationelle» Dokumente: zum einen ein Bild von Roosevelt, auf dem dieser die Kleidung eines Freimaurers trug, und zum anderen den amerikanischen Präsidenten als Initiator der verbrecherischen deutschfeindlichen Ideen des Juden Kaufman. Das erste Dokument, das sich in einem norwegischen Archiv gefunden hatte, belegte die «bisherigen Feststellungen von der jüdisch-freimaurerischen Hörigkeit des Kriegshetzers Roosevelt einwandfrei und unwiderlegbar», wie die Anweisung an die Presse lautete.[33] Am 23. Juli brachte der *Völkische Beobachter* einen ganzseitigen Artikel mit der Überschrift: «Roosevelt – Hauptwerkzeug der jüdischen Weltfreimaurerei.»[34] Alle großen deutschen Zeitungen übernahmen die Schlagzeile.

Die jüdisch-freimaurerische Sensation war jedoch von untergeordneter Bedeutung im Vergleich zur Ausgrabung von Theodore N. Kaufman.[35] Der 31jährige Kaufman (das mittlere «N.» stand für «Newman», aber bei den Nazis wurde daraus «Nathan»), ein Bürger von New Jersey, hatte in Newark eine kleine Werbeagentur, in der er vorwiegend Theaterkarten verkaufte. Anfang 1941 gründete er den Verlag Argyle Press mit dem einzigen Zweck, ein Pamphlet zu publizieren, das er verfaßt hatte: «Germany Must Perish» («Deutschland muß untergehen»). Er forderte die Sterilisierung aller deutschen Männer und die Aufteilung des Landes in fünf Teile, die von Deutschlands Nachbarn annektiert werden sollten. Als das Pamphlet gedruckt war, verpackte Kaufman persönlich die Exemplare und schickte sie an die Presse. Die Schrift fand kein Echo mit Ausnahme einer Notiz, die am 24. März 1941 im Magazin *Time* unter der sarkastischen Überschrift «A Modest Proposal» («Ein bescheidener Vorschlag») erschien und in der sich auch einige Angaben über den Verfasser und sein Ein-Mann-Unternehmen fanden. Danach geriet Kaufman in den USA wieder in Vergessenheit – nicht so jedoch in Deutschland.[36]

Am 24. Juli 1941 brachte der *Völkische Beobachter* auf der ersten Seite eine Geschichte unter der grausigen Überschrift «Das Kriegsziel Roosevelts und der Juden: Völlige Ausrottung des deutschen Volkes» und dem schockierenden Untertitel «Ungeheuerliches jüdisches Vernichtungsprogramm nach den Richtlinien Roosevelts». Aus Theodor Nathan Kaufmann [sic] wurde ein enger Freund des Juden Samuel Rosenman, des wichtigsten Redenschreibers von Roosevelt, und er selbst war eine führende Persönlichkeit des amerikanischen Judentums. Der Geschichte zufolge war der Präsident der eigentliche Initiator der Ideen Kaufmans; «man brüstete sich mit der Tatsache, daß Roosevelt selbst die Hauptthese dieses Buches inspiriert und die wichtigsten Teile dieses Schandwerks persönlich diktiert hat. Die führenden Interventionisten machen deshalb mit gutem Grund kein Hehl daraus, daß dieser teuflische Plan des Juden Kaufmann ein politisches Glaubensbekenntnis des Präsidenten der Vereinigten Staaten ist.»[37]

Presse und Rundfunk in Deutschland brachten die Kaufman-Geschichte in endlosen Variationen und stellten seinen Plan als das heimliche Ziel der Begegnung zwischen Churchill und Roosevelt hin, die Mitte August stattgefunden hatte. Im September veröffentlichte Wolfgang Diewerge, einer von Goebbels' wichtigsten Helfern, der die Rundfunkabteilung des Ministeriums leitete, ein Pamphlet mit übersetzten und kommentierten Auszügen aus Kaufmans Text; diese Schrift wurde in Millionenauflage herausgebracht, gerade als die Juden des Reichs gezwungen wurden, den Stern zu tragen.[38] Und während die Kaufman-Geschichte erbarmungslos verbreitet wurde, brachte man auf allen Kanälen, die Goebbels zur Verfügung standen, regelmäßig Berichte über bolschewistische Greuel; diese wurden natürlich jüdischen Vollstreckern zugeschrieben.[39]

In einem SD-Bericht vom 31. Juli 1941 heißt es: «*Mit größter Anteilnahme werden die Berichte über das Vorgehen der Vereinigten Staaten verfolgt. In zunehmendem Maße wird davon gesprochen, daß sich dieser Krieg zu einem wirklichen Weltkrieg auswachse. ... Die Auszüge und Kommentare zu dem Buch des Juden Kaufmann zeigten, daß dieser Krieg wirklich ein Krieg auf Leben und Tod sei. Die von Kaufmann aufgestellten Pläne seien selbst eingefleischten Nörglern sehr in die Knochen gefahren.*»[40]

Um Roosevelts bedrohlichem Kurs etwas entgegenzusetzen, entschloß sich Ribbentrop, die amerikanische und sogar die jüdisch-amerikanische Meinung direkt zu beeinflussen. Am 19. Juli 1941 erklärte er Hans Thomsen, seinem Geschäftsträger in Washington: «Von allen Teilen der Bevölkerung der Vereinigten Staaten haben sicher die Juden das größte Interesse daran, daß Amerika nicht in den Krieg eintritt. ... Man wird sich bald dessen erinnern, daß die Juden die Hauptkriegshetzer gewesen sind, und man wird sie für die eintretenden Verluste verantwortlich machen. Das Ende vom Liede wird sein, daß eines Tages alle Juden in Amerika totgeschlagen werden.»[41]

Einem SD-Bericht vom 24. Juli zufolge riefen Wochenschauszenen, in denen «Bilder von der *Inhaftierung der am Mordwerk* [im Osten] *beteiligten Juden*» gezeigt wurden, bei den Zuschauern Reaktionen hervor, die dahin gingen, «daß mit diesen noch viel zu loyal umgegangen würde».

Die Szenen, in denen Juden gezeigt wurden, die Trümmer wegräumten, riefen selbst in der annektierten französischen Provinz Lothringen große Befriedigung hervor. Bilder von der «Lynchjustiz der Rigaer Bevölkerung an ihren [jüdischen] Peinigern [würden] mit aufmunternden Ausrufen begleitet».[42]

Wie in den vorangegangenen Jahren erforderte die Denunziation von Politikern und anderen bekannten Persönlichkeiten als Juden oder unter dem Einfluß von Juden Stehende mühevolle Recherchen. Am 18. Juni 1941 sandte Streichers *Stürmer* eine Anfrage an die Reichsschrifttumskammer, in der darum gebeten wurde, die jüdische Zugehörigkeit einiger deutscher Schriftsteller wie auch die von 15 bekannten Autoren wie etwa Upton Sinclair, Lewis Sinclair [sic], Romain Rolland, H. G. Wells, Colette, Charles Dickens, Emil [sic] Zola, Viktor [sic] Hugo, Theodor [sic] Dreiser und Diderot zu überprüfen. Am 3. Juli antwortete pflichtgemäß ein Herr Meyer von der Reichsschrifttumskammer. Von den deutschen Schriftstellern (Frank Thiess und Ernst Gläser) war einer ein Mitglied der Kammer, der andere arbeitete mit Genehmigung des Propagandaministeriums. Und von den ausländischen Autoren war keiner ein Jude, wie die Kammer bestätigte, aber die drei Amerikaner schrieben «aus typisch amerikanischer Mentalität heraus». Von den anderen war mit Ausnahme des Autors Wilhelm Speyer keine jüdische Abstammung bekannt.[43]

III

Mehrere Dokumente, die Heydrich im Juni und Juli 1941 unterzeichnete, umrissen die Maßnahmen, die jetzt in den jüngst besetzten Gebieten gegen die Juden zu ergreifen waren. In einer Botschaft, die er am 29. Juni an die Befehlshaber der Einsatzgruppen sandte, nahm der RSHA-Chef Bezug auf die Sitzung, die am 17. des Monats in Berlin stattgefunden hatte. Es sei wichtig, unter der Hand lokale Pogrome anzuregen (Heydrich nannte das «Selbstbereinigung»). Gleichzeitig mußten sich die SS-Einheiten darauf vorbereiten, die örtlichen «Rächer» abzulösen.[44] In einer Botschaft vom 2. Juli an die Höheren SS- und Polizeiführer faßte Heydrich dann die Instruktionen zusammen, die er den Einsatzgruppen zuvor schon erteilt hatte: Alle jüdischen Amtsträger aus Partei und Staat waren hinzurichten, und auf lokaler Ebene waren Pogrome anzuregen.[45] Schließlich, am 17. Juli, befahl Heydrich die Liquidierung sämtlicher jüdischer Kriegsgefangener.[46]

Und so geschah es. Während der ersten Wochen wurden überwiegend jüdische Männer getötet. Danach ermordeten dann SS-Einsatzgruppen und andere SS-Einheiten sowie die zahlenmäßig erheblich stärkeren Bataillone der Ordnungspolizei, unterstützt von einheimischen Banden und örtlichen Hilfstruppen, welche die Deutschen aufgestellt hatten, sowie häufig durch reguläre Einheiten der Wehrmacht, sämtliche Juden ohne Unterschied.[47]

Im Gegensatz zu dem, was lange Zeit angenommen worden ist, erteilte Himmler bei seinem Besuch in Minsk am 15. August, als er auf eigenen Wunsch an einer Massenhinrichtung von Juden in einem Vorort der Stadt teilnahm, nicht den Befehl zur generellen Vernichtung aller Juden auf sowjetischem Gebiet.[48] Der Übergang vom selektiven Morden zu Massenmord hatte schon früher begonnen, wahrscheinlich als Ergebnis der Bemerkungen, die Hitler bei der Besprechung vom 16. Juli zu der «Möglichkeit» gemacht hatte, die sich im Zuge von Operationen zur Partisanenbekämpfung bot. Aus deutscher Sicht waren vielleicht nicht alle Juden Partisanen, aber warum sollte man nicht annehmen, daß sie Partisanen unterstützen würden, wenn sie die Möglichkeit dazu hätten?

Die Veränderung war bereits in den ersten Augusttagen spürbar geworden, beispielsweise in Himmlers Befehl zur Beseitigung der jüdischen Bevölkerung von Pinsk in Weißrußland. Am 2. oder 3. August sandte der Reichsführer die entsprechenden Anweisungen an Franz Magill, den Kommandeur der 2. SS-Kavalleriebrigade, die in der Nähe von Pinsk und den Pripjet-Sümpfen operierte: «[Es] sind sämtliche Juden von 14 Jahren an in den durchzukämmenden Gebieten zu erschießen; die jüdischen Frauen und Kinder sind in die Sümpfe zu treiben. Die Juden sind das Reservoir der Partisanen; sie unterstützen diese. ... In der Stadt Pinsk sind die Erschießungen durch die 1. und 4. Schwadron durchzuführen. ... Mit der Aktion ist sofort zu beginnen. Vollzugsmeldungen sind zu erstatten.»[49] Die Frauen und Kinder von Pinsk entrannen für eine gewisse Zeit dem Tod, da die Sümpfe zu seicht waren; aber der Befehl bedeutete ganz eindeutig, daß sie sterben sollten. Der Verweis auf «Partisanen» deutete erneut auf die Verknüpfung zwischen der Besprechung vom 16. Juli und den immer häufiger stattfindenden Massakern. Frauen und Kinder erschoß man noch nicht so wie Männer (vermutlich, um auf die Gefühle der beteiligten Einheiten Rücksicht zu nehmen), aber sie sollten gleichwohl ermordet werden. Derartige Unterscheidungen verschwanden dann rasch.

Daß einige der Tötungen in unmittelbarem Zusammenhang mit der geplanten Reduzierung der Lebensmittelversorgung für sowjetische Kriegsgefangene, Juden und die breitere slawische Bevölkerung standen, durch welche die Ernährung des Ostheers ermöglicht werden sollte, ist denkbar. In bezug auf die Kriegsgefangenen mag diese Strategie «Mord zur Lebensmittelversorgung» systematisch angewendet worden sein, aber bei der Ermordung von Juden im Sommer 1941 war sie kein entscheidender Faktor. Wäre es anders gewesen, dann wäre das Töten nicht anfangs selektiv gewesen, und irgendeine Spur derartiger Pläne wäre in Heydrichs Direktiven oder in den Berichten der Einsatzgruppen und der Polizeibataillone zutage getreten.[50]

Durch die sowjetischen Annexionen in Osteuropa waren zu den drei Millionen Juden, die bereits in den Grenzen der eigentlichen Sowjetunion lebten, noch etwa zwei weitere Millionen hinzugekommen. Ungefähr vier Millionen lebten in eroberten Gebieten, etwa anderthalb Millionen von ihnen konnten fliehen. Diejenigen, die zurückblieben, waren eine vergleichsweise leichte Beute, was auch auf ihre Konzentration in den Städten zurückzuführen war.[51]

Im Verlauf dieser «ersten Welle» (von Juni 1941 bis Ende des Jahres) überlebte ein Teil der jüdischen Bevölkerung. Die Intensität der Massaker war wie die Ghettoisierung regional unterschiedlich. Die in größeren Städten wie Minsk und Rowno eingerichteten Ghettos wurden im Verlauf der darauffolgenden ungefähr 18 Monate mit einigen wenigen großen Tötungsaktionen liquidiert; die kleineren Ghettos wurden oft innerhalb von Wochen zerstört, und ein Teil der Bevölkerung wurde überhaupt nicht ghettoisiert, sondern während der ersten oder der zweiten «Aktion» (im Laufe des Jahres 1942) an Ort und Stelle getötet. Auf die Vernichtungen auf ehemals sowjetischem Gebiet kommen wir noch zurück. Hier mag die Feststellung genügen, daß in den jüngst eroberten Regionen im Osten bis Ende 1941 etwa 600 000 Juden ermordet worden waren.

Von der nicht ghettoisierten jüdischen Bevölkerung konnten die Besatzer jeden, der ihnen gefiel, als Haussklaven benutzen. «Wir wohnen hier mit der Verwaltung zusammen und haben uns eine Judenwohnung hergerichtet», schrieb Hermann G., ein Angehöriger des Reservebataillons 105 der Ordnungspolizei, am 7. Juli 1941 in die Heimat. «Die Juden des Ortes sind Sonntag morgen ganz früh vom Vorkommando geweckt worden und mußten zum größten Teil ihre Häuser und Wohnungen verlassen und für uns frei machen. Vor allen Dingen mußten die Wohnungen erstmal gründlich sauber gemacht werden. Alle Judenfrauen und -mädchen wurden kommandiert. Es war ein großes Reinemachen Sonntag morgen. ... Jeden Morgen um 7 Uhr muß das auserwählte Volk antreten und alle Arbeit für uns machen. ... Wir brauchen überhaupt nichts mehr zu tun. H. F. und ich haben einen Juden und jeder eine Jüdin, die eine ist 15 und die andere 19 Jahre alt, die eine heißt Eide und die andere Chawah. Die machen für uns alles, was wir wollen und sind für uns angestellt. Sie haben einen Ausweis, damit sie nicht von jemand anders gegriffen werden können, wenn sie weggehen. Die Juden sind

Freiwild. Jeder kann sich auf der Straße einen greifen, um ihn für sich in Anspruch zu nehmen. Ich möchte in keiner Judenhaut stecken. Kein Geschäft, soweit überhaupt welche offen sind, verkauft ihnen was. Sie kriegen kein Brot, kein Fleisch und keine Milch. Von was die eigentlich leben, weiß ich nicht. Wir geben unser Brot und auch sonst was ab. Ich kann nicht so hart sein. Man kann den Juden nur noch einen gut gemeinten Rat geben: Keine Kinder mehr in die Welt zu setzen. Sie haben keine Zukunft mehr.»[52]

Der Verfasser des Briefes klingt nicht wie ein geborener Mörder oder ein eingefleischter Antisemit. Er machte einfach mit und genoß seine neu erworbene Macht. Das galt wahrscheinlich für die meisten Soldaten des Ostheers. Die von der Wehrmacht an der einheimischen Bevölkerung und an Juden verübten Verbrechen, die über die Beteiligung gewöhnlicher Soldaten hinausgingen, lassen sich jedoch nicht mehr leugnen, auch wenn ihr Ausmaß nach wie vor intensiv diskutiert wird.

Proteste, wie sie einige höhere Offiziere während des Polenfeldzugs gegen die von der SS begangenen Morde erhoben, waren zu Beginn des Krieges gegen die Sowjetunion nicht mehr zu vernehmen. Selbst in der kleinen, überwiegend der preußischen Aristokratie angehörenden Gruppe von Offizieren, die sich in der Armeegruppe Mitte um Oberstleutnant Henning von Tresckow scharten und die in unterschiedlichen Graden dem Nationalsozialismus ablehnend gegenüberstanden, wurde die Notwendigkeit, das bolschewistische Regime zu stürzen, anscheinend in vollem Umfang akzeptiert. Keiner der im Frühjahr 1941 erlassenen Befehle wurde ernstlich in Frage gestellt.[53] Überdies hat es den Anschein, als sei eine Reihe dieser Offiziere seit den ersten Tagen des Rußlandfeldzugs über die verbrecherischen Aktivitäten von Arthur Nebes Einsatzgruppe B, die in ihrem Gebiet operierte, wohlinformiert gewesen, ohne das allerdings einzugestehen.[54] Erst mehrere Monate später, nach der Vernichtung der Juden von Borissow am 20. und 21. Oktober, nahm dieser Kern des militärischen Widerstands gegen Hitler die Massenmorde, die ringsum verübt wurden, ausdrücklich zur Kenntnis und begann, daraus Schlüsse zu ziehen.

Während sich eine kleine Gruppe von Militärs nur langsam dazu durchrang, die Verbrechen wirklich wahrzunehmen, wurde die Beteiligung der Wehrmacht an derartigen Operationen indirekt von einigen ranghohen Befehlshabern des Ostheers gefördert. So gab der Oberbefehlshaber der 17. Armee (die Ostgalizien besetzt hatte), General Karl-Heinrich von Stülpnagel, dem Einsatz lokaler Gruppen bei «Säuberungsaktionen» den Vorzug.[55] Obwohl er der konservativen Opposition nahestand, war Stülpnagel ein schneidiger Judenhasser. Er stand nicht allein. In einem berüchtigten Tagesbefehl gab am 10. Oktober 1941 Feldmarschall Walter von Reichenau, ein erklärter Nazi, für eine Reihe von Befehlshabern den Ton an: «Deshalb muß der Soldat für die Notwendigkeit der harten, aber gerechten Sühne am jüdischen Untermenschen *volles* Verständnis haben. Sie hat den weiteren Zweck, Erhebungen im Rücken der Wehrmacht, die erfahrungsgemäß stets von Juden angezettelt wurden, im Keime zu ersticken.»[56] Hitler pries Reichenaus Verlautbarung und verlangte, sie an alle Fronteinheiten im Osten zu verteilen.[57] Binnen weniger Wochen taten es die Generäle von Manstein und von Stülpnagel sowie der Befehlshaber der 17. Armee, General Hermann Hoth, dem Nazi-Feldmarschall nach.[58] Feldmarschall Wilhelm Ritter von Leeb, der Kommandeur der Armeegruppe Nord, war allerdings nicht der Ansicht, daß sich die Judenfrage durch Massenhinrichtungen lösen ließe: «Am sichersten wäre sie durch Sterilisierung aller männlichen Juden zu lösen.»[59]

Einige Befehlshaber waren zurückhaltender. So machte am 24. September 1941 Feldmarschall von Rundstedt, der Befehlshaber der Armeegruppe Süd, deutlich, daß Operationen gegen Feinde wie Kommunisten und Juden ausschließlich Aufgabe der Einsatzgruppen seien. «Eigenmächtiges Vorgehen einzelner Wehrmachtsangehöriger oder Beteiligung von Wehrmachtsangehörigen an Exzessen der ukrainischen Bevölkerung gegen die Juden» war verboten. Ebenso verboten war Wehrmachtsangehörigen «das Zuschauen oder Fotografieren bei der Durchführung der Maßnahmen der Sonderkommandos».[60] Dieser Befehl wurde allerdings nur sehr partiell befolgt.

In der Zwischenzeit waren die Propagandaeinheiten der Wehrmacht stark damit beschäftigt, unter den Mannschaften der Roten Armee und in der Sowjetbevölkerung Wut auf die Juden zu schüren. Anfang Juli 1941 begann man damit, Millionen deutscher Flugblätter über sowjetischem Territorium abzuwerfen. Die «jüdischen Verbrecher», ihre mörderischen Taten, ihre hochverräterischen Komplotte und dergleichen waren die Kernpunkte einer endlosen Litanei des Hasses.[61] Und noch bösartiger als während des Polenfeldzugs beweisen Soldatenbriefe die zunehmende Wirkung der antijüdischen Schlagwörter.

Am Vorabend des Angriffs beschrieb Richard M., der irgendwo im Generalgouvernement stationiert war, in einem Brief an seine Freundin die Juden, denen er dort begegnete: «Dieses Volk der Räuber und Zigeuner (hier trifft dieser Ausdruck ganz genau zu ohne zu übertreiben) lungert an den Straßen und Gassen herum und ist zu keiner Arbeit freiwillig bereit. ... Mehr Gewandtheit zeigen sie dafür im Stehlen und Schachern. ... Dabei sind diese Burschen dreckig, zerlumpt und von allen möglichen Krankheiten befallen. ... Hier hausen sie in einfachen Holzhütten, die mit Stroh gedeckt sind. Wenn man bloß durch die Fenster einen kleinen Blick wirft, dann wird es einem klar, daß hier das Laster daheim ist.»[62] Am zweiten Tag des Feldzugs schrieb Unteroffizier A. N. nach Hause: «Jetzt hat die Judenheit uns auf der ganzen Linie, von einem Extrem zum anderen, von den Londoner und New Yorker Plutokraten bis zu den Bolschewiken, den Krieg erklärt.» Und er fügte hinzu: «Alles steht in einer Front gegen uns, was judenhörig ist ...»[63]

Am 3. Juli marschierte der Gefreite F. durch eine ostgalizische Stadt (wahrscheinlich Luzk): «Da wird man Zeuge jüdischer, bolschewistischer Grausamkeit, wie ich sie aber auch kaum für möglich gehalten hätte.» Nach einer Schilderung der Umstände, unter denen die Massaker entdeckt worden waren, die sich in den dortigen Gefängnissen vor dem Abzug der Sowjets abgespielt hatten, kommentierte er: «Du kannst Dir denken, daß so etwas nach Rache schreit, die aber auch durchgeführt wird.»[64] In derselben Gegend beschrieb ein Gefreiter W. H. Häuser im Judenviertel als «Räuberhöhlen» und die Juden, denen er begegnete, als höchst unheimliche Wesen. Sein Kamerad Helmut brachte zum Ausdruck, was sie empfanden; er fragte sich, «wie es möglich sei, daß diese Rasse das Recht beanspruchen wollte, über alle Völker der Welt zu herrschen».[65]

Am 4. August war der Soldat Karl Fuchs davon überzeugt, daß der Kampf gegen diese von den Juden aufgehetzten Untermenschen nicht nur notwendig gewesen sei, sondern daß er gerade noch rechtzeitig erfolgt sei und daß der «Führer» Europa vor dem sicheren Chaos bewahrt habe.[66] Der Brief, den ein Unteroffizier Mitte Juli abschickte, war ebenso unverblümt: «Das deutsche Volk hat eine gewaltige Verpflichtung unserem Führer gegenüber, denn wenn diese Bestien, die hier unsere Gegner sind, nach Deutschland gekommen wären, wäre ein Morden eingetreten, wie es die Welt noch nicht gesehen hätte. ... Und wenn man in Deutschland den *Stürmer* liest und die Bilder sieht, so ist das nur ein kleines Zeichen von dem, was wir hier sehen und was hier vom Juden verbrochen wird.»[67] Während gewöhnliche Soldaten ihre Ansichten wahrscheinlich aus dem allgemeinen Vorrat antijüdischer Propaganda und Volksweisheit bezogen, erhielten Mördereinheiten regelrechte Indoktrinierungskurse, um den Schwierigkeiten ihrer Aufgaben gewachsen zu sein.[68]

IV

Da es nicht möglich war, sie abzutransportieren, beschloß der NKWD vor dem Rückzug aus Ostgalizien, alle gefangenen ukrainischen Nationalisten (sowie auch einige Polen und Juden) an Ort und Stelle zu ermorden. Die Opfer fanden sich zu Hunderten – möglicherweise zu Tausenden – in den Gefängnissen und vor allem in hastig ausgehobenen Massengräbern, als die Deutschen in Begleitung ukrainischer Einheiten in die wichtigsten Städte der Region – Lemberg, Złoczów, Tarnopol, Brody – einmarschierten. Selbstverständlich warfen die Ukrainer den ortsansässigen Juden vor, sie hätten sich generell auf die Seite des sowjetischen Besatzungsregimes geschlagen und insbesondere dem NKWD bei seinem Mord an der ukrainischen Elite geholfen.

Dies war nur die jüngste Phase einer Geschichte, die mehrere Jahrhunderte zurückreichte und in der es immer wieder massive und besonders mörderische Pogrome gegeben hatte: so die Tötungen unter der Führung von Bogdan Chmelnicki im 17. Jahrhundert, die Aktionen der Haidamaken im 18. Jahrhundert und diejenigen Symon Petljuras in der Zeit nach dem Ersten Weltkrieg.[69] Der traditionelle Haß zwischen Ukrainern und Polen, Ukrainern und Russen, Polen und Russen fügte den Einstellungen dieser Gruppen zu den Juden seine eigenen verschärfenden Elemente hinzu, insbesondere in Gebieten wie Ostgalizien, wo Ukrainer, Polen und Juden Seite an Seite in großen Kommunen nebeneinander lebten, zunächst unter habsburgischer Herrschaft, dann, nach dem Ersten Weltkrieg, unter polnischer Hoheit und schließlich von 1939 bis 1941 unter den Sowjets.[70]

Die traditionelle christliche Judenfeindschaft wurde in der Ukraine dadurch verschärft, daß häufig Juden als Gutsverwalter beim polnischen Adel beschäftigt waren und somit als Repräsentanten (und Vollstrecker) der polnischen Herrschaft über die ukrainische Bauernschaft auftraten. Im Hinblick auf diese Feindschaft beschuldigten ukrainische Nationalisten die Juden, sie hätten sich nach dem Ersten Weltkrieg in umkämpften Gebieten wie Ostgalizien auf die Seite der Polen geschlagen (während die Polen, wie wir sahen, den Juden vorwarfen, sie hätten mit den Ukrainern gemeinsame Sache gemacht) und während der gesamten Zwischenkriegszeit je nach Region durchweg als Träger entweder der bolschewistischen Unterdrückung oder der polnischen Maßnahmen gegen die ukrainische Minderheit fungiert. Dieser intensive nationalistische Antisemitismus spitzte sich noch weiter zu, als der ukrainische Jude Scholem Schwarzbart im Mai 1926 in Paris als Vergeltung für die Pogrome der Nachkriegszeit den vielbewunderten Petljura ermordete.[71]

In der ukrainischen Bewegung selbst setzten sich die Extremisten unter der Führung von Stepan Bandera, die von den Deutschen unterstützt wurden, gegen gemäßigtere Gruppen durch.[72] Banderas Männer führten die Hilfstruppen der OUN – B. (Organisation Ukrainischer Nationalisten – Bandera) an, die im Juni 1941 gemeinsam mit der Wehrmacht in Ostgalizien einrückten.

In Lemberg trieben die Ukrainer die dort ansässigen Juden zusammen und zwangen sie, die Leichen der NKWD-Opfer zu exhumieren oder sie aus den Gefängnissen zu holen. Dann mußten die Juden die

Leichen der kürzlich Ermordeten und auch schon stark verweste Leichen vor den offenen Gräbern aufreihen, bevor sie selbst am Rand der Gruben erschossen oder in den Gefängnissen oder in der Festung oder auch auf den Straßen und Plätzen der bedeutendsten ostgalizischen Stadt umgebracht wurden.[73]

In Złoczów gehörten die Mörder in erster Linie der OUN und der SS-Panzer-Division «Wiking» an, während sich das Sonderkommando 4b der Einsatzgruppe C auf die vergleichsweise passive Rolle beschränkte, die Ukrainer anzustacheln (die Waffen-SS bedurfte keiner Ermunterung). Die Morde geschahen unter den wachsamen Augen der 295. Infanteriedivision, und es war am Ende eine Folge der Proteste des ersten Generalstabsoffiziers der Division, der eine Beschwerde an das Hauptquartier der 17. Armee schickte, daß die Ermordung der Juden vorübergehend aufhörte.[74]

In seiner ersten Tagebucheintragung vom 7. Juli 1943 beschreibt Aryeh Klonicki (Klonymus), ein Jude aus Kowel, die Ereignisse vom Juni 1941 in Tarnopol: «Ich kam eines Tages vor Ausbruch des Krieges [mit der Sowjetunion] als Gast der Schwester meiner Frau, die dort lebt. Am dritten Tag der [deutschen] Invasion wurde ein Massaker, das drei Tage hintereinander andauerte, auf folgende Weise verübt. Die Deutschen, denen sich Ukrainer anschlossen, gingen von Haus zu Haus, um nach Juden zu suchen. Die Ukrainer holten die Juden aus den Häusern, wo die wartenden Deutschen sie töteten, entweder gleich am Haus, oder sie transportierten die Opfer an eine bestimmte Stelle, wo dann alle umgebracht wurden. Auf diese Weise kamen etwa 5000 Menschen, größtenteils Männer, zu Tode. Frauen und Kinder wurden nur in Ausnahmefällen ermordet. Ich selbst und meine Frau, wir wurden damals nur deshalb verschont, weil wir in einer Straße wohnten, die von Christen bewohnt war, welche erklärten, daß in unserem Haus keine Juden wohnten.»[75]

Am 6. Juli hielt der Soldat Franzl zur Erbauung seiner Eltern in Wien ebenfalls die Ereignisse in Tarnopol fest. Die Entdeckung der verstümmelten Leichen von Volksdeutschen und Ukrainern habe zu Racheakten geführt, die sich gegen die ortsansässigen Juden richteten. Man zwang sie, die Leichen aus den Kellern zu tragen und sie an frisch ausgehobenen Gräbern aufzureihen; danach seien die Juden mit Knüppeln und Spaten erschlagen worden. «Bis jetzt», fuhr Franzl fort, «haben wir zirka 1000 Juden ins Jenseits befördert aber das ist viel zu wenig für das, was die gemacht haben.» Nach einer Bitte an seine Eltern, sie möchten die Nachricht verbreiten, beschloß Franzl seinen Brief mit einem Versprechen: «Sollten Zweifel bestehen, wir bringen Fotos mit. Da gibt es kein Zweifeln.»[76]

In kleineren Städten Ostgaliziens fand der größte Teil der mörderischen antijüdischen Ausbrüche in diesen frühen Tagen der Besatzung ohne erkennbare deutsche Beteiligung statt. Zeugen aus Brzeżany, einer Stadt südlich von Złoczów, beschrieben Jahrzehnte später die Abfolge der Ereignisse: Als die Deutschen in die Stadt kamen, «waren die Ukrainer in Ekstase. Scharen ukrainischer Bauern, meist junge Leute, welche gelb-blaue Fahnen mit dem ukrainischen Dreizack trugen, füllten die ... Straßen. Sie kamen aus den Dörfern und sangen, in ukrainische Nationaltracht gekleidet, ihre ukrainischen Lieder.» In den Gefängnissen und außerhalb wurden die Leichen ukrainischer Aktivisten, die der NKWD umgebracht hatte, entdeckt: «Der Anblick war unbeschreiblich, [ebenso] der Gestank der Leichen. Sie waren auf dem Boden des Gefängniskellers ausgebreitet. Andere Leichen schwammen im Fluß, in der Zlota Lipa. Die Leute gaben dem NKWD und den Juden die Schuld.» Was folgte, war zu erwarten: «Der größte Teil der Juden, die an jenem Tag in Brzeżany umkamen, wurde mit Besenstielen ermordet, an denen Nägel befestigt waren.» «Es gab zwei Reihen ukrainischer Banditen, die große Stöcke trugen. Sie zwangen diese Leute, die Juden, zwischen den beiden Reihen hindurchzugehen, und ermordeten sie kaltblütig mit diesen Stöcken.»[77] Weiter im Osten war die Einstellung der Bevölkerung anscheinend eine etwas andere.

Am 1. August 1941 wurde Ostgalizien dem Generalgouvernement angegliedert, und es wurde zu einem Teil des Distrikts Galizien mit Lemberg als bedeutendstem Verwaltungszentrum. Vor der Annektierung waren etwa 24 000 Juden massakriert worden; danach erlitten die Juden in dem neuen Distrikt nicht sogleich dasselbe Schicksal wie die, welche in anderen Teilen des Generalgouvernements wohnten. Mehrere Monate lang verbot Frank die Errichtung von Ghettos, um sich die Option offenzuhalten, diese zusätzliche jüdische Bevölkerung «in den Osten», möglicherweise in das Gebiet der Pripjet-Sümpfe, auszuweisen.

In Lemberg begann beispielsweise die Ghettoisierung erst im November 1941. Der Wunsch des Generalgouverneurs, die hinzugekommenen Juden loszuwerden, war so stark, daß nur wenig unternommen wurde, um Tausende von ihnen an der Flucht nach Rumänien und Ungarn zu hindern. Ansonsten wurden Zehntausende jüdischer Männer aus Galizien schon bald in Arbeitslagern zusammengetrieben, vor allem entlang der neuen strategischen Straße, die Lemberg mit der Südukraine und schließlich mit dem Schwarzen Meer verbinden sollte. Diese berüchtigte «Durchgangsstraße IV» sollte sowohl der Wehrmacht als auch den Siedlungsplänen Himmlers von Nutzen sein. Dieses Projekt war es, das im Spätsommer 1941 faktisch die systematische Vernichtung von Juden durch Sklavenarbeit einleitete.[78]

*

Anfang August 1941 wurde die kleine Stadt Bjelaja Zerkow südlich von Kiew von der 295. Infanteriedivision der Armeegruppe Süd besetzt; der Gebietskommandeur der Wehrmacht, Oberst Riedl, befahl die Registrierung aller jüdischen Einwohner und forderte das SS-Sonderkommando 4a, eine Untereinheit der Einsatzgruppe C, auf, sie zu ermorden.

Am 8. August traf eine Abteilung des Sonderkommandos unter der Führung von SS-Obersturmführer August Häfner in der Stadt ein.[79] In der Zeit vom 8. bis zum 19. August erschoß eine Kompanie der Waffen-SS, die dem Kommando unterstellt war, alle 800 bis 900 ortsansässigen Juden mit Ausnahme einer Gruppe von Kindern im Alter von weniger als fünf Jahren.[80] Diese Kinder setzte man ohne Nahrung und Wasser in einem Gebäude am Rande der Stadt in der Nähe der Kasernen aus. Am 19. August wurden viele von ihnen in drei Lastwagen abtransportiert und auf einem nahegelegenen Schießstand ermordet; neunzig blieben in dem Gebäude zurück, das von einigen Ukrainern bewacht wurde.[81]

Bald wurden die Schreie dieser 90 Kinder so unerträglich, daß die Soldaten zwei Feldgeistliche, einen Protestanten und einen Katholiken, zu Rate zogen, die irgendeine «Abhilfe» schaffen sollten.[82] Die Geistlichen fanden die Kinder halbnackt vor, mit Fliegen bedeckt und in ihren eigenen Exkrementen liegend. Einige der Älteren aßen Putz von den Wänden; die Säuglinge waren größtenteils komatös. Man verständigte die Divisionsgeistlichen, und nach einer Inspektion berichteten sie die Angelegenheit dem ersten Stabsoffizier der Division, Oberstleutnant Helmuth Groscurth.

Groscurth ging, um das Gebäude in Augenschein zu nehmen. Dort traf er Oberscharführer Jäger, den Kommandeur der Einheit der Waffen-SS, die alle anderen Juden der Stadt ermordet hatte; Jäger teilte ihm mit, die Kinder sollten «beseitigt» werden. Oberst Riedl, der Feldkommandant, bestätigte diese Information und fügte hinzu, die Angelegenheit liege in den Händen des SD und das Einsatzkommando habe seine Befehle von höchster Stelle erhalten.

An diesem Punkt entschied Groscurth, die Verschiebung der Tötungen um einen Tag anzuordnen, ungeachtet der Drohung Häfners, er werde eine Beschwerde einreichen. Groscurth postierte sogar bewaffnete Soldaten rings um einen Lastwagen, der schon voller Kinder war, und hinderte ihn an der Abfahrt. All das teilte er dem Stabsoffizier der Armeegruppe Süd mit. Die Angelegenheit wurde an die 6. Armee weitergegeben, wahrscheinlich weil das Einsatzkommando 4a auf deren Gebiet operierte. Am gleichen Abend entschied der Kommandeur der 6. Armee, Feldmarschall Walter von Reichenau, persönlich, «daß die einmal begonnene Aktion in zweckmäßiger Weise durchgeführt sei».[83]

Am nächsten Morgen, am 21. August, wurde Groscurth zu einer Sitzung im örtlichen Hauptquartier beordert; anwesend waren Oberst

Riedl, Hauptmann Luley, ein Abwehroffizier, der von Reichenau über den Gang der Ereignisse berichtet hatte, Obersturmführer Häfner und der Chef des Einsatzkommandos 4a, SS-Standartenführer Paul Blobel, ein ehemaliger Architekt. Luley erklärte, «er sei zwar evangelischer Christ, aber er hielte es für besser, wenn sich die Pfarrer um die Seelsorge der Soldaten kümmern würden»; mit voller Rückendeckung durch den Feldkommandanten warf er den Geistlichen vor, sie würden Unruhe stiften.

Dem Bericht Groscurths zufolge versuchte Riedl dann, «die Angelegenheit auf das weltanschauliche Gebiet zu ziehen. ... Er erklärte, daß er die Ausrottung der jüdischen Frauen und Kinder für dringend erforderlich halte, gleichgültig in welcher Form diese erfolgte.» Des weiteren beklagte er sich darüber, daß die Initiative der Division die Exekution um 24 Stunden verzögert hatte. Daraufhin schaltete sich, wie Groscurth es später beschrieb, Blobel ein, der bis dahin geschwiegen hatte; er unterstützte die Beschwerde Riedls und fügte hinzu, «daß es das Beste sei, daß die Truppe, die schnüffele, die Erschießungen selbst vornähme und daß Kommandeure, die die Maßnahmen aufhielten, selbst das Kommando dieser Truppe übernähmen.» «Ich wies», so Groscurth, «in ruhiger Form dieses Ansinnen zurück, ohne dazu Stellung zu nehmen, da ich jede persönliche Schärfe vermeiden wollte.» Schließlich erwähnte Groscurth die Haltung Reichenaus: «Der Standartenführer erklärte bei der Beratung über die weiteren zu treffenden Maßnahmen, daß der Herr Oberbefehlshaber [Reichenau] die Notwendigkeit der Beseitigung der Kinder anerkenne und durchgeführt wissen wolle.»[34]

Am 22. August wurden die Kinder getötet. Den abschließenden Gang der Ereignisse beschrieb Häfner bei seinem Prozeß: «Ich ging raus an das Waldstück, ganz allein. Die Wehrmacht hatte bereits eine Grube ausgehoben. Die Kinder wurden in einem Zugkraftwagen angebracht. ... Die Ukrainer standen da rum und zitterten. Die Kinder wurden von dem Zugkraftwagen herabgenommen. Sie wurden oberhalb der Grube aufgestellt und erschossen, so daß sie hineinfielen. Wo sie gerade getroffen wurden, wurden sie eben getroffen. Sie fielen in die Grube. Es war ein unbeschreiblicher Jammer. ... Insbesondere ist mir ein Erlebnis mit einem kleinen blonden Mädchen in Erinnerung, das mich an der Hand nahm. Es wurde später auch erschossen.»[85] Am folgenden Tag berichtete Hauptmann Luley dem Hauptquartier der 6. Armee über die Erfüllung der Aufgabe. Er wurde zur Beförderung vorgeschlagen.[86]

Die ersten Deutschen mit einiger Autorität, die mit dem Schicksal der 90 jüdischen Kinder konfrontiert wurden, waren die vier Geistlichen. Die Feldgeistlichen hatten Mitleid, die Divisionsgeistlichen etwas weniger.

Auf jeden Fall hörte man von den Geistlichen, nachdem sie ihre Berichte eingereicht hatten, nichts mehr.

Die Tötung der jüdischen Erwachsenen und Kinder geschah öffentlich. In einer nach dem Krieg gemachten Aussage vor Gericht gab ein Offiziersanwärter, der zur Zeit des Geschehens in Bjelaja Zerkow stationiert gewesen war, nach einer Schilderung der grauenhaften Details der Exekution einer Gruppe von etwa 150 bis 160 jüdischen Erwachsenen folgenden Kommentar ab: «Die Soldaten waren ... über diese Erschießungen orientiert, und ich kann mich erinnern, daß einer meiner Leute erzählte, in Luzk habe er bei einer Exekution mitschießen *dürfen*. ... Ich möchte nicht unerwähnt lassen, daß die Soldaten, die in B.-Z. waren, alle gewußt haben, was vorging. Es war jeden Abend, so lange ich dort war, Gewehrfeuer zu hören, ohne daß ein Feind in der Nähe war.»[87] Derselbe Anwärter fügte jedoch hinzu: «Es war damals keine Neugierde, die mich dazu trieb, dies anzusehen, sondern es war der Unglaube, daß so etwas geschehen konnte. Auch meine Kameraden waren über das Grauen, das diese Angelegenheit verbreitete, entsetzt.»[88]

Die zentrale Persönlichkeit bei den Ereignissen von Bjelaja Zerkow war in vieler Hinsicht Oberstleutnant Helmuth Groscurth. Als tiefreligiöser Protestant und konservativer Nationalist lehnte er einige der Dogmen des Nationalsozialismus nicht völlig ab, und doch entwickelte er eine Feindschaft gegenüber dem Regime und trat den Widerstandsgruppen nahe, die sich um Admiral Wilhelm Canaris und Generaloberst Ludwig Beck sammelten. Er verachtete die SS und bezeichnete in seinem Tagebuch Heydrich als «Verbrecher».[89] Seine Entscheidung, die Exekution der Kinder in Bjelaja Zerkow ungeachtet der Drohung Häfners um einen Tag zu verschieben und dann Soldaten einzusetzen, um einen bereits beladenen Lastwagen an der Abfahrt zu hindern, ist gewiß ein Beweis für Mut.

Darüber hinaus zögerte Groscurth nicht, seine Kritik an den Tötungen am Schluß seines Berichts zum Ausdruck zu bringen: «Es wurden», so schrieb er, «Maßnahmen gegen Frauen und Kinder ergriffen, die sich in nichts unterscheiden von Greueln des Gegners, die fortlaufend der Truppe bekannt gegeben werden. Es ist nicht zu verhindern, daß über diese Zustände in die Heimat berichtet wird, und daß diese dort in Vergleich zu den Lemberger Greueln gesetzt werden.» (Dies ist wahrscheinlich ein Hinweis auf vom NKWD verübte Exekutionen.)[90] Wegen dieser Kommentare wurde Groscurth einige Tage später durch Reichenau gerügt. Im Hinblick auf seine Gesamthaltung bleiben jedoch zahlreiche Fragen offen.

Nach der Erwähnung des Befehls von Reichenaus, die Kinder zu exekutieren, fügte Groscurth hinzu: «Daraufhin wurden die Einzelheiten der Durchführung der Erschießungen festgelegt. Sie sollen bis zum

22. 8. abends erfolgen. An den Einzelheiten dieser Besprechung habe ich mich nicht mehr beteiligt.»[91] Der beunruhigendste Teil des Berichts erscheint ganz zum Schluß: «Die Durchführung der Erschießungen hätte ohne jedes Aufsehen erfolgen können, wenn die Feldkommandantur wie auch die Ortskommandantur die nötigen Maßnahmen zur Fernhaltung der Truppe getroffen hätten. ... Aus der Erschießung der gesamten Judenschaft der Stadt ergab sich zwangsweise die Notwendigkeit der Beseitigung der jüdischen Kinder, vor allem der Säuglinge. Diese hätte sofort mit Beseitigung der Eltern erfolgen müssen, um diese unmenschliche Quälerei zu verhindern.»[92]

Groscurth wurde zusammen mit den verbleibenden Mannschaften und Offizieren der 6. Armee bei Stalingrad von den Russen gefangengenommen. Er starb kurz danach, im April 1943, in sowjetischer Gefangenschaft.

V

In Litauen waren die ersten Opfer der Deutschen die 201 überwiegend jüdischen Männer (sowie eine Frau) aus der kleinen Grenzstadt Gargždai (Garsden), die am 24. Juni von einem Einsatzkommando aus Tilsit und einer Einheit der Schutzpolizei aus Memel unter dem Oberkommando von SS-Brigadeführer Franz Walter Stahlecker, dem Befehlshaber der Einsatzgruppe A, exekutiert wurden (die Einheit aus Tilsit erhielt ihre Befehle direkt von Gestapochef Müller).[93] Die etwa 300 jüdischen Frauen und Kinder, die zunächst verschont blieben, wurden Mitte September in Scheunen eingeschlossen und erschossen.[94]

Einige Tage später begannen die Morde in den großen Städten, in Wilna und Kowno, wo sie sich im Sommer und Herbst in mehreren Wellen fortsetzten; zur gleichen Zeit wurde die jüdische Bevölkerung in Kleinstädten und Dörfern vollständig ausgerottet. Die Vernichtung der Juden von «Lite» hatte begonnen. Nach Warschau war Wilna, das «Jerusalem Litauens», eine Stadt, in der am Vorabend der deutschen Besetzung etwa 60000 Juden wohnten, jahrhundertelang eines der bedeutendsten Zentren jüdischen Lebens in Osteuropa gewesen. Im 18. Jahrhundert führte Rabbi Elijah ben Solomon, der «Gaon von Wilna», die religiöse Gelehrsamkeit auf selten erreichte Höhen, wenngleich in einer Tradition strenger intellektueller Orthodoxie, die in scharfem Gegensatz zum Chassidismus, der emotionalen und volkstümlichen jüdischen Erweckungsbewegung, stand, die sich um die gleiche Zeit in den ukrainischen Grenzgebieten herausbildete. In Wilna wurde Ende des 19. Jahrhunderts auch der «Bund», die jüdische Arbeiterpartei, gegründet. Wie wir sahen, war der Bund ein glühender Verfechter des internationalen proletarischen Kampfes, der aber entschieden antibolschewistisch eingestellt war; er trat ein für jüdische kulturelle (jiddische) und politische (sozialistische) Autonomie in Osteuropa und stand so im Gegensatz zur zionistischen Variante des jüdischen Nationalismus. Er war möglicherweise die originellste und zahlenmäßig bedeutendste jüdische politische Bewegung der Zwischenkriegszeit – und die unrealistischste.

In der Zeit nach dem Ersten Weltkrieg wurden die baltischen Länder unabhängig, aber Litauen verlor Wilna an Polen. In diesem Stadium richtete sich der Haß der litauischen Nationalisten und ihrer faschistischen Randgruppe, der Bewegung Eiserner Wolf, im wesentlichen gegen die Polen und viel weniger gegen die Juden. Ja, kurze Zeit ging es mit der jüdischen Existenz in dem neuen Staat aufwärts (die Regierung richtete sogar ein Ministerium für jüdische Angelegenheiten ein), und die Gemeinschaft, die 150 000 Mitglieder zählte, konnte ihr eigenes Bildungssystem und ganz allgemein ihr eigenes kulturelles Leben mit einem beträchtlichen Maß an Autonomie gestalten. 1923 wurde jedoch das Ministerium für jüdische Angelegenheiten abgeschafft, und bald darauf versagte man jüdischen Bildungs- und Kultureinrichtungen die Unterstützung. Von 1926 an rückte Litauen schrittweise nach rechts, zuerst unter der Regierung Smetona-Voldemaras, dann unter Antanas Smetona allein. Der starke Mann Litauens führte jedoch keine antisemitischen Gesetze oder Maßnahmen ein.

Während dieser Jahre entwickelte die jüdische Minderheit in Wilna ebenfalls mit großer Energie ihr kulturelles und internes politisches Leben. Abgesehen von einem ausgedehnten Schulsystem mit den Unterrichtssprachen Jiddisch, Hebräisch und Polnisch verfügte die Gemeinde von Wilna über ein jiddisches Theater, eine Vielzahl von Zeitungen und Zeitschriften, Clubs, Bibliotheken und andere kulturelle sowie soziale Institutionen. Die Stadt wurde die Heimat bedeutender jiddischer Schriftsteller und Künstler sowie des 1925 gegründeten YIVO-Forschungszentrums für jüdische Geistes- und Sozialwissenschaften, einer jüdischen Universität im Werden.[95]

Zu einer radikalen Veränderung der politischen Landschaft kam es, als die Sowjetunion im Juli 1940 die baltischen Staaten annektierte: Schon bald wurden jüdische religiöse Institutionen und politische Parteien wie der Bund oder der zionistische *Betar* vom NKWD ins Visier genommen. Wie wir mit Blick auf Ostpolen sahen, ist durch widersprüchliche Aspekte in verschiedenen Bereichen eine ausgewogene Einschätzung der jüdischen Beteiligung am neuen politischen System nahezu unmöglich: Stark vertreten waren Juden in Offiziersschulen, in den mittleren Rängen der Polizei, im höheren Bildungswesen sowie in verschiedenen Verwaltungspositionen. In den beiden anderen baltischen Ländern war die Lage nicht anders. So fiel es rechtsextremistischen litauischen Emigranten, die nach Berlin geflohen waren und die gemeinsam mit den Deutschen antisowjetische Operationen in ihrer Heimat unterstützten, nicht allzu schwer, mit Hilfe überhöhter und verfälschter Zahlen den Eindruck zu erwecken, die Juden arbeiteten mit den Bolschewisten zusammen. Die Eliminierung der Juden aus Litauen wurde zu einem Ziel der im Untergrund operierenden «Litauischen Aktivistenfront» (LAF). Als der NKWD eine Woche vor dem Einmarsch der Deutschen etwa 35 000 Litauer in das Innere der Sowjetunion deportierte, machte man in weiten Kreisen den Juden den Vorwurf, sie seien dabei sowohl Agenten als auch Spitzel gewesen.[96]

Die Wehrmacht besetzte Wilna in den frühen Morgenstunden des 24. Juni. Die systematischen Tötungen in der Stadt begannen am 4. Juli, zwei Tage nach Eintreffen des Einsatzkommandos 9. Litauische Banden (selbsternannte «Partisanen») hatten damit begonnen, Hunderte von jüdischen Männern zusammenzutreiben, die sie entweder an Ort und Stelle oder in den Wäldern von Ponar nahe der Stadt abschlachteten. Als dann die Deutschen offen eingriffen, weiteten sie die antijüdischen Operationen aus, und die Litauer wurden bei der deutschen Mordkampagne zu willigen Helfern. In Bericht Nr. 21 vom 13. Juli über die Aktivitäten von Einsatzgruppe A heißt es: «Der litauische Ordnungsdienst [in Wilna], der ... dem Einsatzkommando unterstellt worden ist, wurde angewiesen, sich an der Liquidierung der Juden zu beteiligen. Hierfür wurden 150 litauische Beamte abgestellt, die die Juden festnehmen und sie in Konzentrationslager schaffen, wo sie noch am gleichen Tage der Sonderbehandlung unterzogen werden.»[97]

Das Massaker, das im Laufe des Juli in Ponar an etwa 5000 jüdischen Männern aus Wilna verübt wurde, leitete eine Reihe von Massenmorden ein, die den ganzen Sommer und Herbst hindurch andauerten. Von August an fielen ihnen auch Frauen und Kinder zum Opfer; das Ziel der Deutschen war anscheinend die Vernichtung der arbeitsunfähigen Juden, während man Arbeiter und ihre Familien am Leben ließ. Itzhok Rudaszewski, ein Schüler aus Wilna, der im Sommer 1941 noch nicht 14 Jahre alt war, beschreibt in dem Tagebuch, mit dem er wahrscheinlich im Juni begonnen hatte, die Aushebung von Jom Kippur (als sich die Juden bereits im Ghetto befanden): «Heute ist das Ghetto voll von SA-Männern. Sie dachten, die Juden würden heute nicht zur Arbeit gehen, und so kamen sie ins Ghetto, um sie zu holen. Nachts wurden die Dinge plötzlich turbulent. Die Leute stehen auf. Das Tor öffnet sich. Es entsteht ein Aufruhr. Litauer sind gekommen. Ich schaue auf den Hof und sehe sie, wie sie Menschen mit Bündeln abführen. Auf den Treppen höre ich Stiefel donnern. Bald beruhigten sich die Dinge jedoch. Man gab den Litauern Geld, und sie gingen. Auf diese Weise versuchten die schutzlosen Juden, sich zu retten. Am Morgen verbreiteten sich die schrecklichen Neuigkeiten. Mehrere Tausend Menschen wurden in der Nacht aus dem Ghetto geholt. Diese Menschen sind niemals wiedergekehrt.»[98] Rudaszewskis letzter Satz deutet darauf hin, daß seine Eintragung später, aus der Erinnerung, niedergeschrieben ist; gleichwohl zeigt sie deutlich, daß weder er noch die Juden, die abgeholt wurden, irgendeine Ahnung von dem hatten, was sich abspielte und wo sie hinkommen sollten. Am Ende dieser aufeinanderfolgenden «Aktionen», im Dezember 1941, waren etwa 33 000 jüdische Einwohner von Wilna ermordet worden.[99]

Für viele Litauer wurde die Aussicht auf leichte Beute zu einem Hauptanreiz. Ein Pole, der in der Nähe von Ponar lebte und den Handel mit jüdischer Habe beobachtete, bemerkte durchtrieben: «Für die Deutschen bedeuten 300 Juden 300 Feinde der Menschheit. Für die Litauer sind das 300 Hosen, 300 Paar Stiefel.»[100] Er wußte wahrscheinlich nicht, daß die Deutschen die «Feinde der Menschheit», bevor sie sie ermordeten, weitaus systematischer ausraubten als die Litauer. Dem bereits zitierten Einsatzgruppenbericht vom 13. Juli zufolge wurden «laufend täglich nunmehr etwa 500 Juden ... liquidiert. Ungefähr 460 000 Rubel Bargeld sowie eine große Anzahl von Wertsachen, die den der Sonderbehandlung unterzogenen Juden gehörten, wurden als reichsfeindliches Vermögen beschlagnahmt und eingezogen.».[101]

In Kowno liefen in den ersten Tagen der Besatzung litauische Mordtrupps (die «Partisanen») Amok. Nach dem Krieg gab ein deutscher Soldat der Bäckereikompanie 562 (die damals nach Kowno verlegt wurde und die Tötungen miterlebte), eine Aussage von sich, die viel mehr zum Ausdruck brachte, als sie aussagen sollte: «[Ich sah], wie von litauischen Zivilpersonen mit verschiedenen Schlagwerkzeugen auf eine Anzahl von Zivilisten eingeschlagen wurde, bis diese keine Lebenszeichen mehr von sich gaben. Da ich nicht wußte, warum diese Personen auf solch grausame Weise erschlagen wurden, fragte ich einen neben mir stehenden Sanitätsfeldwebel. ... Er sagte mir, die erschlagenen Personen seien alle Juden. ... Warum diese Juden erschlagen wurden, habe ich nicht erfahren.»[102] Andere Berichte beschreiben den begeisterten Zulauf der litauischen Bevölkerung (wobei sich viele Frauen mit Kindern den ganzen Tag «in der ersten Reihe» niederließen) sowie zahlreicher deutscher Soldaten, die allesamt die Mörder mit Zurufen und Beifall anfeuerten. In den Tagen darauf wurden Juden nach den Forts in der Nähe der Stadt (insbesondere nach den Forts VII und IX) abtransportiert und erschossen.

Ebensowenig wie manche deutschen Soldaten begriffen, was genau mit den Juden vor sich ging, verstanden auch viele Juden das Geschehen nicht. So schrieb am 2. Juli Mira Scher, eine Jüdin aus Kowno, an den «Chef der Sicherheitspolizei», um zu fragen, weshalb am 26. Juni litauische Partisanen die meisten Mitglieder ihrer Familie einschließlich der Enkelinnen Mala (13 Jahre) und Frida (8 Jahre) sowie ihres Enkels Benjamin (4 Jahre) festgenommen hätten. «Da die oben genannten Leute ganz unschuldig sind», fügte Frau Scher hinzu, «bitte ich höflich die Familie freizulassen.» Am gleichen Tag kam ein ähnlicher Brief, der an dieselbe Stelle gerichtet war, von Berkus Friedmann, dessen Ehefrau Ida (42) mit ihrer Tochter Ester (16) und ihrem Sohn Elijahu (2 ½) ebenfalls von den Partisanen festgenommen worden war. Friedmann versicherte dem Chef der SIPO, seine Familie habe nie irgendeiner Partei angehört und sie alle seien gesetzestreue Bürger.[103]

Während in Ostgalizien die OUN-Trupps vom ersten Tag an auf eigene Faust mit der Ermordung von Juden begonnen hatten, waren in den baltischen Ländern möglicherweise gelegentlich Anstöße von deutscher Seite erforderlich. In einem berüchtigten Bericht vom 15. Oktober 1941, der die Aktivitäten der Einsatzgruppe A in den baltischen Ländern behandelt, hob Stahlecker wiederholt diesen Punkt hervor: «Schon in den ersten Stunden nach dem Einmarsch», schrieb Stahlecker in der Einleitung zu seinem Bericht, «[wurden], *wenn auch unter erheblichen Schwierigkeiten* [Hervorhebung S. F.], einheimische antisemitische Kräfte zu Pogromen gegen die Juden veranlaßt». Bei seiner Schilderung der Ereignisse in Litauen kam er dann später auf diesen Punkt zurück: «In Litauen gelang dies [die Beteiligung von Einheimischen an den Tötungen] zum ersten Mal in Kauen durch den Einsatz der Partisanen. *Es war überraschenderweise zunächst nicht einfach, dort ein Judenpogrom größeren Ausmaßes in Gang zu setzen* [Hervorhebung S. F.]. Dem Führer der oben bereits erwähnten Partisanengruppe, Klimatis, der hierbei in erster Linie herangezogen wurde, gelang es, auf Grund der ihm von dem in Kauen eingesetzten kleinen Vorkommando gegebenen Hinweise ein Pogrom einzuleiten, ohne daß nach außen irgendein deutscher Auftrag oder eine deutsche Anregung erkennbar wurde.»

Es mag natürlich sein, daß Stahlecker diese Anfangsschwierigkeiten hervorkehrte, um seine eigenen Überzeugungstalente zu unterstreichen; auf jeden Fall dauerte die litauische Zurückhaltung nicht lange, da in Kowno, wie Stahlecker selbst schreibt, die dortigen Banden in der ersten Nacht nach der Besetzung etwa 1500 Juden ermordeten.[104]

Die Vernichtungswut, die über die Juden Litauens hereinbrach, tobte auch in den beiden anderen baltischen Ländern. Ende 1941 waren nahezu alle 2000 Juden Estlands ermordet. Ein Jahr später waren die etwa 66 000 Juden Lettlands ebenfalls fast völlig vernichtet (etwa 12 000 Juden befanden sich noch auf lettischem Territorium, von denen 8000 aus dem Reich deportiert worden waren).[105]

Die Massaker verbreiteten sich in allen besetzten Gebieten im Osten. Selbst die anderen unterdrückten Opfer des Reichs, die Polen, beteiligten sich an der massenhaften Ermordung von Juden. Die bekanntesten

Massaker fanden am 10. Juli im Distrikt Białystok, in Radziłów und in Jedwabne statt. Nachdem die Wehrmacht das Gebiet besetzt hatte, vernichteten die Einwohner dieser kleinen Städte den größten Teil ihrer jüdischen Nachbarn: Sie erschlugen sie, erschossen sie und verbrannten sie zu Dutzenden bei lebendigem Leibe in Scheunen. Diese grundlegenden Tatsachen erscheinen unbestreitbar, aber einige hiermit zusammenhängende Probleme erfordern weitere Nachforschungen. Anscheinend gab es in der Gegend von Jedwabne eine große Zahl extrem antisemitischer Pfarrer, die ihre Gemeindemitglieder indoktrinierten.[106] Wurde dieser stark ausgeprägte Haß auf die Juden zusätzlich durch deutsche Hetze oder gar durch unmittelbares deutsches Eingreifen, aber auch durch die Rolle, welche jüdische kommunistische Amtsträger während der sowjetischen Besatzung im Distrikt Białystok gespielt hatten, noch verschärft?[107] Am bereitwilligsten waren, was Aufhetzung und Morden anging, durchweg die Volksdeutschen; sie erleichterten den neuen Herren die Arbeit erheblich.[108]

Zuweilen weigerte sich jedoch die einheimische Bevölkerung, sich an den antijüdischen Gewalttaten zu beteiligen. In Brest-Litowsk beispielsweise äußerten sowohl die Weißrussen als auch die Polen ganz offen ihr Mitleid mit den jüdischen Opfern und ihren Abscheu vor den «barbarischen» Methoden der deutschen «Judenhenker».[109] Dieselbe Zurückhaltung bei der Einleitung von Pogromen war in der Ukraine, zum Beispiel in der Region Schitomir, erkennbar. Einem Bericht der Einsatzgruppe C von August und Anfang September 1941 zufolge ließ sich die Bevölkerung fast nirgends dazu veranlassen, aktive Schritte gegen die Juden zu unternehmen. Die Deutschen und die ukrainische Miliz mußten die Initiative ergreifen und mit verschiedenen Mitteln zu Gewalttaten anstacheln.[110] Ähnliche Einstellungen wurden indirekt in Wehrmachtsberichten bestätigt, die sich mit der Wirkung antisemitischer Propagandaaktionen auf die russische Bevölkerung befaßten. In einem Bericht der Armeegruppe Mitte vom August 1941 hieß es, nach Überprüfung der Ursachen für die bislang relativ geringe Wirkung der deutschen Propaganda gewinne man den Eindruck, daß sich diese Propaganda im wesentlichen mit Fragen beschäftige, die für den Durchschnittsrussen nicht wirklich von Interesse seien. Das gelte insbesondere für die antisemitische Propaganda. Versuche, die Bevölkerung zu Pogromen gegen die Juden aufzustacheln, seien erfolglos geblieben. Der Grund dafür sei, daß die Juden in den Augen des Durchschnittsrussen ein proletarisches Leben führen und somit kein Angriffsziel darstellen.[111]

Im Laufe von Wochen und Monaten wurde der Bevölkerung der besetzten Ostgebiete eine grundlegende Tatsache klar: Kein Gesetz, keine Regel, kein Maß schützte einen Juden. Selbst Kinder verstanden das.

Am 21. Oktober 1941 schrieb Georg Marsonas, ein polnischer Schuljunge, an den Gebietskommissar in Pinsk: «Ich bin 13 Jahre alt, und ich möchte meiner Mutter helfen, weil es ihr schwer fällt, sich ihren Lebensunterhalt zu verdienen. Ich kann nicht arbeiten, weil ich in die Schule gehen muß, aber ich kann etwas Geld als Mitglied der städtischen Kapelle verdienen, weil sie abends spielt. Leider habe ich kein Akkordeon, das ich spielen kann. Ich kenne einen Juden, der ein Akkordeon hat, und so bitte ich Sie sehr um die Genehmigung, daß dieses Instrument der städtischen Kapelle übergeben oder geliehen wird. Auf diese Weise werde ich die Möglichkeit haben, meinen Wunsch zu erfüllen – meiner Familie nützlich zu sein.»[112]

VI

Während die Deutschen und ihre einheimischen Helfer im Norden, in der Mitte und im Süden der Ostfront aktiv ihre Mordkampagne betrieben, übertrafen die Armee und die Gendarmerie der Rumänen sogar noch Otto Ohlendorfs Einsatzgruppe D.[113] Innerhalb eines Zeitraums von zwölf Monaten sollten sie zwischen 280 000 und 380 000 Juden abschlachten.[114] Hinsichtlich der Gesamtzahl der Opfer konnten sie es mit den Deutschen zwar nicht aufnehmen, aber ebenso wie die Letten, die Litauer, die Ukrainer und die Kroaten waren sie erfindungsreiche Folterer und Mörder.

Das früheste großangelegte Massaker an rumänischen Juden fand vor der Wiederbesetzung der «verlorenen Provinzen» (Bessarabiens und der nördlichen Bukowina) im eigentlichen Rumänien, besonders in Iaşi, der Hauptstadt des einstigen Fürstentums Moldau, statt. Am 26. Juni 1941 begannen als «Vergeltung» für zwei sowjetische Luftangriffe und «zwecks Niederschlagung eines jüdischen Aufstands» die Tötungen; organisiert waren sie von rumänischen und deutschen Abwehroffizieren sowie von einheimischen Polizeieinheiten. Nachdem in der Stadt Tausende von Juden ermordet worden waren, pferchte man weitere Tausende in die hermetisch verschlossenen Waggons zweier Güterzüge, die auf eine mehrtägige ziellose Fahrt geschickt wurden. In dem ersten Zug erstickten oder verdursteten 1400 Juden; im zweiten fand man 1194 Leichen auf. Die genaue Zahl der Opfer des Pogroms von Iaşi ist noch strittig, aber sie lag möglicherweise über 10 000.[115]

Die Dezimierung der Juden Bessarabiens und der Bukowina begann zunächst als lokale Initiative (vor allem in den ländlichen Gebieten), und dann auf Anweisung aus Bukarest. Am 8. Juli hielt Ion Antonescu seinen Ministern eine flammende Rede: «Ich bitte Sie, seien Sie unerbittlich. Saccharin und Humanitätsduselei sind hier nicht am Platz.

Auf die Gefahr, daß ich von einigen Traditionalisten, die es unter Ihnen vielleicht noch gibt, mißverstanden werde, erkläre ich, daß ich für die zwangsweise Auswanderung des gesamten jüdischen Elements aus Bessarabien und der Bukowina bin; es muß über die Grenze geworfen werden.» Nach der Anordnung vergleichbarer Maßnahmen gegen Ukrainer und andere unzuverlässige Elemente wandte sich Antonescu historischen Vorbildern und nationalen Erfordernissen zu, die als höchste Rechtfertigungen dienen sollten: «Das Römische Reich hat an seinen Zeitgenossen eine Reihe barbarischer Akte verübt, und doch war es die größte politische Einrichtung. Es gibt in unserer Geschichte keine anderen günstigeren Momente. Falls erforderlich, schießen Sie mit Maschinengewehren, und ich sage Ihnen, es gibt kein Gesetz. ... Ich übernehme die volle juristische Verantwortung, und ich erklären Ihnen, es gibt kein Gesetz!»[116] Und während der oberste Führer sich auf die Geschichte berief, wandte sich Regierungschef Mihai Antonescu (mit Ion Antonescu nicht verwandt) auf den Spuren der «Eisernen Garde» wieder der Rhetorik des christlichen Judenhasses zu: «Unsere Armee ist [durch die sowjetischen Besatzung] gedemütigt worden – gezwungen, unter dem kaudinischen Joch ihrer barbarischen Feinde hindurchzugehen – begleitet allein von der verräterischen Verachtung der Komplizen des Bolschewismus, die unserer christlichen Kreuzigung ihre judaische Beleidigung hinzufügten ...» Der Kreuzzug werde jetzt gegen diejenigen geführt, «die den Altar im Lande unserer Vorfahren entweiht haben, gegen die Juden und Bolschewiken, die das Haus des Erlösers entleert und den Glauben an ihrem schändlichen Kreuz gekreuzigt haben».[117]

Massaker an Juden wurden zu einem alltäglichen Geschehen. Zu Zehntausenden trieb man sie in Ghettos (von denen sich das bedeutendste in Kischinew, der Hauptstadt Bessarabiens, befand), bis sie im Herbst über den Dnjestr nach «Transnistrien» abgeschoben wurden, in den Teil der südlichen Ukraine, der von Rumänen besetzt war und unter rumänischer Kontrolle verbleiben sollte.[118]

Am 16. Oktober 1941 marschierte die rumänische Armee in Odessa ein. Einige Tage später, am 22. Oktober, wurde ihr Hauptquartier durch die Explosion einer Bombe zerstört, die der NKWD gelegt hatte. Die mörderische Wut der Besatzer wandte sich gegen die Juden der Stadt. Nachdem die Rumänen im Hafenbezirk von Odessa deutschen Schätzungen zufolge etwa 19 000 Juden getötet hatten, trieben sie weitere 25 000 bis 30 000 in das benachbarte Dalnic, wo sie sie umbrachten, indem sie sie erschossen, mit Sprengstoff töteten oder bei lebendigem Leibe verbrannten.[119]

Im Oktober 1941 wurden der Präsident der Union der jüdischen Gemeinden in Rumänien, Wilhelm Filderman, und Oberrabbiner Alexander Safran mehrfach bei Antonescu vorstellig und ersuchten ihn, die Deportationen nach Transnistrien einzustellen und das Schicksal der Juden in Bessarabien und der Bukowina zu erleichtern. Am 19. Oktober warf Antonescu daraufhin in einer heftigen Presseerklärung den Juden Rumäniens Verrat an ihrem Vaterland vor und klagte sie an, sie seien für die angeblichen Verstümmelungen rumänischer Offiziere verantwortlich, die von sowjetischen Juden, ihren «Brüdern» gefangengenommen worden waren: «Wie es schon Tradition ist», fuhr Antonescu fort, «möchten Sie sich jetzt aus Angeklagten in Ankläger verwandeln, und Sie tun so, als hätten Sie die Gründe vergessen, welche die Situation herbeigeführt haben, über die Sie sich beschweren. ... Aus den Kellern von Chișinău [Kischinew] holt man Tag für Tag unsere Märtyrer, entsetzlich verstümmelte Leichname, welche man so für die freundliche Hand belohnte, die sie zwanzig Jahre lang jenen undankbaren Bestien hinstreckten. ... Wenn Sie wirklich eine Seele haben, dann bemitleiden Sie nicht diejenigen, die es nicht verdient haben.»[120]

Ebenso öffentlich wie der Brief Antonescus waren auch von Anfang an die Informationen über die Massaker. «Frühstück mit Vicky Hillard bei Alice. Richard Hillard, ein Kavallerieleutnant, ist gestern von der ukrainischen Front zurückgekehrt», notierte Sebastian am 21. August 1941. «... Erzählte viele Dinge über die Vernichtung der Juden diesseits und jenseits des Dnjestr. Dutzende, Hunderte, Tausende Juden erschossen. Er, ein einfacher Leutnant, hätte so viele Juden per Befehl oder eigenhändig umbringen können, wie er gewollt hätte. Allein der Chauffeur, der ihn bis nach Iași fuhr, erschoß vier Juden.»[121]

Im Laufe der Zeit gelangten immer mehr Einzelheiten über die Morde nach Bukarest: «Die Wege nach Bessarabien und in die Bukowina sind übersät mit den Leichen der aus ihren Häusern vertriebenen, in die Ukraine flüchtenden Juden ...», notierte Sebastian am 20. Oktober. «Ein antisemitischer Irrsinn, den nichts aufhalten kann. Es gibt keine Zurückhaltung, kein Maß. ... Hier handelt es sich um pure Bestialität, eine entfesselte, schamlose, gewissenlose, zwecklose, sinnlose Bestialität. Alles, alles, schlicht und einfach alles kann passieren.»[122]

Sebastians Wahrnehmung der Ereignisse wurde vom amerikanischen Gesandten in der rumänischen Hauptstadt bestätigt, der jedoch das Schwergewicht auf die entscheidende Rolle Ion Antonescus legte: «Es wird jetzt immer offenkundiger», schrieb Gunther am 4. November, «daß die Rumänen, offensichtlich mit moralischer Unterstützung durch die Deutschen, die gegenwärtige Phase dazu benutzen, das Judenproblem auf ihre Weise zu behandeln. Ich weiß aus zuverlässiger Quelle, daß Marschall Antonescu erklärt hat: ‹Wir haben jetzt Krieg, und das ist eine gute Gelegenheit, um die jüdische Frage ein für allemal zu erledigen.»[123]

*

Nach dem deutschen Sieg auf dem Balkan war Jugoslawien geteilt worden: Die Deutschen besetzten Serbien und die Italiener ausgedehnte Gebietsstreifen an der dalmatinischen Küste; die Ungarn erhielten die Regionen Bačka und Baranja, und die Bulgaren bekamen Mazedonien. Unter der Führung von Ante Pavelić und seiner Ustascha-Bewegung wurde ein unabhängiger kroatischer Staat gegründet. Die dalmatinische Küste Kroatiens verblieb teilweise unter italienischer Kontrolle, und gleichzeitig waren auf kroatischem Territorium auch noch einige deutsche Truppen stationiert.

In Serbien setzten die Deutschen eine kollaborationistische Regierung unter Ministerpräsident Milan Nedić, einem glühenden Antikommunisten, ein. Nedić spielte kaum eine Rolle, und sogar vor dem deutschen Angriff auf die Sowjetunion regte sich vor allem in den ländlichen Gebieten bewaffneter Widerstand. Während des Sommers führten verhältnismäßig kleine und schlecht ausgebildete Truppen der Wehrmacht einen aussichtslosen Kampf gegen die sich ausbreitende Insurrektion der kommunistischen Guerillakämpfer Titos (Josip Broz) und der serbisch-nationalistischen Partisanen Draga Mihailovićs. Ungeachtet der drakonischen Geiselerschießungen durch die Deutschen, denen Serben und vor allem Juden zum Opfer fielen, wie auch der Zerstörung von Dörfern und der Ermordung ihrer Bewohner, breitete sich die Rebellion aus. Im September ernannte Hitler auf Empfehlung von Feldmarschall List, dem Wehrmachtsbefehlshaber auf dem Balkan, den österreichischen General Franz Böhme, einen berüchtigten Serbenhasser, zum befehlshabenden General der in Serbien stationierten Truppen und ließ ihm freie Hand beim Einsatz «strenger Methoden», um die Lage wieder unter Kontrolle zu bringen. Böhme willigte begeistert ein.[124]

Kaum war in Kroatien Pavelić aus dem italienischen Exil zurückgekehrt und hatte sein neues Regime – eine Mischung aus Faschismus und frommem Katholizismus – etabliert, da hatte schon die Ustascha, wie der deutsche Gesandte in Zagreb, Edmund von Glaise Horstenau, berichtete, «unsinnig gewütet».[125] Der *Poglavnik* (serbokroatisch: «Führer») setzte einen völkermörderischen Kreuzzug gegen die auf kroatischem Gebiet lebenden 2 200 000 orthodoxen Serben (bei einer Gesamtbevölkerung von 6 700 000 Menschen) in Gang und ebenso gegen die 45 000 Juden des Landes, insbesondere im ethnisch gemischten Bosnien. Die katholische Ustascha hatte nichts gegen die fortgesetzte Anwesenheit von Muslimen oder Protestanten, aber Serben und Juden mußten konvertieren, das Land verlassen oder sterben. Der Historiker Jonathan Steinberg schreibt: «Serbische und jüdische Männer, Frauen und Kinder wurden buchstäblich in Stücke gehackt. Ganze Dörfer wurden dem Erdboden gleichgemacht, und die Menschen in Scheunen getrieben, die die Ustascha in Brand setzte. Im Archiv des italienischen Außenministeriums gibt es eine Sammlung von Fotos von den Schlachtermessern, Haken und Äxten, die beim Zerstückeln serbischer Opfer benutzt wurden. Es gibt Fotos von serbischen Frauen, denen man mit Taschenmessern die Brüste abgeschnitten hatte, von Männern mit ausgequetschten Augen, die entmannt und verstümmelt worden waren.»[126]

Während Erzbischof Alojzije Stepinac, das Oberhaupt der katholischen Kirche in Kroatien, monatelang zögerte, die blutrünstige Mordkampagne öffentlich anzuprangern, freuten sich einige einheimische Bischöfe über die Vernichtung der Schismatiker und der Juden oder über ihre Zwangskonversion. So schrieb der katholische Bischof von Mostar, es habe noch nie «für uns eine so gute Gelegenheit wie heute gegeben, um Kroatien zu helfen, zahllose Seelen zu retten».[127] Und während Bischöfe die einzigartige Gelegenheit zur Rettung von Seelen priesen, übernahmen einige Franziskanermönche eine führende Rolle bei den bösartigsten Mordoperationen und bei der Dezimierung von Serben und Juden im ausschließlich kroatischen Vernichtungslager Jasenovac.[128]

Der Vatikan war über die Greuel, die der neue katholische Staat verübte, wohlinformiert. Doch weder der Kurie noch dem Apostolischen Visitator des Heiligen Stuhls in Zagreb, dem Benediktinerabt Giuseppe Ramiro Marcone, erschien alles in negativem Licht. Im Mai 1941 waren in Pavelićs Staat antisemitische Gesetze eingeführt und das Tragen des Sterns mit dem Buchstaben «Ž» (für serbokroatisch Židov «Jude») vorgeschrieben worden. Am 23. August, kurz nach seiner Ankunft, berichtete Marcone dem vatikanischen Staatssekretär Maglione: «Das widerwillig tolerierte Abzeichen und der Haß der Kroaten auf sie [die Juden] sowie die wirtschaftlichen Nachteile, denen sie ausgesetzt sind, bringt im Bewußtsein der Juden häufig den Wunsch hervor, zur katholischen Kirche überzutreten. Übernatürliche Motive und das stille Wirken der göttlichen Gnade können hier nicht a priori ausgeschlossen werden. Unsere Geistlichkeit erleichtert ihre Konversion, da sie der Ansicht ist, daß man zumindest ihre Kinder in katholischen Schulen erziehen wird, so daß diese in aufrichtigerer Weise Christen sein werden.»[129]

In seiner Antwort vom 3. September 1941 gab Maglione zur Rolle der Hand Gottes bei den Konversionen keinen Kommentar ab, und er wies seinen Beauftragten auch nicht an, gegen die Behandlung von Serben und Juden *zu protestieren*: «Wenn Eure Eminenz [Marcone] eine passende Gelegenheit finden können, sollten Sie auf diskrete Weise, die man nicht als einen offiziellen Appell auffassen würde, empfehlen, daß hinsichtlich der Juden auf kroatischem Gebiet Mäßigung geübt werde. Eure Eminenz sollten darauf achten, daß Aktivitäten politischen Charakters, bei denen sich die Geistlichkeit engagiert, nicht zu Reibungen zwischen den Parteien führen sollten und daß immer der Eindruck einer loyalen Kooperation mit den zivilen Behörden gewahrt bleibt.»[130] Im Jahre 1941 und in den ersten Monaten des Jahres 1942 ermordeten die Kroaten etwa 300 000 bis 400 000 Serben sowie den größten Teil der 45 000 Juden (entweder direkt oder indem sie sie an die Deutschen auslieferten). Während der gesamten Periode war vom Papst selbst nicht ein einziges Wort über die von den Ustaschi begangenen Morde zu hören.[131]

In der Zwischenzeit suchten Serben und Juden in immer größerer Zahl Zuflucht in der italienischen Zone, und die Kroaten wurden von Mussolinis Armee in zunehmendem Maße als Feinde behandelt. Bald gingen die Italiener noch einen Schritt weiter, und um den Verbrechen der Ustaschi ein Ende zu bereiten, verlegten sie Truppen noch weiter auf kroatisches Gebiet.[132] Am 7. September 1941 erließ der Befehlshaber der italienischen 2. Armee, General Ambrosio, eine Proklamation, mit der er die italienische Oberhoheit über das neue Besatzungsgebiet etablierte; deren letzte Zeilen lauteten: «Alle, die aus verschiedenen Gründen ihr Land verlassen haben, werden hiermit aufgefordert, dorthin zurückzukehren. Die italienischen bewaffneten Streitkräfte sind die Garanten ihrer Sicherheit, ihrer Freiheit und ihres Besitzes.» Die Deutschen waren außer sich. Der italienische Schutz für Serben und Juden war offenkundig geworden, und die italienischen Verlautbarungen waren kaum verhüllte Äußerungen von Verachtung und Abscheu angesichts des kroatischen Verhaltens und noch mehr desjenigen ihrer deutschen Herren.[133]

Was die Mischung aus christlichem Glauben, faschistischen politischen Zielsetzungen und brutaler Mordlust angeht, hatten die kroatischen Ustaschi und die rumänische Eiserne Garde oder selbst das Regime Antonescus viel miteinander gemeinsam; dieselben extremistischen Züge kennzeichneten die ukrainischen Nationalisten, vor allem die Fraktion Banderas in der OUN, sowie die diversen Gruppen litauischer und lettischer «Partisanen». Für all diese radikalen Killergruppen waren die einheimischen Juden eine erstklassige Zielscheibe. Ähnliche ideologische Komponenten charakterisierten auch Hlinkas Slowakische Volkspartei – die vor dem Ersten Weltkrieg von dem katholischen Priester Pater Andrej Hlinka gegründet worden war – und deren bewaffneten Arm, die «Hlinka-Garden». Hlinka, der 1938 starb, hatte für slowakische Autonomie und für die Verteidigung von Kircheninteressen gekämpft. Von Anfang an war seine Volkspartei in traditionelle Konservative und in einen militanten quasi-faschistischen Flügel unter der Führung von Vojtech Tuka (einem ehemaligen Juraprofessor der Universität Bratislava, der ein glühender Nationalist und nicht weniger glühender Antisemit war) gespalten. Nach Hlinkas Tod wurde Dr. Jozef Tiso, ein konservativer Priester, Parteichef und im März 1939 Präsident der unabhängigen Slowakei, während sich Tuka immer enger an den Nationalsozialismus annäherte und dann bald zum Ministerpräsidenten des neuen Staates ernannt wurde.[134] Selbstverständlich verlor das neue slowakische Regime das Vertrauen seiner Berliner Herren nicht – und das konnte es auch nicht; sein Antisemitismus war fest in religiöser Tradition und unmittelbarem deutschem Einfluß verankert.[135]

Die große Mehrheit einer weitgehend ländlichen Bevölkerung von etwa 2 600 000 Einwohnern bestand aus frommen Katholiken; die evangelische Gemeinschaft machte etwa 15 Prozent der Bevölkerung aus, und die Juden stellten Ende 1940 (nachdem eine südslowakische Provinz an Ungarn abgetreten worden war) mit etwa 80 000 Menschen rund 3,3 Prozent der Bevölkerung.[136]

Wir erinnern uns, daß Hitler, als er am 28. Juli 1940 Tiso, Tuka und Innenminister Alexander Šaňo Mach empfing, von seinen slowakischen Partnern die Anpassung ihrer antijüdischen Gesetzgebung verlangte.[137] Bald danach traf SS-Hauptsturmführer Dieter Wisliceny als «Berater in Judenfragen» in Bratislava ein. Es wurde ein Zentrales Wirtschaftsamt gegründet, das die Aufsicht über die Arisierung von jüdischem Eigentum übernehmen und die Juden aus allen einflußreichen Positionen im Geschäftsleben vertreiben sollte; man errichtete eine «Judenzentrale» (ÚZ), und im September 1941 wurde der «Judenkodex», ein ganzes Bündel antijüdischer Gesetze, verabschiedet. Die neuen Verfügungen schlossen auch Regelungen zum Tragen des Judensterns (der im Reich und im Protektorat gerade eingeführt wurde) sowie zur Zwangsarbeit ein; all das war eine genaue Nachbildung der grundlegenden antijüdischen Gesetzgebung, die es in Deutschland gab.[138] Der nächste Akt konnte beginnen: Die katholische Slowakei war – nach dem Reich – das erste Land, das mit der Deportation seiner Juden begann.

Ungarn blieb verhältnismäßig ruhig; im Jahre 1941 lebten hier etwa 825 000 Juden – so das Ergebnis der Volkszählung, in der auch Provinzen berücksichtigt waren, die das Land seit Herbst 1938 mit deutscher Unterstützung annektiert hatte. Es waren ein Teil der südlichen Slowakei, die Karpatho-Ukraine, die ebenfalls früher zur Tschechoslowakei gehört hatte, das nördliche Transsilvanien, das infolge eines deutschen «Schiedsspruchs» von Rumänien an Ungarn abgetreten worden war, und schließlich das Banat, das früher eine jugoslawische Provinz gewesen und dem Land nach dem Feldzug vom April 1941 zugefallen war.

Somit kamen zu den 400 000 Juden, die im sogenannten «Trianon-Ungarn» – dem Land in den Grenzen vor 1938 – lebten, noch etwa 400 000 Juden aus diesen neuen Provinzen hinzu. In den größeren Städten des ungarischen Kernlands – und vor allem in Budapest – waren die meisten Juden eine außerordentlich assimilierte Gemeinschaft, die bis zum Ende des Ersten Weltkriegs nahezu in einer Symbiose mit der gesellschaftlichen Elite des Landes gelebt hatte.[139]

Im Jahre 1918 kam es zu einem radikalen politischen Umschwung. Über ein geschlagenes und «zerstückeltes» Ungarn brach die Revolution herein. Obgleich die kommunistische Diktatur Béla Kuns nur 133 Tage dauerte, lösten seine jüdische Abstammung und die massive Präsenz von Juden in seiner Regierung eine gewalttätige antisemitische Reaktion und einen «Weißen Terror» aus, dem Tausende von Juden zum Opfer fielen. Darüber hinaus trug die Anwesenheit einer beträchtlichen Minderheit nichtassimilierter, vorwiegend polnischer Juden zu einer wachsenden Judenfeindschaft bei; diese wurde in den darauffolgenden Jahren von nationalistischem Revisionismus, militantem Antikommunismus und in zunehmendem Maße vom immer stärkeren Einfluß des Nationalsozialismus angefacht.

Während der Zwischenkriegszeit gelang es jedoch dem Reichsverweser Admiral Miklós Horthy, konservative Regierungen an der Macht zu halten und die «Pfeilkreuzler», die faschistische und rabiat antisemitische Bewegung Ferenc Szálasis, in Schach zu halten. Eine der Methoden, die Horthy und die traditionellen Konservativen anwandten, um den Aufstieg der Pfeilkreuzler einzudämmen, bestand darin, daß sie diskriminierende antisemitische Gesetze erließen. Ein frühes Gesetz von 1920, das an den Universitäten einen Numerus clausus für Juden einführte – das erste antisemitische Gesetz in Nachkriegseuropa –, war zwar beschlossen, aber nicht sehr streng angewendet worden. Die Gesetze von 1938 und 1939 schränkten jedoch ganz konkret die jüdische Beteiligung am politischen und wirtschaftlichen Leben des Landes ein, zumindest soweit es die jüdische Mittelschicht betraf (die jüdische Elite im Bankwesen und in der Industrie war im allgemeinen nicht betroffen). Das «dritte Gesetz», vom August 1941 war eine Nachbildung der Nürnberger Rassegesetzgebung. Bei der Mehrzahl dieser Maßnahmen erhielt Horthy Rückendeckung von der katholischen Kirche und den protestantischen Kirchen Ungarns. Der ungarische Episkopat akzeptierte die antijüdischen Verfügungen von 1938 und 1939 bereitwillig, sträubte sich aber, wie zu erwarten war, gegen das Gesetz vom August 1941 wegen dessen offen rassistischer Dimension, die eine Bedrohung für jüdische Konvertiten darstellte.[140]

Tausende ausländischer Juden, die in Ungarn lebten, mußten für die Appeasement-Taktik des Reichsverwesers bezahlen. Im August 1941 wurden 18 000 dieser ausländischen Juden (fast alle polnischer Herkunft, von denen einige nur mit knapper Not aus dem besetzten Ostgalizien entkommen waren) von der ungarischen Polizei zusammengetrieben und in der Gegend von Kolomea und Kamenets-Podolsky in der Westukraine der SS übergeben. Am 27. und 28. August wurden die Vertriebenen sowie einige Tausend ortsansässige Juden (insgesamt etwa 23 600 Menschen) umgebracht.[141] Als die Nachricht von dem Massaker Ungarn erreichte, ordnete der Innenminister die Beendigung der Deportationen an. Währenddessen wurden jedoch in der von den Ungarn besetzten Ukraine zunächst Tausende, dann Zehntausende jüdischer Männer zu Zwangsarbeit eingezogen. Bis Ende 1941 hatte man etwa 50 000 Juden zwangsverpflichtet; etwa 40 000, die zu dieser ersten Gruppe gehörten, sollten nicht zurückkehren. Es stellte sich jedoch heraus, daß Horthy ungeachtet wiederholten deutschen Drängens nicht bereit war, bei seinen antijüdischen Maßnahmen eine gewisse Grenze zu überschreiten. Eine Art Stabilisierung hielt dann vom März 1942, als der relativ liberale Miklós Kállay als Regierungschef den deutschfreundlichen László Bárdossy ablöste, bis zur Besetzung des Landes durch die Deutschen im März 1944 an.

VII

Für den Reichsführer-SS bedeutete die Eroberung unermeßlicher Weiten im Osten in allererster Linie die plötzlich sich eröffnende Möglichkeit, seine Siedlungsträume zu verwirklichen: SS-Festungen mit rassisch perfekten Wehrbauern würden die Infrastruktur der deutschen Herrschaft vom Distrikt Lublin im Generalgouvernement bis zum Ural bilden. Feindliche Bevölkerungsgruppen würde man unterwerfen (Russen und Ukrainer), deportieren (einen Teil der polnischen Bevölkerung) oder durch Abschiebung in die Polarwüsten Nordrußlands oder durch Massenmordaktionen vernichten (die Juden). Diese Aussichten erforderten sofortiges Handeln.

Nachdem Hitler am 16. Juli seine Entscheidung über die Aufteilung der Verantwortungsbereiche des SS-Chefs und Rosenbergs getroffen hatte, legte Himmler am 17. in einem Gespräch mit Lammers und Rosenbergs Adjutant Bräutigam die administrativen Einzelheiten fest.[142] Am 20. Juli hielt er sich in Lublin auf. Wahrscheinlich wurde hier, auf einer Sitzung mit Globocnik und Oswald Pohl, dem Chef des SS-Hauptamts Verwaltung und Wirtschaft, über die ersten Maßnahmen entschieden, welche die neuen Projekte erforderten.[143] Bereits existierende Werkstätten in der Lipowa-Straße in Lublin (mit jüdischen Zwangsarbeitern) sollten erweitert, ein neues und viel größeres

Sklavenarbeiterlager für Juden, Polen und Russen sollte in der Stadt (Lublin-Majdanek) errichtet werden; außerdem erörterte man die ersten Siedlungspläne für Volksdeutsche in der Gegend von Zamość.[144]

Gleichzeitig mußte das Gegenstück zu den grandiosen Siedlungsplänen in die Wege geleitet werden: Die schlimmsten Feinde und die größte Gefahr für die Sicherheit der neu eroberten Gebiete, die Juden, mußten beseitigt werden. Himmlers Pläne paßten perfekt zu den Tötungen, die unmittelbar nach Beginn des Feldzugs begonnen hatten, und zu Hitlers neuen Direktiven hinsichtlich der «Partisanen». In diesem Sinne war die rasche Ausweitung der Mordaktionen von jüdischen Männern auf jüdische Gemeinden insgesamt durch eine Konvergenz politischer Ziele bedingt. Die neuen Dimensionen der Tötungen verlangten ihrerseits die effizientesten Massenmordmethoden. Die Exekution von Frauen und Kindern erschien Himmler für die Angehörigen seiner Kommandos zu belastend. Giftgas war vielversprechender.

Beim Euthanasieprogramm hatte man neben anderen Tötungsmethoden auch die Vergasung psychisch kranker Patienten eingesetzt. Dabei leitete man Kohlenmonoxid aus Flaschen in stationäre Gaskammern oder in Wagen (die für diesen Zweck erstmals im Sommer 1940 im Warthegau benutzt wurden). Im September 1941 eröffnete eine technische Abwandlung der Euthanasie-Gaswagen, die vom Kriminaltechnischen Institut des RSHA entwickelt worden war, neue Möglichkeiten. Die umgebauten Wagen (Modell Saurer mit starken Motoren) würden zu fahrbaren Erstickungsmaschinen werden, mit denen pro Wagen und pro Operation etwa 40 Menschen getötet werden konnten. Ein Metallrohr, das mit dem Auspuffrohr verbunden war, wurde in einen hermetisch abgedichteten Wagen geleitet. Der Betrieb des Motors reichte aus, um die menschliche Fracht des Wagens zu ersticken. Erstmals erprobt wurde der Wagen an sowjetischen Gefangenen in Sachsenhausen, und die ersten Fahrzeuge wurden im November 1941 in Poltawa in der Südukraine unter dem direkten Kommando von Paul Blobels Einsatzkommando 4a, das seinerseits zu Max Thomas Einsatzgruppe C gehörte, in Betrieb genommen.

In seiner Zeugenaussage nach dem Krieg beschrieb Lauer, ein Angehöriger des Kommandos, den Vorgang folgendermaßen: «Es waren zwei Gaswagen [in Poltawa] im Einsatz. ... Sie fuhren in den Gefängnishof, und die Juden, Männer, Frauen und Kinder, mußten von der Zelle direkt in den Wagen einsteigen. ... Die Auspuffgase wurden in das Innere des Wagens geleitet. Ich höre heute noch das Klopfen und die Schreie von den Juden: ‹Liebe Deutsche, laßt uns raus!› ... Der Fahrer hat den Motor anlaufen lassen, nachdem die Türen geschlossen waren. Er fuhr dann in ein Gelände außerhalb von Poltawa. Auch ich war an jenem Ort außerhalb von Poltawa, als der Wagen anhielt. Beim Öffnen der

Türen kam zunächst ein Qualm heraus und dann ein Knäuel verkrampfter Menschen. Es war ein erschreckendes Bild.«[145] Innerhalb weniger Monate sollten in den baltischen Ländern, in Weißrußland, in der Ukraine, im Warthegau und in Serbien etwa 30 Gaswagen zum Einsatz kommen.

Vom Gaswagen war es nur ein kurzer Schritt zur ortsfesten Gaskammer, die nach denselben technischen Prinzipien funktionierte: Verwendet wurde Kohlenmonoxid, das von angeschlossenen Motoren erzeugt wurde. Zwar wurden in der Vernichtungsstätte Chelmno im Warthegau seit Anfang Dezember 1941 mehrere Gaswagen verwendet, aber der Bau von Gaskammern – die mit den Auspuffgasen von Dieselmotoren betrieben wurden – begann im November auf dem Gelände des künftigen Vernichtungslagers Belzec. Etwas früher, im September 1941, hatte in Auschwitz eine andere Reihe von Mordexperimenten begonnen.

Auschwitz hatte, seit es im Juni 1940 die Tore als Konzentrationslager für polnische politische Gefangene geöffnet hatte, mehrere Entwicklungsstadien durchlaufen. Das Lager, das sich in der Nähe der gleichnamigen ostoberschlesischen Stadt befand (deren Einwohner zur Hälfte Juden waren), lag günstig zwischen den Flüssen Weichsel und Sola sowie in der Nähe eines Eisenbahnknotenpunktes von einiger Bedeutung. Am 27. April 1940 hatte Himmler die Errichtung des Lagers beschlossen, und am 4. Mai wurde Rudolf Höß, vormals im Dachauer Stab, die Leitung übertragen. Am 14. Juni, während die Wehrmacht in Paris einmarschierte, traf der erste Transport von 728 polnischen politischen Gefangenen aus der galizischen Stadt Tarnów im neuen Lager ein.[146]

Im September 1940 erteilte Pohl, der bei einem Besuch die Möglichkeiten erfaßt hatte, welche die Position des Lagers am Rande von Sand- und Kiesgruben bot, Höß den Befehl, auf alle vorhandenen Baracken ein zweites Stockwerk aufzusetzen; neue Schübe von Häftlingen sollten als Sklavenarbeiter bei der Herstellung von Baumaterialien fungieren, eine kostengünstige Ergänzung des gewöhnlichen Programms von Folter und Hinrichtungen.

Pohls Projekt wurde bald von Plänen ganz anderen Ausmaßes überschattet. Im März 1941 war es Himmler, der dem oberschlesischen Lager – in Begleitung von Vertretern des Chemiegiganten IG Farben – einen Besuch abstattete. Diesem Besuch waren schwierige Verhandlungen zwischen IG Farben, Vertretern von Görings Vierjahresplan-Administration und der SS vorangegangen. Die Fortsetzung des Krieges mit England und der geplante Angriff auf die Sowjetunion hatten Hitler und Göring davon überzeugt, daß die Produktion von synthetischem

Kautschuk und synthetischem Benzin oberste Priorität erhalten sollte. Eine neue Fabrik mußte so schnell wie möglich gebaut werden. Otto Ambros, der neben vielen anderen Funktionen die Unterstützung von IG Farben für die Kriegsführung koordinierte, wußte seit einiger Zeit von den günstigen Bedingungen für ein neues Werk in der Gegend von Auschwitz (reichliche Wasserversorgung, flaches Gelände, ein nahegelegener Eisenbahnknotenpunkt). Der Vorstand der Firma zögerte jedoch, seine Arbeiter und Ingenieure in die heruntergekommene polnische Stadt zu schicken.[147] Im März und April 1941 brachte Himmler die Vereinbarung dadurch zum Abschluß, daß er die Bereitstellung billiger Sklavenarbeiter (aus Auschwitz und anderen Konzentrationslagern) sowie den Bau angemessener Unterkünfte für das deutsche Personal versprach. Höß erhielt den Befehl, die Kapazität des Lagers von 11 000 auf 30 000 Insassen zu erhöhen. Die Juden aus der Stadt Auschwitz wurden vertrieben und ihre Häuser übernommen, während man für Bauarbeiten sowohl im Lager als auch auf dem Gelände des künftigen Buna-Werks von IG Farben in Dwory Polen aushob.[148]

Während diese gewaltigen Expansionspläne in Gang gesetzt wurden und in der Zwischenzeit die neuen Feldzüge im Osten begonnen hatten, nahm auch die Funktion des Lagers als Zentrum des Massenmords Gestalt an. Durch reinen Zufall «entdeckte» eine Desinfektionsmannschaft unmittelbar zu Beginn des Rußlandfeldzugs, daß das starke Schädlingsbekämpfungsmittel Zyklon B – das man zur Entseuchung von Schiffsrümpfen oder Kasernen verwendete und das somit auch in Auschwitz regelmäßig in Gebrauch war – Tiere und daher auch Menschen töten konnte.[149] Die Erprobung an einer kleinen Gruppe sowjetischer Kriegsgefangener, die Anfang September 1941 im Keller von Block 11, im Hauptlager, vorgenommen wurde, verlief erfolgreich. Nach Angaben der Lagerchronistin Danuta Czech folgte darauf ein größerer Test: Diesmal wählte man die Opfer zunächst aus der Krankenstube des Lagers aus (einige wurden auf Krankentragen hereingebracht) und packte sie in den Keller von Block 11, dessen sämtliche Fenster man mit Erde abgedichtet hatte. «Dann», so Czech, «werden in die Zellen etwa 600 russische Kriegsgefangene, Offiziere und Volkskommissare getrieben, die durch besondere Kommandos der Gestapo in den Kriegsgefangenenlagern ausgesucht worden sind. Sobald die Kriegsgefangenen in die Zellen hineingedrängt worden sind und die SS-Männer das Gas Zyklon B eingeworfen haben, werden die Türen verschlossen und abgedichtet. Diese Aktion findet nach dem Abendappell im Lager statt, nachdem die sog. Lagersperre angeordnet worden ist, d. h. daß es den Häftlingen verboten ist, die Blöcke zu verlassen und sich im Lager zu bewegen.»[150] Da einige der Gefangenen am nächsten Tag noch am Leben waren, wurde die Operation wiederholt.[151]

Selbst als die Gaswagen und die Gaskammern unter voller Ausnutzung ihrer Kapazität in Betrieb waren, verzichteten die Deutschen nie auf Massenexekutionen durch Erschießen oder Aushungern, vor allem in den besetzten Gebieten der Sowjetunion, aber auch in Polen, sogar ganz in der Nähe von Vernichtungslagern. Ihre Opfer waren nicht nur Juden. Dreieinhalb Millionen russische Kriegsgefangene ließ die Wehrmacht unter der kundigen Leitung des Generalquartiermeisters des Heeres Eduard Wagner verhungern,[152] Hunderttausende russischer Zivilisten wurden von der Armee oder den Einsatzgruppen aus irgendeinem beliebigen Grund hingerichtet. Weiter im Westen erreichten die Exekutionen polnischer Zivilisten nicht dasselbe Ausmaß, aber sie wurden von Anfang an zu einer Routineangelegenheit im Rahmen der «Widerstandsbekämpfung». In diesem Kontext überlassen die Tagebücher des Anatomen Hermann Voss, eines Professors an der Reichsuniversität Posen, kaum etwas der Phantasie. Am 15. Juni 1941 notierte Voss: «Gestern habe ich mir den Leichenkeller und den Verbrennungsofen, der auch im Keller ist, angesehen. Dieser Verbrennungsofen war für die Beseitigung von Leichenteilen bestimmt, die von den Präparierübungen übrigblieben. Jetzt dient er dazu, um hingerichtete Polen zu veraschen. Fast täglich kommt jetzt das graue Auto mit den grauen Männern, d. h. S. S.-Männern von der Gestapo und bringt Material für den Ofen.»[153] Am 30. September hatte Voss eine gute Nachricht: «Heute hatte ich eine sehr interessante Unterredung mit Herrn Oberstaatsanwalt Dr. Heise wegen der Leichenbeschaffung für das Anatomische Institut. Auch Königsberg und Breslau bekommen Leichen von hier. Es sind hier so viele Hinrichtungen, daß es für alle drei Institute genügt.»[154]

VIII

Während neben den gewöhnlichen Massenexekutionen die technischen Fortschritte bei den Ermordungsmethoden vorangingen, schwankte man an der Spitze der NS-Hierarchie im Sommer 1941 durchaus weiter zwischen mehreren möglichen «Lösungen» der Judenfrage. Auf besetztem sowjetischem Gebiet zielte die Vernichtung zuerst auf Juden als Träger des Sowjetsystems, dann auf Juden als potentielle Partisanen und schließlich als feindliche Elemente, die Territorien bewohnten, welche letztlich für die Besiedlung durch Deutsche bestimmt waren. Diese drei Kategorien verschmolzen natürlich miteinander, aber sie galten zumindest im Sommer und Herbst 1941 nicht für den gesamten europäischen Kontinent. Was den Massenmord anging, so hatte die erste Phase der nachmaligen «Endlösung der Judenfrage in Europa» auf sowjetischem Gebiet begonnen, aber man sah sie damals wahrscheinlich noch nicht als Teil eines Gesamtplans zur Vernichtung aller europäischen Juden. Wie also sollten wir den Brief interpretieren, den Göring am 31. Juli 1941 an Heydrich richtete?

«In Ergänzung der Ihnen bereits mit Erlaß vom 24. 1. 39 übertragenen Aufgabe, die Judenfrage in Form der Auswanderung oder Evakuierung einer den Zeitverhältnissen entsprechend möglichst günstigen Lösung zuzuführen», schrieb Göring, «beauftrage ich Sie hiermit, alle erforderlichen Vorbereitungen in organisatorischer, sachlicher und materieller Hinsicht zu treffen für eine Gesamtlösung der Judenfrage im deutschen Einflußgebiet in Europa.» Weiter hieß es: «Soferne hierbei die Zuständigkeiten anderer Zentralinstanzen berührt werden, sind diese zu beteiligen. Ich beauftrage Sie weiter, mir in Bälde einen Gesamtentwurf über die organisatorischen, sachlichen und materiellen Vorausmaßnahmen zur Durchführung der angestrebten Endlösung der Judenfrage vorzulegen.»[155]

Görings Brief war von Heydrich aufgesetzt und dem Reichsmarschall zur Unterschrift vorgelegt worden; das wissen wir aus der Aussage Eichmanns, die er 1961 bei seinem Prozeß in Jerusalem machte.[156] Offensichtlich sollte das Dokument Himmlers (und somit Heydrichs) Autorität in allen Angelegenheiten sicherstellen, die das Schicksal der Juden betrafen, sei es im Hinblick auf sämtliche laufenden Operationen auf russischem Gebiet oder im Hinblick auf die Deportationen, mit denen man nach dem Sieg im Osten rechnete. Es erscheint wahrscheinlich, daß Göring diesmal nicht die Einbeziehung von Rosenbergs Namen verlangte, *eben um die Ambitionen des neuen Ministers zu beschränken.* Der Brief sollte alle, die es anging, davon in Kenntnis setzen, daß die Lösung der Judenfrage in praktischer Hinsicht die Domäne Himmlers war (natürlich vorbehaltlich der Weisungen Hitlers).

Görings Brief war, was einen bestimmten Zeitrahmen anging, auch hinreichend vage, da Hitler anscheinend immer noch an der Auffassung festhielt, die allgemeine Evakuierung der Juden nach Nordrußland werde erst nach Beendigung des Feldzugs stattfinden. Das bestätigte Eichmann Anfang August 1941 auf einer Konferenz hoher Beamter des Propagandaministeriums, die man einberufen hatte, um den bevorstehenden Besuch von Goebbels bei seinem «Führer» vorzubereiten. Eichmann erklärte, «der Führer habe auf einen dahingehenden Antrag des Obergruppenführers Heydrich Evakuierungen während des Krieges abgelehnt; daraufhin ließe dieser jetzt einen Vorschlag ausarbeiten, der auf Teilevakuierung der größeren Städte ziele.»[157] Das war ein Gedanke, der Hitler unterbreitet wurde, als Goebbels am 18. August im Hauptquartier Rastenburg mit ihm zusammentraf, und der, wie wir gleich sehen werden, ebenfalls abgelehnt wurde.

Nach Goebbels' Tagebucheintragung vom 19. August (in der er die

Ereignisse vom Vortag festhielt), war Hitler damit einverstanden, «für alle Juden im Reich ein großes sichtbares Judenabzeichen» einzuführen, aber mit Blick auf die Deportationen erklärte er lediglich, die Juden würden aus Berlin in den Osten evakuiert werden, sobald die ersten Transportmittel verfügbar seien. «Dort werden sie dann unter einem härteren Klima in die Mache genommen.»[158] Am darauffolgenden Tag, am 20. August, kam Goebbels erneut auf seine Diskussion mit Hitler vom 18. zurück, und diesmal zitierte er ihn mit dem Versprechen, die Juden Berlins würden «nach der Beendigung des Ostfeldzugs» abgeschoben werden.[159] Zwei komplementäre Elemente ein und desselben Gesprächs werden hier deutlich: Die Juden würden nach dem Sieg im Osten, wenn die ersten Transportmittel verfügbar wären, deportiert werden. Nach Hitlers Einschätzung der militärischen Lage hieß das etwa Mitte Oktober 1941.

Im Gespräch vom 18. August erwähnte Hitler erneut seine «Prophezeiung» hinsichtlich des Preises, den die Juden für die Entfesselung des Krieges bezahlen würden. «Der Führer ist der Überzeugung», schreibt Goebbels, «daß seine damalige Prophezeiung im Reichstag, daß, wenn es dem Judentum gelänge, noch einmal einen Weltkrieg zu provozieren, er mit der Vernichtung der Juden enden würde, sich bestätigt. Sie bewahrheitet sich in diesen Wochen und Monaten mit einer fast unheimlich anmutenden Sicherheit. Im Osten müssen die Juden die Zeche bezahlen; in Deutschland haben sie sie zum Teil schon bezahlt und werden sie in Zukunft noch mehr bezahlen müssen. Ihre letzte Zukunft bleibt Nordamerika; und dort werden sie über kurz oder lang auch einmal bezahlen müssen. Das Judentum ist ein Fremdkörper unter den Kulturnationen, und seine Tätigkeit in den letzten drei Jahrzehnten ist eine so verheerende gewesen, daß die Reaktion der Völker absolut verständlich, notwendig, ja man möchte fast sagen in der Natur zwingend ist. Jedenfalls werden die Juden in einer kommenden Welt nicht viel Grund zum Lachen haben. Heute schon gibt es in Europa eine ziemliche Einheitsfront dem Judentum gegenüber.»[160]

Bezeichnenderweise erwähnte Hitler unmittelbar nach dieser Tirade die acht Punkte der Roosevelt-Churchill-Erklärung (der Atlantikcharta). Danach kam er noch einmal auf die Judenfrage zurück: «Und was die Judenfrage anlangt, so kann man heute jedenfalls feststellen, daß z. B. ein Mann wie Antonescu in dieser Angelegenheit noch viel radikaler vorgeht, als wir das bisher getan haben. Aber ich werde nicht ruhen und nicht rasten, bis auch wir dem Judentum gegenüber die letzten Konsequenzen gezogen haben.»[161]

Die Erklärungen, die Hitler gegenüber Goebbels abgab, waren in der Tat äußerst bedrohlich; gleichwohl ist bemerkenswert, daß diese Drohungen vage blieben. Die Juden Deutschlands «werden in Zukunft noch mehr bezahlen müssen» – das konnte bedeuten, daß die Juden Deutschlands nach Erringung des Sieges im Osten nach Nordrußland deportiert und dort «unter einem härteren Klima in die Mache genommen» würden. Hitlers Worte ließen auf massenhaften Tod schließen; daß jedoch seine Erklärung in diesem Stadium organisierte, *allgemeine und sofortige Vernichtung* bedeutete, ist unwahrscheinlich.[162]

IX

Der Bericht von der antijüdischen Kampagne, die sich in den besetzten Gebieten entwickelte, hat etwas zutiefst Peinigendes und doch zugleich rasch Betäubendes an sich. Die Geschichte scheint jetzt nur noch aus einer Abfolge massenhafter Tötungsaktionen und, oberflächlich betrachtet, kaum etwas anderem sonst zu bestehen. Der Chef von Einsatzkommando 3 (das zu Einsatzgruppe A gehörte), der berüchtigte SS-Oberst Karl Jäger, berichtete am 10. September 1941 vom Massaker an 76 355 Personen, fast sämtlich Juden; am 1. Dezember 1941 war die Zahl der ermordeten Juden auf 137 346 gestiegen. Zwei Monate später berichtete Stahlecker, der Kommandeur der Einsatzgruppe A, über die Ergebnisse, die seine Einheit erzielt hatte (mit Ausnahme von Massenexekutionen in Riga): Bis zum 1. Februar 1942 waren 218 050 Juden getötet.[163] Zu berichten ist scheinbar nichts anderes als eine ansteigende Kurve der Mordstatistik, im Norden, in der Mitte, im Süden und im äußersten Süden. Und dennoch entfaltet sich über kürzere oder längere Perioden hinweg eine andere Geschichte, die von den Vorkriegsjahren und -jahrzehnten bis zum letzten Augenblick, buchstäblich bis an den Rand der Exekutionsgruben verläuft.

Vor Beginn des Krieges gab es trotz der politischen und sozialen Spannungen, von denen wir gesprochen haben, über lange Zeitspannen hinweg zwischen den Juden und ihren nichtjüdischen Nachbarn auch enge Beziehungen auf individueller Ebene. Nach der Eroberung durch die Deutschen schlossen einige dieser Beziehungen manchmal die Besatzer mit ein. So kam es in den kleineren Gemeinden häufig vor, daß die Mörder, ob Angehörige der einheimischen Hilfstruppen oder Deutsche, ihre Opfer kannten, was den Massakern eine weitere Dimension der Entsetzlichkeit verlieh. Auf jeden Fall hatte jede einzelne Gemeinde, ob groß oder klein, eine Existenz für sich, und Gleiches galt für jeden Judenrat, jede Widerstandsorganisation oder auch jeden jüdischen Einwohner. In manchen Fällen, so etwa in Łódź oder in Minsk, sollte die «Begegnung von Ost und West» (von Juden, die man aus Mitteleuropa deportiert hatte, mit alteingesessenen Juden) zu erheblichen Problemen führen und die Geschichte der Opfer um eine zusätzliche Dimension erweitern. Was die Vernichtung der Ghettobewohner angeht, so fand sie an unterschiedlichen Orten, zu unterschiedlichen Zeiten und unter unterschiedlichen Umständen statt, die allesamt für Historiker wichtig und bedeutsam sind – aber sie fand überall unerbittlich statt, vor der Ankunft irgendeiner befreienden Kraft, selbst in den allerletzten Kriegsmonaten.

In Wilna wurde ein erster Judenrat im Juli eingesetzt; die Mehrzahl seiner Mitglieder gehörte zu den Juden, die Anfang September ermordet wurden. Ein zweiter Rat wurde unter dem Vorsitz von Anatol Fried ernannt; die wirkliche Autorität lag jedoch zunehmend in den Händen von Jacob Gens, dem jüdischen Polizeichef, der im Juli 1942 Ratsvorsitzender werden sollte. Am 6. September 1941 befahl man den noch verbliebenen Juden, ins Ghetto zu ziehen.

«Sie kamen heute vor Morgengrauen», notierte Kruk, «und gaben eine halbe Stunde, um das, was man konnte, einzupacken und mitzunehmen. Scharen von Wagen fuhren herein, und direkt vor den Augen der Einwohner, die schon im Hof versammelt waren, wurden die letzten Möbelstücke aus ihren verlassenen Häusern gezerrt. ... Der traurige Zug der Vertreibung aus dem eigenen Heim ins Ghetto dauert Stunden.»[164] Rudaszewski hielt ebenfalls den jämmerlichen Exodus aus der Stadt ins Ghetto fest: «Die kleine Zahl der Juden unseres Hofes beginnt, die Bündel zum Tor zu zerren. Nichtjuden stehen da und nehmen Anteil an unserem Kummer. ... Leute sind an Bündel geschirrt, die sie über das Pflaster schleppen. Menschen fallen hin, Bündel verstreuen sich. Vor mir eine Frau geht gebückt unter ihrem Bündel. Aus dem Bündel rinnt eine dünne Spur Reis über die Straße ...»[165]

Der junge Tagebuchschreiber schilderte dann die ersten Stunden des Ghettolebens: «Die Neuankömmlinge fangen an, sich einzurichten, jeder in seinem winzigkleinen Raum, auf seinen Bündeln. Ständig strömen weitere Juden herein. Wir lassen uns an unserem Platz nieder. Außer uns vieren sind noch elf Personen im Zimmer. Der Raum ist dreckig und stickig. Er ist überfüllt. Die erste Ghettonacht. Wir lagen zu dritt auf zwei Türen. ... Ich höre den unruhigen Atem von Menschen, mit denen ich plötzlich zusammengepfercht worden bin, Menschen, die man ebenso wie uns plötzlich aus ihren Wohnungen herausgerissen hat ...»[166] Das Ghettogelände, auf dem zuvor etwa 4000 Menschen gewohnt hatten, war jetzt Wohnstatt für 29 000 Juden.

In Kowno wurden die nach der ersten Tötungswelle verbliebenen 30 000 Juden in die alte jüdische Vorstadt Słobódka jenseits des Flusses vertrieben, wo am 10. Juli 1941 offiziell ein Ghetto eingerichtet wurde. Die Ghettoisierung war natürlich eine deutsche Maßnahme, aber in

Kowno wie in den meisten großen und kleinen Städten Osteuropas wurde sie von den örtlichen Behörden und der Bevölkerung in vollem Umfang unterstützt. Abraham Tory, ein ehemaliger Anwaltsgehilfe und vom 22. Juni 1941 an der Chronist der Juden von Kowno, hielt ein Gespräch zwischen dem neuernannten litauischen Finanzminister Matulionis und einem Vertreter der Kownoer Juden, Jacob Goldberg, fest: «Die Litauer sind in der Judenfrage gespalten», erklärte Matulionis; «es gibt im wesentlichen drei Ansichten: der extremsten Position zufolge müssen alle Juden in Litauen vernichtet werden; eine gemäßigtere Position fordert die Errichtung eines Konzentrationslagers, in dem die Juden mit Blut und Schweiß für ihre Verbrechen am litauischen Volk bezahlen werden. Und die dritte Position? Ich bin praktizierender Katholik; ich bin ebenso wie andere Gläubige der Ansicht, daß man jemandem, der ein Mensch wie man selbst ist, nicht das Leben nehmen kann; ... aber in der Periode der Sowjetherrschaft wurde mir und meinen Freunden klar, daß wir keinen gemeinsamen Weg mit den Juden hatten und ihn nie haben werden. Unserer Ansicht nach sollten die Litauer und die Juden voneinander getrennt werden, und je eher das geschieht, desto besser. Zu diesem Zweck ist das Ghetto unentbehrlich. Dort werden Sie abgesondert sein und uns nicht mehr schaden können. Das ist eine christliche Position.»[167]

Ende Juli ordneten die Deutschen die Ernennung eines «Oberjuden» an. Am 4. August trafen sich Vertreter der jüdischen Gemeinde, um ihren Hauptrepräsentanten zu wählen. Wie Tory schreibt, «gab es einen Kandidaten, auf den niemand zu verzichten bereit war, Dr. Elchanan Elkes». Der Arzt argumentierte, ihm fehle die Erfahrung für diese Position. Da erhob sich ein Mitglied der Versammlung, Rabbi Schmukler, und hielt eine denkwürdige Rede: «Die jüdische Gemeinde von Kowno steht am Rande der Katastrophe. ... Die deutschen Behörden bestehen darauf, daß wir einen ‹Oberjuden› ernennen, aber das, was wir brauchen, ist ein ‹Gemeindeoberhaupt›, ein vertrauenswürdiger öffentlicher Diener. Der Mann, der für diese Position in diesem tragischen Augenblick am geeignetsten ist, ist Dr. Elkes. Wir wenden uns daher an Sie und sagen: Dr. Elkes, für jeden, der das so sehen möchte, mögen Sie unser Oberjude sein, aber für uns werden Sie unser Gemeindeleiter sein. Wir alle wissen, daß Ihr Weg voller Mühen und Gefahren sein wird, aber wir werden den ganzen Weg mit Ihnen gehen, und möge uns Gott zu Hilfe kommen.»[168]

Elkes nahm die Wahl an, aber es gab kaum etwas, das er tun konnte, um die deutschen Verfügungen abzuwehren, mit denen die Ghettobewohner von Anfang an überschüttet wurden, vor allem über den SA-Hauptmann Fritz Jordan, den Sprecher des Stadtkommandanten. Eines der ersten Edikte, das am 10. August erlassen wurde, verbot den Juden, «am Ufer der Viliga entlangzugehen» sowie «mit den Händen in den Taschen auf der Straße zu gehen».[169]

*

In diesen Tagen, Ende August 1941, nahm sich Klukowski eine Woche frei und fuhr nach Warschau. «Ich kam einige Male durch das jüdische Ghetto», notierte er in seinem Tagebuch. «Es ist nahezu unmöglich, sich vorzustellen, wie so etwas geschehen kann. Alle Eingänge werden von Deutschen bewacht. Hohe Ziegelmauern, die ringsum verlaufen, trennen das Ghetto vom Rest der Stadt ab. Der Verkehr auf den Straßen ist ziemlich lebhaft; viele Läden haben geöffnet. Das ist der Eindruck, den man von der Straßenbahn aus erhält. Von einem Freund habe ich erfahren, daß die Sterblichkeitsrate im Ghetto sehr hoch ist, besonders unter den armen Juden, die unter entsetzlichen Bedingungen leben.»[170]

Nichts als das gewöhnliche tägliche Elend ereignete sich auf der anderen Seite der Mauern, die Klukowski von seiner Straßenbahn aus sah. Im August 1941 pendelte sich, wie erwähnt, die monatliche Todesrate im Ghetto bei etwa 5500 Personen ein. Hätten es also die Deutschen auf einen langsamen Tod der Bevölkerung abgesehen gehabt, dann hätten schärfere Kontrollen und ein wenig Geduld genügt. Etwas Derartiges teilte Auerswald am 8. Juli Czerniaków mit: «Die Juden [sollten] ihren guten Willen unter Beweis stellen und sich zur Arbeit melden. Andernfalls werde das Ghetto mit Stacheldraht eingezäunt. Davon gebe es genug, denn in Rußland habe man viel davon erbeutet. Der Ring werde sich immer enger schließen und die gesamte Bevölkerung tatsächlich nach und nach aussterben.»[171] Typhuserkrankungen forderten ihre Opfer, und keiner war gegen die Gefahr gefeit, nicht einmal der Vorsitzende selbst: «In der Nacht», schrieb er am 10. Juli, «entdeckte ich auf meinem Nachthemd eine Kleiderlaus. Eine weiße, vielbeinige, eklige Laus.»[172]

Und vor dem Hintergrund dieser Trostlosigkeit verlor keiner der laufenden Machtkämpfe, nichts von dem Mißtrauen, nichts von dem alten Haß irgendetwas von seiner Heftigkeit, ganz im Gegenteil. Konvertierte Juden, welche die Deutschen zusammen mit ihren «Rassebrüdern» eingepfercht hatten, bekamen angeblich die besseren Stellungen in der Ghettohierarchie. In einigen Fällen traf das zu (Kommandeur der jüdischen Polizei, Vorsitzender des Gesundheitsrats, Direktor des Ghettokrankenhauses), was auf ihre bisherige Ausbildung und ihre beruflichen Fähigkeiten zurückzuführen war. Eine derartige Argumentation versöhnte die militanten «jüdischen» Mitglieder der Gemeinschaft nicht: «Die Rabbiner», notierte Czerniaków am 2. Juli, «sind über die Einstellung Ettingers [Dr. Adam Ettinger, ehemaliger Professor für Kriminologie an der Freien Universität Warschau] als Disziplinaranwalt aufgebracht, da er ein Neophyt ist.»[173]

Was die Konvertiten selbst angeht – am 1. Januar 1941 waren 1761 Ghettobewohner als solche registriert[174] –, so hatten die meisten, ob sie nun zur christlichen Gemeinde der Vorkriegszeit, zur Elite, oder zur Schar der kürzlich konvertierten Juden gehörten – die gewöhnlich weniger gebildet waren und eine niedrigere gesellschaftliche Stellung hatten – den Wunsch, sich von der jüdischen Bevölkerung so weit wie möglich zu distanzieren.[175] Jede der beiden Gruppen von Konvertiten sammelte sich um ihre eigene Kirche und hatte einen eigenen Pfarrer (es gab die Allerheiligenkirche mit Pater Godlewski für die Altkonvertiten und die Kirche der Geburt der Heiligen Jungfrau Maria mit Pater Popławski für die Neubekehrten). Sowohl Godlewski als auch Popławski waren selbst konvertierte Juden, und beide waren altgediente Antisemiten. Die Konvertiten sicherten sich infolge ihrer besonderen Lage ein paar Vorteile (besser organisierte und systematischere Wohlfahrtsunterstützung, während der Gottesdienste und an den christlichen Feiertagen eine gewisse Verschnaufpause vom Druck des Alltagslebens im Ghetto, ihre eigene Unterstützungsgruppe und das Recht, auf einem christlichen Friedhof vor den Ghettomauern begraben zu werden). Doch sie konnten dem grundsätzlichen Faktum nicht entrinnen, daß sie für die Deutschen Volljuden waren und als solche behandelt wurden.[176] So hieß es in einer der Untergrundzeitungen des Ghettos: «Als eine fremde Entität waren sie im Ghetto in ein doppeltes Exil geworfen. Eine entschiedene Mehrheit der jüdischen Bevölkerung hält mit diesen ‹Juden› keinen Kontakt. Den jüdischen Massen in ihrer Kultur, ihren Hoffnungen und Sehnsüchten fremd, haben sie teil am Leiden der Juden als ungebetene Partner im Unglück.»[177]

Der Antisemitismus, den einige der getauften Juden an den Tag legten, war bösartig und hemmungslos: «Ich habe Priester Popławski, der mich seinerzeit wegen Hilfe für Christen jüdischer Herkunft aufsuchte, einen Gegenbesuch abgestattet», schrieb Czerniaków am 24. Juli 1941. «Er sagte, daß er den Finger Gottes dabei spüre, daß Gott ihm einen Platz im Getto anwies; daß er nach Kriegsende als derselbe Antisemit aus dem Getto herausgehen werde, als der er hineingegangen sei; daß die bettelnden Juden (Kinder) große schauspielerische Fähigkeiten hätten und ebenso fähig dazu seien, sich als Leichen auf der Straße zu verstellen.»[178]

Bei einigen jüdischen Kindern beruhte der Abscheu nicht auf Gegenseitigkeit, und wenn es ihn überhaupt gab, dann schloß er doch den Wunsch nicht aus, Frieden und Stille des Parks von Allerheiligen zu genießen. So richteten einige Kinder aus dem Waisenhaus von Dr. Janusz Korczak einen Brief an den Priester der Kirche:

«An den hochwürdigen Herrn Pfarrer von der Gemeinde Aller-Heiligen:
Wir bitten den sehr verehrten Herrn Pfarrer höflichst, uns in seiner Güte zu erlauben, ein paarmal samstags in den Morgenstunden (sechs Uhr dreißig bis zehn Uhr) in den Kirchgarten zu gehen.
Wir sehnen uns nach ein bißchen Luft und Grün. Bei uns ist es eng und dumpf. Wir möchten die Natur kennen und lieben lernen. Die Anpflanzungen werden wir nicht beschädigen. Wir bitten inständig darum, unsere Bitte nicht abzuschlagen. Zygmuś, Sami, Abrasza, Hanka, Aronek.» Die Antwort ist nicht bekannt.[179]

Am 6. Juni 1941 hatte Himmler das Ghetto von Łódź besucht. In Begleitung von Rumkowski inspizierte der Reichsführer die große Schneiderwerkstatt in der Jakuba-Straße und war mit der Arbeit, die dort für die Wehrmacht geleistet wurde, anscheinend zufrieden. Am Folgetag versprach die Verwaltung, die Lebensmittelration für die Bewohner zu erhöhen, aber das Versprechen wurde nicht eingehalten.[180]
Am 4. August verzeichneten die Chronisten von Łódź einen «äußerst charakteristischen» juristischen Fall. Die «Täter» gaben zu, ein Stück des Hinterteils eines toten Pferdes abgeschnitten zu haben, und zwar zu einem Zeitpunkt, als sich der Kadaver schon auf einem Abfallhaufen befand und man ihn vor dem Vergraben mit Ätzkalk übergossen hatte.[181]
Da Łódź zum Reich gehörte, galt die Euthanasie auch für die psychiatrische Anstalt des Ghettos. Im März 1940 waren bereits 40 Insassen abtransportiert und in einem nahegelegenen Wald ermordet worden.[182] Im Mai 1941 machte eine deutsche medizinische Kommission erneut die Runde, und am 29. Juli kam es zu einem weiteren Abtransport. Für eine letzte Überprüfung war ein deutscher Arzt zur Hand. Den Chronisten zufolge war Rumkowski ebenfalls zugegen und bat darum, zwölf von 70 Patienten, die als geheilt galten, zu entlassen. Der deutsche Arzt hatte jedoch entschieden, daß einer dieser Patienten, ein Herr Ilsberg, offensichtlich ein Bekannter von Rumkowski, in der Gruppe der zum Tod Vorgesehenen bleiben sollte. Keine Bitten halfen. «Trotz ihrer geistigen Verwirrung», schrieben die Chronisten, «war den Patienten klar, welches Schicksal ihnen bevorstand. Sie verstanden beispielsweise, weshalb man ihnen in der Nacht ein Beruhigungsmittel injiziert hatte. ... In vielen Fällen leisteten sie Widerstand. ... Ein gedeckter Wagen mit einem Trupp von fünf uniformierten Begleitern kam, um die Patienten abzuholen. Dank des selbstlosen Einsatzes des Krankenhauspersonals fand die Verladung des tragischen Transports mit beispielhafter Ordnung statt.»[183]
Drei Tage später ergänzten die Chronisten diese Episode durch eine

Art Postskriptum, das in vieler Hinsicht einen bezeichnenden Kommentar darstellte: «Obgleich sie sich über das traurige Schicksal im klaren sind, das psychiatrischen Patienten bevorstehen könnte, fordern die Familien von Menschen, die für die psychiatrische Anstalt in Frage kommen, daß man sie aufnimmt. Da es einen so schmerzlichen Mangel an Raum gibt und da die Verhältnisse im Ghetto so beklagenswert sind, ist es eine Art Entlastung für die Familien, wenn sie ihre geisteskranken Verwandten im Krankenhaus haben. Anscheinend ist der erste Patient seit der jüngsten Säuberung bereits aufgenommen worden.»[184]

In den größeren Ghettos gingen die Räte davon aus, daß Produktivität der einzige Weg zum Überleben sei; wenn es überhaupt möglich wäre, sollte das Ghetto für die Wehrmacht arbeiten. Mehreren Ratsführern, so beispielsweise Efraim Barasz in Białystok oder später Jacob Gens in Wilna, gelang es eine Zeitlang, ihr Ghetto mit der Arbeitsstrategie über die Runden zu bringen, wie es Rumkowski in Łódź tat. Eine der Haupthürden stellte die Beschaffung von Rohmaterialien dar. In Białystok wurde das Problem mit einheimischer Findigkeit gelöst: Gruppen von organisierten Lumpen- und Abfallsammlern sorgten dafür, daß ein Teil des Bedarfs erfüllt wurde; Lumpen wurden auch aus der Umgebung hereingeschmuggelt. Meist waren jedoch die Deutschen selbst bereit, den Fabriken, die für die Armee arbeiteten, den größten Teil des Materials zu liefern. Wie einer der Sprecher auf einer Ratssitzung in Białystok am 28. August 1941 erklärte, «wird alles für die industrielle Produktion Erforderliche von den Behörden bereitwillig zur Verfügung gestellt».[185]

In den Werkstätten von Białystok, die für die Wehrmacht arbeiteten, stieg die Zahl der Beschäftigten von 1730 im März 1942 auf 8600 im Juli des Jahres. Nach den Deportationen vom April 1943 nach Treblinka wurde die «Produktivitätsorientierung» bis zum Extrem getrieben, und etwa 43 Prozent der verbleibenden Gesamtbevölkerung des Ghettos von 28 000 Menschen wurden in örtlichen Betrieben beschäftigt.[186]

*

Der deutsche Angriff traf den 49jährigen jüdisch-polnischen Romancier Bruno Schulz in Drohobycz in Ostgalizien, in der Stadt, in der er geboren war und in der er sein Leben verbracht hatte.[187] Schulz, dessen internationaler Ruhm sich erst verspätet (nach dem Zweiten Weltkrieg) verbreitete, war nach dem Erscheinen von zwei Bänden mit Kurzgeschichten, *Die Zimtläden* und bald darauf *Das Sanatorium zur Todesanzeige*, seit Mitte der 1930er Jahre in der polnischen literarischen Szene anerkannt. Die zutiefst beunruhigende Traumwelt dieses pathologisch schüchternen und bescheidenen Oberschullehrers fand zusätzlichen Ausdruck in seinen Zeichnungen und Bildern; darin mischten sich Märchen mit Darstellungen grotesker und verzerrter männlicher Gestalten, die zu Füßen glanzvoller Frauen herumkrochen, welche ihren «Verehrern» nur mit Verachtung, sexueller Überlegenheit und Dominanz begegneten.

Schulz als Maler war es, auf den bald nach der Besetzung durch die Deutschen das Auge von SS-Hauptscharführer Felix Landau fiel, dem «Referenten für Judenfragen» in Drohobycz.[188] Landau war der Vater eines kleinen Kindes, das bei ihm und seiner Mutter, der Freundin Landaus, lebte. Der SS-Scharführer war ein Mann mit Geschmack, und abgesehen von seinem bekannten Hobby – von seinem Fenster aus zielte er auf jüdische Arbeiter, und wie Zeugen berichteten, verfehlte er sie selten – wollte er, daß Schulz seine Wände mit Märchenbildern für das Kind und die Wände von Gestapobüros mit «Fresken» bedeckte. Schulz wurde mit Lebensmitteln bezahlt, und so ging es, «friedlich», von Juli 1941 bis Anfang 1942.

Weiter nördlich, in Riga, war es einer der herausragendsten jüdischen Historiker seiner Tage, Simon Dubnow, der den Deutschen in die Hände fiel.[189] Anfang Juli 1941, als die Deutschen Lettland eroberten, wurde Dubnow 81 Jahre alt. Seine vielbändige *Weltgeschichte des jüdischen Volkes* und seine *Geschichte der Juden in Rußland und Polen* hatten ihm weltweiten Ruhm und Bewunderung eingetragen. Dubnow war ein ständiger Verfechter jüdischer kultureller Autonomie in der Diaspora gewesen und stand somit in vieler Hinsicht dem Bund nahe. In den 1930er Jahren sah er jedoch angesichts der wachsenden Gefahren die radikal antizionistische Haltung des Bund zunehmend kritisch. Ein Artikel, der im Juni 1938 in der Zeitschrift *Zukunft* erschien, läßt die Position Dubnows erkennen und spiegelt die internen Rangeleien in der «jüdischen Politik» ungeachtet der zunehmend bedrohlichen Weltlage wider: «Die größte Sünde des Bund ist seine Neigung zur Abkapselung. ... Die unbestreitbaren Schwächen des Zionismus ... sollten gemeinsamen Aktionen nicht im Wege stehen. Wir haben gesehen, wie sich in mehreren europäischen Ländern Volksfronten gebildet haben, Koalitionen aller fortschrittlichen Kräfte einer Gesellschaft. Das Judentum braucht ebenfalls eine ‹Volksfront›, um den wachsenden Antisemitismus und die weltweite Reaktion zu bekämpfen.»[190]

Bald nach der Besetzung durch die Deutschen wurden die Juden von Riga in ein Ghetto verlegt. Dubnow wurde von der Gestapo aufgespürt. Er versuchte sich zu verstecken, aber man fand ihn, nahm ihn fest und warf ihn ins Gefängnis, ließ ihn frei und inhaftierte ihn erneut. Schließlich wurde er, physisch gebrochen, ebenfalls ins Ghetto transportiert.[191] Im Jahre 1934 hatte Dubnow für das Bulletin des Jüdischen Weltkongresses einen kurzen Artikel über die zunehmende Tragödie der europäischen Judenheit geschrieben. Der *Völkische Beobachter* zitierte

Dubnows Worte – «Das Haus Israel steht in Flammen» – und fügte hinzu: «Genau das haben wir gewollt!»[192]

X

Die jüdische Bevölkerung der UdSSR war über die Judenverfolgungen im Reich wie auch im besetzten Polen recht gut informiert. Vor dem Hitler-Stalin-Pakt berichtete die sowjetische Presse ausführlich über die antisemitischen Maßnahmen und die Greuel der Nazis. Danach wurde die offizielle Berichterstattung unterbunden, aber der Strom jüdischer Flüchtlinge, die das östliche Polen oder die baltischen Länder erreichten, sorgte für weite Verbreitung von Informationen über das deutsche Vorgehen.[193]

Innerhalb weniger Tage nach dem deutschen Angriff nahmen die sowjetischen Medien ihre Berichterstattung über die antijüdische Kampagne der Aggressoren wieder auf. Von der Luftwaffe abgeworfene Flugblätter und deutsche Sendungen, die in die Sowjetunion ausgestrahlt wurden, ließen keinen Zweifel daran, welch zentrale Stellung im bolschewistischen System der jüdische Feind nach Auffassung der Deutschen hatte. Ebensowenig blieb unklar, daß sie fest entschlossen waren, ihn zu vernichten. Es sieht aber so aus, als hätten nicht wenige Juden, vor allem «der jüdische Mann auf der Straße», nicht geglaubt, daß ihr Leben unter deutscher Besatzung schlimmer sein würde als bisher. Manche hofften angeblich sogar, daß sich ihre Lebensverhältnisse bessern würden. Viele blieben, weil Familienmitglieder sie auf der Flucht nicht hätten begleiten können oder weil sie das Haus oder das Eigentum, das sie sich gewöhnlich unter großen und langanhaltenden Anstrengungen erworben hatten, nicht aufgeben wollten.[194] Als die Wehrmacht einmarschierte, verflogen alle derartigen Hoffnungen und Bedenken rasch; da war es jedoch zu spät.

Bald verstanden alle Juden der Sowjetunion, daß ihr eigenes Überleben jetzt vom Überleben ihres Landes abhing. Für viele war die Identifizierung mit dem Sowjetregime selbstverständlich, fraglos, oft begeistert. Von Anfang an wurde das Regime, das aus der Revolution von 1917 hervorgegangen war, als eine befreiende Kraft begrüßt, welche die jüdische Bevölkerung von der zaristischen Repression und der territorialen Segregation im Ansiedlungsrayon erlöste, den Antisemitismus untersagte und allen Menschen gleiche Chancen bot. Während die anfänglichen sowjetischen Pläne zur Förderung der administrativen Autonomie und kulturellen Identität der Nationalitäten des Landes sowie, in diesem Rahmen, zur Unterstützung jiddischer Kultur und jüdischer Autonomie in Birobidžan Anfang der dreißiger Jahre im Sande verliefen, eröffnete die gewaltige Modernisierungsdynamik im Lande den vergleichsweise gut ausgebildeten jüdischen Bürgern beträchtliche Möglichkeiten. Im Jahre 1939 stellten die Juden, die zu einer immer stärker verstädterten Bevölkerungsgruppe geworden waren, obgleich sie weniger als 2,0 Prozent der Gesamtbevölkerung ausmachten, etwa 7,5 Prozent der Freiberufler der Mittelklasse: Ingenieure, Buchhalter, Ärzte. Dazu 13 Prozent der Studentenschaft, vor allem in den naturwissenschaftlichen Fächern. Am Vorabend des Zweiten Weltkriegs bildeten die sowjetischen Juden «die am besten ausgebildete ethnische Gruppe unter den etwa 100 Nationalitäten in der UdSSR».[195] Gleichzeitig gaben viele Juden, größtenteils in der jüngeren Generation, ihre religiösen Bindungen auf und verschrieben sich enthusiastisch einem System, das eine vollständige Assimilation und beachtlichen sozialen Aufstieg ermöglichte.

Ohne Zweifel war der Anteil der Juden an den gesellschaftlichen und kulturellen Eliten der Sowjetunion weitaus höher als ihr Anteil an der Bevölkerung des Landes. Dieses Übergewicht war in den exponiertesten Bereichen des Staatsapparats nicht weniger eklatant. So schreibt der Historiker Yuri Slezkine: «Im Jahre 1934, als die OGPU in den NKWD überführt wurde, stellten Juden ‹der Nationalität nach› unter den ‹führenden Kadern› der sowjetischen Geheimpolizei die größte Gruppe (es gab hier 37 Juden, 30 Russen, 7 Letten, 5 Ukrainer, 4 Polen, 3 Georgier, 3 Weißrussen, 2 Deutsche und 5 Sonstige).»[196] Und was die hohe Zahl bolschewistischer Führer jüdischer Herkunft (vor allem in der ersten Generation) angeht, so war sie offenkundig und gab natürlich der antisemitischen Propaganda nicht nur im Reich, sondern in allen westlichen Ländern Nahrung. Selbst Lenin hatte – und das wurde auf Befehl Stalins als Staatsgeheimnis gehütet – einen jüdischen Großvater.[197] Der entscheidende Punkt, den die Antisemiten übersahen, war jedoch das simple Faktum, daß sowjetische Juden auf allen Ebenen des Systems in allererster Linie Sowjetbürger waren, welche die Ideen und Ziele der Sowjetunion verfolgten und nicht mehr an ihre Herkunft dachten – bis zum Einmarsch der Deutschen. Der 22. Juni 1941 verwandelte viele dieser «nichtjüdischen Juden» (so die bekannte Formulierung Isaac Deutschers) in sowjetische Juden, die sich plötzlich ihrer Herkunft bewußt waren – und die stolz darauf waren, Juden zu sein:

«Ich bin in einer russischen Stadt aufgewachsen», schrieb Ilja Ehrenburg einen Monat nach dem deutschen Angriff. «Meine Muttersprache ist Russisch. Ich bin ein russischer Schriftsteller. Wie alle Russen verteidige ich jetzt meine Heimat. Aber die Nazis habe mich noch an etwas anderes erinnert: meine Mutter hieß Hanna. Ich bin Jude. Ich sage das mit Stolz. Hitler haßt uns mehr als alles andere. Und das gereicht uns zur Ehre.»[198]

In allen Bereichen der sowjetischen Gesellschaft machten die Juden bis zum Äußersten mobil, um sich am Kampf gegen die Nazis zu beteiligen. Was immer man von Ehrenburgs gewundenem Weg in Stalins Rußland halten mag, die Flut seiner Artikel, die vor allem in der Armeezeitung *Krasnaja Swesda* erschienen, elektrisierte die Soldaten und die Bevölkerung.[199] 160 000 jüdische Angehörige der Roten Armee wurden wegen Tapferkeit ausgezeichnet (eine halbe Million jüdischer Soldaten kämpfte in den Reihen der sowjetischen Truppen, und 200 000 fielen oder wurden vermißt); fünfzig jüdische Offiziere wurden zum General befördert, und 123 erhielten die höchste militärische Auszeichnung: «Held der Sowjetunion».[200] Und doch erklärte Stalin dem polnischen General Anders abschätzig: «Juden sind schlechte Kämpfer ...»[201]

Schon bald wurden dann in den Ghettos und Wäldern des besetzten sowjetischen Territoriums die ersten jüdischen Widerstandsgruppen organisiert. Einige Monate später (vor allem im Sommer 1942) erlangten einige dieser Einheiten wie etwa die Gruppe, die von den Brüdern Bielski angeführt wurde, legendäre Berühmtheit.[202] Und am 26. Oktober 1941 wurde in Minsk möglicherweise eine der frühesten und mit Sicherheit eine der berühmtesten sowjetischen Widerstandskämpferinnen, die 18jährige Mascha Bruskina, gemeinsam mit zwei Kameraden öffentlich gehängt; ihre jüdische Abstammung war den Deutschen jedoch nicht bekannt und wurde in sowjetischen Veröffentlichungen nie erwähnt, weder während des Krieges noch danach.[203]

Stalin – dessen Antisemitismus sich möglicherweise erstmals Ende der dreißiger Jahre gezeigt hatte und der nach 1945 seine eigene massive antijüdische Kampagne in Gang setzte – betrachtete die sowjetischen Juden als nützliche Vermittler zum Westen, insbesondere zu den Vereinigten Staaten, solange die Bedrohung durch die Deutschen real war. In seiner Wahnwelt überschätzte der sowjetische Führer (ebenso wie Hitler) den Einfluß der amerikanischen Juden ganz erheblich. Er überschätzte jedoch nicht die unermüdliche Energie, welche jüdische Persönlichkeiten, die man im August 1941 zusammengerufen hatte (und die dann das «Jüdische Antifaschistische Komitee» gründeten), aufbringen würden, um von der zweiten Hälfte des Jahres 1941 an in den westlichen Ländern öffentliche Unterstützung für die UdSSR zu mobilisieren.[204] Mehr als alles andere bewies aber diese politische Bemühung ebenso wie verschiedene andere Initiativen jener Jahre, daß die Juden als Juden, in Ost und West, im wesentlichen schutzlose Werkzeuge waren, selbst in den Händen von Führern der Anti-Nazi-Koalition. Typisch war der Fall Erlich-Alter.

Im Herbst 1939 hatte der NKWD die beiden prominentesten Führer des Bund, Henryk Erlich (den Schwiegersohn Dubnows) und Wiktor Alter, die in den sowjetisch besetzten Teil Polens geflohen waren, verhaftet. Man zerrte sie aus einer Zelle in die andere, von Verhör zu Verhör, und kurz nach dem deutschen Angriff vom Juni 1941 wurden beide zum Tode verurteilt. Mitte September entließ man sie jedoch aus dem Gefängnis. Der sowjetische Sinneswandel hatte wahrscheinlich mehrere Gründe: Man wollte die beiden Bundistenführer für den Propagandafeldzug gegen die Nazis benutzen; auf den Westen, vor allem auf britische und amerikanische Gewerkschafter, wollte man mit einer sowjetischen Liberalisierung Eindruck machen; und man war daran interessiert, den sozialistischen Flügel der polnischen Exilregierung zu stärken, der ungeachtet der Tatsache, daß die Sowjets weiterhin Ansprüche auf die Gebiete im Osten Polens erhoben, eine gewisse Bereitschaft zeigte, zu einer Übereinkunft mit der UdSSR zu kommen.

Erlich und Alter blieben in der Sowjetunion, aber sie wurden rasch in Vorgänge verwickelt, die in sowjetischen Augen wie eine unabhängige jüdisch-sozialistische politische Aktivität in internationalem Maßstab aussehen konnten. Also wurden die beiden Bundistenführer im Dezember 1941, als sich die militärische Lage der Sowjetunion besserte, erneut verhaftet. Die Briten, die offensichtlich nicht bereit waren, ihre Beziehungen zu Moskau irgendwie zu strapazieren, erklärten das Problem zu einer inneren Angelegenheit der Sowjetunion. Die polnische Exilregierung unternahm nur schwache Versuche zu einer Intervention, da sie auf den Zorn amerikanisch-jüdischer Arbeiterorganisationen spekulierte, um in dem territorialen Konflikt mit Stalin ihre eigene Position zu stützen. Und der amerikanische Kriegseintritt überschattete alle «entzweienden» Fragen, die man in der US-Öffentlichkeit hätte zur Sprache bringen können. Erlich beging im Mai 1942 in seinem sowjetischen Gefängnis Selbstmord; Alter wurde im Februar 1943 hingerichtet.[205]

XI

Einige Tage nachdem Goebbels von Hitler die Genehmigung erhalten hatte, begann die Kennzeichnung der Juden des Reichs mit einem «charakteristischen und deutlich sichtbaren Abzeichen». Mit einer vom Innenministerium erlassenen Verordnung vom 1. September 1941 wurde es allen Juden des Großdeutschen Reichs und des Protektorats, die das sechste Lebensjahr vollendet hatten, mit Wirkung vom 15. September verboten, sich in der Öffentlichkeit ohne einen gelben sechszackigen Stern zu zeigen, auf dem in eigenartig verkrümmter schwarzer Schrift das Wort «Jude» geschrieben stand. Der handtellergroße Stern mußte auf der linken Brustseite auf die Kleidung aufgenäht werden, so daß er in vollem Umfang sichtbar war, wenn sich ein Jude an einem öffentlichen Ort befand. So wurde jeder Ort definiert, an dem man Menschen begegnen konnte, die nicht zum Familienkreis gehörten.[206] Mit Wirkung vom gleichen Tag (19. September) war es Juden verboten, ohne polizeiliche Erlaubnis ihre Wohngemeinde zu verlassen sowie Orden, Ehrenzeichen oder sonstige Abzeichen zu tragen.[207]

Die Juden mußten die Sterne bei ihren Gemeindebüros abholen. Beim Empfang unterzeichneten sie gewöhnlich eine Quittung, die auch die Anerkennung der entsprechenden Regelungen beinhaltete: «Ich bestätige hierdurch den Empfang von 1 Judenstern», erklärte Gustav Israel Hamel aus Baden-Baden am 20. September. «Mir sind die gesetzlichen Bestimmungen über das Tragen des Judensterns, das Verbot des Tragens von Orden, Ehrenzeichen und sonstigen Abzeichen bekannt. Auch weiß ich, daß ich meinen Wohnort nicht verlassen darf, ohne eine schriftliche Erlaubnis der Ortspolizeibehörde bei mir zu führen. Ich verpflichte mich, das Kennzeichen sorgfältig und pfleglich zu behandeln und bei seinem Aufnähen auf das Kleidungsstück den über das Kennzeichen hinausragenden Stoffrand umzuschlagen.»[208]

Für Goebbels gestattete der Stern die totale Kontrolle über die Juden, sobald sie ihre Wohnung verlassen hatten. Er schützte so die Deutschen vor gefährlichen Kontakten, vor allem vor dem Verbreiten von Gerüchten und defätistischen Reden. Wie im Falle der meisten gegen die Juden gerichteten Maßnahmen war aber zusätzlich die Demütigung und Erniedrigung der Opfer beabsichtigt, und es bot sich ein weiterer Anknüpfungspunkt für die laufende antijüdische Propagandakampagne. Dietrichs Tagesparole vom 26. September war deutlich: «Anhand der *Kennzeichnung des Judentums* bietet sich die Möglichkeit, dieses Thema in den verschiedensten Formen zu behandeln. Um dem deutschen Volk die Notwendigkeit dieser Maßnahmen klarzumachen und speziell auf die Schädlichkeit der Juden hinzuweisen. Der Schnelldienst gibt ab morgen Material aus, was unter Beweis stellt, welche Schäden das Judentum Deutschland zugefügt hat und welches Schicksal es ihm zugedacht hatte und hat» (hier wird offensichtlich auf die Kaufman-Geschichte Bezug genommen sowie auf das Pamphlet von Diewerge, das, wie wir sahen, kommentierte Auszüge aus Kaufmans Buch enthielt).[209]

«Heute der Judenstern», schrieb Klemperer am 19. September. «Frau Voß hat ihn schon aufgenäht, will den Mantel darüber zurückschlagen. Erlaubt? Ich werfe mir Feigheit vor. Eva hat sich gestern auf Pflasterweg den Fuß übermüdet und soll nun jetzt auf Stadteinkauf und hinterher kochen. Warum? Weil ich mich schäme. Wovor? Ich will von Montag an wieder auf Einkauf. Da wird man schon gehört haben, wie *es* wirkt» (Klemperers Frau Eva mußte, da sie keine Jüdin war, den Stern nicht tragen).[210] Wie reagierte die deutsche Bevölkerung?

Wie wir sahen, ließen die Stimmungsberichte des SD für den Frühsommer weitverbreitete Judenfeindschaft erkennen. Wochenschauen, in denen die Verhaftung von Juden, ihr Schuften als Zwangsarbeiter und sogar Lynchszenen aus Riga gezeigt wurden, fanden beim Kinopublikum anscheinend lautstarke Zustimmung.²¹¹ Da in solchen Filmaufnahmen regelmäßig die «rassischen Züge» von Juden betont wurden, brachten die Zuschauer ihren Abscheu zum Ausdruck und fragten sich häufig lauthals, was mit diesen «Horden» geschehen sollte.²¹²

Änderte die Einführung des Sterns etwas an diesen Einstellungen? Einem SD-Bericht aus Westfalen vom 26. September zufolge wurde die neue Maßnahme oft mit Befriedigung begrüßt; Kritik richtete sich eher gegen das Vorhandensein von Ausnahmen. Warum brauchten die jüdischen Ehefrauen von «Ariern» das Abzeichen nicht zu tragen? Wie es hieß, gab es jetzt «arische Juden» und «nichtarische Juden» ...²¹³ Ein SD-Bericht vom Vortag (aus derselben Gegend) verzeichnete die allgemeine Ansicht, die Juden sollten den Stern wegen der besseren Sichtbarkeit auch auf dem Rücken der Kleidung tragen: Das würde diejenigen, die sich immer noch in Deutschland aufhielten, dazu zwingen zu «verschwinden».²¹⁴

Und doch registrierten zahlreiche Zeugen auch andere Reaktionen. Am 20. September beschrieb Klemperer, was Frau Kronheim passiert war: «Die fuhr gestern mit der Tram – Vorderperron. Der Fahrer: Warum sie nicht im Wagen sitze. Frau Kronheim ist klein, schmächtig, gebückt, ganz weißhaarig. Es sei ihr als Jüdin verboten. Der Fahrer schlug mit der Faust auf das Schaltbrett: ‹Solch eine Gemeinheit!› Schlechter Trost.»²¹⁵ Die ungewöhnlichste Äußerung von Mitgefühl wurde am 25. November verzeichnet: «Frau Reichenbach erzählte ..., ein Herr habe sie in der Ladentür gegrüßt. Ob er sich nicht in der Person geirrt habe? – ‹Nein, ich kenne Sie nicht, aber Sie werden jetzt öfter gegrüßt werden. Wir sind eine Gruppe, ‹die den Judenstern grüßt›.»²¹⁶ Genau einen Monat früher, am 25. Oktober, hatte Klemperer jedoch geschrieben: «Ich frage mich immer: Wer von den ‹arischen› Deutschen ist wirklich unberührt vom Nationalsozialismus? Die Seuche wütet in allen, vielleicht ist es nicht Seuche, sondern deutsche Grundnatur.»²¹⁷

Es sieht indessen so aus, als seien Äußerungen von Mitgefühl nicht ganz selten gewesen: «Die Bevölkerung mißbilligt mehrheitlich diese Diffamierung», schrieb Elisabeth Freund, eine Jüdin aus Berlin, in ihren Memoiren.²¹⁸ Sie registrierte Vorfälle, die ganz ähnlich waren wie die, von denen der Dresdner Tagebuchschreiber sprach: «Auf der Straße werde ich von wildfremden Menschen mit besonderer Höflichkeit gegrüßt, und in der Straßenbahn wird mir demonstrativ ein Platz freigemacht, obwohl die Sternträger sich nur dann setzen dürfen, wenn kein Arier mehr steht. Aber manchmal rufen mir Straßenjungen Schimpfwörter nach. Und gelegentlich sollen Juden zusammengeschlagen worden sein. Jemand erzählt mir von einer Erfahrung in der S-Bahn. Eine

Mutter sah, daß ihre kleine Tochter neben einem Juden saß. ‹Liesechen, setz dich auf die andere Bank, du mußt nicht neben einem Juden sitzen.› Daraufhin stand ein arischer Arbeiter auf und sagte: ‹Und ich muß nicht neben Liesechen sitzen.›»[219]

Ein Bericht, den der US-Generalkonsul in Berlin, Leland B. Morris, am 30. September an das Außenministerium sandte, bestätigte die von Klemperer und Freund gesammelten Informationen. «Man kann feststellen, daß ein sehr großer Teil der Berliner angesichts der nach der kürzlich erlassenen Verordnung gezeigten jüdischen Abzeichen keine Befriedigung, sondern Verlegenheit und sogar Mitgefühl an den Tag gelegt hat. Das mag darauf zurückzuführen sein, daß die Judenfrage als innenpolitisches Problem seit der Zeit vor dem Kriege der öffentlichen Wahrnehmung bewußt entzogen worden ist und die meisten gewöhnlichen Menschen bereitwillig versucht haben, sie zu vergessen. Die Mißbilligung dieser Maßnahme ist so allgemein, daß eine der ... von den Verantwortlichen dafür vorgebrachten Rechtfertigungen lautet, Deutsche in den Vereinigten Staaten seien gezwungen, ein Hakenkreuz mit dem Buchstaben ‹G› zu tragen. Diese lächerliche Lüge geht von Mund zu Mund, aber ihr wird nur wenig Glauben geschenkt.»[220]

Tatsächlich bestätigten die unterschiedlichsten Quellen, daß das Kennzeichen in Teilen der deutschen Bevölkerung mißbilligt wurde.[221] Nach David Bankiers differenzierter Einschätzung war es die Sichtbarkeit der Verfolgung, die so viele Deutsche dazu veranlaßte, so zu reagieren, wie sie es taten, zumindest eine Zeitlang: «Solange anonyme Juden verfolgt wurden, konnte die Bevölkerung gefühlsmäßig auf Abstand zu den moralischen Konsequenzen dieses Leids bleiben, für das sie mitverantwortlich war, und konnte sich mit der Verfolgung so lange leicht abfinden, wie Schamgefühl und Schuld dadurch nicht berührt wurden. Die Kennzeichnung des Opfers machte dieses jedoch zu einem Zeugen, der der Bevölkerung klar machte, daß dies der Preis für Konformität und Einpassung in ein mörderisches System ist. ... Diese verwirrenden Gefühle hielten offensichtlich nicht lange an. Wie schon bei den anderen Maßnahmen entwickelten sich auch hier durch die Bestrafung der Sympathiebekundungen und durch die zunehmende Empfindungslosigkeit gegenüber dem alltäglich werdenden Bild Apathie und Unempfindlichkeit.»[222]

Wir müssen aber auch die Möglichkeit einer fortlaufenden Divergenz von Einstellungen und Reaktionen anerkennen, wie sie unverblümt in einem detaillierten Bericht zur Sprache gebracht wurde, den Arvid Richert, der schwedische Gesandte in Berlin, am 31. Oktober 1941 an das Außenministerium in Stockholm sandte. Nach Erwähnung der «bemerkenswerten Höflichkeit» der deutschen Bevölkerung in ihrer Einstellung zu den Juden, die ihre «Auszeichnung» erhalten hatten, äußerte er eine Warnung: «Um etwaige Mißverständnisse zu vermeiden, möchte ich hinzufügen, daß zwar viele Deutsche mit den drakonischen Maßnahmen gegen die Juden nicht einverstanden sind, daß aber der Antisemitismus im Volk anscheinend tief verwurzelt ist.»[223]

Mündliche Überlieferungen bestätigen sowohl die negative Reaktion eines Teils der Bevölkerung auf den Stern als auch die Zustimmung anderer; sie bestätigen ebenso, daß nach der Einführung des Sterns viele Deutsche darüber erstaunt waren, wie viele Juden immer noch unter ihnen lebten, wodurch sich ein Befund des SD bestätigte. Wie Eric Johnson und Karl-Heinz Reuband schreiben, scheint es, daß «ältere Menschen den Stern viel stärker ablehnten als jüngere und daß Katholiken und Frauen mehr gegen die Maßnahmen einzuwenden hatten als Protestanten und Männer, und Gleiches galt für die städtische Bevölkerung im Vergleich zur ländlichen und der von kleineren Städten. ... Die Verteilung, die wir in dieser Hinsicht fanden, entspricht im allgemeinen genau derjenigen der Nazianhänger [die in einem anderen Teil der Untersuchung analysiert wird]. Diejenigen, welche den Nationalsozialismus am wenigsten unterstützten, waren gegenüber der Einführung des Judensterns am wenigsten positiv eingestellt.» Die Verfasser bestätigen, daß unter den Kritikern der Maßnahme nach einiger Zeit Gleichgültigkeit einkehrte: «Einige Tage mußte man schlucken», erklärte ein Befragter, «und dann akzeptierte man die Sache. Schließlich konnte man sie nicht ändern.»[224]

Tatsächlich scheinen alle Interpretationen zu bestätigen, daß die negativen Reaktionen auf die Einführung des Sterns in Teilen der deutschen Bevölkerung vorübergehender Natur waren und nichts an genereller Hinnahme und Passivität änderten. Nicht alle Juden empfanden uneingeschränkte Dankbarkeit für die Mitleidsbezeugungen der ersten Zeit. Ruth Klüger, in Wien geboren und im Spätherbst 1941 zwölf Jahre alt, bekam von einem Fremden eine Orange zugesteckt, als die U-Bahn, mit der sie unterwegs waren, in einen Tunnel einfuhr (so daß diese Geste unbemerkt blieb). «Als der Zug aus dem Tunnel herausfuhr, hatte ich sie schon in die Tasche gesteckt», schrieb sie in ihren Erinnerungen, «und sah dankbar zu dem Fremden auf, wie er wohlwollend auf mich heruntersehaute. Meine Gefühle waren aber gemischt. ... Ich wollte mich als oppositionell statt als Opfer sehen, daher nicht getröstet werden. Kleine geheime Kundgebungen wie diese halfen ja nicht, standen in keinem Verhältnis zu dem, was geschah, halfen nicht einmal mir in der fortschreitenden Verarmung und Beschränkung meines Lebens. Es war eine sentimentale Geste, in der der Spender sich in seinen guten Absichten bespiegelte.»[225] Die Erinnerung an derart gemischte Gefühle bei einer Zwölfjährigen mag natürlich durch die nachfolgenden Ereignisse beeinflußt worden sein: Ein Jahr später, im September 1942, waren Ruth und ihre Mutter, eine Krankenschwester und Physiotherapeutin, auf dem Weg nach Theresienstadt, später nach Auschwitz. Der Vater, ein Arzt, hatte bei einer «Arierin» einen Schwangerschaftsabbruch durchgeführt; er mußte erst nach Italien, dann nach Frankreich fliehen, wo man ihn verhaftete. Er wurde ins Baltikum deportiert und ermordet.

*

Ob als nachträglicher Einfall im Gefolge der Verfügung über das Tragen des Judensterns oder als frühes Zeichen künftiger Entscheidungen: Am 11. September 1941 löste die Gestapo den Kulturbund auf. Der größte Teil seiner Aktivitäten war schon vorher verboten worden. So trafen sich im Juli die Musiker der Vereinigung letztmalig, um Verdi zu feiern; dann wurden ihre Instrumente beschlagnahmt und an SA- und SS-Einheiten verteilt. Die Klaviere schickte man an NS-Wohlfahrtsorganisationen und Erholungsheime der Wehrmacht, und ihre Schallplatten wurden von der deutschen Plattenindustrie wiederverwertet.[226] In Deutschland waren die letzten Überreste eines autorisierten jüdischen kulturellen Lebens ausgelöscht worden.

XII

Nach der Verkündung des neuen Statuts im Juni 1941 preschte die Vichy-Regierung vor: Am 22. Juli wurde in der nicht besetzten Zone nach denselben Kriterien und mit denselben Verfahrensweisen wie im Norden die «Arisierung» eingeführt. Unternehmungen wurden liquidiert oder unter «französische» Kontrolle gestellt, Vermögenswerte wurden beschlagnahmt, und die Erträge wurden auf einer speziellen Regierungsbank, der *Caisse des Depôts et Consignations*, deponiert.[227]

Für Darlan und Vallat war das noch nicht genug. Am Tage der Bekanntmachung des Juni-Statuts machte man die Registrierung sämtlicher Juden (im Sinne der neuen Definition) in der Vichy-Zone zur Pflicht. Vallats Schätzung zufolge waren bis zum Frühjahr 1942 etwa 140 000 Juden registriert worden; der Leiter der nationalen Statistikbehörde, René Carmille, war allerdings zu der erheblich niedrigeren Gesamtzahl von 109 000 gelangt.[228] Die genaue Zahl der Juden, die damals in der Vichy-Zone lebten, ist nicht klar.[229] Kurzfristiger bedrohlich war Darlans Anordnung vom Dezember 1941, wonach alle Juden, die nach dem 1. Januar 1936 eingereist waren (selbst diejenigen, die in der Zwischenzeit die französische Staatsbürgerschaft erworben hatten), registriert werden sollten; diese Identifizierung sollte zu einem entscheidenden Element der Vereinbarungen zwischen Franzosen und Deutschen über die späteren Aushebungen und Deportationen werden.[230]

Nach dem Erlaß des Juni-Statuts notierte Lambert, Pétain sei mit Helbronner zusammengetroffen und habe ihm erklärt, alle Maßnahmen seien von den Deutschen angeordnet worden. Angeblich erklärte der Marschall bei dieser Gelegenheit: «Das sind entsetzliche Leute!» (*Ce sont des gens épouvantables!*)[231] Nach einigen weiteren Bemerkungen über die neuen Maßnahmen fügte Lambert naiv hinzu: «Man gewinnt den Eindruck, daß selbst die Details des Gesetzes von den deutschen Behörden angeregt oder diktiert worden sind – da das Reich jetzt die Art und Weise, in der Frankreich die Judenfrage lösen wird, als einen Test für die Aufrichtigkeit des Landes in der Politik der Kollaboration betrachtet.»[232] Lambert wagte sich noch nicht einzugestehen, daß die Initiative von den Franzosen ausgegangen war und daß die antijüdischen Verfügungen in der Tat als Beweis – den aber Vichy freiwillig erbracht hatte – für seinen Kollaborationswillen gedacht waren.

Und während im Sommer und Herbst 1941 die Lage der Juden in Frankreich von Monat zu Monat immer heikler wurde, unternahmen die Deutschen in der besetzten Zone weitere Versuche, die französische Bevölkerung davon zu überzeugen, daß der Kampf gegen das Judentum etwas Lebensnotwendiges sei. Am 5. September wurde in Paris eine große antisemitische Ausstellung eröffnet. Offiziell war sie von Paul Sézilles «Institut für das Studium der Judenfragen» organisiert. Somit erweckte sie den Anschein einer französischen Ausstellung, die von einer rein französischen Institution veranstaltet worden war. Am 7. kommentierte Biélinky: «Im Palais Berlitz auf den Boulevards ist soeben eine antisemitische Ausstellung eröffnet worden; dafür wirbt eine lautstarke Anzeigenkampagne in den Zeitungen und an den Mauern. Eine jüdische Freundin, die nicht semitisch aussieht, ist zur Eröffnung gegangen und hörte in der Menge: ‹Wenigstens hier ist man sicher, daß man keine Juden trifft.›»[233] Bis zum 3. Januar 1942 blieb die Ausstellung geöffnet, und sie zog mehr als 300 000 Besucher an (von denen die meisten Eintrittskarten kaufen mußten); unter ihnen waren tatsächlich auch einige Juden. Anscheinend wagten es einige der jüdischen Besucher sogar, offen Kritik zu äußern.[234]

Die Deutschen ließen es jedoch nicht bei Propagandafeldzügen bewenden. Am 20. August 1941 verhaftete die Pariser Polizei auf Anweisung der Deutschen vor allem im XI. Arrondissement weitere 4230 Juden; sie wurden nach Drancy in das neuerrichtete Konzentrationslager nahe der französischen Hauptstadt geschickt. Diese zweite Aushebung geschah wahrscheinlich als Vergeltung für die antideutschen Demonstrationen, die am 13. August von kommunistischen Jugendorganisationen in der Stadt organisiert worden waren; die Polizei hatte unter den Demonstranten angeblich eine beträchtliche Zahl von Juden ausgemacht (die französische Polizei hatte Listen dieser Juden griffbereit, da viele von ihnen schließlich in den Jahren 1939/40 in der französischen Armee gedient hatten). Diesmal wurden auch einige französische Juden, vor allem Kommunisten, verhaftet.[235]

Im Herbst führten weitere Angriffe auf Wehrmachtsangehörige zu Repressalien, die sich aber zunächst vorwiegend gegen Kommunisten (ganz gleich ob Juden oder nicht) richteten. Selbst die Hinrichtung von 50 Geiseln nach der Ermordung des Feldkommandanten von Nantes, Oberstleutnant Karl Holtz, am 20. Oktober 1941 richtete sich nicht speziell gegen Juden.[236] Für Heydrich waren von Stülpnagels antijüdische Repressalien zu milde, und vor diesem Hintergrund verübten französische nazifreundliche Militante am 3. Oktober auf Anstiftung von Helmut Knochen, dem Befehlshaber der Sicherheitspolizei in der besetzten Zone, Bombenanschläge auf drei Pariser Synagogen.[237] Stülpnagel, der bald erfuhr, von wem die Attacken ausgegangen waren, reichte beim OKH eine Beschwerde gegen Heydrich ein, die aber erfolglos blieb. Dem Befehlshaber blieb nichts anderes übrig, als seine eigenen Repressalien gegen die Juden zu verschärfen.

Am 28. November 1941 fand ein neuerlicher Angriff auf deutsche Soldaten statt. Diesmal schlug Stülpnagel dem OKH vor, von nun an sollte die Reaktion in Massenverhaftungen französischer Juden und ihrer Deportation in den Osten bestehen. Am 12. Dezember wurden 743 jüdische Männer, vorwiegend Franzosen, die meist der Mittelschicht angehörten, von der deutschen Polizei festgenommen und nach Compiègne, in ein Lager, das unter direktem deutschem Kommando stand, geschickt. Ihre Deportation war für die darauffolgenden Wochen vorgesehen; sie verzögerte sich bis März 1942, als diese Gruppe mitsamt weiteren jüdischen Gefangenen (alles in allem 1112 Menschen) nach Auschwitz deportiert wurde.[238] Somit war es in Frankreich das Oberkommando des Heeres, das immer drastischere Maßnahmen gegen die Juden einleitete. Während die Hinrichtung französischer Geiseln Skrupel hervorrief, bewältigte die weitgehend nichtnationalsozialistische militärische Elite die Deportation von Juden in den Tod (ein Schicksal, über das die höheren Ränge der Wehrmacht in Paris in zunehmendem Maße Bescheid wußten)[239] ohne weiteres und setzte sie um.

Gleichzeitig mit der Vervielfachung antijüdischer Maßnahmen, mit den Verhaftungen und den frühen Deportationen übte Dannecker Druck auf die jüdischen Organisationen aus, das «Koordinationskomitee» in einen regelrechten Judenrat zu verwandeln. Die Deutschen erwarteten von Vichy, daß es bei der Durchsetzung der neuen Institution die Initiative ergreife.[240] Im Herbst 1941 wurde den jüdischen Führern, Einheimischen wie Ausländern, klar, daß sie das «Diktat» würden akzeptieren müssen. Doch das gemeinsame Schicksal, das allen auferlegt war, heilte nicht den Riß zwischen den beiden Gemeinschaften.[241] Vor diesem Hintergrund interner Streitigkeiten entschloß sich eine Gruppe französischer jüdischer Persönlichkeiten – unter denen dann Lambert eine immer bedeutendere Rolle spielte –, den Beschlüssen Vichys ihre Zustimmung zu geben und sich gegen den Willen des *Consistoire* wie auch gegen den der aktivistischeren Elemente der *Fédération* an wiederholten Konsultationen mit Vallat zu beteiligen.[242] Am 29. November 1941 unterzeichnete Vallat die Verfügung, mit der die *Union Générale des Israélites de France* gegründet wurde. Am 9. Januar 1942 wurden die Vorstände der UGIF-Nord (besetzte Zone) und UGIF-Süd (Vichy-Zone) offiziell ernannt. Faktisch wurde Lambert zur beherrschenden Persönlichkeit der UGIF-Süd.

*

Man hat die Auffassung vertreten, daß antijüdische Maßnahmen in den Ländern und Gebieten, die unter direkter Oberhoheit des deutschen Militärs standen, weniger bereitwillig angewendet wurden als in denjenigen, die unter ziviler Herrschaft der Nazis standen. Im besetzten Frankreich war das zwar nicht der Fall, aber es sieht so aus, als sei in Belgien der Oberbefehlshaber der Wehrmacht, General Alexander von Falkenhausen, gegenüber Maßnahmen, die zu Unruhe in der Bevölkerung hätten führen können, tatsächlich zurückhaltend gewesen. Die üblichen antijüdischen Maßnahmen, die in den Niederlanden und in Frankreich ergriffen wurden, führte man jedoch in Belgien etwa um dieselbe Zeit ein.

So erließ am 28. Oktober 1940 die Militärverwaltung für die 65 bis 75 000 Juden, die damals in Belgien lebten, ein «Statut des Juifs», das ganz ähnlich aussah wie die entsprechenden Verfügungen in Frankreich und den Niederlanden.[243] Registrierung wurde angeordnet, Identitätskarten wurden gekennzeichnet, jüdische Unternehmungen aufgelistet, jüdische Beamte entlassen, Juden aus der Justiz und dem Journalismus vertrieben, genau wie in anderen Ländern des Westens. Im Frühjahr 1941 folgten die Registrierung sämtlichen jüdischen Eigentums und danach dann weitere Absonderungsmaßnahmen, wie sie im benachbarten Holland etwa um die gleiche Zeit eingeführt worden waren. Im Herbst desselben Jahres setzte man einen Judenrat, die *Association des Juifs en Belgique* (AJB) ein; wenige Tage später wurde in Frankreich die UGIF gegründet.[244]

Zwischen der Lage der Juden in Belgien und derjenigen, in der sich die Juden der Niederlande und Frankreichs befanden, bestanden jedoch einige Unterschiede. Während zwei Drittel der holländischen Juden und die Hälfte der Juden in Frankreich im Jahre 1940 alteingesessen oder eingebürgert waren, besaßen von den Juden Belgiens nur sechs Prozent die belgische Staatsbürgerschaft. Zwar hatten in den drei westlichen Ländern kleine nazifreundliche Bewegungen jüdisches Eigentum beschädigt und einzelne Juden attackiert, nachdem die deutsche Präsenz ihnen freie Bahn geschaffen hatte, aber nur in Belgien fanden am 14. und 17. April 1941 pogromähnliche Unruhen größeren Ausmaßes statt. In Antwerpen steckten am Ostermontag nach dem Besuch einer Aufführung des Films *Jud Süß* mehrere Hundert Militante des Flämischen Nationalverbandes (*Vlaamsch Nationaal Verbond* [VNV]) Synagogen und das Haus des Oberrabbiners in Brand. Und als das Jahr 1941 zu Ende ging, äußerten sich weder die Würdenträger der belgischen Kirche noch die Widerstandsbewegungen entschieden gegen die antijüdischen Maßnahmen der Deutschen oder gegen die Gewalttaten der belgischen (meist flämischen) Rechtsextremen. Eine liberale Untergrundpublikation protestierte allerdings gegen die Unruhen und erklärte abschließend: «Liebe Leser – denken Sie nicht, daß wir Belgier Judenfreunde sind. Nein, weit gefehlt. Aber auch ein Jude ist ein Mensch.»[245]

*

Nach dem Ende des Massakers von Babi Jar kehrten einige ältere Juden (Zeugen berichten, es seien neun gewesen) nach Kiew zurück und setzten sich an die Alte Synagoge. Niemand wagte es, sich ihnen zu nähern oder ihnen Essen oder Wasser hinzustellen, da dies die sofortige Hinrichtung bedeuten konnte.

Einer nach dem anderen starben die Juden, bis nur noch zwei übrig waren. Ein Passant ging zu dem deutschen Wachtposten, der an der Straßenecke stand, und schlug ihm vor, die beiden alten Juden zu erschießen, anstatt sie ebenfalls verhungern zu lassen. «Der Posten dachte einen Augenblick nach, und dann tat er es.»[246]

5.
September 1941 – Dezember 1941

Am 12. November 1941 befahl Himmler dem HSSPF Ostland, Friedrich Jeckeln, die etwa 30 000 Juden des Rigaer Ghettos zu ermorden. Am Vorabend der Aktion, am 29. November, wurden die arbeitsfähigen Juden von der Masse der Ghettobevölkerung getrennt.[1] Am 30. November begann in den frühen Morgenstunden der Treck aus dem Ghetto in den nahegelegenen Rumbula-Wald. Etwa 1700 Wachen standen bereit, darunter ungefähr 1000 Mann lettische Hilfstruppen. In der Zwischenzeit hatten mehrere hundert sowjetische Gefangene auf dem sandigen Gelände von Rumbula sechs riesige Gruben ausgehoben.[2]

Die Juden, die der Verschleppung zu entfliehen versuchten, wurden auf der Stelle getötet – in Häusern, auf Treppen, auf der Straße. Während die Ghettobewohner, eine Gruppe nach der anderen, den Wald erreichten, wurden sie von einem sich immer enger schließenden Kordon von Wachen zu den Gruben getrieben. Kurz bevor die Juden zu der Hinrichtungsstätte kamen, zwang man sie, sich ihrer Koffer und Taschen zu entledigen, ihre Mäntel abzulegen und schließlich ihre Kleidung auszuziehen. Dann stiegen die nackten Opfer über eine Erdrampe in die Grube hinunter, legten sich mit dem Gesicht nach unten auf den Boden oder auf die Leiber der Sterbenden und der Toten und wurden aus einer Entfernung von etwa zwei Metern mit einer einzigen Kugel in den Hinterkopf erschossen.

Jeckeln stand am Rand der Gruben, umgeben von einer Schar von Zuschauern, Angehörigen des SD und der Polizei wie auch Zivilisten. Reichskommissar Lohse kam kurz vorbei, und einige Polizeikommandeure wurden sogar von der Leningrader Front herangeholt.[3] Zwölf Scharfschützen, die in Schichten arbeiteten, erschossen den ganzen Tag lang die Juden. Irgendwann zwischen 17 und 19 Uhr hörte das Töten auf; etwa 15 000 Juden waren ermordet worden.[4]

Eine Woche später, am 7. und 8. Dezember, brachten die Deutschen fast die gesamte verbliebene Hälfte der Ghettobevölkerung um. Im Bericht Nr. 155 des RSHA vom 14. Januar 1942 ist das Gesamtergebnis zusammengefaßt: «Die Zahl der in Riga verbliebenen Juden – 29 500 – wurde durch eine vom Höheren SS- und Polizeiführer Ostland durchgeführte Aktion auf 2500 verringert.»[5]

Den Historiker Simon Dubnow, der krank lag, hatte man während des ersten Massakers übersehen. Beim zweiten Mal wurde er gefangen. Die kranken und gebrechlichen Ghettobewohner brachte man in Bussen zur Hinrichtungsstelle; da Dubnow nicht schnell genug in den Bus einsteigen konnte, schoß ihn einer der lettischen Bewacher in den Hinterkopf. Am darauffolgenden Tag wurde er in einem Massengrab im Ghetto begraben. Einem Gerücht zufolge, das zur Legende wurde, sagte Dubnow auf dem Weg zum Bus immer wieder: «Leute, vergeßt nicht; sprecht hiervon, Leute; zeichnet es alles auf.»[6] Einige Monate später, am 26. Juni 1942, teilte SS-Obersturmführer Heinz Ballensiefen, der Leiter des Judenreferats von Amt VII (Forschung) des RSHA, seinen Kollegen mit, seine Männer hätten in Riga «etwa 45 Kisten, enthaltend Archiv und Bibliothek des jüdischen Historikers Dubnow ... sichergestellt».[7]

Himmler machte sich weiterhin Sorgen über die schwere Belastung, der seine Männer durch diese Massentötungen ausgesetzt waren. Am 12. Dezember 1941 erteilte er erneut geheime Anweisungen zu diesem Thema: «Heilige Pflicht der höheren Führer und Kommandeure ist es, persönlich dafür zu sorgen, daß keiner unserer Männer, die diese schwere Pflicht zu erfüllen haben, jemals verroht. ... Diese Aufgabe wird erfüllt durch schärfste Disziplin bei den dienstlichen Obliegenheiten, durch kameradschaftliches Beisammensein am Abend eines Tages, der eine solche schwere Aufgabe mit sich gebracht hat. Das kameradschaftliche Beisammensein darf aber niemals mit Alkoholmißbrauch enden. Es soll ein Abend sein, an dem, den Möglichkeiten entsprechend, in bester deutscher häuslicher Form zu Tisch gesessen und gegessen wird und an dem Musik, Vorträge und das Hineinführen unserer Männer in die schönen Gebiete deutschen Geistes- und Gemütslebens die Stunden auszufüllen haben.»[8]

Am Tage des ersten Massakers an den Rigaer Juden war in den frühen Morgenstunden ein Transport mit 1000 Juden aus Berlin auf dem Bahnhof der Stadt eingetroffen. Jeckeln hielt es nicht für angemessen, diese Neuankömmlinge in ein Ghetto zu schicken, das sich in vollem Aufruhr befand und von dem aus jede Minute der Treck nach Rumbula beginnen würde. Die Lösung lag nahe: Die Berliner Juden wurden geradewegs vom Bahnhof in den Wald transportiert und auf der Stelle ermordet.

Die Deportierten, die man aus dem Reich nach Riga gebracht hatte, waren nur eine von mehreren Gruppen, welche seit dem 15. Oktober nach einer Entscheidung, die Hitler plötzlich getroffen hatte, aus Städten in Deutschland und dem Protektorat in Ghettos auf dem Gebiet des ehemaligen Polen oder im Ostland geschickt wurden. Noch einen Monat zuvor hatte Hitler Goebbels gegenüber erklärt, daß die Deportation der Juden Deutschlands (und damit sämtlicher europäischer Juden) nach dem Sieg in Rußland stattfinden und als Ziel den hohen Norden Rußlands haben würde. Was konnte die plötzliche Initiative des «Führers» ausgelöst haben?

I

Das genaue Datum, an dem Hitler den Entschluß faßte, die Juden aus Deutschland deportieren zu lassen, läßt sich nicht feststellen. Manche Historiker haben die Auffassung vertreten, Hitler sei am 17. September zu seinem Entschluß gelangt. Am darauffolgenden Tag faßte Himmler in einem Brief an Greiser mit Durchschriften an Heydrich und an Wilhelm Koppe, den HSSPF im Warthegau, den «Führerwunsch» zusammen: «Der Führer wünscht, daß möglichst bald das Altreich und das Protektorat vom Westen nach dem Osten von Juden geleert und befreit werden. Ich bin daher bestrebt, möglichst noch in diesem Jahr die Juden des Altreichs und des Protektorats zunächst einmal als erste Stufe in die vor zwei Jahren neu zum Reich gekommenen Ostgebiete zu transportieren, um sie im nächsten Frühjahr noch weiter nach dem Osten abzuschieben. Ich beabsichtige, in das Litzmannstätter Ghetto, das, wie ich hörte, an Raum aufnahmefähig ist, rund 60 000 Juden des Altreichs und des Protektorats für den Winter zu verbringen. Ich bitte Sie, diese Maßnahme, die sicherlich für Ihren Gau Schwierigkeiten und Lasten mit sich bringt, nicht nur zu verstehen, sondern im Interesse des Gesamtreiches mit allen Kräften zu unterstützen. SS-Gruppenführer Heydrich, der diese Judenwanderung vorzunehmen hat, wird sich rechtzeitig unmittelbar oder über SS-Gruppenführer Koppe an Sie wenden.»[9]

Himmlers Brief an Greiser beweist, daß Hitlers Entschluß plötzlich gefaßt wurde und daß für seine Durchführung nichts vorbereitet war. Die Deportation von 60 000 Juden in das überfüllte Ghetto von Łódź war offensichtlich unmöglich. Das Versprechen, daß diese Juden im Frühjahr weiter nach Osten geschickt werden würden, war ganz offensichtlich eine improvisierte Festlegung ohne praktische Bedeutung, die nur dazu dienen sollte, allen Protesten von seiten Greisers oder der Behörden in Łódź zuvorzukommen. Somit wird der unmittelbare Kontext der Entscheidung Hitlers noch verwirrender.

Der Beginn der Evakuierung im Westen verweist auf eines seiner möglichen Motive: ständige Gesuche um Wohnraum, die die Gauleiter von West- und Nordwestdeutschland infolge der durch britische Bombenangriffe verursachten Schäden an ihn richteten. Direkt an Hitler gerichtet war ein besonders dringendes Ersuchen des Hamburger Gauleiters Karl Kaufmann vom 16. September, nachdem die Stadt am Vortag einen schweren britischen Luftangriff erlebt hatte.[10] Zu derartigen Forderungen kam noch hinzu, daß Goebbels ständig darauf beharrte, man müsse «Berlin von seinen Juden säubern».

Hitlers Entscheidung ist vorwiegend auf Informationen zurückgeführt worden, denen zufolge Stalin befohlen hatte, die gesamte Bevölkerung der Wolgadeutschen nach Sibirien zu deportieren.[11] Rosenbergs Adjutant Otto Bräutigam, der diese Nachricht am 14. September in Hitlers Hauptquartier brachte, erhielt die Auskunft, der «Führer» messe diesem Vorgang größte Bedeutung bei.[12] Nach Beratungen mit Ribbentrop am 16. September faßte Hitler – gemäß dieser Interpretation – am 17. seinen Entschluß. Wir wissen aber, daß Goebbels den Befehl Stalins schon sechs Tage früher in seinem Tagebuch erwähnt hatte und daß der Propagandachef am darauffolgenden Tage das weltweite Echo registrierte, das die Deportation ausgelöst hatte.[13] Demnach konnte Hitler kaum am 14. September von Informationen beeindruckt gewesen sein, die er zweifellos schon fast eine Woche zuvor erhalten und auf die er bis dahin nicht reagiert hatte. Überdies wußte er mit Sicherheit, daß die Deportation der Juden Deutschlands als Rache für die Wolgadeutschen einen Mann vom Schlage Stalins kaum beeindrucken würde. Aber die Wolgadeutschen könnten ein bequemer Vorwand für eine Entscheidung gewesen sein, die er schon früher aus einem ganz anderen Grund gefaßt hatte: wegen der stetigen Bemühungen Roosevelts, die Vereinigten Staaten in den Krieg hineinzuziehen.

Hitler verfügte über reichliche Informationen hinsichtlich der direkten Unterstützung, die Roosevelt Großbritannien zukommen ließ; das Treffen zwischen Churchill und Roosevelt im August unterstrich die Grundlagen einer Beziehung, die faktisch zu einem Bündnis geworden war. Und mit nicht geringerer Sorge verfolgte Berlin die Entschlossenheit Roosevelts, Stalins Bereitschaft und Fähigkeit zur Fortsetzung des Kampfes sicherzustellen. Die Deutschen wußten von der Entsendung des Roosevelt-Beraters Harry Hopkins nach Moskau und von der Entscheidung Roosevelts, Flugzeuge und Panzer direkt aus amerikanischen Werkshallen an die sowjetischen Truppen zu schicken, noch bevor die unmittelbaren Bedürfnisse der US-Armee befriedigt waren.[14] All das paßte fraglos zu Hitlers Glauben, die bedrohliche Kraft hinter Roosevelt seien die Juden. Wie sonst hätte man die Bereitschaft des Führers des Weltkapitalismus erklären können, der bedrohten Festung des Bolschewismus Hilfe und Unterstützung zukommen zu lassen?

Im Januar 1939 hatte Hitler den jüdischen «Kriegstreibern» in Paris und London sowie vor allem in Washington mit seiner berüchtigten «Prophezeiung» gedroht, um die Demokratien von einer Einmischung in die sich anbahnende Polenkrise abzuhalten. Im Januar 1941 griff er seine «Prophezeiung» (wenngleich mit etwas anderen Worten) erneut auf, womit er möglicherweise auf die Wiederwahl Roosevelts und vor allem auf dessen Kamingespräch über die USA als «das große Arsenal der Demokratie» reagierte. Da Reden und Drohungen den amerikanischen Präsidenten anscheinend nicht von seinem Kurs abbrachten, dachte der Diktator vielleicht, daß gezielte und bedrohliche Schritte gegen die Juden Deutschlands (zumal es ja in Berlin viele amerikanische Korrespondenten gab) auf Roosevelts «jüdische Entourage» eine gewisse Wirkung ausüben würden. Die deutschen Juden wurden ganz offenkundig zu Geiseln, denen ein schreckliches Schicksal bevorstand, falls sich die Vereinigten Staaten noch weiter in Richtung Krieg bewegten.

Im Juli 1940 hatte Franz Rademacher vom Außenministerium mit Blick auf den Madagaskar-Plan denselben Gedanken geäußert: «Außerdem bleiben die Juden [in Madagaskar] als Faustpfand in deutscher Hand für ein zukünftiges Wohlverhalten ihrer Rassegenossen in Amerika.»[15] Im März 1941 verknüpfte das Außenministerium erneut Maßnahmen gegen Juden in Deutschland mit amerikanischer Politik; es verlangte, eine damals in Vorbereitung befindliche neue Verordnung über den Verlust der Staatsbürgerschaft und die Enteignung von Juden, die das Reich verließen, solle am 26. März, an dem Tag, an dem das Leih-Pacht-Gesetz in Kraft treten sollte, verkündet werden.[16]

Das Bedürfnis, auf Roosevelt Druck auszuüben, mag Hitler in den ersten Septembertagen des Jahres 1941 immer dringlicher erschienen sein. Am 4. September versuchte ein deutsches U-Boot, das vom US-Zerstörer «Greer» gefährlich beschattet und von britischen Flugzeugen angegriffen wurde, das amerikanische Schiff zu torpedieren. Sowohl die «Greer» als auch die U-652 entkamen unbeschädigt, aber eine Woche später, am 11. September, lieferte Roosevelt eine verzerrte Darstellung des Vorfalls und erließ den *Shoot-on-sight*-Befehl – ein großer amerikanischer Schritt auf dem Weg zum Krieg mit Deutschland.[17] «Es ist Zeit für eine aktive Verteidigung», erklärte der Präsident in einer Radioansprache, und zwei Tage später erhielten die amerikanischen Seestreitkräfte den Befehl, «ohne Vorwarnung» auf alle Schiffe der Achsenmächte zu schießen, welche sie innerhalb der amerikanischen «Neutralitätszone» antrafen (die die Vereinigten Staaten einseitig definiert hatten und die sich bis zur Mitte des Atlantik erstreckte).[18]

Man kann davon ausgehen, daß in Hitlers Vorstellung die Gegendrohung in beide Richtungen wirken konnte: Entweder würde das Schicksal, das den Juden Deutschlands drohte, Roosevelt schließlich (infolge jüdischen Drucks) zum Einlenken zwingen, oder – wenn Roosevelt und die Juden auf einen Krieg mit dem Reich versessen waren – der gefährlichste innere Feind wäre bereits von deutschem Boden vertrieben.

Hitlers Entscheidung aber wurde möglicherweise bereits in den ersten Septembertagen gefällt. Am 2. September war Himmler bei ihm zum Essen zu Gast. Andere Probleme standen auf der Tagesordnung, aber noch am gleichen Tag kam der Reichsführer mit seinem Bevollmächtigten im Generalgouvernement, Friedrich Wilhelm Krüger, zusammen und erörterte mit ihm die Deportation von Juden aus dem Reich («Judenfrage – Aussiedlung aus dem Reich»). Zwei Tage später, als der «Greer»-Zwischenfall ins Blickfeld rückte, traf sich der Reichsführer erneut mit Hitler und führte am späteren Abend ein Gespräch mit Koppe, seinem Mann im Warthegau.[19] Die wesentlichen praktischen Hindernisse waren Franks kompromißloser Widerstand gegen weitere Transporte von Polen und Juden ins Generalgouvernement und die Überfüllung des Ghettos von Łódź.[20]

Noch etwa drei Wochen, während sich der Angriff auf Moskau entfaltete, zögerte Hitler, wahrscheinlich um die zusätzlichen Schwierigkeiten abzuschätzen, die sich durch die Deportationszüge für die ohnehin schon überlasteten Nachschubrouten aus dem Reich nach Osten ergeben konnten. Anfang Oktober, nach den deutschen Siegen bei Wjasma und Brjansk, fiel der Entschluß endgültig: Die Deportationen konnten beginnen.[21] Als der Regierungspräsident von Kalisz, Friedrich Uebelhoer, angeregt durch den Bürgermeister von Łódź, Werner Ventzki, bei Himmler gegen den bevorstehenden Zustrom von Juden zu protestieren wagte und sogar Eichmann vorwarf, er habe falsche Informationen über die Lage im Ghetto geliefert, schickte ihm Himmler eine scharfe Zurechtweisung.[22]

Am 15. Oktober verließ der erste Transport Wien in Richtung Łódź; ihm folgten am 16. Transporte aus Prag und Luxemburg sowie am 18. ein Transport aus Berlin. Am 5. November war die erste Phase, die 20 Transporte mit 19 593 Juden umfaßte, abgeschlossen.[23] Währenddessen, am 23. Oktober, überprüften Eichmann und seine Männer die Berichte über die ersten Deportationen und ergänzten die bisher festgelegten Vorgehensweisen um einige administrative Schritte und praktische Maßnahmen.[24] Dann, am 8. November, begann die zweite Phase, die bis Mitte Januar 1942 dauerte. Diesmal hatten 22 Transporte mit insgesamt etwa 22 000 Juden Ziele, die weiter im Osten lagen: Sie gingen in das Ostland, nach Riga, Kowno und Minsk (auf Vorschlag Heydrichs, wie wir noch sehen werden).[25] Fünf der für Riga bestimmten Transporte wurden nach Kowno umgeleitet; keiner dieser 5000 Deportierten setzte je einen Fuß ins Ghetto: Gleich nach ihrer Ankunft brachte man sie nach Fort IX, wo sie am 25. und am 29. November in zwei Schüben erschossen wurden.[26] Einen Monat zuvor, am 28. Oktober, waren etwa 10 000 Bewohner des Ghettos von Kowno ermordet worden. In Minsk wurden am 7. November 13 000 ortsansässige Juden umgebracht, und eine weitere Gruppe von 7 000 Menschen folgte am 20. November. Offensichtlich waren die Massenabschlachtungen vom Oktober und November dazu bestimmt, für die Neuankömmlinge aus dem Reich Platz zu schaffen. Und wie wir sahen, wurden manchmal einige der Neuankömmlinge gleich nach dem Eintreffen an ihrem Bestimmungsort getötet.

Bald erhielt der Reichsführer eine wachsende Zahl von Beschwerden, weil Mischlinge und im Krieg ausgezeichnete Veteranen mit in die Transporte einbezogen worden waren. Und während sich die Informationen über die Massaker von Kowno verbreiteten, ordnete Himmler am Sonntag, dem 30. November, überstürzt an, es solle «keine Liquidierung» der aus Berlin nach Riga deportierten Juden stattfinden.[27] Der Befehl traf in Riga zu spät ein, und ein erboster SS-Chef drohte Jeckeln mit «Bestrafung» wegen eigenmächtigen Handelns.[28] Während der darauffolgenden Monate hörten die Massenhinrichtungen von Juden, die aus Deutschland deportiert worden waren, auf. Das war nur eine kurze Atempause.

II

Das «Unternehmen Taifun», die Wehrmachtsoffensive gegen Moskau, wurde am 2. Oktober in Gang gesetzt; es war Deutschlands letzte Chance, vor Einbruch des Winters den Krieg im Osten zu gewinnen. Einige Tage lang schien der Sieg wieder zum Greifen nahe zu sein. Wie im Juli teilten sowohl das OKW als auch Fedor von Bock, der Befehlshaber der Armeegruppe Mitte, der Hauptstreitmacht, die gegen die sowjetische Hauptstadt vorrückte, Hitlers euphorische Gemütsverfassung. Am 4. Oktober, als der «Führer» nach Berlin zurückkehrte, um dort im Sportpalast eine große Rede zu halten, notierte Goebbels: «Er ist von bestem Aussehen, befindet sich in einer übersprudelnd optimistischen Laune. Er strahlt förmlich Optimismus aus. ... Der Führer ist der Überzeugung, daß, wenn das Wetter halbwegs günstig bleibt, die sowjetische Wehrmacht in vierzehn Tagen im wesentlichen zertrümmert sein wird.» Und am 7. Oktober: «An der Front steht es gut. Der Führer ist weiterhin außerordentlich optimistisch.»[29]

Hitlers Stimmung in diesen Tagen war in der Tat so überschwenglich, seine Erklärungen über den Zusammenbruch der Roten Armee und der Sowjetunion so kategorisch, daß am 13. Oktober sein Pressechef Dietrich den Journalisten mitteilen konnte: «Die militärische Entscheidung dieses Krieges ist gefallen. Was nun noch zu tun bleibt, trägt vorwiegend politischen Charakter nach Innen und nach Außen. An irgendeinem Punkte werden die deutschen Heere im Osten stehenbleiben, und es wird dann eine von uns gezogene Grenze errichtet, die das große Europa und den unter deutscher Leitung stehenden europäischen Interessenblock abschirmt gegen Osten.»[30] Dietrich wiederholte in Wirklichkeit nur die Einschätzung seines «Führers» und, wie es aussieht, die der Wehrmacht selbst.

In ganz Europa verfolgten Juden die militärischen Nachrichten wie ein ängstlicher Chor, zuerst in Verzweiflung, etwas später voller Hoffnung, dann, am Jahresende, mit Begeisterung. «Hitler soll eine Rede gehalten haben, in der er sagte, er habe eine gigantische Offensive im Osten eingeleitet», notierte Sierakowiak am 3. Oktober. «Ich bin gespannt, wie sie sich entwickelt. Nun ja, es scheint, auch diese wird, wie alle bisher, siegreich sein.»[31] Und am 10. Oktober: «Die Deutschen sollen mit einer Drei-Millionen-Armee die Front durchbrochen haben und gegen Moskau vorrücken. Hitler hat höchstpersönlich die Führung an der Front übernommen. Also wieder eine erfolgreiche Offensive. ... Die Deutschen sind tatsächlich unschlagbar. ... Wir verfaulen in diesem Ghetto wie nichts.»[32] Einige Tage später wurde Kaplan zur Stimme der Verzweiflung: «Die Nazis rücken an der Ostfront weiter vor», schrieb er am 18. Oktober, «und stehen vor den Toren Moskaus. Die Stadt kämpft immer noch verzweifelt, aber ihr Schicksal ist besiegelt – sie wird mit Sicherheit von den Nazis eingenommen werden. ... Und wenn Moskau fällt, dann stehen alle Hauptstädte Europas unter Naziherrschaft. ... Ein Sieg der Nazis bedeutet für alle Juden Europas die völlige Vernichtung, moralisch und materiell. Nach den jüngsten Nachrichten sind selbst die Hoffnungsvollsten unter uns niedergeschlagen. Es sieht so aus, als werde dieser Krieg Jahre dauern.»[33] Klemperer erwähnte am 25. Oktober lediglich lakonisch: «In Rußland noch immer deutscher Vormarsch, trotzdem der Winter begonnen habe.»[34]

Andere Tagebuchschreiber waren etwas weniger pessimistisch. So notierte Willy Cohn, der ehemalige Studienrat aus Breslau, am 11. Oktober, man habe «doch den Eindruck, als ob die Sondermeldungen vom Tage vorher große Vorschußlorbeeren gewesen wären», und er fügte hinzu: «Immer noch gehört den anderen die Welt!» Am 20. Oktober erwähnte Cohn die Aufhebung des amerikanischen Neutralitätsgesetzes durch den Kongreß, und er zog daraus den Schluß: «Das bedeutet, daß die amerikanischen Handelsschiffe jetzt ohne weiteres nach England fahren können und bedeutet wohl über kurz oder lang den Eintritt von USA in den Krieg.»[35] Und Sebastian registrierte in den deutschen Kommuniqués leise Nuancen; nachdem er die Nachricht vom Sieg im Osten vermerkt hatte, wie deutsche und rumänische Zeitungen sie am 10. Oktober hinausposaunten, notierte er am Tag darauf: «Eine gewisse, gerade noch wahrnehmbare Mäßigung im Ton in den Zeitungen von heute. ‹Der Augenblick des Zusammenbruchs naht›, lautete die Schlagzeile im Universal. Gestern war der Zusammenbruch noch eine vollendete Tatsache. Tatsache ist eher, daß die Kämpfe weitergehen.»[36] Bei Juden weiter im Westen waren die Meinungen möglicherweise stärker geteilt: «Die Ereignisse in Rußland teilen die Juden in zwei Gruppen», schrieb Biélinky am 14. Oktober. «Es gibt diejenigen, die Rußland für bereits besiegt halten und die auf eine großzügige Geste von seiten des Siegers hoffen. Die anderen bewahren sich einen starken Glauben an den russischen Widerstand.»[37]

Seltsamerweise setzte sich die Fehleinschätzung der militärischen Lage auf deutscher Seite, besonders im Hauptquartier der Wehrmacht, bis Anfang November fort. Halder, der kühle Planer, faßte ein Vorrücken 200 Kilometer östlich von Moskau, die Eroberung Stalingrads und die Einnahme der Ölfelder von Maikop ins Auge; darunter ging es nicht. Tatsächlich war es Hitler, der die Phantasien seiner Generäle wieder auf den Boden und auf das bescheidenere Ziel der Einnahme Moskaus zurückholte.[38] Am 1. November befahl er die Wiederaufnahme der Offensive gegen die sowjetische Hauptstadt.[39] Bis dahin brachten jedoch sich verhärtender sowjetischer Widerstand, Mangel an Winterausrüstung, Frosttemperaturen und schiere Erschöpfung der Soldaten die Wehrmacht zum Stillstand. Ende November hatte die Rote Armee Rostow am Don wieder eingenommen, das die Deutschen einige Tage zuvor besetzt hatten; das war der erste größere militärische Erfolg der Sowjets seit Beginn des Feldzugs. Anfang Dezember war die deutsche Offensive definitiv zum Stillstand gekommen. Am 4. Dezember führten frische sowjetische Divisionen, die aus dem Fernen Osten herangeführt worden waren, vor Moskau einen Gegenangriff: Der erste deutsche Rückzug dieses Krieges begann.

In Goebbels' Tagebuch spiegelte sich wachsender Pessimismus: «Ein ausführlicher Bericht des OKW über die Verkehrs- und Verpflegungslage im Osten zeigt doch außerordentlich große Schwierigkeiten auf», schrieb er am 16. November. «Die Wetterlage zwingt uns zu immer neuen Maßnahmen, die nicht von vornherein einberechnet waren, und da das Wetter so außerordentlich labil ist, müssen die Maßnahmen manchmal von Tag zu Tag geändert werden. Auch hier kämpfen unsere Truppen mit Schwierigkeiten, die beispiellos sind.»[40]

Während die Wehrmacht an der Ostfront vor einer gefahrvollen Situation stand, unternahmen die Vereinigten Staaten weitere Schritte in Richtung Krieg. Am 17. Oktober griff ein deutsches U-Boot den US-Zerstörer «Kearney» an und tötete elf Seeleute; wenige Tage später wurde ein amerikanisches Handelsschiff, die «Lehigh», vor der afrikanischen Küste torpediert; am 31. Oktober schließlich wurde der Zerstörer «Reuben James» versenkt, und über 100 amerikanische Seeleute kamen ums Leben. Mitten in diesem unerklärten Seekrieg (in dem die deutschen Unterseeboote die Nationalität der Schiffe anscheinend nicht rechtzeitig identifizierten),[41] verkündete der amerikanische Präsident am 27. Oktober, er sei im Besitz von Dokumenten, aus denen Hitlers Absicht hervorgehe, alle Religionen abzuschaffen, und von Karten, die auf deutsche Pläne deuteten, Lateinamerika in fünf von den Nazis kontrollierte Staaten aufzuteilen.[42] Roosevelts Behauptungen waren falsch, aber seine Absichten waren deutlich. Der Kongreß – und die öffentliche Meinung – blieben nicht gleichgültig: Am 13. November wurde das Neutralitätsgesetz, das die Lieferung amerikanischer Hilfe an Großbritannien und die Sowjetunion erheblich behinderte, aufgehoben. Am 16. November kommentierte Goebbels: «Das politische Bild wird im wesentlichen durch die Vorgänge in den Vereinigten Staaten bestimmt. Die amerikanische Presse macht nun gar keinen Hehl mehr daraus, welche Ziele Roosevelt eigentlich verfolgt. Er will spätestens Anfang des kommenden Jahres praktisch in den Krieg eintreten.»[43]

Für Berlin waren die Schritte Roosevelts natürlich das Ergebnis einer jüdischen Verschwörung. «Roosevelts Rede [vom 27. Oktober] hat großen Eindruck gemacht», schrieb der italienische Außenminister Ciano am 29. in sein Tagebuch. «Die Deutschen sind fest entschlossen, nichts dazu zu tun, was den Kriegseintritt der Amerikaner bestimmen oder beschleunigen könnte. Während eines großen Frühstücks hat Ribbentrop Roosevelt angegriffen: ‹Ich habe den Zeitungen den Befehl gegeben, immer nur vom ‹Juden Roosevelt› zu sprechen. Ich prophezeie euch, daß dieser Mensch von seinen eigenen Landsleuten auf dem Kapitol gesteinigt werden wird.› Ich glaube, daß Roosevelt im Alter eines natürlichen Todes sterben wird, denn die Erfahrung hat mich gelehrt, den Prophezeiungen Ribbentrops nicht allzu großen Glauben zu schenken.»[44]

*

Die besten Chancen für eine Vermeidung des amerikanischen Kriegseintritts bot abgesehen von dem Druck, den Hitler durch die Deportationen der Juden Deutschlands möglicherweise auf die «jüdische Clique» um Roosevelt auszuüben hoffte, ein Erfolg der isolationistischen Kampagne. Die Agitation gegen den Krieg führten in diesem Stadium das *America First Committee* und sein Starredner Charles A. Lindbergh, der weltberühmte Atlantikflieger und Vater eines entführten und ermordeten Sohnes.

Am 11. September, nach Roosevelts Rede, in der er von «aktiver Verteidigung» gesprochen hatte, hielt Lindbergh vor etwa 8000 Bürgern von Iowa, die sich im Stadion von Des Moines drängten, seine bislang aggressivste Ansprache mit dem Titel «Wer sind die Kriegstreiber?» Lindbergh klagte die Regierung, die Briten und die Juden an.[45] Hinsichtlich der Juden begann er damit, Mitleid und Verständnis für ihre

Notlage und für die Gründe zu äußern, die sie für ihren Wunsch hatten, das Regime in Deutschland zu stürzen. «Aber andererseits kann auch kein Mensch mit Anstand und Weitblick», fuhr er fort, «ihre kriegstreiberische Politik hier und heute sehen, ohne die Gefahren zu erkennen, die in einer solchen Politik enthalten sind – für uns und für sie.»

Lindberghs zweiter Punkt schwächte die Wirkung des ersten in keiner Weise ab: «Statt für Krieg zu werben, sollten ihm die jüdischen Interessengruppen in diesem Land in jeder Form entgegentreten, denn sie wären die ersten, die seine Folgen zu spüren bekämen. Toleranz ist eine Tugend, die auf Frieden und Stärke angewiesen ist.» Nach der Feststellung, einige Juden verstünden die Bedrohung, die ein Krieg für sie bedeuten könnte, fuhr Lindbergh fort: «Aber die Mehrheit tut es nicht. Die größte Gefahr für dieses Land liegt in ihrem großen Besitz und ihrem Einfluß auf Film, Presse, Rundfunk und Regierung.» Ohne es vielleicht zu spüren, war Lindbergh an diesem Punkt auf das Niveau eines berüchtigten antisemitischen Demagogen, des amerikanischen Radiopredigers Pater Coughlin, oder auch auf die Ebene der Goebbelsschen Argumentationen herabgesunken.

Der dritte und letzte Teil der Rede, der sich auf die Juden bezog, war der provozierendste: «Ich greife weder das jüdische noch das britische Volk an», erklärte er. «Beide Völker bewundere ich. Aber ich meine, daß uns die Führer des britischen und jüdischen Volkes aus Gründen, die aus ihrer Sicht so verständlich sind wie aus der unseren unratsam, aus Gründen, die unamerikanisch sind, in den Krieg verwickeln wollen. Wir können sie nicht tadeln dafür, daß sie etwas haben wollen, von dem sie glauben, daß es ihrem Wohl dient, aber wir müssen uns auch um das unsere kümmern. Wir dürfen nicht zulassen, daß die natürlichen Leidenschaften und Vorurteile anderer Völker unser Land in den Untergang führen.»[46]

«Lindbergh», so kommentiert sein Biograph, «hatte sich mächtig bemüht, freundlich zu den Juden zu sein; aber mit seiner Andeutung, die amerikanischen Juden seien ein ‹anderes› Volk und ihre Interessen seien ‹unamerikanisch›, implizierte er einen Ausschluß und untergrub damit das Fundament der Vereinigten Staaten.»[47] Die weitverbreitete Empörung, die seine Rede hervorrief, bereitete nicht nur Lindberghs politischer Tätigkeit faktisch ein Ende, sie bewies auch, daß, obgleich es in Teilen der amerikanischen Gesellschaft starke antisemitische Leidenschaften gab, die große Mehrheit ein Gerede von Ausschließung nicht zulassen wollte, auch wenn man es «vernünftig» formulierte. Goebbels entgingen weder die Rede noch die Reaktionen.

«Im Laufe des Tages», schrieb der Minister am 14. September, «kommt auch die Rede, die Oberst Lindbergh gehalten hat, im Original an. Er hat eine scharfe Attacke gegen die Juden geritten und damit allerdings in ein Wespennest hineingefaßt. Die New Yorker Presse heult auf wie von der Tarantel gestochen. Man muß Lindbergh nur bewundern, daß er, ganz auf sich allein gestellt, es wagt, dieser Vereinigung von Geschäftemachern, Juden, Plutokraten und Kapitalisten entgegenzutreten.»[48]

Am 7. Dezember griffen die Japaner Pearl Harbor an. Am 11. Dezember kam Hitler dem Unausweichlichen zuvor und erklärte den Vereinigten Staaten den Krieg.

III

Hitlers rhetorische Zurückhaltung beim Thema Juden fand im Herbst 1941 nach längerer Zeit ein abruptes Ende. Die Beherrschtheit der vorangegangenen Monate wich einer Explosion der übelsten antijüdischen Beschimpfungen und Drohungen. Diese scharfe Kehrtwende folgte unmittelbar auf die Entscheidung, die Juden Deutschlands zu deportieren; sie wurde durch einen «Tagesbefehl» eingeleitet, bei dem es sich um den bizarrsten der modernen Zeit gehandelt haben muß.

Am Vorabend des «Unternehmens Taifun», am 2. Oktober, wandte sich Hitler an die Millionen von Soldaten, die bereitstanden, um die «letzte große Entscheidungsschlacht dieses Jahres» zu schlagen und den «letzten gewaltigen Hieb, der noch vor Einbruch des Winters diesen Gegner zerschmettern soll», zu führen. Hitler ließ keinen Zweifel an der wahren Identität des «zum großen Teil nur aus Bestien» bestehenden Feindes, der beabsichtigt hatte, «nicht nur Deutschland, sondern ganz Europa zu vernichten». Diejenigen, die das System aufrechterhielten, in dem der Bolschewismus nur das andere Gesicht des allergemeinsten Kapitalismus war, so verkündete er, waren in beiden Fällen die gleichen: «Juden und nur Juden!»[49] Am nächsten Tag, in seiner Sportpalastrede anläßlich der Eröffnung der Winterhilfskampagne, bezeichnete Hitler die Juden als «den Weltfeind».[50] Von da an ergossen sich seine Beschimpfungen gegen die Juden wie ein Sturzbach.

Am 13. Oktober, im Hauptquartier, schrieb der «Führer» den katastrophalen Zustand der US-Wirtschaftspolitik «jüdischem Denken» zu.[51] Einen Tag später attackierte er erneut jüdisches Geschäftsdenken und jüdische Geschäftspraktiken.[52] Am 17. wurden die Juden im Gespräch zweimal erwähnt, am Mittag und am Abend. Beim Mittagessen sprach Hitler über die Lage in Rumänien und die notorisch korrupten Beamten des Landes: «Ausschaltung der Juden bleibt erste Voraussetzung [für einen Wandel]. Anders kann man einen korrupten Staat nicht wieder frei [von Korruption] kriegen.»[53] Nach dem Abendessen, im Beisein von Sauckel und Todt, wandte sich das Gespräch der künftigen Besiedlung Weißrußlands und der Ukraine durch die Deutschen zu: Die «destruktiven Juden» würden nicht mehr da sein, versprach Hitler.[54] Am 18. wandte er sich in seiner antijüdischen Besessenheit der Rolle zu, welche die Juden bei Englands Weg in den Krieg gespielt hatten.[55] Am 19. brachte er die christliche «vorbolschewistische» Mobilisierung der Sklaven im Römischen Reich ins Gespräch, die von den Juden manipuliert worden seien, um die Struktur des Staates zu zerstören.[56] Zwei Tage später, am 21. Oktober, ließ Hitler einen umfassenderen Angriff vom Stapel: Jesus war kein Jude; der Jude Paulus verfälschte die Lehre Jesu, um das Römische Reich zu untergraben... Das Ziel des Juden sei es, die Völker dadurch zu vernichten, daß er ihren rassischen Kern aushöhlte. In Rußland, so erklärte er, deportierten die Juden Hunderttausende von Männern, um die zurückgelassenen Frauen Männern auszuliefern, die man aus anderen Regionen importiert hatte. Sie organisierten eine Rassenmischung in großem Maßstab. Die Juden führen fort, Menschen im Namen des Bolschewismus zu foltern, genau wie das Christentum, der Ableger des Judentums, im Mittelalter seine Gegner gefoltert hatte. «Aus dem Saulus wurde ein Paulus und aus dem Mardochai ein Karl Marx.» Dann kam das berüchtigte Finale: «Wenn wir diese Pest ausrotten, so vollbringen wir eine Tat für die Menschheit, von deren Bedeutung sich unsere Männer draußen noch gar keine Vorstellung machen können.»[57] Die wütendsten Themen aus den frühen Reden, aus dem Zwiegespräch mit Dietrich Eckart und besonders aus *Mein Kampf* waren wieder da, manchmal in nahezu identischen Formulierungen.

In der Zwischenzeit versäumte Hitler nicht, seine Wut an einem einzelnen Juden auszulassen. Am 20. Oktober berichtete die *Berliner Illustrierte Nachtausgabe*, ein 74jähriger Hamburger Jude, Markus Luftgas, sei für Schwarzmarktgeschäfte mit Eiern zu zwei Jahren Gefängnis verurteilt worden. Als Hitler davon las, verlangte er, daß Luftgas zum Tode verurteilt werden sollte. Am 23. Oktober teilte das Justizministerium der Reichskanzlei mit, Luftgas sei der Gestapo zur Hinrichtung übergeben worden.[58]

Am 25. Oktober erinnerte Hitler seine Gäste Himmler und Heydrich – als ob sie einer Erinnerung bedurft hätten – an seine brutale «Prophezeiung»: «Vor dem Reichstag habe ich dem Judentum prophezeit, der Jude werde aus Europa verschwinden, wenn der Krieg nicht vermieden bleibt. Diese Verbrecherrasse hat die zwei Millionen Toten des Weltkrieges auf dem Gewissen, jetzt wieder Hunderttausende. Sage mir keiner: Wir können sie doch nicht in den Morast schicken! Wer kümmert sich denn um unsere Menschen? Es ist gut, wenn uns der Schrecken vorangeht, daß wir das Judentum ausrotten.»[59] Und in einer Äußerung, die damit in keinem Zusammenhang stand, fügte er hinzu:

«Der Versuch, einen Judenstaat zu gründen, wird ein Fehlschlag sein.»[60] Die Bemerkung über den «Schrecken» konnte sich auf die deutsche Bevölkerung beziehen; wahrscheinlicher ist aber, daß sie sich auf Gerüchte bezog, die im Ausland, besonders in den Vereinigten Staaten, kursierten. Am gleichen Tag hielt Hitler dem italienischen Außenminister Ciano einen Vortrag über den Einfluß der jüdischen Propaganda in Lateinamerika. Im Laufe desselben Gesprächs teilte der ironische Italiener seinem Gastgeber mit, die «jüdische Propaganda» male die innere Lage Italiens in den schwärzesten Farben; davon sei selbstverständlich nichts wahr, so Ciano.[61]

Eine weitere historisch-politische Tirade gegen die Juden servierte Hitler Anfang November seinem Zahnarzt, SS-Standartenführer Prof. Dr. Hugo Blaschke, sowie Blaschkes Assistenten, einem Dr. Richter. Sobald die Europäer das Wesen des Juden erkannt hätten, erklärte Hitler seinen Gästen, würden sie auch die Solidarität verstehen, die sie miteinander verband. Der Jude war das Hindernis für diese Solidarität; er überlebte nur deshalb, weil europäische Solidarität nicht existierte: «Jetzt lebt der Jude davon, daß er das zerstört.» Zu Beginn seiner Ausführungen hatte Hitler prophezeit, das Kriegsende werde den «Himmelssturz» der Juden erleben. Sie hätten kein geistiges oder künstlerisches Verständnis, fuhr er fort; sie seien im wesentlichen unverbesserliche Lügner und Betrüger.[62]

Die erste der beiden großen öffentlichen Reden, die Hitler in diesen Wochen gegen die Juden hielt, war die alljährliche Ansprache an die «alten Kämpfer» der Partei vom 8. November 1941. Im Vorjahr waren bei diesem Anlaß die Juden überhaupt nicht erwähnt worden. Diesmal hatte der «Führer» eine bösartige und massive antijüdische Tirade zu bieten. Viele seiner Themen waren lediglich eine Wiederholung seiner früheren Schimpfkanonaden, besonders derjenigen aus den Jahren 1936 und 1937, aber auch der Ergüsse der vorangegangenen drei oder vier Wochen. Hitler erklärte seinem Publikum, er wisse, «daß hinter diesem Krieg als letzter derjenige Brandstifter zu suchen ist, der immer von den Händeln der Nationen gelebt hat: der internationale Jude. Ich wäre kein Nationalsozialist mehr gewesen», brüllte er, «wenn ich mich von dieser Erkenntnis je entfernt hätte.» Er erinnerte dann an das Wort eines «großen Juden» [Disraeli], der gesagt hatte, «die Rassenfrage sei der Schlüssel zur Weltgeschichte». In der Tat stehe die jüdische Rasse hinter den gegenwärtigen Ereignissen, und für ihre blutigen Machenschaften benutze sie Strohmänner. An diesem Punkt rief Hitler noch einmal aus: «Ich habe diese Juden als die Weltbrandstifter kennengelernt.»[63] Das war nur der Prolog.

Er schilderte dann all die Methoden, welche die Juden benutzten, um die Nationen zu vergiften (Presse, Radio, Film, Theater ...) und sie in einen Krieg zu treiben, in dem Kapitalisten und demokratische Politiker mit ihren Rüstungsaktien Geld verdienen würden. Diese Art von Koalition, an deren Spitze die Juden standen, war in Deutschland ausradiert worden; jetzt stand derselbe Feind außerhalb, gegen das deutsche Volk und das Deutsche Reich. Nachdem der Jude eine Reihe von Nationen an die vorderste Front der Schlacht getrieben hatte, griff er zu seinem erprobtesten Werkzeug: «Was war verständlicher», rief Hitler aus, «als daß eines Tages auch die Macht gegen uns antreten würde, die diesen jüdischen Geist als klarsten Herrscher besitzt: die Sowjetunion, die nun einmal der größte Diener des Judentums ist.» Nach einer Schilderung der Schrecken eines Regimes, in dem die «Organisation jüdischer Kommissare» – die in Wirklichkeit Sklavenhalter seien – über Massen von Untermenschen herrschte, verwarf Hitler den Gedanken, ein russischer Nationalismus könne die Macht übernommen haben: «Man hat ... vergessen, daß es ja die Träger einer bewußten nationalen Einsicht gar nicht mehr gibt, daß letzten Endes der Mann, der vorübergehend der Herr dieses Staates wurde, nichts anderes ist, als ein Instrument in der Hand dieses allmächtigen Judentums, und daß, wenn Stalin auf der Bühne vor dem Vorhang sichtbar ist, hinter ihm jedenfalls Kaganowitsch [Stalins jüdischer Gefolgsmann] und alle diejenigen Juden stehen, die ... dieses gewaltige Reich führen.» Mitten in diesen gegen die Juden gerichteten Beleidigungen und Drohungen brachte er die apokalyptische Dimension des laufenden Kampfes klar zum Ausdruck: «Dieser Kampf ist nun, meine alten Parteigenossen, ein Kampf wirklich nicht nur für Deutschland, sondern für ganz Europa, ein Kampf um Sein oder um Nichtsein!»[64] In eben dieser Rede erinnerte Hitler sein Publikum erneut daran, daß er in seinem Leben «oft ein Prophet» gewesen sei. Diesmal bezog sich die «Prophezeiung» jedoch nicht auf die Vernichtung der Juden (die in seiner gesamten Rede beschlossen lag), sondern auf ein hiermit eng verwandtes Thema: November 1918, als Deutschland einen Dolchstoß in den Rücken erhielt, würde sich niemals wiederholen. «Alles ist denkbar», rief er aus, «nur eines nicht: daß Deutschland jemals kapituliert!»[65]

Am 10. November erwähnt Hitler die Juden in einem Brief, den er an Pétain richtete. Das Thema Juden war bis dahin im Schriftwechsel zwischen Hitler und dem Chef des Vichy-Staates noch nie zur Sprache gekommen. «Wenn ich mich nicht in letzter Minute, am 22. Juni entschlossen haben würde, der bolschewistischen Gefahr entgegenzutreten», schrieb Hitler, «dann hätte es nur zu leicht geschehen können, daß mit dem Zusammenbruch Deutschlands wohl die französischen Juden triumphieren, aber das französische Volk ebenfalls einer grauenhaften Katastrophe ausgeliefert worden wäre.»[66]

Am 12. November nahm Hitler seine antijüdischen Tiraden im Hauptquartier wieder auf: Dadurch, daß er die Juden nicht nach Westpreußen hineinließ, habe Friedrich der Große eine «vorbildliche» Politik verfolgt.[67] Am 19. warnte er vor Mitleid mit den Juden, «die auswandern mußten»; seiner Ansicht nach hatten die Juden in aller Welt genügend Verwandte, während die Deutschen, die gezwungen worden waren, ihr Land zu verlassen, niemanden hatten und ganz auf sich selbst gestellt waren.[68] Kaum jemand in Hitlers Zirkel (oder auch in ganz Deutschland) konnte übersehen, daß die Juden nicht mehr auswanderten, sondern an Orte deportiert wurden, an denen ihnen keine Verwandten helfen würden, ein neues Leben zu beginnen...

Am 16. November erinnerte Goebbels seine Leser im *Reich* unter der Überschrift «Die Juden sind schuld!» an Hitlers «Prophezeiung», der zufolge die Juden im Falle eines Krieges vernichtet werden würden: «Wir erleben eben den Vollzug dieser Prophezeiung, und es erfüllt sich damit am Judentum ein Schicksal, das zwar hart, aber mehr als verdient ist. Mitleid oder gar Bedauern ist da gänzlich unangebracht. Das Weltjudentum hat», fuhr der Minister fort, «die ihm zur Verfügung stehenden Kräfte vollkommen falsch eingeschätzt, und es erleidet nun einen allmählichen Vernichtungsprozeß, den es uns zugedacht hatte und auch bedenkenlos an uns vollstrecken ließe, wenn es dazu die Macht besäße. Es geht jetzt nach seinem eigenen Gesetz: ‹Auge um Auge, Zahn um Zahn!› zugrunde.»[69] Am 1. Dezember stieß der Minister in einem Vortrag an der Friedrich-Wilhelms-Universität in Berlin, den er vor einem ausgesuchten Publikum hielt, dieselben Drohungen aus. In seiner Rede kam der Propagandachef immer wieder auf eine Lösung der Judenfrage zu sprechen, die man nur als mörderisch bezeichnen konnte. Ob sich die Schmährede schon auf eine in Gang befindliche und systematische Ausrottung aller Juden Europas bezog, ist jedoch nicht klar.[70]

Am 21. November war Hitler zur Beerdigung des Fliegeridols General Ernst Udet (der Selbstmord begangen hatte, weil Göring – und Hitler – ihn für das Scheitern der «Luftschlacht um England» verantwortlich gemacht hatten) wieder in Berlin. In einem Gespräch mit Goebbels äußerte der Diktator seine Absicht, «eine energische Politik gegen die Juden» zu verfolgen, «die uns allerdings nicht unnötige Schwierigkeiten verursacht». Die Juden aus dem Reich würden «stadtweise» evakuiert werden, aber Hitler konnte nicht sagen, wann Berlin an die Reihe käme. Er forderte seinen Minister auf, in bezug auf Mischehen, vor allem in Künstlerkreisen, Zurückhaltung zu zeigen, «da er der Meinung ist, daß diese Ehen sowieso nach und nach aussterben, und man sich darüber keine grauen Haare wachsen lassen soll».[71]

Am 27. November traktierte Hitler den finnischen Außenminister Rolf Witting mit einer bombastischen Rede, in der er erklärte, «man solle sich klar darüber sein, daß das gesamte Weltjudentum auf Seiten des

Bolschewismus stehe. Eine objektive politische Haltung sei in keinem Lande möglich, in dem die öffentliche Meinung durch diejenigen Kräfte kontrolliert und gebildet würde, die letzten Endes den Bolschewismus verursacht hätten. ... Die ganze nationale Intelligenz Englands müsse gegen den Krieg sein, denn selbst ein Sieg könne England nichts einbringen. Es seien die bolschewistischen und jüdischen Kräfte, die die Engländer davon abhielten, vernünftige Politik zu treiben.»[72]

Am darauffolgenden Tag empfing Hitler den Großmufti von Jerusalem. Der palästinensisch-arabische Führer Haj Amin El Husseini war nach dem Zusammenbruch von Rashid Ali El Gailanis antibritischer Regierung im Irak in die deutsche Hauptstadt geflohen. Hitler machte seinem arabischen Besucher deutlich, daß Deutschlands Kampf gegen die Juden «kompromißlos» sei und daß er sich auch auf die jüdische Ansiedlung in Palästina beziehe. «Deutschland sei entschlossen, Zug um Zug eine europäische Nation nach der anderen zur Lösung des Judenproblems aufzufordern und sich im gegebenen Augenblick mit einem gleichen Appell auch an außereuropäische Völker zu wenden.»[73] Am gleichen Tag konnte der «Führer» nicht umhin, in seinem Gespräch mit dem rumänischen Vizepremier Mihai Antonescu eine weitere antijüdische Tirade vorzutragen; diesmal rückte jedoch ein neues Thema ins Blickfeld: «In längeren Ausführungen», hieß es in der offiziellen Aufzeichnung, «gab sodann der Führer einen Überblick über die augenblickliche Lage. Das Weltjudentum in Verbindung mit dem Slawentum und leider auch den Angelsachsen führe den Kampf mit Erbitterung. Deutschland und seinen Verbündeten stünden wahre Raumkolosse gegenüber, die sämtliche Rohstoffe und fruchtbares Land in Hülle und Fülle besäßen. Dazu käme noch eine gewisse destruktive Tendenz des Judentums, die im Kampf des Bolschewismus und Panslawismus ihren Niederschlag fände.»[74]

Der Panslawismus kam unerwartet. Er tauchte kurz auf, nachdem zunächst die belgische, dann die deutsche Presse das Testament Zar Peters des Großen «entdeckt» hatte, das die Ausweitung Rußlands nach Westen forderte. Hitler, den man schon bald darüber informiert hatte, daß das Testament eine Fälschung war, befahl dennoch, es so zu benutzen, als ob es echt sei. «[Der Führer] ordnete breiteste Erörterung in der deutschen Presse an mit dem Tenor: Die imperialistische Politik des Zaren Peters des Großen ist die Richtschnur der russischen Vorkriegspolitik und die Leitschnur der Politik Stalins gewesen. Bolschewistische Weltherrschaft und slawischer Imperialismus haben sich in Stalins Politik die Hand gereicht. ... [Er erklärte,] daß es nicht darauf ankäme, was irgendwelche Professoren an diesem Testament Peters des Großen festgestellt haben, sondern daß ausschlaggebend sei, daß die Geschichte gezeigt habe, daß die russische Politik nach diesen

Prinzipien wie sie in dem Testament Peters des Großen niedergelegt seien, gehandhabt wurde. ... Die deutsche Presse hat daraufhin das Thema in großer Form aufgegriffen und zur Zufriedenheit des Führers behandelt.»[75]

In seinem Zirkel von Vertrauten kam Hitler am Abend des 30. November kurz auf sein Lieblingsthema zurück, als er sich an einen Kampf mit Juden auf dem Nürnberger Bahnhof in den ersten Tagen der Partei erinnerte.[76] Mehr wurde am späten Abend des 1. Dezember gesagt. Auf die Frage des rassischen Instinkts angesprochen, erklärte Hitler, einige Juden hätten nicht unbedingt die Absicht, Deutschland zu schädigen, aber dennoch würden sie sich niemals von den langfristigen Interessen ihrer Rasse distanzieren. Warum zerstörten die Juden andere Nationen? Er räumte ein, daß ihm die grundlegenden naturgeschichtlichen Gesetze dieser Erscheinung nicht bekannt seien. Doch infolge ihrer zerstörerischen Aktivität brächten die Juden die erforderlichen Verteidigungsmechanismen unter den Nationen hervor. Hitler fügte hinzu, Dietrich Eckart habe einmal erzählt, er habe einen einzigen aufrechten Juden, Otto Weininger, gekannt, der sich das Leben nahm, als er das destruktive Wesen seiner Rasse entdeckt hatte. Seltsamerweise, so schloß Hitler, kamen jüdische Mischlinge einer zweiten oder dritten Generation häufig wieder mit Juden zusammen. Letztlich aber, so fügte er hinzu, sorgte die Natur für die Ausscheidung des Schädlichen: «in der siebenten, achten, neunten Generation ist das Jüdische ‹ausgemendelt›, die Reinheit des Blutes wiederhergestellt».[77]

Am 11. Dezember, vier Tage nach Pearl Harbor, verkündete Hitler dem Reichstag, daß Deutschland den Vereinigten Staaten den Krieg erkläre. Von Anfang an war das messianische Thema präsent: «Wenn die Vorsehung es so gewollt hat, daß dem deutschen Volk dieser Kampf nicht erspart werden kann, dann will ich ihr dafür dankbar sein, daß sie mich mit der Führung eines historischen Ringens betraute, das für die nächsten 500 oder 1000 Jahre nicht nur unsere deutsche Geschichte, sondern die Geschichte Europas, ja der ganzen Welt, entscheidend gestalten wird.»[78] Es folgte ein erster Überblick über die militärische Konfrontation, der nach der Erwähnung des Angriffs, den die Sowjetunion gegen «Europa» vorbereitet hatte, zu überwältigenden historischen Vergleichen führte: Die Römer und die Germanen hatten die abendländische Zivilisation vor den Hunnen gerettet; heute wie damals kämpfte Deutschland nicht um seiner eigenen Interessen willen, sondern um den ganzen Kontinent zu verteidigen.[79]

Es folgte ein weiterer, langatmiger Abschnitt über die Verantwortung für den Krieg; er führte Hitler etwas näher an das Thema der Reichstagssitzung heran. Zwei amerikanische Präsidenten hätten während der vergangenen Jahrzehnte unsagbares Elend verursacht: Wilson und Roosevelt. Wilson, der «paralytische Professor», sei nur der Vorläufer der Rooseveltschen Politik; um aber Roosevelt und seinen Haß auf Deutschland voll zu verstehen, müsse man ein entscheidendes Element berücksichtigen: Der amerikanische Politiker habe genau zu dem Zeitpunkt das Präsidentenamt angetreten, an dem Hitler die Führung in Deutschland übernommen hatte. Ein Vergleich zwischen beiden Persönlichkeiten und den Leistungen beider Regime mußte zwangsläufig die offenkundige Überlegenheit des «Führers» beweisen... Überdies, so Hitler weiter: «Die Kräfte, die Herrn Roosevelt trugen, waren die Kräfte, die ich auf Grund des Schicksals meines Volkes und meiner heiligsten inneren Überzeugung bekämpfte. Der ‹Gehirntrust›, dessen sich der neue amerikanische Präsident bedienen mußte, bestand aus Angehörigen desselben Volkes, das wir als eine parasitäre Erscheinung der Menschheit in Deutschland bekämpften und aus dem öffentlichen Leben zu entfernen begannen.» Dann, nach einem erneuten Verweis darauf, wie katastrophal Roosevelts Führung gewesen sei, kam Hitler zum Kern seiner Argumentation: Die Entwicklung der Vereinigten Staaten sei «nicht verwunderlich, wenn man bedenkt, daß die Geister, die dieser Mann zu seiner Unterstützung gerufen hat oder besser, die ihn gerufen hatten, zu jenen Elementen gehören, die als *Juden* [Hervorhebung im Original] ein Interesse nur an der Zerrüttung und niemals an der Ordnung besitzen können.» Was folgte, war unvermeidlich: Um die Aufmerksamkeit von seinem Versagen abzulenken, brauchte Roosevelt – ebenso wie die hinter ihm stehenden Juden – ein ausländisches Ablenkungsmanöver.[80]

An diesem Punkt war Hitler bereit zur voll entwickelten antijüdischen Haßtirade: «Er [Roosevelt] wurde [in dieser außenpolitischen Ablenkung] bestärkt durch den Kreis der ihn umgebenden Juden, die aus alttestamentarischer Habsucht in den Vereinigten Staaten das Instrument zu sehen glaubt [sic], um mit ihm den europäischen, immer antisemitischer werdenden Nationen einen zweiten Purim bereiten zu können. Es war der Jude in seiner ganzen satanischen Niedertracht, der sich um diesen Mann scharte, und nach dem dieser Mann aber auch griff.»[81] Durch die Kriegserklärung an die Vereinigten Staaten, die formal in Übereinstimmung mit dem Dreimächtepakt stand, hatte Hitler in einem Weltkrieg von noch ungekannter Wut den Ring seiner Feinde geschlossen.

Am folgenden Tag, dem 12. Dezember, hielt Hitler vor den Reichsleitern und Gauleitern eine Geheimrede, die Goebbels folgendermaßen zusammenfaßte: «Bezüglich der Judenfrage ist der Führer entschlossen, reinen Tisch zu machen. Er hat den Juden prophezeit, daß, wenn sie noch einmal einen Weltkrieg herbeiführen würden, sie dabei ihre Vernichtung erleben würden. Das ist keine Phrase gewesen. Der

Weltkrieg ist da, die Vernichtung des Judentums muß die notwendige Folge sein. Diese Frage ist ohne jede Sentimentalität zu betrachten. Wir sind nicht dazu da, Mitleid mit den Juden, sondern nur Mitleid mit unserem deutschen Volk zu haben. Wenn das deutsche Volk jetzt wieder im Ostfeldzug an die 160 000 Tote geopfert hat, so werden die Urheber dieses blutigen Konflikts dafür mit ihrem Leben bezahlen müssen.»[82]

Dann gab der «Führer» dem Reichsführer-SS, wie aus einer Eintragung in dessen Dienstkalender hervorgeht, bei einer Zusammenkunft am 18. Dezember die folgende Anweisung: «Judenfrage | als Partisanen auszurotten.»[83] Der senkrechte Strich bleibt unerklärt. Die Einstufung der Juden als «Partisanen» bezog sich offenbar nicht auf die Juden auf sowjetischem Territorium, die schon seit sechs Monaten umgebracht wurden. Sie bezog sich auf den tödlichen Feind im Innern, auf den Feind, der in den Grenzen des eigenen Territoriums kämpfte, der durch Verschwörung und Verrat wie 1917/1918 dem Reich einen Dolchstoß in den Rücken versetzen konnte, nun da ein neuer «Weltkrieg», der an allen Fronten geführt wurde, sämtliche Gefahren des vergangenen Weltkriegs von neuem heraufbeschwor. Man kann außerdem den Ausdruck «Partisanen» mit der allgemeinsten Konnotation verknüpfen, die Hitler auf der Besprechung vom 16. Juli 1941 gebrauchte: sämtliche *potentiellen Feinde*, die sich in Deutschlands Reichweite befanden. Wie wir sahen, wurde er so verstanden, daß er nach Belieben irgendwelche Zivilisten und ganze Gemeinschaften einschloß. Somit war der Befehl klar: Vernichtung ohne jede Beschränkung, hier auf die Juden angewendet.

Am 17. Dezember, am Vorabend der Besprechung mit dem Reichsführer-SS, brachte Hitler im Gespräch mit Goebbels noch einmal die Judenfrage zur Sprache. «Der Führer ist entschlossen, hier konsequent vorzugehen», schrieb der Propagandaminister, «und sich nicht durch bürgerliche Sentimentalitäten aufhalten zu lassen.» Hitler und sein Minister erörterten die Evakuierung der Juden aus dem Reich, aber es sieht so aus, als sei im Anschluß daran das Judenproblem allgemein angesprochen worden: «Die Juden sollen alle nach dem Osten abgeschoben werden. Was dort aus ihnen wird, kann uns nicht sehr interessieren. Sie haben sich dies Schicksal gewünscht, sie müssen jetzt auch die Zeche bezahlen.» Dann fügte Goebbels hinzu: «Es ist erfreulich, daß der Führer bei der Last der militärischen Verantwortung für diese Probleme immer noch Zeit, Gelegenheit zur Beratung und vor allem auch einen klaren Blick hat. Er allein ist in der Lage, dies Problem endgültig mit der gebotenen Härte zu lösen.»[84]

Im Laufe zweier Monate hatte Hitler *die Vernichtung der Juden* explizit am 19. Oktober, am 25. Oktober, am 12. Dezember, am 17. Dezember und am 18. Dezember erwähnt, und in der Zeit zwischen dem 12. und dem 16. Dezember hatten ihn Goebbels, Rosenberg und Frank indirekt in diesem Sinne zitiert. Nichts dergleichen war je zuvor in Hitlers Erklärungen vorgekommen. Ja, die Tatsache, daß fünf von sieben dieser Vernichtungsaussagen innerhalb eines Zeitraums von wenigen Tagen, nach dem 11. Dezember, gefallen waren, ließ sich als eine kaum verhüllte Botschaft auffassen, die zum Ausdruck brachte, daß aufgrund des amerikanischen Kriegseintritts ein endgültiger Entschluß gefaßt worden war. In der Nacht vom 28. zum 29. Dezember kam Hitler auf den Erzantisemiten Julius Streicher zu sprechen: «Was Streicher im ‹Stürmer› getan hat: er hat den Juden zeichnerisch idealisiert; der Jude ist viel gemeiner, viel blutgieriger, satanischer, als Streicher ihn dargestellt hat.»[85]

Obendrein lieferte Hitler in seiner letzten öffentlichen Botschaft des Jahres noch eine große Dosis judenfeindlicher Drohungen und Beschimpfungen. Wie Goebbels schreibt, diktierte er sie am 31. Dezember, um sie am gleichen Abend von seinem Minister im Radio verlesen zu lassen.[86] Der allgemeine Ton der Ansprache war ungewöhnlich defensiv und unsicher, und das war verständlich. Diejenigen, die dem Reich den Krieg aufgezwungen hatten, erklärte Hitler, trugen die Verantwortung dafür, daß sie ihn davon abgebracht hatten, mit den großen Veränderungen im Innern, die er in Gang gesetzt hatte, fortzufahren. Doch mit Hilfe der Vorsehung (die in dieser kurzen Botschaft auf Schritt und Tritt beschworen wurde) würde der Sieg errungen werden. Die Erzschurken, die Juden, fanden nicht weniger als viermal Erwähnung. Zuerst wurden sie lediglich als ein Element, aber als das wichtigste, in der «jüdisch-kapitalistisch-bolschewistischen Weltverschwörung» genannt; kurz danach tauchten sie erneut auf, als der «Führer» seinem Volk – und ganz Europa – erklärte, was für ein entsetzliches Schicksal ihnen beschieden gewesen wäre, «wenn der jüdische Bolschewismus als Verbündeter Churchills und Roosevelts den Sieg errungen hätte». Danach kam ein Teil der notorischen Prophezeiung zur Sprache: «Der Jude aber wird nicht die europäischen Völker ausrotten, sondern er wird das Opfer seines eigenen Anschlages sein»; zuletzt, im abschließenden Teil der Ermahnung, in dem der Retter Deutschlands und Europas noch einmal den «Allmächtigen» anrief, brachte er zum vierten Mal die Juden als die eigentliche Wurzel allen Übels ins Spiel: «Wenn wir alle gemeinsam in Treue unsere Pflicht tun, wird sich das Schicksal so erfüllen, wie es die Vorsehung bestimmte. Wer für das Leben seines Volkes, für dessen tägliches Brot und für seine Zukunft kämpft, wird siegen! Wer aber in diesem Kriege mit seinem jüdischen

Haß die Völker zu vernichten sucht, wird stürzen!» Eine weitere Anrufung des «Herrgotts» beendete die Botschaft.[87] So ging das Jahr 1941 zu Ende: Es hätte, in Hitlers eigenen Worten, das Jahr des «größten Sieges der Weltgeschichte» werden sollen.

IV

Während die tödlichen Drohungen, welche «die höchste Instanz» von sich gab, zu einer ununterbrochenen Schimpfkanonade wurden, schritt die immer mörderischere Kampagne zügig voran. Seit der Mitte des Sommers 1941 hatten die Massaker an Juden in den von Deutschen und Rumänen besetzten sowjetischen Gebieten gewaltige Ausmaße angenommen. In Kamenets-Podolsky, Kiew, Kowno, Minsk und Riga, in den Städten Ostgaliziens – die jetzt zum Generalgouvernement gehörten – und in Odessa ebenso wie an anderen Mordstätten wurden die Juden bei jeder «Aktion» zu Tausenden, bisweilen zu *Zehntausenden* umgebracht. Einige der örtlichen Befehlshaber taten sich bei der Erfüllung ihrer Aufgabe besonders hervor.

In Stanisławów in Südgalizien beispielsweise nahm der dortige Befehlshaber der Sicherheitspolizei, Hans Krüger, die Sache entschlossen in die Hand, nachdem ihm Friedrich Katzmann, der SSPF in Galizien, und Karl Eberhard Schöngarth, der Chef der Sicherheitspolizei im Generalgouvernement, freie Entscheidung zugestanden hatten.[88] Am Morgen des 12. Oktober trieb man die Juden der Stadt in Gruppen zum örtlichen Friedhof. Der erste Schub von 1000 Juden wurde dann durch die Tore geführt, mußte sich ausziehen, und es begann das Erschießen in die offenen Gruben hinein. Neben die Massengräber hatte Krüger Tische mit Essen und Wodka für die Mordkommandos – deutsche Polizeieinheiten, ukrainische Hilfstruppen und Gruppen von volksdeutschen Freiwilligen – stellen lassen. Krüger selbst überwachte die immer chaotischere Mordszene, während sich die Reihe von Juden von der Stadt zum Friedhof vorwärtsbewegte; zeitweise machte der SD-Chef mit einem Wurstbrot in der einen und einer Flasche Schnaps in der anderen Hand bei seinen Männern die Runde. Panik trieb ganze Familien dazu, gemeinsam in die Gruben zu springen, wo sie entweder erschossen oder lebendig begraben wurden; andere versuchten, über die Friedhofsmauern zu klettern, bis sie niedergemäht wurden. Bei Einbruch der Dunkelheit verkündete Krüger den verbliebenen Juden, der «Führer» habe ihnen einen Aufschub gewährt; bei der wilden Flucht in Richtung auf die Tore stürzten weitere Opfer zu Boden. 10000 bis 12000 der Juden von Stanisławów waren an jenem Tag ermordet worden.[89] Der Rest wurde in ein Ghetto getrieben.

Drei Monate später kommentierte Eliszewa, eine junge Tagebuchschreiberin, auf die wir noch zurückkommen, den Tod zweier Freundinnen, Tamarczyk und Esterka, die am 12. Oktober auf dem Friedhof ums Leben gekommen waren. «Ich hoffe», schrieb Eliszewa, «daß der Tod gut zu ihr [Tamarczyk] war und sie gleich geholt hat. Und daß sie nicht leiden mußte wie ihre Gefährtin Esterka, die, wie man sah, erwürgt wurde.»[90]

*

Noch vor der Abfahrt des ersten Transports aus dem Reich berief Heydrich, seit ein paar Wochen auch zum stellvertretenden Reichsprotektor ernannt, am 10. Oktober in Prag eine Sitzung ein, an der die höchsten SS-Befehlshaber des Protektorats sowie Eichmann teilnahmen. 50 000 Deportierte, so erklärte der Chef des RSHA seinen Helfern, würden nach Ostland (Riga, Minsk) geschickt werden; Kowno kam etwas später hinzu.[91] Was die Juden des Protektorats anging, so plante Heydrich die Einrichtung zweier Durchgangslager (er sprach von «Sammellagern») – eines in Mähren und eines in Böhmen –, aus denen die Juden in Richtung Osten abfahren würden, nachdem sie schon «stark dezimiert» wären. Die «Dezimierung» wurde nicht näher erklärt. Es mag sich dabei um eine improvisierte Äußerung gehandelt haben (wie die identisch formulierte Vorhersage, die Heydrich dann im Januar 1942 auf der Wannsee-Konferenz zum Schicksal der jüdischen Sklavenarbeiter machte, welche auf sowjetischem Gebiet Straßen bauen sollten).

Mit seinem letzten Satz, wie ihn das Protokoll der Sitzung verzeichnet, wiederholte Heydrich die Aussage, mit der Himmler seinen Brief an Greiser vom 18. September eingeleitet hatte: «Der Führer wünscht», hatte der Reichsführer geschrieben, «daß möglichst bald das Altreich und das Protektorat ... von Juden geleert und befreit werden.» Heydrich schloß die Sitzung vom 10. Oktober damit, daß er die Anwesenden an den «Führerwunsch» erinnerte: «Da der Führer wünscht, daß noch Ende d. J. möglichst die Juden aus dem deutschen Raum herausgebracht sind, müssen die schwebenden Fragen umgehend gelöst werden. Auch die Transportfrage darf dabei keine Schwierigkeit bedeuten.»[92]

Am 13. Oktober traf der Reichsführer mit Globocnik und Krüger zusammen. Wahrscheinlich erteilte der SS-Chef bei diesem Treffen Globocnik den Befehl, mit dem Bau des Vernichtungslagers Belzec zu beginnen.[93] Wir wissen nicht mit Gewißheit, ob das Lager «nur» zur Vernichtung von Juden aus dem Distrikt Lublin eingerichtet wurde, um so für jüdische Deportierte aus dem Reich Platz zu machen, oder ob die Ermordung sämtlicher Juden des Distrikts auch mit Kolonisierungsplänen in diesem Gebiet (besonders in der Gegend von Zamość) verknüpft war, als ein erster Schritt des ständig überarbeiteten «Generalplans Ost».[94] Möglicherweise war es für beide Zwecke bestimmt.[95]

Andererseits wissen wir mit Sicherheit, daß im Warthegau im wesentlichen deshalb mit Vorbereitungen für den Massenmord begonnen wurde, weil man auf diese Weise den Zustrom von Deportierten aus dem Reich nach Łódź bewältigen wollte. Irgendwann Mitte Oktober begann ein Euthanasiespezialist, Herbert Lange, mit der Suche nach einem geeigneten Gelände für die Tötungen. Die für das Ostland (Riga, Mogiljow) geplanten Vernichtungsstätten waren aller Wahrscheinlichkeit nach ebenfalls Teil derselben kurzfristigen Projekte zur Ermordung der ortsansässigen Ghettobevölkerung.

Mit Himmlers Einverständnis waren schon Anfang September einige Euthanasieexperten nach Lublin entsandt worden. Wenn Hitlers Befehl über die Deportation aus dem Reich dem Reichsführer Anfang September übermittelt worden war, dann bedeutete das Eintreffen von Euthanasieexperten um diese Zeit, daß die Eliminierung eines Teils der Ghettobevölkerung von Anfang an als die beste Lösung für das Problem der Überfüllung angesehen wurde. Es folgte ein Besuch Bracks, dann kam auch Bouhler selbst, und am 1. November begann der Bau von Belzec.[96] Die Ermordungsanlage, die Lange in Chelmno bei Łódź aufbaute, war viel einfacher: Irgendwann im November wurden vom RSHA drei Gaswagen geliefert, und Anfang Dezember stand alles für den ersten Schub von Opfern bereit.

Mit Blick auf diese Ereignisabfolge war Eichmanns Aussage bei seinem Prozeß in Jerusalem verwirrend. Er gab an, Heydrich habe ihn zu einem Inspektionsbesuch nach Lublin geschickt, nachdem er ihm gesagt hatte, Hitler habe beschlossen, alle Juden Europas zu vernichten. Als er in Lublin ankam, hätten die Bäume noch ihr Herbstlaub getragen, und in Belzec (an den Namen erinnerte sich Eichmann nicht) habe er nur zwei kleine Hütten gesehen, die für die Vergasung hergerichtet wurden. Das paßt natürlich nicht zu der Tatsache, daß der Bau von Belzec erst Anfang November (als die Bäume kein Herbstlaub mehr getragen hätten) begann und daß die ersten Baracken im Dezember fertig waren. Anscheinend erinnerte sich Eichmann nicht genau daran, wann ihm Heydrich von dem «endgültigen Befehl» erzählt und welche Inspektionsreise im Frühherbst im Gebiet von Lublin stattgefunden hatte.[97]

Weitere Indizien, die auf die anfangs «lokale» Funktion von Belzec und Chelmno hindeuten, sind unter anderem die technisch «beschränkte Kapazität» der Vergasungsanlagen von Belzec (vor ihrer «Nachrüstung» im Spätfrühling 1942) und der Brief, den Greiser im Mai 1942 an Himmler schrieb und aus dem hervorgeht, daß Chelmno dazu bestimmt war, einen Teil der jüdischen Bevölkerung des Warthegaus einschließlich Łódź (nach Angaben Greisers etwa 100 000 Juden) zu vernichten.[98]

Einige Tage nach seinem Treffen mit Krüger und Globocnik ordnete

Himmler die Beendigung aller jüdischen Auswanderung aus dem Reich (und damit vom gesamten Kontinent) an. Den Befehl des Reichsführers vom 18. Oktober übermittelte Müller «im Hinblick auf die bevorstehende Endlösung der Judenfrage» am 23. allen Gestapo-Stellen.

Überdies hatte Heydrich am Vorabend des Himmler-Befehls eine auf den ersten Blick verwirrende Maßnahme ergriffen. Der Chef des RSHA bat Martin Luther, den Leiter der Abteilung Deutschland im Auswärtigen Amt, ein Angebot der spanischen Regierung abzulehnen, 2000 Juden spanischer Nationalität, die im Laufe der vergangenen Monate in Paris verhaftet worden waren, nach Marokko zu evakuieren. Heydrich vertrat die Auffassung, die Spanier würden nicht bereit und nicht in der Lage sein, die Juden in Marokko zu bewachen, und außerdem «wären diese Juden aber auch bei den nach Kriegsende zu ergreifenden Maßnahmen zur grundsätzlichen Lösung der Judenfrage dem unmittelbaren Zugriff allzu sehr entzogen».[99] Heydrich verlangte, den Spaniern diese Erklärung zu übermitteln.

In der Tat hätte die Genehmigung irgendwelcher Ausnahmen die bedrohliche Bedeutung der soeben begonnenen Deportationen aus dem Reich und der Verfügung Himmlers, mit der jegliche Auswanderung untersagt wurde, beträchtlich verringert. Und wäre der Transfer der spanischen Juden akzeptiert worden, hätte man dann nicht damit rechnen müssen, daß beispielsweise die ungarische, die rumänische oder die türkische Regierung den Gewahrsam für ihre Juden fordern würden, die in Frankreich oder in anderen Ländern Westeuropas lebten?

Ein Fernschreiben, das Rudolf Schleier, der an der deutschen Botschaft in Paris für Judenfragen zuständig war, am 30. Oktober 1941 (nur wenige Tage nach Heydrichs Entschluß) an die Wilhelmstraße schickte, bestätigte, daß Heydrich wohl die Furcht vor der Schaffung von Präzedenzfällen vor Augen gestanden haben mag, als er das spanische Ersuchen ablehnte: «Militärbefehlshaber Frankreich hat im Rahmen der Verhaftungsaktion vom 20. August 41 gegen Beteiligung von französischen und ausländischen Juden an kommunistischen, de Gaullistischen Umtrieben und Attentaten gegen Wehrmachtsangehörige im besetzten Frankreich zahlreiche Verhaftungen, auch ausländischer Juden, vorgenommen. Fremde Pariser Konsuln haben Vermittlung Botschaft für Freilassung von Juden, die ihre Staatsangehörige sind, erbeten. Militärbefehlshaber und Sicherheitsdienst vertreten Standpunkt, daß Tatsache, daß verhaftete Juden fremde Staatsangehörigkeit besitzen, auf Maßnahmen keinen Einfluß haben könne. *Freilassung einzelner Juden würde Präzedenzfälle schaffen* [Hervorhebung S. F.].»[100] Was den letzten Teil von Heydrichs Kommentar – diese Juden wären «bei den nach Kriegsende zu ergreifenden Maßnahmen zur grundsätzlichen Lösung der Judenfrage dem unmittelbaren Zugriff allzu sehr entzogen» – angeht, so war der Verweis auf die bevorstehende «Endlösung» beim Verbot der Auswanderung zu einer Standardformel der Nazis geworden; wie wir uns erinnern, verwendete sie auch Göring am 20. Mai 1941, als er die weitere Ausreise von Juden aus Frankreich und Belgien verbot.

Während sich Heydrich mit den Spaniern befaßte, wagte es Eberhard Wetzel, einer von Rosenbergs Helfern im Reichsministerium für die besetzten Ostgebiete, eigene Anweisungen zu erlassen: Aus seiner Sicht gab es keine Einwände dagegen, daß diejenigen Juden aus den Ostland-Ghettos, die arbeitsunfähig waren, *und* Juden aus dem Reich, die derselben Kategorie angehörten, «mit den Brackschen Hilfsmitteln» [Gaswagen] beseitigt werden sollten.[101] Wetzels *nihil obstat* wäre eine erste direkte Anspielung auf einen allgemeinen Vernichtungsplan gewesen, wenn da nicht die Tatsache wäre, daß weder Wetzel noch Rosenberg in dieser Angelegenheit ein Mitspracherecht hatten. Außerdem sollte man daran denken, daß Rosenberg von einem allgemeinen Vernichtungsplan *möglicherweise* frühestens Mitte November (sofern ein derartiger Plan zu diesem Zeitpunkt existierte), sonst erst im Dezember informiert wurde.

Zur Erhärtung der Behauptung, die endgültige Entscheidung Hitlers, die Juden Europas auszurotten, sei irgendwann Ende September oder Anfang Oktober gefällt worden, ist eine Reihe anderer Dokumente angeführt worden, die überwiegend von geringerer intrinsischer Bedeutung sind; andere hingegen hat man als Beweise dafür herangezogen, daß die Entscheidung nach dem amerikanischen Kriegseintritt fiel.[102] Wie auch immer: Der Entschluß wurde irgendwann im letzten Quartal des Jahres 1941 gefaßt.

Wenn die Entscheidung zur totalen Vernichtung bereits im Oktober gefallen war, dann würden sich die anscheinend örtlich begrenzten Tötungen, die sich von den Deportationen aus Deutschland herleiteten, als untrennbarer Teil dieses Gesamtplans darstellen; wenn die endgültige Entscheidung später fiel, dann gingen die «lokalen Maßnahmen» von Dezember 1941 an nahtlos in die generelle «Endlösung» über. Außerdem könnte man mit plausiblen Gründen den Standpunkt vertreten, daß Hitler von Oktober bis Dezember über die Entscheidung grübelte, wie seine besessenen täglichen Attacken gegen die Juden zeigen: Der «Führer» mußte sich davon überzeugen, daß der systematische Mord an Millionen Menschen in der Tat die richtige Entscheidung war. In diesem Fall mag die Entscheidung erstmals im Oktober oder sogar noch früher erwogen worden sein, und endgültig fiel sie erst, als die Vereinigten Staaten in den Krieg eingetreten waren, die sowjetischen Truppen Gegenangriffe führten und der gefürchtete «Weltkrieg», im Osten und im Westen, Wirklichkeit wurde.

Hitlers Helfer und ihre Untergebenen mögen seine antijüdischen Tiraden von Oktober 1941 an als implizite Ermutigungen gedeutet haben, mit lokalen Mordinitiativen vorzupreschen, um die Probleme zu lösen, die sich aus den Deportationen aus dem Reich ergaben; sie konnten sie jedoch nicht als einen Befehl interpretiert haben, mit der vollständigen Vernichtung aller europäischen Juden zu beginnen. Das Überschreiten der Grenze zwischen örtlich begrenzten Mordaktionen und allgemeiner Vernichtung erforderte grünes Licht von der «höchsten Instanz».

Wir wissen nicht, zu welchem Zeitpunkt Hitler das Projekt einer sofortigen Vernichtung zu erwägen begann; soviel jedoch ist sicher: Das Timing der Entscheidungen Hitlers war eine Sache der Umstände, die Entscheidungen als solche waren es nicht. Und das Timing hinsichtlich der «Endlösung» war zum Teil durch die «Prophezeiung» vom Januar 1939 bestimmt. Diese «Prophezeiung» wurde, obgleich sie politisch (als Abschreckungsmittel) motiviert war, gleichwohl im Januar 1941 feierlich noch einmal ausgesprochen (auch wenn das in einer unbestimmteren Formulierung geschah). Ein Prophet konnte es sich nicht leisten zu zögern, wenn die Umstände, welche die Erfüllung der Prophezeiung einläuteten, tatsächlich eintraten; ein Erlöser konnte in diesem entscheidenden Augenblick nicht davor zurückschrecken, eine offene und wiederholte Drohung in die Tat umzusetzen. So mußte Hitler über seinen Glauben an die jüdische Gefahr im Falle eines Weltkriegs hinaus das erfüllen, was er prophezeit hatte, sobald die Umstände, die zur Vernichtung der Juden führen sollten, eingetreten waren. Die Juden hätten nach Nordrußland deportiert und dort dezimiert werden können; das war im Spätherbst 1941 jedoch keine Option mehr. Sie würden in Gebieten ermordet werden müssen, die näher am Herzen des Nazireichs und des «neuen Europa» lagen.

Und was ganz allgemein im Hinblick auf das gesamte Volk galt, traf in besonderem Maße auf Hitlers Bindung an seine alte Garde zu. Wie wir sahen, lieferte er den bedrohlichsten Hinweis auf die bevorstehende Vernichtung der Juden in seiner Ansprache an die versammelten Gauleiter und Reichsleiter vom 12. Dezember. Er sprach hier zum innersten Zirkel, zu den fanatischsten Getreuen der Partei, zu Männern, die in ihrer überwältigenden Mehrheit im Hinblick auf die «Judenfrage» ebenso radikal waren wie er und vermutlich ebenso bereit, von Massakern zu totaler Ausrottung überzugehen. Das «grüne Licht» in diesem Stadium zurückzuhalten hätte bedeutet, daß der oberste und von der Vorsehung geleitete «Führer» sich nicht an das schlichteste Dogma des gemeinsamen Glaubens hielt. Ein Zögern hätte die Kontrolle des «Führers» über die Herzen und Seelen seiner ergebensten Gefolgsleute, der Männer, die in diesem Kampf bereit sein würden, bis zum Schluß zu ihm zu stehen, in Frage gestellt. Ein Prozeß, der Monate zuvor begonnen hatte, war an dem Punkt angelangt, an dem es keine Umkehr gab.

Überdies war, da nun ein rascher und siegreicher Feldzug im Osten aus dem Blickfeld verschwand, da die Gefahr eines in die Länge gezogenen und schwierigen Krieges konkret geworden war, die Mobilisierung sämtlicher nationalen Energien unerläßlich. Für den Nationalsozialismus stellten die Juden, die jüdische Gefahr und der kompromißlose Kampf gegen «den Juden» den *Mobilisierungsmythos des Regimes* dar. Es war die Zeit gekommen, nicht nur Goebbels' Schlagwort «Die Juden sind schuld!» vor sich herzutragen, sondern die Maßnahmen zu ergreifen, die die Volksgenossen dazu animieren würden, diese tödliche Bedrohung mit aller verfügbaren Kraft zu bekämpfen. Es war an der Zeit, den harten Kern der Parteimitglieder einen zunehmend notwendigen Geschmack von Vergeltung kosten zu lassen.

Schließlich war Hitlers ungewöhnliche Erklärung, die er am Vorabend des Angriffs auf die Sowjetunion gegenüber Goebbels abgegeben hatte, wirklicher geworden denn je. Wenn das Reich vor dem Angriff keine andere Wahl hatte, als zu gewinnen, um der Auslöschung zu entgehen, wie unendlich zwingender muß dann dieses Argument nach sechs Monaten Massenmord von beispiellosen Dimensionen erschienen sein. Die wachsende Zahl von Deutschen aus allen Schichten der Gesellschaft, die an sämtlichen Aspekten des Vernichtungsfeldzugs beteiligt waren, wußte ebenso wie die Parteielite ganz genau, daß sie nunmehr Komplizen von Verbrechen bis dahin unvorstellbaren Ausmaßes waren. Sieg oder Kampf bis zum Ende waren die einzigen Optionen, die ihrem «Führer», ihrer Partei, ihrem Land und ihnen selbst blieben.

V

Während der Herbstmonate des Jahres 1941, als die Deportationen aus dem Reich begannen und das Signal für die Vernichtung aller Juden Europas gegeben wurde, ließ die «gewöhnliche» Verfolgung der Juden im Reich nicht nach. Außerdem wurde die Gesetzgebung, die sich mit den praktischen Konsequenzen der Deportationen befaßte, zum Abschluß gebracht, um vor allem eine reibungslose Übernahme von zurückgelassenem Eigentum und verbliebenen Vermögenswerten zu ermöglichen.

Am 18. September 1941 erließ das Reichsverkehrsministerium eine Verfügung, die es Juden untersagte, Schlaf- und Speisewagen der Reichsbahn zu benutzen; ebenso wurde ihnen verboten, Ausflugsbusse oder Ausflugsschiffe (außerhalb ihres gewöhnlichen Wohngebiets) zu benutzen. Alle anderen öffentlichen Transportmittel durften Juden nur benutzen, wenn noch Plätze frei waren, nie zu Hauptverkehrszeiten, wenn es für Nichtjuden keine Plätze gab. Juden durften nur in der niedrigsten Klasse reisen – das war bei der Eisenbahn damals die dritte –, und sie durften sich nur setzen, wenn keine anderen Fahrgäste standen.[103] Am 24. September verbot das Reichswirtschaftsministerium Juden den Gebrauch von Schecks.[104] Am gleichen Tag schloß das Reichsjustizministerium alle testamentarischen Verfügungen aus, mit denen ein deutschblütiger Erblasser einen Juden bedachte. «Solche Verfügungen», hieß es in dem Erlaß, «stehen in scharfem Gegensatz zum gesunden deutschen Volksempfinden.»[105]

Einen Monat später wurde in einem Rundschreiben des RSHA angeordnet, daß jeder Deutsche zu verhaften sei, der in der Öffentlichkeit einem Juden gegenüber Freundlichkeit zeigte; in schweren Fällen sollte der «arische» Täter für mindestens drei Monate in ein Konzentrationslager geschickt werden; der Jude sollte in jedem Fall eingeliefert werden.[106] Am 13. November mußten Juden ihre elektrischen Geräte anmelden; am gleichen Tag mußten sie Schreibmaschinen, Fahrräder, Kameras und Ferngläser abliefern. Am 14. November wurde Juden verboten, ihre Bücher zu verkaufen.[107]

Die hauptsächlichen Gesetze und Verfügungen zielten darauf, alle ihnen verbliebenen Rechte zu beseitigen, welche die noch im Reich lebenden Juden und auch diejenigen, die ausgewandert waren oder die deportiert wurden, besaßen. Das RSHA wurde an den Überlegungen beteiligt, ebenso die Kanzlei des Führers. Gelegentlich schaltete sich Hitler selbst ein.

Drei Fragen standen auf der Tagesordnung obenan: der strafrechtliche Status von Polen und Juden, die rechtliche Situation jüdischer Arbeiter und schließlich der Status von Juden, die immer noch deutsche Staatsangehörige waren, aber nicht mehr im Reich lebten. Mitte Oktober war das erste Gesetz fertig: Fast jeder Verstoß, den ein Pole oder ein Jude begangen hatte, war mit dem Tode zu bestrafen; das Gesetz wurde am 4. Dezember unterzeichnet.[108]

Das neue «Arbeitsgesetz» für Juden wurde am 4. November bekanntgegeben. Ebenso wie der strafrechtliche Status war es mehr als ein Jahr lang diskutiert worden. Das Ergebnis war nicht weniger klar umrissen: Ein jüdischer Arbeiter hatte keinerlei Rechte und konnte von einem Tag auf den anderen entlassen werden. Abgesehen von einem minimalen Tagelohn konnte ein Jude keinen Anspruch auf irgendwelche Sozialleistungen oder Entschädigungen erheben.[109] Gleichwohl mußten jüdische Arbeiter fast die Hälfte ihrer mageren Bezüge für Einkommensteuer und Sozialversicherungsbeiträge aufwenden.[110]

Die Staatsbürgerschaftsverordnung führte zum Einschreiten Hitlers. Das Justiz- und das Innenministerium, die Finanzverwaltung und das

RSHA arbeiteten komplizierte Formeln aus, die es dem Staat gestattet hätten, alle verbleibenden Vermögenswerte und Habseligkeiten von Juden, die das Reich verließen, zu beschlagnahmen.[111] Hitler entschied sich für eine simplere Lösung. Deutsche Juden, die ihren Wohnsitz außerhalb des Reiches hatten, verloren ihre Staatsbürgerschaft, und ihr gesamtes Vermögen ging in das Eigentum des Staates über. Am 25. November 1941 wurde die neue Regelung als «Elfte Verordnung zum Reichsbürgergesetz» erlassen.[112] Diese Verordnung ließ ein ständiges Tauziehen zwischen dem Reichsfinanzministerium und dem RSHA zutage treten, bei dem es um das Schicksal der Vermögenswerte und des Eigentums der aus Deutschland deportierten Juden ging.

Wie wir sahen, wurde das Eigentum der im Jahre 1940 aus dem Reich deportierten Juden nach einem Befehl beschlagnahmt, den Himmler am 4. April 1941 erlassen hatte und den Hitler am 29. Mai 1941 zum Gesetz erhob. Während die SS dieses Eigentum für ihre eigenen Aktionen beschlagnahmte, machte auch das Finanzministerium seine Empfängerrechte geltend. Während des Sommers 1941 hatte das Finanzministerium gefordert, alle Banken sollten eine Liste jüdischer Konten erstellen, während die Reichsvereinigung – unter Anweisungen vom RSHA – alle Juden des Landes von der Verpflichtung in Kenntnis setzte, ein genaues Inventar ihrer Häuser, Wohnungen und Immobilien aufzustellen; danach wäre jede ungenehmigte Übertragung mit Haft zu bestrafen. So warteten sowohl das Finanzministerium als auch das RSHA (via Reichsvereinigung) auf den Beginn der Deportationen (in den hohen Norden Rußlands oder an einen anderen Ort).

Am 4. November legte der Finanzminister die obligatorischen administrativen Kanäle für die Übernahme des Eigentums der Deportierten durch die lokalen, regionalen und zentralen Stellen fest. «Es wird insbesondere dafür zu sorgen sein», betonte der Minister, «daß Verfügungen anderer Stellen über diese Vermögenswerte unterbleiben.»[113] Einige Tage später übermittelte jedoch die Reichsvereinigung eine Anordnung vom RSHA, in der alle Juden, die deportiert werden sollten, aufgefordert wurden, sämtliche ausstehenden Beträge zu begleichen, die sie der Reichsvereinigung schuldeten (welche diese dann auf das RSHA übertragen würde). Ihnen wurde erklärt, sie sollten diese Beträge nicht in die Formulare eintragen, die sie an den Sammelpunkten vorlegen mußten (um deren Übertragung auf das Reichsfinanzministerium zu vermeiden); vielmehr sollten sie diese finanziellen Angelegenheiten erledigen, bevor sie die Sammelpunkte erreichten.[114]

Die Elfte Verordnung zum Reichsbürgergesetz schien die Konkurrenz zugunsten der staatlichen Behörden zu entscheiden. Ein Jude, der «seinen gewöhnlichen Aufenthalt im Ausland» hatte, verlor seine deutsche Staatsangehörigkeit. Das Gesetz galt mit sofortiger Wirkung für Juden, die zum Zeitpunkt seiner Bekanntmachung ihren Aufenthalt im Ausland hatten, sowie für diejenigen, die ihn in Zukunft dorthin verlegten. Der Verlust der Staatsbürgerschaft zog die Verwirkung allen Eigentums und aller Vermögenswerte zugunsten des Reiches nach sich.[115] Um jedes Mißverständnis hinsichtlich der Bedeutung des Begriffs «Ausland» zu vermeiden, erließ der Innenminister am 3. Dezember ein Rundschreiben, in dem er erklärte, darunter fielen auch die «von den deutschen Truppen besetzten Gebiete», insbesondere das Generalgouvernement sowie die Reichskommissariate Ostland und Ukraine.[116]

Letztlich setzte sich jedoch hinsichtlich der Mittel, die der Reichsvereinigung geschuldet wurden, das RSHA durch, indem es sich unter anderem auf den Standpunkt stellte, diese Gelder seien die finanzielle Grundlage für die Durchführung sämtlicher die Juden betreffenden Maßnahmen. Und um diese Beträge zusätzlich zu erhöhen, dachten sich die Männer Heydrichs verschiedene Pläne aus, die darauf angelegt waren, die arglosen Opfer noch weiter zu täuschen und auszuplündern. So konnten ältere Juden Häuser im «Altersghetto» erwerben, indem sie der Reichsvereinigung die dafür erforderlichen Beträge überschrieben, die dann auf das RSHA übertragen wurden (die H- und W-Konten). Einige dieser Häuser, so erklärte man den Deportierten, hätten Seeblick, andere lägen an einem Park... Auf die eine oder andere Weise finanzierten die Opfer ihre Deportation und letztlich ihre eigene Vernichtung.[117]

Die von den Deportierten freigemachten Häuser führten örtlich zu einem gewissen Maß an Kooperation zwischen der Gestapo und Parteifunktionären, wie es schon in Wien und München der Fall gewesen war. In der Region Frankfurt beispielsweise ernannte der Gauleiter von Hessen-Nassau, Jakob Sprenger, den Frankfurter Kreisleiter zum einzigen Repräsentanten des Gaus, der berechtigt war, mit der Gestapo über das Schicksal jüdischer Häuser und Wohnungen zu verhandeln, um so Spannungen und Konkurrenz zu vermeiden.[118]

Manchmal kam es jedoch zu unerwarteten Schwierigkeiten. Die Juden, die im Laufe der ersten beiden Kriegsjahre (oder sogar noch früher) gezwungen worden waren, ihre Wohnungen oder Häuser zu verlassen, um in ein «Judenhaus» zu ziehen, mieteten meist Wohnungen in Gebäuden, in denen nur sie wohnen durften, die aber «arischen» Hausbesitzern gehörten. Als die Deportationen begannen, wurden einige der Wohnungen von den Deportierten geräumt, in anderen blieben die jüdischen Mieter einstweilen noch wohnen. Nach einem Beschwerdebrief, den ein gewisser August Stiewe, der Eigentümer eines solchen Hauses, am 25. August 1942 an die Gestapo in Düsseldorf sandte, führte die Deportation einiger seiner jüdischen Mieter zu beträchtlichen Einnahmeverlusten aus unbezahlten Mieten, da man «arische» Mieter nicht auffordern konnte, in ein Haus zu ziehen, das immer noch zum Teil von Juden bewohnt wurde. Die Gestapo leugnete nicht, daß es einen solchen finanziellen Verlust gab, aber sie wies Stiewe an, seine Beschwerde an die örtliche Zweigstelle des Finanzministeriums zu senden, da dieses das jüdische Vermögen kassierte.[119]

*

Im Herbst 1941 waren der Status und das Schicksal von Mischlingen immer noch so ungeklärt wie eh und je. Am Vorabend der Deportationen aus dem Reich wies Walter Groß, der Leiter des Rassenpolitischen Amtes der Partei, in einem Gespräch mit Lammers auf zwei Punkte hin, die vom «rein biologischen Standpunkt» wesentliche Desiderata seien: «1. keine Neuentstehung von Mischlingen II. Grades – also Notwendigkeit der Sterilisierung der Mischlinge I. Grades dort, wo aus politischen Gründen Ausnahmen erforderlich werden, 2. Aufrechterhaltung irgendeines deutlichen Unterschieds zwischen Mischling II. Grades und Deutschen, um einen gewissen Makel am Begriff Mischling bestehen zu lassen, da nur eine deutliche Distanzierung von Mischling das Rassenbewußtsein wachhalten und die künftigte Entstehung anderer als jüdischer Rassenmischlinge verhindern kann, mit der wir sonst bei der künftigen breiten Berührung zwischen Völkern und Rassen rechnen müssen. Reichsminister Lammers folgte beiden Gedanken und *sprach sich positiv zum Vorschlag der Sterilisierung der Mischlinge I. Grades für den Fall des Belassens im Reichsgebiet aus* [Hervorhebung S. F.]; er schlug weiter von sich aus vor, Mischlinge II. Grades ehegenehmigungspflichtig zu machen, um in jedem Fall ihre Partnerwahl unter Kontrolle zu haben. Er ging dabei von der Zielsetzung aus, Ehen von Mischlingen II. Grades untereinander wegen der Gefahr des Herausmendelns jüdischer Merkmale unter allen Umständen zu verhindern.» «Ich bemerkte», fügte Groß hinzu, «... es sei durchaus zu prüfen, ob die diffuse Verbreitung jüdischer Anlagen in der Gesamtnation vorteilhafter erscheint als ihre Isolierung in einer begrenzten Bevölkerungsgruppe, aus der dann gelegentlich Träger gehäufter jüdischer Merkmale hervorgehen würden, die ihrerseits in irgendeiner Form der Ausmerze unterliegen könnten.»[120] Das Problem blieb in der Schwebe.

Die Auffindung einer Lösung wurde jedoch dringlich, zuallererst angesichts der Deportationen, aber auch im Hinblick darauf, daß zumindest einige Kategorien von Mischlingen weiterhin in der Wehrmacht dienten, und bezüglich der Frage nach ihrer Zulassung zum Universitätsstudium. Im Prinzip blieben die Entscheidungen, die Hitler 1940 über die in der Wehrmacht dienenden Mischlinge getroffen hatte, gültig; sie wurden nach Abschluß des Frankreichfeldzugs sogar noch strikter durchgesetzt, und man hielt trotz der zunehmenden Schwierigkeiten an der Ostfront an ihnen fest: Halbjuden mußten entlassen werden; Vierteljuden konnten in der Armee bleiben, durften aber nicht befördert werden, auch nicht zum Unteroffizier. In der Realität blieb jedoch die Konfusion bestehen. In Rommels Afrikakorps wurden diese Regeln anscheinend völlig mißachtet; bei der Marine behandelte man sie schleppend, während sie im Heer und in der Luftwaffe nur dann angewendet wurden, wenn und sobald die rassische Identität des Soldaten oder Offiziers erklärt oder entdeckt wurde.[121] Hitler behielt sich gewöhnlich das Recht vor, Vierteljuden in den Rang eines Unteroffiziers oder Offiziers zu befördern. Und um das Maß der bereits existierenden Verwirrung vollzumachen, verfügte er, daß die Familie eines Mischlings (und sei er auch ein Halbjude), der im Kampf gefallen war, vor antijüdischen Maßnahmen bewahrt werden sollte.[122] Mit anderen Worten, es sieht so aus, als habe die Wehrmacht noch 1941 halbjüdische Mischlinge zum aktiven Dienst eingezogen.[123]

Wie zu erwarten war, wurden manche Mischlinge, wenn ihre Identität offenbar wurde, von vorgesetzten Offizieren oder Kameraden mißhandelt. Viele sagten jedoch später aus, sie seien bei Angehörigen ihrer Einheiten menschlichen, ja freundlichen Einstellungen begegnet. Einige Mischlinge fühlten sich dadurch, daß sie die Wehrmacht verlassen mußten, zutiefst benachteiligt; andere waren erleichtert, Hitler nicht mehr dienen zu müssen. Die meisten Mischlinge fanden eine zivile Beschäftigung, manchmal in höchst sensiblen Stellungen, wie etwa bei wissenschaftlicher Forschung in Raketenbaubetrieben in Peenemünde.[124]

Der Zugang zur Universität blieb für Mischlinge ersten Grades außerordentlich schwierig, auch wenn das Reichserziehungsministerium, wie wir sahen, Bewerber mit hervorragenden militärischen Zeugnissen akzeptierte. Wie zuvor vertraten jedoch die Parteikanzlei und die Rektoren die harte Linie und benutzten jedes sich bietende Argument (darunter die von einigen Rektoren gemachte Beobachtung negativer rassischer Züge der Kandidaten), um Teiljuden die Türen der Universität zu verschließen.[125]

Im allgemeinen blieb Teiljuden ebenso wie den jüdischen Ehegatten in Mischehen mit Kindern die Deportation erspart, wenngleich sich die Verfolgung im Laufe der Zeit, als die Niederlage immer unausweichlicher schien, radikalisierte und ausweitete.

VI

Im Reich wurden Informationen über im Osten verübte Massaker in erster Linie durch Soldaten verbreitet, die über das, was sie miterlebt hatten, häufig ganz offen – und auch ganz zustimmend – in die Heimat schrieben. «In Kiew», schrieb der Gefreite L. B. am 28. September, «ist eine Explosion nach der andern durch Minen. Die Stadt brennt schon acht Tage, alles machen die Juden. Darauf sind die von 14 bis 60 Jahre alten Juden erschossen worden, und es werden auch noch die Frauen der Juden erschossen, sonst wird nicht Schluß damit.»[126] Am 2. November beschrieb der Soldat X. M. eine ehemalige Synagoge aus dem Jahre 1664, die bis zum Krieg in Gebrauch gewesen war. Jetzt standen davon nur noch die Mauern. «Zu seinem bisherigen Zweck wird [der Bau] nie mehr Verwendung finden», fügte X. M. hinzu. «Ich glaube, daß Juden hierzulande [in der Sowjetunion] auch bald kein Bethaus mehr brauchen werden. Warum, habe ich Dir doch bereits geschildert. Für diese gräulichen Kreaturen ist's doch die einzig richtige Erlösung ...»[127]

In einem SD-Bericht aus Münster vom 2. Oktober wurde ein Gespräch zwischen zwei Bediensteten des Bürgermeisteramts über Soldatenbriefe mitgeteilt, die sie kürzlich von der russischen Front erhalten hatten. «Man mache sich keinen Begriff von der Härte des Kampfes. Der Sowjetrusse sei durch seine Gewissenlosigkeit und jeden Mangel an ritterlichem Gefühl gefährlich. Offenbar hätten die Juden aus diesem Grunde Religion und Ethik bewußt zerschlagen. Den Russen regiere nur noch die blinde Angst vor den jüdischen Kommissaren. Er wehre sich und beiße um sich wie ein Tier. Das habe das Judentum aus den arischen Völkern Rußlands gemacht. ... Schon im Frieden sei ein starker Prozentsatz der russischen Soldatenhorden rein mongolisch gewesen. Die Juden hätten Asien gegen Europa mobil gemacht.»[128] Bei den Briefen, die diese Angestellten in Münster erhielten, muß es sich um eine Stichprobe der Ansichten des Ostheers gehandelt haben.

Die Informationen über das Ausmaß der Vernichtungen von Juden im Osten wurden natürlich nicht nur in Soldatenbriefen übermittelt. Schon im Juli 1941 reichten schweizerische diplomatische und konsularische Vertreter im Reich und in Satellitenländern detaillierte Berichte über diese massenhaften Greuel ein; ihre Informationen stammten allesamt aus deutschen oder verwandten Quellen.[129] Höhere und selbst mittlere Beamte in verschiedenen deutschen Ministerien hatten Zugang zu den Mitteilungen der Einsatzgruppen und zu ihren Berechnungen der atemberaubenden Zahl von Juden, die sie ermordet hatten. Derartige Informationen wurden im Oktober 1941 in interner Korrespondenz des Auswärtigen Amtes erwähnt, und sie waren noch nicht einmal als «streng geheim» eingestuft.[130]

In einem Brief an seine Frau ließ Helmuth von Moltke erkennen, daß er genau wußte, was im Gange war: «Die Nachrichten aus dem Osten sind wieder schrecklich. Wir haben offenbar doch sehr, sehr große Verluste. Das wäre aber noch erträglich, wenn nicht Hekatomben von Leichen auf unseren Schultern lägen. Immer wieder hört man Nachrichten, daß von Transporten von Gefangenen oder Juden nur 20 % ankommen. ... Was wird passieren, wenn das ganze Volk sich klar ist, daß dieser Krieg verloren ist, und zwar ganz anders verloren als der vorige? Dazu mit einer Blutschuld, die zu unseren Lebzeiten nicht gesühnt und nie vergessen werden kann ...?»[131] Diese Zeilen wurden Ende August 1941 geschrieben.

Im Oktober und November dieses Jahres äußerte sich Moltke dann zu den Deportationen: «Seit Sonnabend», schrieb er am 21. Oktober an Freya, «werden die Berliner Juden zusammengetrieben; abends um 21.15 werden sie abgeholt und über Nacht in eine Synagoge gesperrt. Dann geht es mit dem, was sie in der Hand tragen können, ab nach Litzmannstadt und Smolensk. Man will es uns ersparen zu sehen, daß man sie einfach in Hunger und Kälte verrecken läßt und tut das daher in Litzmannstadt und Smolensk.»[132] Und am 13. November: «Ich kann mich an diese zwei Tage nur noch schlecht erinnern. Russische Gefangene, evakuierte Juden, evakuierte Juden, russische Gefangene. ... Das ist die Welt dieser 2 Tage gewesen. Gestern habe ich mich von einem früher berühmten jüdischen Anwalt verabschiedet, der das E.K. I & II, den Hohenzollernschen Hausorden, das goldene Verwundetenabzeichen hat und sich mit seiner Frau heute umbringen wird, weil er heute abend geholt werden soll.»[133]

Über die Morde in den besetzten sowjetischen Gebieten erhielt Ulrich von Hassell einen großen Teil seiner Informationen von General Georg Thomas, dem Chef des Wehrwirtschafts- und Rüstungsamtes der Wehrmacht (der insofern eine eigenartige Rolle spielte, als er einerseits die Plünderungen in den besetzten sowjetischen Gebieten intensivierte und andererseits den Widerstand gegen das Regime mit Informationen versorgte). «Unterhaltungen mit Freda [Dohnanyi] u. a., besonders auch ein Bericht von Auerley [Thomas], der wieder von der Front kam», schrieb Hassell am 4. Oktober, «bestätigen die Fortdauer widerwärtigster Grausamkeiten vor allem gegen Juden, die reihenweise ohne Scham niedergeknallt werden, und auch gegen Gefangene und sonstige Russen. Ein Oberstabsarzt hat berichtet, er habe russische Dum-Dum-Munitionen bei Judenexekutionen ausprobiert und dabei die und die Ergebnisse gehabt; er sei bereit, das fortzuführen und einen Bericht zu machen, der zur [antisowjetischen] Propaganda wegen dieser Munition verwendet werden könnte!»[134]

Auch die Bevölkerung im Reich war über die Vorgänge in den Konzentrationslagern, selbst über die mörderischsten, recht gut informiert. So konnten beispielsweise Leute, die in der Gegend von Mauthausen lebten, beobachten, was sich im Lager abspielte. Am 27. September 1941 schickte Eleonore Gusenbauer einen Beschwerdebrief an das Polizeirevier Mauthausen: «Im Konzentrationslager Mauthausen werden auf der Arbeitsstätte im Wienergraben wiederholt Häftlinge erschossen, von denen die schlecht getroffenen noch längere Zeit leben und so neben den Toten Stunden und sogar Halbtage lang liegen bleiben. Mein Anwesen liegt auf einer Anhöhe nächst dem Wienergraben, und man ist oft ungewollt Zeuge von solchen Untaten. Ich bin ohnehin kränklich und solches Ansehen nimmt meine Nerven derart in Anspruch, daß ich dies nicht auf die Dauer ertragen kann. Ich bitte um Veranlassung, daß solche unmenschliche Handlungen unterbleiben bzw. dort gemacht werden, wo man es nicht sieht.»[135]

Über das Schicksal der aus dem Reich deportierten Juden sickerten schon von Anfang an einige Informationen durch. So berichtete der SD am 12. Dezember 1941 über Äußerungen von Einwohnern Mindens bezüglich des Schicksals der Juden aus ihrer Stadt, die einige Tage zuvor in den Osten deportiert worden waren; man erzählte, «der Transport würde durchgeführt bis Warschau in Personenwagen und von dort mit Viehwagen. ... In Rußland würden die Juden zur Arbeit in ehemals sowjetischen Fabriken herangezogen, während die älteren und kranken Juden erschossen werden sollten.»[136]

Die Mörder selbst hatten keine Hemmungen, ihre Taten zu schildern, selbst wenn es um Massenhinrichtungen bei der angeblich geheimen Operation 14f13 ging. Während der letzten Monate des Jahres 1941 hinterließ Dr. Friedrich Mennecke, einer der SS-Ärzte, die direkt an dieser Operation beteiligt waren, einige berüchtigte Briefe für seine Frau – und die Nachwelt. Am 19. November 1941 berichtete er seiner «liebsten Mutti» aus dem Frauenkonzentrationslager Ravensbrück, er habe an diesem Tag 95 Bögen von zu ermordenden Häftlingen ausgefüllt, nach Beendigung seiner Arbeit habe er zu Abend gegessen («3 Sorten Wurst, Butter, Brot, Bier»), er habe «herrlich» geschlafen und fühle sich «tadellos».[137] Sieben Tage später schrieb er aus Buchenwald: Die erste «Portion» von Opfern bestand aus «Ariern». «Als zweite Portion folgten nun insgesamt 1200 Juden, die sämtlich nicht erst ‹untersucht› werden, sondern bei denen es genügt, die Verhaftungsgründe (oft sehr umfangreich!) aus der Akte zu nehmen u. auf die Bögen zu übertragen. Es ist also eine rein theoretische Arbeit.»[138] Einige Tage später wurden die Juden nach Bernburg transportiert und vergast.

Die Reaktionen der deutschen Bevölkerung auf die Deportationen und das Schicksal der Juden, die man aus dem Reich in den Osten geschickt hatte, waren, wie schon erwähnt, weiterhin unterschiedlich.

Während einige der Einwohner von Minden beispielsweise die Deportationen begrüßten,[139] brachten andere ihr Mitleid zum Ausdruck (die Juden seien «letztlich doch von Gott geschaffene Menschen»).[140] Wieder andere aber verharrten einfach in ihrer feindlichen Einstellung zu den Juden, was immer ihnen zustoßen mochte. So waren in derselben Gegend zahlreiche Hausfrauen über eine Veränderung der Zeiten erbost, die den Juden für ihre Lebensmitteleinkäufe zugeteilt wurden. Diese Änderung zwang deutsche Hausfrauen dazu, entweder zu einer ungünstigen Zeit einkaufen zu gehen oder dies zusammen mit Juden zu tun...[141]

Das Wissen von den Vernichtungen verbreitete sich auch unter deutschen Akademikern im Osten und versetzte manche «Feldforscher» in Panik. Nehmen wir die peinliche Lage, in der sich die Wienerin Dr. Elfriede Fliethmann von der Sektion Rasse- und Volkstumskunde des Krakauer Instituts für Deutsche Ostarbeit im Oktober 1941 befand: «Wir wissen nicht, welche Maßnahmen über die Aussiedlung der jüdischen Bevölkerung für die nächsten Monate geplant sind», schrieb Fliethmanns Vorgesetzter am 22. Oktober an ihre enge Freundin und Kollegin am Institut für Anthropologie der Universität Wien, Dr. Dora Maria Kahlich. «Unter Umständen könnte uns durch zu langes Warten wertvolles Material entgehen, vor allem könnte es geschehen, daß unser Material aus einem natürlichen Familienzusammenhang und aus der gewohnten Umwelt herausgerissen würde, wodurch nicht nur die Aufnahmen selbst unter sehr erschwerten Umständen durchgeführt werden müßten, sondern auch die Aufnahmemöglichkeiten sehr verändert würden.»[142]

Bald waren Fliethmann und Kahlich auf dem Weg nach Tarnów in Galizien, um von verschiedenen jüdischen Familienmitgliedern Aufnahmen zu machen und Messungen anzufertigen, «damit wir wenigstens etwas vom Material gerettet haben, wenn irgendwelche Maßnahmen getroffen werden sollten».[143] Da die «Forschungsobjekte» Widerstand leisteten, bedurfte es für die Schnappschüsse und Messungen der «liebenswürdigen» Hilfe der Sicherheitspolizei. Kinderreiche orthodoxe Familien aus Tarnów waren das hauptsächliche «Material»; sie galten als «die typischsten Vertreter des ursprünglichen galizischen Judentums».[144] Beide Forscherinnen machten sich energisch an die Arbeit, wie ihre Korrespondenz der darauffolgenden Wochen zeigt: Sie verhehlten nicht ihre Begeisterung über die rassisch-anthropologischen «Wunder», die sie da entdeckten. So unterrichtete Kahlich, die das «Material» in Wien auswertete, Fliethmann von den ersten Ergebnissen, wenngleich mit aller erforderlichen wissenschaftlichen Zurückhaltung: «Nun muß ich gleich was richtig stellen. Ich habe nur festgestellt, daß sich die

Tarnower Juden in das vorderasiatisch-orientalische Rassengemisch einordnen lassen, dabei ist nicht gesagt, daß sie nicht anderen Rasseneinschlag auch noch zeigen.»[145]

Die Wichtigkeit der von Fliethmann und Kahlich betriebenen Forschung führte zu weiteren Nachfragen beim SD in Lemberg: Könnte man nicht die jüdische Gemeinde von Tarnów noch etwas länger an Ort und Stelle belassen?[146] Wie die Antwort aus Lemberg ausgefallen sein mag, können wir nur mutmaßen. Gleichwohl waren die vorläufigen Resultate der Bemühungen Fliethmanns nicht umsonst. Sie finden sich immer noch im «Vorläufigen Bericht über anthropologische Aufnahmen an Judenfamilien in Tarnow», der 1942 in Band 2 von *Deutsche Forschung im Osten* publiziert wurde.[147]

Und gerade um die Zeit, da sich die Kahlichs und die Fliethmanns der deutschen Wissenschaft zunehmend Sorgen über das Verschwinden ihres «Materials» machten, also Ende 1941 und im Januar 1942, schrieb der Historiker Theodor Schieder – dessen Ratschlägen zum Umgang mit den Juden Polens wir schon im Oktober 1939 begegnet sind – einen «vertraulichen» Bericht über Volksbeziehungen in der jüngst annektierten Region Białystok. Im Gegensatz zu den beiden Anthropologinnen rühmte sich der emsige Historiker aus Königsberg einer «außergewöhnlich guten» Zusammenarbeit mit den Behörden. Schieder ermutigte eben diese Behörden mit Nachdruck, ihre Politik bezüglich der jüdischen Einwohner von Białystok fortzuführen; der wirtschaftlichen Vorrangstellung, die sich die Juden unter den Zaren verschafft hatten und die sie in der Zeit der sowjetischen Besatzung von 1939 bis 1941 – da erfaßte «die bolschewistische Organisation des jüdisch-russischen Funktionärstums ... alsbald das gesamte wirtschaftliche Leben» – mit anderen Mitteln wieder herstellten, hatte die Ghettoisierung ein Ende bereitet. Schieder legte die Wurzeln dieser jüdischen Fähigkeit bloß, in der russischen Geschichte vor 1917 ihre ökonomische Umwelt zu beherrschen: Die jüdische Assimilation an die russische Gesellschaft war nichts als «Tünche», die in seinen Augen «das jüdische Element, das seine Rasse genauso zäh wie früher bewahrte, nur um so besser befähigt[e], wichtige wirtschaftliche Schlüsselstellungen zu besetzen». Jetzt aber werde «den Weißruthenen der Antisemitismus aus eigener täglicher Erfahrung erst recht verständlich».[148]

VII

Die beiden extremsten Maßnahmen, die von Mitte September 1941 an gegen die Juden im Reich ergriffen wurden, die Einführung des Judensterns und der Beginn der Deportationen, stellten die deutschen Kirchen vor Herausforderungen, die sie nicht mehr ignorieren konnten. Nachdrücklicher als andere Teile der deutschen Gesellschaft mußten die christlichen Kirchen Stellung beziehen, da es sich zumindest bei einigen Opfern um konvertierte Juden handelte.

Am 17. September, zwei Tage bevor das Tragen des Sterns für Juden im Reich und im Protektorat obligatorisch wurde, versandte Kardinal Innitzer aus Wien einen Hirtenbrief, in dem er Achtung und Liebe gegenüber den katholischen Juden empfahl; am 18. September wurde die Botschaft des Kardinals zurückgezogen und durch einen kurzen Text ersetzt, aus dem jede Erwähnung von Liebe und Achtung verschwunden war und in dem es lediglich hieß, nichtarische Christen dürften am kirchlichen Leben wie bisher teilhaben.[149]

Ebenfalls am 17. September erließ der Breslauer Kardinal Bertram die Richtlinien für die Kirche im Reich. Er erinnerte die Bischöfe an den gleichen Status aller Katholiken, seien sie «Arier» oder Nichtarier, und forderte, eine Absonderung der katholischen Nichtarier «so lange als möglich zu vermeiden». Die Pfarrer würden aber bei gelegentlichen Anfragen diesen Katholiken empfehlen, «möglichst die Frühgottesdienste zu besuchen». Wenn es zu Störungen kommen sollte, dann – und nur dann – sollte eine Verlautbarung verlesen werden, in der die Gläubigen daran erinnert wurden, daß die Kirche bei ihren Mitgliedern keine Unterschiede anerkannte, welcher Herkunft sie auch immer waren, aber ein getrennter Kirchenbesuch sollte ebenfalls in Erwägung gezogen werden.[150] Einen Monat später schrieb Bertram jedoch an den Münchner Kardinal Faulhaber, die Kirche habe sich mit dringenderen Problemen zu befassen als mit der Frage der konvertierten Juden…[151] Und die nichtkonvertierten Juden wurden nicht einmal erwähnt.

Für manche katholischen Institutionen war es eine allzu große Belastung, die Konvertiten bei sich zu behalten. In ihren Memoiren schildert Cordelia Edvardson, damals eine junge jüdische Konvertitin, auf deren Geschichte wir noch zurückkommen, eine bezeichnende Episode. Kurz nach der Einführung des Judensterns teilte ihr die Leiterin der Berliner Zweigstelle des Vereins Katholischer Mädchen, dem sie angehörte, mit, «falls man entdecke, daß man Mitglieder habe, die den Judenstern tragen, würden die Behörden den Verein auflösen, also sei es wohl das beste, das Mädchen komme nicht mehr zu den Versammlungen». Und ohne sich über die Ironie im klaren zu sein, fügte die Leiterin hinzu: «Du kennst doch unsere Losung: Einer für alle und alle für einen.»[152]

Bei den Protestanten traten natürlich krasse Unterschiede zwischen den Bekenntnisgemeinden und den Deutschen Christen zutage. Einige Mitglieder der Bekennenden Kirche bewiesen regelrechten Mut. So versandte im September 1941 Katharina Staritz, eine Kirchenfunktionärin aus Breslau, einen Rundbrief zur Unterstützung der Sternträger, in dem sie ihre Gemeinde dazu aufforderte, ihnen gegenüber eine besonders entgegenkommende Haltung zu zeigen.[153] Der SD berichtete über den Rundbrief;[154] das *Schwarze Korps* kommentierte die Angelegenheit, und die Offiziellen der Kirche entließen Staritz aus ihrer Stelle als «Stadtvikarin». Einige Monate später wurde sie für ein Jahr nach Ravensbrück abtransportiert. Nach ihrer Rückkehr durfte sie in der Kirche keine bedeutenden Aufgaben erfüllen und mußte sich zweimal wöchentlich bei der Gestapo melden.[155]

Die Deutschen Christen reagierten auf die neue Maßnahme erwartungsgemäß mit Begeisterung. Wenige Wochen zuvor hatten sie ein Manifest veröffentlicht, in dem sie den antibolschewistischen Feldzug im Osten priesen; sie seien, so erklärten sie, gegen eine Form des Christentums, die sich mit dem Bolschewismus verbünde, die die Juden als das auserwählte Volk betrachte und die leugne, daß «unser Volk und unsere Rasse gottgegeben» seien.[156] Die Einführung des Sterns eröffnete ihnen die Möglichkeit, Judenchristen von der Teilnahme an Gottesdiensten auszuschließen und dafür zu sorgen, daß sie weder Kirchengebäude betraten noch auf christlichen Friedhöfen beerdigt wurden.[157]

Als die Deportationen aus dem Reich einsetzten, verschärften sich die Auseinandersetzungen sowohl in der protestantischen als auch in der katholischen Kirche. Im November 1941 versuchte die prominenteste Persönlichkeit der Bekennenden Kirche, Bischof Theophil Wurm, Goebbels davon zu überzeugen, daß die gegen die Nichtarier ergriffenen Maßnahmen nur Wasser auf die Mühlen der schlimmsten Feinde Deutschlands, unter ihnen insbesondere «Herr Roosevelt und seine Helfershelfer», sein konnten.[158] Der Propagandaminister notierte, Wurm habe wahrscheinlich den Ehrgeiz, unter den Protestanten die Rolle zu übernehmen, die Galen bei den Katholiken spielte: «Ich werfe seinen Brief in den Papierkorb.»[159] Am 10. Dezember übergab Wurm im Namen der Versammlung von Kirchenführern (der Bekennenden Kirche) dem Staatssekretär Friedrich Wilhelm Kritzinger eine an Hitler gerichtete Denkschrift; darin ging es in einem kurzen Absatz auch um das Schicksal der Juden: «Vieles ist geschehen, was nur der feindlichen Propaganda nützen könnte: Wir rechnen dazu auch die Maßnahmen zur Beseitigung der Geisteskranken und die sich steigernde Härte in der Behandlung der Nichtarier, auch derer, die sich zum christlichen Glauben bekennen.»[160] Von einer Antwort ist nichts bekannt.

Daraufhin publizierten am 17. Dezember die deutschchristlichen Kirchenführer von Sachsen, Hessen-Nassau, Mecklenburg, Schleswig-Holstein, Anhalt, Thüringen und Lübeck eine Bekanntmachung über die Juden im allgemeinen und speziell die evangelischen Juden, der zufolge «schärfste Maßnahmen gegen die Juden zu ergreifen und sie aus deutschen Landen auszuweisen» seien. «Rassejüdische Christen haben in ihr [der Kirche] keinen Raum und kein Recht», hieß es in dem Text, und deshalb hätten die unterzeichneten Kirchen und Kirchenleiter «jegliche Gemeinschaft mit Judenchristen aufgehoben».[161]

Das deutschchristliche Manifest verlangte eine Reaktion; sie kam von der obersten Autorität der evangelischen Kirche, der Kirchenkanzlei, dem Sprachrohr der Hauptströmung des deutschen Protestantismus. Ein offener Brief an alle Landeskirchen, der zwei Tage vor Weihnachten 1941 bekanntgemacht wurde und vom stellvertretenden Direktor, Dr. Günther Fürle, im Namen der Kanzlei und ihres geistlichen Beratergremiums von drei Bischöfen unterzeichnet war, bezog eine kompromißlos antisemitische Haltung: «Der Durchbruch des rassischen Bewußtseins in unserem Volk, verstärkt durch die Erfahrungen des Krieges und entsprechende Maßnahmen der politischen Führung, haben die Ausscheidung der Juden aus der Gemeinschaft mit uns Deutschen bewirkt. Dies ist eine unbestreitbare Tatsache, an welcher die deutschen Evangelischen Kirchen, die in ihrem Dienst an dem einen ewigen Evangelium an das deutsche Volk gewiesen sind und im Rechtsbereich dieses Volkes als Körperschaften des öffentlichen Rechts leben, nicht achtlos vorübergehen können. Wir bitten daher im Einvernehmen mit dem Geistlichen Vertrauensrat der Deutschen Evangelischen Kirche die obersten Behörden, geeignete Vorkehrungen zu treffen, daß die getauften Nichtarier dem kirchlichen Leben der deutschen Gemeinde fernbleiben. Die getauften Nichtarier werden selbst Mittel und Wege suchen müssen, sich Einrichtungen zu schaffen, die ihrer gesonderten gottesdienstlichen und seelsorgerischen Betreuung dienen können. Wir werden bemüht sein, bei den zuständigen Stellen die Zulassung derartiger Einrichtungen zu erwirken.»[162]

Bischof Wurm antwortete im Namen der Bekennenden Kirche. Er blieb bei seiner Kritik an der Position der Kirchenkanzlei sehr zurückhaltend und reicherte seine Vorbehalte gegen die Unterscheidung zwischen «arischen» und nichtarischen Christen mit einer erheblichen Dosis Antisemitismus an.[163] Die Vorläufige Kirchenleitung (der Bekennenden Kirche) äußerte sich freimütiger: «Mit allen auf dem Boden von Schrift und Bekenntnis stehenden Christen Deutschlands sehen wir uns zu der Feststellung genötigt, daß dieses Ansuchen der Kirchenkanzlei mit dem Bekenntnis der Kirche unvereinbar ist. ... Mit welchem Recht wollen wir aus rassischen Gründen die christlichen Nichtarier von unseren Gottesdiensten ausschließen? Wollen wir den Pharisäern gleichen, die ‹Zöllnern und Sündern› die Gottesdienstgemeinschaft aufsagten und Christi Strafgericht dafür ernteten?»

Um konsequent zu sein, stellte die Vorläufige Kirchenleitung fest, müßte die Kanzlei «sämtliche Apostel, und nicht zuletzt Jesus Christus selbst, den Herrn der Kirche, wegen ihrer rassischen Zugehörigkeit zum jüdischen Volk aus unserer Kirche ... verweisen». Die Vorläufige Kirchenleitung bestritt jedoch nicht, daß der Staat Maßnahmen gegen die Juden ergreifen könne, und wie im Falle Wurms mangelte es ihrer Verlautbarung nicht an antisemitischen Kommentaren.[164] Die Kontroverse setzte sich mehrere Monate lang fort, und dabei übernahm eine zunehmende Zahl von Landeskirchen die Haltung der Kanzlei.[165]

Klepper, der in der Zwischenzeit wegen seiner jüdischen Ehefrau aus der Wehrmacht entlassen worden war, hatte seine Tagebuchaufzeichnungen wieder aufgenommen. Am Weihnachtstag 1941 notierte er: «Man hat [in K.s Kirche] noch keine Lösung für die christlichen Sternträger ‹überlegt› [seine Frau und seine Tochter, die zwar mittlerweile beide evangelisch waren, mußten natürlich den Stern tragen]. ... Heute war kein Jude mit dem Stern in der Weihnachtskirche.»[166]

Das Ausbleiben einer *öffentlichen* Reaktion der deutschen katholischen Kirche auf die Deportationen und auf das zunehmende Wissen um die Massenvernichtungen im Osten war geplant. Eine kleine Gruppe von Bischöfen (Gröber, Berning und Preysing) hatte einen Hirtenbrief entworfen, der das Datum des 15. November 1941 trug; er verzeichnete und brandmarkte in klaren und mutigen Worten die feindseligen Maßnahmen, welche Autoritäten von Staat und Partei gegen die Kirche und ihre Institutionen ebenso wie gegen die Grundrechte der Deutschen auf Leben, Freiheit und Eigentum ergriffen hatten; die Judenfrage wurde in dem Text nicht angesprochen.[167] Der Grund, den man für diese Auslassung geltend machte, ist einer ungezeichneten Denkschrift vom 25. November zu entnehmen, die sich in Kardinal Faulhabers Archiven fand; indem sie die Richtlinien für die Veröffentlichung der Hirtenbotschaft festlegt, läßt sie den Grund für diese Auslassung erkennen: «2) Gleichzeitig mit der Verlesung wird die Reichsregierung von dem Inhalt des Hirtenwortes in Kenntnis gesetzt mit der Mitteilung, daß dieser öffentliche Weg gewählt werden mußte, da die bisherigen Eingaben und Denkschriften keine entsprechende Antwort gefunden haben. Ferner sind weitere Punkte der Regierung zu unterbreiten, die im Hirtenbrief unbeschadet des Ansehens von Volk und Regierung nicht behandelt werden können (Judenfrage, Behandlung der russischen Kriegsgefangenen, Greuel der SS in Rußland usw.).»[168]

Es mag mehrere Gründe dafür gegeben haben, die Judenfrage auszusparen: eine taktische Demonstration der Mäßigung ohne Rücksicht auf das, was als eine öffentliche Konfrontation mit dem Regime hätte erscheinen können, oder die Meidung von Problemen, die unter den

Kirchgängern in der Bevölkerung vielleicht nur auf ein geringes Echo gestoßen wären. Was immer diese Gründe gewesen sein mögen, Kardinal Bertram lehnte die Veröffentlichung des Briefes «im Prinzip und aus praktischen Gründen» ab.[169]

Von besonderer Bedeutung war die Aussparung der Judenfrage aus dem Briefentwurf angesichts der Tatsache, daß diese Entscheidung von zweien der drei Bischöfe gefällt worden war, die gewöhnlich das größte Interesse am Schicksal von Konvertiten und sogar von Juden allgemein zeigten (Preysing und Berning). Noch bedeutsamer war sie angesichts der Erklärung eben dieser Bischöfe, der Erfolg oder der Mißerfolg des Briefes sei nicht die entscheidende Frage; das, worauf es ankomme, sei lediglich: «Was ist im gegenwärtigen Augenblick unsere Pflicht? Was verlangt das Gewissen? Was erwartet Gott, das gläubige deutsche Volk von seinen Bischöfen?»[170] Schließlich nimmt die Auslassung, da der Brief Anfang 1942 immer noch diskutiert wurde, im Lichte dessen, was jetzt über das Schicksal der Deportierten bekannt wurde, eine noch unheilvollere Bedeutung an.

Margarete Sommer, die als Geschäftsführerin des Hilfswerks in der Berliner Erzdiözese für Unterstützungstätigkeit zuständig war, wurde Anfang 1942 von litauischen Katholiken und anscheinend auch von Hans Globke, einem hohen Beamten im Innenministerium, über die Massenmorde informiert, die in den baltischen Ländern an aus dem Reich deportierten Juden verübt wurden.[171] Nach einer Begegnung mit Sommer notierte Bischof Berning von Osnabrück am 5. Februar 1942: «Von Litzmannstadt kommen seit Monaten keine Nachrichten. Alle Karten kommen zurück. ... In Kowno sind Transporte von Berlin. Aber es wird bezweifelt, ob noch einer am Leben ist. – In Minsk und Riga keine bestimmten Nachrichten. Viele erschossen. Es besteht wohl der Plan, die Juden ganz auszurotten.»[172]

Auf seiner Paderborner Konferenz vom 24. und 25. November 1941 befaßte sich der deutsche Episkopat mit einem weiteren «jüdischen» Problem, der Trennung der Gatten von Mischehen auf Verlangen des «arischen» Partners. Die Bischöfe entschieden, jeden Fall individuell, mit «pastoraler Klugheit», zu behandeln.[173]

Zwei Monate vor den Diskussionen über den Hirtenbrief richtete ein anonymer deutscher Jude einen Brief an Bischof Galen. Er äußerte seine Bewunderung für die Haltung des Bischofs zur Euthanasie und erinnerte ihn an das, was jetzt den Juden in Deutschland geschah, selbst zutiefst patriotischen Juden wie ihm, denen man nicht mehr gestattete, Deutsche zu sein. Der Brief schloß mit den Worten: «Nur der aberwitzige Wunsch, die irre Hoffnung, daß uns irgendwo ein Helfer ersteht, treibt mich zu diesem Brief. Gott segne Sie!»[174] Galen fuhr während des gesamten Krieges fort zu predigen, und seine patriotischen und gegen die Bolschewisten gerichteten Ermahnungen waren nicht weniger inbrünstig als seine Verteidigung der Geisteskranken.[175] Zur Verteidigung der Juden hingegen äußerte er selbst in Privatbriefen nie auch nur ein einziges Wort.

Bernhard Lichtenberg, Dompropst der St.-Hedwigs-Kathedrale in Berlin, war eine einsame Ausnahme. Ebenso wie Pastor Grüber auf der protestantischen Seite half Lichtenberg nichtarischen Katholiken. Und von November 1938 an betete er in jedem Abendgottesdienst laut für die Juden. Am 29. August 1941 denunzierten ihn zwei Mädchen aus der Gemeinde bei der Gestapo. Am 23. Oktober wurde er verhaftet, verhört und am 29. Mai 1942 zu einer Gefängnisstrafe verurteilt. Er starb auf dem Wege nach Dachau am 5. November 1943.[176]

VIII

Ende 1941, als Einzelheiten über das Schicksal der Juden im Osten zurück ins Reich sickerten, erhielten hohe britische Beamte aus entschlüsselten deutschen Meldungen ebenfalls Kenntnis von den Massenmorden auf sowjetischem Gebiet. Alle derartigen Informationen blieben jedoch streng geheim, um die kostbarste Trumpfkarte des Krieges zu schützen, den Besitz einer deutschen «Enigma»-Dechiffriermaschine, die den Zugang zu einem großen Teil des feindlichen Funkverkehrs ermöglichte.[177]

Währenddessen machte sich die Führung der amerikanischen Judenheit wie auch die der jüdischen Gemeinschaft in Palästina über die Lage in Europa anscheinend nicht viele Gedanken, sowohl wegen unzulänglicher Informationen als auch deshalb, weil es dringlichere und näherliegende Herausforderungen gab. Für die amerikanischen Juden galt, daß ihre Verehrung für Roosevelt und ihre Furcht vor Antisemitismus ihnen zusätzliche Zurückhaltung auferlegte, wenn es um irgendwelche Interventionen ging, die dem «Chef» und den höheren Ebenen der Administration hätten mißfallen können. Gelegentlich überschritten jedoch diese jüdischen Führer vielleicht die Grenzen zur Unterwürfigkeit, indem sie Maßnahmen ergriffen, durch die sie, zweifellos unwissentlich, das Elend der Ghettobewohner vergrößerten.

Im Frühjahr 1941 hatte Rabbiner Wise beschlossen, alle Hilfssendungen für Juden in besetzten Ländern mit einem totalen Embargo zu belegen, wobei er dem Wirtschaftsboykott der Achsenmächte durch die US-Regierung folgte (was bedeutete, daß jedes Lebensmittelpaket als direkte oder indirekte Unterstützung für den Feind angesehen wurde). Die «patriotische» Kapitulation vor dem Boykott beruhte auch auf politischen Erwägungen über die Nachkriegsbeziehungen der amerikanisch-jüdischen Führung zu Großbritannien, vor allem im Hinblick auf die Palästina-Frage.[178] Die Vertreter des Jüdischen Weltkongresses in Europa erhielten strikte Anweisungen, ab sofort jeden Transport von Päckchen in die Ghettos zu stoppen, und dies ungeachtet der Tatsache, daß diese Sendungen ihr Bestimmungsziel, die Jüdische Selbsthilfevereinigung in Warschau, in der Regel tatsächlich erreichten. «Alle diese Operationen mit und über Polen müssen sofort aufhören», kabelte Wise an die Delegierten des Kongresses in London und Genf, «und sofort heißt wirklich SOFORT und nicht in Zukunft.»[179]

Besonders lautstark wurde die Zurschaustellung von bedingungslosem Amerikanismus im Anschluß an Lindberghs antijüdische Attacke in Des Moines im September 1941. «Wir werden nicht einmal das, was er [Lindbergh] als unsere Interessen betrachtet, über die unseres Landes stellen», antwortete das *American Jewish Committee*, «denn unsere Interessen und die unseres Landes sind eins und unteilbar.» Der *American Jewish Congress* äußerte sich in Ton und Inhalt nicht weniger entschieden: «Gewiß ist es nicht erforderlich festzustellen, daß wir [Juden] ebenso wahrhaft von und für Amerika sind wie jede andere Gruppe in der Nation. ... Wir haben keine Anschauung oder Haltung im Hinblick auf auswärtige Angelegenheiten, die nicht allein durch amerikanische Interessen bestimmt ist, durch die Bedürfnisse und Interessen unseren freien Landes.»[180] Das offizielle amerikanische Judentum war gelähmt.

In vieler Hinsicht verwirrender war die Haltung der jüdischen Führung in Palästina. Bei Beginn des Krieges hatte die Exekutive der *Jewish Agency* einen aus vier Mitgliedern bestehenden Ausschuß eingesetzt, der die Lage der europäischen Judenheit verfolgen sollte. Der Vorsitzende des Ausschusses, Itzhak Gruenbaum, selbst ein ehemaliges Mitglied des polnischen Parlaments, erfüllte die Aktivitäten seiner Gruppe nicht eben mit besonderer Energie oder Zielstrebigkeit. Anscheinend trieb ihn, das muß man hinzufügen, niemand an oder stellte seine Fähigkeit in Frage, die (undefinierte) Aufgabe zu erfüllen. In den ersten Monaten des Jahres 1941 veröffentlichte der Viererausschuß beispielsweise einen Überblick über die Situation in Europa, der die deutsche Politik in Polen dahingehend definierte, daß sie auf die Zerstörung des jüdischen Wirtschaftslebens in diesem Lande zielte; «die Juden», so hieß es weiter, «kämpften mit aller Kraft um ihre Würde und weigerten sich aufzugeben ...»[181]

Die stärkste politische Partei des Jischuw war damals die Mapai («Die Partei der Arbeiter von Erez Israel», mit anderen Worten: die Arbeiterpartei); sie war die bedeutendste politische Kraft in allen zentralen Institutionen der jüdischen Gemeinschaft im Lande und besonders in der wichtigsten von ihnen – der höchsten Exekutivkörperschaft –, der *Jewish Agency*. Der eine politische Führer, der wiederum in der Mapai im allgemeinen und in der Exekutive der *Jewish Agency* im besonderen eine dominierende Stellung innehatte (obgleich er damals offiziell als deren Vorsitzender zurückgetreten war), war David Ben-Gurion.

Im Februar 1941 kehrte Ben-Gurion nach einem längeren Aufenthalt in Großbritannien und in den Vereinigten Staaten nach Palästina zurück. Seine Kommentare bei einem Treffen mit seinen Mapai-Kollegen geben einen Hinweis darauf, wie seine Sicht der Ereignisse in Europa aussah und aussehen würde: Sie war eine ausschließlich zionistische Perspektive. Zunächst erwähnte er, der Jischuw sei sich nicht völlig über das Ausmaß des Krieges im klaren, und dann wandte er sich der Lage der Juden zu: «Niemand kann die Ungeheuerlichkeit der Vernichtung des jüdischen Volkes [«Vernichtung» war nicht als physische Auslöschung gemeint] abschätzen. ... Selbstverständlich sind über alle diese Dinge Informationen verfügbar, aber die Menschen hier erleben diese Dinge nicht. ... Was wir jetzt vor allem anderen und zu allererst tun müssen, für uns und für die Diaspora, eben die kleine Diaspora, die uns noch geblieben ist, ... ist es, zionistisches Engagement [zu schaffen] ...»[182] Mit anderen Worten, für Ben-Gurion gab es nur einen einzigen Weg der Hilfe für das europäische Judentum: die Erreichung der Ziele des Zionismus. Und zugleich würde es eine derartige Hilfe einem jüdischen Staat in Palästina schließlich gestatten zu überleben.

Ungeachtet der Ermahnungen Ben-Gurions wurden im Jischuw während des größten Teils des Jahres 1941 keine konkreten Pläne entwickelt. Die *Jewish Agency* befaßte sich kaum mit der Lage in Europa, und allgemein war man der Meinung, man könne nicht viel tun, um die Leiden, die es gab, zu lindern.[183] Zwischen August und Dezember 1941 behandelte das Zentralkomitee der Mapai die Notlage des europäischen Judentums auch nicht ein einziges Mal.[184]

Richard Lichtheim, der Bevollmächtigte der *Jewish Agency* in Genf, dessen Berichte eine ununterbrochene Kette von Warnungen vor der bedrohlich näherrückenden Katastrophe gewesen waren, scheint sich angesichts der ersten deutschen Rückschläge an der Ostfront über mögliche Entwicklungen selbst nicht klar gewesen zu sein. In den letzten Zeilen eines Berichts über das Schicksal der deutschen Juden, den er am 22. Dezember 1941 nach Jerusalem schickte, erwog er zwei entgegengesetzte, aber mögliche Entwicklungen: «Die Wende an der Ostfront kann dazu führen, daß die Vertreibungen der Juden aus dem Reich zumindest zeitweilig aufhören werden, da es Transportschwierigkeiten gibt und die Notwendigkeit besteht, alle verfügbaren Arbeiter in den deutschen Fabriken zu beschäftigen; sie kann aber auch – und das ist eine tragische Wahrscheinlichkeit – zu weiteren Verfolgungen und Pogromen in Deutschland und in den besetzten Gebieten führen, wenn das verwundete Raubtier spürt, daß das Ende nahe ist.»[185]

IX

Überall im Reich und im Protektorat wurden die örtlichen jüdischen Gemeindebüros rechtzeitig im Voraus vom Datum der Deportationen aus ihrem Gebiet verständigt. Die örtliche Gestapo-Stelle erhielt vom Kreisbüro der Reichsvereinigung die Namenlisten und entschied, wer in den bevorstehenden Transport einbezogen werden sollte. Diejenigen, die zur Ausreise vorgesehen waren, bekamen eine fortlaufende Nummer und wurden von der Reichsvereinigung oder von der Gestapo über das Verfahren informiert: Dabei ging es um Vermögenswerte, Wohnungen, offene Rechnungen, um zugelassene Bargeldbeträge und das Höchstgewicht des Gepäcks (gewöhnlich 50 Kilo), um die Menge des Reiseproviants (für 3 bis 5 Tage) sowie um den Tag, an dem sie sich bereithalten mußten. Von da an war es ihnen verboten, ohne Genehmigung der Behörden ihre Wohnung – und sei es auch nur für kurze Zeit – zu verlassen.[186] Für einige Juden kam die Aufforderung anscheinend kurzfristiger; so unterbrach in Breslau Willy Cohn seine Tagebucheintragung mitten im Satz. Am 17. November beschrieb er gerade seinen Besuch im Gemeindebüro und begann mit der Schilderung eines Gesprächs mit dem Vorsitzenden, Dr. Kohn: «Zuerst sagte er mir, daß bei der Geheimen Staatspolizei keine Möglichkeit bestände ...»[187]

Am Abreisetag wurden diese Juden von der Schutzpolizei gesammelt und zu einem Wartegebiet geführt oder in Lastwagen dorthin gefahren, wo man sie, manchmal mehrere Tage lang, festhielt, bis man sie dann zum Bahnhof führte oder fuhr, häufig am hellichten Tag und unter den Augen der Bevölkerung. Wie die damals sechzehnjährige Herta Rosenthal schreibt, die im Januar 1942 aus Leipzig nach Riga deportiert wurde, holte man die Juden mit einem Lastwagen von der Schule, in der man sie gesammelt hatte, ab und brachte sie zum Bahnhof: «Jeder sah es, und sie schrien Zeter und Mordio. Alle Juden verließen Leipzig, und sie [die Deutschen] waren glücklich, viele von ihnen. Sie standen da und lachten. ... Sie brachten uns am Tage hin, nicht in der Nacht. Es waren SA-Männer da und auch gewöhnliche Bürger.»[188] Das Zeugnis Rosenthals wird von zahlreichen zeitgenössischen Berichten bestätigt. Als die zwölf Juden aus Forchheim am 27. November 1941 vom Paradeplatz abgeholt und zum Bahnhof gebracht wurden, von wo man sie dann über Bamberg und Nürnberg nach Riga transportierte, «hatte sich eine größere Zahl der hiesigen Einwohnerschaft eingefunden, die den Abtransport mit Interesse und großer Befriedigung verfolgte».[189] Eine Minderheit reagierte anders, und in Bremen beispielsweise wurden zehn Mitglieder der Bekennenden Kirche Anfang Dezember dieses Jahres für kurze Zeit verhaftet, weil sie für die Juden, die abtransportiert werden sollten, eine Sammlung veranstaltet hatten.[190]

In Ausnahmefällen wurden Juden sogar noch im allerletzten Moment von der Deportationsliste gestrichen: Zu ihnen gehörten Marianne Ellenbogen (zum damaligen Zeitpunkt: Strauß) und ihre Eltern. Der gesamte Vorgang spielte sich am 26. Oktober 1941 in ihrer Heimatstadt Essen ab. Das Haus wurde versiegelt, und mit dem Gepäck in der Hand machte sich die Familie auf den Weg zum Sammelpunkt. Dort wartete schon eine große Zahl von Juden aus der Stadt. Sie waren bereits im Begriff, die Straßenbahn zu besteigen, die sie zum Bahnhof bringen sollte, als zwei Gestapobeamte eintrafen und der Familie Strauß erklärten, sie solle wieder nach Hause gehen. «Wir wurden nach Hause geschickt», erinnerte sich Marianne. «Es war das schlimmste Erlebnis, das ich je hatte, als dieses animalische Heulen [der anderen Juden] losbrach.»

Die reichen Straußens hatten anscheinend dem Direktor der Deutschen Bank in Essen, Friedrich Wilhelm Hammacher, einem alten Geschäftsfreund von Strauß senior, versprochen, ihm ihr Haus zu einem sehr günstigen Preis zu verkaufen. Hammacher setzte sich offenbar mit hochrangigen Abwehroffizieren in Verbindung, die einige Juden, denen man die Auswanderung gestattet hatte, vor allem in Nord- und Südamerika als Agenten einsetzten. Die Abwehr war an der Familie Strauß interessiert; ihre Bremer Zentrale informierte die Gestapo in Düsseldorf, die wiederum die Essener Gestapo anwies, die Familie freizulassen. Am Ende wurde nichts aus dem Vorhaben.[191] 1943 wurden die Straußens in den Osten deportiert und kamen mit ihren jüdischen Glaubensbrüdern ums Leben. Marianne entkam und tauchte in Deutschland unter.[192]

Andere Juden entgingen der Deportation ebenfalls, aber auf andere Weise. «Neunzehn Juden, die am 15. Oktober mit dem ersten Transport von Wien nach Łódź hätten mitfahren sollen, nahmen sich das Leben: die einen sprangen aus dem Fenster oder drehten den Gashahn auf, andere erhängten sich, nahmen Schlaftabletten, gingen ins Wasser oder brachten sich auf sonstige Weise um. Innerhalb von drei Wochen berichtete die Gestapo von 84 Selbstmorden und 87 Selbstmordversuchen in Wien.»[193] Einer Statistik der Berliner Polizei zufolge nahmen sich in den letzten drei Monaten des Jahres 1941 (vom Beginn der Deportationen bis zum Jahresende) 243 Juden das Leben.[194] Das Soll wurde natürlich mit anderen Juden aufgefüllt.

«Am Abend», notierte Goebbels am 7. November 1941 in seinem Tagebuch, «kommt noch die etwas peinliche Nachricht, daß der Schauspieler [Joachim] Gottschalk, der mit einer Jüdin verheiratet war, mit Frau und Kind Selbstmord begangen hat. ... Ich sorge gleich dafür, daß dieser menschlich bedauerliche, sachlich fast unabwendbare Fall nicht zu einer alarmierenden Gerüchtebildung benutzt wird.»[195]

Der erste Transport von Juden aus München verließ die bayerische Hauptstadt am 20. November. Sein ursprüngliches Ziel war Riga gewesen, aber kurz vor der Abfahrt wurde dem für den Konvoi zuständigen Beamten Wurmbodler mitgeteilt, das Ghetto in Riga sei überfüllt und deshalb werde der Zug nach Kowno umgeleitet. Alle Deportierten waren Bewohner des Barackenlagers Milbertshofen. Der junge Erwin Weil erhielt den Befehl, denjenigen zu helfen, die nicht in der Lage waren, aus eigener Kraft in den Zug zu steigen: «Am Güterbahnhof stand ein langer Zug unter Dampf. Unter wüsten Beschimpfungen wurden die Leute hineingetrieben. Als es anfing hell zu werden, schrie man uns zu, das Gepäck rauszuwerfen, damit die Leute schneller reingepfercht werden konnten. Dann kam ein Bus mit bewaffneter SS und den Kindern (kleinen) aus der Antonienstr. Auch sie mußten wir im Zug unterbringen. Wir versuchten ihnen die Angst zu nehmen, es war grauenhaft.»[196] Am 23. November traf der Transport in Kowno ein. Auch dort war das Ghetto überfüllt; wie wir wissen, kamen die Deportierten nie auch nur in seine Nähe. Sie wurden direkt nach Fort IX transportiert. Zwei Tage lang blieben sie in den Gräben, die das Fort umgaben. Am 25. November wurden sie ermordet.[197]

Während der Fahrt nach Osten wurden die Transporte von Angehörigen der Schutzpolizei (Schupo) bewacht. «Auf dem Wege vom Schlachthof zur Verladerampe hatte ein männlicher Jude versucht, Selbstmord durch Überfahren mittels der Straßenbahn zu verüben», schrieb Schupo-Hauptmann Paul Salitter in seinem Bericht über den Transport von 1007 Juden, die am 11. Dezember von Düsseldorf nach Riga deportiert wurden und für die er verantwortlich war. «Ebenfalls hatte sich», fuhr er fort, «eine ältere Jüdin unbemerkt von der Verladerampe, es regnete und war sehr dunkel, entfernt, sich in ein nahe liegendes Haus geflüchtet, entkleidet und auf ein Klosett gesetzt. Eine Putzfrau hatte sie jedoch bemerkt, so daß auch sie dem Transport wieder zugeführt werden konnte.»

Salitter beschrieb dann die Fahrt über Berlin und weiter nach Osten. In Konitz geriet er in Streit mit dem Stationsvorsteher. Um der besseren Überwachung willen verlangte Salitter, einen der Waggons, in denen die Juden transportiert wurden, gegen den der Schutzpolizei auszutauschen; der Stationsvorsteher weigerte sich und bot an, die Passagiere auszutauschen: «Es erscheint angebracht, diesem Bahnbediensteten von maßgebender Stelle einmal klar zu machen, daß er Angehörige der Deutschen Polizei anders zu behandeln hat als Juden. Ich hatte den Eindruck, als ob es sich bei ihm um einen von denjenigen Volksgenossen handelt, die immer noch von den ‹armen Juden› zu sprechen pflegen und denen der Begriff ‹Jude› völlig fremd ist.»

Schließlich, am 13. Dezember, traf der Zug um Mitternacht in der Nähe von Riga ein. Die Außentemperaturen waren auf minus zehn Grad gefallen. Die Deutschen wurden in die Stadt gebracht und durch lettische Wachen ersetzt; die Juden ließ man bis zum darauffolgenden Morgen im ungeheizten Zug sitzen. In Riga traf Salitter Letten, die ihm von der Einstellung der Bevölkerung erzählten: «Ihr Haß gilt insbesondere den Juden. Sie haben sich daher vom Zeitpunkt der Befreiung [von sowjetischer Herrschaft] bis jetzt auch sehr ausgiebig an der Ausrottung dieser Parasiten beteiligt. Es erscheint ihnen aber, was ich insbesondere beim lettischen Eisenbahnpersonal feststellen konnte, unverständlich, weshalb Deutschland die Juden nach Lettland bringt und sie nicht im eigenen Land ausrottete.»[198]

Ein Deportierter aus Berlin, Haim Baram (damals Heinz Bernhardt), schilderte die Ankunft seines Transports in Minsk. Der Zug hatte Berlin am 14. Dezember 1941 verlassen; am 18. um 10 Uhr vormittags traf er in Minsk ein. Lettische SS-Hilfstruppen jagten alle aus den Waggons; die Älteren und die Kinder wurden auf Lastwagen fortgebracht, während man den größten Teil der Deportierten zu Holzhütten in der Nähe (in denen es weder Wasser noch Strom gab) führte, deren Einwohner verschwunden waren. «Die zerstörten Häuser sahen aus, als hätte es dort einen Pogrom gegeben. Überall Kissenfedern. In allen Winkeln lagen Chanukka-Leuchter und Kerzen. ... Später erfuhren wir, daß dies das russische Ghetto war, dessen jüdische Bewohner Anfang 1941 erschossen wurden.» Ein SD-Offizier bestätigte das Geschehene. Der größte Teil der Ghettobewohner war massakriert worden, um für die Transporte aus Deutschland Platz zu machen. Der Offizier deutete mit der Hand und sagte: «Da, vor euch, ein Haufen Leichen. Und tatsächlich sahen wir einen Hügel, aus dem Teile menschlicher Körper herausragten.»[199]

Oskar Rosenfeld wurde am 4. November 1941 mit dem letzten der Transporte, die vor Jahresende etwa 5000 Juden aus dem Protektorat nach Łódź gebracht hatten, aus Prag abtransportiert. Von da an wurden dann die meisten Juden aus Böhmen und Mähren nach Theresienstadt gebracht, das für einen Teil der Insassen ein «Durchgangslager» auf dem Weg zu den Tötungsstätten war (ein Lager allerdings, das in dem allgemeinen Vernichtungssystem eine eigentümliche Funktion hatte, wie wir noch sehen werden).

Rosenfeld war in Mähren geboren und wuchs in Wien auf, wo er Journalist und Schriftsteller wurde, der ein wenig in der expressionistischen Manier seiner Zeit schrieb. Sein Hauptinteresse galt jedoch anscheinend dem Theater. Im Jahre 1909 gründete er das erste jüdische Theater in der österreichischen Hauptstadt; später ermutigte er jiddische und hebräische Theatertruppen zu Besuchen in Wien. In vieler

Hinsicht war Rosenfeld ein Intellektueller wie Klemperer, aber er war dessen Gegenteil, was jüdische Einstellung und Politik angeht – er war ein entschiedener «Anti-Assimilationist» und obendrein ein rechtsgerichteter (revisionistischer) Zionist. Nach dem Anschluß flohen Oskar und seine Frau Henriette nach Prag. Henriette gelang es im Sommer 1939, das Land zu verlassen und nach England zu gehen; er sollte folgen. Der Krieg machte seinen Emigrationsplänen ein Ende.[200] Anfang November 1941 mußte sich Rosenfeld nach der üblichen Aufforderung am Sammelpunkt beim Messepalast melden.

«Der Messepalast war ein Magazin», schrieb Rosenfeld in seinem «Notizbuch A», «in dem statt Waren Menschen ausgestellt waren, in Kojen zusammengedrängt, auf Rucksäcken und Matratzen lagernd, mit Bündeln, Koffern, Paketen vollgestopfte Pritschen dienten als Schlafstätte. Drei Tage und drei Nächte lungerten hier jeweils mehr als tausend Menschen in zugigem, schmutzigem Magazin, von ihren Vorräten bedächtig zehrend, da die Verpflegung seitens der Judengemeinde natürlich nicht ausreichend war.»[201]

Rosenfeld fuhr fort, er schilderte die Tage und Nächte am Messeplatz sowie die letzten Enteignungsmaßnahmen vor der Abfahrt. Der Treck zum Bahnhof spielte sich ohne jede Geheimhaltung ab: «Auf dem Weg dahin waren in den Fenstern der Häuser Gesichter der tschech. Bevölkerung sichtbar, hie und da tschechische Passanten, durchwegs ernste, zum Teil traurige, nachdenkliche, verstörte Gesichter. Ein Eisenbahnzug stand bereit. Man riß auf, bestieg die Waggons entsprechend der Nummer, die jeder sichtbar an sich und an seinem Gepäck zu tragen hatte.»[202]

Über ihr Ziel wurden die Deportierten nicht informiert, und erst im Laufe der Fahrt, als sie die «öden Landstrecken Polens» sahen, ahnten sie, daß es nach Łódź gehen würde. In einer seltsamen Improvisation befahlen die für den Transport zuständigen Beamten mitten in der Nacht, die Männer sollten sich rasieren und sich die Schuhe putzen: «Übernächtigt, hungernd, schläfrig, im Dunkel der Coupés begannen hunderte Männer die Schuhe zu putzen und sich zu rasieren mit Apparat ... Wasser aus dem Closett. Da und dort kam ein Gestapo mit seiner Taschenlampe und ließ einige antreten, fluchte, wenn ihm der Evakuierte nicht genug elegant erschien.»[203] Der Transport hielt am Rande des Ghettos, und 1000 Juden wurden in ein Schulgebäude geführt, das ihnen vorübergehend als Unterkunft dienen sollte. Innerhalb einiger Tage setzte der Hunger ein, die Schwäche nahm zu, und manche starben schon vor Entkräftung in ihrer vorläufigen Behausung.

Anfang Dezember bewohnten die Deportierten, die man aus dem Reich und dem Protektorat nach Łódź gebracht hatte, immer noch getrennte Lager, auch wenn sie sich im Ghetto bewegen und sich eine

Arbeit suchen oder nach einem etwaigen Geschäft Auschau halten konnten, um die Wochenration Brot (ein Laib) aufzubessern oder die tägliche Kohlsuppe (bei der einem gewöhnlich schon allein vom Geruch übel wurde) durch etwas anderes zu ergänzen: «Bei Winterbeginn kostet der Laib Brot auf der Brotbörse, im schwarzen Handel bereits zwanzig Mark. Es stieg von Herbst zu Winterbeginn von acht bis zwanzig. Aber die Preise der zum Verkauf angebotenen Textilien, Kleider, Schuhe, Ledertaschen, hielten mit den Brotpreisen nicht Schritt, so daß die Besitzer mitgebrachten Guts täglich ärmer wurden.»[204]

Am 23. September hatten die Deutschen Rumkowski davon in Kenntnis gesetzt, daß neue Deportationen ins Ghetto stattfinden würden. Die Statistik, die der «Älteste» zum Thema Überfüllung zusammengestellt hatte, war offenbar ohne jede Wirkung geblieben. Für die 143 000 Bewohner, die das Ghetto im Herbst 1941 hatte, bedeutete zunächst die Ankunft von Juden aus den umgebenden Kleinstädten (wie Wrocławek), dann das Eintreffen der 20 000 Juden aus dem Reich und dem Protektorat und schließlich das Kommen von 5000 Zigeunern einen plötzlichen Bevölkerungszuwachs von 20 Prozent. Aus der Perspektive der Neuankömmlinge hieß das, in freigemachten Schulgebäuden und Sälen aller Art zu übernachten, häufig auf dem Fußboden und ohne Heizung oder fließendes Wasser; für die meisten waren die Toiletten einige Häuser weit entfernt. Für die Ghettobewohner bedeutete das größere Überfüllung, weniger Lebensmittel und andere unangenehme Folgen, wie wir noch sehen werden. Spannungen zwischen den Neuankömmlingen und der Ghettobevölkerung waren unvermeidlich.[205]

Während der ersten beiden Oktoberwochen des Jahres 1941 war der Alltag im Ghetto seinen «normalen» Gang gegangen, ungeachtet der Ankunft der etwa 2000 Juden aus Włocławek und den umliegenden Kleinstädten. Die Chronisten registrierten «schönes» Herbstwetter, 277 Sterbefälle und 18 Geburten («Am 9. Oktober war die niedrigste tägliche Todesrate seit Beginn des Ghettos zu verzeichnen: nur 11 Menschen starben an diesem Tag»). Sie zählten auch 5 Selbstmordversuche und einen Mord.[206] Dann kam die Abladung der 20 000 neuen Deportierten.

Die Chronik-Eintragungen für die zweite Oktoberhälfte sind nicht erhalten, und so fehlen auch die ersten halboffiziellen Reaktionen auf die neue Situation. Sierakowiak machte sich jedoch seine eigenen Aufzeichnungen über die Ereignisse. «16. Oktober. Am Nachmittag ist der erste Transport Aussiedler aus Wien in Marysin eingetroffen. Sie brachten einen Waggon Brot mit und hatten phantastische Koffer bei sich. Blendend gekleidet. Manche haben ihre Söhne an der Front. Es sind Pastoren und Ärzte. Tausende. Täglich soll die gleiche Menge eintreffen, bis es zwanzigtausend sind. Sie werden uns wohl vollständig ausbooten.»[207]

Am nächsten Tag erlebte Sierakowiak die Ankunft eines Transports aus Prag mit; wiederum registrierte er die Wagenladungen Brot, das Gepäck, die Kleidung: «Angeblich haben sie sich erkundigt, ob es leicht sei, eine Zweizimmerwohnung mit fließend Wasser zu bekommen. Interessante Typen.»[208] Am 18. Oktober brachte der junge Tagebuchschreiber dasselbe Thema noch einmal zur Sprache. Am 19. Oktober wurden jedoch die ersten praktischen Konsequenzen des Zustroms der neuen Deportierten festgehalten: «Es treffen noch mehr Deutsche ein. Heute welche aus Luxemburg. In der Stadt wird es voll. Sie tragen nur einen Flicken mit der Aufschrift ‹Jude› auf der linken Brust. Angezogen sind sie blendend – man sieht, daß sie nicht in Polen gelebt haben. Sie kaufen in der Stadt auf, was sie kriegen können. Alles ist um das Doppelte teurer geworden. Ein Brot kostet 12–13 Rm. Für Socken, die früher 70 Pf gekostet haben, zahlt man jetzt 2 Rm. Obwohl sie erst ein paar Tage da sind, klagen sie schon über Hunger. Was sollen wir sagen, die wir schon über ein Jahr nicht satt zu essen haben. Offenbar gewöhnt man sich an alles.»[209]

Bald vertiefte sich die wirtschaftliche Zerrüttung: «Seit dem Eintreffen der Transporte aus Deutschland», berichtete die Chronik im November 1941, «sind alle Restaurants und Konditoreien im Ghetto, die bis dahin halb leer waren, von Neuankömmlingen buchstäblich belagert worden. ... Gleich nach ihrer Ankunft gingen die Neuen daran, ihre persönliche Habe zu verkaufen, und mit dem eingenommenen Bargeld kauften sie nun buchstäblich alles auf, was auf dem privaten Lebensmittelmarkt verfügbar war. Im Laufe der Zeit führte das zu einer Knappheit bei der Lebensmittelversorgung, und mit unbeschreiblicher Geschwindigkeit stiegen die Preise in astronomische Höhen. Andererseits hat die Verfügbarkeit aller möglichen Güter, die es im Ghetto schon seit recht langer Zeit nicht mehr gab, den Handel belebt, und einige der Ghettoläden haben Regale voller Waren, die man im Ghetto lange nicht gesehen hat. Wegen der Neuankömmlinge, die man allgemein Jeckes nennt, haben die Läden ihre Türen im November nie wirklich geschlossen. Sie verkauften ihre Kleidung, ihre Schuhe, Wäsche, Kosmetikartikel, Reiseutensilien und dergleichen. Für kurze Zeit ergab sich daraus ein Sinken der Preise für die unterschiedlichsten Artikel; zum Ausgleich für den Preisanstieg auf dem Lebensmittelmarkt fingen die Neuankömmlinge jetzt jedoch an, die Preise für die Gegenstände, die sie verkauften, zu erhöhen. Aus der Sicht der bisherigen Bewohner des Ghettos hat diese relativ starke Zunahme beim privaten Handel unerwünschte Störungen und Schwierigkeiten hervorgerufen, und was noch schlimmer ist, die Neuankömmlinge haben in kurzer Zeit eine Abwertung der [Ghetto-]Währung verursacht. Besonders schmerzlich ist dieses Phänomen für die Masse der arbeitenden Menschen, die wichtigste Schicht der Ghettogesellschaft, die nur das Geld besitzt, das sie aus den Kassen des Ältesten der Juden bezieht.»[210]

Unmittelbar nach dem Krieg bestätigten einige der nach Łódź deportierten Juden, die überlebt hatten, die unerwarteten Auswirkungen ihrer Ankunft auf geschäftliche Transaktionen im Ghetto – und mit den Deutschen: «Ich hatte einen neuen Anzug», erinnerte sich Jacob M., «für den ich in Hamburg 350 Mark bezahlt hatte. ... Dafür bekam ich ein Kilo Mehl. Für 100 Gramm Margarine konnte man ein Paar Schuhe kaufen. ... Deutsche, die manchmal mit einem Pfund Brot oder Margarine ins Ghetto kamen, gingen gewöhnlich mit einem Koffer voller neuer Dinge wieder fort.»[211]

X

Während in Łódź Transporte von Deportierten aus dem Reich und dem Protektorat eintrafen, begannen die Deutschen damit, einen Teil der Ghettobewohner zu ermorden. Vom 6. Dezember an waren die Gaswagen in Chelmno einsatzbereit, und am gleichen Tag befahl man Rumkowski, 20 000 von «seinen» (den einheimischen) Juden für einen «Arbeitseinsatz außerhalb des Ghettos» bereitzustellen. Die Zahl wurde schließlich auf 10 000 reduziert. Kurz danach registrierte die Chronik den plötzlichen Abbruch sämtlicher Postverbindungen zwischen dem Ghetto und der Außenwelt. Auf den ersten Blick konnten sich die Chronisten keinen Reim auf diesen Befehl machen: «Über die Unterbrechung des Postdienstes hat es verschiedene Geschichten gegeben, und eine Frage von grundlegendem Interesse war, ob es sich hierbei um ein rein lokales Ereignis handelte oder ob es im ganzen Land Einschränkungen gegeben hat. Es gibt außerdem Mutmaßungen über die Gründe, die hinter dieser letzten Einschränkung stehen.»[212] Offensichtlich konnten die Chronisten nicht schreiben, daß diese Mutmaßungen auf die bevorstehende Deportation hindeuteten.[213]

Da sich weiter Gerüchte verbreiteten, beschloß Rumkowski, das Problem am 3. Januar 1942 in einer Rede im Haus der Kultur anzusprechen: «Ich möchte nicht viele Worte machen», sagte der Älteste zu Beginn dieses Teils der Rede, wie die Chronik berichtet: «Die Geschichten, die heute im Umlauf sind, sind hundertprozentig falsch. Ich habe mich kürzlich bereiterklärt, 20 000 Juden aus den kleineren Zentren aufzunehmen, wobei ich es zur Bedingung gemacht habe, daß das Gelände des Ghettos abgeschlossen werden muß. Zum gegenwärtigen Zeitpunkt werden nur diejenigen, die meiner Ansicht nach ein solches Schicksal verdienen, anderswo angesiedelt. Die Behörden sind voller Bewunderung für die Arbeit, die im Ghetto geleistet worden ist, und auf diese Arbeit ist es zurückzuführen, daß sie zu mir Vertrauen haben. Ihre Bewilligung meines Gesuchs, die Zahl der Deportierten von 20 000 auf 10 000 herabzusetzen, ist ein Zeichen dieses Vertrauens. Ich habe völliges Vertrauen zu der Umsiedlungskommission. Natürlich kann auch sie von Zeit zu Zeit Fehler machen ... Denkt daran, daß im Mittelpunkt aller meiner Vorhaben das Bestreben steht, daß ehrliche Menschen in Frieden schlafen können. Menschen, die guten Willens sind, wird nichts Böses geschehen. (Donnernder Beifall.)»[214]

Sierakowiaks Notizen für die Zeit der Januar-Deportationen besitzen wir nicht, aber Rosenfeld schildert einige der Ghettoszenen in eben diesen Tagen, wenngleich nicht in genau datierten Eintragungen: «Die [jüdische] Polizei drang in die Wohnungen der zur Evakuierung aufgeforderten Juden ein. Sie fand nicht selten verhungerte Kinder, erfrorene Greise vor. Man durfte nur 12,5 kg als Gepäck mitnehmen, zehn Reichsmark an Geld. ... In den Bündeln der Evakuierten lagen Brotschnitten, Kartoffeln, Margarine. ... Krank sein durfte man nicht. Kein Arzt fuhr mit, keine Medikamente.»[215]

Rosenfelds Notizen erwecken den Anschein, daß er noch nicht wußte, wo die Transporte hingingen. Zwischen dem 12. und dem 29. Januar wurden 10 103 Juden von Łódź nach Chelmno deportiert und vergast.

Im Februar und im März gingen die Deportationen weiter: Bis zum 2. April waren weitere 34 073 Ghettojuden deportiert und ermordet worden. «Niemand war mehr vor der Deportation sicher», schrieb Rosenfeld, «der täglich mindestens 800 Menschen stellig gemacht werden mußten. Einzelne glaubten sich retten zu können: völlig sieche Greise und Menschen mit abgefrorenen Gliedmaßen – es half nichts. Die Chirurgen im Spital hatten viel zu tun. Sie amputierten den armen ‹Patienten› Hände und Füße und entließen sie als Krüppel. Auch die Krüppel wurden mitgenommen. Am 7. März erfroren neun Menschen am Bahnhof selbst, wo sie neun Stunden auf die Abfahrt des Zuges warten mußten.»[216]

Rosenfelds Kommentare zur Deportation von Krüppeln finden ein ergreifendes Echo in einem Tagebuchfragment, das ein anonymes junges Mädchen aus dem Ghetto geschrieben hat und das einen Zeitraum von nicht mehr als drei Wochen, von Ende Februar bis Mitte März 1942, behandelt. Die Schreiberin berichtet von ihrer Freundin Hania Huberman (im Tagebuch meist H. H. genannt), von der sie sagt: «Außerordentlich intelligent und weise. Sie kennt das Leben. Sie ging das dritte Jahr ins Gymnasium, ein sehr gutes Mädchen.» Die Tagebuchschreiberin und H. H. selbst waren beide davon überzeugt, daß H. H. nicht deportiert werden würde, weil sie einen behinderten Vater hatte, der nicht laufen konnte. Dann, am 3. März, kam die Nachricht: «Hania H. fuhr ab.» Die

Schreiberin konnte sich nicht vorstellen, wie ihre Freundin und deren Vater die Zukunft bewältigen würden: «Wo wird sie hingehen mit ihrem kranken, hilflosen Vater, ohne ein Hemd für ihn und mit nichts für sich? Hungrig, erschöpft, ohne Geld und Essen. Meine Mama hat gleich ein paar Hemden für sie und ihren Vater herausgesucht. Meine Schwester und ich liefen nach oben. Als ich zurückkam, konnte ich nicht aufhören zu weinen. Ich konnte nicht länger dort bleiben, weil ich die Wäsche fertig machen mußte. ... Ich versprach, sie zu besuchen.»[217]

Gerüchte verbreiteten sich unter einigen der Deutschen, die in der Gegend von Chełmno arbeiteten – und wahrscheinlich unter den Polen der Gegend. Heinz May war Forstmeister im Kreis Koło in der Nähe von Łódź. Im Herbst 1941 erhielt May von Forstwachtmeister Stagemeier die Nachricht, in der Nachbarschaft seien einige Kommandos eingetroffen. Bei dieser Mitteilung «war Stagemeier eigenartig ernst», ein Detail, dem May zum damaligen Zeitpunkt keine Beachtung schenkte. Etwas später, als May mit Kreisleiter Becht durch den Wald fuhr, deutete sein Begleiter auf Jagen 77 und erklärte, «die Bäume würden bald besser wachsen»; als Erklärung fügte Becht hinzu: «Juden geben guten Dünger.» Mehr nicht.

Während der darauffolgenden Wochen geschahen in Mays Revier seltsame Dinge: Ein verschlossener Lastwagen, etwa vier Meter lang und zwei Meter hoch, mit einem eisernen Riegel und einem Vorhängeschloß an der Rückseite, wurde von einem anderen Lastwagen aus einem Graben gezogen, und ringsum stand eine Gruppe von Polizisten: «Von dem Lastwagen und von den Männern, die um ihn herum standen, ging ein ausgesprochen unangenehmer Geruch aus.» May und sein Sohn, die auf dem Schauplatz erschienen, wurden rasch fortgejagt. Eine Reihe weiterer Vorfälle sowie einige Gerüchte veranlaßten May dazu, zu Stagemeier nach Hause zu fahren, um weitere Informationen einzuholen.

«Stagemeier erklärte mir», berichtete May in einer 1945 gemachten Aussage, «daß in Chelmno eine große Abteilung Militärpolizei stationiert war. Das Schloß am westlichen Rand von Chelmno war mit einem hohen Holzzaun umgeben worden. Am Eingang standen mit Gewehren bewaffnete Wachen der Militärpolizei. ... Ich kam auf dem Rückweg zu meinem Waldgebiet dort vorbei und konnte bestätigen, daß das, was Stagemeier über den Holzzaun und die Wachen gesagt hatte, wahr war. Es gab in Chelmno viele Reihen Lastwagen, die provisorisch mit Planen abgedeckt waren. Frauen, Männer und selbst Kinder waren in diese Lastwagen gepfercht worden. ... Während der kurzen Zeit, in der ich dort war, sah ich, wie der erste Lastwagen an den Holzzaun heranfuhr. Die Wachen öffneten die Tore. Der Lastwagen verschwand auf dem

Schloßhof, und gleich darauf kam ein anderer geschlossener Lastwagen aus dem Hof heraus und fuhr in Richtung Wald. Und dann schlossen beide Wachen die Tore. Es bestand nicht mehr der geringste Zweifel, daß sich dort schreckliche Dinge abspielten, Dinge, die es nie zuvor in der Menschheitsgeschichte gegeben hatte.»[218]

Die Tötungskapazität von Chelmno lag bei 1000 Menschen pro Tag (in jeden der drei Wagen konnten etwa 50 Menschen gepfercht werden). Die ersten Opfer waren die Juden aus Dörfern und Kleinstädten im Gebiet von Łódź. Dann, bevor die Deportation der Juden aus dem Ghetto von Łódź begann, waren die Zigeuner an der Reihe, die in einem besonderen Bezirk des Ghettos, dem Zigeunerlager, untergebracht waren. «Während der vergangenen zehn Tage hat man die Zigeuner in Lastwagen fortgebracht, sagen Leute, die in unmittelbarer Nachbarschaft des [Zigeuner-]Lagers wohnen»,[219] heißt es in der Ghettochronik in der Eintragung für die erste Januarwoche des Jahres 1942. Etwa 4400 Zigeuner wurden in Chelmno ermordet, aber es gab nur wenige Zeugen. Nach dem Kriege erwähnten einige Polen, die in diesem Gebiet wohnten, die Zigeuner und ebenso sowohl der Fahrer eines der Gaswagen als auch ein weiteres SS-Mitglied der Einheit Langes. Keiner von den Zigeunern überlebte.[220]

Wie schon erwähnt, hatte die überwiegende Mehrheit der Bewohner des Ghettos von Łódź keine Ahnung von Chelmno, auch wenn auf unterschiedlichen Wegen im Laufe der Wochen und Monate Informationen zu ihnen gelangten. Seltsamerweise kamen einige Informationen sogar per Post. So sandte am 31. Dezember 1941, drei Wochen nach Beginn der Vernichtungsaktionen, ein unbekannter Jude eine Postkarte, die der Adressat später aus Łódź an einen Bekannten in Posbebice weiterschickte: «Lieber Cousin Mote Altszul, wie du von Kolo, Dabie und anderen Orten weißt, sind Juden nach Chelmno in ein Schloß gebracht worden. Zwei Wochen sind bereits vergangen, und es ist nicht bekannt, wie viele Tausende zugrundegegangen sind. Sie sind fort, und du sollst wissen, daß sie keine Adresse mehr haben. Man hat sie in den Wald gebracht und begraben. ... Achte diese Sache nicht gering, sie haben beschlossen, uns auszulöschen, umzubringen, zu vernichten. Gib dieses Schreiben an gebildete Leute zum Lesen weiter ...»[221]

Zwei Wochen später schickte der Rabbiner von Grabów an seinen Schwager in Łódź einen Brief, der auf einem Augenzeugenbericht beruhte: «Auf Deine Briefe habe ich noch nicht geantwortet, weil ich über alle diese Dinge, von denen die Leute gesprochen haben, nichts Genaues wußte. Verhängnisvoll ist unsere große Tragödie – jetzt wissen wir alles. Ein Augenzeuge, der rein zufällig überlebte und es fertigbrachte, der Hölle zu entkommen, hat mich besucht. ... Alles weiß ich von ihm. Der Ort, wo alle zugrunde gehen, heißt Chelmno und liegt nicht weit von Dabie entfernt; alle Toten werden im angrenzenden Wald von Lochów vergraben. Die Menschen werden auf zweierlei Art umgebracht: von Erschießungskommandos oder mit Giftgas. So geschah es in den Orten Dabie, Izbica Kujawska, Klodawa und anderen. Kürzlich sind Tausende von Zigeunern aus dem sogenannten Zigeunerlager von Lodz dorthin gebracht worden, und das gleiche wird ihnen angetan. Denke nicht, daß ich verrückt bin. Wehe, es ist die tragische, grausame Wahrheit. ... O Schöpfer der Welt, hilf uns! Jakob Schulman.»[222]

Der Augenzeuge war wahrscheinlich der Mann, den man den «Totengräber von Chelmno» nannte, Jakow Grojanowski aus Izbica Kujawska, ein Angehöriger des jüdischen Kommandos, das die Gruben aushob, in die die Leichen im Wald geworfen wurden. Die Geschichte des Totengräbers erreichte sowohl Ringelblum als auch Zuckerman in Warschau.[223] Er erzählte von Menschen, die sich im Schloß auszogen, um geduscht und desinfiziert zu werden, die man dann in die Wagen trieb und mit dem Auspuffgas erstickte, das während der Fahrt zum etwa 16 Kilometer entfernten Wald ins Wageninnere gepumpt wurde. «Viele von den Menschen, mit denen sie [die Totengräber] zu tun hatten, waren im Lastwagen erstickt. Es gab aber ein paar Ausnahmen, darunter Säuglinge, die noch lebten; das kam daher, daß Mütter die Kinder in Decken hielten und sie mit den Händen abdeckten, so daß das Gas nicht an sie herankam. In diesen Fällen zerschmetterten die Deutschen den Säuglingen an einem Baum den Schädel und töteten sie auf der Stelle.» Grojanowski gelang die Flucht, und er verbarg sich in kleinen Gemeinden (wahrscheinlich auch in Grabów), bis er Anfang Januar 1942 Warschau erreichte.

XI

In Westeuropa ging währenddessen das Leben, eine Art Leben, weiter. In Paris rief der Bombenanschlag auf die Synagogen unter der jüdischen Bevölkerung anscheinend keine Panik hervor. Auch wenn die Festnahmen von Geiseln, die Hinrichtungen und der Abtransport Tausender von Juden nach Compiègne und Drancy darauf hindeuteten, daß sich die Lage verschlimmerte, lassen Biélinkys Tagebucheintragungen kein Gefühl eines Umbruchs erkennen.[224] Am 9. Oktober war wieder einmal Registrierung an der Tagesordnung, und Biélinky erwähnte die lange Schlange von «B»s. «Interessanterweise», fügte er hinzu, «sind in dieser Schar von Juden durch und durch jüdische Typen selten; alle sehen physisch wie gewöhnliche Pariser aus ... keine Spur von einem Ghetto.»[225] Der größte Teil seiner Eintragungen während dieser Tage bezog sich auf die ständigen Schwierigkeiten, genug Lebensmittel zu beschaffen.

Für Lambert bedeuteten die neuen deutschen Siege im Osten nicht das Ende des Krieges. «Was aber wird aus Frankreich werden, und was wird inzwischen aus uns, den Juden?»[226] Lamberts Frage war etwas rhetorisch, da er in derselben Eintragung vom 12. Oktober sogleich hinzufügte: «In diesem riesigen Brand ist die jüdische Sorge natürlich nur ein einziges Element der allgemeinen Angst und Erwartung. Das beruhigt mich zumindest im Hinblick auf die Zukunft meiner Söhne, da ein Pole, ein Belgier oder ein Niederländer nicht mehr Gewißheit über den nächsten Tag haben als ich.»[227] Einige Wochen später, Ende Dezember, war zumindest eines klar geworden: Das Ergebnis des Krieges stand nicht mehr in Frage. «Der Sieg ist gewiß; er könnte sogar noch 1942 stattfinden.»[228]

In Bukarest hatte Sebastian während dieser Tage gewiß nicht das Gefühl, daß sein Schicksal als Jude dem anderer Rumänen gliche. Er wollte fliehen: «Ich wünsche mir mehr als jemals zuvor, auswandern zu können», schrieb er am 16. Oktober. «Ich weiß, daß das absurd klingt und zu spät ist, *but I can't help it.* ... Ich las in den letzten Tagen viele amerikanische Zeitschriften, ... und ich konnte mich mit einem Mal in eine andere Welt versetzen, eine andere Umgebung, andere Städte, eine andere Zeit.»[229] Er wünschte sich, mit der «Struma» mitzufahren, die etwa 700 «illegale» Auswanderer nach Palästina brachte.[230] Vielleicht konnte er sich ihnen anschließen...

Wie die meisten Juden Rumäniens wußte Sebastian, was mit den Juden Bessarabiens, der Bukowina und Transnistriens geschah. «Ein antisemitischer Irrsinn, den nichts aufhalten kann», schrieb er am 20. Oktober. «Es gibt keine Zurückhaltung, kein Maß. Wenn da wenigstens ein antisemitisches Programm wäre, dann wäre es noch gut. Wir wüßten, wie weit sie gehen. Doch hier handelt es sich um pure Bestialität, eine entfesselte, schamlose, gewissenlose, sinnlose Bestialität. Alles, alles, schlicht und einfach alles kann passieren. Ich sehe auf den Gesichtern der Juden die Blässe der Angst.»[231]

In den darauffolgenden Tagebucheintragungen für die Zeit von Mitte Oktober bis Mitte Dezember reagierte Sebastian auf die täglichen Entwürdigungen und Bedrohungen, die sich gegen die rumänische Judenheit richteten (sowohl vor als auch nach Antonescus offenem Brief an Filderman, der nach Ansicht Sebastians einen bewußten Aufruf zur Gewalt darstellte).[232] Wohlmeinende rumänische Freunde versuchten, den jüdischen Schriftsteller von der Konversion zum Katholizismus zu überzeugen: «Nur er [der Papst] kann euch retten», behaupteten sie.[233] «Ich brauche keine Argumente, um ihnen zu erwidern, und ich werde auch keine suchen», notierte er am 17. Dezember. «Selbst wenn die Sache nicht völlig grotesk, sinnlos und idiotisch wäre, bräuchte ich keine Argumente. Auf einer sonnigen, sicheren und friedlichen Insel irgendwo im Ozean wäre es mir gleichgültig, ob ich Jude bin oder nicht. Aber hier und jetzt kann ich nichts anderes sein. Und ich will auch nichts anderes sein.»[234]

Im Reich versuchten die Juden, die nicht von der ersten Welle der Deportationen erfaßt worden waren, verzweifelt, die neuen Maßnahmen und ihr persönliches Schicksal zu verstehen. «Immer erschütterndere Nachrichten über Judenverschickungen nach Polen», notierte Klemperer am 25. Oktober. «Sie müssen fast buchstäblich nackt und bloß hinaus. Tausende aus Berlin nach Lodz (‹Litzmannstadt›). ... Wird und wann wird Dresden betroffen? Es schwebt immer über uns.»[235] 1. November: «Heute dringende Mahnkarte von Sußmann, er muß Alarmierendes über die Verschickungen gelesen haben, ich solle mich sofort weiter um USA bemühen. ... Ich schrieb sofort zurück, es sei jetzt jeder Weg verriegelt. Wir hörten tatsächlich von mehreren Seiten, daß eben jetzt deutscherseits absolute Auswanderungssperre verfügt ist.»[236] 28. November: «Die Beunruhigung im Ausland über die Deportationen muß sehr groß sein: Lissy Meyerhof und Caroli Stern erhielten, ohne darum gebeten zu haben, telegraphisch von Verwandten in USA Kubavisum und -passage. Hilft ihnen aber nichts; Pässe werden deutscherseits nicht erteilt. ... Cf. auch Sußmanns Karte an mich. Wir erwogen wieder. Ergebnis wie immer: bleiben. Gehen wir, so retten wir das Leben und sind zeitlebens abhängige Bettler. Bleiben wir, so sind wir in Lebensgefahr, behalten aber die Chance, hinterher ein lebenswertes Dasein zu führen. Trost bei alledem: Das Gehen hängt kaum noch von uns ab. Alles ist Schicksal, man könnte auch gerade in sein Verderben laufen. Wenn wir z. B. im Frühjahr nach Berlin übersiedelt wären, säße ich jetzt wahrscheinlich schon in Polen.»[237]

Klemperers Rationalisierungen (die sich in seinem Falle, wenngleich durch puren Zufall, letztlich bestätigten) waren unter denjenigen, die nicht gleich die Züge bestiegen, verbreitet. Hertha Feiner nahm an, ihr Status als ehemalige Gattin eines «Ariers» werde sie retten: «Wir haben viele große Sorgen, und wir erleben hier eine sehr ernste Zeit», schrieb sie am 16. Oktober 1941 an ihre Töchter. «Ich kann und möchte euch nicht belasten und bin in der glücklichen Lage, es im Vergleich zu anderen viel besser zu haben. Um mich braucht Ihr Euch keine Sorgen zu machen; durch meine gesonderte Lage hoffe ich auch, weiter so leben zu können wie bisher. Wenn irgend eine Veränderung in mein Leben kommen sollte, gebe ich Euch gleich Nachricht, aber ich glaube es nicht.»[238]

Die einzigen Aspekte des Alltagslebens, die in unterschiedlichem Ausmaß die meisten Juden beschäftigten, welche Ende 1941 auf dem von Deutschen beherrschten Kontinent lebten, waren der tägliche Kampf um das materielle Überleben, das Gefühl des völligen Fehlens jeglicher

Kontrolle über das eigene Schicksal und die leidenschaftliche Hoffnung, daß irgendwie die Befreiung unterwegs sei. Selbst in Rubinowicz' entlegenem Weiler im Distrikt Kielce konnte man sich in diesen Wintertagen der absoluten Ungewißheit über das Schicksal der Juden, tagein tagaus, nicht entziehen. «Gestern nachmittag bin ich nach Bodzentyn gegangen, denn ich lasse mir Plomben machen und wollte dort übernachten», notierte der junge Dawid am 12. Dezember. «Heute am frühen Morgen kam die Gendarmerie. Als sie die Chaussee entlangkamen, trafen sie einen Juden, der aus der Stadt herausging, und haben ihn gleich ohne jeden Grund erschossen, und als sie so weiter fuhren, haben sie noch eine Jüdin erschossen, wieder ohne jeden Grund. So sind zwei Opfer ohne jeden Grund gefallen. Als ich nach Hause ging, habe ich große Angst gehabt, daß ich nicht auch etwa mit ihnen zusammentreffe, aber ich habe niemanden getroffen.»[239] Am nächsten Tag wurde ein weiterer Jude getötet, wiederum ohne jeden Grund.[240]

Einige Tage später kam wie in den meisten besetzten Ländern und im Reich der Befehl, daß die Juden alle Pelze an die Behörden abzuliefern hätten: «Papa sagte», notierte Dawid am 26. Dezember, «... es ist eine Verfügung gekommen, daß die Juden alle Pelze abgeben, sogar kleine Stückchen. Und fünf Juden werden für diejenigen verantwortlich sein, die sie nicht geben. Und bei wem sie Pelze sehen oder finden, der wird mit dem Tode bestraft, so scharf ist die Verfügung herausgegeben. Der Gendarm hat eine Frist bis 4 Uhr nachmittags gegeben, dann müssen alle Pelze abgegeben sein. In kurzer Zeit begannen die Juden Pelzteile und ganze Pelze zusammenzutragen. Die Mama trennte gleich drei Pelze und Kragen von allen Mänteln. Um 4 Uhr kam der Gendarm selber zu uns, um die Pelze zu holen, und befahl dem polnischen Polizisten, eine Liste der abgegebenen Pelze zu schreiben, die die Juden abgegeben haben. Dann legten wir sie in zwei Säcke, und zwei Juden brachten sie zu einem Bauern, der sie auf die Wache nach Bielin bringen sollte.»[241]

Dawid Rubinowicz wußte kaum etwas vom Verlauf des Krieges und von den unmittelbaren Gründen für die Pelzsammlung. Anderswo jedoch, im Osten wie im Westen, blieben die Vorzeichen nicht unbemerkt. In Stanisławów, in der Stadt in Ostgalizien, in der am 12. Oktober 1941 Hans Krüger die Aufsicht über das Massaker auf dem örtlichen Friedhof geführt hatte, hatte Eliszewa (Elsa Binder), eine junge Frau von Anfang zwanzig, der wir schon kurz begegnet sind, damit begonnen, in dem neuerrichteten Ghetto ihre Beobachtungen aufzuzeichnen.[242] «In der Zeitung von gestern», notierte Eliszewa am 24. Dezember, «hieß es, der Große Führer [Hitler] habe den Oberbefehl über die Wehrmacht übernommen. Die Juden ziehen daraus die optimistischsten und weitreichendsten Schlüsse. ... Die Roten marschieren vorwärts, langsam aber stetig. Es geht das Gerücht, daß sie Charkow (wo sie nicht einen einzigen Juden sahen), Kiew und Schitomir eingenommen haben. Einige Leute behaupten, sie hätten unsere Radiosendung aus Kiew ‹gehört›. Ich wünschte, ich könnte das glauben, auch wenn ich versuche, mit Hoffnung und Optimismus in die Zukunft zu blicken.»[243]

Die Zeilen, die in diesem Eintrag folgen, deuten auf die intensiven Zweifel hin, die einige Juden gleichwohl überkamen, wenn es um Vorzeichen der Befreiung ging: «Ich muß zugeben», fuhr Eliszewa fort, «daß ich persönlich nicht an eine frühe Befreiung glaube. Ich will sie und ich fürchte sie. Aus heutiger Sicht erscheint ein freies Morgen außerordentlich strahlend. In meinen Träumen erwarte ich davon so vieles. Aber in Wirklichkeit? Ich bin jung, ich habe ein Recht, zu kämpfen und vom Leben alles zu verlangen. Doch obgleich ich es mir so sehr wünsche, fürchte ich es. Mir ist klar, daß unter den gegebenen Umständen derartige Gedanken irrational sind, aber ... Wie auch immer. Das, worauf es wirklich ankommt, ist die Befreiung.»[244]

«Wenn der Tod zuschlägt», notierte Kaplan am 9. Oktober in Warschau, «übergibt der Trauernde die ‹Ware› dem Bestattungsbüro, das sich dann um alles kümmert. So fährt der schwarze Wagen – manchmal von einem Pferd gezogen und manchmal nach Art einer Rikscha von den Angestellten des Bestattungsbüros – von Leichnam zu Leichnam, lädt so viele Tote auf, wie er fassen kann, und transportiert sie alle miteinander zum Friedhof. Gewöhnlich beginnt die Reise in die ‹andere Welt› um Mittag. Dann zieht sich eine lange Reihe von Wagen, die von Pferden und nach Art einer Rikscha gezogen werden, die Gesia-Straße entlang. Dieser Todesverkehr macht auf niemanden Eindruck. Der Tod ist zu etwas Handfestem geworden, wie die Suppenküche des Joint, die Brotkarte oder die Tatsache, daß man vor den Deutschen den Hut zieht. Manchmal läßt sich schwer feststellen, wer wen schiebt, die Lebenden die Toten oder umgekehrt. Die Toten haben ihre traditionelle Wichtigkeit und Heiligkeit verloren. Die Heiligkeit des Friedhofs wird jetzt ebenfalls entweiht; er ist in einen Marktplatz verwandelt worden. Er gleicht jetzt einem Jahrmarkt der Toten.»[245]

Der Umschwung in der Kriegslage reichte jedoch hin, um die Düsternis zu zerstreuen, zumindest eine Zeitlang. «In uns brennt eine feste Überzeugung», schrieb Kaplan am 19. Dezember, «daß für die Nazis der Anfang vom Ende gekommen ist. Welchen Grund habe ich für einen solchen Optimismus? Gestern, am 18. Dezember, wurde ein ‹Kommuniqué› vom Kriegsschauplatz bekanntgegeben, das folgendermaßen lautet: ‹Da der russische Winter näherrückt ..., muß der Frontverlauf begradigt werden ...› Das ist die in Rhetorik gehüllte Katastrophe.» Heimlich abgehörte Nachrichten der BBC bestätigten den aus der deutschen

Verlautbarung gezogenen Schluß. Durch das Ghetto schwirrten Gerüchte, die eifrig weitergegeben und ausgeschmückt wurden: «Ein geistreicher Mensch kommt daher und überbringt zuverlässige Informationen, denen zufolge Churchill ein Telegramm an das Ghetto geschickt hat, in dem es heißt: ‹Die Juden sollen nicht so schnell hinter den Nazis herrennen, weil er nicht die Kraft hat, ihnen zu folgen.›» Und in halb melancholischem, halb hoffnungsvollem Ton, wie es seine Art war, fügte Kaplan hinzu: «So sind unsere Leute – die bittere Wirklichkeit legt ihrer blühenden Phantasie keine Zügel an: ‹Gerade am Tag der Zerstörung des Tempels wurde auch der Messias geboren ...›»[246]

In Lublin, in dem Ghetto des Generalgouvernements, das zur Zielscheibe der schlimmsten deutschen Brutalität geworden war und das einige Monate später dann das erste sein sollte, welches für die totale Vernichtung vorgesehen war, erörterte der Rat in diesen Wochen profane Probleme, darunter die nachlässige und nachgerade unredliche Verwaltung des Krankenhauses sowie verschiedene Pläne zu dessen Reorganisation.[247] Weiter nördlich, in Białystok, konnte der Rat unter der Führung von Barasz auf seiner Sitzung vom 2. November 1941 sogar einige «Errungenschaften» verzeichnen: «So weit wie möglich wurde Abschwächung der [deutschen] Forderungen erzielt; statt 25 kg Gold 6 kg, statt 5 Millionen [Rubel] 2,5 Millionen. Anstelle eines Ghettos im Viertel Chanajkes [«ein heruntergekommener Randbezirk von Białystok», so Lucy Bawidowicz] das heutige Ghetto. Der Befehl für 10 Millionen wurde annulliert. Nicht mehr als 4500 Personen wurden nach Pružana evakuiert. Der Befehl, Listen der Intelligenz einzureichen, wurde widerrufen. All dies gelang nach vielen Bemühungen, dank unserer guten Beziehungen zu den Behörden ...» Die Deutschen verlangten jetzt jedoch erneut Lösegeld: «Der Judenrat muß von Donnerstag dem 6. dieses Monats an alle drei Tage 700 000 bis 800 000 Rubel Lösegeld zahlen. Wenn ein Termin nicht eingehalten wird, werden wir den ‹rücksichtslosen Mitteln der Gestapo› ausgesetzt sein. Wenn wir den Forderungen nach Arbeit und Steuern nachkommen», schloß Barasz, «werden wir unseres Lebens sicher sein – anderenfalls sind wir nicht für das Leben des Ghettos verantwortlich. Gott gebe, daß wir wieder zusammenkommen werden und daß keiner von uns fehlen wird ...»[248]

*

Im Ostland war, wie wir sahen, im Oktober und November 1941 eine Massentötung auf die andere gefolgt, wodurch Platz für die Deportierten aus dem Reich geschaffen werden sollte. In Kowno richteten sich Anfang Oktober einige sporadische «Aktionen» gegen das Krankenhaus und das Waisenhaus, welche die Deutschen samt ihren Insassen verbrannten.[249] Dann, am 25. Oktober, erhielt der Rat von SS-Sturmscharführer Helmut Rauca, dem Mann, der bei der Gestapo in Kowno das Judenreferat leitete, die Nachricht, daß sich alle Bewohner, d. h. alle 27 000, am 28. Oktober um 6 Uhr morgens auf dem Demokratu-Platz zu versammeln hätten, um eine Neuzuteilung von Lebensmittelrationen zu ermöglichen, wobei diejenigen, die für die Deutschen arbeiteten, in die eine Kategorie fielen und die Nichtarbeitenden in die andere; die Nichtarbeitenden würden in das «kleine Ghetto» verlegt werden. Dem Rat wurde befohlen, den Bewohnern den allgemeinen Anwesenheitsappell zu verkünden.[250]

Da die Mitglieder des Rates nicht in der Lage waren, irgendwelche Informationen über die wahren Absichten der Deutschen zu erhalten, baten sie um ein weiteres Treffen mit Rauca; er erklärte sich dazu bereit. Vergeblich versuchte Dr. Elkes, ihn dazu zu überreden, eine Erklärung abzugeben, wobei er sogar zu verstehen gab, wenn der Krieg für das Reich ungünstig ausginge, würde der Rat sich für die Hilfsbereitschaft des Gestapomanns verbürgen…[251] Da die Ghettoführer unschlüssig waren, ob sie die Verfügung publik machen sollten oder nicht, wandten sie sich an den alten Oberrabbiner Abraham Schapiro und baten ihn um Rat. Nach mehreren Aufschüben erklärte ihnen der Rabbiner schließlich, sie sollten die Verfügung bekanntmachen, in der Hoffnung, daß das schließlich zumindest einen Teil der Bevölkerung retten würde. So wurde die Verfügung am 27. Oktober sowohl auf jiddisch als auch auf deutsch ausgehängt.[252]

Am Morgen des 28. versammelte sich die gesamte Bevölkerung auf dem Platz. Jeder erwachsene Jude, der keine Arbeitserlaubnis besaß, trug irgendein Dokument bei sich, ein «Schulzeugnis», eine «Empfehlung von der litauischen Armee» und dergleichen – vielleicht konnte das helfen. Auf dem Platz war Rauca für die Selektion zuständig: die gute Seite war die linke. Diejenigen, die man nach rechts schickte, wurden gezählt und zu einem Sammelpunkt im kleinen Ghetto getrieben. Von Zeit zu Zeit informierte man Rauca über die Zahl der Juden, die nach rechts geschickt worden waren. Nach Einbruch der Dunkelheit war das Soll von 10 000 Menschen erreicht. Die Selektion war vorüber; 17 000 Juden kehrten nach Hause zurück.[253]

Während des gesamten Tages hatte sich Elkes auf dem Platz aufgehalten; in einigen seltenen Fällen konnte er an Rauca appellieren und die Änderung einer Entscheidung erwirken. Als er an diesem Abend des 28. heimkehrte, belagerte ihn eine Menschenmenge, und jeder Jude flehte ihn an, irgendjemanden zu retten. Am darauffolgenden Tag, als die erste Kolonne von Juden den Treck aus dem kleinen Ghetto nach Fort IX begann, versuchte Elkes mit einer Namensliste in der Hand noch einmal zu intervenieren. Rauca gestand ihm 100 Menschen zu. Als aber Elkes versuchte, diese 100 Menschen aus den Kolonnen herauszuholen, wurde er von einem der litauischen Wachmännern geschlagen und brach zusammen. Nach den Aussagen Torys, der einer derjenigen war, die den Vorsitzenden forttrugen, vergingen Tage, bis Elkes' Wunden heilten und er wieder auf eigenen Füßen stehen konnte. In der Zwischenzeit, vom Morgengrauen des 29. bis zum Mittag, marschierten die 10 000 Juden aus dem kleinen Ghetto nach Fort IX, wo man sie, eine Gruppe nach der anderen, erschoß.[254] Schon Tage zuvor waren hinter dem Fort Gruben ausgehoben worden: Sie waren jedoch nicht für die litauischen Juden bestimmt, sondern, wie wir sahen, für die Juden aus dem Reich und dem Protektorat, die im November eintrafen und die verschwanden, ohne je das Ghetto zu erreichen.

In einer ausführlicher als sonst gehaltenen Schilderung mehrerer Wochen im Leben des Ghettos von Wilna, die wahrscheinlich irgendwann im Dezember 1941 geschrieben ist (da hier zum Schluß der sowjetische Gegenangriff vor Moskau erwähnt wird), notierte Rudaszewski an einer Stelle: «Ich habe das Gefühl, wir sind wie Schafe. Wir werden zu Tausenden abgeschlachtet, und wir sind hilflos. Der Feind ist stark und verschlagen, er vernichtet uns nach einem Plan, und wir sind verzagt.»[255] Für den 14jährigen Tagebuchschreiber gab es wenig, was die Ghettobewohner anderes tun konnten, als auf eine rasche Befreiung von außen zu hoffen: «Der einzige Trost sind jetzt die neuesten Nachrichten von der Front. Wir leiden hier, aber dort, weit im Osten, hat die Rote Armee eine Offensive begonnen. Die Sowjets haben Rostow eingenommen, sie haben von Moskau aus dem Feind einen Schlag versetzt und sind im Vormarsch. Und es sieht immer so aus, als werde darauf jeden Augenblick die Freiheit folgen.»[256]

Andere Wilnaer Juden zogen aus den Ereignissen ebenfalls Schlüsse, die aber nicht so hoffnungsvoll ausfielen. In den Augen einiger Mitglieder der zionistischen Jugendorganisationen ließ die systematische Art und Weise, in der die Deutschen die Tötungen durchführten, auf die Existenz eines Plans, eines Vernichtungsprojekts schließen, das sich schließlich auf sämtliche Juden des Kontinents erstrecken würde... Das war eine zufällige Intuition, und es konnte auch nichts anderes sein; es war die richtige Intuition.

Einer der ersten, die die Bedeutung der Massaker von Wilna begriffen, war der 23 Jahre alte Dichter und Mitglied von *Hashomer Hatzair*, Abba Kovner, der sich in einem Kloster in der Nähe der Stadt versteckt hielt. Er fand die Worte und die Argumente, die eine wachsende Zahl seiner Kameraden aus der Jugendbewegung überzeugten.[257] Und wenn seine Interpretation zutraf, wenn früher oder später der Tod unvermeidlich war, dann war nur noch eine Schlußfolgerung möglich: Die Juden mußten «mit Würde sterben»; der einzige Weg war der bewaffnete Widerstand.

Kovner wurde aufgefordert, eine Proklamation zu schreiben, die auf einer Versammlung von Mitgliedern sämtlicher Jugendorganisationen im Ghetto verlesen werden sollte.[258] Das Treffen, das als Neujahrsfeier getarnt stattfand, führte am 31. Dezember 1941 etwa 150 junge Männer und Frauen in der «Öffentlichen Küche der Pioniere» in der Straszun-Straße 2 zusammen. Dort verlas Kovner das Manifest, das der erste Aufruf zu jüdischem bewaffnetem Widerstand werden sollte.[259] «Jüdische Jugend», erklärte Kovner, «glaube nicht denen, die dich zu täuschen versuchen. ... Von denjenigen, die man durch die Tore des Ghettos geführt hat, ist nicht ein einziger wiedergekehrt. Alle Wege der Gestapo führen nach Ponar, und Ponar heißt Tod.

Ponar ist kein Konzentrationslager. Sie sind dort alle erschossen worden. Hitler plant, alle Juden Europas zu vernichten, und die Juden Litauens sind als die ersten der Reihe ausgesucht worden. Wir wollen uns nicht wie Schafe zur Schlachtbank führen lassen. Gewiß sind wir schwach und wehrlos, aber die einzige Antwort an den Mörder ist die Revolte! Brüder! Es ist besser, wie freie Männer im Kampf umzukommen, als dem Mörder auf Gedeih und Verderb ausgeliefert zu leben. Erhebt euch! Erhebt euch mit eurem letzten Atemzug!»[260]

Innerhalb kurzer Zeit führte Kovners Appell dazu, daß die erste jüdische Widerstandsorganisation im besetzten Europa, die Vereinigte Partisanenorganisation (FPO), geschaffen wurde. Sie verband junge Juden aus den unterschiedlichsten politischen Lagern, von den Kommunisten bis hin zu den rechtsgerichteten Zionisten des Betar.[261] Gerade in Wilna schien sich jedoch die Lage erneut zu ändern: Eine relative Stabilität, die über zwei Jahre anhalten sollte, senkte sich über die verbleibenden 24 000 Juden des Ghettos – von denen die meisten für die Deutschen arbeiteten – und über ihre engsten Familienangehörigen.

Als man in Warschau von den Massakern erfuhr, die sich im Sommer und Herbst 1941 in Wilna zugetragen hatten, deutete man sie im allgemeinen als deutsche Vergeltung für die Unterstützung, welche die Juden Litauens den sowjetischen Besatzern hatten zukommen lassen. Nur unter einer Minderheit innerhalb der Jugendorganisationen bildete sich auch hier eine andere Einschätzung heraus. Zuckerman erklärte den Wandel der Wahrnehmung, der sich in seiner Gruppe abzeichnete: «Meine Genossen [von Dror] und die Mitglieder von Hashomer Hatzair hatten die Geschichte von Wilna [über die Massaker an den Juden in Ponar] bereits gehört. Wir überbrachten die Informationen der Führung der Bewegung, den politischen Aktivisten in Warschau. Die Reaktionen waren unterschiedlich. Die jungen Leute nahmen nicht nur die Informationen auf, sondern sie akzeptierten auch die Deutung, daß dies der Anfang vom Ende sei. Ein totales Todesurteil für die Juden. Wir akzeptierten nicht die Interpretation, ... das sei alles wegen des Kommunismus geschehen. ... Warum lehnte ich sie ab? Ich tat das deshalb, weil es, wenn es die deutsche Rache an den jüdischen Kommunisten gewesen wäre, unmittelbar nach der Besetzung stattgefunden hätte. Dies aber waren geplante und organisierte Akte, nicht unmittelbar nach der Besetzung, sondern im Voraus geplante Aktionen. ... Das war sogar noch vor den Nachrichten über Chelmno, die im Dezember und Januar kamen.»[262]

Einige Wochen später, Anfang 1942, entnahm dann «Antek» aus den Äußerungen Lonkas, einer Dror-Abgesandten, daß seine gesamte Familie in Wilna umgekommen war: «Unter anderem sagte sie, aber nicht direkt, sie [Lonka] und Frumka [eine weitere Dror-Kurierin] hätten beschlossen, den einzigen Sohn meiner Schwester zu retten, aber es sei ihnen nicht gelungen. Da war mir klar, daß meine Familie nicht mehr am Leben war. Meine Familie – mein Vater und meine Mutter, meine Schwester, ihr Mann und das Kind Ben-Zion, das die Mädchen zu retten beschlossen hatten, nur den Jungen, weil sie keinen sonst retten konnten und schließlich ihn auch nicht ... Onkel, Tanten, ein großer Stamm der Familien Kleinstein und Zuckerman, ein großer, weitverzweigter Clan in Wilna.»[263]

*

Als das Schicksalsjahr 1941 auf seinen letzten Tag zuging und sich das Blatt des Krieges zu wenden schien, unterschied sich die Stimmung einer großen Mehrheit der europäischen Juden kurze Zeit deutlich von der einer winzigen Minderheit. In Bukarest hatte Sebastian seine schlimmsten Befürchtungen überwunden: «Die Russen sind an der Ostküste der Krim gelandet», notierte er am 31. Dezember, «und haben Kertsch und Feodossija wiederbesetzt. Der letzte Tag des Jahres. ... Trage in meinem Herzen die 364 furchtbaren Tage dieses schrecklichen Jahres, das heute Nacht zu Ende geht. Immerhin, wir sind am Leben. Wir können noch warten. Noch ist Zeit, noch haben wir Zeit.»[264] Klemperer war diesmal sogar noch überschwenglicher als Sebastian. Bei einer kleinen Silvesterfeier bei den Kreidls, den Nachbarn, die eine Treppe tiefer wohnten, hielt Klemperer aus diesem Anlaß eine Rede: «Daß es unser grausigstes Jahr war, grausig durch eigenes reales Erleben, grausiger durch ständige Bedrohtheit, am grausigsten durch das, was wir andere leiden sahen (Evakuierungen, Morde), daß es aber am Schluß die Zuversicht brachte. Ich gab als adhortatio: Die letzten schweren fünf Minuten die Nase hoch!»[265]

Klemperers Optimismus war natürlich durch die Nachrichten von der Ostfront beflügelt worden. Herman Kruk suchte, nicht ganz so emphatisch, ebenfalls Trost in den «neuesten Informationen». Die Versammlung von Freunden in seiner Wohnung war von Trauer erfüllt: «In traurigem Schweigen versammelten wir uns, und in traurigem Schweigen wünschten wir einander, daß wir durchhalten, überleben und in der Lage sein möchten, von alledem zu erzählen! In der Zwischenzeit trösteten wir uns mit den neuesten Informationen: Kertsch ist gefallen, Kaluga ist gefallen. Ein italienisches Regiment hat kapituliert und versprochen, gegen die Deutschen zu kämpfen. An der Front hat man 2000 [Deutsche] erfroren aufgefunden.»[266] Und Eliszewa im Ghetto in Stanisławów äußerte sowohl die Hoffnung als auch die Furcht, die letztlich alle miteinander teilten: «Ich begrüße dich, 1942, mögest du Rettung und Niederlage bringen. Ich begrüße dich, mein ersehntes Jahr. Vielleicht wirst du glückbringender sein für unser altes, elendes Volk, dessen Schicksal in den Händen des Ungerechten liegt. Und noch eines. Was immer du mir bringst, ob Leben oder Tod, bring es rasch.»[267]

An jenem letzten Tag des Jahres wurde übrigens das Frostwetter von so manchem Einwohner des besetzten Europa begrüßt, und nicht nur von der kleinen Gemeinschaft der Juden: «Wir sehen zu, wie Sanitätswagen und Züge des Militärs nach Westen fahren», notierte Klukowski am 31. Dezember, «die voll von Soldaten mit Verwundungen und Erfrierungen sind. Die meisten Erfrierungen gibt es an Händen, Füßen, Ohren, Nasen und Genitalien. Wie verzweifelt die militärische Lage der Deutschen ist, kann man daran ermessen, daß Hitler die unmittelbare Verantwortung für sämtliche militärischen Aktionen in Rußland übernommen hat.»[268] Klukowskis Eintragung für den letzten Tag des Jahres 1941 endete mit Worten, die in ganz Europa erneut immer stärker verbreitet gewesen sein müssen: «Viele Menschen sterben jetzt, aber alle, die noch leben, haben das sichere Gefühl, daß unsere Zeit der Rache und des Sieges kommen wird.»[269]

In derselben Eintragung sprach Klukowski auch davon, daß allen Juden befohlen worden war, sämtliche Pelze oder Teile von Pelzen, die sich in ihrem Besitz befanden, bei Androhung der Todesstrafe innerhalb von drei Tagen abzuliefern. «Einige Leute», schrieb Klukowski, «sind stinkwütend, aber manche sind glücklich, weil diese Sache mit den Pelzen zeigt, daß die Deutschen jetzt leiden. Die Temperaturen sind sehr niedrig. Wir haben kein Brennmaterial, und die Menschen frieren, aber jeder hofft auf einen noch kälteren Winter, weil das dazu beitragen wird, die Deutschen zu besiegen.»[270]

Für einige junge Juden wie Kovner in Wilna oder Zuckerman in Warschau bedeuteten die letzten Tage des Jahres 1941 ebenfalls einen tiefgreifenden Wandel, der jedoch von anderer Art war. «Antek» definierte diesen psychologischen Wendepunkt: «Ein neues Kapitel begann in unserem Leben. ... Eines seiner ersten Anzeichen war ein Gefühl des Endes.»[271]

6.
Dezember 1941 – Juli 1942

Am 15. Dezember 1941 wurde die *SS Struma* mit 769 jüdischen Flüchtlingen aus Rumänien an Bord in den Hafen von Istanbul geschleppt und unter Quarantäne gestellt. Das Schiff, ein 1830 gebauter klappriger Schoner, den man im Laufe der Jahrzehnte umgebaut und mit einer kleinen Maschine ausgerüstet hatte, mit der er kaum die Donau befahren konnte, hatte eine Woche zuvor Constanţa verlassen und nach einer Reihe von Maschinenschäden irgendwie den Weg in türkische Gewässer gefunden.[1]

Fünf Tage später vermittelte der britische Botschafter in Ankara, Sir Hughe Knatchbull-Hugessen, einem Beamten des türkischen Außenministeriums einen falschen Eindruck von der politischen Linie seines Landes: «Die Regierung Seiner Majestät wollte diese Leute nicht in Palästina haben», erklärte der Botschafter, «sie haben keine Genehmigung für die Fahrt dorthin, aber ... vom humanitären Standpunkt aus betrachtet gefiel mir sein [des türkischen Beamten] Vorschlag nicht, das Schiff ins Schwarze Meer zurückzuschicken. Wenn die türkische Regierung das Schiff behindern muß, weil sie die in einer Notlage befindlichen Juden nicht in der Türkei behalten kann, dann sollte man es eher in Richtung Dardanellen [auf dem Weg ins Mittelmeer] auslaufen lassen. Es könnte sein, daß sie, wenn sie Palästina erreichten, ungeachtet ihrer Illegalität human behandelt würden.»[2]

In offiziellen Kreisen Londons rief die Erklärung des Botschafters Empörung hervor. Die schärfste Zurechtweisung kam von Kolonialminister Lord Moyne, der in einem Brief vom 24. Dezember an den Staatssekretär im Außenministerium, Richard Law, folgendes schrieb: «Die Landung von 700 weiteren Immigranten [in Palästina] wird nicht nur zu einer entsetzlichen Zunahme der Schwierigkeiten des Hohen Kommissars führen, ... sondern sie wird auch auf dem gesamten Balkan beklagenswerte Auswirkungen haben, insofern sie weitere Juden dazu ermutigt, sich auf ein Unternehmen einzulassen, das jetzt vom Botschafter Seiner Majestät gutgeheißen worden ist. ... Mir fällt es schwer, mit Mäßigung über diesen Vorgang zu schreiben, der in krassem Widerspruch zur erklärten politischen Linie der Regierung steht, und ich wäre sehr froh, wenn Sie vielleicht auch jetzt noch etwas unternehmen könnten, um die Situation zu retten und darauf zu dringen, daß man die türkischen Behörden auffordern sollte, das Schiff ins Schwarze Meer zurückzuschicken, wie sie ursprünglich vorgeschlagen hatten.» Das Argument des Kolonialministeriums lautete, und dabei blieb es dann auch durchgängig, daß Nazi-Agenten als jüdische Flüchtlinge verkleidet nach Palästina einsickern könnten.[3]

Während die Wochen vergingen, entschieden die Briten, den 70 Kindern, die sich an Bord befanden, Visa für die Einreise nach Palästina zu gewähren. Die Türken blieben jedoch eisern: Keinem der Flüchtlinge würde gestattet werden, das Schiff zu verlassen. Am 23. Februar schleppten sie das Schiff wieder ins Schwarze Meer. Kurz darauf wurde es von einem Torpedo getroffen, das fast mit Sicherheit irrtümlich von einem sowjetischen Unterseeboot abgefeuert worden war: Die *Struma* sank mit allen ihren Passagieren. Es gab nur einen einzigen Überlebenden.[4]

«In einer Meldung der Rador-Agentur von gestern Abend», notierte Sebastian am 26. Februar, «hieß es, die *Struma* sei mit allen Passagieren an Bord im Schwarzen Meer gesunken. Heute Morgen wurde die Meldung korrigiert: Die meisten, wenn nicht sogar alle an Bord seien gerettet worden und befänden sich nun auf dem Festland. Bis zu dieser zweiten Meldung ging ich durch mehrere Stunden der Depression. Unser ganzes Schicksal ist in diesem Schiffbruch enthalten.»[5]

*

Während der ersten Hälfte des Jahres 1942 weiteten die Deutschen die Mordkampagne rasch aus und koordinierten sie. Abgesehen von der Einrichtung der Systeme für Deportation, Selektion, Vernichtung und Sklavenarbeit selbst (oder der Ausweitung bereits existierender Operationen) war die «Endlösung» auch mit bedeutenden politisch-administrativen Entscheidungen verbunden: Hinsichtlich der Verantwortung für die Vernichtung und ihre Durchführung mußte eine klare Befehlskette hergestellt werden, und man mußte die Kriterien für die Identifizierung der Opfer festlegen. Ebenso waren ausgehandelte Abmachungen mit verschiedenen nationalen und lokalen Dienststellen in den besetzten Ländern und mit den Verbündeten des Reichs erforderlich. Während dieser sechs Monate (die für die Deutschen erneut eine Zeit militärischer Erfolge waren) kam es zu keiner nennenswerten Einmischung in die immer klarer hervortretenden Ziele der deutschen Operation, weder im Reich noch im besetzten Europa oder jenseits von dessen Grenzen. Und in derselben Periode warteten die meisten Juden, unter straffer Kontrolle, von ihrer Umgebung abgeschnitten und häufig physisch geschwächt, passiv ab. Sie alle hatten die Hoffnung, auf irgendeine Weise einem Schicksal zu entrinnen, das immer bedrohlicher aussah, das sich aber wie bisher die überwältigende Mehrheit überhaupt nicht ausmalen konnte.

I

Am 19. Dezember entließ Hitler Walther von Brauchitsch und übernahm persönlich den Oberbefehl über das Heer. In den darauffolgenden Wochen stabilisierte er die Ostfront. Ungeachtet der schwer erkämpften Atempause und seiner eigenen rhetorischen Posen wußte Hitler aber wahrscheinlich, daß 1942 das Jahr der «letzten Chance» sein würde. Nur ein Durchbruch im Osten konnte das Blatt zugunsten Deutschlands wenden.

Am 8. Mai 1942 begann die erste Phase der deutschen Offensive am südlichen Abschnitt der russischen Front. Nachdem von der Armeegruppe Süd in der Nähe von Charkow einer sowjetischen Gegenoffensive widerstanden und den Divisionen Marschall Timoschenkos starke Verluste zugefügt hatte, rollten die deutschen Truppen weiter. Erneut erreichte die Wehrmacht das Donez-Becken. Weiter südlich eroberte von Manstein die Krim zurück, und Mitte Juli war Sewastopol eingeschlossen. Am 28. Juni begann der deutsche Großangriff («Unternehmen Blau»). Woronesch wurde eingenommen, und während der größte Teil der deutschen Truppen nach Süden zu den Ölfeldern und den Vorbergen des Kaukasus vorstieß, zog die 6. Armee des General Paulus den Don entlang in Richtung Stalingrad. In Nordafrika fielen Bir Hakeim und Tobruk Rommel in die Hände, und das Afrika-Korps überschritt die ägyptische Grenze: Alexandria war bedroht. An allen Fronten – und im Atlantik – häuften die Deutschen Erfolg auf Erfolg; Gleiches taten ihre japanischen Verbündeten im Pazifik und in Südostasien. Würde sich die strategische Waagschale zugunsten Hitlers neigen?

Währenddessen setzte der «Führer» seine antijüdischen Appelle unablässig fort, wobei er in groben Zügen die Vernichtung andeutete, die im Gange war, und endlos die Argumente wiederholte, die sie in seinen Augen rechtfertigten. Rasende Angriffe auf die Juden tauchten buchstäblich in allen größeren Reden und Äußerungen Hitlers auf. Die überwältigende Wut, die im Oktober 1941 ausgebrochen war, ließ nicht nach. In den meisten Fällen tauchte erneut die «Prophezeiung» auf, die er noch um einige besonders bösartige Anschuldigungen erweiterte. Die Schimpfkanonaden des Diktators mochten einigen Deutschen und anderen Europäern wie reiner Wahnsinn erscheinen; andere konnten sie jedoch möglicherweise davon überzeugen, daß die jämmerlichen Gruppen von Juden, die sich überall auf den Straßen europäischer Städte mit ihren Koffern und Bündeln zu den «Sammelpunkten» schleppten, nur die trügerischen Inkarnationen einer verborgenen satanischen Macht – «des Juden» – waren, die über ein geheimes Reich herrschte, das sich von Washington nach London und von London nach Moskau erstreckte und das den Lebensnerv des Reichs und des «neuen Europa» zu zerstören drohte.

Die «Prophezeiung» war präsent gewesen, als das Jahr 1942 begann und Hitler seine Neujahrsbotschaft an die Nation richtete.[6] Am 25. Januar wurden zwei *cognoscenti*, Lammers und Himmler, historische «Einsichten» und ungewöhnlich offene Bemerkungen über das Schicksal der Juden serviert: «Man muß es schnell machen», erklärte ihnen Hitler. «Der Jude muß aus Europa heraus. Wir kriegen sonst keine europäische Verständigung. Er hetzt am meisten überall. Letzten Endes: Ich weiß nicht, ich bin kolossal human. Zur Zeit der päpstlichen Herrschaft in Rom sind die Juden mißhandelt worden. Bis 1830 wurden acht Juden jedes Jahr durch die Stadt getrieben, mit Eseln. Ich sage nur, er muß weg. Wenn er dabei kaputtgeht, da kann ich nicht helfen. Ich sehe nur eines: die absolute Ausrottung, wenn sie nicht freiwillig gehen. Warum soll ich einen Juden mit anderen Augen ansehen als einen russischen Gefangenen? Im Gefangenenlager sterben viele, weil wir durch die Juden in diese Lage hineingetrieben sind. Aber was kann denn ich dafür? Warum haben die Juden denn den Krieg angezettelt?»[7]

Am 30. Januar 1942 kehrte Hitler bei der rituellen Jahresansprache vor dem Reichstag, die er diesmal im Berliner Sportpalast hielt, mit voller Kraft zu seiner Seherrhetorik zurück: «Wir sind uns ... im klaren darüber, daß der Krieg nur damit enden kann, daß entweder die arischen Völker ausgerottet werden, oder daß das Judentum aus Europa verschwindet.» Und nachdem er die Zuhörer erneut an seine «Prophezeiung» erinnert hatte, fuhr Hitler fort: «Zum erstenmal wird diesmal das echt altjüdische Gesetz angewendet: ‹Aug' um Aug', Zahn um Zahn!›» Danach ergriff ihn messianische Inbrunst: «Je weiter sich diese Kämpfe ausweiten, um so mehr wird sich – das mag sich das Weltjudentum gesagt sein lassen – der Antisemitismus verbreiten. Er wird Nahrung finden in jedem Gefangenenlager, in jeder Familie, die aufgeklärt wird, warum sie letzten Endes ihr Opfer zu bringen hat. Und es wird die Stunde kommen, da der *böseste Weltfeind aller Zeiten* wenigstens auf *ein Jahrtausend seine Rolle* ausgespielt haben wird.»[8] Die millennarische Vision einer schließlichen Erlösung krönte die Litanei des Hasses.

Die Intuition des Volkes war unfehlbar. Ein allgemeiner Stimmungsbericht des SD vom 2. Februar zeigte, wie gut die Rede vom 30. Januar angekommen war. Die Bevölkerung interpretierte den Gebrauch der Wendung «Auge um Auge, Zahn um Zahn» als Beweis dafür, «daß der Kampf des Führers gegen das Judentum mit unerbittlicher Konsequenz zu Ende geführt und schon bald der letzte Jude vom europäischen Boden vertrieben werde».[9] Einem Bericht aus Minden vom 21. Februar zufolge sagten die Leute: «Wenn man [mit] Frontsoldaten vom Osten spricht, dann kann man feststellen, daß die Juden hier [in] Deutschland noch viel zu human behandelt würden. Es wäre das richtige, die ganze Brut müßte vernichtet werden.»[10]

In Warschau verstand Kaplan die Hauptstoßrichtung der Rede Hitlers ebenfalls: «Vorgestern», notierte er am 2. Februar, «lasen wir die Rede, die der Führer im Gedenken an den 30. Januar 1933 gehalten hat und in der er sich damit brüstete, daß sich seine Prophezeiung jetzt zu bewahrheiten beginne. Hatte er nicht erklärt, wenn in Europa Krieg ausbräche, dann würde das jüdische Volk vernichtet werden? Dieser Prozeß hat begonnen, und er wird weitergehen, bis das Ziel erreicht ist. Uns dient die Rede als Beweis dafür, daß die Erzählungen, die wir für Gerüchte hielten, in Wirklichkeit Berichte von tatsächlichen Geschehnissen sind. Der Judenrat und das Joint verfügen über Dokumente, welche die Neuausrichtung der Nazipolitik gegenüber den Juden in den besetzten Gebieten bestätigen: Tod durch Ausrottung ganzer jüdischer Gemeinden.»[11]

Erneut trat Hitlers apokalyptische Vision in seiner Botschaft zum Gedenken an die Proklamierung des Parteiprogramms der NSDAP vom 24. Februar zutage. Wieder brachte er seine «Prophezeiung» ins Spiel. Sie waren, so erklärte er dem harten Kern der Partei, «ein kleines Häufchen Bekenner» gewesen, die schon 1919 «den internationalen Feind der Menschheit nicht nur sahen, sondern auch bekämpften». Vieles hatte sich geändert seit jenen heroischen Anfängen, und jetzt waren mächtige Staaten die Träger ihrer Ideen. Die messianische Beschwörung folgte: «Was immer auch der Kampf mit sich bringen, oder wie lange er dauern mag, dies [die Ausrottung der Juden] wird sein endgültiges Ergebnis sein. Und dann erst, nach der Beseitigung dieser Parasiten, wird über die leidende Welt eine lange Zeit der Völkerverständigung und damit des wahren Friedens kommen.»[12] Am 15. März, am Heldengedenktag, setzte Hitler seine wütende antijüdische Kampagne fort, so bedrohlich wie eh und je.

Immer wieder kündigte der «Führer» die Ausrottung der Juden an, und jedesmal verstanden zahlreiche Deutsche sehr wohl, daß er das ernst meinte. So notierte sich Karl Dürkefälden, ein Angestellter eines Industrieunternehmens in der Nähe von Hannover, nachdem er die Rede vom 24. Februar in der *Niedersächsischen Tages-Zeitung* (NTZ) gelesen hatte, die Drohungen Hitlers in seinem Tagebuch; seiner Ansicht nach mußte man diese Drohungen ernst nehmen, und er zitierte die Überschrift, die man der Rede Hitlers in der NTZ gegeben hatte: «Der Jude wird ausgerottet.»[13] Einige Tage zuvor hatte Dürkefälden im Programm der BBC eine Rede Thomas Manns gehört, in der dieser die Vergasung von 400 jungen niederländischen Juden erwähnt hatte. Dürkefälden schrieb dazu, angesichts der ständigen Ausfälle Hitlers gegen die Juden seien derartige Vergasungen durchaus glaublich.[14] Mit anderen Worten, schon in den ersten Monaten des Jahres 1942 wußten selbst «gewöhnliche Deutsche», daß die Juden erbarmungslos ermordet wurden.

Goebbels war wie üblich die Stimme seines Herrn, aber er war auch der Protokollant der privaten Tiraden seines Meisters und gelegentlich ein scharfer eigenständiger Beobachter. Am 13. Januar notierte er beispielsweise, ein Volk sei wehrlos gegen die jüdische Bedrohung, wenn ihm der richtige «antisemitische Instinkt» fehle; «das», so fügte er hinzu, «kann man vom deutschen Volke nicht sagen.»[15] Bei jeder seiner Zusammenkünfte mit Hitler bekam der Minister unweigerlich zu hören, daß die Juden ausradiert werden müßten: «Mit dem Bolschewismus», erklärte Hitler ihm am 14. Februar, «wird zweifellos auch das Judentum seine große Katastrophe erleben. Der Führer gibt noch einmal seiner Meinung Ausdruck, daß er entschlossen ist, rücksichtslos mit den Juden in Europa aufzuräumen. Hier darf man keinerlei sentimentale Anwandlungen haben. Die Juden haben die Katastrophe, die sie heute erleben, verdient. Sie werden mit der Vernichtung unserer Feinde auch ihre eigene Vernichtung erleben. Wir müssen diesen Prozeß mit einer kalten Rücksichtslosigkeit beschleunigen, und wir tun damit der leidenden und seit Jahrtausenden vom Judentum gequälten Menschheit einen unabschätzbaren Dienst. Diese klare judenfeindliche Haltung muß auch im eigenen Volke allen widerspenstigen Kreisen gegenüber durchgesetzt werden. Das betont der Führer ausdrücklich, auch nachher noch einmal im Kreise von Offizieren, die sich das hinter die Ohren schreiben können.»[16]

Am 7. März kam der Minister erstmals auf die Wannsee-Konferenz zu sprechen. 20 Tage später registrierte er den Ablauf des Vernichtungsprozesses: «Aus dem Generalgouvernement werden jetzt, bei Lublin beginnend, die Juden nach dem Osten abgeschoben. Es wird hier ein ziemlich barbarisches und nicht näher zu beschreibendes Verfahren angewandt, und von den Juden selbst bleibt nicht mehr viel übrig. Im großen kann man wohl feststellen, daß 60 % davon liquidiert werden müssen, während nur noch 40 % in die Arbeit eingesetzt werden können. Der ehemalige Gauleiter von Wien [Globocnik], der diese Aktion durchführt, tut das mit ziemlicher Umsicht und auch mit einem Verfahren, das nicht allzu auffällig wirkt. An den Juden wird ein Strafgericht vollzogen, das zwar barbarisch ist, das sie aber vollauf verdient haben. Die Prophezeiung, die der Führer ihnen für die Herbeiführung eines neuen Weltkriegs mit auf den Weg gegeben hat, beginnt sich in der furchtbarsten Weise zu verwirklichen. Man darf in diesen Dingen keine Sentimentalität obwalten lassen. Die Juden würden, wenn wir uns ihrer nicht erwehren würden, uns vernichten. Es ist ein Kampf auf Leben und Tod zwischen der arischen Rasse und dem jüdischen Bazillus. Keine andere Regierung und kein anderes Regime könnte die Kraft aufbringen, diese Frage generell zu lösen. Auch hier ist der Führer der unentwegte Vorkämpfer und Wortführer einer radikalen Lösung, die nach Lage der Dinge geboten ist und deshalb unausweichlich erscheint. Gott sei Dank haben wir jetzt während des Krieges eine ganze Reihe von Möglichkeiten, die uns im Frieden verwehrt wären. Die müssen wir ausnutzen. Die in den Städten des Generalgouvernements freiwerdenden Ghettos werden jetzt mit den aus dem Reich abgeschobenen Juden gefüllt, und hier soll sich dann nach einer gewissen Zeit der Prozeß erneuern. Das Judentum hat nichts zu lachen, und daß seine Vertreter heute in England und in Amerika den Krieg gegen Deutschland organisieren und propagieren, das müssen seine Vertreter in Europa sehr teuer bezahlen, was wohl auch als berechtigt angesehen werden muß.»[17]

Im Crescendo antijüdischer Beschimpfungen und Drohungen, die Hitler unaufhörlich von sich gab, war seine «umfassendste» Rede seine Ansprache vor dem Reichstag vom 26. April 1942. Bei einem Treffen mit Goebbels am Morgen dieses Tages stürzte sich der «Führer» erneut auf die Judenfrage. «Sein Standpunkt diesem Problem gegenüber ist unerbittlich», notierte Goebbels. «Die Juden haben unserem Erdteil so viel Leid zugefügt, daß die härteste Strafe, die man über sie verhängen kann, immer noch zu milde ist. Himmler betreibt augenblicklich die große Umsiedlung der Juden aus den deutschen Städten nach den östlichen Ghettos. Ich habe veranlaßt, daß hier in großem Umfang Filmaufnahmen gemacht werden. Das Material werden wir für die spätere Erziehung unseres Volkes dringend gebrauchen.»[18]

Der «Großdeutsche Reichstag» trat um 3 Uhr nachmittags in der Krolloper zusammen; es sollte seine letzte Sitzung sein.[19] Gleich zu Beginn legte Hitler den «geschichtlichen Rahmen» seiner gesamten Ansprache fest. Dieser Krieg, so verkündete er, war kein gewöhnlicher Krieg, in dem Nationen einander in Verfolgung ihrer spezifischen Interessen bekämpfen. Dies war eine «elementare Auseinandersetzung», wie sie «– indem sie die Welt oft in Jahrtausenden einmal erschüttern – das Jahrtausend eines neuen Zeitabschnittes einleiten». Was den erbarmungslosen Feind anging, der in diesem apokalyptischen Kampf auf der anderen Seite stand, so mußte das natürlich der Jude sein. Hitler erinnerte sein Publikum an die üble Rolle, welche die Juden im Ersten Weltkrieg und seither gespielt hatten: Sie trieben Amerika in den Konflikt, sie standen 1918 hinter Wilsons «Vierzehn Punkten», und sie brachten den Bolschewismus ins «Herz Europas».

Keine Paraphrase kann die Wut des Originals wiedergeben: «Wir kennen das theoretische Prinzip und die grausame Wahrheit der Ziele dieser Weltpest. Herrschaft des Proletariats heißt es, und Diktatur des Judentums ist es!» ... «Wenn nun auch das bolschewistische Rußland», so donnerte Hitler weiter, «das plastische Produkt dieser jüdischen Infektion ist, so darf man doch nicht vergessen, daß der demokratische Kapitalismus die Voraussetzungen dafür schafft. Hier bereiten die Juden das vor, was die gleichen Juden im zweiten Akt dieses Prozesses vollenden. Im ersten Stadium entrechten sie die Millionen Massen der Menschen zu hilflosen Sklaven oder – wie sie selbst sagen – zu expropriierten Proletariern, um sie dann als fanatisierte Masse zur Vernichtung ihrer Staatsgrundlagen anzufeuern. Später folgt die Ausrottung ihrer eigenen nationalen Intelligenz und endlich die Beseitigung aller jener kulturellen Grundlagen, die als tausendjährige Erbmasse diesen Völkern einen inneren Wert geben. ... Was dann noch übrig bleibt, ist das Tier im Menschen und eine jüdische Schicht, die zur Führung gebracht, als Parasit am Ende den eigenen Nährboden zerstört. Diesem Prozeß der, wie Mommsen sagt, von den Juden betriebenen Dekomposition von Völkern und Staaten hat nun das junge erwachende Europa den Krieg angesagt.»[20]

Auf den Schluß der Rede folgte eine große Überraschung. Göring legte den Text einer Resolution vor, in der dem «Führer» insbesondere im Bereich der Justiz außerordentliche neue Befugnisse zugestanden wurden. Hitler sollte der oberste Richter sein, die höchste Quelle des Rechts und seiner Anwendung. Warum Hitler das Bedürfnis nach dieser Neuauflage des Ermächtigungsgesetzes von 1933 hatte, erschien damals nicht klar, da seine Macht ohnehin unumstritten war. Ebenso wie zahlreiche andere Kommentatoren ging Goebbels auf diesen speziellen Aspekt der Sitzung ein. «Das neue Gesetz», kommentierte der Propagandaminister, «wird unter stürmischen Beifallskundgebungen einstimmig vom Reichstag angenommen. Damit hat der Führer Vollmacht, das zu tun, was richtig ist. Es ist das noch einmal von der vom Volke gewählten Vertretung bestätigt worden. Es wird also wohl keinen Richter und keinen General mehr geben, der diese Vollmacht des Führers abzustreiten wagte.»[21] Goebbels wußte ebensogut wie Hitler, daß die Winterkrise, die nur mit Mühe überwunden worden war, der Vorbote zunehmend schwieriger Zeiten war... Klemperer registrierte den anderen Teil der Rede: «Bis zum letzten Wahnsinn gesteigert ist diesmal die Konzentration des Hasses. Nicht England oder USA oder Rußland – *nur*, in allem nur und einzig *der Jude*.»[22] Beide Aspekte der Rede mögen in Wirklichkeit miteinander verknüpft gewesen sein.

Es könnte sein, daß Hitler, als jetzt die Massenvernichtung in vollem Umfang anlief, auch die geringste Möglichkeit einer weiteren Drohung mit juristischen Vorwürfen ausschließen wollte (wie sie Bischof Galen im August 1941 in seiner Predigt gegen den Mord an den Geisteskranken vorgetragen hatte). *Erinnern wir uns, daß die deutschen Juden, solange sie deutsches Staatsgebiet nicht verlassen hatten, Angehörige des Reichs blieben:*

Łódź und Chełmno lagen auf neu angegliedertem deutschen Gebiet – und Auschwitz ebenfalls. Am 4. Mai, nur wenige Tage nach der Reichstagssitzung, wurden 10000 Juden aus dem Reich und dem Protektorat aus dem Ghetto von Łódź zu den Gaswagen von Chełmno transportiert.

*

«Das richtige Begreifen des Judentums muß seine völlige Vernichtung fordern», verkündete die Zeitschrift *Volk und Rasse* im Mai 1942.²³ Im *Angriff* des folgenden Monats versuchten sich Leys Drohungen mit den Prophezeiungen seines Meisters zu messen; den 300000 Lesern dieser Zeitschrift verkündete der Minister, der Krieg werde mit der «Vernichtung der jüdischen Rasse» enden.²⁴ Einige Tage später bekräftigte er diese Äußerung noch einmal: Die Juden würden «mit der Ausrottung ihrer Rasse in Europa» bezahlen, tönte er am 6. Juni 1942 in *Das Reich*.²⁵

Die Kaufman-Geschichte scheint das Volk nachhaltig beschäftigt zu haben. So wurde in einem Bericht des SD aus Bielefeld vom 15. März 1942 über die allgemeine Einstellung der Bevölkerung zum Krieg betont: «Es ist nachgerade allen Volksgenossen bewußt geworden – diese Tatsache ist vornehmlich der außerordentlich einflußreichen Propaganda zu verdanken –, daß der Jude Anstifter dieses Krieges ist und daß ihm die Verantwortung für das namenlose Elend, das der Krieg für so viele Volksgenossen mit sich bringt, zufällt. Zum Eindringen dieser Auffassung in so weite Bevölkerungskreise hat nicht zuletzt die Verbreitung der Handschrift des amerikanischen Juden Kaufmann [sic] beigetragen.»²⁶

Die Zunahme von Judenhaß, die in Bielefeld verzeichnet wurde, erklärt wahrscheinlich, weshalb der *Völkische Beobachter* am 30. April 1942 ohne Skrupel einen nur notdürftig als Gerücht verhüllten und bemerkenswert detaillierten Artikel seines Kriegsberichterstatters Schaal über Aktionen des SD im Osten bringen konnte: «So werde in der Bevölkerung kolportiert, daß der Sicherheitspolizei die Aufgabe gestellt sei, das Judentum in den besetzten Gebieten auszurotten. Zu Tausenden würden die Juden zusammengetrieben und erschossen, während sie erst zuvor ihre Gräber gegraben hätten. Die Erschießungen der Juden nähmen zeitweise einen Umfang an, daß selbst die Angehörigen der Erschießungskommandos Nervenzusammenbrüche bekämen.»²⁷

Am 27. und 28. April hielt Schulrat Dr. Borchers auf einer Schulleitertagung in Erfurt einen Vortrag über das Thema: «Was muß der Lehrer vom Bolschewismus wissen, um in seinem Unterricht den Kindern darüber Aufschluß geben zu können?» Der Vortrag über den Bolschewismus behandelte die Juden, angefangen mit Abraham, er setzte sich fort mit Moses und ging dann weiter mit dem Eindringen des Judentums in die «europäischen Zivilisationsvölker …, sie mit ihrem Pesthauch infizierend». Schritt für Schritt ging der Vortragende von einer tödlichen jüdischen Verschwörung zur nächsten über, bis er beim Bolschewismus angelangt war, dem letzten Mittel zum Umsturz aller Staaten. Borchers' Finale war eine Hymne an den «Führer». Er sei der erste gewesen, der den geistigen Zusammenhang zwischen Judentum und Bolschewismus erkannt habe. Hitler habe diesen Zusammenhang rücksichtslos aufgedeckt und rechtzeitig gewußt, wie er seine Politik an diese Befunde anzupassen hatte.[28] Das war die Botschaft, die Schulleiter ihren Schülern vermitteln sollten.

Einen typischen Ausdruck fand die allgegenwärtige antijüdische Haßkampagne in dem Brief, den am 20. Januar 1942 ein gewisser Karl Groß, amtierender Bürgermeister und stellvertretender Ortsgruppenleiter der NSDAP in der kleinen Stadt Immenhausen, an seinen Vorgesetzten in Hofgeismar in der Nähe von Kassel richtete: «Zu Ihrem Schreiben vom 17. Jan. 1942 Nr. 138/42 über privilegierte Mischehen teile ich mit, daß sich die Bevölkerung sehr darüber erregt hat, daß die hiesige Arztfrau (Volljüdin) keinen Judenstern zu tragen braucht. Die Jüdin nutzt dieses sehr aus, indem sie oft mit der Bahn 2. Klasse nach Kassel fährt und ohne den Stern ungestört reisen kann. Wenn in dieser Angelegenheit eine Abhilfe geschaffen werden könnte, würde dies von der ganzen Bevölkerung sehr begrüßt. Gleichzeitig teile ich mit, daß bei der hiesigen Jüdin eine Abschiebung in Erwägung gezogen werden könnte, da der Mann der Jüdin (Arzt) mit einer Arierärztin ein Verhältnis führt und von derselben in den nächsten Wochen ein Kind erwartet. Bei einer Abschiebung der Jüdin könnte die Arierärztin den Haushalt des Arztes Jahn weiterführen. Vielleicht ist eine persönliche Aussprache über die angegebenen Verhältnisse richtig. Und es könnte dadurch erzielt werden, daß die noch hier einzig wohnende Jüdin von hier verschwindet.»[29]

Auf die Geschichte von Lilli Jahn, geborene Schlüchterer, die einer wohlhabenden jüdischen Familie aus Köln entstammte, selbst erfolgreich als Ärztin praktizierte und mit ihrem «arischen» Kollegen Ernst Jahn verheiratet war, kommen wir noch zurück. Das Paar hatte fünf Kinder, durch die sie allerdings in die Kategorie einer privilegierten Mischehe fielen und Lilli davon befreit war, den Stern tragen zu müssen. Wie Groß zutreffend angab, hatte Ernst Jahn damals offen ein Verhältnis mit einer deutschen Ärztin, Rita Schmidt, und die Ehe stand vor der Zerrüttung.

II

Die ursprünglich für den 9. Dezember 1941 geplante hochrangig besetzte Sitzung, die Heydrich in Berlin ins Gästehaus der Sicherheitspolizei, Straße Am Großen Wannsee 56–58, einberufen hatte, begann am Mittag des 20. Januar 1942. Versammelt waren 14 Personen: mehrere Staatssekretäre und andere hohe Beamte sowie einige SS-Offiziere, unter ihnen Adolf Eichmann, der (im Namen Heydrichs) die Einladungen verschickt hatte und das Protokoll der Sitzung führte.[30] Einige der Einladungen verwiesen auf den Hauptzweck der Konferenz, noch bevor sie begonnen hatte.

Aus einem Schriftwechsel vom 1. Dezember 1941 zwischen HSSPF Krüger und dem Chef des RSHA war hervorgegangen, daß Hans Frank versuchte, die jüdischen Angelegenheiten im Generalgouvernement unter seine Kontrolle zu bekommen.[31] Und Rosenbergs Ehrgeiz, in den jüngst besetzten Gebieten im Osten die Juden zu beherrschen, war notorisch. Darum sollten die Einladungen, die an Franks Stellvertreter, Staatssekretär Bühler, sowie an Rosenbergs Nummer Zwei, Staatssekretär Meyer, ergingen, diesen ganz offensichtlich deutlich machen, wer für die «Endlösung» zuständig sein würde. Auf einer anderen Ebene mag der Autoritätsanspruch gegenüber den Staatssekretären Stuckart und Freisler vom Innen- bzw. vom Justizministerium beabsichtigt gewesen sein, deren Institutionen beim Schicksal von Mischlingen und Mischehen ein wichtiges Mitspracherecht hatten und die den Vorschlägen aus dem RSHA nicht automatisch folgten.[32]

Heydrich eröffnete die Sitzung damit, daß er die Teilnehmer an die Aufgabe, die Göring ihm im Juli 1941 übertragen hatte, und an die höchste Autorität des Reichsführers SS in dieser Angelegenheit erinnerte. Dann gab der RSHA-Chef einen kurzen historischen Überblick über die bereits ergriffenen Maßnahmen, die dazu dienen sollten, die Juden des Reichs abzusondern und sie zur Auswanderung zu zwingen. Nachdem die weitere Auswanderung angesichts der Gefahr, die sie in Kriegszeiten darstellte, im Oktober 1941 verboten worden war, *hatte der Führer eine andere Lösung genehmigt: die Evakuierung der Juden Europas nach dem Osten.* Dabei würde es um rund 11 Millionen Menschen gehen, und diese jüdische Bevölkerung führte Heydrich Land für Land auf, einschließlich sämtlicher Juden, die in feindlichen und neutralen Ländern Europas (Großbritannien, Sowjetunion, Spanien, Portugal, Schweiz und Schweden) lebten.

Die abgeschobenen Juden würden zu schwerer Zwangsarbeit (wie etwa Straßenbau) eingesetzt werden, was ihre Zahl natürlich erheblich reduzieren würde... Der Restbestand würde, «da es sich bei diesem zweifellos um den widerstandsfähigsten Teil handelt, entsprechend behandelt werden müssen». Um diese Operation in die Tat umzusetzen, würde Europa von Westen nach Osten durchkämmt, wobei das Reich «allein schon aus Gründen der Wohnungsfrage und sonstigen sozialpolitischen Notwendigkeiten» Priorität hätte. Juden im Alter von über 65 Jahren, Kriegsinvaliden oder Juden, die mit dem Eisernen Kreuz ausgezeichnet worden waren, würden in das neugegründete «Altersghetto» Theresienstadt evakuiert werden: «Mit dieser zweckmäßigen Lösung werden mit einem Schlag die vielen Interventionen ausgeschaltet.» Der Beginn größerer Evakuierungen würde stark von der Entwicklung der militärischen Lage abhängen.

Die Aussage zur «militärischen Lage» war eigenartig und muß in Verbindung mit der Formel «Evakuierung in den Osten» verstanden werden, die von da an verwendet wurde, wenn von Vernichtung die Rede sein sollte. Um an der sprachlichen Fiktion festzuhalten, war ein allgemeiner Kommentar zum Krieg erforderlich, da ja Deportationen «in den Osten» im Januar 1942 nicht möglich waren.

Hinsichtlich der Ausweitung der «Endlösung» auf die besetzten Länder beziehungsweise die Satellitenstaaten würde das Auswärtige Amt in Zusammenarbeit mit den Vertretern der Sicherheitspolizei und des SD Verhandlungen mit den entsprechenden örtlichen Behörden aufnehmen. In der Slowakei und in Kroatien, wo bereits Vorbereitungen begonnen hatten, rechnete Heydrich nicht mit Schwierigkeiten; nach Ungarn mußte ein Berater für Judenfragen entsandt werden; was Italien betraf, so hielt es der RSHA-Chef für nötig, mit dem Leiter der italienischen Polizei in Verbindung zu treten. Mit Blick auf Frankreich hatte Heydrich in seiner anfänglichen Aufzählung von 700 000 Juden für die Vichy-Zone gesprochen, was wahrscheinlich bedeutete, daß die Juden Französisch-Nordafrikas mitgerechnet waren. Bei dem Versuch, dieser jüdischen Bevölkerung habhaft zu werden, erwartete Heydrich beträchtliche Probleme. Unterstaatssekretär Martin Luther, der Abgesandte des Außenministeriums, korrigierte ihn: In Vichy-Frankreich waren keine Probleme zu erwarten. Andererseits wies Luther (ganz zu Recht) darauf hin, daß man in den nordischen Ländern auf Schwierigkeiten stoßen werde; darum sollte man angesichts der kleinen Zahl von Juden, um die es ging, die Deportationen dort auf eine spätere Phase verschieben. Von einer potentiellen Reaktion einer der christlichen Kirchen oder der öffentlichen Meinung im allgemeinen (mit Ausnahme, wie wir sehen werden, in der Nachbarschaft der Lager) war nicht die Rede.

Bis zu diesem Punkt präsentierte Heydrich in seinem Überblick eine übermäßig detaillierte Aussage zu der einen Frage und eine offensichtliche Lücke bezüglich einer anderen. Die länderweise Aufzählung der Juden, die man im Zuge der «Endlösung» ins Visier nehmen würde, darunter die Juden Großbritanniens, der Sowjetunion, der Schweiz usw., war eigentlich unnötig; die Aufzählung hatte aber doch einen Zweck: Sie machte deutlich, daß jeder Jude in Europa, wo immer er leben mochte, schließlich gefangen werden würde. Keiner würde entrinnen, keinen würde man am Leben lassen. Darüber hinaus standen alle Juden überall, selbst in Ländern oder Gebieten, die noch außerhalb der deutschen Reichweite lagen, unter der Autorität Himmlers und Heydrichs, und dabei würde es bleiben.

Die Lücke freilich war bedrohlich und klar: Arbeitsfähigen Juden würde schwere Zwangsarbeit zugeteilt; sie würden auf diese Weise dezimiert werden; mit Auszeichnungen versehene Kriegsveteranen, Invaliden und ältere Juden (aus Deutschland oder möglicherweise aus einigen westlichen oder skandinavischen Ländern) würden in das «Altersghetto» in Theresienstadt deportiert werden (wo sie wegsterben würden). Was aber war mit all den anderen, der ungenannten überwiegenden Mehrheit der europäischen Juden? Heydrichs Schweigen über ihr Schicksal war beredt: Diese nichtarbeitenden Juden würden vernichtet werden. Die Diskussion, die sich an die Ansprache des RSHA-Chefs anschloß, zeigte, daß man ihn gut verstand.

Heydrich ging dann zur Frage der Mischehen und der Mischlinge über.[33] Systematisch versuchte er einige Gruppen von Mischlingen und einige der Partner aus Mischehen in die Deportationen einzubeziehen, was den ständigen Bemühungen von Parteiradikalen seit 1933 entsprach, die Reichweite der antijüdischen Maßnahmen auszudehnen. Im Jahre 1935 war es während der Diskussionen, die der Verkündung der Nürnberger Gesetze unmittelbar vorangingen und folgten, das Ziel der Parteiradikalen gewesen, Mischlinge so weit wie möglich mit Volljuden gleichzusetzen. Im Januar 1942 war Heydrichs Ziel dasselbe: Je größer die Schar der Opfer wäre, desto größer würde auch seine Macht sein...

In der nun folgenden Diskussion warnte Staatssekretär Stuckart vom Innenministerium vor der beträchtlichen Menge bürokratischer Arbeit, welche die mit Mischlingen und Mischehen verbundenen Fragen bereiten würden, und empfahl mit Nachdruck die generelle Sterilisierung der Mischlinge ersten Grades als Alternativstrategie. Darüber hinaus sprach er sich für die Möglichkeit aus, Mischehen von Gesetzes wegen zu annullieren. Staatssekretär Neumann vom Vierjahresplan wünschte nicht, daß Juden, die in kriegswichtigen Betrieben arbeiteten, in die Evakuierungen einbezogen würden; Heydrich antwortete, gegenwärtig sei dies nicht der Fall.

Staatssekretär Bühler plädierte dafür, mit den Evakuierungen im Generalgouvernement zu beginnen, wo die Transportfrage ein untergeordnetes Problem war, die Juden größtenteils nicht zum Arbeitskräftepotential gehörten und wo sie überdies als Seuchenträger eine Gefahr darstellten und durch Schleichhandel die wirtschaftliche Struktur des Landes in Unordnung brächten: Die zweieinhalb Millionen Juden im Generalgouvernement sollten als erste verschwinden. Bühlers Forderung beweist, daß er ganz genau verstand, was Heydrich auszuformulieren unterlassen hatte: Die nichtarbeitenden Juden waren in der ersten Phase des Gesamtplans zu vernichten. Daraufhin fühlte sich der Vertreter Franks bemüßigt, eine «Loyalitätserklärung» abzugeben: Er stellte fest, die exekutive Autorität für die Lösung der Judenfrage im Generalgouvernement liege in den Händen des Chefs der Sicherheitspolizei und des SD; dieser erhalte volle Unterstützung von sämtlichen Behörden des Generalgouvernements. Bühler forderte erneut, daß in Franks Reich die Judenfrage so rasch wie möglich gelöst werden solle.

Im letzten Teil der Diskussion hoben sowohl Meyer als auch Bühler hervor, daß ungeachtet der Notwendigkeit von Vorbereitungsmaßnahmen in den genannten Gebieten Unruhe unter der einheimischen Bevölkerung sorgfältig vermieden werden müsse. Die Konferenz endete mit dem erneuten Appell Heydrichs an alle Teilnehmer, die für die Umsetzung der Lösung erforderliche Hilfe bereitzustellen.[34] Ob Heydrich im Laufe der Erörterung der «technischen Einzelheiten» Informationen über Chelmno oder über die von Globocnik vorgenommene Errichtung des ersten Vernichtungslagers im Generalgouvernement von sich gab, ist nicht bekannt.

Heydrichs Hinweis auf die Dezimierung der Juden mittels Zwangsarbeit, besonders beim Straßenbau im Osten, ist jahrelang als Tarnformulierung für Massenmord angesehen worden. Es ist jedoch wahrscheinlich, daß der RSHA-Chef in diesem Stadium (und natürlich nur im Hinblick auf arbeitsfähige Juden) das meinte, was er sagte: Arbeitsfähige Juden sollten angesichts des eskalierenden Arbeitskräftebedarfs der deutschen Kriegswirtschaft zunächst als Sklavenarbeiter ausgebeutet werden. «Straßenbau» war wahrscheinlich eine Chiffre für Sklavenarbeit schlechthin; es kann sich dabei auch um einen Verweis auf den Bau der «Durchgangsstraße IV» gehandelt haben, bei dem, wie wir sahen, jüdische Sklavenarbeiter schon in erheblichem Umfang eingesetzt wurden und bei dem sie auch in erheblicher Zahl umkamen.[35] Außerdem ordnete Hitler Ende 1941 oder Anfang Januar 1942 den Einsatz jüdischer Sklavenarbeiter beim Bau von Straßen im nördlichen Teil der besetzten Sowjetunion an.[36] Diese Interpretation scheint (ganz indirekt) durch die Äußerungen bestätigt zu werden, die Heydrich am 2. Februar 1942 gegenüber einer Versammlung von deutschen Beamten und Parteivertretern im Protektorat machte: «Die noch nicht Eindeutschbaren [Tschechen] wird man vielleicht bei der weiteren Erschließung des Eismeer-Raumes – wo wir ja die Konzentrationslager der Russen übernehmen, die nach unserer augenblicklichen Kenntnis etwa 15-20 Millionen Deportierte haben und dadurch zukünftig ideales Heimatland der 11 Millionen Juden aus Europa sein werden – vielleicht können wir dort nun die Tschechen, die nicht eindeutschbar sind, unter einem positiven Vorzeichen einer prodeutschen Aufgabe als Aufseher, Vorarbeiter usw. einsetzen.»[37] Jedenfalls würde, wie Heydrich in Wannsee nur zu deutlich machte, keiner der arbeitenden Juden schließlich mit dem Leben davonkommen.

Die Frage bleibt, ob sich Heydrich auf der Wannsee-Konferenz die ausschließliche Autorität der SS bei der Durchführung der «Endlösung» gesichert hat. Im Hinblick auf Mischlinge und Mischehen sollten das Innenministerium und später das Justizministerium fortfahren, eigene Ideen zu verfolgen. Diese Ideen bezogen sich jedoch in der Regel auf einen beschränkten Kreis von Personen, die im Reich lebten, nicht auf die Millionen, die zum «Anwendungsbereich» der «Endlösung» in ganz Europa gehörten. Ganz allgemein besteht, auch wenn Diskussionen über das Schicksal von Mischlingen und Mischehen weitergingen, kein Zweifel daran, daß am Wannsee die Autorität Himmlers und Heydrichs bei der Durchführung der «Endlösung» in ganz Europa grundsätzlich anerkannt wurde. Am Tag nach der Konferenz erstattete Heydrich seinem Chef Bericht.[38]

Am 25. Januar 1942 teilte Himmler dem Inspekteur der Konzentrationslager, Richard Glücks, mit, «nachdem russische Kriegsgefangene in der nächsten Zeit nicht zu erwarten» seien, werde er «von Juden und Jüdinnen, die aus Deutschland ausgewandert werden [sic], eine große Anzahl in die Lager schicken. Richten Sie sich darauf ein, in den nächsten vier Wochen 100 000 männliche Juden und bis zu 50 000 Jüdinnen in die KL aufzunehmen.»[39] Aus diesem Deportationsbefehl mit kurzfristiger Perspektive wurde nichts. Tatsächlich sieht es so aus, als sei Himmlers Botschaft an Glücks ein improvisierter Schritt gewesen, der sich unmittelbar an die Wannsee-Konferenz anschloß. Wahrscheinlich wollte der Reichsführer deutlich machen, daß er die Sache fest in der Hand hatte und bereit war, die nächsten konkreten Maßnahmen anzuordnen. Himmlers Fernschreiben – ebenso wie die Wannsee-Konferenz selbst – zeigt aber auch, daß außer der Sicherstellung der Kooperation und der Unterordnung aller Beteiligten unter den SS-Chef und seine Bevollmächtigten kaum etwas für die auf dem gesamten Kontinent geplante Deportation der Juden vorbereitet war.

Am 31. Januar teilte Eichmann den Leitstellen der Staatspolizei im Reich mit: «Die in der letzten Zeit in einzelnen Gebieten durchgeführte Evakuierung von Juden nach Osten stellt den Beginn der Endlösung der Judenfrage im Altreich, der Ostmark und im Protektorat Böhmen und

Mähren dar.» Eichmann betonte jedoch: «Diese Evakuierungsmaßnahmen beschränkten sich zunächst auf besonders vordringliche Vorhaben. ... Zur Zeit werden neue Aufnahmemöglichkeiten bearbeitet mit dem Ziel, weitere Kontingente von Juden ... abzuschieben.»[40] Diese Vorbereitungen würden natürlich einige Zeit in Anspruch nehmen.

*

Das Schicksal von Mischlingen und Mischehen wurde erneut auf einer Besprechung erörtert, die am 6. März 1942 in Berlin in der Zentrale des RSHA stattfand und die später als «die zweite ‹Endlösungs›-Konferenz» bezeichnet worden ist. Bei dieser Zusammenkunft waren Vertreter einer großen Zahl von Behörden anwesend; sie führte zu keiner definitiven Vereinbarung. Unter Rückgriff auf Vorschläge, die Stuckart in einem Rundschreiben vom 16. Februar gemacht hatte, entschied man sich im Prinzip für die Sterilisierung von Mischlingen ersten Grades und die zwangsweise Auflösung von Mischehen, nachdem man dem «arischen» Ehegatten hinreichend Zeit gegeben hatte, sich zur Scheidung zu entschließen.[41] Kaum waren aber diese Maßnahmen vereinbart, wurden sie von dem (seit Gürtners Tod im Januar 1941) geschäftsführenden Justizminister Franz Schlegelberger in Frage gestellt.[42] Schlegelbergers Vorschläge waren nicht schlüssiger als die Leitlinien Stuckarts. In Wirklichkeit wurden beide Fragen nie vollständig gelöst. Einerseits wurden verschiedene Befreiungen von Hitler selbst zugestanden, andererseits führten einige beiläufige Bemerkungen des «Führers» über jüdische Züge bei Mischlingen zu weiteren Ausschließungen aus der Wehrmacht und generell zu einer immer strengeren Behandlung der Mischlinge. Eine dritte Konferenz, die das RSHA am 27. Oktober 1942 einberief, gelangte über die Vorschläge vom 6. März nicht weit hinaus.[43] Letztlich wurden die meisten Mischlinge nicht deportiert.

Ebenfalls am 6. März berief Eichmann eine Sitzung von Gestapovertretern aus dem ganzen Reich ins RSHA ein, auf der die zusätzliche Deportation von 55 000 Juden aus Deutschland und dem Protektorat erörtert werden sollte. Die Mehrzahl der Deportierten sollte diesmal aus Prag (20 000) und Wien (18 000) kommen, der Rest aus verschiedenen deutschen Städten. Es sei unbedingt erforderlich, so Eichmann, daß die örtlichen Gestapostellen äußerst sorgfältig darauf achteten, keine älteren Personen zu deportieren, um eine Wiederholung früherer Beschwerden zu vermeiden. Für diese Kategorie von Juden werde jetzt in Theresienstadt ein besonderes Lager eingerichtet, «um nach außen hin das Gesicht zu wahren». Außerdem sollten die Juden, so mahnte Eichmann, von den Deportationen nicht im Voraus verständigt werden. Die örtliche Gestapostelle würde vom Abreisedatum erst sechs Tage früher erfahren, wodurch möglicherweise die Verbreitung von Gerüchten beschränkt und allen Versuchen von Juden, sich der Deportation zu entziehen, entgegengewirkt werden sollte. Nach Anweisungen an seine Helfer, wie die Vermögenswerte der Deportierten ungeachtet der Elften Verordnung (mit der ihr Vermögen auf den Staat übertragen wurde) so weit wie möglich für das RSHA zu sichern seien, ging Eichmann auf die Transportschwierigkeiten ein. Als Züge standen lediglich «Russenzüge» zur Verfügung, die Arbeiter aus dem Osten brachten und leer zurückfuhren. Diese Züge waren auf 700 Russen eingerichtet, sollten aber mit je 1000 Juden gefüllt werden.[44]

III

Neben der Entwicklung des Krieges und seinen allgemeinen Auswirkungen waren die wichtigsten Faktoren, die seit Anfang 1942 den Ablauf der «Endlösung» beeinflußten, einerseits der Bedarf an jüdischen Sklavenarbeitern in einer zunehmend überdehnten Kriegswirtschaft und andererseits das «Sicherheitsrisiko», das eben diese Juden in den Augen der Nazis darstellten. Diese Probleme stellten sich nur für eine kleine Minderheit der jüdischen Bevölkerung Europas, aber hinsichtlich dieser Minderheit sollten die Strategien mehrfach wechseln.

Die Reorganisierung und «Rationalisierung» der deutschen Wirtschaft (sowie derjenigen der besetzten Länder) von einer «Blitzkrieg»-Wirtschaft hin zu einer Anstrengung, die sich auf einen totalen und langwierigen Krieg einstellte, wurde angesichts der globalstrategischen Veränderungen während des Winters 1941/1942 zu einer dringenden Notwendigkeit. Im Februar 1942, nachdem Fritz Todt bei einem Flugzeugabsturz ums Leben gekommen war, ernannte Hitler Albert Speer zum Chef der Rüstungsproduktion, obgleich Göring in diesem Bereich Ambitionen gehabt hatte. Und am 31. März nominierte Hitler den Gauleiter von Thüringen, Fritz Sauckel, zum Generalbevollmächtigten für den Arbeitseinsatz (GBA). Es begann die brutale Deportation von Millionen von Zwangsarbeitern, die aus ganz Europa kamen, ins Reich (bis Ende 1942 waren es 2,7 Millionen, bis Kriegsende über 8 Millionen).[45]

Der neue «Rationalisierungsprozeß» führte auch zu Veränderungen im SS-System. Ebenfalls im Februar 1942 wurden die von Pohl geleiteten Hauptämter Verwaltung und Wirtschaft sowie Haushalt und Bauten zum SS-Wirtschafts-Verwaltungs-Hauptamt (WVHA) zusammengelegt. Einen Monat später übernahm das WVHA das Amt Inspekteur der Konzentrationslager: Die Amtsgruppe D von Pohls Hauptamt unter Richard Glücks verwaltete jetzt das gesamte *Konzentrationslager*-System. Die Lager der «Aktion Reinhardt» (Belzec, Sobibór, Treblinka und in einem späteren Stadium Majdanek) blieben jedoch Globocniks Domäne, und Globocnik wiederum empfing seine Befehle von Himmler. Ansonsten, im Bereich der Vernichtungslager, verwaltete das WVHA die gemischten Zentren von Sklavenarbeit *und* Vernichtung, vor allem Auschwitz, während das RSHA die Kontrolle über die «politische Abteilung» des oberschlesischen Lagers und somit über sämtliche Entscheidungen behielt, die das Tempo der Vernichtung der wachsenden Zahl jüdischer Häftlinge betrafen. Chelmno blieb in den Händen des Gauleiters des Warthelands, der direkt Himmler unterstand.

In einer Denkschrift, die er am 30. April 1942 Himmler unterbreitete, hob Pohl hervor, daß man infolge der neuen Zwänge, welche die Wirtschaft des totalen Krieges mit sich brachte, zu einem Strategiewechsel kommen müsse: «Die Verwahrung von Häftlingen, nur aus Sicherheits-, erzieherischen oder vorbeugenden Gründen allein, steht nicht mehr im Vordergrund. Das Schwergewicht hat sich nach der wirtschaftlichen Seite hin verlagert. Die Mobilisierung aller Häftlingsarbeitskräfte, zunächst für Kriegsaufgaben (Rüstungssteigerung) und später für Friedensbauaufgaben, schiebt sich immer mehr in den Vordergrund. Aus dieser Erkenntnis ergeben sich notwendige Maßnahmen, welche ein allmähliches Überführen der Konzentrationslager aus ihrer früheren einseitigen politischen Form in eine den wirtschaftlichen Aufgaben entsprechende Organisation erfordern.»[46]

In derselben Denkschrift teilte Pohl dem Reichsführer mit, daß alle Anweisungen über den Kurswechsel den Lagerkommandanten und den Chefs der SS-Unternehmen übermittelt worden seien: In jedem Lager und in jedem SS-Betrieb mußten die Arbeitskräfte von nun an bis zum Äußersten ausgenutzt werden (ausgehend von der Annahme, daß es genügend Nachschub neuer Häftlinge geben werde, um diejenigen zu ersetzen, die dem wahrhaft strapaziösen Tempo erlagen). Die politische Abteilung würde dafür sorgen, daß die politischen Strategien hinsichtlich der Juden eingehalten wurden.[47] So war Heydrichs Plan im wesentlichen intakt geblieben.

Dieselbe Politik verfolgte man in zunehmendem Maße gegenüber den großen Ghettos. Wie erinnerlich, war Sierakowiak in Łódź einer Sattlerei zugeteilt worden. «Die Ghettobevölkerung», schrieb er am 22. März 1942, «ist in drei Kategorien eingeteilt worden: ‹A›, ‹B› und ‹C›. ‹A›: Arbeiter in den Werkstätten und Angestellte; ‹B›: Angestellte und gewöhnliche Arbeiter; ‹C›: der Rest der Bevölkerung.»[48] Den «Rest der Bevölkerung» verfrachtete man schubweise nach Chelmno.

Im Generalgouvernement entwickelte sich zumindest für kurze Zeit eine «Substitutions»politik: Jüdische Arbeiter traten schrittweise an die Stelle polnischer Arbeiter, die man ins Reich schickte. Diese Politik begann etwa im März 1942 und nahm in den darauffolgenden Monaten mit Unterstützung des Rüstungsinspektorats der Wehrmacht und sogar der Deportations- und Vernichtungsexperten Globocniks (wie etwa Hermann Höfle) größere Ausmaße an.[49] Es wurde zu einem gängigen Verfahren, Deportationszüge aus dem Reich und der Slowakei in Lublin anzuhalten, um die arbeitsfähigen Juden für eine Tätigkeit im Generalgouvernement auszusuchen; die anderen schickte man nach Belzec in den Tod. Hans Frank selbst schien nur zu bereit zu sein, von der ideologischen zur pragmatischen Position überzugehen: «Wenn ich den Krieg gewinnen will, muß ich ein eiskalter Techniker sein. Die Frage, was ich einmal weltanschaulich-völkisch tun werde, muß ich auf die Zeit nach [dem] Krieg verschieben.»[50]

Wie Christopher Browning gezeigt hat, brachte die neue Politik eine gewisse Verbesserung der Lebensmittelversorgung für die arbeitenden Juden in den Ghettos – und die rasche Vernichtung der nichtarbeitenden Bevölkerung. Am 5. Mai 1942 führte Bühler vor seinen Abteilungsleitern aus: «[Es] soll neuen Nachrichten zufolge geplant sein, die Judenghettos aufzulösen, die arbeitsfähigen Juden zu behalten und die übrigen weiter nach dem Osten abzuschieben. Die arbeitsfähigen Juden sollten in mehreren großen Konzentrationslagern untergebracht werden, die sich im Mittelpunkt der Produktion befänden.» Allerdings machte sich Bühler Sorgen über die Auswirkungen einer derartigen Reorganisation auf die Arbeitsfähigkeit der Juden, und ebenso dachten auch andere hohe Verwaltungsbeamte im Generalgouvernement.[51]

Mit anderen Worten, zu Beginn des Sommers 1942 schien der Verbleib jüdischer Arbeiter im Generalgouvernement gesichert zu sein; HSSPF Krüger ging im Juni so weit zu versprechen, «daß nicht nur die jüdischen Beschäftigten in der Rüstungswirtschaft, sondern auch deren Familien an Ort und Stelle bleiben würden».[52] Doch gerade als Krüger diese neuen Perspektiven umriß, wurde die deutsche Politik in bezug auf die jüdischen Arbeiter erneut abgeändert: Das Sicherheitsrisiko, das jüdische Arbeiter und andere arbeitsfähige Juden darstellten, war zu einem bedeutenden Problem geworden.

*

Dafür, daß zwei nicht miteinander zusammenhängende Ereignisse, die in der zweiten Maihälfte des Jahres 1942 aufeinander folgten, zur generellen Beschleunigung und Radikalisierung der «Endlösung» führten, gibt es keinen direkten dokumentarischen Beweis. Dennoch ist dieser Zusammenhang, der in Diskussionen, Reden und Befehlen erwähnt wurde, wahrscheinlich.

Am 18. Mai explodierte auf dem Gelände der antisowjetischen Ausstellung «Das Sowjetparadies» im Berliner Lustgarten ein Brandsatz. Innerhalb weniger Tage verhaftete die Gestapo die meisten Mitglieder der kleinen prokommunistischen «Gruppe Herbert Baum», die den Anschlag organisiert hatte. «Bezeichnenderweise», schrieb Goebbels am 24. Mai, «sind von den Verhafteten fünf Juden, drei Halbjuden und vier Arier.»[53] Der Propagandaminister hielt dann die Reaktion Hitlers fest: «Er ist aufs äußerste empört und gibt mir den Auftrag, schnellstens dafür zu sorgen, daß die Berliner Juden evakuiert werden. Speer erhebt zwar dagegen Einspruch, daß auch die in der Rüstungsindustrie arbeitenden Juden darunter fallen; aber wir müssen dafür sorgen, daß wir irgendeinen Ersatz bekommen. Es ist übrigens außerordentlich ulkig, daß wir heute die Juden als Qualitätsarbeiter nicht mehr glauben entbehren zu können, wo wir noch vor nicht allzu langer Zeit immer wieder behaupteten, daß die Juden überhaupt nicht arbeiteten und auch nichts vom Arbeiten verständen. ... Im übrigen erlaubt der Führer mir, etwa 500 jüdische Geiseln zu verhaften und auf neue Attentate rücksichtslos mit Erschießungen zu antworten.»[54]

Am Nachmittag desselben Tages, am 23. Mai, sprach Hitler zu den in der Reichskanzlei versammelten Reichsleitern und Gauleitern. Er erklärte, «daß die Juden entschlossen sind, unter allen Umständen diesen Krieg für sie zum Siege zu bringen, da sie wissen, daß die Niederlage für sie auch die persönliche Liquidation bedeutet. ... Jetzt erst sind wir uns im klaren darüber, was Stalin eigentlich als Vordermann der Juden für diesen Krieg gegen das Reich vorbereitet hatte.»[55]

Goebbels war weiterhin beunruhigt. Am 28. Mai notierte er, er habe keine Lust, sich «unter Umständen von einem 22jährigen Ostjuden – solche Typen sind unter den Attentätern bei der Antisowjetausstellung – eine Kugel in den Bauch schießen zu lassen».[56] Nachdem man ihn gefoltert hatte, beging Baum Selbstmord. Alle anderen Mitglieder der Gruppe wurden hingerichtet. Außerdem erschoß man in Sachsenhausen zur Vergeltung 250 jüdische Männer, und weitere 250 Berliner Juden wurden ins Lager geschickt.[57]

Am 29. Mai erörterten Hitler und sein Propagandaminister erneut den Anschlag und seine allgemeinen Implikationen: «Ich trage dem Führer noch einmal meinen Plan vor, die Juden restlos aus Berlin zu evakuieren», schrieb Goebbels am darauffolgenden Tag. «Er ist ganz meiner Meinung und gibt Speer den Auftrag, so schnell wie möglich dafür zu sorgen, daß die in der deutschen Rüstungswirtschaft beschäftigten Juden durch ausländische Arbeiter ersetzt werden. Ich sehe eine sehr große Gefahr darin, daß sich in der Hauptstadt des Reiches 40 000 Juden, die nichts mehr zu verlieren haben, auf freiem Fuß befinden. Das ist ja geradezu eine Herausforderung und eine Aufforderung zu Attentaten. Bricht das einmal los, dann ist man seines Lebens nicht mehr sicher. Die Tatsache, daß bei den jüngsten Brandbombenattentaten sogar zweiundzwanzigjährige Ostjuden beteiligt waren, spricht Bände.

Ich plädiere also noch einmal für eine radikalere Judenpolitik, womit ich beim Führer nur offene Türen einrenne. Der Führer ist der Meinung, daß die Gefahr für uns persönlich bei kritischer werdender Kriegslage umso größer werden wird.»[58]

Nachdem sich Hitler und sein Minister darin einig waren, daß die Lage im Reich viel besser sei, als sie es 1917 gewesen war, und daß diesmal keine Aufstände oder Streiks drohten, fügte Hitler hinzu: «Die Deutschen beteiligen sich an subversiven Bewegungen immer nur, wenn die Juden sie dazu verführen.»[59] Hitler ging dann zu einer seiner üblichen Schimpfkanonaden über, wobei er die Brutalität der Juden und ihren Rachedurst betonte; deshalb konnte es gefährlich sein, die Juden nach Sibirien zu schicken, da sie unter schwierigen Lebensbedingungen ihre Vitalität wiedererlangen konnten. Das beste Verfahren wäre seiner Ansicht nach, sie nach Zentralafrika auszusiedeln: «Dort leben sie in einem Klima, das sie gewiß nicht stark und widerstandsfähig macht.»[60]

Der Verweis auf 1917 sowie auf die Aufstände und Streiks war in der Tat bezeichnend: Nach Auffassung Hitlers sorgte die Beseitigung der Juden dafür, daß es zu keiner Wiederholung der revolutionären Aktivitäten der Jahre 1917/1918 kommen würde. Der Anschlag der Gruppe Baum war eine Warnung: Die Vernichtung der Juden mußte so rasch wie möglich zum Abschluß gebracht werden.

Ein zweites Ereignis beschleunigte möglicherweise ebenfalls den Vernichtungsprozeß, wenngleich indirekt. Am 27. Mai wurde Heydrich von tschechischen Kommandos, die aus einer britischen Maschine mit dem Fallschirm ins Protektorat abgesprungen waren, schwer verwundet; er starb am 4. Juni. Fünf Tage später, am Tag des Staatsbegräbnisses, befahl Hitler die Ermordung des größten Teils der Einwohner von Lidice, einem Dorf in der Nähe von Prag, wo sich nach Ansicht der Deutschen Heydrichs Attentäter verborgen gehalten hatten. Alle Männer im Alter von 15 bis 90 Jahren wurden erschossen, alle Frauen in Konzentrationslager geschickt, wo die meisten von ihnen umkamen; einige Kinder wurden «germanisiert» und unter neuem Namen in deutschen Familien aufgezogen; die große Mehrheit der Kinder, die keine germanischen Züge aufwies, wurde nach Chelmno geschickt und vergast. Und das Dorf wurde dem Erdboden gleichgemacht.[61] Nach einer Interimsphase, in der Himmler selbst die Führung des RSHA übernahm, ernannte er im Januar 1943 den Österreicher Ernst Kaltenbrunner zum Nachfolger Heydrichs.[62]

Bis zu Heydrichs Tod war für die Entfaltung und den Abschluß der «Endlösung» kein Zeitrahmen festgelegt worden. Himmler traf am 3., 4. und 5. Juni mit Hitler zusammen.[63] Ob es bei diesen Gesprächen dazu kam, daß Hitler und sein Spießgeselle den Entschluß faßten, den Vernichtungsprozeß zu beschleunigen und einen Termin für den Abschluß der «Endlösung» festzusetzen, wissen wir nicht, aber angesichts des Anschlags der Gruppe Baum und des Todes von Heydrich erscheint es plausibel. Mehr denn je stellten die Juden einen Feind im Innern dar... Am 9. Juni erklärte jedoch Himmler im Laufe einer langatmigen Gedächtnisansprache für den RSHA-Chef, die er vor einer Versammlung von SS-Generälen hielt, wie beiläufig: «Die Völkerwanderung der Juden werden wir in einem Jahr bestimmt fertig haben; dann wandert keiner mehr. Denn jetzt muß eben reiner Tisch gemacht werden.»[64] Dann, am 19. Juli, im Anschluß an einen zweitägigen Besuch in Auschwitz, sandte der Reichsführer an Krüger folgenden Befehl: «Ich ordne an, daß die Umsiedlung der gesamten jüdischen Bevölkerung des Generalgouvernements bis 31. Dezember 1942 durchgeführt und beendet ist. Mit dem 31. Dezember 1942 dürfen sich keinerlei Personen jüdischer Herkunft mehr im Generalgouvernement aufhalten. Es sei denn, daß sie sich in den Sammellagern Warschau, Krakau, Tschenstochau, Radom, Lublin aufhalten. Alle anderen Arbeitsvorkommen, die jüdische Arbeitskräfte beschäftigen, haben bis dorthin beendet zu sein, oder, falls ihre Beendigung nicht möglich ist, in eines der Sammellager verlegt zu sein.»

Der Reichsführer konnte es dabei nicht bewenden lassen. Er mußte noch einige ideologische Elemente heranziehen, um diese plötzliche Beschleunigung des Ermordungsprozesses zu erklären: «Diese Maßnahmen sind zu der im Sinne der Neuordnung Europas notwendigen ethnischen Scheidung von Rassen und Völkern sowie im Interesse der Sicherheit und Sauberkeit des deutschen Reiches und seiner Interessengebiete erforderlich. Jede Durchbrechung dieser Regelung bedeutet eine Gefahr für die Ruhe und Ordnung des deutschen Gesamtinteressengebietes, einen Ansatzpunkt für die Widerstandsbewegung und einen moralischen und physischen Seuchenherd. Aus all diesen Gründen ist die totale Bereinigung notwendig und daher durchzuführen. Voraussichtliche Terminüberschreitungen sind mir rechtzeitig zu melden, so daß ich früh genug für Abhilfe sorgen kann. Alle Gesuche anderer Dienststellen um Abänderung [dieser Instruktionen] sowie Ausnahmegenehmigung sind mir persönlich vorzulegen.»[65] Damit spielte Himmler wahrscheinlich auf mögliche Forderungen der Wehrmacht an.

IV

Die Mehrheit der Juden Europas wurde vernichtet, nachdem man sie über unterschiedliche Zeitspannen hinweg (zwischen mehreren Monaten und mehreren Jahren) entweder, im Westen, in Lagern oder Sammelgebieten (wie etwa Drancy, Westerbork oder Malines) oder, im Osten, in

Ghettos festgehalten hatte. Die Mehrzahl dieser Konzentrations- oder Sammelgebiete war eingerichtet worden, bevor man die allgemeine Vernichtung beschlossen hatte, aber manche richtete man als Institutionen ein, die ganz zu Beginn der «Endlösung» teils Ghettos, teils Wartebereiche waren: Theresienstadt beispielsweise oder Izbica.

Theresienstadt (tschechisch Terezín) war eine kleine befestigte Stadt in Nordböhmen, die Ende 1941 etwa 7000 deutsche Soldaten und tschechische Zivilisten beherbergte; ein Vorort (die kleine Festung) war bereits das zentrale Gefängnis der Gestapo im Protektorat. In den Monaten November und Dezember 1941, begannen Kommandos jüdischer Arbeiter damit, Terezín auf seine neue Funktion vorzubereiten: Es sollte zu einem Sammellager werden und zum jüdischen «Vorzeigelager» des Konzentrations- und Vernichtungssystems. Anfang Januar 1942 trafen die ersten Transporte mit etwa 10 000 Juden ein.[66]

Ein «Judenältester» und ein Rat mit 13 Mitgliedern wurden ernannt. Der erste «Älteste» war der allgemein geachtete Jakob Edelstein, der in Horodenka in Ostgalizien geboren und dann in die Tschechoslowakei gezogen war, wo er sich in Teplitz im Sudetenland niedergelassen hatte. Politisch wandte er sich dem Sozialismus, vor allem aber dem Zionismus zu. Obgleich er in seiner äußeren Erscheinung und in seinem beruflichen Leben als Vertreter ganz unauffällig war, erwies sich Edelstein schon bald als fähiger Redner, der auf zionistischen Versammlungen sehr gefragt war.[67] Kurz nach der «Machtergreifung» durch die Nationalsozialisten in Deutschland berief man Edelstein zum Leiter des Palästina-Büros in Prag, wo er dem wachsenden Strom von Flüchtlingen, die bereit waren, nach Erez Israel auszuwandern, Beistand leisten sollte.

Die Besetzung Böhmens und Mährens durch die Deutschen und die Errichtung des Protektorats führten, wie wir sahen, zur Gründung einer Zentralstelle für jüdische Auswanderung in Prag nach bereits in Wien und dann in Berlin erprobtem Muster. Während die Wiener Zentralstelle in den Händen von Rolf Günther und Alois Brunner blieb, übernahm Eichmann die Auswanderung aus dem Protektorat zusammen mit Rolf Günthers Bruder Hans selbst.

Edelsteins gesunder Menschenverstand – und sein Mut – machten ihn faktisch zur zentralen Persönlichkeit der tschechischen Judenheit bei ihren Kontakten mit den Deutschen. Im Oktober 1939 wurde ihm befohlen, die Gruppe der Juden anzuführen, die von Ostrava nach Nisko evakuiert wurden; die Deportierten aus Österreich übernahmen der Auswanderungsspezialist Storfer sowie Rabbiner Murmelstein, der dann 1942 in Theresienstadt ein problematischer Kollege Edelsteins werden sollte. Das Scheitern des Nisko-Versuchs führte Edelstein wieder nach Prag zurück.[68] Bald danach, im März 1941, schickte ihn Eichmann zusammen mit einem anderen Mitglied der Prager Gemeinde, Richard Friedmann, zu Asscher und Cohen nach Amsterdam, wo sie diese bei der Einrichtung ihres Rates beraten sollten. Edelstein versuchte, seine niederländischen Partner vor den Gefahren, die sie erwarteten, darunter auch die Möglichkeit von Deportationen nach Osten, zu warnen, aber vergeblich.[69]

Als Heydrich im Herbst des gleichen Jahres beschloß, die Juden des Protektorats in ein Sammellager auf böhmischem Gebiet zu deportieren, wurde Edelstein zum Leiter des «Modellghettos» ausersehen. Mitte Dezember 1941, einige Tage nach Edelsteins Ankunft in Theresienstadt, kam Hans Günther zu einem Inspektionsbesuch: «So, ihr Juden», erklärte der SS-Offizier, «jetzt steckt ihr im Dreck, und nun wollen wir mal sehen, was ihr könnt.» Die Juden waren der Ansicht, dies sei eine Herausforderung, mit der sie fertig werden konnten...[70]

Zunächst wurde die Lagerführung wegen ihrer zionistischen Schlagseite kritisiert; doch die zunehmende Zahl der Häftlinge und die wachsende Härte des Alltagslebens dämpften schon bald die ideologischen Konfrontationen, und das zionistische Engagement der Mehrheit der Führung blieb unverändert. So wurde Egon Redlich, ein 23jähriger Lehrer an einer jüdischen Schule in Prag, zum Leiter der Jugend-Wohlfahrtsabteilung. «Gonda» Redlich und sein Kollege Fredy Hirsch (der vor allem für Sport und Leibesübungen zuständig war) schufen einen quasi-autonomen Bereich der Jungen für die Jungen (der im Laufe der Zeit durchschnittlich drei bis viertausend Jugendliche umfaßte); insbesondere dort entwickelte sich eine stark zionistisch geprägte Jugendkultur.

Nichts konnte jedoch die Jungen wie die Alten vor der Deportation in Tötungsstätten schützen. «Ich habe eine schreckliche Nachricht gehört», notierte Redlich am 6. Januar 1942 in seinem Tagebuch, «ein Transport geht von Terezin nach Riga. Wir haben uns lange gestritten, ob nicht die Zeit gekommen sei, um ‹genug› zu sagen.» Redlichs Eintragung vom darauffolgenden Tag fuhr in derselben Manier fort: «Unsere Stimmung ist sehr schlecht. Wir haben Vorbereitungen für den Transport getroffen, wir haben praktisch die ganze Nacht gearbeitet. Mit Fredys Hilfe gelang es uns, die Kinder vor dem Transport zu bewahren.» Und am 7. Januar: «Wir konnten nicht arbeiten, weil wir in den Baracken eingeschlossen waren. Ich bat die Behörden, Kinder aus dem Transport herauszunehmen, und man erklärte mir, die Kinder würden nicht fahren. ... Unsere Arbeit ist wie die der Jugend-Alija [der organisierten Auswanderung von Kindern und Jugendlichen nach Palästina]. Dort brachten wir Kinder in die Freiheit. Hier versuchen wir, die Kinder vor dem Tode zu retten.»[71]

Bald war es nicht mehr möglich, Kinder vor den Transporten zu bewahren; als Redlich von «Tod» sprach, wußte er in Wirklichkeit nicht, wie das Schicksal derer, die man «in den Osten» deportierte, aussehen würde. Die «Räte» diskutierten die Frage, ob sie sich freiwillig zu den Transporten melden sollten, um ihren Schützlingen weiterhin Unterstützung und Unterricht zukommen lassen zu können. Wie aber Ruth Bondy schreibt, «blieben die Auseinandersetzungen theoretisch: am Ende siegten familiäre Erwägungen und der Wille, so lange wie möglich an Theresienstadt festzuhalten.»[72] Am 10. Januar notierte Redlich: «Gestern haben wir im Tagesbefehl gelesen, daß weitere zehn Transporte abgehen werden. Es gibt Grund zu der Annahme, daß noch weitere vier abfahren werden.» Er fügte hinzu: «Ein Tagesbefehl: neun Männer wurden gehenkt. Der Grund für den Befehl: sie haben die deutsche Ehre beleidigt.»[73]

Als der Sommer 1942 begann, wurden Dutzende von Transporten mit älteren Juden aus dem Reich und dem Protektorat nach dem tschechischen «Ghetto» auf den Weg gebracht. «Im Juni», schrieb Redlich, «sind 24 Transporte angekommen und vier abgefahren. Von denen, die herkamen, stammten 15 000 aus dem Altreich, die meisten von ihnen sehr alt.»[74] Am 30. Juni: «Gestern habe ich Wiener Juden geholfen. Sie sind alt und verlaust, und es gibt unter ihnen einige Geisteskranke.»[75]

Unter den «geisteskranken» Passagieren des Transports aus Wien war auch Trude Neumann-Herzl, die jüngste Tochter des Begründers des politischen Zionismus, Theodor Herzl.[76] Edelstein war nicht beeindruckt und weigerte sich, zur Begrüßung des Neuankömmlings zu kommen. Trude Herzl wollte sich aber nicht so leicht abspeisen lassen: «Ich, die jüngere Tochter des verstorbenen Zionistenführers Dr. Theodor Herzl», schrieb sie an die Leitung des Ghettos und an die «zionistische Zweigstelle» in Theresienstadt, «erlaube mir, die hiesigen Zionisten von meiner Ankunft in Kenntnis zu setzen und sie um Hilfe und Unterstützung in den gegenwärtigen schweren Zeiten zu bitten. Mit zionistischen und ergebenen Grüßen, T. Neumann-Herzl.»[77] In Trude Neumann-Herzls zahlreichen Botschaften kam ihr Geisteszustand zum Ausdruck, und sechs Monate nach ihrer Ankunft starb sie.

In der Leichenhalle des Lagers fand eine kleine Zeremonie statt, nach welcher der Leichnam wie üblich auf einem Bauernwagen zum Krematorium außerhalb der Mauern gebracht wurde. Dort bewahrte man die Asche sämtlicher Toten in numerierten Pappschachteln auf. Die Einwohner hofften, wenn das Martyrium vorüber wäre, würden sie die Asche ihrer Lieben finden und sie in einem anständigen Grab bestatten können. Ende 1944 befahlen die Deutschen zwecks Verwischung der Spuren, die gesamte Asche in die nahegelegene Eger zu streuen.[78]

Die Zahl der ankommenden Transporte wuchs im Laufe des Juli immer mehr. «Menschen treffen zu Tausenden ein», schrieb Redlich am 1. August, «die Alten, die nicht die Kraft haben, sich Essen zu holen. Jeden Tag sterben fünfzig.»[79] Tatsächlich schnellte die Sterberate im

«Altersghetto» hoch, und allein im September 1942 starben von einer Gesamtbevölkerung von 58 000 Menschen etwa 3900. Ungefähr um dieselbe Zeit gab es erste Transporte der älteren Häftlinge aus Theresienstadt nach Treblinka. Zu diesem Zeitpunkt ließen die Schübe der Deportationen aus Warschau nach, und die Gaskammern des neuesten im Zuge der «Aktion Reinhardt» errichteten Lagers konnten die 18 000 Neuankömmlinge aus dem Protektoratsghetto aufnehmen.

Mit einem der im September durchgeführten Transporte aus Wien, dem «Spitaltransport», traf in Theresienstadt zusammen mit ihrer Mutter Ruth Klüger ein, das Mädchen, das nach der Einführung des Judensterns im Reich in der U-Bahn eine Orange geschenkt bekommen hatte. Ruth wurde in eine der Jugendbaracken geschickt, die unter der Aufsicht von Redlich und Hirsch standen. Dort wurde sie, wie sie schreibt, zu einer Jüdin: Die Vorträge, die allgegenwärtige zionistische Atmosphäre, das Gefühl, Teil einer Gemeinschaft von *haverim* und *haverot* (hebräisch: «Kameraden» und «Kameradinnen») zu sein, wo man nicht «gute Nacht» sagte, sondern *laila tov* (hebräisch: «gute Nacht»), all das gab dem jungen Mädchen ein neues Gefühl der Zugehörigkeit. Und doch war es selbst in Theresienstadt, selbst unter den Jungen, so, daß sich der eine Teil der Insassen ständig dem anderen überlegen fühlte und das auch erkennen ließ: «Die [tschechischen Kinder] verachteten uns, denn wir sprachen die Sprache der Feinde. Außerdem waren sie die Elite, denn sie waren im eigenen Land. ... Wir wurden also auch hier für etwas angefeindet, wofür wir nichts konnten, nämlich, daß wir die ‹falsche› Muttersprache hatten.»[80]

Während der ganzen Zeit seines Bestehens zeigte Theresienstadt ein Doppelgesicht: Einerseits gingen Transporte nach Auschwitz und Treblinka ab, andererseits errichteten die Deutschen ein «Potemkinsches Dorf», mit dem die Welt getäuscht werden sollte. «Wird Geld eingeführt werden?» fragte Redlich in einer Eintragung vom 7. November 1942. «Natürlich könnte man das. Die Sache könnte ein interessantes Experiment in Nationalökonomie sein. Jedenfalls hat man ein Kaffeehaus eröffnet (sie sagen, es wird dort sogar Musik geben, eine Bank, einen Leseraum).» Zwei Tage später: «Sie drehen einen Film. Jüdische Schauspieler, zufriedene, glückliche Gesichter im Film, nur im Film ...» Dies sollte der erste von zwei Nazifilmen über Theresienstadt sein.[81]

Während das als Ghetto konzipierte Theresienstadt teils als Sammellager und teils als Konzentrationslager fungierte, war das unscheinbare Izbica im Distrikt Lublin in Wirklichkeit ein Ghetto ohne Mauern. Zwei Drittel der anfänglichen jüdischen Bevölkerung Izbicas waren nach Belzec deportiert worden, und von März 1942 an füllten Transporte von Juden aus dem Protektorat und danach dann aus allen möglichen Deportationszentren im Reich die Stadt mit ihren neuen Einwohnern. Ein bemerkenswerter «Bericht aus Izbica» bietet eine detaillierte Schilderung des täglichen Lebens in diesem Warteraum auf dem Weg nach Belzec oder Sobibór.[82] Diesen achtzehnseitigen Brief schrieb im August 1942 Ernst Krombach, ein Deportierter aus Essen, an seine Verlobte Marianne Ellenbogen (geb. Strauß, der wir im vorigen Kapitel begegnet sind); ein SS-Angestellter aus Essen, der mit den beiden bekannt war, überbrachte ihn ihr.

Der Brief Krombachs, der mit sämtlichen Vorurteilen gegen polnische und tschechische Juden gespickt ist, die unter deutschen Juden verbreitet waren, ist ein weiterer Ausdruck für das Fehlen einer übergreifenden Solidarität, für die Spannungen unter den Häftlingen und die «*sauve qui peut*»-Mentalität (so Krombachs eigene Worte), die in Izbica wie an allen anderen Orten herrschten.[83] Ob die Juden von Izbica das Ziel der abgehenden Transporte kannten, geht aus Krombachs Brief nicht eindeutig hervor, da er gewiß den Wunsch hatte, Marianne vor weiterer Qual zu bewahren. «In der Zwischenzeit», schrieb er, «sind nun schon viele Transporte hier abgegangen. Von ca. 14000 hier angekommenen Juden sind heute nur noch ca. 2–3000 da. Diese Leute gehen mit noch weniger in Viehwagen und schärfster Behandlung hier los, d. h. mit dem, was sie am Leibe tragen. Das wäre also noch eine Stufe tiefer. Gehört hat man von diesen Leuten nie mehr etwas (Austerlitz, Bärs usw.). Beim letzten Transport sind leider manche Männer von der auswärtigen Arbeit zurückgekommen und haben weder Frauen, noch Kinder, noch Sachen vorgefunden.»[84]

Nach der Angabe, daß bei den letzten Transporten die Männer in Lublin aus den Zügen geholt worden seien – eine Bestätigung dessen, was wir von dem Selektionsprozeß wissen, den man dort eingeführt hatte –, räumt Ernst Krombach ein, daß er trotz seiner Weigerung, in die jüdische Polizei einzutreten, gezwungen gewesen sei, sich an der Deportation «polnischer Juden» zu beteiligen: «Man muß jedes menschliche Gefühl unterdrücken und mit Peitsche unter Aufsicht von S.S. die Leute heraustreiben, so wie sie sind: barfuß, mit Säugling auf dem Arm. Szenen, die ich nicht wiedergeben kann und möchte, spielen sich dabei ab, die ich so schnell wohl nicht vergessen werde.»[85] Daß jemand, der nicht der jüdischen Polizei angehörte, gezwungen gewesen sein sollte, die polnischen Juden «mit Peitsche» aus ihren Häusern und in die Viehwagen zu jagen, bleibt verwirrend.

In einem zweiten Teil seines Berichts scheint Krombach mehr zu wissen oder bereit zu sein, mehr zu erzählen: «Letzthin sind an einem Morgen allein über 20 poln. Juden erschossen worden, die Brot gebacken haben. ... Ungewißheit, Unsicherheit ist unser Leben. Es kann morgen wieder eine Evakuierung geben, wenn es auch von zuständiger Stelle als nicht gegeben erklärt wird. Ein Verstecken ist bei der augenblicklich geringen Anzahl von Menschen immer schwieriger – besonders da immer eine bestimmte Zahl gefordert wird.»[86] Dann gebraucht Krombach paradoxerweise eine Metapher aus seiner Jugendlektüre: «Wild-West wäre bei diesen Verhältnissen noch kein Ausdruck!»[87] Könnte das bedeuten, daß er doch keine klare Vorstellung von seiner Lage hatte?

Im Herbst 1942 brachen alle Kontakte zu Ernst Krombach ab. Einigen Berichten zufolge war er etwa um diese Zeit entweder bei einem Unfall oder durch die SS geblendet worden. Im April 1943 wurden die letzten Juden aus Izbica nach Sobibór verfrachtet.[88]

V

Während die Tötungen in Chelmno reibungslos weiterliefen, machten die Bauarbeiten in Belzec, die am 1. November 1941 begonnen hatten, zügige Fortschritte, und Anfang März trafen im Distrikt Lublin, in der Nähe des Lagers, die ersten Judentransporte ein. Zunächst war Unterstützung von seiten der örtlichen Behörden notwendig. Am 16. März 1942 erörterte Fritz Reuter, ein Beamter der Abteilung Bevölkerungswesen und Fürsorge des Distrikts, die Lage mit Hauptsturmführer Hermann Höfle, dem wichtigsten Deportationsexperten Globocniks, der einige Erklärungen abgab. In Belzec, an der Eisenbahnlinie Deblin-Trawnik, wurde ein Lager errichtet; Höfle war bereit, täglich vier oder fünf Transporte aufzunehmen. Diese Juden, so erklärte er Reuter, «kämen über die Grenze und würden nie mehr ins Generalgouvernement zurückkommen». Am darauffolgenden Tag begannen die Vergasungen.[89]

Zunächst wurden etwa 30 000 der 37 000 Juden des Ghettos von Lublin umgebracht. Gleichzeitig trafen aus verschiedenen Regionen des Disktrikts (Zamość, Piaski und Izbica) sowie aus der Gegend von Lemberg weitere 13 500 Juden ein; Anfang Juni folgten Deportierte aus Krakau. Innerhalb von vier Wochen waren in diesem ersten der drei Lager der «Aktion Reinhardt» (die wohl zum Andenken an Heydrich so genannt wurde) etwa 75 000 Juden umgebracht worden;[90] bis Ende 1942 wurden dann allein in Belzec etwa 434 000 Juden ermordet.[91] Zwei überlebten den Krieg.

Irgendwann Ende März oder im Laufe des April fuhr der frühere österreichische Polizeioffizier und Euthanasieexperte Franz Stangl nach Belzec, um sich mit dem Kommandanten des Lagers, SS-Hauptsturmführer Christian Wirth, zu treffen. Dreißig Jahre später beschrieb Stangl in seinem Düsseldorfer Gefängnis seine Ankunft in Belzec: «Ich fuhr mit dem Auto hin», erklärte er der britischen Journalistin Gitta Sereny. «Bei der Ankunft sah man zuerst den Belzecer Bahnhof auf der linken Seite der Straße. ... Die Kommandantur war auf der anderen Seite der Straße. ... Es war ein einstöckiges Gebäude. Der Gestank ...», sagte er leise, «oh mein Gott, der Gestank. Er war überall. Wirth war nicht in seinem Büro. Ich erinnere mich, daß sie mich zu ihm brachten ... er stand auf einem Hügel, neben den Gruben ... die Gruben ... voll ... sie waren voll. Ich kann es Ihnen nicht sagen: nicht Hunderte – *Tausende*, Tausende von Leichen ... mein Gott. Dort hat Wirth es mir gesagt – er sagte, daß es das war, wofür Sobibór bestimmt war. Und daß er mich offziell mit der Leitung beauftrage.»[92] Etwa zwei Monate später war Sobibór – mit dessen Bau man Ende März 1942 begonnen hatte – in Betrieb, und Stangl, der aufmerksame Kommandant des Lagers, machte seine Runden im Lager gewöhnlich in weißem Reitdreß.[93]

In Sobibór wurden während der ersten drei Monate des Betriebs etwa 90 000 bis 100 000 Juden ermordet; sie kamen aus dem Distrikt Lublin sowie – entweder direkt oder auf dem Wege über Ghettos in der Gegend von Lublin – aus Österreich, dem Protektorat und dem Altreich.[94] Und während die Vernichtungen in Sobibór in Gang kamen, begann der Bau von Treblinka.

Die Vernichtung in den Lagern der «Aktion Reinhardt» lief nach einem Standardverfahren ab. Ukrainische Hilfstruppen jagten die Juden mit Peitschenhieben aus den Zügen. Wie in Chelmno war der nächste Schritt die «Desinfektion»; die Opfer mußten sich ausziehen und all ihre Habe im Sammelraum zurücklassen. Dann trieb man die Masse nackter und verängstigter Menschen durch einen schmalen Gang oder eine Passage in eine der Gaskammern. Die Türen wurden hermetisch verschlossen. Die Vergasung begann. Anfangs benutzte man in Belzec immer noch Flaschen mit Kohlenmonoxid; später ersetzte man sie durch einen angeschlossenen Motor. Der Tod kam in diesen frühen Gaskammern langsam (es dauerte zehn Minuten oder noch länger); manchmal konnte man die Agonie der Opfer durch Gucklöcher beobachten. Wenn alles zu Ende war, wurde die Leerung der Gaskammern, wieder wie in Chelmno, jüdischen «Sonderkommandos» überlassen, die dann später selbst liquidiert wurden.

Rings um Belzec und im ganzen Distrikt Lublin verbreiteten sich Gerüchte. Am 8. April notierte Klukowski, der polnische Krankenhausdirektor: «Die Juden sind in Verzweiflung. Wir wissen mit Sicherheit, daß jeden Tag zwei Züge mit je 20 Waggons nach Belzec kommen, der eine aus Lublin, der andere aus Lemberg. Nachdem man sie auf besonderen Gleisen ausgeladen hat, werden alle Juden hinter den Stacheldrahtzaun gedrängt. Einige werden mit elektrischem Strom getötet, einige mit Giftgasen, und die Leichen werden verbrannt.» Klukowski fuhr fort: «Auf dem Weg nach Belzec erleben die Juden viele schreckliche Dinge. Sie sind sich über das, was mit ihnen geschehen wird, im klaren. Manche versuchen, sich zu wehren. Auf dem Bahnhof in Szczebrzeszyn gab eine junge Frau einen Goldring fort, um ein Glas Wasser für ihr sterbendes Kind zu bekommen. In Lublin haben Leute mit angesehen, wie kleine Kinder aus den Fenstern rasender Züge geworfen wurden. Viele Menschen werden erschossen, bevor sie Belzec erreichen.»[95]

Am 12. April notierte Klukowski, nachdem er am Vortag davon gesprochen hatte, daß die Deportation von Juden aus Zamość bevorstehe: «Die Informationen aus Zamość sind entsetzlich. Fast 2500 Juden wurden evakuiert. Einige Hundert wurden auf den Straßen erschossen. Manche Männer wehrten sich, ich habe keine Einzelheiten. Hier in Szczebrzeszyn herrscht Panik. Alte Jüdinnen verbrachten die Nacht auf dem jüdischen Friedhof, sie sagten, sie würden lieber hier zwischen den Gräbern ihrer Familien sterben, als in den Konzentrationslagern getötet und begraben zu werden ...» Und am nächsten Tag: «Viele Juden haben bereits die Stadt verlassen oder sich versteckt. ... In der Stadt hat sich ein Mob gesammelt, der auf den geeigneten Moment wartet, um mit der Entwendung aller Gegenstände aus den jüdischen Wohnungen zu beginnen. Ich habe Informationen, daß einige Leute bereits alles stehlen, was sich aus Wohnungen, deren Inhaber man zum Wegzug gezwungen hat, forttragen läßt.»[96]

*

Im April 1942 hatten die Vergasungen in Chelmno, Belzec und Sobibór ihr volles Ausmaß erreicht; in Auschwitz fingen sie gerade erst an, und in Treblinka sollten sie bald beginnen. Gleichzeitig sollten innerhalb weniger Wochen in Weißrußland und in der Ukraine riesige Vernichtungsaktionen durch Erschießen oder mittels Gaswagen über weitere Hunderttausende von Juden hereinbrechen (die «zweite Welle»), während «gewöhnliche» Tötungen an Ort und Stelle während des gesamten Winters in den besetzten Gebieten der UdSSR, in Galizien, im Distrikt Lublin sowie in verschiedenen Gebieten Ostpolens üblich blieben. Ebenfalls zur gleichen Zeit waren überall im Osten und in Oberschlesien Sklavenarbeiterlager in Betrieb; einige der Lager dieser letztgenannten Kategorie waren eine Mischung aus Durchgangszone, Sklavenarbeiterlager und Tötungszentrum: beispielsweise Majdanek in der Nähe von Lublin oder das Janowska-Lager am Rande von Lemberg. Und neben diesem Durcheinander von Sklavenarbeit und Vernichtungsaktionen schufteten Zehntausende von Juden in gewöhnlichen Fabriken und Werkstätten, in Arbeitslagern, Ghettos oder kleinen Städten, und Hunderttausende lebten immer noch im ehemaligen Polen, in den baltischen Ländern und weiter im Osten, während die jüdische Bevölkerung im Reich, als die Deportationen wieder in vollem Umfang aufgenommen worden waren, rasch zurückging. Im Westen führten die meisten Juden ihr eingeschränktes Leben ohne ein Gefühl für eine unmittelbar bevorstehende Gefahr. Doch die deutsche Schraube wurde rasch angezogen, und innerhalb von zwei oder drei Monaten sollte es für die Mehrzahl der Juden im besetzten Europa nicht einmal eine minimale Alltagsnormalität mehr geben.

In Auschwitz begann die Vergasung der Juden mit kleinen Gruppen. Mitte Februar 1942 trafen etwa 400 ältere Juden aus den oberschlesischen Arbeitslagern der «Organisation Schmelt», die als arbeitsunfähig galten, aus Beuthen ein.[97]

Bei dieser Gelegenheit wurde wie bei der früheren Tötung sowjetischer Gefangener im Zuge der Experimente mit Zyklon B die Leichenhalle des Krematoriums im Hauptlager (Auschwitz I) in eine Gaskammer verwandelt. Die Nähe des Gebäudes der Lagerverwaltung komplizierte die Dinge: Das Personal mußte evakuiert werden, wenn die Juden vorbeimarschierten, und man ließ einen Lastwagenmotor laufen, um die Todesschreie der Opfer zu übertönen.[98] Kurz danach besuchte Hans Kammler, der Leiter der Bauabteilung des WVHA, das Lager, und befahl eine Reihe rascher «Verbesserungen». Ein neues Krematorium mit fünf Verbrennungsöfen, das zuvor für Auschwitz I bestellt worden war, wurde nach Auschwitz II-Birkenau transferiert und in der Nordwestecke des neuen Lagers neben einer verlassenen polnischen Hütte aufgestellt. Diese Hütte, «Bunker I», beherbergte bald zwei Gaskammern. Am 20. März begann hier der Betrieb; die ersten Opfer waren eine weitere Gruppe älterer «Schmelt-Juden».[99]

VI

In den besetzten Gebieten der Sowjetunion wurde die «zweite Welle» der Tötungen Ende 1941 in noch größerem Umfang in Gang gesetzt als die erste; sie dauerte bis Ende 1942 an.[100] In einigen Gebieten, so etwa im Reichskommissariat Ukraine (RKU), hatten die Massenhinrichtungen einem Bericht des Rüstungsinspektorats der Wehrmacht zufolge niemals aufgehört und wurden, abgesehen von kurzen organisatorisch bedingten Verlangsamungen, von Mitte 1941 bis Mitte 1942 ohne Unterbrechung fortgesetzt.

Der Bericht der Wehrmacht gab an, nur wenige Wochen nach Abschluß der militärischen Operationen habe die systematische Exekution der jüdischen Bevölkerung begonnen. Die beteiligten Einheiten gehörten vorwiegend der Ordnungspolizei an; sie wurden unterstützt durch ukrainische Miliz, «vielfach leider auch unter freiwilliger Beteiligung von Wehrmachtsangehörigen». Der Bericht beschrieb die Massaker als «grauenhaft»; sie richteten sich unterschiedslos gegen Männer, Frauen, alte Menschen und Kinder aller Altersstufen. Das Ausmaß der Massenmorde hatte bis dahin auf besetztem sowjetischem Gebiet nicht seinesgleichen gehabt. Dem Bericht zufolge wurden etwa 150 000 bis 200 000 Juden aus dem zum Reichskommissariat gehörigen Teil der Ukraine umgebracht (schließlich sollten es dann etwa 360 000 werden). Erst in der letzten Phase der Aktion wurde ein kleiner «nützlicher» Teil der Bevölkerung (spezialisierte Handwerker) von der Tötung ausgenommen. Zuvor waren wirtschaftliche Erwägungen nicht berücksichtigt worden.[101]

Anfangs war die Intensität der Massaker je nach Gegend unterschiedlich; zum Schluß, Ende 1942 und Anfang 1943, sollte das Ergebnis überall dasselbe sein: die fast vollständige Vernichtung. Im Laufe der «ersten Welle», als Einsatzkommandos, Polizeibataillone und ukrainische Hilfstruppen mit der Wehrmacht zusammen vorrückten, erfaßten die Tötungen im westlichen Teil der Ukraine – dem Generalbezirk Wolhynien-Podolien – etwa 20 Prozent der jüdischen Bevölkerung. In Rowno hingegen, in der Hauptstadt des Reichskommissariats, wurden etwa 18 000 Menschen, d. h. 80 Prozent der jüdischen Einwohner, ermordet.[102]

Von September 1941 bis Mai 1942 koordinierte die Sicherheitspolizei (Einsatzgruppe C und Einsatzkommando 5) mit Hauptquartier in Kiew ihre Kontrolle über das RKU. Der HSSPF in der Ukraine, SS-General Hans Adolf Prützmann, und sein ziviler Kollege, Reichskommissar Erich Koch, arbeiteten ohne jede Schwierigkeit zusammen, da beide aus Königsberg kamen. Koch delegierte alle «Judenfragen» an Prützmann, der sie wiederum an den Chef der Sicherheitspolizei weitergab. Wie der Historiker Dieter Pohl betont, «kamen Zivilverwaltung und Sicherheitspolizei ... zu einer reibungslosen Zusammenarbeit beim Massenmord; Initiativen dazu gingen von beiden Seiten aus.»[103]

Angesichts der riesigen Gebiete, die sie unter ihrer Kontrolle hatten, und der Vielfalt von Sprachen oder Dialekten der einheimischen Bevölkerung, stützten sich die Deutschen von Anfang an auf die Hilfe einheimischer Milizen, die im Laufe der Monate zu regulären Hilfstruppen, den «Schutzmannschaften», avancierten. Die Einheiten der Ordnungspolizei und die Gendarmerie bestanden aus Deutschen; die Schutzmannschaften waren schon bald bei weitem zahlreicher als sie und beteiligten sich an allen Aktivitäten einschließlich der Tötung von Juden bei einigen größeren Operationen wie der Vernichtung eines Teils der jüdischen Bevölkerung von Minsk im Spätherbst 1941. Dabei taten sich die litauischen Schutzmannschaften hervor.[104]

Zu den Einheiten der Hilfstruppen gehörten Ukrainer und Polen, Litauer und Weißrussen. In einem polnischen Untergrundbericht über die Liquidierung des Ghettos von Brest-Litowsk Ende 1942 heißt es bezeichnenderweise: «Die Liquidierung der Juden ist seit dem 15. Oktober weitergegangen. Während der ersten drei Tage wurden etwa 12 000 Menschen erschossen. Der Hinrichtungsort ist Bronna Góra. Gegenwärtig wird der Rest derjenigen, die sich im Untergrund aufhalten, liquidiert. Die Liquidierung wurde von einer mobilen Truppe aus SD und örtlicher Polizei organisiert. Zur Zeit wird die ‹Erledigung› von der örtlichen Polizei übernommen, in der Polen einen großen Prozentsatz ausmachen. Sie sind häufig eifriger als die Deutschen. Einiger jüdische Besitz nimmt seinen Weg und schmückt deutsche Wohnungen und Büros, manches wird versteigert. Ungeachtet der Tatsache, daß bei der Liquidierung große Mengen von Waffen gefunden wurden, verhielten sich die Juden passiv.»[105]

Als Hitler sich entschlossen hatte, sein vorgeschobenes Hauptquartier nach Winniza in die Ukraine zu verlegen, mußten die Juden aus dieser Gegend verschwinden. So übergab in den ersten Tagen des Jahres 1942 die Organisation Todt 227 Juden, die in unmittelbarer Nachbarschaft des geplanten Hauptquartiers wohnten, der Geheimen Feldpolizei; sie wurden am 10. Januar erschossen. Eine zweite Gruppe von etwa 8000 Juden, die im benachbarten Chmelnik lebten, brachte man etwa um dieselbe Zeit um. Dann kamen die Juden von Winniza an die Reihe. Hier verzögerte sich die Operation um einige Wochen, aber Mitte April berichtete die Geheime Feldpolizei, die 4800 Juden der Stadt seien «umgelegt» worden. Schließlich wurden im Juli ungefähr 1000 jüdische Handwerker, die in demselben Gebiet für die Deutschen arbeiteten, auf Anordnung des örtlichen Befehlshabers der Sicherheitspolizei und des SD ermordet.[106]

Die beiden Reichskommissare, Lohse und Koch, unterstützten begeistert die Massenmordaktion. Insbesondere Koch bat, in der Ukraine *alle* Juden zu vernichten, um dort den Lebensmittelverbrauch zu senken und so die zunehmenden Nahrungsmittelanforderungen aus dem Reich erfüllen zu können. Infolgedessen waren sich die Distriktskommissare bei ihrer Sitzung im August 1942 mit dem Chef der Sicherheitspolizei, Karl Pütz, einig, daß sämtliche Juden des Reichskommissariats Ukraine mit Ausnahme von 500 spezialisierten Handwerkern vernichtet werden sollten: Das wurde als die «hundertprozentige Lösung» definiert.[107]

In den baltischen Ländern, also in Lohses Revier, und insbesondere in Litauen konnte man sich, wenn es um Massenmord ging, immer auf Jäger verlassen. Am 6. Februar 1942 bat ihn Stahlecker, kurzfristig die Gesamtzahl der Exekutionen seines Einsatzkommandos 3 zu berichten, aufgeschlüsselt nach folgenden Kategorien: Juden, Kommunisten, Partisanen, Geisteskranke, Sonstige; weiterhin mußte Jäger die Zahl von Frauen und Kindern angeben. Dem Bericht zufolge, der drei Tage später übersandt wurde, hatte das Einsatzkommando 3 bis zum 1. Februar 1942 136 421 Juden, 1064 Kommunisten, 56 Partisanen, 653 Geisteskranke und 78 Sonstige hingerichtet. Die Gesamtzahl betrug 138 272 (darunter 55 556 Frauen und 34 464 Kinder).[108]

Gelegentlich ging Jäger zu weit. So mußte ihn am 18. Mai 1942 im Anschluß an eine Beschwerde der Armee wegen der Liquidierung von 630 jüdischen Handwerkern in Minsk, die entgegen vorheriger Absprachen erfolgt war, Gestapochef Müller an mehrere von Himmler erlassene Befehle erinnern: «Arbeitsfähige Juden und Jüdinnen im Alter von 16 bis 32 Jahren sind bis auf weitere Weisung von Sondermaßnahmen auszunehmen.»[109]

Bei mehreren Gelegenheiten führte die Vernichtungskampagne zu Differenzen zwischen einem von Rosenbergs Beauftragten, dem Generalkommissar für Weißruthenien, Gauleiter Wilhelm Kube, und dem SD. Schon Ende 1941 war Kube entsetzt gewesen, als er herausfand, daß sich unter den Juden, die man aus dem Reich nach Minsk deportiert hatte, Mischlinge und mit Orden ausgezeichnete Weltkriegskämpfer befanden. Anfang 1942 startete der Generalkommissar dann aber seinen Hauptangriff gegen die SS und ihren örtlichen Kommandeur, den Befehlshaber der Sicherheitspolizei Dr. Eduard Strauch. Kube hatte nichts gegen die Vernichtung der Juden selbst einzuwenden, sondern nur etwas gegen die dabei angewendeten Methoden: Opfern, die auf den Tod warteten, wurden Goldzähne und Brücken aus dem Mund gebrochen; viele Juden, die bei den Exekutionen lediglich verwundet worden waren, begrub man bei lebendigem Leibe und dergleichen. Das war, so Kube, eine «bodenlose Schweinerei», und Strauch war der Hauptschuldige, den er bei Lohse, bei Rosenberg und möglicherweise bei Hitler denunzierte.

Kubes Beschwerden führten am 21. März zu einer scharfen Reaktion Heydrichs. Und Strauch begann, eine dicke Akte mit Anschuldigungen gegen den Generalkommissar anzulegen, dessen Führungsqualitäten er als schlimmer denn Null einschätzte, dessen Entourage korrupt und zügellos war und der bei verschiedenen Anlässen Freundlichkeit gegenüber Juden gezeigt hatte.[110] Weder Kube noch Strauch wurden abberufen, und wie wir sehen werden, sollte die Konfrontation 1943 ihren Höhepunkt erreichen. In der Zwischenzeit ließ Strauch jedoch Ende Juli 1942 etwa die Hälfte der verbleibenden Einwohner des Ghettos von Minsk, 19 000 Juden, massakrieren.[111]

Gelegentlich traten technische Schwierigkeiten auf, welche die Tötungen behinderten. Am 15. Juni 1942 beispielsweise bat der Befehlshaber der Sicherheitspolizei und des SD im Ostland dringend um einen zusätzlichen Gaswagen, da die drei Wagen, die in Weißrußland im Einsatz waren, nicht für alle die Juden ausreichten, die immer rascher eintrafen. Außerdem forderte er 20 neue Gasschläuche für die Einleitung des Kohlenmonoxids aus den Motoren in den Wagen an, da die bisher verwendeten nicht mehr luftdicht seien.[112] Tatsächlich führte der Betrieb der Wagen zu einer Reihe von Beschwerden, die wiederum am 5. Juni 1942 zu einer energischen Reaktion von Referat IID3 des RSHA Anlaß gaben.

Der Verfasser des ausführlichen Berichts erinnerte seine Kritiker daran, daß die drei in Chelmno eingesetzten Wagen seit Dezember 1941 «97 000 verarbeitet [hatten], ohne daß Mängel an den Fahrzeugen auftraten». Gleichwohl schlug er eine Reihe von sechs größeren technischen Verbesserungen vor, um mit der gewöhnlich in jeden Wagen geladenen «Stückzahl» effizienter fertig zu werden.[113] Was die «97 000» anging, hatte es der Experte wahrscheinlich für sicherer gehalten, jede weitere Identifizierung zu vermeiden. Im zweiten Abschnitt des Berichts sprach er von «Stück», und im sechsten Abschnitt änderte er die Identifizierung erneut: «Es wurde aber in Erfahrung gebracht, daß beim Schließen der hinteren Tür und somit Drängen der Ladung nach der Tür erfolgte [sic]. Dieses ist darauf zurückzuführen, daß die Ladung bei eintretender Dunkelheit sich nach dem Licht drängt.»[114]

Es sieht nicht so aus, als hätte der einzelne Gaswagen, der aus Berlin nach Belgrad geschickt wurde, um die 8000 jüdischen Frauen und Kinder des Konzentrationslagers Sajmište umzubringen, Anlaß zu irgendwelchen Beschwerden gegeben. Nachdem die Wehrmacht im Sommer und Herbst 1941 im Zuge der «Partisanenbekämpfung» die Mehrzahl der Männer als Geiseln erschossen hatte, wurden die Frauen und Kinder bis zur Entscheidung über ihr Schicksal in ein provisorisches Lager – das aus ein paar heruntergekommenen Bauten bestand – in der Nähe von Belgrad verlegt. Wer von der deutschen Verwaltung in Belgrad – SS-Gruppenführer Harald Turner, der Chef der Zivilverwaltung, oder SS-Standartenführer Emanuel Schäfer, der BdS in Belgrad – den Wagen vom RSHA anforderte, bleibt unklar.[115] Wie immer es sich damit verhalten mag, Ende Februar 1942 traf der Wagen in Belgrad ein. Anfang März begannen die Tötungen, und bis zum 9. Mai 1942 hatte man die jüdischen Frauen und Kinder von Sajmište sowie die Patienten und das Personal des jüdischen Krankenhauses in Belgrad und jüdische Häftlinge aus einem nahegelegenen Lager allesamt erstickt. Am 9. Juni informierte Schäfer den Leiter des Fuhrparks beim RSHA: «Betrifft: Spezialwagen Saurer. Die Kraftfahrer Goetz u. Meyer haben den Sonderauftrag durchgefuehrt, sodass die Genannten mit dem obengenannten Fahrzeug zurueckbeordert werden koennen. Infolge Achsrisses der hinteren Achshaelfte kann eine Ueberfuehrung per Achse nicht erfolgen. Ich habe daher angeordnet, dass das Fahrzeug verladen mit der Eisenbahn nach Berlin ueberfuehrt wird.»[116]

Im August 1942 berichtete Turner: «Serbien einziges Land, in dem Judenfrage und Zigeunerfrage gelöst.»[117]

Tötungen ließen sich jedoch nicht nach Belieben auf andere Gruppen als die vorgesehenen Juden ausweiten, selbst wenn ein hochrangiger Parteiführer sie für erforderlich hielt. So äußerte Greiser am 1. Mai 1942 in einer Botschaft an Himmler seine Zuversicht, daß die «Sonderbehandlung» von etwa 100 000 Juden in Chelmno innerhalb von zwei oder drei Monaten abgeschlossen sein werde. Er bat um die Genehmigung zur Ermordung von etwa 35 000 Polen, die an offener Tbc litten.[118] Die Genehmigung wurde zunächst erteilt, dann aber von Hitler widerrufen. Er wollte Gerüchte über die Wiederaufnahme der Euthanasie vermeiden.

*

Forderungen nach bewaffnetem jüdischem Widerstand wie etwa Kovners Manifest in Wilna kamen aus den Reihen politisch motivierter jüdischer Jugendorganisationen, aber die ersten Juden, die im Osten oder im Westen als «Partisanen» die Deutschen bekämpften, gehörten gewöhnlich nichtjüdischen politisch-militärischen Untergrundorganisationen an. Im westlichen Weißrußland entstand jedoch Anfang 1942 eine ausschließlich jüdische Einheit, die keine andere politische Bindung hatte als ihr Ziel, Juden zu retten: die bereits kurz erwähnte Gruppe der Brüder Bielski. Die Bielskis waren Dorfbewohner, die seit mehr als 60 Jahren in Stankiewicze zwischen Lida und Nowogrodek, zwei mittelgroßen weißrussischen Städten, lebten.[119] Ebenso wie die Bauern in ihrer Nachbarschaft waren sie arm, ungeachtet der Mühle und des Landes, das sie besaßen. Als einzige Juden im Dorf gehörten sie überwiegend mit dazu. Sie kannten die Menschen und die Umgebung, besonders die nahegelegenen Wälder. Zur jüngeren Generation gehörten vier Brüder: Tuvia, Asael, Zus und Arczik.

Im Dezember 1941 ermordeten die Deutschen 4000 Bewohner des Ghettos von Nowogrodek, darunter die Eltern Bielski, Tuvias erste Frau und die Frau von Zus. In zwei nacheinander antretenden Gruppen, von denen die eine von Asael, die zweite von Tuvia geführt wurde, zogen die Brüder im März beziehungsweise im Mai 1942 in die Wälder. Bald ordneten sich alle der Führung von Tuvia unter: Eine immer größere Zahl von Familienangehörigen und anderen Juden, die aus den Ghettos der Umgebung geflohen waren, schlossen sich dem

«Otrjad» (der Partisanenabteilung) an; es wurden Waffen beschafft und Lebensmittel besorgt. Bis zum Ende der deutschen Besatzung hatten die Brüder Bielski in ihrem Waldlager trotz nahezu unüberwindlicher Widerstände etwa 1500 Juden versammelt.[120]

Während die Gruppe der Brüder Bielski die einzige ihrer Art war, erhielten andere jüdische Widerstandsbewegungen, die sich in den Ghettos der besetzten Sowjetunion gebildet hatten, durchaus häufig Unterstützung durch die Führung der Räte. In Minsk beispielsweise stand der nichtkommunistische Ilja Moschkin, ein Ingenieur, der etwas Deutsch konnte und wahrscheinlich eben deshalb zum Vorsitzenden des Judenrats ernannt worden war, in regelmäßigem (wöchentlichem) Kontakt mit dem Befehlshaber des kommunistischen Untergrunds im Ghetto und in der Stadt, Hersch Smolar. Eine derartige regelmäßige Zusammenarbeit – für die Moschkin schließlich mit dem Leben bezahlte – war weiter westlich, in den baltischen Ländern und im ehemaligen Polen, eher untypisch, und sei es aus Angst vor deutschen Repressalien gegen die Ghettobevölkerung.[121] Die eine Situation, die sich teilweise mit derjenigen in Minsk vergleichen ließ, war zumindest eine Zeitlang die des Ghettos von Białystok, wo Efraim Baraszs Judenrat über ein Jahr lang mit Mordechai Tenenbaums Untergrundorganisation in Verbindung blieb; das ist ein Fall, auf den wir noch zurückkommen.

VII

Mitte März 1942 wurde der 67jährige frühere Besitzer eines Schuhgroßhandelsgeschäfts und Vorsitzende der jüdischen Gemeinde von Nürnberg, Leo Israel Katzenberger, von der Kriminalpolizei verhört und dann wegen «Rassenschande» angeklagt. Mit angeklagt war die 32jährige «volldeutsche» Irene Seiler, geborene Scheffler, die – ebenfalls in Nürnberg – einen Photoladen besaß; ihr legte man «Rassenschande» und Meineid zur Last. Der Landgerichtsdirektor und Vorsitzende Richter des Sondergerichts Dr. Oswald Rothaug hatte einen exquisiten Fall bekommen: Er zeigte sich der Sache gewachsen, und dies um so mehr, als der Prozeß großes öffentliches Interesse auf sich zog. «Im überfüllten Schwurgerichtssaal saßen der Oberlandesgerichtspräsident, der Generalstaatsanwalt und viel Parteiprominenz.»[122]

Während des Verhörs bestätigten die Angeklagten bereitwillig, daß sie seit vielen Jahren miteinander bekannt und einander freundschaftlich verbunden waren (Seiler war mit Katzenberger von ihrem eigenen Vater, der mit ihm befreundet war, bekannt gemacht worden), daß Katzenberger Seiler ein paarmal finanziell geholfen und sie in geschäftlichen Angelegenheiten beraten hatte. Außerdem wohnten sie in demselben Gebäudekomplex und standen daher in engem und häufigem Kontakt miteinander. Beide bestritten jedoch entschieden, auch unter Eid, daß ihre gegenseitige Zuneigung, die sie gelegentlich dazu veranlaßt hatte, ihm als natürlichen Ausdruck ihrer Gefühle einen Kuß zu geben, je zu irgendwelchen sexuellen Beziehungen geführt habe. Manchmal brachte Katzenberger Seiler Schokolade, Zigaretten oder Blumen mit, und hin und wieder schenkte er ihr auch Schuhe. Seiler heiratete kurz vor dem Kriege, und ihrer Aussage zufolge hatte ihr Ehemann Katzenberger kennengelernt und wußte von ihrer langjährigen Freundschaft. 1941 und Anfang 1942, als Katzenberger und Seiler verhaftet und vor Gericht gestellt wurden, war Seilers Ehemann an der Front.

Nach dem Kriege sagte Seiler aus: «Rothaug ... warf mir vor, daß ich als deutsche Frau, deren Mann an der Front steht, mich soweit vergessen konnte, mit dem kleinen syphilitischen Juden ein Verhältnis gehabt zu haben. ... [Er hielt] mir vor, daß es von Katzenbergers Standpunkt aus keine Rassenschande gewesen wäre, da ja der Talmud dies Katzenberger gestatte.»[123] Die Zeugen für die Anklage, deren Aussagen Seiler im Detail wiedergab, wurden von dem Richter immer dann vereidigt, wenn die Anschuldigungen gegen die Angeklagten hinreichend belastend erschienen. Typisch war die Befragung des Zeugen Paul Kleylein: «Rothaug forderte den Zeugen auf, seine Beobachtungen zu schildern. Dieser begann damit, daß er zum Ausdruck brachte, das Treiben des Katzenberger sei nicht mehr mit anzusehen gewesen, an meinem unmoralischen Verhalten hätten er und seine Frau gröblichst Anstoß genommen, zumal mein Mann Soldat gewesen sei. Nach näheren Einzelheiten befragt, schilderte Kleylein, daß der Hausbewohner Oestreicher vor anderen Insassen im Luftschutzkeller mir einmal erwidert habe: ‹Du Judenmensch, Dir helfe ich noch.› Ich hätte darauf nichts erwidert und in der Folgezeit auch nichts unternommen. Daraus folgerte er, daß ich aus Scham und Schuldbewußtsein nichts dagegen unternommen habe.»[124]

Zeugen für die Verteidigung wie Ilse Graentzel, eine Angestellte in Seilers Fotoladen, wurden ebenfalls aufgerufen. Rothaug fragte Graentzel, «ob in meinem Fotoatelier nicht bis zuletzt noch Juden fotografiert worden seien. Frau Graentzel bejahte, auch ich äußerte mich hiezu zustimmend. Rothaug betrachtete dies als einen neuen Beweis meiner Ergebenheit Juden gegenüber.»[125]

Seiler wurde wegen Meineid zu zwei Jahren Gefängnis verurteilt. Was Katzenberger anging, so bestand kein Zweifel an dem Ergebnis. Wie es Rothaug formulierte: «Für mich reicht es aus, daß dieses Schwein gesagt hat, ein deutsches Mädchen hätte ihm auf dem Schoß gesessen.»[126] Am 3. Juni 1942 wurde der Jude zum Tode verurteilt.[127] Niemand war überrascht.

Am 6. Januar 1942 wurde Klemperer, nachdem er am Chemnitzer Platz eingekauft hatte, auf dem Heimweg in der Straßenbahn verhaftet und in die Gestapozentrale gebracht. Der diensthabende Beamte brüllte ihn an: «‹Nimm deinen Mist (Mappe und Hut) vom Tisch. Setz den Hut auf. Das ist doch bei euch so. Da wo du stehst, ist geheiligter Boden.› – ‹Ich bin Protestant.› – ‹Was bist du? Getäuft? Das ist doch bloß getarnt. Du als Professor mußt doch das Buch kennen von ... von einem Levysohn, da steht das alles drin. Bist du beschnitten? Es ist nicht wahr, daß das eine hygienische Vorschrift ist. Das steht alles in dem Buch.›» Und so ging es weiter. Klemperer wurde gezwungen, seine Aktentasche auszuleeren und den ganzen Inhalt kontrollieren zu lassen. Dann kam die Frage: «‹Wer wird nun den Krieg gewinnen? Wir oder ihr?› – ‹Wie meinen Sie das?› – ‹Nu, ihr betet doch täglich um unsere Niederlage – zu Jahwe›, so heißt es ja wohl. Das ist doch der jüdische Krieg. Adolf Hitler hat's gesagt – (pathetisch schreiend:) Und was Adolf Hitler sagt, das ist auch so.›»[128]

Anfang 1942 hatte Goebbels den Verkauf sämtlicher Presseerzeugnisse (Zeitungen, Zeitschriften, Periodika) an Juden untersagt.[129] Etwa zwei Wochen früher war ihnen die Benutzung öffentlicher Telefone ebenfalls verboten worden.[130] Private Telefone und Rundfunkapparate hatte man schon längst beschlagnahmt; die neuen Anordnungen sollten eine weitere Lücke schließen. Außerdem schien die zunehmende Papierknappheit der Beschränkung der Zuteilung von Zeitungspapier größere Dringlichkeit zu verleihen. Der Minister für Post- und Fernmeldewesen war bereit, ungeachtet einiger technischer Schwierigkeiten die neue Maßnahme zu übernehmen. Unerwarteter Widerstand kam jedoch von seiten des RSHA. In einem Brief an Goebbels vom 4. Februar vertrat Heydrich die Ansicht, es wäre unmöglich, die Juden, insbesondere ihre Vertreter sowohl auf nationaler als auch auf lokaler Ebene, über alle Maßnahmen, die sie zu beachten hätten, allein über das *Jüdische Nachrichtenblatt* zu informieren. Außerdem waren Fachzeitschriften für jüdische «Krankenbehandler» und «Konsulenten» unentbehrlich. «Da ich die Juden in jeglicher Hinsicht fest in der Hand haben muß», fügte Heydrich hinzu, «muß ich auf eine Lockerung des ausgesprochenen Verbotes, das zudem ohne die notwendig gewesene Beteiligung meiner Dienststelle ausgesprochen worden ist, Wert legen.»[131] Im März waren dann die von Goebbels verfügten Regelungen teilweise zurückgenommen worden.

Das Verbot der Auswanderung von Juden führte am 14. Februar 1942 zur Schließung der Büros der Reichsvereinigung, welche die Auswanderer berieten und ihnen halfen.[132] Was die öffentliche Identifizierung der Juden anging, so reichte der individuelle Stern nicht hin; am 13. März befahl das RSHA, an der Eingangstür zu jeder Wohnung, in der

Juden wohnten, und am Eingang zu jeder jüdischen Institution einen weißen Stern aus Papier anzubringen.[133]

Das vom RSHA befürwortete Anbringen von Schildern und Kennzeichen wurde wiederum vom Propagandaminister in Frage gestellt. So verwarf Goebbels am 11. März einen Vorschlag des SD, dem zufolge Juden, die öffentliche Transportmittel benutzen durften, ein besonderes Abzeichen tragen sollten. Der Minister, der weitere öffentliche Diskussionen über das Thema Judenstern vermeiden wollte, schlug vor, diesen Juden eine Sondergenehmigung zu geben, die sie dem Fahrkartenkontrolleur oder, auf Verlangen, Offizieren und Parteifunktionären vorweisen sollten.[134] Am 24. März verbot Heydrich Juden die Benutzung öffentlicher Transportmittel, sofern sie nicht Inhaber der polizeilichen Sondergenehmigung waren.[135]

Willkürliche Gestapo-Razzien in Judenhäusern waren besonders gefürchtet. Bei den Klemperers fand der erste dieser «Hausbesuche» am 23. Mai 1942, an einem Sonntagnachmittag, statt, als Victor Klemperer nicht zu Hause war: Man hatte das Haus auf den Kopf gestellt, die Bewohner geohrfeigt, geschlagen, angespuckt, aber wie Klemperer schrieb: «So sind wir alles in allem für diesmal noch leidlich davongekommen.»[136]

Am 15. Mai wurde Juden die Haltung von Haustieren verboten. «Sternjuden und jedem, der mit ihnen zusammenwohnt», schrieb Klemperer, «ist mit sofortiger Wirkung das Halten von Haustieren (Hunden, Katzen, Vögeln) verboten, die Tiere dürfen auch nicht in fremde Pflege gegeben werden. Das ist das Todesurteil für [Klemperers Kater] Muschel, den wir über elf Jahre gehabt und an dem Eva sehr hängt. Er soll morgen zum Tierarzt geschafft werden.»[137]

Mitte Juni mußten Juden, wie bereits erwähnt, sämtliche elektrischen Geräte abliefern, darunter auch alle elektrischen Koch- und Haushaltsgeräte sowie Kameras, Ferngläser und Fahrräder.[138] Am 20. Juni wurde die Reichsvereinigung davon in Kenntnis gesetzt, daß zum Ende des Monats sämtliche jüdischen Schulen geschlossen würden: Für Juden in Deutschland gab es keine Schulbildung mehr.[139] Einige Tage später verbot eine Verfügung, die anscheinend vom Propagandaministerium ausging, die aber am 27. Juni vom Reichsverkehrsministerium erlassen wurde, den Gebrauch von Güterwagen für den Transport der Leichen von Juden. «In Zweifelsfällen mußte der Beweis erbracht werden, daß der Leichnam einem Arier gehörte.»[140] Am 2. September erging eine Verfügung vom Reichsministerium für Ernährung und Landwirtschaft, wonach Juden kein Fleisch, keine Milch, kein Weißbrot und auch keine Tabakwaren oder irgendwelche knappen Güter erhalten sollten; schwangere Frauen und Kranke waren von dieser Regelung nicht ausgenommen.[141]

Während sich der Rhythmus der Deportationen aus dem Reich beschleunigte, sank die Verfügbarkeit jüdischer Wohnungen gleichwohl deutlich unter die Nachfrage nach ihnen, was auf die Wohnungsknappheit zurückzuführen war, die unter anderem durch die Bombenangriffe der Alliierten entstanden war. Einige schmerzliche Situationen führten zu Interventionen von höchster Stelle. So konnte der neuernannte Generalmusikdirektor des Orchesters der Münchner Staatsoper, der Hitlerprotégé Clemens Krauss, für die Musiker, die er in die bayerische Hauptstadt mitbrachte, keine passenden Wohnungen finden. Am 1. April 1942 schrieb Martin Bormann, den man von den Schwierigkeiten in Kenntnis gesetzt hatte, an den Münchner Oberbürgermeister Karl Fiehler: «Vom Schreiben des Generalintendanten Krauss habe ich ... heute dem Führer berichtet. Dieser wünscht, daß Sie doch noch einmal prüfen, ob nicht eine Anzahl weitere Judenwohnungen für die neuverpflichteten Mitglieder der Bayrischen Staatsoper geräumt werden könne.» Fiehler antwortete umgehend, daß keine jüdischen Wohnungen mehr verfügbar seien, da er einige an Angehörige der Parteikanzlei (der Dienststelle Bormanns) verteilt habe und die letzten sechs – auf Krauss' eigenen Wunsch – an drei Chorsänger, zwei Orchestermusiker und einen Solotänzer gegangen seien...[142]

Am Vorabend des Sammeltages für die Juden, die zur Deportation vorgesehen waren, versuchten Nachbarn im Judenhaus, ihnen Beistand zu leisten. «Gestern bis Mitternacht bei Kreidls unten», schrieb Klemperer am 20. Januar 1942. «Eva half Gurte für Paul Kreidl nähen, an denen er seinen Koffer auf dem Rücken schleppt. Dann wurde ein Bettsack gestopft, den man aufgibt (und nicht immer wiedersehen soll). Ihn karrte Paul Kreidl heute auf einem Handwägelchen zum vorgeschriebenen Spediteur.»[143] Am nächsten Tag schrieb Klemperer weiter: «Vor dem Weggehen des Deportierten versiegelt Gestapo seine ganze Hinterlassenschaft. Alles verfällt. Paul Kreidl brachte mir gestern abend ein paar Schuhe, die mir genau passen und bei dem furchtbaren Zustand der meinigen höchst willkommen sind. Auch ein bißchen Tabak, den Eva mit Brombeertee mischt und in Zigaretten stopft. ... Der Transport umfaßt jetzt 240 Personen, es sollen so Alte, Schwache und Kranke darunter sein, daß kaum alle lebend ankommen.»[144]

Die Informationen, die über die Ziele der Züge zur Verfügung standen, waren spärlich, sie wurden häufig nicht geglaubt, mit phantastischen Gerüchten vermengt und kamen doch manchmal der Wirklichkeit erstaunlich nahe. «Als furchtbarstes KZ», notierte Klemperer am 16. März, «hörte ich in diesen Tagen Auschwitz (oder so ähnlich) bei Königshütte in Oberschlesien nennen. Hier Kornblum, der Vater der Frau Seliksohn, ebenso – mir unbekannt – Stern und Müller gestorben.»[145] Im März 1942 wurde Auschwitz, wie wir sahen, gerade erst zu einem großen Vernichtungszentrum. Doch über Kanäle, die sich schwer verfolgen lassen, sickerten Gerüchte ins Reich durch.

Ende November 1941 war Hertha Feiner aus ihrer Stellung als Lehrerin entlassen worden und wurde in der Verwaltung der Berliner Gemeinde beschäftigt. Mit verhüllten Worten informierte sie in einem Brief vom 11. Januar 1942 ihre Töchter über die Verschlechterung der Lage: «Wir erleben hier eine sehr ernste Zeit. Dieses Mal ist Walter Matzdorff dabei und viele meiner Schülerinnen. Ich muß tüchtig mithelfen und versuche, so vielen Menschen wie möglich zu helfen.»[146]

Feiner war nur eine seit kurzem beschäftigte Angestellte, und obgleich sie anscheinend in dem Gemeindebüro arbeitete, das die Listen Berliner Juden aufstellte, konnte sie kaum einen Überblick über den Ablauf oder irgendwelche Kenntnisse von seinem Ergebnis haben. Die Aktualisierung dieser Listen und vor allem der Adressen der verbleibenden Juden war aber an und für sich für die Gestapo von Nutzen. Um die Deportationszüge in Bewegung zu halten, hatten die Deutschen selbstverständlich auch eigene Listen. Gleichwohl verstrickten sich insbesondere in diesem Bereich die Reichsvereinigung und die Führung der Berliner Gemeinde in dieselbe Art von Kollaboration wie die meisten Judenräte in West- und Mitteleuropa.[147]

Die Registrierungsbemühungen der Berliner Gemeinde mögen fragwürdig gewesen sein; aber die Unterstützung, die durch die Reichsvereinigung oder durch Angestellte der Gemeinde in Berlin oder in verschiedenen Teilen des Reichs den zur Deportation Beorderten geleistet wurde, läßt sich ungeachtet der strengen Interpretation einiger Historiker nicht ebenso beurteilen.[148] Auch wenn örtliche Angestellte der jüdischen Organisationen die Juden von der Entscheidung, dem Verfahren, dem Zeitpunkt und dem Sammelplatz verständigten, gibt es keinen Hinweis darauf, daß die Opfer die Anweisungen nur deshalb befolgten, weil sie ihren Glaubensgenossen vertrauten. Alle wußten, daß die Befehle von der Gestapo erteilt wurden und daß die jüdischen Repräsentanten keinerlei Einfluß auf den Ablauf hatten.

Am 29. März 1942 schrieb beispielsweise die Bezirksstelle Baden-Pfalz der Vereinigung, die in Karlsruhe angesiedelt war, an ihre Verwaltungsstelle in Mannheim im Hinblick auf «125 jüdische Personen in Baden», die sie «im Auftrage der Behörde» davon zu verständigen hatte, daß sie sich «zur Abwanderung bereit» machen sollten. Die Liste der Betroffenen war beigefügt. «Wir bitten Sie», schrieb die Bezirksstelle an die Angestellten in Mannheim, «... die Fahrtteilnehmer alsbald aufzusuchen und ihnen mit Rat und Tat zur Seite zu stehen.» Angesichts der Zahl der in Frage kommenden Personen schlug Karlsruhe vor, «taktvolle» Freiwillige zu suchen, die den zu Deportierenden beistehen sollten.

Dezember 1941 – Juli 1942   753

Die Freiwilligen brauchten keine Mitglieder der Reichsvereinigung zu sein, mußten aber natürlich «jüdischer Rasse» sein. Da die Zeit sehr knapp war, mußten Angestellte und Freiwillige «in den kommenden Tagen» bereit sein, den zu Evakuierenden beizustehen. Die Bezirksstelle in Karlsruhe fügte hinzu, sofern bei jemandem der Vorgesehenen aus medizinischen Gründen völlige Transportunfähigkeit vorliegen sollte, wäre ihnen sofort ein ärztliches Attest zu übersenden, das sie «der Behörde» vorlegen würden. «Wir können jedoch», schloß der Brief, «nicht voraussehen, wie weit die Behörde in diesem Falle ihre Verfügung abändert.»[149]

Wahrscheinlich mit Blick auf denselben Transport schrieb am 4. April Frau Henny Wertheimer, eine Angestellte der Reichsvereinigung in Offenburg, an Dr. Eisenmann, den Leiter des Büros in Karlsruhe. Als erstes teilte sie ihm mit, daß sich Joseph Greilsheimer aus Friesenheim, einer der zur Deportation Vorgesehenen, erhängt hatte. «Es ist natürlich hart für die Frau, zumal sie nun allein abwandern muß. Es ist nur gut, daß die Mutter jetzt bei ihr ist.» Mehr Schwierigkeiten gab es in Schmieheim: «Die alte Frau Grumbacher liegt an einer Art Grippe zu Bett. ... wenn ich nur wüßte, wohin mit der alten Frau, ebenso mit der gelähmten Bella, und wie und auf welchem Weg ich die Kranken von Schmieheim fortbringen kann.» Frau Wertheimer erkundigte sich bei der Gestapo, und ihr wurde bedeutet, sie könne die Kranken mit einem Krankenwagen zur nahegelegenen Bahnstation und von dort mit dem Zug nach Mannheim bringen (wobei der Krankenwagen von der Reichsvereinigung zu bezahlen war). Als Postskriptum fügte sie an: «Ich bitte noch um ein paar Sterne zum Aufnähen an die Kleider.»[150]

Eisenmann hatte noch weitere Probleme zu bewältigen: Was, so fragte er die örtliche Gestapo, sollte mit den 70 Insassen der Krankenabteilung des jüdischen Altersheims in Mannheim geschehen, da das Personal der Institution abtransportiert werden sollte und der Bürgermeister ein Gesuch, diese älteren Invaliden in eine städtische Institution zu überführen, abschlägig beschieden hatte.[151] Was die Gestapo in Karlsruhe auf Eisenmanns Anfrage antwortete, können wir nur vermuten.

*

Während die Deportationen aus dem Reich über alle Teile der jüdischen Bevölkerung hereinbrachen, boten einige kleine Gruppen von Deutschen, vor allem in Berlin, ihre Hilfe an. Sie versteckten Juden, die auf der Flucht waren, sie stellten gefälschte Ausweispapiere, falsche Bescheinigungen über die Zurückstellung von einer Einberufung, Lebensmittelkarten und dergleichen her. Und über die unmittelbare praktische Hilfe hinaus boten sie Menschlichkeit und eine gewisse Hoffnung. Natürlich gab es nur so viel, wie zwei oder drei Dutzend Nazifeinde, die entschlossen waren, Juden zu helfen, tun konnten, vor allem in den Jahren 1942 und 1943. In ihrem Tagebuch räumt die Journalistin Ruth Andreas-Friedrich, die treibende Kraft hinter der Gruppe «Onkel Emil», manch tragisches Scheitern während des ersten Halbjahrs 1942 ein.

Margot Rosenthal, eine der Jüdinnen, welche die Gruppe versteckte, wurde von ihrer Portiersfrau denunziert, als sie kurz noch einmal in ihre Wohnung zurückkehrte. Am 30. April 1942 erhielten Ruth und ihre Freunde ein Stück Seidenpapier: Margot und 450 andere Juden waren im Begriff abtransportiert zu werden: «Rucksack, Rolle mit Schlafdecke und so viel Gepäck, wie man tragen kann. Ich kann nichts tragen und werde eben alles am Wege liegen lassen. Das ist der Abschied vom Leben. Ich weine und weine. Lebt wohl für immer und denkt an mich!»[152] Einer nach dem anderen wurden die meisten jüdischen Freunde Ruths gefaßt: «Heinrich Mühsam, Mutti Lehmann, Peter Tarnowsky, Doktor Jakob. Seine kleine Evelyne, seine Frau und Bernsteins, seine Schwiegereltern.»[153] Irgendwelche anderen Versteckstrategien müßten gefunden werden, für die Wenigen und von den Wenigen.

VIII

Der erste Transport jüdischer Deportierter aus der Slowakei ging am 26. März 1942 nach Auschwitz ab. Er umfaßte 999 junge Frauen. Das Land Tisos erwarb sich damit die zweifelhafte Ehre, mit der Auslieferung seiner Juden an die Lager dem Reich und dem Protektorat auf der Stelle zu folgen. Die Deportation war nicht das Ergebnis deutschen Drucks, sondern sie ging auf ein slowakisches Ersuchen zurück. Die slowakische Initiative folgte ihrer eigenen Rationalität. Nachdem die Arisierungsmaßnahmen die meisten Juden ihres Eigentums beraubt hatten, folgte die Abschiebung dieser verarmten Bevölkerung einer strengen ökonomischen Logik. Anfang 1942 hatten die Deutschen 20 000 slowakische Arbeiter für ihre Rüstungsbetriebe verlangt; Tukas Regierung bot 20 000 arbeitsfähige Juden an. Nach einigem Zögern nahm Eichmann das Angebot an. Er konnte junge jüdische Arbeiter gebrauchen, um die Errichtung von Birkenau zu beschleunigen, nachdem die sowjetischen Kriegsgefangenen fast alle gestorben waren; er konnte sogar ihre Familien aufnehmen... Die Slowaken würden (zur Deckung der deutschen Unkosten) pro deportiertem Juden 500 RM bezahlen, und dafür gestattete ihnen das Reich, das Eigentum der Deportierten zu behalten. Außerdem erhielten sie die Zusicherung, daß die abtransportierten Juden nicht zurückkehren würden. Das war das «slowakische Modell», das Eichmann im Laufe der Zeit auch anderswo anzuwenden hoffte.

Ende Juni 1942 waren etwa 52 000 slowakische Juden deportiert worden, vor allem nach Auschwitz und in den Tod. Dann verlangsamten sich jedoch die Transporte und kamen zum Erliegen.[154] Tuka bestand auf Fortführung, aber Tiso zögerte. Die Intervention des Vatikans, auf die dann die Bestechung slowakischer Beamter auf Initiative einer Gruppe einheimischer Juden folgte, spielte schließlich eine Rolle. Der vatikanische Staatssekretär Maglione bestellte zwischen April und Juli 1942 zweimal den slowakischen Gesandten ein. Da jedoch die zweite Intervention im April stattfand, während die Deportationen bis Juli weitergingen (um dann im September kurz wiederaufgenommen zu werden), ist es zweifelhaft, ob eine bloße diplomatische Anfrage – und Maglione formulierte seinen Protest als Anfrage –, von der die slowakische Öffentlichkeit und die Welt nichts wußten, wirklich etwas bewirkte.[155] Außerdem blieb die Haltung der slowakischen Kirche zunächst zwiespältig. Ein im April 1942 erlassener Hirtenbrief forderte, die Behandlung der Juden solle sich im Rahmen des bürgerlichen und natürlichen Rechts halten, hielt es aber für notwendig, sie dafür zu schelten, daß sie Christus verworfen und «Ihm einen schmählichen Tod am Kreuz» bereitet hätten.[156] Es gab jedoch abweichende Stimmen wie etwa die des Bischofs Pavol Jantausch aus Trnava und auch die der kleinen lutherischen Kirche der Slowakei, die eine mutige Bitte zugunsten der Juden «als Menschen» formulierte.[157] Als sich die fromme katholische Bevölkerung in vollem Umfang darüber klar wurde, wie die Juden von der Hlinka-Garde und von slowakischen Volksdeutschen, die bereitstanden, um der Garde dabei zu helfen, die Deportierten auf Viehwagen zu laden, mißhandelt wurden, begann sich die Atmosphäre zu wandeln. Selbst die einheimische Kirche sollte ihre Haltung ändern, wie wir sehen werden.[158]

Am 26. Juni 1942 informierte der deutsche Botschafter in Bratislava, Hans Ludin, die Wilhelmstraße: «Die Durchführung der Evakuierung der Juden aus der Slowakei ist im Augenblick auf einem toten Punkt angelangt. Bedingt durch kirchliche Einflüsse und durch die Korruption einzelner Beamter haben etwa 35 000 Juden Sonderlegitimationen erhalten, auf Grund deren sie nicht evakuiert zu werden brauchen ... Ministerpräsident Tuka wünscht jedoch die Judenaussiedlung fortzusetzen und bittet um Unterstützung durch scharfen diplomatischen Druck des Reiches.»[159] Am 30. Juni antwortete Weizsäcker und erteilte die Weisung, «Tiso gegenüber gelegentlich zum Ausdruck [zu] bringen, Einstellung Judenaussiedlung und insbesondere die im Drahtbericht geschilderte Ausschließung 35 000 Juden von Abschiebung würde in Deutschland überraschen [von Weizsäcker korrigiert aus ‹einen sehr schlechten Eindruck hinterlassen›], um so mehr als bisherige Mitwirkung Slowakei in der Judenfrage hier sehr gewürdigt worden sei.»[160]

Die «Korruption einzelner Beamter», von der Ludin sprach, bezog sich fast mit Sicherheit auf die von der «Arbeitsgruppe» initiierte Bestechungsaktion; führend waren dabei der ultra-orthodoxe Rabbiner Michael Dov Ber Weissmandel, die zionistische Aktivistin Gisi Fleischmann und andere Persönlichkeiten, welche die wichtigsten Schichten der slowakischen Judenheit repräsentierten. Die «Arbeitsgruppe», die der Historiker Yehuda Bauer eingehend erforscht hat, leistete auch erhebliche Zahlungen an Dieter Wisliceny, den Vertreter Eichmanns in Bratislava.[161] Daß die Bestechung der Slowaken dazu beitrug, die Deportationen für zwei Jahre zu unterbrechen, ist äußerst wahrscheinlich; ob die Summen, die man der SS zukommen ließ, irgendeinen Einfluß hatten, bleibt eine offene Frage. Der Abschluß der Deportationen aus der Slowakei stand für die Deutschen nicht im Vordergrund, wie wir sehen werden; das mag es der SS gestattet haben, die «Arbeitsgruppe» zur Zahlung von dringend benötigten Devisen in dem Glauben zu veranlassen, daß sie dazu beitrage, den Abtransport der verbliebenen slowakischen Juden und möglicherweise auch anderer europäischer Juden in den Tod aufzuschieben.

*

Die wichtigste Einsatzentscheidung hinsichtlich der Deportationen aus Frankreich, den Niederlanden und Belgien wurde kurz nach Heydrichs Tod auf einer Sitzung gefällt, die Eichmann am 11. Juni ins RSHA einberufen hatte. Anwesend waren die Leiter der Judenreferate des SD in Paris, Brüssel und Den Haag. Nach der Zusammenfassung, die Dannecker von der Sitzung gab, hatte Himmler die Ausweitung von Deportationen entweder aus Rumänien oder aus dem Westen verlangt, da es ihm – aus militärischen Gründen – nicht möglich war, die Transporte aus Deutschland während des Sommers fortzusetzen. Die Deportierten, Männer wie Frauen, sollten im Alter von 16 bis 40 Jahren sein, und dazu sollten noch zehn Prozent arbeitsunfähige Juden kommen. Der Plan ging dahin, 15 000 Juden aus den Niederlanden, 10 000 aus Belgien und insgesamt 100 000 aus beiden französischen Zonen zu deportieren. Eichmann schlug vor, in Frankreich ein Gesetz ähnlich der Elften Verordnung zu verabschieden; dadurch würde die französische Staatsbürgerschaft jedes Juden, der französisches Territorium verlassen hatte, aufgehoben werden, und alles jüdische Eigentum würde auf den französischen Staat übergehen. Ebenso wie in der Slowakei würde dem Reich pro deportiertem Juden ein Geldbetrag (hier etwa 700 RM) gezahlt werden.[162]

Ganz offensichtlich wünschte Himmler einen regelmäßigen Zustrom jüdischer Sklavenarbeiter in den Sommermonaten, während große Mengen polnischer Juden, die nicht arbeitsfähig waren, die Vernichtungszentren bis zu ihrer Kapazitätsgrenze füllen würden. Die Instruktionen des Reichsführers stammten noch aus der Zeit vor dem radikalen strategischen Wandel, zu dem es hinsichtlich der jüdischen Arbeiter kommen sollte. Im Laufe der zweiten Junihälfte wurde den Deutschen klar, daß sie nicht in der Lage sein würden, während einer ersten Phase von drei Monaten mehr als 40 000 Juden aus Frankreich zu verhaften und abzutransportieren; um den Verlust auszugleichen, wurde die Zahl der aus Holland zu Deportierenden, wo die direkte deutsche Herrschaft das Verfahren erleichterte, von 15 000 auf 40 000 heraufgesetzt.[163]

Auf die Unterwürfigkeit der Polizei und des öffentlichen Dienstes in den Niederlanden konnten sich die Deutschen verlassen; die Kontrolle über die Juden des Landes verschärfte sich immer mehr. Am 31. Oktober 1941 ernannten die Deutschen den Amsterdamer Judenrat zum einzigen Rat für das gesamte Land.[164] Bald darauf begann die Deportation jüdischer Arbeiter in spezielle Arbeitslager.[165] Am 7. Januar 1942 forderte der Rat das erste Kontingent von Arbeitern an: arbeitslose Männer, die von Sozialunterstützung lebten. In den darauffolgenden Wochen nahmen die deutschen Forderungen nach Arbeitern ständig zu, ebenso das Aufgebot der Einberufenen.[166] Obgleich der Rat mit den Arbeitsämtern in Amsterdam und Den Haag zusammenarbeitete, gingen die Ermahnungen zur Meldung im wesentlichen von der jüdischen Führung aus. Der Historiker Jacob Presser, kein Freund des Rates, betonte die Rolle, welche Asscher, Cohen und Meijer de Vries bei dieser erbarmungslosen Rekrutierungskampagne spielten.[167] Was für eine Alternative es, abgesehen von der Auflösung des Rates, gegeben haben könnte, bleibt unklar.

In den Arbeitslagern wie etwa Amersfoort, 's Hertogenbosch bei Vught und einigen kleineren Lagern, bei denen es sich in Wirklichkeit um Konzentrationslager handelte, in denen jüdische und nichtjüdische Zwangsarbeiter eingesetzt wurden, bestand das Personal vorwiegend aus holländischen Nazis, die mit ihrem schieren Sadismus die Deutschen häufig übertrafen. Westerbork (von Juli 1942 an das wichtigste Durchgangslager für Transporte nach Auschwitz, Sobibór, Bergen-Belsen und Theresienstadt) war seit Kriegsbeginn ein Lager für einige hundert deutsch-jüdische Flüchtlinge gewesen; sie waren 1942 schon «alte Hasen» und beherrschten unter der Aufsicht eines deutschen Kommandanten faktisch das Lager. Anfang 1942 wurden immer mehr Transporte ausländischer Juden nach Westerbork geschickt, während man niederländische Juden aus den Provinzen in Amsterdam konzentrierte. Die niederländische Polizei überwachte die Transferoperationen und den Zugang zu den geräumten jüdischen Wohnungen. Die Deutschen registrierten pflichtschuldigst Möbel und Haushaltsgegenstände, die der

Einsatzstab Rosenberg dann ins Reich abtransportierte. In diesen Monaten trat auch ein niederländisches Äquivalent der Nürnberger Gesetze in Kraft, das Ehen zwischen Juden und Nichtjuden verbot.

Für Etty Hillesum war all das immer noch weniger wichtig als ihre intensive Liebesaffäre mit dem deutsch-jüdischen Flüchtling Hans Spier, der so etwas wie ein spiritueller Führer und höchst eigenwilliger Psychotherapeut war. Von den deutschen Maßnahmen blieb sie natürlich nicht verschont. «Gestern Lippmann und Rosenthal [zur Ablieferung von Vermögenswerten]», notierte sie am 15. April 1942. «Ausgeraubt und gejagt ...»[168] Die meisten Maßnahmen nahm sie jedoch durch das Prisma ihrer Emotionen wahr: «Ich bin so froh, daß er [Spier] ein Jude ist und ich eine Jüdin», schrieb sie am 29. April. «Und ich werde tun, was ich kann, um bei ihm zu bleiben, so daß wir diese Zeiten gemeinsam durchstehen. Und ich werde ihm heute abend sagen: es gibt wirklich nichts, wovor ich Angst habe, ich fühle mich so stark; es hat kaum etwas zu sagen, daß man auf einem harten Fußboden schlafen muß oder daß man nur durch bestimmte Straßen gehen darf und dergleichen – das sind nur geringfügige Verdrießlichkeiten im Vergleich zu den unendlichen Reichtümern und Möglichkeiten, die wir in uns tragen.»[169]

Am 12. Juni beschäftigten sich Ettys Notizen wieder mit der alltäglichen Verfolgung: «... und jetzt will man anscheinend durchsetzen, daß Juden die Gemüseläden nicht mehr betreten dürfen, daß sie ihre Räder abliefern müssen, die Straßenbahn nicht mehr benutzen dürfen und abends nach 8 Uhr zu Hause sein müssen.»[170] Am Samstag, dem 20. Juni, weniger als einen Monat vor Beginn der Deportationen von Amsterdam nach Westerbork und von Westerbork nach Auschwitz, richtete Etty ihre Gedanken auf jüdische Einstellungen und Reaktionen: «Zur Erniedrigung sind zwei Leute notwendig. Einer, der erniedrigt, und einer, den man erniedrigen will. Entfällt das letztere, ist also die passive Seite gegen jede Erniedrigung immun, dann verpuffen die Erniedrigungen in der Luft. ... Zu dieser Einstellung müßte man die Juden erziehen. ... Man kann uns nichts anhaben, man kann uns wirklich nichts anhaben. Man kann es uns recht ungemütlich machen, man kann uns der materiellen Güter berauben, auch der äußeren Bewegungsfreiheit, aber letzten Endes berauben wir uns selbst unserer besten Kräfte durch unsere falsche Einstellung. Weil wir uns verfolgt, erniedrigt und unterdrückt fühlen. ... Den größten Raubbau an uns treiben wir selbst.»[171]

IX

Einen Tag nachdem der erste Transport aus der Slowakei nach Auschwitz abgegangen war, verließ ein Transport mit 1000 Juden, die in Compiègne inhaftiert gewesen waren, Frankreich mit demselben Ziel. Eichmann hatte am 1. März von der Wilhelmstraße die Genehmigung erhalten, mit dieser ersten Deportation aus Frankreich zu beginnen; am 12. teilte der Chef von IVB4 Dannecker mit, daß in Beantwortung einer Bitte der französischen Behörden eine weitere Ladung von 5000 Juden abtransportiert werden könne.

Die frühen Deportationen aus Frankreich stießen weder in der besetzten Zone noch in Vichy auf Schwierigkeiten. In der besetzten Zone waren die französischen Behörden weit mehr über die wachsende Zahl von Angriffen auf Wehrmachtsangehörige beunruhigt. Die Hinrichtung von Geiseln hatte nicht die gewünschte Wirkung gezeigt (im Dezember 1941 waren 95 Geiseln erschossen worden, darunter 58 Juden). Am 16. Februar 1942 wurde der Befehlshaber der Wehrmacht in Frankreich Otto von Stülpnagel, der als zu nachsichtig galt, durch seinen Vetter Carl Heinrich von Stülpnagel abgelöst, einen brutalen Antisemiten, der an der Ostfront sein wahres Gesicht gezeigt hatte; am 1. Juni traf SS-General Karl Oberg, der zuvor in Radom im Generalgouvernement stationiert gewesen war, als Höherer SS- und Polizeiführer in Paris ein.

Vor seiner Amtsübernahme hatte Oberg am 7. Mai in Begleitung Heydrichs der französischen Hauptstadt einen Besuch abgestattet. Die Atmosphäre war für eine engere Zusammenarbeit zwischen Frankreich und dem Reich günstig, da Laval seit Ende April wieder an der Spitze der Vichy-Regierung stand. Vallat war als Leiter des CGQJ durch einen erheblich wilderen Judenhasser, Louis Darquier de Pellepoix, ersetzt worden, und die französische Polizei in der besetzten Zone wurde jetzt von einem brillanten und ehrgeizigen Neuling, René Bousquet, geleitet, der nur zu bereit war, seine Rolle beim deutsch-französischen *rapprochement* zu spielen.

Während des Besuchs von Heydrich ersuchte Bousquet erneut um die zusätzliche Deportation von etwa 5000 Juden aus Drancy nach Osten. Heydrich knüpfte seine Zustimmung zwar an die Bedingung der Verfügbarkeit von Transportkapazitäten, aber im Laufe des Juni fuhren dann vier Züge mit je etwa 1000 Juden in Richtung Auschwitz ab.[172]

Zwei Hauptstreitpunkte zwischen den Deutschen und Vichy blieben am Ende des Frühjahrs ungelöst: die Einbeziehung französischer Juden in die Deportationen und der Einsatz französischer Polizei bei den Aushebungen. Da Vichy anscheinend nicht bereit war, auch nur einer der beiden deutschen Forderungen nachzukommen, zeichnete sich in der letzten Juniwoche eine ernste Krise ab; sie führte am 30. Juni Eichmann zu einer Neubeurteilung der Lage nach Paris. Schließlich gab Bousquet am 2. Juli bei einem Treffen mit Oberg und seinen Helfern den Deutschen nach, und am 4. übermittelte er den offiziellen Standpunkt Vichys. Den Aufzeichnungen Danneckers zufolge erklärte Bousquet, «sowohl Staatschef Marschall Pétain als auch Präsident Laval hätten sich bei dem kürzlich stattgefundenen Ministerrat einverstanden erklärt, daß zunächst [dans un premier temps] alle im besetzten und unbesetzten Gebiet vorhandenen staatenlosen Juden abgeschoben würden».[173] Französische Polizeitruppen würden die Juden in beiden Zonen festnehmen.

Dabei sollten alle «staatenlosen» Juden (d. h. diejenigen, die früher die deutsche, polnische, tschechoslowakische, russische, litauische, lettische oder estnische Staatsangehörigkeit besessen hatten) deportiert werden; darüber hinaus hatte Laval, wie Dannecker am 6. Juli in einem Gespräch mit Eichmann berichtete, von sich aus auch den Vorschlag gemacht, Kinder im Alter von unter 16 Jahren aus der unbesetzten Zone abzutransportieren. Was die Kinder in der besetzten Zone anging, so erklärte Laval, ihr Schicksal sei für ihn nicht von Interesse. Dannecker fügte hinzu, in einer zweiten Phase würden nach 1919 oder nach 1927 eingebürgerte Juden bei den Deportationen ebenfalls berücksichtigt werden.[174]

Bei dieser Abmachung verfolgte jede der beiden Parteien ihre eigenen Ziele. Die Deutschen wollten unbedingt sowohl in den Niederlanden als auch in Frankreich einen vollständigen Erfolg erzielen und die ersten Massendeportationen aus dem Westen einleiten. Sie verfügten nicht über genügend eigene Polizeikräfte und mußten sich in beiden Fällen auf die uneingeschränkte Beteiligung der Landespolizei verlassen. Für Laval war die bedingungslose Kollaboration zur fraglosen Strategie geworden, und dabei hoffte er, Deutschland zu einem Friedensvertrag zu bewegen und Frankreich im «Neuen Europa» unter deutscher Führung einen gebührenden Platz zu sichern. Und im Spätfrühling 1942, als der Chef der französischen Regierung lavierte, um genügend ausländische Juden auszuliefern und so eine Entscheidung über das Schicksal der französischen Juden zu verschieben (deren Deportation die französische öffentliche Meinung seines Erachtens nicht ohne weiteres hingenommen hätte), schien Hitler erneut auf der Straße des Sieges zu marschieren.

Anfang Mai wurde der Judenstern in den Niederlanden und einen Monat später in Frankreich eingeführt.[175] In beiden Ländern rief die Maßnahme wie in Deutschland in Teilen der Bevölkerung vorübergehenden Unmut und Äußerungen von Mitgefühl für die «ausgezeichneten» Juden hervor. Individuelle Gesten der Unterstützung für die Opfer beeinträchtigten die deutsche Politik jedoch nicht im mindesten.

Für die Durchführung der Maßnahme in Holland hatten die Deutschen dem Rat genau drei Tage Zeit gegeben. Widerstrebend gestand aus der Fünten eine Verlängerung zu, als deutlich wurde, daß die Verteilung von Sternen in so kurzer Frist unmöglich war; nach dem 4. Mai, dem nunmehr festgelegten Termin, wurden Maßnahmen gegen Juden, die den Stern nicht trugen, rigoros durchgesetzt.[176] Am 8. Juni 1942 erstattete der Leiter des Referats IVB4 in den Niederlanden einen etwas zwiespältigen Bericht über die Reaktionen der Öffentlichkeit. Zunächst beschrieb Zöpf mit einiger Ausführlichkeit Bekundungen von Solidarität mit den Juden, schloß aber gleichwohl in optimistischem Ton: «Die Angehörigen der jüdischen Rasse, die den Stern zunächst mit Stolz trugen, sind inzwischen wieder kleinlaut geworden, weil sie weitere Maßnahmen seitens der Besatzungsbehörde befürchten.»[177]

Am 7. Juni wurde der Stern in der besetzten Zone Frankreichs obligatorisch. Vichy weigerte sich, die Verfügung auf seinem Territorium durchzusetzen, um sich nicht dem Vorwurf auszusetzen, eine französische Regierung stigmatisiere Juden mit französischer Staatsbürgerschaft (und dies um so mehr, als jüdische Staatsbürger aus Ländern, die mit Deutschland verbündet waren, ebenso wie solche neutraler oder sogar feindlicher Staaten durch die Deutschen von der Verpflichtung zum Tragen des Judensterns befreit worden waren). Es lag eine gewisse Ironie und viel Peinlichkeit in der Tatsache, daß Vichy die Deutschen bitten mußte, die jüdischen Ehefrauen einer Reihe seiner höchsten Beamten in der besetzten Zone von der Verfügung auszunehmen. So mußte der Beauftragte Pétains in Paris, der antisemitische und aktiv kollaborationistische Fernand de Brinon, für seine Ehefrau, eine geborene Frank, um diese Vergünstigung bitten.[178] Unter katholischen Intellektuellen, Kommunisten und zahlreichen Studenten waren die negativen Reaktionen auf die deutsche Maßnahme besonders heftig.[179] Die Juden selbst erkannten rasch die Stimmung eines Teils der Bevölkerung, und zumindest anfangs wurde der Judenstern mit einem gewissen Stolz und Trotz getragen.[180]

In Wirklichkeit waren die Angaben über französische Einstellungen widersprüchlich: «Lazare Lévy, ein Professor am Konservatorium, ist entlassen worden», notierte Biélinky am 20. Februar. «Wenn seine nichtjüdischen Kollegen den Wunsch geäußert hätten, ihn zu halten, wäre er als Professor dort geblieben, da er der einzige Jude am Konservatorium war. Aber sie haben diesen Schritt nicht getan; Feigheit ist zu einer Bürgertugend geworden.»[181] Am 16. Mai registrierte Biélinky einige seltsame Ungereimtheiten im kulturellen Leben von Paris: «Überall werden die Juden hinausgedrängt, und doch hat René Julliard ein neues Buch von Elian J. Finbert, *La vie pastorale*, herausgebracht. Finbert ist ein Jude, der aus Rußland stammt und in Ägypten aufgewachsen ist. Er ist sogar jung genug, um in einem Konzentrationslager zu wohnen. ... Obgleich Juden ihr Werk nirgends ausstellen dürfen, findet man auf dem Salon [der größten Pariser Gemäldeausstellung] jüdische Künstler. Sie mußten unterschreiben, daß sie nicht der ‹jüdischen Rasse› angehörten ... Ein Konzert von Boris Zadri, einem rumänischen Juden, ist für den 18. Mai in der Salle Gaveau [einem bekannten Pariser Konzertsaal] angekündigt.»[182] Und am 19. Mai verzeichnete Biélinky die Meinung, die eine Concierge äußerte: «Was man den Juden antut, ist wirklich abscheulich. ... Wenn man sie nicht haben wollte, dann hätte man sie nicht nach Frankreich hereinlassen sollen; wenn sie viele Jahre lang akzeptiert worden sind, dann muß man sie leben lassen wie alle anderen. ... Außerdem sind sie nicht schlechter als wir Katholiken.»[183] Und ab Anfang Juni registrierte Biélinky in seinem Tagebuch tatsächlich zahlreiche Äußerungen von Mitgefühl, die ihm und anderen mit dem Stern kenntlich gemachten Juden bei verschiedenen alltäglichen Begegnungen entgegengebracht wurden.[184]

Individuelle Bekundungen von Mitgefühl waren jedoch kein Hinweis darauf, daß es hinsichtlich der gegen die Juden gerichteten Maßnahmen in der öffentlichen Meinung irgendeinen grundlegenden Umschwung gegeben hätte. Ungeachtet der negativen Reaktion auf die Einführung des Sterns und bald danach auf die Deportationen, hielt sich in beiden Zonen eine unterschwellige Strömung von traditionellem Antisemitismus. Sowohl die Deutschen als auch Vichy erkannten jedoch, daß die Bevölkerung auf ausländische und auf französische Juden unterschiedlich reagierte. So betonte Abetz in einem Bericht, den er am 2. Juli 1942 nach Berlin sandte, das «Ansteigen des Antisemitismus» infolge des Zustroms ausländischer Juden und empfahl im Sinne der am gleichen Tage zwischen Oberg und Bousquet erzielten Übereinkunft, die Deportationen sollten mit den ausländischen Juden beginnen; das werde «psychologisch in den breiten Massen des französischen Volkes wirksam sein».[185]

«Ich hasse die Juden», sollte Drieu am 8. November 1942 seinem Tagebuch anvertrauen. «Ich habe immer gewußt, daß ich sie hasse.»[186] Zumindest in diesem Fall blieb Drieus Ausbruch in seinem Tagebuch verborgen. Am Vorabend des Krieges jedoch war er in *Gilles*, einem autobiographischen Roman, der auf der Stelle zu einem Bestseller und einem klassischen Werk der französischen Literatur geworden war, weniger zurückhaltend (wenngleich nicht annähernd so extrem) gewesen. Im Vergleich zu einigen seiner Literatenkollegen war Drieu sogar relativ gemäßigt... In *Les Décombres*, einem Werk, das im Frühjahr 1942 erschienen war, zeigte Lucien Rebatet eine eher im Stil der Nazis gehaltene Wut auf die Juden: «Der jüdische Geist ist im intellektuellen Leben

Frankreichs ein giftiges Unkraut, das mit seinen allerfeinsten Wurzeln ausgerissen werden muß. Für die Mehrzahl jüdischer oder judaischer literarischer Werke, Gemälde oder musikalischer Kompositionen, die auf die Dekadenz unseres Volkes hingearbeitet haben, wird man Autodafés anordnen.»[187] Rebatets Standpunkt zum Thema Juden war nicht zu trennen von einer bedingungslosen Treue zu Hitlers Reich: «Ich wünsche mir den Sieg Deutschlands, weil der Krieg, den es führt, mein Krieg, unser Krieg ist. ... Ich bewundere Deutschland nicht, weil es Deutschland ist, sondern weil es Hitler hervorgebracht hat. Ich preise es, weil es verstanden hat ..., sich den politischen Führer zu schaffen, in dem ich meine Wünsche wiedererkenne. Ich glaube, Hitler hat für unseren Kontinent eine großartige Zukunft entworfen, und ich habe den leidenschaftlichen Wunsch, daß er sie verwirklicht.»[188]

Céline, möglicherweise der bedeutendste Schriftsteller dieser antisemitischen Phalanx (was den literarischen Rang angeht), griff dieselben Themen noch bösartiger auf; sein manischer Stil und seine wahnsinnigen Ausbrüche machten ihn jedoch bis zu einem gewissen Grade zu einer Randfigur. Im Dezember 1941 traf der deutsche Romancier Ernst Jünger Céline im Deutschen Institut in Paris: «Er sprach», so Jünger, «sein Befremden, sein Erstaunen darüber aus, daß wir Soldaten die Juden nicht erschießen, aufhängen, ausrotten – sein Erstaunen darüber, daß jemand, dem die Bajonette zur Verfügung stehn, nicht unbeschränkten Gebrauch von ihnen macht.» Jünger, selbst kein Nazi, aber doch durchaus ein *connaisseur* in Sachen Gewalt, charakterisierte Céline und – zweifellos – auch eine große Schar seiner eigenen Landsleute in erstaunlicher Weise: «Solche Menschen hören nur eine Melodie, doch diese ungemein eindringlich. Sie gleichen eisernen Maschinen, die ihren Weg verfolgen, bis man sie zerbricht. Merkwürdig, wenn solche Geister von der Wissenschaft, etwa von der Biologie sprechen. Sie wenden sie wie Menschen der Steinzeit an; es wird ihnen ein reines Mittel, andere zu töten, daraus.»[189]

Brasillach war nach außen hin geschliffener, aber sein Haß auf die Juden war nicht weniger extrem und hartnäckig als derjenige Célines oder Rebatets. Seine judenfeindlichen Tiraden in *Je suis partout* hatten in den 1930er Jahren begonnen, und für ihn hatte die ekstatische Bewunderung für den deutschen Sieg und die deutsche Herrschaft eine eindeutig erotische Dimension: «Die Franzosen unterschiedlicher Überzeugung haben in den letzten Jahren alle mehr oder weniger mit den Deutschen geschlafen», schrieb er 1944, «und sie werden sie in angenehmer Erinnerung behalten.»[190] Was die französischen und deutschen Strategien hinsichtlich der Juden anging, applaudierte Brasillach bei jedem Schritt, aber so wie die französischen Maßnahmen beschaffen waren, erschienen sie ihm manchmal zu schwächlich und zu unvollständig: «Vergeßt nicht die [jüdischen] Kinder», mahnte er Vichy in einem berüchtigten Artikel in *Je suis partout*.[191]

Wie weit der bösartige Antisemitismus, den die Pariser Kollaborationisten von sich gaben, die öffentliche Meinung jenseits des ziemlich begrenzten Teils der französischen Gesellschaft, der sie politisch unterstützte, beeinflußt hat, läßt sich schwer einschätzen. Wie dem auch sei, Rebatets *Les Décombres* wurde zu einem grandiosen Bestseller, von dem angesichts der vorliegenden Bestellungen ungeachtet des sehr hohen Preises 200 000 Exemplare hätten verkauft werden können, wenn es dem Verleger gelungen wäre, eine entsprechende Papierzuteilung zu bekommen. Das Buch war der größte verlegerische Erfolg im besetzten Frankreich.[192]

Der Verleger von *Les Décombres* war der berüchtigte Kollaborationist Denoël. Respektablere Verleger fanden andere Wege, um unter den gegebenen Umständen Profite zu machen. So bemühte sich am 20. Januar 1942 Gaston Gallimard um den Erwerb des Verlagshauses Calmann-Lévy, das sich vorher in jüdischem Besitz befunden hatte. In einem Einschreibbrief, den er an diesem Tag an den vorläufigen Verwalter von Calmann-Lévy (mit Durchschlag an das *Commissariat Général*) sandte, erklärte Gallimard: «Wir bestätigen hiermit unser Angebot, die Verlags- und Buchhandelsfirma zu erwerben, die unter dem Namen Calmann-Lévy bekannt ist. ... Diesem Angebot liegt ein Preis von zwei Millionen fünfhunderttausend Francs zugrunde, zahlbar in bar. Es wird davon ausgegangen, daß die Librairie Gallimard (*Éditions de la Nouvelle Revue Française*) das Verlagshaus Calmann-Lévy nicht liquidieren wird; dieses wird vielmehr selbständig bleiben und sein Herausgebergremium haben, dem die Herren Drieu La Rochelle und Paul Morand [ebenfalls ein berüchtigter Antisemit] gewiß gern angehören werden. Wir möchten Ihnen bei dieser Gelegenheit mitteilen, daß die Librairie Gallimard ... eine arische Firma ist, die sich auf arisches Kapital stützt.»[193]

Weder UGIF-Nord noch UGIF-Süd spielten in den ersten sechs Monaten des Jahres 1942 eine nennenswerte Rolle. In der besetzten Zone versuchte der Rat, dem die Deutschen eine Geldstrafe von einer Milliarde Francs auferlegt hatten, in erster Linie, Möglichkeiten zu finden, um die Kredite zurückzuzahlen, die er bei französischen Banken aufgenommen hatte, ohne der verarmten Gemeinschaft hohe neue Steuern aufzuerlegen. Im Süden war die Lage ruhiger, aber beide Räte mußten – abgesehen von der Befassung mit dem wachsenden Bedarf an Sozialunterstützung – erhebliche Zeit damit verbringen, Forderungen aller Art von seiten der Deutschen oder des CGQJ abzuwehren und sich mit Schwierigkeiten, die das *Consistoire* geschaffen hatte, sowie mit den zerstrittenen Führern der *Fédération* auseinanderzusetzen.[194] «Die sehr reichen Juden, die Mehrheit des Consistoire», notierte Lambert am 29. März 1942, «befürchten, daß die Union [die UGIF] sie zwingen wird, zu viel für die Armen zu zahlen; und seht euch den Skandal an: Auf Veranlassung von zwei oder drei jungen Türken geben sie lieber den Amitiés Chrétiennes Geld, als daß sie es den Wohlfahrtsorganisationen überlassen, die Teil der Union sind.»[195]

X

Nachdem der größte Teil der jüdischen Bevölkerung von Wilna im Sommer und Herbst 1941 ermordet worden war, setzte Anfang 1942 eine «ruhige» Periode ein (die etwa 18 Monate lang andauern sollte). Mehr denn je versuchten Kruk und Rudaszewski jetzt den «Alltag» aufzuzeichnen. Und der Alltag bot seine gewöhnliche Menge Elend, aber auch ganz unerwartete Dilemmata: Sollte man beispielsweise im Ghetto ein Theater zulassen? Kruk, ein Moralist in bundistisch-sozialistischer Tradition, war entsetzt: «Heute», schrieb er am 17. Januar, «erhielt ich eine offizielle Einladung von einer Gründungsgruppe jüdischer Künstler im Ghetto, in der angekündigt wurde, daß am Sonntag, dem 18. Januar, in der Aula des Realgymnasiums in der Rudnicka-Straße 6 der erste Abend des hiesigen Kunstzirkels abgehalten werden wird. ... Ich habe mich durch die ganze Sache beleidigt, persönlich beleidigt gefühlt, von dem festlichen Abend ganz zu schweigen. In jedem Ghetto kann man sich amüsieren, die Pflege der Kunst ist gewiß etwas Gutes. Aber hier, in der traurigen Lage des Ghettos von Wilna, im Schatten von Ponar, wo von den 76 000 Wilnaer Juden nur noch 15 000 übrig sind – hier, zu diesem Zeitpunkt, ist das eine Schande. Eine Beleidigung aller unserer Gefühle. Wie wir wissen, ist jedoch der wirkliche Initiator des Abends die jüdische Polizei. Außerdem werden wichtige Gäste, Deutsche, zu dem Konzert kommen. Ljuba Bewicka, die glänzende deutsche Sängerin, versucht jetzt sogar, ein paar jüdische Lieder ‹zur Hand› zu haben. Für den Fall, den Gott verhüten möge, daß ein Deutscher danach fragt! ... Auf einem Friedhof spielt man kein Theater.

Die organisierte jüdische Arbeiterbewegung [der Bund] hat beschlossen, auf die Einladung mit einem Boykott zu reagieren. Nicht einer von ihnen wird zu dem ‹Krähenkonzert› gehen. Aber auf die Straßen des Ghettos sollen Flugblätter gestreut werden: ‹Über das heutige Konzert – auf einem Friedhof macht man kein Theater!› In dieser Atmosphäre wird das Ghetto sein Opfer, Daniel Jochelson, begraben. Die Polizei und die Künstler werden sich amüsieren, und das Ghetto von Wilna wird trauern ...»[196]

Ungeachtet der anfänglichen Skrupel des Bund entwickelte sich im

Ghetto in der Zeit von Anfang 1942 bis Anfang 1943 eine intensive kulturelle Aktivität: «Die Zahl der kulturellen Ereignisse im März [1942]», hieß es in einem zeitgenössischen Bericht, «war außerordentlich hoch, weil alle vorhandenen geeigneten Räumlichkeiten im Ghetto, so das Theater, das Gymnasium, der Jugendclub und Schulräume, genutzt wurden. Jeden Sonntag fanden sechs bis sieben Veranstaltungen mit über 2000 Teilnehmern statt.» Der Raummangel wurde jedoch bald zu einem Problem: «Ende des Monats mußte die Kulturabteilung für die hereinkommenden auswärtigen Juden eine Reihe von Räumlichkeiten, so das Gymnasium, die Schule Nr. 2, den Kindergarten Nr. 2 sowie einen Teil von Schule Nr. 1 räumen. Das wird die Arbeit der Schulen, der Sportabteilung und auch des Theaters, das die Sportabteilung und die Arbeiterversammlungen in sein Gebäude aufnehmen muß, stark beeinträchtigen ...» Der Abschnitt des Berichts, der sich mit der Tätigkeit der Leihbücherei befaßte, gab an, die Bücherei habe mit Stand vom 1. April 2592 (eingeschriebene) Leser; «täglich besuchten im Durchschnitt 206 Personen den Leseraum (155 im Februar). ... Im Laufe des Monats sammelten die Archive 101 Dokumente. Darüber hinaus wurden 124 Folkloreobjekte gesammelt.»[197]

In Kowno war die deutsche Präsenz direkter als in Wilna, selbst während der Ruheperiode. Am 13. Januar 1942 wurde innerhalb des jüdischen Gebiets eine deutsche Ghettowache eingerichtet.[198] Außerdem waren die dortigen Deutschen anscheinend erfindungsreicher: «Ein Befehl», notierte Tory am 14. Januar, «alle Hunde und Katzen in die kleine Synagoge in der Veliounos-Straße zu bringen, wo man sie erschoß [die Kadaver der Katzen und Hunde blieben monatelang in der Synagoge liegen; den Juden wurde verboten, sie zu beseitigen].»[199] Am 28. Februar schrieb Tory: «Heute ist der Termin, bis zu dem alle Bücher im Ghetto ohne Ausnahme abgeliefert werden müssen, wie der Vertreter der Rosenberg-Organisation, Dr. Benker, angeordnet hat.» (Benker hatte jeden, der Bücher nicht ablieferte, mit der Todesstrafe bedroht ...)[200]

XI

Seit Anfang 1942 gab es im Warthegau und im Generalgouvernement, während die Tage der totalen Vernichtung rasch näherrückten, immer mehr Massentötungen von Juden. Man kann sich die Frage stellen, ob die außerordentliche und unübersehbare deutsche Bestialität irgendwelche Auswirkungen auf die traditionellen Einstellungen der Mehrheit der Polen gegenüber ihren jüdischen Landsleuten hatte. Diese Frage muß offenbar verneint werden. «Nur in Polen», schrieb Alexander Smolar in den 1980er Jahren, «war der Antisemitismus mit dem Patriotismus (eine Korrelation, die unter der sowjetischen Besatzung in den Jahren 1939 bis 1941 beträchtlich verstärkt wurde) und auch mit der Demokratie vereinbar. Die antisemitische Nationaldemokratische Partei war sowohl in der polnischen Regierung in London als auch im Untergrund in Polen vertreten. Gerade weil der polnische Antisemitismus durch keine Spur von Kollaboration mit den Deutschen befleckt war, konnte er gedeihen – nicht nur auf der Straße, sondern auch in der Untergrundpresse, in politischen Parteien und in den Streitkräften.»[201]

Polonsky, der Smolar zitiert, formuliert das Argument um und erklärt: «Während die sozialistischen und demokratischen Organisationen weiterhin für volle Gleichheit der Juden in einem künftigen befreiten Polen eintraten, gaben die antisemitischen Vorkriegsparteien ihre Feindseligkeit gegenüber den Juden nicht lediglich deshalb auf, weil die Nazis ebenfalls Antisemiten waren.»[202] Die sozialistischen und demokratischen Organisationen repräsentierten im Vergleich zum antisemitischen Lager eine Minderheit. Und unter den Antisemiten selbst gab es Nuancen. So formulierte im Januar 1942 *Narod*, die Zeitschrift der Christlich-Demokratischen Arbeiterpartei, einer Partei, die der Koalition der Exilregierung angehörte, ihren Standpunkt mit wünschenswerter Deutlichkeit: «Die jüdische Frage ist jetzt ein brennendes Problem. Wir bestehen darauf, daß die Juden ihre politischen Rechte und das Eigentum, das sie verloren haben, nicht zurückerhalten können. Darüber hinaus müssen sie in Zukunft die Territorien unseres Landes vollständig verlassen. Die Angelegenheit wird dadurch kompliziert, daß wir, wenn wir verlangen, daß die Juden Polen verlassen, nicht in der Lage sein werden, sie auf den Territorien der künftigen Föderation slawischer Nationen [für die die Zeitschrift eintrat] zu dulden. Das bedeutet, daß wir ganz Mittel- und Südeuropa von dem jüdischen Element zu säubern haben werden, was darauf hinausläuft, etwa 8 bis 9 Millionen Juden zu entfernen.»[203]

Besteht ein großer Unterschied zwischen den in *Narod* geäußerten Ansichten, die als gemäßigt antisemitisch galten, und denen, die man in denselben Januartagen des Jahres 1942 in *Szaniec*, dem Organ der polnischen Vorkriegsfaschisten, fand? *Szaniec* formulierte die Sache folgendermaßen: «Die Juden waren und sind gegen uns, und sie werden es sein, immer und überall. ... Und jetzt erhebt sich die Frage, wie die Polen die Juden behandeln sollen. ... Wir und mit Sicherheit 90 Prozent der Polen haben auf diese Frage nur eine einzige Antwort: als Feinde.»[204]

Mit seiner emphatischen Aussage brachte *Szaniec* anscheinend tatsächlich weitverbreitete Ansichten zum Ausdruck. Selbst die deutsche judenfeindliche Propaganda wurde von zahlreichen Polen offensichtlich gut aufgenommen und verinnerlicht. Am 16. Januar 1942 notierte Dawid Rubinowicz, der junge Tagebuchschreiber aus der Gegend von Kielce, an jenem Abend sei der Bürgermeister des benachbarten Bieliny zu seiner Familie zu Besuch gekommen: «Papa kaufte etwas Wodka, und sie tranken zusammen, denn er war etwas erfroren. ... Der Schulze sagte, daß man alle Juden erschießen muß, weil sie Feinde sind. Wenn ich auch nur einen Teil davon einschreiben wollte, was er bei uns sagte, ich wäre dazu nicht imstande ...»[205] Deutsche judenfeindliche Plakate schmückten die Mauern der kleinsten Dörfer, und das Volk freute sich darüber. Am 12. Februar beschrieb Dawid eines der Plakate, das der Dorfdiener aufgehängt hatte: «Ein Jude ist gezeichnet, der Fleisch durchdreht und in die Fleischmaschine eine Ratte steckt. Ein anderer gießt mit einem Eimer Wasser in die Milch. Auf dem dritten Bild steht ein Jude, der mit den Füßen Teig knetet, und über ihn und den Teig kriechen Würmer. Der Titel des Plakats lautet: ‹Der Jude ist ein Betrüger, er ist Dein einziger Feind.›» Unter der Zeichnung stand ein gereimter Kommentar zu den Karikaturen; seine letzten beiden Zeilen vermitteln den Ton des Ganzen: «Der Teig, mit Würmern stark vermischt, / Wird mit den Füßen aufgetischt.» «Als der Gemeindediener dieses Plakat anschlug», fügte Dawid hinzu, «gingen die Leute gerade zum Schneeräumen und sie haben so gelacht, daß mir der Kopf schmerzte von dieser Schmach, die die Juden in der heutigen Zeit erleiden müssen.»[206]

In den nun folgenden Wochen und Monaten kam Dawid in seinem Tagebuch wiederholt auf die Mordkampagne zu sprechen, die seine Region erfaßte. Am 1. Juni begann die Eintragung untypisch: «Ein Tag der Freude ...» Der Vater, den man verhaftet hatte, war wieder da. Dann änderte sich jedoch der Ton: «Vor lauter Freude habe ich vergessen, das Wichtigste und Furchtbarste aufzuschreiben. Heute früh sind zwei Jüdinnen ins Dorf gegangen, eine Mutter mit ihrer Tochter. Das Unglück wollte es, daß gerade Deutsche von Rudki nach Bodzentyn um Kartoffeln fuhren, und sie haben diese zwei Jüdinnen getroffen. Als sie die Deutschen sahen, da rannten sie fort, aber sie haben sie eingeholt und gefaßt. Sie wollten sie gleich im Dorf erschießen, aber der Schulze hat es nicht erlaubt, da gingen sie an den Waldrand und dort haben sie sie erschossen. Die jüdische Polizei fuhr gleich hin, um sie auf dem Friedhof zu begraben. Als das Fuhrwerk kam, da war es ganz voller Blut. Wer ...»[207] Hier, mitten im Satz, bricht das Tagebuch des Dawid Rubinowicz ab.

Auf seine geradlinige Weise schilderte Dawid Ereignisse, wie sie sich vor seinen Augen abspielten. Einige der anderen jüdischen Tagebuchschreiber in den polnischen Provinzen, die «gebildeter» und einige Jahre älter waren, äußerten sich nachdenklicher. Doch für die meisten von ihnen, ob in der Nachbarschaft von Kielce oder einige hundert Kilometer davon entfernt, sollte das Schreiben in diesem Juni 1942 ebenfalls plötzlich abgebrochen werden. Zu Beginn des Frühlings hatte Eliszewa aus Stanisławów die Notizen einer anonymen Freundin in ihre eigene Chronik eingefügt: «Wir sind völlig erschöpft», registrierte die «Gastschreiberin» am 13. März 1942. «Wir haben nur Illusionen, daß sich irgendetwas ändern wird; diese Hoffnung hält uns am Leben. Aber wie lange können wir von der Kraft des Geistes leben, die auch langsam schwindet? Manchmal gibt es Gerüchte im Ghetto, daß Gräber ausgehoben werden. Scheinbar starke Leute, jung und alt, lassen sich von dem Klatsch beeinflussen. Das ist ein schreckliches Gefühl. Man hat das Empfinden, daß man einen Strick um den Hals hat und die Wachen einen sehr aufmerksam beobachten, und andererseits ist man sich darüber im klaren, daß man länger leben könnte, weil man gesund und stark ist, aber ohne irgendwelche Menschenrechte. ... Gestern hat mir Elsa [Eliszewa] erzählt, daß ein Mann, der an Unterernährung gestorben war, nicht in den Sarg paßte, so daß man ihm die Beine brechen mußte. Unglaublich!»[208]

Am 14. Mai erinnerte sich Eliszewa, daß sich die Lage in Stanisławów Ende März plötzlich geändert hatte: «Es begann im März. Alle Behinderten auf der arischen Seite wurden umgebracht. Das war ein Signal, daß etwas Bedrohliches im Anzug war. Und es war eine Katastrophe. Am 31. März fingen sie an, nach den Behinderten und Alten zu suchen, und später wurden mehrere Tausend junge und gesunde Menschen abgeholt. Wir versteckten uns auf dem Dachboden, und durch das Fenster sah ich die Transporte ungarischer Juden [die im Spätsommer 1941 aus Ungarn nach Galizien vertrieben worden waren], wie sie Rudolfsmühle [ein improvisiertes deutsches Gefängnis] verließen. Ich sah Kinder aus dem Waisenhaus in Bettlaken gehüllt. Die Häuser rings um das Ghetto standen in Flammen. Ich hörte Schüsse, Kinder weinten, Mütter riefen, und Deutsche brachen in die Nachbarhäuser ein. Wir überlebten ...»[209]

Am 9. Juni erkannte Eliszewa, daß ihr Überleben nur eine kurze Atempause gewesen war: «Nun ja, diese ganze Kritzelei hat keinen Sinn. Tatsache ist, daß wir nicht überleben werden. Die Welt wird auch ohne meine weisen Notizen von allem erfahren. Die Mitglieder des Judenrats sind verhaftet worden. Zur Hölle mit ihnen, den Dieben. Was bedeutet das aber für uns? Rudolfsmühle ist endgültig liquidiert worden. Achthundert Leute hat man auf den Friedhof [die Tötungsstätte von Stanisławów] gebracht. ... Die Lage ist hoffnungslos, aber manche Leute sagen, sie wird sich bessern. Hoffen wir es! Ist Leben nach dem Krieg soviel Leiden und Schmerz wert? Ich bezweifle es. Aber ich will nicht wie ein Tier sterben.»[210] Zehn Tage später brach Eliszewas Tagebuch ab. Die Umstände ihres Todes sind nicht bekannt. Ihr Tagebuch fand man in einem Graben, neben der Straße, die zum Friedhof von Stanisławów führt.[211]

In Łódź nahm Sierakowiak Mitte März seine Chronistentätigkeit wieder auf. In seiner Sattlerwerkstatt war die Verpflegung für «Werkstattarbeiter» wie ihn (Kategorie A) anscheinend ausreichend. «Die Deportationen sind im Gange, während die Werkstätten riesige Aufträge erhalten, und die Arbeit reicht für mehrere Monate», notierte er am 26. März.[212] Am 3. April wurden die Deportationen vorübergehend eingestellt. An diesem Tag registrierte der Tagebuchschreiber: «Die Deportationen sind wieder unterbrochen worden, aber keiner weiß, für wie lange. Inzwischen ist der Winter zurückgekehrt, und es liegt hoher Schnee. Rumkowski hat eine Ankündigung ausgehängt, daß am Montag eine Reinigung des Ghettos stattfinden wird. Von acht Uhr früh bis drei Uhr nachmittags werden alle Bewohner im Alter von 15 bis 50 Jahren Wohnungen und Höfe saubermachen müssen. Nirgends wird eine andere Arbeit stattfinden. Mich interessiert jedoch nur, daß es in meiner Werkstatt Suppe gibt.»[213]

Mitte Mai 1942 war die Zahl der Deportierten aus Łódź auf 55 000 gestiegen.[214] Die letzte Welle, zwischen dem 4. und dem 15. Mai, umfaßte ausschließlich 10 600 «Westjuden» aus einer Gesamtzahl von 17 000 damals noch im Ghetto lebenden Juden aus dem Westen.[215] Es bleibt unklar, warum keiner der «Westjuden» in die früheren Deportationen einbezogen wurde und weshalb sie Anfang Mai die einzigen Deportierten waren. Nach Überprüfung verschiedener Möglichkeiten interpretiert der Historiker Avraham Barkai die frühere Atempause als wahrscheinliches Ergebnis deutscher Befehle: Es war zwingend, die Verbreitung von Gerüchten über Łódź zu vermeiden, um den ordnungsgemäßen Ablauf der Deportationen aus dem Reich sicherzustellen.[216] Wie wir sahen, könnten auch Hitlers neue juristische Befugnisse eine Erklärung liefern, da die deutschen Juden, die man aus Łódź nach Chelmno deportiert hatte, immer noch deutsche Staatsangehörige waren, welche man an eine Vernichtungsstätte abtransportiert hatte, die sich innerhalb der Grenzen des Großdeutschen Reiches befand. Wie dem auch sei, als die Hindernisse aus dem Wege geräumt waren, beschlossen die Deutschen wahrscheinlich, sich derjenigen Juden zu entledigen, die älter waren und mehrheitlich nicht in die Arbeiterschaft eingegliedert werden konnten. Ob Rumkowski in die Entscheidung verwickelt war, ist nicht bekannt, auch wenn er seine zunehmende Feindschaft gegenüber den «Neuankömmlingen» nicht verhehlte.[217]

Die bevorstehende «Umsiedlung» der «Westjuden» war in den letzten Apriltagen angekündigt worden. Sogleich begannen hektische Bemühungen, alle verbliebene Habe, die sich nicht mitnehmen ließ, einzutauschen, und dies um so mehr, als die Mitnahme von Gepäck verboten war. In den Augen der Chronisten waren die Deportierten eine besonders jämmerliche Schar: «An Erfahrungen der jüngsten Zeit geschult, sind einige Leute auf die alte Idee gekommen, sich mehrere Anzüge, mehrfache Unterwäsche sowie vielfach zwei Mäntel anzuziehen. Sie binden den ersten Mantel mit einem Gürtel zu, an den sie ein Extrapaar Schuhe und andere kleine Gegenstände hängen. Und so schwanken ihre Gesichter, leichenblaß oder wachsgelb, geschwollen und voller Verzweiflung, zusammenhanglos auf überproportional breiten Körpern, die sich unter ihrem eigenen Gewicht beugen und bücken. Sie sind nur von einem einzigen Gedanken besessen: das Wenige zu retten, was von ihrem Besitz übrigbleibt, selbst auf Kosten ihrer letzten Kräfte. Über manche Leute ist eine große Hilflosigkeit gekommen, während andere noch an etwas glauben.»[218]

Zur gleichen Zeit zogen Juden aus kleinen Städten im Warthegau, (vor allem Pabianice und Brzeżany) in das Ghetto ein. Am 21. Mai besuchte einer der «offiziellen» Chronisten (Ostrowski) ein Flüchtlingsasyl, in dem über 1000 Frauen aus Pabianice einquartiert worden waren. Er schrieb: «In jedem Raum, in jeder Ecke sieht man Mütter, Schwestern, Großmütter, die von Schluchzen geschüttelt werden und leise um ihre kleinen Kinder klagen. Alle Kinder bis zum Alter von zehn Jahren sind mit unbekanntem Ziel [Chelmno] fortgeschickt worden. Manche haben drei, vier, ja sogar sechs Kinder verloren ...»[219] Zwei Tage später fügte Ostrowski hinzu: «Die Juden aus Pabianice, die kürzlich im Ghetto untergebracht wurden, sahen, daß im Dorf Dobrowa, das etwa drei Kilometer von Pabianice, in Richtung Łódź, entfernt ist, kürzlich Lagerhäuser für Altkleider eingerichtet worden sind. ... Jeden Tag bringen Lastwagen Berge von Paketen, Rucksäcken und Päckchen aller Art nach Dobrowa ... Täglich werden etwa 30 Juden aus dem Pabianice-Ghetto hingeschickt, um die Sachen zu sortieren. Unter anderem haben sie festgestellt, daß sich unter dem Altpapier einige von unseren Rumkis [im Ghetto von Łódź verwendetes Geld] befanden, die aus Brieftaschen gefallen waren. Der naheliegende Schluß ist, daß einige der Kleidungsstücke Leuten gehören, die aus diesem Ghetto deportiert worden sind ...»[220] Das wurde nicht weiter kommentiert.

Die Statistikabteilung des Ghettos gab an, daß im Mai 1942 die Gesamtbevölkerung (110 806 Personen am Monatsanfang) um 7122 Personen zugenommen hatte, die so gut wie alle Neuankömmlinge waren. Im gleichen Monat gab es 58 Geburten und 1779 Todesfälle; außerdem wurden 10 914 Personen «umgesiedelt».[221]

Am 2. Juli schrieb die Gestapo von Łódź ihren eigenen Monatsbericht. Eingangs hieß es darin, die Bevölkerung habe der Gestapo keine Veranlassung zum Einschreiten gegeben, «obwohl mit der durchgeführten Evakuierung eine gewisse Unruhe in die jüdische Bevölkerung hineingetragen worden ist». Die «zu Gunsten der Evakuierung verfügte Postsperre» sorge dafür, «daß der einzelne Jude keine Möglichkeit hat, mit der Außenwelt in Verbindung zu treten».[222]

XII

Während des ersten Halbjahrs 1942 hatten die sich rasch ausweitenden Deportationen in die Vernichtungszentren die Juden von Warschau noch nicht erreicht. Im größten Ghetto blieb der Tod gewöhnlich: Verhungern, Erfrieren, Krankheit. Wie zuvor waren die Flüchtlinge aus den Provinzen am schlimmsten dran: «Die Not der Flüchtlinge ist einfach unerträglich», schrieb Ringelblum im Januar 1942. «Sie erfrieren, weil sie keine Kohlen haben. Während des Monats sind im Zentrum in der Stawki-Straße 9 von über 1000 Flüchtlingen 22 Prozent gestorben. ... Die Zahl der Erfrorenen nimmt täglich zu; das ist buchstäblich etwas Alltägliches.» Ringelblum notierte auch: «Für die Flüchtlingszentren sind keine Kohlen zu bekommen, aber für die Kaffeehäuser gibt es sie reichlich.»[223] Kaplan notierte am 18. Januar: «Auf den Trottoirs wandern an Tagen, die unerträglich kalt sind, ganze Familien in Lumpen gehüllt umher, nicht daß sie betteln, sie wimmern lediglich mit herzzerreißenden Stimmen. Ein Vater und eine Mutter mit ihren kranken kleinen Kindern, die schreien und jammern, schluchzen so laut, daß man es überall auf der Straße hört. Niemand wendet sich ihnen zu, niemand gibt ihnen einen Pfennig, weil die Zahl der Bettler unsere Herzen verhärtet hat.»[224] Im Januar 1942 starben im Warschauer Ghetto 5123 Einwohner.[225]

Am 20. Februar verzeichnete Czerniaków einen Fall von Kannibalismus: Eine Mutter hatte ein Stück vom Gesäß ihres zwölfjährigen Sohnes abgeschnitten, der am Tag zuvor gestorben war.[226] Es gab im Ghetto in diesen frühen Wochen des Jahres 1942 aber auch Findigkeit: «Präservative aus Schnullern, Karbidlampen aus den Blechdosen der ‹Mewa›-Zigaretten.»[227] Am 22. März lieferte Czerniaków einige Hinweise auf die Lage im jüdischen Gefängnis: «Im jüdischen Arrestlokal sterben täglich 2 Gefangene. Aus formellen Gründen bleiben die Leichen 8 Tage und länger dort liegen. Am 10. II. 42 gab es 22 Tote im Arrestlokal und insgesamt 1283 Häftlinge. Das Fassungsvermögen beider Gebäude des Arrestlokals beträgt 350 Personen.»[228] 1. April: «(Sederabend). ... Morgen ist Passah. Nachrichten aus Lublin. 90 % der Juden müssen innerhalb weniger Tage Lublin verlassen. 16 Ratsmitglieder sollen mitsamt dem Vorsitzenden Becker eingesperrt worden sein. Die Familienmitglieder der übrigen Räte, ausgenommen ihre Frauen und Kinder, müssen Lublin ebenfalls verlassen. Der Kommissar [Auerswald] rief an, nachts um 11:30 treffe ein Transport mit 1000–2000 Juden ein, die wir aufnehmen sollen. ... Gegen Morgen wurden etwa 1000 Deportierte aus Hannover, Gelsenkirchen usw. hergeschafft. Sie wurden im Spital in der Leszno-Str. untergebracht. ... Die Deportierten haben nur kleine Gepäckstücke mitgebracht. ... Alte Leute, viele Frauen, kleine Kinder.»[229]

11. April: «Gestern erhielt ich einen Brief vom Kommissar, das Orchester werde für 2 Monate suspendiert, und zwar deswegen, weil es Werke arischer Komponisten gespielt hat. Auf meine Replik bekam ich den Hinweis, das Amt für Propaganda und Kultur habe eine Liste der jüdischen Komponisten.»[230]

Weitere Informationen über den systematischen Vernichtungsfeldzug verbreiteten sich im Ghetto, vor allem unter Aktivisten der verschiedenen geheimen politischen Bewegungen. Mitte März luden Zuckerman als Vertreter von Hechaluz und andere Mitglieder linkszionistischer Parteien führende Vertreter des Bund zur Teilnahme an einem Treffen ein, auf dem die Gründung einer gemeinsamen Verteidigungsorganisation erörtert werden sollte. Frühere Versuche, Kontakte mit dem Bund herzustellen, waren nicht erfolgreich gewesen: Die ideologischen Differenzen waren allzu extrem, vor allem in den Augen der Bundisten. Der Bund war, erinnern wir uns, sozialistisch-internationalistisch und lehnte daher die zionistische Art eines separatistischen Nationalismus ab. Historisch mit der Polnischen Sozialistischen Partei (PPS) verbündet, bemühte sich der Bund um einen gemeinsamen Kampf mit osteuropäischen sozialistischen Parteien zur Etablierung einer neuen Gesellschaftsordnung, in deren Rahmen das jüdische Volk das Recht auf ein autonomes Leben und eine in einer säkularen jiddischen Kultur verwurzelte kulturelle Identität haben sollte.

Das Geheimtreffen fand irgendwann Mitte März 1942 in der Arbeiterküche in der Orla-Straße statt (keiner der Berichte über die Sitzung gibt ein genaues Datum an).[231] Nach einer Zusammenfassung der vorliegenden Informationen über die immer mehr ausgeweitete Vernichtung präsentierte Zuckerman seinen Vorschlag einer gemeinsamen jüdischen Verteidigungsorganisation, die auch in ihrem Verhältnis zum polnischen militärischen Untergrund gemeinsam agieren sollte, und des Erwerbs von Waffen außerhalb des Ghettos.[232] Diese Vorschläge wurden von den beiden Vertretern des Bund verworfen, dogmatisch von dem einen (Mauricy Orzech), eher diplomatisch von dem anderen (Abrasza Blum). Orzechs Hauptargument lautete anscheinend, der Bund sei durch seine Beziehungen zur PPS gebunden, und was die Polnische Sozialistische Partei anginge, sei die Zeit zum Aufstand noch nicht gekommen.[233]

Nachdem der Bund seine Position erklärt hatte, verteidigte der Vertreter der linken Fraktion von Poale Zion, Hersch Berlinski, die Position Zuckermans, aber seine Partei beschloß, sich unter den gegebenen Umständen (der Weigerung des Bund) auch nicht zu beteiligen.[234] Die Zionisten erkannten zwar die Leiden der Polen an, waren aber zunehmend davon überzeugt, daß die Deutschen den Juden ein spezielles Schicksal bereiten wollten: die totale Vernichtung. Die traditionelle Feindschaft zwischen Bundisten und Zionisten verschärfte ihre konträren Interpretationen der Ereignisse selbst am Rande der Auslöschung.[235]

Für die Errichtung eines gemeinsamen kämpfenden Untergrunds war der Bund vor allem wegen seiner Beziehungen zur PPS wichtig; im Prinzip konnten die polnischen Sozialisten gewillt sein, wenigstens einige Waffen zu liefern. Außerdem verfügte der Bund über bessere Kanäle zur Außenwelt als seine zionistischen Partner. Die Zusammenarbeit sollte letztlich, etwa sieben Monate später, hergestellt werden – unter völlig veränderten Verhältnissen.

Eine wichtige Rolle spielten die Kontakte des Bund zur Außenwelt dann im Mai 1942, als eines seiner führenden Mitglieder in Warschau, Leon Feiner, einen ausführlichen Bericht nach London sandte. Die Informationen waren präzise; erwähnt wurde die Vernichtung von etwa 1000 Opfern pro Tag in den Gaswagen von Chelmno sowie die Schätzung, daß bereits 700 000 polnische Juden ermordet worden seien. In der britischen Presse und der BBC fand der Bericht des Bund ein bedeutendes Echo.[236] In den Vereinigten Staaten gab es hingegen nur vergleichsweise schwache Reaktionen auf die entsetzlichen Details. Die *New York Times*, die allgemein als die zuverlässigste Quelle gilt, was die internationale Szene und insbesondere die Ereignisse in Europa angeht, brachte eine kurze Geschichte auf Seite 5 der Ausgabe vom 27. Juni, am Fuß einer Spalte mit mehreren Kurzmeldungen. Die Informationen wurden der polnischen Regierung in London zugeschrieben; mitgeteilt wurde die Zahl von 700 000 jüdischen Opfern.[237] Die Quellenangabe für die Information und die bescheidene Aufmachung konnten tatsächlich ernste Zweifel an der Zuverlässigkeit der Meldung wecken.

Am 17. April registrierte Czerniaków einen plötzlichen und blutigen Aufruhr: «Nach Mittag brach im Wohnbezirk Panik aus. Man fing an, die Läden zu schließen. Die Bevölkerung schart sich vor den Häusern auf der Straße zusammen. Um die Bevölkerung zu beruhigen, ging ich hinaus und machte einen Spaziergang durch eine Reihe von Straßen. Der Trupp Ordnungsdienstmänner sollte sich um 21:30 vor dem Pawiak [Gefängnis] einstellen. In diesem Augenblick, um 22:30, warte ich auf einen Rapport der Kommandantur in dieser Sache. Gegen 7 Uhr morgens Rapport. Es wurden 51 Personen in dieser Nacht erschossen.»[238] 51 oder 52 Juden, einige Mitglieder des Bund, einige von denen, die für die Untergrundpresse arbeiteten, und Juden, die der Gestapo einfach nur über den Weg liefen, wurden aus ihren Wohnungen gezerrt und auf der Straße mit einem Genickschuß getötet.[239]

Bis auf den heutigen Tag sind die Gründe für das Massaker vom 17. und 18. April nicht völlig klar. Die Deutschen bekamen wahrscheinlich etwas von den ersten Versuchen mit, in der polnischen Hauptstadt einen jüdischen Untergrund zu organisieren, und vor allem von dem zunehmenden Einfluß, den die geheime Presse ausübte (wie etwa die Publikation *Yedies*, die von Zuckerman und seiner Gruppe herausgebracht wurde). Den Memoiren Zuckermans zufolge hatte die Gestapo seinen Namen und seine gewöhnliche Adresse (wo er sich allerdings in der Nacht des 17. April nicht aufhielt), verfügte aber im übrigen nicht über besonders genaue Informationen.[240] Das Hauptziel der Exekutionen bestand daher, wie Zuckerman vermutet, darin, «Terror zu verbreiten».[241] Darüber hinaus verfolgte man vielleicht auch das Ziel, vor der bevorstehenden Deportation etwaige Untergrundpläne zu lähmen. Und wirklich versuchte der Rat als Ergebnis der Aprilmassaker, die geheimen Gruppen dazu zu veranlassen, daß sie ihre Sitzungen einstellten. Tatsächlich gelang es den Untergrundbewegungen nicht, vor den schicksalhaften Tagen des Juli irgendeinen koordinierten Aktionsplan zu entwickeln.[242]

In der Rückschau konnte man die Tatsache, daß Rubinsztajn, der Spaßmacher des Ghettos, verstummte, als Hinweis auf das Ende ansehen: «Rubinstein ist am Ende», notierte Wasser am 10. Mai 1942, «der populärste Philosph des ‹ach, Junge, halt den Kopf hoch›, der im ganzen Warschauer Ghetto berühmt ist, liegt im Sterben. In Fetzen und Lumpen wälzt er sich auf der Straße ... und läßt sich von der Sonne bescheinen, beinahe nackt. So stirbt eine Idee, ein Symbol, das mit seiner Wahrheit und seiner Lüge von ‹Alle Menschen sind gleich› jeden geblendet hat.»[243] Der Satz hieß in Wirklichkeit «alle glaich» – alle sind gleich vor dem Tod. Innerhalb von Wochen sollte das, was im Ghetto schon beinahe wahr gewesen war, zu einer Realität werden, die sich kein Spaßmacher und auch niemand sonst vorstellen konnte. Die neue Realität sollte den Spaß und den Spaßmacher auslöschen und ebenso auch die Bevölkerung, die ungeachtet allen Elends – oder gerade deshalb – einen Spaßmacher brauchte und seine Sprüche und Mätzchen liebte.[244]

Am 15. Juli 1942, eine Woche vor Beginn der Deportationen, lud Janusz Korczak die Crème des Ghettos zu einer Aufführung von Rabindranath Tagores Stück *Das Postamt* ein, das die Angestellten und die Kinder seines Waisenhauses inszeniert hatten und spielten. Korczak (Dr. Henryk Goldszmit) war ein sehr bekannter Pädagoge und Schriftsteller, der vor allem hochgeschätzte Kinderbücher verfaßt hatte; er war seit 30 Jahren Direktor des wichtigsten jüdischen Waisenhauses in Warschau. Nach der Errichtung des Ghettos mußte der «alte Doktor», wie man ihn liebevoll nannte, mit seinen 200 kleinen Schützlingen in die Mauern ziehen. Wie wir sahen, richteten einige von diesen Kindern eine Bittschrift an den Pfarrer der Allerheiligen-Kirche, in der sie darum baten, ihnen einen Besuch im Park der Kirche zu gestatten...

Das Stück, die Geschichte eines kranken Jungen, der aus seinem dunklen Zimmer in einer Hütte nicht herauskommt, brachte dieselbe Sehnsucht zum Ausdruck wie der Brief der Kinder: zwischen Bäumen und Blumen umherzuwandern, die Vögel singen zu hören. In dem Stück verleiht ein übernatürliches Wesen dem Helden Amal die Fähigkeit, auf einem unsichtbaren Pfad in das Paradies zu wandern, von dem er geträumt hatte.[245] «Vielleicht», schrieb Korczak am 18. Juli in sein Tagebuch, «wäre das ein Thema für das Mittwochsgespräch der Jugendgruppe – ‹Illusionen› – Täuschungen; ihre Rolle im Leben der Menschheit ...»[246]

*

Die Deutschen wollten alles «aufzeichnen» – «für die spätere Erziehung unseres Volkes», wie Goebbels es formulierte. Das bevorzugte Medium war der Film. «Die Filmaufnahmen, die die Deutschen im Ghetto machen, gehen weiter», schrieb Abraham Lewin am 19. Mai 1942 in sein Tagebuch. Lewin, ein tiefreligiöser Jude und ein leidenschaftlicher Zionist, war Lehrer und Verwalter an der Yehudia-Schule, einer privaten Oberschule für Mädchen. Er war Mitglied der Gruppe *Oneg Shabbat*, und sein Tagebuch stand wahrscheinlich im Zusammenhang mit Ringelblums kollektivem historischem Unternehmen.[247]

«Heute», fuhr Lewin fort, «haben sie eine Filmsitzung im Restaurant von Szulc veranstaltet. ... Sie brachten Juden herein, die sie abgeholt hatten, gewöhnliche Juden und gut gekleidete Juden und auch Frauen, die anständig angezogen waren, setzten sie an die Tische und befahlen, ihnen auf Kosten der jüdischen Gemeinde alle möglichen Dinge zu essen und zu trinken zu servieren: Fleisch, Fisch, Likör, weiße Pasteten und andere Köstlichkeiten. Die Juden aßen, und die Deutschen filmten. Die Motivation, die dahinter steht, ist nicht schwer zu erraten. Die Welt soll das Paradies sehen, in dem die Juden leben. Sie stopfen sich mit Fisch und Gänsebraten voll und trinken Likör und Wein ...»

Am gleichen Tag registrierte Lewin noch eine weitere derartige Szene: «Die Deutschen haben an der Nowolipie-Straße, Ecke Smocza-Straße eine originelle Filmkulisse aufgestellt. Dazu gehörte der schönste Leichenwagen, den die jüdische Gemeinde besitzt. Um ihn versammelten sich alle Kantoren von Warschau, zehn an der Zahl. ... Sie wollen anscheinend zeigen, daß die Juden nicht nur ein fröhliches, anständiges Leben führen, sondern daß sie auch in Würde sterben und sogar ein luxuriöses Begräbnis erhalten ...»[248]

Auch wenn Angehörige des Untergrunds im Warschauer Ghetto verstanden hatten, daß der Massenmord an den Juden in Litauen, im Warthegau und in Lublin Hinweise auf einen übergreifenden deutschen Vernichtungsplan lieferte, bleibt unklar, ob sie wirklich begriffen, was die rasche Errichtung eines zweiten Lagers in Treblinka neben dem Arbeitslager bedeutete, bevor die Deportationen einsetzten. Botschaften erreichten sie im Juni 1942 von außerhalb des Ghettos, als der Bau von Treblinka II in sein letztes Stadium trat. So sandte Anfang Juni ein unbekannter Überlebender der Vernichtung in Włodawa einen leicht zu entschlüsselnden Brief ins Ghetto: «Der Onkel hat die Absicht, auch bei Euch die Hochzeit seiner Kinder zu arrangieren, denn er hat in Eurer Nähe eine Wohnung gemietet, sehr nahe bei Euch. Wahrscheinlich wißt Ihr davon überhaupt nichts. Auch deswegen schreiben wir Euch, damit Ihr darüber Bescheid wißt und für Euch eine Wohnung außerhalb der Stadt findet, für alle unsere Brüder und Kinder, denn der Onkel hat schon neue Wohnungen für alle vorbereitet, dieselben wie bei uns.» Die Juden von Włodawa waren in Sobibór umgebracht worden.[249]

Am 8. Juli schrieb Czerniaków in sein Tagebuch: «Wieler verübelt mir, daß ich Kinderfeste veranstalte, die Gärten feierlich eröffne, daß das Orchester spielt usw. Ich erinnere mich an einen Film: das Schiff sinkt, doch der Kapitän befiehlt der Jazzband zu spielen, um den Passagieren Mut zu machen. Ich habe beschlossen, dem Beispiel dieses Kapitäns zu folgen.»[250]

DRITTER TEIL

SHOAH

(Sommer 1942 – Frühjahr 1945)

«Es ist, als befinde man sich in einem großen Saal, in dem viele Menschen fröhlich sind und tanzen und wo es auch einige Menschen gibt, die nicht glücklich sind und die nicht tanzen. Und von Zeit zu Zeit werden einige von diesen letztgenannten Menschen abgeholt, in einen anderen Raum geführt und erwürgt. Die glücklichen Menschen, die im Saal tanzen, merken das überhaupt nicht. Vielmehr sieht es so aus, als erhöhe das noch ihre Freude und verdopple ihr Glück.»

Moshe Flinker, 16 Jahre,
Brüssel, 21. Januar 1943

7.
Juli 1942 – März 1943

Wilhelm Cornides, ein Unteroffizier der Wehrmacht, war im Sommer 1942 in Galizien stationiert. Wie er in einer Tagebucheintragung vom 31. August schreibt, hatte er auf dem Bahnhof in Rawa Ruska auf einen Zug gewartet, als ein anderer Zug einfuhr, der in 38 Viehwaggons Juden beförderte. Cornides fragte einen Polizisten, wo die Juden herkämen. «Das sind wahrscheinlich die letzten von Lemberg», antwortete der Polizist. «Das geht jetzt schon seit 3 Wochen ununterbrochen so. In Jaroslau haben sie nur 8 übrig gelassen, kein Mensch weiß warum.» Cornides fragte: «Wie weit fahren die noch?» Der Polizist antwortete: «Nach Belzec.» «Und dann?» «Gift.» Cornides fragte: «Gas?» Der Polizist zuckte mit den Achseln. Dann sagte er nur noch: «Am Anfang haben sie sie, glaube ich, immer erschossen.»

Später, in seinem Abteil, kam Cornides ins Gespräch mit der Frau eines Bahnpolizisten, die ihm erzählte, «daß diese Transporte jetzt täglich durchkommen, manchmal auch mit deutschen Juden». Cornides fragte: «Wissen denn die Juden, was mit ihnen geschieht?» Die Frau antwortete: «Die, die von weiterher kommen, werden wohl nichts wissen, aber hier in der Nähe wissen sie es schon.» Nach Auskunft der Frau lag das Lager Belzec direkt an der Bahn; sie versprach, es Cornides zu zeigen, wenn sie vorbeifuhren.

In Cornides' Eintragung heißt es dann: «18 Uhr 20: Wir sind am Lager Belzec vorbeigefahren. Vorher ging es längere Zeit durch hohe Kiefernwälder. Als die Frau rief ‹jetzt kommt es›, sah man nur eine hohe Hecke von Tannenbäumen. Ein starker süßlicher Geruch war deutlich zu bemerken. ‹Die stinken ja schon›, sagte die Frau. ‹Ach Quatsch, das ist ja das Gas›, lachte der Bahnpolizist [der zu ihnen ins Abteil gekommen war]. Inzwischen – wir waren ungefähr 200 Meter gefahren – hatte sich der süßliche Geruch in einen scharfen Brandgeruch verwandelt. ‹Das ist vom Krematorium›, sagte der Polizist. Kurz darauf hörte der Zaun auf. Man sah ein Wachhaus mit SS-Posten davor.»[1]

I

Ende August 1942 hatten die deutschen Armeen an der Ostfront die Ölfelder und die (zerstörten) Raffinerien von Maikop und weiter südlich die Hänge des Kaukasus erreicht; bald sollte die deutsche Fahne auf dem Elbrus, dem höchsten Gipfel Europas, wehen. Zu gleicher Zeit näherte sich die 6. Armee des Generals Paulus den äußeren Verteidigungsanlagen von Stalingrad; am 23. August erreichte sie nördlich der Stadt die Wolga. Im Norden wurde für Anfang September ein neuer Angriff geplant, um die Verteidigungslinien von Leningrad zu durchbrechen.

Ungeachtet dieser eindrucksvollen Vorstöße wurde im Spätsommer 1942 die militärische Lage der Deutschen an der Ostfront immer prekärer. In der Mitte und im Süden waren die Armeen weit auseinander gezogen, ihre Nachschublinien mittlerweile gefährlich überdehnt. Anstatt jedoch auf die Warnungen seiner Generäle zu hören, beharrte Hitler hartnäckig auf dem weiteren Vormarsch.

Die Konfrontationen im Hauptquartier führten zu einer Reihe von Entlassungen, darunter der Generalstabschef des Heeres Franz Halder (an dessen Stelle Kurt Zeitzler trat), sowie zum Abbruch aller persönlichen Beziehungen zwischen Hitler und seinen obersten Befehlshabern. Auf Befehl des «Führers» wurden die täglichen Lagebesprechungen von nun an stenographisch aufgezeichnet, damit man seine Worte nicht mehr verdrehe.[2] Wie von Hassell am 26. September in seinem Tagebuch schrieb, erklärte ihm Ferdinand Sauerbruch, der Direktor der Charité in Berlin, ein weltberühmter Chirurg und zum damaligen Zeitpunkt wahrscheinlich *die* medizinische Autorität in Deutschland, nachdem er in diesen Tagen mit Hitler zusammengetroffen war, «er sei jetzt unzweifelhaft verrückt».[3]

Der Umschwung kam plötzlich, im Laufe weniger Wochen. Am 23. Oktober 1942 griff Montgomerys 8. Armee bei El-Alamein an; innerhalb weniger Tage befand sich Rommel in vollem Rückzug. Die Deutschen wurden erst aus Ägypten, dann aus Libyen vertrieben. Das Debakel des Afrika-Korps sollte, wenngleich nur für kurze Zeit, erst an der tunesischen Grenze zum Stillstand kommen. Am 7. November landeten amerikanische und britische Truppen in Marokko und Algerien. Am 11. November reagierten die Deutschen auf die Landungen der Alliierten mit der Besetzung Vichy-Frankreichs und schickten Truppen nach Tunesien, während die Italiener ihr Besatzungsgebiet im Südosten Frankreichs etwas vergrößerten. Das eigentliche Drama entwickelte sich jedoch an der Ostfront.

Die Schlacht um Stalingrad hatte in den letzten Augusttagen nach verheerenden deutschen Bombenangriffen auf die Stadt, denen etwa

40 000 Zivilisten zum Opfer fielen, begonnen. Gegen den mittelmäßigen Paulus hatte Stalin seinen brillantesten Strategen, Marschall Georgi Schukow, als Befehlshaber der Front von Stalingrad eingesetzt; der unerschütterliche Wassili Tschuikow sollte die Verteidigung der Stadt selbst organisieren. Im Oktober hatte sich die Schlacht in einen Häuserkampf verwandelt, der in den Gerippen von Gebäuden, den Ruinen von Fabriken und Getreidesilos geführt wurde. Ihre Namen klangen symbolhaft: «Stalingrad», «Roter Oktober» und dergleichen. Und während Paulus unter Hitlers erbarmungslosem Druck verzweifelt versuchte, das Stadtzentrum einzunehmen und die Wolga zu erreichen, sammelten sich unbemerkt an beiden Flanken der 6. Armee sowjetische Divisionen.

Am 19. November unternahm die Rote Armee einen Gegenangriff. Kurz darauf zerschlug die sowjetische Zangenbewegung die deutsche Nachhut an ihrer schwächsten, von rumänischen Truppen besetzten Stelle. Paulus' Armee war abgeschnitten. Eine zweite sowjetische Offensive vernichtete italienische und ungarische Einheiten. Der Stadtbereich war eingekesselt.

Hitler befahl zwar einen hastigen Rückzug vom Kaukasus, weigerte sich aber eisern, Stalingrad aufzugeben. Bald wurde die Schlacht um die Stadt von Millionen Menschen in aller Welt als Zeichen für Sieg oder Niederlage in diesem Krieg angesehen. Der Versuch Hoths, mit Panzerdivisionen den sowjetischen Ring zu durchbrechen, brach zusammen, ebenso die Luftbrücke mit Nachschub für die eingeschlossenen deutschen Truppen. Ende des Jahres war die 6. Armee dem Untergang geweiht. Gleichwohl verwarf Hitler Paulus' Bitte, ihm die Kapitulation zu gestatten: Soldaten und Befehlshaber hatten, so wurde dem frisch ernannten Feldmarschall erklärt, bis zum Letzten Widerstand zu leisten und den Heldentod zu sterben. Am 2. Februar 1943 stellte die 6. Armee die Kämpfe ein. Sie hatte 200 000 Mann verloren; 90 000 Soldaten, darunter Paulus und seine Generäle, kamen in Gefangenschaft.

Zusätzlich verschlimmert wurden die deutschen Niederlagen in Nordafrika und an der Ostfront durch die rasche Ausweitung der britischen und amerikanischen Bombardements: Die deutsche Industrieproduktion verlangsamte sich nicht, aber der Verlust von Menschen, Wohnhäusern und ganzen Stadtvierteln begann den Glauben der Bevölkerung an den Sieg zu unterminieren.

Gleichzeitig wurde der Partisanenkrieg in den besetzten Gebieten Osteuropas und auf dem Balkan immer bedrohlicher, während sich im Westen immer mehr Widerstandsnetze bildeten, die jetzt auch kühner agierten. Und um gegenüber dem argwöhnischen Stalin ihre gemeinsame Entschlossenheit zu beweisen, verkündeten Roosevelt und Churchill auf ihrem Treffen in Casablanca am 24. Januar 1943, für Deutschland und seine Verbündeten gebe es keine andere Option als die «bedingungslose Kapitulation».

Währenddessen setzten sich Hitlers Ausfälle gegen die Juden mit unveränderter Besessenheit fort. Die Themen blieben, ob in seinen öffentlichen Reden oder in seinen privaten Auslassungen, dieselben; immer wieder tauchte die «Prophezeiung» als ein Mantra auf, das allen und jedem verkündete, das Schicksal der Juden sei besiegelt und bald werde keiner von ihnen mehr am Leben sein. Hier und da wurden allerdings minimale Nuancierungen erkennbar. So versah Hitler seine Vernichtungsdrohung in der Sportpalastrede vom 30. September zur Eröffnung des Winterhilfswerks mit einer besonders sadistischen Note. Erneut erinnerte er sein Publikum daran, daß er in seiner Reichstagsrede vom 1. September 1939 [sic] gesagt hatte, «daß, wenn das Judentum einen internationalen Weltkrieg zur Ausrottung etwa der arischen Völker anzettelt, dann nicht die arischen Völker ausgerottet werden, sondern das Judentum. Die Drahtzieher des Geisteskranken im Weißen Haus haben es fertiggebracht, ein Volk nach dem anderen in den Krieg zu ziehen. Doch in dem gleichen Maße ging über Volk und Volk eine antisemitische Welle hinweg, und sie wird weiterwandern und Staat um Staat erfassen, der in diesen Krieg eintritt; jeder wird eines Tages als antisemitischer Staat daraus hervorgehen. Die Juden haben einst auch in Deutschland über meine Prophezeiungen gelacht. Ich weiß nicht, ob sie auch heute noch lachen oder ob ihnen nicht das Lachen bereits vergangen ist. Ich kann aber auch jetzt nur versichern: Es wird ihnen das Lachen überall vergehen. Und ich werde auch mit diesen Prophezeiungen Recht behalten.»[4]

Manche Juden verstanden, was der verrückte deutsche Messias verkündete. «'Das Judentum wird ausgerottet', sagte Hitler gestern in seiner Rede [im Sportpalast]. Das war fast alles, was er in seiner Rede sagte», kommentierte Sebastian am 1. Oktober.[5] Einen Tag später notierte Klemperer: «Hitlers Rede zum Beginn des Winterhilfswerkes. Seine alte Leier maßlos übersteigert. ... Maßlos die Bedrohungen gegen England, gegen die Juden in aller Welt, die die arischen Völker Europas ausrotten wollten und die er ausrottet. ... Nicht daß ein Wahnsinniger in immer stärkerer Tobsucht tobt, sondern daß Deutschland das hinnimmt, nun schon im zehnten Jahr und im vierten Jahr des Krieges, und daß es sich immer weiter ausbluten läßt, ist so grauenhaft.»[6]

Die Spitzen der Partei verfolgten jetzt natürlich die Vernichtung Stufe für Stufe. Nach der Erwähnung von Protestversammlungen, die in London stattgefunden hatten, notierte Goebbels am 14. Dezember: «Aber es nutzt den Juden alles nichts. Die jüdische Rasse hat diesen Krieg vorbereitet, sie ist der geistige Urheber des ganzen Unglücks, das über die Welt hereingebrochen ist. Das Judentum muß für sein Verbrechen bezahlen, so wie der Führer es damals in seiner Reichstagsrede prophezeit hat: mit der Auslöschung der jüdischen Rasse in Europa und vielleicht in der ganzen Welt.»[7]

Goebbels war gut informiert: «Der zuständige Höhere SS-Führer [wahrscheinlich Krüger] berichtet mir über die Zustände im [Warschauer] Ghetto», hatte der Minister am 21. August 1942 notiert. «Die Juden werden jetzt in größtem Umfang evakuiert und nach dem Osten geschafft. Das geht ziemlich großzügig vor sich. Hier wird die Judenfrage an der richtigen Stelle angepackt, ohne Sentimentalität und ohne viel Rücksichten. So allein kann das Judenproblem gelöst werden.»[8]

Weder unter den Getreuen der Partei noch irgendwo sonst erhoben sich abweichende Stimmen. Allenfalls deuteten einige Vorschläge von seiten der Regimeführung auf mögliche Anpassungen des Tötungsprogramms an die aktuellen Bedürfnisse. So hatte am 23. Juni 1942 Viktor Brack in einem Brief an Himmler vorgeschlagen, von den «10 Millionen» Juden, die zur Vernichtung vorgesehen waren, etwa zwei bis drei Millionen statt dessen mit Röntgenstrahlen zu sterilisieren. Diese jüdischen Männer und Frauen waren nach Ansicht Bracks «sehr gut arbeitsfähig».[9] In seiner Antwort ermutigte Himmler Brack dazu, in einem der Lager mit den Sterilisierungsexperimenten zu beginnen, mehr nicht.[10]

Einige Monate später, am 10. Oktober 1942, kam es zu einem längeren Gespräch «über das Judenproblem» zwischen Göring und Bormann. Dem Leiter der Parteikanzlei zufolge erklärte Göring, «er hielte die von Reichsführer SS Himmler unternommenen Schritte für durchaus richtig, aber in besonderen Fällen müßten Ausnahmen gemacht werden. Er wolle über diese Angelegenheiten demnächst noch einmal mit dem Führer sprechen.»[11] Was für Ausnahmen das waren und ob es zu dieser Erörterung mit Hitler je kam, ist unklar. Währenddessen gab es auf verschiedenen Ebenen der Verwaltung hektische Aktivitäten im Zusammenhang mit der Ausschließung der Juden von jeglichem Zugang zum Justizsystem des Reiches. Tatsächlich verlor das Problem mittlerweile seine Relevanz, sieht man von den Implikationen der Dreizehnten Verordnung vom 1. Juli 1943 ab, auf die wir noch zu sprechen kommen.[12]

Es sieht auch so aus, als habe man es im Herbst 1942 immer noch für wichtig erachtet, die Vernichtung zumindest formal vor der Bevölkerung verborgen zu halten, obgleich die Informationen allgemein zugänglich waren, auch aus den blutrünstigen Reden der «obersten Instanz». Auf jeden Fall führte die ständige Flut der Propaganda, die den Juden als den Feind der Menschheit hinstellte, als den Führer der Horden von Untermenschen, logisch nur zu einer einzigen möglichen Lösung. Juden waren tierische Geschöpfe und nur dem äußeren Anschein nach menschliche Wesen, wie es in der SS-Propagandaschrift *Der Untermensch* hieß, die in zahlreichen Sprachen auf dem ganzen Kontinent verteilt wurde. So dürften nicht allzu viele Soldaten Bormann mißverstanden haben, als er im Oktober 1942 bei der Beantwortung der von den Soldaten am häufigsten gestellten Fragen die Frage Nr. 9 – «Wie wird die Judenfrage gelöst werden?» – auf die knappste und doch klarste Weise beantwortete: «Sehr einfach!»[13]

II

Am 17. Juli 1942 war Himmler in Auschwitz. Nach einer Fahrt zu einigen seiner landwirtschaftlichen Lieblingsprojekte sah er sich im Lager die Ermordung eines Transports von Juden aus den Niederlanden an. Wie Höß schreibt, sagte der SS-Chef die ganze Zeit kein Wort. Während der Vergasung «beobachtete er mehrere Male unauffällig die bei dem Vorgang beteiligten Führer und Unterführer und mich».[14] Einige Tage später kam ein Befehl vom Reichsführer, «wonach sämtliche Massengräber freizulegen und die Leichen zu verbrennen seien. Ebenso sollte die Asche so beseitigt werden, daß man in späterer Zeit keinerlei Rückschlüsse über die Zahl der Verbrannten ziehen könne.»[15]

Am Abend nahm Himmler an einem Essen teil, das Gauleiter Bracht zu seinen Ehren veranstaltete. Höß, der zusammen mit seiner Frau eingeladen war, fand den Gast «wie ausgewechselt» vor; «bester, strahlender Laune» sprach er «über alle möglichen Themen, die gerade aufgeworfen wurden, sprach über Kindererziehung und neues Wohnen, über Bilder und Bücher. ... Es wurde ziemlich spät aufgebrochen. Während des Abends wurde wenig getrunken. Himmler, der sonst kaum Alkohol zu sich nahm, trank einige Glas Rotwein und rauchte, was er gewöhnlich sonst auch nicht tat. Alles war im Bann seiner frischen Erzählungen und seiner Aufgeräumtheit. Ich hatte ihn so nie erlebt!»[16]

Während dieser Julitage des Jahres 1942 erreichte der deutsche Überfall auf die Juden Europas sein volles Ausmaß. Im Frühjahr und Frühsommer weitete sich der Vernichtungsprozeß – nach der Dezimierung eines Teils der jüdischen Bevölkerung des Warthegaus, des Ghettos von Łódź und der besetzten Gebiete der Sowjetunion – aus auf Juden aus dem Reich, aus der Slowakei sowie, von Distrikt zu Distrikt fortschreitend, aus dem Generalgouvernement mit Ausnahme von Warschau. In der zweiten Julihälfte begannen die Deportationen aus den Niederlanden und Frankreich, und darauf folgte Warschau, alles im Abstand von wenigen Tagen. Im August waren die Juden Belgiens an der Reihe. Im Generalgouvernement wurde während der Ermordung der Juden Warschaus ein großer Teil der jüdischen Bevölkerung von Lemberg abtransportiert. In den ersten Septembertagen zielten große Aushebungen wieder auf die Juden von Łódź, und während der ganzen Zeit gingen die Deportationen aus dem Westen weiter.

Die ständige Ausweitung von Deportationen und Tötungen seit dem Frühsommer 1942 wurde durch die Inbetriebnahme weiterer Vernichtungsanlagen ermöglicht: Zu Belzec und Sobibór kamen jetzt auch der «Bunker 2» in Auschwitz-Birkenau sowie Treblinka hinzu. Während also die Mehrzahl der jüdischen Bewohner aus dem Generalgouvernement nach Belzec und Sobibór deportiert wurde, sollten die Warschauer Juden die ersten Opfer in Treblinka sein. Gleichzeitig transportierte man dann die Deportierten aus dem Reich, aus der Slowakei und dem Westen zunehmend nach Auschwitz-Birkenau (und zeitweilig die aus den Niederlanden nach Sobibór, weil in Auschwitz eine Typhusepidemie ausgebrochen war).

Auch wenn Himmler das gesamte System uneingeschränkt beaufsichtigte und seine Eingriffe im Hinblick auf Transport und Zuteilung (oder Vernichtung) von Sklavenarbeitern den Rhythmus und die Ausführung der Tötungen lenkten, hielt sich Hitler selbst regelmäßig auf dem laufenden. Wie wir sehen werden, gab man ihm dann einige Monate später den auf den neuesten Stand gebrachten Bericht, und er intervenierte persönlich, um auf noch ausstehende Deportationen (Ungarn, Dänemark, Italien und erneut Ungarn) zu drängen oder über sie zu entscheiden. Die «Endlösung» hatte sich ungeachtet aller unvorhergesehenen politischen, technischen und logistischen Probleme in eine reibungslos funktionierende Organisation von Massenmord in einem überwältigenden Ausmaß verwandelt. Was immer es im Hinblick auf die Kontrolle über verschiedene Aspekte der Vernichtung für Fehden zwischen verschiedenen Stellen und Personen innerhalb der SS oder zwischen der SS und den Parteifunktionären gegeben haben mag: Nichts deutet darauf hin, daß diese Spannungen irgendwelche Auswirkungen auf den Gesamtfortgang des Vernichtungsfeldzugs, auf seine Entfaltung oder auf die schließliche Verteilung der Beute hatten.

Was die Einstellung der umgebenden Bevölkerung und ihrer gesellschaftlichen, politischen und geistlichen Eliten auf dem gesamten Kontinent angeht, so waren zwar einige kleine Gruppen bereit, Juden zu helfen, nachdem die Deportationen begonnen hatten, generell aber gab es auf kollektiver Ebene nur sehr seltene Gesten der Solidarität mit den Opfern. Und in ihrer übergroßen Mehrheit verstanden die Juden das ihnen zugedachte Schicksal nicht.

Die Juden, deren Vernichtung Himmler beobachtet hatte, waren wahrscheinlich die Deportierten des ersten Transports, der am 14. Juli die Niederlande in Richtung Auschwitz verlassen hatte. Die penible Registrierungsarbeit des niederländischen Volkszählungsbüros, der deutschen Zentralstelle und des Judenrats ermöglichte es, am 4. Juli an 4000 Juden (hauptsächlich Flüchtlinge), die aus den auf den neuesten Stand gebrachten Listen ausgewählt worden waren, Aufforderungen zu verschicken. Um das Soll zu erfüllen, organisierten die Deutschen am 14. Juli in Amsterdam eine überraschende Polizeirazzia; dabei wurden 700 weitere Juden gefangengenommen.[17]

Die niederländische Polizei übertraf die deutschen Erwartungen: «Die neuen Hundertschaften der holländischen Polizei machen sich in der Judenfrage ausgezeichnet und verhaften Tag und Nacht zu Hunderten die Juden», teilte der offensichtlich begeisterte Rauter am 24. September Himmler mit.[18] In der Tat leistete die Amsterdamer Polizei großartige Arbeit, und an jeder Aushebung nahm Sybren Tulp persönlich teil.[19] Der Generalsekretär des Inneren Fredericks unternahm – vergeblich – den schwachen Versuch, die städtische Polizei vor einer Beteiligung an den Aushebungen zu bewahren. Rauter bestand auf der Mitarbeit aller niederländischen Polizeitruppen, und alle nahmen teil.[20] Niederländische Detektive wurden zur deutschen Sicherheitspolizei abkommandiert. Außerdem war im Mai 1942 eine Einheit der Freiwilligen Hilfspolizei von etwa 2000 Mann geschaffen worden, die entweder den «Sturmabteilungen» des NSB oder der niederländischen SS angehörten.[21] Diese einheimischen Polizeikollaborateure wetteiferten mit den Deutschen in schierem Sadismus und Brutalität; die Mehrzahl der Spione, die erkleckliche Summen einstrichen, indem sie versteckte Juden denunzierten, kam aus ihren Reihen.[22]

Der deutsche Mitarbeiterstab, der sich in den Niederlanden mit der «Endlösung» befaßte, war klein. Nach einer Zeugenaussage Harsters aus dem Jahre 1966 «arbeiteten für Abteilung IV [die Sicherheitspolizei] vielleicht 200 Beamte» im ganzen Land. Das Judenreferat in der Zentrale in Den Haag unter der Leitung von Willi Zöpf beschäftigte nicht mehr als 36 Angestellte.[23] Bei seiner Berechnung ließ Harster die Amsterdamer «Nebenstelle» des Büros von Zöpfs Referat IVB4 unberücksichtigt. Diese Filiale, die sogenannte «Zentralstelle» unter der Leitung von Willi Lages und Ferdinand aus der Fünten, erlangte immer größere Bedeutung, bis ihr im Juli 1942 die Aufgabe übertragen wurde, sämtliche Deportationen von Amsterdam nach Westerbork zu organisieren. Bis dahin war das Personal, teils Deutsche, vorwiegend aber Niederländer, auf etwa 100 Beschäftigte angewachsen.[24]

Wie Louis de Jong schreibt, hatten die Deutschen den Judenrat schon im März 1942 davon in Kenntnis gesetzt, daß Juden in Arbeitslager im

Osten geschickt werden würden. Der Rat glaubte allerdings, daß es sich bei den Deportierten ausschließlich um deutsche Juden handeln werde, und so «unternahm er nichts; er warnte nicht einmal diejenigen Vertreter der deutschen Juden, mit denen er in Kontakt stand.»[25] Ende Juni war er entsetzt, als er erfuhr, daß auch niederländische Juden deportiert werden würden.[26] Lages und aus der Fünten wählten dann die übliche Methode: Einige niederländische Juden würden (vorläufig) nicht abtransportiert werden, und dem Rat wurde gestattet, Ausnahmebescheinigungen zu verteilen, die ganz natürlich die Hoffnung auf einen Aufschub boten. Die Deutschen wußten, daß sie sich auf die Gefügigkeit derjenigen verlassen konnten, die nicht unmittelbar bedroht waren.

Der Generalsekretär des Rates, M. H. Bolle, etablierte mehrere Kategorien von Juden (die durch Zahlen identifiziert wurden) und stellte die Liste von 17 500 privilegierten Juden zusammen, die der Rat befreien konnte: Diese hatten besondere Stempel auf ihren Personalausweisen, die «Bolle-Stempel». Gertrud van Tijn schreibt: «Als die ersten Stempel ausgegeben wurden, waren die Szenen beim Judenrat ganz unbeschreiblich. Türen wurden eingedrückt, das Personal des Rates wurde attackiert, und oft mußte die Polizei gerufen werden. ... Die Stempel wurden schnell zu einer fixen Idee bei jedem Juden.»[27] In den meisten Fällen waren die Entscheidungen des «Befreiungskomitees» durch Günstlingswirtschaft und Korruption beeinflußt.[28]

«Die Juden erzählen einander hier nette Dinge: daß man in Deutschland eingemauert oder durch Giftgas ausgerottet wird. Es ist nicht sehr vernünftig, solche Geschichten weiterzuerzählen, und außerdem: sollte dies tatsächlich in irgendeiner Form geschehen, nun, dann doch nicht auf *unsere* Verantwortung?»[29] Diese Eintragung vom 11. Juli in Etty Hillesums Tagebuch zeigt, daß in Amsterdam bedrohliche Gerüchte über «Polen» im Umlauf waren, als die Deportationen begannen; sie zeigt auch, daß weder Hillesum noch die meisten anderen Juden ihnen wirklich Glauben schenkten. Etty hatte man geraten, sich eine Beschäftigung beim Rat zu suchen, um so möglicherweise der unmittelbaren Gefahr zu entrinnen. «Das Bewerbungsschreiben an den Jüdischen Rat ... hat mich heute aus meinem heiteren und doch wieder sehr ernsten Gleichgewicht gebracht», notierte sie am 14. Juli 1942. «Als ob es gewissermaßen eine unwürdige Handlung wäre. Sich nach dem Schiffbruch um das eine Stück Treibholz im unendlichen Ozean zu drängeln. Und dann rette sich wer kann, den anderen beiseite stoßen und ihn ertrinken lassen, das ist alles so unwürdig, und drängeln mag ich auch nicht.»[30] Am nächsten Tag stellte sie der Rat in der Abteilung für kulturelle Angelegenheiten als Stenotypistin ein; für kurze Zeit wurde sie eine der privilegierten Jüdinnen Amsterdams.

Einige Tage später schrieb Etty die beiden knappsten und vernichtendsten Sätze über das allgemeine Verhalten des Rates, wie sie es wahrnahm: «Es ist wohl nie wiedergutzumachen, daß ein kleiner Teil der Juden mithilft, die überwiegende Mehrheit abzutransportieren. Die Geschichte wird später ihr Urteil darüber fällen.»[31] Am 29. Juli, kurz nachdem ihr Guru und Liebhaber Hans Spier plötzlich erkrankt und gestorben war, meldete sich Etty, um in Westerbork für den Rat zu arbeiten.[32]

Von sofortiger Deportation waren ausländische Flüchtlinge wie etwa die Franks bedroht. Am 5. Juli erhielt Annes ältere Schwester Margot die Aufforderung, sich bei der Sammelstelle zu melden. Am nächsten Tag waren die Franks, unterstützt von dem treuen niederländischen Paar Miep und Jan Gies, auf dem Weg in ein sorgfältig vorbereitetes Versteck, einen Dachboden in dem Gebäude, in dem sich Otto Franks Büro befand. Margot und Miep entfernten sich zuerst, mit dem Fahrrad. Anne sorgte dafür, daß Nachbarn ihre Katze aufnahmen, und am 6. Juli früh um 7 Uhr 30 verließen die Franks ihre Wohnung. «So gingen wir dann im strömenden Regen», notierte Anne am 9. Juli, «Vater, Mutter und ich, jeder mit einer Schul- und Einkaufstasche, bis obenhin voll gestopft mit den unterschiedlichsten Sachen. Die Arbeiter, die früh zu ihrer Arbeit gingen, schauten uns mitleidig nach. In ihren Gesichtern war deutlich das Bedauern zu lesen, daß sie uns keinerlei Fahrzeug anbieten konnten. Der auffallende gelbe Stern sprach für sich selbst.»[33]

Die Beziehungen zwischen den Ratsmitgliedern und aus der Fünten waren anscheinend gelegentlich beinahe herzlich, und der Hauptsturmführer konnte David Cohen, Leo de Wolff und die anderen offenbar wirklich davon überzeugen, daß er seine Aufgabe wider Willen erfüllte.[34] Jacob Presser glaubte, die Beteuerungen des SS-Offiziers seien ehrlich gewesen, und doch schildert er in seiner nach dem Krieg geschriebenen Geschichte der Vernichtung der niederländischen Judenheit ein Ereignis, in das er verwickelt war und bei dem aus der Fünten – unterwürfig begleitet von de Wolff – besonderen Sadismus an den Tag legte.

Am 5. August 1942 hatte man auf dem Hof der Zentralstelle eine unglückliche Schar von etwa 2000 Juden über Nacht dabehalten. Am folgenden Tag wurden sie nach einem kurzen «Interview» entweder nach links (Aufschub) oder nach rechts (Westerbork) gewinkt. Aus der Fünten ließ die Mehrzahl absichtlich bis fast zum Schluß der Selektion (5 Uhr nachmittags) warten. Diejenigen, die bis dahin noch nicht befragt worden waren, wurden automatisch nach Westerbork geschickt. «Am Nachmittag wurde die Spannung unerträglich», schreibt Presser. «Da waren wir, zu Hunderten, und schauten ängstlich auf die Uhr. Um zehn vor fünf, bei der, wie sich herausstellte, letzten Musterung, standen der Autor und seine Frau vor aus der Fünten, der sich ihre Papiere ansah, ihn nach links winkte und dann, zu de Wolff gewandt, sagte: ‹Sie ist noch sehr jung.› Was de Wolff antwortete, kann ich nicht sagen, aber meine Frau wurde ebenfalls nach links gewinkt. Einen Augenblick später standen wir auf der Straße mit gewöhnlichen Leuten und spielenden Kindern. ... Etwa 600 Menschen wurden nach Westerbork und weiter geschickt.»[35]

Am 18. September 1942 äußerten sowohl Cohen als auch Asscher auf einer Sondersitzung des Rates ihre Überzeugung, daß die Zusammenarbeit mit den Behörden unumgänglich sei. Dem Sitzungsprotokoll zufolge erklärte David Cohen: «Seiner Ansicht nach war es die Pflicht und Schuldigkeit von Gemeindeführern, auf ihrem Posten zu bleiben; ja, es wäre verbrecherisch, die Gemeinde in der Stunde ihrer größten Not zu verlassen. Außerdem war es unbedingt erforderlich, zumindest die wichtigsten Männer so lange wie möglich hier [in Amsterdam] zu behalten.»[36] Am Schluß derselben Sitzung gab Cohen eine knappe Erklärung ab: «Schließlich erhält die Sitzung den ersten Bericht über einen Todesfall in Auswitz [sic].»[37]

Während Transporte von Juden aus Amsterdam nach Westerbork abgingen, wurden Juden aus den Provinzen laufend nach Amsterdam verlegt. Die Familie Wessels, die im Dorf Oostvoorne lebte, transportierte man im Oktober 1942 nach Amsterdam (der älteste Sohn war schon im August erst nach Westerbork und dann nach Auschwitz deportiert worden); sie blieb fast ein Jahr in der Stadt. Ben, der jüngere Sohn – dessen Briefe an Freunde in Oostvoorne erhalten geblieben sind –, war im Oktober 1942 sechzehn: Er war zuerst als «Läufer» (Kurier) beim Judenrat und dann als Liftboy im Gebäude der deutschen Polizei beschäftigt.

In einem seiner ersten Briefe aus Amsterdam berichtet Ben, wie gründlich sich der Wehrmachtsoffizier und die Soldaten, die ihn in Oostvoorne festnahmen, mit jedem kleinen Detail befaßten: «Ich schätze, du darfst dich nicht an der Bleistiftschrift stören», teilte Ben seinen Freunden am 15. Oktober 1942 mit. «Mein Füllfederhalter ist mir weggenommen worden. Meine ganze Ausrüstung mit Rucksack und sechs Wolldecken ist fort. Die Taschenlampe, die mit dem Dynamo, die haben sie uns auch weggenommen, dort gegenüber dem Musikpavillon in Oostvoorne. Wir wurden von oben bis unten gefilzt, und alles, was sie gebrauchen konnten, Geld, wirklich alles, haben sie uns weggenommen. An dem Tag war Mutter schon am Nachmittag angehalten worden. Diese Nacht war entsetzlich. ... Die Familie van Dijk [die einzige andere jüdische Familie in Oostvoorne], mit denen waren wir zusammen, sie fahren weiter nach Polen.»[38]

Die Empörung, welche die niederländische Bevölkerung im ersten Jahr der Besatzung über die Verfolgung der Juden durch die Deutschen zum Ausdruck gebracht hatte, war 1942 weitgehend einer passiven Haltung gewichen. Die niederländische Exilregierung forderte ihre Landsleute nicht dazu auf, den Juden zu helfen, als die Deportationen begannen, auch wenn «Radio Oranje» zweimal, Ende Juni und im Juli 1942, Informationen über die Vernichtungen in Polen brachte, die zuvor von der BBC gesendet worden waren. Diese Berichte machten weder auf die Bevölkerung noch auch auf die Juden irgendeinen nachhaltigen Eindruck. Das Schicksal der polnischen Juden war eine Sache, das Schicksal der Juden der Niederlande war eine ganz andere: Das war die verbreitete Überzeugung, selbst unter den führenden Vertretern des Rates.[39]

Zwei junge niederländische politische Häftlinge, welche die frühesten Vergasungen in Auschwitz (deren Opfer russische Gefangene und kleine Gruppen von Juden gewesen waren) miterlebt hatten, wurden aus dem Lager entlassen und versuchten nach ihrer Rückkehr in die Niederlande, die Führung der niederländischen Kirchen von dem zu überzeugen, was sie gesehen hatten; es gelang ihnen nicht.[40] Briefe, welche Angehörige der niederländischen Waffen-SS in die Heimat schickten, beschrieben in allen Einzelheiten und voller Stolz ihre Beteiligung an der Ermordung von Juden in der Ukraine, aber diese Informationen nahm man entweder einfach hin, oder man betrachtete sie, wie einer der Schreiber andeutete, als ein Vorzeichen für das, was geschehen würde, wenn Männer wie er in die Heimat zurückkehrten.[41]

Einige Proteste gegen die Deportationen gab es gleichwohl. Am 11. Juli unterzeichneten alle führenden Vertreter der großen Kirchen einen Brief an Seyß-Inquart. Zuerst versuchten es die Deutschen mit «Entgegenkommen»: Sie versprachen Ausnahmen für einige getaufte Juden (nicht aber für diejenigen Juden, die nach der Besetzung des Landes getauft worden waren). Anfangs gaben die Kirchen nicht nach: Die bedeutendste protestantische Kirche, die Hervormde Kerk, schlug vor, den Brief am Sonntag, dem 26. Juli, öffentlich verlesen zu lassen. Die Führer der katholischen und der calvinistischen Kirche stimmten zu. Als die Deutschen mit Vergeltungsmaßnahmen drohten, geriet die protestantische Führung ins Wanken; die katholischen Bischöfe unter der Führung des Erzbischofs von Utrecht, Jan de Jong, beschlossen, trotzdem weiterzumachen. Zur Vergeltung dafür verhafteten die Deutschen in der Nacht vom 1. zum 2. August die Mehrzahl der katholischen Juden und schickten sie nach Westerbork. Nach der Aussage, die Harster nach dem Kriege machte, rührte Seyß-Inquarts Vergeltung daher, daß die Bischöfe gegen die Deportation aller Juden und nicht nur gegen die von konvertierten Juden protestiert hatten. 92 katholische Juden wurden schließlich nach Auschwitz deportiert, unter ihnen die später selig gesprochene Philosophin und Karmeliternonne Edith Stein.[42]

Während die Monate ins Land gingen, hatten die Deutschen allen Grund zur Genugtuung. Am 16. November sandte Bene, der Beauftragte Ribbentrops in Den Haag, einen Bericht an die Wilhelmstraße: «Der

Abtransport der Juden ... [ist] ohne Schwierigkeiten und Zwischenfälle weitergegangen. ... Die holländische Bevölkerung hat sich an den Abtransport der Juden gewöhnt. Irgendwelche Schwierigkeiten wurden nicht gemacht. Die Berichte aus dem Lager Rauschwitz [sic] lauten günstig, so daß die Juden ihre Bedenken fallen gelassen haben und mehr oder weniger freiwillig bei den Sammelstellen erscheinen.»[43]

Ganz allgemein hatte Bene nicht unrecht, wie wir wissen, auch wenn er einige Einzelheiten des Gesamtbilds offenbar übersah, wie auch die Männer Harsters und Sybren Tulps sie übersahen. Bald nach Beginn der Deportationen wurden Kinder aus dem zentralen Versammlungssaal, der Hollandsche Schouwburg (umbenannt in Joodsche Schouwburg), in ein Nebengebäude auf der anderen Straßenseite (die Crèche) verlegt, ein Betreuungszentrum, das vorwiegend Kinder aus der Arbeiterklasse aufnahm. Hier gelang es zwei Mitgliedern des Judenrats, Walter Süskind und Felix Halvestad, sich Zugang zu einem Teil der Akten der Kinder zu verschaffen und sie zu vernichten.[44] Kinder, die auf diese Weise ihrer administrativen Identität beraubt waren, wurden mit Hilfe der niederländischen Direktorin Henriette Rodriguez-Pimental nach und nach aus der Crèche herausgeschmuggelt; man übergab sie verschiedenen geheimen Netzwerken, denen es gewöhnlich gelang, für sie sichere Unterbringungsmöglichkeiten bei niederländischen Familien zu finden.[45] Auf diese Weise wurden Hunderte von Kindern, möglicherweise sogar tausend, gerettet.[46]

Jüdische Erwachsene stießen auf weitaus größere Schwierigkeiten, wenn sie sich in der Bevölkerung verstecken wollten. Die Ablehnung (oder die Untätigkeit), mit der sie es zu tun hatten, konnte auf Angst zurückgehen, auf Abneigung gegen Juden, traditionellen Antisemitismus oder «staatsbürgerlichen Gehorsam», auch wenn, mit Blick auf den letzten Punkt, die Bereitschaft zu illegalen Initiativen allenthalben zunahm, als die Deutschen im Frühjahr 1943 mit äußerster Brutalität gegen jede Unterstützung niederländischer Männer vorgingen, die sich der Arbeit im Reich entzogen. Von Anfang an gab es jedoch kleine Netzwerke von Menschen, die sich gegenseitig kannten und vertrauten und meist einen gemeinsamen religiösen Hintergrund (calvinistisch oder katholisch) hatten, und die ungeachtet der damit verbundenen Gefahren Juden aktive Hilfe leisteten. Die beschränkte Reichweite der Aktionen an der Basis hat man darauf zurückgeführt, daß es trotz einer Reihe mutiger Proteste, vor allem von Erzbischof de Jong, keine aktive Führung von seiten der niederländischen Kirchenoberen gab.[47]

Anfang 1943 begannen die Deutschen, die etwa 8000 jüdischen Patienten in verschiedenen Krankenhäusern und darunter auch die Patienten von Het Apeldoornse Bos zu verhaften. Die Razzia in dieser größten jüdischen psychiatrischen Klinik wurde in der Nacht des 21. Januar von einer Einheit der Schutzpolizei unter dem persönlichen Kommando von aus der Fünten durchgeführt. Die Patienten wurden entsetzlich verprügelt und auf Lastwagen gestoßen. «Ich sah, wie sie eine Reihe von Patienten», erklärte ein Augenzeuge, «darunter viele ältere Frauen, auf Matratzen auf die Ladefläche eines Lastwagens packten und auf sie dann eine weitere Ladung menschlicher Leiber legten. Diese Lastwagen waren so vollgestopft, daß es den Deutschen schwer fiel, die Ladeklappen zu schließen.»[48] Die Lastwagen brachten die Patienten zum abgeriegelten Bahnhof Apeldoorn.

Wie der Stationsvorsteher berichtete, versuchte er, das Lüftungssystem in den Waggons einzuschalten, aber die Deutschen schalteten es wieder ab. Weiter hieß es in dem Bericht: «Ich erinnere mich an den Fall einer jungen Frau von 20 bis 25 Jahren, deren Arme [in einer Zwangsjacke] gefesselt waren, die aber sonst splitternackt war. ... Von dem Licht, mit dem man ihr ins Gesicht leuchtete, geblendet, rannte die junge Frau, fiel auf das Gesicht und konnte natürlich nicht die Arme benutzen, um den Sturz abzumildern. Sie stürzte mit einem gewaltigen Krach zu Boden. ... Im allgemeinen geschah das Beladen ohne *große* Gewalttätigkeit [Hervorhebung im Original]. Das Entsetzliche war, daß die Patienten, als die Waggons geschlossen werden mußten, sich weigerten, die Finger wegzunehmen. Sie hörten einfach nicht auf uns, und schließlich verloren die Deutschen die Geduld. Das Ergebnis war ein brutales und unmenschliches Schauspiel.»[49] Etwa 50 (jüdische) Krankenschwestern begleiteten den Transport.

Ein niederländischer Jude beschrieb die Ankunft des Transports in Auschwitz: «Es war einer der entsetzlichsten Transporte aus Holland, die ich gesehen habe. Viele der Patienten versuchten, die Barriere zu durchbrechen, und wurden erschossen. Die übrigen wurden sofort vergast.»[50] Über das Schicksal der Krankenschwestern (von denen keine überlebt hat) gibt es divergierende Berichte. Einige erklären, sie seien ins Lager geschickt worden; nach Aussagen anderer wurden sie vergast; ein weiterer Zeuge behauptet: «Einige von ihnen wurden in eine Grube geworfen, mit Benzin übergossen und bei lebendigem Leibe verbrannt.»[51] Aus der Fünten hatte ihnen versprochen, sie könnten nach der Fahrt sofort wieder zurückkehren oder aber in einer ganz modernen psychiatrischen Klinik im Osten arbeiten.[52]

Anfang 1943 errichteten die Deutschen das Arbeitslager Vught, das es den Juden angeblich ermöglichen sollte, als Zwangsarbeiter in den Niederlanden zu bleiben. Das war eine ausgeklügelte legale Option, um der Deportation zu entgehen; der Rat befürwortete sie stark, und die gehorsamen niederländischen Juden folgten ihr. Leider war auch dies ein deutsches Betrugsmanöver, und die Häftlinge aus Vught wurden systematisch nach Westerbork verlegt oder in mehreren Fällen direkt in den Osten deportiert.[53]

Von Juli 1942 bis Februar 1943 verließen 52 Transporte mit 46 455 Juden Westerbork mit dem Ziel Auschwitz. Etwa 3540 arbeitstaugliche Männer wurden zum Hydrierwerk in Blechhammer (später nach Auschwitz III – Monowitz und Groß-Rosen) umdirigiert. Aus der Gruppe der Arbeiter überlebten 181 Männer den Krieg; von den anderen 42 915 Menschen aus den Transporten, die 1942 und Anfang 1943 eingetroffen waren, kamen 85 mit dem Leben davon.[54] Die Deportationen gingen weiter.

III

«In den Zeitungen werden neue Maßnahmen gegen die Juden angekündigt», notierte Jacques Biélinky am 15. Juli 1942. «Ihnen wird der Zutritt zu Restaurants, Cafés, Kinos, Theatern, Konzertsälen, Varietés, Schwimmbädern, Stränden, Museen, Bibliotheken, Ausstellungen, Schlössern, historischen Denkmälern, Sportveranstaltungen, Rennen, Parks, Zeltplätzen und sogar zu Telefonzellen, Jahrmärkten usw. untersagt. Es geht das Gerücht, daß man jüdische Männer und Frauen im Alter von 18 bis 45 Jahren zu Zwangsarbeit nach Deutschland schicken wird.»[55] Am gleichen Tag begannen in den Provinzen der besetzten Zone, am Vorabend der Aktion in Paris, die Verhaftungen «staatenloser» Juden.

Nach einem Bericht des Polizeichefs des Départements Loire-Inférieure vom 15. Juli begleiteten französische Gendarmen deutsche Soldaten, die unterwegs waren, um Juden zu verhaften; einem anderen Bericht vom gleichen Tag zufolge stellten die französischen Behörden auf Ersuchen des SS-Chefs von Saint-Nazaire Polizeibeamte zur Bewachung von 54 Juden. Juden, die überall im Westen des Landes verhaftet worden waren – unter ihnen 200, die man ebenfalls am 15. Juli in Tours festgenommen hatte –, wurden zu einer Sammelstelle in Angers gebracht (einige selektierte man aus französischen Lagern in der Region). Einige Tage später brachte ein Zug 824 von ihnen aus Angers direkt nach Auschwitz.[56]

Am 16. Juli um 4 Uhr früh begann die von Deutschen und Franzosen organisierte Festnahme von 27 000 «staatenlosen» Juden, die in der Hauptstadt und ihren Vororten lebten. Dafür waren die Karteikarten, die die französische Polizei angefertigt hatte, von entscheidender Bedeutung: 25 334 Karten lagen für Paris bereit und 2027 für die unmittelbar benachbarten Vororte.[57] Sämtliche technischen Einzelheiten hatten französische und deutsche Beamte auf ihren Sitzungen vom 7. und

11. Juli gemeinsam vorbereitet. Am 16. standen 50 städtische Busse bereit und ebenso 4500 französische Polizisten.⁵⁸ An den Festnahmen beteiligten sich keine deutschen Einheiten. Die Menschenjagd erhielt einen Decknamen: *vent printanier*, «Frühlingswind».

Da sich Gerüchte über die bevorstehenden Razzien verbreitet hatten, waren viele potentielle Opfer (meist Männer) untergetaucht.⁵⁹ Der Ursprung dieser Gerüchte ist bis auf den heutigen Tag nicht sicher, aber wie der Historiker André Kaspi feststellt, konnte «eine Verhaftungsaktion, wie sie noch nie zuvor in Frankreich stattgefunden hatte, nicht lange geheim bleiben».⁶⁰ Beschäftigte der UGIF, Widerstandsgruppen und Polizeiangehörige müssen alle irgendwie daran beteiligt gewesen sein, Warnungen zu verbreiten.

900 Gruppen, von denen jede aus drei Polizeibeamten und Freiwilligen bestand, waren für die Festnahmen zuständig. «Plötzlich hörte ich ein entsetzliches Hämmern an der Haustür», erinnerte sich die damals neunjährige Annette Müller. «Zwei Männer kamen ins Zimmer; sie waren groß und trugen beigefarbene Regenmäntel. ‹Schnell, ziehen Sie sich an›, befahlen sie, ‹wir nehmen Sie mit.› Ich sah, wie meine Mutter niederkniete und ihre Beine umfaßte, wie sie weinte und bettelte: ‹Nehmen Sie mich, aber nicht die Kinder, ich beschwöre Sie.› Sie zogen sie hoch: ‹Los, Madame, machen Sie die Sache nicht noch schwerer, und alles wird gut.› Meine Mutter breitete ein großes Laken auf dem Fußboden aus und warf Kleidungsstücke und Unterwäsche darauf. ... Sie war in Panik, warf Sachen darauf und nahm sie wieder weg. ‹Beeilen Sie sich›, riefen die Polizisten. Sie wollte Trockengemüse mitnehmen. ‹Nein, das brauchen Sie nicht›, sagten die Männer, ‹nehmen Sie nur Lebensmittel für zwei Tage mit, dort bekommen Sie zu essen.›»⁶¹

Am Nachmittag des 17. Juli waren 3031 jüdische Männer, 5802 Frauen und 4051 Kinder verhaftet worden; die Gesamtzahl der Juden, die man im Zuge des *vent printanier* gefangengenommen hatte, belief sich schließlich auf 13 152.⁶² Unverheiratete Personen oder kinderlose Paare schickte man direkt nach Drancy; die anderen 8160 Männer, Frauen und Kinder wurden in einer großen Radrennbahn, dem Vélodrome d'Hiver (Vel d'Hiv), gesammelt.⁶³

Im Vel d'Hiv stand nichts bereit, es gab weder Essen noch Wasser, keine Toilette und auch keine Betten oder Bettzeug irgendwelcher Art. Drei bis sechs Tage lang erhielten Tausende von unglücklichen Geschöpfen ein bis zwei Portionen Suppe pro Tag. Zwei jüdische Ärzte und ein Arzt des Roten Kreuzes waren anwesend. Die Temperatur sank nie unter 37 Grad Celsius. Schließlich wurden die Juden aus dem Vel d'Hiv, eine Gruppe nach der anderen, vorübergehend nach Pithiviers und Beaune-la-Rolande geschickt, in Lager, welche gerade von den Häftlingen geräumt worden waren, die man im Juni deportiert hatte.⁶⁴

Vent printanier hatte nicht die gewünschten Ergebnisse erzielt. Um Drancy voll mit Juden besetzt zu halten, die zur Deportation bereitstanden, mußten die Verhaftungen staatenloser Juden auf die Vichy-Zone ausgedehnt werden, wie es die französische Regierung zugestanden hatte. Die Hauptoperation, wiederum ausschließlich von französischen Kräften (Polizei, Gendarmen, Feuerwehrleute und Soldaten) durchgeführt, fand vom 26. bis 28. August statt; etwa 7100 Juden wurden ergriffen.[65] Obgleich Laval Anfang September versprochen hatte, die Einbürgerung von Juden aufzuheben, die nach Januar 1933 ins Land gekommen waren, zielten die Festnahmen in der Vichy-Zone darauf, die deutschen Quoten aufzufüllen, ohne damit beginnen zu müssen, französischen Bürgern ihre Staatsbürgerschaft zu entziehen.[66] Bis zum Jahresende waren 42 500 Juden aus Frankreich nach Auschwitz deportiert worden.[67] Am 22. Juli notierte Biélinky: «Mein Schuhmacher in der Rue Broca, ein polnischer Jude, ist mit seiner Frau verhaftet worden. Das Paar Schuhe, das ich ihm zur Reparatur gebracht hatte, ist bei ihm geblieben. Und sein Haus ist verschlossen, da er weder Kinder noch Eltern hatte.»[68]

Bis Mitte 1943 blieb Drancy unter französischer Hoheit. Das Hauptziel für die Lagerverwaltung bestand weiter darin, das Soll zu erfüllen, das die Deutschen für jeden abgehenden Transport vorgegeben hatten. «Im Hinblick auf unsere gegenwärtige Verpflichtung, am Montag eintausend Deportierte bereitzustellen», schrieb ein französischer Polizeibeamter am 12. September 1942, «müssen wir bei diesen Abfahrten zumindest in Reserve die Eltern von kranken [Kindern] einbeziehen und ihnen mitteilen, daß sie möglicherweise ohne ihre Kinder deportiert werden, die im Krankenhaus bleiben.»[69]

Am 11. August teilte Untersturmführer Horst Ahnert aus Danneckers Büro dem RSHA mit, er plane wegen der vorübergehenden Stockung bei der Festnahme von Juden, die in den Lagern Beaune-la-Rolande und Pithiviers gesammelten Kinder nach Drancy zu schicken, und er bat um die Genehmigung aus Berlin.[70] Am 13. erteilte Günther seine Zustimmung, warnte Ahnert aber davor, ausschließlich aus Kindern bestehende Transporte auf die Reise zu schicken.[71]

Die Ankunft dieser Kinder im Alter von 2 bis 12 Jahren war es wahrscheinlich, die der Drancy-Häftling George Wellers nach dem Krieg schilderte: «Sie wurden mitten auf dem Hof wie kleine Tiere aus den Bussen ausgeladen. ... Die älteren Kinder hielten die jüngeren fest und ließen sie nicht los, bis sie die ihnen zugewiesenen Plätze erhalten hatten. Auf den Treppen trugen die größeren Kinder keuchend die kleineren bis in den vierten Stock. Dort blieben sie ängstlich zusammengedrängt. ... Als das Gepäck ausgeladen war, kehrten die Kinder in den

Hof zurück, aber die meisten der jüngeren konnten ihre Sachen nicht finden; als sie nach ihrer erfolglosen Suche wieder in ihre Zimmer zurückwollten, wußten sie nicht mehr, in welchen Raum man sie eingewiesen hatte.»[72]

Am 24. August verließ Transport Nr. 23 mit seiner Ladung von 1000 Juden, darunter 553 Kinder unter 17 Jahren (288 Jungen und 265 Mädchen) Drancy in Richtung Auschwitz. Von den Kindern waren 465 unter 12 und von diesen 131 unter 6 Jahre alt. Nach der Ankunft in Auschwitz wurden 92 Männer im Alter von 20 bis 45 Jahre zur Arbeit ausgesucht. Alle anderen Deportierten wurden sofort vergast. Drei Juden aus diesem Transport überlebten den Krieg.[73]

Als Ergebnis der einzigen Petition, die UGIF-Nord kurz nach der Pariser Verhaftungsaktion an die Vichy-Regierung sandte, wurden einige Verwandte von Kriegsveteranen sowie einige französische Kinder «ausländischer» Eltern (das waren die Worte, die in der Petition gebraucht wurden) freigelassen. André Baur, der Präsident der UGIF-Nord, dankte Laval für seine Geste.[74]

Am 2. August traf sich Lambert mit Helbronner. Ungeachtet der fortwährenden Verhaftungsaktionen und Deportationen war der Leiter des *Consistoire* nicht bereit, seine Kontakte in Vichy mit irgendeinem Mitglied der UGIF zu teilen, und er wollte Lambert auch nicht sagen, daß sich Laval in Wirklichkeit weigerte, ihn zu empfangen. Im Laufe des Gesprächs erklärte Helbronner dem bestürzten Lambert, am 8. August gehe er in Urlaub, und «nichts auf der Welt werde ihn zurückholen».[75] Diese Erklärung, die nur von Lambert zitiert wird, muß man angesichts der gespannten Beziehungen zwischen dem Verfasser des *Carnet* und dem *Consistoire* mit Vorsicht behandeln. «Der Präsident des Consistoire scheint mir schwerhöriger, selbstgefälliger und älter zu sein denn je. Das Schicksal der ausländischen Juden berührt ihn überhaupt nicht», fügte Lambert am 6. September hinzu, als er eine weitere Begegnung mit Helbronner beschrieb, die am 30. Juli stattgefunden hatte.[76] Die Bemerkung über Helbronners Einstellung zu *les juifs étrangers* traf wahrscheinlich ins Schwarze.

Im August setzte das *Consistoire* zwei Entwürfe eines Protestbriefs auf. Die mildere Fassung, in der im Unterschied zur anderen Version weder von «Vernichtung» die Rede war noch von der Beteiligung der französischen Polizei oder derjenigen der Deutschen, wurde am 25. August in Vichy abgeliefert, nicht bei Laval, an den sie adressiert war und der sich erneut weigerte, sich mit dem Abgesandten der französischen Judenheit zu treffen, sondern bei einem untergeordneten Beamten.[77] Das war alles.

Die UGIF-Nord war in endlose Debatten mit Angestellten des *Com-*

missariat über die Begleichung der Geldstrafe von einer Milliarde Francs verwickelt, und ihr regulärer Haushalt brach unter der zunehmenden Last der Sozialunterstützung zusammen, die vorwiegend an mittellose ausländische Juden geleistet wurde. Die UGIF-Süd versuchte, mit Hilfe des *Consistoire* und mit Unterstützung ausländischer, vor allem amerikanischer Organisationen (darunter die Quäker und das Nîmes-Komitee sowie natürlich das *Joint*) die Behörden von Vichy dazu zu überreden, die Auswanderung von tausend jüdischen Kindern in die USA zuzulassen. Nach wochenlangen Verhandlungen und endlosen bürokratischen Schachzügen sowohl auf der französischen als auch auf der amerikanischen Seite war eine Übereinkunft beinahe unter Dach und Fach. Da besetzten jedoch, als die alliierten Truppen in Nordafrika gelandet waren, die Deutschen die südliche Zone, Vichy brach die diplomatischen Beziehungen zu Washington ab, und das Projekt zerschlug sich.[78]

Die Zusammenarbeit der UGIF-Süd mit dem *Consistoire* bei dem Versuch, die jüdischen Kinder zu retten, ließ erkennen, daß sich die Beziehungen zwischen den beiden Organisationen (und ihren führenden Vertretern) wandelten und an die Stelle eines ausgeprägten Antagonismus eine zunehmende und unvermeidliche Kooperation trat. Die Besetzung der südlichen Zone durch die Deutschen und das Schicksal, das die gesamte Judenheit in Frankreich bedrohte, trugen zu diesem Wandel bei. Die führenden Persönlichkeiten des französischen Judentums verloren den Glauben an ihren privilegierten Status und an den Schutz, den die französischen Juden von Vichy erwarten konnten. Größere Verhaftungsaktionen, die Anfang 1943 in Marseille und Lyon stattfanden, sollten ihre Befürchtungen bestätigen und in den darauffolgenden Monaten die Beziehungen zur UGIF-Süd festigen.[79]

Sowohl in Rivesaltes als auch in Drancy versuchten die Deutschen den Häftlingen einzureden, sie sollten Familienmitglieder, die untergetaucht waren, dazu bewegen, sich zu melden, um eine Trennung zu vermeiden. In Rivesaltes richteten sich die deutschen Überredungskünste vor allem an Eltern versteckter Kinder. Jüdische Sozialarbeiter, die die Falle erkannten, standen vor der Wahl, entweder den Eltern mitzuteilen, daß die Deportation für sie und ihre Kinder den Tod bedeutete, oder sie vor dem, was ihnen bevorstand, abzuschirmen. Einige Inhaftierte verstanden die indirekten Warnungen, andere hingegen nicht: Mehr als hundert weitere Kinder begleiteten ihre Eltern.[80]

Dann, als Anfang 1943 die Zahl der ausländischen Juden in Frankreich rapide abnahm und das wöchentliche Soll von Deportierten nicht mehr erfüllt wurde, entschlossen sich die Deutschen zum nächsten Schritt: Pétain und Laval wurden jetzt dazu gedrängt, die Einbürgerungen von Juden, die nach 1927 stattgefunden hatten, rückgängig zu machen. Dies war der Punkt, an dem sich Laval, wie wir sehen werden, unerwarteterweise die Sache anders überlegte, nachdem er zunächst zugestimmt hatte.

Die unmittelbare Reaktion der Mehrzahl der einfachen französischen Bürger auf die Verhaftungen war in beiden Zonen unverkennbar negativ.[81] Sie führte zwar nicht zu organisierten Protesten, erhöhte aber doch die Bereitschaft, Juden zu helfen, die auf der Flucht waren. Empfindungen von Mitleid angesichts der unglücklichen Opfer, vor allem wenn es sich um Frauen und Kinder handelte, verbreiteten sich, wenngleich nur für kurze Zeit; das grundlegende Vorurteil gegenüber den Juden aber verschwand nicht.

«Die Verfolgung der Juden», hieß es in einem Bericht eines Vertreters der Résistance vom Februar 1943, «hat die Franzosen in ihren humanen Grundsätzen zutiefst verletzt; sie hat sogar die Juden gelegentlich fast sympathisch werden lassen. Es läßt sich jedoch nicht leugnen, daß es eine Judenfrage gibt: die gegenwärtigen Umstände haben sogar dazu beigetragen, sie fest zu etablieren. Die Regierung Blum, in der jüdische Elemente in der Überzahl waren, und das Eindringen Zehntausender von ausländischen Juden nach Frankreich hat im Lande einen Verteidigungsmechanismus hervorgerufen. Die Leute würden alles dafür geben, damit sich eine derartige Invasion nicht wiederholt.»[82] Ein Bericht eines anderen Vertreters vom März stimmte hiermit in seiner grundsätzlichen Einschätzung fast völlig überein: «Die Verfolgungen, die sich gegen die Juden richten, haben nicht aufgehört, die Bevölkerung aufzuwühlen und zu erzürnen. Gleichwohl betrachtet sie die öffentliche Meinung mit einem gewissen Argwohn. Es wird befürchtet, daß nach dem Krieg einige führende Berufe (Bankwesen, Rundfunk, Presse, Kino) erneut von den Juden überflutet und in gewisser Weise kontrolliert werden. Gewiß will niemand, daß die Juden zu Opfern gemacht werden, und erst recht nicht, daß man sie belästigt. Die Leute haben den aufrichtigen Wunsch, daß sie so frei wie möglich, im Besitz ihrer Rechte und ihres Eigentums, sein sollen. Niemand will aber, daß sie in irgendeinem Bereich vorherrschend sind.»[83]

In der Résistance selbst war dieselbe Art von zurückhaltendem Antisemitismus vorhanden, und das sogar ausdrücklich. Im Juni 1942 brachte die erste Ausgabe der *Cahiers*, die von der zentralen Körperschaft des französischen Untergrunds, der *Organisation Civile et Militaire* (OCM) herausgebracht wurde, eine Untersuchung über ethnische Minderheiten in Frankreich. Der Verfasser Maxime Blocq-Mascart griff die Juden als diejenige Gruppe heraus, die «fortwährende Kontroversen» verursachte: «Der Antisemitismus in seiner gemäßigten Form war quasi universal, selbst in den liberalsten Gesellschaften. Das deutet darauf hin, daß seine Grundlage nicht imaginär ist.» Blocq-Mascarts Analyse förderte das übliche Repertoire antijüdischer Argumente zutage und schlug die üblichen Maßnahmen vor: Unterbindung der Einwanderung von Juden, Vermeidung der Konzentration von Juden in einer kleinen Zahl von Städten, Förderung vollständiger Assimilation. Von einigen hochrangigen Mitgliedern des Untergrunds wurde der Artikel eingehend erörtert und angeprangert; gleichwohl repräsentierte er die Meinung einer großen Mehrheit der Franzosen.[84]

Die Versammlung der französischen Kardinäle und Erzbischöfe trat am 21. Juli 1942, weniger als eine Woche nach der Razzia, in Paris zusammen. Eine Minderheit war für irgendeine Form des Protests, aber die Mehrheit unter der Führung von Erzbischof Achille Liénart aus Lille und Kardinal Emmanuel Suhard aus Paris war dagegen. Ungezeichnete Notizen, die nach der Versammlung aller Wahrscheinlichkeit nach von Liénart angefertigt wurden, lassen die Hauptpunkte der Diskussion und die Ansichten der Mehrheit erkennen: «Dazu verdammt, vom Kontinent zu verschwinden. Wer sie unterstützt, ist gegen uns. Die Vertreibungen sind angeordnet worden. Die Antworten: einige gehören zu uns; wir behalten sie; die anderen, die Ausländer – wir geben sie zurück. Nein, alle müssen fort infolge der Aktion unserer Behörden, in beiden Zonen. Individualistisches Projekt. Brief an unsere Regierung aus einem Gefühl der Menschlichkeit heraus. Sozialunterstützung für Kinder in Zentren. Sie selbst bitten uns nur um Mildtätigkeit. Brief im Namen der Menschlichkeit und Religion aufgesetzt.»[85]

Mit anderen Worten: Wie aus den Aufzeichnungen hervorgeht, wußte der französische Episkopat, daß den Juden bestimmt war, vom Kontinent zu verschwinden (wahrscheinlich aus Informationen, die er von der Regierung oder aus dem Vatikan erhalten hatte); ob dieses Verschwinden als Vernichtung aufgefaßt wurde, ist nicht klar. Unterstützung für die Juden, so hieß es in der Notiz weiter, kam vorwiegend von Teilen der Bevölkerung, die der Kirche gegenüber feindlich eingestellt waren (Kommunisten? Gaullisten?). Die Deportationen sind von den Deutschen angeordnet worden; Vichy möchte die französischen Juden behalten und die Ausländer abschieben lassen; die Deutschen bestehen auf einem generellen Abtransport aus beiden Zonen und verlangen die Hilfe französischer Behörden (vor allem der Polizei). Der Ausdruck «individualistisches Projekt» (*projet individualiste*) ist unklar, er könnte aber bedeuten, daß eine Unterstützung für Einzelpersonen erörtert wurde. Anscheinend glaubten die Bischöfe, daß die Sorge für Kinder von französischen Wohlfahrtsbehörden übernommen werden würde Den Notizen zufolge baten die Juden um nichts anderes als um Hilfe aus Nächstenliebe (nicht um politische Einmischung oder öffentlichen

Protest). Es würde ein Brief an die Regierung geschickt werden, der im Geiste der von der Versammlung verabschiedeten Erklärung gehalten wäre.[86]

Am 22. Juli sandte Suhard im Namen der Versammlung den Brief an den Marschall. Er war der erste offizielle Protest der katholischen Kirche von Frankreich wegen der Verfolgung der Juden: «Tief erschüttert durch die Nachrichten, die uns über die massenhaften Verhaftungen von Israeliten erreichen, welche in der letzten Woche stattgefunden haben, und durch die harte Behandlung, die sie insbesondere im Vélodrome d'Hiver erfahren haben, können wir den Ruf unseres Gewissens nicht unterdrücken. Unsere Stimme erhebt sich im Namen der Menschlichkeit und der christlichen Grundsätze, um für die unveräußerlichen Rechte von Menschen Protest einzulegen. Dies ist auch ein schmerzerfüllter Ruf nach Mitleid mit diesem unermeßlichen Leiden, vor allem mit demjenigen von Müttern und Kindern. Wir bitten Sie, Monsieur le Maréchal, daß Sie sich bereiterklären, [unseren Ruf] in Betracht zu ziehen, auf daß die Forderung der Gerechtigkeit und das Recht auf Nächstenliebe geachtet werden.»[87]

Der päpstliche Nuntius in Vichy, Monsignore Valerio Valeri, hielt den Brief für ziemlich «platonisch».[88] Helbronner war ebenfalls dieser Ansicht und bestürmte seinen Freund Gerlier, persönlich bei Pétain zu intervenieren. Nachdem sich der Kardinal von Lyon eine Zeitlang geziert hatte, erklärte er sich (auch auf Drängen von Pastor Boegner) bereit, dem Marschall einen Brief zu schreiben, und das tat er dann am 19. August. Ebenso wie Suhard vor ihm, schrieb Gerlier aber so gewunden, daß Pétain und Laval daraus nur den Schluß ziehen konnten, die Kirche von Frankreich werde letztlich auf jede energische Konfrontation verzichten. Ungeachtet des Versprechens, das er Helbronner gegeben hatte, bat der Kardinal nicht um ein Treffen mit Pétain.[89] Einige Monate zuvor hatte es Gerlier jedoch zugelassen, daß in seiner Diözese eine Vereinigung zur Hilfe für Juden (*Amitiés Judéo-Chrétiennes*) gegründet wurde, die von Abbé Alexandre Glasberg und dem Jesuitenpater Pierre Chaillet geleitet wurde; im August 1942 intervenierte er zugunsten dieses Paters Chaillet, den man verhaftet hatte, weil er 84 jüdische Kinder versteckt hatte.[90]

Vor diesem Hintergrund ließ am 30. August 1942 der Erzbischof von Toulouse, Mgr. Jules-Gérard Saliège, in den Kirchen seiner Diözese einen Hirtenbrief verlesen, in dem er die Verhaftungen und Deportationen geißelte: «Daß man Kinder, daß man Frauen, Väter und Mütter wie eine Herde niedrigen Viehs behandelt, daß man Angehörige einer und derselben Familie auseinanderreißt und mit unbekanntem Ziel verlädt, dieses traurige Schauspiel blieb unserer Zeit vorbehalten. ... In unserer Diözese haben sich in den Lagern Noé und Récébédou schreckliche Szenen abgespielt. Die Juden sind Männer. Die Jüdinnen sind Frauen. Die Ausländer sind Männer, die Ausländerinnen sind Frauen. Nicht alles darf man ihnen antun, diesen Männern und diesen Frauen, diesen Familienvätern und Familienmüttern. Sie gehören zum menschlichen Geschlecht.»[91]

Salièges Hirtenbrief fand ein Echo, das weit über den Südwesten Frankreichs hinausreichte, aber wie die Historikerin Michèle Cointet geäußert hat, muß man ihn in seinem Kontext sehen. Der Brief war, wie es scheint, nicht nur Ausdruck einer temperamentvollen moralischen Reaktion auf die Festnahmen ausländischer Juden in der Vichy-Zone. Anscheinend wurde er dem Geistlichen aus Toulouse von Emissären aus Lyon vorgeschlagen. Mit anderen Worten, während die Versammlung französischer Kardinäle und Erzbischöfe gelähmt war, wurde Saliège ebenso wie kurze Zeit später Monseigneur Pierre Théas, der Bischof von Montauban, zu ihrer Stimme. Die Bischofsversammlung wußte wahrscheinlich, daß man diese individuellen Proteste als allzu marginal ansehen würde, als daß sie zu einer offiziellen Vergeltung führen würden. Aber sie würden es gestatten, das Gesicht zu wahren: Die Kirche von Frankreich hatte nicht geschwiegen.[92]

Salièges Protest mag teilweise taktischer Natur gewesen sein, aber er muß auch seine Gefühle zum Ausdruck gebracht haben, wie schon allein der Ton des Appells und konkreter noch die Hilfe beweist, die er verschiedenen jüdischen Rettungsaktionen im Südwesten Frankreichs angedeihen ließ. Dieselbe praktische Hilfe leistete eine Reihe anderer Geistlicher, Bischof Paul Rémond in Nizza oder, indirekt, Gerlier selbst. Auf dem gesamten Kontinent haben – und auf diesen Punkt kommen wir noch zurück – christliche Institutionen in der Tat jüdische Kinder und in einigen Fällen auch jüdische Erwachsene versteckt. Gelegentlich war die Unterstützung kollektiv, bemerkenswert durch ihr Ausmaß und nicht weniger bemerkenswert durch das Fehlen irgendwelcher Bekehrungsabsichten, wie etwa in der französischen protestantischen Gemeinde Le Chambon-sur-Lignon, einem Dorf in den Cevennen, unter der Leitung ihres Pastors André Trocmé und seiner Familie. Das ganze Dorf beteiligte sich an diesem außerordentlichen Wagnis, und schließlich versteckten sie zum einen oder anderen Zeitpunkt während des gesamten Zeitraums tatsächlich Hunderte oder möglicherweise Tausende von Juden.[93] Es bedurfte eines von Vichy entsandten protestantischen Polizeibeamten, um einen Teil der Versteckaktion aufzudecken und für die Deportation aller jungen jüdischen Schützlinge des Kinderheims Maison des Roches mitsamt ihrem Direktor Daniel Trocmé zu sorgen.[94]

*

Die üblichen deutschen Verfügungen waren in Belgien ebenso angewendet worden wie in Frankreich und den Niederlanden und auch etwa um dieselbe Zeit. Doch der Militärbefehlshaber General Alexander von Falkenhausen und der äußerst einflußreiche Chef der Zivilverwaltung, Eggert Reeder, waren besorgt, die Deportationen, die ebenfalls für Juli angesetzt waren, könnten in der Bevölkerung Unruhe hervorrufen. Reeder trug die Angelegenheit Himmler persönlich vor.

Ein Bericht, den Gesandter Werner von Bargen, der Beauftragte des Außenministeriums beim militärischen Oberkommando in Brüssel, am 9. Juli an die Wilhelmstraße sandte, zeichnete ein im allgemeinen zutreffendes Bild der Lage: «Militärverwaltung beabsichtigt, gewünschten Abtransport von 10000 Juden durchzuführen. Militärverwaltungschef gegenwärtig im Hauptquartier [Hitlers], um Angelegenheit mit Reichsführer SS zu erörtern. Bedenken gegen Maßnahme könnten sich einmal daraus ergeben, daß Verständnis für Judenfrage hier noch nicht sehr verbreitet und Juden belgischer Staatsangehörigkeit in Bevölkerung als Belgier angesehen werden. Maßnahme könnte daher als Beginn allgemeiner Zwangsverschickung ausgelegt werden. Auf der anderen Seite sind Juden weitgehend in hiesigen Wirtschaftsprozeß eingegliedert, so daß Schwierigkeiten auf Arbeitsmarkt befürchtet werden können. Militärverwaltung glaubt jedoch, Bedenken zurückstellen zu können, wenn Verschickung belgischer Juden vermieden wird. Es werden daher zunächst polnische, tschechische, russische und sonstige Juden ausgewählt werden, womit das Soll theoretisch erreicht werden könnte.»[95]

Himmler hatte keine Bedenken, der Verschiebung der Deportation von Juden belgischer Staatsangehörigkeit zuzustimmen, da er wußte, daß sie kaum 6 Prozent der 57000 Juden ausmachten, die von der Sicherheitspolizei registriert waren. Am 4. August 1942 verließ der erste Transport ausländischer Juden Malines (flämisch: Mechelen) in Richtung Auschwitz. Paradoxerweise sollten jedoch die Ereignisse in Belgien einen etwas anderen Verlauf nehmen als beispielsweise in den benachbarten Niederlanden.

Vom Beginn des deutschen Überfalls wurden Juden wie Nichtjuden überrascht, und ein Drittel der belgischen Judenheit wurde während der ersten beiden Monate der Operation in den Tod geschickt. Während jedoch bis November 1942 etwa 15000 Juden deportiert wurden, hatten die Aushebungen durch die Deutschen während der darauffolgenden Monate schon bald immer weniger Erfolg: Ungefähr 10000 weitere Juden wurden vor der Befreiung des Landes deportiert. Etwa die Hälfte der jüdischen Bevölkerung des Landes überlebte den Krieg.

Ungeachtet starker Vorurteile gegen Juden und besonders gegen die sehr große Zahl ausländischer Juden, führten zwei Faktoren dazu, daß in Belgien der Prozentsatz der Geretteten weitaus höher lag als in den vergleichsweise wenig antisemitischen Niederlanden, die die Heimat einer überwältigenden Mehrheit alteingesessener niederländischer Juden waren: die spontane Reaktion der Bevölkerung und das Engagement belgischer Widerstandsorganisationen.

Es ist keine Frage, daß auf allen Ebenen der Gesellschaft Rettungsaktionen großen Stils stattfanden, die von «einfachen Belgiern» initiiert wurden. Die Frage, die unbeantwortet bleibt – und wahrscheinlich nicht zu beantworten ist –, bezieht sich auf das Ausmaß des Einflusses der katholischen Kirche und ihrer Institutionen auf diese Woge von Mitleid und Nächstenliebe. Daß katholische Institutionen in der Tat Juden, besonders jüdische Kinder, versteckt haben, ist gut dokumentiert; ob diese Institutionen und vor allem die einfache katholische Bevölkerung auf die Ermutigungen und Anweisungen der Kirchenhierarchie reagierten oder lediglich ihren eigenen Gefühlen folgten, bleibt ebenso unklar wie die Frage, ob Erinnerungen an deutsche Brutalitäten im Ersten Weltkrieg eine Rolle gespielt haben.[96]

Die aktive Kooperation zwischen einer rasch gegründeten jüdischen Untergrundorganisation (*Comité de Défense des Juifs* [CDJ]) und den belgischen Widerstandsorganisationen führte dazu, daß etwa 25 000 Juden versteckt wurden.[97] Die Zusammenarbeit wurde dadurch erleichtert, daß von Anfang an eine beträchtliche Zahl ausländischer jüdischer Flüchtlinge auf die eine oder andere Weise der belgischen kommunistischen Partei oder linken zionistischen Organisationen anhing. Einen besonders großen Anhang hatte die kommunistische Organisation für ausländische Arbeiter, *Main d'Œuvre Immigrée* (MOI);[98] außerdem hatten die Kommunisten großen Einfluß im belgischen Widerstand.

IV

Während die Juden rasch aus dem Reich verschwanden, blieb die Judenfrage nicht nur in der offiziellen Propaganda, sondern auch im Alltagsleben so präsent wie eh und je. Anfang Dezember 1942 beispielsweise, als das Problem im Begriff stand, die Gerichte zu beschäftigen, entschloß sich die «Katag A.G.», eine Textilfirma aus Bielefeld, das Reichsjustizministerium anzurufen. «Die Katag», hieß es in dem Gesuch der Firma, «wurde in den Jahren 1937/38 arisiert. Der Firmenname ‹Katag› als Abkürzung für Katz & Michel Textil A.-G. wurde bei der Arisierung insofern geändert, als wir nunmehr die Bezeichnung ‹Katag› als Phantasiebezeichnung eintragen ließen mit dem Zusatz ‹A.-G.›, so daß nunmehr im Handelsregister Bielefeld eingetragen steht ‹Katag A.-G.›. Neuerdings ist von der Deutschen Arbeitsfront aus unsere Firmenbezeichnung ‹Katag› beanstandet worden, da sie noch eine Silbe des jüdischen Namens Katz in sich enthalte. Wir stehen auf dem Standpunkt, daß bei der Bezeichnung ‹Katag A.-G.› die beiden ersten Buchstaben Ka in keiner Weise mehr als Bestandteile eines jüdischen Namens erkannt werden können.»[99]

Das Problem war nicht leicht zu lösen; das Justizministerium bat die Parteikanzlei um eine Stellungnahme, und nach zahlreichen Diskussionen gelangte Bormanns Büro am 23. März 1943 zu einem salomonischen Urteil, wenn man so sagen darf: Der «Katag A. G.» würde einstweilen, für die Dauer des Krieges, gestattet werden, ihren Namen zu behalten.[100]

Ebenfalls in diesen schicksalhaften Dezembertagen des Jahres 1942 entschied das Reichserziehungsministerium, daß Mischlinge zweiten Grades unter den gegebenen Umständen als Studenten der Medizin, der Zahnmedizin und der Pharmazie, nicht aber der Veterinärmedizin immatrikuliert werden konnten. Die Entscheidung beruhte auf der Annahme, daß Mischlinge zweiten Grades nach Abschluß ihres Studiums nicht die geringste Chance haben würden, eine Beschäftigung als Tierärzte zu finden.[101] Mit anderen Worten, Mischlinge zweiten Grades konnten vielleicht kranke Menschen behandeln, aber kein guter Deutscher würde sie rufen, um ein krankes Tier kurieren zu lassen.

Der Abschluß der Deportationen aus Deutschland war nur eine Frage der Logistik und der Zeit. Wie wir oben sahen, sollten seit dem Frühsommer 1942 – wahrscheinlich infolge des Versuchs der Gruppe Baum, die Ausstellung «Das Sowjetparadies» in Brand zu stecken – im Reich keine jüdischen Arbeiter mehr eingesetzt werden, auch nicht an kriegswichtigen Arbeitsplätzen. In einem Brief, den Sauckel am 26. November 1942 an die Leiter der Arbeitseinsatzdienststellen sandte, kam dies ganz klar zum Ausdruck: «Im Einvernehmen mit dem Chef der Sicherheitspolizei und des SD sollen nunmehr auch die noch in Arbeit eingesetzten Juden aus dem Reichsgebiet evakuiert und durch Polen, die aus dem Generalgouvernement ausgesiedelt werden, ersetzt werden. ... Die ... Polen werden, soweit sie arbeitseinsatzfähig sind, ohne Angehörige in das Reich, insbesondere nach Berlin, abtransportiert, wo sie den Arbeitseinsatzdienststellen zum Einsatz in den Rüstungsbetrieben anstelle der abzulösenden Juden zur Verfügung gestellt werden. Die durch den Einsatz der polnischen Arbeitskräfte freiwerdenden Juden werden *Zug um Zug* ausgesiedelt werden. Dabei wird zunächst auf die mit Handlangerarbeiten beschäftigten Juden zurückgegriffen werden, da ihr Austausch am leichtesten ist. Die übrigen sogenannten ‹qualifizierten› jüdischen Arbeitskräfte werden Betrieben solange belassen, bis der polnische Ersatz durch eine von Fall zu Fall zu bestimmende Anlernzeit mit den Arbeitsvorgängen hinreichend vertraut gemacht worden ist. Hierdurch wird sichergestellt werden, daß Produktionsausfälle in den einzelnen Betrieben auf das äußerste Maß beschränkt bleiben.»[102] Wie wir weiter unten sehen werden, war dies die genaue Wiedergabe der Strategie Himmlers, wie er sie in einem Brief vom Oktober 1942 an das OKW formuliert hatte.

Am 27. Februar 1943 begann die Deportation der «Industriejuden» (die «Fabrikaktion»). Sie verfolgte ein doppeltes Ziel: alle Volljuden, die im Altreich in der Industrie arbeiteten, zu ergreifen und zu *deportieren* und von diesen Arbeitsplätzen etwaige jüdische Partner von Mischehen zu *vertreiben*.[103] Tatsächlich betrafen die Aushebungen nicht nur die jüdischen Arbeiter, sondern auch ihre Familien und generell sämtliche Volljuden, die noch irgendwo im Reich verblieben waren.[104] In Berlin, wo noch über 10 000 jüdische Zwangsarbeiter beschäftigt gewesen waren, dauerte die Aktion fast eine ganze Woche. Am 1. März ging der erste Transport nach Auschwitz ab. Innerhalb weniger Tage wurden etwa 7000 Juden aus der Hauptstadt und 10 948 aus dem gesamten Reich abtransportiert.[105]

Etwa 1500 bis 2000 Berliner Juden, die man festgenommen, aber von der Deportation ausgeschlossen hatte (vor allem Partner von Mischehen), wurden in einem Gebäude in der Rosenstraße 2–4 gesammelt, wo sie identifiziert und zur Arbeit in noch bestehenden jüdischen Institutionen (wie etwa dem einzigen noch existierenden jüdischen Krankenhaus) eingeteilt werden sollten. Die Mehrzahl dieser Internierten wurde bis zum 8. März freigelassen.[106] Während dieser Tage sammelten sich Dutzende von Ehefrauen, anderen Verwandten und Freunden auf dem gegenüberliegenden Gehsteig und riefen manchmal nach den Gefangenen; sie warteten vor allem auf Informationen oder versuchten, Lebensmittelpäckchen in das Gebäude hineinzubekommen. Derartige ungewöhnliche Ansammlungen verlangten mit Sicherheit einen gewissen Mut, aber sie waren vergleichsweise bescheiden und völlig unaggressiv. Sie führten nicht die Entlassung der Inhaftierten herbei, da für diese Juden die Deportation zu keinem Zeitpunkt geplant gewesen war. Das Geschehen wurde zur Legende: Eine Demonstration Tausender deutscher Frauen führte zur Befreiung ihrer jüdischen Ehemänner. Es ist eine erhebende Legende, aber eine Legende gleichwohl.[107]

Vor der Fabrikaktion hatte Ende 1942 der Abtransport von jüdischen Häftlingen aus Konzentrationslagern im Reich in Lager im Osten stattgefunden;[108] am 20. Oktober 1942 hatte die «Gemeindeaktion» zur Deportation des größten Teils der Beschäftigten der Reichsvereinigung und der Berliner Gemeinde geführt.[109] Mehrere Transporte folgten Ende 1942 und Anfang 1943. Kurz nach der Fabrikaktion brachte ein weiterer Transport die Hälfte des noch verbliebenen Personals des Berliner jüdischen Krankenhauses nach Auschwitz;[110] im Mai und Juni folgten Transporte bettlägeriger Patienten aus dem jüdischen Krankenhaus nach Theresienstadt.[111] Währenddessen wurden jedoch 10 000 ältere Häftlinge aus Theresienstadt nach Treblinka abtransportiert. Einem Bericht Müllers an Himmler zufolge sollte das die Überbevölkerung im «Ghetto» entschärfen.[112]

Leo Baeck und andere führende Vertreter der Reichsvereinigung wurden im Januar 1943 nach Theresienstadt deportiert, und im Juni hörte die Organisation faktisch zu bestehen auf. Die tausendjährige Geschichte der Juden in Deutschland ging zu Ende.

Hertha Feiner gehörte zu den letzten Angestellten der Berliner Gemeinde, die deportiert wurden. Sie wartete nicht in ihrer Wohnung auf die Gestapo, sondern zog, von Nachbarn gewarnt, in das Gebäude der Gemeinde um; dort wurde sie am 9. März 1943 verhaftet. Eine nichtjüdische Bekannte versuchte erfolglos, sie als Mutter zweier Mischlingstöchter freizubekommen. Am 12. März kam sie in den Transport nach Auschwitz. Sie vergiftete sich im Zug.[113]

Einige Monate zuvor hatte es so ausgesehen, als würden die Kleppers dem Schlimmsten entrinnen können. Am 5. Dezember 1942 teilte ihnen die schwedische Gesandtschaft mit, daß ihrer Tochter Renate ein Visum erteilt worden war.[114] Würde Hanni zusammen mit ihrer Tochter fahren können? Am 8. war Jochen Klepper im Büro seines Beschützers, des Innenministers Frick. Der Minister, der offensichtlich recht betrübt war, teilte Klepper mit, er könne nichts unternehmen, um die Ausreise der Mutter zu erleichtern: «Solche Dinge können sich ja der Sache nach nicht im geheimen abspielen. Sie kommen zu den Ohren des Führers, und dann gibt es einen Mordskrach.»[115] Frick arrangierte für Jochen Klepper ein Treffen mit Eichmann. Der Leiter des Referats IVB4 versprach nicht einmal, daß Reni das Land würde verlassen dürfen; die Mutter würde jedenfalls nicht die Genehmigung erhalten, ihr zu folgen.[116] Am nächsten Tag lehnte Eichmann die Ausreise Hannis endgültig ab. Jochen, Hanni und Renerle zögerten nicht: Sie würden zusammen sterben. Noch in der gleichen Nacht nahmen sich alle drei das Leben.[117]

V

Am 18. Juni 1942 schrieb der Zahlmeister der Reserve H. K. aus Brest-Litowsk nach Hause: «In Bereza-Kartuska, wo ich Mittagsstation machte, hatte man gerade am Tage vorher etwa 1300 Juden erschossen. Sie wurden zu einer Kuhle außerhalb des Ortes gebracht. Männer, Frauen und Kinder mußten sich dort völlig ausziehen und wurden durch Genickschuß erledigt. Die Kleider wurden desinfiziert und wieder verwendet.

Ich bin der Überzeugung: Wenn der Krieg noch länger dauert, wird man die Juden auch noch zu Wurst verarbeiten und den russischen Kriegsgefangenen oder den gelernten jüdischen Arbeitern vorsetzen müssen.»[18]

Am gleichen Tag gab eine Sitzung von Distriktgouverneuren und SS-Befehlshabern im Generalgouvernement einen Überblick über den Fortschritt der Vernichtung: Oberregierungsrat Engler berichtete, «die Judenfrage sei in der Stadt Lublin geklärt. Man habe das bisherige Judenviertel evakuiert.» SS- und Polizeiführer Katzmann erklärte, die Sicherheitslage im Distrikt Galizien gebe «im allgemeinen zu keinen Beunruhigungen Anlaß; ... die Judenaussiedlungen würden fortgesetzt.» Amtschef Dr. Hummel referierte über die Verhältnisse in Warschau. Er hoffte, daß die Stadt Warschau in absehbarer Zeit von der arbeitsunfähigen Judenlast befreit werde. Auf die Frage von Staatssekretär Dr. Bühler, ob Aussicht auf eine schnellere Verminderung der Ghettobevölkerung bestehe, erwiderte Staatssekretär Krüger, daß man darüber wohl im Laufe des August einen Überblick haben werde. Der stellvertretende Amtschef Oswald äußerte sich über die derzeitige Lage im Distrikt Radom. Die Judenumsiedlung betreffend sei der Distrikt etwas ins Hintertreffen geraten. Diese Aussiedlung der Juden hänge jetzt nur noch vom Transportproblem ab. Staatssekretär Krüger wies darauf hin, daß von seiten der Polizei die Judenaktion bis in alle Einzelheiten vorbereitet und ihre Durchführung nur eine Frage des Transportes sei.[119]

Mitte Juli traf Höfle mit einer Gruppe von «Spezialisten» aus Lublin in Warschau ein. Die SS-Einheiten in der Stadt sollten dann zu gegebener Zeit durch polnische «blaue Polizei» sowie durch ukrainische, lettische und litauische Hilfstruppen verstärkt werden. Am 20. Juli entschloß sich Czerniaków, der von verbreiteten Gerüchten über bevorstehende Deportationen gehört hatte, bei seinen langjährigen deutschen «Gesprächspartnern» Informationen zu beschaffen: «Morgens 7:30 bei der Gestapo. Ich fragte Mende, wieviel Wahrheit an den Gerüchten sei. Er entgegnete, er habe nichts davon gehört. Als nächstes wandte ich mich an Brandt, er antwortete, ihm sei nichts darüber bekannt.» Und so ging es weiter. Czerniaków setzte seinen Rundgang bei deutschen Beamten fort, und man erklärte ihm wiederholt, die Gerüchte seien «Quatsch» und «Unsinn». «Ich beauftragte Lejkin [den geschäftsführenden jüdischen Polizeichef], über die Bezirke die Bevölkerung davon zu unterrichten.» Der Vorsitzende begab sich dann zu Auerswald, um mit ihm über das Schicksal von Kindern zu sprechen, die in Jugendstrafanstalten inhaftiert waren: «Er [Auerswald] ordnete an, ihm wegen der Freilassung einen Brief zu schreiben, mit der Einschränkung, daß die Kinder in Besserungsheimen untergebracht werden und daß gewährleistet ist, daß sie nicht davonlaufen. ... Es ist anzunehmen, daß ungefähr 2000 Kinder sich für die Besserungsheime eignen.»[120]

Am 21. Juli wurden mehrere Mitglieder des Rates als Geiseln verhaftet und ebenso auch andere prominente Juden in der Ghettoverwaltung und darüber hinaus (Czerniaków s Frau stand ebenfalls auf der Liste, aber ihr gelang es, bei ihm in seinem Büro zu bleiben).[121] Am nächsten Morgen, am 22. Juli, wurde der Eingang zum Gebäude des Rats von einigen Autos der SS blockiert; die Ratsmitglieder und die Leiter aller Abteilungen versammelten sich in Czerniakóws Büro, und Höfle erschien mit einem kleinen Gefolge. Reich-Ranicki wurde hereingerufen, um im Versammlungsraum das Protokoll der Sitzung aufzunehmen. Die Fenster standen an jenem sonnigen Tag weit offen, und auf der Straße spielte die SS auf einem tragbaren Grammophon Walzer von Strauß.[122]

Höfle kündigte an, die Deportationen würden in wenigen Stunden beginnen, und, wie Marcel Reich-Ranicki schreibt, verlas er die deutschen Anweisungen «etwas mühselig und schwerfällig, mitunter stokkend», so als hätte er vorher kaum einen Blick auf den Text geworfen: «Die Stille im Raum war unheimlich, und sie wurde noch intensiver durch die fortwährenden Geräusche: das Klappern meiner alten Schreibmaschine, das Klicken der Kameras einiger SS-Führer, die immer wieder fotografierten, und die aus der Ferne kommende, die leise und sanfte Weise von der schönen blauen Donau. ... Von Zeit zu Zeit warf Höfle mir einen Blick zu, um sich zu vergewissern, daß ich auch mitkäme. Ja, ich kam schon mit. ... Im letzten Abschnitt der ‹Eröffnungen und Auflagen› wurde mitgeteilt, was jenen drohte, die etwa versuchen sollten, ‹die Umsiedlungsmaßnahmen zu umgehen oder zu stören›. Nur eine einzige Strafe gab es, sie wurde am Ende eines jeden Satzes refrainartig wiederholt: ‹... wird erschossen›.»[123]

Czerniaków versuchte, über einige Ausnahmen zu verhandeln (besonders besorgt war er über das Schicksal zahlreicher Waisen), aber er erhielt keinerlei Zusicherungen. Am 23. schrieb er in sein Tagebuch: «Morgens Gemeinde. Worthoff vom Umsiedlungsstab erschien, mit dem ich eine Reihe von Fragen besprach. Er hat die Schüler der Gewerbeschulen von der Umsiedlung befreit. Die Ehemänner arbeitender Frauen ebenfalls. Im Hinblick auf die Waisen ordnete er an, mit Höfle Rücksprache zu halten. Wegen der Handwerker soll ich ebenfalls Rücksprache halten. Auf die Frage, wieviele Tage in der Woche die Aktion in Gang sein wird, antwortete man, 7 Tage in der Woche. In der Stadt drängt sich alles, Werkstätten zu eröffnen. Eine Nähmaschine kann das Leben retten. 3 Uhr. Bis jetzt sind 4000 abfahrtsbereit. Bis 4 haben es [auf dem Umschlagplatz] laut Befehl 9000 zu sein.»[124] Am Nachmittag des 23. begannen die Einheiten der Hilfspolizei, da die jüdische Polizei nicht in der Lage war, das Soll zu erfüllen, mit eigenen Verhaftungen, ohne auf irgendwelche Befreiungen Rücksicht zu nehmen. Czerniakóws «Verhandlungen» waren umsonst gewesen.

Am gleichen Abend rief die SS Czerniaków aus seiner Wohnung zurück; ihm wurde erklärt, am nächsten Tag seien 10000 Juden auf den Umschlagplatz zu schicken. Der Vorsitzende kehrte in sein Büro zurück, schloß die Tür, schrieb eine Abschiedsnotiz an den Rat, in der er ihn über die neuen deutschen Forderungen informierte, und eine zweite an seine Frau; dann nahm er Gift.[125] Kaplan, der kein Freund Czerniakóws war, notierte am 26. Juli: «Das erste Opfer des Deportationsdekrets war der Präsident, Adam Czerniaków, der sich mit Gift im Judenratsgebäude das Leben nahm. ... Es gibt Menschen, die sich die Unsterblichkeit in einer einzigen Stunde verdienen. Der Präsident Czerniaków verdiente sich seine Unsterblichkeit in einem einzigen Augenblick.»[126]

Am 22. Juli hatte Treblinka die Tore geöffnet. Täglich wurden Tausende von verängstigten Ghettobewohnern zum Sammelpunkt getrieben, und von dort brachte ein Güterzug 5000 von ihnen nach Treblinka.[127] Zunächst wußten die meisten Juden Warschaus nicht, welches Schicksal sie erwartete. Am 30. Juli sprach Kaplan von «Vertreibung» und «Verschickung»: «Der siebte Tag der Austreibung. Vor den Fenstern meiner Wohnung ziehen lebende Leichenzüge vorbei – Vieh- oder Kohlenwagen voller Kandidaten für die Vertreibung und Verschickung, die kleine Bündel unter ihren Armen tragen. ... In vielen Häusern hat man große Plakate angeschlagen, auf denen zu lesen steht, daß alle, die sich freiwillig zur Ausweisung stellen, drei Kilo Brot und ein Kilo Marmelade zur Mitnahme auf die Reise erhalten.»[128]

Am 5. August brachen die Deportationen über alle Institutionen für Kinder, darunter sämtliche Waisenhäuser, herein. Seit Mai des Jahres hatte Korczak sein «Ghettotagebuch» geführt, mehr eine Aufzeichnung von Gedanken, Erinnerungen, ja selbst Träumen als von aktuellen Ereignissen. Doch in jeder Zeile spiegelte sich in unterschiedlichem Ausmaß die Angst wider, die der «alte Doktor» in bezug auf das Schicksal seiner Schützlinge und das des Ghettos empfand. Nachdem ihn die Gestapo Ende 1940 und Anfang 1941 in dem gefürchteten Pawiak-Gefängnis inhaftiert hatte (weil er darauf beharrt hatte, während der Umsiedlung ins Ghetto Kartoffeln für sein Waisenhaus zu transportieren, weil er eine polnische Offiziersuniform getragen hatte – er war zwar ein Offizier der polnischen Armee, aber eine derartige Demonstration war natürlich verboten – und weil er sich standhaft weigerte, die obligatorische Armbinde mit dem Judenstern zu tragen), war er hinfällig und krank. Wodka linderte seine Angst, aber das reichte nicht hin, um seinen Geist von makabren Grübeleien abzuhalten, selbst wenn er Witze machte.[129] So schrieb er irgendwann Ende Mai oder Anfang Juni 1942:

«Eine lustige Erinnerung: Jetzt kosten fünf Deka sogenannter Knackwurst bereits einen Złoty zwanzig, früher nur achtzig Groschen (das Brot etwas mehr). Ich sagte zur Verkäuferin: ‹Mein liebes Fräulein, ist diese Wurst nicht womöglich aus Menschenfleisch, denn für Pferdefleisch ist sie zu billig.› Und sie antwortete darauf: ‹Das weiß ich nicht, ich war nicht dabei, als sie gemacht wurde.›» Damit ließ es Korczak mit seinem eigentümlichen Sinn für Humor bewenden und wandte sich wieder seiner einzigen überwältigenden Sorge zu: den Waisen. «Der Tag begann mit dem Wiegen», notierte er in derselben Eintragung. «Der Mai hatte [bei ihrem Gewicht] einen großen Rückschlag gebracht. Die vergangenen Monate dieses Jahres waren nicht schlecht, und der Mai ist noch nicht beunruhigend. Aber immerhin dauert es im günstigsten Fall noch zwei Monate, bis die neue Ernte kommt. Das ist gewiß. Und die amtlich angeordneten Beschränkungen, zusätzlichen Erklärungen und inneren Spannungen werden die Situation noch verschlimmern.»[130]

In denselben Tagen notierte Korczak eine Straßenszene: «Neben dem Gehsteig liegt ein halbwüchsiger Bub, vielleicht lebt er noch, vielleicht ist er auch schon tot. Und gleich daneben sind drei Buben beim Pferdchenspielen die Zügel durcheinandergeraten. Sie halten Rat, probieren, werden ungeduldig und stoßen dabei mit den Füßen an den Daliegenden. Endlich meint einer: ‹Laßt uns hier weggehen, der ist uns im Weg.› Sie gehen ein paar Schritte weiter und machen sich wieder über ihre Leine her.»[131]

Am 4. August beschrieb Korczak noch eine winzige Szene: Im frühen Morgenlicht goß er die Blumen auf seinem Fensterbrett, während auf der Straße ein bewaffneter deutscher Soldat stand und ihn beobachtete. «Ich begieße die Blumen. Meine Glatze am Fenster – ein gutes Ziel. Er hat einen Karabiner. Warum steht er da und betrachtet mich so friedlich. Er hat keinen Befehl. Vielleicht war er im bürgerlichen Leben Dorfschullehrer, vielleicht Notar, Straßenkehrer in Leipzig oder Kellner in Köln? Was würde er tun, wenn ich ihm zunickte? Freundlich winken? Vielleicht weiß er gar nicht, daß es so ist, wie es ist? Vielleicht ist er erst gestern von weither gekommen...»[132]

Am nächsten Tag erhielt das ganze Waisenhaus ebenso wie alle jüdischen Waisenhäuser im Ghetto den Befehl, sich zum Umschlagplatz zu begeben. Korczak schritt vor der Kolonne der Kinder her, die in den Tod marschierten. Am 6. August notierte Lewin: «Sie haben Dr. Korczaks Waisenhaus mit dem Doktor an der Spitze geräumt. Zweihundert Waisen.»[133] Kaplan konnte die Deportation der Kinder Korczaks nicht mehr beschreiben. Seine letzte Tagebucheintragung war am 4. August geschrieben; die letzte Zeile lautete: «Wenn mein Leben zu Ende geht – was wird aus meinem Tagebuch werden?»[134]

Am 21. September war die große «Aktion» vorüber: 10 380 Juden waren im Zuge der Deportationen im Ghetto getötet worden; 265 040 hatte man nach Treblinka deportiert und vergast.[135]

Hauptmann Wilm Hosenfeld, der Leiter der Sportanlagen für Wehrmachtsoffiziere in Warschau, wußte, wie aus seinen Tagebucheintragungen aus der Zeit der «Aktion» hervorgeht, einiges über das, was mit den Juden geschah – auch wenn er sich weigerte, an eine systematische Ermordung zu glauben. «Wenn das wahr ist, was in der Stadt erzählt wird», schrieb er am 25. Juli 1942, «und zwar von glaubwürdigen Menschen, dann ist es keine Ehre, deutscher Offizier zu sein, dann kann man nicht mehr mitmachen, aber ich kann es nicht glauben. In dieser Woche sollen schon 30 000 Juden aus dem Ghetto herausgeführt sein, irgendwo nach Osten. Was man mit ihnen macht, ist trotz aller Heimlichkeit auch schon bekannt. Irgendwo, nicht weit von Lublin, hat man Gebäude aufgeführt, die elektrisch heizbare Räume haben, die durch Starkstrom ähnlich wie ein Krematorium geheizt werden. In diese Heizkammern werden die unglücklichen Menschen hineingetrieben und dann bei lebendigem Leibe verbrannt. An einem Tag kann man so Tausende umbringen. Man spart sich die Erschießungen und das Erdeauswerfen und Zuwerfen der Massengräber. Da kann die Guillotine der Französischen Revolution doch nicht mehr mit, und in den russischen GPU-Kellern hat man solche Virtuosität im Massenmord auch nicht erreicht. Aber das ist ja Wahnsinn, das kann doch nicht möglich sein. Man fragt sich: Warum wehren sich die Juden nicht? Aber viele, die allermeisten, sind durch Hunger und Elend so geschwächt, daß sie keinen Widerstand leisten können.»[136]

In knappen Notizen, die er Ende 1942 zu Papier brachte, machte Ringelblum einen eindeutigen Unterschied zwischen der vorangegangenen Periode und derjenigen, die einige Monate zuvor begonnen hatte. «Die jüngste Periode. Die Zeit der Greuel. Unmöglich, eine monographische Arbeit zu schreiben, denn – die Schatten von Ponar, 9000 aus Slonim, Vertreibungen – die Tragödie von Lublin ... Chelmno – Gas. Treblinki [sic] ... Zeit der Verfolgungen, und jetzt die Zeit der Greuel.»[137]

*

Treblinka, das letzte und mörderischste Lager der «Aktion Reinhardt», war nordöstlich von Warschau nahe der Bahnlinie Warschau-Białystok auf sandigem Gelände errichtet worden, das sich bis zu einer Biegung im Bug erstreckte. Der nächste Bahnhof war Małkinia, von wo eine eingleisige Strecke ins Lager führte. Das «untere» oder erste Lager nahm die größere Fläche ein; dazu gehörten der Sammelplatz und der Entkleidungsplatz sowie dahinter Werkstätten und Baracken. Das zweite oder «obere» Lager war vom ersten durch Stacheldraht und von dichtem Laub bedeckte Zäune abgeschirmt, die unerwünschte Einblicke verhinderten. Ein massives Ziegelgebäude verbarg die drei Gaskammern, die durch ein Röhrensystem mit einem Dieselmotor verbunden waren (ein größeres Gebäude mit zehn Gaskammern kam dann im Oktober 1942 hinzu). Ebenso wie in Chelmno, Belzec oder Sobibór mußten sich die Deportierten nach der Ankunft ausziehen und alle Kleidungsstücke und Wertsachen für die Sortiermannschaften zurücklassen. Vom «Entkleidungsplatz» wurden die Opfer durch die «Himmelsstraße», einen engen Korridor, der ebenfalls durch dichte Zweige vor der Umgebung verborgen war, zu den Gaskammern getrieben. Ein Schild wies «zu den Duschen».[138]

Für den Bau des Lagers war SS-Obersturmführer Richard Thomalla zuständig gewesen. Erster Kommandant wurde der Euthanasiearzt Dr. Irmfried Eberl, und am 23. Juli 1942 begannen die Vernichtungsaktionen. In einer Zeugenaussage von SS-Unterscharführer Hingst heißt es, Eberl habe den Ehrgeiz gehabt, die höchstmöglichen Zahlen zu erreichen und alle anderen Lager zu übertreffen; es seien so viele Transporte eingetroffen, daß sich das Ausladen und die Vergasung der Menschen nicht mehr habe bewältigen lassen.[139] Innerhalb weniger Tage verlor Eberl völlig die Kontrolle über die Situation. Bis Ende August waren in dem neuen Lager etwa 312 000 Juden, vorwiegend aus Warschau, aber auch aus den Distrikten Radom und Lublin, vergast worden.[140]

Noch verschärft wurde Eberls «Inkompetenz» durch weitverbreitete Korruption: Geld und Wertsachen, die die Opfer bei sich getragen hatten, fanden den Weg in die Taschen des Lagerpersonals und auch in die der Euthanasiekollegen des Kommandanten in Berlin.[141] Als Globocnik im August von der Situation in Treblinka hörte, fuhr er mit Wirth und Oberhauser in das Lager. Eberl wurde auf der Stelle seines Postens enthoben. Wirth wurde die Befehlsgewalt übertragen mit dem Auftrag, das Chaos in Ordnung zu bringen, so daß Stangl, der Kommandant von Sobibór, dann Anfang September die Leitung übernehmen konnte.[142]

In den Gesprächen, die er im Gefängnis mit Gitta Sereny führte, beschrieb Stangl seinen ersten Besuch in Treblinka zu der Zeit, als Eberl noch die Leitung hatte: «Ich fuhr mit einem Fahrer der SS hin. ... Wir konnte es schon kilometerweit vorher riechen. Die Straße verlief neben den Eisenbahnschienen. Als wir ungefähr 15 bis 20 Minuten vor Treblinka waren, sahen wir plötzlich Leichen, die neben den Schienen lagen. Erst nur zwei oder drei, dann mehr, und als wir beim Ortsbahnhof Treblinka ankamen, waren es schon Hunderte – die lagen einfach nur so da, offensichtlich schon seit Tagen, in dieser Hitze. Im Bahnhof stand ein Zug voll von Juden, einige tot, andere lebten noch. ... Es schaute so aus, als ob der Zug auch schon seit Tagen dort gestanden hätte. ... Als das Auto auf dem Sortierungsplatz stehenblieb, versank ich bis zu den Knien in Geld. Ich wußte nicht, wo ich mich hindrehen sollte, wohin ich gehen sollte. Ich watete in Münzen, Papiergeld, Diamanten, Juwelen, Kleidungsstücken. ... Der Geruch war unbeschreiblich: Hunderte, nein Tausende verwesender, zerfallender Leichen. Ein paar hundert Meter weiter auf der anderen Seite des Stacheldrahtzaunes am Waldrand sowie im gesamten Umkreis des Lagers waren Zelte und Feuer mit Gruppen von Ukrainern und Mädchen – Huren aus dem ganzen Gebiet, wie ich später herausfand –, die betrunken herumtorkelten, tanzten, sangen und musizierten ...»[143]

VI

In Łódź setzten die Deutschen im Herbst 1942, wie sie es in Warschau getan hatten, eigene Prioritäten. Am 1. September begannen die Deportationen. Die Patienten der fünf Krankenhäuser des Ghettos wurden innerhalb von zwei Stunden «evakuiert»; alle, die protestierten, erschoß man auf der Stelle. Insgesamt 2000 Patienten, darunter 400 Kinder, wurden abtransportiert. Nachdem die Deutschen die Mehrzahl der Patienten festgenommen hatten, überprüften sie die Registratur des Krankenhauses, und wenn jemand fehlte, nahmen sie statt dieser Person meist Familienangehörige mit.

Nach Angaben von Jozef Zelkowicz – einem Ghettochronisten und jiddischem Schriftsteller von einiger Berühmtheit, der neben seinen «offiziellen» Beiträgen zur Chronik auch noch ein privates Tagebuch führte – war die Prozedur in Wirklichkeit umständlicher: «Die Behörden bestanden darauf, daß alle Patienten, die aus den Krankenhäusern entflohen waren, hergebracht werden müßten», notierte er am 3. September. «Da aber einige fehlten und viele andere nicht ausgeliefert werden konnten, weil sie im Ghetto über ‹Rückhalt› und Verbindungen verfügten, einigte man sich mit den Behörden, daß die Kehilla [die Gemeindeführung] an ihrer Stelle 200 andere Personen überstellen würde. Diejenigen, die geopfert werden sollten, würde man nicht nur unter den Entflohenen suchen, sondern auch unter Leuten, die zu irgendeinem anderen Zeitpunkt wegen irgendeiner Krankheit im Krankenhaus gewesen waren und die man längst entlassen hatte, die aber über keine Fürsprecher verfügten. Selbst diejenigen, die niemals im Krankenhaus gewesen waren, die aber auf Grund der Empfehlung eines Arztes um Aufnahme ins Krankenhaus nachgesucht hatten, sollten einbezogen werden.»[144]

Auf die Deportation der Kranken folgte sogleich ein Befehl, etwa 20000 weitere Juden zu evakuieren, darunter alle Kinder unter zehn und alle Älteren über 65 Jahren. Da diese Kategorien nur 17000 Menschen erbrachten, nahm man 3000 arbeitslose und nicht zu vermittelnde Bewohner noch hinzu.[145] «Am Abend», schrieb Sierakowiak am 3. September, «verbreitete sich die besorgniserregende Nachricht, die Deutschen verlangten die Zustellung aller Kinder bis zu 10 Jahren, um sie auszusiedeln und – vermutlich zu ermorden.»[146]

Am 5. September wurde Sierakowiaks Mutter abgeholt. «Meine allerheiligste, geliebte, gequälte, gesegnete leibliche MUTTER ist der blutrünstigen Bestie des germanischen Hitlerismus zum Opfer gefallen!!!» Zwei Ärzte, tschechische Juden, tauchten plötzlich in der Wohnung der Sierakowiaks auf und erklärten die Mutter für arbeitsunfähig; während die Ärzte da waren, fuhr der Vater fort, die Suppe zu löffeln, die Verwandte, welche sich versteckten, übriggelassen hatten, und holte auch Zucker aus ihrer Tasche. Die Mutter ging mit etwas Brot in der Tasche und einigen Kartoffeln fort. «Ich brachte nicht die Willenskraft auf», fuhr Sierakowiak fort, «ihr aus dem Fenster nachzusehen oder in Tränen auszubrechen. Wie versteinert saß ich da, ging und sprach ich. ... Ich glaubte, mir zerspringe das Herz. Doch es zersprang nicht, nein, es gestattete mir, zu essen, zu denken, zu reden und mich schlafen zu legen.»[147]

Am 4. September sprach Rumkowski zu einer Menge von etwa 1500 verängstigten Bewohnern, die sich auf dem Feuerwehrmanns-Platz versammelt hatten. «Dem Ghetto ist ein fürchterlicher Schlag versetzt worden. Sie fordern, daß wir ihnen das geben, was am kostbarsten ist – die Kinder und die alten Menschen. Ich habe nie das Privileg genossen, ein eigenes Kind zu haben, und deshalb habe ich meine besten Jahre Kindern gewidmet. Im Alter bin ich nun gezwungen, die Hand auszustrecken und zu sagen: ‹Meine Brüder und meine Schwestern, gebt sie mir! Väter und Mütter, gebt mir eure Kinder!› Ich muß diese schreckliche blutige Operation ausführen, ich muß Glieder amputieren, um den Leib zu retten! Ich muß Kinder fortnehmen, und wenn ich es nicht tue, dann werden vielleicht auch andere fortgenommen. Ich wollte zumindest eine Altersgruppe retten – die von neun bis zehn Jahren. Aber sie wollten sich nicht erweichen lassen. Wir haben im Ghetto viele Tuberkulosepatienten; ihre Tage oder vielleicht Wochen sind gezählt. Ich weiß nicht – vielleicht ist das ein teuflischer Plan, vielleicht auch nicht –, aber ich kann nicht umhin, ihn vorzulegen: Gebt mir diese Patienten, und es ist vielleicht möglich, an ihrer statt gesunde Menschen zu retten.»[148] «Der Präsident weint wie ein kleiner Junge», fügte Zelkowicz hinzu.[149]

Die Schilderung der Deportationen ergänzten die Chronisten noch um ein außerordentlich bedeutsames Postskriptum, aus dem die vorherrschende emotionale Taubheit der Ghettobevölkerung hervorgeht, wie sie ähnlich Sierakowiak für sich eingestanden hatte: «Die eigenartige Reaktion der Bevölkerung auf die jüngsten Ereignisse ist bemerkenswert. Es besteht nicht der geringste Zweifel, daß dies ein tiefer und entsetzlicher Schock war, und doch muß man sich über die Gleichgültigkeit derer wundern, denen geliebte Menschen entrissen worden sind. Es hat den Anschein, als hätten die Ereignisse der letzten Tage die gesamte Bevölkerung des Ghettos auf lange Zeit in Trauer gestürzt, und doch hatten die Bewohner unmittelbar nach den Vorfällen und sogar während der Umsiedlungsaktion nichts als Alltagsfragen – wie die Beschaffung von Brot und Lebensmittelrationen und dergleichen – im Sinn, und oft kehrten sie aus unmittelbarer persönlicher Tragödie direkt wieder ins tägliche Leben zurück.»[150]

Zelkowicz, der die Chronikeintragung über die emotionale Taubheit geschrieben hatte, lieferte dafür am 3. September in seinem privaten Tagebuch eine gewisse Erklärung; man hätte ihr die Überschrift «Die Psychologie des Hungers» geben können. Zunächst sprach der Tagebuchschreiber davon, wie der Tod zu einem alltäglichen Ereignis geworden war, «das niemanden überrascht und erschreckt»; danach stellte er fest, daß am gleichen Tage eine Zuteilung von Kartoffeln angekündigt worden war; das war dann das eigentliche Ereignis. «Solange ein Ghettobewohner lebt, will er wenigstens einmal, und sei es auch nur zum letzten Mal, das Gefühl der Befriedigung empfinden, sich den Bauch vollzustopfen. Danach mag kommen, was da kommen will. Wann immer also davon die Rede ist, daß Kartoffeln ausgegeben werden, wird alles, was bis dahin geschehen ist, beiseitegeschoben. Ja, es werden Kartoffeln ausgegeben werden, das ist eine Tatsache. Ab morgen, Freitag, dem 4. September. Die Menge ist begeistert. Die Menschen können nichts anderes tun, als sich gegenseitig zu wünschen: Mögen wir das Vorrecht genießen, diese Kartoffeln zu essen, solange wir noch leben.»[151]

*

In der Zeit vom 10. bis zum 23. August 1942 wurden viele der Lemberger Juden in das Sklavenarbeitslager in der Janowska-Straße und im Anschluß an eine weitere Selektion von dort dann nach Belzec deportiert. Etwa 40 000 der Opfer, die man bei der Aushebung im August festgenommen hatte, wurden vernichtet.[152] Die verbleibenden Juden der Stadt trieb man in ein Ghetto, das man dann bald mit einem Holzzaun umgab. Das Büro des Judenrats wurde in das Ghettogebiet verlegt, aber die Funktionäre des Judenrats, darunter auch der Vorsitzende Henryk Landesberg, sollten ihre Tätigkeit nicht wieder aufnehmen. Wie die Deutschen meinten, hatte Landesberg in Verbindung zum polnischen Untergrund gestanden.[153] Der Vorsitzende und zwölf andere jüdische Funktionsträger sollten öffentlich am Dach des Gebäudes und an Laternenpfählen gehängt werden.

Die Exekutionen dauerten einige Zeit, weil die Stricke, die man zum Erhängen benutzte, rissen; die Opfer, die auf das Pflaster fielen, wurden gezwungen, die Treppen bis zum Dach hinaufzusteigen, und man hängte sie erneut. Der höchste Punkt blieb Landesberg als Vorsitzendem vorbehalten. Er fiel dreimal auf das Pflaster und wurde dreimal auf seinen Balkon zurückgebracht. Die Leichen ließ man zwei Tage zur Schau hängen. Ein Überlebender aus dem Ghetto beschrieb die Szene: «Ich ging mit meiner Mutter in das Büro der jüdischen Gemeinde wegen einer Wohnung, und da baumelten im leichten Wind die Leichen der Erhängten, die Gesichter blau, die Köpfe nach hinten geneigt, die Zungen geschwärzt und herausgestreckt. Luxusautos rasten aus dem Stadtzentrum herbei, deutsche Zivilisten kamen mit ihren Frauen und Kindern, um sich das sensationelle Schauspiel anzusehen, und wie sie es immer taten, fotografierten die Besucher begeistert die Szene. Danach kamen die Ukrainer und Polen mit der Straßenbahn, sie waren bescheidener.»[154] Die Rechnung für die Stricke schickten die Deutschen dem neuen Judenrat.[155] Die Juden im Ghetto von Lemberg überlebten nicht lange: Die Mehrzahl wurde in sporadischen «Aktionen» liquidiert, den Rest verlegte man Anfang 1943 in das Janowska-Lager. Als Lemberg Ende Juli 1944 befreit wurde, waren von einer Gemeinde von etwa 160 000 Juden noch etwa 3400 am Leben.[156]

Im nahegelegenen Drohobycz war der Schriftsteller Bruno Schulz, der dort, wie wir uns erinnern, die Wände im Haus des SS-Manns Felix Landau und die Gestapobüros ausmalte, im Herbst 1942 unter dem Schutz seines «Schirmherrn» immer noch am Leben. In der Zwischenzeit hatte er ins Ghetto ziehen müssen und war nun hauptsächlich damit beschäftigt, die etwa 100 000 Bücher zu katalogisieren, die die Deutschen in der Stadt beschlagnahmt und im Altersheim gelagert hatten.[157]

Schulz spürte, daß sein Ende nahe war. «Sie sollen uns bis zum November [1942] liquidieren», erklärte er einem polnischen Lehrer am örtlichen Gymnasium, der früher sein Kollege gewesen war.[158] Und tatsächlich löste am 19. November eine Schießerei im Ghetto wüste Repressalien gegen die Bevölkerung aus. Landau war nicht zu Hause; SS-Scharführer Karl Günther, der persönliche Feind des Gestapo-Manns, machte sich die Gelegenheit der «wilden Aktion» zunutze, spürte Schulz auf einer der Ghettostraßen auf und brachte ihn um. Etwa 100 Juden wurden bei dieser Aktion ermordet; ihre Leichen lagen am nächsten Tag immer noch auf der Straße.[159]

*

Im Juli 1942 wurde der Chef der jüdischen Polizei von Wilna, Jacob Gens, zum alleinigen Leiter des Ghettos. Unter den Gemeindeführern war er in vieler Hinsicht untypisch. Er stammte aus Kowno, hatte nach dem Ersten Weltkrieg als Freiwilliger im litauischen Unabhängigkeitskrieg gekämpft und war zum Offizier befördert worden. Er hatte eine

Christin geheiratet und war bei litauischen Nationalisten gut angesehen (er selbst war ein Rechts-Zionist und Mitglied der Revisionistischen Partei Jabotinskis). Philip Friedman schreibt: «Warum Gens die Stellung [als Chef der Ghettopolizei] angenommen hatte, bleibt irgendwie ein Geheimnis.»[160] Seine Frau und seine Tochter blieben auf der arischen Seite der Stadt. Möglicherweise empfand er eine moralische Verpflichtung, die Position, die ihm die Deutschen anboten, zu übernehmen. Im ersten Brief aus dem Ghetto, den Gens an seine Frau richtete, schrieb er: «Dies ist das erste Mal in meinem Leben, daß ich derartige Pflichten übernehmen muß. Mein Herz ist gebrochen. Aber ich werde immer das tun, was um der Juden im Ghetto willen notwendig ist ...»[161]

Während der Selektionen Ende November 1941 gelang es Gens, unter besonders schwierigen Umständen einigen Menschen das Leben zu retten; sein Ansehen unter den Einwohnern wuchs, und die Deutschen übertrugen ihm auch immer weitere Aufgaben. Mitte Oktober 1942 war jedoch der legendäre «Kommandant» mit einer entsetzlichen Herausforderung konfrontiert: mit dem Befehl, Juden zu töten.

Gens und seine Polizisten wurden in die nahegelegene Stadt Oszmiana geschickt, wo man etwa 1400 Juden zur Vernichtung gesammelt hatte. Der Polizeichef verhandelte mit den Deutschen, die schließlich zugestanden, daß nur 400 Juden ermordet werden sollten. Die Männer von Gens und einige Litauer führten die Exekutionen durch. Irgendwie hatte sich im Ghetto die Nachricht über die bevorstehende Aktion verbreitet, als sich die Polizisten auf den Weg machten. Rudaszewski war schon allein über den Gedanken an eine derartige Beteiligung empört: «Juden werden ihre Hände mit dem schmutzigsten und blutigsten Tun beflecken. Sie möchten einfach an die Stelle der Litauer treten. Das ganze Ghetto ist in Aufruhr über diesen Auszug [der jüdischen Polizisten nach Oszmiana]», notierte er am 19. Oktober. «Wie groß ist unsere Schande, unsere Demütigung! Juden helfen den Deutschen bei ihrem organisierten, schrecklichen Werk der Ausrottung!»[162]

In Wirklichkeit war das Ghetto nicht in Aufruhr, im Gegensatz zu dem, was Rudaszewski inbrünstig erhoffte und berichtete. Es sieht vielmehr so aus, als hätten die Bewohner die Argumentation von Gens und seine Rechtfertigungen akzeptiert: einige retten, indem man andere opfert. «Die Tragödie ist, daß die ... Öffentlichkeit die Haltung von Gens überwiegend gutheißt», schrieb Kruk am 28. Oktober. «Die Öffentlichkeit denkt sich, daß das vielleicht wirklich hilft ...»[163]

Nicht nur die einfache Bevölkerung des Ghettos unterstützte die Entscheidung von Gens; am 27. Oktober schrieb der hochgeachtete Gründer des YIVO und Sprachwissenschaftler Zelig Kalmanowicz in sein Tagebuch: «Der Rabbiner [von Oszmiana] befand, die Alten sollten übergeben werden. Alte, welche baten, daß man sie abholte. Wenn

Außenseiter [Litauer oder Deutsche] die Aufgabe erledigt hätten, dann hätte es mehr Opfer gegeben, und aller Besitz wäre gestohlen worden.»[164] Aus diesen Zeilen geht nicht hervor, ob Kalmanowicz lediglich die Argumente von Gens wiedergab oder ober er selbst seine Zustimmung äußerte. Dies tat er ausführlich einige Tage später, als Gens erneut den Befehl erhielt, sich mit seinen Polizisten an einer «Aktion» in Święciany zu beteiligen: «In Wahrheit», schrieb Kalmanowicz im November 1942, «sind wir in jedem Fall nicht unschuldig. Wir haben unser Leben und unsere Zukunft mit dem Tod Zehntausender erkauft. Wenn wir beschlossen haben, daß wir mit diesem Leben trotz allem weitermachen müssen, dann müssen wir bis zum Ende gehen. Möge uns der barmherzige Gott vergeben. Dies ist die Lage, und es liegt nicht bei uns, daran etwas zu ändern. Zarte Seelen können solche Handlungen natürlich nicht ertragen, aber der Protest der Seele hat nicht mehr als psychologischen Wert, und ihm wohnt kein moralischer Wert inne. Jeder ist schuldig, oder, richtiger gesagt, alle sind unschuldig und heilig, und am meisten diejenigen, die zu wirklichem Handeln schreiten, die ihren Geist überwinden müssen, die die Qual der Seele überwinden müssen, die anderen diese Aufgabe abnehmen und ihre Seele vor Schmerzen bewahren.»[165]

Einige Wochen später feierte eine Gemeinschaft, die für kurze Zeit alles vergessen hatte, eine bedeutende Errungenschaft: «100 000 Bücher im Ghetto.» Dafür war Kruk zuständig. «Im November überstiegen die Buchausleihen die Zahl einhunderttausend. Aus diesem Grund organisiert die Bücherei eine große kulturelle Matinee, die am Sonntag, dem 13. dieses Monats [Dezember] um zwölf Uhr im Ghettotheater stattfinden wird. Auf dem Programm stehen: Eröffnung durch G. Jaszunski, Begrüßung durch den Ghettochef [Gens], Schriftsteller, naturwissenschaftliche Zirkel, Lehrer und den Jugendclub. Dr. Z. Feldstein wird über das Thema ‹Das Buch und das Martyrium› sprechen; darauf folgt ein Vortrag von H. Kruk: ‹100 000 Bücher im Ghetto.› Den zweiten Teil bildet ein Konzert mit Worten und Musik. Das Finale: Verteilung von Buchgeschenken an den ersten Leser im Ghetto und an den jüngsten Leser der Bibliothek.»[166]

VII

Während der letzten Monate des Jahres 1942 begriff eine kleine Minderheit der europäischen Juden ihr gemeinsames Schicksal; die überwiegende Mehrheit blieb hin und her gerissen zwischen vorübergehender Einsicht, Fassungslosigkeit, Verzweiflung und ständig neuer Hoffnung.

Auf ihrem Dachboden in Amsterdam versteckt, wußte Anne Frank anscheinend, was mit den Juden der Außenwelt geschah: «Unsere jüdischen Bekannten werden gleich gruppenweise festgenommen», notierte sie am 9. Oktober 1942. «Die Gestapo geht nicht im geringsten zart mit diesen Menschen um. Sie werden in Viehwagen nach Westerbork gebracht, dem großen Judenlager in Drente.» Nachdem sie noch einige entsetzliche Einzelheiten über Westerbork festgehalten hatte, die anscheinend auf Gerüchten basierten, welche bis zu Miep Gies gedrungen waren, fuhr Anne fort: «Wenn es in Holland schon so schlimm ist, wie muß es dann erst in Polen sein? Wir nehmen an, daß die meisten Menschen ermordet werden. Der englische Sender spricht von Vergasungen, vielleicht ist das noch die schnellste Methode zu sterben.»[167]

Einige Wochen später schilderte Anne die Verhaftungen in Amsterdam, wie sie den Bewohnern des Dachbodens von einem neuen Mieter, Herrn Dussel, berichtet worden waren, und wiederum gelangte sie anscheinend zu derselben Schlußfolgerung: «Zahllose Freunde und Bekannte sind weg, zu einem schrecklichen Ziel. Abend für Abend fahren die grünen oder grauen Militärfahrzeuge vorbei, und an jeder Tür wird geklingelt und gefragt, ob da auch Juden wohnen. Niemand wird geschont. Alte, Kinder, Babys, schwangere Frauen, Kranke ... alles, alles geht mit in dem Zug zum Tod.»[168]

Während derselben Tage registrierte Rudaszewski Ereignisse und Vorfälle des Alltagslebens im Ghetto. In Wilna war das Ende des Jahres 1942, wie wir sahen, eine relativ ruhige Phase. Am 7. Oktober 1942 war Rudaszewskis Stimme tatsächlich die eines glücklichen und sorglosen Jugendlichen: «Die Clubarbeit hat begonnen. Wir haben Gruppen für Literatur und Naturwissenschaft. Wenn ich um 7 Uhr 30 den Unterricht verlassen habe, gehe ich gleich in den Club. Es ist dort fröhlich, wir lassen es uns gut gehen und kommen abends in einer großen Schar nach Hause. Die Tage sind kurz, auf der Straße ist es dunkel, wenn unsere Gruppe den Club verläßt. [Jüdische] Polizisten brüllen uns an, aber wir hören nicht auf sie.»[169]

Verstand Anne in ihrem fernen Versteck die Lage genauer als Rudaszewski in seinem dezimierten Ghetto von Wilna? Man kann es bezweifeln. Gelegentlich zeichneten beide die bedrohlichsten Informationen auf, dann schienen sie sie wieder zu vergessen, wenn sie ihre Gedanken den fesselnderen Fragen ihres Teenagerlebens zuwandten.

Etty Hillesum hatte sich als Angestellte des Judenrats schon kurze Zeit in Westerbork aufgehalten. Nach ihrer Rückkehr nach Amsterdam im Dezember 1942 versuchte sie in einem Brief an zwei niederländische Freunde, das Lager und das letztliche Schicksal der Deportierten zu beschreiben: «Es ist schwierig, die Worte zu finden, um etwas über Westerbork zu sagen. Es ist ein Lager für ein Volk auf der Durchreise, das einige Tage später zu seinem unbekannten Schicksal abtransportiert werden soll, tief im Innern Europas, von wo nur einige wenige undeutliche Laute zu uns hier zurückgedrungen sind. Aber das Soll muß erfüllt werden; und gefüllt werden muß auch der Zug, der mit mathematischer Regelmäßigkeit kommt, um seine Ladung abzuholen.»[170]

Warum hätte Etty die genaue Bedeutung der Deportationen kennen sollen, wenn Gonda Redlich in Theresienstadt, der so fest entschlossen war, Kinder und Jugendliche vor den Transporten nach Osten zu bewahren, und der so häufig darauf zu sprechen kam, daß die Deportierten in den Tod befördert wurden, Pläne für die Nachkriegsjahre machte? In ein und demselben Tagebucheintrag vom 14. und 15. Juni 1942 beispielsweise hielt Redlich sowohl seine Befürchtungen hinsichtlich der Transporte als auch seine Pläne für die Zukunft fest: «Ich befürchte, die Transporte werden nicht an einem einzigen Ort im Osten bleiben. Was wird geschehen, wenn wir nach dem Krieg in unser Land gehen? Wie wird unsere Position gegenüber den anderen aussehen? Ich fühle bereits, daß für mich die Alija [die Auswanderung in das Land Israel] eine Flucht sein wird, eine Flucht vor den Menschen hier in Europa, eine Flucht wegen des Lebens hier im Golut [Exil], eine Flucht, wenn man das alte Leben mit dem neuen vergleicht.»[171]

Zur totalen Verwirrung über das, was mit den Deportierten geschah, von denen man nichts mehr direkt hörte, sobald sie die Transportzüge bestiegen hatten, kam es auch wieder Ende 1942 in Paris. Am 18. August hatte Biélinky zwar betont: «Von den Deportierten bekommt man nie etwas zu hören»,[172] aber am 2. Dezember berichtete er: «Es heißt, die aus Frankreich, Belgien usw. deportierten Juden seien – etwa 35 000 von ihnen – in einer Stadt in Rußland gefunden worden, wo sie von der Bevölkerung gut aufgenommen worden seien.»[173] Einige Tage später, am 17. Dezember, schrieb Biélinky seine letzte Tagebucheintragung. Am Abend des 10. Februar 1943 wurde er von der französischen Polizei verhaftet und am 23. März von Drancy nach Sobibór deportiert.[174]

Am 9. Dezember 1942 erhielt Lambert vom *Commissariat Général* die Anweisung, alle ausländischen Juden zu entlassen, die noch für die UGIF arbeiteten (sie machten etwa ein Viertel des Personals aus), und man erklärte ihm, das sei der Preis, um den die französischen Angestellten vor der Deportation bewahrt bleiben würden. Glaubte er das? Selbst als er noch im gleichen Monat die Erklärung der alliierten Regierungen über die Ausrottung der Juden Europas hörte, schrieb er, er glaube an seinen «Stern».[175]

So lassen in nahezu allen Tagebüchern, die von Juden in Westeuropa, in Deutschland, ja selbst in Theresienstadt geschrieben wurden, die Eintragungen der zweiten Hälfte des Jahres 1942 sowohl sporadische Ahnungen von der Absicht der Nazis, sie alle auszurotten, als auch, häufig zu gleicher Zeit, entgegengesetzte Informationen und persönliche Pläne für die Nachkriegszeit erkennen. Ebenso wie Redlich träumte Lambert von der Zukunft: Er hatte den Wunsch, im Alter «ein Haus auf einem Berg» zu besitzen, auch wenn er sogleich hinzufügte, er wisse, daß das unmöglich sei ...[176]

Und Klemperer schrieb am 23. Oktober 1942, nachdem er festgestellt hatte, wie sich die militärische Lage für die Deutschen verschlechterte: «Aber alle Gespräche unter Juden führen immer wieder zu der gleichen Betrachtung: ‹Wenn sie Zeit behalten, töten sie uns vorher.› Einer sagte gestern zu Frau Ziegler: Er komme sich vor wie ein Kalb auf dem Schlachthof, das zusieht, wie die andern Kälber vor ihm geschlachtet werden, und darauf wartet, an die Reihe zu kommen. Der Mann hat recht.»[177] Gleichwohl machte sich Klemperer einen Tag später, als sei das, was er soeben geschrieben hatte, bedeutungslos, Gedanken über seine künftigen Vorhaben, für die Zeit «nach Hitlers Sturz»: «Womit anfangen? So sehr viel Zeit hab ich ganz gewiß nicht mehr [Klemperers Herzleiden]. Das $18^{\text{ième}}$ ist mir zurückgeglitten, es müßte auch erst von Überalterung befreit werden. – An die Ergänzung der Modernen Prosa gehen? – Das Curriculum fortsetzen?»[178] und dergleichen mehr.

Selbst in der Nähe der Tötungsstätten wußten die Juden manchmal nicht, was mit den Deportierten geschah, und sie schenkten den Informationen, die zu ihnen drangen, auch keinen Glauben. Juden in Warschau und in London kannten die Einzelheiten über Chelmno, während die Bewohner von Łódź sie beiseite schoben. So notierte ein wenig bekannter Tagebuchschreiber aus dem Ghetto von Łódź, Menachem Oppenheim, der aus der Stadt stammte und anscheinend ein orthodoxer Jude war, seine Reaktionen nach den großen Deportationen vom September 1942. Ebenso wie alle anderen wunderte sich Oppenheim, was kleine Kinder, ältere Menschen und die Krankenhauspatienten in Arbeitslagern an unbekannten Orten für einen Nutzen haben sollten, und doch schrieb er – wahrscheinlich am 16. Oktober 1942: «Die Leute sagen, sie wurden nach Chelmno in der Nähe von Kolo gebracht und da ist ein Gaswerk, wo sie vergast werden. Ich glaube aber, daß mit den Juden von Warschau und Kielce Krakau etwas anderes geschehen ist. Denn wenn ich mich an meine geliebte Frau Kind Mutter Schwester Bruder Schwäger mit ihren Kindern erinnere, hoffe ich sie sind am Leben und ich werde mich bald mit ihnen freuen. Wenn nicht warum plage ich mich dann.»[179]

Abraham Lewin hingegen machte sich Mitte August 1942 über das, was mit den Deportierten aus Warschau geschah, nichts mehr vor: «Wenn die Leute aus dem Zug aussteigen, werden sie ganz schlimm verprügelt. Dann treibt man sie in riesige Baracken. Fünf Minuten lang hört man herzzerreißende Schreie, dann ist Stille. Die Leichen, die herausgeholt werden, sind entsetzlich geschwollen. ... Junge Männer aus den Reihen der Gefangenen sind die Totengräber, am nächsten Tag werden sie auch umgebracht.»[180] Am 28. August wurden die Informationen von einem Juden gebracht, der aus Treblinka entkommen und ins Ghetto zurückgekehrt war: «Seine Worte bestätigen von neuem und lassen keinen Raum für Zweifel daran, daß alle Deportierten, sowohl diejenigen, die man festgenommen hat, als auch diejenigen, die sich freiwillig meldeten, abgeholt werden, um getötet zu werden, und es wird keiner gerettet», schrieb Lewin. «In den letzten Wochen sind mindestens 300 000 Juden vernichtet worden, aus Warschau und anderen Städten. ... Gott! Jetzt ist es gewiß, daß alle, die man aus Warschau deportiert hat, umgebracht worden sind.»[181] Schon sehr bald sollte Lewin an der Reihe sein.

In Westeuropa war die Lage der Flinkers im Sommer 1942 nichts Ungewöhnliches. Zu Beginn der Deportationen aus den Niederlanden zahlte Eliezer Flinker, ein in Polen geborener orthodoxer Jude und erfolgreicher Geschäftsmann, der mit seiner Frau und sieben Kindern (sechs Mädchen und einem Jungen) in Den Haag wohnte, die erforderliche Summe, und die Familie überschritt die Grenze nach Belgien. In Brüssel sorgten weitere Zahlungen an die richtigen Mittelsmänner für eine «arische» Aufenthaltsgenehmigung. Der Sohn Moshe, dem wir bereits als Oberschüler in den Niederlanden begegnet sind, war 16 Jahre alt, als sich die Flinkers in der belgischen Hauptstadt niederließen.

Moshes Tagebuch, mit dem er am 24. November 1942 begann, bietet nicht nur Einblicke in das tägliche Leben einer jüdischen Familie, die sich sozusagen im Freien, in einer westlichen Stadt, versteckte, sondern es gibt uns auch Hinweise auf die inneren Kämpfe eines tiefreligiösen jüdischen Jungen angesichts der außerordentlichen Verfolgung, der sein Volk ausgesetzt war. «Unsere Leiden haben unsere Missetaten bei weitem aufgewogen», schrieb Moshe am 26. November 1942. «Welches andere Ziel könnte der Herr haben, wenn er es zuläßt, daß solche Dinge über uns kommen? Ich bin sicher, daß weiteres Unheil keinen Juden auf die Wege der Rechtschaffenheit zurückbringen wird; im Gegenteil, ich glaube, daß sie, wenn sie so große Qual erfahren, der Ansicht sein werden, es gebe überhaupt keinen Gott; und in der Tat, was kann Gott mit all diesen Katastrophen bezwecken, die uns in dieser schrecklichen Zeit zustoßen? Mir scheint, daß die Zeit für unsere Erlösung gekommen ist oder vielmehr, daß wir mehr oder weniger würdig sind, erlöst zu werden.»[182] Am 3. Dezember war er sich jedoch nicht sicher: «Heute ist der Tag vor Chanukka, aber ich habe das Gefühl, daß dieses Chanukka vorübergehen wird wie so viele andere, ohne ein Wunder oder etwas Ähnliches.»[183]

Meist stritten sich die Flinkers: Die Mutter wollte, daß sich der Vater eine Arbeit suche; sie wollte, daß sie nach der Schweiz weiterzögen, obgleich ein Bekannter, der versucht hatte, die Schweizer Grenze zu überschreiten, von den Führern verraten worden und nur knapp mit dem Leben davongekommen war.[184] Der Vater war vorsichtig: Sowohl eine Arbeitssuche als auch der Versuch, in die Schweiz einzureisen, waren zu gefährlich; sie sollten lieber dort bleiben, wo sie waren, und sich weiter so unauffällig wie möglich verhalten. Wenn aber nicht Schulzeit war (so daß Kinder auf der Straße verdächtig gewirkt hätten), konnte sich Moshe aus dem Haus wagen und sich sogar einen Film ansehen, obwohl Kinos für Juden verboten waren.

Am 13. Dezember sah sich Moshe den Film *Jud Süß* an. «Was ich dort sah», schrieb er am darauffolgenden Tag, «brachte mein Blut in Wallung. Ich war rot im Gesicht, als ich herauskam. Mir wurden die bösartigen Ziele dieser üblen Leute klar – wie sie das Gift des Antisemitismus in das Blut der Nichtjuden injizieren möchten. Während ich mir den Film ansah, fiel mir plötzlich ein, was der Böse [Hitler] in einer seiner Reden gesagt hatte: ‹Ganz gleich, welche Seite den Krieg gewinnt, der Antisemitismus wird sich immer weiter ausbreiten, bis die Juden nicht mehr sind› [Moshe paraphrasierte hier wahrscheinlich die Rede Hitlers vom April 1942]. In diesem Film habe ich die Mittel gesehen, die er benutzt, um sein Ziel zu erreichen. ... Die Art und Weise, in der Eifersucht, Haß und Abscheu hervorgerufen werden, ist einfach unbeschreiblich. ... Die Juden werden der Welt so hassenswert gemacht, daß nichts, was irgendjemand tun kann, in der Lage sein wird, sein Werk rückgängig zu machen.»[185]

Der kleinste Vorfall löste die schlimmsten Befürchtungen aus: «Letzte Nacht saß ich mit meinen Eltern am Tisch», notierte Moshe am 7. Januar 1943. «Es war fast Mitternacht. Plötzlich hörten wir die Klingel: wir zuckten alle zusammen. Wir dachten, es sei der Moment gekommen, in dem wir deportiert werden würden. Meine Mutter hatte schon die Schuhe angezogen, um zur Tür zu gehen, aber mein Vater sagte, sie sollte warten, bis sie ein zweites Mal klingelten. Aber es klingelte nicht noch einmal. Dem Himmel sei Dank, es ging ruhig vorüber. Nur die Furcht blieb, und den ganzen Tag waren meine Eltern sehr nervös. Sie können nicht das geringste Geräusch ertragen, und die kleinste Kleinigkeit beunruhigt sie.»[186]

Die Deportation aus Brüssel verlief zwar stockend, aber sie ging gleichwohl weiter. Am 21. Januar 1943 schickte man Moshe zu dem (ehemaligen) Synagogendiener, wo er einige Abschnitte für Kleidung und Brot kaufen sollte. Der Diener war nicht mehr da; seine Tür war mit einem Hakenkreuzzeichen versiegelt worden: «Als ich auf der Straße stand, sah ich, daß die Fensterläden geschlossen waren», notierte Moshe. «Ich dachte: dieser Mann [der Diener] hat sich so große Mühe gegeben, sich vor den Deutschen zu verstecken, und jetzt wird er trotz all seiner Mühe abgeholt – er, seine Frau und seine beiden Kinder. Das jüngere Kind war ein vierjähriges Mädchen.»[187]

Am Ende dieses furchterregenden Tages wollte Moshe beten: «Ich weiß nicht, in wessen Namen ich beten soll. Unsere Vorväter sind allzu weit von uns entfernt. Unser Volk? Es sieht so aus, als hätten sie überhaupt kein Verdienst, sonst hätten nicht so viele Schwierigkeiten über sie kommen können. Vielleicht wird das Gebet, das am wirksamsten sein wird, von der Größe unseres Schmerzes handeln. So groß unsere Sünden gewesen sind, unser Ungemach hat sie bereits übertroffen. Noch ein wenig mehr, und wir werden zugrunde gehen.»[188]

VIII

In dieser Atmosphäre totaler Ungewißheit hatten die Juden Europas am 20. und 21. September versucht, so weit wie jede Gemeinde konnte und wie jeder Einzelne wollte, den Versöhnungstag, Jom Kippur, zu feiern. Nicht überall konnte der Kol-Nidre-Gottesdienst am Vorabend von Jom Kippur überhaupt stattfinden. In Paris beispielsweise hatten die Deutschen an diesem Tag (einem Sonntag) als Reaktion auf erneute Angriffe auf Wehrmachtsangehörige ab drei Uhr nachmittags eine Ausgangssperre verhängt. Wie aber Biélinky schreibt, waren am 21. viele Menschen in den Synagogen.[189] Die Tagebucheintragung Sebastians vom 22. September war lakonisch: «Gestern war Jom Kippur. Tag des Fastens. Und des Versuchs, unseren Glauben, unsere Hoffnung nicht aufzugeben.»[190] Das Schlüsselwort hieß «Versuch», ein Versuch wider alle Vernunft, ungeachtet der Ereignisse der vergangenen Monate und angesichts von «Gottes Schweigen».

Klemperers Eintragung am 21. September war formal gesehen die eines konvertierten Juden. Vieles hatte sich jedoch hinsichtlich der Selbstwahrnehmung für diesen «Protestanten» geändert, der zu Beginn des Krieges ausdrücklich erklärt hatte, er wolle nichts mit der jüdischen Gemeinschaft zu tun haben. «Heute ist Jom Kippur», notierte er, «und gerade heute sitzen die letzten 26 ‹Alten› im Gemeindehaus, von wo sie morgen früh abtransportiert werden.» Die Klemperers machten bei den zur Deportation vorgesehenen Freunden eine «Abschiedsvisite». Victor erwähnt unter anderem die Reaktion der Neumanns, «die trotzig vergnügt waren: ‹Ja und nein.› Einerseits seien die Leichen ja selber dabei. Andrerseits führen sie wirklich in ein Jenseits, aus dem bisher niemand authentische Nachricht gegeben. Denn keine der erzählten Nachrichten sei mehr als Vermutung. Er schenkte mir ein Gebetbuch mit hebräischem *und deutschem* Text. Ich: wie man an diesem Versöhnungstag seinen Feinden vergeben solle? Er: Das verlangt die jüdische Religion nicht. Das betreffende Gebet heißt: Versöhnung für alle Israeliten und ‹für den Fremden in unserer Mitte›, also doch nur für den friedlichen Gast unter uns. Feindesliebe fordere das Judentum nirgends. Ich: Feindesliebe ist sittliche Gehirnerweichung.» Am Schluß seiner Besuche faßte Klemperer seinen Eindruck zusammen: «Die Stimmung der gesamten Judenheit ist hier durchweg gleich: Das Ende mit Schrecken steht vor der Tür. *Sie* gehn drauf, aber vielleicht, wahrscheinlich behalten sie Zeit, uns vorher zu vernichten.»[191]

In Theresienstadt hielt Redlich am Vorabend von Jom Kippur eine außergewöhnliche Szene fest: «Die Dachböden. Eine blinde Frau ist für einen Transport registriert. Sie sitzt seit vielen Stunden ohne Hilfe da. Sie bringen sie auf den Dachboden. Ein kleines Kind von zehn Jahren hilft ihr. Ein Schauspiel, das unglaublich ist.» Am Versöhnungstag wurde das Übliche notiert: «Es traf ein Transport aus Berlin ein. Sie sind über Jom Kippur den ganzen Tag gefahren. Dennoch haben einige Frauen den ganzen Tag lang gefastet.»[192]

In Warschau ging die «Aktion» bis zum 21. September weiter. An diesem Tag fuhr der letzte Transport mit 2196 Juden nach Treblinka ab.[193] Bei Globocniks Mitarbeitern muß es jemanden gegeben haben, der sich den jüdischen Kalender genau ansah: Der Tag, an dem die Deportationen begannen, der 22. Juli, war der Tag vor dem «9. Aw», dem Gedenken an die Zerstörung des Tempels, und der letzte Tag der Aktion war Jom Kippur.

Die Warschauer Tagebuchschreiber notierten natürlich nicht viel über Jom Kippur als solchen, aber manchen entging das Zusammentreffen nicht. «Die SS-Männer hatten den Juden wie gewohnt zum Versöhnungstag eine Überraschung vorbereitet», schrieb Perec Opoczyński, dessen fragmentarische Tagebuchaufzeichnungen in den Archiven von *Oneg Shabbat* gefunden wurden, am 21. September. «Zu Ehren des Versöhnungstags hatten die Fabriken geschlossen, um den Eindruck zu erwecken, die jüdische Religion werde toleriert. Dafür wurde jedoch der jüdische Becher des Leids mit neuem Kummer gefüllt. Angeblich haben die SS-Männer Warschau gestern endgültig verlassen. Die Tatsache, daß die heutige Aktion von den ‹Werkskommissaren›, von jüdischen Polizisten und dem Werkschutz und nicht von den deutschen Soldaten durchgeführt worden ist, scheint das Gerücht in vollem Umfang zu bestätigen. Der Versöhnungstag hat uns viel Furcht und zerrüttete Nerven gebracht.»[194] Und doch schrieb Lewin am 21. September: «In unserem Hof beten Juden, sie breiten ihre Sorgen vor dem Schöpfer aus.»[195]

In Kowno teilte Rabbi Schapiro den Einwohnern mit, daß Arbeiter zur Arbeit gehen mußten, und er gestattete denen, die sich in schlechter gesundheitlicher Verfassung befanden, zu essen, wie aus Torys Tagebucheintragung vom 20. September hervorgeht. «Ungeachtet des Verbots, in der Öffentlichkeit zu beten», stellte Tory weiter fest, «haben sich im Ghetto viele *minjanim* [Gebetsgruppen von mindestens zehn jüdischen Männern] versammelt. Den Wortlaut von *haskarat neschamot* [Erinnerung an die Seelen] hat der Rat für die Heiligen Tage auf einer Schreibmaschine schreiben lassen, weil die Gebetbücher knapp sind.» Am nächsten Tag registrierte Tory, daß viele Arbeiter an ihrem Arbeitsplatz fasteten. Zwei (deutsche) Beamte inspizierten an diesem Tag das Ghetto: «Sie gingen in Richtung Krankenhaus, wo eine Gebetsversammlung stattfand. Die betenden Juden wurden erst im letzten Moment gewarnt, aber es gelang ihnen, sich zu zerstreuen, bevor die Deutschen kamen.»[196]

In Wilna war keine derartige Heimlichkeit notwendig. Abgesehen von kleineren Gottesdiensten wurde im Saal des Ghettotheaters ein offizieller Gebetsgottesdienst mit einem Kantor und einem Chor veranstaltet. Gens nahm daran teil und alle jüdischen Beamten des Ghettos desgleichen. «Nach Kol Nidre», schrieb Kruk, «kündigt [Zemach] Feldstein an, daß Herr Gens sprechen wird. Gens sagt: Laßt uns mit einem Kaddisch [Gebet für die Toten] beginnen für diejenigen, die nicht mehr da sind. Wir haben ein schweres Jahr hinter uns; laßt uns zu Gott beten, daß das nächste Jahr leichter sein wird. Wir müssen hart, diszipliniert und fleißig sein. Zu Beginn der Rede von Gens brach eine große Klage aus. Das war der Wind von Ponar, vom Tod der Kinder, Frauen und Männer, die uns entrissen wurden. Selbst Gens war stark bewegt.»[197]

Für den jungen Rudaszewski gab es natürlich keinen Platz auf der Hauptgebetsversammlung. «Es ist der Abend vor Jom Kippur», schrieb er am 20. «Eine traurige Stimmung erfüllt das Ghetto. Die Leute haben so ein trauriges Gefühl am Heiligen Tag. Ich stehe der Religion jetzt ebenso fern wie vor dem Ghetto. Dennoch dringt dieser mit Blut und Kummer getränkte Feiertag, der im Ghetto feierlich begangen wird, jetzt in mein Herz ein. ... Die Menschen sitzen zu Hause und weinen. Sie erinnern sich an die Vergangenheit. ... Die Herzen, die im Griff der Leiden des Ghettos zu Stein geworden sind und die nicht die Zeit hatten, sich auszuweinen, haben jetzt an diesem Abend des Klagens all ihre Bitterkeit ausgeschüttet.»[198]

In Kowno und Wilna entfachte die Erinnerung an die Massaker des vorangegangenen Jahres in den Septembertagen des Jahres 1942 den Kummer von neuem. In Łódź wie in Warschau erreichten die Einwohner gerade erst das Ende einer Phase unvergleichlicher Vernichtung, und selbstverständlich enthielten sich die Chronisten jeglichen Kommentars. Jom Kippur war ein Arbeitstag wie jeder andere. Doch es war kein ganz gewöhnlicher Tag: «Große Wertschätzung und Dankbarkeit empfand man für das besonders gute und reichliche Mittagsmahl – ein mit Knochen gekochtes Gericht aus Kartoffeln und Erbsen –, das zur Feier des Tages serviert wurde. Das Mittagsmahl war das einzige Zeichen für den Feiertag, der normalerweise so feierlich begangen wird. Nur einige wenige private Läden waren geschlossen.»[199]

Ein solcher Mangel an höheren Empfindungen ärgerte Rosenfeld, auch wenn er die Ereignisse der vergangenen Wochen und ganz allgemein das totale Elend der Ghettobevölkerung nicht vergessen haben konnte. Am 23. September konnte er aber seine Gefühle nicht beherrschen: «In Hemden, Handschuhe – Schürzenlager Franziskanska (Baniu) hunderte Ostjuden am J. K. eingekauft, kein Westjude erschienen. Gemütsverhärtung, Herzenstaubheit, Zeitfremdheit. Niedrigste Gesinnung gleichgültig. Was sind das für Menschen? Fürchterlich: Niedergeschlagen, Melancholie, Ernüchterung.»[200]

IX

Während in der zweiten Hälfte des Jahres 1942 das Aufspüren von Juden und ihre massenhafte Ermordung alle Länder und Gebiete erfaßt hatte, die unter unmittelbarer Kontrolle Deutschlands standen, wurde die Einstellung einiger Regierungen, die entweder mit dem Reich verbündet oder neutral waren, für Teile der europäischen Judenheit zu einer Frage von Leben und Tod.

Nach der Niederlage Frankreichs war es, wie wir sahen, relativ leicht, die spanische Grenze zu überschreiten, sofern die (mehrheitlich jüdischen) Flüchtlinge Visa für ein weiteres Bestimmungsland hatten. Nachdem die Deportationen aus Frankreich begonnen hatten, bot die Flucht über Spanien eine Überlebenschance. Inzwischen schickten die spanischen Grenzwächter die flüchtenden Juden jedoch wieder nach Frankreich zurück. Einige Monate später, nach der Landung der Alliierten in Nordafrika und der Besetzung ganz Frankreichs durch die Deutschen, versuchten Flüchtlinge – Juden und andere – auch, nach Spanien hinüberzukommen, um sich den alliierten Streitkräften in Nordafrika anzuschließen. Die Spanier sahen sich bald dem widerstreitenden Druck einerseits von seiten Deutschlands und andererseits von seiten der angelsächsischen Mächte ausgesetzt. Es bedurfte einer direkten Drohung Churchills im April 1943, um Franco davon zu überzeugen, daß sich in diesem Stadium des Krieges die Grenzen Spaniens nicht vollständig schließen ließen.[201]

Zwischen Deutschland und der Schweiz gab es keine derartigen Probleme. Die Verfügungsgewalt über die in der Schweiz lebenden Ausländer und über die Einwanderung lag in den Händen des Departements für

Justiz und Polizei (an dessen Spitze seit 1940 der Bundesrat Eduard von Steiger stand) und spezieller in den Händen von Heinrich Rothmunds Polizeiabteilung. Während des Jahres 1942 wurden die Grenzpolizei und die Zollbeamten der Schweiz ständig durch Armeeeinheiten verstärkt, deren Hauptaufgabe es dann war, jüdische Flüchtlinge aufzuspüren. Auf der anderen Seite der Grenze versuchten gut bezahlte, aber häufig unzuverlässige Führer, die Blockade zu durchbrechen. Unter ihnen befanden sich manchmal regelrechte Kriminelle, die ihre unglücklichen Schützlinge betrogen und sie in einigen Fällen sogar ermordeten, um an ihr Geld und ihre Wertsachen zu kommen.

Am 16. Juli 1942, dem Tag, an dem in Paris die Massenverhaftungen begannen, warnte der Nachrichten- und Sicherheitsdienst der Armee Rothmunds Stellvertreter Robert Jezler: «Wir stellen fest, daß seit einiger Zeit die Zahl der jüdischen, holländischen und belgischen sowie der in diesen Ländern lebenden polnischen Zivilflüchtlinge auf beunruhigende Weise zunimmt. Alle verlassen ihr Land aus dem gleichen Grund: um den Arbeitslagern, in die sie von der Besatzungsmacht eingewiesen werden, zu entkommen. ... Es scheint uns dringend [nötig], Maßnahmen zu ergreifen, um die Einreise ganzer Gruppen, wie dies in letzter Zeit der Fall ist, zu verhindern. ... Unserer Ansicht nach wäre die Rückweisung einiger Elemente notwendig; die fraglichen Organisationen würden davon zweifellos Kenntnis erhalten, womit ihren Aktivitäten ein Riegel vorgeschoben würde.»[202] Um die Identität dieser «gewissen Elemente» zu bestimmen, bedurfte es keiner großen Phantasie.

Die Polizeiabteilung stand vor einer Entscheidung, deren volle Konsequenzen sie kannte: «Wir haben uns neuerdings nicht entschließen können, diese Menschen zurückzuschicken», schrieb Jezler am 30. Juli. «Die übereinstimmenden und zuverlässigen Berichte über die Art und Weise, wie die Deportationen durchgeführt werden, und über die Zustände in den Judenbezirken im Osten sind derart gräßlich, daß man die verzweifelten Versuche der Flüchtlinge, solchem Schicksal zu entrinnen, verstehen muß und eine Rückweisung kaum mehr verantworten kann.»[203]

Rothmund war anderer Meinung. Eine Verfügung vom 17. Oktober 1939 ordnete an, Flüchtlinge, die illegal in die Schweiz einreisten, zurückzuschicken. Bis zum Sommer 1942 war sie nicht von allen Kantonsbehörden (die die Flüchtlinge häufig in Internierungslager schickten) strikt angewendet worden; von da an sollte ihre Einhaltung erzwungen werden. Am 4. August unterzeichnete von Steiger die Anweisung. In einem Rundschreiben, das am 13. August an alle einschlägigen zivilen und militärischen Behörden verschickt wurde, gab die Polizeiabteilung zunächst an, die Zahl der Flüchtlinge, «insbesondere Juden unterschiedlichster Nationalität», die an der Grenze einträfen, sei im Laufe der vergangenen zwei Wochen auf einen Durchschnittswert von 21 Personen pro Tag gestiegen; sie erklärte dann, sowohl aus Sicherheitsgründen als auch aus ökonomischen Gründen müßten diese Flüchtlinge zurückgeschickt werden. Politische Flüchtlinge waren nicht zurückzuschicken, aber «Flüchtlinge nur aus Rassengründen, z. B. Juden, gelten nicht als politische Flüchtlinge».[204] Beim ersten Versuch eines Grenzübertritts sollte der Flüchtling zurückgeschickt werden; falls es zu einem weiteren Versuch käme, sollte der Flüchtling der Armee oder «den zuständigen Behörden auf der anderen Seite direkt übergeben werden» – ohne Rücksicht auf die damit verbundenen Risiken.[205]

Aus dem Protokoll einer Konferenz von Polizeidirektoren, die am 28. August 1942 stattfand, geht ganz klar hervor, daß jeder wußte, daß es, wie Rothmund selbst sagte, «eine Farce» war, Juden den Status politischer Flüchtlinge abzusprechen. Selbst von Steiger gab das zu: «Politischer Flüchtling. Theorie nützt nicht. Jude auch eine Art politischer Flüchtling.»[206] Ungeachtet einiger Ausnahmen blieb die schweizerische Politik, die Juden zurückzuschicken, bis Ende 1943 und, von da an selektiver, auch noch über diesen Zeitpunkt hinaus unverändert.

Schweden war während der ersten Kriegsjahre nicht weniger restriktiv verfahren als die Schweiz. Als sich aber in Stockholm Informationen über die Vernichtungen häuften (wie sie es auch in Bern taten) und als die Deportationen Skandinavien erreichten, wandelte sich die Haltung des schwedischen Außenministeriums und insbesondere die Einstellung des für Einwanderung zuständigen Staatssekretärs Gösta Engzell. Nachdem im November 1942 die Deportationen aus Norwegen begonnen hatten, reagierten die Schweden: Juden aus Norwegen – und nicht nur diejenigen, welche norwegische Bürger waren – erhielten Asyl, wenn es ihnen gelang, nach Schweden zu fliehen. Von da an ging schwedische Hilfe für Juden nicht nur nach ganz Skandinavien, sondern auch an andere Rettungsaktionen auf dem Kontinent.[207] Ob die Kehrtwendung Schwedens durch humanitäre Empfindungen veranlaßt war oder durch eine prosaischere Einschätzung des Kriegsverlaufs, ist eine offene Frage. Wahrscheinlich waren in den Gedanken Engzells und denen seiner Kollegen aus dem Außenministerium beide Faktoren wirksam.[208]

*

Bei seinem Besuch in Helsinki im Juli 1942 unternahm Himmler den Versuch, die Finnen dazu zu überreden, die ausländischen Juden, die im Lande lebten (damals etwa 150 bis 200 Menschen), an Deutschland auszuliefern; dieser Vorgang ist ein bezeichnendes Beispiel für die Unerbittlichkeit des antijüdischen Feldzugs der Nazis.[209] Keine Siedlung im

Osten stand auf dem Spiel, es gab auch keinen wirtschaftlichen Nutzen für die Volksgemeinschaft oder irgendeinen anderen politischen oder ökonomischen Vorteil, wie man ihn so oft herangezogen hat, um den Feldzug der Nazis gegen die Juden zu erklären – es war nichts als pure ideologische Wut.

Die Antwort von Ministerpräsident Rangell auf die Bitte Himmlers kennen wir zwar nicht, aber wir wissen von der Forderung des Reichsführers.[210] Die finnische Geheimpolizei begann damit, Listen ausländischer Juden aufzustellen, die man deportieren und an die Deutschen in Estland ausliefern konnte (einigen Schätzungen zufolge handelte es sich um 35 Personen).[211] Die Sache wurde ruchbar; in der Regierung und in der Öffentlichkeit kam es zu Protesten. Schließlich setzte man die Zahl der Deportierten auf acht herab. Am 6. November 1942 wurden sie nach Tallinn deportiert: Einer überlebte den Krieg.[212]

Die jüdischen Gemeinschaften Rumäniens, Ungarns und Bulgariens stellten eine Beute ganz anderer Größenordnung dar. Kaum hatten die Deutschen ihren großen Vernichtungsfeldzug im Generalgouvernement und in Westeuropa in Gang gesetzt, wurde Druck ausgeübt, die Juden Südosteuropas auszuliefern. Am 24. September 1942 notierte Luther, Ribbentrop habe ihm die Weisung erteilt, «die Evakuierung der Juden aus den verschiedensten Ländern Europas möglichst zu beschleunigen, da feststeht, daß die Juden überall gegen uns hetzen und für Sabotageakte und Attentate verantwortlich gemacht werden müssen».[213]

Einen anfänglichen Erfolg konnten die Deutschen in Rumänien verzeichnen, als Antonescu die Deportation rumänischer Juden genehmigte, die in Deutschland oder in von Deutschen besetzten Ländern lebten.[214] Im Prinzip hatte Bukarest zugesagt, daß die Deportation der etwa 300 000 Juden, die noch in Rumänien selbst lebten, folgen werde. Ende Juli 1942 hatte Eichmann keinerlei Zweifel: Die Deportation der rumänischen Juden sollte etwa mit dem 10. September 1942 beginnen und in den Distrikt Lublin führen, wo «der arbeitsfähige Teil arbeitseinsatzmäßig angesetzt wird, der Rest der Sonderbehandlung unterzogen werden soll».[215] Was nun folgte, kam als totale Überraschung: Die Rumänen überlegten sich die Sache anders.

Die Kehrtwendung in Bukarest hat man auf eine ganze Reihe von Gründen zurückgeführt: wiederholte Interventionen jüdischer Persönlichkeiten, des päpstlichen Nuntius, Monsignore Andrea Cassulo, und des schweizerischen Gesandten René de Weck; die Bestechung von Beamten und der Familie Ion Antonescus durch reiche rumänische Juden sowie auch Antonescus Ärger über die deutsche Einmischung in eine im wesentlichen innere Angelegenheit.[216] Im Oktober wurde klar, daß die Rumänen auf Zeit spielten. Am 11. Oktober befahl Antonescu die Verschiebung der Deportationen auf das Frühjahr, und am 11. November erklärte Mihai Antonescu dem Beauftragten Himmlers in Bukarest, Gustav Richter, ins Gesicht, die Deutschen verhielten sich gegenüber den Juden barbarisch.[217]

Obgleich sich die rumänische Judenpolitik Ende 1942 offensichtlich gewandelt hatte und es sogar Gerüchte gab, daß Bukarest Juden aus Transnistrien gestatten würde, das Land zu verlassen, um nach Palästina auszureisen (gegen eine angemessene Pro-Kopf-Entschädigung) – ein Schritt, den die Deutschen mit allen Mitteln zu unterbinden suchten –, schickte Luther, der zunehmend von Ribbentrop angetrieben wurde und es dringend nötig hatte, für alle sichtbar sein Engagement zu beweisen, am 23. Januar 1943 eine weitere verzweifelte Mahnung an Botschafter Manfred von Killinger. Dieser wurde angewiesen, die Rumänen davon in Kenntnis zu setzen, daß man die Italiener, was die Deportationen aus Westeuropa anging, zur Räson bringen werde. Allen europäischen Staaten machte man die Grundsätze bewußt, die der «Führer» in seiner letzten Rede [vermutlich der Rede vom 8. November 1942, in der Hitler erneut auf seine «Prophezeiung» und auf ihre laufende Bestätigung eingegangen war] verkündet hatte. «Bitte rumänische Regierung darauf hinweisen», fuhr Luther fort, «daß Juden Elemente der Zersetzung darstellen, Sabotage treiben und im feindlichen Spionagedienst stehen. Hierzu verfügt deutsche Regierung über zahlreiche Beweise. Evakuierung Juden aus Europa sei daher zwingendes Gebot der inneren Sicherheit des Kontinents. Bisheriges positives Verhalten rumänischer Regierung in Judenfrage berechtigte uns zu der Hoffnung, daß sie sich auch weiterhin beispielgebend für gemeinsame Interessen einsetze.»[218]

Luthers Rhetorik half nichts. Und Ende Januar beorderte Himmler Richter zurück nach Berlin.[219] Währenddessen waren die rumänischen Truppen bei Stalingrad vernichtet worden, die deutsche 6. Armee stand kurz vor der Kapitulation, und in Nordafrika errangen die Alliierten die Kontrolle über große Teile des Gebiets, das sich vom Atlantik bis zur ägyptischen Grenze erstreckte.

In Ungarn sollten die Ereignisse schließlich eine andere Wendung nehmen, aber Anfang 1943 sah die Lage immer noch ähnlich aus wie in Rumänien. Ein Jahr zuvor, im März 1942, war, wie wir sahen, der ultrakonservative und deutschfreundliche Ministerpräsident László Bárdossy von Horthy entlassen und durch den gemäßigteren Miklós Kállay ersetzt worden. Während der ersten sechs Monate von Kállays Amtszeit, also in der Phase deutscher militärischer Erfolge, kam es jedoch zu keiner Änderung der ungarischen Politik. Im Frühjahr 1942 wurde als Reaktion auf Druck von deutscher Seite ein Drittel der ungarischen Streitkräfte, die Zweite Ungarische Armee, an die Ostfront geschickt und am Don postiert. Zu gleicher Zeit ließen Horthy und Kállay umfangreiche Freiwilligenmeldungen von Deutschungarn (die meist dem nazifreundlichen «Volksbund» angehörten) zur SS zu, obgleich die Freiwilligen ihre ungarische Staatsbürgerschaft aufgeben mußten. Ein neues Gesetz ordnete die Verstaatlichung von Land an, das Juden gehörte. Die Behandlung von Juden, die zu Arbeitsbataillonen an der Ostfront eingezogen waren, war so hart, daß Tausende starben.

Bedrohlicher war, daß vom ungarischen Militär zur gleichen Zeit radikale antijüdische Initiativen geplant wurden, anscheinend mit Wissen und sogar mit Unterstützung von Kállays Stab: Die Deportation ungarischer Juden, zunächst einer Zahl von 100 000, wurde mit den Deutschen erörtert. Bis auf den heutigen Tag ist nicht klar, ob Horthy oder auch nur Kállay selbst von diesen Kontakten wußten. Wie der Historiker Yehuda Bauer gezeigt hat, bleibt die gesamte Episode irgendwie ein Rätsel.[220]

Im Herbst 1942 begann der Politikwandel, offensichtlich als Ergebnis der Verschiebung des globalstrategischen Gleichgewichts. Im Oktober, als die Deutschen forderten, die Juden Ungarns sollten als erster Schritt zu ihrer Deportation gezwungen werden, den gelben Stern zu tragen, weigerte sich Kállay. Zur gleichen Zeit unternahm der Verteidigungsminister Anstrengungen, das Schicksal der zwangsverpflichteten Juden in den Arbeitsbataillonen zu lindern.[221] Dieser Wandel fand seinen Ausdruck am 5. Oktober, als Luther mit dem ungarischen Botschafter in Berlin, Döme Sztójay, zusammentraf und die Forderung erhob, mit der Deportation der 800 000 Juden Ungarns zu beginnen. Der Botschafter sprach von Gerüchten über das Schicksal deportierter Juden: Ministerpräsident Kállay wollte sich später keine Vorwürfe machen, er habe ungarische Juden dem Elend oder möglicherweise gar Schlimmerem anheimgegeben. Luther antwortete, die Juden würden beim Straßenbau beschäftigt, und später würden sie in einem Reservat angesiedelt werden.[222] Die Ungarn waren nicht überzeugt. Die deutsche Forderung wurde zurückgewiesen. Im April 1943 sollte dann Hitler, wie wir sehen werden, persönlich bei Horthy intervenieren, ohne unmittelbares Ergebnis. Im Januar 1943 war die Zweite Ungarische Armee bei Woronesch völlig vernichtet worden.

In Bulgarien ging die Judenpolitik ebenfalls von einer Kooperation mit Deutschland zu einer immer unabhängigeren Haltung über. Im Juni 1942 hatte das bulgarische Parlament die Regierung bevollmächtigt, «eine Lösung des Judenproblems in die Wege zu leiten»: Alexander Beleff, ein notorischer Antisemit, wurde zum Kommissar für jüdische Angelegenheiten im Innenministerium ernannt. Die ersten Opfer der von König Boris verfolgten Kollaborationspolitik waren die Juden von Thrakien (einer ehemals griechischen Provinz) und Mazedonien (einer vormals jugoslawischen Provinz), von Gebieten, die Bulgarien im April 1941 als Belohnung dafür erhalten hatte, daß es sich dem deutschen

Feldzug gegen seine beiden Nachbarn angeschlossen hatte. Diese 11 000 (aus der Sicht Sofias) ausländischen Juden wurden von der bulgarischen Polizei zusammengetrieben, an die Deutschen ausgeliefert und im März und April 1943 nach Treblinka in den Tod verfrachtet. Die Deportation der einheimischen bulgarischen Juden sollte sich ganz anders gestalten.

Diesen Ländern in Südosteuropa gab Italien gewiß nicht das richtige Beispiel. Natürlich ließ sich Mussolini nicht durch den Bericht täuschen, den Himmler während seines Besuchs in Italien am 11. Oktober 1942 über das Schicksal der Juden gegeben hatte. Der SS-Chef gab zu, daß die Deutschen in den Ostgebieten «eine nicht unerhebliche Anzahl» von Juden, darunter Frauen und Jugendliche, hatten erschießen müssen, da selbst diese als Nachrichtenträger für die Partisanen fungierten; nach Aussagen Himmlers lautete Mussolinis Antwort: «Das war die einzig mögliche Lösung.» Ansonsten sprach Himmler von Arbeitslagern, von Straßenbau, von Theresienstadt – und von den vielen Juden, die von den Russen erschossen wurden, wann immer die Deutschen versuchten, sie durch Lücken in der Front auf die sowjetische Seite zu jagen.[223] Die Italiener hatten ihre eigenen Informationsquellen.

Wie der Historiker Jonathan Steinberg angibt, schrieb der Leiter der Abteilung für die besetzten Gebiete im italienischen Außenministerium Ende November 1942: «Währenddessen fahren die Deutschen unbeirrt fort, Juden zu ermorden.» Weiter erwähnte er ausländische Rundfunkberichte, denen zufolge täglich sechs oder siebentausend Warschauer Juden deportiert und umgebracht würden. Die Deutschen hatten seinen Angaben zufolge bereits eine Million Juden ermordet. Der König wußte das anscheinend ebenfalls. So schützte mit stillschweigender Unterstützung der höchsten Ebenen des Staates Italien die Juden, wo immer es konnte – in Kroatien, in Griechenland und in Frankreich. Die Deutschen schäumten, wie aus Goebbels' Tagebüchern hervorgeht, aber sie konnten dagegen nicht viel unternehmen.[224]

In Kroatien blieben die Italiener untätig, während die Deutschen damit beschäftigt waren, die allerletzten Juden unter ihre Kontrolle zu bekommen, ohne Rücksicht auf Hitlers Versprechen an Pavelić und auf einen Befehl Mussolinis, die 5000 Juden ihrer Zone zu verhaften. In Frankreich spitzten sich die Dinge zu. Nicht nur weigerte sich der italienische Generalkonsul in Nizza, Alberto Calisse, die Personalpapiere von Juden kennzeichnen zu lassen, er verbot auch in den letzten Dezembertagen des Jahres 1942 die Verlegung von Juden aus der italienischen Zone in die von Deutschen besetzten Gebiete, ungeachtet einer Anweisung von Vichy (das im Prinzip die Jurisdiktion über jüdische Angelegenheiten auf dem gesamten französischen Territorium besaß).

Innerhalb weniger Tage erhielt Calisse Rückendeckung vom Außenministerium in Rom.[225]

In der italienischen Reaktion lag wahres Raffinement: Den Franzosen wurde gesagt, die Italiener würden sich mit der Verlegung französischer Juden, nicht aber mit dem Abtransport ausländischer Juden einverstanden erklären; Vichy war gelähmt.[226] Als im Januar 1943 der deutsche Botschafter in Rom, Hans Georg von Mackensen, von Ciano die Aufhebung dieser Entscheidungen verlangte, brachte Mussolinis Minister die Deutschen in Verlegenheit: Da die Angelegenheit komplex sei, erklärte Ciano, müsse Berlin seine Forderungen in einem detaillierten schriftlichen Memorandum niederlegen, das man dann gebührend studieren werde.[227]

Anfang 1943 wurde Ciano zum Botschafter beim Vatikan ernannt, und der Duce selbst übernahm das Außenressort. Einige Tage zuvor hatten Mussolini und Ciano das Telegramm gesehen, das der italienische Botschafter in Berlin, Dino Alfieri, am 3. Februar geschickt hatte: «Im Hinblick auf das Schicksal [der deportierten deutschen Juden] wie auf das der polnischen, russischen, niederländischen und selbst französischen Juden kann es keine großen Zweifel geben. Selbst die SS spricht von den Massenhinrichtungen. Jemand, der dort war, erinnerte sich voller Entsetzen an Szenen, bei denen nackte Frauen und Kinder, die am Rand eines Grabens aufgereiht standen, mit Maschinengewehren erschossen wurden. Was die Geschichten über alle Arten von Folter angeht, will ich mich auf die eine beschränken, die ein SS-Funktionär meinem Kollegen erzählte: Er vertraute ihm an, er habe sechs Monate alte Säuglinge gegen eine Mauer geschleudert, um seinen Männern, die von einer wegen der Zahl der Opfer besonders schrecklichen Exekution ermattet und erschüttert waren, ein Beispiel zu geben.»[228]

Die Italiener setzten die Behinderung deutscher Maßnahmen, die sich gegen Juden richteten, im Frühjahr und Sommer 1943, bis zur Besetzung des Landes durch die Deutschen, fort.

Am anderen Ende des Kontinents, in Norwegen, hatte der deutsche Feldzug gegen die Juden im Herbst 1942 begonnen. Die üblichen Verfügungen verwandelten die kleine jüdische Bevölkerungsgruppe in Parias. Am 20. November begannen die Deportationen per Schiff von Oslo nach Stettin und von da mit dem Zug weiter nach Auschwitz. Ende Februar 1943 hatte die jüdische Gemeinschaft von Norwegen zu existieren aufgehört: Mehr als 700 Juden waren ermordet worden, und etwa 900 waren nach Schweden geflohen.[229]

X

Während sich im Sommer und Herbst 1942 in den Hauptstädten der Alliierten Informationen über die «Endlösung» häuften, kamen Bedenken hinsichtlich ihrer Veröffentlichung von unerwarteter Seite, so etwa von der polnischen Exilregierung. Innerhalb weniger Tage nach dem Beginn der Deportationen nach Treblinka war der polnische Untergrund von einem Angehörigen der Heimatarmee, der am Bahnhof Treblinka arbeitete, in allen Einzelheiten über das Lager und das Schicksal seiner Opfer informiert worden. Obgleich die Informationen sofort nach London weitergeleitet wurden, behielt die Exilregierung sie bis Mitte September für sich.[230]

Die Exilregierung setzte sich aus Vertretern der wichtigsten politischen Parteien in der Heimat zusammen; somit blieb sie auch den Einstellungen ihrer Klientel verhaftet. Und wie schon früher mag diese Klientel selbst den richtigen Ausdruck ihrer Gefühle in dem Artikel wiedergefunden haben, der am 15. August 1942, auf dem Höhepunkt der Vernichtungen in Treblinka, in der bereits erwähnten Zeitschrift *Narod*, dem Organ der «Christlich-Demokratischen Arbeiterpartei», erschienen war.

«In diesem Augenblick», schrieb *Narod*, «können wir hinter den Ghettomauern das unmenschliche Ächzen und Schreien der Juden hören, die ermordet werden. Rücksichtslose Schläue fällt rücksichtsloser brutaler Macht zum Opfer, und kein Kreuz ist auf diesem Schlachtfeld zu sehen, da diese Szenen in vorchristliche Zeiten zurückreichen. Wenn dies weitergeht, dann wird es nicht lange dauern, bis sich Warschau von seinem letzten Juden verabschieden wird. Wäre es möglich, ein Begräbnis zu veranstalten, dann wäre es interessant, die Reaktion zu sehen. Würde der Sarg Kummer, Weinen oder vielleicht Freude hervorrufen? ... Seit Hunderten von Jahren bewohnt eine fremde, böswillige Wesenheit die nördlichen Teile unserer Stadt. Böswillig und fremd vom Standpunkt unserer Interessen wie auch von dem unserer Seele und unseres Herzens aus gesehen. Laßt uns also keine unechten Haltungen an den Tag legen, wie es berufsmäßige Klageweiber auf Begräbnissen tun – laßt uns ernsthaft und ehrlich sein. ... Wir bedauern den einzelnen Juden, das menschliche Wesen, und soweit es möglich ist, werden wir, falls er verloren geht oder sich zu verstecken versucht, ihm eine helfende Hand reichen. Wir müssen diejenigen verdammen, die ihn denunzieren. Es ist unsere Pflicht, von denjenigen, die es sich gestatten zu höhnen und zu spotten, zu fordern, daß sie angesichts des Todes Würde und Respekt zeigen. Aber wir werden nicht so tun, als seien wir voller Trauer über ein verschwindendes Volk, das unserem Herzen schließlich nie nahestand.»[231]

Endlich gab die zur Delegatura gehörende Leitung des zivilen Kampfes am 17. September 1942 eine Erklärung heraus, die mit der Exilregierung abgestimmt war: «Ohne daß sie in der Lage wäre, gegen das, was getan wird, aktiven Widerstand zu leisten», hieß es darin, «protestiert die Leitung des zivilen Kampfes im Namen des gesamten polnischen Volkes gegen die Verbrechen, die an den Juden begangen werden. Alle politischen und gesellschaftlichen Organisationen in Polen sind in diesem Protest vereint.»[232] Keine Hilfe wurde versprochen, und den Juden wurde keine Ermutigung gegeben, aus Warschau zu flüchten und sich in der polnischen Bevölkerung zu verstecken.

Dieselbe Politik einer verzögerten und widerwilligen Übermittlung von Informationen war im Zusammenhang mit der Reise in die westlichen Länder erkennbar, die der polnische Kurier und Untergrundkämpfer Jan Karski im Herbst 1942 unternahm (der, wie wir uns erinnern, zu Beginn des Krieges über die judenfeindliche Einstellung der polnischen Bevölkerung berichtet hatte).[233] Der Untergrund schickte Karski in den Westen, wo er über die Lage in Polen berichten sollte, ohne dabei aber dem Schicksal der Juden besondere Bedeutung beizumessen. Erst nachdem zwei führende Mitglieder jüdischer Geheimorganisationen von Karskis bevorstehender Mission erfahren hatten, wurde es ihm gestattet, mit ihnen zusammenzutreffen sowie das Warschauer Ghetto und wahrscheinlich auch das Sklavenarbeiterlager Belzec zu besuchen. Außerdem wurden noch die Namen zweier polnisch-jüdischer politischer Repräsentanten in London (Ignacy Schwarzbart und Szmul Zygielbojm) auf die Liste der Personen gesetzt, mit denen der Abgesandte in Kontakt treten sollte – allerdings *mit niedrigster Priorität*. In diesem Stadium folgte Karski der Linie, die ihm diktiert wurde, und den gegebenen Anweisungen entsprechend wartete er mehrere Wochen, bevor er in der britischen Hauptstadt mit seinen jüdischen Kontaktleuten zusammentraf.[234] Anscheinend war er aber über die minimale Bedeutung, die sowohl die Delegatura als auch die Exilregierung der Judenfrage beimaßen, betroffen.[235] Mit Zygielbojm traf er sich schließlich Ende Dezember 1942.[236]

Die Position der Exilregierung wurde in der Tat durch eine ganze Reihe von Erwägungen geprägt.[237] Erstens konnte jede Betonung der jüdischen Tragödie die Aufmerksamkeit des Westens von der nationalen polnischen Tragödie ablenken. So erweckten Erklärungen über deutsche Kriegsverbrechen in Polen gewöhnlich den Eindruck, die Opfer seien generell Polen und am Schicksal der Juden sei nichts Besonderes. Im Herbst, als in Großbritannien und den Vereinigten Staaten immer präzisere Nachrichten eintrafen, revidierte die polnische Regierung zögernd ihre Politik, um angesichts dessen, was die Deutschen Juden – und Polen – antaten, Mitgefühl für die polnische Situation zu wecken.

Der polnische Kampf um die Mobilisierung der öffentlichen Meinung im Westen war selbst von einem vorrangigen politischen Ziel beherrscht: Es ging um Unterstützung Polens gegen sowjetische Forderungen in bezug auf die östlichen Nachkriegsgrenzen des Landes. Stalin bestand darauf, zur «Curzon-Linie» von 1920 zurückzukehren, die fast identisch mit der Grenze war, welche Ribbentrop und Molotow im September 1939 gezogen hatten, während die Polen eisern eine Rückkehr zu der internationalen Grenzziehung verlangten, die bis zum Kriegsbeginn anerkannt gewesen war.[238] In der verzweifelten polnischen Kampagne für politische Unterstützung spielten die Juden eine wichtige Rolle, und das nicht nur als «Konkurrenten» im Kampf um das Mitgefühl.

Für die polnische Führung stand der jüdische Einfluß in London und Washington außer Frage; außerdem nahmen die Polen an, daß in dem Konflikt über die Nachkriegsgrenzen die Juden eher bereit sein würden, sich auf die Seite der Sowjetunion zu schlagen als auf diejenige Polens: Hatten sie nicht während der sowjetischen Besetzung des östlichen Polen in der Zeit von September 1939 bis Juni 1941 ihre Sympathien für die Sowjets in reichlichem Maße bewiesen? Im Spätherbst 1942 traf Stanisław Kot, ein ehemaliger Innenminister und früherer Botschafter in der Sowjetunion sowie enger politischer Verbündeter von Ministerpräsident Sikorski, zu einem längeren Besuch in Palästina ein.

Angesichts der widerstreitenden Zielsetzungen der polnischen Exilregierung und der jüdischen Führung in Palästina führten ihre Verhandlungen nicht zu einer hilfreichen Verständigung zwischen den Opfern eines gemeinsamen Feindes. Kot warf den Juden Polens vor, es fehle ihnen an Loyalität gegenüber ihrer Heimat, und an einer Stelle drohte er, wenn man die Frage des polnischen Antisemitismus nicht fallenlasse, würden die Polen das brutale Verhalten der jüdischen Polizei und möglicherweise die Gefühllosigkeit der Räte gegenüber ihren jüdischen Gefährten öffentlich machen.[239]

Die grundlegenden Fragen blieben ungelöst. Obgleich die Führer des Jischuw Kot um ein stärkeres polnisches Engagement bei der Hilfe für die gejagten Juden baten, waren sie nicht zu einer klaren *Gegenleistung* im Sinne einer Unterstützung für die polnische Position hinsichtlich der Nachkriegsgrenzen des Landes bereit. Dabei spielte vermutlich, wie die Polen angenommen hatten, ihre Einschätzung des sowjetischen Einflusses in der Nachkriegswelt und der Wichtigkeit der sowjetischen politischen Unterstützung für zionistische Forderungen eine erhebliche Rolle. Außerdem hofften Ben-Gurion und seine Gefährten, Moskau werde die Auswanderung Hunderttausender von Juden aus der UdSSR und dabei insbesondere der Kriegsflüchtlinge aus Polen nach Erez Israel gestatten.[240] Schließlich waren die Führer des Jischuw möglicherweise skeptisch, was die konkrete polnische Bereitschaft zur Rettung von Juden oder die Fähigkeit hierzu anging.

In der Zwischenzeit legte die zionistische Führung selbst kein nennenswertes Engagement für eine Erleichterung des Schicksals der Juden in Europa an den Tag, und es sah auch nicht so aus, als widme sie der sich immer deutlicher abzeichnenden Katastrophe große Aufmerksamkeit. Auf der historischen Konferenz, die im Mai 1942 im Biltmore-Hotel in New York stattfand und zu einer Resolution führte, in der die Errichtung eines *jüdischen Staates* in Palästina gefordert wurde, lautete die Annahme, die von mehreren der wichtigsten Sprecher geäußert wurde, daß zwei oder drei Millionen europäische Juden bei Kriegsende nicht mehr am Leben sein würden – das sorgte für keine besondere Aufregung. In den darauffolgenden Monaten lenkte Ben-Gurions vorrangiges politisches Programm die Aufmerksamkeit von den Ereignissen in Europa ab und richtete sie vornehmlich auf die innenpolitische Szene: Er mußte einen Teil der Mapai dazu überreden, das Biltmore-Programm (welches die Teilung Palästinas vorsah) zu unterstützen. Damit scheiterte er, und am 25. Oktober 1942 verließ auf einer Sitzung in Kfar Vitkin die «B-Fraktion», die gegen die Teilung war, die Partei. Wie der Historiker Tuvia Friling, der Ben-Gurions Position in jenen Jahren am nachhaltigsten verteidigt, schreibt, fiel dem Führer der Mapai, als er zu der Versammlung über die Lage in Europa sprach, nichts Besseres ein als «die bis dahin allgemein gebräuchliche Terminologie: ‹Alles ist in Gefahr. Die Freiheit der Menschheit, die physische Existenz unseres Volkes, die Anfänge unserer neuen Heimat, die Seele unserer eigenen Bewegung – all das ist in Gefahr.›»[241] Ben-Gurion hat es in den Jahren 1942 und 1943 mehrfach so formuliert: «Es hat noch nie eine Zeit wie heute gegeben, in der wir alle von Vernichtung bedroht worden sind. ... Die Vernichtung der Juden Europas ist ruinös für den Zionismus, denn es wird niemanden mehr geben, der den Staat Israel aufbauen kann.»[242]

Am 16. November 1942 brachte eine Gruppe von Juden aus Polen, die Inhaber von Pässen der britischen Mandatsverwaltung waren und die man gegen deutsche Staatsangehörige ausgetauscht hatte, welche in Palästina lebten, Informationen aus erster Hand über das Schicksal der Juden ihrer Heimat und über die Deportationen, die aus Westeuropa zu den Tötungsstätten im Generalgouvernement führten. Diese Nachrichten schockierten den Jischuw, und sie sollten schon bald durch offizielle Erklärungen von polnischer und alliierter Seite bestätigt werden.

*

Im Sommer 1942 bestätigten drei *deutsche* Quellen ebenfalls die entsetzlichsten bis dahin verfügbaren Informationen über den systematischen und umfassenden Charakter der Vernichtungsaktionen. Die Wirkung der ersten beiden Berichte blieb begrenzt, da ihre Adressaten sie nicht nach London oder Washington weiterleiteten; der dritte Bericht hingegen sollte innerhalb einiger Monate erhebliche Konsequenzen haben.

Kurt Gerstein, ein tiefreligiöser Protestant, war Entseuchungsexperte im Hygieneinstitut der Waffen-SS, als er Ende Juli 1942 von «SS-Offizier Günther» vom RSHA die Anweisung erhielt, etwa 100 Kilogramm Blausäure (Zyklon B) zu beschaffen und nach Lublin zu liefern.[243] Nach einem Treffen mit Globocnik begab sich Gerstein am 2. August nach Belzec, möglicherweise in Begleitung Globocniks und mit Sicherheit zusammen mit SS-Obersturmbannführer Otto Pfannenstiel, einem Professor für Hygiene an der Universität Marburg, der die Reise mit ihm gemeinsam absolvierte.

Im Lager erlebte Gerstein die Ankunft eines Transports aus Lemberg mit. Er sah, wie ukrainische Hilfstruppen die Juden aus den Güterwaggons trieben, wie die Deportierten gezwungen wurden, sich nackt auszuziehen, und, nachdem man ihnen erklärt hatte, sie müßten sich einer Desinfektion unterziehen, in die Gaskammern geschoben wurden. Gerstein maß die Zeit bis zum Ersticken; der Dieselmotor sprang zunächst nicht an. Die Juden weinten und schluchzten: «wie in der Synagoge», sagte Pfannenstiel, das Auge an das Guckloch in der Tür gepreßt. Nach zweieinhalb Stunden sprang der Motor an; 32 Minuten später waren alle Juden tot.[244] Im Juni 1950 bestätigte eine Aussage Pfannenstiels den Bericht Gersteins im wesentlichen.[245]

Während der Bahnfahrt von Warschau nach Berlin begann Gerstein, diesmal ohne einen SS-Reisebegleiter, ein Gespräch mit einem schwedischen Diplomaten, Göran von Otter, einem Attaché bei der Botschaft in Berlin. Gerstein gab sich zu erkennen, nannte Referenzen (darunter den evangelischen Bischof von Berlin, Otto Dibelius) und erzählte von Otter, was er erlebt hatte. Als der Diplomat wieder in der Hauptstadt war, überprüfte er die Referenzen des SS-Offiziers und sandte, da er von seiner Glaubwürdigkeit überzeugt war, einen Bericht nach Stockholm. Das schwedische Außenministerium reagierte nicht und informierte die Alliierten nicht. Nach dem Krieg bestätigte von Otter wiederholt sein Gespräch mit Gerstein, und das schwedische Außenministerium räumte ein, daß es den Bericht erhalten und ihn bis zum Kriegsende geheimgehalten hatte.[246]

Im Laufe der Wochen, die auf seine Rückkehr nach Berlin folgten, versuchte Gerstein, den Nuntius und die Schweizer Gesandtschaft zu informieren. Er verständigte auch Preysings Koadjutor, einen gewissen Dr. Winter, sowie Bischof Dibelius und andere – ohne Erfolg.[247] Gerstein spielte seine Doppelrolle bis zum Ende weiter. Er lieferte Ladungen von Zyklon B an die Lager und versuchte erfolglos, deutsches und ausländisches Bewußtsein für die Vorgänge zu wecken. Bei Kriegsende schrieb er drei Berichte über das, was er gesehen und auf andere Weise erfahren hatte, und übergab sie den Amerikanern, denen er sich ergeben hatte. Er wurde an die französischen Besatzungstruppen überstellt und in Paris als potentieller Kriegsverbrecher inhaftiert. Am 25. Juli 1945 erhängte er sich in seiner Zelle.[248]

Fast genau zu dem Zeitpunkt, an dem von Otters Bericht in Stockholm eintraf, übermittelte der schwedische Konsul in Stettin, Karl Ingve Vendel, einen ähnlichen Bericht.[249] Vendel war in Wirklichkeit ein schwedischer Abwehragent, der unter dem Deckmantel konsularischer Tätigkeit deutsche Truppenbewegungen beobachtete und somit auch mit einigen Angehörigen des deutschen militärischen Widerstands gegen das Regime in geheimer Fühlung stand. Nach einem Besuch bei einem Freund auf einem Gut in Ostpreußen erstattete Vendel am 9. August 1942 einen ausführlichen Bericht über die Lage im Generalgouvernement, der auch einen Abschnitt über die Vernichtung der Juden enthielt:

«In einer Stadt wurden alle Juden zu einer Aktion versammelt, die offiziell als ‹Entlausung› angekündigt war. Am Eingang zwang man sie, ihre Kleidung abzulegen; ... der Entlausungsvorgang bestand jedoch darin, daß man sie vergaste, und danach wurden sie alle in ein Massengrab geworfen. ... Die Quelle, aus der ich all diese Informationen über die Zustände im Generalgouvernement erhalten habe, ist so geartet, daß es hinsichtlich der Wahrhaftigkeit der Schilderungen meines Informanten nicht den leisesten Hauch eines Zweifels gibt.»[250]

Nach dem, was der Historiker Jozef Lewandowski herausgefunden hat, erhielt Vendel die Informationen von seinem Freund, dem Grafen Heinrich von Lehndorff, einem Reserveleutnant bei der Armeegruppe Mitte, und von einem Gast, der auf Lehndorffs Gut Groß Steinort in Ostpreußen zu ihnen stieß. Der Gast war wahrscheinlich ein Mann, dem wir bereits begegnet sind, Oberstleutnant Henning von Tresckow, der aktivste Organisator der militärischen Verschwörung gegen Hitler.[251] Auch Vendels Bericht wurde nicht an die Alliierten weitergeleitet.

Ebenfalls ungefähr um dieselbe Zeit übermittelte eine dritte deutsche Quelle Informationen, die der Ungläubigkeit der Alliierten nach einiger Zeit ein Ende bereiteten. In den letzten Julitagen des Jahres 1942 fuhr der deutsche Industrielle Eduard Schulte, der über gute Verbindungen zu hohen Nazifunktionären verfügte, nach Zürich und informierte einen jüdischen Geschäftsfreund von einem «in Hitlers Hauptquartier ausgearbeiteten» Plan zur totalen Vernichtung der Juden Europas bis Ende des Jahres. Diese Information wurde an Benjamin Sagalowitz, den Presseattaché der jüdischen Gemeinde in der Schweiz, weitergegeben, der wiederum Gerhart Riegner, den Direktor des Genfer Büros des Jüdischen Weltkongresses, verständigte. Riegner bat darum, über die amerikanische und die britische Gesandtschaft in Bern ein Telegramm an die Leiter des Jüdischen Weltkongresses schicken zu dürfen. Sowohl die amerikanischen als auch die britischen Diplomaten waren einverstanden.

Der in identischer Formulierung nach Washington und nach London gesandte Text lautete folgendermaßen: «Alarmierenden Bericht erhalten, der angibt, daß im Führerhauptquartier Plan diskutiert und erwogen wird, nach dem alle Juden in den von Deutschland besetzten oder kontrollierten Ländern, insgesamt dreieinhalb bis vier Millionen, nach Deportation und Konzentration im Osten auf einen Schlag vernichtet werden sollen, um ein für alle Mal Judenfrage in Europa zu lösen. Stop. Aktion dem Bericht zufolge für Herbst geplant. Mittel für Durchführung werden noch diskutiert. Stop. Erwähnt wurde Blausäure. Stop. Übermitteln Information mit aller gebotenen Vorsicht, da Richtigkeit von uns nicht überprüft werden kann. Bitten darum anzugeben, daß Informant enge Beziehungen zu höchsten deutschen Autoritäten haben soll und seine Berichte in der Regel zuverlässig sein sollen.»

Das State Department und das Foreign Office blieben skeptisch, und Washington leitete das Telegramm nicht an Stephen Wise, seinen Hauptadressaten, weiter. Da jedoch dasselbe Telegramm vom Leiter der britischen Sektion des Jüdischen Weltkongresses empfangen worden war, wurde es ungeachtet einiger anfänglicher Schwierigkeiten von London aus an Stephen Wise übermittelt. Am 2. September rief Sumner Welles Wise an und bat ihn, er möge es vermeiden, den Inhalt des Berichtes zu veröffentlichen, bis es möglich wäre, dafür eine unabhängige Bestätigung zu erhalten. Wise akzeptierte.[252]

Das Internationale Komitee vom Roten Kreuz (IKRK) mit Hauptquartier in Genf bestand nur aus schweizerischen Mitgliedern, und die Direktiven, welche die Regierung in Bern im Hinblick auf wichtige Entscheidungen gab, wurden im allgemeinen nicht in Frage gestellt. Wie Jean-Claude Favez, der Historiker, der sich besonders eingehend mit der Geschichte des IKRK und des Holocaust beschäftigt hat, schreibt, war sich Riegner (im Jahre 1998) sicher, daß er im August oder September 1942 drei wichtige Mitglieder des Komitees, Carl J. Burckhardt, Susanne Ferrière und Lucie Odier, von den ihm übermittelten Informationen in Kenntnis gesetzt habe. Burckhardt bestätigte irgendwann Ende Oktober 1942 unter Berufung auf seine eigenen Quellen die von Riegner berichteten Fakten gegenüber dem amerikanischen Konsul in Genf, Paul C. Squire, sowie gegenüber Riegners Kollegen Paul Guggenheim und im November dann noch einmal gegenüber Riegner selbst.[253]

Ungeachtet der ihm zur Verfügung stehenden Informationen war Burckhardt gegen jede Form eines öffentlichen Protests des IKRK, selbst wenn dieser ganz zurückhaltend formuliert wäre. Dies war auch die Position der Schweizer Regierung, die Bundesrat Philipp Etter in das Komitee entsandt hatte. Und obgleich auf einer Vollversammlung am 14. Oktober 1942 eine Mehrheit der Mitglieder für eine öffentliche Erklärung war, blockten Burckhardt und Etter diese Initiative ab. Die Bestätigung der von Riegner übermittelten Information durch Burckhardt gegenüber dem amerikanischen Konsul in Genf trug jedoch wahrscheinlich zu den Schritten bei, die dann in Washington und London folgten.

Im November 1942, während sich in Washington weitere Informationen über den deutschen Vernichtungsfeldzug häuften, blieb Welles nichts anderes übrig, als Wise mitzuteilen, daß die aus Europa empfangenen Berichte «Ihre schlimmsten Befürchtungen rechtfertigen und bestätigen».[254] Innerhalb weniger Tage gelangte die Nachricht in den Vereinigten Staaten, in England, in neutralen Ländern und in Palästina an die Öffentlichkeit.

Tatsächlich verbreiteten sich in Großbritannien seit Oktober 1942 Informationen über die Vernichtung, und am 29. Oktober fand in der Albert Hall eine Protestversammlung unter dem Vorsitz des Erzbischofs von Canterbury statt, an der britische, jüdische und polnische Vertreter teilnahmen. Einen Monat später, am 27. November, erkannte die polnische Exilregierung offiziell die Ermordung der Juden des Landes «zusammen mit Juden aus anderen besetzten Ländern, die zu diesem Zweck nach Polen gebracht worden sind», an.

Am 10. Dezember wurde dem Foreign Office vom polnischen Botschafter in London und Außenminister der Exilregierung, Graf Raczynski, ein detaillierter Bericht über die Massenvernichtungen in Polen unterbreitet. Die totale und systematische Auslöschung der jüdischen Bevölkerung Polens wurde erneut bestätigt. Die Information erreichte Churchill, der nach zusätzlichen Details verlangte. An diesem Punkt hörten die diplomatischen Verschleierungen sowohl in London als auch in Washington schließlich auf, und am 14. Dezember informierte Eden das Kabinett über das, was vom Schicksal der Juden Europas bekannt war.[255]

Einige Tage zuvor, am 8. Dezember, hatte Roosevelt eine Delegation führender jüdischer Vertreter empfangen. Auch wenn das halbstündige Gespräch an und für sich ziemlich nichtssagenden Charakter hatte, gab Roosevelt doch deutlich zu verstehen, daß er wußte, was im Gange war; man zitiert ihn mit den Worten: «Die Regierung der Vereinigten Staaten ist sehr wohl mit dem größten Teil der Fakten vertraut, auf die Sie jetzt unsere Aufmerksamkeit lenken. Unglücklicherweise haben wir dafür aus zahlreichen Quellen eine Bestätigung erhalten. ... Vertreter der US-

Regierung in der Schweiz und in anderen neutralen Ländern haben uns Beweise geliefert, welche die von Ihnen zur Sprache gebrachten entsetzlichen Dinge bestätigen.»[256] Roosevelt war auch ohne weiteres mit einer öffentlichen Erklärung einverstanden.[257] Am 17. Dezember gaben alle alliierten Regierungen und das Freie Französische Nationalkomitee feierlich bekannt, die Juden Europas würden vernichtet; sie gelobten, «die für diese Verbrechen Verantwortlichen würden der Vergeltung nicht entrinnen».[258]

In seinen Tagebüchern maß Goebbels den Protesten, die in London und Washington ausbrachen, wenig Bedeutung bei, aber in seinen Anweisungen an die Presse forderte er einen scharfen Gegenangriff, bei dem von den Alliierten begangene Greuel geschildert würden, «um von dem leidigen Judenthema herunterzukommen».[259] So wurde gegenüber Vertretern der deutschen Zeitungen die Vernichtung nicht mehr geleugnet, aber sie mußte so schnell wie möglich heruntergespielt werden.

In dieser Hinsicht hatte Himmler einige besondere Probleme. Am 20. November gab er an Müller «eine sehr interessante Denkschrift» weiter, die Stephen Wise zwei Monate zuvor verfaßt hatte. Auch wenn die Denkschrift, die dem Brief Himmlers beilag, nicht gefunden worden ist, lassen ihr Datum und das, was wir von Wises Briefverkehr zur damaligen Zeit wissen, ebenso wie Himmlers Reaktion darauf schließen, daß der Präsident des Jüdischen Weltkongresses die Informationen benutzt hatte, die der Vertreter der Vereinigung Orthodoxer Rabbiner in der Schweiz, Isaac Sternbuch, an den Präsidenten von Agudat Israel in New York, Jacob Rosenheim, gesandt hatte. Diesen Informationen zufolge wurden die Leichen der ermordeten Opfer zur Herstellung von Seife und Kunstdünger verwendet.[260] Der Reichsführer war entrüstet und schrieb an Müller: «Sie haben mir dafür zu garantieren, daß an jeder Stelle die Leichname dieser verstorbenen Juden entweder verbrannt oder vergraben werden und daß an keiner Stelle mit den Leichnamen irgendetwas anderes geschehen kann.»[261]

XI

Am 17. März 1942 wurden Gerhart Riegner und Richard Lichtheim von Monsignore Filippo Bernardini, dem apostolischen Nuntius in Bern, empfangen. Im Anschluß an die Begegnung wurde dem Nuntius eine ausführliche Denkschrift über das Schicksal der europäischen Juden in den Ländern unter deutscher Herrschaft oder Kontrolle unterbreitet, die er ohne Zweifel an den Vatikan übersandte. Der Bericht enthielt präzise Angaben über Lager, Ghettos und Massenexekutionen.[262]

Tatsächlich erreichten den Vatikan seit Anfang 1942 aus den unterschiedlichsten Quellen Nachrichten über die Vernichtung der Juden. Wie schon erwähnt, waren bereits im Februar 1942 deutsche Geistliche über den Massenmord an Juden in den baltischen Ländern informiert. Am 9. März sandte Giuseppe Burzio, der vatikanische Geschäftsträger in Bratislava, einen besonders unheimlichen Bericht. Nachdem er schon vorher vor dem unmittelbar bevorstehenden Beginn der Deportationen aus der Slowakei nach Polen gewarnt und in seinem Telegramm vom 9. März erklärt hatte, die Intervention bei Tuka wegen einer Verschiebung der Deportationen sei gescheitert, beendete Burzio seine Mitteilung mit einem Satz, der zu einem unauslöschlichen Teil der Ereignisse geworden ist: «Die Deportation von 80 000 Menschen nach Polen, wo sie den Deutschen ausgeliefert sind, ist gleichbedeutend damit, daß man einen großen Teil von ihnen zu einem sicheren Tod verdammt» («*Deportazione 80 000 persone in Polonia alla mercé dei tedeschi equivale condannare gran parte morte sicura»*).[263]

Im Mai sandte der italienische Abt Piero Scavizzi, der häufig nach Polen reiste, offiziell mit einem Sanitätszug, aber möglicherweise in geheimer Mission für den Vatikan, direkt an Pius XII. den folgenden Bericht: «Der Kampf gegen die Juden ist unerbittlich und verstärkt sich ständig mit Deportationen und Massenexekutionen. Die Ermordung der Juden in der Ukraine ist inzwischen nahezu abgeschlossen. In Polen und Deutschland will man sie mit einem System von Ermordungen ebenfalls abschließen.»[264] Unter den Botschaften, die im Laufe der folgenden Monate immer wieder im Vatikan eintrafen, gab es eine, der infolge des Ranges ihres Verfassers und der Tatsache, daß er die geschilderten Ereignisse unmittelbar miterlebt hatte, besonderes Gewicht zukam: Das war der Brief, den der geistliche Führer der unierten Ukrainischen Kirche in Lemberg, Metropolit Andrej Scheptyckyj, am 29./31. August 1942 schrieb. Die Bedeutung des Briefes konnte weder dem Papst noch Scheptyckyjs Freund im Vatikan, dem französischen Kardinal Eugène Tisserant, entgangen sein. Der Metropolit war zwar dafür bekannt, daß er persönliche Freundschaften mit Juden pflegte, während der Besetzung Ostgaliziens durch die Sowjets hatte er aber in Briefen an den Vatikan wiederholt den «Judäo-Bolschewismus» verdammt, und wie die meisten nationalistischen Ukrainer hieß er die Deutschen, als sie in Ostpolen einmarschierten, begeistert willkommen.[265] Die Referenzen des Verfassers waren also einwandfrei. Sein Brief war unmittelbar nach der Deportation von etwa 50 000 Juden aus Lemberg geschrieben.

«Nachdem uns die deutsche Armee vom bolschewistischen Joch befreit hatte», schrieb der Metropolit, «empfanden wir eine gewisse Erleichterung. Nach und nach führte jedoch die deutsche Regierung ein Regime des wahrhaft unglaublichen Terrors und der Korruption ein. ...

Jetzt sind sich alle einig, daß das deutsche Regime vielleicht böser und diabolischer ist als das bolschewistische. Seit über einem Jahr ist nicht ein Tag vergangen, an dem nicht die entsetzlichsten Verbrechen begangen worden wären. In erster Linie waren die Juden die Opfer. Mit der Zeit begannen sie [die Deutschen], offen auf der Straße, vor den Augen der Öffentlichkeit, Juden umzubringen. Die Zahl der in unserer Region umgebrachten Juden liegt sicher höher als 200 000.»[266] Obgleich der Papst den Brief des Metropoliten beantwortete, ging er nicht mit einem einzigen Wort auf die Ermordung der Juden ein. Währenddessen war auch die Liquidierung des Warschauer Ghettos bekannt geworden, und eine Woche um die andere brachten die Deportationen aus dem Westen ihre Ladungen mit Juden an «unbekannte Bestimmungsorte», von denen der Vatikan inzwischen genaue Kenntnis hatte.

Am 26. September 1942 übergab der amerikanische Gesandte beim Heiligen Stuhl, Myron C. Taylor, Staatssekretär Maglione eine detaillierte Note: «Das Folgende erhielt das Genfer Büro der Jewish Agency for Palestine in einem Brief, der vom 30. August 1942 datiert. Das Büro erhielt diesen Bericht von zwei durchaus glaubwürdigen Augenzeugen (Ariern), von denen der eine am 14. August aus Polen eintraf. 1) Die Liquidierung des Warschauer Ghettos geht gerade vor sich. Alle Juden werden ohne irgendeinen Unterschied und ohne Rücksicht auf ihr Alter oder ihr Geschlecht gruppenweise aus dem Ghetto deportiert und exekutiert. ... 2) Diese Massenexekutionen finden nicht in Warschau statt, sondern in eigens zu diesem Zwecke eingerichteten Lagern, von denen eines Belzec ist. ... 3) Die aus Deutschland, Belgien, Holland, Frankreich und der Slowakei deportierten Juden werden vernichtet, während die aus Holland und Frankreich nach Osten deportierten Arier tatsächlich zu Arbeiten herangezogen werden.» Taylors Note endete mit folgenden Worten: «Ich wäre besonders dankbar, wenn Euer Eminenz mich unterrichten könnten, ob der Vatikan über Informationen verfügt, die die in diesem Memorandum enthaltenen Berichte bestätigen könnten. Wenn das der Fall sein sollte, wüßte ich gern, ob der Heilige Vater praktische Maßnahmen anregen kann, wie man die Kräfte der zivilisierten öffentlichen Meinung einsetzen könnte, um eine Fortsetzung dieser Grausamkeiten zu verhindern.»[267]

Die Antwort des Kardinalstaatssekretärs wurde dem amerikanischen Geschäftsträger Harold Tittman übergeben, der am 10. Oktober die wesentlichen Punkte nach Washington kabelte: «Der Heilige Stuhl hat heute auf Herrn Taylors Brief über die Leiden der Juden in Polen mit einer nichtoffiziellen und nichtunterzeichneten Erklärung geantwortet, die mir der Kardinalstaatssekretär übergab. Nachdem die Note Botschafter Taylor dafür gedankt hat, daß er den Heiligen Stuhl auf die Frage aufmerksam machte, erklärt sie, daß ebenfalls Berichte aus anderer Quelle über harte Maßnahmen gegen Nichtarier zum Heiligen Stuhl gelangt sind, daß es aber bis zum gegenwärtigen Augenblick nicht möglich war, diese auf ihre Genauigkeit hin zu überprüfen. Doch ist es wohlbekannt, fügt die Note hinzu, daß der Heilige Stuhl jede sich bietende Gelegenheit zur Milderung der Leiden der Nichtarier ergreift.»[268]

Der britische Gesandte beim Vatikan, Francis d'Arcy Osborne, vertraute seine Bitterkeit über das hartnäckige Schweigen des Papstes Privatbriefen und seinem Tagebuch an: «Je mehr ich darüber nachdenke», schrieb er am 13. Dezember in sein Tagebuch, «um so stärker bin ich empört über Hitlers Massaker an der jüdischen Rasse einerseits und andererseits über die allem Anschein nach exklusive Beschäftigung mit der ... Möglichkeit einer Bombardierung Roms.» Einige Tage später schrieb Osborne an den Kardinalstaatssekretär, der Vatikan solle, «statt an nichts anderes zu denken als an die Bombardierung Roms, seine Pflichten angesichts der beispiellosen Verbrechen gegen die Menschlichkeit durch Hitlers Feldzug zur Vernichtung der Juden wahrnehmen».[269] Die Antwort des Vatikans, wie sie Maglione übermittelte, war brutal: «Der Papst könne nicht ‹bestimmte› Grausamkeiten verdammen, auch könne er die Berichte der Alliierten über die Zahl der ermordeten Juden nicht bestätigen.»[270]

Aus der Sicht des Vatikans meldete sich der Papst in seiner Weihnachtsbotschaft 1942 durchaus zu Wort. Auf Seite 24 des 26 Seiten langen Schriftstücks, dessen Text von Radio Vatikan ausgestrahlt wurde, erklärte der Pontifex: «Dieses Gelöbnis [sich darum zu bemühen, das Gemeinschaftsleben zum göttlichen Gesetz zurückzuführen] schuldet die Menschheit den Hunderttausenden, die persönlich schuldlos bisweilen nur um ihrer Volkszugehörigkeit oder Abstammung willen dem Tode geweiht oder einer fortschreitenden Verelendung preisgegeben sind.» Und Pius XII. fügte hinzu: «Dieses Gelöbnis schuldet die Menschheit den vielen Tausenden von Nichtkämpfern, Frauen, Kindern, Kranken und Greisen, denen der Luftkrieg – Wir haben vor seinen Schrecken von Anfang an wiederholt unsere warnende Stimme erhoben – mit seiner unterschiedslosen oder nicht hinreichend überprüften Anwendung Leben, Besitz, Gesundheit, die Stätten der Caritas und des Gebetes geraubt hat.»[271]

Mussolini spottete über die Platitüden der Ansprache; Tittman und der polnische Botschafter brachten beide dem Papst gegenüber ihre Enttäuschung zum Ausdruck; selbst der französische Botschafter war offenbar irritiert.[272] Es sieht so aus, als sei den meisten deutschen Funktionären die Bedeutung der päpstlichen Botschaft ebenfalls entgangen: Botschafter Bergen, der im Vatikan jedes Detail der von Pius betriebenen Politik verfolgte, äußerte sich zu der Rede überhaupt nicht. Und

Goebbels, der meisterliche Interpret jedes Propagandaaktes, hatte von der Ansprache des Papstes eine ganz geringe Meinung: «Die Weihnachtsrede des Papstes ist ohne jede tiefere Bedeutung», notierte er am 26. Dezember. «Sie ergeht sich in Gemeinplätzen, die bei den Regierungen der kriegführenden Länder mit vollkommenem Desinteressement aufgenommen werden.»[273] Das einzige deutsche Dokument, in dem die Rede als Angriff auf die Grundprinzipien des nationalsozialistischen Deutschland und auch auf seine Verfolgung von Juden und Polen gedeutet wurde, war ein anonymer Bericht aus dem RSHA, dessen Datum unklar ist, der aber zwischen dem 25. Dezember 1942 und dem 15. Januar 1943, als er an das Auswärtige Amt gerichtet wurde, abgefaßt worden sein muß.[274]

Der Papst war davon überzeugt, daß man ihn gut verstanden habe. Dem Bericht zufolge, den Osborne am 5. Januar 1943 nach London geschickt hatte, glaubte der Pontifex, seine Botschaft habe «allen jüngst an ihn ergangenen Forderungen, Stellung zu beziehen, Genüge getan».[275]

*

Anfang Juli 1942 bat Henry Montor, der Präsident des *United Palestine Appeal* in den USA, Lichtheim, ihm einen 1500 Wörter umfassenden Artikel zu senden, der einen Überblick über «die Lage der Juden in Europa» geben sollte. «Ich sehe mich gegenwärtig durchaus nicht in der Lage, einen ‹Bericht› zu schreiben», antwortete Lichtheim dem Präsidenten am 13. August, «einen Überblick, etwas Kühles und Klares und Vernünftiges. ... So habe ich nicht einen Überblick geschrieben, sondern etwas Persönlicheres, einen Artikel, wenn Sie so wollen, oder einen Essay, nicht von 1500, sondern von 4000 Wörtern, in dem ich mehr von meinen eigenen Gefühlen als von den ‹Fakten› mitgeteilt habe.» Der Brief schloß mit «allen guten Wünschen für das Neue Jahr für Sie und die glücklicheren Juden in ‹God's own country›». Seinem Essay gab Lichtheim den Titel: «Was geschieht mit den Juden Europas?»

«Ein Brief erreichte mich aus den Vereinigten Staaten, in dem ich gebeten wurde, ‹einen Überblick über die Lage der Juden in Europa› zu geben. Das kann ich nicht tun, weil die Juden Europas heute ebensowenig in einer ‹Lage› sind wie die Wasser eines Sturzbachs, der in eine Schlucht hinabrauscht, oder der Staub der Wüste, den ein Tornado aufwirbelt und in alle Richtungen verweht.

Ich kann Ihnen nicht einmal sagen, wie viele Juden es gegenwärtig in dieser oder jener Stadt, in diesem oder jenem Land gibt, weil gerade in dem Moment, in dem ich schreibe, Tausende von ihnen hierhin und dorthin fliehen, aus Belgien und den Niederlanden nach Frankreich (in der Hoffnung, in die Schweiz zu entkommen), aus Deutschland – weil die Deportation nach Polen drohte – nach Frankreich und Belgien, wo gerade dieselben Deportationsbefehle ergangen waren. Gefangene Mäuse, die im Kreis laufen. Sie fliehen aus der Slowakei nach Ungarn, aus Kroatien nach Italien. Gleichzeitig werden Tausende unter der Aufsicht durch die Nazis in Zwangsarbeitslager im weiter östlich gelegenen Land verlegt, während andere Tausende, die soeben aus Deutschland oder Österreich eingetroffen sind, in die Ghettos von Riga oder Lublin geworfen werden.»

Während Lichtheim seinen «Essay» schrieb, trafen in alliierten und neutralen Ländern, wie wir sahen, aus immer zuverlässigeren Quellen Informationen über das ein, was wirklich mit den europäischen Juden geschah. Und doch vermittelt Lichtheims Brief selbst ohne Hinweise auf die Vernichtung seine Qual in Sätzen, die noch Jahrzehnte später den Geist des Lesers versengen können: «Ich platze vor Fakten», fuhr er fort, «aber ich kann sie nicht in einem Artikel von einigen Tausend Wörtern erzählen. Ich müßte Jahre über Jahre daran schreiben. Das bedeutet, ich kann Ihnen in Wirklichkeit nicht sagen, was fünf Millionen verfolgten Juden in Hitlers Europa geschehen ist und noch geschieht. Niemand wird je diese Geschichte erzählen – eine Geschichte aus fünf Millionen persönlichen Tragödien, von denen jede einzelne einen ganzen Band füllen würde.»[276]

8.
März 1943 – Oktober 1943

«Mein lieber Papa, traurige Nachrichten. Nach meiner Tante bin ich an der Reihe fortzugehen.» So begann die hastig mit Bleistift geschriebene Postkarte, die die 17jährige Louise Jacobson am 12. Februar 1943 aus Drancy an ihren Vater in Paris schickte. Beide Eltern Louises – sie hatten sich 1939 scheiden lassen – waren französische Juden, die vor dem Ersten Weltkrieg aus Rußland nach Paris eingewandert waren. Louise und ihre Geschwister waren in Frankreich geboren, und alle waren französische Bürger. Louises Vater war Kunsttischlermeister; seinen kleinen Betrieb hatte man «arisiert», und ebenso wie alle französischen Juden (ob eingebürgert oder nicht) wartete er...

Louise und ihre Mutter waren im Herbst 1942 nach einer anonymen Denunziation verhaftet worden: Sie hatten den Judenstern nicht getragen und waren angeblich aktive Kommunisten. Nach Aufforderung durch den SD durchsuchten französische Polizeibeamte ihre Wohnung, und tatsächlich entdeckten sie kommunistische Broschüren (die in Wirklichkeit Louises Bruder und ihrem Schwager gehörten, welche beide in Kriegsgefangenschaft waren). Ein Nachbar muß gesehen haben, wie Louises Schwester die subversiven Schriften im Keller unter einem Kohlenhaufen versteckte. Während ihre Mutter in einem Pariser Gefängnis blieb, wurde Louise Ende 1942 nach Drancy überführt und war im Februar 1943 für die Deportation vorgesehen.

«Aber das macht nichts», fuhr Louise fort. «Ich bin sehr zuversichtlich, so wie alle hier. Mach Dir bitte keine Sorgen, Papa. Erstens fahren wir unter sehr guten Bedingungen los. Ich habe in dieser Woche sehr, sehr gut gegessen. Ich habe nämlich eine Berechtigung für zwei weitere Pakete erhalten. Das erste stammt von einer Freundin, die schon deportiert worden ist, und das zweite von Tante Rachel. Und dann kam ja auch noch eins von Dir.

Ich sehe Dich genau vor mir, Papa, und ich möchte, daß Du soviel Kraft und Mut hast wie ich. ... Schreib es bitte auch in die freie Zone [unter anderem an ihre Schwester], aber bring es ihnen schonend bei. Sagt Mama vielleicht lieber noch nichts. Ich will nicht, daß sie sich unnötig aufregt, vor allem, weil es ja sein kann, daß ich vor ihrer Entlassung aus dem Gefängnis schon wieder zurück bin.

Wir fahren morgen früh ab. Ich bin mit Freunden zusammen, denn morgen werden sehr viele abgeholt. Ich habe meine Uhr und den Rest meiner Sachen bei zuverlässigen Leuten aus meinem Zimmer hinterlassen. Lieber Papa, ich küsse Dich hunderttausendmal von ganzem Herzen. Kopf hoch und bis bald, *Deine Tochter Louise.*»[1]

Am 13. Februar 1943 fuhr Louise in Transport Nr. 48 zusammen mit 1000 anderen französischen Juden nach Auschwitz ab. Eine überlebende Freundin, eine Chemieingenieurin, war während der Selektion mit ihr zusammen. «Sag, du bist Chemikerin», hatte Irma geflüstert. Als Louise an der Reihe war und sie nach ihrem Beruf gefragt wurde, antwortete sie: «Studentin»; sie wurde nach links, in die Gaskammer, geschickt.[2]

I

Fünf Monate nach Stalingrad scheiterte der letzte Versuch der Deutschen, die militärische Initiative wieder an sich zu reißen, in den Entscheidungsschlachten von Kursk und Orel. Von Juli 1943 an bestimmte allein die Rote Armee die Entwicklung des Krieges an der Ostfront.[3] Am 6. November wurde Kiew befreit, und Mitte Januar 1944 war die deutsche Belagerung Leningrads endgültig durchbrochen.

Währenddessen hatten die Überreste des Afrika-Korps in Tunesien kapituliert, und im Juli 1943, während die Deutschen an der Ostfront Schläge einstecken mußten, landeten britische und amerikanische Truppen in Sizilien. Noch vor Ende des Monats fegten die militärischen Katastrophen den Duce hinweg. Am 24. Juli 1943 nahm eine Mehrheit des Faschistischen Großrats einen Antrag an, in dem sie ihrem eigenen Führer das Mißtrauen aussprach. Am 25. empfing der König Mussolini kurz und unterrichtete ihn davon, daß er entlassen sei und Marschall Pietro Badoglio als neuer italienischer Regierungschef seine Nachfolge angetreten habe. Als der italienische Diktator die Residenz des Königs verließ, wurde er festgenommen. Ohne einen einzigen Schuß war das faschistische Regime zusammengebrochen. Der ehemalige Duce wurde aus Rom auf die Insel Ponza überführt und schließlich auf dem Gran Sasso in den Apenninen gefangengehalten. Zwar gelang es am 12. September deutschen Fallschirmjägern, Hitlers Verbündeten zu befreien, und der «Führer» ernannte ihn dann zum Chef eines faschistischen Marionettenstaats in Norditalien (der «Italienischen Sozialen Republik»), aber der gebrochene und kranke Mussolini gewann weder die Anerkennung der Bevölkerung noch die Macht zurück.

Am 3. September landeten englische und amerikanische Truppen in Süditalien, und am 8. verkündeten die Alliierten den Waffenstillstand, den Badoglio heimlich am Tag der Landung unterzeichnet hatte. Die Deutschen reagierten sofort: Am 9. und 10. besetzte die Wehrmacht, die schon seit Wochen (auch von der Ostfront) Truppen nach Italien verlegt hatte, die nördlichen und mittleren Landesteile und übernahm alle von den Italienern kontrollierten Gebiete auf dem Balkan und in Frankreich. Die Alliierten blieben im Süden der Halbinsel verschanzt; während der darauffolgenden Monate sollten sie nur langsam vorankommen.

Die alliierten Erfolge zu Lande wurden verstärkt durch das immer heftigere Bombardement, das sich in Deutschland sowohl gegen militärische Ziele als auch gegen die Städte richtete. Der Bombardierung Hamburgs durch die Briten im Juli 1943 und dem dadurch hervorgerufenen Feuersturm fielen etwa 30 000 bis 40 000 Zivilisten zum Opfer. Die Nachtangriffe kamen von den Briten, die Angriffe bei Tage flogen die Amerikaner.

Ungeachtet der ununterbrochenen Kette militärischer Katastrophen und des zunehmenden Schwankens von «Verbündeten» wie Ungarn und Finnland, war Hitler weit davon entfernt, den Krieg im Herbst 1943 verloren zu geben. Neue Kampfflugzeuge würden dem britisch-amerikanischen Bombenfeldzug ein Ende bereiten, Langstreckenraketen würden London zerstören und etwaige Invasionspläne der Alliierten völlig durcheinanderbringen, neu aufgestellte Divisionen, die mit den schwersten je gebauten Panzern ausgerüstet waren (sie rollten eben gerade aus den Fabriken), würden den sowjetischen Vormarsch aufhalten. Und wenn für eine gewisse Zeit ein militärisches Patt erzielt wäre, würde die Große Allianz infolge der ihr innewohnenden politisch-militärischen Spannungen zu bröckeln beginnen.

Derartige optimistische Vorhersagen konnten jedoch nichts an dem untrüglichen Krisengefühl ändern, das sich seit Anfang 1943 sowohl in der deutschen Bevölkerung als auch in der Führung des Reiches verbreitete. Die Autorität Hitlers stand nicht in Frage, und ohne seine Zustimmung konnte kein größerer Schritt unternommen werden. Die Tatsache, daß er sich immer mehr in die Details der militärischen Lage verbiß (was zum Teil auf seinen endemischen Mangel an Vertrauen zu seinen Generälen zurückzuführen war), behinderte jedoch einen rationalen Ablauf der Operationen. Sein zunehmendes Zögern, öffentliche Reden zu halten, führte in der Bevölkerung zu weiterer Unsicherheit, und es mag das quasi-religiöse Vertrauen geschwächt haben, das ihn bis dahin jeder Kritik entzogen hatte.

Anfang 1943 ernannte Hitler einen «Dreierausschuß» – Lammers, Bormann und Keitel –, der eine gewisse Koordination zwischen den sich in ihren Zuständigkeiten überlappenden und miteinander konkurrierenden Dienststellen von Staat, Partei und Militär erreichen sollte. Innerhalb weniger Monate schwand jedoch die Autorität des Ausschusses, da Minister, die fest entschlossen waren, ihre eigenen Machtpositionen zu verteidigen, seine Initiativen ständig unterminierten. Nur Bormanns

Einfluß nahm immer mehr zu: Zusätzlich zu der Kontrolle, die er über die Partei ausübte, war er zum «Sekretär des Führers» geworden, und Hitler verließ sich in zunehmendem Maße auf ihn. Unabhängig davon erreichte die Macht Himmlers neue Höhen, als er im August 1943 Frick als Innenminister ablöste. Goebbels hingegen konnte, so schlau er als Intrigant auch war, dadurch, daß er den «totalen Krieg» predigte, keine Macht hinzugewinnen, jedenfalls nicht kurzfristig; trotz der Unterstützung durch Speer gelang es ihm auch nicht, die Autorität Görings als Chef des zu Beginn des Krieges eingerichteten Ministerrats für die Reichsverteidigung wiederzubeleben, um dem Dreierausschuß etwas entgegenzusetzen, weil Hitler wütend über das wiederholte Versagen der Luftwaffe war.[4]

Das Anheizen der Wut auf die Juden war in Hitlers Wahnvorstellungen eines der besten Verfahren, um den Zerfall des feindlichen Bündnisses zu beschleunigen. Wenn die Juden das verborgene Bindeglied waren, das Kapitalismus und Bolschewismus zusammenhielt, dann konnte eine Flut von Attacken auf die Juden, bei denen endlos wiederholt wurde, daß der Krieg ein jüdischer Krieg sei, der nur um jüdischer Interessen willen in Gang gesetzt worden sei, die öffentliche Meinung im Ausland beeinflussen und dem Antagonismus zwischen dem Westen und der Sowjetunion größere Sprengkraft verleihen. Außerdem war in dieser Zeit der Gefahr für die «Festung Europa» die Beseitigung aller Überreste des inneren Feindes immer noch von höchster Wichtigkeit. Die Juden seien – und davon fing Hitler immer wieder an – die unterirdische Verbindungsleitung zwischen allen feindlichen Gruppen; sie verbreiteten defätistische Gerüchte und feindliche Propaganda, und sie seien das Ferment des Verrats in Ländern, die Deutschland noch nicht unter seine Knute gebracht hatte. Die erneute Heftigkeit der antijüdischen Kampagne in der Zeit nach Stalingrad hatte ihre innere Logik.

Wenige Tage nach der Kapitulation der 6. Armee öffnete Goebbels die Schleusen der deutschen Wut. Die Rede, die der Minister am 18. Februar im Sportpalast zum Thema «totaler Krieg» hielt, war in vieler Hinsicht der Inbegriff des Propagandastils, den das Regime pflegte: die Entfesselung wahnsinniger Leidenschaft, kontrolliert durch sorgfältigste Inszenierung und Orchestrierung. Die riesige Menschenmenge, die dichtgedrängt im Saal saß, war mit Bedacht ausgesucht; sie sollte alle Teile des Volkes repräsentieren, sie sollte ideologisch zuverlässig und somit bereit sein, die gewünschte Reaktion zu liefern. Über alle deutschen Rundfunksender wurde das Ereignis für die Nation und die Welt übertragen. Und da Goebbels' Rede auch noch den letzten Funken Energie entzünden sollte, mußte sie *den* Mobilisierungsmythos des Regimes in den Mittelpunkt stellen:

«Hinter den vorstürmenden – [erregte Zwischenrufe], hinter den vorstürmenden Sowjetdivisionen *sehen wir schon die jüdischen Liquidationskommandos*, hinter diesen aber erhebt sich der *Terror*, das Gespenst des Millionenhungers und einer vollkommenen europäischen Anarchie. Hier erweist sich wiederum das internationale Judentum als das *teuflische* Ferment der Dekomposition, das eine geradezu *zynische* Genugtuung dabei empfindet, die Welt in ihre tiefste Unordnung zu stürzen und damit den Untergang jahrtausendealter Kulturen, an denen es *niemals* einen inneren Anteil hatte, herbeizuführen. ... *Wir haben niemals Angst vor den Juden gehabt und haben sie heute weniger denn je!* [Heilrufe, starker Beifall.] ... Uns kann der Kreml nichts vormachen. Wir haben in einem vierzehnjährigen Kampf vor der Machtübernahme und in einem zehnjährigen Kampf nach der Machtübernahme seine Absichten und infamen Weltbetrugsmanöver demaskiert. Das Ziel des Bolschewismus ist die Weltrevolution der Juden. ... Deutschland jedenfalls hat nicht die Absicht, sich dieser jüdischen Bedrohung zu beugen, sondern vielmehr die, ihr *rechtzeitig*, wenn nötig unter *vollkommener* und *radikalster Ausrott-, -schaltung* des Judentums, entgegenzutreten! [Starker Beifall, wilde Rufe, Gelächter.]»

Ihr klimaktisches Finale erreichte die lange Rede mit der Paraphrase eines Verses, den der Dichter Theodor Körner 1814, zur Zeit des Volksaufstands gegen Napoleon, geschrieben hatte: «Nun, Volk, steh' auf! Und Sturm, brich los!»[5] Wilder Beifall begrüßte den apokalyptischen Ausbruch mit einer Litanei von «Sieg Heil»-Rufen und dem Singen der Nationalhymne. Millionen und Abermillionen von Deutschen, die an ihren Rundfunkempfängern klebten, waren von einer Rhetorik der Wut und Rache überwältigt. Die meisten von ihnen bekamen den Versprecher – «Ausrott-, -schaltung» – wahrscheinlich mit. Im Saal rief er, wie wir sahen, Beifall und Gelächter hervor. Um es ganz einfach zu formulieren: Die Ausrottung der Juden war kein Geheimnis, dessen Enthüllung auf Entsetzen und eisiges Schweigen gestoßen wäre.

«Vor einigen Stunden», schrieb Moshe Flinker, «habe ich eine Rede gehört, die Propagandaminister Goebbels gehalten hat. Ich werde versuchen, den Eindruck, den diese Rede auf mich gemacht hat, und die Gedanken, die sie in mir geweckt hat, zu beschreiben. Zunächst einmal hörte ich, was ich beliebig oft hätte hören können – grenzenlosen Antisemitismus. Einen ganzen Abschnitt seiner Rede widmete er dem großen Haß, den er und fast alle Deutschen auf unser Volk haben, wofür ich die Gründe bis auf den heutigen Tag nicht verstehen kann. Tausendmal habe ich von den deutschen Führern zornige Worte gegen die Juden gehört, begleitet von den Epitheta ‹kapitalistisch› oder ‹kommunistisch›, aber ich bezweifle stark, ob sie selbst an ihre Worte glauben. Andererseits äußern sie aber diese Worte in solcher Erregung, daß ich fast glauben kann, sie seien aufrichtig. Abgesehen von ihrer Aufregung und emotionalen Beteiligung gibt es noch andere Beweise für ihre Aufrichtigkeit. Man sollte sich daran erinnern, daß sie jetzt, da Deutschland von allen Seiten einen Schlag nach dem anderen versetzt bekommt und gezwungen ist, eine russische Stadt nach der anderen aufzugeben, nie das Volk vergessen, das sie schon so sehr gequält und niedergedrückt haben, und sie lassen auch nicht die geringste Gelegenheit aus, um es zu beschämen oder zu demütigen. Gerade in diesen Tagen, die für Deutschland eine schwierige Zeit sind, hält es der Propagandaminister für den richtigen Moment, uns zu beschimpfen und unser Volk noch heftiger zu verleumden. Vielleicht ist es so, daß der wilde, primitive Haß, der in fast allen Völkern vorhanden ist, in den Deutschen klarer und offener und mit weitreichenderen Konsequenzen für uns zutage tritt. ... An ihren Handlungen sehen wir aber, daß dieser Krieg mit der Lösung der Judenfrage (vom orthodox-jüdischen Standpunkt aus würde ich sagen, mit der Erlösung der Juden) enden muß, da der Haß auf die Juden, soweit ich weiß, noch nie so weitverbreitet oder giftig gewesen ist wie jetzt ...»[6]

In Bukarest hatte Sebastian die Rede von Goebbels ebenfalls gehört und fand sie «unerwartet dramatisch»; «die Juden», notierte er, «werden einmal mehr mit der vollständigen Ausrottung bedroht.»[7] Einen Tag später erhielt Klemperer den Text der Rede auf dem jüdischen Friedhof, auf dem er damals arbeitete, und er stellte dazu fest: «Sie droht, ‹mit den drakonischsten und radikalsten Mitteln› gegen die an allem schuldigen Juden vorzugehen, wenn das Ausland nicht aufhöre, der Regierung Hitler um der Juden willen zu drohen ...»[8]

In seiner zweistündigen Ansprache an die in Rastenburg versammelten Reichsleiter und Gauleiter vom 7. Februar 1943 wiederholte Hitler erneut, das Judentum müsse aus dem Reich und aus ganz Europa entfernt werden.[9] Am Heldengedenktag, am 21. März, tauchte dieselbe Drohung wieder auf, der dann außerdem noch die Vernichtungsprophezeiung hinzugefügt war. Und da die ständige Wiederholung von entscheidender Bedeutung war, ließ Hitler den traditionellen antijüdischen Strom von Invektiven vom Stapel: «Die letzte treibende Kraft [hinter Kapitalismus und Bolschewismus] ist ohnehin der ewige Haß jener verfluchten Rasse, die seit Jahrtausenden als wahre Gottesgeißel die Völker so lange züchtigt, bis sich diese in Zeiten der Selbstbesinnung ihrer Peiniger wieder erwehren.»[10] Auf der Tagesordnung stand judenfeindliche Propaganda und immer noch mehr judenfeindliche Propaganda. «Der Führer gibt eine Anweisung heraus, im stärksten Umfange jetzt die Judenfrage wieder in den Vordergrund unserer Propaganda zu stellen», notierte Goebbels am 17. April.[11]

Der Propagandaminister ließ sich die Vorteile nicht entgehen, die sich aus der Möglichkeit ergaben, den Fall Katyn – die Ermordung von etwa 4000 polnischen Offizieren durch den NKWD ungefähr ein Jahr vor dem deutschen Angriff auf die UdSSR – mit der Judenfrage zu verknüpfen.[12] Mit anderen Worten, die Juden, die immer für sämtliche sowjetischen Verbrechen verantwortlich gemacht wurden, ließen sich jetzt als die Anstifter und Täter dieser bolschewistischen Greueltat brandmarken.

Als sich Hitler am 7. Mai zum Begräbnis des SA-Chefs Viktor Lutze wieder in Berlin aufhielt, ermahnte er die versammelten Gauleiter: «Er vertritt den Standpunkt, daß der Antisemitismus, wie wir ihn früher in der Partei gepflegt und propagiert haben, auch jetzt wieder das Kernstück unserer geistigen Auseinandersetzung sein muß.»[13]

Am 9. Mai registrierte Goebbels weitere Anregungen Hitlers: «Sehr großen Wert legt der Führer auf eine schlagkräftige antisemitische Propaganda. Er sieht auch hier den Erfolg in der ewigen Wiederholung gegeben. Er ist außerordentlich zufrieden mit der Verschärfung unserer antisemitischen Propaganda in Presse und Rundfunk. Ich gebe ihm Aufschluß darüber, wie weit diese antisemitische Propaganda in unseren Auslandssendungen betrieben wird. Zum Teil füllt sie 70 bis 80 Prozent unserer gesamten Auslandssendungen aus. Die antisemitischen Bazillen sind natürlich in der ganzen europäischen Öffentlichkeit vorhanden; wir müssen sie nur virulent machen.»[14]

Dafür griff der Minister zu einigen Grundrezepten: «Ich studiere noch einmal eingehend die Zionistischen Protokolle» (gemeint sind *Die Protokolle der Weisen von Zion*), notierte er in seiner Tagebucheintragung vom 13. Mai 1943.[15] «Die Zionistischen Protokolle sind heute so modern wie an dem Tage, an dem sie zum ersten Mal publiziert wurden. Man ist erstaunt über die außerordentliche Konsequenz, mit der hier das jüdische Weltherrschaftsstreben charakterisiert wird. Wenn die Zionistischen Protokolle nicht echt sind, so sind sie von einem genialen Zeitkritiker erfunden worden. Ich komme mittags beim Führer auf dies Thema zu sprechen. Der Führer vertritt den Standpunkt, daß die Zionistischen Protokolle absolute Echtheit beanspruchen könnten. So genial könnte kein Mensch das jüdische Weltherrschaftsstreben nachzeichnen, wie die Juden es selbst empfänden.» «Der Führer ist der Meinung», fuhr Goebbels fort, «daß die Juden gar nicht nach einem festgelegten Programm zu arbeiten brauchten; sie arbeiten nach ihrem Rasseinstinkt, der sie immer wieder zu einem Handeln veranlassen wird, wie sie es im Verlauf ihrer ganzen Geschichte gezeigt haben.»[16]

Die Behandlung des jüdischen «Rasseinstinkts» gestattete es dem deutschen «Führer», weit auszuholen. Er verwies auf die Ähnlichkeit jüdischer Eigenschaften in aller Welt und auf die natürlichen Ursachen, welche die Existenz der Juden überhaupt erklärten: «Es bleibt also den modernen Völkern nichts anderes übrig, als die Juden auszurotten», fuhr Hitler fort. «Sie werden sich mit allen Mitteln gegen diesen allmählichen Vernichtungsprozeß zur Wehr setzen. Eines dieser Mittel ist der Krieg. Wir müssen uns also darüber klar sein, daß wir in dieser Auseinandersetzung zwischen der arischen Menschheit und der jüdischen Rasse noch sehr schwere Kämpfe zu bestehen haben, weil das Judentum es verstanden hat, große Völkerschaften aus der arischen Rasse bewußt oder unbewußt in seine Dienste zu bringen.»[17] Und so ging es immer weiter.

Im Laufe seines Monologs wiederholte Hitler seine Überzeugung, daß die Juden nicht, wie sie meinten, vor einem «Weltsieg», sondern vor einem «Weltsturz» stünden. «Die Völker, die den Juden am ehesten erkannt haben und ihn am ehesten bekämpften, werden an seiner Stelle die Weltherrschaft antreten.»[18] Die Themen dieser gegen die Juden gerichteten Tiraden waren nicht neu, aber dies war keine Rede, die sich an die Massen richtete: Hitler erörterte sie mit seinem Propagandaminister, der soeben die *Protokolle* wiederentdeckt hatte. Das Gespräch hatte einen Klang von wahnwitziger Authentizität. Und zum ersten Mal offenbarte Hitler anscheinend sein Endziel: die Weltherrschaft.

Inzwischen mobilisierte Goebbels sämtliche deutschen Medien zur systematischsten antijüdischen Kampagne, die es je gegeben hatte. Am 3. Mai 1943 gab er an die Presse ein äußerst detailliertes Rundschreiben heraus (das als vertraulich deklariert war). Zunächst schalt er Zeitungen und Zeitschriften dafür, daß sie in diesem Bereich immer noch hinterherhinkten, und dann offerierte er seine eigenen Vorschläge. So ließen sich seiner Ansicht nach beispielsweise zahlreiche Sensationsgeschichten benutzen, in denen der Jude der Schuldige sei; vor allem die amerikanische Innenpolitik biete eine unerschöpfliche Fundgrube. Wenn insbesondere diejenigen Zeitschriften, die auf die Kommentierung aktueller Ereignisse eingestellt seien, ihre Mitarbeiter auf diese Frage ansetzten, würden sie das wahre Gesicht, die wahre Haltung und die wahren Ziele der Juden auf vielfältige Weise zeigen können. Abgesehen davon müßten die Juden in der deutschen Presse jetzt natürlich als politisches Angriffsziel benutzt werden: Die Juden sind schuld; die Juden haben den Krieg gewollt; die Juden verschlimmern den Krieg; und immer wieder, die Juden sind schuld.[19]

Klemperer wurde bald der systematische Aspekt des neuen Propagandawahns klar, und seine Tagebucheintragungen zeigen, daß Goebbels' Direktiven getreulich befolgt wurden: «In den letzten Tagen herrschte die Talsperren-Affäre», schrieb er am 21. Mai 1943. «Erst: Die Engländer haben zwei Talsperren (Ort nicht angegeben) ‹verbrecherisch› bombardiert, sehr große Opfer der Bevölkerung. Dann: Es ist erwiesen, durch eine englische Zeitungsnotiz erwiesen, daß dieser verbrecherische Plan von einem Juden ausgeheckt wurde. ... Die Talsperrenaffäre – sie hat die 10 000 Offiziersleichen bei Katyn abgelöst – wird unterstützt durch den amerikanischen Kindermord in Italien: dort warfen die Amerikaner mit Explosivstoffen gefülltes Spielzeug ab (auch ebenso präparierte Damenhandtaschen). Eine ‹serbische Zeitung› schreibt, dieser Kindermord sei eine jüdische Erfindung. Keine Nachrichtenstunde ohne solche Meldungen.»[20] Am 29. Mai notierte Klemperer, einer seiner Arbeitskollegen bei der Firma Zeiss habe einen Zeitungsartikel aus dem *Freiheitskampf* mitgebracht, «Schuld ist der Jude» von Prof. Dr. Johann von Leers; darin hieß es: «Wenn die Juden siegen, wird unser ganzes Volk so niedergemetzelt wie die polnischen Offiziere im Walde von Katyn. ... Die Judenfrage ist die Kern- und Zentralfrage unseres Volkes geworden, seitdem es einmal die Juden losgelassen hatte.»[21]

Einige Tage später beschäftigte sich Klemperer erneut mit den unaufhörlichen Angriffen auf die Juden: «Im Radio am Freitag abend Goebbels' Leitartikel im *Reich*. Über die Auflösung der Komintern [die kommunistische Internationale war von Stalin aufgelöst worden]. Die Juden*rasse* von jeher Meister der Tarnung. Sie nehmen jede politische Position ein, die sie fördert. Je nach Land und Umstand. Bolschewismus, Plutokratie – hinter Roosevelt, hinter Stalin stehen Juden, ihr Ziel, das Ziel ihres Krieges die jüdische Weltherrschaft. Auch in den feindlichen Ländern wirkt allmählich unsere Aufklärung. Der Sieg unserer Gedanken ist gewiß ...»[22]

«Katyn» hatte gewisse Auswirkungen auf den Haß und die Furcht, die es bei der deutschen Bevölkerung gegenüber den Bolschewisten gab; wie aus Berichten des SD hervorgeht, wurden jedoch recht häufig Vergleiche zwischen diesen sowjetischen Greueln und deutschen Greueln, die an den Polen und Juden verübt worden waren, angestellt. Eine typische Reaktion dieser Art wurde Mitte April mitgehört: «Wenn ich nicht wüßte, daß im Daseinskampf unseres Volkes jedes Mittel recht ist, wäre mir diese Heuchelei mit dem Mitgefühl für die ermordeten polnischen Offiziere unerträglich.»[23] Der Bericht kam zu dem Schluß, es zeige sich, daß «selbst von den positiv eingestellten Volksgenossen einfach äußere Gleichsetzungen vorgenommen werden, so daß es die Agitation gegnerisch eingestellter Kreise verhältnismäßig leicht habe, in diesem Punkt einzuhaken».[24]

Fast ein Jahr später, im März 1944, verzeichnete Klemperer jedoch, die unablässige antijüdische Propaganda habe Wirkung gezeigt. Er erwähnte ein Gespräch mit einem gutmütigen Vorarbeiter bei der Firma Zeiss. Sie kamen auf verschiedene Städte zu sprechen, die sie beide kannten, darunter auch auf Hamburg; das führte zu einer Erörterung der Bombenangriffe, und für diesen sanften Burschen befanden sich die Amerikaner, die von Europa nie bedroht worden waren, im Krieg, weil «ein paar Milliardäre verdienen wollen». «Hinter den ‹paar Milliardären› hörte ich die ‹paar Juden› und fühlte die geglaubte nationalsozialistische Propaganda. Bestimmt glaubt dieser Mann, der fraglos kein Nazi ist, daß Deutschland in Notwehr und in aufgedrungenem Krieg und in vollem Recht sei, bestimmt glaubt er mindestens zum größten Teil an die Schuld des ‹Weltjudentums› usw. usw. In der Kriegführung mögen sich die Nationalsozialisten verrechnet haben, in der Propaganda bestimmt nicht. Ich muß mir immer wieder Hitlers Worte ins Gedächtnis rufen, er rede nicht für Professoren.»[25]

*

Ab Mitte 1942 funktionierte der den ganzen Kontinent überziehende Ermordungsfeldzug in seinen grundlegenden Operationen als ein administrativ-bürokratisches System. Hätten sich aber diese Abläufe nur nach bürokratischen Normen instrumenteller Rationalität entwickelt, dann hätten sie sich, vor allem nach Stalingrad und Kursk, in zunehmendem Maße der sich verschlechternden militärischen Lage angepaßt. Ein ganzes Bündel von Aktivitäten, die für die Kriegsanstrengungen nutzlos waren – so etwa der Transport von Juden in den Tod ohne Rücksicht auf wachsende logistische Probleme oder die Tötung jüdischer Arbeiter (auch wenn man hier natürlich immer mit dem Argument der Bedrohung durch die Juden kommen konnte) –, hätte sich aller Wahrscheinlichkeit nach verlangsamt. Es geschah jedoch das Gegenteil: Die gegen die Juden gerichtete Propaganda wurde beherrschender denn je, und die Gefahr, die jeder einzelne Jude darstellte, verwandelte sich in eine allgemeine ideologische Obsession.

Um wirksam zu sein, mußte der ideologische Impetus jedoch nicht nur von der Spitze ausgehen, er mußte auch auf den mittleren Ebenen des Systems fanatisch umgesetzt und verstärkt werden, und zwar mehrere Ebenen unterhalb der obersten politischen Führung, von den Technokraten, den Organisatoren und unmittelbaren Vollstreckern der Vernichtung, kurz, von denjenigen, die dafür sorgten, daß das System funktionierte. Die folgenden Seiten werden zeigen, wie stark entscheidende Akteure in den beteiligten Dienststellen, darunter vor allem einige der besten Organisatoren und Technokraten, von einem antijüdischen Fanatismus motiviert waren.[26]

Angesichts von soviel skrupelloser deutscher Entschlossenheit änderte sich kaum etwas daran, daß nennenswerter Widerstand oder Protest ausblieb. Wie bisher war es so, daß Hunderttausende (möglicherweise Millionen) von Deutschen und anderen Europäern den Vernichtungsfeldzug weiterhin stillschweigend unterstützten, sowohl um des Vorteils willen als auch aus ideologischen Gründen (die in besetzten Ländern, besonders bei vielen Polen, den gleichzeitigen Haß auf die Deutschen nicht ausschlossen). Die entscheidenden Faktoren bei der Passivität der meisten blieben natürlich die Angst, das Fehlen jeder Identifizierung mit den Juden und das Ausbleiben entschiedener und nachdrücklicher Ermutigung zur Hilfeleistung für die Opfer von seiten der führenden Vertreter der christlichen Kirchen und der Führung der Widerstandsbewegungen.

Unter den Juden – von denen die Mehrheit Mitte 1943 bereits ermordet war – zeichneten sich immer stärker die beiden schon erwähnten gegensätzlichen Tendenzen ab: einerseits bei vielen terrorisierten und physisch geschwächten Opfern (vor allem in den Lagern) die zunehmende Passivität und der Mangel an Solidarität mit den Gefährten im Leiden und andererseits die Bindungen innerhalb kleiner, gewöhnlich politisch homogener Gruppen, die dann an manchen Orten zu verzweifelten bewaffneten Aufständen führen sollten.

II

Am 11. Januar 1943 sandte Hermann Höfle aus Lublin einen Funkspruch an SS-Obersturmbannführer Franz Heim, den stellvertretenden Befehlshaber der Sicherheitspolizei und des SD im Generalgouvernement; einige Minuten später schickte er an Eichmann eine zweite Botschaft, die aller Wahrscheinlichkeit nach mit der ersten identisch war. Während der Funkspruch von Höfle an Heim von den Briten am 15. Januar teilweise dechiffriert und der kleinen Gruppe von Empfängern dieser geheimen Erkenntnisse zugestellt wurde, konnte die zweite Botschaft entweder nicht vollständig abgefangen oder – mit Ausnahme der Quelle und des Adressaten – nicht dechiffriert werden.[27]

Die Botschaft Höfles an Heim war in ihrem Hauptteil eine Berechnung der Zahl der Juden, die bis zum 31. Dezember 1942 in den Lagern der «Aktion Reinhardt» umgebracht worden waren. Nach einer Auflistung der Juden, die in der zweiten Dezemberhälfte in den vier Lagern eingetroffen waren, gab Höfle die folgenden Gesamtergebnisse der Tötungen in jedem einzelnen Lager an:

«L [Lublin-Majdanek]: 24 733.
B [Belzec]: 434 508.
S [Sobibór]: 101 370.
T [Treblinka]: 71 355 [lies: 713 555].
GESAMT: 1 274 166.»[28]

Höfles Bericht stand wahrscheinlich im Zusammenhang mit einer umfassenderen Ergebnisrechnung, die genau um dieselbe Zeit angefertigt wurde. Seinen nach dem Krieg abgegebenen Erklärungen zufolge hatte Eichmann Himmler am 11. August 1942 in dessen Hauptquartier in der Nähe von Schitomir einen ersten Bericht übergeben (auch wenn in Himmlers Kalender angegeben ist, daß es bei dem Treffen im wesentlichen um die geplanten Deportationen aus Rumänien gegangen sei).[29] Einen zweiten Bericht, diesmal in schriftlicher Form, fertigte Eichmanns Referat IVB4 an und sandte ihn am 15. Dezember 1942 an Himmler. Dieser Text trug die Überschrift «Tätigkeits- und Lagebericht 1942 über die Endlösung der europäischen Judenfrage»;[30] er gilt als verloren, aber wir wissen, daß der SS-Chef darüber außerordentlich ungehalten war.

In einem Brief vom 18. Januar 1943 an Müller nahm der erzürnte Reichsführer kein Blatt vor den Mund: «Das Reichssicherheitshauptamt selbst hat ... auf diesem Gebiet keine statistischen Arbeiten mehr zu leisten, denn die bisherigen statistischen Unterlagen entbehren der fachlichen Genauigkeit.»[31] Am gleichen Tag beauftragte der Reichsführer den Inspekteur für Statistik, Richard Korherr, mit der Aufstellung der Statistik für die Endlösung der europäischen Judenfrage: «Das Reichssicherheitshauptamt», schrieb Himmler an Korherr, «hat Ihnen alle für diese Statistik notwendigen und gewünschten Unterlagen zur Verfügung zu stellen.»[32]

Ein erster Bericht Korherrs, 16 Seiten stark, der die Gesamtzahl der bis zum 31. Dezember 1942 getöteten Juden bestimmte, wurde Himmler am 23. März 1943 vorgelegt: Die Anzahl der «evakuierten» Juden wurde auf 1 873 539 geschätzt. Auf Himmlers Anforderung erstellte man für Hitler eine abgekürzte Schätzung, die bis zum 31. März 1943 fortgeführt war; sie war sechseinhalb Seiten lang. In dieser zweiten Version mußte Korherr den Ausdruck «Sonderbehandlung der Juden» abändern; stattdessen sollte es heißen: «Transportierung von Juden aus den Ostprovinzen nach dem russischen Osten: Es wurden durchgeschleust durch die Lager im Generalgouvernement ... durch die Lager im Warthegau ...».[33] Die in der zweiten Version enthaltene Gesamtzahl kennen wir nicht, aber sie muß bei 2,5 Millionen gelegen haben. Korherr gab seinem Bericht den Titel: «Die Endlösung der europäischen Judenfrage.»[34]

Einigen Interpretationen zufolge brauchte Himmler den Bericht, um sich gegen Kritik zu verteidigen, die von Speer und vom Befehlshaber des Ersatzheers, General Friedrich Fromm, mit Blick auf die Tötung potentieller Arbeiter oder gar Soldaten geübt wurde.[35] Das erscheint unwahrscheinlich, da im Februar 1943 auf Befehl Hitlers Tausende von Juden, die in deutschen Industriebetrieben arbeiteten, festgenommen und deportiert und dann im Laufe des Jahres weitere Zehntausende jüdischer Sklavenarbeiter systematisch ermordet wurden. Außerdem hatte Himmler am 29. Dezember 1942 Hitler über die Vernichtung von Juden in der Ukraine, in Südrußland und im Distrikt Białystok während des Sommers 1942 berichtet; wie wir sahen, wurde in der Ukraine kein Unterschied zwischen arbeitenden und nichtarbeitenden Juden gemacht. Den Angaben des Reichsführers zufolge waren bei diesen Operationen 363 211 Juden umgebracht worden.[36] Hätte Hitler eine derart unterschiedslose Vernichtung kritisiert, dann hätte es aller Wahrscheinlichkeit nach irgendwo einen Hinweis darauf gegeben.

Der Korherr-Bericht war ein allgemeiner Fortschrittsbericht, den Himmler, daran sollten wir uns erinnern, seit dem Hochsommer 1942 zu bekommen versuchte. War es reiner Zufall, daß Hitler ihn am Vorabend seines 54. Geburtstags erhielt, nachdem Deutschland seine bislang schlimmsten militärischen Niederlagen erlitten hatte? Wenigstens hier gab es einen Krieg, den Hitler gewann. Das Dokument wurde schließlich an das Büro Eichmanns zurückgeschickt; es trug den Vermerk Himmlers: «Führer hat Kenntnis genommen, vernichten, H. H.»[37]

Ebenfalls in diesen Tagen übermittelte Rosenberg seinen eigenen allgemeinen Überblick über jüdische Beutestücke, der ausdrücklich für den Geburtstag seines «Führers» bestimmt war: «Mein Führer!» schrieb der Minister am 16. April 1943. «In dem Wunsche, Ihnen, mein Führer, zu Ihrem Geburtstage eine Freude zu bereiten, gestatte ich mir, Ihnen eine Mappe mit Fotos einiger der wertvollsten Bilder zu überreichen, die mein Einsatzstab im Vollzuge Ihres Befehls in den besetzten westlichen Gebieten aus herrenlosem, jüdischen Kunstbesitz sichergestellt hat. ... Diese Mappe vermittelt nur einen schwachen Eindruck von dem außerordentlichen Wert und Umfang der von meiner Dienststelle in Frankreich erfaßten und im Reich sicher geborgenen Kunstwerke.» Rosenberg legte einen schriftlichen Zwischenbericht über alle Schätze bei, die sein Kommando im Westen beschlagnahmt hatte. Bis zum 7. April 1943 hatten die «Erfassungsstellen» im Reich 2775 Kisten mit Kunstgegenständen in 92 Güterwaggons erhalten; von diesen Objekten waren 9455 bereits inventarisiert worden, während «mindestens» 10 000 weitere Stücke noch der Bearbeitung harrten.[38]

Während Rosenbergs kriecherische Geburtstagsgabe den bedeutendsten «Denker» des Nationalsozialismus nicht nur zum Verbrecher, sondern auch zu einer selbst nach Nazimaßstäben grotesken Gestalt stempelt, hat das andere Geschenk, der Bericht Korherrs, ob er nun für Hitlers Geburtstag bestimmt war oder nicht, in mehrfacher Hinsicht einen hiervon durchaus verschiedenen Charakter. Erstens wurde Korherrs Formulierung in einem der Sätze auf Befehl Himmlers korrigiert, um zu vermeiden, daß der Diktator mit einem Ausdruck in Verbindung gebracht wurde, der offen als Bezeichnung für Massenmord gebraucht wurde. Eigenartigerweise ließ sich aber die neue Wortwahl – «Transportierung in den russischen Osten ... durchgeschleust durch die Lager» – ebenso leicht mit Massenmord identifizieren wie der vorhergehende Euphemismus. Überdies konnte, wie Gerald Fleming festgestellt hat, an der Bedeutung dieser Worte kein Zweifel bestehen, da in einem anderen Teil des Dokuments vom «Zusammenbruch der Judenmassen ... seit den Evakuierungsmaßnahmen von 1942» die Rede war.[39]

In erster Linie ist Korherrs Bericht, welche Bedeutung auch immer Himmlers Sprachregelungen gehabt haben mögen, nicht lediglich ein statistischer Überblick, den man in der Geschichte der «Endlösung» in einer Abteilung ablegen kann, die sich mit der Zahl der Opfer befaßt. Das ist er auch. Aber er ist noch viel mehr. Himmler sandte den Bericht an Hitler (oder legte ihn ihm vor), weil dieser ihn entweder angefordert hatte oder weil der SS-Chef wußte, daß es seinen «Führer» erfreuen würde, ihn zur Kenntnis zu nehmen. Wir müssen uns Hitler vorstellen, wie er die auf seiner speziellen Schreibmaschine geschriebenen sechs Seiten des Berichts liest, in dem für ihn die Zwischenergebnisse der Massenmordaktion umrissen werden, die er angeordnet hat. Zweieinhalb Millionen Juden waren bereits getötet worden, und die Kampagne weitete sich rasch aus. Ob der «Führer» beim Lesen Befriedigung zeigte oder ob er ungeduldig war, weil es mit den Tötungen so langsam voranging, wissen wir nicht. Von entscheidender Bedeutung bleibt das Töten an und für sich, ebenso aber auch die Lektüre des Berichts durch den Initiator des Tötens, den Staatschef einer der fortgeschrittensten Nationen der Welt. Die so vorgestellte Szene – die auf jeden Fall stattgefunden hat – sagt mehr über das Regime und seinen Messias als viele abstrakte Abhandlungen.

Es kommt einem noch ein weiterer Aspekt dieses makabren Geschehens in den Sinn. Wir haben keine Kenntnis von irgendeinem anderen ebenso ausführlichen und detaillierten statistischen Bericht über eine bestimmte Menschengruppe, deren Ermordung Hitler befohlen hat; wir wissen nur von allgemeinen Schätzungen und Gesamtsummen. Lediglich in bezug auf die Zahl der ermordeten Juden ließ Himmler seinen Zorn über die unprofessionelle statistische Arbeit von Eichmanns Büro freien Lauf. Und Korherr lieferte die Präzision, die Himmler forderte: 1 873 539 Juden bis zum 31. Dezember 1942. An Kaltenbrunner schrieb Himmler: «In den kurzen Monatsmeldungen der Sicherheitspolizei will ich lediglich mitgeteilt bekommen, was monatlich abgefahren worden ist und was zu diesem Zeitpunkt noch an Juden übrigblieb.»[40] Mit anderen Worten, *jeder* Jude, der noch am Leben war, blieb eine Gefahr, und jeder Jude, der noch am Leben war, mußte schließlich ergriffen und ermordet werden.

III

Um die Vernichtung in vollem Tempo weiterlaufen zu lassen, mußten die Deutschen immer zögerlicheren Verbündeten ihren Willen aufzwingen. Im Falle Rumäniens gab Hitler auf. Er wollte sich nicht auf eine Konfrontation mit Antonescu einlassen, da er ihn als vertrauenswürdigen Verbündeten ansah, auch wenn er nicht aufhörte, ihn zu drängen. In Ungarn war die Lage anders. Hitler glaubte, Horthy und Kállay stünden unter dem Einfluß von Juden, und er hatte sie (zu Recht) im Verdacht, daß sie bestrebt seien, sich auf die andere Seite zu schlagen. Außerdem stellten für Hitler die 800 000 Juden Ungarns eine riesige Beute dar, die fast zum Greifen nahe war. Am 17. und 18. April 1943 traf er sich in Schloß Kleßheim bei Salzburg mit Horthy und schalt ihn wegen der Nachsichtigkeit der in Ungarn gegen die Juden ergriffenen Maßnahmen. In Deutschland, so erklärte er, verfolge man eine andere Politik. In Polen beispielsweise sei es so: «Wenn die Juden dort nicht arbeiten wollten, würden sie erschossen. Wenn sie nicht arbeiten könnten, müßten sie verkommen. Sie wären wie Tuberkelbazillen zu behandeln, an denen sich ein gesunder Körper anstecken könne. Das wäre nicht grausam, wenn man bedenke, daß sogar unschuldige Naturgeschöpfe wie Hasen und Rehe getötet werden müßten, damit kein Schaden entstehe. Weshalb sollte man die Bestien, die uns den Bolschewismus bringen wollten, mehr schonen?» An diesem Punkt seiner Belehrungen empfand Hitler das Bedürfnis, seine Argumentation durch einen historischen Beweis zu untermauern: «Völker, die sich der Juden nicht erwehrten, verkämen», fuhr er fort. «Eins der berühmtesten Beispiele dafür sei das Absinken des einst so stolzen Volkes der Perser, die jetzt als Armenier ein klägliches Dasein führten.»[41]

Ob der Reichsverweser von der Bildung des deutschen «Führers» beeindruckt war, läßt sich schwer sagen, aber mit Sicherheit verstand er, daß Hitler fest entschlossen war, das gesamte europäische Judentum rasch zu vernichten. Nur für den Fall, daß die deutschen Ziele in Kleßheim noch nicht hinreichend verdeutlicht worden waren, ließ ein Telegramm von Botschafter Sztójay an Kállay vom 25. April keinen weiteren Zweifel: «Der Nationalsozialismus», berichtete der Botschafter, «verachtet und haßt zutiefst die Juden, die er als seinen größten und erbarmungslosesten Feind ansieht, mit dem er in einem Kampf auf Leben und Tod steht. ... Der Reichskanzler ist entschlossen, Europa von den Juden zu befreien. ... Er hat verfügt, daß bis zum Sommer 1943 alle Juden Deutschlands und der von Deutschland besetzten Länder in die Ostgebiete, also in die russischen Territorien, verlagert werden. ... Die deutsche Regierung hat den Wunsch geäußert, daß sich ihre Verbündeten an der genannten Aktion beteiligen ...»[42]

Weder Hitlers Ermahnungen noch Sztójays Bericht reichten hin, um Horthys Politik zu ändern – die in zunehmendem Maße auf eine Verständigung mit den Alliierten zielte. Tatsächlich bestand Kállay darauf, öffentlich zu erklären, daß Ungarn in bezug auf die Juden nicht nachgeben werde. In einer Ende Mai 1943 gehaltenen Rede äußerte sich der ungarische Ministerpräsident deutlich: «Es leben in Ungarn», erklärte er, «mehr Juden als in ganz Westeuropa zusammengenommen. ... Es ist selbstverständlich, daß wir diese Frage zu lösen trachten müssen. Es ergeben sich die Notwendigkeiten vorübergehender Maßnahmen und einer entsprechenden Regelung. Die endgültige Lösung kann aber keine andere sein als die restlose Aussiedlung des Judentums. Ich kann mich aber nicht dazu hergeben, dieses Problem auf der Tagesordnung zu halten, solange die Grundbedingung der Lösung, nämlich die Beantwortung der Frage, wohin die Juden auszusiedeln sind, nicht gegeben ist. Ungarn wird nie vom Weg seiner Humanität abweichen, die es im Laufe seiner Geschichte auf rassischem und konfessionellem Gebiete stets geübt hat.»[43] Angesichts der Erklärungen, die Hitler einige Wochen zuvor gegenüber dem Reichsverweser abgegeben hatte, war die Rede Kállays nichts Geringeres als ein Schlag ins Gesicht des «Führers». Offensichtlich rückte der Moment der Konfrontation mit Deutschland jetzt rasch näher; das verhieß nichts Gutes für Ungarn – und vor allem nicht für seine große jüdische Gemeinschaft.

*

Währenddessen sah die bulgarische Haltung zu weiteren Deportationen von Juden aus diesem Land für Berlin immer noch verheißungsvoll aus. Wie wir sahen, hatte Sofia im März und April 1943 Dannecker und seinen Männern alle erforderliche Unterstützung bei der Deportation der Juden aus den besetzten Provinzen Thrazien und Mazedonien nach Treblinka gewährt. Zugleich waren im März 1943 bereits Tausende von bulgarischen Juden an Sammelpunkten konzentriert worden, und die Transporte aus dem Reichsgebiet sollten beginnen. Das hatte König Boris den Deutschen versprochen. Als es jedoch an die Deportation der einheimischen Juden ging, brachen öffentliche Proteste aus. Seinen stärksten Ausdruck fand der Widerstand im Parlament und unter den Führern der bulgarischen orthodoxen Kirche. Der Monarch gab nach: Alle weiteren Deportationen wurden endgültig abgesagt.[44]

Der König, der anscheinend etwas verlegen war, mußte seinem deutschen Verbündeten einige Erklärungen liefern. Am 2. April teilte der bulgarische Monarch während eines Besuchs in Deutschland Ribbentrop mit, «daß er die Zustimmung zur Abschiebung nach Osteuropa bisher nur für die Juden aus Mazedonien und Thrazien gegeben habe. Von den Juden aus Bulgarien selbst wolle er nur eine geringe Zahl bolschewistisch-kommunistischer Elemente abschieben lassen, die übrigen ca. 25 000 Juden hingegen im Lande in Konzentrationslagern zusammenfassen lassen, weil er sie dort für den Straßenbau benötige.» Das Protokoll des Gesprächs gibt an, Ribbentrop sei auf diese Äußerungen des Königs nicht im einzelnen eingegangen, sondern habe «ihm nur gesagt, daß nach unserer Auffassung in der Judenfrage die radikalste Lösung die allein richtige sei».[45]

Einige Tage nach der Besprechung hieß es in einem allgemeinen Überblick über die Ereignisse in Bulgarien, den das Auswärtige Amt an das RSHA sandte, dort sei ebenso wie in anderen Ländern Südosteuropas eine «Abkehr von strengen Judenmaßnahmen» zu beobachten.[46]

Selbst die Slowakei zögerte immer noch im Hinblick auf weitere Deportationen. Wir erinnern uns, daß in diesem Land nur noch 20 000 überwiegend getaufte Juden lebten, nachdem im September 1942 nach einer dreimonatigen Pause die letzten drei Transporte nach Auschwitz abgegangen waren. Währenddessen waren Gerüchte über das Schicksal der Deportierten in Umlauf gekommen. Als daher Tuka Anfang April 1943 von der Möglichkeit sprach, die Deportationen wieder aufzunehmen, setzten Proteste von seiten der slowakischen Geistlichkeit und auch von seiten der Bevölkerung seiner Initiative ein Ende.[47] Am 21. März war in den meisten Kirchen ein Hirtenbrief verlesen worden, in dem alle weiteren Deportationen verdammt wurden.

Der zunehmende Aufruhr führte zu einem Treffen zwischen Ludin und Tuka, wie der deutsche Gesandte am 13. April nach Berlin meldete. Tuka spielte zunächst die Bedeutung des Hirtenbriefs herunter und erklärte dann, Informationen über Greuel, welche die Deutschen an den Juden verübt hätten, seien den slowakischen Bischöfen zu Ohren gekommen. «Ministerpräsident Dr. Tuka ließ mich wissen», fuhr Ludin fort, «daß die ‹slowakischen naiven Geistlichen› derartige Greuelmärchen glauben würden und er wäre sehr dankbar, um diesen Greuelmärchen entgegentreten zu können, von deutscher Seite eine Beschreibung der Verhältnisse in den Judenlagern zu erhalten. Weiters würde er es für besonders propagandistisch wertvoll halten, wenn eine slowakische Abordnung, die zweckmäßigerweise aus einem Abgeordneten, einem Journalisten und vielleicht auch einem katholischen Geistlichen zusammengesetzt sein sollte, ein deutsches Judenlager besuchen könnte. Wenn sich eine derartige Besichtigung organisatorisch ermöglichen ließe», schloß Ludin, «würde ich die Durchführung durchaus begrüßen.»[48]

Am 22. April 1943 traf Hitler in Kleßheim mit Tiso zusammen. Im wesentlichen schimpfte er auf den Schutz, den Horthy den Juden Ungarns gewährte; Ribbentrop, der an der Zusammenkunft teilnahm, ergänzte die Erklärungen seines «Führers» durch einige eigene Kommentare.[49] Mit anderen Worten, Tiso wurde indirekt dazu ermutigt, in seinem eigenen Revier seine Aufgabe zum Abschluß zu bringen und seine noch vorhandenen Juden auszuliefern. Bei dieser Gelegenheit gab der slowakische Präsident kein Versprechen ab.

Da die Deportationen aus der Slowakei bis zum Frühsommer 1943 noch nicht wieder aufgenommen waren, reicherte Eichmann die Botschaften, die nach Bratislava gingen, mit ganz eigenartigen Kommentaren an. In einer Denkschrift vom 7. Juni 1943, welche die Wilhelmstraße an Ludin, Tuka und Tiso weiterleitete, forderte der Leiter von IVB4, man möge die Slowaken von den günstigen Berichten über die «Verhältnisse in Judenlagern» in Kenntnis setzen, die eine Reihe osteuropäischer Zeitungen (und sogar eine aus Paris) mit «zahlreichen Fotos» veröffentlicht hätten. «Im übrigen kann zur Abwehr der über das Schicksal der evakuierten Juden in der Slowakei umgehenden Greuelmärchen auf den Postverkehr dieser Juden nach der Slowakei verwiesen werden, der zentral über den Berater für Judenfragen bei der Deutschen Gesandtschaft in Preßburg [Wisliceny] geleitet wird und für Februar-März ds. Jrs. beispielsweise über 1000 Briefe und Karten allein für die Slowakei betrug. Gegen eine eventuelle Einsichtnahme vor ihrer Weiterleitung an die Empfänger werden im Rahmen der von dem Ministerpräsidenten Dr. Tuka wünschenswert erscheinenden Information über den Zustand in den Judenlagern von hier aus keine Bedenken erhoben.»[50]

Der deutsche Druck auf die Slowaken war relativ moderat, was möglicherweise darauf zurückzuführen war, daß es in Auschwitz einen Engpaß gab infolge der laufenden Deportationen aus dem Westen, der letzten Transporte aus dem Reich und dem Generalgouvernement sowie der Transporte aus Saloniki. Es kam noch die Typhusepidemie im Lager hinzu, die zur Folge hatte, daß Transporte nach Sobibór umgeleitet wurden. Das Schicksal der Überreste der slowakischen Judenheit sollte unmittelbar vor Deutschlands endgültiger Niederlage besiegelt werden.

Zwischen den Deportationen aus der Slowakei und denen aus Kroatien (oder, um genauer zu sein, aus «Großkroatien») gab es eine gewisse Koordination. Wie wir sahen, brachten die Kroaten die 40 000 Juden im Staat Pavelićs zusammen mit den Serben und den Zigeunern um, obwohl sich die Italiener bemühten, so viele von ihnen, wie sie konnten, in ihrer eigenen Zone zu schützen. Die Deutschen, auf die die Gründlichkeit der Abschlachtungsaktionen der Ustascha wahrscheinlich keinen Eindruck machte und die von Anfang 1943 an über die psychologischen

Auswirkungen von Stalingrad besorgt waren, übernahmen die direkte Kontrolle über die Schlußphase der Liquidierung. Eine erste Welle von Deportationen hatte die jüdische Bevölkerung im August 1942 schon erheblich dezimiert. Die zweite Welle folgte im Frühsommer 1943, nachdem Himmler am 5. Mai Zagreb einen Besuch abgestattet hatte. Die Säuberungsaktionen, die nach dem Ende der italienischen Kontrolle über die dalmatinischen Küstengebiete stattfanden, hatten nur teilweise Erfolg, da es Gruppen von Juden gelang, sich den Partisanen Titos anzuschließen.[51] Während der gesamten Phase spielte die Haltung der einheimischen katholischen Kirche zu den Massakern der Ustascha, wie schon erwähnt, eine bedeutende Rolle; auf diese Frage kommen wir im nächsten Kapitel zurück.

*

In den ersten Tagen des Jahres 1943 (möglicherweise sogar schon Ende 1942), als Dannecker im Begriff war, mit den Deportationen aus dem benachbarten Thrazien und Mazedonien zu beginnen, traf Rolf Günther in Griechenland ein, um die Deportationen aus Saloniki zu koordinieren. Anfang Februar folgten Dieter Wisliceny und Alois Brunner.[52] Innerhalb eines Monats war alles bereit. Der erste Zug mit etwa 2800 Juden verließ am 15. März 1943 die nordgriechische Stadt in Richtung Auschwitz; zwei Tage später ging der zweite Zug ab. Innerhalb weniger Wochen waren 45 000 der 50 000 Juden aus Saloniki deportiert, und die meisten von ihnen brachte man nach ihrer Ankunft um.[53] Gleichzeitig gingen Züge nach Treblinka ab.

Man hat eine Vielzahl von Faktoren zur Erklärung des Umstands angeführt, daß die deutsche «Aktion» gegen die Juden von Saloniki ungehindert stattfinden konnte, während der gleiche Vorgang ein Jahr später, als die Deportation der Juden von Athen begann, auf erhebliche Hindernisse stieß. Eine wichtige Rolle spielte sicher das Eintreffen von Eichmanns Spitzenmännern in Saloniki und ebenso auch die beflissene Kollaboration von Vassilis Simonides, dem von den Deutschen ernannten Generalgouverneur von Makedonien, sowie die «Entschlossenheit» des Beauftragten des Auswärtigen Amtes in Griechenland, Günther Altenburg.[54] Andere Faktoren verstärkten die Effizienz der deutschen Beamten und die Rolle, die Simonides und andere Gleichgesinnte aus Saloniki spielten. Der Historiker Mark Mazower erwähnt die periodisch auftretenden Spannungen zwischen den griechischen Einwohnern der Stadt und den immer noch unvollkommen assimilierten Juden, die nach dem Ersten Weltkrieg als Flüchtlinge gekommen waren (und den dadurch bedingten Mangel an Solidarität), die Willfährigkeit des Oberrabbiners Zwi Koretz, des geistlichen Oberhaupts der Gemeinde, gegenüber allen deutschen Befehlen, das Fehlen jeglicher Informationen unter den dort ansässigen Juden über das Schicksal, das sie erwartete, wenn sie den Zug bestiegen hatten, und auch das Fehlen einer griechischen Widerstandsbewegung, die ein Jahr später, während der Deportation der verbliebenen Juden des Landes, eine bedeutende Rolle spielen sollte.[55]

Man hat die Ansicht vertreten, das totale Unverständnis der dortigen Juden gegenüber den deutschen Maßnahmen sei – wie in Thrazien und Mazedonien – durch das seinem Wesen nach andere historische Gedächtnis dieser vorwiegend sephardischen («spanischen») Gemeinschaften bedingt gewesen. Unmittelbare Erfahrungen oder detaillierte Kenntnisse hatten sie von türkischen Greueltaten, von Vertreibungen aus Kleinasien, kurz, von dem Elend, der Diskriminierung, den Massakern und Umsiedlungen der Zeit des Ersten Weltkriegs und der unmittelbar darauf folgenden Periode.[56] Viele dieser Juden stellten sich ihr Schicksal unter den Deutschen wahrscheinlich ähnlich vor. Ob dies ein bedeutsamer Faktor bei ihren Einstellungen war, ist nicht so sicher: Kein Jude im besetzten Europa konnte sich vorstellen, wie die Maßnahmen der Deutschen aussehen würden.

In den zwei Jahren, die seit der Besetzung Griechenlands durch die Deutschen bis zum Beginn der Deportationen vergangen waren, hatte die jüdische Gemeinde von Saloniki die üblichen Verfolgungen durchgemacht: Vom Einsatzstab Rosenberg wurden Bibliotheken und Synagogen geplündert, Tausende von Männern zog man zur Zwangsarbeit für die Wehrmacht ein, griechische Kollaborateure und alle möglichen faschistischen Gruppen der Vorkriegszeit beteiligten sich an antijüdischer Propaganda, und es gab natürlich die üblichen Enteignungen.[57]

Im Februar 1943 hatte man die Juden der Stadt mit dem Stern gekennzeichnet und in einem heruntergekommenen Bezirk abgesondert; Deutsche und Griechen hatten sie aller Habe beraubt, die ihnen noch geblieben war. Die jüdische Polizei beteiligte sich auf besonders bösartige Weise an den Razzien und den Erpressungen, während das Oberhaupt der Gemeinde, Rabbi Koretz, beschwichtigende Erklärungen abgab.[58] Ein Lager, das man in der Nähe des Bahnhofs, in einem eng eingegrenzten Teil des Judenviertels, eingerichtet hatte, wurde zum Sammel- und Durchgangsplatz, von dem aus die Juden von Saloniki, eine Gruppe nach der anderen, die Züge bestiegen.[59]

Während die ersten Juden auf dem Weg nach Auschwitz waren, sorgte eine seltsame diplomatische Verwicklung in Berlin für einen gewissen Unmut, ohne allerdings die rasche Durchführung der Deportationen zu beeinflussen. Als erstes protestierte der geschäftsführende griechische Ministerpräsident Konstantin Logothetopoulos gegen die deutschen Maßnahmen, und es bedurfte der gemeinsamen Überredungskünste von Altenburg und Wisliceny, um ihn zu beruhigen. Der Delegierte des IKRK in Athen, René Burckhardt, war lästiger, da er darauf bestand, die Juden von Saloniki nicht nach Auschwitz, sondern nach Palästina zu schicken.[60] Die aufgebrachten Deutschen verlangten schließlich seine Abberufung aus Griechenland.[61] Die konkretesten Einmischungen kamen wie üblich von den Italienern.

Es scheint jetzt bewiesen zu sein, daß der italienische Konsul in Saloniki, Guelfo Zamboni, von Anfang an keine Mühe scheute, um so viele Juden wie möglich zu schützen: «Man sollte sich daran erinnern, daß nicht nur Juden italienischer Nationalität Schutz gewährt wurde, sondern auch denjenigen, die ein Recht auf diese Nationalität beanspruchten oder die eine vergessene tatsächliche oder erfundene verwandtschaftliche Beziehung zu italienischen Juden geltend machten, oder sogar in einigen Fällen Juden, die tatsächlich keine derartige Beziehung hatten, die aber nach Ansicht des Konsuls in der Stadt oder der Region ganz eindeutig einen Beitrag zu den kulturellen oder wirtschaftlichen Interessen Italiens geleistet hatten.»[62]

Botschafter Gighi Pellegrino in Athen unterstützte Zambonis Interventionen mit Nachdruck und das Ministerium in Rom ebenfalls. Es sieht so aus, als hätten sich die Italiener sogar an die Wilhelmstraße gewandt, um die Freilassung einiger geschützter Juden zu erreichen, die bereits deportiert worden waren; ohne Erfolg natürlich.[63] Alles in allem versuchten die Deutschen, die italienische Initiative zu blockieren. «Inland II», das die Nachfolge der früheren «Abteilung Deutschland» angetreten hatte, empfahl die Ablehnung der Forderungen Roms aus Gründen, die den sich wandelnden Kontext der deutschen Operationen vor Augen führen. Die Schweden verlangten für ihre frischgebackenen Staatsangehörigen jetzt ebenfalls Ausnahmen. Eine positive Antwort auf die Italiener konnte, so Inland II, derartige Forderungen nur bestärken. Außerdem würde es die immer ablehnendere Haltung der Balkanstaaten gegenüber der deutschen judenfeindlichen Politik stärken, wenn man das italienische Ansinnen akzeptierte. Schließlich würde «das Ansehen des Reiches» in ganz Griechenland Schaden nehmen, wenn Italien mit seiner Intervention Erfolg hätte.[64] Gleichwohl gelang es den Italienern, etwa 320 geschützte Juden nach Athen zu transferieren.[65] Was den nachgiebigen Rabbi Koretz und einige andere privilegierte Juden betraf, so wurden sie nach Bergen-Belsen geschickt, wo Koretz kurz vor der Befreiung an Typhus starb.[66]

Der alte jüdische Friedhof von Saloniki mit seinen Tausenden von Gräbern, von denen einige bis ins 15. Jahrhundert zurückreichten, wurde zerstört: Die Deutschen benutzten die Grabsteine, um Straßen zu pflastern und ein Schwimmbecken für die Soldaten zu bauen; die Stadt verwendete das Gelände, um darauf ihren neuen Universitätscampus anzulegen.[67] Was mit den Überresten von Generationen von Juden aus Saloniki geschah, wird nirgends gesagt.

IV

Für die Deutschen blieb es bis ganz zum Schluß ein logistisches Problem, die Juden in den Tod zu befördern; für einige der Juden wurden die Transporte selbst zu Todesfallen.

In den Niederlanden, in Belgien und Frankreich wurden die Juden überwiegend in Westerbork, Malines oder Drancy gesammelt (wo die oberste Priorität dahin ging, für einen hinreichenden Nachschub von Häftlingen zu sorgen, um die Transporte füllen zu können); in diesen nationalen Sammelzentren trafen in regelmäßigem wöchentlichen Abstand Sonderzüge ein. Im Reich selbst jedoch, wo es kein derartiges zentrales Sammellager gab, mußte in einer der Hauptabgangsstädte ein «Russenzug», der mit Arbeitern aus dem Osten gekommen war, bereitgestellt und so eingeplant werden, daß die Züge aus kleineren Städten mit ihren jeweiligen Ladungen von Juden daran Anschluß hatten. Das verlangte schon an und für sich eine komplexe Zeitplanung, was auch darauf zurückzuführen war, daß die Züge aus dem Osten unregelmäßig eintrafen.

Da der Russenzug von Brest-Litowsk nach Köln, der programmgemäß auf dem Rückweg 1000 Juden von Düsseldorf nach Izbica bringen sollte, Brest noch nicht verlassen hatte, sollte er, wie ein Düsseldorfer Polizeibeamter im März 1942 berichtete, durch den Zug RU7340 aus Rußland nach Hemer in Westfalen ersetzt werden. Der Zug sollte am 22. April 1942 um 11:06 Uhr zur Abfahrt in Düsseldorf bereitstehen (er hätte am 20. oder 21. April nach gründlicher Reinigung und Entlausung in Düsseldorf eintreffen sollen); er bestand aus 20 Waggons nicht näher bezeichneten Typs. Da die meisten Züge, die in den Osten gingen, aus unterschiedlichen Waggons zusammengestellt waren, war eine Beladung am Viehbahnhof nicht möglich.

Für den Transport von 70 Juden aus Wuppertal nach Derendorf sollten ein Vierachswagen oder zwei Zweiachswagen an den Personenzug Pz286 angehängt werden, der in Steinbeck um 14:39 Uhr abfuhr und um 15:20 Uhr in Düsseldorf Hauptbahnhof ankam. Die 100 Juden aus Mönchen-Gladbach sollten in zwei Wagen transportiert werden, die an den Personenzug Pz2303 angehängt wurden, der Mönchen-Gladbach um 14:39 Uhr verließ und in Düsseldorf um 15:29 Uhr eintraf. Für die 145 Juden aus Krefeld sollte der Personenzug, der Krefeld um 15:46 Uhr verließ und um 17:19 Uhr in Düsseldorf ankam, zwei zusätzliche Vierachswagen für Passagiere und einen Güterwaggon angehängt bekommen. Der Güterwaggon mußte beim Güterbahnhof Krefeld mit Bestimmungsort Izbica angefordert werden.

Die Bahnverwaltung in Essen teilte einen Sonderzug Da152 mit Personenwagen zu, an den für Gepäck zwei Güterwaggons angehängt werden sollten. Die Wagen mußten in Essen mit Bestimmungsort Izbica angefordert werden. Die Güterwaggons sollten zum Schlachthausbahnhof dirigiert werden, während der Sonderzug Da152 sowie die Wagen aus Wuppertal, Krefeld und Mönchen-Gladbach zum Bahnsteig Tussmannstadt geleitet wurden...[68]

Von Zeit zu Zeit mußte die Reichsbahn für ihre Dienste bezahlt werden. Zwar ließ sich die Mehrzahl der Transporte vom RSHA leicht aus den Vermögenswerten der Opfer finanzieren, aber gelegentlich waren die Zahlungen nicht gleich verfügbar, oder die Fahrten der Züge durch unterschiedliche Währungszonen schufen komplizierte Verrechnungsprobleme für alle Beteiligten.[69]

Die größte Herausforderung bestand jedoch in der Verfügbarkeit von Zügen überhaupt. So forderte Anfang Juni 1942 der Adjutant Himmlers, SS-Obergruppenführer Karl Wolff, die persönliche Intervention des Staatssekretärs im Reichsverkehrsministerium, Dr. Albert Ganzenmüller, um die täglichen Deportationen aus Warschau sicherzustellen. Am 27. Juli teilte Ganzenmüller Wolff mit: «Seit dem 22.7. fährt täglich ein Zug mit 5000 Juden von Warschau über Malkinia nach Treblinka, außerdem zweimal wöchentlich ein Zug mit 5000 Juden von Przemyśl nach Belzec. Gedob [die Generaldirektion der Ostbahn] steht in ständiger Fühlung mit dem Sicherheitsdienst in Krakau ...»[70] Wolffs berüchtigte Antwort vom 13. August bleibt unauslöschlich in die Geschichte eingeschrieben: «Für Ihr Schreiben vom 28. 7. 1942 danke ich Ihnen – auch im Namen des Reichsführers-SS – herzlich. Mit besonderer Freude habe ich von Ihrer Mitteilung Kenntnis genommen, daß nun schon seit 14 Tagen täglich ein Zug mit je 5000 Angehörigen des auserwählten Volkes nach Treblinka fährt.»[71]

Wolffs Bitte an Ganzenmüller erscheint ebenso wie Himmlers eigene wiederholte Forderungen mit Blick auf die Deportationen innerhalb des Generalgouvernements verwirrend, da die Entfernungen zwischen sämtlichen Ghettos und den Lagern der «Aktion Reinhardt» kurz waren. Noch verwirrender sieht es aus, wenn wir berücksichtigen, daß im täglichen Gesamtverkehr von 30 000 Zügen, welche die Reichsbahn in den Jahren 1941 und 1942 abfertigte, in demselben Zeitraum nur zwei «Sonderzüge» täglich Juden in den Tod transportierten.[72] Doch die Nervosität Wolffs beziehungsweise Himmlers war zum Teil begreiflich. Die Reichsbahn räumte den «Sonderzügen» bei ihrer Planung nur eine sehr niedrige Priorität ein: «Man brachte sie in Lücken unter, die für durchgehende Güterzüge bestimmt waren, oder man ließ sie als außerplanmäßige Güterzüge fahren. Das Ergebnis war, daß man sie erst dann auf das Hauptgleis ließ, wenn der gesamte andere Verkehr abgefertigt war. Wehrmachtszüge, Nachschub für die Wehrmacht mit Rüstungsgütern und Kohlezüge hatten allesamt Vorrang vor den Sonderzügen. Das erklärt die langen Aufenthalte auf Rangiergleisen und Verschiebebahnhöfen, über die in Erinnerungen von Überlebenden und Wachmannschaften berichtet wird. Außerdem wurden den Zügen heruntergekommene Lokomotiven und alte Waggons zugeteilt, was die geringe Fahrtgeschwindigkeit der Züge und die häufigen Aufenthalte zu Reparaturzwecken erklärt.»[73]

Da aber die «Sonderzüge» nur einen derart winzigen Bruchteil des Gesamtverkehrs darstellten, gestattete es rechtzeitige Planung schließlich, nahezu jedes Problem zu lösen. Am 26. und 28. September beschäftigte sich eine Konferenz von Bediensteten des Reichsverkehrsministeriums, an der entweder Eichmann oder Rolf Günther teilnahm, in höchst positiver Stimmung mit dieser Herausforderung. Nach einer nach Distrikten aufgeschlüsselten Auflistung der Zahl der Züge, die für die Deportation der jüdischen Bevölkerung des Generalgouvernements in die Vernichtungslager erforderlich waren, ließ das Protokoll die generelle Zuversicht der Teilnehmer erkennen: «Mit der Verringerung des Kartoffeltransportes wird erwartet, daß der Reichsbahndirektion Krakau die erforderliche Anzahl an Güterwagen zur Verfügung gestellt werden kann. So wird die erforderliche Transportkapazität entsprechend der obenerwähnten Vorschläge sichergestellt und die Planung dieses Jahr erfüllt.»[74]

Ungeachtet einer derart guten Kooperation mußte sich der Reichsführer am 20. Januar 1943 bei Ganzenmüller erneut auf Bitten verlegen und erklären, daß zur Gewährleistung der inneren Sicherheit im Osten wie im Westen die beschleunigte Deportation der Juden von entscheidender Bedeutung sei: «Ich muß, wenn ich die Dinge rasch erledigen will, mehr Transportzüge bekommen», schrieb Himmler. «Ich weiß sehr wohl, wie angespannt die Lage für die Bahn ist und welche Forderungen an Sie immer gestellt werden. Trotzdem muß ich an Sie die Bitte richten: Helfen Sie mir und verschaffen Sie mir mehr Züge.»[75]

Was die «Fracht» selbst anging, so verursachte sie keine nennenswerten Probleme. Natürlich gab es die üblichen Selbstmorde sowie einige Fluchtversuche vor Besteigen der Züge oder manchmal während der Transporte. So schrieb am 23. April 1942 die Gestapo Krefeld nach Düsseldorf, daß von den zur Deportation am 22. April vorgesehenen Juden Julius Israel Meier, Augusta Sara Meier, Else Sara Frankenberg und Elisabeth Sara Frank nicht evakuiert werden konnten, da die ersten drei Selbstmord begangen hätten und die vierte verschwunden sei.[76]

Für die gesamte Deportationsperiode haben wir keine Belege dafür, daß in den Zügen irgendwelche Kämpfe zwischen den Deportierten und den Wächtern ausgebrochen wären. Todesfälle während des Transports waren häufig, sie gingen auf Erschöpfung, Verdursten, Ersticken zurück. Darüber wurde ordnungsgemäß Rechenschaft abgelegt. Am 13. April 1943 berichtete beispielsweise ein Polizeileutnant Karl über einen Transport von Skopje (Mazedonien) nach Treblinka: «Am 29.III. 1943 um 6 Uhr begann im dortigen ehemaligen Tabaklager das Einladen von 2404 Juden in Güterwagen. Es wurde um 12 Uhr beendet, und um 12,30 folgte die Abfahrt. Der Transportzug fuhr über albanisches Gebiet. ... Am 5.IV.1943 wurde um 7 Uhr das Endziel Treblinka (Lager) erreicht. Am gleichen Tag von 9 bis 11 Uhr wurde der Zug ausgeladen. ... Besondere Ereignisse: Während der Fahrt starben 5 Juden, und zwar in der Nacht des 30.III.1943 eine 76jährige alte Frau, in der Nacht des 31.III.1943 ein 85jähriger alter Mann, am 3.IV.1943 eine 94jährige alte Frau und ein sechs Monate altes Kind, und am 4.IV.1943 eine 99jährige alte Frau. ... Transportbestand: aufgenommen 2404 Personen, Abgang 5 Personen, in Treblinka abgeliefert 2399 Personen.»[77]

Rosenfelds Reise von Prag nach Łódź war Ende 1941 verhältnismäßig glimpflich verlaufen.[78] Ganz allgemein sieht es so aus, als sei die Fahrt aus westeuropäischen Ländern, aus Italien oder selbst aus Deutschland nicht so lebensgefährlich gewesen wie die Transporte, die innerhalb Osteuropas oder von den Balkanländern aus nach Auschwitz oder Treblinka stattfanden. Der italienische Schriftsteller Primo Levi, auf den wir noch zurückkommen, schilderte kurz seine Reise aus dem Sammellager in Fossoli di Carpi in der Nähe von Modena nach Auschwitz Anfang 1944:

«Unser unruhiger Schlaf wurde oft von lauten und nichtigen Streitereien unterbrochen, von Verwünschungen und blindlings gegen irgendeine lästige und unvermeidliche Berührung ausgeteilten Fußtritten und Faustschlägen. Daraufhin entzündete jemand das klägliche Lichtchen einer Kerze und erkannte, vornübergebeugt, ein düsteres Gewimmel, eine konfuse, zusammenhängende, erstarrte und schmerzhafte menschliche Masse, hie und da aufgeworfen von plötzlichen Zuckungen, die sogleich die Müdigkeit wieder zum Ersterben brachte.»[79] Levi geht auf die sich verändernde Landschaft ein, er spricht von den aufeinanderfolgenden Namen von Städten, erst österreichisch, dann tschechisch und endlich polnisch: «Schließlich blieb der Transport in tiefer Nacht endgültig stehen, inmitten einer dunklen und schweigenden Ebene.»[80] Sie waren am Ziel.

Den meisten Deportierten wäre Levis Fahrt wie eine Luxusreise vorgekommen. Gewöhnlich verfügten Güterwaggons nur über unzureichende Öffnungen für Frischluft, und die Wasserversorgung war völlig unzulänglich. Selbst der relativ privilegierte Transport von Theresienstadt nach Auschwitz im Juni 1944, den Ruth Klüger beschreibt, vermittelt eine Ahnung von den üblicheren Reisebedingungen: «Die Türen waren hermetisch geschlossen, Luft kam durch ein kleines Viereck von einem Fenster. Es kann sein, daß es am anderen Ende des Waggons ein zweites solches Fenster gab, aber dort war Gepäck angehäuft. ... In Wirklichkeit konnte nur einer da [an diesem kleinen Viereck] stehen, und der hat seinen Platz nicht so leicht aufgegeben und war von vornherein einer mit Ellbogen. Der Waggon war einfach zu voll. ... Bald stank der Wagen nach Urin und Kot. ... Die Waggons [standen], und die Temperatur drinnen stieg. Panik. Ausdünstung der Körper, die es nicht mehr aushielten in der Hitze.»[81]

All das war noch friedlich. Man nehme pro Waggon einige Deportierte mehr, und alles wird anders. Nur wenige Wochen später, im Juli 1944, lief die kurze Fahrt vom Arbeitslager Starachowice nach Auschwitz, über eine Strecke von 220 Kilometern, auf andere Weise ab. Nach Berichten von überlebenden Deportierten war der Zug auf Befehl des Polizeichefs von Starachowice brutal überladen worden, weil die Rote Armee näherrückte. In jeden Güterwaggon hatte man etwa 75 Frauen gepfercht, und von ihnen getrennt waren 100 bis 150 Männer in jedem Waggon untergebracht.[82] Die Fahrt dauerte 36 Stunden. Bald begann in den Wagen der Männer der Kampf um Wasser und vor allem um Luft. «Der 19jährige Ruben Z. hatte ‹großes Glück›, weil er zu Beginn der Fahrt einen Platz an dem kleinen Fenster bekommen hatte, durch das frische Luft kam. Er bezog einige Prügel von Leuten, die verzweifelt versuchten, in die Nähe des Fensters zu gelangen, und schließlich wurde er weggedrängt und verlor seinen Platz. Er wurde so benommen und schwach, daß er sich nicht an das erinnern konnte, was danach geschehen war, er wußte nur noch, daß in seinem Waggon bis zur Ankunft in Birkenau 15 Menschen gestorben waren.»[83] In einem Wagen kamen 27 Männer um, in einem anderen 30 von 120 Männern.[84]

Nicht alle Männer, die in den Zügen starben, waren erstickt. Etwa 20 Mitglieder des Judenrats und der jüdischen Polizei von Starachowice, darunter der Chef der jüdischen Polizei, Wilczek, und ein gewisser Rubenstein, wurden von einer Gruppe von Häftlingen, die kürzlich aus Maidanek verlegt worden waren, erdrosselt.[85] Henry G. und viele andere, die in demselben Wagen mitfuhren, sahen alles mit an: Aus dem Kampf um Luft wurde ein Kampf auf Leben und Tod zwischen den meist jungen und starken «Lublinern» und den «Prominenten» aus Starachowice. «Als Henry G. in Birkenau ankam, saß er auf dem Leichenberg.»[86]

*

Wenn der Transport der Deportierten für die Deutschen das Rückgrat der «Endlösung» und für die Juden eine weitere tödliche Falle war, dann war die zunehmende Nachfrage nach Sklavenarbeitern für die Mörder ein grundlegendes Dilemma. Die pauschale Ermordung der überwiegenden Mehrheit der Juden im Generalgouvernement wurde dabei nicht in Frage gestellt, und die auf dem gesamten Kontinent erfolgende Vernichtung schritt zügig voran. Die Streitigkeiten ergaben sich vor allem dadurch, daß jüdische Facharbeiter sowohl für die Bedürfnisse der Wehrmacht als auch in den ehrgeizigen Industrieprojekten der SS selbst, vor allem im Distrikt Lublin, eingesetzt wurden. Andererseits sollte jedoch sowohl für Hitler als auch für Himmler die Vermeidung der mit dem Überleben jüdischer Arbeiter verbundenen Sicherheitsrisiken auch im Jahre 1943 oberstes Gebot bleiben.

Die Wehrmacht äußerte ihre Ansichten mit Nachdruck in einer Denkschrift, die am 18. September 1942 von General Kurt von Gienanth, dem Militärbefehlshaber im Generalgouvernement, vorgelegt wurde. Gienanth schilderte in allen Einzelheiten die unentbehrliche Funktion spezialisierter jüdischer Arbeiter und den Schaden, der aus ihrer Beseitigung erwachsen würde. Seine Schlußfolgerung war klar: «Wenn die kriegswichtigen Arbeiten nicht leiden sollen, können die Juden nach Ausbildung des Ersatzes, also Zug um Zug, freigegeben werden. ... Dabei soll Richtlinie sein, die Juden so rasch als möglich auszuschalten, ohne die kriegswichtigen Arbeiten zu beeinträchtigen.»[87]

Himmler antwortete am 9. Oktober. Der Brief des Reichsführers war kompromißlos, ja drohend. Um seiner allgemeinen Stoßrichtung Nachdruck zu verleihen, gab er keine detaillierten Antworten auf die von Gienanth Punkt für Punkt vorgetragene Argumentation, sondern berief sich auf die Entscheidung Hitlers. «1. Ich habe angeordnet», schrieb Himmler, «die ganzen sogenannten Rüstungsarbeiter, die lediglich in Schneider-, Holz und Schusterwerkstätten arbeiten, ... an Ort und Stelle, d. h. also in Warschau, Lublin in Kl. zusammenzufassen. Die Wehrmacht soll ihre Bestellungen an uns geben, und wir garantieren ihr den Fortgang der Lieferungen für die von ihr gewünschten Bekleidungsstücke. Gegen alle diejenigen jedoch, die glauben, hier mit angeblichen Rüstungsinteressen entgegentreten zu müssen, die in Wirklichkeit lediglich die Juden und ihre Geschäfte unterstützen wollen, habe ich Anweisung gegeben, unnachsichtig vorzugehen.

2. Die Juden, die sich in wirklichen Rüstungsbetrieben befinden, also Waffenwerkstätten, Autowerkstätten usw., sind Zug um Zug herauszulösen. Als erste Stufe sind sie in den Betrieben in einzelnen Hallen zusammenzufassen. Als zweite Stufe dieser Entwicklung ist die Belegschaft dieser einzelnen Hallen im Austausch tunlichst in geschlossenen Betrieben zusammen zu tun, so daß wir dann lediglich

einige geschlossene Konzentrationslager-Betriebe im Generalgouvernement haben.

3. Es wird dann unser Bestreben sein, diese jüdischen Arbeitskräfte durch Polen zu ersetzen und die größere Anzahl dieser jüdischen Kl-Betriebe in ein paar wenige jüdische Kl-Großbetriebe tunlichst im Osten des Generalgouvernements zusammenzufassen. Jedoch auch dort sollen eines Tages dem Wunsche des Führers entsprechend die Juden verschwinden.»[88]

In seiner Antwort verhehlte Himmler nicht seinen Ehrgeiz, die spezialisierte jüdische Arbeiterschaft zu kontrollieren, die in «Konzentrationslager-Großbetrieben tunlichst im Osten des Generalgouvernements» Sklavenarbeit leisten sollte. Dort hatte Globocnik im bereits existierenden Gesamtrahmen von SS-Unternehmen (Deutsche Wirtschaftsbetriebe [DWB]) auf Anweisung Pohls (und Himmlers) eine neue Gesellschaft, die Ostindustrie GmbH (OSTI), gegründet. Jüdische Sklavenarbeiter sollten in den bereits existierenden und den neuerrichteten SS-Werkstätten schuften, und das ganze Unternehmen würde mit den Vermögenswerten der Opfer finanziert werden, die man in den Lagern der «Aktion Reinhardt» ermordet hatte.[89]

Schon sehr bald sollten jedoch diese Pläne zurückgestellt werden, und das Projekt OSTI gab man angesichts von Vorzeichen, die Himmler bedrohlich erschienen, auf: Da war der Warschauer Ghettoaufstand vom April 1943, auf den dann einige Monate später die Erhebungen in Treblinka und Sobibór folgten, und ebenso der rasche Vormarsch der Roten Armee in Richtung auf das ehemalige Polen. So war der Reichsführer schon kurz nach der Revolte im Ghetto wieder zu seiner Linie der «vollständigen Vernichtung» zurückgekehrt, weil er jeder weiteren Bedrohung durch Juden zuvorkommen wollte. In einer Sitzung vom 10. Mai 1943 hielt er noch einmal seine Nahziele fest: «Die Evakuierung der restlichen rund 300 000 Juden im Generalgouvernement werde ich nicht abstoppen, sondern sie in größter Eile durchführen. Sosehr die Juden-Evakuierung im Augenblick ihrer Durchführung Unruhe erzeugt [ein offensichtlicher Verweis auf den Warschauer Aufstand], so sehr wird sie nach ihrem Abschluß zur grundsätzlichen Befriedung des Gebietes die Hauptvoraussetzung sein.»[90] Zwei Tage später spielte Ulrich Greifelt wahrscheinlich auf dieselbe Sitzung an, als er notierte: «Eine vordringliche Aufgabe im Generalgouvernement sei es, die dort noch vorhandenen 3–400 000 Juden zu entfernen.»[91]

Himmlers Befürchtungen hinsichtlich bewaffneter Aktionen von Juden im Generalgouvernement, möglicherweise im Zusammenwirken mit sowjetischen Partisanen oder dem polnischen Untergrund, wurden von einer örtlichen Verwaltung, deren nächstliegende Sorgen eher den Bedürfnissen der Rüstungsindustrie galten, anscheinend nicht so ernst genommen. Eklatant zeigte sich das Auseinandergehen der Ansichten auf einer hochrangig besetzten Zusammenkunft, die am 31. Mai in Krakau stattfand. Krüger, der HSSPF, der in Franks Reich in den Rang eines Staatssekretärs erhoben worden war, vertrat einen ziemlich unerwarteten Standpunkt; er befand, «die Entjudung habe ohne Zweifel auch zur Beruhigung geführt. Sie sei für die Polizei eine der schwierigsten und unangenehmsten Aufgaben gewesen, habe aber auf Befehl des Führers durchgeführt werden müssen, weil es im europäischen Interesse notwendig sei. ... Er habe neulich erst wieder den Befehl erhalten, in ganz kurzer Zeit die Entjudung durchzuführen. Man sei gezwungen gewesen, die Juden auch aus der Rüstungsindustrie und den wehrwirtschaftlichen Betrieben herauszuziehen. ... Der Reichsführer SS wünsche ..., daß auch die Beschäftigung dieser Juden aufhöre. Er habe mit Generalleutnant Schindler [dem Chef des Rüstungsinspektorats des OKW unter dem Kommando von General von Gienanth] eingehend über diese Frage gesprochen und glaube, daß dieser Wunsch des Reichsführers SS wohl im Endeffekt nicht erfüllt werden könne. Es gebe unter den jüdischen Arbeitskräften Spezialarbeiter, Feinmechaniker und sonstige qualifizierte Handwerker, die man heute nicht ohne weiteres durch Polen ersetzen könne.» Nach weiteren Ausführungen zu den Qualitäten und der physischen Ausdauer dieser jüdischen Arbeiter teilte Krüger der Versammlung mit, er werde Kaltenbrunner bitten, Himmler die Lage zu schildern und ihn davon zu überzeugen, daß man diese Arbeiter behalten müsse.[92] Wie wir sehen werden, sollte jedoch keines dieser Argumente letztlich helfen.

V

Während der zwölf Jahre des «Dritten Reiches» war die Plünderung jüdischen Eigentums von entscheidender Bedeutung. Hierbei handelte es sich um denjenigen Aspekt des gegen die Juden unternommenen Feldzugs, der sich am leichtesten verstehen ließ, der den breitesten Anklang fand und sich bei Bedarf durch ganz simple ideologische Dogmen rationalisieren ließ. Selbst das Plündern stieß aber auf Schritt und Tritt auf unerwartete Probleme, insbesondere in den Jahren der Vernichtung. So entzogen sich ungeachtet schärfster Drohungen Diebstahl und Korruption bis ganz zum Schluß jeglicher Kontrolle, obgleich die Reichsfinanzbehörden und die SS-Bürokratie versuchten, alle großen und kleinen Operationen im Griff zu behalten.[93]

Vor Ort, an den einzelnen Mordstätten, war die Prozedur einfach. Die Opfer, beispielsweise Gruppen von Juden aus Wilna, die in Ponar umgebracht werden sollten, hatten etwaige Wertsachen an den SD-Mann abzuliefern, der die Operation befehligte; nach der Tötung wurden ihre

Habseligkeiten von Angehörigen des Kommandos noch einmal durchsucht, und jeder Wertgegenstand mußte unter Androhung der Todesstrafe bei Zuwiderhandlung dem zuständigen Offizier abgeliefert werden.[94] Die Denunziation von Juden, die untergetaucht waren, oder von anderen damit zusammenhängenden Verstößen wurde in Naturalien belohnt. Ein solcher Glücksfall widerfuhr einer Frau Meyer in Riga: Nachdem sie einen Nachbarn angezeigt hatte, weil er jüdisches Eigentum aufbewahrte, durfte sie ein goldenes Kettenarmband zu einem Spottpreis erstehen.[95]

Große Operationen organisierte man zentral in der Reichshauptstadt. In Berlin wurde alles Gold (einschließlich goldener Zahnkronen, die man Leichen herausgebrochen hatte) gewöhnlich sofort von der Degussa eingeschmolzen und, häufig mit Gold anderer Herkunft gemischt, zu Barren für die Reichsbank verarbeitet.[96] Andere Metalle schmolz man meist ebenfalls ein, es sei denn, der Wert des Stückes überstieg den reinen Metallwert. Wie Michael MacQueen schreibt, wurden die wertvollsten Stücke einigen Juwelieren übergeben, die das Vertrauen des Finanzministeriums oder der SS besaßen, und in besetzten oder neutralen Ländern gegen Industriediamanten eingetauscht, die für die deutsche Kriegsindustrie unentbehrlich waren. Die Aktivitäten eines derartigen langfristig tätigen Mittelsmannes, der hauptsächlich mit schweizerischen Händlern arbeitete, sind rekonstruiert worden, und es sieht so aus, als seien sich die Behörden in Bern über die laufenden Transaktionen und über die ständige Lieferung von Industriediamanten an das Reich – ohne Rücksicht auf alliierte Maßnahmen des Wirtschaftskrieges – sehr wohl im klaren gewesen.[97]

Seit Mitte 1942 häufte sich der größte Teil der Habseligkeiten der Opfer in den großen Tötungszentren der «Aktion Reinhardt» und in Auschwitz-Birkenau, während die Vernichtungen einen Höhepunkt erreichten. Anfang August 1942 führten Verhandlungen zwischen dem WVHA und allen zentralen Dienststellen der Finanz- und Wirtschaftsverwaltung zu einer Übereinkunft, der zufolge Pohls Hauptamt die Beute zentral verwalten und aufschlüsseln sollte. Himmler unterrichtete die HSSPF von der Entscheidung und übertrug Pohl offiziell seine neue Funktion. Binnen weniger Wochen, am 26. September, erließ Pohls Stellvertreter, SS-Brigadeführer August Frank, eine erste Sammlung von Richtlinien, mit denen aller Gebrauch und alle Verteilung jüdischer Beutestücke aus den Lagern geregelt wurde, von Edelsteinen bis zu Decken, Schirmen und Kinderwagen, von Brillen mit Goldgestellen bis hin zu Frauenwäsche sowie Rasierapparaten, Taschenmessern und Scheren. Die Preise setzte das WVHA fest: «Eine gebrauchte Männerhose 3,– Mark, ... eine Wolldecke 6,– Mark.» Die abschließende Mahnung war unentbehrlich: «Es ist streng darauf zu achten, daß bei allen zur Abgabe kommenden Kleidern und Überkleidern der Judenstern entfernt wird. Es sind ferner mit größtmöglicher Sorgfalt alle zur Abgabe kommenden Gegenstände auf versteckte und eingenähte Werte zu untersuchen.»[98]

In bezug auf etwa an die Reichsbank abzuliefernde Objekte ernannte Pohl SS-Hauptsturmführer Bruno Melmer zum unmittelbar Verantwortlichen für diese Operation. Während die ersten Lieferungen von Wertsachen aus den Lagern am 26. August auf dem «Melmer-Konto» deponiert wurden, übergab man alle Edelmetalle, Devisen, Juwelen und dergleichen dem Edelmetallreferat von Albert Thoms, ebenfalls an der Reichsbank, zur weiteren Verwendung.[99]

Auf dem gesamten Kontinent waren, wie wir sahen, jüdische Möbelstücke und Haushaltsgegenstände die Domäne der Dienststelle Rosenberg. Eine undatierte Notiz aus Rosenbergs Amt, wahrscheinlich im Spätherbst 1942 oder Anfang 1943 geschrieben, gibt einen knappen Überblick über den Verteilungsprozeß. Während man einen Teil der Möbel den Büros von Rosenbergs Ministerium in den Ostgebieten zuteilte, wurde der größte Teil der Beute an die Reichsbevölkerung ausgegeben oder versteigert. «Bisher wurden unter Ausnutzung freien Frachtraums 144 809 cbm Wohnungsgut aus den beiden besetzten Westgebieten abtransportiert. ... Teillieferungen gingen an folgende Städte: Oberhausen Bottrop Recklinghausen Münster Düsseldorf Köln Osnabrück Hamburg Lübeck Rostock Karlsruhe.»[100]

Riesige Mengen von Gütern, die vor allem aus den Lagern (in den Gebieten Pohls, Globocniks und Greisers) stammten, mußten ausgebessert werden, bevor man sie an deutsche Dienststellen oder Märkte weiterleitete. Kleidungsstücke wurden mit besonderer Sorgfalt behandelt: Judensterne mußten abgenommen, Flecken von Blut und dergleichen ausgewaschen werden, und die übliche Abnutzung wurde in SS-Bekleidungswerkstätten so gründlich wie möglich behoben. Wer darüber entschied, welche Stücke repariert werden konnten und welche nicht, oder wer die Befugnis besaß, Grade von Beschädigung festzustellen, bleibt unklar. Man konnte nicht Zehntausende zerrissene Socken an die Verkaufsstellen im Reich schicken. Dieses Problem stellte sich – ohne aber gelöst zu werden – bei einem Vorfall, den Filip Müller beschreibt. Er spielte sich irgendwann im Spätfrühling 1942 in einem der Krematorien von Auschwitz ab.

Müller, ein slowakischer Jude, traf im April 1942 in Auschwitz ein. Man hatte ihn soeben zum Sonderkommando (von dem noch die Rede sein wird) versetzt; das war sozusagen seine Initiation unter der Aufsicht von SS-Unterscharführer Stark. Wie es in diesen Monaten noch üblich war, hatte man eine Gruppe slowakischer Juden in bekleidetem Zustand vergast. «Leichen ausziehen», brüllte Stark und gab ihm einen heftigen Schlag. «Vor mir», erinnerte sich Müller, «lag die Leiche einer Frau. Zuerst zog ich ihre Schuhe aus. Meine Hände zitterten dabei, und ich bebte am ganzen Körper, als ich begann, ihr die Strümpfe auszuziehen. Zum ersten Mal in meinem Leben kam ich mit einer Leiche in Berührung. Sie war noch nicht richtig erkaltet. Als ich den Strumpf vom Bein herunterzog, riß er ein wenig ein. Stark, der es bemerkt hatte, schlug wieder auf mich ein und ereiferte sich: ‹Was ist das für eine Arbeit! Paß auf und tummel dich! Die Sachen werden noch gebraucht!› Um zu zeigen, wie es richtig gemacht wird, ging er zu einer anderen Leiche und begann, ihr die Strümpfe auszuziehen. Aber auch bei ihm ging es nicht ohne Riß ab.»[101]

In den Jahren 1942 und 1943 trafen allein in Hamburg 45 Schiffsladungen mit Gütern ein, die man niederländischen Juden geraubt hatte; sie hatten ein Nettogewicht von 27 227 Tonnen. Etwa 100 000 Einwohner erwarben auf Hafenauktionen etwas von den gestohlenen Habseligkeiten. Eine Augenzeugin schreibt: «Die einfachen Hausfrauen auf der Veddel trugen plötzlich Pelzmäntel, handelten mit Kaffee und Schmuck, hatten alte Möbel und Teppiche aus dem Hafen, aus Holland, aus Frankreich.»[102]

Schätzungen und Verzeichnisse geplünderten jüdischen Eigentums wurden im Jahre 1943 auf allen Ebenen des Systems wiederholt angefertigt. Den Gesamtwert «jüdischen Besitzes», der im Zuge der «Aktion Reinhardt» bis zum 15. Dezember 1943 sichergestellt worden war, schätzte man in der Zentrale der Operation in Lublin auf 178 745 960,59 RM. Diese offizielle Schätzung, unterzeichnet von SS-Sturmbannführer Wippern, wurde am 5. Januar 1944 aus Triest, dem Hauptquartier von Globocniks neuem Tätigkeitsbereich, an das WVHA gesandt.[103] Hierbei handelte es sich anscheinend um eine späte Reaktion auf eine Botschaft, die Himmler am 15. Januar sowohl an Krüger als auch an Pohl gesandt hatte: «Ich habe mir bei meinem Besuch in Warschau», lautete die Mahnung des Reichsführers, «auch die Lagerhäuser mit dem von den Juden bzw. bei der Judenauswanderung übernommenen Material und den Gütern angesehen. SS-Obergruppenführer Pohl bitte ich erneut für alle einzelnen Kategorien schriftliche Abmachung mit dem Wirtschaftsminister zu pflegen, sei es, ob es sich um Uhrgläser handelt, die dort zu Hunderttausenden liegen – vielleicht sogar zu Millionen, die praktischerweise wohl den deutschen Uhrengeschäften zugewiesen werden könnten, oder ob es sich um Drehbänke handelt, die wir für unsere Werkstätten brauchen, die wir uns entweder legal vom Wirtschaftsminister geben lassen oder von ihm kaufen können.» Nach Anführung einiger weiterer Beispiele warnte Himmler: «Ich glaube insgesamt, wir können nicht genau ge-

März 1943 – Oktober 1943 883

nug sein.» Und nach weiteren Instruktionen fügte er hinzu: «Ich bitte SS-Obergruppenführer Pohl diese Dinge bis ins Letzte zu klären und zu ordnen, denn die größte Genauigkeit jetzt erspart uns viel Ärger später.» Drei Wochen später reichte Pohl eine detaillierte Aufstellung der Textilien ein, die in Lublin und Auschwitz gesammelt worden waren: Sie füllten 825 Güterwaggons.[104]

Ein präziser Überblick über die Plünderung und Enteignung der jüdischen Opfer in Europa läßt sich nicht geben. Inszeniert und durchgeführt wurde sie auf dem ganzen Kontinent in allererster Linie von den Deutschen, aber beteiligt waren daran auch einheimische Beamte, Polizeiangehörige, Nachbarn oder irgendein beliebiger Passant in Amsterdam oder Kowno, in Warschau oder Paris. Dazu gehörten auch Zahlungen an Erpresser, die Verteilung von Bestechungsgeldern oder die Begleichung von «Geldstrafen», teils individuell, vorwiegend aber in riesigem Ausmaß auf kollektiver Ebene. Zur Plünderung gehörte die Aneignung von Häusern oder Wohnungen, der Raub von Haushaltsgegenständen, Möbeln, Kunstsammlungen, Bibliotheken, Kleidungsstücken, Unterwäsche oder Bettzeug, die Beschlagnahme von Bankkonten und Versicherungspolicen, das Stehlen von Läden oder von Industrie- und Handelsunternehmen, das Fleddern von Leichen (Frauenhaar, Goldzähne, Ohrringe, Trauringe, Uhren, Prothesen, Füllfederhalter, Brillen), kurz, der gierige Griff nach allen Dingen, die sich gebrauchen, eintauschen oder verkaufen ließen. Sie umfaßte Sklavenarbeit, tödliche medizinische Experimente, Zwangsprostitution, den Verlust von Gehältern, Pensionen und jeglichem denkbaren Einkommen – und für Millionen den Verlust des Lebens. Und Strümpfe, die beim Ausziehen der Leichen einrissen.

Am 1. Juli 1943 unterzeichneten die Minister des Inneren, der Finanzen und der Justiz die Dreizehnte Verordnung zum Reichsbürgergesetz. Paragraph 2, Absatz 1 lautete: «Nach dem Tode eines Juden verfällt sein Vermögen dem Reich.»[105]

VI

Vom Frühsommer 1942 an verwandelte sich Auschwitz II (Birkenau) allmählich aus einem Sklavenarbeiterlager, in dem sporadisch Vernichtungsaktionen stattgefunden hatten, in ein Vernichtungszentrum, in dem der regelmäßige Zustrom von Deportierten den Austausch ständig verbrauchbarer Sklavenarbeiter gestattete. Im Jahre 1943 wuchs der aus dem Stammlager und Nebenlagern bestehende Komplex Auschwitz ganz erheblich: Die Zahl der Insassen stieg von 30 000 auf etwa 80 000 Anfang 1944, und zu gleicher Zeit wurde in der Nähe von Fabriken und

Bergwerken, ja sogar auf dem Gelände einer landwirtschaftlichen Forschungsstation eine ganze Reihe von Nebenlagern (1944 waren es etwa 50) errichtet. In Birkenau richtete man 1943 ein Frauenlager, ein «Familienlager» für Zigeuner und ein «Familienlager» für Juden aus Theresienstadt ein (die Insassen beider «Familienlager» wurden später vernichtet). Am 15. September 1942 genehmigte Speer die Zuteilung von 13,7 Millionen Reichsmark für den raschen Ausbau von Gebäuden und Tötungseinrichtungen.[106]

Wie wir sahen, hatte die erste Vergasung im Stammlager Auschwitz (Auschwitz I) in der umgebauten Leichenhalle stattgefunden. Dann wurden in Birkenau provisorische Gaskammern errichtet, erst im «roten Haus» (Bunker I), dann im «weißen Haus» (Bunker II). Nach einiger Verzögerung errichtete man in Birkenau ein technisch erheblich verbessertes «Krematorium II», das ursprünglich für das Stammlager bestellt worden war. Es folgten die Krematorien III, IV und V, die – alle in Birkenau – nach der Stillegung der Gaskammer im Stammlager in I bis IV umnumeriert wurden.[107] Alle diese Gaskammern gingen im Laufe des Jahres 1943 in Betrieb.[108] Die Krematorien VI und VII wurden anscheinend geplant, aber nie gebaut. Sie wären gewiß im Spätfrühling 1944 benutzt worden, als binnen weniger Wochen Hunderttausende ungarischer Juden vergast wurden und die Ermordungskapazität des Systems bis an ihre Grenze strapaziert wurde, selbst nachdem man Bunker II als zusätzliche Tötungsanlage wieder in Betrieb genommen hatte.

Der Mann, der dadurch, daß er die Errichtung der neuen Vergasungsanlagen in Birkenau überwachte, mehr als jeder andere die Umwandlung von Auschwitz in *das* zentrale Vernichtungslager des Nazisystems organisierte, war Pohls Bauleiter Hans Kammler. «In Kammler», schreibt der Historiker Michael Thad Allen, «verbanden sich technische Befähigung und extremer Nazifanatismus. ... Wegen seines Einsatzes, seiner Beherrschung des Ingenieurwesens, seines Organisationsgenies und seiner Leidenschaft für den Nationalsozialismus wurde Kammler von SS-Männern als Vorbild hochgeachtet.»[109] Wie Speer schreibt, hätte niemand es für möglich gehalten, «daß er eines Tages einer der brutalsten und rücksichtslosesten Mitarbeiter Himmlers sein würde».[110] Die Kammlers des «Dritten Reiches» waren die technischen Manager der «Endlösung» in ihrer mittleren und in ihrer späten Phase. Wie oben bereits betont, war ihr ideologischer Fanatismus von entscheidender Bedeutung dafür, daß das System trotz zunehmender Schwierigkeiten in Gang blieb.

Am 29. Januar 1943 berichtete Max Bischoff, der Leiter der Zentralen Bauleitung von Auschwitz, seinem Chef Kammler: «Das Krematorium II wurde unter Einsatz aller verfügbaren Kräfte trotz unsagbarer

Schwierigkeiten und Frostwetter bei Tag- und Nachtbetrieb bis auf bauliche Kleinigkeiten fertiggestellt. Die Öfen wurden im Bereich des Herrn Oberingenieur Prüfer der ausführenden Firma, Firma Topf u. Söhne, Erfurt, angefeuert und funktionieren tadellos. Die Eisenbetondecke des Leichenkellers konnte infolge Frosteinwirkung noch nicht ausgeschalt werden. Dies ist jedoch unbedeutend, da der Vergasungskeller hierfür benützt werden kann. Die Firma Topf und Söhne konnte infolge Waggonsperre die Be- und Entlüftungsanlage nicht wie von der Zentralbauleitung gefordert rechtzeitig anliefern. Nach Eintreffen der Be- und Entlüftungsanlage wird jedoch mit dem Einbau sofort begonnen.»[111]

Krematorium II wurde im März 1943 in Betrieb genommen. Die Gaskammer lag größtenteils unterirdisch und hatte einen Zugang durch den unterirdischen Auskleideraum. Ihr Dach lag jedoch etwas höher als das Bodenniveau, um das Einfüllen der Zyklon-B-Kristalle aus den Kanistern zu gestatten, und zwar durch vier Öffnungen, die durch kleine Ziegelschornsteine geschützt waren, welche um sie herum und über sie hinaus gebaut waren. In den Gaskammern der Krematorien II und III wurden die Zyklon-Kristalle nicht aus den Öffnungen auf den Boden der Kammer geworfen, sondern in Behältern hinuntergelassen, die in «Drahtnetzeinschiebevorrichtungen» eingeführt wurden. Diese Vorrichtungen ermöglichten es, das Gas – sobald die entsprechende Temperatur erreicht war – in der Kammer vollständig freizusetzen und die Kristalle am Schluß der Operation zurückzuholen, um so eine weitere Freisetzung des Gases zu vermeiden, während die Leichen aus der Kammer gezogen wurden (die über keine anderen Öffnungen als die einzige Zugangstür verfügte).[112]

Abgesehen vom Auskleideraum und von der Gaskammer (oder den Gaskammern) umfaßten die Keller der Krematorien, die auf zwei Ebenen gebaut waren, einen Leichenkeller zur Behandlung der Leichen (Herausbrechen von Goldzähnen, Abschneiden von Frauenhaar, Abnehmen von Prothesen, Einsammeln von Wertgegenständen wie Trauringen, Brillen und dergleichen); diese Aufgaben wurden von den Angehörigen der jüdischen Sonderkommandos übernommen, nachdem sie die Leichen aus der Gaskammer gezerrt hatten. Dann brachten Aufzüge die Leichen ins Erdgeschoß, wo mehrere Öfen sie in Asche verwandelten. Nachdem man die Knochen in besonderen Mühlen zermahlen hatte, wurde die Asche als Dünger auf den nahegelegenen Feldern verwendet, in Wäldern der Umgegend ausgekippt oder in der Nähe in den Fluß geschüttet. Und was die Angehörigen der Sonderkommandos anging, so wurden sie von Zeit zu Zeit getötet und durch neue Mannschaften ersetzt.

Oberingenieur Kurt Prüfer von der Firma Topf und Söhne war auf seine Installation so stolz, daß er sie sich patentieren ließ.[113] Außer Topf war noch ein Dutzend anderer Firmen an dem Bau der vier Krematorien beteiligt.[114] Ungeachtet des langsamen Ablaufs bei der Aufstellung der neuen Anlagen, der häufig auftretenden Defekte und der unzulänglichen Brennkapazität der Öfen in «Spitzenzeiten» (welche die Lagerleitung dazu zwang, zur Verbrennung in offenen Gruben zurückzukehren) erfüllte die Mordmaschinerie von Auschwitz ihre Aufgabe durchaus.

Primo Levi, dessen Fahrt nach Auschwitz wir beschrieben haben, war ein 24jähriger Chemiker aus Turin. Er hatte sich einer kleinen Gruppe von Juden angeschlossen, die sich oberhalb der Stadt in den Bergen versteckte und in loser Verbindung zur Widerstandsorganisation *Giustizia e Libertà* («Gerechtigkeit und Freiheit») stand. Am 13. Dezember 1943 wurden Levi und seine Gefährten von der faschistischen Miliz verhaftet und einige Wochen später in das Sammellager Fossoli abtransportiert. Ende Februar 1944 übernahmen die Deutschen die Regie. Am 22. Februar wurden die 650 Juden des Lagers nach Norden deportiert.

«Mit einmal löste sich dann alles», schrieb Levi später über den Schluß der viertägigen Reise. «Die Tür wurde krachend aufgetan, das Dunkel hallte wider von fremden Befehlen, jenem barbarischen Gebell kommandierender Deutscher, die sich eines jahrhundertealten Ingrimms zu entledigen schienen. ... In weniger als zehn Minuten wurden wir brauchbaren Männer alle zu einer Gruppe zusammengestellt. Was mit den andern geschah, den Frauen, den Kindern, den Alten, das konnten wir weder damals noch später in Erfahrung bringen: Die Nacht verschluckte sie ganz einfach. Heute aber wissen wir, ... daß in die jeweiligen Lager Monowitz-Buna und Birkenau nur sechsundneunzig Männer und neunundzwanzig Frauen unseres Transports eingeliefert wurden und daß von allen anderen, die über fünfhundert zählten, zwei Tage danach keiner mehr am Leben war.»[115]

Ruth Klüger hatte von ihrer Ankunft in Erinnerung, daß sie, als die Türen des Güterwaggons aufgerissen wurden, neben die Gleise fiel, weil sie nicht wußte, daß man springen mußte: «Ich richtete mich auf, wollte weinen», erinnerte sie sich, «oder doch greinen, aber die Tränen versiegten vor der Unheimlichkeit des Orts. Man hätte ja erleichtert sein müssen, ... frische Luft zu atmen. Aber die Luft war nicht frisch, sie roch wie sonst nichts auf dieser Welt. Und ich wußte instinktiv und sofort, daß man hier nicht weinte, nicht die Aufmerksamkeit auf sich lenkte.» Klüger registrierte dann dieselben Willkommensgrüße wie Levi: «Rundum ein widerliches, beklemmendes Geschrei, das nicht aufhören wollte. Die Männer, die uns mit ihrem ‹Raus, raus› aus dem Wagen gezogen hatten und jetzt weitertrieben, waren wie tolle, bellende Hunde. Ich war froh, in der Mitte unseres Haufens zu stehen und zu gehen.»[116]

Im Lärm des menschlichen Gebells erinnerten sich einige Häftlinge später an das «raus», andere an das «schneller»: Der Effekt war derselbe. Greta Salus, die ebenfalls aus Theresienstadt eintraf, schildert ihren ersten Eindruck: «Schneller, schneller, schneller – noch immer gellt es in meinen Ohren, dieses Wort, das uns von nun an Tag und Nacht hetzte, vorwärtspeitschte und uns nie zur Ruhe kommen ließ. Laufschritt – das war die Parole, im Laufschritt essen, schlafen, arbeiten und im Laufschritt in den Tod. ... Ich fragte oft Menschen, die dasselbe erlebt, nach ihren Eindrücken bei der Ankunft in Auschwitz. Die Mehrzahl konnte nicht viel darüber erzählen. Fast alle sagten, wir waren ja ganz verblödet und halb betäubt, wie wenn man uns auf den Kopf geschlagen hätte. Sie empfanden alle das Licht der Scheinwerfer quälend, den Lärm unerträglich.»[117]

Die erste Selektion fand gleich nach der Ankunft an Ort und Stelle statt. Der SS-Arzt Friedrich Entress erklärte in einer Aussage nach dem Kriege: «Alle Jugendlichen unter 16 Jahre, alle Mütter, die Kinder bei sich hatten, alle Kranken und Schwachen wurden auf Lastwagen verladen und zu den Gaskammern gebracht. Der Rest der Häftlinge wurde vom Arbeitseinsatzführer übernommen und ins Lager gebracht.»[118]

Tatsächlich hätte sich Entress noch an eine weitere Kategorie von Juden erinnern sollen, die gleich nach der Ankunft selektiert wurden: interessante Exemplare für einige der medizinischen oder anthropologischen Experimente. So war Entress' berüchtigter Kollege Joseph Mengele, der sehr häufig an den ersten Selektionen teilnahm, auch bei der Ankunft von Transporten zugegen, um nach seinem speziellen «Material» zu suchen. «Eintreffende Transporte überprüfte er mit dem Ruf ‹Zwillinge heraus!› Er suchte auch nach Individuen mit körperlichen Abnormitäten, die sich für interessante Obduktionen benutzen ließen. Man vermaß sie, dann wurden sie von einem SS-Unteroffizier erschossen und ihre Leichen seziert. Manchmal wurden ihre gesäuberten Knochen an Verschuers Forschungsinstitut in Berlin-Dahlem geschickt.»[119] (Prof. Dr. Otmar von Verschuer war Mengeles Mentor und der Direktor des Instituts für Rassebiologische Forschung am Kaiser-Wilhelm-Institut in Berlin-Dahlem.)

Die zur Sklavenarbeit bestimmten Häftlinge wurden gewöhnlich mit einer laufenden Nummer identifiziert, die man ihnen auf den linken Unterarm tätowierte; die Kategorie, in die sie gehörten, ging aus einem auf ihrer gestreiften Häftlings«uniform» angebrachten farbigen Dreieck hervor (mit unterschiedlichen Farben für politische Häftlinge, Kriminelle, Homosexuelle und Zigeuner), das für alle Juden durch die Hinzufügung eines umgekehrten gelben Dreiecks in einen sechszackigen Stern verwandelt wurde.[120] Die Ergebnisse der ersten Selektionen, die darauf zielten, die Reihen der Arbeitskräfte aufzufüllen, waren gelegentlich wahrhaft enttäuschend. In einem Transport aus Theresienstadt beispielsweise konnten Ende Januar 1943 weniger als 1000 von etwa 5000 Deportierten in den Werken der IG Farben von irgendwelchem Nutzen sein. Die anderen wurden sofort vergast.[121] Noch schlimmer war es im März, obgleich die Transporte aus Berlin voll von Deportierten waren, die man im Zuge der Fabrikaktion festgenommen hatte. Da man außer den deportierten Männern auch Familienmitglieder mitgenommen hatte, waren im Transport vom 3. März unter insgesamt 1750 Juden 1118 Frauen und Kinder. Von diesen wurden nur 200 nicht sofort einer «Sonderbehandlung» unterzogen. Und ebenso verhielt es sich mit den vier folgenden Transporten.[122]

Der Marsch zu den Krematorien oder der Transport dorthin vollzog sich bei denjenigen, die zur sofortigen Vergasung selektiert worden waren, ohne Zwischenfälle, da man Opfern mit eingespielter Routine erklärte, sie kämen zur Desinfektion. Am Eingang zum Krematorium wurden die Neuankömmlinge von einigen SS-Männern und von jüdischen Sonderkommando-Angehörigen übernommen. Diese Männer aus dem Sonderkommando mischten sich unter die arglosen Opfer im Auskleideraum und gaben, falls erforderlich, ebenso wie die SS-Wachen ein paar beruhigende Kommentare ab. Wenn das Auskleiden abgeschlossen war und die Sachen sorgfältig an numerierten Haken aufgehängt worden waren (die Schuhe zusammengebunden), womit bewiesen werden sollte, daß es keinen Grund zu irgendwelchen Befürchtungen gab, begleitete der Trupp von SS-Männern und Sonderkommando-Häftlingen die Schar der zur «Desinfektion» vorgesehenen Kandidaten in die Gaskammer, die mit Duschvorrichtungen ausgerüstet war. Einer der Männer vom Sonderkommando blieb gewöhnlich bis zum allerletzten Moment; häufig blieb auch ein SS-Mann an der Türschwelle stehen, bis das letzte Opfer sie überschritten hatte. Dann wurde die Tür hermetisch verschlossen, und die Kristalle wurden eingeschüttet.[123]

Ein Arzt stand bereit, welcher sicherstellen sollte, daß die Vergasung abgeschlossen war und es keine Lebenszeichen mehr gab. Dr. Johann Paul Kremer, Medizinprofessor an der Universität Münster und SS-Hauptsturmführer, führte Tagebuch über seine täglichen Aktivitäten in Auschwitz in der Zeit vom 30. August bis zum 20. November 1942: «2. Septb. 1942. Zum 1. Male um 3 Uhr früh bei einer Sonderaktion zugegen. ... 5. Septb. 1942. ... Abends gegen 8 Uhr wieder bei einer Sonderaktion aus Holland. Wegen der dabei abfallenden Sonderverpflegung bestehend aus einem fünftel Liter Schnaps, 5 Zigaretten, 100 g. Wurst und Brot drängen sich die Männer [die Häftlinge des Sonderkommandos] zu solchen Aktionen. ... 6. Septb. 1942. Heute Sonntag ausgezeichnetes Mittagessen: Tomatensuppe, ½ Huhn mit Kartoffeln und Rotkohl (20 g. Fett), Süßspeise und herrliches Vanilleeis. Abends um 8 Uhr wieder zu Sonderaktion draußen.»[124]

Übrigens könnte es einen Zusammenhang zwischen der zwanghaften Aufmerksamkeit, die Kremer seiner täglichen Nahrungsaufnahme widmete, und den Forschungen bestehen, die er in Auschwitz zu den medizinischen Aspekten des Verhungerns anstellte. Seine Versuchspersonen wurden auf einen Seziertisch gelegt, nach ihrem Gewichtsverlust befragt, dann getötet und seziert. Danach konnten die Auswirkungen des Hungers in Ruhe untersucht werden. Wie Robert Jay Lifton schreibt, gedachte Kremer seine Forschung nach dem Kriege weiterzuführen.[125]

Am 5. September nahm Kremer an einer Selektion von «Muselmännern» teil, bei denen es sich in diesem Fall um Sklavenarbeiterinnen handelte, die nicht mehr arbeitsfähig waren. Diese Aktion verlief nicht so problemlos wie die Selektion von Neuankömmlingen; die Opfer wußten, was sie erwartete. «Besonders unangenehm war die Vergasung von ausgemergelten Frauen aus dem Frauenlager, die allgemein als ‹Muselmänner› bezeichnet wurden», erklärte Kremer in einer Aussage während eines nach dem Krieg geführten Prozesses. «Ich erinnere mich, daß ich einmal beim Vergasen einer solchen Frauengruppe am Tage teilnahm. Wie groß diese Gruppe war, kann ich nicht angeben. Als ich in die Nähe des Bunkers kam, saßen sie angekleidet auf der Erde: Da sie in abgetragener Lagerkleidung waren, wurden sie nicht in die Auszieh-baracke gelassen, sondern sie zogen sich im Freien aus. Aus dem Benehmen dieser Frauen schloß ich, daß sie sich darüber klar waren, welches Schicksal sie erwartete, da sie bei den SS-Männern um ihr Leben flehten und weinten; jedoch wurden alle in die Gaskammer gejagt und vergast. ... Unter den Eindrücken, die ich damals empfing, schrieb ich am 5. 9. 1942 eben in mein Tagebuch: Das Schrecklichste der Schrecken. Hauptscharführer Thilo hat recht, wenn er mir heute sagte, wir befinden uns hier am anus mundi. ... Diese Bezeichnung gebrauchte ich deshalb, weil ich mir gar nichts Abscheulicheres und Ungeheuerlicheres vorstellen konnte.»[126]

Viel ist über die Angehörigen des Sonderkommandos geschrieben worden, einige Hundert Häftlinge, fast alle Juden, die sozusagen am tiefsten Grund der Hölle lebten, bevor man sie tötete und durch andere ersetzte. Wie wir gerade sahen, halfen sie der SS manchmal dabei, die Ängste der Gefangenen, welche die Gaskammern betraten, zu zerstreuen; sie zogen die Leichen heraus, fledderten sie, verbrannten die Überreste und beseitigten die Asche, sortierten die Habseligkeiten der Opfer und schickten sie nach «Kanada» (so nannte man die Halle, in der diese

Dinge gelagert und verarbeitet wurden). Eine Insassin des Frauenlagers, das neben den Krematorien lag, Krystyna Zywulska, fragte einen der Männer aus dem Sonderkommando, wie er diese Arbeit tagaus, tagein aushalten könne. Seine Erklärungen – der Lebenswille, Zeugenschaft, Rache – endeten mit einer Aussage, die wahrscheinlich den Kern des Ganzen erfaßte: «Du denkst, die Leute, die in den Sonderkommandos arbeiten, sind Ungeheuer? Ich sage dir, sie sind wie alle anderen, nur viel unglücklicher.»[127]

In vieler Hinsicht veranschaulichte Auschwitz den Unterschied zwischen dem Konzentrationslagersystem im allgemeinen und dem Vernichtungssystem in seiner spezifisch antijüdischen Dimension. In diesem Mehrzwecklager mit einer gemischten Population von Häftlingen wurde den nichtjüdischen Gefangenen bald klar, daß zwischen ihrem Schicksal und dem der Juden ein grundlegender Unterschied bestand. Der nichtjüdische Häftling konnte überleben, sofern er etwas Glück hatte und von seiner nationalen oder politischen Gruppe eine gewisse Unterstützung erhielt. Der Jude hingegen hatte letztlich kein Mittel gegen den Tod und blieb in der Regel absolut schutzlos. Für so manchen polnischen oder ukrainischen Häftling wie auch für manchen deutschen «Kriminellen», der hier inhaftiert war, bot dies nur eine weitere Gelegenheit, innerhalb des allgemeinen Terrorsystems eigenen antijüdischen Terror auszuüben oder einfach gegenüber dieser ganz und gar machtlosen Gruppe die eigene Macht zu behaupten.[128]

Mit Blick auf den Status von Juden im Lagersystem überhaupt und speziell in Auschwitz, wo er selbst inhaftiert war, schreibt Yisrael Gutman folgendes: «Die Juden waren in den Konzentrationslagern Parias und wurden von den anderen Internierten als solche angesehen. Antisemitismus war in den Lagern spürbar, und er nahm äußerst gewalttätige Formen an. Attacken auf Juden wurden von den Nazis gefördert. Selbst diejenigen, die nichts gegen Juden hatten und die in der Lage waren, sich der Flut des Hasses entgegenzustemmen, die das Lager überrollte, hielten sich an die anerkannten Normen und betrachteten die Juden als verlassene, elende Kreaturen, denen man am besten aus dem Wege ging.» Es gab auch viele Beispiele für Hilfe, die Juden geleistet wurde, aber diese Hilfe hatte, so Gutman, «sporadischen, individuellen Charakter, während antisemitische Einstellungen und Attacken auf Juden in der Mehrzahl der Lager die Regel waren.»[129]

Unter den Juden selbst verschärfte die ständige Bedrohung durch den Tod beim geringsten Zeichen von Schwäche die Spannungen einschließlich der Vorurteile der nationalen Gruppen untereinander: «Eine Komplikation erfuhren die Verhältnisse dadurch, daß im Krieg Juden der verschiedensten Nationen (in den Lagern) zusammentrafen, die nun statt Solidarität Feindseligkeit gegeneinander empfanden», schreibt Benedikt Kautsky mit etwas übertriebener Strenge. «[Da] standen jetzt die ‹Polnischen› den ‹Deutschen›, die ‹Holländischen› den ‹Französischen›, die ‹Griechischen› den ‹Ungarischen› gegenüber. Da konnte es leicht vorkommen, daß der eine Jude gegen den anderen Argumente gebrauchte, die von denen der Antisemiten gar nicht so weit entfernt waren.»[130] Und was diejenigen Juden anging, denen man beispielsweise als «Kapos» eine gewisse Macht über ihre Brüder zugestanden hatte, so klammerten sie sich häufig an die Illusion, sie könnten ihre eigene Haut dadurch retten, daß sie andere Juden brutal behandelten. Nicht alle von ihnen gingen diesen Weg, aber viele taten es.[131]

Während Auschwitz zum größten Ermordungszentrum des Regimes wurde, überstieg die Zahl der jüdischen Häftlinge bald diejenige aller anderen Gruppen zusammengenommen. Der Historiker Peter Hayes schreibt: «In der Zeit von der Eröffnung des Lagers im Mai 1940 bis zu seiner Räumung im Januar 1945 wurden etwa 1,3 Millionen Menschen auf das Gelände transportiert, von denen es nur etwa 200000 lebend verließen; hiervon überlebten nur 125 000 das Dritte Reich. 1,1 Millionen der Gesamtzahl der Häftlinge waren Juden, von denen etwa 80 Prozent unmittelbar nach ihrer Ankunft oder kurze Zeit später umkamen.»[132]

*

«Juden kommen hier, das heißt in Auschwitz, wöchentlich 7-8000 an, die nach kurzem den ‹Heldentod› sterben», schrieb Soldat S. M. am 7. Dezember 1942 auf seinem Weg zur Front, und er fügte hinzu: «Es ist doch gut, wenn man einmal in der Welt umher kommt ...»[133]

S. M. war nicht der einzige, der Auschwitz genoß. Für die etwa 7000 SS-Angehörigen, die zum einen oder anderen Zeitpunkt dem Lager zugeteilt waren und dort zuerst, bis November 1943, unter Höß, dann unter Arthur Liebehenschel und Richard Baer Dienst taten, war das Leben bestimmt nicht unerfreulich.[134] Alles, was man brauchte, stand zur Verfügung: Anständige Wohnräume, gutes Essen (wie wir Kremers Tagebuch entnehmen konnten), medizinische Versorgung, lange Besuche von Ehefrauen oder Freundinnen und regelmäßiger Urlaub in der Heimat oder an speziellen Ferienorten.[135] Im Lager selbst konnte sich die SS, um sich von dem durch ihre Arbeit bedingten Streß zu erholen, an Musik erfreuen, die ihr eigens das aus Häftlingen bestehende Frauenorchester darbot, das von April 1943 bis Oktober 1944 Aufführungen veranstaltete.[136] Und außerhalb des Lagers umfaßte das kulturelle Leben eine Vielzahl von Darbietungen, mindestens einmal alle zwei oder drei Wochen, wobei besonders Lustspiele beliebt waren, so etwa «Eine Braut auf der Flucht», «Gestörte Hochzeitsnacht» oder «Lustiges Varieté», und Abende unter dem Motto «Angriff der Komiker». Auch an Klassikern fehlte es nicht: Im Februar 1943 präsentierte das Dresdener Staatstheater «Goethe einst und jetzt».[137]

VII

Einzelheiten über die Vernichtung verbreiteten sich durch eine große Zahl von Kanälen im Reich und darüber hinaus. So besuchten beispielsweise, wie soeben erwähnt, jeden Sommer Hunderte von Frauen ihre Ehemänner, die in Auschwitz und anderen Lagern bei den Wachmannschaften Dienst taten; ihre Besuche erstreckten sich oft über längere Zeit. Und was die deutsche Bevölkerung der Stadt Auschwitz anging, so beschwerte sie sich über den Geruch, der von den überlasteten Krematorien ausging.[138] Dieses spezielle Problem wurde von Höß bestätigt: «Schon bei den ersten Verbrennungen im Freien zeigte es sich, daß auf die Dauer dies nicht durchzuführen sei. Bei schlechtem Wetter oder starkem Wind trieb der Verbrennungsgeruch viele Kilometer weit und führte dazu, daß die ganze umwohnende Bevölkerung von den Juden-Verbrennungen sprach, trotz der Gegenpropaganda von seiten der Partei und den Verwaltungsdienststellen. Es waren zwar alle an der Vernichtungsaktion beteiligten SS-Angehörigen besonders streng verpflichtet, über die gesamten Vorgänge zu schweigen. Spätere SS-Gerichtsverhandlungen aber zeigten, daß von Seiten der Beteiligten doch nicht geschwiegen wurde. Auch erhebliche Strafen konnten die Schwatzhaftigkeit nicht verhindern.»[139]

Was sich deutsche Zivilisten, die in Ostoberschlesien lebten, über Auschwitz zusammenreimten, was Bahnbedienstete, Polizisten, Soldaten und jeder, der durch die östlichen Regionen des Reiches reiste, ohne weiteres hören oder mit ansehen konnten, das stellten Reichsdeutsche, die im Warthegau zu Besuch waren oder sich dort angesiedelt hatten, einfach dadurch fest, daß sie das, was sie bei ihren früheren Besuchen, in den Jahren 1940 oder 1941, gesehen hatten, mit dem verglichen, was ein oder zwei Jahre später nicht zu übersehen war. In einem Interview erinnerte sich Annelies Regenstein, von der jüdischen Bevölkerung des früheren Polen habe sie nichts mehr gesehen; im Jahre 1940 sei sie einmal durch das Ghetto in Litzmannstadt gefahren; das sei ein dunkler Stadtteil gewesen, in dem man Tausende von Juden eingepfercht und sich selbst überlassen habe; etwas von dem schrecklichen Schicksal dieser Menschen sei der Bevölkerung wahrscheinlich zu Ohren gekommen; aber die antisemitische Propaganda und eine feindselige Einstellung auf seiten der Deutschen hätten bei ihnen Gleichgültigkeit hervorgerufen. Dazu schreibt die Historikerin Elizabeth Harvey: «Sie [Regenstein] äußerte sich nicht im Detail darüber, wie sie damals auf die Erkenntnis reagierte, die wahrscheinlich in das deutsche Bewußtsein drang.»[140]

Eine weitere ehemalige Siedlerin, Elisabeth Grabe, äußerte sich deutlicher über ihre Erfahrungen, die sie ebenfalls im Warthegau gemacht hatte: Sie erklärte, die Juden, die in Zychlin und Kutno im Ghetto gelebt hätten, seien eines Tages, 1942 vielleicht, verschwunden – «sie wären in Autos geladen und vergast worden, wurde genuschelt» –; diese Gerüchte hätten sie noch peinlicher berührt als der Gedanke, daß sie beschlagnahmte (polnische) Möbel benutzte.[141] Natürlich beschrieben die so unter der Hand weitergegebenen Informationen ganz präzise die Tötungen in Chelmno.

Anfang 1943 waren die Informationen über die massenhafte Vernichtung von Juden im Reich so weit verbreitet (auch wenn man von den «technischen Einzelheiten» meist keine genaue Kenntnis hatte), daß sie wahrscheinlich die Mehrheit der Bevölkerung erreicht hatten. Immer wieder tauchte das Gerücht auf, Juden würden irgendwo auf dem Weg nach Osten in Tunneln vergast.[142] Derartige Informationen schwächten den Haß auf die Juden und das brutale Verhalten ihnen gegenüber anscheinend nicht ab. So berichtete der spanische Konsul in Berlin, im April 1943 seien Lastwagen mit Deportierten auf dem Weg zum Bahnhof von Ausgebombten angehalten worden, die sich des Gepäcks der Opfer zu bemächtigen versuchten.[143] Ganz allgemein entlarvt die neuere historische Forschung die deutsche Unkenntnis über das Schicksal der Juden als mythisches Konstrukt der Nachkriegszeit.

Die Parteikanzlei erachtete es für notwendig, als Reaktion auf die sich ausbreitenden Informationen und Gerüchte Richtlinien zu erlassen. Die ersten Sätze des vertraulichen Dokuments, das am 9. Oktober 1942 versandt wurde, waren bezeichnend: «Im Zuge der Arbeiten an der Endlösung der Judenfrage werden neuerdings innerhalb der Bevölkerung in verschiedenen Teilen des Reichsgebietes Erörterungen über ‹sehr scharfe Maßnahmen› gegen die Juden besonders in den Ostgebieten angestellt. Die Feststellungen ergaben, daß solche Ausführungen – meist in entstellter und übertriebener Form – von Urlaubern der verschiedenen im Osten eingesetzten Verbände weitergegeben werden, die selbst Gelegenheit hatten, solche Maßnahmen zu beobachten.»[144]

Führende Widerständler waren besonders gut informiert. Der Historiker Hans Mommsen hat gezeigt, daß im Jahre 1942 unter anderem der Jesuitenpater Alfred Delp, der preußische Finanzminister Johannes Popitz und Helmuth James von Moltke von der Vergasung von Juden Kenntnis hatten.[145] Am 10. Oktober 1942 schrieb Moltke an seine Frau: «Gestern mittag war es insofern interessant, als der Mann, mit dem ich aß, gerade aus dem Gouvernement kam und uns authentisch über den ‹SS Hochofen› berichtete. Ich habe es bisher nicht geglaubt, aber er hat mir versichert, daß es stimmte: in diesem Hochofen werden täglich 6000 Menschen ‹verarbeitet›. Er war in einem Gefangenenlager etwa 6 km entfernt, und die Offiziere dieses Lagers haben es ihm als absolut sicher berichtet.»[146]

Etwa um dieselbe Zeit schlossen Mitglieder des geheimen Freiburger Kreises die Arbeiten an der «Großen Denkschrift» ab, dem Ergebnis von Diskussionen der Gruppe über die soziale, politische und moralische Basis eines postnationalsozialistischen Deutschland. Der Freiburger Professor für Nationalökonomie Constantin von Dietze verfaßte den fünften und letzten Anhang zu der Denkschrift, betitelt «Vorschläge zur Lösung der Judenfrage in Deutschland». Dieses Dokument hatten im November 1942 in von Dietzes Haus mehrere führende Vertreter des politischen Widerstands (unter ihnen Carl Goerdeler), wichtige Mitglieder der Bekennenden Kirche und andere erörtert. Auch wenn die «Endlösung» als solche im fünften Anhang nicht erwähnt wurde, stand die massenhafte Vernichtung von Juden vor Augen: «Diese Verfolgungen [der Juden] waren unverkennbar von zentraler Stelle gewollt. Sie führten nicht nur zu unzähligen Zwangsverschickungen, bei denen viele Juden umkamen; Hunderttausende von Menschen sind lediglich wegen ihrer jüdischen Abstammung systematisch umgebracht worden. ... Das volle Ausmaß aller solcher Schandtaten ist kaum vorstellbar; jedenfalls kann es, da keine Stelle offen die Verantwortung hierfür übernommen hat, nicht voll in nüchternen Tatsachen oder Ziffern dargestellt werden.»[147]

Die Anerkennung der Massenvernichtung veranlaßte die Freiburger Gruppe jedoch nicht dazu, die Juden in einem postnationalsozialistischen Deutschland als Individuen und Bürger wie alle anderen zu betrachten. «Die Existenz einer zahlenmäßig erheblichen Judenschaft innerhalb eines Volkes», so wurde in der Denkschrift betont, «stellt nun einmal ein Problem dar, das immer wieder zu Schwierigkeiten führen muß, wenn es nicht einer grundsätzlichen und großzügigen Regelung zugeführt wird.»[148] Es folgte eine Reihe von ins Auge gefaßten Maßnahmen zum Umgang mit diesem Judenproblem sowohl in Deutschland als auch auf internationaler Ebene: Der traditionelle Antisemitismus deutscher Konservativer und der deutschen Kirchen kam voll zur Geltung, ergänzt durch Gedanken, die man vom Nationalsozialismus übernommen hatte: «Als Juden gelten alle, die zum jüdischen Bekenntnis gehören, sowie diejenigen, die diesem Bekenntnis früher angehört haben, aber nicht einer anderen Religionszugehörigkeit beigetreten sind. Treten Juden zum Christentum über, so bleiben sie Mitglieder der Judenschaft, solange sie nicht von dem Staat ihrer Heimat eingebürgert worden sind.» Und zuvor erklärten die Verfasser: «Der Staat verzichtet nach Aufhebung der Nürnberger Gesetze auf jegliche Sonderbestimmungen für die Juden und zwar deshalb, weil die Zahl der überlebenden und noch nach Deutschland zurückkehrenden Juden nicht so groß sein wird, daß sie noch als Gefahr für das deutsche Volkstum angesehen werden können.»[149]

Ein anderes Beispiel für die Kenntnis über die Vernichtungen und den fortbestehenden Antisemitismus unter deutschen Widerstandsgruppen wie auch in großen Teilen der Bevölkerung trat im zweiten geheimen Flugblatt zutage, das Anfang Juli 1942 von der im wesentlichen katholischen Widerstandsgruppe «Weiße Rose» an der Universität München verteilt wurde. In diesem Flugblatt wurde von der Ermordung von Juden in Polen gesprochen. Doch die Münchner Studenten präsentierten das Problem auf eine seltsam gewundene Weise und fügten gleich eine Distanzierung hinzu:

«Nicht über die Judenfrage wollen wir in diesem Blatte schreiben, keine Verteidigungsrede verfassen – nein, nur als Beispiel wollen wir die Tatsache kurz anführen, die Tatsache, daß seit der Eroberung Polens *dreihunderttausend* Juden auf bestialischste Art ermordet worden sind. Hier sehen wir das fürchterlichste Verbrechen an der Würde des Menschen, ein Verbrechen, dem sich kein ähnliches in der ganzen Menschheitsgeschichte an die Seite stellen kann. Auch die Juden sind doch Menschen – man mag sich zur Judenfrage stellen wie man will –, und an Menschen wurde solches verübt. Vielleicht sagt jemand, die Juden hätten ein solches Schicksal verdient; diese Behauptung wäre eine ungeheure Anmaßung; aber angenommen, es sagte jemand dies, wie stellt er sich dann zu der Tatsache, daß die gesamte polnische adelige Jugend vernichtet worden ist?»[150]

Mit anderen Worten, diesen militanten Feinden des Regimes war sehr wohl klar, daß der Massenmord an Juden die meisten Leser des Flugblatts nicht beeindrucken würde und daß man noch an polnischen Katholiken begangene Verbrechen hinzusetzen mußte. Ob dieser Zusatz auch die Einstellung der «Weißen Rose» zum Ausdruck brachte, läßt sich schwer sagen, aber mit Sicherheit deutet er darauf hin, wie sie selbst die vorherrschende Meinung der katholischen Mittelschichten in Deutschland irgendwann Mitte 1942 einschätzten.

Ungeachtet der Ausbreitung solchen Wissens drang die Propaganda des Regimes, wie wir sahen, in die Gedanken der «Volksgenossen» ein und aktivierte dort latente Schichten von Judenfeindschaft, die schon vorhanden waren. Ein Bericht vom 7. Juli 1942, den der SD in Detmold an das SD-Hauptamt in Bielefeld sandte, betonte erneut einen bereits früher angesprochenen Punkt: Die Bevölkerung habe kein Verständnis dafür, daß mit einem «Arier» verheiratete Juden nicht durch das Gesetz gezwungen würden, den Davidsstern zu zeigen [das bezog sich wahrscheinlich auf die jüdischen Partner in Mischehen mit Kindern]; immer häufiger werde gefragt, weshalb immer noch Volljuden ohne den Stern herumlaufen; gerade diese Ausnahme sei, so werde gesagt, besonders gefährlich, da heutzutage der nicht gekennzeichnete Jude viel leichter für einen «Arier» gehalten werden könne als früher und da er auf diese

Weise, ohne Argwohn zu erregen, eher lauschen und spionieren könne, als wenn man auf der Straße nur gekennzeichneten Juden begegnete. Der Bericht schilderte dann den skandalösen Vorfall, der sich in einem Nahverkehrszug ereignet hatte: Ein SS-Mann und jetziger politischer Führer hatte auf seiner Sitzbank einem Juden Platz gemacht, der keinen Stern trug. Ein anderer Reisender machte den SS-Mann darauf aufmerksam, was zu Verlegenheit und Ärger auf allen Seiten führte.[151]

Es gab Ausnahmen. Dieselbe SD-Stelle schickte am 31. Juli nach Bielefeld einen anderen Bericht über die Deportation der letzten Juden aus dem benachbarten Lemgo. Wie der Agent schreibt, wurden die Deportationen von vielen der älteren Einwohner und sogar von Parteimitgliedern «mit allen möglichen Begründungen» kritisiert. Menschen, die in Verbindung zur katholischen Kirche standen, äußerten häufig die Befürchtung, die Deutschen würden für diese Taten von Gott gestraft werden. In Diskussionen mit Befürwortern der Deportationen gingen einige Leute so weit, die Ansicht zu vertreten, diese Juden würden keiner Fliege etwas zuleide tun und viele hätten reichlich Gutes getan. Im benachbarten Sabbenhausen versuchte die Frau des Lehrers Heumann, den Juden, die deportiert wurden, Wurst und andere Lebensmittel zu bringen: Sie wurde verhaftet.[152]

*

Ob dafür nun eine Strafe Gottes zu erwarten war oder eine Vergeltung durch die Juden, für viele Deutsche war die erste Sünde, die eine Sühne nach sich zog, der Pogrom vom 9. und 10. November 1938, als die Synagogen im Reich in Brand gesteckt wurden;[153] und natürlich vergrößerten die Deportationen die Last der Schuld, die zu Vergeltung führen würde. So spricht ein SD-Bericht aus Ochsenfurt bei Würzburg vom 3. August 1943 von dem weitverbreiteten Gerücht, «daß Würzburg nicht durch feindliche Flieger angegriffen würde, da in Würzburg keine Synagoge gebrannt habe. Andere erzählen wiederum, daß nunmehr auch die Flieger nach Würzburg kämen, da vor kurzer Zeit der letzte Jude Würzburg verlassen habe. Dieser habe vor seinem Abtransport erklärt, daß nun auch Würzburg Luftangriffe bekommen werde.»[154]

Gelegentlich waren jedoch die Reaktionen mit politischen Äußerungen gemischt, welche die Schuld ganz klar dem Regime gaben. Mitte August berichtete ein örtlicher Parteifunktionär aus Weigolshausen (Gau Mainfranken) von einer mehr als dreistündigen Unterhaltung mit einem «sehr frommen» Bauern, bei der sich «deutlich verschiedene Tendenzen [zeigten], die in diesem Lager [dem religiösen] vorherrschen: Ohne Hitler kein Krieg – Unser Kampf gegen die Juden habe die jetzige Ausartung des Krieges gebracht, der Bolschewismus nicht so gefährlich, wie er dargestellt wird – Zweifel am Sieg – und, wenn etwas an der Religion geändert würde, gäbe es Aufstand im Lande.»[155]

Auf mancherlei Weise zeigen die SD-Berichte das Fortbestehen religiöser Empfindungen und Glaubensvorstellungen, und das verweist auf die wichtige Rolle, die eine Anleitung von seiten religiöser Autoritäten hätte spielen können. In beiden christlichen Konfessionen wußten, wie wir sahen, zahlreiche Geistliche, daß die Züge, welche die Juden aus dem Reich und aus allen Regionen Europas nach «Polen» transportierten, nicht in Arbeitslager, sondern in den Tod fuhren. Geistliche, die nach dem Kriege mit ihrem Mangel an Kenntnissen argumentierten, Männer wie etwa Kardinal Bertram oder Bischof Gröber, haben einfach gelogen. Wie der Historiker Michael Phayer schreibt, wußten sie nicht, weil sie nicht wissen wollten.[156] Typisch war, daß sich Bertram weigerte, von Margarete Sommer, der außerordentlich gut informierten Assistentin Bischof Preysings (der wir bereits begegnet sind), Lageberichte über die Situation der Juden entgegenzunehmen. Bertram forderte, jeder Bericht von Sommer solle schriftlich niedergelegt und von Preysing unterzeichnet werden, um seine Echtheit zu garantieren; «andernfalls», so drohte er, «kann ich ihren Besuch nicht mehr annehmen».[157] Eine schriftliche Formulierung der Berichte hätte, darüber mußte sich Bertram im klaren sein, eine schwere Strafe bedeutet.

Wie zuvor blieben die katholischen Würdenträger über die Frage entzweit, in welcher Weise man angemessen reagieren sollte: Die führenden Verfechter eines öffentlichen Protests waren Preysing und eine Gruppe Münchner Jesuiten, während die Mehrheit jegliche Konfrontation mit den Autoritäten zu vermeiden wünschte und für eine Anpassung unterschiedlichen Ausmaßes eintrat. Wie zu erwarten, war Bertram unter allen Geistlichen ganz besonders «anpassungsbereit». Die Dinge spitzten sich zu, als Sommer im August 1943 auf Bitten Preysings den «Entwurf einer Petition zugunsten der Juden» aufsetzte, der von allen Bischöfen des Landes unterzeichnet und an Hitler sowie an andere Angehörige der Parteielite gesandt werden sollte.

Der erste Absatz war eine mutige Feststellung, die sich auf *alle* Juden bezog: «Mit tiefstem Schmerz – ja mit heiliger Entrüstung – haben wir deutschen Bischöfe Kenntnis erhalten von den in ihrer Form allen Menschenrechten Hohn sprechenden Evakuierungen der Nichtarier. Es ist unsere heilige Pflicht, für die schon durch Naturrecht verliehenen unveräußerlichen Rechte aller Menschen einzutreten. ... Die Welt würde es nicht verstehen, würden wir nicht laut unsere Stimme erheben gegen solche Entrechtung unschuldiger Menschen. Vor Gott und den Menschen würden wir durch Schweigen schuldig werden. Die Last unserer Verantwortung wird umso drückender, als die Nachrichten, die ... zu uns gelangen, erschütternde Schilderungen sind von dem grausam harten Los der Evakuierten, die diesen geradezu unmenschlichen Lebensbedingungen in erschreckend hoher Zahl bereits erlegen sind.» Es folgte eine Reihe von Forderungen, die das Schicksal der Deportierten erleichtert hätten, aber durchgängig vermied die Petition jede direkte Erwähnung der Vernichtung.[158] Die Bischofskonferenz verwarf den Gedanken, diese Petition zu unterbreiten, und erließ lediglich einen Hirtenbrief, in dem die deutschen Katholiken ermahnt wurden, das Recht auf Leben anderer Menschen zu respektieren, auch dasjenige von Menschen fremder Rasse und Abstammung.[159]

Preysing hoffte immer noch, er könne seine Bischofskollegen beeinflussen, und zu diesem Zweck versuchte er, sich Ermutigung und Anleitung aus dem Vatikan zu holen. Von Orsenigo wurde ihm keine Ermutigung zuteil: «Nächstenliebe ist schön und gut», erklärte der Nuntius dem Bischof, «aber die größte Nächstenliebe besteht darin, der Kirche keine Schwierigkeiten zu bereiten.»[160] Die wiederholten Bitten, die Preysing an Pius XII. selbst richtete, führten, wie wir im nächsten Kapitel sehen werden, zu keiner Anleitung von seiten des Pontifex mit Ausnahme der Feststellung, auf die wir noch zurückkommen, daß es Bischöfen auf dem ganzen Kontinent freistehe, nach bestem Wissen und Gewissen auf die Lage zu reagieren, eine implizite Unterstützung für Bertrams Passivität. Der Papst wußte von der Haltung, die unter den deutschen Bischöfen vorherrschte, und er verstand mit ziemlicher Sicherheit, daß Preysing auf deutliche Unterstützung aus Rom hoffte, eben um ihre Feigheit zu überwinden.[161] Tatsächlich stützte Pius XII. den quietistischen Kurs der Mehrheit noch zusätzlich, indem er die 1942 getroffene – und im Hirtenbrief von 1943 wiederholte – Entscheidung pries, die Entscheidung also für private Hilfe anstelle öffentlichen Protests.[162]

Den einzigen privaten Protestbrief, den ein kirchlicher Würdenträger an Hitler richtete, sandte am 16. Juli 1943 erneut Bischof Theophil Wurm, die führende Persönlichkeit der Bekennenden Kirche. Der Bischof erwähnte zunächst das Ausbleiben jeder Antwort auf Briefe, die er in bezug auf Fragen, welche alle Christen angingen, bereits an verschiedene Würdenträger in Staat und Partei gerichtet hatte. Nach der Bekräftigung seiner Liebe zum Vaterland und einem Hinweis auf die schweren Opfer, die er selbst (er hatte seinen Sohn und seinen Schwiegersohn an der Ostfront verloren) ebenso wie zahllose evangelische Christen hatte bringen müssen, erklärte Wurm, er schreibe «als ältester evangelischer Bischof, des Einverständnisses weiter Kreise in der evangelischen Kirche gewiß». Dann wandte er sich dem Kernanliegen des Briefes zu:

«Im Namen Gottes und um des deutschen Volkes willen sprechen wir die dringende Bitte aus, die verantwortliche Führung des Reiches wolle der Verfolgung und Vernichtung wehren, der viele Männer und Frauen im deutschen Machtbereich ohne gerichtliches Urteil unterworfen werden. Nachdem die dem deutschen Zugriff unterliegenden Nichtarier in größtem Umfang beseitigt worden sind, muß ... befürchtet werden, daß nunmehr auch die bisher noch verschont gebliebenen sogenannten privilegierten Nichtarier erneut in Gefahr sind, in gleicher Weise behandelt zu werden.» Wurm protestierte dann gegen die Drohung, Mischehen würden annulliert. Indirekt kehrte er zu den Maßnahmen zurück, die gegen die Juden als solche ergriffen worden waren: «Diese Absichten stehen, ebenso wie die gegen die anderen Nichtarier ergriffenen Vernichtungsmaßnahmen, in schärfstem Widerspruch zu dem Gebot Gottes und verletzen das Fundament alles abendländischen Denkens und Lebens: das gottgegebene Urrecht menschlichen Daseins und menschlicher Würde überhaupt.»[163]

Wurms Brief wurde keiner Antwort gewürdigt, und obgleich es sich dabei nicht wie im Falle der Predigt, die Bischof von Galen gegen die Euthanasie gehalten hatte, um eine Erklärung *ex cathedra* handelte, fand er weite Verbreitung. Einige Monate später, am 20. Dezember 1943, sandte Wurm einen Brief an Lammers, in dem er sich erneut für die Sicherheit der Mischlinge verwendete. Diesmal bekam er eine handgeschriebene Warnung vom Chef der Reichskanzlei: «Ich verwarne Sie hiermit nachdrücklich», schrieb Lammers, «und ersuche Sie, sich in Zukunft auf das peinlichste in den durch Ihren Beruf gezogenen Grenzen zu halten und Ausführungen zu Fragen der allgemeinen Politik zu unterlassen. Ich rate Ihnen ferner dringend, sich in Ihrem persönlichen und beruflichen Verhalten die größte Zurückhaltung aufzuerlegen. Von einer Beantwortung dieses Schreibens bitte ich abzusehen.»[164] Diese unverhüllte Drohung brachte Wurm und die Bekennende Kirche zum Schweigen.

VIII

Im Oktober 1942 ließ sich Dr. Ernst Jahn, der praktische Arzt aus Immenhausen, von seiner jüdischen Frau Lilli scheiden, ungeachtet der Tatsache, daß vier ihrer fünf Kinder Heranwachsende waren und eines sogar noch jünger. Wie wir sahen, hatte Ernst ein Verhältnis mit einer gewissen Rita Schmidt, einer Kollegin, die ihm ein Kind geboren hatte. Möglicherweise glaubte er (wie er nach dem Kriege erklärte), daß schon allein die Existenz der fünf Mischlingskinder Lilli vor jeder ernstlichen Gefahr schützen werde, selbst wenn sie von ihrem «arischen» Gatten geschieden war. Ihm mußte jedoch klar sein, daß sich Lillis Lage auf jeden Fall prekärer gestalten würde als bisher. Der geringste Verstoß gegen irgendeine der Regelungen und Verfügungen, die jeden Schritt der letzten Juden einschränkten, welche noch im Reich wohnten, konnte fatal sein.

Lilli selbst schien sich nicht darüber im klaren zu sein, was ihr neuer Status bedeutete. War nicht ihr ältestes Kind, ihr Sohn Gerhard, ein begeisterter Flakhelfer bei einer Einheit geworden, die in der Nähe von Kassel stationiert war? Natürlich konnte sie nicht wissen, was mit anderen jüdischen Frauen in ihrer Lage, mit einer Hertha Feiner beispielsweise, geschah. Versuchte Lilli, dem Schicksal zu spotten? Auf der Geschäftskarte, die sie an der Tür der Kasseler Wohnung anbrachte, hieß es lediglich: «Dr. med. Lilli Jahn.» Sie hatte vergessen – oder vielleicht auch nicht? –, daß es jüdischen Ärzten verboten war, ihren akademischen Titel zu führen, daß sie ihrem Namen «Sara» hinzufügen mußte und daß es ihr jedenfalls nicht gestattet war, für «arische» Patienten tätig zu werden. Irgendjemand denunzierte sie; sie wurde von der Gestapo vorgeladen und am 30. August 1943 verhaftet.[165]

Mitte 1943 waren die Überreste der deutschen Judenheit, die über keinen institutionellen Rahmen mehr verfügten, zu einem verstreuten Häuflein von Individuen geworden, die auf Listen der Gestapo als soundsoviele einzelne «Fälle» definiert wurden; es lag in der Logik des Systems, daß sie würden verschwinden müssen. Die Klemperers hatten, obgleich sie in kinderloser Mischehe lebten, noch keine Ladung erhalten. Aber wie lange konnten sie hoffen, in diesem Schwebezustand zu bleiben? Ihre tägliche Existenz wurde schwieriger. Ende 1943 wurde ihnen befohlen, erneut umzuziehen, wieder in ein anderes Judenhaus, in dem man noch dichtgedrängter wohnte als im vorigen. «Das Schlimmste hier», notierte Victor Klemperer am 14. Dezember, «die *Promiskuität*. An eine Diele stoßen die Türen dreier Ménages: Cohns, Stühlers, wir. Badezimmer und Klo gemeinsam. Küche gemeinsam mit Stühlers, nur halb getrennt – *eine* Wasserstelle für alle drei – ein kleiner anstoßender Küchenraum für Cohns.»[166] Die Furcht vor Spitzeln hatte im Laufe der Zeit zugenommen, auch in Gesprächen mit Juden, die man nicht gut kannte; Klemperer hörte Gerüchte über einen der Bewohner seines eigenen Judenhauses, und er notierte einen recht bezeichnenden Witz: «Ein Sternjude wird auf der Straße insultiert, es gibt einen kleinen Auflauf, einige nehmen für den Juden Partei. Nach einer Weile zeigt der Jude seine Gestapomarke auf der Innenseite der Rockklappe, und seine Parteigänger werden notiert.»[167] In der einen oder anderen Form war dies Teil der Alltagsrealität, im Reich, in den verbliebenen Ghettos, in jedem besetzten Land.

Klemperer erschienen die Einstellungen der Bevölkerung ebenso widersprüchlich wie immer, selbst in dieser letzten Phase des Krieges.

Häufig begegnete er Äußerungen von Mitgefühl und Ermutigung («es kann nicht mehr lange dauern») oder einfach kommentarlosen Akten der Freundlichkeit; auch der Antisemitismus lag aber nie weit entfernt. «Auf dem Weg zu Katz», notierte er am 7. Februar 1944, «ein älterer Mann im Vorbeigehen: ‹Judas!› Auf dem Korridor der Krankenkasse. Ich pendle als einziger Sternträger vor einer besetzten Bank auf und ab. Ich höre einen Arbeiter sprechen: ‹Eine Spritze sollte man ihnen geben. Dann wären sie weg!› Meint er mich? Die Besternten? Ein paar Minuten später wird der Mann aufgerufen. Ich setze mich auf seinen Platz. Eine ältere Frau neben mir, flüsternd: ‹Das war gemeene! Vielleicht geht es ihm mal so, wie er's Ihnen wünscht. Man kann nicht wissen, Gott wird richten!›»[168]

Der Leser erinnert sich an die junge Cordelia, das jüdische Mädchen, das als Katholikin aufwuchs und im September 1941 von ihrer Vereinsleiterin, die keine «Mädchen mit einem Judenstern» behalten wollte, aus dem Berliner Verein Katholischer Mädchen ausgestoßen wurde. Cordelias Mutter Elisabeth Langgässer, selbst Konvertitin und bereits eine bekannte Schriftstellerin, war Halbjüdin, aber der Vater des Mädchens, der nicht mehr mit Langgässer zusammenlebte, war Volljude. Somit war Cordelia, die 1943 vierzehn Jahre alt wurde, «Dreivierteljüdin».

Irgendwann Ende 1942 oder Anfang 1943 gelang es Langgässer, für ihre Tochter einen spanischen Paß und sogar ein Visum für die Einreise nach Spanien zu beschaffen. Aus Cordelia Langgässer wurde Cordelia Garcia-Scouvart, die nun keinen Stern mehr trug. Es dauerte nicht lange, bis Tochter und Mutter zur Gestapozentrale in Berlin vorgeladen wurden. In Gegenwart ihrer Mutter, welche die ganze Zeit schwieg, stellte man Cordelia vor die Wahl, entweder eine Erklärung zu unterzeichnen, in der sie sich bereiterklärte, ihre deutsche Staatsbürgerschaft zu behalten und sich allen Gesetzen und Verfügungen zu unterwerfen, die für sie als Jüdin galten, oder aber eine Strafverfolgung ihrer Mutter zu gewärtigen, weil sie unter Vorspiegelung falscher Tatsachen den spanischen Paß beschafft und so einen hochverräterischen Akt begangen hatte. Cordelia unterzeichnete. «Und jetzt», erklärte der Gestapobeamte, «können Sie ins Zimmer gegenüber gehen und sich dort einen neuen Judenstern abholen, er kostet 50 Pfennig.»[169]

In Berlin setzte die Gestapo im Jahre 1943 Mischlinge ein, um noch verbliebene Juden zu verhaften, die zur Deportation vorgesehen waren. Zwei solche halbjüdischen Helfer brachten Cordelia in das jüdische Krankenhaus, das nach der Auflösung der Reichsvereinigung zu einer Sammel- und Verwaltungszentrale für alle Juden geworden war. Das Krankenhaus (zuerst seine Gebäude in der Iranischen Straße und dann die in der Schulstraße) stand völlig unter der Kontrolle der Gestapo; Eichmann hatte zu seiner Überwachung SS-Hauptsturmführer Fritz

Wöhrn abgeordnet, während ein höchst problematischer jüdischer Arzt, der allerdings sehr fähig und energisch war, Dr. Walter Lustig, als «Ein-Mann-Reichsvereinigung» für die Alltagsangelegenheiten zuständig war. Auf dem Gelände hielt sich immer noch eine Reihe jüdischer Patienten auf, die überwiegend durch irgendeinen besonderen Status geschützt waren; Juden, die man in anderen deutschen Städten festgenommen hatte, landeten dort vorübergehend und ebenso Juden, die in einem Versteck festgenommen worden waren. Bei Kriegsende lebten etwa 370 Patienten und insgesamt ungefähr 1000 Insassen immer noch im Krankenhaus; in dieser Zahl waren 93 Kinder und 76 Gestapogefangene enthalten.[170]

Im Krankenhaus konnte jeder Mann, der über eine gewisse Macht verfügte, das Bett jeder beliebigen Frau teilen; Lustig hatte eine ganze Schar eifriger Krankenschwestern zur Verfügung, da er der einen oder der anderen eine Befreiung von der Deportation versprach. Die neu angekommene junge Cordelia teilten sich zwei Mischlingszwillinge aus Köln, Hans und Heinz, obgleich sie mit vierzehn Jahren noch nicht einmal menstruiert hatte.[171] Hans und Heinz konnten sie aber in keiner Weise schützen: Gegen Ende 1943 wurde sie aus der Kinderabteilung in diejenige der Geisteskranken verlegt, welche man alle für die Deportation zusammengefaßt hatte. Vor Jahresende bestieg sie den Zug nach Theresienstadt.[172]

Cordelias Mutter war kurz vor der Abfahrt ihrer Tochter einmal zu Besuch gekommen. In einem Brief teilte sie einer Freundin ihre Eindrücke mit: «Wir [Elisabeth Langgässer und ihr «arischer» Ehemann] fanden sie völlig gefaßt, ja sogar heiter und zuversichtlich, denn erstens war es ja wirklich nur Theresienstadt und nicht Polen, und zweitens fuhr sie im Zug als begleitendes Pflegepersonal mit, sie hatte sich um zwei Kinder und einen Säugling zu kümmern und trug bereits Schwesterntracht und ein Häubchen, was sie, glaube ich, mit großem Stolz erfüllte.»[173]

Nach einem kurzen Aufenthalt in Theresienstadt wurde Cordelia Maria Sara nach Auschwitz verfrachtet.

IX

Nach den gescheiterten Versuchen zur Gründung einer einheitlichen Widerstandsgruppe im Frühjahr 1942 wurde am 28. Juli 1942, einige Tage nach Beginn der Aktion, in Warschau die Jüdische Kampforganisation (Żydowska Organizacia Bojowa [ŻOB]) geschaffen. Der ursprünglichen Gruppe von etwa 200 Mitgliedern gelang es überwiegend, den Deportationen zu entgehen, aber darüber hinaus gab es wenig, was die ŻOB tun konnte. Im August erwarb man vom polnischen kommunistischen Untergrund einige Pistolen und Handgranaten. Eine erste, kleinere Operation – der Versuch, den Chef der jüdischen Polizei, Józef Szeryński, zu töten – schlug fehl. Weitaus Schlimmeres ereignete sich einige Tage später: Die Deutschen verhafteten eine Gruppe von ŻOB-Mitgliedern, die von Warschau nach Hrubieszów unterwegs waren, folterten sie und brachten sie um. Bald darauf, am 3. September, nahm die Gestapo einige führende Mitglieder der Organisation in Warschau fest und ermordete sie ebenfalls; die Waffen wurden entdeckt und beschlagnahmt. Diese katastrophalen Ereignisse schienen einem mutigen Unternehmen, das kaum erst begonnen hatte, zunächst ein Ende zu bereiten.[174]

Nach Mitte September legte sich eine unheimliche Periode scheinbarer Ruhe und völliger Ungewißheit über die restlichen Bewohner des Ghettos. Die etwa 40000 Juden, die es auf einem drastisch verkleinerten Gelände noch gab, arbeiteten entweder in den verbliebenen Werkstätten, oder sie waren damit beschäftigt, die Berge von Habseligkeiten zu sortieren, welche die Opfer hinterlassen hatten. Die deutschen Verwaltungsleute waren durch Gestapo-Beamte vorwiegend niederen Ranges ersetzt worden.[175]

Keiner der verbliebenen Juden kannte den nächsten deutschen Schritt. Mittlerweile war vieles über Treblinka bekannt geworden: «Die Frauen gehen nackt ins Badehaus und in den Tod», zitierte Abraham Lewin am 27. September den Bericht eines entkommenen Häftlings. «Der Zustand der Leichen. Womit töten sie sie? Mit einfachem Dampf. Der Tod kommt nach sieben oder acht Minuten. Nach der Ankunft nehmen sie den Unglücklichen die Schuhe ab. Der Anschlag auf dem Platz: ‹Aussiedler aus Warschau›.»[176] Am 5. Oktober notierte er erneut: «Keiner weiß, was der morgige Tag bringen wird, und wir leben beständig in Furcht und Schrecken.»[177] Nachrichten drangen aus der Außenwelt herein. Am 10. November registrierte der Tagebuchschreiber Neuigkeiten über die Landungen der Briten und Amerikaner in Nordafrika und die britische Offensive in Ägypten; er berichtete auch von der Ansprache, die Hitler am Tag zuvor vor den «alten Kämpfern» gehalten hatte: «Bisher haben wir noch kein gedrucktes Exemplar dieser Rede erhalten, aber die Juden *wissen* bereits, daß sie von giftigem Haß durchdrungen und voll von schrecklichen Drohungen gegen die Juden ist, daß er von der vollständigen Vernichtung der Juden Europas sprach, von den Jüngsten bis hin zu den ganz Alten.»[178] Am 17. November erwähnte Lewin die endgültige Liquidierung sämtlicher Juden Lublins.[179] Berichte über Massenvernichtungen in den polnischen Provinzen traten bald an die Stelle einer Vielzahl von Nachrichten über Proteste in England und den Vereinigten Staaten, die sich gegen die Ermordung der Juden richteten: «Um sich von diesem Leben zu verabschieden, braucht man in Treblinka oder in Oświęcim [Auschwitz] zehn Minuten oder eine Viertelstunde ...»[180] Am 15. Januar 1943 schrieb Lewin von erneuter Besorgnis, da das Ghetto mit einer baldigen «Aktion» rechnete.[181] Am darauffolgenden Tag nahm er seine letzte Eintragung vor.[182]

In der Zwischenzeit hatte die Jüdische Kampforganisation die Krise überwunden, die durch die Ereignisse vom September 1942 ausgelöst worden war. Doch selbst unter den entsetzlichen neuen Umständen fand eine Vereinigung aller politischen Kräfte zur Unterstützung des bewaffneten Widerstands nur etappenweise und nicht in vollem Umfang statt. Die langwierigen Verhandlungen bewiesen erneut, wie sehr ideologische Fragen selbst unter der jüngeren Generation der Ghettojuden für Entzweiung sorgten. Zunächst wurde im Oktober 1942 ein «Jüdisches Nationalkomitee» gegründet, das alle linksgerichteten und zentristischen zionistischen Jugendorganisationen sowie die Kommunisten vereinte. Der Bund verweigerte jedoch wiederum die Mitarbeit, und erst nach weiteren – und langwierigen – Diskussionen erklärte er sich bereit, seine Aktivitäten mit denen des Nationalkomitees zu «koordinieren». Es wurde ein Jüdisches Koordinationskomitee eingerichtet.[183] Was die rechtsgerichteten Zionisten (die Revisionisten und ihre Jugendorganisation Betar) anging, so hatten sie schon vorher eine unabhängige bewaffnete Organisation, den Jüdischen Militärverband (Żydowski Związek Wojskowy [ŻZW]), gegründet, die nicht in Verbindung zum Jüdischen Koordinationskomitee stand.[184] Ob die Revisionisten nicht mit den «Linken» von der ŻOB zusammenarbeiten wollten oder ob die ŻOB sie auf Abstand hielt, bleibt unklar. Die ideologische Zerrissenheit blieb bis zum Ende bestehen.

Am 18. Januar 1943 starteten die Deutschen nach einem kurzen Besuch Himmlers eine neue «Aktion» (die allerdings in diesem Stadium nur begrenzten Umfang hatte); ihr Plan wurde teilweise durchkreuzt. Angehörige des Widerstands – unter ihnen Mordechai Anielewicz, der Kommandant der ŻOB – griffen die deutsche Begleitmannschaft der vordersten Kolonne an, und die Juden zerstreuten sich. Etwa 5000 bis 6000 Juden wurden im Zuge der Januar-Operation schließlich gefangen. Zu ihnen gehörten Lewin und seine Tochter; sie wurden nach Treblinka deportiert und ermordet.[185] Dieses erste Anzeichen von bewaffnetem Widerstand veranlaßte Himmler wahrscheinlich dazu, Krüger am 16. Februar den Befehl zur vollständigen Liquidierung des Ghettos zu erteilen – «aus Sicherheitsgründen».[186]

Die Januarereignisse erhöhten das Ansehen der kämpfenden Organisation bei der Ghettobevölkerung beträchtlich, und sie trugen ihr in verschiedenen polnischen Kreisen Lob ein. Während der darauffolgenden Wochen richtete die ŻOB einige jüdische Verräter hin (Jacob Lejkin, den stellvertretenden Chef der jüdischen Polizei, Alfred Nossig, einen zwielichtigen Exzentriker, der anscheinend für die Gestapo arbeitete, und noch einige andere); sie sammelte – und «erpreßte» gelegentlich – Geld von einigen reichen Ghettobewohnern, erwarb von der kommunistischen *Gwardia Ludowa* (AL) und auch von privaten Händlern ein paar Waffen und organisierte vor allem ihre «Kampfgruppen» in Erwartung der bevorstehenden deutschen Aktion. In der Zwischenzeit horteten die Bewohner, die in zunehmendem Maße bereit waren, im Ghetto einen bewaffneten Kampf aufzunehmen, alle Lebensmittel, die sie bekommen konnten, und legten unterirdische Schutzräume für eine länger anhaltende Pattsituation an. Der Rat, in dem jetzt der unbedeutende Marek Lichtenbaum den Vorsitz führte und der in absoluter Passivität verharrte, nahm gleichwohl Kontakt zu polnischen Widerstandsgruppen, vor allem zur AK, auf, um die ŻOB als eine Gruppe waghalsiger Abenteurer zu denunzieren, die im Ghetto ohne jeden Rückhalt seien...[187]

Die Denunziationen des Rates waren nicht der Grund dafür, daß die AK zögerte, der ŻOB Hilfe zukommen zu lassen, auch wenn sie sich nach den Januarereignissen bereiterklärte, ihr einige Waffen zu verkaufen. General Roweczki, der Oberbefehlshaber der Heimatarmee, äußerte sich ausweichend, als man ihn um stärkere Unterstützung bat. Der traditionelle Antisemitismus nationalistischer konservativer Polen mag dabei eine Rolle gespielt haben, aber es gab für diese eher negative Einstellung noch weitere Gründe. Die *Armia Krajowa* betrachtete die linksradikalen und sowjetfreundlichen Neigungen eines Teils der ŻOB mit Argwohn (sie war allerdings bereit, den Revisionisten einige Waffen zu liefern); darüber hinaus, und das war anscheinend der Hauptpunkt, war das polnische Kommando besorgt, die Kämpfe könnten vom Ghetto auf die Stadt übergreifen, während ihre eigenen Aufstandspläne und die Organisation ihrer Truppen noch nicht weit genug gediehen waren. Infolgedessen bot die AK sogar ihre Hilfe dabei an, die jüdischen Kämpfer aus dem Ghetto in die Wälder zu Partisanengruppen zu bringen. Das Angebot wurde abgelehnt.[188]

Die Deutschen erwarteten bei der abschließenden «Evakuierung» des Ghettos keine nennenswerten Schwierigkeiten, ungeachtet der Januarereignisse wie auch anderer Anzeichen, die darauf hindeuteten, daß sich einige Ghettojuden im Generalgouvernement für bewaffnete Aktionen entschieden (hierher gehörte etwa der Angriff einer jüdischen Gruppe in Krakau auf ein bei Wehrmachtsangehörigen beliebtes Café, die «Cyganeria», am 22. Dezember 1942).[189] Auch dem Scheitern der Kampagne zur Versetzung jüdischer Arbeiter in Werkstätten in der Nähe von Lublin, die von ihren größten Unternehmern im Ghetto, Többens und Schultz, organisiert worden war, maßen die Deutschen keine Bedeutung bei.

Was die Führer und Mitglieder der ŻOB anging, so gaben sie sich über das Ergebnis des nahenden Kampfes keinen Illusionen hin. «Ich erinnere mich an ein Gespräch, das ich mit Mordechai Anielewicz hatte», schreibt Ringelblum. «Er lieferte eine zutreffende Einschätzung des ungleichen Kampfes, er sah die Vernichtung des Ghettos voraus und war sicher, daß weder er noch seine Mitkämpfer die Liquidierung des Ghettos überleben würden. Er war gewiß, daß sie wie streunende Hunde sterben würden und niemand auch nur ihre letzte Ruhestätte kennen würde.»[190]

Als am 19. April 1943, am Tag vor dem Passahfest, die endgültige Liquidierung des Warschauer Ghettos begann, waren die Juden nicht überrascht: Die Straßen waren leer, und als die deutschen Einheiten einrückten, fielen die ersten Schüsse. Die anfänglichen Straßenkämpfe spielten sich vorwiegend in drei voneinander getrennten Bereichen ab, die miteinander nicht in Verbindung standen: Das waren Teile des ehemaligen Zentralen Ghettos, das Gebiet um die Bürstenmacherwerkstatt und die Umgebung der Werkstatt von Többens und Schultz.[191] Der ideologische Gegensatz, der vor dem Aufstand eine Vereinbarung zwischen den Revisionisten und der ŻOB verhindert hatte, wirkte anscheinend während der Kämpfe und in der späteren Geschichtsschreibung fort. Nach der detaillierten Rekonstruktion der Kämpfe, die Moshe Arens vorgenommen hat, werden die Rolle, die der ZZW in der erbitterten Straßenschlacht um den Muranowski-Platz spielte, und die Tatsache, daß er auf dem höchsten Gebäude der Gegend eine polnische und eine zionistische Flagge hißte, in späteren Darstellungen des Aufstands im allgemeinen unerwähnt gelassen. Und die Namen der ZZW-Kommandeure – Pawel Frenkel, Leon Rodal und Dawid Apfelbaum – werden selten erwähnt; die drei fielen im Kampf.[192]

Die Kämpfe im Freien dauerten mehrere Tage an (vorwiegend in der Zeit vom 19. April bis zum 28. April), bis dann die jüdischen Kämpfer gezwungen waren, sich in die unterirdischen Bunker zurückzuziehen. Jeder Bunker wurde zu einer kleinen Festung, und nur das systematische Niederbrennen der Gebäude und der massive Einsatz von Flammenwerfern, Tränengas und Handgranaten trieben schließlich die verbliebenen Kämpfer und Bewohner auf die Straßen. Am 8. Mai wurde Anielewicz im Kommandobunker in der Miła-Straße 18 getötet. Sporadisch gingen die Kämpfe weiter, während es einigen Gruppen von Kämpfern gelang, durch die Kanalisation die «arische» Seite der Stadt zu erreichen. Tage später begaben sich verschiedene Kämpfer, «Kazik» beispielsweise, wieder in die Kanalisation und kehrten in die Ruinen des Ghettos zurück, wo sie versuchen wollten, einige Menschen zu retten. Sie fanden niemanden mehr lebend vor.

Am 16. Mai verkündete SS-Brigadeführer Jürgen Stroop das Ende der Großaktion: «Es gibt keinen jüdischen Wohnbezirk in Warschau mehr!» Symbolisch beendeten die Deutschen die Operationen damit, daß sie um 20.15 Uhr die Warschauer Große Synagoge in die Luft sprengten. Stroops Angaben zufolge waren während der Kämpfe 15 Deutsche und Angehörige der Hilfstruppen gefallen und etwa 90 verwundet worden. «Von den 56065 insgesamt erfaßten Juden», berichtete der SS-Brigadeführer weiter, «sind ca. 7000 im Zuge der Großaktion im ehem. jüd. Wohnbezirk selbst vernichtet, so daß insges. 13 929 Juden vernichtet wurden. Über die Zahl 56065 hinaus sind schätzungsweise 5–6000 Juden bei Sprengungen und durch Feuer vernichtet worden.»[193]

Auf Plakaten wurde die polnische Bevölkerung davon in Kenntnis gesetzt, daß jeder, der einem Juden Unterschlupf gewährte, mit dem Tode bestraft würde. Weiter schrieb Stroop: «Der polnischen Polizei wurde genehmigt, jedem polnischen Polizisten im Falle der Festnahme eines Juden im arischen Teil der Stadt Warschau 1/3 des Barvermögens des betreffenden Juden auszuhändigen. Diese Maßnahme hat bereits Erfolge aufgewiesen.» Schließlich berichtete der SS-Brigadeführer: «Die polnische Bevölkerung hat die gegen die Juden durchgeführten Maßnahmen im Großen und Ganzen begrüßt. Gegen Ende der Großaktion richtete der Gouverneur einen besonderen Aufruf ... an die polnische Bevölkerung, mit welchem diese unter Hinweis auf die in letzter Zeit erfolgten Mordanschläge in dem Gebiet der Stadt Warschau und auf die Massengräber in Katyn über die Gründe zur Vernichtung des ehemaligen jüdischen Wohnbezirks aufgeklärt und zum Kampf gegen kommunistische Agenten und Juden aufgefordert wird.»[194]

Am 1. Mai fand der Aufstand sein erstes Echo im Tagebuch von Goebbels: «Die Berichte aus den besetzten Gebieten bringen nichts sensationell Neues. Bemerkenswert sind nur außerordentlich scharfe Kämpfe in Warschau zwischen unserer Polizei, zum Teil sogar unserer Wehrmacht, und den rebellierenden Juden. Die Juden haben es doch tatsächlich fertiggebracht, das Ghetto in Verteidigungszustand zu setzen. Es spielen sich dort sehr harte Kämpfe ab, die sogar dazu führen, daß die jüdische Oberleitung tägliche Heeresberichte herausgibt. Allerdings wird der Spaß wahrscheinlich nicht lange dauern. Man sieht aber daran, wessen man sich seitens der Juden zu gewärtigen hat, wenn sie im Besitze von Waffen sind. Leider besitzen sie zum Teil auch gute deutsche Waffen, vor allem Maschinengewehre. Weiß der Himmel, wie sie daran gekommen sind.»[195]

Während der darauffolgenden Tage und Wochen erwähnte der Minister den Ghettoaufstand regelmäßig. Seiner Ansicht nach hatten die

Juden ihre Waffen von Verbündeten Deutschlands gekauft, die über Warschau in die Heimat zurückkehrten; die Juden kämpften mit derartiger Verzweiflung, weil sie wußten, was sie erwartete, und so fort. Am 22. Mai notierte er: «Der Kampf um das Warschauer Ghetto geht weiter. Die Juden leisten immer noch Widerstand. Aber er kann doch im großen und ganzen als ungefährlich und gebrochen angesehen werden.»[196]

Der verzweifelte jüdische Widerstand kam weiter zur Sprache am 31. Mai 1943 auf einer hochrangig besetzten Sitzung im Generalgouvernement, die man einberufen hatte, um die sich verschlechternde Sicherheitslage zu erörtern; anwesend waren RSHA-Chef Kaltenbrunner, ein Vertreter der Reichskanzlei und höhere Offiziere der Wehrmacht. Franks Stellvertreter, Präsident Ludwig Losacker, berichtete über den Ghetto-Aufstand: «[Die Liquidierung des Ghettos] sei übrigens sehr schwierig gewesen. Der Verlust an Polizeikräften habe 15 Tote und 88 Verletzte betragen. Man habe festgestellt, daß ... Jüdinnen mit der Waffe in der Hand bis zum letzten gegen die Männer der Waffen-SS und Polizei gekämpft hätten.»[197]

Die deutschen Widerstandskreise waren ebenfalls informiert, auch wenn sie im Hinblick auf die Details gelegentlich seltsam daneben lagen. In einem Brief an seine Frau vom 4. Mai 1943 beschreibt Helmuth von Moltke einen kurzen Aufenthalt in Warschau während jener Tage. «Über der Stadt stand eine große Rauchwolke, die ich nach meiner Abfahrt mit dem D-Zug noch gut eine halbe Stunde sehen konnte, also wohl 30 km weit. Sie rührte von einem Kampf im Ghetto her, der seit einigen Tagen tobte. Dort hatten die restlichen Juden – 30000 – verstärkt von abgesetzten Russen, desertierten Deutschen und polnischen Kommunisten einen Teil festungsmäßig ausgebaut, und zwar nur unter der Erde. Sie sollen, während die Deutschen patrouillierten, Verbindungen zwischen den Kellern der Häuser geschaffen haben, die Decken der Keller sollen verstärkt worden sein, Ausgänge sollen unter der Erde aus dem Ghetto heraus in andere Häuser führen. In diesen Katakomben sollen Kühe und Schweine gehalten worden sein und große Lebensmittelvorräte sowie Brunnen sollen angelegt worden sein. Jedenfalls sollen von diesem Hauptquartier aus partisanenähnliche Gefechte in der Stadt dirigiert worden sein, sodaß man das Ghetto ausräumen wollte, dabei jedoch auf so starken Widerstand stieß, daß man einen richtigen Angriff mit Geschützen und Flammenwerfern ansetzen mußte. Davon brennt also das Ghetto jetzt. Es war schon mehrere Tage im Gang als ich hinfuhr und brannte noch, als ich gestern wieder durchkam.»[198]

Deutsche oder polnische Quellen müssen Moltke einige der phantastischen Geschichten über «abgesetzte Russen, desertierte Deutsche und polnische Kommunisten» geliefert haben; derartige Geschichten gingen vielleicht auf die allgemein geteilte Annahme zurück, daß Juden nicht in der Lage wären, von sich aus einen Kampf zuwege zu bringen. In von Hassells Tagebuch tauchte der Ghettoaufstand einige Tage später auf, im Anschluß an einige Zeilen über die Vergasung Hunderttausender von Juden «in besonders dazu gebauten Hallen». Dann hieß es: «Inzwischen setzte sich der unglückliche Judenrest im Warschauer Ghetto zur Wehr, und es kam zu schweren Kämpfen, die wohl mit völliger Ausrottung durch die SS führen [= enden] werden.»[199]

Etwa 16 Monate später, am 1. September 1944, wurde Hitler während einer Lagebesprechung, die sich unter anderem mit dem polnischen Aufstand in Warschau befaßte, von General Walter Wenck darüber informiert, daß der mittlere Teil der Stadt das Ghetto gewesen sei. «Das ist also jetzt ziemlich beseitigt?» fragte Hitler. Die (unvollständig übermittelte) Antwort kam von Himmlers Repräsentanten, SS-General Hermann Fegelein, dem Helden des Ertränkungsversuches, bei denen Ende Juli 1941 jüdische Frauen und Kinder in die Pripjet-Sümpfe getrieben worden waren: «... an und für sich schon alles ...»[200] Tatsächlich hatte Himmler am 11. Juni 1943 erneut befehlen müssen, «daß das Stadtgebiet des ehemaligen Ghettos restlos eingeebnet, jeder Keller und jede Kanalisation zugeschüttet wird. Nach Abschluß dieser Arbeit ist auf diese Fläche Mutterboden aufzutragen und ein großer Park anzulegen.»[201] Innerhalb eines Jahres, in der Zeit von Juli 1943 bis Juli 1944 (als sich die Rote Armee der Stadt näherte), war die vollständige Zerstörung der Ghettoruinen der einzige Teil von Himmlers Projekt, der abgeschlossen war.[202]

Unter Juden in Deutschland und in den meisten besetzten Ländern verbreitete sich die Nachricht vom Ghettoaufstand rasch: «Lewinsky erzählte am Sonntag [am 30. Mai]», schrieb Klemperer am 1. Juni 1943, «als ganz verbürgtes und verbreitetes (von Soldaten herrührendes) Gerücht: es habe in Warschau ein Blutbad gegeben, Aufstand der Polen und Juden, deutsche Panzerwagen seien am Eingang der Judenstadt durch Minen zerstört worden, darauf habe man deutscherseits das gesamte Ghetto zusammengeschossen – tagelange Brände und Abertausende von Toten. Ich fragte gestern mehrere Leute bei Schlüter danach. Antwort im Flüsterton: Ja, das hätten sie so und ähnlich gleichfalls gehört, aber nicht weiterzugeben gewagt. Eva, vom Zahnarzt kommend, berichtete, Simon stelle den Vorgang mit Bestimmtheit derart dar, daß an diesem Aufstand auch 3000 deutsche Deserteure teilgenommen und daß sich lange, wochenlange (!) Kämpfe ergeben hätten, ehe man deutscherseits Herr geworden sei. Simons Glaubwürdigkeit ist gering. Immerhin: *daß* solche Gerüchte im Umlauf sind, ist charakteristisch.

Simon habe hinzugesetzt: Auch in den andern besetzten Ländern herrsche Unruhe.»[203]

In Łódź, Kowno, Wilna und höchstwahrscheinlich überall im besetzten Osteuropa wußten die Leute Bescheid. Rosenfeld schrieb darüber in seinem Tagebuch;[204] ebenso Tory, der berichtete, die Nachricht habe sich unter der litauischen Bevölkerung in ganz Kowno verbreitet.[205]

Am 22. April hatte die Neuigkeit Herman Kruk in Wilna und, so sieht es aus, die gesamte Bevölkerung des Ghettos erreicht.[206] Am 30. April kam Kruk unter der Überschrift *Warszawskie getto kona!* («Das Warschauer Ghetto liegt im Sterben!») auf den Aufstand zurück: «Gestern hat Swit [eine britische Radiostation, die vorgab, von Polen aus zu senden] erneut für die Welt Alarm geschlagen, und noch einmal hat der Sprecher wiederholt, so als wollte er, daß sich die Welt daran erinnert: Das Warschauer Ghetto verblutet. Das Warschauer Ghetto stirbt! Die Warschauer Juden verteidigen sich wie Helden. Seit 13 Tagen müssen die Deutschen jetzt mit dem Ghetto um jede Schwelle kämpfen. Die Juden lassen sich nicht niederringen und kämpfen wie Löwen. ... ‹Das Warschauer Ghetto stirbt!› ... Mein Schwager hat dort eine Frau und zwei Kinder – er schweigt. Meine Nachbarin hat eine Mutter und eine Schwester – sie schweigt. Und meine Schwester und meine Kinder? ... Ich schäme mich meines Schweigens.»[207]

Im Oktober 1942 beendete der bekannte jiddische Romancier Jehoschua Perle seine Chronik der Deportation der Warschauer Juden für das *Oneg-Shabbat*-Archiv; er gab ihr den Titel *Khurbm Varshe* («Die Zerstörung Warschaus»). Drei Sätze in dieser Aufzeichnung «erschütterten die überlebende jiddische Welt», wie David Roskies schreibt: «Dreimal 100 000 Menschen», schrieb Perle, «hatten nicht den Mut, nein zu sagen. Jeder von ihnen war darauf aus, seine eigene Haut zu retten. Jeder war bereit, sogar seinen eigenen Vater, seine Mutter, seine Frau und seine Kinder zu opfern.»[208] Diese harten Worte wurden mehrere Monate vor dem Aufstand geschrieben.

Die Ereignisse vom April 1943 führten eine neue Perspektive ein. Natürlich strebten die Warschauer Kämpfer noch nicht einmal einen minimalen Erfolg in militärischer Hinsicht an. Ob sie das Bild von Juden im Angesicht des Todes zurechtrücken und sozusagen Perles hartes Urteil auslöschen wollten, ist auch nicht sicher. Sie wußten, daß die Mehrheit einer führungslosen, hungrigen und absolut verzweifelten Masse nichts anderes tun konnte, als sich schrankenloser Gewalt passiv zu unterwerfen, vor dem Aufstand und nicht weniger danach. Nicht alle hatten die Absicht, eine Botschaft an ihre politischen Organisationen in Erez Israel oder an die sozialistische Gemeinschaft zu schikken: Den Gedanken an die aktive Solidarität ihrer Genossen außerhalb

Europas hatten viele schon längst aufgegeben. Sie wollten, wie sie erklärt hatten, einfach in Würde sterben.

*

Im Juni 1943 schrieb ein gewisser Herbert Habermalz, ein Feldwebel der Luftwaffe, der zum Bordpersonal gehörte, an seine ehemaligen Kollegen in der Maschinenbaufirma Rudolf Sack, bei der er als Buchhalter in der Verkaufsabteilung beschäftigt gewesen war. Er schilderte einen Flug von Krakau nach Warschau: «Bei einigen Stadtrunden [mit dem Flugzeug über dem Warschauer Ghetto] konnte man mit großer Genugtuung die völlige Vernichtung des riesigen Judenstadtteiles feststellen. Da ist aber wirklich ganze Arbeit geleistet worden. Kein Haus, das nicht bis auf die Grundmauern zerstört gewesen wäre. Das sahen wir vorgestern. Und gestern sind wir nach Odessa gestartet. Wir bekamen Sonderverpflegung: 50 Kekse, ein halber Liter Milch, zwei Päckchen Fruchtschnitten, Bonbons, Edelbitterschokolade.»[209]

X

Das Leben der Juden im ehemaligen Polen ging jetzt zu Ende. Am 31. März 1943 wurde das Krakauer Ghetto liquidiert, und diejenigen von seinen Bewohnern, die man zur Arbeit selektierte, schickte man in das Sklavenarbeiterlager Płaszów, das unter dem Kommando des Österreichers Amon Göth, eines notorischen Sadisten, stand; ihre Ermordung sollte später folgen. Und so ging es weiter, von Ghetto zu Ghetto und dann von Arbeitslager zu Arbeitslager.

In manchen Ghettos sah die Lage jedoch gelegentlich anders aus, wenn auch nur für kurze Zeit. So hatten die 40 000 Juden, die im Herbst 1942 immer noch in Białystok lebten, gute Gründe für etwas Hoffnung. Ebenso wie in Łódź war das Ghetto besonders aktiv bei der Herstellung von Gütern und der Erbringung von Dienstleistungen für die Wehrmacht. Die Beziehungen Baraszs zum Militär und sogar zu einigen der Zivilbehörden scheinen gut gewesen zu sein. Unter der Führung von Mordechai Tenenbaum-Tamaroff wurde eine örtliche Widerstandsgruppe aufgebaut, obgleich die Bedrohung durch die Deutschen nicht akut zu sein schien.[210]

Die ersten Warnsignale kamen Ende 1942, Anfang 1943 mit der Deportation sämtlicher Juden aus dem *Distrikt* Białystok nach Treblinka. Anfang Februar 1943 schlugen die Deutschen erneut zu, aber wie zuvor schon in Łódź wurde nur ein Teil der Bevölkerung (10 000 Juden) deportiert, etwa 30 000 Einwohner blieben zurück. Außerdem versprach ein Beauftragter des Befehlshabers der Sicherheitspolizei von Białystok Barasz auf einer Sitzung am 19. Februar, «daß mit einer weiteren Aussiedlung von Juden zunächst nicht zu rechnen sei. Es würde voraussichtlich bei dem Verbleib von 30 000 Juden im Ghetto bis Kriegsende bleiben.»[211]

Für die restliche Bevölkerung des Ghettos kehrte das Leben zur «Normalität» zurück: Barasz war zuversichtlich, daß die neue Stabilität von Dauer sein werde; Tenenbaum hingegen war davon überzeugt, daß jetzt die Liquidierung des Ghettos näherrückte.[212] Wie wir sahen, hatte Himmler im Mai seine Linie der vollständigen Vernichtung noch einmal formuliert, von der nur unentbehrliche Arbeiter auszunehmen waren, die einstweilen in die Sklavenarbeiterlager in der Gegend von Lublin verlegt werden sollten; die verbleibenden Juden von Białystok würden nach Treblinka geschickt werden.[213]

Unter Globocniks persönlichem Kommando bereiteten die Deutschen unter höchster Geheimhaltung die Liquidierung vor, um eine Neuauflage der Warschauer Ereignisse zu vermeiden. Am 16. August 1943, als die Aktion begann, waren Barasz und Tenenbaum (die mittlerweile jeden Kontakt zueinander abgebrochen hatten) völlig überrascht. Während die Masse der Bevölkerung den Anweisungen Folge leistete und sich hilflos zu den Sammelpunkten begab, flackerten in verschiedenen Teilen des Ghettos sporadische Kämpfe auf, die aber auf die «Evakuierungs»operation nur minimale Wirkung ausübten. Innerhalb weniger Tage war das Ghetto geräumt, und die Kämpfer waren entweder getötet worden, oder sie hatten Selbstmord begangen. Barasz wurde nach Treblinka deportiert; Mordechai Tenenbaum nahm sich wahrscheinlich das Leben.[214]

Im Juli 1943 massakrierten die Deutschen 26 000 Bewohner des Ghettos von Minsk; etwa 9000 jüdische Arbeiter blieben noch einige Monate am Leben, aber Ende 1943 wurden im Bericht des Reichskommissars über die Hauptstadt von Weißrußland keine Juden mehr erwähnt.[215] Eines nach dem anderen wurden die Ghettos von «Weißruthenien» ebenso wie die im Generalgouvernement liquidiert. Kleine Gruppen von Juden flohen in nahegelegene Wälder, um sich Partisaneneinheiten anzuschließen. Es gab eine Reihe bewaffneter Aufstände, die aber mühelos niedergeschlagen wurden, da die Deutschen jetzt durchaus mit sporadischem Widerstand rechneten. In einigen Ghettos hingegen, in denen man, wie etwa in Wilna, entschlossenen Widerstand hätte erwarten können, nahmen die Ereignisse eine unerwartete Wende.

«Hier im Ghetto ist die Stimmung fröhlich», notierte Kruk am 16. Juni 1943. «Alle Gerüchte über eine Liquidierung haben sich zur Zeit verflüchtigt. In den letzten Wochen hat es einen raschen Aufbau und eine Erweiterung der Ghettoindustrie gegeben. ... Gestern haben Distriktskommissar Hingst und [dessen Stellvertreter] Murer das Ghetto besucht. Beide verließen es sehr zufrieden und ‹amüsierten› sich mit den Repräsentanten des Ghettos. Das Ghetto atmete erleichtert auf. Wir fragen: für wie lange? ...»[216]

Anfang 1943 war die Lage in Wilna in der Tat verhältnismäßig friedlich gewesen. Am 15. Januar verlieh Gens diesem Stand der Dinge in einer Ansprache zur Feier des ersten Jahrestages des Ghettotheaters indirekt Ausdruck: «Wie ist der Gedanke entstanden?» sagte Gens. «Es ging einfach darum, den Leuten die Gelegenheit zu geben, für einige Stunden der Wirklichkeit des Ghettos zu entfliehen. Das haben wir erreicht. Dies sind dunkle und schwere Tage. Unser Körper befindet sich im Ghetto, aber unser Geist ist nicht versklavt. ... Vor dem ersten Konzert hat man gesagt, daß man auf einem Friedhof kein Konzert veranstalten darf. Das ist wahr, aber das ganze Leben ist jetzt ein Friedhof. Der Himmel bewahre uns davor, daß wir unseren Geist zerstören lassen. Wir müssen stark sein an Geist und Leib. ... Ich bin davon überzeugt, daß das jüdische [Leben], das sich hier entwickelt, und der jüdische [Glaube], der in unseren Herzen brennt, unser Lohn sein werden. Ich bin sicher, daß der Tag der Frage ‹Warum hast du uns verlassen?› vorübergehen wird und daß wir noch bessere Tage erleben werden. Ich möchte gerne hoffen, daß diese Tage bald und noch zu unseren Lebzeiten kommen werden.»[217]

Im April wurde jedoch der Optimismus, den Gens und die Ghettobevölkerung an den Tag legten, schwer erschüttert. In den ersten Tagen des Monats sammelten die Deutschen mehrere Tausend Juden aus den kleineren Ghettos des Distrikts Wilna unter dem Vorwand, sie wollten sie nach Kowno verlegen. Anstatt nach Kowno wurden sie jedoch nach Ponar gebracht und massakriert. Die Tötungen lösten im Ghetto Entsetzen aus. «Heute», registrierte Rudaszewski am 5. April, «hat uns die schreckliche Nachricht erreicht: 85 Eisenbahnwaggons mit Juden, etwa 5000 Menschen, wurden nicht wie versprochen nach Kowno gebracht, sondern mit dem Zug nach Ponar transportiert, wo sie erschossen wurden. 5000 neue blutige Opfer. Das Ghetto war zutiefst erschüttert, wie vom Donner gerührt. Die Atmosphäre des Blutbads hat die Leute gepackt. Es hat wieder angefangen. ... Die Menschen sitzen wie in einer Kiste eingesperrt. Auf der anderen Seite lauert der Feind, der sich darauf vorbereitet, uns auf raffinierte Weise zu vernichten, nach einem Plan, wie das heutige Gemetzel gezeigt hat.»[218] Doch wie so oft verflog schon bald die Furcht, da in Wilna selbst anscheinend nichts geschah; die «Fröhlichkeit», von der Kruk gesprochen hatte, kehrte zurück.

Am 21. Juni 1943 befahl Himmler die Liquidierung sämtlicher Ghettos im Osten. Arbeitende Juden sollten in Konzentrationslagern gehalten werden; «die nicht benötigten Angehörigen der jüdischen Ghettos sind nach dem Osten zu evakuieren.»[219]

Die Angehörigen der FPO wußten natürlich nichts von dem Liquidierungsbeschluß, aber sie betrachteten die Tötungen vom April als schlimmes Zeichen. Für sie stellte sich jetzt die Frage: Sollte man im Ghetto den bewaffneten Widerstand organisieren, oder sollte sich die FPO in die Wälder zurückziehen und sich eventuell sowjetischen Partisaneneinheiten anschließen, bevor die Deutschen zuschlugen? Gens selbst, der von der Debatte wußte, war entschlossen, die FPO im Ghetto zu behalten, zusammen mit der Bevölkerung, zu deren Verteidigung sie beitragen und der sie schließlich die Flucht ermöglichen sollte.[220] Ende Juni jedoch, als die Deutschen die verbleibenden kleinen Gemeinden in der Region von Wilna systematisch liquidierten, zog eine wachsende Zahl von Angehörigen der FPO gegen den Willen von Gens in die Wälder: Eine Konfrontation im Ghetto wurde nur mit Mühe vermieden.[221]

Es sieht so aus, als hätten die kommunistischen Mitglieder der FPO zu diesem Zeitpunkt (Juni/Juli 1943) vor Kovner und seinen linkszionistischen Kameraden (*Hashomer Hatzair*) verborgen, daß sie in Wirklichkeit unter dem Befehl einer weitaus größeren kommunistischen Organisation standen und daß ihr «Delegierter» Itzik Wittenberg zum Leiter der FPO gewählt worden war, ohne daß Kovner und seine Leute sich über das Ausmaß und den verdeckten Charakter der kommunistischen Durchdringung im klaren waren.[222]

Gens war anscheinend zu dem Ergebnis gekommen, daß Wittenberg eine Gefahr für seine eigenen Pläne darstellte, und am 15. Juli, spät in der Nacht, wurde der kommunistische Führer, als er (auf Einladung von Gens) mit dem Ghettochef konferierte, von Polizeikräften (wahrscheinlich Litauern) verhaftet. Von FPO-Mitgliedern befreit, tauchte Wittenberg unter. Die deutsche Reaktion war vorhersehbar: Falls man Wittenberg nicht auslieferte, würde die Ghettobevölkerung vernichtet. Ob unter Druck von seiten seiner Genossen im Untergrund (seine kommunistischen Mitkämpfer waren die ersten, die diesen Schritt vorschlugen) oder weil er die Furcht der Ghettobevölkerung und ihre immer drohendere Haltung gegenüber der FPO spürte: Wittenberg erklärte sich bereit, sich zu stellen; als er in der Hand der Deutschen war, wollte er sich nicht der Folter und der sicheren Ermordung ausliefern und beging Selbstmord.[223]

Das Wilnaer Tagebuch von Kruk wurde am Vorabend des «Wittenberg-Tages» unterbrochen. Es ist nicht unwahrscheinlich, daß die Blätter, die sich hiermit befaßten, versteckt oder vernichtet worden sind, als die sowjetischen Truppen wieder in die Stadt einrückten: Der «Verrat Wittenbergs» durch seine Genossen hätte für den NKWD von Interesse sein können ... Dieser Teil der Chronik ist nie mehr aufgetaucht.[224] Kalmanowicz schilderte die Ereignisse mit einiger Ausführlichkeit in seinem Tagebuch, allerdings anscheinend eher auf der Grundlage von Gerüchten als aus genauer Kenntnis. Der YIVO-Gelehrte stand der FPO und Bemühungen um bewaffneten Widerstand, welche die Bevölkerung in Gefahr brachten, durchweg feindlich gegenüber. In diesem speziellen Fall schrieb er (zu Unrecht) alle Verantwortung den Revisionisten zu, während er den Kommunisten Wittenberg dafür pries, daß er sich gestellt und Selbstmord begangen hatte.[225]

Am 14. September befahlen die Deutschen Gens, sich in der Zentrale der Sicherheitspolizei zu melden. Man hatte den Ghettochef zwar vor der Gefahr gewarnt und ihm gesagt, er solle fliehen, aber er leistete der Aufforderung doch Folge, da er Repressalien gegen die Bevölkerung vermeiden wollte. Noch am gleichen Tag um sechs Uhr abends erschossen ihn die Deutschen.[226] Ein Teil der noch verbliebenen 20 000 Einwohner wurde in Ponar ermordet, einen anderen Teil deportierte man nach Sobibór, während arbeitsfähige Männer (darunter Kruk und Kalmanowicz) nach Estland in Arbeitslager abtransportiert wurden. Die im Ghetto zurückgebliebenen Juden wurden unmittelbar vor dem Eintreffen der Roten Armee ermordet.[227]

Die FPO war nicht in der Lage, innerhalb des Ghettos irgendeinen nennenswerten Widerstand zu organisieren, was möglicherweise auf die feindselige Haltung von Gens zurückzuführen war, vor allem aber darauf, daß die Mehrheit der Bevölkerung gegen einen bewaffneten Aufstand war und meinte, die Arbeitslager in Estland böten eine sicherere Option; hinzu kam möglicherweise auch noch Kovners zögerliche Führung. So verschwanden nach einigen kleineren Scharmützeln mit den Deutschen etwa 80 Angehörige der FPO in mehreren Gruppen aus der Stadt und schlossen sich den Partisanen an.[228]

Am 6. April 1943, an dem Tag, an dem er von dem Massaker in Ponar berichtet hatte, ging Rudaszewskis Tagebuch zu Ende. Die letzte Zeile lautete: «Uns mag das Schlimmste bevorstehen.»[229] Itchok und seine Familie wurden einige Monate später in Ponar ermordet.[230] In Łódź brachen die Tagebucheintragungen von Sierakowiak ungefähr eine Woche nach den Aufzeichnungen Rudaszewskis ab; die letzte Zeile wurde am 15. April niedergeschrieben: «Es gibt für uns wirklich keinen Ausweg aus dieser Lage.»[231] Im Sommer starb er an Tuberkulose und Unterernährung.[232]

XI

Unmittelbar vor dem Aufstand des Warschauer Ghettos wurde auf dem Krasiński-Platz, auf der «arischen» Seite, nahe den Ghettomauern, ein Karussell aufgestellt. Als der verzweifelte Kampf im Gange war, drehte sich das Karussell weiter, und fröhliche Menschenmengen umlagerten es tagein, tagaus, während auf der anderen Seite der Mauer die Juden starben:

«Der Wind trieb zuweilen schwarze
 Drachen von brennenden Häusern,
 Die Schaukelnden fingen die Flocken
 Im Fluge aus ihren Gondeln.
 Der Wind von den brennenden Häusern
 Blies in die Kleider der Mädchen,
 Die fröhliche Menge lachte
 Am schönen Warschauer Sonntag.»[233]

«Campo di Fiori», sein bekanntestes Gedicht, schrieb Czesław Miłosz während des Aufstands, als eine einfache menschliche Geste, wie er sagte.[234] Der Dichter spricht davon, wie der italienische Philosoph Giordano Bruno auf dem Campo di Fiori auf dem Scheiterhaufen verbrannt wurde, während geschäftige und gleichgültige römische Menschenmengen vorbeiliefen, und er vergleicht dieses Geschehen mit der Gleichgültigkeit der polnischen Massen während des Todeskampfes der Ghettojuden. Und so war es. An der Einschätzung, die ein Vertreter der polnischen Untergrunds im August 1943, einige Monate nach dem Aufstand, an die Exilregierung sandte und die sich mit der «Judenfrage» in Nachkriegspolen befaßte, ist daher nichts Unwahrscheinliches:

«In der Heimat als ganzer – unabhängig von der allgemeinen psychologischen Situation zu irgendeinem bestimmten Zeitpunkt – ist die Haltung die, daß die Rückkehr der Juden an ihre Arbeitsplätze und in ihre Werkstätten völlig ausgeschlossen ist, selbst wenn die Zahl der Juden beträchtlich reduziert sein sollte. Die nichtjüdische Bevölkerung hat in großen und kleinen Städten den Platz der Juden eingenommen; in einem großen Teil Polens ist dies ein grundlegender Wandel, der endgültigen Charakter hat. Die Rückkehr einer großen Zahl von Juden würde von der Bevölkerung nicht als Wiedergutmachung, sondern als eine Invasion aufgefaßt werden, gegen die sie sich auch mit physischen Mitteln zur Wehr setzen würde.»[235]

In der Zwischenzeit war in Polen ebenso wie in großen Teilen des besetzten Europa Geld durchaus hilfreich. Marcel Reich-Ranicki, dem wir im Warschauer Ghetto als Musikkritiker begegnet sind und dann als Protokollant bei der schicksalhaften Sitzung des Rates, auf der Höfle den Beginn der Deportationen ankündigte, war als Angestellter des Rates der Hauptaktion und der vom Januar 1943 entgangen. Marcels Frau Tosia ließ man am Leben; seine Eltern wurden nach Treblinka abtransportiert. Im Februar 1943 flohen Marcel und Tosia aus dem Ghetto. Der Untergrund hatte ihm etwas Geld gegeben, weil er dabei geholfen hatte, an eine große Summe aus dem Safe des Rates heranzukommen.

Marcel bestach einen jüdischen Wächter und danach zwei polnische Polizisten, und das Paar erreichte die «arische» Seite der Stadt. Während sie aber von einem Versteck ins andere zogen, wurden sie ebenso wie die meisten Juden, die auf der Flucht waren, mit demselben, ständig wiederkehrenden Phänomen konfrontiert: «Erpressung und Flucht. ... Tausende von Polen, häufig Halbwüchsige, ..., Menschen, die nichts gelernt und nichts zu tun hatten, verbrachten ihren Tag damit, alle Passanten mißtrauisch zu beobachten. Sie waren überall, zumal in der Nähe der Gettogrenzen, auf der Suche, auf der Jagd nach Juden. Diese Jagd war ihre Profession und wohl auch ihre Passion. Sie erkannten Juden, ohne sich zu irren. Woran denn? Wenn nicht andere Merkmale, dann seien es – so wurde gesagt – die traurigen Augen, an denen man sie erkenne.»[236] Diese «Schmalzowniks», wie man sie gewöhnlich nannte, hatten es nicht darauf abgesehen, Juden den Deutschen auszuliefern; sie wollten Geld oder irgendwelche Wertsachen, «wenigstens das Jackett oder den Wintermantel».[237]

Und doch leisteten einige Polen Hilfe, unter großer Gefahr für sich und ihre Familie. So wurden Marcel und Tosia von einem polnischen Paar, das in einem Vorort von Warschau wohnte, versteckt und gerettet, «von Bolek, dem Setzer, und von Genia, seiner Frau».[238] Es kam in der Hauptstadt vor, und es kam in der Provinz vor. Ein Überlebender schreibt: «Diese Menschen halfen uns und setzten ihr Leben aufs Spiel, weil sie vor jedem Nachbarn, jedem Vorübergehenden, jedem Kind, das sie denunzieren konnte, Angst haben mußten.»[239] Genau dies ist jedoch der Punkt, den der Historiker Jan Gross hervorhebt: «*Weil* die Polen nicht bereit waren, die Juden zu unterstützen, und im wesentlichen davon Abstand nahmen, dies zu tun, wurde von den Deutschen die Todesstrafe für die Beherbergung von Juden systematisch und gnadenlos verhängt, und deshalb war die Aufgabe des Helfens so schwierig.»[240]

Das Tagebuch, das Franciszka Reizer, eine polnische Lehrerin aus einem Dorf in der Provinz Rzeszów, führte, veranschaulicht kraß diese unterschiedlichen Vorgänge: «20. November 1942. Die Deutschen trieben viele Bauern und Feuerwehrmänner aus den Dörfern und veranstalteten mit ihrer Hilfe eine Jagd auf Juden. ... Im Laufe dieser Aktion wurden sieben Juden gefangengenommen, alte, junge und Kinder. Diese Juden wurden zur Feuerwache gebracht und am darauffolgenden Tag erschossen.» Am 21. November heißt es: «Auf den Feldern, die Augustyn Bator gehören, hatten sich Juden einen Erdbunker eingerichtet. ... Sie wurden von den Gendarmen festgenommen, die Jagd auf Juden machten. Alle wurden auf der Stelle erschossen.» Am 30. November erwähnt Reizer den Tod einer Jüdin, die im Dorf Zuflucht gesucht hatte. Ein Jahr später, am 2. Oktober 1943: «In diesen Tagen wurden die letzten Juden aus der Nachbarschaft aufgespürt und ermordet. Man erschoß sie in der Nähe der Gerberei, die dem Juden Blank gehörte. Hier wurden 48 Juden begraben.»[241] Wieder ein Jahr später spricht das Tagebuch davon, daß die Deutschen eine polnische Familie ermordeten, die Juden versteckt hatte.

In den ländlichen Weiten des östlichen Polen (oder der westlichen Ukraine) gab es zwischen der Einstellung der polnischen Bauern und derjenigen der Ukrainer keinen Unterschied: traditioneller Haß, isolierte Fälle von Mut und zumeist, beinahe überall, die unersättliche Gier nach Geld oder sonstiger Beute.

Aryeh Klonicki (Klonymus) hatte in seinem Tagebuch, wie wir uns vielleicht erinnern werden, das Schicksal der Juden in der ostgalizischen Stadt Tarnopol während der ersten Tage der deutschen Invasion geschildert. Gemeinsam mit seiner Frau Malwina (Hertzmann) kehrte Aryeh nach Buczacz zurück, wo er lange Jahre gelebt hatte und als Lehrer an der Oberschule tätig gewesen war. Im Juli 1942 wurde ihr Sohn Adam geboren. Im Juli 1943 flohen Aryeh und Malwina in die benachbarten Dörfer, ein verzweifelter Versuch, ihren Sohn und sich selbst zu retten. Die Bitterkeit der Klonickis tritt in der allerersten Eintragung von Aryehs kurzem Tagebuch, die vom 7. Juli stammt, zutage: «Seit Ende 1943 hat hier eine neue Periode eingesetzt: es ist die Ära der Liquidierung. Ein Jude darf nicht mehr am Leben bleiben. ... Wenn da nicht der Haß der ortsansässigen Bevölkerung wäre, könnte man immer noch eine Möglichkeit finden, um sich zu verstecken. So wie die Dinge liegen, ist es jedoch schwierig. Jeder Hirte, jedes christliche Kind, das einen Juden sieht, meldet ihn sofort den Behörden, die keine Zeit verlieren, diesen Berichten nachzugehen. Es gibt einige Christen, die vorgeblich bereit sind, gegen volle Bezahlung Juden zu verstecken. Kaum haben sie ihre Opfer aber sämtlicher Habseligkeiten beraubt, da übergeben sie sie den Behörden. Es gibt in der Gegend einige Christen, die sich bei der Entdeckung jüdischer Verstecke hervorgetan haben. Da ist ein achtjähriger Junge (ein Christ natürlich), der den ganzen Tag in jüdischen Häusern herumlungert und der schon manches Versteck entdeckt hat.»[242]

Mit einem Versteck nach dem anderen versuchten es die Klonickis, und jedesmal wurden sie um ihr Geld oder ihren Besitz betrogen. Ihr ehemaliges Hausmädchen Franka war bereit, bei der Rettung des Kindes zu helfen, während sie sich in den nahegelegenen Feldern versteckten. «Franka zeigt wirklich erhebliche Anhänglichkeit an uns und möchte uns sehr gern helfen. Aber sie hat Angst. Überall in der Stadt hängen Plakate, auf denen jedem die Todesstrafe angedroht wird, der einen Juden versteckt. Das ist der Grund, weshalb wir draußen auf dem Feld sind und nicht in ihrer Wohnung. Wir haben Franka all unser Geld gegeben, 2000 Złotys und 15 ‹Lokschen› [Dollars]. Sollte es uns gelingen, für unser Kind einen Platz zu finden, dann könnten wir hier eine Zeitlang bleiben – solange unsere Anwesenheit im Dorf nicht entdeckt wird.»[243]

Das Kind Adam wurde schließlich von Nonnen aufgenommen. Aryeh und Malwina mußten den Jungen in der Nacht im Eingang zum Kloster zurücklassen: «In einer finsteren Nacht, während es in Strömen regnete, nahmen meine Frau und ich unseren Jungen und dazu einen Sack voller Habseligkeiten. ... Wir hinterließen ihn zusammen mit dem Sack im Flur des Klosters und rannten eilig davon. Wir sind überglücklich, daß es uns gelungen ist, die Versorgung unseres Kindes unter so günstigen Umständen zu gewährleisten. Mir machte es nichts aus, daß sie das Kind taufen würden.»[244]

Während die Tage vergingen, überlebten die Klonickis mit Mühe, indem sie von einem Ort zum anderen flohen. Am 27. Juli begann Aryeh seine letzte Tagebucheintragung; sie wurde nie abgeschlossen: «Die Lage ist sehr schlecht. Die ganze Nacht hat es geregnet und am Morgen auch. ... Um Mittag kam Samen noch einmal bei uns vorbei in Begleitung eines Mannes namens Wajtek, und sie haben uns weitere 300 Złotys abgenommen. Was können wir machen! Es ist unmöglich, noch länger hier zu bleiben ...»[245] Nach Angaben von Frankas Bruder wurden Aryeh und Malwina im Januar 1944 in einem Wald in der Nähe von Buczacz von den Deutschen umgebracht. Die Spuren ihres Sohnes Adam, den man als Taras getauft hatte, verloren sich.

Weiter im Osten legte die ukrainische Bevölkerung Wolhyniens und der «Dnjepr-Ukraine» im allgemeinen dieselbe Mischung judenfeindlicher Einstellungen an den Tag wie ihre Nachbarn im Westen. An die Stelle des Arguments, die Juden hätten kollaboriert, trat die jüdische Dominanz in den örtlichen sowjetischen Institutionen. Auch hier trugen Gier, Neid, religiöser Haß sowie eine gewisse Form von ukrainischem Nationalismus und Antibolschewismus in unterschiedlichem Umfang zu demselben Gebräu bei. Wie aber Karel C. Berkhoff in seiner sorgfältigen Untersuchung gezeigt hat, ist es schwierig, sich hier ein klares Bild zu machen.[246]

Die Judenfeindschaft war weitverbreitet, aber für viele einfache Ukrainer gab es ganz eindeutig einen Unterschied zwischen einer feindseligen Einstellung gegenüber den Juden oder selbst dem Haß auf sie und regelrechtem Massenmord. Zahlreiche Einwohner von Kiew hatten erst Fassungslosigkeit, dann Entsetzen gezeigt, als sie von den Massakern von Babi Jar erfuhren. Berichten der Einsatzgruppen vom Sommer und Herbst 1941 zufolge ließen sich in der Ukraine selbst Gewaltakte gegen die Juden nicht so leicht auslösen: «Für eine Judenverfolgung aus der ukrainischen Bevölkerung heraus fehlen die Führer und der geistige Schwung, da allen noch die harten Strafen in Erinnerung sind, mit denen der Bolschewismus jeden belegte, der gegen die Juden vorging», hieß es in einem Bericht. Dieselbe Klage wurde in einem anderen Bericht wiederholt: «Die seinerzeit unternommenen Versuche, Judenpogrome in vorsichtiger Weise zu inspirieren, haben leider nicht den erhofften Erfolg gezeitigt.»[247]

Paradoxerweise wurde aber, nachdem die Rote Armee die Ukraine zurückerobert hatte, der einheimische Antisemitismus bösartiger. In der östlichen Ukraine brachen im Sommer 1944 Pogrome aus, und danach gab es dann im September 1945 in Kiew heftige Unruhen, die sich gegen die Juden richteten. Die Reaktion der örtlichen Behörden war zurückhaltend; einige der führenden Vertreter der wiederhergestellten ukrainischen kommunistischen Partei waren selbst ausgesprochene Antisemiten.[248]

Vor diesem osteuropäischen Gesamthintergrund ergriff im Jahre 1942 auf Anregung der bekannten Schriftstellerin Zofia Kossak-Szczucka eine Gruppe polnischer Katholiken eine herausragende Initiative. In einer «Protest» betitelten Erklärung, die Kossak im August 1942 geschrieben hatte, als die Warschauer Ghettobewohner nach Treblinka deportiert wurden, hieß es, ungeachtet der Tatsache, daß die Juden die Feinde Polens seien und blieben, sei das generelle Schweigen angesichts der Ermordung von Millionen unschuldiger Menschen unannehmbar, und die polnischen Katholiken hätten die Verpflichtung, ihre Stimme zu erheben: «Wir sind nicht in der Lage, etwas gegen das mörderische deutsche Vorgehen zu unternehmen, wir sind nicht in der Lage, etwas zu unternehmen, um auch nur einen einzigen Menschen zu retten, aber wir protestieren aus der Tiefe unseres Herzens, voller Mitleid, Zorn und Furcht. Diesen Protest verlangt der allmächtige Gott, der das Töten verboten hat. Es verlangt ihn das christliche Gewissen.»[249] Ende September wurde ein «Provisorisches Komitee für Judenhilfe» gegründet. Dessen erste Sitzungen fanden im Oktober statt, und im Dezember wurde es umorganisiert; es war nun der «Rat für Judenhilfe» (Żegota), der von der Delegatura anerkannt und unterstützt wurde.[250]

Während der darauffolgenden Monate und bis zur Besetzung Polens durch die sowjetische Armee rettete und unterstützte Żegota Tausende von versteckten Juden vor allem auf der «arischen» Seite von Warschau. Die politisch-ideologische Zusammensetzung der Führung änderte sich jedoch im Laufe der Zeit. Die katholische Organisation, welche die Gründung des Rates in die Wege geleitet hatte, verließ ihn im Juli 1943. Die antisemitische Ideologie der FOP konnte auf die Dauer die Unterstützung für Juden nicht gutheißen.[251] Der Rückzug dieser konservativen Katholiken aus den Rettungsaktivitäten stand in Übereinstimmung mit den Positionen, die ein großer Teil der polnischen katholischen Kirche vertrat, sowie mit denen der Mehrheit der Bevölkerung und der Untergrundorganisationen.

*

Am 2. März 1943 notierte Goebbels nach einem langen Gespräch mit Göring in seinem Tagebuch: «Göring ist sich vollkommen im klaren darüber, was uns allen drohen würde, wenn wir in diesem Kriege schwach würden. Er macht sich darüber gar keine Illusionen. Vor allem in der Judenfrage sind wir ja so festgelegt, daß es für uns gar kein Entrinnen mehr gibt. Und das ist auch gut so. Eine Bewegung und ein Volk, die die Brücken hinter sich abgebrochen haben, kämpfen erfahrungsgemäß viel vorbehaltloser als die, die noch eine Rückzugsmöglichkeit besitzen.»[252]

9.
Oktober 1943 – März 1944

«Einen einsamen Sonntagabend benutze ich, um Dir den lange fälligen Brief zu schreiben.» So begann das Plädoyer, das der tiefreligiöse Protestant Kurt Gerstein, Offizier der Waffen-SS und gequälter Zeuge der Vernichtung, der vergeblich versucht hatte, die Welt zu informieren, am 5. März 1944 an seinen Vater, einen pensionierten Richter und unerschütterlichen Regimeanhänger, richtete. «Ich weiß nicht, was in Dir vorgeht, maße mir auch nicht im leisesten ein Recht an, dies wissen zu wollen. Aber wenn jemand ein Leben beruflich dem Recht gedient hat, muß doch in den letzten Jahren einiges in ihm vorgegangen sein. Tief erschreckt hat mich Dein Wort, das Du mir in einem bitteren Augenblick meines Lebens zuriefst oder vielmehr schriebst ...: Harte Zeiten erfordern harte Mittel! – Nein, ein solches Wort reicht nicht aus, um Geschehenes vertretbar zu machen. Ich kann es nicht glauben, daß dies das letzte Wort meines Vaters zu so beispiellosem Geschehen ist, meines alten Vaters, der mit einem solchen Wort und einem solchen Denken nicht von hinnen gehen darf. Mir will scheinen, daß wir alle, die wir noch einige Zeit zu leben haben, noch genügend Veranlassung (haben werden), allein über die praktischen Möglichkeiten und Grenzen, auch über die Folgen der Hemmungslosigkeit nachzudenken. ... Mögen dem Einzelnen auch noch so enge Grenzen gesetzt sein, und mag in vielem die Klugheit als die vorherrschende Tugend befolgt werden, niemals dürfte der einzelne seine Maßstäbe und Begriffe verlieren. Nie darf er sich seinem Gewissen und der ihm gesetzten obersten Ordnung gegenüber darauf herausreden vor sich selbst: Das geht mich nichts an, das kann ich nicht ändern. Er mag schweigen, aber er soll denken: das geht mich an; *ich* stehe in dieser Verantwortung und in dieser Schuld, und zwar als ein Wissender mit entsprechendem Maß an Verantwortung.

Lieber Vater, es gibt Situationen, wo der Sohn verpflichtet ist, dem Vater, der selbst in ihn die Grundlage legte und die Begriffe formte, einen Rat zu geben. Du wirst zu irgend einem Zeitpunkt für Deine Zeit, für das Geschehen in ihr, mit geradestehen müssen. Wir würden uns auch nicht mehr verstehen ..., wenn ich Dir nicht sagen könnte und dürfte: Unterschätze diese Verantwortung und diese Rechenschaftsverpflichtung nicht. Sie kann eher kommen, als man meint. Ich weiß von

dieser Verpflichtung, zugegeben, ich werde davon zerfressen (consumor in ea). Aber das schadet nichts ...»[1]
Der Vater verstand nicht. In einem weiteren, letzten Brief fügte Kurt hinzu: «Wenn Du Dich recht umguckst, wirst Du ... finden, daß dieser Riß durch viele ehedem enge Freundschaften und Familien hindurchgeht.»[2] Gerstein war in seiner Art als moralisch gepeinigter und «verräterischer» Angehöriger des Vernichtungssystems eine Ausnahme und ein einsamer Mensch; eine Rolle spielte die religiöse Grundlage, auf der seine Haltung beruhte, aber natürlich auch für andere Deutsche und für Angehörige anderer europäischer Nationen, von denen wir einige erwähnt haben, während uns Tausende unbekannt geblieben sind. Ihre oppositionelle Haltung, welche Form auch immer sie angenommen haben mag, und sei sie auch von begrenzter Wirkung gewesen, sollte in alle Überlegungen zur Rolle des Christentums in den Jahren der Vernichtung einbezogen werden. Ganz allgemein war jedoch ihr Weg nicht derjenige, den die christlichen Kirchen als zentrale Institutionen in der westlichen Welt einschlugen, und erst recht war er, wie wir vorwiegend in diesem Kapitel sehen werden, nicht derjenige ihrer geistlichen Führer.

I

Auf dem Kriegsschauplatz waren die letzten Monate des Jahres 1943 und der Beginn des Jahres 1944 beherrscht vom stetigen sowjetischen Vormarsch an allen Abschnitten der Ostfront, während die westlichen Alliierten auf der italienischen Halbinsel nur sehr langsam nach Norden vorankamen und sogar an der deutschen «Gustav-Linie» steckenblieben. Das entscheidende Ereignis der Großen Allianz fand in diesem Zeitraum beim Treffen Roosevelts, Churchills und Stalins in Teheran vom 28. November bis zum 1. Dezember statt. Trotz britischer Befürchtungen und Bedenken wurde die amerikanische Strategie akzeptiert: Amerikanische und britische Truppen würden irgendwann im Mai 1944 an der Küste der Normandie landen. Gleichzeitig würde die Sowjetunion eine Großoffensive starten und so die Deutschen daran hindern, Truppen in den Westen zu verlegen.

Hitler sah der Landung der Alliierten im Frühjahr 1944 mit großer Zuversicht entgegen. Die deutschen Verteidigungsanlagen an den Küsten des Atlantik und der Nordsee sowie die Truppen im Westen würden der britisch-amerikanischen Operation eine katastrophale Niederlage bereiten. Dann würde der «Führer», für lange Zeit vor einer weiteren Bedrohung durch eine Landung sicher, die gesamte deutsche Macht gegen die Sowjetarmee wenden, die verlorenen Gebiete zurückerobern und schließlich Stalin dazu zwingen, um Frieden zu bitten.[3] In der Zwischenzeit pflegte Hitler, da er der alliierten Bombenoffensive nicht wirksam begegnen konnte, wie Speer schreibt, «wüste Ausfälle gegen die englische Regierung und gegen die Juden zu richten, die diese Angriffe verschuldet hätten».[4] Und in der Tat verstärkten die Bombenangriffe Hitlers antijüdische Obsession durch ein Element blinder Wut und einen noch heftigeren Durst nach mörderischer Rache: Die Juden waren schuld!

In der Flut von Tiraden, die sich gegen die Juden richteten, trat Hitler in allen Rollen auf: als Prophet, als Staatsmann, als Demagoge; Goebbels erschien meist in der Rolle des überaus wirksamen Demagogen, der, wie Moshe Flinker gespürt hatte, vollkommen besessen war von seiner Botschaft. Und in Übereinstimmung mit dem vorgegebenen Tenor gaben die Rosenbergs, die Darrés, die Leys, die diversen Gauleiter, Geistlichen, Akademiker, Studienräte, Hitlerjugend- und BdM-Führer alle dieselben Beschimpfungen von sich. In diesem tosenden Geheul gab es noch eine andere Stimme, auf gleicher Ebene wie die Goebbelssche, aber von ihr verschieden und unheimlicher, die regelmäßig erklärte und drohte: Es war die Stimme Heinrich Himmlers. Der Reichsführer wandte sich nicht an die Zuhörermassen der Parteibasis; er behielt die Präsentation seiner mörderischen Aktivitäten, seine von Grundsätzen «moralischer Gesundheit» durchdrungenen Ermahnungen und die Lehren, die er aus seiner weitgespannten «Forschung» bezog, der Elite vor: den SS-Offizieren oder den höchsten Rängen von Partei und Wehrmacht. Während Hitler nie eine Gelegenheit ausließ, seine Zuhörer wissen zu lassen, daß er, wenn er den Propheten spielte und das Verschwinden der Juden befahl, eine quasi-göttliche Mission erfüllte, eine Aufgabe, die ihm die Vorsehung, das Schicksal oder die Geschichte zudiktiert hatten, daß er, mit anderen Worten, als außergewöhnlicher «Führer» von höheren Mächten für diese Mission auserwählt und somit allen Zweifeln und Skrupeln entrückt sei, verfolgte Himmler einen anderen Ansatz.

Der Reichsführer stellte die Vernichtung der Juden regelmäßig als eine schwere Verantwortung hin, die ihm der «Führer» übertragen hatte und die daher nicht zur Debatte stand; diese Aufgabe verlangte von ihm und von seinen Männern unaufhörliche Hingabe und einen beständigen Geist der Selbstaufopferung. Als der SS-Chef am 26. Juli 1942 die Versuche Rosenbergs zurückwies, eine Definition des Begriffs «Jude» für die besetzten Ostgebiete zu entwickeln, fügte er in eben diesem Sinn hinzu: «Die besetzten Ostgebiete werden judenfrei. Die Durchführung dieses sehr schweren Befehls hat der Führer auf meine Schultern gelegt. Die Verantwortung kann mir ohnedies niemand abnehmen. Also verbiete ich mir alles Mitreden.»[5]

Neben der Erfüllung seiner «schweren Befehle» ersann der Reichsführer gelegentlich grandiose antijüdische Propagandaoperationen eigener Art. Das *Untermensch*-Pamphlet beispielsweise, das die SS herausgebracht hatte, wurde in fünfzehn Sprachen auf dem gesamten Kontinent in Umlauf gebracht.[6] Anfang 1943 nahm ein weiteres Großprojekt Gestalt an. Unter dem Eindruck eines Buches über «jüdische Ritualmorde» teilte Himmler Kaltenbrunner am 19. Mai mit, er werde es an SS-Offiziere «bis zum Standartenführer» versenden lassen; «mehrere 100 Stück» übersandte er ihm, «damit Sie diese an Ihre Einsatz-Kommandos, vor allem aber an die Männer, die mit der Judenfrage zu tun haben, verteilen können». Darüber hinaus ordnete der Reichsführer Untersuchungen über Ritualmorde unter Juden an, die noch nicht «evakuiert» waren, um einige öffentliche Prozesse zu veranstalten; besonders intensiv sollten diese Nachforschungen in Rumänien, Ungarn und Bulgarien sein, damit die Nazipresse die Möglichkeit hätte, die Ergebnisse zu publizieren und dadurch die Bemühungen um die Deportation der Juden aus diesen Ländern zu fördern.

Schließlich schlug der SS-Chef vor, in Zusammenarbeit mit dem Auswärtigen Amt ein spezielles Radioprogramm einzurichten, das sich an Großbritannien und die Vereinigten Staaten wenden und sich ausschließlich auf antisemitisches Material konzentrieren sollte, so wie es Streichers *Stürmer* «in der Kampfzeit» getan hatte. Die englische Presse und englische Polizeiberichte sollten nach Berichten über vermißte Kinder durchforstet werden; Himmlers Programm würde dann die Nachricht senden, das Kind sei wahrscheinlich einem jüdischen Ritualmord zum Opfer gefallen. «Insgesamt glaube ich», behauptete der Reichsführer, «könnten wir mit einer großen antisemitischen Propaganda in englischer, vielleicht auch sogar russischer Sprache auf einer sehr starken Ritualmord-Propaganda den Antisemitismus in der Welt ungeheuer aktivieren.»[7]

Wenn sich Himmler an die höheren Ränge der SS oder an andere prominente Zuhörer wandte, schlug er oft einen nüchternen, sachlichen und ruhigen Ton an. Vertraulich berichtete er über das Schicksal der Juden und erklärte, weshalb das, was getan wurde, getan werden mußte. In den Jahren 1943 und 1944 erörterte der Reichsführer die «Endlösung» mit Zuhörern, die gut informiert und auf die eine oder andere Weise an ihrer Durchführung beteiligt waren; jedesmal bot Himmler Ermutigung und Rechtfertigung. In dieser Manier sprach er am 4. Oktober 1943 zu SS-Generälen und am 6. Oktober zu Gauleitern, beide Male in Posen (die Ansprache an die SS-Generäle ist die bekanntere der beiden sehr ähnlichen Reden). Wiederum beschrieb Himmler am 6. Oktober die Judenfrage als jene, die «für mich die schwerste ... meines Lebens geworden ist».[8]

«Es trat an uns die Frage heran», erklärte der Reichsführer in seiner Ansprache vom 6. Oktober, «wie ist es mit den Frauen und Kindern? –

Ich habe mich entschlossen, auch hier eine ganz klare Lösung zu finden. Ich hielt mich nämlich nicht für berechtigt, die Männer auszurotten – sprich also, umzubringen oder umbringen zu lassen – und die Rächer in Gestalt der Kinder für unsere Söhne und Enkel groß werden zu lassen. Es mußte der schwere Entschluß gefaßt werden, dieses Volk von der Erde verschwinden zu lassen.»[9] Dieselben Argumente sollte Himmler dann vor einer Versammlung von Wehrmachtsgenerälen im Mai 1944 und bei mehreren weiteren Anlässen während des gleichen Jahres wiederholen.[10]

Goebbels nahm an der eintägigen Gauleiterkonferenz vom 6. Oktober teil: «Was die Judenfrage anlangt», schrieb der Propagandaminister am 9. Oktober, «so gibt er [Himmler] darüber ein ganz ungeschminktes und freimütiges Bild. Er ist der Überzeugung, daß wir die Judenfrage bis Ende dieses Jahres für ganz Europa lösen können. Er tritt für die radikalste und härteste Lösung ein, nämlich dafür, das Judentum mit Kind und Kegel auszurotten. Sicherlich ist das eine wenn auch brutale, so doch konsequente Lösung. Denn wir müssen schon die Verantwortung dafür übernehmen, daß diese Frage zu unserer Zeit ganz gelöst wird. Spätere Geschlechter werden sich sicherlich nicht mehr mit dem Mut und mit der Besessenheit an dies Problem heranwagen, wie wir das heute noch tun können.»[11]

Seine Rede vor den SS-Generälen vom 4. Oktober verzierte Himmler mit einigen rhetorischen Höhenflügen: «Die Judenevakuierung ... ist ein niemals geschriebenes und niemals zu schreibendes Ruhmesblatt unserer Geschichte.» Die Erklärung, die nun folgte, hielt sich eng an die Argumentation, die Hitler ständig wiederholte. «Wir wissen», fuhr Himmler fort, «wie schwer wir uns täten, wenn wir heute noch in jeder Stadt – bei den Bombenangriffen, bei den Lasten und bei den Entbehrungen des Krieges – noch die Juden als Geheimsaboteure, Agitatoren und Hetzer hätten. Wir würden wahrscheinlich jetzt in das Stadium des Jahres 1916/17 gekommen sein, wenn die Juden noch im deutschen Volkskörper säßen.» Der Reichsführer hielt es für erforderlich, bei seinen hochrangigen Offizieren das Gefühl einer bitteren, schweren, aber ruhmreichen und lebensnotwendigen Aufgabe wachzuhalten, und das zu einer Zeit, in der sich bedrohlich die Niederlage abzeichnete und mit ihr die Gefahr einer Vergeltung konkreter wurde. Himmler mag auch noch das Ziel verfolgt haben, die auf das Lob folgende Botschaft abzuschwächen – aber doch zu vermitteln –, in der diejenigen mit dem Tode bedroht wurden, welche die Vernichtung zu ihrem eigenen Vorteil ausnutzten: «Wir haben ... nicht das Recht, uns auch nur mit einem Pelz, mit einer Uhr, mit einer Zigarette oder mit sonst etwas zu bereichern.»[12]

Tatsächlich hatte, während der Reichsführer sowohl lobte als auch drohte, eine Untersuchungskommission unter dem Vorsitz von SS-Untersuchungsrichter Konrad Morgen weitverbreitete Korruption und ungenehmigte Tötungen politischer Gefangener (vor allem von Polen und Russen) direkt im Zentrum des Vernichtungssystems, in Auschwitz, entdeckt. Rudolf Höß wurde von seinem Kommando abberufen (aber auf eine höhere Position in Berlin versetzt);[13] andere mußten ebenfalls gehen: der Leiter der politischen Abteilung, Maximilian Grabner, der Chef der Gestapo von Kattowitz, Rudolf Mildner, ja sogar einer der Chefärzte, dem wir bereits begegnet sind, Friedrich Entress (der sich darauf spezialisiert hatte, Häftlingen in der Krankenstube des Hauptlagers Phenolinjektionen ins Herz zu geben), und dazu auch kleinere Fische.[14]

Himmler war natürlich mit einem dauerhaften und unlösbaren Problem konfrontiert: Wie sollte man dem mutwilligen Morden Einhalt gebieten in einer Organisation, die zum Massenmord bestimmt war; wie sollte man der weitverbreiteten Korruption Einhalt gebieten in einer Organisation, die zur Plünderung in großem Stil bestimmt war? Relativ gesehen waren derartige interne disziplinarische Probleme jedoch untergeordnet, und die Autorität des Reichsführers stand nie in Frage. Gleichzeitig nahm seine Macht innerhalb der Gesamtstruktur des Regimes ständig zu.

Die Waffen-SS war zu einer Armee innerhalb der Wehrmacht geworden, die 1944 etwa 38 Divisionen (mit etwa 600 000 Mann) umfaßte.[15] Wie wir sahen, machten unter der Führung Pohls sowohl das Lagersystem als auch die Industriebetriebe der SS zügige Fortschritte; und die Zahl ihrer Sklavenarbeiter wuchs ebenfalls rasch. Im August 1943 löste der Reichsführer Frick als Innenminister ab. Nach einem kurzen Zusammenstoß mit Bormann, bei dem es um die Autonomie der Gauleiter ging, beharrte Himmler nicht weiter darauf, seine Autorität über die Getreuen der Partei geltend zu machen, und bald tat er sich mit Hitlers allmächtigem «Sekretär» zu einem Bündnis zusammen, das jede konkurrierende Macht zerschlagen konnte.[16] Schließlich wurde Anfang 1944 der militärische Nachrichtendienst, die Abwehr, aufgelöst, weil man ihr eine Verschwörung gegen das Regime vorwarf; ihr Chef, Admiral Canaris, wurde verhaftet und die gesamte Organisation vom RSHA übernommen.[17]

Im Hinblick auf die Geschichte des Reiches und auf die der Vernichtung der Juden lautet die entscheidende Frage jedoch nicht, welche Macht der Reichsführer innerhalb des Systems besaß, sondern wie unterwürfig er seinem «Führer» gegenüber immer noch war. Vor allem ist zu fragen, ob er ohne Wissen Hitlers Fühler ausstreckte, um Kontakte zu den Westalliierten zu knüpfen. Diese Frage beschäftigt Historiker seit Jahrzehnten, weil es keine Dokumente gibt, die eine abschließende Antwort auf sie zulassen und weil die Aussagen von Zeugen nach dem Krieg und die Memoiren nur zum Teil zuverlässig sind und durchaus in verschiedene Richtungen führen; die Indizienbeweise sind ebensowenig schlüssig. Im Zentrum dieser Debatte steht die «Endlösung». Gibt es irgendeinen Hinweis darauf, daß Himmler, um zu einem akzeptablen Partner für den Westen zu werden, tatsächlich versucht hätte, den Ablauf der Vernichtung zu verlangsamen, oder es zugelassen hätte, daß insgeheim deutsche Rettungsangebote gemacht wurden? Auch wenn gegenteilige Behauptungen aufgestellt worden sind, erscheinen doch für Ende 1943 oder Anfang 1944 solche Annahmen nicht überzeugend. Verwirrender wird dann die Situation nach der Besetzung Ungarns durch die Deutschen, im März 1944, wie wir im letzten Kapitel sehen werden.

II

Während die Deportation und die Vernichtung der Zehntausenden von Juden aus Saloniki im Frühjahr 1943 in jeder Phase deutsche Planung erforderte, unter anderem im Hinblick auf die Verfügbarkeit von Zügen und von hinreichendem Platz in den Baracken und Gaskammern von Birkenau, hing die Deportation der 8000 Juden aus Dänemark im wesentlichen von den richtigen politischen Umständen im Rahmen eines einzigartigen Arrangements ab.

Die Deutschen hatten eine halbautonome dänische Regierung im Amt belassen, und ihre eigene Präsenz als Besatzer war kaum zu spüren. Für diesen eigentümlichen Kurs hatte sich Hitler entschieden, um in einem Land strategischer Bedeutung (es ging um die Durchfahrt nach Norwegen und Schweden und die Nähe der englischen Küste), das mit der Gemeinschaft der nordischen Völker «rasseverwandt» war und das vor allem als unentbehrlicher Lieferant landwirtschaftlicher Produkte fungierte (die 1941 mehr als 15 Prozent des deutschen Bedarfs deckten), unnötige Schwierigkeiten zu vermeiden.[18] Bis September 1942 vertrat der Berufsdiplomat Cecil von Renthe-Fink in Kopenhagen geschickt diese Politik. Dann aber befahl Hitler aus Ärger über die lakonische Antwort, die ihm König Christian X. auf seine Geburtstagsglückwünsche geschickt hatte, die Abberufung von Renthe-Finks und forderte ganz allgemein eine härtere Gangart gegenüber den Dänen.[19] Werner Best, der seine Stelle in Paris einige Monate zuvor aufgegeben hatte und ins Auswärtige Amt abkommandiert worden war, wurde Ende Oktober 1942 nach Kopenhagen versetzt. Die Anweisungen, die Hitler Best bei einer Unterredung in Winniza gab, waren mittlerweile etwas maßvoller als jene, die er einige Wochen zuvor dem neuen Militärbefehlshaber in Dänemark, General Hermann von Hanneken, übermittelt hatte.[20] Tatsächlich führte Best während der ersten neun Monate seiner Amtszeit als Reichsbevollmächtigter die Politik seines Vorgängers durchaus fort.

Von April 1940 bis zum Spätsommer 1943 hielt sich die Verfolgung der Juden in Dänemark in engen Grenzen; selbst Best drängte trotz eines gewissen Drucks aus dem RSHA zur Zurückhaltung. Die Führer der jüdischen Gemeinschaft zogen gewissermaßen mit und erklärten sich mit den geringfügigen Diskriminierungen, welche die Regierung unter Ministerpräsident Eric Scavenius verfügt hatte, einverstanden.[21]

Ende Juli 1943 begann sich die Lage zu ändern. Der Sturz Mussolinis, die Landung der Alliierten in Sizilien und die massiven Bombenangriffe auf Hamburg überzeugten die meisten Dänen davon, daß jetzt die Niederlage Deutschlands näherrückte. Sabotageakte, die bis dahin kaum stattgefunden hatten, nahmen zu; in mehreren Städten brachen Streiks aus. Der Regierung Scavenius glitt das Heft aus der Hand. Best erschien ein Politikwechsel unvermeidlich, wie er am 22. August an Himmler schrieb. In der Tat ordnete Hitler zwei Tage später scharfe Gegenmaßnahmen an, und am 29. verhängten die Deutschen das Kriegsrecht. Zu dieser Zeit, am 8. September, als die Verordnung in Kraft war und antideutsche Demonstrationen auf der Stelle niedergeschlagen werden konnten, forderte Best in einem Telegramm nach Berlin die Lösung der Judenfrage. Am 17. September erteilte Hitler seine Genehmigung.[22] Am gleichen Tag befahl Best die Beschlagnahme der Mitgliederlisten im jüdischen Gemeindebüro.[23]

Am 22. September erkundigte sich Ribbentrop bei seinem «Führer», ob die Deportation angesichts der Schwierigkeiten, die sich ergeben konnten, ratsam sei: Hitler bestätigte seine vorgängige Entscheidung.[24] Das Datum der Aktion wurde auf den 2. Oktober festgesetzt, obgleich sowohl die Befehlshaber der Armee als auch die der Marine deutlich machten, daß sich ihre Einheiten nicht an ihr beteiligen würden. Tatsächlich wurde in Bests Umgebung die Skepsis bezüglich der geplanten Aushebung weithin geteilt. Irgendwann Ende September entdeckte Georg F. Duckwitz, der Schiffahrtssachverständige der Botschaft, einem seiner dänischen Freunde das Datum der Razzia.[25] Daraufhin bot die schwedische Regierung, die durch ihren Botschafter in Kopenhagen über die bevorstehende Aktion informiert worden war, Berlin an, alle Juden Dänemarks aufzunehmen. Darüber hinaus machte Stockholm sein Angebot publik und informierte so die gefährdeten Juden davon, daß ihnen in Schweden Asyl gewährt werde.[26]

Die weitverbreitete Interpretation, Best habe, nachdem er die Deportationen eingeleitet hatte, aktiv für ihr Scheitern gesorgt, indem er Duckwitz dazu veranlaßte, seine dänischen Gesprächspartner zu informieren, entbehrt jeder Grundlage. Dennoch war der Reichsbevollmächtigte aller Wahrscheinlichkeit nach nicht unglücklich darüber, daß am Vorabend der deutschen Aktion in einer koordinierten Operation, die von der überwältigenden Mehrheit der dänischen Bevölkerung unterstützt wurde, ungefähr 7000 Juden nach Schweden übergesetzt wurden. Etwa 485 Juden wurden festgenommen und, nachdem Best bei Eichmann interveniert hatte, nach Theresienstadt deportiert, wo die meisten von ihnen den Krieg überlebten.[27]

III

Am 29. September 1943 war Amsterdam «judenfrei».[28] In den vorangegangenen Monaten waren etwa 35 000 Juden aus den Niederlanden von Auschwitz nach Sobibór umgeleitet worden, da die Gaskammern in Auschwitz infolge einer Typhusepidemie im Lager eine Zeitlang außer Betrieb waren. Neunzehn dieser niederländischen Deportierten überlebten. In der Zwischenzeit waren die Deportationen aus Frankreich und Belgien zeitweilig unterbrochen worden.[29]

Während der letzten Monate ihres Feldzugs gegen die Juden in den Niederlanden gingen die Deutschen über das hinaus, was die Pflicht gebot. Als die Hunderte Juden portugiesischer Abstammung behaupteten, aufgrund jahrhundertelanger Einheirat in die einheimische Bevölkerung könnten sie nicht als Juden angesehen werden, setzten die Deutschen eine systematische Untersuchung ihrer rassischen Herkunft in Gang; diese zog sich, wie wir sehen werden, bis Anfang 1944 hin. Mischehen stellten ein weiteres schwieriges Problem dar. Seyß-Inquart schlug die Sterilisierung der jüdischen Partner als Rettung vor der Deportation vor, womit er Schritte vorwegnahm, die im Reich lediglich erörtert, nicht aber in die Praxis umgesetzt worden waren. Schließlich wurden infolge der Initiative des Reichskommissars etwa 2500 Juden (Männer und Frauen) sterilisiert.[30]

«Den Mischehepartnern wurde mitgeteilt, daß sie ihren Entschluß bezüglich der Sterilisation bis zum kommenden Donnerstag aufschieben können», notierte Philip Mechanicus, ein niederländisch-jüdischer Journalist, der von Mai 1943 bis März 1944 in Westerbork inhaftiert war, am Dienstag, dem 15. Juni 1943, in seinem Tagebuch. «Zwei jüdische Ärzte werden vorher Bedeutung und Folgen der Sterilisation erklären. Gestern hing eine betreffende Erklärung in der Eingangshalle der Registratur aus.»[31] Am Tag darauf wurde die Debatte, wie aus Mechanicus' Eintragung hervorgeht, recht hitzig. «Ein Gewitter der Kritik und Entrüstung hat sich heute morgen nach dem Frühstück über einem jungen Mann entladen, der entschlossen ist, sich sterilisieren zu lassen. ‹Du bist ein Feigling!› ‹Du hast keinen Charakter!› ‹Das macht doch kein Kerl!› ‹Du müßtest selbst mal vor dem Problem stehen. Ich tue es für meine Frau.› ‹Deine Frau dürfte so etwas nicht wollen. ... Richtig drollig so ein sterilisierter Kerl!› ‹Woher wißt ihr denn, daß ihr später in Polen nicht sterilisiert werdet? Ich nicht. Dann lieber gleich hier. Und bei meiner Frau bleiben!›»[32]

Und während sich diese müßigen Debatten fortsetzten und die Schwierigkeiten des Alltags in Westerbork das Leben der Insassen ausfüllten, brachten Transporte weitere Juden aus allen Teilen der Niederlande und aus den Arbeitslagern. Dann lud mit absoluter Regelmäßigkeit jeden Dienstag ein anderer Transport seine Ladung von 1000 bis 3000 Juden ein und fuhr nach «Polen». Bis zum Ende des Krieges waren mehr als 100 000 Juden allein durch Westerbork geschleust worden, überwiegend auf dem Weg zur Vernichtung.

Die «alten Hasen» im Lager waren, wie schon erwähnt, die deutschen Juden, die unter der Kontrolle des deutschen Kommandanten und seines kleinen Stabes die Masse der niederländischen Juden herumkommandierten. Mechanicus war ein scharfer Beobachter, ein wenig in der Art von Kaplan oder vielleicht in Klemperers Manier: «Unstreitig ist, daß die deutschen Juden ihre Vorrangstellung mißbraucht haben und das immer noch tun», notierte er am 3. Juni 1943. «Sie bilden hier eine beinahe exklusive Genossenschaft zum Schutz der Interessen der deutschen Juden. Sie bemühen sich, ein jeder für sich, alle ins Lager gebrachten Deutschen vor der Deportation zu retten und hierzubehalten. Das haben sie von dem Augenblick an getan, als die Transporte niederländischer Juden in Westerbork anfingen. Auf diese Weise haben sie die niederländischen Juden faktisch den Deutschen ausgeliefert, sich selbst zum Vorteil. Sie haben überall, wo sie nur konnten, Deutschen zu Pöstchen verholfen und an ihnen festgehalten. Kein Problem für die Registratur mit Schlesinger an der Spitze. Seit den letzten sieben Monaten z. B., in denen ich mich nunmehr im Krankenhaus befinde, waren es fast immer niederländische Juden, die auf Transport geschickt wurden.»[33]

Einen Teil der bestehenden Vorherrschaft der deutschen Juden erklärte Mechanicus durch die einfache Tatsache, daß die Deutschen, die das Kommando führten, lieber mit deutschen als mit niederländischen Juden arbeiteten: «Sie stehen sich näher, verstehen sich besser, sowohl psychologisch als auch, was die Sprache und die Umgangsformen angeht. ... Gemmeker [der letzte Kommandant] hat sogar einen jüdischen Adjutanten, Herrn Todtmann, der die Verbindung zwischen dem Kommandanten und der Registratur herstellt. Der Adjutant trägt Dienstuniform. Er [Gemmeker] hat den deutschen Juden den hier seit kurzem berühmten roten Stempel verliehen [das waren Stempel, die im Prinzip vor der Deportation schützten – eine Zeitlang...].»[34]

Seine schärfsten Spitzen behielt Mechanicus den ehemaligen Mitgliedern des Judenrats vor. Offiziell wurde der Judenrat am 5. Juli aufgelöst, aber am gleichen Tage wurden seinen bisherigen Mitgliedern verschiedene Privilegien für sie selbst und ihre Familien gewährt, darunter auch der «rote Stempel». «In Wirklichkeit ... handelt es sich um eine dämonische Ehrung durch Vertreter eines Regimes, das Juden dazu benutzt hat, Juden zu fangen, Juden auszuliefern, Juden zu bewachen. Es ist die Jagd nach einem Stempel gewesen, das Verlangen, das eigene nackte Leben zu retten, das die Juden dazu bewogen hat, die gräßlichen Dienste zu tun, die ihre Peiniger ihnen abverlangt und zugemutet haben. ... Doch sie werden nach dem bösen Rausch, sobald sie nach der beklemmenden Jagd zur Ruhe gekommen sind, in ihrem Gewissen zu wühlen anfangen, wenn sie überhaupt ein Gewissen haben.»[35]

Letztlich gab es nichts, das einen wirklichen Einfluß auf die deutsche Routine gehabt hätte. Selbst ein paar Hundert privilegierte Juden, die man aus Amsterdam auf ein Schloß in Barneveld geschickt und denen man fest zugesichert hatte, daß sie dort bis Kriegsende bleiben würden, wurden plötzlich im Sommer 1943 nach Westerbork verlegt, wenn auch mit Theresienstadt als endgültigem Fahrtziel... Für die überwältigende Mehrheit jedoch änderte das Auf und Ab an der Oberfläche des Lebens in Westerbork nichts am Endergebnis.

«Bald werden meine Eltern an der Reihe sein abzufahren», schrieb Etty Hillesum am 10. Juli 1943. «Wenn durch ein Wunder nicht diese Woche, dann mit Sicherheit in einer der nächsten. Mischa [Ettys Bruder] besteht darauf, mit ihnen mitzufahren, und mir scheint, daß er das wahrscheinlich tun sollte; wenn er mit ansehen müßte, wie unsere Eltern diesen Ort verlassen, würde ihn das völlig außer Fassung bringen. Ich werde nicht fahren. Ich kann es einfach nicht. Es ist leichter, aus der Ferne für jemanden zu beten als ihn neben sich leiden zu sehen. Es ist nicht die Angst vor Polen, die mich davon abhält, mit meinen Eltern mitzufahren, sondern die Furcht davor, sie leiden zu sehen. Und auch das ist Feigheit.»[36]

Einen Monat früher, am 8. Juni, hatte Etty die Abfahrt des wöchentlichen Transports beschrieben. «Die Menschen sind schon in die Güterwagen eingeladen worden; die Türen sind geschlossen. ... Das Soll der Abzutransportierenden ist noch nicht erfüllt. Gerade eben traf ich die Vorsteherin des Waisenhauses, die ein kleines Kind im Arm trug und die auch fort muß, allein. Ich bin auf eine Kiste geklettert, die hier im Gebüsch lag, um die Güterwaggons zu zählen. Es waren fünfunddreißig, mit einigen 2.-Klasse-Wagen an der Spitze für die Wachmannschaften. Die Güterwagen waren völlig verriegelt, aber hier und da fehlte ein Brett, und die Menschen steckten die Hände durch die Lücken und winkten wie Ertrinkende ...»[37]

Während Etty, die sich offensichtlich über das Schicksal der Deportierten noch nicht sicher war, zusah, wie die Transporte Westerbork verließen, war für Anne das Leben im Versteck mit kleinen Qualen angefüllt, aber es wurde doch auch in zunehmendem Maße von ihrer ersten Teenagerliebe beherrscht. Das Hinterhaus beherbergte die Franks, die van Daans und einen Herrn Dussel. Anne würde 1944 15 Jahre alt werden und Peter van Daan 17. Am 16. Februar notierte Anne einige der Themen, über die sie gesprochen hatten: «Er [Peter] sprach über den Krieg, daß die Russen und die Engländer sicher auch wieder Krieg miteinander bekommen würden, und er sprach über die Juden. Er hätte es bequemer gefunden, wenn er Christ wäre oder wenn er es nach dem Krieg sein könnte. Ich fragte, ob er sich taufen lassen würde, aber das war auch nicht der Fall. Er könnte doch nicht fühlen wie die Christen, sagte er, aber nach dem Krieg würde niemand wissen, ob er Christ oder Jude sei. Dabei ging mir ein Stich durchs Herz. Ich finde es so schade, daß er immer noch einen Rest Unehrlichkeit in sich hat.»[38]

In der Zwischenzeit schickte Rosenbergs Plünderungsbehörde die aus den Wohnungen niederländischer Juden gestohlenen Möbel heim ins Reich, aber auch, wie wir sahen, an deutsche Beamte und Dienststellen im Osten. Am 30. April 1943 tauchten die holländischen Juden unerwartet in Kruks Tagebuch auf: «Wir haben schon über die Abfahrt von 130 000 holländischen Juden und ihren Transport in den Osten geschrieben. Wir erwähnten auch, daß sich Wagenladungen mit Gütern, die von den niederländischen Juden stammen, auf dem Bahnhof von Wilna befinden. Jetzt ein Punkt, der das alles aufklärt – schöne alte Möbel sind hierher gebracht worden, in unsere Schreinerwerkstatt, zur Reparatur. In den Schubladen finden Leute niederländische Dokumente, darunter Dokumente vom Dezember 1942, was bedeutet, daß die Niederländer angeblich nicht vor Januar oder Februar in den Osten gebracht wurden. Demnach wußten die Juden [dort] ... nicht, daß sie vernichtet werden würden. ... In unserer Gegend sind Dutzende von Eisenbahnwagen voll jüdischem Gerümpel verstreut, Überreste des ehemaligen niederländischen Judentums.»[39]

*

Um die Zahl der Deportierten aus Frankreich zu erhöhen, drängten die Deutschen jetzt Vichy dazu, ein Gesetz zu verabschieden, mit dem den seit 1927 eingebürgerten Juden die französische Staatsbürgerschaft wieder aberkannt wurde. Nachdem sich aber Laval im Frühsommer 1943 zunächst scheinbar mit dem deutschen Plan einverstanden erklärt hatte, lehnte er die neue Forderung im August ab. Berichte der Präfekten hatten den Chef der Vichy-Regierung davon überzeugt, daß die öffentliche Meinung an der Auslieferung französischer Bürger an die Deutschen (auch wenn sie in neuerer Zeit eingebürgert waren) Anstoß nehmen würde.[40]

Wegen der Wichtigkeit der Problematik, so teilte Laval den Männern Eichmanns mit, würde der Staatschef selbst die Entscheidung treffen müssen. Pétain war sich natürlich über die möglichen Reaktionen der Bevölkerung im klaren. Außerdem hatte ihn der Beauftragte der Versammlung der Kardinäle und Erzbischöfe, Monsignore Chappoulie, gewarnt, die Kirche werde auf jede kollektive Aufhebung der Einbürgerung von Juden, die nach 1927 französische Bürger geworden waren, negativ reagieren.[41] Schließlich ist es wahrscheinlich, daß Pétain und Laval im August 1943, als sie die deutsche Forderung zurückwiesen, beide – ebenso wie jeder andere jenseits der Grenzen des Reichs – einfach spürten, daß die Deutschen im Begriff standen, den Krieg zu verlieren.

Welches dieser Elemente für Vichy die entscheidende Rolle spielte, läßt sich schwer einschätzen. Eine Meinungsumfrage, die das CGQJ im Frühjahr 1943 auf Verlangen der Regierung durchführte, deutete darauf hin, daß es im Lande eine absolute Mehrheit von Antisemiten gab.[42] Diese Ergebnisse, die das Generalkommissariat möglicherweise manipuliert hatte, sind zwar mit Vorsicht heranzuziehen; sie bestätigten jedoch zuvor erwähnte Tendenzen, auch wenn sie nicht zu den Berichten der Präfekten über potentielle Reaktionen auf die Rücknahme von Einbürgerungen paßten.

Die Deutschen ließen sich nicht beirren: Sie wollten mit der Deportation von französischen Juden beginnen. Hierbei erhielt Danneckers Nachfolger, Obersturmbannführer Heinz Röthke, Verstärkung: Eichmanns Sonderbeauftragter Alois Brunner traf direkt aus Saloniki ein, wo die Deportation fast der gesamten jüdischen Bevölkerung soeben erfolgreich abgeschlossen worden war. Begleitet von einer speziellen Gruppe von etwa 25 SS-Offizieren, sollte Brunner in direktem Kontakt mit Berlin stehen. Er löste sofort die französischen Beamten ab, die für Drancy zuständig waren, und ersetzte sie durch seine eigenen Männer; der UGIF-Nord befahl er, die interne Verwaltung des Lagers zu übernehmen.[43]

Angesichts der deutschen Beharrlichkeit und Entschlossenheit waren UGIF-Nord wie UGIF-Süd hilflos. André Baur, der Leiter der UGIF-Nord, lehnte es ab, sich mit Brunners Plan einverstanden zu erklären, der darauf zielte, Juden, die nicht verhaftet worden waren, zu ihren Familien in Drancy zu locken (das war der «Missionarsplan»). Als Baur voller Verzweiflung angesichts von Brunners unnachgiebigem Druck ein Treffen mit Laval verlangte, ließ Eichmanns Beauftragter ihn verhaften (unter dem Vorwand, zwei Insassen von Drancy, von denen der eine ein Vetter von Baur war, seien entflohen).[44]

Noch deutlicher wurde Brunners Intention, die UGIF-Nord ihrer führenden Vertreter zu berauben, um dann eine völlig gefügige jüdische Führung in der Hand zu haben, als die Deutschen nach der Verhaftung Baurs in verschiedenen UGIF-Büros Razzien veranstalteten und unter den fadenscheinigsten Vorwänden weitere führende Vertreter der UGIF nach Drancy schickten. Binnen weniger Monate hatte der Gestapo-Beauftragte dieses spezielle Ziel erreicht: Die UGIF-Nord existierte zwar weiter (was durchaus im deutschen Interesse lag, solange Zehntausende von Juden immer noch in der nördlichen Zone wohnten und weiterhin Kinderheime unter der Kontrolle der Organisation standen), aber ihre neuen Führer waren jetzt der unterwürfige Georges Edinger und eine Person, die später nie ganz von dem Verdacht reingewaschen wurde, sie habe eine undurchsichtige Rolle gespielt, Juliette Stern.[45]

Mittlerweile war jedoch die UGIF-Nord, schon unter dem Vorsitz Baurs und später dann aktiver, dazu bereit, an einem deutschen Plan mitzuwirken, dessen Zielsetzung von Anfang an offenkundig gewesen sein muß. Einige jüdische Kinder sollten aus Drancy entlassen und zusammen mit anderen, die sich bereits in der Obhut der UGIF befanden, außerhalb des Lagers untergebracht werden. Die Bedingung hierfür war, daß alle in bestimmte Heime geschickt wurden, die unter der Verantwortung der Organisation standen. Das hieß mit anderen Worten, daß die Kinder eine gefangene Gruppe waren, deren sich die Deutschen bemächtigen konnten, wann immer sie den Wunsch dazu hatten. In der Zwischenzeit sollte sich die UGIF um sie kümmern. Die Vereitelung des deutschen Plans wurde zu einer immer dringlicheren Aufgabe für einige Mitglieder der UGIF selbst sowie für das halb geheime Kinderhilfskomitee (OSE), die offiziell aufgelöste jüdische Pfadfinderorganisation und die kommunistische Fürsorgevereinigung «Solidarität». Alle unternahmen Versuche, Kinder aus den Heimen der UGIF in Pflegefamilien, christliche Institutionen und sichere Unterbringungsmöglichkeiten der OSE zu überführen. Als aber die Deutschen kurz vor der Befreiung von Paris die Heime der UGIF überfielen, befanden sich, wie wir sehen werden, viele der jungen Schützlinge immer noch dort.[46]

In der südlichen Zone gingen die deutsch-französischen Aushebungen, mit denen der italienischen Obstruktion in den letzten Monaten des Mussolini-Regimes und während der kurzen Herrschaft Badoglios begegnet werden sollte, weiter. Am 25. Februar 1943 war Ribbentrop nach Rom gefahren, um sich persönlich mit Mussolini auseinanderzusetzen. Der Duce versuchte, einen Zusammenstoß zu vermeiden, und erklärte, seine Männer verhafteten die Juden in ihrer Zone, eine Aussage, von der sowohl er als auch Ribbentrop wußten, daß sie nicht zutraf.

In Wirklichkeit befahl der italienische Militärbefehlshaber in Frankreich Anfang März den lokalen französischen Behörden, die Juden, die sie in einigen der unter italienischer Kontrolle stehenden Städte verhaftet hatten, sofort freizulassen.[47] Da sich die Nachricht über die italienische Haltung verbreitete, flohen Juden in immer größerer Zahl in diese paradoxe Zufluchtszone, und im März 1943 lebten etwa 30 000 von ihnen im Südosten Frankreichs unter «faschistischem» Schutz.

Um die Deutschen zu beschwichtigen, kündigte Mussolini neue Maßnahmen an. Der Generalinspekteur der italienischen Polizei, Guido Lospinoso, wurde nach Frankreich geschickt, um die Entscheidung des Duce, mit dem Achsenpartner zu kooperieren, in die Tat umzusetzen. Mit Hilfe der Armee und einiger Beratung durch den italienischen Juden Angelo Donati begann Lospinoso mit der Verlegung von Juden von der Côte d'Azur in Hotels in Ferienorten des Alpendépartements Haute-Savoie.[48]

Bei diesen Rettungsbemühungen spielte der etwas geheimnisvolle Donati eine entscheidende Rolle. Von nicht geringerer Bedeutung war die Unterstützung, die er von Pater Pierre-Marie Benoît, einem französischen Kapuziner, erhielt, der schon seit zwei Jahren auf eigene Faust Juden in der südlichen Zone vor allem dadurch aktiv unterstützte, daß er ihnen falsche Personalpapiere verschaffte und für sie in religiösen Institutionen Verstecke suchte. Im Sommer 1943, unter der Regierung Badoglio, gingen Donati und Benoît einen Schritt weiter und planten den Transfer Tausender von Juden aus der italienischen Zone über Italien nach Nordafrika. Mit finanzieller Unterstützung durch die italienische (jüdische) Vereinigung für Flüchtlingshilfe (*Delasem*) waren sogar vier Schiffe gechartert worden, und Gruppen von Juden wurden in Richtung französisch-italienische Grenze verlegt, als der italienische Waffenstillstand verkündet wurde und die Wehrmacht die Halbinsel besetzte.[49]

Kaum waren die Deutschen in Rom sowie in Nizza und Umgebung einmarschiert, da trafen Brunner und Röthke an der Côte d'Azur ein: Es begann die Jagd auf die Juden, die in der ehemals italienischen Zone lebten. Die Deutschen waren bereit, professionellen Denunzianten, die sich darauf spezialisierten, Juden auf der Straße zu identifizieren, 100, 1000 und gelegentlich sogar 5000 Francs pro Person zu zahlen.[50] Sie erhielten auch noch andere gut bezahlte Hilfe, so beispielsweise die einer Halbweltdame (*une femme du monde*), die 17 ihrer Kunden an die Gestapo auslieferte.[51] Die Gesamtergebnisse waren gleichwohl enttäuschend. Bis Mitte Dezember 1943, als Brunner nach Drancy zurückkehrte, waren lediglich 1819 Juden festgenommen und deportiert worden. Der teilweise deutsche Mißerfolg mag auf die Nichtbeteiligung der französischen Polizei an den Aktionen zurückzuführen sein sowie darauf, daß jetzt in der Bevölkerung wie auch in religiösen Institutionen eine größere Bereitschaft bestand, die überwiegend französischen Juden zu verstecken. Und da sich die Wehrmacht ebenfalls weigerte, sich an den Verhaftungsaktionen zu beteiligen, war die Gestapo im wesentlichen auf sich gestellt.[52]

In anderen Regionen Frankreichs führte der Feldzug der Deutschen gegen die Juden in den letzten Monaten des Jahres 1943 ebenfalls zu uneinheitlichen Ergebnissen, woran auch der Aufstieg der Ultra-Kollaborationisten zu größerer Macht nichts änderte. Anfang 1944 löste Joseph Darnand, der Chef der Miliz, ein Mann der Gestapo, Bousquet als Oberhaupt der französischen Polizei ab. Und an der Spitze des Generalkommissariats folgte auf den inkompetenten und korrupten Darquier der noch inkompetentere Du Paty de Clam und kurz darauf noch ein weiterer regelrechter Komplize der Deutschen, Joseph Antignac.

Brunners zunehmende Frustration führte bei der Gestapo zu wiederholten Demonstrationen der Stärke. Sie galten vor allem der Führung des französischen Judentums, die nun liquidiert wurde. Wie wir sahen, waren Baur und verschiedene andere Führer der UGIF-Nord im Frühsommer 1943 zusammen mit ihren Familien verhaftet worden. Währenddessen hatte im Süden Lambert anscheinend kein Gefühl für die wachsende Bedrohung: «Die Tage vergehen», schrieb er am 9. Juli, «ohne daß die Ereignisse, auf die wir gehofft haben, eingetreten sind. ... Jeder ist aber davon überzeugt, daß der Krieg vor dem Winter zu Ende gehen wird. Ich hoffe darauf mit aller Kraft, da ich bezweifle, ob es mir gelingen wird, der Versklavung länger als sechs Monate zu entgehen. ... Gleichwohl sagt mir ein Instinkt, daß ich zuversichtlich sein soll. Ich erinnere mich daran, wie gelassen ich 1916 als Soldat während der schrecklichen Apriloffensive war, als ich meine Feuertaufe erhielt ...»[53]

Ungeachtet einer gewissen Nervosität hielt Lambert an seinen üblichen Abläufen fest: Er reiste viel, machte sogar einen kurzen Urlaub (zwei Tage mit seiner Familie) und las intensiv (wie üblich, notierte er alle Titel und schrieb zu den meisten Büchern einige Kommentare). Als er am 17. August von der «gewaltigen russischen Offensive» erfuhr, fügte er hinzu: «Ich glaube, daß wir zu Weihnachten in Paris sein werden.»[54] Seine letzte Tagebucheintragung nahm Lambert am 20. August 1943 vor; darin faßte er die scharfe Kritik an den Leuten vom *Consistoire* zusammen, die er 1941 hatte schreiben wollen: «Sie zogen ihr eigenes Wohlergehen der Ungewißheit und dem Heroismus des Kämpfens vor. ... Wir [UGIF] entschieden uns für den Heroismus des Zweifels und der Aktion, für die Realität des Strebens.»[55] Das klang auf seltsame Weise wie eine Grabinschrift.

Am 21. August verhaftete man Lambert, seine Frau und ihre vier

Kinder und schickte sie nach Drancy; am 7. Dezember wurden alle nach Auschwitz deportiert und ermordet. Danach war Helbronner an der Reihe. Der Präsident des *Consistoire*, der Freund Pétains und Gerliers, der allerfranzösischste aller französischen Juden, wurde am 28. Oktober von der Gestapo verhaftet. Vichy wurde sogleich informiert und Kardinal Gerlier ebenfalls. Helbronner und seine Frau wurden mit dem Transport Nr. 62, der am 20. November 1943 französisches Gebiet verließ, von Drancy nach Auschwitz deportiert; man vergaste sie gleich nach ihrer Ankunft. Zwischen dem 28. Oktober und dem 20. November schalteten sich weder die Vichy-Behörden noch das Oberhaupt der französischen katholischen Kirche in irgendeiner Weise ein.[56] Daß Pétain nicht intervenierte, ist nicht überraschend; daß sich Gerlier zurückhielt, beweist, daß die Führer der französischen Kirche bis ganz zum Schluß an ihrer zwiespältigen Haltung selbst gegenüber denjenigen französischen Juden festhielten, die ihnen am nächsten standen.

Leo Baeck, Paul Epstein, David Cohen und Abraham Asscher, Zwi Koretz und andere jüdische Führer waren nach Theresienstadt oder Bergen-Belsen deportiert worden, und die meisten von ihnen überlebten den Krieg. Warum Baur, Lambert und Helbronner nach Auschwitz in den sofortigen Tod geschickt wurden, bleibt unklar.

*

Während die führenden Vertreter der französischen Judenheit ermordet wurden, war mit Ausnahme von Rumkowski keiner der Ratsvorsitzenden, die zu Beginn des Krieges oder im Laufe der sich ausweitenden Besatzung von den Deutschen (oder von Vichy) ernannt worden waren, mehr im Amt. In einer Untersuchung, die sich auf das ehemalige Polen bezieht und in der eine erste Welle von 146 Ratsvorsitzenden und eine zweite oder dritte von 101 Amtsinhabern miteinander verglichen werden, kommt der Historiker Aharon Weiss zu dem Schluß: «Der Mehrzahl der ersten Vorsitzenden gelang es, die Interessen ihrer Gemeinden zu verteidigen. Die Mehrheit dieser [Vorsitzenden] wurde liquidiert oder abgesetzt. In den späteren Amtszeiten änderten sich die Verhaltensmuster erheblich. Das auffälligste Faktum, das sich aus dieser Zusammenfassung ergibt, ist der steile Anstieg von Unterwürfigkeit und Nachgiebigkeit gegenüber deutschem Druck, der bei den Judenräten in der letzten Periode zu beobachten war. Verantwortliche Führer wurden, häufig mit deutscher Unterstützung, durch Leute ersetzt, die weniger an den Interessen der Gemeinde orientiert waren; in den Phasen der Massenvernichtung und des brutalen Terrors führten sie die Befehle der Nazis aus.»[57]

Auch wenn es schwierig ist, die jüdische Führung im besetzten Polen mit führenden Vertretern der Juden im Reich, in den westeuropäischen Ländern, im Baltikum, auf dem Balkan und in den kurzlebigeren Ghettos der besetzten Sowjetunion zu vergleichen, läßt sich die Korrelation zwischen dem Verstreichen der Zeit und zunehmender Unterwürfigkeit erhärten, allerdings anscheinend nicht nur aus den von Weiss angeführten Gründen. Das Verstreichen der Zeit bedeutete den Übergang von der Phase vor den Deportationen zur Phase der systematischen Deportationen und der Vernichtung. Mit anderen Worten, während in der früheren Phase jüdische Führer mit den praktischen Schwierigkeiten des Überlebens zu kämpfen hatten, wenngleich unter schrecklichen Umständen, waren sie in der späteren Periode mit Massenmord konfrontiert. Dies sollte dann auch 1944 bei den Überresten sämtlicher Gemeinden in den westeuropäischen Ländern und vor allem bei der ungarischen Judenheit der Fall sein. In Budapest gab es vor März 1944 keinen Judenrat, aber keine Führung sollte unterwürfiger sein als diese erste und einzige Gruppe von Amtsinhabern.

Tatsächlich fanden seit dem Beginn des systematischen Massenmords selbst die zu Anfang der Besatzungszeit ernannten jüdischen Leiter keinen anderen Weg, um mit den deutschen Forderungen fertig zu werden (es sei denn, sie begingen Selbstmord), als die schwächsten Elemente der Gemeinschaft (darunter natürlich die Ausländer) auszuliefern, *um «Zeit zu gewinnen» und zu versuchen, die «wertvollsten» Elemente zu schützen*. Aus der Sicht von Cohen und Asscher war eine kleine Gruppe von Amsterdamer Juden der Mittelschicht am wertvollsten (in den Niederlanden ließ sich keine allgemeine Arbeitspolitik einsetzen, um Zeit zu gewinnen); aus der Sicht Helbronners (das *Consistoire* sollte man ebenfalls, auf gleicher Ebene wie die UGIF, zu den Führungsgruppen rechnen), waren die wertvollsten Juden die französischen Juden; für Rumkowski galt, daß nur arbeitende – überwiegend ortsansässige – Juden schließlich gerettet werden würden. Nachdem die Deportationen begonnen hatten, waren Helbronner und Lambert ebenso willfährig wie Cohen und Asscher. Rumkowski, de facto der erste bedeutende Ghettovorsitzende und der letzte, der im Amt blieb, war möglicherweise willfähriger als jeder andere Führer im Osten wie im Westen, und die Überreste des Ghettos von Łódź sollten «beinahe» gerettet werden, wie wir sehen werden.

Mit anderen Worten, die Willfährigkeit hing nicht von der Länge der Zeit ab, die jemand als Oberhaupt eines Rates verbracht hatte, sondern vielmehr von der Phase, in der der Ratsvorsitzende mit den Deutschen verhandelte. Während der Vernichtungsphase funktionierte keine der Strategien, welche die Räte oder irgendwelche anderen führenden Vertreter der Juden entwickelt hatten, um der deutschen Kampagne zu begegnen; größere oder kleinere Gruppen von Juden blieben durch reinen Zufall und infolge gänzlich unabhängiger Umstände am Leben: Was zählte, war, wie weit örtliche Behörden, Einwohner oder Widerstandsbewegungen zu Hilfe bereit oder nicht bereit waren. Bewaffneter jüdischer Widerstand rettete, so wichtig er symbolisch auch war, kein Leben, sondern beschleunigte den Ablauf der Vernichtung. Die Behinderung des bewaffneten Widerstands wie in Wilna rettete die Gemeinde ebensowenig.

Der Historiker Dan Diner hat angenommen, daß die hektische Suche der Judenräte nach einer Strategie zur Rettung ihrer Gemeinden vor der Vernichtung und ihre Versuche, die verschiedenen «rationalen Interessen» der Deutschen, mit denen sie es zu tun hatten (das war die Wehrmacht wie auch der SD), zu verstehen, einen Ausgangspunkt für die Erforschung der «gegenrationalen» Welt der Vernichtungspolitik bieten.[58] Ein derart indirekter Ansatz ist vielleicht nicht erforderlich, wenn wir anerkennen, daß die von Hitler befohlene Politik, die von Himmler und dem gesamten Vernichtungssystem in die Tat umgesetzt wurde, auf einem einzigen Postulat beruhte: Die Juden waren eine *aktive Bedrohung*, langfristig für die ganze «arische» Menschheit und in naher Zukunft für ein Reich, das in einen Weltkrieg verwickelt war. Somit mußten die Juden vernichtet werden, bevor sie der «Festung Europa» von innen heraus Schaden zufügen oder sich mit der feindlichen Koalition zusammentun konnten, die sie selbst gegen das Reich in Stellung gebracht hatten.

Ob nun die jüdischen Führer während der Vernichtungsphase das genaue Wesen der deutschen Überlegungen erkannten oder nicht, sie konnten nicht wissen, daß eine Verzögerungstaktik letztlich hoffnungslos war und daß die Deutschen im letzten Moment versuchen würden, jeden zu vernichten, ohne irgendwelche «Interessen» zu berücksichtigen. Welche Entscheidung die jüdische Führung auch traf, in der Vernichtungsphase waren ihre Vertreter mit *unüberwindlichen* Dilemmata konfrontiert; ihr organisatorisches und diplomatisches Geschick hatte ebenso wie ihre moralischen Grundsätze keinerlei Einfluß auf das schließliche Schicksal ihrer Gemeinden.

Als keine Hoffnung auf Überleben mehr blieb und kein deutsches Versprechen mehr glaubhaft klang, waren die psychologischen Voraussetzungen für einen Aufstand gegeben: So war die Lage in Warschau nach der «Aktion» vom Januar 1943, und so war sie im Sommer und Herbst 1943 für die jüdischen Arbeiterkolonnen, die man in Treblinka und Sobibór noch am Leben gelassen hatte. Da die Deportationen in beide Lager zurückgingen, erkannten diese Juden, daß ihre eigene Liquidierung nicht mehr fern sein konnte.

Wie Shmuel Wilenberg, einer der Überlebenden des Aufstands von Treblinka, schreibt, gab es nach der Vernichtung der verbliebenen Bewohner des Warschauer Ghettos kaum einen Zweifel mehr an dem Ergebnis: «Das Arbeitspensum im Lager wurde immer weniger. ... Eine Zeitlang hatten wir bessere und nahrhaftere Lebensmittelrationen erhalten. Wir hatten den Eindruck, daß die Deutschen uns alle umbringen wollten und daß sie den Versuch machten, uns durch ihr Verhalten einzulullen und zu täuschen.»[59]

Ende Juli 1943, als das Ausgraben und Verbrennen von Leichen, das im «oberen Lager» (dem Vernichtungsgelände) im Gange gewesen war, zu Ende ging, wurde der Entschluß gefaßt: Der Aufstand mußte so bald wie möglich stattfinden, um möglichst vielen Häftlingen vor der endgültigen Liquidierung des Lagers zur Flucht zu verhelfen. Als Zeitpunkt wurde der 2. August, nachmittags um 4 Uhr 30, festgesetzt. Der Leiter des wichtigsten «Organisationskomitees» im «unteren Lager», Marceli Galewski, ein Ingenieur aus Łódź und ehemaliger «Lagerältester», konnte im Prinzip die genaue Zeit für den Beginn der Aktion deshalb mit dem «oberen Lager» koordinieren, weil Tischlermeister Jacob Wiernik von den Deutschen die Erlaubnis hatte, sich in beiden Bereichen frei zu bewegen.[60] Im entscheidenden Moment verlief jedoch nichts nach Plan.

Der erste Schuß wurde infolge unvorhergesehener Umstände eine halbe Stunde vor dem für den Beginn des Aufstands festgesetzten Zeitpunkt abgefeuert, und bald brach die Koordination zwischen den verschiedenen Kampfgruppen zusammen. Gleichwohl gelang es Hunderten von Häftlingen, während sich Chaos ausbreitete und ein Teil des Lagers in Brand gesteckt wurde, entweder in Gruppen oder einzeln die Zäune zu durchbrechen und zu fliehen.[61]

In den Gesprächen, die er später im Gefängnis mit Gitta Sereny führte, beschrieb Lagerkommandant Franz Stangl die Szene: «Als ich aus dem Fenster schaute, konnte ich einige Juden auf der anderen Seite des inneren Zaunes sehen. Die müssen vom Dach der SS-Quartiere heruntergesprungen sein. Und die haben geschossen. ... In einem solchen Notfall war meine erste Pflicht, den Chef der äußeren Sicherheitspolizei zu informieren. Während ich am Telephon war, flog unsere Benzinstation in die Luft. Im nächsten Moment brannte das ganze Ghettolager [Arbeitslager], und dann kam Matthes, der Chef des Totenlagers, angerannt und berichtete, daß da oben auch alles in Flammen stünde.»[62]

Unterschiedlichen Schätzungen zufolge wurden von den 850 Häftlingen, die am Tag des Aufstands im Lager lebten, 100 gleich zu Anfang ergriffen, 350 bis 400 kamen in den Kämpfen um, und ungefähr 400 flohen, von denen aber die Hälfte binnen weniger Stunden wieder eingefangen wurde; von den verbleibenden 200 gelang es etwa 100, dem deutschen Schleppnetz und der feindseligen Bevölkerung zu entgehen; die Zahl derer, die letztlich überlebten, ist nicht bekannt.[63] Galewski kam, nachdem er aus der unmittelbaren Umgebung des Lagers geflüchtet war, nicht mehr weiter und nahm Gift.[64] Wiernik überlebte und wurde zu einem wichtigen Zeugen.[65]

Der unmittelbare Grund für den Aufstand in Sobibór war derselbe wie in Treblinka, und von Anfang 1943 an begann eine kleine Gruppe der Juden, die im Lager arbeiteten, mit der Planung der Operation. Erst Ende September, als ein junger jüdischer Leutnant der Roten Armee, Alexander Petscherski, der mit einer Gruppe sowjetischer Kriegsgefangener aus Minsk eingetroffen war, zu der Planungsgruppe stieß, wurden rasch konkrete Schritte unternommen.[66] Als Datum des Aufstands setzte man den 14. Oktober fest. Der Plan sah vor, daß man mit irgendwelchen fingierten Begründungen SS-Angehörige in verschiedene Werkstätten locken und sie umbringen sollte. Die erste Phase des Plans, die Liquidierung des SS-Personals, gelang nahezu reibungslos; die zweite Phase, der kollektive Durchbruch durch das Haupttor, verwandelte sich zwar rasch in eine unkontrollierte Flucht, aber mehr als 300 Häftlingen gelang es, in die umliegenden Wälder zu entkommen.[67] Petscherski und seine Gruppe überquerten den Bug und schlossen sich den Partisanen an.

Die Zusammenarbeit von jüdischen Lagerinsassen und sowjetischen Kriegsgefangenen war ein einzigartiger Aspekt des Aufstands von Sobibór. Er steigerte jedoch die Sicherheitshysterie in Berlin noch um eine zusätzliche Dimension. Die Aufstände von Treblinka und Sobibór, die auf die Rebellion in Warschau gefolgt waren, überzeugten Himmler davon, daß die Ermordung der meisten jüdischen Arbeiter, selbst im Distrikt Lublin, so rasch wie möglich vollzogen werden sollte. Am 3. November 1943 brachte die SS in Majdanek 18 400 Häftlinge um, während über Lautsprecher Musik abgespielt wurde, mit der die Schüsse und die Schreie der sterbenden Gefangenen übertönt werden sollten. Im Juli 1942 hatte man die Festnahme von Juden in Paris «Frühlingswind» getauft; der Massenmord an den Juden von Majdanek erhielt einen ebenso idyllischen Decknamen: «Erntefest».

IV

Kaum zwei Wochen nach der Besetzung Roms durch die Deutschen wurden die wichtigsten Führer der Gemeinde, Ugo Foà und Dante Almansi, von SS-Obersturmbannführer Herbert Kappler, dem SD-Chef in der italienischen Hauptstadt, vorgeladen. Ihnen wurde befohlen, innerhalb von 36 Stunden 50 Kilo Gold zu liefern. Falls das Lösegeld rechtzeitig gezahlt wurde, sollte den Juden der Stadt kein Leid geschehen. Obgleich Kappler geheime Anweisungen von Himmler erhalten hatte, die Deportation aus Rom vorzubereiten, sieht es jetzt so aus (das ergibt sich aus freigegebenen Dokumenten des *Office of Strategic Services*), daß die Erpressung Kapplers eigene Idee war, die dazu dienen sollte, die Deportation zu vermeiden. Kappler wollte die Juden von Rom statt dessen zur Arbeit an den dortigen Befestigungsanlagen schicken.[68] Der SD-Chef, der nur sehr wenige Polizeikräfte zur Verfügung hatte, wollte sie lieber zur Verhaftung italienischer Carabinieri einsetzen, die in seinen Augen eine viel realere Gefahr darstellten als die größtenteils verarmten Juden der Stadt.[69]

Das Gold wurde bei Mitgliedern der Gemeinde rechtzeitig gesammelt (ein Kredit, den der Papst angeboten hatte, erwies sich als unnötig) und am 7. Oktober an das RSHA abtransportiert.[70] Foà und Almansi glaubten Kapplers Zusicherungen, und als sie von Oberrabbiner Israel Zolli und von führenden Vertretern der *Delasem* die Warnung erhielten, es sei mit weiteren deutschen Schritten zu rechnen, entschieden sie sich, diese Warnzeichen eine Zeitlang zu ignorieren: Was anderswo passiert war, konnte in Rom nicht passieren. Die Gemeinde selbst, vor allem die 7000 ärmeren Juden, die in der Gegend des ehemaligen Ghettos oder in dessen Nähe wohnten, blieben wie ihre Führer ebenfalls desinteressiert.[71]

Und tatsächlich schienen die Deutschen in den darauffolgenden Tagen mehr auf Plündern aus zu sein als auf alles andere. Besonders hatten sie es auf die unermeßlichen Schätze der *Biblioteca della Comunità Israelitica*, der Bibliothek der israelitischen Gemeinschaft, abgesehen. Aus guten Gründen. Der Historiker Stanislao G. Pugliese schreibt: «Unter den Manuskripten befanden sich Werke des Rabbiners und medizinischen Gelehrten Moses Rieti; Manuskripte, die man während der Vertreibung der Juden im Jahre 1492 aus Spanien und Sizilien hatte mitgehen lassen; eine portugiesische Inkunabel von 1494; ein mathematischer Text von Elia Mizrahi; und eine außerordentlich seltene Ausgabe eines hebräisch-italienisch-arabischen Vokabulars, das 1488 in Neapel erschienen war. Es gab hier auch 21 talmudische Abhandlungen, die Soncino [im frühen 16. Jahrhundert] herausgegeben hatte ... und eine seltene achtbändige Ausgabe des Talmud aus dem 16. Jahrhundert, die von dem berühmten venezianischen Drucker Daniel Bomberg stammte.»[72]

Anfang Oktober nahmen Spezialisten des Einsatzstabs Rosenberg die Sammlung in Augenschein. Während einige kostbare Geräte, die der Hauptsynagoge des Ghettos gehörten, in den Wänden der Mikwe, des Bades, das zur rituellen Reinigung dient, versteckt werden konnten, war die Bibliothek nicht zu retten: Am 14. Oktober luden die Männer Rosenbergs die Bücher in zwei Eisenbahnwaggons und verfrachteten sie nach Deutschland.[73] Und auch wenn sich einige der Juden Roms auf den Standpunkt stellten, Verbrechen gegen Bücher seien keine Verbrechen gegen Menschen, breitete sich doch allmählich Panik aus.[74] Hektisch sahen sich Juden nach Verstecken um; die Reicheren waren bald nicht mehr da.

Am 6. Oktober traf Theodor Dannecker an der Spitze einer kleinen Einheit von Offizieren und Mannschaften der Waffen-SS in Rom ein. Einige Tage später, am 11. Oktober, erinnerte Kaltenbrunner Kappler an die Prioritäten, die diesem anscheinend nicht klar waren: «Gerade die sofortige und vollständige Auslöschung der Juden in Italien liegt im besonderen Interesse der jetzigen innenpolitischen Situation und der allgemeinen Sicherheit Italiens», hieß es in dieser Botschaft, die von den Briten dechiffriert und übersetzt wurde. «Die Vertreibung der Juden zu verschieben, bis die Carabinieri und italienischen Offiziere abtransportiert sind, kann ebenso wenig in Betracht gezogen werden wie die Einberufung der Juden zum möglicherweise höchst unproduktiven Arbeitseinsatz unter italienischer Leitung. Je länger es sich hinzieht, desto mehr Juden, die ohne jeden Zweifel an Evakuierungsmaßnahmen arbeiten, bekommen die Gelegenheit, in die Häuser judenfreundlicher Italiener umzusiedeln oder ganz zu verschwinden. [nicht entschlüsselt] ist angewiesen worden, den Befehl des RFSS [Himmler] auszuführen, mit dem Abtransport der Juden ohne weitere Verzögerungen fortzufahren.»[75] Kappler hatte keine andere Wahl, als sich zu fügen.

Am 16. Oktober verhaftete Danneckers Einheit mit kleinen Verstärkungen durch die Wehrmacht in der italienischen Hauptstadt 1259 Juden. Nachdem Mischlinge, Partner von Mischehen und einige Ausländer freigelassen worden waren, blieben 1030 Juden, darunter die Mehrheit Frauen sowie etwa 200 Kinder unter zehn Jahren, in der Militärhochschule inhaftiert. Zwei Tage später wurden diese Juden zum Bahnhof Tiburtina und von dort nach Auschwitz transportiert. Die meisten Deportierten wurden sofort vergast. 196 selektierte man zur Arbeit; 15 überlebten den Krieg.[76]

Im ganzen Land gingen die Aushebungen bis Ende 1944 weiter: Die Juden wurden gewöhnlich in ein Sammellager in Fossoli di Carpi in Norditalien (später dann in die Risiera di San Sabba) verlegt und von dort nach Auschwitz geschickt. Tausenden gelang es, sich bei einer im allgemeinen freundlich gesinnten Bevölkerung oder in religiösen Institutionen zu verstecken; einige schafften es, über die Schweizer Grenze oder in die von den Alliierten befreiten Gebiete zu fliehen. Gleichwohl wurden in ganz Italien etwa 7000 Juden, ungefähr 20 Prozent der jüdischen Bevölkerung, gefaßt und ermordet.[77]

*

Seit Kriegsende sind die Verhaftung und die Deportation der Juden Roms (und Italiens) Gegenstand besonderer wissenschaftlicher Aufmerksamkeit, und es hat von diesen Vorgängen, da sie ja von unmittelbarer Relevanz für die Haltung Pius' XII. sind, auch eine Reihe fiktionaler Darstellungen gegeben. Die Ereignisse als solche sind in allen Einzelheiten bekannt; die Gründe für einige der wichtigsten Entscheidungen lassen sich allenfalls erahnen.

Anfang Oktober 1943 erhielten mehrere deutsche Beamte in der italienischen Hauptstadt, darunter Eitel Friedrich Möllhausen, Botschaftsrat der deutschen diplomatischen Mission bei Mussolinis Salò-Republik, der aber selbst in Rom stationiert war, Ernst von Weizsäcker, ehemaliger Staatssekretär im Auswärtigen Amt und neuernannter Botschafter beim Vatikan, sowie General Rainer Stahel, der Wehrmachtsbefehlshaber der Stadt, Kenntnis von Himmlers Deportationsbefehl.

Aus einer ganzen Reihe von Gründen (Angst vor Unruhen in der Bevölkerung, Besorgnis angesichts der Möglichkeit eines öffentlichen Protests von Pius XII. und dessen potentiellen Konsequenzen) unternahmen diese Amtsträger den Versuch, den Befehl teilweise abändern zu lassen: Die Juden sollten zur Arbeit in Rom und Umgebung eingesetzt werden. Möllhausen ging so weit, am 6. Oktober seine Befürchtungen in ungewöhnlich deutlichen Worten Ribbentrop mitzuteilen: «Obersturmbannführer Kappler hat von Berlin den Auftrag erhalten, die achttausend in Rom wohnenden Juden festzunehmen und nach Oberitalien zu bringen, wo sie liquidiert werden sollen. Stadtkommandant von Rom, General Stahel, mitteilt mir, daß er diese Aktion nur zulassen wird, wenn sie im Sinne des Herrn Reichsaußenministers liegt. Ich persönlich bin Ansicht, daß es besseres Geschäft wäre, Juden, wie in Tunis, zu Befestigungsarbeiten heranzuziehen und werde dies gemeinsam mit Kappler Generalfeldmarschall Kesselring vortragen.»[78]

Am nächsten Tag antwortete Thadden: «Auf Grund Führerweisung sollen die in Rom wohnenden 8000 Juden als Geiseln nach Mauthausen gebracht werden. Der Herr RAM bittet Sie, sich auf keinen Fall in Angelegenheit einzumischen, sondern sie SS zu überlassen.»[79] Am 16. Oktober fand, wie wir sahen, die «Aktion» statt.[80]

Am Morgen der Razzia wurde Pius XII. durch die mit ihm befreundete Gräfin Enza Pignatelli von den Ereignissen in Kenntnis gesetzt. Sogleich bestellte Maglione Weizsäcker zu sich und erwähnte die Möglichkeit eines päpstlichen Protests, sofern die Razzia fortgesetzt würde. Seltsamerweise fragte jedoch Weizsäcker, nachdem er angedeutet hatte, daß ein derartiger Schritt eine Reaktion «auf höchster Ebene» auslösen könnte, ob es ihm gestattet sei, über das Gespräch *nicht* zu berichten, und Maglione erklärte sich einverstanden. «Ich bemerkte», notierte Maglione, «daß ich ihn gebeten hätte zu intervenieren, und dabei an sein Gefühl für Menschlichkeit appellierte. Ich überließ es seiner Diskretion, ob er unsere Unterhaltung, die so freundlich gewesen war, erwähnen wollte oder nicht.»[81]

Der Grund für Weizsäckers Vorschlag ist unklar. Hatte er den Wunsch, die Entgegennahme einer «offiziellen» Botschaft zu vermeiden, die in der Tat zu Vergeltung gegenüber Kircheninteressen im Reich hätte führen können? Sein nächster Schritt (der Brief von Hudal, auf den wir noch kommen) wäre eine inoffizielle Warnung und würde daher wahrscheinlich heftige Reaktionen ausschließen. Falls aber der Papst protestieren sollte, dann wären alle derartigen Vorsichtsmaßnahmen vergeblich gewesen. Weizsäcker *hoffte* wahrscheinlich, *daß die Drohung mit einem päpstlichen Protest genügen würde, um die Aushebung zu stoppen; ein Protest wäre somit nicht notwendig.* Entweder war Maglione von Weizsäckers nächstem Schritt (Hudal) informiert und verstand seinen Gedankengang, oder aber die Zustimmung des Kardinals zu Weizsäckers Vorschlag, über das Gespräch nicht zu berichten, ließ sich nur als ein ziemlich eigenartiges Signal interpretieren, daß man die Möglichkeit eines päpstlichen Protests nicht allzu ernst nehmen sollte.

Wie dem auch sei, am gleichen Tag wandten sich Weizsäcker und einige eingeweihte Diplomatenkollegen an den Rektor der deutschen Kirche in Rom, Bischof Alois Hudal, der für seine nazifreundlichen Neigungen berüchtigt war, und überredeten ihn dazu, einen Brief an Stahel zu schreiben, in dem die sehr wohl bestehende Möglichkeit eines öffentlichen Protestes des Papstes erwähnt würde.[82] Hudal willigte ein.

Einige Stunden später kabelte Weizsäcker die Botschaft Hudals nach Berlin und fügte ihr für Ribbentrop seine persönlichen Anmerkungen hinzu: «Die von Bischof Hudal (vergl. Drahtbericht der Dienststelle Rahn vom 16. Oktober) angegebene Reaktion des Vatikans auf den Abtransport der Juden aus Rom kann ich bestätigen. Die Kurie ist besonders betroffen, da sich der Vorgang gewissermaßen unter den Fenstern des Papstes abgespielt hat. Die Reaktion würde vielleicht gedämpft, wenn die Juden zur Arbeit in Italien selbst verwendet würden.

Uns feindlich gesinnte Kreise in Rom machen sich den Vorgang zu Nutzen, um den Vatikan aus seiner Reserve herauszudrängen. Man sagt, die Bischöfe in französischen Städten, wo ähnliches vorkam, hätten deutlich Stellung bezogen. Hinter diesen könne der Papst als Oberhaupt der Kirche und als Bischof von Rom nicht zurückbleiben. Man stellt auch den viel temperamentvolleren Pius XI. dem jetzigen Papst gegenüber.

Die Propaganda unserer Gegner im Ausland wird sich des jetzigen Vorgangs sicher gleichfalls bemächtigen, um zwischen uns und der Kurie Unfrieden zu stiften.»[83]

Der Papst schwieg. Am 25. Oktober, nachdem der Zug mit den Deportierten Italien in Richtung Auschwitz verlassen hatte, sang ein Artikel im *Osservatore Romano*, der offiziellen Zeitung des Vatikans, ein Loblied auf das Mitleid des Heiligen Vaters: Der Pontifex hat «es nicht unterlassen, von allen in seiner Macht stehenden Mitteln Gebrauch zu machen, um die Leiden zu lindern, die in irgendeiner Form Folgen des ungeheuren Weltbrandes sind.

Mit dem Anwachsen so vielen Leides hat sich die universale und väterliche Hilfstätigkeit des Papstes noch vermehrt; sie kennt keinerlei Grenzen, weder der Nationalität noch der Religion noch der Rasse.

Diese vielgestaltige und rastlose Aktivität Pius' XII. hat sich in diesen letzten Zeiten noch weiter vertieft durch die erhöhten Leiden so vieler Unglücklicher.»[84]

Eine Übersetzung des Artikels sandte Weizsäcker an die Wilhelmstraße und legte ihr ein vielsagendes Anschreiben bei: «Der Papst hat sich, obwohl dem Vernehmen nach von verschiedenen Seiten bestürmt, zu keiner demonstrativen Äußerung gegen den Abtransport der Juden aus Rom hinreißen lassen. Obgleich er damit rechnen muß, daß ihm diese Haltung von Seiten unserer Gegner nachgetragen und von den protestantischen Kreisen in den angelsächsischen Ländern zu propagandistischen Zwecken gegen den Katholizismus ausgewertet wird, hat er auch in dieser heiklen Frage alles getan, um das Verhältnis zu der deutschen Regierung und den in Rom befindlichen deutschen Stellen nicht zu belasten. Da hier in Rom weitere deutsche Aktionen in der Judenfrage nicht mehr durchzuführen sein dürften, kann also damit gerechnet werden, daß diese für das deutsch-vatikanische Verhältnis unangenehme Frage liquidiert ist.» Mit Blick auf den Artikel im *Osservatore Romano* fügte Weizsäcker hinzu: «Gegen diese Veröffentlichung sind Einwendungen umso weniger zu erheben, als ihr Wortlaut ... von den wenigsten als spezieller Hinweis auf die Judenfrage verstanden werden wird.»[85]

Im August 1941 war Hitler durch die Wirkung der Predigt, die Bischof Galen gegen die Euthanasie gehalten hatte, so sehr beunruhigt, daß er seinen Kurs änderte. Warum machte er nicht die geringsten Anstalten, einer Drohung von viel größeren Ausmaßen zuvorzukommen – einer öffentlichen Verlautbarung des Papstes, die sich gegen die Deportation und Vernichtung der Juden richtete? Warum beharrte Hitler vielmehr darauf, trotz aller Warnungen vor möglichen unheilvollen Folgen für die deutsche Regierung die Juden von Rom zu deportieren? Selbst wenn er annahm, daß die deutschen Katholiken im Hinblick auf die Juden nicht so Stellung beziehen würden, wie sie es mit Blick auf ihre eigenen Leute (die Geisteskranken) hatten tun können, wäre eine öffentliche Verdammung durch den Papst eine weltweite Propagandakatastrophe gewesen. Es gibt auf diese Frage nur eine einzige plausible Antwort: *Hitler und seine Helfer müssen davon überzeugt gewesen sein, daß der Papst nicht protestieren würde.* Diese Überzeugung leitete sich offensichtlich von den zahlreichen und nahezu identischen Berichten über die politische Position des Pontifex her, die in Berlin eingingen.

Schon Anfang 1943 hatte Pius XII. in einem Gespräch mit dem deutschen Botschafter beim Vatikan, Diego von Bergen, seinen Wunsch zum Ausdruck gebracht, die Behandlung aller offenen Streitpunkte zwischen dem Reich und dem Heiligen Stuhl (hinsichtlich der Lage der Kirche in Deutschland) bis zum Kriegsende zu verschieben. Wie von Bergen erklärte, fügte der Papst hinzu, dies sei seine Intention, es sei denn, die Deutschen ergriffen Maßnahmen, die ihn dazu zwingen würden, sich öffentlich zu äußern, «um die Pflichten seines Amtes zu erfüllen». Angesichts des Kontextes bezog sich diese Bemerkung auf die Lage der Kirche in Deutschland.[86] Die Bereitschaft des Papstes, einstweilen die alltäglichen Schwierigkeiten hinzunehmen, welche Partei und Staat den deutschen Katholiken bereiteten, und die Diskussion darüber bis nach dem Krieg zu vertagen, war vor allem auf die immer größer werdende Beunruhigung des Heiligen Stuhls angesichts der zunehmenden Stärke der «Bolschewiken» zurückzuführen.

Ein kurzer Kommentar in Goebbels' Tagebucheintragung vom 8. Februar 1943 bestätigt, daß Hitler sich über die Befürchtungen des Vatikans sehr wohl im klaren war. Der Propagandaminister führte die Hauptpunkte der Ansprache Hitlers an die Reichsleiter und Gauleiter im Hauptquartier Rastenburg vom 7. Februar auf. Im Zuge seiner tour d'horizon über die strategische und internationale Lage Deutschlands nach Stalingrad kam er auf den Vatikan zu sprechen: «Auch die Kurie sei allerdings etwas mobiler geworden, nachdem sie sieht, daß sie heute nur noch zwischen dem Nationalsozialismus und dem Bolschewismus zu wählen hat.»[87]

Zwei weitere Tagebucheintragungen von Goebbels aus diesen Wochen müssen mit Vorsicht verwendet werden, da hier der Minister die Informationen, die ihn erreichten, möglicherweise mit einem gewissen Wunschdenken angereichert hat. So notierte er am 3. März: «[Ich höre] von den verschiedensten Seiten, daß mit dem jetzt amtierenden Papst einiges zu machen wäre. Er soll zum Teil sehr vernünftige Ansichten vertreten und auch dem Nationalsozialismus nicht so ablehnend gegenüberstehen, wie das nach den Auslassungen seiner Bischöfe zu glauben wäre.»[88] Zwei Wochen später registrierte Goebbels die «außerordentlich scharfe Erklärung gegen die Verfälschung einer Spellman-Rede [der New Yorker Kardinal Francis Spellman war kürzlich mit dem Papst zusammengetroffen]. ... Der Vatikan läßt erklären, daß er mit den Kriegszielen der Feindseite nicht das geringste zu tun habe. Man sieht auch daran, daß der Papst uns doch vielleicht näher steht, als man allgemein annimmt.»[89]

Am 5. Juli hatte Weizsäcker im Anschluß an die Überreichung seines Beglaubigungsschreibens als neuer deutscher Botschafter beim Heiligen Stuhl ein Gespräch mit dem Pontifex, das völlig in Übereinstimmung mit früheren deutschen Einschätzungen zu stehen schien. Zunächst sprach Pius von seiner «Dankbarkeit für die von ihm als Nuntius in Deutschland verbrachten Jahre sowie [von] seine[r] unveränderte[n] Zuneigung zu Deutschland und zum deutschen Volke». Danach kam er auf die laufenden Probleme zwischen Kirche und Staat in Deutschland zu sprechen und äußerte die Hoffnung, daß sich diese Probleme später würden lösen lassen. Das Gespräch wandte sich dann dem Bolschewismus zu. Weizsäcker betonte die Rolle, die Deutschland im Kampf gegen die bolschewistische Bedrohung spiele. Wie der Botschafter erklärte, sprach der Papst «von seinen eigenen Münchner Erfahrungen mit den Kommunisten im Jahre 1919. Er verurteilte die geistlose Formel unserer Gegner, die von einer ‹bedingungslosen Kapitulation› rede.» Danach erwähnte Weizsäcker die von Pius geäußerte Ansicht, «daß zurzeit kein Ansatz zu irgendeiner praktischen Friedensarbeit vorhanden sei», und abschließend gab er an, das Gespräch sei vom Papst zwar «ohne sichtbare Leidenschaft, aber mit einem Unterton von geistlichem Eifer geführt [worden], der nur bei der Behandlung der Bolschewistenbekämpfung in eine Anerkennung gemeinsamer Interessen mit dem Reich überging».[90]

Die Furcht des Vatikans vor der kommunistischen Bedrohung nahm nach dem Sturz Mussolinis und einige Wochen später im Anschluß an die Kapitulation Italiens zu. Am 23. September teilte Weizsäcker Berlin mit, er habe «durch einen Zufall» Einblick in drei vatikanische Schriftstücke nehmen können, die alle aus der Zeit nach dem 25. Juli [dem Tag von Mussolinis Sturz] stammten. Das dritte und interessanteste dieser Dokumente war, so Weizsäcker, «eine Auseinandersetzung des Kardinalstaatssekretärs Maglione an die italienische Regierung über die Gefahren, die der Welt drohen. Maglione sagt, das Schicksal Europas hänge von dem siegreichen Widerstand Deutschlands an der russischen Front ab. Das deutsche Heer sei das einzig mögliche Bollwerk (baluardo) gegen den Bolschewismus. Würde dieses brechen, so wäre es um die europäische Kultur geschehen.»[91]

Am 3. September schickte Weizsäcker ein noch deutlicheres Schreiben über die politische Haltung des Papstes nach Berlin: «Ich erhalte laufend Beweise, wie sehr man im Vatikan über anglo-amerikanische Politik verstimmt ist, in deren Wortführern man Wegbereiter des Bolschewismus sieht. Sorge des Vatikans um das Schicksal Italiens und auch Deutschlands wächst. Ein Diplomat, der über besondere Beziehungen zum Vatikan verfügt, versicherte mir gestern, Papst verurteile streng alle Pläne, die auf Schwächung des Reichs abzielen. Ein bei der Kurie tätiger Bischof sagte mir heute, nach Ansicht des Papstes sei für die Zukunft der katholischen Kirche ein kräftiges Deutsches Reich ganz unentbehrlich. Aus vertraulicher Niederschrift über Gespräch eines italienischen politischen Publizisten mit Papst entnehme ich, daß Papst auf die Frage, was er vom deutschen Volke halte, geantwortet hat: ‹Es ist ein großes Volk, das in seinem Kampf gegen den Bolschewismus nicht nur für seine Freunde, sondern auch für seine derzeitigen Feinde blutet.›»[92]

Drei Wochen später stattete Orsenigo dem neuen Staatssekretär in der Wilhelmstraße, Gustav Adolf Steengracht von Moyland, einen Besuch ab und begann, ohne dazu gedrängt worden zu sein, sich über die Bedrohung auszulassen, die vom Weltkommunismus ausgehe. Nur Deutschland und der Vatikan könnten der Bedrohung begegnen: Deutschland materiell und der Vatikan spirituell.[93] Aller Wahrscheinlichkeit nach unternahmen Weizsäcker in seinen Berichten und Orsenigo in seinen Mitteilungen den Versuch, Ribbentrop und über ihn Hitler selbst günstig zu stimmen, um den ständigen Druck zu mildern, den das Regime auf die Kirche in Deutschland ausübte. Gleichwohl ließ sich die Echtheit der ständig wiederholten politischen Botschaft nicht bezweifeln.

All das muß sowohl Hitler als auch Goebbels bekannt gewesen sein, als sie am 7. August die Lage in Italien nach dem Sturz Mussolinis erörterten. An einer Stelle schnitt Goebbels das Thema Papst an: «Der Papst ist zweifellos, was auch der Führer zugegeben hat, ein Römer und ein Italiener. Sein Bestreben läuft darauf hinaus, unter allen Umständen in Europa den Bolschewismus zurückzuhalten. Auch kann er sicherlich als Freund der Deutschen angesprochen werden, denn er hat ja schließlich vierzehn Jahre in Deutschland verbracht. Selbstverständlich ist er kein Freund des Nationalsozialismus; aber immerhin ist ihm der lieber als der Bolschewismus. Jedenfalls hat er in der ganzen Krise Italiens kein böses Wort gegen den Faschismus oder gegen Mussolini verlautbart. Der italienische Klerus ist zum großen Teil profaschistisch eingestellt. Allerdings ist der Papst von einer breiten antinationalsozialistischen Umgebung beraten. Insbesondere sein Staatssekretär Maglioni [sic] ist absolut deutsch- und nationalsozialistenfeindlich. Ich glaube aber doch, daß mit dem Papst einiges zu machen wäre, was auch Ribbentrop zugibt. Der Führer will ihn sich für eine günstige Gelegenheit aufsparen. Jedenfalls haben wir auch hier noch eine Figur auf dem Schachbrett stehen; wann wir sie einmal bewegen werden, das mag dahingestellt bleiben.»[94]

Am 14. Oktober, als in der italienischen Hauptstadt schon die ersten antijüdischen Maßnahmen ergriffen worden waren, notierte Goebbels:

«Der Kardinalerzbischof von Paris hat sich einem unserer Vertrauensleute gegenüber über die gegenwärtige Lage geäußert. Der Vatikan ist danach absolut antibolschewistisch eingestellt. Er möchte gern mit dem Reich zu festen Abmachungen kommen. Mit großer Sorge sähe der Papst der zunehmenden bolschewistischen Stimmung in allen europäischen Ländern zu. Sicherlich bemerkt die katholische Kirche, daß, wenn der Bolschewismus an Deutschlands Grenzen steht, für sie eine unmittelbare Lebensgefahr gegeben ist.»[95] Näher an seiner eigenen Haustür gab der Sturz Mussolinis den Partisanen, die in den nördlichen und mittleren Teilen Italiens aktiv waren, Auftrieb, und darunter auch kommunistischen Einheiten, die den Vatikan besonders beunruhigten.[96]

Hitler konnte daher davon ausgehen, daß sich Pius XII. jeglicher Schritte enthalten würde, die Deutschland Schaden zufügen und die kommunistische Gefahr von außerhalb «Europas» oder von innen heraus erhöhen würden. Die einzige Möglichkeit, die dem Vatikan offenzustehen schien, um eine Entwicklung zu vermeiden, die er als nahende Katastrophe ansah, bestand darin, eine Friedensvereinbarung zwischen den Westmächten und Deutschland zu vermitteln, die dazu dienen würde, ein gemeinsames «Bollwerk» gegen die vorrückenden Sowjets zu errichten und das Herz des Kontinents zu verteidigen. Daher die Kritik Pius' an der Formel von der bedingungslosen Kapitulation, sofern er sich tatsächlich so ausdrückte, wie Weizsäcker am 5. Juli berichtet hatte. Beide Seiten waren sich über den päpstlichen Plan im klaren und wußten, daß er für den Vatikan oberste Priorität hatte. Im Rahmen eines derart großangelegten Projekts konnte, so dachte der Pontifex wahrscheinlich, für eine öffentliche Stellungnahme zum Schicksal der Juden, sei es im allgemeinen oder in bezug auf die Ereignisse in Rom und in Italien, kein Platz sein.

Man hat die Ansicht vertreten, der Papst habe, um den diplomatischen Kompromiß herbeizuführen, den er als seine Mission ansah, seit den ersten Tagen des Krieges beschlossen, nicht für irgendeine Gruppe von Opfern des NS-Regimes einzutreten, weder für die Polen noch für die Euthanasieopfer oder die Juden. Das war jedoch nicht der Fall. Wie wir sahen, brachte der Papst in seiner Enzyklika *Summi pontificatus* vom Dezember 1939 öffentlich sein Mitgefühl mit den Polen zum Ausdruck. Während der darauffolgenden Jahre hatten die polnischen Bischöfe und die polnische Bevölkerung den Eindruck, Pius protestiere nicht häufig und nicht energisch genug. Dies mag bis zum 31. Mai 1943 der Fall gewesen sein, als der Pontifex eine nachdrückliche Anerkennung des «tragischen Schicksals des polnischen Volkes» zum Ausdruck brachte, verbunden mit warmherzigem Lob für das «treue polnische Volk, das in heroischem Schweigen über seine Leiden im Laufe der Jahrhunderte verharrt und das einen Beitrag zur Entwicklung und Bewahrung des christlichen Europa geleistet hat».[97] Pius sprach erneut über die Leiden der Polen in seiner Ansprache vom 2. Juni 1943 an das Kardinalskollegium. Die Euthanasie verdammte der Papst höchst energisch in Briefen an die deutschen Bischöfe. Vor allem lancierte der Heilige Stuhl *über diplomatische Kanäle* sowohl im Hinblick auf die Lage der Katholiken in Polen als auch wegen der Tötung der Geisteskranken zahlreiche Proteste, Forderungen und Nachfragen.[98] *Nicht eine einzige derartige diplomatische Intervention befaßte sich mit dem allgemeinen Schicksal der Juden.*

War der Papst davon überzeugt, daß die Nazis für jegliche Erklärung, die er gegen ihre antijüdischen Zielsetzungen abgab, unempfänglich sein würden? Glaubte er, die Bischöfe sollten so reagieren, wie es ihrer Einschätzung der örtlichen Verhältnisse entsprach, und sich nicht von Rom soufflieren lassen? Fürchtete er eine Vergeltung gegen getaufte Mischlinge? Hatte er Angst, die Juden zu gefährden, die in Italien untergetaucht waren? Oder war er überzeugt, daß verdeckte Hilfe für die Opfer die einzige Möglichkeit darstellte, der Verfolgung zu begegnen? Weiterhin, machte er sich Sorgen über einen Angriff der Nazis auf die deutschen Katholiken? Oder fürchtete er, daß der Vatikan besetzt werden könnte? Alle diese Argumente sind entweder während des Krieges oder in den seither geführten Debatten vorgebracht worden, und alle mögen auf irgendwie untergeordnete Weise die Entscheidung Pius' zu schweigen beeinflußt haben. Das politische Argument muß die zentrale Rolle gespielt haben. Ein Teil dieser sekundären Punkte erfordert jedoch einige kurze Anmerkungen.[99]

Nahm Pius XII. in der bereits erwähnten Ansprache vor dem Kardinalskollegium am 2. Juni 1943 auf die Lage der Juden Bezug? In der Interpretation der päpstlichen Politik, die ich 1964 vorgelegt habe, war ich dieser Ansicht, vor allem angesichts der Tatsache, daß der Papst von den flehenden Bitten derjenigen sprach, «die wegen ihrer Nationalität oder wegen ihrer Rasse von größerem Unheil und stechenderen und schwereren Schmerzen gequält werden und auch ohne eigene Schuld bisweilen Einschränkungen unterworfen sind, die ihre Ausrottung bedeuten».[100] Wie jedoch die vatikanischen Herausgeber des Dokuments selbst erklären, befaßte sich die Ansprache im wesentlichen mit der Lage der Polen.[101] Deshalb konnten sich die Bemerkungen des Papstes *allenfalls beiläufig* auf die Juden bezogen haben, und mit «Ausrottung» konnte in diesem Kontext die weitverbreitete Ermordung von Polen gemeint sein. Diese Interpretation wird durch das Wort «bisweilen» gestützt.

«Jedes Wort, das Wir in diesem Anliegen an die zuständigen Behörden richteten», fuhr Pius fort, «und jede Unserer öffentlichen Kundgebungen mußte von Uns ernstlich abgewogen und abgemessen werden im Interesse der Leidenden selbst, um nicht ungewollt ihre Lage noch schwerer und unerträglicher zu gestalten. Leider entsprechen die sichtlich erreichten Besserungen nicht dem Ausmaß der mütterlichen Bemühung der Kirche zugunsten dieser Einzelgruppen, die härtestem Schicksal preisgegeben sind. Und wie Jesus, ... so stand auch sein Stellvertreter, mochte er auch nur Mitgefühl und aufrichtige Rückkehr zu den einfachen Normen des Rechts und der Menschlichkeit fordern, bisweilen vor Türen, die kein Schlüssel zu öffnen vermochte.»[102]

Falls sich diese Ansprache überhaupt auf das Schicksal der Juden bezog, dann mag der Papst, als er die Möglichkeit erwähnte, daß seine Interventionen zu einer noch schlimmeren Situation führen konnten, an die Geschehnisse in den Niederlanden gedacht haben, wo der Protest der katholischen Bischöfe vom Juli 1942, wie wir sahen, zur Deportation von 92 katholischen Juden führte. Mit seiner speziellen Erwähnung einer Lage, die «noch schwerer und unerträglicher» wäre, muß jedoch der Pontifex nur auf die Leiden der Polen verwiesen haben; denn für die deportierten Juden gab es keine unerträglichere Lage mehr... Überdies konnten sich die «sichtlich erreichten Besserungen» ebensowenig auf das Schicksal der Juden beziehen.

Das wichtigste päpstliche Dokument zur Judenfrage aus diesen Monaten des Jahres 1943 ist der Brief, den Pius XII. am 30. April an Bischof Preysing richtete. Der Bischof von Berlin hatte den Pontifex in einer am 6. März 1943 abgesandten Botschaft von den neuen Deportationen aus dem Reich (darunter die Fabrikaktion) in Kenntnis gesetzt: «Wohl noch bitterer [als die Bombenangriffe] trifft uns gerade hier in Berlin die neue Welle von Judendeportationen, die gerade die Tage vor dem 1. März eingeleitet worden sind. Es handelt sich um viele Tausende, ihr wahrscheinliches Geschick haben Eure Heiligkeit in der Radiobotschaft von Weihnachten [1942] angedeutet. Unter den Deportierten sind auch viele Katholiken. Wäre es nicht möglich, daß Eure Heiligkeit noch einmal versuchten, für die vielen Unglücklichen – Unschuldigen einzutreten? Es ist dies die letzte Hoffnung so vieler und die innige Bitte aller Gutdenkenden.»[103]

Der Papst vermied es nicht, auf Preysings gequälten Schrei zu antworten: «Es hat uns ... getröstet, zu hören, daß die Katholiken, gerade auch die Berliner Katholiken, den sogenannten Nichtariern in ihrer Bedrängnis viel Liebe entgegengebracht haben, und Wir sagen in diesem Zusammenhang ein besonderes Wort väterlicher Anerkennung wie innigen Mitgefühls dem in Gefangenschaft befindlichen Prälaten Lichtenberg.»[104]

Preysing hatte den Papst jedoch angefleht, er möge irgendwie intervenieren. Die Antwort machte deutlich, daß der Pontifex nicht bereit war, über seine private Botschaft der Ermutigung hinaus irgendetwas zu unternehmen. Seine Enthaltung erklärte er folgendermaßen: «Den an Ort und Stelle tätigen Oberhirten überlassen wir es, abzuwägen, ob und bis zu welchem Grade die Gefahr von Vergeltungsmaßnahmen und Druckmitteln im Falle bischöflicher Kundgebungen sowie andere vielleicht durch die Länge und Psychologie des Krieges verursachten Umstände es ratsam erscheinen lassen, trotz der angeführten Beweggründe, ad maiora mala vitanda [«zur Vermeidung größerer Übel»] Zurückhaltung zu üben. Hier liegt einer der Gründe, warum Wir selber Uns in Unseren Kundgebungen Beschränkungen auferlegen.»[105]

Mit anderen Worten, die komplexen Umstände und die Gefahren jeder einzelnen örtlichen Situation erforderten höchste Umsicht, damit nicht ein Schritt eines katholischen Würdenträgers «Vergeltungsmaßnahmen und Druckmittel» und sogar «größere Übel» heraufbeschwor. Der Papst trat demnach für eine allgemeine Verhaltensregel ein, die den Bischöfen bei der Einschätzung der Ratsamkeit ihrer Interventionen mit Blick auf die örtlichen Umstände große Entscheidungsfreiheit ließ und die er, wie er in dem Brief ausdrücklich erklärte, auch auf seine eigenen Entscheidungen anwandte.

Einige Historiker haben behauptet, nach der Münchner «Erfahrung», die Pius XII. im Jahre 1919 mit der dortigen Räterepublik gemacht hatte – einer Erfahrung, die sich seinem Gedächtnis gewiß eingeprägt hatte, wie das Gespräch mit Weizsäcker im Juli 1943 zeigte –, habe sich sein traditioneller christlicher Antijudaismus in regelrechten Antisemitismus verwandelt. Der Bolschewismus wurde mit dem Judentum gleichgesetzt, da während der kurzen Übernahme der bayerischen Hauptstadt durch die Kommunisten in der Tat einige jüdische Führer eine prominente Rolle gespielt hatten.[106] Es gibt keinen spezifischen Hinweis darauf, daß der Papst Antisemit gewesen wäre oder daß seine Entscheidungen während des Krieges auch nur zum Teil von irgendeiner besonderen Feindschaft gegenüber den Juden herrührten.[107] Im Gegensatz zu den Gefühlen jedoch, die er für sein «geliebtes polnisches Volk» und auch für das deutsche Volk hegte, sieht es nicht so aus, als habe Pius XII. die Juden im Herzen getragen. Das wird im letzten Teil des Briefes an Preysing deutlich, in dem Pius auf die Hilfe zu sprechen kommt, die er notleidenden Juden zukommen ließ:

«Für die katholischen Nichtarier wie auch für die Glaubensjuden hat der Heilige Stuhl caritativ getan, was nur in seinen Kräften stand, in seinen wirtschaftlichen und moralischen. Es hat von seiten der ausführenden Organe Unseres Hilfswerkes eines Höchstmaßes von Geduld und Selbstentäußerung bedurft, um den Erwartungen, man muß schon sagen den Anforderungen der Hilfesuchenden zu entsprechen, wie auch der auftauchenden diplomatischen Schwierigkeiten Herr zu werden. Von den sehr hohen Summen, die Wir in amerikanischer Währung für

Übersee-Reisen von Emigranten ausgeworfen haben, wollen Wir nicht sprechen; Wir haben sie gerne gegeben, denn die Menschen waren in Not; Wir haben um Gotteslohn geholfen, und haben gut daran getan, irdischen Dank nicht in Rechnung zu stellen. Immerhin ist dem Heiligen Stuhl auch von jüdischen Zentralen wärmste Anerkennung für sein Rettungswerk ausgesprochen worden.»

An diesem Punkt wandte sich Pius erneut der von Preysing ausgesprochenen Bitte um eine öffentliche Geste für die Juden zu, die in den Tod deportiert wurden: «Zu dem, was im deutschen Machtraum zur Zeit gegen die Nichtarier vor sich geht, haben Wir in Unserer Weihnachtsbotschaft ein Wort gesagt. Es war kurz, wurde aber gut verstanden. Daß den nichtarischen oder halbarischen Katholiken, die Kinder der Kirche sind wie alle anderen, jetzt, im Zusammenbruch ihrer äußeren Existenz und in ihrer seelischen Not, Unsere Vaterliebe und Vatersorge in erhöhtem Maße gilt, brauchen Wir nicht erst zu versichern. So wie die augenblickliche Lage ist, können Wir ihnen leider keine andere wirksame Hilfe zukommen lassen als Unser Gebet. Wir sind aber entschlossen, je nach dem, was die Umstände heischen oder erlauben, von neuem Unsere Stimme für sie zu erheben.»[108]

«Seelische Not» und «Zusammenbruch ihrer äußeren Existenz» waren nicht gerade die richtigen Ausdrücke für das Schicksal der nichtarischen Katholiken und aller anderen Juden. Und was die «Umstände» angeht, die einen weiteren Appell (etwa in der Art der Weihnachtsbotschaft 1942) «heischen» würden, so kann man sich fragen, was über die Deportation der Juden aus der eigenen Stadt des Bischofs von Rom hinaus nach Auffassung von Pius einen derartigen Appell gerechtfertigt hätte.

Schließlich haben wir erwähnt, daß Hunderte, möglicherweise Tausende von Juden in ganz Rom und in allen größeren italienischen Städten ein Versteck in religiösen Institutionen fanden; manche flüchteten sich sogar in den Vatikan. Könnte es sein, daß es der Papst vorzog, sich jeder öffentlichen Herausforderung zu enthalten, um die verdeckten Rettungsaktionen der Kirche in Italien zu erleichtern? Es gibt keinen Hinweis auf irgendeinen Zusammenhang zwischen dem Schweigen des Pontifex und der den Juden geleisteten Hilfe. Was diese Hilfe als solche angeht, so hat die Historikerin Susan Zuccotti sie eingehend erforscht; sie kommt im Hinblick auf Rom und insbesondere auf die Vatikanstadt zu dem Schluß, daß der Papst von den Rettungsaktivitäten gewußt haben muß, ohne sie jemals ausdrücklich zu billigen, ohne sie aber auch zu verbieten.[109] Persönlich war er an keiner der Rettungsoperationen in ganz Italien beteiligt.[110] Nie ist auch nur die Spur einer schriftlichen Anweisung aufgetaucht; darüber hinaus ist aus den Reihen der wichtigsten religiösen Persönlichkeiten, die an Unterstützung für die Opfer beteiligt waren, sei es in Rom oder an einem anderen Ort, nie ein Hinweis auf eine mündliche Anweisung von seiten des Heiligen Stuhls, man möge den fliehenden Juden helfen, erwähnt worden. Die Rettungsaktivitäten geschahen meist spontan, mit oder ohne Unterstützung durch die jüdische Hilfsorganisation *Delasem*.[111]

Würdigt man die Argumente im Ganzen, die das Schweigen Pius' erklären möchten, dann erscheint es plausibel, daß nach Ansicht des Pontifex die Nachteile einer Intervention jegliche vorteilhaften Resultate bei weitem überwogen. Der Papst mag gedacht haben, daß er durch eine Intervention sein großes politisches Projekt in schwere Gefahr bringen, möglicherweise heftige Vergeltung gegen die Kirche und ihre Interessen, in erster Linie in Deutschland, auslösen und unter Umständen konvertierte Mischlinge, die noch nicht deportiert waren, gefährden würde. Aus seiner Sicht war nicht damit zu rechnen, daß derart verheerende Folgen durch einen greifbaren Vorteil aufgewogen wurden; er nahm vielleicht auch an, daß nichts an dem Kurs der Nazipolitik hinsichtlich der Juden etwas ändern konnte. Die einzige Vorgehensweise, die dieser Denkweise zufolge möglich blieb, wäre verdeckte Hilfe für einzelne Juden und ein gewisses Maß an Intervention in vorwiegend katholischen Satellitenstaaten (Slowakei, Kroatien und bis zu einem gewissen Grade Vichy-Frankreich) gewesen. Auf die Frage der individuellen Hilfe kommen wir noch zurück. Was die diplomatische Intervention in Satellitenstaaten angeht, die dem Vatikan nahestanden, so ist von einem direkten Appell des Papstes selbst nichts bekannt. Die Vorhaltungen Magliones wurden, wann immer es dazu kam, gewöhnlich mit derartiger diplomatischer Vorsicht geäußert, daß man sie fast als Schritte ansehen könnte, die nur deshalb unternommen wurden, damit die Sache ausgesprochen war, nicht aber als Versuche, einen Politikwechsel oder zumindest eine etwas größere Zurückhaltung bei der Kollaboration mit deutschen Maßnahmen zu bewirken.[112]

Allgemeiner läßt sich sagen: Wenn man die katholische Kirche lediglich als eine politische Institution ansieht, die das Ergebnis ihrer Entscheidungen unter dem Gesichtspunkt der instrumentellen Rationalität kalkulieren muß, dann kann man die von Pius getroffene Entscheidung angesichts der sich ergebenden Risiken für vernünftig halten. Wenn jedoch die katholische Kirche, wie sie behauptet, auch einen moralischen Standpunkt repräsentiert, vor allem in Augenblicken einer tiefen Krise, und wenn sie somit bei derartigen Anlässen von der Ebene der institutionellen Interessen zu derjenigen moralischer Zeugenschaft übergehen muß, dann wird man die Wahl, die Pius traf, anders einschätzen.[113] Was wir nicht wissen und auf keine Weise feststellen können, ist, ob für Pius XII. das Schicksal der Juden Europas eine bedeutende Krisensituation und ein quälendes Dilemma darstellte oder ob es nur ein Randproblem war, das für das christliche Gewissen keine Herausforderung bedeutete.

Wie immer es in Pius' Gewissen angesichts der Deportation aus Rom ausgesehen haben mag, nichts von etwaigen Qualen wurde auch nur angedeutet, als er am 19. Oktober mit dem amerikanischen Gesandten Harold Tittman zusammentraf. An diesem Tag hatte der Zug der Deportierten Wien erreicht: Der Vatikan wurde über den Fortgang des Transports auf jeder Station des Weges nach Auschwitz informiert. Tittman kabelte nach Washington: «Der Papst schien sich Sorgen zu machen, daß in Ermangelung hinreichenden Polizeischutzes unverantwortliche Elemente (er sagte, es sei bekannt, daß kleine kommunistische Banden gegenwärtig in der Umgebung Roms stationiert seien) in der Stadt Gewaltakte begehen könnten.» Tittman fügte hinzu, der Papst habe den Wunsch geäußert, «die Alliierten möchten sich zu gegebener Zeit um die Angelegenheit kümmern». Schließlich teilte der Pontifex dem amerikanischen Diplomaten mit, «die Deutschen hätten den Vatikanstaat und das Eigentum des Heiligen Stuhls in Rom respektiert, und der deutsche General, der die Truppen in Rom befehligte, schien dem Vatikan gewogen zu sein.» Wie Tittman schreibt, fügte der Papst dann hinzu, «er fühle sich infolge der ‹anomalen Lage› eingeschränkt».[114] Vermutlich war mit der «anomalen Lage» die Deportation der Juden von Rom gemeint.

V

An der Haltung der christlichen – katholischen wie protestantischen – Kirchen des europäischen Kontinents zum Schicksal der in ihrer Mitte lebenden Juden änderte sich von Ende 1943 bis Kriegsende nur wenig. Wenn man derart weitgespannte und verschiedenartige Bereiche in den Blick nimmt, sind Verallgemeinerungen möglicherweise nicht angebracht. Eine Reihe grundlegender Fakten läßt sich jedoch nicht von der Hand weisen, und zumindest einige Anmerkungen können in diesem Stadium gewagt werden:
– Auch wenn sporadische Proteste einiger katholischer Bischöfe und führender protestantischer Kirchenvertreter in der Tat stattfanden, bewahrte die überwältigende Mehrheit katholischer und protestantischer Autoritäten angesichts der Deportationen der Juden und des zunehmenden Wissens um ihre Vernichtung öffentliches Stillschweigen. Was immer die Gründe dafür gewesen sein mögen, das Schweigen des Papstes trug zum Ausbleiben von offenem Protest katholischer Geistlicher in verschiedenen Ländern einschließlich Deutschlands bei. Ganz allgemein wurde katholischen wie protestantischen

Christen keine ausdrückliche Anleitung hinsichtlich der Pflicht, den Juden zu helfen, gegeben, und es kam zu fast keiner Behinderung der Verhaftungsaktionen und der Deportationen durch religiös motivierte Gruppen.
- Im Bereich der privaten Interventionen und Unterstützungsleistungen, die sowohl von katholischen als auch von protestantischen Persönlichkeiten oder Institutionen kamen, traf man systematisch eine klare Unterscheidung zwischen der winzigen Minderheit der konvertierten Juden und der Quasi-Gesamtheit der «gewöhnlichen Juden».
- Diese Unterscheidung rührte natürlich von einem fundamentalen Dogma der religiösen Lehre sowohl im Katholizismus als auch in der Hauptströmung des Protestantismus (mit Ausnahme der «Deutschen Christen») her, das den radikalen Unterschied betraf, der zwischen Christen (einschließlich Konvertiten) einerseits und Juden andererseits bestand. Es war nicht nur im Hinblick auf die letztliche Errettung von Bedeutung, sondern auch im Hinblick auf den Status von Juden in christlichen Gesellschaften. So nahmen katholische und protestantische Kirchenführer im allgemeinen keinen Anstoß an einer Gesetzgebung, die in den meisten Staaten des europäischen Kontinents Juden von Positionen im öffentlichen Leben und von bedeutenden wirtschaftlichen Aktivitäten ausschloß; in mehreren Ländern (abgesehen von Nazideutschland) unterstützten sie sie.
- Diese Doktrin der fundamentalen Ungleichheit von Christen und Juden (sowohl in dieser als auch in jener Welt) schuf eine «Grauzone» für das individuelle christliche Gewissen und die Frage moralischer Verpflichtungen; sie kalkulierte eine Mischung aus traditionellem religiösem Mißtrauen und Verachtung gegenüber Juden ein, die ganz leicht etwaige Antriebe von Mitleid und Nächstenliebe aufwiegen konnte und dies häufig auch tat oder gar einen aggressiven Antisemitismus schürte.

Die Stigmatisierung der Juden, die dem christlichen Dogma oder der christlichen Tradition inhärent ist, fand im anerkannten theologischen Denken und in den öffentlichen Äußerungen aller Kirchen Europas ein breites Spektrum von Ausdrucksformen. Manches davon wurde so großzügig und behutsam wie möglich formuliert, anderes konnte – auch wenn es extreme Schmähungen vermied – regelrecht aggressiv sein, und das sogar ausgesprochen heftig. In Deutschland gelangten alle diese Formen und Schattierungen von Stigmatisierung in den Geist und das Herz von Millionen und Abermillionen protestantischen wie katholischen Gläubigen.

Selbst eine so herausragende religiöse Persönlichkeit wie Dietrich

Bonhoeffer, der moralische Leitstern der Bekennenden Kirche, konnte der traditionellen dogmatischen Position nicht entrinnen. Bonhoeffer brandmarkte die Verfolgung der Juden in seiner *Ethik*, und er versuchte, seiner Verteidigung des jüdischen Volkes einen theologischen Unterbau zu geben: «Der geschichtliche Jesus Christus ist die Kontinuität unserer Geschichte. Weil aber Jesus Christus der verheißene Messias des israelitisch-jüdischen Volkes war, darum geht die Reihe unserer Väter hinter die Erscheinung Jesu Christi zurück in das Volk Israel. Die abendländische Geschichte ist nach Gottes Willen mit dem Volk Israel unlöslich verbunden, nicht nur genetisch, sondern in echter unaufhörlicher Begegnung. Der Jude hält die Christusfrage offen. Er ist das Zeichen der freien Gnadenwahl und des verwerfenden Zornes Gottes, ‹schau an die Güte und den Ernst Gottes› (R 11,22). Eine Verstoßung d. Juden aus dem Abendland muß die Verstoßung Christi nach sich ziehen; denn Jesus Christus war Jude.»[115]

Wie ein Kommentator dieser «faszinierenden Passage» erklärt hat, «enthält sie die charakteristische Ambivalenz des Bonhoefferschen Werkes. Die Bedeutung der Juden für Bonhoeffers Christentum lag letztlich darin, daß sie Christus verwarfen, in ihrer Rolle als Zeichen sowohl dafür, daß der Glaube eine Entscheidung ist, als auch dafür, daß Gott die Ungläubigen straft ...»[116]

Erzbischof Gröber aus Freiburg schlug einen ganz anderen Ton an. In einem langen Bericht über die Lage der Kirche in Deutschland, den er am 2. Februar 1944 an den Papst sandte, bezog er unzweideutig gegen die Naziideologie und gegen den von den Nazis betriebenen Kult des Volkes Stellung. In diesem Sinne hatte sich der Geistliche, den man einst den «braunen Bischof» genannt hatte, entschieden gegen jegliche ideologische Anpassung an das Regime gewandt. Und doch kam es zu einer ganz unerwarteten Wandlung, als Gröber auf das Judentum zu sprechen kam und er dem Papst gegenüber den Inhalt der Silvesterpredigt wiedergab, die er in seiner Erzdiözese gehalten hatte. «Ich führte weiter [nach der Erörterung anderer Themen mit Bezug auf das Volk] aus, daß die neue Volksidee das Wesen des Christentums völlig und schuldbar verkenne. Es [das Christentum] sei kein Judentum, wenn es auch im israelitischen Volke den Träger und Vermittler göttlicher Gedanken und Verheißungen erblicke. Wie sich Christus selber zu dem zeitgenössischen Judentum gestellt habe, beweisen seine Kämpfe mit den Pharisäern und Schriftgelehrten und das Kreuz auf Golgatha. Durch die Apostelgeschichte stehe fest, daß der Haß der Juden die Christen in der christlichen Frühzeit verfolgt habe, ja daß er die ganze Geschichte der Kirche oft in fanatischer Form durchlaufe.»[117] Und am 8. Mai 1945, als Deutschland kapitulierte, attackierte Gröber erneut die

Naziideologie und lieferte wiederum dieselbe Interpretation der Beziehung zwischen Judentum und Christentum.[118] In beiden Fällen vermied es Pius XII., die Position Gröbers gegenüber den Juden zu kommentieren.

Predigten wie diejenige Gröbers und Zehntausende von extremeren waren nur ein Bruchteil eines religiös-kulturellen Feldes, zu dem auch Lehre, Katechismus und ganz allgemein ein komplexes Geflecht kultureller Ausdrucksformen gehörten, die allesamt Ausprägungen von alltäglichem Antisemitismus in sich bargen. Nichts hiervon war natürlich neu, weder in Europa noch in anderen Teilen der christlichen Welt, aber es stellt sich die Frage, die in unserem Kontext wiederholt aufgetaucht ist: Wie sah der Beitrag aus, den eine derartige religiöse Kultur des Antijudaismus zur passiven Hinnahme (und bisweilen zur Unterstützung) der extremsten Politik von Verfolgung, Deportation und Massenmord geleistet hat, die sich mitten unter der christlichen Bevölkerung Europas abspielte?

Paradoxerweise ist es nicht weniger schwierig, die Unterstützung einzuschätzen und zu interpretieren, welche christliche Organisationen, Institutionen und religiös motivierte Einzelpersonen Juden leisteten, die ein Versteck oder andere Formen von Hilfe brauchten. Eine derartige Unterstützung war mit Risiken verbunden, mit extremen Risiken in Osteuropa und im Reich, mit Risiken unterschiedlichen Ausmaßes im Westen. Andererseits waren Bekehrungsbemühungen und Konversion bedeutende, wenngleich höchst schwer zu fassende Elemente bei der Gewährung von Hilfe, besonders wenn es darum ging, Kinder zu verstecken. An einigen Orten mag man eine Konversion zur besseren Tarnung für unentbehrlich gehalten haben, aber im allgemeinen war sie ein Ziel an sich. Das ändert natürlich die historische Beurteilung der christlichen Hilfeleistungen, ungeachtet von Risiko, Mitleid oder Nächstenliebe. Es wäre sinnlos, wollte man versuchen, die einzelnen Fäden solcher Situationen zu entwirren, und dies um so mehr, als wahrscheinlich alle diese Motivationen eine gewisse Rolle spielten, wo immer bloße Gier nicht der einzig ausschlaggebende Faktor war. Ja, vom Standpunkt des frommen Christen aus betrachtet, konnte die Bekehrung eines Juden (oder irgendeines anderen Ungläubigen), und wenn sie auch infolge schrecklicher Umstände erfolgte, als eine religiöse Verpflichtung und als ein Akt höchster Nächstenliebe angesehen werden.

Von diesem streng religiösen Standpunkt aus sollte man wahrscheinlich die bei Kriegsende getroffene Entscheidung des Papstes interpretieren, mit der er dem Heiligen Offizium gestattete, Bischöfe in ganz Europa anzuweisen, getaufte jüdische Kinder, die in katholischen Institutionen versteckt waren, nicht der Gemeinschaft der Juden zurückzugeben.

Der Papst gestattete auch, daß solche Kinder behalten wurden, die (noch) nicht getauft worden waren, aber keine Angehörigen hatten, welche Anspruch auf ihre Rückkehr erheben konnten.[119]

VI

Cornelia Maria Sara wurde Anfang 1944 von Theresienstadt nach Auschwitz deportiert, ungefähr um die Zeit, in der Primo Levi aus Fossoli eintraf, und einige Monate vor der Ankunft von Ruth Klüger. Levi wurde nach Auschwitz III (Monowitz) geschickt, wo er zuerst als Sklavenarbeiter schuftete und dann in den Buna-Laboratorien als Chemiker arbeitete. Die junge Cordelia, die zuerst von Maria Mandel, der Kommandantin des Frauenlagers in Birkenau, gemustert wurde und dann von Mengele selbst (oder war es möglicherweise ein anderer SS-Offizier?), wurde für arbeitstauglich befunden und zumindest vorübergehend in das Lagerbüro geschickt.[120]

Ruth Klüger und ihre Mutter trafen im Mai 1944 aus Theresienstadt in Auschwitz ein, und für kurze Zeit wurden sie in das «Familienlager» abgeschoben, auf das wir noch zurückkommen. Dann verlegte man beide in das Frauenlager, wo die entscheidende Selektion stattfand: Gesunde Frauen im Alter von 15 bis 45 Jahren schickte man in ein Arbeitslager; die anderen wurden vergast. Ruth war zwölf. Als sie an die Reihe kam, nannte sie ihr Alter. Ihr Schicksal wäre besiegelt gewesen, hätte nicht ihre Mutter eine kühne Initiative ergriffen: In einem Augenblick der Unaufmerksamkeit beim Wachpersonal schob sie ihre Tochter in eine andere Reihe. Ruth versprach ihr, sie werde sagen, sie sei dreizehn. «Neben dem amtierenden SS-Mann ... stand», so erinnerte sich Klüger, «die Schreiberin, ein Häftling. Wie alt mag sie gewesen sein, neunzehn, zwanzig? Die sah mich in der Reihe stehen, als ich schon praktisch vorne war. Da verließ sie ihren Posten, und fast in Hörweite des SS-Mannes ging sie schnell auf mich zu und fragte halblaut, mit einem unvergeßlichen Lächeln ihrer unregelmäßigen Zähne: ‹Wie alt bist du?› ‹Dreizehn.› Und sie, mich nachdrücklich mit den Augen fixierend, ganz eindringlich: ‹Sag, daß du fünfzehn bist.› Zwei Minuten später war ich dran. ... Auf die Frage nach meinem Alter gab ich die entscheidende Antwort. ... ‹Fünfzehn bin ich.› ‹Die ist aber noch sehr klein›, bemerkte der Herr über Leben und Tod, nicht unfreundlich, eher wie man Kühe und Kälber besichtigt. Und sie, im gleichen Ton die Ware bewertend: ‹Aber kräftig gebaut ist sie. Die hat Muskeln in den Beinen, die kann arbeiten.› ... Er gab nach. Sie schrieb meine Nummer auf, ich hatte eine Lebensverlängerung gewonnen.»[121]

«Das Gute ist unvergleichlich und auch unerklärlich», schrieb Klüger später über die Initiative des jungen Mädchens, «weil es keine rechte Ursache hat als sich selbst und auch nichts will als sich selbst.»[122]

*

Während Cordelia und Ruth noch in Theresienstadt waren, im Jahre 1943, kam es im Ghettolager zu einigen Veränderungen. Zu Beginn des Jahres traf die Führung der Reichsvereinigung aus Berlin ein und ebenso die noch verbliebenen Leiter der österreichischen und der tschechischen Gemeinschaft. Aus Gründen, die nicht vollständig klar sind, beschloß Eichmann eine Veränderung in der Führung des Lagers: Edelstein blieb im Rat, aber in der neuen Hierarchie wurden ihm ein deutscher und ein österreichischer Jude vor die Nase gesetzt. Paul Eppstein, der früher der faktische Leiter der Reichsvereinigung gewesen war, und der Wiener Rabbiner Benjamin Murmelstein, dem Edelstein schon in Nisko begegnet war, übernahmen die (jüdischen) Zügel im Ghetto. In der Zwischenzeit war Karl Löwenstein, ein zum Protestantismus übergetretener deutscher Mischling, ehemaliger Offizier in der kaiserlichen Armee und Preuße bis ins Mark, auf Ersuchen Kubes aus dem Ghetto von Minsk versetzt und zum Chef der jüdischen Polizei von Theresienstadt ernannt worden. Damit hörten die Veränderungen nicht auf: Wiederum ohne einen klaren Grund wurde der erste Kommandant Siegfried Seidl durch den brutalen österreichischen SS-Hauptmann Tony Burger ersetzt (bis zu dessen größter Ruhmestat noch ein ganzes Jahr vergehen sollte: da organisierte er die Deportation der Juden von Athen).

Im August 1943 traf aus Białystok ein geheimnisvoller Transport von mehr als 1000 Kindern ein. Es ging das Gerücht, man werde sie gegen Deutsche austauschen und möglicherweise nach Palästina schicken. Zwei Monate später brachte man sie, gut gekleidet und ohne den gelben Fleck, in Begleitung einiger Ratsmitglieder, darunter Franz Kafkas Schwester Ottla, auf die Reise direkt nach Auschwitz.[123]

Kurz vor der Abfahrt der Kinder aus Białystok hatte noch ein weiterer Transport, ein ungewöhnlich großer, ebenfalls Theresienstadt verlassen. In seinem Tagebuch verhehlte Redlich seine Panik nicht: «Was ist geschehen? Sie haben Fredy [Hirsch] und [Leo] Janowitz verhaftet und sie auf Transport geschickt. Einen Transport von fünftausend Menschen. An einem einzigen Tag haben sie fünftausend geschickt.»[124] Am 6. September war der Transport auf dem Weg nach Auschwitz.

Die Vorgeschichte dieses speziellen Transports hatte mehrere Monate zuvor begonnen, als das Internationale Komitee vom Roten Kreuz einen Besuch in Theresienstadt und auch in einem «jüdischen Arbeitslager» forderte. Ende 1942 hatte die Genfer Organisation, wie wir sahen, Kenntnis von der Vernichtung, und wie Jean-Claude Favez schreibt, häuften sich zu Beginn des Jahres 1943 in der Zentrale des IKRK Informationen über den Massenmord an Europas Juden. Am 15. April 1943 berichtete der Chefdelegierte des Roten Kreuzes in Berlin, Roland Marti, die jüdische Bevölkerung der Reichshauptstadt sei auf 1400 Menschen zusammengeschrumpft, und auch diese seien zur Deportation in Lager im Osten vorgesehen. Er fügte dann hinzu: «Es gibt weder eine Nachricht noch eine Spur von den 10 000 Juden, die Berlin zwischen dem 28. 2. 43 und dem 3. 3. 43 verlassen haben. Man nimmt an, daß sie heute tot sind.» (Wenn davon auszugehen war, daß sie weniger als sechs Wochen nach der Deportation tot waren, dann hatte man sie offensichtlich ermordet.) Darauf antwortete das Genfer Sekretariat: «Wir danken Ihnen vielmals für Ihre oben genannte Notiz betreffend der Lage der Juden in Berlin. Es ist besonders wertvoll für uns, die Orte zu erfahren, an die die Deportierten gebracht werden, und wir bitten Sie, uns diese auch in Zukunft wissen zu lassen, wenn Sie sie zufällig erfahren.»[125]

Bevor er seinen Bericht nach Genf schickte, hatte sich Marti beim Deutschen Roten Kreuz erkundigt, ob man den Deportierten Pakete schicken könne; die Antwort hatte negativ gelautet (wie ein Vertreter des Deutschen Roten Kreuzes dem Abgesandten des IKRK berichtete).[126] Eichmann und seine Helfer konnten nunmehr nicht daran zweifeln, daß aus Genf ein Ersuchen kommen würde, man möge Vertretern des IKRK den Besuch eines Judenlagers gestatten. Das war genau die Situation, für die man Theresienstadt eingerichtet hatte. Was aber sollte unternommen werden, wenn die Delegierten des Roten Kreuzes darauf bestanden, die endgültige Aufnahmestelle für Deportierte, die Theresienstadt verließen, zu besichtigen? Da Theresienstadt von Anfang an als Schwindel gedacht war, mußte in Auschwitz für alle Fälle eine Art fingiertes Pendant errichtet werden. Das war die Überlegung, die hinter der Einrichtung eines «Familienlagers» stand.

Nach Ankunft des Transports mit 5000 Deportierten fand keine Selektion statt, und die gesamte Gruppe wurde in einem speziellen Zweiglager, BIIb, untergebracht, in dem die Mehrzahl der drakonischen Regeln für Leben und Tod in Birkenau keine Geltung hatte. Die Insassen konnten ihre Zivilkleidung tragen, Familien waren zusammen untergebracht, und jeden Tag wurden etwa 500 Kinder in einen besonderen Bereich, Block 31, geschickt, wo sie unter der Anleitung von Fredy Hirsch Unterricht erhielten, in einem Chor sangen, Spiele spielten, Geschichten erzählt bekamen, kurz, so weit wie möglich in Unkenntnis alles dessen gehalten wurden, wofür Auschwitz-Birkenau in Wirklichkeit stand.[127] Im Dezember 1943 stießen weitere 5000 Juden aus Theresienstadt zu der ersten Gruppe.

Genau sechs Monate nach ihrer Ankunft, am 7. März 1944, am Vorabend des jüdischen Purimfestes, wurden die 3792 Überlebenden des September-Transports (die anderen waren in der Zwischenzeit ungeachtet ihrer «günstigen» Lebensumstände gestorben) in das Krematorium III geschickt und vergast. Hirsch war von Angehörigen des Sonderkommandos vor der bevorstehenden Vergasung gewarnt worden, und man hatte ihn zu einem Aufstand ermutigt. Da er sich nicht entscheiden konnte, ob er passiv bleiben oder einen Kurs einschlagen sollte, der für alle seine Schützlinge den Tod bedeutete, beging er Selbstmord.[128] Andere Transporte aus Theresienstadt trafen im Mai 1944 ein.

Im Juli, als Eichmann klar wurde, daß die Rotkreuz-Kommission unter der Leitung von Dr. Maurice Rossel, die am 23. Juni Theresienstadt besucht hatte, nicht darum nachsuchen würde, Auschwitz zu besichtigen, wurde das gesamte «Familienlager» mit wenigen Ausnahmen (darunter Ruth Klüger und ihre Mutter) in die Gaskammern geschickt.[129]

Die Vernichtung der ersten Gruppe von Juden aus dem «Familienlager» am 7. März zeichnete einer der Angehörigen des Sonderkommandos heimlich im Tagebuch auf. Drei derartige Tagebücher aus einer möglicherweise größeren Zahl wurden nach dem Krieg in der Nähe der Krematorien von Birkenau vergraben aufgefunden: die von Zalman Gradowski, Zalman Lewental und Lejb Langfus.[130] Gradowski war im November 1942 mit seiner gesamten Familie – «Mutter, Ehefrau, zwei Schwestern, Schwager und Schwiegervater» – aus Lona bei Białystok deportiert worden. Am 8. Dezember wurde die ganze Familie vergast, mit Ausnahme von Gradowski selbst, den man zum Sonderkommando schickte.[131] Von den vier Notizbüchern, die Gradowski versteckt hatte, enthält das zweite die Geschichte des «tschechischen Transports».

Nachdem die trotzige, aber hilflose erste Ladung dieser tschechischen Juden in die Gaskammer getrieben und erstickt worden war, entriegelten Gradowski und seine Gefährten die Türen: «Sie lagen so, wie sie gefallen waren, verrenkt, verknotet wie ein Garnknäuel, als hätte der Teufel mit ihnen vor ihrem Tod ein besonderes Spiel gespielt und sie in solchen Posen angeordnet. Hier lag einer der Länge nach ausgestreckt auf dem Haufen von Leichen. Hier hielt einer die Arme um einen anderen, während sie an die Wand gelehnt saßen. Hier wurde ein Teil einer Schulter sichtbar, Kopf und Füße waren mit anderen Leibern verschlungen. Und hier ragten nur eine Hand und ein Fuß in die Luft, der Rest des Körpers war im tiefen Meer von Leichen begraben. ... Hier und da durchbrach ein Kopf diesen Meeresspiegel, klammerte sich an die Oberfläche der nackten Wellen. Es schien, als könnten, während die Leiber untergetaucht waren, nur die Köpfe aus dem Abgrund herauslugen.»[132]

Die Hauptaufgabe des Sonderkommandos bestand in der Arbeit mit den Leichen: Sie zerrten sie aus der Gaskammer in den Leichenkeller, wo alle Wertsachen beiseite gelegt wurden: «Drei Gefangene bearbeiten die Leiche einer Frau», fuhr Gradowski mit seiner Chronik fort. «Der eine untersucht ihren Mund mit einer Zange und sucht nach Goldzähnen, die, wenn man sie findet, mit dem Fleisch herausgebrochen werden. Ein anderer schneidet das Haar ab, während der dritte rasch Ohrringe abreißt, wobei häufig Blut fließt. Und die Ringe, die nicht leicht vom Finger abgehen, müssen mit einer Zange entfernt werden. Dann kommt sie in den Aufzug. Zwei Männer werfen die Leichen wie Holzklötze darauf; wenn die Zahl sieben oder acht erreicht ist, wird mit einem Stock ein Signal gegeben, und der Aufzug bewegt sich nach oben.»[133]

Die Tagebuchschreiber des Sonderkommandos wußten natürlich, daß sie nicht als Zeugen überleben durften, und sie konnten auch nicht darauf hoffen, den Aufstand zu überleben, den sie vorbereiteten. Am Vorabend der Rebellion, Anfang Oktober 1944, vergrub Gradowski, einer ihrer Organisatoren, seine Notizbücher. Anscheinend blieb er durchgängig ein religiöser Jude: Nach jeder Vergasung sprach er ein Kaddisch für die Toten.[134]

Der letzte Teil des Vorgangs begann, sobald sich der Aufzug zum Obergeschoß bewegte: «Auf der oberen Ebene, neben dem Aufzug, stehen vier Männer», hieß es weiter in der Chronik. «Die beiden auf der einen Seite des Aufzugs zerren Leichen in den ‹Lagerraum›; die anderen beiden ziehen sie direkt zu den Öfen, wo sie paarweise vor jeder Öffnung hingelegt werden. Die ermordeten Kinder werden auf einen großen Stapel gehäuft, sie kommen noch dazu, werden auf die Erwachsenenpaare geworfen. Jede Leiche wird auf ein eisernes ‹Begräbnisbrett› gelegt; dann wird die Tür zum Inferno geöffnet und das Brett hineingeschoben. ... Die Haare fangen als erstes Feuer. In wenigen Sekunden folgt dann die Haut, die in Flammen aufgeht. Nun erheben sich Arme und Beine – diese Bewegung der Glieder wird durch Blutgefäße verursacht, die sich ausdehnen. Der gesamte Körper brennt jetzt heftig; die Haut ist aufgezehrt, Fett tropft herunter und zischt in den Flammen. ... Der Bauch verschwindet. Eingeweide und Gedärme verbrennen schnell, und binnen weniger Minuten ist keine Spur mehr von ihnen übrig. Der Kopf braucht am längsten, um zu verbrennen; zwei kleine blaue Flammen flackern in den Augenhöhlen – sie verbrennen mit dem Gehirn. ... Der gesamte Vorgang dauert zwanzig Minuten – und ein Mensch, eine Welt, ist in Asche verwandelt.»[135]

Warum der Rotkreuz-Delegierte Maurice Rossel nicht die Forderung erhob, nach dem Besuch in Theresienstadt nach Birkenau weiterzufahren, ist nicht klar. Seine SS-Gastgeber erzählten ihm, das tschechische Ghetto sei das «Endlager»; aber Rossel konnte im Juni 1944 kaum geglaubt haben, daß es, was die Deportation der Juden Europas anging, nicht mehr zu sehen gebe als Theresienstadt. Wie dem auch sei, am 1. Juli schickte der IKRK-Vertreter an von Thadden, seinen Gesprächspartner in der Wilhelmstraße, ein überschwengliches Dankschreiben. Er fügte sogar Photos bei, welche die Delegation während des Besuchs im Lager zum Andenken an den netten Ausflug aufgenommen hatte, und bat von Thadden, einen Satz der Bilder an seine Kollegen in Prag weiterzuleiten. Nachdem er, auch im Namen des IKRK, seinen Dank für alle Hilfe zum Ausdruck gebracht hatte, die der Delegation während ihres Besuches zuteil geworden war, fügte Rossel hinzu: «Die Reise nach Prag wird uns in bester Erinnerung bleiben, und es freut uns, Ihnen nochmals versichern zu dürfen, daß unser Bericht über den Besuch von Theresienstadt für viele eine Beruhigung bedeuten wird, da die Lebensbedingungen zufriedenstellend sind.»[136]

*

Das System der deutschen Konzentrations- und Vernichtungslager war darauf ausgerichtet, seine jüdischen Opfer entweder direkt in die Vernichtung zu schicken oder aber zu Sklavenarbeit, die dann nach einer kurzen Zeitspanne in Vernichtung endete. Einige der kleineren Arbeitslager, die Unternehmungen angegliedert waren, welche für die Rüstungsindustrie arbeiteten, sei es unter der Kontrolle der SS oder auch nicht, hielten ihre jüdischen Sklaven jedoch manchmal für längere Zeiträume am Leben, was entweder auf unabweisbare Erfordernisse der Produktion zurückzuführen war oder mit dem persönlichen Vorteil des jeweiligen Kommandanten zu tun hatte.[137] Es gab natürlich auch Theresienstadt, den Vorhof zur Vernichtung und das Vorzeigelager für die internationale Propaganda. Dann, im Laufe des Jahres 1943, wurde die Gesamtlandschaft der Vernichtung – und Täuschung – um eine weitere (sehr begrenzte) Reihe von Lagern erweitert: Lager für Juden, die sich als Tauschobjekte benutzen ließen.

Der Gedanke selbst, einige Juden entweder als Geiseln oder als Tauschobjekte für Deutsche in Feindeshand festzuhalten oder aber sie als Quelle für große Devisensummen zu benutzen, war aus Naziperspektive nichts Neues. Sowohl der Geiselgedanke als auch derjenige, Juden zu verkaufen, gingen schon in die Vorkriegszeit zurück, und solche Überlegungen tauchten von Ende 1941 an wieder auf; der Krieg für das Reich immer schwieriger wurde, gewannen sie zunehmend an Bedeutung. Einige palästinensische Juden, die in Polen geblieben waren, wurden im Spätherbst 1942 gegen deutsche Staatsbürger ausgetauscht, die in Palästina lebten, und um dieselbe Zeit gelang es einigen niederländischen Juden, sich den Weg in die Freiheit zu finanzieren. Im Dezember 1942 gab Hitler Himmler die Erlaubnis, für stattliche Summen in Devisen einzelne Juden freizulassen.

Anfang 1943 wurde auf Initiative der Wilhelmstraße aus diesen Überlegungen ein größer angelegtes Projekt. Am 2. März schlug eine an das RSHA gerichtete Denkschrift vor, etwa 30 000 Juden vornehmlich britischer und amerikanischer Nationalität, aber auch belgische, niederländische, französische, norwegische und sowjetische Staatsangehörige festzuhalten und sie gegen angemessene Gruppen von Deutschen einzutauschen.[138] Himmler war einverstanden, und im April 1943 wurde ein teilweise geräumtes Kriegsgefangenenlager, Bergen-Belsen, von der Wehrmacht dem WVHA übertragen. Wie der Historiker Eberhard Kolb festgestellt hat, entsprach Himmlers Entscheidung, kein ziviles Interniertenlager einzurichten, sondern die neue Organisation in den Rahmen der Konzentrationslager-Abteilung des WVHA einzugliedern, seiner Überlegung, die «Austauschjuden» könnten jederzeit immer noch in Vernichtungslager abtransportiert werden.[139]

Und tatsächlich trafen die ersten Gruppen von «Austauschjuden», vorwiegend polnische Juden mit lateinamerikanischen *promesas* (Zusagen der Gewährung eines Passes), die man in Warschau im Hotel Polski gesammelt hatte, im Juli 1943 in Bergen-Belsen ein; im Oktober des Jahres wurden sie jedoch unter dem Vorwand, die lateinamerikanischen Papiere seien nicht gültig, nach Auschwitz abtransportiert.[140] Weitere Kategorien von Juden gelangten während des Jahres 1944 nach Bergen-Belsen, und obgleich nur sehr wenige von ihnen gegen Deutsche ausgetauscht wurden, muß ihr Schicksal im Rahmen umfassenderer Austauschpläne betrachtet werden, die in den letzten beiden Kriegsjahren von deutschen und jüdischen Agenten ins Spiel gebracht wurden. Diese Projekte sollten, wie wir sehen werden, ihre vorübergehende Bedeutung Ende 1944 und Anfang 1945 gewinnen.

VII

Ende Oktober 1943 wurde aus dem Ghetto Kowno ein Konzentrationslager. Einige Tage zuvor hatte man Gruppen junger Juden in die estnischen Arbeitslager deportiert, während die Kinder und die Älteren nach Auschwitz geschickt wurden.[141] Ende Dezember wurden die Gruben bei Fort IX geöffnet und Zehntausende von Leichen ausgegraben: Diese Überreste des größten Teils der Gemeinde von Kowno und der Judentransporte aus dem Reich und dem Protektorat wurden dann auf einigen riesigen Scheiterhaufen, die Tag für Tag neu aufgeschichtet wurden, verbrannt.[142]

Abraham Tory, der Tagebuchschreiber aus Kowno, entkam Ende März 1944 aus der Stadt und überlebte den Krieg. Drei Monate später, während die sowjetische Armee näherrückte, wurden die verbliebenen 8000

Bewohner des Ghettolagers deportiert (darunter die Mitglieder des Rates und sein Vorsitzender Elchanan Elkes). Die Männer schickte man nach Dachau, die Frauen nach Stutthof in der Nähe von Danzig. Bis Kriegsende waren drei Viertel dieser letzten Juden von Kowno umgekommen, Elkes selbst starb kurz nach seiner Ankunft in Dachau.[143]

Am 19. Oktober 1943 hatte Elkes in Form eines Briefes an seinen Sohn und seine Tochter, die in London lebten, ein «letztes Testament» geschrieben; es wurde Tory übergeben und nach der Befreiung Kownos zusammen mit dem Tagebuch aufgefunden. Die allerletzten Worte des Briefes waren von väterlicher Liebe erfüllt, aber sie konnten das Gefühl tiefster Verzweiflung nicht auslöschen, das die unmittelbar vorangehenden Zeilen vermittelten: «Ich schreibe dies in einer Stunde, in der viele verzweifelte Seelen – Witwen und Waisen, schäbig und hungrig – vor meiner Schwelle lagern und uns [den Rat] um Hilfe anflehen. Meine Kraft schwindet. In mir ist eine Wüste. Meine Seele ist verdorrt. Ich bin nackt und leer. In meinem Mund gibt es keine Worte ...»[144]

Im Herbst 1943 blieb Łódź das letzte großangelegte Ghetto in dem von Deutschen beherrschten Europa (abgesehen von Theresienstadt). Während der vorangegangenen Monate war Himmler zu dem Entschluß gelangt, das Ghetto im Warthegau in ein Konzentrationslager zu verwandeln, allerdings nicht auf dem bisherigen Gelände, sondern im Distrikt Lublin, im immer noch existierenden Rahmen der SS-Ostindustrie (OSTI). Der Vormarsch der Roten Armee in Richtung auf die frühere polnische Grenze brachte das Lublin-Projekt zum Scheitern, aber Himmler klammerte sich weiter an seine Pläne, auch wenn er sie anderswo zu verwirklichen gedachte.[145] Weder Greiser noch Biebow noch irgendjemand sonst in der Verwaltung des Warthegaus war konsultiert worden. Als Himmlers Projekt bekannt wurde, löste es auf allen Ebenen des Gaus wie auch beim Rüstungsinspektorat der Wehrmacht heftigen Widerstand aus. Im Februar 1944 besuchte der Reichsführer Posen und schloß sich, was für ihn untypisch war, Greisers Einwänden an. Der Gauleiter verlor keine Zeit und informierte Pohl von der neuen Übereinkunft. Am 14. Februar 1944 schrieb er einen ziemlich abrupten Brief an den Chef des WVHA:

«Das Ghetto in Litzmannstadt soll nicht in ein KL umgewandelt werden. ... Der Erlaß des Reichsführers-SS vom 11. Juni 1943 wird insofern nicht mehr zur Ausführung kommen. Ich habe mit dem Reichsführer folgendes vereinbart: a) Das Ghetto wird personell auf ein Mindestmaß verringert. ... b) Das Ghetto bleibt damit ein Gau-Ghetto des Reichsgaues Wartheland. c) Die Verringerung wird durch das im Gau schon früher tätig gewesene Sonderkommando des SS-Hauptsturmführers Bothmann [des Nachfolgers von Lange in Chelmno] durchgeführt werden. ...

d) Die Verfügung und Verwertung der Inventarien des Ghettos bleibt eine Angelegenheit des Reichsgaues Wartheland. e) Nach Entfernung aller Juden aus dem Ghetto und nach Auflösung desselben soll der gesamte Grundbesitz des Ghettos der Stadt Litzmannstadt zufallen.»[146]

Während ihr Schicksal besiegelt wurde, mußten die arglosen Bewohner des Ghettos in ihrer elenden Situation weiterleben, von Hunger, Kälte und endlosen Arbeitsstunden in Werkstätten, von Erschöpfung und von fortwährender Verzweiflung geplagt. Und doch änderte sich auch gelegentlich die Stimmung, so beispielsweise am 25. Dezember 1943, am ersten Tag von Chanukka: «In größeren Wohnungen versammelt man sich. Jeder bringt ein kleines passendes Geschenk: ein Spielzeug, ein Stück *babka* [Kuchen], eine Haarschleife, ein paar bunte leere Zigarettenschachteln, einen Teller mit Blumenmuster, ein Paar Strümpfe, eine warme Mütze. Dann kommt das Losen; und der Zufall entscheidet. Nachdem die Kerzen angezündet sind, werden die Geschenke verteilt. Ghettogeschenke sind nicht wertvoll, aber sie werden mit tiefer Dankbarkeit empfangen. Schließlich singt man Lieder auf jiddisch, hebräisch und polnisch, solange sie sich dazu eignen, die Feiertagsstimmung zu erhöhen. Ein paar Stunden Fröhlichkeit, ein paar Stunden Vergessen, ein paar Stunden Träumerei ...»[147]

Einige Wochen vor Chanukka registrierten die Chronisten denselben Drang nach etwas geistiger oder kultureller Nahrung im weiteren Sinne: «Auch wenn die Lebensumstände schwer auf den Menschen im Ghetto lasten», schrieben sie am 24. November, «weigern sie sich, auf kulturelles Leben ganz zu verzichten. Die Schließung des Hauses der Kultur hat das Ghetto der letzten Spuren eines öffentlichen kulturellen Lebens beraubt. Doch mit seiner Zähigkeit und Lebenskraft sucht sich der Ghettobewohner, durch vielfältiges Ungemach gestählt, immer neue Wege, um seinen Hunger nach Dingen von kulturellem Wert zu stillen. Das Bedürfnis nach Musik ist besonders intensiv, und im Laufe der Zeit sind kleine Zentren zur Pflege der Musik entstanden; natürlich nur für eine bestimmte Oberschicht. Manchmal sind es Berufsmusiker, manchmal Liebhaber, die für einen kleinen Kreis geladener Gäste etwas vortragen. Man spielt Kammermusik, und es gibt Gesang. Ebenso bilden sich kleine, familiäre Zirkel, die auf einer bescheidenen Ebene geistige Nahrung bieten sollen.[148] Lyriker und Prosaautoren lesen aus ihren Werken. Klassische und neuere Werke der Weltliteratur werden rezitiert. So bewahrt sich das Ghetto etwas von seinem früheren geistigen Leben.»[149]

Am 8. März 1944 wurden «auf Befehl der Behörden» alle Musikinstrumente beschlagnahmt; man verteilte sie an das städtische Orchester in Litzmannstadt, an den Bürgermeister und die Musikschule der Hitlerjugend.[150]

VIII

Bis ganz zum Schluß ging die Forschung über «den Juden» weiter. Ungeachtet des Kriegsverlaufs und des raschen Verschwindens ihres «Materials» gaben deutsche «Spezialisten» nicht auf; darüber hinaus setzten einige örtliche Nazifunktionäre, die anscheinend auf eigene Faust tätig wurden, Projekte in Gang, mit denen die Welt einer ausgestorbenen Rasse dokumentiert werden sollte. Und in all diesen Jahren ermutigte Heinrich Himmler, dessen Wissensdurst im Hinblick auf die Judenfrage kaum zu überbieten war, die verheißungsvollsten Untersuchungsrichtungen häufig persönlich.

So informierte Himmlers persönlicher Assistent, Obersturmbannführer Dr. Rudolf Brandt, am 15. Mai 1942 den Standartenführer Max Sollmann, den Leiter des Lebensborns, der Institution, in der sich die SS unter anderem um rassisch wertvolle unverheiratete Mütter und nichtehelich geborene Kinder kümmerte, der Reichsführer wünsche, «daß eine kleine Sonderkartothek aufgestellt wird für alle die Mütter und Kindeseltern, die eine griechische Nase bzw. einen Ansatz dazu haben».[151] Griechische Nasen lagen Himmler jedoch nicht so schwer auf der Seele wie die Identifizierung jüdischer Züge oder verborgener jüdischer Abstammung, auch wenn diese Dinge indirekt miteinander zusammenhängen. Ein Jahr nach seinem Ausflug in das Revier der Nasenformen, am 22. Mai 1943, schrieb der SS-Chef an Bormann, es sei erforderlich, Untersuchungen über die rassische Entwicklung von Mischlingen anzustellen, und zwar nicht nur von denjenigen zweiten Grades, sondern auch von solchen höheren Grades (Achtel- oder Sechzehnteljuden beispielsweise). «Wir müssen hier – das aber nur unter uns gesprochen – ein ähnliches Verfahren durchführen, wie man es bei einer Hochzucht bei Pflanzen oder Tieren anwendet. Mindestens einige Generationen hindurch (3 oder 4 Generationen) müssen von unabhängigen Institutionen die Abkömmlinge von derartigen Mischlingsfamilien rassisch überprüft und im Falle der rassischen Minderwertigkeit sterilisiert und damit aus dem weiteren Erbgang ausgeschaltet werden.»[152]

Gelegentlich ließ der Reichsführer seinem berechtigten Zorn über einen inkompetenten Wissenschaftler freien Lauf. So erklärte sich Himmler in der Angelegenheit dreier SS-Männer mit teilweise jüdischen Vorfahren bereit, sie einstweilen in der SS zu belassen, aber ihren Kindern wurde verwehrt, dem Orden beizutreten oder in ihn einzuheiraten. Diese unerfreuliche Verwirrung war das Ergebnis einer wissenschaftlichen Begutachtung durch Prof. Dr. Bruno Kurt Schultz. Schultz hatte darauf hingewiesen, daß es in der dritten Generation vorkommen könne, daß auch nicht ein einziges jüdisches Chromosom mehr vorhanden sei; unter diesen Umständen könnte man, so schrieb Himmler am 17. Dezember 1943 an den SS-Obergruppenführer Richard Hildebrandt, behaupten, «daß die Chromosome aller anderen Vorfahren ebenfalls verschwinden. Dann muß ich die Frage stellen: woher bekommt der Mensch überhaupt das Erbgut, wenn nach der dritten Generation von den Chromosomen seiner Vorfahren nichts mehr vorhanden ist? Für mich steht eines fest: Herr Prof. Dr. Schultz ist als Chef des Rassenamtes nicht geeignet.»[153]

Manchmal wagte sich der Reichsführer auf etwas gefährliches Terrain vor. Im April 1942 hatte sich Winifred Wagner, die Witwe von Richard und Cosima Wagners Sohn Siegfried und selbst eine sehr liebende und geliebte Freundin des «Führers», wegen eines Vortrags über die «jüdische Versippung der Familie Wagner» beschwert, der angeblich in Würzburg in einem SS-Kreis gehalten worden war. Am 30. Dezember 1942 versicherte Himmler der Dame von Bayreuth, daß kein derartiger Vortrag gehalten worden sei, das Gerücht gehe vielmehr zurück auf ein Gespräch zwischen zwei SS-Führern. Um alle unangebrachten Andeutungen zum Schweigen zu bringen, bat der Reichsführer Winifred Wagner, ihm eine Ahnentafel ihrer Familie zu übersenden.[154] Ob dies je geschah, ist nicht bekannt.

Von entscheidender Bedeutung war durchweg die kollektive rassische Identifizierung, und auf diesem Gebiet blieben einige Fragen jahrelang ungelöst, so beispielsweise die der Karäer. Am 13. Juni 1943 traf Dr. Georg Leibbrandt, der Leiter der Politischen Abteilung von Rosenbergs Ministerium für die besetzten Ostgebiete, die Feststellung, die Karäer seien ihrer Religion und ihrer Volkszugehörigkeit nach von den Juden verschieden; sie seien nicht jüdischer Abstammung, sondern würden als ein Volk turkotatarischer Herkunft betrachtet, das eng mit den Krimtataren verwandt sei. Sie seien im wesentlichen vorderorientalischer Rasse mit mongolischen Zügen und somit Fremde. Die Vermischung von Karäern und Deutschen sei verboten. Die Karäer sollten nicht als Juden behandelt werden, sondern in gleicher Weise wie die turkotatarischen Völker. Eine harte Behandlung sollte im Einklang mit den Zielen der deutschen Orientpolitik vermieden werden.[155]

Auf den ersten Blick mag es ungewöhnlich erscheinen, daß die Deutschen noch im Juni 1943 (und später) eine Entscheidung erneut formulieren mußten, die der Leiter der Reichsstelle für Sippenforschung dem Vertreter der aus 18 Familien bestehenden karäischen Gemeinde in Deutschland, Serge von Douvan, schon in einem Brief vom 5. Januar 1939 offiziell übermittelt hatte. In dem Brief hieß es, die Sekte der Karäer solle nicht als jüdische Religionsgemeinschaft im Sinne von Paragraph 2 Absatz 2 der Ersten Verordnung zum Reichsbürgergesetz gelten. Es könne jedoch nicht bewiesen werden, daß die Karäer in ihrer Gesamtheit rasseverwandt seien, da sich die rassische Einstufung eines Individuums nicht ohne weiteres anhand seiner Zugehörigkeit zu einem bestimmten Volk feststellen lasse, sondern nur durch seine individuellen Vorfahren und seine rassebiologischen Eigenschaften.[156]

Die Entscheidung der Reichsstelle war von politischen Erwägungen diktiert, bei denen die durch und durch antisowjetische Einstellung der Karäer, von denen viele im russischen Bürgerkrieg in den Armeen der Weißen gekämpft hatten, ebenso eine Rolle spielte wie die rassisch-kulturellen Forschungen, die der bekannte deutsche Orientalist Paul E. Kahle in den 1930er Jahren in Leningrader Archiven betrieben hatte; sie bestätigten die Position des Zarenregimes, welche die Karäer als eine Gruppe definiert hatte, die mit dem Judentum nicht verwandt war.[157] Als aber der Krieg begonnen hatte und vor allem nach dem Angriff auf die Sowjetunion blieben gewisse Bedenken bestehen.

In Litauen schickte Gebietskommissar Theodor Adrian von Renteln Forscher zu den Oberhäuptern der dortigen Karäergemeinschaft, und im Laufe des Jahres 1942 wurden mehrere jüdische Spezialisten angewiesen, sich an den Untersuchungen zu beteiligen: Kalmanowicz in Wilna, Meir Balaban und Jizhak Schipper in Warschau, Philip Friedman in Lemberg.[158] In einer Tagebucheintragung vom 15. November 1942 schrieb Kalmanowicz: «Ich übersetze weiter das Buch des karäischen Chacham [hebräisch: Weiser]. (Wie beschränkt ist sein Horizont! Er ist stolz auf seine turkotatarische Abstammung. Er versteht mehr von Pferden und Waffen als von der Religion, auch wenn er religiös im christlichen Sinne ist.)»[159]

Friedman hatte wenig Neigung, sich an dem von den Nazis geleiteten Projekt zu beteiligen: «Anfang 1942», erinnerte er sich nach dem Krieg, «als ich in Lemberg war, bat mich Dr. Leib Landau, ein bekannter Rechtsanwalt und Direktor der Jüdischen Sozialen Selbsthilfe im Distrikt Galizien, eine Untersuchung über die Ursprünge der Karäer in Polen anzufertigen. Die Untersuchung war von Oberst Bisanz, einem hohen Beamten der deutschen Verwaltung in Lemberg, angeordnet worden. Sowohl Landau als auch ich sahen ganz deutlich, daß eine vollständig objektive und wissenschaftliche Untersuchung, aus der die Wahrscheinlichkeit der jüdischen Abstammung der Karäer hervorginge, ihr Leben gefährden könnte. Außerdem sträubte sich alles in mir, eine Denkschrift zum Gebrauch durch die Nazis zu schreiben, und ich bat Landau, den Auftrag an einen anderen Historiker des polnischen Judentums, Jacob Schall, weiterzureichen. Er stimmte zu, und Dr. Schall fertigte eine Denkschrift an, die ich gemeinsam mit Landau sorgfältig durchsah. Die Denkschrift war so abgefaßt, daß daraus hervorging, daß die Herkunft der Karäer Gegenstand einer hitzigen Kontroverse sei, und besonderes Schwergewicht wurde auf diejenigen

Gelehrten gelegt, welche die Theorie der türkisch-mongolischen Abstammung der Karäer vertraten.»[160]

Zusätzliche deutsche Forschungen in der Ukraine sowie an anderen Orten im Osten, Einwände gegen die Einstufung der Karäer als Nichtjuden, die vom *Commissariat Général aux Questions Juives* in Frankreich kamen, sowie ein gewisser Widerstand in Deutschland selbst verzögerten die Entscheidung Leibbrandts bis zum Juni 1943. Die Entscheidung war jedoch endgültig. Die Karäer entrannen dem Schicksal der Juden und auch dem von 8000 Krimtschaken, die Ohlendorfs Einsatzgruppe D auf der Krim ermordet hatte, obgleich Karäer und Krimtschaken sprachlich miteinander verwandt waren und beide Gruppen identische türkisch-mongolische Züge aufwiesen.[161]

Das Ministerium Rosenbergs, sein Frankfurter Institut und der Einsatzstab Reichsleiter Rosenberg (ERR) konnten, wie wir sahen, nie ihre ausschließliche Kontrolle über die Forschung in Sachen Juden etablieren. So entfaltete Amt VII des RSHA, das sich unter der Führung von Prof. Dr. Franz Alfred Six mit Gegnerforschung befaßte, ein eindrucksvolles Spektrum von Aktivitäten, selbst nachdem Six im September 1942 in die Wilhelmstraße umgezogen war.[162] An seine Stelle trat bald darauf der nicht weniger engagierte Prof. Dr. Günther Franz, der im Juni 1942 den glänzenden Einfall gehabt hatte, eine Tagung über die Judenfrage zu veranstalten, bei der passende Themen an begabte Doktoranden verteilt wurden (um so die nächste Generation von Forschern auf diesem Gebiet heranzubilden). Als Franz die Leitung von Amt VII übernahm, wurden in dem von der SS betriebenen Nordland-Verlag weitere Reihen von Bänden über Juden in verschiedenen Ländern publiziert. Diese Bände, die teilweise in einer Auflage von 100 000 Stück gedruckt wurden, erschienen in den Jahren 1943 und 1944.[163] Juden und Judentum stellten nur einen von mehreren Aspekten dar, mit denen sich das Amt bei seinen Forschungen beschäftigte (daneben standen Freimaurerei, Bolschewismus, «Politische Kirchen» und – auf speziellen Befehl Himmlers – «Hexen und Hexerei»).

Während die Männer Rosenbergs beispielsweise in den baltischen Ländern plünderten, räumten die Abgesandten von Six und Franz zur gleichen Zeit in denselben Gebieten jüdische Archive und Bibliotheken leer. In Riga fiel ihnen, wie wir uns erinnern werden, die Bibliothek von Simon Dubnow in die Hände. Im Zuge derselben Aktion wurden abtransportiert «80 Kisten, enthaltend jüdische Literatur aus der Dorpater Gemeinde, sowie aussortiertes Material des jüdischen Klubs in Reval».[164] Übrigens arbeiteten zumindest bis Ende 1941 jüdische «Assistenten» für die verschiedenen Projekte von Amt VII.[165]

Rosenbergs Kommando begann von Februar 1942 an, systematisch in

Wilna tätig zu werden, nachdem es im Frühsommer 1941 einen Überblick über die jüdischen Bibliotheken erstellt hatte. Zum Hauptbeauftragten des ERR in der litauischen Hauptstadt ernannte Rosenberg einen gewissen Dr. Johannes Pohl, einen Judaica-Spezialisten, der sich zwei Jahre, von 1934 bis 1936, an der Hebräischen Universität in Jerusalem aufgehalten hatte; er hatte ein Buch über den Talmud verfaßt und schrieb Artikel für den *Stürmer*.[166] Kruk, dem man die Leitung der Gruppe jüdischer Wissenschaftler und Arbeiter, die der Einsatzstab beschäftigte, übertragen hatte, stand in regelmäßigem Kontakt mit Pohl, den er als den «Hebraisten» bezeichnete: «Zufällig entnehme ich dem deutschen *Illustrierten Beobachter*, München, 30. April 1942, daß Dr. Pohl einer derjenigen ist, welche ‹Judenforschung ohne Juden› betreiben. Unter anderem ist er der Direktor der hebräischen Abteilung der Bibliothek zur Erforschung der Judenfrage [der Bibliothek des Frankfurter Instituts].»[167]

Hauptziele des Einsatzstabes waren die Strashun-Bibliothek (die jüdische Gemeindebibliothek Wilnas), die Sammlungen religiöser Bücher der Hauptsynagogen der Stadt und die Bibliothek des YIVO.[168] Der jiddische Dichter Abraham Sutzkever, der gemeinsam mit Kalmanowicz und noch einem anderen jiddischen Dichter, Szmerke Kaczerginski, bei diesem Unternehmen Kruks Kollege war, registrierte die Parallelen zwischen dem Vorgehen der Gestapo und dem der Rosenberg-Truppe. Genau wie erstere auf der Suche nach versteckten Juden Häuser durchsuchte, unternahm die letztere aggressive Aktionen auf der Suche nach Sammlungen jüdischer Bücher.[169]

«In der Rosenbergschen Sondereinheit im Yivo-Gebäude regnet es wieder Bücher», notierte Kruk am 19. November 1942. «Diesmal jiddische. In den Kellern, in denen sich früher die Yivo-Bibliothek befand, lagern auf der einen Seite ... Kartoffeln, auf der anderen die Bücher der Verleger Kletzkin und Tomor. Der ganze Keller und mehrere Nebenräume im Erdgeschoß sind mit Packen dieser Bücherschätze vollgestopft. Ganze Säcke mit Perez und Scholem Alejchem gibt es da, Beutel mit Zinbergs *Geschichte der jüdischen Literatur*, ganze Sätze von Kropotkins *Großer Französischer Revolution*, Ber Marks *Geschichte der sozialen Bewegungen der Juden in Polen* etc. etc. Das Herz zerspringt einem vor Schmerz bei diesem Anblick. So sehr wir uns auch daran gewöhnt haben, wir haben immer noch nicht den Nerv, um die Zerstörung gelassen mit anzusehen. Übrigens haben sie auf meine Bitte doch versprochen, daß wir uns einige Bücher für die Ghettobibliothek mitnehmen dürfen. Mittlerweile nehmen wir sie uns von uns aus. Wir werden von dem Versprechen natürlich Gebrauch machen.»[170] Und tatsächlich schmuggelte das jüdische Team (die «Papierbrigade») heimlich so viele Bücher, wie sie konnte, ins Ghetto.[171]

Gelegentlich kamen die «Wissenschaftler» des ERR mit wahrhaft geheimnisvollen Fragestellungen: «Heute hatte der Leiter des Rosenbergschen Einsatzstabs ein neues Problem», notierte Kruk am 29. Juni 1943. «Er möchte gerne wissen, ob es einen Zusammenhang zwischen dem Davidsstern und dem fünfzackigen Sowjetstern gibt ...»[172]

Das Sammeln von Schädeln jüdisch-bolschewistischer Kommissare zwecks Identifizierung der rassisch-anthropologischen Eigenschaften dieser übelsten Spezies jüdischer Politkriminalität war natürlich die Domäne von Himmlers Organisation Ahnenerbe. Es bleibt unklar, wer die erste Denkschrift verfaßte, die am 9. Februar 1942 mit der Unterschrift des Anatomen Prof. Dr. August Hirt von der Reichsuniversität Straßburg an Himmler gerichtet wurde. So wie es aussieht, muß Hirt das Projekt initiiert und die technischen Vorschläge dafür gemacht haben, wie man am sichersten die Forschungsobjekte töten, den Kopf von der Wirbelsäule abtrennen und die kostbaren Schädel verpacken und transportieren konnte, *ohne sie dabei zu beschädigen*.[173] Es gibt jedoch Hinweise darauf, daß, auch wenn Hirt letztlich der Empfänger des «Materials» und der Projektleiter sein sollte, die ursprüngliche Idee vom Ahnenerbe-Anthropologen Bruno Beger stammte, einem Mitglied des anthropologischen Instituts der Universität München, dessen Leitung der weltberühmte Tibetexperte Ernst Schäfer innehatte.[174] In den darauffolgenden Monaten und Jahren gab es jedenfalls eine enge Zusamenarbeit zwischen Beger und Hirt. Letztlich erhielt das anatomische Institut in Straßburg die Schädel jüdisch-bolschewistischer Kommissare deshalb nicht, weil sich die Wehrmacht 1942 überlegte, ob es opportun sei, Kommissare hinzurichten und diejenigen unter ihnen abzuschrecken, die möglicherweise bereit waren, zu den Deutschen überzulaufen. Diese Schwierigkeit brachte das Projekt Hirts und Begers nicht zum Scheitern; sie gab ihm lediglich eine andere Richtung.

Am 2. November 1942 schrieb der geschäftsführende Leiter des Ahnenerbes, Wolfram Sievers, an Himmlers persönlichen Referenten Rudolf Brandt, «zu anthropologischen Forschungszwecken» seien 150 Skelette von Juden erforderlich, die in Auschwitz bereitgestellt werden sollten. Brandt leitete dieses Ersuchen an Eichmann weiter, der wiederum die zuständigen Stellen in Auschwitz verständigte. Am 10. Juni 1943 besuchte Beger das Lager, selektierte seine Forschungsobjekte und nahm die erforderlichen Messungen vor.[175] Am 21. teilte Sievers Eichmann mit, der Münchner Anthropologe habe 115 Häftlinge «bearbeitet»: 79 jüdische Männer, 30 jüdische Frauen, 2 Polen und 4 «Innerasiaten».[176] Die selektierten Gefangenen wurden in das Lager Natzweiler im Elsaß transportiert. In den ersten Augusttagen des Jahres 1943 vergaste Joseph Kramer, der Kommandant des Lagers Natzweiler-Struthof, persönlich den ersten Schub jüdischer Frauen mit der speziellen chemischen Substanz, die Hirt verlangt hatte.[177] In den darauffolgenden Tagen wurde die «Aktion» abgeschlossen. Die Leichen sandte man alle an Hirts Anatomielaboratorium in Straßburg: Einige wurden konserviert und andere skelettiert.[178]

Die Ergebnisse der Forschungen Hirts sind nicht erhalten, obgleich Beger den Krieg überlebte und nur für kurze Zeit ins Gefängnis kam (Hirt beging Selbstmord). Sievers hatte die Vernichtung aller zugehörigen Dokumente und Photographien angeordnet. Als aber die Alliierten Straßburg besetzten, fanden sie doch einige Spuren vor, die es ermöglichten, den Vorgang für die Nachwelt festzuhalten.[179]

Einige Projekte, so etwa die Einrichtung eines Jüdischen Zentralmuseums in Prag, bleiben verwirrend.[180] Ob die Idee der Gründung eines solchen Museums zu einer Zeit, in der die Deportationen aus dem Protektorat dem jüdischen Leben in Böhmen und Mähren ein Ende bereiteten, von Funktionären der schrumpfenden Jüdischen Kultusgemeinde (also faktisch dem Judenrat) ausging oder von zwei höheren Beauftragten Eichmanns in Prag, Hans Günther und seinem Stellvertreter Karl Rahm, ist nicht von Bedeutung. Selbst wenn das Projekt von jüdischen Funktionären initiiert worden war, mußten Günther und Rahm es akzeptieren und fördern. Und das geschah.

Offiziell startete das Museumsprojekt am 3. August 1942 auf dem Gelände, auf dem sich vor dem Krieg das Jüdische Museum befunden hatte; es erstreckte sich bald auf alle größeren Synagogengebäude im Judenviertel sowie auf Dutzende von Lagerhäusern. Geräte, die die schwindenden Gemeinden von Böhmen und Mähren zurückgelassen hatten und die mit allen Aspekten ihres täglichen Lebens, mit religiösen Ritualen und speziellen Bräuchen im Laufe der Jahrhunderte zusammenhingen, wurden systematisch gesammelt und erfaßt. Während die Sammlung des Prager Jüdischen Museums 1941 etwa 1000 Stücke umfaßte, enthielt sie bei Kriegsende 200 000 Objekte.[181]

Die von Goebbels veranlaßten Filmaufnahmen vom Ghettoleben waren bestrebt, den Zeitgenossen und der Nachwelt das herabwürdigendste und abstoßendste Bild der Juden zu präsentieren. Alle Ausstellungen zum Thema Judentum, die während der 1930er Jahre im Reich oder während des Krieges im besetzten Europa veranstaltet wurden, verfolgten ähnliche Ziele, und Gleiches galt selbstredend für abendfüllende Filme wie *Jud Süß* und *Der ewige Jude*. Und was die beiden Filme angeht, die 1942 und 1944 in Theresienstadt gedreht wurden, so war ihr Ziel eine Propaganda anderer Art: Sie sollten der Welt das gute Leben zeigen, das der «Führer» den Juden zugestand.

Keines dieser Ziele war beim Prager Museumsprojekt erkennbar.

Bei der Vorbereitung der Ausstellung über jüdische religiöse Bräuche beispielsweise, die im Frühjahr 1943 veranstaltet wurde, «scheinen beide Seiten [die jüdischen Wissenschaftler, die am Museum arbeiteten, und die SS-Offiziere] eine gewisse Objektivität im Sinn gehabt zu haben».[182] Günther und Rahm dachten möglicherweise, sobald der Krieg (siegreich) beendet wäre und es keine Juden mehr gäbe, würde sich das im Museum eingelagerte Material – das bis dahin nicht öffentlich gezeigt werden sollte – leicht entsprechend den Bedürfnissen des Regimes zurichten lassen. Rahm mußte sich indessen schon bald von seinen kulturellen Bemühungen verabschieden, um der letzte Kommandant von Theresienstadt zu werden.

IX

Während die Deutschen 1943 und den größten Teil des Jahres 1944 hindurch den Versuch machten, die Deportationen aus allen Winkeln des Kontinents zum Abschluß zu bringen, und während die Alliierten mittlerweile die Vernichtung der Juden öffentlich anerkannt hatten, schreckten London und Washington hartnäckig vor jeglichen konkreten Rettungsmaßnahmen, und seien es auch kleinere Pläne, zurück. In aller Fairneß muß man sagen, daß sich bis auf den heutigen Tag nur schwer einschätzen läßt, ob einige der Rettungspläne, die von Deutschlands Satelliten oder von irgendwelchen untergeordneten deutschen Amtsträgern initiiert wurden, wirklich als eine Art Austausch gedacht waren oder ob es sich dabei nicht lediglich um Erpressertricks handelte.

So teilten Ende 1942 und in den ersten Monaten des Jahres 1943 die rumänischen Behörden der *Jewish Agency* mit, sie seien bereit, für 200 000 Lei (das waren 200 palästinensische Pfund) pro Person 70 000 Juden aus Transnistrien freizulassen. Das Angebot hätte ein erster rumänischer Fühler zur Kontaktaufnahme mit den Alliierten sein können, aber in einem nicht gerade geschickten Manöver, mit dem er sich das Wohlwollen beider Seiten erhalten wollte, setzte Radu Lecca, der Generalsekretär für jüdische Angelegenheiten in der Regierung Antonescu, der nach Istanbul reiste, um dort mit Vertretern der *Jewish Agency* zu verhandeln, bald danach den deutschen Botschafter in Bukarest von der Initiative in Kenntnis. Von diesem Augenblick an war das Unternehmen zum Scheitern verurteilt.

Die Jischuw-Führung war in ihrer Einschätzung des Vorschlags gespalten, und sie war sich durchaus darüber im klaren, daß die Alliierten den Transfer von 70 000 Juden nach Palästina nicht zulassen würden. In der Tat war die britische Position, die vom *State Department* geteilt wurde, von unnachgiebiger Ablehnung gekennzeichnet. Im

Februar 1943 wurde in Schweizer Zeitungen und in der *New York Times* über das rumänische Angebot berichtet, was zu einem gewissen öffentlichen Aufschrei über die Passivität der Alliierten führte, der aber keine Konsequenzen hatte. In den darauffolgenden Wochen wurde der Plan auf den Transfer von 5000 jüdischen Waisen aus Transnistrien nach Palästina reduziert. Eichmann erklärte sich mit diesem letztgenannten Vorschlag einverstanden, sofern die Alliierten im Austausch gegen die Kinder den Transfer von 20 000 arbeitsfähigen deutschen Kriegsgefangenen nach Deutschland zulassen würden...

Sporadische Verhandlungen mit den Rumänen wurden gleichwohl während des Jahres 1943 fortgesetzt, und die Möglichkeit, alle diejenigen zu bestechen, die man in Bukarest bestechen mußte, ließ anscheinend die Option der Rettung Bestand haben. Das endgültige Aus kam für die Operation, als das State Department und das britische Kriegsministerium die Überweisung des erforderlichen Geldes in die Schweiz, die der Jüdische Weltkongreß vornehmen wollte, blockierten. Das Finanzministerium hatte seine Genehmigung erteilt, die aber nichts nützte. Im Dezember 1943 übergab das Foreign Office eine Note an den US-Botschafter in London, John Winant, in der es hieß, die britischen Behörden seien «besorgt über die Schwierigkeit, eine größere Zahl von Juden unterzubringen, falls sie aus unter feindlicher Besatzung stehenden Gebieten gerettet werden sollten».[183]

Die zornigen öffentlichen Stimmen, die seit Anfang 1943 angesichts des Ausbleibens von Rettungsoperationen laut geworden waren, hatten sowohl das Foreign Office als auch das State Department davon überzeugt, daß irgendeine Geste erforderlich war: Man beschloß, eine Konferenz über die «Flüchtlingssituation» abzuhalten. Diese Konferenz, an der hochrangige britische und amerikanische Vertreter (sowie zwei Kongreßabgeordnete) teilnahmen, wurde am 19. April 1943 unter dem Vorsitz des Präsidenten der Princeton University, Harold W. Dodds, auf Bermuda eröffnet. Nach zwölftägigen Beratungen endete die Zusammenkunft mit der Verabschiedung einer Presseerklärung, in der es hieß, beiden Regierungen würden «konkrete Empfehlungen» unterbreitet werden; aufgrund der Kriegssituation könne man jedoch den Charakter dieser Empfehlungen nicht offenlegen.

Führende jüdische Vertreter in den USA waren sich durchaus im klaren über die Forderung nach energischeren Initiativen, die in immer größeren Teilen der jüdischen Bevölkerung des Landes erhoben wurden. Zusätzliche Anstöße gingen außerdem nicht nur von den immer präziseren Berichten über die Lage in Europa aus, sondern auch von der unermüdlichen Kampagne für ein Eingreifen, die von einer kleinen, aber lautstarken Gruppe rechtsgerichteter Zionisten (Revisionisten) unter der Führung von Peter Bergson betrieben wurde.[184] Für

Stephen Wise beispielsweise war es jedoch nicht akzeptabel, den Präsidenten durch öffentliche Kundgebungen gegen amerikanische Untätigkeit in Verlegenheit zu bringen. Wises Zurückhaltung wurde von der Administration anerkannt. Kurz vor einem von den «Bergsonianern» organisierten großen Treffen, der «Notkonferenz zur Rettung des jüdischen Volkes in Europa», die im Juli 1943 stattfinden sollte, schickte Welles eine Botschaft an Myron C. Taylor, den früheren Vorsitzenden der 1938 in Evian abgehaltenen Flüchtlingskonferenz und späteren Sonderbotschafter Roosevelts beim Vatikan: «Ich habe diese Einladung abgelehnt», teilte Welles Taylor mit. «Nicht nur die konservativeren jüdischen Organisationen und Führer, sondern auch solche führenden Persönlichkeiten wie Rabbi Wise, der heute morgen bei mir war, sind stark gegen die Abhaltung dieser Konferenz, sie haben alles getan, was in ihren Kräften stand, um sie zu verhindern, und sie versuchen, Bischof Tucker und ein oder zwei andere, die diese Einladung angenommen haben, dazu zu veranlassen, ihre Annahme zurückzuziehen.»[185]

Wise zögerte nicht, seine Ansichten öffentlich kundzutun. Auf der *American Jewish Conference*, die im August 1943, einen Monat nach Bergsons «Notkonferenz», abgehalten wurde, erklärte er seinem Publikum: «Wir sind Amerikaner – zuerst, zuletzt und allezeit. Nichts, was wir sonst sind, ob durch Glauben oder durch Rasse oder durch Schicksal, schränkt unser Amerikanertum ein. ... Wir und unsere Väter haben uns entschieden, Amerikaner zu sein, und Amerikaner wollen wir jetzt auch bleiben. ... Unsere erste und schwierigste Aufgabe, die sich uns gemeinsam mit allen anderen Bürgern unseres geliebten Landes stellt, besteht darin, den antifaschistischen Krieg zu gewinnen. Sofern der Krieg nicht gewonnen wird, ist alles andere verloren.»[186]

Wises Ansichten wurden von den meisten Teilnehmern der Konferenz und alles in allem von der Mehrzahl der amerikanischen jüdischen Organisationen und ihren Publikationen wie etwa dem *National Jewish Monthly* oder der Zeitschrift *New Palestine* (in der sich die Positionen des amerikanischen Zionismus äußerten) wiederholt. Es gab kaum führende Vertreter der Hauptströmung, die zuzugeben bereit waren, daß nicht genug getan worden war und auch jetzt nicht genug getan wurde; einer von ihnen war Rabbiner Israel Goldstein, der auf derselben *American Jewish Conference* im August 1943 aus seinen Gefühlen keinen Hehl machte: «Geben wir unumwunden zu, daß wir amerikanischen Juden als eine Gemeinschaft von fünf Millionen nicht tief genug erschüttert worden sind, uns nicht leidenschaftlich genug angestrengt haben, nicht genügend von unserer Bequemlichkeit und unseren gesellschaftlichen und staatsbürgerlichen Beziehungen aufs Spiel gesetzt haben, nicht genügend bereit gewesen sind, das Band der sogenannten Liebenswürdigkeit in Frage zu stellen, um dem Gewissen unserer christlichen Nachbarn und Mitbürger unsere Sorgen aufzubürden.»[187]

Zum Entsetzen der Regierung und der Hauptströmung der amerikanisch-jüdischen Führung gaben die Bergsonianer nicht auf. Ende 1943 gelang es ihnen, Senator Guy Gillette aus Iowa und das Mitglied des Repräsentantenhauses Will Rogers aus Kalifornien dazu zu veranlassen, im Kongreß eine Rettungsresolution einzubringen. Während der Debatten forderte Breckinridge Long, als Zeuge aussagen zu dürfen, und legte dem Auswärtigen Ausschuß irreführende Daten über die Zahl der jüdischen Flüchtlinge vor, denen das State Department die Einreise in die Vereinigten Staaten gestattet hatte.[188] Als Longs Aussage bekannt wurde, brachten Beamte des Finanzministeriums Beweise für die ständigen Bemühungen des State Department zur Sprache, Informationen über die Vernichtung zu verheimlichen und Rettungsbemühungen zu behindern. Dieses Material wurde dem Präsidenten von Finanzminister Henry Morgenthau vorgelegt. Diesmal hielt Roosevelt es für politisch klug zu reagieren, und im Januar kündigte er die Einrichtung des *War Refugee Board* an, das vom stellvertretenden Finanzminister John Pehle geleitet werden sollte. Das WRB hatte den Auftrag, alle von seinen Funktionären überprüften und empfohlenen Rettungsaktionen zu koordinieren und zu leiten.[189]

*

Die Bestätigung der Nachrichten über die fortlaufende Vernichtung der europäischen Juden führte zu massenhaften Protesten auf den Straßen von Tel Aviv sowie dazu, daß die Oberrabbiner des Jischuw Fastentage und andere Kundgebungen kollektiver Trauer verkündeten. Bald jedoch traten Alltagssorgen und selbst traditionelle Feierlichkeiten wieder in den Vordergrund; im Jahre 1943 organisierte die Kibbuzbewegung große Feste (so das Dalia-Tanzfest), und die Studenten der Hebräischen Universität feierten Purim mit dem üblichen Karnevalszug. Die Historikerin Dina Porat schreibt: «Qualen waren ein Teil des täglichen Lebens, und wenn die Nachricht besonders bitter war, vervielfachten sich die Äußerungen des Schmerzes. Aber die öffentliche Aufmerksamkeit war nicht kontinuierlich, und für Wochen oder Monate kehrte das Leben dann zur Normalität zurück – bis zum nächsten schockierenden Ereignis.»[190]

Immerhin war die jüdische Bevölkerung in Palästina wahrscheinlich empfänglicher für die Tragödie der europäischen Judenheit als die Führung des Jischuw selbst. Natürlich waren unter der Führung wie unter der Bevölkerung die Bindungen des Einzelnen an das europäische Judentum in gleicher Weise stark, und da die große Mehrheit der jüdischen Bewohner Palästinas aus Mittel- oder Osteuropa stammte, waren sich auf allen Ebenen viele über die Möglichkeit tragischen persönlichen Verlustes im klaren (sofern sie darüber nicht schon Gewißheit hatten). Doch so seltsam und sogar gefühllos es in der Rückschau aussehen mag, in ihren öffentlichen Verlautbarungen von Ende 1942 an betrachteten die meisten zionistischen Führer die Vernichtung in allererster Linie unter dem Gesichtspunkt ihrer Auswirkungen auf den Aufbau eines jüdischen Staates. Ben-Gurions Verzagtheit wegen der Auswirkungen der Lage in Europa auf das zionistische Projekt mag dazu beigetragen haben, daß er sich nicht für Rettungsaktionen engagierte; so blieb es dem zögerlichen und schwachen Gruenbaum überlassen, Aktivitäten zu koordinieren, von denen er nicht überzeugt war.

Eine Sitzung des zionistischen Exekutivkomitees, die im Februar 1943 in Jerusalem stattfand, veranschaulichte kraß die Stimmung, die an der Spitze des Establishments vorherrschte: «Sicher können wir nicht von allen Aktionen Abstand nehmen», erklärte Gruenbaum, «wir sollten alles tun, was wir können ..., aber unsere Hoffnungen sind minimal. ... Ich denke, uns bleibt nur noch eine einzige Hoffnung – und dasselbe würde ich in Warschau sagen – die einzige Aktion, die einzige Anstrengung, die uns Hoffnung gibt, die einzigartig ist, das ist die Anstrengung, die im Land Israel unternommen wird.»[191] In der Debatte über den Haushalt 1943 spiegelte sich diese allgemeine Einstellung besser wider als in allen Deklarationen: 250 000 palästinensische Pfund für neue Siedlungen, dieselbe Summe für die landwirtschaftliche Entwicklung, riesige Summen für das Bewässerungssystem usw. und 15 000 Pfund für Rettungsaktivitäten...[192]

Während der kommenden Monate setzte sich die Debatte über die Zuweisung von Mitteln für Rettungsaktionen fort. Während die *Jewish Agency* an ihrer Zurückhaltung festhielt und Gruenbaum weiterhin nichts als Apathie an den Tag legte, ergriff die Gewerkschaftsorganisation (*Histadrut*) die Initiative, mit einer öffentlichen Kampagne – genannt «Diaspora-Monat» – Mittel zu sammeln. Diese Initiative, die Mitte September 1943 in Gang gesetzt worden war, scheiterte schmählich. Die Skepsis der Bevölkerung hinsichtlich des Engagements der politischen Führung für die Rettungsaktionen trug sicher zu den mageren Ergebnissen des Aufrufs bei. Manche hatten den Eindruck, «der Jischuw sei in Atrophie verfallen».[193]

*

Zygielbojm war, daran werden wir uns erinnern, der Delegierte des Bund beim polnischen Nationalrat in London. Wie wir sahen, wurde es Karski erst Ende Dezember 1942 gestattet, mit ihm und seinem Kollegen Ignacy Schwarzbart zusammenzutreffen. Bis zum Herbst jenes Jahres hatte Zygielbojm die Informationen über die totale Vernichtung der Juden Polens nicht vollständig verstanden. Im November und Dezember waren ihm jedoch wichtige Aspekte des deutschen Vernichtungsfeldzugs klar geworden, und er war zunehmend verbittert über das Ausbleiben einer adäquaten Reaktion, insbesondere von seiten der polnischen Exilregierung und der Delegatura, die die Bevölkerung nicht dazu aufrief, den gejagten Juden Hilfe zukommen zu lassen. Am 23. Dezember erklärte er auf der Sitzung des Nationalrats: «Der Krieg wird zu Ende gehen, und die Tragödie des polnischen Judentums [Zygielbojm hatte die totale Dimension des Geschehens noch nicht erfaßt] wird über Generationen hinweg auf dem Gewissen der Menschheit lasten. Unglücklicherweise wird sie mit der Einstellung von Teilen der polnischen Bevölkerung in Verbindung gebracht werden. Ich überlasse es Ihnen, darauf die angemessene Antwort zu finden.»[194]

Es gab nicht viel, das der Delegierte des Bund unternehmen konnte. Als einige Monate später der Ghettoaufstand begann und ohne Unterstützung von außen seinem Schicksal überlassen wurde, wußte Zygielbojm, daß er am Ende war.[195] Am 11. Mai 1943 schrieb er einen Brief an den Präsidenten der polnischen Republik, Władysław Raczkiewicz, und an den Ministerpräsidenten der Exilregierung, Władysław Sikorski. «Die Verantwortung für das Verbrechen der Ermordung des gesamten jüdischen Volkes in Polen liegt zu allererst bei denjenigen, die es begehen, aber indirekt fällt sie auch auf die ganze Menschheit, auf die Völker der alliierten Nationen und auf ihre Regierungen, die bis auf den heutigen Tag keine wirklichen Maßnahmen ergriffen haben, um diesem Verbrechen Einhalt zu gebieten. Dadurch, daß sie diesem Mord an wehrlosen Millionen passiv zugesehen haben, ... sind sie zu Teilhabern der Verantwortung geworden.

Ich bin gezwungen festzustellen, daß die polnische Regierung, auch wenn sie erheblich dazu beigetragen hat, die Weltmeinung aufzurütteln, doch nicht genug getan hat. Sie hat nichts getan, das nicht routinemäßig war, nichts, das der Dimension der Tragödie, die sich in Polen abspielt, angemessen gewesen wäre.

Ich kann nicht weiterleben und schweigen, während die Überreste des polnischen Judentums, dessen Vertreter ich bin, ermordet werden. Meine Genossen im Warschauer Ghetto fielen mit der Waffe in der Hand in der letzten, heroischen Schlacht. Mir war es nicht vergönnt, wie sie, gemeinsam mit ihnen, zu fallen, aber ich gehöre zu ihnen, in ihr Massengrab. Durch meinen Tod möchte ich meinem tiefsten Protest gegen die Tatenlosigkeit Ausdruck verleihen, in der die Welt zuschaut und die Vernichtung des jüdischen Volkes zuläßt.»[196]

Am 12. Mai nahm Zygielbojm sich das Leben. Seinen Genossen vom Bund in New York hatte er geschrieben: «Ich hoffe, daß mir mit meinem

Tod gelingen wird, was ich zu Lebzeiten nicht ereicht habe: wirklich dazu beizutragen, daß zumindest einige der 300 000 Juden, die von einer Bevölkerung von über drei Millionen [in Polen] immer noch am Leben sind, gerettet werden.»[197]

X

Im Gegensatz zu ihrem Bruder Mischa hatte Etty Hillesum beschlossen, in Westerbork zu bleiben, als das Datum der Deportation ihrer Eltern heranrückte. Doch am 6. September 1943 kam der Befehl: Sie sollte denselben Transport besteigen. Keine Interventionen halfen. In einem Brief vom 7. September beschrieb ein Freund, Jopie Vleeschouwer, die Ereignisse jenes Tages: «So gingen zuerst die Eltern und Mischa zum Zug. Und zum Schluß schleppte ich einen gutgefüllten Rucksack und einen Reisekorb mit einem daran baumelnden Eßnapf und Trinkbecher zum Zug. Und dort betrat sie den Transportboulevard. ... Fröhlich redend, lachend, ein liebes Wort für jeden, der ihr über den Weg lief, ... ganz unsere Etty, wie ihr sie alle kennt. ... Ich verliere sie aus den Augen und irre noch ein wenig herum. ... Ich sehe Mutter und Vater H. und Mischa in Waggon Nr. 1 einsteigen. Etty kommt in den Waggon Nr. 12, nachdem sie eine gute Bekannte in Waggon Nr. 14 besucht hatte, die zuletzt noch herausgeholt wurde. Da fährt der Zug an, ein schriller Pfiff und die 1000 ‹Transportfähigen› setzen sich in Bewegung. Noch ein Blick auf Mischa, der ... aus einem Spalt des Güterwaggons Nr. 1 winkt und dann bei Nr. 12 ein fröhliches ‹Taaag› von Etty, und fort sind sie.»[203]

Etty gelang es an jenem 7. September noch, eine Postkarte aus dem Zug zu werfen; sie war an einen Freund in Amsterdam gerichtet: «Wenn ich die Bibel aufs Geratewohl aufschlage, finde ich dies: ‹Der Herr ist mein hoher Turm.› Ich sitze auf meinem Rucksack mitten in einem vollen Güterwagen. Vater, Mutter und Mischa sind einige Waggons weiter. Zum Schluß kam die Abfahrt ohne Vorwarnung. Auf plötzlichen speziellen Befehl aus Den Haag. Wir verließen singend das Lager, Vater und Mutter gefaßt und ruhig, Mischa auch. Wir werden drei Tage unterwegs sein. Dank Dir für alle Freundlichkeit und Fürsorge. ... Lebewohl einstweilen von uns vieren.»[199]

Einem Bericht des Roten Kreuzes zufolge wurde Etty am 30. November 1943 in Auschwitz ermordet; ihre Eltern und ihr Bruder Mischa teilten ihr Schicksal. Ihr Bruder Jaap überlebte das Lager, starb aber bei Kriegsende auf dem Rückweg in die Niederlande.[200]

10.

März 1944 – Mai 1945

Am 6. April 1944 machte Klaus Barbie, der Gestapochef von Lyon, Heinz Röthke von einem besonders erfolgreichen Fang Mitteilung:

«In den heutigen Morgenstunden wurde das jüdische Kinderheim ‹Colonie enfant› in Izieu-Ain ausgehoben. Insgesamt wurden 41 Kinder im Alter von 3 bis 13 Jahren festgenommen. Ferner gelang die Festnahme des gesamten jüdischen Personals, bestehend aus 10 Köpfen, davon 5 Frauen. Bargeld oder sonstige Vermögenswerte konnten nicht sichergestellt werden. Der Abtransport nach Drancy erfolgt am 7. 4. 44.»[1]

Der größte Teil der Kinder und des Personals von Izieu wurde am 13. April mit Transport Nr. 71 von Drancy nach Auschwitz deportiert; die anderen verschickte man am 30. Mai und am 30. Juni. Keiner von ihnen überlebte. Die ersten zehn Kinder, die auf der alphabetisch geordneten Liste aufgeführt waren, stammten aus fünf Ländern: Adelsheimer, Sami, 5 Jahre (Deutschland); Ament, Hans, 10 Jahre (Österreich); Aronowicz, Nina, 12 Jahre (Belgien); Balsam, Max-Marcel, 12 Jahre (Frankreich); Balsam, Jean-Paul, 10 Jahre (Frankreich); Benassayag, Esther, 12 Jahre (Algerien); Benassayag, Ellie, 10 Jahre (Algerien); Benassayag, Jacob, 8 Jahre (Algerien); Benguigui, Jacques, 12 Jahre (Algerien); Benguigui, Richard, 7 Jahre (Algerien). Die letzten Kinder auf der Liste waren: Weltner, Charles, 9 Jahre (Frankreich); Wertheimer, Otto, 12 Jahre (Deutschland); Zuckerberg, Émile, 5 Jahre (Belgien).[2]

Die Ermordung der Kinder und des Personals von Izieu war nur ein winziges Ereignis in der Routine der deutschen Massenvernichtung. Aber sie zeigt, daß man, während der Krieg in sein letztes Jahr ging, ungeachtet der sich rapide verschlechternden Situation des Reichs beim letzten Einsatz für die vollständige Vernichtung der europäischen Juden keine Mühe scheuen, keine Festnahme für zu unbedeutend erachten würde.

Sowohl die Entwicklung des Krieges als auch die des Feldzugs gegen die Juden in der Zeit von März 1944 bis Mai 1945 lassen sich in drei deutlich voneinander abgegrenzte und dabei in groben Zügen zeitlich übereinstimmende Phasen einteilen. Die erste und längste Phase endete ungefähr zu Beginn des Jahres 1945 nach dem Scheitern der Großoffensive Hitlers im Westen und der Befreiung von Auschwitz. Am Schluß dieser Phase kontrollierte der Führerstaat kaum ein größeres Territorium als das Deutsche Reich der Vorkriegszeit. Bis zu diesem Zeitpunkt blieb Hitlers Herrschaftsbereich jedoch ein einheitliches politisches Gebilde, das in der Lage war, großangelegte militärische Operationen und gründlich geplante Maßnahmen gegen die in seiner Reichweite befindlichen Juden durchzuführen.

Während der zweiten Phase, die von Anfang Januar bis Anfang April 1945 reichte, näherten sich die alliierten Truppen im Osten wie im Westen den Nervenzentren Deutschlands. Der Zerfall des Nazistaats und des nationalsozialistischen Regimes war unumkehrbar geworden, und im schrumpfenden Reich breitete sich Chaos aus. Die mörderischen Schritte, die in diesen wenigen Wochen gegen die Juden unternommen wurden, waren zum Teil auf die zunehmende Anarchie zurückzuführen, die bei hohen wie niederen Parteifunktionären und in breiten Schichten der Bevölkerung mit dem Fortbestehen von wütendem Antisemitismus einherging. Gleichwohl gab es keine einheitliche antijüdische Politik mehr, da insbesondere Himmler jetzt einen unabhängigen Kurs einschlug.

Die letzte Phase (April und Anfang Mai 1945) war die Zeit des Zusammenbruchs und der Kapitulation des Reichs, aber auch die der letzten Botschaft Hitlers an künftige Generationen. Die Judenfrage beherrschte die letzten Einlassungen des «Führers», aber in mancher Hinsicht geschah das, wie wir sehen werden, auf ganz eigentümliche Weise.

Während dieses ganzen letzten Jahres billigten die Alliierten keine größeren Rettungsaktionen und verwarfen die wichtigsten Pläne, die ihnen mit Blick auf die ungarische Judenheit vorgelegt worden waren (zumindest in einem Fall nicht ohne plausible Gründe). Die Befreiung von Lagern und von immer größeren Gebieten, in denen Juden überlebt hatten, rettete aber ebenso wie die Initiativen von Einzelpersonen und neutralen Organisationen vor allem in den immer noch besetzten Teilen Ungarns Zehntausenden von Menschen das Leben. Das Schicksal der Juden war jedoch für die alliierten Entscheidungen ganz allgemein ohne Bedeutung.

Was die Mehrheit der überlebenden Juden selbst angeht, so waren sie Anfang 1944 zu einer bunt zusammengewürfelten Schar isolierter Individuen geworden. Wer konnte, schloß sich Partisanen oder Widerstandsgruppen an; die übergroße Mehrheit bahnte sich den Weg durch Sklavenarbeit und Hunger, auf Schritt und Tritt von Vernichtung bedroht, und überlebte schließlich durch bloßen Zufall oder kam noch ganz am Ende durch deutsche Maßnahmen oder die der Verbündeten Deutschlands um.

I

Während der ersten Phase gebot die Wehrmacht bis Anfang Juni 1944 dem alliierten Vormarsch auf Rom Einhalt, und Mitte März besetzte sie Ungarn. Bis kurz vor Ende des Jahres ging die deutsche Rüstungsproduktion nicht drastisch zurück. Zwar glückte die Landung der Alliierten in der Normandie, zwar besetzten die sowjetischen Truppen im Sommer und Herbst Polen und das Baltikum, brachten das rumänische Regime zu Fall, übernahmen Bulgarien und bauten am Rand von Budapest eine Front auf, aber im Osten wie im Westen starteten die Deutschen immer noch gefährliche Gegenoffensiven.

Ende des Jahres war jedoch nach dem Scheitern der militärischen Gegenmaßnahmen an allen Fronten (insbesondere der Offensive im Westen, die am 27. Dezember endgültig aufgehalten worden war) die Militärmacht des Reichs verbraucht: Ostpreußen war schon teilweise den Sowjets in die Hände gefallen, und an den Reichsgrenzen standen riesige alliierte Verbände bereit, während nunmehr die industriellen Kapazitäten des Landes unter dem unablässigen Bombardement der Engländer und Amerikaner rapide abzunehmen begannen.

Gelegentlich bot ein unbedeutender Vorfall Hitler die Möglichkeit, seiner Wut auf die Juden eine neue und unerwartete Wendung zu geben, wie es etwa im Falle des ungarischen Generals Feketehalmy-Czeydner und einiger seiner Offizierskollegen geschah. Feketehalmy und seine Gefährten waren verantwortlich für das Massaker, das im März 1943 in Novi Sad an etwa 6000 Serben und 4000 Juden verübt worden war. Als die ungarischen Offiziere von der Regierung Kállay (als ein Zeichen guten Willens, das an die Adresse der Westalliierten gerichtet war) vor Gericht gestellt werden sollten, flohen sie Anfang 1944 nach Deutschland. Die Regierung in Budapest verlangte ihre Auslieferung, doch Hitler gewährte ihnen politisches Asyl. Am 19. Januar teilte Hewel Ribbentrop mit, wie es sein Chef formulierte: «Im übrigen müsse jeder in Europa zur Kenntnis nehmen, daß Deutschland jedem, der wegen Judenverfolgung beschuldigt in Deutschland Zuflucht sucht, in Deutschland das Asylrecht gewähren [sic] wird. Ein jeder, der gegen die jüdische Pest in Europa kämpft, stünde auf unserer Seite. Wir hätten noch nicht gehört, daß man sich in Ungarn über die Juden beklagt habe, die an dem Massenmord an Frauen und Kindern durch die englisch-amerikanischen Bomber schuld seien. Denn es dürfte jedermann klar sein, daß hinter den grauenhaften Terrorangriffen nur die Juden als Hetzer stehen könnten.» Hitler verlangte, Horthy von dieser Botschaft in Kenntnis zu setzen.[3] Die Juden als Anstifter der «Terrorangriffe» wurden jetzt zu einem der Themen, die bei Hitler am häufigsten wiederkehrten.

Am 27. April 1944 hielt der Propagandaminister ein Gespräch fest, das am Vortag in Berlin stattgefunden haben mußte. Die jüngsten Bombenangriffe auf München hatten schwere Schäden verursacht. Hitler war von tiefem Rachedurst gegenüber England erfüllt und versprach sich viel von den zu erwartenden «Vergeltungswaffen». Ohne Überleitung notierte dann Goebbels: «Der Judenhaß ist beim Führer eher noch gestiegen, als daß er abgenommen hätte. Die Juden müssen für ihre Untaten an den europäischen Völkern und überhaupt an der ganzen Kulturwelt bestraft werden. Wo auch immer wir sie zu fassen bekommen, da sollen die der Vergeltung nicht entgehen. Die Vorteile des Antisemitismus sind, wie ich schon sagte, seinen Nachteilen entgegenzustellen. Im großen und ganzen kann man schon sagen, daß eine Politik auf weite Sicht in diesem Kriege nur möglich ist, wenn man von der Judenfrage ausgeht.»[4]

Warum hätte sich eigentlich Hitlers Haß auf die Juden schließlich verringert haben können? Aus dem naheliegenden Grund, daß die Mehrheit der Juden Europas bereits ermordet war. Während aber deutsche Städte in Trümmer fielen und die totale Niederlage immer näher rückte, nahm der Haß des «Führers» zu.[5] Darüber hinaus ließ die Erklärung Hitlers erneut erkennen, daß für ihn das Judentum als eine aktive Entität von dem konkreten Schicksal der Juden, die unter deutscher Herrschaft ermordet worden waren, unabhängig war. Die Vernichtung deutscher Städte war das Werk «des Juden». Demnach ließ sich die volle Bedeutung des Krieges und jegliche langfristige Politik nicht begreifen und formulieren, wenn man nicht die Judenfrage (die Rolle «des Juden») in den Mittelpunkt stellte.

Dieselbe wahnhafte Zwangsvorstellung tauchte dann wieder in einer Ansprache auf, die Hitler am 26. Mai 1944 in Berchtesgaden vor einer Versammlung von Generälen und Offizieren anderer Ränge hielt. Diese Gruppe von mehreren Hundert frischgebackenen nationalsozialistischen Führungsoffizieren, die seit Dezember 1943 für die ideologische Indoktrinierung der Wehrmacht verantwortlich waren, hatte soeben ihre Spezialausbildung abgeschlossen, bevor sie an die Front zurückkehrte.[6] Zwei Tage vor dem Treffen mit Hitler hatte ihnen Himmler in Sonthofen eine flammende Rede gehalten. Ebenso wie im Oktober 1943 in Posen hatte der Reichsführer dabei kein Blatt vor den Mund genommen: So schwierig die Vernichtung der Juden war, für die Sicherheit und die Zukunft des Volkes sei sie eine Notwendigkeit gewesen.[7] Nun war Hitler an der Reihe.

Wie der Historiker Hans-Heinrich Wilhelm schreibt, der die Rede 1976 erstmals veröffentlichte, bestand Hitlers Hauptziel darin, diese Offiziere von der Vernichtung der Juden (die in der Zwischenzeit schon weithin bekannt war und über die auch Himmler zu ihnen gesprochen hatte) selbst in Kenntnis zu setzen.[8] Die Juden, so verkündete er, seien in der Volksgemeinschaft ein «Fremdkörper» gewesen; es sei notwendig gewesen, sie zu vertreiben, auch wenn nicht jeder begreife, weshalb das so brutal und rücksichtslos geschehen müsse. «Indem ich den Juden entfernte», erklärte Hitler, «habe ich in Deutschland die Möglichkeit irgendeiner revolutionären Kernbildung oder Keimzellenbildung beseitigt. Man kann mir natürlich sagen: Ja, hätten Sie das nicht einfacher – oder nicht einfacher, denn alles andere wäre komplizierter gewesen, aber humaner lösen können? Meine Herren Offiziere, wir stehen in einem Kampf auf Leben und auf Tod. Wenn in diesem Kampf unsere Gegner siegen, würde das deutsche Volk ausgerottet werden. Der Bolschewismus würde Millionen und Millionen und Millionen unserer Intellektuellen abschlachten. Was nicht durch Genickschuß stürbe, würde abtransportiert. Die Kinder höherer Schichten würden wegkommen und beseitigt werden. Diese ganze Bestialität ist vom Juden organisiert worden.» Nach einem Hinweis auf die 40 000 Frauen und Kinder, die in Hamburg umgekommen waren, fuhr er dann fort, wobei er eine rhetorische Frage beantwortete, die er selbst eingangs gestellt hatte: «Erwarten Sie nichts anderes von mir, als daß ich das nationale Interesse hier rücksichtslos vertrete, und zwar so vertrete, wie ich glaube, den größten Effekt und Nutzen für die deutsche Nation herbeizuführen.» An dieser Stelle gab es «langanhaltenden lebhaften Beifall».[9]

Wie üblich versäumte Hitler selten einen drohenden Verweis auf die Juden, wenn er ausländischen Würdenträgern seine Predigten hielt. Im Jahre 1944 wurden die Ausbrüche gegen die Juden jedoch noch schriller als zuvor, und ihr Rahmen war immer grotesker, da der einstmals allmächtige «Führer» jetzt seine balkanischen und mitteleuropäischen Verbündeten davon zu überzeugen suchte, daß Deutschland am Ende gewinnen werde und daß sie seine Erklärungen gläubig hinnehmen sollten, ungeachtet der unüberwindbaren sowjetischen Militärmacht, die direkt an ihren Grenzen stand.

So sprach Hitler am 16. und 17. März, kurz vor der Einschüchterung Horthys und der Besetzung Ungarns, sehr ausführlich mit dem bulgarischen Regentschaftsrat, der nach König Boris' plötzlichem und mysteriösem Tod eingesetzt worden war. Auch diesmal kamen die Juden wieder an die Reihe. Anders als sonst begann Hitler jedoch mit defensiven Bemerkungen: «Man habe ihm oft den Vorwurf gemacht, daß er sich durch sein rücksichtsloses Vorgehen gegen die Juden diese zu erbitterten Feinden gemacht habe.» Die Antwort lag bereit: Die Juden wären ohnehin seine Feinde und diejenigen Deutschlands gewesen; er habe «sie aber durch völlige Ausschaltung als Gefahrenherd für die innere Moral gänzlich aus dem Wege geräumt».[10] Kurz davor war er erneut auf

1917 und 1918 zu sprechen gekommen: Die Verbindung war nur zu klar. Ob die Bulgaren überzeugt waren, kann man bezweifeln. Jedenfalls sollte dies der letzte Besuch einer bulgarischen Delegation beim «Führer» des Großdeutschen Reiches sein...

Das «Priesterchen» Tiso, Antonescu und der neue ungarische Ministerpräsident Sztójay blieben Hitlers einzige «politisch bedeutende» Gäste (es gab auch noch Kroaten und den ehemaligen Duce – der diesen Titel immer noch trug –, und bald sollte dann de Brinon eintreffen, als Sprecher der französischen Exilregierung in Deutschland, wahrscheinlich in Begleitung seiner Frau, die jüdischer Abstammung war...).

In seinem Gespräch mit Tiso am 22. April 1943 hatte Hitler die Judenfrage bereits ausführlich behandelt. Am 12. Mai 1944 war er zu einer Neuauflage bereit. Gleich zu Beginn teilte er seinem slowakischen Gast mit, der militärische Kampf, der sich jetzt entfalte, sei mit Sicherheit die gewaltigste Konfrontation in Europa seit dem Zerfall des Römischen Reiches. In einer derart gigantischen Schlacht waren Krisen und Schwierigkeiten nicht zu vermeiden. Die größte Schwierigkeit lag darin, «daß bei diesem Kampf gegen den Weltbolschewismus wir [Hitler und seine Verbündeten] den Kampf auch für diejenigen übernehmen müßten, die nicht bolschewistisch seien, die aber durch ihre Judenschicht eine innere Verbindung zum Bolschewismus hätten».[11]

Ebenso wie im Vorjahr kam Hitler diesmal auf die Lage in Ungarn zu sprechen. An einer späteren Stelle seines Quasi-Monologs erklärte er seinem Gegenüber Tiso, «das Ausmaß der Verjudung [in Ungarn] sei überraschend; über eine Million Juden lebe in Ungarn. Es sei ein großes Glück für die deutsche Nation, daß der Führer dieser Nation ein Österreicher sei. Aber trotz seiner Kenntnis der Verhältnisse habe der Führer ein solches Ausmaß der Verjudung nicht für möglich gehalten.»[12] Drei Tage nach diesem Gespräch setzten die Deportationen von Ungarn nach Auschwitz ein.

Unter den politischen Führern Mittel- und Südosteuropas war Antonescu Hitlers häufigster Gast und auch derjenige, auf den er sich anscheinend am meisten verließ. Unter den gegebenen Umständen gab es jedoch erheblichen Bedarf an einer Stärkung der rumänischen Entschlossenheit. Im September 1943 und im Februar 1944 hatte Hitler bereits ausführlich mit seinem rumänischen Partner konferiert. Die Juden waren damals nicht vergessen worden, und sie blieben auch bei den Begegnungen vom 23. und 24. März 1944 nicht unerwähnt. Kurz nach der Besetzung Ungarns durch die Deutschen waren sich beide Führer über die katastrophalen politischen Folgen des jüdischen Einflusses in Budapest einig. Und Hitler versicherte dem Marschall, die voll mit neuen Waffen augerüstete Wehrmacht werde ihre Überlegenheit bald wiedergewinnen.[13]

II

Nach einem Bericht, den Bene am 9. Februar 1944 an die Wilhelmstraße sandte, sah die Gesamtsituation, was die Juden in den Niederlanden anging, jetzt folgendermaßen aus: 108 000 Juden hatten «das Land verlassen». Die Verhaftungen versteckter Juden gingen erfolgreich weiter, und nicht mehr als 11 000 Juden lebten immer noch im Untergrund. Etwa 8610 jüdische Partner von Mischehen waren nicht «konzentriert» worden, da diese Paare – entweder durch einen Eingriff oder aus Altersgründen – steril waren. Sie sollten als Arbeiter eingesetzt werden; zu diesem Zweck konnte man sie möglicherweise alle nach Westerbork verlegen.[14]

Bis zum Abschluß der Aushebungen und zur Räumung von Westerbork dauerte es weitere acht Monate. Im Februar, als Bene seinen Bericht schickte, befand sich Mechanicus noch im Lager. Am 15. beschrieb er die Abfahrt eines weiteren wöchentlichen Transports; offensichtlich wußte er ebensowenig wie Etty Hillesum vor ihm, was die Deportierten erwartete: «Dieser Zug ist zwar menschenwürdig, aber die Reise ist erzwungen, das Schicksal der Reisenden unbekannt.»[15] Der Satz, der darauf folgte, klang jedoch wie eine Ahnung: «Zum letzten Mal sieht man die alten und vertrauten Gesichter, zum letzten Mal erhascht man ein Lebenszeichen von ihnen.»[16]

Nach der Ankunft folgte ein Vorgang, von dem weder aus Drancy noch aus Malines berichtet wurde: «An der Lagergrenze, vor einer Barriere, hält der Zug an: Dort wird er offiziell dem deutschen Militär übergeben, das mit dem Zug angekommen ist, um die ‹Reisenden› zu begleiten. Dort werden die Juden einer nach dem anderen gezählt, nicht ein einziger darf fehlen. Vor der Barriere trägt der Kommandant die Verantwortung für die Lieferung, hinter der Barriere die Besatzer.»[17] War die niederländische Polizei nicht vertrauenswürdig genug, um die Deportierten an die deutsche Grenze zu begleiten?

Selbst in Westerbork konnte man sich, auch wenn es selten geschah, ein Lachen auf Kosten der Deutschen gestatten. «Den Portugiesen [portugiesischen Juden]», notierte der Tagebuchschreiber am 16. Februar 1944, «wurde mitgeteilt, daß sie heute mit ihren Abstammungsdokumenten in Baracke 9 erscheinen sollten. Das Gerücht ging um, daß sie sich einer Schädelvermessung unterziehen müßten. Heiterkeit im ganzen Lager. Es gibt hier die unterschiedlichsten Schädelformen unter den Juden mit vier unverfälschten Großeltern.»[18] Einige Tage später, am 28. Februar, brach das Tagebuch ab.

Am 8. März wurde Mechanicus nach Bergen-Belsen deportiert und von da zusammen mit 120 anderen Häftlingen aus Belsen am 9. Oktober nach Auschwitz. Am 12. Oktober wurden sie alle erschossen.[19] Der junge Ben Wessels nahm denselben Weg nach Belsen. Am 7. Mai 1944 schickte er aus dem Lager eine letzte, auf deutsch geschriebene Postkarte an seinen Freund Johan in Oostvoorne: «Zum Glück kann ich Dir sagen, daß ich in ausgezeichneter Verfassung bin. Über ein Lebensmittelpäckchen würde ich mich sehr freuen, und bitte auch etwas Wolle zum Stopfen ...» Ben starb wahrscheinlich im März 1945 während der Typhusepidemie.[20]

Die Gedanken Anne Franks nahmen im Frühjahr 1944 eine ungewöhnliche Wendung. In ihre Chronik des Alltagslebens im Versteck wie auch des Auf und Ab intimer Gefühle flossen in zunehmendem Maße Reflexionen über das Schicksal ihres Volkes, über Religion und Geschichte ein: «Wer hat uns das auferlegt?» fragte sie am 11. April. «Wer hat uns Juden zu einer Ausnahme unter allen Völkern gemacht? Wer hat uns bisher so leiden lassen? Es ist Gott, der uns so gemacht hat, aber es wird auch Gott sein, der uns aufrichtet. Wenn wir all dieses Leid ertragen und noch immer Juden übrig bleiben, werden sie einmal von Verdammten zu Vorbildern werden. Wer weiß, vielleicht wird es noch unser Glaube sein, der die Welt und damit alle Völker das Gute lehrt, und dafür, dafür allein müssen wir auch leiden. Wir können niemals nur Niederländer oder nur Engländer oder was auch immer werden, wir müssen daneben immer Juden bleiben. Aber wir wollen es auch bleiben.»[21]

Anne mahnte: «Seid mutig! Wir wollen uns unserer Aufgabe bewußt bleiben und nicht murren, es wird einen Ausweg geben. Gott hat unser Volk nie im Stich gelassen, durch alle Jahrhunderte hindurch sind Juden am Leben geblieben, durch alle Jahrhunderte hindurch mußten Juden leiden. Aber durch alle Jahrhunderte hindurch sind sie auch stark geworden. Die Schwachen fallen, aber die Starken bleiben übrig und werden nicht untergehen!»[22]

Auf Annes Glaubensbekenntnis folgte in derselben Eintragung vom 11. April eine Erklärung überströmender Liebe zum niederländischen Volk. Nach der Beschreibung eines kurzen Alarms, bei dem sie dachte, die Polizei hätte ihr Versteck entdeckt, fuhr sie fort: «Aber nun, da ich gerettet bin, ist es mein erster Wunsch für nach dem Krieg, daß ich Niederländerin werde. Ich liebe die Niederländer, ich liebe unser Land, ich liebe die Sprache und will hier arbeiten. Und wenn ich an die Königin selbst schreiben muß, ich werde nicht aufgeben, bevor mein Ziel erreicht ist.»[23]

Kaum einen Monat später war sie sich jedoch über ihren Platz in der niederländischen Nachkriegsgesellschaft nicht mehr so sicher: «Zu unserem großen Leidwesen und zu unserem großen Entsetzen haben wir gehört, daß die Stimmung uns Juden gegenüber bei vielen Leuten umgeschlagen ist. Wir haben gehört, daß Antisemitismus jetzt auch in Kreisen aufkommt, die früher nie daran gedacht hätten. Das hat uns tief, tief getroffen. Die Ursache von diesem Judenhaß ist verständlich, manchmal sogar menschlich, aber trotzdem nicht richtig. Die Christen werfen den Juden vor, daß sie sich bei den Deutschen verplappern, daß sie ihre Helfer verraten, daß viele Christen durch die Schuld von Juden das schreckliche Los und die schreckliche Strafe von so vielen erleiden müssen. Das ist wahr. Aber sie müssen (wie bei allen Dingen) auch die Kehrseite der Medaille betrachten. Würden die Christen an unserer Stelle anders handeln? Kann ein Mensch, egal ob Jude oder Christ, bei den deutschen Methoden schweigen? Jeder weiß, daß dies fast unmöglich ist. Warum verlangt man das Unmögliche dann von den Juden? ... Oh, es ist traurig, sehr traurig, daß wieder, zum soundsovielten Mal, der alte Spruch bestätigt wird: Was ein Christ tut, muß er selbst verantworten, was ein Jude tut, fällt auf alle Juden zurück.»[24]

In der Tat breitete sich in den Niederlanden und, wie wir sahen, auf dem ganzen Kontinent der Antisemitismus aus. Er war in Frankreich ebenso greifbar wie in der Ukraine, in Polen ebenso real wie in Deutschland selbst. Klemperer, der schärfste aller Beobachter, hatte es präzise formuliert: Womit sich die Nazis auch sonst verrechnet hatten, sie hatten recht damit gehabt, ihren Propagandafeldzug auf den Juden zu konzentrieren. Anne hatte auch gehört, daß man nach dem Krieg ausländische Juden in die Länder zurückschicken würde, aus denen sie geflohen waren. So überdachte das junge Mädchen, das noch einige Wochen zuvor seinen dringenden Wunsch verkündet hatte, Niederländerin zu werden, jetzt, nachdem es von dem Umschwung in der öffentlichen Meinung gehört hatte, mit einiger Besorgnis seine Chancen, akzeptiert zu werden: «Ich hoffe nur», schrieb sie am gleichen Tag, «daß dieser Judenhaß vorübergehender Art ist, daß die Niederländer doch noch zeigen werden, wer sie sind, daß sie jetzt und nie in ihrem Rechtsgefühl wanken werden. Denn das ist ungerecht! Und wenn das Schreckliche tatsächlich Wahrheit werden sollte, dann wird das armselige Restchen Juden die Niederlande verlassen. Wir auch. Wir werden mit unserem Bündelchen weiterziehen, weg aus diesem schönen Land, das uns so herzlich Unterschlupf angeboten hat und uns nun den Rükken zukehrt. Ich liebe die Niederlande. Ich habe einmal gehofft, daß es mir, der Vaterlandslosen, ein Vaterland werden wird. Ich hoffe es noch!»[25]

Irgendwer denunzierte die Juden, die sich in der Prinsengracht 263 versteckt hatten. Am 4. August 1944 wurden sie verhaftet, in ein Gefängnis in Amsterdam überführt und dann, wahrscheinlich mit dem letzten Transport aus den Niederlanden, nach Auschwitz deportiert. Margot und Anne brachte man nach Bergen-Belsen, wo sie beide ebenso wie Ben Wessels einige Wochen vor der Befreiung des Lagers an Typhus starben. Sie wurden wahrscheinlich in einem Massengrab bestattet. Mit Ausnahme von Otto Frank überlebte keiner der acht Bewohner des Hinterhauses. Mies und Bep fanden Annes Tagebuchblätter über das ganze Versteck verstreut.[26]

In Brüssel kam die Gestapo, von einem jüdischen Spitzel geführt, am 7. April 1944, am Abend vor dem Passahfest, zu den Flinkers. Sie hatten Mazzen und alle traditionellen Gerichte für den Sederabend zubereitet: Sie konnten ihre Identität nicht leugnen. Alle wurden verhaftet und deportiert. Moshe und seine Eltern kamen in Auschwitz um. Moshes Schwestern überlebten, und unter den Habseligkeiten, die sie nach dem Krieg wiederfanden, entdeckten sie drei Notizbücher mit seinen Tagebucheintragungen.[27]

*

Die deutschen Verhaftungsaktionen wurden zum Teil dadurch behindert, daß nicht genügend Polizeikräfte und anderes Personal zur Verfügung standen, wie Müller im Oktober 1943, nach dem Mißerfolg in Dänemark, an von Thadden schrieb.[28] Der zunehmende Mangel an Kooperation von seiten regulärer einheimischer Polizeiverbände wurde durch die Aufstockung reaktionärer Milizen, die sich sowohl aus gewöhnlichen Kriminellen als auch aus fanatischen Nazifreunden zusammensetzten, nur zum Teil wettgemacht. Der Aufstieg dieser extremistischen Milizen war Teil eines umfassenderen Radikalisierungsprozesses, der im Schatten der deutschen Niederlage in einigen Teilen west- und mitteleuropäischer Gesellschaften stattfand.

In Frankreich erlebte der kollaborationistische Extremismus einen Aufschwung, als Anfang 1944 Darnand zum Generalsekretär für die Aufrechterhaltung der Ordnung und einige Monate später zum Staatssekretär des Inneren ernannt wurde und Philippe Henriot, ein militanter Katholik und Rechtsextremer aus den Vorkriegsjahren, den Posten des Staatssekretärs für Propaganda und Information übernahm. Ihre Ansichten und ihr Fanatismus standen auf derselben Stufe wie die ihrer Vorbilder und Verbündeten, der SS. Während Henriot in seinen zweimal täglich ausgestrahlten Sendungen die übelste antisemitische Propaganda von sich gab, denunzierten, verhafteten, folterten und mordeten die Männer Darnands Widerstandskämpfer und Juden. Sie töteten Victor Basch, den jüdischen früheren Vorsitzenden der Menschenrechtsliga, und seine Frau, die beide in den Achtzigern waren; sie töteten Blums früheren jüdischen Erziehungsminister Jean Zay; sie töteten Reynauds Innenminister Georges Mandel, um nur ihre bekanntesten jüdischen Opfer zu nennen.[29] Eine Inschrift, die auf Baschs Leichnam hinterlassen wurde, lautete: «Terror gegen Terror; der Jude muß immer bezahlen. Dieser Jude hat mit seinem Leben für die Ermordung eines Franzosen bezahlt.»[30] Was die Rhetorik Henriots anging, so war sie selbst in diesem späten Stadium des Krieges erstaunlich erfolgreich: Der Mann kam in vieler Hinsicht Goebbels gleich, und die Résistance hielt ihn für so gefährlich, daß sie ihn Ende Juni 1944 hinrichtete. Sein vehementer Antisemitismus fand in weiten Teilen der Bevölkerung zumindest ein gewisses Echo.

Kurz vor der Befreiung waren antisemitische Einstellungen in Frankreich nicht auf dem Rückzug; sie wurden in offensichtlich gutgemeinten Erklärungen sogar bei den Franzosen des freien Frankreich verkündet. So formulierte André Gillois, als er eine französische Sendung der BBC kommentierte, in der es um die Hilfe ging, die französische Kollaborateure bei der Ermordung von Juden geleistet hatten, die Sache folgendermaßen: «Die Polizisten, die öffentlichen Angestellten und Gefängniswärter sollten wissen, daß sie, wenn sie sich bereiterklären, an der Ermordung von Juden mitzuwirken, keine größere Entschuldigung haben als bei Angriffen auf alle anderen Opfer des Nationalsozialismus.»[31] Das war dasselbe Meinungsklima, das 1945 André Weill-Curiel, einen Juden, der die Kriegsjahre bei de Gaulle verbracht hatte, dazu veranlaßte, einem «jungen jüdischen Freund» zu raten: «Stell deine Rechte nicht auffällig zur Schau, das wäre eine Beleidigung; trag deine Orden nicht, das wäre eine Provokation. ... Handle so, daß die blaublütigen Franzosen in Frankreich, die gehofft hatten, dich nicht wiederzusehen, vergessen, daß du existierst.»[32]

Ohne sich von der Landung in der Normandie und von den näherrückenden alliierten Truppen beirren zu lassen, machte die Pariser Gestapo weiter. Am 20. und 24. Juli überfielen die Deutschen die Kinderheime der UGIF-Nord, in denen etwa 650 Kinder immer noch von der Führung der Organisation gesammelt untergebracht waren, obgleich man sie gebeten und gedrängt hatte, die Heime aufzulösen. Edinger schwankte, zauderte und entschied sich im wesentlichen für den Status quo.[33] Zuerst wurden 233 Kinder gefangengenommen und nach Drancy transportiert. Edingers unmittelbare Reaktion war, die Verteilung der noch vorhandenen Kinder anzuordnen, aber kurz danach nahm er diese Anordnung zurück. Die verbliebenen Kinder wurden abgeholt.[34] Bis ganz zum Schluß fürchteten sich die Führer der UGIF-Nord vor deutscher Vergeltung – die sich wahrscheinlich gegen sie selbst gerichtet hätte.

Am 17. und 22. August verließen die letzten Judentransporte Frankreich in Richtung Auschwitz.[35] Am 25. August befreite General Leclercs freifranzösische Division, die den US-Truppen im Westen unterstellt war, Paris.

*

In Italien und in den ehemals von Italienern besetzten Gebieten erbrachten die Aushebungen von Juden unterschiedliche Resultate. Eine Denkschrift der Abteilung Inland II des Auswärtigen Amtes vom 4. Dezember 1943 bestätigte, den in den vorangegangenen Wochen ergriffenen Maßnahmen sei kein großer Erfolg beschieden gewesen, da die Juden Zeit gehabt hätten, sich Verstecke in kleinen Dörfern zu suchen. Die Mittel, die den Deutschen zur Verfügung standen, erlaubten keine gründlichen Suchaktionen, weder in kleinen geschweige denn in größeren Gemeinden. Andererseits setzten die Deutschen gewisse Hoffnungen in eine neue Verfügung, die die faschistische Regierung erlassen hatte (Polizeiverordnung Nr. 5) und der zufolge alle Juden in Konzentrationslager geschickt werden sollten. Es war zu hoffen, so hieß es in der Denkschrift, daß die faschistische Polizei die Angelegenheit in die Hand nehmen und es der kleinen Einsatzgruppe der Gestapo ermöglichen werde, ihre Männer als Berater der örtlichen Polizeieinheiten unterzubringen.[36]

In einigen Gebieten wurde die von Mussolinis Regierung erlassene Verordnung tatsächlich befolgt, sogar ohne deutsche Beteiligung. So verhaftete in Venedig die dortige Polizei am 5. und 6. Dezember 1943 163 Juden (114 Frauen und Mädchen und 49 Männer und Jungen) entweder in der eigenen Wohnung oder im Altersheim. Eine Wiederholung der Aktion, diesmal mit deutscher Beteiligung, fand am 17. August im Altersheim statt, und schließlich, am 6. Oktober 1944, wurden in drei venezianischen Krankenhäusern 29 jüdische Patienten festgenommen. In der alten Reisfabrik, La Risiera di San Sabba, die seit August 1944 an die Stelle von Fossoli getreten war, ermordete man die ältesten und schwächsten Insassen an Ort und Stelle, und der Rest, die Mehrheit, wurde nach Auschwitz deportiert und vernichtet (darunter war auch der Oberrabbiner von Venedig, Adolfo Ottolenghi, den die Schweizer Polizei einige Monate zuvor daran gehindert hatte, die Grenze zu überschreiten).[37]

In Mailand stellte eine Bande italienischer Faschisten mit ihren bestialischen Taten selbst die Deutschen in den Schatten. Pietro Kochs Männer hatten ihr Hauptquartier in einer Villa aufgeschlagen, die man dann bald Villa Triste («traurige Villa») nannte; dort folterten und exekutierten sie ihre Opfer, Juden und Nichtjuden. Kochs Schläger wurden von zwei berühmten italienischen Schauspielern unterstützt, Luisa Ferida und Osvaldo Valenti, «dem Fred Astaire und der Ginger Rogers der Folter, welche der Villa Triste eine makabre, surreale Qualität gaben, die sie zu einem Symbol für die dekadente Verfallsphase des Faschismus gemacht hat».[38]

Gleichzeitig mit den Aushebungen in Italien (und in Südost-Frankreich) wandten sich die Deutschen dem griechischen Festland und den

Inseln in der Ägäis zu. Im September 1943 beorderte man Wisliceny nach Athen zurück. Die Deportationen aus der griechischen Hauptstadt wurden jedoch vorübergehend dadurch verzögert, daß der Oberrabiner von Athen vom griechischen Widerstand entführt und das Gemeinderegister vernichtet worden war. Wisliceny wurde schon bald durch den brutaleren Hauptsturmführer Tony Burger abgelöst, den man aus Theresienstadt in die Hauptstadt versetzt hatte. Zwei Wochen vor dem Passahfest, am 23. März 1944, hatten sich etwa 800 Juden an der Hauptsynagoge von Athen versammelt, wo die Deutschen eine Verteilung von Mazzen versprochen hatten. Alle wurden festgenommen, zum Durchgangslager Haideri getrieben und Anfang April nach Auschwitz deportiert.[39]

Man vergaß keine jüdische Gemeinde in der Ägäis, auch nicht die kleinste. Der größte Teil der Juden von den griechischen Inseln wurde im Laufe des Juli 1944 verhaftet. Am 23. Juli trieb man die 1750 Juden von Rhodos und die 96 Juden der winzigen Insel Kos zusammen und pferchte sie in drei Lastkähne, die in Richtung Festland fuhren. Aufgrund von schlechtem Wetter ging der Transport erst am 28. ab, fuhr in voller Sicht der türkischen Küste, in kurzer Flugdistanz von den britischen Flugplätzen auf Zypern und durch ein Gebiet des östlichen Mittelmeers, das uneingeschränkt unter der Kontrolle der britischen Marine stand. Am 1. August erreichte der Konvoi das griechische Festland. Dort wurden 1673 Juden aus Rhodos und 94 aus Kos, welche die Seereise und die Mißhandlungen bei der Ankunft überstanden hatten, in die üblichen Güterwagen getrieben, und am 16. August trafen sie in Auschwitz ein. 151 Deportierte aus Rhodos überlebten den Krieg, ebenso 12 Juden aus Kos.[40]

III

Die Wehrmacht besetzte Ungarn am 19. März 1944. Am Vortag war Horthy in Kleßheim mit Hitler zusammengetroffen. Mit der Drohung, einseitig militärisch vorzugehen, zwang Hitler den Reichsverweser, die deutsche Besatzung zu akzeptieren und eine deutschfreundliche Regierung einzusetzen.[41] Hitler verlangte auch, etwa 100 000 Juden «zur Arbeit» in Deutschland zur Verfügung zu stellen. Horthy fügte sich. Mit dem Zug, der den Reichsverweser nach Budapest zurückbrachte, fuhr noch ein weiterer prominenter Passagier: Edmund Veesenmayer, Hitlers Sonderbeauftragter bei der neuen ungarischen Regierung. Am gleichen Tag traf auch Adolf Eichmann in der ungarischen Hauptstadt ein, bald gefolgt von den Angehörigen seines «Sondereinsatzkommandos Ungarn».

Die Ernennung Döme Sztójays, des ehemaligen Botschafters in Berlin, zum Ministerpräsidenten führte nicht zu größeren Veränderungen in der politischen Struktur des Kabinetts oder der Funktionsweise der bestehenden Regierung, auch wenn Hitler am 3. März bei einem Treffen mit Goebbels seinem Minister erklärte, auf die Besetzung Ungarns werde eine sofortige Entwaffnung der ungarischen Streitkräfte sowie ein rasches Vorgehen gegen die aristokratischen Eliten des Landes und gegen die Juden folgen.[42] Die antijüdischen Maßnahmen wurden in der Tat sofort in Gang gebracht.

Am 12. März setzte man einen Judenrat ein, zusätzliche antisemitische Gesetzgebung einschließlich der Einführung des Judensterns folgte am 7. April. In Andor Jaross' Innenministerium wurden mit László Endre und László Baky zwei vehement antisemitische Staatssekretäre ernannt, und dadurch erhielten die Deutschen alle Unterstützung, die sie brauchten, um die jüdische Bevölkerung zusammenzutreiben. Am 7. April begannen die Verhaftungsaktionen in der ungarischen Provinz, wobei die ungarische Gendarmerie begeistert mitwirkte. In weniger als einem Monat wurden in der Karpatho-Ukraine, in Transsilvanien und später im südlichen Teil des Landes Ghettos oder Lager für Hunderttausende von Juden eingerichtet.[43]

Nach den deutschen Plänen sollte Budapest zuletzt, etwa ab Ende Juni, «evakuiert» werden. Bei seinem Prozeß erklärte Eichmann: «Ohne die Ungarn wären die Deportationen nicht möglich gewesen.»[44] Die ungarische Bevölkerung scheint den gegen die Juden gerichteten Maßnahmen wohlwollend oder bestenfalls gleichgültig gegenübergestanden zu haben.[45]

Das gnadenlose Tempo der deutsch-ungarischen Operation sorgte für den nahezu totalen Erfolg der Verhaftungswelle. Man kann sich jedoch die Frage stellen, ob nicht die Haltung, die der Judenrat einnahm, mehr als an den meisten anderen Orten die Passivität und Unterwürfigkeit der jüdischen Massen noch verstärkte. Der Rat war gut informiert, und zahlreiche ungarische Juden, hauptsächlich in Budapest, waren es auch. Heimkehrende Angehörige der Arbeitsbataillone, ungarische Soldaten, die von der Ostfront zurückkamen, und jüdische Flüchtlinge aus Polen und der Slowakei verbreiteten sehr wohl die Informationen, die sie über die massenhafte Vernichtung von Juden gesammelt hatten, ebenso die ungarischen Programme der BBC. Zudem entkamen am 7. April zwei slowakische Juden, Rudolf Vrba (Walter Rosenberg) und Alfred Wetzler, aus Auschwitz und erreichten am 21. die Slowakei. In wenigen Tagen hatten sie einen detaillierten Bericht über den Vernichtungsprozeß in dem oberschlesischen Lager geschrieben und ihn der «Arbeitsgruppe» in Bratislava übergeben. Diese «Auschwitz-Protokolle» gelangten in die Schweiz und die alliierten Länder; umfangreiche Auszüge wurden bald darauf in der schweizerischen und der amerikanischen Presse veröffentlicht. Bis auf den heutigen Tag ist jedoch nicht ganz klar, wie lange der Bericht brauchte, um zum Judenrat in Budapest zu gelangen.

Vrba selbst äußerte später die Ansicht, die «Arbeitsgruppe» sei nicht schnell genug tätig geworden und der Rat habe, nachdem er den Bericht erhalten hatte, die Informationen für sich behalten; darum wurden die Juden in der ungarischen Provinz nicht davor gewarnt, die Züge nach Auschwitz zu besteigen. Yehuda Bauer ist der Anschuldigung Vrbas mit Nachdruck entgegengetreten: Der Bericht mag Budapest und den Judenrat schon Ende April erreicht haben,[46] aber man hätte ohnehin nichts unternehmen können, um die Massen von Juden in der Provinz davon abzuhalten, die Deportationsbefehle zu befolgen.[47] Tatsächlich haben die Mitglieder des Budapester Rates nach dem Krieg eingeräumt, daß sie von dem, was mit den Juden im gesamten besetzten Europa geschah, genaue Kenntnis hatten, und in diesem Sinne ist die Frage, ob sie die «Protokolle» Ende April oder zu einem etwas späteren Zeitpunkt erhalten hatten, nicht von erheblicher Bedeutung.[48]

Dem Budapester Rat, der unter der Leitung von Samu (Samuel) Stern stand, gehörten Vertreter aller wichtigen religiösen und politischen Gruppen der Gemeinschaft an. Er nahm möglicherweise an, daß jede Warnung an die Adresse der Juden in den Provinzen nutzlos sein würde. Vielleicht aus diesem Grund und weil die Ratsmitglieder äußerst assimilierte, gesetzestreue ungarische Bürger waren, *unternahm der Rat keinen Versuch, die Leiter von Gemeinden in den Provinzen unter der Hand zu informieren;*[49] seine Verlautbarungen waren durchweg beruhigend, so als wollten die Führer in Budapest vor allem eine Panik unter den unglücklichen jüdischen Massen vermeiden. Die Haltung des Rates änderte sich auch nicht, nachdem zwei weitere Juden, Czesław Mordowicz und Arnost Rosin, Ende April aus Auschwitz entflohen waren und die früheren Informationen bestätigten. Einige der Ratsmitglieder, so der orthodoxe Fülöp Freudiger, standen in engem Kontakt mit Wisliceny (auf Empfehlung von Weissmandel), und es gelang ihnen, sich selbst, Mitglieder ihrer Familie und einige andere ihnen nahestehende orthodoxe Juden zu retten, indem sie nach Rumänien überwechselten.[50] Andere tauchten unter, nachdem sie von der Gestapo bedroht worden waren.[51]

Schon ganz kurz nach der Besetzung durch die Deutschen nahm man mehrere Tausend Juden, überwiegend Persönlichkeiten des öffentlichen Lebens, Journalisten, bekannte Antifaschisten und Intellektuelle, fest und schickte sie in Konzentrationslager in Österreich.[52] Am 14. Mai wurden die Deportationen aus den ungarischen Provinzen nach Auschwitz in vollem Umfang aufgenommen, mit Schüben von etwa 12 000 bis 14 000 Deportierten pro Tag. Ungarische Züge fuhren bis zur slowakischen Grenze; dort mußten die Deportierten in deutsche Züge umsteigen, die sie nach Auschwitz brachten. Die Krematorien von Birkenau konnten mit dem Tempo der Vergasungen nicht Schritt halten. Es mußten zusätzlich Gruben zur Verbrennung im Freien angelegt werden.

Beim Auschwitz-Prozeß in Frankfurt sagte der SS-Offizier Perry Broad aus: «Eine bis zu den neuen Krematorien führende dreigleisige Eisenbahnanlage ermöglichte es, daß ein Zug entladen wurde und der nächste schon einfuhr. ... Der Prozentsatz der zur ‹gesonderten Unterbringung› Bestimmten – wie man seit einiger Zeit anstelle von ‹Sonderbehandlung› sagte – war bei diesen Transporten besonders hoch. ... Alle vier Krematorien arbeiteten auf Hochdruck. Doch bald waren von der pausenlosen Höchstbeanspruchung wieder die Öfen durchgebrannt und nur das Krematorium drei rauchte noch. ... Die Sonderkommandos waren verstärkt worden und arbeiteten fieberhaft daran, die Gaskammern immer wieder zu entleeren. Auch eins der weißen Bauernhäuser war wieder in Betrieb genommen worden. Es trug die Bezeichnung Bunker 5. ... Man hatte kaum die letzte Leiche aus den Kammern gezogen und über den mit Kadavern übersäten Platz hinter dem Krematorium zur Brandgrube geschleift, als schon in der Halle die nächsten zur Vergasung ausgezogen wurden.»[53]

Paul Steinberg, ein junger jüdischer Deportierter aus Frankreich, schilderte die Situation aus seiner Perspektive, als Buna-Häftling. Kurz nach dem D-Day fand eine Diskussion statt, bei der die Vorteile eines Aufstands gegen die des Stillhaltens abgewogen wurden. «Und während diese eigentümliche Diskussion stattfindet», erinnerte sich Steinberg, «treffen die Ungarn ein: zwei bis drei Züge pro Tag. ... Fast alle Transporte enden in der Gaskammer, Männer, Frauen und Kinder. Die Lager sind völlig überfüllt, man weiß nicht, was man mit den zusätzlichen Arbeitskräften anfangen soll. ... Die Verbrennungsöfen arbeiten auf vollen Touren rund um die Uhr. Den Informationen von Birkenau zufolge sind dreitausend, dann dreitausendfünfhundert und in der vergangenen Woche bis zu viertausend Leichen pro Tag verbrannt worden. Das neue Sonderkommando wurde verdoppelt, um den ununterbrochenen Vernichtungsablauf von der Gaskammer bis zum Verbrennungsofen zu gewährleisten, Tag und Nacht. Aus den Schornsteinen schießen zehn Meter hohe Flammen heraus, die nachts von den Orten im Umkreis aus sichtbar sind, und der betäubende Geruch von verbranntem Fleisch ist bis nach Buna zu riechen.»[54] Höß selbst beschrieb als Tätigkeiten, die mit der Verbrennung in den offenen Gruben verbunden waren, «das Unterhalten des Feuers bei den Gruben, das Übergießen des angesammelten Fettes, das Herumstochern in den brennenden Leichenbergen, um Luft zuzuführen».[55]

In Buna hatte Steinberg lediglich einige Details über die Massenvernichtung gehört, aber nur wenige der ungarischen Juden gelangten tatsächlich auf das Gelände der IG Farben. Einer von ihnen, den Primo Levi unvergeßlich geschildert hat, hieß Kraus: «Er ist Ungar, versteht sehr schlecht Deutsch und kein Wort Französisch. Baumlang ist er, trägt eine Brille, hat ein eigenartig kleines verzogenes Gesicht; lacht er, dann sieht er aus wie ein Kind, und er lacht häufig.»[56] Kraus ist ungeschickt, er arbeitet zu angestrengt, kann sich nicht verständigen, kurz, er verfügt über keine der Qualitäten, die selbst in Buna zum Überleben hilfreich sein können. Levi spricht mit Kraus ganz langsam, in einer Art Pidgin-Deutsch; er versucht ihn zu trösten; er erfindet einen Traum davon, wie Kraus zu seiner Familie zurückkehrt; Kraus muß etwas von dieser idyllischen Phantasie verstanden haben: «Was für ein guter Junge muß Kraus als Zivilist gewesen sein!» sagt Levi. «Hier drin wird er nicht lange leben, man sieht das auf den ersten Blick, das ist schlüssig wie ein Theorem. Schade, daß ich nicht Ungarisch kann; denn jetzt hat seine Ergriffenheit alle Dämme durchbrochen, und eine Flut von absonderlichen magyarischen Worten bricht aus ihm hervor. ... Armer, dummer Kraus! Wenn er wüßte, daß es gar nicht stimmt, daß ich nicht das geringste von ihm geträumt habe, daß auch er für mich, abgesehen von einem kurzen Augenblick, nichts ist, nichts, wie alles hier unten mit Ausnahme des Hungers, den man im Leib hat, und der Kälte und des Regens ringsum.»[57]

Schon bald nach Beginn der Deportationen entwickelte sich im Lande, insbesondere von seiten der langjährigen konservativen politischen Verbündeten Horthys und seines engsten Beraterkreises, ein zunehmender Druck, der darauf zielte, die Mitwirkung an den deutschen Deportationen einzustellen.[58] Daß der Reichsverweser zumindest in dieser Frage den Wunsch hatte, Ungarn Hitlers Griff zu entwinden, kommt indirekt in einem Gespräch zum Ausdruck, das am 7. Juni (kurz nach der Landung der Alliierten in der Normandie) Ministerpräsident Sztójay mit Hitler in Kleßheim führte.

Der ungarische Ministerpräsident bekräftigte dem «Führer» gegenüber zunächst den Willen des Reichsverwesers und des Landes, treu an der Seite des deutschen Verbündeten weiterzukämpfen; die Aktivitäten der deutschen Staatspolizei in Ungarn könnten jedoch den Eindruck einer Einmischung in die inneren Angelegenheiten des Landes und einer Beschränkung seiner Souveränität erwecken. Hitler brauchte keine weiteren Erklärungen. In seiner Antwort erinnerte er den Ministerpräsidenten daran, daß er den Reichsverweser bereits im vergangenen Jahr dazu gedrängt habe, Schritte gegen die Juden zu ergreifen, daß aber Horthy unglücklicherweise seinem Rat nicht gefolgt sei; er ging dann auf die von Ungarn unternommenen Versuche ein, sich auf die andere Seite zu schlagen, und brachte sie implizit in Verbindung mit der starken Präsenz der Juden. Der Reichsverweser, so Hitler weiter, war im Hinblick auf das Ausmaß der «Verjudung» des Landes gewarnt worden, aber er hatte die Warnungen in den Wind geschlagen, indem er auf die bedeutende Rolle verwies, welche die Juden in der Wirtschaft Ungarns spielten. Der «Führer» erklärte dann ausführlich, die Beseitigung der Juden werde nur neue Chancen bringen, welche die Ungarn zweifellos würden meistern können. Und außerdem: «Wenn auch Horthy versucht habe, die Juden zu streicheln, so haßten ihn die Juden doch, wie man täglich aus der Weltpresse sehen könne.» Der Schluß lag nahe: Die Deutschen beschränkten nicht die ungarische Souveränität, sie verteidigten vielmehr Ungarn gegen die Juden und die Agenten der Juden.

Als sich Sztójay den inneren Schwierigkeiten zuwandte, welche die von Horthy beabsichtigten Maßnahmen gegen die Juden behindert hatten, und dabei auch das Alter (75 Jahre) des Reichsverwesers erwähnte, zeigte Hitler keine Anzeichen von Verständnis. Horthy, so erklärte er, sei ein Mann, der die Gewalt scheue; ebenso habe er, Hitler, den Versuch unternommen, den Krieg dadurch zu vermeiden, daß er einen Kompromiß über den polnischen Korridor angeboten habe. Die jüdische Presse aber, so Hitler zu Sztójay, habe nach Krieg geschrien, und er habe dann die Juden in seiner Reichstagsrede gewarnt; unnötig zu sagen, daß er seine «Prophezeiung» noch einmal hervorholte. Danach fügte er bezeichnenderweise hinzu: «Wenn sich der Führer überdies noch erinnere, daß in Hamburg 46 000 deutsche Frauen und Kinder verbrannt seien, dann könne von ihm niemand verlangen, daß er mit dieser Weltpest das geringste Mitleid habe, und er halte sich jetzt nur an das alte jüdische Sprichwort ‹Auge um Auge, Zahn um Zahn›. ... Wenn die jüdische Rasse siegen sollte, würden mindestens 30 Millionen Deutsche ausgerottet werden und mehrere Millionen verhungern.»[59]

Gegen Ende des Monats Juni stärkten internationale Interventionen die innere Opposition in Ungarn gegen die Fortführung der Deportationen: Der König von Schweden, der Papst, der amerikanische Präsident, alle wurden beim Reichsverweser vorstellig. Am 2. Juli unterstrich ein schwerer amerikanischer Luftangriff auf Budapest die Botschaft Roosevelts.[60] Horthy schwankte, war bereit, diesen Forderungen nachzukommen, konnte aber eine Zeitlang den nazifreundlichen Mitgliedern seiner Regierung seinen Willen nicht aufzwingen.[61] Schließlich, am 8. Juli, wurden die Deportationen offiziell eingestellt. Gleichwohl gelang es Eichmann, zwei weitere Transporte nach Auschwitz außer Landes zu bekommen, den ersten aus dem Lager Kistarcsa am 19. Juli, den zweiten aus Starvar am 24. Juli.[62]

Einem Bericht zufolge, den Veesenmayer am 30. Juni gesandt hatte, war aus den Zonen I bis IV in den ungarischen Provinzen eine Gesamtzahl von 381 661 Juden nach Auschwitz deportiert worden. «Konzentrierung in Zone V (bisher nicht erfaßter Raum westlich der Donau ohne Budapest)», fügte Veesenmayer hinzu, «hat 29. Juni begonnen. Gleichzeitig hat kleinere Sonderaktion in Vorstädten von Budapest als Vorbereitungsmaßnahme begonnen. Ferner laufen noch einige kleine Sondertransporte mit politischen, intellektuellen, kinderreichen und Facharbeiter-Juden.»[63] *Als am 9. Juli die Deportationen aus den ungarischen Provinzen schließlich aufhörten, waren 438 000 Juden nach Auschwitz geschickt und etwa 394 000 sofort vernichtet worden.* Von denen, die man zur Arbeit selektiert hatte, waren bei Kriegsende nur noch sehr wenige am Leben.[64] In Budapest warteten etwa 250 000 Juden immer noch auf ihr Schicksal.

Wie es in Ostmitteleuropa und dem (nichtsowjetischen) Osteuropa die Regel war, waren die wichtigsten Institutionen, die sich bis zu einem gewissen Grade dem gegen die Juden geführten Feldzug hätten entgegenstellen können, die Kirchen (die überwiegende Mehrheit der Bevölkerung war katholisch; daneben gab es eine lutherische Minderheit). Pius XII. schloß sich anderen Fürsprechern an, die sich bei Horthy dafür verwendeten, die deutsche Operation zu stoppen. Die erste öffentliche Intervention des Papstes zugunsten der Juden ging am 25. Juni 1944 ab, nachdem die «Auschwitz-Protokolle» über die Schweiz den Vatikan erreicht hatten.[65] Trotz vollen Wissens um die laufende Vernichtung war selbst diese Botschaft in ziemlich schwammige Formulierungen gekleidet: «Von verschiedener Seite sind an Uns Bitten gerichtet worden, Wir möchten all Unseren Einfluß geltend machen, um die Leiden abzukürzen und zu lindern, die seit so langer Zeit von einer großen Zahl unglücklicher Menschen, welche dieser edlen und tapferen Nation angehören, infolge ihrer volksmäßigen oder rassischen Herkunft friedlich erduldet worden sind. In Übereinstimmung mit Unserem Dienst der Liebe, der jedes menschliche Wesen einschließt, konnte Unser väterliches Herz für diese dringenden Bitten nicht taub bleiben. Aus diesem Grunde wenden Wir Uns an Euer Durchlaucht und appellieren an Eure edlen Gefühle im vollen Vertrauen darauf, daß Euer Durchlaucht alles in Eurer Macht Stehende tun werden, um zahlreiche unglückliche Menschen vor weiteren Schmerzen und Leiden zu bewahren.»[66] Wie der Historiker Randolph Braham festgestellt hat, kam das Wort «Jude» in Pius' Botschaft selbst unter diesen Umständen nicht vor.[67] Ebensowenig gab es, das sollte man hinzufügen, irgendeine Erwähnung der Vernichtung.

Ein derartiger Mangel an Nachdruck auf seiten des Pontifex ermutigte das Oberhaupt der ungarischen katholischen Hierarchie, Kardinal Justinian Seredi, nicht dazu, selbst irgendwelche kühnen Schritte zu unternehmen. Seredi war ein Antisemit traditioneller christlicher Sorte, und er hatte für die ersten beiden antijüdischen Gesetze der Jahre 1938 und 1939 gestimmt.[68] Die Führung der katholischen und der protestantischen Kirche in Ungarn wußte, was die Deportationen nach Deutschland bedeuteten, und einige ihrer wichtigsten Vertreter (darunter Seredi) hatten anscheinend die «Auschwitz-Protokolle» erhalten. Doch von März bis Juli 1944 ließen sich die führenden christlichen Würdenträger nicht dazu bewegen, öffentlich gegen die Vorgehensweisen der Regierung Sztójay Stellung zu beziehen. Sowohl Seredi als auch die Leiter der protestantischen Kirchen waren in allererster Linie bestrebt, Ausnahmen für konvertierte Juden zu erreichen. Damit hatten sie teilweise Erfolg, eben weil sie sich jedes öffentlichen Protests gegen die Deportationen schlechthin enthielten.[69]

Mit Blick auf die Deportation der Juden selbst setzte Seredi schließlich ein kurzes Hirtenwort auf, das am 16. Juli, eine Woche nachdem Horthy die Transporte eingestellt hatte, verlesen wurde. In dem ursprünglichen Hirtenbrief (der niemals öffentlich bekanntgegeben wurde) hatte Seredi festgestellt, der eine Teil des Judentums habe «einen schuldhaften und subversiven Einfluß auf das wirtschaftliche, gesellschaftliche und sittliche Leben in Ungarn gehabt, ... [während] die anderen in dieser Hinsicht nichts gegen ihre Glaubensbrüder unternahmen».[70] Mit anderen Worten, alle Juden waren schuldig, und die Position von Fürstprimas Seredi stand derjenigen seines Stellvertreters, Monsignore Gyula Czapik, des Erzbischofs von Eger, sehr nahe, der sich im Mai 1944 auf den Standpunkt gestellt hatte, man sollte «nicht an die Öffentlichkeit bringen, was mit den Juden geschieht; was den Juden gegenwärtig geschieht, ist nichts als die angemessene Strafe für ihre Untaten in der Vergangenheit.»[71]

Der päpstliche Nuntius in Budapest, Monsignore Angelo Rotta, äußerte sich offener als der Heilige Stuhl selbst und versuchte, Seredi zu aktiverem Protest zu bewegen; er zog sich Seredis Zorn zu, und bei zwei verschiedenen Anlässen zeigten Rottas Interventionen, wie frustriert der Kardinal über die Zurückhaltung des Papstes war. Bei der ersten Gelegenheit, am 8. Juni, erklärte Seredi dem Nuntius, es sei «unaufrichtig, daß der Apostolische Heilige Stuhl diplomatische Beziehungen zur deutschen Regierung unterhalte, die diese Greuel verübt».[72] Der zweite Anlaß war eine Sitzung von Vertretern der christlichen Kirchen, auf der die Möglichkeit einer gemeinsamen Intervention erörtert werden sollte. Da brach es offenbar aus einem zornigen Seredi heraus: «Wenn Seine Heiligkeit der Papst nichts gegen Hitler unternimmt, was kann ich da in meinem beschränkteren Jurisdiktionsbereich tun? Verdammt nochmal.»[73]

Einige katholische Bischöfe meldeten sich mutig in ihrer Diözese zu Wort, aber das waren einsame Stimmen, die auf die Einstellung der ungarischen Bevölkerung keine nennenswerte Wirkung ausüben konnten.

IV

Während sich die Ereignisse in Ungarn sozusagen vor den Augen der Welt mit außerordentlicher Geschwindigkeit entwickelten, traten zwei miteinander zusammenhängende Probleme auf, die bis auf den heutigen Tag immer noch höchst umstritten sind: Zum einen der Versuch einiger Mitglieder des jüdischen «Hilfs- und Rettungskomitees», der *Vaadah* (hebräisch: «Komitee»), mit den Deutschen zu verhandeln; und zum anderen die Entscheidung der Alliierten über die Bombardierung der Eisenbahnstrecke von Budapest nach Auschwitz oder der Tötungsanlagen in Auschwitz selbst.

Die *Vaadah* war Anfang 1943 in der ungarischen Hauptstadt gegründet worden; sie sollte jüdischen Flüchtlingen vor allem aus der Slowakei und Polen helfen, die nach Ungarn geflohen waren. Zu den führenden Persönlichkeiten der *Vaadah*, deren Vorstand sich noch weitere ungarische Juden angeschlossen hatten, wurden Rudolf Kastner, ein zionistischer Journalist aus Cluj, Joel Brand, ein politischer Abenteurer, der ebenfalls aus Transsilvanien stammte, und Otto Komoly, ein Ingenieur aus Budapest.

Ende März oder Anfang April 1944 trafen sich Kastner und Brand in Budapest auf Empfehlung Weissmandels und im Anschluß an Kontakte, die von einigen SD-Funktionären vermittelt worden waren, mit dem allgegenwärtigen Wisliceny. Dem Abgesandten Eichmanns wurde eine beträchtliche Geldsumme (zwei Millionen Dollar) geboten, um die Deportation der Juden Ungarns zu vermeiden. Als sich aber herausstellte, daß die *Vaadah* einen derartigen Betrag nicht bereitstellen konnte, ließ Eichmann irgendwann Mitte oder Ende April Brand rufen und machte diverse Angebote, woraus dann schließlich der berüchtigte Tausch des Lebens von 800 000 ungarischen Juden gegen die Lieferung von 10 000 winterfesten Lastwagen, die ausschließlich an der Ostfront eingesetzt werden sollten, durch die Alliierten hervorging. Die SS würde es Brand gestatten, nach Istanbul zu fahren; er wurde begleitet von Bandi Grósz, einem Mehrfachagenten und einer in jeder Hinsicht zwielichtigen Gestalt, auf die sich Himmlers Männer, so sah es jedenfalls aus, verließen, um Kontakte zum Westen herzustellen.[74]

Eichmanns Vorschlag sollte man im Zusammenhang mit einem Telegramm interpretieren, das Veesenmayer am 3. April nach Berlin geschickt hatte. Der Reichsbevollmächtigte teilte Ribbentrop mit, alliierte

Bombenangriffe auf die ungarische Hauptstadt hätten die antijüdischen Gefühle verschärft; die Möglichkeit, für jeden getöteten Ungarn 100 Juden hinzurichten, sei erörtert worden. Veesenmayer war sich nicht sicher, ob eine Vergeltung in so großem Maßstab zweckmäßig wäre, aber bevor er irgendwelche konkreten Schritte in Erwägung zog, wollte er wissen, ob ein anderes Szenario, das Hitler anscheinend von Ribbentrop vorgeschlagen worden war, immer noch eine mögliche Option darstellte; in diesem Falle wären Massenhinrichtungen natürlich ausgeschlossen: «In Berücksichtigung der von Herrn Reichsaußenminister dem Führer nahegebrachten Vorschläge bezüglich eines Angebots aller Juden [Ungarns] als Geschenk an Roosevelt und Churchill bitte ich um Unterrichtung, ob diese Idee weiter verfolgt wird.»[75]

Aus Veesenmayers Telegramm geht hervor, daß ein Tausch von der Art, wie Eichmann ihn vorschlug, zwischen Hitler und Ribbentrop erörtert worden war und daß – fast sicher mit Hitlers Zustimmung – die Männer Himmlers seine Umsetzung übernommen hatten. Selbstverständlich bestand nicht die Absicht, eine nennenswerte Zahl ungarischer Juden freizulassen. Die beispiellose Geschwindigkeit und das unvergleichliche Ausmaß der Deportationen und Vernichtungsaktionen sind das beste Indiz für das, was die Deutschen in diesem Stadium wirklich vorhatten. Die Absicht, die hinter den Kontakten zu den naiven jüdischen Vertretern stand, war äußerst simpel: Wenn die Alliierten das deutsche Angebot ablehnten, konnte man ihnen die Verantwortung dafür zuschieben, daß sie zur Vernichtung der ungarischen Juden beigetragen hatten; ebenso wie nach der Evian-Konferenz vom Juli 1938 konnten die Deutschen erneut verkünden: «Keiner will sie!» Falls jedoch etwa infolge jüdischen Drucks (wie man ihn von Berlin aus sah) die Alliierten irgendwelche Verhandlungen beginnen sollten, dann würde Stalin davon in Kenntnis gesetzt werden, und der Bruch in der Großen Allianz, den Hitler ungeduldig erwartete, würde folgen. Die Überlegung, die hinter der Mission von Grósz stand, war aller Wahrscheinlichkeit nach dieselbe: Sofern der Westen den Gedanken separater Verhandlungen akzeptierte, würde man die Sowjets informieren, und das Endergebnis wäre gleich.[76]

Am 19. Mai 1944 landeten Brand und Grósz in Istanbul. Während Grósz seiner eigenen «Mission» nachging, übermittelte Brand den Vorschlag der SS den Abgesandten des Jischuw in Istanbul. Es folgte eine Reihe sich rasch entwickelnder Ereignisse. Einer der Vertreter des Jischuw in Istanbul, Venia Pomeranz, fuhr nach Jerusalem, um Ben-Gurion von dem deutschen Vorschlag zu unterrichten. Der Vorstand der *Jewish Agency*, den Ben-Gurion einberief, beschloß, sogleich bei den Alliierten vorstellig zu werden, selbst wenn die Chancen einer Abmachung mit den Deutschen allgemein als sehr gering eingeschätzt wurden. Der britische Hohe Kommissar in Palästina, den Ben-Gurion informiert hatte, war einverstanden, Shertok, dem «Außenminister» der *Jewish Agency*, die Genehmigung zu einer Reise nach Istanbul zu erteilen, wo er mit Brand zusammentreffen sollte. Während sich die Abreise Shertoks verzögerte, mußte Brand selbst die Türkei verlassen. So konnte der Abgesandte aus Budapest erst am 11. Juni in Aleppo in Syrien, wo die Briten ihn in Arrest hielten, mit Shertok zusammentreffen.[77] Brand wiederholte gegenüber Shertok die wesentlichen Punkte der deutschen Botschaft. Weiter kompliziert wurde die Angelegenheit, zumindest auf den ersten Blick, durch ein deutsches Angebot, einen der Abgesandten der *Jewish Agency* in Istanbul, Menachem Bader, zu einer Reise nach Budapest – oder gar nach Berlin – einzuladen, wo er direkt verhandeln sollte. Die Deutschen schienen sogar bereit zu sein, von ihrer Forderung nach Lastwagen abzugehen und zu dem anfangs erörterten Gedanken eines angemessenen finanziellen Angebots zurückzukehren. Aussagen zufolge, die nach dem Krieg gemacht wurden, versprach Eichmann, nach Erhalt der ersten positiven Antwort aus dem Westen und im Austausch gegen deutsche Kriegsgefangene 5000 bis 10 000 Juden freizulassen.[78]

Auch wenn die Führung des Jischuw schon bald begriff, daß die Mission von Grósz der Hauptplan der Deutschen war und Brands Unterhandlungen ein bloßer Nebenkriegsschauplatz und ein zusätzlicher Köder, bemühten sich Shertok und Weizmann gleichwohl bei Eden in London um eine gewisse Geste, die es gestatten würde, Zeit zu gewinnen und schließlich einen Teil der ungarischen Judenheit zu retten. Am 15. Juli wurde ihnen gesagt, das deutsche «Angebot» sei abgelehnt worden. Churchill selbst schätzte den deutschen Vorschlag als nicht seriös ein, da es sich dabei um einen Plan handelte, «der durch einen höchst zweifelhaften Kanal lanciert worden war ... und der selbst von höchst zweifelhaftem Charakter ist».[79] In der Zwischenzeit hatte man Brand von Aleppo nach Kairo gebracht, wo er weiterhin von den Briten verhört wurde. An diesem Punkt hatte seine Mission ein abruptes Ende gefunden. Es sieht so aus, als sei Brand selbst vor seinem Tod zu dem Schluß gelangt, daß sein Auftrag im wesentlichen ein deutsches Manöver gewesen sei, mit dem das Bündnis zwischen den Sowjets und dem Westen unterminiert werden sollte.[80]

Für die Führung des Jischuw stellte das Scheitern dieses Rettungsversuchs, so dürftig seine Chancen gewesen waren, einen ernsthaften Rückschlag dar. Die Hoffnung auf die Rettung Hunderttausender von ungarischen Juden verflüchtigte sich. Für Ben-Gurion tauchte außerdem erneut die entscheidende Frage auf: Wer würde den jüdischen Staat in Erez Israel aufbauen? «Wir stehen nun kurz vor dem Ende des Krieges», erklärte er im September 1944, «und die meisten Juden sind vernichtet. Jeder fragt sich: Wo werden wir die Menschen für Palästina finden?» Später schrieb er: «Hitler schadete nicht nur dem jüdischen Volk, das er kannte und haßte: Er fügte dem jüdischen Staat, dessen Entstehen er nicht voraussah, ebenfalls Schaden zu. ... Der Staat bildete sich und fand das Volk nicht mehr, das auf ihn gewartet hatte.»[81]

Am 10. Juli teilte Ribbentrop Veesenmayer mit, Hitler habe sich mit den Forderungen einverstanden erklärt, die die Vereinigten Staaten, Schweden und die Schweiz gegenüber Horthy hinsichtlich der Repatriierung ihrer jüdischen Staatsangehörigen erhoben hatten. «Wir können uns zu diesem Entgegenkommen jedoch nur unter der Voraussetzung entschließen», fügte Ribbentrop hinzu, «daß der vom Reichsverweser vorübergehend gestoppte Abtransport der Juden ins Reich nunmehr sofort und schnellstens zu Ende geführt würde.»[82] Am 17. Juli forderte der Außenminister Veesenmayer auf, den Reichsverweser im Namen Hitlers von folgendem in Kenntnis zu setzen: «Der Führer erwarte, daß nunmehr ohne jedes weitere Verzögern die Maßnahmen gegen die Budapester Juden von der ungarischen Regierung durchgeführt werden mit den Ausnahmen, die ... der ungarischen Regierung zugestanden worden sind. Irgendeine Verzögerung in der Durchführung der allgemeinen Judenmaßnahmen darf durch diese Ausnahmen aber nicht eintreten, andernfalls die Zustimmung zu diesen Ausnahmen vom Führer wieder rückgängig gemacht werden müßte.»[83]

Was den Reichsführer anging, so traf er am 15. Juli mit Hitler zu einer Erörterung der Judenfrage in Ungarn zusammen und markierte die Billigung seiner Vorschläge durch Hitler mit einem Haken.[84] Einige Tage später brüstete sich Himmler in einem Brief an Gauleiter Mutschmann mit den 450 000 ungarischen Juden, die er bereits nach Auschwitz geschickt hatte, und versicherte ihm, ungeachtet einiger Schwierigkeiten, auf die man anderswo, in Frankreich beispielsweise, gestoßen sei, würde die Aufgabe in Ungarn zum Abschluß gebracht werden. «Seien Sie versichert», schloß Himmler, «daß ich gerade in diesem entscheidenden Augenblick des Krieges die notwendige Härte, so wie bisher, besitze.»[85]

Es ist schwer zu glauben, daß der kluge Kastner auf den Erfolg der Mission Brands große Hoffnungen gesetzt hatte. Wie immer es sich damit verhielt, er muß schon bald eingesehen haben, daß SS-Funktionäre vom Schlage Wislicenys – ebenso wie die ganze Budapester Gruppe – auch zu beschränkteren Abmachungen bereit waren, die man als Lösegeldoperationen für das Reich wegerklären konnte. Und derartige Operationen konnten für einige der SS-Beteiligten auch höchst lukrativ sein. So überredete Kastner in einer Reihe von Verhandlungen, die von April bis Juni 1944 andauerten, Wisliceny, Eichmann und Himmlers

Handlanger Kurt Becher (der damals die Aufgabe hatte, die SS mit Pferden zu versorgen) dazu, als Zeichen deutschen guten Willens im Rahmen der umfassenderen «Austauschverhandlungen» einen Zug mit (schließlich) 1684 Juden von Budapest in die Schweiz fahren zu lassen. Der Preis betrug 1000 Dollar pro Jude; und Becher, der die abschließende Vereinbarung ausgehandelt hatte, gelang es, einige der glücklichen Passagiere zweimal zahlen zu lassen.[86] Am 30. Juni fuhr der Zug ab, zunächst – und unerwartet – nach Bergen-Belsen; gleichwohl erreichten die Kastner-Juden in zwei Transporten, von denen der eine im Frühherbst, der andere mehrere Wochen später abging, die Schweiz. Kastner entschied zwar nicht allein über die Auswahl der Mitfahrenden, aber sein Einfluß auf das Auswahlkomitee war beträchtlich; das führte nach dem Kriege dazu, daß man ihm Nepotismus vorwarf, es gab in Israel zu zwei Prozessen Anlaß und kostete Kastner schließlich das Leben.[87]

Als die schweizerische Delegation in Budapest Mitte August nach Bern meldete, binnen weniger Tage werde eine erste Gruppe von 600 ungarischen Juden, die man vorübergehend nach Bergen-Belsen geschickt hatte, in der Schweiz eintreffen, wurde diese Information vom Leiter der Polizeiabteilung, Rothmund, positiv aufgenommen, von seinem Chef, Bundesrat von Steiger, hingegen mit gewissen Bedenken.[88] Und Carl Burckhardt vom Internationalen Komitee des Roten Kreuzes begriff sofort den Vorteil, der sich bot, wenn man diese unerwarteten Flüchtlinge in die Schweiz einreisen ließ, wie wir aus der Denkschrift eines schweizerischen Beamten vom 14. August 1944 wissen: «H. Burckhardt schien über die Nachricht der Budapester Delegation nicht weiter erstaunt und zeigte sich sogar erfreut darüber. Es sei nämlich, wie er sagt, sehr gut für die Schweiz, wenn man jetzt eine positive Aktion für die Juden unternehmen könne. Es würde einen guten Eindruck im Ausland machen und gleichzeitig die Ressentiments zerstreuen, die aufgrund der Berichte ausländischer Flüchtlinge und Internierter (vor allem der Intellektuellen), welche mit ihrer Behandlung unzufrieden sind, gegen unser Land entstehen könnten.»[89]

Einige Juden verließen Ungarn sozusagen mit eigenen Mitteln. Die SS verhandelte über die Übernahme des Industrieimperiums von Manfred Weiss, das der jüdischen Familie und ihren jüdischen und nichtjüdischen Teilhabern gehörte. Durch den Erwerb bedeutender Rüstungs- und Werkzeugmaschinenfirmen hofften Himmler und Pohl, zur ausgewählten Elite der deutschen Industrie stoßen zu können. Es fiel ihnen nicht schwer, Hitler von den Vorzügen dieser speziellen Erpressungsaktion zu überzeugen. Becher, der in Budapest wieder den Mittelsmann spielte, steckte einen erklecklichen Anteil der Profite ein. Im Gegenzug wurde etwa 50 Mitgliedern der beteiligten jüdischen Familien gestattet, mit Hilfe der SS in die Schweiz, nach Spanien oder Portugal auszureisen – und sie erhielten sogar einen Teil der Summen, auf die man sich geeinigt hatte, ausgezahlt.[90]

*

Während derselben Monate scheiterte auch ein Rettungsprojekt ganz anderer Art: die Bombardierung der Eisenbahnstrecke von Ungarn nach Auschwitz sowie möglicherweise der Vernichtungsstätten in Auschwitz-Birkenau durch die Alliierten.

Am 25. Mai 1944 leitete der höchst kompetente und motivierte Repräsentant des *War Refugee Board* in Bern, Roswell McClelland, eine Botschaft nach Washington weiter, die er von Isaac Sternbuch, dem Vertreter der *American Union of Orthodox Rabbis* in der Schweiz, erhalten hatte; die Botschaft war an die *Union of Orthodox Rabbis* in New York gerichtet. «Wir haben Nachrichten aus der Slowakei erhalten», schrieb Sternbuch, «denen zufolge sie darum bitten, baldige Luftangriffe auf die beiden Städte Kaschau (Kosice) als Transitort für Militärtransporte sowie Presov als Knotenpunkt für die Deportationen, die über Kaschau kommen, zu unternehmen und ebenso auf die gesamte Eisenbahnlinie zwischen den beiden Orten, die über eine kurze Brücke von etwa 30 Metern Länge führt. Das ist die einzige direkte Route von Ungarn nach Polen, während alle anderen kleinen und kurzen Strecken, die nach Osten führen, nur in Ungarn benutzt werden können, aber nicht für den Verkehr nach Polen, da dort schon Schlachtfelder sind. Unternehmen Sie das Notwendige, damit das Bombardement in kurzen Abständen wiederholt wird, um einen Wiederaufbau zu verhindern. Ohne die genannten Städte bleibt nur noch eine einzige übermäßig lange Route via Österreich, die fast nicht praktikabel ist.»[91]

Die Quelle der Informationen aus der Slowakei, die Sternbuch erhalten hatte, war die «Arbeitsgruppe». Ein erster Brief, den Weissmandel irgendwann Anfang Mai 1944 sandte, war nicht bestätigt worden, so daß der slowakische Rabbiner seine Bitte am 31. Mai wiederholte und erneut Einzelheiten über die Deportationen mitteilte. Diese Details waren in der Tat außerordentlich präzise, ebenso die Beschreibung der Tötungsanlagen (die wahrscheinlich auf dem Vrba-Wetzler-Bericht beruhte). Weissmandels Brief endete mit einem gequälten Appell: «Nun fragen wir: wie können Sie essen, schlafen, leben? Wie schuldig werden Sie sich im Herzen fühlen, wenn Sie nicht Himmel und Erde in Bewegung setzen, um uns auf die einzige Weise, die unseren Leuten möglich ist, zu helfen, und so schnell wie möglich? ... Um Gottes willen, tun Sie jetzt etwas, und tun Sie es rasch!»[92]

Intensive Konsultationen und Kontakte folgten Ende Juni, nachdem jüdische Organisationen und das *War Refugee Board* in Washington die Botschaft Sternbuchs erhalten hatten. Pehle übermittelte sie dem stellvertretenden Kriegsminister, John J. McCloy, aber mit Vorbehalten: «Ich habe heute mit dem stellvertretenden Minister McCloy über den Vorschlag der Agudas Israel gesprochen, Vorkehrungen dafür zu treffen, die Eisenbahnlinie zwischen Kassa (Kosice) und Presov, die für die Deportation von Juden aus Ungarn nach Polen benutzt wird, zu bombardieren. Ich sagte zu McCloy, daß ich mit ihm über die Angelegenheit sprechen wollte, ganz gleich welche Untersuchung von seiten des Kriegsministeriums angemessen sein könnte, daß ich aber in dieser Sache mehrere Zweifel hätte, nämlich 1) ob es angemessen sein würde, zu diesem Zweck Flugzeuge und Personal des Militärs einzusetzen, 2) ob es schwirig sein würde, die Eisenbahnlinie für genügend lange Zeit außer Betrieb zu setzen, um einen Nutzen zu bewirken; und 3) selbst unter der Annahme, daß diese Eisenbahnlinie für eine gewisse Zeit außer Betrieb gesetzt würde, ob das den Juden in Ungarn helfen würde. Ich habe gegenüber Herrn McCloy ganz deutlich gemacht, daß ich, zumindest zu diesem Zeitpunkt, das Kriegsministerium nicht aufgefordert habe, im Hinblick auf diesen Vorschlag andere Aktivitäten zu unternehmen als eine angemessene Untersuchung. McCloy verstand meine Position und sagte, er werde sich der Sache annehmen.»[93]

Einige Tage später richtete Leon Kubowitzki, der Leiter der Rettungsabteilung des Jüdischen Weltkongresses, einen Brief an Pehle, in dem er diesmal nicht die Bombardierung der Eisenbahnlinie von Ungarn nach Auschwitz, sondern die Zerstörung der Todesanlagen im Lager durch sowjetische Fallschirmjäger oder polnische Untergrundeinheiten vorschlug. Der Gedanke, die Anlagen aus der Luft zu bombardieren, kam zur gleichen Zeit noch von einem anderen jüdischen Vertreter, Benjamin Akzin.[94]

Am 4. Juli 1944 verwarf McCloy in einem Brief an Pehle diesen Hagel von Projekten und Bitten: «Ich nehme Bezug auf Ihren Brief vom 29. Juli, dem Sie ein Telegramm von Ihrem Vertreter in Bern (Schweiz) beilegten, in welchem vorgeschlagen wurde, bestimmte Abschnitte von Eisenbahnlinien zwischen Ungarn und Polen zu bombardieren, um den Transport von Juden aus Ungarn zu unterbrechen. Das Kriegsministerium ist der Ansicht, daß die vorgeschlagene Luftoperation nicht praktikabel ist. Sie ließe sich nur durch den Abzug beträchtlicher Luftunterstützung durchführen, die für den Erfolg unserer Truppen unentbehrlich ist, welche jetzt in entscheidende Operationen verwickelt sind, und sie wäre in jedem Fall von so überaus zweifelhafter Wirksamkeit, daß sie nicht auf ein praktisches Projekt hinauslaufen würde. Das Kriegsministerium hat volles Verständnis für die humanitären Motive, die zu diesem Vorschlag Anlaß gegeben haben, aber aus den obengenannten Gründen erscheint die vorgeschlagene Operation nicht gerechtfertigt.»[95]

In der Zwischenzeit setzten sich Shertok und Weizmann, obgleich es ihnen nicht gelungen war, mit Blick auf die Brand-Mission die britische Regierung zu beeinflussen, jetzt für die Bombenangriffe ein. Kurze Zeit war zwar Churchill mit der Sache befaßt und schien einer gewissen Aktion zuzuneigen, aber Mitte Juli reagierte London ebenso negativ wie Washington. An den oberen Rand des Ablehnungsbriefes, den er am 15. Juli 1944 vom Luftfahrtminister Sir Archibald Sinclair erhalten hatte, kritzelte Eden: «Ein typisch unhilfreicher Brief. Ministerium wird sich Gedanken machen müssen, was in dieser Sache zu tun ist. Ich glaube, wir sollten den Schwarzen Peter zu gegebener Zeit diesem vehementen Zionisten weiterreichen, d. h. Weizmann sagen, daß wir uns an Sir A. Sinclair gewandt haben, und ihm vorschlagen, daß er vielleicht mit ihm spricht. AE, 16. Juli.»[96]

Zur Beaufsichtigung der Vernichtung der ungarischen Juden war Höß noch einmal nach Auschwitz gerufen worden. Für die tadellose Erfüllung seiner Aufgabe verlieh man ihm das Kriegsverdienstkreuz 1. und 2. Klasse. Am 29. Juli kehrte er nach Berlin zurück.[97]

V

Ende Juli 1944 befreite die Rote Armee Majdanek. Bei ihrer hastigen Flucht war es den Deutschen nicht gelungen, die Gaskammern und andere Spuren der mörderischen Aktivitäten des Lagers zu zerstören: Bald gingen Bilder von Tötungsanlagen, Habseligkeiten der Opfer, Bergen von Brillen, Haar oder Prothesen durch Zeitungen in aller Welt.

Für die Deutschen hatte daher die Beseitigung der Spuren ihrer Verbrechen nunmehr absoluten Vorrang. Am 13. Juli notierte der polnische Arzt Klukowski: «Kürzlich haben wir ein Gerücht gehört, die Deutschen planten, die Gräber der ermordeten Juden zu öffnen, die Leichen zu exhumieren und zu verbrennen. ... Seltsame Dinge geschehen auf dem jüdischen Friedhof. Keiner darf ihn betreten. Der Friedhof ist von militärischen Wachen umstellt, die mit Gewehren bewaffnet sind. Es wurden Warnschilder aufgehängt, daß jeder Eindringling erschossen wird. Zahlreiche Autos und Lastwagen fahren ein und aus. Eine große Gruppe von Gefangenen wurde aus Zamość geholt. Der Friedhof ist in Abschnitte unterteilt worden; dann haben die Deutschen Zäune errichtet, die mit Planen verhängt sind, so daß niemand beobachten kann, was sich dort abspielt.»[98] Und am 14. Juli fügte er hinzu: «Wir haben erfahren, daß die Deutschen jüdische Leichen fortschaffen, die dann an der Rotunde verbrannt werden sollen. Auf dem Friedhof wurden keine Leichen verbrannt.»[99]

Am nächsten Tag kam Klukowski noch einmal auf dieses Thema zurück: «Manchmal, wenn ein starker Wind weht, kann man den Geruch von verwesten Leichen riechen, der vom jüdischen Friedhof kommt.»[100] Einen Tag später zogen die Deutschen ab: «Heute gegen zehn Uhr vormittags waren die Deutschen mit ihrer Arbeit auf dem Friedhof fertig und zogen ab. Die Straßen sind alle frei. Die Kirche ist auch geöffnet. Die Deutschen haben ziemlich viel gegraben; sie haben einiges verlagert, aber es ist ihnen nicht möglich, binnen weniger Tage Tausende stark zersetzter Leichen zu beseitigen.»[101] Dies war in der Tat der Kern des Problems: Die Deutschen hatten so viele Juden ermordet, daß es ihnen nicht möglich war, alle Leichen zu verlagern und zu verbrennen.

Am 26. Juli marschierten die Russen in Szczebrzeszyn ein.

Am 23. August brach das Antonescu-Regime zusammen, und am 31. besetzte die sowjetische Armee Bukarest. Wenige Tage später war Bulgarien an der Reihe. Im Rahmen der dramatischen Umwälzungen in Ost- und Südosteuropa führten die Ereignisse in Polen zu einer entsetzlichen Tragödie: Am 1. August, als die sowjetischen Truppen in der Gegend von Warschau das Ostufer der Weichsel erreicht hatten, gab die Heimatarmee das Signal zum Aufstand in der Stadt. Es kam zu einem heftigen Häuserkampf zwischen den Aufständischen und deutschen Verstärkungen, während die Sowjets zunächst nicht energisch eingreifen konnten und es danach dann nicht taten. Am 2. Oktober ergaben sich schließlich die verbleibenden polnischen Truppen, während ihre Hauptstadt in Trümmer gelegt worden war. Bald danach besetzte die sowjetische Armee Warschau. Anfangs waren Rokossowskis Divisionen durch deutsche Gegenangriffe entlang der Weichsel zurückgedrängt worden; danach löste dann Stalin das Problem einer nationalistischen Opposition gegen die kommunistische Herrschaft, die er in Polen durchzusetzen gedachte, auf seine Weise: Er überließ es den Deutschen, sie zu dezimieren.[102]

Emanuel Ringelblum und sein Sohn wurden vor dem polnischen Aufstand, im März 1944, von den Deutschen festgenommen und erschossen. Viele andere Juden, die ebenfalls auf der «arischen» Seite der Stadt Zuflucht gefunden hatten, so etwa der Polizist Perechodnik aus Ottwock, kamen in der Schlacht um Warschau ums Leben.

*

Am 5. Mai 1944 begann noch ein weiterer anonymer Tagebuchschreiber, im Ghetto von Łódź Einzelheiten aus seinem Leben aufzuzeichnen; er verwendete dafür die Seitenränder eines Buches, des französischen Romans *Les vrais riches* («Die wirklich Reichen») von François Coppée. Der Schreiber war ein Jugendlicher, der seine Einträge (um einige der

Anmerkungen vor seiner zwölfjährigen Schwester zu verbergen) manchmal auf englisch, aber auch auf polnisch oder hebräisch und vor allem auf jiddisch schrieb. Für die etwa 77 000 Juden, die immer noch im Ghetto lebten und für die Wehrmacht arbeiteten, war das tägliche Leben wie schon bisher nur von einem einzigen Gedanken beherrscht: Essen. Der junge Tagebuchschreiber hatte gute Gründe, seine erste Eintragung vom 5. Mai 1944 auf englisch zu schreiben:

«Diese Woche habe ich eine Tat begangen, die am besten beschreibt, auf welchen Grad der ‹Entmenschlichung› wir herabgesunken sind – ich habe nämlich meinen Laib Brot in drei Tagen aufgegessen, das heißt bis Montag, und mußte bis zum nächsten Samstag auf einen neuen warten. Ich hatte schrecklichen Hunger. Ich stand vor der Aussicht, nur von der ‹Ressort›-Suppe [im Betrieb] zu leben, die aus drei kleinen Kartoffelstückchen und zwei Deka Mehl besteht. Am Montagmorgen lag ich recht niedergeschlagen in meinem Bett, und ‹bei mir› lag die Hälfte des Brotlaibs meiner lieben kleinen Schwester. ... Ich konnte der Versuchung nicht widerstehen und aß ihn restlos auf. ... Als ich das getan hatte ..., wurde ich von furchtbarer Reue und Gewissensbissen überfallen und von der größeren Sorge, was meine Kleine in den nächsten Tagen essen sollte. Ich fühlte mich als elendig hilfloser Verbrecher. ... Ich muß den Leuten sagen, daß [das Brot] von einem angeblichen rücksichtslosen und erbarmungslosen Dieb gestohlen wurde. Und um den Schein zu wahren, muß ich den eingebildeten Dieb verfluchen und verdammen. ‹Ich würde ihn eigenhändig aufhängen, wenn ich ihn erwischt hätte ...›»[103]

In der Zeit, in der der anonyme Tagebuchschreiber mit seinen Aufzeichnungen begann, war das Ende des Ghettos gekommen. Entsprechend der Entscheidung Himmlers, die ihm, wie wir im vorangegangenen Kapitel sahen, Greiser abverlangt hatte, wurde erneut mit der Vernichtung der Ghettobevölkerung begonnen. In der Zeit vom 13. Juni bis zum 14. Juli 1944 deportierte man über 7 000 Juden nach Chelmno.[104] Innerhalb eines Monats mußte jedoch die Tötungsstätte demontiert werden, da die Rote Armee näherrückte: Eine Wiederholung des Fiaskos von Majdanek würde es nicht geben. Die kurze Unterbrechung der Deportationen löste im Ghetto Hoffnung und Freude aus, wie Rosenfeld am 28. Juli notierte: «Man steht vor Weltuntergang oder vor Erlösung. Die Brust wagt bereits freier zu atmen. Die Menschen sehen einander mit Blicken an, die sagen wollen: Wir verstehen uns, nicht wahr! ... Es gibt allerdings auch Skeptiker, Miesmacher, die nicht glauben wollen und das bezweifeln, was sie seit Jahren ersehnen und erwarten. Sagt man ihnen ‹Einmal muß es ja so kommen, und jetzt, wenn der Augenblick da ist, wollt ihr es nicht glauben›, dann blicken sie mit ödem Aug ins Leere und weiden sich an ihrem Pessimismus. Nach soviel Leiden und Schrecken, nach so vielen Enttäuschungen sich nicht der Vorfreude hingeben können, darf schließlich nicht verwunderlich sein. ... Und wenn schließlich der Tag der ‹Auslösung› vor der Tür steht, will man sich lieber überraschen lassen, als wieder einmal eine Enttäuschung erleben. Das ist Menschenart, das ist die Psychologie des Menschen von Litzmannstadt-Getto Ende Juli 1944.»[105] Dies war Rosenfelds letzter persönlicher Tagebucheintrag.

Am 2. August kündigten die Deutschen den «Umzug des Ghettos» an. Vom 3. August an hatten sich täglich 5000 Juden am Bahnhof zu versammeln. Ein Teil der Bevölkerung, die zunächst nur zögernd reagiert hatte, ließ sich wiederum durch Biebows Appelle an die Vernunft und durch seine Zusicherungen täuschen. Der Umzug des Ghettos sollte in Ruhe, Ordnung und Wohlwollen vor sich gehen, hatte er den Bewohnern erklärt und ihnen versichert, die Verwaltung werde ihr Bestes tun, um weiterhin das Äußerste zu erreichen und durch den Umzug des Ghettos ihr Leben zu retten. Leben und essen wollten die Bewohner, und das würden sie auch. Wenn sie nicht vernünftig wären, würde die Ghettoverwaltung zurücktreten, und es würden Zwangsmaßnahmen ergriffen werden. In den Eisenbahnwagen werde genügend Platz sein. «Kommen Sie mit Ihren Familien», forderte er die Bewohner auf, «nehmen Sie Töpfe, Trinkgefäße und Eßbestecke, solche haben wir in Deutschland nicht, da sie an die Bombenbeschädigten verteilt werden.»[106]

Während Rosenfelds letzte Eintragung von Hoffnung durchdrungen war, klang der letzte Tagebucheintrag des anonymen Jugendlichen, den er (auf englisch) am 3. August schrieb, ganz anders. Dies war vielleicht die rückhaltloseste Äußerung von Haß auf die Deutschen, die in jenen Tagen in einem jüdischen Tagebuch zum Vorschein kam; es war auch ein Ausbruch des Ärgers über die Gefügigkeit der Juden, des tiefen Mitleids mit seinem Volk und eine Kampfansage an Gott. Zuerst zitierte der Tagebuchschreiber eines von Biebows Argumenten – «damit das Deutsche Reich den Krieg gewinnt, hat unser Führer befohlen, jede Arbeitshand auszunutzen» –, und dazu bemerkte er: «Offensichtlich ist das einzige Recht, das uns erlaubt, unter demselben Himmel zu leben wie die Deutschen, wenn auch als niedrigste Sklaven, das Privileg, für den Sieg zu arbeiten, viel zu arbeiten und nichts zu essen. Wirklich: In ihrer diabolischen Grausamkeit sind sie abscheulicher, als ein menschlicher Geist nachvollziehen kann. ... Er fragte die Menge (Juden), ob sie bereit wären, getreu für das Reich zu arbeiten, und alle antworteten: ‹Jawohl› – Ich dachte, wie niederträchtig so eine Situation doch ist. Was für Menschen sind die Deutschen, daß sie es fertiggebracht haben, so niedrige, kriecherische Kreaturen aus uns zu machen, daß wir ‹jawohl› sagen – ist das Leben wirklich so wertvoll? Ist es nicht besser, nicht in einer Welt zu leben, in der es 80 Millionen Deutsche gibt? Oder ist es nicht eine Schande, als ein Mann [man] auf derselben Erde zu leben wie der Deutsche [Ger-man]? ... Was werden sie ... mit unseren Kranken machen? Mit unseren Alten? Mit unseren Kleinen? O, Gott im Himmel, warum hast du die Deutschen geschaffen, damit sie die Menschheit zerstören?» Es folgte ein undatierter Eintrag: «Mein Gott, warum gestattest du es ihnen zu sagen, du seist neutral? Warum willst du nicht mit all deinem Zorn diejenigen bestrafen, die uns vernichten? Sind wir die Sünder und sie die Gerechten? Ist das die Wahrheit? Gewiß bist du intelligent genug, um zu verstehen, daß es nicht so ist, daß wir keine Sünder sind und sie nicht der Messias!»[107]

Ein Teil der Bewohner versuchte sich zu verstecken. Da die jüdische Polizei mit der Lage nicht fertig wurde, rückten Einheiten der deutschen Polizei und der Feuerwehr aus der Stadt ins Ghetto ein und holten die rasch abnehmende Zahl von Juden heraus. Am 28. August war das Ende des Ghettos gekommen. Rumkowski, seine Frau, der Sohn, den sie adoptiert hatten, und sein Bruder mit seiner Frau kamen mit dem letzten Transport, der an diesem Tag abging, nach Auschwitz-Birkenau.[108] Weder Rumkowski noch irgendein Mitglied seiner Familie überlebte.

Die letzte Eintragung der Chronik vom 30. Juli 1944 hatte die üblichen Angaben über das Wetter, zur Bevölkerungsstatistik («Todesfälle: einer; Geburten: keine») sowie zur Zahl der Einwohner (68 561) enthalten; darauf folgte dann die «Nachricht des Tages»: «Der heutige Sonntag ist auch sehr ruhig verlaufen. Der Vorsitzende hielt verschiedene Sitzungen ab. Aber alles in allem ist das Ghetto friedlich und ordentlich. Die Langiewnicka-Straße hat jetzt ein anderes Aussehen. Der Verkehr ist außerordentlich lebhaft. Man kann sehen, daß sich der Krieg allmählich Litzmannstadt nähert. Der Ghettobewohner schaut neugierig auf die Motorfahrzeuge verschiedener Waffengattungen, wenn sie durchrauschen; für ihn bleibt jedoch die entscheidende Frage: was gibt es zu essen?»

Es folgten Informationen über das Eintreffen von Kartoffeln, Weißkohl und Kohlrabi: «Wenn morgen, am Montag, kein Mehl kommt, dann wird die Lage außerordentlich kritisch. Es wird behauptet, die Mehlvorräte reichten nur noch für zwei oder drei Tage.» Es wurden keine Fälle von ansteckenden Krankheiten gemeldet. Die Ursache des einzigen Todesfalls war Selbstmord.[109] Die Chronisten, unter ihnen Zelkowicz und Rosenfeld, wurden alle nach Auschwitz deportiert und ermordet. Als im Januar 1945 die Rote Armee die Stadt besetzte, waren noch 877 Ghettojuden am Leben.

Polen war befreit. Im Laufe der Monate und Jahre tauchten einige polnische Juden, die sich als «Arier» versteckt gehalten hatten, wieder auf. Größere Gruppen, die 1939 in das sowjetisch besetzte Gebiet geflohen waren und die man ins Innere der Sowjetunion deportiert hatte, kehrten zurück. Von den 3,3 Millionen Juden, die 1939 in Polen gelebt hatten, überlebten etwa 300 000 den Krieg; von diesen hatten sich höchstens 40 000 in Verstecken auf polnischem Territorium retten können.[110]

*

Anfang Juli 1944, als sich die Rote Armee der Ostgrenze Litauens näherte, waren in den von den Deutschen besetzten baltischen Ländern noch 33 000 Juden am Leben, vor allem in den Ghettos von Kowno und Schaulen sowie in den Arbeitslagern Estlands. Am 14. und 15. Juli wurde das Ghetto von Kowno, wie wir sahen, liquidiert: Etwa 2000 seiner Bewohner wurden an Ort und Stelle umgebracht und 7000 bis 8000 in Lager in Deutschland deportiert.[111] In der Zeit vom 15. bis zum 22. Juli transportierte man etwa 8000 Juden aus Schaulen in das Lager Stutthof bei Danzig ab.[112]

Kalmanowicz starb vor Ende 1943 im Sklavenarbeiterlager Narva in Estland. Währenddessen war Kruk in Klooga, dem größten estnischen Sklavenarbeiterlager, inhaftiert. Er hatte seine Chronistentätigkeit wieder aufgenommen, wenn auch nicht mehr so systematisch wie in Wilna. Ende August 1944 wurde er erneut verlegt, diesmal in das benachbarte Lagedi: «Bisher habe ich auf dem nackten Boden geschlafen», schrieb er am 29. August. «Heute habe ich mir ein Lager gebaut und Bretter auf die Löcher in der Baracke genagelt – eine Leistung für Lagedi. ... Wenn möglich, werde ich meine Aufzeichnungen fortführen.»[113] Das tat er noch einige weitere Tage: «Am Sonntag hatten wir eine gewisse Spannung», lautet die Eintragung für den 5. September. «Der Oberschlächter kam, der Oberarzt. Aber alles blieb, wie es war. Heute wieder etwas Angst. Der Kommandant kam hierher, der sogenannte Waiwartschik, der sogenannte Sortowschtschik [Aussortierer] ...»[114] Und am 8. September: «Wieder eine gewisse Angst empfunden: der Waiwartschik, Dr. Bodmann, war hier, mit Schwartzer, der ganze ‹Schlächterladen›, wie man ihn nennt. Alle waren sicher, daß etwas Entsetzliches bevorstehe, bestenfalls Abtransport nach Deutschland. Das Resultat ist Null – wir bleiben. Er ordnet an, Unterwäsche, Kleidung usw. zu schicken; es scheint, wir bleiben. So spielen wir auf Zeit ...»[115]

Die letzte Eintragung in Kruks Tagebuch trug das Datum 17. September 1944. Darin beschrieb er, wie er in Gegenwart von Zeugen seine Manuskripte versteckte: «Heute, am Vorabend von Rosch Haschana, ein Jahr nachdem wir in Estland eingetroffen sind, vergrabe ich die Manuskripte in Lagedi, in einer Baracke von Frau Shulma, direkt gegenüber dem Haus der Wache. Sechs Personen sind beim Vergraben anwesend. Meine Koexistenz mit meinen Nachbarn [den Deutschen] ist schwierig.»[116]

«Am darauffolgenden Tag», schreibt Benjamin Harshav, der Herausgeber der englischen Ausgabe des Tagebuchs von Kruk, «wurden alle Juden aus Klooga und Lagedi, unter ihnen Herman Kruk, hastig umgebracht. Den Häftlingen wurde befohlen, Baumstämme zu holen und sie in einer Schicht auszubreiten, und darauf zwang man sie, sich auszuziehen und sich nackt auf die Stämme zu legen, wo sie dann mit einem Genickschuß getötet wurden. Eine Schicht kam auf die andere, und der ganze Scheiterhaufen wurde verbrannt. Am nächsten Morgen erreichten die ersten Einheiten der Roten Armee das Gebiet. Einer der sechs Zeugen, von denen Kruk in seiner letzten Eintragung schreibt, überlebte. Er kehrte nach Lagedi zurück, grub das Tagebuch aus und brachte es nach Wilna.»[117]

VI

Während Deutschland im Sommer 1944 an allen Fronten unter dem militärischem Druck der Alliierten schwankte, fand im Reich selbst ein Ereignis von erheblicher Bedeutung statt: der Anschlag auf Hitler.
Eine wachsende Zahl von Offizieren, von denen viele früher bedenkenlose, ja begeisterte Anhänger des Regimes und seines «Führers» gewesen waren, war 1944 bereit, den kleinen Kreis entschiedener Gegner des Nationalsozialismus zu unterstützen, der sich verschworen hatte, Hitler zu töten und Deutschland vor der totalen Katastrophe zu bewahren. Zwar waren schon mehrere frühere Pläne zur Ermordung Hitlers erfolglos geblieben, aber die Planung für das Attentat, die Claus von Stauffenberg in allen Einzelheiten ausgearbeitet hatte und die am 20. Juli in die Tat umgesetzt werden sollte, erschien narrensicher. Wiederum scheiterte jedoch die Verschwörung lediglich durch unglückliche Umstände. Sie zog eine entsetzliche Vergeltung nach sich. Während der darauffolgenden Monate und bis in die letzten Wochen des Krieges hörten die Repressalien nicht auf, nicht nur gegen die Hauptverschwörer, sondern gegen den größten Teil der Widerstandsgruppen und Einzelpersönlichkeiten, denen wir in dieser Geschichte begegnet sind: Moltke wurde hingerichtet und ebenso von Hassell, Goerdeler, Bonhoeffer, Oster, Canaris und Tausende mit ihnen.
So heroisch und bedeutsam der 20. Juli 1944 für die deutsche Geschichte auch ist, kurzfristig verhängnisvoller war die unerschütterliche Loyalität, die Hitler und seinem Regime zu diesem kritischen Zeitpunkt – und bis in das Jahr 1945 hinein – von einer Mehrheit der Deutschen, vom Großteil der Wehrmacht und natürlich von der Partei und ihren Organisationen entgegengebracht wurde. Allenfalls schien der Anschlag auf Hitlers Leben, wie Stephen G. Fritz schreibt, noch mehr Landser an ihn zu binden. So schrieb der Soldat B. P. empört:

«Gottlob ließ die Vorsehung unseren Führer zur Errettung Europas erhalten, und unsere heiligste Pflicht ist es nun, uns noch fester an ihn zu klammern, um das gut zu machen, was die wenigen ... Verbrecher ohne Rücksicht auf das Volksganze angerichtet haben.» Und Leutnant K. N. empfand es als «unsagbar traurig, daß die Feindstaaten Symptome der Uneinigkeit da sehen werden, wo sie vielleicht bisher nur einmütige Geschlossenheit vermuteten.» «Diese Banditen versuchten, das zu vernichten, wofür Millionen bereits ihr Leben eingesetzt hatten», rief Leutnant H. W. M. aus. «Es ist ein schönes Gefühl zu wissen, daß sich ein November von 1918 nicht wiederholen kann.»[118]

Die Juden blieben niemals lange Zeit unerwähnt. Am 8. August zog Unteroffizier E. vom Leder: «Wir sind der festen Überzeugung, daß die Schäden, die uns die verfluchten Verräter zugefügt haben, bald behoben sein werden, und dann ist das Schwerste überstanden, und es geht dann aber mit Volldampf dem Siege entgegen. Siehst Du, wie uns diese Schweine um alles im letzten Augenblick bringen wollten. Wir wissen, daß diese Gauner alle Freimaurer und somit dem internationalen Judentum zugetan oder besser gesagt hörig sind. Schade, daß ich bei der Aktion gegen diese Schurken nicht dabei sein konnte. Das wäre eine Freude gewesen, wie es aus meiner Maschinenpistole geraucht hätte ...»[119]

Die tragische Ironie einer solchen Gleichsetzung der Verschwörer mit den Juden rührt daher, daß viele dieser konservativen Regimegegner, wie bereits ausgeführt, selbst in unterschiedlichem Grade Antisemiten waren. Das stellte sich erneut heraus, als die Gestapo sie über ihre politischen und ideologischen Überzeugungen verhörte. Die Berichte über die Verhöre (die «Kaltenbrunner-Berichte») wurden vom Chef des RSHA an Bormann übermittelt. Ein Bericht vom 16. Oktober 1944 befaßte sich ausführlich mit der Judenfrage.

Der ehemalige Finanzminister von Preußen, Popitz, ein Freund Moltkes und Preysings, sagte: «In der Judenfrage war ich als recht eingehender Kenner der Zustände in der Systemzeit durchaus der Auffassung, daß die Juden aus dem Staats- und Wirtschaftsleben verschwinden müßten. In der Methode habe ich mehrfach ein etwas allmählicheres Vorgehen empfohlen, insbesondere aus Rücksichten der äußeren Politik.» Im Laufe des Verhörs bekräftigte Popitz diese Ansicht noch einmal ausführlicher. In dem Bericht hieß es dann: «In ähnlicher Weise äußern sich eine Reihe anderer vernommener Personen. So gibt zum Beispiel Graf Yorck an, ‹daß die über Recht und Gesetz hinausgehenden Ausrottungsmaßnahmen gegen das Judentum bei ihm einen innerlichen Bruch mit dem Nationalsozialismus herbeigeführt hätten›. Graf Lehndorff erklärt, ‹er sei zwar Judengegner, habe aber trotzdem die nationalsozialistische Auffassung von der Rasse nie ganz gebilligt, insbesondere aber nicht ihre praktische Durchführung›. Alexander

Graf Stauffenberg [Alexander und Berthold von Stauffenberg waren Brüder von Claus] äußert, ‹er sei der Meinung, daß die Judenfrage in weniger kraßer Form hätte durchgeführt werden sollen, weil dadurch weniger Unruhe in die Bevölkerung hineingetragen worden wäre›. Ähnlich bemerkt Berthold Graf Stauffenberg: ‹Er und sein Bruder hätten die Rassengrundsätze des Nationalsozialismus an sich bejaht, hätten sie aber für überspitzt und übersteigert gehalten.›»

Weiter zitierte Kaltenbrunners Bericht aus Goerdelers Regierungserklärung: «Die Judenverfolgung, die sich in den unmenschlichsten und unbarmherzigsten, tief beschämenden und gar nicht wiedergutzumachenden Formen vollzogen hat, ist sofort eingestellt. Wer geglaubt hat, sich am jüdischen Vermögen bereichern zu können, wird erfahren, daß es eine Schande für jeden Deutschen ist, nach solchem unredlichen Besitz zu streben. Mit Marodeuren und Hyänen unter den von Gott geschaffenen Geschöpfen will das deutsche Volk in Wahrheit auch gar nichts zu tun haben.»[120]

Während das Reich in die totale Niederlage glitt, blieben nur wenige Deutsche der Judenfrage gegenüber gleichgültig. Ob von Goebbels' Propaganda beeinflußt oder an traditionelleren Formen von Antisemitismus teilhabend, Deutsche aller Schichten waren von den Juden besessen. Besonders vorherrschend war als Einstellung natürlich Haß, aber auch Furcht, wie wir sahen, die Furcht vor Vergeltung. So mancher Parteigenosse muß die Gefühle des Gefreiten K. B. geteilt haben, der in einem Brief vom 27. August 1944 seine Mutter darum bat, seine Parteiuniform beiseite zu bringen oder, besser noch, sie zu verbrennen. Er gab zu, daß ihm diese äußeren Zeichen seines früheren Engagements für den Nationalsozialismus den Schlaf raubten; für seine Befürchtungen gab es gute Gründe: «Du weißt doch der Jude wird eine Blutrache nehmen, hauptsächlich an den Parteileuten.»[121]

Am 5. August hatte Hitler zum letzten Mal die Gelegenheit, Antonescu einen Vortrag über die Judenfrage zu halten. Er erklärte dem rumänischen Marschall, der beispielhafte Kampf Deutschlands sei darauf zurückzuführen, «daß seine Führung die Volksfeinde im Innern rücksichtslos vernichtet habe. Juden, die Helfershelfer und Anstifter von Revolutionen, gebe es in Deutschland nicht mehr. Wenn etwa jemand auf dem Standpunkt stehe, daß schonend behandelte Juden Fürsprecher für ihre Gastnation im Falle einer Niederlage sein würden, so sei dies ein völliger Irrtum, wie die Vorgänge bei der Bolschewisierung Ungarns und Bayerns nach dem Weltkriege bewiesen hätten. In diesen Ländern hätten sich die Juden als absolute Organisatoren des bolschewistischen Umsturzes betätigt.»[122] So unternahm Hitler auch in dieser aussichtslosen Lage, während das Regime Antonescus bereits zusammenbrach, immer noch den Versuch, seinen Verbündeten zur Wiederaufnahme seines Feldzugs gegen die Juden zu überreden...

VII

Jakob Edelstein war im Herbst 1943 verhaftet worden, weil er angeblich einigen Häftlingen dabei geholfen hatte, aus Theresienstadt zu entkommen, indem er Zahlen und Namen auf den Registraturlisten des Lagers manipulierte. Er wurde mit seiner Frau Miriam, seinem Sohn Aryeh und der alten Frau Olliner, der Mutter Miriams, nach Auschwitz geschickt. Während Edelstein in Block 11 des Stammlagers kam, hielt man seine Angehörigen im «Familienlager» in Birkenau fest. Am 20. Juni 1944 wurden sie alle vor dem Krematorium III wieder vereint und erschossen. Jakob wurde als letzter erschossen, nachdem er die Ermordung seines Sohnes, seiner Frau und seiner Schwiegermutter hatte mitansehen müssen.[123]

Am 27. September 1944 wurde Paul Eppstein unter dem fingierten Vorwurf, er habe einen Fluchtversuch unternommen, verhaftet. Man brachte ihn in die kleine Festung und exekutierte ihn.[124] Die Häftlinge von Theresienstadt standen jetzt unter der Führung des letzten der drei Ältesten, des Wieners Murmelstein; dieser blieb ungeachtet der Tatsache, daß er nach dem Krieg vor Gericht rehabilitiert wurde, eine umstrittene Gestalt. Als er 1989 in Rom starb, erlaubte der Oberrabbiner der Stadt nicht, daß er neben seiner Frau begraben wurde; er erhielt nur ein Grab am äußersten Rand des jüdischen Friedhofs – eine symbolische Zurückweisung.[125] Murmelsteins deutscher Fürsprecher im Lager war der ehemalige «Kurator» des Prager Jüdischen Museums, der SS-Kommandant Karl Rahm.

Im Herbst 1944 wurde in Theresienstadt ein zweiter Film gedreht, diesmal von Kurt Gerron. Gerron war ein bekannter jüdischer Schauspieler und Regisseur, der aus Deutschland in die Niederlande geflüchtet war, nur um von dort nach Theresienstadt deportiert zu werden. Der Film stellte Theresienstadt als glücklichen Erholungsort dar, der über Parks, Schwimmbäder, Fußballturniere, Schulen und endlose kulturelle Aktivitäten (Konzerte, Theater und dergleichen) verfügte; man sah darin allenthalben «glückliche Gesichter». Dieser zweite Schwindel großen Stils, der im November 1944 fertiggestellt wurde, trug den Titel «Theresienstadt: Ein Dokumentarfilm aus dem jüdischen Siedlungsgebiet» – und nicht, wie man oft liest, «Der Führer schenkt den Juden eine Stadt» (ein ironischer Titel, den die Häftlinge selbst erfunden hatten). Er wurde niemals öffentlich vorgeführt. Gerron verließ Theresienstadt mit dem letzten Transport nach Auschwitz und wurde nach seiner Ankunft vergast.[126]

Im April 1945 stattete nach einigen weiteren Verschönerungsarbeiten eine zweite Delegation des IKRK dem Lager einen Besuch ab, ebenfalls in Begleitung eines großen SS-Gefolges, zu dem auch Adolf Eichmann gehörte. Wiederum waren die Delegierten aus Genf zufrieden: In ihrem Bericht wurde Theresienstadt zu einem «kleinen jüdischen Staat». Übrigens waren sie die einzigen, die Gerrons Film sahen; selbst sie nahmen darin einen «etwas propagandistischen Ton» wahr.[127]

In Theresienstadt gab es keinen bewaffneten Aufstand, auch wenn es so aussieht, als hätten die Deutschen im Herbst 1944 nach den Ereignissen in Treblinka und Sobibór sowie dem verzweifelten und sofort niedergeschlagenen Aufstand der Sonderkommando-Juden von Auschwitz im Oktober eine derartige Möglichkeit einkalkuliert. So bestiegen bei den Deportationen jener Monate vorwiegend junge Leute die Transporte nach Auschwitz.[128]

An Trotz herrschte im Ghetto-Lager jedoch kein Mangel, und einiges davon äußerte sich ganz offen. Die Aufführung von Verdis *Requiem* mit seinem «Tag des Zorns» (*Dies irae*) und hier insbesondere dem «Befreie mich» (*Libera me*) war als machtvolle Botschaft gedacht. Der Dirigent Raphael Schächter hatte einen sehr großen Chor, Solosänger und ein ansehnliches Orchester versammelt. Die erste Aufführung fand im Spätsommer 1944 statt. Schächter überarbeitete das *Libera me*, das in seiner ursprünglichen Wiedergabe zu zahm war, und «unterlegte diese letzten Worte mit dem Beethovenschen Siegeszeichen: drei kurze Noten und eine lange». Ob Eichmann unter den Zuhörern saß – er befand sich im Lager, um Rahm im Namen Himmlers eine Medaille zu verleihen –, ist nicht klar. Wie dem auch sei, am 28. September, nach der letzten Vorstellung (während der sie bereits von ihrer Deportation wußten), bestiegen die Mitglieder des Chors, die Solosänger und das Orchester den Transport nach Auschwitz.[129]

Während des Monats Oktober folgten auf den Transport vom 28. September elf weitere, und in dem Lager, das Mitte September noch eine Bevölkerung von 29 481 Häftlingen gehabt hatte, blieben nur 11 077 Juden zurück. Da während der darauffolgenden Monate Deportierte in geringer Zahl aus der Slowakei, dem Protektorat und dem Reich (vorwiegend Mischlinge und gemischte Paare) eintrafen, stieg die Zahl der Insassen erneut auf etwa 30 000 an (in der Zwischenzeit wurde im Anschluß an Verhandlungen zwischen Himmler und dem ehemaligen Präsidenten der Schweiz, Jean-Marie Musy, von denen noch die Rede sein wird, ein erster Transport von etwa 1200 Gefangenen in die Schweiz geschickt). Im Februar 1945 befahl Rahm die Errichtung zweier Örtlichkeiten, eines riesigen Saals mit Türen, die sich hermetisch verschließen ließen, und einer gedeckten Grube von gewaltigen Ausmaßen: Beide Anlagen hätten dazu verwendet werden können, die gesamte jüdische Bevölkerung an Ort und Stelle zu vernichten, falls der Entschluß gefaßt worden wäre, das Lager vor Ankunft der sowjetischen Truppen zu liquidieren. Schließlich blieben die Häftlinge verschont. 141 184 Juden waren zum einen oder anderen Zeitpunkt nach Theresienstadt geschickt worden; von ihnen waren bei Kriegsende noch 16 832 am Leben.[130]

Die letzte Eintragung in Redlichs Tagebuch trug das Datum 6. Oktober 1944; sie gehörte zum «Tagebuch Dans» (Dan hieß sein neugeborener Sohn), in dem er Ereignisse in Form einer Ansprache an sein kleines Kind kommentierte: «Morgen reisen wir, mein Sohn. Wir fahren mit einem Transport wie Tausende vor uns. Wie üblich haben wir uns für diesen Transport nicht angemeldet. Sie haben uns ohne einen Grund dazugenommen. Aber das hat nichts zu sagen, mein Sohn, es ist nichts. In den letzten Wochen ist schon unsere ganze Familie abgefahren. Dein Onkel ist fort, deine Tante und auch deine geliebte Großmutter. ... Der Abschied von ihr war besonders schwer. Wir hoffen, sie dort zu sehen.

Es sieht so aus, als wollten sie das Ghetto beseitigen und nur die Älteren und die Mischlinge übriglassen. In unserer Generation ist der Feind nicht nur grausam, sondern auch voller Schläue und Bosheit. Sie versprechen, aber sie erfüllen ihre Versprechen nicht. Sie schicken kleine Kinder fort, und die Kinderwagen bleiben hier. Getrennte Familien. Mit dem einen Transport fährt ein Vater, mit einem anderen ein Sohn. Mit einem dritten die Mutter. Morgen fahren wir, mein Sohn. Hoffentlich ist die Zeit unserer Erlösung nahe.»[131]

Für Redlich bedeutete es den Tod, wenn das Kind weggeschickt wurde und der Kinderwagen zurückblieb. Kurz vor seiner Deportation hatte er Lebensmittel eingetauscht, um für seinen Sohn einen Kinderwagen zu bekommen. Es wurde ihm gestattet, ihn mitzunehmen. Das war seiner Ansicht nach ein Grund zu Optimismus. Zu seinem Freund Willy Groag sagte Redlich: «Warum würden sie uns sonst erlauben, einen Kinderwagen mitzunehmen?»[132] Redlich und sein kleiner Sohn Dan wurden nach ihrer Ankunft ermordet. Dans Kinderwagen fand wahrscheinlich zusammen mit Zehntausenden anderer Kinderwagen seinen Weg ins Reich.

Nachdem Lilli Jahn, die Ärztin aus Immenhausen, im August 1943 in Kassel verhaftet worden war, schickte man sie in ein «Arbeitserziehungslager» in Breitenau. Eine so vergleichsweise milde Behandlung (zusammen mit nichtjüdischen Häftlingen, von denen die meisten nach wenigen Wochen wieder freikamen) war zunächst vielleicht auf Lillis fünf Mischlingskinder zurückzuführen oder auf die Intervention eines Bekannten ihres früheren Ehemannes, eines Gestapobeamten aus Kassel. Nach sechs Monaten in Breitenau wurde Lilli jedoch im März 1944 nach Auschwitz deportiert. Anfang Juni muß sie schon sehr schwach gewesen sein, da sie kaum in der Lage war, ihren Namen unter einen Brief zu setzen, der an ihre Schwägerin gerichtet war und den offensichtlich ein anderer Häftling geschrieben hatte. Das Ende kam kurze Zeit darauf.

Eine offizielle Todesurkunde, in der angegeben war, Lilli Sara Jahn sei am 19. Juni 1944 gestorben, wurde am 28. September an die Adresse ihrer Kinder in Kassel geschickt; ihr Personalausweis wurde an den Bürgermeister von Immenhausen als «Kreispolizeibehörde» gesandt. Eine kurze Mitteilung, die an dem Ausweis hing, besagte, der Tod sei am 17. Juni eingetreten.[133] Ob Lilli Sara Jahn am 17. oder am 19. Juni gestorben war, kümmerte die Verwaltung von Auschwitz nicht.

VIII

In der Slowakei brach der Aufstand des Untergrunds ungeachtet des raschen Vormarschs der Roten Armee zu früh los: Die Deutschen und ihre Hilfstruppen, die Hlinka-Garden, wurden der einheimischen Partisanen rasch Herr. Die Juden, die sich dem bewaffneten Aufstand angeschlossen hatten, wurden gewöhnlich erschossen, wenn man sie fing, und drei der vier Fallschirmjäger, die der Jischuw geschickt hatte, ebenfalls; die Überreste der Gemeinschaft deportierte man in den letzten Monaten des Jahres 1944 und Anfang 1945 vorwiegend nach Auschwitz, daneben auch in einige andere Lager (darunter Theresienstadt).[134]

Erneut versuchte der Vatikan zu intervenieren, um die Deportationen, zumindest die der konvertierten Juden, zu stoppen, aber erfolglos. Tiso, der zuvor weniger extrem gewesen war als seine engsten Berater, verteidigte jetzt in einem Brief an Pius XII. die Deportationen: «Die Gerüchte über Grausamkeiten sind nur eine Übertreibung der feindlichen Propaganda. ... Die Deportationen wurden unternommen, um die Nation gegen ihren Feind zu verteidigen. ... Das schulden wir als [Ausdruck des] Dankes und der Loyalität den Deutschen für unsere nationale Souveränität. ... Diese Schuld ist in unseren katholischen Augen die höchste Ehre. ... Heiliger Vater, wir werden unserem Programm treu bleiben: Für Gott und die Nation. Gezeichnet: Dr. Josephus Tiso (sacerdos) [Priester].»[135] Dazu bemerkt der katholische Historiker Reverend John Morley: Tiso wurde vom Vatikan mehrfach getadelt, aber nicht exkommuniziert; der Heilige Stuhl ließ sich die Gelegenheit «zu einer großen humanitären und moralischen Geste» entgehen.[136]

In der Zwischenzeit nahmen die Ereignisse im benachbarten Ungarn wieder eine jähe Wendung zum Schlimmeren. Am 15. Oktober verkündete Horthy den Rückzug seines Landes aus dem Krieg. Am gleichen Tag übernahmen die Deutschen die Kontrolle in Budapest, verhafteten den Reichsverweser und seinen Sohn und setzten eine Regierung der Pfeilkreuzler (Nyilas) ein, an deren Spitze Szálasi stand und die vom größten Teil der ungarischen Armee unterstützt wurde. Am 18. Oktober kehrte Eichmann nach Budapest zurück.

Im Laufe der folgenden Tage und Wochen schickten die Deutschen etwa 50 000 Juden auf einen Treck von der ungarischen Hauptstadt zur österreichischen Grenze, unter Bewachung zunächst durch die ungarische Gendarmerie, dann durch deutsche Wachmannschaften. Es war beabsichtigt, diese Juden in die Nähe von Wien marschieren zu lassen, wo sie Befestigungsanlagen zur Verteidigung der österreichischen Hauptstadt bauen sollten. Tausende kamen durch Erschöpfung und Mißhandlungen ums Leben oder wurden von den Wachen erschossen.

Weitere 35 000 Juden wurden zu Arbeitsbataillonen zusammengefaßt; sie sollten Verteidigungsanlagen rings um Budapest bauen. Gegen sie richteten sich vor allem die Angriffe der *Nyilas*-Schläger, deren Wut zunahm, als sich die sowjetischen Truppen der Hauptstadt näherten. Als die Angehörigen der jüdischen Arbeitsbataillone gezwungen wurden, sich zusammen mit den flüchtenden Armeeeinheiten in die Stadt zurückzuziehen, wurden sie auf den Brücken oder an den Ufern der Donau umgebracht und in den Fluß geworfen. Das Gemetzel nahm derartige Ausmaße an, daß «spezielle Polizeieinheiten angefordert werden mußten, um die Juden vor den tobenden Nyilas zu schützen».[137]

Tatsächlich hatten örtliche Banden der Pfeilkreuzler schon gleich nach dem Regierungswechsel damit begonnen, in Budapest Juden zu ermorden. In einer Rede vor dem Parlament erklärte der Pfeilkreuzler-Abgeordnete Károly Marothy: «Aber man darf nicht zulassen, daß aufgrund einiger Fälle Mitleid mit ihnen aufkommt. ... Auch muß mit den Sterbenden etwas getan werden, damit sie nicht den ganzen Tag lang im Graben röcheln; man darf nicht zulassen, daß die Bevölkerung das Massensterben mitbekommt. ... Die Todesfälle sollten nicht in ungarischen Sterbebüchern geführt werden.»[138] Der Landespolizeichef Pál Hódosy teilte die Sorgen Marothys: «Daß es Judenmorde gibt, ist nicht das Problem, allein in der Methode steckt der Fehler. Man darf die Leichen nicht auf die Straße bringen, sondern man muß sie verschwinden lassen.»[139] Ebenso wie in Kroatien taten sich einige Priester bei den Tötungen besonders hervor. So gab ein Pater Kun zu, er habe etwa 500 Juden ermordet. Gewöhnlich befahl er: «Im Namen Christi – Feuer!»[140] Auch Frauen beteiligten sich aktiv an den Massenmorden.[141]

Einige Tage nachdem die Pfeilkreuzler an die Macht gekommen waren, wandte sich Ribbentrop mit der Bitte an Veesenmayer, «den Ungarn bei Durchführung aller Maßnahmen, die sie in den Augen unserer

Feinde kompromittieren, nicht hinderlich in die Arme zu fallen, sondern sie vielleicht hierbei in jeder Weise zu unterstützen; insbesondere liegt es sehr in unserem Interesse», fügte der Minister hinzu, «wenn die Ungarn jetzt auf das allerschärfste gegen die Juden vorgehen.»[142] Es sieht nicht so aus, als hätten die Ungarn eines deutschen Drängens bedurft.

Die Juden, die in der Stadt blieben, lebten mehrheitlich in zwei Ghettos. Ende November bewohnte nach Angaben von Veesenmayer eine Minderheit ein sogenanntes «internationales Ghetto» oder «spezielles Ghetto»; sie standen unter dem Schutz verschiedener fremder Mächte, vor allem Schwedens und der Schweiz. Die anderen, die große Mehrheit, hatte man in ein gewöhnliches Ghetto gepfercht. Einigen hundert Juden wurde von den Pfeilkreuzlern selbst Immunität zugestanden.

In Wirklichkeit lag Veesenmayer mit seiner Schätzung daneben: Ende November lebten nur 32 000 Juden im «gewöhnlichen Ghetto», während sich Zehntausende, die überwiegend durch gefälschte Papiere geschützt waren, im internationalen Ghetto aufhielten. Die Pfeilkreuzler überfielen regelmäßig beide Ghettos, und als die gefälschten Papiere entdeckt worden waren, begannen massenhafte Verlegungen aus dem internationalen in das gewöhnliche Ghetto. Schon bald waren etwa 60 000 Juden in ungefähr 4500 Wohnungen eingeschlossen; manchmal wohnten nicht weniger als 14 Menschen in einem Zimmer.[143] Im Januar wurde die Mehrzahl der Bewohner des internationalen Ghettos in das gewöhnliche Ghetto überführt, wo die Zahl der täglichen Todesfälle zehnmal so hoch lag wie vor der Besatzungszeit.[144]

Im Umlauf waren etwa 150 000 Schutzpapiere, davon etwa 50 000 echte und der Rest gefälschte.[145] Unter dem Druck ausländischer Regierungen erkannten die Pfeilkreuzler etwa 34 800 von diesen Dokumenten an. Eine Gruppe ausländischer Diplomaten und Beauftragter humanitärer Organisationen scheute keine Mühe, um bisweilen auch unter Einsatz des eigenen Lebens den Juden von Budapest in den Ghettos, in «geschützten Häusern» oder auf dem Treck von Budapest nach Wien zu helfen. Der schweizerische Diplomat Carl Lutz und der Delegierte des IKRK, Friedrich Born, der italienische «spanische Geschäftsträger» Giorgio Perlasca, der Portugiese Carlos Branquinho und natürlich der Schwede Raoul Wallenberg wurden zu unermüdlichen Rettern Tausender von Budapester Juden und zu ihrer wichtigsten Quelle der Hoffnung.[146]

Die *Nyilas* ließen sich bis ganz zum Schluß nicht beirren. Während bereits sowjetische Truppen in der Stadt kämpften, gingen die Morde immer noch weiter; die Opfer waren größtenteils Juden, aber auch andere «Feinde». Ein ungarischer Leutnant beschrieb Ereignisse, die sich wahrscheinlich Mitte Januar 1945 abgespielt hatten: «An der Ecke der Redoute spitzte ich hinaus, auf den Schienen der 2er Linie der Straßenbahn standen in einer langen Reihe die Opfer, vollkommen resigniert und schicksalsergeben. Die an der Donau Stehenden waren bereits splitternackt, die anderen begaben sich langsam hinunter und zogen sich dabei aus. Das Ganze verlief in völliger Stille, nur vereinzelter Lärm von Schüssen und Maschinenpistolensalven. Am Nachmittag, als niemand mehr dort war, besahen wir den Schauplatz. Die Toten lagen in ihrem Blut auf den Eisplatten, die auf der Donau trieben und sich verhakten. Unter ihnen waren Frauen, Kinder, Juden, Nichtjuden, Soldaten und Offiziere.»[147] Das letzte Wort sollte Ferenc Orsós erhalten, ein ungarischer Medizinprofessor, der der internationalen Kommission angehört hatte, die das Massaker von Katyn untersuchte: «Werft die toten Juden in die Donau; wir wollen kein zweites Katyn.»[148]

Im Februar 1945 besetzte die sowjetische Armee ganz Budapest.

*

Zwar kann man den Marsch der 50 000 Juden von Budapest nach Wien als den ersten Todesmarsch größeren Ausmaßes ansehen, aber kleinere Gruppen jüdischer Sklavenarbeiter aus Ungarn hatten schon mindestens einen Monat früher mit ihren Trecks begonnen. Der bekannte ungarisch-jüdische Dichter Miklós Radnóti, damals 35 Jahre alt, gehörte zu den Arbeitsdienstmännern, die man nach Serbien in die Nähe der Kupferminen von Bor verschickt hatte. Am 15. September 1944 wurden Radnóti und seine Gruppe nach Bor zurückbeordert, und am 17. September begann ihr Marsch in Richtung Ungarn.[149]

Versuche der Offiziere, welche die Begleitmannschaft befehligten, die Marschierer an Bahnhöfen zurückzulassen, scheiterten; die Kolonne passierte Belgrad, und auf der Straße nach Novi Sad wurden die ungarischen Bewacher durch Volksdeutsche verstärkt. Von da an stieg die Zahl der unterwegs ermordeten Juden in die Hunderte. Am 6. Oktober erreichte die Kolonne Cservenka, wo sie in zwei Gruppen aufgeteilt wurde: Etwa 800 Männer, unter ihnen auch Radnóti, setzten ihren Weg fort; die andere Gruppe, 1000 Mann stark, wurde in der dortigen Ziegelei von der SS umgebracht. Zwei Tage später, in Oszivac, wurde die Gruppe Radnótis von einer Kavallerieeinheit der SS umzingelt: Die Arbeitsdienstmänner erhielten den Befehl, sich auf den Boden zu legen, und wurden wahllos erschossen. Als einer der Verwundeten, ein Geiger, aufzustehen und weiterzumarschieren versuchte, rief einer der SS-Männer: «Der springt noch auf!» und erschoß ihn. Einige Tage später kritzelte Radnóti sein letztes Gedicht auf ein Stück Papier, das er wahrscheinlich auf dem Boden gefunden hatte, und legte es in sein Notizbuch:

«Er, neben dem ich hingestürzt lag, war schon
verrenkt, verspannt, wie Saiten springen.

Genickschuß. ‹Also,› raunte ich mir zu,
‹nur still, gleich sollst auch du's zu Ende bringen.
Geduld bringt jetzt die Rose Tod hervor.›
‹Der springt noch auf›, scholl's über mich hin.
Mir klebte Dreck vermischt mit Blut am Ohr.»

Etwa einen Monat später wurden Radnóti und einige andere «Dienstmänner» von ihren Bewachern ermordet.[150]

*

«Für englische Soldaten», lautete die Anschrift eines Briefes, den jemand auf dem Küchentisch eines Hauses hinterlassen hatte, das die Deutschen irgendwo an der italienischen Front in den letzten Tagen des Jahres 1944 geräumt hatten; die Botschaft des Schreibers war zwar in zweifelhaftem Englisch geschrieben, aber sonst unzweideutig: «Lieber Kamerad, an der Westfront greifen die deutschen Truppen die Stellungen der Amerikaner an. Deutsche Panzer haben eine Menge feindlicher Truppen vernichtet. Die neue deutsche Luftwaffe ist an der Westfront, und sie ist sehr, sehr gut. Der Krieg ist in einem neuen Stadium, er ist vorbei, wenn die Deutschen siegreich sind. Die Deutschen kämpfen um ihr Leben. Die Engländer kämpfen für die Juden. EIN DEUTSCHER SOLDAT.»[151]

Abgesehen von dem Haßausbruch gegen die Juden enthielt die Botschaft des Soldaten leise Anspielungen auf Hitlers letzte größere militärische Initiative: die Ardennenoffensive («Unternehmen Herbstnebel»), die am 16. Dezember vorwiegend gegen amerikanische Truppen in Gang gesetzt und weniger als zehn Tage später abgebrochen worden war. Eine «neue Luftwaffe», die die ersten Düsenflugzeuge flog, beteiligte sich in der Tat an den Operationen, was jedoch zu keinen nennenswerten Ergebnissen führte. Irgendwann zu Beginn des Jahres 1945 war die erste Phase des deutschen Zusammenbruchs beendet.

IX

Im Laufe der Wochen beschleunigte sich der Zerfall des Reiches, und in der Zeit von Januar bis März 1945 brach das Befehls- und Kontrollsystem immer mehr zusammen. Im Westen wurden Belgien und die Niederlande befreit, Rheinland und Ruhrgebiet fielen den Alliierten in die Hände, und am 7. März überquerte die 9. US-amerikanische Panzerdivision bei Remagen den Rhein. An der Ostfront rückten währenddessen sowjetische Truppen, nachdem sie Budapest unter ihre Kontrolle gebracht hatten, in Richtung Wien vor; im Nordosten waren die baltischen Länder wieder in Stalins Gewalt; die meisten ostpreußischen Festungen fielen eine nach der anderen, und Millionen deutscher Zivilisten flohen in immer chaotischerer Panik nach Westen, als sich Nachrichten über sowjetische Grausamkeiten verbreiteten. Im März überquerten sowjetische Einheiten die Oder: Der Weg nach Berlin war frei. Einige Wochen zuvor hatten sich Stalin, Roosevelt und Churchill in Jalta getroffen und die Grenzen Osteuropas neu gezogen – und Deutschland in Besatzungszonen aufgeteilt. Und ebenfalls in jenen Februartagen des Jahres 1945 wurde Dresden, das voll von Flüchtlingen war, die vor den Russen flohen, durch zwei aufeinanderfolgende Luftangriffe, einen britischen und dann einen amerikanischen, in ein brennendes Inferno verwandelt. In den ersten Märztagen entfaltete sich die kurzlebige letzte deutsche Offensive und versandete in der Nähe des Balatonsees: ein verzweifelter Versuch, die Kontrolle über die ungarischen Ölfelder und Bauxitminen zu sichern.[152]

Da Hitler zunehmend in einer wahnhaften Welt lebte, ist nicht sicher, ob ihm zumindest Anfang 1945 klar wurde, daß das Spiel aus war. Natürlich hörte in seinem krankhaften Geist das Nachgrübeln über die Judenfrage niemals auf: «Jesus war sicher kein Jude», erklärte er am 30. November 1944 Bormann, «denn einen der ihren hätten die Juden nicht den Römern und dem römischen Gericht ausgeliefert, sondern selbst verurteilt. Vermutlich wohnten in Galiläa sehr viele Nachkommen römischer Legionäre (Gallier), und zu ihnen gehörte Jesus. Möglich, daß seine Mutter Jüdin war.» Es folgten die üblichen Themen: jüdischer Materialismus, die Verfälschung der Ideale Jesu durch Paulus, die Verbindung zwischen Juden und Kommunismus und so fort.[153] In Hitlers innerster ideologischer Landschaft hatte sich anscheinend seit seinen ersten Ausflügen in die politische Propaganda im Jahre 1919 bis zu den letzten Monaten seines Kreuzzugs gegen «den Juden» nichts geändert.

In der Neujahrsansprache für 1945, die er an die Partei, an das Volk und die Truppen richtete, brachte Hitler erneut die allgegenwärtige jüdische Bedrohung ins Spiel: Repräsentierten nicht Ilja Ehrenburg und Henry Morgenthau die beiden Gesichter des identischen jüdischen Willens, die deutsche Nation zu zerstören und zu vernichten?[154] Am 30. Januar war es die jüdisch-asiatisch-bolschewistische Verschwörung zur Unterminierung Deutschlands nach dem Ersten Weltkrieg, die in der endlos wiederholten, der Selbstrechtfertigung dienenden Geschichte des Aufstiegs der Partei und des von der Vorsehung gelenkten politischen Schicksals Hitlers wieder auftauchte.[155]

Am 24. Februar vermied es Hitler, zu seiner traditionellen Ansprache anläßlich der Proklamierung des Parteiprogramms im Februar 1920 von

Berlin nach München zu fahren; der alte Kämpfer Hermann Esser verlas seine Verlautbarung vor der versammelten Nazielite. Vielleicht wollte es der «Führer» vermeiden, die «alte Garde» zu treffen, aber seine Botschaft blieb dieselbe, und der Erzfeind war ebenfalls derselbe: «Auch damals», erinnerte Hitler die Gläubigen, «[war] das scheinbar Widersprechende im Zusammenspiel extremer Kräfte nur der Ausdruck des einheitlichen Wollens eines gemeinsamen Erregers und Nutznießers. Das internationale Judentum bedient sich seit langem beider Formen [des Kapitalismus und des Bolschewismus] zur Vernichtung der Freiheit und des sozialen Glücks der Völker.»[156]

Für den Fall, daß eine derartige Aussage zu abstrakt und zu vage klang, wandte sich Hitler den laufenden Ereignissen in den östlichen Provinzen des Reiches zu, die bereits in sowjetischer Hand waren: «Was dort unseren Frauen, Kindern und Männern von dieser jüdischen Pest zugefügt wird, ist das grauenhafteste Schicksal, das ein Menschengehirn sich auszudenken vermag.»[157] Die abschließende Mahnung folgte ganz logisch: «Das Leben, das uns geblieben ist, kann nur einem Gebote dienen, nämlich wiedergutzumachen, was die internationalen jüdischen Verbrecher und ihre Handlanger an unserem Volk begangen haben.»[158]

Goebbels ließ die Juden auch nicht aus: «Nachmittags schreibe ich einen Artikel über die Judenfrage», notierte er am 7. Januar 1945. «Es erweist sich wieder einmal als nötig, die Judenfrage in aller Breite zu behandeln. Dies Thema darf nicht einschlafen. Die Juden in aller Welt werden allerdings über meine Argumentation nicht gerade begeistert sein.»[159] Dem Minister mangelte es wie üblich nicht an «zwingenden Beweisen» für seine antijüdischen Argumentationen: «Daß der Bolschewismus noch in der Hauptsache von Juden inspiriert wird», schrieb er am 6. Februar, «kann man daraus ersehen, daß jetzt Meldungen aus Moskau vorliegen, daß Stalin erneut und zum dritten Male geheiratet hat, und zwar die Schwester des stellvertretenden Vorsitzenden des Rates der Volksbeauftragten, Kaganowitsch, eine ausgemachte Jüdin. Sie wird schon dafür sorgen, daß der Bolschewismus nicht in ein falsches Fahrwasser hineingerät ...»[160]

*

Ungeachtet der fortdauernden Wut der judenfeindlichen Propaganda, die ihr letztes und höchstes Stadium in Hitlers «politischem Testament» erreichen sollte, wurden die deutschen Maßnahmen hinsichtlich des Schicksals der verbliebenen Juden immer widersprüchlicher. Einerseits gerieten Hitler selbst und der Teil des SS-Apparats, der direkt mit der Durchführung der «Endlösung» befaßt war, in ihrer Vernichtungspolitik bis ganz zum Schluß nicht ins Wanken, auch wenn es dabei andererseits gelegentlich Verzögerungen gab, weil in letzter Minute ein Bedarf an Sklavenarbeitern eintrat. Tatsächlich war Hitler schon Anfang 1944 bereit gewesen, mit Blick auf die Anwesenheit jüdischer Sklavenarbeiter auf deutschem Boden Kompromisse zu schließen. In einer Denkschrift vom April 1944 bestätigte Speer, daß der «Führer» den Einsatz von 100 000 ungarischen Juden bei dringenden Bauvorhaben für Rüstungsbetriebe, die im Protektorat angesiedelt werden sollten, genehmigt hatte.[161] Bald danach sollten dann jüdische Lagerhäftlinge zurück ins Reich gebracht werden.

So hatte man schon im Spätsommer 1944 etwa 40 000 Juden, die in Auschwitz und Stutthof ausgewählt worden waren, in zwei größere Zweiglager von Dachau, Kaufering und Mühldorf (in der Nähe von München) abtransportiert, wo die Organisation Todt (OT) sie zum Bau der stark geschützten, halb unterirdisch angelegten Hallen einsetzte, die für die Herstellung von Jagdflugzeugen gebraucht wurden. Etwas später, vor allem nach der Evakuierung von Auschwitz, ließ man dann andere jüdische Arbeiter in den Harz marschieren, wo sie Sklavenarbeit in den Tunneln von Dora-Mittelbau verrichten sollten, in denen, wie einige Deutsche immer noch glaubten, die laufende Produktion von V-2-Raketen das Reich retten würde.[162]

Zu den jüdischen Arbeitern, die man in die Zweiglager von Dachau abtransportiert hatte, kamen Tausende ungarischer Juden, die direkt aus Budapest zu den Baustellen in Bayern marschieren mußten.[163] Die OT zeigte sich, was die Mißhandlung der Sklavenarbeiter anging, der SS schon bald ebenbürtig, und im Herbst 1944 waren Hunderte getötet oder zu schwach, um weiterzuarbeiten. Daraufhin beschloß der Kommandant von Dachau, diese Juden zum Vergasen nach Auschwitz zurückzuschicken.[164] Einige dieser Transporte verließen Bayern Ende September, andere im Oktober 1944.[165]

Zu dieser Zeit, Ende 1944, wurde erkennbar, daß Himmler zögernd nach einem Ausweg suchte. Es sieht so aus, als habe der Reichsführer in einem gewissen Stadium tatsächlich einige Maßnahmen rückgängig gemacht, die seine Handlanger bei der «Endlösung» ergriffen hatten (und die von seinem Meister gebilligt waren), als sei er aber nicht in der Lage gewesen, diese Alternative durchzuhalten, da er sich zu sehr vor der Reaktion Hitlers fürchtete. Gleichwohl war Himmler von Anfang 1945 an in dem Bemühen, eine Öffnung zum Westen zu finden, bereit, einige kleine Gruppen von Juden aufzugeben, um seinen guten Willen zu beweisen.

Während seiner früheren Ausflüge in die Geheimdiplomatie war der Reichsführer vom Chef des Auslandsnachrichtendienstes des SD, Walter Schellenberg, vertreten worden, der 1944 die Operationen und den größten Teil der Agenten der aufgelösten Abwehr übernommen hatte.

März 1944 – Mai 1945

Außer Schellenberg und seiner Gruppe war Himmlers Hauptbeauftragter der geschäftstüchtige Becher gewesen, wobei es auch bis zum Herbst 1944 blieb; dazu kamen gelegentlich Bechers Kollegen in Budapest, Clages, Wisliceny und Krumey. Himmler gestattete Kontakte zu Vertretern jüdischer Organisationen in der Schweiz, zu Delegierten des *War Refugee Board* in Bern sowie zu verschiedenen schweizerischen Persönlichkeiten, ohne sich genau festzulegen, zu welchen Unternehmungen er bereit war. Gleichzeitig stand er in Fühlung mit jüdischen und nichtjüdischen Persönlichkeiten in Schweden.

Wie Becher nach dem Krieg aussagte, überredete er irgendwann im Herbst 1944 Himmler dazu, die Beendigung der Deportationen anzuordnen, um so eine Öffnung zu weiteren Verhandlungen mit dem *Joint* und insbesondere mit dessen Vertreter in der Schweiz, Saly Mayer, zu ermöglichen. Die jüdischen Repräsentanten wurden aufgefordert, Geld zu transferieren.[166] Es sieht so aus, als habe Himmler entsprechend den Vorschlägen Bechers als Gegenleistung Kaltenbrunner und Pohl tatsächlich irgendeine Anweisung erteilt; es hat auch den Anschein, als sei daraufhin Mayer mit Zustimmung des Vertreters des *War Refugee Board* in der Schweiz bereit gewesen, bei einer Schweizer Bank ein Sperrkonto für die Deutschen einzurichten. Wahrscheinlich machte aber Himmler, der gespürt haben muß, daß Hitler in Judenfragen keinem nennenswerten Kompromiß zustimmen würde, dann einen Rückzieher.

Andere Verhandlungen wurden jedoch zwischen dem Reichsführer und einem seiner alten Freunde, dem schweizerischen Bundesrat Jean-Marie Musy, geführt; sie zielten darauf, Zehntausende von Juden freizulassen, um dadurch den Weg für Verhandlungen mit den Westmächten zu ebnen. Wie schon erwähnt, traf ein erster Zug mit 1200 Juden aus Theresienstadt im Januar 1945 in der Schweiz ein. Als Hitler von der Abmachung erfuhr, unterband er sie sofort.[167] In diesem Stadium erschien ein dritter Kanal verheißungsvoller: Verhandlungen auf dem Wege über Schweden. Die Schweden teilten Himmler im Februar 1945 mit, sie seien bereit, eine Reihe humanitärer Missionen in Angriff zu nehmen, die, falls die Deutschen ihnen zustimmten, möglicherweise den Weg zu umfassenderen Kontakten ebnen konnten. Zu diesem Zweck wurde Graf Folke Bernadotte nach Deutschland entsandt.[168]

Die Mission Bernadottes, die sich vorgeblich unter der Flagge des schwedischen Roten Kreuzes abspielte, aber wie im Falle Wallenbergs in Wirklichkeit von der schwedischen Regierung getragen wurde, zielte zuerst darauf, skandinavische Internierte aus Neuengamme in der Nähe von Hamburg zu befreien und sie nach Schweden zu überführen. Himmler erklärte sich einverstanden. Die Schweden drangen dann auf die Freilassung von Juden aus Theresienstadt und Bergen-Belsen, während in den vorangegangenen Monaten Raoul Wallenberg seine Aktivitäten in Budapest ausgeweitet hatte. Im Laufe der Monate März und April 1945 wurden die Initiativen zur Rettung von Juden, die noch in den Lagern lebten, zahlreicher, und während sich in Deutschland Chaos ausbreitete, wurden tatsächlich Gruppen von Internierten entlassen.

X

Nachdem schon mehrere Monate zuvor mit den Vorbereitungen – Zerstörung der Krematorien, Leerung der Begräbnisgruben, Wegschaffen der Asche, Abtransport Hunderttausender von Kleidungsstücken und dergleichen – begonnen worden war, erteilte Himmler irgendwann im Januar 1945 den Befehl zur vollständigen Evakuierung sämtlicher Lager im Osten, wobei er, wie verschiedentlich bezeugt ist, eine bedrohliche Warnung an die Lagerkommandanten hinzufügte: Der «Führer» werde sie persönlich verantwortlich machen, wenn nicht sichergestellt sei, daß kein einziger Gefangener aus den Konzentrationslagern lebend dem Feind in die Hände falle.[169] Aus anderen Aussagen geht hervor, daß die Entscheidung über das Schicksal der Häftlinge den Lagerkommandanten überlassen wurde.[170] Außerdem hatte Glücks in einer Grundsatzanordnung, die bereits im Juli 1944 ergangen war, eindeutig festgestellt, daß in einer «Notsituation» (im Falle der Evakuierung) die Lagerkommandanten den Weisungen der regionalen HSSPF zu folgen hätten. Mit anderen Worten, keiner wußte anscheinend, wer für die Evakuierungen zuständig war. Doch in dem rasch zunehmenden Chaos begannen die Märsche nach Westen.

Nicht alle 700 000 bis 800 000 Lagerhäftlinge, die in diesen letzten Kriegsmonaten die Straßen entlangtaumelten oder in offenen Eisenbahnwagen strandeten, waren Juden. Eine gemischte Auswahl sämtlicher Opfer Deutschlands war zusammengetrieben worden; entsprechend der Zusammensetzung der Lager stellten jedoch die Juden schließlich die Mehrheit dieser letzten Opfer des monströsen Reichs. Während der Märsche kamen etwa 250 000 jüdische Gefangene durch Erschöpfung, Erfrieren, Erschießen oder Verbrennen bei lebendigem Leibe ums Leben.

Am 18. Januar begannen Kolonnen von Insassen des Lagers Auschwitz – etwa 56 000 Häftlinge, darunter auch solche aus Zweiglagern – mit ihrer Wanderung nach Westen in Richtung Gleiwitz, von wo ein Teil mit der Bahn nach Lagern im Innern des Reiches geschickt werden sollte, während andere nach Groß-Rosen und anderen Lagern in Oberschlesien weitermarschieren sollten. In der Anfangsphase der Evakuierung wurden Hunderte von «Nachzüglern» erschossen.[171] In dieser

Hinsicht – und was das sich ausbreitende Chaos angeht – erscheint die Darstellung der Situation in den Aufzeichnungen von Höß glaubwürdig: «Auf allen Wegen und Straßen Oberschlesiens westlich der Oder fand ich nun Häftlingskolonnen, die sich durch den tiefen Schnee hindurchquälten. Ohne Verpflegung. Die Unterführer, die diese wandelnden Leichenzüge führten, wußten meist gar nicht, wo sie überhaupt hin sollten. Sie wußten nur das Endziel Groß-Rosen. Wie sie aber jemals dahingelangen sollten, war allen rätselhaft. Auf eigene Faust requirierten sie in den Dörfern, die sie durchzogen, Lebensmittel, rasteten einige Stunden und zogen wieder weiter. An ein Übernachten in Scheunen oder Schulen war gar nicht zu denken, alles war vollgestopft mit Flüchtlingen. Die Wege der Leidenszüge waren leicht zu verfolgen, alle paar hundert Meter lag ein zusammengebrochener Häftling oder ein Erschossener. ... Ich sah auch auf offenen Kohlenwaggons verladene Transporte, total erfroren, irgendwo festliegend, keine Verpflegungsmöglichkeit – irgendwo auf einem Abstellgleis auf offener Strecke.»[172]

Nicht alle Evakuierten, denen man befohlen hatte, auf die offenen Waggons zu klettern, blieben in Gleiwitz oder Umgebung. Einige Züge setzten sich tatsächlich mit ihrer menschlichen Fracht in Bewegung. Paul Steinberg, dem wir schon in Buna begegnet sind, befand sich in einem von ihnen. Während die Juden, die durch deutsche Dörfer marschierten, sich meist an die Gleichgültigkeit der Bevölkerung oder an zusätzliche Brutalität erinnerten, berichtet Steinberg von einem anderen Ereignis, an das er eine «präzise, detaillierte, überwältigende Erinnerung» bewahrte. In den frühen Morgenstunden eines Wintertages hatte der Zug Prag erreicht und kroch mit seiner Ladung «irgendwie von fern an Menschen erinnernde[r] Wesen» unter Brücken hindurch, während die Tschechen oben zur Arbeit marschierten. «Wie ein Mann», erinnert sich Steinberg, «haben die tschechischen Arbeiter ihre Beutel aufgemacht und ihre verpackten Pausenbrote zu uns heruntergeworfen, ohne daß sie es verabredet hätten. Das schien ihnen einfach klar. ... Eine Flut von Brot und belegten Brotscheiben und auch Kartoffeln prasselte auf uns nieder.» Dann brachen auf den Waggons die Kämpfe aus: «Da begann eine fürchterliche Schlacht, bei der einer dem anderen einen Bissen, ein kleines Stückchen entriß. Ein halbes Schwarzbrot war auf mich gefallen. Ich habe es schnell verschwinden lassen, indem ich mich darauf setzte und Zeuge dieses Gipfels von Verfall blieb. ... Drei oder vier Männer starben um ein zerbröseltes Brot. Ich wartete zwölf Stunden, die folgende Nacht und das Fast-Koma meiner Nachbarn ab, bevor ich – still, mein Gesicht verbergend – mein Brot aß. Und mein Mund kaute mein Überleben. Ich glaube, ohne dieses Brot würde ich nicht mehr leben.» Einige Tage später erreichten die Überlebenden Buchenwald.[173]

Während die Lagerhäftlinge zu Fuß oder in offenen Eisenbahnwaggons nach Westen zogen, reisten SS-Offiziere, Angehörige des Lagerpersonals und Wachmänner natürlich in dieselbe Richtung, aber unter besseren Bedingungen... Gelegentlich band allerdings die Lagerevakuierung Personal und Häftlinge auf unerwartete Weise aneinander. So beobachtete in den letzten Kriegstagen, am 28. April 1945, ein Angehöriger des Roten Kreuzes etwa 5000 Häftlinge sowie ihre männlichen und weiblichen SS-Bewacher, die von Ravensbrück aus westwärts zogen. An der Spitze einer der Kolonnen trug ein kleiner, von sechs zum Skelett abgemagerten Frauen gezogener Wagen die Gattin eines der SS-Offiziere aus dem Lager sowie die Masse ihrer Habe. Die Dame brauchte anscheinend besonders gute Fürsorge, da sie an den Folgen der Tatsache litt, daß sie sich an Rosinen überfressen hatte.[174]

Auf den Märschen entschieden die Bewacher gewöhnlich auf eigene Faust, die Nachzügler umzubringen. Einige berüchtigte Entscheidungen zur Ermordung von Häftlingen wurden jedoch auf höherer Ebene gefällt. So sammelte man in der zweiten Januarhälfte 5000 bis 7000 jüdische Häftlinge aus verschiedenen Zweiglagern von Stutthof in Königsberg und schickte sie auf den Marsch nach Nordosten entlang der Ostseeküste. Die meisten waren Frauen. Als die Kolonne das Fischerdorf Palmnicken erreichte und auf dem Landweg nicht mehr weiterkam, entschied Erich Koch, der Gauleiter von Ostpreußen, gemeinsam mit örtlichen SS-Offizieren, Angehörigen der Organisation Todt und den Kommandanten der Zweiglager, aus denen die Häftlinge gekommen waren, die gesamte Gruppe zu liquidieren.[175] Nur 200 bis 400 Gefangene überlebten das Massaker an der Küste.

Dieselben mörderischen Verhältnisse herrschten bei der Evakuierung der Häftlinge von Buchenwald. Von den 3000 Juden, die nach Theresienstadt geschickt wurden, erreichten Anfang April kaum einige Hundert ihr Ziel.[176] Und von den 22 000 Häftlingen, die man um dieselbe Zeit nach Bayern auf den Marsch geschickt hatte, wurden 8000 ermordet, während die anderen Dachau erreichten und von den Amerikanern befreit wurden. Von den 45 000 Gefangenen aus den Zweiglagern von Buchenwald kamen 13 000 bis 15 000 während der Evakuierung ums Leben.[177]

Keines der großen Lager wurde während der Evakuierungen vollständig von Häftlingen geräumt. In Auschwitz beispielsweise blieben nach der massenhaften Evakuierung vom 19. Januar in jedem der drei Lager kranke Gefangene zurück. Und SS-Einheiten, die sich in dieser Gegend immer noch sporadische Gefechte mit den Sowjets lieferten, blieben ebenfalls noch eine ganze Woche dort. Obgleich der HSSPF von Breslau den Befehl gegeben hatte, alle verbliebenen Häftlinge zu ermorden, konzentrierten sich die SS-Einheiten eher auf die Vernichtung dessen, was von den Gaskammern und den Verbrennungsöfen übrig war, sowie auf das Verbrennen der Archive. In Birkenau ermordete jedoch eine solche Einheit 200 weibliche Häftlinge, bevor die Männer Himmlers das Lager endgültig verließen.

«Alle sagten einander, daß die Russen bald, sofort eintreffen würden», erinnerte sich Primo Levi, der sich in jenen Tagen als Häftling im Krankenblock von Monowitz befand. «Alle proklamierten sie es, alle waren sich dessen gewiß, aber keiner war fähig, es klaren Sinnes zu fassen. Denn in den Lagern kommt einem die Gewohnheit des Hoffens abhanden und auch das Vertrauen in die eigene Vernunft. Im Lager ist das Denken unnütz, denn die Geschehnisse treten zumeist in unvorhergesehener Weise ein; und zudem ist es schädlich, denn es erhält eine Sensibilität, die ein Quell des Schmerzes ist und die irgendein vorsorgliches Naturgesetz stumpf macht, sobald die Leiden ein bestimmtes Maß überschreiten.»[178]

Während Levi darauf wartete, daß die sowjetischen Truppen das Lager befreiten – was sie dann am 29. Januar taten –, hatten Ruth Klüger und Cordelia (Edvardson) Auschwitz schon seit einiger Zeit verlassen. Klüger und ihre Mutter waren in das kleine Arbeitslager Christianstadt, ein Zweiglager von Groß-Rosen, ebenfalls in Oberschlesien, verlegt worden; Cordelia hatte man in ein Lager in der Nähe von Hamburg (wahrscheinlich Neuengamme) abtransportiert. Anfang 1945 begannen Ruth und ihre Mutter den Marsch in den Massen der Häftlinge, aber nach einigen Tagen konnten sie sich von den Kolonnen absetzen und überlebten, indem sie von einem Bauernhof zum nächsten zogen und sich dann in den Strom deutscher Flüchtlinge einreihten, die nach Westen flüchteten, bis sie Straubing erreichten. Bald darauf kamen die Amerikaner.[179] Cordelia gehörte zu den kranken Häftlingen (vor allem waren das Kinder und Jugendliche), die durch die Übereinkunft zwischen Himmler und der schwedischen Regierung gerettet wurden; ein neues Leben begann auch für sie, in Schweden.[180]

Die Überlebenschancen Filip Müllers waren gering: Angehörige des Sonderkommandos sollten nicht am Leben gelassen werden. Dennoch gelang es ihm zu entkommen, er marschierte, wurde übergesetzt, marschierte wieder, erst nach Mauthausen, dann nach Melk und weiter nach Gusen 1, und Anfang April dann wieder von Gusen fort. Die SS gab nicht auf: Alle, die zurückgeblieben waren, wurden erschossen; anstatt aber die Leichen am Straßenrand liegenzulassen, befahlen sie Müller und einigen seiner Gefährten, sie auf ein Pferdefuhrwerk zu laden, auf einen Friedhof in der Nähe zu bringen und in einem Massengrab zu beerdigen; die Spuren mußten so gründlich wie möglich verwischt werden.[181] Schließlich erreichte die Gruppe ein kleines Lager in der Nähe von Wels: Dort lagen in den Baracken verhungernde Gefangene auf dem Fußboden; die Wachmannschaften waren fort. Müller ließ sich auf einem Dachbalken nieder und wartete. Einige Tage später stürmten ein paar Leute in die Baracke und schrien: «Wir sind frei!»

«Dieser Augenblick», erinnerte sich Müller, «auf den sich meine Gedanken und Wünsche drei Jahre lang fixiert hatten, löste weder Freude noch andere Gefühle in mir aus. Ich ließ mich von meinem Balken herunterfallen und kroch auf allen vieren zur Tür. Als ich draußen war, schleppte ich mich ein kleines Stück weiter und legte mich dann einfach auf den Waldboden, wo ich in tiefen Schlaf fiel.» Das letzte Bild, ob es nun genau zutrifft oder nicht, war ein notwendiges Finale seiner Erinnerungen und in der einen oder anderen Form vieler individueller Befreiungsgeschichten: «Monotones Geräusch dröhnender Motoren machte mich wach. Ich raffte mich auf und ging hinüber zu der nahegelegenen Straße, auf der in Abständen von wenigen Metern eine lange Kolonne amerikanischer Panzer in Richtung Wels entlangrasselte. Während ich dem Konvoi der stählernen Kolosse nachblickte, begriff ich, daß es mit dem blutigen Naziterror zu Ende war.»[182]

XI

In den letzten Kriegsmonaten, während eine deutsche Stadt nach der anderen katastrophale Schäden erlitt und die Verkehrsverhältnisse immer chaotischer wurden, verschickte die Gestapo neue Aufforderungen zur Deportation. Im Januar 1945 erhielten viele der 200 Mischlinge oder Partner von Mischehen, die noch in Stuttgart lebten, die Anweisung, sich zur Deportation nach Theresienstadt bereitzuhalten.[183]

In einem Schreiben der Stuttgarter Gestapo vom 27. Januar 1945 wurden die Adressaten aufgefordert, «sich für den geschlossenen Arbeitseinsatz im Laufe des Montag, 12. Februar 1945, im Durchgangslager Bietigheim, Krs. Ludwigsburg, einzufinden». Es folgte die übliche Liste der Marschverpflegung und der sonstigen Gegenstände, die mitzunehmen waren, und daran schlossen sich die gängigen Verwaltungsverfügungen an: «Lebensmittelkarten- sowie polizeiliche Abmeldung hat auf 18. 2. 1945 zu erfolgen. Zurückbleibende Mischlinge unter 16 Jahren sind Verwandten ... in Pflege zu geben.»[184]

Ähnliche Aufforderungen wurde etwa um dieselbe Zeit im ganzen Reich verschickt. Am 13. Februar am Nachmittag («richtiges Frühlingswetter») schrieb Klemperer: «Um acht Uhr [früh] war ich dann heute bei Neumark. Frau Jährig kam weinend aus seinem Zimmer. Dann sagte er mir: Evakuation für alle Einsatzfähigen, es nennt sich auswärtiger Arbeitseinsatz, ich selber als Entpflichteter bleibe hier. Ich: Also für mich sicherer das Ende als für die Herausgehenden. Er: Das sei nicht gesagt, im Gegenteil gelte das Hierbleiben als Vergünstigung. ... Das auszutragende Rundschreiben besagte, man habe sich am Freitag früh im Arbeitsanzug mit Handgepäck, das eine längere Strecke zu tragen sei, und mit Proviant für zwei bis drei Reisetage in der Zeughausstraße 3 einzufinden. Vermögens-, Möbel- etc. Beschlagnahme findet diesmal nicht statt, das ganze ist ausdrücklich nur auswärtiger Arbeitseinsatz – wird aber durchweg als Marsch in den Tod aufgefaßt.»[185]

Wenige Stunden später begann die Bombardierung von Dresden. Zunächst verloren sich Victor und Eva in dem Hexenkessel aus den Augen. Durch Zufall trafen sie sich am Elbufer wieder. Sie nahmen Victors Stern ab, und als nunmehr Nichtjuden versteckten sie sich mit anderen Flüchtlingen im Haus von Bekannten, außerhalb der brennenden Stadt, bevor sie westwärts zogen.

*

Die letzten Stimmungsberichte, die der SD Anfang 1945 im Reich zusammenstellte, bestätigen die allgemeine zwanghafte Beschäftigung mit der Judenfrage im bröckelnden Reich. Sie lassen vor allem verschiedene (bruchstückhafte) Aspekte der Tiefe des *Hasses* auf die Juden sowohl in weiten Teilen der Bevölkerung als auch unter den Angehörigen der Eliten erkennen. Der Glaube an die Verantwortung der Juden für den Krieg hatte Wurzeln geschlagen. Wie der Historiker Robert Gellately schreibt, wurden in den letzten beiden Kriegsjahren Briefe (darunter auch solche von Akademikern) an das Propagandaministerium geschickt, in denen die Absender vorschlugen, die in Deutschland verbliebenen Juden an potentiellen Bombenzielen zu sammeln. Nach jedem Bombenangriff würde dann die Zahl der getöteten Juden verkündet werden. Einer dieser Briefe enthielt die Überlegung, selbst wenn sich die alliierten Bombenangriffe mit dieser Maßnahme nicht stoppen ließen, würden doch wenigstens zahlreiche Juden vernichtet; ein anderer Vorschlag lautete, man sollte den Amerikanern und den Briten damit drohen, für jeden deutschen Zivilisten, der bei einem Bombenangriff umgekommen war, zehn Juden zu erschießen.[186] Die Volksgenossen hatten vergessen, daß es im Reich im Prinzip keine Juden mehr gab...

In den letzten Wochen des Jahres 1944 kritisierten Leute im Raum Stuttgart die Publizität, die den sowjetischen Greueln eingeräumt wurde, und vertraten die Auffassung, die Deutschen hätten mit ihrer Behandlung der Juden viel Schlimmeres getan;[187] andere waren davon überzeugt, alles, was Deutschland zustoße, sei das Ergebnis jüdischer Rache.[188] Alles in allem sieht es so aus, als sei der Einfluß der Indoktrination durch die Nazis ungebrochen gewesen. Am 12. April 1945 berichtete der Chef des britischen Militärnachrichtendienstes: «Die Deutschen ... warnen uns davor, jüdische Bürgermeister zu ernennen, was [ihrer Ansicht nach] ein psychologischer Fehler ist und der Kooperation der deutschen Zivilbevölkerung entgegenwirkt.»[189]

Das Fortbestehen eines derart tief verwurzelten Antisemitismus bestätigten verschiedene Meinungsumfragen, die kurz nach der Kapitulation in den westlichen Besatzungszonen durchgeführt wurden.[190] Dies wiederum zeigt, daß von einem bestimmten Zeitpunkt an das Nachlassen der Popularität Hitlers nicht unbedingt zum Nachlassen des Hasses auf die Juden führte. Man hat die Ansicht vertreten, Hitler habe Anfang 1945 in der Bevölkerung immer noch viel Rückhalt gehabt.[191] Das mag im Januar und Februar 1945 noch der Fall gewesen sein, änderte sich aber wahrscheinlich im März und April, wie aus den gut informierten, aber für gewöhnlich optimistischen Eintragungen in den Tagebüchern von Goebbels hervorgeht.

«Leider», schrieb der Propagandaminister am 24. März 1945, «wird jetzt auch der Führer mehr und mehr bei kritischen Ausstellungen genannt. ... Verhängnisvoll erscheint mir die Tatsache, daß nun die Kritik weder vor der Person des Führers haltmacht noch vor der nationalsozialistischen Idee und der nationalsozialistischen Bewegung.»[192] Und am 1. April schrieb Goebbels (wobei er vorwiegend auf Einstellungen in den westlichen Teilen des Landes Bezug nahm), «daß die Moral sowohl bei der Bevölkerung als auch bei der Truppe außerordentlich abgesunken sei. Man schrecke jetzt auch nicht mehr vor einer scharfen Kritik am Führer zurück.»[193]

Zumindest er, der Reichsminister, hielt, anders als die meisten Volksgenossen, am Glauben fest, aber ebenso wie viele kultivierte er die Wut: «Die Juden melden sich wieder», notierte er am 14. März. «Ihr Wortführer ist der bekannte und berüchtigte Leopold Schwarzschild, der jetzt in der amerikanischen Presse dafür plädiert, daß Deutschland unter keinen Umständen eine mildere Behandlung zuteil werden dürfte. Diese Juden muß man einmal, wenn man die Macht dazu besitzt, wie die Ratten totschlagen. In Deutschland haben wir das ja Gott sei Dank schon redlich besorgt. Ich hoffe, daß die Welt sich daran ein Beispiel nehmen wird.»[194] Immer wütender ging das wirre Gerede weiter, während sich das zwölfjährige Reich rasch seinem Ende näherte.

XII

Nachdem ein Teil der Reichskanzlei Anfang Februar durch massive amerikanische Bombenangriffe zerstört worden war, zog sich Hitler in das unterirdische Labyrinth von Wohnräumen, Büros, Konferenzzimmern und Versorgungseinrichtungen zurück, das sich zwei Stockwerke tief unter dem Gebäude und seinem Garten ausbreitete. Hier beschloß er einige Wochen später zu bleiben, als die Rote Armee immer näher an Berlin heranrückte. Fast bis zum Schluß glaubte er anscheinend an seinen Stern und an ein Wunder in letzter Minute, das in der völlig hoffnungslosen militärischen Lage eine Wende herbeiführen würde. Hier, in seiner unterirdischen Behausung, hörte er außerordentliche Neuigkeiten: Am 13. April war Roosevelt gestorben.

Nun würde die feindliche Koalition zusammenbrechen, wie zu einem anderen Zeitpunkt in einem anderen hoffnungslosen Krieg die Koalition, die sich gegen Friedrich den Großen gesammelt hatte, mit dem Tod der Zarin Elisabeth zerbrochen war. Große Erwartungen stiegen wieder hoch, und Hitler teilte sie in seiner Proklamation vom 16. April mit den Soldaten an der Ostfront: «Zum letzten Mal ist der jüdisch-bolschewistische Todfeind mit seinen Massen zum Angriff angetreten. ... In dieser Stunde blickt das ganze deutsche Volk auf euch, meine Ostkämpfer, und hofft nur darauf, daß durch eure Standhaftigkeit, euren Fanatismus, durch eure Waffen und unter eurer Führung der bolschewistische Ansturm in einem Blutbad erstickt. Im Augenblick, in dem das Schicksal den größten Kriegsverbrecher aller Zeiten [Roosevelt] von der Erde genommen hat, wird sich die Wende dieses Krieges entscheiden.»[195]

*

Am 20. April, als in Hitlers Bunker etwas gedämpfte Trinksprüche zur Feier des 56. Geburtstags des «Führers» ausgebracht wurden, erhielt Dr. Alfred Trzebinski, Oberarzt im Konzentrationslager Neuengamme, den Befehl, 20 jüdische Kinder zu beseitigen, die als Versuchskaninchen für die Tuberkuloseexperimente des SS-Arztes Kurt Heißmeyer benutzt worden waren.[196]

Ungefähr ein Jahr zuvor hatte Heißmeyer, der stellvertretende Direktor des SS-Sanatoriums in Hohenlychen, von Himmler die Genehmigung erhalten, in abgesperrten Baracken in Neuengamme an Erwachsenen und Kindern seine Versuche durchzuführen. Die zwanzig jüdischen Kinder, zehn Jungen und zehn Mädchen im Alter von fünf bis zwölf Jahren, waren mit ihren Familien aus Frankreich, Holland, Polen und Jugoslawien nach Birkenau gekommen. Die Familien verschwanden in den Gaskammern, und die zwanzig Kinder wurden im Herbst nach Neuengamme geschickt.[197]

In den darauffolgenden Monaten erhielten die Kinder Injektionen mit den Heißmeyerschen Präparaten und wurden schwer krank. Am 20. April, als sich britische Truppen dem Lager näherten, kam der Befehl. Die Tötung sollte nicht in Neuengamme stattfinden, sondern in der Schule am Bullenhuser Damm in Rothenburgsort bei Hamburg, einem Zweiglager von Neuengamme.

Bei dem Prozeß, der nach dem Krieg gegen ihn geführt wurde, schilderte Trzebinski den Ablauf der Ereignisse: Das SS-Personal traf mit sechs russischen Gefangenen, zwei französischen Ärzten, zwei niederländischen Häftlingen und den Kindern am Bullenhuser Damm ein. Die Kinder brachte man in einen abgetrennten Raum, einen Luftschutzkeller: «[Sie] hatten ihr ganzes Gepäck mit, darunter Lebensmittel, selbstgebasteltes Spielzeug und so weiter. Sie ließen sich auf den Bänken ringsum nieder und waren guter Dinge und freuten sich, daß sie einmal herausgekommen waren. Die Kinder waren vollkommen ahnungslos.»

Trzebinski gab den Kindern Beruhigungsmittel, während im Heizungskeller alle erwachsenen Häftlinge umgebracht wurden. «Ich muß zu den Kindern allgemein sagen», fuhr Trzebinski fort, «sie waren in einem ganz guten Zustand, bis auf einen zwölfjährigen Jungen, der in einem sehr schlechten Zustand war. Dieser Junge schlief infolgedessen auch sehr schnell ein. Es waren noch sechs bis acht Kinder wach, die anderen schliefen schon. ... Frahm [ein Pfleger] nahm den zwölfjährigen Jungen auf den Arm und sagte zu den anderen: Er wird jetzt ins Bett gebracht. Er ging mit ihm in einen Raum, der vielleicht sechs bis acht Meter von dem Aufenthaltsraum entfernt war, und dort sah ich schon eine Schlinge an einem Haken. In diese Schlinge hängte Frahm den schlafenden Jungen ein und hängte sich mit seinem ganzen Körpergewicht an den Körper des Jungen, damit die Schlinge sich zuzog.»[198] Die anderen Kinder folgten eines nach dem anderen.

Einer der verbrecherischsten politischen Führer der Geschichte stand kurz davor, seinem Leben ein Ende zu machen. Es hat keinen Sinn, noch einmal «den Geist Adolf Hitlers» oder die verbogenen psychologischen Quellen seiner mörderischen Wahnvorstellungen zu erforschen. Das hat man viele Male ohne großen Erfolg versucht. Die bedeutsame und unvermeidliche historische Frage, die Frage, auf die wir kurz in der Einleitung und in diesem Band dann immer wieder zu sprechen gekommen sind, muß zum Schluß noch einmal formuliert und erwogen werden. Die Hauptfrage, die uns alle herausfordert, lautet nicht, welche Persönlichkeitszüge es einem «unbekannten Gefreiten» des Ersten Weltkriegs erlaubt haben, zum allmächtigen «Führer» Adolf Hitler zu werden, sondern vielmehr, warum Millionen und Abermillionen von Deutschen ihm bis zum Ende blind nachfolgten, warum viele am Ende immer noch an ihn glaubten und nicht wenige auch noch danach... Diese «Führerbindung», um es mit Martin Broszat zu sagen, bleibt das historisch Entscheidende.[199]

Unter den wichtigsten politischen Figuren des 20. Jahrhunderts war kein anderer als Hitler in einer der fortgeschrittensten und mächtigsten Nationen der Erde so sehr von der frenetischen Verehrung so vieler seiner Landsleute umgeben. Roosevelt spaltete die Geister, und ein erheblicher Teil des amerikanischen Volkes war während seiner vier Amtszeiten gegen ihn und haßte ihn gelegentlich; zahlreiche Briten verabscheuten Churchill vor und während seiner Amtszeit als Premierminister; in der Umgebung Stalins, des Staatsmanns, den man am häufigsten mit Hitler verglichen hat, herrschte Angst. Während in der Sowjetunion die Elite terrorisiert war und die Bevölkerung in einer Atmosphäre lebte, in der sich Furcht und Bewunderung für den würdigen Jünger von Marx und Lenin mischten, war Hitler von der hysterischen Verehrung und dem blinden Vertrauen so vieler Menschen über so lange Zeit hinweg umgeben, daß auch noch weit nach Stalingrad zahllose Deutsche seinen Siegesversprechungen Glauben schenkten. Nichts Derartiges galt je für Mussolini, und was es zwischen dem Duce und seinem Volk zu Beginn seines Regimes an Bindung gegeben hatte, verflüchtigte sich seit Mitte der dreißiger Jahre rasch.

Oben haben wir davon gesprochen, wie das ständige Hervorkehren der «Bedrohung», die «der Jude» darstellte, die charismatische Anziehungskraft Hitlers verstärkte. Ein metahistorischer Feind verlangte, wenn die Zeit für den Entscheidungskampf gekommen war, eine metahistorische Persönlichkeit, die den Kampf gegen diese Kräfte des Bösen anführen konnte. Es fällt uns jedoch schwer, in einer modernen Gesellschaft, die nach den Regeln instrumenteller Rationalität und bürokratischer Verfahrensweisen funktioniert, die Bedeutung von «Charisma» zu identifizieren. So bleibt nur eine einzige plausible Interpretation übrig: Die moderne Gesellschaft bleibt im Rahmen eines Systems, das im übrigen von einer völlig anderen Dynamik beherrscht ist, durchaus offen für die ständige Gegenwart religiöser oder pseudoreligiöser Anreize; möglicherweise bedarf sie auch dieser Gegenwart. Jenseits des «reaktionären Modernismus», von dem der Historiker Jeffrey Herf spricht, konfrontiert uns der Nationalsozialismus mit einer Art «sakralisiertem Modernismus».[200] Propaganda und alle Mittel der Massenmanipulation waren ein wesentlicher Teil der emotionalen, der psychologischen Mobilisierung, welche die deutsche Bevölkerung erfaßte. Ohne Hitlers unheimliche Fähigkeit, die Grundtriebe eines derartigen massenhaften Verlangens nach Ordnung, Autorität, Größe und Erlösung zu begreifen und zu verstärken, wären jedoch die bloßen Propagandatechniken allein nicht hinreichend gewesen. Der Nationalsozialismus hätte deshalb ohne Adolf Hitler einerseits und ohne die Reaktion der Deutschen auf Hitler andererseits nicht entstehen und Fuß fassen können.

Hätte Hitler nur bramarbasiert, ohne irgendwelche greifbaren Ergebnisse vorzuweisen, dann hätte Enttäuschung seine Anziehungskraft natürlich rasch schwinden lassen. Binnen weniger Jahre erreichte er aber Vollbeschäftigung und Wirtschaftswachstum, die Beseitigung demütigender Fesseln und ein neues Gefühl des Nationalstolzes, soziale Mobilität für die große Masse sowie die Verbesserung des Lebensstandards und der Arbeitsbedingungen der Massen, zusammen mit erklecklichen Belohnungen – und der Verheißung noch größerer Gewinne – für die Spitzen von Geschäftswelt und Industrie. Vor allem anderen flößte Hitler der Mehrheit der Deutschen Gemeinschaftsgefühl und Zielbewußtsein ein. Später folgten außerordentliche diplomatische Erfolge, gekrönt von blendenden militärischen Siegen, die die nationale Begeisterung buchstäblich an den Rand des kollektiven Wahnsinns trieben.

Durchweg war Hitler nicht geneigt, den Erfordernissen eines zunehmend totalen Krieges den Lebensstandard zu opfern, und die besiegten Völker sowie vor allem die Juden wurden, wie wir auf den vorangegangenen Seiten zur Genüge gesehen haben, in der Tat betrogen und ausgebeutet, um zum Teil das Wohlergehen der Volksgemeinschaft aufrechtzuerhalten oder zumindest einige der materiellen Belastungen, die der Krieg mit sich brachte, abzufedern. In diesem Sinne lassen sich die Argumente, die Götz Aly in *Hitlers Volksstaat* zur Geltung bringt, nicht ohne weiteres von der Hand weisen. Warum sollten aber die Juden ungeachtet der Anforderungen von Facharbeitern durch die Wehrmacht und anderen ökonomischen Argumenten zum Trotz vernichtet werden, sofern nicht völlig andere Gründe den Herrn des Reichs und die Vielzahl seiner Helfer und Unterstützer umtrieben? Unvermeidlich führt uns diese Frage wieder zu der geisterhaften Rolle zurück, die «der Jude» in Hitlers Deutschland und der umgebenden Welt spielte.

Als der Kampf in seine kritische Phase eintrat, auf dem Höhepunkt des Krieges, konnte der Verlust des Glaubens an Hitler nur zu einem einzigen Ergebnis führen: Zu erwarten war entsetzliche Vergeltung von seiten der «jüdischen Liquidationskommandos», wie Goebbels es formulierte. Die Beraubung der Juden trug dazu bei, den Volksstaat in Gang zu halten; die Ermordung der Juden und das Anfachen der Angst vor Vergeltung wurde zum letzten Band zwischen «Führer» und Volk im zusammenbrechenden Führerstaat.

Ganz zum Schluß zerriß für zahlreiche Deutsche das Band. Für andere jedoch blieben der Stolz auf die Leistungen des Regimes und der Glaube an seinen rechtmäßigen Weg, der nur durch kleine Schönheitsfehler beeinträchtigt wurde, ebenso wie die wehmütige Erinnerung an die Volksgemeinschaft still und anonym noch jahrzehntelang lebendig.[201]

*

Am Abend des 21. April 1945, während in der Nähe der ehemaligen Gebäude der Reichskanzlei sowjetische Granaten einschlugen, dankte Hitler dem Duce für seine Geburtstagsglückwünsche: «Meinen Dank

Ihnen, Duce, für Ihre Glückwünsche zu meinem Geburtstag. Der Kampf, den wir um unsere nackte Existenz führen, hat seinen Höhepunkt erreicht. Mit unbeschränktem Materialeinsatz setzen der Bolschewismus und die Truppen des Judentums alles daran, ihre zerstörerischen Kräfte in Deutschland zu vereinen und so unseren Kontinent in ein Chaos zu stürzen ...»[202] Zum ersten Mal wurden anscheinend die britisch-amerikanischen Truppen als «Truppen des Judentums» bezeichnet.

Hitler ließ seine Entourage wissen, daß er im Bunker bleiben und sich das Leben nehmen werde; alle anderen konnten gehen, wenn sie wollten. Eva Braun, die Hitler am Tag vor ihrem Selbstmord heiratete, war entschlossen, mit ihm zu sterben. Der getreue Goebbels, seine Frau Magda und ihre sechs Kinder hielten sich ebenfalls im Bunker auf: Sie sollten das Schicksal ihres «Führers» teilen. Am 29. April war die Zeit gekommen: Hitler diktierte sein «Privates Testament» und danach dann seine Botschaft an künftige Generationen, sein «Politisches Testament».

In der ersten Hälfte des letztgenannten Dokuments wandte er sich an das deutsche Volk, an die Welt und die Geschichte. «Es ist unwahr», erklärte er, «daß ich oder irgendjemand anderer in Deutschland den Krieg im Jahr 1939 gewollt habe.» Und gleich zu Beginn der Botschaft wandte er sich seiner größten Zwangsvorstellung zu: «Er [der Krieg] wurde gewollt und angestiftet ausschließlich von jenen internationalen Staatsmännern, die entweder jüdischer Herkunft waren oder für jüdische Interessen arbeiteten.» Nachdem er noch einmal jede Verantwortung für den Kriegsausbruch von sich gewiesen hatte, prophezeite er ein letztes mal Vergeltung: «Aus den Ruinen unserer Städte und Kunstdenkmäler wird sich der Haß gegen das letzten Endes verantwortliche Volk immer wieder erneuern, dem wir das alles zu verdanken haben: dem internationalen Judentum und seinen Helfern!»

Nach einem kurzen, aber, wie wir sehen werden, wesentlichen Kommentar zur britischen Verantwortung für das Ergebnis der Polenkrise im September 1939 konnte Hitler diesen Abschnitt nicht beenden, ohne auf die jüdische Kriegstreiberei zurückzukommen. Es folgten vollends wirre Reden: «Ich habe ... keinen Zweifel darüber gelassen, daß, wenn die Völker Europas wieder nur als Aktienpakete dieser internationalen Geld- und Finanzverschwörer angesehen werden, dann auch jenes Volk mit zur Verantwortung gezogen werden wird, das der eigentliche Schuldige an diesem mörderischen Ringen ist: das Judentum! Ich habe weiter keinen darüber im unklaren gelassen, daß diesmal nicht nur Millionen erwachsener Männer den Tod erleiden und nicht nur Hunderttausende an Frauen und Kinder in den Städten verbrannt und zu Tode bombardiert werden dürften, ohne daß der eigentlich Schuldige, wenn auch durch humanere Mittel, seine Schuld zu büßen hat.» Die Verantwortung für die Vernichtung von fünf bis sechs Millionen Juden wurde einfach den Opfern zugeschoben. Der Text wandte sich dann der Entscheidung Hitlers zu, das Schicksal der Einwohner Berlins zu teilen, aber wie gewohnt schweifte er erneut ab: «Außerdem will ich nicht Feinden in die Hände fallen, die zur Belustigung ihrer verhetzten Massen ein neues, von Juden inszeniertes Schauspiel benötigen.»

Das Volk und die Soldaten bekamen ihre Portion Lob: Die Saat war gesät, erklärte Hitler, die zur Wiedergeburt des Nationalsozialismus führen würde. Dann rechnete er mit Göring und Himmler ab, die er ihrer Ämter enthob und aus der Partei ausstieß, weil sie Verhandlungen mit den Westmächten geführt hatten; er ernannte Großadmiral Dönitz zum neuen Staatsoberhaupt (natürlich zum Reichspräsidenten und nicht zum «Führer») sowie zum Obersten Befehlshaber der Wehrmacht, Goebbels zum Reichskanzler und benannte die neuen Minister. Danach kam er zu der unvermeidlichen abschließenden Mahnung: «Vor allem verpflichte ich die Führung der Nation und die Gefolgschaft zur peinlichen Einhaltung der Rassegesetze und zum unbarmherzigen Widerstand gegen den Weltvergifter aller Völker, das internationale Judentum.»[203]

Den Wortlaut eines solchen unter ganz chaotischen Umständen diktierten Dokuments kann man nicht auf die gleiche Weise interpretieren wie den Text eines Schriftstücks, das Hitler auf der Höhe seiner Macht sorgfältig abgefaßt hatte. Und doch, ist es nicht plausibel, daß gerade die – in Hitlers Augen gegebene – historische Bedeutung dieser letzten Botschaft nur die wesentlichen Punkte, die allerwichtigsten Dogmen seines Glaubens hervortreten lassen würde?

Daß die Vorsehung oder das Schicksal – die er beide noch vor weniger als zwei Wochen beschworen hatte – aus seiner Rhetorik verschwunden waren, bedarf keiner Erklärung. Daß das Reich (sieht man von der Wendung «Hauptstadt des Reiches» ab) und die Partei gleichfalls unerwähnt blieben, konnte ebensowenig überraschen. Das Reich lag in Trümmern, und die Partei war voller Verräter. Nicht nur verhandelten Göring und Himmler mit dem Feind, im Westen kapitulierte ein Gauleiter nach dem anderen, und die SS-Generäle schickten falsche Berichte über die militärische Lage. Die Partei, deren Mitglieder hätten bereit sein sollen, für das Reich und für ihren «Führer» zu sterben, hatte zu existieren aufgehört.

All das entsprach den Reaktionen, die Hitler gewöhnlich zeigte, wenn irgendjemand es wagte, von dem Weg abzuweichen, den er allein diktieren durfte. Abgesehen von diesen vorhersehbaren Reaktionen enthielt das Testament aber einen völlig unerwarteten Aspekt: In Hitlers letzter Botschaft fand der Bolschewismus keine Erwähnung.

Wahrscheinlich hatte sich Hitler entschlossen, seine gesamte Apologie auf den Beweis dafür zu konzentrieren, daß weder für das katastrophale Ende Deutschlands noch für die Ermordung der Juden *er* die Verantwortung trage. Die Verantwortung wurde einfach denjenigen aufgebürdet, die im September 1939 zum Krieg gedrängt hatten, während er nur den Kompromiß suchte: den westlichen Plutokraten und den kriegshetzerischen Juden. Stalin, sein damaliger Verbündeter, blieb besser unerwähnt, da die Teilung Polens nur wenige Tage nach der Invasion zeigte, daß das Reich und die Sowjetunion beschlossen hatten, sich die polnische Beute zu teilen, in einem Pakt, der den deutschen Angriff beträchtlich erleichterte und der zudem bewies, daß Hitler fest entschlossen gewesen war, den Krieg zu beginnen.

Am 30. April, kurz nach 15 Uhr, begingen Hitler und Eva Braun Selbstmord. Auf Befehl von Dönitz sendete der deutsche Rundfunk am 1. Mai um 10 Uhr 26 die folgende Verlautbarung: «Aus dem Führerhauptquartier wird gemeldet, daß unser Führer Adolf Hitler heute nachmittag in seinem Befehlsstand in der Reichskanzlei, bis zum letzten Atemzug gegen den Bolschewismus kämpfend, für Deutschland gefallen ist.»[204] Sieben Tage später kapitulierte Deutschland.

Als Kardinal Bertram – der inzwischen Breslau mit einem ungefährlicheren Aufenthaltsort vertauscht hatte – entweder am 1. oder am 2. Mai die Nachricht vom Tod Hitlers erhielt, forderte er in einer handgeschriebenen Anweisung an alle Pfarrämter der Erzdiözese, «ein feierliches Requiem zu halten im Gedenken an den Führer».[205]

*

Bevor die Klemperers ihren Treck nach Westen fortsetzten, hielten sie sich, wie schon erwähnt, kurze Zeit in einem Haus von Bekannten in der Nähe von Dresden auf. Am Abend des 21. März drängten sich alle Bewohner während eines Luftalarms im Korridor zusammen. Die Klemperers kamen mit einem Fräulein Dumpier ins Gespräch. «Sie ging tastend aus sich heraus», schrieb Victor später, «sie kam allmählich mit starken Zweifeln an den nationalsozialistischen Lehren heraus. ... Sie bog der Judenfrage zu. Ich wich vorsichtig aus. ... Es war ein Eiertanz. Amüsant die letzten Worte des Mädels. ... Sie glaube an das Recht der Völker, die Überheblichkeit und Verrohung in Deutschland sei ihr zuwider – ‹nur die Juden hasse ich, da bin ich doch wohl ein bißchen beeinflußt›. Ich hätte sie gern gefragt, wie viele Juden sie kenne, unterdrückte es aber und lächelte bloß. Und merkte mir selber an, wieviel demagogische Berechtigung der Nationalsozialismus hatte, als er den Antisemitismus ins Zentrum stellte.»[206]

Zwei Wochen später erreichten die Klemperers, nunmehr gewöhnliche deutsche Flüchtlinge, Oberbayern. Ihre Identität war unenthüllt geblieben: Sie waren gerettet. Und gerettet waren auch einige andere Tagebuchschreiber: Mihail Sebastian in Bukarest (der bald nach der Machtübernahme durch die Russen bei einem Unfall ums Leben kam), Avraham Tory aus Kowno, Hersh Wasser aus Warschau. Gerettet waren auch die benommenen Überlebenden, die in den Lagern zurückgeblieben waren, diejenigen, welche die Todesmärsche überlebten, welche aus ihren Verstecken in christlichen Institutionen, in «arischen» Familien, in Bergen und Wäldern, bei Partisanen und in Widerstandsbewegungen auftauchten, diejenigen, die offen unter einer falschen Identität gelebt hatten, die, welche rechtzeitig aus den von Deutschen beherrschten Gebieten geflohen waren, diejenigen, die ihre neuen Identitäten behielten, und die, welche – offen oder heimlich – um des Überlebens willen Verrat geübt und kollaboriert hatten.

Zwischen fünf und sechs Millionen Juden waren ermordet worden, und von ihnen waren anderthalb Millionen jünger als 14 Jahre gewesen.[207] Sie umfaßten die gewaltige Masse schweigender Opfer und auch die meisten Verfasser von Tagebüchern und Briefen, deren Stimmen wir in diesem Buch gehört haben: Etty Hillesum, Anne Frank, Ben Wessels und Philip Mechanicus aus Amsterdam;[208] Raymond-Raoul Lambert, Jacques Biélinky und Louise Jacobson aus Paris; Moshe Flinker aus Den Haag und Brüssel; Jochen Klepper und Hertha Feiner aus Berlin; Lilli Jahn aus Köln; Ernst Krombach aus Essen; Willy Cohn aus Breslau; Gonda Redlich und Oskar Rosenfeld aus Prag; Dawid Sierakowiak, Josef Zelkowicz, die anderen «Chronisten» und mindestens drei anonyme junge Tagebuchschreiber aus Łódź; Eliszewa (Elsa Binder) und ihre unbekannte «Gastschreiberin» aus Stanisławów; Adam Czerniaków, Emanuel Ringelblum, Szymon Huberband, Chaim Kaplan, Abraham Lewin und Janusz Korczak aus Warschau; Calel Perechodnik aus Ottwock; Dawid Rubinowicz aus Kielce; Aryeh und Malwina Klonicki aus Kowel und Buczacz; Herman Kruk, Itzhok Rudaszewski und Zelig Kalmanowicz aus Wilna; und den Chronisten des Sonderkommandos von Auschwitz, Zalman Gradowski. Ermordet wurden natürlich noch viele weitere Tagebuchschreiber, und eine weitere Handvoll blieb am Leben.[209]

Die Mehrzahl der wenigen hunderttausend Juden, die im besetzten Europa geblieben waren und überlebt hatten, schlug entweder durch den Zwang der Verhältnisse oder auf Grund eigener Entscheidung in einer neuen Umgebung Wurzeln; diese Menschen bauten sich ihr Leben auf, verbargen entschlossen ihre Narben und erfuhren das gewöhnliche Maß von Freuden und Leiden, das die Alltagsexistenz bereithält. Jahrzehntelang beschworen viele die Vergangenheit vorwiegend unter sich, sozusagen hinter verschlossenen Türen; manche wurden zu gelegentlichen Zeugen, andere entschieden sich zu schweigen. Welchen Weg auch immer sie aber wählten, für sie alle blieben diese Jahre die bedeutsamste Zeit ihres Lebens. Sie waren in ihr gefangen: Immer wieder zog die Vergangenheit sie zurück in überwältigendes Entsetzen, und durchgängig weckte sie auch nach all den Jahren die unzerstörbare Erinnerung an die Toten.

ANHANG

Anmerkungen

Die Jahre der Verfolgung
1933–1939

Einleitung

1 Ganz eindeutig nicht auf demselben Boden wie wir steht die kleine Gruppe von Historikern derselben Generation, deren apologetische Interpretationen des Nationalsozialismus und des Holocaust während des «Historikerstreits» Mitte der achtziger Jahre Gegenstand einer scharfen Auseinandersetzung waren. Speziell zu dieser Debatte siehe Charles S. Maier, *Die Gegenwart der Vergangenheit: Geschichte und die nationale Identität der Deutschen*, Frankfurt a. M. 1992, sowie Richard J. Evans, *Im Schatten Hitlers? Historikerstreit und Vergangenheitsbewältigung in der Bundesrepublik*, Frankfurt a. M. 1991; eine besonders scharfsinnige Erörterung der Probleme bietet Steven E. Aschheim, *Culture and Catastrophe: German and Jewish Confrontations with National Socialism and Other Crises*, New York 1996. Zu dieser ebenso wie zu anderen Debatten über die historische Repräsentation des Holocaust siehe die Aufsätze in Peter Baldwin (Hrsg.), *Reworking the Past: Hitler, the Holocaust and the Historians*, Boston 1990, und in Saul Friedländer (Hrsg.), *Probing the Limits of Representation: Nazism and the «Final Solution»*, Cambridge, Mass. 1992.

2 Eines der frühesten Beispiele für den erstgenannten Ansatz ist Raul Hilberg, *The Destruction of the European Jews*, Chicago 1961 (deutsche erweiterte Neuausgabe: *Die Vernichtung der europäischen Juden*, Bd. 1–3, Frankfurt a. M. 1990); die beste Illustration für den zweiten ist Lucy S. Dawidowicz, *Der Krieg gegen die Juden, 1933–1945*, München 1979.

3 Bei der Darstellung des Lebens der Opfer und einiger Einstellungen der Gesellschaft, in der sie lebten, habe ich meine Beispiele größtenteils aus dem Alltagsleben genommen. In dieser Hinsicht und im Hinblick auf einige andere Fragen, die in diesem Buch erörtert werden, habe ich einige von Martin Broszats Einsichten akzeptiert, die ich Ende der achtziger Jahre in meiner Diskussion mit ihm kritisiert hatte. Ich habe jedoch versucht, einige der Fußangeln der Historisierung des Nationalsozialismus eben dadurch zu vermeiden, daß ich das Schwergewicht auf das Alltagsleben der Opfer und nicht auf das der Volksgemeinschaft gelegt habe. Siehe zu dieser Debatte Martin Broszat, «Plädoyer für eine Historisierung des Nationalsozialismus», in: Hermann Graml, Klaus-Dietmar Henke (Hrsg.), *Nach Hitler: Der schwierige Umgang mit unserer Geschichte; Beiträge von Martin Broszat*, München 1986; Saul Friedländer, «Überlegungen zur Historisierung des Nationalsozialismus», in: Dan Diner (Hrsg.), *Ist der Nationalsozialismus Geschichte? Zu Historisierung und Historikerstreit*, Frankfurt a. M. 1987; Martin Broszat und Saul Friedländer, «Dokumentation: Ein Briefwechsel zwischen Martin Broszat und Saul Friedländer um die Historisierung des Nationalsozialismus», in: *VfZ* 36 (1988).

4 Zur Bedeutung dieses umfassenderen Kontextes siehe Omer Bartov, *Murder in Our Midst: The Holocaust, Industrial Killing, and Representation*, New York 1996. Zur Auswirkung der Moderne als solcher auf die Genese der «Endlösung» siehe neben zahlreichen anderen Untersuchungen Detlev J. K. Peukert, «The Genesis of the ‹Final Solution› from the Spirit of Science», in: Thomas Childers, Jane Caplan (Hrsg.), *Reevaluating the Third Reich*, New York 1993; Zygmunt Bauman, *Dialektik der Ordnung: Die Moderne und der Holocaust*, Hamburg 1992; Götz Aly, Susanne Heim, *Vordenker der Vernichtung: Auschwitz und die deutschen Pläne für eine neue europäische Ordnung*, Hamburg 1991. Eine ausgezeichnete Darstellung hiermit zusammenhängender Probleme in der Geschichte des Nationalsozialismus findet sich in Michael Burleigh (Hrsg.), *Confronting the Nazi Past: New Debates on Modern German History*, London 1996.

5 Zur internen Konkurrenz als Grundlage für die Radikalisierung der Nationalsozialisten siehe vor allem die Werke von Hans Mommsen, besonders «The Realization of the Unthinkable», in: *From Weimar to Auschwitz*, Princeton, N. J. 1991. Zu den Kosten-Nutzen-Rechnungen von Technokraten als Antrieb zur «Endlösung» siehe Aly/Heim, *Vordenker der Vernichtung*.

6 Der Erlösungsantisemitismus ist, wie ich ausführen werde, etwas anderes als der «eliminatorische Antisemitismus», von dem Daniel Jonah Goldhagen in seinem Buch *Hitlers willige Vollstrecker: Ganz gewöhnliche Deutsche und der Holocaust*, Berlin 1996, spricht. Überdies stellte er eine ideologische Tendenz dar, die anfangs nur von einer kleinen Minderheit und im Dritten Reich dann von einem Sektor der Partei und ihrer Führung, nicht aber von der Mehrheit der Bevölkerung geteilt wurde.

7 Da ich besonderen Nachdruck auf die Interaktion zwischen Hitler, seinen ideologischen Motivationen und den Zwängen des Systems, in dem er agierte, lege, zögere ich, meinen Ansatz als «intentionalistisch» zu bezeichnen. Während überdies Hitler in den dreißiger Jahren Entscheidungen über alle wichtigen antijüdischen Maßnahmen fällte und in die Details ihrer Umsetzung eingriff, ließen seine Richtlinien später seinen Untergebenen bei der Ausführung der konkreten Aspekte der Vernichtung viel größere Freiräume. Was den Einfluß Hitlers auf die Deutschen angeht, so ist er Gegenstand zahlloser Untersuchungen und das zentrale Thema wichtiger Biographien gewesen. Zu einem komplexen Ansatz, der sich sowohl auf Hitlers charismatische Wirkung als auch auf seine Interaktion mit den Volksmassen richtet, siehe insbesondere Joseph P. Stern, *Hitler: Der Führer und das Volk*, München 1978, und Ian Kershaw, *Hitlers Macht: Das Profil der NS-Herrschaft*, München 1992.

8 Diese Auffassung vertritt Michael Wildt, *Die Judenpolitik des SD 1935 bis 1938*, München 1995, und ebenso Ulrich Herbert, *Best: Biographische Studien über Radikalismus, Weltanschauung und Vernunft 1903–1989*, Bonn 1996. Zu einer Erörterung dieses Themas siehe Kapitel 6.

9 Verwiesen wird hier auf die entgegengesetzten Thesen von Christopher R. Browning, *Ganz normale Männer: Das Reserve-Polizeibataillon 101 und die «Endlösung» in Polen*, Reinbek 1993, und von Goldhagen, *Hitlers willige Vollstrecker*. Diese Problematik werde ich ausführlich im zweiten Band diskutieren. Die Auswirkung der NS-Ideologie auf verschiedene Wehrmachtseinheiten und ihr Verhältnis zur extremen Barbarisierung der Kriegführung an der Ostfront muß in diesem Zusammenhang ebenfalls berücksichtigt werden. Siehe zu dieser Frage vor allem Omer Bartov, *Hitlers Wehrmacht: Soldaten, Fanatismus und die Brutalisierung des Krieges*, Reinbek 1995.

10 Siehe Martin Broszat, «A Plea», in: Baldwin, *Reworking the Past*.

11 Diese Frage wird gründlich erörtert in Dominick LaCapra, *Representing the Holocaust: History, Theory, Trauma*, Ithaca, N. Y. 1994.

Anmerkungen zum 1. Kapitel

Erster Teil
Ein Anfang und ein Ende

1. Der Weg ins Dritte Reich

1 Walter Benjamin, *Briefe*, hrsg. v. Gershom Scholem u. Theodor W. Adorno, Bd. 2, Frankfurt a. M. 1978, S. 567.
2 Lion Feuchtwanger, Arnold Zweig, *Briefwechsel 1933–1958*, Bd. 1, Frankfurt a. M. 1986, S. 22.
3 Erik Levi, *Music in the Third Reich*, New York 1994, S. 42; Sam H. Shirakawa, *The Devil's Music Master: The Controversial Life and Career of Wilhelm Furtwängler*, New York 1992, S. 150 f.
4 Alan E. Steinweis, «Hans Hinkel and German Jewry, 1933–1941», in: *Leo Baeck Institute Yearbook* [im folgenden: *LBIY*] 38 (1993), S. 212.
5 Shirakawa, *The Devil's Music Master*, S. 151.
6 Joseph Goebbels, *Die Tagebücher von Joseph Goebbels*, hrsg. v. Elke Fröhlich, T. 1, *1924–1941*, Bd. 2, *1. 1. 1931–31.12.1936*, München 1987, S. 430.
7 Fred K. Prieberg, *Musik im NS-Staat*, Frankfurt a. M. 1982, S. 41 f. Zu einer eingehenderen Erörterung der Entlassung jüdischer Musiker siehe Levi, *Music in the Third Reich*, S. 41 ff.
8 Ebd., S. 41.
9 Lawrence D. Stokes (Hrsg.), *Kleinstadt und Nationalsozialismus: Ausgewählte Dokumente zur Geschichte von Eutin 1918–1945*, Neumünster 1984, S. 730. (Die Verwendung von Initialen anstelle der ausgeschriebenen Namen entspricht der Schreibweise der Quelle.)
10 Klaus Mann, *Mephisto*, München 1965, S. 233. (Klaus Mann war einer von Thomas Manns Söhnen. Die deutsche Erstausgabe erschien 1936 in Amsterdam; Mann beschreibt Höfgens Glück darüber, daß er kein Jude war, wie es 1933, bald nach der Machtergreifung, zum Ausdruck kam.)
11 Zu den Details dieser Frage siehe Peter Stephan Jungk, *Franz Werfel: Eine Lebensgeschichte*, Frankfurt a. M. 1987, S. 207.
12 Zitiert und ausgewertet in Golo Mann, *Erinnerungen und Gedanken: Eine Jugend in Deutschland*, Frankfurt a. M. 1986, S. 254 f.
13 Jungk, *Franz Werfel*, S. 214.
14 Ebd., S. 215 f.
15 Joseph Wulf (Hrsg.), *Die bildenden Künste im Dritten Reich: Eine Dokumentation*, Reinbek 1966, S. 34 f., 86 ff.
16 Ebd., S. 36.
17 Thomas Mann, *Briefe 1889–1936*, hrsg. v. Erika Mann, Frankfurt a. M. 1961, S. 332.
18 Ebd., S. 367.
19 Ronald Hayman, *Thomas Mann: A Biography*, New York 1995, S. 407 f.
20 Thomas Mann, *Tagebücher 1933–1934*, hrsg. v. Peter de Mendelssohn, Frankfurt a. M. 1977, S. 46.
21 Ebd., S. 473.
22 Zu Thomas Manns antijüdischer Einstellung siehe Alfred Hoelzel, «Thomas Mann's Attitudes toward Jews and Judaism: An Investigation of Biography and Oeuvre», in: *Studies in Contemporary Jewry* 6 (1990), S. 229–54.
23 Thomas Mann, *Tagebücher 1933–1934*, S. 473.
24 Nach dem Tode des Verlegers Samuel Fischer unternahm sein Schwiegersohn Gottfried Bermann Schritte, um zumindest einen Teil der Firma aus dem Reich auszulagern. Der Verlag S. Fischer sollte in Deutschland, in arischen Händen,

verbleiben. Das neue Verlagshaus Bermann Fischer – und mit ihm einige der angesehensten Namen der zeitgenössischen deutschen Literatur (Mann, Döblin, Hofmannsthal, Wassermann, Schnitzler) – war bereit, seine Tätigkeit in Zürich aufzunehmen. Dies war jedoch auf seiten von Bermann eine schwere Fehleinschätzung der Schweizer Gastfreundschaft. Die bedeutendsten Schweizer Verleger widersetzten sich diesem Schritt, und Eduard Korrodi, der Literaturredakteur der *Neuen Zürcher Zeitung*, nahm kein Blatt vor den Mund: Die einzige deutsche Literatur, die emigriert war, schrieb er im Januar 1936, war jüdisch («die Schmierenschreiber der Romanindustrie»). Bermann Fischer zog nach Wien. Diesmal reagierte Thomas Mann. Sein offener Brief an die Zeitung war seine erste gewichtige öffentliche Stellungnahme seit Januar 1933. Mann machte Korrodi auf das Naheliegende aufmerksam: Unter den deutschen Schriftstellern im Exil waren sowohl Juden als auch Nichtjuden zu finden. Und was diejenigen anging, die in Deutschland blieben: «Man ist nicht deutsch, indem man völkisch ist. Der deutsche Judenhaß aber, oder derjenige der deutschen Machthaber, gilt, geistig gesehen, gar nicht den Juden oder nicht ihnen allein: er gilt Europa oder jedem höheren Deutschtum selbst; er gilt, wie sich immer deutlicher erweist, den christlich-antiken Fundamenten der abendländischen Gesittung: er ist der ... Versuch einer Abschüttelung zivilisatorischer Bindungen, der eine furchtbare, eine unheilschwangere Entfremdung zwischen dem Lande Goethes und der übrigen Welt zu bewirken droht» (Mann, *Briefe*, S. 413). Innerhalb von wenigen Monaten verloren alle Mitglieder der Familie Mann, soweit sie ihnen nicht schon früher aberkannt worden war, die deutsche Staatsangehörigkeit, und am 19. Dezember 1936 teilte der Dekan der Philosophischen Fakultät der Universität Bonn Thomas Mann mit, sein Name sei «von der Liste der Ehrendoktoren gestrichen» worden (Nigel Hamilton, *The Brothers Mann: The Lives of Heinrich and Thomas Mann, 1871–1950 and 1875–1955*, London 1978, S. 298).

25 Frederic Spotts, *Bayreuth: Eine Geschichte der Wagner Festspiele*, München 1994, S. 191.
26 Zitiert in Moshe Zimmerman, «Die aussichtslose Republik – Zukunftsperspektiven der deutschen Juden vor 1933», in: *Menora: Jahrbuch für deutsch-jüdische Geschichte* 1990, S. 164. Das bedeutete jedoch nicht, daß sich die jüdischen Wähler extremistischen Parteien zuwandten. Nach dem Verschwinden der Deutschen Demokratischen Partei (DDP) führten jüdische Stimmen bei den entscheidenden Wahlen von 1932 wahrscheinlich zur Wahl von zwei sozialdemokratischen Abgeordneten und von einem Abgeordneten des katholischen Zentrums (Ernest Hamburger, Peter Pulzer, «Jews as Voters in the Weimar Republic», in: *LBIY* 30 [1985], S. 66).
27 Kurt Jakob Ball-Kaduri, *Das Leben der Juden in Deutschland im Jahre 1933: Ein Zeitbericht*, Frankfurt a. M. 1963, S. 34.
28 Zitiert in Wolfgang Benz (Hrsg.), *Das Exil der kleinen Leute: Alltagserfahrung deutscher Juden in der Emigration*, München 1991, S. 16.
29 Ebd., S. 17.
30 Nach der Volkszählung vom 16. Juni 1933 lebten zu diesem Zeitpunkt in Deutschland (das Saargebiet nicht eingeschlossen) 499 682 Personen «mosaischen Glaubens», was 0,77 Prozent der gesamten deutschen Bevölkerung ausmachte. Siehe Ino Arndt, Heinz Boberach, «Deutsches Reich», in: Wolfgang Benz (Hrsg.), *Dimensionen des Völkermords: Die Zahl der jüdischen Opfer des Nationalsozialismus*, München 1991, S. 23. Es ist durchaus denkbar, daß zwischen Januar und Juni 1933 etwa 25 000 Juden aus Deutschland geflohen waren.
31 Zu der Petition und den anderen Details siehe *Akten der Reichskanzlei: Die Regierung Hitler, 1933–1938*, T. 1, *1933–1934*, hrsg. v. Karl-Heinz Minuth, Bd. 1, Boppard a. Rh. 1983, S. 296–98, 298 Anm.

32 Zimmerman, «Die aussichtslose Republik», S. 160.
33 Rüdiger Safranski, *Ein Meister aus Deutschland: Heidegger und seine Zeit*, München 1994, S. 271.
34 Wolfgang Benz (Hrsg.), *Die Juden in Deutschland 1933 –1945: Leben unter nationalsozialistischer Herrschaft*, München 1988, S. 18.
35 Martin Buber, *Briefwechsel aus sieben Jahrzehnten*, hrsg. v. Grete Schaeder, Bd. 2, *1918 –1938*, Heidelberg 1973, S. 466 f.
36 Juden wurden auch in die neuen Konzentrationslager abtransportiert: Am 12. April wurden vier Juden in Dachau ermordet. Sowohl in Dachau als auch in Oranienburg wurden von Anfang an «Judenkompanien» eingerichtet. Siehe Klaus Drobisch, «Die Judenreferate des Geheimen Staatspolizeiamtes und des Sicherheitsdienstes der SS 1933 –1939», in: *Jahrbuch für Antisemitismusforschung* 2 (1993), S. 231.
37 Die gründlichste Arbeit über die Machtergreifung durch die Nationalsozialisten in den Jahren 1933 und 1934 ist bis auf den heutigen Tag immer noch Karl Dietrich Bracher, Wolfgang Sauer, Gerhard Schulz, *Die nationalsozialistische Machtergreifung*, Köln 1962.
38 Drobisch, «Die Judenreferate», S. 231.
39 Martin Broszat, Elke Fröhlich, Falk Wiesemann (Hrsg.), *Bayern in der NS-Zeit: Soziale Lage und politisches Verhalten der Bevölkerung im Spiegel vertraulicher Berichte*, München 1977, S. 432.
40 Regierungspräsident von Hildesheim an Ortspolizeibehörden des Regierungsbezirks, 31. 3. 1933; Aktenstücke zur Judenverfolgung, Ortspolizeibehörde Göttingen, Mikrofilm MA–172, Institut für Zeitgeschichte [im folgenden: IfZ], München.
41 Ortspolizeibehörde Göttingen an den Regierungspräsidenten von Hildesheim, 1.4.33, ebd.
42 Deborah E. Lipstadt, *Beyond Belief: The American Press and the Coming of the Holocaust 1933 –1945*, New York 1986, S. 44 f. Zu den Positionen von Walter Lippmann siehe hauptsächlich Ronald Steel, *Walter Lippmann and the American Century*, Boston 1980, insbesondere S. 330 –33.
43 *Akten der Reichskanzlei: Die Regierung Hitler*, T. 1, Bd. 1, S. 251.
44 Zimmerman, «Die aussichtslose Republik», S. 155, 157 f.
45 Avraham Barkai, *Vom Boykott zur «Entjudung»: Der wirtschaftliche Existenzkampf der Juden im Dritten Reich 1933 –1943*, Frankfurt a. M. 1988, S. 24.
46 Heinz Höhne, *Die Zeit der Illusionen: Hitler und die Anfänge des Dritten Reiches 1933 –1936*, Düsseldorf 1991, S. 76.
47 Eine Beschreibung verschiedener Komponenten dieser radikalen Tendenz gibt Dietrich Orlow, *The History of the Nazi Party 1933 –1945*, Bd. 2, Pittsburgh 1973, S. 40 ff.
48 Richard Bessel, *Political Violence and the Rise of Nazism: The Storm Troopers in Eastern Germany, 1925 –1934*, New Haven, Conn. 1984, S. 107.
49 David Bankier, «Hitler and the Policy-Making Process on the Jewish Question», in: *Holocaust and Genocide Studies* 3 (1988), No. 1, S. 4.
50 *Akten der Reichskanzlei: Die Regierung Hitler*, T. 1, Bd. 1, S. 277.
51 Aufzeichnungen von Telefongesprächen zwischen dem State Department und der US-Botschaft in Berlin, 31. März 1933; *Foreign Relations of the United States, 1933*, Bd. 2, Washington, D. C. 1948, S. 342 ff.
52 Henry Friedlander, Sybil Milton (Hrsg.), *Archives of the Holocaust*, Bd. 17, *American Jewish Committee New York*, ed. Frederick D. Bogin, New York 1993, S. 4. Im Mai 1933 wurde (wahrscheinlich in Berlin) von einem vorgeblich jüdischen Verlag, «Jakov Trachtenberg», unter dem Titel *Die Greuel-Propaganda ist eine Lügenpropaganda, sagen die deutschen Juden selbst* eine Sammlung verschiedener jüdi-

scher Erklärungen in drei Sprachen – Deutsch, Englisch und Französisch – herausgegeben. Dieses Buch sollte wahrscheinlich weltweit verbreitet werden. Ich bin Hans Rogger dafür dankbar, daß er mich auf diese Publikation aufmerksam gemacht hat.
53 Yoav Gelber, «The Reactions of the Zionist Movement and the Yishuv to the Nazis' Rise to Power», in: *Yad Vashem Studies* 18 (1987), S. 46. Aus Gelbers Text wird nicht deutlich, ob das Telegramm vor oder nach dem 1. April abgeschickt wurde.
54 Zur mißlichen Lage der Führung der amerikanischen Juden siehe Gulie Ne'eman Arad, *The American Jewish Leadership and the Nazi Menace*, Bloomington, Ind., im Druck [1999].
55 Gelber, «The Reactions of the Zionist Movement», S. 47 f. Zum Boykott der amerikanischen Juden siehe vor allem Moshe R. Gottlieb, *American Anti-Nazi Resistance, 1933–1941: An Historical Analysis*, New York 1982.
56 Goebbels, *Die Tagebücher*, Bd. 2, S. 398 f.
57 Ebd., S. 400.
58 Ebd.
59 Barkai, *Vom Boykott zur «Entjudung»*, S. 12.
60 Zu einer detaillierten Darstellung der konkreten Probleme, auf die die Nationalsozialisten stießen, siehe Karl A. Schleunes, *The Twisted Road to Auschwitz: Nazi Policy toward German Jews 1933–1939*, Urbana, Ill. 1970, S. 84–90.
61 Ebd., S. 94.
62 Peter Hanke, *Zur Geschichte der Juden in München zwischen 1933 und 1945*, München 1967, S. 85.
63 Ebd. S. 85 f.
64 Zu Martha Appels Erinnerungen siehe Monika Richarz (Hrsg.), *Jüdisches Leben in Deutschland: Selbstzeugnisse zur Sozialgeschichte 1918–1945*, Stuttgart 1982, S. 231 f.
65 Broszat, Fröhlich, Wiesemann, *Bayern in der NS-Zeit*, Bd. 1, S. 435.
66 Helmut Genschel, *Die Verdrängung der Juden aus der Wirtschaft im Dritten Reich*, Göttingen 1966, S. 58.
67 Am 5. April berichtete der deutsche Botschafter in Frankreich nach Berlin: «Wie ungünstig Aktion gegen Juden in Frankreich gewirkt habe, beweise am besten Sympathiebezeugung hoher katholischer und protestantischer Geistlichkeit für französisch-jüdische Kundgebungen gegen judenfeindliche Aktion in Deutschland. ... [Man solle] sich keinem Zweifel darüber hingeben, daß Aktion von aus materiellen oder politischen Gründen gegen Deutschland eingestellten französischen Kreisen restlos ausgenutzt worden sei und daß diese Zweck, Gefahr vor zu Gewalttätigkeiten neigendem Deutschland auch bei Landbevölkerung aufs neue in den schwärzesten Farben zu malen, voll erreicht hätten» (Köster an Auswärtiges Amt, 5. April 1933; *Akten zur deutschen auswärtigen Politik*, Serie C, 1933–1937, Bd. 1, T. 1, Göttingen 1971, S. 250).
68 Ernst Noam, Wolf-Arno Kropat, *Juden vor Gericht, 1933–1945: Dokumente aus hessischen Justizakten*, Wiesbaden 1975, S. 84–86.
69 Akten der Parteikanzlei der NSDAP, Microfiche 581 00181, IfZ, München (Parteikanzlei der NSDAP).
70 David Bankier, «The German Communist Party and Nazi Anti-Semitism, 1933–1938», in: *LBIY* 32 (1987), S. 327.
71 Barkai, *Vom Boykott zur «Entjudung»*, S. 26.
72 Ebd., S. 83. Infolgedessen wurde ein Teil der Aktien von Tietz von großen deutschen Banken erworben. 1934 verkauften die Brüder Tietz den Rest; die Firma wurde arisiert und in Hertie AG umbenannt.
73 Nationalsozialistische Betriebszelle des Ullstein-Verlags an Reichskanzler, 21. 6.

1933; Max Kreuzberger Research Papers, AR 7183, Karton 10, Mappe 1, Leo Baeck Institute [im folgenden: LBI], New York.
74 Ron Chernow, *Die Warburgs: Odyssee einer Familie*, Berlin 1994, S. 461.
75 Harold James, «Die Deutsche Bank und die Diktatur 1933–1945», in: Lothar Gall et al. (Hrsg.), *Die Deutsche Bank 1870–1995*, München 1995, S. 336.
76 Ebd.
77 Die umfassende Argumentation und eine Fülle von unterstützendem Archivmaterial präsentiert Peter Hayes, «Big Business and ‹Aryanisation› in Germany, 1933–1939», in: *Jahrbuch für Antisemitismusforschung* 3 (1994), S. 254 ff.
78 Peter Hayes, *Industry and Ideology: IG Farben in the Nazi Era*, New York 1987, S. 93.
79 Chernow, *Die Warburgs*, S. 465 f.
80 Hilberg, *Die Vernichtung der europäischen Juden*, Bd. 1, S. 36 f.
81 Herbert Michaelis, Ernst Schraepler (Hrsg.), *Ursachen und Folgen: Vom deutschen Zusammenbruch 1918 und 1945 bis zur staatlichen Neuordnung Deutschlands in der Gegenwart: Eine Urkunden- und Dokumentensammlung zur Zeitgeschichte*, Bd. 9, Berlin 1964, S. 383.
82 Joseph Walk (Hrsg.), *Das Sonderrecht für die Juden im NS-Staat*, Heidelberg 1981, S. 4.
83 Hermann Graml, *Reichskristallnacht: Antisemitismus und Judenverfolgung im Dritten Reich*, München 1988, S. 120.
84 Walk, *Das Sonderrecht*, S. 3.
85 Ebd., S. 36.
86 Zu einer eingehenden Beschreibung dieser Gesetze siehe insbesondere Schleunes, *The Twisted Road*, S. 102–104.
87 Die bis auf den heutigen Tag beste Gesamtanalyse des Beamtengesetzes findet sich immer noch bei Hans Mommsen, *Beamtentum im Dritten Reich*, Stuttgart 1966, S. 39 ff.
88 Walk, *Sonderrecht*, S. 12 f. Das Parteiprogramm von 1920 schloß Juden von der Parteimitgliedschaft aus. Nach 1933 schlossen die meisten direkt der Partei angegliederten Organisationen wie etwa die Deutsche Arbeitsfront eine Mitgliedschaft für jeden aus, der in der Zeit nach 1800 jüdische Vorfahren hatte. Siehe Jeremy Noakes, «Wohin gehören die ‹Judenmischlinge›? Die Entstehung der ersten Durchführungsverordnungen zu den Nürnberger Gesetzen», in: Ursula Büttner, Werner Johe, Angelika Voss (Hrsg.), *Das Unrechtsregime: Internationale Forschung über den Nationalsozialismus*, Bd. 2, *Verfolgung, Exil, belasteter Neubeginn*, Hamburg 1986, S. 71.
89 Hilberg, *Die Vernichtung der europäischen Juden*, Bd. 1, S. 57. Für Hilberg führte eine gerade Linie von der ersten Definition zur schließlichen Vernichtung.
90 Zu Einzelheiten hinsichtlich der Ursprünge des antijüdischen Paragraphen im Beamtengesetz siehe Günter Neliba, *Wilhelm Frick, der Legalist des Unrechtsstaates: Eine politische Biographie*, Paderborn 1992, S. 168 ff.
91 Ebd., S. 171; siehe auch Mommsen, *Beamtentum*, S. 48, 53.
92 Hans-Joachim Dahms, «Einleitung», in: Heinrich Becker, Hans-Joachim Dahms, Cornelia Wegeler (Hrsg.), *Die Universität Göttingen unter dem Nationalsozialismus: Das verdrängte Kapitel ihrer 250jährigen Geschichte*, München 1987, S. 17 f.
93 Achim Gercke, «Die Lösung der Judenfrage», in: *Nationalsozialistische Monatshefte* 38 (Mai 1933), S. 196. Gercke schrieb nicht einfach, die Gesetze seien «erzieherisch», sondern er bezeichnete sie als «richtunggebend erzieherisch».
94 Walk, *Das Sonderrecht*, S. 12.
95 Comité des Délégations Juives (Hrsg.), *Das Schwarzbuch: Tatsachen und Dokumente. Die Lage der Juden in Deutschland 1933*, Paris 1934 (Nachdruck Berlin 1983), S. 105.
96 Uwe Dietrich Adam, *Judenpolitik im Dritten Reich*, Düsseldorf 1972, S. 50 ff., 65 ff.

Zu Schlegelbergers Bericht an Hitler vom 4. April siehe *Akten der Reichskanzlei,* T. 1, Bd. 1, S. 293 Anm. Zur Äußerung Hitlers siehe das Protokoll der Kabinettssitzung vom 7. April 1933, ebd., S. 324.
97 Dirk Blasius, «Zwischen Rechtsvertrauen und Rechtszerstörung: Deutsche Juden 1933–1935», in: Dirk Blasius, Dan Diner (Hrsg.), *Zerbrochene Geschichte: Leben und Selbstverständnis der Juden in Deutschland,* Frankfurt a. M. 1991, S. 130.
98 Barkai, *Vom Boykott zur «Entjudung»,* S. 14.
99 Konrad H. Jarausch, «Jewish Lawyers in Germany, 1848–1938: The Disintegration of a Profession», in: *LBIY* 36 (1991), S. 181 f.
100 Comité des Délégations Juives, *Das Schwarzbuch,* S. 195 f.
101 *Akten der Reichskanzlei,* T. 1, Bd. 1, S. 324. («Hier müsse eine umfassende Aufklärung einsetzen.»)
102 Walk, *Das Sonderrecht,* S. 17; Albrecht Götz von Olenhusen, «Die ‹nichtarischen› Studenten an den deutschen Hochschulen: Zur nationalsozialistischen Rassenpolitik 1933–1945», in: *Vierteljahrshefte für Zeitgeschichte* [im folgenden: *VfZ*] 14 (1966), No. 2, S. 177 ff.
103 Ebd., S. 180.
104 Zu diesem Punkt siehe Kurt Pätzoldt, *Faschismus, Rassenwahn, Judenverfolgung: Eine Studie zur politischen Strategie und Taktik des faschistischen deutschen Imperialismus (1933–1945),* Berlin (Ost) 1975, S. 105.
105 Zum Fall des Karl Berthold (Name geändert) und den damit zusammenhängenden Dokumenten siehe Hans Mommsen, «Die Geschichte des Chemnitzer Kanzleigehilfen K. B.», in: Detlev Peukert, Jürgen Reulecke (Hrsg.), *Die Reihen fast geschlossen: Beiträge zur Geschichte des Alltags unterm Nationalsozialismus,* Wuppertal 1981, S. 337 ff.
106 Ebd., S. 348.
107 Ebd., S. 350.
108 Ebd.
109 Ebd., S. 351.
110 Lammers an Heß, 6. 6. 1933, Parteikanzlei der NSDAP, Microfiche 10129934, IfZ, München.
111 Zu den Einzelheiten dieses Falles siehe Jeremy Noakes, «The Development of Nazi Policy Towards the German-Jewish ‹Mischlinge› 1933–1945», in: *LBIY* 34 (1989), S. 316 f.
112 Volker Dahm, «Anfänge und Ideologie der Reichskulturkammer», in: *VfZ* 34 (1986), No. 1, S. 78. Siehe auch Alan Edward Steinweis, *Art, Ideology and Economics in Nazi Germany: The Reich Chamber of Culture and the Regulation of the Culture Professions in Nazi Germany,* Chapel Hill, N. C. 1988, S. 322 ff.
113 Zu Einzelheiten dieser Frage siehe insbesondere Herbert Freeden, «Das Ende der jüdischen Presse in Nazideutschland», in: *Bulletin des Leo Baeck Instituts* 65 (1983), S. 4 f.
114 James, «Die Deutsche Bank», S. 337.
115 Mommsen, *Beamtentum,* S. 49.
116 Zitiert in Peter Pulzer, *Die Entstehung des politischen Antisemitismus in Deutschland und Österreich 1867–1914,* Gütersloh 1966, S. 101.
117 Donald M. McKale, «From Weimar to Nazism: Abteilung III of the German Foreign Office and the Support of Antisemitism, 1931–1935», in: *LBIY* 32 (1987), S. 297 ff. Zur Einstellung der Wilhelmstraße hinsichtlich der «Judenfrage» in der Frühphase des Regimes siehe auch Christopher R. Browning, *The Final Solution and the German Foreign Office,* New York 1978.
118 Reinhard-Maria Strecker, *Dr. Hans Globke: Aktenauszüge, Dokumente,* Hamburg 1961, S. 28.
119 Eine erste Zusammenfassung dieses Dokuments wurde am 1. April 1963 von

dem israelischen Historiker Shaul Esh auf hebräisch in *Ha'aretz* veröffentlicht; es wurde als Gesamtplan für das ganze antijüdische Programm der Nationalsozialisten interpretiert. Zur englischen Übersetzung mit Kommentaren siehe Uwe Dietrich Adam, «An Overall Plan for Anti-Jewish Legislation in the Third Reich?», in: *Yad Vashem Studies* 11 (1976), S. 33–55.
120 Ebd., S. 40.
121 Erstmals veröffentlicht in Michaelis, Schraepler, *Ursachen*, S. 393–95. Siehe auch *Akten zur deutschen auswärtigen Politik 1918–1945*, Serie C, *1933–1937*, Bd. 1, T. 1, S. 253–55.
122 *Akten der Reichskanzlei: Die Regierung Hitler*, T. 1, Bd. 1, S. 391 f.
123 Walk, *Das Sonderrecht*, S. 8.
124 Ebd., S. 9.
125 Ebd., S. 10.
126 Ebd., S. 13.
127 Ebd., S. 14.
128 Ebd., S. 15.
129 Ebd., S. 16. (Beispielsweise durfte man nicht mehr sagen: «A wie Abraham.»)
130 Ebd., S. 19.
131 Ebd., S. 21.
132 Ebd., S. 23.
133 Ebd., S. 25.
134 Kommission zur Erforschung der Geschichte der Frankfurter Juden (Hrsg.), *Dokumente zur Geschichte der Frankfurter Juden 1933–1945*, Frankfurt a. M. 1963, S. 95.
135 *Chronik der Stadt Stuttgart 1933–1945*, Stuttgart 1982, S. 21.
136 Ebd., S. 22.
137 Ebd.
138 Ebd., S. 25.
139 Ebd., S. 26.
140 Ebd., S. 27.
141 William Sheridan Allen, «*Das haben wir nicht gewollt!*» *Die nationalsozialistische Machtergreifung in einer Kleinstadt 1930–1935*, Gütersloh 1966, S. 218 f.
142 Ebd., S. 221.
143 Ebd., S. 222.
144 Deborah Dwork, *Kinder mit dem gelben Stern: Europa 1933–1945*, München 1994, S. 34.
145 Richarz, *Jüdisches Leben in Deutschland*, S. 232.
146 Götz Aly, Karl-Heinz Roth, *Die restlose Erfassung: Volkszählen, Identifizieren, Aussondern im Nationalsozialismus*, Berlin 1984, S. 55.
147 Robert N. Proctor, *Racial Hygiene: Medicine under the Nazis*, Cambridge, Mass. 1988, S. 95.
148 Jeremy Noakes, «Nazism and Eugenics: The Background to the Nazi Sterilization Law of 14 July 1933», in: R. J. Bullen, H. Pogge von Strandmann, A. B. Polonsky (Hrsg.), *Ideas into Politics: Aspects of European History 1880–1950*, London 1984, S. 83 f.
149 Zu den wirtschaftlichen Auswirkungen der Weltwirtschaftskrise auf die psychiatrische Versorgung siehe Michael Burleigh, *Death and Deliverance: «Euthanasia» in Germany 1900–1945*, Cambridge 1994, S. 33 ff.
150 Noakes, «Nazism and Eugenics», S. 84 f.
151 Gisela Bock, *Zwangssterilisation im Nationalsozialismus: Studien zur Rassenpolitik und Frauenpolitik*, Opladen 1986, S. 49–51, 55 f.
152 Noakes, «Nazism and Eugenics», S. 85.
153 Ebd., S. 86.
154 Hans-Walter Schmuhl, «Reformpsychiatrie und Massenmord», in: Michael Prinz,

Rainer Zitelmann (Hrsg.), *Nationalsozialismus und Modernisierung*, Darmstadt 1991, S. 249.
155 Noakes, «Nazism and Eugenics», S. 87.
156 Schmuhl, «Reformpsychiatrie und Massenmord», S. 250.

2. Einverstandene Eliten, bedrohte Eliten

1 Eberhard Röhm, Jörg Thierfelder, *Juden – Christen – Deutsche*, Bd. 1, *1933–1935*, Stuttgart 1990, S. 120 ff.
2 Klaus Scholder, *Die Kirchen und das Dritte Reich*, Bd. 1, *Vorgeschichte und Zeit der Illusionen 1918–1934*, Frankfurt a. M. 1977, S. 338 ff.
3 Ebd.
4 Wolfgang Gerlach, *Als die Zeugen schwiegen: Bekennende Kirche und die Juden*, Berlin 1987, S. 42.
5 *Akten deutscher Bischöfe über die Lage der Kirche 1933–45*, Bd. 1: *1933–1934*, hrsg. v. Bernhard Stasiewski, Mainz 1968, S. 42 Anm., 43 Anm.
6 Ernst Christian Helmreich, *The German Churches Under Hitler: Background, Struggle and Epilogue*, Detroit 1979, S. 276 f. Zum deutschen Original siehe *Akten deutscher Bischöfe*, Bd. 2, S. 54 Anm.
7 Ernst Klee, *«Die SA Jesu Christi»: Die Kirche im Banne Hitlers*, Frankfurt a. M. 1989, S. 30.
8 Zu den Zitaten siehe Ludwig Volk (Hrsg.), *Kirchliche Akten über die Reichskonkordatsverhandlungen 1933*, Mainz 1969, S. 18; vgl. Helmreich, *The German Churches*, S. 276 f.
9 Klaus Scholder, «Judaism and Christianity in the Ideology and Politics of National Socialism», in: Otto Dov Kulka, Paul Mendes-Flohr (Hrsg.), *Judaism and Christianity Under the Impact of National Socialism 1919–1945*, Jerusalem 1987, S. 191 ff.
10 Zitiert in Heiko A. Oberman, Adolf Martin Ritter, Hans-Walter Krumwiede (Hrsg.), *Kirchen- und Theologiegeschichte in Quellen*, Bd. 4, *Neuzeit*, T. 2, *1870–1975*, Neukirchen-Vluyn ³1989, S. 119; vgl. Doris L. Bergen, *Twisted Cross: The German Christian Movement in the Third Reich*, Chapel Hill, N. C. 1996, S. 23. Am 13. November 1933 erklärte der Obmann des Gaus Berlin der Deutschen Christen, ein gewisser Dr. Krause, auf einer Versammlung der Bewegung im Sportpalast: «Diese Aufgabe [eine deutsche Volkskirche zu werden] kann die neue Kirche nur erfüllen, wenn sie ... dem deutschen Gotterleben in Kultur und Bekenntnis Raum gibt. Dazu gehört zunächst die Befreiung von allem Undeutschen im Gottesdienst und im Bekenntnismäßigen, Befreiung vom Alten Testament mit seiner jüdischen Lohnmoral, von diesen Viehhändler- und Zuhältergeschichten. ... In der deutschen Volkskirche haben Menschen fremden Blutes nichts zu suchen, weder auf noch unter den Kanzeln. Alles, was aus volksfremdem Geist eingedrungen ist, ... muß aus der deutschen Volkskirche entfernt werden» (Ulrich Thürauf [Hrsg.], *Schulthess' Europäischer Geschichtskalender* 74 [1933], S. 244).
11 Zitiert in Robert Raphael Geis, *Versuche des Verstehens: Dokumente jüdisch-christlicher Begegnung aus den Jahren 1918–1933*, München 1966, S. 143 f.; vgl. Paul R. Mendes-Flohr, «Ambivalent Dialogue: Jewish-Christian Theological Encounter in the Weimar Republic», in: Kulka, Mendes-Flohr (Hrsg.), *Judaism and Christianity*, S. 121.
12 Uriel Tal, «Recht und Theologie: Zum Status des deutschen Judentums zu Beginn des Dritten Reiches», in: *Politische Theologie und das Dritte Reich*, Tel Aviv 1989, S. 16 (Hebräisch). Die englische Fassung dieses Textes erschien 1982 als Broschüre, die von der Universität Tel Aviv veröffentlicht wurde.

13 Zu den intensiven theologischen Diskussionen, die durch die Einführung des «Arierparagraphen» ausgelöst wurden, siehe ebd.
14 Scholder, *Die Kirchen und das Dritte Reich*, Bd. 1, S. 612 ff.
15 Hans Buchheim (Hrsg.), «Ein NS-Funktionär zum Niemöller- Prozeß», in: *VfZ* 4 (1956), S. 313; vgl. Robert Michael, «Theological Myth, German Anti-Semitism and the Holocaust: The Case of Martin Niemöller», in: *Holocaust and Genocide Studies* 2 (1987), S. 112. (Den Titel «Sätze zur Arierfrage» sollte man als Euphemismus ansehen, ebenso wie der «Arierparagraph» in Wirklichkeit den «Judenparagraphen» bedeutete.)
16 Gerlach, *Als die Zeugen schwiegen*, S. 87.
17 Dietrich Bonhoeffer, *Gesammelte Schriften*, Bd. 2, *Kirchenkampf und Finkenwalde*, München 1959, S. 49 f.; vgl. Michael, «Theological Myth», S. 113.
18 Ebd.
19 Zitiert in Uriel Tal, «On Structures of Political Theology and Myth in Germany prior to the Holocaust», in: Yehuda Bauer, Nathan Rotenstreich (Hrsg.), *The Holocaust as Historical Experience*, New York 1981, S. 55.
20 Richard Gutteridge, *Open Thy Mouth for the Dumb! The German Evangelical Church and the Jews 1879–1950*, Oxford 1976, S. 122.
21 Günther van Norden, «Die Barmer Theologische Erklärung und die Judenfrage», in: Ursula Büttner et al. (Hrsg.), *Das Unrechtsregime*, Bd. 1, *Ideologie – Herrschaftssystem – Wirkung in Europa*, Hamburg 1986, S. 315 ff.
22 Guenter Lewy, *Die katholische Kirche und das Dritte Reich*, München 1965, S. 30.
23 Ebd., S. 297.
24 *Akten deutscher Bischöfe*, Bd. 1, S. 100–102.
25 Klee an Auswärtiges Amt, 12. September 1933, *Akten zur deutschen auswärtigen Politik*, Serie C, Bd. 1, T. 2, S. 785.
26 Scholder, *Die Kirchen und das Dritte Reich*, Bd. 1, S. 660.
27 Michael Faulhaber, *Judentum, Christentum, Germanentum: Adventspredigten gehalten in St. Michael zu München 1933*, München 1933, S. 9 ff. Die Argumente Faulhabers spiegeln eine althergebrachte christliche polemische Tradition gegenüber dem Talmud. Siehe insbesondere Amos Funkenstein, «Changes in Christian Anti-Jewish Polemics in the Twelfth Century», in: *Perceptions of Jewish History*, Berkeley, Calif. 1993, S. 172–201 und vor allem S. 189–96.
28 Helmreich, *The German Churches Under Hitler*, S. 262.
29 Heinz Boberach (Hrsg.), *Berichte des SD und der Gestapo über Kirchen und Kirchenvolk in Deutschland 1934–1944*, Mainz 1971, S. 7. Zwar vermieden kirchliche Würdenträger in der Regel Äußerungen zu den zeitgenössischen Aspekten der Judenfrage, aber einige katholische Lokalblätter lenkten die Aufmerksamkeit ihrer Leser auf die brutale Behandlung, welche die Juden erfuhren. Zum Beispiel erwähnte das katholische *Bamberger Volksblatt* am 23. Mai 1933 ausdrücklich, daß der junge Gerichtsangestellte Willy Aron, der Jude war, in Dachau umgekommen war. Zur Bedeutung dieses Falles siehe Norbert Frei, *Nationalsozialistische Eroberung der Provinzpresse: Gleichschaltung, Selbstanpassung und Resistenz in Bayern*, Stuttgart 1980, S. 273–75.
30 Zitiert in Walter Hofer (Hrsg.), *Der Nationalsozialismus: Dokumente 1933–1945*, Frankfurt a. M. 1957, S. 130.
31 Zitiert in Konrad Kwiet, Helmut Eschwege, *Selbstbehauptung und Widerstand: Deutsche Juden im Kampf um Existenz und Menschenwürde 1933–1945*, Hamburg 1984, S. 221.
32 Gerhard Sauder (Hrsg.), *Die Bücherverbrennung*, München 1983, S. 50–52. Die 16 Namen waren: Bonn (Berlin), Cohn (Breslau), Dehn (Halle), Feiler (Königsberg), Heller (Frankfurt a. M.), Horkheimer (Frankfurt a. M.), Kantorowicz (Frankfurt a. M.), Kantorowicz (Kiel), Kelsen (Köln), Lederer (Berlin), Löwe (Frankfurt

a. M.), Löwenstein (Bonn), Mannheim (Frankfurt a. M.), Mark (Breslau), Tillich (Frankfurt a. M.), Sinzheimer (Frankfurt a. M.).

33 Doron Niederland, «The Emigration of Jewish Academics and Professionals from Germany in the First Years of Nazi Rule», in: *LBIY* 33 (1988), S. 291. Von einem Fach zum anderen und von einer Universität zur anderen variieren die Zahlen erheblich. In der Biologie beispielsweise machten die als Juden definierten oder mit jüdischen Frauen verheirateten Wissenschaftler, die zwischen 1933 und 1939 (einschließlich der Universitäten Wien und Prag) entlassen wurden, etwa 9 Prozent des gesamten Lehrkörpers des Faches aus (30 von 337). Siehe Ute Deichmann, *Biologen unter Hitler: Vertreibung, Karrieren, Forschung*, Frankfurt a. M. 1992, S. 34.

34 Alan D. Beyerchen, *Wissenschaftler unter Hitler: Physiker im Dritten Reich*, Köln 1980, S. 36–52. Zu Teilen des Textes über die Universitäten siehe Saul Friedländer, «The Demise of the German Mandarins: The German University and the Jews 1933–1939», in: Christian Jansen et al. (Hrsg.), *Von der Aufgabe der Freiheit: Politische Verantwortung und bürgerliche Gesellschaft im 19. und 20. Jahrhundert*, Berlin 1995, S. 63 ff.

35 Helmut Heiber, *Universität unterm Hakenkreuz*, T. 2, *Die Kapitulation der Hohen Schulen: Das Jahr 1933 und seine Themen*, Bd. 1, München 1992, S. 26.

36 Uwe Dietrich Adam, *Hochschule und Nationalsozialismus: Die Universität Tübingen im Dritten Reich*, Tübingen 1977, S. 36.

37 Alle Details des Freiburger Falles stammen aus Edward Seidler, «Die Medizinische Fakultät zwischen 1926 und 1948», in: Eckhard John, Bernd Martin, Marc Mück, Hugo Ott (Hrsg.), *Die Freiburger Universität in der Zeit des Nationalsozialismus*, Freiburg, Würzburg 1991, S. 76 f.

38 Arno Weckbecker, *Die Judenverfolgung in Heidelberg 1933–1945*, Heidelberg 1985, S. 150. Im selben Zeitraum waren fünf «arische» Dozenten aus politischen Gründen entlassen worden.

39 Benno Müller-Hill, *Tödliche Wissenschaft: Die Aussonderung von Juden, Zigeunern und Geisteskranken 1933–1945*, Reinbek 1984, S. 28.

40 Paul Weindling, *Health, Race and German Politics Between National Unification and Nazism, 1870–1945*, Cambridge 1989, S. 495.

41 Chernow, *Die Warburgs*, S. 649.

42 Müller-Hill, *Tödliche Wissenschaft*, S. 31.

43 Karen Schönwälder, *Historiker und Politik: Geschichtswissenschaft im Nationalsozialismus*, Frankfurt a. M. 1992, S. 29 ff., 33.

44 Zu einer detaillierteren Darstellung und Analyse der Gleichgültigkeit deutscher Universitätsprofessoren gegenüber dem Schicksal ihrer jüdischen Kollegen wie auch zu den Äußerungen regelrechter Feindseligkeit bei einigen von ihnen siehe Friedländer, «The Demise of the German Mandarins», vor allem S. 70 ff. Zur Einstellung des berühmten Wirtschaftsgeschichtlers Werner Sombart siehe ebd., S. 73, sowie Friedrich Lenger, *Werner Sombart 1863–1941: Eine Biographie*, München 1994, S. 359; eine gute Analyse von Sombarts antijüdischer intellektueller Position bietet vor allem Jeffrey Herf, *Reactionary Modernism: Technology, Culture and Politics in Weimar and the Third Reich*, Cambridge 1993, S. 130 ff.

45 Kurt Pätzold, *Verfolgung, Vertreibung, Vernichtung: Dokumente des faschistischen Antisemitismus 1933 bis 1942*, Frankfurt a. M. 1984, S. 53.

46 Geoffrey J. Giles, «Professor und Partei: Der Hamburger Lehrkörper und der Nationalsozialismus», in: Eckart Krause, Ludwig Huber, Holger Fischer (Hrsg.), *Hochschulalltag im Dritten Reich: Die Hamburger Universität 1933–1945*, Berlin 1991, S. 115.

47 Christian Jansen, *Professoren und Politik: Politisches Denken und Handeln der Heidelberger Hochschullehrer 1914–1935*, Göttingen 1992, S. 289 ff.

48 Claudia Schorcht, *Philosophie an den bayerischen Universitäten 1933–1945*, Erlangen 1990, S. 159 ff. Es kann sein, daß in einem frühen Stadium einige andere gemeinsame Erklärungen zugunsten von jüdischen Kollegen geplant waren, die nie konkret verwirklicht wurden. Nach Angaben Otto Hahns wurde ihm von Max Planck die Absicht ausgeredet, eine derartige Petition zu organisieren, und zwar mit dem Argument, sie würde lediglich eine viel stärkere Gegenerklärung auslösen. Siehe J. L. Heilbron, *The Dilemmas of an Upright Man: Max Planck as Spokesman for German Science*, Berkeley, Calif. 1986, S. 150.
49 Von dieser Intervention wissen wir aus der Darstellung, die Max Planck selbst nach dem Kriege gegeben hat. Nach Angaben von Planck erklärte Hitler, er habe nichts gegen die Juden und sei nur Antikommunist; dann bekam er angeblich einen Wutanfall. Siehe Heilbron, *The Dilemmas of an Upright Man*, S. 153. Derartige Nachkriegsberichte lassen sich schwer erhärten.
50 Hugo Ott, *Martin Heidegger: Unterwegs zu seiner Biographie*, Frankfurt a. M. 1988, S. 198–200.
51 Rüdiger Safranski, *Ein Meister aus Deutschland: Heidegger und seine Zeit*, München 1994, S. 299.
52 Hugo Ott, *Laubhüttenfest 1940: Warum Therese Löwy einsam sterben mußte*, Freiburg 1994, S. 113.
53 Ebd.
54 Elżbieta Ettinger, *Hannah Arendt, Martin Heidegger: Eine Geschichte*, München, Zürich 1995, S. 42. Die Briefe Heideggers sind paraphrasiert, da Ettinger nicht die Genehmigung erhalten hatte, sie direkt zu zitieren.
55 Thomas Sheehan, «Heidegger and the Nazis», in: *New York Review of Books*, 16. Juni 1988, S. 40.
56 Victor Farías, *Heidegger und der Nationalsozialismus*, Frankfurt a. M. 1989, S. 224; vgl. Sheehan, «Heidegger and the Nazis», S. 40.
57 Ebd. Siehe auch Ott, *Laubhüttenfest 1940*, S. 183.
58 Safranski, *Ein Meister aus Deutschland*, S. 302.
59 Ebd., S. 300.
60 Heinrich Meier, *Carl Schmitt, Leo Strauss und «Der Begriff des Politischen»: Dialog unter Abwesenden*, Stuttgart 1988, S. 137.
61 Ebd., S. 14 f.
62 Zu allen Einzelheiten in diesem Abschnitt siehe Bernd Rüthers, *Carl Schmitt im Dritten Reich: Wissenschaft als Zeitgeist-Bestärkung?*, München 1990, S. 31–34.
63 Wolfgang Heuer, *Hannah Arendt*, Reinbek 1987, S. 29.
64 Kommission ..., *Dokumente zur Geschichte der Frankfurter Juden*, S. 99 f.
65 Donald L. Niewyk, *The Jews in Weimar Germany*, Baton Rouge, La. 1980, S. 67. Die Einschätzung Michael Katers ist etwas deutlicher: «Die Zahl der Professoren, die sich zum Nationalsozialismus bekehrten, wobei das Motiv oft Antisemitismus war, nahm insbesondere 1932 zu, und selbst wenn die meisten von ihnen sich dafür entschieden, außerhalb der Partei zu bleiben, legen die Unterlagen nahe, daß sie im Grunde ihres Herzens zu Hitler übergelaufen waren» (Michael Kater, *The Nazi Party: A Social Profile of Members and Leaders 1919–1945*, Oxford 1983, S. 69). Die Judäophobie, die während des Kaiserreichs und noch mehr während der Weimarer Republik in akademischen Kreisen herrschte, ist zu gut belegt, als daß sie noch vieler weiterer Beweise bedürfte. Doch einige berüchtigte Vorfälle lassen sich auf gegensätzliche Weise deuten. Im Jahre 1924 trat der jüdische Nobelpreisträger für Chemie und Professor an der Universität München Richard Willstätter aus Protest gegen die Entscheidung des Dekans und einer Mehrheit der Fakultät, aus offensichtlich antisemitischen Gründen den Geochemiker Viktor Goldschmidt nicht zu berufen, zurück. Doch andererseits versuchte eine große Zahl von Fakultätsmitgliedern und Studenten wochenlang, Willstätter zur

Rücknahme seiner Entscheidung zu bewegen – vergeblich. Zu diesem Fall als solchem und zu Willstätters Rücktritt siehe Fritz Stern, *Der Traum vom Frieden und die Versuchung der Macht: Deutsche Geschichte im 20. Jahrhundert*, Berlin 1988, S. 54f., sowie John V. H. Dippel, *Die große Illusion*, Weinheim 1997, S. 85–91.
66 Michael H. Kater, *Studentenschaft und Rechtsradikalismus in Deutschland 1918– 1933*, Hamburg 1975, S. 145f.
67 Geoffrey J. Giles, *Students and National Socialism in Germany*, Princeton, N. J. 1985, S. 17.
68 Ulrich Herbert, «‹Generation der Sachlichkeit›: Die völkische Studentenbewegung der frühen zwanziger Jahre in Deutschland», in: Frank Bajohr et al. (Hrsg.), *Zivilisation und Barbarei: Die widersprüchlichen Potentiale der Moderne*, Hamburg 1991, S. 115ff. Zur Gründung und zum Wachstum des NSDStB bis 1933 siehe auch Michael Grüttner, *Studenten im Dritten Reich*, Paderborn 1995, S. 19–61.
69 Am 12. November 1930 berichtete das *Berliner Tageblatt*, etwa 500 nationalsozialistische Studenten hätten auf dem Gelände der Berliner Universität Angriffe gegen republikfreundliche und jüdische Studenten verübt: «Bei den sich entwickelnden Schlägereien wurde ein sozialdemokratischer Student blutig geschlagen und mußte sich in ärztliche Behandlung begeben. Im Innern der Universität wurde eine jüdische Studentin von Nationalsozialisten angegriffen, zu Boden geworfen und mit Füßen getreten. ... Abwechselnd wurde im Chorus ‹Deutschland erwache!› und ‹Juden raus!› gerufen» (Kater, *Studentenschaft und Rechtsradikalismus*, S. 155).
70 Ebd., S. 157.
71 Kater, *The Nazi Party*, S. 184.
72 Rudolf Schottländer, «Antisemitische Hochschulpolitik: Zur Lage an der Technischen Hochschule Berlin 1933/34», in: Reinhard Rürup (Hrsg.), *Wissenschaft und Gesellschaft: Beiträge zur Geschichte der Technischen Universität Berlin 1879–1979*, Bd. 1, Berlin 1979, S. 447.
73 Ebd.
74 Ebd., S. 448.
75 Sauder, *Die Bücherverbrennung*, S. 89. In Berlin führte die Bekanntgabe dieser Thesen umgehend zu einem Konflikt zwischen den Studenten und dem Rektor der Universität, Eduard Kohlrausch, der die Entfernung der Anschläge und Plakate vom Universitätsgelände angeordnet hatte; die Studenten reagierten darauf, indem sie seinen Rücktritt verkündeten (Giles, *Students and National Socialism*, S. 131).
76 George L. Mosse, «Die Bildungsbürger verbrennen ihre eigenen Bücher», in: Horst Denkler, Eberhard Lämmert (Hrsg.), *«Das war ein Vorspiel nur ...»: Berliner Colloquium zur Literaturpolitik im «Dritten Reich»*, Berlin 1985, S. 35.
77 Ebd., S. 42.
78 Fachschulgruppenführer Hildburghausen an Staatsminister Wächter, Thüringisches Volksbildungsministerium, Weimar, 6. 5. 1933; Nationalsozialistischer Deutscher Studentenbund (NSDStB), Mikrofilm MA–228, IfZ, München.
79 Kreisführer Mitteldeutschland an Ministerpräsident Manfred von Killinger, Dresden, 12. 8. 1933; NSDStB, Mikrofilm MA–228, IfZ, München.
80 Gerhard Gräfe an Georg Plötner, Hauptamt für politische Erziehung, Berlin, 16. 5. 1933, ebd. Anderseits wurde Arthur Schnitzlers berühmter «jüdischer» Roman *Der Weg ins Freie* anscheinend verschont, wahrscheinlich weil er als Träger einer zionistischen Botschaft aufgefaßt wurde.
81 Victor Klemperer, *Ich will Zeugnis ablegen bis zum letzten: Tagebücher 1933–1945*, Bd. 1, *1933–1941*, Berlin 1995, S. 31–43.
82 *C. V.-Zeitung*, 6. 4. 1933; vgl. Jacob Boas, «German-Jewish Internal Politics under Hitler 1933–1938», in: *LBIY* 29 (1984), S. 3.

Anmerkungen zum 2. Kapitel 1065

83 Ein früherer Zusammenschluß, die Reichsarbeitsgemeinschaft der deutschen Landesverbände jüdischer Gemeinden, war schon im Januar 1932 gegründet worden; er vertrat die Juden Deutschlands in den ersten Monaten der NS-Herrschaft, bevor er durch die Reichsvertretung ersetzt wurde.
84 Leo Baeck ist bis auf den heutigen Tag Zielscheibe scharfer Kritik geblieben, die sich auf das richtet, was einigen als Unterwürfigkeit gegenüber den Nationalsozialisten und sogar als Kooperation mit ihnen erscheint. Hannah Arendt bezeichnete ihn als den «Führer» des deutschen Judentums. Siehe Hannah Arendt, *Eichmann in Jerusalem: Ein Bericht von der Banalität des Bösen*, München 1964, S. 153 ff. Raul Hilberg ist bei seiner ursprünglichen strengen Einschätzung geblieben (Raul Hilberg, *Täter, Opfer, Zuschauer: Die Vernichtung der Juden 1933–1945*, Frankfurt a. M. 1992, S. 125 f.).
85 Paul Sauer, «Otto Hirsch (1885–1941), Director of the Reichsvertretung», in: *LBIY* 32 (1987), S. 357.
86 Zu diesen Zitaten siehe Abraham Margalioth, «The Problems of the Rescue of German Jewry During the Years 1933–1939: The Reasons for the Delay in Their Emigration from the Third Reich», in: Yisrael Guttman, Ephraim Zuroff (Hrsg.), *Rescue Attempts During the Holocaust*, Jerusalem 1977, S. 249 ff.
87 Abraham Margalioth, *Zwischen Rettung und Vernichtung: Studien zur Geschichte des deutschen Judentums 1932–1938*, Jerusalem 1990, S. 5 (Hebräisch). Siehe auch Francis R. Nicosia, «Revisionist Zionism in Germany (II): Georg Kareski and the Staatszionistische Organisation, 1933–1938», in: *LBIY* 32 (1987), S. 231 ff.
88 Yehuda Bauer, *My Brother's Keeper: A History of the American Jewish Joint Distribution Committee 1929–1939*, Philadelphia 1974, S. 111.
89 Freie Vereinigung für die Interessen des orthodoxen Judentums an den Reichskanzler, Frankfurt a. M., 4. Oktober 1933; in: *Akten der Reichskanzlei*, Bd. 2, *12.9.33–27.8.34*, S. 884 ff.
90 Siehe Werner Rosenstock, «Exodus 1933–1939: A Survey of Jewish Emigration from Germany», in: *LBIY* 1 (1956), S. 377, und besonders Herbert A. Strauss, «Jewish Emigration from Germany: Nazi Policies and Jewish Responses (I)», in: *LBIY* 25 (1980), S. 326.
91 Ebd., S. 379.
92 Klaus Mann, *The Turning Point: Thirty-five Years in This Century*, New York 1942, Nachdruck: New York 1985, S. 270.
93 Barkai, *Vom Boykott zur «Entjudung»*, S. 111 ff.
94 Hans Mommsen, «Der nationalsozialistische Staat und die Judenverfolgung vor 1938», in: *VfZ* 1 (1962) S.71 f.
95 Zu einer detaillierten Darstellung des Haavarah-Abkommens und der dazu führenden Verhandlungen siehe Francis R. Nicosia, *Hitler und der Zionismus: Das 3. Reich und die Palästina-Frage 1933–1939*, Leoni am Starnberger See 1989, S. 73 ff. und insbesondere S. 88 ff. Siehe auch den auf den neuesten Stand gebrachten Artikel Nicosias über die wichtigsten Fragen dieses Buches: «Ein nützlicher Feind: Zionismus im nationalsozialistischen Deutschland 1933–1939», in: *VfZ* 37 (1989), No. 3, S. 367 ff.
96 Nicosia, «Ein nützlicher Feind», S. 383.
97 Tom Segev, *Die siebte Million: Der Holocaust und Israels Politik der Erinnerung*, Reinbek 1995, S. 45 f.
98 Nicosia, *Hitler und der Zionismus*, S. 90.
99 Ebd.
100 Nicosia, «Ein nützlicher Feind», S. 378. In demselben Geist schrieb Robert Weltsch, der Herausgeber der zionistischen *Jüdischen Rundschau* und möglicherweise der bekannteste deutsch-jüdische Journalist nach 1933, am 4. April 1933 eine seiner berühmtesten Kolumnen: «Tragt ihn mit Stolz, den gelben Fleck.» In

diesem so denkwürdig betitelten Artikel vertrat Weltsch die Auffassung, der Nationalsozialismus biete eine historische Gelegenheit, jüdische nationale Identität wieder zur Geltung zu bringen. Die Juden würden die Achtung zurückgewinnen, die sie im Zuge der Assimilierung verloren hatten, und sie würden ihre eigene nationale Wiedergeburt zuwege bringen, genau wie es die Deutschen getan hatten. Die Juden waren den Nationalsozialisten zu Dank verpflichtet: Hitler hatte ihnen den Weg zur Wiedergewinnung ihrer Identität gezeigt. Unter den deutschen Juden, sowohl unter Zionisten als auch unter Nichtzionisten, löste der Artikel gewaltige Begeisterung aus.

101 Segev, *Die siebte Million*, S. 31.
102 Ebd., S. 29 f.
103 Margalioth, «The Problem of the Rescue», S. 94.
104 Ebd., S. 95.
105 Zitiert in Jost Hermand, «‹Bürger zweier Welten?›: Arnold Zweigs Einstellung zur deutschen Kultur», in: Julius Schoeps (Hrsg.), *Juden als Träger bürgerlicher Kultur in Deutschland*, Bonn 1989, S. 81.
106 Zitiert in Robert Weltsch, «Vorbemerkung zur zweiten Ausgabe» (1959), in: Siegmund Kaznelson (Hrsg.), *Juden im deutschen Kulturbereich: Ein Sammelwerk*, Berlin 1962, S. XVff.
107 Die Zahl stammt aus Eike Geisels Aufsatz über die Geschichte des Kulturbunds, «Premiere und Pogrom», in: Eike Geisel, Heinrich M. Broder (Hrsg.), *Premiere und Pogrom: Der Jüdische Kulturbund 1933–1941*, Berlin 1992, S. 9.
108 Steinweis, «Hans Hinkel», S. 215.
109 Geisel, «Premiere und Pogrom», S. 10 ff.
110 Ebd., S. 12.
111 Dahm, in: Benz, *Die Juden in Deutschland*, S. 114.
112 Ebd., S. 115. Zu Einzelheiten über das Verbot Schillers und Goethes siehe Jacob Boas, «Germany or Diaspora? German Jewry's Shifting Perceptions in the Nazi Era (1933–1938)», in: *LBIY* 27 (1982), S. 115, Anm. 32. In seinen persönlichen Erinnerungen an die damalige Zeit meint Jakob Ball-Kaduri, Hinkel sei zunächst bestrebt gewesen, den Kulturbund zu entwickeln, weil er eine ambivalente Einstellung zu jüdischen Dingen gehabt habe und weil ein Wachstum des Kulturbundes eine Stärkung des Bereiches bedeutete, für den er zuständig war (Ball-Kaduri, *Das Leben der Juden in Deutschland im Jahre 1933*, S. 151). Eine derartige «Ambivalenz» macht eher den Eindruck von reinem Ehrgeiz auf seiten eines eingefleischten antisemitischen Aktivisten.
113 Levi, *Music in the Third Reich*, S. 51 f.
114 Ebd., S. 33, 247.
115 Wulf, *Theater und Film im Dritten Reich*, S. 113 f.
116 Dahm, in: Benz, *Die Juden in Deutschland*, S. 104.
117 Kurt Duwell, «Jewish Cultural Centers in Nazi Germany: Expectations and Accomplishments», in: Jehuda Reinharz, Walter Schatzberg (Hrsg.), *The Jewish Response to German Culture: From the Enlightenment to the Second World War*, Hanover, N. H. 1985, S. 298.
118 Sir Horace Rumbold an Sir John Simon, 11. Mai 1933; *Documents on British Foreign Policy 1919–1939*, Second Series, Bd. 5, *1933*, London 1956, S. 233–35.
119 Der Generalkonsul in Berlin an den Außenminister, 1. November 1933; *Foreign Relations of the United States, 1933*, Bd. 2, Washington, D. C. 1948, S. 362 (Hervorhebung S. F.).
120 *Akten der Reichskanzlei: Die Regierung Hitler*, T. 1, Bd. 1, S. 631.
121 Die Position Schachts war nur durch kurzfristige ökonomische Ziele motiviert. Ansonsten war er für die «Beschränkung des jüdischen Einflusses» im deutschen Wirtschaftsleben, und bei einer Reihe von Gelegenheiten zögerte er nicht, kraß

antisemitische Reden zu halten. Mit anderen Worten, Schacht brachte in vollem Umfang die konservative Variante des Antisemitismus zum Ausdruck, und als er mit den immer radikaleren antijüdischen Maßnahmen des Regimes konfrontiert wurde, fügte er sich ein wie alle konservativen Verbündeten der Nationalsozialisten. Siehe hierzu insbesondere Albert Fischer, *Hjalmar Schacht und Deutschlands «Judenfrage»*, Bonn 1995, vor allem S. 126 ff. Eine von Schachts dezidiertesten antisemitischen Reden war seine «Lutherrede» vom 8. November 1933. Die Journalistin Bella Fromm, die Jüdin war, befand sich unter den Zuhörern und kommentierte in ihrem Tagebuch: «Der vertraute Freund der Berliner jüdischen Gesellschaft [Schacht] ließ nicht eine einzige von Martin Luthers vielfältigen antisemitischen Bemerkungen aus. ... Gewiß ist Judenhetze seit dem 1. Februar eine legale Angelegenheit. Aber es gibt keine Entschuldigung für Schachts Infamie. Schacht war nicht immer wohlhabend. Alles, was er hat, verdankt er Freunden, die keine Nationalsozialisten sind» (Bella Fromm, *Blood and Banquets: A Berlin Social Diary*, London 1943, Nachdruck: New York 1990, S. 136).
122 *Akten der Reichskanzlei: Die Regierung Hitler*, T. 1, Bd. 1, S. 675.
123 Ebd., S. 677.
124 Noakes, «The Development of Nazi Policy Towards the German-Jewish ‹Mischlinge›», S. 303.
125 Reichsstatthalterkonferenz, 28. 9. 1933; *Akten der Reichskanzlei: Die Regierung Hitler*, T. 1, Bd. 2, S. 865.
126 Adolf Hitler, «Die deutsche Kunst als stolzeste Verteidigung des deutschen Volkes», in: *Nationalsozialistische Monatshefte* 4, Nr. 34 (Okt. 1933), S. 437.
127 Zitiert in Wolfgang Michalka (Hrsg.), *Das Dritte Reich*, Bd. 1, München 1985, S. 137.
128 Die «religiöse» Dimension des Nationalsozialismus, bezogen sowohl auf seine Überzeugungen als auch auf seine Rituale, war bereits von zahlreichen zeitgenössischen Beobachtern wahrgenommen worden; einige eklatante Benutzungen christlicher Liturgie riefen Proteste hervor, vor allem von seiten der katholischen Kirche. Der Begriff der «politischen Religion» in seiner Anwendung auf den Nationalsozialismus (und oft auch auf den Kommunismus), verstanden als eine Sakralisierung der Politik und als eine Politisierung religiöser Themen und Rahmenfaktoren, wurde erstmals systematisch dargestellt von Eric Voegelin, *Die politischen Religionen*, Stockholm 1939. Nach dem Kriege wurde dieses Thema aufgegriffen von Norman Cohn, *Das Ringen um das Tausendjährige Reich: Revolutionärer Messianismus im Mittelalter und sein Fortleben in den modernen totalitären Bewegungen*, Bern, München 1961. Die politisch-religiöse Dimension der nationalsozialistischen ideologischen Themen und Rituale analysiert hat auch Klaus Vondung, *Magie und Manipulation: Ideologischer Kult und politische Religion des Nationalsozialismus*, Göttingen 1971. Während der siebziger Jahre wurde die Analyse des Nationalsozialismus als politischer Religion weiterentwickelt von Uriel Tal, vor allem in seinem Artikel «On Structures of Political Ideology and Myth in Germany Prior to the Holocaust», in: Yehuda Bauer, Nathan Rotenstreich (Hrsg.), *The Holocaust as Historical Experience*, New York 1981. Die Interpretation Tals erscheint als Leitmotiv in Leni Yahils *The Holocaust: The Fate of European Jewry*, New York 1990. Siehe auch den Schluß zu Saul Friedländer, «Vom Antisemitismus zur Judenvernichtung: Eine historiographische Studie zur nationalsozialistischen Judenpolitik und Versuch einer Interpretation», in: Eberhard Jäckel, Jürgen Rohwer (Hrsg.), *Der Mord an den Juden im Zweiten Weltkrieg*, Stuttgart 1985.
129 Adolf Hitler, *Sämtliche Aufzeichnungen 1905–1924*, hrsg. v. Eberhard Jäckel u. Axel Kuhn, Stuttgart 1980, S. 89 f.

3. Der Erlösungsantisemitismus

1 Lamar Cecil, *Albert Ballin: Wirtschaft und Politik im deutschen Kaiserreich 1888–1918*, Hamburg 1969, S. 288. Cecil legt sich nicht fest, ob Ballin die Überdosis Schlaftabletten mit Absicht nahm oder nicht. An das Ende seines Romans *Berliner Reigen* setzt Arthur R. G. Solmssen das (unbetitelte) Nachwort: «Am 31. August 1935 teilte die Direktion der Hamburg-Amerika Linie mit, daß die SS *Albert Ballin* künftig den Namen SS *Hansa* tragen werde» (Arthur R. G. Solmssen, *Berliner Reigen*, Frankfurt a. M. 1981). Ich bin Sue Llewellyn für diese Information dankbar.
2 Werner T. Angress, «The German Army's ‹Judenzählung› of 1916: Genesis – Consequences – Significance», in: *LBIY* 23 (1978), S. 117 ff. Siehe auch Egmont Zechlin, *Die deutsche Politik und die Juden im Ersten Weltkrieg*, Göttingen 1969, S. 528 ff.
3 Angress, «The German Army's ‹Judenzählung›», S. 117.
4 Werner Jochmann, «Die Ausbreitung des Antisemitismus», in: Werner E. Mosse (Hrsg.), *Deutsches Judentum in Krieg und Revolution 1916–1923*, Tübingen 1971, S. 421.
5 Ebd., S. 423.
6 Saul Friedländer, «Political Transformations During the War and Their Effect on the Jewish Question», in: Herbert A. Strauss (Hrsg.), *Hostages of Modernization: Studies on Modern Anti-Semitism 1870–1933/39: Germany – Great Britain – France*, Berlin 1993, S. 152.
7 Adolf Hitler, *Mein Kampf*, München $^{259/260}$1937, S. 211 f.
8 Friedländer, «Political Transformations», S. 152.
9 Zechlin, *Die deutsche Politik*, S. 525.
10 Ebd., insbesondere Anm. 42.
11 Chernow, *Die Warburgs*, S. 223.
12 Jochmann, «Die Ausbreitung des Antisemitismus», S. 427.
13 Ebd.
14 Ebd., S. 426. Jochmann zitiert die klassische Studie des jüdischen Statistikers und Demographen Franz Oppenheimer, *Die Judenstatistik des Preußischen Kriegsministeriums*, München 1922.
15 Ernst Simon, *Unser Kriegserlebnis* (1919), zitiert in Zechlin, *Die deutsche Politik*, S. 533.
16 Rathenau an Schwaner, 4. August 1916, zitiert in Jochmann, «Die Ausbreitung des Antisemitismus», S. 427.
17 Siehe insbesondere Werner T. Angress, «The Impact of the Judenwahlen of 1912 on the Jewish Question: A Synthesis», in: *LBIY* 18 (1983), S. 367 ff.
18 Zur Verschiebung der jüdischen Stimmabgabe, ihrer Dynamik und ihrer politischen Bedeutung siehe ebd., S. 373 ff., sowie Marjorie Lamberti, *Jewish Activism in Imperial Germany: The Struggle for Civil Equality*, New Haven, Conn. 1978, sowie die klassische Untersuchung von Jacob Toury, *Die politischen Orientierungen der Juden in Deutschland: Von Jena bis Weimar*, Tübingen 1966.
19 Angress, «Impact of the Judenwahlen of 1912», S. 381.
20 Ebd. S. 390.
21 Uwe Lohalm, *Völkischer Radikalismus: Die Geschichte des Deutschvölkischen Schutz- und Trutzbundes 1919–1923*, Hamburg 1970, S. 30.
22 Daniel Frymann, *Das Kaiserbuch: Politische Wahrheiten und Notwendigkeiten*, Leipzig ^{7}1925, S. 69 ff.
23 Zur Unterscheidung zwischen den traditionellen und den neuen Tendenzen im deutschen Nationalismus nach 1912 siehe Thomas Nipperdey, *Deutsche Geschichte 1866–1918*, Bd. 2, *Machtstaat vor der Demokratie*, München 1992, S. 606 ff. Zu den bisweilen rabiaten antijüdischen Ausbrüchen des Kaisers siehe John C. G. Röhl, «Das beste wäre Gas!», in: *Die Zeit*, 25. November 1994.

24 Roger Chickering, *We Men Who Feel Most German: A Cultural Study of the Pan-German League, 1886–1914*, Boston 1984, S. 287.
25 Angress, «Impact of the Judenwahlen of 1912», S. 396.
26 Im Jahre 1925 lebten 66.8 Prozent aller deutschen Juden in den großen Städten, wobei Frankfurt und Berlin den ersten und den zweiten Platz der jüdischen Bevölkerung einnahmen. Im Gebiet von Groß-Berlin lebten 1871 36 326 Juden, das waren 3.9 Prozent einer Bevölkerung von 931 984. Im Jahre 1925 ergab die offizielle Volkszählung für dasselbe Gebiet 172 672 Juden oder 4.3 Prozent einer Gesamtbevölkerung von 4 024 165 (in Frankfurt stellte die jüdische Bevölkerung im selben Jahr 6.3 Prozent der Einwohnerschaft). In Wirklichkeit lag die Zahl der Juden in Berlin wahrscheinlich höher, als die offizielle Volkszählung angab, da sich viele Juden nicht bei den jüdischen Gemeindeorganisationen anmeldeten (welche die Grundlage für die Volkszählung darstellten), und eine Reihe von osteuropäischen Juden war überhaupt nirgends registriert. Nach einigen Schätzungen lebten in der Zeit unmittelbar nach dem Kriege in Groß-Berlin sogar 200 000 Juden oder etwa 5 Prozent der Gesamtbevölkerung. Siehe hierzu Gabriel Alexander, «Die Entwicklung der jüdischen Bevölkerung in Berlin zwischen 1871 und 1945», in: *Tel Aviver Jahrbuch für Deutsche Geschichte* 20 (1991), S. 287 ff. und insbesondere S. 292 ff. Eine derartige Konzentration in den Städten wurde durch die starke Exponiertheit osteuropäischer Juden in den großen deutschen Städten verstärkt.
Juden aus dem Osten waren seit langem in Deutschland und Österreich präsent gewesen, wo sie vor allem nach den Teilungen Polens gegen Ende des 18. Jahrhunderts und den Annexionen polnischen Territoriums durch Preußen und Österreich eintrafen. Hundert Jahre später, von 1881 an, fand eine entscheidende Veränderung statt, als in den westlichen Provinzen des zaristischen Rußlands eine Reihe von großen Pogromen gegen jüdische Gemeinden einsetzte. Es begann ein Massenexodus von Juden – von denen die meisten nach den Vereinigten Staaten strebten – aus russisch-polnischem Gebiet. Von den 2 750 000 Juden, die zwischen 1881 und 1914 Osteuropa verließen, um nach Übersee zu gehen, kam ein großer Teil durch Deutschland, meist mit den Häfen Bremen und Hamburg als Ziel, wobei ein kleiner Teil von ihnen im Lande blieb. Eine detaillierte Darstellung gibt Shalom Adler-Rudel, *Ostjuden in Deutschland 1880–1940*, Tübingen 1959. Zur gleichen Zeit ließ sich eine bedeutendere Zahl galizischer und rumänischer Juden in Österreich, vor allem in Wien, nieder.
Im Jahre 1900 waren 7 Prozent der Juden in Deutschland Ostjuden, und der Anteil osteuropäischer Juden stieg bis 1925 auf 19.1 und bis 1933 auf 19.8 Prozent (ebd., S.165). Überdies vollzog sich ihre Konzentration in den großen Städten mit einer Geschwindigkeit, die höher lag als die der allgemeinen Verstädterung der deutschen Juden. Im Jahre 1925 stellten die Ostjuden in Berlin 32 in München 27, in Dresden 60 und in Leipzig 80.7 Prozent der jüdischen Bevölkerung (ebd.).
27 Siehe vor allem Werner E. Mosse, «Die Juden in Wirtschaft und Gesellschaft», in: Werner E. Mosse (Hrsg.), *Juden im wilhelminischen Deutschland 1890–1914*, Tübingen 1976, S. 69 ff., 75 ff.
28 Werner E. Mosse, *Jews in the German Economy: The German-Jewish Economic Elite 1820–1935*, Oxford 1987, S. 396.
29 Ebd., S. 398, 400.
30 Ebd., S. 323 ff. (insbesondere S. 329).
31 Moritz Goldstein, «Deutsch-jüdischer Parnass», in: *Kunstwart* 25, No. 11 (März 1912), S. 283.
32 Ebd., S. 291 f.
33 Ebd., S. 293.
34 Ebd., S. 294.

35 Ferdinand Avenarius, «Aussprachen mit Juden», in: *Kunstwart* 25, No. 22 (August 1912), S. 225.
36 Diese Details und die Zitate entstammen der Dissertation von Ralph Max Engelman, «Dietrich Eckart and the Genesis of Nazism», Ann Arbor, Mich.: University Microfilms, 1971, S. 31 f.
37 Ebd.
38 Ebd., S. 32.
39 Maximilian Hardens *Zukunft* war «jüdisch», ebenso wie Siegfried Jacobsohns *Schaubühne* (später *Weltbühne*). Otto Brahms *Freie Bühne für modernes Leben*, auf die dann die *Neue Rundschau* folgte, war «jüdisch», ebenso wie die führenden Kulturkritiker der großen Tageszeitungen, Fritz Engel, Alfred Kehr, Max Osborn und Oskar Bies (Engelman, ebd.). Bald wurde dann Kurt Tucholsky zum exponiertesten – und gehaßtesten – Journalisten und Schriftsteller jüdischer Abstammung, den es in der Weimarer Zeit gab. Siegfried Breslauer war Mitherausgeber des *Berliner Lokalanzeigers*, Emil Faktor war Chefredakteur des *Berliner Börsen-Couriers*, Norbert Falk war Feuilletonredakteur der *B. Z. am Mittag*, Joseph Wiener-Braunsberg war Herausgeber des *Ulk*, der satirischen Beilage des *Berliner Tageblatts*, und so gab es noch viele andere. Siehe hierzu Bernd Sösemann, «Liberaler Journalismus in der Kultur der Weimarer Republik», in: Julius H. Schoeps (Hrsg.), *Juden als Träger bürgerlicher Kultur in Deutschland*, Bonn 1989, S. 245.
40 Engelman, «Dietrich Eckart», S. 33.
41 Hildegard von Spitzemberg, *Das Tagebuch der Baronin Spitzemberg*, Göttingen 1960–63, S. 348 f.; vgl. Engelman, «Dietrich Eckart», S. 33.
42 Bernard Michel, *Banques et banquiers en Autriche au début du XXe siècle*, Paris 1976, S. 312.
43 Robert S. Wistrich, *The Jews of Vienna in the Age of Franz Josef*, Oxford 1989, S. 170. Die herausragende Rolle der Juden in der Wiener Kultur um die Jahrhundertwende ist systematisch dokumentiert in Steven Beller, *Wien und die Juden, 1867–1938*, Wien, Köln, Weimar 1993.
44 Zum historischen Hintergrund der Emanzipation siehe Jacob Katz, *Aus dem bürgerlichen Ghetto in die bürgerliche Gesellschaft: Jüdische Emanzipation 1770–1870*, Frankfurt a. M. 1986.
45 Shulamit Volkov, «Die Verbürgerlichung der Juden in Deutschland als Paradigma», in: *Jüdisches Leben und Antisemitismus im 19. und 20. Jahrhundert*, München 1990, S. 112 ff.
46 Siehe besonders George L. Mosse, «Jewish Emancipation: Between *Bildung* and Respectability», in: Jehuda Reinharz, Walter Schatzberg (Hrsg.), *The Jewish Response to German Culture: From the Enlightenment to the Second World War*, Hanover, N. H. 1985, S. 1 ff.
47 Michael A. Meyer, *Von Moses Mendelssohn zu Leopold Zunz*, München 1994.
48 David Sorkin, *The Transformation of German Jewry 1780–1840*, New York 1987.
49 Fritz Stern, *Gold und Eisen: Bismarck und sein Bankier Bleichröder*, Frankfurt a. M. [4]1980, S. 561.
50 Nipperdey, *Machtstaat vor der Demokratie*, S. 289.
51 Ebd., S. 290.
52 Hannah Arendt, *Elemente und Ursprünge totaler Herrschaft*, Frankfurt a. M. 1955, S. 5 ff.
53 Zu Diskussionen über diese Fragen siehe insbesondere Israel Y. Yuval, «Rache und Verdammung, Blut und Verleumdung: Vom jüdischen Martyrium zu Blut-Verleumdungsklagen», in: *Zion* 58 (1993), No. 1, S. 33 ff., und *Zion* 59 (1994), No. 2–3 (Hebräisch).
54 Uriel Tal, *Christians and Jews in Germany: Religion, Politics and Ideology in the Second Reich, 1870–1914*, Ithaca, N. Y. 1975, S. 96–98.

Anmerkungen zum 3. Kapitel 1071

55 Ebd., S. 209f.
56 Jacob Katz, *Vom Vorurteil bis zur Vernichtung: Der Antisemitismus 1700–1933*, München 1989, S. 322f.
57 Amos Funkenstein, «Anti-Jewish Propaganda: Pagan, Christian and Modern», in: *Jerusalem Quarterly* 19 (1981), S. 67.
58 Richard Hofstadter, *The Paranoid Style in American Politics and Other Essays*, Chicago 1979, S. 29.
59 Jacob Katz, *Jews and Freemasons in Europe 1723–1939*, Cambridge 1970, besonders S. 148ff.
60 Derartige Unterscheidungen haben einem Teil der historischen Arbeiten zugrunde gelegen, die in den sechziger Jahren zum Sonderweg der deutschen Geschichte im 19. Jahrhundert erschienen; diese Thesen sind neuerdings von politischen Soziologen neu formuliert und systematisiert worden. Siehe insbesondere Pierre Birnbaum, «Nationalismes: Comparaison France-Allemagne», in: *La France aux Français: Histoire des haines nationalistes*, Paris 1993, S. 300ff.
61 Zum vergleichenden Teil der Argumentation siehe vor allem Reinhard Rürup, *Emanzipation und Antisemitismus: Studien zur «Judenfrage» der bürgerlichen Gesellschaft*, Göttingen 1975, S. 17f.
62 Einen klaren Überblick über die deutsche Modernisierung und ihre Auswirkungen gibt Volker R. Berghahn, *Modern Germany: Society, Economy, and Politics in the Twentieth Century*, New York 1987. Zu den völkischen Reaktionen auf diese Entwicklung siehe George L. Mosse, *Ein Volk, ein Reich, ein Führer: Die völkischen Ursprünge des Nationalsozialismus*, Königstein/Ts. 1979, sowie Fritz Stern, *Kulturpessimismus als politische Gefahr: Eine Analyse nationaler Ideologie in Deutschland*, Bern, Stuttgart, Wien 1963.
63 Dafür, diese neue antisemitische Strömung als «revolutionären Antisemitismus» zu definieren, ist eingetreten Paul Lawrence Rose, *Revolutionary Anti-Semitism in Germany from Kant to Wagner*, Princeton, N. J. 1990. Siehe insbesondere Roses Argumentation zu Wagner, S. 358ff., sowie ders., *Wagner: Race and Revolution*, New Haven, Conn. 1992.
64 Siehe Robert W. Gutman, *Richard Wagner: Der Mensch, sein Werk, seine Zeit*, München 1970, vor allem S. 438–71; Hartmut Zelinsky, *Richard Wagner: Ein deutsches Thema 1876–1976*, Wien ³1983; Rose, *Wagner*, vor allem S. 135–70.
65 Richard Wagner, «Das Judentum in der Musik», in: R. W., *Gesammelte Schriften und Dichtungen*, Bd. 5, Leipzig ⁴1907, S. 85.
66 Cosima Wagner, *Die Tagebücher*, Bd. 4 [1881–83], München 1982, S. 734.
67 Gustav Mahler bemerkte, in Mimes Musik seien körperliche Merkmale parodiert, die angeblich jüdisch seien. Zu einer Untersuchung der antijüdischen Symbolik in Wagners musikalischem Werk siehe Marc A. Weiner, *Richard Wagner and the Anti-Semitic Imagination*, Lincoln, Neb. 1995. Zur Bemerkung Mahlers siehe ebd., S. 28.
68 Cosima Wagner, *Die Tagebücher*, S. 852.
69 Winfried Schüler, *Der Bayreuther Kreis von seiner Entstehung bis zum Ausgang der wilhelminischen Ära*, Münster 1971, S. 256.
70 Houston Stewart Chamberlain, *Die Grundlagen des neunzehnten Jahrhunderts*, Bd. 1, München 1912, S. 632.
71 Geoffrey Field, *Evangelist of Race: The Germanic Vision of Houston Stewart Chamberlain*, New York 1981, S. 225.
72 Ebd., S. 326.
73 Houston Stewart Chamberlain, *Briefe*, München 1928, Bd. 1, S. 307; vgl. Field, *Evangelist of Race*, S. 326.
74 Zu Hitlers Besuch bei Chamberlain siehe ebd., S. 436.
75 Einige Historiker haben die Ähnlichkeiten der Reaktionen auf den Krieg in ganz

Europa hervorgehoben. Siehe vor allem Jay Winter, *Sites of Memory, Sites of Mourning: The Great War in European Cultural History*, Cambridge 1995; andere haben auf die Unterschiede verwiesen: das Aufkommen einer Antikriegsstimmung in Frankreich, das einer völkermörderischen Stimmung in Deutschland. Siehe Bartov, *Murder in Our Midst*, vor allem Kap. 2. Doch es gibt eine gewaltige Literatur, welche die Existenz einer apokalpytischen Nachkriegsstimmung im Prinzip einräumt.

76 Nesta H. Webster, *World Revolution: The Plot Against Civilization*, London 1921, S. 293.
77 Thomas Mann, *Tagebücher 1918–1921*, hrsg. v. Peter de Mendelssohn, Frankfurt a. M. 1979, S. 223.
78 Die folgenden Details stammen aus Peter Nettl, *Rosa Luxemburg*, Bd. 2, Oxford 1966, S. 772 ff.
79 Friedländer, «Political Transformations», S. 159.
80 Von den 27 Regierungsmitgliedern der bayerischen Räterepublik waren sieben der einflußreichsten jüdischer Abstammung: Eugen Levine-Nissen, Towia Axelrod, Frida Rubiner (alias Friedjung), Ernst Toller, Erich Mühsam, Gustav Landauer, Arnold Wadler; siehe Hans-Helmuth Knütter, *Die Juden und die deutsche Linke in der Weimarer Republik, 1918–1933*, Düsseldorf 1971, S. 118.
81 Reginald H. Phelps, «‹Before Hitler Came›: Thule Society and Germanenorden», in: *Journal of Modern History* 35 (1963), S. 253 f.
82 Jacques Benoist-Méchin, *Geschichte der deutschen Militärmacht, 1918–1946*, Bd. 2, *Jahre der Zwietracht*, Oldenburg, Hamburg 1965, S. 212. Andere linke jüdische Politiker zogen nicht weniger negative Reaktionen auf sich. So transferierte beispielsweise am 8. November 1918, unmittelbar nach dem Abbruch der Beziehungen zwischen Deutschland und Rußland, der jüdische sowjetische Botschafter in Berlin, Adolf Joffe, kurz vor seiner Abreise aus Deutschland große Geldsummen an den jüdischen sozialdemokratischen und später unabhängigen Abgeordneten Oskar Cohn, der im Justizministerium Unterstaatssekretär geworden war. Das Geld war zur Unterstützung revolutionärer Propaganda und zur Beschaffung von Waffen bestimmt. Die Fakten wurden bald bekannt und wurden in der Presse umfassend erörtert. Zu den Einzelheiten dieser Transaktion und zur Debatte in der Presse siehe Knütter, *Die Juden und die deutsche Linke*, S. 70. Möglicherweise noch heftiger war die Reaktion des nationalistischen Lagers auf die Tatsache, daß ein jüdisches Mitglied der Nationalversammlung, Georg Gothein, zum Vorsitzenden des Untersuchungskomitees über die Kriegsursachen wurde und zusammen mit Oskar Cohn und Hugo Sinzheimer für die Untersuchungen gegen Hindenburg und Ludendorff zuständig war. Siehe hierzu Friedländer, «Political Transformations», S. 158–61, und vor allem Barbara Suchy, «The Verein zur Abwehr des Antisemitismus (II): From the First World War to Its Dissolution in 1933», in: *LBIY* 30 (1985), S. 78 f.
83 Zitiert in Nathaniel Katzburg, *Hungary and the Jews: Policy and Legislation 1920–1943*, Ramat-Gan 1981, S. 35.
84 Zu den revolutionären Ereignissen und zu den Führern der ungarischen Revolution siehe besonders Rudolf L. Tökés, *Béla Kun and the Hungarian Soviet Republic*, New York 1967.
85 Zwei französische Romanciers, die Brüder Jérôme und Jean Tharaud, haben eine Chronik des Béla-Kun-Regimes in Ungarn verfaßt. Ihre historische Phantasie erschien 1921 und wurde im Jahre 1924 aus der 64. französischen Auflage ins Englische übersetzt. Fast alle revolutionären Genossen Béla Kuns waren Juden. Vgl. Jérôme u. Jean Tharaud, *When Israel Is King*, New York 1924.
86 Isaac Deutscher, *Die ungelöste Judenfrage: Zur Dialektik von Antisemitismus und Zionismus*, Berlin 1977.

Anmerkungen zum 3. Kapitel 1073

87 Hamburger und Pulzer zitieren zweierlei Statistiken zum jüdischen Wahlverhalten in der Weimarer Republik: Einem zeitgenössischen Beobachter zufolge entschieden sich 1924 42 Prozent der Juden für die SPD, 40 Prozent für die DDP, 8 für die KPD, 5 für die DVP und 2 für die Wirtschaftspartei; nach der Untersuchung Arnold Pauckers aus dem Jahre 1972 verteilten sich die Stimmen folgendermaßen: 64 Prozent DDP, 28 Prozent SPD, 4 Prozent DVP, 4 Prozent KPD (Hamburger und Pulzer, «Jews as Voters in the Weimar Republic», S. 48). Entscheidend ist, daß sich in beiden Zählungen mehr als 80 Prozent der jüdischen Wähler für progressive Liberale oder für die gemäßigte Linke aussprachen.
88 Zur jüdischen Beteiligung am politischen Leben der deutschen Republik in ihrer Frühphase siehe insbesondere Werner T. Angress, «Juden im politischen Leben der Revolutionszeit», in: Mosse, *Deutsches Judentum in Krieg und Revolution*; ders., «Revolution und Demokratie: Jüdische Politiker in Berlin 1918/19», in: Reinhard Rürup (Hrsg.), *Jüdische Geschichte in Berlin: Essays und Studien*, Berlin 1995. Zu Rathenau siehe Ernst Schulin, *Walter Rathenau: Repräsentant, Kritiker und Opfer seiner Zeit*, Göttingen 1979.
89 Ebd., S. 137.
90 Die Mörder Rathenaus behaupteten weiter, der jüdische Minister habe durch die Unterstützung der von den Alliierten verlangten Erfüllungspolitik den Untergang Deutschlands beabsichtigt, er habe die Bolschewisierung des Landes angestrebt, er sei mit der Schwester des jüdisch-bolschewistischen Führers Karl Radek verheiratet und dergleichen mehr. Die antijüdische Motivation der Mörder Rathenaus ist unzweifelhaft. Ungeklärt bleibt jedoch die Frage, ob seine Mörder – über ihren Haß auf den Juden Rathenau hinaus – Werkzeuge in den Händen ultrarechter Gruppen waren, welche die Absicht verfolgten, seine Ermordung auszuschlachten, um das ganze republikanische System zu destabilisieren. Siehe zu dieser Problematik Martin Sabrow, *Der Rathenaumord: Rekonstruktion einer Verschwörung gegen die Republik von Weimar*, München 1994, vor allem S. 114 ff.
91 Zu einer detaillierten Rekonstruktion der Ursprünge und der Verbreitung der *Protokolle* siehe Norman Cohn, *Die Protokolle der Weisen von Zion: Der Mythos von der jüdischen Weltverschwörung*, Köln, Berlin 1969.
92 Das gegen Napoleon III. gerichtete Pamphlet trug den Titel «Dialogue aux enfers entre Montesquieu et Machiavel» und war 1864 in Brüssel von dem französischen Liberalen Maurice Joly verfaßt worden; der 1868 von dem Deutschen Hermann Gödsche, alias John Ratcliff, verfaßte Roman *Biarritz* beschrieb die geheime Zusammenkunft der Oberhäupter der Stämme Israels auf einem Prager Friedhof, bei der sie sich zu einer Verschwörung verabredeten, welche die jüdische Weltherrschaft zum Ziel haben sollte.
93 Siehe Cohn, *Die Protokolle der Weisen von Zion*, S. 177. Zu neuen Details und Nuancen hinsichtlich des historischen Kontextes der *Protokolle* siehe Richard S. Levys Einleitung zu Binjamin W. Segel, *A Lie and a Libel: The History of the Protocols of the Elders of Zion*, trans. and ed. Richard S. Levy, Lincoln, Neb. 1995. Die Untersuchung Segels war ursprünglich 1924 in Berlin erschienen und trug den Titel *Die Protokolle der Weisen von Zion kritisch beleuchtet: Eine Erledigung*.
94 *The Protocols and the World Revolution including a Translation and Analysis of the «Protocols of the Meetings of the Zionist Men of Wisdom»*, Boston 1920, S. 144.
95 Ebd., S. 144–48 (die zitierte Passage steht auf S. 147 f.).
96 Zitiert in Georg Franz-Willing, *Die Hitler-Bewegung*, Bd. 1, *Der Ursprung 1919– 1922*, Hamburg 1962, S. 150.
97 Alles, was sich auf die psychische, intellektuelle und ideologische Entwicklung «Hitlers vor Hitler» und somit auf die Ursprünge seiner antisemitischen Obsession bezieht, ist vollkommen hypothetisch. Standen die Behandlungen des jüdischen Arztes Eduard Bloch – und insbesondere die Morphiumspritzen, die er

Hitlers kranker Mutter vor ihrem Tode gab – in ursächlichem Zusammenhang damit, daß der künftige Diktator den Juden mit tödlichem Eindringen in den mütterlichen Körper des Volkes und der Rasse gleichsetzte? Hatten die Theorien des alldeutschen Geschichtslehrers Leopold Pötsch auf der Realschule in Linz irgendwelche intellektuellen Auswirkungen? Zweifellos gehen frühe Elemente von Hitlers Weltanschauung auf seinen Aufenthalt in Wien in den Jahren 1908 bis 1913 zurück; er muß dort durch die politischen Kampagnen Georg von Schönerers und Karl Luegers beeinflußt worden sein. Doch wie weit können wir uns darüber hinaus auf seine eigenen Erklärungen über diese Phase oder auf die sogenannten Erinnerungen seiner damaligen Gefährten August Kubizek und Reinhold Hanisch verlassen?

Ausgezeichnete Darstellungen von Hitlers Leben vor 1918 bieten insbesondere Alan Bullock, *Hitler: Eine Studie über Tyrannei*, Düsseldorf 1953, und Joachim C. Fest, *Hitler: Eine Biographie*, Frankfurt a. M. 1973; nützliche Korrekturen zu dieser Phase liefert Anton Joachimsthaler, *Korrektur einer Biographie: Adolf Hitler, 1908–1920*, München 1989. Zu einer systematischen Gegenüberstellung etwaiger Anzeichen für Hitlers frühen Antisemitismus und seiner späteren antijüdischen Weltanschauung und Politik siehe Gerald Fleming, *Hitler und die Endlösung: «Es ist des Führers Wunsch»*, Wiesbaden, München 1982.

98 Adolf Hitler, *Sämtliche Aufzeichnungen, 1905–1924*, hrsg. v. Eberhard Jäckel u. Axel Kuhn, Stuttgart 1980, S. 128.
99 Erstmals vollständig veröffentlicht wurde die Rede zusammen mit einem kritischen Kommentar von Reginald H. Phelps, «Hitlers ‹grundlegende› Rede über den Antisemitismus», in: *VfZ* 16 (1968), No. 4, S. 390 ff.
100 Hitler, *Sämtliche Aufzeichnungen*, S. 199.
101 Ebd., S. 202.
102 Eberhard Jäckel, *Hitlers Weltanschauung: Entwurf einer Herrschaft*, Stuttgart 1981, S. 63.
103 Adolf Hitler, *Monologe im Führerhauptquartier: Die Aufzeichnungen Heinrich Heims*, hrsg. v. Werner Jochmann, Hamburg 1980, S. 208.
104 Shaul Esh, «Eine neue literarische Quelle Hitlers? Eine methodologische Überlegung», in: *Geschichte und Unterricht* 15 (1964), S. 487 ff.; Margarete Plewnia, *Auf dem Weg zu Hitler: Der «völkische» Publizist Dietrich Eckart*, Bremen 1970, S. 108 f.
105 Ernst Nolte, «Eine frühe Quelle zu Hitlers Antisemitismus», in: *Historische Zeitschrift* 192 (1961), besonders S. 604 ff.
106 Esh, «Eine neue literarische Quelle Hitlers?»
107 Engelman, «Dietrich Eckart», S. 236.
108 Dietrich Eckart, *Der Bolschewismus von Moses bis Lenin. Zwiegespräch zwischen Adolf Hitler und mir*, München o. J. [1924], S. 49.
109 Hitler, *Mein Kampf*, S. 69 f.
110 Ebd., S. 70.
111 Die gründlichste Darstellung von Hitlers Ideologie als zusammenhängendem intellektuellen System findet sich in Jäckel, *Hitlers Weltanschauung*; zum direkten Zusammenhang zwischen dieser Weltanschauung und der nationalsozialistischen Politik siehe insbesondere Eberhard Jäckel, *Hitler in History*, Hanover, N. H. 1984. Diese («intentionalistische») Position steht im Gegensatz zum «funktionalistischen» Ansatz, der den systematischen Aspekt von Hitlers Ideologie verwirft und jeden direkten kausalen Zusammenhang zwischen Hitlers Ideologie und den politischen Maßnahmen der Nationalsozialisten herunterspielt oder völlig negiert. Der konsequenteste Vertreter der extremen funktionalistischen Position ist Hans Mommsen. Zu Hitlers antijüdischer Politik siehe insbesondere Hans Mommsen, «The Realization of the Unthinkable». Eine ausgezeichnete Bewertung dieser verschiedenen Ansätze gibt Ian Kershaw, *Der NS-Staat: Ge-*

Anmerkungen zum 3. Kapitel 1075

schichtsinterpretationen und Kontroversen im Überblick, Reinbek 1994, vor allem die Kapitel 4 und 5; speziell zur antijüdischen Politik siehe eine Einschätzung beider Positionen in Friedländer, «Vom Antisemitismus zur Judenvernichtung».

112 Von den zahlreichen Versuchen, vor allem unter Heranziehung psychoanalytischer Begriffe die Persönlichkeit Hitlers und besonders seine antijüdische Obsession als psychopathologisches Phänomen zu erklären, sind insbesondere zu nennen Rudolph Binion, «... daß ihr mich gefunden habt» – Hitler und die Deutschen: Eine Psychohistorie, Stuttgart 1978, und Robert G. L. Waite, The Psychopathic God: A Biography of Adolf Hitler, New York 1977. Zu erwähnen ist auch eine während des Krieges verfaßte und etwa 30 Jahre später veröffentlichte Analyse: Walter C. Langer, Das Adolf-Hitler-Psychogramm: Eine Analyse seiner Person und seines Verhaltens, verfaßt 1943 für die psychologische Kriegsführung der USA, Wien, München, Zürich 1973. Die durch psychobiographische Forschungen aufgeworfenen Probleme sind ausführlich diskutiert worden; zu einer Bewertung einiger der Probleme siehe Saul Friedländer, History and Psychoanalysis: An Inquiry into the Possibilities and Limits of Psychohistory, New York 1978.

113 Adolf Hitler, Hitlers zweites Buch: Ein Dokument aus dem Jahre 1928, eingel. u. komm. v. G. L. Weinberg, Stuttgart 1961.

114 Adolf Hitler, Reden, Schriften, Anordnungen: Februar 1925 bis Januar 1933, Bd. 1, Die Wiedergründung der NSDAP: Februar 1925 – Juni 1926, hrsg. v. Clemens Vollnhals, München 1992, S. 208.

115 Ebd., S. 421.

116 Ebd., S. 195. «Und wenn er [der Jude] selbst die Wahrheit schreibt, dann ist auch die Wahrheit nur gedacht als Mittel zur Lüge. ... Dafür ist ein jüdischer Witz bekannt: Zwei Juden sitzen zusammen in der Bahn. ... Fragt der eine: Nu, Stern, wohin willst Du denn? Warum willst Du das wissen? Nu, ich möchte eben gern wissen. – Ich fahre nach Posemuckel! Ist nicht wahr, Du fährst nicht nach Posemuckel. Ja, ich fahre nach Posemuckel. Also Du fährst wirklich nach Posemuckel und sagst auch noch, Du fährst nach Posemuckel, also was lügst Du denn!» Hitler scheint dieser Witz so sehr gefallen zu haben, daß er ihn zwei Jahre später in einer anderen Rede verwendete. Siehe Adolf Hitler, Reden, Schriften, Anordnungen: Februar 1925 bis Januar 1933, Bd. 2, Vom Weimarer Parteitag bis zur Reichstagswahl, Juli 1926 –Mai 1927, hrsg. v. Bärbel Dusik, München 1992, S. 584.

117 Hitler, Reden, Schriften, Bd. 1, S. 297.

118 Ebd., Bd. 2, S. 105 f.

119 Die noch fehlenden Bände werden den Zeitraum von Juni 1931 bis Januar 1933 umfassen.

120 Hitler, Reden, Schriften, Bd. 2, T. 2, August 1927 –Mai 1928, S. 699 ff.

121 Ebd., Bd. 3, Zwischen den Reichstagswahlen, Juli 1928 –September 1930, hrsg. v. Bärbel Dusik u. Klaus A. Lankheit, T. 1: Juli 1928 –Februar 1929, München 1994, S. 43.

122 Ebd., Bd. 4, Von der Reichstagswahl bis zur Reichspräsidentenwahl, Oktober 1930 –März 1932, T. 1, Oktober 1930 –Juni 1931, hrsg. v. Constantin Goschler, München 1994, S. 421–30.

123 Ebd., S. 22 f.

124 Artikel im Illustrierten Beobachter vom 11. Januar 1930. Dieser Artikel und vorangegangene Texte in derselben Manier sind zitiert in Rainer Zitelmann, Hitler: Selbstverständnis eines Revolutionärs, Stuttgart 1990, S. 476 ff.

125 Martin Broszat, Die Machtergreifung, München 1984, S. 52. In seinen Privatgesprächen zeigte Hitler bei seiner antijüdischen Wut keine Zurückhaltung. Ein bezeichnender Beleg findet sich in den Aufzeichnungen über die Jahre 1929 bis 1932. die 1946 von Otto Wagener, dem Interims-Stabschef der SA und später dann Leiter der Reichskommission für die Wirtschaft, niedergeschrieben wurden. Wagener blieb auch noch nach dem Krieg seinen Überzeugungen treu, und so wäre es in seinem

Interesse gewesen, Hitlers Bemerkungen über die «Judenfrage» abzuschwächen. So wie sie sind – ob abgeschwächt oder nicht –, spiegeln die Erinnerungen Wageners dieselben Themen und denselben grenzenlosen Haß wider, den wir aus Hitlers früheren Reden und Texten kennen. Zu Wageners Text siehe die kritische Ausgabe seiner Notizen, die Henry A. Turner veröffentlicht hat: *Otto Wagener, Hitler aus nächster Nähe: Aufzeichnungen eines Vertrauten 1929–1932*, Frankfurt a. M. 1978. Zu den antijüdischen Tiraden siehe besonders S. 144 ff. und 172 ff.

126 Für den inneren Kern der NS-Führung war der Antisemitismus seit den ersten Anfängen ein untrennbarer Bestandteil ihrer Weltanschauung. Besonders extrem war dieser frühe Antisemitismus bei Rosenberg, Streicher, Ley, Heß und Darré. Himmler und Goebbels wurden ebenfalls Antisemiten, bevor sie sich der Partei anschlossen. (Die bemerkenswerten Ausnahmen waren Göring und die Brüder Strasser.) In diesem Punkt teile ich nicht die Einschätzung von Michael Marrus, wonach es bei den Führern der Partei vor 1925 keinen Antisemitismus gegeben habe. Siehe Michael Marrus, *The Holocaust in History*, Hanover, N. H. 1987, S. 11 f. Die apokalyptische Dimension des antijüdischen Glaubens bei der nationalsozialistischen Elite erörtert Erich Goldhagen, «Weltanschauung und Endlösung: Zum Antisemitismus der nationalsozialistischen Führungsschicht», in: *VfZ* 24 (1976), No. 4, S. 379 ff. Die untergeordnete Bedeutung des Antisemitismus in der SA ist von Theodor Abel gut dokumentiert worden. Siehe die Überarbeitung und Neuinterpretation von Abels Fragebögen in Peter Merkl, *Political Violence Under the Swastika: 581 Early Nazis*, Princeton, N. J. 1975. Dasselbe läßt sich jedoch nicht von den späteren Mittelschichtmitgliedern des SD sagen, die häufig seit den ersten Nachkriegsjahren rechtsextremen antisemitischen Organisationen angehörten. Siehe Herbert, *Best: Biographische Studien*.

127 Russel Lemmons, *Goebbels and «Der Angriff»*, Lexington, Ky. 1994, besonders S. 111 ff.

128 Ralf Georg Reuth, *Goebbels*, München 1990, S. 200.

129 Ebd.

130 1932 starteten die Nationalsozialisten eine wütende antisemitische Attacke gegen den DNVP-Präsidentschaftskandidaten Theodor Düsterberg (einen der beiden Leiter der rechtsgerichteten Frontkämpfer-Organisation Stahlhelm), wobei sie immer wieder die jüdische Herkunft seines Großvaters, eines Arztes, der im Jahre 1818 zum Protestantismus übergetreten war, ins Spiel brachten. Siehe zu dieser ganzen Episode Volker R. Berghahn, *Der Stahlhelm: Bund der Frontsoldaten 1918–1935*, Düsseldorf 1966, S. 239 ff.

131 Roland Flade, *Die Würzburger Juden: Ihre Geschichte vom Mittelalter bis zur Gegenwart*, Würzburg 1987, S. 149.

132 Trude Maurer, *Ostjuden in Deutschland 1918–1933*, Hamburg 1986, S. 346.

133 Ebd., S. 329 ff.

134 Michael Brenner, *The Renaissance of Jewish Culture in Weimar Germany*, New Haven, Conn. 1996.

135 Heinrich-August Winkler, *Weimar 1918–1933: Die Geschichte der ersten deutschen Demokratie*, München 1993, S. 180.

136 Henri Béraud, «Ce que j'ai vu à Berlin», in: *Le Journal*, Okt. 1926. Zitiert in Frédéric Monier, «Les Obsessions d'Henri Béraud», in: *Vingtième Siècle: Revue d'Histoire*, Okt.-Dez. 1993, S. 67.

137 Siehe zu dieser ganzen Affäre Erich Eyck, *Geschichte der Weimarer Republik*, Bd. 1, Erlenbach 1962, S. 433 ff. (Aus irgendeinem Grund spricht Eyck nur von Julius Barmat.)

138 Ebd., Bd. 2, S. 316 ff. Siehe auch Winkler, *Weimar 1918–1933*, S. 356.

139 Ebd. Zu den Barmat- und Sklarek-Skandalen siehe auch Maurer, *Ostjuden in Deutschland*, S. 141 ff.

140 Siehe Maurer, «Die Juden in der Weimarer Republik», in: Dirk Blasius, Dan Diner (Hrsg.), *Zerbrochene Geschichte: Leben und Selbstverständnis der Juden in Deutschland*, Frankfurt a. M. 1991, S. 110.
141 Knütter, *Die Juden und die deutsche Linke*, S. 174 ff.
142 Zu einer Analyse des «Judenproblems» in der DDP siehe Bruce B. Frye, ‹The German Democratic Party and the ‹Jewish Problem› in the Weimar Republic», in: *LBIY* 21 (1976), S. 143 ff.
143 Winkler, *Weimar 1918–1933*, S. 69.
144 Frye, «The German Democratic Party», S. 145–47.
145 Berghahn, *Modern Germany*, S. 284.
146 Larry E. Jones, *German Liberalism and the Dissolution of the Weimar Party System 1918–1933*, Chapel Hill, N. C. 1988.
147 Peter Gay, *Die Republik der Außenseiter: Geist und Kultur in der Weimarer Zeit, 1918–1933*, Frankfurt a. M. 1970.
148 Peter Gay, *Freud, Juden und andere Deutsche: Herren und Opfer in der modernen Kultur*, Hamburg 1986.
149 Dasselbe Herunterspielen des jüdischen Faktors begegnet in der ansonsten großartigen Studie Carl Schorskes über das Wien des Fin de siècle: Carl E. Schorske, *Wien: Geist und Gesellschaft im Fin de Siècle*, Frankfurt a. M. ²1982. Zu Kritik an diesem Punkt siehe Steven Beller, *Wien und die Juden 1867–1938*, Wien, Köln, Weimar 1993, S. 9 ff.
150 Istvan Deak, *Weimar Germany's Left-Wing Intellectuals: A Political History of the Weltbühne and its Circle*, Berkeley, Calif. 1968, S. 28.
151 Peter Jelavich, *Munich and Theatrical Modernism: Politics, Playwriting and Performance, 1890–1914*, Cambridge, Mass. 1985, S. 301 ff.
152 Ebd., S. 302.
153 Ebd., S. 304.
154 Deak, *Weimar Germany's Left-Wing Intellectuals*, S. 28.
155 Zitiert in Anton Kaes (Hrsg.), *Weimarer Republik: Manifeste und Dokumente zur deutschen Literatur, 1918–1933*, Stuttgart 1983, S. 537–39.
156 Ebd., S. 539.
157 Jakob Wassermann, *Deutscher und Jude: Reden und Schriften 1904–1933*, Heidelberg 1984, S. 156.
158 Kaes, *Weimarer Republik*, S. 539.
159 Marion Kaplan, «Sisterhood Under Siege: Feminism and Anti-Semitism in Germany, 1904–1938», in: Renate Bridenthal, Atina Grossmann, Marion Kaplan (Hrsg.), *When Biology Became Destiny: Women in Weimar and Nazi Germany*, New York 1984, S. 186 f.
160 Niewyk, *The Jews in Weimar Germany*, S. 80.
161 Fest, *Hitler*, S. 474 f. Zum Ablauf dieser Ereignisse siehe auch Winkler, *Weimar 1918–1933*, S. 508 ff.
162 Ebd., S. 513.
163 Ebd., S. 513 f.
164 Broszat, *Die Machtergreifung*, S. 154.

4. Das neue Ghetto

1 Martin Broszat, Elke Fröhlich, *Alltag und Widerstand: Bayern im Nationalsozialismus*, München 1987, S. 434. Alle Details des Falles Obermayer sind dieser Darstellung von Broszat und Fröhlich entnommen.
2 Ebd., S. 450–52, 456 ff.
3 Ebd., S. 437.

4 Ebd., S. 443 ff.
5 SOPADE, Deutschland-Berichte 2 (1935), S. 279; vgl. Ian Kershaw, The «Hitler Myth»: Image and Reality in the Third Reich, Stuttgart 1980, S. 71.
6 Martin Broszat, Der Staat Hitlers, München 1981, S. 427.
7 Ebd., S. 428.
8 Ian Kershaw, «‹Working Towards the Führer›: Reflections on the Nature of the Hitler Dictatorship», in: Contemporary European History 2 (1993), No. 2, S. 116.
9 Bankier, «Hitler and the Policy-Making Process», S. 9.
10 Ebd.
11 Walk, Das Sonderrecht, S. 117.
12 Ebd., S. 153.
13 Lilli Zapf, Die Tübinger Juden, Tübingen ³1981, S. 150.
14 Paul Sauer (Hrsg.), Dokumente über die Verfolgung der jüdischen Bürger in Baden-Württemberg durch das nationalsozialistische Regime 1933–1945, Bd. 1, Stuttgart 1966, S. 50.
15 Walk, Das Sonderrecht, S. 72. Der Reichsbund jüdischer Frontsoldaten hatte sich erfolglos an Hindenburg gewandt, um die Aufhebung dieser Ausschließung zu erreichen. Zum vollständigen Text der Petition vom 23. März 1934 siehe Ulrich Dunker, Der Reichsbund jüdischer Frontsoldaten, 1919–1938, Düsseldorf 1977, S. 200 ff.
16 Siehe beispielsweise die Eingabe des Vorsitzenden des Verbandes Nationaldeutscher Juden, Max Naumann, die er am 23. März 1935 an Hitler richtete, und die Erklärung des Reichsbundes jüdischer Frontsoldaten vom gleichen Tage in Michaelis, Schraepler, Ursachen, Bd. 11, S. 159–62.
17 Walk, Das Sonderrecht, S. 115.
18 Ebd., S. 122 (Anordnung vom 25. Juli 1935). Zu verschiedenen Aspekten des Problems der Mischlinge siehe vor allem Noakes, «Wohin gehören die ‹Judenmischlinge›?», S. 69 ff.
19 Mitteilung T3/Att. Gr. an Adjutantur des Chefs der Heeresleitung, Mikrofilm MA–260, IfZ, München.
20 Steinweis, Art, Ideology and Economics in Nazi Germany, S. 108 ff.
21 Ebd., S. 111. Tatsächlich blieben einige Juden immer noch Mitglieder der verschiedenen Kammern, und erst 1939 wurde die Ausschließung total (ebd.).
22 Ludwig Holländer, Deutsch-jüdische Probleme der Gegenwart: Eine Auseinandersetzung über die Grundfragen des Zentralvereins deutscher Staatsbürger jüdischen Glaubens, Berlin 1929, S. 18. Zitiert in R. L. Pierson, German Jewish Identity in the Weimar Republic, Ann Arbor, Mich.: University Microfilms, 1972, S. 63.
23 Kurt Loewenstein, «Die innerjüdische Reaktion auf die Krise der deutschen Demokratie», in: Mosse, Entscheidungsjahr 1932, S. 386.
24 George L. Mosse, «The Influence of the Völkisch Idea on German Jewry», in: Germans and Jews: The Right, the Left, and the Search for a «Third Force» in Pre-Nazi Germany, New York 1970, S. 77 ff.
25 R. L. Pierson zitiert aus einem Aufsatz von Wilhelm Hanauer, «Die Mischehe», in: Jüdisches Jahrbuch für Groß-Berlin 1929, S. 37.
26 Noakes, «Wohin gehören die ‹Judenmischlinge›?», S. 70.
27 Proctor, Racial Hygiene, S. 151.
28 Ebd.
29 Ebd., S. 78 f.
30 Ebd., S. 79.
31 Ingo Müller, Furchtbare Juristen: Die unbewältigte Vergangenheit unserer Justiz, München 1987, S. 97 f.
32 Ebd., S. 98.
33 Ebd., S. 98 f.

34 Ebd., S. 100.
35 Ebd., S. 101.
36 Ebd., S. 102.
37 *Chronik der Stadt Stuttgart*, S. 225.
38 Robert Thévoz, Hans Branig, Cécile Löwenthal-Hensel (Hrsg.), *Pommern 1934/1935 im Spiegel von Gestapo-Lageberichten und Sachakten*, Bd. 2, Quellen, Köln 1974, S. 118.
39 Werner T. Angress, «Die ‹Judenfrage› im Spiegel amtlicher Berichte 1935», in: Ursula Büttner et al., *Das Unrechtsregime*, Bd. 2, S. 34.
40 Zu einer ausgezeichneten Erörterung verschiedener antisemitischer Phantasien über den jüdischen Körper siehe Sander L. Gilman, *The Jew's Body*, New York 1991.
41 Hans Zöberlein, *Der Befehl des Gewissens*, München ⁶1938, S. 298; vgl. J. M. Ritchie, *German Literature under National Socialism*, London 1983, S. 100.
42 Zitiert in Ulrich Knipping, *Die Geschichte der Juden in Dortmund während der Zeit des Dritten Reiches*, Dortmund 1977, S. 50.
43 Roland Müller, *Stuttgart zur Zeit des Nationalsozialismus*, Stuttgart 1988, S. 292 f., 296.
44 Martin Broszat, Elke Fröhlich, Falk Wiesemann (Hrsg.), *Bayern in der NS-Zeit: Soziale Lage und politisches Verhalten der Bevölkerung im Spiegel vertraulicher Berichte*, München 1977, S. 450.
45 Zum Telegramm an Müller siehe Röhm, Thierfelder, *Juden – Christen – Deutsche*, Bd. 1, S. 268.
46 Sauer, *Dokumente über die Verfolgung*, Bd. 1, S. 62.
47 Ebd., S. 63.
48 Justizminister an Reichskanzler, 20. 5. 1935; Max Kreuzberger Research Papers, AR 7183, Karton 8, Mappe 9, LBI, New York.
49 Lammers an Justizminister, 7.6.35, ebd.
50 *Akten der Parteikanzlei der NSDAP (Regesten)*, T. 2, Bd. 3, S. 107.
51 Siehe Anton Doll (Hrsg.), *Nationalsozialismus im Alltag: Quellen zur Geschichte der NS-Herrschaft im Gebiet des Landes Rheinland-Pfalz*, Speyer 1983, S. 139.
52 Steven M. Lowenstein, «The Struggle for Survival of Rural Jews in Germany 1933–1938: The Case of Bezirksamt Weissenburg, Mittelfranken», in: Arnold Paucker (Hrsg.), *The Jews in Nazi Germany 1933–1943*, Tübingen 1986, S. 116.
53 Ebd., S. 117.
54 Ebd., S. 123.
55 Ebd., S. 121. Zum Widerspruch zwischen den wirtschaftlichen Interessen der Bauern und dem Druck der Parteiradikalen hinsichtlich der Aktivitäten jüdischer Viehhändler in Bayern siehe Falk Wiesemann, «Juden auf dem Lande: Die wirtschaftliche Ausgrenzung der jüdischen Viehhändler in Bayern», in: Peukert, Reulecke, *Die Reihen fast geschlossen*, S. 381 ff.
56 Thévoz, Branig, Löwenthal-Hensel, *Pommern 1934/1935*, Bd. 2, S. 103.
57 Klemperer, *Ich will Zeugnis ablegen*, Bd. 1, S. 110.
58 Angress, «Die ‹Judenfrage›», in: Büttner, *Das Unrechtsregime*, Bd. 2, S. 25.
59 Chef des SD-Hauptamts an NSDAP-Kreisgericht III/B, 11.10.35; SD-Hauptamt, Mikrofilm MA–554, IfZ, München.
60 Thévoz, Branig, Löwenthal-Hensel, *Pommern 1934/1935*, Bd. 2, S. 93.
61 Ebd., S. 118.
62 Kurdirektion des Ostseebades Binz, 17.5.38; SD-Hauptamt, Mikrofilm MA–554, IfZ, München.
63 Thomas Klein (Hrsg.), *Der Regierungsbezirk Kassel 1933–1936: Die Berichte des Regierungspräsidenten und der Landräte*, Darmstadt 1985, Bd. 1, S. 72. Manchmal, vor allem in kleinen Städten und Dörfern, waren die Reaktionen einiger Deutscher

sowohl durch wirtschaftliche Vorteile bestimmt als auch durch die Gewohnheit, bei den Juden, die einen festen Bestandteil des Gemeinschaftslebens darstellten, zu kaufen. Wie es im Bericht eines Blockleiters aus einer Kleinstadt in der Nähe von Trier vom 20. September 1935 heißt, behielt der Bürgermeister seine Gewohnheit bei, Fleisch bei Juden zu kaufen. Als ihn der Blockleiter zur Rede stellte, antwortete er: «Man darf nicht so gehässig sein, die kleinen Juden sind keine Juden» (Franz Josef Heyen, *Nationalsozialismus im Alltag: Quellen zur Geschichte des Nationalsozialismus vornehmlich im Raum Mainz-Koblenz-Trier*, Boppard a. Rh. 1967, S. 138).

64 Angress, «Die ‹Judenfrage›», S. 29.
65 Kommandeur des SD-Oberabschnitts Rhein an SS-Gruppenführer Heissmeyer, Koblenz, 3. 4. 1935; SD-Oberabschnitt Rhein, Mikrofilm MA-392, IfZ, München. Die widersprüchlichen Berichte über die wirtschaftlichen Beziehungen zwischen Deutschen und Juden zeigen, daß die Lage von Ort zu Ort unterschiedlich war und daß jedenfalls vielfältige Beziehungen aufrechterhalten wurden. Schon 1934 haben möglicherweise Kaufleute in Kleinstädten ihre Ergebenheit gegenüber dem Nationalsozialismus dadurch zum Ausdruck gebracht, daß sie sich weigerten, jüdische Kunden zu bedienen; doch nach einer Eintragung in Bella Fromms Tagebuch vom September 1934 waren die wirklichen Einstellungen häufig anders: «Ich unterhielt mich immer wieder mit Ladeninhabern und mit Leuten an Tankstellen und in Gaststätten. Sehr oft ist ihre strenge nationalsozialistische Haltung nur eine Vorsichtsmaßnahme. Juden erzählten mir: ‹Obwohl wir die Läden nicht betreten dürfen, geben uns die arischen Inhaber doch alles, was wir brauchen, meist nach Ladenschluß› (Fromm, *Als Hitler mir die Hand küßte*, S. 208).
66 Herbert Freeden, «Das Ende der jüdischen Presse in Nazideutschland», in: *Bulletin des Leo Baeck Instituts* 65 (1983), S. 6.
67 Heydrich, Gestapa an alle Staatspolizeistellen, 25. 2. 1935; Ortspolizeibehörde Göttingen, Mikrofilm MA-172, IfZ, München.
68 Der Bürgermeister von Lörrach an alle Beamten, Angestellten und Arbeiter der Stadt, 7. 6. 1935; Unterlagen betr. Entrechtung der Juden in Baden 1933-1940, ED-303, IfZ, München.
69 Robert Weltsch, «A Goebbels Speech and a Goebbels Letter», in: *LBIY* 10 (1965), S. 281.
70 Ebd., S. 282 f.
71 Ebd., S. 285.
72 Ebd.
73 Franz Schonauer, «Zu Hans Dieter Schäfer: ‹Bücherverbrennung, staatsfreie Sphäre und Scheinkultur›», in: Denkler, Lämmert (Hrsg.), «*Das war ein Vorspiel nur...*», S. 131.
74 NSDAP-Reichsleitung, Amt für Technik, Rundschreiben 3/35, 25. Januar 1935; Himmler-Archiv, Berlin Document Center, Mikrofilm No. 270, Rolle 2 (LBI, New York, Mikrofilm 133g).
75 Helmut Heiber, *Universität unterm Hakenkreuz*, T. 1, *Der Professor im Dritten Reich: Bilder aus der akademischen Provinz*, München 1991, S. 216 f. Siehe auch Beyerchen, *Wissenschaftler unter Hitler*, S. 100 ff. Die Gedenkveranstaltung zu Habers Todestag war ein ungewöhnlicher Akt des Mutes. Er wurde in diesem Falle erleichtert, weil Haber zum Protestantismus konvertiert war und bis 1933 Ultranationalist gewesen war, und vor allem dadurch, daß er einzigartige Beiträge zur Wissenschaft, zur deutschen chemischen Industrie und zu den deutschen Kriegsanstrengungen geleistet hatte, indem er die Ammoniaksynthese entdeckte (die die Massenproduktion von Düngemitteln – aber auch von Sprengstoffen – ermöglichte), und auch durch die Erfindung und Propagierung des Einsatzes von Chlorgas, des ersten Giftgases, das während des Ersten Weltkrieges im Kampf verwendet

wurde. Paradoxerweise war Haber, obwohl man ein Jahr nach seinem Tode feierlich seiner gedacht, zum Zeitpunkt seines Rücktritts isoliert und verfemt, und als er Deutschland verließ und nach England (und danach dann in die Schweiz) ging, hatte er seine deutschnationalistische Einstellung weitgehend aufgegeben und plante sogar, nach Palästina zu ziehen. Siehe zu diesen verschiedenen Fragen Stern, *Der Traum vom Frieden und die Versuchung der Macht*, S. 42 und vor allem S. 57f. sowie die kürzlich erschienene umfangreiche – und gelegentlich problematische – Studie von Dietrich Stolzenberg, *Fritz Haber: Chemiker, Nobelpreisträger, Deutscher, Jude*, Weinheim 1994. Zu einer Besprechung der Biographie Stolzenbergs siehe M. F. Perutz, «The Cabinet of Dr. Haber», in: *New York Review of Books*, 20. Juni 1996.
76 Reuth, *Goebbels*, München 1990, S. 322.
77 Ebd., S. 323.
78 Rosenberg an Goebbels, 30. August 1934, Doc. CXLII–246, in: Michel Mazor, *Le Phénomène Nazi: Documents Nazis commentés*, Paris 1957, S. 166 ff. Siehe auch Wulf, *Theater und Film*, S. 71. Die Debatten in den bildenden Künsten und in der Literatur folgten einem ähnlichen Muster. Anfangs wurden in beiden Bereichen der Expressionismus und moderne Tendenzen generell von Goebbels gegen Rosenberg in Schutz genommen. Doch die Linie Rosenbergs, die die Position Hitlers darstellte, setzte sich durch. In den bildenden Künsten kam der berüchtigte Wendepunkt 1937, als die Orthodoxie in der Großen Deutschen Kunstausstellung präsentiert wurde und die Häresie in der Ausstellung «Entartete Kunst» an den Pranger gestellt wurde. In der Literatur gingen einige Diskussionen noch bis Ende der dreißiger Jahre weiter. Siehe zur Literatur Dieter Schäfer, «Die nichtfaschistische Literatur der ‹jungen Generation›», in: Horst Denkler, Karl Prumm (Hrsg.), *Die deutsche Literatur im Dritten Reich*, Stuttgart 1976, S. 464f.
79 Levi, *Music in the Third Reich*, S. 74. Doch Paul Graeners *Friedemann Bach* und Georg Vollerthuns *Der Freikorporal* wurden aufgeführt, obwohl die Libretti von dem jüdischen Theaterautor Rudolf Lothar geschrieben waren (ebd., S. 75).
80 Michael H. Kater, *Gewagtes Spiel: Jazz im Nationalsozialismus*, Köln 1995, S. 87.
81 Ebd.
82 Kampfbund für Deutsche Kultur, Ortsgruppe Groß-München, an Reichsverband «Deutsche Bühne e. V.», Berlin, 16. 8. 1933; Rosenberg-Akten, Mikrofilm MA–697, IfZ, München.
83 Reichsverband «Deutsche Bühne» an Kampfbund ..., 23. 8. 1933, ebd.
84 Kampfbund ... Nordbayern/Franken an «Deutsche Bühne», 2.12.33, ebd.; «Deutsche Bühne» an Kampfbund ..., 5.12.33, ebd.
85 Pätzold, *Verfolgung, Vertreibung, Vernichtung*, S. 77f.
86 Levi, *Music in the Third Reich*, S. 76.
87 Ebd., S. 67. Siehe auch Erik Levi, «Music and National-Socialism: The Politicization of Criticism, Composition and Performance», in: Brandon Taylor, Wilfried van der Will (Hrsg.), *The Nazification of Art: Art, Design, Music, Architecture and Film in the Third Reich*, Winchester 1990, S. 167–171. Am 1. September 1936 veröffentlichte die Reichskulturkammer eine alphabetische Liste vorwiegend jüdischer Komponisten, deren Werke unter keinen Umständen zugelassen waren: Abraham, Paul; Achron, Josef; Alwin, Karl; Antheil, George; Barmas, Issay; Bekker, Conrad; Benatzky, Ralph; Benjamin, Arthur; Bereny, Henry; Berg, Alban; und so fort. Himmler-Archiv, Berlin Document Center, Mikrofilm No. 269, Rolle 1 (LBI, New York, Mikrofilm 133 f.).
88 Vermerk von II 112, 27.11.1936; SD-Hauptamt, Mikrofilm MA- 554, IfZ, München.
89 Vermerk von II 112, 3. 1. 1938, ebd. Die Suche nach Juden und jüdischem Einfluß in der Musik und beim Theater veranschaulicht nur einen einzigen Aspekt der allgemeinen Identifizierungswut in jedem nur möglichen kulturellen Bereich, die

sich auch auf völkische Autoren des 19. und 20. Jahrhunderts erstreckte, selbst auf diejenigen, die als zu den intellektuell-ideologischen Vorläufern des Nationalsozialismus gehörig galten. So geriet beispielsweise Ernst Haeckels «Monistenbund» ins Visier und ebenso auch der Rassentheoretiker Ludwig Woltmann. Siehe zu beiden Fällen Paul Weindling, «Mustergau Thüringen: Rassenhygiene zwischen Ideologie und Machtpolitik», in: Norbert Frei (Hrsg.), *Medizin und Gesundheitspolitik in der NS-Zeit*, München 1991, S. 93 u. Anm.

90 Innenminister an Reichskanzler, 19.7. 1935; Max Kreuzberger Research Papers, AR 7183, Karton 8, LBI, New York.
91 Lammers an Frick, 31.7.35, ebd.
92 Frick an Gürtner, 14.8.35; NSDAP-Parteikanzlei, Microfiche 024638 ff., IfZ, München.
93 Pfundtner an Reichsstelle für Sippenforschung, 14. 8. 1935, ebd., Microfiche 024642, ebd.
94 Steinweis, «Hans Hinkel», S. 213.
95 Heydrich an alle Gestapostellen, 19. 8. 1935; Aktenstücke zur Judenverfolgung, Ortspolizeibehörde Göttingen, MA-172, IfZ, München.
96 Steinweis, «Hans Hinkel», S. 215.
97 Heydrich an alle Staatspolizeistellen, 13. 8. 1935; Aktenstücke zur Judenverfolgung, Ortspolizeibehörde Göttingen, MA-172, IfZ, München.
98 Adam, *Judenpolitik*, S. 115.
99 Bericht der Polizeidirektion München, April/Mai 1935 (Geheimes Staatsarchiv, München, MA 104990), Fa 427/2, IfZ, München, S. 24 ff.
100 Jochen Klepper, *Unter dem Schatten deiner Flügel: Aus den Tagebüchern der Jahre 1932–1942*, Stuttgart 1983, S. 269.
101 Ebd., S. 270.
102 Ebd., S. 282 f.
103 SOPADE, *Deutschland-Berichte* 2 (1935), S. 803.
104 Ebd., S. 804.
105 Ebd., S. 921.
106 Marlis Steinert, *Hitlers Krieg und die Deutschen: Stimmung und Haltung der deutschen Bevölkerung im Zweiten Weltkrieg*, Düsseldorf 1970, S. 57.
107 Ian Kershaw hat in seinem Artikel «The Persecution of the Jews and German Popular Opinion in the Third Reich», in: *LBIY* 26 (1981), die negativen Reaktionen der Bevölkerung auf die Gewalttaten gegen die Juden möglicherweise überbetont.
108 Fischer, *Hjalmar Schacht*, S. 154 f.
109 Zur Liste der Teilnehmer siehe Otto Dov Kulka, «Die Nürnberger Rassengesetze und die deutsche Bevölkerung», in: *VfZ* 32 (1984), S. 616.
110 Ebd.
111 Teile der Protokolle dieser Besprechung, die bei den Nürnberger Prozessen als NG-4067 vorgelegt wurden, sind zitiert in Michalka, *Das Dritte Reich*, Bd. 1, S. 155. Zusätzliche Materialien zu dem publizierten deutschen Text werden angeführt von Otto Dov Kulka, «Die Nürnberger Rassengesetze», S. 615 ff. Siehe auch *Akten zur deutschen auswärtigen Politik*, Serie C, Bd. 4, T. 1, S. 559–61.
112 Zu einem Vergleich zwischen verschiedenen Versionen von Wagners Angaben siehe Peter Longerich, *Hitlers Stellvertreter*, München 1992, S. 212 f.
113 Michalka, *Das Dritte Reich*, Bd. 1, S. 155.
114 Ebd.; Kulka, «Die Nürnberger Rassengesetze», S. 617.
115 Ebd.
116 Wildt, *Die Judenpolitik des SD*, S. 23 f., 70–78.
117 Zitiert in Ephraim Maron, «Die Pressepolitik des Dritten Reiches zur Judenfrage und ihre Widerspiegelung in der NS-Presse», Dissertation, Universität Tel Aviv 1992, S. 81 Anm. u. 82 Anm. (Hebräisch).

Anmerkungen zum 5. Kapitel 1083

118 Adolf Hitler, *Reden und Proklamationen, 1932 –1945: Kommentiert von einem deutschen Zeitgenossen*, hrsg. v. Max Domarus, Bd. 1, *Triumph (1932 –1938)*, Würzburg 1962, T. 2, S. 534.
119 Zu Hitlers Rede siehe Hitler, *Reden*, hrsg. v. Max Domarus, Bd. 1, T. 2, S. 537.
120 Walk, *Das Sonderrecht*, S. 127.
121 Ebd.
122 Noakes, Pridham, *Nazism 1919 –1945*, Bd. 2, S. 463.
123 Hitler, *Reden*, Bd. 1, T. 2, S. 538 f.
124 Ebd., S. 539.
125 Ebd., S. 558.
126 Helmut Heiber (Hrsg.), *Goebbels-Reden*, Bd. 1, *1932 –1939*, Düsseldorf 1971, S. 246.
127 Handschriftliche Notizen, verfaßt von Fritz Wiedemann, Institut für Zeitgeschichte, München. Zitiert in Helmut Krausnick, «Judenverfolgung», in: Hans Buchheim et al., *Anatomie des SS-Staates*, Bd. 2, München 1967, S. 269.
128 Philippe Burrin, *Hitler und die Juden: Die Entscheidung für den Völkermord*, Frankfurt a. M. 1993, S. 48 f. In seinem Buch unterstreicht Burrin die Bedeutung von Hitlers Drohung für den Fall eines Krieges «auf allen Fronten» – d. h. in einer Situation ähnlich wie der in den Jahren 1914 –18. Für Deutschland wurde der Zweite Weltkrieg zu einem solchen Kriege, da der Rußlandfeldzug nicht zu einem raschen deutschen Sieg führte. Den Zusammenhang zwischen dieser Situation und Hitlers Entschluß, die Juden zu vernichten, werde ich im zweiten Band – *Das Dritte Reich und die Juden. Die Jahre der Vernichtung* – diskutieren.

5. Der Geist der Gesetze

1 Erziehungsminister ..., Verfügung, 13. 9. 1935; Reichsministerium für Wissenschaft und Erziehung, Mikrofilm MA-103/1, IfZ, München.
2 Klemperer, *Ich will Zeugnis ablegen*, Bd. 1, S. 195.
3 Neliba, *Wilhelm Frick*, S. 198 ff.
4 Zu diesen verschiedenen Einzelheiten siehe David Bankier, *Die öffentliche Meinung im Hitler-Staat: Die Endlösung und die Deutschen; eine Berichtigung*, Berlin 1995, S. 63.
5 Neliba, *Wilhelm Frick*, S. 200 ff.
6 Goebbels, *Tagebücher*, T. 1, Bd. 2, S. 488.
7 Zur Haltung Löseners siehe Bankier, *Die öffentliche Meinung im Hitler-Staat*, S. 62.
8 Robert L. Koehl, *The Black Corps: The Structure and Power Struggles of the Nazi SS*, Madison, Wis. 1983, S. 102.
9 Bernhard Lösener, «Als Rassereferent im Reichsministerium des Innern», in: *VfZ* 3 (1961), S. 264 ff.
10 Ebd., S. 273 –75.
11 Ebd., S. 276.
12 Ebd., S. 281.
13 Eine gründliche Analyse bietet Noakes, «Wohin gehören die ‹Judenmischlinge›?», S. 74 ff.
14 Ebd.
15 Walk, *Das Sonderrecht*, S. 139.
16 Ebd.
17 Noakes, «Wohin gehören die ‹Judenmischlinge›?», S. 85 f.
18 Walk, *Das Sonderrecht*, S. 139.

19 Der Stellvertreter des Führers, Rundschreiben Nr. 228/35, 2.12.1935; Stellvertreter des Führers (Anordnungen ...), Db 15.02, IfZ, München.
20 Friedlander, Milton, *Archives of the Holocaust*, Bd. 20, *Bundesarchiv of the Federal Republic of Germany, Koblenz and Freiburg*, S. 28–30.
21 Der Stellvertreter des Führers, Rundschreiben, 2. 12. 1935; Stellvertreter des Führers (Anordnungen ...), 1935, Db 15.02, IfZ, München.
22 Herbert A. Strauss, «Jewish Emigration from Germany: Nazi Policies and Jewish Responses (I)», in: *LBIY* 25 (1980), S. 317. In seiner 1988 erschienenen Untersuchung über «nichtarische» Christen bietet Werner Cohn ebenfalls eine gründliche statistische Analyse. Er schätzt die teiljüdische Bevölkerung im Jahre 1933 auf 228 000, was ungefähr zu der Schätzung von 200 000 für 1935 passen könnte. Siehe Werner Cohn, «Bearers of a Common Fate? The ‹Non-Aryan› Christian ‹Fate Comrades› of the *Paulus-Bund*, 1933–1939», in: *LBIY* 33 (1988), S. 350 ff. H. W. Friedmann vom Paulus-Bund schätzte ebenfalls die Zahl der «nichtjüdischen Nichtarier» auf 200 000, was nach seinen Angaben vom Rassenpolitischen Amt der Partei als viel zu niedrig angesehen wurde. Siehe *Akten deutscher Bischöfe*, Bd. 2, *1934–1935*, S. 133.
23 Dr. E. R----x, «Die nichtjüdischen Nichtarier in Deutschland», in: *C.-V.-Zeitung* 20, Nr. 1 (Beiblatt), 16. Mai 1935. Ich bin Sharon Gillerman dafür dankbar, daß sie mich auf diesen Artikel aufmerksam gemacht hat.
24 Bernhard Lösener, Friedrich U. Knost, *Die Nürnberger Gesetze*, Berlin 1936, S. 17 f.
25 Wilhelm Stuckart, Hans Globke, *Kommentare zur deutschen Rassengesetzgebung*, Bd. 1, München 1936.
26 Ebd., S. 65 f.
27 Das von Stuckart und Globke angeführte Beispiel war offensichtlich als extremste Illustration des Prinzips gedacht, das den Nürnberger Gesetzen zugrundelag. Doch die offensichtliche Absurdität einer Bestimmung der Rasse durch die Religion muß doch so irritierend gewesen sein, daß sie die Ministerialbürokratie zumindest in einem Fall zu einer Klarstellung veranlaßte. Am 26. November 1935 gab das Reichsinnenministerium in einem Runderlaß folgende Erklärung ab: «Bei der Beurteilung, ob jemand Jude ist oder nicht, ist grundsätzlich nicht die Zugehörigkeit zur jüdischen Religionsgemeinschaft, sondern zur jüdischen Rasse maßgebend. Um Schwierigkeiten bei der Beweisführung auszuschließen, ist aber ausdrücklich bestimmt, daß ein Großelternteil, der der jüdischen Religionsgemeinschaft angehört, ohne weiteres als Angehöriger der jüdischen Rasse gilt; ein Gegenbeweis ist nicht zulässig.» Zitiert in Noakes, «Wohin gehören die ‹Judenmischlinge›?», S. 84.
28 Stuckart, Globke, *Kommentare*, S. 5.
29 Burleigh, Wippermann, *The Racial State*, S. 49.
30 Ebd.
31 Adjutantur des Führers, Mikrofilm MA–287, IfZ, München.
32 Monatsbericht, 8.12.1937, in: *Die kirchliche Lage in Bayern nach den Regierungspräsidentenberichten 1933–1943*, Bd. 2, *Regierungsbezirk Ober- und Mittelfranken*, hrsg. v. Helmut Witeschek, Mainz 1967, S. 254.
33 Karl Haushofer, der Begründer der deutschen Geopolitik, war der Lehrer von Heß an der Universität München, und über Heß beeinflußte er Teile von *Mein Kampf* im Hinblick auf internationale Angelegenheiten und weltweite Strategie; obwohl Haushofer erklärter Antisemit war, war er mit einer Halbjüdin, Martha Mayer-Doss, verheiratet. Von 1934 bis 1938 war sein Sohn Albrecht in der außenpolitischen Behörde «Dienststelle Ribbentrop» beschäftigt. Zu Karl und Albrecht Haushofers Einstellungen zum Judentum und zu den Juden sowie zu ihrer persönlichen Situation in dieser Hinsicht siehe Hans-Adolf Jacobsen, *Karl Haushofer: Leben und Werke*, Bd. 1–2, Boppard a. Rh. 1979, und Ursula Laak-Mi-

Anmerkungen zum 5. Kapitel 1085

chael, *Albrecht Haushofer und der Nationalsozialismus*, Stuttgart 1974; zu einer Gesamtdeutung siehe Dan Diner, «Grundbuch des Planeten: Zur Geopolitik Karl Haushofers», in: Dan Diner, *Weltordnungen: Über Geschichte und Wirkung von Recht und Macht*, Frankfurt a. M. 1993, S. 131 ff.
34 *Akten der Parteikanzlei der NSDAP*, Microfiches, 30100219-30100223, IfZ, München.
35 Siehe Shlomo Aronson, *Reinhard Heydrich und die Frühgeschichte von Gestapo und SD*, Stuttgart 1971, S. 11 f.; Werner Maser, *Adolf Hitler: Legende, Mythos, Wirklichkeit*, München 1971, S. 11 ff.
36 *Akten der Parteikanzlei der NSDAP* (Regesten), T. 1, Bd. 2, S. 226.
37 Lothar Gruchmann, «Blutschutzgesetz und Justiz: Zu Entstehung und Auswirkung des Nürnberger Gesetzes vom 15. September 1935», in: *VfZ* 31 (1983), S. 419.
38 *Akten der Parteikanzlei der NSDAP* (Regesten), T. 1, Bd. 1, S. 55. Auf verschiedenen Ebenen waren die deutschen Rassengesetze und die Rassendiskriminierung in Deutschland weiterhin eine Quelle von Schwierigkeiten für die Beziehungen zwischen dem Reich und zahlreichen Ländern. So wurden nach Angaben eines 1936 erstellten Berichts der deutschen Gesandtschaft in Bangkok auf deutschen Schiffen im Fernen Osten diskriminierende Maßnahmen gegen «farbige» Passagiere (darunter Japaner, Chinesen und Siamesen) ergriffen. Das Verkehrsministerium in Berlin ersuchte die deutschen Reedereien, sich der negativen Konsequenzen derartiger Maßnahmen bewußt zu sein (ebd., S. 178). Im selben Jahr mußte die Wilhelmstraße die Befürchtungen ägyptischer Behörden zerstreuen: Es bestanden keine Hindernisse für die Heirat einer deutschen Nichtjüdin mit einem ägyptischen Nichtjuden; was die Schwierigkeiten im Zusammenhang mit der Heirat nichtjüdischer Deutscher mit nichtjüdischen Ausländerinnen anging, so waren sie allgemeiner Natur und stellten keineswegs eine Diskriminierung von Ägyptern dar (ebd., T. 2, Bd. 3, S. 108). Alles in allem fühlten sich mehrere Staaten im Nahen Osten durch die deutsche Gesetzgebung bezüglich der Nichtarier angegriffen, trotz aller Bemühungen des Außenministeriums in Berlin (ebd., S. 109). Die Türkei wurde durch eine Erklärung besänftigt, wonach die Türken als «artverwandt» eingestuft wurden, aber die Regelung war, was andere nahöstliche Nationen anging, alles andere als klar (ebd., S. 104).
39 Ebd., T. 1, Bd. 2, S. 168.
40 Stark betont wird der Primat der allgemeineren biologischen Perspektive ebenso wie die dadurch implizierte Opferrolle der Frauen insbesondere von Bock, *Zwangssterilisation im Nationalsozialismus*; zu den Gesetzen von 1935 siehe besonders S. 100-103. In ihren neueren Arbeiten hat Gisela Bock Positionen formuliert, die den hier vertretenen näherstehen. Siehe Gisela Bock, «Krankenmord, Judenmord und nationalsozialistische Rassenpolitik», in: Frank Bajohr et al. (Hrsg.), *Zivilisation und Barbarei: Die widersprüchlichen Potentiale der Moderne*, Hamburg 1991, S. 285 ff. und besonders S. 301-303. Während der zwölf Jahre des NS-Regimes untermauerte eine Reihe universitärer Forschungsinstitute die Rassenpolitik mit sogenannten wissenschaftlichen Daten: das Kaiser-Wilhelm-Institut für Biologie in Berlin; das Institut für Anthropologie und Ethnologie an der Universität Breslau; das Institut für Erbbiologie und Rassenhygiene an der Universität Frankfurt; die Rassenbiologischen Institute an den Universitäten Königsberg und Hamburg; das Thüringische Zentrum für Rassenfragen, das der Universität Jena angeschlossen war; und das Forschungsinstitut in Erbbiologie in Alt-Rhese in Mecklenburg; siehe Klaus Drobisch et al., *Juden unterm Hakenkreuz: Verfolgung und Ausrottung der deutschen Juden 1933-1945*, Frankfurt a. M. 1973, S. 162 f.
41 Zum Anfang dieser Geschichte siehe Kapitel 1, S. 43 ff.

42 Mommsen, «Die Geschichte», S. 352.
43 Ebd., S. 353–57.
44 Zu der Untersuchung und den Zitaten siehe Noakes, «The Development of Nazi Policy», S. 299 ff.
45 Ebd., S. 300 f.
46 Ursula Büttner, «The Persecution of Christian-Jewish Families in the Third Reich», in: *LBIY* 34 (1989), S. 277 f.
47 Adam, *Hochschule und Nationalsozialismus*, S. 117.
48 Cohn, «Bearers of a Common Fate?», S. 360 f.
49 Müller, *Furchtbare Juristen*, S. 107.
50 Ebd., S. 108.
51 Ebd., S. 109.
52 Ich benutze hier den Titel des Buches von Klaus Theweleit, *Männerphantasien*, Bd. 1–2, Frankfurt a. M. 1977–78.
53 Noam, Kropat, *Juden vor Gericht*, S. 125–27.
54 Müller, *Furchtbare Juristen*, S. 110 f.
55 *Akten der Parteikanzlei*, Microfiche Nr. 031575, IfZ, München.
56 Siehe Götz von Olenhusen, «Die ‹nichtarischen› Studenten», Anm. 52, sowie auch Michael H. Kater, «Everyday Anti-Semitism in Prewar Nazi Germany: The Popular Bases», in: *Yad Vashem Studies* 16 (1984), S. 150.
57 Adolf Diamant, *Gestapo Frankfurt am Main*, Frankfurt a. M. 1988, S. 91.
58 Robert Gellately, *Die Gestapo und die deutsche Gesellschaft: Die Durchsetzung der Rassenpolitik 1933–1945*, Paderborn 1993.
59 Ebd., S. 187.
60 Ebd., S. 185.
61 Robert Gellately, «The Gestapo and German Society: Political Denunciations in the Gestapo Case Files», in: *Journal of Modern History* 60 (1988), No. 4, S. 672–674. Nach Sarah Gordon wurden zwar in den dreißiger Jahren einige «Rassenschänder» zunächst in gewöhnlichen Gefängnissen inhaftiert, während die jüdischen «Rassenschänder» in Zuchthäuser geschickt wurden, aber auch wenn gelegentlich ein anderer Eindruck entstand, war das Schicksal beider Kategorien letztlich dasselbe. Siehe Sarah Gordon, *Hitler, Germans and the «Jewish Question»*, Princeton, N. J. 1984, S. 238 ff.
62 Der Sprecher des Justizministeriums an alle Justizpressestellen, 11. 3. 1936; Reichsjustizministerium, Fa 195/1936, IfZ, München.
63 Bankier, *Die öffentliche Meinung im Hitler-Staat*, S. 107.
64 Ebd., S. 108.
65 Ebd., S. 108 f.
66 Ebd., S. 110.
67 Richard Gutteridge, «German Protestantism and the Jews in the Third Reich», in: Kulka, Mendes-Flohr, *Judaism and Christianity under the Impact of National Socialism*, S. 237. Siehe auch Gutteridge, *Open Thy Mouth for the Dumb!*, S. 153 ff. und besonders S. 156–68.
68 Bankier, *Die öffentliche Meinung im Hitler-Staat*, S. 111.
69 Kulka, «Die Nürnberger Rassengesetze», S. 602 f.
70 Zu dieser Interpretation der langfristigen Auswirkungen der Gesetze auf die Bevölkerung siehe Drobisch, *Juden unterm Hakenkreuz*, S. 160.
71 Gestapa [das Gestapa war die Zentrale der Gestapo in Berlin] an Staatspolizeistellen, 3. 12. 1935; Ortspolizeibehörde Göttingen, Mikrofilm MA–172, IfZ, München.
72 Gestapa an Central-Verein deutscher Juden (CV), 1. Juni 1934, ebd.; Staatspolizei Hannover, 16. 8. 1934, ebd.
73 Gestapa an alle Staatspolizeistellen, 24. 11. 35, ebd.

74 Gestapa an alle Staatspolizeistellen, 4. 4. 36, ebd.
75 Gerlach, *Als die Zeugen schwiegen*, S. 166.
76 Siehe zu diesem Fall Friedlander, Milton, *Archives of the Holocaust*, Bd. 11, *Berlin Document Center*, ed. Henry Friedlander, Sybil Milton, New York 1992, T. 1, S. 210–22.
77 *Akten der Parteikanzlei* (Regesten), T. 1, Bd. 1, S. 121.
78 Friedlander, Milton, *Archives of the Holocaust*, Bd. 11, T. 1, S. 210–22.
79 Abraham Margalioth, «The Reaction of the Jewish Public in Germany to the Nuremberg Laws», in: *Yad Vashem Studies* 12 (1977), S. 76.
80 Bankier, «Jewish Society Through Nazi Eyes 1933–1936», S. 113 f.
81 Margarete T. Edelheim-Mühsam, «Die Haltung der jüdischen Presse gegenüber der nationalsozialistischen Bedrohung», in: Robert Weltsch (Hrsg.), *Deutsches Judentum: Aufstieg und Krise*, Stuttgart 1963, S. 375.
82 Einige Gestapo-Berichte wie der aus Koblenz, der den Oktober 1935 betraf, berichteten, es herrsche unter den Juden größerer Pessimismus und ein Drang zur Auswanderung, auch nach Palästina. Diesem Bericht zufolge glaubten die Juden nicht an die Möglichkeit, in Deutschland zu bleiben, und rechneten damit, «daß in etwa 10 Jahren der letzte Jude Deutschland verlassen hat» (Heyen, *Nationalsozialismus im Alltag*, S. 138 f.).
83 Boas, «German-Jewish Internal Politics», S. 3.
84 Ebd., S. 4, Anm. 4.
85 Edelheim-Mühsam, «Die Haltung der jüdischen Presse», S. 376 f.
86 Claudia Koonz, *Mütter im Vaterland*, Freiburg i. Br. 1991, S. 395.
87 Dawidowicz, *Der Krieg gegen die Juden*, S. 168.
88 William L. Shirer, *Berliner Tagebuch: Aufzeichnungen 1934–1941*, Leipzig 1991, S. 41.
89 Zitiert in Lowenstein, «The Struggle for Survival of Rural Jews», S. 120.
90 Yoav Gelber, «Die Reaktion der zionistischen Führung auf die Nürnberger Gesetze», in: *Studies on the Holocaust Period* 6 (1988) (Hebräisch).
91 Chernow, *Die Warburgs*, S. 540 ff.
92 *Akten der Parteikanzlei der NSDAP* (Regesten), T. 1, Bd. 2, S. 208.
93 Chernow, *Die Warburgs*, S. 540 ff.
94 Charlotte Beradt, *Das Dritte Reich des Traums*, Frankfurt a. M. 1981, S. 98.
95 Ebd.
96 Ebd., S. 104.
97 Feuchtwanger, Zweig, *Briefwechsel*, Bd. 1, S. 97.
98 C. G. Jung, «Zur gegenwärtigen Lage der Psychotherapie», in: *Gesammelte Werke*, Bd. 10, *Zivilisation im Übergang*, Zürich, Stuttgart 1974, S. 191. Dieser Text ist rur eine von zahlreichen mehr oder weniger gleichlautenden Aussagen, die Jung in den Jahren von 1933 bis mindestens 1936 machte. Die Kontroverse über Jurgs Einstellung zum Nationalsozialismus dauert seit dem Ende des Krieges an. Die mildeste Bewertung des Falles durch einen Historiker, der keinem von beiden Lagern angehört, ist die von Geoffrey Cocks: «Es ist keineswegs klar, daß die persönlichen philosophischen Überzeugungen und Einstellungen hinter Jungs zweifelhaften, naiven und oft anstößigen Aussagen, die er in der Nazizeit über ‹Arier› und Juden machte, seine Handlungen gegenüber Psychotherapeuten in Deutschland motivierten. Die Aussagen selbst offenbaren eine zerstörerische Ambivalenz und ein Vorurteil, welche der Verfolgung der Juden durch die Nationalsozialisten gedient haben mögen. Doch Jung kam den Nationalsozialisten viel mehr durch seine Worte entgegen als durch seine Taten» (Geoffrey Cocks, *Psychotherapy in the Third Reich: The Göring Institute*, New York 1985, S. 132). Die Einschätzung von Cocks wäre genau zu prüfen; dennoch erscheint die Haltung Jungs angesichts der Umstände abstoßend genug.

99 Sigmund Freud, Arnold Zweig, *Briefwechsel*, hrsg. v. Ernst L. Freud, Frankfurt a. M. 1968, S. 121.
100 Kurt Tucholsky, *Politische Briefe*, Reinbek 1969, S. 117–23.

Zweiter Teil
Die Einkreisung

6. Kreuzzug und Kartei

1 Goebbels, *Tagebücher*, T. 1, Bd. 3, S. 55.
2 Ebd., S. 351.
3 Den Vorrang des antibolschewistischen Kreuzzugs hat Arno J. Mayer behauptet. Wie wir sehen werden, heißt es in den Reden aus den Jahren 1936–37 ausdrücklich, daß die Juden als der Feind hinter der bolschewistischen Bedrohung betrachtet wurden. Zur Argumentation Mayers siehe sein Buch *Der Krieg als Kreuzzug: Das Deutsche Reich, Hitlers Wehrmacht und die «Endlösung»*, Reinbek 1989.
4 Lipstadt, *Beyond Belief*, S. 80.
5 Arad, «The American Jewish Leadership's Response», S. 418 f.
6 Arnd Krüger, *Die Olympischen Spiele 1936 und die Weltmeinung*, Berlin 1972, S. 128–31. Am 13. Juni 1936 erhielt die Sportlerin Gretel Bergmann, obwohl sie beim Training 1.60 Meter gesprungen war (was dem deutschen Rekord für Frauen entsprach), vom Deutschen Olympischen Komitee einen Brief, in dem es unter anderem hieß: «Im Rückblick auf Ihre letzten Leistungen haben Sie wohl nicht erwarten können, für die Mannschaft nominiert zu werden.» Im Frühjahr 1996 nahm die zweiundachtzigjährige Margaret Bergmann Lambert, eine US-Bürgerin, die in New York lebt, die Einladung des Deutschen Olympischen Komitees, sein Ehrengast bei den Jahrhundertspielen in Atlanta zu sein, an (Ira Berkow, «An Olympic Invitation Comes 60 Years Late», in: *New York Times*, 18. Juni 1996, S. A1, B12).
7 Eliahu Ben-Elissar, *La Diplomatie du IIIe Reich et les Juifs, 1933–1939*, Paris 1969, S. 179.
8 Ebd., S. 173.
9 Goebbels, *Tagebücher*, T. 1, Bd. 2, S. 630.
10 Ebd., S. 655.
11 Walk, *Das Sonderrecht*, S. 153.
12 Hitler, *Reden und Proklamationen*, Bd. 1, T. 2, S. 573.
13 Goebbels, *Tagebücher*, T. 1, Bd. 2, S. 718.
14 Heinrich Himmler, *Die Schutzstaffel als antibolschewistische Kampforganisation*, München 1936, S. 30.
15 Wilhelm Treue «Hitlers Denkschrift zum Vierjahresplan», in: *VfZ* 3 (1955), S. 204.
16 *Akten der Parteikanzlei (Regesten)*, T. 1, Bd. 2, S. 249.
17 *Der Parteitag der Ehre: Vom 8. bis 14. September 1936*, München 1936, S. 101.
18 Hitler, *Reden und Proklamationen*, Bd. 1, T. 2, S. 638.
19 *Der Parteitag der Ehre*, S. 294. In seiner Reichstagsrede vom 30. Januar 1937 hatte Hitler das Thema der jüdisch-bolschewistischen revolutionären Aktivitäten, die in Deutschland einzudringen versuchten, bereits angeschnitten; Hitler, *Reden und Proklamationen*, Bd. 1, T. 2, S. 671.
20 Klee, *Die «SA Jesu Christi»*, S. 127.
21 *Der Parteitag der Arbeit vom 6. bis 13. September 1937: Offizieller Bericht über den Verlauf des Reichsparteitages mit sämtlichen Kongreßreden*, München 1938,

Anmerkungen zum 6. Kapitel 1089

S. 157. Der Beitrag Alfred Rosenbergs war selbst nach NS-Maßstäben ungewöhnlich. In seiner Rede beschrieb er in blutrünstigen Details die mörderische Herrschaft der Juden in der Sowjetunion. Er stellte dann ein «in Neuyork erschienenes» Buch mit dem Titel *Now and Forever* («Nun und immerdar») vor, ein «Zwiegespräch» zwischen dem jüdischen Schriftsteller Samuel Roth und dem angeblich zionistischen Politiker Israel Zangwill, mit einer Einleitung von Zangwill; das Buch war dem «Rektor der jüdischen Universität in Jerusalem» gewidmet *(Der Parteitag der Arbeit,* S. 102 f.). Die von Rosenberg angeführten Texte – er zögerte nicht, Kapitel und Vers zu zitieren – lassen die *Protokolle der Weisen von Zion* wie ein harmloses Schlaflied aussehen. In Wirklichkeit basiert das Buch, wie selbst aus dem zweiteiligen Artikel in den *Nationalsozialistischen Monatsheften* vom Januar und Februar 1938, der sich mit Roths Buch beschäftigt, hervorgeht, auf einem fiktiven Dialog zwischen Roth und Zangwill, in dem es hauptsächlich um Antisemitismus und die Schwierigkeiten des politischen Zionismus geht (Georg Leibbrandt, «Juden über das Judentum», in: *Nationalsozialistische Monatshefte* 94, 95 [Januar, Februar 1938]). In der Fehde zwischen Rosenberg und Goebbels wurde keine Gelegenheit ausgelassen. In seinem Brief vom 25. August 1937, in dem er Goebbels davon in Kenntnis setzt, daß er, Rosenberg, als erster auf dem Parteitag reden werde, kostete der Meister der Ideologie abschließend noch eine Spitze aus, indem er die folgende Bemerkung machte: «Zum Schluß möchte ich Sie noch auf einen kleinen Irrtum aufmerksam machen. Das Zitat, welches den Juden als den plastischen Dämon des Verfalls der Menschheit kennzeichnet, stammt nicht von Mommsen, sondern von Richard Wagner» (Rosenberg an Goebbels, 25. 8. 1937; Rosenberg-Akten, Mikrofilm MA– 596, IfZ, München).
22 Hitler, *Reden und Proklamationen,* Bd. 1, T. 2, S. 728.
23 Ebd., S. 729.
24 Ebd.
25 Ebd., S. 730.
26 Ebd.
27 Der Stellvertreter des Führers, Anordnung, 19.4. 1937; NSDAP-Parteikanzlei (Anordnungen ...), Db 15.02, IfZ, München.
28 Goebbels, *Tagebücher,* T. 1, Bd. 3, S. 21.
29 Siehe die verschiedenen Aufsätze in Hans-Erich Volkmann (Hrsg.), *Das Rußlandbild im Dritten Reich,* Köln 1994. Zur Äußerung Heydrichs siehe Gerhart Hass, «Zum Rußlandbild der SS», ebd., S. 209.
30 Siehe Michael Burleigh, *Germany Turns Eastwards: A Study of Ostforschung in the Third Reich,* Cambridge 1988, S. 146.
31 Peter-Heinz Seraphim, *Das Judentum im osteuropäischen Raum,* Essen 1938, S. 266.
32 Ebd., S. 262.
33 Ebd., S. 267.
34 Kommandeur des Oberabschnitts Rhein an SS-Gruppenführer Heißmeyer, 3.4.35 («Lagebericht Juden», 30. Lenzing 1935); Sicherheitsdienst des Reichsführers SS, SD-Oberabschnitt Rhein, Mikrofilm MA– 392, IfZ, München.
35 Helmut Krausnick, Hildegard von Kotze (Hrsg.), *Es spricht der Führer: Sieben exemplarische Hitler-Reden,* Gütersloh 1966, S. 147f.
36 Staatspolizeistelle Hildesheim an Landräte, Bürgermeister ..., 28. 10. 1935; Ortspolizeibehörde Göttingen, Mikrofilm MA– 172, IfZ, München.
37 Ebd., 23. 10. 1935.
38 Gutteridge, «German Protestantism», S. 238. Siehe auch Gutteridge, *Open Thy Mouth for the Dumb!,* S. 158 ff.
39 Gutteridge, «German Protestantism», S. 238.
40 Gutteridge, *Open Thy Mouth for the Dumb!,* S. 159 f.
41 Schönwälder, *Historiker und Politik,* S. 86 f.

42 Helmut Heiber, *Walter Frank und sein Reichsinstitut für Geschichte des neuen Deutschlands*, Stuttgart 1966, S. 279f.
43 Karl Alexander von Müller, «Zum Geleit», in: *Historische Zeitschrift* 153 (1936), No. 1, S. 4f.
44 Heiber, *Walter Frank*, S. 295.
45 Ebd.
46 *Historische Zeitschrift* 153 (1936), No. 2, S. 336 ff. Manchmal ließen sich Besprechungen jüdischer Veröffentlichungen, die für den nationalsozialistischen Leser feindselig und verurteilend erscheinen konnten, aus einer nichtnationalsozialistischen Perspektive als Lob verstehen. Eines der eigenartigsten Beispiele ist die 1936 in den *Nationalsozialistischen Monatsheften* erschienene Besprechung einer Sammlung von Briefen gefallener jüdischer Soldaten, verfaßt von Joachim Mrugowsky (der später für seine verbrecherische Tätigkeit in Sachen Euthanasie berüchtigt wurde). Mrugowsky verglich diese Briefe mit denen gefallener deutscher Soldaten und gelangte zu dem Schluß, daß die absolute rassische Unvereinbarkeit der beiden Gruppen ganz deutlich in den Hauptidealen zutage trete, die von jeder der beiden Gruppen zum Ausdruck gebracht wurden. Während das deutsche Ideal die Rasse, das Volk und der Kampf um das Lebensrecht waren, idealisierten die jüdischen Briefe Gleichheit, Menschlichkeit und Weltfrieden (Joachim Mrugowsky, «Jüdisches und deutsches Soldatentum: Ein Beitrag zur Rassenseelenforschung», in: *Nationalsozialistische Monatshefte* 76 [Juli 1936], S. 638).
47 Zu einer detaillierten Darstellung der Aktivitäten Franks und Graus in Zusammenhang mit der «Judenfrage» siehe Heiber, *Walter Frank*, vor allem S. 403 –78.
48 *DAZ*, 20. November 1936; Nationalsozialismus/1936, Div. LBI, New York.
49 Heiber, *Walter Frank*, S. 444 ff.
50 Siehe *Das Judentum in der Rechtswissenschaft*, Heft 1, *Die deutsche Rechtswissenschaft im Kampf gegen den jüdischen Geist*, Berlin 1936, S. 14 ff., 28 ff. Siehe auch Bernd Rüthers, *Carl Schmitt im Dritten Reich: Wissenschaft als Zeitgeist-Bestärkung?*, München 1990, S. 81 ff., 95 ff.
51 Ebd., S. 97 ff.
52 Ebd.
53 Ebd., S. 30.
54 Carl Schmitt, *Der Leviathan in der Staatslehre des Thomas Hobbes*, Hamburg 1938, S. 18. Ich danke Eugene R. Sheppard dafür, daß er mich auf diesen Text aufmerksam gemacht hat. Alles in allem scheint Schmitts Antisemitismus tiefer gereicht zu haben als bloßer Opportunismus, und sein politisches und ideologisches Engagement zwischen 1933 und 1945 läßt sich anscheinend nicht mit bloßer «Mitläuferschaft» gleichsetzen, wie es seine Verteidiger gern sehen möchten. Siehe beispielsweise Dan Diner, «Constitutional Theory and ‹State of Emergency› in Weimar Republic: The Case of Carl Schmitt», in: *Tel Aviver Jahrbuch für Deutsche Geschichte* 17 (1988), S. 305.
55 Einen guten Überblick über die Auswirkungen der nationalsozialistischen Ideologie auf die deutsche naturwissenschaftliche Forschung bieten die Aufsätze in H. Mehrtens, S. Richter (Hrsg.), *Naturwissenschaft, Technik und NS-Ideologie*, Frankfurt a. M. 1980. Eine sehr gründliche Bestandsaufnahme der Entwicklung der Biologie im nationalsozialistischen Deutschland liefert Deichmann, *Biologen unter Hitler*.
56 Siehe zu dieser Frage Cocks, *Psychotherapy in the Third Reich*, S. 7.
57 Beyerchen, *Wissenschaftler unter Hitler*, S. 214 ff.
58 Siehe Hans Buchheim, «Die SS – das Herrschaftsinstrument», in: Hans Buchheim et al., *Anatomie des SS-Staates*, Bd. 1–2, Olten 1965, Bd. 1, S. 55 ff.; im einzelnen George C. Browder, *Foundations of the Nazi Police State: The Formation of Sipo and SD*, Lexington, Ky. 1990.

Anmerkungen zum 6. Kapitel 1091

59 Browder, *Foundations of the Nazi Police State*, S. 231.
60 Buchheim, «Die SS», S. 54.
61 Alle Einzelheiten über Rudolf aus den Ruthens Bräute sind entnommen aus William L. Combs, *The Voice of the SS: A History of the SS Journal Das Schwarze Korps*, Bd. 1, Ann Arbor, Mich.: University Microfilms, 1985, S. 29 f.
62 Heinrich Himmler, «Reden, 1936–1939», F 37/3, IfZ, München.
63 Helmut Heiber (Hrsg.), *Reichsführer! ... Briefe an und von Himmler*, Stuttgart 1968, S. 44. In seiner Antwort erwähnte der Forscher, SS-Hauptsturmführer Dr. K. Mayer, es seien zwar keine jüdischen Vorfahren gefunden worden, aber Mathilde von Kemnitz habe unter ihren Ahnen nicht weniger als neun Theologen, und das lieferte für ihn die Erklärung. Woraufhin Walter Darré bemerkte: «Ich habe allein 3 Reformatoren in meiner Ahnentafel. Bin ich deswegen SS-untauglich?» (ebd., S. 45, Anm. 3).
64 Ebd., S. 52 sowie S. 64, 66, 75, 231, 245.
65 Siehe Friedlander, Milton, *Archives of the Holocaust*, Bd. 11, T. 2, S. 124 f.
66 Heiber, *Reichsführer*, S. 50.
67 «Warum wird über das Judentum geschult?», in: *SS-Leitheft* 3, Nr. 2, 22. April 1936.
68 Ebd., zitiert in Josef Ackermann, *Heinrich Himmler als Ideologe*, Göttingen 1970, S. 159.
69 Siehe zu dem gesamten Fall Friedlander, Milton, *Archives of the Holocaust*, Bd. 11, T. 2, S. 55 ff.
70 Zur Umorganisierung des SD siehe Wildt, *Die Judenpolitik des SD*, S. 25, 73 ff. Herrn Dr. Wildt und Herrn Dr. Norbert Frei möchte ich meinen Dank dafür aussprechen, daß sie mir diese Arbeit und die anhängende Dokumentation vor ihrer Veröffentlichung zugänglich machten.
71 Zur Verwaltungsstruktur des SD in den Jahren 1936–37 siehe Herbert, *Best*, S. 578, und Drobisch, «Die Judenreferate», S. 239 f. Zur Äußerung Wislicenys siehe Hans Safrian, *Die Eichmann-Männer*, Wien 1993, S. 26.
72 Zur Entwicklung und zur Organisation der Gestapo siehe Johannes Tuchel, Reinhold Schattenfroh, *Zentrale des Terrors*, Berlin 1987.
73 Herbert, *Best*, S. 187.
74 Zu den bei dieser Besprechung erörterten Themen siehe Wildt, *Die Judenpolitik des SD*, S. 45 ff.
75 II 112 an II 11, 15.6.37; Sicherheitsdienst des Reichsführers SS, SD-Hauptamt, Abt. II 112, Mikrofilm MA–554, IfZ, München. Es ist schwer zu sagen, aufgrund welcher konkreten «Beweise» der SD solche phantastischen Verbindungen herstellte.
76 Ebd.
77 Drobisch, «Die Judenreferate», S. 242.
78 Ebd. sowie auch Götz Aly, Karl-Heinz Roth, *Die restlose Erfassung: Volkszählen, Identifizieren, Aussondern im Nationalsozialismus*, Berlin 1984, S. 77–79.
79 Wildt, *Die Judenpolitik des SD*, S. 134.
80 Shlomo Aronson, *Heydrich und die Anfänge des SD und der Gestapo (1931–1935)*, Berlin 1967, S. 275.
81 Reinhard Heydrich, *Wandlungen unseres Kampfes*, München 1935.
82 Wildt, *Die Judenpolitik des SD*, S. 33.
83 Ebd., S. 66 f. Auszüge aus diesem Dokument wurden zuvor veröffentlicht in Susanne Heim, «Deutschland muß ihnen ein Land ohne Zukunft sein: Die Zwangsemigration der Juden 1933 bis 1938», in: *Beiträge zur nationalsozialistischen Gesundheits- und Sozialpolitik*, Bd. 11, *Arbeitsmigration und Flucht*, Berlin 1993.
84 Safrian, *Die Eichmann-Männer*, S. 28.
85 SD-Oberabschnitt Rhein an SD-Kommandeur, SD-Oberabschnitt Fulda-Werra,

18. 9. 37; Himmler-Archiv, Berlin Document Center, Mikrofilm No. 270, Rolle 2 (LBI, New York, Mikrofilm 133g).
86 Der Kommandant, Konzentrationslager Columbia, an Inspekteur der Konzentrationslager, SS-Gruppenführer Eicke, 28. 1. 1936; SS-Standort Berlin, Mikrofilm MA–333, IfZ, München.
87 Der Führer der SS-Totenkopfverbände an den Chef des SS-Hauptamtes, 30. 1. 1936, ebd.
88 Der Chef des SS-Hauptamtes an Standortführer SS, Berlin, 4. 2. 1936, ebd.
89 Martin Broszat, «Nationalsozialistische Konzentrationslager», in: Buchheim et al., *Anatomie des SS-Staates*, S. 75.
90 Ebd., S. 173 f.
91 Ebd., S. 78 f.
92 Ebd., S. 81.
93 Ebd., S. 81 f.
94 Burleigh, Wippermann, *The Racial State*, S. 116.
95 Ebd., S. 119 f. Zu Einzelheiten über die Forschungen Ritters siehe insbesondere Michael Zimmermann, *Verfolgt, vertrieben, vernichtet: Die nationalsozialistische Vernichtungspolitik gegen Sinti und Roma*, Essen 1989, S. 25 ff.
96 Zu Einzelheiten über die Zigeunerlager siehe insbesondere Sybil Milton, «Vorstufe zur Vernichtung: Die Zigeunerlager nach 1933», in: *VfZ* 43 (1995), No. 1, S. 121 ff.
97 Hans-Georg Stümke, *Homosexuelle in Deutschland: Eine politische Geschichte*, München 1989, S. 111; vgl. Burleigh, Wippermann, *The Racial State*, S. 191.
98 Ebd., S. 196.
99 Stümke, *Homosexuelle in Deutschland*, S. 129; vgl. Burleigh, Wippermann, *The Racial State*, S. 197.
100 Broszat, Fröhlich, *Alltag und Widerstand*, S. 466.
101 Ebd., S. 450 ff.
102 Ebd., S. 461.
103 Ebd., S. 463.
104 Ebd., S. 475 f.
105 Die vollständigste Untersuchung über dieses Thema ist Reiner Pommerin, *Sterilisierung der «Rheinlandbastarde»: Das Schicksal einer farbigen deutschen Minderheit 1918–1937*, Düsseldorf 1979.
106 Ebd., S. 44 ff.
107 *Dokumente des Verbrechens: Aus Akten des Dritten Reiches 1933–1945*, Bd. 2, Berlin 1993, S. 83 ff.
108 Ebd., S. 122 ff. Siehe auch Pommerin, *Sterilisierung der «Rheinlandbastarde»*, S. 71 ff.
109 Burleigh, Wippermann, *The Racial State*, S. 130.
110 Der Stellvertreter des Führers (Stabschef) an alle Gauleiter, 30. März 1936; Stellvertreter des Führers (Anordnungen …), 1936, Db 15.02, IfZ, München.
111 Zur Sterilisierungspolitik siehe die bereits erwähnten Studien von Bock, Proctor, Schmuhl und anderen sowie Henry Friedlander, *The Origins of Nazi Genocide: From Euthanasia to the Final Solution*, Chapel Hill, N. C. 1995, S. 23 ff.
112 Burleigh, *Death and Deliverance*, S. 43.
113 Ebd., S. 187.
114 Burleigh, Wippermann, *The Racial State*, S. 154.
115 Ebd.
116 Ernst Klee, *«Euthanasie» im NS-Staat: Die Vernichtung «lebensunwerten Lebens»*, Frankfurt a. M. 1985, S. 62. Nach Angaben von Hans-Walter Schmuhl wurden einige Psychiatriepatienten in den Jahren zwischen 1933 und 1939 aufgrund örtlicher Initiativen umgebracht (Hans-Walter Schmuhl, *Rassenhygiene, Nationalsozialismus, Euthanasie*, Göttingen 1987, S. 180).

117 Klee, «Euthanasie» im NS-Staat, S. 61. Die Einstellungen dieser Pastoren sollten nicht darüber hinwegtäuschen, daß selbst die Sterilisierungspolitik von Anfang an auf größtenteils schweigenden, aber nichtsdestoweniger merklichen Widerstand in breiten Kreisen der Bevölkerung stieß, insbesondere in katholischen Gegenden. Siehe hierzu Dirk Blasius, «Psychiatrischer Alltag im Nationalsozialismus», in: Peukert, Reulecke, *Die Reihen fast geschlossen*, S. 373 f.
118 Klee, «Euthanasie» im NS-Staat, S. 67.
119 Burleigh, Wippermann, *The Racial State*, S. 142; Burleigh, *Death and Deliverance*, S. 93–96; Friedlander, *The Origins of Nazi Genocide*, S. 39.
120 Martin Höllen, «Episkopat und T 4», in: Götz Aly (Hrsg.), *Aktion T4 1939–1945: Die «Euthanasie»-Zentrale in der Tiergartenstraße 4*, Berlin 1987, S. 84 f.; Gitta Sereny, *Am Abgrund: Eine Gewissensforschung; Gespräche mit Franz Stangl, Kommandant von Treblinka*, u. a., Frankfurt a. M., Berlin, Wien 1979, S. 66 f.
121 Höllen, «Episkopat und T4»; Sereny, *Am Abgrund*, S. 67 ff.
122 Ebd., S. 69 f. Burleigh hegt Zweifel an der Glaubwürdigkeit des Zeugnisses von Hartl, stellt aber die Existenz der Mayerschen Denkschrift nicht in Frage; vgl. Burleigh, *Death and Deliverance*, S. 175.

7. Paris, Warschau, Berlin – und Wien

1 Siehe besonders Pierre Birnbaum, *Le Peuple et les gros: Histoire d'un mythe*, Paris 1979.
2 Georges Bernanos, «La grande peur des bien-pensants», in: *Essais et écrits de combat*, Paris 1971, S. 329.
3 Ebd., S. 350.
4 Louis-Ferdinand Céline, *Bagatelles pour un massacre*, Paris 1937; André Gide, «Les Juifs, Céline et Maritain», in: *Nouvelle Revue Française*, 1. April 1938. Innerhalb von wenigen Monaten wurden Célines *Bagatelles* unter dem Titel *Judenverschwörung in Frankreich* ins Deutsche übersetzt und bekamen in Streichers *Stürmer* und der SS-Wochenzeitschrift *Das Schwarze Korps* sowie in einer Vielzahl von Provinzzeitungen begeisterte Besprechungen (Albrecht Betz, «Céline im Dritten Reich», in: Hans Manfred Bock et al. [Hrsg.], *Entre Locarno et Vichy: Les relations culturelles franco-allemandes dans les années 1930*, Paris 1993, Bd. 1, S. 720).
5 Jean Giraudoux, *Pleins pouvoirs*, Paris 1939.
6 Zitiert in Zeev Sternhell, *Neither Right nor Left: Fascist Ideology in France*, Berkeley, Calif. 1986, S. 265. Zur Entwicklung von Bergerys Einstellung zur Judenfrage (er selbst war wahrscheinlich teilweise jüdischer Abstammung) siehe eine äußerst differenzierte Analyse in Philippe Burrin, *La Dérive fasciste: Doriot, Déat, Bergery 1933–1945*, Paris 1986, S. 237 ff.
7 Ezra Mendelsohn, *The Jews of East Central Europe Between the World Wars*, Bloomington, Ind. 1983, S. 1.
8 Béla Vago, *The Shadow of the Swastika: The Rise of Fascism and Anti-Semitism in the Danube Basin, 1936–1939*, London 1975, S. 15 f.
9 Friedlander, Milton, *Archives of the Holocaust*, Bd. 8, *American Jewish Archives Cincinnati: The Papers of the World Jewish Congress 1939–1945*, ed. Abraham L. Peck, New York 1990, S. 21. (Der Übersetzung liegt der unveränderte Text der englischen Übersetzung aus dem Polnischen zugrunde.)
10 Ebd., S. 20.
11 Mendelsohn, *The Jews of East Central Europe*, S. 23 f.
12 Ebd., S. 27. Mendelsohn verwendet die Statistik, die von dem bedeutendsten Kenner des polnischen Judentums zwischen den Kriegen, Rafael Mahler, zusammengestellt wurde; dessen historisches Standardwerk *Yehudei Polin bein Shtei*

Milhamot ha-Olam [«Die Juden Polens zwischen den beiden Weltkriegen»] erschien 1968 in Tel Aviv.
13 Mendelsohn, The Jews of East Central Europe, S. 29 f.
14 Joseph Marcus, Social and Political History of the Jews in Poland 1919–1939, Berlin 1983, S. 362.
15 S. Andreski, «Poland», in: S. J. Woolf (Hrsg.), European Fascism, London 1968, S. 178 ff.
16 Ebd., S. 362 f.
17 Mendelsohn, The Jews of East Central Europe, S. 74.
18 Diese Prozentangaben werden angeführt in Leslie Buell, Poland: Key to Europe, New York 1939, S. 303, und wiedergegeben in Götz Aly, Susanne Heim, Vordenker der Vernichtung: Auschwitz und die deutschen Pläne für eine neue europäische Ordnung, Hamburg 1991, S. 86.
19 Mendelsohn, The Jews of East Central Europe, S. 75.
20 Ebd., S. 71.
21 Ebd., S. 73.
22 Zu den Einzelheiten des hier erwähnten Plans siehe Leni Yahil, «Madagascar – Phantom of a Solution for the Jewish Question», in: Béla Vago, George L. Mosse (Hrsg.), Jews and Non-Jews in Eastern Europe, New York 1974, S. 315 ff. Zu einer Darstellung polnischer Bemühungen, die Unterstützung des Völkerbunds und die Zustimmung anderer Länder zur Einwanderung von Juden in ihre Kolonien (Madagaskar) oder nach Palästina zu gewinnen, siehe Pawel Korzec, Juifs en Pologne: La question juive pendant l'entre-deux-guerres, Paris 1980, S. 250 ff.
23 Rolf Vogel, Ein Stempel hat gefehlt: Dokumente zur Emigration deutscher Juden, München 1977, S. 170 f.
24 Yahil, «Madagascar», S. 321.
25 Jacques Adler, Face à la persecution: Les organisations juives à Paris de 1940 à 1944, Paris 1985, S. 25.
26 Ebd., S. 26 f.
27 Es ist außerordentlich schwierig, die genaue Zahl der ausländischen Juden, die gegen Ende der dreißiger Jahre in Frankreich lebten, einzuschätzen, da einige der Einwanderer dann wieder auswanderten. Zwischen 1933 und dem Beginn des Krieges kamen etwa 55 000 Juden nach Frankreich (Michael R. Marrus, Robert O. Paxton, Vichy France and the Jews, New York 1981, S. 36).
28 Michael R. Marrus, «Vichy Before Vichy: Antisemitic Currents in France During the 1930's», in: Wiener Library Bulletin 33 (1980), S. 16.
29 Vicki Caron, «Loyalties in Conflict: French Jewry and the Refugee Crisis, 1933–1935», in: LBIY 36 (1991), S. 320.
30 Ebd.
31 Ebd., S. 326.
32 Marrus, Paxton, Vichy France and the Jews, S. 54 ff.
33 Marrus, «Vichy Before Vichy», S. 17 f.
34 Einige Historiker sehen einen deutlichen Rückgang des französischen Antisemitismus in der Zeit zwischen dem Ende der Affäre Dreyfus und der Mitte der dreißiger Jahre, andere – mit denen ich tendenziell übereinstimme – nehmen fortbestehende Elemente antijüdischer Einstellungen wahr, vor allem im kulturellen Bereich, auch in den «ruhigeren» Jahren. Zur erstgenannten Interpretation siehe Paula Hyman, From Dreyfus to Vichy: The Remaking of French Jewry, 1906–1939, New York 1979; zur zweiten Deutung siehe Léon Poliakov, Histoire de l'Antisémitisme, Bd. 4, L'Europe suicidaire 1870–1933, Paris 1977, S. 281 ff.
35 Jean Lacouture, Léon Blum, Paris 1977, S. 305.
36 Siehe vor allem David H. Weinberg, A Community on Trial: The Jews of Paris in the 1930s, Chicago 1977, S. 78 ff.

37 Ebd., S. 114-16.
38 Eugen Weber, *Action Française: Royalism and Reaction in Twentieth-Century France*, Stanford, Calif. 1962, S. 363.
39 Im ersten Kabinett gab es drei jüdische Minister (Blum, Cécile Léon-Brunschwicg und Jules Moch) und im zweiten ebenfalls drei (Blum, Moch und Pierre Mendès-France). Siehe hierzu Stephen A. Schuker, «Origins of the ‹Jewish Problem› in the Later Third Republic», in: Frances Malino, Bernard Wasserstein (Hrsg.), *The Jews in Modern France*, Hanover, N. H. 1985, S. 156 f.
40 Robert Soucy, *French Fascism: The Second Wave, 1933-1939*, New Haven, Conn. 1995, S. 55, 278 f. Nach Soucy war für Doriot selbst der Antisemitismus zumindest bis 1937 kein Thema. Im Jahre 1936 erhielt seine Partei finanzielle Unterstützung von drei in jüdischem Besitz befindlichen Banken (Rothschild, Worms und Lazard), und unter seinen engsten Mitarbeitern befanden sich ein Jude, Alexander Abremski, und der teiljüdische Bertrand de Jouvenel. Abremski kam 1938 bei einem Autounfall ums Leben; im gleichen Jahr änderte Doriot seine Position zur Judenfrage.
41 Michel Laval, *Brasillach ou la trahison du clerc*, Paris 1992, S. 75 f. Siehe auch Pierre-Marie Dioudonnat, *Je suis partout, 1930-1944*, Paris 1973.
42 Rita Thalmann, «Du Cercle de Sohlberg au Comité France- Allemagne: Une évolution ambiguë de la coopération franco-allemande», in: Bock, *Entre Locarno et Vichy*, Bd. 1, S. 67 ff.
43 Reinhard Bollmus, *Das Amt Rosenberg und seine Gegner: Zum Machtkampf im nationalsozialistischen Herrschaftssystem*, Stuttgart 1970, S. 121 ff.
44 Zum Protokoll der Besprechung, wie es von Wilhelm Stuckart erstellt wurde, siehe Hans Mommsen, Susanne Willems (Hrsg.), *Herrschaftsalltag im Dritten Reich: Studien und Texte*, Düsseldorf 1988, S. 445 ff. Zur Bemerkung Stuckarts siehe ebd., S. 446.
45 Ebd., S. 448.
46 Ebd., S. 457.
47 Fridolf Kudlien, *Ärzte im Nationalsozialismus*, Köln 1985, S. 76.
48 *Akten der Reichskanzlei*, Bd. 5 (24. Januar 1935 - 5. Februar 1938), Seriennummer 859, IfZ, München.
49 Friedlander, Milton, *Archives of the Holocaust*, Bd. 20, S. 85-87, und *Akten der Parteikanzlei der NSDAP* (Regesten), T. 1, Bd. 1, S. 245. Bei einer Besprechung mit Hitler am 3. Dezember 1937 wurde beschlossen, daß «in einigen Wochen» der Innenminister dem Chef der Reichskanzlei den Entwurf für ein Gesetz zur Ausschließung jüdischer Ärzte aus der medizinischen Praxis vorlegen sollte; ebd., S. 97.
50 Ebd.
51 Reichsminister für Wissenschaft ..., 25. 11. 1936; Reichsministerium für Wissenschaft ..., Mikrofilm MA-103/1, IfZ, München.
52 Ebd., 19. 4. 1937.
53 *Akten der Parteikanzlei*, Microfiches 016639-40, IfZ, München.
54 *Akten der Parteikanzlei der NSDAP* (Regesten), T. 1, Bd. 2, S. 262.
55 Ebd. Der Grund für Hitlers Entscheidung läßt sich vermutungsweise erschließen aufgrund der Fragen, die vom Erziehungsminister selbst aufgeworfen wurden. Als es überdies am 10. September 1935 so aussah, als werde ein ähnliches Gesetz über das jüdische Schulwesen mit dem Beginn des Schuljahrs 1936 durchgesetzt werden, schickte Kardinal Bertram ein Protestschreiben genau zu der Frage der konvertierten jüdischen Schüler an Erziehungsminister Rust. Siehe *Akten deutscher Bischöfe*, Bd. 3, *1935-1936*, S. 57.
56 Zur allgemeinen Lage jüdischer Studenten im nationalsozialistischen Deutschland siehe Götz von Olenhusen, «Die ‹nichtarischen› Studenten», und Grüttner,

Studenten im Dritten Reich, S. 212 ff. Zu Einzelheiten der Promotionsproblematik siehe auch Friedländer, «The Demise of the German Mandarins», S. 75 ff.
57 Wilhelm Grau an Staatssekretär Kunisch, Reichsunterrichtsministerium ..., 18. 2. 1936; Reichsministerium für Wissenschaft und Erziehung, Mikrofilm MA–103/1, IfZ, München.
58 Reichserziehungsminister, 28. 4. 1936, ebd.
59 Der Dekan der Philosophischen Fakultät der Friedrich-Wilhelms-Universität, 29. 2. 1936, ebd.
60 Der Stellvertreter des Führers an den Reichsinnenminister, 15.10.1936, ebd.
61 Reichserziehungsminister ..., 15. 4. 1937, ebd.
62 Dekan Weinhandel, Philosophische Fakultät, Kiel, an Reichserziehungsminister, 21. 4. 1937, ebd. Die Frage von Hellers Dissertation, eines der Elemente, die den Überprüfungsprozeß im Hinblick auf Doktorgrade für Juden auslösten, hatte ein verspätetes Nachspiel. Heller verteidigte seine Dissertation am 5. Juli 1934 und erhielt das Prädikat summa cum laude. Bald danach begab sich Dr. Heller nach Tel Aviv, wo er am 23. November 1935 vom Dekanat in Berlin die Nachricht erhielt, seine Urkunde werde ihm nach Erhalt von RM 4.25 für Portokosten übersandt werden. Anstelle seiner Urkunde erhielt Heller jedoch am 10. Januar 1936 den folgenden Brief von Dekan Bieberach:
«Sie behaupten, Ihnen sei am 16. Oktober 1935 [dem offiziellen Prüfungstag] von der philosophischen Fakultät der Universität Berlin der Doktorgrad verliehen worden. Ich fordere Sie auf, diese falsche Aussage zu unterlassen. Ihnen wird dieser Grad auch nicht in Zukunft verliehen werden, da Sie nicht würdig sind, einen deutschen akademischen Titel zu tragen. Dies ist durch eine Überprüfung Ihrer Dissertation unzweideutig festgestellt worden. Die Fakultät bedauert, daß Ihnen gestattet wurde, sich zur Doktorprüfung zu melden.»
Im Jahre 1961 schrieb Heller an die Humboldt-Universität in Ostberlin, um seine Promotionsurkunde zu erhalten. Die Universität antwortete nicht, aber die Unterrichtsbehörde von Ostberlin schickte eine Genehmigung, mit der Heller die Führung des Doktortitels gestattet wurde. Nach der Öffnung der Archive der Deutschen Demokratischen Republik wurde der Grund für das Schweigen der Universität im Jahre 1961 klar: Hellers Dissertation wurde als antikommunistisch angesehen. Im Jahre 1992, als Heller tatsächlich nach 57 Jahren des Doktorgrades würdig erachtet worden war, kamen zwei Vertreter der Humboldt-Universität zu ihm nach Israel und überreichten ihm seine Urkunde (Abraham Heller, Privatarchiv, Ramat-Gan, Israel). Ich bin Herrn Dr. Heller und seiner Tochter, Frau Nili Bibring, zu Dank dafür verpflichtet, daß sie mir Zugang zu der Dokumentation in diesem Fall gaben.
63 Peter Hanke, Zur Geschichte der Juden in München zwischen 1933 und 1945, München 1967, S. 139.
64 Ebd., S. 139 f.
65 Kommission ..., Dokumente zur Geschichte der Frankfurter Juden, S. 163.
66 Ebd., S. 163 f.
67 Ebd., S. 167–71.
68 Ebd., S. 172.
69 Müller, Stuttgart, S. 296.
70 Ebd., S. 296 f.
71 Ebd., S. 297.
72 Dr. Hugo Schleicher, Offenburg i. B., an Bezirksamt Offenburg, 19. März 1937; Unterlagen betr. Entrechtung der Juden in Baden 1933–1940, ED–303, IfZ, München.
73 Der Bürgermeister als Vorsitzer [sic] des Spitalfond an Bezirksamt Offenburg, 2. 4. 1937, ebd. Als er von den «Dunkelmänner[n] der Gegenwart» sprach, ver-

Anmerkungen zum 8. Kapitel 1097

wendete der Bürgermeister von Gengenbach den Titel von Alfred Rosenbergs antikatholischem Pamphlet *An die Dunkelmänner unserer Zeit*, München 1935.
74 Bezirksamt Offenburg an den Bürgermeister in Gengenbach, 5.4. 1937, ebd.
75 *Chronik der Stadt Stuttgart*, Bd. 3, S. 354.
76 Ebd., S. 368.
77 «Otto Bernheimer, ‹Kunde Göring›», in: Hans Lamm (Hrsg.), *Von Juden in München*, München 1959, S. 351 f.
78 Thomas Klein (Hrsg.), *Die Lageberichte der Geheimen Staatspolizei über die Provinz Hessen-Nassau 1933 –1936*, Bd. 1, Wien 1986, S. 515.
79 Broszat, Fröhlich, Wiesemann, *Bayern in der NS-Zeit*, Bd. 1, S. 462.
80 Ebd., S. 458.
81 Wildt, *Die Judenpolitik des SD*, S. 40, 108. Ein Vierteljahresbericht des SD für den Zeitraum Januar bis April 1937 behauptet, einige große jüdische Firmen hätten ihre Einnahmen im Vergleich zu 1933 verdoppelt (ebd., S. 108).
82 Hayes, «Big Business and Aryanisation», S. 260.
83 Ebd., S. 260 f.
84 Ebd., S. 262.
85 Barkai, *Vom Boykott zur «Entjudung»*, S. 119.
86 Ebd., S. 95.
87 Wildt, *Die Judenpolitik des SD*, S. 165.
88 Siehe Wilhelm Treue, «Hitlers Denkschrift zum Vierjahresplan», in: *VfZ* 3 (1955).
89 *Akten der Parteikanzlei der NSDAP* (Regesten), T. 1, Bd. 2, S. 267.
90 Adjutantur des Führers 1934 –37, Mikrofilm MA– 13/2, IfZ, München.
91 Der Stellvertreter des Führers, Der Stabschef, Anordnung, 23.10.37; Stellvertreter des Führers (Anordnungen ...), 1937, Db 15.02, IfZ, München.
92 Ben-Elissar, *La Diplomatie du IIIe Reich*, S. 191. Bei den meisten Details dieser Frage folge ich Ben-Elissar.
93 Ebd., S. 194; vgl. *Akten zur deutschen auswärtigen Politik*, Serie D, Bd. 5, S. 629.
94 Ben-Elissar, *La Diplomatie*, S. 209 ff. Siehe zu der gesamten Angelegenheit Avraham Barkai, «German Interests in the Haavarah-Transfer Agreement 1933 –1939», in: *LBIY* 35 (1990).
95 *Jüdische Rundschau*, 14. Januar 1938, LBI, New York.
96 Hitler, *Reden und Proklamationen*, Bd. 1, T. 2, S. 824.
97 Kwiet, Eschwege, *Selbstbehauptung und Widerstand*, S. 201.
98 Thomas Bernhard, *Heldenplatz*, Frankfurt a. M. 1988, S. 136 f.

8. Ein Modell Österreich?

1 Peter Gay, *Freud: Eine Biographie für unsere Zeit*, Frankfurt a. M. ²1989, S. 707. Ein kleines Postskriptum läßt sich der Geschichte dieser Abreise noch anfügen. Da die Ausreise und eine Einreisegenehmigung für Frankreich durch die Vermittlung des US-Botschafters in Paris, William Bullitt (eines ehemaligen Patienten und glühenden Bewunderers von Freud), arrangiert worden war, wurden die Freuds auf ihrer Fahrt von Wien nach Paris von einem amerikanischen Beamten begleitet. Jahre später schrieb jemand, der diesen Bekannten kannte: «Als ich [diesen US-Beamten] kurz nach dem Zweiten Weltkrieg wieder traf..., erzählte er mir von der Reise und beschrieb mir nachdrücklich seine persönliche Abneigung gegen Freud, seine Freunde und Verwandten: Juden und Psychoanalyse.» Zitiert in Linda Donn, *Freud und Jung: Biographie einer Auseinandersetzung*, Hamburg 1990, S. 46.
2 Jonny Moser, «Österreich», in: Benz, *Dimensionen des Völkermords*, S. 68 Anm.
3 F. L. Carsten, *Faschismus in Österreich: Von Schönerer zu Hitler*, München 1978, S. 185.

4 Ebd., S. 231 f.
5 Ebd., S. 233.
6 Wildt, *Die Judenpolitik des SD*, S. 52 f.
7 Safrian, *Die Eichmann-Männer*, S. 32.
8 Götz Aly, Susanne Heim, *Vordenker der Vernichtung*, S. 33.
9 Ebd., S. 38.
10 Ebd.
11 Ebd., S. 39.
12 Der Stellvertreter des Führers an den Reichskommissar für die Wiedervereinigung Österreichs mit dem Deutschen Reich, Gauleiter Pg. Josef Bürckel, 18.7.1938; Reichskommissar für die Wiedervereinigung Österreichs mit dem Deutschen Reich, Mikrofilm MA–145/1, IfZ, München.
13 Hilberg, *Die Vernichtung der europäischen Juden*, Bd. 1, S. 99 f.
14 Der Staatskommissar in der Privatwirtschaft (Walter Rafelsberger) an Heinrich Himmler, 14.8.1939; Persönlicher Stab des Reichsführers SS, Mikrofilm MA–290, IfZ, München.
15 Bruce F. Pauley, *Eine Geschichte des österreichischen Antisemitismus: Von der Ausgrenzung zur Auslöschung*, Wien 1993, S. 350. Zur Konfiszierung jüdischer Wohnungen in Wien siehe vor allem Gerhard Botz, *Wohnungspolitik und Judendeportation in Wien, 1938–1945*, Wien 1975.
16 Wildt, *Die Judenpolitik des SD*, S. 52.
17 Eichmann an Hagen, 8.5.1938, in: Yitzhak Arad, Yisrael Guttman, Abraham Margalioth (Hrsg.), *Documents on the Holocaust*, Jerusalem 1981, S. 93 f. Man konnte die Situation, die sich im ehemaligen Österreich herausbildete, auch anders wahrnehmen. In einem Brief an die Londoner *Times* vom 4. April 1938 schrieb ein gewisser Edwin A. Stoner: «In St. Anton – einem Dorf, das bei britischen Skisportlern sehr beliebt ist – war die Bahnstation ein einziges Fahnenmeer; selbst der Bahnhofshund trug sein Hakenkreuz, aber er sah unglücklich aus und wedelte nur zögernd mit dem Schwanz. Neunzig Prozent der Wiener laufen jetzt mit einem Hakenkreuz herum, das im Volksmund ‹die Sicherheitsnadel› heißt. Einer der seltsamsten Anblicke war die riesige Menschenmenge, die sich drängte, um in das britische Konsulat in der Wallnerstraße zu gelangen. Viele waren Juden, welche die britische Staatsbürgerschaft anstrebten oder bemüht waren, ein Land zu verlassen, in dem nur Arier geduldet werden. Armes verwirrtes Volk, sie hatten kaum Erfolgschancen.» Zitiert in George Clare, *Last Waltz in Vienna: The Rise and Destruction of a Family, 1842–1942*, New York 1981, S. 199.
18 Herbert Rosenkranz, «Austrian Jewry: Between Forced Emigration and Deportation», in: Yisrael Guttman, Cynthia J. Haft (Hrsg.), *Patterns of Jewish Leadership in Nazi Europe 1933–1945*, Jerusalem 1979, S. 70 f. Bei seinen Verhören durch die israelische Polizei im Jahre 1960 beschrieb Eichmann, wie Löwenherz, den man eben gerade aus dem Gefängnis entlassen hatte, den neuen Plan zur Zentralisierung der Auswanderungsprozeduren ausarbeitete: «Dr. Löwenherz gab ich Papier und Bleistift und sagte ihm: Bitte gehen Sie noch eine Nacht zurück und schreiben Sie sich mal auf, wie Sie das Ganze zu organisieren gedenken, wie Sie das Ganze leiten würden. Tenor: forcierte Auswanderung. ... Besagter Dr. Löwenherz brachte nun am nächsten Tag sein Konzept, und ich fand es sehr in Ordnung, es konnte sofort, so wie aufgezeigt, verfahren werden.» Siehe Jochen von Lang (Hrsg.), *Das Eichmann-Protokoll: Tonbandaufzeichnungen der israelischen Verhöre*, Berlin 1982, S. 49 f.
19 Safrian, *Die Eichmann-Männer*, S. 41.
20 Zitiert in Heinz Höhne, *Der Orden unter dem Totenkopf: Die Geschichte der SS*, Gütersloh 1967, S. 311.

Anmerkungen zum 8. Kapitel 1099

21 Ebd.
22 Zur zwangsweisen Vertreibung der Juden aus dem Reich, vor allem über die westlichen Grenzen Deutschlands, siehe Jacob Toury, «Ein Auftakt zur Endlösung: Judenaustreibungen über nichtslawische Reichsgrenzen 1933 bis 1939», in: Büttner, Johe, Voss, *Das Unrechtsregime*, Bd. 2, S. 164 ff.; zu Österreich S. 169 ff.
23 Vermerk von II 112/4, 2.11.38; SD-Hauptamt, Mikrofilm MA-554, IfZ, München.
24 Moser, «Österreich», S. 68 Anm.
25 SD, II 112, an Rassenpolitisches Amt der NSDAP, 3.12.38; Rassenpolitisches Amt an Chef des SD-Hauptamts, 14.12.38; SD-Hauptamt, Mikrofilm MA–554, IfZ, München.
26 Aly, Heim, *Vordenker der Vernichtung*, S. 40. Im Mai wurden auf Befehl von Eichmann etwa 1900 Juden, die mit Gefängnis vorbestraft waren, nach Dachau transportiert; dies verbreitete Furcht in der Gemeinde und beschleunigte den Exodus (Herbert, *Best*, S. 213).
27 Gordon J. Horwitz, *In the Shadow of Death: Living Outside the Gates of Mauthausen*, London 1991, S. 23.
28 Ebd., S. 28.
29 Ebd., S. 29.
30 Ebd., S. 12.
31 Ebd., S. 13 f.
32 Aly, Heim, *Vordenker der Vernichtung*, S. 36.
33 Ebd., S. S. 41 f.
34 Henry L. Feingold, *Bearing Witness: How America and Its Jews Responded to the Holocaust*, Syracuse, N. Y. 1995, S. 75.
35 *Foreign Relations of the United States, 1938*, Bd. 1, Washington, D. C. 1950, S. 740 f.
36 Shlomo Z. Katz, «Public Opinion in Western Europe and the Evian Conference of July 1938», in: *Yad Vashem Studies* 9 (1973), S. 106.
37 Ebd., S. 108.
38 Ebd., S. 111.
39 Ebd., S. 113.
40 Ebd., S. 114.
41 Heinz Boberach (Hrsg.), *Meldungen aus dem Reich: Die geheimen Lageberichte des Sicherheitsdienstes der SS 1938–1945*, Bd. 2, Herrsching 1984, S. 23.
42 David S. Wyman, *Paper Walls: America and the Refugee Crisis 1938–1941*, New York 1985, S. 50.
43 Ben-Elissar, *La Diplomatie*, S. 251.
44 Hitler, *Reden und Proklamationen*, Bd. 2, S. 899.
45 Zur Lage der Juden in Italien vor 1938 und zu den Gesetzen von 1938 siehe unter anderem Meir Michaelis, *Mussolini and the Jews: German-Italian Relations and the Jewish Question in Italy 1922–1945*, London 1978, besonders S. 152 ff; Jonathan Steinberg, *Deutsche, Italiener und Juden: Der italienische Widerstand gegen den Holocaust*, Göttingen 1992, S. 281 ff.; Susan Zuccotti, *The Italians and the Holocaust: Persecution, Rescue, and Survival*, New York 1987, S. 28 ff.
46 Hitler, *Reden und Proklamationen*, Bd. 1, T. 2, S. 892; vgl. Michaelis, *Mussolini and the Jews*, S. 191.
47 Zur Lage der Juden in Ungarn vor 1938 und zu den Gesetzen von 1938 und 1939 siehe unter anderem Randolph L. Braham, *The Politics of Genocide: The Holocaust in Hungary*, Bd. 1, New York 1981, besonders S. 118 ff.; Nathaniel Katzburg, *Hungary and the Jews: Policy and Legislation 1920–1943*, Ramat Gan, Israel 1981, besonders S. 94 ff.; Mendelsohn, *The Jews of East Central Europe*, S. 85 ff.
48 Sämtliche Details entstammen dem Buch von Georges Passelecq und Bernard Suchecky, *Die unterschlagene Enzyklika: Der Vatikan und die Judenverfolgung*, Mün-

chen 1997. Der vollständige Text der Enzyklika wird in dieser Untersuchung zum ersten Mal veröffentlicht. Zum Treffen zwischen Pius XI. und LaFarge und zu den Anweisungen des Papstes an ihn siehe ebd., S. 60 ff.
49 Ebd., S. 94 ff.
50 Ebd., S. 160 f.
51 Ebd., S. 262 ff.
52 Ebd., S. 98 f. und besonders S. 122.
53 Ebd., S. 122 f., 185.
54 Brief von Staatssekretär Zschintsch vom 17. 3. 1938 (NG-1261), in: Mendelsohn, *The Holocaust*, Bd. 1, S. 75.
55 Michael P. Steinberg, *The Meaning of the Salzburg Festival: Austria as Theater and Ideology, 1890–1938*, Ithaca, N. Y. 1990, S. 164 ff.
56 Ebd., S. 233 ff.
57 Shirakawa, *The Devil's Music Master*, S. 221.
58 *Deutsche Allgemeine Zeitung*, 4. November 1937; Nationalsozialismus/1937 (Div.), LBI, New York.
59 SOPADE, *Deutschland-Berichte* 5 (1938), S. 195 f. Seltsamerweise haben die Nationalsozialisten bei ihren allumfassenden antijüdischen Propagandaanstrengungen bis zum Beginn des Krieges keinen ausgedehnten Gebrauch von Filmen gemacht. So waren in der zweiten Hälfte der dreißiger Jahre die einzigen antisemitischen Produktionen, die in deutschen Kinos gezeigt wurden, eine Bearbeitung einer schwedischen Komödie, *Peterson und Bandel* (1935), eine lediglich anspielende Szene in dem deutschen Film *Pour le mérite* (1938) und schließlich ein kleiner antijüdischer Film, *Robert und Bertram* (1939). Siehe hierzu Dorothea Hollstein, «*Jud Süß*» *und die Deutschen: Antisemitische Vorurteile im nationalsozialistischen Spielfilm*, Frankfurt a. M. 1971, S. 38 ff.
60 *Akten der Parteikanzlei der NSDAP* (Regesten), T. 1, Bd. 2, S. 364.
61 Justizminister an Staatsanwälte ..., 24. 2. 1938; Reichsjustizministerium, Fa 195/1938, IfZ, München.
62 Vermerk, II 112, 28.3.38; SD-Hauptamt, Mikrofilm MA-554, IfZ, München.
63 Siehe Adam, *Judenpolitik*, S. 198 f. Die scheinbare Absurdität dieser Maßnahme blieb den Opfern nicht verborgen: «Nun mußten auch wir den Paß abliefern», notierte die jüdische Berliner Ärztin Hertha Nathorff in ihrem Tagebuch. «‹Juden dürfen keinen Paß mehr haben.› Man hat wohl Angst, wir könnten über die Grenze gehen! Aber – das will man doch! Merkwürdige Logik» (Wolfgang Benz [Hrsg.], *Das Tagebuch der Hertha Nathorff: Berlin – New York, Aufzeichnungen 1933 bis 1945*, München 1987, S. 105).
64 Zum Text der Verfügung siehe Pätzold, *Verfolgung, Vertreibung, Vernichtung*, S. 155.
65 Walk, *Das Sonderrecht*, S. 237.
66 Pätzold, *Verfolgung, Vertreibung, Vernichtung*, S. 159.
67 Christiane Hoss, «Die jüdischen Patienten in rheinischen Anstalten zur Zeit des Nationalsozialismus», in: Mathias Leipert, Rudolf Styrnal, Winfried Schwarzer (Hrsg.), *Verlegt nach unbekannt: Sterilisation und Euthanasie in Galkhausen 1933–1945*, Köln 1987, S. 67 f.
68 Ich verdanke diese Information dem verstorbenen Amos Funkenstein.
69 Interner Vermerk des SD, 29. August 1938, über den Brief Streichers an Himmler vom 22. Juli 1938, und Rosenberg an Henlein, 15. Oktober 1938, in: Mendelsohn, *The Holocaust*, Bd. 4, S. 216 f.
70 Reichsleitung der NSDAP, Amt Schrifttumspflege, an SS-Hauptsturmführer Hartl, Gestapo Wien, 17. 6. 1938; SD II 112 an Reichsleitung der NSDAP, Amt Schrifttumspflege, 17. 8. 1938; SD-Hauptamt, Mikrofilm MA-554, IfZ, München.
71 SS-Oberführer Albert an SS-Standartenführer Six, 18. 1. 39; SS-Standartenführer

Anmerkungen zum 8. Kapitel

Six an SS-Oberführer Albert, 26. 1. 39; SD-Hauptamt, Mikrofilm MA-554, IfZ, München.
72 Mendelsohn, The Holocaust, Bd. 4, S. 138.
73 Otto Winter an Rosenberg, 9. 3. 38; NSDAP, Hauptamt Wissenschaft, Mikrofilm MA-205, IfZ, München.
74 NSDAP, Hauptamt Wissenschaft, an Otto Winter, 18. 3. 38, ebd.
75 Otto Winter an Rosenberg, 30. 3. 38, ebd.
76 NSDAP, Hauptamt Wissenschaft, an Otto Winter, 12. 4. 38, ebd.
77 Max Kreuzberger Research Papers, AR 7183, Karton 8, Mappe 9, LBI, New York.
78 Ebd.
79 Ebd.
80 Barkai, Vom Boykott zur «Entjudung», S. 128 f.
81 Walk, Das Sonderrecht, S. 223.
82 Ebd., S. 229.
83 Walk, Das Sonderrecht, S. 232; Hilberg, Die Vernichtung der europäischen Juden, Bd. 1, S. 130.
84 Walk, Das Sonderrecht, S. 234.
85 Raul Hilberg, The Destruction of the European Jews, Chicago 1961, S. 84.
86 Walk, Das Sonderrecht, S. 234.
87 Ebd., S. 242. Siebenhundert Ärzten wurde es gestattet, sich der jüdischen Bevölkerung als «Krankenbehandler» anzunehmen, und in ähnlicher Weise erhielten zweihundert Rechtsanwälte eine Genehmigung als «Konsulenten» (Arndt, Boberach «Deutsches Reich», S. 28). Die Prozedur, die es einem jüdischen Rechtsanwalt ermöglichte, zu einem Konsulenten zu werden, wird ebenso wie der Status der Konsulenten analysiert in Lothar Gruchmann, Justiz im Dritten Reich 1933–1940: Anpassung und Unterwerfung in der Ära Gürtner, München 1988, S. 181 ff.
88 Ebd., S. 178 f.
89 Reichsärztekammer an Erziehungsministerium, 3.10.38; Reichsministerium für Wissenschaft und Erziehung, Mikrofilm MA-103/1, IfZ, München.
90 Justizminister an Erziehungsminister ..., 3. 10. 38, ebd.
91 Innenminister an Erziehungsminister, 14. 12. 38, ebd.
92 Barkai, Vom Boykott zur «Entjudung», S. 142.
93 Hayes, «Big Business», S. 266.
94 Ebd., S. 267.
95 Siehe im einzelnen Hilberg, Die Vernichtung der europäischen Juden, Bd. 1, S. 96–140; Genschel, Die Verdrängung, vor allem Kap. 10; Barkai, Vom Boykott zur «Entjudung», S. 87.
96 Hilberg, Die Vernichtung der europäischen Juden, Bd. 1, S. 124.
97 Barkai, Vom Boykott zur «Entjudung», S. 130.
98 Zu den Einzelheiten dieser Angelegenheit und dem dokumentarischen Beweismaterial siehe Wolf Gruner, «Die Reichshauptstadt und die Verfolgung der Berliner Juden 1933–1945», in: Reinhard Rürup (Hrsg.), Jüdische Geschichte in Berlin: Essays und Studien, Berlin 1995, S. 238, 260 f.
99 Nichts von diesen Dingen hat Speer anscheinend in seinen Gesprächen mit Gitta Sereny erwähnt. Siehe Gitta Sereny, Das Ringen mit der Wahrheit: Albert Speer und das deutsche Trauma, München 1995.
100 Dies war das erste Mal, daß der SD die Initiative dazu ergriffen hatte, eine große Anzahl deutscher Juden zu verhaften und sie in Konzentrationslager zu schicken (Herbert, Best, S. 213).
101 Zum Text der Gestapo-Denkschrift und zu ihrem historischen Kontext siehe Wolf Gruner, «‹Lesen brauchen sie nicht zu können›: Die ‹Denkschrift über die Behandlung der Juden in der Reichshauptstadt auf allen Gebieten des öffentlichen Lebens› von Mai 1938», in: Jahrbuch für Antisemitismusforschung 4 (1995), S. 305 ff.

102 Goebbels, *Tagebücher*, T. 1, Bd. 3, S. 452.
103 Hugh R. Wilson an Außenminister, 22. Juni 1938, in: Mendelsohn, *The Holocaust*, Bd. 1, S. 139.
104 Bella Fromm, *Blood and Banquets: A Berlin Social Diary*, London 1943, Nachdruck: New York 1990, S. 274.
105 Undatierter Bericht des SD über die Konferenz von Evian und die Berliner «Judenaktion»; SD-Hauptamt, Mikrofilm MA–557, IfZ, München.
106 Wildt, *Die Judenpolitik des SD*, S. 57.
107 Goebbels, *Tagebücher*, T. 1, Bd. 3, S. 490.
108 Sybil Milton, «Menschen zwischen Grenzen: Die Polenausweisung 1938», in: *Menora* 1990, S. 189 f.
109 Carl Ludwig, *Die Flüchtlingspolitik der Schweiz in den Jahren 1933 bis 1945: Bericht an den Bundesrat zuhanden der eidgenössischen Räte*, Bern 1957.
110 Conseil Fédéral, «Procès-verbal de la séance du 28 mars 1938», in: *Documents Diplomatiques Suisses*, Bd. 12, *1.1. 1937–31.12. 1938*, préparé sous la direction d'Oscar Gauye par Gabriel Imboden et Daniel Bourgeois, Bern 1994, S. 570.
111 Zu all diesen Details und zu einschlägigen Dokumenten siehe Ludwig, *Die Flüchtlingspolitik der Schweiz*, S. 124 ff.
112 *Documents Diplomatiques Suisses*, Bd. 12, S. 938, Anm. 5.
113 *Der Prozeß gegen die Hauptkriegsverbrecher vor dem Internationalen Militärgerichtshof*, Nürnberg, 1947–49, Bd. 28, S. 532; vgl. Ben-Elissar, *La Diplomatie*, S. 286.
114 Wiedergegeben in Arad, Guttman, Margalioth, *Documents on the Holocaust*, S. 101 f.
115 Siehe vor allem Toury, «Judenaustreibung», S. 173 ff.
116 Maier, Bezirksamt Überlingen, an die Bürgermeister des Bezirks, 20. 9. 1938; Unterlagen betr. Entrechtung der Juden in Baden 1933–1940, ED–303, IfZ, München.
117 Milton, «Menschen zwischen Grenzen»; Trude Maurer, «Abschiebung und Attentat: Die Ausweisung der polnischen Juden und der Vorwand für die ‹Kristallnacht›», in: Pehle, *Der Judenpogrom 1938*, S. 52 ff.
118 Maurer, «Abschiebung und Attentat», S. 59–66.
119 Sauer, *Dokumente*, Bd. 2, S. 423 ff.
120 Zu der Vereinbarung zwischen Deutschland und Polen über diese Frage siehe *Akten zur deutschen auswärtigen Politik*, Serie D, Bd. 5, Baden-Baden 1953, S. 141.
121 Arndt, Boberach, «Deutsches Reich», S. 34.
122 Michael R. Marrus, «The Strange Story of Herschel Grynszpan», in: *American Scholar* 57 (1987/88), No. 1, S. 70 f.
123 Ebd., S. 71 f.

9. Der Angriff

1 Sauer, *Dokumente*, Bd. 2, S. 25–28.
2 Kulka, «Public Opinion in Nazi Germany and the ‹Jewish Question›», in: *Jerusalem Quarterly* 25 (Herbst 1982), S. 136.
3 Georg Landauer an Martin Rosenblüth, 8. Februar 1938, in: Friedlander, Milton, *Archives of the Holocaust*, Bd. 3, *Central Zionist Archives*, ed. Francis R. Nicosia, New York 1990, S. 57.
4 Drobisch, *Juden unterm Hakenkreuz*, S. 159 f.
5 Hugh R. Wilson an Außenminister, 22. Juni 1938, in: Mendelsohn, *The Holocaust*, Bd. 1, S. 144.
6 II 112 an I 111, 31.10.1938; SD-Hauptamt, Mikrofilm MA–554, IfZ, München.
7 Friedlander, Milton, *Archives of the Holocaust*, Bd. 20, S. 113.

Anmerkungen zum 9. Kapitel 1103

8 Adam, «Wie spontan war der Pogrom?», in: Pehle, *Der Judenpogrom 1938*, S. 76; Graml, *Reichskristallnacht*, S. 13.
9 Friedlander, Milton, *Archives of the Holocaust*, Bd. 20, S. 374.
10 «50, dann 75 Synagogen brennen: Tagebuchschreiber Goebbels über die Reichskristallnacht», in: *Der Spiegel*, 13. Juli 1992, S. 126.
11 Walter Buch an Göring, 13. 2. 1939, in: Michaelis, Schraepler, *Ursachen*, Bd. 12, S. 582.
12 Dieter Obst, «Die ‹Reichskristallnacht› im Spiegel westdeutscher Nachkriegsprozeßakten und als Gegenstand der Strafverfolgung», in: *Geschichte in Wissenschaft und Unterricht* 44 (1993), No. 4, S. 212.
13 Goebbels, «50, dann 75 Synagogen brennen», S. 126-28.
14 Carl Östreich, «Die letzten Stunden eines Gotteshauses», in: Lamm, *Von Juden*, S. 349.
15 Graml, *Reichskristallnacht*, S. 19.
16 Goebbels, «50, dann 75 Synagogen brennen», S. 128.
17 Ebd.
18 Ebd.
19 Adam, «Wie spontan war der Pogrom?», S. 89. Zu den am 9. und 10. November gegebenen Befehlen siehe Walk, *Das Sonderrecht*, S. 249-54.
20 *Der Prozeß gegen die Hauptkriegsverbrecher vor dem Internationalen Militärgerichtshof*, Nürnberg 1947-49, Bd. 31, S. 517.
21 Michaelis, Schraepler, *Ursachen*, Bd. 12, S. 584.
22 Der Ablauf der Ereignisse in Innsbruck ist dargestellt nach Michael Gehler, «Murder on Command: The Anti-Jewish Pogrom in Innsbruck 9th–10th November 1938», in: *LBIY* 38 (1993), S. 119-33. Einzelne Angaben zur Reise Eichmanns sind berichtet.
23 Michalka, *Das Dritte Reich*, Bd. 1, S. 165.
24 Heinz Lauber, *Judenpogrom «Reichskristallnacht» November 1938 in Großdeutschland*, Gerlingen 1981, S. 123 f.
25 Der Bürgermeister von Ingolstadt an die Regierung von Oberbayern, München, 1.12.1938; Monatsberichte des Stadtrats Ingolstadt 1929-1939 (Stadtarchiv Ingolstadt No. A XVI/142), Fa 411, IfZ, München.
26 Gestapo Würzburg an Amtsvorstände ..., 6. 12. 38; Himmler-Archiv, Berlin Document Center, Mikrofilm No. 269, Rolle 1 (LBI, New York, Mikrofilm 133 f.).
27 Mendelsohn, *The Holocaust*, Bd. 3, S. 301.
28 Pätzold, *Verfolgung, Vertreibung, Vernichtung*, S. 221. Eine genaue Untersuchung der Ereignisse in Schleswig-Holstein und in Norddeutschland allgemein läßt erkennen, daß über die konkreten Mordbefehle häufig von örtlichen SA-Offizieren mittleren Ranges entschieden wurde. So organisierte in Kiel der SA-Stabsführer Carsten Vorquardsen von der SA-Gruppe Nordmark ein Treffen mit Beauftragten vom Parteikreis, von der SS, dem SD und der Gestapo, bei dem die Entscheidung gefällt wurde, daß zur Vergeltung für die Ermordung Raths mindestens zwei der jüdischen Geschäftsleute der Stadt, Lask und Leven, umzubringen seien. Die beiden wurden schwer verletzt, überlebten aber. In Bremen wurden fünf Juden (drei Männer und zwei Frauen) von Mitgliedern der SA-Gruppe Nordsee ermordet, die zuvor aus München von dem Führer ihrer Gruppe und Bürgermeister von Bremen, Heinrich Böhnker, ihre Befehle erhalten hatten. Siehe Gabriele Ferk, «Judenverfolgung in Norddeutschland», in: Frank Bajohr (Hrsg.), *Norddeutschland im Nationalsozialismus*, Hamburg 1993, S. 291 f. Es sieht daher so aus, als handele es sich bei den Morden nicht um individuelle Initiativen untergeordneter SA- oder SS-Leute, sondern als seien sie verübt worden, nachdem von regionalen SA- oder SS-Führern der Befehl dazu erteilt worden war, wobei diese die Befehle, die sie

aus München erhalten hatten, auf ihre Weise «umsetzten». Der Innsbrucker Fall folgt demselben Muster.
29 Peter Loewenberg, «The Kristallnacht as a Public Degradation Ritual», in: *LBIY* 32 (1987), S. 309 ff.
30 Gauye, Imboden, Bourgeois, *Documents Diplomatiques Suisses*, Bd. 12, S. 1020.
31 Alfons Heck, *The Burden of Hitler's Legacy*, Frederick, Colo. 1988, S. 62.
32 Einige Historiker haben dennoch den Versuch unternommen, die Ereignisse vom 9. und 10. November als einen Prozeß chaotischer Radikalisierung umzuinterpretieren, bei dem antijüdischer Haß als solcher, nachdem die anfänglichen Befehle einmal gegeben waren, eine untergeordnete Rolle spielte. Zu einer derartigen Interpretation siehe insbesondere Dieter Obst, «*Reichskristallnacht*»: *Ursachen und Verlauf des antisemitischen Pogroms vom November 1938*, Frankfurt a. M. 1991.
33 Hitler, *Reden und Proklamationen*, Bd. 1, T. 2, S. 971, 973 ff.
34 Ulrich von Hassell, *Die Hassell-Tagebücher 1938–1944*, Berlin 1988, S. 70.
35 Ortsgruppe Hüttenbach an Kreisleitung, 25.11.1938; «Hist.» Ordner No. 431, Zuwachs, Fa 506/14, IfZ, München.
36 Ortsgruppe Hüttenbach an Kreisleitung, 7.2.39, ebd.
37 Michaelis, Schraepler, *Ursachen*, Bd. 12, S. 581.
38 Hans Mommsen, «Reflections on the Position of Hitler and Göring in the Third Reich», in: Thomas Childers, Jane Caplan (Hrsg.), *Reevaluating the Third Reich*, New York 1993, S. 86 ff.
39 Michaelis, Schraepler, *Ursachen*, Bd. 2, S. 600.
40 Zum vollständigen Text der Besprechung siehe *Der Prozeß gegen die Hauptkriegsverbrecher vor dem Internationalen Militärgerichtshof* [im folgenden: *PHK*], Nürnberg 1947–49, Bd. 28, S. 499 ff.
41 Walk, *Das Sonderrecht*, S. 254 f.
42 Ebd., S. 254.
43 *PHK*, Bd. 28, S. 508 f.
44 Ebd., S. 509 f.
45 Ebd., S. 510 f. Die Bänke trugen tatsächlich die Aufschrift «Nur für Arier». Ein Foto einer Bank mit diesem Schild findet sich in Gerhard Schoenberner, *Die Judenverfolgung in Europa, 1933–1945*, Frankfurt a. M. 1982, S. 38.
46 *PHK*, Bd. 28, S. 532.
47 Ebd., S. 533–35. Der Widerstand Heydrichs gegen die Schaffung von Ghettos in deutschen Städten war nicht neu; in der Denkschrift vom 9. September 1935, welche den Teilnehmern der Konferenz, die Schacht im August einberufen hatte, zugesandt worden war, sprach sich der Chef der Staatspolizei und des SD ausdrücklich gegen eine Ghettoisierung der Juden aus. Siehe Wildt, *Die Judenpolitik des SD*, S. 71.
48 *PHK*, Bd. 28, S. 536–39.
49 Ebd., S. 538 f.
50 Freeden, «Das Ende der jüdischen Presse», S. 8.
51 Ebd., S. 9.
52 Lynn H. Nicholas, *Der Raub der Europa: Das Schicksal europäischer Kunstschätze im Dritten Reich*, München 1995, S. 63.
53 Walk, *Das Sonderrecht*, S. 256.
54 Reichserziehungsminister ... an die Unterrichtsverwaltungen der Länder, den Reichskommissar für die Saar usw., 15.11.1938; Reichsministerium für Wissenschaft und Erziehung, Mikrofilm MA–103/1, IfZ, München.
55 Walk, *Das Sonderrecht*, S. 260.
56 Ebd., S. 262. Zum vollständigen Text der Verordnung siehe Hans-Adolf Jacobsen, Werner Jochmann (Hrsg.), *Ausgewählte Dokumente zur Geschichte des Nationalso-*

Anmerkungen zum 9. Kapitel

zialismus 1933–1945, Bielefeld 1961, Abschnitt D, S. 2 f., sowie Bruno Blau, Das Ausnahmerecht für die Juden in Deutschland 1933–1945, Düsseldorf ²1954, S. 56.
57 Walk, Das Sonderrecht, S. 262, 264, 270.
58 Michaelis, Schraepler, Ursachen, Bd. 12, S. 614 f.
59 Walk, Das Sonderrecht, S. 261.
60 Kriminalpolizei Memmingen an den Bürgermeister von Memmingen, 10. 11. 1938: Himmler-Archiv, Berlin Document Center, Mikrofilm No. 270, Rolle (LBI, New York, Mikrofilm 133g).
61 Sauer, Dokumente, Bd. 2, S. 47–49. Obwohl die Beschlagnahme der Archive umgehend im ganzen Reich stattfand, hatten es einige der örtlichen SA- und Polizeistellen mit der Übergabe an die Gestapo vielleicht nicht eilig. Am 5. Mai 1939 erging ein Befehl von der SA-Zentrale in München an alle regionalen und örtlichen Stellen, wonach jüdische Archive, die während der Aktion vom November 1938 beschlagnahmt worden waren, so, wie sie waren, an die Gestapo abgeliefert werden sollten; Himmler-Archiv, Berlin Document Center, Mikrofilm No. 269, Rolle 1 (LBI, New York, Mikrofilm 133 f.).
62 Susanne Heim, Götz Aly, «Staatliche Ordnung und ‹organische Lösung›: Die Rede Hermann Görings ‹über die Judenfrage› vom 6. Dezember 1938», in: Jahrbuch für Antisemitismusforschung 2 (1993), S. 387.
63 Ebd., S. 391 f.
64 Ebd., S. 384.
65 Ebd., S. 393 ff.
66 Ebd., S. 387.
67 Ebd., S. 384.
68 Ebd., S. 385 f.
69 Ebd., S. 386.
70 Ebd., S. 387 f.
71 Gestapo Würzburg an Amtsleiter ..., 9. 12. 1938; Himmler-Archiv, LBI, New York, Mikrofilm 133 f.
72 Frick an Reichsstatthalter, Innenminister der Länder, ..., 4. 12. 1938; Reichsministerium für Wissenschaft und Erziehung, Mikrofilm MA–103/1, IfZ, München.
73 Amt Osten, Denkschrift, 13. 12. 1938; Amt Osten, Mikrofilm MA–128/3, IfZ, München.
74 Eine zusammenfassende Darstellung der Besprechung, die im Hamburger Stadtarchiv aufgefunden wurde, ist erstmals 1991 veröffentlicht worden. Siehe Susanne Heim, Götz Aly (Hrsg.), Beiträge zur nationalsozialistischen Gesundheits- und Sozialpolitik, Bd. 9, Bevölkerungsstruktur und Massenmord: Neue Dokumente zur deutschen Politik der Jahre 1938–1945, Berlin 1991, S. 15 ff.
75 Zu der Verordnung Görings siehe Michaelis, Schraepler, Ursachen, Bd. 12, S. 615 f.; siehe auch Ursula Büttner, «The Persecution of Christian-Jewish Families in the Third Reich», in: LBIY 34 (1989), S. 284.
76 Klepper, Unter dem Schatten deiner Flügel, S. 726. Vgl. auch Büttner, «The Persecution of Christian-Jewish Families», S. 284.
77 Sauer, Dokumente, Bd. 2, S. 84.
78 Walk, Das Sonderrecht, S. 292.
79 Alexander Kirk an Außenminister, 11. Mai 1939, in: Mendelsohn, The Holocaust, Bd. 1, S. 189 f.
80 Walk, Das Sonderrecht, S. 275.
81 Justizminister, 15.12.1939; Reichsjustizministerium, Fa 195/1939, IfZ, München.
82 Justizminister an den Präsidenten des Obersten Reichsgerichts, 7. 3. 1939, ebd.
83 Heinrich Himmler, Geheimreden 1933 bis 1945 und andere Ansprachen, hrsg. v. Bradley F. Smith u. Agnes F. Peterson, Berlin 1974, S. 37 f.
84 Walk, Das Sonderrecht, S. 137.

85 Akten der Parteikanzlei der NSDAP (Regesten), T. 1, Bd. 2, S. 247.
86 Schmitthenner an den Minister des Kultus und Unterrichts, Karlsruhe, 10.11.1938; Reichsministerium für Wissenschaft und Erziehung, Mikrofilm MA–103/1, IfZ, München.
87 Minister des Kultus und Unterrichts, Karlsruhe, an Reichserziehungsministerium, 24.11.1938, ebd.
88 Pätzold, Verfolgung, Vertreibung, Vernichtung, S. 222.
89 Sauer, Dokumente, Bd. 1, S. 246.
90 Kreisleiter Neustadt a. d. Aisch an Fritz Kestler, Ühlfeld, 21.11.1938; Himmler-Archiv, Berlin Document Center, Mikrofilm No. 270, Rolle 2 (LBI, New York, Mikrofilm 133g).
91 Ogilvie-Forbes an Halifax, 16. November 1938; Documents on British Foreign Policy 1919–1938, Third Series, Bd. 3, 1938–39, London 1950, S. 275 f.
92 De Montbas an Bonnet, 15.11.38; Documents Diplomatiques Français 1932–1939, 2ᵉ Série, 1936–1939, Bd. 12, 3 Octobre – 30 Novembre 1938, Paris 1978, S. 570.
93 Kulka, «Public Opinion in Nazi Germany», S. 138.
94 SOPADE, Deutschland-Berichte 5 (1938), S. 1352 ff. Vgl. Detlev Peukert, Volksgenossen und Gemeinschaftsfremde: Anpassung, Ausmerze und Aufbegehren unter dem Nationalsozialismus, Köln 1982, S. 65 ff.
95 Albert Speer, Erinnerungen, Berlin 1969, S. 125.
96 Sereny, Das Ringen mit der Wahrheit, S. 197.
97 Ebd.
98 Ebd., S. 199.
99 Gutteridge, Open Thy Mouth for the Dumb!, S. 188 ff.
100 Bericht vom 8. 12. 1938, in: Die kirchliche Lage in Bayern, Bd. 2, S. 301.
101 Saul Friedländer, Pius XII. und das Dritte Reich, Hamburg 1965, S. 70.
102 Ludwig Volk, «Kardinal Faulhabers Stellung zur Weimarer Republik und zum NS-Staat», in: Stimmen der Zeit 177 (1966); vgl. Helmreich, The German Churches under Hitler, S. 294.
103 Klaus Schwabe, Rolf Reichardt, Reinhard Hauf (Hrsg.), Gerhard Ritter: Ein politischer Historiker in seinen Briefen, Boppard a. Rh. 1984, S. 339.
104 Ebd., Anm. 1.
105 Ebd., S. 769 ff.
106 Hugo Ott, «Der Freiburger Kreis», in: Rudolf Lill, Michael Kissener (Hrsg.), 20. Juli 1944 in Baden und Württemberg, Konstanz 1994, S. 147; Klaus Schwabe, «Der Weg in die Opposition», in: John, Martin, Mück, Ott, Die Freiburger Universität, S. 201.
107 Der Text lautet folgendermaßen: «Um der Liebe zum eigenen Volke willen muß jedoch der Christ die Augen offen halten, ob enge Berührung oder gar Vermischung mit anderen Rassen sich nicht schädlich auswirken kann für Leib und Seele» (Schwabe, Reichardt, Hauf, Gerhard Ritter, S. 769).
108 Schwabe, «Der Weg in die Opposition...», S. 201. Ob die anderen Mitglieder des Freiburger Kreises sowie andere verwandte Oppositionsgruppen von Dietzes Text Kenntnis hatten, ist nicht völlig klar, aber wie Christoph Dipper gezeigt hat, dachte Carl Goerdeler nicht anders; seine Vorstellungen waren Ende 1942 in Freiburg präsentiert worden. Alles in allem sprach Dietze die Themen eines konservativen Antisemitismus aus, der vom deutschen Widerstand gegen Hitler – und von der großen Mehrheit der deutschen Akademiker – größtenteils akzeptiert wurde. Zum Antisemitismus des deutschen konservativen Widerstands siehe Christoph Dipper, «Der deutsche Widerstand und die Juden», in: Geschichte und Gesellschaft 9 (1983), No. 3, besonders S. 367 ff.
109 Bertram an Rust, 16. 11. 1938; Akten deutscher Bischöfe, Bd. 4, 1936–1939, hrsg. v. Ludwig Volk, Mainz 1981, S. 592 f.

Anmerkungen zum 9. Kapitel

110 Goebbels, *Tagebücher*, T. 1, Bd. 3, S. 532.
111 Mendelsohn, *The Holocaust*, Bd. 3, S. 241.
112 Lipstadt, *Beyond Belief*, S. 99.
113 Martin Gilbert, «British Government Policy towards Jewish Refugees (November 1938 – September 1939)», in: *Yad Vashem Studies* 13 (1979), S. 150.
114 Wyman, *Paper Walls*, S. 221.
115 Ebd., S. 75 ff.
116 Haskel Lookstein, *Were We Our Brothers' Keepers? The Public Response of American Jews to the Holocaust, 1938–1944*, New York 1985, S. 82.
117 Zu den Einzelheiten siehe unter anderem Arthur Morse, *While Six Million Died: A Chronicle of American Apathy*, New York 1968, S. 270 ff.
118 Thomas Mann, *The Letters*, Bd. 1, S. 297. [Das Original des Briefes ist auf englisch geschrieben. A. d. Ü.]
119 Vicki Caron, «Prelude to Vichy: France and the Jewish Refugees in the Era of Appeasement», in: *Journal of Contemporary History* 20 (1985), S. 161. Nach einem Rundschreiben vom 20. Dezember 1938, das vom Sonderreferat Deutschland verschickt wurde, protestierten die folgenden Länder gegen den Pogrom, gewöhnlich in Zusammenhang mit Schäden, die ihren in Deutschland ansässigen jüdischen Bürgern zugefügt worden waren: Italien, Großbritannnien, die Niederlande, Ungarn, Brasilien, Litauen, die UdSSR, Guatemala, Lettland, Finnland, Polen, die Vereinigten Staaten von Amerika. Vgl. *Akten zur deutschen auswärtigen Politik*, Serie D, *1937–1945*, Bd. 5, *Polen ..., Juni 1937 – März 1939*, Baden-Baden 1953, S. 769–773.
120 Caron, «Prelude to Vichy», S. 163.
121 *Akten zur deutschen auswärtigen Politik*, Serie D, Bd. 4, Okt. 1938 – März 1939, Baden-Baden 1951, S. 420. Die Kriegsfurcht bei der großen Mehrheit der französischen Bevölkerung wurde ebenso wie die weitverbreitete Überzeugung, die Juden seien die Anstifter einer militärischen Konfrontation mit dem nationalsozialistischen Deutschland, durch die Sudetenkrise verschärft. Im September 1938 kam es in Paris und in einer Reihe anderer französischer Städte zu antijüdischen Ausschreitungen. Die herrschende Spannung veranlaßte Julien Weill, den Großrabbiner von Paris, zu der Warnung an seine Glaubensgenossen, sie sollten während der hohen Festtage Ansammlungen vor Synagogen vermeiden. Einige Persönlichkeiten unter den französischen Juden erklärten erneut ihre Feindseligkeit gegenüber den unter ihnen lebenden ausländischen Juden, die angeblich für antideutsche Hetze verantwortlich waren (Michael R. Marrus, Robert O. Paxton, *Vichy France and the Jews*, New York 1981, S. 40). Der Pogrom vom 9.– 10. November änderte nichts an einigen dieser Einstellungen und Verlautbarungen. So erklärte Großrabbiner Weill am 19. November der Tageszeitung *Le Matin*, das Consistoire sehe sich außerstande, «den mindesten Beitrag» zur Flüchtlingsfrage zu leisten; das Problem war nur in internationalem Rahmen zu lösen, und Frankreich konnte keine Flüchtlinge mehr aufnehmen. Überdies wollte der Großrabbiner, wie er erklärte, keine Initiative ergreifen, «die in irgendeiner Weise die gegenwärtig unternommenen Versuche zu einer französisch-deutschen Annäherung behindern könnte». Auf der anderen Seite hob der Graf von Paris, der französische Thronanwärter, in einem Interview vom Dezember 1938 hervor, die französischen Juden seien Franzosen wie alle anderen auch, und «ihre Ausschließung bedeutete ... eine Schwächung des Landes». Beide Zitate finden sich bei Ralph Schor, *L'Antisémitisme en France pendant les années trente*, Brüssel 1992, S. 215, 221.
122 Jean-Baptiste Duroselle, *La Décadence 1932–1939*, Paris 1979, S. 385.
123 Marrus, «The Strange Story», S. 73.
124 Ebd., S. 74–78.

125 Bericht vom 6. Februar 1939, in: SOPADE, Deutschland-Berichte 6 (1939), S. 219.
126 Pätzold, *Verfolgung, Vertreibung, Vernichtung*, S. 207, 225; Toury, «Judenaustreibung», S. 180.
127 Stefan Keller, *Grüningers Fall: Geschichten von Flucht und Hilfe*, Zürich 1993.
128 Grüninger wurde 1941 verurteilt. Er starb 1972 und wurde im Herbst 1995 von den Schweizer Kantons- und Bundesbehörden rehabilitiert.
129 David Kranzler, «The Jewish Refugee Community of Shanghai, 1938–1945», in: *Wiener Library Bulletin* 16 (1972/73), S. 28 ff.
130 Ebd.
131 *Akten zur deutschen auswärtigen Politik*, Serie D, Bd. 5, S. 788.
132 Dalia Ofer, *Escaping the Holocaust: Illegal Immigration to the Land of Israel, 1939–1944*, New York 1990, Kap. 1; Yehuda Bauer, *Freikauf von Juden? Verhandlungen zwischen dem nationalsozialistischen Deutschland und jüdischen Repräsentanten von 1933 bis 1945*, Frankfurt a. M. 1996, Kap. 3.
133 Bernard Wasserstein, *Britain and the Jews of Europe, 1939–1945*, Oxford 1988, S. 40.
134 Eichmann wurde in Wien durch SS-Hauptsturmführer Rolf Günther und Hauptsturmführer Alois Brunner abgelöst.
135 George F. Kennan, *Diplomat in Prag, 1938–1940*, Frankfurt a. M. 1972, S. 100 f.

10. Ein gebrochener Rest

1 National Socialism/1939 (Div.), LBI, New York. Auf deutschen Schiffen, die überwiegend deutsche Passagiere beförderten, wurden jüdische Auswanderer ebenso abgesondert wie im Reich. In den Speisesälen beispielsweise wurden ihre Tische in der «Judenecke» gedeckt (Benz, *Das Tagebuch der Hertha Nathorff*, S. 163).
2 Noam, Kropat, *Juden vor Gericht*, S. 41–45.
3 Reichsjustizminister an Oberlandesgerichtspräsidenten, 23. 6. 1939; Reichsjustizministerium, Fa 195/1939, IfZ, München.
4 Hitler, *Reden und Proklamationen*, Bd. 1, T. 2, S. 955.
5 Ebd., S. 1055.
6 Ebd., S. 1056–58.
7 Dargestellt und analysiert sind diese verschiedenen Aussagen Hitlers in Burrin, *Hitler und die Juden*, S. 63 f.
8 Hitler, *Reden und Proklamationen*, Bd. 1, T. 2, S. 955.
9 Michaelis, Schraepler, *Ursachen*, Bd. 12, S. 616 ff.
10 *Das Schwarze Korps*, 3. 11. 1938, S. 2; vgl. Saul Friedländer, *L'Antisemitisme Nazi: Histoire d'une psychose collective*, Paris 1971, S. 197.
11 *Das Schwarze Korps*, 24. 11. 1938, S. 1; vgl. Friedländer, *L'Antisémitisme Nazi*, S. 198.
12 Richard Breitman, *The Architect of Genocide: Himmler and the Final Solution*, New York 1991, S. 58.
13 Ebd., S. 59.
14 II 112 an II, 19. 1. 39; SD-Hauptamt, MA–554, IfZ, München.
15 Wildt, *Die Judenpolitik des SD*, S. 48.
16 Pätzold, *Verfolgung, Vertreibung, Vernichtung*, S. 212 f.
17 Diese Verhandlungen sind häufig beschrieben worden. Ausgezeichnete Zusammenfassungen bieten unter anderem Ben-Elissar, *La Diplomatie*, S. 378–415, 434–56, und Bauer, *Freikauf von Juden?*, S. 52–74.
18 Vogel, *Ein Stempel*, S. 194.
19 Ben-Elissar, *La Diplomatie*, S. 377.
20 Strauss, «Jewish Emigration from Germany», I, S. 326.
21 Die neueste Berechnung, die von Arndt und Boberach, gibt die folgende Aufschlüsselung: Zwischen der Volkszählung von Juni 1933 und der von Mai 1939

Anmerkungen zum 10. Kapitel 1109

emigrierten 177 000 Volljuden; der Sterbeüberschuß bis Ende 1939 betrug 47 500; zwischen 15 000 und 17 000 Juden wurden im Oktober 1938 vertrieben. Die Verfasser schätzen die Zahl der Volljuden, die Ende 1939 im Reich lebten, auf etwa 190 000; das würde bedeuten, daß sich die Emigration zwischen Mai 1939 und Dezember 1939 auf etwa 30 000 belief (Arndt, Boberach, «Deutsches Reich», S. 34).
22 II 112, 15. 6. 1939; SD-Hauptamt, Mikrofilm MA-554, IfZ, München.
23 Ebd.
24 Gruner, «Die Reichshauptstadt», S. 239.
25 Friedlander, Milton, *Archives of the Holocaust*, Bd. 3, S. 93 f.
26 Pätzold, *Verfolgung, Vertreibung, Vernichtung*, S. 225.
27 Ebd.. S. 222.
28 Arad, Gutman, Margalioth, *Documents on the Holocaust*, S. 140.
29 Ebd., S. 141 f.
30 Wolfgang Benz, *Die Juden in Deutschland 1933 –1945: Leben unter nationalsozialistischer Herrschaft*, München 1988, S. 429.
31 Himmler-Archiv (Div.); Berlin Document Center, Mikrofilm 270, Rolle 2 (LBI, New York, Mikrofilm 133g).
32 Konrad Kwiet, «Forced Labor of German Jews in Nazi Germany», in: *LBIY* 36 (1991), S. 392.
33 Pätzold, *Verfolgung, Vertreibung, Vernichtung*, S. 228; siehe auch Sauer, *Dokumente*, Bd. 2, S. 77.
34 Ebd., Bd. 2, S. 75.
35 Ebd.
36 Ebd., S. 76.
37 Regierungspräsident Hildesheim an die Landräte und Oberbürgermeister des Bezirks, 29. 8. 1939; Ortspolizeibehörde Göttingen, Mikrofilm MA-172, IfZ, München.
38 Gruner, «Die Reichshauptstadt», S. 241 f.
39 Ebd., S. 242.
40 Ebd.
41 Zu den früheren Etappen dieser Geschichte siehe Kapitel 1, S. 43 ff., und Kapitel 5, S. 173. Zu Ada Bertholds Brief siehe Mommsen, «Die Geschichte», S. 357.
42 Ebd., S. 358.
43 Ebd., S. 361.
44 Ebd., S. 362 f.
45 Ebd., S. 365.
46 Valentin Senger, *Kaiserhofstraße 12*, Darmstadt, Neuwied 1978.
47 Kreisleitung Bernburg an Kreisleitung Rosenheim, 6. 2. 39; Himmler-Archiv (Div.); Berlin Document Center, Mikrofilm 270, Rolle 2 (LBI, New York, Mikrofilm 133g).
48 Gendarmeriestation Fischbach an Arbeitsamt Augsburg, 6.5.39, ebd.
49 Monatsbericht vom 8. 2. 39, in: *Die kirchliche Lage*, Bd. 2, S. 305 f. Im März 1937 hatte die Gestapo alle Exemplare des neuen Katechismus beschlagnahmt, der unter der Verantwortung von Kardinal Bertram vom Generalvikar von Breslau veröffentlicht worden war. Frage und Antwort No. 17, die diese Worte Jesu über die Juden zitierten, wurden als «eine Verherrlichung der jüdischen Rasse» angesehen. Siehe zu dieser ganzen Angelegenheit Bertrams Protestbrief vom 20. März 1937 an Kirchenminister Kerrl und an die Gestapo in Berlin. Das Argument Bertrams war, dieser Satz sei in rein religiösem Sinne zu lesen: Jesus, der Heiland, kam aus dem jüdischen Stamm. Siehe *Akten deutscher Bischöfe*, Bd. 4, *1936–1939*, hrsg. v. Ludwig Volk, Mainz 1981, S. 184 ff.
50 Monatsbericht vom 7. 1. 1939, in: *Die kirchliche Lage*, Bd. 2, S. 303.
51 Hans Donald Cramer, *Das Schicksal der Goslarer Juden 1933 –45*, Goslar 1986, S. 42.

52 Klemperer, *Ich will Zeugnis ablegen*, Bd. 1, S. 447.
53 Eine Interpretation der Ereignisse, welche annimmt, es sei in der deutschen Gesellschaft als ganzer während der gesamten modernen Periode ein «eliminatorischer Antisemitismus», der nach der physischen Vernichtung der Juden verlangte, weit verbreitet gewesen, ist auf der Basis des in der vorliegenden Untersuchung präsentierten Materials nicht überzeugend. Siehe zu einer derartigen Interpretation Goldhagen, *Hitlers willige Vollstrecker*.
54 Frick an Reichsstatthalter, Reichskommissare usw. ...., 10. 1. 1939; Reichsministerium für Wissenschaft und Erziehung, Mikrofilm MA–103/1, IfZ, München.
55 Karl Schué an Ortsgruppenführer Dornbusch (Frankfurt a. M.), 14. 1. 39; Max Kreuzberger Research Papers, AR 7183, Karton 8, Mappe 9, LBI, New York.
56 Gendarmerie-Station Theilheim an die Staatsanwaltschaft bei dem Landgerichte Schweinfurt, 12. Juli 1939; Würzburger Gestapo-Akten 1933–1945 (Stadtarchiv Würzburg), Fa 168/4, IfZ, München.
57 Gestapo Würzburg, 20. Juli 1939, ebd.
58 Kriminalpolizeistelle Würzburg an Gestapo Würzburg, 20. März 1941, ebd.
59 J. S. Conway, *Die nationalsozialistische Kirchenpolitik 1933–1945*, München 1969, S. 245.
60 Helmreich, *The German Churches Under Hitler*, S. 233 f. Auf der Wartburg übersetzte Martin Luther das Neue Testament ins Deutsche.
61 Hauptschulungsamt der NSDAP an Sicherheitshauptamt, 17.3.39; II 112 an Hauptschulungsamt, 26. 4. 39; SD-Hauptamt, Mikrofilm MA–554, IfZ, München.
62 Klee, «*Die SA Jesu Christi*», S. 137 f.
63 Zum Briefwechsel zwischen Krebs, Rust und Heß in dieser Angelegenheit siehe Max Kreuzberger Research Papers, AR 7183, Karton 8, Mappe 9, LBI, New York.
64 Zu der Liste von 1937 siehe Oliver Rathkolb, *Führertreu und gottbegnadet: Künstlereliten im Dritten Reich*, Wien 1991, S. 25 ff.
65 Von 1937 an übernahm Hinkel immer mehr die Forderungen, die im Namen des Ministers erhoben wurden. Siehe die Akten der Reichskulturkammer Fa 224/1, Fa 224/2, Fa 224/3 und Fa 224/4, IfZ, München.
66 Präsident der Reichsmusikkammer an Reichspropagandaminister, 25. 2. 1939; Reichskulturkammer-Akte Fa 224/4, IfZ, München.
67 Liste jüdischer Autoren («Vorläufige Zusammenstellung des Amtes Schrifttumspflege bei dem Beauftragten des Führers für die Überwachung der gesamten geistigen und weltanschaulichen Schulung und Erziehung der NSDAP und der Reichsstelle für Förderung des deutschen Schrifttums, Teil VI, S-V»), MA–535, IfZ, München. Nach Angaben der U. S. National Archives ist die Herkunft dieses Schriftstücks unbekannt.
68 Christiane Hoss, «Die jüdischen Patienten in rheinischen Anstalten zur Zeit des Nationalsozialismus», in: Mathias Leipert, Rudolf Styrnal, Winfried Schwarzer (Hrsg.), *Verlegt nach unbekannt: Sterilisation und Euthanasie in Galkhausen 1933–1945*, Köln 1987, S. 68.
69 Klee, «*Die SA Jesu Christi*», S. 132.
70 Walk, *Das Sonderrecht*, S. 230.
71 Verwaltung des Städtischen Krankenhauses Offenburg an Städtisches Krankenhaus Singen, 29. 12. 38; Städtisches Krankenhaus Singen an Verwaltung des Städtischen Krankenhauses Offenburg, 5.1.39; Unterlagen betr. Entrechtung der Juden in Baden 1933–1940, ED–303, IfZ, München.
72 Klee, «*Die SA Jesu Christi*», S. 132.
73 Friedlander, Milton, *Archives of the Holocaust*, Bd. 20, S. 202 f.
74 Ebd., S. 204.
75 Burleigh, *Death and Deliverance*, S. 99 ff. Siehe auch Friedlander, *The Origins of Nazi Genocide*, S. 39 ff.

76 Burleigh, *Death and Deliverance*, S. 98, 111 f. Siehe auch Friedlander, *The Origins of Nazi Genocide*, S. 40 ff.
77 Norbert Frei, *Der Führerstaat: Nationalsozialistische Herrschaft 1933 bis 1945*, München 1987, S. 86.
78 Hilmar Hoffmann, «Und die Fahne führt uns in die Ewigkeit»: *Propaganda im NS-Film*, Frankfurt a. M. 1988, S. 197.
79 Max Kreuzberger Research Papers, AR 7183, Karton 8, Mappe 9, LBI, New York. Die Uraufführung des Stückes fand im November 1937 in London statt. Siehe *The Plays of J. B. Priestley*, Bd. 3, London 1950, S. 69 ff. (Der Bericht Lochners ist geringfügig überarbeitet.)

Die Jahre der Vernichtung
1939–1945

Zitat S. 362: «Der Versuch, mein Leben zu retten, ist ohne Hoffnung»: Stefan Ernest, «The Warsaw Ghetto,» geschrieben im Versteck auf der «arischen» Seite von Warschau, zitiert in Lucjan Dobroszycki, «Introduction», *The Chronicle of the Lodz Ghetto 1941–1944*, New Haven 1984, xvii [Hervorhebung im Original].

Einleitung

1 Dieses Photo wurde auf dem Umschlag einer Sondernummer von *History of Photography* abgedruckt: *Photography and the Holocaust*, hrsg. von Sybil Milton/Genya Markon, in: *History of Photography* 23 (1999) Heft 4, S. 303–400. Alle Angaben über die dargestellten Personen entstammen der Bildunterschrift.
2 Ebd.
3 Einige Besprechungen (insbesondere die scharfe Kritik an Zygmunt Bauman, *Dialektik der Ordnung: Die Moderne und der Holocaust*, Hamburg 1992) bei Yehuda Bauer, *Die dunkle Seite der Geschichte: Die Shoah in historischer Sicht: Interpretationen und Re-Interpretationen*, Frankfurt a. M. 2001, S. 96–122.
4 Einige der besten Beispiele für diesen Ansatz bieten die Aufsätze in Ulrich Herbert (Hrsg.), *Nationalsozialistische Vernichtungspolitik 1939–1945: Neue Forschungen und Kontroversen*, Frankfurt a. M. ⁴2001.
5 Siehe zu diesem Ansatz insbesondere Götz Aly, *Endlösung: Völkerverschiebung und der Mord an den europäischen Juden*, Frankfurt a. M. 1995, und ders., *Hitlers Volksstaat: Raub, Rassenkrieg und nationaler Sozialismus*, Frankfurt a. M. 2005.
6 Vgl. Saul Friedländer, *Das Dritte Reich und die Juden*, Bd. 1: *Die Jahre der Verfolgung 1933–1939*, München ³2007.
7 Daniel Jonah Goldhagen, *Hitlers willige Vollstrecker: Ganz gewöhnliche Deutsche und der Holocaust*, Berlin 1996.
8 Christopher R. Browning, *Ganz normale Männer: Das Reserve-Polizeibataillon 101 und die «Endlösung» in Polen*, Reinbek bei Hamburg 1996.
9 Zitiert nach Ute Deichmann, *Biologen unter Hitler: Porträt einer Wissenschaft im NS-Staat*, Frankfurt a. M. 1995, S. 372.
10 Eine sehr gründliche Analyse der jüdischen Geschichtsschreibung des Holocaust bietet Dan Michman, *Holocaust Historiography: A Jewish Perspective: Conceptualizations, Terminology, Approaches, and Fundamental Issues*, London 2003.

11 Hannah Arendt, *Eichmann in Jerusalem: Ein Bericht von der Banalität des Bösen*, München ⁹1995.
12 Ich teile nicht Raul Hilbergs Skepsis in Bezug auf den Wert von Tagebüchern als Quellen für unser Verständnis der Ereignisse. Die Probleme bei einigen Tagebüchern sind im jeweiligen Fall deutlich erkennbar. Siehe Raul Hilberg, *Die Quellen des Holocaust: Entschlüsseln und interpretieren*, Frankfurt a. M. 2002, S. 48 f.
13 Walter Laqueur, «Three Witnessess: The Legacy of Viktor Klemperer, Willy Cohn and Richard Koch», in: *Holocaust and Genocide Studies* 10 (1996), S. 266.
14 Eine eng verwandte Position vertritt Tom Laqueur, «The Sound of Voices Intoning Names», in: *London Review of Books* 19, 5.6.1997, S. 3 ff.

Erster Teil
Terror

Zitat S. 382: «Die sadistische Maschine geht eben über uns weg». Victor Klemperer, *Ich will Zeugnis ablegen bis zum letzten; Tagebücher 1933–1941*, Berlin 1995, S. 481.

1. Kapitel

1 Victor Klemperer, *Ich will Zeugnis ablegen bis zum letzten: Tagebücher 1933–1945*, Bd. 1, Berlin 1995, S. 482.
2 Ebd., S. 485.
3 Chaim Aron Kaplan, *Buch der Agonie: Das Warschauer Tagebuch des Chaim A. Kaplan*, hrsg. von Abraham Isaac Katsh, Frankfurt a. M. 1967, S. 21.
4 Ebd., S. 22.
5 Dawid Sierakowiak, *The Diary of Dawid Sierakowiak: Five Notebooks from the Lódz Ghetto*, hrsg. von Alan Adelson, New York 1996, S. 36.
6 Adam Czerniaków, *Im Warschauer Ghetto: Das Tagebuch des Adam Czerniaków 1939–1942*, München 1986, S. 2.
7 Ebd., S. 4.
8 Dawid Sierakowiak, *The Diary of Dawid Sierakowiak*, S. 93. Nähere Angaben zu Sierakowiaks Hintergrund bietet Adelson in seiner «Introduction», ebd.
9 Es gab in verschiedenen faschistischen Parteien in Europa – natürlich nicht in der NSDAP – einige jüdische Mitglieder, aber anscheinend hatte in Italien mindestens ein Fünftel der 47 000 Juden irgendwann Verbindungen zu Mussolinis Partei.
10 Peter Gay, *Freud: Eine Biographie für unsere Zeit*, Frankfurt a. M. 1989, S. 728.
11 Einen exzellenten Überblick über die politische Szene gibt Ezra Mendelsohn, *The Jews of East Central Europe Between the World Wars*, Bloomington 1983.
12 Ebd., S. 255.
13 Vergleiche zu dieser Analyse neben vielen anderen Veröffentlichungen Shmuel Ettinger, «Jews and Non-Jews in Eastern and Central Europe between the Wars: An Outline», in: *Jews and Non-Jews in Eastern Europe, 1918–1945*, hrsg. von Bela Vago und George L. Mosse, New York 1974, S. 1–19.
14 William W. Hagen, «Before the ‹Final Solution›: Toward a Comparative Analysis of Political Anti-Semitism in Interwar Germany and Poland», in: *The Journal of Modern History* 68 (1996), S. 351–381.
15 Zum Trend der Idealisierung siehe Steven E. Aschheim, *Brothers and Strangers: The East European Jew in German and German Jewish consciousness, 1800–1923*, Madison 1982.

Anmerkungen zum 1. Kapitel 1113

16 Vgl. zum Schicksal der deutschen Juden Saul Friedländer, *Das Dritte Reich und die Juden*, Bd. 1, München ³2007.
17 Primo Levi, *Ist das ein Mensch? Ein autobiographischer Bericht*, München ⁷1998, S. 11.
18 Hannah Arendt, *The Jew as Pariah: Jewish Identity and Politics in the Modern Age*, hrsg. von Ron H. Feldman, New York 1978, S. 84; Franz Kafka, *Das Schloß*, Frankfurt a. M. 1982, S. 80.
19 Norman Rose, *Chaim Weizmann: A Biography*, New York 1986, S. 354.
20 Alfred Rosenberg, *Das politische Tagebuch Alfred Rosenbergs, 1934/35 und 1939/40*, hrsg. von Hans-Günther Seraphim, München 1964, S. 98 f.
21 Eine Analyse von Stalins Politik zu diesem Zeitpunkt bietet Gabriel Gorodetsky, *Die große Täuschung: Hitler, Stalin und das Unternehmen «Barbarossa»*, Berlin 2001, S. 19–29.
22 Adolf Hitler, *Reden und Proklamationen, 1932–1945*, kommentiert von einem deutschen Zeitgenossen, hrsg. von Max Domarus, Bd. 3: 1939–1940, Leonberg ⁴1987/1988, S. 1377 ff., besonders S. 1391.
23 Das Gebiet hieß zuerst Reichsgau Posen und erhielt im Januar 1940 den Namen Warthegau. Die Region Łódź, in der 500 000 Polen und 300 000 Juden lebten, wurde im November 1939 an den Reichsgau Posen angeschlossen, da man plante, Polen und Juden ins Generalgouvernement zu deportieren und die entvölkerten Städte mit Deutschen zu besiedeln. Vgl. Götz Aly, *Endlösung: Völkerverschiebung und der Mord an den europäischen Juden*, Frankfurt a. M. 1995, S. 59.
24 Hauptsächlich enthalten in Franz Halder, *Kriegstagebuch: Tägliche Aufzeichnungen des Chefs des Generalstabes des Heeres, 1932–1942*, Bd. I: *Vom Polenfeldzug bis zum Ende der Westoffensive (14. 8. 1939–30. 6. 1940)*, hrsg. von Hans-Adolf Jacobsen, Stuttgart 1962, S. 107.
25 Das Konzept des Volkstumskampfes und dessen Anwendung auf Polen wird sehr gut dargelegt von Alexander B. Rossino, *Hitler Strikes Poland: Blitzkrieg, Ideology and Atrocity*, Lawrence, KS 2003, S. 1 ff.
26 Zur Vorbereitung der Operation siehe ebd., S. 14 ff.
27 Zu den unterschiedlichen Bedeutungen dieses Decknamens siehe Richard Breitman, *Heinrich Himmler: Der Architekt der «Endlösung»*, Zürich/München 2000, S. 103 ff.
28 Zu Heydrichs Brief an Daluege siehe Helmut Krausnick, «Hitler und die Morde in Polen», in: *Vierteljahrshefte für Zeitgeschichte* 11 (1963), S. 206 ff.
29 Helmuth Groscurth, *Tagebücher eines Abwehroffiziers 1938–1940*, hrsg. v. Helmut Krausnick u. Harold C. Deutsch, Stuttgart 1970, S. 358.
30 Kurt Pätzold (Hrsg.), *Verfolgung, Vertreibung, Vernichtung: Dokumente des faschistischen Antisemitismus 1933 bis 1942*, Frankfurt a. M. 1984, S. 234.
31 Ebd., S. 239.
32 Martin Broszat, *Nationalsozialistische Polenpolitik 1939–1945*, S. 42. Rasch hatte einen Doktortitel in Jura und einen in Politischer Wissenschaft.
33 Michael Burleigh, *Germany Turns Eastwards: A Study of Ostforschung in the Third Reich*, Cambridge 1988. Eine detailliertere Erörterung der deutschen Terrormaßnahmen in Krakau bietet Czesław Madajczyk, *Die deutsche Besatzungspolitik in Polen (1939–1945)*, Wiesbaden 1967, S. 13 ff. Laut Musial gab es 39 500 polnische und 7000 jüdische Opfer; vgl. Bogdan Musial, «Das Schlachtfeld zweier totalitärer Systeme: Polen unter deutscher und sowjetischer Herrschaft 1939–1941», in: *Genesis des Genozids: Polen 1939–1941*, hrsg. v. Klaus-Michael Mallmann und Bogdan Musial, Darmstadt 2004, S. 13–35, besonders S. 15. Obwohl ich mit vielen Interpretationen Musials und denen einiger anderer Beiträge in diesem Sammelband nicht übereinstimme, sind die Sachinformationen in mehreren Aufsätzen sehr nützlich.

34 Aly schätzt die Zahl dieser Opfer auf 10 000 bis 15 000. Vgl. Götz Aly, «Judenumsiedlung», in: Ulrich Herbert (Hrsg.), *Nationalsozialistische Vernichtungspolitik 1939–1945: Neue Forschungen und Kontroversen*, Frankfurt a. M. ⁴2001, S. 85.
35 Ebd., S. 85 ff.
36 Michael Burleigh, *Tod und Erlösung: Euthanasie in Deutschland 1900–1945*, Zürich, München 2002, S. 154 f. Siehe auch die Auszüge aus dem Urteil gegen Kurt Eimann in Ernst Klee (Hrsg.), *Dokumente zur «Euthanasie»*, Frankfurt a. M. 1985, S. 70–72.
37 Ebd., S. 112.
38 Ebd., S. 117 ff.
39 Henry Friedlander, *Der Weg zum NS-Genozid: Von der Euthanasie zur Endlösung*, Berlin 1997, S. 431 ff.
40 Vgl. Ernst Klee, *«Euthanasie» im NS-Staat: Die «Vernichtung lebensunwerten Lebens»*, Frankfurt a. M. 1986, S. 260 ff.; siehe auch Leni Yahil, *The Holocaust: The Fate of European Jewry*, New York 1991, S. 310.
41 Otto Dietrich, *Auf den Straßen des Sieges: Erlebnisse mit dem Führer in Polen. Ein Gemeinschaftsbuch*, München 1939, S. 75 ff., zitiert nach Richard Breitman, *Heinrich Himmler*, S. 111 f.
42 Joseph Goebbels, *Die Tagebücher von Joseph Goebbels: Sämtliche Fragmente*, Teil I: Aufzeichnungen 1923–1941, Bd. 7: Juli 1939–März 1940, hrsg. von Elke Fröhlich, München 1998, S. 141.
43 Ebd., S. 179 f.
44 Ebd., S. 186.
45 Ebd., S. 250.
46 Adolf Hitler, *Reden und Proklamationen, 1932–1945*, Bd. 3: 1939–1940, S. 1340.
47 Ebd., S. 1342.
48 Ebd.
49 Ebd., S. 1441 ff.
50 Ebd., S. 1465, 1468.
51 Joseph Goebbels, *Die Tagebücher von Joseph Goebbels: Sämtliche Fragmente*, Teil I: Aufzeichnungen 1923–1941, Bd. 7: Juli 1939–März 1940, S. 180.
52 Felix Moeller, *Der Filmminister: Goebbels und der Film im Dritten Reich*, Berlin 1998, S. 240.
53 Hinweise auf die früheren Filme und die «Koinzidenz» zwischen den späteren und den früheren Filmthemen gibt Susan Tegel, «The Politics of Censorship: Britain's *Jew Süss* (1934) in London, New York and Vienna», in: *Historical Journal of Film, Radio and Television* 15 (1995), S. 219–224.
54 Ebd., S. 221 ff.
55 Ebd., S. 230 ff.
56 Ebd., S. 227.
57 Joseph Goebbels, *Die Tagebücher von Joseph Goebbels: Sämtliche Fragmente*, Teil I: Aufzeichnungen 1923–1941, Bd. 4, S. 393. Ebenso Moeller, *Der Filmminister*, S. 239.
58 Zum Zusammenhang zwischen den beiden Filmen siehe Evelyn Hampicke/ Hanno Loewy, «Juden ohne Maske: Vorläufige Bemerkungen zur Geschichte eines Kompilationsfilmes», in: *«Beseitigung des jüdischen Einflusses ...»: Antisemitische Forschung, Eliten und Karrieren im Nationalsozialismus*, hrsg. vom Fritz Bauer Institut, Frankfurt a. M./New York 1999, S. 259 f.
59 Joseph Goebbels, *Die Tagebücher von Joseph Goebbels: Sämtliche Fragmente*, Teil I: Aufzeichnungen 1923–1941, Bd. 7: Juli 1939–März 1940, S. 140.
60 Eine Zusammenfassung der Literatur über den Film «Der ewige Jude» und die wichtigsten Aspekte der Produktion und der Aufführung dieses Streifens findet sich in Yizhak Ahren/Stig Hornshøj-Møller/Christoph B. Melchers (Hrsg.), *Der ewige Jude: Wie Goebbels hetzte: Untersuchungen zum nationalsozialistischen Propagandafilm*, Aachen 1990.

61 Joseph Goebbels, *Die Tagebücher von Joseph Goebbels: Sämtliche Fragmente*, Teil I: Aufzeichnungen 1923–1941, Bd. 7: Juli 1939–März 1940, S. 157.
62 Ebd.
63 Ebd., S. 166.
64 Ebd., S. 172.
65 Ebd., S. 177.
66 Ebd., S. 202.
67 Shimon Huberband, «The Destruction of the Synagogues in Lodz», in: *Lodz Ghetto: Inside a Community Under Siege*, hrsg. von Alan Adelson und Robert Lapides, New York 1989, S. 70.
68 Ebd., S. 70.
69 Ebd., S. 70 f.
70 Daniel Uziel, «Wehrmacht Propaganda Troops and the Jews», in: *Yad Vashem Studies* 29 (2001), S. 33.
71 Ebd., S. 34.
72 Nürnberg doc. NG-4699, U. S. v. von Weizsaecker: The Ministries Case, in: *Trials of War Criminals Before the Nürnberg Military Tribunals under Control Council Law No. 10, Nürnberg, October 1946 – April, 1949*, Bd. 13, Washington 1951, S. 143.
73 Zitiert nach Josef Wulf (Hrsg.), *Presse und Funk im Dritten Reich: Eine Dokumentation*, Gütersloh 1964, S. 102.
74 Zitiert nach Ronald M. Smelser, *Robert Ley: Hitlers Mann an der «Arbeitsfront»: Eine Biographie*, Paderborn u. a. 1989, S. 257.
75 Joseph Goebbels, *Die Tagebücher von Joseph Goebbels: Sämtliche Fragmente*, Teil I: Aufzeichnungen 1923–1941, Band 7: Juli 1939–März 1940, S. 337.
76 Eberhard Röhm/Jörg Thierfelder, *Juden, Christen, Deutsche 1933–1945*, Bd. 3/2, Stuttgart 1998, S. 67.
77 David Vital, *A People Apart: A Political History of the Jews in Europe, 1789–1939*, Oxford 2001, S. 776.
78 Ebd., S. 776 f.
79 Ezra Mendelsohn, *The Jews of East Central Europe Between the World Wars*, S. 74.
80 Einer der wichtigsten Hinweise auf die kulturelle Autonomie der polnischen Juden findet sich in der Bildungsstatistik. Im Volksschulalter besuchten zahlreiche jüdische Kinder noch den traditionellen religiösen Cheder. Außerdem gingen fast 20 % der jüdischen Schulkinder in diesem Alter auf jiddische oder hebräische Schulen; etwa 50 % aller jüdischen Oberschüler gingen auf jiddische oder hebräische Schulen, bei Berufsschülern waren es ungefähr 60 %. Diese Zahlen stammen aus Salo Barons Aussage beim Eichmann-Prozeß 1961. Vgl. Adolf Eichmann, *The Trial of Adolf Eichmann: Record of Proceedings in the District Court of Jerusalem*, Bd. 1, hrsg. vom Justizministerium des Staates Israel, Jerusalem 1992, S. 176 ff.
81 Die gegensätzlichen Interpretationen des polnischen Antisemitismus und der anti-polnischen Einstellung der Juden einerseits durch jüdische, andererseits durch polnische Historiker haben im Laufe der Zeit nicht an Heftigkeit verloren. Zu dem gesamten Themenbereich vgl. u. a. Michael R. Marrus, *The Holocaust in History*, New York 1987, S. 96 ff. Zu einer typisch mythischen Darstellung jüdischer Standpunkte vgl. David Engel, «Lwów, 1918: The Transmutation of a Symbol and Its Legacy in the Holocaust», in: *Contested Memories: Poles and Jews during the Holocaust and Its Aftermath*, hrsg. von Joshua D. Zimmerman, New Brunswick 2003, S. 32 ff.
82 Anna Landau-Czajka, «The Jewish Question in Poland: Views Expressed in the Catholic Press between the Two World Wars», in: *Polin: Studies in Polish Jewry* 11 (1998), S. 263.
83 Ebd., S. 265.
84 Zitiert nach Brian Porter, «Making a Space for Antisemitism: The Catholic Hierar-

chy and the Jews in the Early Twentieth Century», in: *Polin: Studies in Polish Jewry* 16 (2003), S. 420. Zu Hlonds Hirtenbrief und anderen Texten dieser Art vgl. auch Viktoria Pollmann, *Untermieter im christlichen Haus: Die Kirche und die «jüdische Frage» anhand der Bistumspredigten der Metropole Krakau 1926–1935*, Wiesbaden 2001.
85 Brian Porter, «Making a Space for Antisemitism», S. 420 f.
86 Siehe insbesondere Yisrael Gutman, «Polish Antisemitism Between the Wars: An Overview», in: *The Jews of Poland Between Two World Wars*, hrsg. von Yisrael Gutman, Ezra Mendelsohn, Jehuda Reinharz und Chone Shmeruk, Hanover, NH 1989, S. 97 ff. Vgl. ebenso den etwas apologetischen Artikel von Roman Wapinski, «The Endecja and the Jewish Question», in: *Polin: Studies in Polish Jewry* 12 (1999), S. 271 ff.
87 So stellte sich die Regierung 1929 energisch antisemitischen Unruhen in Lemberg entgegen, die von einer angeblichen jüdischen Schändung katholischer Riten ausgelöst und zum Teil von kirchlichen Würdenträgern angefacht wurden. Vgl. Antony Polonsky, «A Failed Pogrom: The Demonstrations in Lwów, June 1929», in: *The Jews of Poland Between Two World Wars*, hrsg. von Yisrael Gutman, Ezra Mendelsohn, Jehuda Reinharz und Chone Shmeruk, Hanover, NH 1989, S. 109 ff.
88 Eine im allgemeinen viel mildere Sicht der polnischen Politik gegenüber der jüdischen Bevölkerung und damit eine weit positivere Einschätzung der Lage der polnischen Judenheit am Vorabend des Krieges vertritt Norman Davies, *God's Playground: A History of Poland*, Bd. 2: *1795 to the Present*, New York 1984, S. 259 ff. und 407 ff.
89 Alexander B. Rossino, *Hitler Strikes Poland*, S. 90 ff. Vgl. auch Klaus-Michael Mallmann/Bogdan Musial (Hrsg.), *Genesis des Genozids: Polen 1939–1941*, Darmstadt 2004, und Jochen Böhler, *Auftakt zum Vernichtungskrieg: Die Wehrmacht in Polen 1939*, Frankfurt a. M. 2006.
90 Rossino, *Hitler Strikes Poland*, S. 92.
91 Ebd., S. 99.
92 Ebd., S. 99 f.
93 Franz Halder, *Kriegstagebuch*, Bd. 1, S. 67.
94 Ebd.
95 Auch ein großer Teil des protestantischen Adels übernahm das NS-Weltbild voll und ganz, einschließlich des Antisemitismus; diese ideologische Identifikation ging beim katholischen Adel in Südwestdeutschland weder so tief, noch war sie so weit verbreitet. Vgl. Stephan Malinowski, «Vom blauen zum reinen Blut: Antisemitische Adelskritik und adliger Antisemitismus 1871–1944», in: *Jahrbuch für Antisemitismusforschung* 12 (2003), S. 147–168.
96 Zitiert nach Omer Bartov, *Hitlers Wehrmacht: Soldaten, Fanatismus und die Brutalisierung des Krieges*, Reinbek bei Hamburg 1995, S. 101.
97 Alexander B. Rossino, «Destructive Impulses: German Soldiers and the Conquest of Poland», in: *Holocaust and Genocide Studies* 11/3 (1997), S. 356.
98 Walter Manoschek (Hrsg.), *«Es gibt nur eines für das Judentum: Vernichtung»: Das Judenbild in deutschen Soldatenbriefen 1939–1944*, Hamburg ³1997, S. 9.
99 Ebd., S. 12
100 Dawid Sierakowiak, *The Diary of Dawid Sierakowiak*, S. 54.
101 Zygmunt Klukowski, *Diary from the Years of Occupation, 1939–1944*, hrsg. von Andrew Klukowski und Helen Klukowski May, Urbana, IL 1993, S. 40.
102 Ebd., S. 41.
103 Ebd., S. 42.
104 Dawid Sierakowiak, *The Diary of Dawid Sierakowiak*, S. 67.
105 Alexander B. Rossino, *Hitler Strikes Poland*, S. 227 ff.
106 Zu Blaskowitz' Memorandum siehe Ernst Klee/Willi Dreßen/Volker Rieß

Anmerkungen zum 1. Kapitel　　1117

(Hrsg.), «Schöne Zeiten»: Judenmord aus der Sicht der Täter und Gaffer, Frankfurt a. M. ³1988, S. 14.
107 Ebd.
108 Zitiert nach Rossino, Hitler Strikes Poland, S. 120.
109 Zitiert nach Kurt Pätzold (Hrsg.), Verfolgung, Vertreibung, Vernichtung: Dokumente des faschistischen Antisemitismus 1933 bis 1942, Frankfurt a. M. 1984, S. 236 ff.
110 Ebd.. S. 239.
111 Der vollständige Text von Heydrichs Brief ist abgedruckt bei Henry Friedlander/ Sybil Milton (Hrsg.), Archives of the Holocaust: An International Collection of Selected Documents, Bd. 11/1, New York 1992, S. 132 f.
112 Die umfassendste Studie ist nach wie vor Michael Burleigh, Germany Turns Eastwards: A Study of Ostforschung in the Third Reich, Cambridge 1988.
113 Zur Debatte über Rothfels vgl. Joachim Lerchenmüller, «Die ‹SD-mäßige› Bearbeitung der Geschichtswissenschaft», in: Nachrichtendienst, politische Elite und Mordeinheit: Der Sicherheitsdienst des Reichsführers SS, hrsg. von Michael Wildt, Hamburg 2003, S. 162 f. Zwei große Konferenzen fanden im Juli 2003 in Berlin und München zu Rothfels statt. Vgl. aus einer Vielzahl anderer Artikel: Rainer Blasius, «Bis in die Rolle gefärbt: Zwei Tagungen zum Einfluß von Hans Rothfels auf die deutsche Zeitgeschichtsschreibung», in: Frankfurter Allgemeine Zeitung, 19.7.2003, S. 35. Rothfels' geistiger Einfluß wird ausführlicher erörtert bei Jan Eckel, Hans Rothfels: Eine intellektuelle Biographie im 20. Jahrhundert, Göttingen 2005, und Johannes Hürter/Hans Woller (Hrsg.), Hans Rothfels und die deutsche Zeitgeschichte, München 2005.
114 Zitiert nach Götz Aly/Susanne Heim, Vordenker der Vernichtung: Auschwitz und die deutschen Pläne für eine neue europäische Ordnung, Hamburg 1991, S. 102 f. Vgl. auch Ingo Haar, Historiker im Nationalsozialismus: Deutsche Geschichtswissenschaft und der «Volkstumskampf» im Osten, Göttingen 2002; Peter Schöttler (Hrsg.), Geschichtsschreibung als Legitimationswissenschaft 1918–1945, Frankfurt a. M. 1997; Winfried Schulze/Otto Gerhard Oexle (Hrsg.), Deutsche Historiker im Nationalsozialismus, Frankfurt a. M. 1999.
115 Zu Schieders Memorandum und zu den Vorschlägen der «Ostforscher» in den dreißiger Jahren und nach Kriegsbeginn vgl. Götz Aly, Macht – Geist – Wahn: Kontinuitäten deutschen Denkens, Berlin 1997, S. 153 ff., besonders S. 179 ff.
116 Michael Burleigh, Germany Turns Eastwards, S. 165.
117 Michael Burleigh, «Die Stunde der Experten», in: Mechtild Rössler/Sabine Schleiermacher/Cordula Tollmien (Hrsg.), Der «Generalplan Ost»: Hauptlinien der nationalsozialistischen Planungs- und Vernichtungspolitik, Berlin 1993, S. 347.
118 Ebd.
119 Ebd., S. 348.
120 Ebd. Zu den Wissenschaftlern und ihrem ideologischen Engagement siehe auch Michael Fahlbusch, Wissenschaft im Dienst nationalsozialistischer Politik? Die «Volksdeutschen Forschungsgemeinschaften» von 1931–1945, Wiesbaden 1999.
121 Eine eingehende Untersuchung der «Judenpolitik» in Ostoberschlesien bietet Sybille Steinbacher, «In the Shadow of Auschwitz: The Murder of the Jews of East Upper Silesia», in: Holocaust: Critical Concepts in Historical Studies, 6 Bde., Bd. 2, hrsg. von David Cesarani, New York 2004, S. 110 ff.; ebenso Sybille Steinbacher, «Musterstadt» Auschwitz: Germanisierungspolitik und Judenmord in Ostoberschlesien, München 2000, S. 138 ff.
122 Vgl. insbesondere Gerhard Botz, Wohnungspolitik und Judendeportation in Wien 1938 bis 1945: Zur Funktion des Antisemitismus als Ersatz nationalsozialistischer Sozialpolitik, Wien 1975, S. 105. Zu der Operation selbst siehe Seev Goshen, «Eichmann und die Nisko-Aktion im Oktober 1939: Eine Fallstudie zur NS-Judenpolitik in der letzten Etappe vor der ‹Endlösung›», in: Vierteljahrshefte für Zeitgeschich-

te 29 (1981), S. 74–96; vgl. dazu auch Seev Goshen, «Nisko – Ein Ausnahmefall unter den Judenlagern der SS», in: *Vierteljahrshefte für Zeitgeschichte* 40 (1992), S. 95–106; Hans Safrian, *Die Eichmann-Männer*, Wien 1992, S. 76 ff.
123 Ebd., S. 76, 78 ff.
124 Zitiert nach Dieter Pohl, *Von der «Judenpolitik» zum Judenmord: Der Distrikt Lublin des Generalgouvernements 1939–1944*, Frankfurt a. M. 1993, S. 52.
125 Zitiert nach Tatiana Berenstein (Hrsg.), *Faschismus, Getto, Massenmord: Dokumentation über Ausrottung und Widerstand der Juden in Polen während des zweiten Weltkrieges*, hrsg. vom Jüdischen historischen Institut Warschau, Berlin (Ost) 1961, S. 46.
126 Raul Hilberg, *Die Vernichtung der europäischen Juden*, Bd. 1, Frankfurt a. M. ⁹1999, S. 216 ff.
127 Hans Frank, *Das Diensttagebuch des deutschen Generalgouverneurs in Polen 1939–1945*, hrsg. von Werner Präg und Wolfgang Jacobmeyer, Stuttgart 1975, S. 165.
128 Zu den Streitigkeiten um die Vertreibungen aus Krakau vgl. Christopher R. Browning und Jürgen Matthäus, *The Origins of The Final Solution: The Evolution of Nazi Jewish Policy September 1939 – March 1942*, Lincoln 2004, S. 131 ff.
129 Ebd., S. 135 ff. In Radom und Lublin verschärfte die Notwendigkeit, in den ersten Monaten des Jahres 1941 Einheiten der Wehrmacht einzuquartieren, um den Angriff auf die Sowjetunion vorzubereiten, den Druck zur Vertreibung und Ghettoisierung.
130 Zu dieser Entwicklung unter besonderer Berücksichtigung Lublins siehe Dieter Pohl, *Von der «Judenpolitik» zum Judenmord: Der Distrikt Lublin des Generalgouvernements 1939–1944*, Frankfurt a. M. 1993, S. 33 ff.
131 Zum «Selbstschutz» siehe hauptsächlich Peter R. Black, «Rehearsal for ‹Reinhard›? Odilo Globocnik and the Lublin Selbstschutz», in: *Central European History* 25 (1992), S. 204ff; vgl. auch Christian Jansen/Arno Weckbecker, *Der «Volksdeutsche Selbstschutz» in Polen 1939/40*, München 1992.
132 Adam Czerniaków, *Im Warschauer Ghetto: Das Tagebuch des Adam Czerniaków 1939–1942*, München 1986, S. 22.
133 Tatiana Berenstein (Hrsg.), *Faschismus, Getto, Massenmord: Dokumentation über Ausrottung und Widerstand der Juden in Polen während des zweiten Weltkrieges*, S. 55 und Anm.
134 Götz Aly, «Judenumsiedlung», in: *Nationalsozialistische Vernichtungspolitik 1939–1945: Neue Forschungen und Kontroversen*, S. 79 f.
135 Zu den besonderen deutschen Maßnahmen in Łódź vgl. speziell Florian Freund/Bertrand Perz/Karl Stuhlpfarrer, «Das Ghetto in Litzmannstadt (Łódź)», in: *Unser einziger Weg ist Arbeit (Unzer eyntsiger veg iz arbayt): Das Ghetto in Łódź 1940–1944: Eine Ausstellung des Jüdischen Museums Frankfurt am Main*, hrsg. von Hanno Loewy und Gerhard Schoenberner, Wien 1990, S. 22.
136 Helma Kaden/Ludwig Nestler/Kurt Frotscher/Sonja Kleinschmidt/Brigitte Wölk (Hrsg.), *Dokumente des Verbrechens: Aus Akten des Dritten Reiches 1933–1945*, Bd. 1, Berlin 1993, S. 176 f.
137 Zitiert nach Götz Aly/Susanne Heim, *Vordenker der Vernichtung: Auschwitz und die deutschen Pläne für eine neue europäische Ordnung*, Hamburg 1991, S. 204.
138 Vgl. Isaiah Trunk, *Judenrat: The Jewish Councils in Eastern Europe under Nazi Occupation*, New York 1972, S. 11 ff.
139 Aharon Weiss, «Jewish Leadership in Occupied Poland: Postures and Attitudes», in: *Yad Vashem Studies* 12 (1977), S. 344. Derselbe Doppelaspekt läßt sich bei der Gründung und Entwicklung der Reichsvereinigung der Juden in Deutschland feststellen.
140 Hans Frank, *Diensttagebuch*, S. 215 ff.
141 Spannungen und Rivalitäten entwickelten sich zwischen Franks Verwaltung und

dem SS-Apparat bald im ganzen Generalgouvernement. Vgl. Dieter Pohl, *Von der «Judenpolitik» zum Judenmord: Der Distrikt Lublin des Generalgouvernements 1939– 1944,* S. 60–62.
142 Isaiah Trunk, *Judenrat,* S. 21 ff.
143 Aharon Weiss, «Jewish Leadership in Occupied Poland: Postures and Attitudes», S. 355 f.
144 Ebd., S. 353.
145 Adam Czerniaków, *Im Warschauer Ghetto,* S. 11 f.
146 Chaim Aron Kaplan, *Buch der Agonie: Das Warschauer Tagebuch des Chaim A. Kaplan,* hrsg. von Abraham Isaac Katsh, Frankfurt a. M. 1967, S. 66 f.
147 Siehe zu diesen Maßnahmen vor allem Bernhard Rosenkötter, *Treuhandpolitik: Die «Haupttreuhandstelle Ost» und der Raub polnischen Vermögens 1939–1945,* Essen 2003.
148 Die gründlichsten Studien zur Korruption im nationalsozialistischen Deutschland sind Frank Bajohr, *«Arisierung» in Hamburg: Die Verdrängung der jüdischen Unternehmer 1933–1945,* Hamburg 1997, und ders., *Parvenüs und Profiteure: Korruption in der NS-Zeit,* Frankfurt a. M. 2001.
149 Emanuel Ringelblum, *Notes from the Warsaw Ghetto: The Journal of Emmanuel Ringelblum,* hrsg. von Jacob Sloan, New York 1974, S. 8.
150 Adam Czerniaków, *Im Warschauer Ghetto,* S. 16 ff.
151 Isaiah Trunk, *Judenrat,* S. 244.
152 Joseph Kermish (Hrsg.), *To Live with Honor and Die with Honor!...: Selected Documents from the Warsaw Ghetto Underground Archives «O. S.»* («Oneg Shabbath»), Jerusalem 1986, S. 250.
153 Dawid Sierakowiak, *The Diary of Dawid Sierakowiak,* S. 69.
154 Zu den meisten in diesem Abschnitt genannten Einzelheiten siehe Antony Polonsky/Norman Davies (Hrsg.), *Jews in Eastern Poland and the USSR, 1939–1946,* New York 1991.
155 Brief vom 12. März 1940 von Moshe Kleinbaum an Nahum Goldmann, in: Friedlander und Milton (Hrsg.), *Archives of the Holocaust,* Bd. 8 (1990), [doc. 34], S. 112 f.
156 Isaiah Trunk, *Jewish Responses to Nazi Persecution: Collective and Individual Behavior in extremis,* New York 1979, S. 44.
157 Chaim Aron Kaplan, *Buch der Agonie,* S. 57 f.
158 Jan T. Gross, «A Tangled Web: Confronting Stereotypes Concerning Relations between Poles, Germans, Jews and Communists», in: *The Politics of Retribution in Europe: World War II and its Aftermath,* hrsg. von István Deák, Jan T. Gross, Tony Judt, Princeton 2000, S. 97 f.; vgl. auch aus der polnischen Perspektive Marek Wierzbicki, «Die polnisch-jüdischen Beziehungen unter sowjetischer Herrschaft: Zur Wahrnehmung gesellschaftlicher Realität im westlichen Weißrussland 1939– 1941», in: *Genesis des Genozids: Polen 1939–1941,* hrsg. von Klaus-Michael Mallmann und Bogdan Musial, Darmstadt 2004, S. 187 ff. Wierzbicki wiederholt die traditionellen polnischen Argumente über jüdische Illoyalität usw.
159 Alexander B. Rossino, «Polish ‹Neighbors› and German Invaders: Anti-Jewish Violence in the Bialystok District during the Opening Weeks of Operation Barbarossa», in: *Polin: Studies in Polish Jewry* 16 (2003), S. 441 f.
160 Antony Polonsky/Norman Davies (Hrsg.), *Jews in Eastern Poland and the USSR, 1939–1946,* S. 28.
161 Hans Frank, *Diensttagebuch,* S. 199.
162 Antony Polonsky/Norman Davies (Hrsg.), *Jews in Eastern Poland and the USSR, 1939–1946,* S. 28.
163 Robert C. Tucker, *Stalin in Power: The Revolution from Above, 1928–1941,* New York 1992, S. 606 f.
164 Der Karski-Bericht vom Februar 1940 wurde zuerst veröffentlicht in David Engel,

«An Early Account of Polish Jewry under Nazi and Soviet Occupation Presented to the Polish Government-In-Exile, February 1940», in: *Jewish Social Studies* 45 (1983), S. 1–16.
165 Ebd., S. 12.
166 Ebd., S. 12 f. Karskis Hinweise, daß die Deutschen den Antisemitismus benutzten, um Unterstützung in der polnischen Bevölkerung zu gewinnen, wurden durch andere Berichte aus dem Jahr 1940 an das britische Außenministerium gestützt. Vgl. Bernard Wasserstein, «Polish Influences on British Policy Regarding Jewish Rescue Efforts in Poland 1939–1945», in: *Polin: Studies in Polish Jewry* 11 (1998), S. 189.
167 David Engel, «An Early Account of Polish Jewry under Nazi and Soviet Occupation Presented to the Polish Government-In-Exile, February 1940», S. 11.
168 Jan T. Gross, «A Tangled Web: Confronting Stereotypes Concerning Relations between Poles, Germans, Jews and Communists», S. 103 f.
169 Zur Haltung der polnischen Exilregierung und Knolls Drohungen siehe David Engel, *In the Shadow of Auschwitz: The Polish Government-in-Exile and the Jews, 1939–1942*, Chapel Hill 1987, S. 62 ff., besonders S. 64 f.
170 Bei Kriegsbeginn umfaßte die jüdische Bevölkerung des Altreichs etwa 190 000 «Volljuden»; laut der Volkszählung vom Mai 1939 lebten auch 46 928 «Halbjuden» und 32 669 «Vierteljuden» in Deutschland. Vgl. Ino Arndt/Heinz Boberach, «Deutsches Reich», in: *Dimension des Völkermords: Die Zahl der jüdischen Opfer des Nationalsozialismus*, hrsg. von Wolfgang Benz, München 1991, S. 34. Im angeschlossenen Österreich gab es bei Kriegsbeginn 66 260 «Volljuden», die jüdischen Gemeinden angehörten, und 8359 «volljüdische» Nichtmitglieder. Vgl. Johnny Moser «Österreich», ebd., S. 69, Anm. 13.
171 Joseph Walk (Hrsg.), *Das Sonderrecht für die Juden im NS-Staat: Eine Sammlung der gesetzlichen Maßnahmen und Richtlinien, Inhalt und Bedeutung*, Heidelberg 1981, S. 303.
172 Ebd., S. 305.
173 Marion A. Kaplan, *Der Mut zum Überleben: Jüdische Frauen und ihre Familien in Nazideutschland*, Berlin 2001, S. 146.
174 Joseph Walk (Hrsg.), *Das Sonderrecht für die Juden im NS-Staat*, S. 304.
175 Otto Dov Kulka/Eberhard Jäckel (Hrsg.), *Die Juden in den geheimen NS-Stimmungsberichten 1933–1945*, Düsseldorf 2004, S. 408.
176 Ebd. Die Einkaufszeiten für Juden waren von Ort zu Ort verschieden, meist aber auf höchstens zwei Stunden beschränkt.
177 Kurt Pätzold (Hrsg.), *Verfolgung, Vertreibung, Vernichtung: Dokumente des faschistischen Antisemitismus 1933 bis 1942*, S. 235.
178 Joseph Walk (Hrsg.), *Das Sonderrecht für die Juden im NS-Staat*, S. 306.
179 Ebd., S. 308.
180 Ebd., S. 310.
181 Zu den Problemen, die sich aus der ursprünglichen Verordnung ergaben, siehe Paul Sauer (Hrsg.), *Dokumente über die Verfolgung der jüdischen Bürger in Baden-Württemberg durch das nationalsozialistische Regime 1933–1945*, Bd. 2, Stuttgart 1966, S. 179 ff.
182 Ebd., S. 181.
183 Ebd., S. 184.
184 Joseph Walk (Hrsg.), *Das Sonderrecht für die Juden im NS-Staat*, S. 309.
185 Ebd., S. 312.
186 Ebd., S. 314.
187 Kurt Pätzold (Hrsg.), *Verfolgung, Vertreibung, Vernichtung: Dokumente des faschistischen Antisemitismus 1933 bis 1942*, S. 250.
188 Joseph Walk (Hrsg.), *Das Sonderrecht für die Juden im NS-Staat*, S. 307.

Anmerkungen zum 1. Kapitel

189 Heinz Boberach (Hrsg.), *Meldungen aus dem Reich 1938–1945: Die geheimen Lageberichte des Sicherheitsdienstes der SS*, Bd. 4: Meldungen aus dem Reich Nr. 66 vom 15. März 1940 – Nr. 101 vom 1. Juli 1940, Herrsching 1984, S. 979.
190 Walk, Joseph (Hrsg.), *Das Sonderrecht für die Juden im NS-Staat: Eine Sammlung der gesetzlichen Maßnahmen und Richtlinien, Inhalt und Bedeutung*, Heidelberg 1981, S. 328.
191 Kirks Telegramm vom 28. 2. 1940 ist abgedruckt in John Mendelsohn/Donald S. Detwiler (Hrsg.), *The Holocaust: Selected Documents in Eighteen Volumes*, Bd. 2: *Legalizing the Holocaust. The Later Phase, 1939–1943*, New York 1982, S. 120 ff.
192 Einige dieser phantasmatischen Vorstellungen behandelt Patricia Szobar, «Telling Sexual Stories in the Nazi Courts of Law: Race Defilement in Germany 1933–1945», in: *Journal of the History of Sexuality* 11 (2002), S. 131–163.
193 Jochen Klepper, *Unter dem Schatten Deiner Flügel: Aus den Tagebüchern der Jahre 1932–1942*, hrsg. von Hildegard Klepper, Stuttgart 1956, S. 822.
194 Zitiert nach Bryan Mark Rigg, *Hitlers jüdische Soldaten*, Paderborn u. a. 2003, S. 151.
195 Helmut Heiber (Hrsg.), *Reichsführer! Briefe an und von Himmler*, München 1970, S. 75.
196 Ebd., S. 76.
197 *Akten der Parteikanzlei der NSDAP*, Teil II, Bd. 3, Abs. Nr. 33179.
198 Otto Dov Kulka/Eberhard Jäckel (Hrsg.), *Die Juden in den geheimen NS-Stimmungsberichten 1933–1945*, S. 412.
199 Ebd., S. 407 f.
200 Ebd., S. 411.
201 Heinz Boberach (Hrsg.), *Meldungen aus dem Reich 1938–1945*, Bd. 3, S. 541.
202 Otto Dov Kulka/Eberhard Jäckel (Hrsg.), *Die Juden in den geheimen NS-Stimmungsberichten 1933–1945*, S. 427.
203 Heinz Boberach (Hrsg.), *Meldungen aus dem Reich 1938–1945*, Bd. 4, S. 1317 ff.
204 John Connelly, «The Use of Volksgemeinschaft: Letters to the NSDAP Kreisleitung Eisenach 1939–1940», in: *The Journal of Modern History* 68 (1996), S. 924 f.
205 Victor Klemperer, *Ich will Zeugnis ablegen bis zum letzten: Tagebücher 1933–1945*, Bd. 1, Berlin 1995, S. 521.
206 Paul Sauer (Hrsg.), *Dokumente über die Verfolgung der jüdischen Bürger in Baden-Württemberg*, Bd. 2, S. 186.
207 Vgl. insbesondere das Tagebuch und weitere Dokumente bei Helmuth Groscurth, *Tagebücher eines Abwehroffiziers 1938–1940: Mit weiteren Dokumenten zur Militäropposition gegen Hitler*, hrsg. von Helmut Krausnick und Harold C. Deutsch, Stuttgart 1970.
208 Ulrich von Hassell, *Die Hassell-Tagebücher 1938–1944: Aufzeichnungen vom Andern Deutschland*, hrsg. von Friedrich Freiherr Hiller von Gaertringen, Berlin 1988, S. 167.
209 Ebd., S. 168.
210 Joachim Fest, *Staatsstreich: Der lange Weg zum 20. Juli*, Berlin ⁵2004, S. 152 f.
211 Vgl. dazu Hans Mommsen, «Der Widerstand gegen Hitler und die nationalsozialistische Judenverfolgung», in: ders., *Alternative zu Hitler: Studien zur Geschichte des deutschen Widerstandes*, München 2000, S. 388 ff.
212 Zum prozentualen Anteil der Kirchenmitglieder siehe John S. Conway, *Die nationalsozialistische Kirchenpolitik 1933–1945: Ihre Ziele, Widersprüche und Fehlschläge*, München 1968, S. 232. Zwei Drittel aller getauften Angehörigen der christlichen Kirchen in Deutschland waren evangelisch, ein Drittel katholisch. Diese Angaben stammen aus Doris L. Bergen, «Catholics, Protestants and Christian Antisemitism in Nazi Germany», in: David Cesarani (Hrsg.), *Holocaust: Critical Concepts in Historical Studies*, Bd. 2: *From the Persecution of the Jews to Mass Murder*, London/New York 2004, S. 342.

213 Zu den «Deutschen Christen» siehe insbesondere Doris L. Bergen, *Twisted Cross: The German Christian Movement in the Third Reich*, Chapel Hill (NC) 1996.
214 Zu diesen Positionen siehe auch insbesondere Kapitel V, S. 328 ff.
215 Vgl. dazu Eberhard Röhm/Jörg Thierfelder, *Juden, Christen, Deutsche 1933–1945*, Bd. 3/2, Stuttgart 1998, S. 27 f.
216 Ebd., S. 28.
217 Susannah Heschel, «Deutsche Theologen für Hitler: Walter Grundmann und das Eisenacher ‹Institut zur Erforschung und Beseitigung des jüdischen Einflusses auf das deutsche kirchliche Leben›», in: *«Beseitigung des jüdischen Einflusses ...»: Antisemitische Forschung, Eliten und Karrieren im Nationalsozialismus*, hrsg. vom Fritz Bauer Institut, Frankfurt a. M. 1999, S. 151.
218 Ebd., S. 153.
219 Zitiert nach Eberhard Röhm/Jörg Thierfelder, *Juden, Christen, Deutsche 1933–1945*, Bd. 3/2, S. 106.
220 Heinz Boberach (Hrsg.), *Berichte des SD und der Gestapo über Kirchen und Kirchenvolk in Deutschland 1934–1944*, Mainz 1971, S. 365.
221 Ebd., S. 376.
222 Ebd., S. 406.
223 Zu Beispielen für diesen traditionellen katholischen Antisemitismus während der 30er Jahre vgl. Saul Friedländer, *Das Dritte Reich und die Juden*, Bd. 1, S. 59 ff.
224 Zu den Details dieser Kontroverse vgl. Guenter Lewy, *Die katholische Kirche und das Dritte Reich*, München 1965, S. 278 f.
225 Saul Friedländer, *Das Dritte Reich und die Juden*, Bd. 1, S. 319 f.
226 Guenter Lewy, *Die katholische Kirche und das Dritte Reich*, S. 283. Der Paulus-Bund stand grundsätzlich allen jüdischen Konvertiten offen, die mit dem «neuen Deutschland» konform gingen (Lewy, ebd.); später fand der SD unter seinen Mitgliedern mindestens einen berüchtigten Informanten. Vgl. Wolfgang Benz, *Patriot und Paria: Das Leben des Erwin Goldmann zwischen Judentum und Nationalsozialismus: Eine Dokumentation*, Berlin 1997.
227 Zu den Beziehungen zwischen Bertram und Preysing vgl. Klaus Scholder, *Die Kirchen zwischen Republik und Gewaltherrschaft: Gesammelte Aufsätze*, Berlin 1988, S. 228 ff.
228 Zum Übergang von der «Reichsvertretung» zur «Reichsvereinigung» siehe Otto Dov Kulka, «The ‹Reichsvereinigung of the Jews in Germany› (1938/9–1943)», in: *Patterns of Jewish Leadership in Nazi Europe, 1933–1945: Proceedings of the Third Yad Vashem International Historical Conference, Jerusalem, April 4–7, 1977*, hrsg. von Cynthia J. Haft und Yisrael Gutman, Jerusalem 1979, S. 45 ff.
229 Saul Friedländer, *Das Dritte Reich und die Juden*, Bd. 1, S. 306.
230 Zum Verhältnis zwischen der Reichsvereinigung und der Berliner Gemeinde siehe u. a. Beate Meyer, «Gratwanderung zwischen Verantwortung und Verstrickung – Die Reichsvereinigung der Juden in Deutschland und die Jüdische Gemeinde zu Berlin 1938–1945», in: *Juden in Berlin, 1938–1945: Begleitband zur gleichnamigen Ausstellung in der Stiftung «Neue Synagoge Berlin – Centrum Judaicum», Mai bis August 2000*, hrsg. von Beate Meyer und Hermann Simon, Berlin 2000, S. 291–337.
231 Wolf Gruner, «Public Welfare and the German Jews under National Socialism», in: *Probing the Depths of German Antisemitism: German Society and the Persecution of the Jews, 1933–1941*, hrsg. von David Bankier, New York 2000, S. 78 ff.
232 Dazu Wolf Gruner, «Poverty and Persecution: The Reichsvereinigung, the Jewish Population, and Anti-Jewish Policy in the Nazi State, 1939–1945», in: *Yad Vashem Studies* 27 (1999), S. 23–60.
233 Salomon Adler-Rudel, *Jüdische Selbsthilfe unter dem Naziregime 1933–1939 im Spiegel der Berichte der Reichsvertretung der Juden in Deutschland*, Tübingen 1974, S. 31 ff..

Anmerkungen zum 2. Kapitel 1123

234 Yfaat Weiss, «The ‹Emigration Effort› or ‹Repatriation›», in: *Probing the Depths of German Antisemitism*, S. 367 f.; vgl. auch Arnold Paucker/Konrad Kwiet, «Jewish Leadership and Jewish Resistance», ebd., S. 379.
235 Ebd.
236 Victor Klemperer, *Ich will Zeugnis ablegen bis zum letzten*, Bd. 1, S. 503.
237 Vgl. insbesondere Raul Hilberg/Stanislaw Staron, «Introduction», in: Adam Czerniaków, *The Warsaw Diary*, hrsg. von Raul Hilberg, Stanislaw Starr und Joseph Kermish, New York 1979, S. 29 f.
238 Ebd., S. 27.
239 Adam Czerniaków, *Im Warschauer Ghetto*, S. 66.
240 Ebd., S. 73.
241 Apolinary Hartglas, «How Did Czerniakow Become Head of the Warsaw Judenrat?», in: *Yad Vashem Bulletin* 15 (1964), S. 4 ff. Vgl. Raul Hilberg, *Die Vernichtung der europäischen Juden*, Bd. 1, Frankfurt a. M. 1990, S. 228.
242 Philip Friedman, *Roads to Extinction: Essays on the Holocaust*, hrsg. von Ada June Friedman, New York 1980, S. 336.
243 Adam Czerniaków, *Im Warschauer Ghetto*, S. 108.
244 Emanuel Ringelblum, *Notes from the Warsaw Ghetto*, S. 47 f.
245 Zum Tagebuch von Szulman und dessen Bemerkungen zu Rumkowski vgl. Robert Moses Shapiro, «Diaries and Memoirs from the Lodz Ghetto in Yiddish and Hebrew», in: *Holocaust Chronicles: Individualizing the Holocaust through Diaries and Other Contemporaneous Personal Accounts*, hrsg. von Robert Moses Shapiro, Hoboken, NJ 1999, S. 95–115.
246 Yisrael Gutman, «Debate», in: *Patterns of Jewish Leadership in Nazi Europe, 1933–1945: Proceedings of the Third Yad Vashem International Historical Conference, Jerusalem, April 4–7, 1977*, hrsg. von Cynthia J. Haft und Yisrael Gutman, Jerusalem 1979.
247 Vgl. zu Kaplans Leben die Einleitung von Abraham Isaac Katsh, in: Chaim Aron Kaplan, *Buch der Agonie*, S. 13–16.
248 Die Angaben zu Ringelblums Leben stammen aus Jacob Sloans Einleitung zu dessen Aufzeichnungen (Emanuel Ringelblum, *Notes from the Warsaw Ghetto*, S. x–xxi) und aus einer neueren Untersuchung: Samuel David Kassow, «Vilna and Warsaw, Two Ghetto Diaries: Herman Kruk and Emanuel Ringelblum», in: *Holocaust Chronicles: Individualizing the Holocaust through Diaries and Other Contemporaneous Personal Accounts*, hrsg. von Robert Moses Shapiro, Hoboken, NJ 1999, S. 171 ff.

2. Kapitel

1 Otto Dov Kulka/Eberhard Jäckel (Hrsg.), *Die Juden in den geheimen NS-Stimmungsberichten 1933–1945*, Düsseldorf 2004, S. 439.
2 Paul Sauer (Hrsg.), *Dokumente über die Verfolgung der jüdischen Bürger in Baden-Württemberg durch das nationalsozialistische Regime 1933–1945*, Bd. 2, Stuttgart 1966, S. 240.
3 Ebd., S. 257.
4 Goldmanns Brief ist abgedruckt in Abraham J. Peck (Hrsg.), *Archives of the Holocaust*, Bd. 8, New York 1990, S. 76 ff.
5 Siehe jetzt Ian Kershaw, *Hitler: 1936–1945*, Stuttgart/München 2000, S. 400 ff.
6 Zu dieser «antimaterialistischen» Dimension siehe insbesondere Zeev Sternhell, *La Droite Révolutionnaire, 1885–1914: Les Origines françaises du fascisme*, Paris 1978, und ders., *Neither Right nor Left: Fascist Ideology in France*, Berkeley 1986. [= Z. S., *Ni droite ni gauche: L'idéologie fasciste en France*, Paris 1983].

7 John Lukacs, *Churchill und Hitler: Der Zweikampf: 10. Mai – 31. Juli 1940*, Stuttgart 1992, S. 272.
8 Ebd., S. 274 f.
9 Emmanuel Mounier, «A Letter from France», in: *The Commonweal*, 25. Oktober 1940, S. 10 f.
10 Dieses «Entgegenkommen» wurde für das besetzte Frankreich ausführlich beschrieben und analysiert von Philippe Burrin, *France under the Germans: Collaboration and Compromise*, New York 1996, vgl. besonders S. 175 ff.
11 Vgl. dazu Georges Passelecq/Bernard Suchecky, *Die unterschlagene Enzyklika: Der Vatikan und die Judenverfolgung*, München 1997.
12 Ich trug einen gewissen Anteil zu dieser Fehlinterpretation bei. Vgl. Saul Friedländer, *Pius XII. und das Dritte Reich: Eine Dokumentation*, Reinbek bei Hamburg 1965.
13 Unter den neuesten Veröffentlichungen zur anti-jüdischen Tradition der Kirche und des modernen Papsttums vgl. hauptsächlich James Carroll, *Constantine's Sword: The Church and the Jews: A History*, Boston 2001, und David I. Kertzer, *Die Päpste gegen die Juden: Der Vatikan und die Entstehung des modernen Antisemitismus*, Berlin/München 2001.
14 Zu Pacellis Persönlichkeit siehe insbesondere John Cornwell, *Pius XII.: Der Papst, der geschwiegen hat*, München ²2000.
15 Zu den beiden im Jahre 2003 freigegebenen Dokumenten siehe Laurie Goodstein, «New Look at Pius XII's Views of Nazis», in: *The New York Times*, 31. 8. 2003, S. 25. Vgl. zu den Vorkriegsjahren Thomas Brechenmacher, «Teufelspakt, Selbsterhaltung, universale Mission? Leitlinien und Spielräume der Diplomatie des Heiligen Stuhls gegenüber dem nationalsozialistischen Deutschland (1933–1939) im Lichte neu zugänglicher vatikanischer Akten», in: *Historische Zeitschrift* 280 (2005), S. 591–645.
16 Vgl. Peter C. Kent, «A Tale of Two Popes: Pius XI, Pius XII and the Rome – Berlin Axis», in: *Journal of Contemporary History* 23 (1988), S. 604.
17 Zu dieser Entscheidung und ihrem Kontext vgl. Eugen Weber, *Action Française: Royalism and Reaction in Twentieth-Century France*, Stanford 1962, S. 251 f.
18 Saul Friedländer, *Pius XII. und das Dritte Reich*, S. 10 ff.
19 Zur Entscheidung Pius XII., sich die deutschen Angelegenheiten selbst vorzubehalten, und zur Rolle Orsenigos vgl. Michael Phayer, *The Catholic Church and the Holocaust, 1930–1965*, Bloomington 2000, S. 44 f.
20 Vgl. zur Enzyklika Heinz Boberach (Hrsg.), *Berichte des SD und der Gestapo über Kirchen und Kirchenvolk in Deutschland 1934–1944*, Mainz 1971, S. 382 Anm. 1; zu den polnischen Forderungen siehe zuletzt Giovanni Miccoli, *Les Dilemmes et les Silences de Pie XII: Vatican, Seconde Guerre Mondiale et Shoa*, Brüssel 2005, S. 52 ff.
21 Burkhart Schneider/Pierre Blet/Angelo Martini (Hrsg.), *Die Briefe Pius' XII. an die deutschen Bischöfe 1939–1944*, Mainz 1966, S. 104 ff.
22 Zum vollständigen Kontext dieses Briefes siehe Eberhard Jäckel, «Zur Politik des Heiligen Stuhls im Zweiten Weltkrieg», in: *Geschichte in Wissenschaft und Unterricht* 15 (1964), S. 33–46.
23 Innerhalb von Himmlers Machtbereich bildete das am 27. 9. 1939 geschaffene Reichssicherheitshauptamt (RSHA), das unter Heydrichs Leitung stand, einen institutionellen Rahmen für die Sicherheits- und Polizeibehörden (Sicherheitsdienst, Gestapo und Kriminalpolizei), die bereits seit 1936 koordiniert waren. Heydrichs (später Kaltenbrunners) Hauptamt wurde zu einem der Zentren für die Planung und Durchführung der antijüdischen Maßnahmen des Regimes innerhalb des von Hitler vorgegebenen politischen Rahmens. Das RSHA arbeitete oft neue Initiativen aus und legte sie Himmler und schließlich Hitler zur Zustimmung vor, wenn auch – wie wir noch sehen werden – viele Vorschläge wegen politischer oder militärischer Hindernisse abgelehnt oder zur Abänderung zurück-

Anmerkungen zum 2. Kapitel 1125

geschickt wurden. Die Befehlshaber der Sicherheitspolizei (BdS) operierten als Vertreter des RSHA in allen besetzten Ländern oder Gebieten des Kontinents, und ihr Verhältnis zur Wehrmacht oder zu anderen NS-Behörden war wegen ihrer unabhängigen Initiativen und häufigen Mißachtung der normalen Befehlskette zeitweise gespannt.

Die grundsätzliche Struktur des RSHA war 1940 etabliert. Zwei Stellen waren für jüdische Angelegenheiten besonders wichtig: Amt IV und V. Amt IV – Gegnerforschung und -bekämpfung – war die Gestapo unter dem Kommando Heinrich Müllers. Referat IVB4, das «Judenreferat», wurde unter der Leitung von Eichmann zum Mittelpunkt der administrativen und logistischen Organisation der antijüdischen Maßnahmen, die von den höheren Befehlsebenen beschlossen worden waren. Eichmann hatte direkten Zugang zu Heydrich und oft auch zu Himmler. Amt V, die Leitung der Kriminalpolizei, übernahm alle Maßnahmen gegen «Asoziale», Homosexuelle und Sinti und Roma, außerdem entwickelte es Methoden, vor allem Gasanlagen, zur Ermordung der Geisteskranken, die später zur Judenvernichtung übernommen wurden; es arbeitete eng mit der Zentrale von T4 zusammen. Eine umfassende Untersuchung des RSHA bietet Michael Wildt, *Generation des Unbedingten: Das Führungskorps des Reichssicherheitshauptamts*, Hamburg 2002. Kurt Dalueges Ordnungspolizei, die ebenfalls Himmler als «Chef der Deutschen Polizei» verstand, wurde bald zu einer unentbehrlichen Hilfe der Sicherheitspolizei, besonders im Osten. Die meisten Kommandanten der Einsatzgruppen kamen von der Sicherheitspolizei.

Trotz seiner zentralen Rolle war das RSHA nur eine der Behörden innerhalb der SS, die wichtige Funktionen im Terrorsystem erfüllten. Die Höheren SS- und Polizeiführer (HSSPF) waren Himmlers persönliche Vertreter im Osten wie im Westen. Sie trugen in ihrem Land oder Gebiet die oberste Verantwortung für Operationen gegen die Juden und den Kampf gegen «Partisanen» oder Widerstandsbewegungen. Bei jeder Grundsatzdiskussion mit lokalen Autoritäten, Wehrmacht oder Parteivertretern in den besetzten Ländern vertraten sie die Ziele und Interessen der SS. Die HSSPF befehligten ein Netz von SS- und Polizeiführern (SSPF) in den Distrikten und leiteten die Ordnungspolizei in ihrem jeweiligen Gebiet. Eine umfassende Untersuchung der HSSPF bietet Ruth Bettina Birn, *Die höheren SS- und Polizeiführer: Himmlers Vertreter im Reich und in den besetzten Gebieten*, Düsseldorf 1986.

Seit den Anfängen des Regimes waren die Konzentrationslager eines der wichtigsten Terrorinstrumente der SS. Dachau wurde als erstes Lager gleich zu Beginn im März 1933 eingerichtet. Die Lager wurden zu einem einheitlichen System, das ab 1934 unter dem Kommando der «Inspektion der Konzentrationslager» stand. (Auf den ersten Inspekteur, SS-General Theodor Eicke, folgte 1939 Richard Glücks.) Von sieben Lagern in den dreißiger Jahren wuchs die Zahl auf dem Höhepunkt des Krieges auf Hunderte von Haupt- und Nebenlagern im ganzen besetzten Europa an; manche von ihnen waren fast ebenso mörderisch wie die Vernichtungslager, die seit Ende 1941 errichtet wurden. Anfang 1942 wurde die Inspektion der Konzentrationslager in Oswald Pohls Wirtschaftsverwaltungs-Hauptamt (WVHA) eingegliedert, das den gesamten wirtschaftlichen Bereich der SS organisierte. Zum WVHA vgl. jetzt Erik Schulte, *Zwangsarbeit und Vernichtung: Das Wirtschaftsimperium Oswald Pohls und das SS-Wirtschafts- und Verwaltungshauptamt*, Paderborn 2001; Michael Thad Allen, *The Business of Genocide: SS, Slave Labor and the Concentration Camps*, Chapel Hill 2002.

Neue SS-Organisationen wie Himmlers Reichskommissariat für die Festigung des deutschen Volkstums (RKFDV) spielten nach Kriegsbeginn eine wichtige Rolle. Das RKFDV leitete die Völkerverschiebung in Osteuropa: Sammlungen, Vertreibungen, Deportationen. Himmlers Stabschef beim RKFDV war SS-Obergruppenführer Ulrich Greifelt, und der laufende Kontakt zu den Volksdeutschen, ihr Transport und ihre Neuansiedlung (oder ihr immer längeres Warten in Durchgangslagern) lagen in den Händen der Volksdeutschen Mittelstelle (VOMI), deren Leiter, SS-Gruppenführer Werner Lorenz, sich schon lange mit NS-Propaganda und Hetzaktionen unter den Volksdeutschen im Ausland befaßte. Trotz bedeutender neuerer Ergebnisse der Historiographie zur SS ist die zweibändige Studie von Hans Buchheim u. a., *Anatomie des SS-Staates*, Olten 1965, immer noch die beste Überblicksdarstellung.

24 Eine Schätzung der jüdischen Bevölkerungszahlen im Jahr 1940 geben die Studien in Wolfgang Benz (Hrsg.), *Dimension des Völkermords: Die Zahl der jüdischen Opfer des Nationalsozialismus*, München 1991.

25 Mihail Sebastian, «*Voller Entsetzen, aber nicht verzweifelt*»: *Tagebücher 1935–44*, hrsg. von Edward Kanterian, Berlin 2005, S. 408.

26 Zu Leben und Werk von Mihail Sebastian siehe vor allem Radu Ioanid, «Introduction», in: Mihail Sebastian, *Journal, 1935–1944*, hrsg. von Radu Ioanid, Chicago 2000, S. vii ff.

27 Siehe Adam Czerniaków, *Im Warschauer Ghetto: Das Tagebuch des Adam Czerniaków 1939–1942*, München 1986, S. 81.

28 Chaim Aron Kaplan, *Buch der Agonie: Das Warschauer Tagebuch des Chaim A. Kaplan*, hrsg. von Abraham Isaac Katsh, Frankfurt am Main 1967, S. 192.

29 Ebd., S. 193.

30 Ebd., S. 193 f.

31 Ebd., S. 197.

32 Victor Klemperer, *Ich will Zeugnis ablegen bis zum letzten: Tagebücher 1933–1945*, Bd. 1, Berlin 1995, S. 538.

33 Ebd., S. 542.

34 Ebd.

35 Jochen Klepper, *Unter dem Schatten Deiner Flügel: Aus den Tagebüchern der Jahre 1932–1942*, hrsg. von Hildegard Klepper, Stuttgart 1956, S. 902.

36 Adolf Hitler, *Reden und Proklamationen, 1932–1945*, kommentiert von einem deutschen Zeitgenossen, hrsg. von Max Domarus, Bd. 3: 1939–1940, Leonberg ^{4}1987/1988, S. 1541.

37 Ebd., S. 1580.

38 Ebd., S. 1628.

39 *Documents on German Foreign Policy*, Serie D, 1937–1945, Bd. IX, Washington D. C. 1956, S. 146.

40 *Akten zur deutschen auswärtigen Politik*, Serie D, 1937–1941, Bd. X, Göttingen 1963, S. 259.

41 Tatjana Tönsmeyer, *Das Dritte Reich und die Slowakei 1939–1945: Politischer Alltag zwischen Kooperation und Eigensinn*, Paderborn 2003, S. 63, 137 ff.

42 Andreas Hillgruber (Hrsg.), *Staatsmänner und Diplomaten bei Hitler: Vertrauliche Aufzeichnungen über Unterredungen mit Vertretern des Auslandes*, Bd. 1, Frankfurt a. M. 1967, S. 187 ff.

43 Joseph Goebbels, *Die Tagebücher von Joseph Goebbels: Sämtliche Fragmente*, Teil I, Bd. 8, hrsg. von Elke Fröhlich, München 1987, S. 103.

44 Helmut Krausnick, «Dokumentation: Denkschrift Himmlers über die Behandlung der Fremdvölkischen im Osten (Mai 1940)», in: *Vierteljahrshefte für Zeitgeschichte* 5 (1957), S. 194–198.

45 Ian Kershaw, *Hitler: 1936–1945*, Stuttgart 2000, S. 434.

46 Zum Austausch der Standpunkte in dieser Streitfrage zwischen Ribbentrop und Bonnet am 7. Dezember 1938 vgl. Saul Friedländer, *Das Dritte Reich und die Juden*, Bd. 1: *Die Jahre der Verfolgung 1933–1939*, München ^{3}2007, S. 301.

Anmerkungen zum 2. Kapitel 1127

47 Galeazzo Ciano, *Tagebücher 1939-1943*, Bern 1946, S. 249.
48 *Documents on German Foreign Policy*, Serie D, 1937-1945, Bd. XI, Washington D. C. 1960, S. 635.
49 Hans Safrian, *Die Eichmann-Männer*, Wien 1992, S. 94.
50 Peter Longerich (Hrsg.), *Die Ermordung der europäischen Juden: Eine umfassende Dokumentation des Holocaust 1941-1945*, München, Zürich 1989, S. 59.
51 *Documents on German Foreign Policy*, Serie D, 1937-1945, Bd. X, Washington D.C. 1957, S. 95.
52 Adam Czerniaków, *Im Warschauer Ghetto*, S. 88.
53 Hans Frank, *Das Diensttagebuch des deutschen Generalgouverneurs in Polen 1939-1945*, hrsg. von Werner Präg und Wolfgang Jacobmeyer, Stuttgart 1975, S. 252.
54 Ebd., S. 258.
55 Christopher R. Browning, *The Path to Genocide: Essays on Launching the Final Solution*, Cambridge 1992, S. 33.
56 Hans Safrian, *Die Eichmann-Männer*, S. 94.
57 Greiser eröffnete die Diskussion mit einer Erwähnung des neuen Plans (Madagaskar), den er begrüßte, aber soweit sein Gau betroffen sei, müsse das Judenproblem vor dem Winter gelöst sein: «Das hänge natürlich von der Dauer des Krieges ab. Sollte der Krieg noch länger dauern, dann werde man eine Zwischenlösung finden müssen» (Frank, *Diensttagebuch*, S. 261). Dann wurde Greiser konkreter. Man habe vorgesehen, die 250 000 Juden aus dem Ghetto von Litzmannstadt ins Generalgouvernement zu transportieren. Diese Juden könnten wegen des Nahrungsmangels und der Seuchengefahr nicht den Winter über in Litzmannstadt bleiben. Frank blieb hart: Er bemerkte, daß ihm der Reichsführer SS Himmler in Berlin «amtlich» mitgeteilt habe, «daß er auf Befehl des Führers keinerlei Judenverschickung vornehmen werde» (ebd.). HSSPF Krüger, Himmlers Hauptabgesandter im Generalgouvernement, bezog sich auf den Madagaskar-Plan und betonte, die Situation in Litzmannstadt solle Priorität bei allen Deportationen von Juden nach Übersee bekommen ... HSSPF Koppe, Krügers Kollege im Warthegau, brachte die Diskussion wieder auf die unmittelbare Situation. Die Einrichtung des Litzmannstädter Ghettos sei nur unter der Annahme beschlossen worden, daß die «Abschiebung» der Juden ins Generalgouvernement «spätestens Mitte dieses Jahres» beginnen werde. (ebd., S. 262). Frank gab nicht nach, und als Greiser erklärte, er ziehe aus der Diskussion den Schluß, das Generalgouvernement könne die 250 000 Juden von Litzmannstadt nicht aufnehmen, auch nicht vorübergehend, sagte Frank, Greiser habe die Situation richtig erfaßt (ebd., S. 263). Die Delegation aus dem Warthegau konnte sich nicht durchsetzen, nicht einmal mit einer düsteren Beschreibung der Seuchen, welche die deutschen Bürger bedrohten, die nach Litzmannstadt gezogen waren, darunter Angehörige der Gauverwaltung. Im Moment könne er nichts tun, wiederholte Frank (ebd., S. 264).
58 Ein seltsamer Epilog zum Madagaskar-Plan tauchte in einer internen Parteikorrespondenz vom 30. 10. 1940 auf. Martin Bormann teilte Rosenberg mit, Hitler halte die Veröffentlichung von Rosenbergs Artikel «Juden in Madagaskar» im Augenblick nicht für ratsam, aber dies könne sich in wenigen Monaten ändern. Vgl. *Akten der Parteikanzlei der NSDAP, Regesten*, Teil I, Bd. 2, München 1983, Abs. Nr. 24983.
59 Sybil Milton/Frederick D. Bogin (Hrsg.), *Archives of the Holocaust*, Bd. 10/2, New York 1995, S. 649 ff.
60 Joseph Walk (Hrsg.), *Das Sonderrecht für die Juden im NS-Staat*, S. 320. Das Verbot der Deportation von Juden ins Generalgouvernement wurde ein paar Tage später widerrufen. John Mendelsohn/Donald S. Detwiler (Hrsg.), *The Holocaust: Selected Documents in Eighteen Volumes*, Bd. 6, New York 1982, S. 234 ff. Im Mai desselben

Jahres informierte der US-Geschäftsführer in Berlin, Alexander Kirk, seine Regierung, nach Angaben eines hochrangigen deutschen Beamten sei «es immer noch Deutschlands Absicht, die Emigration deutscher, österreichischer und tschechischer Juden aus dem Altreich, Österreich und dem Protektorat zu fördern ...». Polnischen Juden würde nur dann die Ausreise gestattet, wenn sie nicht die Ausreisemöglichkeiten von Juden aus Deutschland oder dem Protektorat schmälerten; die gemischten Gebiete würden Vorrang vor dem Generalgouvernement erhalten.

61 Heydrichs Memorandum wird wörtlich in einem Rundschreiben zitiert, das Hans Franks Büro am 23. 11. 1940 an die Distriktgouverneure im Generalgouvernement schickte. Tatjana Berenstein (Hrsg.), *Faschismus, Ghetto, Massenmord: Dokumentation über Ausrottung und Widerstand der Juden in Polen während des zweiten Weltkriegs*, hrsg. vom Jüdischen Historischen Institut Warschau, Berlin (Ost), S. 59.

62 Zur französischen Annahme der deutschen Forderungen in diesem Punkt und ihren Folgen siehe Regina M. Delacor, «‹Auslieferung auf Verlangen›? Der deutsch-französische Waffenstillstandsvertrag 1940 und das Schicksal der sozialdemokratischen Exilpolitiker Rudolf Breitscheid und Rudolf Hilferding», in: *Vierteljahrshefte für Zeitgeschichte* 47 (1999), S. 217–241.

63 Über die Aktivitäten des ERC und die Rolle von Varian Fry siehe Varian Fry, *Auslieferung auf Verlangen: Die Rettung deutscher Emigranten in Marseille 1940/41*, hrsg. von Wolfgang D. Elfe, München 1986; Anne Klein, «Conscience, Conflict and Politics: The Rescue of Political Refugees from Southern France to the United States, 1940–1942», in: *Yearbook of the Leo Baeck Institute* 43 (1998), S. 287–311. Vgl. auch Henry Friedlander/Sybil Milton (Hrsg.), *Archives of the Holocaust*, Bd. 5: *The Varian Fry Papers*, New York 1990, S. 1 ff.

64 Vgl. zu Zweigs Brief auch Henry Friedlander/Sybil Milton (Hrsg.), *Archives of the Holocaust*, Bd. 14, New York 1993, S. 111. Eine der seltsamsten Rettungsaktionen war die des Lubawitscher Rabbiners Joseph Schneersohn und seiner zahlreichen Familie aus Warschau über Berlin, Riga und Stockholm in die USA. An verschiedenen Punkten waren daran der Außenminister Cordell Hull, einer der führenden Beamten der Vierjahresplan-Verwaltung des Reichs, Helmut Wohltat, der Abwehr-Chef Admiral Canaris sowie halbjüdische Abwehroffiziere und viele andere Akteure auf beiden Seiten des Atlantik beteiligt. Man könnte hinzufügen, daß der Rabbiner selbst, um das Maß vollzumachen, noch für einige zusätzliche Komplikationen sorgte: Er bestand darauf, auch seine Bibliothek von 40 000 Bänden zu retten ... Vgl. zu dieser Operation Bryan Mark Rigg, *Rescued from the Reich: How One of Hitler's Soldiers Saved the Lubavitcher Rebbe*, New Haven 2004.

65 Richard Breitman/Alan M. Kraut, *American Refugee Policy and European Jewry, 1933–1945*, Bloomington 1987, S. 112.

66 Ebd., S. 126 ff. Die öffentliche Meinung hierzu und die Haltung der Presse behandelt Deborah E. Lipstadt, *Beyond Belief: The American Press and the Coming of the Holocaust, 1933–1945*, New York 1986, S. 125 ff.

67 Anne Klein,«Conscience, Conflict and Politics», in: *Year Book of the Leo Baeck Institute* 43 (1998), S. 292.

68 Zu Grund siehe insbesondere Henry L. Feingold, *The Politics of Rescue: The Roosevelt Administration and the Holocaust, 1938–1945*, New Brunswick, NJ 1970, S. 131 ff., und ders., *Bearing Witness: How America and its Jews Responded to the Holocaust*, Syracuse 1995, S. 86 ff.

69 Richard Breitman/Alan M. Kraut, *American Refugee Policy and European Jewry, 1933–1945*, S. 135.

70 Tatsächlich waren einige jüdische Flüchtlinge ein großer Gewinn für die Sicherheit der Vereinigten Staaten. Albert Einstein war gewiß der berühmteste jüdische

Emigrant, der Deutschland nach Hitlers Regierungsantritt verließ. Als die Nationalsozialisten an die Macht kamen, war Einstein nach einem USA-Besuch auf dem Rückweg nach Deutschland. Er unterbrach die Reise in Belgien und kehrte nach einigem Zögern auf Einladung des Institute for Advanced Studies in Princeton in die Vereinigten Staaten zurück. Bis dahin war Einstein überzeugter Pazifist gewesen, doch verstand er bald, daß eine solche Position angesichts des Nationalsozialismus unhaltbar war. Für ihn wie für andere emigrierte jüdische Physiker wurde die Nazi-Gefahr nach der Besetzung der Tschechoslowakei übermächtig. Die Deutschen kontrollierten damit die reichsten Uranminen Europas; außerdem arbeiteten Otto Hahn und Fritz Strassmann, die das Prinzip der Kernspaltung entdeckt hatten, weiterhin in Deutschland. Hitlers Reich konnte eines Tages Atomwaffen bauen.

Im August 1939 richteten Leo Szilard, Edward Teller und Eugene Wigner, alle drei gerade eingetroffene jüdische Emigranten, die Bitte an Einstein, sich an den Präsidenten zu wenden, um seine Aufmerksamkeit auf diese drohende Gefahr zu lenken. Einstein entwarf einen kurzen Brief (auf deutsch) an den Präsidenten, Teller schrieb die englische Endfassung, und Einstein unterzeichnete sie. Nachdem er die Hauptaspekte der Kernspaltung des Urans und ihre militärische Bedeutung beschrieben und eine Reihe von Maßnahmen vorgeschlagen hatte, um dieser Herausforderung zu begegnen, schloß der Brief in düsterem Ton. «Ich habe erfahren», schrieb Einstein, «daß Deutschland den Verkauf von Uran aus tschechoslowakischen Minen gestoppt hat, die es übernommen hat. Dieses rasche Handeln erklärt sich vielleicht daraus, daß der Sohn des Staatssekretärs im Außenministerium von Weizsäcker am Kaiser-Wilhelm-Institut in Berlin arbeitet, wo einige der amerikanischen Experimente mit Uran jetzt wiederholt werden.» Einsteins Brief wurde Roosevelt am 11.10.1939 übergeben; der Präsident antwortete am 19. und setzte einen Beratungsausschuß ein, «um die Möglichkeiten Ihrer Vorschläge in Hinsicht auf das Element Uran umfassend zu prüfen».

Da das bürokratische Verfahren sich hinzog, wandte Szilard sich erneut an Einstein, und im März 1940 ging ein weiterer Brief an Roosevelt. Diesmal wurden entschiedenere Schritte ergriffen: die Planung und Entwicklung amerikanischer Atomwaffen begann. Vgl. Bernard T. Feld, «Einstein and the Politics of Nuclear Weapons», in: Gerald Holton/Yehuda Elkana (Hrsg.), *Albert Einstein: Historical and Cultural Perspectives*, Princeton 1982, S. 372 ff. In Großbritannien halfen andere jüdische Emigranten wie Rudolph Pierls und Maurice Halban ihren englischen Kollegen, einen ähnlichen Weg zu beschreiten. Bald wurden die amerikanischen und britischen Programme koordiniert. Während der ersten Sitzungen des neuen, vergrößerten Beratungsausschusses erschien Hitlers Sieg in Europa plausibel und ein amerikanisches Eingreifen in den Krieg unwahrscheinlich. Hätte Hitler allein über Atomwaffen verfügt, wäre die Weltherrschaft der Nazis eine alptraumhafte Möglichkeit geworden. Über Deutschlands Fortschritte auf dem Gebiet der Atomphysik und die Pläne zum Bau von Atomwaffen, vor allem zwischen 1939 und 1943, vgl. aus der gewaltigen Forschungsliteratur Kristie Macrakis, *Surviving the Swastika: Scientific Research in Nazi Germany*, New York 1993, S. 164 ff.

71 Zitiert nach Gulie Ne'eman Arad, *America, its Jews, and the Rise of Nazism*, Bloomington 2000, S. 211 f.

72 Die erfolglosen Versuche einer jüdischen Familie aus Deutschland, die USA, dann Chile und Brasilien und dann wieder die USA zu erreichen, schildert David Clay Large, *Einwanderung abgelehnt: Wie eine deutsche Familie versuchte, den Nazis zu entkommen*, München 2004.

73 Vgl. dazu Susan Zuccotti, *Under His Very Windows: The Vatican and the Holocaust in Italy*, New Haven 2000, S. 72 ff.

74 Unter den westlichen Ländern stand Kanada jeder jüdischen Einwanderung am

feindlichsten gegenüber (ungeachtet der positiven Haltung seines Premierministers Mackenzie King), und zwar wegen der (ultrakatholischen) fremdenfeindlichen und antisemitischen Einstellung von Behörden und Bevölkerung der Provinz Quebec. Siehe hierzu Irving M. Abella/Harold Martin Troper, *None is Too Many: Canada and the Jews of Europe*, Toronto 1982.
75 Henry Friedlander/Sybil Milton (Hrsg.), *Archives of the Holocaust*, Bd. 10/1, New York 1995, S. 391 ff. Schließlich erreichten 1940 und 1941 2178 polnische Juden Japan, darunter viele Rabbiner aus ultraorthodoxen Schulen. Die Mehrheit mußte nach Shanghai gehen und dort bis Kriegsende bleiben. Vgl. Efraim Zuroff, «Rescue Via the Far East: The Attempt to Save Polish Rabbis and Yeshivah Students, 1939–1941», in: *Simon Wiesenthal Center Annual* 1 (1988), S. 171 f.
76 Yehuda Bauer, *Freikauf von Juden? Verhandlungen zwischen dem nationalsozialistischen Deutschland und jüdischen Repräsentanten von 1933 bis 1945*, Frankfurt a. M. 1996, S. 84.
77 Ebd.
78 Ebd.
79 Eine detaillierte Studie bietet Dalia Ofer, *Escaping the Holocaust: Illegal Immigration to the Land of Israel, 1939–1944*, New York 1990. Zu den hier beschriebenen Ereignissen siehe insbesondere S. 42 ff.
80 Ebd., S. 49 ff.
81 Zitiert nach Bernard Wasserstein, *Britain and the Jews of Europe, 1939–1945*, London u. a. 1979, S. 50.
82 Ebd., S. 50 f.
83 Ebd., S. 63.
84 Ebd., S. 64 ff.
85 Alfred Fabre-Luce, *Journal de la France, 1939–1944*, Genf 1946, S. 246.
86 Haim Avni, *Spain, the Jews and Franco*, Philadelphia 1982, S. 73 ff. Die spanische Politik war offenbar zurückhaltender gegenüber Juden mit spanischen Pässen, die in von den Deutschen besetzten Ländern lebten; siehe zu dieser Frage vor allem Bernd Rother, «Franco und die deutsche Judenverfolgung», in: *Vierteljahrshefte für Zeitgeschichte* 46 (1998), S. 189–220. Allgemeiner ausgedrückt, rettete jedoch Franco durch seine Weigerung, Hitlers militärischen Plänen zu folgen, Gibraltar und half den britischen Operationen in Nordafrika und im Mittelmeer. Am 4. 10. 1940 erzählte Hitler Mussolini voller Wut, er sei im Gespräch mit Franco «fast hingestellt worden, als sei er [Hitler] ein kleiner Jude, der um die heiligsten Güter der Menschheit schachere». *Documents on German Foreign Policy*, Serie D, 1937–1945, Bd. XI, Washington D. C. 1960, S. 251.
87 Vgl. dazu Avraham Milgram, «Portugal, the Consuls and the Jewish Refugees: 1938–1941», in: *Yad Vashem Studies* 37 (1999), S. 123–155.
88 Siehe insbesondere Rui Alfonso, «Le ‹Wallenberg Portugais›: Aristides de Sousa Mendes», in: *Revue d'Histoire de la Shoah. Le monde juif* 165 (1999), S. 7–28.
89 Zu einer Zusammenfassung der Schweizer Politik gegenüber den jüdischen Flüchtlingen im Herbst 1938 siehe Unabhängige Expertenkommission Schweiz Zweiter Weltkrieg, *Die Schweiz, der Nationalsozialismus und der Zweite Weltkrieg: Schlußbericht*, Zürich 2002, S. 108–109. Zu der wasserfesten Tinte, die für den roten J-Stempel benutzt wurde, siehe Saul Friedländer, *Das Dritte Reich und die Juden*, Bd. 1, *Die Jahre der Verfolgung, 1933–1939*, S. 286 f.
90 Siehe insbesondere Paul A. Levine, *From Indifference to Activism: Swedish Diplomacy and the Holocaust, 1938–1944*, Uppsala 1996.
91 Jochen Klepper, *Unter dem Schatten Deiner Flügel*, S. 845.
92 Ebd., S. 843.
93 Ebd., S. 860.
94 Ebd., S. 866.

Anmerkungen zum 2. Kapitel 1131

95 Ebd., S. 874.
96 Ebd., S. 884.
97 Wolfgang Gerlach, *Als die Zeugen schwiegen: Bekennende Kirche und die Juden*, Berlin 1987, S. 26, 270.
98 Dieses Dokument wurde von Joseph Henke im Bundesarchiv in Koblenz gefunden. Die Initialen am Ende wurden als die Adolf Eichmanns identifiziert. Das Dokument wurde auf französisch (mit einer Fotokopie des deutschen Originals) veröffentlicht in Lucien Steinberg, *Un document essentiel qui situe les débuts de la ‹solution finale de la question juive›*, Paris 1992. Vgl. auch Götz Aly, *Endlösung: Völkerverschiebung und der Mord an den europäischen Juden*, Frankfurt a. M. 1995, S. 195–201, hier: S. 198.
99 Memorandum of Department Germany of the Foreign Ministry, 31. 10. 1940, in: *Documents on German Foreign Policy*, Serie D, 1937–1945, Bd. XI, Washington D. C. 1960, S. 444.
100 «Anweisungen für die Beamten, die bei der Deportation der pfälzischen Juden eingesetzt wurden», abgedruckt in Paul Sauer (Hrsg.), *Dokumente über die Verfolgung der jüdischen Bürger in Baden Württemberg durch das nationalsozialistische Regime 1933–1945*, Bd. 2, Stuttgart 1966, S. 236 f.
101 Ebd., S. 231.
102 Leni Yahil, *Die Shoah: Überlebenskampf und Vernichtung der europäischen Juden*, München 1998, S. 256.
103 Anne Grynberg, *Les camps de la honte: Les internés juifs des camps français, 1939–1944*, Paris 1991, S. 142. Zehntausende von Nichtjuden, die als französische Nationalisten galten, wurden ebenfalls im Sommer und Herbst 1940 aus Elsaß-Lothringen ausgewiesen. Siehe Jean-Pierre Azéma, *De Munich à la Libération*, Paris 1979, S. 116.
104 Vgl. Harold James, *Die Deutsche Bank und die «Arisierung»*, München 2001, S. 199.
105 Eberhard Röhm/Jörg Thierfelder, *Juden, Christen, Deutsche 1933–1945*, Bd. 3/2, Stuttgart 1995, S. 193. Am selben Tag bat Gröber Prälat Kreutz, mit Bischof Wienken beim Nuntius zu intervenieren. Zu den Argumenten in seinem Brief an Orsenigo fügte Gröber noch hinzu, daß die zu deportierenden Personen, für die er eintrat, katholische Menschen seien, «die oft unter großen Opfern ihren Zusammenhang mit ihren Rassegenossen aufgelöst haben». Ludwig Volk (Hrsg.), *Akten deutscher Bischöfe über die Lage der Kirche, 1933–1945*, Bd. 5: *1940–1942*, Mainz 1983, S. 227.
106 Jeremy Noakes, «The Development of Nazi Policy Towards the German-Jewish ‹Mischlinge› 1933–1945», in: *Holocaust: Critical Concepts in Historical Studies*, Bd. 1, hrsg. von David Cesarani, London/New York 2004, S. 280. Vgl. auch Beate Meyer, *«Jüdische Mischlinge»: Rassenpolitik und Verfolgungserfahrung 1933–1945*, Hamburg 1999.
107 Joseph Walk (Hrsg.), *Das Sonderrecht für die Juden im NS-Staat*, S. 325.
108 Akten der Parteikanzlei der NSDAP, Teil I, Bd. 2, Abs. Nr. 24935.
109 Joseph Walk (Hrsg.), *Das Sonderrecht für die Juden im NS-Staat*, S. 327.
110 William L. Shirer, *Berliner Tagebuch: Aufzeichnungen eines Auslandskorrespondenten 1934–1941*, Leipzig 1995, S. 297.
111 Joseph Walk (Hrsg.), *Das Sonderrecht für die Juden im NS-Staat*, S. 330.
112 Marion A. Kaplan, *Der Mut zum Überleben: Jüdische Frauen und ihre Familien in Nazideutschland*, Berlin 2001, S. 220.
113 Joseph Walk (Hrsg.), *Das Sonderrecht für die Juden im NS-Staat*, S. 332.
114 Ebd.
115 Kurt Pätzold (Hrsg.), *Verfolgung, Vertreibung, Vernichtung: Dokumente des faschistischen Antisemitismus 1933 bis 1942*, Frankfurt a. M. 1984, S. 266; Joseph Walk (Hrsg.), *Das Sonderrecht für die Juden im NS-Staat*, S. 324.

116 Victor Klemperer, *Ich will Zeugnis ablegen bis zum letzten*, Bd. 1, S. 536 f.
117 Zitiert und zusammengefaßt in Moshe Ayalon, «Jewish Life in Breslau, 1938–1941», in: *Leo Baeck Institute Yearbook* 41 (1996), S. 327 f. Eine beträchtlich gekürzte Fassung von Cohns Tagebuch für das Jahr 1941 bietet Joseph Walk (Hrsg.), *Als Jude in Breslau 1941: Aus den Tagebüchern von Studienrat a. D. Dr. Willy Israel Cohn*, Gerlingen 1984.
118 Hertha Feiner, *Vor der Deportation: Briefe an die Töchter, Januar 1939 – Dezember 1942*, hrsg. von Karl Heinz Jahnke, Frankfurt am Main 1993, S. 16.
119 Ebd., S. 64.
120 Ebd., S. 77.
121 Zitiert nach Rebecca Rovit/Alvin Goldfarb (Hrsg.), *Theatrical Performance during the Holocaust: Texts, Documents, Memoirs*, Baltimore 1999, S. 76.
122 *Fritz Wisten: Drei Leben für das Theater*, hrsg. von der Akademie der Künste, Berlin 1990, S. 87.
123 Rebecca Rovit/Alvin Goldfarb (Hrsg.), *Theatrical Performance during the Holocaust*, S. 78.
124 Ebd., S. 79.
125 Joseph Goebbels, *Tagebücher*, Teil I, Bd. 8, München 1998, S. 35.
126 Ebd., S. 165.
127 Ebd., S. 280.
128 Juliane Wetzel, «Die Rothschilds», in: *Enzyklopädie des Nationalsozialismus*, hrsg. von Wolfgang Benz, Hermann Graml und Hermann Weiß, Stuttgart 1997, S. 705.
129 Diese Angaben zu dem Film stammen aus David Culbert, «The Impact of anti-Semitic Film Propaganda on German Audiences: *Jew Süss* and *The Wandering Jew* (1940)», in: *Art, Culture, and Media under the Third Reich*, hrsg. von Richard A. Etlin, Chicago 2002, S. 139–157.
130 Susan Tegel, «‹The Demonic Effect›: Veit Harlans's Use of Jewish Extras in *Jud Süss* (1940)», in: *Holocaust and Genocide Studies* 14 (2000), S. 215–241. Zu weiteren Aspekten des Films siehe neuerdings auch Alexandra Przyrembel/Jörg Schönert (Hrsg.), *«Jud Süß»: Hofjude, literarische Figur, antisemitisches Zerrbild*, Frankfurt a. M. 2006.
131 Zitiert nach Eric Rentschler, *The Ministry of Illusion: Nazi Cinema and its Afterlife*, Cambridge, MA 1996, S. 153 f. (Antonioni ist besser bekannt als Regisseur von Filmen wie *L'Aventura* und vor allem *Blow-Up* ...)
132 Joseph Goebbels, *Tagebücher*, Teil I, Bd. 8, S. 345.
133 Ebd., S. 346.
134 Otto Dov Kulka/Eberhard Jäckel, (Hrsg.), *Die Juden in den geheimen NS-Stimmungsberichten 1933–1945*, S. 435.
135 Ebd., S. 434.
136 Zitiert nach Josef Wulf (Hrsg.), *Theater und Film im Dritten Reich: Eine Dokumentation*, Frankfurt a. M. 1989, S. 405.
137 Eric Rentschler, *The Ministry of Illusion*, S. 154.
138 Joseph Goebbels, *Tagebücher*, Teil I, Bd. 8, S. 372.
139 Josef Wulf (Hrsg.), *Theater und Film im Dritten Reich*, S. 410.
140 Yizhak Ahren/Stig Hornshøj-Møller/Christoph B. Melchers (Hrsg.), *Der ewige Jude: Wie Goebbels hetzte: Untersuchungen zum nationalsozialistischen Propagandafilm*, Aachen 1990, S. 23. Der Film basierte ausschließlich auf graphischen Darstellungen und der Montage von Bildern und Filmsequenzen aus verschiedenen Quellen: von den Nazis gefilmte Juden in Polen (z. B. in Łódź), Passagen aus jiddischen Filmen, Wochenschauaufnahmen mit verschiedenen deutsch-jüdischen Persönlichkeiten und Revolutionsszenen der Nachkriegszeit, Szenen aus einem Riefenstahl-Film und aus dem alltäglichen deutschen Arbeitsleben. Durch eine

raffinierte Überblendungstechnik zeigte man, wie aus einem abstoßenden Ghettojuden ein assimilierter westlicher Jude wurde, wenn er seine traditionelle Kleidung gegen westliche eintauschte, sich Schläfenlocken und Bart abrasierte und dadurch als fast unerkennbares und erfolgreiches Mitglied der modernen Gesellschaft erschien. Bankiers und Börsentycoons übten ihre spinnenartige Kontrolle über das produktive Potential der Nationen aus, während jüdische Revolutionäre die Massen gegen die herrschende Ordnung aufhetzten. Die jüdische Beherrschung von Journalismus, Kulturleben und Künsten, alles führte zur selben Auflösung. Der «Relativitätsjude» Albert Einstein, der «Bühnendiktator» Max Reinhardt waren alle vom selben Schlag. Und jedes Jahr feierten Juden in der ganzen Welt beim Purim-Fest ihre mörderische Rache an ihren Feinden am persischen Hof, von denen 75 000 getötet wurden. Die Purim-Szenen stammten beispielsweise aus zwei jiddischen Filmen – Joseph Greens *Der Purim-Schpiler* (1937) und *Yidl mitn Fidl* (1936). Hilmar Hoffmann, «*Und die Fahne führt uns in die Ewigkeit*»: *Propaganda im NS-Film*, Frankfurt a. M. 1988, S. 167.

141 Hermann Glaser, «Film», in: *Enzyklopädie des Nationalsozialismus*, hrsg. von Wolfgang Benz, Hermann Graml und Hermann Weiß, Stuttgart 1997, S. 175.
142 Hilmar Hoffmann, «*Und die Fahne führt uns in die Ewigkeit*», S. 166.
143 Ebd.
144 Dorothea Hollstein, «*Jud Süss*» *und die Deutschen: Antisemitische Vorurteile im nationalsozialistischen Spielfilm*, Frankfurt a. M. 1983, S. 116 f.
145 Zur Goebbels-Rosenberg-Fehde während der 30er Jahre siehe Saul Friedländer, *Das Dritte Reich und die Juden*, Bd. 1, S. 148 f.
146 Erik Levi, *Music in the Third Reich*, New York 1994, S. 80.
147 Ebd.
148 Ebd., S. 80 ff.
149 Otto Dov Kulka, «The ‹Reichsvereinigung of the Jews in Germany› (1938/9–1943)», in: *Patterns of Jewish Leadership in Nazi Europe, 1933–1945: Proceedings of the Third Yad Vashem International Historical Conference, Jerusalem, April 4–7, 1977*, hrsg. von Cynthia J. Haft und Yisrael Gutman, Jerusalem 1979, S. 56.
150 Die Gestapo besaß die Adressen aller Juden in Baden und in der Pfalz wie auch überall sonst im Reich aus der «Judenkartei», der regelmäßig aktualisierten Liste aller Gemeindemitglieder, die von den örtlichen Büros der Reichsvereinigung geführt wurde. Vgl. unter anderem David Martin Luebke/Sybil Milton, «Locating the Victim: An Overview of Census-Taking, Tabulation Technology and Persecution in Nazi Germany», in: *IEEE Annals of the History of Computing* 16/3 (1994), S. 25–39, besonders S. 33.
151 Leni Yahil, *Die Shoah*, S. 332.
152 Paul Sauer, «Otto Hirsch (1885–1941): Director of the Reichsvertretung», in: *Year Book of the Leo Baeck Institute* 32 (1987), S. 367.
153 Eine Einschätzung der Ghettobevölkerung am 1. Mai 1940 gibt Lucjan Dobroszycki, «Introduction», in: *The Chronicle of the Łódź Ghetto 1941–1944*, hrsg. von Lucjan Dobroszycki, New Haven 1984, S. xxxix, Anm. 103.
154 Zur Abschottung des Ghettos vgl. ebd., S. xxxiii ff.
155 Zu diesen statistischen Angaben siehe Alan Adelson/Robert Lapides (Hrsg.), *Lodz Ghetto: Inside a Community Under Siege*, New York 1989, S. 36.
156 Hans Frank, *Diensttagebuch*, S. 281.
157 Emanuel Ringelblum, *Notes from the Warsaw Ghetto: The Journal of Emmanuel Ringelblum*, hrsg. von Jacob Sloan, New York 1974, S. 61 f.
158 Chaim Aron Kaplan, *Buch der Agonie*, S. 241.
159 Adam Czerniaków, *Im Warschauer Ghetto*, S. 122.
160 Yisrael Gutman, *The Jews of Warsaw, 1939–1943: Ghetto, Underground, Revolt*, Bloomington 1982, S. 63.

161 Isaiah Trunk, *Judenrat: The Jewish Councils in Eastern Europe under Nazi Occupation*, New York 1972, S. 145.
162 Antony Polonsky/Norman Davies, *Jews in Eastern Poland and the USSR, 1939–1946*, New York 1991, S. 288.
163 Zu den Kommentaren von Ringelblum vgl. Yitzhak Arad/Israel Gutman/Abraham Margaliot (Hrsg.), *Documents on the Holocaust: Selected Sources on the Destruction of the Jews of Germany and Austria, Poland, and the Soviet Union*, Lincoln u. a. ^{8}1999, S. 235 f.
164 Zu allen biographischen Details siehe Derek Bowman, «Introduction», in: Dawid Rubinowicz, *The Diary of Dawid Rubinowicz*, Edmonds, Wash. 1982, S. vii ff.
165 Dawid Rubinowicz, *Das Tagebuch des Dawid Rubinowicz*, hrsg. von Walther Petri, Weinheim u. a. 2001, S. 5.
166 Ebd.
167 Ebd., S. 7.
168 Ebd.
169 Walter Manoschek (Hrsg.), *«Es gibt nur eines für das Judentum: Vernichtung»: Das Judenbild in deutschen Soldatenbriefen 1939–1944*, Hamburg ^{3}1997, S. 18.
170 Ebd., S. 16.
171 Ebd., S. 19.
172 Im Herbst 1940 umfaßte die jüdische Bevölkerung auch Flüchtlinge aus Holland und Belgien, die nicht in ihre Heimatländer zurückkehrten, sowie ab Ende Oktober 1940 auch die aus Baden, der Pfalz und dem Saarland ausgewiesenen Juden. Diese Zahlen beruhen sämtlich auf Berechnungen nach dem Juni 1940 und enthalten nicht die ungefähr 10–15 000 jüdischen Kriegsgefangenen; auch mehrere Tausend ausländische Juden, die bei den verschiedenen Zählungen nicht erfaßt wurden, sind darin nicht berücksichtigt. Vgl. André Kaspi, *Les juifs pendant l'occupation*, Paris 1991, S. 18 ff.
173 Zu dieser Periode der Harmonie siehe unter anderem Paula Hyman, *From Dreyfus to Vichy: The Remaking of French Jewry, 1906–1939*, New York 1979, S. 33–62. Vgl. auch Saul Friedländer, *Das Dritte Reich und die Juden*, Bd. 1, Kap. 7.
174 Zu dieser Politikänderung siehe Regina M. Delacor, «From Potential Friends to Potential Enemies: The Internment of ‹Hostile Foreigners› in France at the Beginning of the Second World War», in: *Journal of Contemporary History* 35 (2000), S. 361–368.
175 Vgl. zu diesen Ereignissen besonders Anne Grynberg, *Les camps de la honte: Les internés juifs des camps français, 1939–1944*, Paris 1991, und dies., «1939–1940: L'Internement en temps de guerre. Les politiques de la France et de la Grande-Bretagne», in: *Vingtième Siècle. Revue d'Histoire* 54 (1997), S. 24–33.
176 Lion Feuchtwanger, *Der Teufel in Frankreich: Ein Erlebnisbericht*, München 1983, S. 10. Eine weitere höchst lebendige Schilderung der Internierung in Le Vernet und der Ausbrüche von französischem Antisemitismus während des Zusammenbruchs des Landes gibt Arthur Koestler, *Autobiographische Schriften*, Bd. 2: *Abschaum der Erde*, Frankfurt a. M./Berlin 1993, S. 323–362.
177 Renée Poznanski, *Être juif en France pendant la Seconde Guerre mondiale*, Paris 1994, S. 55.
178 Zitiert nach Philippe Burrin, *France under the Germans: Collaboration and Compromise*, New York 1996, S. 56.
179 André Kaspi, *Les Juifs pendant l'occupation*, S. 56.
180 Jeannine Verdès-Leroux, *Refus et violences: Politique et littérature à l'extrême droite des années trente aux retombées de la Libération*, Paris 1996, S. 164.
181 Die beste Analyse dieser Politiker und Parteien findet sich in Philippe Burrin, *France under the Germans: Collaboration and Compromise*, New York 1996, und ders., *La dérive fasciste: Druot, Déat, Bergery, 1939–1945*, Paris 1986.

182 *Foreign Relations of the United States,* 1940, Bd. 2, Washington D. C. 1957, S. 565.
183 Ein Gesetz von 1927 hatte die Einbürgerung erleichtert. Die Absicht der Alibert-Kommission war klar: 40 % der aufgehobenen Einbürgerungen betrafen Juden. Vgl. Robert O. Paxton, *Vichy France: Old Guard and New Order, 1940-1944,* New York 2001, S. 171.
184 Michael Marrus/Robert O. Paxton, *Vichy et les juifs,* Paris 1990, S. 17 f.
185 Zu den vollständigen Gesetzestexten vgl. ebd., S. 399 ff.
186 Pétains Antisemitismus wurde anscheinend von seiner Ehefrau (la Maréchale) und seinem Arzt Dr. Bernard Ménétrel angeheizt. Vgl. Denis Peschanski, *Vichy, 1940-1944: Contrôle et exclusion,* Brüssel 1997, S. 78.
187 Die Forschungsarbeiten über diese Fragen und die antijüdischen Maßnahmen in Frankreich während des Krieges sind inzwischen sehr umfangreich; hier können nur einige genannt werden. Zur Verantwortung für die Statuten vom Oktober 1940 (und Juni 1941) und zu verschiedenen Reaktionen darauf vgl. besonders Denis Peschanski, «The Statutes on Jews October 3, 1940 and June 2, 1941», in: *Yad Vashem Studies* 22 (1992), S. 65-88; Pierre Laborie, «The Jewish Statutes in Vichy France and Public Opinion», ebd., S. 89-114; Renée Poznanski, «The Jews of France and the Statutes on Jews; 1940-1941», ebd., S. 115-146.
188 Zitiert nach André Kaspi, *Les Juifs pendant l'occupation,* S. 61 f.
189 Denis Peschanski, *Vichy, 1940-1944: Contrôle et exclusion,* S. 180.
190 Michael Marrus/Robert O. Paxton, *Vichy et les juifs,* S. 28.
191 François Bédarida/Renée Bédarida, «La Persécution des Juifs», in: *La France des années noires,* Bd. 2: *De l'Occupation à la Libération,* hrsg. von Jean-Pierre Azéma und François Bédarida, Paris 1993, S. 135 f.
192 Zitiert nach Pierre Birnbaum, *Anti-semitism in France: A Political History from Léon Blum to the Present,* Oxford 1992, S. 183.
193 Ebd., S. 185.
194 In einem Buch von 1947, *L'Église Catholique en France sous l'occupation,* gab Monseigneur Guerry selbst den Kern der Erklärung wieder, womöglich ohne ihren problematischen Aspekt auch nur zu bemerken. Eine sehr milde Behandlung dieser Frage bietet Jean-Marie Mayeur, «Les églises devant la persécution des Juifs en France», in: *La France et la question juive: 1940-1944: Actes du colloque du Centre de Documentation Juive Contemporaine (10. 12. März 1979),* hrsg. von Georges Wellers, André Kaspi und Serge Klarsfeld, Paris 1981, S. 151 ff.
195 Beispielsweise der Bischof von Grenoble und der Erzbischof von Chambéry, vgl. ebd., S. 143, Anm. 11.
196 Eine gute Zusammenfassung dieser Einstellungen liegt vor mit François Delpech, «L'épiscopat et les Juifs d'après les procès-verbaux de l'Assemblée des cardinaux et archevêques (documents)», in: *Églises et chrétiens dans la IIe guerre mondiale: La France,* hrsg. von Xavier de Montclos u. a., Lyon 1982, S. 281-292.
197 Zitiert nach Michèle Cointet, *L'Église Sous Vichy, 1940-1945: La repentance en question,* Paris 1998, S. 187 f.
198 Michael Marrus/Robert O. Paxton, *Vichy et les juifs,* S. 203 f.
199 Zu Abetz' Rolle und zu dem Gebrauch, den er im Interesse seiner politischen Ambitionen vom Antisemitismus machte, siehe Barbara Lambauer, «Opportunistischer Antisemitismus: Der deutsche Botschafter Otto Abetz und die Judenverfolgung in Frankreich», in: *Vierteljahrshefte für Zeitgeschichte* 53 (2005), S. 241-273, besonders S. 247 ff.; Ahlrich Meyer, *Täter im Verhör: Die Endlösung der Judenfrage in Frankreich 1940-1944,* Darmstadt 2005, S. 23 ff. Somit muß die Rolle der deutschen Militärverwaltung in der Anfangsphase differenziert betrachtet werden. Die traditionelle Interpretation bietet Ulrich Herbert, «Die deutsche Militärverwaltung in Paris und die Deportation der französischen Juden», in: *Von der Aufgabe der Freiheit. Politische Verantwortung und bürgerliche Gesellschaft im 19. und*

20. *Jahrhundert: Festschrift für Hans Mommsen zum 5. November 1995*, hrsg. von Christian Jansen, Lutz Niethammer und Bernd Weisbrod, Berlin 1995, S. 431; Serge Klarsfeld, *Vichy – Auschwitz; Die Zusammenarbeit der deutschen und französischen Behörden bei der «Endlösung der Judenfrage» in Frankreich*, Nördlingen 1989, S. 356. Zu Hitlers erstem Befehl vgl. Franz Halder, *Kriegstagebuch: Tägliche Aufzeichnungen des Chefs des Generalstabs des Heeres, 1932–1942*, Bd. 2, hg. von Hans-Adolf Jacobsen, Stuttgart 1964, S. 77.

200 Ulrich Herbert, «Die deutsche Militärverwaltung in Paris und die Deportation der französischen Juden», in: *Von der Aufgabe der Freiheit*, S. 432.
201 Ebd., S. 433.
202 Ebd.
203 Renée Poznanski, *Être juif en France pendant la Seconde Guerre mondiale*, Paris 1994, S. 67.
204 Ebd., S. 67 ff.
205 Ebd., S. 68 f.
206 Renée Poznanski, *Jews in France during World War II*, Hannover 2001, S. 85.
207 Herbert R. Lottman, *La Rive gauche: Du Front populaire à la guerre froide*, Paris 1981, S. 303 f. Beispiele für die Kategorien verbotener Buchautoren gibt Jeannine Verdès-Leroux, *Refus et violence*, S. 149. Alle jüdischen Autoren wurden verboten, während in vielen anderen Fällen nur einzelne Bücher betroffen waren.
208 Philippe Burrin, *France under the Germans: Collaboration and Compromise*, New York 1996, S. 29.
209 Ebd.
210 Vgl. Lutz Raphael, «Die Pariser Universität unter deutscher Besatzung 1940–1944», in: *Geschichte und Gesellschaft* 23 (1997), S. 511 f., 522. Einige Fakultätsmitglieder protestierten gegen die antijüdischen Maßnahmen, aber dies waren seltene Ausnahmen in einem Klima der Gleichgültigkeit und Anpassung. Ebd., S. 523.
211 Philippe Burrin, *France under the Germans: Collaboration and Compromise*, New York 1996, S. 307.
212 Ebd., S. 308.
213 Ebd.
214 Simon Schwarzfuchs, *Aux prises avec Vichy: Histoire politique des Juifs de France, 1940–1944*, Paris 1998, S. 73.
215 Ebd.
216 Zu Lamberts Vorkriegsbiographie siehe Richard I. Cohen, «Introduction», in: Raymond-Raoul Lambert, *Carnet d'un témoin: 1940–1943*, hrsg. von Richard I. Cohen, Paris 1985, S. 13–63; zur Vorkriegsbiographie von Biélinky siehe Renée Poznanski, «Introduction», in: Jacques Biélinky, *Journal, 1940–1942: Un journaliste juif à Paris sous l'occupation*, hrsg. von Renée Poznanski, Paris 1992, S. 11–32.
217 Raymond-Raoul Lambert, *Carnet d'un témoin: 1940–1943*, S. 72.
218 Ebd., S. 83.
219 Ebd., S. 85 f.
220 Jacques Biélinky, *Journal, 1940–1942*, S. 57.
221 Vgl. Pierre Birnbaum, *Prier pour l'État: Les juifs, l'alliance royale et la démocratie*, Paris 2005, S. 117.
222 Jacques Biélinky, *Journal, 1940–1942*, S. 106.
223 Zu den Einzelheiten der Verhandlungen zwischen Dannecker und den jüdischen Organisationen vgl. Jacques Adler, *The Jews of Paris and the Final Solution: Communal Response and Internal Conflicts, 1940–1944*, New York 1987, S. 53 ff.
224 Bob Moore, *Victims and Survivors: The Nazi Persecution of the Jews in the Netherlands, 1940–1945*, London 1997, S. 45.
225 Walter Manoschek (Hrsg.), *«Es gibt nur eines für das Judentum: Vernichtung»*, S. 13.
226 Bob Moore, *Victims and Survivors*, S. 49.

227 Louis de Jong, «Jews and Non-Jews in Nazi Occupied Holland», in: *The Nazi Holocaust: Historical Articles on the Destruction of European Jews*, Bd. 4: *The Final Solution outside Germany (I)*, hrsg. von Michael Robert Marrus, Westport 1989, S. 130 f.
228 Als allgemeine Studie zur deutschen Okkupation der Niederlande und zur holländischen Zusammenarbeit ist zu nennen: Gerhard Hirschfeld, *Fremdherrschaft und Kollaboration: Die Niederlande unter deutscher Besatzung 1940–1945*, Stuttgart 1984
229 Bob Moore, *Victims and Survivors*, S. 57.
230 B. A. Sijes, «The Position of the Jews during the German Occupation of the Netherlands: Some Observations», in: *The Nazi Holocaust*, Bd. 4, hrsg. von Michael Robert Marrus, Westport 1989, S. 153.
231 Joseph Michman, «The Controversial Stand of the Joodse Raad in the Netherlands: Lodewijk E. Visser's Struggle», in: *Yad Vashem Studies* 10 (1974), S. 13.
232 Bob Moore, *Victims and Survivors*, S. 196 ff.
233 Guus Meershoek, «The Amsterdam Police and the Persecution of the Jews», in: *Holocaust: Critical Concepts in Historical Studies*, Bd. 3, hrsg. von David Cesarani, London/New York 2004, S. 540.
234 Zu weiteren Einzelheiten vgl. Jacob Presser, *Ashes in the Wind: The Destruction of Dutch Jewry*, Detroit 1988, S. 50.
235 Zitiert nach ebd., S. 27 f.
236 Eine detaillierte Darstellung bietet Gerhard Hirschfeld, «Die Universität Leiden unter dem Nationalsozialismus», in: *Geschichte und Gesellschaft 23* (1997), S. 573 ff.
237 ADAP, Serie D, Bd. XI.2, S. 932.
238 Zitiert nach Eberhard Röhm/Jörg Thierfelder, *Juden, Christen, Deutsche 1933–1945*, Bd. 3/2, S. 270.
239 Benjamin Leo Wessels, *Ben's Story: Holocaust Letters with Selections from the Dutch Underground Press*, hrsg. von Kees W. Bolle, Carbondale 2001, S. 21.
240 Ebd., S. 21 ff.
241 Claude Singer, *Vichy, l'université et les juifs: Les silences de la mémoire*, Paris 1992, S. 163 ff. Es gab natürlich viele private Sympathiebekundungen und einen bekannten Rücktritt aus Protest gegen die antijüdischen Maßnahmen, den Gustave Monod, ein hoher Beamter der Pariser Bildungsverwaltung, vollzog. Ebd., S. 100. Zu einigen Briefen mit Sympathiebekundungen siehe ebd., S. 379 ff.
242 Marcel Baudot, «Les Mouvements de Résistance devant la persécution des Juifs», in: *La France et la question juive: 1940–1944*, S. 279.
243 Victor Klemperer, *Ich will Zeugnis ablegen bis zum letzten*, Bd. 1, S. 529.
244 In einer privilegierten Mischehe wurden die Kinder nicht jüdisch erzogen; die Partner waren von antijüdischen Maßnahmen ausgenommen. In einer nichtprivilegierten Mischehe wurden die Kinder jüdisch erzogen, oder sie war kinderlos wie die der Klemperers. Selbst bei nichtprivilegierten Mischehen gab es meist einen Aufschub bei der Deportation, wenn der jüdische Ehepartner konvertiert war oder es sich um die Ehefrau handelte.
245 Ruth Zariz (Hrsg.), *Mikhtave halutsim mi-Polin ha-kevushah, 1940–1944*, Ramat Efal 1994, S. 51.
246 Walter Benjamin, *Gesammelte Briefe*, Bd. VI: 1938–1940, hrsg. von Christoph Gödde und Henri Lonitz, Frankfurt a. M. 2000, S. 474 ff.
247 Walter Benjamin, *Briefe*, hrsg. von Gershom Scholem und Theodor W. Adorno, Bd. 2, Frankfurt am Main 1978, S. 846.

3. Kapitel

1 Joseph Goebbels, *Die Tagebücher von Joseph Goebbels. Sämtliche Fragmente*, Teil I, Bd. 9, hrsg. von Elke Fröhlich, München 1998, S. 377 ff.

2 Ebd., S. 379.
3 Franz Halder, *Kriegstagebuch: Tägliche Aufzeichnungen des Chefs des Generalstabes des Heeres, 1932–1942*, Bd. 2, hrsg. von Hans-Adolf Jacobsen, Stuttgart 1964, S. 21, 31 f., 34, 36, besonders S. 49 ff.
4 Der Vertragsentwurf besagt, daß «Amerika» das Hauptziel war, zumindest auf dem Papier. *Documents on German Foreign Policy*, Serie D, 1937–1945, Bd. XI, Washington D. C. 1960, S. 188.
5 Zur Haltung des Präsidenten und zu den deutschen Reaktionen vgl. Saul Friedländer, *Auftakt zum Untergang: Hitler und die Vereinigten Staaten von Amerika 1939–1941*, Stuttgart u. a. 1965, S. 108 ff.
6 Ebd., S. 171; vgl. Ian Kershaw, *Hitler: 1936–1945*, S. 450.
7 Adolf Hitler, *Reden und Proklamationen, 1932–1945*, kommentiert von einem deutschen Zeitgenossen, hrsg. von Max Domarus, Bd. 4: 1941–1945, Leonberg ⁴1987/ 1988, S. 1663 f.
8 KTB/OKW (3. 3. 1941), zitiert nach Jürgen Förster, «Das Unternehmen ‹Barbarossa› als Eroberungs- und Vernichtungskrieg», in: *Das Deutsche Reich und der Zweite Weltkrieg*, Bd. 4: *Der Angriff auf die Sowjetunion*, hrsg. von Horst Boog u. a., Stuttgart 1983, S. 414.
9 Franz Halder, *Kriegstagebuch*, Bd. 2, S. 336 f.
10 Eckarts Pamphlet erörtert Saul Friedländer, *Das Dritte Reich und die Juden*, Bd. 1, S. 112 f.
11 Zu Hitlers Deutung der Rolle der Juden in Rußland bzw. der Sowjetunion siehe Adolf Hitler, *Hitlers zweites Buch: Ein Dokument aus dem Jahr 1928*, hrsg. von Gerhard L. Weinberg, Stuttgart 1961, S. 153–159.
12 Manchmal erwecken Hitlers Äußerungen den Eindruck, als habe in seiner Sicht Stalin den «jüdischen» Teil des Judäo-Bolschewismus vernichtet, vor allem bei den Politkommissaren. So erklärte er am 7. Januar 1941 gegenüber dem bulgarischen Premierminister Bogdan Filow: «Zuerst setzten die Bolschewisten jüdische Kommissare ein, die ihre früheren Gegner zu Tode folterten. Dann kamen die russischen Kommissare, die ihrerseits an die Stelle der Juden traten ...» *Documents on German Foreign Policy*, Serie D, 1937–1945, Bd. XI, Washington D. C. 1960, S. 1023. Natürlich kann das eine indirekte Art gewesen sein, vor einem ausländischen Regierungschef sein Abkommen mit der Sowjetunion zu rechtfertigen: Sie war nicht länger jüdisch.
13 Diese Interpretation liefert Arno J. Mayer, *Why Did the Heavens not Darken?: The «Final Solution» in History*, New York 1988.
14 Vgl. Richard Breitman, *Heinrich Himmler: Der Architekt der «Endlösung»*, Zürich/ München 2000, S. 215 ff.
15 Zu den wechselnden Präambeln dieses Befehls, die sich zuerst direkt auf die Juden bezogen, später aber auf Sicherheitsargumenten beschränkten, vgl. Christopher R. Browning, *Die Entfesselung der «Endlösung»: Nationalsozialistische Judenpolitik 1939–1942*, München 2003, S. 324 ff.
16 Zum Text der Richtlinien siehe Peter Longerich/Dieter Pohl (Hrsg.), *Die Ermordung der europäischen Juden: Eine umfassende Dokumentation des Holocaust 1941–1945*, München 1989, S. 136.
17 Christopher R. Browning, *Die Entfesselung der «Endlösung»*, S. 330.
18 Zu den Diskussionen und weiteren Anweisungen, die aus diesem Befehl folgten, siehe ebd., S. 327 ff.
19 Zitiert nach Manfred Messerschmidt, *Die Wehrmacht im NS-Staat: Zeit der Indoktrination*, Hamburg 1969, S. 326 ff.
20 Ende 1941 wurden von jeder Ausgabe der *Mitteilungen* 750 000 Exemplare gedruckt. Siehe Martin Moll, «Die Abteilung Wehrmachtpropaganda im Oberkommando der Wehrmacht: Militärische Bürokratie oder Medienkonzern?», in: *Bei-*

Anmerkungen zum 3. Kapitel 1139

träge zur Geschichte des Nationalsozialismus 17: «Bürokratien», hrsg. von Wolf Gruner und Armin Nolzen, Berlin 2001, S. 130.
21 Peter Longerich, Politik der Vernichtung: Eine Gesamtdarstellung der nationalsozialistischen Judenverfolgung, München 1998, S. 313 ff., 320.
22 Götz Aly, Endlösung: Völkerverschiebung und der Mord an den europäischen Juden, Frankfurt a. M. 1995, S. 195–201.
23 Ebd., S. 270.
24 Ebd.; Peter Longerich, Politik der Vernichtung, S. 290 f.; Heinrich Himmler, Der Dienstkalender Heinrich Himmlers 1941/42, hrsg. von Peter Witte u. a., Hamburg 1999, S. 139, Anm. 69.
25 Joseph Goebbels, Tagebücher, Teil I, Bd. 9, S. 389 f.
26 Es gibt keinen direkten Hinweis auf das Datum, an dem Heydrich Görings Befehl (d. h. Hitlers Befehl) erhielt, eine neue territoriale Lösung der Judenfrage anstelle des Madagaskar-Plans vorzubereiten. Auf der Grundlage von Dokumenten, die von Eichmanns Vertreter in Paris, Theodor Dannecker, und von Eichmann selbst stammen, muß der Befehl aber irgendwann Ende 1940 ergangen sein. Götz Aly, Endlösung, S. 271–274.
27 Andreas Hillgruber (Hrsg.), Staatsmänner und Diplomaten bei Hitler: Vertrauliche Aufzeichnungen über Unterredungen mit Vertretern des Auslandes, Bd. 1, Frankfurt a. M. 1967, S. 573 f.
28 Diese Maßnahme wurde höchstwahrscheinlich getroffen, um den Juden aus dem Reich und dem Protektorat ein Maximum an Emigrationsmöglichkeiten zu bieten. Was den Hinweis auf die bevorstehende Endlösung betrifft, so war das zu diesem Zeitpunkt eine vage und häufig gebrauchte Formulierung, die sich auf ein breites Spektrum von Lösungen bezog. Zum Text des RSHA-Erlasses siehe Kurt Pätzold (Hrsg.), Verfolgung, Vertreibung, Vernichtung: Dokumente des faschistischen Antisemitismus 1933 bis 1942, Fankfurt a. M. 1984, S. 289.
29 Nürnberg doc. 1028-PS, in: Nazi Conspiracy and Aggression, Bd. 3, Washington D. C. 1946, S. 690.
30 Heinrich Himmler, Dienstkalender, S. 161, Anm. 23.
31 Zur Vorbereitung der wirtschaftlichen Ausbeutung der Ostgebiete siehe vor allem Rolf-Dieter Müller, «Von der Wirtschaftsallianz zum kolonialen Ausbeutungskrieg», in: Das Deutsche Reich und der Zweite Weltkrieg, Bd. 4: Der Angriff auf die Sowjetunion, hrsg. von Horst Boog u. a., Stuttgart 1983, S. 98–189, bes. S. 143.
32 Vgl. zu diesen Plänen besonders Christian Gerlach, Krieg, Ernährung, Völkermord: Forschungen zur deutschen Vernichtungspolitik im Zweiten Weltkrieg, Hamburg 1998, S. 10 ff., 14 ff. Eine Zusammenfassung seiner Argumentation gibt Gerlach in «Deutsche Wirtschaftsinteressen, Besatzungspolitik und der Mord an den Juden in Weißrußland, 1941–1943», in: Nationalsozialistische Vernichtungspolitik 1939–1945: Neue Forschungen und Kontroversen, hrsg. von Ulrich Herbert, Frankfurt a. M. ^{4}2001, S. 263 ff.
33 Vgl. Wulff Brebeck, «Wewelsburg», in: Enzyklopädie des Nationalsozialismus, hrsg. von Wolfgang Benz, Hermann Graml und Hermann Weiß, Stuttgart 1997, S. 806.
34 Heinrich Himmler, Dienstkalender, S. 172; Richard Breitman, Staatsgeheimnisse: Die Verbrechen der Nazis – von den Alliierten toleriert, München 1999, S. 58 f. Es besteht keine notwendige Verbindung zwischen Himmlers Überlegungen, die sich auf langfristige Pläne zu beziehen scheinen (auch in Hinsicht auf die Kolonisierungsprojekte des Reichsführers), und den «Hungerplänen», die beim OKW diskutiert wurden, um kurzfristig die Lebensmittelversorgung des Ostheers zu erleichtern.
35 Hans Frank, Das Diensttagebuch des deutschen Generalgouverneurs in Polen 1939–1945, hrsg. von Werner Präg und Wolfgang Jacobmeyer, Stuttgart 1975, S. 326 ff.
36 Ebd., S. 335 ff.

37 Gerhard Botz, *Wohnungspolitik und Judendeportation in Wien 1938 bis 1945: Zur Funktion des Antisemitismus als Ersatz nationalsozialistischer Sozialpolitik*, Wien 1975, S. 108.
38 Pätzold, *Verfolgung, Vertreibung, Vernichtung*, S. 279.
39 Stadtarchiv München (Hrsg.), *«... verzogen, unbekannt wohin»: Die erste Deportation von Münchner Juden im November 1941*, Zürich 2000, S. 17.
40 Victor Klemperer, *Ich will Zeugnis ablegen bis zum letzten: Tagebücher 1933–1945*, Bd. 1, Berlin 1995, S. 577 f.
41 Wolf Gruner, *Judenverfolgung in Berlin 1933–1945: Eine Chronologie der Behördenmaßnahmen in der Reichshauptstadt*, Berlin 1996, S. 77.
42 Ebd.
43 Ebd.
44 Ebd., S. 78.
45 *Akten der Parteikanzlei der NSDAP*, Teil II, Bd. 4, München 1992, Abs. Nr. 41008.
46 Zu den Dokumenten über diese Frage siehe John Mendelsohn/Donald S. Detwiler (Hrsg.), *The Holocaust: Selected Documents in Eighteen Volumes*, Bd. 2, New York 1982, S. 249 ff.
47 Henry Friedlander/Sybil Milton (Hrsg.), *Archives of the Holocaust: An International Collection of Selected Documents*, Bd. 20, New York 1993, S. 32 f.
48 *Akten der Parteikanzlei der NSDAP*, Teil II, Bd. 4, München 1992, Abs. Nr. 40601.
49 *Akten der Parteikanzlei der NSDAP*, Teil I, Bd. 1, München 1983, Abs. Nr. 14865.
50 Ebd.
51 Nürnberg doc. NG-2297, in: John Mendelsohn/Donald S. Detwiler (Hrsg.), *The Holocaust*, Bd. 2, New York 1982, S. 135 ff.
52 *Akten zur deutschen auswärtigen Politik*, Serie D, Bd. XII.1, Göttingen 1969, S. 168.
53 *Akten der Parteikanzlei der NSDAP*, Teil II, Bd. 4, München 1992, Abs. Nr. 41006.
54 Ebd., Abs. Nr. 41282.
55 Hertha Feiner, *Vor der Deportation: Briefe an die Töchter, Januar 1939 – Dezember 1942*, hrsg. von Karl Heinz Jahnke, Frankfurt a. M. 1993, S. 79 f.
56 Ebd., S. 85.
57 Ebd., S. 87.
58 Dawid Rubinowicz. *Das Tagebuch des Dawid Rubinowicz*, hrsg. von Walther Petri, Weinheim u. a. 2001, S. 9 f.
59 Ebd., S. 10.
60 Ebd.
61 Christopher R. Browning, *The Path to Genocide: Essays on Launching the Final Solution*, Cambridge 1992, S. 35 ff.
62 Ebd., S. 44 ff.
63 Donald L. Niewyk (Hrsg.), *Fresh Wounds: Early Narratives of Holocaust Survival*, Chapel Hill 1998, S. 174.
64 Ebd., S. 175.
65 Dawid Sierakowiak, *Das Ghettotagebuch des Dawid Sierakowiak: Aufzeichnungen eines Siebzehnjährigen 1941/42*, Leipzig 1993, S. 32 f.
66 Zur Schaffung der Archive und der Arbeit der Chronisten siehe Lucjan Dobroszycki, «Introduction», in: *The Chronicle of the Łódź Ghetto 1941–1944*, hrsg. von Lucjan Dobroszycki, New Haven 1984, S. ix ff.
67 Lucjan Dobroszycki (Hrsg.), *The Chronicle of the Łódź Ghetto 1941–1944*, New Haven 1984, S. 6.
68 Siehe die Angaben in Hans Frank, *Das Diensttagebuch des deutschen Generalgouverneurs in Polen 1939–1945*, S. 340, Anm. 12.
69 Raul Hilberg/Stanislaw Staron, «Introduction», in: Adam Czerniaków, *The Warsaw Diary: Prelude to Doom*, hrsg. von Raul Hilberg, Stanislaw Staron und Joseph Kermish, New York 1979, S. 48.

Anmerkungen zum 3. Kapitel 1141

70 Ebd., S. 48 ff.
71 Zitiert nach Wladislaw Bartoszewski, «The Martyrdom and Struggle of the Jews in Warsaw Under German Occupation 1939–1943», in: The Jews in Warsaw: A History, hrsg. von Wladislaw T. Bartoszewski und Antony Polonsky, Oxford 1991, S. 314.
72 Zitiert nach Joanna Michlic-Coren, «Battling Against the Odds: Culture, Education and the Jewish Intelligentsia in the Warsaw Ghetto, 1940–1942», in: East European Jewish Affairs 27 (1997), S. 80.
73 Siehe zur finanziellen Unterstützung des JDC für die polnischen Juden und ihre Institutionen in den Jahren 1939–41 (einschließlich) vor allem Yehuda Bauer, American Jewry and the Holocaust: The American Jewish Joint Distribution Committee, 1939–1945, Detroit u. a. 1981, S. 67 ff., besonders S. 73.
74 Joseph Kermish, «The Judenrat in Warsaw», in: Patterns of Jewish Leadership in Nazi Europe, 1933–1945, hrsg. von Yisrael Gutman und Cynthia J. Haft, Jerusalem 1979, S. 113–132.
75 Lucy S. Dawidowicz, The War Against the Jews: 1933–1945, Toronto u. a. 1986, S. 328 ff.
76 Emanuel Ringelblum, Notes from the Warsaw Ghetto: The Journal of Emmanuel Ringelblum, hrsg. von Jacob Sloan, New York 1974, S. 121.
77 Chaim Aron Kaplan, Buch der Agonie: Das Warschauer Tagebuch des Chaim A. Kaplan, hrsg. von Abraham Isaac Katsh, Frankfurt a. M. 1967, S. 291. Es gibt viele detaillierte Berichte über den Einfallsreichtum der Schmuggler und die überaus wichtige Funktion dieser Operationen. Siehe z. B. Yitzhak Zuckerman, A Surplus of Memory: Chronicle of the Warsaw Ghetto Uprising, hrsg. von Barbara Harshav, Berkeley 1993, S. 129.
78 Yisrael Gutman, The Jews of Warsaw, 1939–1943: Ghetto, Underground, Revolt, Bloomington 1982, S. 68.
79 Ebd., S. 71.
80 Ebd.
81 Jacob Celemenskis Text ist ein Auszug aus seinen (jiddisch geschriebenen) Erinnerungen und wird zitiert in Moshe Fass, «Theatrical Activities in the Polish Ghettos during the Years 1939–1942», in: Theatrical Performance during the Holocaust: Texts, Documents, Memoirs, hrsg. von Rebecca Rovit und Alvin Goldfarb, Baltimore 1999, S. 100 f. Einer der Musiker in einem solchen Lokal war der Pianist Władysław Szpilman. Vgl. Władysław Szpilman, Das wunderbare Überleben: Warschauer Erinnerungen 1939–1945, Düsseldorf/München 1998.
82 Hersh Wasser, «Daily Entries of Hersh Wasser», hrsg. von Joseph Kermish, in: Yad Vashem Studies 15 (1983), S. 239.
83 Diese Zeugnisse werden zitiert in Joanna Michlic-Coren, «Battling Against the Odds», S. 79 f.
84 Ebd., S. 80.
85 Ebd., S. 91.
86 Ebd.
87 Vgl. Joanna Michlic-Coren, «Battling against the Odds: Culture, Education and the Jewish Intelligentsia in the Warsaw Ghetto, 1940–1942», in: East European Jewish Affairs 27 (1997), S. 91.
88 Marcel Reich-Ranicki, Mein Leben, Stuttgart [16]2000, S. 220.
89 Ebd., S. 220–229.
90 Ebd., S. 203 f.
91 Ebd., S. 228.
92 Lucjan Dobroszycki (Hrsg.), The Chronicle of the Łódź Ghetto 1941–1944, New Haven 1984, S. 25 ff., 35.
93 Dawid Sierakowiak, Das Ghettotagebuch des Dawid Sierakowiak, S. 30.
94 Ebd., S. 31.

95 Ebd., S. 33.
96 Ebd.
97 Ebd., S. 34.
98 Yisrael Gutman, «The Youth Movement as an Alternative Leadership in Eastern Europe», in: *Zionist Youth Movements during the Shoah*, hrsg. von Asher Cohen und Yehoyakim Cochavi, New York 1995, S. 13 f.; Aharon Weiss, «Youth Movements in Poland during the German Occupation», ebd., S. 243.
99 Dina Porat, «Zionist Pioneering Youth Movements in Poland and Their Attitude to Erets Israel during the Holocaust», in: *Polin: Studies in Polish Jewry* 9 (1996), S. 195–211.
100 Das starke Gefühl des «Verrats» und die Bitterkeit der Überlebenden wurden am Ende des Krieges übertüncht, tauchten aber mit der Zeit wieder auf und fanden breiten Ausdruck in Interviews, Memoiren und der neueren historischen Forschung, besonders seit den achtziger Jahren.
101 Vgl. die vorigen Anmerkungen sowie Erica Nadelhaft, «Resistance through Education: Polish Zionist Youth Movements in Warsaw, 1931–1941», in: *Polin: Studies in Polish Jewry* 9 (1996), S. 212–231.
102 Zitiert nach Yitzhak Arad/Yisrael Gutman/Abraham Margaliot (Hrsg.), *Documents on the Holocaust: Selected Sources on the Destruction of the Jews of Germany and Austria, Poland, and the Soviet Union*, Lincoln u. a. ⁸1999, S. 230.
103 Shimon Huberband, *Kiddush Hashem: Jewish Religious and Cultural Life in Poland during the Holocaust*, hrsg. von Jeffrey S. Gurock und Robert S. Hirt, Hoboken, NJ 1987, S. 120.
104 Rolf-Dieter Müller, *Hitlers Ostkrieg und die deutsche Siedlungspolitik: Die Zusammenarbeit von Wehrmacht, Wirtschaft und SS*, Frankfurt a. M. 1991, S. 21 ff. Gleich nach dem Ende des polnischen Feldzugs hatte Himmler erklärt, «2,5 Millionen polnischer Juden würden Panzergräben entlang der Demarkationslinie mit der Sowjetunion graben». Siehe Franz Halder, *Kriegstagebuch*, S. 184. Es gab noch einen anderen Weg, Zehntausende von Juden zur Zwangsarbeit zu schicken. Anfang 1941 unternahm Greiser einen ideologisch ungewöhnlichen Schritt: Er bot dem Reichsarbeitsminister 70 000 jüdische Arbeiter von seinem Territorium zur Verwendung in Deutschland an. Angesichts der wachsenden Bedürfnisse der deutschen Kriegswirtschaft bei der Vorbereitung des Feldzugs gegen die Sowjetunion stimmte Göring zu. Anscheinend informierte der Reichsmarschall alle regionalen Autoritäten, die Beschäftigung dieser neuen und unerwarteten Arbeitskräfte nicht zu behindern. All diese Pläne scheiterten: Im April 1941 verbot Hitler jede Verbringung von Juden aus dem Osten ins Reich, auch für die Arbeit in der Kriegsindustrie.
105 Tatiana Berenstein (Hrsg.), *Faschismus, Getto, Massenmord: Dokumentation über Ausrottung und Widerstand der Juden in Polen während des zweiten Weltkrieges*, hrsg. vom Jüdischen historischen Institut Warschau, Berlin (Ost) 1961, S. 221.
106 Adam Czerniaków, *Im Warschauer Ghetto*, S. 146.
107 Hersh Wasser, «Daily Entries of Hersh Wasser», hrsg. von Joseph Kermish, in: *Yad Vashem Studies* 15 (1983), S. 266.
108 Kermish, «The Judenrat in Warsaw», S. 80 f.
109 Isaiah Trunk, *Judenrat: The Jewish Councils in Eastern Europe under Nazi Occupation*, New York 1972, S. 499 f.
110 Calel Perechodnik, *Bin ich ein Mörder?*, Lüneburg 1997, S. 35.
111 Ebd., S. 43 f.
112 Mary Berg, *Warsaw Ghetto: A Diary*, hrsg. von Sh. L. Schneiderman, New York 1945, S. 45 f. Bergs Tagebuch wurde von Autorin und Verlag möglicherweise stark überarbeitet und wird daher in diesem Buch kaum verwendet.
113 Yisrael Gutman, *The Jews of Warsaw, 1939–1943*, S. 92.

Anmerkungen zum 3. Kapitel   1143

114 Ganzweichs Fall zeigt, daß es möglicherweise manchmal mehr Solidarität zwischen Ghettojuden gab, als auf den ersten Blick zu erkennen war. Ein Ghettobewohner, Hillel Seidman, traf Ganzweich in seiner Wohnung, wahrscheinlich Anfang 1941, und bekam einige der für die Deutschen erstellten Berichte zu sehen. «Enthalten diese Berichte (ich durchblätterte Dutzende) Denunziationen?» schrieb Seidman in sein Tagebuch. «Das kann man nicht sagen. Im Gegenteil, sie enthielten Vorschläge ..., die den Deutschen beweisen sollten, daß es in ihrem Interesse lag, die Juden weniger streng zu behandeln.» Hillel Seidman, *Diary of the Warsaw Ghetto* [hebräisch], New York 1957, S. 177 f. Ganzweichs Berichte wurden in den achtziger Jahren gefunden und veröffentlicht: die mildere Bewertung bestätigte sich. Ein großer Teil der Berichte sollte die Deutschen dazu bringen, «die Ghettobewohner als wertvolles Gut zu betrachten». Christopher R. Browning/ Yisrael Gutman (Hrsg.), «The Reports of a Jewish ‹Informer› in the Warsaw Ghetto: Selected Documents», in: *Yad Vashem Studies* 17 (1986), S. 247 ff., 255. Der Fall des berüchtigten Alfred Nossig lag nicht grundlegend anders. Shmuel Almog, «Alfred Nossig: A Reappraisal», in: *Studies in Zionism* 7 (1983), S. 1–30.
115 Vgl. besonders Shimon Huberband, *Kiddush Hashem: Jewish Religious and Cultural Life in Poland during the Holocaust*, S. 136 ff.
116 Auerswalds Bericht ist veröffentlicht in Yitzhak Arad/Yisrael Gutman/Abraham Margaliot (Hrsg.), *Documents on the Holocaust*, S. 244 ff.
117 Tatiana Berenstein (Hrsg.), *Faschismus, Getto, Massenmord: Dokumentation über Ausrottung und Widerstand der Juden in Polen während des zweiten Weltkrieges*, hrsg. vom Jüdischen historischen Institut Warschau, Berlin (Ost) 1961, S. 140.
118 Emanuel Ringelblum, *Notes from the Warsaw Ghetto*, S. 204 f. Die gesundheitliche Lage der jüdischen Bewohner unterschied sich von einem Ghetto zum anderen. So stabilisierte sich etwa in Wilna ab Herbst 1941 (seit der Errichtung des Ghettos) die Sterblichkeit durch Krankheiten auf einem relativ niedrigen Stand. Diese ungewöhnliche Situation war vielleicht das Ergebnis einer Reihe voneinander unabhängiger Faktoren: die (nach den Massenmorden von Sommer und Herbst) übriggebliebene Bevölkerung war zum großen Teil jung, die Nahrungsversorgung besser als in Warschau oder Łódź, die Zahl der Ärzte im Ghetto relativ hoch, das größte jüdische Krankenhaus der Stadt lag innerhalb der Ghettogrenzen, und die Gesundheitsabteilung des Rates setzte strenge Regeln zur Hygiene durch. Zur gesundheitlichen Lage im Wilnaer Ghetto vgl. Solon Beinfeld, «Health Care in the Vilna Ghetto», in: *Holocaust and Genocide Studies* 12 (1998), S. 66.
119 Emanuel Ringelblum, *Notes from the Warsaw Ghetto*, S. 194.
120 Adam Czerniaków, *Im Warschauer Ghetto*, S. 172 f.
121 Walter Manoschek (Hrsg.), *«Es gibt nur eines für das Judentum: Vernichtung»: Das Judenbild in deutschen Soldatenbriefen 1939–1944*, Hamburg ³1997, S. 17.
122 Ebd., S. 25.
123 Zygmunt Klukowski, *Diary from the Years of Occupation, 1939–1944*, hrsg. von Andrew Klukowski und Helen Klukowski May, Urbana, IL 1993, S. 115.
124 Chaim Aron Kaplan, *Buch der Agonie*, S. 286 f.
125 Emanuel Ringelblum, *Notes from the Warsaw Ghetto*, S. 181.
126 Daniel Uziel, «Wehrmacht Propaganda Troops and the Jews», in: *Yad Vashem Studies* 29 (2001), S. 36 f.
127 Über *Das Reich* vgl. Norbert Frei/Johannes Schmitz, *Journalismus im Dritten Reich*, München 1989, S. 108 ff.
128 Ebd., S. 114 ff., 118 ff.
129 Hubert Neun, «Wiedersehen mit Warschau: Besiegte Stadt zwischen Gestern und Morgen», in: *Das Reich*, 9. März 1941.
130 Susannah Heschel, *Transforming Jesus from Jew to Aryan: Protestant Theologians in Nazi Germany*, Tucson, AZ 1995, S. 6.

131 Vgl. zu einigen Aspekten dieser Forschung während der 30er Jahre Saul Friedländer, *Das Dritte Reich und die Juden*, Bd. 1, S. 209–213.
132 Vgl. als detaillierteste Studie zu beiden Instituten Helmut Heiber, *Walter Frank und sein Reichsinstitut für Geschichte des neuen Deutschlands*, Stuttgart 1966. Siehe auch Patricia von Papen, «Schützenhilfe nationalsozialistischer Judenpolitik: Die ‹Judenforschung› des ‹Reichsinstituts für Geschichte des neuen Deutschland›, 1935–1945», in: *«Beseitigung des jüdischen Einflusses ...»: Antisemitische Forschung, Eliten und Karrieren im Nationalsozialismus*, hrsg. vom Fritz-Bauer-Institut, Frankfurt a. M. 1999, S. 17–42; Dieter Schiefelbein, «Das Institut zur Erforschung der Judenfrage Frankfurt am Main», in: ebd., S. 43–71.
133 Zur Eröffnungszeremonie und zu Rosenbergs Ansprache siehe *Völkischer Beobachter*, 27.–30. 3. 1941.
134 *Weltkampf: Die Judenfrage in Geschichte und Gegenwart*, Heft 1/2, April–September 1941, S. 1.
135 Ebd., S. 45, 50.
136 Zitiert nach Götz Aly/Susanne Heim, *Vordenker der Vernichtung: Auschwitz und die deutschen Pläne für eine neue europäische Ordnung*, Hamburg 1991, S. 219.
137 *Weltkampf*, Heft 1/2, April–September 1941, S. 15.
138 Götz Aly/Susanne Heim, *Vordenker der Vernichtung*, S. 217 ff.
139 Patricia von Papen, «Schützenhilfe nationalsozialistischer Judenpolitik: Die ‹Judenforschung› des ‹Reichsinstituts für Geschichte des neuen Deutschland›», in: *«Beseitigung des jüdischen Einflusses ...»*, S. 29.
140 Ebd.
141 Monica Kingreen, «Raubzüge einer Stadtverwaltung: Frankfurt am Main und die Aneignung ‹jüdischen Besitzes›», in: *Beiträge zur Geschichte des Nationalsozialismus 17: «Bürokratien»*, hrsg. von Wolf Gruner und Armin Nolzen, Berlin 2001, S. 32.
142 Ebd., S. 32 ff.
143 Ebd.
144 Hector Feliciano, *Das verlorene Museum: Vom Kunstraub der Nazis*, Berlin 1998, S. 36.
145 Vgl. zu den Details besonders Jonathan G. Petropoulos, *Kunstraub und Sammelwahn: Kunst und Politik im Dritten Reich*, Berlin 1999, S. 166 ff.
146 Ebd., S. 16.
147 Kurt Pätzold (Hrsg.), *Verfolgung, Vertreibung, Vernichtung: Dokumente des faschistischen Antisemitismus 1933 bis 1942*, Frankfurt a. M. 1984, S. 285.
148 Ulrich von Hassell, *Die Hassell-Tagebücher 1938–1944: Aufzeichnungen vom Andern Deutschland*, hrsg. von Friedrich Freiherr Hiller von Gaertringen, Berlin 1988, S. 254.
149 Walter Manoschek (Hrsg.), *«Es gibt nur eines für das Judentum: Vernichtung*, S. 16.
150 Michael H. Kater, *Das «Ahnenerbe» der SS 1935–1945: Ein Beitrag zur Kulturpolitik des Dritten Reiches*, München ³2001, S. 254.
151 Adolf Hitler, *Reden und Proklamationen*, Bd. 4: 1941–1945, S. 1663 f.
152 Mihail Sebastian, *«Voller Entsetzen, aber nicht verzweifelt»: Tagebücher 1935–44*, hrsg. von Edward Kanterian, Berlin 2005, S. 431 f. Eine bildhafte Beschreibung der «bestialischen Grausamkeit» gibt der Bericht des US-Gesandten in Bukarest, Gunther, an den Außenminister vom 30. 1. 1941. *Foreign Relations of the United States*, Bd. 2: *Europe: 1941*, Washington D. C. 1959, S. 860. Der deutsche Gesandte in Rumänien, SA-Führer Manfred Killinger, erwähnte am 23. Januar Antonescus Beschreibung «unglaublich brutaler Handlungen.» Die 693 in Jilava internierten Juden starben unter der abscheulichsten Folter ...» *Documents on German Foreign Policy*, Serie D, 1937–1945, Bd. XI, Washington D. C. 1960, S. 1175.
153 Einen allgemeinen Überblick über den rumänischen Antisemitismus bieten Leon Volovici, *Nationalist Ideology and Antisemitism: The Case of Romanian Intellectuals in*

Anmerkungen zum 3. Kapitel   1145

the 1930s, Oxford 1991; Stephen Fischer-Galati, «The Legacy of Anti-Semitism», in: *The Tragedy of Romanian Jewry*, hrsg. von Randolph L. Braham, New York 1994, S. 1–28.
154 Zitiert nach Leon Volovici, *Nationalist Ideology and Antisemitism*, S. 63.
155 Zitiert nach Jean Ancel, «The ‹Christian› Regimes of Romania and the Jews, 1940–1942», in: *Holocaust and Genocide Studies* 7 (1993), S. 16. Unter den jungen antisemitischen Intellektuellen der «Eisernen Garde» war der später weltberühmte Religionshistoriker Mircea Eliade vielleicht einer der fanatischsten. Als Warschau im September 1939 unter dem deutschen Angriff zusammenbrach, erklärte Eliade: «Der Widerstand der Polen in Warschau ist ein jüdischer Widerstand. Nur die Saujuden sind in der Lage, Frauen und Kinder in die vordersten Linien zu werfen, um so die Deutschen zu erpressen und ihre Skrupel auszunutzen. ... Was an der Grenze zur Bukowina geschieht, ist ein Skandal, denn immer weitere Wogen von Juden dringen in unser Land ein. Lieber ein deutsches Protektorat als ein wieder einmal von den Saujuden überranntes Rumänien.» In: Mihail Sebastian, *«Voller Entsetzen, aber nicht verzweifelt»*, S. 332.
156 Stephen Fischer-Galati, «The Legacy of Anti-Semitism», besonders S. 19 ff.
157 *Foreign Relations of the United States*, Bd. 2: Europe: 1940, Washington D. C. 1957, S. 764.
158 Ebd., S. 774.
159 *Foreign Relations of the United States*, Bd. 2: Europe: 1941, Washington D. C. 1959, S. 860.
160 Anne Grynberg, *Les camps de la honte: Les internés juifs des camps français, 1939–1944*, Paris 1991, S. 12. Bei einer Sitzung in der deutschen Botschaft am 2. 2. 1941 bestätigte Dannecker diese Zahlen. Vgl. Serge Klarsfeld (Hrsg.), *Die Endlösung der Judenfrage in Frankreich: Deutsche Dokumente 1941–1944*, hrsg. vom Dokumentationszentrum für Jüdische Zeitgeschichte CDJC in Paris, Paris 1977, S. 17.
161 Matteoli Commission, «Interim Report», S. 181, zitiert nach Michael J. Bazyler, *Holocaust Justice: The Battle for Restitution in America's Courts*, New York 2003, S. 175.
162 Vgl. Philippe Verheyde, «L'aryanisation economique: Le cas des grandes entreprises», in: *Revue d'Histoire de la Shoah. Le monde juif* 168 (2000), S. 7–30.
163 Serge Klarsfeld (Hrsg.), *Die Endlösung der Judenfrage in Frankreich: Deutsche Dokumente 1941–1944*, S. 13.
164 Kurt Pätzold (Hrsg.), *Verfolgung, Vertreibung, Vernichtung*, S. 281 f.
165 ADAP, Serie D, Bd. XII.1, S. 188.
166 Zu den Einzelheiten der Bildung des CGQJ und zu Vallats Aktivitäten siehe Michael Marrus/Robert O. Paxton, *Vichy et les juifs*, Paris 1990, S. 79 ff.
167 Das *Commissariat Général* richtete sogar eine eigene Polizeieinheit (*La Police aux Questions Juives [PQJ]*) ein, aber nach etwa einem Jahr wurde es für Deutsche wie Franzosen offensichtlich, daß diese spezialisierte Polizeieinheit nicht die Mittel für systematische Aktionen besaß. Sie wurde schließlich als eine *Section d'Enquêtes et de Contrôle (SEC)* in die allgemeine Polizei integriert. Vgl. besonders Serge Klarsfeld, *Vichy – Auschwitz: Die Zusammenarbeit der deutschen und französischen Behörden bei der «Endlösung der Judenfrage» in Frankreich*, Nördlingen 1989, S. 58 ff.
168 Michael Marrus/Robert O. Paxton, *Vichy et les juifs*, Paris 1990, S. 92 ff.
169 Zum vollständigen Text des hier zusammengefaßten Gesetzes siehe ebd., S. 402.
170 ADAP, Serie D, Bd. XII.1, S. 361 f.
171 Eine umfassende Untersuchung des «Instituts» bietet Joseph Billig, *L'Institut d'Étude des Questions Juives: Officine Française des Autorités Nazies en France*, Paris 1974.
172 Siehe zu diesen Plakaten Poznanskis Anmerkung in Jacques Biélinky, *Journal, 1940–1942: Un journaliste juif à Paris sous l'occupation*, hrsg. von Renée Poznanski, Paris 1992, S. 122 Anm. 47.

173 Claude Singer, *Le Juif Süss et la propagande Nazie: L'Histoire confisquée*, Paris 2003, S. 206.
174 Ebd., S. 211.
175 Ebd., S. 220.
176 Ebd., S. 221 ff.
177 Jacques Adler, *The Jews of Paris and the Final Solution: Communal Response and Internal Conflicts, 1940–1944*, New York 1987, S. 70.
178 Renée Poznanski, *Être juif en France pendant la Seconde Guerre mondiale*, Paris 1994, S. 103.
179 Jean Guéhenno, *Journal des années noires, 1940–1944*, Paris 1947, S. 111.
180 Renée Poznanski, *Être juif en France pendant la Seconde Guerre mondiale*, S. 104.
181 Jacques Biélinky, *Journal, 1940–1942*, S. 123.
182 Eine Definition dieser Politik gibt unter anderem Claude Singer, *Vichy, l'université et les juifs: Les silences et la mémoire*, Paris 1992, S. 136 ff. Zur Unterscheidung zwischen «Staatskollaboration» und «Kollaborationismus» vgl. Stanley Hoffmann, «Collaborationism in France during World War II», in: *Journal of Modern History* 40 (1968), S. 375–395.
183 Michael Marrus/Robert O. Paxton, *Vichy et les juifs*, Paris 1990, S. 209.
184 Siehe zu Helbronners Karriere vor allem Simon Schwarzfuchs, *Aux prises avec Vichy: Histoire politique des Juifs de France, 1940–1944*, Paris 1998, S. 94 ff.
185 Ebd., S. 90 ff.
186 Der vollständige Text der Petition findet sich ebd., S. 107 ff.
187 Jacques Adler, *The Jews of Paris and the Final Solution: Communal Response and Internal Conflicts, 1940–1944*, New York 1987, S. 84.
188 Carole Fink, *Marc Bloch: A Life in History*, Cambridge 1989, S. 272.
189 Bob Moore, *Victims and Survivors: The Nazi Persecution of the Jews in the Netherlands, 1940–1945*, London 1997, S. 72 f.
190 Ebd., S. 73 ff.
191 Vgl. zur SS-Bürokratie in den Niederlanden Johannes Houwink ten Cate, «Der Befehlshaber der Sipo und des SD in den besetzten niederländischen Gebieten und die Deportation der Juden 1942–1943», in: *Die Bürokratie der Okkupation: Strukturen der Herrschaft und Verwaltung im besetzten Europa*, hrsg. von Wolfgang Benz, Johannes Houwink ten Cate und Gerhard Otto, Berlin 1998, S. 197–222.
192 Siehe dazu jetzt die außerordentlich gründliche Studie von Friederike Sattler, «Der Handelstrust West in den Niederlanden», in: Klaus-Dietmar Henke (Hrsg.), *Die Dresdner Bank im Dritten Reich*, 3 Bde., Bd. 3: Harald Wixforth, *Die Expansion der Dresdner Bank in Europa*, München 2006, S. 682–791.
193 Siehe zu den Freikäufen in Holland vor allem Bettina Zeugin/Thomas Sandkühler, *Die Schweiz und die deutschen Lösegelderpressungen in den besetzten Niederlanden: Vermögensentziehung, Freikauf, Austausch 1940–1945: Beitrag zur Forschung*, hrsg. von der Unabhängigen Expertenkommission Schweiz – Zweiter Weltkrieg, Zürich 2001, S. 46 ff.
194 Bob Moore, *Victims and Survivors*, S. 83.
195 Guus Meershoek, «The Amsterdam Police and the Persecution of the Jews», in: *Holocaust: Critical Concepts in Historical Studies*, Bd. 3, hrsg. von David Cesarani, London/New York 2004, S. 541 ff.
196 Vgl. zu den Details Jacob Presser, *Ashes in the Wind: The Destruction of Dutch Jewry*, Detroit 1988, S. 47 ff.; Bob Moore, *Victims and Survivors*, S. 68 ff.
197 Bob Moore, *Victims and Survivors*, S. 70.
198 Eugen Kogon, *Der SS-Staat: Das System der deutschen Konzentrationslager*, München 1946, S. 166.
199 Zitiert nach Gordon J. Horwitz, *In the Shadow of Death: Living Outside the Gates of Mauthausen*, New York 1990, S. 52 f.

200 Ebd., S. 53.
201 Bob Moore, *Victims and Survivors*, S. 81 f.
202 Ebd., S. 83.
203 Zu den biographischen Einzelheiten vgl. J. G. Gaarlandt, «Einleitung», in: Etty Hillesum, *Das denkende Herz: Die Tagebücher von Etty Hillesum 1941–1943*, hrsg. von J. G. Gaarlandt, Reinbek bei Hamburg ¹⁵2001, S. 5–10.
204 Ebd., S. 21 f.
205 Ebd., S. 37.
206 Moses Flinker, *Young Moshe's Diary: The Spiritual Torment of a Jewish Boy in Nazi Europe*, hrsg. von Shaul Esh und Geoffrey Wigoder, Jerusalem ²1971, S. 19 f.
207 Melissa Müller, *Das Mädchen Anne Frank: Die Biographie*, München 1998, S. 174.
208 Zu van Roeys «flexibler Haltung» zur Judenfrage siehe Lieven Saerens, «The Attitude of the Belgian Roman Catholic Clergy Towards the Jews Prior to the Occupation», in: *Belgium and the Holocaust: Jews, Belgians, Germans*, hrsg. von Dan Michman, Jerusalem 1998, S. 144 f.; Mark Van den Wijngaert, «The Belgian Catholics and the Jews During the German Occupation, 1940–1944», in: ebd., S. 227.
209 Yisrael Gutman/Shmuel Krakowski, *Unequal Victims: Poles and Jews during World War Two*, New York 1986, S. 52 f.
210 Zitiert nach Burkhart Schneider/Pierre Blet/Angelo Martini (Hrsg.), *Die Briefe Pius' XII. an die deutschen Bischöfe 1939–1944*, Mainz 1966, S. 134, Anm. 4.
211 Ebd., S. 132 ff.
212 John F. Morley, *Vatican Diplomacy and the Jews during the Holocaust, 1939–1943*, New York 1980, S. 51 ff. Der vollständige Text von Bérards Bericht wurde zuerst in *Le Monde Juif*, Oktober 1946, S. 2 ff., veröffentlicht. Laut den ausgewählten vom Vatikan veröffentlichten Dokumenten erwähnte Pétain Bérards Bericht gegenüber dem päpstlichen Nuntius Monsignore Valerio Valeri, dann legte er ihn ihm vor, um seine Politik zu rechtfertigen. Valeri protestierte gegen die seiner Meinung nach vereinfachende Interpretation des Marschalls, sagte aber nicht, daß der Report die Position des Vatikan falsch wiedergebe. Vgl. Pierre Blet/Angelo Martini/Burkhart Schneider (Hrsg.), *Actes et documents du Saint Siège relatifs à la Seconde Guerre mondiale*, Bd. 8: *Le Saint Siège et les Victimes de la Guerre: Janvier 1941–Décembre 1942*, hrsg. von Pierre Blet, Vatikan 1974, S. 295 ff. Der Bericht drückte wahrscheinlich die Ansichten der vatikanischen Staatssekretäre Monsignore Montini und Monsignore Tardini aus oder die des Ordensgenerals der Dominikaner, Pater Gillet. In beiden Fällen hätte der Bericht Autorität besessen. Vgl. Jean-Marie Mayeur, «Les églises devant la persécution des Juifs en France», in: *La France et la question juive: 1940–1944: Actes du colloque du Centre de documentation Juive Contemporaine (10.–12. März 1979)*, hrsg. von Georges Wellers, André Kaspi und Serge Klarsfeld, Paris 1981, S. 155, Anm. 17.
213 Diese Kontinuität betont besonders Dieter Pohl, *Von der «Judenpolitik» zum Judenmord: Der Distrikt Lublin des Generalgouvernements 1939–1944*, Frankfurt a. M. 1993, S. 30 ff.; vgl. auch Dieter Pohl, «Die Ermordung der Juden im Generalgouvernement», in: *Nationalsozialistische Vernichtungspolitik 1939–1945*, S. 98–121.
214 Zur Arbeit des JDC und verwandter Organisationen vgl. besonders Yehuda Bauer, *American Jewry and the Holocaust*.
215 Einzelheiten über Sugihara bietet Hillel Levine, *In Search of Sugihara: The Elusive Japanese Diplomat Who Risked His Life to Rescue 10 000 Jews from the Holocaust*, New York 1996.
216 Ebd., S. 257.
217 Ebd., S. 5.
218 Ebd.
219 Ebd., S. 253.

Zweiter Teil
Massenmord

Zitat S. 578: «Das Verhältnis von Leben und Tod»: Abraham Lewin, «Eulogy in honor of Yitshak Meir Weissenberg, September 31, 1941», in: Abraham Lewin, *A Cup of Tears: A Diary of the Warsaw Ghetto*, hrsg. von Antony Polonsky, Oxford 1988, S. 243.

4. Kapitel

1 Zitiert nach Karel C. Berkhoff, *Harvest of Despair: Life and Death in Ukraine under Nazi Rule*, Cambridge, Mass. 2004, S. 75 f.
2 Dawid Rubinowicz, *Das Tagebuch des Dawid Rubinowicz*, hrsg. von Walther Petri, Weinheim u. a. 2001, S. 16.
3 Lucjan Dobroszycki (Hrsg.), *The Chronicle of the Łódź Ghetto 1941–1944*, New Haven 1984, S. 62.
4 Dawid Sierakowiak, *Das Ghettotagebuch des Dawid Sierakowiak: Aufzeichnungen eines Siebzehnjährigen 1941/42*, Leipzig 1993, S. 54.
5 Ebd., S. 55.
6 Mihail Sebastian, *«Voller Entsetzen, aber nicht verzweifelt»: Tagebücher 1935–44*, hrsg. von Edward Kanterian, Berlin 2005, S. 499.
7 Ebd., S. 499 f.
8 Benjamin Harshav, «Introduction», in: Herman Kruk, *The Last Days of the Jerusalem of Lithuania: Chronicles from the Vilna Ghetto and the Camps, 1939–1944*, hrsg. von Benjamin Harshav, New Haven 2002, S. xl ff.
9 Herman Kruk, *The Last Days of the Jerusalem of Lithuania*, S. 46 f.
10 Adam Czerniaków, *Im Warschauer Ghetto: Das Tagebuch des Adam Czerniaków 1939–1942*, München 1986, S. 162.
11 Ebd., S. 167.
12 Victor Klemperer, *Ich will Zeugnis ablegen bis zum letzten: Tagebücher 1933–1945*, Bd. 1, Berlin 1995, S. 601.
13 Siehe beispielsweise die verschiedenen in Zusammenfassung wiedergegebenen Berichte in Marlis Steinert, *Hitlers Krieg und die Deutschen: Stimmung und Haltung der deutschen Bevölkerung im Zweiten Weltkrieg*, Düsseldorf 1970, S. 206 ff.
14 Joseph Goebbels, *Die Tagebücher von Joseph Goebbels. Sämtliche Fragmente*, Teil II, Bd. 1, hrsg. von Elke Fröhlich, München 1996, S. 30, 35.
15 Nürnberg doc. L-221, in: *Der Prozeß gegen die Hauptkriegsverbrecher vor dem Internationalen Militärgerichtshof*, Bd. 38, Nürnberg 1949, S. 88, 92.
16 Zum Reichskommissariat Ostland gehörten Ostpolen, Teile Weißrußlands (als Weißruthenien bezeichnet) und die baltischen Staaten (Białystok und sein Distrikt wurden Ostpreußen zugeschlagen). Zum Reichskommissariat Ukraine gehörten Teile von Weißrußland und das Gebiet der Ukraine vor September 1939; die Westukraine (oder Ostgalizien) wurde als Distrikt «Galizien» dem Generalgouvernement angegliedert.
17 Vgl. bespielsweisee Joseph Goebbels, *Tagebücher*, Teil II, Bd. 1, S. 42 f., 115 f.
18 Zum Kontext von Bischof Galens Predigt vgl. Beth Griech-Polette, «Image of a Churchman-Resister: Bishop von Galen, the Euthanasia Project and the Sermons of Summer 1941», in: *Journal of Contemporary History* 36 (2001), S. 41–57.
19 Über diese zweite Phase der Euthanasie siehe unter anderem Michael Burleigh, *Tod und Erlösung: Euthanasie in Deutschland 1900–1945*, Zürich/München 2002,

Anmerkungen zum 4. Kapitel 1149

S. 270–302; Ernst Klee, «Euthanasie» im NS-Staat: Die «Vernichtung lebensunwerten Lebens», Frankfurt a. M. 1983, S. 345–456.
20 Adolf Hitler, Reden und Proklamationen, 1932–1945, kommentiert von einem deutschen Zeitgenossen, hrsg. von Max Domarus, Bd. 4: 1941–1945, Leonberg ⁴1987/ 1988, S. 1726.
21 Ebd., S. 1731.
22 Andreas Hillgruber (Hrsg.), Staatsmänner und Diplomaten bei Hitler: Vertrauliche Aufzeichnungen über Unterredungen mit Vertretern des Auslandes, Bd. 1, Frankfurt a. M. 1967, S. 614.
23 Ebd., S. 624.
24 Documents on German Foreign Policy, Serie D, 1937–1945, Bd. XIII, Washington D. C. 1964, S. 387.
25 Tagebucheintrag von Hewel, zitiert in Peter Longerich/Dieter Pohl (Hrsg.), Die Ermordung der europäischen Juden: Eine umfassende Dokumentation des Holocaust 1941–1945, München 1989, S. 76.
26 Adolf Hitler, Monologe im Führer-Hauptquartier 1941–1944, hrsg. von Werner Jochmann und aufgezeichnet von Heinrich Heim, Hamburg 1980, S. 41.
27 Henry Picker, Hitlers Tischgespräche im Führerhauptquartier 1941–1942, Stuttgart 1965, S. 144.
28 Joseph Goebbels, Tagebücher, Teil II, Bd. 1, S. 35.
29 Der vollständige Text von Dietrichs Tagesparole findet sich bei Bianka Pietrow-Ennker, «Die Sowjetunion in der Propaganda des Dritten Reiches: Das Beispiel der Wochenschau», in: Militärgeschichtliche Mitteilungen 46 (1989), S. 79 ff. und 108 f.
30 Ebd., S. 133. Vgl. auch Willi A. Boelcke (Hrsg.), Wollt Ihr den totalen Krieg? Die geheimen Goebbels-Konferenzen 1939–1943, Herrsching 1989, S. 183.
31 Joseph Goebbels, Die Zeit ohne Beispiel: Reden und Aufsätze aus den Jahren 1939/40/ 41, München 1941, S. 526 ff.
32 Ebd., S. 533 ff., 558, 566, 582 f., 585.
33 Philipp Gassert, Amerika im Dritten Reich: Ideologie, Propaganda und Volksmeinung 1933–1945, Stuttgart 1997, S. 328 f.
34 «Roosevelt – Hauptwerkzeug der jüdischen Freimaurerei», in: Völkischer Beobachter, 23. 7. 1941, S. 3.
35 Joseph Goebbels, Tagebücher, Teil II, Bd. 1, S. 116, 168, 225, 271, 312, 328, 334, 515. Zur Kaufman-Affäre vgl. besonders Wolfgang Benz, «Judenvernichtung aus Notwehr? Die Legenden um Theodore N. Kaufman», in: Vierteljahrshefte für Zeitgeschichte 29 (1981), S. 615–630.
36 Wolfgang Benz, «Judenvernichtung aus Notwehr?», S. 615–626.
37 «Das Kriegsziel Roosevelts und der Juden: Völlige Ausrottung des deutschen Volkes. Ungeheuerliches jüdisches Vernichtungsprogramm nach den Richtlinien Roosevelts», in: Völkischer Beobachter, 24. 7. 1941, S. 1.
38 Wolfgang Benz, «Judenvernichtung aus Notwehr?», S. 620 f.
39 Joseph Goebbels, Tagebücher, Teil II, Bd. 1, S. 334.
40 Heinz Boberach (Hrsg.), Meldungen aus dem Reich 1938–1945: Die geheimen Lageberichte des Sicherheitsdienstes der SS, Bd. 7, Herrsching 1984, S. 2592 ff.
41 Akten zur deutschen auswärtigen Politik 1918–1945, Serie D: 1937–1941, Bd. XII.1, Göttingen 1970, S. 169.
42 Heinz Boberach (Hrsg.), Meldungen aus dem Reich 1938–1945, Bd. 7, S. 2562 ff.; Otto Dov Kulka/Eberhard Jäckel (Hrsg.), Die Juden in den geheimen NS-Stimmungsberichten 1933–1945, Düsseldorf 2004, S. 450.
43 Vgl. zu beiden Briefen Josef Wulf (Hrsg.), Literatur und Dichtung im Dritten Reich: Eine Dokumentation, Gütersloh 1963, S. 431 f.

44 Vgl. Peter Klein (Hrsg.), *Die Einsatzgruppen in der besetzten Sowjetunion 1941/42*, Berlin 1997, S. 318 f.
45 Ebd., S. 323 ff.
46 Ebd., S. 337. Laut der Aussage Otto Ohlendorfs, des Leiters der Einsatzgruppe D, beim Nürnberger Prozeß (er war der einzige Einsatzgruppenleiter, der vor Gericht kam) wurde ein mündlicher Befehl zur Ermordung aller Juden auf sowjetischem Gebiet von Heydrichs Abgesandtem Bruno Streckenbach wenige Tage vor Beginn des Feldzugs an die Einsatzgruppenleiter übermittelt. Zum Zeitpunkt dieser Aussage (1947) galt Streckenbach als tot. Als er jedoch Mitte der fünfziger Jahre aus einem sowjetischen Kriegsgefangenenlager zurückkehrte, erklärte er, kein solcher Befehl sei je ergangen oder vor dem Beginn des Rußlandfeldzugs übermittelt worden. Andere Mitglieder der Mordkommandos (Leiter oder Angehörige von Einsatzkommandos, der Untereinheiten der Einsatzgruppen) stützten vor Gericht etwa zur Hälfte die eine oder die andere der beiden einander ausschließenden Versionen; darüber hinaus gab es zahllose weitere Fassungen, die der jeweiligen Verteidigung nützten. Vgl. Philippe Burrin, *Hitler und die Juden: Die Entscheidung für den Völkermord*, Frankfurt a. M. 1993, S. 116–132. In einer meisterhaften Analyse aller zugänglichen Dokumente und Aussagen bestätigt Burrin die zuerst von Streim vorgebrachte Ansicht: Die ersten Befehle bezogen sich nur auf jüdische Männer, ab August wurden die Morde auf ganze jüdische Gemeinschaften ausgeweitet. Siehe Alfred Streim, «Zur Eröffnung des allgemeinen Judenvernichtungsbefehls gegenüber den Einsatzgruppen», in: *Der Mord an den Juden im Zweiten Weltkrieg: Entschlußbildung und Verwirklichung*, hrsg. von Eberhard Jäckel und Jürgen Rohwer, Stuttgart 1985, S. 107–119. Vgl. auch Peter Klein (Hrsg.), *Die Einsatzgruppen in der besetzten Sowjetunion 1941/42*, Berlin 1997, S. 23.
47 Die 3000 Angehörigen der vier SS-Einsatzgruppen (A: Nord, B: Mitte, C: Süd, D: Südukraine, Bessarabien usw.) wurden durch Einheiten der Waffen-SS und Sondereinheiten wie den Kommandostab Reichsführer SS verstärkt. Der Kommandostab war eine Mischung aus SS-Einheiten (etwa 25 000 Mann in drei SS-Brigaden) und stand unter Himmlers direktem Kommando. Der Reichsführer benutzte ihn zu besonderen Einsätzen: zur Ermordung von etwa 16 000 Juden in den Pripjet-Sümpfen von und weiteren Tausenden in Pinsk und Bobruisk, wie auch zu «kleinen» Operationen mit jeweils einigen hundert Opfern... Meistens stand der Kommandostab aber unter dem Kommando der HSSPF und gelegentlich auch unter dem der Wehrmacht (die erste SS-Brigade wurde beispielsweise von Himmler an Jeckeln, den HSSPF Süd, und dann an von Reichenaus 6. Armee «ausgeliehen»). Vgl. Yehoshua Büchler, «Kommandostab Reichsführer SS: Himmler's Personal Murder Brigades in 1941», in: *Holocaust and Genocide Studies* 1 (1986), S. 11–25.
48 Heinrich Himmler, *Der Dienstkalender Heinrich Himmlers 1941/42*, hrsg. von Peter Witte u. a., Hamburg 1999, S. 195, Anm. 14.
49 Zitiert nach *Justiz und NS-Verbrechen: Sammlung deutscher Strafurteile wegen nationalsozialistischer Tötungsverbrechen 1945–1966*, Bd. 20, Amsterdam 1979, S. 48. Vgl. Tikva Fatal-Knaani, «The Jews of Pinsk, 1939–1943: Through the Prism of New Documentation», in: *Yad Vashem Studies* 29 (2001), S. 162. Zur selben Zeit – und höchstwahrscheinlich als Folge der Bemerkungen Hitlers vom 16. Juli – erhöhte der Reichsführer die Zahl der SS-Einheiten und Polizeibataillone auf sowjetischem Gebiet beträchtlich; er befahl auch die umfassende Einbeziehung örtlicher Hilfstruppen in den Mordvorgang. Siehe Christopher R. Browning, *The Path to Genocide: Essays on Launching the Final Solution*, Cambridge 1992, S. 106.
50 Die ausführlichsten Erörterungen des Versorgungsarguments bieten Christian Gerlach, «Deutsche Wirtschaftsinteressen, Besatzungspolitik und der Mord an den Juden in Weißrußland, 1941–1943», in: *Nationalsozialistische Vernichtungspoli-*

Anmerkungen zum 4. Kapitel   1151

tik 1939–1945: Neue Forschungen und Kontroversen, hrsg. von Ulrich Herbert, Frankfurt a. M. ⁴2001, S. 263–291, und Christoph Dieckmann, Der Krieg und die Ermordung der litauischen Juden, in: ebd., S. 292–329.

51 Zu den statistischen Angaben über die jüdische Bevölkerung siehe Raul Hilberg, Die Vernichtung der europäischen Juden, Bd. 2, S. 304 ff.

52 Die Briefe von Hermann G. erschienen zuerst unter dem Titel Ludwig Eiber, «‹... Ein bißchen die Wahrheit›: Briefe eines Bremer Kaufmanns von seinem Einsatz beim Reserve-Polizeibataillon 105 in der Sowjetunion 1941», in: 1999: Zeitschrift für Sozialgeschichte des 20. und 21. Jahrhunderts 6 (1991), S. 58–83. Dieser Brief ist zitiert nach Bernhard Chiari, Alltag hinter der Front: Besatzung, Kollaboration und Widerstand in Weißrussland 1941–1944, Düsseldorf 1998, S. 240 f. Am 12. September verbot Keitel die Anstellung von Juden durch Soldaten: «Es hat daher jegliche Zusammenarbeit der Wehrmacht mit der jüdischen Bevölkerung, die offen oder versteckt in ihrer Einstellung deutschfeindlich ist, und die Verwendung von einzelnen Juden zu irgendwelchen bevorzugten Hilfsdiensten für die Wehrmacht zu unterbleiben.» Nürnberg doc. NOKW-3292.

53 Johannes Hürter, «Dokumentation: Auf dem Weg zur Militäropposition: Tresckow, Gersdorff, der Vernichtungskrieg und der Judenmord: Neue Dokumente über das Verhältnis der Heeresgruppe Mitte zur Einsatzgruppe B im Jahr 1941», in: Vierteljahrshefte für Zeitgeschichte 52 (2004), S. 527–562.

54 Bereits Mitte Juli 1941 erfuhren die späteren Widerständler aus dem Militär von den Mordaktionen gegen die Juden. Vgl. ebd., S. 552 ff. Hürters Artikel setzte erneut eine Kontroverse in Gang, die bereits durch mehrere Veröffentlichungen Christian Gerlachs angestoßen worden war; am aktuellsten: Christian Gerlach, «Hitlergegner bei der Heeresgruppe Mitte und die ‹verbrecherischen Befehle›», in: NS-Verbrechen und der militärische Widerstand gegen Hitler, hrsg. von Gerd R. Überschär, Darmstadt 2000, S. 62–76.

55 Ebd., S. 74.

56 Zitiert nach Omer Bartov, Hitlers Wehrmacht: Soldaten, Fanatismus und die Brutalisierung des Krieges, Reinbek bei Hamburg 1995, S. 196.

57 Ebd., S. 197.

58 Ebd., S. 197 f.

59 Zitiert nach Generalfeldmarschall Wilhelm Ritter von Leeb, Tagebuchaufzeichnungen und Lagebeurteilungen aus zwei Weltkriegen, hrsg. von Georg Meyer, Stuttgart 1976, S. 288. Vgl. Jürgen Förster, «The Wehrmacht and the War of Extermination Against the Soviet Union», in: Yad Vashem Studies 14 (1980), S. 7.

60 Zitiert nach Helmut Krausnick/Hans-Heinrich Wilhelm, Die Truppe des Weltanschauungskrieges: Die Einsatzgruppen der Sicherheitspolizei und des SD, 1938–1942, Stuttgart 1981, S. 232.

61 Ortwin Buchbender, Das tönende Erz: Deutsche Propaganda gegen die Rote Armee im Zweiten Weltkrieg, Stuttgart 1978, S. 60 ff.

62 Klara Löffler, Aufgehoben: Soldatenbriefe aus dem Zweiten Weltkrieg: Eine Studie zur subjektiven Wirklichkeit des Krieges, Bamberg 1992, S. 115.

63 Walter Manoschek (Hrsg.), «Es gibt nur eines für das Judentum: Vernichtung»: Das Judenbild in deutschen Soldatenbriefen 1939–1944, Hamburg ³1997, S. 28.

64 Ortwin Buchbender/Reinhold Sterz (Hrsg.), Das andere Gesicht des Krieges: Deutsche Feldpostbriefe 1939–1945, München 1982, S. 73.

65 Walter Manoschek (Hrsg.), «Es gibt nur eines für das Judentum: Vernichtung», S. 32.

66 Die Briefe sind zitiert nach Stephen G. Fritz, «‹We are trying ... to change the face of the world›: Ideology and Motivation in the Wehrmacht on the Eastern Front: The View from Below», in: The Journal of Military History 60 (1996), S. 693.

67 Zitiert nach Omer Bartov, Hitlers Wehrmacht, S. 163.

68 Zur speziellen antijüdischen Indoktrination der SS-Einheiten und der Bataillone

der Ordnungspolizei siehe insbesondere Jürgen Matthäus, «Ausbildungsziel Judenmord? Zum Stellenwert der ‹weltanschaulichen Erziehung› von SS und Polizei im Rahmen der ‹Endlösung›», in: *Zeitschrift für Geschichtswissenschaft* 47 (1999), S. 677–699. Vgl. auch Jürgen Matthäus/Konrad Kwiet/Jürgen Förster/ Richard Breitman (Hrsg.), *Ausbildungsziel Judenmord? «Weltanschauliche Erziehung» von SS, Polizei und Waffen-SS im Rahmen der «Endlösung»*, Frankfurt a. M. 2003.
69 Einen allgemeinen historischen Überblick gibt der Aufsatz «Ukrainian-Jewish Relations During the Nazi Occupation», in: Philip Friedman, *Roads to Extinction: Essays on the Holocaust*, hrsg. von Ada June Friedman, New York 1980, S. 176 ff.
70 Ebd.
71 Philip Friedman, «Ukrainian-Jewish Relations During the Nazi Occupation», in: ders., *Roads to Extinction: Essays on the Holocaust*, S. 177. Die Beziehungen zwischen Ukrainern und Juden über die Jahrhunderte bleiben stark umstritten, mindestens so stark wie einige zentrale Aspekte der Beziehungen zwischen Juden und Polen (oder zwischen Ukrainern und Polen). Eine anscheinend ausgewogene Sicht (nach Meinung eines Nichtspezialisten, wie ich es bin) bietet Paul R. Magocsi, *A History of Ukraine*, Seattle 1996.
72 Philip Friedman, «Ukrainian-Jewish Relations During the Nazi Occupation», S. 179 f. Sehr bald aber führte die deutsche Absicht, die Ukraine in ein Kolonisierungsgebiet zu verwandeln, zu einer Wendung gegen die Forderungen nationalistischer Ukrainer und zum Versuch, ihre Bewegungen zu unterdrücken. Vgl. besonders Wendy Lower, *Nazi Empire-Building and the Holocaust in Ukraine*, Chapel Hill 2005, S. 182 ff.
73 Etwa 4000 von insgesamt ungefähr 110 000 Juden wurden von den Deutschen und Ukrainern in der Frühphase der Besatzung getötet.
74 Bernd Boll, «Zloczow, Juli 1941: Die Wehrmacht und der Beginn des Holocaust in Galizien», in: *Zeitschrift für Geschichtswissenschaft* 50 (2002), S. 899–917.
75 Aryeh Klonicki/Malwina Klonicki, *The Diary of Adam's Father: The Diary of Aryeh Klonicki (Klonymus) and His Wife Malwina, With Letters Concerning the Fate of Their Child Adam*, Jerusalem 1973, Eintrag vom 7. Juli 1943.
76 Walter Manoschek (Hrsg.), *«Es gibt nur eines für das Judentum: Vernichtung»*, S. 33.
77 Zu diesen Aussagen von Juden und Polen aus Brzeżany siehe Shimon Redlich, *Together and Apart in Brzezany: Poles, Jews, and Ukrainians, 1919–1945*, Bloomington 2002, S. 114 ff.
78 Thomas Sandkühler, «Judenpolitik und Judenmord im Distrikt Galizien, 1941– 1942», in: *Nationalsozialistische Vernichtungspolitik 1939–1945*, S. 122–147.
79 Zur Operation des Sonderkommandos 4a und seiner Untereinheiten siehe unter anderem Helmut Krausnick/Hans-Heinrich Wilhelm, *Hitlers Einsatzgruppen*, S. 186 f.
80 Zu den folgenden Ereignissen siehe vor allem Helmuth Groscurth, *Tagebücher eines Abwehroffiziers 1938–1940: Mit weiteren Dokumenten zur Militäropposition gegen Hitler*, hrsg. von Helmut Krausnick und Harold C. Deutsch, Stuttgart 1970, S. 534 ff. Die wichtigsten Dokumente zu diesen Ereignissen sind abgedruckt in Ernst Klee/Willi Dreßen/Volker Rieß (Hrsg.), *«Schöne Zeiten»: Judenmord aus der Sicht der Täter und Gaffer*, Frankfurt a. M. ³1988, S. 132 ff., und Michael Burleigh, *Die Zeit des Nationalsozialismus: Eine Gesamtdarstellung*, Frankfurt a. M. 2000, S. 714.
81 Ernst Klee/Willi Dreßen/Volker Rieß (Hrsg.), *«Schöne Zeiten»*, S. 135 ff.
82 Ebd.
83 Ebd., S. 144.
84 Ebd., S. 138 ff.
85 Ebd., S. 145.
86 Bernd Boll/Hans Safrian, «Auf dem Weg nach Stalingrad: Die 6. Armee 1941/

Anmerkungen zum 4. Kapitel   1153

42», in: *Vernichtungskrieg: Verbrechen der Wehrmacht 1941–1944*, hrsg. von Hannes Heer und Klaus Naumann, Hamburg 1995, S. 277.
87 Ernst Klee/Willi Dreßen/Volker Rieß (Hrsg.), «*Schöne Zeiten*», S. 134.
88 Ebd.
89 Weitere Hinweise zu Groscurths Persönlichkeit bietet die detaillierte Einleitung zum Tagebuch. Zu Groscurths Erwähnung Heydrichs siehe Helmuth Groscurth, *Tagebücher eines Abwehroffiziers*, S. 130.
90 Ernst Klee/Willi Dreßen/Volker Rieß (Hrsg.), «*Schöne Zeiten*», S. 142.
91 Ebd., S. 141.
92 Ebd., S. 142.
93 Christoph Dieckmann, «Der Krieg und die Ermordung der litauischen Juden», in: *Nationalsozialistische Vernichtungspolitik 1939–1945*, S. 292. Eine detaillierte Rekonstruktion der Befehle an das «EK-Tilsit» bietet Konrad Kwiet, «Rehearsing for Murder: The Beginning of the Final Solution in Lithuania in June 1941», in: *Holocaust and Genocide Studies* 12 (1998), S. 3–26. Vgl. zu dieser frühen Phase auch Jürgen Matthäus, «Jenseits der Grenze: Die ersten Massenerschießungen von Juden in Litauen (Juni–August 1941)», in: *Zeitschrift für Geschichtswissenschaft* 44 (1996), S. 101 ff. Es gibt verschiedene Schätzungen der Gesamtzahl ermordeter Juden unter der deutschen Besatzung in Litauen. Nach neuesten Untersuchungen wurden von den 250000 Juden etwa 200000 ermordet (80%). Vgl. Michael MacQueen, «Massenvernichtung im Kontext: Täter und Voraussetzungen des Holocaust in Litauen», in: *Judenmord in Litauen: Studien und Dokumente*, hrsg. von Wolfgang Benz und Marion Neiss, Berlin 1999, S. 15.
94 Christoph Dieckmann, «Der Krieg und die Ermordung der litauischen Juden», S. 297.
95 Benjamin Harshav, «Introduction», in: Herman Kruk, *The Last Days of the Jerusalem of Lithuania*, S. xxxiii f.
96 Siehe zu diesen komplexen Entwicklungen unter anderem Dov Levin, «The Jews in the Soviet Lithuanian Establishment 1940–1941», in: *Soviet Jewish Affairs* 10 (1980), S. 21–37; Dov Levin, «The Sovietization of the Baltics and the Jews 1940–1941», in: *Soviet Jewish Affairs* 21 (1991), S. 53–58. Vgl. auch Michael MacQueen, «The Context of Mass Destruction: Agents and Prerequisites of the Holocaust in Lithuania», in: *Holocaust and Genocide Studies* 12 (1998), S. 32 ff.
97 Ereignismeldung Nr. 21 der Einsatzgruppe A vom 13. Juli 1940, Nürnberg doc. NO-2937. Zum Ablauf der Ereignisse siehe Yitzhak Arad, *Ghetto in Flames: The Struggle and Destruction of the Jews in Vilna in the Holocaust*, Jerusalem 1980, S. 66 f. In der zweiten Julihälfte übernahm das Ministerium für die besetzten Ostgebiete die Zivilverwaltung vom Reichskommissariat Ostland.
98 Isaac Rudashevski, *The Diary of the Vilna Ghetto, June 1941 – April 1943*, hrsg. von Percy Matenko, Tel Aviv 1973, S. 35 f.
99 Eine umfassende Darstellung der Ermordungen und eine Schätzung der Opferzahl gibt Yitzhak Arad, *Ghetto in Flames*, S. 101 ff., 216 f.
100 Michael MacQueen, «Massenvernichtung im Kontext: Täter und Voraussetzungen des Holocaust in Litauen», in: *Judenmord in Litauen: Studien und Dokumente*, hrsg. von Wolfgang Benz und Marion Neiss, Berlin 1999, S. 26.
101 Ereignismeldung Nr. 21 der Einsatzgruppe A vom 13. Juli 1940, Nürnberg doc. NO-2937.
102 Ernst Klee/Willi Dreßen/Volker Rieß (Hrsg.), «*Schöne Zeiten*», S. 39.
103 Beide handgeschriebenen Briefe sind reproduziert in Wolfgang Benz/Konrad Kwiet/Jürgen Matthäus (Hrsg.), *Einsatz im «Reichskommissariat Ostland»: Dokumente zum Völkermord im Baltikum und in Weißrussland, 1941–1944*, Berlin 1998, S. 177 f.
104 Siehe Stahleckers Bericht (Nürnberg doc. L-180) in: *Nazi Conspiracy and Aggression*, Bd. 7, Washington D.C. 1946, S. 978 ff.

105 Andrew Ezergailis, *The Holocaust in Latvia: 1941–1944: The Missing Center*, Riga 1996, S. 58, 72.
106 Ich danke Omer Bartov für diese Informationen, die auf neuen polnischen Forschungsergebnissen basieren.
107 Die Beteiligung der Polen beschreibt Jan T. Gross, *Nachbarn: Der Mord an den Juden von Jedwabne*, München 2001. Gross' Buch löste eine heftige Kontroverse aus; ihre Hauptaspekte sind umfassend dokumentiert in Antony Polonsky/Joanna B. Michlic (Hrsg.), *The Neighbors Respond: The Controversy over the Jedwabne Massacre in Poland*, Princeton 2004, und aus einem anderen Blickwinkel in Alexander B. Rossino, «Polish ‹Neighbors› and German Invaders: Anti-Jewish Violence in the Bialystok District during the Opening Weeks of Operation Barbarossa», in: *Polin: Studies in Polish Jewry* 16 (2003), S. 431–452.
108 Wendy Lower, *Nazi Empire-Building and the Holocaust in Ukraine*, S. 91.
109 Christian Gerlach, *Kalkulierte Morde: Die deutsche Wirtschafts- und Vernichtungspolitik in Weißrussland 1941 bis 1944*, Hamburg 1999, S. 536.
110 Wendy Lower, *Nazi Empire-Building and the Holocaust in Ukraine*, S. 91.
111 Zitiert nach Daniel Uziel, «Wehrmacht Propaganda Troops and the Jews», in: *Yad Vashem Studies* 29 (2001), S. 54.
112 Zitiert nach Tikva Fatal-Knaani, «The Jews of Pinsk, 1939–1943: Through the Prism of New Documentation», in: *Yad Vashem Studies* 29 (2001), S. 149.
113 Eine detaillierte Untersuchung der Operationen von Ohlendorfs Einheit bietet Andrej Angrick, *Besatzungspolitik und Massenmord: Die Einsatzgruppe D in der südlichen Sowjetunion 1941–1943*, Hamburg 2003.
114 International Commission on the Holocaust in Romania, *Final Report of the International Commission on the Holocaust in Romania*. Presented to Romanian President Ion Iliescu, 11. November 2004, http://www.ushmm.org/research/center/presentations/programs/presentations/2005-3-10/pdf/english/chapter03.pdf/m, S. 2.
115 Die vollständigste Beschreibung des Pogroms von Iași und des Holocaust in Rumänien im allgemeinen gibt Radu Ioanid, *The Holocaust in Romania: The Destruction of Jews and Gypsies under the Antonescu Regime, 1940–1944*, Chicago 2000. Vgl. zum Iași-Pogrom besonders S. 62 ff. Der Bericht der Internationalen Kommission über den Holocaust in Rumänien stellt fest, daß «mindestens 15 000 Juden aus dem Regat (Altrumänien) beim Iași-Pogrom und durch andere antijüdische Maßnahmen ermordet wurden». International Commission on the Holocaust in Romania, *Final Report of the International Commission on the Holocaust in Romania*, S. 3.
116 Zitiert nach Jean Ancel, «The Romanian Way of Solving the ‹Jewish Problem› in Bessarabia and Bukovina: June-July 1941», in: *Yad Vashem Studies* 19 (1988), S. 190.
117 Jean Ancel, «The ‹Christian› Regimes of Romania and the Jews, 1940–1942», in: *Holocaust and Genocide Studies* 7 (1993), S. 19.
118 Vgl. zum Ghetto in Kischinew Paul A. Shapiro, «The Jews of Chișinău (Kishinev): Romanian Reoccupation, Ghettoization, Deportation», in: *The Destruction of Romanian and Ukrainian Jews during the Antonescu Era*, hrsg. von Randolph L. Braham, Boulder, CO 1997, S. 135–193.
119 Radu Ioanid, *The Holocaust in Romania*, S. 177 ff.
120 Zitiert nach Paul A. Shapiro, «The Jews of Chișinău (Kishinev)», S. 167.
121 Mihail Sebastian, *«Voller Entsetzen, aber nicht verzweifelt»: Tagebücher 1935–44*, hrsg. von Edward Kanterian, Berlin 2005, S. 532.
122 Ebd., S. 571 f.
123 *Foreign Relations of the United States*, Bd. 2: *Europe: 1941*, Washington D. C. 1959, S. 871.
124 Einen Überblick über die deutschen Maßnahmen in Serbien geben Walter Mano-

Anmerkungen zum 4. Kapitel 1155

schek, «Serbien ist judenfrei»: Militärische Besatzungspolitik und Judenvernichtung in Serbien 1941/42, München 1993; ders., «Die Vernichtung der Juden in Serbien», in: Nationalsozialistische Vernichtungspolitik 1939–1945, S. 209–234; Christopher R. Browning, «The Wehrmacht in Serbia Revisited», in: Crimes of War: Guilt and Denial in the Twentieth Century, hrsg. von Omer Bartov, Atina Grossmann und Mary Nolan, New York 2002, S. 31–40.
125 Jonathan Steinberg, Deutsche, Italiener und Juden: Der italienische Widerstand gegen den Holocaust, Göttingen 1992, S. 49.
126 Ebd.
127 Zitiert nach John Cornwell, Pius XII.: Der Papst, der geschwiegen hat, München ²2000, S. 301.
128 Carlo Falconi, Das Schweigen des Papstes: Eine Dokumentation, München 1966, S. 361 ff.
129 Pierre Blet/Angelo Martini/Burkhart Schneider (Hrsg.), Actes et documents du Saint Siège relatifs à la Seconde Guerre mondiale, Bd. 8: Le Saint Siège et les Victimes de la Guerre: Janvier 1941 – Décembre 1942, hrsg. von Pierre Blet, Vatikanstadt 1974, S. 261.
130 Zitiert nach Menachem Shelach, «The Catholic Church in Croatia, the Vatican and the Murder of the Croatian Jews», in: Holocaust and Genocide Studies 4 (1989), S. 329.
131 Michael Phayer, The Catholic Church and the Holocaust, 1930–1965, Bloomington 2000, S. 31 ff., 37 f.
132 Vgl. dazu Jonathan Steinberg, Deutsche, Italiener und Juden, S. 69.
133 Ebd., S. 61.
134 Vgl. zur Slowakei Jörg K. Hoensch, «Slovakia: ‹One God, One People, One Party!› The Development, Aim, and Failure of Political Catholicism», in: Catholics, the State, and the European Radical Right, 1919–1945, hrsg. von Richard J. Wolff und Jörg K. Hoensch, Highland Lakes, NJ 1987, S. 158–181.
135 Einen Überblick über die antijüdischen Maßnahmen des slowakischen Staates gibt Livia Rothkirchen, «The Situation of the Jews in Slovakia between 1939 and 1945», in: Jahrbuch für Antisemitismusforschung 7 (1998), S. 46–70.
136 Ebd., S. 49.
137 Vgl. Kap. 2, S. 460.
138 Livia Rothkirchen, «The Situation of the Jews in Slovakia between 1939 and 1945», S. 49 f.
139 Diese Zusammenfassung basiert vor allem auf Randolph L. Braham, The Politics of Genocide: The Holocaust in Hungary, Detroit 2000; ders., «The Holocaust in Hungary: A Retrospective Analysis», in: Genocide and Rescue: The Holocaust in Hungary 1944, hrsg. von David Cesarani, Oxford 1997, S. 29–46; Iván T. Berend, Decades of Crisis: Central and Eastern Europe before World War II, Madison 1995; Stanley Payne, Geschichte des Faschismus: Aufstieg und Fall einer europäischen Bewegung, München/Berlin 2001; Ezra Mendelsohn, The Jews of East Central Europe Between the World Wars, Bloomington 1983; Istvan Deák, «A Fatal Compromise? The Debate over Collaboration and Resistance in Hungary», in: The Politics of Retribution in Europe: World War II and its Aftermath, hrsg. von Istvan Deák, Jan T. Gross und Tony Judt, Princeton, NJ 2000, S. 39–73.
140 Zur Haltung der ungarischen Kirchen siehe Randolph L. Braham, «The Christian Churches of Hungary and the Holocaust», in: Yad Vashem Studies 29 (2001), S. 244.
141 Randolph L. Braham, The Politics of Genocide, S. 34. Während HSSPF Friedrich Jeckeln anbot, die 18 000 von den Ungarn ausgewiesenen Juden umzubringen, wurden über 27 000 Juden, die von den Rumänen auf deutsch kontrolliertes Gebiet abgeschoben worden waren, von der Einsatzgruppe D auf rumänisch kontrolliertes Gebiet zurückgetrieben. Diese gegensätzlichen Initiativen deuten an,

daß Ende August 1941 noch kein klarer umfassender Beschluß über das Schicksal großer jüdischer Gruppen dieser Art (im Unterschied zu lokalen jüdischen Gemeinschaften) gefaßt war. Vgl. zu diesem Punkt Klaus-Michael Mallmann, «Der qualitative Sprung im Vernichtungsprozeß: Das Massaker von Kamenetz-Podolsk Ende August 1941», in: *Jahrbuch für Antisemitismusforschung* 10 (2001), S. 239–264, besonders S. 255.

142 Heinrich Himmler, *Dienstkalender*, S. 185, Anm. 15.

143 Am 17. Juli hatte Himmler Globocnik zum «Beauftragten für die Errichtung der SS- und Polizeistützpunkte im neuen Ostraum» ernannt. Ebd., S. 185, Anm. 14.

144 Ebd.

145 Einzelheiten zum Test des Lastwagens und seiner Verwendung in Poltawa finden sich in Eugen Kogon/Hermann Langbein/Adalbert Rückerl (Hrsg.), *Nationalsozialistische Massentötungen durch Giftgas: Eine Dokumentation*, Frankfurt a. M. 1995, S. 93.

146 Einen Teil der Einzelheiten über die Ursprünge und die Frühphase von Auschwitz entnehme ich Danuta Czech, «Entstehungsgeschichte des KL Auschwitz, Aufbau- und Ausbauperiode», in: *Auschwitz: Nationalsozialistisches Vernichtungslager*, hrsg. von Franciszek Piper und Teresa Świebocka, Auschwitz-Birkenau 1997, S. 30–57. Anscheinend wurden aber keine polnischen Kasernen benutzt, sondern ein Arbeiter- und Flüchtlingslager. Siehe zu diesen Angaben Sybille Steinbacher, *Auschwitz: Geschichte und Nachgeschichte*, München 2004, S. 13.

147 Zu den Phasen der Beteiligung der IG Farben an der Buna-Fabrik in Auschwitz siehe vor allem Peter Hayes, *Industry and Ideology: IG Farben in the Nazi Era*, New York 1987, S. 347 ff.

148 Vgl. zu den Einzelheiten Debórah Dwork/Robert Jan van Pelt, *Auschwitz: Von 1270 bis heute*, München 1996, S. 217–257; Heinrich Himmler, *Dienstkalender*, S. 123; Danuta Czech, *Kalendarium der Ereignisse im Konzentrationslager Auschwitz-Birkenau 1939–1945*, Reinbek bei Hamburg 1989, S. 79. Im Gegensatz zu Höß' Aussage befahl Himmler während dieses Besuchs nicht den Bau eines Lagers für (künftige) sowjetische Gefangene in Birkenau. Der Bau des Gefangenenlagers Birkenau begann im Oktober 1941, und erst mehrere Monate später wurde es dann in ein Vernichtungslager umgewandelt, wie noch zu sehen sein wird. Vgl. Sybille Steinbacher, *«Musterstadt» Auschwitz: Germanisierungspolitik und Judenmord in Ostoberschlesien*, München 2000, S. 238 ff.

149 Seit dem Ersten Weltkrieg wurde Blausäure – der chemisch wirksame Bestandteil des Präparats Zyklon B – zunehmend als starkes Pestizid zur Desinfektion eingesetzt. Im September 1939, zu Beginn der Aktion T4, wurde der Einsatz von Zyklon B als mögliche Methode zur Ermordung von Geisteskranken erwogen, aber durch Kohlenmonoxid ersetzt, das als effizienter galt. Obwohl das Potential von Zyklon B zur Tötung von Menschen zunächst unterschätzt wurde, setzte man es oft zur Desinfektion ein. So wurde Anfang 1940, als die Entscheidung zur Einrichtung eines Konzentrationslagers in Auschwitz getroffen wurde, Zyklon B zur Desinfektion der ersten neuen Gebäude des Lagers benutzt. In den kommenden anderthalb Jahren wurde Zyklon B in Auschwitz wie in allen anderen Lagern regelmäßig zu diesem Zweck verwendet.

Im Frühsommer wurden kleinere und damit effektivere Desinfektionsräume für Kleidung, Bettdecken und ähnliches auf Vorschlag des Zyklon B-Produzenten DEGESCH (Deutsche Gesellschaft für Schädlingsbekämpfung) eingeführt. Laut Aussagen nach dem Krieg bemerkten die Sklavenarbeiter und ihr SS-Aufseher während einer solchen Aktion den schnellen Tod einer Katze, die in einem dieser Räume geblieben war. «Kann man das nicht bei Menschen verwenden?» soll der Aufseher gesagt haben. Eine 1939 allzu rasch aufgegebene Idee wurde neu geboren.

Anmerkungen zum 4. Kapitel   1157

Es gab genügend Insassen, an denen das Produkt getestet werden konnte. Wir haben gesehen, daß vor allem seit August 1941 im Kontext des 14f 13-Mordprogramms Hunderte von Gefangenen in den Lagern ausgewählt und in T4-Einrichtungen in den Tod geschickt wurden. Obwohl einige dieser Einrichtungen bis Kriegsende arbeiteten, zeigte sich, daß der Mord direkt in den Lagern effizienter sein würde. Außerdem begann nach dem Angriff auf die Sowjetunion die Ermordung politischer Kommissare, anderer Funktionäre der Kommunistischen Partei und aller jüdischen Kriegsgefangenen. Die Kriegsgefangenenlager wurden von der Gestapo durchsucht und die zur Exekution bestimmten Personen entweder sofort getötet oder in nahegelegene Konzentrationslager gebracht, um dort ermordet zu werden. Die Tötungsprozedur unterschied sich von einem Lager zum anderen; Genickschüsse scheinen am häufigsten gewesen zu sein, aber der Einfallsreichtum der Henker hatte viel Spielraum. In Auschwitz wählte man Zyklon B ... Vgl. zu diesen Entwicklungen Florent Brayard, *La «Solution finale de la question juive»: La Technique, le Temps et les Catégories de la Décision*, Paris 2004, S. 262 ff.
150 Danuta Czech, *Kalendarium der Ereignisse im Konzentrationslager Auschwitz-Birkenau*, S. 117f.
151 Ebd., S. 118.
152 Zu Wagners Rolle beim Verhungernlassen sowjetischer Kriegsgefangener siehe vor allem Christian Gerlach, «Militärische ‹Versorgungszwänge›, Besatzungspolitik und Massenverbrechen: Die Rolle des Generalquartiermeisters des Heeres und seiner Dienststellen im Krieg gegen die Sowjetunion», in: *Ausbeutung, Vernichtung, Öffentlichkeit*, hrsg. von Norbert Frei u. a., München 2000, S. 175–208. Die umfassendste Untersuchung zur Behandlung sowjetischer Kriegsgefangener durch die Deutschen bleibt Christian Streit, *Keine Kameraden: Die Wehrmacht und die sowjetischen Kriegsgefangenen 1941–1945*, Stuttgart 1978.
153 Götz Aly, «Das Posener Tagebuch des Anatomen Hermann Voss», in: *Biedermann und Schreibtischtäter: Materialien zur deutschen Täter-Biographie*, Berlin 1987, S. 43 (Beiträge zur nationalsozialistischen Gesundheits- und Sozialpolitik, Bd. 4).
154 Ebd., S. 48.
155 Nürnberg doc. PS-710, in: *Nazi Conspiracy and Aggression*, Bd. 26, Washington D. C. 1946, S. 266 f.
156 Siehe Eichmanns Memoiren: *Ich, Adolf Eichmann*, hrsg. von R. Aschenauer, Leoni am Starnberger See 1980, S. 479.
157 Notizen über die Sitzung wurden von Bernhard Lösener, dem Rassereferenten im Innenministerium, gemacht. Siehe Lösener, «Das Reichsministerium des Inneren und die Judengesetzgebung», in: *Vierteljahrshefte für Zeitgeschichte* 9 (1961, S. 262–313, Zitat auf S. 303; vgl. Peter Witte, «Zwei Entscheidungen in der ‹Endlösung der Judenfrage›: Deportationen nach Lodz und Vernichtung in Chelmno», in: *Theresienstädter Studien und Dokumente*, hrsg. von Miroslav Karny, Raimund Kemper und Margita Karna, Prag 1995, S. 42.
158 Joseph Goebbels, *Tagebücher*, Teil II, Bd. 1, S. 265 f.
159 Ebd., S. 278.
160 Ebd., S. 269.
161 Ebd.
162 Heydrich war bereit, mit den Deportationen aus dem Reich sofort zu beginnen, aber wie wir sahen, verbot Hitler jeden sofortigen Schritt dieser Art wie auch die Durchführung von Goebbels' Evakuierungsplänen. Es ist somit schwer, Christopher Brownings Interpretation von Görings Brief als Heydrichs «Freibrief» (Christopher R. Browning, *Die Entfesselung der «Endlösung»: Nationalsozialistische Judenpolitik 1939–1942*, München 2003, S. 456 f.) zu folgen, der den Chef des RSHA aufforderte, «eine ‹Machbarkeitsstudie› über den Massenmord an den europäischen Juden anzufertigen». Heydrich hätte die neue Ermächtigung ge-

braucht, «weil er vor einer neuen, überwältigenden Aufgabe stand, die selbst das in der Sowjetunion angelaufene systematische Mordprogramm in den Schatten stellte». Zwei Dokumente, welche die These von der «Machbarkeitsstudie» stützen sollen, lassen sich ebenfalls anders lesen. Am 28. August lehnte Eichmann eine Forderung der Wilhelmstraße ab, jüdische Emigration aus den besetzten westlichen Ländern zu erlauben, im Hinblick auf die kommende und in Vorbereitung befindliche Endlösung, ebd., S. 465. Diese Formel ließ sich jedoch sowohl auf die Vorbereitung der Deportation aller europäischen Juden nach Nordrußland als auch auf die Vorbereitung ihrer Ermordung anwenden. Da es aber, soweit wir wissen, keine Vorbereitung gab, benutzte Eichmann die Formel vielleicht einfach, um seine Ablehnung zu begründen.

Ein zweites Dokument, ein Memorandum des Chefs der Umwandererzentrale (UWZ) des RKF in Posen, SS-Sturmbannführer Rolf-Heinz Höppner, an Eichmann vom 3. September scheint zu belegen, daß die «Vorbereitungen» sich auf die Deportation der europäischen Juden nach Nordrußland bezogen. Höppner schlug die Zuständigkeit der Berliner UWZ für alle europäischen Juden vor; er schlug auch vor, die Kontrolle über die «Aufnahmegebiete» solle bei der neuen Zentrale liegen. Genau dieses Dokument deutet aber darauf hin, daß noch keine Entscheidung getroffen war. «Ich könnte mir vorstellen», schrieb Höppner, «daß man zur Aufnahme der im großen deutschen Siedlungsraum unerwünschten Volksteile *große Räume im jetzigen Sowjetrußland* bereitstellt. ... Auf weitere Einzelheiten der Organisation dieser Aufnahmegebiete einzugehen, wäre Phantasterei, da zunächst die grundlegenden Entscheidungen ergehen müßten. Wesentlich ist dabei im übrigen, daß von Anfang an völlige Klarheit darüber herrscht, was nun mit diesen ausgesiedelten, für die großdeutschen Siedlungsräume unerwünschten Volksteilen endgültig geschehen soll, ob das Ziel darin besteht, ihnen ein gewisses Leben für dauernd zu sichern, oder ob sie völlig ausgemerzt werden sollen.» (Ebd., S. 466) In einem weiteren Abschnitt des September-Memorandums betonte Höppner, daß seine für die «Aufnahmegebiete» (Rußland) gedachten Vorschläge erst einmal «Stückwerk» blieben, da er «die Ansichten des Führers und des Reichsführers SS sowie des Chefs der Sicherheitspolizei und des SD nicht kenne». Christopher R. Browning, *Judenpolitik: NS-Politik, Zwangsarbeit und das Verhalten der Täter*, Frankfurt a. M. 2001, S. 59. Wenn eine «Machbarkeitsstudie» für die totale Vernichtung in Arbeit gewesen wäre, als Höppner sein Memorandum schrieb, hätte Eichmann wahrscheinlich darauf hingewiesen, und das gesamte Memorandum wäre nicht so unbestimmt und offen gewesen.

163 Vgl. zu diesen Zahlen Wolfgang Scheffler, «Die Einsatzgruppe A 1941/2», in: *Die Einsatzgruppen in der besetzten Sowjetunion 1941/42*, hrsg. von Peter Klein, Berlin 1997, S. 34 f.
164 Herman Kruk, *The Last Days of the Jerusalem of Lithuania*, S. 96 ff.
165 Isaac Rudashevski, *The Diary of the Vilna Ghetto, June 1941 – April 1943*, S. 31 f.
166 Ebd., S. 32 f.
167 Avraham Tory, *Surviving the Holocaust: The Kovno Ghetto Diary*, hrsg. von Martin Gilbert und Dina Porat, Cambridge 1990, S. 13.
168 Ebd., S. 26 ff.
169 Ebd., S. 32.
170 Zygmunt Klukowski, *Diary from the Years of Occupation, 1939–1944*, hrsg. von Andrew Klukowski und Helen Klukowski May, Urbana, IL 1993, S. 168.
171 Adam Czerniaków, *Im Warschauer Ghetto*, S. 167.
172 Ebd., S. 168.
173 Ebd., S. 185.
174 Vgl. Raul Hilberg, *Täter, Opfer, Zuschauer: Die Vernichtung der Juden 1933–1945*, Frankfurt a. M. 1992, S. 173.

175 Vgl. besonders Havi Ben-Sasson, «Christians in the Ghetto: All Saints' Church, Birth of the Holy Virgin Mary Church, and the Jews of the Warsaw Ghetto», in: *Yad Vashem Studies* 31 (2003), S. 153–173.
176 Ebd., S. 153 ff.
177 Ebd., S. 165.
178 Adam Czerniaków, *Im Warschauer Ghetto*, S. 172.
179 Janusz Korczak, *Tagebuch aus dem Warschauer Ghetto 1942*, Göttingen 1992, S. 63 f.; vgl. Havi Ben-Sasson, «Christians in the Ghetto», S. 163 f.
180 Heinrich Himmler, *Der Dienstkalender Heinrich Himmlers 1941/42*, hrsg. von Peter Witte u. a., Hamburg 1999, S. 167, Anm. 7.
181 Lucjan Dobroszycki (Hrsg.), *The Chronicle of the Łódź Ghetto 1941–1944*, S. 71.
182 Ebd., S. 67.
183 Ebd., S. 68 f.
184 Ebd., S. 69. Am 29. Juli, an dem Tag, als die Patienten weggebracht wurden, notierte Rumkowskis Sekretär Szmul Rozensztajn knapp in seinem Tagebuch: «Alle Versuche des Vorsitzenden, die Geisteskranken zu retten, waren erfolglos. Heute fuhr um elf Uhr vormittags ein Lastwagen beim Krankenhaus in der Wesolastr. 3 vor und nahm 58 Personen mit. Sie hatten Injektionen mit dem Beruhigungsmittel Scopolamin bekommen.» Zitiert nach Alan Adelson/Robert Lapides (Hrsg.), *Lodz Ghetto: Inside a Community Under Siege*, New York 1989, S. 156.
185 Isaiah Trunk, *Judenrat: The Jewish Councils in Eastern Europe under Nazi Occupation*, New York 1972, S. 84.
186 Ebd.
187 Alle Einzelheiten über Bruno Schulz stammen aus Jerzy Ficowski, *Regions of the Great Heresy. Bruno Schulz: A Biographical Portrait*, New York 2003.
188 Ebd., S. 164 f.
189 Alle Einzelheiten über Dubnovs Leben stammen aus Sophie Dubnov-Erlich, *The Life and Work of S. M. Dubnov: Diaspora Nationalism and Jewish History*, Bloomington 1991.
190 Ebd., S. 229.
191 Ebd., S. 245 f.
192 Ebd., S. 218.
193 Zur Verbreitung der Informationen siehe Mordechai Altschuler, «Escape and Evacuation of Soviet Jews at the Time of the Nazi Invasion», in: *The Holocaust in the Soviet Union: Studies and Sources on the Destruction of the Jews in the Nazi-occupied Territories of the USSR 1941–1945*, hrsg. von Lucjan Dobroszycki und Jeffrey S. Gurock, Armonk, NY 1993, S. 84 ff.
194 Einen Überblick über diese Einstellungen gibt Karel C. Berkhoff, *Harvest of Despair: Life and Death in Ukraine under Nazi Rule*, Cambridge, Mass. 2004, S. 61 f.
195 Mordechai Altschuler, *Soviet Jewry on the Eve of the Holocaust: A Social and Demographic Profile*, Jerusalem 1998, S. 188.
196 Yuri Slezkine, *The Jewish Century*, Princeton 2004, S. 221.
197 Ebd., S. 245.
198 Zitiert nach ebd., S. 288.
199 Siehe vor allem Joshua Rubenstein, *Tangled Loyalties: The Life and Times of Ilya Ehrenburg*, New York 1996, S. 189 ff.
200 Jonathan Frankel, «Empire tsariste et Union soviétique», in: *Les Juifs et le XXe Siècle: Dictionnaire critique*, hrsg. von Élie Barnavi und Saul Friedländer, Paris 2000, S. 258.
201 David Engel, *In the Shadow of Auschwitz: The Polish Government-in-Exile and the Jews, 1939–1942*, Chapel Hill 1987, S. 136.
202 Vgl. besonders Nechama Tec, *Ich wollte retten: Die unglaubliche Geschichte der Bielski-Partisanen 1942–1944*, Berlin 2002. Vgl. auch Peter Duffy, *Die Bielski-Brüder:*

Die Geschichte dreier Brüder, die in den Wäldern Weißrusslands 1200 Juden vor den Nazis retteten, Frankfurt a. M. 2005.
203 Nechama Tec/Daniel Weiss, «The Heroine of Minsk: Eight Photographs of an Execution», in: Sybil Milton/Genya Markon (Hrsg.), Photography and the Holocaust, S. 322–330 (Heft 4 von History of Photography 23 (1999), S. 303–400). Ebenfalls in Minsk legte eine andere Jüdin, Jelena Mazanik, die Bombe, die im September 1943 Reichskommissar Wilhelm Kube tötete. Vgl. John Garrard, «Russia and the Soviet Union», in: The Holocaust Encyclopedia, hrsg. von Walter Laqueur und Judith Tydor Baumel, New Haven 2001, S. 590.
204 Eine detaillierte Schilderung der Ursprünge und Aktivitäten des Komitees gibt Shimon Redlich, Propaganda and Nationalism in Wartime Russia: The Jewish Antifascist Committee in the USSR, 1941–1948, Boulder, CO 1982.
205 Mit der Erlich-Alter-Affäre beschäftigt sich eine umfangreiche Forschungsliteratur. Meine Darstellung der Ereignisse stützt sich auf Daniel Blatman, Notre liberté et la vôtre: Le mouvement ouvrier juif BUND en Pologne, 1939–1949, Paris 2002, S. 101 ff.
206 Joseph Walk (Hrsg.), Das Sonderrecht für die Juden im NS-Staat: Eine Sammlung der gesetzlichen Maßnahmen und Richtlinien, Inhalt und Bedeutung, Heidelberg 1981, S. 347.
207 Ebd.
208 Paul Sauer (Hrsg.), Dokumente über die Verfolgung der jüdischen Bürger in Baden-Württemberg durch das nationalsozialistische Regime 1933–1945, Bd. 2, Stuttgart 1966, S. 214.
209 Zitiert nach Léon Poliakov/Josef Wulf, Das Dritte Reich und seine Denker: Dokumente, Berlin 1959, S. 452.
210 Victor Klemperer, Ich will Zeugnis ablegen bis zum letzten, Bd. 1, S. 671.
211 Otto Dov Kulka/Eberhard Jäckel (Hrsg.), Die Juden in den geheimen NS-Stimmungsberichten, S. 450.
212 Heinz Boberach (Hrsg.), Meldungen aus dem Reich, Bd. 7, S. 2645 ff.
213 Otto Dov Kulka/Eberhard Jäckel (Hrsg.), Die Juden in den geheimen NS-Stimmungsberichten, S. 458.
214 Ebd., S. 456 f.
215 Victor Klemperer, Ich will Zeugnis ablegen bis zum letzten, Bd. 1, S. 671.
216 Ebd., S. 688.
217 Ebd., S. 681.
218 Elisabeth Freund, «Waiting», in: Hitler's Exiles: Personal Stories of the Flight from Nazi Germany to America, hrsg. von Mark M. Anderson, New York 1998, S. 122.
219 Ebd., S. 123.
220 Telegramm von Morris an den Außenminister, 30. September 1941, abgedruckt in John Mendelsohn/Donald S. Detwiler (Hrsg.), The Holocaust: Selected Documents in Eighteen Volumes, Bd. 2, New York 1982, S. 280.
221 Zu den vielfältigen Bestätigungen dieser Einstellung siehe David Bankier, Die öffentliche Meinung im Hitler-Staat: Die «Endlösung» und die Deutschen, Berlin 1995, S. 177 f.
222 Ebd., S. 170–179.
223 Zitiert nach Paul A. Levine, From Indifference to Activism: Swedish Diplomacy and the Holocaust, 1938–1944, Uppsala 1996, S. 118.
224 Eric A. Johnson/Karl-Heinz Reuband, What we Knew: Terror, Mass Murder, and Everyday Life in Nazi Germany: An Oral History, Cambridge, MA 2005, S. 362 f.
225 Ruth Klüger, weiter leben: Eine Jugend, Göttingen 1992, S. 50 f.
226 Michael H. Kater, Die missbrauchte Muse: Musiker im Dritten Reich, München 1998, S. 200.
227 Renée Poznanski, «The Jews of France and the Statutes on Jews: 1940–1941», in: Yad Vashem Studies 22 (1992), S. 115 f.

228 René Rémond, Le »Fichier juif«: Rapport de la Commission Présidée par René Rémond au Premier Ministre, Paris 1996, S. 67 f.
229 Ebd., S. 68.
230 Ebd., S. 74.
231 Raymond-Raoul Lambert, Carnet d'un témoin: 1940–1943, hrsg. von Richard I. Cohen, Paris 1985, S. 105.
232 Ebd., S. 187.
233 Jacques Biélinky, Journal, 1940–1942: Un journaliste juif à Paris sous l'occupation, hrsg. von Renée Poznanski, Paris 1992, S. 146.
234 Zu dieser Ausstellung siehe Joseph Billig, L'Institut d'Étude des Questions Juives: Officine Française des Autorités Nazies en France, Paris 1974, S. 160 ff.
235 Lucien Steinberg/Jean Marie Fitère, Les Allemands en France: 1940–1944, Paris 1980, S. 75 f.; Jacques Adler, The Jews of Paris and the Final Solution: Communal Response and Internal Conflicts, 1940–1944, New York 1987, S. 75 ff.; Renée Poznanski, Être juif en France pendant la Seconde Guerre mondiale, Paris 1994, S. 311.
236 Eine detaillierte Geschichte des französischen Alltagslebens in der Region Nantes während des Krieges bietet Robert Gildea, Marianne in Chains: Everyday Life in the French Heartland under the German Occupation, New York 2003, S. 229 ff.
237 Siehe hierzu Philippe Burrin, Hitler und die Juden: Die Entscheidung für den Völkermord, Frankfurt a. M. 1993, S. 144 f.
238 Ulrich Herbert, Best: Biographische Studien über Radikalismus, Weltanschauung und Vernunft, 1903–1989, Bonn ³1996, S. 312.
239 Ebd.
240 Jacques Adler, The Jews of Paris and the Final Solution: Communal Response and Internal Conflicts, 1940–1944, New York 1987, S. 79 f.
241 Ebd., S. 105 f.
242 Vgl. besonders Raymond-Raoul Lambert, Carnet d'un témoin: 1940–1943, S. 129 ff.
243 Genaue Statistiken sind nicht verfügbar. Vgl. Rudi Van Doorslaer, «Jewish Immigration and Communism in Belgium, 1925–1939», in: Belgium and the Holocaust: Jews, Belgians, Germans, hrsg. von Dan Michman, Jerusalem 1998, S. 63. Zu den frühen Maßnahmen, die in Belgien ergriffen wurden, siehe Maxime Steinberg, La persecution des juifs en Belgique (1940–1945), Brüssel 2004, S. 33 ff.
244 Ebd. Eine gute Zusammenfassung bietet Werner Warmbrunn, «Belgium», in: The Holocaust Encyclopedia, hrsg. von Walter Laqueur und Judith Tydor Baumel, New Haven 2001, S. 56.
245 Zu den Antwerpener Ereignissen und dem Text des «Protests» vgl. Lieven Saerens, «Antwerp's Attitude Toward the Jews from 1918 to 1940 and Its Implications for the Period of Occupation», in: Belgium and the Holocaust, S. 192 f.
246 Karel C. Berkhoff, Harvest of Despair, S. 77.

5. Kapitel

1 Die allgemeine Darstellung der Ereignisse folgt Andrew Ezergailis, The Holocaust in Latvia, 1941–1944: The Missing Center, Riga 1996, S. 244 ff.
2 Anscheinend wurden SS-Architekten und andere Experten bei der Beseitigung der Leichen der 30 000 Rigaer Juden hinzugezogen. Vgl. Konrad Kwiet, «Rehearsing for Murder: The Beginning of the Final Solution in Lithuania in June 1941», in: Holocaust and Genocide Studies 12 (1998), S. 7.
3 Andrew Ezergailis, The Holocaust in Latvia, S. 253.
4 Ebd., S. 254.
5 Wolfgang Benz/Konrad Kwiet/Jürgen Matthäus (Hrsg.), Einsatz im «Reichskom-

missariat Ostland»: Dokumente zum Völkermord im Baltikum und in Weißrussland, 1941–1944, Berlin 1998, S. 96.
6 Sophie Dubnov-Erlich, The Life and Work of S. M. Dubnov: Diaspora Nationalism and Jewish History, Bloomington 1991, S. 246 f.
7 Jürgen Matthäus, «Weltanschauliche Forschung und Auswertung: Aus den Akten des Amtes VII im Reichssicherheitshauptamt», in: Jahrbuch für Antisemitismusforschung 5 (1996), S. 316.
8 Zitiert nach Konrad Kwiet, «Erziehung zum Mord – Zwei Beispiele zur Kontinuität der deutschen ‹Endlösung der Judenfrage›», in: Geschichte und Emanzipation: Festschrift für Reinhard Rürup, hrsg. von Michael Grüttner, Rüdiger Hachtmann und Heinz-Gerhard Haupt, Frankfurt a. M./New York 1999, S. 449.
9 Peter Longerich/Dieter Pohl (Hrsg.), Die Ermordung der europäischen Juden: Eine umfassende Dokumentation des Holocaust 1941–1945, München 1989, S. 157.
10 Peter Witte, «Two Decisions Concerning the ‹Final Solution to the Jewish Question›: Deportations to Lodz and Mass Murder in Chelmno», in: Holocaust and Genocide Studies 9 (1995), S. 324 f.
11 Ebd.
12 Ebd.
13 Joseph Goebbels, Die Tagebücher von Joseph Goebbels. Sämtliche Fragmente, Teil II, Bd. 1, hrsg. von Elke Fröhlich, München 1996, S. 384, 388.
14 Gerhard L. Weinberg, Eine Welt in Waffen: Die globale Geschichte des Zweiten Weltkriegs, Stuttgart 1995, S. 272 f.
15 Siehe Kap. 2, S. 461. Dies war der Vorwand für den antijüdischen Boykott vom April 1933 gewesen und wurde von Ende 1938 bis zum Kriegseintritt der USA immer wieder als wirksame antijüdische Strategie erwähnt. Vgl. Saul Friedländer, Das Dritte Reich und die Juden, Bd. 1: Die Jahre der Verfolgung 1933–1939, München ³2007, S. 31.
16 Martin Dean, «The Development and Implementation of Nazi Denaturalization and Confiscation Policy up to the Eleventh Decree to the Reich Citizenship Law», in: Holocaust and Genocide Studies 16 (2002), S. 230.
17 Saul Friedländer, Auftakt zum Untergang: Hitler und die Vereinigten Staaten von Amerika 1939–1941, Stuttgart 1965, S. 197 ff.
18 Ebd., S. 199.
19 Zu diesen Diskussionen und verwandten Fragen siehe Heinrich Himmler, Der Dienstkalender Heinrich Himmlers 1941/42, hrsg. von Peter Witte u. a., Hamburg 1999, S. 203, 205.
20 Ebd., S. 205, Anm. 19.
21 Christopher R. Browning, Die Entfesselung der «Endlösung»: Nationalsozialistische Judenpolitik 1939–1942, München 2003, S. 473 f.
22 Zu den Beratungen zwischen Himmler und Übelhör, dann zwischen Heydrich und Übelhör siehe vor allem ebd., S. 476 ff. Vgl. unter anderem auch Hans G. Adler, Der verwaltete Mensch: Studien zur Deportation der Juden aus Deutschland, Tübingen 1974, S. 173 ff.
23 Henry Friedlander, «The Deportation of the German Jews: Post-War German Trials of Nazi Criminals», in: Year Book of the Leo Baeck Institute 23 (1984), S. 212.
24 Siehe zu den zusätzlichen Maßnahmen Yaacov Lozowick, «Malice in Action», in: Yad Vashem Bulletin 27 (1999), S. 300 f.
25 Zum Schicksal der nach Kowno deportierten Juden aus dem Reich siehe unter anderem Dina Porat, «The Legend of the Struggle of Jews from the Third Reich in the Ninth Fort near Kovno, 1941–1942», in: Tel Aviver Jahrbuch für deutsche Geschichte 20 (1991), S. 363 ff. und besonders S. 375 ff.
26 Henry Friedlander, «The Deportation of the German Jews», S. 213 f.

Anmerkungen zum 5. Kapitel 1163

27 Heinrich Himmler, *Dienstkalender*, S. 278, Anm. 104.
28 Ebd.
29 Joseph Goebbels, *Tagebücher*, Teil II, Bd. 2, S. 49 f., 73.
30 Willi A. Boelcke (Hrsg.), *Wollt Ihr den totalen Krieg? Die geheimen Goebbels-Konferenzen 1939-1943*, Herrsching 1989, S. 246.
31 Dawid Sierakowiak, *Das Ghettotagebuch des Dawid Sierakowiak: Aufzeichnungen eines Siebzehnjährigen 1941/42*, Leipzig 1993, S. 102.
32 Ebd., S. 105.
33 Chaim Aron Kaplan, *Scroll of Agony: The Warsaw Diary of Chaim A. Kaplan*, hrsg. von Abraham I. Katsh, Bloomington 1999, S. 272.
34 Victor Klemperer, *Ich will Zeugnis ablegen bis zum letzten: Tagebücher 1933-1945*, Bd. 1, Berlin 1995, S. 680.
35 Willy Cohn, *Als Jude in Breslau 1941: Aus den Tagebüchern von Studienrat a. D. Dr. Willy Israel Cohn*, hrsg. von Joseph Walk, Gerlingen 1984, S. 106, 110.
36 Mihail Sebastian, *«Voller Entsetzen, aber nicht verzweifelt»: Tagebücher 1935-44*, hrsg. von Edward Kanterian, Berlin 2005, S. 565.
37 Jacques Biélinky, *Journal, 1940-1942: Un journaliste juif à Paris sous l'occupation*, hrsg. von Renée Poznanski, Paris 1992, S. 156.
38 Ian Kershaw, *Hitler: 1936-1945*, Stuttgart/München 2000, S. 589.
39 Ernst Klink, «Der Angriff auf Moskau», in: *Das Deutsche Reich und der Zweite Weltkrieg*, Bd. 4: *Der Angriff auf die Sowjetunion*, hrsg. von Horst Boog u. a., Stuttgart 1983, S. 568-600.
40 Joseph Goebbels, *Tagebücher*, Teil II, Bd. 2, S. 296.
41 Saul Friedländer, *Auftakt zum Untergang*, S. 200 f.
42 David M. Kennedy, *Freedom from Fear: The American People in Depression and War, 1929-1945* (The Oxford History of the United States 9), New York 1999, S. 499.
43 Joseph Goebbels, *Tagebücher*, Teil II, Bd. 2, S. 297.
44 Galeazzo Ciano, *Tagebücher 1939-1943*, Bern 1946, S. 363.
45 Über die Rede in Des Moines vgl. Andrew Scott Berg, *Charles Lindbergh: Ein Idol des 20. Jahrhunderts*, München 1999, S. 395 f.
46 Ebd.
47 Ebd., S. 396.
48 Joseph Goebbels, *Tagebücher*, Teil II, Bd. 1, S. 417.
49 Zum Text von Hitlers Tagesbefehl vom 2. 10. 1941 siehe Adolf Hitler, *Reden und Proklamationen, 1932-1945*, kommentiert von einem deutschen Zeitgenossen, hrsg. von Max Domarus, Bd. 4: 1941-1945, Leonberg ^{4}1987/1988, S. 1756 f.
50 Ebd., S. 1759.
51 Adolf Hitler, *Monologe im Führer-Hauptquartier 1941-1944*, hrsg. von Werner Jochmann und aufgezeichnet von Heinrich Heim, München 2000, S. 78.
52 Ebd., S. 88.
53 Ebd., S. 90.
54 Ebd.
55 Ebd., S. 93.
56 Ebd., S. 96.
57 Ebd., S. 96 ff.
58 Nürnberg doc. NG-287. Zitiert nach Josef Wulf (Hrsg.), *Presse und Funk im Dritten Reich: Eine Dokumentation*, Gütersloh 1964, S. 254.
59 Adolf Hitler, *Monologe im Führer-Hauptquartier*, S. 106.
60 Ebd.
61 Andreas Hillgruber (Hrsg.), *Staatsmänner und Diplomaten bei Hitler: Vertrauliche Aufzeichnungen über Unterredungen mit Vertretern des Auslandes*, Bd. 1, Frankfurt a. M. 1967, S. 634 f.
62 Adolf Hitler, *Monologe im Führer-Hauptquartier*, S. 130 f.

63 Adolf Hitler, *Reden und Proklamationen*, Bd. 4, S. 1772.
64 Ebd., S. 1772 ff.
65 Ebd., S. 1778.
66 ADAP, Serie D, Bd. XIII.2, S. 627.
67 Adolf Hitler, *Monologe im Führer-Hauptquartier*, S. 137.
68 Ebd., S. 143.
69 Joseph Goebbels, «Die Juden sind schuld!», in: ders., *Das eherne Herz: Reden und Aufsätze aus den Jahren 1941/42*, hrsg. von Moritz August Konstantin von Schirmeister, München 1943, S. 85 ff.
70 Eine hervorragende Analyse von Goebbels' Artikel in *Das Reich* und seinem Vortrag vom 1. Dezember bietet Jeffrey Herf, «The ‹Jewish War›: Goebbels and the Antisemitic Campaign of the Nazi Propaganda Ministry», in: *Holocaust and Genocide Studies* 19 (2005), S. 67 f. Siehe jetzt vor allem Jeffrey Herf, *The Jewish Enemy: Nazi Propaganda During World War II and the Holocaust*, Cambridge, MA 2006, S. 122 ff.
71 Joseph Goebbels, *Tagebücher*, Teil II, Bd. 2, S. 340 f.
72 ADAP, Serie D, Bd. XIII.2, S. 695.
73 Andreas Hillgruber (Hrsg.), *Staatsmänner und Diplomaten bei Hitler*, Bd. 1, S. 664 ff.
74 ADAP, Serie D, Bd. XIII.2, S. 727 f.
75 Schmidts Notiz für Ribbentrop vom 30. November 1941 ist abgedruckt ebd., S. 739 f.
76 Adolf Hitler, *Monologe im Führer-Hauptquartier*, S. 144.
77 Ebd., S. 147 f.
78 Adolf Hitler, *Reden und Proklamationen*, Bd. 4: 1941–1945, S. 1794.
79 Ebd., S. 1794 ff.
80 Ebd., S. 1800 ff. «Die Geister, die dieser Mann gerufen hat», waren natürlich eine Anspielung auf Goethes «Zauberlehrling».
81 Ebd., S. 1804.
82 Joseph Goebbels, *Tagebücher*, Teil II, Bd. 2, S. 498 ff.
83 Heinrich Himmler, *Dienstkalender*, S. 294; Christian Gerlach, «Die Wannsee-Konferenz, das Schicksal der deutschen Juden und Hitlers politische Grundsatzentscheidung, alle Juden Europas zu ermorden», in: *Werkstatt Geschichte* 18 (1997), S. 8. Auch in: ders., *Krieg, Ernährung, Völkermord: Deutsche Vernichtungspolitik im Zweiten Weltkrieg*, Zürich/München 2001, S. 79–152.
84 Joseph Goebbels, *Tagebücher*, Teil II, Bd. 2, S. 533 f.
85 Adolf Hitler, *Monologe im Führer-Hauptquartier*, S. 158.
86 Joseph Goebbels, *Tagebücher*, Teil II, Bd. 2, S. 614.
87 Adolf Hitler, *Reden und Proklamationen*, Bd. 4, S. 1820 f.
88 Die Mordaktionen in Galizien – einschließlich der Massenmorde im Herbst 1941 – sind sehr detailliert untersucht worden. Vgl. besonders Dieter Pohl, *Nationalsozialistische Judenverfolgung in Ostgalizien 1941–1944: Organisation und Durchführung eines staatlichen Massenverbrechens*, München 1996; Dieter Pohl, «Hans Krüger and the Murder of the Jews in the Stanisławów Region (Galicia)», in: *Yad Vashem Studies* 26 (1998), S. 239–264; Thomas Sandkühler, *«Endlösung» in Galizien: Der Judenmord in Ostpolen und die Rettungsinitiativen von Berthold Beitz, 1941–1944*, Bonn 1996; Christopher R. Browning, *Die Entfesselung der «Endlösung»*, S. 499–507.
89 Zur Darstellung der Geschehnisse auf dem Friedhof vgl. besonders Thomas Sandkühler, *«Endlösung» in Galizien*, S. 151 f.
90 Elsa Binders Tagebuch ist zitiert nach Alexandra Zapruder, *Salvaged Pages: Young Writers' Diaries of the Holocaust*, New Haven 2002, S. 301 ff., besonders S. 315.
91 Die Deportationen nach Minsk führten auch zu Massenhinrichtungen der dort ansässigen Juden; der Mord an den örtlichen Juden, um Platz für die Deportierten zu schaffen, erklärt vielleicht die aufgegebenen Pläne, ein Vernichtungslager

in Mogilew zu errichten. Siehe dazu Christian Gerlach, «Failure of Plans for an SS Extermination Camp in Mogilev, Belorussia», in: *Holocaust and Genocide Studies* 7 (1997), S. 60–78.

92 Den vollständigen Text von Heydrichs Stellungnahme zitiert Hans G. Adler, *Theresienstadt, 1941–1945: Das Antlitz einer Zwangsgemeinschaft. Geschichte, Soziologie, Psychologie*, Tübingen ²1960, S. 720 ff. Die Wannsee-Konferenz wird in Kapitel VI behandelt.

93 Heinrich Himmler, *Dienstkalender*, S. 233 f., Anm. 35.

94 Zur Funktion der Region Zamość als erstem Kolonisierungsprojekt im Rahmen des Generalplans Ost siehe vor allem Bruno Wasser, «Die ‹Germanisierung› im Distrikt Lublin als Generalprobe und erste Realisierungsphase des ‹Generalplans Ost›», in: *Der «Generalplan Ost»: Hauptlinien der nationalsozialistischen Planungs- und Vernichtungspolitik*, hrsg. von Mechtild Rössler, Sabine Schleiermacher und Cordula Tollmien, Berlin 1993, S. 271–293.

95 Adolf Hitler, *Monologe im Führer-Hauptquartier*, S. 78 ff. Hans Mommsens These, der Vernichtungsprozeß, der zur voll ausgeprägten «Endlösung» führte, sei von Globocniks Mordinitiativen in Lublin und Katzmanns Mordoperationen in Galizien ausgelöst worden, ist kaum haltbar. Nach dieser These überzeugte Globocnik Himmler, ihm T4-Personal zu schicken, um Juden zu töten, die nicht bei seinen Straßenbauprojekten (Durchgangsstraße IV) arbeiten konnten, und auch um Platz für Deutschstämmige aus der Region Zamość zu schaffen. Nach dieser Interpretation hätte Globocniks Initiative zur Errichtung weiterer Vernichtungslager im Generalgouvernement geführt und eine mörderische Kettenreaktion ausgelöst, die schließlich alle europäischen Juden erfaßte. Siehe zu dieser These Hans Mommsen, *Auschwitz, 17. Juli 1942: Der Weg zur europäischen «Endlösung der Judenfrage»*, München ²2002, S. 134 ff., 138. Ohne Zweifel wurden der Fanatismus und die Aktivität eines Globocnik – oder eines Jeckeln oder Greiser – von Himmler hoch geschätzt und bestimmt von Hitler gelobt, aber nichts deutet darauf hin, daß diese oder andere lokale Initiativen einen Kurs vorgaben, den die «oberste Instanz» dann übernahm. Die Globocniks des Systems konnten nur innerhalb der von Himmler vorgegebenen Grenzen arbeiten, und beim allgemeinen Vernichtungsplan erhielt wiederum der Reichsführer seine Befehle von Hitler.

96 Philippe Burrin, *Hitler und die Juden: Die Entscheidung für den Völkermord*, Frankfurt a. M 1993, S. 148 f.

97 Um Eichmanns Geschichte sinnvoll zu erklären, muß Christopher Browning, der die Aussage als Hinweis versteht, Hitler habe die «Endlösung» irgendwann im September in Gang gesetzt, als der Deportationsbefehl für die Juden aus Deutschland erging, annehmen, daß der Leiter von IVB4 vor der Errichtung des Lagers nach Lublin geschickt wurde und man die Verwendung der bereits vorhandenen Hütten zunächst als ausreichend für die Vernichtung betrachtete. Keine Dokumente deuten darauf hin, daß dies der Fall gewesen sein könnte. Siehe Christopher R. Browning, *Die Entfesselung der «Endlösung»*, S. 492.

98 Auf die begrenzte Vergasungskapazität von Belzec in dieser Anfangsphase hat Dieter Pohl in *Von der «Judenpolitik» zum Judenmord: Der Distrikt Lublin des Generalgouvernements 1939–1944*, Frankfurt a. M. 1993 hingewiesen. Zu Greisers berüchtigtem Brief an Hitler siehe Tatiana Berenstein (Hrsg.), *Faschismus, Getto, Massenmord: Dokumentation über Ausrottung und Widerstand der Juden in Polen während des zweiten Weltkrieges*, hrsg. vom Jüdischen historischen Institut Warschau, Berlin (Ost) 1961, S. 278.

99 Zu Heydrichs Reaktion auf das spanische Angebot vgl. Bernd Rother, «Franco und die deutsche Judenverfolgung», in: *Vierteljahrshefte für Zeitgeschichte* 46 (1998), S. 189–220, besonders S. 195. Vgl. auch Bernd Rother, *Spanien und der Holocaust*, Tübingen 2001.

100 Nürnberg doc. NG-5095, U.S. v. Weizsaecker: The Ministries Case. Trials of War Criminals Before the Nürnberg Military Tribunals under Control Council Law No. 10, Nürnberg, October 1946 – April 1949, Bd. 13, Washington 1952, S. 174.
101 Vollständig zitiert in Peter Longerich, Politik der Vernichtung: Eine Gesamtdarstellung der nationalsozialistischen Judenverfolgung, München 1998, S. 443.
102 Am 12. Dezember erklärte Hitler, wie schon erwähnt, seinen alten Parteigenossen, die Juden Europas sollten vernichtet werden. Nachdem er Hitlers Rede gehört hatte, ahmte Hans Frank am 16. Dezember seinen Führer in einer Rede vor seinen höchsten Beamten in Krakau nach. Läßt sich nicht ein Vergleich zwischen Franks Reaktion auf Hitlers Rede und einer geheimen Rede Rosenbergs vor der deutschen Presse vom 18. November ziehen, die er drei Tage nach einem langen Treffen mit Himmler hielt?

Nach dieser Interpretation wäre Rosenberg von Himmler wahrscheinlich über die Entscheidung unterrichtet worden und hätte sie in seiner Rede an die Presse wiedergegeben, ebenso wie Frank einen Monat später die Äußerungen Hitlers nachbetete. Rosenberg erklärte: «Zugleich ist dieser Osten berufen, eine Frage zu lösen, die den Völkern Europas gestellt ist; das ist die Judenfrage. Im Osten leben noch etwa 6 Millionen Juden, und diese Frage kann nur gelöst werden in einer biologischen Ausmerzung des gesamten Judentums in Europa. Die Judenfrage ist für Deutschland erst gelöst, wenn der letzte Jude das deutsche Territorium verlassen hat, und für Europa, wenn kein Jude mehr bis zum Ural auf dem europäischen Kontinent steht. Das ist die Aufgabe, die das Schicksal uns gestellt hat. ... Es ist nötig, sie über den Ural zu drängen oder sonst irgendwie zur Ausmerzung zu bringen.» Zitiert nach Christopher R. Browning, Judenmord: NS-Politik, Zwangsarbeit und das Verhalten der Täter, Frankfurt a. M. 2001, S. 73.

Rosenbergs Treffen mit Himmler hatte tatsächlich den primären Zweck, einige klare Regeln für die Aufgabenverteilung in den besetzten Ostgebieten zwischen den SS- und Polizeiführern einerseits und den Reichs- oder Gebietskommissaren andererseits aufzustellen. In diesem Kontext wurde die Judenfrage diskutiert, und wir wissen nicht, ob Himmler bei dieser Gelegenheit einem Rivalen, den er verachtete, weitere Informationen mitteilte – sofern überhaupt eine Entscheidung mitzuteilen war. Am nächsten Tag waren Himmler und Rosenberg Hitlers Gäste beim Essen. Wurde bei dieser Gelegenheit über die Juden gesprochen? Auch das wissen wir nicht. (Vgl. zum Treffen Himmler-Rosenberg Heinrich Himmler, Dienstkalender, S. 262, Anm. 46. Zum Essen mit Hitler vgl. ebd., S. 264.) Die Aufzeichnungen der «Tischgespräche» zeigen an diesem Tag keine Erwähnung der Judenfrage. (Adolf Hitler, Monologe im Führer-Hauptquartier, S. 140 ff.)

Rosenbergs Rede selbst ist mehrdeutig. Sie bezieht sich sowohl auf die physische Auslöschung als auch auf die Vertreibung hinter den Ural. Vielleicht meinte Rosenberg Vernichtung und keine bloße Vertreibung, da er in derselben Rede später die Dringlichkeit der Angelegenheit betonte und die Notwendigkeit für seine Generation von Deutschen, diese historische Aufgabe zu vollenden. (Vgl. zum Text der Rede Christopher R., Browning, Judenmord, S. 73.) Aber konnte sich nicht die gleiche Dringlichkeit auf die Vertreibung aller Juden hinter den Ural beziehen, die schließlich wie alle anderen Territorialpläne zu ihrer Vernichtung führen würde?

Andere Dokumente vom November 1941 sind nicht weniger mehrdeutig als Rosenbergs Rede. So notierte Goebbels am 6. November, nach Informationen aus dem Generalgouvernement setzten die Juden alle Hoffnung auf einen Sieg der Sowjetunion. «Sie haben ja auch nicht mehr viel zu verlieren», fuhr der Minister fort. «Man kann es ihnen eigentlich nicht verdenken, wenn sie sich nach neuen Hoffnungssternen umschauen. Uns kann das schon recht sein, denn umso entschiedener kann man dann sowohl im Generalgouvernement wie in den übrigen

Anmerkungen zum 5. Kapitel

besetzten Gebieten wie vor allem auch im Reichsgebiet gegen sie vorgehen.» Joseph Goebbels, *Tagebücher*, Teil II, Bd. 2, S. 241.
Am 29. 11. 1941 versandte Heydrich Einladungen zu einer Konferenz, die am 9. Dezember in der Interpol-Zentrale in Berlin, Am kleinen Wannsee 16, stattfinden sollte. Der Einladungsbrief definierte das Thema der Sitzung deutlich: «Am 31.7. 1941 beauftragte mich der Reichsmarschall des Großdeutschen Reiches, unter Beteiligung der in Frage kommenden anderen Zentralinstanzen alle erforderlichen Vorbereitungen in organisatorischer, sachlicher und materieller Hinsicht für eine Gesamtlösung der Judenfrage in Europa zu treffen und ihm in Bälde einen Gesamtentwurf hierüber vorzulegen. In Anbetracht der außerordentlichen Bedeutung, die diesen Fragen zuzumessen ist, und im Interesse der Erreichung einer gleichen Auffassung bei den in Betracht kommenden Zentralinstanzen an den übrigen mit dieser Endlösung zusammenhängenden Arbeiten rege ich an, diese Probleme zum Gegenstand einer gemeinsamen Aussprache zu machen, zumal seit dem 15. 10. 1941 bereits in laufenden Transporten Juden aus dem Reichsgebiet einschließlich Protektorat Böhmen und Mähren nach dem Osten evakuiert werden.» Kurt Pätzold (Hrsg.), *Tagesordnung Judenmord*, S. 89 ff. Wegen des japanischen Angriffs auf die USA und der geplanten deutschen Reaktion wurde die Konferenz verschoben. «Die für den 9. 12. 1941 anberaumt gewesene Besprechung über mit der Endlösung der Judenfrage zusammenhängende Frage musste ich s. Zt. aufgrund plötzlich bekannt gegebener Ereignisse und der damit verbundenen Inanspruchnahme eines Teils der geladenen Herren in letzter Minute leider absagen.» (Ebd., S. 100 ff.); sie wurde für den 20. 1. 1942 neu angesetzt.
Die Formulierung der ersten Einladung deutet darauf hin, daß seit Görings Anweisungen an Heydrich keine Vorbereitungen für eine «Gesamtlösung» der Judenfrage getroffen worden waren; hätte es beispielsweise im Oktober wichtige Entscheidungen gegeben, wären sie zumindest indirekt erwähnt worden. Die einzigen erwähnten konkreten Entwicklungen waren die Deportationen aus Deutschland. Diese Tatsache sowie das Datum, an dem Heydrich die Briefe verschickte, weisen darauf hin, daß die «Evakuierung» aus dem Reich und die daraus folgenden Beschwerden ein zentraler Punkt auf der Tagesordnung der Konferenz sein sollten. (Dies ist Gerlachs Argumentation in Christian Gerlach, «Die Wannsee-Konferenz, das Schicksal der deutschen Juden und Hitlers politische Grundsatzentscheidung, alle Juden Europas zu ermorden», in: *Werkstatt Geschichte* 18 (1997), S. 16 f. Die Einladung an Stuckart und Schlegelberger bekräftigt Heydrichs Absicht. Ob dies der einzige Punkt war, der am 9. Dezember beraten werden sollte, läßt sich nicht klären.
Man könnte jedoch auch argumentieren, daß die Mitwirkung Luthers, des Chefs der «Abteilung Deutschland» der Wilhelmstraße (die mit jüdischen Angelegenheiten in ganz Europa befaßt war), auf die Diskussion von Plänen hindeutet, die über die Deportationen aus dem Reich hinausgehen sollten. (Hans-Jürgen Döscher, *Das Auswärtige Amt im Dritten Reich: Diplomatie im Schatten der «Endlösung»*, Berlin 1987, S. 221.) Luthers Stellvertreter Rademacher bereitete eine Liste von zu behandelnden Fragen vor, insbesondere die Deportation von Juden aus Serbien, von staatenlosen Juden in deutsch besetzten Gebieten und von Juden kroatischer, slowakischer und rumänischer Nationalität, die im Reich lebten. Außerdem schlug Rademacher vor, die Regierungen Rumäniens, der Slowakei, Kroatiens, Bulgariens und Ungarns zu informieren, daß Deutschland bereit sei, ihre Juden nach Osten zu deportieren. Schließlich schlug der Vertreter der Wilhelmstraße vor, «alle europäischen Regierungen» aufzufordern, antijüdische Gesetze zu erlassen. (Ebd., S. 223.) Natürlich waren das Vorschläge der Wilhelmstraße; ob sie diskutiert worden wären, wissen wir nicht. Überdies geht Rademachers

Agenda nicht über die Deportationspläne nach Osten hinaus. Interessanterweise wurden die Länder West- und Nordeuropas nicht erwähnt. In einer Rede an der Universität Berlin am 18. November lobte Hans Frank unerwartet die jüdischen Zwangsarbeiter im Generalgouvernement und sagte voraus, daß sie in Zukunft weiter für Deutschland arbeiten dürften. (Yitzhak Arad/ Yisrael Gutman/Abraham Margaliot (Hrsg.), *Documents on the Holocaust: Selected Sources on the Destruction of the Jews of Germany and Austria, Poland, and the Soviet Union*, Lincoln u. a. [8]1999, S. 246 f.) Könnte es sein, daß Frank, falls die Vernichtung schon Anfang Oktober beschlossen worden war, bei seinem Besuch in Berlin Mitte November davon noch nichts erfahren hatte? Wie wir sahen, hatte sich am 16. Dezember der Ton gewandelt, und Frank sprach nur noch von einem Ziel: der Vernichtung.

Derselbe Tonwandel ist im Briefwechsel zwischen dem Reichskommissar Ostland, Lohse, und Rosenbergs Hauptgefolgsmann Bräutigam festzustellen. Am 15. November fragte Lohse Bräutigam, ob die laufenden Liquidationen in den baltischen Ländern auch Juden betreffen sollten, die in der Kriegsproduktion arbeiteten. Bräutigam antwortete am 18. Dezember: «In der Judenfrage dürfte inzwischen durch mündliche Besprechungen Klarheit geschaffen sein.» (Ebd., S. 394 f.)

Mit anderen Worten, Mitte November wußte Rosenbergs Beauftragter in der Region, die einige der größten lokalen Massaker erlebt hatte, noch nichts von einer umfassenden Ausrottungspolitik. Wie im Fall Franks erfuhr er Mitte Dezember von den Richtlinien, über die neuerdings «Klarheit geschaffen» worden war. (Vgl. zu diesem Briefwechsel auch Christian Gerlach, «Die Wannsee-Konferenz».)

Schließlich bezog sich Viktor Brack in einem Brief an Himmler vom 23. 6. 1942 auf die Vernichtungslager im Generalgouvernement und fügte hinzu: «Sie selbst, Reichsführer, haben mir gegenüber seinerzeit schon die Meinung geäußert, daß man schon aus Gründen der Tarnung so schnell wie möglich arbeiten müsse» (Christian Gerlach, «Die Wannsee-Konferenz», S. 22 f.). Man hat begründet angenommen, daß «seinerzeit» sich auf ein persönliches Treffen zwischen Himmler und Brack bezog. Ein solches Treffen fand am 14. 12. 1941 statt. Vgl. Heinrich Himmler, *Dienstkalender*, S. 290.

Allgemeiner gesagt, wäre die Deportation der deutschen Juden das Startsignal für die «Endlösung» gewesen, warum hätte man die Transporte aus dem Reich dann zunächst nach Łódź schicken sollen? Kein Vernichtungsort in oder bei Łódź war schon bereit, wohingegen Riga, Kowno oder Minsk von Anfang an zu einem Mordplan gepaßt hätten – zumindest potentiell. Aber die Ziele im Ostland waren Alternativen, welche die Belastung für Łódź mildern sollten. Die Einrichtung von Chelmno, der Bau von Belzec und die Pläne für weitere Lager erscheinen ebenfalls als «Lösungen» für die Überfüllung des Ghettos von Łódź, des Distrikts Lublin und der Ostland-Ghettos angesichts der Neuankömmlinge, nicht notwendigerweise als erste Schritte eines allgemeinen Vernichtungsplans.

Wenn es Hitlers Plan war, die Juden Deutschlands zu Geiseln zu machen, besonders um die Vereinigten Staaten vom Kriegseintritt abzuschrecken, wäre die Ermordung der Geiseln vor Dezember 1941 dem Ziel der Operation genau zuwidergelaufen; sie zu ermorden, nachdem Amerika im Krieg stand, paßte zu ihm. Die Wannsee-Konferenz vom 20. 1. 1942 sollte dann zeigen, wie auch die Konferenz vom 9. Dezember gezeigt hätte, daß keine Vorbereitungen getroffen worden waren und daß Heydrich, der dazu einlud, außer allgemeinen Aussagen keine konkreten Pläne hatte: Es gab keinen Zeitplan, keinen klaren Aktionsplan, keine anerkannte Definition der Mischlinge, die verschont oder deportiert werden sollten, usw. Hitler traf seine endgültige Entscheidung wahrscheinlich im Dezember; im Januar begann Heydrich gerade erst damit, verschiedene Möglichkeiten zu überdenken, abgesehen von der phasenweisen Deportation nach Osten.

103 Joseph Walk (Hrsg.), *Das Sonderrecht für die Juden im NS-Staat: Eine Sammlung der gesetzlichen Maßnahmen und Richtlinien, Inhalt und Bedeutung*, Heidelberg 1981, S. 350.
104 Ebd.
105 Ebd., S. 351.
106 Ebd., S. 353.
107 Ebd., S. 355.
108 Uwe Dietrich Adam, *Judenpolitik im Dritten Reich*, Düsseldorf 1972, S. 284. Zu einer umfassenden Diskussion dieser Frage vgl. ebd., S. 274 ff.
109 Ebd., S. 291.
110 Götz Aly erwähnt den Fall des jüdischen Daimler-Benz-Arbeiters Ernst Samuel, der einen Nettowochenlohn von 28 Reichsmark erhielt, nachdem 24 RM als Lohnsteuer, Sozialbeiträge usw. abgezogen worden waren. Götz Aly, *Im Tunnel: Das kurze Leben der Marion Samuel 1931–1943*, Frankfurt a. M. 2004, S. 64.
111 Vgl. zu diesem komplizierten bürokratischen Vorgang Martin Dean, «The Development and Implementation of Nazi Denaturalization and Confiscation Policy up to the Eleventh Decree to the Reich Citizenship Law», in: *Holocaust and Genocide Studies* 16 (2002), S. 217–242.
112 Uwe Dietrich Adam, *Judenpolitik im Dritten Reich*, Düsseldorf 1972, S. 292 ff., 299 ff.
113 Avraham Barkai, *Vom Boykott zur «Entjudung»: Der wirtschaftliche Existenzkampf der Juden im Dritten Reich 1933–1945*, Frankfurt a. M. 1988, S. 192.
114 Ebd., S. 196.
115 Vgl. zum vollständigen Gesetzestext Kurt Pätzold (Hrsg.), *Verfolgung, Vertreibung, Vernichtung: Dokumente des faschistischen Antisemitismus 1933 bis 1942*, Frankfurt a. M. 1984, S. 320 f.
116 Avraham Barkai, *Vom Boykott zur «Entjudung»*, S. 193.
117 Ebd., S. 198–200. In Bezug auf die H- und W-Konten kann man die Hypothese akzeptieren, daß die Reichsvereinigung zu Beginn selbst getäuscht wurde, aber wie lange? Zur Politik der Reichsvereinigung siehe u. a. Yehoyakim Cochavi, «‹The Hostile Alliance›: The Relationship Between the Reichsvereinigung of Jews in Germany and the Regime», in: *Yad Vashem Studies* 22 (1992), S. 262 ff.
118 Kurt Pätzold (Hrsg.), *Verfolgung, Vertreibung, Vernichtung*, S. 309.
119 Vgl. Henry Friedlander/Sybil Milton (Hrsg.), *Archives of the Holocaust: An International Collection of Selected Documents*, Bd. 20, doc. 17, New York 1990, S. 32 f.
120 Nürnberg doc. NG-978, in: John Mendelsohn/Donald S. Detwiler (Hrsg.), *The Holocaust: Selected Documents in Eighteen Volumes*, Bd. 2, New York 1982, S. 284 f.
121 Vgl. dazu Beate Meyer, *«Jüdische Mischlinge»: Rassenpolitik und Verfolgungserfahrung 1933–1945*, Hamburg 1999, S. 230 ff.; Bryan Mark Rigg, *Hitlers jüdische Soldaten*, Paderborn u. a. 2003, S. 169 f.
122 Ebd., S. 188 ff.
123 Ebd., S. 183.
124 Ebd.
125 Béla Bodó, «The Role of Antisemitism in the Expulsion of Non-Aryan Students 1933–1945», in: *Yad Vashem Studies* 30 (2004), S. 209 ff., insbesondere S. 216 f.
126 Walter Manoschek (Hrsg.), *«Es gibt nur eines für das Judentum: Vernichtung»: Das Judenbild in deutschen Soldatenbriefen 1939–1944*, Hamburg ³1997, S. 45.
127 Ebd., S. 49.
128 Otto Dov Kulka/Eberhard Jäckel (Hrsg.), *Die Juden in den geheimen NS-Stimmungsberichten 1933–1945*, Düsseldorf 2004, S. 467 f.
129 Zu den Berichten von Schweizer Diplomaten vgl. Daniel Bourgeois, *Das Geschäft mit Hitlerdeutschland: Schweizer Wirtschaft und Drittes Reich*, Zürich 2000, S. 215–221.
130 Walter Laqueur, *Was niemand wissen wollte: Die Unterdrückung der Nachrichten über*

Hitlers «Endlösung», Frankfurt a. M. u. a. 1981, S. 37. Was deutsche Beamte wußten, wußte der britische Geheimdienst noch genauer durch das Abhören und Dekodieren der Funksprüche von Polizeibataillonen auf sowjetischem Territorium an ihre Zentrale in Berlin. Diese Informationen wurden aber streng geheim gehalten, um die Code-Entschlüsselung der Briten zu schützen. Vgl. hauptsächlich Richard Breitman, Staatsgeheimnisse: Die Verbrechen der Nazis – von den Alliierten toleriert, München 1999.
131 Helmuth James von Moltke, Briefe an Freya 1939–1945, hrsg. von Beate Ruhm von Oppen, München ²1991, S. 278.
132 Ebd., S. 308.
133 Ebd., S. 318.
134 Ulrich von Hassell, Die Hassell-Tagebücher 1938–1944: Aufzeichnungen vom Andern Deutschland, hrsg. von Friedrich Freiherr Hiller von Gaertringen, Berlin 1988, S. 277.
135 Zitiert nach Widerstand und Verfolgung in Oberösterreich, 1934–1945: Eine Dokumentation, hrsg. vom Dokumentationsarchiv des österreichischen Widerstands, Wien u. a. 1982, S. 591; vgl. Gordon J. Horwitz, In the Shadow of Death: Living Outside the Gates of Mauthausen, New York 1990, S. 35. Vgl. Gisela Rabitsch, Konzentrationslager in Österreich (1938–1945): Überblick und Geschehen, Diss. Wien 1967, S. 361.
136 Otto Dov Kulka/Eberhard Jäckel (Hrsg.), Die Juden in den geheimen NS-Stimmungsberichten 1933–1945, S. 477.
137 Friedrich Mennecke, Innenansichten eines medizinischen Täters im Nationalsozialismus: Eine Edition seiner Briefe 1935–1947, hrsg. von Peter Chroust, Bd. 1, Hamburg 1987, S. 205 f.
138 Ernst Klee, «Euthanasie» im NS-Staat: Die «Vernichtung lebensunwerten Lebens», Frankfurt a. M. 1983, S. 349.
139 Zitiert nach Otto Dov Kulka/Eberhard Jäckel (Hrsg.), Die Juden in den geheimen NS-Stimmungsberichten 1933–1945, S. 476 ff.
140 Ebd., S. 478.
141 Ebd., S. 483 f.
142 Zitiert nach Götz Aly/Susanne Heim, Vordenker der Vernichtung: Auschwitz und die deutschen Pläne für eine neue europäische Ordnung, Hamburg 1991, S. 199.
143 Ebd.
144 Ebd.
145 Ebd., S. 200.
146 Ebd.
147 Ebd., S. 199, Anm. 22.
148 Zu sämtlichen Einzelheiten von Schieders vertraulichem Überblick und zu den Zitaten siehe Götz Aly, «Theodor Schieder, Werner Conze oder die Vorstufen der physischen Vernichtung», in: Deutsche Historiker im Nationalsozialismus, hrsg. von Winfried Schulze und Otto Gerhard Oexle, Frankfurt a. M. 1999, S. 167.
149 Zitiert nach Ludwig Volk (Hrsg.), Akten deutscher Bischöfe über die Lage der Kirche: 1933–1945, Bd. 5: 1940–1942, Mainz 1983, S. 555 Anm.
150 Kardinal Bertrams Hirtenbrief ist abgedruckt ebd., S. 555 ff.
151 Bertram an Faulhaber, 17. 11. 1941, zitiert nach Ernst Klee, Die SA Jesu Christi: Die Kirchen im Banne Hitlers, Frankfurt a. M. 1989, S. 144.
152 Cordelia Edvardson, Gebranntes Kind sucht das Feuer, München 1989, S. 54 f.
153 Richard Gutteridge, Open Thy Mouth for the Dumb! The German Evangelical Church and the Jews 1879–1950, Oxford 1976, S. 229 f.
154 Otto Dov Kulka/Eberhard Jäckel (Hrsg.), Die Juden in den geheimen NS-Stimmungsberichten 1933–1945, S. 468 f.
155 Richard Gutteridge, Open Thy Mouth for the Dumb!, S. 230.

Anmerkungen zum 5. Kapitel 1171

156 Ebd., S. 231.
157 Ursula Büttner, «‹The Jewish Problem Becomes a Christian Problem›. German Protestants and the Persecution of the Jews in the Third Reich», in: *Probing the Depths of German Antisemitism: German Society and the Persecution of the Jews, 1933– 1941*, hrsg. von David Bankier, New York 2000, S. 454 ff.
158 Zitiert nach Ernst Klee, *Die SA Jesu Christi: Die Kirchen im Banne Hitlers*, S. 148.
159 Joseph Goebbels, *Tagebücher*, Teil II, Bd. 2, S. 362 f.
160 Ernst Klee, *Die SA Jesu Christi: Die Kirchen im Banne Hitlers*, S. 148.
161 Wolfgang Gerlach, *Als die Zeugen schwiegen*, Berlin ²1993, S. 327 f.
162 Ebd., S. 328.
163 Ebd., S. 329 f.
164 Ebd., S. 331.
165 Ebd.
166 Jochen Klepper, *Unter dem Schatten Deiner Flügel: Aus den Tagebüchern der Jahre 1932–1942*, hrsg. von Hildegard Klepper, Stuttgart 1956, S. 1009.
167 Der Text des Hirtenbriefentwurfs ist abgedruckt in Ludwig Volk (Hrsg.), *Akten Kardinal Michael von Faulhaber*, Bd. 2: *1935–1945*, Mainz 1978, S. 827 ff.
168 Ebd., S. 853.
169 Klaus Scholder, *Die Kirchen zwischen Republik und Gewaltherrschaft*, Berlin 1988, S. 207.
170 Ebd.
171 Ludwig Volk (Hrsg.), *Akten deutscher Bischöfe*, Bd. 5, S. 675 Anm.
172 Ebd.
173 Ebd., S. 636.
174 Bischof Clemens August Graf von Galen, *Akten, Briefe und Predigten: 1933–1946*, Bd. 2: *1939–1946*, hrsg. von Peter Löffler, Mainz 1988, S. 910 f.
175 Ebd., S. 910 ff.
176 Raul Hilberg, *Täter, Opfer, Zuschauer: Die Vernichtung der Juden 1933–1945*, Frankfurt a. M. 1992, S. 293.
177 Richard Breitman, *Staatsgeheimnisse*, S. 119–149.
178 Raya Cohen, «The Lost Honour of Bystanders?: The Case of Jewish Emissaries in Switzerland», in: David Cesarani/Paul A. Levine (Hrsg.), *‹Bystanders› to the Holocaust: A Re-evaluation*, London 2002, S. 162.
179 Riegner protestierte, mußte sich Wises Entscheidung aber beugen. Andererseits organisierte Alfred Silberschein, der Leiter des Relief Committee (RELICO), das der hungernden jüdischen Bevölkerung helfen sollte, weiterhin Lebensmittellieferungen, entgegen Wises Anweisungen. Vgl. ebd., S. 162 ff.
180 Beide Zitate in Gulie Ne'eman Arad, *America, its Jews, and the Rise of Nazism*, Bloomington 2000, S. 212.
181 Dina Porat, *The Blue and the Yellow Stars of David: The Zionist Leadership in Palestine and the Holocaust, 1939–1945*, Cambridge, Mass. 1990, S. 18.
182 Zitiert nach Tuvia Friling, *Arrows in the Dark: David Ben-Gurion, the Yishuv Leadership and Rescue Efforts during the Holocaust*, Bd. 1, Tel Aviv 1998, S. 45.
183 Yoav Gelber, «Zionist Policy and the Fate of European Jewry (1939–1942)», in: *Yad Vashem Studies* 13 (1979), S. 191 f.
184 Dina Porat, *The Blue and the Yellow Stars of David*, S. 22.
185 Henry Friedlander/Sybil Milton (Hrsg.), *Archives of the Holocaust*, Bd. 4, New York 1990, S. 40. In diesem Kontext einer völlig falschen Einschätzung des Schicksals der europäischen Juden unter deutscher Herrschaft bot Ende 1940 eine Absplitterung der revisionistischen Untergrundgruppe Irgun, die Stern-Gruppe (oder *Lehi*), dem Reich über einen deutschen Diplomaten in Beirut an, auf Seiten der Achsenmächte gegen die Briten zu kämpfen, im Austausch gegen deutsche

Hilfe bei der Gründung eines jüdischen Staates in Palästina. Das Lehi-Angebot wurde nie beantwortet.
186 Hans G. Adler, *Der verwaltete Mensch*, passim.
187 Willy Cohn, *Als Jude in Breslau*, S. 122.
188 Eric A. Johnson/Karl-Heinz Reuband, *What we Knew: Terror, Mass Murder, and Everyday Life in Nazi Germany: An Oral History*, Cambridge, MA 2005, S. 306.
189 Otto Dov Kulka/Eberhard Jäckel (Hrsg.), *Die Juden in den geheimen NS-Stimmungsberichten*, S. 474.
190 Ebd., S. 472.
191 Anscheinend wurden in den meisten Fällen dieser Art Juden nicht als Agenten eingesetzt; die Abwehr nutzte den Vorwand, um einigen ausgewählten (und wohlhabenden) Personen beim Verlassen des Reichs zu helfen. Siehe beispielsweise Winfried Meyer, *Unternehmen Sieben: Eine Rettungsaktion für vom Holocaust Bedrohte aus dem Amt Ausland/Abwehr im Oberkommando der Wehrmacht*, Frankfurt a. M. 1993. Trotz des Widerstands einiger hoher Abwehroffiziere gegen das Regime waren andere Abwehrleute und vor allem die Geheime Feldpolizei und ihre Befehlshaber tief in den Massenmord an den Juden und anderen Gruppen im Osten verstrickt. Sogar spätere Teilnehmer an der militärischen Verschwörung gegen Hitler waren belastet. Siehe Christian Gerlach, «Männer des 20. Juli und der Krieg gegen die Sowjetunion», in: *Vernichtungskrieg: Verbrechen der Wehrmacht 1941–1944*, hrsg. von Hannes Heer und Klaus Naumann, Hamburg 1995, S. 427–446.
192 Mark Roseman, *In einem unbewachten Augenblick: Eine Frau überlebt im Untergrund*, Berlin 2002, S. 326 f.
193 Konrad Kwiet, «The Ultimate Refuge: Suicide in the Jewish Community under the Nazis», in: *Year Book of the Leo Baeck Institute* 29 (1984), S. 151.
194 Ursula Baumann, «Suizid im Dritten Reich – Facetten eines Themas», in: *Geschichte und Emanzipation*, S. 500.
195 Joseph Goebbels, *Tagebücher*, Teil II, Bd. 2, S. 247.
196 Stadtarchiv München (Hrsg.), «... verzogen, unbekannt wohin»: Die erste Deportation von Münchner Juden im November 1941, Zürich 2000, Anhang, Dokument Nr. 14.
197 Ebd., S. 19; Dina Porat, «The Legend of the Struggle of Jews from the Third Reich in the Ninth Fort near Kovno, 1941–1942», in: *Tel Aviver Jahrbuch für deutsche Geschichte* 20 (1991), S. 363, 370.
198 Hans G. Adler, *Der verwaltete Mensch: Studien zur Deportation der Juden aus Deutschland*, Tübingen 1974, S. 461 ff.
199 Shalom Cholavsky, «The German Jews in the Minsk Ghetto», in: *Yad Vashem Studies* 17 (1986), S. 223 ff.
200 Zu den Einzelheiten von Rosenfelds Leben vgl. die Einleitung des Herausgebers Hanno Loewy in Oskar Rosenfeld, *Wozu noch Welt? Aufzeichnungen aus dem Ghetto Lodz*, hrsg. von Hanno Loewy, Frankfurt a. M. 1994, S. 7–34.
201 Ebd., S. 42 f.
202 Ebd., S. 45.
203 Ebd.
204 Ebd., S. 54.
205 Eine hervorragende Übersicht und Analyse bietet Avraham Barkai, «Between East and West: Jews from Germany in the Lodz Ghetto», in: *The Nazi Holocaust: Historical Articles on the Destruction of European Jews*, hrsg. von Michael R. Marrus, Westport 1989, S. 378–439, besonders S. 394 f.
206 Lucjan Dobroszycki (Hrsg.), *The Chronicle of the Łódź Ghetto 1941–1944*, New Haven 1984, S. 79.
207 Dawid Sierakowiak, *Das Ghettotagebuch des Dawid Sierakowiak*, S. 108.

208 Ebd.
209 Ebd., S. 109.
210 Lucjan Dobroszycki (Hrsg.), *The Chronicle of the Łódź Ghetto 1941–1944*, S. 80 f.
211 Donald L. Niewyk (Hrsg.), *Fresh Wounds: Early Narratives of Holocaust Survival*, Chapel Hill 1998, S. 303.
212 Lucjan Dobroszycki (Hrsg.), *The Chronicle of the Łódź Ghetto 1941–1944*, S. 109.
213 Ebd., S. 109, Anm. 3.
214 Ebd., S. 113.
215 Oskar Rosenfeld, *Wozu noch Welt?*, S. 64.
216 Ebd.
217 Alexandra Zapruder, *Salvaged Pages: Young Writers' Diaries of the Holocaust*, New Haven 2002, S. 233.
218 Mays nach dem Krieg entstandene Erinnerungen sind zitiert in Lucjan Dobroszycki, «Introduction», in: *The Chronicle of the Łódź Ghetto 1941–1944*, S. lv f.
219 Lucjan Dobroszycki (Hrsg.), *The Chronicle of the Łódź Ghetto 1941–1944*, S. 108.
220 Guenter Lewy, *«Rückkehr nicht erwünscht»: Die Verfolgung der Zigeuner im Dritten Reich*, Berlin 2001, S. 196 f.
221 Zitiert nach Walter Laqueur, *Was niemand wissen wollte*, S. 163.
222 Ebd., S. 163 f.
223 David Graber, «Some Impressions and Memories», in: Joseph Kermish (Hrsg.), *To Live with Honor and Die with Honor! ...: Selected Documents from the Warsaw Ghetto Underground Archives «O. S.»* («Oneg Shabbath»), Jerusalem 1986, S. 61; Yitzhak Zuckerman, *A Surplus of Memory: Chronicle of the Warsaw Ghetto Uprising*, hrsg. von Barbara Harshav, Berkeley 1993, S. 156 ff.
224 Jacques Biélinky. *Journal, 1940–1942: Un journaliste juif à Paris sous l'occupation*, hrsg. von Renée Poznanski, Paris 1992, S. 153 ff.
225 Ebd., S. 155.
226 Raymond-Raoul Lambert, *Carnet d'un témoin: 1940–1943*, hrsg. von Richard I. Cohen, Paris 1985, S. 132.
227 Ebd.
228 Ebd., S. 163.
229 Mihail Sebastian, *«Voller Entsetzen, aber nicht verzweifelt»: Tagebücher 1935–44*, hrsg. von Edward Kanterian, Berlin 2005, S. 567.
230 Ebd., S. 567, 830, Anm. 462.
231 Ebd., S. 571 f.
232 Ebd., S. 567 ff.
233 Ebd., S. 597.
234 Ebd., S. 597 f.
235 Victor Klemperer, *Ich will Zeugnis ablegen bis zum letzten*, Bd. 1, S. 680.
236 Ebd., S. 683.
237 Ebd., S. 689 f.
238 Hertha Feiner, *Vor der Deportation: Briefe an die Töchter, Januar 1939–Dezember 1942*, hrsg. von Karl Heinz Jahnke, Frankfurt a. M. 1993, S. 90 f.
239 Dawid Rubinowicz, *Das Tagebuch des Dawid Rubinowicz*, hrsg. von Walther Petri, Weinheim u. a. 2001, S. 27.
240 Ebd.
241 Ebd., S. 28 f.
242 Vgl. in bezug auf Einzelheiten zu Elsa Binder die Einleitung von Alexandra Zapruder, *Salvaged Pages*, S. 301 ff.
243 Ebd., S. 306 f.
244 Ebd.
245 Chaim Aron Kaplan, *Scroll of Agony: The Warsaw Diary of Chaim A. Kaplan*, S. 267.

246 Ebd., S. 285.
247 Lucy S. Dawidowicz (Hrsg.), *A Holocaust Reader*, New York ²1976, S. 264 ff.
248 Ebd., S. 273 f.
249 Martin Gilbert, «Introduction», in: Avraham Tory, *Surviving the Holocaust: The Kovno Ghetto Diary*, hrsg. von Martin Gilbert und Dina Porat, Cambridge 1990, S. xiv.
250 Avraham Tory, *Surviving the Holocaust*, S. 44.
251 Ebd., S. 46.
252 Ebd., S. 47.
253 Ebd., S. 49 ff.
254 Ebd., S. 55 ff.
255 Isaac Rudashevski, *The Diary of the Vilna Ghetto, June 1941–April 1943*, hrsg. von Percy Matenko, Tel Aviv 1973, S. 46.
256 Ebd., S. 48.
257 Dina Porat, «The Vilna Proclamation of January 1, 1942 in Historical Perspective», in: *Yad Vashem Studies* 25 (1996), S. 106 ff.
258 Ebd., S. 108 ff.
259 Ebd., S. 111 ff.
260 Yisrael Gutman, *Resistance: The Warsaw Ghetto Uprising*, Boston 1994, S. 103.
261 Ebd., S. 104 f.
262 Yitzhak Zuckerman, *A Surplus of Memory*, S. 153 f.
263 Ebd., S. 156.
264 Mihail Sebastian, «*Voller Entsetzen, aber nicht verzweifelt*», S. 603.
265 Victor Klemperer, *Ich will Zeugnis ablegen bis zum letzten*, Bd. 1, S. 703 f.
266 Herman Kruk, *The Last Days of the Jerusalem of Lithuania: Chronicles from the Vilna Ghetto and the Camps, 1939–1944*, hrsg. von Benjamin Harshav, New Haven 2002, S. 149.
267 Alexandra Zapruder, *Salvaged Pages*, S. 311.
268 Zygmunt Klukowski, *Diary from the Years of Occupation, 1939–1944*, hrsg. von Andrew Klukowski und Helen Klukowski May, Urbana, IL 1993, S. 179.
269 Ebd., S. 180.
270 Ebd., S. 179.
271 Yitzhak Zuckerman, *A Surplus of Memory*, S. 153.

6. Kapitel

1 Eine detaillierte Schilderung der *Struma*-Tragödie geben Douglas Frantz/Catherine Collins, *Death on the Black Sea: The Untold Story of the Struma and World War II's Holocaust at Sea*, New York 2004.
2 Zitiert nach Dalia Ofer, *Escaping the Holocaust: Illegal Immigration to the Land of Israel, 1939–1944*, New York 1990, S. 158.
3 Zitiert nach Bernard Wasserstein, *Britain and the Jews of Europe, 1939–1945*, London u. a. 1979, S. 145 f.; Dalia Ofer, *Escaping the Holocaust*, S. 159 f.
4 Dalia Ofer, *Escaping the Holocaust*, S. 162 ff. Laut Dokumenten aus sowjetischen Archiven hatte Stalin anscheinend den Geheimbefehl gegeben, neutrale Schiffe zu versenken, die vom Bosporus ins Schwarze Meer einfuhren, um die Chromlieferungen der Türkei an Deutschland zu unterbrechen. Vgl. Douglas Frantz/Catherine Collins, *Death on the Black Sea*, S. 159, 341.
5 Mihail Sebastian, «*Voller Entsetzen, aber nicht verzweifelt*»: *Tagebücher 1935–44*, hrsg. von Edward Kanterian, Berlin 2005, S. 626.
6 Hitlers Neujahrsrede an das deutsche Volk war auf den 31. 12. 1941 datiert, wurde aber im *Völkischen Beobachter* vom 1. 1. 1942 abgedruckt. Vgl. Adolf Hitler, *Reden*

Anmerkungen zum 6. Kapitel 1175

und Proklamationen, 1932–1945, kommentiert von einem deutschen Zeitgenossen, hrsg. von Max Domarus, Bd. 4: 1941–1945, Leonberg ⁴1987/1988, S. 1820, Anm.
7 Adolf Hitler, *Monologe im Führer-Hauptquartier 1941–1944*, hrsg. von Werner Jochmann und aufgezeichnet von Heinrich Heim, München 2000, S. 228 f.
8 Adolf Hitler, *Reden und Proklamationen*, Bd. 4, S. 1828 f. (Hervorhebungen im Original).
9 Otto Dov Kulka/Eberhard Jäckel (Hrsg.), *Die Juden in den geheimen NS-Stimmungsberichten 1933–1945*, Düsseldorf 2004, S. 485.
10 Ebd., S. 486.
11 Chaim Aron Kaplan, *Scroll of Agony: The Warsaw Diary of Chaim A. Kaplan*, hrsg. von Abraham I. Katsh, Bloomington 1999, S. 297.
12 Adolf Hitler, *Reden und Proklamationen*, Bd. 4, S. 1844.
13 Karl Dürkefälden, «*Schreiben, wie es wirklich war ...*»: *Aufzeichnungen Karl Dürkefäldens aus den Jahren 1933–1945*, hrsg. von Herbert und Sibylle Obenaus, Hannover 1985, S. 108.
14 Ebd., S. 107 f.
15 Joseph Goebbels, *Die Tagebücher von Joseph Goebbels. Sämtliche Fragmente*, Teil II, Bd. 3, hrsg. von Elke Fröhlich, München 1996, S. 104.
16 Ebd., S. 320 f.
17 Ebd., S. 561.
18 Joseph Goebbels, *Tagebücher*, Teil II, Bd. 4, S. 184.
19 Vgl. Adolf Hitler, *Reden und Proklamationen*, Bd. 4, S. 1865.
20 Ebd., S. 1865 ff.
21 Joseph Goebbels, *Tagebücher*, Teil II, Bd. 4, S. 187 f.
22 Victor Klemperer, *Ich will Zeugnis ablegen bis zum letzten: Tagebücher 1933–1945*, Bd. 2, Berlin 1995, S. 74 (Hervorhebung im Original).
23 G. Teich, «Scheinvolklichkeit des Judentums», in: *Volk und Rasse* 17 (1942), Heft 5, S. 88–92, hier: S. 92; vgl. David Bankier, «The Use of Antisemitism in Nazi Wartime Propaganda», in: *The Holocaust and History: The Known, the Unknown, the Disputed and the Reexamined*, hrsg. von Michael Berenbaum und Abraham J. Peck, Bloomington 1998, S. 45.
24 Ebd., S. 45 f.
25 Ebd., S. 46.
26 Otto Dov Kulka/Eberhard Jäckel (Hrsg.), *Die Juden in den geheimen NS-Stimmungsberichten 1933–1945*, S. 489.
27 Ebd., S. 491.
28 Ebd., S. 494.
29 Martin Doerry, «*Mein verwundetes Herz*»: *Das Leben der Lilli Jahn 1900–1944*, Stuttgart/München 2002, S. 135.
30 Zu den wichtigsten Details der Konferenz siehe Kurt Pätzold/Erika Schwarz (Hrsg.), *Tagesordnung: Judenmord: Die Wannsee-Konferenz am 20. Januar 1942: Eine Dokumentation zur Organisation der «Endlösung»*, Berlin ³1992. Vgl. auch Mark Roseman, *Die Wannsee-Konferenz: Wie die NS-Bürokratie den Holocaust organisierte*, München 2002.
31 Vgl. Yehoshua Büchler, «A Preparatory Document for the Wannsee ‹Conference›», in: *Holocaust and Genocide Studies* 9 (1995), S. 121–129.
32 Es gibt jedoch keinen Hinweis auf Heydrichs Wunsch, den Teilnehmern (und ihren Chefs) zu vermitteln, er, der frisch ernannte SS-Obergruppenführer und kommissarische Reichsprotektor, sei der Mann, dem der «Führer» persönlich die Ausführung der «Endlösung» übertragen habe, unabhängig vom Reichsführer SS. Wäre das Heydrichs Absicht gewesen (und hätte ihn Hitler wirklich ernannt), so hätte der RSHA-Chef wohl nicht gleich zu Beginn darauf hingewiesen, daß die höchste exekutive Autorität in dieser Sache beim Reichsführer SS liege. Vgl. zu

dieser Hypothese Eberhard Jäckel, «On the Purpose of the Wannsee Conference», in: *Perspectives on the Holocaust: Essays in Honor of Raul Hilberg*, hrsg. von James S. Pacy und Alan P. Wertheimer, Boulder, CO 1995, S. 39 ff.

33 Nach Heydrichs Ansicht waren Mischlinge ersten Grades als Juden anzusehen, falls sie nicht mit «Deutschblütigen» verheiratet waren und Kinder hatten; im letzteren Fall sollten sie von der Deportation ausgenommen werden. Um das Problem der Mischlinge ein für allemal zu lösen, sollten die nicht evakuierten Mischlinge ersten Grades sterilisiert werden. Mischlinge zweiten Grades sollten mit Deutschen gleichgestellt werden, es sei denn, sie waren «Bastarde» (d. h. Kinder von Eltern, die ihrerseits beide Mischlinge waren), ihr Aussehen deutete auf ihr Judentum hin oder eine belastende Polizeiakte zeigte, daß sie als Juden fühlten und handelten.

Es folgte der Punkt der Mischehen. Heydrich betonte die Wirkung, die Entscheidungen in diesem Bereich auf die deutschen Ehepartner haben konnten. Bei Ehen zwischen Volljuden und Deutschen hing die Entscheidung über die Deportation des jüdischen Ehepartners von der Existenz von Kindern ab. Bei kinderloser Ehe wurde der jüdische Ehepartner deportiert, sonst nicht. Bei Ehen zwischen einem Mischling ersten Grades und einem Deutschen sollte der «gemischtrassige» Ehepartner ebenfalls deportiert werden, wenn die Ehe kinderlos war. Wenn das Ehepaar Kinder (Mischlinge zweiten Grades) hatte und diese Kinder den gleichen Status wie Juden hatten (in den drei bisher erwähnten Fällen), dann sollten der Mischlingselternteil und die Kinder deportiert werden. Wenn die Kinder nicht den Status von Juden hatten (der Regelfall), sollten sie nicht deportiert werden, auch nicht ihr Elternteil, der Mischling ersten Grades.

Bei Ehen von Mischlingen ersten Grades untereinander oder mit Juden waren jedoch alle, einschließlich der Kinder, zu «evakuieren». Schließlich waren auch bei Ehen von Mischlingen ersten Grades und Mischlingen zweiten Grades alle zu «evakuieren», «da etwaige Kinder rassenmäßig in der Regel einen stärkeren jüdischen Bluteinschlag aufweisen als die jüdische Mischlinge 2. Grades».

34 Zum vollständigen Text des «Besprechungsprotokolls» siehe Pätzold/Schwarz (Hrsg.), *Tagesordnung: Judenmord*, S. 102–112.

35 Heinrich Himmler, *Der Dienstkalender Heinrich Himmlers 1941/42*, hrsg. von Peter Witte u. a., Hamburg 1999, S. 355, Anm.

36 Vgl. zu diesem Befehl Hitlers Richard Breitman, *Staatsgeheimnisse: Die Verbrechen der Nazis – von den Alliierten toleriert*, München 1999, S. 152.

37 Miroslav Kárný/Jaroslava Milotová/Margita Kárná (Hrsg.), *Deutsche Politik im «Protektorat Böhmen und Mähren» unter Reinhard Heydrich 1941–1942: Eine Dokumentation*, Berlin 1997, S. 229. Vgl. auch Heinrich Himmler, *Dienstkalender*, S. 353, Anm.

38 Ebd., S. 321.

39 Himmler an Glücks, 25. 1. 1942, Nürnberg doc. NO-500, zitiert nach Tatiana Berenstein (Hrsg.), *Faschismus, Getto, Massenmord: Dokumentation über Ausrottung und Widerstand der Juden in Polen während des zweiten Weltkriegs*, hrsg. vom Jüdischen historischen Institut Warschau, Berlin (Ost) 1961, S. 268.

40 Zitiert nach Peter Longerich (Hrsg.), *Die Ermordung der europäischen Juden*, München 1989, S. 165 f. Vgl. auch ders., *Politik der Vernichtung: Eine Gesamtdarstellung der nationalsozialistischen Judenverfolgung*, München 1998, S. 483.

41 Kurt Pätzold/Erika Schwarz (Hrsg.), *Tagesordnung, Judenmord: Die Wannsee-Konferenz*, S. 118, Anm.

42 Ebd., S. 126 f.

43 Eine gute Zusammenfassung bietet Beate Meyer, *«Jüdische Mischlinge»: Rassenpolitik und Verfolgungserfahrung 1933–1945*, Hamburg 1999, S. 99 ff. Die Protokolle beider Sitzungen sind abgedruckt in Nürnberg doc. NG-2586, *U. S. v. Weizsaecker: The Ministries Case*. Trials of War Criminals Before the Nürnberg Military Tribu-

nals under Control Council Law No. 10, Nürnberg, October 1946 – April 1949, Bd. 13, Washington 1951, S. 221 ff. Eine der Befreiungen, die Hitler zugestanden hatte, führte zu einer eigenartigen Vermengung zwischen einer Mischehe und den Maßnahmen, die sich aus der Elften Verordnung in bezug auf den Verlust der Staatsbürgerschaft sowie sämtlicher Vermögenswerte durch deutsche Juden ergaben, «die ihren gewöhnlichen Aufenthalt im Ausland» hatten. Am 16. September 1942 intervenierte das Propagandaministerium beim Innenministerium zugunsten der jüdischen Ehefrau eines der berühmtesten Schauspieler Deutschlands, Hans Mosers. Moser hatte durch «allerhöchste Entscheidung» die Genehmigung erhalten, seine Aktivitäten ohne Behinderung fortzusetzen. In der Zwischenzeit war seine Frau jedoch nach Budapest gezogen und hatte auf Grund der Elften Verordnung automatisch ihre deutsche Staatsbürgerschaft (und ihren Paß) verloren; sie war staatenlos geworden. Moser war verständlicherweise über diesen plötzlichen Schlag bekümmert. Das Innenministerium wurde gebeten, Frau Moser ihre Staatsbürgerschaft (und ihren Paß) zurückzugeben. Zur Unterstützung seiner Forderung hatte das Propagandaministerium ihr die Namen anderer Schauspieler beigefügt, denen ebenfalls durch «allerhöchste Entscheidung» gestattet worden war, mit ihren volljüdischen Ehefrauen im Reich zu leben und zu arbeiten: Paul Henckels, Max Lorenz und Georg Alexander. Der Brief ist abgedruckt in Henry Friedlander/Sybil Milton (Hrsg.), *Archives of the Holocaust: An International Collection of Selected Documents*, Bd. 20, New York 1993, Dokument 41, S. 118 f.

44 Das Protokoll der Konferenz vom 6. März ist zitiert nach Peter Longerich/Dieter Pohl (Hrsg.), *Die Ermordung der europäischen Juden: Eine umfassende Dokumentation des Holocaust 1941–1945*, München 1989, S. 167 ff. Eine Analyse der Konferenz bitet Yaacov Lozowick, *Hitlers Bürokraten: Eichmann, seine willigen Vollstrecker und die Banalität des Bösen*, Zürich/München 2000, S. 130 f. Etwa um dieselbe Zeit teilte Eichmann das Referat IVB4 in die Abteilungen a und b auf: IVB4a, zuständig für die Logistik der Deportationen, wurde von dem Transportspezialisten Franz Nowak geleitet, während IVB4b mit Zuständigkeit für juristische und technische Fragen Friedrich Suhr unterstand (auf den dann Otto Hunsche folgte). Rolf Günther amtierte zuverlässig als Eichmanns Stellvertreter, und die gesamte Gruppe der Eichmann-Männer war von einem ausgeprägten Korpsgeist erfüllt. Siehe hierzu Hans Safrian, *Die Eichmann-Männer*, Wien 1992; Yaakov Lozowick, *Hitlers Bürokraten: Eichmann, seine willigen Vollstrecker und die Banalität des Bösen*, Zürich 2000; David Cesarani, *Becoming Eichmann: Rethinking the Life, Crimes, and Trial of a «Desk Murderer»*, New York 2006, insbesondere S. 126 ff.

45 Wolf Gruner, «Zwangsarbeit», in: *Enzyklopädie des Nationalsozialismus*, hrsg. von Wolfgang Benz, Hermann Graml und Hermann Weiß, Stuttgart 1997, S. 812.

46 Zitiert nach Arno J. Mayer, *Why Did the Heavens not Darken?: The «Final Solution» in History*, New York 1988, S. 333.

47 Ebd., S. 333 f.

48 Dawid Sierakowiak, *The Diary of Dawid Sierakowiak*, hrsg. von Alan Adelson, New York 1996, S. 148.

49 Christopher R. Browning, *Judenmord: NS-Politik, Zwangsarbeit und das Verhalten der Täter*, Frankfurt a. M. 2001, S. 110.

50 Ebd., S. 110 f.

51 Ebd., S. 111 ff.

52 Ebd., S. 112.

53 Joseph Goebbels, *Tagebücher*, Teil II, Bd. 4, S. 350.

54 Ebd., S. 351.

55 Ebd., S. 355.

56 Ebd., S. 386.
57 Heinrich Himmler, *Dienstkalender*, S. 437, Anm. 86.
58 Joseph Goebbels, *Tagebücher*, Teil II, Bd. 4, S. 405.
59 Ebd., S. 406.
60 Ebd. Ein paar Tage später notierte Goebbels, Hunderte von jüdischen Geiseln sollten für jeden Attentatsversuch erschossen werden: «Je mehr von diesem Dreckzeug beseitegeschafft wird, umso besser für die Sicherheit des Reiches.» Ebd., S. 433.
61 Kurt Pätzold, «Lidice», in: *Enzyklopädie des Nationalsozialismus*, S. 568 f.
62 Vgl. zur Interimsperiode Michael Wildt, *Generation des Unbedingten: Das Führungskorps des Reichssicherheitshauptamtes*, Hamburg 2002, S. 681 ff. Zu Kaltenbrunners Persönlichkeit und Karriere vgl. Peter R. Black, *Ernst Kaltenbrunner: Ideological Soldier of the Third Reich*, Princeton 1984.
63 Himmler, *Dienstkalender*, S. 448, 450, 451.
64 Heinrich Himmler, *Geheimreden 1933 bis 1945 und andere Ansprachen*, hrsg. von Bradley F. Smith und Agnes F. Peterson, Frankfurt a. M. u. a. 1974, S. 159. Himmler imitiert hier Hitlers Formulierungen über die Vernichtung der Juden.
65 Nürnberg doc. NO-5574, in: Tatiana Berenstein (Hrsg.), *Faschismus, Getto, Massenmord*, S. 303.
66 Die umfassendste Untersuchung über Theresienstadt ist nach wie vor Hans G. Adler, *Theresienstadt: 1941–1945: Das Antlitz einer Zwangsgemeinschaft. Geschichte, Soziologie, Psychologie*, Tübingen ²1960. Obwohl sie sehr detailliert ist, gilt Adlers Studie als stark von persönlichen Urteilen geprägt; vgl. hierzu die Aufsätze in Miroslav Kárný/Vojtěch Blodig/Margita Kárná (Hrsg.), *Theresienstadt in der «Endlösung der Judenfrage»*, Prag 1992.
67 Alle Einzelheiten über Edelstein basieren auf Ruth Bondy, *«Elder of the Jews»: Jakob Edelstein of Theresienstadt*, New York 1989.
68 Ebd., S. 159 ff.
69 Ebd., S. 208 ff.
70 Ebd., S. 246.
71 Egon Redlich, *The Terezin Diary of Gonda Redlich*, hrsg. von Saul S. Friedman, Lexington, KY 1992, S. 3 ff.
72 Ruth Bondy, *«Elder of the Jews»*, S. 270.
73 Egon Redlich, *The Terezin Diary of Gonda Redlich*, S. 5. In Wirklichkeit wurden die neun Männer gehängt, weil sie Briefe aus Theresienstadt hinausgeschmuggelt hatten. Vgl. Eva Roubíčková, *We're Alive and Life Goes On: A Theresienstadt Diary*, New York 1998, S. 20; vgl. auch Ruth Bondy, *«Elder of the Jews»*, S. 260 ff.
74 Egon Redlich, *The Terezin Diary of Gonda Redlich*, S. 53.
75 Ebd.
76 Ebd., S. 53, 54, Anm. 26. Vgl. auch Ruth Bondy, *«Elder of the Jews»*, S. 300 ff.
77 Ebd., S. 301.
78 Ebd., S. 302.
79 Ebd., S. 61.
80 Ruth Klüger, *weiter leben: Eine Jugend*, Göttingen 1992, S. 92.
81 Ebd. Der Film von 1942 war aus Sicht der NS-Propaganda ein Fehlschlag, weil das «Ghetto» zu sehr der Realität glich. Ein gründlich recherchierter Artikel über die Geschichte dieses ersten Films ist Karel Margry, «Der Nazi-Film über Theresienstadt», in: *Theresienstadt in der «Endlösung der Judenfrage»*, S. 285–335.
82 Dieser Brief und andere wurden Marianne Ellenbogen von einem Lastwagenhändler aus Essen überbracht, der sowohl Ernst als auch Marianne kannte. Er war der SS beigetreten und fuhr regelmäßig nach Izbica. Zum Dokument und seinem Kontext vgl. Mark Roseman, *In einem unbewachten Augenblick: Eine Frau überlebt im Untergrund*, Berlin 2002, S. 223 ff.

83 Ebd., S. 233.
84 Ebd., S. 231.
85 Ebd.
86 Ebd., S. 238.
87 Ebd.
88 Ebd., S. 265 ff.
89 Memo von Reuter, 17. 3. 1942, in: Tatiana Berenstein (Hrsg.), *Faschismus, Getto, Massenmord*, S. 269 f. Testvergasungen, bei denen Hunderte von Juden ermordet wurden, hatten von Ende Februar bis Mitte März stattgefunden. Vgl. Eugen Kogon/Hermann Langbein/Adalbert Rückerl (Hrsg.), *Nationalsozialistische Massentötungen durch Giftgas: Eine Dokumentation*, Frankfurt a. M. 1995, S. 165 ff.
90 Siehe zu den Einzelheiten Yitzhak Arad, *Belzec, Sobibor, Treblinka: The Operation Reinhard Death Camps*, Bloomington 1987, S. 72 ff.; Eugen Kogon/Hermann Langbein/Adalbert Rückerl (Hrsg.), *Nationalsozialistische Massentötungen durch Giftgas*, S. 170; Dieter Pohl, *Von der «Judenpolitik» zum Judenmord: Der Distrikt Lublin des Generalgouvernements 1939–1944*, Frankfurt a. M. 1993, S. 113 ff. Anscheinend wurde Majdanek von der Zentrale in Lublin den «Aktion Reinhardt»-Lagern zugeschlagen. Was die Schreibung von Reinhard(t) angeht, so benutzte Heydrich selbst beide Formen.
91 Es hat einige Diskussionen über die Zahl der Juden gegeben, die in Belzec ermordet wurden, bis man in russischen Archiven eine Nachricht von Hermann Höfle (Globocniks Deportationsspezialist) an Franz Heim (beim RSHA in Krakau) vom 11. 1. 1943 fand, welche die oben angegebene Zahl nennt. Vgl. dazu Peter Witte/Stephen Tyas, «A New Document on the Deportation and Murder of Jews during ‹Einsatz Reinhard› 1942», in: *Holocaust and Genocide Studies* 15 (2001), S. 468–486. Das Dokument wird in Kapitel 8 zitiert.
92 Gitta Sereny, *Am Abgrund: Gespräche mit dem Henker: Franz Stangl und die Morde von Treblinka*, München/Zürich ³1997, S. 128.
93 Ebd., S. 136.
94 Yitzhak Arad, *Belzec, Sobibor, Treblinka*, S. 80.
95 Zygmunt Klukowski, *Diary from the Years of Occupation, 1939–1944*, hrsg. von Andrew Klukowski und Helen Klukowski May, Urbana, IL 1993. Klukowskis Tagebuch wirft einige Probleme auf. Der Herausgeber, Zygmunts Sohn, erwähnt, daß der vollständige Text, der in der Bibliothek der Katholischen Universität in Lublin deponiert war, um etwa acht Prozent gekürzt wurde; außerdem wurden bei der gemeinsamen Übersetzung des Textes ins Englische mit Zygmunts Enkel anscheinend einige Veränderungen im Wortlaut vorgenommen und kurze Absätze zusammengefaßt, «die deutlich zusammengehörten» (Ebd., S. xix). Einige Passagen, die in der englischen Übersetzung neu formuliert wurden, geben im Original ein sehr negatives Bild des Verhaltens der polnischen Bevölkerung; diese Passagen werden teilweise in der nächsten Anmerkung zitiert und lassen sich in ihrem Tenor mit ihrer Übersetzung durch Jan T. Gross vergleichen.
96 Ebd. Jan. T. Gross' Übersetzung lautet folgendermaßen: «Der ganze Abschaum treibt sich herum, viele [Bauern mit] Wagen kamen vom Land und warteten den ganzen Tag auf den Augenblick, an dem sie mit dem Plündern anfangen konnten. Wir bekommen aus allen Richtungen Nachrichten über das skandalöse Verhalten von Teilen der polnischen Bevölkerung, die verlassene jüdische Wohnungen plündern. Ich bin sicher, in unserer kleinen Stadt wird es nicht anders sein.» Zitiert nach Jan T. Gross, «A Tangled Web: Confronting Stereotypes Concerning Relations between Poles, Germans, Jews and Communists», in: *The Politics of Retribution in Europe: World War II and its Aftermath*, hrsg. von István Deák, Jan T. Gross und Tony Judt, Princeton 2000, S. 74 ff. Klukowski hatte recht. Viele der Juden von Szczebrzeszyn wurden am 8. Mai 1942 an Ort und Stelle ermordet.

«Am nächsten Morgen», schrieb Klukowski, «ließ das Verhalten eines gewissen Teils der polnischen Bewohner sehr zu wünschen übrig. Leute lachten, scherzten, viele wanderten zum jüdischen Viertel und suchten eine Gelegenheit, etwas aus den verlassenen Häusern zu stehlen.» Ebd., S. 90.
97 In ihrer Chronik der täglichen Ereignisse in Auschwitz notierte Danuta Czech für den 15. Februar 1942: «Aus Beuthen kommt der erste Transport mit Juden an, die von der Stapoleitstelle verhaftet und zur Tötung im KL Auschwitz bestimmt worden sind. Sie werden auf der Rampe am Anschlußgleis des Lagers ausgelagert. Das Gepäck müssen sie auf der Rampe zurücklassen. Die Bereitschaft des Lagers übernimmt die Deportierten von der Stapo und führt sie in die Gaskammer, die sich im Lagerkrematorium befindet. Dort werden sie mit Zyklon B getötet.» Danuta Czech, *Kalendarium der Ereignisse im Konzentrationslager Auschwitz-Birkenau 1939–1945*, Reinbek bei Hamburg 1989, S. 174 f.
98 Debórah Dwork/Robert Jan van Pelt, *Auschwitz: Von 1270 bis heute*, München 2000, S. 333 f.
99 Ebd., S. 334 f.
100 Zum schrittweisen Beginn der zweiten Welle seit Ende 1941 vgl. Raul Hilberg, *Die Vernichtung der europäischen Juden*, Bd. 1, S. 386–410.
101 Nürnberg doc. PS-2174. Zitiert nach Dieter Pohl, «Schauplatz Ukraine: Der Massenmord an den Juden im Militärverwaltungsgebiet und im Reichskommissariat 1941–1943», in: *Ausbeutung, Vernichtung, Öffentlichkeit: Neue Studien zur nationalsozialistischen Lagerpolitik*, hrsg. von Norbert Frei, Sybille Steinbacher und Bernd C. Wagner, München 2000, S. 155.
102 Einen detaillierten Überblick gibt Shmuel Spector, *The Holocaust of Volhynian Jews: 1941–1944*, Jerusalem 1990. Zu den Ergebnissen der «ersten Runde» und den Morden in Rowno vgl. besonders S. 113 ff.
103 Dieter Pohl, «Schauplatz Ukraine», S. 156 f.
104 Siehe zur Funktion dieser Hilfstruppen besonders Martin Dean, *Collaboration in the Holocaust: Crimes of the Local Police in Belorussia and the Ukraine, 1941–44*, New York 2000.
105 Ebd., S. 96.
106 Dieter Pohl, «Schauplatz Ukraine», S. 158.
107 Ebd., S. 159 ff.
108 Jägers Bericht vom 1. 2. 1942 ist abgedruckt in: Henry Friedlander/Sybil Milton (Hrsg.), *Archives of the Holocaust: An International Collection of Selected Documents*, Bd. 22, New York 1993, doc. 82, S. 177 f.
109 Ebd., doc. 91, S. 196.
110 Siehe die grundlegende Dokumentation von Helmut Heiber (Hrsg.), «Aus den Akten des Gauleiters Kube», in: *Vierteljahrshefte für Zeitgeschichte* 4 (1956), S. 67–92.
111 Nürnberg doc. PS-3428, in: IMT Blue Series, Bd. 12, S. 67. Zitiert nach Gerald Fleming, *Hitler und die Endlösung: «Es ist des Führers Wunsch ...»*, Frankfurt a. M. u. a. 1987, S. 131.
112 Ebd., S. 135.
113 Adalbert Rückerl (Hrsg.), *NS-Prozesse. Nach 25 Jahren Strafverfolgung: Möglichkeiten, Grenzen, Ergebnisse*, Karlsruhe ²1972, S. 76. Vgl. auch Peter Longerich/Dieter Pohl (Hrsg.), *Die Ermordung der europäischen Juden*, S. 355 f.
114 Ebd.
115 Zu den Einzelheiten dieser Operation vgl. die teilweise auseinandergehenden Interpretationen bei Christopher R. Browning, *Fateful Months: Essays on the Emergence of the Final Solution*, New York 1985, und Menachem Shelach, «Sajmiste – An Extermination Camp in Serbia», in: *Holocaust and Genocide Studies* 2 (1987), S. 243–260.
116 Menachem Shelach, «Sajmiste», S. 253 f. Der gesamte Text von Schäfers Tele-

Anmerkungen zum 6. Kapitel 1181

gramm steht in Nürnberg doc. PS-501, in: *Nazi Conspiracy and Aggression*, Bd. 3, Washington D.C. 1946, S. 418 f.
117 Menachem Shelach, «Sajmiste», S. 254.
118 Tatiana Berenstein (Hrsg.), *Faschismus, Getto, Massenmord*, S. 278.
119 Eine detaillierte Geschichte der Bielski-Partisanen gibt Nechama Tec, *Ich wollte retten: Die unglaubliche Geschichte der Bielski-Partisanen 1942–1944*, Berlin 2002.
120 Zu den Ereignissen nach Dezember 1941 vgl. ebd., S. 69 ff.
121 Vgl. zur Situation in Minsk besonders Shalom Cholavsky, «The Judenrat in Minsk», in: *Patterns of Jewish Leadership in Nazi Europe, 1933–1945: Proceedings of the Third Yad Vashem International Historical Conference, Jerusalem, April 4–7, 1977*, hrsg. von Yisrael Gutman und Cynthia J. Haft, Jerusalem 1979, S. 120 ff. Vgl. auch Hersh Smolar, *The Minsk Ghetto: Soviet-Jewish partisans against the Nazis*, New York 1989.
122 Ingo Müller, *Furchtbare Juristen: Die unbewältigte Vergangenheit unserer Justiz*, München 1989, S. 121.
123 Nürnberg doc. NG-1012, zitiert nach John Mendelsohn/Donald S. Detwiler (Hrsg.), *The Holocaust: Selected Documents in Eighteen Volumes*, Bd. 13: John Mendelsohn, *The Judicial System and the Jews in Nazi Germany*, New York 1982, S. 219.
124 Ebd., S. 224.
125 Ebd., S. 226.
126 Vgl. Jörg Wollenberg (Hrsg.), «*Niemand war dabei und keiner hat's gewußt*»: *Die deutsche Öffentlichkeit und die Judenverfolgung 1933–1945*, München/Zürich ²1989, S. 182.
127 Ingo Müller, *Furchtbare Juristen*, S. 122. Vgl. auch Otto Dov Kulka/Eberhard Jäckel (Hrsg.), *Die Juden in den geheimen NS-Stimmungsberichten 1933–1945*, S. 498.
128 Victor Klemperer, *Ich will Zeugnis ablegen bis zum letzten*, Bd. 2, S. 7 f.
129 *Akten der Parteikanzlei der NSDAP*, Teil I, Bd. 2, Abs. Nr. 26106.
130 Joseph Walk (Hrsg.), *Das Sonderrecht für die Juden im NS-Staat: Eine Sammlung der gesetzlichen Maßnahmen und Richtlinien, Inhalt und Bedeutung*, Heidelberg 1981, S. 360.
131 *Akten der Parteikanzlei der NSDAP*, Teil I, Bd. 2, Abs. Nr. 26106.
132 Ebd.
133 Walk, *Sonderrecht*, S. 366.
134 *Akten der Parteikanzlei der NSDAP*, Teil II, Bd. 4, Abs. Nr. 42409.
135 Joseph Walk (Hrsg.), *Das Sonderrecht für die Juden im NS-Staat: Eine Sammlung der gesetzlichen Maßnahmen und Richtlinien, Inhalt und Bedeutung*, Heidelberg 1981, S. 368.
136 Victor Klemperer, *Ich will Zeugnis ablegen bis zum letzten*, Bd. 2, S. 94.
137 Ebd., S. 85.
138 Wolf Gruner, *Judenverfolgung in Berlin 1933–1945: Eine Chronologie der Behördenmaßnahmen in der Reichshauptstadt*, Berlin 1996, S. 84.
139 Ebd.
140 *Akten der Parteikanzlei der NSDAP*, Teil II, Bd. 4, Abs. Nr. 42900.
141 Gruner, *Judenverfolgung*, S. 85.
142 Bormanns Brief und Fiehlers Antwort sind zitiert in Ernst Piper, «Nationalsozialistische Kulturpolitik und ihre Profiteure: Das Beispiel München», in: «*Niemand war dabei und keiner hat's gewusst*», S. 148.
143 Victor Klemperer, *Ich will Zeugnis ablegen bis zum letzten*, Bd. 2, S. 14.
144 Ebd., S. 14.
145 Ebd., S. 47.
146 Hertha Feiner, *Vor der Deportation: Briefe an die Töchter, Januar 1939 – Dezember 1942*, hrsg. von Karl Heinz Jahnke, Frankfurt a.M. 1993, S. 102.
147 Vgl. dazu Beate Meyer, «Das unausweichliche Dilemma: Die Reichsvereinigung

der Juden in Deutschland, die Deportationen und die untergetauchten Juden», in: *Überleben im Untergrund: Hilfe für Juden in Deutschland, 1941–1945*, hrsg. von Beate Kosmala und Claudia Schoppmann, Berlin 2002, S. 278 ff.
148 Ebd., S. 280 f.
149 Paul Sauer (Hrsg.), *Dokumente über die Verfolgung der jüdischen Bürger in Baden-Württemberg durch das nationalsozialistische Regime 1933–1945*, Bd. 2, Stuttgart 1966, S. 317 f.
150 Ebd., S. 322 f.
151 Ebd. S. 319–321.
152 Ruth Andreas-Friedrich, *Der Schattenmann: Tagebuchaufzeichnungen 1938–1945*, Berlin 1947, S. 94 f.
153 Ebd., S. 96.
154 Zu den Ereignissen in der Slowakei siehe vor allem Livia Rothkirchen, «The Situation of the Jews in Slovakia between 1939 and 1945», in: *Jahrbuch für Antisemitismusforschung* 7 (1998), S. 46–70, besonders S. 51 ff.
155 Michael Phayer, *The Catholic Church and the Holocaust, 1930–1965*, Bloomington 2000, S. 88.
156 Ebd., S. 89.
157 Ebd.
158 Ebd., S. 90.
159 *Akten zur deutschen auswärtigen Politik, 1918–1945*, hrsg. vom Auswärtigen Amt, Serie E: 1941–1945, Bd. 3, bearbeitet von Ingrid Krüger-Bulcke und Hans Georg Lehmann, Göttingen 1974, S. 65 f.
160 Ebd., S. 66, Anm. 1.
161 Yehuda Bauer, *Freikauf von Juden? Verhandlungen zwischen dem nationalsozialistischen Deutschland und jüdischen Repräsentanten von 1933 bis 1945*, Frankfurt a. M. 1996, S. 156 ff.
162 Zum Text des Dannecker-Memorandums vom 15. Juni siehe Serge Klarsfeld, *Vichy – Auschwitz: Die Zusammenarbeit der deutschen und französischen Behörden bei der «Endlösung der Judenfrage» in Frankreich*, Nördlingen 1989, S. 379 ff.
163 Ebd., S. 73.
164 J. Presser, *Ashes in the Wind: The Destruction of Dutch Jewry*, Detroit 1988, S. 92.
165 Ebd., S. 94 ff.
166 Ebd., S. 98 ff.
167 Ebd., S. 100 ff.
168 Etty Hillesum, *An Interrupted Life: The Diaries of Etty Hillesum, 1941–1943*, New York 1983, S. 93. [Die Einträge vom 15. und 29. April 1942 sind in der deutschen Ausgabe nicht enthalten.]
169 Ebd., S. 107.
170 Etty Hillesum, *Das denkende Herz*, S. 109.
171 Ebd., S. 114.
172 Eine Chronologie der Ereignisse in Frankreich im Frühsommer 1942 und die meisten relevanten Dokumente bietet Serge Klarsfeld, *Vichy – Auschwitz*.
173 Ebd., S. 105.
174 Ebd., S. 399 f.
175 Zur Einführung des Sterns in Holland siehe Bob Moore, *Victims and Survivors: The Nazi Persecution of the Jews in the Netherlands, 1940–1945*, London 1997, S. 86 ff. Zu Frankreich siehe Marrus/Paxton, *Vichy France and the Jews*, S. 234 ff.
176 Bob Moore, *Victims and Survivors*, S. 85 ff.
177 J. Presser, *Ashes in the Wind*, S. 124 ff.
178 Michael Marrus/Robert O. Paxton, *Vichy et les juifs*, Paris 1990, S. 236 f.
179 Renée Poznanski, *Être juif en France pendant la Seconde Guerre mondiale*, Paris 1994, S. 358.

180 Ebd.
181 Jacques Biélinky, *Journal, 1940-1942: Un journaliste juif à Paris sous l'occupation,* hrsg. von Renée Poznanski, Paris 1992, S. 191.
182 Ebd., S. 209.
183 Ebd., S. 209 f.
184 Ebd., S. 214 ff.
185 Nürnberg doc. NG-183, U. S. v. Weizsaecker: *The Ministries Case,* S. 235.
186 Pierre Drieu La Rochelle, *Journal: 1939-1945,* hrsg. von Julien Hervier, Paris 1992, S. 302.
187 Lucien Rebatet, *Les décombres,* Paris 1942, S. 568 f. Zitiert nach David Carroll, *French Literary Fascism: Nationalism, Anti-Semitism, and the Ideology of Culture,* Princeton 1995, S. 212.
188 Lucien Rebatet, *Les décombres,* S. 605. Zitiert nach David Carroll, *French Literary Fascism,* S. 211.
189 Zitiert nach Frédéric Vitoux, *Céline: A Biography,* New York 1992, S. 378.
190 Zitiert in Caroll, *French Literary Fascism,* S. 121.
191 Ebd., S. 275.
192 Vgl. besonders Robert Belot, «Lucien Rebatet, ou L'Antisémitisme Comme Événement Littéraire», in: *L'Antisémitisme de plume, 1940-1944: Études et documents,* hrsg. von Pierre-André Taguieff u. a., Paris 1999, S. 217 ff. Vgl. auch Robert Belot, *Lucien Rebatet: Un itinéraire fasciste,* Paris 1994.
193 Pierre Assouline, *Gaston Gallimard: A Half-Century of French Publishing,* San Diego 1988, S. 279.
194 Richard I. Cohen, *The Burden of Conscience: French Jewish Leadership during the Holocaust,* Bloomington 1987, S. 71 ff, 116 ff.
195 Raymond-Raoul Lambert, *Carnet d'un témoin: 1940-1943,* hrsg. von Richard I. Cohen, Paris 1985, S. 163. Vieles von dem, was Lambert über die allgemeine Haltung des Consistoire schreibt, ist richtig; die Spenden an «l'Amitié Chrétienne» waren jedoch als finanzielle Unterstützung für jüdische Kinder gedacht, denen die Organisation half. Vgl. Simon Schwarzfuchs, *Aux prises avec Vichy: Histoire politique des Juifs de France, 1940-1944,* Paris 1998, S. 263.
196 Herman Kruk, *The Last Days of the Jerusalem of Lithuania: Chronicles from the Vilna Ghetto and the Camps, 1939-1944,* hrsg. von Benjamin Harshav, New Haven 2002, S. 173 f.
197 Der Bericht stammt von G. Jaszunski, dem Leiter der Kulturabteilung des Rates, und ist abgedruckt in: Lucy S. Dawidowicz (Hrsg.), *A Holocaust Reader,* New York ²1976, S. 208 ff. Vgl. auch Solon Beinfeld, «The Cultural Life of the Vilna Ghetto», in: *Simon Wiesenthal Center Yearbook* 1 (1984), S. 5 ff.
198 Avraham Tory, *Surviving the Holocaust: The Kovno Ghetto Diary,* hrsg. von Martin Gilbert und Dina Porat, Cambridge 1990, S. 67.
199 Ebd.
200 Ebd., S. 72.
201 Zitiert nach Antony Polonsky, «Beyond Condemnation, Apologetics and Apologies: On the Complexity of Polish Behavior toward the Jews during the Second World War», in: *Holocaust: Critical Concepts in Historical Studies,* Bd. 5, hrsg. von David Cesarani, London/New York 2004, S. 46.
202 Ebd., S. 47.
203 Ebd.
204 Ebd.
205 Dawid Rubinowicz, *Das Tagebuch des Dawid Rubinowicz,* hrsg. von Walther Petri, Weinheim u. a. 2001, S. 36 f.
206 Ebd., S. 41 f.
207 Ebd., S. 82 ff.

208 Alexandra Zapruder, *Salvaged Pages: Young Writers' Diaries of the Holocaust*, New Haven 2002, S. 322 f.
209 Ebd., S. 325.
210 Ebd., S. 327.
211 Ebd., S. 306.
212 Dawid Sierakowiak, *The Diary of Dawid Sierakowiak: Five Notebooks from the Lódz Ghetto*, hrsg. von Alan Adelson, New York 1996, S. 149.
213 Ebd., S. 151.
214 Lucjan Dobroszycki, «Introduction», in: *The Chronicle of the Łódź Ghetto 1941– 1944*, hrsg. von Lucjan Dobroszycki, New Haven 1984, S. xx.
215 Avraham Barkai, «Between East and West: Jews from Germany in the Lodz Ghetto», in: *The Nazi Holocaust: Historical Articles on the Destruction of European Jews*, Bd. 6, hrsg. von Michael R. Marrus, Westport 1989, S. 418.
216 Ebd., S. 420.
217 Ebd., S. 419 ff.
218 Lucjan Dobroszycki (Hrsg.), *The Chronicle of the Łódź Ghetto 1941–1944*, S. 163 f.
219 Ebd., S. 181 f.
220 Ebd., S. 185.
221 Ebd., S. 193 f.
222 Tatiana Berenstein (Hrsg.), *Faschismus, Getto, Massenmord*, S. 292 f.
223 Emanuel Ringelblum, *Notes from the Warsaw Ghetto: The Journal of Emmanuel Ringelblum*, hrsg. von Jacob Sloan, New York 1974, S. 251.
224 Chaim Aron Kaplan, *Buch der Agonie*, S. 281.
225 Adam Czerniaków, *Im Warschauer Ghetto: Das Tagebuch des Adam Czerniaków 1939–1942*, München 1986, S. 229 (bei diesen Zahlen hätte die jährliche Sterblichkeitsrate 14 % betragen).
226 Ebd., S. 229.
227 Ebd., S. 231.
228 Ebd., S. 237.
229 Ebd., S. 240.
230 Ebd., S. 242.
231 Vgl. zu diesem Treffen Yisrael Gutman, *The Jews of Warsaw, 1939–1943: Ghetto, Underground, Revolt*, Bloomington 1982, S. 168 ff.; Yitzhak Zuckerman, *A Surplus of Memory: Chronicle of the Warsaw Ghetto Uprising*, hrsg. von Barbara Harshav, Berkeley 1993, S. 170 ff.; Daniel Blatman, *Notre liberté et la vôtre: Le mouvement ouvrier juif BUND en Pologne, 1939–1949*, Paris 2002, S. 130 ff.
232 Yisrael Gutman, *The Jews of Warsaw, 1939–1943*, S. 168; Yitzhak Zuckerman, *A Surplus of Memory*, S. 174; Daniel Blatman, *Notre liberté et la vôtre*, S. 130.
233 Man könnte auch argumentieren, daß die Zeit einer kollektiven Verantwortung für die jüdische Bevölkerung noch nicht gekommen war. Vgl. zu diesem wichtigen Punkt Ruta Sakowska, «Two Forms of Resistance in the Warsaw Ghetto: Two Functions of the Ringelblum Archives», in: *Yad Vashem Studies* 21 (1991), S. 217.
234 Yisrael Gutman, *The Jews of Warsaw, 1939–1943*, S. 169; Yitzhak Zuckerman, *A Surplus of Memory*, S. 174; Daniel Blatman, *Notre liberté et la vôtre*, S. 130.
235 Zur Geschichte des BUND in Polen während des Krieges und zu der unmittelbaren Nachkriegszeit und zu dessen Sicht einer Einheitsfront mit den Zionisten siehe Daniel Blatman, *Notre liberté et la vôtre*, S. 129 ff. In seinen Erinnerungen beschreibt Zuckerman die Haltung des BUND vom zionistischen Standpunkt. Vgl. Yitzhak Zuckerman, *A Surplus of Memory*, S. 170 ff.
236 Zur Publizität des BUND-Berichts in den britischen Medien vgl. Martin Gilbert, *Auschwitz und die Alliierten*, München 1982, S. 48–53.

237 Laurel Leff, *Buried by the Times: The Holocaust and America's Most-Important Newspaper*, New York 2005, S. 139.
238 Adam Czerniaków, *Im Warschauer Ghetto*, S. 243 f.
239 Ebd., S. 244, Anm. 9. Die Morde fanden in der Nacht vom 17. zum 18. statt. Czerniaków notierte sie für den 17., meist wird als Datum der 18. genannt.
240 Yitzhak Zuckerman, *A Surplus of Memory*, S. 177 ff.
241 Ebd.
242 Vgl. Zuckermans Hinweise zum Aufstieg und Fall des «Antifaschistischen Blocks» im späten Frühjahr 1942. Ebd., S. 180 ff.
243 Joseph Kermish (Hrsg.), «Daily Entries of Hersh Wasser: Introduction and Notes», in: *Yad Vashem Studies* 15 (1983), S. 271 f.
244 Rubinstein wird in fast jeder Untersuchung über oder Erinnerung an das Warschauer Ghetto erwähnt. Vgl. besonders Jan Marek Gronski, «Three Ghetto Sketches», in: *Polin* 7 (1992), S. 192 ff.
245 Yitzhak Perlis, «Final Chapter: Korczak in the Warsaw Ghetto», in: Yitzhak Perlis, *Essays about Janusz Korczak: His Life and Death*, hrsg. von Aaron Meirovitch, Tel Aviv 1980, S. 78 ff.
246 Janusz Korczak, *Tagebuch aus dem Warschauer Ghetto 1942*, Göttingen 1992, S. 101.
247 Zu näheren Angaben über Lewin siehe Antony Polonsky, «Introduction», in: Abraham Lewin, *A Cup of Tears: A Diary of the Warsaw Ghetto*, hrsg. von Antony Polonsky, Oxford 1988.
248 Ebd., S. 80.
249 Zitiert nach Ruta Sakowska, *Menschen im Ghetto: Die jüdische Bevölkerung in besetzten Warschau 1939–1943*, Osnabrück 1999, S. 220. Die Autorin nimmt an, daß die Botschaft sehr wohl verstanden wurde; das läßt sich nicht beweisen.
250 Adam Czerniaków, *Im Warschauer Ghetto*, S. 276.

Dritter Teil
Shoah

Zitat S. 780: «Es ist, als befinde man sich ...», in: Moses Flinker, *Young Moshe's Diary: The Spiritual Torment of a Jewish Boy in Nazi Europe*, hrsg. von Shaul Esh und Geoffrey Wigoder, Jerusalem [2]1971.

7. Kapitel

1 Bericht mit dem Titel «Beobachtung über die ‹Umsiedlung› der Juden im General-Gouvernement» (IfZ, München, doc. ED 81), abgedruckt in: Raul Hilberg (Hrsg.), *Documents of Destruction: Germany and Jewry 1933–1945*, Chicago 1971, S. 208 ff.
2 Zur sich verschärfenden Krise und zur militärischen Lage vgl. Ian Kershaw, *Hitler: 1936–1945*, Stuttgart/München 2000, S. 682–700.
3 Ulrich von Hassell, *Die Hassell-Tagebücher 1938–1944: Aufzeichnungen vom Andern Deutschland*, hrsg. von Friedrich Freiherr Hiller von Gaertringen, Berlin 1988, S. 330.
4 Adolf Hitler, *Reden und Proklamationen, 1932–1945*, kommentiert von einem deutschen Zeitgenossen, hrsg. von Max Domarus, Bd. 4: 1941–1945, Leonberg [4]1987/1988, S. 1920. Für eine Analyse dieser sadistischen Affekte von Hitlers Prophezeiung vgl. Philippe Burrin, *Ressentiment et Apocalypse. Essai sur l'antisémitisme nazi* Paris 2004, S. 78 ff.
5 Mihail Sebastian, *«Voller Entsetzen, aber nicht verzweifelt»: Tagebücher 1935–44*, hrsg. von Edward Kanterian, Berlin 2005, S. 668.

6 Victor Klemperer, *Ich will Zeugnis ablegen bis zum letzten: Tagebücher 1933–1945*, Bd. 2, Berlin 1995, S. 251.
7 Joseph Goebbels, *Die Tagebücher von Joseph Goebbels: Sämtliche Fragmente*, Teil II, Bd. 6, hrsg. von Elke Fröhlich, München 1996, S. 445 f.
8 Ebd., Teil II, Bd. 5, S. 378.
9 Nürnberg doc. NO-205, in: John Mendelsohn/Donald S. Detwiler (Hrsg.), *The Holocaust: Selected Documents in Eighteen Volumes*, Bd. 9, New York 1982, S. 173.
10 Nürnberg doc. NO-206, *U. S. v. Brandt, The Medical Case*, Trials of War Criminals Before the Nürnberg Military Tribunals under Control Council Law No. 10, Nürnberg, October 1946 – April, 1949, Bd. 1, Washington 1951, S. 722.
11 *Akten der Parteikanzlei der NSDAP*, Teil I, Bd. 2, München 1983, Abs. Nr. 26773.
12 *Akten der Parteikanzlei der NSDAP*, Teil I, Bd. 1, Abs. Nr. 16019.
13 *Akten der Parteikanzlei der NSDAP*, Teil I, Bd. 2, Abs. Nr. 26778. Das SS-Pamphlet *Der Untermensch*, Berlin 1942, wurde vom Reichsführer SS/SS-Hauptamt veröffentlicht.
14 Rudolf Höß, *Kommandant in Auschwitz: Autobiographische Aufzeichnungen*, hrsg. von Martin Broszat, München [10]1985, S. 182; Heinrich Himmler, *Der Dienstkalender Heinrich Himmlers 1941/42*, hrsg. von Peter Witte u. a., Hamburg 1999, S. 492, Anm. 70.
15 Rudolf Höß, *Kommandant in Auschwitz*, S. 161. Der Befehl wurde Höß von Paul Blobel, dem früheren Leiter von Sonderkommando 4a der Einsatzgruppe C, überbracht, der inzwischen die «Aktion 1005» leitete, die Vertuschung aller Spuren der Mordaktionen, vor allem durch Öffnung der Massengräber und Verbrennen der Leichen. Vgl. Shmuel Spector, «Aktion 1005 – Effacing the Murder of Millions», in: *Holocaust and Genocide Studies* 5 (1990), S. 159.
16 Rudolf Höß, *Kommandant in Auschwitz*, S. 183 f.
17 Bob Moore, *Victims and Survivors: The Nazi Persecution of the Jews in the Netherlands, 1940–1945*, London 1997, S. 92 f.
18 Zitiert nach Peter Longerich/Dieter Pohl (Hrsg.), *Die Ermordung der europäischen Juden: Eine umfassende Dokumentation des Holocaust 1941–1945*, München 1989, S. 258.
19 Guus Meershoek, «The Amsterdam Police and the Persecution of the Jews», in: *Holocaust: Critical Concepts in Historical Studies*, Bd. 3, hrsg. von David Cesarani, London/New York 2004, S. 547.
20 Gerhard Hirschfeld, *Fremdherrschaft und Kollaboration: Die Niederlande unter deutscher Besatzung 1940–1945*, Stuttgart 1984, S. 113.
21 Musserts Partei war innerhalb der Polizei stärker vertreten als in jeder anderen holländischen Behörde. Ebd., S. 114 f.
22 Ebd.
23 Johannes Houwink ten Cate, «Der Befehlshaber der Sipo und des SD in den besetzten niederländischen Gebieten und die Deportation der Juden 1942–1943», in: *Die Bürokratie der Okkupation: Strukturen der Herrschaft und Verwaltung im besetzten Europa*, hrsg. von Wolfgang Benz, Johannes Houwink ten Cate und Gerhard Otto, Berlin 1998, S. 202.
24 Ebd., S. 206 ff.
25 Louis de Jong, *The Netherlands and Nazi Germany*, Cambridge, MA 1990, S. 12.
26 Ebd., S. 13.
27 Zitiert nach Jacob Presser, *Ashes in the Wind: The Destruction of Dutch Jewry*, Detroit 1988, S. 167.
28 Bob Moore, *Victims and Survivors: The Nazi Persecution of the Jews in the Netherlands, 1940–1945*, London 1997, S. 96.
29 Etty Hillesum, *Das denkende Herz: Die Tagebücher von Etty Hillesum 1941–1943*, hrsg. von J. G. Gaarlandt, Reinbek bei Hamburg [15]2001, S. 144.
30 Ebd., S. 151.
31 Ebd., S. 167.

Anmerkungen zum 7. Kapitel 1187

32 Ebd., S. 169.
33 Anne Frank, *Anne-Frank-Tagebuch: Einzig autorisierte Ausgabe*, hrsg. von Otto H. Frank und Mirjam Pressler, Frankfurt a. M. ³2004, S. 34.
34 Jacob Presser, *Ashes in the Wind*, S. 152 f.
35 Ebd., S. 154 f. Die scharfe Kritik, die Presser an dem Rat übt, ist ihrerseits heftig angegriffen worden. Beim Ereignis vom August erwähnt Presser z. B. nicht, daß de Wolff, einer seiner Studenten, seine Frau bei dieser Gelegenheit vor der Deportation bewahrte. Über diesen und andere Aspekte von Pressers Darstellung siehe Henriette Boas, «The Persecution and Destruction of Dutch Jewry, 1940–1945», in: *Yad Vashem Studies* 6 (1967), S. 359–374. Der sehr emotionale Streit über das Verhalten des Judenrats von Amsterdam und insbesondere das seiner beiden Vorsitzenden Cohen und Assher (vor allem Cohens) hält seit Kriegsende an und setzt sich bis ins 21. Jahrhundert fort. Vgl. etwa den Angriff auf Cohens Hauptkritiker de Jong, Isaak Kisch und Presser und die positive Bewertung seiner Leitungsrolle in Piet H. Schrijvers, «Truth is the Daughter of Time: Prof. David Cohen as seen by Himself and by Others», in: *Dutch Jews as Perceived by Themselves and by Others: Proceedings of the Eighth International Symposium on the History of the Jews in the Netherlands*, hrsg. von Chaja Brasz und Yosef Kaplan, Leiden 2001, S. 355 ff.
36 Ebd., S. 40 f.
37 Ebd., S. 41.
38 Benjamin Leo Wessels, *Ben's Story: Holocaust Letters with Selections from the Dutch Underground Press*, hrsg. von Kees W. Bolle, Carbondale 2001, S. 43. Die Diebstähle und Mißhandlungen durch die in Ostvoorne stationierte Wehrmachtseinheit werden auch in anderen Briefen bestätigt.
39 Die meisten hier erwähnten Einzelheiten basieren auf Louis de Jong, «The Netherlands and Auschwitz», in: *Yad Vashem Studies* 7 (1968), S. 39–55.
40 Ebd., S. 47 f.
41 Ebd., S. 50.
42 Bob Moore, *Victims and Survivors*, S. 128.
43 *Akten zur deutschen auswärtigen Politik, 1918–1945*, Serie E: 1941–1945, Bd. 4, Göttingen 1975, S. 328.
44 Wenn Cohen von diesen geheimen Aktivitäten wußte und sie billigte, erscheint seine Rolle in einem anderen Licht; die Aussagen in dieser Frage sind widersprüchlich.
45 Debórah Dwork, *Kinder mit dem gelben Stern: Europa 1933–1945*, München 1994, S. 56 f.
46 Die Zahl 1000 nennt Werner Warmbrunn, «Netherlands», in: *The Holocaust Encyclopedia*, hrsg. von Walter Laqueur und Judith Tydor Baumel, New Haven 2001, S. 440.
47 Vgl. besonders Bob Moore, «The Dutch Churches, Christians and the Rescue of Jews in the Netherlands», in: *Dutch Jews as Perceived by Themselves and by Others*, S. 277–288; vgl. auch Bert Jan Flim, «Opportunities for Dutch Jews to Hide from the Nazis, 1942–45», in: ebd., S. 289–305. Louis de Jong hat die Zahl der holländischen Familien, die Juden versteckten, auf etwa 25 000 geschätzt. Louis de Jong, *The Netherlands and Nazi Germany*, S. 21.
48 Zitiert nach Jacob Presser, *Ashes in the Wind*, S. 182.
49 Ebd., S. 183.
50 Ebd.
51 Ebd., S. 184.
52 Ebd., S. 183.
53 Zur Funktion von Vught siehe insbesondere J. W. Griffioen/R. Zeller, *A Comparative Analysis of the Persecution of the Jews in the Netherlands and Belgium during the Second World War*, Amsterdam 1998, S. 11.

54 Zu diesen Zahlenangaben siehe Gerhard Hirschfeld, «Niederlande», in: *Dimension des Völkermords: Die Zahl der jüdischen Opfer des Nationalsozialismus*, hrsg. von Wolfgang Benz, München 1991, S. 151.
55 Jacques Biélinky, *Journal, 1940–1942: Un journaliste juif à Paris sous l'occupation*, hrsg. von Renée Poznanski, Paris 1992, S. 232 f.
56 Robert Gildea, *Marianne in Chains: Everyday Life in the French Heartland under the German Occupation*, New York 2003, S. 259 f.
57 André Kaspi, *Les Juifs pendant l'occupation*, Paris 1991, S. 222.
58 Renée Poznanski, *Être juif en France pendant la Seconde Guerre mondiale*, Paris 1994, S. 385.
59 Am 15. Juli notierte Biélinky in sein Tagebuch: «Anscheinend sollen Juden und Jüdinnen zwischen 18 und 45 festgenommen und zur Zwangsarbeit nach Deutschland geschickt werden.» Jacques Biélinky, *Journal, 1940–1942*, S. 233.
60 André Kaspi, *Les Juifs pendant l'occupation*, S. 224.
61 Zitiert nach ebd., S. 226 f.
62 Renée Poznanski, *Être juif en France pendant la Seconde Guerre mondiale*, S. 385.
63 Ebd., S. 386.
64 Ebd.
65 Michael Marrus/Robert O. Paxton, *Vichy et les juifs*, Paris 1990, S. 258.
66 Ebd., S. 260.
67 Ebd., S. 260 f.
68 Jacques Biélinky, *Journal, 1940–1942*, S. 236.
69 Michael Marrus/Robert O. Paxton, *Vichy France and the Jews*, S. 255.
70 Serge Klarsfeld, *Vichy – Auschwitz: Die Zusammenarbeit der deutschen und französischen Behörden bei der «Endlösung der Judenfrage» in Frankreich*, Nördlingen 1989, S. 432.
71 Ebd., S. 432 f.
72 Georges Wellers, *De Drancy à Auschwitz*, Paris 1946, S. 55 ff.
73 Serge Klarsfeld, *Vichy – Auschwitz*, S. 149 f.
74 Richard I. Cohen, *The Burden of Conscience: French Jewish Leadership during the Holocaust*, Bloomington 1987, S. 79.
75 Raymond-Raoul Lambert, *Carnet d'un témoin: 1940–1943*, hrsg. von Richard I. Cohen, Paris 1985, S. 180.
76 Ebd., S. 178.
77 Simon Schwarzfuchs, *Aux prises avec Vichy: Histoire politique des Juifs de France, 1940–1944*, Paris 1998, S. 253 ff. Der Text eines Entwurfs vom 28. Juli ist abgedruckt in Serge Klarsfeld, *Vichy – Auschwitz*, S. 424 f.
78 Richard I. Cohen, *The Burden of Conscience*, S. 80 ff., 122 ff.
79 Simon Schwarzfuchs, *Aux prises avec Vichy*, S. 282 ff.; vgl. auch Richard I. Cohen, «Le Consistoire et l'UGIF: La situation trouble des juifs français face à Vichy», in: *Revue d'Histoire de la Shoah. Le monde juif* 169 (2000), S. 33 ff.
80 Serge Klarsfeld, *Les transferts de juifs du camp de Rivesaltes et de la région de Montpellier vers le camp de Drancy en vue de leur déportation 10 août 1942–6 août 1944*, Paris 1993, S. 31 f.
81 Einige Berichte der Präfekte über die Reaktionen in ihren Distrikten bietet Serge Klarsfeld, *Vichy – Auschwitz* S. 162 f.
82 Renée Poznanski, «Jews and Non-Jews in France during World War II: A Daily Life Perspective», in: *Lessons and Legacies V: The Holocaust and Justice*, hrsg. von Ronald Smelser, Evanston, IL 2002, S. 306.
83 Ebd.
84 André Kaspi, *Les Juifs pendant l'occupation*, S. 306 f. Die größte katholische Zeitschrift des Freien Frankreich in London, *Volontaires pour la cité chrétienne*, erwähn-

Anmerkungen zum 7. Kapitel   1189

te die Verfolgung und Vernichtung der Juden kaum. Vgl. Renée Bédarida, *Les catholiques dans la guerre 1939–1945: Entre Vichy et la Résistance*, Paris 1998, S 176.
85 Diese Notizen sind abgedruckt in Michèle Cointet, *L'Église sous Vichy, 1940–1945: La repentance en question*, Paris 1998, S. 224.
86 Vgl. zu einem Teil dieser Interpretation Michèle Cointet, *L'Église sous Vichy*, S. 224. Teilweise ist die Deutung der Notizen meine eigene.
87 Das französische Original bietet Serge Klarsfeld, *Vichy – Auschwitz, Le rôle de Vichy dans la solution finale de la question juive en France – 1942*, Bd. 1, Paris 1983, S. 280. Vgl. auch Michèle Cointet, *L'Église sous Vichy*, S. 225. Kardinal Suhard war bekannt für seine Unterstützung der Vichy-Politik, auch gegenüber den Juden. So ergriff er Disziplinarmaßnahmen gegen zwei Priester seiner Diözese, die Taufscheine gefälscht hatten, um Juden zu helfen. Vgl. Renée Bédarida, *Les catholiques dans la guerre 1939–1945*, S. 78.
88 Michèle Cointet, *L'Église sous Vichy*, S. 266. Zu Valerio Valeris Brief an Maglione, in dem dieser Ausdruck benutzt wird, siehe Serge Klarsfeld, *Vichy – Auschwitz*, S. 130.
89 Simon Schwarzfuchs, *Aux prises avec Vichy*, S. 209 f.
90 Vgl. zu Chaillet Unterstützung für Juden vor allem Renée Bédarida, *Pierre Chaillet: Témoin de la résistance spirituelle*, Paris 1988.
91 Saul Friedländer, *Pius XII. und das Dritte Reich: Eine Dokumentation*, Reinbek bei Hamburg 1965, S. 85 f.
92 Michèle Cointet, *L'Église sous Vichy*, S. 234 ff. Wenige Tage nach dem Verlesen des Briefs wurde Saliège durch den stellvertretenden Staatsanwalt von Toulouse verhört. Der Geistliche erklärte, man habe «seinen Brief in unanständiger Weise mißbraucht». Vgl. den Text des Verhörs in Eric Malo, «Le camp de Récébédou (Haute-Garonne)», in: *Le Monde Juif* 153 (1995), S. 97 f.
93 Zur Unterstützung durch christliche Helfer in Frankreich siehe unter anderem Asher Cohen, *Persécution et sauvetages; Juifes et Français sous l'Occupation et sous Vichy*, Paris 1993.
94 Ebd., S. 430.
95 *Akten zur deutschen auswärtigen Politik, 1918–1945*, Serie E: 1941–1945, Bd. 3, bearbeitet von Ingrid Krüger-Bulcke und Hans Georg Lehmann, Göttingen 1974, S. 125.
96 Zur Reaktion der Katholiken in Belgien siehe Mark Van den Wijngaert, «The Belgian Catholics and the Jews During the German Occupation, 1940–1944», in: *Belgium and the Holocaust: Jews, Belgians, Germans*, hrsg. von Dan Michman, Jerusalem 1998, S. 225–233; vgl. auch Luc Dequeker, «Baptism and Conversion of Jews in Belgium, 1939–1945», in: ebd., S. 235–271.
97 J. W. Griffioen/R. Zeller, *A Comparative Analysis of the Persecution of the Jews in the Netherlands and Belgium during the Second World War*, Amsterdam 1998, S. 21.
98 Siehe zu diesem besonderen Aspekt Rudi von Doorslaer, «Jewish Immigration and Communism in Belgium, 1925–1939», in: Dan Michman (Hrsg.), *Belgium and the Holocaust*, S. 66, Anm. und S. 67 ff.
99 *Akten der Parteikanzlei der NSDAP*, Teil II, Bd. 4, München 1992, Abs. Nr. 43548.
100 Ebd.
101 Ebd., Abs. Nr. 43518.
102 Nürnberg doc. L-61, in: *Der Prozeß gegen die Hauptkriegsverbrecher vor dem Internationalen Militärgerichtshof, 14. Nov. 1945 – 1. Okt. 1946*, Bd. 37, Nürnberg 1949, S. 496.
103 Wolf Gruner, «Die Fabrik-Aktion und die Ereignisse in der Berliner Rosenstraße: Fakten und Fiktionen um den 27. Februar 1943», in: *Jahrbuch für Antisemitismusforschung* 11 (2002), S. 146. Vgl. jetzt auch Wolf Gruner, *Widerstand in der Rosenstraße: Die Fabrik-Aktion und die Verfolgung der Mischehen 1943*, Frankfurt a. M. 2005.
104 Wolf Gruner, «Die Fabrik-Aktion und die Ereignisse in der Berliner Rosenstraße», S. 148 f.

105 Ebd., S. 152 ff.
106 Ebd., S. 160 ff.
107 Ebd., S. 167 ff.
108 Hans G. Adler, *Der verwaltete Mensch: Studien zur Deportation der Juden aus Deutschland*, Tübingen 1974, S. 253 f.
109 Rivka Elkin, «The Survival of the Jewish Hospital in Berlin, 1938–1945», in: *Leo Baeck Institute Yearbook* 38 (1993), S. 167 ff.
110 Ebd., S. 177.
111 Ebd.
112 Nürnberg doc. PS-1472, U.S. Office of Chief of Counsel for the Prosecution of Axis Criminality and International Military Tribunal, in: *Nazi Conspiracy and Aggression*, Bd. 4, Washington D.C. 1946, S. 49.
113 Hertha Feiner, *Vor der Deportation: Briefe an die Töchter, Januar 1939 – Dezember 1942*, hrsg. von Karl Heinz Jahnke, Frankfurt a.M. 1993, S. 27 f.
114 Jochen Klepper, *Unter dem Schatten Deiner Flügel: Aus den Tagebüchern der Jahre 1932–1942*, hrsg. von Hildegard Klepper, Stuttgart 1956, S. 1127.
115 Ebd., S. 1130.
116 Ebd., S. 1132 f.
117 Ebd., S. 1133.
118 Walter Manoschek (Hrsg.), *«Es gibt nur eines für das Judentum: Vernichtung»: Das Judenbild in deutschen Soldatenbriefen 1939–1944*, Hamburg ³1997, S. 58.
119 Hans Frank, *Das Diensttagebuch des deutschen Generalgouverneurs in Polen 1939–1945*, hrsg. von Werner Präg und Wolfgang Jacobmeyer, Stuttgart 1975, S. 508 ff.
120 Adam Czerniaków, *Im Warschauer Ghetto: Das Tagebuch des Adam Czerniaków 1939–1942*, München 1986, S. 282 f.
121 Ebd., S. 283.
122 Marcel Reich-Ranicki, *Mein Leben*, Stuttgart ¹⁶2000, S. 235 f.
123 Ebd., S. 236 ff. Höfles Befehle und Drohungen sind zitiert in Wolfgang Scheffler, «The Forgotten Part of the ‹Final Solution›: The Liquidation of the Ghettos», in: *Simon Wiesenthal Center Annual* 2 (1985), S. 820.
124 Adam Czerniaków, *Im Warschauer Ghetto*, S. 284 f.
125 Raul Hilberg/Stanislaw Staron, «Introduction», in: Adam Czerniaków, *The Warsaw Diary: Prelude to Doom*, hrsg. von Raul Hilberg, Stanislaw Staron und Joseph Kermish, New York 1979, S. 63 f. Vgl. auch Jerzy Lewinski, «The Death of Adam Czerniakow and Janusz Korczak's Last Journey», in: *Polin: Studies in Polish Jewry* 7 (1992), S. 224 ff.
126 Chaim Aron Kaplan, *Buch der Agonie: Das Warschauer Tagebuch des Chaim A. Kaplan*, hrsg. von Abraham Isaac Katsh, Frankfurt a.M. 1967, S. 385 f., 387.
127 Ebd., S. 386 f.
128 Ebd., S. 394.
129 Yitzhak Perlis, «Final Chapter: Korczak in the Warsaw Ghetto», in: Yitzhak Perlis, *Essays about Janusz Korczak: His Life and Death*, Tel Aviv 1980, S. 40 ff.
130 Janusz Korczak, *Tagebuch aus dem Warschauer Ghetto 1942*, Göttingen 1992, S. 54 f.
131 Yisrael Gutman, *The Jews of Warsaw, 1939–1943: Ghetto, Underground, Revolt*, Bloomington 1982, S. 147.
132 Janusz Korczak, *Tagebuch aus dem Warschauer Ghetto 1942*, S. 119.
133 Abraham Lewin, *A Cup of Tears: A Diary of the Warsaw Ghetto*, hrsg. von Antony Polonsky, Oxford 1988, S. 148. Es gibt viele Schilderungen dieses Marsches, und einige «literarische» Verzierungen wurden den Tatsachen hinzugefügt, die dessen gewiß nicht bedurften. Zu einer detaillierten Kritik an einigen dieser Berichte vgl. Jerzy Lewinski, «The Death of Adam Czerniakow and Janusz Korczak's Last Journey», S. 224 ff.
134 Chaim Aron Kaplan, *Buch der Agonie*, S. 404.

135 Yisrael Gutman, *The Jews of Warsaw, 1939–1943*, S. 213.
136 Wilm Hosenfeld, «Auszüge aus dem Tagebuch von Hauptmann Wilm Hosenfeld», in: Władysław Szpilman, *Das wunderbare Überleben: Warschauer Erinnerungen 1939–1945*, Düsseldorf/München 1998, S. 194. Eine detaillierte Darstellung von Hosenfelds Einstellung und Aktivitäten ist Wilm Hosenfeld, *«Ich versuche jeden zu retten.» Das Leben eines deutschen Offiziers in Briefen und Tagebüchern*, München 2004.
137 Zitiert nach Ruta Sakowska, «Two Forms of Resistance in the Warsaw Ghetto: Two Functions of the Ringelblum Archives», in: *Yad Vashem Studies* 21 (1991), S. 215.
138 Yitzhak Arad, *Belzec, Sobibor, Treblinka: The Operation Reinhard Death Camps*, Bloomington 1987, S. 40 ff.
139 Ebd., S. 87.
140 Ebd.
141 Ebd., S. 87 f.
142 Gitta Sereny, *Am Abgrund: Gespräche mit dem Henker: Franz Stangl und die Morde von Treblinka*, München/Zürich ³1997, S. 186 ff.
143 Ebd., S. 181 f. Sereny zeigt, daß Stangls Beschreibungen – abgesehen von einigen falschen Daten und einigen «taktischen» Veränderungen in der Ereignisabfolge – während des Düsseldorfer Prozesses 1964 gegen ihn und zehn Wachleute aus Treblinka weitgehend bestätigt wurden. Unter den dabei vorgelegten Dokumenten bezeugt auch das Tagebuch von Hubert Pfoch, der im August 1942 dieselbe Bahnlinie benutzte, die Morde und die Leichen an der Strecke. Vgl. ebd., S. 182 ff.
144 Jozef Zelkowicz, *In Those Terrible Days: Writings from the Lodz Ghetto*, hrsg. von Michal Unger, Jerusalem 2002, S. 258 f.
145 Lucjan Dobroszycki (Hrsg.), *The Chronicle of the Łódź Ghetto 1941–1944*, New Haven 1984, S. 250 ff.
146 Dawid Sierakowiak, *Das Ghettotagebuch des Dawid Sierakowiak: Aufzeichnungen eines Siebzehnjährigen 1941/42*, Leipzig 1993, S. 169.
147 Ebd., S. 172, 175.
148 Jozef Zelkowicz, *In Those Terrible Days*, S. 280 ff.
149 Ebd., S. 280.
150 Lucjan Dobroszycki (Hrsg.), *The Chronicle of the Łódź Ghetto 1941–1944*, S. 250 ff.
151 Jozef Zelkowicz, *In Those Terrible Days*, S. 259 f.
152 Thomas Sandkühler, *«Endlösung» in Galizien: Der Judenmord in Ostpolen und die Rettungsinitiativen von Berthold Beitz, 1941–1944*, Bonn 1996, S. 221.
153 Philip Friedman, *Roads to Extinction: Essays on the Holocaust*, hrsg. von Ada June Friedman, New York 1980, S. 279.
154 Ebd., S. 280.
155 Ebd., S. 279.
156 Ebd., S. 317.
157 Jerzy Ficowski, *Regions of the Great Heresy. Bruno Schulz: A Biographical Portrait*, New York 2003, S. 134.
158 Ebd., S. 136.
159 Ebd., S. 138.
160 Philip Friedman, *Roads to Extinction*, S. 365 f.
161 Ebd., S. 366.
162 Isaac Rudashevski, *The Diary of the Vilna Ghetto, June 1941 – April 1943*, hrsg. von Percy Matenko, Tel Aviv 1973, S. 70 f.
163 Herman Kruk, *The Last Days of the Jerusalem of Lithuania: Chronicles from the Vilna Ghetto and the Camps, 1939–1944*, hrsg. von Benjamin Harshav, New Haven 2002, S. 389.
164 Yitzhak Arad/Yisrael Gutman/Abraham Margaliot (Hrsg.), *Documents on the Ho-*

locaust: Selected Sources on the Destruction of the Jews of Germany and Austria, Poland, and the Soviet Union, Lincoln u. a. ⁸1999, S. 445.
165 Ebd., S. 446.
166 Herman Kruk, The Last Days of the Jerusalem of Lithuania, S. 421 f.
167 Anne Frank, Anne-Frank-Tagebuch, S. 64.
168 Ebd., S. 78.
169 Isaac Rudashevski, The Diary of the Vilna Ghetto, June 1941 – April 1943, S. 66.
170 Etty Hillesum, Letters from Westerbork, New York 1986, S. 26 f.
171 Egon Redlich, The Terezin Diary of Gonda Redlich, hrsg. von Saul S. Friedman, Lexington, KY 1992, S. 50.
172 Jacques Biélinky, Journal, 1940–1942, S. 245.
173 Ebd., S. 271.
174 Renée Poznanski, «Introduction», in: Jacques Biélinky, Journal, 1940–1942, S. 11.
175 Raymond-Raoul Lambert, Carnet d'un témoin: 1940–1943, S. 201 f.
176 Ebd.
177 Victor Klemperer, Ich will Zeugnis ablegen bis zum letzten: Tagebücher 1933–1945, Bd. 2, Berlin 1995, S. 260.
178 Ebd., S. 262.
179 Zitiert nach Robert Moses Shapiro, «Diaries and Memoirs from the Lodz Ghetto in Yiddish and Hebrew», in: Holocaust Chronicles: Individualizing the Holocaust through Diaries and Other Contemporaneous Personal Accounts, hrsg. von Robert Moses Shapiro, Hoboken, NJ 1999, S. 97 (auch im jiddischen Originaltext fehlt die Zeichensetzung). Shapiro zitiert auch ausführlich aus dem Tagebuch des Überlebenden Shlomo Frank, der 1966 in Israel starb. Franks Aufzeichnungen zeigen eine genaue Kenntnis des Schicksals der aus Łódź nach Chełmno Deportierten. Anscheinend «verbesserte» der Autor aber verschiedenen Ausgaben seiner Notizen, indem er Teile strich oder hinzufügte, Daten änderte usw. Vgl. ebd., S. 101 ff. Diese Bearbeitung macht Franks Tagebuch historisch unzuverlässig.
180 Abraham Lewin, A Cup of Tears: A Diary of the Warsaw Ghetto, S. 153.
181 Ebd., S. 170 f.
182 Moses Flinker, Young Moshe's Diary: The Spiritual Torment of a Jewish Boy in Nazi Europe, hrsg. von Shaul Esh und Geoffrey Wigoder, Jerusalem ²1971, S. 25 f.
183 Ebd., S. 32.
184 Ebd., S. 37.
185 Ebd., S. 42 f.
186 Ebd., S. 58 f.
187 Ebd., S. 69 f.
188 Ebd., S. 71.
189 Jacques Biélinky, Journal, 1940–1942, S. 254 f.
190 Mihail Sebastian, «Voller Entsetzen, aber nicht verzweifelt», S. 664.
191 Victor Klemperer, Ich will Zeugnis ablegen bis zum letzten, Bd. 2, S. 247 f.
192 Egon Redlich, The Terezin Diary of Gonda Redlich, S. 72.
193 Yisrael Gutman, The Jews of Warsaw, 1939–1943, S. 212.
194 Peretz Opoczynski, «Warsaw Ghetto Chronicle, September 1942», in: To Live with Honor and Die with Honor! ...: Selected Documents from the Warsaw Ghetto Underground Archives «O. S.» («Oneg Shabbath»), hrsg. von Joseph Kermish, Jerusalem 1986, S. 109.
195 Abraham Lewin, A Cup of Tears: A Diary of the Warsaw Ghetto, S. 184.
196 Avraham Tory, Surviving the Holocaust: The Kovno Ghetto Diary, hrsg. von Martin Gilbert und Dina Porat, Cambridge 1990, S. 133 ff.
197 Herman Kruk, The Last Days of the Jerusalem of Lithuania, S. 360 f.
198 Isaac Rudashevski, The Diary of the Vilna Ghetto, June 1941 – April 1943, S. 56 f.
199 Lucjan Dobroszycki (Hrsg.), The Chronicle of the Łódź Ghetto 1941–1944, S. 258.

200 Oskar Rosenfeld, *Wozu noch Welt? Aufzeichnungen aus dem Ghetto Lodz*, hrsg. von Hanno Loewy, Frankfurt a. M. 1994, S. 159.
201 Haim Avni, «Spain», in: *The Holocaust Encyclopedia*, hrsg. von Walter Laqueur und Judith Tydor Baumel, New Haven 2001, S. 602.
202 Unabhängige Expertenkommission Schweiz – Zweiter Weltkrieg (Hrsg.), *Die Schweiz, der Nationalsozialismus und der Zweite Weltkrieg: Schlussbericht*, Zürich 2002, S. 137.
203 Ebd., S. 115.
204 Ebd., S. 116.
205 Ebd.
206 Ebd., S. 117.
207 Paul A. Levine, «Attitudes and Action: Comparing the Responses of Mid-level Bureaucrats to the Holocaust», in: ‹Bystanders› *to the Holocaust: A Re-evaluation*, hrsg. von David Cesarani und Paul A. Levine, London 2002, S. 223 ff.
208 Eine detaillierte Analyse der schwedischen Politik bietet Paul A. Levine, *From Indifference to Activism: Swedish Diplomacy and the Holocaust, 1938–1944*, Uppsala 1998.
209 Das einzige englischsprachige Buch zu diesem Thema ist Hannu Rautkallio, *Finland and the Holocaust: The Rescue of Finland's Jews*, New York 1987. Rautkallios Interpretationen sind stark kritisiert worden durch William B. Cohen/Jörgen Svensson, «Finland and the Holocaust», in: *Holocaust and Genocide Studies* 9 (1995), S. 70–92. Die genannten Zahlen stammen aus William B. Cohen/Jörgen Svensson, «Finland and the Holocaust», S. 71.
210 Hannu Rautkallio, *Finland and the Holocaust*, S. 166.
211 William B. Cohen/Jörgen Svensson, «Finland and the Holocaust», S. 76.
212 Ebd., S. 77.
213 *Akten zur deutschen auswärtigen Politik, 1918–1945*, Serie E: 1941–1945, Bd. 3, S. 526.
214 Radu Ioanid, «The Fate of Romanian Jews in Nazi Occupied Europe», in: *The Destruction of Romanian and Ukrainian Jews during the Antonescu Era*, hrsg. von Randolph L. Braham, Boulder, CO 1997, S. 217–236.
215 Zitiert nach Peter Longerich, *Politik der Vernichtung: Eine Gesamtdarstellung der nationalsozialistischen Judenverfolgung*, München 1998, S. 522 ff.
216 Vgl. zu den Einzelheiten Radu Ioanid, *The Holocaust in Romania: The Destruction of Jews and Gypsies under the Antonescu Regime, 1940–1944*, Chicago 2000, S. 241 ff.
217 Ebd., S. 246 f.
218 *Akten zur deutschen auswärtigen Politik, 1918–1945*, Serie E: 1941–1945, Bd. 5, S. 134.
219 Helmut Heiber (Hrsg.), *Reichsführer! Briefe an und von Himmler*, München 1970, S. 184.
220 Yehuda Bauer, *Freikauf von Juden? Verhandlungen zwischen dem nationalsozialistischen Deutschland und jüdischen Repräsentanten von 1933 bis 1945*, Frankfurt a. M. 1996, S. 237 f.
221 Diese Einzelheiten basieren im wesentlichen auf Loránd Tilkovszky, «The Late Interwar Years and World War II», in: *A History of Hungary*, hrsg. von Peter F. Sugar, Bloomington 1994, S. 348 f.
222 *Akten zur deutschen auswärtigen Politik, 1918–1945*, Serie E: 1941–1945, Bd. 4, S. 24 ff.
223 Ebd., S. 150.
224 Jonathan Steinberg, *Deutsche, Italiener und Juden: Der italienische Widerstand gegen den Holocaust*, Göttingen 1992, S. 117.
225 Serge Klarsfeld, *Vichy – Auschwitz*, S. 195.
226 Ebd., S. 196.

227 Ebd., S. 198.
228 Vgl. dazu Commissione per la pubblicazione dei documenti diplomatici (Hrsg.), *I documenti diplomatici italiani. Nona serie: 1939–1943*, 10 Bde., Rom 1954–1990; eine englische Übersetzung gibt Susan Zuccotti, *Under His Very Windows: The Vatican and the Holocaust in Italy*, New Haven 2000, S. 108 f.
229 Per Ole Johansen, «Norway», in: *The Holocaust Encyclopedia*, hrsg. von Walter Laqueur und Judith Tydor Baumel, New Haven 2001, S. 450.
230 Yisrael Gutman, *The Jews of Warsaw, 1939–1943*, S. 253 ff.
231 Zitiert nach Antony Polonsky, «Beyond Condemnation, Apologetics and Apologies: On the Complexity of Polish Behavior toward the Jews during the Second World War», in: *Holocaust: Critical Concepts in Historical Studies*, Bd. 5, hrsg. von David Cesarani, London/New York 2004, S. 59 f.
232 Zur Erklärung vom 17. September siehe Yisrael Gutman, *The Jews of Warsaw, 1939–1943*, S. 253, 257 f.
233 Vgl. zum frühen Karski-Bericht Kap. 1, S. 426 f.
234 Siehe vor allem David Engel, «The Western Allies and the Holocaust: Jan Karski's Mission to the West, 1942–1944», in: *Holocaust and Genocide Studies* 5 (1990), S. 363–446.
235 Ebd., S. 366.
236 Daniel Blatman, *Notre liberté et la vôtre: Le mouvement ouvrier juif BUND en Pologne, 1939–1949*, Paris 2002, S. 195.
237 Eine detaillierte Analyse bietet David Engel, *In the Shadow of Auschwitz: The Polish Government-in-Exile and the Jews, 1939–1942*, Chapel Hill 1987, S. 180 ff.
238 In dieser Frage standen die Westalliierten fast von Beginn an auf der Seite der Sowjetunion; die sowjetischen Forderungen wurden auf der Konferenz von Teheran im November 1943 ausdrücklich angenommen und im Februar 1945 in Jalta bekräftigt. Eine lebhafte Verteidigung der polnischen Positionen bietet neben zahlreichen anderen Arbeiten Norman Davies, *Aufstand der Verlorenen: Der Kampf um Warschau 1944*, München 2004.
239 Vgl. zu dieser spezifischen Drohung Tuvia Friling, *Arrows in the Dark: David Ben-Gurion, the Yishuv's Leadership and Rescue Efforts during the Holocaust*, Bd. 1, Tel Aviv 1998, S. 88.
240 Zu Kots Verhandlungen in Palästina siehe Shabtai Teveth, *Ben-Gurion and the Holocaust*, New York 1996, S. 35 ff.; vgl. auch David Engel, «Soviet Jewry in the Thinking of the Yishuv Leadership 1939–1943», in: *The Holocaust in the Soviet Union: Studies and Sources on the Destruction of the Jews in the Nazi-occupied Territories of the USSR 1941–1945*, hrsg. von Lucjan Dobroszycki und Jeffrey S. Gurock, Armonk, NY 1993, S. 111–129.
241 Tuvia Friling, *Arrows in the Dark*, Bd. 1, S. 64.
242 Dina Porat, *The Blue and the Yellow Stars of David: The Zionist Leadership in Palestine and the Holocaust, 1939–1945*, Cambridge, MA 1990, S. 259.
243 Zu Gerstein und seiner Mission vgl. Saul Friedländer, *Kurt Gerstein oder die Zwiespältigkeit des Guten*, Gütersloh 1968, besonders S. 93–104.
244 Ebd., S. 100 f.
245 Ebd., S. 105 ff.
246 Ebd., S. 111–114.
247 Ebd., S. 116.
248 Ebd., S. 182–192.
249 Zum Vendel-Bericht siehe Józef Lewandowski, «Early Swedish Information about the Nazis' Mass Murder of the Jews», in: *Polin: Studies in Polish Jewry* 13 (2000), S. 113–127.
250 Meine Übersetzung des Vendel-Berichts basiert auf der von Lewandowski wie auf der von Steven Kublik. Kublik war der erste Historiker, der Vendels Bericht

Anmerkungen zum 7. Kapitel

veröffentlichte. Siehe Steven Kublik, *The Stones Cry Out: Sweden's response to the persecution of the Jews 1933–1945*, New York 1988.
251 Józef Lewandowski, «Early Swedish Information», S. 123.
252 Siehe zu Schultes Mission und dem Riegner-Telegramm vor allem Gerhart M. Riegner, *Niemals verzweifeln: Sechzig Jahre für das jüdische Volk und die Menschenrechte*, Gerlingen 2001, S. 159–176; David S. Wyman, *Das unerwünschte Volk: Amerika und die Vernichtung der europäischen Juden*, Frankfurt a. M. 2000, S. 64·ff.; Walter Laqueur, *Was niemand wissen wollte: Die Unterdrückung der Nachrichten über Hitlers «Endlösung»*, Frankfurt a. M. u. a. 1981, S. 99–104. Vgl. auch Walter Laqueur/Richard Breitman, *Der Mann, der das Schweigen brach: Wie die Welt vom Holocaust erfuhr*, Frankfurt a. M./Berlin 1986.
253 Jean-Claude Favez, *Warum schwieg das Rote Kreuz? Eine internationale Organisation und das Dritte Reich*, München 1994, S. 135 f.
254 David S. Wyman, *Das unerwünschte Volk*, S. 63.
255 Bernard Wasserstein, *Britain and the Jews of Europe, 1939–1945*, London u. a. 1979, S. 172.
256 Entweder während des Besuchs oder bei seiner Vorbereitung erhielt Roosevelt ein Memorandum des Jüdischen Weltkongresses, das die Vernichtung präzise beschrieb und insbesondere Auschwitz als eines der größten Mordzentren erwähnte. Daß man in London und Washington schon früh über die Funktion von Auschwitz als Vernichtungslager informiert war, beschreibt Barbara Rogers, «British Intelligence and the Holocaust», in: *The Journal of Holocaust Education* 8 (1999), S. 89–106 und besonders S. 100.
257 David S. Wyman, *Das unerwünschte Volk*, S. 86.
258 Bernard Wasserstein, *Britain and the Jews of Europe, 1939–1945*, S. 173.
259 Willi A. Boelcke (Hrsg.), *Wollt Ihr den totalen Krieg? Die geheimen Goebbels-Konferenzen 1939–1943*, Herrsching 1989, S. 313.
260 Vgl. zu Wises Informationen Henry L. Feingold, *The Politics of Rescue: The Roosevelt Administration and the Holocaust, 1938–1945*, New Brunswick, NJ 1970, S. 170. Vgl. außerdem Heinrich Himmler, *Dienstkalender*, S. 619, Anm. 43.
261 Helmut Heiber (Hrsg.), *Reichsführer! Briefe an und von Himmler*, S. 169.
262 Saul Friedländer, *Pius XII. und das Dritte Reich*, S. 79 ff. Seltsamerweise ist Bernardinis Bericht nicht in die vom Vatikan veröffentlichten Dokumentensammlungen aufgenommen worden.
263 Pierre Blet/Angelo Martini/Burkhart Schneider (Hrsg.), *Actes et documents du Saint Siège relatifs à la Seconde Guerre mondiale*, Bd. 8, Vatikanstadt 1974, S. 453.
264 Ebd., Bd. 8, S. 534. (Zitiert nach Susan Zuccotti, *Under His Very Windows*, S. 102.)
265 Vgl. zu den meisten Details Shimon Redlich, «Metropolitan Andrei Sheptyts'kyi, Ukrainians and Jews During and After the Holocaust», in: *Holocaust and Genocide Studies* 5 (1990), S. 39–51.
266 Pierre Blet/Angelo Martini/Burkhart Schneider (Hrsg.), *Actes et documents du Saint Siège relatifs à la Seconde Guerre mondiale*, Bd. 3/2, Vatikanstadt 1967, S. 625, 628. Vgl. auch Shimon Redlich, «Metropolitan Andrei Sheptyts'kyi, Ukrainians and Jews During and After the Holocaust», S. 45 f.
267 Saul Friedländer, *Pius XII. und das Dritte Reich*, S. 89 f.
268 Telegramm von Tittman an Hull vom 10. 10. 1942, zitiert ebd., S. 91.
269 John Cornwell, *Pius XII.: Der Papst, der geschwiegen hat*, München ²2000, S. 340 f.
270 Ebd., S. 341. Vgl. zu Magliones Antwort auch Saul Friedländer, *Pius XII. und das Dritte Reich*, S. 92.
271 Ebd., S. 96.
272 Siehe zu diesen Reaktionen John Cornwell, *Pius XII.*, S. 343 f.
273 Joseph Goebbels, *Tagebücher*, Teil II, Bd. 6, S. 508.

274 Dieser anonyme Bericht ist abgedruckt in Otto Dov Kulka/Eberhard Jäckel (Hrsg.), *Die Juden in den geheimen NS-Stimmungsberichten 1933–1945*, Düsseldorf 2004, S. 511.
275 Martin Gilbert, *Auschwitz und die Alliierten*, München 1982, S. 121.
276 Zu diesem Text siehe Saul Friedländer, «History, Memory and the Historian: Dilemmas and Responsibilities», in: *New German Critique* 80 (2000), S. 3 f.

8. Kapitel

1 Louise Jacobson, *«Ihr Lieben, allzu weit entfernten ...»: Briefe von Louise Jacobson an ihre Familie 1942–1943*, hrsg. von Nadia Kaluski-Jacobson, Hamburg 1998, S. 152 f.
2 Ebd., S. 49.
3 Eine eindrucksvolle Schilderung der Schlacht von Kursk gibt Michael Burleigh, *Die Zeit des Nationalsozialismus: Eine Gesamtdarstellung*, Frankfurt a. M. 2000, S. 586–589.
4 Eine gute Zusammenfassung dieser Entwicklungen bietet Ian Kershaw, *Hitler: 1936–1945*, Stuttgart/München 2000, S. 741 ff., 779 f. Eine lebhafte, aber offensichtlich eigennützige Darstellung der Intrigen in den höchsten Rängen des Regimes, vor allem im Umkreis des «Dreierausschusses» und anderer Versuche zur Reorganisation, gibt Albert Speer, *Erinnerungen*, Frankfurt a. M./Berlin ^{9}1971, S. 265 ff., 284 ff.
5 Joseph Goebbels, *Reden*, Bd. 2: 1939–1945, hrsg. von Helmut Heiber, Düsseldorf 1972, S. 178 ff.
6 Moses Flinker, *Young Moshe's Diary: The Spiritual Torment of a Jewish Boy in Nazi Europe*, hrsg. von Shaul Esh und Geoffrey Wigoder, Jerusalem ^{2}1971, S. 78 f.
7 Mihail Sebastian, *«Voller Entsetzen, aber nicht verzweifelt»: Tagebücher 1935–44*, hrsg. von Edward Kanterian, Berlin 2005, S. 710.
8 Victor Klemperer, *Ich will Zeugnis ablegen bis zum letzten: Tagebücher 1933–1945*, Bd. 2, Berlin 1995, S. 333.
9 Joseph Goebbels, *Die Tagebücher von Joseph Goebbels. Sämtliche Fragmente*, Teil II, Bd. 7, hrsg. von Elke Fröhlich, München 1996, S. 287.
10 Adolf Hitler, *Reden und Proklamationen, 1932–1945*, kommentiert von einem deutschen Zeitgenossen, hrsg. von Max Domarus, Bd. 4: 1941–1945, Leonberg ^{4}1987/1988, S. 2001.
11 Joseph Goebbels, *Tagebücher*, Teil II, Bd. 8, S. 114.
12 Ebd., S. 260.
13 Ebd., S. 235.
14 Ebd., S. 261.
15 Ebd., S. 287.
16 Ebd.
17 Ebd., S. 288.
18 Ebd., S. 288 ff.
19 Zitiert nach Jeremy Noakes/Geoffrey Pridham (Hrsg.), *Nazism 1919–1945: A Documentary Reader*, Bd. 4, Exeter, UK 2001, S. 497.
20 Victor Klemperer, *Ich will Zeugnis ablegen bis zum letzten*, Bd. 2, S. 380.
21 Ebd., S. 385.
22 Ebd., S. 388.
23 Otto Dov Kulka/Eberhard Jäckel (Hrsg.), *Die Juden in den geheimen NS-Stimmungsberichten 1933–1945*, Düsseldorf 2004, S. 517.
24 Ebd.
25 Victor Klemperer, *Ich will Zeugnis ablegen bis zum letzten*, Bd. 2, S. 498.
26 Zum ideologischen Fanatismus im RSHA siehe vor allem Michael Wildt, *Genera-*

Anmerkungen zum 8. Kapitel 1197

tion des Unbedingten: Das Führungskorps des Reichssicherheitshauptamtes, Hamburg 2002, und Yaacov Lozowick, Hitlers Bürokraten: Eichmann, seine willigen Vollstrecker und die Banalität des Bösen, Zürich/München 2000; zu den Hauptfiguren des WHVA vgl. besonders Michael Thad Allen, *The Business of Genocide: The SS, Slave Labor, and the Concentration Camps*, Chapel Hill 2002.

27 Alle Einzelheiten über diese Dokumente (die 2001 vom britischen Public Record Office freigegeben wurden) basieren auf Peter Witte/Stephen Tyas, «A New Document on the Deportation and Murder of Jews during ‹Einsatz Reinhard› 1942», in: *Holocaust and Genocide Studies* 15 (2001), S. 468–486.
28 Ebd., S. 470.
29 Heinrich Himmler, *Der Dienstkalender Heinrich Himmlers 1941/42*, hrsg. von Peter Witte u. a., Hamburg 1999, S. 513, Anm. 32.
30 Peter Witte/Stephen Tyas, «A New Document on the Deportation and Murder of Jews during ‹Einsatz Reinhard› 1942», S. 476.
31 Helmut Heiber (Hrsg.), *Reichsführer! Briefe an und von Himmler*, München 1970, S. 183.
32 Gerald Fleming, *Hitler und die Endlösung: «Es ist des Führers Wunsch ...»*, Frankfurt a. M. u. a. 1987, S. 149.
33 Ebd., S. 150. Vgl. auch Raul Hilberg, «Le bilan demographique du génocide», in: *L'Allemagne nazie et le génocide juif: Colloque de l'École des Hautes Études en Sciences Sociales (EHESS)*, hrsg. von der École des hautes études en sciences sociales, Paris 1985, S. 265 ff.
34 Zu diesem Bericht und zu der Schätzung siehe die Einleitung zu Wolfgang Benz (Hrsg.), *Dimension des Völkermords: Die Zahl der jüdischen Opfer des Nationalsozialismus*, München 1991, S. 3.
35 So argumentiert Raul Hilberg, «Le bilan demographique du génocide», S. 265.
36 Ders., *Die Vernichtung der europäischen Juden*, Bd. 1, S. 409.
37 Gerald Fleming, *Hitler und die Endlösung*, S. 152.
38 Nürnberg doc. 015-PS, in: *Der Prozeß gegen die Hauptkriegsverbrecher vor dem Internationalen Militärgerichtshof: Amtlicher Text: Deutsche Ausgabe*, Bd. 25, Urkunden und anderes Beweismaterial, Nr. 001-PS bis Nr. 400-PS, Nürnberg 1947, S. 50 ff.
39 Gerald Fleming, *Hitler und die Endlösung*, S. 152 f.
40 Ebd., S. 150.
41 Andreas Hillgruber (Hrsg.), *Staatsmänner und Diplomaten bei Hitler: Vertrauliche Aufzeichnungen über Unterredungen mit Vertretern des Auslandes*, Bd. 2, Frankfurt a. M. 1970, S. 256 f.
42 Eugene Levai, *Black Book on the Martyrdom of Hungarian Jewry*, Zürich 1948, S. 33.
43 Zitiert nach Raul Hilberg, *Die Vernichtung der europäischen Juden*, Bd. 2, S. 883 f.
44 Die detaillierteste Darstellung der Ereignisse in Bulgarien ist immer noch Frederick B. Chary, *The Bulgarian Jews and the Final Solution 1940–1944*, Pittsburgh 1972.
45 *Akten zur deutschen auswärtigen Politik, 1918–1945*, hrsg. vom Auswärtigen Amt, Serie E: 1941–1945, Bd. 5, bearbeitet von Ingrid Krüger-Bulcke und Hans Georg Lehmann, Göttingen 1978, S. 521.
46 Ebd., S. 538.
47 Livia Rothkirchen, «The Situation of the Jews in Slovakia between 1939 and 1945», in: *Jahrbuch für Antisemitismusforschung* 7 (1998), S. 46–70.
48 Ludins Bericht ist abgedruckt in: *Akten zur deutschen auswärtigen Politik, 1918– 1945*, Serie E: 1941–1945, Bd. 5, S. 581 ff.
49 Hitlers ungehemmte Besessenheit von allen Aspekten der Judenfrage nahm eine neue seltsame Form an, als er Tiso im Hinblick auf Lord Rothermere korrigierte; nach Hitlers Meinung war Rothermere kein Jude, hatte aber eine jüdische Geliebte, die Prinzessin Hohenlohe, geborene Richter, aus Wien. Andreas Hillgruber (Hrsg.), *Staatsmänner und Diplomaten bei Hitler*, Bd. 2, S. 268.

50 Nürnberg doc. Steengracht 64, zitiert nach Raul Hilberg, *Die Vernichtung der europäischen Juden*, Bd. 2, S. 789.
51 Zur Vernichtung der kroatischen Juden siehe vor allem Menachem Shelach (Hrsg.), *Yugoslavia*, Jerusalem 1990, S. 137 ff. [hebräisch].
52 Zum genauen Datum der Ankunft Wislicenys und Brunners in Saloniki vgl. Daniel Carpi, «A New Approach to Some Episodes in the History of the Jews in Salonika during the Holocaust – Memory, Myth, Documentation», in: *The Last Ottoman Century and Beyond: The Jews in Turkey and the Balkans 1808–1945*, Bd. 2, hrsg. von Minna Rozen, Tel Aviv 2002, S. 263, Anm. 9.
53 Mark Mazower, *Salonica, City of Ghosts: Christians, Muslims and Jews, 1430–1950*, London 2004, S. 402, 411.
54 Zur Rolle von Simonides und Altenburg vgl. insbesondere Andrew Apostolu, «The Exception of Salonika: Bystanders and Collaborators in Northern Greece», in: *Holocaust and Genocide Studies* 14 (2000), S. 179 ff.
55 Mark Mazower, *Salonica, City of Ghosts*, S. 392 ff., 411.
56 Ebd., S. 405.
57 Ebd., S. 392 ff.
58 Eine nuanciertere Sicht der Rolle von Koretz bietet Minna Rozen, «Jews and Greeks Remember Their Past: The Political Career of Tsevi Koretz (1933–43)», in: *Jewish Social Studies* 12 (2005), S. 111–166.
59 Mark Mazower, *Salonica, City of Ghosts*, S. 401.
60 Andrew Apostolu, «The Exception of Salonika», S. 181 ff.
61 Ebd., S. 183.
62 Daniel Carpi, «A New Approach to Some Episodes in the History of the Jews in Salonika during the Holocaust», S. 271.
63 Ebd., S. 272.
64 *Akten zur deutschen auswärtigen Politik, 1918–1945*, Serie E: 1941–1945, Bd. 5, S. 731 ff.
65 Mark Mazower, *Salonica, City of Ghosts*, S. 407.
66 Ebd.
67 Ebd., S. 397 ff.
68 Henry Friedlander/Sybil Milton (Hrsg.), *Archives of the Holocaust: An International Collection of Selected Documents*, Bd. 20, doc. 7, New York 1993, S. 17 f. Die Bezeichnung «Da» (Da 152) wurde allgemein für Deportationszüge benutzt, wahrscheinlich war sie eine Abkürzung für «Durchgangsaussiedler-(zug)». Vgl. Götz Aly, *Im Tunnel: Das kurze Leben der Marion Samuel 1931–1943*, Frankfurt a. M. 2004, S. 137.
69 Raul Hilberg, Die Vernichtung der europäischen Juden, Bd. 2, S. 428–435, besonders S. 431.
70 Zitiert nach Tatiana Berenstein (Hrsg.), *Faschismus, Getto, Massenmord: Dokumentation über Ausrottung und Widerstand der Juden in Polen während des zweiten Weltkrieges*, hrsg. vom Jüdischen historischen Institut Warschau, Berlin (Ost) 1961, S. 321.
71 Adalbert Rückerl (Hrsg.), *Nationalsozialistische Vernichtungslager: Belzec, Sobibor, Treblinka, Chelmno*, München 1977, S. 115.
72 Alfred C. Mierzejewski, «A Public Enterprise in the Service of Mass Murder: The Deutsche Reichsbahn and the Holocaust», in: *Holocaust and Genocide Studies* 15 (2001), S. 36.
73 Ebd.
74 Nürnberg doc. PS-3688, zitiert nach Yitzhak Arad, *Belzec, Sobibor, Treblinka: The Operation Reinhard Death Camps*, Bloomington 1987, S. 52.
75 Tatiana Berenstein (Hrsg.), *Faschismus, Getto, Massenmord*, S. 346.
76 Henry Friedlander/Sybil Milton (Hrsg.), *Archives of the Holocaust*, Bd. 20, doc. 8, New York 1993. Die Angelegenheit wurde übrigens am 26. Mai formal abge-

Anmerkungen zum 8. Kapitel 1199

schlossen. An diesem Tag informierte der Düsseldorfer Regierungspräsident die Gestapo, alle Besitztümer von Elsa Sara Frankenberg, Julius Israel Meier und Auguste Sara Meier aus Krefeld, die vor ihrer Deportation nach Izbica Selbstmord begangen hatten, seien an das Reich gefallen. Dies wurde im *Deutschen Reichsanzeiger und Preußischen Staatsanzeiger* 112 am 15. 5. 1942 veröffentlicht. Ebd., doc. 10.
77 Zitiert nach Yitzhak Arad, *Belzec, Sobibor, Treblinka*, S. 145.
78 Oskar Rosenfeld, *Wozu noch Welt? Aufzeichnungen aus dem Ghetto Lodz*, hrsg. von Hanno Loewy, Frankfurt a. M. 1994, S. 41–46.
79 Primo Levi, *Ist das ein Mensch? Ein autobiographischer Bericht*, München 1998, S. 17 f.
80 Ebd., S. 18.
81 Ruth Klüger, *weiter leben: Eine Jugend*, Göttingen 1992, S. 107 f.
82 Christopher R. Browning, *Collected Memories: Holocaust History and Postwar Testimony*, Madison 2003, S. 75.
83 Ebd., S. 76.
84 Ebd., S. 76 f.
85 Ebd., S. 78 ff.
86 Ebd., S. 81.
87 Tatiana Berenstein (Hrsg.), *Faschismus, Getto, Massenmord*, S. 446.
88 Ebd., S. 446 f.
89 Vgl. zu verschiedenen Aspekten dieser Pläne Michael Thad Allen, *The Business of Genocide: The SS, Slave Labor, and the Concentration Camps*, Chapel Hill 2002, S. 245 ff.
90 Tatiana Berenstein (Hrsg.), *Faschismus, Getto, Massenmord*, S. 446.
91 Ebd., S. 446 f.
92 Hans Frank, *Das Diensttagebuch des deutschen Generalgouverneurs in Polen 1939–1945*, hrsg. von Werner Präg und Wolfgang Jacobmeyer, Stuttgart 1975, S. 681 f.
93 Jede Kategorie gestohlener Güter verlangte Erlaß und Durchführung genauer Richtlinien, die meistens vom Finanzministerium an den Zoll gerichtet waren. Vgl. unter anderem Michael MacQueen, «The Conversion of Looted Jewish Assets to Run the German War Machine», in: *Holocaust and Genocide Studies* 18 (2004), S. 31.
94 Ebd., S. 30.
95 Ebd., S. 31.
96 Zur Beteiligung der Degussa vgl. jetzt Peter Hayes, *Die Degussa im Dritten Reich: Von der Zusammenarbeit zur Mittäterschaft*, München 2004.
97 Michael MacQueen, «The Conversion of Looted Jewish Assets», S. 34 ff.
98 Nürnberg doc. NO-724, zitiert nach Adalbert Rückerl (Hrsg.), *Nationalsozialistische Vernichtungslager*, S. 109 ff.
99 Vgl. zu diesen Einzelheiten Thomas Sandkühler/Bertrand Perz, «Auschwitz und die ‹Aktion Reinhard› 1942–1945: Judenmord und Raubpraxis in neuer Sicht», in: *Zeitgeschichte* 26 (2000), S. 291.
100 Nürnberg doc. NG-3058, in: *U. S. v. Weizsaecker: The Ministries Case. Trials of War Criminals Before the Nürnberg Military Tribunals under Control Council Law No. 10*, Nürnberg, October 1946 – April 1949, Bd. 5, Washington 1951. Ein großer Teil dieser Beute muß seinen Weg auf die «Judenmärkte» gefunden haben, die in Frank Bajohr, *«Arisierung» in Hamburg: Die Verdrängung der jüdischen Unternehmer 1933–1945*, Hamburg 1997, S. 332–338, beschrieben sind.
101 Filip Müller, *Sonderbehandlung: 3 Jahre in den Krematorien und Gaskammern von Auschwitz*, hrsg. von Helmut Freitag, München 1979, S. 23.
102 Vgl. zu diesen Einzelheiten Götz Aly, «Arisierung, Enteignung: Was geschah mit den Besitztümern der ermordeten Juden Europas? Zur Ökonomie des Nazis», in: *DIE ZEIT* 47 (2002), S. 51.

103 Tatiana Berenstein (Hrsg.), *Faschismus, Getto, Massenmord*, S. 421 f.
104 Ebd., S. 412 f.
105 Joseph Walk (Hrsg.), Das Sonderrecht für die Juden im NS-Staat, S. 399.
106 Thomas Sandkühler/Bertrand Perz, «Auschwitz und die ‹Aktion Reinhard› 1942–1945», S. 292.
107 Raul Hilberg, «Auschwitz», in: *The Holocaust Encyclopedia*, hrsg. von Walter Laquer und Judith Tylor Baumel, New Haven 2001, S. 37.
108 Nach Wolfgang Sofskys Schätzung lag die Vergasungskapazität von Bunker I bei 800 Personen, von Bunker II bei 1200 Personen und von Krematorium II, III, IV und V bei je 3000 Personen. Vgl. Wolfgang Sofsky, *Die Ordnung des Terrors: Das Konzentrationslager*, Frankfurt a. M. 1993, S. 300.
109 Michael Thad Allen, *The Business of Genocide*, S. 141.
110 Zitiert nach Albert Speer, *Der Sklavenstaat: Meine Auseinandersetzungen mit der SS*, Stuttgart 1981, S. 28 f. Vgl. zu Kammler auch Rainer Fröbe, «Hans Kammler – Technokrat der Vernichtung», in: *Die SS: Elite unter dem Totenkopf: 30 Lebensläufe*, hrsg. von Ronald M. Smelser und Enrico Syring, Paderborn u. a. 2000, S. 305–319, insbesondere S. 310 ff.
111 Zitiert nach Eugen Kogon/Hermann Langbein/Adalbert Rückerl (Hrsg.), *Nationalsozialistische Massentötungen durch Giftgas: Eine Dokumentation*, Frankfurt a. M. 1995, S. 220.
112 Alle technischen Details über die Funktionsweise der Gaskammer in Krematorium II stammen aus Jamie McCarthy/Daniel Keren/Harry W. Mazal, «The Ruins of the Gas Chambers: A Forensic Investigation of Crematoriums at Auschwitz I and Auschwitz-Birkenau», in: *Holocaust and Genocide Studies* 18 (2004), S. 68–103.
113 Sybille Steinbacher, *Auschwitz: Geschichte und Nachgeschichte*, München 2004, S. 79.
114 Raul Hilberg, *Die Vernichtung der europäischen Juden*, Bd. 3, S. 947.
115 Primo Levi, *Ist das ein Mensch? Ein autobiographischer Bericht*, München ⁷1998, S. 18 f. Genau 526 Angehörige von Levis Transport wurden sofort vergast. Vgl. Myriam Anissimov, *Primo Levi: Die Tragödie eines Optimisten. Eine Biographie*, Berlin 1999, S. 148 ff.
116 Ruth Klüger. *weiter leben: Eine Jugend*, S. 111.
117 Zitiert nach Hermann Langbein, *Menschen in Auschwitz*, Wien/München ⁴1999, S. 86.
118 Eugen Kogon/Hermann Langbein/Adalbert Rückerl (Hrsg.), *Nationalsozialistische Massentötungen durch Giftgas*, S. 214.
119 Robert Jay Lifton/Amy Hackett, «Nazi Doctors», in: *Anatomy of the Auschwitz Death Camp*, hrsg. von Yisrael Gutman und Michael Berenbaum, Bloomington 1994, S. 313. Über die medizinischen Versuche in Auschwitz und anderen Lagern existiert eine umfangreiche Forschungsliteratur. Einen Überblick gibt Robert Jay Lifton, *Ärzte im Dritten Reich*, Berlin 1998.
120 Siehe zum Beispiel Eugen Kogon, *Der SS-Staat: Das System der deutschen Konzentrationslager*, Frankfurt a. M. 1964 [1946], sowie fast alle breiteren Untersuchungen zu Auschwitz, darunter auch Yisrael Gutman/Michael Berenbaum (Hrsg.), *Anatomy of the Auschwitz Death Camp*, Bloomington 1994, S. 20, 312, 398 u. ö.
121 Raul Hilberg, *Die Vernichtung der europäischen Juden*, Bd. 3, S. 982 f.
122 Ebd., S. 982.
123 Der Vorgang ist oft beschrieben worden, auch in den Tagebüchern der Angehörigen der Sonderkommandos. Die hier gegebenen Angaben stammen vor allem aus Gideon Greif (Hrsg.), *Wir weinten tränenlos ...: Augenzeugenberichte der jüdischen «Sonderkommandos» in Auschwitz*, Köln u. a. 1995, S. XXXIV ff.
124 *Das Verfahren: Auschwitz in den Augen der SS. Der 1. Frankfurter Auschwitz-Prozeß*, S. 40370–40372 (Digitale Bibliothek, Bd. 101).

125 Robert Jay Lifton/Amy Hackett, «Nazi Doctors», in: *Anatomy of the Auschwitz Death Camp*, S. 310.
126 Eugen Kogon/Hermann Langbein/Adalbert Rückerl (Hrsg.), *Nationalsozialistische Massentötungen durch Giftgas*, S. 215.
127 Zitiert nach Danuta Czech, «The Auschwitz Prisoner Administration», in: *Anatomy of the Auschwitz Death Camp*, S. 374. Zur regelmäßigen Liquidierung der Angehörigen der Sonderkommandos vgl. Gideon Greif (Hrsg.), *Wir weinten tränenlos*, S. xxv.
128 Die Lagererfahrung scheint an der Intensität des polnischen Antisemitismus nichts geändert zu haben. Aus einer langen Liste von Beispielen zitiert Langbein eine polnische Gefangene, die erklärte, trotz der schrecklichen Methoden werde das Judenproblem in Polen jetzt gelöst. «So paradox es klingen mag», folgerte sie, «wir verdanken das Hitler». Hermann Langbein, *Menschen in Auschwitz*, Wien/München ⁴1999, S. 96.
129 Yisrael Gutman, «Social Stratification in the Concentration Camps», in: *The Nazi Concentration Camps: Structure and Aims, the Image of the Prisoner, the Jews in the Camps*, hrsg. von Yisrael Gutman und Avital Saf, Jerusalem 1984, S. 172.
130 Zitiert nach Hermann Langbein, *Menschen in Auschwitz*, S. 99 f.
131 Siehe Danuta Czech, «The Auschwitz Prisoner Administration», in: Yisrael Gutman/Michael Berenbaum (Hrsg.), *Anatomy of the Auschwitz Death Camp*, S. 363 ff.
132 Peter Hayes, «Auschwitz, Capital of the Holocaust», in: *Holocaust and Genocide Studies* 17 (2003), S. 330.
133 Walter Manoschek (Hrsg.), *«Es gibt nur eines für das Judentum: Vernichtung»: Das Judenbild in deutschen Soldatenbriefen 1939–1944*, Hamburg ³1997, S. 63.
134 Vgl. zur Gesamtstärke des SS-Personals Sybille Steinbacher, *Auschwitz: Geschichte und Nachgeschichte*, S. 34.
135 Vgl. beispielsweise Norbert Frei (Hrsg.), *Standort- und Kommandanturbefehle des Konzentrationslagers Auschwitz 1940–1945*, München 2000, S. 472.
136 Vgl. besonders Gabriele Knapp, *Das Frauenorchester in Auschwitz: Musikalische Zwangsarbeit und ihre Bewältigung*, Hamburg 1996.
137 Sybille Steinbacher, *Auschwitz: Geschichte und Nachgeschichte*, S. 35 f.
138 Sybille Steinbacher, *«Musterstadt» Auschwitz: Germanisierungspolitik und Judenmord in Ostoberschlesien*, München 2000, S. 247.
139 Rudolf Höß, *Kommandant in Auschwitz: Autobiographische Aufzeichnungen*, hrsg. von Martin Broszat, München ¹⁰1985, S. 163 f.
140 Elizabeth Harvey, *Women and the Nazi East: Agents and Witnesses of Germanization*, New Haven 2003, S. 216.
141 Ebd., S. 216 f.
142 Peter Longerich, *«Davon haben wir nichts gewußt!»: Die Deutschen und die Judenverfolgung 1933–1945*, München 2006, S. 236 f.
143 Ebd., S. 237.
144 Zitiert nach Peter Longerich, *«Davon haben wir nichts gewußt!»*, S. 253 f.
145 Hans Mommsen, «Der Widerstand gegen Hitler und die nationalsozialistische Judenverfolgung», in: ders., *Alternative zu Hitler: Studien zur Geschichte des deutschen Widerstandes*, München 2000, S. 396 ff.
146 Helmuth James von Moltke, *Briefe an Freya 1939–1945*, hrsg. von Beate Ruhm von Oppen, München ²1991, S. 420.
147 Zu den Einzelheiten und Zitaten vgl. Wolfgang Gerlach, *Als die Zeugen schwiegen: Bekennende Kirche und die Juden*, Berlin 1987, S. 362.
148 Ebd., S. 363.
149 Ebd., S. 364.
150 Vgl. zum Text des Flugblatts Inge Scholl, *Die weiße Rose*, Frankfurt a. M. ⁹2001, S. 81.

151 SD-Außenstelle Detmold, 31.7.42, Staatsarchiv Detmold, Preußische Regierung Minden. Ich danke Dr. Sybille Steinbach für die Einsicht in dieses Dokument.
152 Otto Dov Kulka/Eberhard Jäckel (Hrsg.), *Die Juden in den geheimen NS-Stimmungsberichten 1933–1945*, Düsseldorf 2004, S. 503.
153 Ebd., S. 527, Anm. 2.
154 Ebd., S. 528.
155 Ebd., S. 529.
156 Michael Phayer, *The Catholic Church and the Holocaust, 1930–1965*, Bloomington 2000, S. 70 f.
157 Ludwig Volk (Hrsg.), *Akten deutscher Bischöfe über die Lage der Kirche 1933–1945*, Bd. 6, 1943–1945, Mainz 1985, S. 350, Anm. 2.
158 Ebd., S. 220 f.
159 Wilhelm Corsten (Hrsg.), *Kölner Aktenstücke zur Lage der katholischen Kirche in Deutschland 1933–1945*, Köln 1949, S. 255.
160 Michael Phayer, *The Catholic Church and the Holocaust, 1930–1965*, S. 75.
161 Die Antwort von Pius XII. an Preysing, in der er auf die Freiheit der Bischöfe verweist, ist abgedruckt in Saul Friedländer, *Pius XII. und das Dritte Reich: Eine Dokumentation*, Reinbek bei Hamburg 1965, S. 98–104.
162 Ebd., S. 102 f.
163 Der vollständige Text von Wurms Brief ist abgedruckt in Heinrich Hermelink (Hrsg.), *Kirche im Kampf: Dokumente des Widerstands und des Aufbaus in der evangelischen Kirche Deutschlands von 1933 bis 1945*, Tübingen, Stuttgart 1950, S. 654 ff.
164 Wolfgang Gerlach, *Als die Zeugen schwiegen*, S. 351.
165 Martin Doerry, *«Mein verwundetes Herz»: Das Leben der Lilli Jahn 1900–1944*, Stuttgart/München 2002, S. 156 ff.
166 Victor Klemperer, *Ich will Zeugnis ablegen bis zum letzten*, Bd. 2, S. 459.
167 Ebd., S. 457.
168 Ebd., S. 483 f.
169 Cordelia Edvardson, *Gebranntes Kind sucht das Feuer*, München 1989, S. 58 ff., 68.
170 Beate Meyer, «Gratwanderung zwischen Verantwortung und Verstrickung – Die Reichsvereinigung der Juden in Deutschland und die Jüdische Gemeinde zu Berlin 1938–1945», in: *Juden in Berlin 1938–1945: Begleitband zur gleichnamigen Ausstellung in der Stiftung «Neue Synagoge Berlin – Centrum Judaicum», Mai bis August 2000*, hrsg. von Beate Meyer und Hermann Simon, Berlin 2000, S. 323, 325 ff.
171 Cordelia Edvardson, *Gebranntes Kind sucht das Feuer*, München 1989, S. 69 ff.
172 Ebd., S. 73 f.
173 Ebd., S. 74 f.
174 Yisrael Gutman, *Resistance: The Warsaw Ghetto Uprising*, Boston 1994, S. 152 ff.
175 Yisrael Gutman, *The Jews of Warsaw, 1939–1943: Ghetto, Underground, Revolt*, Bloomington 1982, S. 272.
176 Abraham Lewin, *A Cup of Tears: A Diary of the Warsaw Ghetto*, hrsg. von Antony Polonsky, Oxford 1988, S. 186.
177 Ebd., S. 188.
178 Ebd., S. 203.
179 Ebd., S. 205.
180 Ebd., S. 225.
181 Ebd., S. 240.
182 Ebd., S. 241 f.
183 Diese Verhandlungen werden in einer umfangreichen Forschungsliteratur ausführlich beschrieben. Eine nützliche und konzentrierte Darstellung bietet Shmuel Krakowski, *The War of the Doomed: Jewish Armed Resistance in Poland, 1942–1944*, New York 1984, S. 167 f.
184 Ebd., S. 168 f.

Anmerkungen zum 8. Kapitel 1203

185 Antony Polonsky, «Introduction», in: Abraham Lewin, *A Cup of Tears*, S. 53.
186 Nürnberg doc. NO-2494, in: Yitzhak Arad u. a. (Hrsg.), *Documents on the Holocaust*, S. 292.
187 Yitzhak Zuckerman, *A Surplus of Memory: Chronicle of the Warsaw Ghetto Uprising*, hrsg. von Barbara Harshav, Berkeley 1993, S. 319–336.
188 Neben den bereits erwähnten Studien über die Warschauer Juden und den jüdischen Widerstand (Yisrael Gutman, *The Jews of Warsaw, 1939–1943*; ders., *Resistance: The Warsaw Ghetto Uprising*; Shmuel Krakowski, *The War of the Doomed*) und den Erinnerungen von Yitzhak Zuckerman, *A Surplus of Memory*, habe ich eine Reihe bekannter Bücher benutzt, besonders Marek Edelman, *Das Ghetto kämpft*, Berlin 1993; Kazik (Simha Rotem), *Memoirs of a Warsaw Ghetto Fighter*, New Haven 1994.
189 Über den bewaffneten jüdischen Untergrund in Krakau und die «Cingeria»-Aktion vgl. Yael Peled, *Jewish Cracow, 1939–1943: Resistance, Underground, Struggle*, Tel Aviv 1993 [hebräisch], besonders S. 216 ff.
190 Emanuel Ringelblum, «Little Stalingrad defends itself», in: *To Live with Honor and Die with Honor! ...: Selected Documents from the Warsaw Ghetto Underground Archives «O. S.» («Oneg Shabbath»)*, hrsg. von Joseph Kermish, Jerusalem 1986, S. 509 f.
191 Diese Topographie der frühen Kämpfe basiert auf Moshe Arens, *The Warsaw Ghetto Revolt: The Narrative*, unveröffentlichtes Manuskript, S. 1.
192 Vgl. vor allem Moshe Arens, «The Jewish Military Organization (ZZW) in the Warsaw Ghetto», in: *Holocaust and Genocide Studies* 19 (2005), S. 201–225.
193 Nürnberg doc. 1061-PS, in: *Der Prozeß gegen die Hauptkriegsverbrecher vor dem Internationalen Militärgerichtshof: Amtlicher Text: Deutsche Ausgabe*, Bd. 26, Urkunden und anderes Beweismaterial, Nr. 405-PS bis Nr. 1063(d)-PS, Nürnberg 1947, S. 628, 641. Die Zahl der getöteten Deutschen und Hilfstruppenangehörigen war sicher höher, ist aber nicht genau festzustellen.
194 Ebd.
195 Joseph Goebbels, *Tagebücher*, Teil II, Bd. 8, S. 192. Mit den «Heeresberichten» meinte der Minister die von Adolf Berman und Yitzhak Zuckerman herausgegebenen Kommuniqués vom 19., 20. und 21. April und die späteren im Namen des Koordinationskomitees unter Mitwirkung Feiners vom Bund herausgegebenen Kommuniqués. Die Berichte wurden dem polnischen Untergrund übergeben, der einige über seine geheime Radiostation sendete.
196 Ebd., S. 343.
197 Hans Frank, *Diensttagebuch*, S. 682.
198 Helmuth James von Moltke, *Briefe an Freya 1939–1945*, S. 477 f.
199 Ulrich von Hassell, *Die Hassell-Tagebücher 1938–1944: Aufzeichnungen vom Andern Deutschland*, hrsg. von Friedrich Freiherr Hiller von Gaertringen, Berlin 1988, S. 365.
200 Helmut Heiber (Hrsg.), *Hitlers Lagebesprechungen: Die Protokollfragmente seiner militärischen Konferenzen 1942–1945*, Stuttgart 1962, S. 626.
201 Nürnberg doc. NO-2496, in: *Trials of War Criminals Before the Nürnberg Military Tribunals under Control Council Law No. 10, Nürnberg, October 1946 – April 1949*, Bd. 5, Washington 1951, S. 623 f.
202 Anmerkung d. Hrsg.s in Helmut Heiber (Hrsg.), *Hitlers Lagebesprechungen*, S. 627.
203 Victor Klemperer, *Ich will Zeugnis ablegen bis zum letzten*: Bd. 2, S. 386.
204 Oskar Rosenfeld, *Wozu noch Welt?*, S. 207.
205 Avraham Tory, *Surviving the Holocaust: The Kovno Ghetto Diary*, hrsg. von Martin Gilbert und Dina Porat, Cambridge 1990, S. 304 f.
206 Herman Kruk, *The Last Days of the Jerusalem of Lithuania: Chronicles from the Vilna Ghetto and the Camps, 1939–1944*, hrsg. von Benjamin Harshav, New Haven 2002, S. 520.
207 Ebd., S. 524.

208 David G. Roskies, «Landkentenish: Yiddish Belles Lettres in the Warsaw Ghetto», in: *Holocaust Chronicles: Individualizing the Holocaust through Diaries and Other Contemporaneous Personal Accounts*, hrsg. von Robert Moses Shapiro, Hoboken, NJ 1999, S. 20 f.
209 Alf Lüdtke, *Eigen-Sinn: Fabrikalltag, Arbeitererfahrungen und Politik vom Kaiserreich bis in den Faschismus*, Hamburg 1993, S. 408.
210 Zu den Ereignissen in Białystok siehe Sara Bender, *Facing Death: The Jews of Bialystok 1939–1943*, Tel Aviv 1997 [hebräisch].
211 Tatiana Berenstein (Hrsg.), *Faschismus, Getto, Massenmord*, S. 449.
212 Sara Bender, *Facing Death: The Jews of Bialystok 1939–1943*, S. 233.
213 Ebd., S. 260 ff.
214 Ebd., S. 274 ff.
215 Bernhard Chiari, *Alltag hinter der Front: Besatzung, Kollaboration und Widerstand in Weißrussland 1941–1944*, Düsseldorf 1998, S. 240.
216 Herman Kruk, *The Last Days of the Jerusalem of Lithuania*, S. 566.
217 Yitzhak Arad/Yisrael Gutman/Abraham Margaliot (Hrsg.), *Documents on the Holocaust*, S. 450.
218 Isaac Rudashevski, *The Diary of the Vilna Ghetto, June 1941–April 1943*, hrsg. von Percy Matenko, Tel Aviv 1973, S. 138 f.
219 Helmut Heiber (Hrsg.), *Reichsführer! Briefe an und von Himmler*, S. 215.
220 Vgl. zu diesen Debatten Dina Porat, *Beyond the Reaches of our Soul: The Life and Times of Abba Kovner*, Tel Aviv 2000, S. 135 ff. [hebräisch].
221 Ebd.
222 Ebd., S. 140 ff.
223 Ebd., S. 134 ff.
224 Vgl. Benjamin Harshav, «Introduction», in: Herman Kruk, *The Last Days of the Jerusalem of Lithuania*, S. xlviii ff.
225 Zelig Kalmanovitch, *Diary in the Vilna Ghetto*, Tel Aviv 1977, S. 114 ff. [hebräisch].
226 Yitzhak Arad, *Ghetto in Flames: The Struggle and Destruction of the Jews in Vilna in the Holocaust*, Jerusalem 1980, S. 425. Gens' Führung wurde nicht nur von einem bedeutenden Zeitgenossen wie Kalmanovitch im Gegensatz zur FPO gelobt, sie erfuhr Jahre später auch Anerkennung von unerwarteter Seite. Nathan Alterman war zweifellos Israels prominentester Lyriker, die Stimme des «heroischen» Zionismus von der Mitte der dreißiger bis zum Ende der sechziger Jahre. Er befragte Kovner sehr ausführlich über die Geschichte des Wilnaer Ghettos und erklärte zuletzt: «Hätte ich im Ghetto gelebt, wäre ich auf Seiten des Judenrats gewesen.» Tom Segev, *Die siebte Million: Der Holocaust und Israels Politik der Erinnerung*, Reinbek bei Hamburg 1995, S. 605 f.
227 Leni Yahil, *Die Shoah: Überlebenskampf und Vernichtung der europäischen Juden*, München 1998, S. 388.
228 Dina Porat, *Beyond the Reaches of our Soul: The Life and Times of Abba Kovner*, S. 155 ff. Wie der Historiker Yehuda Bauer schreibt, gab es verschiedene Grade des bewaffneten Widerstands in 24 Ghettos West- und Zentralpolens; darüber hinaus gab es 63 bewaffnete Gruppen in den 110 Ghettos und anderen jüdischen Zwangslagern in Westweißrußland sowie andere Formen der bewaffneten Bereitschaft in 30 Ghettos. Yehuda Bauer/Nili Keren, *A History of the Holocaust*, New York 1982, S. 270.
229 Isaac Rudashevski, *The Diary of the Vilna Ghetto, June 1941–April 1943*, hrsg. von Percy Matenko, Tel Aviv 1973, S. 140.
230 Ebd., S. 12.
231 Dawid Sierakowiak, *The Diary of Dawid Sierakowiak: Five Notebooks from the Łódź Ghetto*, hrsg. von Alan Adelson, New York 1996, S. 268.
232 Anmerkung von Alan Adelson, ebd., S. 268.

Anmerkungen zum 9. Kapitel

233 Czesław Miłosz, *Zeichen im Dunkel: Poesie und Poetik*, hrsg. von Karl Dedecius, Frankfurt a. M. 1979, S. 44.
234 Zum Text des Gedichts und Milosz' Kommentar vgl. Jan Blonski, «The Poor Poles Look at the Ghetto», in: *Polin: Studies in Polish Jewry* 4 (1989), S. 322 f.
235 Zitiert nach Michael Steinlauf, *Bondage to the Dead: Poland and the Memory of the Holocaust*, Syracuse, NY 1997, S. 32.
236 Marcel Reich-Ranicki, *Mein Leben*, Stuttgart ¹⁶2000, S. 277.
237 Ebd.
238 Ebd., S. 282.
239 Yitzhak Arad, *Belzec, Sobibor, Treblinka*, S. 348.
240 Jan T. Gross, «A Tangled Web: Confronting Stereotypes Concerning Relations between Poles, Germans, Jews and Communists», in: *The Politics of Retribution in Europe: World War II and its Aftermath*, hrsg. von István Deák, Jan T. Gross und Tony Judt, Princeton 2000, S. 80.
241 Zitiert nach Shmuel Krakowski, «The Attitude of the Polish Underground to the Jewish Question during the Second World War», in: *Contested Memories: Poles and Jews during the Holocaust and Its Aftermath*, hrsg. von Joshua D. Zimmerman, New Brunswick 2003, S. 100 f.
242 Aryeh Klonicki/Malwina Klonicki, *The Diary of Adam's Father: The Diary of Aryeh Klonicki (Klonymus) and His Wife Malwina, With Letters Concerning the Fate of Their Child Adam*, Jerusalem 1973, S. 25.
243 Ebd., S. 31 f.
244 Ebd., S. 34.
245 Ebd., S. 78 f. Klonickis auf hebräisch geschriebenes Tagebuch erhielten 1948 New Yorker Verwandte des Autors von Frankas Bruder Stanislaw Wanshik. Ein Briefwechsel zwischen der Familie in den USA und den Wanshiks wurde als Anhang des Tagebuchs abgedruckt. Daraus gehen die Einzelheiten über das Ende der Klonickis und das Verschwinden Adams hervor.
246 Karel C. Berkhoff, *Harvest of Despair: Life and Death in Ukraine under Nazi Rule*, Cambridge, MA 2004, S. 71 ff.
247 Ebd., S. 73. Die beiden Zitate finden sich in den «Ereignismeldungen UdSSR» des Chefs der Sicherheitspolizei und des SD Nr. 112 vom 13. Oktober 1941 (NO-4486), S. 2 f., und Nr. 47 vom 9. August 1941 (NO-2947), S. 10.
248 Die antijüdische Gewalt in der Ukraine im letzten Kriegsjahr und später beschreibt Amir Weiner, *Making Sense of War: The Second World War and the Fate of the Bolshevik Revolution*, Princeton 2002, S. 191 ff.
249 Im polnischen Kontext des Sommers 1942 hatte Kossaks Erklärung Gewicht, trotzdem blieb die darin ausgedrückte Haltung gegenüber den Juden hochproblematisch. Eine überzeugende Analyse bietet Jan Blonski, «Polish-Catholics and Catholic-Poles: The Gospel, National Interest, Civic Solidarity, and the Destruction of the Warsaw Ghetto», in: *Yad Vashem Studies* 25 (1996), S. 181–196.
250 Alle Einzelheiten und Zitate stammen aus Joseph Kermish, «The Activities of the Council for Aid to Jews (‹Zegota›) in Occupied Poland», in: Yisrael Gutman/Efraim Zusoff (Hrsg.), *Rescue Attempts During the Holocaust*, Jerusalems 1977, S. 367–398.
251 Ebd., S. 372.
252 Joseph Goebbels, *Tagebücher*, Teil II, Bd. 7, S. 454.

9. Kapitel

1 Saul Friedländer, *Kurt Gerstein oder die Zwiespältigkeit des Guten*, Gütersloh 1968, S. 175–177.
2 Ebd., S. 180.

3 Siehe zu diesen strategischen Plänen Gerhard L. Weinberg, *Eine Welt in Waffen: Die globale Geschichte des Zweiten Weltkriegs*, Stuttgart 1995, S. 702 f.
4 Albert Speer, *Erinnerungen*, Frankfurt a. M./Berlin ⁹1971, S. 312.
5 Tatiana Berenstein (Hrsg.), *Faschismus, Getto, Massenmord: Dokumentation über Ausrottung und Widerstand der Juden in Polen während des zweiten Weltkrieges*, hrsg. vom Jüdischen historischen Institut Warschau, Berlin (Ost) 1961, S. 296. Nürnberg doc. NO-626, in: *U. S. v. Weizsäcker, The Ministries Case*. Trials of War Criminals Before the Nürnberg Military Tribunals under Control Council Law No. 10, Nürnberg, October 1946 – April, 1949, Bd. 13, Washington 1951, S. 240 f.
6 Das Pamphlet begann passenderweise mit einem Himmler-Zitat aus dem Jahre 1935: «Solange es Menschen auf der Erde gibt, wird der Kampf zwischen Menschen und Untermenschen geschichtliche Regel sein, gehört dieser vom Juden geführte Kampf gegen die Völker, soweit wir zurückblicken können, zum natürlichen Ablauf des Lebens auf unserem Planeten. Man kann beruhigt zu der Überzeugung kommen, daß dieses Ringen auf Leben und Tod wohl genau so Naturgesetz ist wie der Kampf des Pestbazillus gegen den gesunden Körper.», in: Walther Hofer (Hrsg.), *Der Nationalsozialismus: Dokumente 1933–1945*, Frankfurt a. M. 1957, S. 280 (Dok. 1576).
7 Tatiana Berenstein (Hrsg.), *Faschismus, Getto, Massenmord*, S. 357 f.
8 Heinrich Himmler, *Geheimreden 1933 bis 1945 und andere Ansprachen*, hrsg. von Bradley F. Smith und Agnes F. Peterson, Frankfurt a. M. u. a. 1974, S. 169.
9 Ebd., S. 169.
10 Ebd., S. 201 ff.
11 Joseph Goebbels, *Die Tagebücher von Joseph Goebbels. Sämtliche Fragmente*, Teil II, Bd. 10, hrsg. von Elke Fröhlich, München 1994, S. 72.
12 Nürnberg doc. PS-1919, in: *Der Prozeß gegen die Hauptkriegsverbrecher vor dem Internationalen Militärgerichtshof, Nürnberg, 14. November 1945–1. Oktober 1946*, Bd. 29, Nürnberg 1948, S. 110–173, hier: S. 145 f.
13 Höß wurde vielleicht wegen seiner engen Beziehungen zu Bormann so vorsichtig behandelt. Vgl. Raul Hilberg, «Auschwitz and the ‹Final Solution›», in: *Anatomy of the Auschwitz Death Camp*, hrsg. von Yisrael Gutman und Michael Berenbaum, Bloomington 1994, S. 83.
14 Vgl. zu der ganzen Episode Hermann Langbein, *Menschen in Auschwitz*, Wien/ München ⁴1999, S. 373–379.
15 Frank Dingel, «Waffen-SS», in: *Enzyklopädie des Nationalsozialismus*, hrsg. von Wolfgang Benz, Hermann Graml und Hermann Weiß, Stuttgart 1997, S. 792.
16 Vgl. beispielsweise Albert Speer, *Erinnerungen*, Frankfurt a. M./Berlin ⁹1971, S. 326 f.
17 Heinz Höhne, *Canaris: Patriot im Zwielicht*, Bindlach 1993, S. 525 ff.
18 Ulrich Herbert, *Best: Biographische Studien über Radikalismus, Weltanschauung und Vernunft, 1903–1989*, Bonn ³1996, S. 327.
19 Ebd., S. 330.
20 Ebd., S. 332.
21 Das Standardwerk über die dänischen Juden während des Holocaust ist Leni Yahil, *The Rescue of Danish Jewry: Test of a Democracy*, Philadelphia 1969. Yahils Studie läßt sich gut ergänzen durch die betreffenden Kapitel in Ulrich Herberts Best-Biographie und durch Hans Kirchhoff, «Denmark: A Light in the Darkness of the Holocaust? A Reply to Gunnar S. Paulsson», in: *Holocaust: Critical Concepts in Historical Studies*, Bd. 5, hrsg. von David Cesarani, London/New York 2004, S. 128–139. Dagegen ist Gunnar S. Paulsson, «The Bridge over the Øresund: The Historiography on the Expulsion of the Jews from Nazi-occupied Denmark», in: *Holocaust: Critical Concepts in Historical Studies*, Bd. 5, S. 99–127, nicht durchgehend überzeugend, besonders im Licht von Herberts Best-Studie.

22 Ulrich Herbert, *Best*, S. 362 ff.
23 Ebd., S. 366.
24 Ebd., S. 367.
25 Ebd., S. 368.
26 Ebd., S. 369.
27 Siehe zu Bests Einstellung ebd. Zur Beteiligung der Dänen an der Rettungsaktion vgl. Hans Kirchhoff, «Denmark», in: *The Holocaust Encyclopedia*, hrsg. von Walter Laqueur und Judith Tydor Baumel, New Haven 2001, S. 148.
28 Bob Moore, *Victims and Survivors: The Nazi Persecution of the Jews in the Netherlands, 1940–1945*, London 1997, S. 104.
29 Ebd., S. 102.
30 Diese Zusammenfassung basiert auf Bob Moore, *Victims and Surivors*, S. 125.
31 Philip Mechanicus, *Im Depot: Tagebuch aus Westerbork*, Berlin 1993, S. 52 f.
32 Ebd., S. 54.
33 Ebd., S. 35.
34 Ebd., S. 34 f.
35 Ebd., S. 86.
36 Etty Hillesum, *Letters from Westerbork*, New York 1986, S. 97.
37 Ebd., S. 55 f.
38 Anne Frank, *Anne-Frank-Tagebuch: Einzig autorisierte Ausgabe*, hrsg. von Otto H. Frank und Mirjam Pressler, Frankfurt a. M. ³2004, S. 188.
39 Herman Kruk, *The Last Days of the Jerusalem of Lithuania: Chronicles from the Vilna Ghetto and the Camps, 1939–1944*, hrsg. von Benjamin Harshav, New Haven 2002, S. 525.
40 Michael Marrus/Robert O. Paxton, *Vichy et les juifs*, Paris 1990, S. 325 ff.
41 Serge Klarsfeld, *Vichy – Auschwitz: Die Zusammenarbeit der deutschen und französischen Behörden bei der «Endlösung der Judenfrage» in Frankreich*, Nördlingen 1989, S. 270 f.
42 Jacques Adler, «The Changing Attitude of the ‹Bystanders› toward the Jews in France 1940–1943», in: John Milfull (Hrsg.), *Why Germany? National Socialist Antisemitism and the European Context*, Providence 1993, S. 184 ff.
43 Richard I. Cohen, *The Burden of Conscience: French Jewish Leadership during the Holocaust*, Bloomington 1987, S. 91 f.
44 Ebd., S. 90 f.
45 Ebd., S. 97.
46 Zu den heimlichen Bemühungen siehe Jacques Adler, *The Jews of Paris and the Final Solution: Communal Response and Internal Conflicts, 1940–1944*, New York 1987, S. 154 ff.; Richard I. Cohen, *The Burden of Conscience*, S. 96 f.
47 Serge Klarsfeld, *Vichy – Auschwitz*, S. 214.
48 Ebd., S. 224 f.
49 André Kaspi, *Les Juifs pendant l'occupation*, Paris 1991, S. 294 ff.
50 Ebd., S. 298.
51 Ebd.
52 Serge Klarsfeld, *Vichy – Auschwitz*, S. 282–285.
53 Raymond-Raoul Lambert, *Carnet d'un témoin: 1940–1943*, hrsg. von Richard I. Cohen, Paris 1985, S. 233 f.
54 Ebd., S. 235 f.
55 Ebd., S. 238.
56 Simon Schwarzfuchs, *Aux prises avec Vichy: Histoire politique des Juifs de France, 1940–1944*, Paris 1998, S. 304 ff.
57 Aharon Weiss, «Jewish Leadership in Occupied Poland: Postures and Attitudes», in: *Yad Vashem Studies* 12 (1977), S. 363 f.
58 Dan Diner, «Historical Understanding and Counterrationality: The Judenrat as

Epistemological Vantage», in: *Probing the Limits of Representation: Nazism and the «Final Solution»*, hrsg. von Saul Friedländer, Cambridge, MA 1992, S. 128 ff.
59 Zitiert nach Yitzhak Arad, *Belzec, Sobibor, Treblinka: The Operation Reinhard Death Camps*, Bloomington 1987, S. 276.
60 Siehe zu diesen Einzelheiten vor allem ebd., S. 282 ff.
61 Ebd., S. 290 ff.
62 Gitta Sereny, *Am Abgrund: Gespräche mit dem Henker: Franz Stangl und die Morde von Treblinka*, München/Zürich ³1997, S. 284, 286.
63 Yitzhak Arad, *Belzec, Sobibor, Treblinka*, S. 298.
64 Ebd., S. 297.
65 Jacob Wiernik war später einer der Hauptzeugen in Claude Lanzmans Film *Shoah*.
66 Siehe zur Vorbereitung des Aufstands in Sobibór Yitzhak Arad, *Belzec, Sobibor, Treblinka*, S. 299 ff., besonders S. 306 ff.
67 Vgl. zu den Ereignissen vom 14. Oktober 1943 ebd., S. 322 ff.
68 Auf der Grundlage dechiffrierter SD-Meldungen und anderer Quellen kam Richard Breitman zu dem Ergebnis, Himmlers Befehl an Kappler sei am 24. September oder ein paar Tage vorher ergangen. Siehe Richard Breitman, «New Sources on the Holocaust in Italy», in: *Holocaust and Genocide Studies* 16 (2002), S. 403 f.
69 Siehe zu diesen Einzelheiten vor allem Robert Katz, *Rom 1943–1944: Besatzer, Befreier, Partisanen und der Papst*, Essen 2006, S. 94 ff.
70 Richard Breitman, «New Sources on the Holocaust in Italy», S. 404.
71 Robert Katz, *Rom 1943–1944*, S. 99 ff.
72 Stanislao G. Pugliese, «Bloodless Torture: The Books of the Roman Ghetto under the Nazi Occupation», in: *The Holocaust and the Book: Destruction and Preservation*, hrsg. von Jonathan Rose, Amherst, Mass. 2001, S. 52.
73 Ebd., S. 53.
74 Ebd.
75 Robert Katz, *Rom 1943–1944*, S. 103; Richard Breitman, «New Sources on the Holocaust in Italy», S. 405 f.
76 Ebd., S. 407.
77 Siehe zur Ereignisfolge vor allem Daniel Carpi, «Italy», in: Walter Laqueur/Judith Tydor Baumel (Hrsg.), *The Holocaust Encyclopedia*, S. 336–339.
78 *Akten zur deutschen auswärtigen Politik, 1918–1945*, hrsg. vom Auswärtigen Amt, Serie E: 1941–1945, Bd. 7, bearbeitet von Ingrid Krüger-Bulcke und Hans Georg Lehmann, Göttingen 1979, S. 31.
79 Ebd., S. 31, Anm. 2.
80 Robert Katz, *Rom 1943–1944*, S. 110.
81 Pierre Blet/Angelo Martini/Burkhart Schneider (Hrsg.), *Actes et documents du Saint Siège relatifs à la Seconde Guerre mondiale*, Bd. 9, Vatikan 1975, S. 505 f.
82 Nach Auffassung einiger Historiker diktierte Gerhard Gumpert, einer der deutschen Diplomaten, Hudal den Brief. Siehe zum Beispiel Robert Katz, *Rom 1943–1944*, S. 136 f.
83 Siehe den Text des Telegramms in Saul Friedländer, *Pius XII. und das Dritte Reich*, S. 144 f.
84 Ebd, S. 145 f.
85 *Akten zur deutschen auswärtigen Politik, 1918–1945*, Serie E: 1941–1945, Bd. 7, S. 130 f.
86 *Akten zur deutschen auswärtigen Politik, 1918–1945*, Serie E: 1941–1945, Bd. 5, S. 97.
87 Joseph Goebbels, *Tagebücher*, Teil II, Bd. 7, S. 295.
88 Ebd., S. 465.
89 Ebd., S. 569.

Anmerkungen zum 9. Kapitel   1209

90 *Akten zur deutschen auswärtigen Politik, 1918–1945*, Serie E: 1941–1945, Bd. 6, S. 232 f.
91 Saul Friedländer, *Pius XII. und das Dritte Reich: Eine Dokumentation*, Reinbek bei Hamburg 1965, S. 134.
92 Ebd., S. 135.
93 *Akten zur deutschen auswärtigen Politik, 1918–1945*, Serie E: 1941–1945, Bd. 6, S. 584 ff.
94 Joseph Goebbels, *Tagebücher*, Teil II, Bd. 9, S. 264 f.
95 Joseph Goebbels, *Tagebücher*, Teil II, Bd. 10, S. 104.
96 Michael Phayer, *The Catholic Church and the Holocaust, 1930–1965*, Bloomington 2000, S. 100 f.
97 Der Text der Ansprache mit dem Titel «Grandezza, dolori e speranze del popolo Polacco» ist abgedruckt in Pierre Blet/Angelo Martini/Burkhart Schneider (Hrsg.), *Actes et documents du Saint Siège relatifs à la Seconde Guerre mondiale*, Bd. 3/2, Vatikanstadt 1965 ff., S. 801 f. Ausführungen zur Haltung Pius' XII. gegenüber Polen bietet mitsamt der Übersetzung der hier angeführten Zitate Robert S Wistrich, «The Vatican Documents and the Holocaust: A Personal Report», in: *Folin: Studies in Polish Jewry* 15 (2002), S. 426 ff., besonders S. 429.
98 Siehe beispielsweise neben zahlreichen anderen derartigen Interventionen den Protest des Nuntius' gegenüber von Weizsäcker wegen des Schicksals der polnischen Priester vom 20. September 1940 und die Erklärung des Heiligen Offiziums von Anfang Dezember 1940 über die Euthanasie in Saul Friedländer, *Pius XII. und das Dritte Reich*, S. 54, 56.
99 Pater Pierre Blets Untersuchung über die Grundsätze und die Entscheidungen des Papstes während des Zweiten Weltkriegs ist ungeachtet der Tatsache, daß der Verfasser als einer der drei Herausgeber der vatikanischen Dokumente uneingeschränkten Zugang zu den Archiven des Vatikans hatte, nicht überzeugend. Im Hinblick auf Pius' Schweigen angesichts der Deportation und Verrichtung der Juden Europas führt Blet hauptsächlich das Argument der Unkenntnis des schließlichen Schicksals der Opfer ins Feld («... solange der Krieg andauerte, lag Dunkelheit über dem Schicksal der Deportierten ...»). Für Pius XII. war «dieser hartnäckige Nebel über dem unbekannten Schicksal», so Blet, «niemals ein Vorwand, um die Verfolgten ihrem Schicksal zu überlassen. Er setzte alle Hebel, über die er verfügte, in Bewegung, um sie zu retten. Er beschränkte seine öffentlichen Kundgebungen, von denen er sich nichts Gutes erhoffte, auf ein Minimum. Er redete nicht, er handelte» (Pierre Blet, *Papst Pius XII. und der Zweite Weltkrieg. Aus den Akten des Vatikans*, Paderborn u. a. 2000, S. 170).
100 Der Text ist abgedruckt in: Saul Friedländer, *Pius XII. und das Dritte Reich*, S. 103.
101 Vgl. zur Betonung Polens die Kommentare zur Ansprache in Pierre Blet/Angelo Martini/Burkhart Schneider (Hrsg.), *Actes et documents du Saint Siège*, Bd. 9, S. 327.
102 Zitiert nach Saul Friedländer, *Pius XII. und das Dritte Reich*, S. 103.
103 Brief von Preysing an Pius XII. vom 6. 3. 1943, in: Burkhart Schneider/Pierre Blet/Angelo Martini (Hrsg.), *Die Briefe Pius' XII. an die deutschen Bischöfe 1939–1944*, Mainz 1966, S. 239, Anm. 1.
104 Zitiert nach Saul Friedländer, *Pius XII. und das Dritte Reich*, S. 100.
105 Ebd., S. 101.
106 Diese Argumentation zuletzt bei John Cornwell, *Pius XII.: Der Papst, der geschwiegen hat*, München ²2000, S. 97 ff.
107 Pius' besondere Zuneigung zu den Deutschen und ihrer Kultur ist oft erwähnt worden. Die Art und Weise, in der er seine Gefühle gelegentlich auszudrücken beliebte, war weder subtil noch diplomatisch. So gewährte der Papst Ende Oktober 1941, als der deutsche Angriff auf Moskau in vollem Gange war, Goebbels'

Schwester Maria bei ihrem Besuch in Rom eine Privataudienz und bat sie, dem Propagandaminister seinen persönlichen Segen zu übermitteln. Goebbels erwähnt dies am 26. Oktober mit höchst sarkastischem Kommentar in seinem Tagebuch. Vgl. Joseph Goebbels, *Tagebücher*, Teil II, Bd. 2, S. 185.

108 Saul Friedländer, *Pius XII. und das Dritte Reich*, S. 102.

109 Susan Zuccotti, *Under His Very Windows: The Vatican and the Holocaust in Italy*, New Haven 2000, S. 307.

110 Ebd., S. 307 f.

111 Ebd., S. 208.

112 Zur vatikanischen Politik gegenüber Kroatien siehe Carlo Falconi, *Das Schweigen des Papstes: Eine Dokumentation*, München 1966, nach wie vor die gründlichste Untersuchung zum Thema; vgl. auch Menachem Shelach, «The Catholic Church in Croatia, the Vatikan and the Murder of the Croatian Jews», in: *Holocaust and Genocide Studies* 4 (1989), S. 323–339.

113 Nach Auffassung des Historikers Giovanni Miccoli ließ sich Pius XII. im wesentlichen von der Regel der notwendigen Neutralität leiten, wie sie Benedikt XV. im Ersten Weltkrieg für den Fall formuliert hatte, daß «post-christliche» Nationalstaaten einander gegenüberstanden, über die der Papst keine Gewalt hatte, in denen aber auf beiden Seiten Katholiken kämpften. Miccoli selbst betrachtet diese Haltung angesichts der Nazigreuel als höchst problematisch und interpretiert die von Pius vertretene Position dahingehend, daß der dem Krieg selbst die Verantwortung für alle Übel zugeschrieben habe. Zu dieser These siehe vor allem Giovanni Miccoli, *Les Dilemmes et les silences de Pie XII: Vatican, Seconde Guerre mondiale et Shoah*, Brüssel 2005, S. 425 ff. Diese Position wäre überzeugend, wenn der Vatikan nicht so entschieden gegen die Sowjetunion Stellung bezogen hätte.

114 Tittmann an Hull, 19. 10. 1943, *Foreign Relations of the United States diplomatic papers* [FRUS] 1943, Bd. 2: *Europe*, Washington D.C. 1943, S. 950.

115 Zitiert nach Kenneth C. Barnes, «Dietrich Bonhoeffer and Hitler's Persecution of the Jews», in: *Betrayal: German Churches and the Holocaust*, hrsg. von Robert P. Ericksen und Susannah Heschel, Minneapolis 1999, S. 125 f.

116 Ebd., S. 126.

117 Ludwig Volk (Hrsg.), *Akten deutscher Bischöfe über die Lage der Kirche: 1933–1945*, Bd. 6: *1943–1945*, Mainz 1985, S. 310.

118 Ebd., S. 480.

119 Siehe das in den französischen Archiven entdeckte Dokument, das von Alberto Melloni im *Corriere della Sera* vom 28. 12. 2004 veröffentlicht wurde. Seine Echtheit ist unzweifelhaft. Ich danke Carlo Ginzburg und Michael R. Marrus dafür, daß sie mich auf dieses Dokument und verschiedene Aspekte der Kontroverse über seine Bedeutung aufmerksam gemacht haben. Siehe die eingehende Diskussion der Nachkriegsposition des Vatikans in: Michael R. Marrus, «Le Vatican et les Orphelins juifs de la shoah», in: *L'Histoire* 307 (2006), S. 75–85.

120 Cordelia Edvardson, *Gebranntes Kind sucht das Feuer*, München 1989, S. 81 ff.

121 Ruth Klüger, *weiter leben: Eine Jugend*, Göttingen 1992, S. 132 f.

122 Ebd., S. 133.

123 Ruth Bondy, «*Elder of the Jews*»: *Jakob Edelstein of Theresienstadt*, New York 1989, S. 386 ff.

124 Egon Redlich, *The Terezin Diary of Gonda Redlich*, hrsg. von Saul S. Friedman, Lexington, KY 1992, S. 129.

125 Jean-Claude Favez, *Warum schwieg das Rote Kreuz? Eine internationale Organisation und das Dritte Reich*, München 1994, S. 140.

126 Otto Dov Kulka, «Ghetto in an Annihilation Camp: Jewish Social History in the Holocaust Period and its Ultimate Limits», in: *The Nazi Concentration Camps:*

Structure and Aims, the Image of the Prisoner, the Jews in the Camps, hrsg. von Yisrael Gutman und Avital Saf, Jerusalem 1984, S. 315-330, hier S. 328.
127 Siehe unter anderem Nili Keren, «The Familiy Camp», in: *Anatomy of the Auschwitz Death Camp,* S. 428-440.
128 Ebd., S. 436.
129 Ebd., S. 440.
130 Einzelheiten über die Tagebuchschreiber nennt Nathan Cohen, «Diaries of the Sonderkommando», in: *Anatomy of the Auschwitz Death Camp,* S. 592 ff.
131 Ebd., S. 523.
132 Zalman Gradowski, «The Czech Transport», zitiert in David G. Roskies, *The Literature of Destruction: Jewish Responses to Catastrophe,* Philadelphia 1988, S. 562 f.
133 Ebd., S. 563.
134 David G. Roskies, «The Great Lament», in: David G. Roskies, *The Literature of Destruction,* S. 518.
135 Zalman Gradowski, «The Czech Transport», zitiert in David G. Roskies, *The Literature of Destruction,* S. 563 f.
136 *Akten zur deutschen auswärtigen Politik, 1918-1945,* Serie E: 1941-1945, Ed. 8, S. 153 f.
137 Vgl. zu einem typischen Lager dieser Kategorie Felicja Karay, *Death Comes in Yellow: Skarzysko-Kamienna Slave Labor Camp,* Amsterdam 1996.
138 *Akten zur deutschen auswärtigen Politik, 1918-1945,* Serie E: 1941-1945, Ed. 5, S. 326 f.
139 Eberhard Kolb, «Bergen-Belsen 1943-1945», in: *The Nazi Concentration Camps: Structure and Aims, the Image of the Prisoner, the Jews in the Camps,* S. 335.
140 Ebd., S. 336 f.
141 Martin Gilbert, «Introduction», in: Avraham Tory, *Surviving the Holocaust: The Kovno Ghetto Diary,* hrsg. von Martin Gilbert und Dina Porat, Cambridge 1990, S. xxi.
142 Avraham Tory, *Surviving the Holocaust,* S. 508 ff.
143 Martin Gilbert, «Introduction», in: Avraham Tory, *Surviving the Holocaust,* S. xxiii, xxxiv.
144 Ebd., S. 506 f.
145 Siehe hierzu Lucjan Dobroszycki, «Introduction», in: ders. (Hrsg.), *The Chronicle of the Łódź Ghetto 1941-1944,* New Haven 1984, S. lx f.
146 Peter Longerich (Hrsg.), *Die Ermordung der europäischen Juden,* S. 229 f.
147 Lucjan Dobroszycki (Hrsg.), *The Chronicle of the Łódź Ghetto 1941-1944,* S. 422 f.
148 Siehe zu diesen kulturellen Aspekten auch Gila Flam, «Das kulturelle Leben im Getto Lodz», in: *«Wer zum Leben, wer zum Tod ...»: Strategien jüdischen Überlebens im Ghetto,* hrsg. von Doron Kiesel u. a., Frankfurt a. M. 1992, S. 92.
149 Lucjan Dobroszycki (Hrsg.), *The Chronicle of the Łódź Ghetto 1941-1944,* S. 413.
150 Ebd., S. 470 f.
151 Helmut Heiber (Hrsg.), *Reichsführer! Briefe an und von Himmler,* München 1970, S. 120.
152 Ebd., S. 213.
153 Ebd., S. 246 f.
154 Ebd., S. 175 f. Es ging das Gerücht, Richard Wagner sei der uneheliche Sohn des jüdischen Schauspielers Geyer.
155 Warren Paul Green, «The Nazi Racial Policy Towards the Karaites», in: *Soviet Jewish Affairs* 8 (1978), S. 40.
156 Ebd., S. 38.
157 Philip Friedman, *Roads to Extinction: Essays on the Holocaust,* hrsg. von Ada June Friedman, New York 1980, S. 155.

158 Warren Paul Green, «The Nazi Racial Policy Towards the Karaites», S. 40.
159 Ebd.
160 Philip Friedman, *Roads to Extinction*, S. 164 f.
161 Warren Paul Green, «The Nazi Racial Policy Towards the Karaites», S. 38 f.
162 Zu den Einzelheiten der Aktivitäten von Amt VII siehe Jürgen Matthäus, «Weltanschauliche Forschung und Auswertung: Aus den Akten des Amtes VII im Reichssicherheitshauptamt», in: *Jahrbuch für Antisemitismusforschung* 5 (1996), S. 287–330, und Lutz Hachmeister, *Der Gegnerforscher: Die Karriere des SS-Führers Franz Alfred Six*, München 1998, S. 212 ff.
163 Vgl. Wolfgang Behringer, «Der Abwickler», in: *Himmlers Hexenkartothek: Das Interesse des Nationalsozialismus an der Hexenverfolgung*, hrsg. von Sönke Lorenz u. a., Bielefeld 2000, S. 121 ff.
164 Jürgen Matthäus, «Weltanschauliche Forschung und Auswertung. Aus den Akten des Amtes VII im Reichssicherheitshauptamt», S. 316.
165 Ebd., S. 289.
166 Viele dieser Details basieren auf David E. Fishman, *Dem Feuer entrissen: Die Rettung jüdischer Kulturschätze in Wilna*, Hannover 1998, S. 9 ff.
167 Herman Kruk, *The Last Days of the Jerusalem of Lithuania*, S. 311.
168 David E. Fishman, *Dem Feuer entrissen*, S. 10 ff.
169 Ebd., S. 13.
170 Herman Kruk, *The Last Days of the Jerusalem of Lithuania*, S. 408.
171 Siehe zur Buchrettungsaktion vor allem David E. Fishman, «Embers Plucked from the Fire», S. 70 ff. Vgl. außerdem Dina Abramowicz, *Guardians of a Tragic Heritage: Reminiscences and Observations of an Eyewitness*, New York 1999.
172 Herman Kruk, *The Last Days of the Jerusalem of Lithuania*, S. 578.
173 Siehe den Text des Memorandums in Kurt Pätzold (Hrsg.), *Verfolgung, Vertreibung, Vernichtung: Dokumente des faschistischen Antisemitismus 1933 bis 1942*, Frankfurt a. M. 1984, S. 341 f.
174 Siehe zum gesamten Thema die äußerst detaillierten Untersuchungen in Michael H. Kater, *Das «Ahnenerbe» der SS 1935–1945: Ein Beitrag zur Kulturpolitik des Dritten Reiches*, München ³2001, S. 245 ff.
175 Ebd., S. 249.
176 Ebd. Die Einbeziehung von «Innerasiaten» könnte bedeuten, daß Schäfer über das Projekt informiert war.
177 Ebd.
178 Ebd., S. 250.
179 Ebd., S. 254 f.
180 Siehe zu dieser Frage zuletzt Dirk Rupnow, «‹Ihr müßt sein, auch wenn ihr nicht mehr seid›: The Jewish Central Museum in Prague and Historical Memory in the Third Reich», in: *Holocaust and Genocide Studies* 16 (2002), S. 23–53. Vgl. zu diesem rätselhaften Thema auch Björn Potthast, *Das Jüdische Zentralmuseum der SS in Prag: Gegnerforschung und Völkermord im Nationalsozialismus*, Frankfurt a. M. 2002.
181 Dirk Rupnow, «‹Ihr müßt sein, auch wenn ihr nicht mehr seid›», S. 29.
182 Ebd., S. 35.
183 Dieses Zitat bei Ariel Hurwitz, «The Struggle Over the Creation of the War Refugee Board (WRB)», in: *Holocaust and Genocide Studies* 6 (1991), S. 19.
184 Siehe zu Bergson vor allem David S. Wyman/Rafael Medoff, *A Race Against Death: Peter Bergson, America, and the Holocaust*, New York 2002.
185 Ebd., S. 211.
186 Zitiert nach Gulie Ne'eman Arad, *America, Its Jews, and the Rise of Nazism*, Bloomington 2000, S. 220 ff.
187 Ebd.
188 Long behauptete, seit 1933 seien 580 000 jüdische Flüchtlinge in die USA ge-

kommen; bald wurde bekannt, daß es in Wirklichkeit 210732 waren. Vgl. Ariel Hurwitz, «The Struggle Over the Creation of the War Refugee Board (WRB)», S. 20.
189 Henry L. Feingold, *Bearing Witness: How America and Its Jews Responded to the Holocaust*, Syracuse 1995, S. 83 f.
190 Dina Porat, *The Blue and the Yellow Stars of David: The Zionist Leadership in Palestine and the Holocaust, 1939–1945*, Cambridge, MA 1990, S. 62 f.
191 Ebd., S. 78.
192 Ebd., S. 79.
193 Ebd., S. 82 ff., 86.
194 Daniel Blatman, *Notre liberté et la vôtre: Le mouvement ouvrier juif BUND en Pologne, 1939–1949*, Paris 2002, S. 195.
195 Ebd., S. 198 f.
196 Zitiert nach Yitzhak Arad/Yisrael Gutman/Abraham Margaliot (Hrsg.), *Documents on the Holocaust: Selected Sources on the Destruction of the Jews of Germany and Austria, Poland, and the Soviet Union*, Lincoln u. a. [8]1999, S. 324 ff.
197 Daniel Blatman, *Notre liberté et la vôtre*, S. 199.
198 Etty Hillesum, *Das denkende Herz: Die Tagebücher von Etty Hillesum 1941–1943*, hrsg. von J. G. Gaarlandt, Reinbek bei Hamburg [15]2001, S. 220 f.
199 Etty Hillesum, *Letters from Westerbork*, New York 1986, S. 146.
200 Etty Hillesum, *Das denkende Herz*, S. 8.

10. Kapitel

1 Zitiert nach Serge Klarsfeld, *Vichy – Auschwitz: Die Zusammenarbeit der deutschen und französischen Behörden bei der «Endlösung der Judenfrage» in Frankreich*, Nördlingen 1989, S. 574.
2 Serge Klarsfeld: *Vichy – Auschwitz: Le rôle de Vichy dans la solution finale de la question juive en France*, Bd. 2, Paris 1985, S. 161.
3 *Akten zur deutschen auswärtigen Politik, 1918–1945*, hrsg. vom Auswärtigen Amt, Serie E: 1941–1945, Bd. 3, bearbeitet von Ingrid Krüger-Bulcke und Hans Georg Lehmann, Göttingen 1974, S. 338.
4 Joseph Goebbels, *Die Tagebücher von Joseph Goebbels. Sämtliche Fragmente*, Teil II, Bd. 12, hrsg. von Elke Fröhlich, München 1995, S. 202.
5 Diese Korrelation bestätigt übrigens den wahrscheinlichen Zusammenhang zwischen der ersten großen militärischen Krise im Dezember 1941 und Hitlers endgültiger Entscheidung zur Vernichtung aller europäischen Juden.
6 Tausende von Führungsoffizieren und Zehntausende von nebenberuflichen NSFO-Dozenten oder -Autoren trugen zu dem intensiven Antisemitismus bei, der in der Wehrmacht bis ganz zum Schluß vorherrschte. Die Indoktrination war besonders deutlich in der Flut von Publikationen des OKW, die Soldaten und Offiziere zu Hunderttausenden (wahrscheinlich zu Millionen) erreicht haben müssen. So erschien z. B. 1944 «Der Jude als Weltparasit» als Nr. 7 der *Richthefte des Oberkommandos der Wehrmacht*. Siehe Nürnberg doc. NO-5722.
7 Heinrich Himmler, *Geheimreden 1933 bis 1945 und andere Ansprachen*, hrsg. von Bradley F. Smith und Agnes F. Peterson, Frankfurt a. M. u. a. 1974, S. 202 f.
8 Der vollständige Text in Hans-Heinrich Wilhelm, «Hitlers Ansprache vor Generalen und Offizieren am 26. Mai 1944», in: *Militärgeschichtliche Mitteilungen* 20 (1976), S. 123–170, hier S. 136.
9 Ebd., S. 156, auch in Ian Kershaw, *Hitler: 1936–1945*, Stuttgart/München 2000, S. 841 f.

10 *Akten zur deutschen auswärtigen Politik, 1918–1945,* Serie E: 1941–1945, Bd. 7, S. 526 ff., besonders S. 534.
11 Andreas Hillgruber (Hrsg.), *Staatsmänner und Diplomaten bei Hitler: Vertrauliche Aufzeichnungen über Unterredungen mit Vertretern des Auslandes,* Bd. 2, Frankfurt a. M. 1970, S. 439.
12 Ebd.
13 Ebd., S. 389 ff.
14 *Akten zur deutschen auswärtigen Politik, 1918–1945,* Serie E: 1941–1945, Bd. 7, S. 396 f.
15 Philip Mechanicus, *Im Depot: Tagebuch aus Westerbork,* Berlin 1993, S. 362.
16 Ebd.
17 Ebd.
18 Ebd., S. 363.
19 Jacob Presser, «Introduction», in: Philip Mechanicus, *Waiting for Death: A Diary,* London 1968, S. 5–12.
20 Die Postkarte ist abgedruckt in Benjamin Leo Wessels, *Ben's Story: Holocaust Letters with Selections from the Dutch Underground Press,* hrsg. von Kees W. Bolle, Carbondale 2001; zum Datum von Bens Tod siehe ebd., S. 9.
21 Anne Frank, *Anne-Frank-Tagebuch: Einzig autorisierte Ausgabe,* hrsg. von Otto H. Frank und Mirjam Pressler, Frankfurt a. M. ³2004, S. 248 f.
22 Ebd., S. 249.
23 Ebd.
24 Ebd., S. 283 f.
25 Ebd., S. 284.
26 Ebd., S. 5, 315 f.
27 Moses Flinker, *Young Moshe's Diary: The Spiritual Torment of a Jewish Boy in Nazi Europe,* hrsg. von Shaul Esh und Geoffrey Wigoder, Jerusalem ²1971, S. 7 f.
28 *Akten zur deutschen auswärtigen Politik, 1918–1945,* Serie E: 1941–1945, Bd. 7, S. 102.
29 Siehe zu diesem letzten Aufwallen der französischen Kollaboration Philippe Burrin, *France under the Germans: Collaboration and Compromise,* New York 1996, S. 448 ff., besonders S. 451.
30 Zitiert nach Renée Poznanski, *Jews in France during World War II,* Waltham, MA 2001, S. 445.
31 Renée Poznanski, «The Jews of France and the Statutes on Jews: 1940–1941», in: *Yad Vashem Studies 22* (1992), S. 462.
32 Ebd., S. 463.
33 Jacques Adler, *The Jews of Paris and the Final Solution: Communal Response and Internal Conflicts, 1940–1944,* New York 1987, S. 159.
34 Ebd.
35 Serge Klarsfeld, *Vichy – Auschwitz,* S. 579.
36 *Akten zur deutschen auswärtigen Politik, 1918–1945,* Serie E: 1941–1945, Bd. 7, S. 218.
37 Susan Zuccotti, *Under His Very Windows: The Vatican and the Holocaust in Italy,* New Haven 2000, S. 267 f. Manchmal wurden die Juden, die in die Schweiz zu flüchten versuchten, von den Schweizern abgewiesen, manchmal von italienischen Kollaborateuren in den Grenzstädten an die Deutschen ausgeliefert. Die Deutschen schreckten nicht davor zurück, die verratenen Juden an Ort und Stelle hinzurichten. In einigen Fällen verbrannten sie auch sofort die Leichen, um alle Spuren zu verwischen. Alexander Stille, *Benevolence and Betrayal: Five Italian Jewish Families under Fascism,* London 1992, S. 89.
38 Ebd., S. 161.
39 Mark Mazower, *Inside Hitler's Greece: The Experience of Occupation, 1941–44,* New Haven 1993, S. 252.

Anmerkungen zum 10. Kapitel 1215

40 Siehe zu diesen Details Götz Aly, «Die Deportation der Juden von Rhodos nach Auschwitz», in: *Mittelweg 36/12* (2003), S. 83 ff. Alys Argument über die «wirtschaftliche Bedeutung» der von den Juden auf Rhodos und Kos erbeuteten Güter überzeugt nicht. Diese hätten erbeutet werden können, ohne die Juden in den Tod zu schicken. Zur weiteren Bedeutung dieser speziellen Deportation siehe auch Walter Laqueur, «Auschwitz», in: *The Bombing of Auschwitz: Should the Allies Have Attempted It?*, hrsg. von Michael J. Neufeld und Michael Berenbaum, New York 2000, S. 189 f.
41 Berlin war gut informiert über die ungarische Absicht, die Seiten zu wechseln, außerdem wurden Ungarns Rohstoffreserven als unerläßlich für den Fortgang des Krieges angesehen. Vgl. zu diesem Aspekt Christian Gerlach/Götz Aly, *Das letzte Kapitel. Realpolitik, Ideologie und der Mord an den ungarischen Juden 1941/1945*, München 2002, S. 97.
42 Joseph Goebbels, *Tagebücher*, Teil II, Bd. 11, S. 397 f.
43 Zur Konzentration und Deportation aus den Provinzen vgl. Randolph L. Braham, *The Politics of Genocide: The Holocaust in Hungary*, Bd. 2, Detroit 1981, S. 595 ff. Im folgenden benutze ich sowohl die zweibändige Originalfassung von 1981 als auch die gekürzte von 2000. Die Originalausgabe ist an der Bandzahl erkennbar.
44 Adolf Eichmann, *The Trial of Adolf Eichmann: Record of Proceedings in the District Court of Jerusalem*, hrsg. vom Justizministerium des Staates Israel, Jerusalem 1992–1995.
45 Ebd.
46 Yehuda Bauer, *Freikauf von Juden? Verhandlungen zwischen dem nationalsozialistischen Deutschland und jüdischen Repräsentanten von 1933 bis 1945*, Frankfurt a. M. 1996, S. 247 ff.
47 Siehe zu verschiedenen Argumenten in dieser Kontroverse Rudolf Vrba, «Die missachtete Warnung: Betrachtungen über den Auschwitz-Bericht von 1944», in: *Vierteljahrshefte für Zeitgeschichte* 44 (1996), S. 1–24, und Yehuda Bauer, «Anmerkungen zum ‹Auschwitz-Bericht› von Rudolf Vrba», in: *Vierteljahrshefte für Zeitgeschichte* 45 (1997), S. 297–307.
48 Siehe zu dieser Äußerung Randolph L. Braham, *The Politics of Genocide*, Bd. 2, S. 705.
49 Vgl. besonders Randolph L. Braham, «The Role of the Jewish Council in Hungary: A Tentative Assessment», in: *Yad Vashem Studies* 10 (1974), S. 69–109. Vgl. ebenso Randolph L. Braham, *The Politics of Genocide*, S. 84.
50 Sowohl orthodoxe Juden als auch zionistische Jugendgruppen nutzten die Flucht über die Grenze als Hauptweg zur Rettung. Zwischen 7000 und 8000 Juden gelang es möglicherweise, sich zwischen März und September 1944 aus Ungarn nach Jugoslawien, in die Slowakei und vor allem nach Rumänien zu retten. Die Kämpfe in diesen Gebieten machten danach die Flucht unmöglich. Siehe hierzu Robert Rozett, «Jewish and Hungarian Armed Resistance in Hungary», in: *Yad Vashem Studies* 19 (1988), S. 270. Bauer nennt die viel niedrigere Zahl von 4000–4500. Yehuda Bauer, *Freikauf von Juden?*, S. 254.
51 Randolph L. Braham, *The Politics of Genocide*, S. 84.
52 Vgl. Eleonore Lappin, «The Death Marches of Hungarian Jews Through Austria in the Spring of 1945», in: *Yad Vashem Studies* 28 (2000), S. 203.
53 Perry Broad, KZ-Auschwitz, in: *Hefte von Auschwitz* 9 (1966), S. 38 f.
54 Paul Steinberg, *Chronik aus einer dunklen Welt: Ein Bericht*, München 1998, S. 101.
55 Rudolf Höß, *Kommandant in Auschwitz: Autobiographische Aufzeichnungen*, hrsg. von Martin Broszat, München [10]1985, S. 130.
56 Primo Levi, *Ist das ein Mensch? Ein autobiographischer Bericht*, München [7]1998, S. 158. (Kraus heißt in einigen Editionen, so auch in der dtv-Ausgabe, Szög.)
57 Ebd., S. 161.

58 Randolph L. Braham, *The Politics of Genocide*, S. 161.
59 Andreas Hillgruber (Hrsg.), *Staatsmänner und Diplomaten bei Hitler*, Bd. 2, S. 463 f.
60 Randolph L. Braham, *The Politics of Genocide*, S. 161.
61 Siehe zu Horthys Schwanken in diesen Wochen Randolph L. Braham, *The Politics of Genocide*, Bd. 2, S. 743 ff.
62 Siehe den Austausch von Dokumenten über diese späten Deportationen in Jenő Lévai, *Eichmann in Ungarn: Dokumente*, Budapest 1961, S. 143-151.
63 Nürnberg doc. NG-2263.
64 Randolph L. Braham, «Hungarian Jews», in: *Anatomy of the Auschwitz Death Camp*, hrsg. von Yisrael Gutman und Michael Berenbaum, Bloomington 1994, S. 466.
65 Leni Yahil, *Die Shoah: Überlebenskampf und Vernichtung der europäischen Juden*, München 1998, S. 861.
66 Zuerst veröffentlicht in: Eugene Levai, *Black Book on the Martyrdom of Hungarian Jewry*, Zürich 1948, S. 232.
67 Randolph L. Braham, *The Politics of Genocide*, S. 240.
68 Michael Phayer, *The Catholic Church and the Holocaust, 1930-1965*, Bloomington 2000, S. 90; Randolph L. Braham, «The Christian Churches of Hungary and the Holocaust», in: *Yad Vashem Studies* 29 (2001), S. 248 f.
69 Randolph L. Braham, «The Christian Churches of Hungary and the Holocaust», S. 250 ff.
70 Zitiert nach ebd., S. 264.
71 Michael Phayer, *The Catholic Church and the Holocaust, 1930-1965*, S. 109.
72 Ebd., S. 106.
73 Zitiert nach Randolph L. Braham, «The Christian Churches of Hungary and the Holocaust», S. 258 f.
74 Siehe zu Einzelheiten über diese Verhandlungen Yehuda Bauer, *Freikauf von Juden?*, S. 256-259.
75 *Akten zur deutschen auswärtigen Politik, 1918-1945*, Serie E, 1941-1945, Bd. 7, S. 602.
76 Bauer erwähnt diese Argumente, neigt aber anscheinend zu der Meinung, daß Himmler schon zu dieser Zeit daran interessiert war, echte Fühler nach dem Westen auszustrecken. Trotz einiger Indizien für verschiedene andere Kontakte, die anscheinend vom Reichsführer ausgingen, erscheint der Verlauf der Deportationen aus Ungarn selbst als massiver Beweis des Gegenteils. Siehe die Argumente in Yehuda Bauer, *Freikauf von Juden?*, S. 263-267.
77 Tuvia Friling, *Arrows in the Dark: David Ben-Gurion, the Yishuv Leadership and Rescue Efforts during the Holocaust*, Bd. 2, Madison, WI 2005, S. 7 ff.
78 Laut Brands Aussagen nach dem Krieg bot Eichmann die Freilassung von 100 000 Juden an! Yehuda Bauer, *Freikauf von Juden?*, S. 275.
79 Martin Gilbert, *Auschwitz und die Alliierten*, München 1982, S. 321 ff.
80 Randolph L. Braham, *The Politics of Genocide*, S. 208.
81 Zitiert nach Tom Segev, *Die siebte Million: Der Holocaust und Israels Politik der Erinnerung*, Reinbek bei Hamburg 1995, S. 158.
82 *Akten zur deutschen auswärtigen Politik, 1918-1945*, Serie E: 1941-1945, Bd. 8, S. 194.
83 Ebd., S. 222.
84 Richard Breitman, «Nazi-Jewish Policy in 1944», in: *Genocide and Rescue: The Holocaust in Hungary 1944*, hrsg. von David Cesarani, New York 1997, S. 78.
85 Helmut Heiber (Hrsg.), *Reichsführer! Briefe an und von Himmler*, München 1970, S. 276.
86 Yehuda Bauer, *Freikauf von Juden?*, S. 310-313.
87 Ein sensationeller Prozeß in Israel brachte in den fünfziger Jahren schwere Anschuldigungen gegen Kastner und führte zu seiner Ermordung in Tel Aviv. Ein zweiter Prozeß vor dem Obersten Gericht Israels rehabilitierte ihn posthum. Im

Mittelpunkt der öffentlichen Debatte stand die Frage, wen Kastner für den Zug auswählte.
88 Jean-Claude Favez/Geneviève Billeter, *Une Mission impossible?: Le CICR, les déportations et les camps de concentration Nazis*, Lausanne 1988, S. 331 (Diese Details finden sich nur in der französischen Originalfassung).
89 Ebd., S. 332.
90 Siehe zu diesem bekannten Handel besonders Raul Hilberg, *Die Vernichtung der europäischen Juden*, Bd. 2, S. 892 f.
91 Zitiert in Michael J. Neufeld/Michael Berenbaum, (Hrsg.), *The Bombing of Auschwitz; Should the Allies Have Attempted It?*, New York 2000, S. 230.
92 Weissmandels Brief ist zitiert nach Lucy S. Dawidowicz (Hrsg.), *A Holocaust Reader*, New York ²1976, S. 321 ff.
93 Michael J. Neufeld/Michael Berenbaum (Hrsg.), *The Bombing of Auschwitz*, S. 256.
94 Ebd., S. 258 f.
95 Ebd., S. 260.
96 Martin Gilbert, *Auschwitz und die Alliierten*, S. 335 f.
97 Sybille Steinbacher, *Auschwitz: Geschichte und Nachgeschichte*, München 2004, S. 87.
98 Zygmunt Klukowski, *Diary from the Years of Occupation, 1939–1944*, hrsg. von Andrew Klukowski und Helen Klukowski May, Urbana, IL 1993, S. 344 f.
99 Ebd., S. 345.
100 Ebd.
101 Ebd., S. 346.
102 Eine eindringliche Schilderung des polnischen Aufstands gibt Norman Davies, *Aufstand der Verlorenen: Der Kampf um Warschau 1944*, München 2004; siehe auch die ausgewogene Darstellung der Verantwortung in Ost und West in Max Hastings, *Armageddon: The Battle for Germany 1944–1945*, London 2004, S. 99 ff.
103 Dieses anonyme Tagebuch liegt mitsamt einer Reproduktion der Originalhandschrift in deutscher Übersetzung vor: Hanno Loewy/Andrzej Bodek (Hrsg.), *«Les Vrais Riches» – Notizen am Rand: Ein Tagebuch aus dem Ghetto Łódź (Mai bis August 1944)*, Leipzig 1997; das Zitat findet sich auf S. 35 f.
104 Lucjan Dobroszycki (Hrsg.), *The Chronicle of the Łódź Ghetto 1941–1944*, New Haven 1984, S. xiii. Das Sonderkommando Bothmann nahm Chelmno im April 1944 wieder in Betrieb.
105 Oskar Rosenfeld, *Wozu noch Welt? Aufzeichnungen aus dem Ghetto Lodz*, hrsg. von Hanno Loewy, Frankfurt a. M. 1994, S. 298.
106 Der im YIVO-Archiv aufbewahrte Text von Biebows Rede ist übersetzt abgedruckt in den Anmerkungen zu ebd., S. 319.
107 Hanno Loewy/Andrzej Bodek (Hrsg.), *«Les Vrais Riches» – Notizen am Rand*, S. 99 f. Das zweite, undatierte Zitat findet sich nicht in der deutschen Übersetzung; es ist wiedergegeben nach Alexandra Zapruder, *Salvaged Pages: Young Writers' Diaries of the Holocaust*, New Haven 2002, S. 393 f.
108 Lucjan Dobroszycki, «Introduction», in: *The Chronicle of the Łódź Ghetto 1941– 1944*, S. lxv.
109 Ebd.
110 Diese Zahlen bei Antony Polonsky, «Beyond Condemnation, Apologetics and Apologies: On the Complexity of Polish Behavior toward the Jews during the Second World War», in: *Holocaust: Critical Concepts in Historical Studies*, Bd. 5, hrsg. von David Cesarani, London/New York 2004, S. 31.
111 Siehe zu den Einzelheiten und Zahlen vor allem Dov Levin, «July 1944 – The Crucial Month for the Remnants of Lithuanian Jewry», in: *Yad Vashem Studies* 16 (1984), S. 333–361.

112 Ebd., S. 458 f.
113 Herman Kruk, *The Last Days of the Jerusalem of Lithuania: Chronicles from the Vilna Ghetto and the Camps, 1939–1944*, hrsg. von Benjamin Harshav, New Haven 2002, S. 703.
114 Ebd., S. 703.
115 Ebd., S. 704.
116 Ebd.
117 Ebd., S. 705.
118 Stephen G. Fritz, «‹We are trying ... to change the face of the world›: Ideology and Motivation in the Wehrmacht on the Eastern Front: The View from Below», in: *The Journal of Military History* 60 (1996), S. 709.
119 Walter Manoschek (Hrsg.), *«Es gibt nur eines für das Judentum: Vernichtung»: Das Judenbild in deutschen Soldatenbriefen 1939–1944*, Hamburg ³1997, S. 73.
120 Zitiert nach Hans-Adolf Jacobsen (Hrsg.), *«Spiegelbild einer Verschwörung»: Die Opposition gegen Hitler und der Staatsstreich vom 20. Juli 1944 in der SD-Berichterstattung*, Bd. 1, Stuttgart 1984, S. 449 f.
121 Walter Manoschek (Hrsg.), *«Es gibt nur eines für das Judentum: Vernichtung»*, S. 75.
122 Andreas Hillgruber (Hrsg.), *Staatsmänner und Diplomaten bei Hitler*, Bd. 2, S. 494.
123 Ruth Bondy, *«Elder of the Jews»: Jakob Edelstein of Theresienstadt*, New York 1989, S. 396 ff., 441 f.
124 Ebd., S. 446.
125 Zu Murmelstein siehe Jonny Moser, «Dr. Benjamin Murmelstein, ein ewig Beschuldigter?», in: *Theresienstadt in der «Endlösung der Judenfrage»*, hrsg. von Miroslav Kárný, Vojtěch Blodig und Margita Kárná, Prag 1992, S. 88 ff.
126 Ebd.
127 Vojtěch Blodig, «Die letzte Phase der Entwicklung des Ghettos Theresienstadt», in: *Theresienstadt in der «Endlösung der Judenfrage»*, S. 274.
128 Vgl. Egon Redlich, *The Terezin Diary of Gonda Redlich*, hrsg. von Saul S. Friedman, Lexington, KY 1992, S. 160, Anm. 19.
129 Aaron Kramer, «Creation in a Death Camp», in: *Theatrical Performance during the Holocaust: Texts, Documents, Memoirs*, hrsg. von Rebecca Rovit und Alvin Goldfarb, Baltimore 1999, S. 181 ff. Vgl. auch David Bloch, «Versteckte Bedeutungen: Symbole in der Musik von Theresienstadt», in: *Theresienstadt in der «Endlösung der Judenfrage»*, S. 142.
130 Zu diesen Schätzungen vgl. Raul Hilberg, *Die Vernichtung der europäischen Juden*, Bd. 2, S. 458.
131 Egon Redlich, *The Terezin Diary of Gonda Redlich*, S. 161.
132 Saul S. Friedman, «Introduction», in: ebd., S. xiv.
133 Martin Doerry, *«Mein verwundetes Herz»*, S. 333 f.
134 Livia Rothkirchen, «Slovakia», in: *The Holocaust Encyclopedia*, hrsg. von Walter Laqueur und Judith Tydor Baumel, New Haven 2001, S. 600.
135 Livia Rothkirchen, «The Situation of the Jews in Slovakia between 1939 and 1945», in: *Jahrbuch für Antisemitismusforschung* 7 (1998), S. 63.
136 John F. Morley, *Vatican Diplomacy and the Jews during the Holocaust, 1939–1943*, New York 1980, S. 73 ff.
137 Randolph L. Braham, *The Politics of Genocide*, S. 184.
138 Zitiert nach Krisztián Ungváry, *Die Schlacht um Budapest: Stalingrad an der Donau 1944/45*, München ⁴2005, S. 349.
139 Ebd.
140 Ebd., S. 352.
141 Ebd.
142 *Akten zur deutschen auswärtigen Politik, 1918–1945*, Serie E: 1941–1945, Bd. 8, S. 509.

Anmerkungen zum 10. Kapitel

143 Krisztián Ungváry, *Die Schlacht um Budapest*, S. 358 f.
144 Ebd., S. 360.
145 Viele der gefälschten Papiere wurden von zionistischen Jugendgruppen hergestellt und verteilt. Siehe Robert Rozett, «Jewish and Hungarian Armed Resistance in Hungary», in: *Yad Vashem Studies* 19 (1988), S. 272.
146 Die genannten Zahlen finden sich in Krisztián Ungváry, *Die Schlacht um Budapest*, S. 353 f. Über Carl Lutz vgl. Alexander Grossman, *Nur das Gewissen: Carl Lutz und seine Budapester Aktion: Geschichte und Porträt*, Wald 1986; zur Rolle von Friedrich Born siehe vor allem Arieh Ben-Tov, *Das Rote Kreuz kam zu spät: Die Auseinandersetzung zwischen dem jüdischen Volk und dem Internationalen Komitee vom Roten Kreuz im Zweiten Weltkrieg: Die Ereignisse in Ungarn*, Zürich 1990. Über Raoul Wallenbergs Aktivitäten gibt es mehrere Darstellungen, siehe besonders Leni Yahil, «Raoul Wallenberg: His Mission and his Activities in Hungary», in: *Yad Vashem Studies* 15 (1983), S. 7–53. Einzelheiten über weniger bekannte Helfer wie Perlasca bietet Krisztián Ungváry, *Die Schlacht um Budapest*, S. 354. Ben-Tovs Studie über das IKRK läßt auch dem Delegierten Jean de Bavier Gerechtigkeit widerfahren, der als Borns Vorgänger abberufen wurde, weil er sich konsequent für die ungarischen Juden einsetzte; das Buch geht streng mit der Genfer Organisation ins Gericht.
147 Zitiert nach Krisztián Ungváry, *Die Schlacht um Budapest*, S. 362.
148 Ebd.
149 Die meisten der folgenden Angaben zu Radnótis stammen aus Zsuzsanna Ozsváth, *In the Footsteps of Orpheus: The Life and Times of Miklós Radnóti*, Bloomington 2000, S. 212 ff. Siehe zu diesem frühen Todesmarsch auch das persönliche Zeugnis von Zalman Teichman, abgedruckt in Nathan Eck, «The March of Death from Serbia to Hungary (September 1944) and the Slaughter of Cservenka», in: *Yad Vashem Studies* 2 (1958), S. 255–294.
150 Zsuzsanna Ozsváth, *In the Footsteps of Orpheus*, S. 212 ff. Das Gedicht ist zitiert nach Miklós Radnóti, *Gewaltmarsch: Ausgewählte Gedichte*, Budapest 1979, S. 115; vgl. auch Miklós Radnóti, *Kein Blick zurück, kein Zauber: Gedichte und Chronik*, hrsg. von György Dalos [ungarisch u. deutsch], Köln 1999, S. 72 f.
151 Zitiert nach Max Hastings, *Armageddon: The Battle for Germany 1944–1945*, S. 211 f.
152 Christian Gerlach/Götz Aly, *Das letzte Kapitel: Der Mord an den ungarischen Juden*, München 2002, S. 97.
153 Adolf Hitler, *Monologe im Führer-Hauptquartier 1941–1944*, hrsg. von Werner Jochmann und aufgezeichnet von Heinrich Heim, München 2000, S. 412 f.
154 Adolf Hitler, *Reden und Proklamationen, 1932–1945*, kommentiert von einem deutschen Zeitgenossen, hrsg. von Max Domarus, Bd. 4: 1941–1945, Leonberg [4]1987/1988, S. 2185.
155 Ebd., S. 2195 ff.
156 Ebd., S. 2203.
157 Ebd., S. 2204.
158 Ebd., S. 2206.
159 Joseph Goebbels, *Tagebücher*, Teil II, Bd. 15, S. 82.
160 Ebd., S. 316.
161 Nürnberg doc. R-124, in: *Nazi Conspiracy and Aggression*, Bd. 8, Washington D. C. 1946, S. 189.
162 André Sellier, *Zwangsarbeit im Raketentunnel: Geschichte des Lagers Dora*, Lüneburg 2000, S. 339 ff.
163 Vgl. Stanislav Zámečník, «Dachau – Stammlager», in: *Der Ort des Terrors: Geschichte der nationalsozialistischen Konzentrationslager*, Bd. 2: *Frühe Lager, Dachau, Emslandlager*, München 2005, S. 233–274, hier S. 268.
164 Edith Raim, «Zwangsarbeit und Vernichtung im letzten Kriegsjahr», in: *Theresienstadt in der «Endlösung der Judenfrage»*, S. 262.

165 Ebd.
166 Richard Breitman, «Nazi-Jewish Policy in 1944», in: *Genocide and Rescue: The Holocaust in Hungary*, S. 84 ff.
167 Ebd.
168 Einzelheiten zu den schwedischen Initiativen in Yehuda Bauer, *Freikauf von Juden?*, S. 383.
169 Daniel Blatman, «The Death Marches, January – May 1945: Who was Responsible for What?», in: *Yad Vashem Studies* 28 (2000), S. 169.
170 Rudolf Höß, *Kommandant in Auschwitz*, S. 145 f.
171 Daniel Blatman, «The Death Marches, January – May 1945», S. 173.
172 Rudolf Höß, *Kommandant in Auschwitz*, S. 145 f.
173 Paul Steinberg, *Chronik aus einer dunklen Welt: Ein Bericht*, München 1998, S. 142.
174 Gudrun Schwarz, *Eine Frau an seiner Seite: Ehefrauen in der «SS-Sippengemeinschaft»*, Hamburg 1997, S. 7.
175 Daniel Blatman, «The Death Marches, January – May 1945», S. 178.
176 Ebd., S. 189 f.
177 Ebd., S. 191.
178 Primo Levi, *Ist das ein Mensch?*, S. 205.
179 Ruth Klüger, *weiter leben: Eine Jugend*, Göttingen 1992, S. 113 ff. und 128 ff.
180 Cordelia Edvardson, *Gebranntes Kind sucht das Feuer*, München 1989, S. 100 ff.
181 Filip Müller, *Sonderbehandlung: 3 Jahre in den Krematorien und Gaskammern von Auschwitz*, hrsg. von Helmut Freitag, München 1979, S. 271–278.
182 Ebd., S. 280.
183 Sybil Milton, «Deportations», in: *1945: The Year of Liberation*, hrsg. von Kevin Mahoney und dem United States Holocaust Memorial Museum, Washington, D. C. 1995, S. 90.
184 Abgedruckt in Marlene P. Hiller (Hrsg.), *Stuttgart im Zweiten Weltkrieg: Katalog einer Ausstellung des Projekts Stuttgart im Zweiten Weltkrieg vom 1. 9. 1989 bis 22. 7. 1990*, Gerlingen 1989, S. 181.
185 Victor Klemperer, *Ich will Zeugnis ablegen bis zum letzten: Tagebücher 1933–1945*, Bd. 2, Berlin 1995, S. 658.
186 Robert Gellately, *Hingeschaut und Weggesehen: Hitler und sein Volk*, Stuttgart/München 2002, S. 350 f.
187 Otto Dov Kulka/Eberhard Jäckel (Hrsg.), *Die Juden in den geheimen NS-Stimmungsberichten 1933–1945*, Düsseldorf 2004, S. 546.
188 Ebd., S. 547.
189 Zitiert nach Max Hastings, *Armageddon: The Battle for Germany 1944–1945*, S. 435.
190 Otto Dov Kulka, «The German Population and the Jews: State of Research and New Perspectives», in: *Probing the Depths of German Antisemitism: German Society and the Persecution of the Jews, 1933–1941*, hrsg. von David Bankier, New York 2000, S. 279.
191 Vgl. insbesondere Robert Gellately, *Hingeschaut und Weggesehen: Hitler und sein Volk* und Marlis G. Steinert, *Hitlers Krieg und die Deutschen: Stimmung und Haltung der deutschen Bevölkerung im 2. Weltkrieg*, Düsseldorf/Wien 1970.
192 Joseph Goebbels, *Tagebücher*, Teil II, Bd. 15, S. 586.
193 Ebd., S. 654 f.
194 Ebd., S. 498.
195 Adolf Hitler, *Reden und Proklamationen, 1932–1945*, Bd. 4: 1941–1945, S. 2223 f.
196 Alle Einzelheiten über diese berüchtigte Mordaktion basieren auf Günther Schwarberg, *Der SS-Arzt und die Kinder: Bericht über den Mord vom Bullenhuser Damm*, Hamburg 1979.
197 Ebd., S. 9–37.
198 Ebd., S. 57 ff.

Anmerkungen zum 10. Kapitel

199 Martin Broszat, «Soziale Motivation und Führer-Bindung des Nationalsozialismus», in: *Vierteljahrshefte für Zeitgeschichte* 18 (1970), S. 392–409.
200 Jeffrey Herf, *Reactionary Modernism: Technology, Culture, and Politics in Weimar and the Third Reich*, Cambridge 1986.
201 Vgl. hauptsächlich Norbert Frei, *1945 und wir: Das Dritte Reich im Bewußtsein der Deutschen*, München 2005.
202 Adolf Hitler, *Reden und Proklamationen*, Bd. 4: 1941–1945, S. 2226.
203 Ebd., S. 2236 ff.
204 Ebd., S. 2250.
205 Klaus Scholder, «Ein Requiem für Hitler», in: ders., *Die Kirchen zwischen Republik und Gewaltherrschaft: Gesammelte Aufsätze*, hrsg. von Karl Otmar von Aretin und Gerhard Besier, Berlin 1988, S. 236 f.
206 Victor Klemperer, *Ich will Zeugnis ablegen bis zum letzten*, Bd. 2, S. 704.
207 Trotz verschiedener Berechnungen ist eine exakte Feststellung der Opferzahl des Holocaust nicht möglich. Detaillierte statistische Analysen bieten Raul Hilberg, *Die Vernichtung der europäischen Juden*, Bd. 3, Frankfurt a. M. ^{9}1999, S. 1280–1300, dessen Schätzung mit 5 100 000 am unteren Ende liegt, und Wolfgang Benz (Hrsg.), *Dimension des Völkermords: Die Zahl der jüdischen Opfer des Nationalsozialismus*, München 1991, S. 17, der bei seinen Schätzungen auf einen Minimalwert von 5 290 000 und einen Maximalwert von etwas über 6 Millionen Opfern kommt.
208 Genannt sind die Orte, an denen die Tagebücher hauptsächlich geschrieben wurden; zum Teil habe ich stattdessen den Herkunftsort der Tagebuchschreiber angegeben.
209 Siehe zu diesen weiteren Tagebuchschreibern Alexandra Zapruder, *Salvaged Pages*; Robert Moses Shapiro, «Diaries and Memoirs from the Lodz Ghetto in Yiddish and Hebrew», in: *Holocaust Chronicles: Individualizing the Holocaust through Diaries and Other Contemporaneous Personal Accounts*, hrsg. von Robert Moses Shapiro, Hoboken, NJ 1999, S. 95–115; Alexandra Garbarini, «To Bear Witness Where Witness Needs To Be Borne»: *Diary Writing and the Holocaust, 1939–1945* (Diss., University of California Los Angeles, 2003), unter dem Titel *Numbered Days: Diaries and the Holocaust*, New Haven 2006 für September 2006 angekündigt.

Bibliographie

Die Jahre der Verfolgung
1933–1939

Unveröffentlichte Quellen

Institut für Zeitgeschichte, München

Adjutantur des Führers, 1934–1937, MA–287, MA–13/2.
Aktenstücke zur Judenverfolgung 1933–1945, Ortspolizeibehörde Göttingen, MA–172.
Geheime Staatspolizeistelle Würzburg, Fa 168/4.
Heinrich Himmler, Reden, 1936–1939, F 37/3.
Historischer Ordner No. 431-Zuwachs, Fa 506/14.
Landeshauptstadt Düsseldorf 1933–1945, Einzelschicksale von Bürgern, die im Bereich des heutigen Stadtbezirks 3 wohnten, Ms 456.
Monatsberichte des Stadtrats Ingolstadt 1929–1939, Fa 411.
NSDAP: Außenpolitisches Amt/Amt Osten, MA–128/3.
NSDAP: Hauptamt Wissenschaft, MA–205.
NSDAP: Parteikanzlei (Microfiches).
Nationalsozialistischer Deutscher Studentenbund (NSDStB), MA–228.
Polizeipräsident München (Lageberichte/Monatsberichte) (Div.), Fa 427/2.
Reichsführer SS: persönlicher Stab, MA–290.
Reichsführer SS: SS-Standort Berlin, MA–333.
Reichsjustizministerium (1933–1939), Fa 195/1933 ... 1939.
Reichskanzlei (24. 1. 1935–5. 2. 1938), Seriennr. 859.
Reichskommissar für die Wiedervereinigung Österreichs mit dem Deutschen Reich, MA–145/1.
Reichskulturkammer, Fa 224/1–4.
Reichsministerium für Wissenschaft und Erziehung, MA–103/1.
Reichswehrministerium, Chef der Heeresleitung, MA–260.
Rosenberg-Akten, MA–697 und MA–596.
Sicherheitsdienst des Reichsführers SS (Lageberichte/Monatsberichte, Div.), MA–557.
Sicherheitsdienst des Reichsführers SS, SD-Hauptamt/Abt. II 112, MA–554.
Sicherheitsdienst des Reichsführers SS, SD-Oberabschnitt Rhein, MA–392.
Stellvertreter des Führers (Anordnungen ...), Db 15.02.
Unterlagen betr. Entrechtung der Juden in Baden 1933–1940, ED-303.
Schriftstück unbekannter Herkunft, MA–535.

Leo Baeck Institute, New York

Himmler-Archive (Div.), 133 f., 133g.
Kulturbund (Div.).

Max Kreuzberger Research Papers (Div.), AR 7183, Kartons 3-8, Mappen 1-9.
Nationalsozialismus (Div.) 1933-1939.

Privatarchiv Abraham Heller, Ramat Gan, Israel

Veröffentlichte dokumentarische Quellen

Dokumentensammlungen

Akten der Parteikanzlei der NSDAP (Regesten), T. 1, Bd. 1-2, hrsg. v. Helmut Heiber, München 1983; T. 2, Bd. 3, hrsg. v. Peter Longerich, München 1992.
Akten der Reichskanzlei: Die Regierung Hitler 1933-1938, hrsg. v. Karl-Heinz Minuth, T. 1, *1933-1934,* Bd. 1, *30. Januar bis 31. August 1933,* Bd. 2, *12. September 1933 bis 27. August 1934,* Boppard a. Rh. 1983.
Akten deutscher Bischöfe über die Lage der Kirche 1933-1945, Bd. 1, *1933-1934,* hrsg. v. Bernhard Stasiewski, Mainz 1968; Bd. 2, *1934-1935,* hrsg. v. Bernhard Stasiewski, Mainz 1976; Bd. 3, *1935-1936,* hrsg. v. Bernhard Stasiewski, Mainz 1979; Bd. 4, *1936-1939,* hrsg. v. Ludwig Volk, Mainz 1981.
Akten zur deutschen auswärtigen Politik, 1918-1945, Serie C, *1933-1937,* Göttingen 1971-81; Serie D, *1937-1945,* Bd. 4, Baden-Baden 1951, Bd. 5, Baden-Baden 1953.
Archives of the Holocaust: An International Collection of Selected Documents, Bd. 1-22, ed. Henry Friedlander, Sybil Milton, New York 1990-93.
Ausgewählte Dokumente zur Geschichte des Nationalsozialismus 1933-1945, hrsg. v. Hans-Adolf Jacobsen u. Werner Jochmann, Bielefeld 1961.
Beiträge zur nationalsozialistischen Gesundheits- und Sozialpolitik, hrsg. v. Götz Aly u. Susanne Heim, Bd. 9, *Bevölkerungsstruktur und Massenmord: Neue Dokumente zur deutschen Politik der Jahre 1938-1945,* Berlin 1991.
Berichte des SD und der Gestapo über Kirchen und Kirchenvolk, hrsg. v. Heinz Boberach, Mainz 1971.
Blau, Bruno, *Das Ausnahmerecht für die Juden in Deutschland 1933-1945,* Düsseldorf ²1954.
Deutschlandberichte der Sozialdemokratischen Partei Deutschlands (SOPADE) 1934-1940, Bd. 1-7, Frankfurt a. M. 1980.
Documents Diplomatiques Français 1932-1939, 1re Série, *1932-1935,* Bd. 3, *17 Mars - 15 Juillet 1933,* Paris 1967; Bd. 4, *16 Juillet - 12 Novembre 1933,* Paris 1968; 2e Série, *1936-1939,* Bd. 12, *3 Octobre - 30 Novembre 1938,* Paris 1978.
Documents Diplomatiques Suisses 1848-1945, Bd. 12, *1.1.1937-31.12.1938,* préparé sous la direction d'Oscar Gauye par Gabriel Imboden et Daniel Bourgeois, Bern 1994.
Documents on British Foreign Policy 1919-1939, Second Series, Bd. 5, *1933,* London 1953; Third Series, Bd. 3, *1938-39,* London 1950.
Documents on the Holocaust: Selected Sources on the Destruction of the Jews of Germany, Austria, Poland, and the Soviet Union, ed. Yitzhak Arad, Yisrael Guttman, Abraham Margaliotz, Jerusalem 1981.
Dokumente des Verbrechens: Aus Akten des Dritten Reiches 1933-1945, Bd. 1-3, Berlin 1993.
Dokumente über die Verfolgung der jüdischen Bürger in Baden-Württemberg durch das nationalsozialistische Regime 1933-1945, hrsg. v. Paul Sauer, Bd. 1-2, Stuttgart 1966.
Dokumente zur «Euthanasie», hrsg. v. Ernst Klee, Frankfurt a. M. 1985.
Dokumente zur Geschichte der Frankfurter Juden 1933-1945, hrsg. v. d. Kommission zur Erforschung der Geschichte der Frankfurter Juden, Frankfurt a. M. 1963.
Das Dritte Reich, hrsg. v. Wolfgang Michalka, Bd. 1-2, München 1985.
Foreign Relations of the United States, 1933, Bd. 2, Washington, D. C. 1948.
Foreign Relations of the United States, 1938, Bd. 1, Washington, D. C. 1950.

Herrschaftsalltag im Dritten Reich: Studien und Texte, hrsg. v. Hans Mommsen u. Susanne Willems, Düsseldorf 1988.
The Holocaust: Selected Documents, Bd. 1–18, ed. John Mendelsohn, New York 1982.
Inside Hitler's Germany: A Documentary History of Life in the Third Reich, ed. Benjamin C. Sax, Dieter Kuntz, Lexington, Ky. 1992.
Juden vor Gericht, 1933–1945: Dokumente aus hessischen Justizakten, hrsg. v. Ernst Noam u. Wolf-Arno Kropat, Wiesbaden 1975.
Kennan, George F., *Diplomat in Prag, 1938–1940*, Frankfurt a. M. 1972.
Kirchen- und Theologiegeschichte in Quellen, Bd. 4, *Neuzeit*, T. 2, *1870–1975*, hrsg. v. Heiko A. Oberman, Adolf Martin Ritter u. Hans-Walter Krumwiede, Neukirchen-Vluyn ³1989.
Kirchliche Akten über die Reichskonkordatsverhandlungen, 1933, hrsg. v. Ludwig Volk, Mainz 1969.
Die kirchliche Lage in Bayern nach den Regierungspräsidentenberichten 1933–1943, Bd. 2, *Regierungsbezirk Ober- und Mittelfranken*, hrsg. v. Helmut Witeschek, Mainz 1967.
Kleinstadt und Nationalsozialismus: Ausgewählte Dokumente zur Geschichte von Eutin 1918–1945, hrsg. v. Lawrence D. Stokes, Neumünster 1984.
Die Lageberichte der Geheimen Staatspolizei über die Provinz Hessen-Nassau 1933–1936, hrsg. v. Thomas Klein, Bd. 1–2, Wien 1986.
Meldungen aus dem Reich: Die geheimen Lageberichte des Sicherheitsdienstes der SS 1938–1945, hrsg. v. Heinz Boberach, Bd. 1–17, Herrsching 1984.
Nationalsozialismus im Alltag: Quellen zur Geschichte der NS-Herrschaft im Gebiete des Landes Rheinland-Pfalz, hrsg. v. Anton Doll, Speyer 1983.
Nationalsozialismus im Alltag: Quellen zur Geschichte des Nationalsozialismus vornehmlich im Raum Mainz-Koblenz-Trier, hrsg. v. Franz Josef Heyen, Boppard a. Rh. 1967.
Der Nationalsozialismus: Dokumente 1933–1945, hrsg. v. Walter Hofer, Frankfurt a. M. 1957.
Nazi Conspiracy and Aggression, Bd. 1–10, Washington, D. C. 1947.
Nazism 1919–1945: A Documentary Reader, ed. Jeremy Noakes, Geoffrey Pridham, Bd. 1–3, Exeter 1983.
Le Phénomène Nazi: Documents Nazis commentés, éd. Michel Mazor, Paris 1957.
Pommern 1934/1935 im Spiegel von Gestapo-Lageberichten und Sachakten, hrsg. v. Robert Thevoz, Hans Branig u. Cécile Löwenthal-Hensel, Bd. 1–2, Köln 1974.
Der Prozeß gegen die Hauptkriegsverbrecher vor dem Internationalen Militärgerichtshof, Bd. 1–42, Nürnberg 1947–49.
Der Regierungsbezirk Kassel 1933–1936: Die Berichte der Regierungspräsidenten und der Landräte, hrsg. v. Thomas Klein, Bd. 1–2, Darmstadt 1985.
Das Sonderrecht für die Juden im NS-Staat, hrsg. v. Joseph Walk, Heidelberg 1981.
Ein Stempel hat gefehlt: Dokumentation zur Emigration deutscher Juden, hrsg. v. Rolf Vogel, München 1977.
Strecker, Reinhard-Maria, *Dr. Hans Globke: Aktenauszüge, Dokumente*, Hamburg 1961.
Treue, Wilhelm, «Hitlers Denkschrift zum Vierjahresplan», in: VfZ 3 (1955).
Ursachen und Folgen – Vom deutschen Zusammenbruch 1918 und 1945 bis zur staatlichen Neuordnung Deutschlands in der Gegenwart: Eine Urkunden- und Dokumentensammlung zur Zeitgeschichte, hrsg. v. Herbert Michaelis u. Ernst Schraepler, Bd. 9–23, Berlin 1964–75.
Verfolgung, Vertreibung, Vernichtung: Dokumente des faschistischen Antisemitismus 1933 bis 1942, hrsg. v. Kurt Pätzold, Frankfurt a. M. 1984.
Versuche des Verstehens: Dokumente jüdisch-christlicher Begegnung aus den Jahren 1918–1933, hrsg. v. Robert Raphael Geis, München 1966.
Weimarer Republik: Manifeste und Dokumente zur deutschen Literatur, 1918–1933, hrsg. v. Anton Kaes, Stuttgart 1983.
Wulf, Joseph, *Die bildenden Künste im Dritten Reich: Eine Dokumentation*, Reinbek 1966.
–, *Theater und Film im Dritten Reich: Eine Dokumentation*, Reinbek 1966.

Bibliographie

Reden, Tagebücher, Briefe und alle andere vor 1945 erschienene Literatur

Die Greuel-Propaganda ist eine Lügenpropaganda, sagen die deutschen Juden selbst, Berlin: «Jakov Trachtenberg», 1933.
Avenarius, Ferdinand, «Aussprachen mit Juden», in: *Kunstwart* 25, No. 22 (Aug. 1912).
Benjamin, Walter, *Briefe*, hrsg. v. Gershom Scholem u. Theodor W. Adorno, Bd. 1–2, Frankfurt a. M. 1966.
Bernanos, Georges, «La grande peur des bien-pensants», in: *Essais et écrits de combat*, Bd. 1, Paris 1971.
Bonhoeffer, Dietrich, *Gesammelte Schriften*, Bd. 2, *Kirchenkampf und Finkenwalde*, München 1959.
Buber, Martin, *Briefwechsel aus sieben Jahrzehnten*, hrsg. v. Grete Schaeder, Bd. 2, *1918–1938*, Heidelberg 1973.
Chamberlain, Houston Stewart, *Die Grundlagen des neunzehnten Jahrhunderts*, Bd. 1–2, München 1912.
–, *Briefe*, Bd. 1–2, München 1928.
Comité des Délégations Juives (Hrsg.), *Das Schwarzbuch. Tatsachen und Dokumente: Die Lage der Juden in Deutschland 1933*, Paris 1934. Nachdruck: Berlin 1983.
Eckart, Dietrich, *Der Bolschewismus von Moses bis Lenin: Zwiegespräch zwischen Adolf Hitler und mir*, München 1924. Nachdruck: Liverpool, W. Va. 1978.
Faulhaber, Michael, *Judentum, Christentum, Germanentum: Adventspredigten gehalten in St. Michael zu München 1933*, München 1933.
Feuchtwanger, Lion; Zweig, Arnold, *Briefwechsel 1933–1958*, Bd. 1–3, Berlin 1984.
Freud, Sigmund; Zweig, Arnold, *Briefwechsel*, hrsg. v. Ernst L. Freud, Frankfurt a. M. 1968.
Fromm, Bella, *Blood and Banquets: A Berlin Social Diary*, London 1943; Nachdruck: New York 1990. Gekürzte deutsche Ausgabe: *Als Hitler mir die Hand küßte*, Berlin 1993.
Frymann, Daniel, *Das Kaiserbuch: Politische Wahrheiten und Notwendigkeiten*, Leipzig 1925.
Gercke, Achim, «Die Lösung der Judenfrage», in: *Nationalsozialistische Monatshefte* 38 (Mai 1933).
Gide, André, «Les Juifs, Céline et Maritain», in: *Nouvelle Revue Française*, April 1938.
Goebbels, Joseph, *Goebbels-Reden*, hrsg. v. Helmut Heiber, Bd. 1, *1932–1939*, Düsseldorf 1971.
–, *Die Tagebücher von Joseph Goebbels: Sämtliche Fragmente*, hrsg. v. Elke Fröhlich, T. 1, *Aufzeichnungen 1924–1941*, Bd. 1, 27.6. 1924–31.12. 1930; Bd. 2, 1.1. 1931–31.12. 1936, Bd. 3, 1.1. 1937–31.12. 1939, München 1987.
–, «‹50, dann 75 Synagogen brennen›: Tagebuchschreiber Goebbels über die ‹Reichskristallnacht›», in: *Der Spiegel*, 13. Juli 1992.
Göring, Hermann, «Staatliche Ordnung und ‹organische Lösung›: Die Rede Hermann Görings ‹über die Judenfrage› vom 6. Dezember 1938», hrsg. v. Götz Aly u. Susanne Heim, in: *Jahrbuch für Antisemitismusforschung* 2 (1993).
Goldstein, Moritz, «Deutsch-jüdischer Parnass», in: *Kunstwart* 25, No. 11 (März 1912).
Grau, Wilhelm, «Um den jüdischen Anteil am Bolschewismus», in: *Historische Zeitschrift* 153 (1936), No. 2.
Hassell, Ulrich von, *Die Hassell-Tagebücher 1938–1944*, Berlin 1988.
Heydrich, Reinhard, *Wandlungen unseres Kampfes*, München 1935.
Himmler, Heinrich, *Geheimreden 1933 bis 1945 und andere Ansprachen*, hrsg. v. Bradley F. Smith u. Agnes F. Peterson, Berlin 1974.
–, *Reichsführer! ... Briefe an und von Himmler*, hrsg. v. Helmut Heiber, Stuttgart 1968.
–, *Die Schutzstaffel als antibolschewistische Kampforganisation*, München 1936.
Hitler, Adolf, «Die deutsche Kunst als stolzeste Verteidigung des deutschen Volkes», in: *Nationalsozialistische Monatshefte* 4, No. 34 (Okt. 1933).

–, *Hitlers zweites Buch: Ein Dokument aus dem Jahre 1928*, eingel. u. komm. v. G. L. Weinberg, Stuttgart 1961.
–, *Es spricht der Führer: Sieben exemplarische Hitler-Reden*, hrsg. v. Helmut Krausnick u. Hildegard von Kotze, Gütersloh 1966.
–, *Adolf Hitler, Monologe im Führerhauptquartier: Die Aufzeichnungen Heinrich Heims*, hrsg. v. Werner Jochmann, Hamburg 1980.
–, «Hitlers Rede zur Eröffnung der ‹Großen Deutschen Kunstausstellung› 1937», in: Peter-Klaus Schuster (Hrsg.), *Nationalsozialismus und ‹Entartete Kunst›: Die ‹Kunststadt› München 1937*, München 1987.
–, *Mein Kampf*, München $^{259/260}$1937.
–, *Reden, Schriften, Anordnungen, Februar 1925 bis Januar 1933:*
Bd. 1, *Die Wiedergründung der NSDAP, Februar 1925 – Juni 1926*, hrsg. v. Clemens Vollnhals, München 1992.
Bd. 2, *Vom Weimarer Parteitag bis zur Reichstagswahl, Juli 1926 – Mai 1928*, T. 1, *Juli 1926 – August 1927*; T. 2, *August 1927 – Mai 1928*, hrsg. v. Bärbel Dusik, München 1992.
Bd. 3, *Zwischen den Reichstagswahlen, Juli 1928 – September 1930*, T. 1, *Juli 1928 – Februar 1929*, hrsg. v. Bärbel Dusik u. Klaus A. Lankheit, München 1994.
Bd. 4, *Von der Reichstagswahl bis zur Reichspräsidentenwahl, Oktober 1930 – März 1932*, T. 1, *Oktober 1930 – Juni 1931*, hrsg. v. Constantin Goschler, München 1994.
–, *Reden und Proklamationen, 1932 –1945: Kommentiert von einem deutschen Zeitgenossen*, hrsg. v. Max Domarus, Bd. 1–4, München 1965.
–, *Sämtliche Aufzeichnungen 1905–1924*, hrsg. v. Eberhard Jäckel u. Axel Kuhn, Stuttgart 1980.
Jung, Carl G., «Zur gegenwärtigen Lage der Psychotherapie», in: *Gesammelte Werke*, Bd. 10, *Zivilisation im Übergang*, Zürich, Stuttgart 1974.
Klemperer, Victor, *Ich will Zeugnis ablegen bis zum letzten: Tagebücher 1933–1945*, Bd. 1–2, Berlin 1995.
Klepper, Jochen, *Unter dem Schatten deiner Flügel: Aus den Tagebüchern der Jahre 1932 – 1942*, Stuttgart 1983.
Leibbrandt, Georg, «Juden über das Judentum», in: *Nationalsozialistische Monatshefte* 94, 95 (Januar, Februar 1938).
Lösener, Bernhard; Knost, Friedrich A., *Die Nürnberger Gesetze*, Berlin 1936.
Mann, Klaus, *The Turning Point: Thirty-five Years in This Century*, New York 1942. Nachdruck: New York 1975. Deutsche Ausgabe: *Der Wendepunkt*, München 1969.
–, *Mephisto*, Amsterdam 1936. Nachdruck: München 1965.
Mann, Thomas, *Briefe 1889–1936*, hrsg. v. Erika Mann, Frankfurt a. M. 1961.
–, *The Letters of Thomas Mann 1889–1955*, Bd. 1–2, ed. Richard and Clara Winston, New York 1975.
–, *Tagebücher 1918–1921*, hrsg. v. Peter de Mendelssohn, Frankfurt a. M. 1979.
–, *Tagebücher 1933–1934*, hrsg. v. Peter de Mendelssohn, Frankfurt a. M. 1977.
Mrugowsky, Joachim, «Jüdisches und deutsches Soldatentum: Ein Beitrag zur Rassenseelenforschung», in: *Nationalsozialistische Monatshefte* 76 (Juli 1936).
Müller, Karl Alexander von, «Zum Geleit», in: *Historische Zeitschrift* 153 (1936), No. 1.
Nathorff, Hertha, *Das Tagebuch der Hertha Nathorff: Berlin–New York; Aufzeichnungen 1933 bis 1945*, hrsg. v. Wolfgang Benz, München 1987.
Oppenheimer, Franz, *Die Judenstatistik des Preußischen Kriegsministeriums*, München 1922.
Der Parteitag der Arbeit vom 6. bis 13. September 1937: Offizieller Bericht über den Verlauf des Reichsparteitages mit sämtlichen Kongreßreden, München 1938.
Der Parteitag der Ehre vom 8. bis 14. September 1936, München 1936.
Phelps, Reginald H., «Hitlers ‹grundlegende› Rede über den Antisemitismus», in: *Vierteljahrshefte für Zeitgeschichte* [im folgenden: *VfZ*] 16 (1968), No. 30.
Priestley, J. B., «People at Sea [1937]», in: *The Plays of J. B. Priestley*, Bd. 3, London 1950.

The Protocols and the World Revolution including a Translation and Analysis of the «Protocols of the Meetings of the Zionist Men of Wisdom», Boston 1920.
R----x, E., «Die nichtjüdischen Nichtarier in Deutschland», in: *C.-V.-Zeitung* 20, No. 1 (Beiblatt), 16. Mai 1935.
Rosenberg, Alfred, *An die Dunkelmänner unserer Zeit*, München 1935.
Schmitt, Carl, *Der Leviathan in der Staatslehre des Thomas Hobbes*, Hamburg 1938.
–, «Eröffnung der wissenschaftlichen Vorträge» und «Schlußwort», in: *Das Judentum in der Rechtswissenschaft*, Heft 1, *Die deutsche Rechtswissenschaft im Kampf gegen den jüdischen Geist*, Berlin 1936.
Schulthess' Europäischer Geschichtskalender, hrsg. v. Ulrich Thürauf, 74 (1933), München 1934.
Senger, Valentin, *Kaiserhofstraße 12*, Darmstadt, Neuwied 1978.
Seraphim, Peter-Heinz, *Das Judentum im osteuropäischen Raum*, Essen 1938.
Shirer, William L., *Berliner Tagebuch: Aufzeichnungen 1934–1941*, Leipzig 1991.
Spitzemberg, Hildegard von, *Das Tagebuch der Baronin Spitzemberg*, Göttingen 1960–63.
Strauss, Richard; Zweig, Stefan, *Briefwechsel*, hrsg. v. Willi Schuh, Frankfurt a. M. 1957.
Stuckart, Wilhelm; Globke, Hans, *Kommentare zur deutschen Rassengesetzgebung*, Bd. 1, München 1936.
Stuckart, Wilhelm; Schiedermair, Rolf, *Rassen- und Erbpflege in der Gesetzgebung des Dritten Reiches*, Leipzig 1938.
Tharaud, Jérôme; Tharaud, Jean, *When Israel Is King*, New York 1924.
Tucholsky, Kurt, *Politische Briefe*, Reinbek 1969.
–, *Briefe aus dem Schweigen 1932–1935*, Reinbek 1977.
Wagener, Otto, *Otto Wagener, Hitler aus nächster Nähe: Aufzeichnungen eines Vertrauten 1929–1932*, hrsg. v. Henry A. Turner, Frankfurt a. M. 1978.
Wagner, Cosima, *Die Tagebücher 1869–1883*, Bd. 1–4, München 1982.
Wagner, Gerhard, *Reden und Aufrufe*, hrsg. v. Leonardo Conti, Berlin 1943.
Wagner, Richard, *Gesammelte Schriften und Dichtungen*, Bd. 1–10, Leipzig [4]1907.
Wassermann, Jakob, *Jakob Wassermann, Deutscher und Jude: Reden und Schriften 1904–1933*, Heidelberg 1984.
Webster, Nesta H., *World Revolution: The Plot Against Civilization*, London 1921.
Zöberlein, Hans, *Der Befehl des Gewissens*, München [6]1938.

Sekundärliteratur

Ackermann, Josef, *Heinrich Himmler als Ideologe*, Göttingen 1970.
Adam, Uwe Dietrich, «An Overall Plan for Anti-Jewish Legislation in the Third Reich?», in: *Yad Vashem Studies* 11 (1976).
–, *Hochschule und Nationalsozialismus: Die Universität Tübingen im Dritten Reich*, Tübingen 1977.
–, *Judenpolitik im Dritten Reich*, Düsseldorf 1972.
–, «Wie spontan war der Pogrom?», in: *Der Judenpogrom 1938: Von der «Reichskristallnacht» zum Völkermord*, hrsg. v. Walter Pehle, Frankfurt a. M. 1987.
Adler, Jacques, *Face à la persécution: Les organisations juives à Paris de 1940 à 1944*, Paris 1985.
Adler-Rudel, Shalom, *Ostjuden in Deutschland 1880–1940*, Tübingen 1959.
Alexander, Gabriel, «Die Entwicklung der jüdischen Bevölkerung in Berlin zwischen 1871 und 1945», in: *Tel Aviver Jahrbuch für Deutsche Geschichte* 20 (1991).
Allen, William Sheridan, *«Das haben wir nicht gewollt!» Die nationalsozialistische Machtergreifung in einer Kleinstadt 1930–1935*, Gütersloh 1966.
Aly, Götz; Heim, Susanne, *Vordenker der Vernichtung: Auschwitz und die deutschen Pläne für eine neue europäische Ordnung*, Hamburg 1991.

Aly, Götz; Roth, Karl-Heinz, *Die restlose Erfassung: Volkszählen, Identifizieren, Aussondern im Nationalsozialismus*, Berlin 1984.
Andreski, S., «Poland», in: *European Fascism*, ed. S. J. Woolf, London 1968.
Angress, Werner T., «The German Army's ‹Judenzählung› of 1916: Genesis – Consequences – Significance», in: *LBIY* 23 (1978).
–, «The Impact of the Judenwahlen of 1912 on the Jewish Question: A Synthesis», in: *LBIY* 28 (1983).
–, «Juden im politischen Leben der Revolutionszeit», in: *Deutsches Judentum in Krieg und Revolution 1916–1923*, hrsg. v. Werner E. Mosse, Tübingen 1971.
–, «Die ‹Judenfrage› im Spiegel amtlicher Berichte 1935», in: *Das Unrechtsregime: Internationale Forschung über den Nationalsozialismus*, hrsg. v. Ursula Büttner, Werner Johe u. Angelika Voss, Bd. 1–2, Hamburg 1986.
–, «Revolution und Demokratie: Jüdische Politiker in Berlin 1918/19», in: *Jüdische Geschichte in Berlin: Essays und Studien*, hrsg. v. Reinhard Rürup, Berlin 1995.
Arendt, Hannah, *Elemente und Ursprünge totaler Herrschaft*, Frankfurt a. M. 1955.
–, *Eichmann in Jerusalem: Ein Bericht von der Banalität des Bösen*, München 1964.
Arndt, Ino; Boberach, Heinz, «Deutsches Reich», in: *Dimensionen des Völkermords: Die Zahl der jüdischen Opfer des Nationalsozialismus*, hrsg. v. Wolfgang Benz, München 1991.
Aronson, Shlomo, *Reinhard Heydrich und die Frühgeschichte von Gestapo und SD*, Stuttgart 1971.
Aschheim, Steven E., *Culture and Catastrophe: German and Jewish Confrontations with National Socialism and Other Crises*, New York 1996.
Baldwin, Peter (Hrsg.), *Reworking the Past: Hitler, the Holocaust and the Historians*, Boston 1990.
Ball-Kaduri, Kurt Jacob, *Das Leben der Juden in Deutschland im Jahre 1933: Ein Zeitbericht*, Frankfurt a. M. 1963.
Bankier, David, «The German Communist Party and Nazi Antisemitism, 1933–1938», in: *LBIY* 32 (1987).
–, *Die öffentliche Meinung im Hitler-Staat: Die Endlösung und die Deutschen; eine Berichtigung*, Berlin 1995.
–, «Hitler and the Policy-Making Process on the Jewish Question», in: *Holocaust and Genocide Studies* 3 (1988), No. 1.
–, «Jewish Society through Nazi Eyes 1933–1936», in: *Holocaust and Genocide Studies* 6 (1991), No. 2.
Barkai, Avraham, *Vom Boykott zur «Entjudung»: Der wirtschaftliche Existenzkampf der Juden im Dritten Reich 1933–1943*, Frankfurt a. M. 1988.
–, «German Interests in the Haavarah-Transfer Agreement 1933–1939», in: *LBIY* 35 (1990).
Bartov, Omer, *Hitlers Wehrmacht: Soldaten, Fanatismus und die Brutalisierung des Krieges*, Reinbek 1995.
–, *Murder in our Midst: The Holocaust, Industrial Killing, and Representation*, New York 1996.
Bauer, Yehuda, *Freikauf von Juden? Verhandlungen zwischen dem nationalsozialistischen Deutschland und jüdischen Repräsentanten von 1933 bis 1945*, Frankfurt a. M. 1996.
–, *My Brother's Keeper: A History of the American Joint Distribution Committee 1929–1939*, Philadelphia 1974.
Bauman, Zygmunt, *Dialektik der Ordnung: Die Moderne und der Holocaust*, Hamburg 1992.
Beller, Steven, *Wien und die Juden 1867–1938*, Wien, Köln, Weimar 1993.
Ben-Elissar, Eliahu, *La Diplomatie du IIIe Reich et les Juifs, 1933–1939*, Paris 1969.
Bennathan, Esra, «Die demographische und wirtschaftliche Struktur der Juden», in: *Entscheidungsjahr 1932: Zur Judenfrage in der Endphase der Weimarer Republik*, hrsg. v. Werner E. Mosse, Tübingen 1965.

Benoist-Méchin, Jacques, *Geschichte der deutschen Militärmacht, 1918–1946*, Bd. 1–6, Oldenburg, Hamburg 1965–1967.
Benz, Wolfgang (Hrsg.), *Das Exil der kleinen Leute: Alltagserfahrung deutscher Juden in der Emigration*, München 1991.
–, *Die Juden in Deutschland 1933–1945: Leben unter nationalsozialistischer Herrschaft*, München 1996.
Beradt, Charlotte, *Das Dritte Reich des Traums*, Frankfurt a. M. 1981.
Bergen, Doris L., *Twisted Cross: The German Christian Movement in the Third Reich*, Chapel Hill, N. C. 1996.
Berghahn, Volker R., *Modern Germany: Society, Economy and Politics in the Twentieth Century*, Cambridge 1982.
–, *Der Stahlhelm: Bund der Frontsoldaten 1918–1935*, Düsseldorf 1966.
Berkow, Ira, «An Olympic Invitation That Is Sixty Years Late», in: *New York Times*, 18. Juni 1996.
Bernhard, Thomas, *Heldenplatz*, Frankfurt a. M. 1988.
Bernheimer, Otto, «Kunde Göring», in: *Von Juden in München*, hrsg. v. Hans Lamm, München 1959.
Bessel, Richard, *Political Violence and the Rise of Nazism: The Storm Troopers in Eastern Germany 1925–1934*, New Haven, Conn. 1984.
Betz, Albrecht, «Céline im Dritten Reich», in: Hans Manfred Bock et al. (Hrsg.), *Entre Locarno et Vichy: les relations culturelles franco-allemandes dans les années 1930*, Paris 1993.
Beyerchen, Alan D., *Wissenschaftler unter Hitler: Physiker im Dritten Reich*, Köln 1980.
Binion, Rudolph, «... daß ihr mich gefunden habt» – *Hitler und die Deutschen: Eine Psychohistorie*, Stuttgart 1978.
Birnbaum, Pierre, «Nationalismes: La comparaison France-Allemagne», in: *La France aux Français: Histoire des haines nationalistes*, Paris 1993.
–, *Le Peuple et les gros: Histoire d'un mythe*, Paris 1979.
Blasius, Dirk, «Zwischen Rechtsvertrauen und Rechtszerstörung: Deutsche Juden 1933–1935», in: *Zerbrochene Geschichte: Leben und Selbstverständnis der Juden in Deutschland*, hrsg. v. Dirk Blasius u. Dan Diner, Frankfurt a. M. 1991.
–, «Psychiatrischer Alltag im Nationalsozialismus», in: *Die Reihen fast geschlossen: Beiträge zur Geschichte des Alltags unterm Nationalsozialismus*, hrsg. v. Detlev Peukert u. Jürgen Reulecke, Wuppertal 1981.
Boas, Jacob, «German-Jewish Internal Politics under Hitler 1933–1938», in: *LBIY* 29 (1984).
–, «Germany or Diaspora? German Jewry's Shifting Perceptions in the Nazi Era 1933–1938», in: *LBIY* 27 (1982).
Bock, Gisela, «Krankenmord, Judenmord und nationalsozialistische Rassenpolitik», in: *Zivilisation und Barbarei: Die widersprüchlichen Potentiale der Moderne*, hrsg. v. Frank Bajohr et al., Hamburg 1991.
–, *Zwangssterilisation im Nationalsozialismus: Studien zur Rassenpolitik und Frauenpolitik*, Opladen 1986.
Bollmus, Reinhard, *Das Amt Rosenberg und seine Gegner: Zum Machtkampf im nationalsozialistischen Herrschaftssystem*, Stuttgart 1970.
Botz, Gerhard, *Wohnungspolitik und Judendeportation in Wien, 1938 bis 1945: Zur Funktion des Antisemitismus als Ersatz nationalsozialistischer Sozialpolitik*, Wien 1975.
Bracher, Karl-Dietrich, et al., *Die nationalsozialistische Machtergreifung*, Köln 1962.
Braham, Randolph L., *The Politics of Genocide: The Holocaust in Hungary*, Bd. 1–2, New York 1981.
Breitman, Richard, *The Architect of Genocide: Himmler and the Final Solution*, New York 1991.
Brenner, Michael, *The Renaissance of Jewish Culture in Weimar Germany*, New Haven, Conn. 1996.

Broszat, Martin, *Die Machtergreifung*, München 1984.
–, *Der Staat Hitlers*, München 1981.
–, «Nationalsozialistische Konzentrationslager 1933–1945», in: Hans Buchheim et al., *Anatomie des SS-Staates*, Bd. 1–2, Olten 1965.
–, «Plädoyer für eine Historisierung des Nationalsozialismus», in: Hermann Graml, Klaus-Dietmar Henke (Hrsg.), *Nach Hitler: Der schwierige Umgang mit unserer Geschichte; Beiträge von Martin Broszat*, München 1986.
Broszat, Martin; Friedländer, Saul, «Dokumentation: Ein Briefwechsel zwischen Martin Broszat und Saul Friedländer um die Historisierung des Nationalsozialismus», in: *VfZ* 36 (1988).
Broszat, Martin; Fröhlich, Elke; Wiesemann, Falk (Hrsg.), *Bayern in der NS-Zeit: Soziale Lage und politisches Verhalten der Bevölkerung im Spiegel vertraulicher Berichte*, München 1977.
Broszat, Martin; Fröhlich, Elke, *Alltag und Widerstand: Bayern im Nationalsozialismus*, München 1987.
Browder, George C., *Foundations of the Nazi Police State: The Formation of Sipo and SD*, Lexington, Ky. 1990.
Browning, Christopher R., *The Final Solution and the German Foreign Office*, New York 1978.
–, *Ganz normale Männer: Das Reserve-Polizeibataillon 101 und die «Endlösung» in Polen*, Reinbek 1993.
Buchheim, Hans, «Die SS – das Herrschaftsinstrument», in: Hans Buchheim et al., *Anatomie des SS-Staates*, Bd. 1–2, Olten 1965.
Buchheim, Hans (Hrsg.), «Ein NS-Funktionär zum Niemöller-Prozeß», in: *VfZ* 4 (1956).
Bullock, Alan, *Hitler: Eine Studie über Tyrannei*, Düsseldorf 1953.
Burleigh, Michael R., *Germany Turns Eastwards: A Study of Ostforschung in the Third Reich*, Cambridge 1988.
–, *Death and Deliverance: «Euthanasia» in Germany 1900–1945*, Cambridge 1994.
Burleigh, Michael (Hrsg.), *Confronting the Nazi Past: New Debates on Modern German History*, London 1996.
Burleigh, Michael R. ; Wippermann, Wolfgang, *The Racial State*, Cambridge 1991.
Burrin, Philippe, *La Dérive fasciste: Doriot, Déat, Bergery 1933–1945*, Paris 1986.
–, *Hitler und die Juden: Die Entscheidung für den Völkermord*, Frankfurt a. M. 1993.
Büttner, Ursula, «The Persecution of Christian-Jewish Families in the Third Reich», in: *LBIY* 34 (1989).
Büttner, Ursula; Johe, Werner; Voss, Angelika (Hrsg.), *Das Unrechtsregime: Internationale Forschung über den Nationalsozialismus*, Bd. 1–2, Hamburg 1986.
Caron, Vicki, «Loyalties in Conflict: French Jewry and the Refugee Crisis, 1933–1935», in: *LBIY* 36 (1991).
–, «Prelude to Vichy: France and the Jewish Refugees in the Era of Appeasement», in: *Journal of Contemporary History* 20 (1985).
Carsten, Francis L., *Faschismus in Österreich: Von Schönerer zu Hitler*, München 1978.
Cecil, Lamar, *Albert Ballin: Wirtschaft und Politik im deutschen Kaiserreich 1888–1918*, Hamburg 1969.
Chernow, Ron, *Die Warburgs: Odyssee einer Familie*, Berlin 1994.
Chickering, Roger, *We Men Who Feel Most German: A Cultural Study of the Pan-German League, 1886–1914*, Boston 1984.
Chronik der Stadt Stuttgart 1933–1945, Stuttgart 1982.
Clare, George, *Last Waltz in Vienna: The Rise and Destruction of a Family, 1842–1942*, New York 1981.
Cocks, Geoffrey, *Psychotherapy in the Third Reich: The Göring Institute*, New York 1985.
Cohn, Norman, *Das Ringen um das Tausendjährige Reich: Revolutionärer Messianismus*

im Mittelalter und sein Fortleben in den modernen totalitären Bewegungen, Bern, München 1961.
–, *Die Protokolle der Weisen von Zion: Der Mythos von der jüdischen Weltverschwörung*, Köln, Berlin 1969.
Cohn, Werner, «Bearers of a Common Fate? The ‹Non-Aryan› Christian ‹Fate-Comrades› of the Paulus-Bund, 1933–1939», in: *LBIY* 33 (1988).
Conway, John S., *Die nationalsozialistische Kirchenpolitik 1933–1945*, München 1969.
Cramer, Hans Donald, *Das Schicksal der Goslarer Juden 1933–1945*, Goslar 1986.
Dahm, Volker, «Anfänge und Ideologie der Reichskulturkammer», in: *VfZ* 34 (1986), No. 1.
–, in: Benz, Wolfgang, *Die Juden in Deutschland 1933–1945*, München 1996.
Dahms, Hans-Joachim, «Einleitung», in: *Die Universität Göttingen unter dem Nationalsozialismus: Das verdrängte Kapitel ihrer 250jährigen Geschichte*, hrsg. v. Heinrich Bekker, Hans-Joachim Dahms u. Cornelia Wegeler, München 1987.
Dawidowicz, Lucy, *Der Krieg gegen die Juden, 1933–1945*, München 1979.
Deak, Istvan, *Weimar Germany's Left-Wing Intellectuals: A Political History of the Weltbühne and Its Circle*, Berkeley, Calif. 1968.
Deichmann, Ute, *Biologen unter Hitler: Vertreibung, Karrieren, Forschung*, Frankfurt a. M. 1992.
Deutscher, Isaac, *Die ungelöste Judenfrage: Zur Dialektik von Antisemitismus und Zionismus*, Berlin 1977.
Diamant, Adolf, *Gestapo Frankfurt am Main*, Frankfurt a. M. 1988.
Diner, Dan, «Constitutional Theory and State of Emergency in the Weimar Republic: The Case of Carl Schmitt», in: *Tel Aviver Jahrbuch für Deutsche Geschichte* 17 (1988).
–, «Grundbuch des Planeten: Zur Geopolitik Karl Haushofers», in: *Weltordnungen: Über Geschichte und Wirkung von Recht und Macht*, Frankfurt a. M. 1993.
Dioudonnat, Pierre-Marie, *Je suis partout, 1930–1944: Les Maurassiens devant la tentation fasciste*, Paris 1973.
Dippel, John V. H., *Die große Illusion*, Weinheim 1997.
Dipper, Christoph, «Der deutsche Widerstand und die Juden», in: *Geschichte und Gesellschaft* 9 (1983).
Donn, Linda, *Freud und Jung: Biographie einer Auseinandersetzung*, Hamburg 1990.
Drobisch, Klaus, «Die Judenreferate des Geheimen Staatspolizeiamtes und des Sicherheitsdienstes der SS 1933 bis 1939», in: *Jahrbuch für Antisemitismusforschung* 2 (1993).
Drobisch, Klaus, et al., *Juden unterm Hakenkreuz: Verfolgung und Ausrottung der deutschen Juden, 1933–1945*, Frankfurt a. M. 1973.
Dunker, Ulrich, *Der Reichsbund jüdischer Frontsoldaten, 1919–1938*, Düsseldorf 1977.
Duroselle, Jean-Baptiste, *La Décadence 1932–1939*, Paris 1979.
Duwell, Kurt, «Jewish Cultural Centers in Nazi Germany: Expectations and Accomplishments», in: *The Jewish Response to German Culture: From the Enlightenment to the Second World War*, ed. Yehuda Reinharz, Walter Schatzberg, Hanover, N. H. 1985.
Dwork, Deborah, *Kinder mit dem gelben Stern: Europa 1933–1945*, München 1994.
Edelheim-Mühsam, Margarete T., «Die Haltung der jüdischen Presse gegenüber der nationalsozialistischen Bedrohung», in: *Deutsches Judentum: Aufstieg und Krise*, hrsg. v. Robert Weltsch, Stuttgart 1963.
Esh, Shaul, «Eine neue literarische Quelle Hitlers? Eine methodologische Überlegung», in: *Geschichte in Wissenschaft und Unterricht* 15 (1964).
Ettinger, Elżbieta, *Hannah Arendt, Martin Heidegger: Eine Geschichte*, München, Zürich 1995.
Evans, Richard J., *Im Schatten Hitlers? Historikerstreit und Vergangenheitsbewältigung in der Bundesrepublik*, Frankfurt a. M. 1991.
Eyck, Erich, *Geschichte der Weimarer Republik*, Bd. 1–2, Erlenbach 1962.

Farías, Victor, *Heidegger und der Nationalsozialismus*, Frankfurt a. M. 1989.
Feingold, Henry L., *Bearing Witness: How America and its Jews Responded to the Holocaust*, Syracuse, N. Y. 1995.
Ferk, Gabriele, «Judenverfolgung in Norddeutschland», in: *Norddeutschland im Nationalsozialismus*, hrsg. v. Frank Bajohr, Hamburg 1993.
Fest, Joachim C., *Hitler: Eine Biographie*, Frankfurt a. M., Berlin 1973.
Field, Geoffrey G., *Evangelist of Race: The Germanic Vision of Houston Stewart Chamberlain*, New York 1981.
Fischer, Albert, *Hjalmar Schacht und Deutschlands «Judenfrage»: Der «Wirtschaftsdiktator» und die Vertreibung der Juden aus der deutschen Wirtschaft*, Köln 1995.
Flade, Roland, *Die Würzburger Juden: Ihre Geschichte vom Mittelalter bis zur Gegenwart*, Würzburg 1987.
Fleming, Gerald, *Hitler und die Endlösung: «Es ist des Führers Wunsch»*, Wiesbaden, München 1982.
Franz-Willing, Georg, *Die Hitlerbewegung*, Bd. 1, *Der Ursprung 1919–1922*, Hamburg 1962.
Freeden, Herbert, «Das Ende der jüdischen Presse in Nazideutschland», in: *Bulletin des Leo Baeck Instituts* 65 (1983).
Frei, Norbert, *Der Führerstaat: Nationalsozialistische Herrschaft 1933 bis 1945*, München 1987.
–, *Nationalsozialistische Eroberung der Provinzpresse: Gleichschaltung, Selbstanpassung und Resistenz in Bayern*, Stuttgart 1980.
Friedländer, Saul, «Vom Antisemitismus zur Judenvernichtung: Eine historiographische Studie zur nationalsozialistischen Judenpolitik und Versuch einer Interpretation», in: Eberhard Jäckel, Jürgen Rohwer (Hrsg.), *Der Mord an den Juden im Zweiten Weltkrieg*, Stuttgart 1985.
–, «The Demise of the German Mandarins: The German University and the Jews, 1933–1939», in: *Von der Aufgabe der Freiheit: Politische Verantwortung und bürgerliche Gesellschaft im 19. und 20. Jahrhundert*, hrsg. v. Christian Jansen et al., Berlin 1995.
–, *L'Antisémitisme Nazi: Histoire d'une psychose collective*, Paris 1971.
–, *History and Psychoanalysis: An Inquiry into the Possibilities and the Limits of Psychohistory*, New York 1978.
–, *Pius XII. und das Dritte Reich: Eine Dokumentation*, Reinbek 1965.
–, «Die politischen Veränderungen der Kriegszeit und ihre Auswirkung auf die Judenfrage», in: Werner E. Mosse (Hrsg.), *Deutsches Judentum in Krieg und Revolution 1916–1923*, Tübingen 1971.
–, «Überlegungen zur Historisierung des Nationalsozialismus», in: Dan Diner (Hrsg.), *Ist der Nationalsozialismus Geschichte? Zu Historisierung und Historikerstreit*, Frankfurt a. M. 1987.
Friedländer, Saul (Hrsg.), *Probing the Limits of Representation: Nazism and the «Final Solution»*, Cambridge, Mass. 1992.
Friedlander, Henry, *The Origins of Nazi Genocide: From Euthanasia to the Final Solution*, Chapel Hill, N. C. 1995.
Frye, Bruce B., «The German Democratic Party and the ‹Jewish Problem› in the Weimar Republic», in: *LBIY* 21 (1976).
Funkenstein, Amos, «Anti-Jewish Propaganda: Pagan, Christian and Modern», in: *Jerusalem Quarterly* 19 (1981).
–, «Changes in the Christian anti-Jewish Polemics in the Twelfth Century», in: *Perceptions of Jewish History*, Berkeley, Calif. 1993.
Gay, Peter, *Freud: Eine Biographie für unsere Zeit*, Frankfurt a. M. ²1989.
–, *Freud, Juden und andere Deutsche: Herren und Opfer in der modernen Kultur*, Ffm. 1989.
–, *Die Republik der Außenseiter: Geist und Kultur in der Weimarer Zeit, 1918–1933*, Frankfurt a. M. 1970.

Gehler, Michael, «Murder on Command: The Anti-Jewish Pogrom in Innsbruck, 9–10 November, 1938», in: *LBIY* 38 (1993).
Geisel, Eike, «Premiere und Pogrom», in: *Premiere und Pogrom: Der jüdische Kulturbund 1933–1941*, hrsg. v. Eike Geisel u. Heinrich M. Broder, Berlin 1992.
–, «Ein Reich, ein Ghetto...», in: *Premiere und Pogrom: Der jüdische Kulturbund 1933–1941*, hrsg. v. Eike Geisel u. Heinrich M. Broder, Berlin 1992.
Gelber, Yoav, «The Reactions of the Zionist Movement and the Yishuv to the Nazis' Rise to Power», in: *Yad Vashem Studies* 18 (1987).
–, «Die Reaktion der zionistischen Führung auf die Nürnberger Gesetze», in: *Studies in the Holocaust Period* 6 (1988) (Hebräisch).
Gellately, Robert, *Die Gestapo und die deutsche Gesellschaft: Die Durchsetzung der Rassenpolitik 1933–1945*, Paderborn 1993.
–, «The Gestapo and German Society: Political Denunciations in the Gestapo Case Files», in: *Journal of Modern History* 60 (1988), No. 4.
Genschel, Helmut, *Die Verdrängung der Juden aus der Wirtschaft im Dritten Reich*, Göttingen 1966.
Gerlach, Wolfgang, *Als die Zeugen schwiegen: Bekennende Kirche und die Juden*, Berlin 1987.
Gilbert, Martin, «British Government Policy towards Jewish Refugees (November 1938–September 1939)», in: *Yad Vashem Studies* 13 (1979).
Giles, Geoffrey J., «Professor und Partei: Der Hamburger Lehrkörper und der Nationalsozialismus», in: *Hochschulalltag im Dritten Reich: Die Hamburger Universität 1933–1945*, hrsg. v. Eckart Krause, Ludwig Huber u. Holger Fischer, Berlin 1991.
–, *Students and National Socialism in Germany*, Princeton, N. J. 1985.
Gilman, Sander L., *The Jew's Body*, New York 1991.
Götz von Olenhusen, Albrecht, «Die ‹nichtarischen› Studenten an den deutschen Hochschulen: Zur nationalsozialistischen Rassenpolitik 1933–1945», in: *VfZ* 14 (1966).
Goldhagen, Daniel Jonah, *Hitlers willige Vollstrecker: Ganz gewöhnliche Deutsche und der Holocaust*, Berlin 1996.
Goldhagen, Erich, «Weltanschauung und Endlösung: Zum Antisemitismus der nationalsozialistischen Führungsschicht», in: *VfZ* 24 (1976).
Gordon, Sarah, *Hitler, Germans, and the Jewish Question*, Princeton, N. J. 1984.
Gottlieb, Moshe R., *American Anti-Nazi Resistance, 1933–1941: An Historical Analysis*, New York 1982.
Graml, Hermann, *Reichskristallnacht: Antisemitismus und Judenverfolgung im Dritten Reich*, München 1988.
Gruchmann, Lothar, *Justiz im Dritten Reich 1933–1940: Anpassung und Unterwerfung in der Ära Gürtner*, München 1988.
–, «Blutschutzgesetz und Justiz: Zur Entstehung und Auswirkung des Nürnberger Gesetzes vom 15. September 1935», in: *VfZ* 31 (1983).
Grüttner, Michael, *Studenten im Dritten Reich*, Paderborn 1995.
Gruner, Wolf, «‹Lesen brauchen sie nicht zu können›: Die ‹Denkschrift über die Behandlung der Juden in der Reichshauptstadt auf allen Gebieten des öffentlichen Lebens› von Mai 1938», in: *Jahrbuch für Antisemitismusforschung* 4 (1995).
–, «Die Reichshauptstadt und die Verfolgung der Berliner Juden 1933–1945», in: *Jüdische Geschichte in Berlin: Essays und Studien*, hrsg. v. Reinhard Rürup, Berlin 1995.
Grunewald, Max, «The Beginning of the ‹Reichsvertretung›», in: *LBIY* 1 (1956).
Gutman, Robert W., *Richard Wagner: Der Mensch, sein Werk, seine Zeit*, München 1970.
Gutteridge, Richard, «German Protestantism and the Jews in the Third Reich», in: *Judaism and Christianity Under the Impact of National Socialism 1919–1945*, ed. Otto Dov Kulka, Paul R. Mendes-Flohr, Jerusalem 1987.
–, *Open Thy Mouth for the Dumb! The German Evangelical Church and the Jews 1879–1950*, Oxford 1976.

Hamburger, Ernest; Pulzer, Peter, «Jews as Voters in the Weimar Republic», in: *LBIY* 30 (1985).
Hamilton, Nigel, *The Brothers Mann: The Lives of Heinrich and Thomas Mann, 1871–1950 and 1875–1955*, London 1978.
Hanke, Peter, *Zur Geschichte der Juden in München zwischen 1933 und 1945*, München 1967.
Hass, Gerhart, «Zum Rußlandbild der SS», in: *Das Rußlandbild im Dritten Reich*, hrsg. v. Hans-Erich Volkmann, Köln 1994.
Hayes, Peter, «Big Business and ‹Aryanization› in Germany 1933- 1939», in: *Jahrbuch für Antisemitismusforschung* 3 (1994).
–, *Industry and Ideology: IG Farben in the Nazi Era*, Cambridge 1987.
Hayman, Ronald, *Thomas Mann: A Biography*, New York 1995.
Heck, Alfons, *The Burden of Hitler's Legacy*, Frederick, Colo. 1988.
Heiber, Helmut, *Universität unterm Hakenkreuz*, T. 1, *Der Professor im Dritten Reich: Bilder aus der akademischen Provinz*, München 1991. T. 2, *Die Kapitulation der Hohen Schulen: Das Jahr 1933 und seine Themen*, München 1992.
–, *Walter Frank und sein Reichsinstitut für Geschichte des neuen Deutschlands*, Stuttgart 1966.
Heilbron, John L., *The Dilemmas of an Upright Man: Max Planck as Spokesman for German Science*, Berkeley, Calif. 1986.
Heim, Susanne, «Deutschland muß ihnen ein Land ohne Zukunft sein: Die Zwangsemigration der Juden 1933 bis 1938», in: *Arbeitsmigration und Flucht: Beiträge zur nationalsozialistischen Gesundheits- und Sozialpolitik*, hrsg. v. Eberhard Jungfer et al., Bd. 11, Berlin 1993.
Helmreich, Ernst Christian, *The German Churches under Hitler: Background, Struggle and Epilogue*, Detroit 1979.
Herbert, Ulrich, *Best: Biographische Studien über Radikalismus, Weltanschauung und Vernunft 1903–1989*, Bonn 1996.
Herf, Jeffrey, *Reactionary Modernism: Technology, Culture and Politics in Weimar and the Third Reich*, Cambridge 1984.
Hermand, Jost, «‹Bürger zweier Welten?› Arnold Zweigs Einstellung zur deutschen Kultur», in: *Juden als Träger bürgerlicher Kultur in Deutschland*, hrsg. v. Julius Schoeps, Bonn 1988.
Heuer, Wolfgang, *Hannah Arendt: Mit Selbstzeugnissen und Bilddokumenten*, Reinbek 1987.
Hilberg, Raul, *The Destruction of the European Jews*, Chicago 1961.
–, *Die Vernichtung der europäischen Juden*, Bd. 1–3, Frankfurt a. M. 1990.
–, *Täter, Opfer, Zuschauer: Die Vernichtung der Juden 1933–1945*, Frankfurt a. M. 1992.
Höhne, Heinz, *Der Orden unter dem Totenkopf: Die Geschichte der SS*, Gütersloh 1967.
–, *Die Zeit der Illusionen: Hitler und die Anfänge des Dritten Reiches 1933–1936*, Düsseldorf 1991.
Höllen, Martin, «Episkopat und T4», in: *Aktion T4 1939–1945: Die «Euthanasie»-Zentrale in der Tiergartenstraße 4*, hrsg. v. Götz Aly, Berlin 1987.
Hoelzel, Alfred, «Thomas Mann's Attitudes toward Jews and Judaism: An Investigation of Biography and Oeuvre», in: *Studies in Contemporary Jewry* 6 (1990).
Hoffmann, Hilmar, «*Und die Fahne führt uns in die Ewigkeit*»: *Propaganda im NS-Film*, Frankfurt a. M. 1988.
Hofstadter, Richard, *The Paranoid Style in American Politics and Other Essays*, Chicago 1979.
Hollstein, Dorothea, «*Jud Süß*» *und die Deutschen: Antisemitische Vorurteile im nationalsozialistischen Spielfilm*, Frankfurt a. M. 1971.
Horwitz, Gordon J., *In the Shadow of Death: Living Outside the Gates of Mauthausen*, London 1991.

Hoss, Christiane, «Die jüdischen Patienten in rheinischen Anstalten zur Zeit des Nationalsozialismus», in: *Verlegt nach Unbekannt: Sterilisation und Euthanasie in Galkhausen 1933–1945*, hrsg. v. Mathias Leipert, Rudolf Styrnal u. Winfried Schwarzer, Köln 1987.
Hyman, Paula, *From Dreyfus to Vichy: The Remaking of French Jewry, 1906–1939*, New York 1979.
Jacobsen, Hans-Adolf, *Karl Haushofer: Leben und Werke*, Bd. 1–2, Boppard a. Rh. 1979.
Jäckel, Eberhard, *Hitler in History*, Hanover, N. H. 1984.
–, *Hitlers Weltanschauung: Entwurf einer Herrschaft*, Stuttgart 1981.
James, Harold, «Die Deutsche Bank und die Diktatur 1933–1945», in: Lothar Gall et al., *Die Deutsche Bank 1870–1995*, München 1995.
Jansen, Christian, *Professoren und Politik: Politisches Denken und Handeln der Heidelberger Hochschullehrer 1914–1935*, Göttingen 1992.
Jansen, Hans, «Anti-Semitism in the Amiable Guise of Theological Philo-Semitism in Karl Barth's Israel Theology Before and After Auschwitz», in: *Remembering for the Future: Jews and Christians During and After the Holocaust*, Bd. 1, Oxford 1988.
Jarausch, Konrad H., «Jewish Lawyers in Germany, 1848–1938: The Disintegration of a Profession», in: *LBIY* 36 (1991).
Jelavich, Peter, *Munich and Theatrical Modernism: Politics, Playwriting and Performance 1890–1914*, Cambridge, Mass. 1985.
Joachimsthaler, Anton, *Korrektur einer Biographie: Adolf Hitler, 1908–1920*, München 1989.
Jochmann, Werner, «Die Ausbreitung des Antisemitismus», in: *Deutsches Judentum in Krieg und Revolution 1916–1923*, hrsg. v. Werner E. Mosse, Tübingen 1971.
Jones, Larry E., *German Liberalism and the Dissolution of the Weimar Party System, 1918–1933*, Chapel Hill, N. C. 1988.
Jungk, Peter Stephan, *Franz Werfel: Eine Lebensgeschichte*, Frankfurt a. M. 1987.
Kaplan, Marion, «Sisterhood Under Siege: Feminism and Antisemitism in Germany, 1904–38», in: *When Biology Became Destiny: Women in Weimar and Nazi Germany*, ed. Renate Bridenthal, Atina Grossmann, Marion Kaplan, New York 1984.
Kater, Michael H., *Gewagtes Spiel: Jazz im Nationalsozialismus*, Köln 1995.
–, «Everyday Anti-Semitism in Prewar Nazi Germany: The Popular Bases», in: *Yad Vashem Studies* 16 (1984).
–, *The Nazi Party: A Social Profile of Members and Leaders, 1919–1945*, Oxford 1983.
–, *Studentenschaft und Rechtsradikalismus in Deutschland 1918–1933*, Hamburg 1975.
Katz, Jacob, *Jews and Freemasons in Europe 1723–1939*, Cambridge, Mass. 1970.
–, *Aus dem bürgerlichen Ghetto in die bürgerliche Gesellschaft: Jüdische Emanzipation 1770–1870*, Frankfurt a. M. 1986.
–, *Vom Vorurteil bis zur Vernichtung: Der Antisemitismus 1700–1933*, München 1989.
Katz, Shlomo Z., «Public Opinion in Western Europe and the Evian Conference of July 1938», in: *Yad Vashem Studies* 9 (1973).
Katzburg, Nathaniel, *Hungary and the Jews: Policy and Legislation*, Ramat-Gan, Israel 1981.
Keller, Stefan, *Grüningers Fall: Geschichten von Flucht und Hilfe*, Zürich 1993.
Kershaw, Ian, *Der Hitler-Mythos: Volksmeinung und Propaganda im Dritten Reich*, Stuttgart 1980. (Erweiterte englische Fassung: *The «Hitler Myth»: Image and Reality in the Third Reich*, Oxford 1987.)
–, *Hitlers Macht: Das Profil der NS-Herrschaft*, München 1992.
–, *The Nazi Dictatorship: Problems and Perspectives of Interpretation*, London 1993. (Überarbeitete und erweiterte deutsche Neuausgabe: *Der NS-Staat: Geschichtsinterpretationen und Kontroversen im Überblick*, Reinbek 1994.)
–, «The Persecution of the Jews and German Popular Opinion in the Third Reich», in: *LBIY* 26 (1981).

–, «‹Working Toward the Führer›: Reflections on the Nature of the Hitler Dictatorship», in: *Contemporary European History* 2 (1993), No. 2.
Klee, Ernst, «*Euthanasie*» *im NS-Staat: Die «Vernichtung lebensunwerten Lebens»*, Frankfurt a. M. 1985.
–, «*Die SA Jesu Christi*»: *Die Kirche im Banne Hitlers*, Frankfurt a. M. 1989.
Knipping, Ulrich, *Die Geschichte der Juden in Dortmund während der Zeit des Dritten Reiches*, Dortmund 1977.
Knütter, Hans-Helmuth, *Die Juden und die deutsche Linke in der Weimarer Republik, 1918–1933*, Düsseldorf 1971.
Koehl, Robert L., *The Black Corps: The Structure and Power Struggles of the Nazi SS*, Madison, Wis. 1983.
Koonz, Claudia, *Mütter im Vaterland*, Freiburg i. Br. 1991.
Korzec, Pawel, *Juifs en Pologne: La Question juive pendant l'entre-deux-guerres*, Paris 1980.
Kranzler, David, «The Jewish Refugee Community of Shanghai, 1938–1945», in: *Wiener Library Bulletin* 36 (1972/73).
Krausnick, Helmut, «Judenverfolgung», in: *Anatomie des SS-Staates*, hrsg. v. Hans Buchheim et al., Bd. 1–2, München 1967.
Krüger, Arnd, *Die Olympischen Spiele 1936 und die Weltmeinung*, Berlin 1972.
Kudlien, Fridolf, *Ärzte im Nationalsozialismus*, Köln 1985.
Kulka, Otto Dov, «Public Opinion in Nazi Germany and the ‹Jewish Question›», in: *Jerusalem Quarterly* 25 (Herbst 1982).
–, «Die Nürnberger Rassengesetze und die deutsche Bevölkerung im Lichte geheimer NS-Lage- und Stimmungsberichte», in: *VfZ* 32 (1984).
Kwiet, Konrad, «Forced Labor of German Jews in Nazi Germany», in: *LBIY* 36 (1991).
Kwiet, Konrad; Eschwege, Helmut, *Selbstbehauptung und Widerstand: Deutsche Juden im Kampf um Existenz und Menschenwürde 1933–1945*, Hamburg 1984.
Laak-Michael, Ursula, *Albrecht Haushofer und der Nationalsozialismus*, Stuttgart 1974.
LaCapra, Dominick, *Representing the Holocaust: History, Theory, Trauma*, Ithaca, N. Y. 1994.
Lacouture, Jean, *Léon Blum*, Paris 1977.
Lamberti, Marjorie, *Jewish Activism in Imperial Germany: The Struggle for Civil Equality*, New Haven, Conn. 1978.
Lang, Jochen von (Hrsg.), *Das Eichmann-Protokoll: Tonbandaufzeichnungen der israelischen Verhöre*, Berlin 1982.
Langer, Walter C., *Das Adolf-Hitler-Psychogramm: Eine Analyse seiner Person und seines Verhaltens, verfaßt 1943 für die psychologische Kriegsführung der USA*, Wien, München, Zürich 1973.
Lauber, Heinz, *Judenpogrom «Reichskristallnacht»: November 1938 in Großdeutschland*, Gerlingen 1981.
Laval, Michel, *Brasillach ou la trahison du clerc*, Paris 1992.
Lemmons, Russel, *Goebbels and «Der Angriff»*, Lexington, Ky. 1994.
Lenger, Friedrich, *Werner Sombart 1863–1941: Eine Biographie*, München 1994.
Levi, Erik, *Music in the Third Reich*, New York 1994.
–, «Music and National Socialism: The Politicisation of Criticism and Performance», in: *The Nazification of Art: Art, Design, Music, Architecture and Film in the Third Reich*, ed. Brandon Taylor, Wilfried van der Will, Winchester, England 1990.
Levy, Richard S. (trans., ed.), Introduction to: Binjamin W. Segel, *A Lie and a Libel: The History of the Protocols of the Elders of Zion*, Lincoln, Nebr. 1995. (Übersetzung von: Segel, Binjamin, *Die Protokolle der Weisen von Zion kritisch beleuchtet: Eine Erledigung*, Berlin 1924.)
Lewy, Guenter, *Die katholische Kirche und das Dritte Reich*, München 1965.
Lill, Rudolf; Kissener, Michael (Hrsg.), *20. Juli 1944 in Baden und Württemberg*, Konstanz 1994.

Lipstadt, Deborah E., *Beyond Belief: The American Press and the Coming of the Holocaust 1933–1945*, New York 1986.
Lösener, Bernhard, «Als Rassereferent im Innenministerium», in: *VfZ* 3 (1961).
Loewenberg, Peter, «The Kristallnacht as a Public Degradation Ritual», in: *LBIY* 32 (1987).
Loewenstein, Kurt, «Die innere jüdische Reaktion auf die Krise der deutschen Demokratie», in: *Entscheidungsjahr 1932: Zur Judenfrage in der Endphase der Weimarer Republik*, hrsg. v. Werner E. Mosse, Tübingen 1965.
Lohalm, Uwe, *Völkischer Radikalismus: Die Geschichte des Deutschvölkischen Schutz- und Trutzbundes 1919–1923*, Hamburg 1970.
Longerich, Peter, *Hitlers Stellvertreter: Führung der Partei und Kontrolle des Staatsapparates durch den Stab Heß und die Parteikanzlei Bormanns*, München 1992.
Lookstein, Haskel, *Were We Our Brothers' Keepers? The Public Response of American Jews to the Holocaust, 1938–1944*, New York 1985.
Lowenstein, Steven M., «The Struggle for Survival of Rural Jews in Germany 1933–1938: The Case of Bezirksamt Weissenburg, Mittelfranken», in: *The Jews in Nazi Germany 1933–1943*, hrsg. v. Arnold Paucker, Tübingen 1986.
Ludwig, Carl, *Die Flüchtlingspolitik der Schweiz in den Jahren 1933 bis 1955: Bericht an den Bundesrat zuhanden der Eidgenössischen Räte*, Bern 1957.
Mahler, Raphael, *Die Juden Polens zwischen den beiden Weltkriegen*, Tel Aviv 1968 (Hebräisch).
Maier, Charles S., *Die Gegenwart der Vergangenheit: Geschichte und die nationale Identität der Deutschen*, Frankfurt a. M. 1992.
Mann, Golo, *Erinnerungen und Gedanken: Eine Jugend in Deutschland*, Frankfurt a. M. 1986.
Marcus, Joseph, *Social and Political History of the Jews in Poland 1919–1939*, Berlin 1983.
Margalioth, Abraham, «The Problem of the Rescue of German Jewry during the Years 1933–1939: The Reasons for the Delay in their Emigration from the Third Reich», in: *Rescue Attempts During the Holocaust*, ed. Yisrael Guttman, Efraim Zuroff, Jerusalem 1977.
–, *Zwischen Rettung und Vernichtung: Studien zur Geschichte des deutschen Judentums 1932–1938*, Jerusalem 1990 (Hebräisch).
–, «The Reaction of the Jewish Public in Germany to the Nuremberg Laws», in: *Yad Vashem Studies* 12 (1977).
Marrus, Michael R., «Vichy Before Vichy: Antisemitic Currents in France during the 1930s», in: *Wiener Library Bulletin* 33 (1980).
–, *The Holocaust in History*, Hanover, N. H. 1987.
–, «The Strange Story of Herschel Grynszpan», in: *American Scholar* 57 (1987/88), No. 1.
Marrus, Michael R. ; Paxton, Robert O., *Vichy France and the Jews*, New York 1981.
Maser, Werner, *Adolf Hitler: Legende, Mythos, Wirklichkeit*, München 1971.
Maurer, Trude, *Ostjuden in Deutschland 1918–1933*, Hamburg 1986.
–, «Abschiebung und Attentat: Die Ausweisung der polnischen Juden und der Vorwand für die ‹Kristallnacht›», in: *Der Judenpogrom 1938: Von der «Reichskristallnacht» zum Völkermord*, hrsg. v. Walter Pehle, Frankfurt a. M. 1987.
–, «Die Juden in der Weimarer Republik», in: *Zerbrochene Geschichte: Leben und Selbstverständnis der Juden in Deutschland*, hrsg. v. Dirk Blasius u. Dan Diner, Frankfurt a. M. 1991.
Mayer, Arno J., *Der Krieg als Kreuzzug: Das Deutsche Reich, Hitlers Wehrmacht und die «Endlösung»*, Reinbek 1989.
McKale, Donald M., «From Weimar to Nazism: Abteilung III of the German Foreign Office and the Support of Antisemitism, 1931–1935», in: *LBIY* 32 (1987).
Mehrtens, H. ; Richter, S. (Hrsg.), *Naturwissenschaft, Technik und NS-Ideologie*, Frankfurt a. M. 1980.

Meier, Heinrich, *Carl Schmitt, Leo Strauss und «Der Begriff des Politischen»: Dialog unter Abwesenden*, Stuttgart 1988.
Mendelsohn, Ezra, *The Jews of East Central Europe Between the World Wars*, Bloomington, Ind. 1983.
Mendes-Flohr, Paul R., «Ambivalent Dialogue: Jewish-Christian Theological Encounter in the Weimar Republic», in: *Judaism and Christianity Under the Impact of National Socialism 1919–1945*, ed. Otto Dov Kulka, Paul R. Mendes-Flohr, Jerusalem 1987.
Merkl, Peter, *Political Violence Under the Swastika: 581 Early Nazis*, Princeton, N. J. 1975.
Meyer, Michael A., *Von Moses Mendelssohn zu Leopold Zunz*, München 1994.
Michael, Robert, «Theological Myth, German Anti-Semitism and the Holocaust: The Case of Martin Niemöller», in: *Holocaust and Genocide Studies* 2 (1987).
Michaelis, Meir, *Mussolini and the Jews: German-Italian Relations and the Jewish Question in Italy 1922–1945*, London 1978.
Michel, Bernard, *Banques et banquiers en Autriche au début du XXe siècle*, Paris 1976.
Milton, Sybil, «Menschen zwischen Grenzen: Die Polenausweisung 1938», in: *Menora: Jahrbuch für deutsch-jüdische Geschichte* 1990.
–, «Vorstufe zur Vernichtung: Die Zigeunerlager nach 1933», in: *VfZ* 43 (1995), No. 1.
Mommsen, Hans, *Beamtentum im Dritten Reich*, Stuttgart 1966.
–, «Die Geschichte des Chemnitzer Kanzleigehilfen K. B.», in: *Die Reihen fast geschlossen: Beiträge zur Geschichte des Alltags unterm Nationalsozialismus*, hrsg. v. Detlev Peukert u. Jürgen Reulecke, Wuppertal 1981.
–, «Der nationalsozialistische Staat und die Judenverfolgung vor 1938», in: *VfZ* 1 (1962).
–, «The Realization of the Unthinkable», in: Hans Mommsen, *From Weimar to Auschwitz*, Princeton, N. J. 1991.
–, «Reflections on the Position of Hitler and Göring in the Third Reich», in: *Reevaluating the Third Reich*, ed. Thomas Childers, Jane Caplan, New York 1993.
Monier, Frédéric, «Les Obsessions d'Henri Béraud», in: *Vingtième Siècle: Revue d'Histoire* (Okt.-Dez. 1993).
Morse, Arthur, *Die Wasser teilten sich nicht*, Bern, München, Wien 1968.
Moser, Jonny, «Österreich», in: *Dimensionen des Völkermords: Die Zahl der jüdischen Opfer des Nationalsozialismus*, hrsg. v. Wolfgang Benz, München 1991.
Mosse, George L., «Die Bildungsbürger verbrennen ihre eigenen Bücher», in: *«Das war ein Vorspiel nur»: Berliner Colloquium zur Literaturpolitik im «Dritten Reich»*, hrsg. v. Horst Denkler u. Eberhard Lämmert, Berlin 1985.
–, *Ein Volk, ein Reich, ein Führer: Die völkischen Ursprünge des Nationalsozialismus*, Königstein/Ts. 1979.
–, «Die deutsche Rechte und die Juden», in: *Entscheidungsjahr 1932: Zur Judenfrage in der Endphase der Weimarer Republik*, hrsg. v. Werner E. Mosse, Tübingen 1965.
–, «German Socialists and the Jewish Question in the Weimar Republic», in: *LBIY* 16 (1971).
–, «The Influence of the Völkisch Idea on German Jewry», in: *Germans and Jews: The Right, the Left and the Search for a «Third Force» in Pre-Nazi Germany*, New York 1970.
–, «Jewish Emancipation: Between *Bildung* and Respectability», in: *The Jewish Response to German Culture: From the Enlightenment to the Second World War*, ed. Yehuda Reinharz, Walter Schatzberg, Hanover, N. H. 1985.
Mosse, Werner E., *Jews in the German Economy: The German-Jewish Economic Elite 1820–1935*, Oxford 1987.
–, «Die Juden in Wirtschaft und Gesellschaft», in: *Juden im wilhelminischen Deutschland 1890–1914*, hrsg. v. Werner E. Mosse, Tübingen 1976.
Müller, Ingo, *Furchtbare Juristen: Die unbewältigte Vergangenheit unserer Justiz*, München 1987.
Müller, Roland, *Stuttgart zur Zeit des Nationalsozialismus*, Stuttgart 1988.

Bibliographie

Müller-Hill, Benno, *Tödliche Wissenschaft: Die Aussonderung von Juden, Zigeunern und Geisteskranken 1933–1945*, Reinbek 1984.
Ne'eman Arad, Gulie, *The American Jewish Leadership and the Nazi Menace*, Bloomington, Ind., im Druck [1999].
Neliba, Günter, *Wilhelm Frick, der Legalist des Unrechtsstaates: Eine politische Biographie*, Paderborn 1992.
Nettl, J. Peter, *Rosa Luxemburg*, Bd. 1–2, Oxford 1966.
Nicholas, Lynn H., *Der Raub der Europa: Das Schicksal europäischer Kunstschätze im Dritten Reich*, München 1995.
Nicosia, Francis R., «Ein nützlicher Feind: Zionismus im nationalsozialistischen Deutschland 1933–1939», in: *VfZ* 37 (1989), No. 3.
–, «Revisionist Zionism in Germany (II): Georg Kareski and the Staatszionistische Organisation, 1933–1938», in: *LBIY* 32 (1987).
–, *Hitler und der Zionismus: Das 3. Reich und die Palästina-Frage 1933–1939*, Leoni am Starnberger See 1989.
Niederland, Doron, «The Emigration of Jewish Academics and Professionals from Germany in the First Years of Nazi Rule», in: *LBIY* 33 (1988).
Niewyk, Donald L., *The Jews in Weimar Germany*, Baton Rouge, La. 1980.
Nipperdey, Thomas, *Deutsche Geschichte 1866–1918*, Bd. 2, *Machtstaat vor der Demokratie*, München 1992.
Noakes, Jeremy, «The Development of Nazi Policy Towards the German-Jewish ‹Mischlinge› 1933–1945», in: *LBIY* 34 (1989).
–, «Nazism and Eugenics: The Background to the Nazi Sterilization Law of 14 July 1933», in: *Ideas into Politics: Aspects of European History 1880–1950*, ed. R. J. Bullen, H. Pogge von Strandmann, A. B. Polonsky, London 1984.
–, «Wohin gehören die ‹Judenmischlinge›? Die Entstehung der ersten Durchführungsverordnungen zu den Nürnberger Gesetzen», in: *Das Unrechtsregime: Internationale Forschung über den Nationalsozialismus*, hrsg. v. Ursula Büttner, Werner Johe u. Angelika Voss, Bd. 1–2, Hamburg 1986.
Nolte, Ernst, «Eine frühe Quelle zu Hitlers Antisemitismus», in: *Historische Zeitschrift* 192 (1961).
Norden, Günther van, «Die Barmer Theologische Erklärung und die ‹Judenfrage›», in: *Das Unrechtsregime: Internationale Forschung über den Nationalsozialismus*, hrsg. v. Ursula Büttner, Werner Johe u. Angelika Voss, Bd. 1–2, Hamburg 1986.
Obst, Dieter, «*Reichskristallnacht*»: *Ursachen und Verlauf des antisemitischen Pogroms vom November 1938*, Frankfurt a. M. 1991.
–, «Die ‹Reichskristallnacht› im Spiegel deutscher Nachkriegsprozeßakten und als Gegenstand der Strafverfolgung», in: *Geschichte in Wissenschaft und Unterricht* 44 (1993), No. 4.
Östreich, Carl, «Die letzten Stunden eines Gotteshauses», in: *Von Juden in München*, hrsg. v. Hans Lamm, München 1959.
Ofer, Dalia, *Escaping the Holocaust: Illegal Immigration to the Land of Israel 1939–1944*, New York 1990.
Orlow, Dietrich, *The History of the Nazi Party: 1933–1945*, Bd. 1–2, Pittsburgh 1969–73.
Ott, Hugo, *Laubhüttenfest 1940: Warum Therese Löwy einsam sterben mußte*, Freiburg 1994.
–, *Martin Heidegger: Unterwegs zu seiner Biographie*, Frankfurt a. M. 1988.
Pätzold, Kurt, *Faschismus, Rassenwahn, Judenverfolgung: Eine Studie zur politischen Strategie und Taktik des faschistischen deutschen Imperialismus (1933–1945)*, Berlin (Ost) 1975.
Passelecq, Georges; Suchecky, Bernard, *Die unterschlagene Enzyklika: Der Vatikan und die Judenverfolgung*, München, Wien 1997.
Pauley, Bruce F., *Eine Geschichte des österreichischen Antisemitismus: Von der Ausgrenzung zur Auslöschung*, Wien 1993.

Pehle, Walter (Hrsg.), *Der Judenpogrom 1938: Von der «Reichskristallnacht» zum Völkermord*, Frankfurt a. M. 1988.
Perutz, M. F. «The Cabinet of Dr. Haber», in: *New York Review of Books*, 20. Juni 1996.
Peukert, Detlev J. K., *Volksgenossen und Gemeinschaftsfremde: Anpassung, Ausmerze und Aufbegehren unter dem Nationalsozialismus*, Köln 1982.
–, «The Genesis of the ‹Final Solution› from the Spirit of Science», in: *Reevaluating the Third Reich*, ed. Thomas Childers, Jane Caplan, New York 1993.
Phelps, Reginald H., «Before Hitler Came: Thule Society and Germanenorden», in: *Journal of Modern History* 35 (1963).
Plewnia, Margarete, *Auf dem Weg zu Hitler: Der ‹völkische› Publizist Dietrich Eckart*, Bremen 1970.
Poliakov, Léon, *Histoire de l'Antisémitisme*, Bd. 4, *L'Europe suicidaire 1870–1933*, Paris 1977.
Pommerin, Reiner, *Sterilisierung der «Rheinlandbastarde»: Das Schicksal einer farbigen deutschen Minderheit 1918–1937*, Düsseldorf 1979.
Prieberg, Fred K., *Musik im NS-Staat*, Frankfurt a. M. 1982.
Proctor, Robert N., *Racial Hygiene: Medicine under the Nazis*, Cambridge, Mass. 1988.
Pulzer, Peter, *Die Entstehung des politischen Antisemitismus in Deutschland und Österreich 1867–1914*, Gütersloh 1966.
Rathkolb, Oliver, *Führertreu und gottbegnadet: Künstlereliten im Dritten Reich*, Wien 1991.
Reichmann, Eva G., «Diskussionen über die Judenfrage 1930–1932», in: *Entscheidungsjahr 1932: Zur Judenfrage in der Endphase der Weimarer Republik*, hrsg. v. Werner E. Mosse, Tübingen 1965.
Reuth, Ralf Georg, *Goebbels*, München 1990.
Richarz, Monika (Hrsg.), *Jüdisches Leben in Deutschland*, Bd. 3, *Selbstzeugnisse zur Sozialgeschichte 1918–1945*, Stuttgart 1982.
Ritchie, James M., *German Literature Under National Socialism*, London 1983.
Röhl, John C. G., «Das Beste wäre Gas!», in: *Die Zeit*, 25. Nov. 1994.
Röhm, Eberhard; Thierfelder, Jörg, *Juden – Christen – Deutsche*, Bd. 1, *1933–1935*, Stuttgart 1990.
Rose, Paul Lawrence, *Revolutionary Antisemitism in Germany from Kant to Wagner*, Princeton, N. J. 1990.
–, *Wagner, Race and Revolution*, London 1992.
Rosenkranz, Herbert, «Austrian Jewry: Between Forced Emigration and Deportation», in: *Patterns of Jewish Leadership in Nazi Europe 1933–1945*, ed. Yisrael Guttman, Cynthia J. Haft, Jerusalem 1979.
Rosenstock, Werner, «Exodus 1933–1939: A Survey of Jewish Emigration from Germany», in: *LBIY* 1 (1956).
Rürup, Reinhard, *Emanzipation und Antisemitismus: Studien zur «Judenfrage» der bürgerlichen Gesellschaft*, Göttingen 1975.
Rüthers, Bernd, *Carl Schmitt im Dritten Reich: Wissenschaft als Zeitgeist-Bestärkung?*, München 1990.
Sabrow, Martin, *Der Rathenaumord: Rekonstruktion einer Verschwörung gegen die Republik von Weimar*, München 1994.
Safranski, Rüdiger, *Ein Meister aus Deutschland: Heidegger und seine Zeit*, München 1994.
Safrian, Hans, *Die Eichmann-Männer*, Wien 1993.
Sauder, Gerhard (Hrsg.), *Die Bücherverbrennung*, München 1983.
Sauer, Paul, «Otto Hirsch (1885–1941), Director of the ‹Reichsvertretung›», in: *LBIY* 32 (1987).
Schäfer, Hans Dieter, «Die nichtfaschistische Literatur der ‹jungen Generation› im nationalsozialistischen Deutschland», in: *Die deutsche Literatur im Dritten Reich*, hrsg. v. Horst Denkler u. Karl Prumm, Stuttgart 1976.

Schleunes, Karl A., *The Twisted Road to Auschwitz: Nazi Policy Toward German Jews 1933-1939*, Urbana, Ill. 1970.
Schmuhl, Hans-Walter, *Rassenhygiene, Nationalsozialismus, Euthanasie*, Göttingen 1987.
–, «Reformpsychiatrie und Massenmord», in: *Nationalsozialismus und Modernisierung*, hrsg. v. Michael Prinz u. Rainer Zitelmann, Darmstadt 1991.
Schoenberner, Gerhard, *Der gelbe Stern: Die Judenverfolgung in Europa 1933-1945*, Frankfurt a. M. 1982.
Schönwälder, Karen, *Historiker und Politik: Geschichtswissenschaft im Nationalsozialismus*, Frankfurt a. M. 1992.
Scholder, Klaus, *Die Kirchen und das Dritte Reich*, Bd. 1, Vorgeschichte und Zeit der Illusionen 1918-1934, Frankfurt a. M. 1977.
–, «Judaism and Christianity in the Ideology and Politics of National Socialism», in: *Judaism and Christianity Under the Impact of National Socialism 1919-1945*, ed. Otto Dov Kulka, Paul R. Mendes-Flohr, Jerusalem 1987.
Schonauer, Franz, «Zu Hans Dieter Schäfer: ‹Bücherverbrennung, staatsfreie Sphäre und Scheinkultur›», in: *«Das war ein Vorspiel nur»: Berliner Colloquium zur Literaturpolitik im Dritten Reich*, hrsg. v. Horst Denkler u. Eberhard Lämmert, Berlin 1985.
Schor, Ralph, *L'Antisémitisme en France pendant les années trente*, Brüssel 1992.
Schorcht, Claudia, *Philosophie an den bayerischen Universitäten 1933-1945*, Erlangen 1990.
Schorske, Carl E., *Wien: Geist und Gesellschaft im Fin de Siècle*, Frankfurt a. M. ²1982.
Schottländer, Rudolf, «Antisemitische Hochschulpolitik: Zur Lage an der Technischen Hochschule Berlin 1933/1934», in: *Wissenschaft und Gesellschaft: Beiträge zur Geschichte der Technischen Universität Berlin 1879-1979*, hrsg. v. Reinhard Rürup, Bd. 1-2, Berlin 1979.
Schüler, Winfried, *Der Bayreuther Kreis von seiner Entstehung bis zum Ausgang der wilhelminischen Ära*, Münster 1971.
Schuker, Stephen A., «Origins of the ‹Jewish Problem› in the Later Third Republic», in: *The Jews in Modern France*, ed. Frances Malino, Bernard Wasserstein, Hanover, N. H. 1985.
Schulin, Ernst, *Walther Rathenau: Repräsentant, Kritiker und Opfer seiner Zeit*, Göttingen 1979.
Schwabe, Klaus, «Der Weg in die Opposition: Der Historiker Gerhard Ritter und der Freiburger Kreis», in: *Die Freiburger Universität in der Zeit des Nationalsozialismus*, hrsg. v. Eckhard John et al., Freiburg 1991.
Schwabe, Klaus; Reichardt, Rolf; Hauf, Reinhard (Hrsg.), *Gerhard Ritter: Ein politischer Historiker in seinen Briefen*, Boppard a. Rh. 1984.
Segev, Tom, *Die siebte Million: Der Holocaust und Israels Politik der Erinnerung*, Reinbek 1995.
Seidler, Edward, «Die medizinische Fakultät zwischen 1926 und 1948», in: *Die Freiburger Universität in der Zeit des Nationalsozialismus*, hrsg. v. Eckhard John et al., Freiburg 1991.
Sereny, Gitta, *Das Ringen mit der Wahrheit: Albert Speer und das deutsche Trauma*, München 1995.
–, *Am Abgrund: Eine Gewissensforschung; Gespräche mit Franz Stangl, Kommandant von Treblinka, u. a.*, Frankfurt a. M., Berlin, Wien 1979.
Sheehan, Thomas, «Heidegger and the Nazis», in: *New York Review of Books*, 16. Juni 1988.
Shell, Susan, «Taking Evil Seriously: Schmitt's Concept of the Political and Strauss's True Politics», in: *Leo Strauss: Political Philosopher and Jewish Thinker*, ed. Kenneth L. Deutsch, Walter Nigorski, Lanham, Md. 1994.
Shirakawa, Sam H., *The Devil's Music Master: The Controversial Life and Career of Wilhelm Furtwängler*, New York 1992.

Sösemann, Bernd, «Liberaler Journalismus in der politischen Kultur der Weimarer Republik», in: *Juden als Träger bürgerlicher Kultur in Deutschland*, hrsg. v. Julius H. Schoeps, Bonn 1989.
Solmssen, Arthur R. G., *Berliner Reigen*, Frankfurt a. M. 1981.
Sorkin, David, *The Transformation of German Jewry, 1780–1840*, New York 1987.
Soucy, Robert, *French Fascism: The Second Wave, 1933–1939*, New Haven, Conn. 1995.
Speer, Albert, *Erinnerungen*, Berlin 1969.
Spotts, Frederic, *Bayreuth: Eine Geschichte der Wagner Festspiele*, München 1994.
Steel, Ronald, *Walter Lippmann and the American Century*, Boston 1980.
Steinberg, Jonathan, *Deutsche, Italiener und Juden: Der italienische Widerstand gegen den Holocaust*, Göttingen 1992.
Steinberg, Michael P., *The Meaning of the Salzburg Festival: Austria as Theater and Ideology, 1890–1938*, Ithaca, N. Y. 1990.
Steinert, Marlis, *Hitlers Krieg und die Deutschen: Stimmung und Haltung der deutschen Bevölkerung im Zweiten Weltkrieg*, Düsseldorf 1970.
Steinweis, Alan E., *Art, Ideology and Economics in Nazi Germany: The Reich Chamber of Culture and the Regulation of the Culture Professions in Nazi Germany*, Chapel Hill, N. C. 1988.
–, «Hans Hinkel and German Jewry, 1933–1941», in: *LBIY* 38 (1993).
Stern, Fritz, *Gold und Eisen: Bismarck und sein Bankier Bleichröder*, Frankfurt a. M. ^{4}1980.
–, *Kulturpessimismus als politische Gefahr: Eine Analyse nationaler Ideologie in Deutschland*, Bern, Stuttgart, Wien 1963.
–, *Der Traum vom Frieden und die Versuchung der Macht: Deutsche Geschichte im 20. Jahrhundert*, Berlin 1988.
Stern, Joseph P., *Hitler: Der Führer und das Volk*, München 1978.
Sternhell, Zeev, *Ni droite, ni gauche: L'idéologie fasciste en France*, Paris 1983.
Stolzenberg, Dietrich, *Fritz Haber: Chemiker, Nobelpreisträger, Deutscher, Jude*, Weinheim 1994.
Strauss, Herbert A., «Jewish Emigration from Germany: Nazi Policies and Jewish Responses (I)», in: *LBIY* 25 (1980).
Stümke, Hans-Georg, *Homosexuelle in Deutschland: Eine politische Geschichte*, München 1989.
Suchy, Barbara, «The Verein zur Abwehr des Antisemitismus (II): From the First World War to its Dissolution in 1933», in: *LBIY* 30 (1985).
Tal, Uriel, *Christians and Jews in Germany: Religion, Politics and Ideology in the Second Reich, 1870–1914*, Ithaca, N. Y. 1975.
–, «Recht und Theologie: Zum Status des deutschen Judentums zu Beginn des Dritten Reiches», in: *Politische Theologie und das Dritte Reich*, Tel Aviv 1989 (Hebräisch).
–, «On Structures of Political Theology and Myth in Germany Prior to the Holocaust», in: *The Holocaust as Historical Experience*, ed. Yehuda Bauer, Nathan Rotenstreich, New York 1981.
Thalmann, Rita, «Du Cercle Sohlberg au Comité France-Allemagne: Une évolution ambigüe de la coopération franco-allemande», in: Hans Manfred Bock et al. (éd.), *Entre Locarno et Vichy: les relations culturelles franco-allemandes dans les années 1930*, Paris 1993.
Theweleit, Klaus, *Männerphantasien*, Bd. 1–2, Frankfurt a. M. 1977–78.
Tökés, Rudolf L., *Béla Kun and the Hungarian Soviet Republic*, New York 1967.
Toury, Jacob, *Die politischen Orientierungen der Juden in Deutschland: Von Jena bis Weimar*, Tübingen 1966.
–, «Ein Auftakt zur Endlösung: Judenaustreibungen über nichtslawische Grenzen, 1933 bis 1939», in: *Das Unrechtsregime: Internationale Forschung über den Nationalsozialismus*, hrsg. v. Ursula Büttner, Werner Johe u. Angelika Voss, Bd. 1–2, Hamburg 1986.

Tuchel, Johannes; Schattenfroh, Reinhold, *Zentrale des Terrors: Prinz-Albrecht-Straße 8, Hauptquartier der Gestapo*, Berlin 1987.
Vago, Béla, *The Shadow of the Swastika: The Rise of Fascism and Anti-Semitism in the Danube Basin, 1936–1939*, London 1975.
Volk, Ludwig, «Kardinal Faulhabers Stellung zur Weimarer Republik und zum NS-Staat», in: *Stimmen der Zeit* 177 (1966).
Voegelin, Erich, *Die politischen Religionen*, Stockholm 1939.
Volkmann, Hans-Erich (Hrsg.), *Das Rußlandbild im Dritten Reich*, Köln 1994.
Volkov, Shulamith, «Die Verbürgerlichung der Juden in Deutschland als Paradigma», in: *Jüdisches Leben und Antisemitismus im 19. und 20. Jahrhundert*, München 1990.
Vondung, Klaus, «Der literarische Nationalsozialismus», in: *Die deutsche Literatur im Dritten Reich*, hrsg. v. Horst Denkler u. Karl Prumm, Stuttgart 1976.
–, *Magie und Manipulation: Ideologischer Kult und politische Religion des Nationalsozialismus*, Göttingen 1971.
Waite, Robert G. L., *The Psychopathic God: A Biography of Adolf Hitler*, New York 1976.
Wasserstein, Bernard, *Britain and the Jews of Europe 1939–1945*, Oxford 1988.
Weber, Eugen, *Action Française: Royalism and Reaction in Twentieth-Century France*, Stanford, Calif. 1962.
Weckbecker, Arno, *Die Judenverfolgung in Heidelberg 1933–1945*, Heidelberg 1985.
Weinberg, David H., *A Community on Trial: The Jews of Paris in the 1930s*, Chicago 1977.
Weindling, Paul, *Health, Race and German Politics between National Unification and Nazism, 1870–1945*, Cambridge 1989.
–, «Mustergau Thüringen: Rassenhygiene zwischen Ideologie und Machtpolitik», in: *Medizin und Gesundheitspolitik in der NS-Zeit*, hrsg. v. Norbert Frei, München 1991.
Weiner, Marc A., *Richard Wagner and the Anti-Semitic Imagination*, Lincoln, Nebr. 1995.
Weltsch, Robert, «A Goebbels Speech and a Goebbels Letter», in: *LBIY* 10 (1965)
–, «Vorbemerkung zur zweiten Ausgabe (1959)», in: Siegmund Kaznelson, *Juden im deutschen Kulturbereich: Ein Sammelwerk*, Berlin 1962.
Wiesemann, Falk, «Juden auf dem Lande: Die wirtschaftliche Ausgrenzung der jüdischen Viehhändler in Bayern», in: *Die Reihen fast geschlossen: Beiträge zur Geschichte des Alltags unterm Nationalsozialismus*, hrsg. v. Detlev Peukert u. Jürgen Reulecke, Wuppertal 1981.
Wildt, Michael, *Die Judenpolitik des SD 1935 bis 1938*, München 1995.
Winkler, Heinrich-August, *Weimar 1918–1933: Die Geschichte der ersten deutschen Demokratie*, München 1993.
Winter, Jay M., *Sites of Memory, Sites of Mourning: The Great War in European Cultural History*, Cambridge 1995.
Wippermann, Wolfgang, *Das Leben in Frankfurt zur NS-Zeit*, Bd. 1, *Die nationalsozialistische Judenverfolgung*, Frankfurt a. M. 1986.
Wistrich, Robert S., *The Jews of Vienna in the Age of Franz Josef*, Oxford 1989.
Wyman, David S., *Paper Walls: America and the Refugee Crisis 1938–1941*, New York 1985.
Yahil, Leni, «Madagascar – Phantom of a Solution for the Jewish Question», in: *Jews and Non-Jews in Eastern Europe*, ed. Béla Vago, George L. Mosse, New York 1974.
–, *The Holocaust: The Fate of European Jewry*, New York 1990.
Yuval, Israel J., «Rache und Verdammung, Blut und Verleumdung: Vom jüdischen Martyrium zu Blut-Verleumdungsklagen», in: *Zion* 58 (1993), No. 1, 59 (1994), No. 2–3 (Hebräisch).
Zapf, Lilli, *Die Tübinger Juden: Eine Dokumentation*, Tübingen 1974.
Zechlin, Egmont, *Die deutsche Politik und die Juden im Ersten Weltkrieg*, Göttingen 1969.
Zelinsky, Hartmut, *Richard Wagner: Ein deutsches Thema 1876–1976*, Wien 1983.
Zimmerman, Moshe, «Die aussichtslose Republik – Zukunftsperspektiven der deutschen Juden vor 1933», in: *Menora: Jahrbuch für deutsch-jüdische Geschichte* 1990.

Zimmermann, Michael, *Verfolgt, vertrieben, vernichtet: Die nationalsozialistische Vernichtungspolitik gegen Sinti und Roma*, Essen 1989.
Zitelmann, Rainer, *Hitler: Selbstverständnis eines Revolutionärs*, Stuttgart 1990.
Zuccotti, Susan, *The Italians and the Holocaust: Persecution, Rescue and Survival*, New York 1987.

Dissertationen

Combs, William L., *The Voice of the SS: A History of the SS Journal «Das Schwarze Korps»*, Bd. 1–2, Ann Arbor, Mich. 1985.
Engelman, Ralph Max, *Dietrich Eckart and the Genesis of Nazism*, Ann Arbor, Mich. 1971.
Maron, Ephraim, «Die Pressepolitik des Dritten Reiches zur Judenfrage und ihre Widerspiegelung in der NS-Presse», Universität Tel Aviv 1992 (Hebräisch).
Pierson, R. L., *German Jewish Identity in the Weimar Republic*, Ann Arbor, Mich. 1972.

Die Jahre der Vernichtung
1939–1945

Dieser Band basiert gemäß seiner Konzeption auf bereits veröffentlichten Dokumenten und Monographien. Außerdem wurden systematisch Akten aus dem Archiv der NSDAP (*Akten der Parteikanzlei der* NSDAP) sowie Akten der Nürnberger Prozesse (*Nürnberg doc.*) verwendet. Diese Dokumente liegen in Auszügen bereits in verschiedenen Büchern vor, die in der folgenden Literaturliste aufgeführt werden. Sie sind generell auch auf Mikrofilm in größeren Bibliotheken erhältlich. Für die Übersetzung wurde überwiegend auf die Bestände des *Instituts für Zeitgeschichte* (München) zurückgegriffen.

Quellen

Dokumentensammlungen

Akten der Parteikanzlei der NSDAP, 4 Bde. und 2 Register-Bde., hrsg. vom Institut für Zeitgeschichte, München 1983/1992.
Akten zur deutschen auswärtigen Politik, 1918–1945, hrsg. vom Auswärtigen Amt, Serie D und E, bearbeitet von Ingrid Krüger-Bulcke und Hans Georg Lehmann, Göttingen 1969 ff.
Documents on German Foreign Policy, Serie D, 1937–1945, Washington D. C. 1949 ff.
Foreign Relations of the United States, Washington D. C. 1947 ff.
German Propaganda Archive CAS Department – Calvin College 2004. Erhältlich unter: www.calvin.edu/academic/cas/gpa/goeb18.htm.
Justiz und NS-Verbrechen: Sammlungen deutscher Strafurteile wegen nationalsozialistischer Tötungsverbrechen 1945–1966, Bd. 20, Amsterdam 1979.
Nazi Conspiracy and Aggression, 10 Bde., Washington D. C. 1947.
Der Prozess gegen die Hauptkriegsverbrecher vor dem Internationalen Militärgerichtshof Nürnberg, 14. November 1945–1. Oktober 1946, 42 Bde., Nürnberg 1947–1949.

Bibliographie 1245

Trials of the Major War Criminals Before the International Military Tribunal, Nürnberg, 14. November 1945–1. October 1946, 42 Bde., New York 1971.
U.S. v. Brandt: The Medical Case. Trials of War Criminals Before the Nürnberg Military Tribunals under Control Council Law No. 10, Nürnberg, October 1946–April 1949, Bd. 1, Washington 1951.
U.S. v. Flick: The Flick Case. Trials of War Criminals Before the Nürnberg Military Tribunals under Control Council Law No. 10, Nürnberg, October 1946–April 1949, Bd. 6, Washington 1951.
U.S. v. Pohl: The Pohl Case. Trials of War Criminals Before the Nürnberg Military Tribunals under Control Council Law No. 10, Nürnberg, October 1946–April 1949, Bd. 5, Washington 1951.
U.S. v. Weizsaecker: The Ministries Case. Trials of War Criminals Before the Nürnberg Military Tribunals under Control Council Law No. 10, Nürnberg, October 1946–April 1949, Bd. 13, Washington 1951.
Das Verfahren: Auschwitz in den Augen der SS. Der 1. Frankfurter Auschwitz-Prozeß, Digitale Bibliothek, Bd. 101.
Widerstand und Verfolgung in Oberösterreich 1934–1945, hrsg. vom Dokumentationsarchiv des österreichischen Widerstandes, Wien 1982.
Arad, Yitzhak/Gutman, Yisrael/Margaliot, Abraham (Hrsg.), Documents on the Holocaust: Selected Sources on the Destruction of the Jews of Germany and Austria, Poland, and the Soviet Union, Lincoln [8]1999.
Benz, Wolfgang, Patriot und Paria: Das Leben des Erwin Goldmann zwischen Judentum und Nationalsozialismus: Eine Dokumentation, Berlin 1997.
Benz, Wolfgang/Kwiet, Konrad/Matthäus, Jürgen (Hrsg.), Einsatz im «Reichskommissariat Ostland»: Dokumente zum Völkermord im Baltikum und in Weißrußland, 1941–1944, Berlin 1998.
Berenstein, Tatiana (Hrsg.), Faschismus, Getto, Massenmord: Dokumentation über Ausrottung und Widerstand der Juden in Polen während des zweiten Weltkrieges, hrsg. vom Jüdischen historischen Institut Warschau, Berlin (Ost) 1961.
Blet, Pierre/Martini, Angelo/Schneider, Burkhart (Hrsg.), Actes et documents du Saint Siège relatifs à la Seconde Guerre mondiale, Bd. 8: Le Saint Siège et les Victimes de la Guerre: Janvier 1941-Décembre 1942, hrsg. von Pierre Blet, Vatikan 1974.
Boberach, Heinz (Hrsg.), Berichte des SD und der Gestapo über Kirchen und Kirchenvolk in Deutschland 1934–1944, Mainz 1971.
–, Meldungen aus dem Reich 1938–1945: Die geheimen Lageberichte des Sicherheitsdienstes der SS, 18 Bde., Herrsching 1984/1985.
Boelcke, Willi A. (Hrsg.), Wollt Ihr den totalen Krieg? Die geheimen Goebbels-Konferenzen 1939–1943, Herrsching 1989.
Browning, Christopher R./Gutman, Yisrael (Hrsg.), «The Reports of a Jewish ‹Informer› in the Warsaw Ghetto: Selected Documents», in: Yad Vashem Studies 17 (1986), S. 247–293.
Büchler, Yehoshua, «A Preparatory Document for the Wannsee ‹Conference›», in: Holocaust and Genocide Studies 9 (1995), S. 121–129.
Dawidowicz, Lucy S. (Hrsg.), A Holocaust Reader, New York [2]1976.
Delpech, François, «L'épiscopat et les Juifs d'après les procès-verbaux de l'Assemblée des cardinaux et archevêques (documents)», in: Églises et chrétiens dans la IIe guerre mondiale: La France, hrsg. von Xavier de Montclos u. a., Lyon 1982, S. 281–292.
Eichmann, Adolf, The Trial of Adolf Eichmann: Record of Proceedings in the District Court of Jerusalem, 9 Bde., hrsg. vom Justizministerium des Staates Israel, Jerusalem 1992–1995.
Frei, Norbert (Hrsg.), Standort- und Kommandanturbefehle des Konzentrationslagers Auschwitz 1940–1945, München 2000.

Friedlander, Henry/Milton, Sybil (Hrsg.), *Archives of the Holocaust: An International Collection of Selected Documents*, 22 Bde., New York 1989 ff.
–, *Archives of the Holocaust: An International Collection of Selected Documents*, Bd. 5: *The Varian Fry Papers*, New York 1990, S. 1–76.
Friedländer, Saul, *Pius XII. und das Dritte Reich: Eine Dokumentation*, Reinbek bei Hamburg 1965.
Heiber, Helmut (Hrsg.), *Hitlers Lagebesprechungen: Die Protokollfragmente seiner militärischen Konferenzen 1942–1945*, Stuttgart 1962.
–, «Aus den Akten des Gauleiters Kube», in: *Vierteljahrshefte für Zeitgeschichte* 4 (1956), S. 67–92.
Hermelink, Heinrich (Hrsg.), *Kirche im Kampf: Dokumente des Widerstands und des Aufbaus in der evangelischen Kirche Deutschlands von 1933 bis 1945*, Tübingen u. a. 1950.
Hilberg, Raul (Hrsg.), *Documents of Destruction: Germany and Jewry 1933–1945*, Chicago 1971.
Hofer, Walther (Hrsg.), *Der Nationalsozialismus: Dokumente 1933–1945*, Frankfurt a. M. 1957.
Italia. Commissione per la pubblicazione dei documenti diplomatici (Hrsg.), *I documenti diplomatici italiani. Nona serie: 1939–1943*, 10 Bde., Rom 1954–1990.
Kaden, Helma/Nestler, Ludwig/Frotscher, Kurt/Kleinschmidt, Sonja/Wölk, Brigitte (Hrsg.), *Dokumente des Verbrechens: Aus Akten des Dritten Reiches 1933–1945*, Berlin 1993.
Kárný, Miroslav/Milotová, Jaroslava/Kárná, Margita (Hrsg.), *Deutsche Politik im «Protektorat Böhmen und Mähren» unter Reinhard Heydrich 1941–1942: Eine Dokumentation*, Berlin 1997.
Kermish, Joseph (Hrsg.), *To Live with Honor and Die with Honor!...: Selected Documents from the Warsaw Ghetto Underground Archives «O.S.»* («*Oneg Shabbath*»), Jerusalem 1986.
Klarsfeld, Serge (Hrsg.), *Die Endlösung der Judenfrage in Frankreich: Deutsche Dokumente 1941–1944*, hrsg. vom Dokumentationszentrum für Jüdische Zeitgeschichte CDJC in Paris, Paris 1977.
Klee, Ernst (Hrsg.), *Dokumente zur «Euthanasie»*, Frankfurt a. M. 1985.
Kogon, Eugen/Langbein, Hermann/Rückerl, Adalbert (Hrsg.), *Nationalsozialistische Massentötungen durch Giftgas: Eine Dokumentation*, Frankfurt a. M. 1995.
Krausnick, Helmut, «Dokumentation: Denkschrift Himmlers über die Behandlung der Fremdvölkischen im Osten (Mai 1940)», in: *Vierteljahrshefte für Zeitgeschichte* 5 (1957), S. 194–198.
Kulka, Otto Dov/Jäckel, Eberhard (Hrsg.), *Die Juden in den geheimen NS-Stimmungsberichten 1933–1945*, Düsseldorf 2004.
Langer, Lawrence L. (Hrsg.), *Art from Ashes: A Holocaust Anthology*, New York 1995.
Levai, Jenö, *Eichmann in Ungarn: Dokumente*, Budapest 1961.
Longerich, Peter/Pohl, Dieter (Hrsg.), *Die Ermordung der europäischen Juden: Eine umfassende Dokumentation des Holocaust 1941–1945*, München 1989.
Mendelsohn, John/Detwiler, Donald S. (Hrsg.), *The Holocaust: Selected Documents in Eighteen Volumes*, New York 1982.
Milton, Sybil (Hrsg.), *The Stroop Report*, New York 1979.
Milton, Sybil/Bogin, Frederick D. (Hrsg.), *Archives of the Holocaust*, Bd. 10 in 2 Teilbde., New York 1995.
Noakes, Jeremy/Pridham, Geoffrey (Hrsg.), *Nazism 1919–1945: A Documentary Reader*, 4 Bde., Exeter, UK 1998–2001.
Pätzold, Kurt (Hrsg.), *Verfolgung, Vertreibung, Vernichtung: Dokumente des faschistischen Antisemitismus 1933 bis 1942*, Frankfurt a. M. 1984.
Pätzold, Kurt/Schwarz, Erika (Hrsg.), *Tagesordnung: Judenmord: Die Wannsee-Konfe-*

renz am 20. Januar 1942: Eine Dokumentation zur Organisation der «Endlösung», Berlin ³1992.
Peck, Abraham J. (Hrsg.), Archives of the Holocaust, Bd. 8, New York 1990.
Poliakov, Léon/Wulf, Josef, Das Dritte Reich und seine Denker: Dokumente, Berlin 1959.
Sauer, Paul (Hrsg.), Dokumente über die Verfolgung der jüdischen Bürger in Baden-Württemberg durch das nationalsozialistische Regime 1933–1945, 2 Bde., Stuttgart 1966
Schneider, Burkhart/Blet, Pierre/Martini, Angelo (Hrsg.), Die Briefe Pius' XII. an die deutschen Bischöfe 1939–1944, Mainz 1966.
Stasiewski, Bernhard/Volk, Ludwig (Hrsg.), Akten deutscher Bischöfe über die Lage der Kirche: 1933–1945, 6 Bde., Mainz 1968–1985.
Steinberg, Lucien, Un document essentiel qui situe les débuts de la «solution finale de la question juive», Paris 1992.
Volk, Ludwig (Hrsg.), Akten deutscher Bischöfe über die Lage der Kirche: 1933–1945, Bd. 5: 1940–1942, Mainz 1983.
–, Akten deutscher Bischöfe über die Lage der Kirche: 1933–1945, Bd. 6: 1943–1945, Mainz 1985.
–, Akten Kardinal Michael von Faulhaber, Bd. 2: 1935–1945, Mainz 1978.
Walk, Joseph (Hrsg.), Das Sonderrecht für die Juden im NS-Staat: Eine Sammlung der gesetzlichen Maßnahmen und Richtlinien, Inhalt und Bedeutung, Heidelberg 1981.
Witte, Peter/Tyas, Stephen, «A New Document on the Deportation and Murder of Jews during ‹Einsatz Reinhard› 1942», in: Holocaust and Genocide Studies 15 (2001), S. 468–486.
Wulf, Josef (Hrsg.), Literatur und Dichtung im Dritten Reich: Eine Dokumentation, Gütersloh 1963.
–, Presse und Funk im Dritten Reich: Eine Dokumentation, Gütersloh 1964.
–, Theater und Film im Dritten Reich: Eine Dokumentation, Frankfurt a. M. 1989.
Wyman, David S. (Hrsg.), America and the Holocaust: A Thirteen-Volume Set Documenting the Editor's Book the Abandonment of the Jews, New York 1989–1991.

Reden, Tagebücher, Briefe und andere vor 1945 erschienene Literatur

Adelson, Alan/Lapides, Robert (Hrsg.), Lodz Ghetto: Inside a Community Under Siege, New York 1989.
Andreas-Friedrich, Ruth, Der Schattenmann: Tagebuchaufzeichnungen 1938–1945, Berlin 1947.
Benjamin, Walter, Briefe, hrsg. von Gershom Scholem und Theodor W. Adorno, Bd. 2, Frankfurt a. M. 1978.
Berg, Mary, Warsaw Ghetto: A Diary, hrsg. von Sh. L. Schneiderman, New York 1945.
Biélinky, Jacques, Journal, 1940–1942: Un journaliste juif à Paris sous l'Occupation, hrsg. von Renée Poznanski, Paris 1992.
Bonhoeffer, Dietrich, «Ethik», in: Dietrich Bonhoeffer, Werke 6, hrsg. von Ilse Tödt u. a., München 1992.
Buchbender, Ortwin/Sterz, Reinhold (Hrsg.), Das Andere Gesicht des Krieges: Deutsche Feldpostbriefe 1939–1945, München 1982.
Ciano, Galeazzo, Tagebücher 1939–1943, Bern 1946.
Cohn, Willy, Als Jude in Breslau 1941, hrsg. von Joseph Walk, Gerlingen 1984.
Czerniaków, Adam, Im Warschauer Ghetto: Das Tagebuch des Adam Czerniaków 1939–1942, München 1986.
–, The Warsaw Diary: Prelude to Doom, hrsg. von Raul Hilberg, Stanislaw Staron und Joseph Kermisch, New York 1979.
«Das Kriegsziel Roosevelts und der Juden: Völlige Ausrottung des deutschen Volkes.

Ungeheuriges jüdisches Vernichtungsprogramm nach den Richtlinien Roosevelts», in: *Völkischer Beobachter*, 24. Juli 1941, S. 1.

Dietrich, Otto, *Auf den Straßen des Sieges: Erlebnisse mit dem Führer in Polen. Ein Gemeinschaftsbuch*, München 1939.

Dobroszycki, Lucjan (Hrsg.), *The Chronicle of the Łódź Ghetto 1941–1944*, New Haven 1984.

Doerry, Martin, «*Mein verwundetes Herz*»: *Das Leben der Lilli Jahn 1900–1944*, Stuttgart/ München 2002.

Drieu La Rochelle, Pierre, *Journal: 1939–1945*, hrsg. von Julien Hervier, Paris 1992.

Dürkefälden, Karl, «*Schreiben, wie es wirklich war ...*»: *Aufzeichnungen Karl Dürkefäldens aus den Jahren 1933–1945*, hrsg. von Herbert und Sibylle Obenaus, Hannover 1985.

Eiber, Ludwig, «‹... Ein bißchen die Wahrheit›: Briefe eines Bremer Kaufmanns von seinem Einsatz beim Reserve-Polizeibataillon 105 in der Sowjetunion 1941», in: *1999: Zeitschrift für Sozialgeschichte des 20. und 21. Jahrhunderts* 6 (1991), S. 58–83.

Fabre-Luce, Alfred, *Französisches Tagebuch: August 1939-Juni 1940*, Hamburg 1942.

–, *Nach dem Waffenstillstand: Französisches Tagebuch 1940–1942*, Hamburg 1943.

Feiner, Hertha, *Vor der Deportation: Briefe an die Töchter, Januar 1939-Dezember 1942*, hrsg. von Karl Heinz Jahnke, Frankfurt a. M. 1993.

Feuchtwanger, Lion, *Der Teufel in Frankreich: Ein Erlebnisbericht*, München 1983.

Flinker, Moses, *Young Moshe's Diary: The Spiritual Torment of a Jewish Boy in Nazi Europe*, hrsg. von Shaul Esh und Geoffrey Wigoder, Jerusalem [2]1971.

Frank, Anne, *Anne-Frank-Tagebuch: Einzig autorisierte Ausgabe*, hrsg. von Otto H. Frank und Mirjam Pressler, Frankfurt a. M. [3]2004.

Frank, Hans, *Das Diensttagebuch des deutschen Generalgouverneurs in Polen 1939–1945*, hrsg. von Werner Präg und Wolfgang Jacobmeyer, Stuttgart 1975.

Freund, Elisabeth, «Waiting», in: *Hitler's Exiles: Personal Stories of the Flight from Nazi Germany to America*, hrsg. von Mark M. Anderson, New York 1998, S. 116–128.

Galen, Bischof Clemens August Graf von, *Akten, Briefe und Predigten: 1933–1946*, Bd. 2: *1939–1946*, hrsg. von Peter Löffler, Mainz 1988.

Goebbels, Joseph, *Das eherne Herz: Reden und Aufsätze aus den Jahren 1941/42*, hrsg. von Moritz August Konstantin von Schirmeister, München 1943.

–, *Die Tagebücher von Joseph Goebbels: Sämtliche Fragmente*, 4 Bde., hrsg. von Elke Fröhlich, München 1987.

–, *Die Tagebücher von Joseph Goebbels. Teil I: Aufzeichnungen 1923–1941* (14 Bde.); *Teil II: Diktate 1941–1945* (15 Bde.), hrsg. von Elke Fröhlich, München 1998 ff.

–, *Die Zeit ohne Beispiel: Reden und Aufsätze aus den Jahren 1939/40/41*, München 1941.

–, *Reden*, 2 Bde., hrsg. von Helmut Heiber, Düsseldorf 1972.

Graber, David, «Some Impressions and Memories», in: Joseph Kermish (Hrsg.), *To Live with Honor and Die with Honor! ...: Selected Documents from the Warsaw Ghetto Underground Archives «O.S.»* («*Oneg Shabbath*»), Jerusalem 1986, S. 59–67.

Grau, Wilhelm, «Die geschichtlichen Lösungsversuche der Judenfrage», in: *Weltkampf: Die Judenfrage in Geschichte und Gegenwart* 1/2 (1941), S. 16–21.

–, «Zum Geleit», in: *Weltkampf: Die Judenfrage in Geschichte und Gegenwart* 1/2 (1941), S. 1–2.

Greif, Gideon (Hrsg.), *Wir weinten tränenlos ...: Augenzeugenberichte der jüdischen »Sonderkommandos« in Auschwitz*, Köln 1995.

Groscurth, Helmuth, *Tagebücher eines Abwehroffiziers 1938–1940: Mit weiteren Dokumenten zur Militäropposition gegen Hitler*, hrsg. von Helmut Krausnick und Harold C. Deutsch, Stuttgart 1970.

Guéhenno, Jean, *Journal des années noires, 1940–1944*, Paris 1947.

Halder, Franz, *Kriegstagebuch: Tägliche Aufzeichnungen des Chefs des Generalstabes des Heeres, 1932–1942*, 2 Bde., hrsg. von Hans Adolf Jacobsen, Stuttgart 1962/1964.

Hassell, Ulrich von, *Die Hassell-Tagebücher 1938–1944: Aufzeichnungen vom Andern Deutschland*, hrsg. von Friedrich Freiherr Hiller von Gaertringen, Berlin 1988.
Heiber, Helmut (Hrsg.), *Reichsführer! Briefe an und von Himmler*, München 1970.
Hillesum, Etty, *An Interrupted Life: The Diaries of Etty Hillesum, 1941–1943*, New York 1983.
–, *Das denkende Herz: Die Tagebücher von Etty Hillesum 1941–1943*, hrsg. von J. G. Gaarlandt, Reinbek bei Hamburg ¹⁵2001.
–, *Letters from Westerbork*, New York 1986.
Hillgruber, Andreas (Hrsg.), *Staatsmänner und Diplomaten bei Hitler: Vertrauliche Aufzeichnungen über Unterredungen mit Vertretern des Auslandes*, 2 Bde., Frankfurt a. M. 1967/1970.
Himmler, Heinrich, *Der Dienstkalender Heinrich Himmlers 1941/42*, hrsg. von Peter Witte u. a., Hamburg 1999.
–, *Geheimreden 1933 bis 1945 und andere Ansprachen*, hrsg. von Bradley F. Smith und Agnes F. Peterson, Frankfurt a. M. 1974.
Hitler, Adolf, *Hitler's Table Talk: 1941–1944*, hrsg. von H. R. Trevor-Roper, London 1953.
–, *Monologe im Führer-Hauptquartier 1941–1944*, hrsg. von Werner Jochmann und aufgezeichnet von Heinrich Heim, München 2000.
–, *Hitlers Tischgespräche im Führerhauptquartier 1941–1942*, hrsg. von Henry Picker, Stuttgart 1965.
–, *Reden und Proklamationen. 1932–1945*, kommentiert von einem deutschen Zeitgenossen, hrsg. von Max Domarus, 4 Bde., Leonberg ⁴1987/1988.
–, *Hitlers zweites Buch: Ein Dokument aus dem Jahr 1928*, hrsg. von Gerhard L. Weinberg, Stuttgart 1961.
Hosenfeld, Wilm, «Auszüge aus dem Tagebuch von Hauptmann Wilm Hosenfeld», in: Władysław Szpilman, *Das wunderbare Überleben: Warschauer Erinnerungen 1939–1945*, Düsseldorf/München 1998, S. 187–203.
–, *»Ich versuche jeden zu retten.« Das Leben eines deutschen Offiziers in Briefen und Tagbüchern*, München 2004.
Huberband, Shimon, «The Destruction of the Synagogues in Lodz», in: *Lodz Ghetto. Inside a Community under Siege*, hrsg. von Alan Adelson und Robert Lapides, New York 1983.
–, *Kiddush Hashem: Jewish Religious and Cultural Life in Poland during the Holocaust*, hrsg. von Jeffrey S. Gurock und Robert S. Hirt, Hoboken, NJ 1987.
Jacobson, Louise, *»Ihr Lieben, allzu weit entfernten ...«: Briefe von Louise Jacobson an ihre Familie 1942–1943*, hrsg. von Nadia Kaluski-Jacobson, Hamburg 1998.
Jünger, Ernst, «Tagebücher II: Strahlungen – Erster Teil», in: Ernst Jünger, *Werke 2 – Tagebücher 2*, Stuttgart 1963.
Kafka, Franz, *Das Schloß*, Frankfurt a. M. 1982.
Kalmanovitch, Zelig, *Diary in the Vilna Ghetto*, Tel Aviv 1977.
Kaplan, Chaim Aron, *Buch der Agonie: Das Warschauer Tagebuch des Chaim A. Kaplan*, hrsg. von Abraham Isaac Katsh, Frankfurt a. M. 1967.
Klee, Ernst/Dreßen, Willi/Rieß, Volker (Hrsg.), *»Schöne Zeiten«: Judenmord aus der Sicht der Täter und Gaffer*, Frankfurt a. M. ³1988.
Klemperer, Victor, *Ich will Zeugnis ablegen bis zum Letzten: Tagebücher 1933–1945*, 2 Bde., Berlin 1995.
Klepper, Jochen, *Unter dem Schatten Deiner Flügel: Aus den Tagebüchern der Jahre 1932–1942*, hrsg. von Hildegard Klepper, Stuttgart 1956.
Klonicki, Aryeh/Klonicki, Malwina, *The Diary of Adam's Father: The Diary of Aryeh Klonicki (Klonymus) and His Wife Malwina, With Letters Concerning the Fate of Their Child Adam*, Jerusalem 1973.
Klukowski, Zygmunt, *Diary from the Years of Occupation, 1939–1944*, hrsg. von Andrew Klukowski und Helen Klukowski May, Urbana, IL 1993.

Korczak, Janusz, *Tagebuch aus dem Warschauer Ghetto 1942*, Göttingen 1992.
Kruk, Herman, *The Last Days of the Jerusalem of Lithuania: Chronicles from the Vilna Ghetto and the Camps, 1939–1944*, hrsg. von Benjamin Harshav, New Haven 2002.
Lambert, Raymond-Raoul, *Carnet d'un témoin: 1940–1943*, hrsg. von Richard I. Cohen, Paris 1985.
Leeb, Wilhelm Ritter von, *Tagebuchaufzeichnungen und Lagebeurteilungen aus zwei Weltkriegen*, hrsg. von Georg Meyer, Stuttgart 1976.
Lewin, Abraham, *A Cup of Tears: A Diary of the Warsaw Ghetto*, hrsg. von Antony Polonsky, Oxford 1988.
Loewy, Hanno/Bodek, Andrzej (Hrsg.), *«Les Vrais Riches» – Notizen am Rand: Ein Tagebuch aus dem Ghetto Lódz (Mai bis August 1944)*, Leipzig 1997.
Manoschek, Walter (Hrsg.), *«Es gibt nur eines für das Judentum: Vernichtung»: Das Judenbild in deutschen Soldatenbriefen 1939–1944*, Hamburg ³1997.
Mechanicus, Philip, *Im Depot: Tagebuch aus Westerbork*, Berlin 1993.
Mennecke, Friedrich, *Innenansichten eines medizinischen Täters im Nationalsozialismus. Eine Edition seiner Briefe 1935–1947*, Bd. 1, hrsg. von Peter Chroust, Hamburg 1987.
Miłosz, Czesław, *Zeichen im Dunkel: Poesie und Poetik*, hrsg. von Karl Dedecius, Frankfurt a. M. 1979.
Moltke, Helmuth James von, *Briefe an Freya 1939–1945*, hrsg. von Beate Ruhm von Oppen, München ²1991.
Mounier, Emmannel, «A Letter from France», in: *The Commonweal*, 25. Oktober 1940, S. 10–11.
Neun, Hubert, «Wiedersehen mit Warschau: Besiegte Stadt zwischen Gestern und Morgen», in: *Das Reich*, 9. März 1941.
Opoczynski, Peretz, «Warsaw Ghetto Chronicle, September 1942», in: *To Live with Honor and Die with Honor! ...: Selected Documents from the Warsaw Ghetto Underground Archives «O.S.»* («*Oneg Shabbath*»), hrsg. von Joseph Kermish, Jerusalem 1986, S. 101–111.
Perechodnik, Calel, *Bin ich ein Mörder?*, Lüneburg 1997.
Radnóti, Miklós, *Gewaltmarsch: Ausgewählte Gedichte*, Budapest 1979.
–, *Kein Blick zurück, kein Zauber: Gedichte und Chronik* [ungarisch u. deutsch], hrsg. von György Dalos, Köln 1999.
Rebatet, Lucien, *Les décombres*, Paris 1942.
Redlich, Egon, *The Terezin Diary of Gonda Redlich*, hrsg. von Saul S. Friedman, Lexington, KY 1992.
Reichsführer SS/SS-Hauptamt (Hrsg.), *Der Untermensch*, Berlin 1942.
Ringelblum, Emanuel, «‹Little Stalingrad› defends itself», in: *To Live with Honor and Die with Honor! ...: Selected Documents from the Warsaw Ghetto Underground Archives «O.S.»* («*Oneg Shabbath*»), hrsg. von Joseph Kermish, Jerusalem 1986, S. 594–604.
–, *Notes from the Warsaw Ghetto: The Journal of Emmanuel Ringelblum*, hrsg. von Jacob Sloan, New York 1974.
«Roosevelt – Hauptwerkzeug der jüdischen Freimaurerei», in: *Völkischer Beobachter*, 23. Juli 1941, S. 3.
Rosenberg, Alfred, *Das politische Tagebuch Alfred Rosenbergs, 1934/35 und 1939/40*, hrsg. von Hans-Günther Seraphim, München 1964.
Rosenfeld, Oskar, *In the Beginning Was the Ghetto: Notebooks from Lódz*, hrsg. von Hanno Loewy, Evanston, IL 2002.
–, *Wozu noch Welt? Aufzeichnungen aus dem Ghetto Lodz*, hrsg. von Hanno Loewy, Frankfurt a. M. 1994.
Roubíčková, Eva, *We're Alive and Life Goes On: A Theresienstadt Diary*, New York 1998.
Rubinowicz, Dawid, *Das Tagebuch des Dawid Rubinowicz*, hrsg. von Walther Petri, Weinheim 2001.
–, *The Diary of Dawid Rubinowicz*, Edmonds, Wash. 1982.

Rudashevski, Isaac, *The Diary of the Vilna Ghetto, June 1941-April 1943*, hrsg. von Percy Matenko, Tel Aviv 1973.
Sebastian, Mihail, «*Voller Entsetzen, aber nicht verzweifelt*»: *Tagebücher 1935–44*, hrsg. von Edward Kanterian, Berlin 2005.
Seidman, Hillel, *Diary of the Warsaw Ghetto*, New York 1957.
–, *The Warsaw Ghetto Diaries*, Southfield 1997.
Seraphim, Peter-Heinz, «Bevölkerungs- und Wirtschaftspolitische Probleme einer Europäischen Gesamtlösung der Judenfrage», in: *Weltkampf: Die Judenfrage in Geschichte und Gegenwart* 1/2 (1941), S. 43–51.
Shirer, William L., *Berliner Tagebuch: Aufzeichnungen eines Auslandskorrespondenten 1934–1941*, Leipzig 1995.
Sierakowiak, Dawid, *Das Ghettotagebuch des Dawid Sierakowiak: Aufzeichnungen eines Siebzehnjährigen 1941/42*, Leipzig 1993.
–, *The Diary of Dawid Sierakowiak: Five Notebooks from the Lódz Ghetto*, hrsg. von Alan Adelson, New York 1996.
Teich, G., «Scheinvolklichkeit des Judentums», in: *Volk und Rasse* 17 (1942), S. 88–92.
Tory, Avraham, *Surviving the Holocaust: The Kovno Ghetto Diary*, hrsg. von Martin Gilbert und Dina Porat, Cambridge 1990.
Wasser, Hersh, «Daily Entries of Hersh Wasser», hrsg. von Joseph Kermish, in: *Yad Vashem Studies* 15 (1983), S. 210–282.
Wessels, Benjamin Leo, *Ben's Story: Holocaust Letters with Selections from the Dutch Underground Press*, hrsg. von Kees W. Bolle, Carbondale 2001.
Zapruder, Alexandra, *Salvaged Pages: Young Writers' Diaries of the Holocaust*, New Haven 2002.
Zariz, Ruth (Hrsg.), *Mikhtave halutsim mi-Polin ha-kevushah, 1940–1944*, Ramat Efal 1994.
Zelkowicz, Jozef, *In Those Terrible Days: Writings from the Lodz Ghetto*, hrsg. von Michael Unger, Jerusalem 2002.

Erinnerungen

Abramowicz, Dina, *Guardians of a Tragic Heritage: Reminiscences and Observations of an Eyewitness*, New York 1999.
Broad, Perry, «KZ-Auschwitz. Erinnerungen eines SS-Mannes der Politischen Abteilung in dem Konzentrationslager Auschwitz», in: *Hefte von Auschwitz* 9 (1996), S. 7–48.
Edelman, Marek, *The Ghetto Fights*, London 1990.
Edvardson, Cordelia, *Gebranntes Kind sucht das Feuer*, München 1989.
Eichmann, Adolf, *Ich, Adolf Eichmann*, hrsg. von R. Aschenauer, Leoni am Starnberger See 1980.
Fry, Varian, *Auslieferung auf Verlangen: Die Rettung deutscher Emigranten in Marseille 1940/41*, hrsg. von Wolfgang D. Elfe, München 1986.
Höß, Rudolf, *Kommandant in Auschwitz: Autobiographische Aufzeichnungen*, hrsg. von Martin Broszat, München [10]1985.
Karay, Felicja, *Death Comes in Yellow: Skarzysko-Kamienna Slave Labor Camp*, Amsterdam 1996.
Kazik (Simha Rotem), *Memoirs of a Warsaw Ghetto Fighter*, New Haven 1994.
Klüger, Ruth, *weiter leben: Eine Jugend*, Göttingen 1992.
Koestler, Arthur, *Autobiographische Schriften*, Bd. 2: *Abschaum der Erde*, Frankfurt a. M./Berlin 1993.
Levai, Eugene, *Black Book on the Martyrdom of Hungarian Jewry*, Zürich 1948.
Levi, Primo, *Ist das ein Mensch? Ein autobiographischer Bericht*, München [7]1998.

–, *Survival in Auschwitz: The Nazi Assault on Humanity*, New York 1996.
Müller, Filip, *Sonderbehandlung: 3 Jahre in den Krematorien und Gaskammern von Auschwitz*, hrsg. von Helmut Freitag, München 1979.
Reich-Ranicki, Marcel, *Mein Leben*, Stuttgart ¹⁶2000.
Riegner, Gerhart M., *Niemals verzweifeln: sechzig Jahre für das jüdische Volk und die Menschenrechte*, Gerlingen 2001.
Scholl, Inge, *Die weiße Rose*, Frankfurt a. M. ⁹2001.
Sereny, Gitta, *Am Abgrund: Gespräche mit dem Henker: Franz Stangl und die Morde von Treblinka*, München/Zürich ³1997.
Smolar, Hersh, *The Minsk Ghetto: Soviet-Jewish partisans against the Nazis*, New York 1989.
Speer, Albert, *Erinnerungen*, Frankfurt a. M./Berlin ⁹1971.
Steinberg, Paul, *Chronik aus einer dunklen Welt: Ein Bericht*, München 1998.
–, *Speak You Also: A Survivor's Reckoning*, New York 2000.
Szpilman, Władysław, *Das wunderbare Überleben: Warschauer Erinnerungen 1939–1945*, Düsseldorf/München 1998.
Wellers, Georges, *De Drancy à Auschwitz*, Paris 1946.
Zuckerman, Yitzhak, *A Surplus of Memory: Chronicle of the Warsaw Ghetto Uprising*, hrsg. von Barbara Harshav, Berkeley 1993.

Sekundärliteratur

Abella, Irving M./Troper, Harold Martin, *None is Too Many: Canada and the Jews of Europe, 1933–1948*, Toronto 1982.
Adam, Uwe Dietrich, *Judenpolitik im Dritten Reich*, Düsseldorf 1972.
Adler, Hans G., *Der verwaltete Mensch: Studien zur Deportation der Juden aus Deutschland*, Tübingen 1974.
–, *Theresienstadt: 1941–1945: Das Antlitz einer Zwangsgemeinschaft. Geschichte, Soziologie, Psychologie*, Tübingen ²1960.
Adler, Jacques, «The Changing Attitude of the ‹Bystanders› toward the Jews in France 1940–1943», in: John Milfull, *Why Germany? National Socialist Anti-semitism and the European Context*, Providence 1993, S. 171–191.
–, *The Jews of Paris and the Final Solution: Communal Response and Internal Conflicts, 1940–1944*, New York 1987.
Adler-Rudel, Salomon, *Jüdische Selbsthilfe unter dem Naziregime 1933–1939 im Spiegel der Berichte der Reichsvertretung der Juden in Deutschland*, Tübingen 1974.
Ahren, Yizhak/Hornshøj-Møller, Stig/Melchers, Christoph B. (Hrsg.), *Der ewige Jude: Wie Goebbels hetzte: Untersuchungen zum nationalsozialistischen Propagandafilm*, Aachen 1990.
Alfonso, Rui, «Le ‹Wallenberg Portugais›: Aristides de Sousa Mendes», in: *Revue d'Histoire de la Shoah. Le monde juif* 165 (1999), S. 7–28.
Allen, Michael Thad, *The Business of Genocide: The SS, Slave Labor, and the Concentration Camps*, Chapel Hill 2002.
–, «The Devil in the Details: The Gas Chambers of Birkenau, October 1941», in: *Holocaust and Genocide Studies* 16 (2002), S. 189–216.
Almog, Shmuel, «Alfred Nossig: A Reappraisal», in: *Studies in Zionism* 7 (1983), S. 1–30.
Altschuler, Mordechai, «Escape and Evacuation of Soviet Jews at the Time of the Nazi Invasion», in: *The Holocaust in the Soviet Union: Studies and Sources on the Destruction of the Jews in the Nazi-occupied Territories of the USSR 1941–1945*, hrsg. von Lucjan Dobroszycki und Jeffrey S. Gurock, Armonk, NY 1993, S. 77–104.
–, *Soviet Jewry on the Eve of the Holocaust: A Social and Demographic Profile*, Jerusalem 1998.

Bibliographie

Aly, Götz, «Die Deportation der Juden von Rhodos nach Auschwitz», in: *Mittelweg 36* 12 (2003), S. 79–88.
–, *Endlösung: Völkerverschiebung und der Mord an den europäischen Juden*, Frankfurt a. M. 1995.
–, «Enteignung: Was geschah mit den Besitztümern der ermordeten Juden Europas? Zur Ökonomie des Nazis», in: DIE ZEIT 47 (2002), S. 51.
–, *Hitlers Volksstaat: Raub, Rassenkrieg und nationaler Sozialismus*, Frankfurt a. M. 2005.
–, *Im Tunnel: Das kurze Leben der Marion Samuel 1931–1943*, Frankfurt a. M. 2004.
–, «‹Judenumsiedlung›», in: *Nationalsozialistische Vernichtungspolitik 1939–1945: Neue Forschungen und Kontroversen*, hrsg. von Ulrich Herbert, Frankfurt a. M. ⁴2001, S. 67–97.
–, *Macht – Geist – Wahn: Kontinuitäten deutschen Denkens*, Berlin 1997.
–, «Theodor Schieder, Werner Conze oder die Vorstufen der physischen Vernichtung», in: *Deutsche Historiker im Nationalsozialismus*, hrsg. von Winfried Schulze und Otto Gerhard Oexle, Frankfurt a. M. 1999, S. 163–182.
Aly, Götz (Hrsg.), *Aktion T4, 1939–1945: Die «Euthanasie»-Zentrale in der Tiergartenstraße 4*, Berlin 1987.
Aly, Götz/Chroust, Peter/Pross, Christian (Hrsg.), *Cleansing the Fatherland: Nazi Medicine and Racial Hygiene*, Baltimore 1994.
Aly, Götz/Heim, Susanne, *Vordenker der Vernichtung: Auschwitz und die deutschen Pläne für eine neue europäische Ordnung*, Hamburg 1991.
Ancel, Jean, «The ‹Christian› Regimes of Romania and the Jews, 1940–1942», in: *Holocaust and Genocide Studies* 7 (1993), S. 14–29.
–, «The Romanian Way of Solving the ‹Jewish Problem› in Bessarabia and Bukovina: June-July 1941», in: *Yad Vashem Studies* 19 (1988), S. 187–232.
Angrick, Andrej, *Besatzungspolitik und Massenmord: Die Einsatzgruppe D in der südlichen Sowjetunion 1941–1943*, Hamburg 2003.
Anissimov, Myriam, *Primo Levi: Die Tragödie eines Optimisten: Eine Biographie*, Berlin 1999.
Apostolu, Andrew, «The Exception of Salonika: Bystanders and Collaborators in Northern Greece», in: *Holocaust and Genocide Studies* 14 (2000), S. 165–196.
Arad, Yitzhak, *Belzec, Sobibor, Treblinka: The Operation Reinhard Death Camps*, Bloomington 1987.
–, *Ghetto in Flames: The Struggle and Destruction of the Jews in Vilna in the Holocaust*, Jerusalem 1980.
–, «Plunder of Jewish Property in the Nazi-occupied Areas of the Soviet Union», in: *Yad Vashem Studies* 29 (2001), S. 109–148.
Arendt, Hannah, *Eichmann in Jerusalem: Ein Bericht von der Banalität des Bösen*, München ⁹1995.
–, *The Jew as Pariah: Jewish Identity and Politics in the Modern Age*, hrsg. von Ron H. Feldman, New York 1978.
Arens, Moshe, «The Jewish Military Organization (ZZW) in the Warsaw Ghetto», in: *Holocaust and Genocide Studies* 19 (2005), S. 201–225.
–, *The Warsaw Ghetto Revolt: The Narrative*, Unveröffentlichtes Manuskript.
Arndt, Ino/Boberach, Heinz, «Deutsches Reich», in: *Dimension des Völkermords. Die Zahl der jüdischen Opfer des Nationalsozialismus*, hrsg. von Wolfgang Benz, München 1991, S. 23–65.
Aronson, Shlomo, *Hitler, the Allies and the Jews*, Cambridge 2004.
Aschheim, Steven E., *Brothers and Strangers: The East European Jew in German and German Jewish Consciousness, 1800–1923*, Madison 1982.
Assouline, Pierre, *Gaston Gallimard: A Half-Century of French Publishing*, San Diego 1988.

Avni, Haim, «Spain», in: *The Holocaust Encyclopedia*, hrsg. von Walter Laqueur und Judith Tydor Baumel, New Haven 2001, S. 601–603.
–, *Spain, the Jews, and Franco*, Philadelphia 1982.
Ayalon, Moshe, «Jewish Life in Breslau, 1938–1941», in: *Leo Baeck Institute Yearbook* 41 (1996), S. 323–345.
Azéma, Jean-Pierre, *De Munich à la Libération*, Paris 1979.
Bajohr, Frank, *«Arisierung» in Hamburg: Die Verdrängung der jüdischen Unternehmer 1933–1945*, Hamburg 1997.
–, *Parvenüs und Profiteure: Korruption in der NS-Zeit*, Frankfurt a. M. 2001.
–, «The Beneficiaries of ‹Aryanization›: Hamburg as a Case Study», in: *Yad Vashem Studies* 26 (1998), S. 173–203.
Bankier, David, *Die öffentliche Meinung im Hitler-Staat: Die «Endlösung» und die Deutschen: Eine Berichtigung*, Berlin 1995.
–, «The Use of Antisemitism in Nazi Wartime Propaganda», in: *The Holocaust and History: The Known, the Unknown, the Disputed and the Reexamined*, hrsg. von Michael Berenbaum und Abraham J. Peck, Bloomington 1998, S. 41–55.
Bankier, David (Hrsg.), *Probing the Depths of German Antisemitism: German Society and the Persecution of the Jews, 1933–1941*, New York 2000.
Barkai, Avraham, «Between East and West: Jews from Germany in the Lodz Ghetto», in: *The Nazi Holocaust: Historical Articles on the Destruction of European Jews*, Bd. 6: *The Victims of the Holocaust*, hrsg. von Michael Marrus, Westport 1989, S. 378–439.
–, *Vom Boykott zur «Entjudung»: Der wirtschaftliche Existenzkampf der Juden im Dritten Reich 1933–1945*, Frankfurt a. M. 1988.
Barnes, Kenneth C., «Dietrich Bonhoeffer and Hitler's Persecution of the Jews», in: *Betrayal: German Churches and the Holocaust*, hrsg. von Robert P. Ericksen und Susannah Heschel, Minneapolis 1999, S. 110–128.
Bartoszewski, Władysław, «The Martyrdom and Struggle of the Jews in Warsaw under German Occupation 1939–1943», in: *The Jews in Warsaw: A History*, hrsg. von Władysław T. Bartoszewski und Antony Polonsky, Oxford 1991, S. 312–348.
Bartov, Omer, *Hitlers Wehrmacht: Soldaten, Fanatismus und die Brutalisierung des Krieges*, Reinbek bei Hamburg 1995.
–, «The Conduct of War: Soldiers and the Barbarization of Warfare», in: *Resistance against the Third Reich, 1933–1990*, hrsg. von Michael Geyer und John W. Boyer, Chicago 1994, S. 39–52.
Baudot, Marcel, «Les mouvements de Résistance devant la persécution des Juifs», in: *La France et la question juive: 1940–1944: Actes du colloque du Centre de documentation Juive Contemporaine* (10. bis 12. März 1979), hrsg. von Georges Wellers, André Kaspi und Serge Klarsfeld, Paris 1981, S. 265–295.
Bauer, Yehuda, *American Jewry and the Holocaust: The American Jewish Joint Distribution Committee, 1939–1945*, Detroit 1981.
–, «Anmerkungen zum ‹Auschwitz-Bericht› von Rudolf Vrba», in: *Vierteljahrshefte für Zeitgeschichte* 45 (1997), S. 297–307.
–, *Die dunkle Seite der Geschichte. Die Shoah in historischer Sicht: Interpretationen und Re-Interpretationen*, Frankfurt a. M. 2001.
–, *Freikauf von Juden? Verhandlungen zwischen dem nationalsozialistischen Deutschland und jüdischen Repräsentanten von 1933 bis 1945*, Frankfurt a. M. 1996.
Bauer, Yehuda/Keren, Nili, *A History of the Holocaust*, New York 1982.
Bauman, Zygmunt, *Dialektik der Ordnung: Die Moderne und der Holocaust*, Hamburg 1992.
Baumann, Ursula, «Suizid im Dritten Reich – Facetten eines Themas», in: *Geschichte und Emanzipation: Festschrift für Reinhard Rürup*, hrsg. von Michael Grüttner, Rüdiger Hachtmann und Heinz-Gerhard Haupt, Frankfurt/New York 1999, S. 482–516.

Bazyler, Michael J., *Holocaust Justice: The Battle for Restitution in America's Courts*, New York 2003.
Bédarida, François/Bédarida, Renée, «La Persécution des Juifs», in: *La France des années noires*, Bd. 2: *De l'Occupation à la Libération*, hrsg. von Jean-Pierre Azéma und François Bédarida, Paris 1993, S. 129–158.
Bédarida, Renée, *Les catholiques dans la guerre 1939–1945: Entre Vichy et la Résistance*, Paris 1998.
–, *Pierre Chaillet: Témoin de la résistance spirituelle*, Paris 1988.
Behringer, Wolfgang, «Der Abwickler der Hexenforschung im Reichssicherheitshauptamt (RSHA): Günther Franz», in: *Himmlers Hexenkartothek: Das Interesse des Nationalsozialismus an der Hexenverfolgung*, hrsg. von Sönke Lorenz u. a., Bielefeld 2000, S. 109–134.
Beinfeld, Solon, «Health Care in the Vilna Ghetto», in: *Holocaust and Genocide Studies* 12 (1998), S. 66–98.
–, «The Cultural Life of the Vilna Ghetto», in: *Simon Wiesenthal Center Annual* 1 (1984), S. 5–26.
Belot, Robert, «Lucien Rebatet, Ou L'Antisémitisme Comme Événement Littéraire», in: *L'Antisémitisme De Plume, 1940–1944: études et documents*, hrsg. von Pierre-André Taguieff u. a., Paris 1999, S. 205–227.
–, *Lucien Rebatet: Un itinéraire fasciste*, Paris 1994.
Ben-Sasson, Havi, «Christians in the Ghetto: All Saints' Church, Birth of the Holy Virgin Mary Church, and the Jews of the Warsaw Ghetto», in: *Yad Vashem Studies* 31 (2003), S. 153–173.
Ben-Tov, Arieh, *Das Rote Kreuz kam zu spät: Die Auseinandersetzung zwischen dem jüdischen Volk und dem Internationalen Komitee vom Roten Kreuz im Zweiten Weltkrieg: Die Ereignisse in Ungarn*, Zürich 1990.
Bender, Sara, *Facing Death: The Jews of Bialystok 1939–1943*, Tel Aviv 1997.
Benz, Wolfgang, «Judenvernichtung aus Notwehr? Die Legenden um Theodore N. Kaufmann», in: *Vierteljahrshefte für Zeitgeschichte* 29 (1981), S. 615–630.
–, «The Persecution and Extermination of the Jews in German Consciousness», in: *Why Germany? National Socialist Anti-semitism and the European Context*, hrsg. von John Milfull, Providence 1993, S. 91–104.
Benz, Wolfgang (Hrsg.), *Dimension des Völkermords: Die Zahl der jüdischen Opfer des Nationalsozialismus*, München 1991.
Benz, Wolfgang/Distel, Barbara (Hrsg.), *Der Ort des Terrors. Geschichte der nationalsozialistischen Konzentrationslager*, 9 Bde., München 2005 ff.
Benz, Wolfgang/Graml, Hermann/Weiß, Hermann (Hrsg.), *Enzyklopädie des Nationalsozialismus*, Stuttgart 1997.
Berend, Iván T., *Decades of Crisis: Central and Eastern Europe before World War II*, Berkley 1998.
Berg, Andrew Scott, *Charles Lindbergh: Ein Idol des 20. Jahrhunderts*, München 1999.
Bergen, Doris L., *Twisted Cross: The German Christian Movement in the Third Reich*, Chapel Hill 1996.
–, «Catholics, Protestants and Christian Antisemitism in Nazi Germany», in: *Holocaust: Critical Concepts in Historical Studies*, Bd. 2: *From the Persecution of the Jews to Mass Murder*, hrsg. von David Cesarani, London 2004, S. 342–361.
Berkhoff, Karel C., *Harvest of Despair: Life and Death in Ukraine under Nazi Rule*, Cambridge, Mass. 2004.
Billig, Joseph, *L'Institut d'Etude des Questions Juives: Officine Française des Autorités Nazies en France*, Paris 1974.
Birn, Ruth Bettina, *Die höheren SS- und Polizeiführer: Himmlers Vertreter im Reich und in den besetzten Gebieten*, Düsseldorf 1986.

Birnbaum, Pierre, *Anti-semitism in France: A Political History from Léon Blum to the Present*, Oxford 1992.
–, *Prier pour l'État: Les juifs, l'alliance royale et la démocratie*, Paris 2005.
Black, Peter R., *Ernst Kaltenbrunner: Ideological Soldier of the Third Reich*, Princeton 1984.
–, «Rehearsal for ‹Reinhard›? Odilo Globocnik and the Lublin Selbstschutz», in: *Central European History* 25 (1992), S. 204–226.
Blasius, Rainer, «Bis in die Rolle gefärbt: Zwei Tagungen zum Einfluß von Hans Rothfels auf die deutsche Zeitgeschichtsschreibung», in: *Frankfurter Allgemeine Zeitung*, 19. Juli 2003, S. 35.
Blatman, Daniel, *Notre liberté et la vôtre: Le mouvement ouvrier juif BUND en Pologne, 1939–1949*, Paris 2002.
–, «The Death Marches, January-May 1945: Who was Responsible for What?», in: *Yad Vashem Studies* 28 (2000), S. 155–201.
Blet, Pierre, *Papst Pius XII. und der Zweite Weltkrieg. Aus den Akten des Vatikans*, Paderborn u. a. 2000.
Bloch, David, «Versteckte Bedeutungen: Symbole in der Musik von Theresienstadt», in: *Theresienstadt in der «Endlösung der Judenfrage»*, hrsg. von Miroslav Kárný, Vojtěch Blodig und Margita Kárná, Prag 1992, S. 140–149.
Blodig, Vojtěch, «Die letzte Phase der Entwicklung des Ghettos Theresienstadt», in: *Theresienstadt in der «Endlösung der Judenfrage»*, hrsg. von Miroslav Kárný, Vojtěch Blodig und Margita Kárná, Prag 1992, S. 267–278.
Blom, J. C. H., «The Persecution of the Jews in the Netherlands: A Comparative Western European Perspective», in: *European History Quarterly* 19 (1989), S. 333–353.
Blonski, Jan, «Polish-Catholics and Catholic Poles: The Gospel, National Interest, Civic Solidarity, and the Destruction of the Warsaw Ghetto», in: *Yad Vashem Studies* 25 (1996), S. 181–196.
–, «The Poor Poles Look at the Ghetto», in: *Polin: Studies in Polish Jewry* 2 (1987), S. 320–336.
Boas, Henriette, «The Persecution and Destruction of Dutch Jewry, 1940–1945», in: *Yad Vashem Studies* 6 (1967), S. 359–374.
Böhler, Jochen, *Auftakt zum Vernichtungskrieg: Die Wehrmacht in Polen 1939*, Frankfurt a. M. 2006.
Bodo, Béla, «The Role of Antisemitism in the Expulsion of Non-Aryan Students, 1933–1945», in: *Yad Vashem Studies* 30 (2002), S. 189–228.
Boll, Bernd, «Zloczow, Juli 1941: Die Wehrmacht und der Beginn des Holocaust in Galizien», in: *Zeitschrift für Geschichtswissenschaft* 50 (2002), S. 899–917.
Boll, Bernd/Safrian, Hans, «Auf dem Weg nach Stalingrad: Die 6. Armee 1941/42», in: *Vernichtungskrieg: Verbrechen der Wehrmacht 1941–1944*, hrsg. von Hannes Heer und Klaus Naumann, Hamburg 1995, S. 260–296.
Bondy, Ruth, *«Elder of the Jews»: Jakob Edelstein of Theresienstadt*, New York 1989.
Botz, Gerhard, *Wohnungspolitik und Judendeportation in Wien 1938 bis 1945: Zur Funktion des Antisemitismus als Ersatz nationalsozialistischer Sozialpolitik*, Wien 1975.
Bourgeois, Daniel, *Das Geschäft mit Hitlerdeutschland: Schweizer Wirtschaft und Drittes Reich*, Zürich 2000.
Bowman, Derek, «Introduction», in: Rubinowicz, Dawid, *The Diary of Dawid Rubinowicz*, Edmonds, Wash. 1982, S. v-xiv.
Braham, Randolph L., «Hungarian Jews», in: *Anatomy of the Auschwitz Death Camp*, hrsg. von Yisrael Gutman und Michael Berenbaum, Bloomington 1994, S. 456–468.
–, «The Christian Churches of Hungary and the Holocaust», in: *Yad Vashem Studies* 29 (2001), S. 241–280.
–, «The Holocaust in Hungary: A Retrospective Analysis», in: *Genocide and Rescue: The Holocaust in Hungary 1944*, hrsg. von David Cesarani, Oxford 1997, S. 29–46.

–, *The Politics of Genocide: The Holocaust in Hungary*, 2 Bde., Detroit 1981.
–, *The Politics of Genocide: The Holocaust in Hungary*, Detroit 2000.
–, «The Role of the Jewish Council in Hungary: A Tentative Assessment», in: *Yad Vashem Studies* 10 (1974), S. 69–109.
Brayard, Florent, *La «Solution finale de la question juive»: La Technique, le Temps et les Categories de la Decision*, Paris 2004.
Brebeck, Wulff, «Wewelsburg», in: *Enzyklopädie des Nationalsozialismus*, hrsg. von Wolfgang Benz, Hermann Graml und Hermann Weiß, Stuttgart 1997, S. 806.
Brechenmacher, Thomas, «Teufelspakt, Selbsterhaltung, universale Mission? Leitlinien und Spielräume der Diplomatie des Heiligen Stuhls gegenüber dem nationalsozialistischen Deutschland (1933–1939) im Lichte neu zugänglicher vatikanischer Akten», in: *Historische Zeitschrift* 280 (2005), S. 591–645.
Breitman, Richard, *Heinrich Himmler: Der Architekt der «Endlösung»*, Zürich/München 2000.
–, «New Sources on the Holocaust in Italy», in: *Holocaust and Genocide Studies* 16 (2002), S. 402–414.
–, *Staatsgeheimnisse: Die Verbrechen der Nazis – von den Alliierten toleriert*, München 1999.
–, «Nazi Jewish Policy in 1944», in: *Genocide and Rescue: The Holocaust in Hungary*, hrsg. von David Cesarani, New York 1997, S. 77–92.
–, «A Deal with the Nazi Dictatorship? Himmler's Alleged Peace Emissaries in Autumn 1943», in: *Journal of Contemporary History* 30 (2005), S. 411–430.
Breitman, Richard/Kraut, Alan M., *American Refugee Policy and European Jewry, 1933–1945*, Bloomington 1987.
Broszat, Martin, *Nationalsozialistische Polenpolitik 1939–1945*, Frankfurt a. M. 1965.
–, «Soziale Motivation und Führer-Bindung des Nationalsozialismus», in: *Vierteljahrshefte für Zeitgeschichte* 18 (1970), S. 392–409.
Broszat, Martin/Buchheim, Hans/Jacobsen, Hans A./Krausnick, Helmut, *Anatomie des SS-Staates*, 2 Bde., Olten 1965.
Browning, Christopher R., *The Final Solution and the German Foreign Office: A Study of Referat D III of Abteilung Germany, 1940–43*, New York 1978.
–, *Collected Memories: Holocaust History and Postwar Testimony*, Madison 2003.
–, *Der Weg zur «Endlösung»: Entscheidungen und Täter*, Bonn 1998.
–, *Die Entfesselung der «Endlösung»: Nationalsozialistische Judenpolitik 1939–1942*, München 2003.
–, *Fateful Months: Essays on the Emergence of the Final Solution*, New York 1985.
–, *Ganz normale Männer: Das Reserve-Polizeibataillon 101 und die «Endlösung» in Polen*, Reinbek bei Hamburg 1996.
–, *Judenmord: NS-Politik, Zwangsarbeit und das Verhalten der Täter*, Frankfurt a. M. 2001.
–, «The Wehrmacht in Serbia Revisited», in: *Crimes of War: Guilt and Denial in the Twentieth Century*, hrsg. von Omer Bartov, Atina Grossmann und Mary Nolan, New York 2002, S. 31–40.
Buchbender, Ortwin, *Das tönende Erz: Deutsche Propaganda gegen die Rote Armee im Zweiten Weltkrieg*, Stuttgart 1978.
Büchler, Yehoshua, «Kommandostab Reichsführer SS: Himmler's Personal Murder Brigades in 1941», in: *Holocaust and Genocide Studies* 1 (1986), S. 11–25.
Büttner, Ursula, «‹The Jewish Problem Becomes a Christian Problem.› German Protestants and the Persecution of the Jews in the Third Reich», in: *Probing the Depths of German Antisemitism: German Society and the Persecution of the Jews, 1933–1941*, hrsg. von David Bankier, New York 2000, S. 431–459.
Burleigh, Michael, *Die Zeit des Nationalsozialismus: Eine Gesamtdarstellung*, Frankfurt a. M. 2000.

–, *Tod und Erlösung: Euthanasie in Deutschland 1900–1945*, Zürich/München 2002.
–, *Germany Turns Eastwards: A Study of Ostforschung in the Third Reich*, Cambridge 1988.
Burrin, Philippe, *France under the Germans: Collaboration and Compromise*, New York 1996.
–, *Hitler und die Juden: Die Entscheidung für den Völkermord*, Frankfurt a. M. 1993.
–, *Living with defeat: France under the German Occupation*, New York 1996.
–, *La dérive fasciste: Doriot, Déat, Bergery, 1933–1945*, Paris 1986.
–, *Ressentiment et Apocalypse. Essai sur l'antisemitisme nazi*, Paris 2004.
Carpi, Daniel, «A New Approach to Some Episodes in the History of the Jews in Salonika during the Holocaust – Memory, Myth, Documentation», in: *The Last Ottoman Century and Beyond: The Jews in Turkey and the Balkans 1808–1945*, Bd. 2, hrsg. von Minna Rozen, Tel Aviv 2002, S. 259–289.
–, «Italy (1922–1945)», in: *The Holocaust Encyclopedia*, hrsg. von Walter Laquer und Judith Tydor Baumel, New Haven, London 2001, S. 329–339.
Carroll, David, *French Literary Fascism: Nationalism, Anti-Semitism, and the Ideology of Culture*, Princeton 1995.
Carroll, James, *Constantine's Sword: The Church and the Jews: A History*, Boston 2001.
Cesarani, David, *Becoming Eichmann: Rethinking the Life, Crimes, and Trial of a «Desk Murderer»*, New York 2006.
–, *The Final Solution: Origins and Implementation*, New York 1994.
Cesarani, David (Hrsg.), *Holocaust: Critical Concepts in Historical Studies*, 6 Bde., London/New York 2004.
Cesarani, David/Levine, Paul E. (Hrsg.), *«Bystanders» to the Holocaust: A Re-evaluation*, London 2002.
Chary, Frederick B., *The Bulgarian Jews and the Final Solution 1940–1944*, Pittsburgh 1972.
Chiari, Bernhard, *Alltag hinter der Front: Besatzung, Kollaboration und Widerstand in Weißrussland 1941–1944*, Düsseldorf 1998.
Cholavsky, Shalom, «The German Jews in the Minsk Ghetto», in: *Yad Vashem Studies* 17 (1986), S. 219–245.
–, «The Judenrat in Minsk», in: *Patterns of Jewish Leadership in Nazi Europe, 1933–1945: Proceedings of the Third Yad Vashem International Historical Conference, Jerusalem, 4.–7. April 1977*, hrsg. von Yisrael Gutman und Cynthia J. Haft, Jerusalem 1979, S. 113–132.
Cochavi, Yehoyakim, «‹The Hostile Alliance›: The Relationship Between the Reichsvereinigung of Jews in Germany and the Regime», in: *Yad Vashem Studies* 22 (1992), S. 237–272.
Cohen, Asher, *Persécutions et sauvetages: Juifs et Français sous l'Occupation et sous Vichy*, Paris 1993.
Cohen, Nathan, «Diaries of the Sonderkommando», in: *Anatomy of the Auschwitz Death Camp*, hrsg. von Yisrael Gutman und Michael Berenbaum, Bloomington 1994, S. 522–534.
Cohen, Raya, «The Lost Honor of Bystanders? The Case of Jewish Emmissaries in Switzerland», in: *Bystanders to the Holocaust: A Re-evaluation*, hrsg. von David Cesarani und Paul A. Levine, London 2002, S. 146–170.
Cohen, Richard I., *The Burden of Conscience: French Jewish Leadership during the Holocaust*, Bloomington 1987.
–, «Introduction», in: Raymond-Raoul Lambert, *Carnet d'un témoin: 1940–1943*, hrsg. von Richard I. Cohen, Paris 1985, S. 13–62.
–, «Le Consistoire et l'UGIF – La situation troublée des Juifs français face á Vichy», in: *Revue d'Histoire de la Shoah. Le monde juif* 169 (2000), S. 28–37.

Cohen, William B./Svensson, Jörgen, «Finland and the Holocaust», in: *Holocaust and Genocide Studies* 9 (1995), S. 70–92.
Cointet, Michèle, *L'Eglise Sous Vichy, 1940–1945. La repentance en question*, Paris 1998.
Connelly, John, «The Uses of Volksgemeinschaft: Letters to the NSDAP Kreisleitung Eisenach, 1939–1940», in: *The Journal of Modern History* 68 (1996), S. 899–930.
Conway, John S., *Die nationalsozialistische Kirchenpolitik 1933–1945: Ihre Ziele, Widersprüche und Fehlschläge*, München 1969.
Cornwell, John, *Pius XII.: Der Papst, der geschwiegen hat*, München ²2000.
Culbert, David, «The Impact of anti-Semitic Film Propaganda on German Audiences: Jew Süss and The Wandering Jew (1940)», in: *Art, Culture, and Media under the Third Reich*, hrsg. von Richard A. Etlin, Chicago 2002, S. 139–157.
Czech, Danuta, «Entstehungsgeschichte des KL Auschwitz, Aufbau- und Ausbauperiode», in: *Auschwitz: Nationalsozialistisches Vernichtungslager*, hrsg. von Franciszek Piper und Teresa Wiebocka, Auschwitz-Birkenau 1997, S. 30–57.
–, *Kalendarium der Ereignisse im Konzentrationslager Auschwitz-Birkenau 1939–1945*, Reinbek bei Hamburg 1989.
–, «The Auschwitz Prisoner Administration», in: *Anatomy of the Auschwitz Death Camp*, hrsg. von Yisrael Gutman und Michael Berenbaum, Bloomington 1994, S. 363–378.
–, *Auschwitz Chronicle, 1939–1945*, New York 1990.
Davies, Norman, *Aufstand der Verlorenen: Der Kampf um Warschau 1944*, München 2004.
–, *God's Playground: A History of Poland*, Bd. 2: *1795 to the Present*, New York 1984.
Dawidowicz, Lucy S., *The War Against the Jews: 1933–1945*, Toronto 1986.
Deák, Istvan, «A Fatal Compromise? The Debate over Collaboration and Resistance in Hungary», in: *The Politics of Retribution in Europe: World War II and its Aftermath*, hrsg. von Istvan Deák, Jan T. Gross und Tony Judt, Princeton, NJ 2000, S. 39–73.
Deák, Istvan/Gross, Jan T./Judt, Tony (Hrsg.), *The Politics of Retribution in Europe: World War II and its Aftermath*, Princeton, NJ 2000.
Dean, Martin, *Collaboration in the Holocaust: Crimes of the Local Police in Belorussia and the Ukraine, 1941–44*, New York 2000.
–, «The Development and Implementation of Nazi Denaturalization and Confiscation Policy up to the Eleventh Decree to the Reich Citizenship Law», in: *Holocaust and Genocide Studies* 16 (2002), S. 217–242.
Deichmann, Ute, *Biologen unter Hitler: Porträt einer Wissenschaft im NS-Staat*, Frankfurt a. M. 1995.
Delacor, Regina M., «‹Auslieferung auf Verlangen›? Der deutsch-französische Waffenstillstandsvertrag 1940 und das Schicksal der sozialdemokratischen Exilpolitiker Rudolf Breitscheid und Rudolf Hilferding», in: *Vierteljahrshefte für Zeitgeschichte* 47 (1999), S. 217–241.
–, «From Potential Friends to Potential Enemies: The Internment of ‹Hostile Foreigners› in France at the Beginning of the Second World War», in: *Journal of Contemporary History* 35 (2000), S. 361–368.
Dequeker, Luc, «Baptism and Conversion of Jews in Belgium, 1939–1945», in: *Belgium and the Holocaust: Jews, Belgians, Germans*, hrsg. von Dan Michman, Jerusalem 1998, S. 235–271.
Dieckmann, Christoph, «Der Krieg und die Ermordung der litauischen Juden», in: *Nationalsozialistische Vernichtungspolitik 1939–1945: Neue Forschungen und Kontroversen*, hrsg. von Ulrich Herbert, Frankfurt a. M. ⁴2001, S. 292–329.
Diner, Dan, «Historical Understanding and Counterrationality: The Judenrat as Epistemological Vantage», in: *Probing the Limits of Representation: Nazism and the «Final Solution»*, hrsg. von Saul Friedländer, Cambridge, Mass. 1992, S. 128–142.
–, «Jenseits des Vorstellbaren – Der ‹Judenrat› als Grenzsituation», in: Dan Diner, *Gedächtniszeiten: Über jüdische und andere Geschichten*, München 2003, S. 135–151.

Dingel, Frank, «Waffen-SS», in: *Enzyklopädie des Nationalsozialismus*, hrsg. von Wolfgang Benz, Hermann Graml und Hermann Weiß, Stuttgart 1997, S. 791–793.
Dobroszycki, Lucjan, «Introduction», in: *The Chronicle of the Łódź Ghetto 1941–1944*, hrsg. von Lucjan Dobroszycki, New Haven 1984, S. ix-lxxvi.
Dobroszycki, Lucjan/Gurock, Jeffrey S. (Hrsg.), *The Holocaust in the Soviet Union: Studies and Sources on the Destruction of the Jews in the Nazi-Occupied Territories of the USSR 1941–1945*, Armonk, NY 1993.
Döscher, Hans-Jürgen, *Das Auswärtige Amt im Dritten Reich: Diplomatie im Schatten der «Endlösung»*, Berlin 1987.
Doorslaer, Rudi Van, «Jewish Immigration and Communism in Belgium, 1925–1939», in: *Belgium and the Holocaust: Jews, Belgians, Germans*, hrsg. von Dan Michman, Jerusalem 1998, S. 63–82.
Dubnov-Erlich, Sophie, *The Life and Work of S. M. Dubnov: Diaspora Nationalism and Jewish History*, Bloomington 1991.
Dülffer, Jost, *Deutsche Geschichte 1933–1945: Führerglaube und Vernichtungskrieg*, Stuttgart 1992.
Duffy, Peter, *Die Bielski-Brüder: Die Geschichte dreier Brüder, die in den Wäldern Weißrusslands 1200 Juden vor den Nazis retteten*, Frankfurt a. M. 2005.
Dwork, Debórah, *Kinder mit dem gelben Stern: Europa 1933–1945*, München 1994.
Dwork, Debórah/Pelt, Robert Jan van, *Auschwitz: Von 1270 bis heute*, München 2000.
Eck, Nathan, «The March of Death from Serbia to Hungary (September 1944) and the Slaughter of Cservenka», in: *Yad Vashem Studies* 2 (1958), S. 255–294.
Eckel, Jan, *Hans Rothfels: Eine intellektuelle Biographie im 20. Jahrhundert*, Göttingen 2005.
Elkin, Rivka, «The Survival of the Jewish Hospital in Berlin: 1938–1945», in: *Leo Baeck Institute Yearbook* 38 (1993), S. 157–192.
Engel, David, «An Early Account of Polish Jewry under Nazi and Soviet Occupation Presented to the Polish Government-In-Exile, February 1940», in: *Jewish Social Studies* 45 (1983), S. 1–16.
–, *In the Shadow of Auschwitz: The Polish Government-in-Exile and the Jews, 1939–1942*, Chapel Hill 1987.
–, «Lwów, 1918: The Transmutation of a Symbol and Its Legacy in the Holocaust», in: *Contested Memories: Poles and Jews during the Holocaust and Its Aftermath*, hrsg. von Joshua D. Zimmerman, New Brunswick 2003, S. 32–44.
–, «Soviet Jewry in the Thinking of the Yishuv Leadership, 1939–1943», in: *The Holocaust in the Soviet Union: Studies and Sources on the Destruction of the Jews in the Nazi-Occupied Territories of the USSR 1941–1945*, hrsg. von Lucjan Dobroszycki und Jeffrey S. Gurock, Armonk, NY 1993, S. 111–129.
–, «The Western Allies and the Holocaust: Jan Karski's Mission to the West, 1942–1944», in: *Holocaust and Genocide Studies* 5 (1990), S. 363–446.
–, *Facing a Holocaust. The Polish Government-in-Exile and the Jews, 1943–1945*, London 1993.
Eshkoli, Hava, «‹Destruction Becomes Creation›: The Theological Reaction of National Religious Zionism in Palestine to the Holocaust», in: *Holocaust and Genocide Studies* 17 (2003), S. 430–458.
Ettinger, Shmuel, «Jews and Non-Jews in Eastern and Central Europe between the Wars: An Outline», in: *Jews and Non-Jews in Eastern Europe, 1918–1945*, hrsg. von Bela Vago und George L. Mosse, New York 1974, S. 1–19.
Ezergailis, Andrew, *The Holocaust in Latvia: 1941–1944: The Missing Center*, Riga 1996.
Fahlbusch, Michael, *Wissenschaft im Dienst nationalsozialistischer Politik? Die «Volksdeutschen Forschungsgemeinschaften» von 1931–1945*, Wiesbaden 1999.
Falconi, Carlo, *Das Schweigen des Papstes: Eine Dokumentation*, München 1966.
Fass, Moshe, «Theatrical Activities in the Polish Ghettos during the Years 1939–1942»,

in: *Theatrical Performance during the Holocaust: Texts, Documents, Memoirs*, hrsg. von Rebecca Rovit und Alvin Goldfarb, Baltimore 1999, S. 97–112.

Fatal-Knaani, Tikva, «The Jews of Pinsk, 1939–1943: Through the Prism of New Documentation», in: *Yad Vashem Studies* 29 (2001), S. 149–182.

Favez, Jean-Claude, *Warum schwieg das Rote Kreuz? Eine internationale Organisation und das Dritte Reich*, München 1994.

Favez, Jean-Claude/Billeter, Geneviève, *Une Mission impossible? Le CICR, les déportations et les camps de concentration Nazis*, Lausanne 1988.

Feingold, Henry L., *Bearing Witness: How America and its Jews Responded to the Holocaust*, Syracuse 1995.

–, *The Politics of Rescue: The Roosevelt Administration and the Holocaust, 1938–1945*, New Brunswick, NJ 1970.

Feld, Bernard T., «Einstein and the Politics of Nuclear Weapons», in: *Albert Einstein: Historical and Cultural Perspectives: The Centennial Symposium in Jerusalem*, hrsg. von Gerald Holton und Yehuda Elkana, Princeton 1982, S. 369–393.

Feliciano, Hector, *Das verlorene Museum: Vom Kunstraub der Nazis*, Berlin 1998.

Fest, Joachim C., *Staatsstreich: Der lange Weg zum 20. Juli*, Berlin ⁵2004.

Ficowski, Jerzy, *Regions of the Great Heresy: Bruno Schulz: A Biographical Portrait*, New York 2003.

Fink, Carole, *Marc Bloch: A Life in History*, Cambridge 1989.

Fischer, Fritz, *Griff nach der Weltmacht: Die Kriegszielpolitik des kaiserlichen Deutschland 1914/18*, Düsseldorf 1961.

–, *Germany's Aims in the First World War*, New York 1967.

Fischer-Galati, Stephen, «The Legacy of Anti-Semitism», in: *The Tragedy of Romanian Jewry*, hrsg. von Randolph L. Braham, New York 1994, S. 1–28.

Fishman, David E., *Dem Feuer entrissen: Die Rettung jüdischer Kulturschätze in Wilna*, Hannover 1998.

Flam, Gila, «Das kulturelle Leben im Getto Lodz», in: *«Wer zum Leben, wer zum Tod ...»: Strategien jüdischen Überlebens im Ghetto*, hrsg. von Doron Kiesel u. a., Frankfurt/New York 1992, S. 77–95.

Fleming, Gerald, *Hitler und die Endlösung: «Es ist des Führers Wunsch ...»*, Frankfurt a. M. 1987.

Flim, Bert Jan, «Opportunities for Dutch Jews to Hide from the Nazis, 1942–45», in: *Dutch Jews as Perceived by Themselves and by Others: Proceedings of the Eighth International Symposium on the History of the Jews in the Netherlands*, hrsg. von Chaya Brasz und Yosef Kaplan, Leiden 2001, S. 289–305.

Förster, Jürgen, «Das Unternehmen ‹Barbarossa› als Eroberungs- und Vernichtungskrieg», in: *Das Deutsche Reich und der Zweite Weltkrieg*, Bd. 4: *Der Angriff auf die Sowjetunion*, hrsg. von Horst Boog u. a., Stuttgart 1983, S. 413–447.

–, «The Wehrmacht and the War of Extermination Against the Soviet Union», in: *Yad Vashem Studies* 14 (1980), S. 7–34.

Frankel, Jonathan, «Empire tsariste et Union soviétique», in: *Les Juifs Et Le XXe Siècle: Dictionnaire Critique*, hrsg. von Élie Barnavi und Saul Friedländer, Paris 2000, S. 284–303.

Frantz, Douglas/Collins, Catherine, *Death on the Black Sea: The Untold Story of the Struma and World War II's Holocaust at Sea*, New York 2004.

Frei, Norbert, *1945 und wir: Das Dritte Reich im Bewußtsein der Deutschen*, München 2005.

Frei, Norbert/Schmitz, Johannes, *Journalismus im Dritten Reich*, München 1989.

Freund, Florian/Perz, Bertrand/Stuhlpfarrer, Karl, «Das Ghetto in Litzmannstadt (Łódź)», in: *Unser einziger Weg ist Arbeit (Unzer eyntsiger veg iz arbayt): Das Ghetto in Łódź 1940–1944: Eine Ausstellung des Jüdischen Museums Frankfurt am Main*, hrsg. von Hanno Loewy und Gerhard Schoenberner, Wien 1990, S. 17–31.

Friedlander, Henry, *Der Weg zum NS-Genozid: Von der Euthanasie zur Endlösung*, Berlin 1997.
–, «Physicians as Killers in Nazi Germany: Hadamar, Treblinka, and Auschwitz», in: *Medicine and Medical Ethics in Nazi Germany: Origins, Practices, Legacies*, hrsg. von Francis R. Nicosia und Jonathan Huener, New York 2002, S. 59–76.
–, «The Deportation of the German Jews: Post-War German Trials of Nazi Criminals», in: *Year Book of the Leo Baeck Institute* 23 (1984), S. 201–226.
–, «Darkness and Dawn in 1945: The Nazis, the Allies, and the survivors», in: Unites States Holocaust Memorial Museum (Hrsg.), *1945: The Year of Liberation*, Washington 1995, S. 11–35.
Friedländer, Saul, *Das Dritte Reich und die Juden*, Bd. 1: *Die Jahre der Verfolgung 1933–1939*, München 1998.
–, «History, Memory and the Historian: Dilemmas and Responsibilities», in: *New German Critique* 80 (2000), S. 3–15.
–, *Kurt Gerstein oder die Zwiespältigkeit des Guten*, Gütersloh 1968.
–, *Auftakt zum Untergang: Hitler und die Vereinigten Staaten von Amerika 1939–1941*, Stuttgart 1965.
–, «The Wehrmacht, German Society, and the Knowledge of the Mass Extermination of the Jews», in: *Crimes of War: Guilt and Denial in the Twentieth Century*, hrsg. von Omer Bartov, Atina Grossmann und Mary Nolan, New York 2002.
Friedländer, Saul (Hrsg.), *Probing the Limits of Representation: Nazism and the «Final Solution»*, Cambridge, Mass. 1992.
Friedman, Philip, *Roads to Extinction: Essays on the Holocaust*, hrsg. von Ada June Friedman, New York 1980.
Friedman, Saul S., «Introduction», in: Egon Redlich, *The Terezin Diary of Gonda Redlich*, hrsg. von Saul S. Friedman, Lexington, KY 1992, S. xii–xiv.
Friling, Tuvia, *Arrows in the Dark: David Ben-Gurion, the Yishuv Leadership and Rescue Efforts during the Holocaust*, 2 Bde., Madison, Wisc. 2005.
–, «Nazi-Jewish Negotiations in Istanbul in Mid-1944», in: *Holocaust and Genocide Studies* 13 (1999), S. 405–436.
Fritz, Stephen G., «‹We are trying … to change the face of the world›: Ideology and Motivation in the Wehrmacht on the Eastern Front: The View from Below», in: *The Journal of Military History* 60 (1996), S. 683–710.
Fritz Wisten: Drei Leben für das Theater, hrsg. von der Akademie der Künste, Berlin 1990.
Fröbe, Rainer, «Hans Kammler – Technokrat der Vernichtung», in: *Die SS: Elite unter dem Totenkopf: 30 Lebensläufe*, hrsg. von Ronald M. Smelser und Enrico Syring, Paderborn 2000, S. 305–319.
Garbarini, Alexandra, *Numbered Days: Diaries and the Holocaust*, New Haven 2006.
Garrard, John, «Russia and the Soviet Union», in: *The Holocaust Encyclopedia*, hrsg. von Walter Laqueur und Judith Tydor Baumel, New Haven 2001, S. 581–593.
Gassert, Philipp, *Amerika im Dritten Reich: Ideologie, Propaganda und Volksmeinung 1933–1945*, Stuttgart 1997.
Gay, Peter, *Freud: Eine Biographie für unsere Zeit*, Frankfurt a. M. 1989.
Gelber, Yoav, «Zionist Policy and the Fate of European Jewry (1939–1942)», in: *Yad Vashem Studies* 13 (1979), S. 169–210.
Gellately, Robert, *The Gestapo and German Society: Enforcing Racial Policy, 1933–1945*, Oxford 1991.
–, *Hingeschaut und Weggesehen: Hitler und sein Volk*, Stuttgart/München 2002.
Gerlach, Christian, «Deutsche Wirtschaftsinteressen, Besatzungspolitik und der Mord an den Juden in Weißrußland, 1941–1943», in: *Nationalsozialistische Vernichtungspolitik 1939–1945: Neue Forschungen und Kontroversen*, hrsg. von Ulrich Herbert, Frankfurt a. M. ⁴2001, S. 263–291.

–, «Die Wannsee-Konferenz, das Schicksal der deutschen Juden und Hitlers politische Grundsatzentscheidung, alle Juden Europas zu ermorden», in: *Werkstatt Geschichte* 18 (1997), S. 7–44.
–, «Failure of Plans for an SS Extermination Camp in Mogilev, Belorussia», in: *Holocaust and Genocide Studies* 7 (1997), S. 60–78.
–, «Hitlergegner bei der Heeresgruppe Mitte und die ‹verbrecherischen Befehle›», in: *NS-Verbrechen und der militärische Widerstand gegen Hitler*, hrsg. von Gerd R. Ueberschär, Darmstadt 2000, S. 62–76.
–, *Kalkulierte Morde: Die deutsche Wirtschafts- und Vernichtungspolitik in Weißrussland 1941 bis 1944*, Hamburg 1999.
–, *Krieg, Ernährung, Völkermord: Forschungen zur deutschen Vernichtungspolitik im Zweiten Weltkrieg*, Hamburg 1998.
–, «Männer des 20. Juli und der Krieg gegen die Sowjetunion», in: *Vernichtungskrieg: Verbrechen der Wehrmacht 1941–1944*, hrsg. von Hannes Heer und Klaus Naumann, Hamburg 1995, S. 427–446.
–, «Militärische ‹Versorgungszwänge›, Besatzungspolitik und Massenverbrechen: Die Rolle des Generalquartiermeisters des Heeres und seiner Dienststellen im Krieg gegen die Sowjetunion», in: *Ausbeutung, Vernichtung, Öffentlichkeit*, hrsg. von Norbert Frei u. a., München 2000, S. 175–208.
Gerlach, Christian/Aly, Götz, *Das letzte Kapitel: Der Mord an den ungarischen Juden*, München 2002.
Gerlach, Wolfgang, *Als die Zeugen schwiegen: Bekennende Kirche und die Juden*, Berlin 1987.
Geyer, Michael/Boyer, John W. (Hrsg.), *Resistance against the Third Reich, 1933–1990*, Chicago 1994.
Gilbert, Martin, *Auschwitz und die Alliierten*, München 1982.
–, «Introduction», in: Tory, Avraham, *Surviving the Holocaust: The Kovno Ghetto Diary*, hrsg. von Martin Gilbert und Dina Porat, Cambridge 1990, S. vii–xxiv.
Gildea, Robert, *Marianne in Chains: Everyday Life in the French Heartland under the German Occupation*, New York 2003.
Glaser, Hermann, «Film», in: *Enzyklopädie des Nationalsozialismus*, hrsg. von Wolfgang Benz, Hermann Graml und Hermann Weiß, Stuttgart 1997, S. 172–175.
Goldhagen, Daniel Jonah, *Hitlers willige Vollstrecker: Ganz gewöhnliche Deutsche und der Holocaust*, Berlin 1996.
Goodstein, Laurie, «New Look at Pius XII's Views of Nazis», in: *The New York Times*, 31. August 2003, S. 25.
Gorodetsky, Gabriel, *Die große Täuschung: Hitler, Stalin und das Unternehmen «Barbarossa»*, Berlin 2001.
Goshen, Seev, «Eichmann und die Nisko-Aktion im Oktober 1939. Eine Fallstudie zur NS-Judenpolitik in der letzten Etappe vor der ‹Endlösung›», in: *Vierteljahrshefte für Zeitgeschichte* 29 (1981), S. 74–96.
–, «Nisko – Ein Ausnahmefall unter den Judenlagern der SS», in: *Vierteljahrshefte für Zeitgeschichte* 40 (1992), S. 95–106.
Gotovich, José, «Resistance Movements and the ‹Jewish Question›», in: *Belgium and the Holocaust: Jews, Belgians, Germans*, hrsg. von Dan Michman, Jerusalem 1998, S. 273–285.
Green, Warren Paul, «The Nazi Racial Policy Towards the Karaites», in: *Soviet Jewish Affairs* 8 (1978), S. 36–44.
Griech-Polelle, Beth, «Image of a Churchman-Resister: Bishop von Galen, the Euthanasia Project and the Sermons of Summer 1941», in: *Journal of Contemporary History* 36 (2001), S. 41–57.
Griffioen, J. W./Zeller, R., *A Comparative Analysis of the Persecution of the Jews in the Netherlands and Belgium during the Second World War*, Amsterdam 1998.

Gronski, Jan Marek, «Life in Nazi-Occupied Warsaw: Three Ghetto Sketches», in: *Polin: Studies in Polish Jewry* 7 (1992), S. 192–218.
Gross, Jan T., «A Tangled Web: Confronting Stereotypes Concerning Relations between Poles, Germans, Jews and Communists», in: *The Politics of Retribution in Europe: World War II and its Aftermath*, hrsg. von István Deák, Jan T. Gross und Tony Judt, Princeton 2000, S. 74–130.
–, *Nachbarn: Der Mord an den Juden von Jedwabne*, München 2001.
Grossman, Alexander, *Nur das Gewissen: Carl Lutz und seine Budapester Aktion: Geschichte und Porträt*, Wald 1986.
Gruner, Wolf, «Die Fabrik-Aktion und die Ereignisse in der Berliner Rosenstraße: Fakten und Fiktionen um den 27. Februar 1943», in: *Jahrbuch für Antisemitismusforschung* 11 (2002), S. 137–177.
–, *Judenverfolgung in Berlin 1933–1945: Eine Chronologie der Behördenmaßnahmen in der Reichshauptstadt*, Berlin 1996.
–, «Poverty and Persecution: The Reichsvereinigung, the Jewish Population, and Anti-Jewish Policy in the Nazi State, 1939–1945», in: *Yad Vashem Studies* 27 (1999), S. 23–60.
–, «Public Welfare and the German Jews under National Socialism», in: *Probing the Depths of German Antisemitism: German Society and the Persecution of the Jews, 1933–1941*, hrsg. von David Bankier, New York 2000, S. 78–105.
–, *Widerstand in der Rosenstraße: Die Fabrik-Aktion und die Verfolgung der Mischehen 1943*, Frankfurt a. M. 2005.
Grynberg, Anne, «1939–1940: L'Internement en temps de guerre. Les politiques de la France et de la Grande-Bretagne», in: *Vingtième Siècle. Revue d'Histoire* 54 (1997), S. 24–33.
–, *Les camps de la honte: Les internés juifs des camps français, 1939–1944*, Paris 1991.
Gutman, Yisrael, «Polish Antisemitism Between the Wars: An Overview», in: *The Jews of Poland Between Two World Wars*, hrsg. von Yisrael Gutman, Ezra Mendelsohn, Jehuda Reinharz und Chone Shmeruk, Hanover, NH 1989, S. 97–108.
–, *Resistance: The Warsaw Ghetto Uprising*, Boston 1994.
–, «Social Stratification in the Concentration Camps», in: *The Nazi Concentration Camps: Structure and Aims, the Image of the Prisoner, the Jews in the Camps*, hrsg. von Yisrael Gutman und Avital Saf, Jerusalem 1984, S. 143–176.
–, *The Jews of Warsaw, 1939–1943: Ghetto, Underground, Revolt*, Bloomington 1982.
–, «The Youth Movement as an Alternative Leadership in Eastern Europe», in: *Zionist Youth Movements during the Shoah*, hrsg. von Asher Cohen und Yehoyakim Cochavi, New York 1995, S. 7–18.
Gutman, Yisrael/Krakowski, Shmuel, *Unequal Victims: Poles and Jews during World War Two*, New York 1986.
Gutman, Yisrael (Hrsg.), *Encyclopedia of the Holocaust*, 4 Bde., New York 1990.
Gutman, Yisrael/Berenbaum, Michael (Hrsg.), *Anatomy of the Auschwitz Death Camp*, Bloomington 1994.
Gutman, Yisrael/Haft, Cynthia J. (Hrsg.), *Patterns of Jewish Leadership in Nazi Europe, 1933–1945: Proceedings of the Third Yad Vashem International Historical Conference, Jerusalem, April 4–7, 1977*, Jerusalem 1979.
Gutman, Yisrael/Saf, Avital (Hrsg.), *The Nazi Concentration Camps: Structure and Aims, the Image of the Prisoner, the Jews in the Camps*, Jerusalem 1984.
Gutman, Yisrael/Zuroff, Efraim (Hrsg.), *Rescue Attempts During the Holocaust*, Jerusalem 1977.
Gutteridge, Richard, *Open Thy Mouth for the Dumb! The German Evangelical Church and the Jews 1879–1950*, Oxford 1976.
Haar, Ingo, *Historiker im Nationalsozialismus: Deutsche Geschichtswissenschaft und der «Volkstumskampf» im Osten*, Göttingen 2002.

Hachmeister, Lutz, *Der Gegnerforscher: Die Karriere des SS-Führers Franz Alfred Six*, München 1998.
Hagen, William W., «Before the ‹Final Solution›: Toward a Comparative Analysis of Political Anti-Semitism in Interwar Germany and Poland», in: *The Journal of Modern History* 68 (1996), S. 351–381.
Hampicke, Evelyn/Loewy, Hanno, «Juden ohne Maske: Vorläufige Bemerkunger zur Geschichte eines Kompilationsfilmes», in: *«Beseitigung des jüdischen Einflusses ...»: Antisemitische Forschung, Eliten und Karrieren im Nationalsozialismus*, hrsg. vom Fritz Bauer Institut, Frankfurt/New York 1999, S. 255–274.
Harshav, Benjamin, «Introduction», in: Herman Kruk, *The Last Days of the Jerusalem of Lithuania: Chronicles from the Vilna Ghetto and the Camps, 1939–1944*, hrsg. von Benjamin Harshav, New Haven 2002, S. xxxi-lii.
Hartglas, Apolinary, «How Did Czerniakow Become Head of the Warsaw Judenrat?», in: *Yad Vashem Bulletin* 15 (1964), S. 4–7.
Harvey, Elizabeth, *Women and the Nazi East: Agents and Witnesses of Germanization*, New Haven 2003.
Hastings, Max, *Armageddon: The Battle for Germany 1944–1945*, London 2004.
Hayes, Peter, «Auschwitz, Capital of the Holocaust», in: *Holocaust and Genocide Studies* 17 (2003), S. 330–350.
–, *Die Degussa im Dritten Reich: Von der Zusammenarbeit zur Mittäterschaft*, München 2004.
–, *Industry and Ideology: IG Farben in the Nazi Era*, New York 1987.
–, «The Degussa AG and the Holocaust», in: *Lessons and Legacies: The Meaning of the Holocaust in a Changing World*, hrsg. von Peter Hayes, Evanston, IL 2002, S. 140–177.
Heiber, Helmuth, *Walter Frank und sein Reichsinstitut für Geschichte des neuen Deutschlands*, Stuttgart 1966.
Herbert, Ulrich, *Best: Biographische Studien über Radikalismus, Weltanschauung und Vernunft, 1903–1989*, Bonn ³1996.
–, «Die deutsche Militärverwaltung in Paris und die Deportation der französischen Juden», in: *Von der Aufgabe der Freiheit: Politische Verantwortung und bürgerliche Gesellschaft im 19. und 20. Jahrhundert: Festschrift für Hans Mommsen zum 5. November 1995*, hrsg. von Christian Jansen, Lutz Niethammer und Bernd Weisbrod, Berlin 1995, S. 427–450.
Herbert, Ulrich (Hrsg.), *Nationalsozialistische Vernichtungspolitik 1939–1945: Neue Forschungen und Kontroversen*, Frankfurt a. M. ⁴2001.
Herf, Jeffrey, *Reactionary Modernism: Technology, Culture, and Politics in Weimar and the Third Reich*, Cambridge 1986.
–, «The ‹Jewish War›: Goebbels and the Antisemitic Campaign of the Nazi Propaganda Ministry», in: *Holocaust and Genocide Studies* 19 (2005), S. 51–80.
–, *The Jewish Enemy: Nazi Propaganda during World War II and the Holocaust*, Cambridge, Mass. 2006.
Heschel, Susannah, «Deutsche Theologen für Hitler: Walter Grundmann und das Eisenacher ‹Institut zur Erforschung und Beseitigung des Jüdischen Einflusses auf das deutsche kirchliche Leben›», in: *«Beseitigung des jüdischen Einflusses ...»: Antisemitische Forschung, Eliten und Karrieren im Nationalsozialismus*, hrsg. vom Fritz Bauer Institut, Frankfurt a. M. 1999, S. 147–167.
–, *Transforming Jesus from Jew to Aryan: Protestant Theologians in Nazi Germany*, Tucson, AZ 1995.
Hilberg, Raul, «Auschwitz and the ‹Final Solution›», in: *Anatomy of the Auschwitz Death Camp*, hrsg. von Yisrael Gutman und Michael Berenbaum, Bloomington 1994, S. 81–92.
–, *Die Quellen des Holocaust: Entschlüsseln und interpretieren*, Frankfurt a. M. 2002
–, *Die Vernichtung der europäischen Juden*, 3 Bde., Frankfurt a. M. ⁹1999.

–, «German Railroads/Jewish Souls», in: *The Nazi Holocaust: Historical Articles on the Destruction of European Jews*, Bd. 3,1: *The «Final Solution»: The Implementation of Mass Murder*, hrsg. von Michael R. Marrus, Westport 1989, S. 520–556.

–, «Le bilan démographique du génocide», in: *L'Allemagne nazie et le génocide juif: Colloque de l'Ecole des Hautes Études en Sciences Sociales* (EHESS), hrsg. von der Ecole des hautes études en sciences sociales, Paris 1985, S. 262–282.

–, *Täter, Opfer, Zuschauer: Die Vernichtung der Juden 1933–1945*, Frankfurt a. M. 1992.

–, «Auschwitz», in: *The Holocaust Encyclopedia*, hrsg. von Walter Laqueur und Judith Tydor Baumel, New Haven 2001, S. 32–44.

–, «The Statistic», in: *Unanswered Questions: Nazi Germany and the Genocide of the Jews*, hrsg. von François Furet, New York 1989, S. 155–171.

Hilberg, Raul/Staron, Stanislaw, «Introduction», in: Czerniaków, Adam, *The Warsaw Diary: Prelude to Doom*, hrsg. von Raul Hilberg, Stanislaw Staron und Joseph Kermisch, New York 1979, S. 25–70.

Hiller, Marlene P. (Hrsg.), *Stuttgart im Zweiten Weltkrieg: Katalog einer Ausstellung des Projekts Stuttgart im Zweiten Weltkrieg vom 1.9.1989 bis 22.7.1990*, Gerlingen 1989.

Hirschfeld, Gerhard, «Die Universität Leiden unter dem Nationalsozialismus», in: *Geschichte und Gesellschaft* 23 (1997), S. 560–591.

–, *Fremdherrschaft und Kollaboration: Die Niederlande unter deutscher Besatzung 1940–1945*, Stuttgart 1984.

–, «Niederlande», in: *Dimension des Völkermords: Die Zahl der jüdischen Opfer des Nationalsozialismus*, hrsg. von Wolfgang Benz, München 1991, S. 137–165.

Höhne, Heinz, *Canaris: Patriot im Zwielicht*, Bindlach 1993.

Hoensch, Jörg K., «Slovakia: ‹One God, One People, One Party!› The Development, Aim, and Failure of Political Catholicism», in: *Catholics, the State, and the European Radical Right, 1919–1945*, hrsg. von Richard J. Wolff und Jörg K. Hoensch, Highland Lakes, NJ 1987, S. 158–181.

Hoffmann, Hilmar, *«Und die Fahne führt uns in die Ewigkeit»: Propaganda im NS-Film*, Frankfurt a. M. 1988.

Hoffmann, Stanley, «Collaborationism in France during World War II», in: *Journal of Modern History* 40 (1968), S. 375–395.

Hollstein, Dorothea, *«Jud Süss» und die Deutschen: Antisemitische Vorurteile im nationalsozialistischen Spielfilm*, Frankfurt a. M. 1983.

Horwitz, Gordon J., *In the Shadow of Death: Living Outside the Gates of Mauthausen*, New York 1990.

Houwink ten Cate, Johannes, «Der Befehlshaber der Sipo und des SD in den besetzten niederländischen Gebieten und die Deportation der Juden 1942–1943», in: *Die Bürokratie der Okkupation: Strukturen der Herrschaft und Verwaltung im besetzten Europa*, hrsg. von Wolfgang Benz, Johannes Houwink ten Cate und Gerhard Otto, Berlin 1998, S. 197–222.

Hürter, Johannes, «Dokumentation: Auf dem Weg zur Militäropposition: Tresckow, Gersdorff, der Vernichtungskrieg und der Judenmord: Neue Dokumente über das Verhältnis der Heeresgruppe Mitte zur Einsatzgruppe B im Jahr 1941», in: *Vierteljahrshefte für Zeitgeschichte* 52 (2004), S. 527–562.

Hürter, Johannes/Woller, Hans (Hrsg.), *Hans Rothfels und die deutsche Zeitgeschichte*, München 2005.

Hurwitz, Ariel, «The Struggle Over the Creation of the War Refugee Board (WRB)», in: *Holocaust and Genocide Studies* 6 (1991), S. 17–31.

Hyman, Paula, *From Dreyfus to Vichy: The Remaking of French Jewry, 1906–1939*, New York 1979.

–, *The Jews of Modern France*, Berkeley 1998.

International Commission on the Holocaust in Romania, *Final Report of the International Commission on the Holocaust in Romania. Presented to Romanian President Ion Ilies-*

Bibliographie

cu, 11. November 2004, erhältlich unter: http://www.ushmm.org/research/center/presentations/programs/presentations/2005-03-10/pdf/english/chapter_03.pdf

Ioanid, Radu, «Introduction», in: Sebastian, Mihail, *Journal, 1935–1944*, hrsg. von Radu Ioanid, Chicago 2000, S. vii-xx.

–, «The Fate of Romanian Jews in Nazi Occupied Europe», in: *The Destruction of Romanian and Ukrainian Jews during the Antonescu Era*, hrsg. von Randolph L. Braham, Boulder, CO 1997, S. 217–236.

–, *The Holocaust in Romania: The Destruction of Jews and Gypsies under the Antonescu Regime, 1940–1944*, Chicago 2000.

–, «The Antonescu Era», in: *The Tragedy of Romanian Jewry*, hrsg. von Randolph L. Braham, New York 1994.

Jacobsen, Hans-Adolf (Hrsg.), *«Spiegelbild einer Verschwörung»: Die Opposition gegen Hitler und der Staatsstreich vom 20. Juli 1944 in der SD-Berichterstattung*, 2 Bde., Stuttgart 1984.

Jäckel, Eberhard, «On the Purpose of the Wannsee Conference», in: *Perspectives on the Holocaust: Essays in Honor of Raul Hilberg*, hrsg. von James S. Pacy und Alan P. Wertheimer, Boulder, CO 1995, S. 39–49.

–, «Zur Politik des Heiligen Stuhls im Zweiten Weltkrieg», in: *Geschichte in Wissenschaft und Unterricht* 15 (1964), S. 33–46.

James, Harold, *Die Deutsche Bank und die «Arisierung»*, München 2001.

Jansen, Christian/Weckbecker, Arno, *Der «Volksdeutsche Selbstschutz» in Polen 1939/40*, München 1992.

Johansen, Per Ole, «Norway», in: *The Holocaust Encyclopedia*, hrsg. von Walter Laqueur und Judith Tydor Baumel, New Haven 2001, S. 446–451.

Johnson, Eric A, *Nazi Terror: The Gestapo, Jews, and Ordinary Germans*, New York 1999.

Johnson, Eric A./Reuband, Karl-Heinz, *What we Knew: Terror, Mass Murder, and Everyday Life in Nazi Germany: An Oral History*, Cambridge, Mass. 2005.

Jong, Louis de, «Jews and Non-Jews in Nazi Occupied Holland», in: *The Nazi Holocaust: Historical Articles on the Destruction of European Jews*, Bd. 4: *The «Final Solution» Outside Germany*, hrsg. von Michael Marrus, Westport 1989, S. 129–145.

–, «The Netherlands and Auschwitz», in: *Yad Vashem Studies* 7 (1968), S. 39–55.

–, *The Netherlands and Nazi Germany*, Cambridge, Mass. 1990.

Kaplan, Marion, *Der Mut zum Überleben: Jüdische Frauen und ihre Familien in Nazideutschland*, Berlin 2001.

Kárný, Miroslav/Blodig, Vojtěch/Kárná, Margita (Hrsg.), *Theresienstadt in der «Endlösung der Judenfrage»*, Prag 1992.

Kaspi, André, *Les Juifs pendant l'occupation*, Paris 1991.

Kassow, Samuel David, «Vilna and Warsaw, Two Ghetto Diaries: Herman Kruk and Emanuel Ringelblum», in: *Holocaust Chronicles: Individualizing the Holocaust through Diaries and Other Contemporaneous Personal Accounts*, hrsg. von Robert Moses Shapiro, Hoboken, NJ 1999, S. 171–215.

Kater, Michael H., *Das «Ahnenerbe» der SS 1935–1945: Ein Beitrag zur Kulturpolitik des Dritten Reiches*, München ³2001.

–, *Die missbrauchte Muse: Musiker im Dritten Reich*, München 1998.

Katz, Robert, *Rom 1943–1944: Besatzer, Befreier, Partisanen und der Papst*, Essen 2006.

Kennedy, David M., *Freedom from Fear: The American People in Depression and War, 1929–1945 (The Oxford History of the United States 9)*, New York 1999.

Kent, Peter C., «A Tale of Two Popes: Pius XI, Pius XII and the Rome-Berlin Axis», in: *Journal of Contemporary History* 23 (1988), S. 589–608.

Keren, Nili, «The Family Camp», in: *Anatomy of the Auschwitz Death Camp*, hrsg. von Yisrael Gutman und Michael Berenbaum, Bloomington 1994, S. 428–440.

Kermish, Joseph, «Daily Entries of Hersh Wasser: Introduction and Notes», in: *Yad Vashem Studies* 15 (1983), S. 201–209.

–, «The Judenrat in Warsaw», in: *Patterns of Jewish Leadership in Nazi Europe, 1933– 1945: Proceedings of the Third Yad Vashem International Historical Conference, Jerusalem, April 4–7, 1977*, hrsg. von Yisrael Gutman und Cynthia J. Haft, Jerusalem 1979, S. 113–132.

–, «The Activities of the Council For Aid to Jews (‹Zegota›) in Occupied Poland», in: *Rescue Attempts During the Holocaust*, hrsg. von Yisrael Gutman/Efraim Zuroff, Jerusalem 1977, S. 367–398.

Kershaw, Ian, *Hitler: 1889–1936*, Stuttgart/München 1998.

Kershaw, Ian, *Hitler: 1936–1945*, Stuttgart/München 2000.

Kertzer, David I., *Die Päpste gegen die Juden: Der Vatikan und die Entstehung des modernen Antisemitismus*, Berlin/München 2001.

Kingreen, Monica, «Raubzüge einer Stadtverwaltung: Frankfurt am Main und die Aneignung ‹jüdischen Besitzes›», in: *Beiträge zur Geschichte des Nationalsozialismus 17: «Bürokratien»*, hrsg. von Wolf Gruner und Armin Nolzen, Berlin 2001, S. 17–50.

Kirchhoff, Hans, «Denmark», in: *The Holocaust Encyclopedia*, hrsg. von Walter Laqueur und Judith Tydor Baumel, New Haven 2001, S. 145–148.

–, «Denmark: A Light in the Darkness of the Holocaust? A Reply to Gunnar S. Paulsson», in: *Holocaust: Critical Concepts in Historical Studies*, Bd. 5, hrsg. von David Cesarani, London/New York 2004, S. 128–139.

Klarsfeld, Serge, *Les transferts de juifs du camp de Rivesaltes et de la région de Montpellier vers le camp de Drancy en vue de leur déportation 10 août 1942–6 août 1944*, Paris 1993.

–, *Vichy – Auschwitz. Le rôle de Vichy dans la solution finale de la question juive en France*, 2. Bde., Paris 1983/85.

–, *Vichy – Auschwitz: Die Zusammenarbeit der deutschen und französischen Behörden bei der «Endlösung der Judenfrage» in Frankreich*, Nördlingen 1989.

Klawitter, Nils, «Nationalsozialistischer Führungsoffizier», in: *Enzyklopädie des Nationalsozialismus*, hrsg. von Wolfgang Benz u. a., Stuttgart 1997, S. 608.

Klee, Ernst, *Die SA Jesu Christi: Die Kirchen im Banne Hitlers*, Frankfurt a. M. 1989.

–, *«Euthanasie» im NS-Staat: Die «Vernichtung lebensunwerten Lebens»*, Frankfurt a. M. 1983.

Klein, Anne, «Conscience, Conflict and Politics: The Rescue of Political Refugees from Southern France to the United States, 1940–1942», in: *Year Book of the Leo Baeck Institute* 43 (1998), S. 287–311.

Klein, Peter (Hrsg.), *Die Einsatzgruppen in der besetzten Sowjetunion 1941/42: Die Tätigkeits- und Lageberichte des Chefs der Sicherheitspolizei und des SD*, Berlin 1997.

Klink, Ernst, «Die militärische Konzeption des Krieges gegen die Sowjetunion: 1. Die Landkriegführung/3. Die Kriegsmarine» in: *Das Deutsche Reich und der Zweite Weltkrieg*, Bd. 4: *Der Angriff auf die Sowjetunion*, hrsg. von Horst Boog u. a., Stuttgart 1983, S. 190–277, 319–326.

Klinken, Gert van, «Dutch Jews as Perceived by Dutch Protestants, 1860–1960», in: *Dutch Jews As Perceived by Themselves and by Others*, hrsg. von Chaya Brasz und Yosef Kaplan, Leiden 2001, S. 125–134.

Knapp, Gabriele, *Das Frauenorchester in Auschwitz: Musikalische Zwangsarbeit und ihre Bewältigung*, Hamburg 1996.

Koblik, Steven, *The Stones Cry Out: Sweden's response to the persecution of the Jews 1933– 1945*, New York 1988.

Kogon, Eugen, *Der SS-Staat: Das System der Deutschen Konzentrationslager*, München 1946.

Kolb, Eberhard, *Bergen-Belsen: vom «Aufenthaltslager» zum Konzentrationslager, 1943– 1945*, Göttingen 1996.

–, «Bergen-Belsen 1943–1945», in: *The Nazi Concentration Camps: Structure and Aims, the Image of the Prisoner, the Jews in the Camps*, hrsg. von Yisrael Gutman und Avital Saf, Jerusalem 1984, S. 331–342.

Krakowski, Shmuel, «The Attitude of the Polish Underground to the Jewish Question during the Second World War», in: *Contested Memories: Poles and Jews during the Holocaust and Its Aftermath*, hrsg. von Joshua D. Zimmerman, New Brunswick 2003, S. 97–106.
–, *The War of the Doomed: Jewish Armed Resistance in Poland, 1942–1944*, New York 1984.
Kramer, Aaron, «Creation in a Death Camp», in: *Theatrical Performance during the Holocaust: Texts, Documents, Memoirs*, hrsg. von Rebecca Rovit und Alvin Goldfarb, Baltimore 1999, S. 179–189.
Krausnick, Helmut, «Hitler und die Morde in Polen: Ein Beitrag zum Konflikt zwischen Heer und SS um die Verwaltung der besetzten Gebiete», in: *Vierteljahrshefte für Zeitgeschichte* 11 (1963), S. 196–209.
–, *Hitlers Einsatzgruppen: Die Truppe des Weltanschauungskrieges 1938–1942*, Frankfurt a. M. 1998.
Krausnick, Helmut/Wilhelm, Hans-Heinrich, *Die Truppe des Weltanschauungskrieges: Die Einsatzgruppen der Sicherheitspolizei und des SD, 1938–1942*, Stuttgart 1981.
Kulka, Otto Dov, «Ghetto in an Annihilation Camp: Jewish Social History in the Holocaust Period and its Ultimate Limits», in: *The Nazi Concentration Camps: Structure and Aims, the Image of the Prisoner, the Jews in the Camps*, hrsg. von Yisrael Gutman und Avital Saf, Jerusalem 1984, S. 315–330.
–, «The German Population and the Jews: State of Research and New Perspectives», in: *Probing the Depths of German Antisemitism: German Society and the Persecution of the Jews, 1933–1941*, hrsg. von David Bankier, New York 2000, S. 271–281.
–, «‹Reichsvereinigung› of the Jews in Germany› (1938/9–1943)», in: *Patterns of Jewish Leadership in Nazi Europe, 1933–1945: Proceedings of the Third Yad Vashem International Historical Conference, Jerusalem, 4.-7. April 1977*, hrsg. von Cynthia J. Haft und Yisrael Gutman, Jerusalem 1979, S. 45–58.
–, «The Reichsvereinigung and the Fate of German Jews, 1938/9–1943. Continuity or Discontinuity in German-Jewish History in the Third Reich», in: *Die Juden im nationalsozialistischen Deutschland*, hrsg. von Arnold Paucker, Tübingen 1986, S. 353–363.
Kushner, Tony, *The Persistence of Prejudice: Antisemitism in British Society During the Second World War*, Manchester 1989.
Kwiet, Konrad, «Erziehung zum Mord – Zwei Beispiele zur Kontinuität der deutschen ‹Endlösung der Judenfrage›», in: *Geschichte und Emanzipation: Festschrift für Reinhard Rürup*, hrsg. von Michael Grüttner, Rüdiger Hachtmann und Heinz-Gerhard Haupt, Frankfurt/New York 1999, S. 435–457.
–, «Nach dem Pogrom: Stufen der Ausgrenzung», in: *Die Juden in Deutschland, 1933–1945. Leben unter nationalsozialistischer Herrschaft*, hrsg. von Wolfgang Benz, München 1988, S. 545–659.
–, «Rehearsing for Murder: The Beginning of the Final Solution in Lithuania in June 1941», in: *Holocaust and Genocide Studies* 12 (1998), S. 3–26.
–, «The Ultimate Refuge: Suicide in the Jewish Community under the Nazis», in: *Year Book of the Leo Baeck Institute* 29 (1984), S. 135–167.
Laborie, Pierre, «The Jewish Statutes in Vichy France and Public Opinion», in: *Yad Vashem Studies* 22 (1992), S. 89–114.
Lambauer, Barbara, «Opportunistischer Antisemitismus: Der deutsche Botschafter Otto Abetz und die Judenverfolgung in Frankreich (1942–1942)», in: *Vierteljahrshefte für Zeitgeschichte* 53 (2005), S. 241–273.
Landau-Czajka, Anna, «The Jewish Question in Poland: Views Expressed in the Catholic Press between the Two World Wars», in: *Polin: Studies in Polish Jewry* 11 (1998), S. 263–278.
Langbein, Hermann, *Menschen in Auschwitz*, Wien/München ⁴1999.
–, «The Auschwitz Underground», in: *Anatomy of the Auschwitz Death Camp*, hrsg. von Yisrael Gutman und Michael Berenbaum, Bloomington 1994, S. 485–502.

Lappin, Eleanore, «The Death Marches of Hungarian Jews Through Austria in the Spring of 1945», in: *Yad Vashem Studies* 28 (2000), S. 203–242.
Laqueur, Tom, «The Sound of Voices Intoning Names», in: *London Review of Books* 19, 5. Juni 1997, S. 3–8.
Laqueur, Walter, «Auschwitz», in: *The Bombing of Auschwitz: Should the Allies Have Attempted It?*, hrsg. von Michael J. Neufeld und Michael Berenbaum, New York 2000, S. 186–192.
–, «Three Witnesses: The Legacy of Viktor Klemperer, Willy Cohn and Richard Koch», in: *Holocaust and Genocide Studies* 10 (1996), S. 252–298.
–, *Was niemand wissen wollte: Die Unterdrückung der Nachrichten über Hitlers «Endlösung»*, Frankfurt a. M. 1981.
Laqueur, Walter/Baumel, Judith Tydor (Hrsg.), *The Holocaust Encyclopedia*, New Haven 2001.
Laqueur, Walter/Breitman, Richard, *Breaking the Silence*, New York 1986.
Large, David Clay, *Einwanderung abgelehnt: Wie eine deutsche Familie versuchte, den Nazis zu entkommen*, München 2004.
Leff, Laurel, *Burried by The Times. The Holocaust and America's Most Important Newspaper*, New York 2005.
Lerchenmueller, Joachim, «Die ‹SD-mäßige› Bearbeitung der Geschichtswissenschaft», in: *Nachrichtendienst, politische Elite und Mordeinheit: Der Sicherheitsdienst des Reichsführers SS*, hrsg. von Michael Wildt, Hamburg 2003, S. 160–189.
Levi, Erik, *Music in the Third Reich*, New York 1994.
Levin, Dov, «July 1944 – The Crucial Month for the Remnants of Lithuanian Jewry», in: *The Nazi Holocaust: Historical Articles on the Destruction of European Jews, Bd. 9: The End of the Holocaust*, hrsg. von Michael Marrus, Westport 1989, S. 447–475.
–, «The Jews in the Soviet Lithuanian Establishment 1940–1941», in: *Soviet Jewish Affairs* 10 (1980), S. 21–37.
–, «The Sovietization of the Baltics and the Jews 1940–1941», in: *Soviet Jewish Affairs* 21 (1991), S. 53–58.
Levine, Hillel, *In Search of Sugihara: The Elusive Japanese Diplomat Who Risked His Life to Rescue 10 000 Jews from the Holocaust*, New York 1996.
Levine, Paul A., «Attitudes and Action: Comparing the Responses of Mid-level Bureaucrats to the Holocaust», in: *«Bystanders» to the Holocaust: A Re-evaluation*, hrsg. von David Cesarani und Paul A. Levine, London 2002, S. 212–236.
–, *From Indifference to Activism: Swedish Diplomacy and the Holocaust, 1938–1944*, Uppsala 1996.
Lewandowski, Józef, «Early Swedish Information about the Nazis' Mass Murder of the Jews», in: *Polin: Studies in Polish Jewry* 13 (2000), S. 113–127.
Lewinski, Jerzy, «The Death of Adam Czerniakow and Janusz Korczak's Last Journey», in: *Polin: Studies in Polish Jewry* 7 (1992), S. 224–252.
Lewy, Guenter, *Die katholische Kirche und das Dritte Reich*, München 1965.
–, *«Rückkehr nicht erwünscht»: Die Verfolgung der Zigeuner im Dritten Reich*, Berlin 2001.
Lifton, Robert Jay, *Ärzte im Dritten Reich*, Berlin 1998.
Lifton, Robert Jay/Hackett, Amy, «Nazi Doctors», in: *Anatomy of the Auschwitz Death Camp*, hrsg. von Yisrael Gutman und Michael Berenbaum, Bloomington 1994, S. 301–316.
Lipstadt, Deborah E., *Beyond Belief: The American Press and the Coming of the Holocaust, 1933–1945*, New York 1986.
Löffler, Klara, *Aufgehoben: Soldatenbriefe aus dem Zweiten Weltkrieg: Eine Studie zur subjektiven Wirklichkeit des Krieges*, Bamberg 1992.
Lösener, Bernhard, «Das Reichsministerium des Inneren und die Judengesetzgebung», in: *Vierteljahrshefte für Zeitgeschichte* 9 (1961), S. 262–313.

London, Louise, *Whitehall and the Jews 1933–1948: British immigration Policy, Jewish Refugees and the Holocaust*, Camebridge 2000.
Longerich, Peter, *Politik der Vernichtung: Eine Gesamtdarstellung der nationalsozialistischen Judenverfolgung*, München 1998.
–, *The Unwritten Order: Hitler's Role in the Final Solution*, Charleston, S. C. 2003.
–, «*Davon haben wir nichts gewußt!*»: *Die Deutschen und die Judenverfolgung 1933–1945*, München 2006.
Lottman, Herbert R., *La Rive gauche: Du Front populaire à la guerre froide*, Paris 1931.
Lower, Wendy, *Nazi Empire-Building and the Holocaust in Ukraine*, Chapel Hill 2005.
Lozowick, Yaacov, «Documentation: ‹Judenspediteur›: A Deportation Train», in: *Holocaust and Genocide Studies* 6 (1991), S. 283–292.
–, «Rollbahn Mord: The Early Activities of Einsatzgruppe C», in: *Holocaust and Genocide Studies* 2 (1987), S. 221–241.
–, *Hitlers Bürokraten: Eichmann, seine willigen Vollstrecker und die Banalität des Bösen*, Zürich/München 2000.
–, «Malice in Action», in: *Yad Vashem Studies* 27 (1999), S. 287–330.
Luebke, David Martin/Milton, Sybil, «Locating the Victim: An Overview of Census-Taking, Tabulation Technology, and Persecution in Nazi Germany», in: *IEEE Annals of the History of Computing* 16/3 (1994), S. 25–39.
Lüdtke, Alf, «The Appeal of Exterminating ‹Others›: German Workers and the Limits of Resistance», in: *Resistance Against the Third Reich, 1933–1990*, hrsg. von Michael Geyer und John W. Boyer, Chicago 1994, S. 53–74.
–, *Eigen-Sinn: Fabrikalltag, Arbeitererfahrungen und Politik vom Kaiserreich bis in den Faschismus*, Hamburg 1993.
Lukacs, John, *Churchill und Hitler: Der Zweikampf: 10. Mai – 31. Juli 1940*, Stuttgart 1992.
MacQueen, Michael, «The Context of Mass Destruction: Agents and Prerequisites of the Holocaust in Lithuania», in: *Holocaust and Genocide Studies* 12 (1998), S. 27–48.
–, «The Conversion of Looted Jewish Assets to Run the German War Machine», in: *Holocaust and Genocide Studies* 18 (2004), S. 27–45.
–, «Massenvernichtung im Kontext: Täter und Voraussetzungen des Holocaust in Litauen», in: *Judenmord in Litauen: Studien und Dokumente*, hrsg. von Wolfgang Benz und Marion Neiss, Berlin 1999, S. 15–34.
Macrakis, Kristie, *Surviving the Swastika: Scientific Research in Nazi Germany*, New York 1993.
Madajczyk, Czeslaw, *Die Deutsche Besatzungspolitik in Polen (1939–1945)*, Wiesbaden 1967.
Magosci, Paul R., *A History of Ukraine*, Seattle 1996.
Malinowski, Stephan, «Vom blauen zum reinen Blut: Antisemitische Adelskritik und adliger Antisemitismus 1871–1944», in: *Jahrbuch für Antisemitismusforschung* 12 (2003), S. 147–168.
Mallmann, Klaus-Michael, «Der qualitative Sprung im Vernichtungsprozess: Das Massaker von Kamenetz-Podolsk Ende August 1941», in: *Jahrbuch für Antisemitismusforschung* 10 (2001), S. 239–264.
Mallmann, Klaus-Michael/Musial, Bogdan (Hrsg.), *Genesis des Genozids: Polen 1939–1941*, Darmstadt 2004.
Malo, Eric, «Le camp de Récébédou (Haute-Garonne)», in: *Le Monde Juif* 153 (1995), S. 97–98.
Manoschek, Walter, «Die Vernichtung der Juden in Serbien», in: *Nationalsozialistische Vernichtungspolitik 1939–1945: Neue Forschungen und Kontroversen*, hrsg. von Ulrich Herbert, Frankfurt a. M. ^{4}2001, S. 209–234.
–, «*Serbien ist judenfrei*»: *Militärische Besatzungspolitik und Judenvernichtung in Serbien 1941/42*, München 1993.

Margry, Karel, «Der Nazi-Film über Theresienstadt», in: *Theresienstadt in der «Endlösung der Judenfrage»*, hrsg. von Miroslav Kárný, Vojtěch Blodig und Margita Kárná, Prag 1992, S. 285–306.
Marrus, Michael R., *The Holocaust in History*, New York 1987.
–, «Le Vatican et les orphelins juifs de la shoah», in: *L'Histoire* 307 (2006), S. 75–85.
Marrus, Michael/Paxton, Robert O., *Vichy et les juifs*, Paris 1990.
Matthäus, Jürgen, «Ausbildungsziel Judenmord? Zum Stellenwert der ‹weltanschaulichen Erziehung› von SS und Polizei im Rahmen der ‹Endlösung›», in: *Zeitschrift für Geschichtswissenschaft* 47 (1999), S. 677–699.
–, «Jenseits der Grenze: Die ersten Massenerschießungen von Juden in Litauen (Juni-August 1941)», in: *Zeitschrift für Geschichtswissenschaft* 44 (1996), S. 97–117.
–, «Weltanschauliche Forschung und Aufwertung: Aus den Akten des Amtes VII im Reichssicherheitshauptamt», in: *Jahrbuch für Antisemitismusforschung* 5 (1996), S. 287–330.
Matthäus, Jürgen/Kwiet, Konrad/Förster, Jürgen/Breitman, Richard (Hrsg.), *Ausbildungsziel Judenmord? «Weltanschauliche Erziehung» von SS, Polizei und Waffen-SS im Rahmen der «Endlösung»*, Frankfurt a. M. 2003.
Mayer, Arno J., *Why Did the Heavens not Darken? The «Final Solution» in History*, New York 1988.
Mayeur, Jean-Marie, «Les églises devant la persécution des Juifs en France», in: *La France et la question juive: 1940–1944: Actes du colloque du Centre de documentation Juive Contemporaine (10.-12. März 1979)*, hrsg. von Georges Wellers, André Kaspi und Serge Klarsfeld, Paris 1981, S. 147–170.
Mazower, Mark, *Inside Hitler's Greece: The Experience of Occupation, 1941–44*, New Haven 1993.
–, *Salonica, City of Ghosts: Christians, Muslims and Jews, 1430–1950*, London 2004.
McCarthy, Jamie/Keren, Daniel/Mazal, Harry W., «The Ruins of the Gas Chambers: A Forensic investigation of Crematoriums at Auschwitz I and Auschwitz-Birkenau», in: *Holocaust and Genocide Studies* 18 (2004), S. 68–103.
Meershoek, Guus, «The Amsterdam Police and the Persecution of the Jews», in: *Holocaust: Critical Concepts in Historical Studies*, Bd. 3, hrsg. von David Cesarani, London/New York 2004, S. 537–556.
Mendelsohn, Ezra, *The Jews of East Central Europe Between the World Wars*, Bloomington 1983.
Mendelsohn, John, *The Judicial System and the Jews in Nazi Germany*, New York 1982.
Messerschmidt, Manfred, *Die Wehrmacht im NS-Staat: Zeit der Indoktrination*, Hamburg 1969.
–, «The Wehrmacht and the Volksgemeinschaft», in: *Journal of Contemporary History* 18 (1983), S. 719–744.
Meurant, Jacques, *La Presse et l'opinion de la Suisse romande face à l'Europe en guerre, 1939–1941*, Neuchâtel 1976.
Meyer, Ahlrich, *Täter im Verhör: Die Endlösung der Judenfrage in Frankreich 1940–1944*, Darmstadt 2005.
Meyer, Beate, «Das unausweichliche Dilemma: Die Reichsvereinigung der Juden in Deutschland, die Deportationen und die untergetauchten Juden», in: *Überleben im Untergrund: Hilfe für Juden in Deutschland, 1941–1945*, hrsg. von Beate Kosmala und Claudia Schoppmann, Berlin 2002, S. 273–296.
–, «Gratwanderung zwischen Verantwortung und Verstrickung – Die Reichsvereinigung der Juden in Deutschland und die Jüdische Gemeinde zu Berlin 1938–1945», in: *Juden in Berlin, 1938–1945: Begleitband zur gleichnamigen Ausstellung in der Stiftung «Neue Synagoge Berlin – Centrum Judaicum», Mai bis August 2000*, hrsg. von Beate Meyer und Hermann Simon, Berlin 2000, S. 291–337.

Bibliographie 1273

–, «Jüdische Mischlinge»: Rassenpolitik und Verfolgungserfahrung 1933–1945, Hamburg 1999.
Meyer, Beate/Simon, Hermann (Hrsg.), Juden in Berlin 1938–1945: Begleitband zur gleichnamigen Ausstellung in der Stiftung «Neue Synagoge Berlin-Centrum Judaicum», Mai bis August 2000, Berlin 2000.
Meyer, Winfried, Unternehmen Sieben: Eine Rettungsaktion für vom Holocaust Bedrohte aus dem Amt Ausland/Abwehr im Oberkommando der Wehrmacht, Frankfurt a. M. 1993.
Miccoli, Giovanni, Les Dilemmes et les silences de Pie XII – Vatican, Seconde Guerre mondiale et Shoa, Brüssel 2005.
Michlic-Coren, Joanna, «Battling Against the Odds: Culture, Education and the Jewish Intelligentsia in the Warsaw Ghetto, 1940–1942», in: East European Jewish Affairs 27 (1997), S. 77–92.
Michman, Dan, Holocaust Historiography: A Jewish Perspective: Conceptualizations, Terminology, Approaches, and Fundamental Issues, London 2003.
Michman, Dan (Hrsg.), Belgium and the Holocaust: Jews, Belgians, Germans, Jerusalem 1998.
Michman, Joseph, «The Controversial Stand of the Joodse Raad in the Netherlands: Lodewijk E. Visser's Struggle», in: Yad Vashem Studies 10 (1974), S. 9–68.
Mierzejewski, Alfred C., «A Public Enterprise in the Service of Mass Murder: The Deutsche Reichsbahn and the Holocaust», in: Holocaust and Genocide Studies 15 (2001), S. 33–46.
Milfull, John, Why Germany? National Socialist Anti-semitism and the European Context, Providence 1993.
Milgram, Avraham, «Portugal, the Consuls and the Jewish Refugees: 1938–1941», in: Yad Vashem Studies 37 (1999), S. 123–155.
Milton, Sybil, «Deportations», in: 1945: The Year of Liberation, hrsg. von Kevin Mahoney und dem United States Holocaust Memorial Museum, Washington, D. C. 1995, S. 90.
Milton, Sybil/Markon, Genya (Hrsg.), «Photography and the Holocaust», in: History of Photography 23 (1999), S. 303–400.
Moeller, Felix, Der Filmminister: Goebbels und der Film im Dritten Reich, Berlin 1998.
Moll, Martin, «Die Abteilung Wehrmachtpropaganda im Oberkommando der Wehrmacht: Militärische Bürokratie oder Medienkonzern?», in: Beiträge zur Geschichte des Nationalsozialismus 17. «Bürokratien», hrsg. von Wolf Gruner und Armin Nolzen, Berlin 2001, S. 111–150.
Mommsen, Hans, Auschwitz, 17. Juli 1942: Der Weg zur europäischen «Endlösung der Judenfrage», München ²2002.
–, «Der Widerstand gegen Hitler und die nationalsozialistische Judenverfolgung», in: ders., Alternative zu Hitler: Studien zur Geschichte des deutschen Widerstandes, München 2000, S. 384–415.
–, «The Realization of the Unthinkable», in: ders., From Weimar to Auschwitz. Essays in German History, Princeton 1991, S. 224–253.
Moore, Bob, «The Dutch Churches, Christians and the Rescue of Jews in the Netherlands», in: Dutch Jews as Perceived by Themselves and by Others: Proceedings of the Eighth International Symposium on the History of the Jews in the Netherlands, hrsg. von Chaya Brasz und Yosef Kaplan, Leiden 2001, S. 277–288.
–, Victims and Survivors: The Nazi Persecution of the Jews in the Netherlands, 1940–1945, London 1997.
Morley, John F., Vatican Diplomacy and the Jews during the Holocaust, 1939–1943, New York 1980.
Moser, Jonny, «Dr. Benjamin Murmelstein, ein ewig Beschuldigter?», in: Theresienstadt in der «Endlösung der Judenfrage», hrsg. von Miroslav Kárný, Vojtěch Blodig und Margita Kárná, Prag 1992, S. 88–95.

Moser, Jonny, «Österreich», in: *Dimension des Völkermords: Die Zahl der jüdischen Opfer des Nationalsozialismus*, hrsg. von Wolfgang Benz, München 1991, S. 67–93.

Müller, Ingo, *Furchtbare Juristen: Die unbewältigte Vergangenheit unserer Justiz*, München 1989.

Müller, Melissa, *Das Mädchen Anne Frank: Die Biographie*, München 1998.

Müller, Rolf-Dieter, *Hitlers Ostkrieg und die deutsche Siedlungspolitik: Die Zusammenarbeit von Wehrmacht, Wirtschaft und SS*, Frankfurt a. M. 1991.

–, «Von der Wirtschaftsallianz zum kolonialen Ausbeutungskrieg», in: *Das Deutsche Reich und der Zweite Weltkrieg*, Bd. 4: *Der Angriff auf die Sowjetunion*, hrsg. von Horst Boog u. a., Stuttgart 1983, S. 98–189.

München, Stadtarchiv (Hrsg.), *«... verzogen, unbekannt wohin»: Die erste Deportation von Münchner Juden im November 1941*, Zürich 2000.

Musial, Bogdan, «Das Schlachtfeld zweier totalitärer Systeme: Polen unter deutscher und sowjetischer Herrschaft 1939–1941», in: *Genesis des Genozids: Polen 1939–1941*, hrsg. von Klaus-Michael Mallmann und Bogdan Musial, Darmstadt 2004, S. 13–35.

Nadelhaft, Erica, «Resistance through Education: Polish Zionist Youth Movements in Warsaw, 1931–1941», in: *Polin: Studies in Polish Jewry* 9 (1996), S. 212–231.

Neufeld, Michael J./Berenbaum, Michael (Hrsg.), *The Bombing of Auschwitz: Should the Allies Have Attempted It?*, New York 2000.

Ne'eman Arad, Gulie, *America, Its Jews, and the Rise of Nazism*, Bloomington 2000.

Niewyk, Donald L. (Hrsg.), *Fresh Wounds: Early Narratives of Holocaust Survival*, Chapel Hill 1998.

Noakes, Jeremy, «The Development of Nazi Policy Towards the German-Jewish ‹Mischlinge› 1933–1945», in: *Holocaust: Critical Concepts in Historical Studies*, Bd. 1, hrsg. von David Cesarani, London/New York 2004, S. 239–311.

Ofer, Dalia, *Escaping the Holocaust: Illegal Immigration to the Land of Israel, 1939–1944*, New York 1990.

Overy, Richard J., *War and Economy in the Third Reich*, New York 1994.

Ozsváth, Zsuzsanna, *In the Footsteps of Orpheus: The Life and Times of Miklós Radnóti*, Bloomington 2000.

Pätzold, Kurt, «Lidice», in: *Enzyklopädie des Nationalsozialismus*, hrsg. von Wolfgang Benz, Hermann Graml und Hermann Weiß, Stuttgart 1997, S. 568–569.

Papen, Patricia von, «Schützenhilfe nationalsozialistischer Judenpolitik: Die ‹Judenforschung› des ‹Reichsinstituts für Geschichte des neuen Deutschlands›, 1935–1945», in: *«Beseitigung des jüdischen Einflusses ...»: Antisemitische Forschung, Eliten und Karrieren im Nationalsozialismus*, hrsg. vom Fritz-Bauer-Institut, Frankfurt a. M. 1999, S. 17–42.

Passelecq, Georges/Suchecky, Bernard, *Die unterschlagene Enzyklika: Der Vatikan und die Judenverfolgung*, München 1997.

Paucker, Arnold/Kwiet, Konrad, «Jewish Leadership and Jewish Resistance», in: *Probing the Depths of German Antisemitism: German Society and the Persecution of the Jews, 1933–1945*, hrsg. von David Bankier, New York 2000, S. 371–394.

Paulsson, Gunnar S., «The ‹Bridge over the øresund›: The Historiography on the Expulsion of the Jews from Nazi-occupied Denmark», in: *Holocaust: Critical Concepts in Historical Studies*, Bd. 5, hrsg. von David Cesarani, London/New York 2004, S. 99–127.

Paxton, Robert O., *Vichy France: Old Guard and New Order, 1940–1944*, New York 2001.

Payne, Stanley, *Geschichte des Faschismus: Aufstieg und Fall einer europäischen Bewegung*, München/Berlin 2001.

Peled, Yael, *Jewish Cracow, 1939–1943: Resistance, Underground, Struggle*, Tel Aviv 1993.

Perz, Bertrand/Sandkühler, Thomas, «Auschwitz und die ‹Aktion Reinhard› 1942–

1945. Judenmord und Raubpraxis in neuer Sicht», in: *Zeitgeschichte* 26 (1999), S. 283-316.

Peschanski, Denis, «The Statutes on Jews October 3, 1940 and June 2, 1941», in: *Yad Vashem Studies* 22 (1992), S. 65-88.

–, *Vichy, 1940–1944: Contrôle et exclusion*, Brüssel 1997.

Petropoulos, Jonathan G., *Kunstraub und Sammelwahn: Kunst und Politik im Dritten Reich*, Berlin 1999.

Peukert, Detlev, «The Genesis of the ‹Final Solution› from the Spirit of Science», in: *Reevaluating the Third Reich*, hrsg. von Thomas Childers und Jane Caplan, New York 1993, S. 234-252.

Phayer, Michael, *The Catholic Church and the Holocaust, 1930–1965*, Bloomington 2000.

Pietrow-Ennker, Bianka, «Die Sowjetunion in der Propaganda des Dritten Reiches: Das Beispiel der Wochenschau», in: *Militärgeschichtliche Mitteilungen* 46 (1989), S. 79-120.

Piper, Ernst, «Nationalsozialistische Kulturpolitik und ihre Profiteure: Das Beispiel München», in: *«Niemand war dabei und keiner hat's gewußt»: Die deutsche Öffentlichkeit und die Judenverfolgung 1933–1945*, hrsg. von Jörg Wollenberg, München/Zürich ²1989, S. 129-157.

Piper, Franciszek, «The Number of Victims», in: *Anatomy of the Auschwitz Death Camp*, hrsg. von Yisrael Gutman und Michael Berenbaum, Bloomington 1994, S. 61-76.

Pohl, Dieter, «Die Ermordung der Juden im Generalgouvernement», in: *Nationalsozialistische Vernichtungspolitik 1939–1945: Neue Forschungen und Kontroversen*, hrsg. von Ulrich Herbert, Frankfurt a. M. ⁴2001, S. 98-121.

–, «Hans Krüger and the Murder of the Jews in the Stanisławów Region (Galicia)», in: *Yad Vashem Studies* 26 (1998), S. 239-264.

–, *Nationalsozialistische Judenverfolgung in Ostgalizien 1941–1944: Organisation und Durchführung eines staatlichen Massenverbrechens*, München 1996.

–, «Schauplatz Ukraine: Der Massenmord an den Juden im Militärverwaltungsgebiet und im Reichskommissariat 1941–1943», in: *Ausbeutung, Vernichtung, Öffentlichkeit: Neue Studien zur nationalsozialistischen Lagerpolitik*, hrsg. von Norbert Frei, Sybille Steinbacher und Bernd C. Wagner, München 2000, S. 135-173.

–, *Von der «Judenpolitik» zum Judenmord: Der Distrikt Lublin des Generalgouvernements 1939–1944*, Frankfurt a. M. 1993.

Pollmann, Viktoria, *Untermieter im Christlichen Haus: Die Kirche und die «jüdische Frage» anhand der Bistumspredigten der Metropole Krakau 1926–1935*, Wiesbaden 2001.

Polonsky, Antony, «Beyond Condemnation, Apologetics and Apologies: On the Complexity of Polish Behavior toward the Jews during the Second World War», in: *Holocaust: Critical Concepts in Historical Studies*, Bd. 5, hrsg. von David Cesarani, London/New York 2004, S. 29-72.

–, «A Failed Pogrom: The Demonstrations in Lwów, June 1929», in: *The Jews of Poland Between Two World Wars*, hrsg. von Yisrael Gutman, Ezra Mendelsohn, Jehuda Reinharz und Chone Shmeruk, Hanover, NH 1989, S. 109-125.

–, «Introduction», in: Abraham Lewin, *A Cup of Tears: A Diary of the Warsaw Ghetto*, hrsg. von Antony Polonsky, Oxford 1988, S. 1-54.

Polonsky, Antony/Davies, Norman (Hrsg.), *Jews in Eastern Poland and the USSR, 1939–1946*, New York 1991.

Polonsky, Antony/Michlic, Joanna B. (Hrsg.), *The Neighbors Respond: The Controversy over the Jedwabne Massacre in Poland*, Princeton 2004.

Porat, Dina, *The Blue and the Yellow Stars of David: The Zionist Leadership in Palestine and the Holocaust, 1939–1945*, Cambridge, Mass. 1990.

–, «The Legend of the Struggle of Jews from the Third Reich in the Ninth Fort near Kovno: 1941–1942», in: *Tel Aviver Jahrbuch für deutsche Geschichte* 20 (1991), S. 363-392.

–, «The Transnistria Affair and the Rescue Policy of the Zionist Leadership in Pale-

stine, 1942–1943», in: *The Nazi Holocaust: Historical Articles on the Destruction of European Jews*, Bd. 9: *The End of the Holocaust*, hrsg. von Michael Marrus, Westport 1989, S. 223–248.
–, «The Vilna Proclamation of January 1, 1942, in Historical Perspective», in: *Yad Vashem Studies* 25 (1996), S. 99–136.
–, «Zionist Pioneering Youth Movements in Poland and Their Attitude to Erets Israel during the Holocaust», in: *Polin: Studies in Polish Jewry* 9 (1996), S. 195–211.
–, *Beyond the Reaches of Our Souls: The Life and Times of Abba Kovner*, Tel Aviv 2000.
Porter, Brian, «Making a Space for Antisemitism: The Catholic Hierarchy and the Jews in the Early Twentieth Century», in: *Polin: Studies in Polish Jewry* 16 (2003), S. 415–429.
Potthast, Björn, *Das Jüdische Zentralmuseum der SS in Prag: Gegnerforschung und Völkermord im Nationalsozialismus*, Frankfurt a. M. 2002.
Poznanski, Renée, *Être juif en France pendant la Seconde Guerre mondiale*, Paris 1994.
–, «Introduction», in: Biélinky, Jacques, *Journal, 1940–1942: Un journaliste juif à Paris sous l'Occupation*, hrsg. von Renée Poznanski, Paris 1992, S. 11–32.
–, «Jews and Non-Jews in France during World War II: A Daily Life Perspective», in: *Lessons and Legacies V: The Holocaust and Justice*, hrsg. von Ronald Smelser, Evanston, IL 2002, S. 295–312.
–, *Jews in France during World War II*, Hanover 2001.
–, «The Jews of France and the Statutes on Jews: 1940–1941», in: *Yad Vashem Studies* 22 (1992), S. 115–146.
Presser, J., «Introduction», in: Philip Mechanicus, *Waiting for Death: A Diary*, London 1968, S. 5–12.
–, *Ashes in the Wind: The Destruction of Dutch Jewry*, Detroit 1988.
Przyrembel, Alexandra/Schönert, Jörg (Hrsg.), *«Jud Süss»: Hofjude, literarische Figur, antisemitisches Zerrbild*, Frankfurt a. M. 2006.
Pugliese, Stanislao G., «Bloodless Torture: The Books of the Roman Ghetto under the Nazi Occupation», in: *The Holocaust and the Book: Destruction and Preservation*, hrsg. von Jonathan Rose, Amherst, Mass. 2001, S. 47–58.
Raim, Edith, «Zwangsarbeit und Vernichtung im letzten Kriegsjahr», in: *Theresienstadt in der «Endlösung der Judenfrage»*, hrsg. von Miroslav Kárný, Vojtěch Blodig und Margita Kárná, Prag 1992, S. 256–266.
Rajsfus, Maurice, *Drancy: Un camp de concentration très ordinaire, 1941–1944*, Paris 1996.
Raphael, Lutz, «Die Pariser Universität unter deutscher Besatzung 1940–1944», in: *Geschichte und Gesellschaft* 23 (1997), S. 507–534.
Rautkallio, Hannu, *Finland and the Holocaust: The Rescue of Finland's Jews*, New York 1987.
Redlich, Shimon, «Metropolitan Andrei Sheptyts'kyi, Ukrainians and Jews During and After the Holocaust», in: *Holocaust and Genocide Studies* 5 (1990), S. 39–51.
–, *Propaganda and Nationalism in Wartime Russia: The Jewish Antifascist Committee in the USSR, 1941–1948*, Boulder, CO 1982.
–, *Together and Apart in Brzezany: Poles, Jews, and Ukrainians, 1919–1945*, Bloomington 2002.
Rémond, René, *Le «Fichier juif»: Rapport de la Commission Présidée par René Rémond au Premier Ministre*, Paris 1996.
Rentschler, Eric, *The Ministry of Illusion: Nazi Cinema and its Afterlife*, Cambridge, MA 1996.
Reymes, Nicolas, «Le pillage des bibliothèques appartenant à des juifs pendant l'Occupation», in: *Revue d'Histoire de la Shoah. Le monde juif* 168 (2000), S. 31–56.
Rigg, Bryan Mark, *Hitlers jüdische Soldaten*, Paderborn 2003.
–, *Rescued from the Reich: How One of Hitler's Soldiers Saved the Lubavitcher Rebbe*, New Haven 2004.

Röhm, Eberhard/Thierfelder, Jörg, *Juden, Christen, Deutsche 1933–1945*, 3 Bde., Stuttgart 1990 ff.
Rössler, Mechthild/Schleiermacher, Sabine/Tollmien, Cordula (Hrsg.), *Der «Generalplan Ost»: Hauptlinien der nationalsozialistischen Planungs- und Vernichtungspolitik*, Berlin 1993.
Rogers, Barbara, «British Intelligence and the Holocaust», in: *The Journal of Holocaust Education* 8 (1999), S. 89–106.
Rose, Norman, *Chaim Weizmann: A Biography*, New York, NY 1986.
Roseman, Mark, *Die Wannsee-Konferenz: Wie die NS-Bürokratie den Holocaust organisierte*, München 2002.
–, *In einem unbewachten Augenblick: Eine Frau überlebt im Untergrund*, Berlin 2002.
Rosenkötter, Bernhard, *Treuhandpolitik: Die «Haupttreuhandstelle Ost» und der Raub polnischen Vermögens 1939–1945*, Essen 2003.
Roskies, David G., «Landkentenish: Yiddish Belles Lettres in the Warsaw Ghetto», in: *Holocaust Chronicles: Individualizing the Holocaust through Diaries and Other Contemporaneous Personal Accounts*, hrsg. von Robert Moses Shapiro, Hoboken, NJ 1999, S. 11–29.
–, *The Literature of Destruction: Jewish Responses to Catastrophe*, Philadelphia 1988.
Rossino, Alexander B., «Destructive Impulses: German Soldiers and the Conquest of Poland», in: *Holocaust and Genocide Studies* 11 (1997), S. 351–365.
–, *Hitler Strikes Poland: Blitzkrieg, Ideology and Atrocity*, Lawrence, KS 2003.
–, «Polish ‹Neighbors› and German Invaders: Anti-Jewish Violence in the Bialystok District during the Opening Weeks of Operation Barbarossa», in: *Polin: Studies in Polish Jewry* 16 (2003), S. 431–452.
Rother, Bernd, «Franco und die deutsche Judenverfolgung», in: *Vierteljahrshefte für Zeitgeschichte* 46 (1998), S. 189–220.
–, *Spanien und der Holocaust*, Tübingen 2001.
Rothkirchen, Livia, «Slovakia», in: *The Holocaust Encyclopedia*, hrsg. von Walter Laqueur und Judith Tydor Baumel, New Haven 2001, S. 595–600.
–, «The ‹Final Solution› in its Last Stages», in: *The Nazi Holocaust: Historical Articles on the Destruction of European Jews*, Bd. 9: *The End of the Holocaust*, hrsg. von Michael Marrus, Westport 1989, S. 332–355.
–, «The Situation of the Jews in Slovakia between 1939 and 1945», in: *Jahrbuch für Antisemitismusforschung* 7 (1998), S. 46–70.
–, «The Protectorate Government and the ‹Jewish Question›, 1939–1941», in: *Yad Vashem Studies* 27 (1999), S. 331–362.
Rovit, Rebecca/Goldfarb, Alvin (Hrsg.), *Theatrical Performance during the Holocaust: Texts, Documents, Memoirs*, Baltimore 1999.
Rozen, Minna, *The Last Ottoman Century and Beyond: The Jews in Turkey and the Balkans 1808–1945*, Ramat-Aviv 2002.
–, «Jews and Greeks Remember Their Past: The Political Career of Tsevi Koretz (1933–43)», in: *Jewish Social Studies* 12 (2005), S. 111–166.
Rozett, Robert, «Jewish and Hungarian Armed Resistance in Hungary», in: *Yad Vashem Studies* 19 (1988), S. 269–288.
Rubenstein, Joshua, *Tangled Loyalties. The Life and Times of Ilya Ehrenburg*, New York 1996.
Rückerl, Adalbert (Hrsg.), *Nationalsozialistische Vernichtungslager: Belzec, Sobibor, Treblinka, Chelmno*, München 1977.
–, *NS-Prozesse: Nach 25 Jahren Strafverfolgung: Möglichkeiten, Grenzen, Ergebnisse*, Karlsruhe ²1972.
Rupnow, Dirk, «‹Ihr müßt sein, auch wenn ihr nicht mehr seid›: The Jewish Central Museum in Prague and Historical Memory in the Third Reich», in: *Holocaust and Genocide Studies* 16 (2002), S. 23–53.

Saerens, Lieven, «Antwerp's Attitude Toward the Jews from 1918 to 1940 and Its Implications for the Period of Occupation», in: *Belgium and the Holocaust: Jews, Belgians, Germans*, hrsg. von Dan Michman, Jerusalem 1998, S. 159–194.
–, «The Attitude of the Belgian Roman Catholic Clergy Towards the Jews Prior to the Occupation», in: *Belgium and the Holocaust: Jews, Belgians, Germans*, hrsg. von Dan Michman, Jerusalem 1998, S. 117–157.
Safrian, Hans, *Die Eichmann-Männer*, Wien 1992.
Sakowska, Ruta, *Menschen im Ghetto: Die jüdische Bevölkerung im besetzten Warschau 1939–1943*, Osnabrück 1999.
–, «Two Forms of Resistance in the Warsaw Ghetto: Two Functions of the Ringelblum Archives», in: *Yad Vashem Studies* 21 (1991), S. 189–219.
Salemink, Theo, «Strangers in a Strange Country: Catholic Views of Jews in the Netherlands, 1918–1945», in: *Dutch Jews As Perceived by Themselves and by Others*, hrsg. von Chaya Brasz und Yosef Kaplan, Leiden 2001, S. 107–125.
Sandkühler, Thomas, *«Endlösung» in Galizien: Der Judenmord in Ostpolen und die Rettungsinitiativen von Berthold Beitz, 1941–1944*, Bonn 1996.
–, «Judenpolitik und Judenmord im Distrikt Galizien, 1941–1942», in: *Nationalsozialistische Vernichtungspolitik 1939–1945: Neue Forschungen und Kontroversen*, hrsg. von Ulrich Herbert, Frankfurt a. M. ^{4}2001, S. 122–147.
Sattler, Friederike, «Der Handelstrust West in den Niederlanden», in: *Die Dresdner Bank im Dritten Reich*, 3 Bde., hrsg. von Klaus-Dietmar Henke, Bd. 3: Harald Wixforth, *Die Expansion der Dresdner Bank in Europa*, München 2006, S. 682–791.
Sauer, Paul, «Otto Hirsch (1885–1941): Director of the Reichsvertretung», in: *Year Book of the Leo Baeck Institute* 32 (1987), S. 341–368.
Scheffler, Wolfgang, «Die Einsatzgruppe A 1941/2», in: *Die Einsatzgruppen in der besetzten Sowjetunion 1941/42: Die Tätigkeits- und Lageberichte des Chefs der Sicherheitspolizei und des SD*, hrsg. von Peter Klein, Berlin 1997, S. 29–51.
–, «The Forgotten Part of the ‹Final Solution›: The Liquidation of the Ghettos», in: *Simon Wiesenthal Center Annual* 2 (1985), S. 31–51.
Schiefelbein, Dieter, «Das Institut zur Erforschung der Judenfrage Frankfurt am Main», in: *«Beseitigung des jüdischen Einflusses ...»: Antisemitische Forschung, Eliten und Karrieren im Nationalsozialismus*, hrsg. vom Fritz-Bauer-Institut, Frankfurt a. M. 1999, S. 43–71.
Schöttler, Peter (Hrsg.), *Geschichtsschreibung als Legitimationswissenschaft 1918–1945*, Frankfurt a. M. 1997.
Scholder, Klaus, «Ein Requiem für Hitler», in: Klaus Scholder, *Die Kirchen zwischen Republik und Gewaltherrschaft: Gesammelte Aufsätze*, hrsg. von Karl Otmar von Aretin und Gerhard Besier, Berlin 1988, S. 228–238.
Schrijvers, Piet H., «Truth is the Daughter of Time: Prof. David Cohen as Seen by Himself and by Others», in: *Dutch Jews as Perceived by Themselves and by Others*, hrsg. von Chaya Brasz und Yosef Kaplan, Leiden 2001, S. 355–370.
Schulte, Erik, *Zwangsarbeit und Vernichtung: Das Wirtschaftsimperium Oswald Pohls und das SS-Wirtschafts- und Verwaltungshauptamt*, Paderborn 2001.
Schulze, Winfried/Oexle, Otto Gerhard (Hrsg.), *Deutsche Historiker im Nationalsozialismus*, Frankfurt a. M. 1999.
Schwarberg, Günther, *Der SS-Arzt und die Kinder*, Hamburg 1979.
Schwarz, Gudrun, *Eine Frau an seiner Seite: Ehefrauen in der «SS-Sippengemeinschaft»*, Hamburg 1997.
Schwarzfuchs, Simon, *Aux prises avec Vichy: Histoire politique des Juifs de France, 1940–1944*, Paris 1998.
Segev, Tom, *Die siebte Million: Der Holocaust und Israels Politik der Erinnerung*, Reinbek bei Hamburg 1995.

Seidman, Hillel, *Ishim she-hikarti: Demuyot me-'avar karov be-Mizrah Eropah*, Jerusalem 1970.
Sellier, André, *Zwangsarbeit im Raketentunnel: Geschichte des Lagers Dora*, Lüneburg 2000.
Sereny, Gitta, *Into the Darkness: From Mercy Killing to Mass Murder*, London 1974.
Shapiro, Paul A., «The Jews of Chişinău (Kishinev): Romanian Reoccupation, Ghettoization, Deportation», in: *The Destruction of Romanian and Ukrainian Jews during the Antonescu Era*, hrsg. von Randolph L. Braham, Boulder, CO 1997, S. 135–193.
Shapiro, Robert Moses, «Diaries and Memoirs from the Lodz Ghetto in Yiddish and Hebrew», in: *Holocaust Chronicles: Individualizing the Holocaust through Diaries and Other Contemporaneous Personal Accounts*, hrsg. von Robert Moses Shapiro, Hoboken, NJ 1999, S. 95–115.
Shelach, Menachem, «Sajmiste – An Extermination Camp in Serbia», in: *Holocaust and Genocide Studies* 2 (1987), S. 243–260.
–, «The Catholic Church in Croatia, the Vatikan and the Murder of the Croatian Jews», in: *Holocaust and Genocide Studies* 4 (1989), S. 323–339.
–, «Jasenovac», in: *Enzyclopedia of the Holocaust*, hrsg. von Yisrael Gutmann, New York 1990, S. 739–740.
Shelach, Menachem (Hrsg.), *Yugoslavia*, Jerusalem 1990.
Sijes, B. A., «The Position of the Jews during the German Occupation of the Netherlands: Some Observations», in: *The Nazi Holocaust: Historical Articles on the Destruction of European Jews*, Bd. 4: *The «Final Solution» Outside Germany*, hrsg. von Michael Marrus, Westport 1989, S. 146–168.
Singer, Claude, *Le Juif Süss et la propagande Nazie: L'Histoire confisquée*, Paris 2003.
–, *Vichy, l'université et les juifs: Les silences et la mémoire*, Paris 1992.
Slezkine, Yuri, *The Jewish Century*, Princeton 2004.
Smelser, Ronald M., *Robert Ley: Hitlers Mann an der «Arbeitsfront»: Eine Biographie*, Paderborn 1989.
Smelser, Ronald M. (Hrsg.), *Lessons and Legacies V: The Holocaust and Justice*, Evanston, Ill. 2000.
Smelser, Ronald M./Syring, Enrico (Hrsg.), *Die SS: Elite unter dem Totenkopf. 30 Lebensläufe*, Paderborn 2000.
Sofsky, Wolfgang, *Die Ordnung des Terrors: Das Konzentrationslager*, Frankfurt a. M. 1993.
Spector, Shmuel, «Aktion 1005 – Effacing the Murder of Millions», in: *Holocaust and Genocide Studies* 5 (1990), S. 157–173.
–, *The Holocaust of Volhynian Jews: 1941–1944*, Jerusalem 1990.
Stargardt, Nicholas, *Wittness of War: Children's Lives under the Nazis*, London 2005.
Steinbacher, Sybille, *Auschwitz: Geschichte und Nachgeschichte*, München 2004.
–, «In the Shadow of Auschwitz: The Murder of the Jews of East Upper Silesia», in: *Holocaust: Critical Concepts in Historical Studies*, Bd. 2, hrsg. von David Cesarani, New York 2004, S. 110–136.
–, *«Musterstadt» Auschwitz: Germanisierungspolitik und Judenmord in Ostoberschlesien*, München 2000.
Steinberg, Jonathan, *All or nothing: The Axis and the Holocaust, 1941–1943*, London 1990.
–, *Deutsche, Italiener und Juden: Der italienische Widerstand gegen den Holocaust*, Göttingen 1992.
Steinberg, Lucien/Fitère, Jean Marie, *Les Allemands en France: 1940–1944*, Paris 1980.
Steinberg, Maxime, *La persécution des juifs en Belgique (1940–1945)*, Brüssel 2004.
–, «The Judenpolitik in Belgium within the West European Context: Comparative Observations», in: *Belgium and the Holocaust: Jews, Belgians, Germans*, hrsg. von Dan Michman, Jerusalem 1998, S. 199–221.

Steinert, Marlis G., *Hitlers Krieg und die Deutschen: Stimmen und Haltung der deutschen Bevölkerung im 2. Weltkrieg*, Düsseldorf/Wien 1970.
Steinlauf, Michael, *Bondage to the Dead: Poland and the Memory of the Holocaust*, Syracuse, NY 1997.
Sternhell, Zeev, *La Droite Révolutionnaire: 1885–1914: Les Origines françaises du fascisme*, Paris 1978.
–, *Neither Right nor Left: Fascist Ideology in France*, Berkeley 1986.
Stille, Alexander, *Benevolence and Betrayal: Five Italian Jewish Families under Fascism*, London 1992.
Streim, Alfred, «Zur Eröffnung des allgemeinen Judenvernichtungsbefehls gegenüber den Einsatzgruppen», in: *Der Mord an den Juden im Zweiten Weltkrieg: Entschlußbildung und Verwirklichung*, hrsg. von Eberhard Jäckel und Jürgen Rohwer, Stuttgart 1985, S. 107–119.
Streit, Christian, *Keine Kameraden: Die Wehrmacht und die Sowjetischen Kriegsgefangenen 1941–1945*, Stuttgart 1978.
Szobar, Patricia, «Telling Sexual Stories in the Nazi Courts of Law: Race Defilement in Germany 1933–1945», in: *Journal of the History of Sexuality* 11 (2002), S. 131–163.
Tec, Nechama, *Ich wollte retten: Die unglaubliche Geschichte der Bielski-Partisanen 1942–1944*, Berlin 2002.
Tec, Nechama/Weiss, Daniel, «The Heroine of Minsk: Eight Photographs of an Execution», in: *History of Photography* 23 (1999), S. 322–330.
Tegel, Susan, «‹The Demonic Effect›: Veit Harlan's Use of Jewish Extras in Jud Süss (1940)», in: *Holocaust and Genocide Studies* 14 (2000), S. 215–241.
–, «The Politics of Censorship: Britain's ‹Jew Süss› (1934) in London, New York and Vienna», in: *Historical Journal of Film, Radio and Television* 15 (1995), S. 219–244.
Teveth, Shabtai, *Ben-Gurion and the Holocaust*, New York 1996.
Tilkovszky, Loránd, «The Late Interwar Years and World War II», in: *A History of Hungary*, hrsg. von Peter F. Sugar, Bloomington 1994, S. 339–355.
Tönsmeyer, Tatjana, *Das Dritte Reich und die Slowakei 1939–1945: Politischer Alltag zwischen Kooperation und Eigensinn*, Paderborn 2003.
Trunk, Isaiah, *Jewish Responses to Nazi Persecution: Collective and Individual Behavior in Extremis*, New York 1979.
–, *Judenrat: The Jewish Councils in Eastern Europe under Nazi Occupation*, New York 1972.
Tucker, Robert C., *Stalin in Power: The Revolution from Above, 1928–1941*, New York 1992.
Ultee, Wout/Tubergen, Frank von/Ruud Luijkx, «The Unwholesome Theme of Suicide: Forgotten Statistics of Attempted Suicides in Amsterdam and Jewish Suicides in the Netherlands for 1936–1943», in: *Dutch Jews As Perceived by Themselves and by Others*, hrsg: von Chaya Brasz und Yosef Kaplan, Leiden 2001, S. 325–353.
Unabhängige Expertenkommission Schweiz – Zweiter Weltkrieg (Hrsg.), *Die Schweiz, der Nationalsozialismus und der Zweite Weltkrieg*, Zürich 2002.
Ungváry, Krisztián, *Die Schlacht um Budapest: Stalingrad an der Donau 1944/45*, München ⁴2005.
Uziel, Daniel, «Wehrmacht Propaganda Troops and the Jews», in: *Yad Vashem Studies* 29 (2001), S. 27–63.
Verdès-Leroux, Jeannine, *Refus et violences: Politique et littérature à l'extrême droite des années trente aux retombées de la Libération*, Paris 1996.
Verheyde, Philippe, «L'aryanisation economique: Le cas des grandes entreprises», in: *Revue d'Histoire de la Shoah. Le monde juif* 168 (2000), S. 7–30.
Vital, David, *A People Apart: A Political History of the Jews in Europe, 1789–1939*, Oxford 2001.
Vitoux, Frédéric, *Céline: A Biography*, New York 1992.

Volovici, Leon, *Nationalist Ideology and Antisemitism: The Case of Romanian Intellectuals in the 1930s*, Oxford 1991.
Vrba, Rudolf, «Die mißachtete Warnung: Betrachtungen über den Auschwitz-Bericht von 1944», in: *Vierteljahrshefte für Zeitgeschichte* 44 (1996), S. 1–24.
Wachtel, Nathan, *La vision des vaincus: Les Indiens du Pérou devant la conquête espagnole, 1530–1570*, Paris 1970.
Wapinski, Roman, «The Endecja and the Jewish Question», in: *Polin: Studies in Polish Jewry* 12 (1999), S. 271–283.
Warmbrunn, Werner, «Belgium», in: *The Holocaust Encyclopedia*, hrsg. von Walter Laqueur und Judith Tydor Baumel, New Haven 2001, S. 55–60.
–, «Netherlands», in: *The Holocaust Encyclopedia*, hrsg. von Walter Laqueur und Judith Tydor Baumel, New Haven 2001, S. 437–443.
Wasser, Bruno, «Die ‹Germanisierung› im Distrikt Lublin als Generalprobe und erste Realisierungsphase des ‹Generalplans Ost›», in: *Der «Generalplan Ost»: Hauptlinien der nationalsozialistischen Planungs- und Vernichtungspolitik*, hrsg. von Mechthild Rössler, Sabine Schleiermacher und Cordula Tollmien, Berlin 1993, S. 271–293.
Wasserstein, Bernard, *Britain and the Jews of Europe, 1939–1945*, London 1979.
–, «Polish Influences on British Policy Regarding Jewish Rescue Efforts in Poland 1939–1945», in: *Polin: Studies in Polish Jewry* 11 (1998), S. 183–191.
Weber, Eugen, *Action Française: Royalism and Reaction in Twentieth-Century France*, Stanford 1962.
Weinberg, Gerhard L., *Eine Welt in Waffen: Die globale Geschichte des Zweiten Weltkriegs*, Stuttgart 1995.
Weiner, Amir, *Making Sense of War: The Second World War and the Fate of the Bolshevik Revolution*, Princeton 2002.
Weinreich, Max, *Hitler's Professors: The Part of Scholarship in Germany's Crimes against the Jewish People*, New York 1946.
Weiss, Aharon, «Jewish Leadership in Occupied Poland: Postures and Attitudes», in: *Yad Vashem Studies* 12 (1977), S. 335–365.
–, «Youth Movements in Poland during the German Occupation», in: *Zionist Youth Movements during the Shoah*, hrsg. von Asher Cohen und Yehoyakim Cochavi, New York 1995, S. 227–244.
Weiss, Yfaat, «The ‹Emigration Effort› or ‹Repatriation›», in: *Probing the Depths of German Antisemitism: German Society and the Persecution of the Jews, 1933–1941*, hrsg. von David Bankier, New York 2000, S. 360–370.
Wetzel, Juliane, «Die Rothschilds», in: *Enzyklopädie des Nationalsozialismus*, hrsg. von Wolfgang Benz, Hermann Graml und Hermann Weiß, Stuttgart 1997, S. 705.
White, Elizabeth B., «Majdanek: Cornerstone of Himmler's SS Empire in the East», in: *Simon Wiesenthal Center Annual* 7 (1990).
Wierzbicki, Marek, «Die polnisch-jüdischen Beziehungen unter sowjetischer Herrschaft: Zur Wahrnehmung gesellschaftlicher Realität im westlichen Weißrußland 1939–1941», in: *Genesis des Genozids: Polen 1939–1941*, hrsg. von Klaus-Michael Mallmann und Bogdan Musial, Darmstadt 2004, S. 187–205.
Wijngaert, Mark Van den, «The Belgian Catholics and the Jews During the German Occupation, 1940–1944», in: *Belgium and the Holocaust: Jews, Belgians, Germans*, hrsg. von Dan Michman, Jerusalem 1998, S. 225–233.
Wildt, Michael, *Generation des Unbedingten: Das Führungskorps des Reichssicherheitshauptamtes*, Hamburg 2002.
Wilhelm, Hans-Heinrich, «Hitlers Ansprache vor Generalen und Offizieren am 26. Mai 1944», in: *Militärgeschichtliche Mitteilungen* 20 (1976), S. 123–170.
Wistrich, Robert S., «The Vatican Documents and the Holocaust: A Personal Report», in: *Polin: Studies in Polish Jewry* 15 (2002), S. 413–443.

Witte, Peter, «Zwei Entscheidungen in der ‹Endlösung der Judenfrage›: Deportationen nach Lodz und Vernichtung in Chelmo», in: *Theresienstadt: Studien und Dokumente*, hrsg. von Miroslav Kárný, Raimund Kemper und Margita Kárná, Prag 1995, S. 38–68.
Wollenberg, Jörg (Hrsg.), «*Niemand war dabei und keiner hat's gewußt*»: *Die deutsche Öffentlichkeit und die Judenverfolgung 1933–1945*, München/Zürich ²1989.
Wyman, David S., *Das unerwünschte Volk: Amerika und die Vernichtung der europäischen Juden*, Frankfurt a. M. 2000.
Wyman, David S./Medoff, Rafael, *A Race Against Death: Peter Bergson, America, and the Holocaust*, New York 2002.
Yahil, Leni, *Die Shoah: Überlebenskampf und Vernichtung der europäischen Juden*, München 1998.
–, *The Holocaust: The Fate of European Jewry*, New York 1991.
–, «Raoul Wallenberg: His Mission and his Activities in Hungary», in: *Yad Vashem Studies* 15 (1983), S. 7–53.
–, *The Rescue of Danish Jewry: Test of a Democracy*, Philadelphia 1969.
Zámečnik, Stanislav, «Dachau – Stammlager», in: *Der Ort des Terrors*, Bd. 2: *Frühe Lager, Dachau, Emslandlager*, hrsg. von Wolfgang Benz und Barbara Distel, München 2005, S. 233–274.
Zeugin, Bettina/Sandkühler, Thomas, *Die Schweiz und die deutschen Lösegelderpressungen in den besetzten Niederlanden: Vermögensentziehung, Freikauf, Austausch 1940–1945: Beitrag zur Forschung*, hrsg. von der Unabhängigen Expertenkommission Schweiz – Zweiter Weltkrieg, Zürich 2001.
Zuccotti, Susan, *Under His Very Windows: The Vatican and the Holocaust in Italy*, New Haven 2000.
–, «The Italian Racial Laws, 1938–1943: A Reevaluation», in: *Studies in Contemporary Jewry*, Bd. 13: *The Fate of European Jews, 1939–1945, Continuity or Contingency?*, hrsg. von Jonathan Frankel, Oxford 1997, S. 133–152.
Zuroff, Efraim, «Rescue Via the Far East: The Attempt to Save Polish Rabbis and Yeshivah Students, 1939–1941», in: *Simon Wiesenthal Center Annual* 1 (1988).

Register

Abel, Leon 178
Abetz, Otto 461, 495 f., 544, 551 f., 762
Abessinien 163, 195, 339
Abetz, Otto 244
Abwehr 393, 690, 927
Action Française 232, 242 ff., 451, 453, 491, 495, 552
Adenauer, Konrad 204
Adorno, Theodor W. 507
Afrika 461, 651, 713, 722, 731, 782 f., 799, 829, 833, 852, 903, 936
Afrika-Korps 713, 782, 852
Ägäis 996
Agudat Israel 218, 845
Ägypten 761, 782, 903
Ahnenerbe (SS-Organisation) 975
Ahnert, Horst 797
AK (Armia Krajowa; polnische Heimatarmee im Untergrund) 905
Aktion Reinhardt 727, 736, 738, 813, 861, 873, 878, 880, 882
Akzin, Benjamin 1010
AL (Gwardia Ludowa; polnische Volksarmee im Untergrund) 905
Albert, Wilhelm 216
Alldeutscher Verband 90
Alejchem, Scholem 974
Aleppo 1006
Alexandria 713
Alfieri, Dino 836
Algerien 782, 984
Alibert, Raphael 491 f.
Allen, Michael Thad 884
Allen, William Sheridan 51
Allier 490
Almansi, Dante 942 f.
Altenburg, Günther 869, 871
Altenkirchen 481
Alter, Wiktor 632 f.
Altszul, Mote 699
Aly, Götz 268, 1042
Ambros, Otto 618
Ambrosio, Vittorio 612
American Friends Service Committee 573

American Jewish Committee 33, 687
American Jewish Conference 979
American Jewish Congress 687
American Joint Distribution Committee 74, 462, 466, 468, 524, 573
Amersfoort 757
Amici, Edmondo de 530
Amsterdam 365 f., 444, 462, 502, 504, 506, 558–563, 734, 757 f., 788 f., 791, 821, 883, 930, 932, 939, 983, 992, 1046
Amt des Stellvertreters des Führers 245 f., 264
Anders, Władysław 632
Andreas-Friedrich, Ruth 754
Angers 795
Der Angriff 77, 119 f., 127, 154, 158
Anhalt 683
Anheißer, Siegfried 151
Anielewicz, Mordechai 904, 906
Ankara 711
Anschluß Österreichs 80, 212, 229, 261–264, 297, 334
Antignac, Joseph 937
Anti-Komintern-Pakt (1936) 196
Antikommunismus 13, 29, 70, 158, 160, 235; 369 f., 512 f., 592, 602 f., 677, 682, 949–951, 954
s. a. Antisemitismus
Antisemitismus 3, 14, 31, 95, 97, 129, 231–245, 272 f., 315
an den Universitäten 68–73, 498, 541–543, 680
und Antikommunismus 196, 198, 200–207, 235, 238, 369 f., 405 f., 426–428, 451, 510–513, 585 f., 588, 594, 602 f., 608, 614, 630, 657, 659 f., 714–720, 846, 855, 919 f., 989, 10 028, 1043
antinationalsozialistischer 438, 766 f., 800, 861, 905
und Christentum 97 ff., 236, 350 f., 370, 435–437, 495, 502, 547, 569, 595, 626, 682–684, 958
der deutschen Bevölkerung 368–370, 372, 390, 418 f., 432–434, 437, 569,

636, 676, 679, 689, 716, 719, 895 f.,
901, 985, 992, 1037 f.
der deutschen Eliten 14, 320 f., 373 f.,
396 f., 592 f., 599, 716 f., 784 f., 860,
894 f., 924, 985, 1029, 1037 f.
der Nationalsozialisten im Gegensatz
zum «traditionellen» deutschen
370–372, 437
des deutschen Widerstands im «Dritten Reich» 435, 894 f., 1018 f.
drei Symbolgestalten des 215
Hitlers persönlicher 370–373, 391 f.,
397 f., 512 f., 545 f., 584–586, 621,
646 f., 654–664, 713–718, 730 f.,
784, 857 f., 865, 924, 986–989,
1019 f., 1028, 1043 f.
im kaiserlichen Deutschland 46 f.,
69, 90 f., 96–105
im NS-Film 399–403, 479–482, 539 f.,
717, 776, 976
Der ewige Jude 116, 399–402, 480–
482, 976
Die Rothschilds 399 f., 479
Jud Süß 399 f., 479–482, 553, 642,
825, 976
Theresienstadt 736, 976, 1020 f.
in den USA 465, 653
in der NS-Propaganda 372 f., 388,
398–404, 435, 451, 459, 478–483,
512, 539–541, 553, 569, 586–589,
592, 614, 622, 630, 639, 652, 654,
656–661, 663 f., 713–715, 719, 730,
776, 784–786, 825, 854–860, 870,
907, 924 f., 976 f., 993, 1029, 1039,
1045
in der Slowakei 612 f., 1023
in der Sowjetunion 119, 204, 234 f.,
632
in der Ukraine 595–597, 919 f., 992
in der Wehrmacht 407–409, 501 f.,
676, 808 f., 1018
in der Weimarer Republik 56, 87 ff.,
120–128, 370, 569, 657
in Deutschland vor Hitler 369 f., 569
in Frankreich 95, 97, 231–234, 242 ff.,
388 f., 488–495, 497, 550, 552 f.,
554–556, 762–764, 800 f., 992–994
in Großbritannien 232 f.
in Österreich 14 f., 69, 95, 97, 263
in Polen 404, 426 f., 766 f., 837–839,
905, 916, 992
in Rumänien 457, 546–549, 608 f.

in Ungarn 614
und katholische Kirche 55–62, 72 f.,
97 f., 208, 232, 236 ff., 272 f., 320,
404 f., 435, 437, 452, 454, 494 f., 555,
564–566, 570 f., 614, 801, 1003
osteuropäischer und jüdischer Widerstand 511, 585, 610, 651
und protestantische Kirche 54–60,
72 f., 97 f., 208 f.
rassischer 13, 32, 47 f., 96 f., 101 f.,
104, 111 f., 159 f.
rationaler, nicht emotionaler 217
Theoretiker des 209–212
und US-Einwanderungspolitik während der Weltwirtschaftskrise 388
völkischer 13 f., 126, 132, 347 f.
s. a. Erlösungsantisemitismus
Antonescu, Ion 450 f., 545, 548, 607–
610, 612, 621, 701, 832 f., 863, 977,
989, 1012, 1019
Antonescu, Mihai 608 f., 659
Antwerpen 564, 642
Apeldoorn 794
Apfelbaum, Dawid 906
Appel, Martha 34, 51
Arad, Yitzhak 425
Arbeitsgemeinschaft der Konfessionen
für den Frieden 55
Arbeitslager 267 f., 484, 534 f., 740, 757,
777, 794 f., 835, 876, 897, 911, 915,
931, 941, 961 f., 966 f., 1016, 1035
Arco-Valley, Graf Anton 107
Ardennen 1027
Arendt, Hannah 66, 68, 96, 376, 390
Arens, Moshe 906
Arisierung 522
Endstadium 302–321, 338–354,
1008 f.
kulturelle 21–26, 45 f., 79 ff., 118,
123–126, 133 f., 147–153, 273, 307,
543–545, 563, 568, 641, 749
in Österreich 262–266, 268, 519
wirtschaftliche 197, 253–260, 262 ff.,
268, 279–282, 306, 340 f., 549 f.,
559, 568, 613, 638, 641, 749, 754,
764, 805 f., 1008 f.
s. a. Hochschulen, Juden an den; u.
bei den einzelnen Berufen
Arlt, Fritz 543
Aronowicz, Nina 984
Ärzte, Juden als 42 f., 46, 50, 63, 69, 83,
166, 178 f., 235, 246 f., 279

Ärztekammer s. Reichs-
Asscher, Abraham 560 f., 734, 757, 791,
  938 f.
Athen 449, 869, 871, 962, 996
Aubin, Hermann 413
Auerswald, Heinz 526, 537, 625, 772 f.,
  809
Auschwitz 216, 241, 365, 462 f., 617 f.,
  638, 640, 719, 728, 732, 736, 740 f.,
  751 f., 754 f., 757–759, 786–788, 791–
  795, 797 f., 804, 807 f., 836, 852, 867–
  871, 875 f., 880 f., 883–892, 902, 904,
  927, 930, 938, 944, 947, 957, 961–964,
  967, 975, 983 f., 989 f., 992–999, 1001–
  1004, 1007, 1009–1011, 1015, 1020–
  1023, 1030, 1032, 1034 f., 1046
Auswärtiges Amt / Außenministerium
  47 f., 71, 172, 220, 227, 259 f., 327, 647,
  667, 676, 722, 867, 871, 925, 928
Avenarius, Ferdinand 92 f.

Baarova, Lida 294
Bab, Julius 80
Babi Jar 579, 642, 920
Bach, Johann Sebastian 481
Bach-Zelewski, Erich von dem 518, 582
Bačka 610
Baden 445, 473, 484, 522, 568, 752
Baden-Baden 634
Baden-Elsaß 473
Baden-Pfalz 752
Bader, Menachem 1006
Badoglio, Pietro 852, 935 f.
Baeck, Leo 74, 79, 439 f., 808, 938
Baer, Richard 891
Baerwald, Leo 61
Bagatelles pour un massacre (Céline) 233
Baillie, Hugh 160
Bajgelman, Dawid 531
Baky, László 997
Balaban, Meir 972
Balkan 196, 374, 450, 455, 468, 510, 549,
  610, 711, 783, 853, 871, 875, 939, 988
Ballensiefen, Heinz 644
Ballin, Albert 87 f., 92
Bałuty 484
Bandera, Stepan 595, 612
Bang, Paul 39
Bankier, David 180 ff., 636
Bankwesen, Juden im 36 f., 91 f., 94,
  188, 235, 255, 281

Baram, Haim (Bernhardt, Heinz) 692
Baranja 610
Barasz, Efraim 628, 705, 747, 911 f.
Barbie, Klaus 984
Bárdossy, László 615, 833
Bargen, Werner von 804
Barkai, Avraham 34, 256, 770
Barmat, Brüder 121 f.
Barneveld 932
Bartels, Adolf 125
Basch, Victor 993
Basel 563
Bator, Augustyn 918
Bauer, Yehuda 363, 756, 834, 998
Bauer, Karl 296 f.
Bauerngesetz 45 f.
Baum, Herbert 376, 730–732, 806
Baumgarten, Eduard 67
Baur, André 798, 934 f., 937 f.
Bayern 106 f., 109, 115, 1019, 1030,
  1034
Bayerische Volkspartei (BVP) 118
Bayreuther Kreis 102–105, 125
Beaune-la-Rolande 796 f.
Becher, Kurt 1008, 1031
Beck, Ludwig 434, 600
Beckmann, Anton 221
Beethoven, Ludwig van 1021
Der Befehl des Gewissens (Zöberlein) 138
Beger, Bruno 975 f.
Behrends, Hermann 216
Bekennende Kirche: s. Protestantische
  Kirchen
Beleff, Alexander 834
Belgien 446, 455 f., 490, 501 f., 516, 543,
  564, 641 f., 668, 756, 786, 804 f., 822,
  824, 847, 849, 872, 930, 984, 1027
Belgrad 511, 745, 1026
Belinson, Moshe 78
Belzec 534, 617, 665 f., 727, 729, 736,
  738–740, 781, 787, 814, 817, 838, 841,
  861, 873
Bene, Otto 505, 792 f., 990
Ben-Gurion, David 688, 839 f., 981,
  1005–1007
Benjamin, Walter 507 f.
Benn, Gottfried 22
Benoît, Pierre-Marie 936
Bérard, Leon 566
Béraud, Henri 121
Berchtesgaden 987
Bereza-Kartuska 808

Bergen, Diego von 848, 948
Bergen-Belsen 757, 871, 938, 967,
  990–992, 1008, 1031
Berger, Richard 297
Bergery, Gaston 234
Bergson, Henri 496
Bergson, Peter 978–980
Berlin 30, 69 ff., 106, 122, 155, 221, 279,
  281–284, 376, 386, 393 f., 413, 415,
  428, 430 f., 438–440, 452–454, 459,
  462, 464, 471 f., 474–477, 480–482,
  510 f., 515, 520, 531, 541, 544, 551,
  559, 565, 574, 583, 589, 602, 621,
  635 f., 644, 646–649, 652, 655, 658,
  677, 681, 685 f., 690–692, 702, 714,
  721, 726, 729 f., 733, 745 f., 752 f., 762,
  782, 797, 806–808, 814, 827, 833 f.,
  836, 841, 857, 866 f., 870, 880, 887 f.,
  893, 901 f., 927, 929, 934, 942, 945 f.,
  948 f., 953, 962 f., 987, 996 f., 1004–
  1006, 1011, 1028, 1039, 1044, 1046
Berlin-Dahlem 887
Berlinski, Hersch 773
Bermuda-Konferenz (1943) 978
Bern 472, 831, 843, 845, 880, 1008–1010,
  1031
Bernadotte, Graf Folke 1031
Bernardini, Filippo 845
Bernanos, Georges 231 f.
Bernburg 678
Bernhard, Thomas 261
Bernhardt, Heinz (Baram, Haim) 692
Bernheim, Julius Israel 434
Bernheimer, Otto 254
Berning, Hermann Wilhelm 59 f., 62,
  73, 83, 230, 472, 684 f.
Berthold, Karl 43 f., 173, 345 f.
Bertram, Adolf Johannes 55, 321
Beschlagnahmen 421, 474, 496, 519,
  544 f., 604, 670–672, 703, 749, 791, 893
Bessarabien 447, 546, 548, 607–609, 701
Best, Werner 285 f., 496, 551, 928–930
Betar 602, 708, 904
Bethe, Hans 63
Bethge, Eberhard 58
Bethmann Hollweg, T. von 90
Betzdorf 481
Bevölkerungsanzahl
  deutscher Juden 27 f., 75, 91, 168,
    279, 340
  französischer Juden 240
  italienischer Juden 271
  in Konzentrationslagern 222
  Mischlinge 168
  österreichischer Juden 262
  polnischer Juden 204, 237, 288 f.
  Zigeuner in Deutschland 224
Bewicka, Ljuba 765
Białystok 404, 425, 606, 628, 680, 705,
  747, 813, 863, 911 f., 962, 964
Bidault, Georges 269
Bieberstein, Wilhelm 501
Biebow, Hans 524, 968, 1014
Bielefeld 428, 480, 719, 805, 895
Biélinky, Jacques 499–501, 554, 639,
  651, 700, 761 f., 795, 797, 822, 826,
  1046
Bielski, Arczik 632, 746 f.
Bielski, Asael 632, 746 f.
Bielski, Tuvia 632, 746 f.
Bielski, Zus 632, 746 f.
Bietigheim 1036
Binder, Elsa (Eliszewa) 665, 703 f., 710,
  769, 1046
Birobidžan 630
Bischof, Max 526, 884
Bischofskonferenz
  deutsche 55, 898
  französische 494, 564, 566, 801
Bismarck, Herbert von 47
Bismarck, Otto von 437, 521
Bjelaja Zerkow 598–600
Blaschke, Hugo 656
Blaskowitz, Johannes 410
Blechhammer 795
Bleichröder, Gerson 91, 95
Blobel, Paul 599, 616
Bloch, Édouard 243
Bloch, Marc 557 f.
Blocq-Mascart, Maxime 800 f.
Blomberg, Werner von 133 f., 257
Blum, Abrasza 773
Blum, Ferdinand 252 f.
Blum, Léon 239, 242 f., 388 f., 489,
  492 f., 800, 993
Blumenfeld, Kurt 33
Bock, Fedor von 649
Bodenheimer, Alfred Israel 445
Boder, David 524 f.
Bodzentyn 487, 703, 768
Boegner, Marc 495, 499, 573, 802
Böhmcker, Heinrich 504, 558–560
Böhmen 387, 389, 665, 692, 725, 733,
  976

Bohnen, Michael 152
Bolle, M. H. 789
Bolschewismus 113, 119, 159, 196, 198, 369, 448, 450, 509–513, 595, 608, 646, 654, 659 f., 663, 686, 717–720, 920, 949–951, 954, 973, 988, 1029, 1044
s. a. Antikommunismus; Kommunismus
Bolschewismus von Moses bis Lenin (Eckart) 112
Bomberg, Daniel 943
Bondy, Ruth 735
Bonhoeffer, Dietrich 57 f., 958 f., 1017
Bonnet, Georges 323 f., 461
Bordeaux 470, 499, 573
Boris III. von Bulgarien 834, 866, 988
Borissow 592
Bormann, Martin 132 f., 141, 171, 227 f., 247, 249 f., 253, 303, 335, 517, 521 f., 581, 751, 785 f., 806, 853 f., 927, 970, 1018, 1028
Born, Friedrich 1025
Born, Max 63
Börne, Ludwig 103
Bosch, Carl 38
Böttcher, Walter 400
Bouhler, Philipp 229, 355, 395, 666
Bousquet, René 759 f., 762, 937
Böving-Burmeister, Isolina 214
Brack, Viktor 229 f., 395, 666, 785
Brackmann, Alfred 413
Braham, Randolph 1002
Brand, Joel 1004–1007, 1011
Brandt, Karl 228 f., 355
Brandt, Rudolf 518, 809, 970, 975
Branquinho, Carlos 1025
Brasilien 466
Brasillach, Robert 763
Bratislava 376, 460, 468, 613, 755 f., 846, 868, 997
Brauchitsch, Walther von 408, 431, 496, 498, 713
Braun, Eva 1043, 1045
Bräutigam, Otto 615, 646
Bremen 690
Breslau 414, 434 f., 454, 476, 619, 650, 681 f., 689, 1037, 1045 f.
Brest 872
Brest-Litowsk 606, 743, 808, 872
Brinon, Fernand de 761, 989
Brisk 426

Brissac, Pierre 496
Brjansk 648
Broad, Perry 999
Brod, Max 323
Brodnitz, Julius 33
Brody 595
Bronna Góra 743
Broszat, Martin 129, 131, 225, 1040
Browning, Christopher R. 372, 524, 729
Broz, Josip 610
Bruckmann, Elsa 545
Brunner, Alois 733, 869, 934–937
Bruno, Giordano 916
Bruskina, Mascha 632
Brüssel 444, 455, 563, 756, 780, 804, 824 f., 993, 1046
Brzeżany 597, 771
Buber, Martin 28, 57, 134, 187
Buch, Walter 171, 293
Buchenwald 282, 350, 440, 504, 561, 678, 1033 f.
Bücherverbrennungen 23, 25, 70–73
Buczacz 918 f., 1046
Bug 391, 813, 942
Bühler, Josef 721, 723 f., 729, 809
Bukarest 376, 412, 457, 545, 548, 607, 609, 701, 709, 832 f., 856, 977 f., 1012, 1046
Bukowina 415, 447, 468, 546, 548, 607–609, 701
Bulgarien 386, 391, 510 f., 832, 834, 866 f., 925, 986, 1012
Bülow, Bernhard W. von 47
Bund 527, 529, 580, 601 f., 629 f., 632, 765 f., 773 f., 904, 981 f.
Bund Deutscher Frauenvereine (BDF) 126
Bürckel, Josef 262–265, 473
Burckhardt, Carl J. 471 f., 843 f., 1008
Burckhardt, René 871
Burger, Tony 962, 996
Bürgerliches Gesetzbuch 137
Burnett, Frances Hodgson 530
Burrin, Philippe 363, 498
Burzio, Giuseppe 846
Busch, Fritz 21

Calisse, Alberto 835 f.
Cambrai 494
Canaris, Wilhelm 393, 600, 927, 1017
Carl, Prinz von Schweden 49

Carmille, René 638
Carol II. von Rumänien 547 f.
Casablanca 784
Cassulo, Andrea 832
CDJ (Comité de Défense des Juifs, Belgien) 805
Celemenski, Jacob 529
Céline, Louis-Ferdinand 233, 490, 763
CENTOS 528
Centralverein deutscher Staatsbürger jüdischen Glaubens 27, 33, 61, 75, 168, 183
Cevennen 803
Chaillet, Pierre 802
Chamberlain, Houston Stewart 104 f.
Chamberlain, Neville 287, 354, 447
Chaoul, Henri 171, 345
Chappoulie, Henri-Alexandre 934
Charkow 704, 713
Chelmno 617, 666, 696–700, 709, 719, 724, 728, 731, 738–740, 745 f., 770 f., 774, 813 f., 823 f., 893, 968, 1013
Chemnitz 749
Chicago 447
Chile 466
China, Armee 133 f.
Chișinău 609
Chmelnicki, Bogdan 595
Chmelnik 743
Choroschunowa, Iryna 579
Christentum
und Antisemitismus 97 ff., 101 f., 235, 350–353
Konversionen, jüdische 55 f., 59 f.
s. a. katholische Kirche; protestantische Kirchen
Christian X. von Dänemark 928
Christian Science Monitor 31
Christianstadt 1035
Churchill, Winston 447, 583, 588, 621, 646, 663, 705, 783 f., 829, 844, 923, 1005 f., 1011, 1028, 1041
Ciano, Galeazzo 652, 656, 836
Cioran, E. M. 457
Citron, Otto 174 f.
Clam, Du Paty de 937
Claß, Heinrich 47, 90
Cleveringa, R. P. 504 f.
Codreanu, Corneliu Zelea 547 f.
Cohen, David 560–562, 734, 757, 790 f., 938 f.
Cohn, Willy 476, 650, 689, 1046

Cointet, Michèle 803
Colette, Sidonie Gabrielle 589
Comité France-Allemagne 244, 338
Compiègne 490, 640, 700, 759
Consistoire (Frankreich) 241, 243, 498–501, 555–558, 641, 764 f., 798 f., 937–939
Constanța 711
Conti, Leonardo 42, 53, 355
Conze, Werner 412
Cooper, Alfred Duff 403
Coppée, François 1012
Cornides, Wilhelm 781
Corvin, Otto von 438
Côte d'Azur 936
Cotnareanu, Léon 550
Coty, François 550
Coudenhove-Kalergi, Richard Graf von 72
Coughlin, Charles 653
Courant, Richard 63
Croix de Feu 242 f.
CV-Zeitung 27, 168, 185
Cservenka 1026
Curaçao 467
Cuza, Alexander 541, 547 f.
Czapik, Gyula 1003
Czech, Danuta 618
Czerniaków, Adam 384, 389, 417, 420 f., 440–443, 457, 461, 485, 534–536, 538, 581, 625 f., 772, 774, 777, 809–811, 1046

Daan, Peter van 933
Dabie 699 f.
Dachau 29, 129 f., 225, 267, 325, 394, 472, 686, 968, 1030, 10
DAF (Deutsche Arbeitsfront) 403
Daladier, Édouard 242, 324, 329
Dalnic 608
Daluege, Kurt 158, 213, 393, 410 f., 518
Dänemark 446, 455 f., 787, 928 f., 993
Dannecker, Theodor 501, 551–553, 557, 640, 756, 759 f., 797, 866, 869, 934, 944
Danzig 383, 392, 394, 411, 471, 968, 1016
Da Ponte, Lorenzo 151
Dardanellen 711
Darlan, François 492, 549, 551, 638
Darnand, Joseph 937, 993
Darquier de Bellepoix, Louis 759, 937

Darré, Richard Walter 214, 521, 924
Davar 78
Deak, Istvan 123 f.
De Gaulle, Charles 506, 994
Deblin 738
Deelman, H. T. 365
DEGUSSA (Deutsche Gold- und Silberscheideanstalt) 880
Delegatura (Vertretung der polnischen Exilregierung im Untergrund) 428, 564, 837 f., 920 f., 982
Delft 504
Delp, Alfred 893
Den Haag 502, 505, 559, 563, 756 f., 788, 792, 824, 983, 1046
Denoël, Robert 764
Denunziationen 179, 349, 424, 430 f., 536, 691, 754, 851, 880, 900, 905, 917, 936, 992
Deportationen 365, 417, 425, 439, 462, 474, 518, 518 f., 536, 562, 648 f., 673, 684 f., 694, 497, 707, 722, 727, 734–738, 741, 772 f., 775–777, 837, 874–877, 896, 957 f., 965 f., 977, 1031
aus Bialystok 629, 911 f., 962
aus Baden 445, 473 f., 484, 522
aus Belgien 756, 786, 804 f., 825 f., 840, 868, 993
aus Bulgarien 834 f., 866 f.
aus Dänemark 928, 930
aus Deutschland 446, 473 f., 484, 522, 526, 621, 644–646, 648 f., 665, 670, 672, 677–479, 681 f., 639–693, 696, 702, 705, 719, 726, 735, 751–753, 772 f., 787, 806–808, 827, 862, 868, 896, 902 f., 953, 963, 1022, 1036
aus dem Protektorat 526, 644–646, 696, 719, 726, 735
aus dem Warthegau 411, 415
aus den Niederlanden 366, 559, 756, 758, 786–795, 821 f., 824, 840, 868, 930, 933, 990–993
aus der Slowakei 613, 754–756, 787, 846, 867–869, 1023
aus Finnland 832
aus Frankreich 554 f., 640, 756, 759–762, 786, 795–799, 801, 803, 829, 840, 851 f., 868, 933, 936–938, 984, 994
aus Griechenland 868–871, 928, 996
aus Italien 944 f., 995
aus Kattowitz 414
aus Kowno 968, 1016
aus Kroatien 868 f.
aus Lemberg 817 f., 841
aus Łódź 699, 770, 815 f., 1013 f.
aus Mährisch-Ostrau 414
aus Österreich 733
aus Norwegen 831, 836
aus Pommern 474, 484
aus Rom 943–947, 957
aus Rumänien 608 f., 832, 862
aus Skopje 875
aus Theresienstadt 1020–1022
aus Ungarn 989, 997–1003, 1005, 1003 f., 1024
aus Warschau 736, 786, 810, 812, 835, 873, 905
aus Wien 414, 431, 519, 522, 526
aus Wilna 915
aus Zamość 738, 740
Derendorf 872
Desbuquois, Gustave 272
Deutsche Allgemeine Zeitung 43, 63, 211, 274
Deutsche Arbeitsfront 29, 313
Deutsche Bank 37, 46, 55, 264, 281
«Deutsche Christen»: s. Protestantische Kirchen
Deutsche Demokratische Partei (DDP) 108, 122 f.
Deutsche Forschungsgemeinschaft (DFG) 224
Deutsche Erd- und Steinwerke (DEST) 267
Deutscher, Isaac 631
Deutsche Rundschau 125 f.
Deutsche Staatspartei 119, 122
Deutsche Volkspartei (DVP) 123
Deutscher Boxer-Verband 49
Deutscher Hochschulring 69
Deutscher Studentenbund 69
Deutscher Verein für Kunstwissenschaft 273
Deutsches Museum 274 f.
Deutschland, kaiserliches
Antisemitismus im 47, 69, 89 ff., 96–105
soziale Bedeutung der Juden im 94 ff., 102
wirtschaftliche Bedeutung der Juden im 91–95
Deutschland, nationalsozialistisches
Auswanderung und Vertreibung der

Juden 21, 23 f., 68, 74–78, 144, 151,
  157 f., 183, 185–189, 219, 234, 245 f.,
  259, 268 f., 276, 282, 302, 305, 310,
  321–328, 337–342
  jüdische Bürgerrechte 38 ff., 52, 85,
    157, 159, 163, 165 f., 175, 285–290
  «Entjudung» 11–26, 45, 79 ff., 118,
    123–126, 134, 147–154
  jüdische Flüchtlinge 285–290, 321–328,
    338 f.
  jüdische Reaktionen auf antijüdische
    Maßnahmen 26–29, 46, 68, 73–81,
    185–191, 197
  wirtschaftliche Bedeutung der Juden
    142–145, 155, 187, 221 f., 281 f.
Deutschland, Weimarer Republik 49,
  92
  Antisemitismus 69, 87 ff., 120–128
«Deutschlandlied» (Fallersleben) 145
Dibelius, Otto 55, 841
Dickens, Charles 589
Diderot, Denis 589
Dietrich, Otto 396, 402, 586, 634, 649 f.
Dietze, Constantin von 320 f., 894
Diewerge, Wolfgang 588, 634
Diner, Dan 940
Dmowski, Roman 238, 406
DNB (Deutsches Nachrichtenbüro) 165
DNVP (Deutschnationale Volkspartei)
  29, 41, 47, 121
Döblin, Alfred 22 f., 147
Dobrowa 771
Dodds, Harold W. 978
Dollfuß, Engelbert 263
Dölzschen 434
Donati, Angelo 936
Dönitz, Karl 1044 f.
Doriot, Jacques 244, 491
Douvan, Serge von 971
Drancy 639, 700, 732, 759, 796–799,
  822, 851, 872, 934–938, 984, 990, 694
Drei Reden über das Judentum (Buber)
  135
Dreiser, Theodor 589
Drente 821
Dresden 21, 41, 43 f., 383, 441, 476, 702,
  892, 1028, 1037, 1045
Dresdner Bank 559
Dreyfus, Alfred 488, 495
Drieu La Rochelle, Pierre 762, 764
Drohobycz 826 f., 818
Dror Hechaluz 533, 708 f.

Drumont, Édouard 231 f.
Dubnow, Simon 629, 632, 643 f., 973
Duckwitz, Georg F. 929 f.
Dühring, Eugen 101
Dünkirchen 446
Ďurčanský, Ferdinand 460
Dürkefälden, Karl 715 f.
Düsseldorf 673, 690 f., 738, 872–874,
  881
Der Dybbuk (Anski) 120
Dwory 618

Eberl, Irmfried 814
Ebert, Friedrich 122
Eckart, Dietrich 112 f., 202, 513, 655,
  660
Edelman, Marek 527
Edelstein, Aryeh 1020
Edelstein, Jakob 733–735, 962, 1020
Edelstein, Miriam 1020
Eden, Anthony 844, 1006, 1011
Edinger, Georges 935, 994
Edvardson, Cordelia 681, 1035
  (s. a. Langgässer, Cordelia)
Ehrenburg, Ilja 631, 1028
Ehrlinger, Erich 216, 218
Eichmann, Adolf 217 f., 220, 240, 265 f.,
  296, 305, 328, 415, 438, 460–462,
  467 f., 472, 501, 559, 620, 648, 665 f.,
  721, 725–727, 733, 754, 756, 759 f.,
  808, 832, 861–864, 868 f., 874, 901,
  930, 934, 962–964, 975 f., 978, 996 f.,
  1001, 1004–1007, 1021, 1024
Eichmann-Kommando (Sondereinsatz-
  kommando Ungarn) 996
Eicke, Theodor 29, 221, 267, 393
Eigruber, August 267
Einsatzgruppen
  in der Sowjetunion 568, 589–591,
    593, 596, 598, 601, 603–607, 616 f.,
    619, 622, 643, 676, 742–744, 920
  in Polen 406 f., 410, 428, 441, 567
Einsatzstab Reichsleiter Rosenberg
  (ERR) 668, 744, 758, 766, 863, 870,
    881, 933, 943, 973–975
Einstein, Albert 23 ff., 213, 357
Eisenach, Institut 350 ff.
Eisenbahn 395, 425 f., 487, 544, 607,
  670 f., 691 f., 727, 746, 751, 782, 811,
  813 f., 822, 872–876, 886 f., 913, 933,
  990, 1004, 1008–1010, 1032, 1034

Eiserne Garde (Rumänien) 450 f., 545–547, 608, 612
Eisner, Kurt 106 f.
El-Alamein 782
Elbogen, Ismar 73
Eliade, Mircea 457
Elijah ben Solomon 601
Elkes, Elchanan 624, 706 f., 968
Ellenbogen, Marianne (geb. Strauß) 690, 737
Elsaß-Lothringen 455, 473, 490, 499, 568, 975
Emerson, Sir Herbert 339
Endek (National-Demokratische Partei Polens) 238
Endre, László 997
Engler, Wilhelm 809
Engzell, Gösta 831
Enteignung 374, 421, 672, 727, 767, 883
«Entjudung», kulturelle 21–26, 45, 79 ff., 118, 123–126, 134, 147–154, 273 s. a. Arisierung
Entress, Friedrich 887, 927
Epstein, Paul 938
Epting, Karl 498
Erbhygiene 52 f., 170, 227 f.
Erez Israel 390, 467 f., 507, 532, 687, 733, 839, 910, 1006
Erlich, Henryk 632 f.
Erlösungsantisemitismus 13 f., 87–128
 Definition 101 f.
 Hitlers 13 ff., 32, 59, 85 f., 88, 111–120, 195, 198, 201–207, 211, 302
 internationale jüdische Verschwörungstheorie und 98 f., 105–111, 115 ff., 197 f., 201 f., 207, 302, 311, 334, 336 f.
Ermächtigungsgesetz (1933) 29
Ernest, Stefan 362
Erster Weltkrieg 13, 105, 332
 jüdische Soldaten im 27 f., 41 f., 68, 71, 75, 87 ff., 133, 315
Erzberger, Matthias 88
Espinosa, Eugenio 585
Essen 690, 737, 873, 1046
Esser, Hermann 1029
Estland 605, 832, 915, 1016
Etter, Philipp 844
Ettinger, Adam 625 f.
Ettinger, Elzbieta 66
Europa 94, 105

Antisemitismus in 95 f., 231–245, 271 ff., 315
«Europa-Plan» 567, 668
Euthanasie 53, 228 ff., 355, 394–396, 454, 476, 565, 569, 584, 616, 627, 666, 685, 738, 746, 793 f., 814, 899, 951 f.
Evangelische Kirche: s. Protestantische Kirchen
Evian-Konferenz (1938) 269 ff., 338, 979, 1005
«Der ewige Jude» (Ausstellung) 274 f.
Expertenkommission für Bevölkerungs- und Rassenpolitik im Innenministerium 85, 163, 227

Faber, Darius 479
Fabre-Luce, Alfred 470
Falkenhausen, Alexander von 641, 804
Fallersleben, Hoffmann von 145
Faral, Edmond 498
Favez, Jean-Claude 843, 962 f.
Faschismus 235 f., 243
Faschistischer Rat, Großer 271
Faulhaber, Michael 55 f., 60 f., 201 f., 320
Fechter, Paul 125
Fegelein, Hermann 909
Feil, Hanns von 296 f.
Feiner, Hertha 476 f., 523, 702, 752, 808, 900, 1046
Feiner, Inge 476, 523, 702, 752
Feiner, Leon 774
Feiner, Marion 476, 523, 702, 752
Feketehalmy-Czeydner, Ferenc 986
Feldtmann, Marga 214
Feldstein, Zemach 820, 828
Ferenzy, Oscar de 493
Ferienorte, Verbot für Juden 143, 156, 160, 248, 304
Ferida, Luisa 995
Ferrière, Susanne 843
Fest, Joachim 319
Feuchtwanger, Lion 21, 190, 490
Fiehler, Karl 250, 751
Filderman, Wilhelm 609, 701
Finbert, Elian J. 761 f.
Finnland 391, 445, 510, 853
Fischböck, Hans 338, 558 f.
Fischer, Eugen 226
Fischer, Ludwig 485, 526
Fischer, Samuel 93

Flaggengesetz 141, 158, 164 f.
Flandin, Pierre-Etienne 241
Flämische Kollaborateure (Belgien) 564, 642
Flandin, Pierre-Étienne 549
Fleischmann, Gisi 756
Fleming, Gerald 864
Fliethmann, Elfriede 679 f.
Flinker, Eliezer 842 f., 993
Flinker, Moshe 444, 563, 780, 824–826, 855 f., 924, 993, 1046
Florstedt, Hermann 184 f.
Flüchtlinge, jüdische 269 ff., 284–290, 321–328, 338 f., 389, 468–470, 591, 597, 630, 711, 733, 829 f., 980
Foà, Ugo 942 f.
Forchheim 689
Foreign Office (Großbritannien) 469, 843 f., 978
Forschungsinstitut zur Judenfrage 308
Fossoli di Carpi 875, 886, 944, 961, 995
FPO (Vereinigte Partisanenorganisation in Wilna) 708, 914 f.
Franck, James 63
Franco, Francisco 196, 451, 453, 829
Frank, Anne 444, 563, 790, 820, 933, 992 f., 1046
Frank, August 880
Frank, Edith 563, 790
Frank, Elisabeth Sara 874
Frank, Hans 32, 41, 211, 415–421, 425, 455, 461 f., 484, 516, 518, 526, 530, 534, 597, 648, 663, 721, 724, 729, 879, 908
Frank, Hermann 455
Frank, Margot 563, 790, 933, 992
Frank, Otto 563, 790, 933, 993
Frank, Theodor 37
Frank, Walter 210 f., 248, 337, 352, 541, 543
Frankenberg, Elisabeth Sara 874
Frankenberg, Else Sara 874
Frankfurt 35 f., 50, 68, 129, 250 f., 308, 347, 352, 541–544, 563, 673 f., 999
Frankfurter, David 199
Frankfurter, Felix 217
Frankfurter Volksblatt 250 f.
Frankfurter Zeitung 21, 24, 105, 179, 186
Frankreich 99 f., 121, 131, 195 f., 227, 239–244, 287 f., 323 ff., 355, 375, 383,
387 f., 391, 397–399, 445, 449, 451, 454–458, 461, 464, 490, 473, 488–490, 492 f., 497–501, 503, 506 f., 510, 516, 522, 543–545, 551–558, 560, 564, 566, 570, 573, 638–641, 667 f., 701, 722, 756 f., 759–764, 786, 796 f., 799 f., 802–804, 822, 829, 835, 847, 849, 851, 853, 863, 872, 882, 930, 933, 936, 973, 984, 992–994, 999, 1007, 1039
Frauenbewegung 125
Fredericks, K. J. 503, 788
Frei, Norbert 356
Freiburg 63 f., 66, 316, 320, 474, 894, 959
Freiburger Kreis 320 f.
Freier, Recha 440
Freikorps 109
Freimaurer 99, 216
Freisler, Roland 32, 136 f., 171, 721
Frenkel, Pawel 906
Freud, Sigmund 71, 190, 212, 262, 385
Freudiger, Fülöp 998
Freund, Elisabeth 635
Frey, Adolf Heinrich 291
Frick, Wilhelm 30, 39 f., 47, 135, 152, 156 f., 163, 213, 245, 249, 282, 292, 312, 348 f., 397, 520 f., 808, 854, 927
und Berufsbeamtengesetz 40, 137, 247 f.
Friedell, Egon 261
Friedhöfe 354
Friedmann, Philip 442, 819, 972
Friedmann, Berkus 605
Friedmann, Elijahu 605
Friedmann, Ester 605
Friedmann, Frieda 28
Friedmann, Ida 605
Friedmann, Richard 733 f.
Friedrich I. (Barbarossa) 513
Friedrich II. von Preußen (der Große) 513, 658, 1039
Friling, Tuvia 840
Fritsch, Werner von 257
Fröhlich, Elke 129, 225
Fröhlicher, Hans 471
Fromm, Bella 284
Fromm, Friedrich 862
Fry, Varian 464, 574
Funk, Walter 257, 312
Fünten, Ferdinand aus der 761, 788–791, 794

Fürle, Günther 683
Furtwängler, Wilhelm 274

Gailani, Reshid Ali El 659
Galen, Clemens Graf von 584, 682, 685, 718, 899, 947
Galewski, Marceli 941 f.
Galizien 392, 416, 592–597, 605, 615, 628, 664, 679, 703, 733, 740, 769, 781, 809, 846, 972
Gall, Franz Joseph 545
Gallimard, Gaston 764
Gang-Saalheimer, Lore 51
Ganzenmüller, Albert 873 f.
Ganzweich, Abraham 536
Gargždai 601
Gaskammern 616 f., 619, 736, 739, 741, 814, 841, 852, 884–889, 964, 999, 1011, 1035, 1039
Gaswagen 616 f., 619, 666, 668, 719, 740 f., 745, 774
Gauleiter, die 302 f., 308 f., 311 f., 335
Gay, Peter 123
Gayda, Virginio 236
Gayl, Wilhelm Freiherr von 39
Gebsattel, Konstantin von 90
Geffen-Ludomer, Hilma 51
Geist, Raymond 336
Geisteskranke 228, 353, 355, 394 f., 584, 616, 628, 682, 686, 952
Gelber Stern 365 f., 379, 417, 633 f., 637, 681 f., 720, 749 f., 753, 760–762, 790, 834, 881, 896, 901 f., 977, 1037
Gellately, Robert 179, 1037
Gelsenkirchen 773
Gemlich, Adolf 86, 111
Gemmeker, Albert Konrad 931
Generalgouvernement 392, 411, 415–417, 420 f., 423, 440, 444, 461–463, 484, 515 f., 518 f., 523 f., 526, 530, 534, 538, 558, 582, 593, 597, 615, 648, 664, 673, 705, 716 f., 721, 723 f., 728 f., 732, 738, 766, 786 f., 806, 809, 832, 840, 842, 861 f., 868, 873 f., 877 f., 893, 905, 907 f., 912
Generalstab des Heeres 384, 782
Genf 390, 687 f., 843 f., 847, 962 f., 1021
Gens, Jacob 623, 628, 818–820, 828, 913–915
Gercke, Achim 40 f., 44
Gerlier, Jules-Marie 556, 802 f., 938

Gerron, Kurt 1020 f.
Gerstein, Kurt 841 f., 922 f.
Gerum, Josef 129, 225 f.
Geschlechtsverkehr, Definition 176
Gesetzgebung, antijüdische 29, 133–145, 154, 156–191
s. a. Nürnberger Gesetze; Gesetze allgemein
Gesetz gegen die Überfüllung deutscher Schulen und Hochschulen 43, 51, 186
Gesetz über den Widerruf von Einbürgerungen und die Aberkennung der deutschen Staatsbürgerschaft 39
Gesetz zum Ausgleich von Schäden, die dem Deutschen Reich durch Juden erwachsen sind 264
Gesetz zum Schutz des deutschen Blutes und der deutschen Ehre 159, 166 f., 170, 172 f., 176, 180, 182
Gesetz zum Schutz der Erbgesundheit des deutschen Volkes 170
Gesetz zum Schutz der Republik 136
Gesetz zur Regelung der Stellung der Juden 47 f.
Gesetz zur Verhütung erbkranken Nachwuchses 52 f.
Gesetz zur Wiederherstellung des Berufsbeamtentums 24, 43, 46, 48, 57, 162, 247
«Arierparagraph» 40, 46, 57, 59, 133
Mischehen 136 ff.
Universitäten und 61–73
Gestapo 59, 74, 79, 129, 138, 146, 149, 153, 155 ff., 163, 178, 182 f., 185, 207 f., 213, 217, 220, 226, 261, 263, 266, 276, 283, 288 f., 295, 298, 306, 308, 326 f., 341 f., 347, 407, 428, 431, 438–440, 464, 472, 484, 536, 551, 572, 619, 629, 638, 655, 667, 673 f., 682, 686, 689 f., 706, 708, 726, 729 f., 733, 744, 749, 751–753, 771 f., 774 f., 808 f., 811, 818, 821, 900–903, 905, 927, 935–938, 974, 985, 993–995, 998, 1018, 1022, 1036
Freuds «Empfehlung» der 262
Gewerkschaften, Auflösung der 29
Ghettos 161, 268, 305, 416, 418, 537, 539, 579 f., 608, 623–627, 629, 643–645, 664, 666, 668, 687, 691–696, 699 f., 705–708, 719, 722, 728, 732–740, 744, 746 f., 765 f., 769, 771–773,

775–777, 785 f., 811–813, 815–817,
819, 821, 829, 837, 878, 893, 900, 903–
906, 908 f., 911–916, 939, 943, 962,
967–969, 974, 976, 982, 1012 f., 1021 f.,
1025
Arbeit in den 64, 171, 173, 177, 179–
181, 274, 294–296, 314, 341 f., 354,
374
Auflösung der 644, 743, 893, 910,
967–969, 1012–1016
Errichtung der 418, 484–486, 523 f.,
560, 568, 591, 597, 623 f., 734
Verwaltung der 422, 524, 526, 528,
728, 734
Gide, André 233
Gienanth, Kurt von 877, 879
Gigurtu, Ion 460
Gillette, Guy 980
Gillois, André 994
Giraudoux, Jean 388
Glaise Horstenau, Edmund von 610
Glasberg, Alexandre 802
Gläser, Ernst 589
Gleiwitz 1032 f.
Globke, Hans 169, 176, 276, 685
Globocnik, Odilo 266, 415, 417, 534,
615, 665 f., 716, 724, 727–729, 738,
814, 827, 841, 878, 881 f., 912
Glücks, Richard 725, 727, 1032
Godesberger Erklärung 350, 436
Gödsche, Hermann 109
Goebbels, Joseph 21, 31 f., 70, 77, 116,
119 f., 127, 134, 146 f., 153 f., 161, 163,
179, 185, 195, 199–202, 204, 274,
283 f., 302, 304 ff., 315, 321, 325, 335,
353, 375, 396 f., 399–403, 432, 456,
478–480, 482 f., 497 f., 510, 516, 522 f.,
539–541, 543, 569, 581, 585–588,
620 f., 633 f., 644, 646, 649, 651–654,
658, 661–663, 670, 682, 690 f., 716–
718, 730 f., 749 f., 776, 784 f., 835, 845,
849, 854–859, 907 f., 921, 924, 926,
948–951, 976, 987, 994, 997, 1019,
1029, 1038, 1042–1044
April-Boykott 1933 33 f.
«Entjudung» 45, 148 f.
Kristallnacht 292–295, 298 f.
Goebbels, Magda 1043
Goerdeler, Carl Friedrich 435, 894,
1017, 1019
Goldberg, Jacob 624
Goldhagen, Daniel Jonah 372

Goldmann, Nahum 446
Goldschmidt, Jakob 64
Goldstein, Israel 979
Goldstein, Moritz 92 f., 95
Goldszmit, Henryk (Korczak, Janusz)
775
Gorá Kalwarii 423
Gordonia 533
Göring, Hermann 22, 33, 65, 79, 159,
171, 211 f., 215, 226, 258, 266, 287,
295, 299, 301, 305, 333, 335, 338, 415,
421, 435, 456, 462, 475, 515–517, 522,
544, 581, 617, 620, 658, 668, 718, 721,
727, 785, 854, 921, 1044
Arisierung in Österreich 263 f.
bei Bernheimer in München 254
Koordinator für jüdische Angelegen-
heiten 302–306, 308–314, 342,
348 f.
Verbot jüdischer Geschäftstätigkeit
280, 303
Vierjahresplan 196 f., 268, 349
Göth, Amon 911
Göttingen 63, 66 f.
Gottong, Heinrich 543
Gottschalk, Joachim 690
Götz, Curt 149
Grabe, Elisabeth 893
Grabner, Maximillian 917
Grabów 699 f.
Gradowski, Zalman 964 f., 1046
Graentzel, Ilse 748
Gräfe, Gerhard 72
Gran Sasso 852
Grasset, Bernard 497
Grau, Wilhelm 210, 248, 352, 541–543
Graubart, Richard 296 f.
Greilsheimer, Joseph 753
Greiser, Arthur 418, 455, 462, 524, 645,
665 f., 746, 881, 968, 1013
Griechenland 386, 511, 835, 869–872
Groag, Willy 1022
Gröber, Conrad 55 f., 474, 684, 897,
959 f.
Grojanowski, Jakow 700
Groscurth, Helmuth 598–601
Gross, Jan T. 425, 917
Groß, Karl 720
Groß, Walter 32, 67, 161, 167, 172, 195,
227, 246, 266, 543, 674
Großbritannien 32, 131, 188, 195, 259,
287, 322–324, 331, 334, 354 f., 383,

387, 389, 391, 397–400, 447, 450, 462, 467, 469, 510, 583, 646, 652, 687f., 721, 723, 838, 844, 925
«Große Denkschrift» 320
Grossman, Moshe 425
Grossmann, Walter 274
Groß-Rosen 795, 1032f., 1035
Grósz, Bandi 1004–1006
Grüber, Heinrich 472, 686
Gruenbaum, Itzhak 687, 981
Gründgens, Gustav 22
Grundmann, Walter 436, 541
Grüninger, Paul 326, 573f.
Die Grundlagen des 19. Jahrhunderts (Chamberlain) 104f.
Grynszpan, Herschel 226, 290, 301f., 324f.
Guéhenno, Jean 554
Guerry, Mgr. 494
Guggenheim, Paul 843
Gundlach, Gustav 272
Gunther, Franklin Mott 548, 609
Günther, Hans 733f., 841, 976f.
Günther, Hans F. K. 78, 135, 167
Günther, Karl 818
Günther, Rolf 733, 797, 869, 874
Gurs 473, 490
Gürtner, Franz 41f., 141, 152, 156f., 726
Gusen 1035
Gustloff, Wilhelm 199f., 257f.
Gutman, Yisrael 443, 564, 890f.
Gütt, Arthur 53, 166
Gutteridge, Richard 208

Haavarah-Abkommen (1933) 76f., 188f., 259f., 339
Haber, Fritz 64f., 147f.
Habermalz, Herbert 911
Hacha, Emil 328, 356
Häfner, August 598–600
Hagelin, Wiljam 460
Hagen, Herbert 216, 220, 265, 292, 336f.
Hahn, Otto 148, 374
Haideri 996
Haiti 467
Hakenkreuz 30, 77, 159, 260
Halder, Franz 407, 510, 512, 651, 782
Halifax, Lord 447
Halvestad, Felix 793

Hamburg 422, 475, 483, 645, 655, 696, 853, 860, 881f., 929, 988, 1001, 1031, 1035, 1039
Hamel, Gustav Israel 634
Hammacher, Friedrich Wilhelm 690
Händel, Georg Friedrich 477, 483
Handelstrust West N. V. 559
Hanneken, Hermann von 929
Hannover 715, 773
Hanoch, Ilse 220f.
Hanssen, Kurt-Walter 432
Harlan, Veit 399, 479f., 553
Harshav, Benjamin 1017
Harster, Wilhelm 558f., 788, 792f.
Hartglas, Apolinary 441
Hartl, Albert 216, 229, 276f.
Harvey, Elisabeth 892
Harz 1030
Hashomer Hatzair 533, 707–709, 914
Hasselbacher, Karl 217
Hassell, Ulrich von 301, 434f., 544f., 677, 782, 909, 1017
Hauptmann, Gerhart 94, 124
Haushaltshilfen 165, 167, 178, 256
Haushofer, Albrecht und Karl 171, 345
Haute-Savoie 936
Heene, Heinrich 142
Hefelmann, Hans 275
Heidegger, Elfride 66
Heidegger, Martin 65–68, 232
Heidelberg 64f., 67, 69, 445
Heim, Franz 861
Heim, Susanne 268
Heine, Heinrich 367
Heiraten zwischen Juden und Christen/Mischehen 57, 136f., 155, 159f., 163, 165ff., 169f., 173, 175, 186, 313, 429, 431, 474f., 496, 506, 566, 569, 658, 675, 685, 723, 725f., 758, 807, 895, 899, 930, 944, 990, 1021, 1036
Heisenberg, Werner 212f.
Heißmeyer, August 144, 185, 221
Heißmeyer, Kurt 1039
Helbronner, Jacques 241, 555–557, 639, 798, 802, 938f.
Held, Adolphe 464
Heldenplatz (Bernhard) 261
Helldorf, Wolf Heinrich Graf 282f., 312
Heller, Abraham 210
Helsinki 574, 831
Hemer 872

Hendaye 470
Henlein, Konrad 219, 277
Henriot, Philippe 993 f.
Henry-Haye, Gaston 492
Hérault 497
Herf, Jeffrey 1041
Hergt, Oskar 121
Hermann, Johan 432
Herrlingen 434
Hertz, Sofie 445
Herzl, Theodor 735
Herzl-Neumann, Trude s. Neumann-Herzl, Trude
Heß, Rudolf 36, 132 f., 150, 156, 167 f., 171 f., 178, 204, 210, 314, 517
Hessen-Nassau 673, 683
Heuss, Alfred 125
Hevesy, Georg von 65
Heydrich, Reinhard 14, 77, 145 f., 153, 157, 171, 183, 204, 212 ff., 216 f., 219 f., 229, 240, 263, 266, 282, 285, 289, 296 f., 303, 305, 308, 312, 327, 336 f., 342, 393 f., 407, 410 f., 413 f., 418–420, 429, 455, 462 f., 467, 514 f., 518, 522, 559, 567, 589, 591, 600, 620, 640, 645, 648, 655, 665–668, 673, 721–725, 728, 731 f., 734, 738, 744, 749 f., 756, 759
Heymann, Berthold 50
Hilberg, Raul 279, 526
Hildebrandt, Richard 971
Hilferding, Rudolf 124
Hilfstruppen, einheimische 590, 603–607, 622, 643, 664, 739, 742 f., 792, 809–811, 841, 993, 1023
Hilgard, Eduard 303
Hillard, Richard 609
Hillard, Vicky 609
Hillesum, Etty (Esther) 562, 758, 789 f., 821 f., 932 f., 983, 990, 1046
Hillesum, Mischa 562, 932, 983
Hillesum, Jaap 562, 983
Himmler, Heinrich 29, 200, 213 ff., 223, 225, 264, 266 f., 276, 289, 294 ff., 307, 314 f., 336 f., 393 f., 411–414, 416 f., 432, 456, 460 f., 472 f., 480, 502, 515, 517 f., 534, 539, 582, 584, 590, 597, 615–618, 620, 627, 643–645, 648 f., 655, 665–667, 672, 714, 717, 723, 725, 728, 731 f., 744, 746, 756, 785–788, 804, 807 f., 831–833, 835, 845, 854, 862–864, 869, 873 f., 877–880, 882 f., 884, 904 f., 909, 912 f., 924–929, 940, 942, 944 f., 966–968, 970 f., 973, 975, 985, 987, 1004 f., 1007 f., 1013, 1021, 1030–1032, 1035, 1039, 1044
Ernennung zum Chef der deutschen Polizei 196 f., 213
Hindenburg, Paul von 28, 32, 40, 48 f., 126 f., 130
Hingst, Hans 814, 913
Hinkel, Hans 21, 24, 79, 81, 153
Hintze, Hedwig 209
Hippler, Fritz 399 f., 569
Hirsch, Caesar 50
Hirsch, Fredy 734, 736, 962–964
Hirsch, Otto 74, 440, 483 f.
Hirschberg, Alfred 74
Hirt, August 975
Historische Zeitschrift (HZ) 209, 248
Hitler, Adolf 29, 37, 39 ff., 64 f., 73, 75, 77, 82, 105, 126 f., 148 f., 157–166, 168 f., 185, 219, 226, 228, 243, 246 f., 257, 270, 275, 280 ff., 289, 300–302, 305, 308–314, 316, 345, 369–373, 375, 383, 387, 389, 391–393, 395–400, 402 f., 409 f., 413, 416, 422, 432, 434 f., 437 f., 445–447, 450–454, 456 f., 459–462, 467, 473–475, 478, 428, 489, 496, 509–523, 541, 544 f., 549, 554, 559 f., 567–569, 581–586, 590, 592 f., 610, 613, 615–617, 620–622, 630–633, 644–652, 654–664, 666, 668–672, 674 f., 682, 703, 708, 710, 713–718, 724, 726 f., 730 f., 743 f., 746, 749, 751, 760, 763, 770, 782–785, 787, 804, 823, 825, 833–835, 842, 848, 850, 852–854, 856–858, 860, 862–868, 877, 896–898, 903, 909, 923 f., 926–929, 940, 947 f., 950 f., 966, 984–989, 996 f., 1000 f., 1003, 1005, 1007 f., 1017, 1019, 1027–1031, 1038–1045
und der Anschluß Österreichs 260 f.
Einfall in Polen 354 f.
Entscheidungsbeeinflussung durch politische und wirtschaftliche Faktoren 13, 32, 35 f., 41–43, 82–86, 132, 156, 167, 199, 248, 313
«Erlösungsantisemitismus» 13 f., 58, 86, 88, 111–120, 195, 198, 201–207, 211, 302
Feier zum 50. Geburtstag 356
internationale Beurteilungen und Reaktionen 31, 195 f., 243, 287, 313, 331 f.

Konkordat mit dem Vatikan 59–62, 83
Kristallnacht und 291–296, 299, 323
Machtergreifung 21, 26, 29, 118, 130–133, 137, 147, 331
Nürnberger Gesetze und 158–161
persönliche Interventionen 44, 65, 141, 171, 281
psychologisches Gefüge bei Entscheidungen 127 f.
Umrisse des künftigen antisemitischen Programms 48 f., 83, 86, 115, 160 f., 164, 205 f., 302, 332 ff., 338
Vierjahresplan 200, 257
Hitlerjugend 154, 283, 969
Hlinka, Andrej 612 f.
Hlinka-Garde (Slowakei) 451, 512, 755, 1023
Hlond, Augustus 236 f., 405
Hochschulen 412 f.
  Juden an den 62–73, 162, 166, 175, 239, 249 f., 307 f., 316, 365 f., 412, 430, 498, 521, 675
Hódosy, Pál 1024
Höfle, Hermann 729, 738, 809 f., 861 f., 917
Hofmannsthal, Hugo von 273 f.
Hofstadter, Richard 99
Hohenlychen 1039
Höhn, Reinhard 216
Holland: s. Niederlande
Holländer, Ludwig 27, 135
Holocaust 53, 268
  historische Bedeutung 11–17
  Zigeuner als Opfer des 223 f.
Holtz, Karl 640
Homosexuelle 129 f., 222, 224 ff., 257, 268, 325
Honecker, Martin 67
Hönigswald, Richard 65
Hopkins, Harry 646
Horodenka 733
Horthy, Miklós 451, 614 f., 833 f., 865–868, 986, 988, 996, 1000–1003, 1007, 1023 f.
Hosenfeld, Wilm 813
Höß, Rudolf 617 f., 786, 891 f., 927, 999, 1011, 1033
Hoßbach, Friedrich 168
Hoth, Hermann 593, 783
Hrubieszów 903

Huberband, Shimon (Szymon) 401, 533, 1046
Huch, Ricarda 22 f., 26
Hudal, Alois 946
Hugo, Victor 589
Hull, Cordell 83, 283
Humani Generis Unitas (Einheit des Menschengeschlechts) 272 f.
Hundsbach 437
Husseini, Haj Amin El 659
Husserl, Edmund 66 f.
Hüttemann, Anneliese 216

Iași 386, 607, 609
Identifikationsdokumente für Juden 276
I. G. Farben 38, 255, 264, 617 f., 888, 1000
Immenhausen 720, 899, 1022 f.
Informationen über den Holocaust, zeitgenössische 432 f., 678, 715 f., 751 f., 823, 831, 841–847, 850, 855, 892–894
Innenministerium, preußisches 42, 47, 226 f.
Institut für Deutsche Ostarbeit 543, 679
«Das Internationale Judentum» (Hagen) 336
Interventionismus (in den USA) 447
Irak 659
Isak, David 141
Isolationismus (in den USA) 233, 447, 652 f.
Israelitisches Familienblatt 26, 42
Israelowitz, Israel 501
Istanbul 711, 977, 1004–1006
Italien 131, 195 f., 270 ff., 287, 314, 324, 369, 385, 434, 446, 448–450, 455, 457, 468, 506, 510, 566, 573, 612, 638, 656, 710, 722, 782, 787, 833, 835 f., 846, 850, 859, 868, 871, 875, 923, 935 f., 942–953, 955, 995
Izbica 700, 733, 736–738, 872 f.
Izieu 984

Jabotinski, Vladimir 819
Jäckel, Eberhard 112
Jacobson, Louise 851, 1046
Jacoby, Felix 28, 68
Jäger, Karl 598, 622, 743 f.

Jahn, Ernst 720, 899
Jahn, Lilli (geb. Schlüchterer) 720, 899, 1022 f., 1046
Janowitz, Leo 962
Janowska 740, 817 f.
Jantausch, Pavol 755
Japan 196, 326, 466 f., 510, 574, 654, 713
Jaroslau 781
Jaross, Andor 997
Jaszunski, G. 820
Jeckeln, Friedrich 518, 582, 643 f., 649
Jedwabne 606
Jena 436, 541
Jerusalem 620, 659, 666, 688, 974, 981, 1005
Jesuiten 56, 99, 272
Jesus Christus 195, 319
Jewish Agency for Palestine 440, 687 f., 847, 977, 981, 1005 f.
Jewish Chronicle (London) 163
Jewish War Veterans 33
Jezler, Robert 830
Jilava 546
Jischuw 467, 469, 687 f., 839 f., 977, 980 f., 1005, 1023
Jochelson, Daniel 765
Jodl, Alfred 171, 511, 514
Jogiches, Leo 106
Johnson, Eric 637
Johst, Hanns 518
Jong, Jan de 792, 793
Jong, Louis de 788 f.
Jordan, Fritz 624
Jorga, Nicolae 547
Jost, Heinz 216
Juden
als die «Außenseiter» 98, 123, 132
Auswanderung und Vertreibungen 21, 23 f., 68, 74–79, 144, 151, 157 f., 183, 185–189, 219, 234, 245 f., 259, 268 f., 276, 282, 302, 305, 310, 321–328, 335, 337–342
Definition 90, 133–137, 165 ff., 169; s. a. Mischlinge
deutsche Wirtschaft und 91–94, 142–145, 156, 186 f., 221 f., 253–260, 281 f.; s. a. Unternehmen, jüdische
Emanzipation 94 ff., 100
Heirat zwischen Christen und 57, 136 f., 155, 159 f., 163, 165 ff., 169 f., 173, 175, 186, 313

Identifizierungszeichen 305, 309, 311, 313
C. G. Jung über die Seele von 190
Kartei aller – in Deutschland 41, 217
Konversion zum Christentum 56, 59 f.
Kriminalität 158, 275 f.
Namen und Namensänderungen 39, 47, 49, 141, 152 f., 169, 276
Reaktionen der – auf antijüdische Maßnahmen der Nationalsozialisten 26–29, 31, 33, 68, 73–81, 185–191
Selbsthaß 104
Sympathien für 145 ff., 184 f.
s. a. Antisemitismus
«Judenfrage», Brief Hitlers zur 86, 111
«Die Judenfrage als Aufgabe der deutschen Geschichtsforschung» (Grau) 210
«Der Jude ist auch ein Mensch» (Weltsch) 146
Judenstern: s. Gelber Stern
Das Judentum in der Musik (Wagner) 102
Jüdische Polizei: s. Ordnungsdienst
Jüdische Rundschau 41, 71, 146 f., 186 f., 306
Jüdischer Frauenbund 126
Jüdischer Weltkongreß 390, 446, 465, 687, 843, 845, 1010
Jüdisches Antifaschistisches Komitee (Sowjetunion) 632
Jüdisches Familienblatt 155
Jüdisches Hilfs- und Rettungskomitee (Ungarn) 1004
Jüdisches Nachrichtenblatt 306
Jüdische Weltkriegskämpfer 555 f., 677
Jüdischer Widerstand 377, 533, 631 f., 708, 746 f., 756, 773, 805, 886, 903–905
Jugoslawien 468, 511, 610, 1039
Julliard, René 761
Jung, Carl Gustav 190
Jungdeutscher Orden 119, 122
Jünger, Ernst 763

Kaczerginski, Szmerke 974
Kafka, Franz 323, 390, 962
Kafka, Ottla 962
Kaganowitsch, Lazar 657, 1029

Kahle, Paul E. 972
Kahlich, Dora Maria Dr. 679 f.
Kairo 1006
Kaiser-Wilhelm-Gesellschaft 24, 64, 147
Kaiser-Wilhelm-Institut für menschliche Erblehre und Eugenik 45, 226
Kállay, Miklós 615, 833 f., 865 f., 986
Kalmanowicz, Zelig 819 f., 915, 972, 974, 1016, 1046
Kaltenbrunner, Ernst 731, 864, 879, 908, 925, 944, 1019, 1031
Kaluga 710
Kamenets-Podolsky 615, 664
Kamlah, Ferdinand von 581
Kammler, Hans 741, 884 f.
Kampfbund für den gewerblichen Mittelstand 31
Kampfbund für deutsche Kultur 125, 150
Kanada 574
Kantorowicz, Ernst 68
Kantorowicz, Hermann 62
Kaplan, Chaim 383, 389, 421, 424 f., 443, 457 f., 485, 528, 533, 539, 650, 704 f., 715, 772, 811 f., 931, 1046
Kaplan, Marion 475 f.
Kappler, Herbert 942–945
Karäer 971–973
Karelien 445
Kareski, Georg 74
Karl, Herbert 267
Karlsruhe 752 f., 881
Karpatho-Ukraine 997
Karski, Jan 426 f., 838, 981 f.
Kaspi, André 796
Kassel 720, 900, 1022 f.
Kastner, Rudolf 1004, 1007 f.
Kater, Michael 69, 149
Katholische Kirche, Katholiken 72, 125, 229, 248, 256 f., 269, 272, 319, 348, 375
und Antisemitismus 55 f., 59–62, 73, 97, 208, 232, 235–238, 272 f., 320
Dogma und kanonisches Recht 451
Enzykliken 452–454
in den Niederlanden 505 f., 792
in der Slowakei 755
in Deutschland 474, 681, 897 f.
in Frankreich 494 f., 555, 801–803, 938
in Kroatien 611 f., 869
in Polen 235–239, 404–406, 564
in Ungarn 614, 1002–1004

und Nürnberger Gesetze 181 f.
Pontifikat
Pius' XI. 437, 452 f.
Pius' XII. 438, 451–454, 565, 948–957
Vatikanische Beamte und Würdenträger 452, 454, 565, 611 f.
s. a. Vatikan
Kattowitz 407, 414, 463, 927
Katyn 857, 859, 1026
Katz, Jacob 97 f.
Katzenberger, Leo Israel 747 f.
Katzenelson, Berl 78
Katzmann, Friedrich 664, 809
Kauen 605
Kaufering 1030
Kaufmann, Karl 645
Kaufman, Theodore N. 587 f., 634, 719
Kaukasus 582, 713, 782 f.
Kautsky, Benedikt 891
Keitel, Wilhelm 257, 393, 514, 543 f., 581, 853
Kempf, Annemarie 319
Kennan, George F. 328
Kennedy, Joseph E. 453
Kerrl, Hanns 41, 136, 171
Kershaw, Ian 131
Kertsch 709 f.
Kestler, Fritz 316 f.
Kfar Vitkin 840
Kiel 62, 250, 437
Kielce 396, 444, 487, 523 f., 579, 703, 768 f., 823, 1046
Kiew 580, 583, 598, 642, 664, 676, 704, 742, 852, 920
Killinger, Manfred von 460, 833
Killy, Leo 44 f.
Kipnis, Alexander 26
Kirk, Alexander 313, 430
Kischinew 499, 608 f.
Kistarcsa 1001
Kleinasien 514, 870
Kleinbaum, Moshe (Sneh, Moshe) 423 f., 486
Klemperer, Eva 383, 634, 751, 826, 900, 909, 1037, 1045
Klemperer, Otto 21
Klemperer, Victor 72, 143, 162, 347 f., 382 f., 434, 440, 443, 458 f., 476, 506, 519, 581, 634–636, 650, 693, 702, 709, 718, 749–752, 784, 823, 826 f., 856, 858–860, 900 f., 909 f., 931, 992, 1036 f., 1045

Klepper, Jochen 155, 313, 431, 444, 459, 471 f., 523, 684, 808, 1046
Kleßheim 865, 867, 996, 1000
Kleylein, Paul 748
Klieforth, Alfred W. 453
Klodawa 700
Klonicki, Adam (Klonymus) 918 f.
Klonicki, Aryeh (Klonymus) 596, 918 f., 1046
Klonicki, Malwina (Klonymus) 918 f., 1046
Klooga 1016 f.
Klostermann, Hermann Wilhelm 413
Klüger, Ruth 637, 736, 876, 886 f., 961 f., 964, 1035
Klukowski, Zygmunt 375, 409, 538, 625, 710, 739 f., 1011 f.
Knatchbull-Hugessen, Hughe 711
Knochen, Helmut 495, 555, 640
Knoll, Roman 428
Koblenz 476
Koch, Erich 456, 582, 742 f., 1034
Koch, Pietro 995
Koch, Robert 585
Kochanowski, Erich 477 f.
Koenekamp, Eduard 419
Kokoschka, Oskar 24
Kolb, Eberhard 967
Köln 428, 720, 812, 872, 881, 902, 1046
Kollaborateure in den von den Deutschen besetzten Gebieten 456, 490 f., 497 f., 502 f., 549, 553, 595, 603–605, 612 f., 752, 757, 762–764, 788, 883, 918 f., 993 f.
Kollaborationistische Regierungen 449, 451, 456, 490–493, 498, 502 f., 549, 552, 554, 570, 573 f., 607–610, 612, 638, 759 f., 832–834, 993, 997
Koło 698 f., 823
Kolomea 615
Kolonialministerium (Großbritannien) 469, 711 f.
Kommunismus, Kommunisten 30, 36 f., 40, 75, 108, 127, 158, 181 f., 196, 263, 369 f., 385, 423–427, 489, 512, 558, 573, 593, 610, 639, 708 f., 730, 744, 805, 851, 904, 908, 914, 949, 954
s. a. Antikommunismus
Kommunistische Partei Deutschlands (KPD) 31, 122
Komoly, Otto 1004
Komplizenschaft, passive 426 f., 506, 570, 604, 761–764, 768, 918 f.
Kongreß (USA) 650, 652, 978, 980
Königin Wilhelmina 502
Königsberg 394, 412, 437, 574, 619, 680, 742, 1034
Königshütte 751
Konitz 691
Konkordat 59–62, 83, 452 f.
Konservative Partei Deutschlands 46 ff., 89
Konzentrationslager 29 f., 54, 208 f., 222 f., 266 ff., 282, 285, 290, 296
s. unter dem jeweiligen Ortsnamen;
s. Vernichtungslager
Kopenhagen 928 f.
Koppe, Wilhelm 645, 648
Korczak, Janusz (Goldszmit, Henryk) 626, 775 f., 811 f., 1046
Koretz, Zwi 869–871, 938
Korherr, Richard 862–864
Körner, Theodor 855
Korruption 421 f., 533, 536, 755 f., 789, 814, 879, 927, 937
Korsemann, Gert 582
Kos (Insel) 996
Kosice (Kaschau) 1009 f.
Kossak-Szczucka, Zofia 920
Kot, Stanisław 839
Kovner, Abba 707 f., 710, 746, 914 f.
Kowno 574, 601, 604 f., 623 f., 648 f., 664 f., 685, 691, 705 f., 766, 818, 827 f., 883, 910, 913, 967 f., 1016, 1046
Krajno 487
Krakau 392, 394, 414–416, 418, 420, 441, 519, 543, 732, 738, 823, 873 f., 879, 905, 911
Kramer, Joseph 975 f.
Krauss, Clemens 751
Krauss, Werner 479
Krebs, Fritz 541, 543 f.
Krefeld 872–874
Kreisler, Fritz 150
Kremer, Johann Paul 889–891
Kreta 511
Kriegsgefangene 942, 978
Krim 709, 713, 973
Kriminalpolizei 223
Krimtschaken 973
Kristallnacht-Pogrom 32, 84, 171, 258, 280, 283, 291–298, 312, 315, 319–324, 332, 334, 339, 356

Kroatien 451, 610 f., 722, 835, 850, 868, 956, 1024
Krojanker, Gustav 135
Krombach, Ernst 737 f., 1046
Krüger, Friedrich Wilhelm 416 f., 648, 721, 729, 732, 785, 809, 879, 882, 904
Krüger, Hans 664–666, 703
Kruk, Herman 580, 623, 709, 765, 819 f., 828, 910, 912–915, 933, 974 f., 1016 f., 1046
Krumey, Hermann Alois 1031
Ksinski, Max 143
Kuba 466
Kube, Wilhelm 171, 744, 962
Kubowitzki, Leon 1010
Küchler, Georg von 407
Kuhn, Richard 65
Kujawska 700
Kulka, Otto Dov 181
Kulturbund deutscher Juden 79 ff., 153, 356
Kun, Béla 108, 235, 574, 614
Künneth, Walter 58
Kursk 852, 860
Kutno 893
Kvaternik, Slavko 585

LaFarge, John 272 f.
Lagarde, Paul de 102, 239
«Die Lage der Juden in Rußland von der Märzrevolution bis zur Gegenwart» (Heller) 210
Lagedi 1016 f.
Lages, Willy 559, 788 f.
La grande peur des bien-pensants (Bernanos) 231 f.
Lambert, Raymond-Raoul 499 f., 638–641, 701, 765, 798, 822 f., 937–939, 1046
Lammers, Hans Heinrich 27, 39, 141, 152, 171, 228, 247, 292, 312, 355, 519–521, 581, 615, 674, 714, 853, 899
Landau, Felix 629, 818
Landau, Leib 972
Landauer, Georg 341
Landesberg, Henryk 817 f.
Landsmann, Nathan 219
Lange, Herbert 666, 699, 968
Langfus, Lejb 964
Langgässer, Cordelia 901 f.
(s. a. Edvardson, Cordelia)

Langgässer, Elisabeth 901 f.
Laqueur, Walter 378
Lausegger, Gerhard 297
Lateinamerika 466, 652, 656
Laval, Pierre 491 f., 549, 759 f., 797–800, 802, 933 f.
Law, Richard 711
Le Chambon-sur-Lignon 803
Ledochowski, Wladimir 272 f.
Le Vernet 473, 490
Lebensborn (SS-Organisation) 970
Lecca, Radu 977
Leeb, Wilhelm Ritter von 593
Leers, Johann von 859
Leewald, Oswald 133
Lefo, Gustaf Israel 445
Lefo, Sara 445
Lehar Franz 150 f.
Lehmann, Margarete 177
Lehndorff, Heinrich von 842, 1018
Leibbrandt, Georg 971, 973
Leiber, Robert 56
Leiden 504 f.
Leipzig 71, 162, 212, 249, 345, 435, 689, 812
Lejkin, Jacob 809, 905
Lemberg (Lwów) 595–597, 680, 738–740, 781, 787, 818, 841, 846, 972
Lemgo 896
Lenin, Wladímir Iljítsch Uljánow 513, 532, 631, 1041
Leningrad 643, 782, 852, 972
Lentz, Jacob 504
Leopold III. von Belgien 449
Lepecki, Mieczyslaw 239
Les Milles 473, 490
Lettland 607, 629, 692
Levi, Primo 875 f., 886 f., 961, 1000, 1035
Levi, Paul 106
Lévy, Lazare 761, 764
Levin, Dov 425
Lewandowski, Jozef 842
Lewental, Zalman 964
Lewin, Abraham 776, 812, 823 f., 827, 903 f., 1046
Lewis, Sinclair 589
Ley, Robert 397, 403, 719, 924
Libyen 782
Lichtenbaum, Marek 905
Lichtenberg, Bernhard 55, 320, 686, 953
Lichtheim, Richard 688, 845, 849 f.

Lida 746
Lidice 731
Liebehenschel, Arthur 216, 891
Liebermann, Max 24
Liebknecht, Karl 106
Liénart, Achille 801
Liepmann, Erich 306
Lifar, Serge 497 f.
Lifton, Robert Jay 889
Lille 801
Lindbergh, Charles A. 652–654, 687
Lippmann, Rosenthal & Co. 560, 758
Lippmann, Walter 31
Lischka, Kurt 551
Lissabon 470, 573
List, Emanuel 26
Liszt, Franz 478
Litauen 158, 188, 386, 423, 466 f., 574, 580, 601–605, 624, 743, 777, 972
Litwinow, Maxim 355
Litzmannstadt (Łódź) 677, 685, 702, 892, 968 f., 1014 f.
Lochner, Louis P. 357
Lochów 700
Łódź (s. a. Litzmannstadt) 384–386, 401, 404, 418, 422, 440–444, 481, 484, 524–527, 529–532, 540, 579 f., 622, 627 f., 645, 648, 666, 690, 692 f., 696–699, 719, 728, 770 f., 786 f., 815, 823, 828, 875, 910 f., 915, 939, 941, 968, 1012, 1046
Loerke, Oskar 147
Loewenstein, Hugo 133
Logothetopoulos, Konstantin 870 f.
Lohbrück 437
Lohse, Hinrich 456, 582, 643, 743 f.
Loire-Inférieure 795
Lona 964
London 33, 149, 188, 385, 390, 427, 446, 449, 453, 469, 502, 510, 564, 586, 594, 646, 687, 711, 713, 767, 774, 784, 823, 837–839, 841, 843–845, 849, 853, 968, 977 f., 981, 1006, 1011
Long, Breckinridge 465, 980
Losacker, Ludwig 908
Lösener, Bernhard 163–166, 168, 172, 354
Lospinoso, Guido 936
Lourdes 507
Löwenstein, Karl 962
Löwenherz, Josef 265
Löwenstein, Leo 27

Löwy, Alfred 66
Lübeck 683, 881
Lubetkin, Zivia 507, 532
Lublin 392, 396, 410, 413–419, 462, 471, 480, 516, 519, 534, 542, 567, 615, 665 f., 705, 716, 729, 732, 736–740, 772, 777, 809, 813 f., 832, 841, 850, 861, 876 f., 882 f., 903, 905, 912, 942, 968
Lublin-Majdanek 727, 740, 861, 942, 1011, 1013
Ludendorff, Erich 88, 214
Ludin, Hans 755 f., 867 f.
Ludwig, Carl 285
Ludwig, Emil 47, 200
Ludwigsburg 1036
Luftangriffe 384, 475, 509 f., 561, 607, 645–647, 751, 782, 853, 860, 896, 924, 929, 953, 986, 1001, 1004 f., 1009–1011, 1028, 1037 f.
Luftgas, Markus 655
Luitpold-Gymnasium, München 107
Lustig, Walter 902
Luther, Hans 37
Luther, Martin 461, 667, 722, 832–834
Lutz, Carl 1025
Lutze, Viktor 857
Luxemburg 455, 490, 522, 648, 695
Luxemburg, Rosa 106, 109
Luzk 594, 600
Lyon 494, 556, 799, 802 f., 984

Mach, Alexander Šaňo 460, 541, 613
Mackensen, August von 41
Mackensen, Hans Georg von 836
MacQueen, Michael 880
Madagaskar 239 f., 306, 324, 333, 339, 461 f., 473 f., 483 f., 516, 567, 585, 647
Madrid 470
Mager, Hans Wolfgang 351
Magill, Franz 590
Maglione, Luigi 611, 755, 847 f., 945 f., 949 f., 956
Mahraun, Arthur 119
Mähren 387, 389, 665, 692, 726, 733, 976
Mährisch-Ostrau 414
Maikop 651, 782
Mainfranken 896
Majzel, Maurycy 441
Makedonien 869

Malines (Mechelen) 564, 732, 804, 872, 990
Małkinia 813, 873
Mandel, Georges 993
Mandel, Maria 961
Mann, Heinrich 23
Mann, Klaus 22, 75
Mann, Thomas 22, 25 f., 94, 106, 124, 147, 323, 715
Mannheim 445, 752 f.
Manoiloff, E. O. 136
Manstein, Erich von 593, 713
Marburg 433, 841
Marcuse, Herbert 210
Marcone, Giuseppe Ramiro 611 f.
Marian, Ferdinand 479
Maritain, Jacques 493
Marokko 667, 782
Marothy, Károly 1024
Marrus, Michael 240
Marseille 464, 470, 507 f., 799
Marti, Roland 963
Marxismus: s. Antikommunismus; Kommunismus
Masse, Pierre 496 f.
Matulionis, Jonas 624
Matzdorff, Walter 752
Mauriac, François 493 f.
Mauritius 469
Maurras, Charles 232, 242, 491, 495
Mauthausen 226, 267 f., 484, 507, 561, 678, 945, 1035
May, Heinz 698
Mayer, Joseph 229
Mayer, Moritz 445
Mayer, René 557
Mayer, Saly 1031
Mayer, Sara 445
Mazedonien 610, 834, 866, 869 f., 875
Mazower, Mark 689
McClelland, Roswell 1009
McCloy, John J. 1010
Mechanicus, Philip 930–932, 990, 1046
Mecklenburg 683
Medicus, Franz Albrecht 164
Medizinische Versuche 679 f., 883, 887, 889, 975, 1039 f.
Meijers, E. M. 504
Meinecke, Friedrich 209
Mein Kampf (Hitler) 59, 88, 112 f., 115 ff., 211, 497, 513, 655

Mein Weg als Deutscher und Jude (Wassermann) 125 f.
Meitner, Lise 374
Melanchthon, Philipp 351
Melchior, Carl 88
Melk 1035
Melmer, Bruno 881
Memel 411, 601
Mende, Gerhard 461, 809
Mendelsohn, Ezra 386, 404
Mendelssohn-Bartholdy, Felix 521
Mengele, Joseph 887 f., 961
Mennecke, Friedrich 215, 678
Menschen auf See (Priestley) 357
Messersmith, Georges S. 83
Mettenheim, Clara von 431 f.
Metz, Friedrich 316, 413
Mexiko 466
Meyer-Erlach, Wolf 541
Meyer-Hetling, Konrad 413
Meyerhof, Lissy 702
Meyerhof, Otto 64 f.
Milbertshofen (bei München) 519, 691
Milch, Erhard 170, 345
Mildenstein, Baron Leopold Itz Edler von 77, 216
Mildner, Rudolf 927
Militärdienst, jüdischer
 Entlassung 133 f., 154
 im Ersten Weltkrieg 27 f., 41 f., 68, 71, 75, 87 ff., 133 f., 315
Miłosz, Czesław 916
Minden 678 f., 714
Minsk 590 f., 622, 632, 648, 664 f., 685, 692, 742, 744, 747, 912, 942, 962
Minzberg, Leon 442
Mir 443
Mirescu, Mihai 547
Mischlinge 133, 157, 161, 166 ff., 170 f., 174, 189, 199, 250, 275 f., 312 f., 351, 431, 503, 506, 520 f., 552, 569, 649, 660, 674 f., 721, 723, 725 f., 744, 806, 899, 901 f., 944, 952, 956, 970, 1021 f., 1036
 Ehe- und Bürgerrechtsgesetz und 165, 175, 182, 258, 313, 344 ff.
Mizrahi, Elia 943
Modena 875
Moffie, David 365 f., 379
Mogiljow 666
Möllhausen, Eitel Friedrich 945
Molnar, Ferenc 477

Molotow, Wjatscheslaw 355, 510, 839
Moltke, Freya von 677, 893
Moltke, Helmuth James von 677, 893, 908 f., 1017 f.
Mommsen, Hans 46, 893
«Mord in Davos» (Ludwig) 200
Mönchen-Gladbach 872 f.
Monowitz 795, 961, 1035
Montauban 464, 803
Montgomery, Bernard L. 782
Montoire 549
Montor, Henry 849
Moore, Bob 560
Morand, Paul 764
Mordowicz, Czeslaw 998
Morgen, Konrad 927
Morgenthau, Henry 980, 1028
Morley, John 1023
Morris, Leland 639
Moschkin, Ilja 747
Moskau 582, 585 f., 633, 646, 649–651, 707, 713, 839, 1029
Mossad Lealija Beth 468
Mosse, Rudolf 93
Mounier, Emmanuel 449 f., 493 f., 533
Moutet, Marius 239
Moyland, Gustav Adolf Steengracht von 950
Moyne, Lord (Walter Edward Guinness) 711
Muchow, Reinhold 31
Mühldorf 1030
Mühsam, Heinrich 754
Müller, Annette 796
Müller, Filip 881 f., 1035 f.
Müller, Heinrich 217, 342, 462, 601, 667, 744, 808, 845, 862, 993
Müller, Karl Alexander von 209 f.
Müller, Ludwig 57, 140
München 34, 36, 56, 111, 117, 131, 147, 150, 154 f., 250, 274, 292, 294 f., 307, 452, 519, 521, 544 f., 673, 691, 895, 974 f., 987, 1029 f.
s. a. Luitpold-Gymnasium
Münster 433, 584, 676, 881, 888
Musik, «Entjudung» 148–152, 273 f.
Murmelstein, Benjamin 733, 962, 1020
Murphy, Robert 491
Mussert, Anton 502, 504, 541, 560
Mussolini, Benito 271, 287, 385, 446, 448 f., 454 f., 457, 461, 516, 585, 612, 835 f., 848, 852, 929, 935 f., 945, 949–951, 995, 1041
Musy, Jean-Marie 1021, 1031
Mutschmann, Martin 162, 1007

Nacht der langen Messer 130, 164, 225, 227
Namen und Namensänderungen von Juden 39, 47, 49, 141, 152 f., 169, 276
Nantes 640
Narva 1016
Nathan, Otto 465
Nationalismus 13, 56, 69, 126, 196, 332
und Antisemitismus 99, 102, 109, 235, 238 f.
«Ein Nationalsozialist fährt nach Palästina» (Mildenstein) 77
Nationalsozialistische Betriebszellenorganisation (NSBO) 31
Nationalsozialistischer Lehrerbund 321
Nationalsozialistischer Studentenbund 25, 69 ff.
Natzweiler 975
Naumann, Max 27, 125
Nationalsozialistische Deutsche Arbeiterpartei (NSDAP) 27, 29, 50, 52 f., 59, 76 f., 85, 111 f., 117 f., 121, 134, 136, 148
antisemitische Feinde 183 f.
«Doppelsprache» 329 ff.
Gruppierung, konservative 35, 258, 281, 301
Gruppierung, radikale 14, 31 f., 35 f., 41, 85, 154 f., 164, 180, 182, 336
Heidegger und Schmitt als Parteigenossen 68
Parteitag 158 ff., 164 f., 172, 201 f., 276
Rassenpolitisches Amt der 67 f., 156, 161, 172, 266, 543, 674
Reichsleitung der 150
Staatsmacht 213
Wahlerfolge 118, 122
Ziele 30–38
Nedić, Milan 610
«Negermischlinge» 170, 214 f., 226 f.
s. a. «Rheinlandbastarde»
Neuengamme 1031, 1035, 1039
Neufundland 583
Neumann, Erich-Peter 540

Neumann-Herzl, Trude 735
Neun, Hubert 540
Neurath, Konstantin Freiherr von 32, 47, 163, 257, 259, 356, 455 f.
«Das Neue Testament und die Rassenfrage» 57
New York 442, 446, 464, 466, 507 f., 594, 654, 840, 845, 948, 982, 1009
New York Times 774, 978
«nichtarisch», Definition 40
Nichtjüdische Lagerhäftlinge 29, 394, 584, 616 f., 619, 678, 699 f., 757, 884, 888, 1022
Nicolai, Helmut von 39
Nicosia, Francis 77
Niederlande 366, 387, 455 f., 468, 490, 502–506, 541, 543, 558–563, 570, 641, 756 f., 760 f., 786–795, 804 f., 824, 849, 872, 930 f., 939, 953, 983, 990–993, 1020, 1027
Niederstetten 54
Niemöller, Martin 57, 181
Nipperdey, Thomas 95
Nisko 414, 733, 962
Nizza 803, 936
Nobelpreisträger 63 f., 70
Noelle, Elisabeth 540
Nolte, Ernst 113
Normandie 923, 986, 994, 1000
Norwegen 446, 456, 541, 831, 836, 928
Nossig, Alfred 905
November-Pogrom: s. Kristallnacht-Pogrom
Novi Sad 986, 1026
Nowogrodek 746
NSB (niederländische Nazipartei) 502 f., 560, 788
Nürnberg 481, 518, 660, 689, 747
Nürnberger Gesetze 47, 78, 133, 138, 158–168, 179, 181, 199, 223, 256, 305, 314, 417, 430 f., 472, 503, 614, 723, 758, 895
s. a. Gesetz
Nürnberger Prozesse 163

Oberbayern 1045
Oberdorfer, Erich, Israel 349 f.
Oberg, Karl 759 f., 762
Oberhauser, Josef 814
Oberländer, Theodor 204
Obermayer, Leopold 129 f., 224 f.
Obersalzberg 545
Oberschlesien 392, 407, 414, 418, 452, 533, 568, 740, 751, 892, 1032 f., 1035
Ochrana 109
Ochsenfurt 896
Odessa 608, 664, 911
Odier, Lucie 843
Oesterreich, Traugott Konstantin 63
Offenburg 253
Öffentliche Einrichtungen und Verkehrsmittel, Benutzung für Juden untersagt 418, 428 f., 476–478, 437, 563, 670 f., 749, 758, 795
Öffentliche Meinung
des Auslandes 14
zum jüdischen Flüchtlingsproblem 269–273, 285–290, 321–328
zu den Nazi-Aggressionen 195, 334 f., 354 ff.
zur antijüdischen Politik der Nationalsozialisten 14, 30, 34, 82 ff.. 142, 180–185, 311 f., 317–321, 347 f.. 356 f., 370, 374 f., 395, 403, 426. 432 f., 493 f., 504–506, 550, 554, 558, 569–571, 588 f., 606, 634–637, 678, 684, 689 f., 714 f., 719 f., 760– 762, 767, 787, 791, 800, 919 f., 997
zu den Programmen der Nationalsozialisten 31 ff., 81–84, 163, 199, 233 f., 243, 249 f., 271, 284, 313, 321–324
Ogilvie-Forbes, Sir George 340
Ohlendorf, Otto 607, 973
Ohlendorf, Otto 216
Olympische Spiele von 1936 133, 139, 156, 198 f., 222, 224, 251, 356
Oneg Schabbat (Ringelblum-Archiv) 422, 486, 529 f., 776, 827, 910
Oostvoorne 791, 991
Opoczyński, Perec 827
Oppenheim, Menachem 823
Oppenheimer, Joseph Ben Issachar Süßkind (*Jud Süß*) 479
Oranienburg 440
Orel 852
Organisation Schmelt 414, 534, 741
Organisation Todt 743, 1030, 1034
Orsenigo, Cesare 454, 474, 898, 950
Orsós, Ferenc 1026
ORT 528, 573
Orthodoxes deutsches Judentum 186, 217

Orzech, Mauricy 773
Osborne, Francis d'Arcy 848 f.
OSE 573, 935
Oslo 836
Oster, Hans 1017
Österreich 14 f., 69, 76, 80, 94 f., 97, 131, 152, 212, 229, 234, 245 f., 261, 262–269, 280, 285 ff., 296 f., 305 f., 382, 334, 387, 389, 411, 421, 428, 472, 482, 489, 554, 733, 739, 850, 984, 998, 1009
OSTI (Ostindustrie GmbH) 878, 968
Ostjuden 30
Ostland 456, 582, 644, 648, 665 f., 668, 673, 705, 745
Ostmark 262
Ostpreußen 392–394, 582, 585, 842, 986, 1034
Ostrava 733
Oszivac 1026
Oszmiana 819
Ott, Karoline 445
Otter, Göran von 841 f.
Ottolenghi, Adolfo 995
Ottwock 536, 1012, 1046
OUN (Ukraine) 451, 595 f., 605, 612

Pabianice 771
Paderborn 685
Palästina 21, 33, 68, 74–79, 183, 186–189, 219 f., 238, 246, 259, 292, 322 f., 327, 337, 390, 423, 440, 443, 463, 466–469, 481, 483, 486, 523, 532, 556, 572, 659, 686 f., 701, 711 f., 733 f., 833, 839 f., 844, 871, 962, 966, 977 f., 980, 1007
Palmnicken 1034
Paris 68, 240, 290, 302, 314, 386, 427, 445 f., 457 f., 461, 489 f., 495–501, 507, 543–545, 551, 553 f., 595, 617, 639 f., 646, 667, 700, 756, 759–764, 795, 798, 801, 822, 826, 830, 842, 851, 883, 928, 935, 937, 942, 951, 994, 1046
Parteikanzlei 395, 432, 517, 520–522, 675, 751, 785, 806, 893
Parti Populaire Français 491
Partisanen 515, 581 f., 590, 603–605, 612, 616, 619, 662, 708, 744–747, 783, 835, 869, 878, 905, 908, 912, 914 f., 942, 951, 985, 1023, 1046
Paulus, Friedrich 713, 782 f.
Pavelić, Ante 451, 610 f., 835, 868

Pazifisten 69 f., 125, 233
Pearl Harbor 654, 660
Pechel, Rudolf 125 f.
Peel-Kommission 259
Pehle, John 980, 1010
Pellegrino, Gighi 871
Pellepoix, Louis Darquier de 759
Perechodnik, Calel 536, 1012, 1046
Perlasca, Giorgio 1025
Perle, Jehoschua 910 f.
Pétain, Philippe 446, 449, 451, 455, 488, 490–492, 494, 497, 501, 549, 551, 556, 566, 639, 657, 760 f., 799, 802, 934, 938
Petljura, Symon 595
Petre, Andrei 574
Petscherski, Alexander 942
Pfannenstiel, Otto 841
Pfarrernotbund 57
Pfeilkreuzler (Ungarn) 451, 614, 1024 f.
Pfundtner, Hans 164, 168, 247, 520
Phayer, Michael 897
Piaski 738
Pieczuch, Konrad 127
Pietrowski, Edmund 38
Pignatelli, Enza Gräfin 945
Piłsudski, Józef 406, 451
Pinsk 425, 590, 607
Piotrków Trybunalski 418
Pithiviers 796 f.
Pius XI. 208, 272 f., 437, 452 f., 455, 946
Pius XII. (Eugenio Pacelli) 55, 60, 244, 273, 375, 438, 451–454, 466, 495, 565, 846, 848 f., 898, 945–957, 360, 1002, 1023
Planck, Max 65, 147
Płaszów 911
Poale Zion, linke Fraktion 773
Podgorce 416
Pogrome 124, 291–300
  Kristallnacht 32, 84, 171, 258, 280, 283, 291–298, 312, 315, 319–324, 334, 339, 356
  in Polen 238 f.
Pohl, Dieter 742
Pohl, Johannes 974
Pohl, Oswald 267, 615, 617, 727 f., 878, 880–884, 927, 968, 1008, 1031
Polen 32, 204, 235–239, 288 f., 300, 370, 383 f., 386 f., 391–934, 396 f., 399–402,

404–417, 423 f., 427 f., 431 f., 434 f.,
450 f., 454–456, 462 f., 485–488, 518,
527, 538, 567 f., 570, 592, 602, 619,
630, 648, 680, 687, 740, 767, 792, 821,
838–840, 844, 846 f., 865, 787, 895,
911, 916–918, 920 f., 938, 982 f., 986,
992, 1004, 1009 f., 1012, 1015 f., 1045
deutsche Invasion 334, 355
Polgar, Alfred 464
politische Parteien, Auflösung 29, 52
Polizeikräfte, deutsche 213
Polkes, Feivel 220
Pollack, Isidor 264
Polnische Exilregierung 426–428, 564 f.,
633, 767, 837–839, 844, 916, 982
Polnischer Nationalrat 981 f.
Poltawa 616 f.
Pomeranz, Venia 1005
Pommern 395 f., 473 f.
Ponar 603 f., 708, 765, 813, 828, 879,
913–915
Ponza (Insel) 852
Popitz, Johannes 156, 301, 893, 1018
Porat, Dina 980
Port Bou 508
Portugal 451, 466, 470, 507, 721, 1009
Posbebice 699
Posen 394, 619, 925, 964, 968, 987
Potsdam 433
PPS (Polnische Sozialistische Partei)
773 f.
Prag 287, 328, 386, 461, 480, 526, 559,
574, 648, 665, 692 f., 695, 726, 731,
733 f., 875, 966, 976, 1033, 1046
Presov 1009 f.
Presser, Jacob 757, 790
Pretzsch 515
Preußische Akademie der Wissenschaften 22 ff.
Preußische Bekenntnissynode 181
Preußische Zeitung 70
Preysing, Konrad Graf 438, 454,
565 f., 684 f., 841, 897 f., 953–955,
1018
Priestley, J. B. 357
Prinz, Arthur 126
Prinz, Hermann 143
Prinz, Joachim 27, 163
Protektorat, Reichs- 234, 328, 356
Protestantische Kirchen 155, 181, 229,
347, 350, 495, 499, 505, 571, 573, 584,
614, 686, 792, 803, 957–959, 1002 f.

und Antisemitismus 54 f., 57 ff., 73,
97, 208
Bekennende Kirche 58 f., 72, 181,
208, 256, 319 f., 348, 435–437, 472,
682 f., 690, 894, 898 f., 959
«Deutsche Christen» 56, 350, 435 f.,
682 f., 958
und Nürnberger Gesetze 180 f.
Protokolle der Weisen von Zion 109 f.,
237, 326, 399, 857 f.
Prüfer, Kurt 885 f.
Prützmann, Hans Adolf 518, 582,
742
Pružana 705
Przekopana 407
Przemyśl 873
Psychoanalyse 212
Pugliese, Stanislao G. 943
Pütz, Karl 743

Quisling, Vidkun 460, 541

Raabe, Peter 149
Raczkiewicz, Władysław 982
Raczynski, Graf Edward 844
Rademacher, Franz 461, 647
Radnóti, Miklós 1026 f.
Radom 392, 415 f., 732, 759, 809, 814
Radziłów 606
Rafelsberger, Walter 264, 266, 268
Rahm, Karl 976 f., 1020 f.
Randall, A. W. G. 322
Rapp, Alfred 177
Rasch, Otto 394
Rasse, Juden als 134 ff., 168–173
s. a. Antisemitismus; s. a. «Negermischlinge»
Rassengesetze, italienische 271
Rassenschande 176, 179 ff., 275, 349 f.,
430, 747 f.
Rastenburg 585, 620, 856, 948
Rath, Ernst vom 256, 258, 290, 293,
295 f., 300 ff., 325
Rathenau, Walther 88 f., 109, 124, 147
Ratschkowski, Pjotr 109
Rauca, Helmut 705 f.
Rauter, Hanns Albin 502, 558 f., 788
Ravensbrück 678, 682, 1034
Rawa Ruska 781
Rebatet, Lucien 491, 553, 762–764

Reche, Otto 413
Rechtsanwälte, jüdische 41 ff., 43, 46, 50, 56, 69, 166, 235, 280
Redlich, Egon (Gonda) 734–736, 822 f., 827, 962, 1022, 1046
Reeder, Eggert 804
Regenstein, Annelies 892
Reichenau, Walter von 592 f., 598–600
Reich-Ranicki, Marcel 531, 810, 916 f.
Reich-Ranicki, Tosia 917
Reichsanstalt für Arbeitsvermittlung und Arbeitslosenversicherung 343
Reichsärztekammer 280
Reichsbahn: s. Eisenbahn
Reichsbank 37, 76, 338, 880 f.
Reichsbund jüdischer Frontsoldaten 27
Reichsbürgergesetz 159, 162 f., 165 f., 174, 279, 314, 342, 520, 672 f., 727, 756, 885, 971
Reichsinstitut für Geschichte des neuen Deutschland 210, 248, 541, 543, 973
Reichskanzlei 509, 655, 730, 899, 908, 1038, 1042, 1045
Reichskommissariat Ostland 456, 582, 648, 665 f., 673, 705, 743
Reichskommissariat Ukraine 456, 582, 673, 741–743
Reichskulturkammer (RKK) 23, 45, 134, 148, 153, 477 f., 589
Reichskuratorium für Wirtschaftlichkeit 268
Reichsministerien 21, 30, 40–45, 49, 53, 62, 64, 74, 76, 81, 83, 130, 133, 141, 147 f., 153 f., 163, 166 f., 169 f., 172 f., 179, 197, 205, 222, 224, 227, 245, 248 f., 258, 273, 275 f., 280, 282, 286, 291, 298, 330 f., 344–346., 350, 352, 399, 402 f., 413, 430, 477 f., 517, 520, 540, 582, 588 f., 620, 633, 668, 671–674, 725, 750, 805 f., 854, 882 f., 973, 1037
s. a. Auswärtiges Amt / Außenministerium; s. a. Expertenkommission für Bevölkerungs- und Rassenpolitik im Innenministerium
Reichsparteitag des Sieges (1933) 85
Reichsparteitag der Arbeit (1937) 198, 202
Reichsparteitag der Freiheit (1935) 158, 162, 164, 172
Reichsparteitag (1938) 271

Reichsstelle für Sippenforschung 152, 971 f.
Reichstag 22, 24, 28 f., 40, 84, 88, 115, 121 f., 158 ff., 164, 331
Reichsverband Deutscher Bühne 150
Reichsverband deutscher Schriftsteller 23
Reichsvereinigung der Juden in Deutschland 74, 342, 396, 428, 438–440, 461, 472, 476 f., 483, 520, 672 f., 689, 749–753, 807 f., 902, 962
Reichsvertretung der deutschen Juden 73 f., 140, 185
Reichswehr 164
Reichszentrale für jüdische Auswanderung 342
Reinhardt, Max 24, 273
Reinhardt, Rolf 540
Rémond, Paul 803
Renteln, Theodor Adrian von 31, 972
Reuband, Karl-Heinz 637
Reuter, Fritz 738
Rettungsbemühungen 377, 421 f., 433 f., 440, 464–472, 484, 490, 502, 507 f., 523, 573–575, 603, 609, 627, 690 f., 705 f., 711 f., 734 f., 752–754, 793, 799, 805, 871, 896, 918, 929, 935 f., 940–942, 955 f., 960 f., 977–981, 985, 1004–1006, 1008–1010, 1025, 1031
Revisionisten 327, 468, 819, 904–906, 915, 978
Reynaud, Paul 446, 993
Rheinland 1027
«Rheinlandbastarde» 226 f.
s. a. «Negermischlinge»
Rhodos 996
Ribbentrop, Joachim von 244, 287, 289, 302, 323 f., 338, 340, 456, 460, 496, 539, 544, 588, 646, 652, 792, 832 f., 839, 866–868, 929, 935, 945 f., 950, 986, 1004 f., 1007, 1024 f.
Richert, Arvid 636
Richter, Gustav 833
Riedl, Heinz 598 f.
Riegner, Gerhart M. 843–845
Rieti, Moses 943
Riga 622, 629, 635, 643 f., 648 f., 664–666, 685, 689, 691 f., 734, 850, 880, 973
Ringelblum, Emanuel 421, 442–444, 457, 485 f., 528, 537, 539, 700, 772, 776, 713, 906, 1012, 1046

Risiera di San Sabba 944, 995
Ritter, Gerhard 67, 320
Ritter, Robert 224
Ritualmord 140, 925
Rivesaltes 473, 490, 799
RKFdV (Reichskommissariat für die Festigung des deutschen Volkstums) 411, 414–417
Rodal, Leon 906
Röhm, Ernst 130, 225
Rodriguez-Pimental, Henriette 793
Roey, Joseph-Ernest van 564
Rogers, Will 980
Rokossowski, Konstantin 1012
Rolland, Romain 589
Rom 449, 453, 714, 836, 852, 871, 898, 935 f., 943–947, 951 f., 955–957, 986, 1020
Rommel, Erwin 675, 713, 782
Roosevelt, Franklin D. 33, 198 f., 269, 322, 334, 447, 465, 511, 583, 585, 587 f., 621, 646 f., 652, 661, 663, 682, 686, 783 f., 844 f., 859, 923, 979 f., 1001, 1005, 1028, 1039, 1041
Rosenberg, Alfred 125, 148 ff., 200 ff., 211, 253, 275 ff., 391, 397, 402 f., 437, 456, 482 f., 515–517, 541–544, 581 f., 615, 620, 646, 663, 668, 721, 744, 758, 766, 863, 870, 881, 924, 933, 943, 971, 973–975
Rosenfeld, Arnold 54
Rosenfelder, Fritz 50
Rosenfeld, Henriette 693
Rosenfeld, Oskar 692 f., 697, 829, 875, 910, 1013–1015, 1046
Rosenheim, Jacob 845
Rosenman, Samuel 587
Rosenthal, Herta 689
Rosenthal, Margot 754
Rosenthal-Porzellan AG 520
Rosin, Arnost 998
Roskies, David 910
Rossel, Maurice 964–966
Rossino, Alexander B. 425
Rostow am Don 651, 707
Rotes Kreuz 796, 843, 871, 962 f., 965, 983, 1008, 1021, 1025, 1031, 1034
Rothaug, Oswald 747 f.
Rothenberg, Franz 264
Rothenburgsort 1039
Röthke, Heinz 934, 936, 984
Rothmund, Heinrich 286, 830 f., 1008

Rothschild-Archive 276 f.
Rothschild, Édouard und Robert de 498, 500, 544, 555
Rothschild, Familie 281
Rotta, Angelo 1003
Roweczki, Stefan («Grot«) 905
Rowno 591, 742
Rozenblat, Evgeny 425
RSHA (Reichssicherheitshauptamt) 217, 393, 410, 414 f., 429, 432, 439, 461, 473, 483 f., 515 f., 522, 559, 568, 589, 616, 644, 665–667, 671–673, 721–728, 731, 745, 749 f., 756, 797, 841, 849, 862, 867, 873, 908, 927, 929, 943, 967, 973, 1018
Rubinowicz, Dawid 444, 486 f., 523 f., 579, 703, 768, 1046
Rublee, George 270, 338–341
Rudaszewski, Itzhok 444, 603 f., 623, 707, 765, 819, 821, 828, 913, 915
Rudolfsmühle 769
Rumänien 235, 285, 378, 386 f., 447, 451, 457, 468, 541, 546–548, 580, 597, 607, 609, 613, 654, 701, 711, 756, 832 f., 862, 865, 925, 998
Rumbold, Sir Horace 82
Rumbula 643 f.
Rumkowski, Mordechai Chaim 440–443, 524–526, 627 f., 694, 696, 770, 816, 938 f., 1015
Rundschau 36 f.
Rundschau (in Wien) 265
Rundstedt, Gerd von 593
Ruppin, Arthur 78, 341
Russische Revolution 13, 105, 109
Rußland 95, 108, 238, 369, 424 f., 499, 509 f., 512, 514, 516, 518, 547, 581 f., 592, 615, 620, 622, 631, 645, 650 f., 655, 659, 669, 672, 676, 678, 684, 710, 718, 761, 822, 851, 863, 872
Rust, Bernhard 62, 70, 148, 273, 280, 316, 321
Rüstung 517, 727–730, 754, 806, 877, 879, 986, 1008, 1030
Ruthen, Rudolf aus den 214 f.
Ryder, Theodor 531
Rzeszów 917

s'Hertogenbosch (Vught) 757, 795 f.
SA (Sturmabteilung) 30–32, 35, 52, 69, 127, 131 f., 154, 164, 225 f., 263 f., 275,

280, 291 f., 295 f., 300, 308, 460, 603,
 624, 638, 689, 857
Saarpfalz 445, 473, 484
Sachsenhausen 394, 440, 472, 484, 584,
 616 f., 730
Sack, Rudolf 911
Safran, Alexander 609
Sagalowitz, Benjamin 842 f.
Saint-Nazaire 795
Sajmište 745
Salazar, António de Oliveira 451,
 470
Saliège, Jules-Gerard 802 f.
Saloniki 868–872, 928, 934
Salus, Greta 887
Salzburg 460, 865
Salzburger Festspiele 273
Sarrault, Albert 195
Sassoun, Philip 403
«Sätze zur Arierfrage» (Niemöller) 58
Sauckel, Fritz 456, 654, 727, 806
Sauerbruch, Ferdinand 782
Scavenius, Eric 929
Scavizzi, Piero 846
Schacht, Hjalmar 36 f., 156 f., 163, 197,
 245, 257, 310, 338
Schächter, Raphael 1021
Schäfer, Emanuel 745 f.
Schäfer, Ernst 975
Schall, Jacob 972
Schanghai 326 f., 466 f.
Schapiro, Abraham 706, 827
Schellenberg, Walter 1030 f.
Scheptyckyj, Andrej 846
Schieder, Theodor 412 f., 680
Schiff, Jakob 251
Schillings, Max von 23 f.
Schiphol 561
Schipper, Jizhak 972
Schirach, Baldur von 519
Schitomir 606, 704, 862
Schlatter, Adolf 183 f.
Schlegelberger, Franz 41, 726
Schleicher, Hugo 252 f.
Schleicher, Kurt von 126
Schleier, Rudolf 667
Schlesinger, Kurt 931
Schleswig-Holstein 582, 683
Schlösser, Rainer 81, 151
Schloß Wetterstein (Wedekind) 124
Schmelt, Albrecht 414, 534, 741
Schmidt, Fritz 558

Schmidt, Rita 720, 899
Schmitt, Carl 67 f., 211 f., 232
Schmitthenner, Paul 315 f.
Schmitz, Oskar A. H. 57
Schneidemühl 415, 474, 483
Schnitzler, Arthur 95, 147
Scholder, Klaus 55, 60
Scholem, Gershom 21, 508
Schönberg, Arnold 81, 151
Schöngarth, Karl Eberhardt 664
Schorff, Klara Sara 445
Schreker, Franz 151
Schröder, Kurt 216
Schuckburgh, John 469
Schukow, Georgi 783
Schulen, Juden in 43, 51, 166, 175, 186,
 248, 278 f., 307, 321
Schüler, Winfried 104
Schulman, Jakob 699 f.
Schulte, Eduard 842
Schultz, Bruno Kurt 970 f.
Schulz, Bruno 628 f., 818
Schuschnigg, Kurt von 261, 263
Schwartz, Isaie 498 f.
Schwarz, Ernst 38
Schwarzbart, Ignacy 838, 981 f.
Schwarzbart, Scholem 595
Das Schwarze Korps 138, 211 f., 214, 225,
 229, 314, 335 ff.
Schwarzschild, Leopold 1038
Schweden 376, 460, 470 f., 721, 831,
 836, 871, 928–930, 1001, 1007, 1025,
 1031, 1035
Die schweigsame Frau (Strauss) 148 f.
Schweitzer, Hans 120
Schweiz 21, 36, 38, 129 f., 199, 225, 258,
 266, 285–288, 326, 470 f., 473, 477,
 573, 721, 723, 825, 829–832, 841 f.,
 844 f., 849, 944, 978, 997, 1002, 1007–
 1010, 1021, 1025, 1031
Schwerin, Jürgen von 521
Schwörer, Victor 66
SD (Sicherheitsdienst) 14, 61, 77, 150,
 152, 156 ff., 185, 213, 216–221, 229,
 254, 256 f., 265 f., 275 ff., 283, 288, 314,
 318, 327 f., 337, 340 f., 351, 375, 407,
 428, 430, 435, 460, 480, 482, 495, 501,
 526, 588, 598, 634 f., 637, 643, 664,
 667, 676, 678, 680, 682, 692, 714, 719,
 722, 724, 743–745, 750, 756, 806, 851,
 859, 861, 879, 895 f., 940, 1004, 1030,
 1037

Sebastian, Mihail 457, 545 f., 580, 609,
  650, 701, 709, 712, 784, 826, 856, 1046
Seidl, Siegfried 962
Seiler, Irene (geb. Scheffler) 747 f.
Sein und Zeit (Heidegger) 67
Selbstmord 24, 50, 54, 87, 130, 191, 261,
  298, 328, 445, 475, 479, 502, 508, 561,
  633, 658, 660, 677, 690 f., 694, 730,
  808, 876 f., 912, 915, 939, 964, 976,
  982, 1015, 1043, 1045
Selz, Otto 30
Senator, Werner 74
Senger, Valentin 347
Seraphim, Peter-Heinz 205, 542 f.
Serbien 450, 610, 617, 746, 1026
Seredi, Justinian 1002 f.
Sereny, Gitta 319, 738, 814, 941
Serkin, Rudolf 22
Seton-Watson, R. W. 108
Sewastopol 713
Seydoux, Roger 498
Seyß-Inquart, Arthur 455, 502, 504 f.,
  522, 558–560, 792, 930
Sézille, Paul 553, 639
Sherill, Charles 199
Shertok, Moshe 1006, 1011
Shirer, William L. 188
Shirer, William 475
Shmukler, Yakov Moshe 624
Sibelius, Jean 478
Sibirien 513, 585, 646, 731
Sicherheitspolizei (Sipo) 213, 394, 420,
  501, 526, 640, 664, 679, 719, 722, 724,
  742–745, 788, 804, 964, 911, 915
Siedlce 488
Siedler, Wolf Jobst 319
Sierakowiak, Dawid 384 f., 408 f., 423,
  444, 457, 525, 531 f., 580, 650, 694 f.,
  697, 728, 770, 815 f., 915, 1046
Sievers, Wolfram 975 f.
Sikorski, Władysław 427 f., 839, 982
Sima, Horia 450, 545, 548
Simon, Ernst 89, 187
Simon, Gustav 522
Simon, Hans 319
Simon, Hugo 464
Simon, Sir John 82
Singer, Kurt 79, 153
Simonides, Vassilis 869
Sinclair, Archibald 1011
Sinclair, Upton 589
Six, Franz Alfred 216 f., 277, 336, 973

Sizilien 852, 929, 943
Skandinavien 374, 831
Skopje 875
Slawoj-Skladkowski, Felician 239
Slezkine, Yuri 631
Slonim 813
Slowakei 451, 456, 541, 613, 722, 729,
  754–756, 759, 786 f., 846 f., 750, 867 f.,
  956, 997, 1004, 1009, 1021, 1023
Smetona, Antanas 602
Smolar, Alexander 766 f.
Smolar, Hersch 747
Smolensk 677
Sneh, Moshe (Kleinbaum, Moshe) 423
Sobibór 376, 727, 737–740, 757, 777,
  787, 814, 822, 861, 868, 878, 915, 930,
  940, 942, 1021
Söderbaum, Kristina 479
Sofia 376, 835, 866
Sollmann, Max 970
Sommer, Margarete 685, 897
Sonthofen 987
Sousa Mendes, Aristides de 470, 573 f.
Sozialdemokratische Partei Deutschlands (SPD) 85 ff., 108, 121 ff., 131 ff.,
  155
Sozialismus 108
Solmssen, Georg 46
Sommer, Walther 246
SOPADE-Berichte 155 f., 274 f., 318,
  325 f., 346
Sowjetunion 4, 119, 203 f., 234, 285,
  287, 355, 367, 391 f., 409, 415 f., 425,
  450, 455, 466, 488, 509–513, 515, 518,
  529, 532, 540, 546, 548 f., 568, 574,
  579, 581, 583, 586, 591 f., 596, 602 f.,
  610, 617, 619, 630–633, 649, 652, 657,
  660, 670, 676, 721, 723 f., 740 f., 747,
  786, 839, 854, 857, 923, 939, 972, 1016,
  1041, 1045
  s. a. russische Revolution; Rußland
Spanien 451, 453, 466, 470, 507, 721,
  829, 901, 943, 1009
spanischer Bürgerkrieg 196, 201 f.
Spann, Othmar 125
Spartakisten 106
Spectator (London) 269
Speer, Albert 282, 318 f., 456, 520, 727,
  730, 854, 862, 884, 924, 1030
Spellman, Francis 948
Speyer, Wilhelm 589
Spier, Hans 758, 790

Spinoza, Baruch 67, 277
Spitzemberg, Baronin Hildegard von 94
Spotts, Frederic 26
SS 15, 29, 90, 138, 142, 154 f., 164, 184 f., 221, 224 ff., 228, 265, 267, 300, 314, 375, 393, 407, 410, 413, 420 f., 462, 480, 488, 514 f., 517, 534, 545, 558, 561, 589 f., 592, 596, 600, 615, 617 f., 638, 665, 672, 678, 684, 691, 721, 725, 727 f., 738, 744, 756, 781, 785, 787 f., 809–811, 827, 834, 836, 877–881, 884, 887–893, 896, 924 f., 927, 942, 945, 965 f., 968, 970 f., 973, 623, 977, 1004 f., 1007–1009, 1021, 1026, 1029 f., 1034 f., 1039, 1044
Kristallnacht und die SS 295 ff.
Rassenreinheit in der SS 214 ff., 432, 970
Sicherheitsdienst der SS: s. SD
Sprenger, Jakob 673
Squire, Paul C. 843
SS-Leitheft 215
St. Gallen 573
St. Louis (Auswandererschiff) 322 f.
St. Quentin 458
Staatsbürgerschaft von Juden:
 in Frankreich 242, 244
 im Dritten Reich 38 f., 52, 85, 157, 159, 163, 165 f., 174, 258, 285–290
Stabel, Oskar 69
Stahel, Rainer 945 f.
Stahlecker, Franz Walter 265, 328, 601, 605, 622, 743
Stalin, Josef W. 119, 204, 234, 354, 391, 447, 489, 510, 581 f., 630–633, 646, 657, 659, 730, 783, 839, 859, 923 f., 1005, 1012, 1028 f., 1041, 1045
Stalingrad 601, 651, 713, 782 f., 833, 852, 854, 860, 869, 948, 1041
Stangl, Franz 738 f., 814 f., 941
Stanisławów 664, 703, 710, 769 f., 1046
Stankiewicze 746
Starachowice 876
Starhemberg, Fürst Ernst Rüdiger 263
Staritz, Katharina 682
Staron, Stanislaw 526
Starvar 1001
State Department (USA) 465, 636, 843, 977 f., 980
Stauffenberg, Alexander von 1018 f.

Stauffenberg, Berthold von 1019
Stauffenberg, Claus von 1017, 1910
Staviski-Affäre 242
Steed, Harry Wickham 94
Steiger, Eduard von 830 f., 1008
Stein, Edith 792
Stein, Johanna 431, 471
Steinbeck 872
Steinberg, Jonathan 610 f., 835
Steinberg, Paul 999 f., 1033
Steinort 842
Stephani, Hermann 483
Stepinac, Alojzije 611
Sterilisierungen 226 ff., 395 f., 587, 593, 674, 723, 726, 785, 930, 970
 s. a. Gesetz zur Verhütung erbkranken Nachwuchses
Stern, Fritz 95
Stern, Hermann 54
Stern, Juliette 935
Stern, Kurt 216
Stern, Samu (Samuel) 988
Stern, Susanna 291
Sternbuch, Isaac 845, 1009 f.
Stettin 415, 471, 474, 483, 836, 842
Steuern 524, 533, 535, 671, 705, 764
Stöcker, Adolf 210
Stockholm 471, 636, 831, 841 f., 929
Storfer, Berthold 468, 733
Straßburg 975 f.
Strasser, Gregor 31
Straubing 1035
Strauch, Eduard 744
Strǎuleşti 546
Strauss, Leo 67
Strauss, Richard 21, 80, 124, 148 f.
Streckenbach, Bruno 420
Stresemann, Gustav 122
Streicher, Julius 589, 663, 925
Stroop, Jürgen 907
Stuckart, Wilhelm 721, 723, 726
Stülpnagel, Karl-Heinrich von 592 f., 640, 759
Stülpnagel, Otto von 759
Stuckart, Wilhelm 164 ff., 169, 245
Der Stürmer 134, 140–143, 145, 152
Stuttgart 419, 479, 1036 f.
Stutthof 395, 968, 1016, 1030, 1034
Sudetenland 234, 270, 277, 284, 287, 289, 294, 302, 334, 341, 411, 733
Südgalizien 664
Sugihara, Chiune 574 f.

Suhard, Emmanuel 454, 801 f.
Süskind, Walter 793
Süßkind Oppenheimer, Joseph Ben Issachar 479
Sutzkever, Abraham 974
Sylten, Werner 472
Syrien 1006
Szálasi, Ferenc 614, 1024
Szamuely, Tibor 108
Szczebrzeszyn 409, 740, 1012
Szeryński, Józef 535, 903
Sztójay, Döme 834, 865 f., 989, 996, 1000 f., 1003
Szulman, Jakob 443

Tagore, Rabindranath 775
Tallinn 832
Tannenberg 393
Tannhauser, Ludwig 133
Tarnopol 595 f., 918
Tarnów 617, 679 f.
Tarnowsky, Peter 754
Taylor, Myron C. 847 f., 979
Teheran 923
Teilhard de Chardin, Pierre 449
Tel Aviv 980
Tenenbaum-Tamaroff, Mordechai 911 f.
Teplitz 733
Terboven, Josef 456
Thadden, Eberhard von 945, 966, 993
Thannhauser, Siegfried 65
Tharaud, Bruder 382
Théas, Pierre 803
Theresienstadt (Terezín) 638, 692, 722 f., 726, 733–736, 757, 808, 822, 827, 835, 876, 884, 887 f., 902 f., 930, 932, 938, 961–966, 968, 976 f., 996, 1020–1022, 1031, 1034, 1036
Thiess, Frank 589
Thoma, Max 616
Thomalla, Richard 814
Thomas, Georg 517, 677
Thoms, Albert 881
Thomsen, Hans 588
Thrazien 834, 866, 869 f.
Thule-Gesellschaft 107
Thüringen 513, 683, 727
Tiburtina 944
Tijn, Gertrud van 561, 789
Tilsit 601
Times (London) 94, 111, 119, 267, 324

Timoschenko, Semen Konstantinovic 713
Tiso, Jozef 451, 460, 613, 754 f., 867 f., 989, 1023
Tisserant, Eugène 454, 846
Tittman, Harold 847 f., 957
Tivoli-Programm 46
Többens, Walter C. 906
Todesmärsche 1024, 1026, 1032–1034, 1046
Todt, Fritz 654, 727, 743, 1030, 1034
Tory, Abraham 624, 707, 766, 828, 910, 967 f., 1046
Toscanini, Arturo 21, 273
Toulouse 802 f.
Transferstelle 526
Transnistrien 608 f., 701, 833, 977 f.
Transsilvanien 546, 613, 997, 1004
Tramer, Hans 26
Treblinka 376, 628, 727, 736, 739 f., 777, 787, 808, 811, 813 f., 824, 827, 835, 837, 861, 866, 869, 873, 875, 878, 903 f., 911, 917, 920, 940, 942, 1021
Tresckow, Henning von 592, 842
Triest 882
Trnava 755
Trocmé, André 803
Trocmé, Daniel 803
Trunk, Isaiah 422, 424, 485
Trzebinski, Alfred 1039 f.
Trzeciak, Stanisław 405
Tschechoslowakei 196, 245, 260, 265 f., 281, 287 ff., 328, 333, 383, 386, 554, 613, 733
Tschenstochau 732
Tschuikow, Wassili 783
Tübingen 63, 175, 183 f., 224
Tuchler, Kurt 77
Tucholsky, Kurt 71, 191
Tuka, Vojetch 460, 613, 754 f., 846, 867 f.
Tulp, Sybren 560, 788, 793
Tunesien 782, 852
Tunis 945
Turin 886
Türkei 711, 1006
Turner, Harald 745 f.
Tussmannstadt 873

Udet, Ernst 50, 658
UdSSR: s. Sowjetunion

Uebelhoer, Friedrich 648
Ueberall, Ehud 468
UGIF (Union générale des Israélites de France) 641, 764 f., 796, 798 f., 822, 934–939, 994
Ullstein, Leopold 79
Ullstein-Verlag 37, 79, 93, 155
Ultrarechte Bewegungen in Osteuropa 235
Ulm 434
Umfrid, Hermann 54, 73
Umschlagplatz 810–812
Umsiedlungspläne 391 f., 394, 411–413, 417 f., 460, 472, 513, 567 f., 615 f., 619, 654 f., 732, 809 f.
Ungarn 94, 108, 235 f., 265 f., 271, 287 f., 386 f., 451, 462, 546 f., 560, 597, 610, 613–615, 722, 769, 787, 833 f., 850, 853, 865 f., 925, 986, 989, 996–1001, 1003–1005, 1007–1010, 1023–1026
Universitäten: s. Hochschulen
Unternehmen, jüdische 30, 51
  Arisierung 197, 253–260, 263 f., 268, 279–282, 306, 340 f.
  Boykott vom 1. April 1933 27, 31–37, 39, 50, 55, 69 f., 73, 84
  Definition 35
  deutsche Wirtschaft und 83 f., 88, 142 f., 206
  Gewalt gegen 154 ff.
  Nazis als Kunden 143, 221, 258
  Verbot 280, 303
Untergrundpresse 505, 527, 533, 626, 642, 767, 774
Ustascha (Kroatien) 451, 610–612, 868 f.

Valenti, Osvaldo 995
Valeri, Valerio 802
Vallat, Xavier 242, 552 f., 557, 638, 641, 759
Vargas, Getulio 466
Vaterländische Front 263
Vatikan 59 ff., 83, 375, 451–454, 466, 564–566, 611, 755, 801, 836, 845–848, 898, 945–957, 979, 1002, 1023
  s. a. Katholische Kirche
Veesenmayer, Edmund 996, 1001 f., 1004 f., 1007, 1024 f.
Veidt, Conrad 400
Vélodrome d'Hiver (Vel d'Hiv) 796

Vendel, Karl Ingve 842
Venedig 480, 995
Ventzki, Werner 648
Verband Nationaldeutscher Juden 27, 125
Verband gegen Überhebung des Judentums 91
Verbot der Benutzung öffentlicher Einrichtungen und Transportmittel durch Juden 49 f., 138 f., 143, 155, 178 f., 184 f., 250 ff., 304, 307
Vereinigte Staaten 32 f., 156, 269, 322 f., 324, 332, 334, 389, 399 f., 427, 447, 450, 463–466, 486, 510, 548, 550, 559, 583, 585, 588, 632, 636, 646 f., 651–654, 660 f., 668, 688, 774, 838, 844, 849, 903, 925, 980, 1007
Verlage, Juden in 37
Vermögensverkehrsstelle 263 f.
Vernichtungslager 54, 241, 268
  s. unter dem jeweiligen Ortsnamen;
  s. a. Konzentrationslager
Versailles 457
Verschuer, Otmar von 45, 887 f.
Verwaltung der von den Deutschen besetzten Gebiete 392, 410, 416 f., 449, 455 f., 502 f., 516 f., 582, 712, 788, 928 f.
Vichy 241 f., 325, 376, 378, 455, 464, 473 f., 484, 490–492, 494–496, 498 f., 503, 506, 522, 549, 551 f., 554 f., 557, 566, 570, 573 f., 638–641, 657, 722, 759–762, 764, 782, 797–799, 801–803, 835 f., 933 f., 938, 956
Viehhandel, Juden im 50, 142, 144, 155, 188, 207, 254
Vierjahresplan 196, 198, 200, 257, 268
Die Vierzig Tage des Musa Dagh (Werfel) 23
Visser, Lodewijk E. 503
Vittorio Emanuele III. 835, 852
Vogel, Albert Israel 445
Voldemaras, Augustin 602
Völkerbund 187, 386, 471
Völkischer Beobachter 34, 42, 158, 160, 267, 270, 293, 302
Volksdeutsche 384, 394, 411, 414 f., 417 f., 484, 518, 596, 606, 616, 664, 755, 1026
Volksgerichtshof 32
Voss, Hermann 619

Vrba, Rudolf (Rosenberg, Walter) 997 f., 1009
Vries, Meijer de 757

Waffen-SS 394, 596, 598, 792, 841, 908, 922, 927, 944
Wagener, Otto 31
Wagner, Adolf 156
Wagner, Cosima 103 ff., 971
Wagner, Eduard 514 f., 517, 619
Wagner, Gerhard 32, 165 f.
Wagner, Richard 80, 102–105, 274, 514, 971
Wagner, Robert 63, 473
Wagner, Siegfried 971
Wagner, Winifred 26, 971
Walldorf 445
Wallenberg, Raoul 1025, 1031 f.
Walter, Bruno 21
Wannsee-Konferenz (1942) 665, 716, 721, 725
Warburg, Max 38, 79, 88 f., 189, 345
Warburg, Otto 64 f., 171
War Refugee Board (USA) 980, 1009 f., 1031
Warschau 376, 383 f., 386, 389, 392, 401 f., 404, 417 f., 421 f., 424, 426, 433, 440–444, 457, 461, 484–486, 507, 524–537, 540, 572, 580 f., 601, 625 f., 678, 687, 700, 704, 708, 710, 715, 732, 736, 772, 774–777, 786 f., 809, 811, 813–815, 823, 827 f., 835, 837 f., 841, 847, 873, 877, 882 f., 902, 906–912, 916 f., 920 f., 940–942, 967, 972, 981 f., 1012, 1046
Warschauer Ghetto 418, 484, 507, 526–538, 580 f., 625–627, 687, 704 f., 772–777, 785, 809–813, 824, 827 f., 838, 847, 878, 903–911, 916 f., 920, 941, 982
Warthegau 392, 394, 410 f., 415, 417, 423, 455, 462, 485, 524, 526, 568, 617, 645, 648, 666, 766, 771, 777, 786, 862, 892 f., 968
Waschneck, Erich 479
Washington 430, 492, 583, 588, 646, 713, 799, 839, 841, 843–845, 847, 957, 977, 1009–1011
Wasser, Hersch 486, 529, 535, 775, 1046
Wasserstein, Bernard 327
Wassermann, Jakob 22, 125 f., 147
Wassermann, Oskar 37, 55
Webster, Nesta 105
Weck, René de 832
Wedekind, Frank 124
Der Weg ins Freie (Schnitzler) 95
Wehrmacht 131, 133, 154, 170, 195, 257, 261 f., 287, 314, 328, 354
Weigolshausen 896
Weil, Erwin 691
Weil, Nanny Sara 445
Weill, Julien 500
Weill-Curiel, André 994
Weininger, Otto 660
Weise, Georg 63
Weiss, Aharon 419, 938 f.
Weiss, Bernhard 119
Weiss, Manfred 1008
Weissler, Friedrich 208 f.
Weissmandel, Michael Dov Ber 756, 998, 1004, 1009
Weißrußland 590, 617, 655, 740, 745 f., 912
Weißruthenien 744, 912
Weizmann, Chaim 188, 337, 390, 1006, 1011
Weizsäcker, Ernst von 259, 340, 755, 945–947, 949–951, 954
Wellers, George 797
Welles, Sumner 843 f., 979
Wells, H. G. 589
Wels 1035 f.
Weltsch, Robert 146 f.
Wenck, Walter 909
Die Welt von gestern (Zweig) 95
Wenn ich der Kaiser wär (Claß) 47, 90
Werfel, Franz 23, 530
Wertheimer, Otto 984
Wessels, Ben 791, 991 f., 1046
Wessels, Familie 791
Westarp, Gräfin Heila von 107
Westdeutscher Beobachter 138, 240
Westerbork 732, 757 f., 788, 790–792, 795, 821, 872, 930–933, 983, 990
Westeuropa 374, 385, 388–390, 449, 455, 473, 570 f., 667, 700, 822, 824, 832 f., 840, 866, 875, 939
Westfalen 568, 635, 872
Wetzel, Eberhard 668
Wetzler, Alfred 997, 1009
Widerstand 434 f., 454, 570, 585, 592, 600, 632, 652, 677, 796, 805, 842, 961,

866, 886, 894 f., 904–908, 937, 1017, 1023
Wiedemann, Fritz 133, 161
Wien 23, 94, 111, 149, 261–266, 276, 385 f., 400, 408, 414, 431, 461, 518 f., 522, 526, 559, 596, 637, 648, 673, 679, 681, 690, 692, 694, 716, 726, 733, 735 f., 957, 1026 f.
Wiernik, Jacob 941 f.
Wiese, Benno von 68
Wilenberg, Shmuel 940 f.
Wilhelm I., Kaiser 91
Wilhelm II., Kaiser 90
Wilhelm, Hans-Heinrich 987
Willkie, Wendell 447
Wilna 386, 404, 423, 443 f., 580, 601–604, 623, 707–710, 746, 765, 818, 821, 828, 879, 910, 912 f., 933, 940, 972, 974, 1017, 1046
Wilson, Hugh R. 283, 322, 340
Wilson, Woodrow 660 f., 717
Wimmer, Friedrich 558
Winant, John 978
Winniza 585, 743, 928
Winter, Otto 277 f.
«Wird der Jude über uns siegen?» (Schlatter) 184
Wippern, Georg 882
Wirth, Christian 738 f., 814
Wise, Stephen 198, 237, 446, 465, 686 f., 843–845, 979
Wisliceny, Dieter 216, 868 f., 871, 996, 998, 1004, 1007, 1031
Wisten, Fritz 477 f.
Witebsk 499
Wittenberg, Itzik 914 f.
Witting, Rolf 658 f.
Wjasma 648
Włocławek 694
Włodawa 777
Wohlthat, Helmut 339
Wöhrn, Fritz 901 f.
Wohnungen 264, 282, 313 f., 344
Wolff, Karl 518, 873
Wolff, Leo de 790
Wolff, Theodor 464
Wolga 782 f.
Wolhynien-Podolien 742
World Revolution (Webster) 105
Woronesch 713, 834
Worthoff, Hermann 810
Woyrsch, Udo von 406 f.

«Wünschenswerte und nichtwünschenswerte Juden» (Schmitz) 57
Wuppertal 872 f.
Wurm, Alois 56
Wurm, Theophil 854, 682–684, 898 f.
Württemberg 479, 584
Würzburg 120, 179, 433, 896, 971
WVHA (Wirtschafts-Verwaltungs-Hauptamt) 615, 727 f., 741

Yiddisch 50, 238
Yischuw 77 f., 188
YIVO (Jiddische Wissenschaftliche Organisation) 443, 602, 819, 915, 974
Yorck von Wartenburg, Peter Graf 1018

Zagreb 610 f., 869
Zamboni, Guelfo 871
Zamość 409, 616, 665, 738, 740, 1011
Zay, Jean 492, 993
Żegota (Polnischer Rat für Judenhilfe) 921
Zeitungen, Zeitschriften
   antijüdische Artikel in 140 ff., 244
   Juden in 39, 45, 93 f., 146 f.
   Sympathiekundgebungen für Juden in 145 ff.
   Verbot jüdischer 147, 306
   s. a. Öffentliche Meinung
Zeitzler, Kurt 782
Zelkowicz, Jozef 815–817, 1015
Zentralafrika 731
Zentralkomitee der Boykottbewegung 36
Zentralstelle für jüdische Auswanderung 265, 327 f., 559, 733
Zeugen Jehovas 222
Ziereis, Franz 561
Zigeuner 170, 222 ff., 267, 371, 394, 593, 694, 699 f., 746, 868, 884, 887
Zionismus, Zionisten 27, 74–78, 92, 108, 118, 158, 169, 183, 186, 188, 217, 220, 237 f., 292, 327, 385, 390, 423, 428, 442–444, 468 f., 532 f., 573, 602, 629, 688, 693, 707 f., 733–736, 756, 773 f., 776, 805, 819, 439 f., 904, 906, 914, 978 f., 1004, 1011
Zionistische Organisation 74, 76
Zionistische Organisation für Jugendemigration 68

Zionistische Pionierorganisation 74
Zionistische Vereinigung für Deutschland 33
Zionistische Weltorganisation 188 f., 337, 390
Złoczów 595–243
ŻOB (Jüdische Kampforganisation) 902–906
Zöberlein, Hans 138
Zola, Émile 589
Zolli, Israel 943
Zöpf, Willi 559, 761, 788
Zörner, Ernst 417
Zschintsch, Werner 273, 307
Zuccotti, Susan 955
Zuckerman, Yitshak (Antek) 700, 708–710, 773, 775
«Zur Entgiftung der Judenfrage» (Prinz) 126
Zwangsarbeit 343, 409, 414, 422, 428, 439, 456, 516, 520, 533–535, 568, 572, 581, 591, 597, 613, 615, 618, 628, 635, 665, 678, 706, 712, 716, 721, 723 f., 727–729, 733, 740, 754, 756 f., 770, 794, 806 f., 870, 877–879, 911, 915, 966, 990, 1024, 1030
Zweig, Arnold 21, 78, 190 f.
Zweig, Friderike Maria 464
Zweig, Stefan 95, 148, 464
Zweiter Weltkrieg 195, 328, 334 f., 354 f., 445–447, 509–511, 579–583, 588, 630, 346 f., 649–654, 660, 782–784, 433, 852 f., 923 f., 983–986, 996, 1012, 1015, 1027 f., 1045
Zwischenstaatliches Komitee für Flüchtlinge 270, 310, 338 ff.
Zychlin 893
Zyklon B 618, 741, 487, 841, 885, 888
Zypern 996
Zygielbojm, Szmul 838, 981–983
Zywulska, Krystyna 890
ŻZW (Jüdischer Kampfbund) 904, 906